Introdução à Psicologia

Temas e variações

Dados Internacionais de Catalogação na Publicação (CIP)
(Câmara Brasileira do Livro, SP, Brasil)

```
W434i   Weiten, Wayne.
            Introdução à psicologia : temas e variações / Wayne Weiten ;
        revisão técnica Erika Lourenço ; tradução Noveritis do Brasil. -
        3. ed. - São Paulo, SP : Cengage Learning, 2022.
            672 p. : il. ; 28 cm.

            2. reimpr. da 3. ed. brasileira de 2016.
            Inclui bibliografia, índice e glossário.
            Tradução de: Psychology: themes and variations (10. ed.).
            ISBN 978-85-221-2574-6

            1. Psicologia. I. Lourenço, Erika. II. Título.

                                                         CDU 159.9
                                                         CDD 150
```

Índice para catálogo sistemático:
1. Psicologia 159.9

(Bibliotecária responsável: Sabrina Leal Araújo - CRB 10/1507)

Introdução à Psicologia
Temas e variações

Tradução da 10ª edição norte-americana

Wayne Weiten

Universidade de Nevada, Las Vegas

Tradução

Noveritis do Brasil

Revisão técnica

Erika Lourenço

Psicóloga, Mestre em Psicologia Social e Doutora em Educação
pela Universidade Federal de Minas Gerais (UFMG).
Professora do Departamento de Psicologia e
do Programa de Pós-graduação em Psicologia da UFMG.

Austrália • Brasil • México • Cingapura • Reino Unido • Estados Unidos

Introdução à Psicologia: temas e variações
Tradução da 10ª edição norte-americana
3ª edição brasileira
Wayne Weiten

Gerente editorial: Noelma Brocanelli

Editora de desenvolvimento: Regina Helena Madureira Plascak

Supervisora de produção gráfica: Fabiana Alencar Albuquerque

Título original: Psychology: Themes and Variations

(ISBN 13: 978-1-305-49820-4; ISBN 10: 1-305-49820-8)

Tradução desta edição: Noveritis do Brasil

Tradução da 2ª edição brasileira: Martha Malvezzi Leal

Tradução da 1ª edição brasileira: Zaira G. Botelho, Maria Lúcia Basil, Clara A. Colotto, José Carlos B. dos Santos

Revisão técnica: Professora Erika Lourenço

Revisão: Rosângela da Silva Ramos, Beatriz Simões, Tatiana Tanaka, Nancy Helena Dias, Larissa Wostog

Diagramação: PC Editorial Ltda.

Copidesque: Iara Arakaki Ramos e Vero Verbo Serviços Editoriais

Cotejo: Luicy Caetano de Oliveira

Especialista em direitos autorais: Jenis Oh

Pesquisa Iconográfica: Tempo Composto

Editora de aquisições: Guacira Simonelli

Capa: Megaart

Imagem de capa: Agsandrew/Shutterstock

© 2014, 2011 South-Western, Cengage Learning
© 2017 Cengage Learning Edições Ltda.

Todos os direitos reservados. Nenhuma parte deste livro poderá ser reproduzida, sejam quais forem os meios empregados, sem a permissão, por escrito, da Editora. Aos infratores aplicam-se as sanções previstas nos artigos 102, 104, 106 e 107 da Lei nº 9.610, de 19 de fevereiro de 1998.

Essa editora empenhou-se em contatar os responsáveis pelos direitos autorais de todas as imagens e de outros materiais utilizados neste livro. Se porventura for constatada a omissão involuntária na identificação de algum deles, dispomo-nos a efetuar, futuramente, os possíveis acertos.

A Editora não se responsabiliza pelo funcionamento dos sites contidos neste livro que possam estar suspensos.

Para informações sobre nossos produtos, entre em contato pelo telefone **0800 11 19 39**

Para permissão de uso de material dessa obra, envie seu pedido para
direitosautorais@cengage.com

© 2017 Cengage Learning. Todos os direitos reservados.

ISBN-13: 978-85-221-2574-6
ISBN-10: 85-221-2574-0

Cengage Learning
Condomínio E-Business Park
Rua Werner Siemens, 111 – Prédio 11 – Torre A – Conjunto 12
Lapa de Baixo – CEP 05069-900 – São Paulo – SP
Tel.: (11) 3665-9900 – Fax: (11) 3665-9901
SAC: 0800 11 19 39

Para suas soluções de curso e aprendizado, visite
www.cengage.com.br

Impresso no Brasil
Printed in Brazil
2. reimpressão – 2022

Beth e T. J.,
Para vocês

Sobre o Autor

Wayne Weiten graduou-se na Bradley University e obteve o título de Doutor em Psicologia Social na University of Illinois, Chicago, em 1981. Ele lecionou na Escola Superior DuPage e na Universidade de Santa Clara e atualmente leciona na Universidade de Nevada, em Las Vegas. Recebeu destacados prêmios na área de ensino da Segunda Divisão da Associação Norte-Americana de Psicologia (APA) e da Escola Superior DuPage. É Membro das Divisões 1, 2 e 8 da Associação Norte-Americana de Psicologia e Membro da Associação de Psicologia do Noroeste. Em 1991, ajudou a presidir a Conferência Nacional para a Melhoria da Qualidade dos Cursos de Graduação em Psicologia. Já foi presidente da Sociedade para o Ensino de Psicologia e da Associação Psicológica Rocky Mountain. Em 2006, um dos cinco prêmios educacionais que a Sociedade para o Ensino de Psicologia oferece anualmente foi nomeado em sua homenagem. Weiten conduziu pesquisas em uma variedade de tópicos, incluindo mensuração educacional, decisões tomadas por juris, teoria da atribuição, pressão como forma de estresse e a tecnologia das apostilas. Ele também é coautor de *Psicologia aplicada à vida moderna*: adaptação ao século XXI (com Dana S. Dunn e Elizabeth YostHammer, Cengage, 2015, 11ª ed.). Ele criou o CD-ROM intitulado: "PsykTrek: uma introdução multimídia à Psicologia" e recentemente foi coautor em um capítulo do curso de Introdução à Psicologia do Manual Oxford de Psicologia Educacional (Weiten&Houska, 2015).

Ao Professor

Se tivesse que resumir em uma única frase o que destaca a obra, diria: tentei criar um paradoxo, não um compromisso.

Explicando melhor. Um livro de introdução deve atender às necessidades de dois receptores distintos: professores e alunos. Em virtude da tensão existente entre necessidades e preferências distintas desse público, muitos autores geralmente afirmam que tentaram estabelecer um compromisso entre ser teórico ou prático, completo ou compreensível, voltado à pesquisa ou à aplicação, rigoroso ou acessível, e assim por diante. Contudo, considero falsas muitas dessas dicotomias. Como Kurt Lewin certa vez questionou: "O que pode ser mais prático que uma boa teoria?". Da mesma forma, será que rigoroso é realmente o oposto de acessível? Não em meu dicionário. Afirmo que muitos objetivos antagônicos que buscamos nos livros didáticos somente parecem incompatíveis, e que não precisamos nos comprometer com tanta frequência assim.

Sob o meu ponto de vista, um livro de introdução é um paradoxo no sentido de que integra características e objetivos que parecem contraditórios. Considerando esse aspecto, tentei elaborar um livro que é um paradoxo em três aspectos. Primeiro, ao pesquisar a ampla variedade de conteúdos de psicologia, tento mostrar que esses interesses se caracterizam pela diversidade e pela unidade. Segundo, enfatizo tanto a pesquisa quanto a aplicação, e como funcionam em harmonia. Finalmente, tento desenvolver um livro que apresente desafios para pensar e que seja fácil de usar. Vamos avaliar melhor esses objetivos.

Objetivos

1. *Apresentar tanto a unidade quanto a diversidade da disciplina psicologia*. No início de um curso de introdução à psicologia, o aluno geralmente não tem noção da imensa diversidade de assuntos estudados pelos psicólogos. Considero essa diversidade parte do encanto da psicologia e, em todo o livro, destaco o grande número de questionamentos e assuntos discutidos. Naturalmente, essa diversidade pode ser desconcertante para aqueles que não conseguem perceber a relação entre áreas de pesquisa como fisiologia, motivação, cognição e psicopatologia. Na verdade, na era da especialização, até mesmo alguns psicólogos demonstram certa preocupação com a fragmentação da área.

No entanto, acredito que haja uma sobreposição considerável nos subcampos da psicologia e que devemos destacar a sua essência comum ao enfatizar as conexões e similaridades entre eles.

Consequentemente, descrevo a psicologia como um conjunto integrado, em vez de um mosaico constituído de pedaços soltos que se relacionam. Um dos principais objetivos dessa obra, portanto, é destacar a unidade da herança intelectual da psicologia (os temas), assim como a diversidade dos interesses e usos (as variações).

2. *Iluminar o processo de pesquisa e sua ligação profunda com a prática*. Para mim, um livro voltado à pesquisa não é aquele repleto de resumos de outros estudos, mas o que desperta o desejo do aluno pela lógica e pelo interesse dos questionamentos empíricos. Quero que ele aprecie o poder da abordagem empírica e entenda a psicologia como um esforço científico para resolver enigmas intrigantes do comportamento. Por esse motivo, o texto enfatiza não só o que sabemos (ou não), mas como tentamos encontrar as respostas. Examinamos os métodos, com certo detalhamento, e incentivamos o estudante a adotar a atitude cética de um cientista e a pensar criticamente sobre questões referentes ao comportamento.

Aprender as virtudes da pesquisa não significa abandonar o desejo pelas informações pessoais, úteis e concretas, sobre os desafios da vida diária. Muitos pesquisadores acreditam que a psicologia tem muito a oferecer àqueles que não são da área, e que os psicólogos deveriam compartilhar as implicações práticas de seu trabalho. Neste texto, o conhecimento prático está cuidadosamente qualificado e estreitamente ligado a dados, de modo que o aluno perceba a interdependência entre pesquisa e aplicação. Acredito que o aluno passa a apreciar mais a psicologia quando nota que as aplicações práticas válidas resultam da pesquisa cuidadosa e da fundamentação teórica sólida.

3. *Elaborar um livro que apresente desafios para pensar e que seja fácil de usar*. Talvez, acima de tudo, eu tenha tentado criar um livro de ideias, não um compêndio de estudos. Enfatizo com consistência os conceitos e as teorias, não os fatos, e concentro-me em assuntos importantes e questões difíceis que permeiam os subcampos da psicologia (por exemplo, até que ponto o comportamento é governado pela natureza, pela educação e pela interação entre esses dois aspectos), em oposição a debates simplistas (tais como os méritos da média *versus* acréscimo na formação de impressão). Desafiar o aluno a pensar também significa estimular o confronto entre a complexidade e a ambiguidade do conhecimento. Assim, o texto não ignora áreas um tanto obscuras, questões não resolvidas e controvérsias teóricas. Ao contrário, o leitor é estimulado a contemplar questões abertas, a examinar suas suposições sobre comportamento e a aplicar os conceitos da psicologia à própria vida. Meu objetivo não é simplesmente descrever a psicologia, mas estimular o crescimento intelectual do aluno. No entanto, ele pode se ater aos "assuntos importantes e questões difíceis" somente após ter se familiarizado com os conceitos e princípios básicos da psicologia – em teoria, com o menor esforço possível. Em meus escritos, nunca me esqueço de que um livro didático é uma ferramenta de ensino. Consequentemente, tomei muito cuidado para garantir que o conteúdo, a organização, a redação, as ilustrações e o suporte pedagógico estejam em harmonia para facilitar o processo ensino-aprendizagem.

Admito que esses objetivos são ambiciosos. Você tem todo o direito de não acreditar muito nisto. Deixe-me explicar como tentei atingir os objetivos propostos.

Características especiais

O texto apresenta uma variedade de aspectos incomuns, que, a seu modo, contribuem para a natureza controversa do livro. Esses aspectos incluem temas unificadores, seções de Aplicação Pessoal, Aplicação do Pensamento Crítico, programa de ilustrações didáticas, glossário integrado, Verificação de Conceitos, Objetivos Principais de Aprendizagem e Testes Práticos.

Temas unificadores

O Capítulo 1 introduz sete ideias principais que servem como temas unificadores em todo o livro. Os temas servem para várias finalidades. Primeiro, apresentam uma linha de continuidade que ajuda o aluno a entender a conexão entre as várias áreas de pesquisa em psicologia. Segundo, à medida que os temas são desenvolvidos no decorrer do livro, oferecem um fórum para discussão relativamente sofisticada sobre questões duradouras em psicologia, ajudando, assim, a torná-lo um "livro de ideias". Terceiro, os temas destacam uma série de conhecimentos básicos sobre psicologia e seus tópicos de estudo que devem causar boa impressão no aluno. Ao selecionar os temas, perguntei a mim mesmo (e a outros professores) "O que realmente desejo que o aluno lembre daqui a cinco anos?". Os temas resultantes estão organizados em dois conjuntos.

TEMAS RELACIONADOS À PSICOLOGIA COMO ÁREA DE ESTUDO

Tema 1: A psicologia é empírica. Esse tema é usado para aumentar a apreciação do aluno sobre a natureza científica da psicologia e para demonstrar as vantagens do empirismo sobre o senso comum e a especulação sem discernimento ou crítica. Também uso esse tema para incentivar o leitor a adotar uma atitude científica cética e a empregar o pensamento crítico sobre informações de qualquer tipo.

Tema 2: A psicologia é teoricamente diversificada. O aluno geralmente fica confuso com o pluralismo teórico da psicologia e entende isto como um aspecto negativo. Não minimizo ou peço desculpas pela diversidade teórica, pois, honestamente, acredito que é uma das grandes vantagens. Em todo o livro, apresento exemplos concretos de como teorias que se contradizem estimulam a pesquisa produtiva, de como a convergência de várias perspectivas sobre uma questão pode aprimorar o conhecimento e de como teorias contrárias, às vezes, no final, tornam-se compatíveis.

Tema 3: A psicologia evolui no contexto sócio-histórico. Esse tema enfatiza que a psicologia está implícita na vida diária. O texto mostra como o tempo dá forma à evolução da psicologia e como seu progresso deixa marcas na sociedade.

TEMAS RELACIONADOS AOS TÓPICOS DE ESTUDO DA PSICOLOGIA

Tema 4: O comportamento é determinado por múltiplas causas. Em todo o livro, enfatizo e ilustro repetidamente que os processos comportamentais são complexos e que a causa depende de fatores múltiplos. Esse tema é empregado para desencorajar o pensamento simplista, de causa única, e para encorajar o pensamento crítico.

Tema 5: O comportamento das pessoas é moldado pela herança cultural. Esse tema pretende aumentar o reconhecimento do aluno de como os fatores culturais moderam os processos psicológicos e como o ponto de vista de uma cultura pode distorcer a interpretação do comportamento de outras culturas. As discussões relacionadas a esse tema não celebram apenas a diversidade. Elas produzem um equilíbrio cuidadoso – que reflete precisamente a pesquisa nesta área – destacando tanto as diferenças culturais quanto as semelhanças de comportamento.

Tema 6: Hereditariedade e meio ambiente influenciam o comportamento. A discussão repetida deste tema me permite explorar a questão da natureza *versus* educação em toda sua complexidade. Em uma série de capítulos, o aluno gradualmente descobre como a biologia e a experiência formam o comportamento e como os cientistas avaliam a importância relativa de cada aspecto. Durante o aprendizado, o aluno entende profundamente o que se quer dizer quando se afirma que hereditariedade e ambiente interagem.

Tema 7: Nossa experiência de mundo é extremamente subjetiva. Temos certa tendência a esquecer até que ponto entendemos o mundo pela nossa visão pessoal. Esse tema é usado para explicar os princípios implícitos na subjetividade da experiência humana, para esclarecer essas implicações e repetidamente lembrar ao leitor que sua visão de mundo não é a única legítima.

Após introduzir os sete temas no Capítulo 1, discuto grupos diferentes de temas em cada capítulo, de acordo com a relevância em relação ao tópico estudado. A relação entre conteúdo e temas unificadores está destacada em uma seção, no final do capítulo, na qual faço uma reflexão sobre as "lições a serem aprendidas". A discussão dos temas unificadores está na seção "Refletindo sobre os temas do capítulo". Não tentei fazer com que cada capítulo ilustre tivesse determinado número de temas. Ao contrário, os temas emergiram naturalmente, em geral, de dois a cinco em cada capítulo. O quadro na página viii mostra que os temas são destacados em cada capítulo. Os ícones no início da seção "Refletindo sobre os temas do capítulo" indicam os assuntos específicos que foram tratados.

Aplicação pessoal

Para reforçar as implicações pragmáticas da teoria e da pesquisa enfatizadas em todo o texto, cada capítulo inclui uma seção chamada "Aplicação Pessoal", que destaca o lado

Capítulo	TEMA						
	1 Empirismo	2 Diversidade teórica	3 Contexto sócio-histórico	4 Causalidade multifatorial	5 Herança cultural	6 Hereditariedade e meio ambiente	7 Subjetividade da experiência
1. A evolução da psicologia	●	●	●	●	●	●	●
2. A iniciativa da pesquisa psicológica	●						●
3. As bases biológicas do comportamento	●			●		●	
4. Sensação e percepção		●			●		●
5. Variações da consciência		●	●	●	●		●
6. Aprendizagem			●			●	
7. A memória humana		●		●			●
8. Cognição e inteligência	●		●		●	●	●
9. Motivação e emoção		●	●	●	●	●	
10. Desenvolvimento humano durante o ciclo de vida		●	●	●	●	●	
11. Personalidade		●	●		●		
12. Comportamento social	●			●	●		●
13. Estresse, manejo e saúde				●			●
14. Transtornos psicológicos			●	●	●	●	
15. Tratamento de transtornos psicológicos		●			●		

prático da psicologia. Cada seção dedica três páginas a um único assunto, que deve ser de especial interesse a muitos alunos. Embora muitas das seções de "Aplicação Pessoal" tenham o caráter "como", elas continuam a revisar estudos e a resumir informações, da mesma forma que a parte principal do capítulo. Dessa forma, apresentam a pesquisa e a aplicação não como aspectos incompatíveis, mas como dois lados da mesma moeda. Muitas das "Aplicações Pessoais" – como aquelas sobre encontrar e ler artigos de jornais, entender a arte e a ilusão e melhorar o gerenciamento do

Taxonomia das habilidades incluídas na aplicação do pensamento crítico	
Habilidades verbais de argumentação	
Entender como as definições moldam o que as pessoas pensam sobre determinadas questões	Capítulo 5
Identificar as fontes das definições	Capítulo 5
Evitar a falácia nominal ao trabalhar com definições e rótulos	Capítulo 5
Reconhecer e evitar a reificação	Capítulo 8
Habilidades de análise de argumentos/persuasão	
Entender os elementos de um argumento	Capítulo 9
Reconhecer e evitar falácias comuns, como razões irrelevantes, tautologias, raciocínio "descida escorregadia", analogias fracas e dicotomias falsas	Capítulos 9 e 10
Avaliar argumentos sistematicamente	Capítulo 9
Reconhecer e evitar apelos à ignorância	Capítulo 8
Entender como o condicionamento de Pavlov pode ser usado para manipular as emoções	Capítulo 6
Desenvolver a habilidade de detectar os procedimentos de condicionamento empregados na mídia	Capítulo 6
Reconhecer as estratégias de influência social	Capítulo 15
Julgar a credibilidade de uma fonte de informação	Capítulo 15
Habilidades de pensar como testar hipóteses	
Buscar explicações alternativas para descobertas e acontecimentos	Capítulos 1, 8 e 10
Procurar evidências contraditórias	Capítulos 1, 3 e 8
Reconhecer as limitações da evidência anedótica	Capítulos 2 e 14
Entender a necessidade de buscar evidências em contrário	Capítulo 7
Entender as limitações de evidências correlacionais	Capítulos 10 e 12
Entender as limitações da importância estatística	Capítulo 12
Reconhecer situações em que possa ocorrer o efeito placebo	Capítulo 14
Habilidades para lidar com probabilidades e incertezas	
Utilizar índices-base para fazer previsões e avaliar probabilidades	Capítulo 12
Entender probabilidades cumulativas	Capítulo 13
Entender probabilidades conjuntivas	Capítulo 13
Entender as limitações da heurística da representatividade	Capítulo 13
Entender as limitações da heurística da disponibilidade	Capítulo 13
Reconhecer situações em que pode ocorrer a regressão à média	Capítulo 14
Entender os limites da extrapolação	Capítulo 3
Habilidades para tomar decisões e resolver problemas	
Usar a tomada de decisão com base em evidência	Capítulo 2
Reconhecer o viés na análise retrospectiva	Capítulos 7 e 11
Buscar informações para reduzir incertezas	Capítulo 12
Avaliar risco-benefício	Capítulo 12
Gerar e avaliar ações alternativas	Capítulo 12
Reconhecer a superconfiança na cognição humana	Capítulo 7
Entender as limitações e a falibilidade da memória humana	Capítulo 7
Entender como os efeitos contrastantes podem influenciar julgamentos e decisões	Capítulo 4
Reconhecer quando comparadores extremos estão sendo usados	Capítulo 4

estresse – apresentam uma análise incomum para um livro de introdução.

Aplicação do pensamento crítico

A seção "Aplicação do Pensamento Crítico" também oferece uma abordagem diferente. Ela não revisa as controvérsias da pesquisa, como é tipicamente o caso de outros livros de introdução. Ao contrário, introduz e desenvolve determinadas habilidades de pensamento crítico, como observar evidências contraditórias ou explicações alternativas; reconhecer evidência anedotal, raciocínio circular, predisposição à percepção tardia, reificação, analogias fracas e falsas dicotomias; avaliar argumentos sistematicamente; e lidar com probabilidades conjuntas e cumulativas.

As habilidades específicas discutidas na seção "Aplicação do Pensamento Crítico" estão listadas na respectiva tabela, na qual estão organizadas em cinco categorias, com a taxonomia desenvolvida por Halpern (1994). Em cada capítulo, algumas dessas habilidades são aplicadas a tópicos e questões relacionados ao conteúdo do capítulo. Por exemplo, no capítulo sobre abuso de drogas (Capítulo 5), o conceito de alcoolismo é usado para destacar o imenso poder das definições e para ilustrar como a tautologia pode parecer tão sedutora. Habilidades particularmente importantes podem surgir em mais de um capítulo, assim o aluno pode aplicá-las em contextos variados. Por exemplo, no Capítulo 7, o aluno aprende como a parcialidade em análises do passado pode contaminar a memória e, no Capítulo 11, ele entende como isto pode distorcer as análises da personalidade. A prática repetida em todos os capítulos ajuda o aluno a reconhecer espontaneamente a relevância das habilidades específicas do pensamento crítico quando encontra certos tipos de informação.

Checagem da realidade

Cada capítulo inclui três ou quatro "Checagens da Realidade", que tratam de equívocos comuns relacionados à psicologia e fornecem refutações diretas da desinformação. Essas "Checagens da Realidade" estão espalhadas pelos capítulos, adjacentes ao material relevante. Exemplos de equívocos refutados incluem o mito de que B. F. Skinner criou sua filha na caixa de Skinner, o que a tornou severamente perturbada (Capítulo 1); a noção de que as pessoas usam apenas 10% do cérebro (Capítulo 3); a suposição de que pessoas daltônicas veem o mundo em preto e branco (Capítulo 4), e a ideia de que é perigoso acordar sonâmbulos (Capítulo 5).

A maioria dos equívocos tratados nas "Checagens da Realidade" já foi abordada nas edições anteriores, mas sem refutações diretas. Em outras palavras, foi transmitida informação exata sobre os assuntos, mas normalmente sem afirmar diretamente o equívoco ou refutá-lo. Por que a mudança de estratégia? O ímpeto foi dado por um artigo fascinante em *Ensino de Psicologia*, de Patricia Kowalskie e Annette Taylor (2009). O artigo resumiu evidência de que os estudantes normalmente chegam na introdução à psicologia com diversos equívocos e que, na maioria das vezes, tendem a sair do curso com esses equívocos intactos. Para melhorar esse problema, elas testaram o impacto de refutar diretamente os equívocos no curso introdutório. Os dados sugeriram que o repúdio explícito das ideias errôneas reduz os equívocos mais efetivamente do que apenas corrigir as informações. Com essa evidência em mente, decidi adicionar esse recurso que confronta explicitamente e contesta as falácias comuns que vão desde simplificações até profundas inexatidões. Escolhi manter as "Checagens da Realidade" concisas porque elas, na sua maioria, complementam o texto principal. De modo geral, elas podem ser vistas nas margens do texto.

Um programa de ilustração didática

Quando eu inicialmente desenhei meus planos para este texto, eu indiquei que eu queria que todos os aspectos do programa de ilustrações tivesse um propósito didático genuíno que eu queria estar profundamente envolvido nesse desenvolvimento. Na verdade, eu não tinha a menor ideia no que eu estava me metendo, mas foi uma experiência de aprendizagem recompensadora. Em cada evento, eu estive intimamente envolvido em planejar cada detalhe das ilustrações. Eu me empenhei para criar um esquema de figuras, diagramas, fotos e tabelas que trabalha perfeitamente com o texto para fortalecer e esclarecer os principais pontos do texto.

Os resultados mais óbvios da nossa perspectiva didática das ilustrações são as "Visões Gerais Ilustradas", que combinam tabelas, fotos, diagramas e esboços para dar uma visão geral estimulante das ideias principais nas áreas de métodos, sensação e percepção, aprendizagem, teoria da personalidade, psicopatologia e psicoterapia.

Mas eu espero que você também perceba as sutilezas do programa de ilustrações. Por exemplo, os diagramas de conceitos importantes são repetidos em vários capítulos (com variações) para destacar as conexões entre as áreas de pesquisa e para aperfeiçoar as ideias principais para os alunos. Vários gráficos de resultados de pesquisas fáceis de entender enfatizam a preocupação da psicologia em pesquisar e fotos e diagramas frequentemente são o apoio (por exemplo, veja o tratamento clássico de condicionamento no Capítulo 6). Todos esses esforços foram feitos com um objetivo: o desejo de tornar esse livro atraente e de fácil aprendizagem.

Todos esses esforços foram feitos com um objetivo: o desejo de tornar esse livro atraente e de fácil aprendizagem.

Glossário integrado

Um livro de introdução deve dar ênfase ao emprego da linguagem técnica da psicologia, não só como jargão, mas porque muitos termos-chave são também conceitos fundamentais (por exemplo, variável independente, confiabilidade e dissonância cognitiva). O livro apresenta um glossário terminológico cujos termos estão inseridos naturalmente no desenvolvimento do texto. Os termos estão destacados em negrito e itálico, e a definição em negrito. Essa abordagem apresenta as duas vantagens de um glossário convencional: vocábulos destacados e definição acessível. Entretanto, o texto não é interrompido; ao contrário, elimina a redundância entre conteúdo e entradas adicionais.

Revisão

A verificação de conceitos, distribuída por todo o livro em um quadro intitulado "Revisão", ajuda o aluno a avaliar o próprio domínio de ideias importantes. Para manter o objetivo de fazer deste um livro de ideias, a "Verificação de Conceitos" desafia o aluno a aplicar as ideias, em vez de simplesmente testar a memória. Por exemplo, no Capítulo 6, pede-se que o aluno analise exemplos reais de condicionamento e identifique estímulos e respostas condicionadas, reforço e contingências de reforçamento. Essa "Revisão" exige que o aluno organize ideias apresentadas em seções diferentes do capítulo. Por exemplo, no Capítulo 4, pede-se que o aluno identifique paralelos entre visão e audição. Algumas dessas verificações são bastante desafiadoras, mas eles as consideram interessantes e relatam que as respostas (disponíveis no Apêndice A) são instrutivas.

Principais objetivos de aprendizagem

Para ajudar os alunos a se organizarem, assimilarem e lembrarem de ideias importantes, toda a seção principal de cada capítulo começa com um conjunto sucinto de "Principais Objetivos de Aprendizagem". Os "Principais Objetivos de Aprendizagem" estão adjacentes ao título com o qual cada seção principal começa. Os "Principais Objetivos de Aprendizagem" são objetivos de aprendizagem estimulantes que deveriam ajudar os estudantes a focar os pontos principais de cada seção.

Testes

Além das respostas às checagens de conceitos, o Apêndice A no fim do livro incluiu Testes para cada capítulo. Esses doze testes de múltipla escolha devem permitir que os estudantes acessem realisticamente o seu domínio de cada capítulo específico, além de lhes dar a oportunidade de praticar o tipo de teste que muitos enfrentarão na sala de aula. Uma pesquisa realizada sobre o uso dos recursos pedagógicos do livro didático pelos alunos (veja Weiten, Guadagno e Beck, 1996) indicou que os alunos não dão a devida atenção a alguns recursos pedagógicos. Quando questionei meus alunos para entender melhor essa descoberta, logo ficou claro que eles em geral são muito pragmáticos com relação à pedagogia. Basicamente, a resposta era "queremos ferramentas que nos ajudem a sair bem nas provas"; tendo isto em mente, elaborei os "Testes".

Além dos aspectos que acabei de descrever, o livro inclui também uma variedade de questões "testadas e confirmadas". O glossário alfabético encontra-se no final do livro. Em cada capítulo, emprego frequentemente o itálico para dar ênfase, assim como títulos para tornar a organização mais clara. O prefácio descreve para o aluno essas ferramentas pedagógicas com mais detalhes.

Conteúdo

O livro está dividido em 15 capítulos, que seguem uma ordem tradicional. Eles não estão agrupados em seções ou partes, principalmente porque isto pode limitar a organização, caso você prefira reorganizar a ordem dos tópicos. A redação de cada capítulo foi realizada para facilitar a flexibilidade da organização, pois presumo que alguns podem ser omitidos, ou apresentados em ordem diferente.

A abordagem dos tópicos é relativamente convencional, mas existem algumas exceções. Por exemplo, o Capítulo 1 apresenta uma discussão relativamente rica sobre a evolução das ideias da psicologia. Esse estudo da história estabelece os fundamentos para muitas ideias cruciais enfatizadas nos capítulos subsequentes. A perspectiva histórica também é uma forma de atingir o aluno que acredita que a psicologia não é exatamente o que pensava. Se quisermos que ele analise os mistérios do comportamento, devemos começar esclarecendo o maior mistério de todos: "De onde vêm estes ratos, estatísticas, sinapses e genes; o que podem ter em comum; por que esse curso não é nada do que imaginei?". Utilizo a história para explicar como a psicologia evoluiu e por que as interpretações incorretas sobre sua natureza são tão comuns.

Também dedico um capítulo inteiro (Capítulo 2) ao aspecto científico, não só à mecânica dos métodos de pesquisa, mas à lógica que existe em cada um. Acredito que a apreciação da natureza da evidência empírica pode contribuir muito para melhorar as habilidades de pensamento crítico do aluno. Daqui a dez anos, muitos dos "fatos" relatados neste livro ter-se-ão modificado, mas o entendimento dos métodos da ciência continuará valioso. Uma obra de introdução à psicologia, por si só, não fará com que o aluno pense como um cientista, mas não consigo pensar em outra forma para iniciar o processo.

Mudanças nesta edição

Um bom manual deve evoluir com o campo de investigação que ele abrange, bem como com as novas diretivas na educação superior. Embora muitos professores e alunos que usaram as edições anteriores não tenham solicitado alterações, há algumas mudanças. A primeira e mais importante é que esse livro representa a versão combinada das edições completas e concisas precedentes. A última década tem visto uma tendência acentuada no que diz respeito à brevidade dos manuais de psicologia (Weiten e Houska, 2015) e de muitas outras áreas. Essa tendência não se limita aos textos de graduação, como eu já notei em muitos manuais médicos que consulto em áreas como neurociência, sono, pediatria e psiquiatria. Essa nova ênfase na brevidade tornou desnecessária a retenção de versões com tamanhos diferentes. Portanto, na escrita deste livro, usei versões concisas anteriores como ponto de partida. No entanto, consegui condensar ainda mais as versões concisas em alguns lugares, o que me permitiu adicionar vários tópicos disponíveis anteriormente somente nas versões integrais. Em vista disso, o resultado é mais do que apenas a próxima edição da versão concisa. Antes, é a fusão das duas versões anteriores, apesar de o tamanho (em palavras) ser muito parecido com as edições recentes das versões concisas.

Você também achará várias outras mudanças nesta edição. O *design* gráfico do texto foi renovado e aprimorado de várias formas. Esforçamo-nos para alcançar uma aparência mais limpa e menos poluída. Nos desenhos, quando possível, substituímos desenhos de humanos por fotos que foram integradas nos nossos gráficos e diagramas. Também trabalhamos para aumentar o valor pedagógico das fotos ao combinar cada uma delas com legendas explicativas e eliminar as fotos que eram principalmente decorativas. Além disso, melhoramos os títulos e Testes de Conceitos. No fim de cada capítulo, substituímos a Revisão do Capítulo – que eram resumos convencionais e narrativos – por Quadros de Conceitos mais conceituais e concisos. O Quadro de Conceito do capítulo é uma visão geral organizada hierarquicamente, criando retratos instantâneos que permitem aos estudantes observar rapidamente a relação entre as ideias e as seções.

Obviamente, o livro foi totalmente atualizado para refletir os avanços recentes na área. Um dos aspectos interessantes da psicologia é não ser uma disciplina estanque. Ela evolui a uma velocidade cada vez maior. Esse progresso exigiu mudanças específicas no conteúdo, que poderão ser observadas nos capítulos. Ademais, refletindo esse progresso, há mais de 1200 novas referências nesta edição. A seguir, a lista parcial de mudanças específicas em cada capítulo. Essas mudanças são apresentadas em relação à nona edição concisa, de modo que a lista inclui vários tópicos importados da nona edição integral.

Capítulo 1: A evolução da psicologia

- Discussão atualizada sobre a jogatina patológica no esboço do capítulo
- Discussão expandida sobre as contribuições de William James
- Compreensão expandida das contribuições da psicologia humanística
- Nova discussão sobre o papel dos computadores recém--inventados na revolução cognitiva
- Novos dados sobre quantos estudantes adotam modelos falhos sobre como eles estudam e se recordam
- Novas discussões sobre como estudantes superestimam a habilidade de fazer coisas simultaneamente enquanto estudam
- Discussão revisada sobre o valor de destacar o texto na compreensão das habilidades de estudo
- Nova pesquisa sobre como surfar na internet em classe prejudica o desempenho acadêmico
- Compreensão das diferenças de gênero nas habilidades espaciais na Aplicação do Pensamento Crítico, incluindo novas análises, atribuindo essas diferenças aos níveis mais altos de testosterona masculino
- Compreensão das diferenças de gênero nas habilidades espaciais na Aplicação do Pensamento Crítico, incluindo novos estudos que não conseguiram encontrar disparidades de gênero em tarefas naturalísticas de sinalização

Capítulo 2: A iniciativa da pesquisa psicológica

- Novos exemplos de passos na investigação científica usando um estudo interessante de como a cor vermelha leva os homens a acharem as mulheres mais atraentes e sexualmente desejáveis
- Discussões adicionais sobre como a manipulação de duas ou mais variáveis de um experimento permite a identificação de interações entre as variáveis
- Novos exemplos de observação natural com foco em como o uso de pratos maiores leva as pessoas a comer mais em bufês
- Outro exemplo novo de observação natural em um estudo sobre como a depressão afeta o comportamento social no dia a dia
- Novos exemplos de pesquisa de estudo de caso avaliando ansiedade e distúrbios depressivos como fatores de risco para a demência
- Nova discussão sobre como clínicos às vezes publicam histórias de casos individuais para compartilhar conhecimento no que diz respeito à eficácia de tratamentos
- Novos exemplos de estudos focados nas tendências de uso de tabaco entre estudantes norte-americanos do Ensino Médio
- Ainda outro exemplo de estudo que descreve uma pesquisa dinamarquesa sobre a tendência de idade nas experiências de ressaca após o consumo excessivo de álcool
- Nova discussão sobre como o efeito placebo amplifica os efeitos das drogas verdadeiras
- Nova compreensão de um método proposto para avaliar a aceitabilidade ética de estudos em animais

Capítulo 3: As bases biológicas do comportamento

- Nova informação sobre padrões de mielinização dos axônios
- Novos dados no número de neurônios *versus* células gliais no cérebro humano
- Compreensão atualizada do papel das células gliais na sinalização do sistema nervoso
- Nova compreensão de como as células gliais podem contribuir para várias doenças
- Novas estimativas sobre o número de neurônios no cérebro humano
- Novo estudo de como a preparação para o exame LSAT (*Law School Admission Test* ou Teste de Admissão para o

Curso de Direito) resulta em mudanças na estrutura do cérebro
- Nova pesquisa sobre a plasticidade do cérebro acha mudanças estruturais no cérebro dos motoristas de táxi que dominam o mapa da cidade de Londres
- Novos estudos das imagens cerebrais da lateralização hemisférica, incluindo descobertas que destacam a natureza extensiva e dinâmica da comunicação interhemisférica
- Novo estudo sugere que a conectividade excepcional entre os hemisférios direito e esquerdo de Albert Einstein pode ter contribuído para a sua genialidade
- Novos estudos relacionando oxitocina à fidelidade dos homens e envolvimento dos pais com os filhos pequenos
- Novos dados sobre oxitocina e personalidade, e susceptibilidade à decepção
- Nova compreensão do mapeamento genético
- Nova discussão sobre "hereditariedade ausente" na pesquisa molecular genética
- Novos dados que derrubam a noção de que as pessoas possuem o lado esquerdo ou direito do cérebro dominante
- Novas descobertas de como o treinamento musical pode mudar a arquitetura do cérebro e gerar benefícios cognitivos mais tarde na vida

Capítulo 4: Sensação e percepção

- Nova informação de como a dilatação da pupila é um indicador de interesse em alguma coisa
- Estimativa revisada do número de hastes e cones na retina
- Nova discussão sobre se as células detectoras faciais se dedicam exclusivamente ao reconhecimento facial
- Nova discussão sobre diferenças individuais na habilidade de reconhecimento facial
- Compreensão adicional sobre como as pessoas têm a tendência de ver o que querem ver
- Nova pesquisa sobre a cegueira por desatenção
- A seção em ilusões visuais agora inclui uma discussão sobre o quarto de Ames
- Nova compreensão sobre a localização auditiva
- Nova compreensão da percepção de sabor e do papel do cheiro nesse processo
- Novos dados sobre o número de odores que o ser humano pode distinguir
- Discussão adicional sobre como os humanos não se saem bem em tarefas de identificação de odores
- Nova discussão sobre a prevalência e o custo da dor crônica nos Estados Unidos
- Nova pesquisa que demonstra o papel das endorfinas no alívio da dor
- Nova discussão sobre a integração sensorial da absorção de estímulos
- Aplicação aerodinâmica na arte da ilusão

Capítulo 5: Variações da consciência

- Nova compreensão dos conteúdos típicos da experiência consciente
- Novos dados sobre o quanto a mente vagueia da tarefa em mãos
- Compreensão dos estágios do sono seguindo as recomendações do sistema de pontuação da Academia Norte-Americana do Sono
- Novos dados sobre as mudanças relacionadas ao gênero e idade na arquitetura do sono
- Novos dados sobre até que ponto dirigir com sono aumenta o risco de acidentes
- Novas descobertas sobre como o sono melhora a tomada de decisões complexas e resolução de problemas
- Nova pesquisa sobre a ligação entre a duração do sono e o desempenho acadêmico
- Novos dados sobre como a insônia está relacionada ao aumento da diversidade notável de problemas de saúde
- Novas descobertas alarmantes sobre como o uso de medicamentos para dormir está associado à mortalidade elevada
- Novo gráfico que descreve o círculo vicioso da dependência em remédios para dormir
- Compreensão da Narcolepsia inclui discussões sobre como ela é causada pela desregulação do sono REM (*Rapid Eye Movement* ou movimento rápido dos olhos) decorrente da perda de neurônios hipocretina no hipotálamo
- Novos dados acerca da prevalência da apneia do sono e o risco de mortalidade e efeitos no funcionamento cognitivo
- Novas descobertas sobre a prevalência do sonambulismo
- Novo gráfico que mostra os estágios do sono nos quais acontecem o sonambulismo e o distúrbio de comportamento REM
- Discussão expandida sobre o risco de lesões em sonâmbulos
- Descrição atualizada da teoria de Cartwright dos sonhos como solução de problemas/regulação de humor
- Novas descobertas sobre como a meditação está associada à redução da ansiedade e de emoções negativas e com o aumento da empatia e do bem-estar
- Nova discussão sobre como a meditação é usada como tratamento adjunto para a depressão, distúrbios de ansiedade e dor crônica
- Nova discussão sobre a reformulação do OxyContin para torná-lo menos suscetível a abusos
- Nova discussão sobre o excesso de bebidas alcoólicas entre estudantes universitários e os problemas associados
- Novos dados que relacionam o excesso de bebidas alcoólicas ao impedimento da função neural em cérebros de adolescentes
- Novas descobertas sobre de que modo o uso excessivo do álcool está associado à elevada taxa de mortalidade

- Novo gráfico sobre drogas estimulantes e atividade neurotransmissora
- Nova discussão sobre o uso da maconha em relação a atenção, aprendizado e memória
- Nova pesquisa sobre de que modo a intoxicação por maconha prejudica a condução de veículos
- Discussão extensiva sobre a importância da higiene do sono saudável como facilitador da qualidade do sono
- Nova discussão sobre o uso de melatonina e álcool pelas suas propriedades sedativas
- Novos dados que apoiam a afirmação de que todos sonham, mesmo que não se lembrem disso
- Novos dados sobre as diferenças individuais na probabilidade de se lembrar de um sonho
- Novos dados acerca da prevalência das mortes por acidentes ou outras causas agudas relacionadas ao uso do álcool
- Novos dados sobre o álcool e doenças crônicas

Capítulo 6: Aprendizagem

- Nova compreensão de estudos para avaliar o condicionamento
- Nova discussão sobre os problemas teóricos relacionados ao condicionamento avaliativo
- Nova discussão sobre como o efeito renovador no condicionamento clássico dificulta a extinção de fobias problemáticas
- Expansão da discussão acerca da generalização de estímulos, com a adição de um gráfico
- Nova compreensão de como a síndrome do pânico pode ser causada pelo estímulo de generalização excessivamente amplo
- Nova compreensão do efeito renovado do condicionamento operante e a natureza contexto-dependente da extinção operante
- Compreensão adicional dos roborats, ou ratos-robô, treinados pela modelação e pelo uso de estímulos discriminativos controlados remotamente
- Nova discussão sobre como a punição corporal ainda é comum, apesar da evidência dos efeitos negativos
- Novo estudo naturalístico de observação da punição física em casa, mostrando que ela é rotineiramente usada com raiva, não como última alternativa, não é limitada a ofensas maiores e não é muito efetiva
- Gráfico adicional da possível causalidade subjacente à correlação entre punição física e crescente agressividade em crianças
- Compreensão adicional do trabalho clássico de Tolman sobre aprendizado latente e mapas cognitivos
- Novas descobertas sobre como a exposição à violência na mídia distorce a percepção dos sujeitos sobre os atos agressivos na vida cotidiana
- Nova discussão sobre se a violência publicada na mídia produz efeito na agressividade e se são efeitos fracos
- Nova compreensão dos benefícios derivados do ato de jogar videogames

Capítulo 7: Memória humana

- Nova compreensão de pesquisas sugerindo que pessoas que fazem múltiplas tarefas simultaneamente são as menos adeptas a isso
- Novos dados acerca da mente distraída em relação à capacidade de memória de trabalho
- Nova evidência de memória relâmpago para eventos positivos
- Compreensão adicional de como o conhecimento é representado na memória
- Compreensão adicional das conexões semânticas no armazenamento da memória
- Novos dados sobre a parcela das pessoas que acreditam que a memória opera como puxar uma fita de vídeo mental
- Novas pesquisas que mostram como o efeito da desinformação pode distorcer o conhecimento factual básico, bem como memórias pessoais
- Novo exemplo de como o esquecimento é funcional para dar espaço a novas memórias
- Nova compreensão da teoria que afirma que a decomposição ocorre em memórias de longo prazo
- Novo estudo com vasta amostra que documenta a criação de falsas memórias fabricadas por eventos políticos
- Nova pesquisa acerca do processo de consolidação
- Nova teoria de que a neurogênese pode contribuir para o esquecimento
- Descrição expandida da memória episódica *versus* memória semântica
- Descrição expandida da distinção entre memória retrospectiva e prospectiva
- Nova discussão sobre como as falhas da memória prospectiva podem ter resultados desastrosos no ambiente de trabalho
- Novas descobertas acerca da aprendizagem reforçada por testes
- Discussão expandida sobre o efeito do parecer pós--identificação de testemunhas oculares
- Novos dados sobre com que frequência os depoimentos falhos de testemunhas oculares levam a convicções equivocadas

Capítulo 8: Cognição e inteligência

- Nova seção sobre teorias de aquisição da linguagem, com gráficos
- Nova pesquisa sugerindo que o cérebro humano é projetado para aprender idiomas
- Nova seção sobre o bilinguismo e o ritmo de desenvolvimento da linguagem
- Nova seção de como o bilinguismo afeta os processos cognitivos

- Nova compreensão da hipótese da relatividade linguística
- Nova compreensão sobre como a linguagem afeta a percepção das cores
- Nova pesquisa sobre a causa da estabilidade funcional e como pode ser superada
- Discussão estendida sobre como os estados mentais ocorrem e como não são necessariamente ruins
- Nova discussão sobre o conceito de inspiração e se inspirações acontecem de repente ou gradualmente
- Nova menção sobre como a mudança na representação de problemas contribui para a inspiração e a criatividade
- Nova pesquisa sobre fatores que influenciam a possibilidade de sobrecarga de escolhas
- Nova pesquisa de imagens cerebrais sobre o efeito da deliberação sem atenção
- Discussão expandida sobre as complexidades das teorias de processo duplo
- Novo gráfico sobre a concepção de inteligência das pessoas leigas
- Discussão expandida sobre problemas com as estimativas de hereditariedade
- Nova pesquisa de genética molecular que estima a hereditariedade da inteligência de um jeito completamente novo
- Novas discussões sobre a falha em achar genes específicos que controlam a inteligência
- Discussão expandida sobre como as desvantagens sociais contribuem para as disparidades culturais em testes de QI
- Descrição estendida da teoria de Sternberg sobre a inteligência bem-sucedida
- Nova pesquisa sobre como morar no exterior aumenta a criatividade
- Nova Aplicação do Pensamento Crítico sobre as armadilhas em raciocinar sobre decisões
- Nova compreensão do efeito "*framing*", com gráfico

Capítulo 9: Motivação e emoção

- Nova pesquisa sobre como a quantidade servida de alimento afeta a quantidade consumida
- Nova discussão sobre a alimentação induzida pelo estresse
- Nova compreensão sobre a prevalência e as consequências da obesidade para a saúde
- Nova compreensão sobre as explicações evolucionistas para o aumento da obesidade
- Nova compreensão sobre as causas da obesidade
- Dois novos gráficos acerca das consequências genéticas e médicas da obesidade
- Novo material sobre as disparidades de gênero no uso da pornografia, autoestimulação e sexo fora do casamento
- Nova pesquisa sobre diferenças de gênero e interesse em sexo casual
- Novos dados sobre como a disparidade de gênero na preferência de acasalamento pode ser moldada pela cultura
- Dados atualizados sobre a prevalência da homossexualidade
- Nova discussão sobre como a crença de que a maioria das pessoas é ou heterossexual ou homossexual é uma simplificação errônea
- Dados atualizados acerca de fatores genéticos e orientação sexual
- Novo material sobre as ramificações da alta necessidade de realização no ambiente de trabalho
- Nova discussão sobre como as pessoas vivenciam emoções contraditórias
- Explicação adicional sobre por que as nossas previsões afetivas são comumente inexatas
- Novo gráfico que retrata os resultados de um estudo em previsões afetivas
- Nova pesquisa e teoria sobre o papel da amígdala na regulação do medo
- Novo gráfico fornece uma visão geral da hipótese da resposta facial
- Nova evidência que favorece a hipótese da resposta facial com base em um estudo sobre botox e depressão
- Nova crítica sobre a noção de que a expressão facial de emoções transcende a cultura
- Nova discussão sobre quanto o bem-estar subjetivo é prognóstico de importantes resultados na vida
- Nova pesquisa sobre materialismo e bem-estar subjetivo
- Nova pesquisa sobre como gastar com experiências em vez de bens materiais, e com outros em vez de conosco, está mais associado à felicidade
- Nova discussão sobre religiosidade e felicidade
- Discussão revisada sobre estado civil e felicidade, enfatizando a importância da satisfação com o relacionamento

Capítulo 10: Desenvolvimento humano durante o ciclo da vida

- Dados atualizados sobre a idade de viabilidade
- Novo gráfico com os destaques do desenvolvimento fetal
- Novas descobertas sobre os efeitos do estresse materno no desenvolvimento pré-natal
- Nova pesquisa sobre como as crianças aprendem a andar
- Nova compreensão sobre como o crescimento físico na primeira infância ocorre em estirões de crescimentos abruptos
- Nova compreensão dos efeitos da creche no apego
- Novas descobertas sobre como a capacidade de resposta dos pais afeta as variações de ritmo do desenvolvimento da linguagem
- Nova discussão sobre a importância do aumento do vocabulário
- Abordagem simplificada do desenvolvimento cognitivo
- Nova compreensão sobre as disparidades nas teorias de Vygotsky e Piaget sobre o desenvolvimento cognitivo
- Nova discussão sobre a importância do discurso privado na teoria de Vygotsky

- Nova pesquisa sobre o entendimento aparentemente inato dos bebês sobre o que é comestível
- Gráfico adicional sobre as relações entre idade e estágios do raciocínio moral
- Nova discussão sobre a visão de Haidt de que o raciocínio moral é usado com frequência para racionalizar instituições morais
- Nova pesquisa que relaciona a assunção de riscos por parte dos adolescentes com a maturação precoce do sistema de recompensas do cérebro se sobrepondo à maturação tardia do córtex pré-frontal.
- Nova pesquisa que associa a confusão de identidade com desajustes comportamentais
- Gráfico adicional sobre a juventude como estágio marcado pelo sentimento entre a adolescência e a vida adulta
- Visão geral revisada da pesquisa sobre a estabilização da personalidade na vida adulta
- Nova discussão sobre a influência do otimismo no ajuste aos novos papéis no casamento
- Novos dados e gráficos sobre como a divisão do trabalho doméstico entre maridos e esposas tem mudado com o passar dos anos
- Novas descobertas sobre se a satisfação com o relacionamento diminui após a transição para a paternidade e maternidade
- Novos dados e gráficos sobre como a prevalência de doenças crônicas aumenta com a idade
- Nova discussão sobre fatores psicológicos que têm valor protetor em diminuir os efeitos negativos do envelhecimento na saúde física
- Novas descobertas sugerindo que a erosão da velocidade cognitiva talvez comece aos vinte e poucos anos
- Novas discussões sobre atitudes em relação à morte e o processo que a ela conduz
- Nova compreensão do trabalho de Kubler-Ross sobre reações ao luto
- Nova discussão sobre as variações culturais em lidar com o luto
- Nova compreensão dos vários padrões de luto
- Compreensão revisada das diferenças de gênero em agressão relacional/verbal

Capítulo 11: Personalidade

- Nova compreensão sobre como a análise de fatores é usada na pesquisa de personalidade
- Novos dados sobre a correlação entre ser agradável e aberto a experiências
- Nova compreensão do estilo de cópia repressora na discussão da teoria psicanalítica
- Novas descobertas que relacionam formação reativa à homofobia
- Nova discussão sobre mecanismos de defesa e saúde mental
- Nova pesquisa que relaciona menos confiança nos mecanismos de defesa com o progresso na terapia
- Novo gráfico que mostra o conceito de Jung sobre inconsciência coletiva
- Nova discussão sobre a ênfase de Adler no conceito de compensação excessiva
- Nova discussão sobre a ênfase de Adler no contexto social e na ordem de nascimento
- Crítica expandida à teoria freudiana
- Novo gráfico sobre a visão operante do desenvolvimento da personalidade
- Nova pesquisa sobre correlações da autoeficácia
- Nova pesquisa que apoia o princípio-chave da teoria de hierarquia de necessidades de Maslow
- Novo gráfico que resume estudos paralelos dos cinco maiores traços de personalidade
- Nova discussão sobre o mapeamento genético em relação a traços específicos de personalidade
- Nova pesquisa que testa análises evolucionistas da origem das diferenças individuais em extroversão
- Nova pesquisa que relaciona o narcisismo à empatia e preferências dos clientes
- Nova pesquisa que mostra o narcisismo é mais prevalecente nas classes sociais mais altas
- Nova pesquisa sobre narcisismo e empreendedorismo
- Nova pesquisa que mostram o lado positivo e negativo do narcisismo no que diz respeito à liderança
- Nova compreensão da distinção entre narcisismo imponente e vulnerável
- Avaliação revisada da universalidade intercultural do modelo dos cinco fatores
- Novos dados sobre a inexatidão das percepções de caráter nacional
- Nova discussão sobre a exposição pública dos testes de tinta de Rorschach na internet
- Nova discussão sobre como tendências preconcebidas levam ao pensamento unilateral e à autoconfiança ao analisar decisões que deram errado

Capítulo 12: Comportamento social

- Compreensão expandida do estereótipo atrativo e a relação com as percepções de personalidade e sucesso no trabalho
- Nova discussão sobre as consequências do estereótipo atrativo por indivíduos não atraentes
- Nova compreensão de como as pessoas tiram conclusões sobre as outras pessoas baseadas em reações instantâneas aos rostos
- Novos dados sobre a percepção de competência baseada nas características faciais e sucesso político
- Nova discussão sobre como o modelo de atribuição de Weiner pode lançar luz às explicações das pessoas sobre a pobreza
- Nova discussão sobre como liberais e conservadores fazem atribuições diferentes à pobreza
- Novos dados sobre o protestantismo e a atribuição fundamental do erro
- Discussão estendida sobre a hipótese de atração
- Compreensão atualizada sobre as tendências na destruição da paixão

- Novas descobertas sobre ansiedade de compromisso e problemas em relacionamentos íntimos
- Nova discussão sobre a suposição de que casamentos arranjados não são tão bem-sucedidos quanto os baseados no amor romântico
- Nova compreensão sobre como o uso do Facebook se relaciona à solidão e outros aspectos do bem-estar
- Nova discussão sobre como sites de encontro on-line mudaram o cenário do namoro e do acasalamento
- Nova pesquisa que mostra uma porcentagem menor de términos maritais em relacionamentos formados on-line em relação aos presenciais
- Nova discussão sobre por que a proporção cintura-quadril das mulheres é um aspecto físico de atração que transcende culturas
- Nova pesquisa que examina se a hipótese evolucionária acerca das diferenças de gênero nas preferências de acasalamento se mantém em situações de relacionamento relâmpago
- Nova pesquisa evolucionária que mostra como o ciclo menstrual influencia as preferências e estratégias de acasalamento das mulheres
- Nova pesquisa evolucionária sobre como os homens usam o consumo conspícuo para sinalizar riqueza e sucesso a potenciais parceiras de acasalamento
- Nova discussão sobre como os homens têm tendência a superestimar o interesse sexual das mulheres, enquanto as mulheres tendem a subestimar o interesse sexual dos homens
- Nova pesquisa que associa atitudes implícitas com comportamento do mundo real
- Nova discussão da tendência das pessoas em considerar os outros como sendo mais obedientes do que elas
- Nova compreensão da influência normativa *versus* informativa como fatores que contribuem para a obediência
- Nova discussão dos fatores que promoveram altos níveis de obediência no estudo clássico de Milgram
- Nova compreensão sobre se o estudo de Milgram reflete obediência cega e se realmente pode explicar o holocausto
- Nova crítica à Simulação de Prisão de Oxford
- Nova pesquisa sobre polarização de grupo e pensamento grupal
- Nova discussão sobre como estereótipos baseados em raça podem levar as pessoas a ver uma arma que não existe na realidade
- Nova compreensão sobre como o preconceito moderno muitas vezes envolve microagressões involuntárias e discretas
- Nova discussão sobre como estereótipos negativos podem ser usados para justificar discriminação
- Nova análise sugerindo que o favoritismo dentro do grupo fomenta mais discriminação que hostilidades externas

Capítulo 13: Estresse, manejo e saúde

- Novas descobertas sobre problemas físicos e mentais em consequência de desastres naturais
- Nova pesquisa sobre aborrecimentos como forma de estresse e mortalidade
- Novos dados que associam a reação ao estresse aos distúrbios de humor dez anos mais tarde
- Nova pesquisa sobre o estresse, materialismo e compras compulsivas
- Compreensão expandida dos subtipos e sintomas do vício em internet
- Nova compreensão da prevalência do vício em internet e a associação com outros sintomas psicológicos
- Nova discussão sobre como respostas de manejo saudável podem ou não ser efetivas
- Nova pesquisa sobre como acessos de ira aumentam temporariamente o risco de ataque cardíaco
- Novas descobertas sobre a associação entre isolamento social e saúde
- Nova pesquisa sobre os benefícios surpreendentes de interações sociais fracas
- Novas descobertas sugerindo que a ligação entre otimismo e saúde transcende culturas
- Discussão estendida sobre por que a consciência promove saúde e longevidade
- Nova discussão sobre a relação entre classe social e saúde
- Nova pesquisa sobre como a mentalidade estressada afeta a reação ao estresse
- Nova evidência que associa níveis moderados de adversidade à resistência futura
- Novos dados que associam exercícios à redução da vulnerabilidade ao mal de Alzheimer
- Novos dados que associam humor à saúde

Capítulo 14: Transtornos psicológicos

- Discussão ampliada sobre como o estigma de doença mental é fonte de estresse e impedimento ao tratamento
- Nova discussão sobre o crescimento exponencial do sistema DSM e a tendência a medicalizar problemas do dia a dia
- Nova discussão sobre como pessoas com Transtorno de Ansiedade Generalizada esperam que sua preocupação vá prepará-las para o pior e a associação com problemas físicos de saúde
- Agorafobia vista como distúrbio independente em vez de complicação de Transtorno de Pânico
- Explicação adicional sobre por que Transtorno de Personalidade Múltipla foi renomeado Transtorno Dissociativo de Identidade
- Explicação revisada de visões sociocognitivas para Transtorno Dissociativo de Identidade
- Novo esclarecimento para o fato de que nem todos os indivíduos com Transtorno Bipolar experimentam episódios de depressão
- Dados revisados sobre a prevalência e o processo de depressão
- Novos dados que relacionam gravidade de depressão e sensação de desesperança à suicidalidade

- Nova tabela sobre prevenção de suicídios
- Nova cobertura de fatores hormonais na etiologia da depressão
- Discussão adicional sobre a procura excessiva de autoafirmação como fator social da depressão
- Nova abordagem sobre relações sociais turbulentas como fonte de geração de estresse na etiologia da depressão
- Nova discussão sobre como o estresse se torna progressivamente um fator importante na medida em que as pessoas têm experiências de episódios recorrentes de depressão
- Nova discussão sobre como e por que os subtipos de esquizofrenia foram descartados do DSM-5
- Novo panorama gráfico de sintomas positivos e negativos de esquizofrenia
- Nova abordagem sobre crescimento cerebral excessivo como fator etiológico de Transtorno do Espectro Autista
- Nova seção sobre Transtornos de Personalidade, incluindo uma tabela com os dez diagnósticos de Transtorno de Personalidade do DSM-5
- Nova abordagem sobre Transtorno de Personalidade Antissocial, Transtorno de Personalidade Narcisista e Transtorno de Personalidade *Borderline*
- Nova discussão sobre a etiologia dos Transtornos de Personalidade
- Abordagem sobre Transtornos Alimentares resumidos e deslocados para o corpo principal do capítulo
- Dados revisados sobre a prevalência de diversos Transtornos Alimentares
- Nova menção à influência dos pares e histórico de abuso infantil como fatores etiológicos de Transtornos Alimentares
- Nova pesquisa sobre a importância do estresse na infância como fator de risco desencadeador de vários transtornos com início na vida adulta, anos depois
- Nova pesquisa sobre sobreposição genética e neurobiológica entre depressão, Transtorno Bipolar, Esquizofrenia e Autismo
- Novo Requerimento Pessoal para questões legais relacionadas a Transtornos Psicológicos
- Nova discussão sobre alegação de insanidade mental e equívocos quanto a esse uso
- Nova abordagem sobre tratamento involuntário e problemas em prevenção de periculosidade

Capítulo 15: Tratamento de transtornos psicológicos

- Novas descobertas sobre a importância da empatia e da consideração positiva incondicional em relação ao ambiente terapêutico
- Novo gráfico sobre melhora da terapia com o decorrer do tempo
- Nova abordagem sobre fatores comuns como explicação para os efeitos benéficos do tratamento
- Novo esforço empírico para dividir a variação de resultados terapêuticos para quantificar a influência de fatores comuns
- Novos dados sobre tendências para prescrição de medicamentos ansiolíticos, antipsicóticos, antidepressivos e estabilizadores de humor
- Nova discussão sobre medicamentos antipsicóticos injetáveis e de longa duração
- Abordagem revisada sobre os efeitos colaterais de antidepressivos ISRS
- Novos dados sobre antidepressivos, suicídio e alertas da FDA (Food and Drug Administration)
- Nova abordagem sobre como a medicalização de transtornos psicológicos tem minado o campo da psicoterapia
- Novos dados sobre disponibilidade e uso de ECT
- Novas descobertas sobre taxas de relapso depois de ECT
- Nova pesquisa sobre ECT e perda de memória autobiográfica
- Nova pesquisa sobre o efeito da ligação étnica entre terapeuta e paciente
- Nova discussão sobre a necessidade de expandir a oferta de serviços clínicos para reduzir o número de pessoas sem atendimento
- Nova discussão sobre como a terapia pode ser realizada via videoconferência e telefone
- Nova abordagem sobre tratamentos computadorizados realizados pela internet
- Novos dados sobre taxas de readmissão psiquiátrica
- Nova discussão sobre como doentes mentais sem teto são frequentemente encarcerados, o que significa que o problema da porta giratória não se refere apenas a instalações psiquiátricas, mas também a cadeias e prisões
- Nova discussão sobre um artigo recente do JAMA (Jornal da Associação Médica Norte-Americana) que defende a redução de políticas desinstitucionalizadoras

Manual de recursos do instrutor (por Randolph A. Smith)

O Manual de Recursos do Instrutor (MRI) foi desenvolvido com supervisão de Randolph Smith, antigo editor do jornal Teaching of Psychology. Ele contém uma riqueza de sugestões detalhadas para tópicos de palestras, demonstrações de aula, exercícios, questões para discussão e sugestões de leitura organizadas em torno do conteúdo de cada capítulo deste livro. Os instrutores apreciarão como essa variedade de materiais facilita os esforços para ensinar o curso introdutório. Este manual está disponível em inglês no site do livro.

Conjunto de *Slides* Expositivos
Online PowerPoint®

Esse conjunto de *slides* foi criado para facilitar o uso do PowerPoint em aulas por parte do professor. Há *slides* para cada capítulo; eles contêm conceitos principais com figuras, gráficos e tabelas para ilustrar os principais pontos do texto. A seção "Notas" do *slide* oferece instruções e referências para guiar a preparação de aulas. Os *slides* foram desenvolvidos para serem facilmente modificados, de forma que os instrutores possam customizá-los com os próprios materiais.

AGRADECIMENTOS

Criar um livro de introdução à psicologia é um grande desafio, e muitas pessoas contribuíram para a evolução desta obra. Em primeiro lugar, os editores de psicologia com quem trabalhei – Claire Verduin, C. Deborah Laughton, Phil Curson, Eileen Murphy, Edith Beard Brady e Michele Sordi, Jon-David Hague, Tim Matray e Clay Austin – e o editor de desenvolvimento da primeira edição, John Bergez. Eles me ajudaram imensamente, e cada um se tornou um grande amigo. Agradeço especialmente a Claire, que mostrou a complexidade da publicação de um livro. A John, que deixou marcas duradouras em minha redação.

O desafio de cumprir um cronograma difícil na produção dessa obra foi realizado por um grupo talentoso, coordenado por Joan Keynes, que fez um trabalho excelente para juntar todas as peças. O projeto foi coordenado por Vernon Boes, que foi muito criativo ao construir em cima do *design* anterior. Jude Berman fez um trabalho marcante ao editar o manuscrito. Ao longo dos anos, Fred Harwin e Carol Zuber-Mallison fizeram contribuições fenomenais ao trabalho de arte.

Muitos psicólogos merecem agradecimentos pelas contribuições que fizeram a este livro. Sou grata a Diane Halpern por seu trabalho em Aplicações de Pensamento Crítico; a Susan Koger e Britain Scott por confeccionarem um interessante apêndice on-line sobre sustentabilidade; a Rick Stalling e Ron Wasden pelo trabalho em edições anteriores do Guia de Estudo; a Jeff Holmes por sua revisão do Banco de Testes; a Randy Smith por seu trabalho no Manual de Recursos do Instrutor; a Harry Upshaw, Larry Wrightsman, Shari Diamond, Rick Stalling e Claire Etaugh pela ajuda e orientação no decorrer dos anos; aos consultores de capítulos mencionados na página xxiii e aos resenhistas mencionados nas páginas xxiv-xxvi, que forneceram críticas construtivas e perspicazes a várias partes do manuscrito.

Muitas outras pessoas também contribuíram para esse projeto, agradeço a elas o esforço. Bill Roberts, Tom Dorsaneo, Nancy Sjoberg, John Odam, Fiorella Ljunggren, Jim Brace-Thompson, Susan Badger, Sean Wakely, Eve Howard, Linda Rill, Margaret Parks, Kim Russell, Lauren Keyes, Jennie Redwitz, Pat Waldo, Kristin Makarewycz, Liz Rhoden e Trina Tom ajudaram com diversos aspectos das edições anteriores. Na Cengage, Michelle Clark, Kimiya Hojjat e, especialmente, Shelli Newhart fizeram contribuições valiosas à edição atual. Todos os meus colegas da Faculdade DuPage, onde lecionei até 1991, deram apoio e informações em momentos diferentes, mas quero agradecer principalmente a Barb Lemme, Alan Lanning, Pat Puccio e Don Green. Também gostaria de agradecer a meus antigos colegas da Santa Clara University (especialmente a Tracey Kahan, Tom Plante e Jerry Burger) e a meus colegas atuais da UNLV, que foram fontes férteis de novas ideias. E eu devo aos muitos alunos de graduação com quem trabalhei na UNLV, e a Gabriel Allred e Vince Rozalski, que ajudaram a completar as novas entradas de referência.

Meu maior agradecimento é para minha esposa, Beth Taylor, que tem sido uma fonte segura e constante de apoio emocional, enquanto enfrenta as dificuldades de sua carreira médica, e para meu filho T. J., por me fazer rir o tempo todo.

Wayne Weiten

Consultores dos Capítulos

Capítulo 1
David Baker, University of Akron
Charles L. Brewer, Furman University
C. James Goodwin, Wheeling Jesuit University
E. R. Hilgard, Stanford University
David Hothersall, Ohio State University
Michael G. Livingston, St. John's University

Capítulo 2
Larry Christensen, Texas A & M University
Francis Durso, University of Oklahoma
Donald H. McBurney, University of Pittsburgh
Wendy Schweigert, Bradley University

Capítulo 3
Nelson Freedman, Queen's University at Kingston
Michael W. Levine, University of Illinois, Chicago
Corinne L. McNamara, Kennesaw State University
James M. Murphy, Indiana University–Purdue, University at Indianapolis
Paul Wellman, Texas A & M University

Capítulo 4
Stephen Blessing, University of Tampa
Nelson Freedman, Queen's University at Kingston
Kevin Jordan, San Jose State University
Michael W. Levine, University of Illinois, Chicago
John Pittenger, University of Arkansas, Little Rock
Chrislyn E. Randell, Metropolitan State College of Denver
Lawrence Ward, University of British Columbia

Capítulo 5
Frank Etscorn, New Mexico Institute of Mining and Technology
Tracey L. Kahan, Santa Clara University
Charles F. Levinthal, Hofstra University
Wilse Webb, University of Florida

Capítulo 6
A. Charles Catania, University of Maryland;
Michael Domjan, University of Texas, Austin
William C. Gordon, University of New Mexico
Russell A. Power, Grant MacEwan College
Barry Schwartz, Swarthmore College
Deborah L. Stote, University of Texas, Austin

Capítulo 7
Tracey L. Kahan, Santa Clara University
Ian Neath, Purdue University
Tom Pusateri, Loras College
Stephen K. Reed, San Diego State University
Patricia Tenpenny, Loyola University, Chicago

Capítulo 8
John Best, Eastern Illinois University
David Carroll, University of Wisconsin, Superior
Charles Davidshofer, Colorado State University
Shalynn Ford, Teikyo Marycrest University
Richard J. Haier, University of California, Irvine
Tom Pusateri, Loras College
Stephen K. Reed, San Diego State University
Timothy Rogers, University of Calgary
Dennis Saccuzzo, San Diego State University

Capítulo 9
Robert Franken, University of Calgary
Russell G. Geen, University of Missouri
Douglas Mook, University of Virginia
D. Louis Wood, University of Arkansas, Little Rock

Capítulo 10
Ruth L. Ault, Davidson College
John C. Cavanaugh, University of Delaware
Claire Etaugh, Bradley University
Doug Friedrich, University of West Florida
Barbara Hansen Lemme, College of DuPage

Capítulo 11
Susan Cloninger, Russell Sage College
Caroline Collins, University of Victoria
Howard S. Friedman, University of California, Riverside
Christopher F. Monte, Manhattanville College
Ken Olson, Fort Hays State University

Capítulo 12
Jerry M. Burger, Santa Clara University
Donelson R. Forsyth, Virginia Commonwealth University
Stephen L. Franzoi, Marquette University
Cheryl Kaise, Michigan State University

Capítulo 13
Robin M. DiMatteo, University of California, Riverside
Jess Feist, McNeese State University
Regan A. R. Gurung, University of Wisconsin, Green Bay
Chris Kleinke, University of Alaska, Anchrage

Capítulo 14
David A. F. Haaga, American University
Richard Halgin, University of Massachusetts, Amherst
Chris L. Kleinke, University of Alaska, Anchorage
Elliot A. Weiner, Pacific University

Capítulo 15
Gerald Corey, California State University, Fullerton
Herbert Goldenberg, California State University, Los Angeles
Jane S. Halonen, Alverno College
Thomas G. Plante, Santa Clara University

Resenhistas

Lyn Y. Abramson
University of Wisconsin
Bill Adler
Collin County Community College
James R. M. Alexander
University of Tasmania
Gordon A. Allen
Miami University of Ohio
Randy Allen
Trocaire College
Elise L. Amel
University of St. Thomas
Elizabeth S. Athens
Kennesaw State University
Ruth L. Ault
Davidson College
Jeff D. Baker
Southeastern Louisiana University
Bart Bare
Caldwell Community College
Mark Basham
Regis University
Gina J. Bates
Southern Arkansas University
Scott C. Bates
Utah State University
Marcelle Bartolo
Abela Southern New Hampshire University
Derryl K. Beale
Cerritos Community College
Holly Beard
Midlands Technical College
Ashleah Bectal
U.S. Military Academy
Robert P. Beitz
Pima County Community College
Daniel R. Bellack
Trident Technical College
Mitchell Berman
University of Southern Mississippi
Chris A. Bjornsen
Longwood University
Stephen Blessing
University of Tampa

Charles B. Blose
MacMurray College
Frederick Bonato
Saint Peter's College
Robert Bornstein
Miami University
Bette L. Bottoms
University of Illinois, Chicago
Lyn Boulter
Catawba College
Amy Badura Brack
Creighton University
Edward Brady
Belleville Area College
Nicole Bragg
Mount Hood Community College
Allen Branum
South Dakota State University
Robert G. Bringle
Indiana University-Purdue University Indianapolis
Michael Brislawn
Bellevue Community College
David R. Brodbeck
Sir Wilfred Grenfall College, Memorial University of Newfoundland
Paula Brown-Weinstock
Fulton-Montgomery Community College
Dan W. Brunworth
Kishwaukee College
David M. Buss
University of Texas, Austin
James Butler
James Madison University
Kate Byerwalter
Grand Rapids Community College
Mary M. Cail
University of Virginia
James F. Calhoun
University of Georgia
William Calhoun
University of Tennessee
Cheryl Camenzuli
Hofstra University
Cari B. Cannon
Santiago Canyon College

Elaine Cassel
Lord Fairfax Community College
Heather Chabot
New England College
Monica Chakravertti
Mary Washington College
Janet L. Chapman
U.S. Military Academy
Kevin Chun
University of San Francisco
Jennifer Clark
University of North Carolina
Michael Clayton
Youngstown State University
Elizabeth Coccia
Austin Community College
Francis B. Colavita
University of Pittsburgh
Thomas B. Collins
Mankato State University
Luis Cordon
Eastern Connecticut State University
Stan Coren
University of British Columbia
Verne C. Cox
University of Texas at Arlington
Kenneth Cramer
University of Windsor
Dianne Crisp
Kwantlen University College
Christopher Cronin
Saint Leo University
Norman Culbertson
Yakima Valley College
Robert DaPrato
Solano Community College
Betty M. Davenport
Campbell University
Stephen F. Davis
Emporia State University
Peggy A. DeCooke
Purchase College SUNY
Kenneth Deffenbacher
University of Nebraska
Kathy Denton
Douglas College

Marcus Dickson
Wayne State University
Deanna L. Dodson
Lebanon Valley College
Delores Doench
Southwestern Community College
Roger Dominowski
University of Illinois, Chicago Joan Doolittle
Anne Arundel Community College
Dale V. Doty
Monroe Community College
Robert J. Douglas
University of Washington
Kimberley Duff
Cerritos College
Jim Duffy
Sir Wilfred Grenfall College, Memorial University of Newfoundland
David Eckerman
University of North Carolina
James Eison
Southeast Missouri State University
Kenneth Elliott
University of Maine, Augusta
Pamela G. Ely
St. Andrews Presbyterian College
M. Jeffrey Farrar
University of Florida
Meredyth Fellows
West Chester University
Donald Fields
University of New Brunswick
Alison Finstad
University of North Dakota
Thomas P. Fitzpatrick
Rockland Community College
Bob Fletcher
Truckee Meadows Community College
Karen E. Ford
Mesa State College
Donelson R. Forsyth

Virginia Commonwealth University
Leslie D. Frazier
Florida International University
Christina Frederick
Southern Utah University
Barry Fritz
Quinnipiac College
William J. Froming
University of Florida
Mary Ellen Fromuth
Middle Tennessee State University
Dean E. Frost
Portland State University
Nancy Frye
Long Island University
Ronald Gage-Mosher
Imperial Valley College
Judy Gentry
Columbus State Community College
Cassandra Germain
Campbell University
Linda Gibbons Westark College
Amber Gilewski
Burlington County College
Doba Goodman
York University
Jeffrey D. Green
Soka University
Richard Griggs
University of Florida
Arthur Gutman
Florida Institute of Technology
Robert Guttentag
University of North Carolina, Greensboro
Cheryl Hale
Jefferson College
Jane Halonen
James Madison University
Kevin B. Handey
Germanna Community College
Roger Harnish
Rochester Institute of Technology
Philip L. Hartley
Chaffey College
Brad M. Hastings
Mount Aloysius College
Glenn R. Hawkes
Virginia Commonwealth University
Myra D. Heinrich
Mesa State College
Paul Herrle
College of Southern Nevada
George Hertl
Northwest Mississippi Community College
Patricia Hinton
Cumberland College
Lyllian B. Hix
Houston Community College
Mark A. Hopper
Loras College
John P. Hostetler
Albion College
Jeremy Ashton Houska
Nevada State University
Stephen Hoyer
Pittsburgh State University
Allen I. Huffcutt
Bradley University
Bruce Hunsberger
Wilfrid Laurier University
Mir Rabiul Islam
Charles Sturt University Mississippi
Heide Island
University of Montana
Nancy Jackson
Johnson & Wales University
Robert A. Johnston
College of William and Mary
Robert Kaleta
University of Wisconsin, Milwaukee
Cindy Kamilar
Pikes Peak Community College
Margaret Karolyi
University of Akron
Jagdeep Kaur-Bala
University of Oregon
Sheila Kennison
Oklahoma State University
Alan R. King
University of North Dakota
Melvyn B. King
State University of New York, Cortland
James Knight
Humboldt State University
Mike Knight
Central State University
Ronald Kopcho
Mercer Community College
Mark Krause
University of Portland
Barry J. Krikstone
Saint Michael's College
Jerry N. Lackey
Stephen F. Austin State University
Robin L. Lashley
Kent State University, Tuscarawas
Peter Leppman
University of Guelph
Charles F. Levinthal
Hofstra University
Gary Levy
University of Wyoming
Wolfgang Linden
University of British Columbia
John Lindsay
Georgia College & State University
Evan Loehle-Conger
Madison Area Technical College
Laura Madson
New Mexico State University
Kathleen Malley-Morrison
Boston University
Diane Martichuski
University of Colorado, Boulder
Donald McBurney
University of Pittsburgh
Kathleen McCormick
Ocean County College
David G. McDonald
University of Missouri
Deborah R. McDonald
New Mexico State University
Siobhan McEnaney-Hayes
Chestnut Hill College
Ronald K. McLaughlin
Juniata College
Marisa McLeod
Santa Fe Community College
Sean P. Meegan
University of Utah
Steven E. Meier
University of Idaho
Sheryll Mennicke
University of Minnesota
Mitchell Metzger
Pennsylvania State University, Shenango
Le'Ann Milinder
New England College
Antoinette R. Miller
Clayton State University
Richard Miller
Western Kentucky University
Jack J. Mino
Holyoke Community College
Joel Morogovsky
Brookdale Community College
Mary Morris
Northern Territory University
Dirk W. Mosig
University of Nebraska at Kearney
Dan Mossler
Hampden-Sydney College
Darwin Muir
Queen's University at Kingston
David R. Murphy
Waubonsee Community College
Eric S. Murphy
University of Alaska, Anchorage
James M. Murphy
Indiana University-Purdue University Indianapolis
Michael Murphy
Henderson State University
Carnot E. Nelson
University of South Florida
John Nezlek
College of William and Mary
Bonnie J. Nichols
Mississippi County Community College
Bonnie Nicholson
University of Southern Mississippi
Rachel Nitzberg
University of California, Davis
Susan Nolan
Seton Hall University

David L. Novak
Lansing Community College
Caroline Olko
Nassau Community College
Richard Page
Wright State University
Joseph J. Palladino
University of Southern Indiana
John N. Park
Mankato State University
Phil Pegg
Western Kentucky University
Gayle Pitman
Sacramento City College
Bobby J. Poe
Belleville Area College
Edward I. Pollack
West Chester University of Pennsylvania
Gary Poole
Simon Fraser University
Michael Poulin
State University of New York, Buffalo
Russell Powell
Grant MacEwan College
Tracy Powell
Western Oregon University
Maureen K. Powers
Vanderbilt University
Rose Preciado
Mount San Antonio College
Janet Proctor
Purdue University
Frank. J. Provenzano
Greenville Technical College
Rebecca L. Rahschulte
Ivy Tech Community College
Bryan Raudenbush
Wheeling Jesuit University
Robin Raygor
Anoka-Ramsey Community College
Celia Reaves
Monroe Community College
Sean Reilley
Morehead State University
Gary T. Reker
Trent University
Daniel W. Richards
Houston Community College
Elizabeth A. Rider
Elizabethtown College
Alysia Ritter
Murray State University
Vicki Ritts
St. Louis Community College, Meramec
James Rodgers
Hawkeye Community College
Jayne Rose
Augustana College
Kenneth M. Rosenberg
State University of New York, Oswego
Lori Rosenthal
Lasell College
Patricia Ross
Laurentian University
Eileen Roth
Glendale Community College
Ana Ruiz
Alvernia College
Angela Sadowski
Chaffey College
Sabato D. Sagaria
Capital University
Roger Sambrook
University of Colorado, Colorado Springs
H. R. Schiffman
Rutgers University
Heide Sedwick
Mount Aloysius College
George Shardlow
City College of San Francisco
Fred Shima
California State University Dominguez Hills
Susan A. Shodahl
San Bernardino Valley College
Randolph A. Smith
Ouachita Baptist University
Steven M. Smith
Texas A & M University
Thomas Smith
Vincennes University
Rita Smith-Wade-El
Millersville University of Pennsylvania
Susan Snycerski
San Jose State University
James L. Spencer
West Virginia State College
Steven St. John
Rollins College
Paul Stager
York University
Jutta M. Street
Campbell University
Marjorie Taylor
University of Oregon
Frank R. Terrant, Jr.
Appalachian State University
Tim Tomczak
Genesee Community College
Iva Trottier
Concordia College
Travis Tubre
University of Southern
Jim Turcott
Kalamazoo Valley Community College
Donald Tyrrell
Franklin and Marshall College
Mary Ann Valentino
Reedley College
Robin Valeri
St. Bonaventure University
Frank J. Vattano
Colorado State University
Doris C. Vaughn
Alabama State University
Wayne Viney
Colorado State University
Paul Vonnahme
New Mexico State University
Shelly Watkins
Modesto Junior College
Julia Watson
Lakeland Community College
Will Wattendorf
Adirondack Community College
Paul Wellman
Texas A & M University
Keith D. White
University of Florida
Randall D. Wight
Ouachita Baptist University
Carol Winters-Smith
Bay Path College
Daniel E. Wivagg
Baylor University
D. Louis Wood
University of Arkansas, Little Rock
John W. Wright
Washington State University
Cecilia Yoder
Oklahoma City Community College
Dawn Young
Bossier Parish Community College

Sumário

CAPÍTULO 1   A EVOLUÇÃO DA PSICOLOGIA, 1

1.1   História da psicologia antiga   4

Nasce uma nova ciência   4
Começa a batalha das escolas: estruturalismo *versus* funcionalismo   4
Freud traz o inconsciente à tona   5
Watson altera o curso da psicologia quando funda o behaviorismo   7
Skinner questiona o livre-arbítrio – o behaviorismo floresce   8
A revolta dos humanistas   9

1.2   História da psicologia moderna   10

A psicologia chega à maturidade como uma profissão   11
A psicologia retorna às suas raízes: renova-se o interesse pela cognição e fisiologia   11
A psicologia amplia seus horizontes: aumenta o interesse pela diversidade cultural   12
A psicologia adapta-se: surge a psicologia evolucionista   13
A psicologia move-se a uma direção positiva   13

1.3   A psicologia hoje: vigorosa e diversificada   14

Áreas de pesquisa em psicologia   15
Especializações profissionais em psicologia   15

1.4   Sete temas unificadores   17

Temas relacionados à psicologia como campo de estudo   17
Ideias relativas ao tema central da psicologia   18
Desenvolvendo bons hábitos de estudo   21
Melhorando sua capacidade de leitura   22
Tirando maior proveito das aulas   23
As habilidades e atitudes do pensamento crítico   24
A necessidade de ensinar o pensamento crítico   25
Um exemplo   25

CAPÍTULO 2   A INICIATIVA DA PESQUISA PSICOLÓGICA, 29

2.1   À procura de leis: a abordagem científica do comportamento   30

Objetivos do empreendimento científico   30
Estágios de uma investigação científica   31
Vantagens da abordagem científica   35

2.2   À procura de causas: a pesquisa experimental   35

Variáveis dependentes e independentes   35
Grupo experimental e de controle   36
Variáveis intervenientes   36
Variações na elaboração de experimentos   37
Vantagens e desvantagens da pesquisa experimental   38

2.3   À procura de elos: a pesquisa descritivo-correlacional   39

O conceito de correlação   39
Observação naturalística   42
Estudos de caso   43
Coleta de dados   44
Vantagens e desvantagens da pesquisa descritivo-correlacional   44

2.4   A busca por falhas: avaliação da pesquisa   45

Amostras tendenciosas   46
Efeito placebo   46
Distorções nos dados de autorrelato   47
Tendenciosidade do pesquisador   48

2.5   Ética em foco: os fins justificam os meios?   49

A questão do artifício   49
A questão do uso de animais na pesquisa   50
Princípios éticos na pesquisa   51

2.6   Refletindo sobre os temas do capítulo   51

A natureza dos periódicos técnicos   54
Encontrando artigos em periódicos   54
Lendo artigos de periódicos   55
Resultados   56

CAPÍTULO 3   AS BASES BIOLÓGICAS DO COMPORTAMENTO, 61

3.1   A comunicação no sistema nervoso   62

O tecido nervoso: a ferramenta básica   62
O impulso nervoso: usando energia para enviar informação   64
A sinapse: onde os neurônios se encontram   65
Neurotransmissores e o comportamento   67

3.2   Organização do sistema nervoso   70

O sistema nervoso periférico   70
O sistema nervoso central   71

3.3   O cérebro e o comportamento   72

Olhando dentro do cérebro: métodos de pesquisa   72
O rombencéfalo   75
O mesencéfalo   75
O prosencéfalo   75
A plasticidade do cérebro   78

3.4   Hemisfério direito/hemisfério esquerdo do cérebro: especialização cerebral   80

Bisseccionando o cérebro: a pesquisa do cérebro dividido   80
Especialização hemisférica no cérebro intacto   82

3.5   O sistema endócrino: outra forma de comunicação   83

3.6   Hereditariedade e comportamento: estaria tudo nos genes?   84

Os princípios básicos da genética   84
Detectando a influência da hereditariedade: métodos de pesquisa   85

A interação hereditariedade-meio 88

3.7 As bases evolucionistas do comportamento 88
As visões de Darwin 89
Refinamentos subsequentes à teoria evolucionista 89
Comportamentos como traços adaptativos 90

3.8 Refletindo sobre os temas do capítulo 91
Especialização cerebral e processos cognitivos 92
Complexidades e qualificações 92
As descobertas-chave do desenvolvimento neural 94
A tendência a superextrapolar 95

CAPÍTULO 4 SENSAÇÃO E PERCEPÇÃO, 99

4.1 Sistema visual: princípios básicos da visão 100
O estímulo: luz 101
O olho: um instrumento óptico vivo 101
A retina: o mensageiro do cérebro no olho 103
A visão e o cérebro 105
Vendo o mundo em cores 107

4.2 Sistema visual: processos perceptivos 110
Percebendo formas, padrões e objetos 110
Percebendo a profundidade e a distância 115
Constâncias perceptivas da visão 116
O poder de indícios desorientadores: ilusões ópticas 117

4.3 Sistema auditivo: audição 120
O estímulo: o som 120
Capacidades auditivas nos seres humanos 120
Processamento sensorial no ouvido 121
Percepção auditiva: teorias da audição 121
Localização auditiva: fontes perceptivas do som 123

4.4 Nossos outros sentidos: paladar, olfato e tato 123
Paladar: o sistema gustativo 123
Olfato: o sistema olfativo 125
Tato: sistemas sensoriais da pele 126

4.5 Refletindo sobre os temas do capítulo 130

CAPÍTULO 5 VARIAÇÕES DA CONSCIÊNCIA, 139

5.1 Sobre a natureza da consciência 140
Variações nos níveis de percepção 141
A consciência e a atividade cerebral 141

5.2 Os ritmos biológicos e o sono 142
O papel dos ritmos circadianos 142
Ignorando os ritmos circadianos 142
Realinhando os ritmos circadianos 143

5.3 O ciclo sono-vigília 143
Os ciclos através dos estágios do sono 144
Privação do sono 148
Perda de sono e saúde 150
Problemas à noite: distúrbios do sono 150

5.4 O mundo dos sonhos 153
O conteúdo dos sonhos 153
A cultura e os sonhos 155
Teorias dos sonhos 155

5.5 Hipnose: consciência alterada ou representação de papéis? 156
A indução e o fenômeno hipnótico 156
Teorias da hipnose 157

5.6 Meditação: em busca de maior consciência 158

5.7 Alteração da consciência com drogas 159
Principais drogas e seus efeitos 160
Fatores que influenciam nos efeitos das drogas 162
Mecanismos de ação das drogas 162
Dependência 163
Drogas e saúde 164

5.8 Refletindo sobre os temas do capítulo 166
Questões comuns acerca do sono 167
Questões comuns acerca dos sonhos 168
O poder de criar definições 169
Definições, rótulos e tautologia 171

CAPÍTULO 6 APRENDIZAGEM, 175

6.1 Condicionamento clássico 176
A demonstração de Pavlov: reflexos psíquicos 176
Terminologia e procedimentos 177
O condicionamento clássico na vida cotidiana 178
Processos básicos do condicionamento clássico 180

6.2 Condicionamento operante 184
A demonstração de Skinner: tudo é uma questão de consequências 184
Terminologia e procedimentos 184
Processos básicos do condicionamento operante 186
Reforço 188
Esquemas de reforçamento 189
Reforço positivo *versus* reforço negativo 191
Punição 193

6.3 Novos caminhos no estudo do condicionamento 195
Reconhecendo barreiras biológicas no condicionamento 195
Reconhecendo processos cognitivos no condicionamento 196

6.4 Aprendizagem por observação 199
Processos básicos 199
Aprendizagem por observação e a controvérsia da violência na mídia 200

6.5 Refletindo sobre os temas do capítulo 201
Especificando o comportamento-alvo 204
Colhendo dados 205

Elaborando seu programa 206
Executando e avaliando seu programa 207
Condicionamento clássico na publicidade 207
Condicionamento clássico nos negócios 208
Condicionamento clássico no mundo da política 208

CAPÍTULO 7 A MEMÓRIA HUMANA, 213

7.1 Codificação: registrando a informação na memória 215
O papel da atenção 215
Níveis de processamento 216
Codificação enriquecedora 216

7.2 Armazenamento: mantendo a informação na memória 218
Memória sensorial 218
Memória de curto prazo 218
Memória de longo prazo 221
Como o conhecimento é representado e organizado na memória? 222
Redes semânticas 223

7.3 Recordação: buscando a informação na memória 224
Usando pistas para auxiliar a recordação 224
Restabelecendo o contexto de um evento 225
Reconstruindo memórias 225
Monitoramento da fonte 226

7.4 Esquecimento: quando a memória falha 226
Com que rapidez esquecemos: a curva do esquecimento de Ebbinghaus 227
Medidas do esquecimento 228
Por que esquecemos 228
Esquecimento motivado 230
A controvérsia das lembranças recalcadas 231

7.5 À procura do traço de memória: a fisiologia da memória 232
A anatomia da memória 233
O circuito neural e a bioquímica da memória 235

7.6 Diferentes tipos de sistemas de memória 235
Memória declarativa *versus* memória não declarativa 235
Memória semântica *versus* memória episódica 236
Memória prospectiva *versus* memória retrospectiva 237

7.7 Refletindo sobre os temas do capítulo 238
Repetição adequada 239
A prática da programação distribuída e interferência minimizada 240
Processamento profundo e organização da informação 240
Enriquecendo a codificação com mnemônicos verbais 241
A contribuição do viés retrospectivo 242
A contribuição da superconfiança 243

CAPÍTULO 8 COGNIÇÃO E INTELIGÊNCIA, 247

8.1 Linguagem: transformando pensamentos em palavras 248
Aquisição da linguagem 248
Aprendendo mais de uma língua: bilinguismo 250
Cultura, língua e pensamento 251

8.2 Resolução de problemas: em busca de soluções 252
Tipos de problemas 252
Obstáculos na resolução eficiente de problemas 252
Abordagens na resolução de problemas 255
Cultura, estilo cognitivo e resolução de problemas 257

8.3 A tomada de decisão: escolhas e oportunidades 258
Escolhendo entre preferências 259
A heurística no julgamento das probabilidades 260
A tendência de ignorar os índices básicos 260
A falácia da conjunção 261
Análise evolucionista da heurística rápida e frugal 261

8.4 Medindo a inteligência 263
Uma breve história 263
O que as pontuações dos atuais testes de QI significam? 264
Os testes de inteligência têm confiabilidade adequada? 265
Os testes de inteligência têm validade adequada? 265
Os testes de inteligência preveem sucesso vocacional? 266
Os testes de QI são amplamente usados em outras culturas? 267

8.5 Hereditariedade e ambiente como fatores determinantes da inteligência 267
Evidência da influência hereditária 268
Evidência da influência ambiental 270
A interação hereditariedade-ambiente 271
Diferenças culturais nas pontuações do QI 271

8.6 Novas direções no estudo da inteligência 274
Explorando índices biológicos de inteligência 274
Investigando processos cognitivos no comportamento inteligente 275
Expandindo o conceito de inteligência 276

8.7 Refletindo sobre os temas do capítulo 277
A natureza da criatividade 278
Medindo a criatividade 278
Elementos correlacionados à criatividade 279
A falácia do apostador 280
Superestimando o improvável 281
Os efeitos do enquadramento 281
Aversão à perda 282

CAPÍTULO 9   MOTIVAÇÃO E EMOÇÃO,   285

9.1   Teorias motivacionais   286

As teorias do impulso   286
As teorias do incentivo   287
Teorias evolucionistas   287

9.2   Motivação da fome e do comer   288

Fatores biológicos na regulação da fome   288
Fatores ambientais na regulação da fome   289
Alimentação e peso: origens da obesidade   291

9.3   Motivação sexual e comportamento   294

A resposta sexual humana   294
Análise evolucionista da motivação sexual humana   295
O mistério da orientação sexual   297

9.4   Motivação para a realização   300

As diferenças individuais na necessidade de realização   300
Determinantes situacionais no comportamento de realização   301

9.5   Elementos da experiência emocional   302

O componente cognitivo   302
O componente fisiológico   303
Circuitos neurais   305
O componente comportamental   305
Cultura e os elementos da emoção   306

9.6   Teorias da emoção   308

A teoria de James-Lange   308
A teoria de Cannon-Bard   309
A teoria dos dois fatores de Schachter   309
As teorias evolucionistas da emoção   310

9.7   Refletindo sobre os temas do capítulo   311

Quão felizes são as pessoas?   312
Fatores insatisfatórios na previsão da felicidade   312
Fatores de previsão da felicidade moderadamente bons   313
Fortes fatores de previsão da felicidade   313
Conclusões sobre o bem-estar subjetivo   314
A anatomia de um argumento   315
Falácias comuns   315
Avaliando a força dos argumentos   316

CAPÍTULO 10   DESENVOLVIMENTO HUMANO DURANTE O CICLO DA VIDA,   319

10.1   Evolução antes de nascer: desenvolvimento pré-natal   321

O curso do desenvolvimento pré-natal   321
Fatores ambientais e desenvolvimento pré-natal   322

10.2   Desenvolvimento motor, social e de linguagem na infância   324

A exploração do mundo: o desenvolvimento motor   324
O desenvolvimento emocional inicial: o vínculo   326
O aprendizado da comunicação: desenvolvimento da linguagem   328

10.3   Desenvolvimento cognitivo, moral e de personalidade na infância   329

Tornar-se único: o desenvolvimento da personalidade   329
A expansão do pensamento: o desenvolvimento cognitivo   331
O desenvolvimento do julgamento moral   335

10.4   A transição para a adolescência   337

Mudanças fisiológicas   337
Desenvolvimento neural   338
Em busca de identidade   339
A fase adulta emergente como um novo período de desenvolvimento   340

10.5   A extensão da vida adulta   340

Desenvolvimento da personalidade   341
Transições na vida familiar   342
O envelhecimento e as mudanças fisiológicas   344
Envelhecimento e mudanças neurais   345
O envelhecimento e as modificações cognitivas   346
A morte e o morrer   346

10.6   Refletindo sobre os temas do capítulo   347

Como os sexos diferem em comportamento?   348
Origens biológicas das diferenças entre os gêneros   349
Diferenças na organização cerebral   350
Origens ambientais das diferenças entre os gêneros   350
Conclusão   351
O argumento básico   352
Avaliando o argumento   352

CAPÍTULO 11   PERSONALIDADE   357

11.1   A natureza da personalidade   358

Definição de personalidade: consistência e peculiaridade   359
Traços de personalidade: disposições e dimensões   359
Modelo dos cinco fatores dos traços de personalidade   359

11.2   Perspectivas psicodinâmicas   360

A teoria psicanalítica de Freud   360
A psicologia analítica de Jung   366
A psicologia individual de Adler   366
Avaliação das perspectivas psicodinâmicas   367

11.3   Perspectivas comportamentais   368

As ideias de Skinner aplicadas à personalidade   368
A teoria da cognição social de Bandura   369
Mischel e a controvérsia pessoa-situação   370
Avaliação das perspectivas comportamentais   371

11.4   Perspectivas humanistas   371

A teoria centrada na pessoa de Rogers   371
A teoria da autorrealização, de Maslow   373
Avaliando as perspectivas humanistas   375

11.5   Perspectivas biológicas   375

A teoria de Eysenck 376
Genética do comportamento e personalidade 376
A abordagem evolucionista da personalidade 377
Avaliação das perspectivas biológicas 378

11.6 Abordagens empíricas contemporâneas da personalidade 378

Narcisismo 378
Teoria da gestão do terror 382

11.7 Cultura e personalidade 383

11.8 Refletindo sobre os temas do capítulo 385

Questionários autorreferidos 386
Testes projetivos 387
A prevalência do viés retrospectivo 388
Viés retrospectivo e personalidade 389
Outras implicações do viés retrospectivo 20-20 390

CAPÍTULO 12 COMPORTAMENTO SOCIAL, 393

12.1 Percepção pessoal: formando impressões sobre os outros 394

Efeitos da aparência física 395
Estereótipos 395
Subjetividade na percepção da pessoa 396
Perspectiva evolucionista sobre a tendência na percepção pessoal 396

12.2 Processos de atribuição: explicando o comportamento 396

Atribuições internas *versus* externas 397
Atribuições para o sucesso e o fracasso 397
Tendência na atribuição 398
Cultura e atribuições 399

12.3 Atração interpessoal: gostar e amar 400

Fatores-chave na atração 400
Perspectivas no mistério do amor 401
Cultura e relações próximas 402
A internet e os relacionamentos 403
Uma perspectiva evolucionista da atração 404

12.4 Atitudes: fazendo julgamentos sociais 405

Componentes e dimensões das atitudes 405
Atitudes implícitas: observação mais profunda 406
Tentando modificar atitudes: fatores de persuasão 407
Teorias sobre a formação e mudança de atitudes 409

12.5 Conformidade e obediência: submetendo-se aos outros 412

Conformidade 412
Obediência 414
Variações culturais quanto a conformidade e obediência 415
O poder da situação: a Simulação da Prisão Stanford 416

12.6 Comportamento em grupos: unindo-se aos outros 417

Comportamento individual e em grupos: o caso do efeito espectador 417
Produtividade grupal e preguiça social 418
Tomada de decisão em grupos 418

12.7 Refletindo sobre os temas do capítulo 420

Estereótipos 421
Atribuições influenciadas 422
Formando e conservando atitudes preconceituosas 422
Competição entre grupos 423
A divisão do mundo em grupos internos e externos 423
Avaliando a credibilidade 424
Reconhecendo as estratégias de influência social 425

CAPÍTULO 13 ESTRESSE, MANEJO E SAÚDE, 429

13.1 A natureza do estresse 430

Estresse como um evento do cotidiano 430
Avaliação: o estresse é uma questão de ponto de vista 430
Principais tipos de estresse 431

13.2 Respostas ao estresse 435

Respostas emocionais 435
Respostas fisiológicas 437
Respostas comportamentais 439

13.3 Estresse e saúde física 442

Personalidade, hostilidade e doenças cardíacas 442
Reações emocionais, depressão e doenças cardíacas 442
Estresse, outras doenças e funcionamento imunológico 443
Avaliando a ligação entre estresse e doenças 444
Fatores atenuantes do impacto do estresse 445
Efeitos positivos do estresse 447

13.4 Comportamentos que debilitam a saúde 447

Tabagismo 447
Álcool e uso de drogas 448
Sedentarismo 448
Comportamento e HIV/Aids 449

13.5 Reações à enfermidade 450

A decisão de procurar tratamento 450
Comunicando-se com profissionais de saúde 450
Adesão às recomendações médicas 451

13.6 Refletindo sobre os temas do capítulo 451

Reavaliação: o pensamento racional de Ellis 453
O humor como um redutor do estresse 454
Liberação de emoções reprimidas e perdão 454
Relaxamento e redução da vulnerabilidade psicológica 455
Avaliando as estatísticas sobre riscos à saúde 456
Pensando sistematicamente sobre decisões de saúde 457

CAPÍTULO 14 TRANSTORNOS PSICOLÓGICOS, 461

14.1 Conceitos gerais 462

O modelo médico aplicado ao comportamento

patológico 462
Critérios de comportamento patológico 463
Psicodiagnóstico: a classificação dos transtornos 465

14.2 Transtornos de ansiedade, TOC e TEPT 466
Transtorno da ansiedade generalizada 466
Transtorno fóbico específico 466
Transtorno de pânico 467
Agorafobia 467
Transtorno obsessivo-compulsivo 467
Transtorno de estresse pós-traumático 468
Etiologia de transtornos relacionados à ansiedade 469

14.3 Transtornos dissociativos 470
Descrição 471
Etiologia dos transtornos dissociativos 472

14.4 Transtornos depressivos e bipolares 472
Transtorno depressivo maior 473
Transtorno bipolar 474
Transtornos de humor e suicídio 474
Etiologia dos transtornos depressivo e bipolar 475

14.5 Transtornos esquizofrênicos 477
Sintomas 478
Etiologia da esquizofrenia 480

14.6 Transtorno do espectro autista 483
Sintomas e prevalência 483
Etiologia do TEA 486

14.7 Transtornos de personalidade 486
Transtornos antissocial, restritivo, narcisista e de personalidade 487
Etiologia dos transtornos da personalidade 487

14.8 Transtornos alimentares 488
Descrição 488
Prevalência e raízes culturais 489
Etiologia dos transtornos alimentares 490

14.9 Novas diretrizes no estudo dos transtornos psicológicos 490
O papel da exposição ao estresse na infância em transtornos de adultos 490
A relação genética entre os principais transtornos 491

14.10 Refletindo sobre os temas do capítulo 491
Insanidade 492
Capacidade 492
Internação involuntária 493

CAPÍTULO 15 TRATAMENTO DOS TRANSTORNOS PSICOLÓGICOS, 499

15.1 Os elementos dos processos de tratamento 501
Tratamentos: quantos tipos existem? 501
Clientes: quem procura terapia? 501
Terapeutas: quem provê tratamento profissional? 502

15.2 Terapias de *insight* 503
Psicanálise 504
Terapia centrada no cliente 506
Terapia de grupo 508
Terapias de família e de casais 508
Qual é a eficácia das terapias de *insight*? 509
Como funcionam as terapias de *insight* 509

15.3 Terapias comportamentais 510
Dessensibilização sistemática 511
Treinamento em habilidades sociais 512
Tratamentos cognitivo-comportamentais 512
Eficácia das terapias comportamentais 513

15.4 Terapias biomédicas 513
Tratamento com medicamentos 513
Eletroconvulsoterapia (ECT) 516

15.5 Tendências e questões atuais no tratamento 518
Aumentando a sensibilidade multicultural no tratamento 518
Uso de tecnologia para expandir a oferta de serviços clínicos 519
Tratamento combinado 520

15.6 Tratamento institucional em transição 520
Desencanto com os hospitais psiquiátricos 520
Desinstitucionalização 521
Doença mental, a porta giratória e a falta de moradia 521

15.7 Refletindo sobre os temas do capítulo 524
Onde encontrar serviços terapêuticos? 525
A profissão do terapeuta ou o gênero são importantes? 526
O tratamento é sempre caro? 526
A abordagem teórica do terapeuta é importante? 527
Como é a terapia? 527

Capítulo 1
A evolução da psicologia

1.1 HISTÓRIA DA PSICOLOGIA ANTIGA

1.2 HISTÓRIA DA PSICOLOGIA MODERNA

1.3 A PSICOLOGIA HOJE: VIGOROSA E DIVERSIFICADA

1.4 SETE TEMAS UNIFICADORES

1.5 APLICAÇÃO PESSOAL:
Melhorando sua performance acadêmica

1.6 APLICAÇÃO DO PENSAMENTO CRÍTICO:
Desenvolvendo habilidades de pensamento crítico: introdução

Quadro de conceitos do capítulo

Temas neste capítulo

 Empirismo
 Diversidade teórica
 Contexto sócio-histórico
 Causalidade multifatorial

 Herança cultural
 Hereditariedade e meio ambiente
 Subjetividade da experiência

O que é a psicologia? Por que vale a pena dedicar seu tempo ao estudo dela? Deixe-me responder a essas perguntas contando duas histórias.

Em 2005, Greg Hogan, aluno do segundo ano de faculdade, alcançou breve notoriedade nacional quando foi preso por um crime. Greg não correspondia à ideia do que as pessoas fazem de um criminoso. Era filho de um pastor batista e líder de sua turma, tocava violoncelo na orquestra da universidade e também trabalhava meio período com o capelão. Por isso, todos que o conheciam ficaram chocados ao saberem que ele fora preso por assalto a banco.

Ao que parece, Greg fingiu ter uma arma e conseguiu roubar mais de 2.800 dólares de um banco das redondezas. Sua razão para isso? Em poucos meses, ele havia perdido 5 mil dólares jogando pôquer pela internet. O advogado do rapaz disse que seu hábito de jogar tinha se transformado em um "vício" (Dissell, 2005; McLoughlin e Paquet, 2005).

Greg foi internado em uma clínica para tratar do problema com o jogo. De certa forma, teve sorte – pelo menos, conseguiu ajuda. Moshe Pergament, de 19 anos, estudante de uma faculdade em Long Island, Nova York, não teve tanta sorte. Ele foi morto com um tiro depois de apontar uma arma para um policial. A arma que carregava era, na verdade, de plástico. No assento da frente de seu carro havia um bilhete que começava assim: "Senhor policial, isso foi parte de um plano. Lamento tê-lo envolvido. Eu só precisava morrer". Moshe tinha acabado de perder 6 mil dólares apostando na World Series. Sua morte foi o que os policiais chamam "suicídio por um policial" (Lindsay e Lester, 2004).

Essas histórias são os extremos de uma tendência que preocupa muitas autoridades públicas e profissionais da saúde mental: a popularidade dos jogos de azar – desde loterias até pôquer on-line – está aumentando, principalmente entre os jovens (Jacobs, 2004). Universitários parecem estar à frente dessa tendência. Para alguns observadores, o jogo nos *campi* das faculdades tornou-se uma "epidemia". Os estudantes que agenciam as apostas ganham dezenas de milhares de dólares ao ano, recebendo apostas de outros alunos. Programas de TV como *The World Series of Poker* são amplamente anunciados aos alunos nos *campi*. Sites de pôquer na internet estimulam os alunos a obter o dinheiro das mensalidades apostando on-line.

Para a maioria das pessoas, jogar é um passatempo relativamente inofensivo – embora caro. No entanto, estimativas sugerem que 5% ou 6% dos adolescentes e jovens desenvolvem sérios problemas com o jogo – praticamente o dobro da observada em adultos mais velhos (Jacobs, 2004; Moore et al., 2013; Sassen, Kraus e Buhringer, 2011). O crescimento enorme do jogo compulsivo entre os jovens levanta uma série de perguntas: Jogar é perigoso? Pode de fato se tornar um vício? O que é um vício, afinal de contas? Se os jogadores compulsivos usarem drogas ou cometerem crimes, podemos dizer que o jogo é a causa de seus problemas ou um sintoma de um problema mais sério? Talvez a pergunta mais importante seja por que alguns se tornam jogadores compulsivos, mas a maioria não? Todos os dias, milhares de pessoas nos Estados Unidos apostam na loteria, em esportes ou em cassinos, sem nenhum prejuízo aparente. Alguns, porém, não conseguem parar de jogar até que tenham perdido tudo – suas economias, seus empregos, seus lares e até seu respeito próprio. Por quê? O que causa tal comportamento desconcertante e autodestrutivo?

A psicologia lida com esse tipo de questão. De modo mais geral, a psicologia busca entender *todas* as coisas que fazemos. Todos nós nos perguntamos às vezes as razões subjacentes ao comportamento das pessoas: Por que é difícil seguir dietas? Por que adiamos o momento de estudar? Por que nos apaixonamos por uma pessoa e não por outra? Perguntamos por que algumas pessoas são extrovertidas e outras, tímidas. Tentamos imaginar por que às vezes fazemos certas coisas que, sabemos, vão nos causar dor e angústia, seja ficar preso a um relacionamento ou perder o dinheiro da mensalidade em um jogo de pôquer. O estudo da psicologia envolve tudo isso e muito mais.

Muitas das questões da psicologia têm implicações para nossa vida cotidiana. Para mim, esse é um dos maiores atrativos da área: a psicologia é prática. Considere o caso do jogo. Os jogadores compulsivos sofrem todos os tipos de infortúnios, contudo, parece que não conseguem parar. Veja a angústia de um jogador chamado Steve: "Nos últimos dois anos, perdi literalmente milhares de dólares... Tentei várias

O desconcertante problema do jogo patológico, que aumentou drasticamente entre estudantes universitários nos últimos anos, levanta uma série de questões complicadas. Como será visto ao longo deste livro, os psicólogos investigam uma infinidade de questões fascinantes.

vezes parar, mas sempre fracassei... Estou enterrado em dívidas que estão destruindo minha vida e a de minha família... Quero ver uma luz intensa que apareça com a seguinte mensagem: 'Esta era sua antiga vida, Steve'" (SJB, 2006).

Qual é a melhor maneira de ajudar alguém como Steve? Ele deve se unir a um grupo como os Jogadores Anônimos? Aconselhamento funcionaria? Existem medicamentos que podem ajudar? Sondando os porquês e os comos do comportamento humano, a psicologia pode nos ajudar a encontrar respostas para perguntas importantes como essas e também a entender melhor as questões que nos afetam todos os dias. Neste livro, você verá o lado prático da psicologia, especialmente nas Aplicações Pessoais no fim de cada capítulo. Essas Aplicações focam questões diárias, como enfrentar o estresse da forma mais eficaz, melhorar o autocontrole e lidar com dificuldades para dormir.

Além do valor prático, vale a pena estudar psicologia porque ela propicia um *poderoso modo de pensar*. Todos os dias, fazemos julgamentos sobre a razão pela qual as pessoas fazem o que fazem. Por exemplo, podemos pensar que os jogadores compulsivos têm pouca força de vontade, são irracionais, ou são muito tolos para entender que as chances estão contra eles. Ou ainda podemos acreditar que estão presos a um vício que é simplesmente mais forte que eles. Como decidir quais desses julgamentos – se é que há algum – estão certos?

Os psicólogos têm o compromisso de investigar questões sobre o comportamento humano de um modo científico. Isso significa que eles procuram formular questões precisas a respeito do comportamento e depois testam respostas possíveis por meio de observação sistemática. Esse compromisso de testar ideias significa que a psicologia apresenta um meio de desenvolver o conhecimento que é relativamente preciso e confiável. Também propicia uma base para avaliar as afirmações que ouvimos todos os dias de amigos e família, bem como da mídia popular, a respeito do comportamento. Apesar de a maior parte das pessoas provavelmente não pensar muito nisso, a psicologia está nas notícias a todo momento – em jornais e revistas, na TV, no rádio e na internet.

Infelizmente, essa cobertura geralmente é distorcida ou simplista demais, então, informações equivocadas são comuns. Portanto, muitas "obviedades" sobre o comportamento acabam sendo amplamente aceitas como verdade, embora sejam concepções equivocadas ou mitos. Uma pequena amostra de alguns dos mitos populares relacionados à psicologia é apresentada na **Tabela 1.1**. Essa lista de concepções equivocadas provém de um excelente livro intitulado *50 Great Myths of Popular Psychology* (Lilienfeld et al., 2010). Nas próximas páginas, comentaremos uma série de concepções equivocadas sobre a psicologia e forneceremos informações mais precisas sobre essas questões, baseadas na ciência. Por exemplo, no Capítulo 3, você entenderá que a ideia de que as pessoas usam apenas 10% do cérebro é absolutamente absurda. Uma pesquisa sugere que a melhor forma de dissipar as concepções equivocadas dos alunos é encarar essas crenças de frente e fornecer uma refutação direta (Kowalski e Taylor, 2009). Por isso, ao longo deste livro você encontrará um recurso chamado Checagem da Realidade, que vai destacar inverdades comuns e confrontá-las com informações mais precisas e reais. Esses recursos estarão junto ao material essencial, como um suplemento do texto principal para atacar expressamente crenças ingênuas e falaciosas.

No caso da compulsão por jogo, por exemplo, pesquisadores desenvolveram estudos minuciosos para investigar a relação dos problemas com o jogo com possíveis influências, como a ligação entre o consumo de bebida alcoólica entre estudantes universitários e o vício em jogo (Hodgins e Racicot, 2013) e o fato de pertencerem a uma fraternidade universitária (Rockey et al., 2005). Eles mergulharam profundamente no problema da mente dos viciados em jogo, procurando distorções no pensamento deles (Goodie e Fortune, 2013). Utilizaram as técnicas mais avançadas de imagem do cérebro para buscar anormalidades patológicas no cérebro de jogadores compulsivos (Tschernegg et al., 2013). Chegaram até a examinar se algumas pessoas são predispostas por seus genes a desenvolver problemas com jogo (Slutske et al., 2013).

Tabela 1.1 Mitos populares relacionados à psicologia

Mitos	Capítulo correspondente
A maior parte das pessoas usa apenas 10% da capacidade cerebral.	Capítulo 3
Tocar música de Mozart para bebês aumenta a inteligência.	Capítulo 3
A hipnose é um estado de "transe" singular que difere em essência do estado de vigília.	Capítulo 5
A hipnose é útil para recuperar memórias de eventos esquecidos.	Capítulo 7
O teste do polígrafo ("detector de mentiras") é um meio preciso de detectar desonestidade.	Capítulo 9
Os opostos se atraem: somos mais romanticamente atraídos por pessoas que diferem de nós.	Capítulo 12
As pessoas com esquizofrenia possuem múltiplas personalidades.	Capítulo 14
Uma grande parte dos criminosos usa, com sucesso, a insanidade em sua defesa.	Capítulo 14

FONTE: Baseado em Lilienfeld, S. O.; Lynn, S. J.; Ruscio, J.; Beyerstein, B. L.. *50 great myths of popular psychology*: Shattering widespread misconceptions about human behavior. Malden, MA: Wiley-Blackwell, 2010.

Se existe pelo menos uma conclusão clara que desponte desses estudos é a de que não há uma resposta simples para o mistério do jogo patológico. Pelo contrário, uma explicação completa para esse problema envolverá muitas influências que interagem de modos complexos (Derevensky e Gupta, 2004; Petry, 2005). Como você verá neste curso, o mesmo se aplica à maioria dos aspectos do comportamento. Na minha opinião, essa é mais uma razão para estudar psicologia: ela nos ensina a ter um respeito saudável pela *complexidade* do comportamento. Em um mundo no qual se poderia praticar mais a compreensão – e a compaixão – essa pode ser uma lição valiosa.

À medida que progride neste curso, espero que você venha a compartilhar do meu entusiasmo pela psicologia como um campo de estudo fascinante e imensamente prático. Comecemos nossa exploração estudando como a psicologia evoluiu das primeiras especulações sobre o comportamento para uma ciência moderna. Ao analisar essa evolução, você entenderá melhor a psicologia como ela é hoje, uma ciência e uma profissão que se expande e é multifacetada. Concluiremos nossa introdução com uma visão dos sete temas unificadores, que servirão como um elo entre os capítulos que se seguem. A Aplicação Pessoal em cada capítulo apresenta ideias sobre como ser um estudante eficaz. Por fim, a Aplicação do Pensamento Crítico discutirá como as habilidades do pensamento crítico podem ser aprimoradas.

1.1 História da psicologia antiga

A história da psicologia é a história das pessoas buscando, juntas, melhor entendimento de si mesmas. À medida que essa área de estudo evoluía, seu foco, métodos e modelos explicativos mudavam. Vejamos como ela se desenvolveu por meio de especulações filosóficas a respeito da mente até uma ciência moderna, baseada em pesquisas.

O termo *psicologia* origina-se de duas palavras gregas: *psique*, que significa "alma", "espírito" ou "mente", e *logos*, que se refere ao estudo de um assunto. Esses dois termos gregos foram inicialmente colocados lado a lado para definir o tema de um estudo no século XVI, quando *psique* era usado para se referir a alma, o espírito ou a mente em contraposição ao corpo (Boring, 1966). Mas foi somente no início do século XVIII que o termo *psicologia* se tornou mais comum entre os acadêmicos. Foi quando passou a significar "o estudo da mente".

Certamente, as pessoas sempre se questionavam a respeito dos mistérios da mente. Nesse sentido, a psicologia é tão antiga quanto a raça humana. Mas foi apenas por volta de 140 anos atrás que a psicologia se tornou uma disciplina científica.

1.1 Objetivos principais de aprendizagem

- Resumir as contribuições de Wundt para a psicologia e descrever os princípios mais importantes do estruturalismo e do funcionalismo.
- Expor as principais ideias de Freud e por que elas geram controvérsias.
- Traçar o desenvolvimento do comportamentalismo e avaliar o impacto de Watson na evolução da psicologia.
- Resumir os conhecimentos-chave de Skinner e explicar o surgimento do humanismo e sua filosofia fundamental.

Nasce uma nova ciência

Os pais intelectuais da psicologia foram a *fisiologia* e a *filosofia*. Por volta de 1870, um pequeno grupo de estudiosos dessas duas áreas estava ativamente explorando questões sobre a mente. Como as sensações corporais se transformavam em conscientização do mundo exterior? Nossas percepções do mundo seriam um reflexo preciso da realidade? Como a mente e o corpo interagem? Os filósofos e fisiologistas interessados na mente viam nessas questões temas fascinantes *dentro* de seus próprios campos de estudo. Foi Wilhelm Wundt (1832-1920), professor alemão, que finalmente mudou essa visão. Ele se empenhou para tornar a psicologia uma disciplina independente, em vez de simplesmente uma enteada da filosofia e da fisiologia (Fuchs e Evans, 2013).

Em 1879, Wundt conseguiu montar o primeiro laboratório formal para pesquisas em psicologia na University of Leipzig. Em reconhecimento a este marco, os historiadores batizaram 1879 como o "ano de nascimento" da psicologia. Depois, em 1881, Wundt lançou o primeiro periódico destinado a publicações de pesquisas em psicologia. Em resumo, seus esforços foram tão bem-sucedidos que ele é hoje amplamente aceito como o fundador da psicologia (Benjamin, 2014).

A concepção de psicologia de Wundt prevaleceu por duas décadas e influenciou muitas outras. Por sua experiência em fisiologia, Wundt declarou, em 1874, que a nova psicologia devia ser uma ciência moldada em campos como o da física e o da química. Qual seria o assunto da nova ciência? Segundo ele, a *consciência* – a conscientização da experiência imediata. *Assim, a psicologia tornou-se o estudo científico da experiência consciente.* Essa orientação manteve a psicologia focada unicamente na mente. Mas isso exigiu que os métodos usados para investigar a mente fossem tão científicos quanto os dos físicos e dos químicos.

Acadêmicos excepcionais foram a Leipzig para estudar com Wundt e, depois, espalharam-se pelo mundo fundando laboratórios que constituíram a base para a nova ciência da psicologia. O crescimento dessa nova ciência foi particularmente rápido na América do Norte, onde 23 novos laboratórios de pesquisa psicológica surgiram entre 1883 e 1893 nas universidades mostradas na **Figura 1.1** (Benjamin, 2014). Embora a psicologia tenha nascido na Alemanha, ela entrou na adolescência na América.

Começa a batalha das escolas: estruturalismo *versus* funcionalismo

Correntes divergentes de pensamento existem na maioria das disciplinas científicas. Algumas vezes, essas divergências tornam-se acirradas. Tal diversidade de pensamento é natural e frequentemente estimula o debate esclarecedor. Na psicologia, as duas primeiras maiores escolas de pensamento, o *estruturalismo* e o *funcionalismo*, promoveram a primeira grande batalha intelectual nesse campo (Wertheimer, 2012).

O estruturalismo emergiu pela liderança de Edward Titchener, inglês que emigrara para os Estados Unidos em 1892. Depois de estudar no laboratório de Wundt, ele

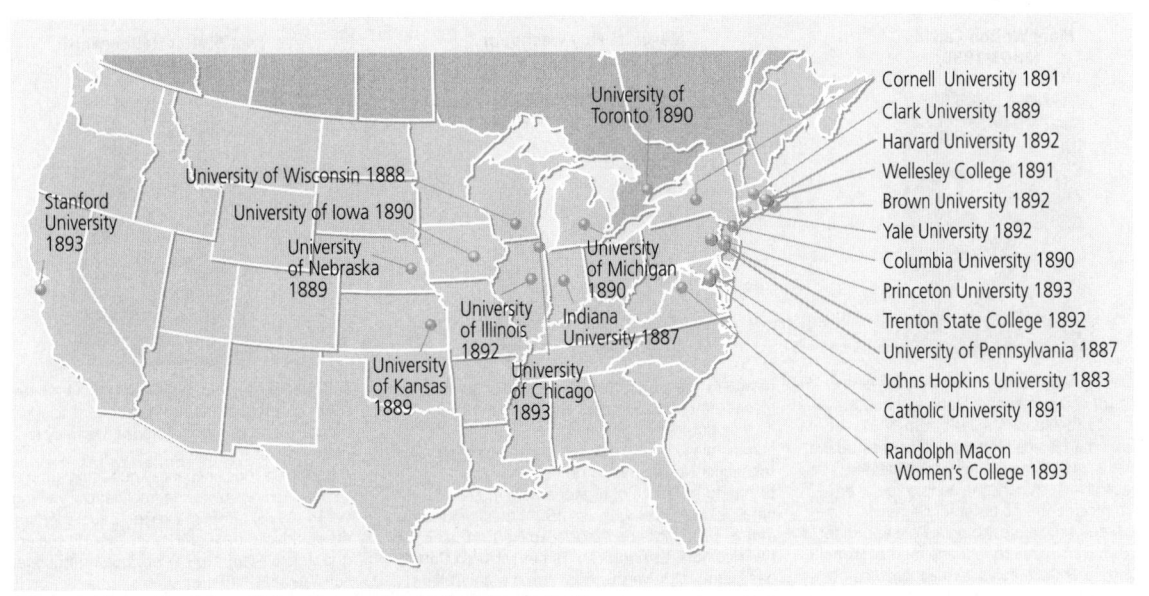

Figura 1.1 Primeiros laboratórios de pesquisa na América do Norte.
O mapa destaca o local e o ano de fundação dos primeiros 23 laboratórios de pesquisa psicológica estabelecidos em faculdades e universidades norte-americanas. Muitos desses laboratórios foram fundados por alunos de Wilhelm Wundt. (Baseado em Benjamin, 2000).

lecionou por décadas na Cornell University. O *estruturalismo* baseava-se na noção de que a tarefa da psicologia era analisar a consciência nos seus elementos básicos e investigar como esses elementos estavam relacionados. Assim como os físicos estavam estudando como a matéria é formada por partículas básicas, os estruturalistas queriam identificar os componentes fundamentais da experiência consciente, tais como as sensações, os sentimentos e as imagens.

Embora os estruturalistas explorassem muitas questões, grande parte de seu trabalho era concernente à visão, à audição e ao tato. Para examinar o conteúdo da consciência, dependiam do método de **introspecção,** ou observação sistemática e minuciosa da própria experiência consciente. Da maneira como era praticada pelos estruturalistas, a introspecção requeria treino para fazer o participante, a pessoa que está sendo estudada, mais objetiva e mais ciente. Uma vez treinados, os participantes eram expostos a sons e estímulos visuais e solicitados a analisar e descrever a qualidade, intensidade e clareza do que haviam experienciado.

Os funcionalistas foram intensamente influenciados por William James (1842-1910), um estudioso norte-americano brilhante, que tinha uma visão diferente da tarefa da psicologia. O *funcionalismo* baseava-se na crença de que a psicologia devia investigar a função ou o propósito da consciência, em vez de sua estrutura. James sustentava a ideia de que a abordagem estruturalista deixava de considerar a natureza real da experiência consciente. A consciência, para ele, consiste em um *fluxo* contínuo de pensamentos. Ao analisar a consciência nos seus "elementos", os estruturalistas estavam estudando pontos estáticos daquele fluxo. James queria entender o fluxo em si, o que ele chamava *fluxo da consciência*. Hoje, as pessoas tomam como certa essa descrição metafórica da vida mental, mas naquela época era uma ideia revolucionária. James continuou fazendo muitas contribuições importantes para a psicologia, incluindo uma teoria da emoção que permanece influente hoje (Laird e Lacasse, 2014; veja o Capítulo 9). Seu livro de referência, *Principles of Psychology* (1890), tornou-se leitura obrigatória para gerações de psicólogos. Talvez seja o texto mais influente na história da psicologia (Weiten e Wight, 1992).

Enquanto os estruturalistas eram naturalmente atraídos para o laboratório, os funcionalistas estavam mais preocupados em como as pessoas adaptam seus comportamentos às demandas do mundo real que as circunda. Em vez de se aterem à sensação e à percepção, os funcionalistas começaram a investigar os testes psicológicos, os padrões de desenvolvimento em crianças, a eficácia das práticas educacionais e diferenças comportamentais entre os sexos. Esses novos tópicos podem ter sido responsáveis por atrair as primeiras mulheres ao campo da psicologia (veja **Figura 1.2**).

Os apaixonados defensores do estruturalismo e do funcionalismo viam-se lutando por altos objetivos: a definição e futura direção da nova ciência da psicologia. O embate de ideias entre essas escolas continuou vigorosamente por muitos anos. Quem venceu? Muitos historiadores dão a vitória ao funcionalismo. Ambas as escolas de pensamento gradualmente desapareceram. Mas a orientação prática do funcionalismo fomentou o desenvolvimento de dois descendentes importantes – o comportamentalismo e a psicologia aplicada (Green, 2009). Discutiremos ambos brevemente.

Freud traz o inconsciente à tona

Sigmund Freud (1856-1939) foi um médico austríaco cujas teorias fizeram dele uma das mais influentes – e controversas – figuras intelectuais do século XX. A abordagem de Freud à psicologia (1900, 1933) desenvolveu-se com base em seus esforços para tratar as doenças mentais. Na sua prática médica, tratou pessoas atormentadas por problemas

Mary Whiton Calkins (1863-1930)

Mary Calkins, que estudou com William James, fundou um dos primeiros 12 laboratórios na América, na Faculdade Wellesley, em 1891, inventou uma técnica muito usada para estudar a memória e foi a primeira mulher presidente da Associação Norte-Americana de Psicologia, em 1905. Ironicamente, no entanto, ela nunca recebeu seu ph.D. em psicologia. Por ser mulher, a Harvard University muito relutantemente permitiu que ela frequentasse aulas de graduação como "aluna convidada". Ao completar os requisitos para seu ph.D., Harvard lhe teria oferecido um diploma de doutorado da faculdade Radcliffe, voltada para mulheres. Sentindo que tal decisão perpetuava as desigualdades de tratamento entre os sexos, recusou-o.

Margaret Floy Washburn (1871-1939)

Margaret Washburn foi a primeira mulher a receber um ph.D. em psicologia. Ela escreveu um livro de grande influência: A mente animal (The animal mind, 1908), que serviu para impulsionar o subsequente surgimento do behaviorismo, tornando-se leitura obrigatória para muitas gerações de psicólogos. Em 1921, foi a segunda mulher presidente da Associação Norte-Americana de Psicologia. Estudou com James McKeen Cattell na Columbia University, mas, como Mary Calkins, só tinha permissão para assistir às aulas de modo não oficial, como "ouvinte". Como consequência, transferiu-se para a Cornell University, que era mais hospitaleira em relação às mulheres, e completou seu doutorado em 1894. Como Calkins, Washburn passou a maior parte de sua vida em uma faculdade para mulheres (Vassar).

Leta Stetter Hollingworth (1886-1939)

Leta Hollingworth desenvolveu trabalho pioneiro sobre o desenvolvimento na adolescência, retardo mental e crianças bem-dotadas. De fato, foi a primeira a usar o termo superdotado (em inglês, gifted) para indicar crianças que atingiam níveis muito altos nos testes de inteligência. Hollingworth (1914, 1916) também exerceu papel fundamental na elucidação de teorias populares de sua época que objetivavam explicar por que as mulheres eram consideradas "inferiores" aos homens. Por exemplo, ela conduziu um estudo em que refuta o mito de que as fases do ciclo menstrual estavam associadas de maneira confiável ao baixo desempenho das mulheres. Sua minuciosa coleta de dados objetivos quanto às diferenças de gênero forçou outros cientistas a submeter crenças populares, não comprovadas, a respeito dos sexos a um questionamento empírico.

Figura 1.2 Mulheres pioneiras na história da psicologia.

As mulheres trouxeram grandes contribuições à psicologia (Milar, 2000; Russo e Denmark, 1987), e hoje cerca da metade de todos os psicólogos é composta por mulheres. Como em outros campos, porém, as mulheres sempre foram negligenciadas na história da psicologia (Furumoto e Scarborough, 1986). As três psicólogas aqui perfiladas provam que as mulheres têm dado contribuições significativas para a psicologia quase desde o início, apesar das incríveis barreiras com que se depararam ao perseguir suas carreiras acadêmicas.

---

psicológicos, tais como medos irracionais, obsessões e angústias, com um procedimento inovador a que chamou *psicanálise* (descrita em detalhe no Capítulo 15). Décadas de experiência analisando a vida de seus pacientes foram a grande fonte inspiradora para sua teoria.

Seu trabalho com pacientes o persuadiu da existência do que ele denominava *inconsciente*. De acordo com Freud, **o inconsciente contém pensamentos, memórias e desejos que estão muito abaixo da superfície da consciência, mas que, apesar de tudo, exercem grande influência sobre o comportamento.** Freud baseou seu conceito do inconsciente em uma variedade de observações. Notou, por exemplo, que lapsos verbais aparentemente sem sentido muitas vezes pareciam revelar os verdadeiros sentimentos de uma pessoa, e, também, que os sonhos de seus pacientes geralmente expressavam sentimentos importantes, dos quais não estavam cientes. Tecendo essas e outras observações, concluiu que distúrbios psicológicos são, em grande parte, causados por conflitos pessoais que estão latentes em um nível inconsciente. De maneira mais ampla, sua **teoria psicanalítica tenta explicar a personalidade, a motivação e doenças mentais, focalizando determinantes inconscientes do comportamento.**

A concepção freudiana do inconsciente não era totalmente nova, mas ele a mapeou para a população geral e a elaborou como nunca havia sido feito (Lothane, 2006). É importante enfatizar que a concepção de inconsciente foi uma importante ruptura com a crença predominante de que as pessoas estão completamente cientes das forças que afetam o seu comportamento. Ao propor que o comportamento é governado por forças inconscientes, Freud fez a sugestão desconcertante de que as pessoas não são senhoras de suas próprias mentes. Outros aspectos da sua teoria também provocaram debates. Ele propôs a ideia de que o comportamento é fortemente influenciado pela maneira como as pessoas lidam com suas compulsões sexuais. Em uma época em que discutir o assunto "sexo" era muito mais incômodo que nos dias atuais, mesmo os cientistas ficaram escandalizados e ofendidos pela ênfase que ele atribuía ao tema. Poucos se surpreenderam, então, quando Freud foi engolfado em controvérsias.

Apesar da natureza controversa, a teoria de Freud gradualmente ganhou aceitação, atraindo seguidores proeminentes como Carl Jung e Alfred Adler. Importante reconhecimento público pela psicologia veio em 1909, quando G. Stanley Hall convidou Freud para dar uma série de palestras na Clark University, em Massachusetts. Na década de 1920, a teoria psicanalítica foi amplamente conhecida ao redor do mundo. Apesar de a teoria psicanalítica continuar a gerar um ardoroso debate, ela sobreviveu para se tornar uma perspectiva teórica influente (Luborsky, O'Reilly-Landry e Arlow, 2011). Hoje, muitos conceitos psicanalíticos estão inseridos na corrente principal da psicologia (Eagle, 2013; Westen, Gabbard e Ortigo, 2008).

> **REVISÃO 1.1**
>
> **Entendendo as ideias das principais teorias: Wundt, James e Freud**
>
> Revise seu entendimento das ideias de algumas das mais importantes teorias apresentadas neste capítulo, indicando quem, possivelmente, teria feito as afirmações abaixo. Escolha entre os seguintes teóricos: (a) Wilhelm Wundt; (b) William James; (c) Sigmund Freud. As respostas encontram-se no Apêndice A.
>
> _____ 1. "Aquele que tem olhos para ver e ouvidos para ouvir pode se convencer de que nenhum mortal consegue guardar um segredo. Se os lábios ficarem silenciosos, ele fala com as pontas dos dedos; a traição emana dele por todos os poros. E assim a tarefa de tornar consciente os mais ocultos recessos da mente é quase impossível de realizar."
>
> _____ 2. "O livro que apresento ao público é uma tentativa de demarcar um novo domínio da ciência... A nova disciplina se apoia em bases anatômicas e psicológicas... Deve-se declarar, a partir de qualquer ponto de vista, que o tratamento experimental dos problemas psicológicos ainda é incipiente."
>
> _____ 3. "A consciência, então, não aparece para si mesma cortada em pedaços. Palavras como 'corrente' ou 'série' não a descrevem adequadamente... Ela não é uma junção; ela flui. Um 'rio' ou 'córrego' são as metáforas pelas quais ela é mais naturalmente descrita".

Watson altera o curso da psicologia quando funda o behaviorismo

No início do século XX, o surgimento de outra importante escola de pensamento alterou drasticamente o curso da psicologia. Fundada por John B. Watson (1878-1958), o **behaviorismo é uma orientação teórica baseada na premissa de que a psicologia científica deveria estudar apenas o comportamento observável.** É importante entender a mudança radical que essa definição representa. Watson (1913, 1919) propunha que os psicólogos _abandonassem totalmente o estudo da consciência_ e focassem exclusivamente os comportamentos diretamente observáveis. Em resumo, ele estava redefinindo o que a psicologia científica deveria estudar.

Por que ele propunha uma mudança de direcionamento tão significativa? Porque, para ele, a potência do método científico estava na sua possibilidade de _verificação_. Em princípio, afirmações científicas podem sempre ser verificadas (ou desaprovadas) por qualquer pessoa que esteja disposta a isso e que seja capaz de fazer as observações necessárias. Contudo, essa potência depende de estudar coisas que possam ser observadas objetivamente. De outra forma, a vantagem de usar abordagem científica – substituindo a especulação vaga e a opinião pessoal por conhecimento exato e confiável – é perdida.

Na visão de Watson, os processos mentais não eram assunto apropriado para estudo científico por serem eventos privados. Além disso, ninguém pode ver ou tocar os pensamentos de outra pessoa. Consequentemente, para ser uma ciência, a psicologia deveria desistir da consciência como seu tema central e se tornar a _ciência do comportamento_.

O termo _behavior_ (comportamento) refere-se a qualquer resposta ou atividade observável realizada por um ser vivo. Watson afirmava que os psicólogos poderiam estudar qualquer coisa que as pessoas fazem ou dizem, como fazer compras, jogar xadrez, comer, cumprimentar um amigo. Entretanto, de acordo com Watson, eles _não_ poderiam estudar cientificamente os pensamentos, desejos e sentimentos que acompanham esses comportamentos.

Sua reorientação radical não terminou com a redefinição do tema central da psicologia. Ele também adotou uma postura extrema quanto a uma das mais antigas e fundamentais questões da psicologia: _inato_ versus _aprendido_. Esse antigo debate diz respeito à seguinte questão: o comportamento é determinado principalmente por herança genética ("inato") ou pelo meio e pelas experiências ("aprendido")? Para simplificar, a pergunta é essa: um grande concertista ou um criminoso já nascem assim ou são transformados em tal?

Watson sustentava a ideia de que cada um deles seria transformado, não nasceriam assim. Ele desconsiderava a importância da hereditariedade, propondo que o comportamento é governado inteiramente pelo meio. Na verdade, ele corajosamente afirmou:

> _Dê-me uma dúzia de crianças saudáveis, bem formadas, e meu mundo especial para que elas sejam criadas nele, e eu garanto que se selecionar uma delas aleatoriamente a treinarei para que se torne um especialista de minha escolha – médico, advogado, artista, comerciante e, sim, até um mendigo ou ladrão –, independentemente de seus talentos, gostos, tendências, habilidades, vocação ou raça de seus ancestrais. E, admito, estarei indo além da minha realidade, da mesma forma como meus opositores, e eles têm feito isso por milhares de anos_ (1924, p. 82).

Por razões óbvias, o desafio irônico de Watson nunca foi testado. Embora essa citação frequente exagere e simplifique demais a visão de Watson quanto à questão inato-aprendido (Todd e Morris, 1992), seus trabalhos escritos contribuíram para a vertente relacionada ao meio ambiente que se associou ao behaviorismo (Horowitz, 1992).

Na psicologia, o surgimento gradual do behaviorismo contribuiu para o aumento da pesquisa com animais. De 1930 até 1950, o comportamento de um simples rato de laboratório era o foco de milhares de estudos. A pesquisa com animais continua sendo muito importante na psicologia contemporânea.

A abordagem behaviorista também contribuiu para o aumento das pesquisas com animais na psicologia. Apesar de uma quantidade modesta de pesquisas com animais ser conduzida antes do advento do behaviorismo (Fuchs e Evans, 2013), quando os behavioristas excluíram a consciência de seu enfoque, os psicólogos não precisaram mais estudar sujeitos humanos que reportassem seus processos mentais. De qualquer forma, para muitos deles, os animais poderiam ser melhores sujeitos de pesquisa. Uma das principais razões para isso era o fato de que a pesquisa experimental é em geral mais produtiva se os pesquisadores puderem exercer *controle* considerável sobre seus pesquisados. É óbvio que um pesquisador pode exercer um controle muito mais amplo sobre um rato ou um pombo de laboratório do que sobre um ser humano. Assim, a disciplina que tinha se iniciado havia algumas décadas com o estudo da mente encontrava-se agora profundamente envolvida com o estudo das simples respostas dadas por animais de laboratório.

Apesar de a visão de Watson ter moldado a evolução da psicologia por muitas décadas, ele acabou observando o progresso dessa ciência por meio da margem. Por causa de um escândalo relacionado a um divórcio amplamente divulgado em 1920, Watson foi forçado a sair da Johns Hopkins University (Buckley, 1994). Muito desapontado, ele deixou a academia aos 42 anos para nunca mais voltar. A perda da psicologia provou ser o ganho do mundo dos negócios, quando Watson se tornou publicitário executivo inovador e bem-sucedido (Brewer, 1991; King, Woody e Viney, 2013). A indústria da propaganda estava apenas surgindo como uma força nacional na década de 1920, e Watson rapidamente se tornou um dos seus mais proeminentes profissionais. Ele foi o pioneiro a apelar ao medo, aos testemunhos, à venda da "reputação" de produtos e à promoção de estilo sobre a substância, elementos que permanecem princípios básicos no marketing moderno (Buckley, 1982). Além disso, "por meio de uma enorme publicação de livros, artigos de revistas e divulgação em rádio, ele foi capaz de se estabelecer como porta-voz público da profissão de psicologia e especialista em assuntos que variavam de educação infantil até economia. Na realidade, Watson se tornou o primeiro psicólogo pop" (Buckley, 1982, p. 217). Assim, ironicamente, Watson tornou-se a cara pública da disciplina que o baniu da sua corrente principal.

Skinner questiona o livre-arbítrio – o behaviorismo floresce

Os defensores do behaviorismo e os psicanalistas enfrentaram-se com frequência durante as décadas de 1920, 1930 e 1940. Como o pensamento psicanalítico foi aos poucos ganhando terreno dentro da psicologia, muitos psicólogos abrandaram sua posição em relação ao estudo dos eventos mentais internos. Entretanto, tal movimento da consideração dos estados internos sofreu uma reviravolta em meados de 1950, devido ao trabalho de um psicólogo de Harvard chamado B. F. Skinner (1904-1990).

Skinner não negava a existência de eventos mentais internos, mas insistia que eles não podiam ser estudados cientificamente. Além disso, reafirmava ele, não havia necessidade de que eles fossem estudados. De acordo com Skinner, se o estímulo "comida" for seguido pela resposta "comer", poderemos estar descrevendo o que acontece sem necessidade de nenhuma adivinhação sobre se o animal está experimentando "fome." Como Watson, Skinner também enfatizava que fatores ambientais moldam o comportamento.

O princípio fundamental do comportamento documentado por Skinner é ilusoriamente simples: *os organismos tendem a repetir as respostas que levam a um resultado positivo e a não repetir as que levam a um resultado neutro ou negativo.* Apesar de sua simplicidade, esse princípio provou ser muito poderoso. Trabalhando com ratos e pombos de laboratório em uma pequena câmara chamada caixa de Skinner (veja o Capítulo 6), ele mostrou que podia exercer extraordinário controle sobre o comportamento de animais por meio da manipulação do resultado às suas respostas. Ele conseguiu, até mesmo, treinar animais para apresentar comportamento não natural. Por exemplo, certa vez treinou pombos a jogar uma versão respeitável do ping-pong (eles bicavam a bola, jogando-a para a frente e para trás sobre uma mesa de ping-pong). Seus seguidores demonstraram, por fim, que os princípios descobertos em suas pesquisas com animais podiam ser aplicados também a comportamentos humanos complexos. Esses princípios são hoje amplamente aplicados em fábricas, escolas, presídios, hospitais para doentes mentais e em uma variedade de outros ambientes.

As ideias de Skinner a respeito do que os psicólogos deveriam estudar foram muito além do debate entre eles. Skinner explicou todas as implicações de suas descobertas no seu livro *Além da liberdade e da dignidade* (*Beyond freedom and dignity*, 1971), no qual afirma que todo comportamento é governado por estímulos externos. Em outras palavras, seu comportamento é determinado de maneira previsível por princípios válidos, assim como o lançamento de uma flecha é governado pelas leis da física. Por isso, se acredita que suas ações sejam o resultado de decisões conscientes, você está errado. Conforme Skinner, somos todos governados pelo meio

CHECAGEM DA REALIDADE

Ideia equivocada

B. F. Skinner criou a filha, Deborah, em uma caixa de Skinner, contribuindo para que ela se tornasse severamente perturbada, o que a levou ao suicídio.

Realidade

Skinner realmente projetou para Deborah um berço inovador chamado "guarda-bebê", que foi divulgado no *Ladies' Home Journal* (Skinner, 1945; veja foto abaixo). Mas não era análogo à caixa de Skinner, não era usado para experimentos e aparentemente era bem confortável. Deborah cresceu normalmente, era muito próxima de seu pai (Buzan, 2004). Ela não sofria de problemas psicológicos quando adulta e está viva e bem, trabalhando como artista.

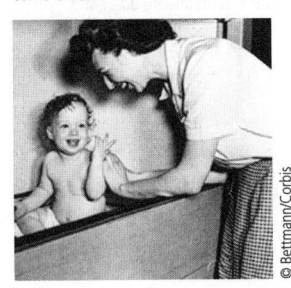

em que vivemos, e não por nós mesmos. Em resumo, ele concluiu que o *livre-arbítrio é uma ilusão*.

Como se pode perceber, uma visão tão desconcertante da natureza humana não foi universalmente aceita. Assim como Freud, ele também foi alvo de duras críticas. Uma grande parte dessas críticas nasceu das interpretações equivocadas de suas ideias publicadas na imprensa popular (Rutherford, 2000). Por exemplo, suas análises do livre-arbítrio eram frequentemente interpretadas como um ataque ao conceito de uma sociedade livre – que não era. De alguma forma, também surgiu o mito de que Skinner criou sua filha em uma versão da caixa de Skinner e que essa experiência levou-a a ficar severamente perturbada. Apesar da polêmica e das desinformações, o behaviorismo floresceu como a escola de pensamento dominante na psicologia durante as décadas de 1950 e 1960 (Gilgen, 1982).

A revolta dos humanistas

Por volta de 1950, o behaviorismo e a teoria psicanalítica tornaram-se as escolas de pensamento mais importantes em psicologia. Mas muitos psicólogos não achavam essas orientações teóricas interessantes. A principal crítica a ambas as escolas era que elas estavam se "desumanizando". A teoria psicanalítica foi atacada por sua ideia de que o comportamento era dominado por compulsões sexuais primitivas. O behaviorismo foi condenado por sua preocupação com o estudo do comportamento simples dos animais. Ambas as teorias foram criticadas porque sugeriam que as pessoas não eram donas de seus destinos. Acima de tudo, muitos argumentavam que ambas as escolas de pensamento deixavam de reconhecer as qualidades exclusivas do comportamento *humano*.

A partir de 1950, as correntes que se opunham ao behaviorismo e à teoria psicanalítica fundiram-se em uma aliança que viria a se tornar uma nova escola de pensamento – o "humanismo" (Bühler e Allen, 1972). Na psicologia, **humanismo é uma orientação teórica que enfatiza as qualidades únicas dos seres humanos, especialmente sua liberdade e potencial de crescimento pessoal.** Algumas das principais diferenças entre os pontos de vista humanístico, psicanalítico e behaviorista estão resumidas na **Figura 1.3**. Ela compara seis perspectivas teóricas contemporâneas na psicologia.

Os humanistas têm uma visão *otimista* da natureza humana. Eles sustentam que as pessoas não são joguetes de sua herança animal ou de circunstâncias ambientais. Além disso, dizem que, como os seres humanos são substancialmente diferentes dos outros animais, a pesquisa com animais tem pouca relevância para o entendimento do comportamento humano. Os mais proeminentes arquitetos do movimento humanístico foram Carl Rogers (1902-1987) e Abraham Maslow (1908-1970). Rogers (1951) propunha que o comportamento humano é governado principalmente pela consciência que cada indivíduo tem de si próprio, ou "autoconceito" – que os animais presumivelmente não possuem. Tanto Rogers quanto Maslow (1954) sustentavam a ideia de que, para entender o comportamento humano do modo mais completo possível, os psicólogos têm de levar em consideração a orientação básica do ser humano para seu desenvolvimento pessoal. Eles afirmavam que as pessoas têm uma necessidade básica de continuar a evoluir como seres huma-

---

REVISÃO 1.2

Entendendo as ideias das principais teorias: Watson, Skinner e Rogers

Verifique seu entendimento das ideias de algumas das mais importantes teorias apresentadas neste capítulo, indicando quem, possivelmente, teria feito as afirmações a seguir. Escolha entre: (a) John B. Watson, (b) B. F. Skinner e (c) Carl Rogers. As respostas encontram-se no Apêndice A.

_____ 1. "De acordo com a visão tradicional, uma pessoa é livre... Ela pode, portanto, ser considerada responsável por seus atos e ser justamente punida quando quebra regras. Tal visão e as práticas a ela associadas devem ser reexaminadas quando uma análise científica revelar relações de controle inesperadas entre o comportamento e o meio."

_____ 2. "Não tenho uma visão de Poliana da natureza humana... Contudo, uma das partes mais interessantes e estimulantes de minha experiência é trabalhar com [meus clientes] e descobrir as tendências direcionais fortemente positivas que existem neles, como em todos nós, nos níveis mais profundos."

_____ 3. "Nossa conclusão é de que não temos nenhuma evidência real sobre a herança de traços. Eu me sentiria perfeitamente confiante quanto ao resultado final favorável da criação cuidadosa de um bebê saudável e bem formado, descendente de uma longa linhagem de trapaceiros, assassinos, ladrões e prostitutas."

Perspectiva e o período de influência	Principais contribuidores	Questão	Premissa básica
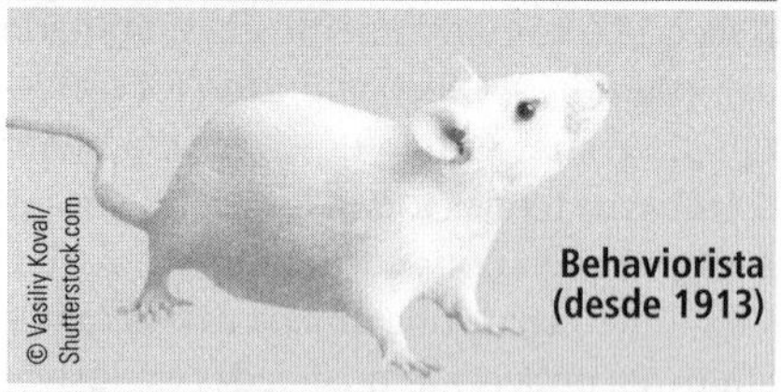 Behaviorista (desde 1913) © Vasiliy Koval/ Shutterstock.com	John B. Watson Ivan Pavlov B. F. Skinner	Efeitos do ambiente no comportamento manifesto de humanos e animais	Apenas eventos observáveis (relações estímulo-resposta) podem ser estudados cientificamente.
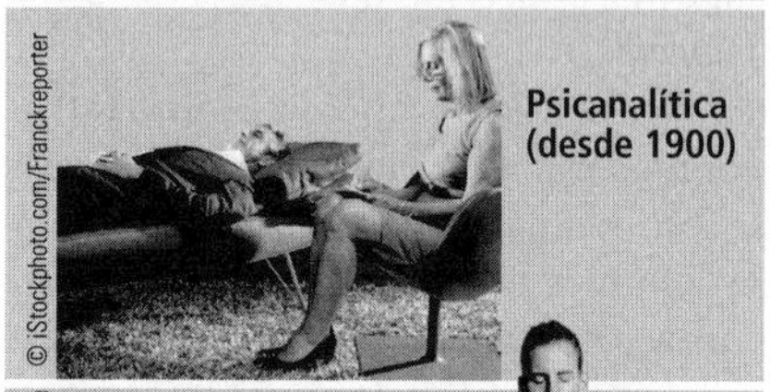 Psicanalítica (desde 1900) © iStockphoto.com/Franckreporter	Sigmund Freud Carl Jung Alfred Adler	Determinantes inconscientes do comportamento	Motivos inconscientes e experiências na infância determinam a personalidade e desordens mentais.
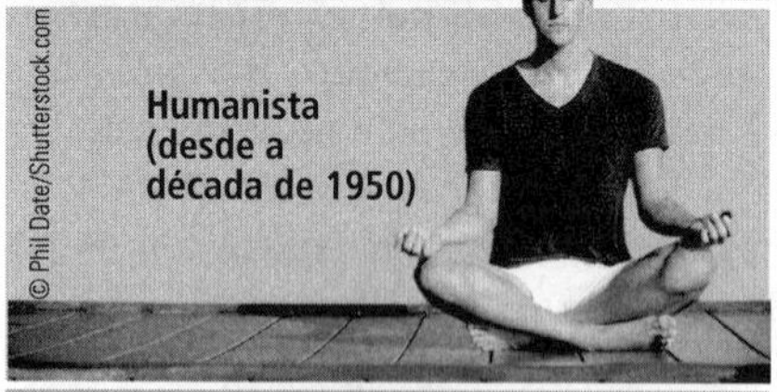 Humanista (desde a década de 1950) © Phil Date/Shutterstock.com	Carl Rogers Abraham Maslow	Aspectos únicos da experiência humana	Os humanos são livres, seres racionais com potencial para desenvolvimento pessoal e fundamentalmente diferentes dos animais.
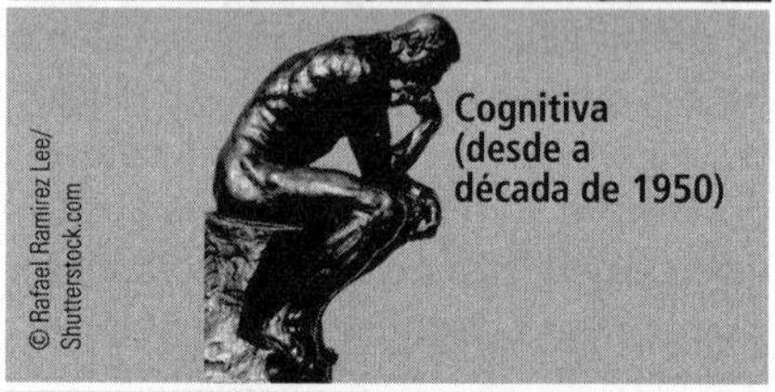 Cognitiva (desde a década de 1950) © Rafael Ramirez Lee/ Shutterstock.com	Jean Piaget Noam Chomsky Herbert Simon	Pensamentos; processos mentais	O comportamento humano não pode ser totalmente entendido sem examinar como as pessoas adquirem, armazenam e processam a informação.
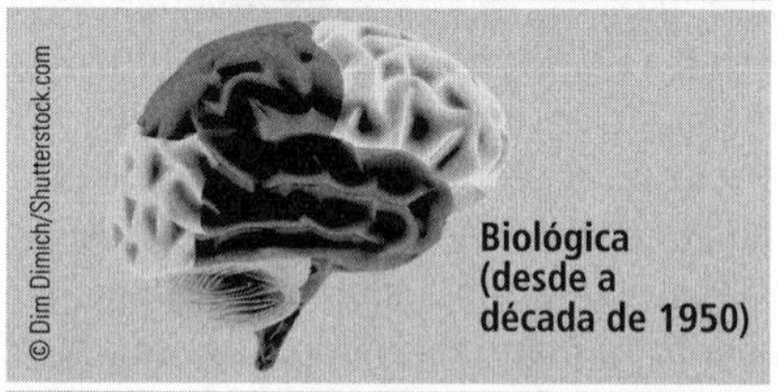 Biológica (desde a década de 1950) © Dim Dimich/Shutterstock.com	James Olds Roger Sperry David Hubel Torsten Wiesel	Bases psicológicas, genéticas e neurais de comportamento em humanos e animais	O funcionamento do organismo pode ser explicado em termos de estruturas cerebrais e processos bioquímicos que constituem a base do comportamento.
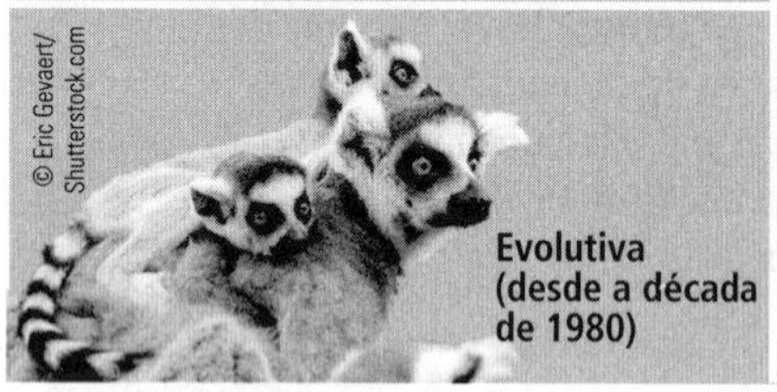 Evolutiva (desde a década de 1980) © Eric Gevaert/ Shutterstock.com	David Buss Martin Daly Margo Wilson Leda Cosmides John Tooby	Bases evolutivas do comportamento em humanos e animais	Padrões de comportamento evoluíram para resolver problemas de adaptação; a seleção natural favorece comportamentos que elevam as chances de sucesso reprodutivo.

Figura 1.3 Perspectivas teóricas contemporâneas em psicologia.

As abordagens teóricas descritas neste quadro permanecem influentes na psicologia moderna. Como você pode ver, cada perspectiva teórica tem a sua própria opinião sobre o que a psicologia deve estudar.

nos para realizar seus potenciais. A maior contribuição dos humanistas à psicologia foi seu tratamento inovador para problemas e desordens psicológicos (Schneider e Längle, 2012). Eles foram os pioneiros em diversas abordagens influentes para a psicoterapia, incluindo a abordagem centrada na pessoa, a Gestalt terapia e a terapia existencial.

1.2 História da psicologia moderna

O enredo principal da história da psicologia antiga foi seu gradual amadurecimento para uma ciência baseada em pesquisas. O trabalho seminal de Wundt, James, Watson, Pavlov, Skinner e uma série de outros pioneiros serviu para estabelecer a psicologia como uma disciplina científica respeitada nas instituições de ensino. Como você aprenderá em breve, o principal enredo da história da psicologia moderna foi seu notável crescimento em uma multifacetada iniciativa científica e profissional. Em décadas

1.2 Objetivos principais de aprendizagem

- Discutir como eventos históricos contribuíram para o surgimento da psicologia como profissão.
- Descrever duas tendências que surgiram nas décadas de 1950 e 1960 e representaram o retorno às raízes intelectuais da psicologia.
- Explicar por que a psicologia ocidental demonstrou interesse em variáveis culturais em décadas recentes.
- Discutir a origem e as ideias básicas da psicologia evolucionista e da psicologia positiva.

mais recentes, a história da psicologia tem sido marcada pela expansão das fronteiras e por interesses mais amplos.

A psicologia chega à maturidade como uma profissão

Como se sabe, a psicologia não é pura ciência: ela tem um lado altamente prático. Muitos psicólogos oferecem uma variedade de serviços profissionais. Um dos primeiros ramos profissionais da psicologia a alcançar certa relevância foi a *psicologia clínica*. Como é praticada hoje, **a *psicologia clínica* é o ramo da psicologia que lida com diagnósticos e tratamento de problemas e transtornos psicológicos.** No início, contudo, a ênfase era quase exclusivamente nos testes psicológicos e nos problemas de adaptação de crianças em idade escolar e clínicos eram minoria em um campo dedicado principalmente à pesquisa (Goldenberg, 1983).

Esse cenário logo sofreria uma modificação drástica durante e após a Segunda Guerra Mundial, nas décadas de 1940 e 1950 (Cautin, Freedheim e DeLeon, 2013). Por causa da guerra, muitos psicólogos acadêmicos foram pressionados a trabalharem como clínicos. Era necessário examinar os recrutas e tratar os soldados traumatizados. Muitos desses psicólogos (em geral, surpresos) descobriram que o trabalho clínico era desafiador e compensador, por isso vários deles continuaram com o trabalho clínico após o término da guerra. De modo muito significativo, cerca de 40 mil veteranos norte-americanos, muitos com graves traumas psicológicos, retornaram para procurar tratamento após a guerra nos hospitais da Administração para Veteranos (AV). Como a demanda por clínicos era muito maior que a oferta, a AV passou a financiar muitos programas de treinamento em clínica psicológica (Routh, 2013). Em poucos anos, cerca de metade dos novos Ph.D. em psicologia se especializava em psicologia clínica.

Desde os anos 1950, a profissionalização da psicologia espalhou-se para áreas adicionais. Hoje, a psicologia aplicada abarca uma variedade de especialidades profissionais, incluindo a psicologia educacional, industrial, organizacional e o aconselhamento psicológico (Benjamim e Baker, 2004).

CHECAGEM DA REALIDADE

Ideia equivocada

Psicólogos sempre estiveram envolvidos no tratamento de doenças mentais.

Realidade

Nas seis primeiras décadas de existência como disciplina independente, a psicologia praticamente não se ocupava do diagnóstico nem do tratamento de doenças mentais, uma área que era totalmente dominada pela psiquiatria. Os psicólogos eram, em geral, acadêmicos e pesquisadores. Foi apenas durante a Segunda Guerra Mundial e diante de suas consequências que a psicologia se inseriu no campo da saúde mental.

A psicologia retorna às suas raízes: renova-se o interesse pela cognição e fisiologia

Ao mesmo tempo que a psicologia aplicada se desenvolveu nos últimos anos, a pesquisa científica continuou a progredir. Ironicamente, duas das mais recentes tendências em pesquisa remontam ao início da psicologia, há mais de um século quando os psicólogos estavam interessados principalmente na consciência (agora denominada "cognição") e na fisiologia. Os psicólogos atuais mostram renovado interesse na consciência (a que eles agora chamam "cognição") e nas bases biológicas do comportamento.

O termo *cognição* refere-se aos processos mentais envolvidos na aquisição de conhecimento. Em outras palavras, ela envolve o pensamento ou a experiência consciente. Por muitas décadas, o domínio do behaviorismo desencorajou a investigação dos processos mentais "não observáveis", e os psicólogos mostravam pouco interesse pela cognição (Mandler, 2002). Durante as décadas de 1950 e 1960, contudo, a pesquisa sobre cognição começou lentamente a surgir (Miller, 2003). O novo interesse na cognição foi inspirado, em parte, pela capacidade de processamento da informação dos computadores recentemente inventados. Em 1954, Herbert Simon, que ganhou o Prêmio Nobel de economia em 1981, foi um dos primeiros a chamar atenção aos paralelos entre o computador e a cognição humana (Leahey, 2013). Logo, avanços importantes foram relatados no estudo da memória, tomada de decisão e resolução de problemas.

Teóricos cognitivos afirmavam que a psicologia deveria incluir o estudo dos eventos mentais internos para poder entender completamente o comportamento humano (Gardner, 1985; Neisser, 1967). Os que defendem *a perspectiva cognitiva* indicam que nossos processos mentais certamente influenciam o modo pelo qual nos comportamos. Por conseguinte, enfocar exclusivamente o comportamento observável rende um quadro incompleto do motivo de nos comportarmos da forma como o fazemos. Igualmente importante é o fato de que os psicólogos que investigam os processos de tomada de decisões, raciocínio e solução de problemas mostraram que é possível criar métodos para estudar os processos cognitivos cientificamente. Apesar de os métodos serem diferentes daqueles usados nos primórdios da psicologia, pesquisas recentes sobre o funcionamento interno da mente recolocam a *psique* de volta na psicologia contemporânea. Na verdade, muitos especialistas afirmam que a abordagem cognitiva se tornou dominante na psicologia contemporânea. Alguns dados interessantes sustentam essa ideia, como pode ser visto na Figura 1.4. Ela mapeia estimativas da produtividade da pesquisa a partir de quatro perspectivas teóricas desde 1950. Como é possível observar, desde 1975 a perspectiva cognitiva gerou mais artigos publicados do que qualquer outra perspectiva (Spear, 2007).

Nos anos 1950 e 1960 também houve muitas descobertas que revelaram as inter-relações entre a mente, o corpo e o comportamento (Clark et al., 2013). Os pesquisadores demonstraram, por exemplo, que a estimulação elétrica do cérebro poderia evocar respostas emocionais, como o prazer ou a raiva, em animais (Olds, 1956). Outro trabalho, com o qual Roger Sperry ganhou o Prêmio Nobel (em 1981), mostrou que os lados direito e esquerdo do cérebro são especializados na realização de diferentes tarefas mentais (Gazzaniga, Bogen e Sperry, 1965). Essas e muitas outras descobertas estimularam o desenvolvimento da pesquisa sobre as bases

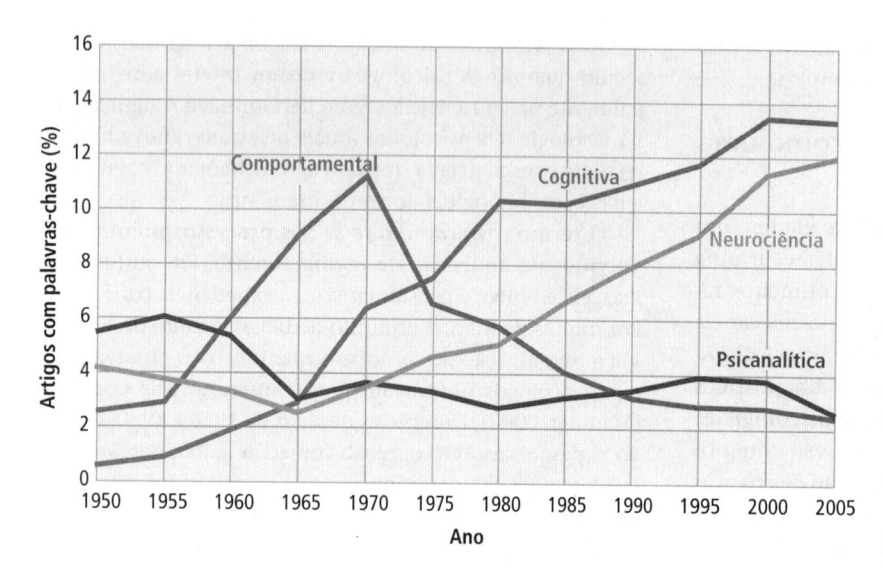

Figura 1.4 A proeminência relativa das quatro principais escolas de pensamento na psicologia.

Para estimar a produtividade e a influência relativa das várias orientações teóricas nas últimas décadas, Joseph Spear (2007) conduziu uma pesquisa de palavras-chave na literatura referente à pesquisa psicológica para estimar o percentual de artigos relevantes para cada escola de pensamento. É claro que essa abordagem é apenas uma entre os muitos meios possíveis de medir a proeminência das diferentes orientações em psicologia. Contudo, os dados são instigantes. Suas descobertas sugerem que a perspectiva cognitiva superou a perspectiva behaviorista em influência em pesquisas por volta de 1975, e que continua como a principal perspectiva desde então. Como se pode ver, esses dados também demonstram que a perspectiva da neurociência cresceu firmemente desde a década de 1950.

Fonte: Adaptado de Spear, J. H. (2007). Prominent schools or other active specialties? A fresh look at some trends in psychology. *Review of General Psychology*, 11, 363-380. Reimpresso com permissão do autor. Copyright © 2007 The American Psychological Association.

biológicas do comportamento. Os defensores da *perspectiva biológica* sustentam a ideia de que muito do comportamento animal e humano pode ser explicado em termos das estruturas cerebrais e dos processos bioquímicos que permitem aos organismos se comportarem. Como se pode observar na Figura 1.4, a proeminência da perspectiva da neurociência tem crescido constantemente desde a década de 1950 (Spear, 2007). Como se sabe, no século XIX a jovem ciência da psicologia tinha grande ênfase fisiológica. Sendo assim, o renovado interesse nas bases biológicas do comportamento representa outro retorno às raízes da psicologia.

As perspectivas cognitivas e biológicas tornaram-se orientações teóricas importantes na psicologia moderna. Elas influenciam cada vez mais pontos de vista relativos a que e como a psicologia deveria estudar. A perspectiva biológica e a cognitiva são comparadas a outras perspectivas teóricas contemporâneas na **Figura 1.3**.

A psicologia amplia seus horizontes: aumenta o interesse pela diversidade cultural

Ao longo da história da psicologia, muitos pesquisadores trabalharam sob a hipótese de que buscavam identificar princípios gerais de comportamento que seriam aplicáveis a todos os seres humanos (Smith, Spillane e Annus, 2006). Na realidade, a psicologia era, em grande medida, um empreendimento ocidental (na América do Norte e na Europa) com uma tendência extraordinariamente provinciana (Hall, 2014; Norenzayan e Heine, 2005). Tradicionalmente, psicólogos ocidentais davam pouca atenção ao fato de como suas pesquisas e teorias poderiam ser aplicadas a culturas não ocidentais, a minorias étnicas nas sociedades ocidentais, ou até mesmo a mulheres em oposição aos homens.

Mais recentemente, psicólogos ocidentais começaram a reconhecer que sua negligência quanto às variáveis culturais diminuía o valor de seu trabalho. Eles agora se dedicam mormente às culturas como um determinante do comportamento. Qual é a razão para tal mudança? O novo interesse na cultura é atribuído principalmente a duas tendências recentes: (1) avanços nas comunicações, viagens e comércio internacional "encolheram" o mundo e aumentaram a interdependência global, colocando americanos e europeus cada vez mais em contato com pessoas de culturas não ocidentais; (2) a composição étnica do mundo ocidental torna-se, cada vez mais, um mosaico de diversidades multiculturais (Brislin, 2000; Hermans e Kempen, 1998; Mays et al., 1996; Valsiner, 2012).

Essas tendências incentivaram os psicólogos ocidentais a ampliar seus horizontes e a incorporar fatores culturais às suas

A crescente composição multicultural de muitas sociedades ocidentais, sem dúvida, contribuiu para o aumento do interesse da psicologia sobre como a cultura molda o comportamento.

teorias e pesquisas (Lonner, 2009; Matsumoto e Yoo, 2006). Esses psicólogos aspiram estudar grupos de participantes que anteriormente eram sub-representados para testar a generalidade das descobertas anteriores e catalogar as diferenças e as semelhanças entre grupos culturais. Tais esforços para levantar novas questões, estudar novos grupos prometem enriquecer a disciplina da psicologia (Matsumoto, 2003; Sue, 2003).

A psicologia adapta-se: surge a psicologia evolucionista

Um desenvolvimento relativamente recente na psicologia foi o surgimento da *psicologia evolucionista*, uma perspectiva teórica que certamente terá grande influência nos próximos anos (Durrant e Ellis, 2013). Os psicólogos evolucionistas afirmam que os padrões de comportamento vistos em uma espécie são produto da evolução, da mesma forma como o são as características anatômicas. A *psicologia evolucionista* **examina os processos comportamentais em termos de seu valor para a capacidade de adaptação de uma espécie por muitas gerações.** Sua premissa básica é que a seleção natural favorece comportamentos que aprimoram as chances de sucesso reprodutivo dos seres vivos – isto é, a transmissão de genes para a próxima geração. Assim, se uma espécie é altamente agressiva, os psicólogos evolucionistas sustentam a ideia de que isso acontece porque a agressividade significa uma vantagem de sobrevivência ou reprodução para aquela espécie. Consequentemente, os genes que promovem a agressividade estão mais suscetíveis de serem passados para a próxima geração.

A psicologia evolucionista começou a aparecer do meio para o final da década de 1980. Um grupo crescente de psicólogos evolucionistas (Buss, 1985, 1989; Cosmides e Tooby, 1989; Daly e Wilson, 1985) publicou estudos largamente citados sobre uma vasta série de tópicos. Esses tópicos incluíram preferências para acasalamento, ciúmes, agressão, comportamento sexual, tomada de decisão e desenvolvimento. Até a metade da década de 1990, ficou claro que a psicologia estava testemunhando o nascimento da primeira grande e nova perspectiva teórica desde a revolução cognitiva nas décadas de 1950 e 1960.

A psicologia move-se a uma direção positiva

Logo depois que Martin Seligman foi eleito presidente da American Psychological Association (Associação Norte-Americana de Psicologia), em 1997, ele teve uma profunda visão que caracterizou como uma "epifania". Essa importante visão veio de uma fonte incomum, a filha de 5 anos de Seligman, Nikki. Ela repreendeu seu pai excessivamente empreendedor e obcecado pelo trabalho por ser "ranzinza" quase o tempo todo. Provocado pela crítica da filha, Seligman de repente percebeu que sua abordagem da vida *era* excessiva e desnecessariamente negativa. Mais importante, ele percebeu que o mesmo poderia ser dito a respeito da psicologia – ela também era excessiva e desnecessariamente negativa em sua abordagem (Seligman, 2003). Essa revelação inspirou-o a lançar uma nova e influente iniciativa dentro da psicologia, que passou a ser conhecida como *movimento da psicologia positiva*.

Seligman argumentou de maneira convincente que o campo da psicologia historicamente dedicara muita atenção a patologia, a fraqueza, o dano e a meios de curar o sofrimento. Ele reconheceu que essa abordagem rendera visões e progresso valiosos, mas expôs que também resultou em uma infeliz negligência das outras forças que fazem que a vida valha a pena. Seligman organizou uma série de encontros informais com psicólogos influentes e depois conferências mais formais, para gradualmente esboçar a filosofia e os objetivos da psicologia positiva. Enfatizando alguns dos mesmos temas que o humanismo, a psicologia positivista procura afastar o foco do campo das experiências negativas (Downey e Chang, 2014). Assim, *a psicologia positiva* **usa a teoria e a pesquisa para entender melhor os aspectos positivos, adaptativos, criativos e realizadores da existência humana.**

O campo emergente da psicologia positiva tem três áreas de interesse (Seligman, 2003). A primeira é o estudo das *experiências positivas subjetivas,* ou emoções positivas, como felicidade, amor, gratidão, contentamento e esperança. O segundo foco são os *traços individuais positivos* – ou seja, pontos fortes e virtudes pessoais. Teóricos trabalham para identificar, classificar e analisar a origem de características positivas como coragem, perseverança, dedicação, tolerância, criatividade, integridade e gentileza. A terceira área de interesse volta-se para as *instituições e comunidades positivas.* Nesse caso, o foco está no modo como as sociedades podem promover o discurso civil, famílias fortalecidas, ambientes de trabalho saudáveis e comunidades locais apoiadoras.

Nossa revisão do passado da psicologia nos mostrou como o campo se desenvolveu. Vimos a psicologia evoluir a partir da especulação filosófica para uma ciência rigorosa comprometida com a pesquisa. Além disso, vimos como

O louva-a-deus tem uma habilidade surpreendente de se mesclar ao ambiente, além de audição e visão notáveis que permitem detectar a presa a até 19 metros de distância, e mandíbulas poderosas que permitem devorá-la. Esses insetos são tão mortais que devoram um ao outro, o que torna o ato sexual um desafio; mas os machos desenvolveram um módulo de reflexo que lhes permite copular com sucesso ao mesmo tempo que são devorados (mesmo depois de serem decapitados)! Essas características físicas obviamente representam adaptações que foram desenvolvidas pela seleção natural durante milhões de gerações. Os psicólogos evolucionistas afirmam que muitos padrões de comportamento observados em diferentes espécies também são adaptações oriundas da seleção natural.

um ramo profissional altamente envolvido nos serviços de saúde mental surgiu dessa ciência, como o foco da psicologia na fisiologia tem suas origens no século XIX, e como e por que os psicólogos começaram a conduzir pesquisas em pequenos animais. Vimos como a psicologia se desenvolveu de um estudo da mente e do corpo para um estudo do comportamento e como a investigação da mente e do corpo foi bem recebida de volta à corrente principal da psicologia moderna. Vimos como diferentes escolas teóricas definiram o escopo e a missão da psicologia de diferentes modos e também como os interesses da psicologia se expandiram e se tornaram cada vez mais diversos. Acima de tudo, vimos que a psicologia é um empreendimento crescente, em evolução.

A história da psicologia já é rica, mas ela apenas começou. O período de aproximadamente um século que se passou desde que Wilhelm Wundt colocou a psicologia em um patamar científico representa apenas um piscar de olhos na história da humanidade. O que foi descoberto nesses anos e o que permanece desconhecido são o assunto do restante deste livro.

1.3 A PSICOLOGIA HOJE: VIGOROSA E DIVERSIFICADA

Começamos este capítulo com uma descrição informal do que trata a psicologia. Agora que temos uma ideia de como ela se desenvolveu, podemos apreciar melhor uma definição que faz justiça à moderna diversidade do campo: **psicologia é a ciência que estuda o comportamento e os processos fisiológicos e cognitivos subjacentes ao comportamento, e é a profissão que aplica o conhecimento acumulado por essa ciência a problemas práticos.**

1.3 OBJETIVOS PRINCIPAIS DE APRENDIZAGEM
- Discutir o desenvolvimento da psicologia e identificar os cenários de trabalho mais comuns para os psicólogos contemporâneos.
- Listar e descrever as principais áreas de pesquisa e especialidades profissionais na psicologia

CHECAGEM DA REALIDADE

Ideia equivocada
A psicologia é o estudo da mente.

Realidade
Quando o termo foi inventado no século XVI, *psicologia* se referia ao estudo da mente, mas o significado original do termo é muito estrito atualmente. Desde o século XIX, a psicologia científica foca intensamente os processos psicológicos, e o século XX trouxe um novo foco, o comportamento manifesto. A psicologia moderna envolve o estudo do comportamento e dos processos mentais e fisiológicos que regulam o comportamento.

A psicologia contemporânea é uma ciência e uma área profissional bem-sucedida. Seu desenvolvimento foi extraordinário! Uma simples indicação de sua ascensão é o crescimento impressionante do número de associados da Associação Norte-Americana de Psicologia (APA), uma organização norte-americana dedicada ao avanço da psicologia. Fundada em 1892 por G. Stanley Hall com apenas 31 associados (Wertheimer, 2012), hoje ela conta com mais de 90 mil membros. Além disso, como mostra a **Figura 1.5**, o número de associados da APA cresceu nove vezes desde 1950. Nos Estados Unidos, a psicologia é o

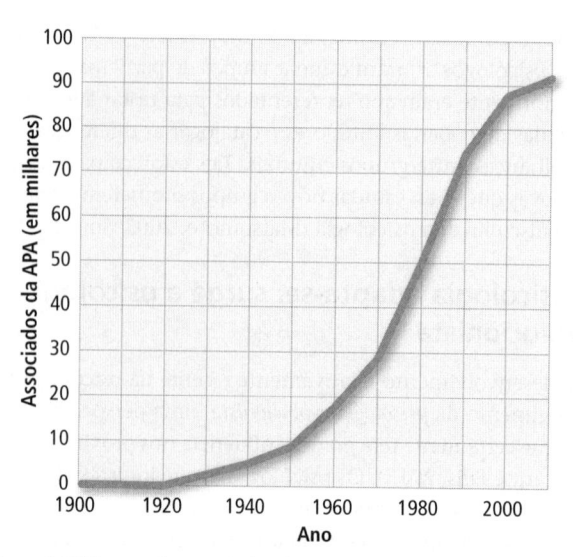

Figura 1.5 Número de associados da Associação Norte-Americana de Psicologia (APA), 1900-2010.
O aumento acentuado no número de psicólogos associados à APA desde 1950 é testemunho do extraordinário desenvolvimento da psicologia como ciência e como profissão. Se contarmos também o número de associados ainda não graduados, a APA terá mais de 150 mil membros. (Adaptado dos dados publicados pela Associação Norte-Americana de Psicologia, com autorização.)

segundo curso mais popular entre os cursos de graduação. O setor é responsável por 10% de todos os títulos de doutorado concedidos nas áreas de ciências e humanidades. É também um empreendimento internacional. Hoje, há mais de 2.500 periódicos técnicos no mundo todo publicando artigos de pesquisa em psicologia. Assim, qualquer que seja a medida que se queira usar – o número de pessoas envolvidas, de diplomas fornecidos, de estudos feitos, de periódicos publicados –, a psicologia é um campo saudável, em pleno desenvolvimento.

A presença vigorosa da psicologia na sociedade moderna é também demonstrada pela grande variedade de ambientes em que os psicólogos trabalham. Pode-se ver a distribuição de psicólogos empregados nos vários setores na **Figura 1.6**. Antes, os psicólogos eram encontrados apenas nos ambientes

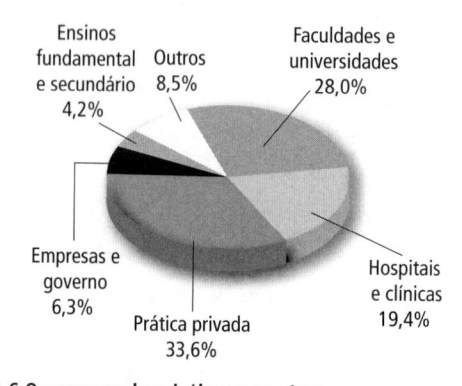

Figura 1.6 O emprego de psicólogos por área.
As áreas de trabalho dos psicólogos tornaram-se bastante diversificadas. Dados de uma recente pesquisa sobre as áreas básicas de emprego de associados da APA indicam que 31% estão na prática privada (comparados a 12% em 1976) e apenas 28% em faculdades e universidades (comparados a 47% em 1976). (Baseado em dados publicados pela Associação Norte-Americana de Psicologia.)

acadêmicos. Mas, hoje, apenas um quarto dos psicólogos norte-americanos trabalha em faculdades ou universidades. Os três quartos restantes atuam em hospitais, clínicas, departamentos de polícia, institutos de pesquisa, agências governamentais, negócios e indústrias, escolas, casas de repouso, centros de aconselhamento e prática privada.

A psicologia contemporânea, claramente, é um campo multifacetado. Isso fica bem evidente quando consideramos as muitas áreas de especialização dentro da psicologia hoje. Vamos analisá-las, tanto no plano da ciência como no da profissão.

Áreas de pesquisa em psicologia

A maioria dos psicólogos recebe amplo treinamento que lhes dá base de conhecimento sobre as muitas áreas da psicologia. Contudo, eles geralmente se especializam quando desejam trabalhar em pesquisa. Tal especialização se faz necessária porque, ao longo dos anos, o tema da psicologia tornou-se amplo demais. Hoje, é praticamente impossível para qualquer pessoa manter-se a par das pesquisas recentes em todas as especialidades. A especialização é também necessária porque algumas habilidades e treinamentos específicos são requisitos básicos para desenvolver pesquisa em algumas áreas.

As nove principais áreas de pesquisa em psicologia moderna são: (1) psicologia do desenvolvimento, (2) psicologia social, (3) psicologia experimental, (4) psicologia fisiológica, (5) psicologia cognitiva, (6) psicologia da personalidade, (7) psicometria, (8) psicologia educacional, (9) psicologia da saúde. A **Figura 1.7** descreve brevemente cada uma dessas áreas de interesse.

Especializações profissionais em psicologia

Dentro da psicologia aplicada, há quatro áreas de especialização claramente identificadas: (1) psicologia clínica, (2) aconselhamento psicológico, (3) psicologia escolar/educacional e (4) psicologia industrial e organizacional. Uma descrição dessas especialidades pode ser encontrada na **Figura 1.8**, na página seguinte. A psicologia clínica é, atualmente, a especialidade profissional mais praticada.

Algumas pessoas confundem a psicologia clínica com a psiquiatria. A confusão é compreensível, já que tanto os psicólogos clínicos quanto os psiquiatras estão envolvidos na análise e no tratamento de distúrbios psicológicos. Apesar de existir alguma sobreposição entre os dois profissionais, o treinamento e exigências acadêmicas para ambos são bastante diferentes. Os psicólogos clínicos fazem faculdade para adquirir um dos títulos de doutores (Ph.D., Ed. D., ou Pts.) a fim de usufruir do *status* da profissão. Os psiquiatras fazem faculdade de medicina e pós-graduação, visando receber treinamento geral em medicina e adquirir o título de MD3.* Eles, então, especializam-se quando completam a residência em psiquiatria em um hospital. Os psicólogos clínicos e psiquiatras também se diferem na forma como abordam o tratamento de distúrbios mentais, como será visto no Capítulo 15. Para resumir, a ***psiquiatria*** **é um ramo da medicina que se ocupa do diagnóstico e do tratamento de problemas e distúrbios psicológicos.** Em contraste, a psicologia clínica assume uma

> **CHECAGEM DA REALIDADE**
>
> **Ideia equivocada**
>
> A psicologia e a psiquiatria são praticamente a mesma coisa.
>
> **Realidade**
>
> A psiquiatria é um ramo da medicina que se concentra quase exclusivamente no tratamento de distúrbios mentais. A psicologia é um campo acadêmico que é muito amplo em escopo, concentrando-se no aprendizado, na percepção, no desenvolvimento humano, na memória, na inteligência e no comportamento social, apesar de ter uma ferramenta clínica relacionada a distúrbios mentais. Os psicólogos clínicos e psiquiatras fazem diversos tipos de treinamentos, obtêm títulos diferentes e tendem a ter abordagens diferentes para o tratamento de doenças mentais (veja Capítulo 15).

REVISÃO 1.3

Entendendo as principais áreas de pesquisa na psicologia contemporânea

Verifique seu entendimento sobre várias áreas de pesquisa na psicologia avaliadas neste capítulo, indicando qual tipo de psicólogo realizaria as investigações descritas abaixo. Escolha entre as seguintes alternativas: (a) psicologia fisiológica; (b) psicologia cognitiva; (c) psicologia do desenvolvimento; (d) psicometria; e (e) psicologia da personalidade. As resposta encontram-se no Apêndice A.

1. Pesquisadores entrevistaram os pais de 141 crianças (todas nascidas em 1956), a intervalos mensais regulares durante a infância delas. As perguntas abordavam os vários aspectos dos temperamentos das crianças. A conclusão foi a de que a maioria das crianças se inseria em uma das três categorias comportamentais: "fácil", "difícil" ou "lentos para entusiasmar-se".

2. Descobriu-se que os ratos trabalham com afinco (pressionando uma alavanca, por exemplo) para receber pequenas quantidades de estimulação elétrica direcionada a áreas específicas do cérebro. Pesquisas indicam que o cérebro humano também pode conter "centros de prazer".

3. A Escala de Busca de Sensações (EBS) foi desenvolvida para medir as diferenças individuais nas preferências pessoais por níveis altos ou baixos da estimulação sensorial. Pessoas como paraquedistas tendem a alcançar uma pontuação alta na EBS, ao passo que aquelas que preferem se sentar lendo um bom livro têm uma pontuação baixa.

---

* Realidade norte-americana (N.E.).

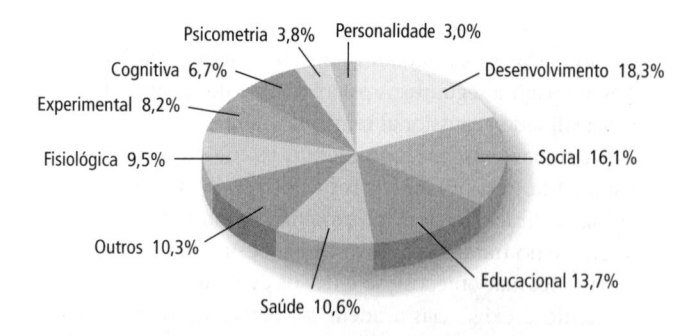

Figura 1.7 Principais áreas de pesquisa na psicologia contemporânea.

Muitos psicólogos pesquisadores especializam-se em uma das nove áreas descritas aqui. Os números refletem a porcentagem de psicólogos pesquisadores associados à APA que identificam cada área como a de seu interesse principal. (Baseado em dados publicados pela Associação Norte-Americana de Psicologia.)

Psicometria 3,8%
Personalidade 3,0%
Cognitiva 6,7%
Desenvolvimento 18,3%
Experimental 8,2%
Fisiológica 9,5%
Social 16,1%
Outros 10,3%
Saúde 10,6%
Educacional 13,7%

Área	Foco da pesquisa
Psicologia do desenvolvimento	Estuda o desenvolvimento humano ao longo da vida. Inicialmente, enfocava o desenvolvimento de crianças, mas, hoje, devota grande parte de sua pesquisa ao adolescente, ao adulto e também ao idoso.
Psicologia social	Enfoca o comportamento interpessoal e a interferência das forças sociais no comportamento. Tópicos comuns incluem a formação da atitude, a mudança de atitude, o preconceito, a conformidade, a atração, a agressividade, as relações íntimas e o comportamento em grupo.
Psicologia educacional	Estuda como as pessoas aprendem e a melhor maneira de ensiná-las. Examina a estrutura curricular, a formação de professores, teste de sucesso, motivação do aluno, diversidade em salas de aula e outros aspectos do processo educacional.
Psicologia da saúde	Busca compreender como os fatores psicológicos se relacionam à promoção e à manutenção da saúde física e a causa, prevenção e tratamento de doenças.
Psicologia fisiológica	Examinar a influência dos fatores genéticos no comportamento e no papel do cérebro, sistemas nervoso e endócrino, e químicas do corpo na regulação do comportamento.
Psicologia experimental	Engloba os pontos-chave tradicionais que a psicologia focou fortemente em sua primeira metade de século como ciência: sensação, percepção, aprendizado, condicionamento, motivação e emoção. O nome psicologia experimental é um tanto enganoso, já que não é essa somente a área em que se faz experimentos. Psicólogos que trabalham em todas as área listadas neste quadro conduzem experiências.
Psicologia cognitiva	Enfoca processos mentais superiores, como a memória, o raciocínio, o processamento de informações, a linguagem, a solução de problemas, a tomada de decisões e a criatividade.
Psicometria	Abrange a mensuração do comportamento e das capacidades, normalmente por meio do desenvolvimento de testes psicológicos. Compreende a elaboração de testes para avaliar a personalidade, a inteligência e uma vasta gama de habilidades. Também está ligada ao desenvolvimento de novas técnicas para análise estatística.
Personalidade	Interessa-se pela descrição e compreensão da consistência do comportamento individual, que representa sua personalidade, e pela avaliação da personalidade e os fatores que a moldam.

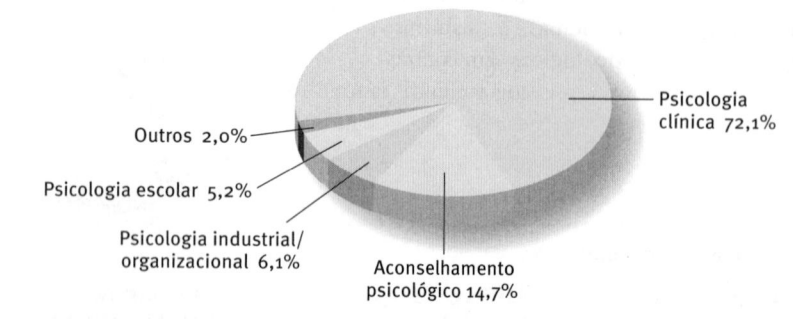

Figura 1.8 Principais especialidades profissionais na psicologia contemporânea.

Muitos psicólogos que prestam serviços ao público especializam-se em uma das quatro áreas aqui descritas. Os números refletem a porcentagem de membros da APA que prestam serviço profissional e identificam cada área como sua principal especialidade. (Baseado nos dados publicados pela Associação Norte-Americana de Psicologia.)

Psicologia clínica 72,1%
Outros 2,0%
Psicologia escolar 5,2%
Psicologia industrial/organizacional 6,1%
Aconselhamento psicológico 14,7%

Área	Foco da especialidade profissional
Psicologia clínica	Psicólogos clínicos lidam com a avaliação, o diagnóstico e o tratamento de indivíduos com distúrbios psicológicos, além do tratamento de problemas comportamentais e emocionais menos graves. As atividades principais incluem entrevistar clientes, aplicar testes psicológicos e realizar psicoterapia individual ou em grupo.
Aconselhamento psicológico	O aconselhamento psicológico sobrepõe-se à psicologia clínica, pois os especialistas em ambas as áreas estão engajados em atividades semelhantes – entrevistas, testes e terapia. Entretanto, o aconselhamento psicológico lida com um tipo de cliente muito diferente, auxiliando pessoas que enfrentam problemas cotidianos de moderada gravidade. Assim sendo, frequentemente se especializam no aconselhamento familiar, conjugal ou vocacional.
Psicologia industrial e organizacional	Os psicólogos nessa área realizam uma grande variedade de tarefas no mundo dos negócios e da indústria, tais como: gerenciamento de departamentos de recursos humanos, trabalhos para melhorar o estado de ânimo e as atitudes dos funcionários, visando aumentar a satisfação no trabalho e a produtividade, examinando a estrutura e os procedimentos organizacionais e fazendo recomendações para seu aprimoramento.
Psicologia escolar	Os psicólogos escolares têm o objetivo de promover o desenvolvimento cognitivo, emocional e social de crianças na escola. Eles geralmente trabalham em escolas de Ensino Fundamental ou Médio, onde testam e aconselham as crianças que possuem dificuldades na escola e auxiliam os pais e professores a resolver problemas relacionados à escola.

1.4 Objetivos principais de aprendizagem

- Entender os três temas unificadores relacionados à psicologia como um campo de estudo.
- Entender os quatro temas unificadores relacionados ao objeto central da psicologia.

abordagem não médica para tais problemas.

1.4 Sete temas unificadores

A enorme abrangência e diversidade da psicologia torna-a um assunto desafiador para o aluno iniciante. Nas páginas seguintes, introduziremos o leitor a muitas áreas de pesquisa e a um grande número de ideias, conceitos e princípios. Felizmente, nem todas as ideias são criadas da mesma forma. Algumas delas são mais importantes do que outras. Nesta seção, elucidaremos sete temas fundamentais que reaparecerão de formas variadas enquanto nos movemos de uma área da psicologia para outra. Você já teve a oportunidade de se familiarizar com algumas dessas ideias na nossa revisão sobre o passado e o presente da psicologia. Vamos, agora, estudá-las separadamente e destacar sua significância. Para o restante do livro, essas ideias servirão como temas para organizar a continuidade entre os capítulos. Elas também ajudarão a ver as conexões entre as várias áreas de pesquisa em psicologia.

Ao estudar a psicologia, aprende-se sobre o comportamento e a disciplina científica que o investiga. Nossos sete temas estão divididos em dois conjuntos. O primeiro ressalta aspectos fundamentais da psicologia considerada como um modo de pensamento e como um campo de estudo. O segundo consiste em generalizações sobre o objeto de estudo da psicologia: o comportamento e os processos cognitivo e fisiológico que o sustentam.

Temas relacionados à psicologia como campo de estudo

Ao observar a psicologia como campo de estudo, constatam-se três ideias principais: (1) a psicologia é empírica; (2) é diversificada teoricamente; e (3) evolui num contexto sócio-histórico. Analisaremos cada uma dessas ideias mais detalhadamente.

Tema 1: A psicologia é empírica

Empirismo

Todos tentam entender o comportamento. Muitos têm respostas pessoais a questões como: por que algumas pessoas são mais trabalhadoras, algumas são obesas e outras estão em relacionamentos abusivos? Se há um psicólogo amador em cada um de nós, o que faz a psicologia científica ser diferente ou melhor? A diferença é que a psicologia é *empírica*.

O que significa ser empírica? O **empirismo é a premissa de que o conhecimento deve ser adquirido pela observação.** Essa é uma premissa fundamental para o método científico que a psicologia abraçou no final do século XIX. Afirmar que ela é empírica significa que suas conclusões são baseadas em observação direta, e não no raciocínio, na especulação, nas crenças tradicionais ou no senso comum. Os psicólogos não se satisfazem com ideias que pareçam plausíveis. Eles promovem pesquisas para testar suas ideias. A inteligência é maior que a média em algumas classes sociais do que em outras? Os homens são mais agressivos que as mulheres? Os psicólogos encontram um modo de fazer observações diretas, objetivas e precisas para responder a tais perguntas.

A abordagem empírica requer certa atitude: uma saudável dose de ceticismo. O empirismo é um mestre severo. Ele exige dados e documentação. O comprometimento dos psicólogos com ele significa que estes devem aprender a pensar de maneira crítica a respeito de generalizações relativas ao comportamento. Se alguém diz que as pessoas ficam mais deprimidas perto do Natal, um psicólogo provavelmente perguntará: "Quantas pessoas ficam deprimidas? Em que população? Em que proporção? Como é definida e medida a depressão?". Sua atitude cética significa que os psicólogos são treinados a perguntar: "Onde está a evidência? Como você sabe disso?". Se a orientação empírica da psicologia o atrai (e eu espero que o faça), você estará fazendo perguntas semelhantes quando terminar este livro.

Tema 2: A psicologia é diversificada teoricamente

Diversidade teórica

Embora a psicologia baseie-se na observação, uma lista de observações não relacionadas não traria grande esclarecimento. Os psicólogos não apenas coletam fatos isolados; eles buscam explicar e entender o que observam. Para atingir tais objetivos, eles precisam desenvolver teorias. **Teoria é um sistema de ideias inter-relacionadas usado para explicar um conjunto de observações.** Em outras palavras, uma teoria conecta observações aparentemente não relacionadas e tenta explicá-las. Como exemplo, consideremos as observações de Sigmund Freud a respeito dos lapsos verbais, sonhos e distúrbios psicológicos. Superficialmente, essas observações não estão relacionadas. Ao elaborar o conceito do *inconsciente*, Freud criou uma teoria que conecta e explica esses aspectos aparentemente não relacionados do comportamento.

Nosso estudo sobre o passado da psicologia deve ter esclarecido que a psicologia é marcada pela diversidade teórica. Por que há tantos e tão diversos pontos de vista? Uma razão é que não há teoria que sozinha possa explicar adequadamente tudo o que é conhecido a respeito do comportamento. Às vezes, teorias diferentes enfocam aspectos distintos do comportamento – isto é, diferentes coletas de observações. Às vezes, há mais de uma única maneira de observar algo. O copo está cheio até a metade ou vazio até a metade? Obviamente, ambas as respostas estão corretas. Tomando um exemplo de outra ciência, por anos os físicos debruçaram-se sobre a natureza da luz. Seria a luz uma onda ou uma partícula? Por fim, provou-se útil pensar na luz às vezes como uma onda e às vezes como uma partícula. Da mesma forma, se um executivo berra a seus funcionários com críticas ofensivas, estará ele liberando ímpetos de agressividade (na visão psicanalítica)? Estará ele respondendo, como habitualmente o faz, ao estímulo do serviço incompetente (na visão behaviorista) ou planejando motivar seus funcionários com "jogos mentais" (na visão cognitivista)? Em alguns casos, as três explicações podem ter alguma validade. Resumindo, seria algo muito simplista esperar que apenas uma visão estivesse certa, e as outras, erradas. A vida raramente é tão simples assim.

Os universitários, em geral, sentem-se confusos por conta das muitas teorias conflitantes da psicologia. Eles tendem a ver tal diversidade como um ponto negativo. *No entanto, os psicólogos contemporâneos reconhecem cada vez mais que a diversidade teórica é uma vantagem, e não uma desvantagem* (Hilgard, 1987). Ao prosseguirmos por este livro, você aprenderá como teorias conflitantes muitas vezes estimularam a pesquisa produtiva. Você também entenderá que abordar um problema com base em diversas perspectivas teóricas pode proporcionar uma compreensão mais completa do comportamento do que poderia ser alcançada por qualquer perspectiva isolada.

Tema 3: A psicologia evolui num contexto sócio-histórico

É comum a ciência ser vista como uma "torre de marfim", isolada do fluxo da vida cotidiana. Porém, a psicologia e outras ciências não existem em um vácuo cultural. Há interligações densas entre o que acontece na psicologia e na sociedade em geral (Altman, 1990; Runyan, 2006). Tendências, temas e valores da sociedade influenciam a evolução da psicologia. De modo recíproco, o progresso na psicologia também afeta tendências, temas e valores da sociedade. Para simplificar, ela se desenvolve em um contexto *sócio-histórico*.

O passado da psicologia está repleto de exemplos de como as tendências sociais deixaram suas marcas nela. As teorias iniciais de Sigmund Freud originaram-se em um contexto sócio-histórico específico. Os valores culturais da sua época encorajavam a supressão da sexualidade. Como resultado, as pessoas costumavam sentir-se culpadas por seus impulsos sexuais muito mais do que acontece hoje. Tal situação contribuiu para a ênfase que Freud atribuía aos conflitos sexuais inconscientes. Consideremos outro exemplo, o fato de a Segunda Guerra Mundial ter fomentado o rápido desenvolvimento da psicologia como profissão.

Se invertermos nosso ponto de vista, veremos que a psicologia, por sua vez, deixou sua marca na sociedade. Consideremos o papel persuasivo dos testes psicológicos na sociedade moderna. O sucesso de sua própria carreira pode depender, em parte, de como você tece seu caminho por meio de um labirinto complexo de testes de inteligência de desempenho, o que se tornou possível (para o pesar de alguns) por meio das pesquisas em psicologia. Outro exemplo do impacto da psicologia na sociedade é a influência que vários teóricos têm no tipo de criação de filhos. As tendências na prática dos cuidados infantis foram moldadas pelas ideias de John B. Watson, Sigmund Freud, B. F. Skinner e Carl Rogers – sem mencionar uma gama de outros psicólogos ainda não discutidos. Resumindo, a sociedade e a psicologia influenciam-se mutuamente de modos complexos. Nos capítulos que se seguem teremos oportunidade de compreender essa relação dinâmica.

Ideias relativas ao tema central da psicologia

Considerando o objeto da psicologia, vemos outras quatro ideias importantíssimas: (1) o comportamento é determinado por múltiplas causas; (2) o comportamento é moldado pela herança cultural; (3) hereditariedade e o meio ambiente influenciam de maneira conjunta o comportamento; e (4) a experiência individual sobre o mundo é altamente subjetiva.

Tema 4: O comportamento é determinado por múltiplas causas

Com o amadurecimento da psicologia, mais informação se obteve sobre as forças que orientam o comportamento. Esse crescente conhecimento levou à apreciação de um fato simples e importante: o comportamento é extremamente complexo e muitos de seus aspectos são determinados por múltiplas causas.

Embora a complexidade do comportamento possa ser evidente, em geral o que se procura são causas únicas. Assim, oferecemos explicações como "Andreia não passou de ano na escola porque é preguiçosa". Ou dizem que "Casos de gravidez na adolescência estão aumentando por causa de todo o sexo divulgado pela mídia". Explicações de causa única podem ser precisas, mas muitas vezes são incompletas. Em geral, os psicólogos acham que o comportamento é orientado por uma complexa rede de fatores que interagem. Essa ideia é conhecida por *causalidade multifatorial do comportamento*.

Como simples ilustração, considere os fatores múltiplos que podem influenciar sua performance no curso de introdução à psicologia. Fatores pessoais relevantes podem incluir sua inteligência global, sua capacidade de leitura e memorização, sua motivação e seus métodos de estudo. Além disso, sua nota poderia ser afetada por numerosos fatores situacionais, inclusive o fato de você gostar ou não de seu professor de psicologia, se você gostou do tema proposto para o trabalho, se a aula ocorre em um horário que lhe é favorável, se seu cronograma de trabalho é leve ou pesado, e se você está enfrentando algum problema pessoal. Conforme formos prosseguindo por este livro, você aprenderá que a complexidade da causação é regra, e não exceção. Se esperamos entender o comportamento, em geral teremos de levar em conta determinantes múltiplos.

Tema 5: Nosso comportamento é moldado por nossa herança cultural

Entre os múltiplos determinantes do comportamento humano, os fatores culturais são particularmente importantes. Como a psicologia se desenvolve em um contexto sócio-histórico, assim também o fazem os indivíduos. Nossa base cultural exerce considerável influência sobre nosso

A experiência cultural tem uma influência enorme no comportamento das pessoas, moldando tudo, do modo de se vestir aos valores e normas sexuais. O aumento da interdependência global traz cada vez mais as pessoas para o contato com outras culturas além da própria. Esse aumento da exposição para culturas diversas serve para ressaltar a importância de fatores culturais.

comportamento. Conforme Markus e Hamedani (2007) colocaram, "A opção de associal ou acultural – ou seja, viver como um ser neutro que não está ligado a nenhuma prática particular e formas estruturadas socioculturalmente do comportamento – não está disponível. As pessoas comem, dormem, trabalham e se relacionam de formas culturais específicas". O que é *cultura*? Os teóricos discutem por mais de um século sobre os detalhes exatos de como definir a cultura, os limites precisos da concepção permanecem um pouco vagos (Matsumoto e Yoo, 2006). De forma geral, ***cultura se refere a costumes, crenças, valores, normas, instituições e outros produtos compartilhados por uma comunidade e que são transmitidos socialmente através das gerações***. Cultura é uma ideia ampla, que abrange tudo, desde o sistema legal de uma sociedade até a sua compreensão quanto aos papéis da família; desde seus hábitos alimentares até seus ideais políticos; desde sua tecnologia até suas atitudes a respeito do tempo; desde sua maneira de vestir-se até suas crenças espirituais; e desde sua arte e música até suas regras indizíveis sobre relações sexuais.

Muito de nossa herança cultural é invisível (Brislin, 2000). Suposições, ideais, atitudes, crenças e regras implícitas existem nas mentes das pessoas e podem não estar aparentes para o observador externo. Além disso, pelo fato de a nossa base cultural ser amplamente compartilhada, sentimos pouca necessidade de discuti-la com outras pessoas e comumente não lhe damos muita importância. Não passamos muito tempo, por exemplo, pensando por que vivemos em salas retangulares, tentamos diminuir o odor corporal, limitamo-nos a uma relação monogâmica, ou usamos cartões de crédito para obter bens materiais e serviços. Geralmente, falhamos em apreciar a sua influência, mas nossa herança cultural tem impacto profundo em nossos pensamentos, sentimentos e comportamentos (Matsumoto e Juang, 2008; Triandis, 2007).

Embora a influência da cultura esteja por toda a parte, generalizações a respeito de grupos culturais devem sempre ser amenizadas pela percepção de que existe grande diversidade dentro de qualquer sociedade ou grupo étnico (Markus e Hamedani, 2007). Pode ser que os pesquisadores consigam detalhar percepções verdadeiramente úteis a respeito da cultura dos etíopes, dos coreano-americanos ou ucranianos, por exemplo, mas seria tolo admitir que todos eles exibam comportamentos idênticos. Também é importante perceber que tanto as **diferenças quanto as similaridades de comportamento ocorrem entre as culturas.** Como veremos repetidas vezes, os processos psicológicos são caracterizados tanto por variação como por constância cultural. Se almejamos alcançar um entendimento sólido do comportamento humano, teremos de considerar determinantes culturais.

Tema 6: A hereditariedade e o meio ambiente influenciam, de maneira conjunta, o comportamento

Somos o que somos – atléticos ou artísticos, agitados ou calmos, tímidos ou extrovertidos, ativos ou preguiçosos – por causa de nossa herança genética ou de nossa criação? Essa questão sobre a importância da natureza *versus* criação ou hereditariedade *versus* meio ambiente tem sido discutida desde os tempos antigos. Historicamente, a oposição natureza/criação foi emoldurada como uma proposição tudo ou nada. Em outras palavras, teóricos discutem que traços pessoais e habilidades são inteiramente orientados pela hereditariedade ou inteiramente pelo meio. John B. Watson, por exemplo, afirmou que a personalidade e a habilidade dependem quase exclusivamente do meio onde vive o indivíduo. Por outro lado, *sir* Francis Galton, pioneiro em testes mentais, sustentava a ideia de que a personalidade e a habilidade dependem quase inteiramente da herança genética.

Hoje, muitos psicólogos concordam que a herança e o meio são ambos importantes. Um século de pesquisas mostra que a genética e a experiência influenciam conjuntamente a inteligência, o temperamento, a personalidade e a susceptibilidade a muitos distúrbios psicológicos no indivíduo (Manuck e McCaffery, 2014; Rutter, 2012). Se perguntarmos se uma pessoa nasce ou é feita, a resposta da psicologia é "Ambas". Isso não significa que a oposição natureza/criação teve seu fim. O debate a respeito da *relativa influência* da genética e da experiência continua vivo. Além disso, os

Natureza ou criação? Como uma jovem atriz, Lindsay Lohan parecia ter uma carreira maravilhosa pela frente. Mas à medida que ela lutava contra seus problemas com álcool e drogas, começou a demonstrar um comportamento instável e envolveu-se em uma série de problemas com a justiça. O que teria causado essa deterioração? Hereditariedade? Ambiente? Ou a combinação de ambos? Poderia ser a experiência, uma vez que ela veio de uma família desestruturada que era aparentemente confusa, com conflitos entre seus pais. Mas alguém poderia especular sobre o papel da genética, já que o pai dela tinha problemas com álcool. Em geral, é muito difícil desmembrar as contribuições relacionadas à hereditariedade e ao ambiente. De qualquer modo, a questão da natureza *versus* criação integram a busca pela compreensão do comportamento.

psicólogos ainda procuram entender os modos complexos pelos quais a herança genética e a experiência interagem para moldar o comportamento.

Tema 7: A experiência que as pessoas têm do mundo é subjetiva

Subjetividade da experiência

Nossa experiência do mundo é altamente subjetiva. Até mesmo a percepção elementar – por exemplo, dos sons e das imagens – não é um processo passivo. Processamos ativamente os estímulos, enfocando seletivamente certos aspectos e ignorando outros. Além disso, estabelecemos uma organização aos estímulos que percebemos com atenção. Essas tendências combinadas tornam nossa percepção pessoal e subjetiva.

A subjetividade da percepção foi muito bem demonstrada em um estudo feito por Hastorf e Cantril (1954). Nele, estudantes das universidades de Princeton e Dartmouth assistiram a um filme muito contestado em que se mostrava um jogo de futebol entre as duas escolas rivais. Eles deviam procurar infrações às regras do jogo. Os dois grupos viram o mesmo filme, mas os estudantes de Princeton "viram" os jogadores de Dartmouth cometerem duas vezes mais faltas do que haviam "visto" os próprios estudantes de Dartmouth, e vice-versa. Os pesquisadores concluíram que o jogo era "realmente" muitos jogos diferentes e que cada versão dos eventos era tão real para determinada pessoa quanto o eram as outras versões para outras pessoas (Hastorf e Cantril, 1954). Esse estudo mostrou como as pessoas às vezes *veem o que querem ver*. Outros estudos concluíram que as pessoas costumam ver o que *esperam* ver (Kelley, 1950).

A subjetividade humana é precisamente aquilo que o método científico é designado para neutralizar. Ao usar uma abordagem científica, os psicólogos buscam fazer observações o mais objetivas possíveis. Deixadas à sua própria experiência subjetiva, as pessoas poderiam ainda acreditar que a Terra é achatada e que é o Sol que gira em torno dela. Assim, os psicólogos estão comprometidos com a abordagem científica porque concluem que essa seja a rota mais segura para o conhecimento preciso.

Agora que já fomos apresentados aos temas, vejamos como a pesquisa psicológica pode ser aplicada aos desafios do dia a dia. Nessa primeira fase da Aplicação Pessoal, verificaremos um tema muito relevante aos estudantes: como ser um aluno bem-sucedido. Na seção Aplicação do Pensamento Crítico, discutiremos a natureza e a importância da habilidade do pensamento crítico.

1.5 APLICAÇÃO PESSOAL
Melhorando sua performance acadêmica

Responda "Verdadeiro" ou "Falso"

___ 1. Se você tivesse um professor que ministrasse aulas de maneira caótica, impossíveis de entender, teria poucas razões para assistir às suas aulas.

___ 2. "Se matar de estudar" na noite anterior a um exame é o melhor método de estudo.

___ 3. Ao fazer anotações durante as aulas, você deve ser como um "gravador humano" (isto é, anotar tudo o que o professor diz).

___ 4. Nunca se deve mudar as respostas dadas em um teste de múltipla escolha, porque o primeiro palpite é sempre o melhor.

Todas as alternativas anteriores são falsas. Se você as respondeu corretamente, pode ser que já tenha adquirido todas as habilidades e hábitos que auxiliam no bom desempenho acadêmico. Mesmo assim, você é uma exceção. Hoje em dia, muitos alunos entram na universidade com habilidades e hábitos impróprios para o estudo, e isso não acontece única e exclusivamente por sua culpa. Nosso sistema educacional em geral não fornece instrução adequada quanto às boas técnicas de estudo. Consequentemente, não é de surpreender que uma pesquisa publicada recentemente tenha relatado que a maioria dos estudantes adota modelos falhos de como aprender e recordar, desperdiçam tempo precioso em atividades que não promovem aprendizagem efetiva e, com frequência, julgam de maneira errônea o seu controle sobre o material (Bjork, Dunlosky e Kornell, 2013). Aqui, tentaremos remediar essa situação revendo algumas percepções que a psicologia nos fornece sobre como melhorar o desempenho acadêmico. Discutiremos como promover hábitos de estudo e leitura mais eficientes e de que forma extrair mais das aulas a que assistimos. Talvez você queira pular uns capítulos e ler a Aplicação Pessoal do Capítulo 7, que trata de como melhorar sua memória.

Desenvolvendo bons hábitos de estudo

As pessoas tendem a supor que o desempenho acadêmico é determinado pela inteligência ou habilidade mental geral dos estudantes. Essa crença é sustentada pelo fato de que os testes para ingresso na faculdade (o SAT* e ACT**), que basicamente avaliam a habilidade cognitiva geral, preveem muito bem as notas na faculdade (Berry e Sackett, 2009; Kobrin et al., 2008). O que menos se sabe, entretanto, é que as medidas das habilidades, hábitos e atitudes relativos ao estudo também preveem muito bem as notas da faculdade. Em estudo realizado em larga escala, de 344 amostras independentes compostas de 72 mil estudantes, Crede e Kuncel (2008) constataram que o resultado de avaliações de habilidades e hábitos de estudo previam as notas da faculdade quase tão bem como os testes de admissão, e que esses fatores eram responsáveis pela variação no desempenho que os testes de admissão não poderiam contabilizar. Em outras palavras, descobriu-se que os hábitos de estudo são tão influentes quanto as habilidades para determinar o bom desempenho de estudantes universitários. O significado prático dessa descoberta é que a maior parte dos estudantes provavelmente subestima a importância das habilidades de estudo. Tenha em mente que, apesar de a maior parte dos adultos provavelmente não conseguir aumentar muito a sua habilidade mental, eles podem melhorar seus hábitos de estudo consideravelmente.

De qualquer modo, o primeiro passo em direção a hábitos efetivos de estudo é encarar a realidade de que, em geral, o estudo envolve trabalho árduo. Você não deve se culpar se não se sente ansioso por estudar. Muitos se sentem assim.

> **1.5 OBJETIVOS PRINCIPAIS DE APRENDIZAGEM**
> • Discutir algumas estratégias para promover um estudo adequado, melhorando a compreensão da leitura, e para aproveitar mais das palestras/aulas.

Mas uma vez que você tenha entendido que estudar não ocorre naturalmente, torna-se claro o fato de que se deve organizar um programa para promover estudo adequado. De acordo com Siebert e Karr (2003), tal programa deve envolver as seguintes considerações:

1. *Faça um planejamento de estudos.* Se você esperar até que a necessidade de estudar surja, ainda poderá estar esperando quando o exame estiver à sua porta. É importante definir horários para o estudo. Reveja todos os seus compromissos (trabalho, tarefas etc.) e decida quando estudar. Não se esqueça de que para aprender é necessário estar bem acordado e alerta. Seja realista quanto ao número de horas que poderá dedicar aos estudos sem ficar cansado demais. Deixe um espaço para intervalos, pois assim poderá reavivar sua concentração.

É importante que faça seu planejamento por escrito, pois assim terá um "lembrete", e seu compromisso com ele será reforçado. Comece estabelecendo um planejamento para um trimestre ou um semestre, como no exemplo da **Figura 1.9**. Então, no início de cada semana, planeje as tarefas específicas para cada sessão de estudo. Isso evitará que você tenha de passar noites em claro para revisar toda a matéria no último instante, uma forma ineficaz de estudar (Underwood, 1961; Wong, 2006; Zechmeister e Nyberg, 1982), pois pode prejudicar sua capacidade de memorização, baixar seu nível de energia e aumentar a ansiedade que os testes causam.

---
* SAT – *Scholastic Aptitude Test*. Prova aplicada para admissão em faculdades norte-americanas.
** ACT – *American College Testing*. Prova aplicada para admissão em faculdades norte-americanas.

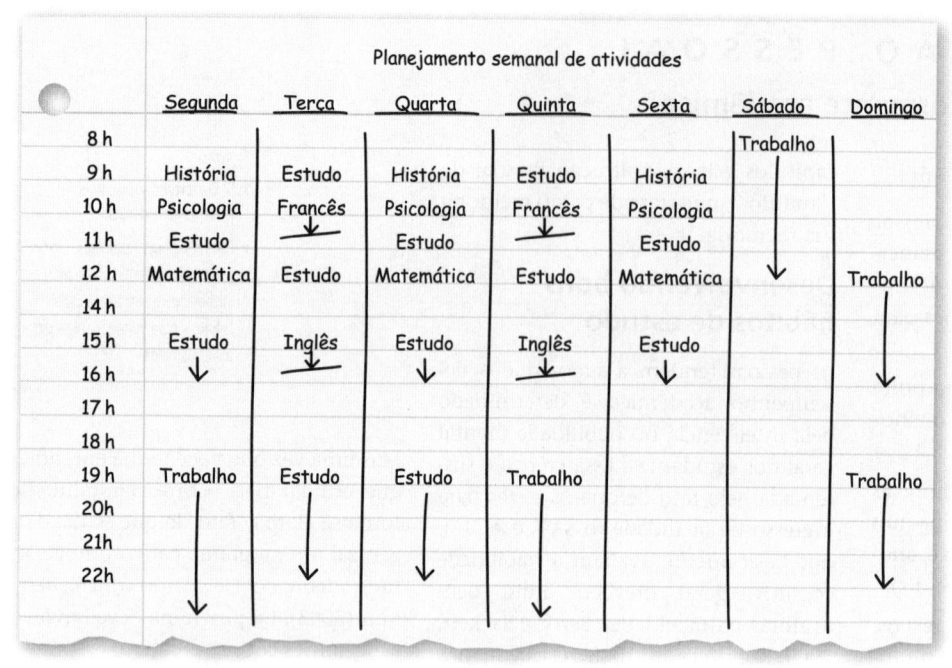

Planejamento semanal de atividades							
	Segunda	Terça	Quarta	Quinta	Sexta	Sábado	Domingo
8 h						Trabalho	
9 h	História	Estudo	História	Estudo	História	↓	
10 h	Psicologia	Francês	Psicologia	Francês	Psicologia	↓	
11 h	Estudo	↓	Estudo	↓	Estudo	↓	
12 h	Matemática	Estudo	Matemática	Estudo	Matemática	↓	Trabalho
14 h							
15 h	Estudo	Inglês	Estudo	Inglês	Estudo		
16 h	↓	↓	↓	↓	↓		↓
17 h							
18 h							
19 h	Trabalho	Estudo	Estudo	Trabalho			Trabalho
20h							
21h							
22h	↓	↓	↓	↓			↓

Figura 1.9 Um planejamento geral de estudos para um semestre.
A cada semana, o aluno preenche as tarefas específicas para trabalhá-las em cada período de estudo.

Ao fazer seu planejamento semanal, tente evitar a tendência de postergar o trabalho mais pesado, por exemplo, relatórios e exames finais. Especialistas em gerenciamento de tempo, como Alan Lakein (1996), dizem que temos a tendência de realizar primeiro as tarefas mais fáceis e rotineiras, deixando as mais volumosas para depois, quando, supomos, teremos mais tempo. Essa tendência normalmente nos leva a repetidamente "deixar para depois" até que seja tarde demais para realizar um bom trabalho. Fuja dessa armadilha dividindo as tarefas maiores em partes que possam ser trabalhadas individualmente.

2. *Encontre um lugar onde possa se concentrar para estudar.* O lugar em que você estuda também é importante. O ideal é encontrar um local onde as distrações sejam mínimas. A maioria das pessoas não consegue estudar quando está enviando mensagens de texto para os amigos, navegando na internet, assistindo TV ou ouvindo a conversa de outras pessoas. Nessas situações, os estudantes, com frequência, alegam que eles podem fazer diversas tarefas ao mesmo tempo, mas pesquisas indicam que eles tendem a superestimar a habilidade de fazer efetivamente diversas tarefas ao mesmo tempo (Chew, 2014; Ravizza, Hambrick e Fenn, 2014).

3. *Recompense-se pelo estudo.* Uma das razões por que é tão difícil motivar-se ao estudo regular é que o resultado geralmente só é visto em longo prazo. A grande recompensa, um diploma, pode estar a anos de distância. Até mesmo compensações menores, como uma nota "A", podem estar a semanas ou meses de distância. Para combater esse problema, sempre ajuda recompensar-se de maneira imediata e tangível presenteando-se com um lanchinho, um bom programa de TV ou até mesmo um telefonema a um amigo. Assim, você deve determinar objetivos de estudo realistas e, então, recompensar-se quando alcançá-los. A manipulação sistemática das recompensas envolve a utilização dos princípios de mudança de comportamento descritos por B. F. Skinner e outros psicólogos behavioristas. Esses princípios são trabalhados na Aplicação Pessoal do Capítulo 6.

Melhorando sua capacidade de leitura

Grande parte de seu tempo de estudo é gasta na leitura e absorção de informações. A chave para melhorar a compreensão da leitura é ver com antecedência as tarefas de leitura por seção, trabalhar arduamente para processar ativamente o

As pessoas tendem a supor que o sucesso na faculdade depende da inteligência. A habilidade acadêmica é importante, mas pesquisas indicam que as habilidades e os hábitos de estudo são quase tão importantes quanto.

significado da informação, empenhar-se em identificar as ideias-chave de cada parágrafo e revisá-las minuciosamente após cada seção. Os livros didáticos modernos geralmente contêm uma variedade de ferramentas que você pode usar para melhorar a leitura. Se um livro fornece o resumo de um capítulo ou objetivos de aprendizagem, não os ignore. Esses organizadores podem estimular mais o processo e aumentar sua codificação da informação (Marsh e Butler, 2013). Em outras palavras, eles podem ajudá-lo a reconhecer os pontos importantes no capítulo. Organizadores em gráficos (como os Quadros de Conceitos disponíveis ao final de cada capítulo) também podem elevar o entendimento do material do texto (Nist e Holschuh, 2000). Muito esforço e raciocínio são dedicados para a formulação dessas e de outras ferramentas de aprendizagem dos livros didáticos. É inteligente aproveitá-las.

Outra questão importante está relacionada a se e como a leitura de livros didáticos melhoram as tarefas de leitura do aluno. Muitos estudantes se enganam ao pensar que o estudo consiste em marcar algumas frases com a caneta aqui e ali no texto. Se fizerem isso sem pensar de maneira seletiva, eles simplesmente estão fazendo do livro didático um livro de colorir. Isso provavelmente explica o porquê de uma análise recente sobre a eficiência de marcar texto relatar que isso parece ter valor limitado (Dunlosky et al., 2013). Ou seja, essa análise concluiu que o valor da marcação de texto provavelmente depende da habilidade com a qual é executada. Seguindo essa conclusão, outros especialistas declararam que destacar trechos selecionados dos livros de estudo é uma estratégia útil – se os alunos forem razoavelmente eficientes ao focar as ideias principais do texto e se depois revisarem as que destacaram (Caverly, Orlando e Mullen, 2000; Hayati e Shariatifar, 2009).

Teoricamente, quando executada eficazmente, a marcação de texto deveria nutrir a leitura ativa, melhorar a compreensão de leitura e reduzir a quantidade de material que deve ser revisado depois (Van Blerkom, 2012). A chave para a marcação de texto eficaz é identificar (e marcar) apenas as ideias principais, detalhes-chave de apoio e termos técnicos (Daiek e Anter, 2004). A maior parte dos livros didáticos é cuidadosamente trabalhada para que cada parágrafo tenha um propósito de estar ali. Tente encontrar uma ou duas sentenças que melhor capturem o conteúdo, o propósito de cada parágrafo. A marcação de texto é uma ação equilibrada e delicada. Se você marcar muito pouco do conteúdo do texto, não está identificando ideias-chave suficientes. Mas se marcar muito conteúdo, provavelmente não está comprometido com uma leitura ativa e não terá sucesso em destacar as informações importantes (Dunlosky et al., 2013). A marcação exagerada parece diminuir mais a utilidade da marcação de texto que a marcação de texto insuficiente.

Tirando maior proveito das aulas

Embora as aulas sejam, às vezes, entendiantes, é notório que o baixo rendimento em sala de aula está associado a notas baixas. Em um estudo, Lindgren (1969) descobriu que a ausência às aulas era muito mais frequente entre alunos com rendimento escolar abaixo da média (média C – ou abaixo) do que entre aqueles alunos "bem-sucedidos" (média de notas B ou acima). Mesmo quando você tem um professor que dá aulas difíceis de entender, é importante ir às aulas. No mínimo, você conseguirá perceber como o professor pensa, o que pode ajudá-lo a prever o conteúdo da prova e a responder do modo esperado pelo professor.

Felizmente, a maioria das aulas é suficientemente coerente. Estudos indicam que a anotação atenta *está* associada à melhora do aprendizado e desempenho nas faculdades (Marsh e Butler, 2013; Titsworth e Kiewra, 2004). No entanto, pesquisas também mostram que muitas dessas anotações são surpreendentemente incompletas, e que o aluno médio, muitas vezes, registra menos de 40% das ideias principais de uma aula (Armbruster, 2000). Assim, a chave para tirar mais proveito de uma aula é permanecer motivado, atento, e fazer um esforço para que suas anotações sejam as mais completas possíveis. A propósito, pesquisas recentes demonstraram que a navegação pela internet durante as aulas diminui o aprendizado e leva ao baixo desempenho nas provas, apesar da habilidade acadêmica do indivíduo (Ravizza et al., 2014). Outro estudo descobriu que os alunos que se sentam próximos e podem ver seu colega navegando na internet na aula também se distraem e tiram notas mais baixas (Sana, Weston e Cepeda, 2013).

Livros sobre estratégias de aprendizado (Longman e Atkinson, 2005; McWhorter, 2007) oferecem muitas sugestões de como fazer boas anotações, algumas das quais estão resumidas a seguir:

- Extrair informações das aulas requer *ouvir atentamente*. Concentre sua atenção no professor. Tente antecipar o que virá a seguir e procure significados mais profundos.

- Quando o material do curso é especialmente complexo, uma boa ideia é preparar-se para a aula *lendo antecipadamente* sobre o assunto. Assim, você estará restringindo o volume da nova informação a ser digerida.

- Não se espera que uma pessoa seja um "gravador humano". Sempre que possível tente anotar as ideias do professor *com suas próprias palavras*. Dessa forma, estará forçando-se para organizar as ideias de maneira que façam sentido para você.

- Ao fazer anotações, preste atenção nas pistas sobre o que é mais importante. Elas podem variar de dicas sutis, como o professor repetir determinado ponto, para dicas não tão sutis, como o professor dizer "Nós abordaremos isso novamente".

- Durante as suas aulas, a maioria dos professores segue um esboço estruturado, que eles podem ou não compartilhar com a turma (na lousa ou por uma ferramenta de apresentação, como PowerPoint). À medida que você puder decifrar o esboço de uma aula, tente organizar suas anotações de acordo com ele. Quando você voltar para revisar as anotações mais tarde, elas farão mais sentido

- e deve ser mais fácil identificar as ideias mais importantes.
- *Fazer perguntas* durante as aulas pode ser útil. Isso o mantém envolvido no assunto e permite esclarecer dúvidas. Alguns alunos são mais tímidos do que deveriam ser. Eles não percebem que os professores geralmente gostam que lhes façam perguntas.

Resumindo, bons hábitos e habilidades de estudo são decisivos para o sucesso acadêmico. A inteligência sozinha não fará o trabalho (embora ela certamente ajude). Boas habilidades de estudo não se desenvolvem da noite para o dia. Elas são adquiridas gradualmente; por isso tenha paciência consigo próprio. Felizmente, tarefas como a leitura de textos, a escrita e a realização de testes ficam mais fáceis com a prática.

Por fim, acho que você perceberá que as recompensas – conhecimento, a sensação de ter alcançado seus objetivos e o progresso na obtenção de um diploma – valem o esforço.

1.6 APLICAÇÃO DO PENSAMENTO CRÍTICO
Desenvolvendo habilidades de pensamento crítico: introdução

Se você perguntar a qualquer grupo de professores, pais, empregadores, ou políticos "Qual é o objetivo mais importante da educação?", a maioria responderá "o desenvolvimento da habilidade de pensar de modo crítico". **Pensamento crítico é o pensamento propositivo, fundamentado e orientado a metas que envolve solucionar problemas, formular inferências, trabalhar com probabilidades e tomar decisões bem ponderadas.** Pensamento crítico é o uso das habilidades e estratégias cognitivas para aumentar a probabilidade do resultado desejável. Tais resultados incluem boas escolhas de carreira, decisões eficazes no ambiente de trabalho, investimentos inteligentes e assim por diante. Em longo prazo, aqueles que pensam criticamente devem obter mais resultados desejáveis do que as pessoas que não o fazem (Halpern, 1998). A seguir, veremos algumas das habilidades de pensadores críticos:

- Entendem e usam os princípios da pesquisa científica. (Como a eficácia da punição como procedimento disciplinar pode ser determinada?)
- Aplicam as regras da lógica formal e informal. (Se a maioria das pessoas desaprova os sites de sexo na internet, por que esses sites são tão populares?)
- Pensam eficazmente em termos de probabilidades. (Qual é a probabilidade de sermos capazes de prever quem cometerá um crime violento?)
- Avaliam com cuidado a qualidade da informação. (Posso confiar nas afirmações feitas por esse político?)
- Analisam argumentos para a solidez das conclusões. (O aumento no uso de drogas significa que uma política mais rígida é necessária?)

O pensamento como objeto de estudo tem uma longa história na psicologia, remontando a Wilhelm Wundt no século XIX. Os psicólogos cognitivos modernos descobriram que um bom modelo de pensamento crítico apresenta pelo menos dois componentes: o conhecimento das habilidades do pensamento crítico – o *componente cognitivo* – e a atitude ou disposição de um pensador crítico – o *componente emocional* ou *afetivo*. Ambos são necessários para um pensamento crítico eficaz.

As habilidades e atitudes do pensamento crítico

O preceito do pensamento crítico é baseado em duas suposições: (1) existe um conjunto de habilidades ou estratégias que os alunos podem aprender a reconhecer e aplicar nos contextos apropriados; (2) se as habilidades forem aplicadas de modo apropriado, os alunos se tornarão pensadores críticos mais eficazes. (Halpern, 2007).

As habilidades do pensamento crítico em qualquer contexto incluem o entendimento de como razões e evidências apoiam ou refutam conclusões; a distinção entre fatos, opiniões e julgamentos fundamentados; o uso dos princípios da probabilidade e incerteza ao pensar sobre eventos probabilísticos; a geração de múltiplas soluções para problemas e o trabalho sistemático em direção a um objetivo desejado; e o entendimento de como a causa é determinada. Essa lista apresenta alguns exemplos típicos do que significa a expressão *habilidades do pensamento crítico*. Como elas são usadas em ampla variedade de contextos, às vezes são chamadas *habilidades transcontextuais*.

Não há muita utilidade em conhecer as habilidades do pensamento crítico se você não deseja fazer certo esforço mental para usá-las, ou se tem uma atitude descuidada com o pensamento. Um pensador crítico está disposto a planejar; é flexível no pensar, persistente, capaz de admitir erros e fazer correções e atento ao processo de pensamento. A palavra *crítico* refere-se à noção de uma crítica ou avaliação dos processos e resultados do pensamento. O termo não tem uma conotação negativa (como em "uma pessoa crítica"), pelo contrário, tem a intenção de transmitir a ideia de que os pensadores

> **1.6 OBJETIVOS PRINCIPAIS DE APRENDIZAGEM**
>
> - Explicar a natureza do pensamento crítico e avaliar explicações evolucionistas para as diferenças de gêneros referente a habilidades espaciais.

críticos são vigilantes quanto aos seus pensamentos (Riggio e Halpern, 2006).

A necessidade de ensinar o pensamento crítico

Décadas de pesquisa sobre o preceito do pensamento crítico demonstram que as habilidades e atitudes do pensamento crítico precisam ser deliberada e conscientemente ensinadas, porque na maioria das vezes não se desenvolvem por si mesmas com as instruções padrão de uma área de conteúdo (Nisbett, 1993).

Por essa razão, cada capítulo deste livro termina com uma Aplicação do Pensamento Crítico. O conteúdo apresentado nessas seções relaciona-se ao tópico do capítulo, mas o foco está em como pensar a respeito de uma determinada questão, linha de pesquisa ou controvérsia. Como a ênfase é no processo de pensamento, é possível que você tenha de considerar conflitantes interpretações de dados, julgar a credibilidade das fontes de informação ou gerar suas próprias hipóteses testáveis. As habilidades específicas de pensamento crítico destacadas em cada aplicação são resumidas em uma tabela para que sejam facilmente identificadas. Algumas delas aparecerão em vários capítulos porque o objetivo é ajudá-lo a, espontaneamente, selecionar as habilidades de pensamento crítico apropriadas quando se deparar com uma informação nova. A prática dessas habilidades selecionadas o ajudarão a desenvolvê-las.

Um exemplo

Como explicamos no texto principal do capítulo, a *psicologia evolucionista* está emergindo como uma escola de pensamento influente. Para mostrar como as habilidades do pensamento crítico podem ser aplicadas a questões psicológicas, vamos examinar a explicação evolucionista da diferença de gênero referente a habilidades espaciais e usar algumas das estratégias do pensamento crítico para avaliar essa explicação.

Em média, os homens tendem a apresentar um desempenho um pouco melhor que as mulheres na maioria das tarefas visioespaciais, principalmente aquelas que envolvem rotação mental de imagens e navegação no espaço (Halpern, 2012; Clint et al., 2012; veja a **Figura 1.10**). Teóricos evolucionistas afirmam que essas diferenças de gênero tiveram origem na evolução humana como resultado da divisão de trabalho baseada no sexo nas antigas sociedades de caça e coleta (Silverman, Choi e Peters, 2007). Segundo essa análise, a superioridade dos homens na rotação mental e navegação se desenvolveu porque a tarefa de *caçar* foi, em grande parte, atribuída a eles no curso da história da humanidade. Essas habilidades teriam facilitado o sucesso nas expedições de caça (ajudando os homens a atravessar longas distâncias, apontar projéteis para as presas etc.) e, assim, teriam sido favorecidas pela seleção natural. Em contraste, as mulheres nas antigas sociedades tinham a responsabilidade de *coletar* a comida em vez de caçá-la. Foi uma divisão de trabalho eficiente porque as mulheres passavam grande parte de sua vida adulta grávidas, amamentando ou cuidando das crianças; por conseguinte, não podiam viajar longas distâncias.

O conjunto de blocos à esquerda pode ser girado para corresponder ao conjunto de blocos à direita?

Figura 1.10 Um exemplo de tarefa espacial envolvendo rotação mental.

As tarefas de raciocínio espacial podem ser divididas em uma variedade de subtipos. Estudos indicam que os homens têm um desempenho um pouco melhor que as mulheres na maioria das tarefas espaciais, mas não em todas. As tarefas nas quais os homens são superiores envolvem a rotação mental de objetos, como o problema demonstrado aqui, para o qual a resposta é não.

Por isso, Silverman e Eals (1992) levantaram a hipótese de que as mulheres devem ser superiores aos homens em habilidades espaciais que teriam facilitado a atividade de coleta, como a memória para localizações. Isso foi exatamente o que eles descobriram em uma série de quatro estudos. Assim, os psicólogos evolucionistas explicam as diferenças de gênero em habilidades espaciais – como outros aspectos do comportamento humano – nos termos de como tais habilidades se desenvolveram para atender às pressões adaptativas enfrentadas por nossos ancestrais.

Como podemos avaliar criticamente esses argumentos? Se seu primeiro pensamento foi que você precisa de mais informações, parabéns, porque já está demonstrando uma aptidão para o pensamento crítico. Algumas informações adicionais sobre a diferença de gêneros nas habilidades cognitivas são apresentadas no Capítulo 10 deste livro. É importante também desenvolver o hábito de fazer boas perguntas, como "Há explicações alternativas para esses resultados? Existem dados contraditórios?". Consideremos rapidamente cada uma dessas perguntas.

Tabela 1.2 Habilidades de pensamento crítico discutidas nesta Aplicação

Habilidade	Descrição
Buscar explicações alternativas para descobertas e acontecimentos.	Ao avaliar explicações, o pensador crítico explora se existem outras explicações que também poderiam responder pelas descobertas e eventos sob análise.
Buscar evidências contraditórias.	Ao avaliar a evidência apresentada em uma questão, o pensador crítico tenta buscar evidências contraditórias que possam ter sido deixadas de fora do debate.

Há explicações alternativas para as diferenças de gênero referentes a habilidades espaciais? Bem, com certeza existem outras explicações potenciais para a superioridade dos homens em relação à maioria delas. Por exemplo, podemos atribuir essa descoberta ao tipo de atividades que os homens são mais encorajados a praticar que as mulheres, como brincar com blocos de construção, conjuntos Lego, Lincoln Logs e vários outros jogos do tipo, assim como uma grande variedade de videogames com orientação espacial. Essas atividades ligadas ao gênero parecem propiciar aos meninos, mais do que às meninas, a prática da maioria das tarefas espaciais (Voyer, Nolan e Voyer, 2000); e a experiência com essas atividades parece aprimorar as habilidades espaciais (Feng, Spence e Pratt, 2007). Outra possível explicação foi recentemente proposta por Clint e seus colegas (2012). Eles notam que a vantagem dos homens na navegação espacial existe em muitas espécies animais que não exibem a divisão de trabalho baseada no sexo para caça e coleta, que é vista nos humanos. Consequentemente, eles levam à evidência uma explicação simples, propondo que a superioridade espacial dos homens é simplesmente um efeito colateral dos mais altos níveis de testosterona dos machos em uma variedade de espécies. Se pudermos explicar as diferenças de gêneros referente às habilidades espaciais com base nas diferenças das atividades cotidianas de homens e mulheres, ou com base nos níveis de hormônios, talvez não tenhamos necessidade de apelar para a seleção natural.

Há dados contrários à explicação evolucionista para as atuais diferenças de gênero referentes às habilidades espaciais? Mais uma vez a resposta é sim. Um estudo recente falhou em encontrar diferenças de gênero quanto à habilidade de navegação espacial em um ambiente natural no mundo real, levando os pesquisadores a questionarem se as medidas dos laboratórios tradicionais de habilidades espaciais são indicadores precisos do senso de orientação que teria sido essencial para a caçada (Burke, Kandler e Good, 2012). Alguns estudiosos que pesquisaram as sociedades de caça e coleta sugerem que as mulheres com frequência percorriam longas distâncias para coletar alimentos e que elas frequentemente estavam envolvidas na atividade de caça (Adler, 1993). Além do mais – pense nisso –, os homens em longas expedições de caça obviamente precisaram desenvolver uma boa memória para lugares, ou jamais teriam voltado para casa. Portanto, é relevante uma discussão sobre exatamente que tipos de pressões adaptativas homens e mulheres enfrentaram nas antigas sociedades de caça e coleta.

Desse modo, você pode ver como a consideração de explicações alternativas e evidências contraditórias enfraquecem a explicação evolucionista sobre diferenças de gêneros quanto às habilidades espaciais. As questões que levantamos quanto às explicações alternativas e dados contraditórios são duas perguntas genéricas de pensamento crítico que podem ser feitas em uma grande variedade de conceitos. As respostas a essas perguntas *não* provam que os psicólogos evolucionistas estão errados em sua explicação das diferenças de gênero em relação às habilidades visioespaciais, mas *enfraquecem* a explicação evolucionista. Ao pensar de modo crítico a respeito de questões relativas à psicologia, você verá que faz sentido falar sobre a *força relativa* de um argumento em oposição ao fato de ele ser certo ou errado, porque lidaremos com questões complexas que raramente se permitem ser corretas ou incorretas.

CAPÍTULO 1 – QUADRO DE CONCEITOS

HISTÓRIA DA PSICOLOGIA ANTIGA

Nasce uma nova ciência
- Filosofia e fisiologia são os pais intelectuais da psicologia.
- O fundador da psicologia foi Wilhelm Wundt, que abriu o primeiro laboratório de pesquisa, em 1879, na Alemanha.
- Wundt afirmou que psicologia deveria ser o estudo científico da consciência.

Começa a batalha das escolas
- Defensores do estruturalismo sustentavam a ideia de que a psicologia deveria usar a introspecção para analisar a consciência em seus elementos básicos.
- Defensores do funcionalismo, como William James, afirmavam que a psicologia deveria investigar os propósitos (ou funções) da consciência.
- O funcionalismo teve impacto mais duradouro na psicologia porque alimentou o surgimento do behaviorismo e da psicologia aplicada.

Freud concentra-se nas forças inconscientes
- As ideias de Sigmund Freud eram controversas, mas gradualmente se tornaram influentes.
- A *teoria psicanalítica* enfatiza os determinantes inconscientes do comportamento e a importância da sexualidade.
- De acordo com Freud, o *inconsciente* consiste em pensamentos dos quais o indivíduo não tem ciência, mas que ainda influenciam seu comportamento.

Estreia do behaviorismo
- O behaviorismo, fundado por John B. Watson, propunha que a psicologia estudasse apenas o comportamento observável.
- O behaviorismo gradualmente se estabeleceu, e a psicologia se tornou um estudo científico do *comportamento* (em vez da *consciência*).
- Os behavioristas enfatizavam a importância do ambiente sobre a hereditariedade e iniciaram a pesquisa com animais.

O behaviorismo prospera com o trabalho de Skinner
- Impulsionado pela pesquisa de B. F. Skinner, o behaviorismo atingiu seu pico de influência na década de 1950.
- Como Watson, Skinner enfatizou a pesquisa com animais, um foco rigoroso sobre o comportamento observável e a importância do ambiente.
- Skinner gerou controvérsia por afirmar que o livre-arbítrio é uma ilusão.

A revolta dos humanistas
- Julgando tanto o behaviorismo quanto a psicanálise pouco atraentes, defensores do *humanismo*, como Carl Rogers e Abraham Maslow, começaram a ganhar influência na década de 1950.
- Os humanistas enfatizam as qualidades únicas do comportamento humano e a irrelevância da pesquisa em animais.
- Os humanistas olham com otimismo a natureza humana, enfatizando a liberdade e o potencial de crescimento dos seres humanos.

HISTÓRIA DA PSICOLOGIA MODERNA

A psicologia torna-se uma profissão
- Serviços psicológicos profissionais ao público eram raros na primeira metade do século XX.
- Entretanto, estimulada pelas demandas da Segunda Guerra Mundial, a *psicologia clínica* cresceu rapidamente como profissão a partir da década de 1950.
- Hoje, a psicologia inclui muitas especialidades profissionais, tais como a psicologia escolar, psicologia industrial/organizacional e o aconselhamento psicológico.

Ressurgimento da cognição e fisiologia
- Em seus primeiros anos, a psicologia enfatizava o estudo da consciência e da fisiologia, mas esses tópicos se enfraqueceram conforme o behaviorismo se desenvolveu de forma predominante.
- Durante as décadas de 1950 e 1960, os avanços na pesquisa sobre os processos mentais e fisiológicos levaram à renovação do interesse na cognição e nas bases biológicas do comportamento.

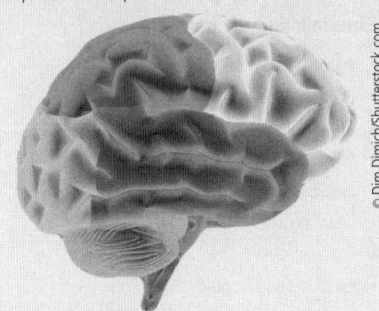

Cresce o interesse em fatores culturais
- Na década de 1980, os psicólogos ocidentais desenvolveram interesse crescente em como a cultura influencia o comportamento.
- Essa tendência foi estimulada pelo aumento da diversidade cultural nas sociedades ocidentais e pelo desenvolvimento crescente da interdependência global.

Psicologia evolucionista ganha proeminência
- Na década de 1990, a *psicologia evolucionista* surgiu como uma importante nova perspectiva teórica.
- A premissa da psicologia evolucionista é de que os padrões de comportamento em uma espécie são produto da evolução, assim como as características anatômicas.
- Os psicólogos evolucionistas propõem que a seleção natural favorece comportamentos que aumentam o sucesso reprodutivo de um organismo.

A psicologia segue em uma direção positiva
- Ao afirmar que a psicologia historicamente focava a patologia e o sofrimento, Martin Seligman lançou o movimento *psicologia positiva* no final da década de 1990.
- A psicologia positiva usa teoria e pesquisa para entender os aspectos adaptativos, criativos e realizadores da experiência humana.

PSICOLOGIA HOJE

Psicologia é a ciência que estuda o comportamento e os processos fisiológicos e cognitivos que fundamentam o comportamento e é a profissão que aplica esta ciência aos problemas práticos.

Especialidades profissionais

- Psicologia clínica
- Aconselhamento psicológico
- Psicologia escolar
- Psicologia industrial/organizacional

Especialidades de pesquisa

- Psicologia do desenvolvimento
- Psicologia social
- Psicologia experimental
- Psicologia fisiológica
- Psicologia cognitiva
- Personalidade
- Psicometria
- Psicologia educacional
- Psicologia da saúde

APLICAÇÕES

- Para promover hábitos de estudo sólidos, é preciso elaborar um cronograma de estudos por escrito, encontrar um local para estudar onde seja possível se concentrar e utilizar técnicas de leitura ativas para selecionar as ideias mais importantes dos materiais que você lê.
- Boas anotações dependem das técnicas de escuta ativa e do registro das ideias em suas próprias palavras.
- O pensamento crítico é o emprego das habilidades e estratégias cognitivas que aumentam a probabilidade de um resultado desejável.

TEMAS PRINCIPAIS

Temas relacionados à psicologia como área de estudo

Empirismo — *A psicologia é empírica* – é fundamentada em observações objetivas feitas por pesquisas.

Diversidade teórica — *A psicologia é teoricamente diversificada* – várias perspectivas são necessárias para compreender por completo o comportamento.

Contexto sócio-histórico — *A psicologia evolui em um contexto sócio-histórico* – existem conexões densas entre o que acontece na psicologia e o que acontece na sociedade.

Temas relacionados ao objeto da psicologia

Causalidade multifatorial — *O comportamento é determinado por múltiplas causas* – a causalidade complexa é a regra, e as explicações de uma única causa normalmente são incompletas.

Herança cultural — *Nosso comportamento é moldado por nossa herança cultural* – os fatores culturais exercem influência na maioria dos aspectos do comportamento.

Hereditariedade e meio ambiente — *A hereditariedade e o meio ambiente influenciam, de maneira conjunta, o comportamento* – a natureza e a criação moldam interativamente a maioria dos traços comportamentais.

Subjetividade da experiência — *A experiência que as pessoas têm do mundo é subjetiva* – as pessoas tendem a ver o que esperam ver e o que querem ver.

Capítulo 2

A iniciativa da pesquisa psicológica

2.1 À PROCURA DE LEIS: A ABORDAGEM CIENTÍFICA DO COMPORTAMENTO

2.2 À PROCURA DE CAUSAS: A PESQUISA EXPERIMENTAL

2.3 À PROCURA DE ELOS: A PESQUISA DESCRITIVO-CORRELACIONAL

2.4 A BUSCA POR FALHAS: AVALIAÇÃO DA PESQUISA

2.5 ÉTICA EM FOCO: OS FINS JUSTIFICAM OS MEIOS?

2.6 REFLETINDO SOBRE OS TEMAS DO CAPÍTULO
Visão geral ilustrada: principais métodos de pesquisa em psicologia

2.7 APLICAÇÃO PESSOAL:
Encontrando e lendo artigos de periódicos

2.8 APLICAÇÃO DO PENSAMENTO CRÍTICO:
Os perigos da evidência circunstancial: "Eu tenho um amigo que..."

Quadro de conceitos

Temas neste capítulo

Empirismo   Subjetividade da experiência

- Dormir menos de 7 horas por dia reduz o tempo de vida?
- Videogames violentos tornam as pessoas mais agressivas?
- Você pode tomar decisões melhores ao não deliberar sobre elas?
- Os homens tendem a superestimar o interesse da mulher em relações sexuais?
- As pontuações de QI preveem quanto tempo as pessoas vão viver?

Perguntas, perguntas, perguntas – todos têm perguntas a respeito do comportamento. A psicologia trata da investigação dessas questões.

Algumas dessas questões surgem no dia a dia. Muitos pais, por exemplo, já se perguntaram se videogames violentos poderiam causar um efeito prejudicial no comportamento dos filhos. Outras questões exploradas pelos psicólogos podem não ocorrer à maioria das pessoas. Por exemplo, você pode nunca ter pensado sobre os efeitos que seus hábitos de sono ou seu QI podem ter em sua expectativa de vida ou se as mulheres podem julgar os níveis de testosterona dos homens. É claro que, agora que você tomou conhecimento dessas questões, pode estar curioso a respeito das respostas!

Ao logo deste livro, você descobrirá o que os psicólogos aprenderam sobre as cinco perguntas acima. Agora mesmo quero chamar sua atenção à questão mais básica de todas: como devemos proceder para investigar essas questões? Como encontramos respostas precisas e confiáveis?

Como foi observado no Capítulo 1, a *psicologia é empírica*. Os psicólogos comprometeram-se a abordar questões sobre o comportamento por meio da observação formal e sistemática. Tal compromisso com o método empírico é o que faz da psicologia uma tarefa científica. Muitas pessoas podem ter crenças sobre os efeitos de jogar videogames violentos com base em opinião pessoal, um sentimento de aversão à violência, uma atitude permissiva em relação a jogos infantis, relatos de pais ou outras fontes. No entanto, como cientistas, os psicólogos evitam um julgamento sobre questões como essas até que eles tenham evidências objetivas com base em estudos válidos e reproduzíveis.

Em seus estudos científicos, os psicólogos dependem de um grande conjunto de ferramentas de métodos de pesquisa, porque diferentes tipos de questões pedem diferentes estratégias de investigação. Neste capítulo, você aprenderá sobre alguns dos principais métodos utilizados pelos psicólogos em suas pesquisas.

Começaremos nossa introdução à iniciativa da pesquisa na psicologia ao examinar a abordagem científica ao estudo do comportamento. Daí, partiremos para os métodos de pesquisa específicos que os psicólogos utilizam com mais frequência. Embora os métodos científicos tenham resistido ao teste do tempo, os cientistas, como indivíduos, são humanos e falíveis. Por essa razão, concluiremos nossa discussão apontando algumas falhas comuns nas pesquisas.

Esta seção isoladamente já pode fazer de você um melhor avaliador de certas ideias que dizem ser fundamentadas em estudos psicológicos. Então, na Aplicação Pessoal, aprenderemos a buscar e a ler artigos de periódicos que informam sobre pesquisa. Por fim, na Aplicação do Pensamento Crítico referente ao capítulo, examinaremos os perigos de um tipo de evidência a que as pessoas são expostas a todo momento: a evidência circunstancial.

2.1 À Procura de leis: a abordagem científica do comportamento

> **2.1 Objetivos principais de aprendizagem**
> - Descrever as metas do empreendimento científico e esclarecer as relações entre teoria, hipóteses e pesquisa.
> - Identificar as etapas da investigação científica e listar as vantagens da abordagem científica.

Sejam o objeto de estudo as forças gravitacionais ou o comportamento das pessoas sob estresse, *a abordagem científica pressupõe que os eventos sejam dirigidos por algumas leis*. Como cientistas, os psicólogos presumem que o comportamento seja dirigido por leis ou princípios, assim como os movimentos da Terra ao redor do Sol são dirigidos pelas leis da gravidade. O comportamento dos seres vivos pode não parecer tão legítimo ou previsível como o "comportamento" dos planetas. No entanto, o empreendimento científico baseia-se na ideia de que há leis que podem ser descobertas. Felizmente, o valor da aplicação dessa suposição fundamental à psicologia foi confirmado pela descoberta de muitas consistências no comportamento, algumas das quais fornecem o assunto deste texto.

Objetivos do empreendimento científico

Psicólogos e outros cientistas compartilham três conjuntos de objetivos inter-relacionados:

1. *Medida e descrição*. O compromisso da ciência com a observação requer que o pesquisador encontre uma forma de medir o fenômeno em estudo. Por exemplo, um psicólogo não poderia investigar se os homens são mais ou menos sociáveis que as mulheres sem antes desenvolver meios de medir a sociabilidade. Assim, o primeiro objetivo da psicologia é desenvolver técnicas de mensuração que tornem possível descrever o comportamento de forma clara e precisa.

2. *Compreensão e previsão*. Um objetivo mais avançado da ciência é a compreensão. Cientistas acreditam que compreendem os eventos quando conseguem explicar as razões de sua ocorrência. Para avaliar tal compreensão, cientistas elaboram e testam previsões chamadas de hipóteses. **Uma *hipótese* é uma ideia provisória a respeito da relação entre duas ou mais variáveis. *Variáveis* são quaisquer condições, eventos, características ou comportamentos mensuráveis controlados ou observados em um estudo.** Se previrmos que colocando pessoas sob pressão de tempo estaríamos baixando sua precisão quanto à percepção do

tempo, as variantes em nosso estudo seriam a percepção da pressão e da precisão da percepção do tempo.

3. *Aplicação e controle*. Basicamente, muitos cientistas esperam que a informação coletada seja de uso prático na solução de problemas do dia a dia. Quando as pessoas entendem um fenômeno, podem exercer maior controle sobre ele. Hoje, a profissão de psicólogo tenta aplicar as descobertas da pesquisa a problemas práticos nas escolas, negócios, fábricas e hospitais para portadores de doenças mentais. Um psicólogo escolar, por exemplo, poderia usar descobertas a respeito das causas da ansiedade relacionada à matemática para conceber um programa, a fim de ajudar estudantes no controle de suas fobias quanto a essa matéria.

Como as teorias auxiliam os cientistas a atingir suas metas? Conforme citado no Capítulo 1, psicólogos não desejam apenas coletar fatos isolados sobre as relações entre as variáveis. Para desenvolver uma melhor compreensão sobre o comportamento, eles elaboram teorias. **Uma *teoria* é um sistema de ideias inter-relacionadas utilizadas para explicar um conjunto de observações.**

Ao usar um leque de conceitos, tais como a seleção natural, a adaptação reprodutiva e a teoria evolucionista (Durrant e Ellis, 2013), os psicólogos objetivam explicar uma diversidade de fatos conhecidos acerca das preferências quanto à escolha de parceiro sexual, à agressividade, ao comportamento sexual e assim por diante (veja o Capítulo 1). Assim, integrando fatos e princípios aparentemente não relacionados em um todo coerente, as teorias permitem aos psicólogos irem da *descrição* para a *compreensão do comportamento*. Além disso, o melhor entendimento proporcionado pelas teorias orienta as pesquisas futuras, gerando novas previsões e sugerindo novas linhas de investigação (Fiske, 2004; Higgins, 2004).

Como a pedra fundamental da ciência é seu compromisso em testar as ideias empiricamente, teorias científicas devem ser testáveis. Entretanto, muitas delas são complexas demais para serem testadas. Seria impossível, por exemplo, projetar um estudo único que testasse os múltiplos aspectos da teoria evolucionista. Em vez disso, em uma pesquisa comum, os pesquisadores testam uma ou duas hipóteses específicas derivadas de uma teoria. Se as suas descobertas confirmarem as hipóteses, daí se depreenderá um aumento da confiabilidade na teoria. Caso contrário, a confiabilidade na teoria diminui, o que pode levá-la a ser revisada ou descartada. Assim, a construção das teorias é um processo gradual e interativo, sempre sujeito à revisão.

Estágios de uma investigação científica

A curiosidade sobre uma questão é o ponto de partida para qualquer tipo de investigação, científica ou não. No entanto, as investigações científicas são *sistemáticas*. Elas seguem um padrão, esquematizado na **Figura 2.1**. Vejamos como essa sequência organizada de etapas foi seguida em um estudo dos efeitos que cores específicas têm no funcionamento psicológico realizado por Andrew Elliot e Daniela Niesta (2008). Eles queriam investigar se a cor vermelha aumenta a atração dos homens pelas mulheres.

Etapa 1: Formular uma hipótese passível de ser testada

A primeira etapa de uma investigação científica é transformar uma teoria ou uma ideia intuitiva em uma hipótese testável. Embora já haja extensa literatura popular sobre como as cores afetam o comportamento, ela tem sido fundamentada principalmente em especulações, e não em pesquisas empíricas

Etapa 1 — Formulação de uma hipótese: Fazer o prognóstico de que a roupa vermelha possa levar os homens a ver as mulheres como sexualmente mais desejáveis.

Etapa 2 — Seleção do método de pesquisa e planejamento de estudo: Planejar o experimento em que os participantes classifiquem o grau de desejo sexual por uma mulher cuja cor da blusa é manipulada. Criar um estímulo fotográfico de uma mulher moderadamente atraente com visual neutro usando uma blusa justa.

Etapa 3 — Coleta de dados: Recrutar universitários do sexo masculino para o estudo das "primeiras impressões". Pedir para que eles classifiquem o seu grau de desejo sexual referente à mulher apresentada em uma blusa vermelha em relação à blusa azul.

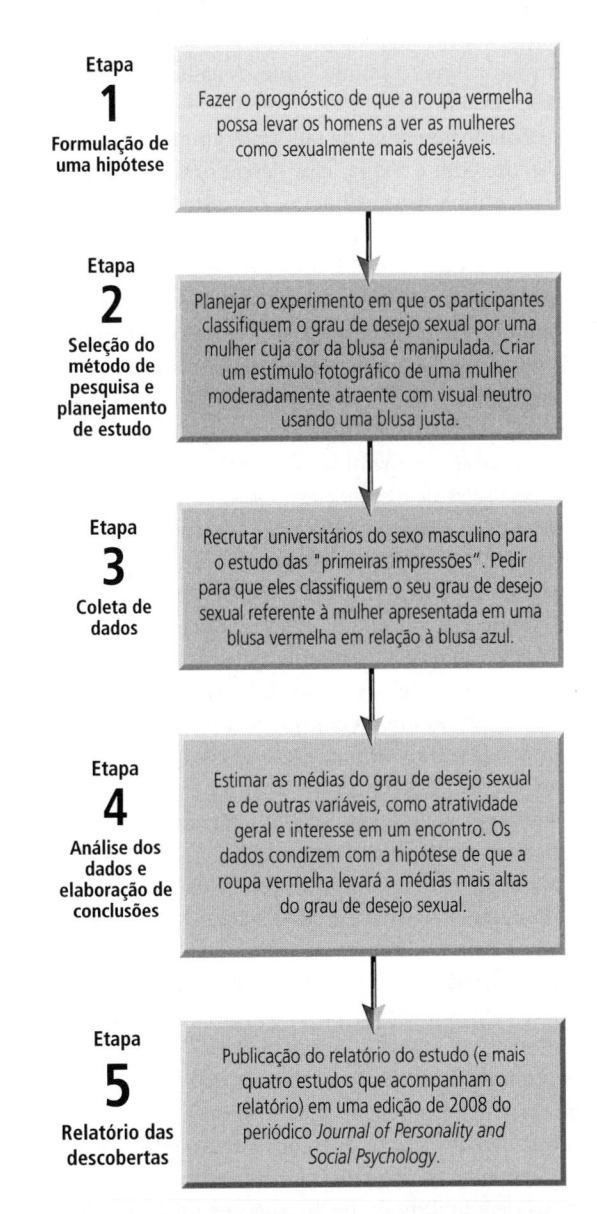

Etapa 4 — Análise dos dados e elaboração de conclusões: Estimar as médias do grau de desejo sexual e de outras variáveis, como atratividade geral e interesse em um encontro. Os dados condizem com a hipótese de que a roupa vermelha levará a médias mais altas do grau de desejo sexual.

Etapa 5 — Relatório das descobertas: Publicação do relatório do estudo (e mais quatro estudos que acompanham o relatório) em uma edição de 2008 do periódico *Journal of Personality and Social Psychology*.

Figura 2.1 Fluxograma das etapas de uma investigação científica.
Como ilustrado no estudo de Elliot e Niesta (2008), uma investigação científica consiste em uma sequência de etapas bem planejadas, começando com a formulação de uma hipótese testável e terminando com a publicação do estudo, se seus resultados forem válidos ao exame de outros pesquisadores.

sólidas. Entretanto, Andrew Elliot e Markus Maier (2012, 2014) formularam uma teoria sobre como a cor pode influenciar o comportamento. De acordo com essa teoria, as cores podem ter efeitos automatizados, inconscientes, no comportamento. A teoria afirma que esses efeitos provavelmente estão enraizados em duas origens básicas. Primeira, as pessoas aprendem as associações com base no fato de que determinadas cores são combinadas repetidamente com certas experiências. Por exemplo, a tinta vermelha normalmente é usada para marcar os erros dos alunos, e as luzes e as placas vermelhas costumam ser usadas para alertar sobre perigo. Segunda, ao longo do curso da evolução humana, determinadas cores podem ter tido significados adaptativos para a sobrevivência ou reprodução. Por exemplo, sangue e fogo, que normalmente aparecem em vermelho, podem sinalizar perigo.

Em seu primeiro estudo sobre os efeitos comportamentais da cor, Elliot et al. (2007) teorizaram que o vermelho está associado ao perigo de falha nos âmbitos da conquista. Condizente com a teoria, eles descobriram que os sujeitos expostos a uma capa vermelha no teste de QI obtiveram pontuações significativamente mais baixas que os expostos a capas verdes e brancas. Embora o vermelho tenha efeitos negativos em contextos de conquista, os pesquisadores acreditavam que ele pode ter efeitos positivos em contextos sexuais. Eles observaram uma série de maneiras em que a cor vermelha está associada ao romance (corações vermelhos no Dia dos Namorados), luxúria (bairros da luz vermelha) e relações sexuais (a vermelhidão dos órgãos sexuais excitados). *Desse modo, eles supuseram que a roupa vermelha pode levar os homens a ver as mulheres como mais desejáveis sexualmente.*

Para ser testáveis, as hipóteses científicas devem ser formuladas precisamente, e as variáveis em estudo devem estar claramente definidas. Pesquisadores alcançam essas formulações claras ao formarem definições operacionais das variáveis envolvidas. **Uma *definição operacional* descreve as ações ou operações que serão usadas para medir ou controlar uma variável.** Definições operacionais – que podem ser bem diferentes dos conceitos encontrados nos dicionários – estabelecem precisamente o que cada variável significa em um contexto de estudo.

Para ilustrar, vejamos como Elliot e Niesta (2008) operacionalizaram suas variáveis. Manipulações da cor da roupa usada por uma mulher foram realizadas fotografando uma jovem moderadamente atraente e, então, utilizando o Adobe Photoshop para alterar a cor da sua blusa. Embora isso pareça simples, quando eles compararam o vermelho às outras cores, como o azul e o verde, tiveram de se certificar de que as blusas diferentes fossem iguais no brilho e na saturação, para que *apenas* a cor se diferenciasse. No estudo específico que observaremos, os pesquisadores mediram a atração dos homens pela mulher ao pedir para que estes classificassem sua atratividade geral, seu grau de desejo sexual e interesse em sair com ela em uma escala de 1 a 9. Foi perguntado aos sujeitos quanto dinheiro eles estavam dispostos a gastar em um encontro com a mulher.

Etapa 2: Selecionar o método de pesquisa e planejar o estudo

A segunda etapa de uma investigação científica é descobrir como colocar a hipótese em um teste empírico. O método de pesquisa escolhido depende em grande parte da questão em estudo. Os vários métodos – experiências, estudo de casos, levantamento de dados, observação naturalística etc. – têm suas vantagens e desvantagens. O pesquisador deve ponderar os prós e contras e selecionar a estratégia que lhe pareça mais apropriada e prática. Neste caso, Elliot e Niesta decidiram que necessitavam de um *experimento*. Esse método envolve manipular uma variável para ver se ela tem impacto em outra variável (descreveremos o método experimental mais detalhadamente neste capítulo). Na verdade, eles escolheram realizar uma série de cinco experimentos para avaliar sua hipótese. Vamos nos concentrar principalmente no Experimento 5 de sua série.

Uma vez escolhido um método geral, os pesquisadores devem fazer planos detalhados para a execução de seu estudo. Dessa forma, Elliot e Niesta tiveram de decidir quantas pessoas precisariam recrutar para cada experimento e onde conseguiriam os participantes. ***Participantes*, ou *sujeitos*, são pessoas ou animais cujo comportamento é sistematicamente observado em um estudo.** Para sua série de estudos, Elliot e Niesta escolheram estudantes universitários. O tamanho de sua amostra na série de estudos variou de 23 a 63. A amostra no Experimento 5 consistia de 23 universitários do sexo masculino cuja média de idade era de 19 anos e 10 meses. A participação era restrita a heterossexuais que não fossem daltônicos. O estímulo fotográfico da mulher era uma fotografia da cabeça e da parte superior do torso, semelhante àquela vista nos anuários. Ela era mostrada em uma blusa justa com um visual neutro.

Etapa 3: Coleta de dados

A terceira etapa do empreendimento da pesquisa é a coleta de dados. **Os pesquisadores usam uma variedade de *técnicas de coleta de dados*, que são procedimentos para empreender observações e mensurações empíricas.** Elas vão desde a observação direta, questionários, entrevistas até testes psicológicos, registros fisiológicos e exames de arquivos (veja **Tabela 2.1**). As técnicas para coleta de dados usadas em uma pesquisa dependem em grande parte do que está sendo investigado. Questionários, por exemplo, são muito adequados para estudar atitudes; testes psicológicos, para estudar a personalidade; e registros fisiológicos, para estudar as bases biológicas do comportamento. Dependendo da natureza e complexidade do estudo, a coleta de dados pode muitas vezes durar meses ou até um período mais longo. No caso em estudo, os participantes voluntários foram a um laboratório onde receberam informações de que o experimento consistia nas primeiras impressões do sexo oposto. Uma pasta foi colocada em uma mesa na frente deles. Ela continha o estímulo fotográfico e o questionário. Os sujeitos eram instruídos a olhar para a foto brevemente e, em

Tabela 2.1 Técnicas de coleta de dados em psicologia

Técnica	Descrição
Observação direta	Observadores são treinados a observar e registrar o comportamento tão objetiva e precisamente quanto possível. Pode-se utilizar instrumentação; por exemplo, um cronômetro ou gravador de vídeo.
Questionários	Participantes são submetidos a uma série de questões escritas para obter informações sobre atitudes, opiniões e aspectos específicos de seu comportamento.
Entrevistas	Diálogo face a face que visa obter informações sobre aspectos específicos do comportamento do participante.
Testes psicológicos	Aplicação de uma avaliação-padrão com o propósito de obter uma amostra do comportamento dos participantes. Testes geralmente são usados para identificar habilidades mentais e traços de personalidade.
Registro fisiológico	Utilização de instrumentos para monitoração e registro de um processo fisiológico específico do participante, como a medição da pressão arterial, do batimento cardíaco, da tensão muscular e da atividade cerebral.
Exame de arquivo	O pesquisador analisa registros institucionais (arquivos), tais como relatórios econômicos, médicos, legais, educacionais, comerciais e censitários.

seguida, responder ao questionário. Os participantes foram aleatoriamente incumbidos de verem a mesma mulher vestindo uma blusa vermelha ou uma blusa azul.

Etapa 4: Análise dos dados e elaboração de conclusões

As observações feitas em um estudo são normalmente convertidas em números, que constituem o banco de dados do estudo. Pesquisadores usam *estatísticas* para analisar seus dados e decidir se suas hipóteses podem ser provadas. Assim, a estatística desempenha um papel essencial no empreendimento científico. Com base em suas análises estatísticas, Elliot e Niesta concluíram que seus dados confirmavam suas hipóteses. Como previsto, a blusa vermelha levou a médias de atratividade significativamente mais altas do que a blusa azul. Os dados referentes ao grau de desejo sexual e interesse em um encontro são mostrados na **Figura 2.2**. Como você pode ver, a blusa vermelha produziu médias mais altas em ambas as variáveis. Os participantes que optaram pela cor vermelha também reportaram que estariam dispostos a gastar mais dinheiro em um encontro com a mulher do que aqueles que optaram pela cor azul. Os achados desse experimento foram condizentes com os resultados de outros experimentos da série, levando os autores a concluírem que a cor vermelha aumenta a atração dos homens pelas mulheres. Curiosamente, os dados dos estudos também sugeriram que os homens não estavam cientes de como eles foram influenciados pela cor vermelha.

Etapa 5: Relatório das descobertas

A publicação dos resultados da pesquisa é um aspecto fundamental da iniciativa científica (Roberts, Brown e Smith-Boydston, 2003). O progresso científico só pode ser alcançado se os pesquisadores compartilham suas descobertas

Figura 2.2

Cor e atração sexual. Como você pode ver, no estudo de Elliot e Niesta (2008), a cor da blusa da mulher teve impacto substancial na atração dos participantes por ela. Quando a blusa era vermelha, os homens a classificaram como mais sexualmente desejável (esquerda) e indicaram que eles teriam mais interesse em sair com ela (direita).

Fonte: Elliot, A. J. e Niesta, D. (2008). Romantic red: Red enhances men's attraction to women. *Journal of Personality and Social Psychology*, 95, 1150–1164. Figuras 5b e 5d. Copyright © American Psychological Association.

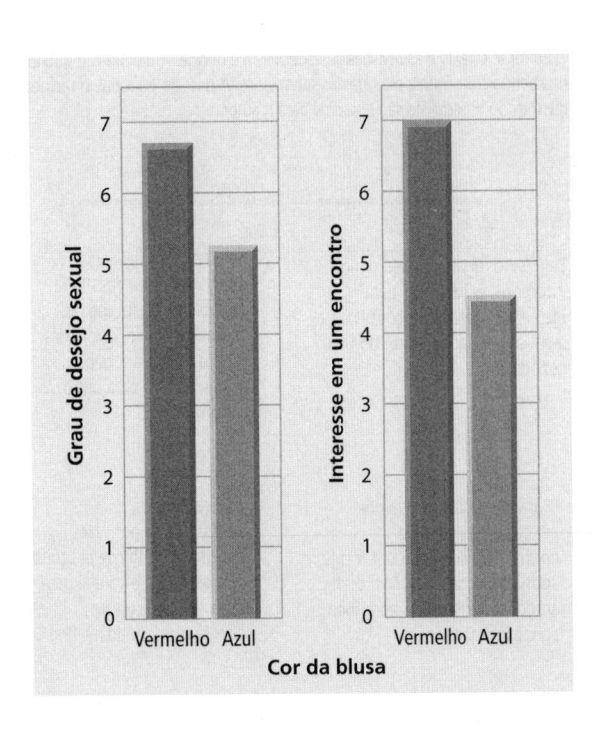

com o público em geral. Por isso, a etapa final na investigação científica é escrever um resumo conciso do estudo e suas descobertas. Normalmente pesquisadores preparam um relatório que é apresentado em uma reunião científica e entregue a um periódico para publicação. **Um *periódico* é uma publicação técnica erudita, geralmente de uma área específica de investigação.** A série de estudos de Elliot e Niesta (2008) foi publicada no *Journal of Personalilty and Social Psychology*.

O processo de publicação de estudos científicos permite a outros especialistas avaliar e comentar as novas descobertas da pesquisa. Quando os artigos são apresentados aos periódicos científicos, eles passam por um exigente *processo de revisão por pares*, que é resumido na **Figura 2.3**. Esses especialistas examinam por completo cada artigo. Avaliam com cuidado cada método de estudo, análise estatística e as conclusões, assim como a contribuição do artigo para o conhecimento e a teoria. Esse processo de revisão é tão

Revisão de artigos científicos feita por pares

O pesquisador, ou a equipe de pesquisadores, escreve um texto que descreve os métodos, descobertas e implicações de um estudo empírico ou série de estudos relacionados.

O texto é enviado ao editor de um periódico especializado (como o *Journal of Abnormal Psychology* ou o *Psychological Science*) que parece apropriado ao assunto da pesquisa. Um texto pode ser enviado apenas para um periódico por vez.

O editor do periódico envia o texto para dois a quatro especialistas na área envolvida pela pesquisa para fazerem a revisão. Os revisores dão o seu parecer anonimamente e não são pagos pelo trabalho.

Os revisores analisam detalhadamente os pontos fortes, os pontos fracos e o significado teórico da pesquisa e indicam se a publicação é válida naquele determinado periódico. Se a pesquisa for válida, os revisores normalmente oferecem inúmeras sugestões para melhorar a clareza do texto.

O editor lê o texto e as revisões do especialista e decide se ele merece publicação. A maior parte dos periódicos rejeita a maioria das submissões. A decisão editorial, o raciocínio por trás dela e as revisões do especialista são enviados para o autor.

Se o texto for aceito, o autor pode incorporar as sugestões para melhorá-lo, fazer alterações finais e reenviar o artigo ao editor do periódico.

Se o texto for rejeitado, o autor pode (a) desistir da publicação, ou (b) usar as sugestões dos revisores para fazer alterações e, depois, enviar o artigo para outro periódico.

O artigo é publicado em um periódico especializado normalmente de três a seis meses após a aceitação final. Muitos artigos são postados *on-line* logo após as revisões finais.

Após a rejeição, os pesquisadores por vezes desistem da linha de pesquisa, mas geralmente voltam para os rascunhos e tentam planejar um estudo melhor.

Figura 2.3
O processo de revisão feito por pares para publicação em periódico. Os cientistas utilizam o processo de revisão feita por especialistas da mesma área para determinar se os estudos merecem ser publicados em um periódico especializado. O objetivo desse processo é maximizar a qualidade e a confiabilidade das descobertas científicas publicadas.

exigente que muitos periódicos de destaque rejeitam mais de 90% dos artigos apresentados! O propósito do processo de revisão feito por especialistas da mesma área é garantir que os periódicos publiquem descobertas confiáveis, baseadas em pesquisa de alta qualidade. O processo de revisão por especialistas é um dos principais elementos da abordagem científica, pois reduz significativamente a possibilidade de publicação de descobertas errôneas.

Vantagens da abordagem científica

A ciência certamente não é o único método usado para tirar conclusões sobre o comportamento. Todos utilizamos a lógica, a observação casual e o velho senso comum. Como o método científico sempre exige maior empenho, parece razoável perguntar quais são as vantagens que fazem que ele valha a pena.

Basicamente, a abordagem científica oferece duas grandes vantagens: a primeira é sua clareza e precisão. Noções de senso comum a respeito do comportamento tendem a ser vagas e ambíguas. Consideremos o velho adágio: *"Spare the rod and spoil the child"* (Poupe a vara, e você arruinará seu filho, ou a boa educação vem por meio de castigos e disciplina). Exatamente a que essa generalização sobre criação de filhos equivale? Com que severidade as crianças devem ser punidas se os pais não devem "poupar a vara"? Quando uma criança pode ser qualificada como "arruinada"? Um problema fundamental é que tais dizeres têm diferentes significados dependendo da pessoa. Por outro lado, a pesquisa científica requer que as pessoas especifiquem sobre o que *precisamente* estão falando quando formulam hipóteses. Essa clareza e precisão melhoram a transmissão de ideias importantes.

A segunda e talvez maior vantagem oferecida pela abordagem científica é sua relativa intolerância a erros. Cientistas são treinados para serem céticos. Eles submetem suas ideias a testes empíricos. Ao mesmo tempo, examinam as descobertas uns dos outros com olhos críticos e exigem dados objetivos e documentação completa antes de aceitar tais ideias. Quando as ideias de dois estudos são conflitantes, eles tentam descobrir o motivo engajando-se em mais pesquisas. Por outro lado, as análises feitas pelo senso comum envolvem pouco esforço para investigar ideias ou detectar erros.

Isso não significa que a ciência tenha direitos exclusivos sobre a verdade. No entanto, a abordagem científica costuma render informação mais precisa e confiável do que especulações e análises casuais. O conhecimento de dados científicos pode assim fornecer verificação útil para julgar afirmações e informações advindas de outros tipos de fonte.

Agora que já temos uma visão geral de como a iniciativa científica funciona, podemos nos concentrar em como métodos científicos específicos de pesquisa são usados. **Os *métodos de pesquisa* consistem em abordagens diferenciadas de observação, medição, manipulação e controle de variáveis em estudos empíricos.** Em outras palavras, são estratégias gerais para a condução de estudos. Nenhum método é ideal para todas as finalidades e situações. Muito da engenhosidade na pesquisa envolve seleção e adaptação do método à questão que se tem em mãos. As próximas duas seções deste capítulo discutem os dois tipos básicos de métodos usados na psicologia: o de *pesquisa experimental* e o de *pesquisa descritivo-correlacional*.

2.2 À PROCURA DE CAUSAS: A PESQUISA EXPERIMENTAL

2.2 OBJETIVOS PRINCIPAIS DE APRENDIZAGEM
- Descrever o método experimental, variáveis independentes e dependentes e grupos experimentais e de controle.
- Explicar como os experimentos podem variar em projeto e avaliar as principais vantagens e desvantagens do método experimental.

O sofrimento gosta de companhia? Essa pergunta intrigava o psicólogo social Stanley Schachter. Quando as pessoas estão ansiosas – ele se perguntava –, elas desejam ficar sozinhas ou preferem ter outras pessoas à sua volta? Seu estudo sobre importantes teorias sugeria que, em momentos de ansiedade, as pessoas queriam outras à sua volta para ajudá-las a entender seus sentimentos. Assim, sua hipótese era de que um aumento na ansiedade aumentaria o desejo de estar com outras pessoas, o que os psicólogos chamam *necessidade de afiliação*. Para testar essa hipótese, Schachter (1959) elaborou um brilhante experimento.

Um *experimento* **é um método de pesquisa em que o investigador manipula uma variável sob condições bem controladas e observa se, como resultado, ocorrem quaisquer mudanças em uma segunda variável.** O experimento é um procedimento relativamente eficiente que permite aos pesquisadores detectar relações de causa e efeito. Psicólogos dependem desse método mais do que de qualquer outro. Para ver como um experimento é elaborado, usemos o estudo de Schachter como exemplo.

Variáveis dependentes e independentes

A finalidade de um experimento é descobrir se as mudanças em uma variável (vamos chamá-la de X) causam mudanças em outra variável (vamos chamá-la de Y). Mais concisamente, queremos descobrir *como* X *afeta* Y. Nessa formulação, referimo-nos a X como a *variável independente* e a Y como a *dependente*.

Variável independente **é uma condição ou evento que um investigador varia para verificar seu impacto sobre outra**; é a variável que o investigador controla ou manipula. Existe a hipótese de que ela tenha algum efeito sobre a variável dependente, e o experimento é conduzido para verificar esse efeito. A ***variável dependente*** **é a que se acredita ser afetada pela manipulação da variável independente.** Nos estudos de psicologia, a variável dependente é em geral uma medida de algum aspecto do comportamento do sujeito.

A *variável independente* é assim chamada porque está *livre* para ser alterada pelo investigador, enquanto a *dependente* é assim denominada porque se considera que ela *dependa* (pelo menos em parte) de manipulações da variável independente.

No experimento de Schachter, *a variável independente era o nível de ansiedade dos participantes*. Schachter manipulava o nível de ansiedade de maneira inteligente. Os participantes que apareceram em seu laboratório foram informados por um "Dr. Zilstein" de que eles participariam de um estudo sobre os efeitos psicológicos do choque elétrico. Mais tarde, foram informados de que durante a experiência receberiam uma série de choques elétricos de um aparelho com aspecto intimidador enquanto seu pulso e sua pressão sanguínea seriam monitorados. Metade dos participantes foi informada de que os choques poderiam ser muito dolorosos. Eles compunham o grupo de *alta ansiedade*. A outra metade dos participantes (o grupo de *baixa ansiedade*) foi informada de que os choques seriam leves e indolores. Na realidade, não se planejava aplicar choque algum em nenhum momento. Essas orientações visavam simplesmente criar diferentes níveis de ansiedade. Depois da orientação, o investigador indicou que haveria uma demora enquanto ele preparava o equipamento de choque para uso. Assim, perguntou-se aos participantes se preferiam esperar sozinhos ou em companhia de outros. *O desejo dos participantes de se juntar a outros era a variável dependente*.

Grupo experimental e de controle

Em um experimento, o investigador geralmente combina dois grupos de participantes que são tratados diferentemente de acordo com a variável independente, chamados grupo experimental e grupo de controle. O **grupo experimental consiste em participantes que recebem algum tratamento especial, de acordo com a variável independente. O *grupo de controle* consiste em sujeitos similares que não recebem o tratamento especial dado ao grupo experimental.**

No estudo de Schachter, os participantes na condição de alta ansiedade constituíam o grupo experimental. Eles recebiam um tratamento especial que visava criar alto nível de ansiedade. Os participantes na condição de baixa ansiedade constituíam o grupo de controle. Eles não foram expostos ao procedimento de aumento de ansiedade.

É muito importante que no grupo experimental e no de controle os participantes sejam muito semelhantes, exceto pelo tratamento diferente recebido quanto à variável independente. Essa condição nos leva à lógica que sustenta o método experimental. Se os dois grupos são semelhantes em todos os aspectos, *exceto pela variação criada pela manipulação da variável independente*, então quaisquer diferenças entre ambos na variável dependente devem ser por causa da *manipulação da variável independente*. Dessa maneira, os pesquisadores isolam o efeito da variável independente sobre a dependente. Schachter, por exemplo, isolou o impacto da ansiedade sobre a necessidade de afiliação. Como foi previsto, ele descobriu que a ansiedade elevada leva a alto nível de afiliação. Como indica a **Figura 2.4**, a porcentagem de participantes no grupo de alta ansiedade que queriam esperar em companhia de outros era aproximadamente duas vezes maior que a do grupo de baixa ansiedade.

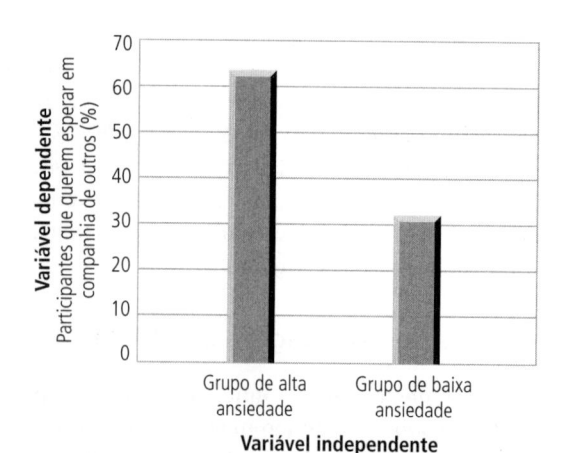

Figura 2.4 Resultados do estudo sobre afiliação de Schachter (1959).
A porcentagem de pessoas que querem esperar em companhia de outras foi maior no grupo de alta ansiedade (experimental) do que no de baixa ansiedade (controle), de acordo com a hipótese de Schachter de que a ansiedade aumenta o desejo de afiliação. A representação gráfica desses resultados permite-nos ver os efeitos da manipulação experimental sobre a variável dependente.

Variáveis intervenientes

Como vimos, a lógica do método experimental reside na suposição de que o grupo experimental e o de controle são semelhantes, exceto pelo tratamento da variável independente. Quaisquer outras diferenças entre os dois grupos podem alterar a situação e dificultar a avaliação sobre como a variável independente afeta a dependente.

É claro que, de forma prática, é impossível assegurar que os dois grupos de participantes sejam iguais em *todos* os aspectos. O grupo experimental e o de controle têm de se assemelhar quanto às dimensões que são importantes para a variável dependente. Assim, Schachter não precisava se preocupar se seus dois grupos eram semelhantes quanto à cor dos cabelos, altura ou interesse por balé. Com toda certeza, essas variáveis não influenciariam a variável dependente do comportamento de afiliação.

Pelo contrário, os investigadores concentram esforços em certificar-se de que o grupo experimental e o de controle sejam semelhantes em um número limitado de variáveis que podem ter alguma influência nos resultados do estudo. Essas variáveis são chamadas intervenientes, secundárias ou desorientadoras. **As chamadas *variáveis intervenientes* são quaisquer variáveis (exceto as independentes) que possam influenciar a variável dependente em um estudo específico.**

No estudo de Schachter, uma variável interveniente teria sido a tendência dos participantes à sociabilidade. Por quê? Porque a sociabilidade dos participantes poderia afetar seu desejo de estar em companhia de outros (a variável dependente). Se acontecesse de os participantes de um grupo serem mais sociáveis (em média) do que aqueles do outro grupo, as variáveis de ansiedade e sociabilidade teriam sido confundidas. **Uma *confusão* de *variáveis* ocorre quando duas variáveis estão ligadas de modo que dificultam diferenciar seus efeitos específicos.** Quando uma variável interveniente

CHECAGEM DA REALIDADE

Ideia equivocada

A pesquisa psicológica depende da amostragem aleatória.

Realidade

É a *atribuição aleatória* (em experimentos) que é um procedimento de rotina na pesquisa psicológica. *Amostragem aleatória* é relativamente rara. A amostra aleatória é escolhida unicamente por sorte. A marcação aleatória de dígitos *pode* ser usada para administrar questionários curtos, mas a grande maioria dos estudos psicológicos utiliza amostra de conveniência. Trabalhando com recursos limitados, os cientistas lutam para obter amostras representativas, porém a amostragem aleatória não é prática (imagine o custo se os pesquisadores em Topeka tivessem que levar 200 pessoas selecionadas aleatoriamente de todos os Estados Unidos para seu laboratório).

é confundida com uma independente, o pesquisador não consegue afirmar qual delas está tendo determinado efeito sobre a dependente.

Confusões inesperadas entre variáveis têm colocado por terra inúmeros experimentos. É por isso que muita cautela, planejamento e premeditação têm de ser utilizados na elaboração de um experimento. Uma qualidade vital que diferencia um investigador talentoso de um medíocre é a habilidade para prever variáveis intervenientes problemáticas e controlá-las para evitar confusões.

Investigadores usam uma série de salvaguardas para controlar variáveis intervenientes. Por exemplo, os participantes são escolhidos para fazer parte do grupo experimental ou de controle de maneira aleatória. **Distribuições aleatórias ocorrem quando todos os participantes têm as mesmas chances de ser escalados para qualquer dos grupos ou condição no estudo.** Quando os investigadores distribuem os participantes em grupos por meio de procedimento aleatório, eles podem se sentir razoavelmente confiantes de que os grupos são semelhantes em diversos aspectos.

Para resumir os pontos essenciais da elaboração experimental, a **Figura 2.5** fornece uma visão geral dos elementos de um experimento usando o estudo de Schachter como exemplo.

Variações na elaboração de experimentos

Discutimos o experimento em sua forma mais simples, com apenas uma variável dependente e uma independente. Na verdade, podem ocorrer diversas variações na realização de um experimento (Kirk, 2013). *Às vezes, é vantajoso utilizar apenas um grupo de participantes que aja como seu próprio grupo de controle.* Os efeitos da variável independente são avaliados por meio da exposição desse mesmo grupo a condições diferentes: uma *condição experimental* e uma *de controle*. Imaginemos que se queira, por exemplo, estudar os efeitos da música em volume alto sobre o desempenho na digitação. Poderíamos fazer um grupo de participantes digitar enquanto ouve música em volume alto (condição experimental) e na ausência de música (condição de controle). Essa abordagem deve assegurar que os participantes nas condições experimental e de controle sejam semelhantes sob qualquer variável estranha que envolva suas características pessoais, como motivação ou habilidade em digitação (Davis e Bremner, 2006). Afinal, as mesmas pessoas seriam estudadas em ambas as condições.

É também possível manipular mais de uma variável independente ou medir mais de uma variável dependente em um único experimento. Por exemplo, em outro estudo sobre o desempenho em digitação, poderia variar a temperatura da sala e a presença de música que causasse distração como variáveis independentes (veja **Figura 2.6**), enquanto fossem medidos dois aspectos do desempenho em digitação (rapidez e pre-

---

Figura 2.5
Os elementos básicos de um experimento.

Como já ilustrado pelo estudo de Schachter, a lógica na elaboração experimental reside em tratar o grupo experimental e o de controle de maneira exatamente igual (para controlar as variáveis estranhas), exceto na manipulação da variável independente. Assim sendo, o investigador tenta isolar os efeitos da variável independente na variável dependente.

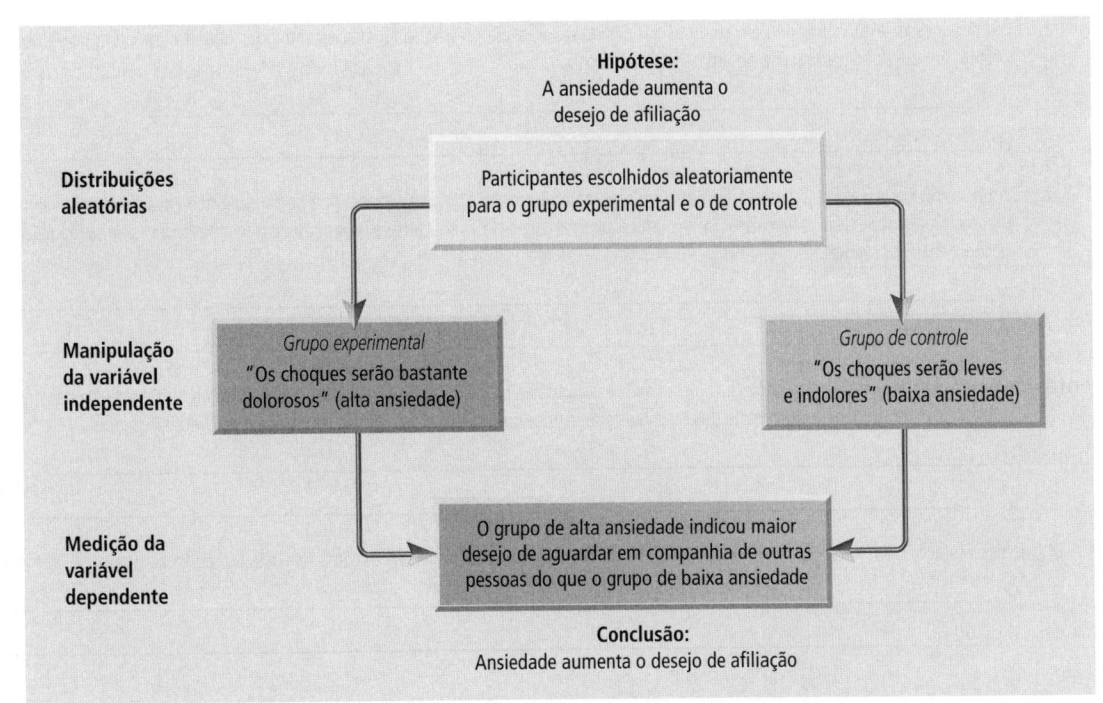

Hipótese: A ansiedade aumenta o desejo de afiliação

Distribuições aleatórias: Participantes escolhidos aleatoriamente para o grupo experimental e o de controle

Manipulação da variável independente:
- *Grupo experimental*: "Os choques serão bastante dolorosos" (alta ansiedade)
- *Grupo de controle*: "Os choques serão leves e indolores" (baixa ansiedade)

Medição da variável dependente: O grupo de alta ansiedade indicou maior desejo de aguardar em companhia de outras pessoas do que o grupo de baixa ansiedade

Conclusão: Ansiedade aumenta o desejo de afiliação

cisão) como variáveis dependentes. A principal vantagem de manipular duas ou três variáveis independentes é que essa abordagem permite que o investigador observe se duas variáveis interagem (Smith, 2014). Uma *interação* significa que o efeito de uma variável depende do efeito de outra. Por exemplo, ao descobrirmos que uma distração musical compromete o desempenho na digitação somente quando a temperatura ambiente estava alta, estaríamos detectando uma interação.

Vantagens e desvantagens da pesquisa experimental

O experimento é um método poderoso de pesquisa. Sua principal vantagem é permitir conclusões a respeito das relações de causa e efeito entre variáveis. Pesquisadores conseguem tirar essas conclusões sobre a causalidade porque o controle preciso permite

Figura 2.6 Manipulação de duas variáveis independentes em um experimento.
Como nos mostra o exemplo, quando duas variáveis independentes são manipuladas em um único experimento, o pesquisador tem de comparar quatro grupos de participantes (ou condições) em vez dos dois usuais. A principal vantagem desse procedimento é que ele permite ao investigador observar se duas variáveis interagem.

REVISÃO 2.1

Reconhecendo variáveis dependentes e independentes

Verifique seu entendimento sobre o método experimental identificando a variável dependente (VD) e a independente (VI) nas seguintes investigações. Note que um estudo tem duas VIs e outro, duas VDs. As respostas estão no Apêndice A.

1. Um pesquisador está interessado em como as batidas do coração e a pressão sanguínea são afetadas quando um indivíduo vê um trecho de um filme violento em oposição a um trecho de um filme não violento.

   VI _____
   VD _____

2. Um psicólogo organizacional desenvolve um novo programa de treinamento para melhorar o bom relacionamento de seus funcionários com os clientes em uma grande rede de lojas varejistas. Ele faz uma experimentação para verificar se o programa de treinamento leva a uma redução no número de reclamações feitas por clientes.

   VI _____
   VD _____

3. Um pesquisador quer descobrir como a complexidade e o contraste de estímulos (variações de claro/escuro) afetam a atenção de crianças ao estímulo. Ele manipula a complexidade e o contraste dos estímulos e mede por quanto tempo a criança fixa os olhos nos vários estímulos.

   VI _____
   VD _____

4. Um psicólogo social investiga o impacto do tamanho do grupo na adaptação do sujeito como resposta à pressão do grupo.

   VI _____
   VD _____

que se isole a relação entre a variável dependente e a independente, enquanto se neutralizam os efeitos de variáveis estranhas. Nenhum outro método de pesquisa consegue replicar essa propriedade do experimento. É por isso que psicólogos preferem utilizar o método experimental sempre que possível.

Mesmo assim, o experimento tem suas limitações. Um problema é que experimentos comumente são artificiais. Como os experimentos requerem grande controle sobre os seus procedimentos, os pesquisadores devem planejá-los de maneira simples para testar suas hipóteses experimentalmente. Para investigar decisões tomadas por um júri, por exemplo, psicólogos realizavam muitos experimentos em que os participantes liam um breve resumo de um julgamento e então registravam seus "vereditos" individuais de "inocente" ou "culpado". Contudo, a crítica tem mostrado que fazer um participante ler o resumo sobre um caso e tomar uma decisão é terrivelmente artificial em comparação com as complexidades dos julgamentos reais que demandam vereditos em grupo que são frequentemente o resultado de acalorados debates (Weiten e Diamond, 1979). Quando os experimentos são altamente artificiais, surgem dúvidas a respeito da aplicabilidade das descobertas sobre o comportamento fora do laboratório experimental.

Outra desvantagem é que o método experimental não pode ser usado para explorar algumas questões da pesquisa. Psicólogos estão sempre interessados nos efeitos dos fatores que não podem ser manipulados como variáveis independentes por causa da preocupação ética ou de realidades práticas. Por exemplo, você pode estar interessado em se uma dieta nutricionalmente ruim durante a gravidez aumenta a possibilidade de má-formação congênita. Isso naturalmente é uma questão importante. No entanto, você obviamente não pode selecionar 100 gestantes e submeter 50 delas a uma condição em que elas consumiriam uma dieta inadequada. O possível risco à saúde das mulheres e de seus filhos ainda não nascidos tornaria essa estratégia de pesquisa antiética. Para explorar essa questão, você teria que utilizar métodos de pesquisa descritiva/correlacional, que vamos ver a seguir.

2.3 À PROCURA DE ELOS: A PESQUISA DESCRITIVO-CORRELACIONAL

2.3 OBJETIVOS PRINCIPAIS DE APRENDIZAGEM

- Distinguir entre as correlações positivas e negativas e discutir a correlação em relação à previsão e à causalidade.
- Explicar o papel da observação naturalística, estudos de caso e levantamentos na pesquisa psicológica.
- Avaliar as principais vantagens e desvantagens da pesquisa descritiva/correlacional.

Como acabamos de observar, em algumas situações os psicólogos não podem exercer controle experimental sobre as variáveis que querem estudar.

Em tais situações, investigadores devem apoiar-se em *métodos de pesquisa descritivo-correlacionais*. O que distingue esses métodos é o fato de que o pesquisador não consegue manipular as variáveis em estudo. Essa falta de controle significa que eles não podem ser usados para demonstrar uma relação de causa e efeito entre variáveis. *Métodos descritivo-correlacionais permitem aos investigadores ver apenas se há uma ligação ou associação entre as variáveis de interesse.* Tal associação é chamada *correlação*, e os resultados da pesquisa descritiva são resumidos por uma estatística denominada *coeficiente correlacional*. Nesta seção, estudaremos o conceito da correlação e depois examinaremos três abordagens específicas à pesquisa descritiva: a observação naturalística, os estudos de caso e o levantamento de dados.

O conceito de correlação

Na pesquisa descritiva, os investigadores querem determinar se há correlação entre duas variáveis. **Uma *correlação* existe quando duas variáveis estão relacionadas entre si.** Uma correlação pode ser positiva ou negativa, dependendo da natureza da associação entre as variáveis medidas. Uma correlação *positiva* indica que duas variáveis mudam simultaneamente na *mesma* direção. Isso significa que altas pontuações na variável X estão associadas a altas pontuações em Y e baixas pontuações na variável X estão associadas com baixas pontuações em Y. Por exemplo, há uma correlação positiva entre a média de pontos nas notas (MPN) do ensino médio e da faculdade. Quer dizer, as pessoas que têm bom desempenho no ensino médio tendem a ser bem-sucedidas também na faculdade, e os que têm desempenho razoável no ensino médio tendem a repeti-lo na faculdade (veja **Figura 2.7**).

De maneira contrastante, uma correlação *negativa* indica que duas variáveis mudam simultaneamente em direção *oposta*. Isso quer dizer que as pessoas que atingem altas pontuações na variável X tendem a pontuar baixo em Y; aqueles que alcançam uma pontuação baixa em X tendem a alcançar uma pontuação alta em Y. Por exemplo, na maioria dos cursos de faculdade, há uma correlação negativa entre a quantidade de faltas dos alunos e seu desempenho nas provas. Alunos com grande número de ausências tendem a atingir baixa pontuação, enquanto aqueles que têm baixo número de ausências tendem a atingir altas pontuações nos exames (veja **Figura 2.7**).

Força da correlação

A força de uma associação entre duas variáveis pode ser medida com uma estatística chamada *coeficiente de correlação*, **que é um índice numérico do grau de relação entre duas variáveis.** Esse coeficiente pode variar entre 0 e +1,00 (se a correlação for positiva) ou entre 0 e −1,00 (se a correlação for negativa). Um coeficiente próximo a zero indica que não há relação entre as variáveis, isso é, pontuações altas ou baixas na variável X mostram que não há relação consistente a altas ou baixas pontuações na variável Y. Um coeficiente de +1,00 ou −1,00 indica uma correspondência um a um perfeita entre as duas variáveis. A maioria das correlações fica entre esses extremos.

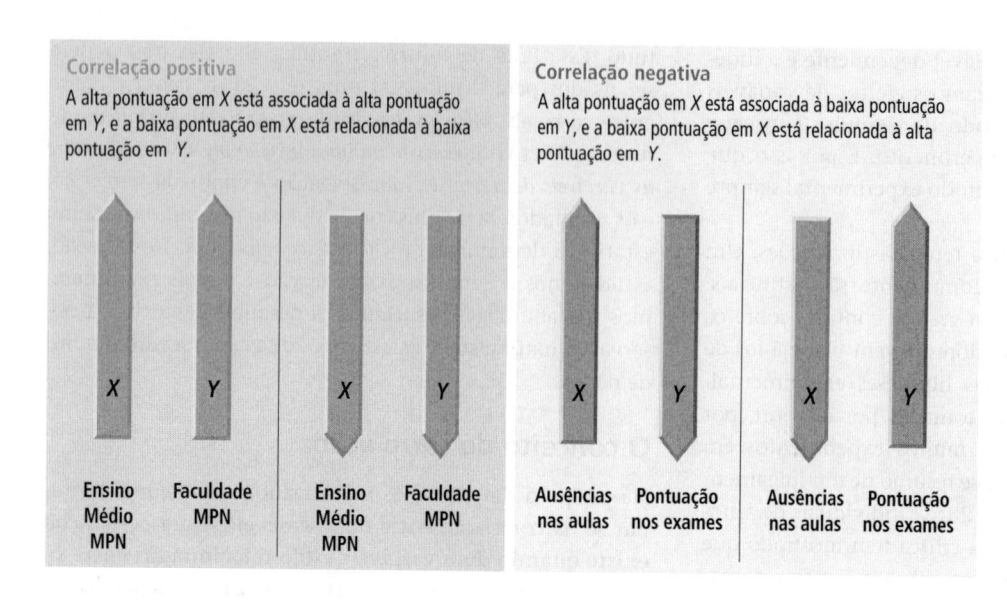

Figura 2.7
Correlações positiva e negativa. Note que os termos positivo e negativo se referem à direção da relação entre as variáveis, e não à sua força. Variáveis são positivamente correlacionadas se tendem a aumentar ou a diminuir juntas e são negativamente correlacionadas se uma delas tende a aumentar quando a outra diminuir.

Correlação positiva
A alta pontuação em X está associada à alta pontuação em Y, e a baixa pontuação em X está relacionada à baixa pontuação em Y.

Correlação negativa
A alta pontuação em X está associada à baixa pontuação em Y, e a baixa pontuação em X está relacionada à alta pontuação em Y.

Quanto mais próxima a correlação estiver de –1,00 ou de +1,00, mais forte é a relação (veja **Figura 2.8**). Assim, a correlação de 0,90 representa uma tendência mais forte para que as variáveis se associem do que a correlação de 0,40. Da mesma forma, uma correlação de –0,75 representa uma correlação mais forte do que uma correlação de –0,45. Lembre-se de que a *força* da correlação depende apenas da dimensão de seu coeficiente. Os sinais positivo ou negativo indicam simplesmente a direção da relação. Portanto, uma correlação de –0,60 reflete uma relação mais forte do que a correlação de +0,30.

Correlação e previsão

Talvez você se lembre de que um dos objetivos centrais da pesquisa científica seja a *previsão* precisa. Há uma ligação profunda entre a magnitude de uma correlação e a capacidade que ela dá aos cientistas de fazer previsões. *Quando uma correlação aumenta em força (aproxima-se de –1,00 ou +1,00), a habilidade de prever uma variável baseada no conhecimento de outra variável aumenta.*

Para ilustrar, vejamos como testes de admissão em faculdades norte-americanas são usados para prever o desempenho acadêmico. Quando as notas nos testes de admissão de estudantes e a MPN estão correlacionadas, os pesquisadores encontram, geralmente, correlações positivas moderadas em 0,40 e 0,50 (Kobrin et al., 2008). Em virtude dessa relação, os comitês de admissão às faculdades podem prever com modesta precisão o nível de desempenho que seus futuros alunos apresentarão na faculdade. Reconhecidamente, a capacidade de previsão desses testes está longe da perfeição. Mas são suficientemente substanciais para justificar seu uso como um dos fatores decisivos na admissão de alunos. Entretanto, se essa correlação fosse um pouco mais alta, digamos 0,90, poderíamos prever com muita precisão qual seria o desempenho dos alunos. Mas se essa correlação fosse mais baixa, digamos 0,20, a previsão seria tão imprecisa que considerá-la não teria sentido.

Correlação e causalidade

Embora uma alta correlação nos permita prever uma variável com base em outra, isso não nos diz se existe relação de causa e efeito entre as duas variáveis. O problema é que estas podem estar altamente correlacionadas, mesmo que não estejam causalmente relacionadas.

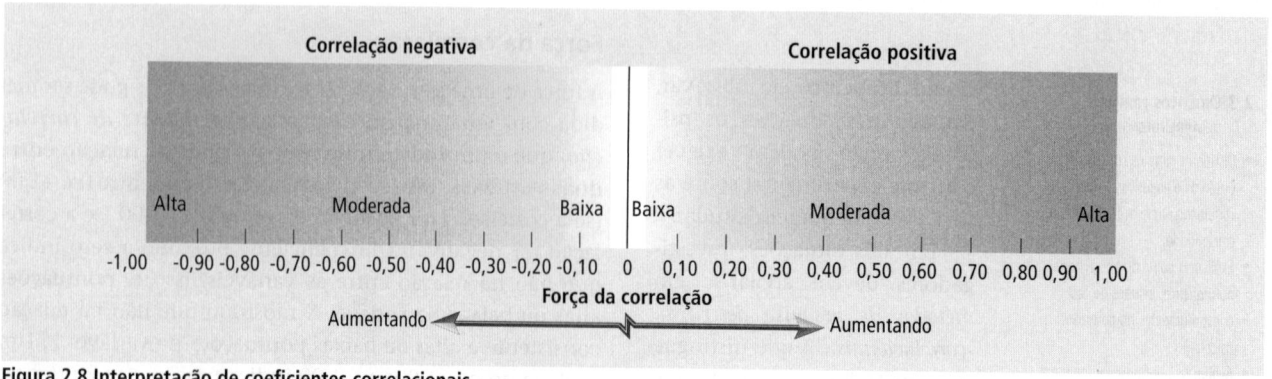

Figura 2.8 Interpretação de coeficientes correlacionais.
A dimensão do coeficiente correlacional indica a força da relação entre duas variáveis. O sinal (mais ou menos) indica se a correlação é positiva ou negativa. Quanto mais perto o coeficiente estiver de +1,00 ou –1,00, mais forte será a relação entre as variáveis.

CHECAGEM DA REALIDADE

Ideia equivocada

Uma forte correlação entre as variáveis sugere que uma delas causa a outra.

Realidade

A grandeza de uma correlação não é um guia útil para a possibilidade da causalidade. Duas variáveis podem estar altamente correlacionadas, porém ambas podem ser causadas por uma terceira variável. Em contrapartida, uma correlação relativamente baixa pode refletir um efeito genuíno causal, porém fraco.

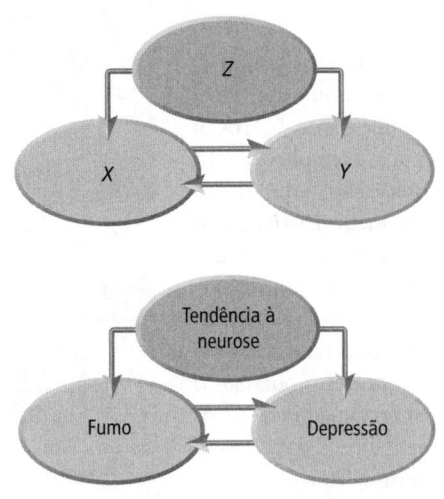

Figura 2.9 Três relações causais possíveis entre variáveis correlacionadas.

Se as variáveis X e Y estão correlacionadas, X causa Y, Y causa X, ou uma terceira variável Z seria responsável pelas mudanças em X e Y? Como ilustra a relação entre fumo e depressão, uma única correlação não é suficiente para indicar a resposta. Focaremos esse problema na interpretação do significado das correlações em muitos pontos deste livro.

Quando notamos que as variáveis X e Y estão correlacionadas, podemos concluir seguramente apenas que X e Y estão relacionadas de algum modo. Não sabemos se X causa Y, ou se Y causa X, ou, ainda, se ambas são causadas por uma terceira variável. Por exemplo, levantamentos de dados têm encontrado uma correlação positiva entre o fumo e o risco de sofrer de uma doença depressiva mais séria (Arnold et al. 2014; Liverant et al., 2014). Embora haja uma associação entre fumo e depressão, é difícil dizer o que causa o quê. Investigadores reconhecem não saber se o fumo torna as pessoas mais vulneráveis à depressão ou se essa aumenta a tendência ao fumo. Além disso, não se pode descartar a possibilidade de tanto uma como a outra ser causada por uma terceira variável (Z). Talvez a ansiedade e a tendência à neurose aumentem a probabilidade tanto da adoção do fumo como da depressão. As relações causais plausíveis, nesse caso, estão diagramadas na **Figura 2.9**, que ilustra a questão da "terceira variável" na interpretação das correlações. Esse é um problema comum na pesquisa, e veremos esse tipo de diagrama novamente quando discutirmos outras correlações. Assim, é importante lembrar que *correlação não equivale a causalidade*.

REVISÃO 2.2

Entendendo a correlação

Verifique seu entendimento sobre a correlação ao interpretar o significado da correlação no item 1 e adivinhar a direção (positiva ou negativa) das correlações no item 2. As respostas estão no Apêndice A.

1. Pesquisadores descobriram uma correlação positiva substancial entre a autoestima de jovens e suas realizações acadêmicas (medidas por meio de suas notas na faculdade). Assinale qualquer conclusão aceitável baseando-se nessa correlação.

    _____ a. Notas baixas diminuem a autoestima.

    _____ b. Há uma associação entre a autoestima e as realizações acadêmicas.

    _____ c. A autoestima elevada é a causa de altas realizações acadêmicas.

    _____ d. Habilidade elevada causa o aumento de ambas: autoestima e realização acadêmica.

    _____ e. Jovens com baixa autoestima tendem a tirar notas baixas, e aqueles com elevada autoestima normalmente tiram notas altas.

2. Indique se as seguintes correlações são positivas ou negativas.

    _____ a. A correlação entre idade e acuidade visual (entre adultos).

    _____ b. A correlação entre os anos de estudo e a renda.

    _____ c. A correlação entre timidez e o número de amigos de uma pessoa.

Observação naturalística

O comportamento alimentar é influenciado pelo tamanho dos pratos e tigelas que as pessoas usam? Como os transtornos depressivos influenciam o comportamento social dos indivíduos? Esses são apenas alguns exemplos dos tipos de questões exploradas pela observação naturalística em estudos recentes. Na *observação naturalística*, um pesquisador emprega a observação minuciosa, sobre o comportamento, sem interferir diretamente com os participantes. Esse tipo de pesquisa é chamado *naturalística* porque o comportamento pode se desdobrar naturalmente (sem interferência) em seu ambiente natural – ou seja, o âmbito em que ele normalmente ocorreria. Certamente, os pesquisadores devem fazer planos meticulosos para garantir observações sistemáticas e consistentes (Heyman et al., 2014). Vejamos dois exemplos.

Um estudo recente investigou se o tamanho do prato influenciava na quantidade de alimento consumido em restaurantes *self-service*. Estudos laboratoriais mostraram que as pessoas comem mais quando são servidas em pratos maiores. Wansink e Van Ittersum (2013) quiseram determinar se achados semelhantes seriam observados em restaurantes *self-service* reais onde os clientes podem escolher entre dois tamanhos de pratos quando eles mesmos se servem. Em quatro restaurantes, o comportamento alimentar de 43 clientes desavisados foi monitorado por observadores bem treinados que estimaram o consumo e o desperdício. Condizente com a pesquisa anterior, os clientes que escolheram o prato maior se serviram com 52% mais alimento do que aqueles que usaram o prato menor. Aqueles que usaram os pratos maiores acabaram consumindo 41% mais alimento e desperdiçaram 135% mais do que aqueles que usaram os pratos menores. Esses achados fornecem mais suporte à hipótese de que a louça maior leva ao aumento do consumo de alimento.

Outro estudo (Baddeley, Pennebaker e Beevers, 2013) examinou o comportamento social em sujeitos diagnosticados com transtorno depressivo. Uma pesquisa anterior sugeriu que a depressão estava associada ao isolamento social e a vários déficits sociais, mas a maior parte da pesquisa foi fundamentada nos dados do autorrelatório, em vez de na observação de indivíduos deprimidos no dia a dia. O desenvolvimento de um instrumento inovador chamado de gravador ativado eletronicamente (EAR, sigla em inglês) permitiu que os investigadores explorassem esses déficits sociais de maneira mais sensível. O EAR é um gravador de áudio discreto e portátil carregado pelos participantes que grava periodicamente as conversas e outros sons ambientes à medida que eles realizam suas atividades diárias normais (Mehl e Robbins, 2012). Utilizando esse dispositivo inteligente, os pesquisadores puderam comparar o comportamento social da vida real de 29 participantes deprimidos em relação a 28 sujeitos de controle saudáveis. Surpreendentemente, os dois grupos gastaram quantidades semelhantes de tempo em conversas, risadas e encontros com outras pessoas. Contudo, os indivíduos deprimidos gastaram menos tempo em grupos e falaram mais sobre emoções negativas, sobretudo perto de parceiros românticos. No geral, os déficits sociais observados nos participantes deprimidos não foram tão graves quanto a pesquisa anterior, a qual utilizou outros métodos, havia sugerido, levando os pesquisadores a concluir que a depressão pode afetar a *qualidade* em vez da *quantidade* de interações sociais.

O ponto mais forte da observação naturalística é que ela permite que os pesquisadores estudem o comportamento sob condições que são menos artificiais do que as presentes em experimentos. Outra vantagem é que a observação naturalística pode ser um bom ponto de partida quando pouco se sabe sobre o comportamento sob estudo. E, diferen-

Wansink e Van Ittersum (2013) utilizaram a observação naturalística para reproduzir os achados laboratoriais sobre como o tamanho do prato influencia a quantidade ingerida. Condizente com a pesquisa laboratorial, eles descobriram que os clientes reais dos restaurantes *self-service* consumiram mais alimentos quando receberam pratos maiores.

O método da observação naturalística pode ser particularmente útil no estudo de animais em seus habitats naturais. Por exemplo, Jane Goodall realizou uma pesquisa inovadora sobre a vida social dos chimpanzés durante anos de meticulosa observação naturalística.

temente dos estudos de caso e levantamentos, a observação naturalística pode ser usada para estudar o comportamento animal. Muitos estudos referenciais do comportamento animal, como o trabalho de Jane Goodall (1986, 1990) sobre a vida social e familiar dos chimpanzés, dependeram da observação naturalística. Exemplos mais recentes de observação naturalística com animais incluem estudos de comunicação dos leões-marinhos australianos (Pitcher, Harcourt e Charrier, 2012), favoritismo parental nos pássaros-azuis (Barrios-Miller e Siefferman, 2013) e uso de ferramentas por macacos-prego e chimpanzés (la Cour et al., 2014).

Um grande problema com esse método é que os pesquisadores com frequência encontram dificuldades em fazer suas observações de maneira discreta para não afetar o comportamento dos sujeitos observados. **Reatividade ocorre quando o comportamento de um sujeito é alterado pela presença de um observador.** Até mesmo os animais podem exibir reatividade se esforços de observação forem imediatamente detectados (Iredale, Nevill e Lutz, 2010). Outra desvantagem é que geralmente é difícil traduzir as observações naturalísticas em dados numéricos que permitam análises estatísticas.

Estudos de caso

As pessoas que sofrem de depressão são mais suscetíveis a desenvolver posteriormente demência do que as outras? E as pessoas diagnosticadas com transtornos de ansiedade? Para investigar essas questões, uma equipe de pesquisa no Reino Unido (Burton et al., 2013) realizou um estudo em grande escala dos fatores de risco de demência. *Demência* é uma condição anormal marcada por múltiplos déficits cognitivos que giram em torno da perda de memória. A demência pode ser causada por diversas doenças, mas o mal de Alzheimer é responsável por cerca de 70% dos casos (Albert, 2008). Uma pesquisa anterior sugeriu que a depressão é um fator de risco para a demência, mas pouco se sabe sobre o possível papel dos transtornos de ansiedade, e menos ainda sobre os efeitos conjuntos desses transtornos com os transtornos depressivos.

A equipe decidiu que tal estudo exigia uma abordagem de *estudo de caso*, **que é uma investigação profunda de um participante.** Pode-se utilizar uma variedade de técnicas para coleta de dados em um estudo de caso. As técnicas típicas incluem entrevistar os participantes e as pessoas que são próximas dos sujeitos*, realizar exame de registros e testes psicológicos. Ao sondar os fatores de risco da demência, Burton et al. (2013) aproveitaram a existência de um grande banco de dados de histórias de casos médicos compilados de 13 clínicas médicas desde 1998. Eles identificaram 400 novos casos de demência diagnosticados durante o período de oito anos cobertos pelo estudo. Para cada um desses casos, eles identificaram três ou quatro pacientes no banco de dados que tinham a mesma idade e sexo, mas não sofriam de demência. Esses 1353 casos serviram como controles para fins de comparação. Depois, todos os registros dos casos foram examinados cuidadosamente para a triagem de transtornos de ansiedade ou transtornos depressivos preexistentes. Como esperado, a prevalência de transtornos depressivos preexistentes foi elevada nos casos de demência, o que corroborou a noção de que a depressão é um fator de risco de demência. No entanto, a prevalência de transtornos de ansiedade preexistentes também foi elevada nos casos de demência, o que sugere que os transtornos de ansiedade são um fator de risco de demência anteriormente negligenciado. Na realidade, as análises estatísticas de sua influência conjunta sugeriram que os transtornos de ansiedade foram mais altamente associados ao risco de demência do que os transtornos depressivos.

Psicólogos clínicos, que diagnosticam e tratam problemas psicológicos, rotineiramente fazem estudos de caso de seus clientes. Quando os clínicos apresentam um estudo de caso com propósitos de diagnóstico, em geral *não* estão realizando uma pesquisa empírica. Na *pesquisa* do estudo de caso, os investigadores analisam uma série de outros estudos de caso para buscar padrões que permitam conclusões gerais. Por exemplo, um estudo recente (Arcelus et al., 2009) avaliou a eficácia de um tratamento chamado *terapia interpessoal* (TIP) para pessoas que sofrem de bulimia (transtorno alimentar marcado por ingestão excessiva e descontrolada de alimentos seguida por vômito autoinduzido, jejum e prática de exercícios em excesso). Avaliações detalhadas dos casos de 59 pacientes bulímicos foram feitas antes, durante e após a duração de 16 sessões de TIP. Os resultados demonstraram que a TIP pode ser um tratamento eficaz para os transtornos bulímicos. Embora a pesquisa de um estudo de caso envolva procurar por tópicos comuns em uma série de casos, as descrições dos estudos de caso individuais às vezes

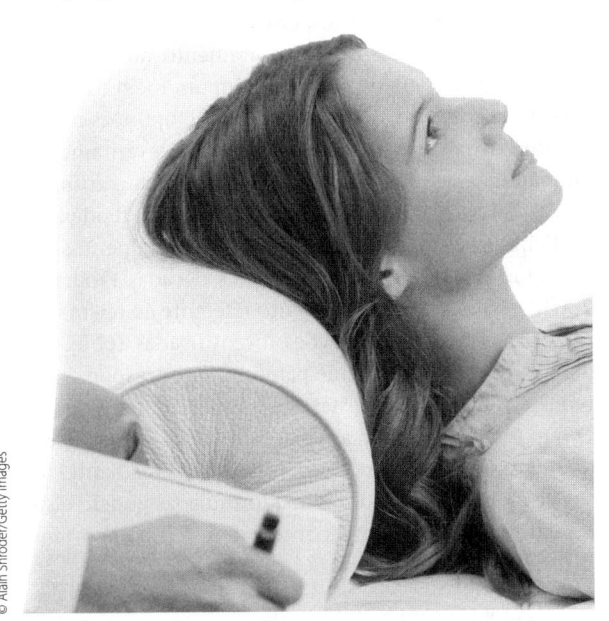

Os estudos de caso são usados tanto no trabalho clínico quanto na pesquisa. Quando usados na pesquisa, os investigadores procuram por linhas de continuidade em uma série de estudos de caso.

---

* Observação direta dos participantes (N.R.T.).

são publicadas quando são particularmente interessantes ou talvez valiosas para outros médicos. Por exemplo, Ale et al. (2014) descrevem seu tratamento comportamental com base na família de uma garota de 9 anos de idade que exibe acumulação compulsiva. Esses tipos de publicações permitem que os médicos compartilhem ideias sobre as abordagens eficazes para o tratamento.

Os estudos de caso são particularmente adequados para a investigação de algumas questões, sobretudo as raízes dos transtornos psicológicos e a eficácia das práticas terapêuticas selecionadas (Fishman, 2007). Eles também podem fornecer ilustrações reais e atrativas que apoiam uma hipótese ou teoria, contudo, o problema principal desses estudos é que eles são altamente subjetivos. Informação advinda de diferentes fontes pode ser reunida de maneira impressionante. Nesse processo, os pesquisadores podem centrar-se na informação seletivamente, de maneira que comprove suas expectativas, o que, frequentemente, reflete seus pontos de vista teóricos. Assim, é relativamente fácil para os investigadores verem o que querem ver em uma pesquisa de estudo de caso.

Coleta de dados

A prevalência do tabagismo e dos outros usos do tabaco está em queda entre os jovens norte-americanos? A prevalência de ressaca aumenta ou diminui à medida que as pessoas envelhecem? Esses são dois exemplos de questões práticas exploradas em uma recente pesquisa de levantamento. **Nos levantamentos, os pesquisadores usam questionários ou entrevistas para reunir informações acerca de aspectos específicos do contexto, das atitudes, das crenças ou do comportamento dos participantes.** Para investigar as tendências no uso de tabaco, Arrazola, Kuiper e Dube (2014) administraram questionários detalhados e anônimos a mais de 77 mil alunos do ensino médio em um período de 12 anos (2000 a 2012). Os alunos foram questionados sobre o uso de diversos produtos de tabaco nos últimos 30 dias. A porcentagem dos alunos que relataram qualquer uso de tabaco caiu de 33,6% em 2000 para 20,4% em 2012. E a porcentagem dos alunos que apenas fumaram cigarros caiu de 14,0% em 2000 para 4,7% em 2012. Embora essas sejam tendências muito encorajadoras, os autores enfatizam que um quinto dos alunos do ensino médio ainda usa tabaco, e cerca da metade deles usa diversos produtos de tabaco, um padrão de uso que se acredita estar associado a maior dependência e aos efeitos negativos na saúde.

Relativamente pouca pesquisa foi realizada sobre ressaca após episódios de consumo excessivo de álcool. A sabedoria popular sugere que a prevalência de ressaca aumenta com a idade, mas não havia dados sobre tendências etárias referentes à ressaca até um recente estudo de levantamento realizado por uma equipe de pesquisa da Dinamarca (Tolstrup, Stephens e Gronbaek, 2014). Questões sobre hábitos de consumo de álcool e a experiência de ressaca foram incluídas em um amplo levantamento sobre hábitos saudáveis. O consumo excessivo de álcool foi definido como o consumo de mais de cinco drinques em uma única ocasião. A incidência de ressaca foi avaliada com uma escala de nove pontos com base nos sintomas relatados após o consumo excessivo de álcool. Mais de 76 mil participantes de 13 municípios da Dinamarca responderam ao levantamento. O estudo constatou tendências etárias evidentes: a incidência de ressaca após o consumo excessivo de álcool caiu estavelmente com o aumento da idade, como é possível ver na **Figura 2.10**. Ao contrário da sabedoria popular, a incidência de ressacas *graves* também caiu à medida que os sujeitos envelheceram.

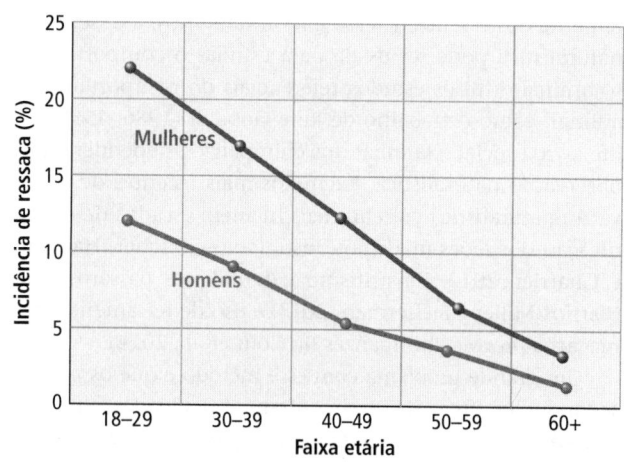

Figura 2.10 A incidência de ressaca em relação à idade.

Os dados de levantamentos coletados por Tolstrup, Stephens e Gronbaek (2014) mostram que os adultos mais velhos são menos suscetíveis de experimentar ressaca após o consumo excessivo de álcool do que os adultos mais jovens, apesar de os adultos mais velhos serem mais vulneráveis a ressacas. Os pesquisadores especulam que os adultos mais velhos podem tender a se envolver com consumo excessivo de álcool de forma menos intensa ou que eles podem se tornar mais capazes de evitar ressaca.

Coletas de dados são comumente usadas para obter informação sobre aspectos do comportamento difíceis de serem observados diretamente. São também um meio relativamente fácil de coletar dados sobre atitudes e opiniões de grande amostra de participantes. Os métodos de levantamento são amplamente usados na pesquisa psicológica (Krosnick, Lavrakas e Kim, 2014). Entretanto, a possível tendência dos participantes em cooperar com os levantamentos parece ter caído notavelmente nas últimas décadas (Tourangeau, 2004). O crescente ressentimento referente ao telemarketing importuno e as preocupações intensificadas sobre privacidade e roubo de identidade parecem ser os responsáveis por reduzir as taxas de respostas aos levantamentos de pesquisa. O maior problema com as coletas de dados é que dependem do *autorrelato dos dados*. Como discutiremos adiante, os lapsos de memória e perguntas mal formuladas podem distorcer o relato verbal dos participantes sobre seu comportamento (Krosnick, 1999).

Vantagens e desvantagens da pesquisa descritivo-correlacional

Os métodos de pesquisa descritivo-correlacional têm vantagens e desvantagens, as quais se comparam com as potencialidades e as fragilidades indicadas na Visão Geral Ilustrada sobre os métodos de pesquisa nas páginas 52.53. Como um todo, a maior vantagem dos métodos correlacionais é que eles garantem aos pesquisadores uma maneira de explorar questões que por meio de procedimentos experimentais não seria possível. Por exemplo, análises após o fato seriam a única maneira ética de investigar a possível ligação entre má nutrição materna e defeitos congênitos em seres humanos. Seguindo um raciocínio similar, se pesquisadores quiserem descobrir como a educação infantil realizada no meio urbano e rural se relaciona com os valores das pessoas, eles dependerão de métodos descritivos, uma vez que não podem controlar onde os sujeitos da pesquisa foram educados. Dessa forma, *a pesquisa descritiva amplia o escopo de fenômenos que os psicólogos são capazes de estudar.*

Infelizmente, os métodos descritivos têm uma desvantagem importante: o fato de os investigadores não serem capazes de controlar eventos para isolar a causa e o efeito. *Consequentemente, a pesquisa descritivo-correlacional não é capaz de demonstrar de maneira conclusiva que variáveis correlacionadas estão causalmente relacionadas.* Considere, por exemplo, a correlação entre o tamanho do prato e o consumo de alimentos observados no estudo de Wansink e Van Ittersum (2013). Os dados correlacionais desse estudo específico não permitem que cheguemos à conclusão de que os pratos maiores *fizeram que* as pessoas consumissem mais alimento. Outros fatores podem desempenhar um papel nessa associação. Por exemplo, pode ser que as pessoas mais famintas pegaram os pratos maiores, e seu consumo elevado de alimentos pode ter sido causado pela fome mais intensa. Para tirar conclusões causais sobre a relação entre os pratos maiores e o aumento do consumo de alimentos, seria necessário realizar experimentos sobre essa questão – o que foi feito e sugere que há uma ligação causal entre pratos maiores e o maior consumo de alimentos. Você deve estar se perguntando: se já tínhamos dados experimentais ligando o tamanho do prato ao consumo, por que realizar o estudo de observação naturalística? O valor do estudo de observação naturalística está na prova concludente de que os achados laboratoriais generalizam o mundo real. Como você pode ver, os diversos métodos de pesquisa fazem diferentes tipos de contribuições à nossa compreensão do comportamento.

2.4 A busca por falhas: avaliação da pesquisa

A pesquisa científica é uma fonte de informações mais confiável do que a observação casual ou a crença popular. Entretanto, seria falso concluir que toda pesquisa publicada está livre de erros. Cientistas são seres humanos falíveis, e estudos imperfeitos ocorrem na literatura científica.

Essa é uma das razões pelas quais os cientistas procuram replicar estudos. **Replicação é a repetição de um estudo para verificar se os resultados alcançados anteriormente são duplicados.** O processo de replicação auxilia a ciência a identificar e a remover conclusões imprecisas (Pashler e Harris, 2012; Simons, 2014). É claro que o processo de replicação às vezes resulta em contradições. Veremos alguns exemplos nos capítulos posteriores. As descobertas inconsistentes em alguma questão da pesquisa podem ser frustrantes e confusas para os alunos. Contudo, alguma inconsistência nos resultados deve ser esperada, dado o compromisso da ciência com a replicação.

Felizmente, um dos pontos fortes da abordagem empírica é que os cientistas trabalham para reconciliar ou explicar resultados conflitantes. Em seus esforços para fazer os resultados inconsistentes da pesquisa fazerem sentido, os psicólogos estão cada vez mais dependendo da *meta-análise*, técnica que entrou em voga na década de 1980 (Cooper, 2010; Johnson e Eagly, 2014). **A *meta-análise* combina os resultados estatísticos de muitos estudos sobre a mesma questão, produzindo uma estimativa da dimensão e da consistência dos efeitos de uma variável.** Por exemplo, Gentile et al. (2009) combinaram os resultados de 115 estudos de diferenças de gênero em aspectos específicos da autoestima. Entre outras coisas, eles descobriram que os homens tendem a ter autoestima um pouco mais alta em relação à aparência física e habilidades atléticas, as mulheres pontuaram mais quanto à autoestima relacionada aos atributos éticos e morais, e as diferenças de

2.4 Objetivos principais de aprendizagem
- Compreender a importância da replicação e da meta-análise na pesquisa.
- Reconhecer as falhas comuns na elaboração e na execução da pesquisa.

Os pesquisadores dependem dos levantamentos para investigar uma grande variedade de questões. No entanto, o ressentimento relativo ao telemarketing importuno e as preocupações com a privacidade diminuíram a disposição dos indivíduos em participar de pesquisas de levantamento.

gênero quanto à autoestima acadêmica são insignificantes. A meta-análise permite que os pesquisadores testem a generalização dos achados e a força dos efeitos de uma variável nas pessoas, locais, momentos e variações no procedimento de maneira relativamente precisa e objetiva (Schmidt, 2013; Valentine, 2012).

Como você verá nos próximos capítulos, os avanços científicos geralmente surgem de esforços para verificar achados perplexos ou para explicar resultados contraditórios de pesquisas. Assim, como todas as fontes de informação, os estudos científicos devem ser examinados com olhos críticos. Essa seção descreve problemas metodológicos comuns que sempre afetam os estudos. Estar ciente dessas armadilhas vai proporcionar-lhe mais habilidade na avaliação da pesquisa.

Amostras tendenciosas

A pesquisa empírica sempre envolve fazer inferências estatísticas sobre uma população com base em uma amostra (Sturgis, 2006). **Uma *amostra* é um grupo de participantes selecionados para a observação em um estudo empírico.** Em contraste, **a *população* é o maior agrupamento de animais ou pessoas (do qual se tira a amostra) a respeito dos quais os pesquisadores querem generalizar.** Por exemplo, quando pesquisadores de opinião pública tentam prever o resultado das eleições, todos os eleitores em uma jurisdição representam a população, e os que estão sendo pesquisados constituem a amostra. Se os pesquisadores estiverem interessados na capacidade de crianças de 6 anos para formar conceitos, aquelas incluídas no estudo formariam a amostra, e todas as demais crianças de 6 anos (talvez aquelas em culturas ocidentais modernas) seriam a população.

A estratégia de observar uma amostra limitada para generalizar a respeito de uma população muito maior reside na ideia de que a amostra é razoavelmente *representativa* da população. E ela somente o é se sua composição (sua formação demográfica, considerando idade, sexo, renda etc.) for semelhante à da população (veja **Figura 2.11**). Dizemos ter uma ***amostra tendenciosa* quando ela não é representativa da população de que foi retirada.** Nesse caso, generalizações acerca da população podem não ser precisas. Por exemplo, se um pesquisador de opinião pública apenas pesquisasse pessoas em refinados shopping centers frequentados por pessoas ricas, as generalizações do pesquisador sobre a opinião dos eleitores como um todo seriam enganosas ou imprecisas.

Como discutimos no Capítulo 1, os psicólogos norte-americanos têm apresentado a tendência de não utilizar minorias étnicas e pessoas de culturas não ocidentais nas amostras. Em uma recente análise desse problema, Jeffrey Arnett (2008) revisou a composição da amostra de estudos publicados em seis grandes jornais de propriedade da APA nos últimos anos. Ele descobriu que 68% das amostras vieram dos Estados Unidos e outros 27% da Europa ou de países que falam inglês, com apenas 5% vindo de outras partes do mundo. Ele afirma que o foco dos sujeitos norte-americanos é extremamente desproporcional, uma vez que os Estados Unidos representam menos de 5% da população mundial. Além do mais, Arnett observa que a grande maioria das amostras dos Estados Unidos era predominantemente europeia-americana, e que boa parte delas dependeram de alunos universitários brancos de classe média e alta. Ele sustenta a ideia de que essa dependência excessiva de amostras e de alunos universitários norte-americanos possivelmente distorça os achados de muitas áreas de pesquisa. Quando você tem dúvidas acerca dos resultados de um estudo, em geral, a primeira coisa a examinar é a composição da amostra.

Efeito placebo

Um *placebo* é uma substância similar a um medicamento, mas que não produz nenhum efeito farmacológico. Em estudos que avaliam a eficácia de medicamentos, dão-se placebos a alguns participantes para controlar os efeitos de uma variável interveniente e falsa: as expectativas dos participantes.

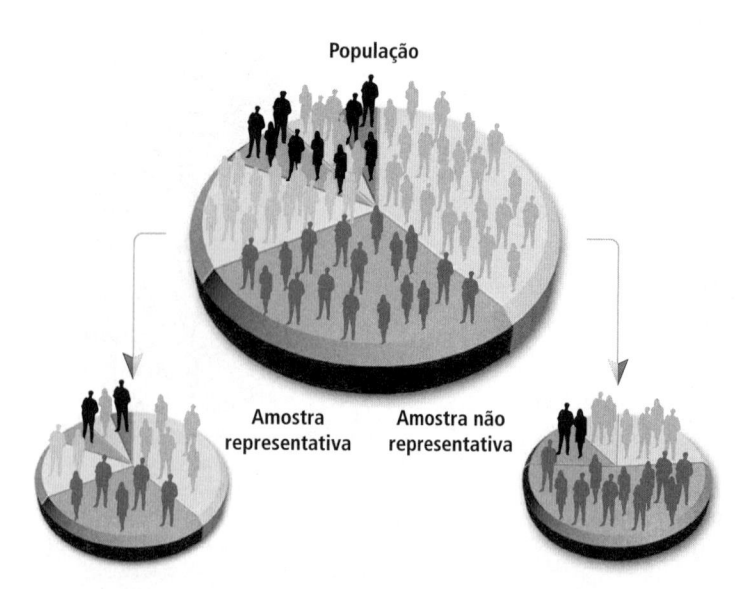

Figura 2.11 A relação entre a população e a amostra.
O processo de dedução a respeito de uma população baseado em uma amostra apenas funciona se a amostra for razoavelmente representativa da população. Uma amostra é representativa se a sua constituição demográfica for semelhante à da população, como mostrado à esquerda. Se alguns grupos da população estão representados a mais ou a menos na amostra, como mostrado à direita, deduções a respeito da população podem ser enganosas ou imprecisas.

Ao receberem "bebidas alcoólicas", que na verdade não contêm álcool, muitos participantes de pesquisas mostram sinais de embriaguez, ilustrando o poder do efeito placebo.

Usam-se placebos porque pesquisadores sabem que as expectativas dos participantes podem influenciar seus sentimentos, reações e comportamento (Benedetti, 2009). Assim, o *efeito placebo* ocorre quando as expectativas dos participantes os levam a experimentar alguma mudança, embora eles tenham recebido tratamento ineficaz ou falso. Em estudos sobre novos medicamentos, placebos inertes geralmente produzem efeitos benéficos surpreendentemente amplos (Agid et al., 2013). O poder da expectativa das pessoas também tem sido demonstrado em estudos em que sujeitos internados recebem secretamente analgésicos verdadeiros (a morfina é colocada no acesso IV sem o conhecimento deles). Com as expectativas do alívio da dor baixas (em função da administração oculta do medicamento), os medicamentos analgésicos não são pensados como tão eficazes como são em circunstâncias normais (Benedetti, 2013). Esse achado sugere que os benefícios de fármacos verdadeiros são consideravelmente amplificados pelas expectativas.

Em um caso semelhante, os psicólogos descobriram que as expectativas dos participantes podem ser poderosos determinantes de suas percepções e seus comportamentos quando estão sob análise em um estudo empírico (Boot et al., 2013). De fato, esse tipo de efeito placebo tem sido observado em experiências de laboratório sobre o efeito do álcool. Nesses estudos, alguns participantes são levados a acreditar que estão tomando bebidas alcoólicas quando, na realidade, elas apenas parecem conter álcool. Muitos dos participantes mostram efeitos de intoxicação, embora não tenham realmente consumido álcool algum (Assefi e Garry, 2003). Se você conhece alguém que mostra sinais de embriaguez assim que começa a beber, antes que a ingestão de álcool possa ter tido efeito fisiológico, você presenciou os efeitos placebo em ação.

Os efeitos placebo são atribuídos às expectativas das pessoas (Colagiuri e Boakes, 2010; Oken, 2008). Entretanto, estudos recentes demonstraram que meras expectativas podem ter efeitos fisiológicos reais. Por exemplo, os estudos de placebos dados aos sujeitos para reduzir a dor sugerem que os placebos realmente alteram a atividade nos circuitos cerebrais conhecidos por suprimir a dor (Benedetti, 2013; Wager, Scott e Zubieta, 2007).

Pesquisadores devem resguardar-se contra efeitos placebo quando os participantes provavelmente esperam que um tratamento vá afetá-los de certa forma. O possível papel desses efeitos pode ser avaliado ao incluir uma versão falsa do tratamento experimental (uma condição placebo) em um estudo.

Distorções nos dados de autorrelato

Em geral, psicólogos pesquisadores trabalham com os dados de *autorrelato*, elaborados com base em relatos verbais dos participantes sobre o seu comportamento. É o caso de questionários, entrevistas ou inventários de personalidade usados para medir variáveis. Os métodos de autorrelato podem ser muito úteis. Eles aproveitam o fato de as pessoas terem uma oportunidade única para observar-se em tempo integral (Baldwin, 2000). Mas eles podem ser afetados por diversos tipos de distorções.

Uma das distorções mais problemáticas é o *desejo de aceitação social*, que é uma tendência a dar respostas socialmente aceitas para perguntas pessoais. Participantes influenciados por essa inclinação trabalham duro para criar uma boa impressão, especialmente quando são questionados a respeito de assuntos delicados (Tourangeau e Yan, 2007). Muitos respondentes de pesquisas de opinião podem, por exemplo, dizer que fizeram doações a instituições de caridade quando, na verdade, é possível concluir que isso não ocorreu (Granberg e Holmberg, 1991; Hadaway, Marler e Chaves, 1993). Curiosamente, as pessoas que respondem a perguntas de modo socialmente desejável levam um pouco

---

CHECAGEM DA REALIDADE

Ideia equivocada

Os efeitos placebo tendem a ser fracos.

Realidade

Não necessariamente. Nos últimos anos, os cientistas desenvolveram um renovado respeito pelo poder do placebo. A força dos efeitos placebo varia consideravelmente, dependendo da condição tratada, da plausibilidade do placebo e de uma variedade de outros fatores. No entanto, uma análise minuciosa das evidências conclui que os efeitos placebo geralmente são poderosos, com frequência, aproximando-se da força dos efeitos do tratamento aos quais eles são comparados (Wampold et al., 2005; Wampold, Imel e Minami, 2007).

mais de tempo para respondê-las. Isso sugere que estão cuidadosamente "editando" suas respostas (Holtgraves, 2004).

Outros problemas podem também produzir distorções em autorrelatos de dados (Krosnick, 1999; Schuman e Kalton, 1985). Fazer entrevistas consistentes, bem feitas e eficazes sempre é um desafio (Madill, 2012). Os respondentes não compreendem os itens dos questionários com uma frequência surpreendente. Mesmo a ordem em que perguntas são formuladas pode moldar as respostas dos participantes (Rasinski, Lee e Krishnamurty, 2012). Erros de memória podem minar a precisão de relatos verbais. Outra fonte de distorção é que para certos tipos de testes, algumas pessoas tendem a concordar com quase todos os itens, enquanto a tendência de outras é discordar de quase tudo (Krosnick e Fabrigar, 1998). Uma razão a mais para se preocupar é o *efeito halo,* **que ocorre quando a avaliação geral de alguém sobre uma pessoa, objeto ou instituição se excede, influenciando classificações mais específicas.** Por exemplo, a avaliação geral do supervisor sobre o valor de um funcionário pode influenciar classificações específicas referentes a confiança, iniciativa, comunicação, conhecimento, e assim por diante, do funcionário. A raiz do problema é que o avaliador não pode julgar as dimensões específicas da avaliação de maneira independente. Obviamente, distorções como essas podem produzir resultados imprecisos. Embora pesquisadores tenham desenvolvido formas para neutralizar esses problemas, é necessário ter cautela para tirar conclusões de informações obtidas por meio de autorrelatos (Schaeffer, 2000).

Tendenciosidade do pesquisador

Como cientistas, psicólogos tentam realizar seus estudos de maneira objetiva, para que sua própria visão não interfira nos resultados. Todavia, a objetividade é uma *meta* a que os psicólogos aspiram, e não um fato que pode ser aceito como verdadeiro (MacCoun, 1998). Na realidade, muitos pesquisadores fazem um investimento emocional no resultado de suas pesquisas. Eles testam hipóteses que desenvolveram e que gostariam de ver sustentadas por dados. É compreensível, portanto, que as *tendenciosidades do pesquisador* sejam uma possível fonte de erros nas pesquisas.

As *tendenciosidades do pesquisador* ocorrem quando as expectativas dele ou suas preferências relativas ao resultado de um estudo influenciam os resultados obtidos. Ele pode influenciar os estudos de muitas maneiras sutis. Um dos problemas é que pesquisadores, assim como outras pessoas, às vezes, *veem o que querem*. Por exemplo, quando cometem erros aparentemente honestos no registro das respostas dos participantes, tais erros tendem a apontar pontos de vista a favor das hipóteses (O'Leary, Kent e Kanowitz, 1975).

Uma pesquisa realizada por Robert Rosenthal (1976) sugere que as tendenciosidades do pesquisador podem levá-lo a influenciar o comportamento de seus participantes intencionalmente. Em um estudo, Rosenthal e Fode (1963) recrutaram estudantes de psicologia para servirem como "pesquisadores". Os estudantes foram informados que coletariam dados para um estudo sobre como os participantes avaliavam o sucesso das pessoas retratadas em fotos. Em um estudo-piloto, foram

---

REVISÃO 2.3

Detectando falhas em pesquisa

Verifique seu entendimento sobre como realizar pesquisa válida procurando por falhas metodológicas nos seguintes estudos. As respostas estão no Apêndice A.

Estudo 1 Um pesquisador anuncia que realizará pesquisa para investigar os efeitos nocivos da privação sensorial sobre a coordenação perceptivo-motora. Os primeiros 40 estudantes que se apresentaram para o estudo ficaram no grupo experimental, e os outros 40, no de controle. O pesquisador supervisiona todos os aspectos da execução do estudo. Os participantes do grupo experimental passam duas horas em uma câmara de privação sensorial, onde a estimulação sensorial é mínima. Os participantes do grupo de controle passam duas horas em uma sala de espera que contém revistas e uma TV. Todos eles, então, realizam, em dez tentativas de um minuto de duração, uma atividade com um mecanismo rotatório que requer que eles tentem manter uma agulha de fonógrafo sobre um pequeno alvo rotatório. A variável dependente é a pontuação média nessa tarefa.

Estudo 2 Uma pesquisadora quer saber se há relação entre idade e preconceito racial. Ela elabora uma coleta de dados em que se pede aos respondentes para avaliar seu preconceito contra seis diferentes grupos étnicos e aplica a coleta de dados a mais de 500 pessoas de várias idades em um shopping localizado em uma área da cidade onde reside a população de baixa renda.

Identifique as falhas aparentes em cada um dos estudos.

Falha metodológica	Estudo 1	Estudo 2
Amostras tendenciosas		
Efeito placebo		
Distorções no autorrelato de dados		
Confusão de variáveis		
Tendenciosidade do pesquisador		

selecionadas fotos que geraram (em média) índices neutros em uma escala variando de –10 (fracasso extremo) a +10 (sucesso extremo). Rosenthal e Fode então manipularam as expectativas de seus pesquisadores dizendo para a metade deles que eles provavelmente obteriam avaliações médias de –5 e, para a outra metade, criou-se a expectativa de avaliações médias de +5. Os "pesquisadores" estavam proibidos de conversar com seus participantes, exceto pela leitura de alguma instrução padronizada. Embora as fotos fossem exatamente as mesmas para os dois grupos, os "pesquisadores" que *esperavam avaliações positivas as obtiveram* bem mais altas do que o grupo que esperava que elas fossem negativas.

Como poderiam os investigadores influenciar as avaliações dos participantes? De acordo com Rosenthal, os "pesquisadores" podem tê-los influenciado de forma não intencional enviando sinais não verbais durante a experiência. Sem perceber, eles, às vezes, devem ter sorrido, meneado a cabeça, ou enviado outros sinais positivos enquanto os participantes faziam avaliações que representavam as suas expectativas. Assim, os preconceitos ou tendências podem influenciar tanto as observações dos "pesquisadores" quanto seu comportamento (Rosenthal, 1994, 2002).

Os problemas associados às tendenciosidades do pesquisador podem ser neutralizados usando-se um ***procedimento duplo de cobertura***, que é uma estratégia de pesquisa em que nem os participantes nem os "pesquisadores" sabem quais são os integrantes do grupo de controle ou do grupo experimental. Não é particularmente incomum que participantes estejam "cegos" quanto às condições de seu tratamento. Contudo, o procedimento da dupla cobertura mantém o "pesquisador" também às escuras. É claro que um membro da equipe de pesquisa não diretamente envolvido com os participantes deverá saber quem está em qual grupo.

2.5 Ética em foco: os fins justificam os meios?

2.5 Objetivos principais de aprendizagem
- Discutir as controvérsias a respeito do artifício e do uso de animais nas pesquisas.

Relembremos o estudo de Stanley Schachter (1959) sobre ansiedade e afiliação. Imagine como você teria se sentido se fosse um dos participantes do grupo de alta ansiedade. Você chega a um laboratório de pesquisa esperando participar de uma experiência inofensiva, é levado a uma sala repleta de equipamentos eletrônicos e um homem, com aparência de profissional, anuncia que um dos equipamentos será utilizado para aplicar-lhe uma série de dolorosos choques elétricos. Então, de maneira bastante convincente, ele diz que os choques "não afetarão os tecidos permanentemente". É claro, você pensa que deve haver algum engano. De repente, sua aventura na pesquisa transforma-se em pesadelo! Você sente nós no estômago de tanta ansiedade. O pesquisador diz que haverá alguma demora enquanto ele prepara o equipamento. Assim, ele solicita que você preencha um breve questionário sobre se prefere esperar só ou em companhia de outros. Ainda com muito medo de receber choques, você preenche o questionário. Feito isso, ele recolhe o questionário e anuncia que não haverá a sessão de choques – tudo era um blefe. Você se sente aliviado, mas, ao mesmo tempo, está zangado. Sente que o "pesquisador" o fez de bobo e sente-se constrangido e ressentido.

Será que os pesquisadores deveriam brincar assim com os seus sentimentos? Será que lhes é permitido enganar participantes dessa forma? Será esse o preço a ser pago por um avanço no conhecimento científico? Como demonstram as perguntas, a iniciativa de pesquisa às vezes vê-se diante de difíceis dilemas éticos (Fried, 2012). *Os dilemas refletem a preocupação com a possibilidade de estar, de alguma forma, prejudicando os participantes*. Na pesquisa psicológica, os maiores dilemas éticos estão centrados na indução ao logro e no uso de animais.

A questão do artifício

O artifício elaborado, como visto no estudo de Schachter, tem sido bastante comum na pesquisa em psicologia desde os anos 1960, principalmente na área da psicologia social (Epley e Huff, 1988; Korn, 1997). Através dos anos, psicólogos têm simulado brigas, assaltos, desmaios, ataques epilépticos, estupros e falhas mecânicas em automóveis para explorar uma série de questões. Participantes já foram levados a acreditar que estavam ferindo alguém com choques elétricos, que tinham tendências homossexuais e que estavam ouvindo, por acaso, comentários negativos a respeito de sua pessoa. Por que os psicólogos usam de tantos blefes em suas pesquisas? Simplesmente, eles estão tentando lidar com os problemas metodológicos discutidos anteriormente. Muitas vezes, eles dão informações erradas aos participantes sobre a finalidade do estudo para reduzir os problemas resultantes dos efeitos placebo, da falta de confiança dos autorrelatos e de outros fatores que podem minar o valor científico e a validade da pesquisa (Berghmans, 2007).

Especialistas se mostram contra o uso do artifício por vários motivos (Baumrind, 1985; Kelman, 1982; Ortmann e Hertwig, 1997). Inicialmente, eles dizem que o artifício é apenas um sinônimo de mentira, o que eles consideram imoral por natureza. Em segundo lugar, argumentam que, ao enganar os participantes, os psicólogos podem estar diminuindo a confiança que eles possam ter nos outros. Em terceiro, apontam para o fato de muitos participantes se sentirem aflitos como resultado de estudos em que tenham sido enganados inadvertidamente. Especificamente, participantes podem experimentar alto nível de estresse durante um estudo ou sentir que foram feitos de tolos quando a verdadeira natureza do estudo é revelada.

Aqueles que defendem o artifício na pesquisa argumentam que muitas questões importantes não poderiam ser investigadas se os investigadores não tivessem permissão para manipular os participantes (Bröder, 1998). Eles afirmam que muitas das simulações envolvem "mentiras inofensivas" sem intenção de prejudicar os participantes. Um artigo sobre a importante pesquisa de Larry Christensen (1988) indica que estudos que envolvem o artifício *não* são prejudiciais aos participantes. De fato, muitos participantes envolvidos nesse tipo de estudo relatam ter apreciado a experiência e declaram que não se importaram em ser enganados. Além disso, um estudo recente não encontrou evidência para a ideia de que a pesquisa que envolve artifícios diminui a confiança em outras pessoas ou o respeito pela psicologia ou pesquisa científica (Kimmel, 1996; Sharpe, Adair e Roese, 1992). Por fim, os pesquisadores que defendem os artifícios argumentam que os benefícios – avanços do conhecimento que frequentemente melhoram o bem-estar social – valem o preço.

A questão do uso de animais na pesquisa

Outra grande controvérsia ética da psicologia diz respeito à utilização de animais em pesquisas. Psicólogos usam animais como sujeitos de pesquisas por várias razões. Às vezes, eles querem simplesmente saber mais sobre o comportamento de determinado tipo de animal. Outras vezes querem identificar leis gerais de comportamento que se aplicam tanto a animais quanto a seres humanos. Em alguns casos, psicólogos usam animais porque podem expô-los a tratamentos que seriam claramente inaceitáveis com participantes humanos. Muito da pesquisa sobre a relação entre alimentação deficiente durante a gravidez e incidência de má formação congênita, por exemplo, deve-se aos animais.

É o terceiro motivo para usar animais que gerou mais controvérsias. Algumas pessoas afirmam que é errado sujeitar animais ao dano ou à dor em prol de pesquisas. Essencialmente, elas argumentam que os animais têm os mesmos direitos que os humanos (J. Johnson, 2013; Ryder, 2006). Elas afirmam que os pesquisadores violam esses direitos ao sujeitar os animais à crueldade desnecessária em muitos estudos triviais (Bowd e Shapiro, 1993; Hollands, 1989). Elas também dizem que a maioria dos estudos com animais é perda de tempo porque os resultados podem nem chegar a ser aplicados aos humanos (Millstone, 1989; Norton, 2005). Alguns dos ativistas mais radicais dos direitos dos animais invadiram laboratórios, destruíram equipamentos e registros de pesquisas dos cientistas e roubaram os animais experimentais.

Apesar do grande furor, somente 7% a 8% de todos os estudos psicológicos envolvem animais (roedores e aves em sua maioria). Relativamente poucos desses estudos exigem a sujeição de animais a manipulações dolorosas ou prejudiciais (American Psychological Association, 1984). Os psicólogos que defendem a pesquisa com animais apontam para os maiores avanços atribuídos a esse tipo de pesquisa, coisa que muitas pessoas não sabem (Baldwin, 1993; Bennett, 2012). Entre eles estão os avanços no tratamento de transtornos mentais, transtornos neuromusculares, convulsões, lesões cerebrais, deficiências visuais, dores de cabeça, perda de memória, pressão alta e problemas relativos à dor (Carroll e Overmier, 2001; Domjan e Purdy, 1995). Na defesa da pesquisa com animais, Neal Miller (1985), psicólogo promissor que já fez trabalhos pioneiros em diversas áreas, observou o seguinte:

> Pelo menos 20 milhões de cães e gatos são abandonados todos os anos nos Estados Unidos; metade deles é morta em canis e gatis, e o restante é atropelado ou morre por negligência. Menos de 1/10.000 desses cães e gatos são usados em laboratórios psicológicos.(...) É válido sacrificar a vida de nossos filhos para que os experimentos sejam interrompidos, considerando que a maioria deles não envolve dor em um número muito menor de camundongos, ratos, cães e gatos? (p. 427)

Como você pode ver, a maneira como os animais podem ser eticamente usados para pesquisa é uma grande polêmica. Em busca do equilíbrio para essa questão, Bateson (2011) sugere que a aceitabilidade ética dos estudos específicos

Muitas descobertas científicas importantes foram alcançadas por meio da pesquisa com animais, como o anúncio à direita aponta. Porém, muitas pessoas continuam a se opor vigorosamente à pesquisa com animais. A ativista da liberação animal mostrada acima foi coberta por sangue falso e amarrada a uma mesa de vivissecção gigante como parte do protesto contra a pesquisa com animais em Melbourne, Austrália. Claramente, a ética da pesquisa com animais é uma grande polêmica.

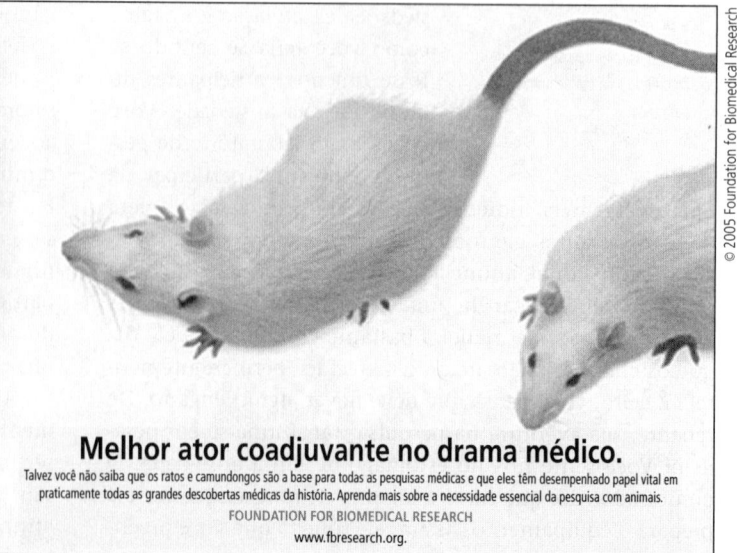

Melhor ator coadjuvante no drama médico.
Talvez você não saiba que os ratos e camundongos são a base para todas as pesquisas médicas e que eles têm desempenhado papel vital em praticamente todas as grandes descobertas médicas da história. Aprenda mais sobre a necessidade essencial da pesquisa com animais.
FOUNDATION FOR BIOMEDICAL RESEARCH
www.fbresearch.org

com animais deva ser julgada pela avaliação dos estudos ao longo de três dimensões independentes: (1) a extensão do sofrimento antecipado do animal, (2) a importância do problema abordado pela pesquisa e (3) a possibilidade de descobertas benéficas. Os psicólogos tornam-se cada vez mais sensíveis a essa questão. Embora continuem a usá-los nas pesquisas, regulamentos rígidos são impostos para controlar quase todos os detalhes de como os animais de laboratório devem ser tratados (Akins e Panicker, 2012).

Princípios éticos na pesquisa

As questões éticas que discutimos nesta seção levaram a APA a desenvolver um conjunto de normas éticas para os pesquisadores (American Psychological Association, 2002). Algumas das diretrizes mais importantes para a pesquisa com participantes humanos incluem o seguinte: (1) a participação de pessoas na pesquisa sempre deve ser voluntária e elas devem poder se retirar do estudo a qualquer momento; (2) os participantes não devem ser sujeitados a tratamentos nocivos ou perigosos; (3) se o estudo exige um artifício, os participantes devem ser informados sobre a verdadeira natureza e propósito da pesquisa o quanto antes; e (4) o direito à privacidade dos participantes nunca deve ser comprometido. As diretrizes para a pesquisa com animais incluem: (1) procedimentos nocivos ou dolorosos não podem ser justificados, a menos que os possíveis benefícios da pesquisa sejam substanciais; e (2) os animais da pesquisa têm o direito a condições de vida decentes.

2.6 REFLETINDO SOBRE OS TEMAS DO CAPÍTULO

2.6 OBJETIVOS PRINCIPAIS DE APRENDIZAGEM
- Identificar os dois temas unificadores destacados neste capítulo.

Empirismo

Subjetividade da experiência

Dois de nossos sete temas unificadores emergiram com toda força neste capítulo. Primeiro, o capítulo inteiro é um testemunho da ideia de que a psicologia é empírica. Segundo, o debate sobre falhas metodológicas em pesquisa oferece inúmeros exemplos de como a experiência que as pessoas têm do mundo pode ser altamente subjetiva. Examinemos cada um desses pontos mais detalhadamente.

Conforme explicado no Capítulo 1, a abordagem empírica inclui testar as ideias, basear as conclusões na observação sistemática e em uma boa dose de ceticismo. Todas essas características da abordagem empírica estão evidentes neste capítulo. Como vimos, psicólogos testam suas ideias por meio da formulação de hipóteses claras que envolvem previsões sobre relações entre variáveis. Eles, então, utilizam uma variedade de métodos para coletar dados, a fim de verificar se as suas previsões são confirmadas. Os métodos para coleta de dados são elaborados para tornar as observações dos pesquisadores sistemáticas e precisas. Toda a iniciativa é impregnada de ceticismo. No planejamento e na execução da pesquisa, cientistas estão sempre à procura de falhas. Eles publicam suas descobertas para que outros especialistas possam submeter seus métodos e conclusões a exame crítico. Coletivamente, tais procedimentos representam a essência da abordagem empírica.

A subjetividade da experiência pessoal tornou-se evidente na discussão sobre os problemas metodológicos, especialmente os efeitos placebo e as tendências do pesquisador. Quando participantes de pesquisas relatam os efeitos de um tratamento falso (o efeito placebo) é porque esperavam ver esses efeitos. Os estudos que mostraram que muitos participantes começaram a se sentir intoxicados só porque pensavam ter ingerido bebidas alcoólicas são demonstrações claras do enorme poder que as expectativas das pessoas possuem. Como mencionado no Capítulo 1, psicólogos e outros cientistas não estão imunes aos efeitos da experiência subjetiva. Embora sejam treinados para serem objetivos, mesmo cientistas podem ver o que esperam ver ou o que querem ver. Essa é a razão pela qual a abordagem empírica enfatiza a medição precisa e uma atitude cética. A natureza altamente subjetiva da experiência é justamente o que a abordagem empírica tenta neutralizar.

A publicação de estudos empíricos nos permite aplicar nosso ceticismo à iniciativa da pesquisa. Porém, não se pode analisar criticamente estudos a não ser que se saiba onde e como encontrá-los. Na Aplicação Pessoal que veremos a seguir, discutiremos onde os estudos são publicados, como encontrar estudos sobre tópicos específicos e como ler relatórios de pesquisa. Na subsequente Aplicação do Pensamento Crítico, analisaremos as desvantagens da evidência circunstancial, o que o ajudará a avaliar o valor da evidência empírica.

Visão geral ilustrada — Principais métodos de pesquisa em psicologia

MÉTODO DE PESQUISA	DESCRIÇÃO	EXEMPLO APLICADO À PESQUISA SOBRE AGRESSÃO
EXPERIMENTO	Manipulação da variável independente sob condições minuciosamente controladas para verificar se alguma mudança ocorre na variável dependente. Exemplo: Estudo de Schachter (1959) sobre se o aumento da ansiedade leva ao aumento do desejo por afiliação. Hipótese: A ansiedade aumenta a afiliação. Tarefa aleatória — Sujeitos atribuídos aleatoriamente a grupos experimentais e de controle. Manipulação da variável independente — Grupo experimental "Os choques serão muito dolorosos" (alta ansiedade); Grupo de controle "Os choques serão leves e indolores" (baixa ansiedade). Mensuração da variável dependente — O grupo de alta ansiedade indicou um desejo maior de aguardar com os outros do que o grupo de baixa ansiedade.	As crianças são selecionadas aleatoriamente para assistir a um filme violento ou não violento (manipulação da variável independente), e alguns aspectos da agressão (a variável dependente) são medidos em uma situação de laboratório.
OBSERVAÇÃO NATURALÍSTICA	Observação meticulosa e normalmente prolongada do comportamento em seu âmbito natural, sem intervenção direta. Exemplo: O estudo de Wansink e Van Ittersum (2013) que verificou o efeito do tamanho do prato na quantidade de alimento consumido em restaurantes self-service.	Os atos espontâneos de agressão das crianças durante atividades recreativas em um parquinho são registrados discretamente pela equipe de observadores bem treinados.
ESTUDO DE CASO	Investigação aprofundada de um único indivíduo utilizando entrevista direta, observação direta, análise dos registros, entrevistas com as pessoas próximas ao participante e outras fontes de dados. Exemplo: O estudo de Burton et al. (2013), que verificou registros de casos médicos para determinar se o histórico de transtornos depressivos ou de ansiedade aumentava a possibilidade do desenvolvimento de demência em algum momento posterior da vida.	São elaborados históricos detalhados de crianças encaminhadas ao aconselhamento em decorrência de comportamento agressivo excessivo na escola. As crianças são entrevistadas, assim como os pais e os professores.
LEVANTAMENTOS	Utilização de questionários ou entrevistas para reunir informações sobre aspectos específicos do comportamento, atitudes e crenças dos participantes. Exemplo: O estudo de Arrazola et al. (2014) em que mais de 77 mil alunos do ensino médio foram questionados sobre o uso de produtos de tabaco.	Uma grande amostra de crianças recebe um questionário descrevendo cenários hipotéticos que podem desencadear comportamento agressivo e respondem sobre como elas acham que reagiriam às situações.

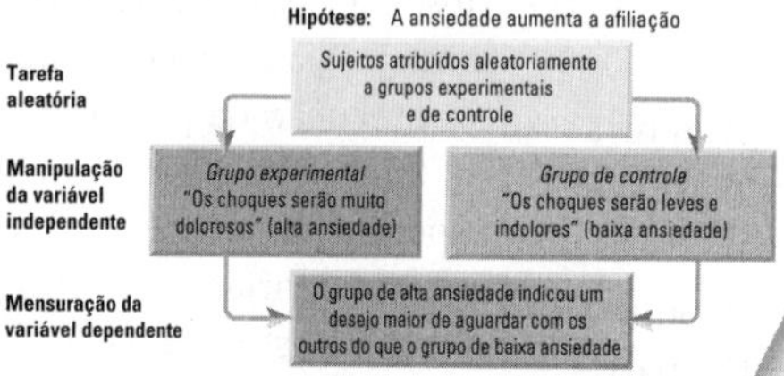

VANTAGENS

DESVANTAGENS

O controle preciso das variáveis pode eliminar as explicações alternativas para os achados.

Os pesquisadores podem tirar conclusões sobre as relações de causa e efeito entre as variáveis.

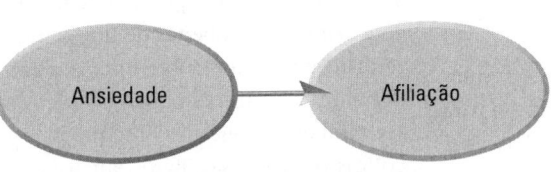

Ansiedade → Afiliação

A confusão entre as variáveis deve ser evitada.

Situações laboratoriais manipuladas geralmente são artificiais, tornando a generalização dos achados para o mundo real mais arriscada.

As preocupações éticas e as realidades práticas impossibilitam os experimentos em muitas questões importantes.

A artificialidade que pode ser um problema em estudos laboratoriais é minimizada.

Pode ser um bom momento para começá-la quando pouco se sabe sobre os fenômenos sob estudo.

Diferentemente de outros métodos descritivos-correlacionais, pode ser usada para estudar o comportamento animal, assim como o comportamento humano.

© DAVID GRAY/Reuters/Corbis

Pode ser difícil permanecer discreto; mesmo o comportamento animal pode ser alterado pelo processo de observação.

Os pesquisadores não conseguem tirar conclusões causais.

Os dados observacionais geralmente são difíceis de quantificar para as análises estatísticas.

Os estudos de caso são bem adequados para o estudo de transtornos psicológicos e de práticas terapêuticas.

Os casos individuais podem fornecer ilustrações convincentes para respaldar ou enfraquecer uma teoria.

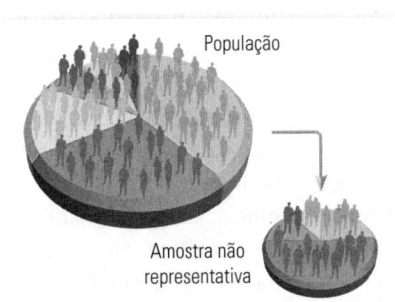

População → Amostra não representativa

A subjetividade facilita a percepção do que se espera ver com base na inclinação teórica do pesquisador.

Os pesquisadores não conseguem tirar conclusões causais.

As amostras clínicas geralmente não são representativas e sofrem com o viés da amostragem.

A coleta de dados pode ser relativamente fácil, economizando tempo e dinheiro.

Os pesquisadores podem reunir dados sobre os aspectos do comportamento difíceis de serem observados.

Os questionários são bem apropriados para a coleta de dados sobre atitudes, valores e crenças de grandes amostras.

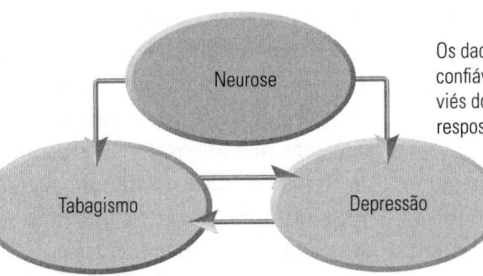

Neurose → Tabagismo ↔ Depressão

Os dados de autorrelatos não costumam ser confiáveis em decorrência da mentira intencional, viés do desejo de aceitação social, conjuntos de respostas, lapsos de memórias e inadequada formulação das perguntas.

Os pesquisadores não conseguem tirar conclusões causais.

2.7 APLICAÇÃO PESSOAL
Encontrando e lendo artigos de periódicos

Responda "sim" ou "não".

___ 1. Leio a respeito de estudos científicos em jornais e revistas e às vezes me pergunto: "Como eles chegaram a essas conclusões?".

___ 2. Quando vou à biblioteca, muitas vezes tenho dificuldade para encontrar informações baseadas em pesquisas.

___ 3. Tentei ler relatórios científicos, mas são muito técnicos e difíceis de entender.

Se respondeu "sim" a qualquer uma das afirmações acima, significa que você já enfrentou a explosão de informações na ciência. Vivemos em uma sociedade orientada por pesquisas. O número de estudos conduzidos na maioria das sociedades cresce a um ritmo estonteante.

Essa Aplicação Pessoal tem o objetivo de ajudá-lo a lidar com a explosão de informações na psicologia. Ela presume que virá um tempo em que você precisará examinar pesquisas psicológicas originais. Talvez isso aconteça em seu papel como estudante (fazendo um trabalho, por exemplo), ou em outro qualquer (pai, professor, enfermeiro, administrador), ou simplesmente por curiosidade. De qualquer modo, essa Aplicação explica a natureza dos periódicos técnicos e discute como encontrar e ler os artigos neles contidos.

A natureza dos periódicos técnicos

Como foi visto neste capítulo, um *periódico* é uma publicação que contém material técnico e acadêmico, em geral em uma determinada área de pesquisa. Os artigos em periódicos representam o cerne da atividade intelectual na disciplina acadêmica.

Em psicologia, a maioria desses artigos é composta por relatos que descrevem estudos originais empíricos. Esses relatos permitem que os pesquisadores comuniquem suas descobertas à comunidade científica. Outro tipo comum de artigo são as *revisões*, que resumem e reconciliam as descobertas de um grande número de estudos sobre uma questão específica. Alguns periódicos de psicologia também publicam comentários ou críticas de pesquisas, livros, análises de livros, tratados teóricos e descrições de inovações metodológicas previamente publicados.

Encontrando artigos em periódicos

Relatos de pesquisas em psicologia são comumente mencionados em jornais e na internet. Esses resumos podem ser úteis aos leitores, mas com frequência apresentam as conclusões mais sensacionalistas que podem ser extraídas das pesquisas. Eles também tendem a incluir muitas simplificações e erros factuais. Portanto, se um estudo mencionado na imprensa for de seu interesse, procure o artigo original para garantir que terá uma informação precisa.

A maioria das discussões sobre pesquisas na imprensa popular não menciona onde você pode encontrar o artigo técnico original. No entanto, há um meio de descobrir. Um banco de dados virtual chamado PsycINFO torna possível localizar artigos de periódicos por pesquisadores específicos e trabalhos acadêmicos de tópicos específicos. Esse extenso banco de dados on-line, que é atualizado constantemente, contém sumários (ou *resumos*) de artigos em periódicos, livros e capítulos de livros editados, relatando, revendo ou teorizando sobre a pesquisa em Psicologia. Mais de 2.500 periódicos são checados regularmente para selecionar itens para inclusão. Os resumos são concisos – cerca de 75 a 175 palavras. Eles descrevem brevemente as hipóteses, os métodos, resultados e conclusões dos estudos. Cada resumo permitirá que você determine se um artigo é relevante a seu interesse. Se for esse o caso, é provável que você possa encontrar o artigo em sua biblioteca (ou encomendá-lo), porque o site fornece uma referência bibliográfica completa. O banco de dados PsycINFO pode ser acessado on-line pela maioria das bibliotecas acadêmicas ou diretamente pela internet.

> **2.7 OBJETIVOS PRINCIPAIS DE APRENDIZAGEM**
> - Explicar a natureza dos jornais técnicos e descrever como utilizar o PsycINFO para procurar por literatura de pesquisa.
> - Descrever a organização padrão dos artigos do jornal sobre a pesquisa empírica.

Os diversos tipos de estudos de pesquisa realizados por psicólogos são publicados em periódicos especializados, como os mostrados aqui.

Embora as notícias sobre pesquisas raramente mencionem onde um estudo foi publicado, elas costumam citar o nome do pesquisador. Se você tiver essa informação, o meio mais fácil de encontrar um artigo específico é procurar no PsycINFO por materiais publicados pelo pesquisador em questão. Por exemplo, digamos que você leu um artigo de uma revista sobre o estudo que descobriu que os homens ficaram mais sexualmente atraídos pelas mulheres que usavam a cor vermelha, discutido anteriormente neste capítulo. Presumamos que a reportagem mencionasse o nome de Andrew Elliot como o principal autor e indicasse que o artigo foi publicado em 2008. Para encontrar o artigo original, você deve procurar por artigos em periódicos publicados por Andrew Elliot em 2008. Se você fizer essa pesquisa, obterá uma lista de sete artigos e encontrará o artigo relevante, intitulado *"Romantic red: Red enhances men's attraction to women"* (Elliot e Niesta, 2008). A **Figura 2.12** mostra o que você veria se clicasse no link para obter o Resumo e a Citação para esse artigo. Como você pode ver, o resumo mostra que o artigo original foi publicado na edição de novembro de 2008 do *Journal of Applied Psychology*. De posse dessa informação, você pode conseguir o artigo com facilidade.

É possível também acessar o PsychINFO para pesquisar literatura sobre tópicos específicos, como motivação de realização, comportamento agressivo, alcoolismo, distúrbios alimentares, ou habilidade artística. Essas buscas computadorizadas de literatura podem ser muito mais poderosas, precisas e completas que as tradicionais pesquisas manuais em bibliotecas. O PsycINFO pode filtrar a informação necessária entre milhões de artigos, em questão de segundos, para identificar *todos* os artigos referentes a um assunto, como, por exemplo, alcoolismo.

Obviamente, esse recurso é muito superior ao de procurar livros específicos entre as estantes de uma biblioteca. Além do mais, o computador permite fazer pares de tópicos para rapidamente limitar sua busca àquelas questões específicas que lhe interessam. Por exemplo, se você estivesse preparando um trabalho acadêmico sobre a questão de a maconha afetar a memória, você poderia rapidamente identificar todos os artigos sobre maconha *e* memória, uma precisão valiosa.

Lendo artigos de periódicos

Depois de encontrar os artigos em periódicos que deseja examinar, você precisa saber como decifrá-los. É possível processar a informação de tais artigos com mais eficiência se você entender como eles são organizados. Dependendo de suas necessidade e propósitos, talvez você precise apenas dar uma olhada rápida em algumas seções. Os artigos de periódicos seguem uma organização padronizada, que inclui as seguintes seções e características.

Resumo

A maioria dos periódicos apresenta um sumário ou resumo conciso no começo de cada artigo. Isso permite que os leitores façam uma busca rápida pelo periódico para decidir se os artigos são relevantes a seus interesses.

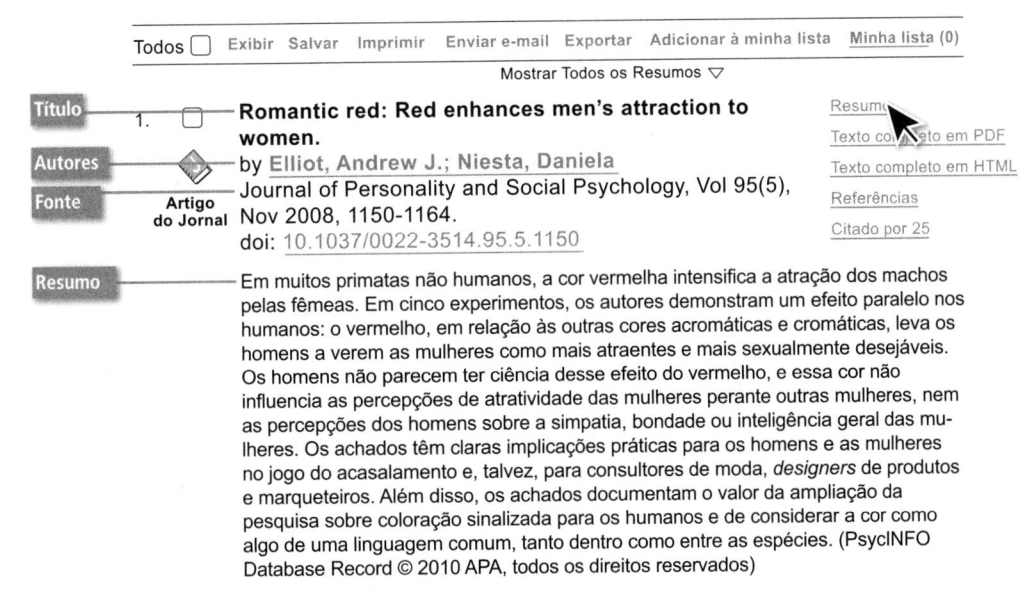

FIGURA 2.12 Exemplo de resumo* do PsycINFO.

São essas informações que você encontra ao clicar no link para ver o resumo do estudo de Elliot e Niesta (2008), que relata que a cor vermelha aumenta a atração dos homens pelas mulheres. É um típico resumo do banco de dados on-line PsycINFO. Cada resumo no PsycINFO fornece a síntese de determinado artigo de periódico, livro ou capítulo em um livro editado e informações bibliográficas completas.

Fonte: Amostra do registro reimpresso com permissão da American Psychological Association, editora do banco de dados PsycINFO®. Copyright © 1887–até hoje, American Psychological Association. Todos os direitos reservados. Para mais informações, entre em contato com psycinfo.apa.org.

---

* Caso o estudante brasileiro faça a busca, o resumo aparecerá em inglês. Aqui, a informação foi traduzida para facilitar. (N.E.)

Introdução

A introdução apresenta uma visão geral da questão estudada na pesquisa. Ela menciona teorias relevantes e revê rapidamente pesquisas anteriores que se relacionam à questão, em geral citando falhas em pesquisas anteriores que necessitam de estudo atual. Essa revisão sobre o estado de conhecimento do tópico, em geral, progride para uma afirmação específica e precisa relativa à hipótese em questão.

Método

A seção seguinte apresenta uma descrição completa dos métodos de pesquisa usados no estudo. São fornecidas informações sobre os participantes, os procedimentos seguidos e as técnicas de coleta de dados empregadas. Essa descrição é apresentada suficientemente detalhada para permitir que outro pesquisador possa reproduzir o estudo.

Resultados

Os dados obtidos no estudo são relatados na seção Resultados que, com frequência, cria problemas para leitores iniciantes porque inclui análises estatísticas complexas, números, tabelas e gráficos. Essa seção não inclui nenhuma inferência baseada em dados, pois tais conclusões aparecem na próxima seção. Em vez disso, ela apenas contém um resumo conciso dos dados puros e das análises estatísticas.

Discussão

Nesta seção, você encontrará as conclusões extraídas pelo autor. Em contraste com a seção Resultados, que é um resumo objetivo de observações empíricas, ela permite interpretações e avaliações dos dados. Implicações para teorias e conhecimento factual na disciplina são discutidos. As conclusões geralmente são qualificadas com cuidado, e quaisquer limitações no estudo podem ser reconhecidas. Esta seção também inclui sugestões para pesquisas futuras sobre o assunto.

Referências

No fim de cada artigo há uma lista de referências bibliográficas para os estudos citados. Essa lista permite que o leitor examine em primeira mão outros estudos relevantes ali mencionados. É uma rica fonte que leva a outros artigos pertinentes ao tópico que você está pesquisando.

2.8 APLICAÇÃO DO PENSAMENTO CRÍTICO
Os perigos da evidência circunstancial: "Eu tenho um amigo que..."

Aqui vai um problema difícil de resolver. Suponha que você seja um juiz da vara da família. Enquanto examina os casos que lhe serão apresentados hoje, observa que um casal que está se divorciando conseguiu resolver praticamente sem nenhum conflito quase todas as questões mais importantes. Eles decidiram quem vai ficar com a casa, o carro e o cachorro, e também a responsabilidade de cada um pelo pagamento das contas. No entanto, há uma questão crucial que não foi resolvida: tanto o pai quanto a mãe querem a custódia dos filhos, e como não conseguiram chegar a um acordo, o caso foi levado a juízo. Você precisará da sabedoria do lendário rei Salomão para tomar a decisão. Como poderá determinar o que será melhor para atender aos interesses das crianças?

As decisões sobre custódia de filhos têm consequências importantes para todas as partes envolvidas. Ao examinar os autos do processo, você nota que tanto o pai quanto a mãe são amorosos e competentes, portanto, não existe nenhuma razão óbvia para escolher um ou o outro como tutor principal. Considerando várias alternativas, você pondera a possibilidade de permitir a *guarda conjunta* – um arranjo no qual os filhos passam a metade do tempo com cada um dos pais, em vez da situação mais comum na qual um dos pais tem a guarda principal e o outro tem direito de visita. A guarda conjunta parece ter alguns benefícios óbvios, mas você não tem certeza de que esse arranjo realmente funcionará. Os filhos se sentirão mais apegados aos dois se a guarda for exercida de modo igual? Ou ficarão descontentes por se mudarem constantemente, talvez passando metade da semana na casa do pai e a outra metade na casa da mãe? Pais que já estão se hostilizando por causa da guarda dos filhos conseguirão fazer que esse arranjo complicado funcione? Ou a guarda conjunta é muito perturbadora para a vida de todos? Na verdade, você não sabe como responder a essas perguntas difíceis.

Uma das advogadas envolvidas no caso sabe que você está pensando na possibilidade da guarda conjunta. Ela também sabe que você quer mais informações sobre a eficácia desse tipo de arranjo antes de tomar a decisão. Para ajudá-lo a se decidir, ela lhe conta a história de um casal divorciado que tem a custódia conjunta dos filhos há anos e oferece trazê-los ao tribunal para descrever a experiência "em primeira mão". Tanto o casal quanto os filhos podem responder a quaisquer perguntas que você queira fazer em relação aos prós e contras da custódia conjunta. Eles se encontram na melhor posição para saber se esse tipo de custódia funciona bem porque a estão vivendo. Parece um plano sensato. O que você acha?

Tomara que sua resposta tenha sido: "Não, não, não!". O que há de errado em perguntar a alguém que está experienciando a custódia conjunta se ela funciona? O ponto crucial do problema é que a evidência trazida por uma família acerca da questão da custódia conjunta é uma **evidência circunstancial, que consiste em histórias pessoais a respeito de incidentes e experiências específicas.** A evidência circunstancial pode ser sedutora. Por exemplo, um estudo descobriu que dentro do curso de psicologia a maioria das escolhas de áreas de estudo feitas pelos alunos é mais influenciada por breves relatos de colegas a respeito das matérias do que por levantamentos estatísticos das avaliações dos alunos sobre tais matérias (Borgida e Nisbett, 1977). O poder dos relatos circunstanciais também ficou evidente em um estudo mais recente que explorou como persuadir as pessoas a assumir riscos em sua saúde (para infecção por hepatite B) de maneira mais séria. Os pesquisadores descobriram que os relatos circunstanciais tiveram um impacto mais persuasivo do que as evidências concretas e estatísticas sólidas (de Wit, Das e Vet, 2008). Os relatos circunstanciais prontamente envolvem as pessoas porque são concretos, vívidos e memoráveis. Muitos políticos são profundamente conscientes do

> **2.8 OBJETIVOS PRINCIPAIS DE APRENDIZAGEM**
> • Reconhecer evidências circunstanciais e compreender por que elas não são confiáveis.

Uma abundância de relatos circunstanciais sugere que há uma associação entre a lua cheia e o comportamento estranho e errático. Esses relatórios geralmente parecem convincentes, mas como o texto explica, as evidências circunstanciais são falhas de muitas maneiras. Quando os pesquisadores examinaram a questão sistematicamente, não chegaram a descobrir nenhuma associação entre as fases da lua e a incidência de emergências psiquiátricas, violência doméstica, suicídio e assim por diante (Biermann et al., 2005; Chudler, 2007; Dowling, 2005; Kung e Mrazek, 2005; Lilienfeld e Arkowitz, 2009; McLay, Daylo e Hammer, 2006).

poder desses relatos e com frequência contam mais com uma única história vivida do que com dados sólidos para influenciar a visão dos eleitores. Contudo, a evidência circunstancial é fundamentalmente imperfeita (Ruscio, 2002; Stanovich, 2004).

Façamos uso dos conceitos apresentados no capítulo para analisar as desvantagens desse tipo de evidência. Em primeiro lugar, usando a linguagem das pesquisas, as experiências circunstanciais de uma família se assemelham a um único *estudo de caso*. A história que elas relatam a respeito das experiências com a custódia conjunta pode ser muito interessante, mas essas experiências – boas ou ruins – não podem ser usadas para fazer generalizações a outros casais. Por que não? Porque elas se referem a apenas uma família e podem ser incomuns de alguma maneira que afete o modo como essa família lida com a custódia conjunta. Para tirar conclusões gerais com base na abordagem do estudo de caso, você precisará de uma sistemática série de estudos de caso. Desse modo, você pode procurar tópicos de consistência. Uma única família é uma amostra, mas não é ampla o suficiente para que dela se infiram princípios gerais que se apliquem a outras famílias.

Em segundo lugar, a evidência circunstancial é semelhante ao *dado de autorrelato*, que pode ser distorcido por uma variedade de razões, tais como a tendência das pessoas a dar informações socialmente aceitas sobre si mesmas (*o desejo de ser aceito socialmente*). Quando os pesquisadores usam testes e levantamentos para reunir dados de autorrelato, eles podem tomar medidas para reduzir ou avaliar o impacto das distorções em seus dados, mas não há nenhum recurso comparável ao lidar com as evidências circunstanciais. Assim, a família que aparece no tribunal pode estar ansiosa para causar uma boa impressão e, sem saber, contar sua história de acordo com essa expectativa.

Os relatos circunstanciais são muitas vezes imprecisos e repletos de enfeites. Veremos no Capítulo 7 que as memórias sobre experiências pessoais são bem menos precisas e confiáveis do que pensamos (Loftus, 2004; Schacter, 2001). E, embora não seja o caso na questão que estamos examinando, em outras situações, *a evidência circunstancial em geral consiste em histórias que as pessoas ouviram a respeito da experiência de outras pessoas*. A evidência com base no rumor não é aceita em tribunais por uma boa razão. À medida que as histórias passam de uma pessoa para outra, elas se tornam cada vez mais distorcidas e imprecisas.

Você pode pensar em outra razão para ser cauteloso com a evidência circunstancial? Depois de ler o capítulo, talvez você pense na possibilidade de *amostras tendenciosas*. Você acha que a advogada escolherá um casal aleatoriamente entre todos aqueles a quem foi concedida a guarda conjunta? Isso parece muito improvável. Contudo, se ela quer que você conceda a guarda conjunta, encontrará um casal para quem tal arranjo está funcionando muito bem; e se a advogada deseja que você conceda a guarda apenas para o/a cliente dela, encontrará um casal cuja inabilidade em fazer que a custódia conjunta funcione provocou graves consequências para os filhos. Uma razão pela qual as pessoas adoram trabalhar com evidência circunstancial é que ela é facilmente manipulada. É possível encontrar um relato ou dois para apoiar sua posição, independentemente do fato de eles serem ou não representativos das experiências da maioria das pessoas.

Se o testemunho de uma família não pode ser usado ao tomar essa séria decisão de conceder a custódia, que tipo de evidência você deve procurar? Um dos objetivos do pensamento crítico eficaz é fazer você tomar decisões baseadas em evidências sólidas. Esse processo é chamado *tomada de decisão baseada em evidência*. No caso que estamos analisando, você deve considerar as experiências gerais de uma grande amostragem de famílias que tentaram o arranjo da guarda conjunta. Em geral, entre tantas famílias diferentes, os filhos sujeitos a esse tipo de guarda apresentam um bom desenvolvimento? As crianças ou seus pais experimentaram uma taxa excepcionalmente alta de outros problemas emocionais ou outros sinais de estresse? Uma porcentagem mais alta das famílias voltou ao tribunal em outra data para mudar seus arranjos de guarda compartilhada em relação às famílias com os outros tipos de custódia? Você pode pensar em informações adicionais que gostaria de reunir acerca dos resultados de vários arranjos de guarda.

Ao examinar relatórios de pesquisa, muitas pessoas reconhecem a necessidade de avaliar a evidência procurando por tipos de falhas descritos no capítulo (amostras tendenciosas, tendência do pesquisador etc.). Curiosamente, no entanto, grande parte dessas mesmas pessoas deixa de aplicar os mesmos princípios da boa evidência a suas decisões pessoais na vida cotidiana. A tendência em confiar nas experiências circunstanciais de um pequeno número de pessoas é algumas vezes chamada *síndrome "eu tenho um amigo que..."*, pois não importa qual seja o assunto, aparece alguém com uma história pessoal a respeito de um amigo como evidência de seu ponto de vista particular. Em resumo, quando você ouvir uma pessoa apoiar suas afirmações em histórias pessoais, certa dose de ceticismo se faz necessária.

Tabela 2.2 Habilidades de pensamento crítico discutidas nesta aplicação

Habilidade	Descrição
Reconhecer as limitações da evidência circunstancial.	O pensador crítico é cauteloso quanto à evidência circunstancial, que consiste em usar histórias pessoais para apoiar afirmações. A evidência circunstancial tende a ser imprecisa, incerta e não representativa.
Usar a tomada de decisão com base em evidências.	O pensador crítico entende a necessidade de buscar evidências sólidas para guiar suas decisões na vida diária.

CAPÍTULO 2 – QUADRO DE CONCEITOS

ABORDAGEM CIENTÍFICA

Metas
- Mensuração e descrição
- Compreensão e previsão
- Aplicação e controle

Etapas da investigação
1. Formular uma hipótese que possa ser testada.
2. Selecionar o método e planejar o estudo.
3. Coletar os dados.
4. Analisar os dados e tirar conclusões.
5. Relatar os achados.

Vantagens
- (+) Clareza e precisão produzem melhor comunicação.
- (+) Intolerância ao erro produz dados mais confiáveis.

PESQUISA EXPERIMENTAL

Elementos

Variável independente (VI): Condição ou evento manipulado pelo investigador

Variável dependente (VD): Aspecto do comportamento que deve ser afetado pela variável independente

Grupo experimental: Participantes, ou sujeitos, que recebem tratamento especial

Grupo de controle: Sujeitos semelhantes que não recebem o tratamento dado ao grupo experimental

Variáveis intervenientes: Fatores além da VI que podem afetar a VD; por isso, eles precisam ser controlados

Variações
- É possível haver um grupo de participantes servindo como seu próprio grupo de controle
- É possível manipular mais de uma variável independente em um estudo

Vantagens e desvantagens
- (+) Permite conclusões sobre as relações de causa e efeito
- (−) Manipulações e controle geralmente tornam os experimentos artificiais
- (−) Realidades práticas e preocupações éticas tornam impossível a realização de experimentos sobre muitas questões

Hipótese: A ansiedade aumenta o desejo de afiliação

Participantes atribuídos aleatoriamente a grupos experimentais e de controle

Manipulação da variável independente
- Grupo experimental: "Os choques serão muito dolorosos" (alta ansiedade)
- Grupo de controle: "Os choques serão leves e indolores" (baixa ansiedade)

Mensuração da variável dependente: O grupo de alta ansiedade indicou um desejo maior de aguardar com os outros do que o grupo de baixa ansiedade

Conclusão: A ansiedade aumenta o desejo de afiliação

PESQUISA DESCRITIVA/CORRELACIONAL

Correlação: Existe quando duas variáveis estão relacionadas entre si

Tipos: Positiva (as variáveis mudam simultaneamente na mesma direção) ou negativa (as variáveis mudam simultaneamente na direção oposta)

Coeficiente de correlação: Índice numérico do grau de relação entre duas variáveis

Força: Quanto mais perto a correlação estiver de -1,00 ou +1,00, mais forte a relação

Previsão: Quanto mais forte a correlação, melhor a previsão

Causação: A correlação não é equivalente à causalidade

Exemplos de métodos correlacionais específicos

Observação naturalística: Observação minuciosa e sistemática, porém sem intervenção com os participantes

Estudo de caso: Investigação aprofundada de um único participante, normalmente envolvendo dados de muitas fontes

Levantamento: Questionários e entrevistas são utilizados para reunir informações sobre aspectos específicos do comportamento dos participantes

Vantagens e desvantagens
- (+) Amplia o escopo dos fenômenos que os psicólogos podem estudar (pode explorar questões que não podem ser examinadas com métodos experimentais)
- (−) Não pode demonstrar que duas variáveis estão causalmente relacionadas

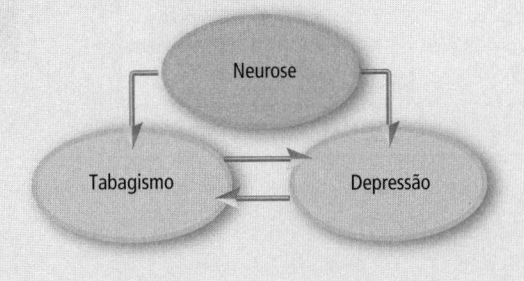

Neurose — Tabagismo — Depressão

TEMAS PRINCIPAIS

Empirismo | Subjetividade da experiência

FALHAS COMUNS NA PESQUISA

Amostra tendenciosa
É quando uma amostra não é representativa da população

Efeito placebo
Ocorre quando as expectativas dos participantes os levam a experimentar alguma mudança, mesmo que eles recebam um tratamento vazio ou falso

Distorções nos dados de autorrelatos
Resultado de problemas como desejo de aceitação social e efeitos halo, que acontecem quando os participantes fazem relatos verbais de seu comportamento

Tendenciosidade do pesquisador
Ocorre quando as expectativas ou preferências do pesquisador sobre o resultado do estudo influenciam os resultados obtidos

---

QUESTÕES ÉTICAS

Questão do artifício

P: Os pesquisadores devem ter permissão para enganar os participantes?

Sim
- Caso contrário, questões importantes não poderão ser investigadas.
- As evidências empíricas sugerem que o artifício não é prejudicial aos participantes.

Não
- O artifício é inerentemente imoral e pode minar a confiança dos participantes nos outros.
- Estudos com artifícios, em geral, geram estresse nos participantes.

População

Amostra representativa

Amostra não representativa

Questão da pesquisa com animais

P: Os pesquisadores devem ter permissão para sujeitar os animais a procedimentos nocivos e dolorosos?

Sim
- Caso contrário, questões importantes não poderão ser investigadas.
- Relativamente poucas pesquisas com animais envolvem dor ou dano.

Não
- Os animais devem receber os mesmos direitos que os humanos.
- Os estudos com animais muitas vezes são triviais ou podem não ser aplicados a humanos.

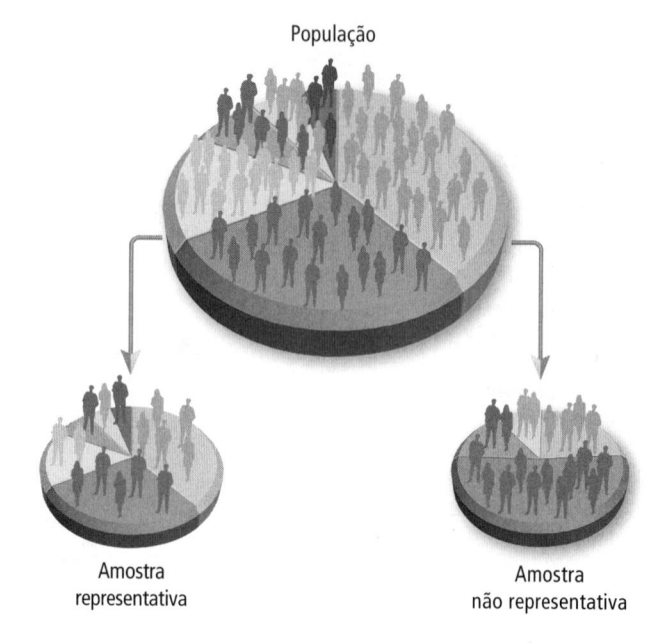

APLICAÇÕES

- A maioria das pesquisas originais em psicologia é publicada por meio de artigos de periódicos.
- PsycINFO é um banco de dados virtual que contém resumos de artigos de periódicos recém-publicados, livros e capítulos em livros editados.
- Os relatos circunstanciais tendem a influenciar as pessoas porque muitas vezes são concretos, vívidos e memoráveis.
- Embora as evidências circunstanciais sejam equivalentes a um único estudo de caso, não há recursos para reduzir as distorções nos dados de autorrelatos, e muitos relatos são relatórios imprecisos e de segunda mão.

Capítulo 3
As bases biológicas do comportamento

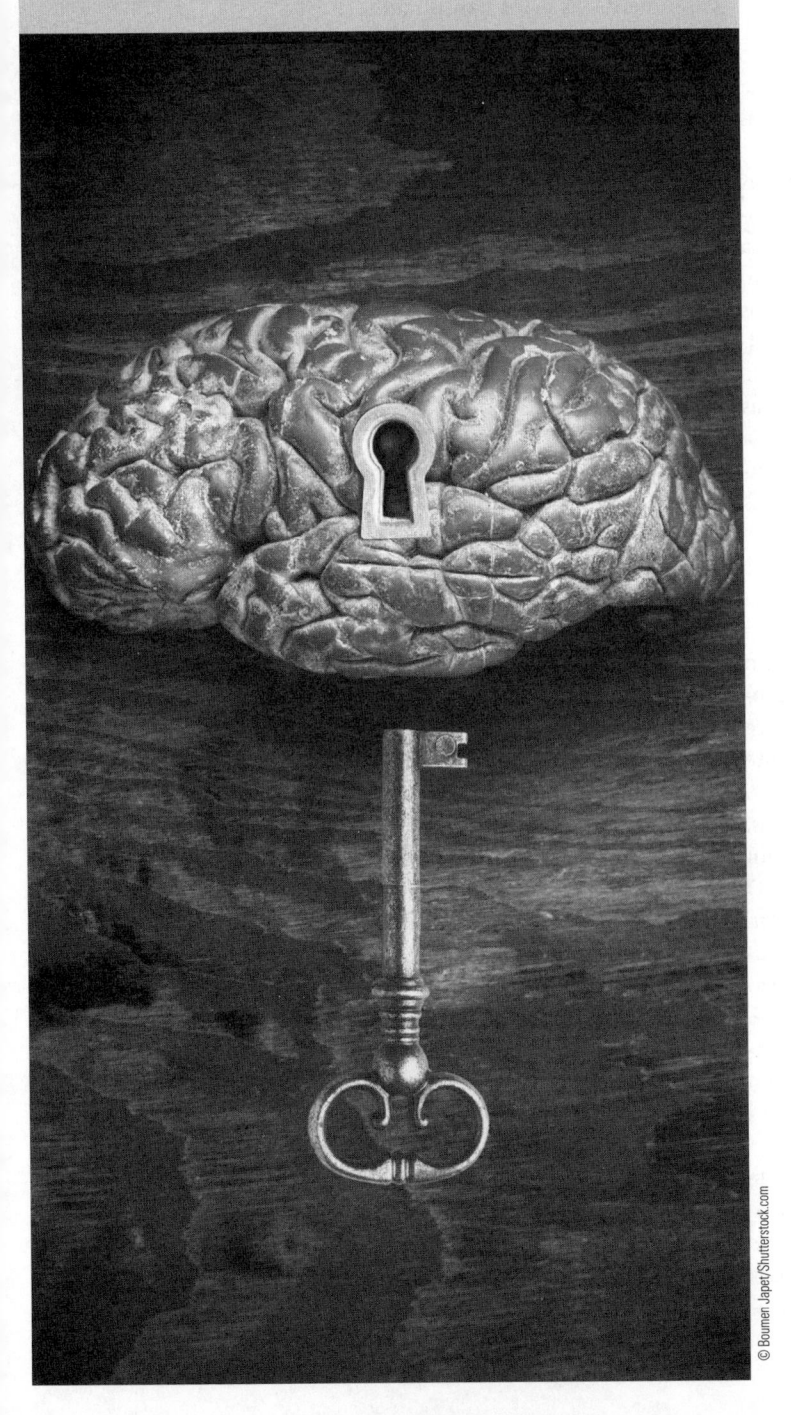

3.1 A COMUNICAÇÃO NO SISTEMA NERVOSO

3.2 ORGANIZAÇÃO DO SISTEMA NERVOSO

3.3 O CÉREBRO E O COMPORTAMENTO

3.4 HEMISFÉRIO DIREITO/HEMISFÉRIO ESQUERDO DO CÉREBRO: ESPECIALIZAÇÃO CEREBRAL

3.5 O SISTEMA ENDÓCRINO: OUTRA FORMA DE COMUNICAÇÃO

3.6 HEREDITARIEDADE E COMPORTAMENTO: ESTARIA TUDO NOS GENES?

3.7 AS BASES EVOLUCIONISTAS DO COMPORTAMENTO

3.8 REFLETINDO SOBRE OS TEMAS DO CAPÍTULO

3.9 APLICAÇÃO PESSOAL
Analisando o conceito de "duas mentes em uma"

3.10 APLICAÇÃO DO PENSAMENTO CRÍTICO
Desenvolvendo cérebros melhores: os perigos da extrapolação

Quadro de conceitos

Temas neste capítulo

Hereditariedade e meio ambiente

Causalidade multifatorial

Empirismo

Uma mulher comum de 30 anos de idade, mãe de três filhos, está andando pela rua de um bairro decadente perto das 22 horas, quando encontra um homem drogado que coloca uma faca em sua garganta e ameaça matá-la. Notavelmente, a mulher não mostra sinais de medo. Sua frequência cardíaca não acelera, sua respiração não muda, ela não fica nervosa. Sua resposta completamente calma e serena ao seu agressor o deixa tão irritado que ele a solta! Conheça a mulher que não sente medo.

A mulher dessa história, conhecida por suas iniciais, S. M., atraiu o interesse dos cientistas que ficaram intrigados pela aparente incapacidade de sentir medo. Em um estudo recente, criado para investigar a ausência de medo em S. M., os pesquisadores a expuseram a diversas situações que desencadeariam medo na maioria das pessoas (Feinstein et al., 2011). Por questões éticas, eles escolheram estímulos indutores de medo que representavam relativamente pouco risco de dano real. Por exemplo, eles a levaram a uma loja de animais de estimação exóticos onde mostraram cobras e aranhas a ela. Qual foi sua reação? Em vez de se assustar, S. M. ficou fascinada e pediu inúmeras vezes para tocar as cobras de grande porte e uma tarântula perigosa para manusear. Em seguida, os cientistas levaram S. M. a uma famosa casa mal-assombrada. Enquanto os outros visitantes gritavam de medo, S. M. ria e cutucava a cabeça dos monstros – mais uma vez, *assustando-os*. Pensando em uma alternativa, os pesquisadores mostraram a S. M. clipes de filmes de terror famosos, como *O chamado*. Ela gostou dos clipes, mas não sentiu medo. Por fim, os pesquisadores utilizaram uma variedade de métodos para determinar se S. M. vivencia outras emoções. Os resultados revelaram que ela exibe todas as outras emoções básicas – raiva, tristeza, desprezo, felicidade, surpresa –, assim como qualquer outra pessoa. Outros testes demonstraram que S. M. alcançou resultados razoáveis em medidas de inteligência, linguagem e memória.

Por que essa mulher não sente medo nenhum, porém vivencia as outras emoções? O que provoca esse déficit emocional tão bizarro e estranhamente específico? Acontece que, na infância, S. M. sofreu de uma doença extremamente rara que destruiu uma pequena estrutura chamada *amígdala*, localizada em ambas as metades do cérebro. Muitos estudos, especialmente com animais, sugeriram que a amígdala é um centro de controle crucial para a experiência do medo. O caso de S. M. fornece novas e convincentes evidências *humanas* de que a amígdala possui um papel exclusivo na regulação do medo. A propósito, se você está pensando que não sentir medo deve ser muito interessante, pense novamente. A pesquisa sobre S. M. mostrou que ela não consegue identificar de maneira nenhuma quando está em perigo, motivo pelo qual tem um longo histórico de se colocar em situações perigosas.

O caso incomum de S. M. é um exemplo extremo de que o funcionamento comportamental é, por fim, controlado pelo cérebro. O fato de que S. M. sente todas as outras emoções exceto o medo mostra bem quão precisas as bases biológicas do comportamento podem ser. O cérebro humano é tão complexo que nenhum computador nunca chegou remotamente perto de duplicá-lo. Seu sistema nervoso contém tantas células que integram e transmitem ativamente informações quantas são as estrelas em nossa galáxia. Seja quando você estiver coçando o nariz ou redigindo um ensaio, a atividade dessas células está por trás do que você faz. Não é surpresa, portanto, que muitos psicólogos tenham se dedicado a explorar as bases biológicas do comportamento.

3.1 A comunicação no sistema nervoso

> **3.1 Objetivos Principais de Aprendizagem**
> - Identificar as diversas partes do neurônio e as principais funções das células gliais.
> - Descrever o impulso neural e explicar como os neurônios comunicam-se em sinapses químicas.
> - Discutir algumas das funções da acetilcolina, dos neurotransmissores monoamina, do GABA e das endorfinas.

Imagine-se assistindo a um filme de terror. Quando a tensão aumenta, as mãos transpiram e seu coração bate mais rápido. Você começa a encher a boca de pipoca deixando algumas caírem no seu colo. Se alguém lhe perguntasse o que está fazendo nesse momento, provavelmente diria: "Nada, só assistindo a um filme". Ainda assim, alguns processos altamente complicados estão ocorrendo sem que você se dê conta deles. Um estímulo (a luz da projeção) está atingindo seu olho. Quase instantaneamente, seu cérebro interpreta o estímulo da luz, e sinais são enviados a diferentes partes do corpo, levando a uma agitação geral. Suas glândulas sudoríparas liberam suor, seus batimentos cardíacos aceleram e movimentos musculares capacitam sua mão a encontrar a pipoca e, mais ou menos precisamente, levá-la até a boca.

Até mesmo nesse simples exemplo pode-se ver que o comportamento depende do rápido processamento de informações. A informação viaja imediatamente do olho ao cérebro, do cérebro aos músculos de seu braço e mão e de volta ao cérebro. Basicamente, seu sistema nervoso é uma rede complexa de comunicação na qual sinais estão sendo constantemente recebidos, integrados e transmitidos. O sistema nervoso trata a informação como o sistema circulatório trata o sangue. Nesta seção, analisaremos a comunicação no sistema nervoso.

O tecido nervoso: a ferramenta básica

Seu sistema nervoso é um tecido vivo composto por células, como o resto do seu corpo. As células do sistema nervoso podem ser agrupadas em duas categorias principais: *glia* e *neurônios*. Examinemos os neurônios em primeiro lugar.

Neurônios

Neurônios são células individuais do sistema nervoso que recebem, integram e transmitem informação. São elos básicos que permitem a comunicação dentro do sistema nervoso. A grande maioria deles comunica-se apenas com outros neurônios. Entretanto, uma pequena minoria recebe sinais de fora do sistema nervoso (por meio dos órgãos sensoriais)

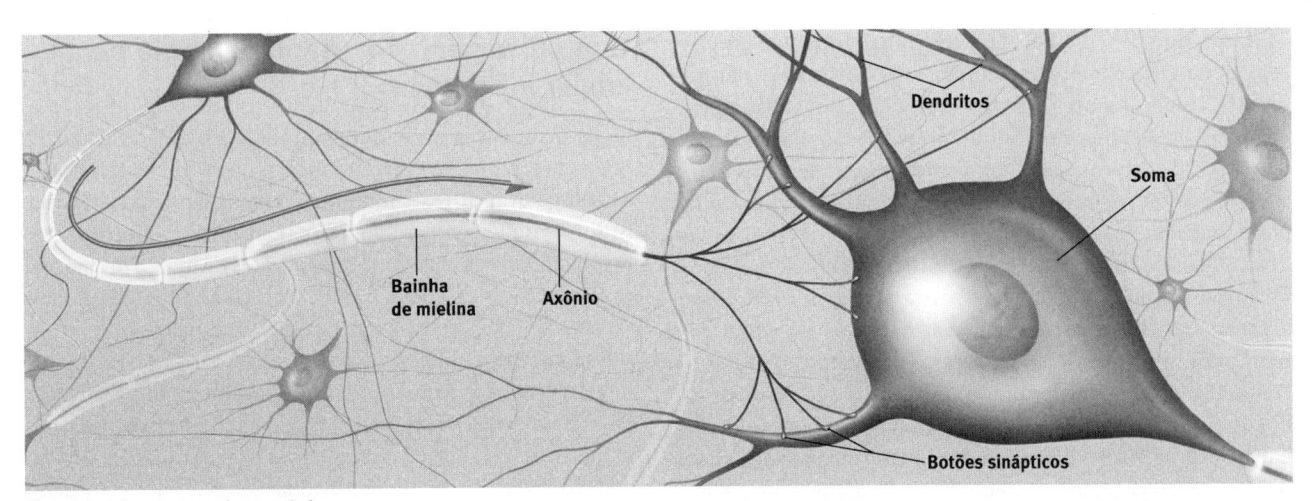

Figura 3.1 A estrutura do neurônio.

Os neurônios são os elos da comunicação no sistema nervoso. Essa imagem ilustra as partes principais de um neurônio, inclusive as áreas receptoras especializadas (dendritos), o corpo celular (soma), axônio, ao longo do qual os impulsos são transmitidos, e as junções terminais por meio das quais mensageiros químicos liberam sinais a outros neurônios (sinapse). Os neurônios variam consideravelmente em dimensão e formato e são, em geral, densamente interconectados.

ou transmite mensagens do sistema nervoso aos músculos, o que torna possível o movimento corporal.

Uma ilustração muito simplificada de dois neurônios "típicos" é apresentada na **Figura 3.1**. O corpo celular, também conhecido como *soma* ou célula-corpo, contém o núcleo da célula e muito do maquinário químico comum a muitas células (*soma*, em grego, significa "corpo"). As demais partes do neurônio dedicam-se a tratar a informação. Os neurônios da **Figura 3.1** apresentam estruturas ramificadas semelhantes a antenas chamadas *árvore dendrítica* (*dendrite* é a palavra grega para "árvore"). Cada um dos galhos é um *dendrito*. **Dendritos são as partes de um neurônio especializadas em receber informação.** A maioria dos neurônios recebe informação de muitas outras células – às vezes, milhares delas –, e por isso possui árvores dendríticas extensas.

A informação flui dos muitos dendritos para o corpo celular e então se desloca pelo *axônio* (do grego *axle* = "eixo"). **O *axônio* é uma fibra longa e fina que transmite sinais do corpo celular a outros neurônios, a músculos ou glândulas.** Eles podem ser bastante longos (às vezes, possuem muitos centímetros de comprimento) e se ramificar para se comunicar com inúmeras outras células.

Nos seres humanos, os axônios estão envoltos em células com uma grande concentração de uma substância branca gordurosa denominada ***bainha de mielina*, um material isolante derivado das células gliais que envolve alguns axônios.** A bainha de mielina envolve funções de acondicionamento para agilizar a transmissão de sinais que se movimentam nos axônios (Zorumski, Isenberg e Mennerick, 2009). Ao prevenir que os axônios brotem em novas direções, a mielina também estabiliza a estrutura do axônio e os padrões de conectividade nas redes neurais (Fields, 2014). Se determinadas bainhas de mielina de axônios se deteriorarem, os sinais podem não ser transmitidos efetivamente. A perda de controle muscular conhecida como *esclerose múltipla* parece advir da degeneração das bainhas de mielina (Joffe, 2009). Dito isso, nem todos os axônios são mielinizados, e dentre os que são, as bainhas de mielina podem ser distribuídas de diversas maneiras. Em alguns axônios, os segmentos que possuem bainhas de mielina podem ser intercalados com segmentos longos que não são mielinizados (Tomassy et al., 2014).

O axônio termina em um aglomerado de ***botões sinápticos*, pequenas protuberâncias que secretam substâncias químicas chamadas neurotransmissores.** Essas substâncias químicas servem como mensageiros que ativam os neurônios vizinhos. Os pontos em que os neurônios se interconectam são conhecidos como *sinapses*. **Uma *sinapse* é a junção por onde a informação é transmitida de um neurônio a outro** (*sinapse* é a palavra grega para "junção"). Para resumir, a informação é recebida nos dendritos, depois passada por meio do soma e ao longo dos axônios e, por fim, é transmitida aos dendritos de outras células nos pontos de encontro denominados sinapses.

Glia

***Glia* são células encontradas por todo o sistema nervoso que fornecem vários tipos de apoio para os neurônios.** A glia (literalmente, "cola") tende a ser bem menor que os neurônios. Já se pensou que elas excedem os neurônios em 10 para 1, mas pesquisas recentes sugerem que o cérebro humano consiste em números aproximadamente iguais de neurônios e células gliais (Azevedo et al., 2009). As células gliais têm muitas funções. Por exemplo, elas nutrem os neurônios, ajudam a remover os resíduos dos neurônios e promovem o isolamento ao redor dos diversos axônios. As bainhas de mielina que envolvem alguns axônios são derivadas de tipos especiais de células gliais. A glia também desempenha uma função complexa no desenvolvimento do sistema nervoso no embrião humano.

Essas funções, conhecidas há muitos anos, fazem das células da glia os heróis desconhecidos do sistema nervoso. Até recentemente, acreditava-se que o trabalho "glamoroso" no sistema nervoso – a transmissão e integração dos sinais de informação – era território exclusivo dos neurônios. Novas pesquisas, no entanto, sugerem que a glia pode também enviar e receber sinais químicos (Deitmer e Rose, 2010; Fields, 2011). Alguns tipos de glia podem detectar impulsos neurais e enviar sinais a outras células gliais, algumas das quais podem devolver os sinais de volta aos neurônios. Surpreendidos com essa descoberta, os neurocientistas estão agora tentando descobrir como esse sistema de sinais se conecta ao sistema de comunicação neural. Um ponto de vista é que as glias *modulam* a sinalização dos neurônios, amortecendo ou amplificando a atividade sináptica (Halassa e Haydon, 2010). Outro ponto de vista é que o principal papel das células gliais é evitar que as sinapses "interrompam" a atividade neuronal circundante, melhorando assim a relação sinal-ruído no sistema nervoso (Nedergaard e Verkhratsky, 2012). Essas duas perspectivas não são necessariamente incompatíveis, e muito ainda precisa ser estudado.

Uma pesquisa recente sugerindo que as células gliais podem desempenhar um papel em uma variedade de transtornos importantes destaca sua relevância. Por exemplo, alguns estudos indicam que disfunções nas células gliais podem contribuir para o comprometimento cognitivo manifestado em transtornos esquizofrênicos (Mitterauer, 2011) e em algumas formas de transtornos depressivos (Jellinger, 2013). Outra pesquisa levantou a possibilidade de que uma deterioração gradual do tecido glial pode contribuir com o mal de Alzheimer (Olabarria et al., 2010). As células gliais também foram consideradas como um fator-chave na experiência da dor crônica (Ji, Berta e Nedergaard, 2013).

Embora a glia possa contribuir para o processamento de informações no sistema nervoso, a maior parte desse trabalho crucial é realizada pelos neurônios. Portanto, precisamos examinar em mais detalhes o processo da atividade neural.

CHECAGEM DA REALIDADE

Ideia equivocada

Os neurônios são responsáveis por todas as informações processadas no sistema nervoso.

Realidade

Até pouco tempo, *pensava-se* que a transmissão e a integração de sinais informativos eram função exclusiva dos neurônios. No entanto, uma pesquisa mais recente demonstrou que as células gliais também desempenham um papel importante no processamento de informações.

O impulso nervoso: usando energia para enviar informação

O que acontece quando um neurônio é estimulado? Qual é a natureza do sinal – o *impulso nervoso* – que se movimenta através do neurônio? Essas foram perguntas que Alan Hodgkin e Andrew Huxley procuraram responder em seus experimentos revolucionários com axônios removidos de lulas. Por que eles decidiram usar axônios de lulas? Porque as lulas têm um par de axônios gigantescos, cerca de cem vezes maiores que os dos seres humanos (e mesmo assim não são mais espessos do que um fio de cabelo humano). Essa espessura permitiu a Hodgkin e Huxley inserirem finos fios chamados *microeletrodos* nos axônios. Com o uso de microeletrodos, registraram a atividade elétrica em neurônios individuais e revelaram o mistério do impulso nervoso.

O neurônio em descanso: uma pequenina pilha

Hodgkin e Huxley (1952) sabiam que o impulso nervoso é uma reação eletroquímica complexa. Tanto fora quanto dentro dos neurônios há fluidos que contêm átomos carregados de eletricidade e moléculas chamadas *íons*. Íons de sódio e potássio carregados positivamente e íons de cloreto carregados negativamente fluem para fora e para dentro através da membrana celular, mas eles não se revezam na mesma

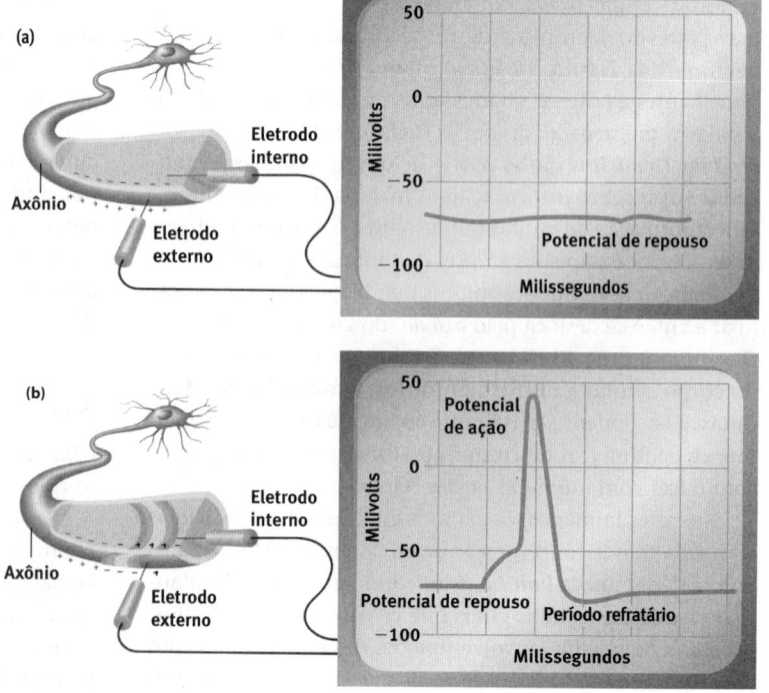

Figura 3.2 O impulso nervoso.

As propriedades eletroquímicas do neurônio permitem que ele transmita sinais. Sua carga elétrica pode ser medida com um par de eletrodos conectados a um osciloscópio, como Hodgkin e Huxley mostraram com um axônio de lula. Por causa de seus axônios excepcionalmente espessos, a lula tem sido usada por cientistas no estudo do impulso nervoso. (a) Em repouso, a voltagem dos neurônios fica em torno de –70 milivolts. (b) Quando o axônio é estimulado, ocorre um breve salto na voltagem do neurônio, resultando em um pico no osciloscópio que registra a atividade elétrica do neurônio. Essa mudança em voltagem, chamada potencial de ação, viaja ao longo do axônio como uma faísca em uma trilha de pólvora.

velocidade. Essa diferença na velocidade cria uma concentração mais alta de íons negativos dentro da célula. A voltagem resultante significa que o neurônio em descanso é uma pequenina pilha, uma reserva potencial de energia. O *potencial de repouso* **de um neurônio é sua carga negativa e estável quando a célula está inativa.** Como mostrado na **Figura 3.2(a)**, essa carga é de cerca de –70 milivolts, aproximadamente 1/20 da voltagem de uma pilha de lanterna.

O potencial de ação

Desde que a voltagem de um neurônio permaneça constante, a célula é silenciosa, e não há mensagens sendo enviadas. Quando o neurônio é estimulado, abrem-se canais na sua membrana celular, permitindo que, por um breve espaço de tempo, íons positivos de sódio penetrem. Por um instante, a carga do neurônio é menos negativa e se torna gradualmente positiva, criando um potencial de ação (McCormick, 2008). **Um** *potencial de ação* **é uma mudança muito breve na carga elétrica de um neurônio que viaja ao longo de um axônio.** A descarga de um potencial de ação reflete-se no pico de voltagem mostrado na **Figura 3.2(b)**. Como uma faísca correndo em uma trilha de pólvora, a mudança de voltagem desce pelo axônio.

Depois da descarga de um potencial de ação, os canais na membrana celular que se abriram para deixar entrar o sódio, agora, se fecham. É preciso algum tempo até que eles estejam prontos para reabrir, e até lá o neurônio não consegue descarregar novamente. O *período refratário absoluto* **é o espaço de tempo mínimo depois de um potencial de ação, durante o qual outro potencial de ação não pode começar.** Esse "tempo de repouso" não é muito longo, tem apenas 1 ou 2 milissegundos.

A lei do tudo ou nada

O impulso nervoso é uma proposição do tipo tudo ou nada, como o disparar de uma arma. Não é possível disparar um meio tiro. O mesmo é verdade sobre o neurônio que descarrega um potencial de ação. Ou os neurônios disparam ou não, e seus potenciais de ação são todos do mesmo tamanho (Kandel, Barres e Hudspeth, 2013). Ou seja, estímulos mais fracos não produzem potenciais de ação menores, e estímulos mais fortes não provocam potenciais de ação maiores.

Mesmo se o potencial de ação for um evento do tipo tudo ou nada, os neurônios *podem* transmitir informação a respeito da força de um estímulo. Eles conseguem fazer isso ao variar a *velocidade* com que disparam potenciais de ação. Em geral, um estímulo mais forte fará que a célula dispare uma rajada mais rápida de impulsos nervosos do que um estímulo mais fraco.

Por exemplo, um feixe de luz pode desencadear 5 potenciais de ação por segundo em uma célula visual, ao passo que luzes mais brilhantes podem desencadear 100 ou 200 impulsos por segundo (Burkhardt, 2010).

A sinapse: onde os neurônios se encontram

No sistema nervoso, o impulso nervoso funciona como um sinal, o qual, para que tenha qualquer significado para o sistema como um todo, deve ser transmitido do neurônio para outras células. Como afirmamos anteriormente, essa transmissão acontece em junções especiais chamadas *sinapses*, que dependem dos mensageiros *químicos*.

Enviando sinais: substâncias químicas como intermediárias

Uma sinapse "típica" está ilustrada na **Figura 3.3**. O que se nota primeiro é que os dois neurônios na realidade não se tocam. Eles são separados pela *fenda sináptica*, **um espaço microscópico entre os botões sinápticos de um neurônio e a membrana celular de outro neurônio.** Os sinais têm de saltar essa distância para que os neurônios possam se comunicar. Nessa situação, o *neurônio* que envia um sinal pela da fenda é chamado *pré-sináptico*, e o que recebe o sinal, *pós-sináptico*.

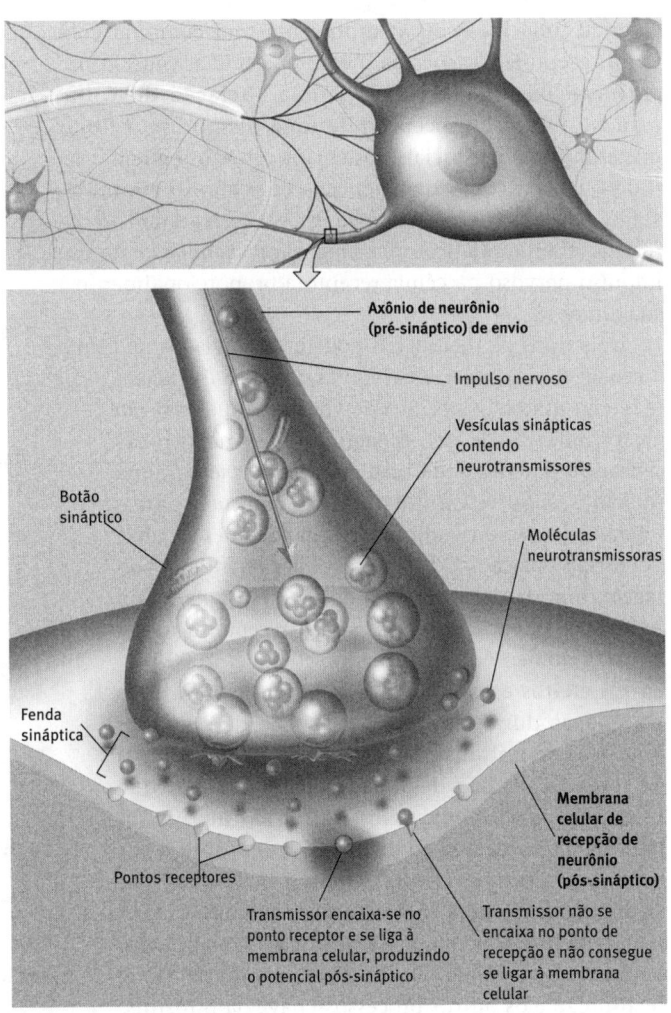

Figura 3.3 A sinapse.

Quando um impulso nervoso alcança os botões sinápticos de um axônio, ele inicia a descarga de mensageiros químicos chamados neurotransmissores, cujas moléculas se difundem por meio da fenda sináptica e se ligam a pontos receptores no neurônio pós-sináptico. Um transmissor específico pode se ligar apenas ao ponto receptor em que sua estrutura molecular se encaixe, como uma chave deve se encaixar em uma fechadura.

Como as mensagens viajam através das lacunas entre os neurônios? Como mencionado anteriormente, a chegada de um potencial de ação aos botões sinápticos de um axônio libera *neurotransmissores* – **substâncias químicas que transmitem informação de um neurônio para outro**. Dentro dos botões sinápticos, a maioria dessas substâncias químicas é armazenada em pequenos sacos denominados *vesículas sinápticas*. Os neurotransmissores são liberados quando uma vesícula se funde com a membrana da célula pré-sináptica e seu conteúdo é derramado para dentro da fenda sináptica (Schwarz, 2008). Depois da sua liberação, os neurotransmissores disseminam-se, por meio da fenda sináptica, na membrana da célula receptora. Lá, eles podem se juntar a moléculas especiais na membrana celular pós-sináptica em vários *pontos de recepção*. Esses locais estão especificamente "sintonizados" para reconhecer e responder a alguns neurotransmissores, mas não a outros (Siegelbaum e Kandel, 2013).

Recebendo sinais: potenciais pós-sinápticos

Quando uma molécula neurotransmissora combina com outra receptora, reações na membrana celular causam um *potencial pós-sináptico (PPS)*, **uma alteração de voltagem no ponto de recepção de uma membrana celular pós-sináptica**. Potenciais pós-sinápticos não seguem a lei tudo ou nada como os potenciais de ação. Ao contrário, sinais pós-sinápticos são *graduais*, isto é, variam em tamanho e aumentam ou diminuem a *probabilidade* de um impulso nervoso na célula receptora proporcionalmente à sua dimensão.

Dois tipos de mensagens podem ser enviados de célula a célula: estimulantes e inibidoras. Um *PPS estimulante* é uma mudança positiva de voltagem que *aumenta* a probabilidade de que o neurônio pós-sináptico desencadeie potenciais de ação. Um *PPS inibidor* é uma mudança negativa de voltagem que *diminui* a probabilidade de que o neurônio pós-sináptico desencadeie potenciais de ação. A direção do deslocamento de voltagem, e portanto a natureza do PPS (estimulante ou inibidor), depende de quais pontos receptores forem ativados no neurônio pós-sináptico (Kandel, 2000).

Os efeitos estimulantes e inibidores produzidos na sinapse duram apenas uma fração de segundo. Então, os neurotransmissores afastam-se dos pontos de recepção ou são desativados pelas enzimas que os metabolizam (convertem) em formas inativas. A maioria é reintegrada ao neurônio pré-sináptico por meio de *reabsorção* (*reuptake*), **um processo em que neurotransmissores são sugados da fenda sináptica pela membrana pré-sináptica**. A reabsorção permite que as sinapses reciclem seus materiais. A reabsorção e os outros processos-chave da transmissão sináptica estão resumidos na **Figura 3.4**.

Integrando sinais: um ato de equilíbrio

A maioria dos neurônios é interligada em redes complexas e densas. Na verdade, um neurônio pode receber uma sinfonia de sinais de *milhares* de outros neurônios. Do mesmo modo, esse mesmo neurônio pode passar suas mensagens para milhares de outros neurônios. Assim, um neurônio deve fazer muito mais do que apenas retransmitir as mensagens que recebe. Ele deve *integrar* os sinais estimulantes e inibidores que chegam às muitas sinapses antes de "decidir" se desencadeia um impulso neural.

A maioria dos neurônios está interligada em cadeias, caminhos, redes e circuitos complexos. Nossas percepções, pensamentos e ações dependem de *padrões* de atividade neural em redes neurais elaboradas e amplamente distribuídas (Van den Heuvel e Sporns, 2013). Essas redes consistem em neurônios interconectados que frequentemente disparam simultaneamente ou em sequência para realizar certas funções. Os elos nessas redes neurais são fluidos, pois novas conexões sinápticas podem ser feitas enquanto conexões mais antigas desaparecem. Além disso, muitos aspectos do comportamento parecem depender das interações dinâmicas entre essas redes complexas (Turk-Browne, 2013).

Ironicamente, a *eliminação das sinapses antigas* parece desempenhar um papel maior na modelagem de redes neurais do que a *criação de novas sinapses*. Em geral, o sistema nervoso forma mais sinapses que o necessário e depois elimina, aos poucos, aquelas menos ativas. Por exemplo, o número de sinapses no córtex visual humano chega ao máximo por volta de 1 ano e depois diminui (Huttenlocher, 1994). Essa eliminação de sinapses antigas ou menos ativas é chamada de *poda sináptica*. Parece ser um processo-chave na formação das redes neurais fundamentais à comunicação no sistema nervoso (Sanes e Jessell, 2013).

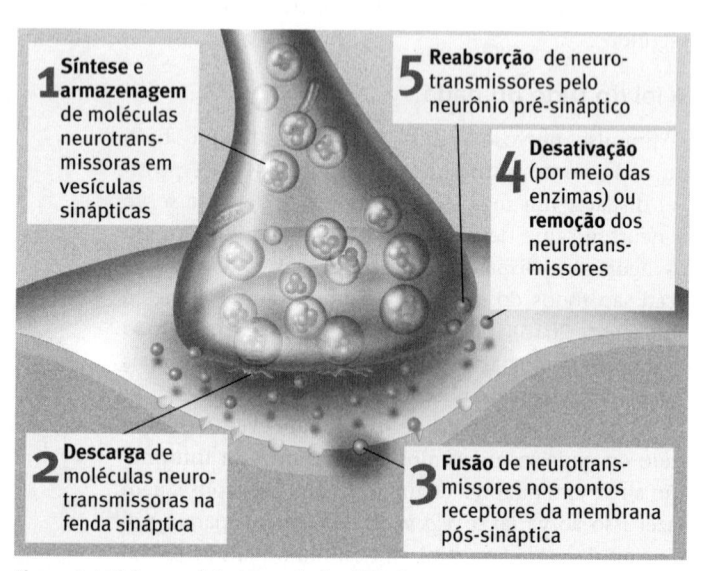

Figura 3.4 Visão geral da transmissão sináptica.

Os principais processos da transmissão sináptica estão resumidos aqui. Os cinco processos principais envolvidos na comunicação das sinapses são: (1) síntese e armazenagem, (2) descarga, (3) fusão, (4) desativação e (5) reabsorção dos neurotransmissores. Como veremos neste capítulo e no restante do livro, os efeitos de muitos fenômenos – tais como a dor, o uso de drogas e algumas doenças – podem ser explicados pela forma como alteram um ou mais desses processos (geralmente nas sinapses, descarregando um neurotransmissor específico).

Neurotransmissores e o comportamento

Já vimos que o sistema nervoso depende de mensageiros químicos para comunicar informação entre neurônios. Esses *neurotransmissores* são fundamentais para o nosso comportamento, desempenhando uma função importante em tudo, desde nossos movimentos musculares até nosso humor e saúde mental.

Alguns neurotransmissores funcionam em determinados tipos de sinapse. Você deve se lembrar de que substâncias transmissoras enviam suas mensagens por meio da fusão nos pontos receptores da membrana pós-sináptica. Entretanto, um transmissor não consegue se fundir a qualquer ponto receptor. O processo de fusão ocorre de modo semelhante ao de uma chave e sua fechadura, como vimos na **Figura 3.3**. Assim como a chave tem de se ajustar à fechadura, um transmissor precisa se ajustar ao ponto receptor para que a fusão ocorra. Por conseguinte, transmissores específicos podem enviar sinais apenas para certas localizações nas membranas celulares.

Um grande número de substâncias químicas serve como neurotransmissores (Schwartz e Javitch, 2013). Por que existem tantos neurotransmissores diferentes, cada um trabalhando apenas em determinadas sinapses? A variedade e especificidade reduzem as interferências entre neurônios agrupados densamente, tornando a comunicação do sistema nervoso mais precisa (Deustch e Roth, 2008). Examinemos algumas das mais interessantes descobertas a respeito do modo como os neurotransmissores regulam o comportamento. Elas estão resumidas na **Tabela 3.1**.

Acetilcolina

A descoberta de que as células se comunicam por meio de liberação química foi inicialmente feita com o transmissor *acetilcolina* (ACh), encontrado em todo o sistema nervoso. É o único transmissor entre neurônios motores e músculos voluntários. Cada movimento que se faça – andando, conversando, respirando – depende da liberação de ACh nos músculos (Kandel e Siegelbaum, 2013), que também parece contribuir para os processos da atenção, do despertar e da memória. Um suprimento inadequado de ACh em certas áreas do cérebro está associado a perdas de memória observadas no mal de Alzheimer (Mesulam, 2013). Embora a depleção de ACh *não* pareça ser um fator causal crucial subjacente ao mal de Alzheimer, os tratamentos medicamentosos atualmente disponíveis, que podem produzir ligeiras melhorias no funcionamento cognitivo, funcionam ao amplificar a atividade da ACh (Weiner, 2014).

Monoaminas

As *monoaminas* incluem três neurotransmissores: dopamina (DA), noradrenalina (NA) e serotonina. Neurônios que usam esses transmissores regulam muitos aspectos do comportamento cotidiano. A dopamina (DA), por exemplo, é usada pelos neurônios que controlam os movimentos voluntários. Sua degeneração aparentemente causa o *mal de Parkinson*, uma doença neurológica marcada por tremores, rigidez muscular e controle reduzido dos movimentos voluntários (Marsh e Margolis, 2009).

Tabela 3.1 Neurotransmissores comuns e algumas de suas relações com o comportamento

Neurotransmissor	Características e relações com o comportamento	Transtornos associados à desregulação
Acetilcolina (ACh)	É liberada por neurônios motores que controlam os músculos do esqueleto Contribui para regular atenção, estimulação e memória Alguns receptores de ACh são estimulados pela nicotina	Mal de Alzheimer
Dopamina (DA)	Contribui para o controle de movimentos voluntários Cocaína e anfetaminas elevam a atividade de sinapses DA Os circuitos dopaminérgicos no feixe medial do prosencéfalo caracterizados como "caminho da recompensa"	Mal de Parkinson Transtornos esquizofrênicos Transtornos aditivos
Noradrenalina (NA)	Contribui para a modulação do humor e da estimulação Cocaína e anfetaminas elevam a atividade nas sinapses de NA	Transtornos depressivos
Serotonina	Relaciona-se à regulação do sono e da vigília, do ato de comer e da agressividade Prozac e antidepressivos similares atuam nos circuitos da serotonina	Transtornos depressivos Transtornos obsessivo-compulsivos Distúrbios alimentares
GABA	Serve como um transmissor inibitório amplamente distribuído, contribuindo com a regulação da ansiedade e do sono/excitação Valium e fármacos antiansiolíticos semelhantes funcionam nas sinapses do GABA	Transtornos de ansiedade
Endorfinas	São semelhantes aos opiáceos em estrutura e efeitos Desempenham um papel no alívio da dor e na resposta ao estresse Contribuem para a regulação do comportamento alimentar	

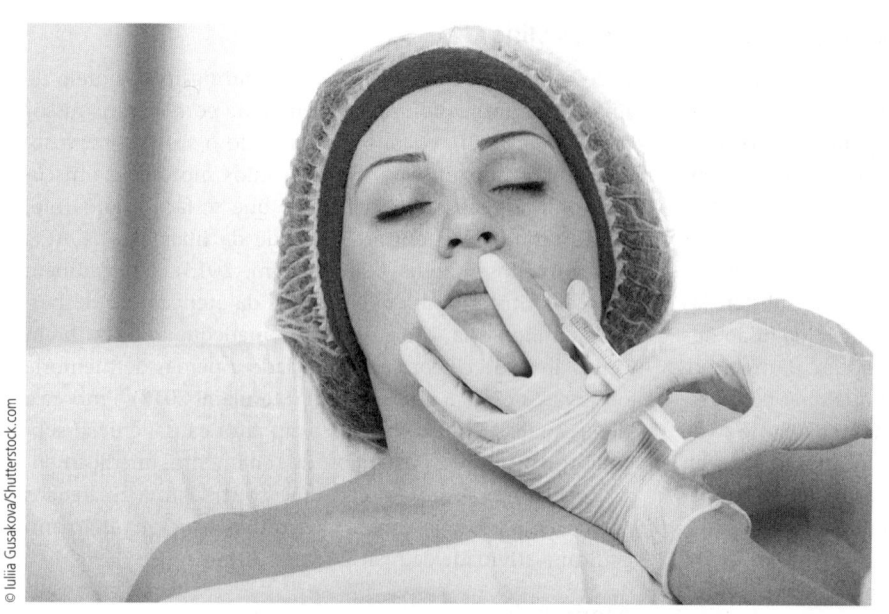

Os tratamentos cosméticos com botox reduzem temporariamente as rugas ao bloquear os receptores de ACh nas sinapses entre os neurônios motores e os músculos voluntários (na proximidade da injeção). Essa ação basicamente paralisa os músculos para evitar que as rugas se formem. Contudo, os efeitos cosméticos duram apenas de 3 a 5 meses, porque as sinapses se adaptam e novos receptores de ACh são gradualmente gerados.

A serotonina parece ser um dos vários neurotransmissores que contribuem com a regulação do sono e da excitação (McGinty e Szymusiak, 2011). Evidências consideráveis sugerem que os circuitos neurais que usam a serotonina regulam o comportamento agressivo nos animais (Bernhardt, 1997); e evidências preliminares relacionam a atividade da serotonina ao comportamento agressivo e impulsivo nos seres humanos (Duke et al., 2013; Wallner e Machatschke, 2009).

Níveis anormais de monoamina no cérebro foram relacionados ao desenvolvimento de certos distúrbios psicológicos. Por exemplo, pessoas que sofrem de depressão parecem ter níveis mais baixos de ativação de sinapses de noradrenalina (NA) e serotonina. Embora inúmeras outras alterações bioquímicas também possam contribuir para a depressão, anormalidades nas sinapses de NA e serotonina parecem desempenhar papel importante, pois a maioria das drogas antidepressivas exerce seus principais efeitos nessas sinapses (Thase, 2009). As anormalidades nos circuitos serotoninérgicos também foram apontadas como um fator nos transtornos alimentares, como a anorexia (Haleem, 2012), e nos transtornos obsessivo-compulsivos (Hollander e Simeon, 2008).

De forma semelhante, a hipótese dopaminérgica afirma que disfunções na atividade da sinapse da dopamina desempenham um importante papel no desenvolvimento da *esquizofrenia*. Esse grave transtorno mental é marcado por pensamento irracional, alucinações, perda de contato com a realidade e deterioração do comportamento de adaptação à rotina. Atingindo cerca de 1% da população, a esquizofrenia requer hospitalização mais frequentemente do que qualquer outro distúrbio psicológico (veja Capítulo 14). Estudos sugerem, embora com muitas ressalvas, que a superatividade nas sinapses de DA é a base neuroquímica para a esquizofrenia (Lau et al., 2013). Por quê? Inicialmente, porque se sabe que algumas drogas terapêuticas tradicionais que controlam os sintomas da esquizofrenia são antagonistas locais dos receptores e, dessa forma, reduzem a atividade dopaminérgica (Stroup et al., 2014).

Alterações temporárias nas sinapses de monoamina parecem ser responsáveis pelos efeitos poderosos de algumas drogas usadas em excesso, incluindo anfetaminas e cocaína. Ao que parece, essas drogas estimulantes exercem a maioria de seus efeitos ao criar uma tempestade de elevação da atividade nas sinapses de dopamina e norepinefrina (Paczynski e Gold, 2011). Alguns teóricos acreditam que os efeitos recompensadores da maioria das drogas dependem do aumento da atividade em um caminho dopaminérgico específico (Schmidt, Vassoler e Pierce, 2011) (veja Capítulo 5). Ademais, a desregulação nesse caminho dopaminérgico parece ser o principal fator subjacente ao desejo por drogas e à dependência (Wise, 2013).

GABA

Outro grupo de transmissores consiste nos *aminoácidos*. Um deles, o *ácido gama-aminobutírico* (GABA), é notável no

Muhammed Ali foi uma vítima bastante conhecida do mal de Parkinson. Cerca de 1 milhão de norte-americanos sofrem dessa doença, que é causada por uma queda na síntese do neurotransmissor dopamina. A redução na síntese da dopamina ocorre por causa da deterioração de uma estrutura localizada no mesencéfalo.

sentido de que ele parece produzir apenas potenciais pós-sinápticos *inibitórios*. Alguns transmissores, como ACh e NA, são versáteis. Eles podem produzir PPSs excitatórios ou inibitórios, dependendo dos receptores sinápticos a que eles se ligam. Entretanto, o GABA parece ter efeitos inibidores em praticamente todas as sinapses em que ele está presente. Os receptores do GABA são amplamente distribuídos no cérebro e podem estar presentes em 40% de todas as sinapses. O GABA parece ser responsável por boa parte da inibição no sistema nervoso central. Estudos sugerem que o GABA está envolvido na regulação da ansiedade nos humanos, e que as perturbações nos circuitos GABAérgicos podem contribuir com alguns tipos de transtornos de ansiedade (Long et al., 2013; Rosso et al., 2014). Os circuitos GABAérgicos parecem contribuir com a modulação do sono e da excitação (Luppi, Clement e Fort, 2013; Nguyen et al., 2013).

Endorfinas

Em 1970, depois de sofrer um acidente enquanto cavalgava, Candace Pert, estudante de neurociência que trabalhava com o cientista Solomon Snyder, estava hospitalizada, recebendo constantes doses de *morfina*, uma droga analgésica extraída do ópio. Essa experiência despertou sua curiosidade sobre como a morfina funciona. Poucos anos depois, ela e Solomon Snyder agitaram o mundo científico quando mostraram que *a morfina exerce seus efeitos pela aderência a receptores específicos no cérebro* (Pert e Snyder, 1973).

Essa descoberta levantou uma questão intrigante: por que o cérebro estaria equipado com receptores para morfina, poderosa droga que causa vício, normalmente não encontrada no corpo? Pert e outros acreditavam que o sistema nervoso possuía substâncias endógenas (produzidas internamente) próprias semelhantes à morfina. Pesquisadores denominaram essas substâncias, até então desconhecidas, de **endorfinas – substâncias produzidas internamente que se assemelham aos opiáceos, em estrutura e efeitos**. Seguiu-se, então, uma busca pelo opiáceo natural do corpo. Logo, um grande número de opioides endógenos foi identificado (Hughes et al., 1975). Estudos subsequentes revelaram que as endorfinas e seus receptores estão amplamente distribuídos pelo corpo humano e que eles contribuem, de forma evidente, não só para a modulação da dor (Millecamps et al., 2013), como discutimos no Capítulo 4. A pesquisa sugeriu que os opioides endógenos também contribuem com a regulação do comportamento alimentar e com a resposta do corpo ao estresse (Adam e Epel, 2007).

Os corredores de longa distância relatam vivenciar a "euforia do corredor" às vezes. Uma pesquisa recente sugere que a liberação de endorfinas provavelmente se deve a essa experiência.

A descoberta de endorfinas levou a novas teorias e achados sobre as bases neuroquímicas da dor e do prazer. Além dos efeitos analgésicos, os fármacos opiáceos, como a morfina e a heroína, produzem sentimentos altamente prazerosos de euforia, o que explica por que a heroína é tão amplamente consumida. Os pesquisadores suspeitam que as endorfinas naturais do corpo também possam ser capazes de produzir sensações de prazer. Essa capacidade pode explicar por que os corredores às vezes vivenciam a "euforia do corredor". A dor causada por uma longa corrida pode desencadear a liberação de endorfinas, o que neutraliza parte da dor e cria a sensação de satisfação (Harte, Eifert e Smith, 1995).

REVISÃO 3.1

A química cerebral e o comportamento

Verifique seu entendimento sobre a química cerebral e o comportamento indicando quais neurotransmissores ou outras substâncias biológicas estão relacionados aos fenômenos listados a seguir. Selecione suas respostas da seguinte lista: (a) acetilcolina; (b) noradrenalina; (c) dopamina; (d) serotonina; (e) endorfinas. Indique sua escolha (pela letra) nos espaços à esquerda. As respostas encontram-se no Apêndice A.

_____ 1. Um transmissor envolvido na regulação do sono, do ato de comer e da agressão.

_____ 2. As duas monoaminas ligadas à depressão.

_____ 3. Substâncias químicas semelhantes a drogas opiáceas, em estrutura, envolvidas no alívio da dor.

_____ 4. Um neurotransmissor para o qual níveis anormais implicam a esquizofrenia.

_____ 5. O único neurotransmissor entre neurônios motores e músculos voluntários.

A suspeita de longa data de que as endorfinas possam estar por trás da experiência da "euforia do corredor" foi sustentada em um estudo que utilizou tecnologia de imagens do cérebro para rastrear a liberação de endorfina no cérebro (Boecker et al., 2008). Dez corredores foram submetidos a tomografias cerebrais um pouco antes e logo após uma corrida de resistência de 2 horas. Como suposto, após a corrida, as tomografias mostraram um aumento na produção de endorfinas nas áreas selecionadas dos cérebros dos participantes.

Nesta seção, elucidamos apenas algumas das mais interessantes conexões entre neurotransmissores e comportamento. Mas processos bioquímicos no sistema nervoso são incrivelmente complexos. Embora cientistas tenham aprendido muito sobre neurotransmissores e comportamento, ainda resta muito a ser descoberto.

3.2 Objetivos Principais de Aprendizagem

- Distinguir entre o sistema nervoso central e o sistema nervoso periférico.

3.2 Organização do sistema nervoso

Evidentemente, a comunicação no sistema nervoso é fundamental para o comportamento. Até agora, vimos como células individuais se comunicam umas com as outras. Nesta seção, examinaremos a organização do sistema nervoso como um todo.

Os mais recentes e cuidadosos cálculos calibrados sugerem que existem cerca de 86 milhões de neurônios no cérebro humano (Azevedo et al., 2009). Obviamente, isso é apenas uma estimativa. Se os contássemos sem parar, à proporção de um por segundo, estaríamos contando por aproximadamente mais de 3 mil anos! E, lembre-se, a maioria dos neurônios tem conexões sinápticas com muitos outros neurônios, por isso devem existir *100 trilhões* de sinapses no cérebro humano!

O fato de nossos neurônios serem tão abundantes a ponto de se tornarem incontáveis é provavelmente a razão pela qual se costuma dizer que "usamos apenas 10% de nosso cérebro". Essa curiosa frase da sabedoria popular é um total absurdo (McBurney, 1996). Se 90% do cérebro humano consistisse em "excesso de bagagem" não usada, o dano cerebral localizado não seria um problema na maior parte do tempo. Na verdade, danos em áreas muito pequenas do cérebro geralmente provocam graves efeitos perturbadores (Zillmer, Spiers e Culbertson, 2008). Além do mais, pesquisas de imagens cerebrais mostram que mesmo as operações mentais simples dependem da atividade propagada por diversas áreas do cérebro. Mesmo durante o sono, o cérebro é altamente ativo.

Em qualquer situação, no sistema nervoso muitos neurônios têm de trabalhar juntos para manter a informação fluindo eficientemente. Para compreender como o sistema nervoso é organizado para realizar essa tarefa, dividi-lo-emos em duas partes. Em muitos casos, as partes serão divididas uma vez mais. A **Figura 3.5** apresenta uma cadeia organizacional que mostra as relações entre todas as partes do sistema nervoso.

O sistema nervoso periférico

A primeira e mais importante divisão separa o sistema nervoso central (o cérebro e a medula espinhal) do sistema nervoso periférico. **O *sistema nervoso periférico* é formado por todos os nervos que ficam fora do cérebro e da medula espinhal.** *Nervos* são aglomerados de fibras de neurônios (axônios) que integram o sistema nervoso periférico. Essa porção do sistema nervoso é exatamente o que parece:

CHECAGEM DA REALIDADE

Ideia equivocada

As pessoas utilizam aproximadamente 10% de seus cérebros.

Realidade

Não há maneira de quantificar a porcentagem do cérebro que está "em uso" em um momento específico ou durante intervalos de tempo mais longos. O mito dos 10% é atrativo para as pessoas porque sugere que elas possuem um vasto reservatório de potencial inexplorado. Vendedores ambulantes que comercializam programas de autoaperfeiçoamento muitas vezes falam sobre o mito dos 10% porque faz suas afirmações e promessas parecerem mais realistas ("Libere seu potencial!").

Figura 3.5 Organização do sistema nervoso humano.

Este resumo do sistema nervoso humano mostra o relacionamento entre as várias partes e sistemas. O cérebro é dividido tradicionalmente em três regiões: o rombencéfalo, o mesencéfalo e o prosencéfalo. A formação reticular vai desde o mesencéfalo e rombencéfalo até o tronco cerebral. Essas e outras partes são discutidas detalhadamente adiante. O sistema nervoso periférico é composto pelo sistema nervoso somático, que controla os músculos voluntários e os receptores sensoriais, e o sistema nervoso autônomo, que controla as atividades involuntárias dos músculos lisos, os vasos sanguíneos e as glândulas.

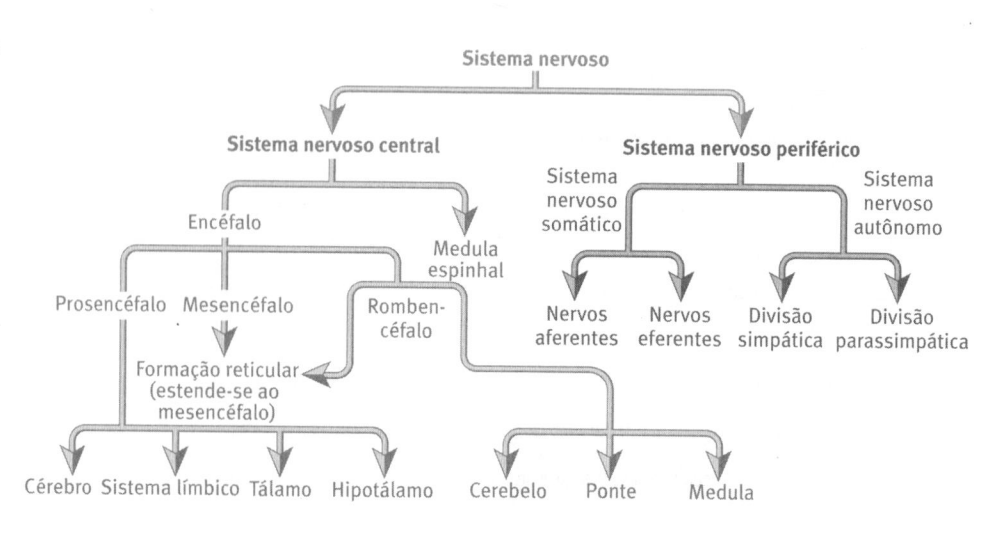

A resposta de luta ou fuga, que pode ocorrer em humanos e em animais, reflete a excitação fisiológica mediada pela divisão simpática do sistema nervoso autônomo.

a parte que se estende para a periferia (a parte de fora) do corpo. O sistema nervoso periférico pode ser subdividido em dois: somático e autônomo.

Sistema nervoso somático

O sistema nervoso somático permite que você sinta o mundo e se mova por ele. O *sistema nervoso somático é composto por nervos que se conectam aos músculos esqueléticos voluntários e aos receptores sensoriais.* Esses nervos são os cabos que carregam as informações dos receptores na pele, músculos e articulações para o sistema nervoso central e carregam comandos do sistema nervoso central para os músculos. Essas funções exigem dois tipos de fibras nervosas. As *fibras nervosas aferentes* são axônios que carregam informações internas para o sistema nervoso central da periferia do corpo. As *fibras nervosas eferentes* são axônios que carregam informações externas do sistema nervoso central para a periferia do corpo. Cada nervo do corpo contém muitos axônios de cada tipo. Assim, os nervos somáticos são "vias de mão dupla", com pistas de entrada (aferentes) e de saída (eferentes).

Sistema nervoso autônomo

O *sistema nervoso autônomo (SNA) é formado por nervos que se ligam ao coração, aos vasos sanguíneos, aos músculos lisos e às glândulas.* Como o próprio nome indica, é um sistema separado (autônomo), embora seja principalmente controlado pelo sistema nervoso central. O sistema nervoso autônomo controla funções automáticas, involuntárias, viscerais, nas quais normalmente as pessoas não pensam, como a batida cardíaca, a digestão e a transpiração (Powley, 2008).

Ele intermedeia muito do despertar fisiológico, que ocorre quando as pessoas experimentam emoções. Por exemplo, imagine-se chegando em sua casa, sozinho, em uma noite, quando, então, percebe que a porta da frente está entreaberta e a janela está quebrada. Ao suspeitar que sua casa foi invadida, sua frequência cardíaca e sua respiração aceleram. Enquanto cuidadosamente entra na casa, sua pressão sanguínea poderá subir, você possivelmente sentirá arrepios e as palmas de suas mãos poderão começar a transpirar. Essas reações difíceis de controlar são aspectos do despertar autônomo. Walter Cannon (1932), um dos primeiros psicólogos a estudar essa reação, chamou-a *reação de luta ou fuga*. Depois de ele monitorar cuidadosamente essa resposta em animais, concluiu que seres vivos geralmente respondem à ameaça com uma preparação física para o ataque ou fuga do inimigo.

O sistema nervoso autônomo pode ser subdividido em dois ramos: a divisão simpática e a divisão parassimpática (veja **Figura 3.6**). A *divisão simpática* **é o ramo do sistema nervoso autônomo que mobiliza os recursos do corpo para emergências.** Ela cria a reação de luta ou fuga. A ativação da divisão simpática desacelera processos digestivos e drena o sangue da periferia, diminuindo o sangramento em caso de ferimento. Os nervos simpáticos principais enviam sinais às glândulas suprarrenais, liberando os hormônios que preparam o corpo para o esforço. Já a *divisão parassimpática* **é o ramo do sistema nervoso autônomo que geralmente conserva os recursos corporais.** Ela ativa processos que permitem ao corpo economizar e armazenar energia. Por exemplo, ações dos nervos parassimpáticos diminuem o ritmo cardíaco, reduzem a pressão sanguínea e promovem a digestão.

O sistema nervoso central

O *sistema nervoso central* (SNC) é a porção que fica dentro do crânio e da coluna espinhal. Assim, o SNC **compreende o cérebro e a medula espinhal.** O SNC é banhado na sua própria "sopa" nutritiva especial chamada *fluido cerebroespinhal (FCE)*. Esse fluido alimenta o cérebro e fornece-lhe uma proteção. Embora derivado do sangue, o FCE é muito bem filtrado. Para entrar no FCE, as substâncias do sangue têm de passar pela *barreira hematopoiética*, uma membrana semipermeável que impede que algumas substâncias químicas, incluindo drogas, saiam da corrente sanguínea e entrem no cérebro.

A medula espinhal

A *medula espinhal* liga o cérebro ao resto do corpo por meio do sistema nervoso periférico. Embora se pareça com um cabo do qual os nervos somáticos saem, ela é parte do sistema nervoso central e vai da base do cérebro a um nível abaixo da cintura, abrigando aglomerados de axônios que carregam os comandos do cérebro aos nervos periféricos e conduzem sensações da periferia do corpo ao cérebro. Muitas formas de paralisia resultam de danos na medula espinhal, fato que ressalta a função essencial que ela desempenha na transmissão de sinais do cérebro aos neurônios, que, por sua vez, sinalizam para que os músculos corporais se movam.

O cérebro

Evidentemente, a glória suprema do sistema nervoso central é o *cérebro*, que, anatomicamente, é a parte do sistema nervoso central que preenche a porção superior do crânio. Embora

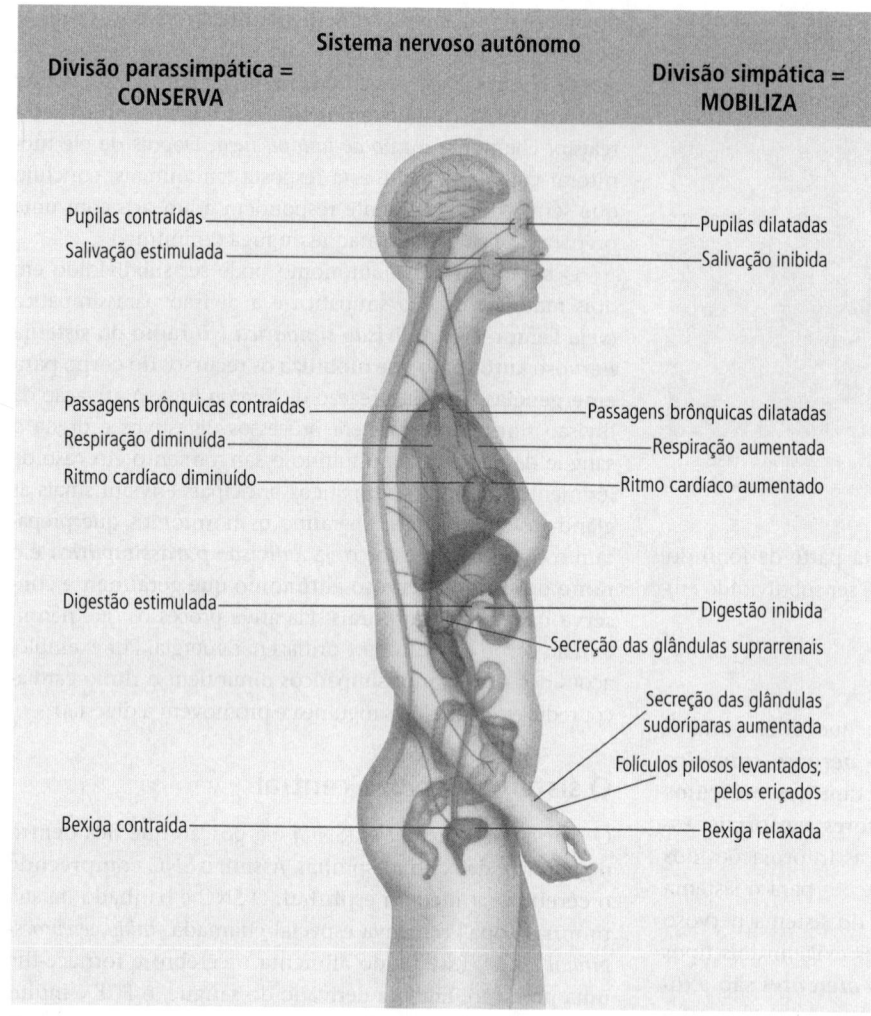

Figura 3.6 O sistema nervoso autônomo (SNA).

O SNA compõe-se de nervos que se ligam ao coração, vasos sanguíneos, músculos lisos e glândulas. O SNA está dividido em *divisão simpática*, que mobiliza recursos corporais em momentos de necessidade, e *divisão parassimpática*, que conserva os recursos corporais. Algumas das funções principais controladas por cada uma dessas divisões do SNA estão resumidas na imagem.

Sistema nervoso autônomo
- Divisão parassimpática = CONSERVA
- Divisão simpática = MOBILIZA

Parassimpática:
- Pupilas contraídas
- Salivação estimulada
- Passagens brônquicas contraídas
- Respiração diminuída
- Ritmo cardíaco diminuído
- Digestão estimulada
- Bexiga contraída

Simpática:
- Pupilas dilatadas
- Salivação inibida
- Passagens brônquicas dilatadas
- Respiração aumentada
- Ritmo cardíaco aumentado
- Digestão inibida
- Secreção das glândulas suprarrenais
- Secreção das glândulas sudoríparas aumentada
- Folículos pilosos levantados; pelos eriçados
- Bexiga relaxada

---

pese apenas cerca de 1,5 quilo e possa ser carregado em uma das mãos, ele contém bilhões de células que interagem entre si e integram informações de dentro e de fora do corpo, coordenam as suas ações e capacitam as pessoas a falar, pensar, lembrar, planejar, criar e sonhar. Por causa da sua importância central no comportamento, o cérebro é o tema das duas próximas seções do capítulo.

3.3 OBJETIVOS PRINCIPAIS DE APRENDIZAGEM

- Descrever como o estímulo elétrico, a lesão e os diversos procedimentos de imagem cerebral são utilizados para investigar a função do cérebro.
- Conhecer as principais funções das estruturas mais importantes do cérebro.
- Identificar os quatro lobos no córtex e suas principais funções, bem como resumir as evidências da plasticidade do cérebro.

3.3 O CÉREBRO E O COMPORTAMENTO

Cientistas que desejam descobrir como as partes do cérebro estão relacionadas ao comportamento deparam-se com uma tarefa formidável, porque mapear as *funções* do cérebro requer um cérebro que funcione. Eles usam uma variedade de técnicas especializadas para investigar relações cérebro-comportamento. Discutiremos brevemente alguns métodos inovadores que permitiram aos cientistas olhar dentro do cérebro e, posteriormente, delinear as principais conclusões dessa investigação.

Olhando dentro do cérebro: métodos de pesquisa

Às vezes, os pesquisadores observam o que acontece quando determinadas estruturas cerebrais em animais são propositadamente incapacitadas. **Lesionar compreende destruir uma parte do cérebro.** Geralmente, isso ocorre ao inserir um eletrodo em uma estrutura cerebral, passando uma corrente elétrica de alta frequência por ela, para queimar o tecido e incapacitar a estrutura. Outra técnica importante é a ***estimulação elétrica do cérebro (EEC)*, ou seja, o envio de uma corrente elétrica fraca à estrutura do cérebro para estimulá-lo.** Como no lesionamento, a corrente é passada por um eletrodo implantado, mas é utilizado um tipo diferente de corrente. Esse tipo de estimulação não duplica exatamente sinais elétricos normais no cérebro, mas é geralmente uma aproximação suficiente para ativar as estruturas do cérebro nas quais os eletrodos estão alojados (Desmurget et al., 2013). Obviamente, esses procedimentos invasivos estão amplamente limitados à pesquisa animal, embora a EEC seja ocasionalmente usada em seres humanos em um contexto de cirurgia cerebral por razões médicas.

Felizmente, a recente criação dos equipamentos de tomografia cerebral levou a espetaculares avanços na capacidade de os cientistas observarem dentro do cérebro. A *tomografia computadorizada (TC)* consiste em raios X computadorizados da estrutura do cérebro. Múltiplos raios X são tirados de muitos ângulos, e o computador combina as leituras para criar uma imagem vívida de um corte horizontal do cérebro (veja **Figura 3.7**). A *ressonância magnética (RM)* é a técnica desenvolvida mais recentemente: usa campos magnéticos, ondas de rádio e computação para mapear a estrutura do cérebro e suas funções. As RMs oferecem imagens muito melhores da estrutura do cérebro que as TCs (Wilde et al.,

(a) Um feixe e um detector de raios X giram em volta da cabeça do paciente, tiram múltiplos raios X em cortes horizontais do cérebro do paciente.

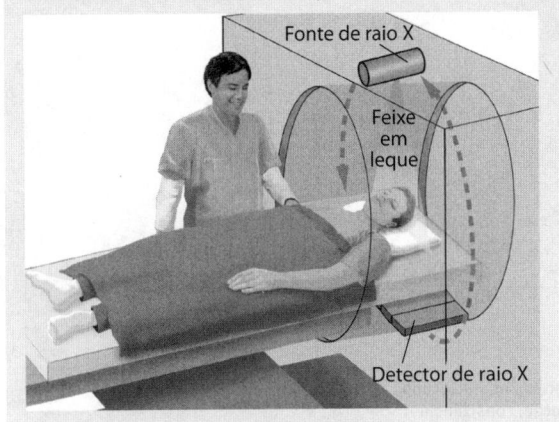

(b) Um computador combina os raios X para criar a imagem de um corte horizontal do cérebro. Esse scan mostra um tumor (círculo branco) à direita.

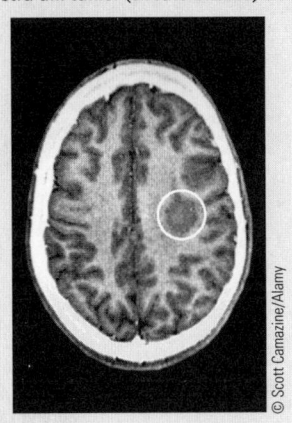

Figura 3.7 A tecnologia dos equipamentos de TC.

TCs são amplamente usadas em pesquisa para examinar aspectos da estrutura do cérebro. Elas fornecem raios X computadorizados de cortes horizontais do cérebro.

2014), produzindo imagens tridimensionais do cérebro com resolução extraordinariamente alta (veja **Figura 3.8**). Ao usarem TCs e RMs, os pesquisadores têm encontrado anormalidades na estrutura do cérebro de pessoas que sofrem de tipos específicos de doença mental, como a esquizofrenia (Shenton e Kubicki, 2009) (veja Capítulo 14).

Em uma pesquisa sobre como o cérebro e o comportamento estão relacionados, *PET Scans* (*tomografias por emissão de pósitrons*); (*PET – positron emission tomography*) têm sido fundamentais (Staley e Krystal, 2009). PET Scans usam marcadores radioativos para mapear a atividade química no cérebro ao longo do tempo. Assim, uma PET pode oferecer um mapa com código de cores que indicam quais áreas do cérebro se tornam ativas quando os sujeitos cerram os pulsos, cantam ou refletem sobre os mistérios do Universo (veja **Figura 3.9**). Para localizar áreas do cérebro que lidam com vários tipos de tarefas, os neurocientistas estão, cada vez mais, utilizando a *ressonância magnética funcional (RMf)*, que consiste em diversas novas variações da tecnologia da RM, que monitoram o fluxo de sangue e o consumo de oxigênio no cérebro, para identificar áreas de grande atividade (Small e Heeger, 2013). Essa tecnologia é fascinante porque, como as PET Scans, ela pode mapear a *atividade* real no cérebro ao longo do tempo, mas com maior precisão (Wilde et al., 2014). Por exemplo, ao usarem a RMf, os pesquisadores identificaram padrões de atividade cerebral associados a tarefas específicas de pensamento crítico (Abraham et al., 2014); à contemplação das decisões complexas relacionadas a apostas (Hinvest et al., 2014); e às reações a imagens de bebidas alcoólicas (Dager et al., 2014).

Agora que já discutimos algumas abordagens à pesquisa do cérebro, vejamos o que os cientistas descobriram a respeito das funções de várias partes do cérebro. O cérebro pode ser dividido em três partes principais: o rombencéfalo, o mesencéfalo e o prosencéfalo. As estruturas principais encontradas em cada uma dessas regiões estão listadas no gráfico

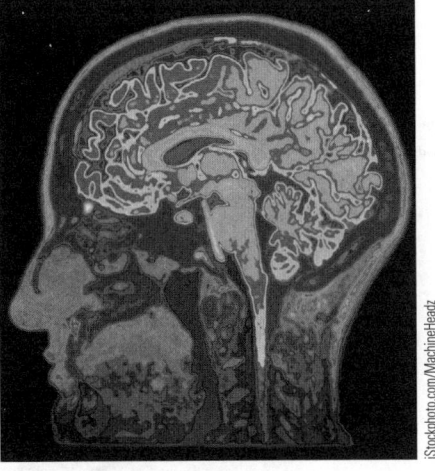

Figura 3.8 Equipamentos de RM.

RMs podem ser usadas para produzir imagens de alta resolução da estrutura do cérebro. Uma vista vertical do lado esquerdo do cérebro é mostrada aqui.

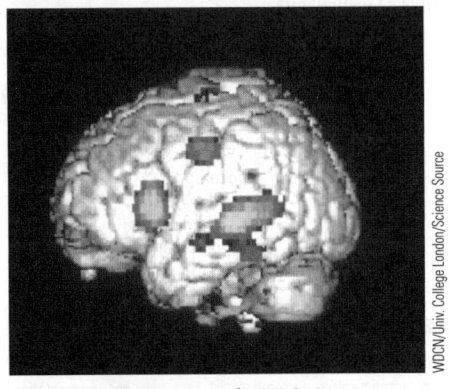

Figura 3.9 Equipamentos de PET Scan.

PET Scans são usadas para mapear a atividade cerebral. Elas fornecem mapas codificados em cores que mostram áreas de alta atividade no cérebro. A PET Scan apresentada aqui localizou três áreas de alta atividade (áreas mais claras) quando um participante atuou em uma tarefa de repetir palavras.

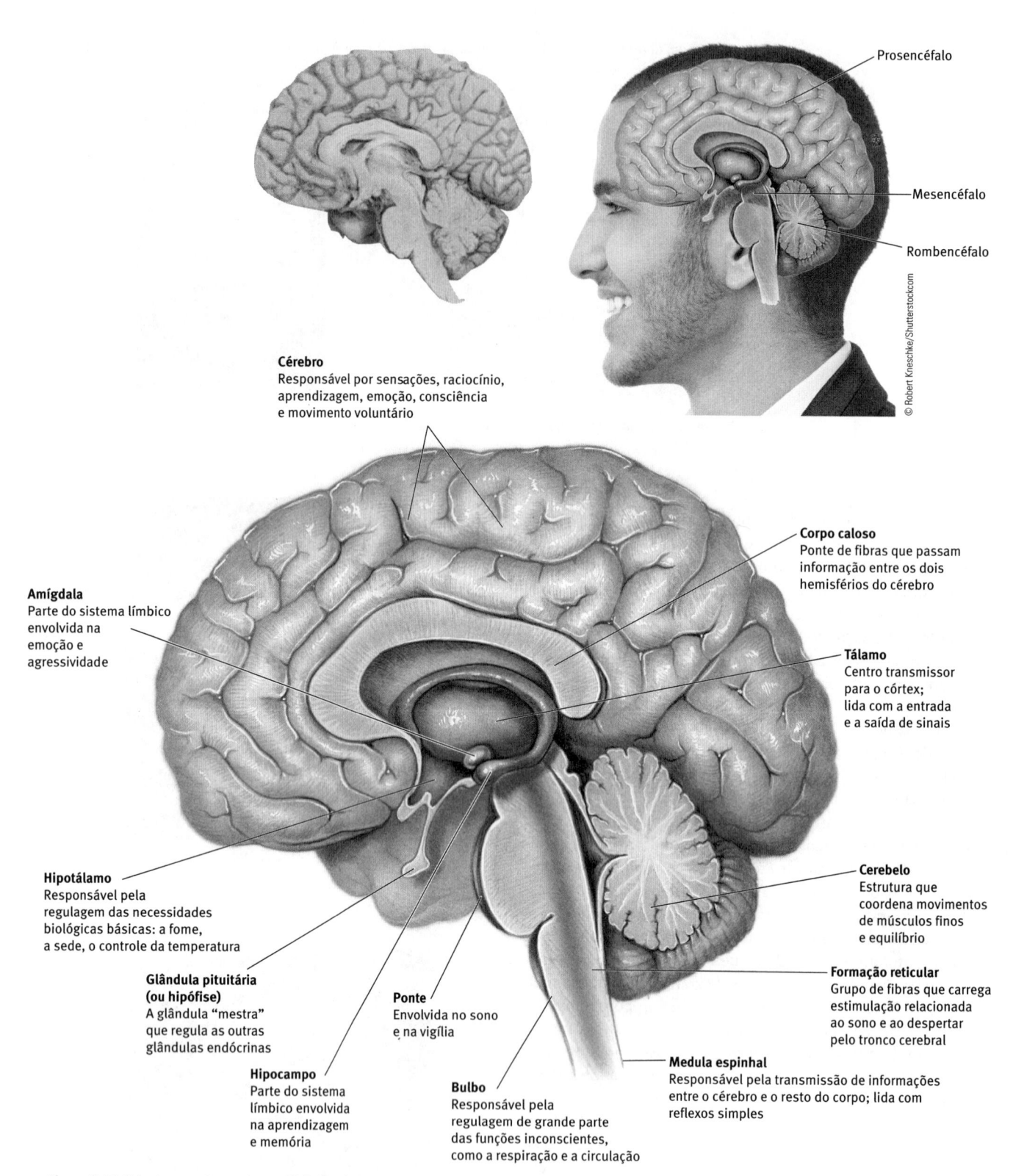

Figura 3.10 Estruturas e áreas do encéfalo humano.

(Acima, à esquerda) Essa foto de um cérebro humano mostra muitas das estruturas discutidas neste capítulo. (Acima, à direita) O cérebro é dividido em três áreas principais: o rombencéfalo, o mesencéfalo e o prosencéfalo. Essas divisões, na verdade, fazem mais sentido nos cérebros animais do que nos humanos. Nestes, o prosencéfalo tornou-se tão amplo que faz as outras duas divisões parecerem insignificantes. Entretanto, o rombencéfalo e o mesencéfalo não são insignificantes; eles controlam funções vitais, como a respiração, o despertar, o lembrar e a manutenção do equilíbrio. (Abaixo) Esse corte transversal do cérebro realça estruturas importantes e algumas de suas principais funções. Quando se lê a respeito das funções estruturais do cérebro, por exemplo, o corpo caloso, pode ser útil visualizá-la.

Foto do cérebro: Wadsworth collection.

Prosencéfalo

Mesencéfalo

Rombencéfalo

Cérebro
Responsável por sensações, raciocínio, aprendizagem, emoção, consciência e movimento voluntário

Corpo caloso
Ponte de fibras que passam informação entre os dois hemisférios do cérebro

Amígdala
Parte do sistema límbico envolvida na emoção e agressividade

Tálamo
Centro transmissor para o córtex; lida com a entrada e a saída de sinais

Hipotálamo
Responsável pela regulagem das necessidades biológicas básicas: a fome, a sede, o controle da temperatura

Cerebelo
Estrutura que coordena movimentos de músculos finos e equilíbrio

Glândula pituitária (ou hipófise)
A glândula "mestra" que regula as outras glândulas endócrinas

Ponte
Envolvida no sono e na vigília

Formação reticular
Grupo de fibras que carrega estimulação relacionada ao sono e ao despertar pelo tronco cerebral

Hipocampo
Parte do sistema límbico envolvida na aprendizagem e memória

Bulbo
Responsável pela regulagem de grande parte das funções inconscientes, como a respiração e a circulação

Medula espinhal
Responsável pela transmissão de informações entre o cérebro e o resto do corpo; lida com reflexos simples

organizacional do sistema nervoso da **Figura 3.5**. É possível ver onde essas regiões estão localizadas no cérebro na **Figura 3.10**. Elas podem ser facilmente encontradas em relação ao *tronco cerebral*. O tronco cerebral se parece com seu nome: um caule do qual o resto do cérebro "floresce", como uma couve-flor. Na sua parte mais baixa, ele é contíguo com a medula espinhal. Na parte mais alta, jaz profundamente dentro do cérebro. Começaremos pela parte mais baixa do cérebro, onde a medula espinhal se junta ao tronco cerebral. Enquanto prosseguimos subindo, note como as funções das estruturas do cérebro vão da regulação de processos corporais básicos até o controle de processos mentais "superiores".

O rombencéfalo

Rombencéfalo **inclui o cerebelo e duas estruturas que se encontram na parte mais baixa do tronco cerebral: o bulbo e a ponte**. O *bulbo*, que está ligado à medula espinhal, controla funções amplamente inconscientes, porém essenciais, como a respiração, a manutenção do tônus muscular e a regulagem da circulação. A *ponte* compreende um conjunto de fibras que liga o tronco cerebral ao cerebelo e também contém vários aglomerados de corpos celulares envolvidos com o sono e a vigília.

O *cerebelo* **("pequeno cérebro") é uma estrutura relativamente grande e profundamente dobrada, localizada nas adjacências da superfície posterior do tronco cerebral**, que está envolvido na coordenação do movimento e é fundamental para o senso de equilíbrio ou equilíbrio físico (Lisberger e Tnach, 2013). Algumas áreas no cerebelo também desempenham uma função na percepção da posição de nossos membros (Bhanpuri, Okamura e Bastian, 2013). Embora os comandos reais para movimentos musculares venham de centros cerebrais superiores, o cerebelo desempenha uma função importante na execução desses comandos, permitindo-nos levantar a mão lateralmente e depois suavemente trazermos o dedo indicador à ponta do nariz. Esse é um teste útil para identificar motoristas bêbados, porque o cerebelo é uma das estruturas inicialmente afetadas pelo álcool. Danos no cerebelo interrompem as habilidades motoras finas, como aquelas envolvidas em digitar ou tocar um instrumento musical. Uma pesquisa recente revelou que o cerebelo também contribui com o controle de outros tipos de funções. Os circuitos cerebrais que funcionam do cerebelo ao córtex pré-frontal parecem estar envolvidos em funções de alta ordem, incluindo atenção, planejamento e percepção visual (Dum e Strick, 2009).

O mesencéfalo

Mesencéfalo **é o segmento do tronco cerebral que se localiza entre o rombencéfalo e o prosencéfalo**. Contém uma área que se ocupa da integração dos processos sensoriais, como a visão e a audição (Stein, Wallace e Stanford, 2000). Um importante sistema de liberação de dopamina pelos neurônios, que se projeta em vários centros superiores do cérebro, origina-se no mesencéfalo. Entre outras coisas, o sistema da dopamina está envolvido na realização de movimentos voluntários. O que causa mal de Parkinson é aparentemente a diminuição na síntese de dopamina, causada pela degeneração de uma estrutura localizada no mesencéfalo (Marsh e Margolis, 2009).

Entre o mesencéfalo e o rombencéfalo está a *formação reticular*. Localizada no centro do tronco cerebral, a formação reticular contribui para a modulação dos reflexos dos músculos, respiração e percepção de dor (Saper, 2000). É mais bem conhecida, entretanto, por seu papel na regulação do sono e da vigília. A atividade nas fibras ascendentes da formação reticular contribui para o despertar (McGinty e Szymusiak, 2011; Jones e Benca, 2013).

O prosencéfalo

Prosencéfalo **é a região mais complexa e maior do encéfalo, abrangendo uma variedade de estruturas, que inclui o tálamo, o hipotálamo, o sistema límbico e o cérebro**. Essa lista não está completa, e algumas de suas estruturas têm suas próprias subdivisões, como se pode ver no quadro organizacional do sistema nervoso (**Figura 3.5**). O tálamo, o hipotálamo e o sistema límbico formam o núcleo do prosencéfalo. Essas três estruturas estão localizadas próximo do topo do tronco cerebral. Acima delas está o *cérebro* – o centro do pensamento complexo. A superfície enrugada do cérebro é o *córtex cerebral* – a camada externa do cérebro, a parte que se parece com uma couve-flor.

O tálamo: uma estação retransmissora

Tálamo **é uma estrutura localizada no prosencéfalo pela qual toda a informação sensorial (exceto o olfato) deve passar para chegar ao córtex cerebral**. Essa estação intermediária é formada por um grande número de aglomerados de corpos celulares ou somas. Cada aglomerado lida com a transmissão de informação sensorial para uma parte particular do córtex. Entretanto, seria um engano caracterizar o tálamo como nada mais que uma estação passiva de transmissão. Ele também parece desempenhar uma função ativa na integração da informação advinda de vários sentidos.

O hipotálamo: um regulador das necessidades biológicas

Hipotálamo **é uma estrutura encontrada perto da base do prosencéfalo, envolvida na regulagem das necessidades biológicas básicas**, situada sob o tálamo (*hipo* = sob; hipotálamo = sob o tálamo). Embora não seja maior que um grão de feijão, contém vários aglomerados de células que têm muitas funções importantes. Uma delas é controlar o sistema nervoso autônomo (Horn e Swanson, 2013).

Ele também tem um papel importante na regulagem dos impulsos biológicos básicos relacionados à sobrevivência: lutar, fugir, alimentar-se e acasalar.

Sistema límbico: o centro da emoção

O *sistema límbico* **é uma rede de estruturas frouxamente conectadas, localizadas ao longo da borda entre o córtex cerebral e áreas subcorticais mais profundas** (daí o termo *límbico* = borda). Primeiro descrito por Paul MacLean (1954), o sistema límbico não é um sistema anatômico bem definido, com fronteiras claras. Grosso modo, esse sistema inclui partes do tálamo e do hipotálamo, o *hipocampo*, a *amígdala* e outras estruturas próximas.

O *hipocampo* e as estruturas adjacentes claramente desempenham um papel nos processos de memória (Eichenbaum, 2013). Alguns teóricos acreditam que a região do hipocampo é responsável pela consolidação das memórias das informações factuais e, talvez, de outros tipos de memória (Albouy et al., 2013). A consolidação envolve a conversão das informações em um código de memória durável. Do mesmo modo, há grande evidência que liga o sistema límbico à experiência da emoção, mas os exatos mecanismos de controle ainda não foram compreendidos (Mega et al., 1997; Paradiso et al., 1997). Por exemplo, evidência recente sugere que a *amígdala* pode desempenhar um papel central na aprendizagem de respostas de medo e o processamento de outras respostas emocionais básicas (LeDoux e Damasio, 2013; Phelps, 2006).

O sistema límbico também parece conter "centros de prazer" modificados pela emoção. Essa intrigante possibilidade inicialmente surgiu, por acidente, em pesquisa de estimulação do cérebro em ratos. James Olds e Peter Milner (1954) acidentalmente descobriram que um rato pressionaria uma alavanca repetidamente para enviar breves descargas de estimulação elétrica a um ponto específico do cérebro onde um eletrodo havia sido implantado (veja **Figura 3.11**). Para grande surpresa deles, o rato voltava buscando mais autoestimulação nessa área. Estudos subsequentes mostraram que ratos e macacos pressionariam a alavanca *milhares de vezes* por hora para estimular certas áreas do cérebro. Embora os experimentadores obviamente não pudessem perguntar aos animais a respeito disso, *inferiram* que esses locais de autoestimulação produziam algum tipo de prazer.

Onde estão localizados os centros de prazer no cérebro? Muitos pontos de autoestimulação têm sido encontrados no sistema límbico (Olds e Fobe, 1981). A maior concentração parece estar onde o *feixe medial do prosencéfalo* (um feixe de axônios) passa através do hipotálamo. O feixe medial do prosencéfalo é rico em neurônios que liberam dopamina. Os efeitos compensadores da EEC em pontos de autoestimulação podem ser amplamente mediados pela ativação dos circuitos de dopamina (Koob, Everitt e Robbins, 2008). A recompensa dos efeitos prazerosos de drogas opiáceas e estimulantes (cocaína e anfetaminas) pode também depender da excitação desse sistema de dopamina (Schmidt, Vassoler e Pierce, 2011). Evidências recentes sugerem que os chamados centros de prazer no cérebro podem não ser centros anatômicos, semelhantes aos circuitos neurais que liberam dopamina.

O cérebro: centro do pensamento complexo

O *cérebro* é a maior e mais complexa parte do encéfalo humano. Ela inclui as áreas responsáveis por nossas atividades mentais mais complexas, inclusive a aprendizagem, a lembrança, o pensamento e a própria consciência. **O *córtex cerebral* é a camada externa enrugada do cérebro.** Ele é dobrado e torcido de modo que sua ampla área de superfície – cerca de 0,14 m^2 – pode ser acumulada no limitado volume do crânio (Hubel e Wiesel, 1979).

O cérebro está dividido em duas metades, chamadas hemisférios. Consequentemente, **os hemisférios cerebrais são a metade direita e a esquerda do cérebro** (veja **Figura 3.12**). Eles são separados no centro do cérebro por uma fissura longitudinal (uma divisão ou fenda) que vai da frente até atrás e desce até uma grossa faixa de fibras denominada *corpo caloso* (também mostrado na **Figura 3.12**). O *corpo caloso* é

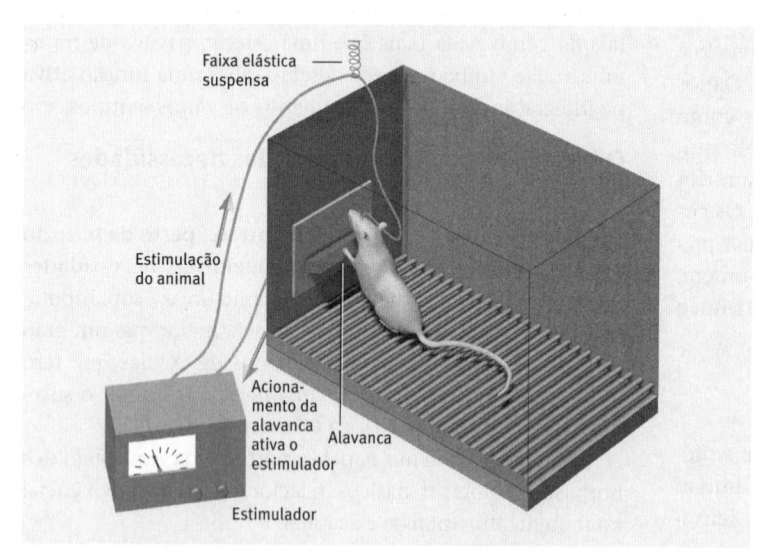

Figura 3.11 Estimulação elétrica do cérebro (EEC) em ratos.

Olds e Milner (1954) usavam um aparato semelhante ao descrito aqui quando descobriram centros de autoestimulação, ou "centros de prazer", no cérebro de um rato. Nesta estrutura, quando o rato acionava uma alavanca, ele recebia breve estimulação elétrica que era enviada a um ponto específico de seu cérebro onde um eletrodo havia sido implantado.

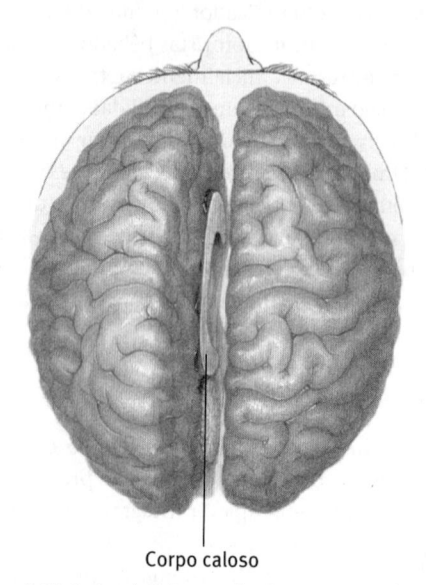

Figura 3.12 Os hemisférios cerebrais e o corpo caloso.

Nesta ilustração, os dois hemisférios cerebrais foram "separados" para revelar o corpo caloso. Essa faixa de fibras é a ponte de comunicação entre as metades direita e esquerda do cérebro humano.

Quais áreas do cérebro estão ativadas nestas pessoas?

a estrutura que liga os dois hemisférios cerebrais. Discutiremos a especificação funcional dos hemisférios do cérebro na próxima seção deste capítulo.

Cada hemisfério cerebral é dividido por profundas fissuras em quatro partes chamadas *lobos*, cada uma das quais, de certa forma, se dedica a finalidades específicas. A localização desses lobos pode ser vista na **Figura 3.13**.

O *lobo occipital*, na parte de trás da cabeça, inclui a área cortical, para onde a maioria dos sinais visuais é enviada e onde se inicia o processo visual. Essa área é chamada *córtex visual primário*. Discutiremos como ele é organizado no Capítulo 4.

O *lobo parietal* fica à frente do lobo occipital. Inclui a área que registra o sentido do tato, chamada *córtex somatossensorial primário*. Várias seções dessa área recebem sinais de diferentes regiões do corpo. Quando a estimulação elétrica é enviada às áreas do lobo parietal, as pessoas relatam sensações físicas, como se alguém realmente as tocasse no braço ou na bochecha, por exemplo. O lobo parietal está também envolvido na integração do impulso visual e na monitoração do posicionamento do corpo no espaço.

O *lobo temporal* (= "próximo das têmporas") localiza-se abaixo do lobo parietal. Próximo do seu topo, o lobo temporal contém um área dedicada ao processo auditivo, o *córtex auditivo primário*. Como veremos, um dano em uma área no lobo temporal do lado esquerdo do cérebro pode prejudicar a habilidade de compreensão da fala e da linguagem.

Em seguida, encontraremos o *lobo frontal*, o maior do cérebro humano, que contém as principais áreas de controle dos movimentos dos músculos, o *córtex motor primário*. A estimulação elétrica aplicada a essas áreas pode causar verdadeiras contrações musculares. A área do córtex motor alocada para controlar uma parte do corpo não depende do tamanho da parte, mas da diversidade e precisão de seus movimentos. Assim, uma área maior do córtex compreende partes sobre as quais temos um fino controle, como os dedos, os lábios e a língua. Uma área menor do córtex é dedicada a partes grandes que fazem movimentos menos apurados, como as coxas e os ombros (veja **Figura 3.14**).

Uma área logo à frente do córtex motor primário é onde os "neurônios-espelho" foram descobertos acidentalmente em meados de 1990. Uma equipe de pesquisa italiana (Gallese et al., 1996) registrava a atividade em neurônios individuais à medida que macacos alcançavam vários objetos. Um membro da equipe acabou pegando um dos objetos designados, e para sua surpresa, o neurônio do macaco respondeu ao estímulo como se ele mesmo tivesse pegado o objeto. Os pesquisadores acabaram descobrindo muito desses neurônios no lobo frontal, que eles batizaram de **neurônios-espelho – neurônios ativados pelo desempenho de uma ação ou por ver outro macaco ou pessoa realizar a mesma ação.** A pesquisa logo mostrou que os humanos também possuem circuitos de neurônios-espelho (Iacoboni e Dapretto, 2006; Rizzolatti e Craighero, 2004). Os neurônios-espelho parecem fornecer um novo modelo para a compreensão da cognição social complexa em um nível neural. A pesquisa sugeriu que os neurônios-espelho podem desempenhar papel fundamental na aquisição de novas habilidades motoras (Buccino e Riggio, 2006); na imitação de outros, que é crucial para grande parte do desenvolvimento humano (Iacoboni, 2012); no entendimento das intenções dos outros; e na habilidade de sentir empatia pelos outros (Baird, Scheffer e Wilson, 2011). Dessa forma, a descoberta acidental dos neurônios-espelho pode ter grande impacto na pesquisa sobre o comportamento cerebral nos próximos anos.

A porção do lobo frontal à frente do córtex motor, chamada *córtex pré-frontal* (veja **Figura 3.13**), é um mistério. Essa área é desproporcionalmente grande nos seres humanos: compreende cerca de um terço do córtex cerebral (Huey, Krueger e Grafman, 2006). Sua aparente contribuição

Figura 3.13
O córtex cerebral nos seres humanos.

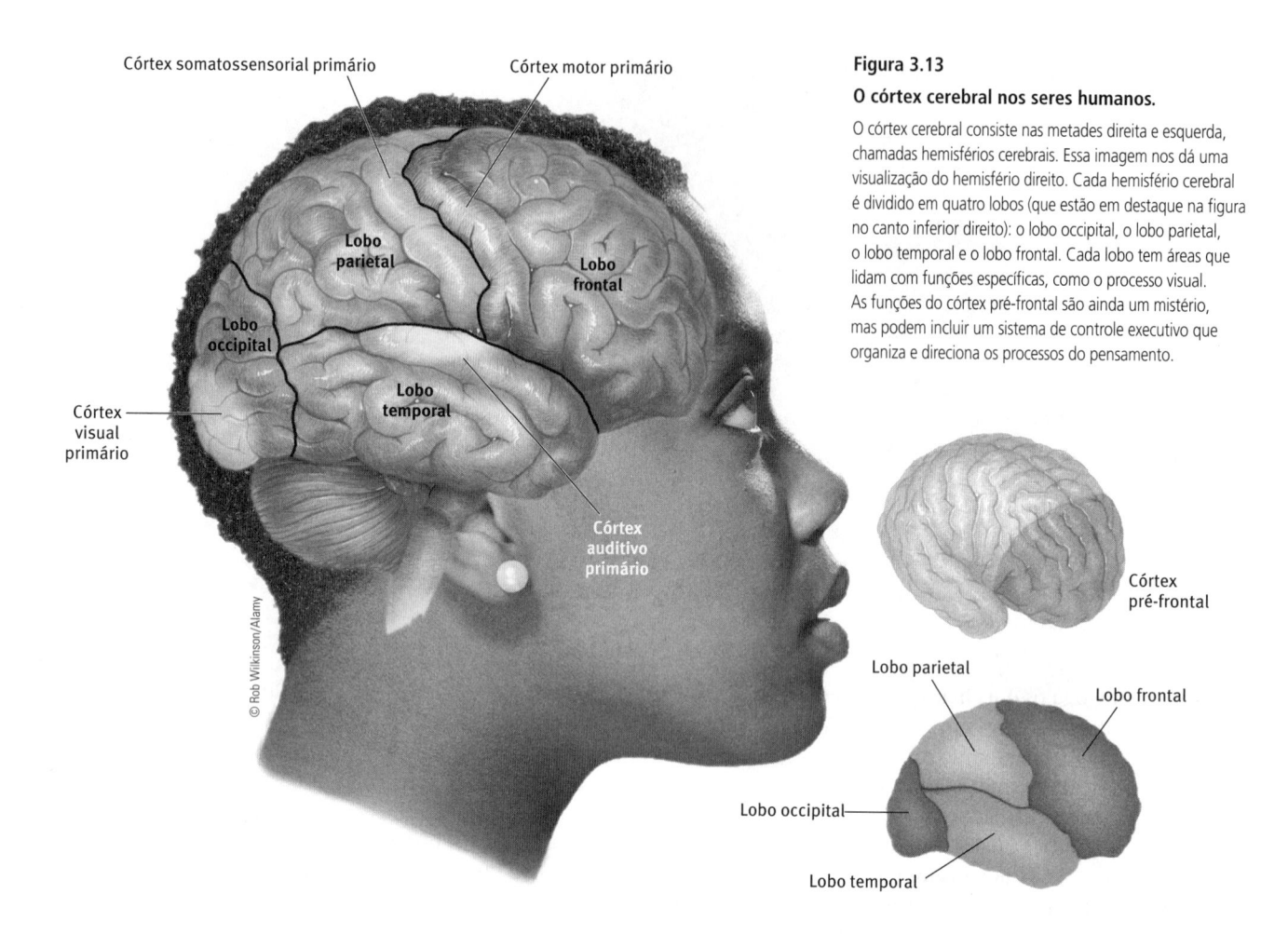

O córtex cerebral consiste nas metades direita e esquerda, chamadas hemisférios cerebrais. Essa imagem nos dá uma visualização do hemisfério direito. Cada hemisfério cerebral é dividido em quatro lobos (que estão em destaque na figura no canto inferior direito): o lobo occipital, o lobo parietal, o lobo temporal e o lobo frontal. Cada lobo tem áreas que lidam com funções específicas, como o processo visual. As funções do córtex pré-frontal são ainda um mistério, mas podem incluir um sistema de controle executivo que organiza e direciona os processos do pensamento.

para alguns tipos de tomada de decisão e os principais aspectos do autocontrole (Gläscher et al., 2012) levaram alguns teóricos a sugerir que o córtex pré-frontal abriga um tipo de "sistema de controle executivo" que, acredita-se, organiza e direciona os processos de pensamento (Beer, Shimamura e Knight, 2004). Todavia, ainda há muito a aprender, uma vez que o córtex pré-frontal constitui uma grande parte do cérebro, com muitas subáreas cujas funções específicas ainda estão sendo estudadas (Miller e Wallis, 2008).

A plasticidade do cérebro

Acreditava-se, antigamente, que mudanças significativas na anatomia e na organização do cérebro estavam limitadas aos primeiros períodos de desenvolvimento tanto dos homens quanto dos animais. Contudo, pesquisas demonstraram gradualmente que a estrutura anatômica e a organização funcional do cérebro são mais flexíveis, ou "plásticas", do que se supunha (Kolb, Gibb e Robinson, 2003; Recanzone, 2000). Essa conclusão é baseada em várias linhas de pesquisa.

Em primeiro lugar, estudos revelaram que aspectos da experiência podem modelar as características da estrutura cerebral. Por exemplo, estudos de neuroimagem demonstraram que alguns sujeitos que receberam três meses para praticar e dominar uma rotina de malabarismos mostram mudanças estruturais nas áreas cerebrais conhecidas por lidar com o processamento de tarefas visuais e motoras (Draganski et al., 2004). De modo similar, um estudo recente descobriu que três meses de preparação intensa para o exame de admissão para a faculdade de administração produziu mudanças estruturais em áreas do cérebro cruciais para o raciocínio (Mackey, Whitaker e Bunge, 2012). Outro estudo concentrou-se em motoristas de táxi de Londres, que precisam *dominar* as complexas ruas da cidade e passar em testes extremamente exigentes para conseguir a licença (Woollett e Maguire, 2011). Os pesquisadores descobriram mudanças estruturais nas áreas do hipocampo de *trainees* que passaram nos testes – mudanças que não eram evidentes nos *trainees* que reprovaram. *Em segundo lugar, pesquisas demonstram que danos causados a caminhos sensoriais de entrada ou destruição do tecido cerebral podem levar à reorganização neural.* Por exemplo, quando os cientistas amputaram o terceiro dedo de um macaco-coruja, a parte de seu córtex que antes respondia ao terceiro dedo passou gradualmente a responder ao segundo e quarto dedos (Kaas, 2000). E em algumas pessoas cegas, as áreas no lobo occipital normalmente dedicadas ao processamento visual são "recrutadas" para ajudar com o processamento verbal (Amedi et al., 2004). *Em terceiro lugar, estudos agora indicam que o cérebro*

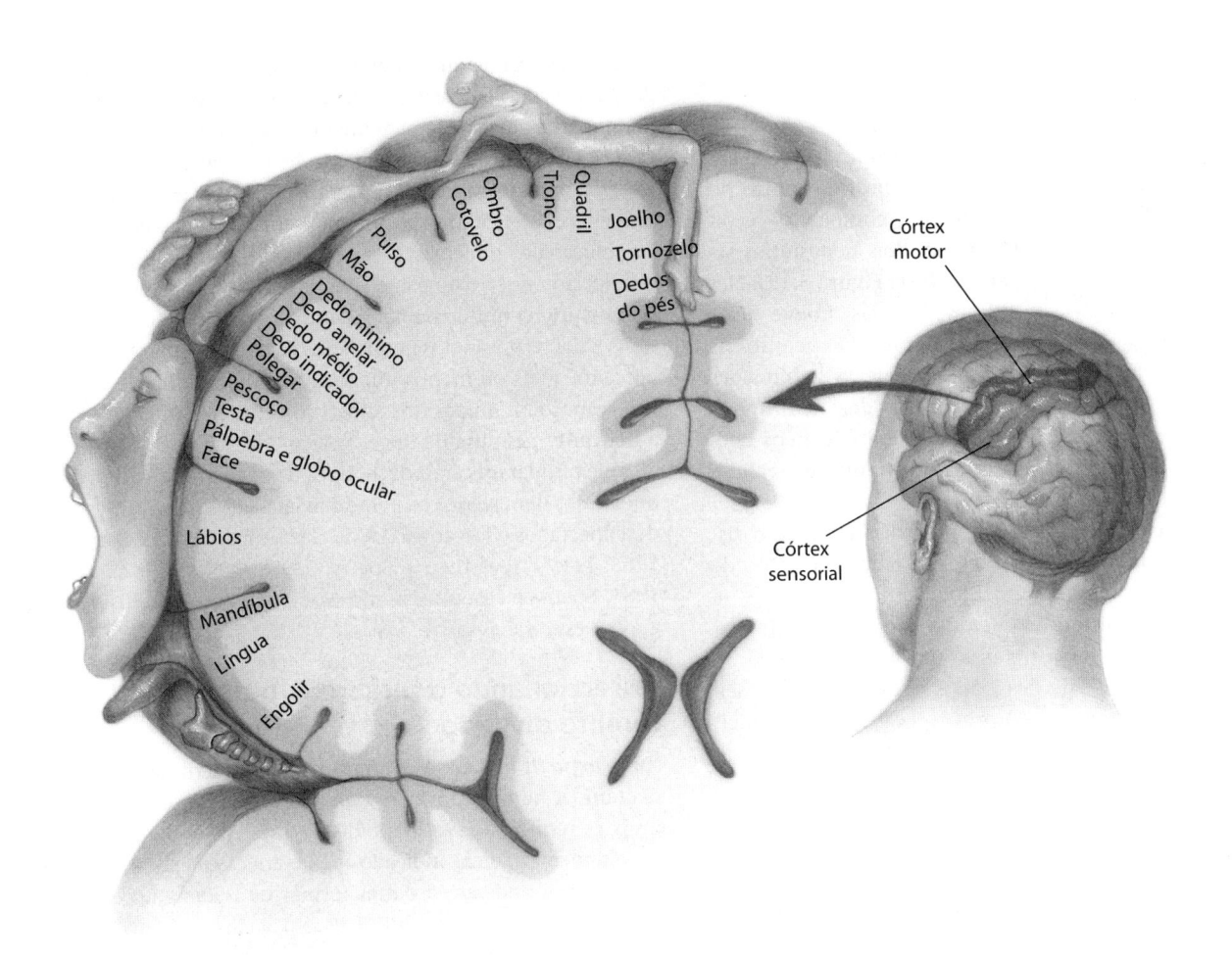

Figura 3.14
O córtex motor primário.
Este diagrama mostra a quantidade de córtex motor utilizado para controlar os vários músculos e membros. As características anatômicas no desenho estão distorcidas porque o tamanho delas é proporcional à quantidade de córtex utilizado para seu controle. Como você pode ver, a maior parte do córtex está alocado para controlar grupos musculares que devem fazer movimentos relativamente precisos.

adulto pode gerar novos neurônios (Gage, 2002). Até recentemente, acreditava-se que **neurogênese – formação de novos neurônios** – não ocorria em humanos adultos. Pensou-se que o cérebro formava todos os neurônios, o mais tardar, na infância (Gross, 2000). Todavia, novas evidências sugerem que os seres humanos e macacos adultos podem formar novos neurônios no bulbo olfativo e no hipocampo (DiCicco-Bloom e Falluel-Morel, 2009). Agora que os neurocientistas sabem onde procurar, a neurogênese foi descoberta nos cérebros de todas as espécies vertebradas estudadas até agora (Kozorovitskiy e Gould, 2008). A neurogênese que ocorre no giro denteado do hipocampo parece ser particularmente importante (Drew, Fusi e Hen, 2013). Os novos neurônios gerados nesse local migram para as áreas no córtex em que brotam axônios e formam novas sinapses com os neurônios existentes, tornando-se completamente integrados às redes de comunicação do cérebro. Os neurocientistas agora lutam para descobrir o significado funcional da neurogênese. Um corpo de evidências acumuladas sugere que a neurogênese pode desempenhar um papel importante na aprendizagem e na memória (Koehl e Abrous, 2011; Benarroch, 2013) (veja Capítulo 7). Muito ainda precisa ser aprendido sobre a neurogênese, mas muitos teóricos acreditam que esse é um fator-chave na plasticidade do cérebro (Kohman e Rhodes, 2013).

Em resumo, as pesquisas sugerem que o cérebro não é "rígido" como um computador. Ao que parece, o circuito neural do cérebro é flexível e está sempre se desenvolvendo. Essa plasticidade não é, no entanto, ilimitada. Esforços de reabilitação com pessoas que sofreram graves danos cerebrais demonstram com clareza que existem limites até onde o cérebro pode se conectar novamente (Zillmer e Spiers, 2001). E as evidências sugerem que a plasticidade do cérebro entra em declínio com o aumento da idade (Rains, 2002). Cérebros mais jovens são mais flexíveis que os mais velhos. Mesmo assim, os circuitos neurais do cérebro demonstram uma plasticidade substancial, o que, com certeza, ajuda os organismos a se adaptar a seu meio.

3.4 Hemisfério direito/ hemisfério esquerdo do cérebro: especialização cerebral

3.4 Objetivos Principais de Aprendizagem

- Explicar como a pesquisa com o cérebro bisseccionado mudou nossa compreensão da organização hemisférica do cérebro.
- Descrever a pesquisa sobre a especialização cerebral em sujeitos normais e o que ela revelou.

Como observamos na seção anterior, o cérebro – o centro do pensamento complexo – é dividido em dois hemisférios separados (veja **Figura 3.12**). Nas últimas décadas houve uma certa empolgação quanto às pesquisas sobre as habilidades especializadas dos hemisférios cerebrais. Alguns teóricos chegaram a sugerir que, na realidade, as pessoas têm dois cérebros em um!

Pistas sobre a especialização hemisférica têm estado disponíveis há anos em casos em que um lado do cérebro de uma pessoa é danificado. Paul Broca, cirurgião francês, já havia ligado o hemisfério esquerdo ao controle da linguagem em 1861. Ele estava tratando um paciente, havia 30 anos, que era incapaz de falar. Após o falecimento de seu paciente, Broca mostrou que a provável causa de seu déficit na fala era uma pequena lesão localizada no lado esquerdo do lobo frontal. Desde essa época, muitos casos semelhantes têm mostrado que tal área do cérebro – conhecida como a *área de Broca* – representa um importante papel na produção da fala (veja **Figura 3.15**). Outro grande centro da linguagem – a *área de Wernicke* – foi identificado no lobo temporal do hemisfério esquerdo em 1874. Danos na área de Wernicke (veja **Figura 3.15**) geralmente levam a problemas relativos à *compreensão* da linguagem.

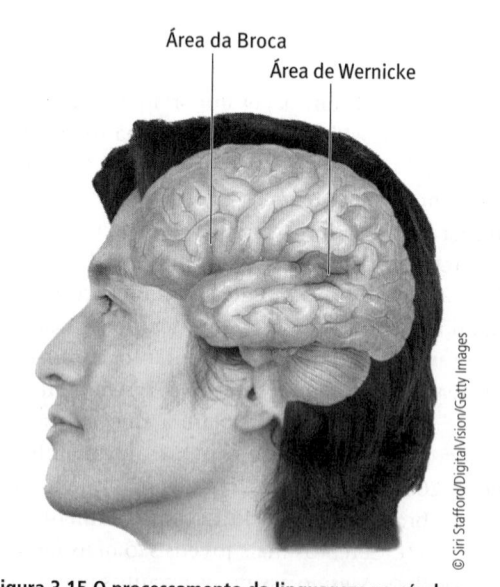

Figura 3.15 O processamento da linguagem no cérebro.
Esta vista do hemisfério esquerdo destaca a localização de centros de processamento da linguagem no cérebro: a área da Broca, que está envolvida na produção da fala, e a de Wernicke, que está envolvida na compreensão da linguagem.

A evidência de que o hemisfério esquerdo processa a linguagem levou cientistas a caracterizá-lo como o hemisfério "dominante". Como os pensamentos são normalmente codificados em termos de linguagem, ao hemisfério esquerdo deu-se a maior parte do crédito por lidar com os processos mentais "superiores", como o raciocínio, a memória, o planejamento e a solução de problemas. Nesse meio tempo, o hemisfério direito passou a ser visto como o hemisfério "não dominante", sem nenhuma função ou habilidade especial.

A caracterização dos hemisférios direito e esquerdo como parceiros mais ou menos importantes no trabalho do cérebro começou a mudar nos anos 1960. Tudo se iniciou com a marcante pesquisa de Roger Sperry, Michael Gazzaniga et al., que estudaram cérebros seccionados de pacientes: indivíduos cujos hemisférios cerebrais haviam sido cirurgicamente desconectados (Gazzaniga, 1970; Gazzaniga, Bogen e Sperry, 1965; Levy, Trevarthen e Sperry, 1972; Sperry, 1982). Em 1981, Sperry recebeu o Prêmio Nobel em medicina/fisiologia por esse trabalho.

Bisseccionando o cérebro: a pesquisa do cérebro dividido

Na *cirurgia de bissecção do cérebro*, o feixe de fibras que conectam os hemisférios cerebrais (o corpo caloso) é cortado para reduzir a severidade de ataques epilépticos. É um procedimento radical, indicado apenas em casos excepcionais que não responderam a outras formas de tratamento (Wolford, Miller e Gazzaniga, 2004). Porém, a cirurgia oferece aos cientistas uma oportunidade incomum de estudar as pessoas que têm o cérebro literalmente dividido em dois.

Para compreender a lógica da pesquisa do cérebro bisseccionado, é preciso entender como as informações sensoriais e motoras entram e saem dos dois hemisférios. *As conexões primárias de cada hemisfério estão do lado oposto do corpo.* Assim, o hemisfério esquerdo controla e se comunica com a mão direita, o braço direito, a perna direita, a sobrancelha direita e assim por diante. Por sua vez, o hemisfério direito controla e se comunica com o lado esquerdo do corpo.

A visão e a audição são mais complexas. Ambos os olhos passam informação aos dois hemisférios do cérebro, mas a entrada ainda é separada. Estímulos da metade direita do campo visual são registrados por receptores no lado esquerdo de cada olho, que enviam mensagens ao hemisfério esquerdo. Estímulos na metade esquerda do campo visual são transmitidos por ambos os olhos ao hemisfério direito (veja **Figura 3.16**). A recepção auditiva em cada orelha também vai aos dois hemisférios. Todavia, conexões no hemisfério oposto são mais fortes e imediatas. Isso significa que os sons apresentados à orelha direita são primeiro registrados no hemisfério esquerdo, enquanto os apresentados à orelha esquerda são registrados mais rapidamente no hemisfério direito.

Em grande parte, as pessoas não percebem essa organização assimétrica cruzada porque os dois hemisférios estão em comunicação fechada um com o outro. A informação recebida por um hemisfério é imediatamente compartilhada com o outro pelo corpo caloso. No entanto, quando os dois hemisférios são cirurgicamente desconectados, a especialização do cérebro torna-se aparente.

No seu clássico estudo sobre pacientes com o cérebro bisseccionado, Gazzaniga, Bogen e Sperry (1965) apresentaram estímulos visuais como figuras, símbolos e palavras em um único campo visual (direito ou esquerdo), de maneira que o estímulo fosse enviado a apenas um dos hemisférios. Os estímulos eram projetados em uma tela em frente aos participantes, que olhavam fixamente um ponto por apenas uma fração de segundo (veja **Figura 3.17**). Assim, os participantes não tinham chance de mover seus olhos, e os estímulos eram apenas vislumbrados em um campo visual.

Quando as figuras apareciam no campo visual direito e eram assim enviadas ao hemisfério esquerdo, os participantes com cérebro bisseccionado conseguiam nomear e descrever os objetos mostrados (uma xícara ou uma colher). Porém, os participantes *não* foram capazes de nomear ou descrever os mesmos objetos quando eles eram apresentados no campo visual esquerdo e enviados ao hemisfério direito. Essas descobertas apoiaram a noção de que a linguagem está abrigada no hemisfério esquerdo.

Embora o hemisfério direito dos participantes com cérebro bisseccionado não consiga falar por si próprio, testes adicionais revelaram que ele estava processando a informação apresentada. Se os participantes tivessem a oportunidade de *apontar para uma figura* de um objeto que tivessem na sua mão esquerda, conseguiriam. Eles eram capazes inclusive de apontar figuras que haviam sido mostradas no campo visual esquerdo. Além disso, o hemisfério direito (mão esquerda) revelou-se *superior* ao esquerdo (mão direita) na montagem de quebra-cabeças e na cópia de desenhos, mesmo entre participantes destros. Tais descobertas proporcionaram a primeira

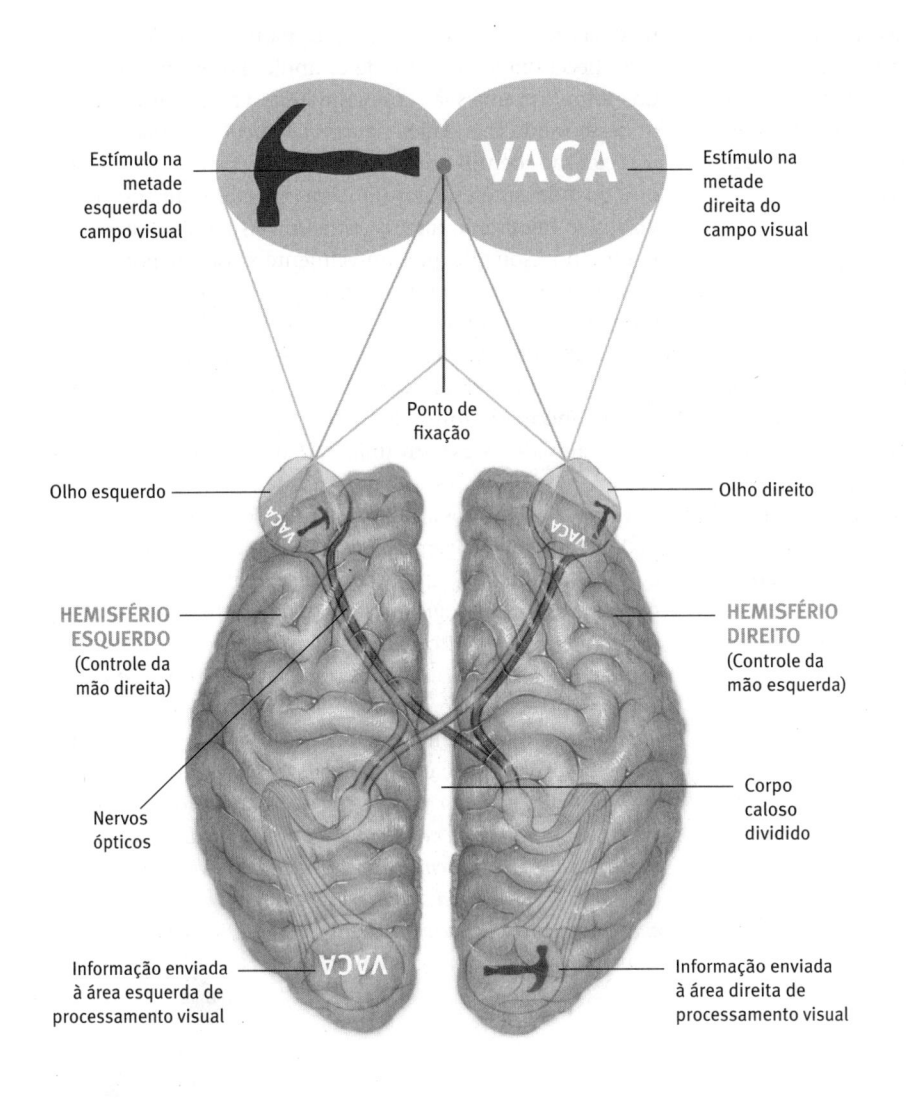

Figura 3.16 O impulso visual no cérebro bisseccionado.
Se o participante fixa o olhar em um ponto, o ponto divide seu campo visual em metade direita e metade esquerda. Um estímulo no campo de visão direito alcança o lado esquerdo de cada olho e é transmitido ao hemisfério esquerdo. Um estímulo no campo visual esquerdo alcança o lado direito de cada olho e é transmitido ao hemisfério direito. Normalmente, os hemisférios compartilham a informação das duas metades do campo visual, mas, em pacientes com cérebro bisseccionado, o corpo caloso é dividido, e os hemisférios não conseguem se comunicar. Consequentemente, o experimentador pode apresentar um estímulo visual a apenas um hemisfério de cada vez.

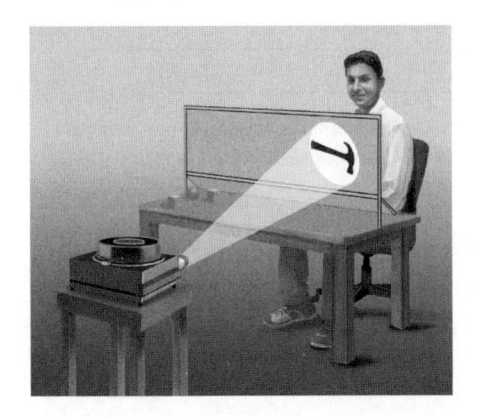

Figura 3.17 Aparelho experimental para pesquisa em partes do cérebro.
À esquerda está um projetor especial que pode apresentar imagens rapidamente, antes que os olhos se movam e assim mudar o campo visual. Imagens são projetadas em um lado da tela para apresentar estímulos para somente um hemisfério. A porção do aparelho embaixo da tela é construída para evitar que os participantes vejam objetos que possam ser pedidos para eles manusearem com sua mão direita ou esquerda, outro procedimento que pode ser usado para enviar informação para apenas um hemisfério.

demonstração convincente de que o hemisfério direito possui talentos especiais. Estudos subsequentes de pacientes com cérebro bisseccionado mostraram que o hemisfério direito era melhor que o esquerdo em uma variedade de tarefas visuoespaciais, inclusive na discriminação de cores, no arranjo de blocos e no reconhecimento de rostos.

Especialização hemisférica no cérebro intacto

O problema com a operação no cérebro bisseccionado é que ela cria uma situação anormal. Em sua grande maioria, a cirurgia é feita apenas em pessoas que sofrem de casos graves e prolongados de epilepsia. Essas pessoas podem ter tido uma organização cerebral atípica, mesmo antes da operação. Além disso, o número de pacientes com o cérebro dividido foi bem pequeno; somente dez pacientes com o cérebro bisseccionado foram estudados intensamente (Gazzaniga, 2008). Dessa forma, os teóricos não puderam deixar de ponderar se era seguro generalizar amplamente os estudos com o cérebro bisseccionado. Por essa razão, pesquisadores desenvolveram métodos que lhes permitiram o estudo da especialização cerebral no cérebro intacto.

Um método envolve olhar desequilíbrios direitos ou esquerdos no processo visual e auditivo, chamados *assimetrias perceptuais*. Como vimos, é possível apresentar o estímulo visual a apenas um campo de visão por vez. Em indivíduos normais, o impulso enviado a um dos hemisférios é rapidamente compartilhado com o outro. Entretanto, diferenças sutis nas "habilidades" dos dois hemisférios podem ser detectadas pela medida precisa de quanto tempo os participantes levam para reconhecer diferentes tipos de estímulo. Por exemplo, quando estímulos verbais são apresentados ao campo visual direito (e desse modo mandados para o *hemisfério esquerdo* primeiro), eles são identificados mais rápida e primorosamente do que quando apresentados ao campo visual esquerdo (e enviados ao hemisfério direito primeiro). As rápidas reações no hemisfério esquerdo presumivelmente ocorrem porque ele pode reconhecer estímulos verbais por si próprio, enquanto o hemisfério direito leva um tempo extra para "consultar" o hemisfério esquerdo. Já o *hemisfério direito* é mais rápido que o esquerdo em tarefas *visuoespaciais*, como localizar um ponto ou reconhecer um rosto (Bradshaw, 1989).

Pesquisadores usaram uma variedade de outras abordagens para explorar a especialização hemisférica em pessoas normais. Nos últimos anos, eles têm dependido intensamente de estudos de imagem cerebral que podem revelar padrões de ativação quando os participantes trabalham em tipos específicos de tarefas cognitivas. Na maior parte, suas descobertas convergiram muito bem com os resultados dos estudos sobre o cérebro bisseccionado (Hervé et al., 2013). De modo geral, os estudos sugerem que os dois hemisférios são especializados, e cada um lida melhor que o outro com certas tarefas cognitivas (Corballis, 2003; Gazzaniga, 2005; Machado et al., 2013). *Enquanto o hemisfério esquerdo lida com o processo verbal, como a linguagem, a fala, a leitura e a escrita, o direito demonstra superioridade em muitas tarefas que envolvem processos não verbais, como a maioria das tarefas espaciais, musicais e de reconhecimento visual* (incluindo a percepção das emoções).

REVISÃO 3.2

Relacionando transtornos com o sistema nervoso

Imagine-se trabalhando como neuropsicólogo em uma clínica. Você está envolvido no diagnóstico dos casos descritos a seguir. Pede-se que você identifique as prováveis causas dos transtornos em termos de disfunções do sistema nervoso. Baseando-se nas informações deste capítulo, indique o provável local de dano no cérebro ou o provável distúrbio da atividade neurotransmissora. As respostas podem ser encontradas no Apêndice A.

Caso 1. Míriam tem mostrado déficit na linguagem. Ela particularmente não parece entender o sentido das palavras. _____

Caso 2. Camila revela tremores e rigidez muscular e é diagnosticada como tendo mal de Parkinson. _____

Caso 3. Ricardo, um executivo da área de informática, com 28 anos, nota sua força e coordenação motora se deteriorarem muito. Às vezes, ele nem consegue encontrar o caminho de casa quando vai ao mercado a apenas algumas quadras de distância. O diagnóstico é esclerose múltipla. _____

Caso 4. Carlos é muito irracional, tem pouco contato com a realidade e revela alucinações. Seu diagnóstico é de desordem esquizofrênica. _____

Além de a pesquisa de imagem cerebral fornecer suporte adicional para a ideia de que as áreas nos hemisférios direito e esquerdo são especializadas para lidar com certas funções cognitivas, ela também evidenciou que os dois lados do cérebro estão em constante colaboração. Os métodos mais recentes de imagem cerebral que podem mapear as redes de comunicação fluidas no cérebro revelam intensa comunicação e coordenação inter-hemisférica altamente dinâmica (Doron, Bassett e Gazzaniga, 2012). Curiosamente, um estudo recente do cérebro de Albert Einstein sugere que a qualidade dessa comunicação pode ser de vital importância (Men et al., 2013). Ao trabalhar com fotos recém-publicadas do cérebro de Einstein (tiradas originalmente após sua morte, em 1955) e um método inovador de quantificar as fibras nervosas no corpo caloso, a equipe de pesquisa concluiu que o brilhantismo de Einstein pode ter sido, em parte, resultado de um excepcional grau de conectividade entre os hemisférios direito e esquerdo.

A especialização das metades direita e esquerda do cérebro é uma área próspera de pesquisa, que está se desenvolvendo com implicações amplas, as quais discutiremos em Aplicação Pessoal. Por ora, deixemos o cérebro e voltemos nossa atenção ao sistema endócrino.

3.5 Objetivos Principais de Aprendizagem

- Identificar os principais elementos do sistema endócrino e descrever como os hormônios regulam o comportamento.

3.5 O sistema endócrino: outra forma de comunicação

O cérebro se comunica com o restante do corpo, principalmente por meio do sistema nervoso. Mas o corpo possui ainda um segundo sistema de comunicação fundamental para o comportamento. **O *sistema endócrino* compreende as glândulas que secretam substâncias químicas na corrente sanguínea e que ajudam a controlar o funcionamento corporal.** Os mensageiros nessa rede de comunicações são chamados *hormônios*, **substâncias químicas liberadas pelas glândulas endócrinas.** De algum modo, os hormônios são parecidos com os neurotransmissores no sistema nervoso, mas não são compatíveis com a alta velocidade da transmissão neural e tendem a ser menos específicos, já que costumam agir em muitas células-alvo em todo o corpo. As mais importantes glândulas endócrinas e suas funções são mostradas na **Figura 3.18**. A liberação de hormônios tende a ser *pulsátil*. Ou seja, os hormônios tendem a ser liberados diversas vezes por dia em breves explosões que duram apenas alguns minutos.

Grande parte do sistema endócrino é controlada pelo sistema nervoso por meio do *hipotálamo*. Essa estrutura na base do prosencéfalo está estreitamente relacionada à *glândula pituitária* (que tem o tamanho de uma ervilha), à qual é adjacente. **A *glândula pituitária* libera uma grande variedade de hormônios que se espalha pelo corpo, estimulando ações nas outras glândulas endócrinas.** Nesse sentido, a pituitária é a glândula "mestra" do sistema endócrino, embora o hipotálamo seja o verdadeiro poder por detrás do trono.

A combinação do sistema nervoso com o endócrino pode ser vista na reação de luta ou fuga descrita anteriormente. Em momentos de estresse, o hipotálamo envia sinais por dois caminhos – o sistema nervoso autônomo e a glândula pituitária – às glândulas suprarrenais (Clow, 2001). Em resposta, as glândulas suprarrenais secretam hormônios que se irradiam para todo o corpo, preparando-o para lidar com uma emergência.

Um tópico de interesse das pesquisas recentes está centrado nos efeitos da *oxitocina* – **hormônio liberado pela glândula pituitária e que regula os comportamentos reprodutivos.** A oxitocina, há muito, é conhecida por desencadear as contrações quando uma mulher dá à luz e por

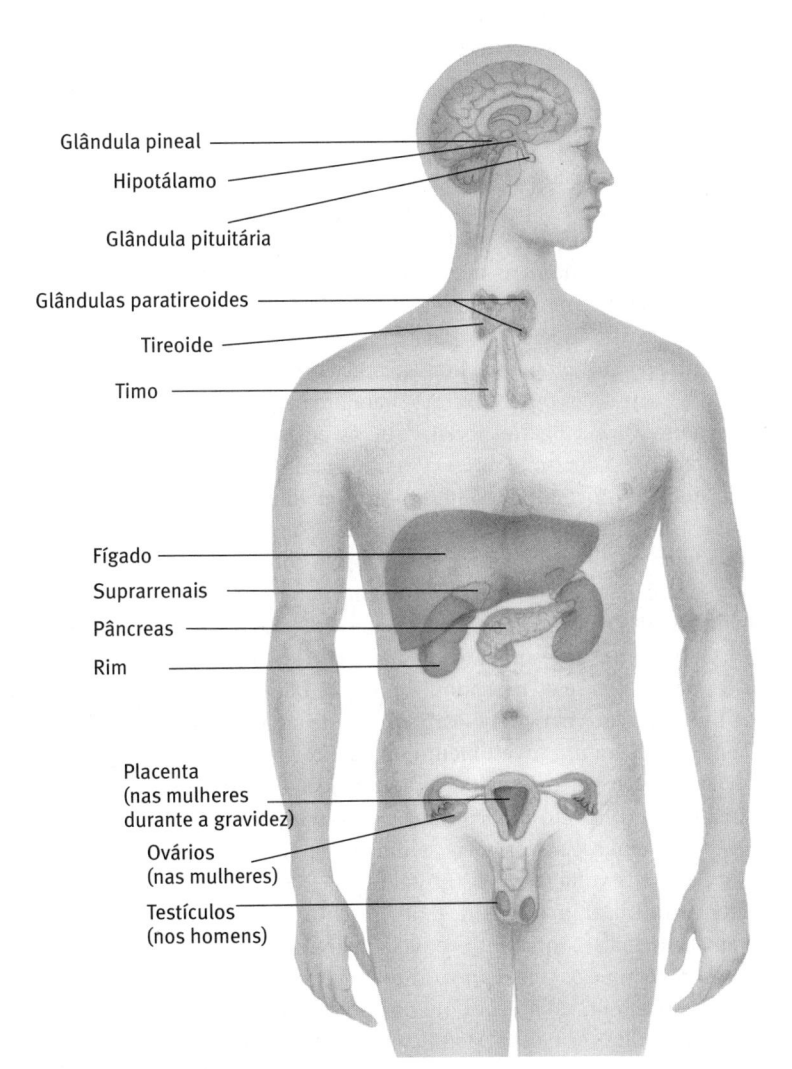

Glândula pineal
Hipotálamo
Glândula pituitária
Glândulas paratireoides
Tireoide
Timo
Fígado
Suprarrenais
Pâncreas
Rim
Placenta (nas mulheres durante a gravidez)
Ovários (nas mulheres)
Testículos (nos homens)

Figura 3.18 O sistema endócrino.

Essa imagem mostra a maioria das glândulas endócrinas.
Essas glândulas secretam hormônios na corrente sanguínea, os quais regulam uma variedade de funções físicas e afetam muitos aspectos do comportamento.

Pesquisas sugerem que a oxitocina, um hormônio liberado pela glândula pituitária, pode ajudar a promover empatia e confiança nos humanos.

3.6 Hereditariedade e comportamento: estaria tudo nos genes?

Muitas pessoas percebem que características físicas como a altura, a cor dos cabelos, o tipo sanguíneo e a cor dos olhos são amplamente moldadas pela hereditariedade. Mas e as características psicológicas, como a inteligência, o humor, a impulsividade e a vergonha? Até que ponto as qualidades de comportamento de uma pessoa são moldadas pelos genes? Como vimos no Capítulo 1, questões acerca da importância relativa da hereditariedade *versus* meio são muito antigas na psicologia. O debate do inato *versus* adquirido continuará a aparecer em muitos dos capítulos por vir. Para ajudá-lo na compreensão das complexidades desse debate, delinearemos alguns princípios básicos da genética e descreveremos os métodos que os pesquisadores utilizam para avaliar os efeitos da hereditariedade.

3.6 Objetivos Principais de Aprendizagem

- Descrever as estruturas básicas envolvidas na transmissão genética e discutir a natureza dos traços poligênicos.
- Comparar os métodos específicos utilizados para investigar a influência da hereditariedade e discutir como a hereditariedade e o ambiente interagem.

estimular as glândulas mamárias a liberar leite para amamentação, porém pesquisas recentes sugerem que esse hormônio tem efeitos de longo alcance no comportamento social complexo (Carter, 2014). Por exemplo, um extenso corpo de pesquisa indica que a oxitocina promove a ligação do par adulto-adulto em muitos mamíferos (Lim e Young, 2006). Condizentes com esse achado, um estudo recente descobriu que a oxitocina pode promover, em homens, fidelidade nos relacionamentos (Scheele et al., 2012). Após inalar um *spray* de oxitocina, os homens que estavam comprometidos em relacionamentos mantiveram mais distância de uma mulher atraente do que aqueles que inalaram o *spray* placebo.

Outra pesquisa com seres humanos sugere que a oxitocina promove sensações de extroversão, franqueza e cordialidade, que promovem a ligação social entre as pessoas (Cardoso, Ellenbogen e Linnen, 2012). Os estudos também descobriram que a oxitocina pode intensificar o envolvimento dos pais com os filhos recém-nascidos (Weisman, Zagoory-Sharon e Feldman, 2014), aumentar a empatia pelo sofrimento dos outros (Shamay-Tsoory et al., 2013) e promover o compartilhamento das emoções das pessoas (Lane et al., 2013).

Outra linha de pesquisa sugere que a oxitocina promove a confiança nos seres humanos. Em um estudo fascinante, os alunos do sexo masculino participaram de uma simulação de barganha em um investimento no qual os "investidores" podiam enviar parte da participação financeira a um "curador", que triplicava o dinheiro, mas, depois, eles tinham de *torcer* para que o curador enviasse uma parte decente do investimento de volta para eles (Kosfeld et al., 2005). Os investidores que inalaram o *spray* de oxitocina antes da simulação eram bem mais confiantes e enviaram mais dinheiro aos curadores do que os sujeitos de controle. Outros estudos também descobriram uma conexão entre a oxitocina e o comportamento de confiança (Merolla et al., 2013). Entretanto, em algumas situações, essa confiança elevada podia ter efeito negativo, como um estudo recente descobriu que a oxitocina diminuiu a capacidade de o sujeito detectar fraude cometida pelos outros (Israel, Hart e Winter, 2013).

Os princípios básicos da genética

Cada célula de nosso corpo tem mensagens duradouras de nossa mãe e de nosso pai, que são encontradas nos *cromossomos* que ficam dentro do núcleo de cada célula. **Cromossomos são como tranças de fios de moléculas de DNA (ácido desoxirribonucleico) que carregam informação genética** (veja **Figura 3.19**) Com exceção das células sexuais (espermas e óvulos), cada célula nos seres

Figura 3.19 Material genético.
Essa série de ampliações mostra os principais componentes do material genético. (Parte superior) No núcleo de cada célula estão os cromossomos, que carregam as informações necessárias para construir novos seres humanos. (Centro) Os cromossomos são cordões filiformes de DNA que carregam milhares de genes, as unidades funcionais da transmissão hereditária. (Parte inferior) O DNA é uma cadeia dupla espiralada de moléculas que pode copiar a si mesmo para reproduzir.

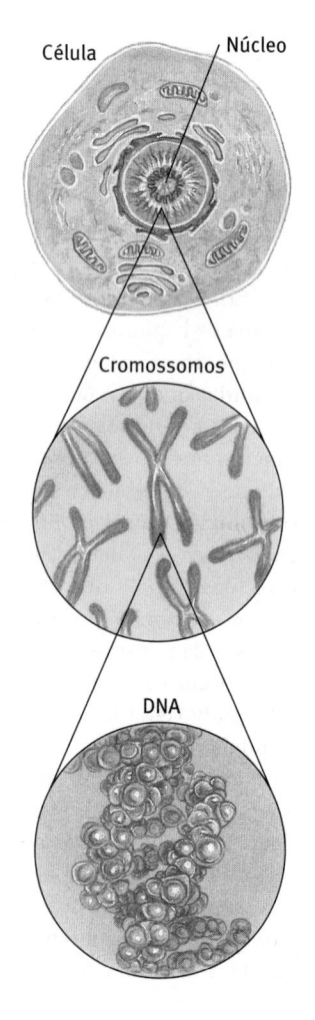

humanos contém 46 cromossomos que se distribuem em 23 pares, e cada cromossomo, em cada par, provém de um dos pais. Cada cromossomo, por sua vez, contém milhares de mensageiros bioquímicos chamados *genes*, **que são segmentos de DNA que funcionam como as unidades funcionais mais importantes na transmissão hereditária.**

Se cada descendente é formado pela união das células dos pais, por que os membros familiares não são clones idênticos? A razão é que um único casal pode produzir uma extraordinária variedade de combinações de cromossomos. Os 23 pares de cromossomos de cada pai podem ser misturados em 8 milhões de diferentes modos (2^{23}), rendendo aproximadamente 70 trilhões de possíveis configurações quando o esperma e o óvulo se unem. Assim, a transmissão genética é um processo complicado, e tudo é uma questão de probabilidade. Exceto no caso de gêmeos idênticos, cada pessoa acaba com um projeto genético único.

Embora as diferentes combinações de genes expliquem por que membros familiares não são iguais, a sobreposição dessas combinações explica por que os membros de uma mesma família tendem a se parecer uns com os outros. Esses membros compartilham mais dos mesmos genes do que os não membros, e parentes próximos compartilham proporções maiores de genes. Por exemplo, a sobreposição genética para gêmeos idênticos é de 100%. Os pais e seus filhos, e os outros irmãos, incluindo gêmeos fraternos, compartilham 50% de seus genes. Os parentes mais distantes compartilham menos sobreposição genética, como destacado na **Figura 3.20**.

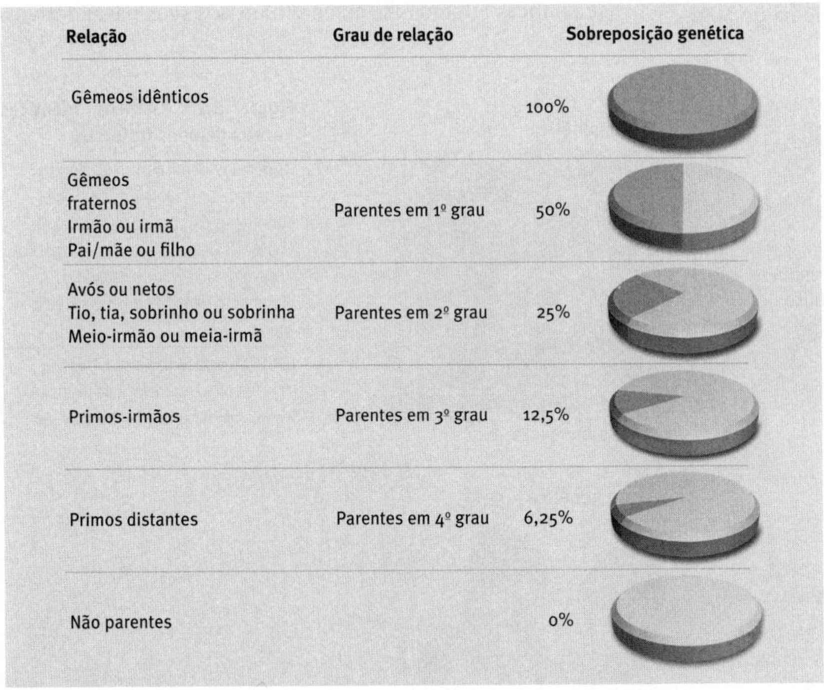

Como os cromossomos, os genes funcionam em pares, com um gene em cada par vindo do pai ou da mãe. De maneira simplista, um par único de genes determina um traço. Entretanto, muitas características humanas parecem ser *traços poligênicos* **ou características que são influenciadas por mais de um par de genes.** Acredita-se, por exemplo, que de três a cinco pares de genes determinem interativamente a cor da pele. Habilidades físicas complexas, como a coordenação motora, podem ser influenciadas por interações complicadas entre muitos pares de genes. Muitas das características psicológicas que aparentemente são afetadas pela hereditariedade parecem envolver complexa herança poligênica (Plomin, De Fries et al., 2013).

Detectando a influência da hereditariedade: métodos de pesquisa

Como os cientistas desembaraçam os efeitos da genética e da experiência para determinar como a hereditariedade afeta o comportamento humano? Pesquisadores têm elaborado tipos específicos de estudos para avaliar o impacto da hereditariedade. Os três métodos mais importantes são: estudos sobre famílias, gêmeos e adoção.

Estudos sobre famílias

Nos *estudos sobre famílias*, os pesquisadores avaliam a influência hereditária examinando parentes consanguíneos para verificarem quanto eles se assemelham uns aos outros em um traço específico. Se a hereditariedade afeta os traços em estudo, os pesquisadores devem encontrar traços de semelhança entre parentes que compartilham mais genes. Irmãos, por exemplo, devem exibir mais semelhanças do que primos.

Para ilustrar esse método, há inúmeros estudos sobre famílias com a finalidade de avaliar a contribuição da hereditariedade no desenvolvimento de distúrbios esquizofrênicos, que atingem cerca de 1% da população, e 9% dos irmãos de pacientes esquizofrênicos são também acometidos de esquizofrenia (Gottesman, 1991). Assim sendo, parentes em primeiro grau de pacientes esquizofrênicos apresentam um risco para esse distúrbio nove vezes mais alto do que o normal. Esse risco é maior que aquele observado em parentes de segundo grau, como sobrinhos e sobrinhas (4%), que é maior que aquele apresentado para parentes de terceiro grau, como primos-irmãos (2%) e assim por diante. Esse padrão de resultados confirma a hipótese de que a herança genética influencia o desenvolvimento de distúrbios esquizofrênicos (Kirov e Owen, 2009).

Relação	Grau de relação	Sobreposição genética
Gêmeos idênticos		100%
Gêmeos fraternos / Irmão ou irmã / Pai/mãe ou filho	Parentes em 1º grau	50%
Avós ou netos / Tio, tia, sobrinho ou sobrinha / Meio-irmão ou meia-irmã	Parentes em 2º grau	25%
Primos-irmãos	Parentes em 3º grau	12,5%
Primos distantes	Parentes em 4º grau	6,25%
Não parentes		0%

Figura 3.20 Sobreposição genética entre parentes.
Pesquisas sobre as bases genéticas do comportamento abrangem os diferentes graus de sobreposição genética entre vários tipos de parentes. Se a hereditariedade influencia um traço, os parentes que compartilham os mesmos genes devem ser mais semelhantes quanto àquele traço do que parentes mais distantes, que compartilham menos genes. Comparações que envolvem diversos graus de relações biológicas aparecerão com frequência nos próximos capítulos.

Esses estudos podem indicar se uma característica segue em famílias. Entretanto, essa correlação não oferece evidência conclusiva de que a característica seja influenciada pela hereditariedade. Por que não? Porque os membros de uma família compartilham não apenas os mesmos genes, mas também meios semelhantes. Além disso, parentes mais próximos apresentam maior probabilidade de viver juntos do que os mais distantes. Assim, a semelhança genética e a do meio tendem a ser maiores em parentes mais próximos. Quaisquer dessas variáveis confusas podem ser as responsáveis quando maiores semelhanças em traços são encontradas em parentes mais próximos. Os estudos sobre famílias podem oferecer percepções úteis acerca do possível impacto da hereditariedade, mas não evidência definitiva.

Estudos sobre gêmeos

Estudos sobre gêmeos podem revelar uma melhor evidência acerca do possível papel dos fatores genéticos. **Em *estudos sobre gêmeos*, pesquisadores avaliam a influência hereditária por meio da comparação de semelhança entre gêmeos idênticos e gêmeos fraternos.** A lógica do estudo de gêmeos depende da relação genética dos gêmeos idênticos e fraternos (**Figura 3.21**). Os *gêmeos idênticos (monozigóticos)* surgem quando um único óvulo fertilizado se divide por razões desconhecidas. Portanto, eles têm exatamente o mesmo projeto genético. Sua sobreposição genética é de 100%. *Gêmeos fraternos (dizigóticos)* resultam quando dois óvulos separados são fertilizados simultaneamente. Eles não são mais parecidos na sua formação genética do que quaisquer dois irmãos nascidos de mesmos pais em diferentes ocasiões. Sua sobreposição genética tem a média de 50%.

Gêmeos fraternos fornecem uma comparação útil a gêmeos idênticos porque, em ambos os casos, os gêmeos geralmente crescem na mesma casa, ao mesmo tempo, e são expostos às mesmas configurações de parentes, vizinhos, colegas, professores, eventos etc. Assim, os dois tipos de gêmeos desenvolvem-se normalmente sob condições ambientais semelhantes. Todavia, gêmeos idênticos compartilham um parentesco mais genético do que os fraternos. Consequentemente, se grupos de gêmeos idênticos tendem a demonstrar mais similaridades em um traço do que grupos de gêmeos fraternos, faz sentido inferir que essa similaridade maior se deva provavelmente à hereditariedade.

Estudos sobre gêmeos têm sido realizados para avaliar o impacto da hereditariedade sobre uma variedade de traços. Por exemplo, os pesquisadores descobriram que os gêmeos idênticos tendem a ser mais semelhantes entre si do que os gêmeos fraternos em medidas de inteligência, no geral, e de traços de personalidade específicos, como extroversão (veja **Figura 3.22**) (Plomin, DeFries et al., 2013). Esses resultados sustentam a noção de que esses traços são influenciados de alguma forma pela formação genética.

Estudos sobre adoção

Estudos sobre adoção **avaliam a influência hereditária, examinando a semelhança entre crianças adotadas, seus pais biológicos e adotivos.** Se filhos adotivos se assemelham aos seus pais biológicos em uma característica, mesmo que não tenham sido criados por eles, fatores genéticos provavelmente influenciaram essa característica. Inversamente, se crianças adotadas se assemelham aos seus pais adotivos,

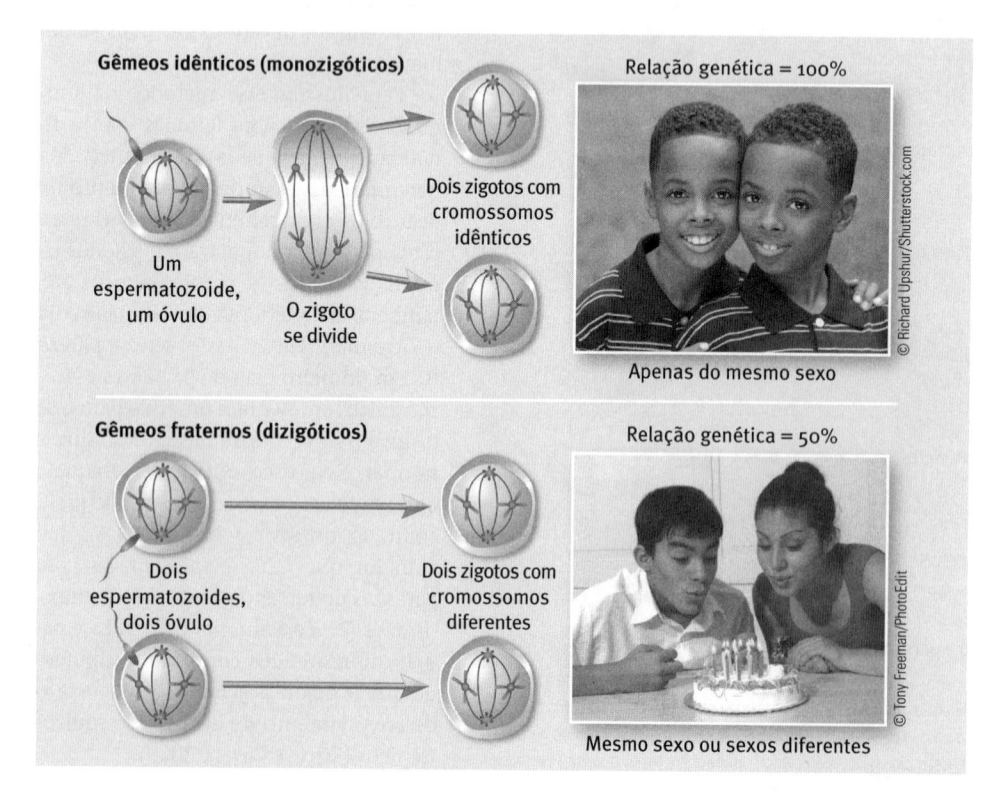

Figura 3.21 Gêmeos idênticos *versus* gêmeos fraternos.

Os gêmeos idênticos (monozigóticos) surgem de um zigoto que se divide, portanto, o parentesco genético é de 100%. Os gêmeos fraternos (dizigóticos) surgem de dois zigotos separados, portanto, o parentesco genético é de apenas 50%.

FONTE: Adaptado de Kalat, J. (1996). *Introduction to psychology*. Belmont, CA: Wadsworth. Reimpresso com permissão.

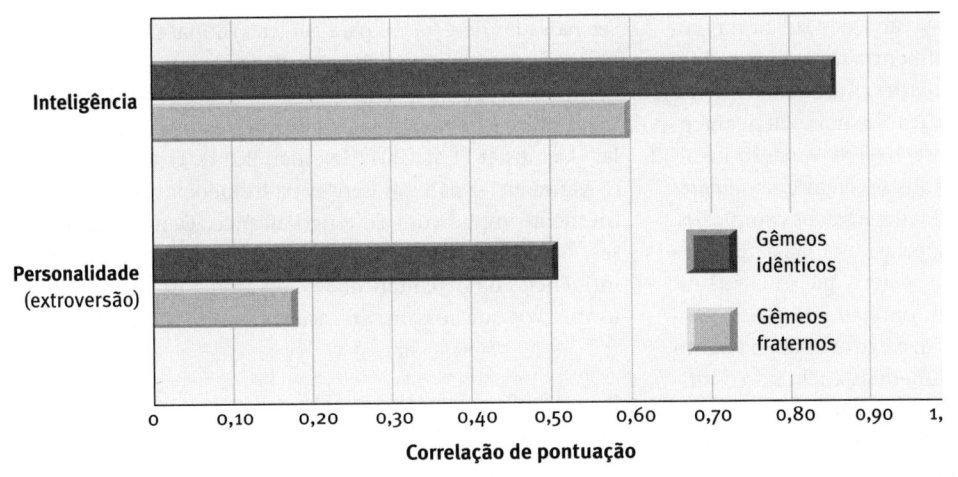

Figura 3.22 Estudos sobre a inteligência e a personalidade em gêmeos.

Gêmeos idênticos tendem a ser mais semelhantes do que gêmeos fraternos (isso se reflete em correlações mais altas) no que diz respeito à habilidade mental geral e a traços específicos de personalidade, como a extroversão. Essas descobertas revelam que a inteligência e a personalidade são influenciadas pela hereditariedade. (Dados de Plomin et al., 2001)

embora não tenham herdado nenhum gene deles, fatores ambientais provavelmente influenciaram a característica.

Recentemente, estudos sobre adoção têm contribuído com o entendimento da ciência a respeito de como a genética e o meio influenciam a inteligência. A pesquisa mostra modesta semelhança entre filhos adotivos e seus pais biológicos, como indicado por uma correlação média de 0,24 (McGue et al., 1993). É interessante salientar também que crianças adotadas se assemelham a seus pais adotivos do mesmo modo (também uma correlação média de 0,24). Essas descobertas sugerem que tanto a hereditariedade quanto o meio têm influência sobre a inteligência.

Avanço: mapeamento genético

Mapeamento genético é o processo de determinar a localização e a sequência química de genes específicos em cromossomos específicos. Os mapas genéticos, sozinhos, não revelam quais genes regem quais traços. No entanto, quando o Projeto do Genoma Humano concluiu a compilação do mapa genético preciso para humanos, em 2003, os especialistas esperavam ver um salto quântico na capacidade de os cientistas apontarem conexões entre genes específicos e traços e transtornos específicos. Muitos achados inovadores *foram* relatados. Por exemplo, médicos pesquisadores rapidamente identificaram os genes responsáveis pela fibrose cística, doença de Huntington e distrofia muscular. Todavia, o desafio de descobrir os genes específicos responsáveis pelos *traços comportamentais,* como inteligência, extroversão e habilidade musical, revelou-se mais difícil do que o esperado (Manuck e McCaffery, 2014; Plomin, 2013; Roofeh et al., 2013). Essa falha em identificar os genes específicos responsáveis pelas variações nos traços comportamentais às vezes é chamada de problema da *hereditariedade perdida*.

Por que o progresso nessa área de pesquisa tem sido demasiadamente lento? Até agora, os principais avanços médicos no mapeamento genético envolveram traços dicotômicos (ou você tem o traço ou não, como distrofia muscular) regidos por um único par genético. Contudo, a maioria dos traços comportamentais não envolve dicotomia, já que todos possuem quantidades variadas de inteligência, extroversão, habilidade musical, e assim por diante. Além do mais, praticamente todos os traços comportamentais parecem ser *poligênicos*, o que significa que são moldados por muitos genes, em vez de um único gene. Esses problemas não são exclusivos aos traços psicológicos. Por exemplo, os esforços para

REVISÃO 3.3

Reconhecendo a influência da hereditariedade

Verifique seu entendimento sobre os métodos que os cientistas usam para explorar as influências da hereditariedade sobre traços comportamentais específicos, completando os espaços em branco nas sentenças a seguir. As respostas encontram-se no Apêndice A.

1. As descobertas obtidas com o estudo sobre famílias indicam que a hereditariedade pode influenciar um traço se _____ mostram mais semelhança de traços do que _____.
2. As descobertas obtidas com o estudo sobre gêmeos sugerem que a hereditariedade influencia um traço se _____ mostram mais semelhança de traços do que _____.
3. As descobertas obtidas com estudos sobre adoção sugerem que a hereditariedade influencia um traço se crianças adotadas ainda quando bem pequeninas compartilham mais semelhança com seus _____ do que com seus _____.
4. As descobertas obtidas com estudos sobre famílias, gêmeos e adoção sugerem que a hereditariedade não influencia um traço quando _____ não está relacionado a(o) _____.

discriminar as bases genéticas das variações na altura, conhecidas por serem altamente influenciadas pela hereditariedade, também foram decepcionantes. Aproximadamente 180 genes relevantes foram identificados, mas coletivamente eles representam apenas cerca de 10% da variação na altura (Lango et al., 2010). Esses dados sugerem que *milhares de genes podem influenciar habilidades e traços complexos*.

Por isso, ao contrário das expectativas iniciais para as técnicas de mapeamento genético, parece que os cientistas não são passíveis de identificar um punhado de genes específicos que controlam a inteligência, a extroversão, o talento musical ou outros traços comportamentais, incluindo os distúrbios psicológicos. Essa realidade não significa que os estudos do mapeamento genético não tenham utilidade para desvendar as bases hereditárias do comportamento. Os cientistas continuam otimistas. O desafio será identificar as coleções de genes que exercem influência muito modesta sobre aspectos do comportamento e descobrir como esses genes interagem com os fatores ambientais (Manuck e McCaffery, 2014; Plomin, 2013).

A interação hereditariedade-meio

Começamos esta seção perguntando: estaria tudo nos genes? Quando se fala de traços de comportamento, a resposta certamente é não. O que os cientistas estão sempre descobrindo é que a hereditariedade e a experiência, *juntas*, influenciam a maioria dos aspectos do comportamento. Ademais, seus efeitos são interativos – eles interagem entre si (Asbury e Plomin, 2014; Rutter, 2012).

Consideremos, por exemplo, o que pesquisadores aprenderam a respeito do desenvolvimento de distúrbios esquizofrênicos. Embora a evidência indique que fatores genéticos influenciam o desenvolvimento da esquizofrenia, não parece que alguém herde diretamente o distúrbio. Ao contrário, o que as pessoas parecem herdar é certo grau de *vulnerabilidade* a ela (McDonald e Murphy, 2003). Se essa vulnerabilidade vai ou não se transformar em um distúrbio real, dependerá das experiências de cada pessoa na vida. Assim, como explicam Danielle Dick e Richard Rose (2002) em um relatório sobre a pesquisa genética comportamental, "os genes conferem disposições, e não destinos" (p. 73).

Nos últimos anos, as pesquisas na área emergente da *epigenética* têm apenas servido para demonstrar que os fatores genéticos e ambientais estão intrinsecamente interligados. **Epigenética é o estudo das mudanças hereditárias na expressão genética que não envolve modificações na sequência do DNA.** Acontece que os efeitos dos genes específicos podem ser atenuados ou silenciados por eventos químicos no nível celular, levando a alterações nos traços, na saúde e no comportamento (Tsankova et al., 2007). Além disso, esses eventos clínicos podem ser estimulados por eventos ambientais, como má nutrição quando os filhos são jovens, exposição ao estresse ou peculiaridades na dieta (Kofink et al., 2013). O que surpreendeu os cientistas é que essas *marcas epigenéticas* que influenciam a expressão genética podem ser passadas de geração para geração (Bohacek et al., 2013). Os teóricos suspeitam que as mudanças epigenéticas possam contribuir com uma variedade de transtornos psicológicos, incluindo vício em drogas, esquizofrenia e transtorno bipolar (Dempster et al., 2011; Nestler, 2014). O achado de que os genes em si não são isentos da influência ambiental tem inúmeras implicações de longo alcance. Dentre outras coisas, significa que os esforços para quantificar as respectivas influências da hereditariedade e do ambiente – por mais informativos que possam ser – acabam sendo artificiais.

3.7 As bases evolucionistas do comportamento

> **3.7 Objetivos Principais de Aprendizagem**
> - Compreender as principais ideias que representam a essência da teoria da evolução de Darwin.
> - Descrever os refinamentos subsequentes da teoria evolucionista, e dar alguns exemplos de comportamento animal que representam adaptações.

Para concluir nosso estudo das bases biológicas do comportamento, precisamos discutir como as forças evolucionistas formaram muitos aspectos do comportamento humano e animal. Como você se lembra, no Capítulo 1, vimos que a *psicologia evolucionista* é uma relativamente nova e importante perspectiva teórica no campo que analisa os processos comportamentais no que diz respeito a seu significado adaptativo. Nesta seção, destacaremos alguns princípios básicos da teoria evolucionista e os relacionare-

Entre outras coisas, Darwin quis explicar por que os traços físicos dos organismos costumam ser curiosamente adaptativos ao seu ambiente. Por exemplo, como os pica-paus desenvolveram bicos notáveis, que possibilitam extrair insetos das árvores?

mos ao comportamento animal. Essas ideias criarão uma base para os capítulos seguintes, nos quais veremos como tais princípios podem melhorar nosso entendimento dos muitos aspectos do comportamento humano.

As visões de Darwin

Charles Darwin, o lendário naturalista britânico, *não* foi a primeira pessoa que descreveu o processo de evolução. Bem antes dele, outros biólogos que estudaram o registro de fósseis observaram que várias espécies pareciam ter sofrido mudanças graduais no decorrer de muitas gerações. A contribuição de Darwin (1859) em seu notável livro *A origem das espécies* foi uma nova e criativa explicação do *como* e do *porquê* as mudanças evolucionistas se desdobraram com o passar do tempo. Ele identificou a *seleção natural* como o mecanismo que alimenta o processo de evolução (Dewsbury, 2009).

O mistério que Darwin se dedicou a decifrar era complicado. Ele queria explicar como as características de uma espécie podem mudar durante gerações e por que essas mudanças tendiam a ser surpreendentemente adaptativas. Em outras palavras, ele quis lançar luz sobre a razão pela qual os organismos tendem a apresentar características que os servem bem no contexto de seu meio. Como as girafas desenvolveram seus longos pescoços que lhes permitem alcançar as acácias para garantir sua principal fonte de alimento? Como o pica-pau desenvolveu seu bico pontiagudo e cortante que lhe permite perfurar as árvores para encontrar insetos de maneira tão eficiente? A explicação de Darwin para a natureza aparentemente proposital da evolução estava centrada em quatro visões cruciais.

Em primeiro lugar, ele observou que os organismos variam de infinitas maneiras, como tamanho, velocidade, força, aspectos da aparência, habilidades visuais, capacidades auditivas, processos digestivos, estruturas celulares, e assim por diante. Em segundo lugar, observou que algumas dessas características são hereditárias – ou seja, elas passam de uma geração para outra. Embora os genes e os cromossomos ainda não tivessem sido descobertos, o conceito da hereditariedade já estava bem estabelecido. Em terceiro lugar, tomando emprestado o trabalho de Thomas Malthus, Darwin verificou que os organismos tendem a se reproduzir a um ritmo que supera a disponibilidade local de suprimento de alimento, espaço e outros recursos importantes. À medida que a população cresce e os recursos precisos diminuem, a competição por eles se torna mais acirrada. Assim, ocorreu a Darwin – e foi essa sua grande visão – que as variações nos traços hereditários afetam a habilidade dos organismos para conseguir os recursos necessários à sobrevivência e à reprodução. Em quarto lugar, com base nessa visão, Darwin argumentou que se um traço hereditário específico contribui para o sucesso da sobrevivência ou reprodução de um organismo, os organismos que o apresentam produzem mais descendentes do que os que não o têm (ou que o possuem em intensidade menor), e a prevalência desse traço deve gradualmente aumentar ao longo das gerações – resultando na mudança evolucionista.

Embora a evolução seja amplamente caracterizada como uma questão de "sobrevivência do mais forte", Darwin reconheceu, desde o início, que a sobrevivência é importante apenas na medida em que se relaciona ao sucesso na reprodução. De fato, na teoria evolucionista, a *força* refere-se ao **sucesso reprodutivo (número de descendentes) de um organismo individual em relação ao sucesso reprodutivo médio na população**. *As variações no sucesso reprodutivo são o que realmente impulsionam a mudança evolucionista.* Mas a sobrevivência é crucial porque os organismos precisam amadurecer e prosperar antes de reproduzir. Assim, Darwin teorizou que devem existir dois modos pelos quais os traços podem contribuir para a evolução: propiciar uma vantagem de sobrevivência ou de reprodução. Por exemplo, o casco da tartaruga tem um grande valor de proteção que propicia uma vantagem de sobrevivência. Em contraste, a emissão de luz por um vaga-lume é um chamado para o acasalamento que propicia uma vantagem reprodutiva.

Em resumo, o princípio da *seleção natural* afirma **que as características hereditárias que propiciam uma vantagem de sobrevivência ou de reprodução são mais prováveis do que características alternativas de serem passadas para as gerações subsequentes e, portanto, são "selecionadas" com o passar do tempo.** Observe que o processo da seleção natural opera em *populações* e não em *organismos individuais*. A evolução ocorre quando o *pool* genético em uma população muda gradualmente como resultado das pressões da seleção. Embora existam exceções ocasionais (Gould e Eldrege, 1977), esse processo tende a ser extremamente gradual – em geral, leva milhares a milhões de gerações para que um traço seja preferido ao outro na seleção.

A teoria de Darwin teve pelo menos duas implicações importantes de longo alcance (Buss, 2009). Primeira, ela sugeriu que a reverenciada diversidade da vida é o resultado de um processo não planejado, natural, e não de uma criação divina; e, segunda, ela implica que os seres humanos não são únicos e que compartilham uma ascendência comum com outras espécies. Embora essas implicações tenham se provado altamente controversas, a teoria de Darwin acabou conquistando uma considerável aceitação porque forneceu uma explicação convincente para como as características de várias espécies gradualmente mudaram durante muitas gerações e para a direção funcional e adaptativa dessas mudanças.

Refinamentos subsequentes à teoria evolucionista

Embora a teoria evolucionista de Darwin tenha rapidamente adquirido defensores articulados, ela também permaneceu controversa por décadas. Por fim, progressos no entendimento da hereditariedade foram suficientes para permitir que Theodore Dobzhansky (1937) escrevesse um relato bem abrangente do processo evolucionário em termos genéticos. A síntese de Dobzhansky das ideias de Darwin e da genética moderna foi muito influente, e por volta da década de 1950

Na teoria evolucionista, a aptidão é uma questão de sucesso reprodutivo – o número de descendentes produzidos por um organismo.

os dogmas centrais da teoria evolucionista foram amplamente aceitos pelos cientistas.

Modelos contemporâneos de evolução reconhecem que a seleção natural opera sobre o *pool* genético de uma população. As *adaptações* são o produto-chave desse processo. **Uma adaptação é uma característica herdada que aumentou em uma população (por meio da seleção natural) porque ela ajudou a resolver o problema da sobrevivência ou reprodução durante o tempo em que emergiu.** Devido à natureza lenta e gradual da evolução, as adaptações às vezes permanecem em uma população, embora não mais propiciem uma vantagem de sobrevivência ou reprodução (Durrant e Ellis, 2013). Por exemplo, os seres humanos demonstram uma preferência por substâncias gordurosas, que era adaptativa em uma época de caça e coleta, em que gordura era uma fonte escassa de calorias importantes. Contudo, em nosso mundo moderno, em que a gordura é disponível em abundância, essa preferência leva muitas pessoas a consumir gordura em excesso, resultando em obesidade, doenças cardíacas e outros problemas de saúde. Por isso, a preferência por alimentos gordurosos tornou-se uma desvantagem para a sobrevivência humana (embora seu impacto no sucesso reprodutivo seja mais difícil de aferir). Como veremos, os psicólogos evolucionistas descobriram que muitos aspectos da natureza humana refletem exigências adaptativas enfrentadas por nossos ancestrais e não exigências contemporâneas. É claro que, como a seleção natural continua a operar, esses antigos traços adaptativos serão eliminados aos poucos, mas o processo é muito lento.

Comportamentos como traços adaptativos

Análises acadêmicas da evolução focaram principalmente a evolução das *características físicas* no reino animal, desde o mais remoto início. Darwin reconheceu que a seleção natural também se aplicava aos *traços comportamentais* (Durrant e Ellis, 2013). A psicologia evolucionista moderna é baseada na suposição bem fundamentada de que os padrões típicos de comportamento de uma espécie, com frequência, refletem as soluções evolucionistas aos problemas adaptativos.

Considere, por exemplo, o comportamento de alimentação dos ratos, que demonstram extremo cuidado quando se deparam com novos alimentos. Os ratos são animais versáteis encontrados nos mais diferentes hábitats e consomem uma grande variedade de alimentos, mas essa variedade apresenta riscos, e eles precisam tomar cuidado para não ingerirem substâncias tóxicas. Quando os ratos se deparam com alimentos não familiares, consomem apenas quantidades pequenas e não ingerem dois alimentos desconhecidos ao mesmo tempo. Se a ingestão de um novo alimento provoca uma doença, eles o evitarão no futuro (Logue, 1991). Essas precauções permitem aos ratos descobrir o que lhes causa doenças, ao mesmo tempo que reduz a possibilidade da ingestão de uma quantidade letal de algo venenoso. Esses padrões de comportamento de alimentação são soluções altamente adaptativas ao problema de seleção de comida encontradas pelos ratos.

Examinemos outros exemplos de como a evolução moldou o comportamento dos organismos. Evitar os predadores é uma questão quase universal para os organismos. Por causa da seleção natural, muitas espécies, como o gafanhoto mostrado na foto abaixo, desenvolveram características físicas que lhes permitem se fundir ao meio, tornando mais difícil para os predadores as

O comportamento que ajuda o gafanhoto a se esconder dos predadores é um produto da evolução, assim como as características físicas que o ajudam a se fundir com seu meio.

detectarem. Muitos organismos também praticam elaboradas *manobras comportamentais* para se esconder. Por exemplo, o gafanhoto na foto cavou uma pequena trincheira onde pode se esconder e usou as pernas do meio para puxar pedriscos sobre suas costas (Alcock, 1998). Esse inteligente comportamento para se esconder é um produto da evolução, assim como sua notável capacidade de camuflagem.

Muitas adaptações comportamentais existem para melhorar as chances de sucesso reprodutivo. Considere, por exemplo, a ampla variedade de espécies nas quais a fêmea ativamente escolhe o macho. Em muitas dessas espécies, as fêmeas exigem bens materiais e serviços do macho em troca da oportunidade de acasalamento. Por exemplo, em um tipo de mariposa, os machos têm de passar horas extraindo sódio de poças de lama, que depois será transferido para as companheiras potenciais. Elas usam a substância para suprir suas larvas com um importante elemento nutricional (Smedley e Eisner, 1996). As fêmeas da família dos mecópteros exigem alimentos como presentes antes do acasalamento. Elas rejeitam pretendentes que trazem alimentos não saborosos e condicionam a duração da cópula ao tamanho do presente (Thornhill, 1976).

3.8 Refletindo sobre os temas do capítulo

3.8 Objetivos Principais de Aprendizagem
- Identificar os três temas unificadores destacados neste capítulo.

Hereditariedade e meio ambiente

Causalidade multifatorial

Empirismo

Três entre sete temas foram destacados neste capítulo: (1) a hereditariedade e o meio interagem influenciando o comportamento; (2) o comportamento é determinado por múltiplas causas; e (3) a psicologia é empírica. Examinemos cada um desses pontos.

No Capítulo 1, quando enfatizamos que a hereditariedade e o meio, juntos, formam o comportamento, talvez você tenha ficado um tanto perplexo ao descobrir como seus genes podem ser responsáveis por seu humor sarcástico ou interesse por arte. Na verdade, não existem genes para o comportamento por si. Os especialistas não esperam encontrar genes para o sarcasmo ou o interesse artístico, por exemplo. Embora seus dons hereditários desempenhem um papel em seu comportamento, eles o fazem *indiretamente*, moldando a máquina fisiológica com a qual você opera. Assim, seus genes influenciam sua composição fisiológica, que, por sua vez, influencia sua personalidade, temperamento, inteligência, interesses e outros traços. Lembre-se, no entanto, de que os fatores genéticos não operam no vácuo. Os genes exercem seus efeitos em um contexto ambiental. O impacto da composição genética depende do meio, e o impacto do meio depende da composição genética.

Por todo o capítulo ficou evidente que o comportamento é determinado por causas múltiplas, mas esse tema tornou-se particularmente evidente na discussão acerca da esquizofrenia. Em pontos diferentes do capítulo, vimos que a esquizofrenia pode ser uma função de (1) anormalidades na atividade neurotransmissora (especialmente da dopamina); (2) anormalidades estruturais no cérebro identificadas por exames de tomografia e ressonância magnética; e (3) vulnerabilidade genética à doença. Essas descobertas não contradizem uma a outra. Pelo contrário, elas demonstram que um arranjo complexo de fatores biológicos está envolvido no desenvolvimento da esquizofrenia. No Capítulo 13, veremos que uma série de fatores ambientais também desempenha um papel na causa multifatorial da esquizofrenia.

A natureza empírica da psicologia ficou aparente em inúmeras discussões acerca dos métodos especializados de pesquisa usados para estudar as bases fisiológicas do comportamento. Como você sabe, a abordagem empírica depende da observação precisa. Por todo este capítulo, vimos como os pesquisadores descobriram métodos inovadores para observar e medir fenômenos complexos como os impulsos neurais, a função do cérebro, a especialização cerebral e o impacto da hereditariedade sobre o comportamento. Os métodos empíricos são a essência do empreendimento científico. Quando os pesquisadores descobrem como melhor observar algo, essa descoberta em geral propicia importantes avanços no conhecimento científico. É por isso que as novas técnicas de imagem do cérebro representam uma promessa excitante para os neurocientistas.

A importância do empirismo também ficará evidente nas seções Aplicação Pessoal e Aplicação do Pensamento Crítico a seguir. Nas duas aplicações, você verá a importância de aprender a distinguir entre descobertas científicas e conjecturas baseadas nessas descobertas.

3.9 APLICAÇÃO PESSOAL
Analisando o conceito de "duas mentes em uma"

Responda "verdadeiro" ou "falso".
___ 1. Cada cérebro tem sua maneira própria de pensar.
___ 2. Algumas pessoas são guiadas pelo lado esquerdo do cérebro; outras, pelo direito.
___ 3. Os dois hemisférios do cérebro são especializados em lidar com diferentes funções cognitivas.

Temos duas mentes em uma que pensam diferentemente? Dependemos de um lado do cérebro mais do que do outro? Será que o lado direito é negligenciado? São questões complexas demais para serem respondidas com um simples "verdadeiro" ou "falso", mas nesta Aplicação enfocaremos as questões envolvidas nessas propostas, que são extensões das descobertas sobre especialização cerebral. Veremos que algumas das ideias são plausíveis, mas que, em muitos casos, o exagero ultrapassa a evidência.

Especialização cerebral e processos cognitivos

Ao usarem uma variedade de métodos, os cientistas compilaram montanhas de dados sobre as habilidades especializadas dos hemisférios direito e esquerdo. Essas descobertas levaram à ampla teorização sobre como os lados direito e esquerdo do cérebro podem estar relacionados aos processos cognitivos. Algumas das ideias mais intrigantes incluem o seguinte:

1. *Os dois hemisférios são especializados para processar diferentes tipos de tarefas cognitivas* (Corballis, 1991). Descobertas advindas de pesquisas têm sido amplamente interpretadas, mostrando que o hemisfério esquerdo lida com tarefas verbais (a linguagem, a fala, a escrita, a matemática e a lógica), enquanto o direito lida com tarefas não verbais (problemas relativos ao espaço, música, arte, fantasia e criatividade). Essas conclusões atraíram muito interesse público e atenção da mídia. A **Figura 3.23**, por exemplo, mostra uma descrição de um artista da revista *Newsweek* de como o cérebro, supostamente, divide seu trabalho.

2. *Os dois hemisférios têm maneiras diferentes de pensar* (Davis e Dean, 2005). De acordo com essa noção, as diferenças documentadas entre os hemisférios quanto a lidar bem com material verbal e não verbal devem-se a diferenças mais básicas sobre como os hemisférios processam informação. Essa teoria prega que a razão pela qual o hemisfério esquerdo lida bem com material verbal é porque ele é analítico, abstrato, racional, lógico e linear. Por outro lado, pensa-se que o hemisfério direito esteja mais bem equipado para lidar com material espacial e musical porque ele é sintético, concreto, não racional, intuitivo e holístico.

3. *As pessoas dependem de um hemisfério mais do que do outro* (Pink, 2005). Supostamente, algumas pessoas dependem mais do "hemisfério esquerdo do cérebro", o que, acredita-se, faria que fossem mais analíticas, racionais e lógicas. Outras fariam maior uso do "hemisfério direito do cérebro", o que, supõe-se, as faria mais intuitivas, irracionais e holísticas. Essa tendência de uso de lados diferentes do cérebro explicaria muitas características pessoais, tais como se um indivíduo gosta de ler, é bom com mapas ou aprecia música. Essa noção explicaria as escolhas ocupacionais, ou seja, por que alguns escolhem ser músicos ou artistas, enquanto outros estão mais predispostos a tornarem-se escritores ou cientistas.

Complexidades e qualificações

As ideias que acabamos de delinear são intrigantes e captaram claramente a imaginação do público em geral. Mas a pesquisa sobre especialização cerebral é complexa e essas ideias têm de ser qualificadas muito cuidadosamente (Efron, 1990; Springer e Deutsch, 1998). Examinemos cada ponto.

1. Há ampla evidência de que o hemisfério direito e o esquerdo são especializados em lidar com diferentes tipos

> **3.9 OBJETIVOS PRINCIPAIS DE APRENDIZAGEM**
> • Descrever e avaliar três crenças populares a respeito da especialização dos hemisférios cerebrais.

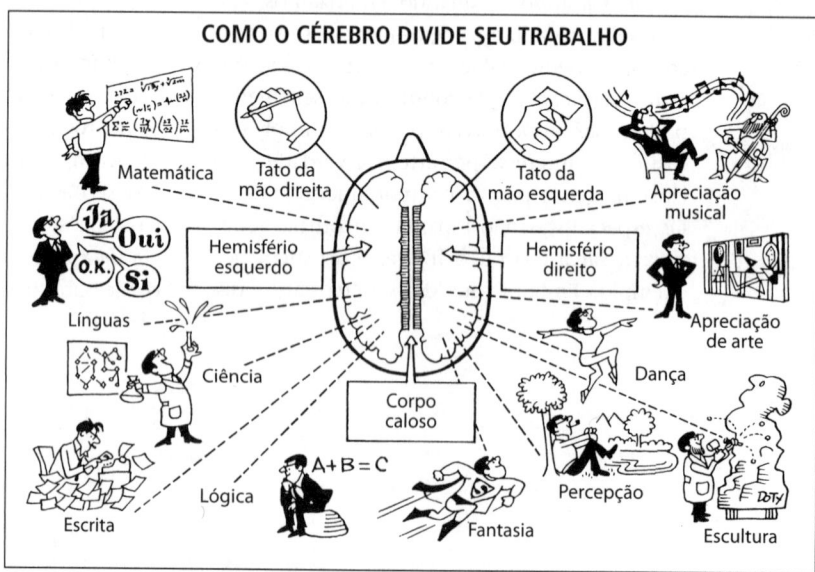

Figura 3.23 Concepções populares sobre a especialização hemisférica.
Como ilustra essa imagem da revista *Newsweek*, descrições da especialização cerebral na imprensa popular sempre são exageradamente simplificadas.
Fonte: Cartoon – Cortesia de Roy Doty

de tarefas cognitivas, *mas até certo ponto* (Corbalis, 2003; Herve et al., 2013). Doreen Kimura (1973) comparou as habilidades do hemisfério direito e do esquerdo para rapidamente reconhecer letras, palavras, rostos e melodias em uma série de estudos perceptuais sobre assimetria. Ela descobriu que a superioridade de um hemisfério sobre o outro em tipos específicos de tarefas era em geral bastante modesta (veja **Figura 3.24**). A maioria das tarefas provavelmente emprega os dois hemisférios, embora em níveis diferentes (Beeman e Chiarello, 1998). Além disso, as pessoas diferem em seus padrões de especialização cerebral (Springer e Deutsch, 1998). Algumas delas demonstram pouca especialização – isto é, seus hemisférios parecem ter habilidades iguais para vários tipos de tarefas. Outras até invertem a especialização usual, de maneira que o processamento verbal possa estar alojado no hemisfério direito. Esses padrões incomuns ocorrem especialmente entre pessoas canhotas (Josse e Tzourio-Mazoyer, 2004). Músicos realizados podem ser outra exceção à regra. Dois estudos descobriram que músicos experientes exibem uma organização cerebral mais bilateral do que se comparados a não músicos (Gibson, Folley e Park, 2009; Patston et al., 2007). Essa bilateralidade pode se desenvolver porque os músicos geralmente usam ambas as mãos independentemente para tocar seus instrumentos. Se essa explicação for precisa, forneceria outro exemplo de como a experiência pode moldar a organização do cérebro. Em qualquer evento, está claro que a especialização funcional dos hemisférios cerebrais não é definida concretamente.

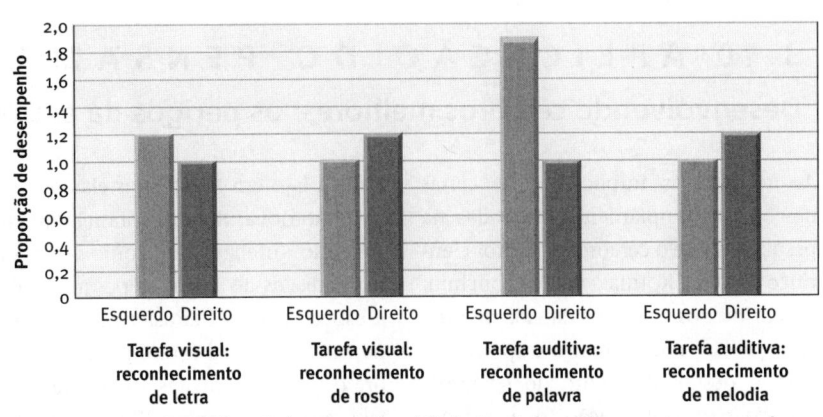

Figura 3.24 Superioridade relativa de um hemisfério do cérebro sobre o outro em estudos de assimetria perceptual.

Essas proporções de desempenho retiradas de um estudo conduzido por Doreen Kimura (1973) mostram o grau de "superioridade" de um hemisfério sobre o outro em cada tipo de tarefa em um estudo com participantes normais. Por exemplo, o hemisfério direito foi 20% melhor do que o esquerdo em reconhecimento rápido de padrões de melodia (proporção 1,2 para 1). A maioria das diferenças no desempenho dos dois hemisférios é muito pequena.

Será que a habilidade musical depende de a pessoa utilizar o lado direito do cérebro? A pressão popular certamente tem sugerido que esse é o caso, mas como o livro explica, não há nenhuma evidência empírica sólida para apoiar essa afirmação.

2. Poucas evidências foram encontradas para apoiar a noção de que cada hemisfério tem seu próprio modo de pensamento ou estilo cognitivo (Corballis, 2007). Essa noção é plausível, e *existe* alguma evidência que a apoie, mas é inconsistente e são necessárias mais pesquisas (Gordon, 1990; Reuter-Lorenz e Miller, 1998). O problema principal em relação a essa ideia é que aspectos do estilo cognitivo se mostraram difíceis de definir e medir. Há, por exemplo, grande debate quanto ao significado de pensamento analítico *versus* sintético, ou pensamento linear e holístico.

3. A afirmação de que algumas pessoas usam mais o hemisfério esquerdo do que o direito também parece mais mítica do que real. Uma pesquisa recente sobre a formação de imagem pelo cérebro não apoiou a ideia de que algumas pessoas exibem consistentemente mais ativação de um hemisfério do que do outro (Nielsen et al., 2013). Contrariamente à crença popular, pesquisadores não possuem dados convincentes para relacionar essas "preferências" a escolhas ocupacionais, habilidade musical etc. (Knecht et al., 2001; Springer e Deutsch, 1998).

Resumindo, as teorias que relacionam a especialização cerebral a processos cognitivos são altamente especulativas. Não há nada errado com a especulação teórica. Infelizmente, a natureza temporária e conjectural dessas ideias sobre a especialização hemisférica perdeu-se em descrições populares de revistas acerca de pesquisas sobre o lado direito e o esquerdo do cérebro (Coren, 1992). Comentando sobre essa popularização, Hooper e Teresi (1986) afirmam: "Seguiu-se um culto muito difundido do cérebro direito, e a casa dupla que Sperry construiu transformou-se na marca do conhecimento da ciência do cérebro" (p. 223). A especialização cerebral é uma importante e instigante área de pesquisa. Contudo, é irreal esperar que as divisões hemisféricas do cérebro possam oferecer uma explicação biológica para cada dicotomia ou polaridade nos modos de pensamento.

CHECAGEM DA REALIDADE

Ideia equivocada

Ou as pessoas usam o lado esquerdo do cérebro ou usam o lado direito, e essa disparidade pode prever suas habilidades e interesses.

Realidade

Livros de psicologia populares, sem base científica, costumam discutir como a utilização do lado direito ou esquerdo do cérebro deve estar relacionada aos talentos pessoais e à escolha ocupacional. Existe apenas um pequeno problema. Se você buscar pela literatura de pesquisas, não há estudos que conectem o lado do cérebro a talentos específicos, e um recente estudo de imagem cerebral acaba com a noção de que as pessoas usam apenas um lado do cérebro.

3.10 APLICAÇÃO DO PENSAMENTO CRÍTICO
Desenvolvendo cérebros melhores: os perigos da extrapolação

> **3.10 OBJETIVOS PRINCIPAIS DE APRENDIZAGEM**
>
> - Explicar como as pesquisas em neurociência têm sido extrapoladas excessivamente para as questões educacionais.

Ao resumir as implicações de certas descobertas amplamente discutidas na pesquisa sobre o cérebro, o escritor científico Ronald Kotulak (1996) concluiu: "Os primeiros três anos da vida de uma criança são crucialmente importantes para o desenvolvimento do cérebro". Ao ecoar essa afirmação, o presidente de uma comissão educacional nos Estados Unidos declarou que "a pesquisa do desenvolvimento cerebral sugere que está na hora de repensar muitas políticas educacionais" (Bruer, 1999, p. 16). Baseados em pesquisas das neurociências (as várias disciplinas científicas que estudam o cérebro e o sistema nervoso), na década de 1990, muitos Estados lançaram programas de custo elevado, com o objetivo de promover melhor desenvolvimento neural em bebês. Por exemplo, o governador da Geórgia na época, Zell Miller, buscou fundos estaduais para distribuir fitas com músicas clássicas entre as crianças, afirmando: "Ninguém duvida que ouvir música, especialmente em tenra idade, afeta o raciocínio espaçotemporal subjacente à matemática, engenharia e xadrez" (Bruer, 1999, p. 62). Grupos educacionais bem-intencionados e até algumas celebridades de Hollywood argumentaram a favor da criação de escolas para bebês, com base no fato de que, como os primeiros três anos de vida são especialmente cruciais ao desenvolvimento cerebral, experiências educacionais enriquecidas resultariam em adultos mais inteligentes. Esse movimento popular produziu uma série de livros que afirmavam vincular as pesquisas neurocientíficas às práticas educacionais, como *Brain-based early learning activities* (Darling-Kuria, 2010) e *Brain-based strategies to reach every learner* (Connell, 2005).

Quais são essas novas e práticas descobertas a respeito do cérebro que permitem aos pais e educadores otimizar o desenvolvimento do cérebro dos bebês? Bem, discutiremos a pesquisa relacionada a isso em breve, mas elas não são nem tão novas nem tão práticas quanto sugerido. Infelizmente, como vimos em nossa discussão acerca da pesquisa sobre a especialização hemisférica, o exagero na mídia superou muito a realidade sobre o que os cientistas aprenderam nos laboratórios (Chance, 2001) o que fornece um estudo de caso esclarecedor sobre os perigos da extrapolação excessiva.

As descobertas-chave do desenvolvimento neural

Os reformistas da educação e da assistência à criança, que usaram a ciência que estuda o cérebro como base para suas campanhas, citaram principalmente duas descobertas-chave: a descoberta de períodos cruciais no desenvolvimento neural e a demonstração de que ratos criados em "meios enriquecidos" têm mais sinapses do que os criados em "meios empobrecidos". Examinemos tais descobertas.

Período crucial **é um espaço limitado de tempo no desenvolvimento de um organismo quando há uma situação ideal para o surgimento de certas capacidades, porque está especialmente responsivo a certas experiências.** A pesquisa inovadora sobre períodos cruciais no desenvolvimento neural foi conduzida por David Hubel e Torsten Wiesel (1963, 1965) na década de 1960. Eles demonstraram que, se o olho de um gatinho recém-nascido for costurado e mantido fechado no início de seu desenvolvimento (nas primeiras quatro a seis semanas), aquele olho ficará permanentemente cego, mas se o olho for coberto pelo mesmo período em uma idade mais avançada (depois de quatro meses), a cegueira não ocorrerá. Esses estudos mostram que certos tipos de informações visuais são necessárias durante um período crucial do desenvolvimento, ou os caminhos neurais entre o olho e o cérebro não se formarão apropriadamente. Basicamente, o que acontece é que as sinapses inativas do olho fechado são deslocadas pelas sinapses ativas do olho aberto. Foram encontrados períodos cruciais para outros aspectos do desenvolvimento neural e em outras espécies, mas ainda há muito a aprender. Com base nesse tipo de pesquisa, alguns reformistas educacionais e da assistência à criança argumentaram que os três primeiros anos de vida representam um período crucial para o desenvolvimento neural humano.

O trabalho pioneiro sobre o meio e o desenvolvimento do cérebro começou na década de 1960, com Mark Rosenzweig et al. (1961, 1962). Eles criaram alguns ratos em um meio empobrecido (colocados individualmente em gaiolas pequenas e vazias) e outros em um meio enriquecido (em grupos, em gaiolas maiores, com uma variedade de objetos para exploração), como exibido na **Figura 3.22**. Os cientistas descobriram que os ratos criados em um meio enriquecido tiveram melhor desempenho em tarefas de solução de problemas do que os que foram criados em um meio empobrecido e tinham o cérebro um pouco mais pesado e um córtex cerebral mais espesso em algumas áreas do cérebro. Pesquisas subsequentes, conduzidas por William Greenough, demonstraram que meios enriquecidos resultaram em áreas corticais mais densas e espessas, pois produzem ramificações mais densas de dentritos, mais sinapses e redes neurais mais ricas (Greenough, 1975; Greenough e Volkmar, 1973). Mais recentemente, os cientistas compreenderam que os ambientes enriquecidos também promovem o processo recém-descoberto de *neurogênese* no cérebro (Nithianantharajah e Hannan, 2006). Baseados nesse tipo de pesquisa, alguns reformistas ligados à assistência às crianças argumentaram que os bebês humanos precisam ser criados em meios enriquecidos durante o período crucial, antes dos 3 anos, para promover a formação de sinapses e melhorar o desenvolvimento de seus circuitos neurais emergentes.

As descobertas a respeito dos períodos cruciais e dos efeitos dos meios enriquecidos foram inovações genuínas na neurociência, mas com certeza não são descobertas *novas*, como sugeriram vários grupos de ação política. Além do mais, é possível levantar muitas dúvidas sobre se essa pesquisa serve como um guia significativo para decisões relacionadas à educação familiar, programas de creches, políticas educacionais e reformas na área de assistência social (Goswami, 2006; Thomson e Nelson, 2001).

A tendência a superextrapolar

A *extrapolação* ocorre quando se estima que um efeito se estende além dos valores e condições conhecidos. A extrapolação é um processo normal, mas algumas são projeções conservadoras e plausíveis, extraídas de dados diretamente relevantes, enquanto outras são saltos exagerados de especulação com base em dados frouxamente relacionados. As extrapolações referentes às implicações educacionais quanto aos períodos cruciais e efeitos do meio sobre a formação das sinapses são *superextrapolações* altamente conjecturais. Os estudos que destacaram a possível importância dos primeiros estudos feitos em animais usaram condições extremas para fazer suas comparações, como privar o animal de todas as informações visuais ou criá-lo em total isolamento. Os chamados ambientes enriquecidos provavelmente se assemelham às condições normais no mundo real, ao passo que o ambiente laboratorial padrão pode refletir privação ambiental extrema (Gould, 2004). À luz das descobertas, parece plausível especular que as crianças provavelmente precisem de estimulação normal para experienciar o desenvolvimento do cérebro. No entanto, surge uma grande dificuldade quando essas descobertas são estendidas para concluir que o acréscimo de *mais* estímulo a um meio normal será benéfico para o desenvolvimento do cérebro (Shatz, 1992).

A facilidade com que as pessoas caem na armadilha da superextrapolação ficou evidente nas recentes recomendações de que bebês ouvissem música clássica para aprimorar o desenvolvimento do cérebro. Essas recomendações foram derivadas de dois estudos que mostraram que o desempenho de estudantes universitários em tarefas que requerem raciocínio espacial foi aumentado entre 10 e 15 minutos depois que eles ouviram uma curta gravação de Mozart (Rauscher, Shaw e Ky, 1993, 1995). Essa descoberta peculiar, chamada "efeito Mozart", provou-se difícil de ser reproduzida (Gray e Della Sala, 2007). Mas o ponto pertinente aqui é que não houve nenhuma pesquisa sobre o modo como a música clássica afeta os *bebês*, nenhuma pesquisa relacionando a música clássica ao *desenvolvimento cerebral* e nenhuma pesquisa em sujeitos demonstrando *efeitos duradouros*. Não obstante, muitas pessoas (incluindo o governador da Geórgia) rapidamente extrapolaram as frágeis descobertas acerca do efeito Mozart ao desenvolvimento cerebral de bebês.

Ironicamente, há evidências bem melhores que vinculam a *prática musical* na infância ao desempenho cognitivo intensificado. Estudos descobriram uma instigante associação entre as medidas de inteligência e o grau de exposição dos indivíduos a aulas de música (Moreno et al., 2011; Schellenberg, 2006, 2011). Claro que, se você pensar criticamente sobre essa correlação, ela pode significar apenas que os jovens mais brilhantes são mais passíveis de estudar música. Ressalvas de lado, os estudos recentes descobriram que a prática musical está associada a mudanças estruturais no cérebro (James et al., 2014; Rodrigues, Loureiro e Caramelli, 2010). Além do mais, há muitas evidências de que as mudanças corticais produzidas pelo treinamento musical podem reduzir a queda cognitiva relacionada à idade posteriormente na vida (Hanna-Pladdy e MacKay, 2011; Oechslin et al., 2013).

Como discutimos no Capítulo 1, pensar de modo crítico a respeito das questões envolve fazer perguntas como: o que falta nesse debate? Existem evidências contraditórias? No caso em análise, existem evidências contraditórias que merecem consideração. A base para defender programas de educação infantil é a crença de que o desenvolvimento do cérebro é mais rápido e maleável durante o hipotético período crucial que vai do nascimento até 3 anos do que em idades posteriores. Contudo, o trabalho de Greenough acerca da formação sináptica e outras linhas de pesquisa sugerem que o cérebro permanece maleável por toda a vida (Thompson e Nelson, 2001). Assim, profissionais vinculados à assistência aos

Tabela 3.2 Habilidades de pensamento crítico discutidas nesta Aplicação

Habilidade	Descrição
Entender os limites da extrapolação	O pensador crítico sabe que a extrapolação é baseada em certas suposições, varia em plausibilidade e envolve especulação.
Procurar evidências contraditórias	Ao avaliar as evidências apresentadas sobre uma questão, o pensador crítico tenta buscar evidências contraditórias que possam ter sido deixadas de fora do debate.

idosos poderiam muito bem reivindicar novas iniciativas educacionais para eles com o intuito de ajudá-los a maximizar o potencial intelectual. Na verdade, nos últimos anos houve uma onda de interesse na criação de programas de treinamento cognitivo para adultos mais velhos com tendência a ter queda cognitiva relacionada à idade (Bamidis et al., 2014; Rebok et al., 2014).

Outro problema é a suposição implícita de que uma densidade sináptica maior está associada a uma inteligência maior. Há algumas evidências de que bebês animais e humanos nascem com uma superabundância de ligações sinápticas e que o aprendizado envolve a *poda* seletiva das sinapses inativas, que gradualmente dão lugar aos caminhos neurais mais usados (Huttenlocher, 2002; Rakic, Bourgeois e Goldman-Rakic, 1994). Portanto, no reino das sinapses, mais pode *não* ser melhor.

Concluindo, podem existir muitas razões válidas para aumentar os programas educacionais para crianças, mas a pesquisa da neurociência não parece fornecer uma razão clara no que se refere especificamente a políticas de assistência a crianças (Bruer, 2002). Um problema, ao avaliar essas propostas, é que poucas pessoas desejam argumentar contra a assistência ou educação infantil de alta qualidade. Mas as sociedades modernas precisam alocar seus limitados recursos em programas que tenham mais probabilidade de surtir efeitos benéficos; por isso, mesmo que intuitivamente, ideias atraentes precisam ser submetidas a um exame crítico.

CHECAGEM DA REALIDADE

Ideia equivocada

Expor lactentes e crianças à música clássica pode aprimorar seu desenvolvimento cerebral e aumentar sua inteligência.

Realidade

Se fosse tão fácil assim! O chamado efeito Mozart teve muita publicidade, mas os achados reais são um pouco menos impressionantes. Uma metanálise de quase 40 estudos concluiu que "há pouco apoio ao efeito Mozart" (Pietschnig, Voracek e Formann, 2010). A típica variável dependente desses estudos é a tarefa espacial de baixo nível (dobrar e cortar papéis) que não faz ninguém passar na faculdade. Quando pequenos efeitos positivos de curto prazo são observados, eles parecem ocorrer pelo fato de que a música pode ser estimulante, não porque houve alguma mudança durável na arquitetura do cérebro.

CAPÍTULO 3 – QUADRO DE CONCEITOS

COMUNICAÇÃO NO SISTEMA NERVOSO

Principais partes do neurônio

Soma: corpo celular

Dendritos: estruturas ramificadas que recebem sinais de outras células

Axônio: fibra que carrega sinais do soma para outras células

Bainha de mielina: material isolante que envolve alguns axônios

Botões terminais: pequenos botões (nas extremidades dos axônios) que liberam neurotransmissores nas sinapses

Glia

Glia são células que fornecem apoio para os neurônios e contribuem com a sinalização no sistema nervoso

Impulso neural

Potencial de repouso: carga estável e negativa do neurônio quando inativo

Potencial de ação: pico de tensão que viaja pelo axônio

Período refratário absoluto: breve período após um potencial de ação, antes de outro potencial de ação começar

Lei do tudo ou nada: um neurônio responde ao estímulo ou não

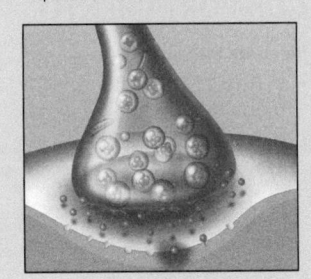

Transmissão sináptica

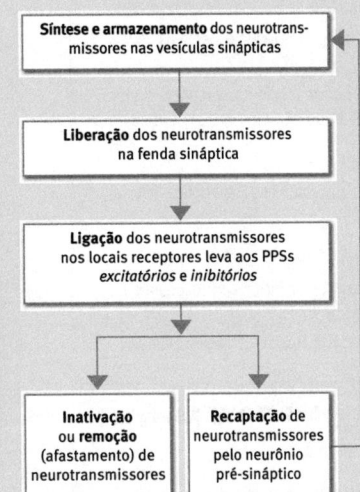

Síntese e armazenamento dos neurotransmissores nas vesículas sinápticas
↓
Liberação dos neurotransmissores na fenda sináptica
↓
Ligação dos neurotransmissores nos locais receptores leva aos PPSs *excitatórios* e *inibitórios*
↓
Inativação ou remoção (afastamento) de neurotransmissores / Recaptação de neurotransmissores pelo neurônio pré-sináptico

Neurotransmissores e comportamento

Acetilcolina: liberada pelos neurônios que controlam os músculos esqueléticos

Serotonina: envolvida na regulação do sono e da excitação, e na agressão; níveis anormais ligados à depressão

Dopamina: níveis anormais ligados à esquizofrenia; circuitos dopaminérgicos ativados pela cocaína e anfetaminas

Noradrenalina: níveis anormais ligados à depressão; circuitos norepinefrinérgicos ativados pela cocaína e anfetaminas

GABA: transmissores inibitórios que contribuem com a regulação da ansiedade

Endorfinas: substâncias químicas como os opiáceos envolvidas na modulação da dor

ORGANIZAÇÃO DO SISTEMA NERVOSO

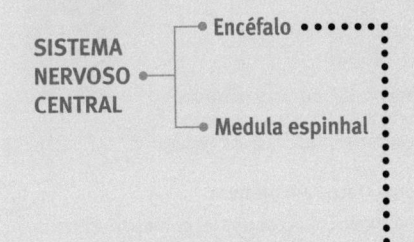

- **SISTEMA NERVOSO CENTRAL**
  - Encéfalo
  - Medula espinhal

- **SISTEMA NERVOSO PERIFÉRICO**
  - **Sistema nervoso somático:** Nervos para os músculos voluntários, receptores sensoriais
    - **Aferentes:** Nervos de entrada
    - **Eferentes:** Nervos de saída
  - **Sistema nervoso autônomo:** Nervos para o coração, vasos sanguíneos, músculos lisos, glândulas
    - **Divisão simpática:** Mobiliza os recursos corporais
    - **Divisão parassimpática:** Conserva os recursos corporais

CÉREBRO E COMPORTAMENTO

ROMBENCÉFALO

- **Cerebelo:** Coordena o tônus muscular e o equilíbrio
- **Medula:** Regula as funções inconscientes, como respiração e circulação
- **Ponte:** Envolvida no sono e na excitação

MESENCÉFALO
Envolvido na localização de coisas no espaço; síntese dopaminérgica

PROSENCÉFALO

- **Cérebro:** Lida com atividades mentais complexas, como sensação, aprendizagem, pensamento, planejamento
- **Tálamo:** Centro de retransmissão para o córtex; distribui sinais sensoriais de entrada, exceto olfato
- **Sistema límbico:** Rede dissolutamente conectada que contribui com a emoção, memória, motivação e recompensa
- **Hipotálamo:** Regula as necessidades biológicas básicas, como fome, sede, sexo

- **Lobos frontais:** Córtex motor primário
- **Lobos parietais:** Córtex somatossensorial primário
- **Lobos temporais:** Córtex auditório primário
- **Lobos occipitais:** Córtex visual primário
- **Hipocampo:** Contribui com a memória
- **Amígdala:** Envolvida na aprendizagem das respostas de medo

- **Córtex pré-frontal:** Pode abrigar o sistema de controle executivo crucial para o planejamento e organização

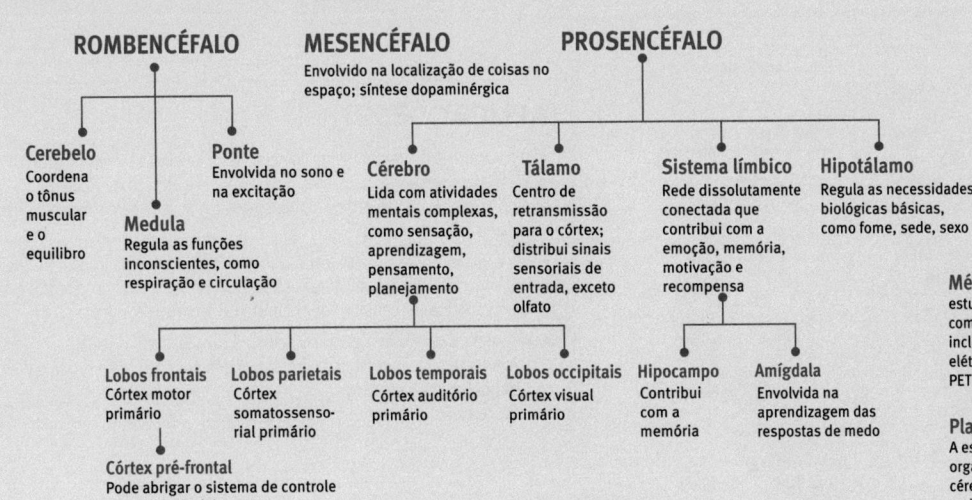

Métodos de pesquisa para estudar as relações entre comportamento e cérebro incluem lesão, estimulação elétrica; e imagens de TC, RM e PET Scan e RMf.

Plasticidade do cérebro
A estrutura anatômica e a organização funcional do cérebro são um tanto maleáveis.

TEMAS PRINCIPAIS

- Empirismo
- Causalidade multifatorial
- Hereditariedade e meio ambiente

LADO DIREITO/LADO ESQUERDO DO CÉREBRO

Métodos para o estudo da lateralização

Bissecção do cérebro: o feixe de fibras (corpo caloso) que conecta os dois hemisférios é cortado.

Assimetrias perceptuais: os desequilíbrios entre o lado esquerdo e o direito quanto à velocidade do processamento são estudados em sujeitos normais.

Hemisfério esquerdo

Em geral, lida com o processamento verbal, incluindo linguagem, fala, leitura, escrita.

Hemisfério direito

Normalmente lida com o processamento não verbal, incluindo processamento espacial e musical, e tarefas de reconhecimento visual.

HEREDITARIEDADE E COMPORTAMENTO

Conceitos básicos

- Os *cromossomos* são cordões filiformes de DNA que carregam informações.
- Os *genes* são segmentos do DNA que são as principais unidades funcionais na transmissão da hereditariedade.
- Os parentes mais próximos compartilham mais sobreposição genética.
- A maioria dos traços comportamentais parece envolver a *herança poligênica*.

Métodos de pesquisa

Os **estudos de famílias** avaliam a semelhança do traço entre parentes de sangue.

Os **estudos de gêmeos** comparam a semelhança do traço de gêmeos idênticos e gêmeos fraternos.

Os **estudos de adoção** comparam os filhos aos seus pais adotivos e aos seus pais biológicos.

O **mapeamento genético** facilita os esforços para conectar genes específicos a traços específicos.

Interações

- A pesquisa indica que a maioria dos traços comportamentais é influenciada juntamente pela hereditariedade e pelo ambiente, que interagem entre si de maneira complexa.
- O novo trabalho em *epigenética* tem demonstrado que os fatores genéticos e ambientais são profundamente interligados.

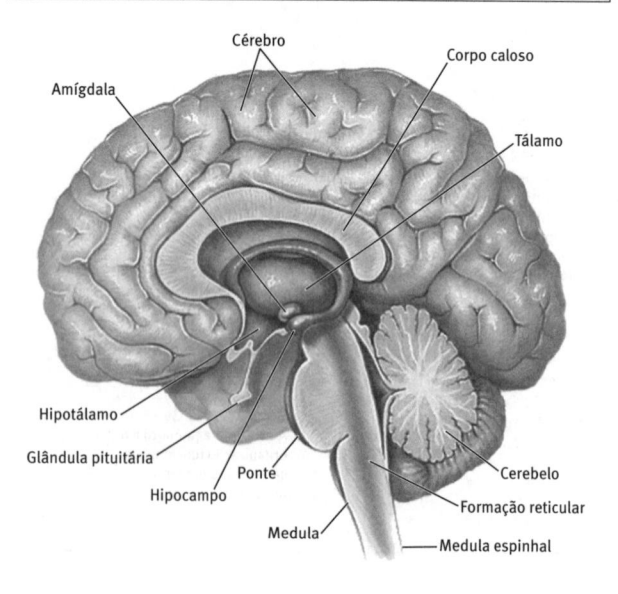

SISTEMA ENDÓCRINO

- O sistema consiste em *glândulas* que secretam *hormônios* na corrente sanguínea de uma maneira pulsátil.
- Regido pelo hipotálamo e pela glândula pituitária, o sistema endócrino regula nossa resposta ao estresse.
- Uma pesquisa recente sugere que o hormônio *oxitocina* promove elos e influencia o comportamento social.

BASES EVOLUCIONISTAS DO COMPORTAMENTO

Ideias de Darwin

- Os organismos variam de incontáveis maneiras.
- Alguns traços são hereditários.
- As variações nos traços hereditários podem afetar a sobrevivência e o sucesso reprodutivo dos organismos.
- Os traços hereditários que fornecem uma vantagem de sobrevivência ou reprodução se tornarão mais prevalentes ao longo das gerações (a seleção natural mudará o *pool* genético da população).

Conceitos principais

Aptidão refere-se ao sucesso reprodutivo de um organismo com relação à população.

As **adaptações** são características herdadas e esculpidas pela seleção natural, porque elas ajudaram a solucionar o problema de sobrevivência ou reprodução quando surgiram.

Comportamentos como traços adaptativos

- Os padrões de comportamento típicos das espécies geralmente refletem as soluções evolucionistas para os problemas adaptativos.
- Por exemplo, as estratégias comportamentais que ajudam os organismos a evitar predadores têm um valor adaptativo óbvio.
- Muitas adaptações comportamentais melhoram as chances de sucesso reprodutivo dos organismos.

APLICAÇÕES

- Acredita-se enfaticamente que os hemisférios cerebrais são especializados para lidar com tarefas cognitivas específicas, que as pessoas só utilizam o lado esquerdo do cérebro ou o lado direito e que cada hemisfério possui seu próprio estilo cognitivo.
- No entanto, em relação à especialização de tarefas, não há evidências que apoiam a ideia de que as pessoas só utilizam um dos lados do cérebro, e os dados sobre estilo cognitivo dos hemisférios são inconclusivos.
- Os esforços para usar a ciência do cérebro para justificar diversas iniciativas educacionais mostraram que as pessoas costumam extrapolar as descobertas das pesquisas.

Capítulo 4
Sensação e percepção

4.1 SISTEMA VISUAL: PRINCÍPIOS BÁSICOS DA VISÃO

4.2 SISTEMA VISUAL: PROCESSOS PERCEPTIVOS

4.3 SISTEMA AUDITIVO: AUDIÇÃO

4.4 NOSSOS OUTROS SENTIDOS: PALADAR, OLFATO E TATO
  Visão geral ilustrada: principais sentidos

4.5 REFLETINDO SOBRE OS TEMAS DO CAPÍTULO

4.6 APLICAÇÃO PESSOAL
  Pensando a respeito da arte e da ilusão

4.7 APLICAÇÃO DO PENSAMENTO CRÍTICO
  Reconhecendo os efeitos contrastantes: tudo é relativo

  Quadro de conceitos

Temas neste capítulo

Diversidade teórica | Subjetividade de experiência | Herança cultural

Veja a foto ao lado. O que você vê? Provavelmente, responderá: "uma rosa" ou "uma flor". Mas é o que você realmente vê? Não, essa pergunta não é um truque. Examinemos o estranho caso do "dr. P.". Ele demonstra que há mais na visão do que se pensa.

O dr. P. era um inteligente e ilustre professor de música que começou a apresentar alguns comportamentos preocupantes que pareciam estar relacionados com sua visão. Às vezes, ele não reconhecia seus alunos ao vê-los, embora os reconhecesse instantaneamente pelo tom de suas vozes e, outras vezes, agia como se visse rostos em objetos inanimados; cordialmente cumprimentava o hidrante e os parquímetros como se eles fossem crianças. Em certa ocasião, pegando o que pensava ser o seu chapéu, puxou a cabeça de sua esposa e tentou colocá-la na cabeça! Exceto por esses enganos visuais, dr. P. era um homem normal, talentoso, mas foi enviado a Oliver Sacks, neurologista, para que fosse examinado.

Em uma visita, dr. Sacks entregou-lhe uma rosa vermelha para ver se ele a reconheceria. Dr. P. pegou-a como se fosse um modelo de um sólido geométrico e não uma flor. "Cerca de 6 polegadas de comprimento", observou dr. P.: "uma forma vermelha enrolada com um anexo linear verde".

"Sim", persistia Sacks: "e o que você acha que seja isso, dr. P.?"

"Não é fácil dizer", respondeu o paciente. "Ele não tem a simetria simples dos sólidos platônicos."

"Cheire-o", sugeriu o neurologista. Dr. P. ficou perplexo, como se estivesse sendo solicitado a cheirar a simetria; mas aceitou e trouxe a rosa para perto de seu nariz. De repente, a confusão foi desfeita.

"Bonito. Um botão de rosa. Que odor maravilhoso!" (Sacks, 1987, p. 13-4).

O que explicou a estranha inabilidade do dr. P. para reconhecer rostos e objetos familiares por meio da visão? Não havia nada errado com seus olhos. Ele conseguia rapidamente encontrar um alfinete no chão. Se você imagina que *devia* haver algo de errado com a visão dele, olhe novamente a foto da rosa. O que você vê é "uma forma vermelha enrolada com um anexo linear verde". Você não a descreveria assim simplesmente porque, sem pensar a respeito, instantaneamente percebe a combinação de forma e cor de uma flor. E é isso precisamente que o dr. P. não conseguia fazer. Ele enxergava perfeitamente, mas estava perdendo a habilidade de associar o que via a uma imagem significativa do mundo. Tecnicamente, ele sofria do que é chamado *agnosia visual*, uma inabilidade de reconhecer objetos pela visão. Como Sacks (1987) disse, "Visualmente, ele estava perdido em um mundo de abstrações sem vida" (p. 15).

Como ilustra o caso do dr. P., sem um processamento eficiente do impulso sensorial, nosso mundo familiar pode tornar-se um caos de sensações confusas. Com a finalidade de reconhecer as necessidades de entender e processar a informação sensorial, os psicólogos distinguem entre sensação e percepção. **Sensação é a estimulação dos órgãos do sentido. Percepção é a seleção, organização e interpretação do impulso sensorial.** A sensação envolve a absorção de energia, como a luz ou as ondas sonoras, pelos órgãos sensoriais, como os olhos e os ouvidos. A percepção envolve a organização e tradução do impulso sensorial em algo significativo.

A distinção entre a sensação e a percepção destaca-se no caso da agnosia visual do dr. P. Seus olhos estavam fazendo o trabalho de registrar o impulso sensorial e transmitir sinais ao cérebro. Entretanto, danos no seu cérebro interferiam em sua habilidade de colocar esses sinais juntos em um todo organizado. Assim, o processo de *sensação* visual do dr. P. estava intacto, mas o de *percepção* visual estava gravemente prejudicado.

O que você vê? Pensaria em descrevê-la como uma forma vermelha torcida com uma conexão verde linear?

Começaremos nossa discussão sobre sensação e percepção com uma longa observação da visão e, depois, olharemos mais brevemente os outros sentidos. Enquanto examinarmos cada um dos sistemas sensoriais, repetidamente verificaremos que a experiência que as pessoas têm do mundo depende de ambos: o estímulo físico com que elas se deparam (sensação) e o seu processamento ativo dos impulsos de estímulo (percepção). A Aplicação Pessoal deste capítulo explora como os princípios da percepção visual entram em jogo na arte e na ilusão. A Aplicação do Pensamento Crítico discute como os contrastes perceptivos podem ser manipulados de modo persuasivo.

4.1 Sistema visual:
PRINCÍPIOS BÁSICOS DA VISÃO

"Ver para crer." Bons alunos são "brilhantes", e uma boa explicação "ilumina". Como indicam essas expressões comuns, seres humanos são animais visuais. As pessoas confiam muito em seu sentido da visão e praticamente a comparam com o que vale a pena (ver para crer). Embora não nos demos conta disso, veremos que o sistema visual humano é incrivelmente complexo. Além disso, como em todos os domínios sensoriais, o que as pessoas "sentem" e o que elas "percebem" pode ser bastante diferente.

4.1 OBJETIVOS PRINCIPAIS DE APRENDIZAGEM

- Identificar as três propriedades da luz e descrever o papel das principais estruturas dos olhos na visão.
- Traçar o caminho dos sinais do olho até o cérebro e explicar a função do cérebro no processamento das informações visuais.
- Distinguir dois tipos de mistura de cores e comparar a teoria tricromática e a teoria do processo oponente da visão de cores.

O estímulo: luz

Para que se veja, tem de haver luz. Luz é uma forma de radiação eletromagnética que viaja como uma onda, movendo-se, naturalmente, à velocidade da luz. Como a **Figura 4.1(a)** mostra, as ondas de luz variam em *amplitude* (altura) e *comprimento* (distância entre picos). A amplitude afeta principalmente a percepção de brilho, enquanto o comprimento afeta a percepção de cor. As luzes que os seres humanos veem são, normalmente, misturas de diferentes comprimentos. Consequentemente, a luz pode também variar na sua *pureza* (como a mistura). A pureza influencia a percepção de saturação ou riqueza de cores. Saturação refere-se à quantidade relativa de brancura de uma cor. À medida que a brancura reduz, a saturação aumenta. Naturalmente, muitos objetos não emitem luz, apenas a refletem (o Sol, as lâmpadas e os vaga-lumes são algumas exceções).

O que a maioria das pessoas chama luz inclui apenas os comprimentos de onda que os seres humanos conseguem perceber. Entretanto, como mostra a **Figura 4.1(c)**, o espectro visível é apenas uma fina porção da escala total de comprimento de onda. A visão é um filtro que permite que as pessoas sintam apenas uma fração do mundo real. Outros animais têm diferentes capacidades e por isso vivem em um mundo visual bastante diferente. Muitos insetos, por exemplo, conseguem ver comprimentos de onda de luz mais curtos do que os seres humanos no espectro *ultravioleta*, enquanto muitos peixes e répteis conseguem ver comprimentos de onda de luz mais longos no espectro *infravermelho*.

Embora o sentido da visão dependa das ondas de luz, para que as pessoas vejam, a entrada de um impulso visual deve ser convertida em impulsos nervosos, que são enviados ao cérebro. Investiguemos como essa transformação é realizada.

O olho: um instrumento óptico vivo

A estrutura do olho é mostrada na **Figura 4.2**. Cada olho é um instrumento óptico vivo que cria uma imagem do mundo visual na retina, que reveste sua superfície interna e é sensível à luz.

A luz entra no olho por meio de uma "janela" transparente na parte frontal, a *córnea*. A córnea e o *cristalino*, localizados na parte detrás, formam uma imagem invertida dos

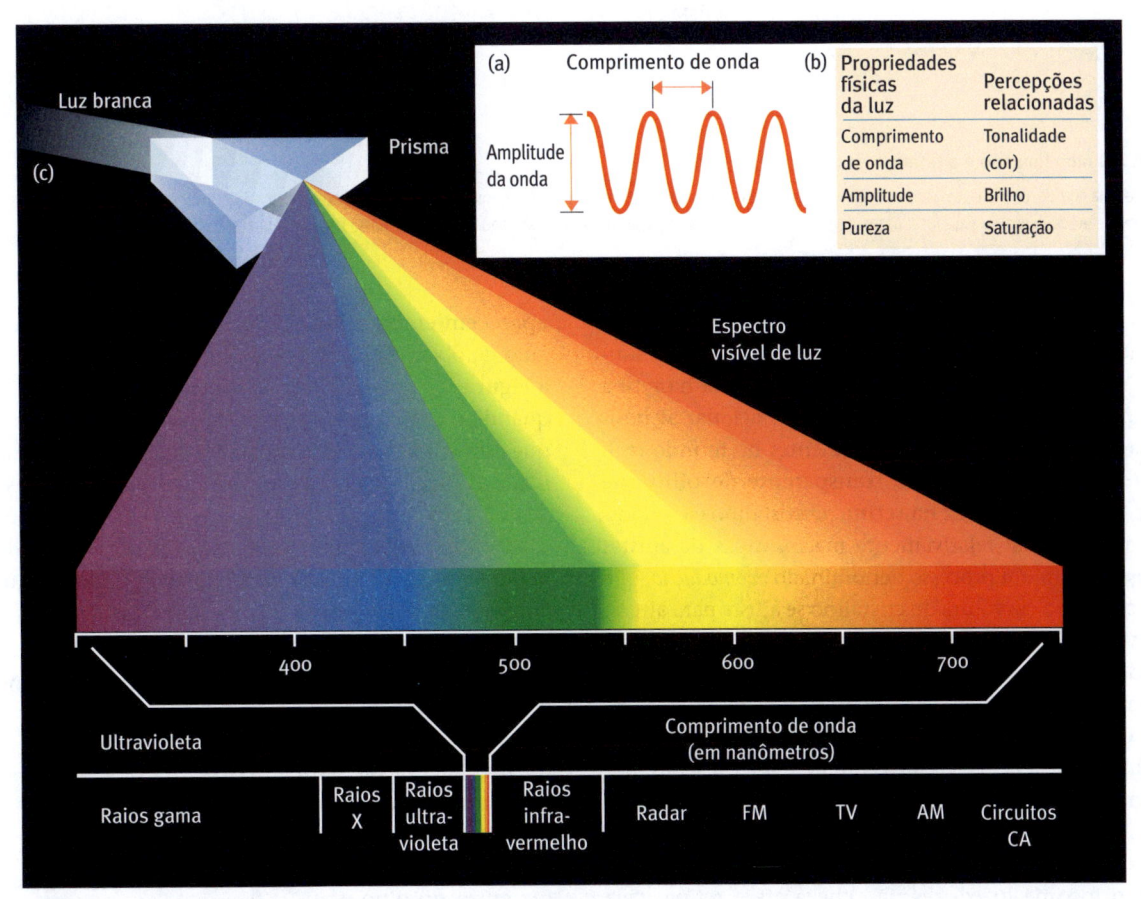

Figura 4.1 Luz, o estímulo físico da visão.

(a) As ondas de luz variam em amplitude e comprimento; **(b)** Dentro do espectro da luz visível, a amplitude (correspondendo à intensidade física) afeta, sobretudo, a experiência de brilho. O comprimento de onda afeta, em especial, a experiência de cor, e a pureza é a determinante-chave da saturação;
(c) Se uma luz branca (como a do Sol) passa por um prisma, ela se separa em seus componentes de comprimento de ondas, criando um arco-íris de cores. Entretanto, a luz visível é apenas a faixa estreita de comprimentos de onda a que os olhos humanos são sensíveis.

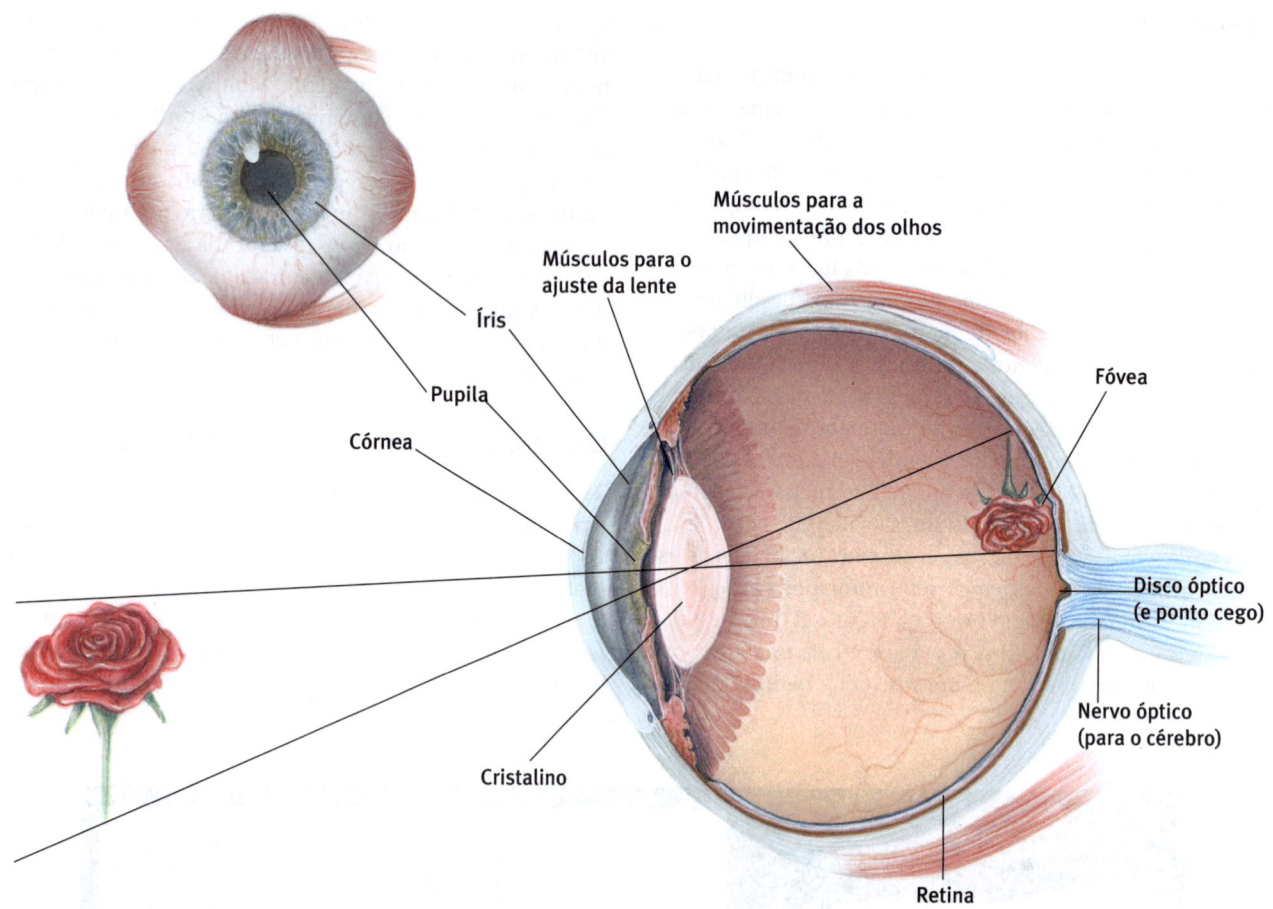

Figura 4.2 O olho humano e a retina.
A luz passa pela córnea, pupila e cristalino e atinge a superfície sensível à luz da retina onde as imagens de objetos são refletidas na posição inversa. O cristalino ajusta sua curvatura para focar as imagens refletidas na retina. A pupila regula a quantidade de luz que passa para a câmara posterior do olho.

objetos na retina e ajustam o foco da imagem. Pode parecer estranho que a imagem esteja invertida, mas o arranjo funciona. Não importa como a imagem se posiciona na retina desde que o cérebro saiba as regras para relacionar as posições na retina às posições correspondentes no mundo real. **O *cristalino* é uma estrutura transparente do olho que concentra os raios de luz na retina.** O cristalino é composto por um material relativamente macio, capaz de ajustes que possibilitam um processo denominado *acomodação*, que ocorre quando a curvatura do cristalino se ajusta para alterar o foco visual. Quando se focaliza um objeto próximo, o cristalino do olho torna-se mais arredondado para proporcionar uma imagem mais nítida. Quando se focalizam objetos distantes, ele se achata para proporcionar uma imagem melhor.

Muitas deficiências visuais comuns são causadas por problemas de focalização ou por defeitos no cristalino (Hall, 2011). Por exemplo, **na *miopia*, objetos próximos são vistos claramente, mas os distantes aparecem embaçados**, porque o foco de luz destes não chega até a retina (veja **Figura 4.3**). O problema de focalização ocorre quando a córnea ou o cristalino distorcem muito a luz, ou quando o globo ocular é longo demais. **Na *hipermetropia*, os objetos distantes são vistos claramente, mas os mais próximos aparecem embaçados**, porque o foco de luz diminui o ângulo de objetos próximos, que fica atrás da retina (consulte a **Figura 4.3** novamente). O problema de focalização ocorre quando o globo ocular é muito curto. A *catarata* é uma lente que está embaçada. Esse problema ocorre em indivíduos de idade avançada, afetando três em cada quatro pessoas acima dos 65 anos.

O olho também faz ajustes para alterar a quantidade de luz que atinge a retina. A *íris* é o anel colorido de músculos ao redor da *pupila*, ou o centro negro do olho. A ***pupila* é a abertura no centro da íris que ajuda a regular a quantidade de luz que passa para a câmara posterior do olho.** Ao se contrair, ela permite que menos luz entre no olho e afina a imagem na retina. Quando a pupila se dilata (se abre), ela permite que mais luz entre, mas

> **CHECAGEM DA REALIDADE**
> **Ideia equivocada**
> Sentar perto da TV, ler no escuro, ou passar muito tempo na frente do computador prejudicará sua visão.
>
> **Realidade**
> Essas atividades podem fazer seus olhos se sentirem cansados ou tensos, mas não há evidências de que elas podem danificar seus olhos ou levar a alguma alteração permanente na visão.

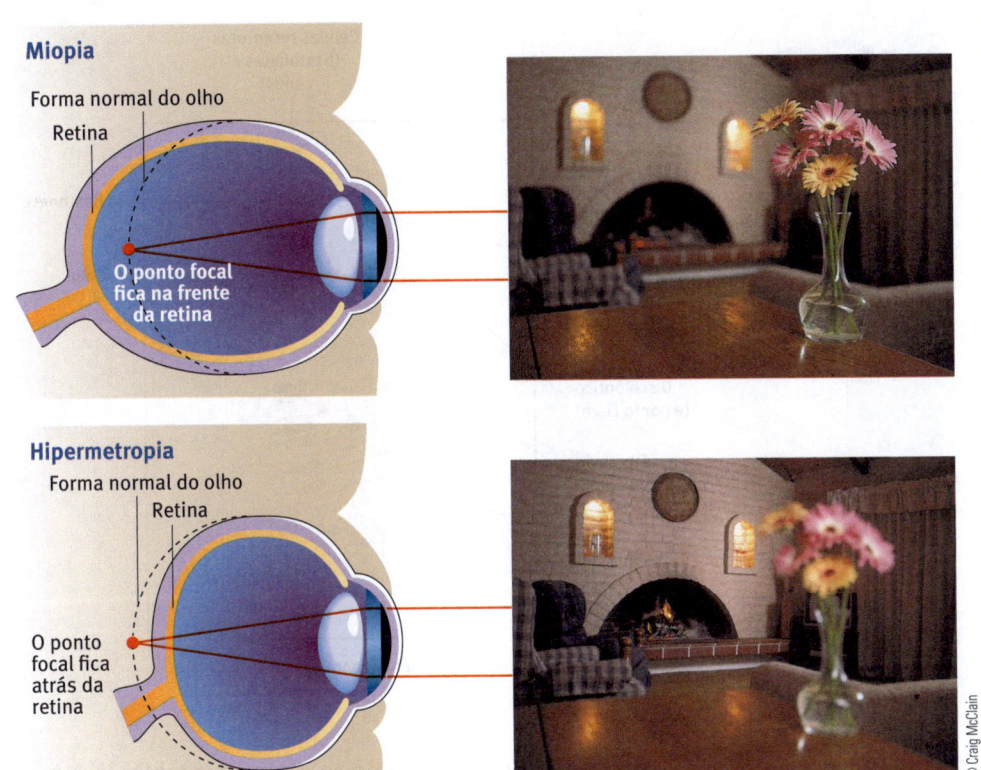

Figura 4.3 Miopia e hipermetropia.

As figuras ao lado simulam como uma cena pode ser vista por pessoas com miopia e hipermetropia. A miopia ocorre porque a luz de objetos distantes se concentra na frente da retina. A hipermetropia resulta da situação oposta – a luz de objetos próximos se concentra atrás da retina.

a imagem é menos distinta. Na luz forte, as pupilas contraem-se para tirar vantagem da imagem distinta. Mas, na luz fraca, elas se dilatam. A precisão da imagem é sacrificada para permitir que mais luz entre na retina, a fim de que mais do que se vê permaneça visível. As pupilas também se ampliam quando as pessoas estão particularmente interessadas em algo e querem prestar mais atenção a isso (Laeng, Sirois e Gredeback, 2012). Por exemplo, as pupilas dos sujeitos heterossexuais se dilatam cerca de 20% quando eles veem imagens de membros seminus do sexo oposto.

A retina: o mensageiro do cérebro no olho

A *retina* **é o tecido neural que reveste a superfície interna do olho; ela absorve a luz, processa as imagens e envia a informação visual ao cérebro.** Da mesma forma que a medula espinhal é uma extensão complexa do cérebro, a retina é a mensageira do cérebro no olho. Com cerca de metade da espessura de um cartão de crédito, essa fina película de tecido neural contém uma complexa rede de células especializadas dispostas em camadas (Baker, 2013), como mostra a **Figura 4.4**.

Os axônios, que vão da retina ao cérebro, convergem em um único ponto por onde saem do olho. Nesse ponto, todas as fibras mergulham por um buraco na retina chamado *disco óptico*. Uma vez que o disco óptico é um *buraco* na retina, não se pode ver a parte da imagem que recai sobre ele. É, portanto, conhecido como *ponto cego*. A maioria das pessoas não percebe que tem um ponto cego em cada olho. Por quê? Porque cada olho compensa o ponto cego do outro e porque o cérebro de algum modo "preenche" a parte que falta da imagem.

Os receptores visuais: cones e bastonetes

A retina contém milhões de células receptoras que são sensíveis à luz. Surpreendentemente, esses receptores estão localizados na camada mais interna da retina (veja **Figura 4.4**). Assim sendo, a luz tem de passar por diversas camadas de células antes de chegar aos receptores que realmente a detectam. A retina contém dois tipos de receptores: os *cones* e os *bastonetes*. Esses nomes baseiam-se nas suas formas, pois os bastonetes são alongados e os cones são mais curtos e grossos. Os bastonetes são muito mais numerosos que os cones; os seres humanos têm cerca de 100 milhões de bastonetes, mas apenas aproximadamente 6 milhões de cones (Meister e Tessier-Lavigne, 2013).

Os *cones* **são receptores visuais especializados que desempenham importante função na visão diurna e na visão em cores.** Eles são responsáveis pela maior parte da visão diurna das pessoas, porque luzes fortes ofuscam os bastonetes. As sensibilidades especiais dos cones também permitem que eles desempenhem uma importante função na percepção das cores. Entretanto, não respondem bem à luz fraca, já que não vemos muito bem as cores com baixa iluminação; apesar de tudo, proporcionam melhor *acuidade visual* – isto é, detalhes precisos e distintos – do que os bastonetes. Os cones estão concentrados principalmente no centro da retina, e sua densidade rapidamente diminui em direção a suas laterais. **A *fóvea* é um pequeno ponto no centro da retina que contém apenas cones; a acuidade visual é maior nes-**

Figura 4.4 A retina.

A figura em destaque mostra as várias camadas de células da retina. As células mais próximas do fundo do olho (os bastonetes e os cones) são as receptoras que detectam a luz. As camadas entrepostas de células recebem os sinais dos bastonetes e dos cones e formam circuitos que começam o processo de análise das informações recebidas antes que elas sejam enviadas ao cérebro. Essas células alimentam muitas fibras ópticas, que seguem em direção ao "buraco" na retina, por onde o nervo óptico deixa o olho – ponto conhecido como disco óptico (que corresponde ao ponto cego).

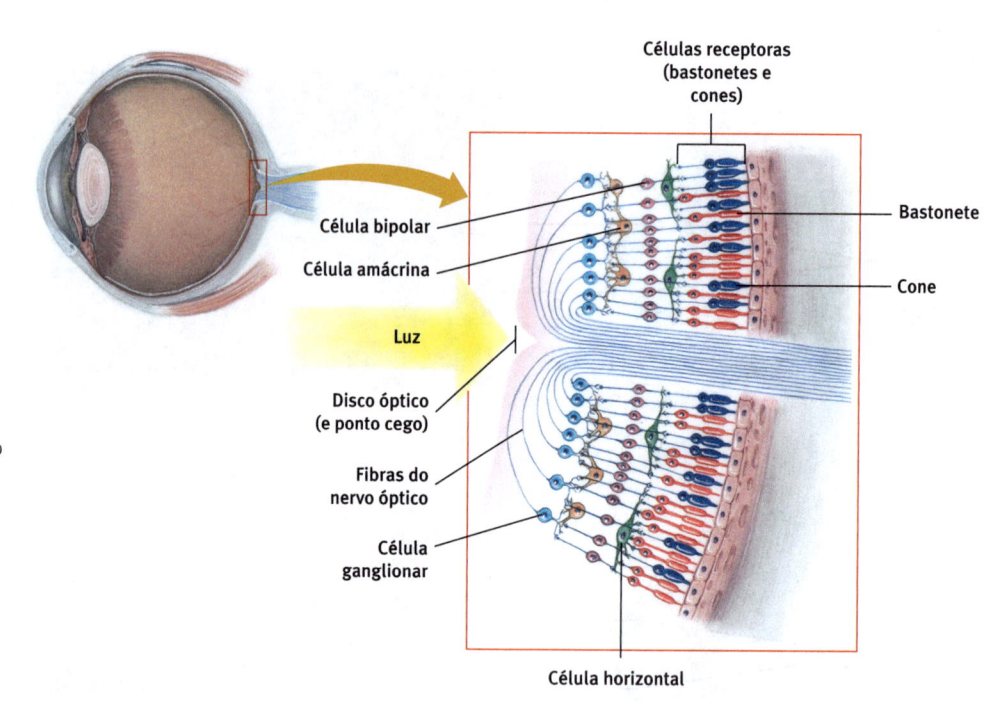

se ponto (consulte a **Figura 4.2** novamente). Quando queremos ver algo em foco apurado, em geral movemos nossos olhos para centralizar o objeto na fóvea.

Os *bastonetes* **são receptores visuais especializados que desempenham uma função importante na visão noturna e na visão periférica.** Os bastonetes são responsáveis pela visão noturna porque são até 100 vezes mais sensíveis à luz fraca que os cones (Kefalov, 2010). Também são responsáveis pela maior parte da visão periférica por se apresentarem em número muito maior que os cones na periferia (áreas externas) da retina. A densidade dos bastonetes é maior do lado de fora da fóvea e gradualmente diminui em direção à periferia da retina.

Adaptação ao escuro e à luminosidade

Você já deve ter percebido que, ao adentrar no escuro de uma sala de cinema em um dia claro, você tropeça quase como se fosse cego. Mas, em questão de minutos, consegue fazer seu caminho muito bem em uma claridade bastante diminuída. Esse ajuste é chamado *adaptação ao escuro* – **processo pelo qual os olhos tornam-se mais sensíveis à luz quando há pouca iluminação.** A **Figura 4.5** ilustra o curso desse processo. Ela mostra como, conforme o tempo passa, se necessita de cada vez menos luz para enxergar. A adaptação ao escuro é praticamente completa em cerca de 30 minutos, com um progresso considerável ocorrendo nos primeiros dez minutos. A curva na **Figura 4.5**, que representa esse progresso, consiste em dois segmentos porque os cones se adaptam mais rapidamente que os bastonetes (Reeves, 2010).

Ao sair do escuro de uma sala de cinema em um dia ensolarado, é necessário manter os olhos semicerrados para resguardá-los da impressionante claridade e para que ocorra o reverso da adaptação ao escuro. A *adaptação à luz* é **o processo por meio do qual os olhos se tornam menos sensíveis à luz quando há muita iluminação.** Como na adaptação ao escuro, a adaptação à luminosidade melhora sua acuidade visual sob as circunstâncias preponderantes.

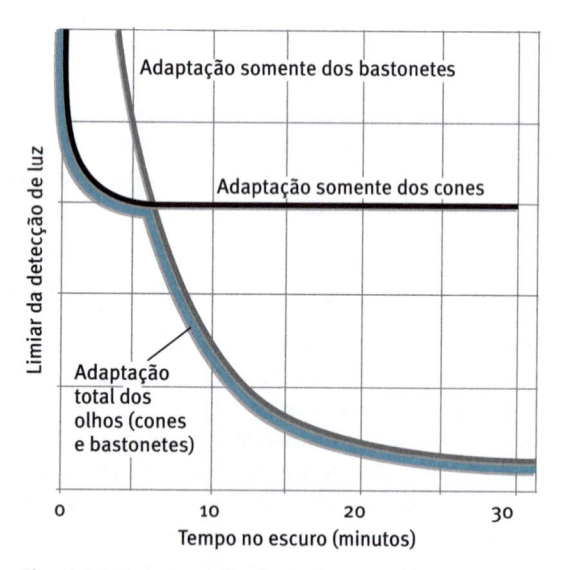

Figura 4.5 O processo de adaptação ao escuro.

O declínio dos limiares com o passar do tempo indica que sua sensibilidade visual está aumentando, pois cada vez menos você precisa de luz para enxergar. A sensibilidade visual melhora notadamente durante os primeiros cinco a dez minutos depois de entrar em uma sala escura, pois os receptores de luz clara dos olhos (os cones) rapidamente se adaptam a níveis baixos de luminosidade. Todavia, a adaptação dos cones, indicada em preto, logo chega ao seu limite, e uma melhora advém das adaptações dos bastonetes, indicada em cinza. Os bastonetes se adaptam mais lentamente que os cones, mas são capazes de uma sensibilidade visual muito maior em baixos níveis de luz.

REVISÃO 4.1

Compreendendo os processos sensoriais da retina

Verifique seu entendimento sobre os receptores sensoriais da retina completando o seguinte exercício. As respostas estão no Apêndice A.

Os receptores da visão são os bastonetes e os cones na retina. Ambos apresentam muitas diferenças importantes, sistematicamente comparadas na tabela a seguir. Complete-a.

Dimensão	Bastonetes	Cones
1. Forma física	Alongada	
2. Número na retina		6 milhões
3. Área da retina em que estão os receptores dominantes	Periferia	
4. Importância para a visão em cores		
5. Importância para a visão periférica		Não
6. Sensibilidade à luz diminuída	Forte	
7. Velocidade de adaptação ao escuro		Rápida

O processamento da informação na retina

No processamento de um impulso visual, a retina transforma um padrão de luz que recai sobre ela em uma representação muito diferente da cena visual. A luz que atinge os receptores da retina (os cones e os bastonetes) desencadeia a emissão de sinais neurais que entram em uma intrincada rede de células na retina. Desse modo, os sinais movem-se dos receptores para células bipolares e para células ganglionares, que, por sua vez, enviam impulsos por meio do *nervo óptico* – um agrupamento de axônios que liga o olho ao cérebro (consulte a **Figura 4.4**). Esses axônios, que partem do olho pelo disco óptico, carregam informação visual, codificada como uma corrente de impulsos nervosos, ao cérebro.

Uma grande quantidade de processamento de informação complexa acontece na própria retina antes que os sinais visuais sejam enviados ao cérebro. Por fim, a informação correspondente a mais de 100 milhões de bastonetes e de cones converge para viajar ao longo de "apenas" 1 milhão de axônios no nervo óptico. Isso significa que as células bipolares e as ganglionares que se encontram na camada intermediária da retina integram e comprimem sinais advindos de muitos receptores. O emaranhado de células de cones e de bastonetes na retina (ou finalmente no cérebro) forma o *campo receptivo* da célula. Assim sendo, **o *campo receptivo de uma célula visual* é a área da retina que, quando estimulada, afeta a descarga de tal célula**. Os campos receptivos da retina têm diferentes formas e dimensões. São particularmente comuns os campos circulares com uma organização que cerca o centro (Levitt, 2010). Nesses campos receptivos, a luz que recai sobre o centro tem o efeito oposto da que recai na área ao redor. A taxa de descarga de uma célula visual, por exemplo, pode ser *aumentada* pela luz no centro de seu campo receptivo e *diminuída* pela luz nos seus arredores.

A visão e o cérebro

A luz incide sobre o olho, mas enxergamos com o cérebro. Embora a retina faça grande parte do processamento para um órgão sensorial, o impulso visual não tem significado até que seja processado pelo cérebro.

Os caminhos da visão até o cérebro

Como a informação visual chega ao cérebro? Os axônios que deixam a parte posterior de cada olho formam o nervo óptico, que conduz ao **quiasma óptico, o ponto no qual há o cruzamento dos axônios da metade interna de cada olho, que, então, se projetam para a metade oposta do cérebro** (como já discutimos no Capítulo 3). Essa organização assegura que os sinais advindos dos olhos sigam para os dois hemisférios do cérebro. Assim, como mostrado na **Figura 4.6**, os axônios da metade esquerda de cada retina carregam sinais para o lado esquerdo do cérebro, e os axônios da metade direita de cada retina carregam informações para o lado direito do cérebro.

Após alcançar o quiasma óptico, as fibras do nervo óptico seguem por dois caminhos. O caminho principal leva ao tálamo, a principal estação de retransmissão do cérebro. Aqui, cerca de 90% dos axônios das retinas entram em sinapse no *corpo geniculado lateral* (CGL) (Baker, 2013). Os sinais visuais

Figura 4.6 Os caminhos da visão ao cérebro.

(a) O impulso da metade direita do campo visual atinge o lado esquerdo de cada retina e é transmitido ao hemisfério esquerdo (em preto). O impulso da metade esquerda do campo visual atinge o lado direito de cada retina e é transmitido ao hemisfério direito (em cinza). As fibras nervosas de cada olho encontram-se no quiasma óptico, onde as fibras da metade interna de cada retina atravessam para o lado oposto do cérebro. Após alcançar o quiasma óptico, o principal caminho visual projeta-se pelo núcleo geniculado lateral no tálamo e sobre o córtex visual primário (mostrado com linhas contínuas). Um segundo caminho retorna pelo colículo superior e, então, projeta-se pelo tálamo e sobre o córtex visual primário (em linhas pontilhadas).
(b) Esse detalhe nos dá uma visão lateral de como o caminho óptico projeta-se pelo tálamo e sobre o córtex visual na parte detrás do cérebro (os dois caminhos mapeados no diagrama (a) são praticamente indistinguíveis desse ângulo).

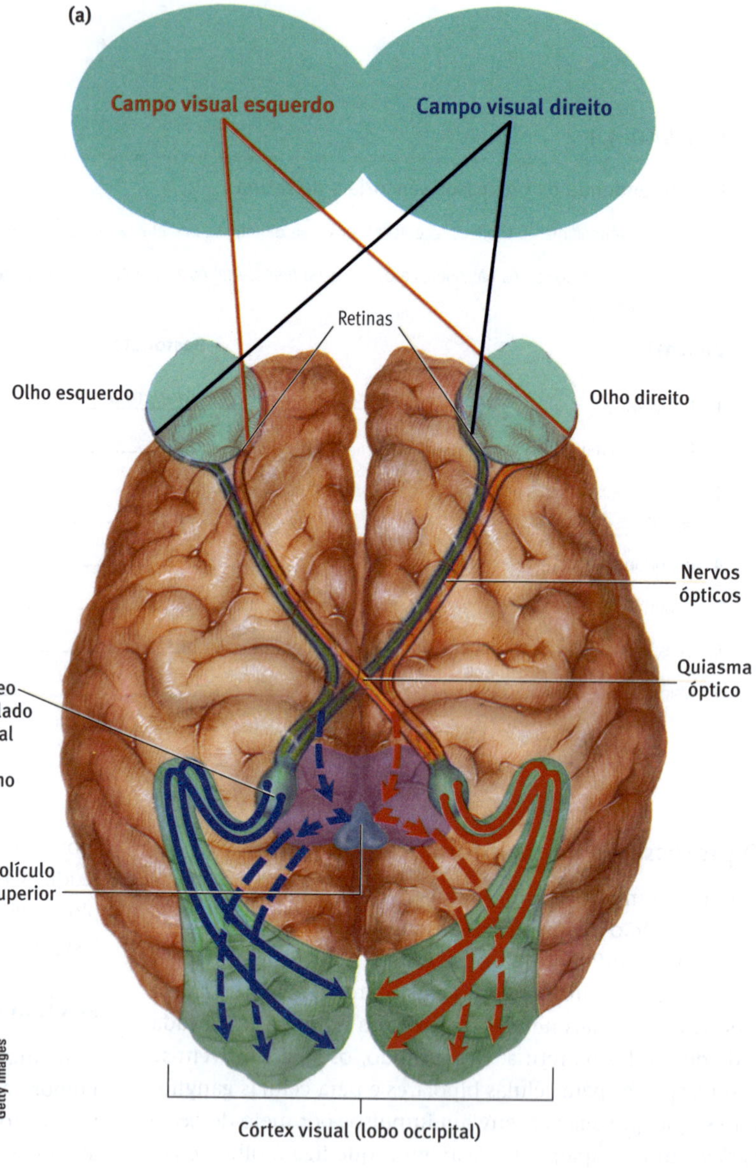

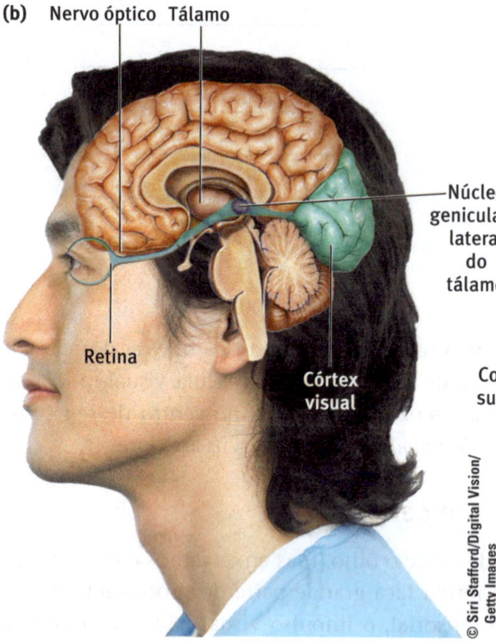

são processados no CGL e, então, são distribuídos para áreas no lobo occipital, que forma o *córtex visual primário*. O segundo caminho visual a deixar o quiasma óptico estende-se até o cérebro médio (o *colículo superior*) antes de seguir pelo tálamo para o lobo occipital. Entretanto, o segundo caminho leva a áreas do tálamo e do lobo occipital diferentes daquelas a que leva o caminho visual principal. A função principal do segundo caminho parece ser a coordenação da informação visual com outras informações sensoriais (Casanova et al., 2001).

O processamento da informação no córtex visual

O impulso visual finalmente chega ao córtex visual primário, localizado no lobo occipital. A pesquisa de David Hubel e Torsten Wiesel (1962, 1963), ganhadora do Prêmio Nobel, demonstrou que as células no córtex visual respondem a tipos bem específicos de estímulos. Algumas são sensíveis a linhas, algumas respondem aos cantos e algumas apenas reagem a estímulos mais complicados. Algumas respondem melhor a uma linha da espessura correta, orientada no ângulo correto e localizada na posição correta em seu campo receptivo (veja **Figura 4.7**).

O ponto mais importante de todos é que as células no córtex visual parecem ser altamente especializadas. Elas foram caracterizadas como ***detectoras de características***, **neurônios que respondem seletivamente a características muito específicas de estímulos mais complexos.** Por fim, a maioria dos estímulos visuais poderia ser representada por combinações de linhas como as registradas pelos detectores de características. Alguns teóricos acreditam que detectores de características registram os blocos básicos de construção da percepção visual e que o cérebro, de alguma forma,

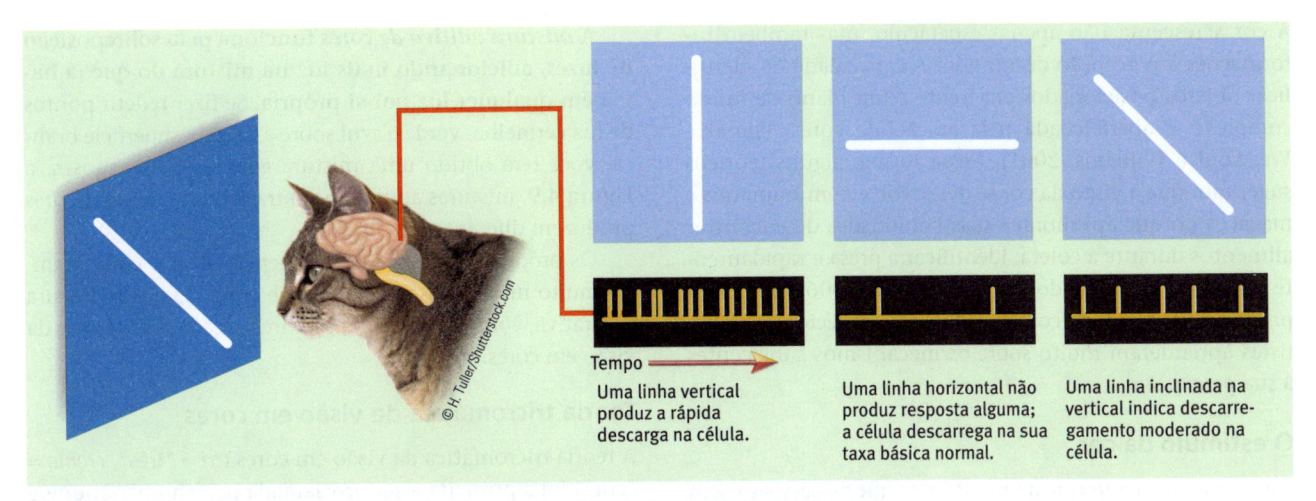

Figura 4.7 O procedimento de Hubel e Wiesel para estudar a atividade dos neurônios no córtex visual.
Enquanto vários estímulos são mostrados ao gato, um microeletrodo registra a descarga de um neurônio em seu córtex visual. A figura mostra as respostas elétricas de uma célula simples aparentemente "programada" para responder a linhas orientadas verticalmente.

Tempo
Uma linha vertical produz a rápida descarga na célula.
Uma linha horizontal não produz resposta alguma; a célula descarrega na sua taxa básica normal.
Uma linha inclinada na vertical indica descarregamento moderado na célula.

encaixa os blocos em uma imagem coerente de estímulos complexos (Maguire, Weisstein e Krymenko, 1990).

Depois que a informação visual é processada no córtex visual primário, em geral ela é direcionada para outras áreas corticais para processamento adicional. Esses sinais viajam por duas correntes às vezes caracterizadas como *os caminhos o que e onde* (veja **Figura 4.8**). A *corrente ventral* processa os detalhes de *que* objetos estão presentes (a percepção da forma e cor), enquanto a *corrente dorsal* processa *onde* os objetos estão (a percepção do movimento e profundidade) (Connor et al., 2009).

À medida que os sinais se movem mais adiante no sistema de processamento visual, os neurônios tornam-se cada vez mais especializados ou até mesmo exigentes quanto ao que os ativam, e os estímulos que os ativam se tornam mais e mais complexos. Por exemplo, pesquisadores identificaram células no lobo temporal (no caminho *o que*) de macacos e humanos que são especialmente sensíveis a imagens de *rostos* (Kanwisher e Yovel, 2009). Esses neurônios respondem até mesmo a imagens que meramente *sugerem* a forma de um rosto (Cox, Meyers e Sinha, 2004).

A descoberta de neurônios que respondem a estímulos faciais levanta uma questão óbvia: por que o córtex tem detectores de rostos? Os teóricos ainda estão longe de ter certeza, mas uma linha de pensamento é que a habilidade de reconhecer rostos com rapidez – como os de amigos ou de inimigos – provavelmente teve importância adaptativa no curso da evolução (Sugita, 2009). Assim, a seleção natural *pode* ter habilitado os cérebros de algumas espécies para responder rapidamente a rostos. Embora essa hipótese pareça plausível, um estudo recente levantou dúvidas sobre se as áreas detectoras de rostos no cérebro são dedicadas *exclusivamente* ao reconhecimento facial (McGugin et al., 2012). O estudo descobriu que pessoas com experiência em automóveis possuem células nessas áreas que são especialmente sensíveis a imagens de carros. Outro achado curioso nessa área de pesquisa é que os indivíduos variam na habilidade de reconhecer rostos de maneira rápida e precisa. Algumas pessoas são muito habilidosas na tarefa, enquanto outras nem tanto (Rhodes, 2013).

Vendo o mundo em cores

Até aqui, consideramos apenas como o sistema visual lida com a luz e a escuridão. Viajemos, agora, ao mundo da cor.

Corrente ventral "Caminho o que"
Corrente dorsal "Caminho onde"
Córtex visual primário

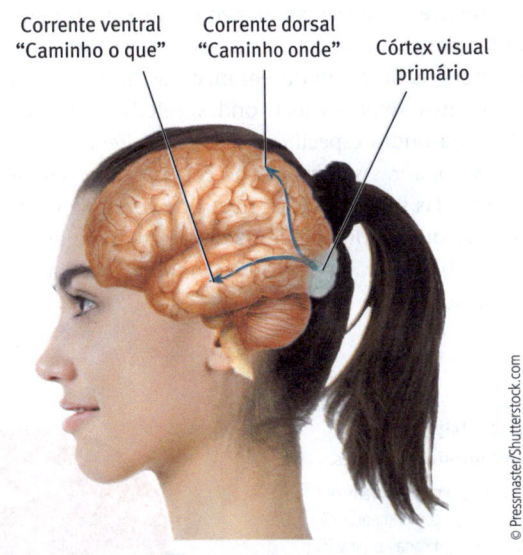

Figura 4.8 Os caminhos *o que* e *onde* no córtex visual primário.
O processamento cortical da informação visual começa no córtex visual primário. De lá, os sinais são transportados para uma variedade de outras áreas no córtex por diversos caminhos. Dois caminhos proeminentes são destacados aqui. A corrente dorsal, ou caminho *onde*, que processa a informação sobre movimento e profundidade, move-se para as áreas do lobo parietal. A corrente ventral, ou caminho *o que*, que processa informação sobre cor e forma, move-se para áreas do lobo temporal.

A cor acrescenta não apenas espetáculo, mas também informações à percepção do mundo. A capacidade de identificar objetos posicionados em frente a um plano de fundo complexo é aperfeiçoada pela adição de cores. (Tanaka, Weiskopf e Williams, 2001). Dessa forma, alguns teóricos sugeriram que a visão da cor se desenvolveu em humanos e macacos porque aprimorava suas habilidades de encontrar alimentos durante a coleta, identificar a presa e rapidamente reconhecer os predadores (Spence et al., 2006). Embora o propósito da visão da cor continue desconhecido, os cientistas aprenderam muito sobre os mecanismos subjacentes à sua percepção.

O estímulo da cor

Como notamos anteriormente, as luzes que as pessoas veem são misturas de diferentes comprimentos de ondas. A cor percebida é inicialmente uma função do comprimento de ondas dominante nessas misturas. Embora o comprimento das ondas exerça a maior influência, a percepção da cor depende de complexas combinações de todas as três propriedades da luz. As pessoas podem perceber muitas cores diferentes. Na verdade, os especialistas estimam que os humanos possam discriminar entre milhões de cores (Webster, 2010), e as mulheres são ligeiramente melhores nessa função do que os homens (Abramov et al., 2012).

Muitas dessas variações são o resultado da mistura de umas poucas cores básicas. Há dois tipos de mistura de cores: subtrativa e aditiva. A ***mistura subtrativa de cores*** **funciona pela remoção de alguns comprimentos de onda de luz, deixando menos luz do que havia lá originalmente.** Você provavelmente se familiarizou com a mistura de cores quando criança, mesclando tinta amarela e azul para produzir o verde. As tintas produzem misturas subtrativas porque os pigmentos *absorvem* mais ondas, seletivamente refletindo de volta ondas específicas, que dão origem a cores particulares. Misturas subtrativas de cores podem também ser demonstradas sobrepondo-se filtros de cores. Se você olhar através de um sanduíche de filtros de celofane amarelos e azuis, eles bloquearão certas ondas. As ondas médias que restarem serão verdes.

A ***mistura aditiva de cores*** **funciona pela sobreposição de luzes, adicionando mais luz na mistura do que já havia em qualquer luz por si própria.** Se fizer refletir pontos de luz vermelha, verde e azul sobre a mesma superfície branca, você terá obtido uma mistura aditiva. Como mostra a **Figura 4.9**, misturas aditivas e subtrativas das mesmas cores produzem diferentes resultados.

Os processos humanos de percepção da cor comparam-se muito mais à mistura aditiva de cores do que à mistura subtrativa, como veremos na próxima seção sobre teorias da visão em cores.

Teoria tricromática da visão em cores

A teoria tricromática da visão em cores (*tri* = "três", *croma* = "cor") foi a primeira a ser proclamada por Thomas Young e modificada mais tarde por Hermann von Helmholtz (1852). A ***teoria tricromática*** **diz que o olho humano tem três tipos de receptores com sensibilidades diferentes para variados comprimentos de onda de luz.** Helmholtz acreditava que o olho continha receptores especializados sensíveis às ondas associadas ao vermelho, verde e azul. De acordo com esse modelo, as pessoas podem ver todas as cores do arco-íris porque o olho faz sua própria "mistura de cores", variando a proporção da atividade neural entre esses três tipos de receptores.

O ímpeto para essa teoria tricromática foi a demonstração de que uma luz de qualquer cor pode ser combinada pela mistura aditiva de *três cores primárias*. (Quaisquer três cores que estejam apropriadamente espaçadas no espectro visível podem servir como cores primárias, embora a vermelha, a verde e a azul sejam as mais comumente usadas.) Não parece plausível que três cores fossem adequadas para criar todas as outras? Pois é exatamente esse fenômeno que ocorre na sua tela de TV em cores ou no monitor de seu computador (Stockman, 2010). Misturas aditivas de vermelho, verde e azul o enganam, fazendo-o ver todas as cores de uma cena natural.

Muitos dos fatos conhecidos sobre o daltonismo também combinam bem com a teoria tricromática. *O **daltonismo** engloba uma variedade de deficiências na habilidade*

Figura 4.9 Mistura aditiva *versus* subtrativa de cores.

As luzes misturam-se aditivamente porque todos os comprimentos de onda contidos em cada luz alcançam o olho. Se luzes vermelhas, azuis e verdes forem projetadas sobre uma tela branca, produzirão as cores mostradas à esquerda, com branco na intersecção das três luzes. Se tintas das mesmas cores forem combinadas da mesma forma, a mistura subtrativa produzirá as cores mostradas à direita, com o preto na intersecção das três cores.

Luzes misturam-se aditivamente

Tintas misturam-se subtrativamente

de distinguir as cores. Essa deficiência ocorre muito mais frequentemente em homens do que em mulheres (Tait e Carroll, 2010). Muitas pessoas que são daltônicas são *dicromáticas*, isto é, utilizam apenas dois tipos de receptores de cores. Há três tipos de dicromáticos e cada tipo é insensível a uma das cores primárias: vermelho, verde ou azul, embora esse último seja raro (Reid e Usrey, 2008). As três deficiências, então, apoiam a ideia de que existem três conjuntos de receptores para a visão em cores, como proposto pela teoria tricromática.

Teoria do processo oponente da visão em cores

Embora a teoria tricromática explique bem algumas facetas da visão em cores, ela encalhou em outras áreas. Considere as imagens posteriores complementares, por exemplo. *Cores complementares* são pares de cores que produzem tons cinza quando misturadas. Os vários pares de cores complementares podem ser arranjados em um *círculo colorido*, como o da **Figura 4.10**. Se você olhar uma cor forte e então olhar para um fundo branco, terá a **imagem posterior** – uma imagem visual que persiste depois que um estímulo é removido. A cor da imagem posterior será o *complemento* da cor que você originalmente olhou. A teoria tricromática não pode explicar o surgimento de imagens posteriores complementares.

Aqui está outra peculiaridade a ser considerada. Se pedirmos às pessoas para descrever cores, mas restringi-las a usar três nomes, elas encontrarão dificuldade. Usando apenas vermelho, verde e azul, por exemplo, elas simplesmente não se sentem confortáveis descrevendo o amarelo como "verde-avermelhado". Entretanto, se você deixar que elas usem somente um nome a mais, frequentemente escolherão o amarelo. Então, conseguem descrever qualquer cor facilmente (Gordon e Abramov, 2001). Se as cores são reduzidas a três canais, por que são necessários quatro nomes para descrever toda uma variedade de cores possível?

Para responder a perguntas como essa, Ewald Hering propôs a *teoria do processo oponente* da visão em cores em 1878. **A teoria do *processo oponente* afirma que a percepção da cor depende dos receptores que dão respostas antagônicas a três pares de cores.** Os três pares de cores na hipótese sugerida eram vermelho *versus* verde, amarelo *versus* azul e preto *versus* branco. Os processos antagônicos nessa teoria oferecem explicações plausíveis para imagens posteriores complementares e a necessidade de quatro nomes (vermelho, verde, azul e amarelo) para descrever as cores. A teoria do processo oponente também explica alguns aspectos do daltonismo. Ela consegue explicar, por exemplo, por que dicromáticos normalmente acham difícil distinguir entre verde e vermelho ou entre amarelo e azul.

Reconciliando as teorias da visão em cores

Defensores da teoria tricromática e da teoria do processo oponente argumentam acerca dos relativos méritos dos dois modelos há quase um século. Muitos pesquisadores presumem que uma das teorias deve estar certa. Porém, nas últimas décadas, tornou-se claro que *ambas são necessárias para explicar a visão em cores*. Por fim, uma base fisiológica foi encontrada para as duas teorias. Pesquisa que rendeu um prêmio Nobel a George Wald demonstrou que *o olho tem três tipos de cones*, cada tipo sendo mais sensível a uma diferente faixa de comprimento de onda, como mostra a **Figura 4.11** (Gegenfurtner, 2010). Os três tipos de cones representam os três receptores de cores diferentes previstos na teoria tricromática.

CHECAGEM DA REALIDADE

Ideia equivocada

As pessoas daltônicas veem o mundo em preto e branco.

Realidade

O termo *daltonismo* é um tanto enganador, já que apenas uma pequena minoria dos que são caracterizados como daltônicos são monocromáticos, que veem o mundo em preto e branco. A grande maioria das pessoas daltônicas são dicromáticas, que não conseguem ver certas cores. O Painel (a) na ilustração mostra o que o tipo mais comum de dicromático veria se recebesse algumas das flores de papel mostradas no Painel (b).

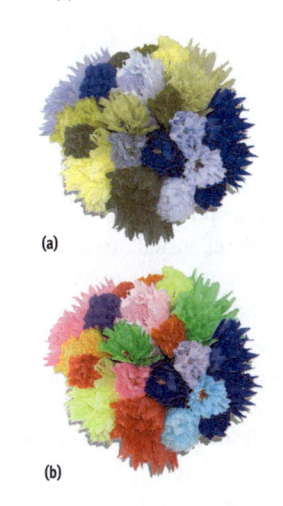

(a)

(b)

FONTE: De Goldstein, E.B. (2007). *Sensation and perception* (7ª ed.). Belmont, CA: Wadsworth. Wadsworth é parte da Cengage Learning, Inc. Reproduzido com permissão de Bruce Goldstein. www.cengage.com/permissions

---

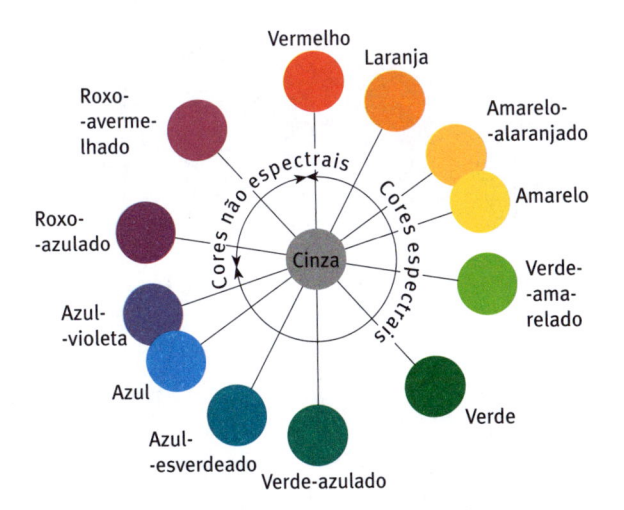

Figura 4.10 O círculo de cores e as cores complementares.

As cores que se opõem nesse círculo são complementares ou opostas. Aditivamente, a mistura de cores complementares produz o cinza. Princípios do processo oponente ajudam a explicar esse efeito, bem como as outras peculiaridades das cores complementares.

Figura 4.11 Os três tipos de cones.
A pesquisa identificou três tipos de cones que apresentam sensibilidade variada a diferentes comprimentos de onda de luz. Como mostra o gráfico, eles correspondem, apenas *grosso modo*, aos receptores vermelho, verde e azul previstos na teoria tricromática, por isso parece mais preciso nos referirmos a eles como cones sensíveis a comprimentos de onda curtos, médios e longos.

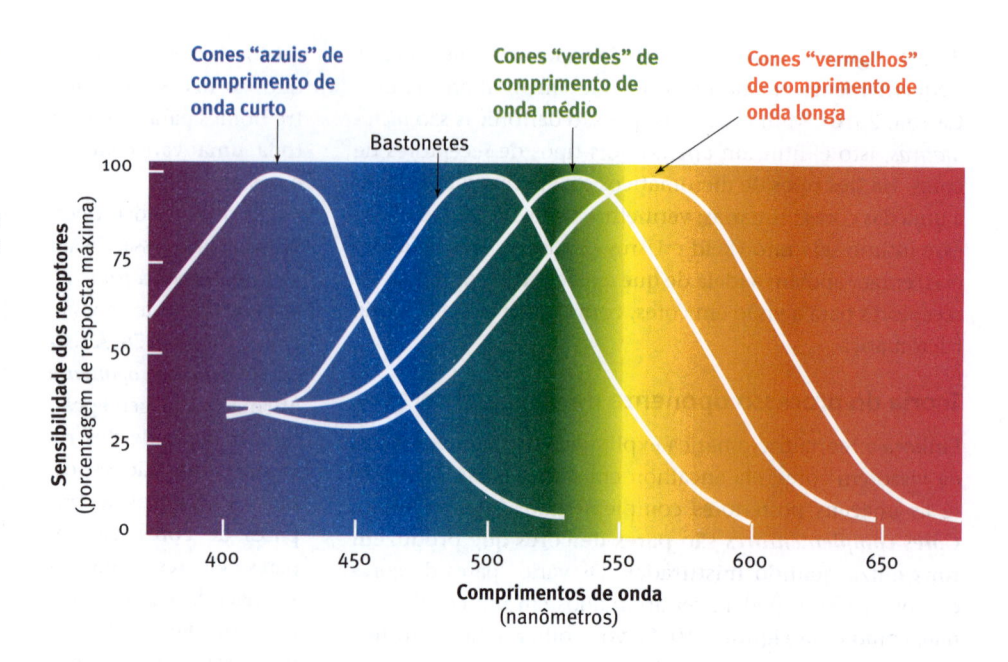

Pesquisadores descobriram uma base biológica para processos oponentes e também células na retina, no tálamo e no córtex visual *que respondem de maneiras opostas ao vermelho* versus *verde e azul* versus *amarelo* (Purves, 2009). Há células ganglionares na retina, por exemplo, que são estimuladas pelo verde e inibidas pelo vermelho. Outras células ganglionares na retina funcionam de maneira exatamente oposta, como previsto na teoria do processo oponente.

Resumindo, a percepção de cor parece envolver estágios de processamento de informação (Gegenfurtner, 2010). Os receptores que fazem o primeiro estágio do processamento (os cones) parecem seguir os princípios delineados na teoria tricromática. Em estágios posteriores de processamento, as células na retina e o cérebro parecem seguir os princípios delineados na teoria do processo oponente. Como se pode ver, o vigoroso debate teórico a respeito da visão em cores produziu uma solução que foi além das contribuições de cada uma das teorias individualmente.

4.2 Objetivos Principais de Aprendizagem

- Discutir a subjetividade da percepção da forma, a cegueira não intencional e o conceito da análise das feições.
- Compreender os princípios de Gestalt sobre a percepção visual e o papel das hipóteses perceptivas na percepção da forma.
- Identificar os indícios monoculares e binoculares utilizados na percepção de profundidade e discutir as variações culturais na percepção de profundidade.
- Descrever as constâncias perceptivas e discutir o que as ilusões visuais revelam sobre a percepção.

4.2 Sistema visual: processos perceptivos

Vimos como os receptores sensoriais no olho transformam a luz em impulsos neurais que são enviados para o cérebro. Em seguida, nós nos concentraremos em como o cérebro compreende tudo isso: como ele converte os fluxos de impulsos neurais em percepções de cadeiras, portas, amigos, automóveis e prédios? Nesta seção, exploramos os processos perceptivos na visão, como a percepção das formas, objetos, profundidade, e assim por diante.

Percebendo formas, padrões e objetos

A ilustração na **Figura 4.12** é um pôster de circo envolvendo uma foca treinada. O que você vê?

Sem dúvida, você vê uma foca equilibrando uma bola no focinho e um treinador segurando um peixe e um chicote. Mas suponhamos que lhe digam que o desenho é, de fato, um cartaz para um baile a fantasia. Você o teria visto de maneira diferente?

Figura 4.12 Pôster de um treinador com uma foca treinada.

O que você vê? A figura é ambígua e pode ser interpretada de duas maneiras, como explicado no texto.

Se você se concentrar na ideia do baile à fantasia (mantenha-a por um instante se ainda vir o treinador e a foca), provavelmente verá um homem e uma mulher fantasiados na **Figura 4.12**. Ela entrega a ele um chapéu, e ele segura uma espada na mão direita. Esse ardiloso esboço foi criado de maneira ambígua intencionalmente. Trata-se de uma *figura reversível*, **uma imagem que é compatível com duas interpretações diferentes que podem se modificar.** Outra clássica imagem reversível é mostrada na **Figura 4.13**. O que você vê? Um coelho ou um pato? Depende de como você olha para o desenho.

A finalidade dessa demonstração é simplesmente essa: *o mesmo impulso visual pode resultar em percepções radicalmente diferentes*. Não há correspondência um a um entre o impulso sensorial e o que se percebe. *Essa é uma das principais razões pelas quais a experiência que as pessoas têm do mundo é subjetiva*. A percepção envolve muito mais do que receber passivamente sinais do mundo exterior. Ela envolve a *interpretação* do impulso sensorial.

Nesse caso, nossas interpretações resultam em duas "realidades" diferentes, porque suas *expectativas* foram manipuladas. A informação fornecida acerca do esboço criou **um *conjunto perceptivo* – uma prontidão para perceber um estímulo de maneira particular.** Um conjunto perceptivo cria certa inclinação na interpretação de impulsos sensoriais.

Como as expectativas, as forças motivacionais podem promover os grupos perceptivos, como demonstrado em um estudo que utiliza figuras reversíveis como estímulos (Balcetis e Dunning, 2006). Os participantes sabiam que um computador sinalizaria um *número* ou uma *letra* para indicar se uma tarefa agradável ou desagradável foi atribuída a eles (experimentar um suco de laranja ou um alimento ou bebida saudável de aspecto nojento). Cada um dos sujeitos viu brevemente o mesmo estímulo ambíguo (veja **Figura 4.14**), que poderia ser visto como um número (13) ou uma letra (B), e então o computador parecia quebrar. Os participantes teriam que dizer o que eles viram antes do computador quebrar. Os sujeitos que esperavam por uma letra eram mais passíveis de interpretar o estímulo como um B, e os que es-

Figura 4.14 Estímulo ambíguo utilizado por Balcetis e Dunning (2006).
Os participantes viram breves apresentações desse estímulo, que poderia ser visto como uma letra (B) ou como um número (13). O estudo demonstrou que os fatores motivacionais influenciam o que as pessoas tendem a ver.

peravam por um número eram mais passíveis para ver o estímulo como o número 13. Vários outros estudos também demonstraram que, até certo ponto, temos a tendência para ver o que queremos ver (Dunning e Balcetis, 2013).

A percepção da forma também depende da *seleção* da entrada sensorial – ou seja, aquilo no que as pessoas focam sua atenção. Uma cena visual pode incluir muitos objetos e formas. Algumas delas podem captar a atenção do observador ao passo que outras não o fazem. Esse fato foi demonstrado de uma maneira drástica nos estudos da ***cegueira não intencional*, que envolve a inabilidade em ver por completo objetos visíveis ou eventos em uma exposição.** Em um desses estudos (Simon e Chabris, 1999), os participantes assistiram a um vídeo de um grupo de pessoas vestindo camisas brancas, passando uma bola de basquete uma para a outra, em contraste com outro vídeo de pessoas vestindo camisas pretas, passando uma bola de basquete uma para a outra (os dois vídeos eram parcialmente transparentes). Os observadores foram instruídos a focar um dos times e pressionar um botão sempre que o time escolhido passasse a bola. Trinta segundos depois, uma mulher carregando um guarda-chuva claramente atravessou a cena por quatro segundos. Você pode pensar que esse acontecimento bizarro seria notado por quase todos os observadores, mas 44% dos participantes não viram a mulher. Além disso, quando uma pessoa vestindo uma fantasia de gorila atravessou a mesma cena, uma porcentagem ainda maior de sujeitos (73%) deixou de observar esse acontecimento inesperado!

Estudos adicionais, que usaram outros tipos de materiais de estímulo, demonstraram que as pessoas rotineiramente deixam de ver formas óbvias que são inesperadas (Most et al., 2005). A cegueira não intencional foi atribuída a sujeitos que apresentam um conjunto perceptual que os leva a focar a maior parte da atenção em uma característica específica de uma cena (como uma bola de basquete passando), ao mesmo tempo que deixam de ver outras partes da cena (Most et al., 2001). A cegueira não intencional pode explicar muitos acidentes automobilísticos, pois os relatos dos acidentes com frequência incluem a declaração: "eu olhei exatamente

Figura 4.13 Outra figura ambígua.
Que animal você vê aqui? Como o texto explica, são possíveis duas percepções diferentes. Essa figura ambígua foi criada por volta de 1900 por Joseph Jastrow, um proeminente psicólogo, na virada do século XX (Block e Yuker, 1992).

naquela direção, mas não vi nada" (Shermer, 2004). A ideia de que vemos muito menos do mundo do que pensamos surpreende muitas pessoas, mas existe um paralelo audível que as pessoas subestimam (Mack, 2003). Pense quantas vezes alguém lhe disse uma coisa com clareza, mas você não ouviu uma palavra do que foi dito porque "não estava escutando". A cegueira não intencional é essencialmente a mesma coisa no campo da visão.

Um entendimento do modo como as pessoas percebem formas, padrões e objetos também requer o conhecimento de como elas *organizam e interpretam* a informação visual. Várias abordagens influentes a essa questão enfatizam a *análise de características*.

Análise de características: montando formas

A informação recebida pelos olhos de nada serviria se não pudéssemos reconhecer objetos e formas, desde palavras em uma página ao micro-ondas na sua cozinha, e até amigos a distância. Segundo algumas teorias, percepções da forma e padrão envolvem *análise de características* (Lindsay e Norman, 1977). **Análise de características é um processo de detecção de elementos específicos no impulso visual e a sua montagem para a obtenção de uma forma mais complexa.** Em outras palavras, começa-se com os componentes de uma forma, como linhas, bordas e cantos, e, com isso, constroem-se percepções de quadrados, triângulos, sinais de trânsito, bicicletas, sorvetes e telefones. Uma aplicação desse modelo de percepção da forma apresenta-se em diagrama na **Figura 4.15**.

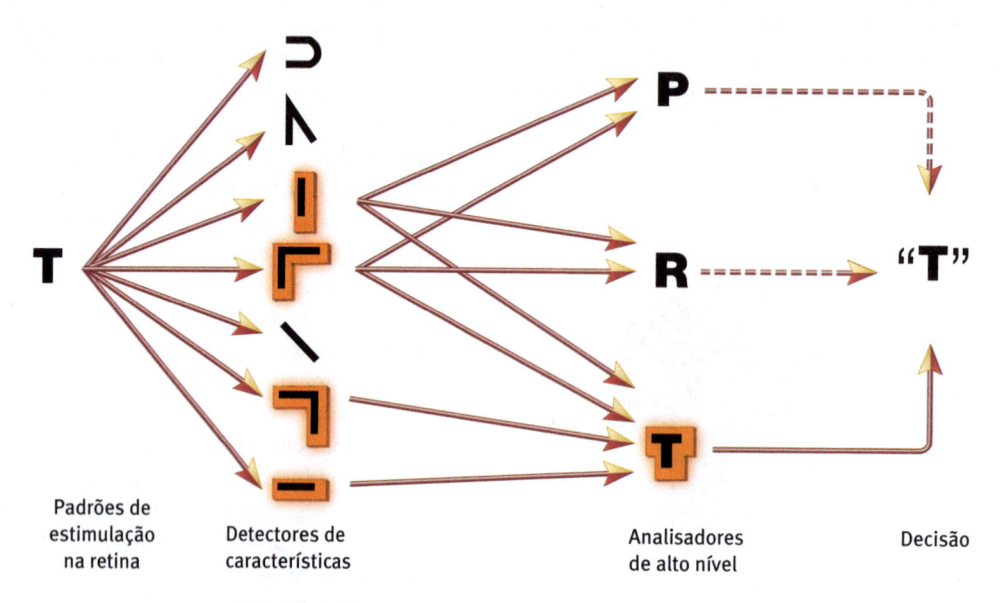

A análise das características presume que a percepção da forma **envolve o** *processo ascendente (bottom-up)*, **uma progressão que vai de elementos individuais para o todo** (veja **Figura 4.16**). A plausibilidade desse modelo foi apoiada em grande parte quando Hubel e Wiesel demonstraram que as células no córtex visual operam como detectores de características altamente especializados. Na verdade, suas descobertas sugeriram fortemente que pelo menos alguns aspectos da percepção da forma envolvem a análise de características.

Pode a análise de características fornecer uma explicação completa para o modo como as pessoas percebem as formas? Com certeza, não. Um problema crucial para a teoria é que a percepção da forma com frequência não envolve o processo ascendente. De fato, há ampla evidência de que as percepções da forma frequentemente envolvem o *processo descendente (top-down)*, **uma progressão do todo para os elementos** (Bar e Bubic, 2013) (veja **Figura 4.16**). Por exemplo, há evidências de que as pessoas podem perceber uma palavra antes de suas letras individuais – um fenômeno que deve refletir o processo descendente (Johnston e McClelland, 1974). Se os leitores dependessem exclusivamente do processo ascendente, eles teriam de analisar as características das letras nas palavras para reconhecê-las e depois juntá-las formando as palavras. Essa tarefa tomaria muito tempo, tornando excessivamente lento o ritmo da leitura.

Vendo o todo: princípios da Gestalt

Às vezes, o todo, como o percebemos, pode ter qualidades que não existem em nenhuma das partes. Essa percepção – *de que o todo pode ser maior que a soma das partes* – se tornou a premissa básica da *psicologia da Gestalt*, uma importante escola de pensamento que surgiu na Alemanha, na primeira metade do século XX (*Gestalt* é a palavra alemã para "forma").

Figura 4.15 A análise de características na percepção da forma.

Uma teoria muito discutida sobre a percepção da forma é que o cérebro tem células que respondem a características ou a aspectos específicos de estímulos, como linhas e ângulos. Os neurônios que funcionam como analisadores de alto nível respondem aos impulsos desses "detectores de características". Quanto mais impulsos o analisador recebe, mais ativo ele se torna. Por fim, outros neurônios avaliam os sinais desses analisadores e tomam uma "decisão" acerca do estímulo. Assim, a percepção das formas é obtida pela montagem dos elementos.

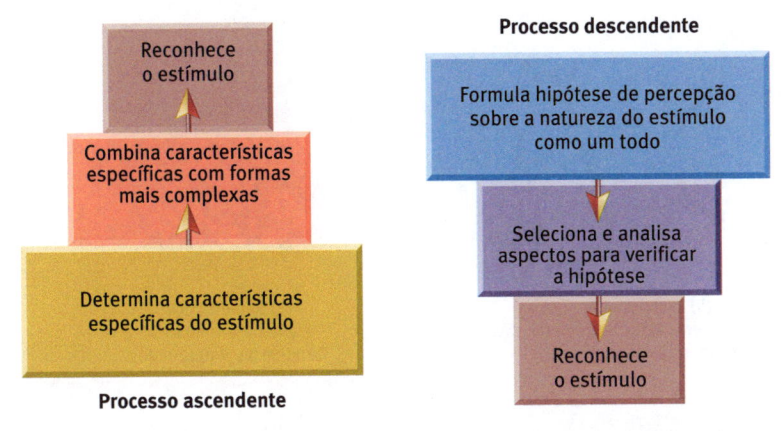

Figura 4.16 Processo ascendente (*bottom-up*) versus processo descendente (*top-down*).
Como explicado nos diagramas, o processo ascendente progride a partir de elementos individuais para elementos globais, ao passo que o processo descendente progride de elementos globais para os individuais.

Um exemplo simples desse princípio que você deve ter experimentado inúmeras vezes é o *fenômeno* "phi", inicialmente descrito por Max Wertheimer em 1912. **O *fenômeno* "phi" é a ilusão de movimento criada pela rápida sucessão de estímulos visuais.** Encontramos exemplos desse fenômeno diariamente. Os filmes e as cenas transmitidas pela TV consistem em imagens paradas, separadas, projetadas rapidamente uma após a outra.

O que você *vê* é um movimento harmonioso, mas, na realidade, os objetos são apresentados em posições levemente diferentes em quadros sucessivos. Visto como um todo, um filme tem uma propriedade (o movimento) que não é evidente em nenhuma de suas partes (os quadros individuais).

Os psicólogos da Gestalt formularam uma série de princípios que descrevem como o sistema visual organiza uma cena em formas discretas (Schirillo, 2010). Vamos explorar a seguir alguns desses princípios.

Figura e fundo Na **Figura 4.17**, vê-se o perfil de dois rostos em um fundo branco, ou um vaso branco em um fundo negro? Essa figura reversível ilustra o princípio da Gestalt a respeito de *figura e fundo*. Separar as duas imagens é fundamental para as pessoas organizarem suas percepções visuais. A figura é o que se está olhando, e o fundo é o segundo plano sobre o qual a figura se coloca. A figura parece ter substância e sobressai do fundo. Se as outras coisas forem iguais, é mais provável que um objeto seja visto como uma figura quando ele é menor em tamanho, mais alto em contraste, ou maior em simetria (Tse e Palmer, 2013). Formas que têm ampla base e um topo estreito, bem como os objetos que estão abaixo do campo de visão da pessoa, também são mais passíveis de serem vistos como figuras (Peterson e Kimchi, 2013). Frequentemente, seu campo de visão pode conter muitas figuras que compartilham o mesmo pano de fundo. Os seguintes princípios da Gestalt estão relacionados com a forma como esses elementos estão agrupados em figuras de ordem mais alta (Tse e Palmer, 2013).

Proximidade As coisas que estão próximas parecem fazer parte de um mesmo grupo. Os pontos negros no painel da **Figura 4.18(a)** podem ser agrupados em colunas verticais ou fileiras horizontais. Entretanto, as pessoas tendem a perceber fileiras por causa do efeito da proximidade (os pontos estão mais próximos horizontalmente).

Fechamento As pessoas em geral agrupam elementos para criar uma sensação de *fechamento*, ou completude. Assim, você pode "completar" figuras que, na verdade, contêm descontinuidades. Esse princípio é demonstrado na **Figura 4.18(b)**.

Semelhança As pessoas também tendem a agrupar estímulos que são semelhantes. Esse princípio está aparente na **Figura 4.18(c)**, em que agrupamos os elementos com semelhante tom escuro no número 2.

Simplicidade O princípio da Gestalt mais geral era a lei de *Pragnanz*, traduzido do alemão como "boa forma". A ideia é que as pessoas tendem a agrupar elementos que se combinam para formar uma boa figura. Esse é um princípio vago, uma vez que, na maioria das vezes, é difícil explicar em detalhes o que torna uma figura "boa". Alguns teóricos sustentam que essa é principalmente uma questão de simplicidade, afirmando que as pessoas tendem a organizar formas da maneira mais simples possível (veja **Figura 4.18(d)**).

Continuidade O princípio da continuidade reflete a tendência das pessoas em seguir qualquer direção a que sejam conduzidas. Desse modo, as pessoas tendem a ligar pontos que resultam em linhas retas ou ligeiramente curvas as quais criam caminhos "suaves", como mostrado na **Figura 4.18(e)**.

Embora a psicologia da Gestalt não seja mais uma orientação teórica ativa na psicologia moderna, sua influência

Figura 4.17 O princípio da figura e do fundo.
Se você vê duas faces ou um vaso, dependerá da parte da figura que você olha: como figura ou como fundo. Embora essa figura reversível permita que se veja uma coisa e, alternadamente, outra na sua organização da percepção, não se consegue perceber as duas figuras de uma só vez.

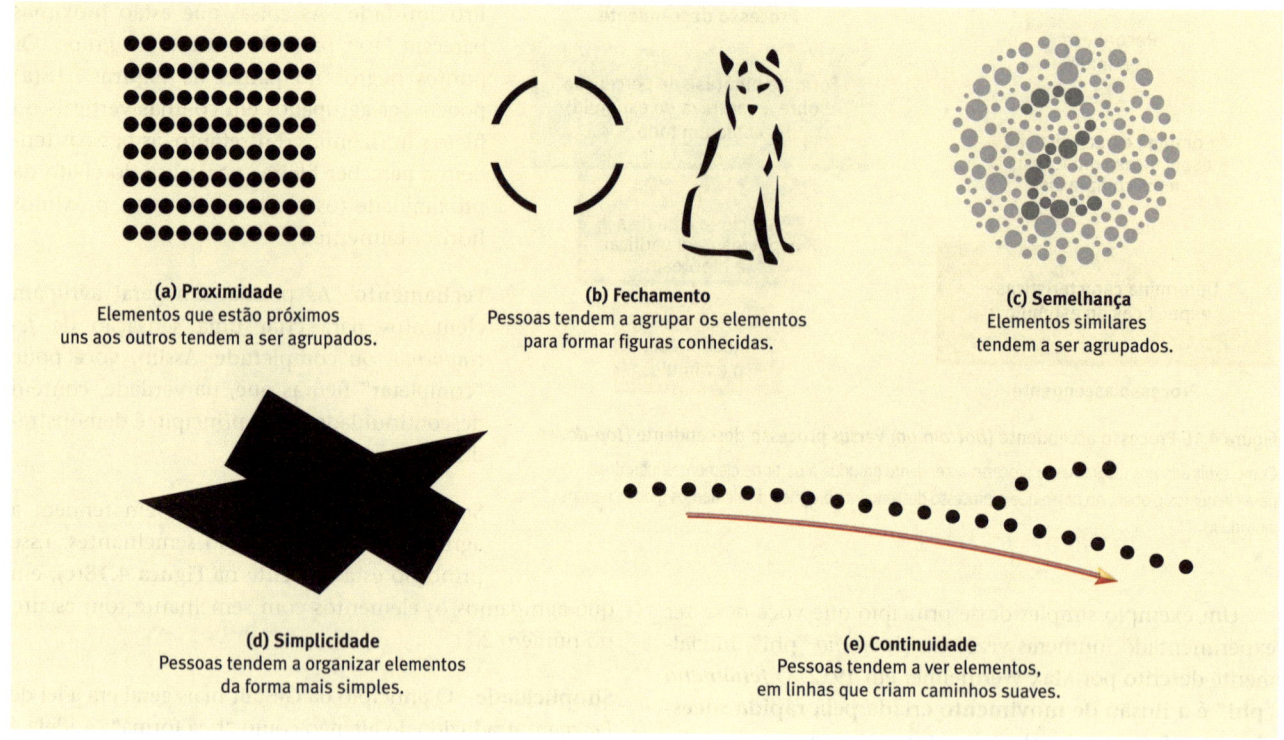

Figura 4.18 Princípios da Gestalt da organização perceptiva.

Os princípios da Gestalt ajudam a explicar como as pessoas, subjetivamente, organizam a percepção. **(a) Proximidade:** esses pontos podem ser organizados tanto em colunas verticais como em linhas horizontais; mas, por causa da proximidade (os pontos estão mais próximos na horizontal), eles são normalmente percebidos como linhas. **(b) Fechamento:** ainda que as figuras estejam incompletas, completam-se os espaços em branco, e o que se vê são um círculo e um cão. **(c) Semelhança:** devido à semelhança de cor, vemos pontos organizados formando um número 2, em vez de uma disposição aleatória. Se elementos semelhantes não estivessem agrupados, não veríamos o número 2. **(d) Simplicidade:** essa poderia ser uma figura complicada de ver, com 11 lados, mas, dada a preferência pela simplicidade, provavelmente veremos um triângulo e um retângulo. **(e) Continuidade:** tendemos a agrupar esses pontos de maneira que a produza um caminho suave em vez de uma mudança abrupta de direção.

ainda é sentida no estudo da percepção. Os Gestaltistas levantaram muitas questões importantes de que se ocupam ainda muitos pesquisadores e nos legaram muitas ideias úteis sobre a percepção da forma, que têm sobrevivido ao longo do tempo (Sharps e Wertheimer, 2000).

Formulando hipóteses perceptivas

Na percepção visual, as imagens projetadas na retina são versões distorcidas, bidimensionais de seus homólogos reais, tridimensionais. Se a entrada sensorial com que as pessoas têm de trabalhar for distorcida, como elas obtêm uma visão precisa do mundo? Uma das explicações é que as pessoas estão constantemente elaborando e testando hipóteses sobre o que há no mundo real (Gregory, 1973). Assim, **uma *hipótese perceptiva* é uma inferência sobre qual forma poderia ser responsável por um padrão de estimulação sensorial.**

Vejamos outra figura ambígua para melhor ilustrar o processo de fazer uma hipótese perceptiva. Uma famosa figura reversível é a **Figura 4.19**, publicada pela primeira vez em uma revista de humor. Talvez você veja o desenho de uma moça olhando por cima do seu ombro direito. Alternativamente, poderá ver uma mulher idosa com seu queixo sobre o peito. A ambiguidade existe porque não há informação suficiente para forçar seu sistema perceptual a aceitar apenas uma dessas hipóteses. Incidentalmente, estudos mostram que as pessoas que são levadas *a esperar* mulher jovem ou mulher velha, em geral, veem aquela que esperam ver (Leeper, 1935). Esse é outro exemplo sobre como os conjuntos perceptuais influenciam o que as pessoas veem.

Figura 4.19 Uma famosa figura reversível.

O que você vê? Consulte o texto para descobrir as duas possíveis interpretações dessa figura.

Os psicólogos têm usado uma variedade de figuras reversíveis para estudar como as pessoas formulam hipóteses perceptuais. Outro exemplo pode ser visto na **Figura 4.20**, que mostra o *cubo de Necker*. A superfície sombreada pode parecer ser a frente ou a parte de trás do cubo transparente. Se olhá-lo por um instante, sua percepção alternará entre essas possibilidades.

O *contexto* no qual alguma coisa aparece com frequência orienta nossa hipótese perceptual (Bravo, 2010). Para ilustrar, veja **Figura 4.21**. O que você vê? Provavelmente, viu as palavras "THE MAN". Mas, olhando novamente, os símbolos no meio de ambas as palavras são idênticos. Você identificou um "H" na primeira palavra e um "A" na segunda por causa das letras adjacentes, que moldaram suas expectativas. O poder da expectativa explica por que erros tipográficos como o dessa sentença frequentemente passam despercebidos (Lachman, 1996).

Percebendo a profundidade e a distância

Frequentemente, formas e figuras são objetos no espaço. Considerações espaciais adicionam uma terceira dimensão à percepção visual. A *percepção de profundidade* envolve interpretação de pistas visuais que indicam se os objetos estão perto ou longe. Para fazer julgamentos de distância, as pessoas baseiam-se em uma variedade de pistas (ou sugestões) que podem ser classificadas em dois tipos: binoculares e monoculares (Proffitt e Caudek, 2013).

Indícios binoculares

Como os olhos são separados, cada um tem uma visão levemente diferente do mundo. *Indícios binoculares de profundidade* são pistas acerca da distância baseadas nas visões diferenciadas dos dois olhos. A tecnologia dos filmes 3D aproveita as vantagens desse fato. Duas câmeras são usadas para registrar imagens ligeiramente diferentes da mesma cena. O cérebro então fornece a "profundidade", e você percebe uma cena tridimensional.

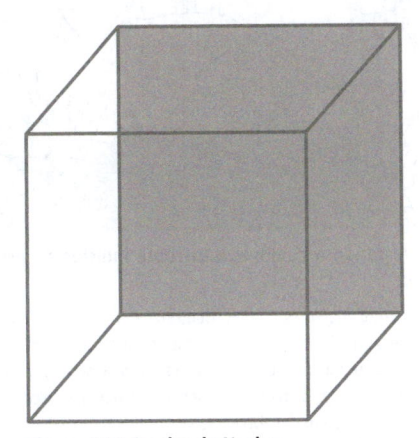

Figura 4.20 O cubo de Necker.
A superfície sombreada desta figura reversível pode ser vista como a frente ou a parte de trás do cubo.

Figura 4.21 Efeitos de contexto.
O contexto em que um estímulo é visto pode afetar nossa hipótese de percepção. Presume-se que o caractere do meio na palavra à esquerda seja um "H", enquanto na palavra à direita seja um "A". Além de apontar a influência potencial do contexto, esse exemplo mostra o poder das expectativas e do processo descendente.

O principal indício binocular de profundidade é a *disparidade retiniana*, que se refere ao fato de objetos de até 7,6 m projetarem imagens em locais levemente diferentes na retina direita ou esquerda, de modo que o olho direito e o esquerdo tenham visões levemente diferentes do objeto. Quanto mais próximo você estiver de um objeto, maior a disparidade entre as imagens vistas por seus olhos. Assim, a disparidade retiniana aumenta conforme o objeto se aproxima, fornecendo informação sobre distância.

Indícios monoculares

Os *indícios monoculares de profundidade* são pistas acerca da distância baseadas na imagem de cada olho separadamente. Há dois tipos de indícios monoculares de profundidade. Um deles é o resultado do uso ativo do olho em ver o mundo. Quando um objeto se aproxima, por exemplo, pode-se sentir a acomodação (a mudança na curvatura da lente) que deve ocorrer para que o olho ajuste seu foco.

O outro tipo de indício monocular são *indícios pictóricos de profundidade* – pistas acerca da distância que podem ser dadas em uma figura plana. Há muitos indícios pictóricos para a profundidade, e é por isso que as fotos e gravuras podem parecer tão reais que se sente que é possível entrar nelas. Seis proeminentes indícios pictóricos de profundidade estão descritos e ilustrados na **Figura 4.22**. O primeiro deles, a *perspectiva linear*, é uma pista de profundidade relacionada ao fato de as linhas convergirem a distância. Como os detalhes são pequenos demais para ver quando estão a distância, o *aumento ou diminuição de textura* podem também fornecer informações acerca da profundidade. Se há um objeto entre você e outro objeto, o primeiro está mais próximo de você, é um indício chamado *interposição*. *Tamanho relativo* também é um indício, porque objetos mais próximos parecem maiores. *Altura em superfície plana* refere-se ao fato de que objetos distantes parecem mais altos em uma ilustração. Por fim, os efeitos familiares do sombreamento tornam a *luz* e a *sombra* úteis no julgamento da distância.

É possível que haja algumas diferenças culturais na habilidade de empregar os indícios pictóricos de profundidade fotografada em gravuras bidimensionais. Essas diferenças foram inicialmente investigadas por Hudson (1960, 1967), que apresentou ilustrações como a da **Figura 4.23** a vários grupos culturais na África do Sul. Sua abordagem baseava-se

Perspectiva linear Linhas paralelas que se afastam do observador parecem juntar-se.

Textura gradiente À medida que a distância aumenta, a textura gradualmente se torna densa e menos distinta.

Interposição As formas dos objetos próximos sobrepõem-se ou mascaram os mais distantes.

Tamanho relativo Se se espera que objetos separados sejam do mesmo tamanho, os maiores parecem ser os mais próximos.

Altura em superfícies planas Objetos próximos parecem mais baixos no campo visual; objetos mais distantes parecem mais altos.

Luz e sombra Padrões de luz e sombra podem criar uma impressão de formas tridimensionais.

Figura 4.22 Indícios pictóricos de profundidade.

Seis indícios pictóricos de profundidade são explicados e ilustrados aqui. Embora um indício se destaque em cada foto, na maioria das cenas vários deles estão presentes. Tente olhar para o reverso de luz e sombra que você vê.

na hipótese de que participantes que indicavam que o caçador estava tentando cravar o arpão no elefante em vez de no antílope não entendem as sugestões de profundidade (interposição, tamanho relativo, altura em superfície plana) na figura, que coloca o elefante a distância.

Hudson descobriu que participantes em uma tribo rural sul-africana (Banto), que naquela época tinha pouca exposição a fotos e gravuras, em geral interpretavam erroneamente as pistas de profundidade nas gravuras. Dificuldades semelhantes com indícios de profundidade em fotos têm sido documentadas em outros grupos culturais que tiveram pouca experiência com representações bidimensionais de espaço tridimensional (Berry et al., 1992; Phillips, 2011). Desse modo, a aplicação de indícios pictóricos de profundidade a gravuras é parcialmente uma habilidade adquirida que depende de experiência.

Constâncias perceptivas da visão

Quando uma pessoa se aproxima de nós, sua imagem nas nossas retinas gradualmente muda em dimensão. Estaria aquela pessoa crescendo bem diante de nossos olhos? É claro

Figura 4.23 Testando a compreensão sobre indícios de profundidade em desenhos.

Em sua pesquisa entre diferentes culturas, Hudson (1960) pediu a seus participantes que indicassem se o caçador estava tentando cravar sua lança no antílope ou no elefante. Ele encontrou disparidades culturais na habilidade dos participantes em fazer uso eficiente das pistas de profundidade para gravura, que colocava o elefante a distância e o transformava em um alvo improvável.

Fonte: Adaptado com permissão de uma ilustração de Ilil Arbel in Deregowski, J. B. (nov. 1972). Pictorial perception and culture. *Scientific American*, 227 (5), p. 83. Copyright © 1972 by Scientific American, Inc. Todos os direitos reservados.

que não. Nosso sistema perceptivo constantemente faz concessões para essa variação na informação visual. A tarefa do sistema perceptivo é suprir uma execução precisa dos estímulos distais com base em estímulos proximais distorcidos, em constante mutação. Assim fazendo, ele conta, em parte, com constâncias perceptuais. Uma *constância perceptiva* é uma tendência a experimentar uma percepção estável perante um impulso sensorial em constante mudança. Entre outras coisas, as pessoas tendem a ver objetos como tendo dimensão, forma, brilho, tonalidade e localização no espaço constantes (Goldstein, 2010). Constâncias perceptuais como essas ajudam a impor alguma ordem no mundo ao nosso redor.

O poder de indícios desorientadores: ilusões ópticas

Em geral, constâncias perceptivas, indícios de profundidade e princípios de organização visual (como as leis da Gestalt) auxiliam as pessoas a perceber o mundo de maneira precisa. Às vezes, no entanto, percepções são baseadas em hipóteses não apropriadas, e podem surgir *ilusões* visuais como resultado. **Uma *ilusão visual* envolve uma, aparentemente, inexplicável discrepância entre a aparência de um estímulo visual e sua realidade física.**

Uma famosa ilusão visual é a de Müller-Lyer, mostrada na **Figura 4.24**, na qual as duas linhas verticais são igualmente longas, mas certamente assim não se parecem. Por que não? Diversos mecanismos provavelmente desempenham uma função (Day, 1965; Gregory, 1978). A figura à esquerda assemelha-se à parte externa de um edifício, mais próximo do observador, enquanto a da direita, a um canto interno, mais distanciado do observador (veja **Figura 4.25**). A linha vertical da figura à esquerda, portanto, parece mais próxima. Se ambas as linhas fornecem imagens retinais longas, mas uma

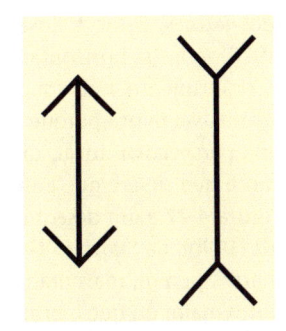

Figura 4.24 A ilusão de Müller-Lyer.
Meça as duas linhas verticais: elas têm exatamente a mesma medida.

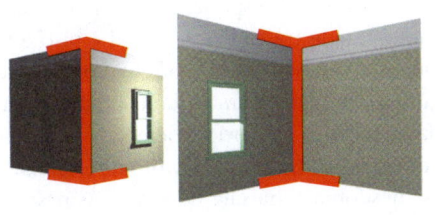

Figura 4.25 Explicando a ilusão de Müller-Lyer.
A figura à esquerda parece estar mais próxima, pois parece um canto externo, voltado para o observador, enquanto a figura à direita parece um canto interno distanciado de você. Devido às imagens na retina de comprimento idêntico, presume-se que a linha mais próxima seja a menor.

parece mais próxima, essa parece ser menor. Assim, a ilusão de Müller-Lyer é causada pela combinação de processos de constância de dimensão e pela percepção da profundidade.

As ilusões geométricas mostradas na **Figura 4.26** também demonstram que os estímulos visuais podem ser muito enganosos. A *ilusão Ponzo*, mostrada na **Figura 4.26**, parece

---

REVISÃO 4.2

Reconhecendo indícios de profundidade monoculares

A **Figura 4.22** descreve e ilustra seis indícios de profundidade monoculares, muitos deles, aparentes na foto ao lado. Verifique seu entendimento sobre a percepção de profundidade indicando os indícios de profundidade na foto. Indique-os na lista a seguir. As respostas podem ser encontradas no Apêndice A.

_____ 1. Interposição

_____ 2. Altura em superfície plana

_____ 3. Aumento ou diminuição de textura

_____ 4. Tamanho relativo

_____ 5. Luz e sombra

_____ 6. Perspectiva linear

resultar dos mesmos fatores, como a ilusão de Müller-Lyer (Coren e Girgus, 1978). A linha horizontal superior e a inferior têm o mesmo comprimento, mas a superior parece mais longa. Isso ocorre provavelmente porque as linhas convergentes indicam uma perspectiva linear, um indício de profundidade importante que sugere que a linha superior está mais distante. A **Figura 4.27** é um desenho feito pelo psicólogo Roger Shepard (1990), da Stanford University, que cria uma ilusão semelhante, porém, mais dramática. O segundo monstro parece muito maior do que o primeiro, mas na verdade eles têm tamanho idêntico.

Na década de 1930, Adelbert Ames elaborou uma ilusão impressionante que fez uso da percepção errônea da distância (Behrens, 2010). É chamado, bem apropriadamente, de *sala de Ames*. É uma sala especialmente planejada, construída com uma parede traseira trapezoidal e piso e teto inclinados. Quando vista do ponto correto, como no diagrama (veja **Figura 4.28**), parece uma sala retangular comum. Mas na realidade, o canto esquerdo é bem mais alto e bem mais distante do espectador do que o canto direito. Logo, ilusões bizarras se desdobram na sala de Ames. As pessoas que estão no canto direito parecem ser gigantes, enquanto as que estão no canto esquerdo parecem ser anãs. Ainda mais desconcertante, a pessoa que caminha pela sala da direita para esquerda parece encolher perante seus olhos! A sala de Ames cria essas percepções errôneas ao brincar com a hipótese perfeitamente razoável de que a sala é vertical e horizontalmente retangular.

Figura 4.27 Uma ilusão.

Os princípios fundamentais da ilusão Ponzo explicam a ilusão vista aqui, em que dois monstros idênticos parecem ter tamanhos diferentes.

FONTE: Shepard, R. N. (1990). *Mind sights*. Nova York, NY. W. H. Freeman. Copyright © 1990 by Roger N. Shepard. Usado com permissão de Henry of Henry Holt & Co., LLC.

Figura 4.26 Quatro ilusões geométricas.

Ponzo: As linhas horizontais têm o mesmo comprimento. **Poggendorff**: Os dois segmentos diagonais estão sobre a mesma linha reta. **T invertido**: A linha vertical e a horizontal têm exatamente o mesmo comprimento. **Zollner**: As diagonais longas são todas paralelas (tente cobrir algumas das linhas curtas se você não acreditar).

Um exemplo bem conhecido de ilusão visual é a *ilusão da Lua*. A Lua cheia parece ser 50% menor quando vista sobre nossas cabeças do que quando observada no horizonte (Ross e Plug, 2002). Assim como acontece com muitas outras ilusões que discutimos, a ilusão da Lua parece resultar principalmente dos efeitos da constância do tamanho associados à interpretação errônea da distância (Kaufman et al., 2007).

Estudos entre diferentes culturas têm revelado algumas divergências interessantes entre grupos culturais e sua tendência a certas ilusões (Matsuda, 2010; Phillips, 2011). Segall, Campbell e Herskovits (1966), por exemplo, descobriram que pessoas de culturas ocidentais são mais suscetíveis à ilusão de Müller-Lyer do que pessoas em algumas culturas não ocidentais. A explicação mais plausível é que no Ocidente vivemos em um "mundo" dominado por linhas retas, ângulos retos, salas, prédios e móveis retangulares. Assim sendo, nossa experiência nos prepara para olhar as figuras ilusórias de Müller-Lyer como cantos internos ou externos de prédios – inferências que estimulam a ilusão (Segall et al., 1990).

Assim como as figuras ambíguas, as ilusões visuais demonstram que as percepções humanas não são simples reflexos da realidade objetiva. Mais uma vez, vemos que a percepção do mundo é subjetiva.

Essa compreensão não se aplica apenas à percepção visual. Reencontraremos essas percepções quando estudarmos outros sistemas sensoriais, como a audição, que veremos a seguir.

Figura 4.28 Sala de Ames.
O diagrama à direita mostra como a sala foi construída originalmente. No entanto, o espectador supõe que a sala seja retangular, e a imagem moldada na retina é consistente com essa hipótese. Em função dessa hipótese perceptiva razoável, os ajustes perceptivos normais, feitos para preservar a constância do tamanho, levam às ilusões descritas no texto. Por exemplo, os espectadores ingênuos "concluem" que o garoto à direita é bem maior que o outro, quando, na verdade, ele está apenas mais perto.

Uma intrigante ilusão perceptiva comum na vida cotidiana é a ilusão da Lua: ela parece maior quando está no horizonte do que quando está no alto do céu.

Diferentemente das pessoas nos países ocidentais, os Zulus vivem em uma cultura na qual linhas retas e ângulos retos são raros. Assim, eles não são afetados pelo fenômeno da ilusão de Müller-Lyer tanto quanto as pessoas que foram criadas em ambientes em que há muitas estruturas retangulares.

4.3 Sistema auditivo: audição

4.3 Objetivos Principais de Aprendizagem

- Identificar as três propriedades do som e resumir as informações sobre as capacidades auditivas humanas.
- Descrever como o processamento sensorial ocorre no ouvido, comparar as teorias de lugar e de frequência da percepção de altura e discutir os fatores na localização auditiva.

Como a visão, o sistema auditivo fornece impulsos acerca do mundo "lá fora", mas não até que a informação recebida seja processada pelo cérebro. Um estímulo auditivo – um carro freando, alguém rindo, o rangido de uma geladeira – produz uma informação sensorial na forma de ondas sonoras que alcançam os ouvidos. O sistema perceptivo de alguma forma tem de transformar essa estimulação na experiência psicológica da audição. Começaremos nossa discussão sobre a audição pelo estímulo da experiência auditiva: o som.

O estímulo: o som

Ondas sonoras são vibrações de moléculas, o que significa que elas têm de viajar através de um meio físico, como o ar. Elas se movem em uma fração da velocidade da luz e são geralmente geradas pela vibração de objetos, como as cordas de um violão, um alto-falante ou nossas cordas vocais. Entretanto, elas podem também ser geradas ao forçar o ar a passar por uma câmara (como em um órgão) ou ao liberar o ar de forma repentina (por exemplo, quando se bate palmas).

Como as ondas de luz, as sonoras são caracterizadas por sua *amplitude, comprimento de onda e pureza* (veja **Figura 4.29**). As propriedades físicas de amplitude, comprimento de onda e pureza afetam principalmente as qualidades percebidas (psicológicas) de altura, volume e timbre, respectivamente. Entretanto, as propriedades físicas do som interagem de maneiras complexas para produzir percepções dessas características sonoras.

Capacidades auditivas nos seres humanos

Ondas de som são descritas em termos de sua *frequência*, que é medida em ciclos por segundo, ou *hertz* (Hz). Em geral, as frequências mais altas são percebidas como de maior volume, isto é, se, no piano, você pressionar a tecla para um dó alto, ela produzirá ondas sonoras de frequência mais alta do que a tecla para dó baixo. Apesar de a percepção de tom depender principalmente da frequência, a amplitude das ondas sonoras também influencia.

Como o espectro visível é apenas uma parte do espectro total da luz, também o que as pessoas podem ouvir é apenas uma porção da variedade de sons disponíveis. Os seres humanos conseguem ouvir sons que vão desde a frequência baixa de 20 Hz até uma bem alta, de cerca de 20.000 Hz. Em qualquer dos dois pontos, os sons são difíceis de ser ouvidos, e a sensibilidade a tons de alta frequência diminuem enquanto um adulto envelhece (Yost, 2013). Outros seres vivos têm diferentes capacidades. Sons de baixa frequência, como abaixo de 10 Hz, são audíveis apenas pelos pombos, por exemplo. No outro extremo, morcegos e botos conseguem ouvir frequências bem acima de 20.000 Hz.

Em geral, quanto maior a amplitude das ondas sonoras, mais alto o som é percebido. Enquanto a frequência é medida em Hz, a amplitude é medida em *decibéis* (dB). A relação entre decibéis (que medem uma propriedade física do som) e intensidade (uma característica psicológica) é complexa. Um princípio geral considerado mais ou menos difícil é que a sonoridade percebida se duplica a cada 6-10 dB (Florentine e Heinz, 2010). Sons muito altos podem ter efeitos negativos na qualidade de nossa audição. Até mesmo breve exposição a sons acima de 120 dB pode causar dor e danificar nosso sistema auditivo. Nos últimos anos, houve grande preocupação sobre a perda auditiva em pessoas jovens que usam aparelhos auditivos pessoais que tocam sua música muito alto (Punch, Elfenbein e James, 2011). Os *music players* portáteis podem oferecer facilmente mais de 100 decibéis pelos fones de ouvido. Um estudo descobriu o comprometimento auditivo significativo em 14% dos jovens amostrados (Peng, Tao e Huang, 2007). Infelizmente, os adolescentes tendem a não se preocupar muito sobre o risco de perda auditiva (Vogel et al., 2008). Entretanto, é um grave problema passível de levar a grande perda auditiva, dado o aumento da popularidade dos *music players* portáteis (Muchnik et al., 2012).

As pessoas são também sensíveis a variações na pureza dos sons. O som mais puro é aquele que tem uma única frequência de vibração, como o produzido por um diapasão. Vários sons do dia a dia são misturas complexas de muitas frequências. A pureza ou a complexidade de um som influenciam em como o timbre é percebido. Para perceber o timbre, pense em uma nota que tenha precisamente a

(b)

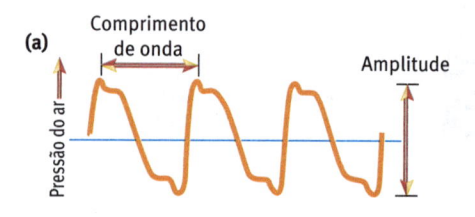

Propriedades físicas do som	Percepções relatadas
Frequência	Altura
Amplitude	Intensidade
Pureza	Timbre

Figura 4.29 Som, o estímulo físico da audição.

(a) Assim como a luz, o som viaja em ondas – nesse caso, ondas de pressão do ar. Uma leve curva representaria um tom puro, como o produzido por um diapasão. A maioria dos sons é complexa. A onda mostrada aqui, por exemplo, é de um dó médio tocado em um piano. Para a mesma nota tocada em um violino, a onda sonora teria o mesmo comprimento (ou frequência) que essa, mas as "rugas" na onda seriam diferentes, correspondendo às diferenças de timbre entre os dois sons.
(b) A tabela mostra as principais relações entre aspectos objetivos do som e percepção subjetiva.

mesma intensidade e volume tocada em um piano e, então, em um violino. A diferença que se percebe entre os sons é uma diferença no timbre.

Processamento sensorial no ouvido

Como nossos olhos, os ouvidos canalizam energia ao tecido neural que a recebe. A **Figura 4.30** mostra que o ouvido humano pode ser dividido em três seções: o ouvido externo, o médio e o interno. O som é conduzido diferentemente a cada seção. O ouvido externo depende da *vibração das moléculas do ar*; o médio, da *vibração dos ossos móveis*; e o interno, de *ondas num fluido*, que são finalmente convertidas em uma corrente de sinais neurais enviados ao cérebro (Kaas, O'Brien e Hackett, 2013).

O *ouvido externo* consiste principalmente no *pavilhão auricular*, um cone coletor de sons. Quando levamos a mão em forma de concha ao ouvido para tentar ouvir melhor, estamos prolongando esse cone. As ondas sonoras são colhidas pelo pavilhão auricular e encaminhadas pelo canal auditivo ao *tímpano*, uma membrana que vibra em resposta.

No *ouvido médio*, as vibrações do tímpano são transmitidas para dentro por uma corrente mecânica constituída pelos três menores ossos do corpo humano (martelo, bigorna e estribo), coletivamente conhecidos como *ossículos*. Os ossículos formam um sistema de alavanca em três estágios que transformam movimentos relativamente amplos usando pouca força em pequenos movimentos com maior força e servem para amplificar pequenas mudanças na pressão do ar.

O ouvido interno consiste em grande parte da **cóclea, um túnel enrolado, preenchido de fluido que contém receptores para a audição.** *Cóclea* vem da palavra grega para uma larva espiralada em concha, a qual essa câmara lembra (veja **Figura 4.30**). O tecido neural do ouvido, semelhante ao da retina, fica dentro da cóclea, na membrana basilar. A **membrana basilar, que segue por toda a cóclea espiralada, guarda os receptores auditivos chamados células ciliadas.** Ondas no fluido do ouvido interno estimulam as células ciliadas. Como os bastonetes e cones no olho, as células ciliadas convertem essa estimulação física em impulsos neurais que são enviados ao cérebro (Hudspeth, 2013). Esses sinais são levados por meio do tálamo ao córtex auditivo, que se localiza principalmente nos lobos temporais do cérebro.

Percepção auditiva: teorias da audição

Teorias da audição precisam explicar como ondas sonoras são fisiologicamente traduzidas em percepções de altura, intensidade e timbre. Até hoje, muito da teorização acerca da audição tem enfocado a percepção da altura, que é razoavelmente bem entendida. Em comparação, a compreensão que os pesquisadores têm da percepção da intensidade e do timbre é primitiva. Consequentemente, limitar-nos-emos a tratar das teorias da percepção da altura.

Teoria do local

Há duas importantes teorias da percepção da altura: a *do local* e a da *frequência*. Imaginemos a cóclea espiralada em separado, de modo que a membrana basilar se torne uma longa folha fina, contendo 25 mil células ciliares enfileiradas (veja **Figura 4.31**). Há muito tempo, Hermann von

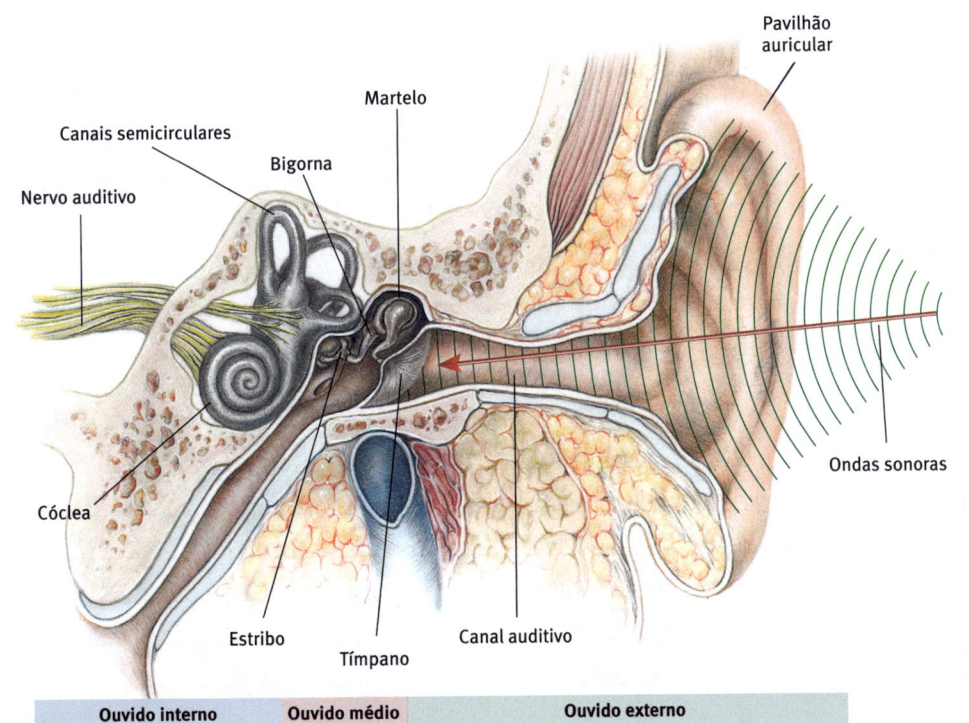

Figura 4.30 O ouvido humano.

Converter a pressão do som em informação processada pelo sistema nervoso envolve uma complexa transmissão de estímulos: ondas de pressão de ar criam vibrações no tímpano, que, por sua vez, causa oscilações nos ossículos do ouvido interno (o martelo, a bigorna e o estribo). Como elas são conduzidas de um osso para o outro, as oscilações são aumentadas e, então, transformadas em ondas de pressão, movendo-se através de um meio líquido na cóclea. Essas ondas fazem que a membrana basilar oscile, estimulando as células ciliadas, que são os receptores auditivos reais (veja **Figura 4.31**).

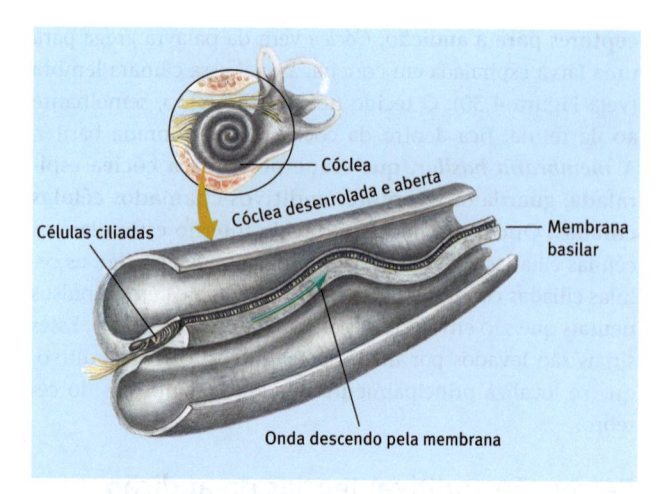

Figura 4.31 A membrana basilar.
Esta figura mostra a cóclea desenrolada e aberta para revelar a membrana basilar, que é coberta por milhares de células ciliadas (os receptores auditivos). Ondas de pressão no fluido que preenche a cóclea fazem que as oscilações desçam em ondas até a membrana basilar, estimulando as células ciliadas a descarregar. Apesar de a membrana toda vibrar, como previsto na teoria da frequência, o ponto ao longo da membrana onde as ondas aumentam depende da frequência do estímulo sonoro, como sugerido pela teoria do local.

Helmholtz (1863) propôs que frequências específicas de sons faziam vibrar porções específicas da membrana basilar, produzindo tons distintos, como ao vibrar cordas específicas de uma harpa para produzir sons de alturas variadas. Assim, a *teoria do local* **afirma que a percepção da altura corresponde à vibração de diferentes porções, ou locais, ao longo da membrana basilar.** Essa teoria pressupõe que as células ciliadas respondam em vários pontos de forma independente e que diferentes conjuntos de células ciliadas são vibrados por variadas frequências de som. O cérebro, então, detecta a frequência de um tom de acordo com a área da membrana basilar que estiver mais ativa.

Teoria da frequência

Outros teóricos do século XIX propunham uma teoria alternativa para a percepção da altura, chamada teoria da frequência (Rutherford, 1886). **A *teoria da frequência* afirma que a percepção da altura corresponde à proporção ou frequência com que a membrana basilar vibra.** Essa teoria considera a membrana basilar muito mais como um tambor do que como uma harpa. De acordo com essa teoria, a membrana toda vibra em uníssono em resposta aos sons. Uma frequência de som particular faz a membrana basilar vibrar a uma taxa específica. O cérebro detecta a frequência de um tom pela taxa com que as fibras do nervo auditivo disparam.

Conciliação entre a teoria do local e a da frequência

A competição entre essas duas teorias é semelhante à disputa entre a teoria tricromática e a do processo oponente da visão em cores. No final, as duas teorias da percepção de altura comprovaram ter algumas falhas, mas ambas acabaram por ser válidas em parte. A teoria do local era basicamente satisfatória, exceto por um detalhe. As células ciliadas ao longo da membrana basilar não são independentes. Elas vibram juntas, como sugeria a teoria da frequência. O padrão de vibração é o de uma onda que se move ao longo da membrana basilar. A teoria do local está correta, entretanto, ao propor que a onda atinge o máximo em determinado local, depende da frequência da onda sonora. Em resumo, o pensamento atual é de que a percepção de altura depende *tanto* da codificação de vibrações locais *quanto* de frequência ao longo da membrana basilar (Moore, 2010, Yost, 2010).

REVISÃO 4.3

Comparando a visão e a audição

Verifique seu entendimento sobre a visão e a audição comparando aspectos importantes da sensação e da percepção nesses sentidos. As dimensões de comparação estão listadas na primeira coluna a seguir. A segunda lista apresenta as respostas para o sentido da visão. Na terceira coluna, complete com as respostas para o sentido da audição. As respostas encontram-se no Apêndice A.

Dimensão	Visão	Audição
1. Estímulo	Ondas de luz	
2. Elementos do estímulo e percepções relatadas	Comprimento de onda/tonalidade	
3. Receptores	Amplitude/brilho	
4. Localização dos receptores	Pureza/saturação	
5. Localização principal do processamento no cérebro	Bastonetes e cones	
6. Aspecto espacial de percepção	Retina	

Embora muito ainda precise ser comprendido, mais uma vez descobrimos que as teorias que foram postas uma contra a outra por décadas são complementares, em vez de contraditórias.

Localização auditiva: fontes perceptivas do som

Você está dirigindo por uma rua quando de repente ouve uma sirene soando à distância. À medida que o soar aumenta, você olha em volta, inclinando-se para ouvir o som. De onde está vindo? De trás de você? Da sua frente? De um lado? Esse exemplo ilustra uma tarefa perceptiva comum chamada *localização auditiva* – ou seja localizar a fonte de um som no espaço. O processo de reconhecer de onde um som está vindo é semelhante a reconhecer a profundidade ou a distância na visão. Ambos os processos envolvem aspectos espaciais de entrada sensorial. O fato de as orelhas do ser humano serem *separadas* contribui com a localização auditiva, assim como a separação dos olhos contribui com a percepção de profundidade.

Muitas características dos sons podem contribuir com a localização auditiva, mas dois indícios são particularmente importantes: a intensidade (sonoridade) e o momento em que os sons chegam a cada ouvido (Yost, 2000). Por exemplo, quando a fonte de som se localiza mais próxima a um lado da cabeça, produz intensidade maior no ouvido mais próximo do som. Essa diferença ocorre em parte pela perda da intensidade do som com distância adicional. Outro fator é a "sombra", ou a barreira de som parcial, moldada pela própria cabeça (veja **Figura 4.32**). A diferença de intensidade entre os dois ouvidos é maior quando a fonte de som encontra-se bem em um dos lados. O sistema perceptivo humano utiliza essa diferença como uma pista para localizar os sons. Além do mais, como a trajetória para o ouvido mais distante é maior, o som demora mais para atingir tal ouvido. Esse fato significa que os sons podem ser localizados ao comparar o momento de sua chegada em cada ouvido. Essa comparação é notavelmente sensível. Evidências sugerem que as pessoas dependem, principalmente, das diferenças de momento para localizar os sons de baixa frequência e das diferenças de intensidade para localizar os sons de alta frequência (Yost, 2013).

Figura 4.32 Indícios na localização auditiva.
Um som vindo da esquerda alcança o ouvido esquerdo antes que o direito. Quando o som alcança o ouvido direito, também é menos intenso porque percorreu uma distância maior e está na sombra acústica produzida pela cabeça do ouvinte. Esses indícios são usados para localizar as fontes do som no espaço.

4.4 Nossos outros sentidos: paladar, olfato e tato

Psicólogos têm dedicado muito de sua atenção tanto ao sistema visual como ao auditivo. Embora menos se saiba a respeito desses outros sentidos, o paladar e o tato também representam um papel decisivo na experiência que uma pessoa

4.5 Objetivos Principais de Aprendizagem

- Descrever o estímulo e os receptores para o paladar e analisar as pesquisas sobre as diferenças individuais na sensibilidade do paladar.
- Descrever o estímulo e os receptores para o olfato e avaliar as capacidades olfativas dos humanos.
- Descrever o estímulo e os receptores para o tato e explicar o que se sabe sobre a percepção de dor.

tem do mundo. Vejamos o que os psicólogos têm a dizer sobre o *sistema gustativo* – o sistema sensorial do **paladar**.

Paladar: o sistema gustativo

Verdadeiros amantes de vinhos passam por uma elaborada série de passos quando lhes é servida uma garrafa de um bom vinho. Eles começam bebendo um pouquinho de água para limpar o palato, cheiram a rolha da garrafa, agitam uma pequena quantidade de vinho na taça, sentem o aroma e tomam um gole, deixando-o rolar na boca por algum tempo antes de sorvê-lo. Por fim, estão prontos para conferir sua aprovação ou não. Será que tudo isso realmente procede para se submeter o vinho a um teste dos sentidos? Ou será apenas um ritual passado adiante pela tradição? Você descobrirá nesta seção.

Os estímulos físicos para o sentido do paladar são substâncias químicas solúveis. Os receptores gustativos são aglomerados de células gustativas encontradas nos *botões gustativos* que se alinham em valas em volta de pequenas saliências na língua. Quando essas células absorvem substâncias químicas dissolvidas na saliva, desencadeiam impulsos neurais que se encaminham por meio do tálamo até o córtex. É interessante observar que células gustativas têm uma vida curta.

Os rituais elaborados de degustação de vinhos dos amantes da bebida são apenas uma tradição pretensiosa ou eles fazem sentido em vista do que a ciência revelou sobre o sistema gustativo?

CHECAGEM DA REALIDADE

Ideia equivocada

A sensibilidade aos quatro sabores primários varia muito pela língua, como ilustrado no mapa da língua da figura.

Realidade

Há décadas, relatou-se que as papilas gustativas sensíveis aos quatro sabores primários são distribuídas de maneira desigual pela língua como mostrado aqui. No entanto, esses clássicos mapas da língua foram fundamentados em uma interpretação errônea de dados de pesquisas anteriores. Embora haja apenas algumas pequenas variações na sensibilidade para os paladares específicos na língua, todos os quatro sabores primários podem ser detectados sempre que houver receptores gustativos.

Elas duram cerca de dez dias; são constantemente repostas (Cowart, 2005). Novas células nascem na borda dos botões gustativos e migram para morrer no centro.

Geralmente, aceita-se (embora não universalmente) que há quatro *paladares principais*: doce, azedo, amargo e salgado (Buck e Bargmann, 2013). Entretanto, os cientistas estão cada vez mais reconhecendo um quinto sabor primário chamado *umami*, que é uma palavra japonesa para o gosto *saboroso* do glutamato encontrado em alimentos como carnes e queijos (DuBois, 2010). A sensibilidade aos paladares primários está distribuída de maneira irregular pela língua. Contudo, essas variações na sensibilidade são bem pequenas e muito complexas (Di Lorenzo e Youngentob, 2013) (veja **Figura 4.33**). Os sinais de paladar são encaminhados através do tálamo e enviados para o *córtex insular* no lobo frontal, onde ocorre o processamento cortical inicial.

Pesquisas revelam que as pessoas variam consideravelmente em sua sensibilidade a certos paladares. Bartoshuck (1993) observou que essas diferenças dependem em parte da densidade das papilas gustativas na língua, o que parece ser uma questão de herança genética. As pessoas caracterizadas como *não degustadoras*, conforme determinado pela falta de sensibilidade ao PTC (feniltiocarbamida), ou seu parente próximo, o PROP (propiltiouracil), tendem a ter cerca de ¼ de papilas gustativas por centímetro quadrado em comparação às pessoas na outra extremidade do espectro, chamadas *superdegustadoras* (Miller e Reedy, 1990). Nos Estados Unidos, aproximadamente 25% das pessoas são não degustadoras, 25% são superdegustadoras e os 50% remanescentes ficam entre os dois extremos e são caracterizados como *degustadores médios* (Di Lorenzo e Youngentob, 2003). Os superdegustadores e os não degustadores reagem de modo similar a muitos tipos de comida, mas os superdegustadores são mais sensíveis a certas substâncias doces e amargas (Prescott, 2010). Essas diferenças na sensibilidade do paladar influenciam os hábitos alimentares das pessoas de diferentes maneiras, que podem ter consequências para a saúde física. Por exemplo, os superdegustadores são menos propensos a gostar de doces (Yeomans et al., 2007) e tendem a consumir menos alimentos com alto teor de gordura, o que reduz o risco de doença cardiovascular (Duffy, Lucchina e Bartoshuk, 2004). Os superdegustadores também tendem a reagir mais negativamente ao consumo de álcool e tabaco, reduzindo assim a possibilidade de desenvolver problemas alcoólicos ou vício em nicotina (Snedecor et al., 2006). A única desvantagem identificada nos superdegustadores até agora é que eles respondem mais negativamente a muitos vegetais, o que parece controlar sua ingestão de vegetais (Duffy et al., 2010). No geral, entretanto, os superdegustadores tendem a ter hábitos saudáveis melhores do que os que não são superdegustadores, graças às fortes reações a certos sabores.

As mulheres são mais passíveis do que os homens a serem superdegustadoras (Bartoshuk, Duffy e Miller, 1994). Alguns psicólogos especulam que a diferença do gênero, quanto a esse traço, pode ter um significado evolucionário. No curso da evolução, as mulheres em geral se envolviam mais que os homens na tarefa de alimentar as crianças. O aumento da reação a paladares doces e amargos teria sido adaptativo, pois teria tornado as mulheres mais sensíveis aos relativamente escassos alimentos calóricos (que com frequência têm um gosto mais doce), necessários à sobrevivência, e a substâncias tóxicas (que costumam ter gosto mais amargo) que os caçadores e coletores precisavam evitar.

Quando comemos, constantemente misturamos alimento e saliva e movimentamos essa mistura na boca, estando, então, o estímulo em constante mudança. Porém, se colocarmos uma substância condimentada em um simples ponto da língua, o sabor vai se desfazendo até desaparecer

Figura 4.33 A língua e o paladar.

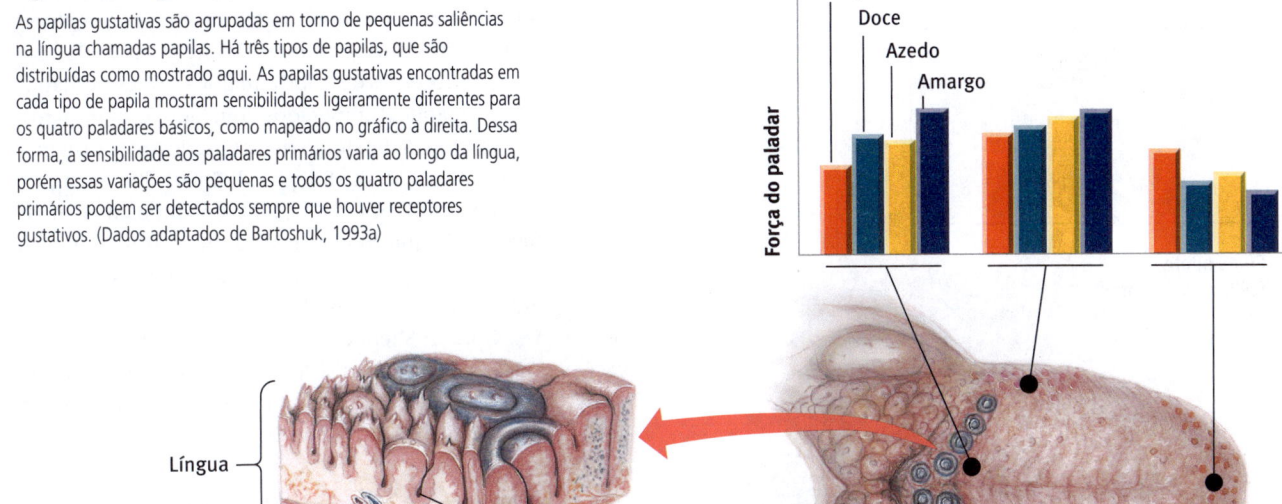

As papilas gustativas são agrupadas em torno de pequenas saliências na língua chamadas papilas. Há três tipos de papilas, que são distribuídas como mostrado aqui. As papilas gustativas encontradas em cada tipo de papila mostram sensibilidades ligeiramente diferentes para os quatro paladares básicos, como mapeado no gráfico à direita. Dessa forma, a sensibilidade aos paladares primários varia ao longo da língua, porém essas variações são pequenas e todos os quatro paladares primários podem ser detectados sempre que houver receptores gustativos. (Dados adaptados de Bartoshuk, 1993a)

(Krakauer e Dallenbach, 1937). Esse efeito é um exemplo da *adaptação sensorial* – **uma gradual diminuição da sensibilidade devido à estimulação prolongada** – que não ocorre apenas com o paladar, mas também com outros sentidos. No sistema gustativo, a adaptação sensorial pode deixar efeitos colaterais. A adaptação a uma solução azeda, por exemplo, faz a água parecer doce, enquanto a adaptação a uma solução doce a faz parecer amarga.

Até aqui temos discutido o paladar, mas estamos realmente interessados na *percepção do gosto*. O sabor é uma combinação de paladar, olfato e sensação tátil do alimento na boca. Os odores contribuem surpreendente para a percepção do sabor (Di Lorenzo e Youngentob, 2013). A habilidade em identificar sabores diminui consideravelmente quando sugestões de odor estão ausentes (Mozell et al., 1969). Embora o paladar e o olfato sejam sistemas sensoriais distintos, eles interagem consistentemente. Você deve ter notado essa interação ao comer um prato favorito enquanto enfrenta um resfriado forte. A comida provavelmente parecia insossa porque seu nariz estava entupido e prejudicava seu sentido do olfato e do paladar.

Agora que já exploramos as dinâmicas do paladar, podemos retornar à nossa questão do ritual de degustação de vinho. Esse ritual refinado é, na realidade, uma forma autêntica de experimentar o vinho de maneira mais apurada. Os efeitos colaterais associados com a adaptação sensorial avisam que é melhor limpar o palato antes de degustar o vinho. Cheirar a rolha e o vinho na taça são importantes porque o aroma é um ponto fundamental do sabor. Movimentar o vinho na taça ajuda a liberar o aroma do vinho dentro da taça, e movimentá-lo dentro da boca é fundamental porque o distribui sobre a extensão total de células gustativas. Também o odor do vinho é forçado para cima das passagens nasais. Assim, cada passo desse ritual antigo contribui de modo significativo ao paladar.

Olfato: o sistema olfativo

Normalmente, os seres humanos são caracterizados como relativamente insensíveis ao olfato. A esse respeito, eles costumam ser comparados desfavoravelmente aos cães, que são conhecidos pela habilidade de rastrear um odor fraco a longas distâncias. Os seres humanos são realmente inferiores no domínio sensorial do olfato? Examinemos os fatos.

O *sistema olfativo* – **o sistema sensorial para odores** – assemelha-se ao sentido do paladar de muitas maneiras. Os estímulos físicos são substâncias químicas voláteis que podem evaporar e ser carregadas pelo ar. Esses estímulos químicos são dissolvidos em fluido – especificamente, o muco do nariz. Os receptores para o olfato são os *cílios olfativos*, estruturas com o formato de pelo localizadas na porção superior das passagens nasais (Getchell e Getchell, 1991) (veja **Figura 4.34**). Eles assemelham-se às células do paladar em relação ao fato de terem uma vida curta, sendo constantemente repostos (Buck e Bargmann, 2013).

Os receptores olfativos têm axônios que estabelecem sinapses diretamente com células no bulbo olfativo e, então, são encaminhados diretamente para o córtex olfativo no lobo temporal e para outras áreas no córtex (Scott, 2008). Esse arranjo é único. *O olfato é o único sistema sensorial que não é dirigido por meio do tálamo antes de se projetar para o córtex.*

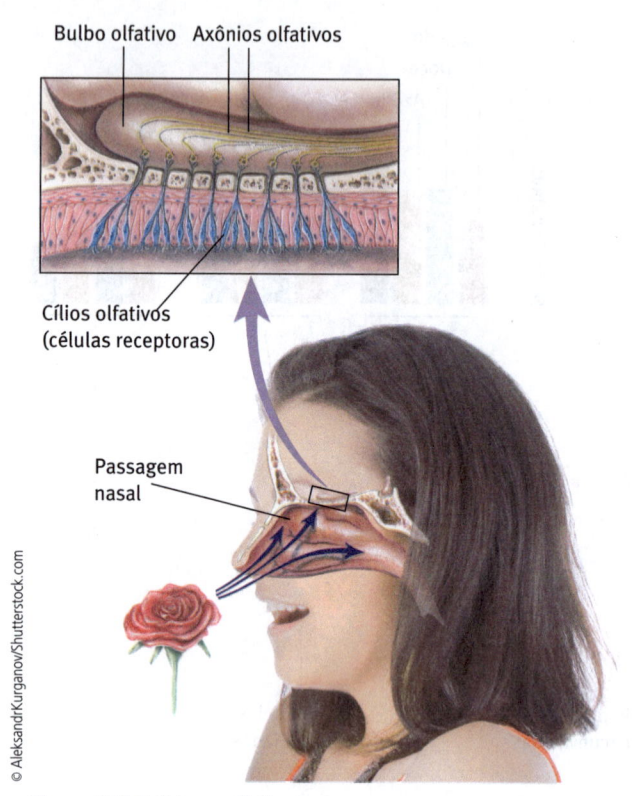

Figura 4.34 O sistema olfativo.

Moléculas de odor viajam pelas passagens nasais e estimulam os cílios olfativos. Uma ampliação desses receptores olfativos semelhantes a pelos é mostrada no detalhe. Os axônios olfativos transmitem impulsos nervosos por meio do bulbo olfativo ao cérebro.

Os odores não podem ser classificados tão simplesmente como os sabores, porque os esforços para identificar odores primários provaram ser insatisfatórios. Os seres humanos têm cerca de 350 diferentes tipos de receptores olfativos, a maioria dos quais responde à ampla variedade de odores (Buck, 2004). Odores específicos desencadeiam respostas em diferentes *combinações* de receptores (Doty, 2010). Assim como os outros sentidos, o sentido do olfato demonstra adaptação sensorial. A força percebida de um odor frequentemente diminui para menos da metade de sua força original depois de quatro minutos (Cain, 1988). Digamos que você vá até a cozinha e perceba que seu lixo começa a exalar odor. Se ficar na cozinha sem removê-lo, o mau cheiro logo começará a diminuir.

Os seres humanos podem distinguir grande variedade de odores. Até pouco tempo, as estimativas do número de odores distintos variava de 10 mil (Axel, 1995) a 100 mil (Firestein, 2001). Todavia, um estudo recente que utilizou métodos mais sofisticados produziu uma estimativa bem maior: os seres humanos podem discriminar entre mais de 1 trilhão de odores (Bushdid et al., 2014). Embora os seres humanos possam distinguir um imenso número de odores, quando as pessoas precisam identificar as fontes de odores específicos (como o de fumaça ou sabonete) seu desempenho é surpreendentemente medíocre. Por alguma razão desconhecida, elas têm dificuldade de ligar os nomes aos odores (Cowart e Rawson, 2001).

Como as capacidades olfativas humanas se comparam às de outras espécies? Notavelmente, temos menos receptores olfativos que muitos outros animais (Wolfe et al., 2006). No entanto, estudos recentes descobriram que os seres humanos e os macacos, quando comparados com outros mamíferos, têm melhor sentido de olfato do que pensado anteriormente (Laska, Seibt e Weber, 2000; Shepherd, 2004). Por exemplo, um estudo inovador (Porter et al., 2007) pediu para algumas pessoas ficarem de quatro para rastrearem o aroma de óleo de chocolate que foi pingado em um campo. Os sujeitos se saíram muito bem, e os padrões de rastreamento imitaram os dos cães. Gordon Shepherd (2004) oferece diversas explicações possíveis para nossas surpreendentes capacidades olfativas, incluindo o fato de que "os seres humanos cheiram com cérebros maiores e melhores".

Tato: sistemas sensoriais da pele

Os estímulos físicos táteis consistem em energias mecânicas, térmicas e químicas que entram em contato com a pele. Esses estímulos podem produzir percepções da estimulação tátil (a pressão do tato sobre a pele), calor, frio e dor. A pele humana é repleta de pelo menos seis tipos diferentes de receptores sensoriais, os quais, até certo ponto, são especializados para funções diferentes, como o registro de pressão, calor, frio, e assim por diante. Essas distinções não são tão claras quanto os pesquisadores inicialmente imaginavam.

Se você já esteve em um piquenique infestado de mosquitos, conhece a importância de saber rapidamente de onde a estimulação tátil vem. O sentido do tato é preparado para suprir essa necessidade de localização tátil com admirável eficiência. As células do sistema nervoso que respondem ao toque são sensíveis a porções específicas da pele. Essas áreas, que variam consideravelmente em tamanho, são os equivalentes funcionais dos *campos receptores* da visão.

As fibras nervosas que carregam a informação que chega por meio da estimulação tátil são levadas por duas vias que percorrem o tálamo e seguem para o *córtex somatossensorial* nos lobos parietais do cérebro (Klatzky e Lederman, 2013). Todo o corpo é sensível ao tato. Mas, nos seres humanos, o grosso (ou a maior parte) do córtex somatossensorial dedica-se ao processamento de sinais procedentes dos dedos, lábios e língua.

Desagradável como é, a dor é um maravilhoso sistema de alerta crucial para a sobrevivência. Entretanto, a dor crônica é uma aflição desmoralizante que afeta aproximadamente 100 milhões de norte-americanos (Gatchel et al., 2014) e tem impacto profundamente negativo na qualidade de vida (Jensen e Turk, 2014). As estimativas sugerem que a dor crônica custa à sociedade norte-americana em torno de $600 bilhões ao ano, com quase metade dessa soma em prol das despesas com tratamentos e a outra metade em prol da produtividade reduzida (Gaskin e Richard, 2012).

Os receptores da dor são principalmente extremidades livres de nervos na pele. As mensagens de dor são transmitidas ao cérebro por duas vias que passam por diferentes

Figura 4.35 Os caminhos para os sinais da dor.

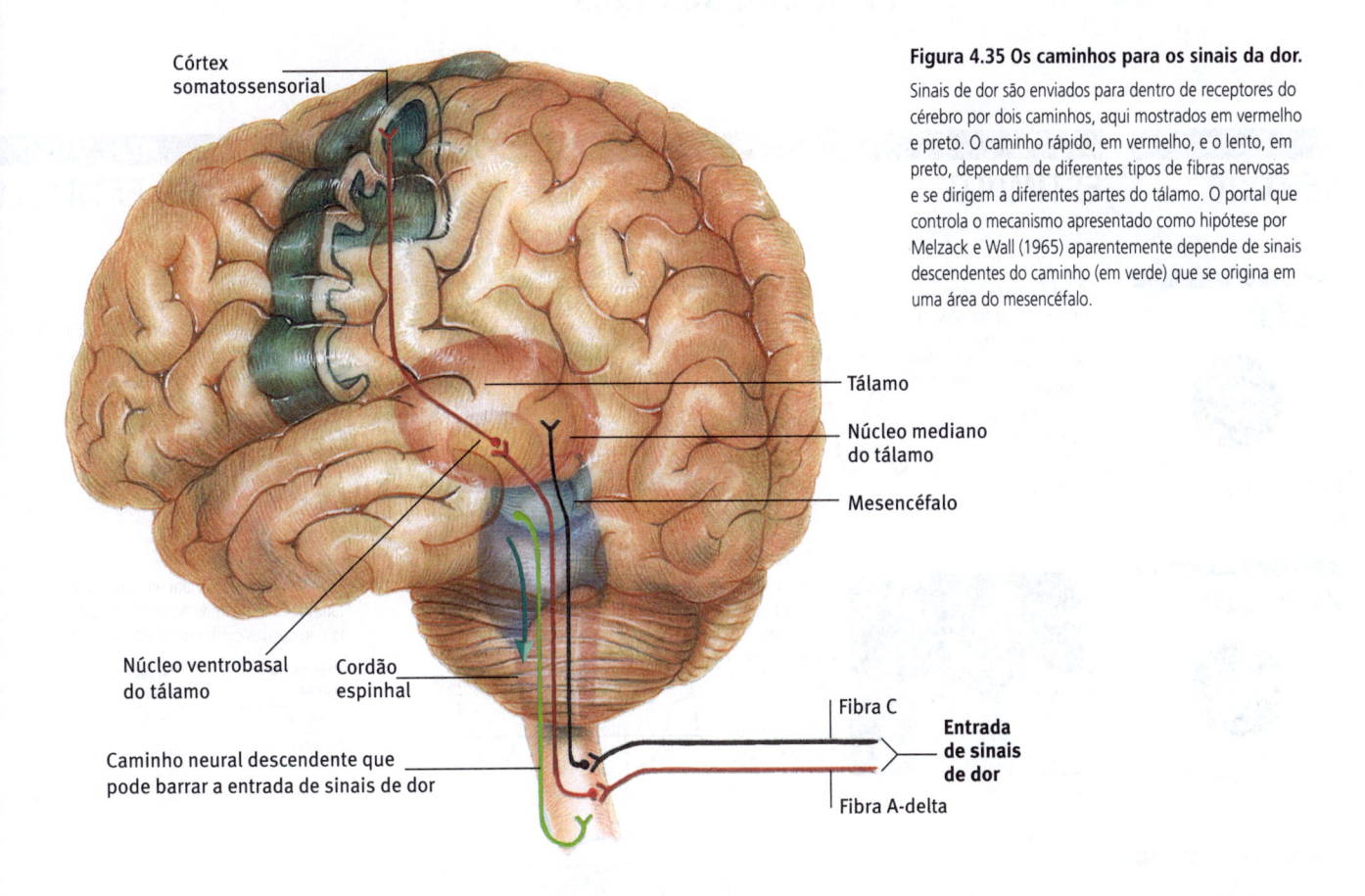

Sinais de dor são enviados para dentro de receptores do cérebro por dois caminhos, aqui mostrados em vermelho e preto. O caminho rápido, em vermelho, e o lento, em preto, dependem de diferentes tipos de fibras nervosas e se dirigem a diferentes partes do tálamo. O portal que controla o mecanismo apresentado como hipótese por Melzack e Wall (1965) aparentemente depende de sinais descendentes do caminho (em verde) que se origina em uma área do mesencéfalo.

áreas no tálamo (Cholewiak e Cholewiak, 2010) (veja **Figura 4.35**). Um deles é um *caminho rápido*, que registra dores localizadas e as conduz ao córtex em uma fração de segundo. Esse é o sistema que nos atinge com uma dor aguda quando cortamos o dedo. O segundo sistema usa um caminho mais lento, percorrendo o sistema límbico, que segue um segundo ou dois depois do sistema rápido. Esse caminho (que também carrega informação sobre temperatura) transmite a dor ou queimação menos localizada e mais duradoura que vem após o ferimento inicial.

A percepção da dor é inerentemente subjetiva (Rollman, 2010). Algumas pessoas com ferimentos graves relatam sentir pouca dor, enquanto outras com ferimentos bem mais leves relatam sentir uma dor agonizante (Coderre, Mogil e Bushnell, 2003). A percepção de dor pode ser muito influenciada por crenças, expectativas, personalidade, humor e outros fatores que envolvem processos mentais mais elevados (Turk e Okifuji, 2003). A natureza subjetiva da dor é ilustrada pelo efeito placebo. Como vimos no Capítulo 2, muitas pessoas que sentem dores relatam alívio quando recebem um placebo – como uma inócua "pílula de açúcar" que lhes é apresentada como se fosse um analgésico (Benedetti, 2009).

Como se pode ver, o dano tissular que envia impulsos de dor ao cérebro não resulta necessariamente em experiência de dor. Os processos cognitivos e emocionais que se desdobram nos centros superiores do cérebro podem às vezes bloquear os sinais de dor provenientes de receptores periféricos.

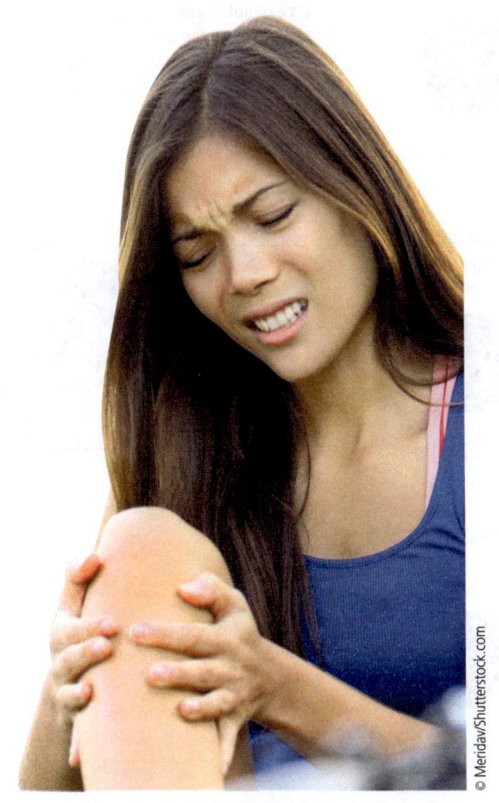

As pessoas tendem a assumir que a percepção da dor é um resultado automático de lesões corporais, mas o processo de percepção da dor é bem mais complexo e subjetivo do que amplamente se estima.

Visão geral ilustrada — Principais sentidos

SENTIDO	ESTÍMULO	ELEMENTO DO ESTÍMULO
VISÃO — Sistema Visual	A luz é uma radiação eletromagnética que viaja em ondas. Os humanos podem registrar apenas uma fina porção do alcance total dos comprimentos de onda, de 400 a 700 nanômetros.	As ondas de luz variam em amplitude, comprimento de onda e pureza, o que influencia as percepções conforme mostrado abaixo. **Propriedades físicas** — **Percepções relacionadas** Comprimento de onda — Tonalidade (cor) Amplitude — Brilho Pureza — Saturação
AUDIÇÃO — Sistema Auditivo	As ondas sonoras são vibrações de moléculas, o que significa que elas devem viajar por algum meio físico, como o ar. Os humanos podem ouvir comprimentos de onda entre 20 e 20.000 Hz.	As ondas sonoras variam em amplitude, comprimento de onda e pureza, o que influencia as percepções conforme mostrado abaixo. **Propriedades físicas** — **Percepções relacionadas** Amplitude — Sonoridade Comprimento de onda — Altura Pureza — Timbre
PALADAR — Sistema Gustativo	Os estímulos para o paladar geralmente são substâncias químicas solúveis (dissolvíveis em água). Esses estímulos são dissolvidos na saliva da boca.	Concorda-se geralmente, mas não universalmente, que há quatro paladares primários: *doce*, *azedo*, *amargo* e *salgado*.
OLFATO — Sistema Olfativo	Os estímulos são substâncias químicas voláteis que podem evaporar e ser transportadas no ar. Esses estímulos químicos são dissolvidos no muco do nariz.	Os esforços para identificar os odores primários não são satisfatórios. Se os odores primários existem, deve haver grande quantidade deles.
TATO — Sistema Tátil	Os estímulos são a energia mecânica, térmica e química que entra em contato com a pele.	Os receptores podem registrar pressão, calor, frio e dor.

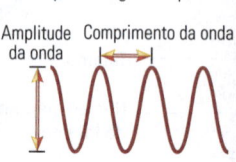

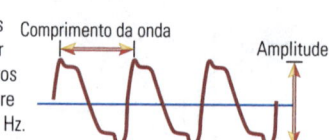

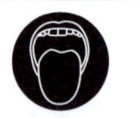

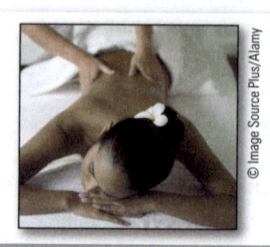

NATUREZA E LOCALIZAÇÃO DOS RECEPTORES

A *retina*, que é o tecido neural que reveste a superfície posterior interna do olho, contém milhões de células receptoras chamadas *bastonetes* e *cones*. Os bastonetes desempenham um papel na visão noturna e periférica; os cones desempenham um papel na visão diurna e colorida.

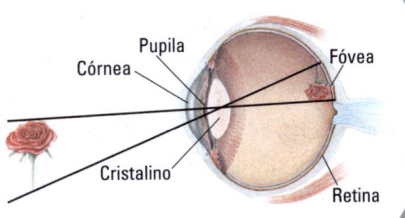

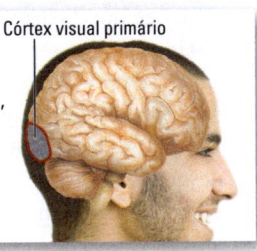

Os receptores para a audição são minúsculas *células ciliadas* que se alinham à *membrana basilar* que percorre a extensão da *cóclea*, um túnel cheio de fluido, espiralado, no ouvido interno.

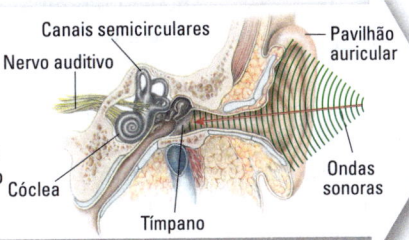

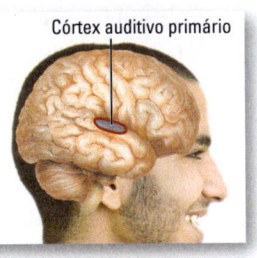

Os receptores gustativos são agrupamentos de *células gustativas* encontradas nas *papilas gustativas* que se alinham em trincheiras em torno de minúsculas saliências na língua. As células gustativas têm vida útil curta (cerca de 10 dias) e são constantemente substituídas.

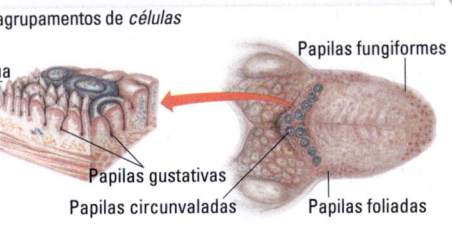

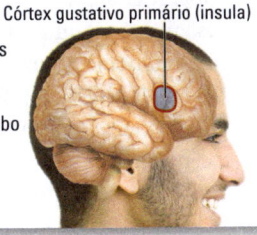

Os receptores para o olfato são os *cílios olfativos*, estruturas semelhantes a pelos na porção superior das passagens nasais. Como as células gustativas, eles têm vida útil curta (cerca de 30 a 60 dias) e são constantemente substituídos.

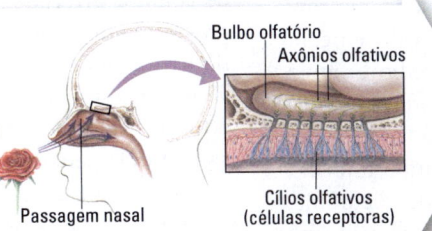

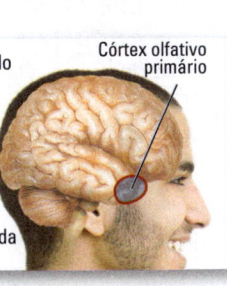

A pele humana é saturada com pelo menos seis tipos de receptores sensoriais. Os quatro tipos mostrados aqui respondem à pressão, ao passo que as *terminações livres* na pele respondem a dor, calor e frio.

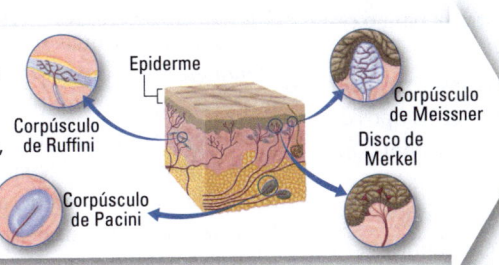

VIAS CEREBRAIS NO PROCESSAMENTO INICIAL

Os impulsos neurais são encaminhados pelo *CGL* no *tálamo* e, então, distribuídos para o *córtex visual primário* na parte de trás do *lobo occipital*.

Os impulsos neurais são encaminhados pelo tálamo e, então, enviados para o *córtex auditivo primário*, que fica localizado no *lobo temporal*.

Os impulsos neurais são encaminhados pelo *tálamo* para o *córtex insular* no lobo frontal.

Os impulsos neurais são encaminhados por meio do *bulbo olfatório* e, então, enviados diretamente para o *córtex olfativo* no *lobo temporal* e outras áreas corticais. O olfato é a única entrada sensorial não encaminhada pelo tálamo.

Os impulsos neurais são encaminhados pelo *tronco cerebral* e pelo *tálamo* para o *córtex somatossensorial* no *lobo parietal*.

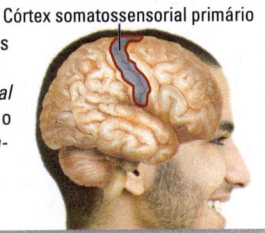

Fotos da cabeça (todas): © Robert Kneschke/Shutterstock.com

Como são bloqueados os sinais de dor? Em um importante esforço de responder a essa questão, Ronald Melzack e Patrick Wall (1965) desenvolveram *a teoria do portal de controle da dor, que propõe que sensações de dor têm de passar por um "portal" na medula espinhal que pode estar fechado, bloqueando a passagem dos sinais de dor*. Esse portal não é uma estrutura anatômica, mas um padrão de atividade neural que inibe a entrada de sinais de dor. Melzack e Wall sugeriam que esse portal imaginário pudesse ser fechado por receptores periféricos ou por sinais advindos do cérebro. Eles teorizavam que esse último mecanismo podia explicar como fatores como a atenção e a expectativa podem bloquear sinais de dor. De maneira geral, a pesquisa sugere que o conceito de um mecanismo de "portal" para a dor tem seu mérito (Sufka e Price, 2002). Contudo, relativamente pouco apoio tem sido encontrado para o circuito neural originalmente idealizado por Melzack e Wall. Outros mecanismos neurais descobertos depois da teoria do "portal" de controle da dor parecem ser responsáveis pelo bloqueio da percepção de dor (Basbaum e Jessel, 2013).

Uma dessas descobertas foi a identificação das endorfinas. Como já discutimos no Capítulo 3, *endorfinas* são os analgésicos naturais do próprio corpo, amplamente distribuídos pelo sistema nervoso central (Millecamps et al., 2013). Por exemplo, os efeitos placebo no tratamento da dor geralmente (mas não sempre) dependem da ação de endorfinas (Eippert et al., 2009). Um estudo mostrou que as endorfinas desempenham importante papel quando as distrações reduzem temporariamente a experiência da dor (Sprenger et al., 2012). Nesse estudo, os efeitos de alívio da dor causada por uma distração foram reduzidos em 40% quando os sujeitos receberam um fármaco que bloqueia temporariamente a atividade das endorfinas.

Outra descoberta envolve a identificação de um caminho neural que intermedia a supressão da dor (Basbaum e Jessel, 2013). Esse caminho parece originar-se em uma área do mesencéfalo (veja **Figura 4.35**). A atividade neural nesse caminho é provavelmente iniciada pelas endorfinas. Os circuitos desse caminho inibem a atividade dos neurônios que normalmente transmitiriam os impulsos da dor de entrada para o cérebro.

A pesquisa também sugere que certos tipos de *células gliais* podem contribuir com a regulação da dor (Millecamps et al., 2013). Pelo menos dois tipos de glias na medula espinhal parecem desempenhar importante papel na experiência da *dor crônica* (Milligan e Watkins, 2009). A descoberta de que a glia desempenha uma função no sistema de dor humano pode abrir novos caminhos para o tratamento da dor crônica.

Um último ponto merece ênfase à medida que encerramos nossa jornada pelos sistemas sensoriais humanos. Embora tenhamos discutido os diversos domínios sensoriais separadamente, é importante lembrar que todos os sentidos enviam sinais para o cérebro, onde as informações são agrupadas. Já encontramos exemplos de integração sensorial. Por exemplo, ela está em funcionamento quando a visão e o olfato do alimento influenciam o paladar. *A integração sensorial é a regra na experiência perceptiva*. Por exemplo, quando você se senta em torno de uma fogueira, *vê* as chamas, *ouve* seu crepitar, *sente o cheiro* dela queimando e sente o *toque* do calor. Se você cozinhar algo sobre ela, ainda pode *sentir seu gosto*. Desse modo, a percepção envolve a construção de um modelo de mundo a partir da entrada integrada de todos os sentidos.

4.5 Refletindo sobre os temas do capítulo

Neste capítulo, três dos nossos temas unificadores foram destacados: (1) a psicologia é teoricamente diversa; (2) a experiência que as pessoas têm do mundo é muito subjetiva; e (3) nosso comportamento é moldado por nossa herança cultural.

> **4.5 Objetivos Principais de Aprendizagem**
> - Identificar os três temas unificadores destacados neste capítulo.

Teorias contraditórias sobre o comportamento podem ser igualmente desconcertantes e frustrantes para teóricos, pesquisadores, professores e estudantes. Ainda assim, o presente capítulo oferece duas demonstrações drásticas de como a diversidade teórica pode levar ao progresso em longo prazo. Por décadas, a teoria tricromática e a do processo oponente da visão em cores, bem como a da frequência e a do local na percepção de altura, foram vistas como fundamentalmente incompatíveis. Essas teorias geraram e guiaram a pesquisa que agora nos dá uma compreensão bastante sólida de como as pessoas percebem a cor e a altura. Como se sabe, em cada caso, a evidência acabou revelando que teorias opostas não são sempre incompatíveis. As duas eram necessárias para explicar completamente os processos sensoriais que cada uma delas procurava explicar individualmente. Se não tivesse sido por essas discussões teóricas, a compreensão atual da visão em cores e da percepção de altura poderia ser ainda muito mais primitiva, como ainda o é a compreensão do timbre.

Esse capítulo também deve ter melhorado sua compreensão de por que a experiência humana do mundo é altamente subjetiva. Como ilustram as figuras ambíguas e as ilusões visuais, não há correspondência de um a um entre o impulso sensorial e a experiência de percepção do mundo. A percepção é um processo ativo em que as pessoas organizam

---

CHECAGEM DA REALIDADE

Ideia equivocada

Os seres humanos possuem cinco sentidos: visão, audição, paladar, olfato e tato.

Realidade

Nossa abordagem neste capítulo parecia apoiar essa afirmação. Porém os seres humanos têm outros sistemas sensoriais que não conseguimos abordar em função das restrições de espaço. Por exemplo, o *sistema sinestésico* monitora as posições de diversas partes do corpo por meio de receptores nos músculos e nas articulações. E o *sistema vestibular*, que depende de movimentos dos fluidos nos canais semicirculares no ouvido interno, fornece nosso senso de balanço ou equilíbrio.

e interpretam a informação recebida pelos sentidos. Assim, experiências individuais do mundo são subjetivas porque o processo de percepção é inerentemente subjetivo.

Por fim, este capítulo ofereceu numerosos exemplos de como fatores culturais podem moldar o comportamento – em uma área de pesquisa na qual se espera encontrar pouca influência cultural. Muitas pessoas não se surpreendem em aprender que há diferenças culturais em atitudes, valores, comportamento social e desenvolvimento. Mas a percepção é amplamente vista como um processo básico universal que deveria ser constante de uma cultura para outra. Na maioria dos casos, as semelhanças da percepção entre grupos culturais ultrapassam em muito as diferenças. Apesar de tudo, vimos variações culturais na percepção de profundidade, suscetível a ilusões. Assim, até mesmo um processo fisiológico fundamental como a percepção pode ser modificado até certo ponto pela base cultural das pessoas.

A Aplicação Pessoal ressaltará a subjetividade da percepção mais uma vez. Ela enfoca o modo pelo qual pintores aprenderam a usar os princípios da percepção visual para alcançar uma variedade de objetivos artísticos.

4.6 APLICAÇÃO PESSOAL
Pensando a respeito da arte e da ilusão

Responda às seguintes perguntas de múltipla escolha. Trabalhos artísticos como pinturas:
- ___ (a) dão-nos uma imagem precisa da realidade;
- ___ (b) criam uma ilusão da realidade;
- ___ (c) fornecem uma interpretação da realidade;
- ___ (d) fazem-nos pensar a respeito da natureza da realidade;
- ___ (e) todas as anteriores.

A resposta a essa pergunta é (e), "todas as anteriores". Historicamente, os artistas tiveram e têm vários propósitos, incluindo os listados na questão (Goldstein, 2001). Para alcançar seus objetivos, eles têm usado vários dos princípios da percepção – às vezes deliberadamente, às vezes não. Aqui, usaremos as pinturas como exemplo para explorar o papel dos princípios perceptuais na arte e na ilusão.

O objetivo da maioria dos pintores era produzir uma representação que fosse condizente com a realidade. Esse objetivo imediatamente criou um problema familiar a muitos de nós que já tentamos desenhar de maneira realista: o mundo real é tridimensional, mas uma tela ou uma folha de papel é plana. Paradoxalmente, aqueles pintores que começaram a recriar a realidade tinham de fazê-lo criando uma *ilusão* da realidade tridimensional.

Antes da Renascença, essas tentativas de criar uma ilusão convincente da realidade eram deselegantes, de acordo com os padrões modernos. Por quê? Porque os artistas não sabiam utilizar indícios de profundidade. Esse fato é aparente na **Figura 4.36**, uma cena religiosa pintada por volta de 1300. Essa pintura demonstra claramente a falta do sentido de profundidade. As pessoas parecem ser finas como papel. Elas não têm posição real no espaço.

Embora artistas mais antigos tenham feito *algum* uso dos indícios pictóricos de profundidade, os renascentistas manipularam a noção de profundidade, especialmente com a perspectiva linear (Solso, 1994). A **Figura 4.37** dramatiza a transição resultante em arte. Essa cena, pintada pelos artistas italianos da Renascença Gentile e Giovanni Bellini, parece mais real do que a **Figura 4.36** porque usa um número de indícios pictóricos de profundidade. Note como os edifícios nas laterais convergem para usar uma perspectiva linear. Além disso, os objetos distantes

4.6 OBJETIVOS PRINCIPAIS DE APRENDIZAGEM
- Discutir como os artistas têm usado os vários princípios da percepção visual.

Figura 4.36 A prisão de Cristo (detalhe da parte central), Igreja de São Francisco, Assis, Itália (c. 1300).

Note como a ausência de indícios de profundidade faz a pintura parecer plana e irreal.

Figura 4.37 Uma pintura dos artistas italianos da Renascença, Gentile e Giovanni Bellini (c. 1480).
Nesta pintura, vários indícios de profundidade foram utilizados – a perspectiva linear, tamanho relativo, altura sobre um plano e a interposição –, proporcionando a ilusão da realidade tridimensional.

parecem menores do que os mais próximos, uma aplicação do tamanho relativo. Essa pintura também utiliza a altura sobre um plano e a interposição. Ao empregar os indícios pictóricos de profundidade, um artista consegue melhorar a ilusão de realidade em uma pintura.

Desde a Renascença, pintores têm adotado uma série de pontos de vista quanto à representação da realidade. Os impressionistas franceses do século XIX, por exemplo, não queriam recriar uma "realidade" pictórica de cenas. Eles começavam a interpretar a impressão da realidade ou percepção transitória do observador. Para

Figura 4.38 *Tarde de Domingo na Ilha de Grande Jatte* **(sem a moldura do artista) (1884-1886), de Georges Seurat.**
Seurat utilizou milhares de minúsculos pontos de cores e o princípio da mistura de cores; os olhos e o cérebro combinam os pontos nas cores que o espectador realmente vê.

Fonte: Georges Seurat, French, 1859–1891, *Sunday Afternoon on the Island of La Grande Jatte* oil on canvas, 1884–1886, 207.6 X 308 cm, Helen Birch Bartlett Memorial Collection, 1926.224, © 1990 The Art Institute of Chicago. Todos os direitos reservados.

tanto, eles trabalhavam com cores de maneiras nunca antes imaginadas.

Consideremos, por exemplo, o trabalho de Georges Seurat, artista francês que usou uma técnica chamada pontilhismo e que, cuidadosamente, estudou o que os cientistas sabiam sobre a composição de cores por volta de 1880 e depois aplicou esse conhecimento de maneira calculada e laboratorial. Na verdade, os críticos de sua época apelidaram-no de "o pequeno químico". Seurat construía suas pinturas com pontinhos minúsculos de coloração intensa e pura. Ele utilizou mistura de cores adicionais, um ponto de partida em termos de normas em pinturas que geralmente dependem de mistura subtrativa de pigmentos. Um famoso resultado da sua abordagem científica à pintura foi *Um domingo à tarde na Ilha da Grande Jatte* (veja **Figura 4.38**). Como ilustra a obra de Seurat, os pintores modernistas estavam se distanciando das tentativas de recriar o mundo como ele é visto literalmente.

Assim também eram os surrealistas, que brincavam com a realidade de uma maneira diferente. Influenciados pelos escritos de Sigmund Freud sobre o inconsciente, os surrealistas exploraram o mundo dos sonhos e da fantasia. Elementos específicos em suas pinturas são geralmente ilustrados de forma realista, mas a estranha combinação de elementos produz uma reminiscência irracionalmente desconcertante dos sonhos. Um perfeito exemplo desse estilo é o *Rosto de Mae West que pode ser utilizado como apartamento surrealista*, de Salvador Dalí, mostrado na **Figura 4.39**. Observe que essa é uma imagem reversível que pode ser vista como um rosto ou como um quarto. Dalí muitas vezes usava imagens reversíveis para realçar a ambiguidade de suas visões surreais.

Talvez ninguém tenha sido mais criativo ao manipular a ambiguidade perceptiva do que M. C. Escher, artista moderno holandês. Escher seguia de perto o trabalho dos psicólogos da Gestalt e imediatamente reconheceu sua dívida para com a psicologia como uma fonte de inspiração (Teuber, 1974). *Queda d'água*, uma litografia de 1961 de Escher, é um desenho surpreendente que parece desafiar a lei da gravidade (veja **Figura 4.40**). O problema intrigante aqui é que um nível do canal d'água termina em uma cascata que "cai" no mesmo canal dois níveis "abaixo". É preciso olhar cuidadosamente para perceber que essa estrutura não pode existir no mundo real. O objetivo de Escher – que ele alcançou admiravelmente – era desafiar os espectadores a pensar bastante sobre o notável processo de percepção.

Figura 4.39 *Rosto de Mae West que pode ser utilizado como apartamento surrealista*, de Salvador Dalí (1934-1935).

Essa pintura pode ser vista como um quarto ou como o rosto da lendária atriz.

Figura 4.40 *Queda-d'água*, litografia de Escher (1961).

O uso inteligente que Escher fez dos indícios de profundidade engana o cérebro, dando a impressão de que a água flui para cima.

M. C. Escher's *Waterval*, 1961. © 2006 The M. C. Escher Company-Holland. Todos os direitos reservados. www.mcescher.com

4.7 APLICAÇÃO DO PENSAMENTO CRÍTICO
Reconhecendo os efeitos contrastantes: tudo é relativo

> **4.7 OBJETIVOS PRINCIPAIS DE APRENDIZAGEM**
> - Compreender como os efeitos de contraste podem ser manipulados para influenciar ou distorcer os julgamentos.

Numa noite você está em casa e o telefone toca. É Simone, uma conhecida da faculdade que precisa de ajuda para um programa recreativo para jovens que ela coordena no bairro local. Ela tenta persuadi-lo a se tornar voluntário, dedicando algumas horas de toda sexta-feira à noite, durante o ano letivo, para supervisionar o programa de voleibol. A ideia de abandonar suas noites de sexta-feira e acrescentar essa considerável obrigação à sua rotina já sobrecarregada o faz se encolher de medo. Educadamente, você explica a Simone que não pode ceder todo esse tempo e que não poderá ajudá-la. Ela aceita sua recusa amavelmente, mas na noite seguinte liga de novo. Dessa vez, sua colega pergunta se você poderia supervisionar o mesmo programa a cada terceira sexta-feira do mês. Você ainda considera isso uma grande obrigação que não deseja de fato assumir, mas o novo pedido parece bem mais razoável do que o primeiro. Assim, com um suspiro de resignação, você concorda.

O que está errado nessa situação? Bem, não há nada de errado em se apresentar como voluntário para uma boa causa, mas você sucumbiu a uma estratégia de influência social chamada *técnica da "porta na cara"*. A **técnica da "porta na cara" envolve fazer um pedido amplo que provavelmente será recusado como um meio de aumentar as chances de que as pessoas posteriormente concordem com um pedido mais simples** (veja **Figura 4.41**). O nome dessa estratégia é derivado de uma expectativa de que o pedido inicial seja rejeitado rapidamente (a porta é fechada na cara do vendedor). Mesmo sem conhecer o nome da estratégia, muitas pessoas usam essa tática de manipulação. Por exemplo, um marido que deseja persuadir a esposa econômica a concordar em adquirir um carro esporte no valor de $ 30.000 pode começar propondo que eles comprem um carro no valor de $ 50.000. Quando a mulher convencer o marido a não gastar $ 50.000 no carro, o preço de $ 30.000 parecerá razoável para ela – que é exatamente o valor que ele planejava gastar.

Pesquisas demonstraram que a técnica "porta na cara" é uma estratégia de persuasão muito eficiente (Cialdini, 2007). Uma das razões pelas quais ela funciona tão bem é que depende de um princípio perceptual simples e contundente: no que se refere à experiência perceptual, *tudo é relativo*. Essa relatividade significa que as pessoas são facilmente levadas pelos *efeitos contrastantes*. Por exemplo, acender um fósforo ou uma pequena vela em uma sala escura produzirá uma explosão de luz que parecerá muito brilhante, mas se você acender o mesmo fósforo ou a mesma vela em uma sala bem iluminada, talvez você nem chegue a detectar a iluminação adicional. A relatividade da percepção fica aparente na pintura de Josef Albers exibida na **Figura 4.42**. Os dois Xs são exatamente da mesma cor, mas o X na metade superior parece amarelo, enquanto o na metade inferior parece marrom. Essas percepções variadas ocorrem por causa dos efeitos contrastantes – os dois Xs são contrastados contra duas cores de fundo diferentes. Outro exemplo de como os efeitos de contraste podem influenciar a percepção pode ser visto na **Figura 4.43**. O círculo central em cada painel é exatamente do mesmo tamanho, mas o que está no painel superior parece maior porque é cercado por círculos bem menores.

Os mesmos princípios de relatividade e contraste que operam quando as pessoas fazem julgamentos a respeito da intensidade da cor dos estímulos visuais também afetam o modo como elas fazem julgamentos em ampla variedade de áreas. Por exemplo, um jogador de basquete com altura de 1,92 m, que é realmente bem alto, pode parecer

Figura 4.41 A técnica da "porta na cara".
Essa é uma estratégia de convencimento frequentemente utilizada, em que você inicia com um pedido mais amplo e, então, muda para um pedido menor que é o que você realmente deseja. Ela depende em parte dos efeitos contrastantes.

Figura 4.42 Efeitos contrastantes em percepções visuais.

Essa composição de Joseph Albers mostra como uma cor pode ser percebida de maneira diferente quando contrastada com fundos diferentes. O X da metade superior parece amarelo e o da metade inferior, marrom, mas na verdade os dois são da mesma cor.

Fonte: Albers, Joseph. *Interaction of color*. Copyright © 1963 e reimpresso com autorização do editor, Yale University Press.

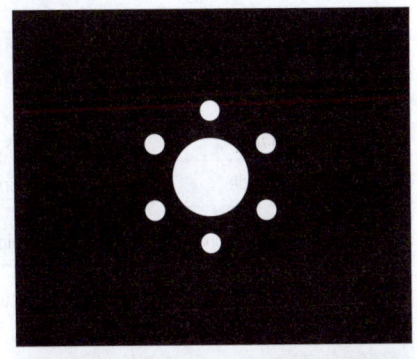

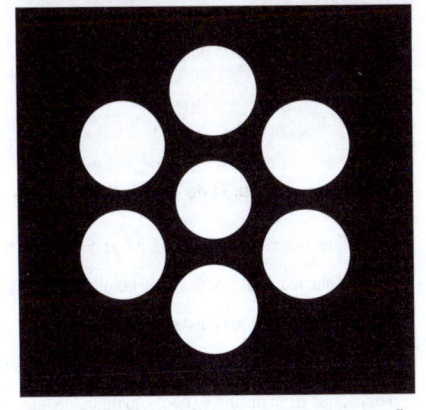

Figura 4.43 Efeitos de contraste na percepção de tamanho.

O círculo central no painel superior parece maior que o círculo central no painel inferior, mas eles, na verdade, são exatamente do mesmo tamanho. Essa ilusão ocorre por causa do efeito de contraste criado pelos círculos circundantes.

muito baixo quando cercado por colegas do time que tenham altura superior a 2,07 m. E um salário de $ 42.000 ao ano para seu primeiro emprego de período integral pode parecer uma riqueza, até que um amigo receba uma oferta de $ 75.000. A afirmação de que tudo é relativo levanta a seguinte pergunta: *relativo a quê?* **Comparadores são pessoas, objetos, eventos e outros padrões que são usados como base de comparação para fazer julgamentos.** É razoavelmente fácil manipular muitos tipos de julgamentos selecionando comparadores *extremos* que podem não ser representativos.

A influência de comparadores extremos foi demonstrada em dois estudos interessantes sobre os julgamentos de atração física. Em um estudo, estudantes universitários do sexo masculino tinham de atribuir pontos à atratividade de uma jovem de aparência comum (que foi descrita como uma namorada potencial para um deles) apresentada em uma foto logo antes ou logo depois de os participantes assistirem a um show repleto de mulheres belíssimas (Kenrick e Gutierres, 1980). A moça foi vista como menos atraente quando os pontos foram obtidos logo depois que os homens viram as estonteantes mulheres na TV; o que não aconteceu antes que eles vissem o programa. Em outros estudos, tanto os participantes do sexo masculino quanto do feminino consideraram *a si mesmos* menos atraentes após terem sido expostos a muitas fotos de modelos extremamente atraentes (Little e Mannion, 2006; Thornton e Maurice, 1999). Portanto, os efeitos contrastantes podem influenciar julgamentos sociais importantes que tendem a afetar o modo como as pessoas se sentem sobre elas mesmas e os outros.

Qualquer pessoa que entenda como é fácil manipular os julgamentos com uma escolha cuidadosa de comparadores pode influenciar seu pensamento. Por exemplo, um político que é pego em uma ação ilegal ou imoral pode desviar a atenção do público fazendo que as pessoas se lembrem (talvez sutilmente) do fato de que muitos outros políticos praticaram atos ainda piores. Quando considerada em um cenário de comparadores mais extremos, a transgressão do político provavelmente parecerá menos ofensiva. Um advogado de defesa pode usar uma estratégia semelhante na tentativa de obter uma sentença mais branda para seu cliente comparando o ato que ele praticou a crimes muito mais graves. E um corretor de imóveis, que deseja vender uma casa muito cara que exigirá alta hipoteca, rapidamente mencionará outros proprietários que assumiram hipotecas ainda mais altas.

Em suma, o pensamento crítico é facilitado pela percepção consciente do modo como os comparadores podem influenciar e talvez distorcer uma grande variedade de julgamentos. Em especial, é importante estar atento à possibilidade de que outros possam manipular efeitos contrastantes em seus esforços persuasivos. Um meio de reduzir a influência dos efeitos contrastantes é considerar conscientemente os comparadores que são piores e outros que são melhores que o evento que você está julgando, como uma maneira de equilibrar os efeitos dos dois extremos.

Tabela 4.1 Habilidades de pensamento crítico discutidas nesta Aplicação

Habilidade	Descrição
Entender como os efeitos contrastantes podem influenciar julgamentos e decisões.	O pensador crítico entende como os efeitos podem ser manipulados para influenciar muitos tipos de julgamentos.
Reconhecer quando comparadores extremos estão sendo usados.	O pensador crítico está atento a comparadores extremos que distorcem os julgamentos.

CAPÍTULO 4 – QUADRO DE CONCEITOS

O SISTEMA VISUAL

Ondas de luz

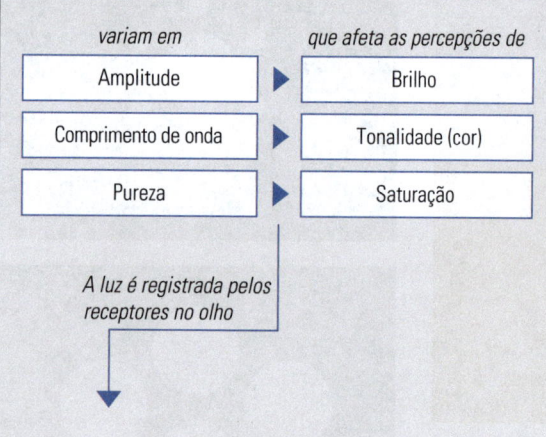

variam em → que afeta as percepções de
- Amplitude → Brilho
- Comprimento de onda → Tonalidade (cor)
- Pureza → Saturação

A luz é registrada pelos receptores no olho

Principais estruturas do olho incluem:

Cristalino, que concentra os raios de luz que recaem na retina.

Pupila, que regula a quantidade de luz que passa pela parte posterior do olho.

Retina, que é o tecido neural que reveste a superfície posterior interna do olho.

Disco óptico, que é um orifício na retina que corresponde ao ponto cego.

Fóvea, que é um minúsculo ponto no centro da retina onde a acuidade visual é maior.

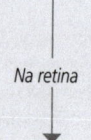

Na retina

Receptores visuais

consistem de *bastonetes* e *cones*, que são organizados em *campos receptivos*.

Os **bastonetes** são responsáveis pela visão noturna e periférica e são mais numerosos que os cones.

Os **cones** são responsáveis pela visão diurna e colorida e fornecem mais acuidade que os bastonetes.

Os **campos receptivos** são coleções de bastonetes e cones que convergem os sinais para as células visuais específicas na retina ou no cérebro.

Os sinais visuais são enviados em direção ao cérebro

Caminhos da visão e processamento

O **caminho visual principal** projeta-se pelo tálamo, onde os sinais são processados e distribuídos para o lobo occipital.

O **caminho visual secundário** envolve a coordenação da entrada visual com outra entrada sensorial.

O **córtex visual primário** no **lobo occipital** é responsável pelo processamento inicial da entrada visual.

Os **detectores de características** são neurônios que respondem seletivamente a características específicas de estímulos complexos.

Após o processamento no córtex visual primário, a entrada visual é encaminhada a outras áreas corticais ao longo do caminho *"onde"* (fluxo dorsal) e do caminho *"o que"* (fluxo ventral).

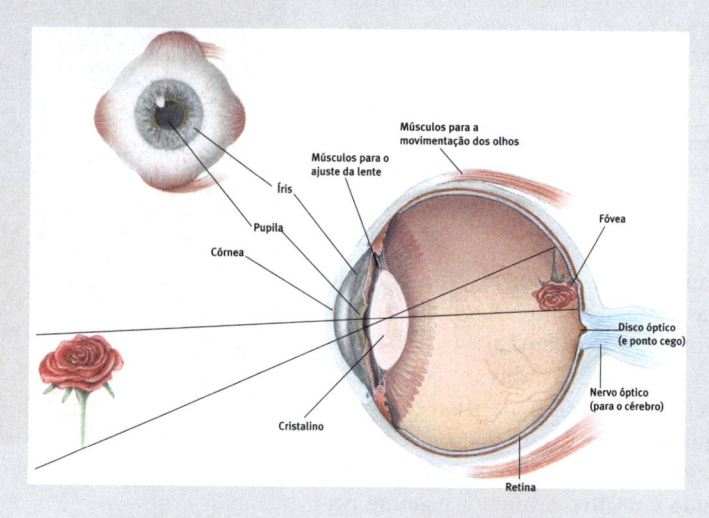

Percepção de cores

A **mistura subtrativa da cor** funciona ao remover alguns comprimentos de onda da luz, deixando menos luz.

A **mistura aditiva da cor** funciona ao acrescentar mais luz na mistura do que qualquer outra luz.

A **teoria tricromática** propõe que o olho possui três grupos de receptores sensíveis aos comprimentos de onda, associados ao vermelho, verde e azul.

A **teoria do processo oponente** propõe que os receptores dão respostas antagonistas para três pares de cores.

Conclusão: A evidência sugere que ambas as teorias são necessárias para explicar a percepção de cores.

Percepção de forma

- A mesma entrada visual pode resultar em percepções bem diferentes.
- A percepção de forma é seletiva, como demonstra o fenômeno da *cegueira não intencional*.
- Alguns aspectos da percepção de forma dependem da *análise das características*, que envolve a detecção de elementos específicos e a reunião destes em formas complexas.
- Os *princípios da Gestalt* – como figura e fundo, proximidade, fechamento, similaridade, simplicidade e continuidade – ajudam a explicar como as cenas são organizadas em formas distintas.
- A percepção da forma geralmente envolve as *hipóteses perceptivas*, que são inferências sobre as formas que podem ser responsáveis pelos estímulos sentidos.

Percepção de profundidade

Indícios binoculares são indícios sobre a distância, com base nos pontos de vista divergentes dos dois olhos.

Disparidade retinal, por exemplo, refere-se ao fato de que os olhos direito e esquerdo têm pontos de vista ligeiramente diferentes dos objetos a sete metros.

Indícios monoculares são indícios sobre a distância, com base na imagem de cada olho.

Indícios pictóricos são indícios monoculares que podem ser dados em determinada imagem plana, como *perspectiva linear, gradientes de textura, tamanho relativo, altura no plano, interposição* e *luz e sombra*.

Ilusões visuais

- *Ilusão visual* é a discrepância entre o aspecto do estímulo visual e a realidade física.
- Ilusões – como a *ilusão de Müller-Lyer*, a *ilusão de Ponzo* e a *ilusão da Lua* – mostram que as hipóteses perceptivas podem estar erradas e que a percepção não é a simples reflexão da realidade objetiva.

TEMAS PRINCIPAIS

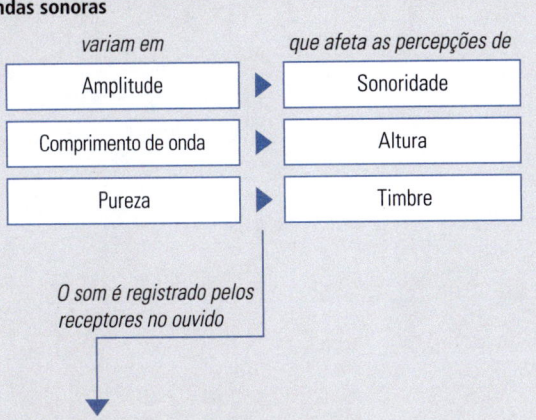

- Diversidade teórica
- Subjetividade de experiência
- Herança cultural

SISTEMA AUDITIVO

Ondas sonoras

variam em	que afeta as percepções de
Amplitude	Sonoridade
Comprimento de onda	Altura
Pureza	Timbre

O som é registrado pelos receptores no ouvido

Principais estruturas do ouvido incluem:

Pavilhão auricular, que é o cone de coleta de som do ouvido externo.

Tímpano, que é a membrana retesada (ao final do canal auditivo) que vibra em resposta às ondas sonoras.

Ossículos, que são três ossos minúsculos no ouvido médio, que convertem as vibrações do tímpano.

Cóclea, que é o túnel espiralado cheio de fluido, que abriga o tecido neural do ouvido interno.

Membrana basilar, que mantém as células ciliadas que servem como receptores auditivos.

Percepção de altura

Teoria do local: A percepção de altura depende da porção da membrana basilar vibrada.

Teoria da frequência: A percepção de altura depende da taxa de vibração da membrana basilar.

Conclusão: A evidência sugere que ambas as teorias são necessárias para explicar a percepção de altura.

Localização auditiva

- A *localização auditiva* consiste em localizar de onde um som está vindo no espaço.
- Os dois principais indícios são as diferenças na *intensidade* (sonoridade) e o *momento* dos sons chegando a cada orelha.

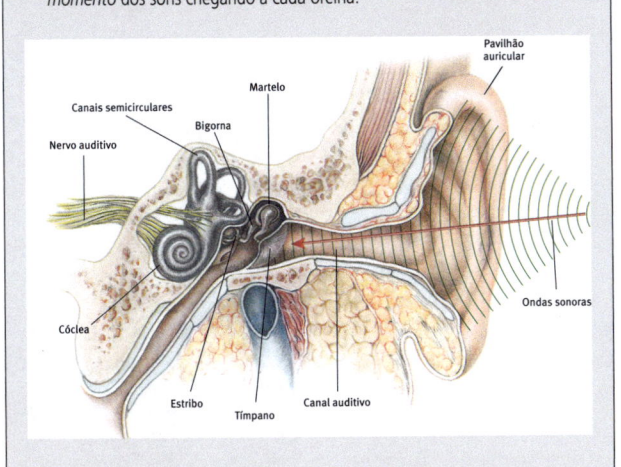

OUTROS SENTIDOS

Paladar

- As células gustativas absorvem as substâncias químicas na saliva e disparam impulsos neurais encaminhados pelo tálamo.
- As papilas gustativas são sensíveis a quatro paladares básicos: doce, azedo, amargo e salgado. O *umami* pode ser um quinto paladar básico.
- A sensibilidade a esses paladares é distribuída um tanto desigualmente pela língua, mas as variações são pequenas.
- Os superdegustadores têm mais papilas gustativas e são mais sensíveis do que os outros a certas substâncias doces e amargas.
- Aproximadamente 25% das pessoas são superdegustadores, outras 25% são não degustadores e os 50% restantes ficam entre os dois extremos.
- As mulheres são mais propensas de serem superdegustadoras do que os homens.
- Os não degustadores tendem a ser mais suscetíveis ao fascínio por doces, alimentos com alto teor de gordura, álcool e tabaco, o que significa que seus hábitos de consumo tendem a ser menos saudáveis que os dos superdegustadores.

Olfato

- Os cílios olfativos absorvem as substâncias químicas no nariz e disparam impulsos neurais.
- Os receptores olfativos têm vida curta e são constantemente substituídos.
- O olfato é o único sistema sensorial não encaminhado pelo tálamo.
- A maioria dos receptores olfativos responde a mais de um odor.
- Os seres humanos podem distinguir grande quantidade de odores, talvez mais de 1 trilhão.
- Quando comparados com outros mamíferos, os seres humanos podem ter melhor senso de olfato do que o pensado anteriormente.

Tato

- Os receptores sensoriais na pele respondem a pressão, temperatura e dor.
- Os sinais de dor viajam ao longo de um caminho *rápido*, que registra a dor localizada, e de um caminho *lento,* que carrega sensações de dor menos localizadas.
- As variações culturais na experiência da dor mostram a natureza subjetiva da percepção da dor.
- A *teoria do controle do portão* detém que os sinais da dor de entrada podem ser bloqueados na medula espinhal.
- As endorfinas e uma via neural descendente parecem ser responsáveis por essa supressão de dor.
- Estudos recentes indicam que as células gliais contribuem para a modulação da dor crônica.

APLICAÇÕES

- Os pintores frequentemente usam indícios pictóricos de profundidade para dar mais vida às cenas de seus quadros.
- Os cubistas aplicavam a análise de características na tela, os surrealistas brincavam com a realidade e Escher tentava estimular o pensamento sobre a percepção.
- O estudo da percepção destaca a relatividade da experiência, que pode ser manipulada por meio de efeitos de contraste.
- O pensamento crítico é reforçado pela conscientização de como os comparadores de extremos podem distorcer os julgamentos.

Capítulo 5
Variações da consciência

5.1 SOBRE A NATUREZA DA CONSCIÊNCIA

5.2 OS RITMOS BIOLÓGICOS E O SONO

5.3 O CICLO SONO-VIGÍLIA

5.4 O MUNDO DOS SONHOS

5.5 HIPNOSE: CONSCIÊNCIA ALTERADA OU REPRESENTAÇÃO DE PAPÉIS?

5.6 MEDITAÇÃO: EM BUSCA DE MAIOR CONSCIÊNCIA

5.7 ALTERAÇÃO DA CONSCIÊNCIA COM DROGAS

5.8 REFLETINDO SOBRE OS TEMAS DO CAPÍTULO

5.9 APLICAÇÃO PESSOAL
Questões práticas sobre o sono e os sonhos

5.10 APLICAÇÃO DO PENSAMENTO CRÍTICO:
O alcoolismo é uma doença? O poder das definições
Quadro de conceitos

Temas neste capítulo

Contexto sócio-histórico

Subjetividade da experiência

Herança cultural

Causalidade multifatorial

Diversidade teórica

Nathaniel Kleitman e Eugene Aserinsky não podiam acreditar no que viram no olho de um dos participantes do estudo. Era a primavera de 1952 e Kleitman, um proeminente pesquisador do sono, estava investigando os movimentos lentos e oscilantes dos olhos exibidos pelos sujeitos no início do sono. Kleitman começara a se perguntar se esses movimentos dos olhos podiam aparecer em fases posteriores do sono. O problema era que observar as pálpebras fechadas de um participante durante toda a noite era, sem dúvida, um modo de fazer que o *pesquisador* adormecesse. Com inteligência, Kleitman e Aserinsky, um estudante universitário, descobriram uma maneira melhor de documentar o movimento dos olhos. Eles ligaram os sujeitos a um aparato conectado a eletrodos colocados perto dos olhos. Os eletrodos identificavam pequenos sinais elétricos gerados pelos movimentos do globo ocular. Por sua vez, esses sinais moviam uma caneta em um gravador semelhante a um eletroencefalógrafo (EEG), registrando as ondas cerebrais. O resultado foi um registro objetivo dos movimentos dos olhos dos participantes durante o sono, que poderia ser estudado a qualquer momento (Dement, 1992).

Certa noite, enquanto um dos sujeitos estava dormindo, os pesquisadores ficaram surpresos ao ver um traçado no registro que sugeria um movimento diferente, muito mais rápido. Esse resultado foi tão inesperado que de início eles pensaram que o gravador havia parado de funcionar. Apenas quando eles decidiram entrar na sala e observar pessoalmente os sujeitos é que se convenceram de que os movimentos dos olhos eram reais. Os sujeitos dormiam profundamente, porém as protuberâncias nas pálpebras fechadas indicavam que o globo ocular se movia lateralmente indo e vindo, com fortes impulsos. Era como se os participantes adormecidos estivessem assistindo a um filme caótico. Os pesquisadores se perguntaram: o que, afinal de contas, estava acontecendo?

Em retrospecto, é surpreendente que ninguém tivesse descoberto o movimento rápido dos olhos antes. Na verdade, períodos de movimento rápido dos olhos são uma característica rotineira do sono nos seres humanos e em muitos animais. Você mesmo pode observá-los em seu cão ou gato. O fenômeno sempre esteve lá para que qualquer pessoa visse, mas, se alguém o percebeu, provavelmente não deu importância ao fato.

A descoberta de Kleitman e Aserinsky poderia parecer um tanto estranha, mas eles tiveram uma ideia brilhante. Estaria o movimento rápido dos olhos de alguma maneira relacionado aos sonhos? Com a ajuda de William Dement, estudante universitário que se interessava por sonhos, logo descobriram a resposta. Quando Dement acordou os sujeitos durante o período de movimento rápido dos olhos, cerca de 80% deles relataram que estavam tendo um sonho muito vívido. Em contraste, apenas uma pequena minoria de participantes despertos em outras fases do sono relatou que estivera sonhando. Subsequentemente, registros de EEG mostraram que períodos de movimento rápido dos olhos também foram associados a fortes mudanças nos padrões das ondas cerebrais. Kleitman e seus estudantes universitários haviam se deparado com algo consideravelmente maior que uma raridade. Era uma janela para o aspecto da consciência mais particular imaginável – a experiência do sonho (Gottesmann, 2009). Como você aprenderá neste capítulo, a descoberta do movimento ocular rápido (REM – em inglês, *rapid eye movement*) durante o sono deu origem a uma série de outras ideias fascinantes a respeito do que acontece durante o sono. Esse é apenas um exemplo de como os psicólogos modernos tentaram entender a espinhosa temática da consciência.

Começaremos nossa visita às variações da consciência com alguns pontos gerais sobre a natureza dela. Depois, a maior parte do capítulo será uma "história para dormir", enquanto examinamos profundamente o sono e o sonho. Continuaremos nossa discussão sobre a consciência examinando a hipnose, a meditação e os efeitos das drogas que alteram a mente. A Aplicação Pessoal abordará uma série de questões práticas sobre o sono e os sonhos. Por fim, a Aplicação do Pensamento Crítico volta ao tópico das drogas e estuda o conceito do alcoolismo para destacar o poder das definições.

5.1 Sobre a natureza da consciência

O que é a consciência? *Consciência* é a percepção dos estímulos internos e externos. Sua consciência inclui: (1) sua percepção dos eventos externos ("O professor acabou de me fazer uma pergunta difícil sobre história medieval"); (2) sua percepção de suas sensações internas ("Meu coração está acelerado e estou começando a suar"); (3) a percepção de seu eu como um ser único experimentando essas coisas ("Por que eu?"); (4) a percepção de seus pensamentos a respeito dessas experiências ("Vou fazer papel de bobo!"). Resumindo, a consciência é a percepção pessoal.

> **5.1 Objetivos Principais de Aprendizagem**
> - Discutir a natureza da consciência e a relação entre consciência e atividade cerebral.

Para explorar o conteúdo típico da experiência consciente, Heavey e Hurlburt (2008) pediram a seus pacientes que carregassem bipes e gravassem imediatamente qualquer experiência quando eram bipados em momentos aleatórios. Os pesquisadores descobriram que cinco fenômenos eram particularmente comuns: (1) visualizavam imagens de objetos/eventos não vivenciados no momento; (2) falavam palavras para si mesmos; (3) tinham sentimentos, como felicidade, raiva ou ansiedade; (4) focavam aspectos sensoriais do ambiente; e (5) tinham pensamentos específicos, sem transmissão de palavras ou imagens.

O conteúdo da consciência muda continuamente. Raramente a consciência está parada. Ela se move, flui, flutua, diverga. Por exemplo, em um estudo, 2.250 adultos foram contatados aleatoriamente durante as horas em que estavam acordados e questionados se suas mentes estavam distantes das atividades que desenvolviam no momento

(Killingsworth e Gilbert, 2010). Em quase metade (47%) do tempo, os participantes disseram que as mentes estavam vagando. Outro estudo concluiu que a mente vagando era mais provável quando os pacientes estavam entediados, ansiosos, cansados ou estressados (Kane et al., 2007). Reconhecendo que a consciência flutua continuamente, William James (1902), há muito tempo, batizou esse fluxo contínuo de *fluxo da consciência*. Se fosse possível gravar os pensamentos, encontraríamos um fluxo infinito de ideias a divagar em todas as direções. Como veremos, até mesmo enquanto dormimos nossa consciência passa por uma série de transições. Essa constante transformação parece ser parte da natureza essencial da consciência.

Variações nos níveis de percepção

Enquanto William James enfatizava o fluxo da consciência, Sigmund Freud (1900) queria examinar o que acontecia sob a superfície desse fluxo. Como explicamos no Capítulo 1, Freud argumentava que os sentimentos e comportamentos das pessoas são influenciados por necessidades, desejos e conflitos *inconscientes* subjacentes à superfície da percepção consciente. De acordo com Freud, o fluxo da consciência tem profundidade. Processos conscientes e inconscientes são diferentes *níveis de percepção*. Assim, Freud foi um dos primeiros teóricos a reconhecer que a consciência não é um fenômeno do tipo tudo ou nada.

Desde a época de Freud, pesquisas têm mostrado que as pessoas continuam a manter alguma percepção durante o sono e até mesmo quando são colocadas sob o poder de anestésicos para cirurgias. Como sabemos? Porque, ainda assim, alguns estímulos conseguem penetrar na percepção. Pessoas anestesiadas, por exemplo, ocasionalmente ouvem comentários feitos durante sua cirurgia e os repetem mais tarde para seus cirurgiões surpresos (Kihlstrom e Cork, 2007). Pesquisas também indicam que, enquanto estão dormindo, algumas pessoas se mantêm cientes de eventos externos até certo ponto (Dang-Vu et al., 2009). Um bom exemplo é o pai ou a mãe de bebês recém-nascidos que conseguem dormir ao som de trovões ou alarmes disparados de um relógio, mas que imediatamente ouvem o som abafado do bebê chorando no outro quarto. A sensibilidade seletiva a sons dos pais significa que algum processo mental deve estar ocorrendo durante o sono.

A consciência e a atividade cerebral

A consciência não surge de nenhuma estrutura distinta no cérebro, pelo contrário, é o resultado da atividade em redes distribuídas nos caminhos neurais (Singer, 2007). Os cientistas estão utilizando, cada vez mais, os métodos de imagem cerebral para explorar a ligação entre a atividade cerebral e a consciência. Porém, historicamente, o indicador mais utilizado para as variações na consciência é o EEG, que registra as atividades da ampla faixa do córtex. O *eletroencefalógrafo* **(EEG) é o equipamento que monitora a atividade elétrica do cérebro no tempo, por meio de eletrodos de gravação fixados à superfície do couro cabeludo.** Em outras palavras, ele resume o ritmo da atividade cortical do cérebro em forma de linhas chamadas *ondas cerebrais*. Os traços das ondas do cérebro variam em *amplitude* (altura) e *frequência* (ciclos por segundo, ou cps). Ondas cerebrais são apresentadas na **Figura 5.3**. A atividade de ondas cerebrais humanas é normalmente dividida em quatro faixas principais, baseadas na frequência dessas ondas. As faixas, nomeadas de acordo com o alfabeto grego, são *beta* (13 a 24 cps), *alfa* (8 a 12 cps), *teta* (4 a 7 cps) e *delta* (abaixo de 4 cps).

Padrões diferentes da atividade EEG estão associados a diferentes estados de consciência, como resume a **Tabela 5.1**. Quando estamos em estado de vigília, envolvidos na solução de um problema, por exemplo, as ondas beta tendem a dominar. Quando estamos relaxados e descansando, as ondas alfa aumentam. E quando estamos em sono profundo, sem sonhos, as ondas delta prevalecem. Embora essas correlações estejam longe de serem perfeitas, as mudanças na atividade cerebral são estreitamente relacionadas à consciência. Como, em geral, ocorre em caso de correlações, é difícil dizer se as mudanças na atividade da onda cerebral provocam mudanças na consciência ou vice-versa. Além disso, não podemos descartar a possibilidade de que as mudanças na consciência e a atividade da onda cerebral *podem* ser causadas por um *terceiro* fator – talvez sinais vindos da área subcortical no cérebro (veja **Figura 5.1**). Tudo o que se sabe, com certeza, é que as variações na consciência são associadas às variações na atividade cerebral.

Tabela 5.1 Padrões de EEG associados aos estados de consciência

Padrão de EEG	Frequência (cps)	Estados típicos de consciência
Beta (β)	13 a 24	Pensamento normal, solução de problemas em estado de vigília
Alfa (α)	8 a 12	Relaxamento profundo, mente vazia, meditação
Teta (θ)	4 a 7	Sono leve
Delta (Δ)	Abaixo de 4	Sono profundo

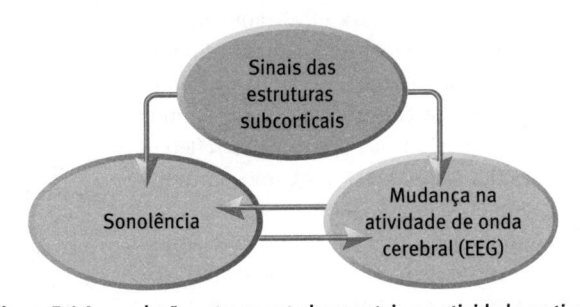

Figura 5.1 A correlação entre os estados mentais e a atividade cortical.

Conforme discutido no Capítulo 2, as correlações por si só não estabelecem a causalidade. Por exemplo, existem fortes correlações entre a sonolência e o padrão específico de atividade cortical, conforme reproduzido pelas ondas cerebrais no EEG. Mas a sonolência causa modificação na atividade cortical ou as mudanças na atividade cortical causam sonolência? Ou há alguma terceira variável – como os sinais do tronco cerebral ou outras estruturas subcorticais – responsável pelas mudanças nas ondas cerebrais e pela sonolência?

5.2 Os ritmos biológicos e o sono

5.2 Objetivos Principais de Aprendizagem

- Resumir o que se sabe sobre o relógio biológico humano e sua relação com o sono.
- Explicar que ficar dessincronizado com o ritmo circadiano pode afetar o sono.

As variações de consciência são moldadas, em parte, pelos ritmos biológicos. Os ritmos permeiam o mundo à nossa volta. A alternância diária de luz e escuridão, o padrão anual das estações e as fases da Lua refletem a qualidade rítmica de repetição de ciclos. Seres humanos e muitos outros animais possuem ritmos biológicos ligados a esses ritmos planetários (Kriegsfeld e Nelson, 2009). **Ritmos biológicos são flutuações periódicas no funcionamento fisiológico.** A existência desses ritmos significa que os seres vivos têm "relógios biológicos" internos que, de alguma forma, monitoram a passagem do tempo.

O papel dos ritmos circadianos

***Ritmos circadianos* são ciclos biológicos de 24 horas encontrados nos seres humanos e em muitas outras espécies.** Nos humanos, eles são particularmente importantes na regulação do sono (Moore, 2006). No entanto, os ciclos diários também produzem variações rítmicas na pressão sanguínea, na produção de urina, nas secreções hormonais e em outras funções físicas. Esses ciclos também afetam a vigilância, a memória de curto prazo e outros aspectos do desempenho cognitivo (Refinetti, 2006).

Pesquisas indicam que as pessoas geralmente dormem quando sua temperatura corporal começa a descer e acordam quando ela começa a subir novamente (Szymusiak, 2009). Pesquisadores concluíram que os ritmos circadianos podem deixar os indivíduos fisiologicamente mais propensos ao sono em determinada hora do dia. Esse momento ideal varia de uma pessoa para outra, dependendo de seus compromissos, mas cada indivíduo pode ter um momento "ideal" para ir dormir. Dormir na hora ideal também promove um sono de melhor qualidade durante a noite (Akerstedt et al., 1997). Normalmente, as pessoas se caracterizam como "noturnas ou diurnas". Essas preferências refletem as variações individuais nos ritmos circadianos (Minkel e Dinges, 2009).

Pesquisadores têm uma ideia muito precisa de como o ciclo dia-noite reajusta os relógios biológicos. Quando expostos à luz, alguns receptores da retina enviam impulsos diretos a uma pequena estrutura do hipotálamo chamada *núcleo supraquiasmático* (*suprachiasmatic nucleus* – SCN) (Saper, 2013). O SCN envia sinais à *glândula pineal* próxima cuja secreção do hormônio *melatonina* representa um papel importante no ajuste dos relógios biológicos (Guardiola-Lemaitre e Quera-Salva, 2011).

Ignorando os ritmos circadianos

O que acontece quando ignoramos nosso relógio biológico e vamos dormir em uma hora incomum? Normalmente, a qualidade de nosso sono sofre. Sair de sincronia com nossos ritmos circadianos também causa descompensação horária. Quando você voa e passa por diversos fusos horários, seu relógio biológico mantém o tempo como de costume, embora a hora oficial tenha mudado. Você, então, vai dormir na hora "errada". Com isso, além de ter dificuldade para dormir, provavelmente terá um sono de má qualidade (Moline, 1993), que pode continuar a ocorrer por diversos dias, levando-o a se sentir fatigado, lento e irritadiço durante o dia (Sletten e Arendt, 2012).

As pessoas diferem quanto ao tempo que levam para reajustar seus relógios biológicos, e a velocidade do reajuste depende da direção em que se viajou. Em geral, é mais fácil voar para o oeste e aumentar a duração de seu dia do que voar para o leste e encurtá-lo (Sletten e Arendt, 2012). Essa disparidade leste-oeste na descompensação horária é considerável o suficiente para causar impacto sobre o desempenho de equipes esportivas. Estudos revelaram que as equipes de beisebol profissional que voam em direção ao oeste têm um desempenho significativamente melhor do que as que voam para o leste (Recht, Lew e Schwartz, 1995) (veja **Figura 5.2**); o mesmo acontece com equipes de futebol estudantil

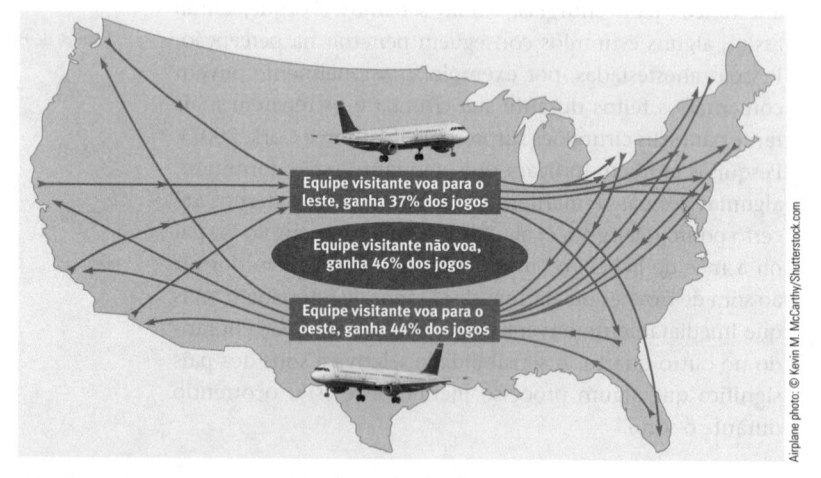

Figura 5.2 Efeitos da direção do deslocamento no desempenho de equipes profissionais de beisebol.

Para compreender determinantes da descompensação horária, Recht, Lew e Schwartz (1995) analisaram o desempenho das equipes visitantes na liga principal de beisebol por mais de três anos. No beisebol, as equipes visitantes geralmente disputam três ou quatro jogos em cada cidade-destino; então, são muitos jogos nos quais a equipe visitante não viaja no dia anterior. A equipe visitante ganhou em 46% desses jogos, que servem como linha de base para comparação. De acordo com a observação de que voar para o oeste provoca menor descompensação horária do que voar para o leste, as equipes visitantes que voaram do oeste um dia (ou noite) antes tiveram o desempenho apenas um pouco pior, vencendo 44% dos jogos. Em comparação, as equipes visitantes que voaram do oriente um dia antes ganharam somente 37% dos jogos, presumivelmente por conta de o voo proveniente do oriente e o encurtamento do dia provocarem uma descompensação horária maior.

Fonte: Adaptado de Kalat, J. W. (2001). *Biological psychology*. Belmont, CA: Wadsworth. Reimpresso com permissão.

(Woerthen e Waden, 1999). Uma regra de ouro para a descompensação horária é que o processo de reajuste leva um dia para cada fuso horário cruzado, ao viajar para o leste, e aproximadamente dois terços do dia por fuso horário para o oeste (Monk, 2006). Com a idade, as pessoas levam mais tempo para realinhar os ritmos circadianos (Bliwise, 2011).

A realidade do trabalho em plantões alternados rotativos e do trabalho até tarde da noite de muitos enfermeiros, bombeiros e outros trabalhadores também perturba o ritmo biológico deles. A alternância de turnos tende a apresentar muito mais efeitos do que o cansaço de uma longa viagem (Monk, 1994). As pessoas que sofrem de descompensação horária conseguem realinhar os ritmos circadianos em poucos dias, mas os trabalhadores de turnos noturnos ou rotativos estão constantemente em desacordo com os horários locais e os ritmos normais. Os estudos mostram que tais trabalhadores têm qualidade de sono ruim, além de dormirem menos (Akerstedt e Kecklund, 2012). Essas escalas de trabalho podem ter impacto negativo na produtividade do funcionário, nas relações sociais e na saúde mental (Drake e Wright, 2011; Waage et al., 2009). Os estudos também relacionaram os turnos de trabalho com a incidência mais alta de doenças físicas, incluindo câncer, diabetes, úlcera, pressão alta e doenças cardíacas (Kriegsfeld e Nelson, 2009; Vyas et al., 2012).

Realinhando os ritmos circadianos

Quando os cientistas passaram a considerar a importância dos ritmos circadianos, começaram a procurar novas formas de ajudar as pessoas a realinhar seus ritmos diários. Uma linha promissora de pesquisa tem se concentrado em dar às pessoas pequenas doses do hormônio melatonina, que parece regular o relógio biológico humano. A evidência de uma série de estudos sugere que ela *pode* reduzir os efeitos da descompensação horária ajudando os viajantes a sincronizarem novamente seus relógios biológicos, mas os resultados das pesquisas são inconsistentes (Monk, 2006). Uma razão para as descobertas inconsistentes é que, quando a melatonina é usada para combater a descompensação horária, o ajuste da dose é crucial. Mas como é um tanto complicado calcular o ajuste ideal, torna-se fácil errar (Arendt, 2009).

Uma estratégia que pode ajudar esses trabalhadores envolve o planejamento cuidadoso dos cronogramas de rotatividade para reduzir a gravidade do descontrole circadiano neles (Smith, Fogg e Eastman, 2009). Os efeitos negativos da rotação de turno podem ser reduzidos se os trabalhadores progressivamente começarem a trabalhar mais tarde (em vez de progressivamente começarem a trabalhar mais cedo) e tiverem períodos mais longos entre as mudanças de turno. Embora práticas melhoradas de planejamento dos cronogramas possam ajudar, a triste realidade é que a maioria das pessoas considera muito difícil trabalhar em turnos rotativos (Arendt, 2010).

O fenômeno da descompensação horária ilustra a importância dos ritmos circadianos. Ficar dessincronizado com o ritmo circadiano pode ter efeitos muito desordenados no sono do indivíduo e no funcionamento diurno.

5.3 O ciclo sono-vigília

Embora seja um estado familiar da consciência, o sono é muitas vezes mal-entendido. Historicamente, as pessoas sempre pensaram no sono como um estado único e uniforme, de inatividade física e mental, durante o qual o cérebro está "desligado", quando, na realidade, no período do sono passamos por diversos estágios de consciência e experimentamos muitas atividades físicas e mentais ao longo da noite (Peigneux, Urbain, e Schmitz, 2012). Os cientistas aprenderam muito sobre o sono desde a descoberta de sua fase REM, na década de 1950.

> **5.3 Objetivos Principais de Aprendizagem**
> - Descrever o ciclo de sono noturno e explicar como a idade e a cultura influenciam no sono.
> - Descrever a evidência dos efeitos da privação do sono e as consequências da perda de sono para a saúde.
> - Identificar os sintomas de insônia, narcolepsia, apneia do sono, sonambulismo e distúrbio comportamental do sono REM.

Os avanços da nossa compreensão sobre o sono são resultantes do trabalho árduo de pesquisadores que passaram incontáveis horas observando o sono de outras pessoas. Esse trabalho é feito em laboratórios do sono, onde participantes voluntários passam a noite. Esses laboratórios têm um ou mais "quartos" para os quais os participantes se retiram, geralmente após terem sido conectados a uma variedade de equipamentos de registro fisiológico. Além de um EEG, esses equipamentos, em geral, incluem um *eletromiógrafo* **(EMG), que registra a tensão e a atividade muscular, um** *eletro-oculógrafo* **(EOG), que registra os movimentos dos olhos, e um** *eletrocardiógrafo* **(EKG), que registra as contrações do coração** (Keenan e Hirshkowitz, 2011). Outros instrumentos monitoram a respiração, o pulso e a temperatura do corpo. Os pesquisadores observam o participante enquanto ele dorme, por uma janela ou câmera de vídeo de uma sala adjacente, onde também monitoram seu elaborado equipamento de registro fisiológico. Muitas pessoas

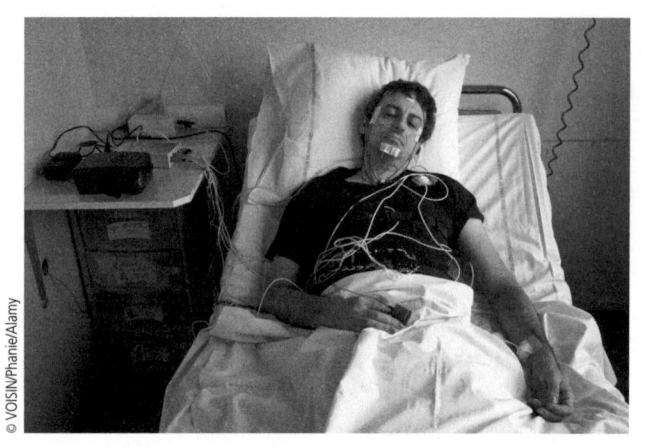

Os pesquisadores no laboratório do sono podem observar os pacientes enquanto utilizam equipamentos complexos para registrar as mudanças fisiológicas durante o sono. Esse tipo de pesquisa revelou que o sono é uma série complexa de estados físico e mental.

demoram um pouco para adaptar-se ao quarto estranho e ao equipamento de registro e conseguir retornar ao seu modo normal de sono.

25 minutos (Soldatos et al., 2005). Esse período depende de uma série de fatores, incluindo quanto tempo se passou desde que a pessoa dormiu pela última vez, em que ponto a pessoa está em seu ciclo circadiano, a intensidade de barulho ou luz no local onde o indivíduo dorme, a idade da pessoa, o desejo de adormecer, o nível de tédio, a ingestão recente de cafeína ou medicamentos e o nível de estresse, dentre outros fatores. Em qualquer situação, o estágio 1 é um estado de transição breve que normalmente leva apenas de 10 a 12 minutos (Rama, Cho e Kushida, 2006).

Enquanto atravessamos os estágios 2 e 3 do ciclo do sono, nossa respiração, batida cardíaca, tensão muscular e temperatura corporal continuam a declinar. O estágio 2 consiste de sono leve e geralmente dura de 10 a 25 minutos. Gradualmente, as ondas cerebrais tornam-se mais altas em amplitude e mais baixas em frequência, à medida que passamos para o estágio 3 (veja **Figura 5.3**). Esse estágio traz uma forma profunda de sono que normalmente é referida como *sono de onda lenta*, pois as ondas delta de baixa frequência se tornam proeminentes no registro EEG. Em geral, atingimos esse ponto de ondas lentas em menos de uma hora e lá permanecemos por cerca de 30 a 40 minu-

Os ciclos ao longo dos estágios do sono

O sono não apenas ocorre em um contexto de ritmos diários, mas ritmos mais sutis são evidentes dentro da própria experiência do sono, durante o qual passamos por uma série de cinco estágios distintos. Vejamos o que os pesquisadores aprenderam sobre os muitos tipos de mudanças que ocorrem durante esses estágios do sono (Carskadon e Dement, 2011; Peigneux et al., 2012).

Estágios 1 a 3

Embora possa levar apenas alguns minutos, o princípio do sono é gradual, e não há nenhum ponto de transição óbvio entre o estado de alerta e o sono. Em estudos laboratoriais, consideramos que os pacientes estão adormecidos quando a atividade EEG predominante muda de ondas alfa para ondas teta. O tempo que as pessoas levam para adormecer varia consideravelmente, mas a *média* em um estudo recente com mais de 35 mil pessoas de dez países foi

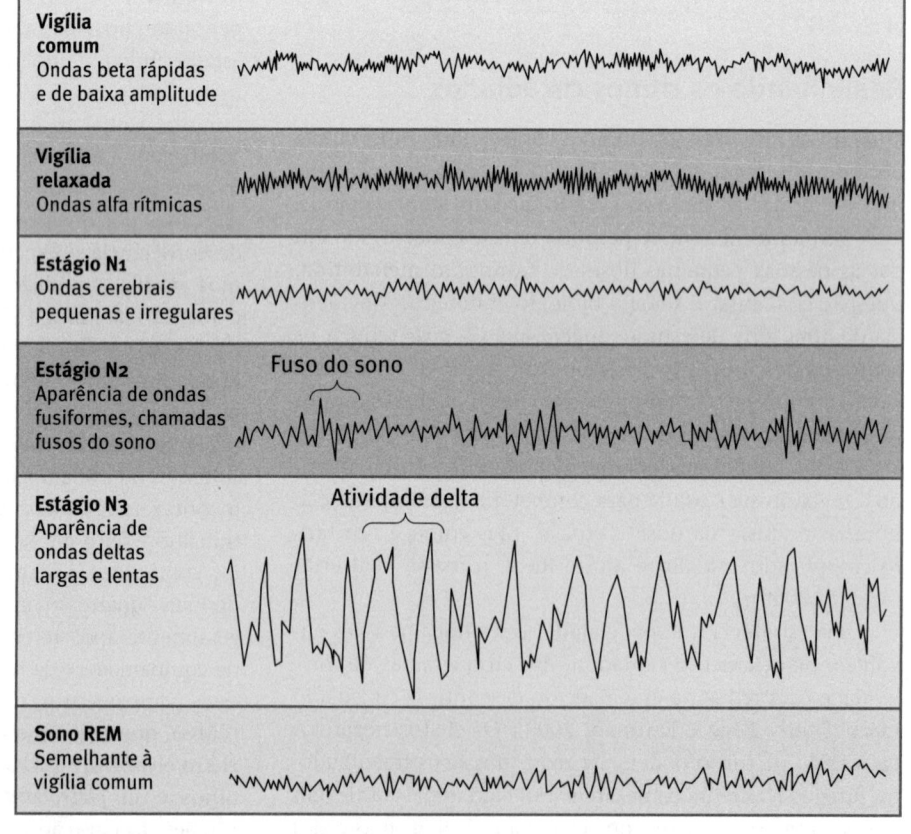

Figura 5.3 Padrões EEG de sono e vigília.
Ondas cerebrais características variam conforme o estado de consciência da pessoa. Geralmente, quando as pessoas passam do estado de vigília para estágios mais profundos do sono, as ondas cerebrais diminuem em frequência (ciclos por segundo) e aumentam em amplitude (altura). Entretanto, as ondas cerebrais durante a fase REM do sono se parecem com ondas cerebrais do estágio "bem acordado".

Fonte: Adaptado de Nevid, J. S. (2012). *Essentials of psychology: Concepts and applications.* Belmont, CA: Wadsworth.

tos. Então, o ciclo do sono reverte-se gradualmente durante estágios mais leves do sono. É aí que as coisas começam a ficar interessantes.

A fase REM do sono

Quando chegamos novamente ao primeiro estágio do sono, geralmente vamos para o quarto estágio de sono. Esse estágio é conhecido como sono *REM*. REM é a abreviação de *rapid eye movements* (movimentos oculares rápidos), que são proeminentes nesse estágio. Nos modernos laboratórios do sono, pesquisadores usam eletro-oculógrafos para monitorar esses movimentos laterais que ocorrem debaixo das pálpebras cerradas de uma pessoa que dorme.

Como discutimos no início do capítulo, a descoberta da fase REM do sono foi feita acidentalmente em 1950 (Dement, 2005). Essa fase tende a ser um estágio "profundo" do sono, no senso comum, do qual normalmente é mais difícil acordar uma pessoa no período de sua duração (embora o limite de estimulação varie durante o REM). É um estágio marcado também por respiração e pulsos irregulares. O tônus muscular está extremamente relaxado – tanto que os movimentos do corpo são mínimos e é como se a pessoa que dorme estivesse praticamente paralisada. Embora o REM seja um estágio relativamente profundo do sono, a atividade EEG é dominada por ondas beta de alta frequência que se assemelham àquelas da fase em que a pessoa está alerta e acordada (veja **Figura 5.3** novamente).

Esse paradoxo está provavelmente relacionado com a associação entre a fase REM do sono e os sonhos. Quando os pesquisadores sistematicamente despertam os indivíduos em vários estágios do sono para perguntar se estavam sonhando, a maioria dos relatos de sonhos ocorre mais notavelmente durante o estágio REM (McCarley, 1994). Embora décadas de pesquisa tenham revelado que alguns sonhos ocorrem nos estágios não REM, eles são mais frequentes, vívidos, memoráveis, emotivos, dramáticos e ricos em personagens durante o sono REM (Nielsen, 2011; Pace-Schott, 2011).

Em resumo, a *fase REM* é um estágio profundo do sono, marcado por movimentos oculares rápidos, ondas cerebrais de alta frequência e sonhos. É uma fase tão especial do sono que as outras três fases são chamadas "não REM" (NREM). Essas compreendem os estágios de 1 a 3, que são marcados pela ausência de movimentos oculares rápidos, relativamente poucos sonhos e atividade EEG variada. Os três estágios não REM são normalmente referidos como N1, N2 e N3, como você pode ver na **Figura 5.4**.

Repetindo o ciclo

Durante a noite, as pessoas repetem esse ciclo do sono cerca de quatro vezes. O ciclo muda gradualmente durante o sono. A primeira fase REM é relativamente curta, com duração de apenas alguns minutos, e os períodos subsequentes aumentam progressivamente, atingindo picos de 40 a 60 minutos. Além disso, intervalos NREM tendem a ficar cada vez mais curtos. Essas tendências podem ser vistas na **Figura**

O sono REM não é exclusivo dos seres humanos. Quase todos os mamíferos e os pássaros o exibem. As únicas exceções conhecidas entre vertebrados de sangue quente são os golfinhos e algumas baleias (Morrison, 2003). Os golfinhos são particularmente interessantes, porque dormem enquanto nadam, descansando um hemisfério do cérebro enquanto o outro permanece alerta.

5.4, que fornece uma visão geral de um ciclo típico do sono noturno. Essas tendências significam que a maioria das ondas lentas do sono (N3) ocorre no início do ciclo do sono e que o sono REM tende a se acumular na segunda metade desse ciclo. Somando o ciclo inteiro, jovens adultos passam cerca de 2% a 5% do tempo em que estão adormecidos em sono N1, 45% a 55% em N2, 15% a 20% no sono de onda lenta (N3) e outros 20% a 25% no sono REM (Carskadon e Dement, 2011).

O que descrevemos até agora é um quadro geral – a estrutura média e típica do sono de muitas pessoas. No entanto, a pesquisa de Tucker, Dinges e Van Dongen (2007) mostrou que a "arquitetura" do sono – com qual rapidez o indivíduo adormece, quanto tempo dorme, como os ciclos passam pelos diversos estágios – varia de pessoa para pessoa mais do que os pesquisadores perceberam previamente. Essas variações pessoais são muito estáveis de uma noite para outra, significando que cada um de nós tem um padrão de sono definido.

Idade, cultura e sono

Agora que descrevemos a arquitetura básica do sono, observemos alguns fatores que contribuem para variações nos padrões do sono: a idade e a cultura.

Tendências referentes à idade

A idade altera o ciclo do sono. O que descrevemos até agora é o padrão típico para jovens até adultos de meia-idade. Crianças, no entanto, apresentam diferentes padrões (Lee e Rosen, 2012). Recém-nascidos dormem de seis a oito vezes em um período de 24 horas, frequentemente excedendo um total de 16 horas de sono (veja **Figura 5.5**). Felizmente, para os pais, durante os primeiros meses, esse sono começa a se unificar em um período longo de sono noturno (Huber e Tononi, 2009). É interessante que crianças passem mais

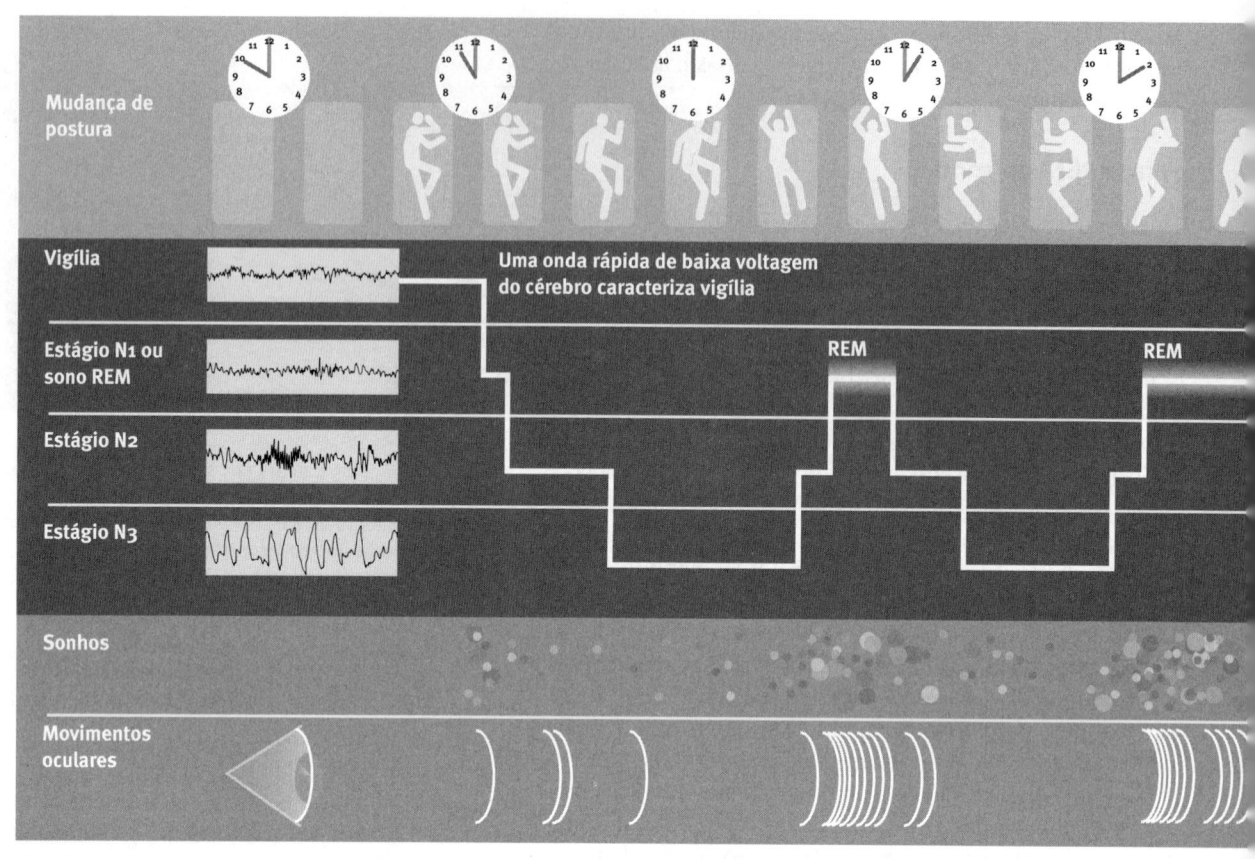

Figura 5.4 Uma visão geral do ciclo do sono.

A linha branca mostra como um jovem adulto e saudável passa pelos vários estágios do sono durante a noite. Esse diagrama mostra também como os sonhos e os movimentos oculares rápidos coincidem com a fase REM do sono, enquanto mudanças de postura ocorrem entre os períodos REM (porque o corpo está quase paralisado durante a fase REM). Note que a pessoa passa por essa fase quatro vezes, e, quando ela volta para não REM, o sono torna-se mais superficial e os períodos REM ficam mais longos. Assim, o sono de ondas lentas é proeminente no início da noite, ao passo que, no estágio 2 e na fase REM, as ondas lentas dominam a segunda metade do sono da noite. Embora esses padrões sejam típicos, lembre-se de que os padrões do sono variam de uma pessoa para a outra e que eles mudam com a idade.

tempo de seu sono na fase REM do que os adultos. Nos primeiros meses, a fase REM representa 50% do sono dos bebês, comparados com 20% do sono dos adultos. Durante o resto do primeiro ano, a fase REM do sono dos bebês diminui para aproximadamente 30% (Ohayon et al., 2004) e continua a decrescer gradualmente até chegar aos 20% na adolescência (veja **Figura 5.5**).

Durante a idade adulta, mudanças graduais relativas à idade continuam acontecendo (Bliwise, 2011). A proporção da fase REM do sono diminui levemente nos dois gêneros. Em homens, a porcentagem de sono de ondas lentas diminui, e a porcentagem de tempo gasto nos estágios 1 e 2 aumenta levemente. Essas mudanças em direção a um sono mais leve não são observadas nas mulheres, o que é confuso, considerando que mulheres mais velhas relatam mais insônia do que homens mais velhos. Como mostra a **Figura 5.5**, o tempo médio total de horas de sono também diminui com a idade.

Variações culturais

Embora a idade claramente afete a natureza e a estrutura do próprio sono, a experiência psicológica e fisiológica do sono não parece variar sistematicamente de uma cultura para outra. Por exemplo, uma pesquisa realizada em dez países diferentes (Soldatos et al., 2005) descobriu divergências relativamente modestas na quantidade média do tempo que as pessoas dormem e no tempo que leva para que elas adormeçam. Dito isso, uma recente enquete nos Estados Unidos revelou algumas disparidades étnicas nas estimativas subjetivas acerca da qualidade do sono dos indivíduos (National Sleep Foundation, 2010). Nessa enquete, as pessoas brancas (20%) e afro-americanas (18%) foram mais propensas a relatarem ser "raro" ou "nunca" terem uma boa noite de sono do que os hispânicos (14%) ou asiáticos (9%).

O cochilo também varia de acordo com a cultura. Em muitas sociedades, as lojas fecham e as atividades são interrompidas à tarde para permitir que as pessoas desfrutem da sesta. Essas "culturas da sesta" são encontradas

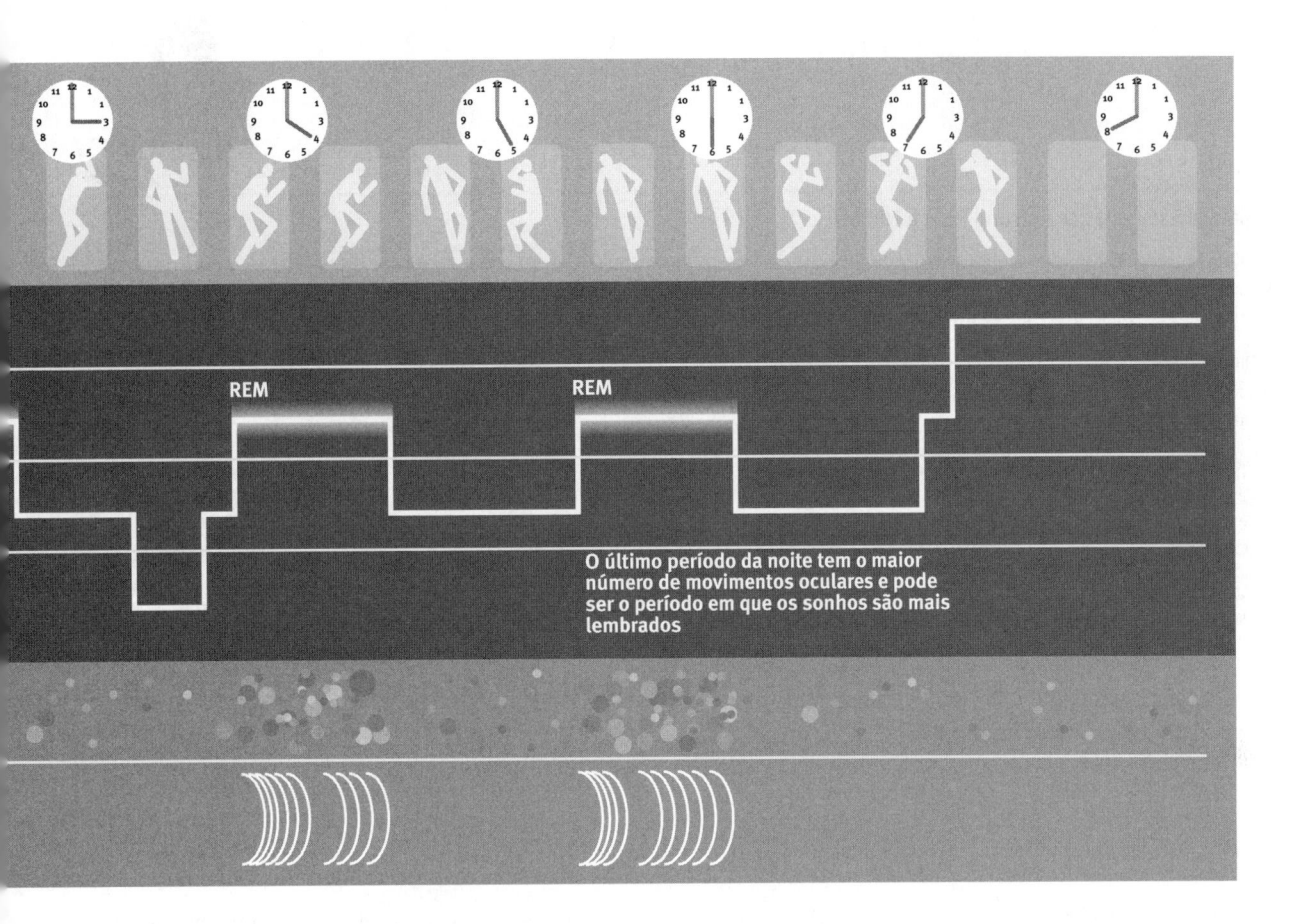

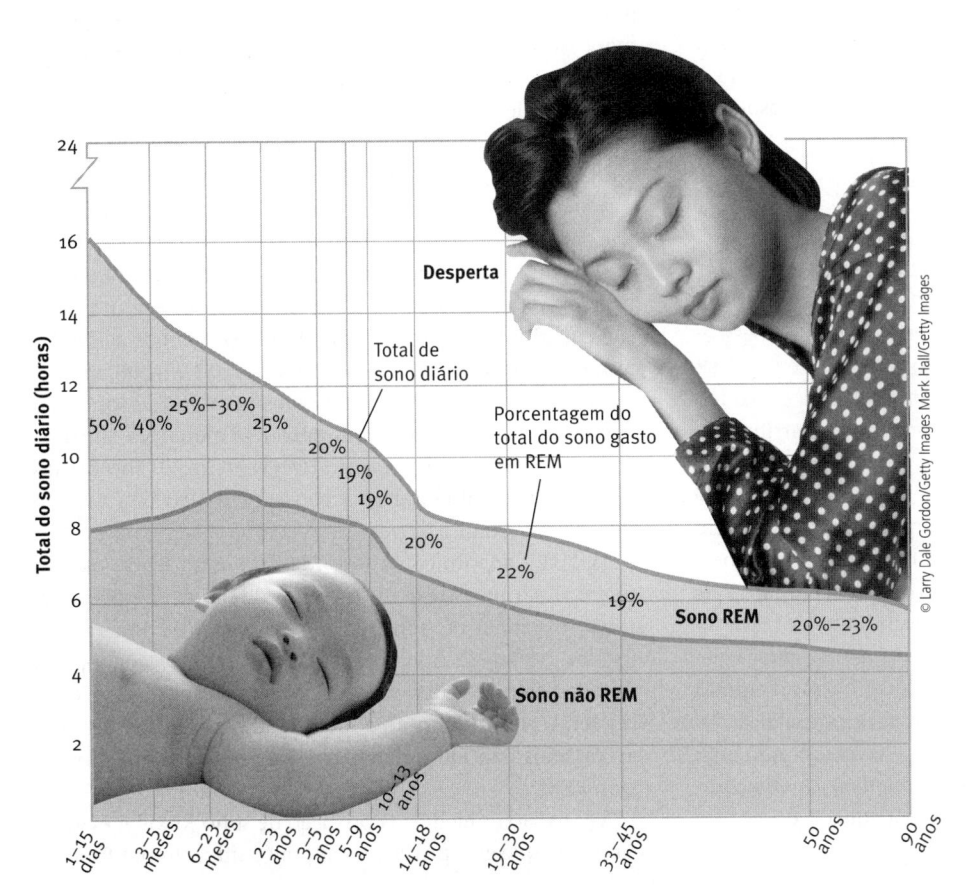

Figura 5.5 Mudanças nos padrões de sono ao longo da vida.

Tanto o total geral de sono por noite quanto sua porção REM mudam com a idade. Os padrões de sono se alteram mais drasticamente durante a infância, com o total de tempo e de sono REM diminuindo muito rapidamente nos dois primeiros anos de vida. Depois de uma notável queda na média de sono na adolescência, os padrões de sono permanecem relativamente estáveis, embora o total de sono e o sono de ondas lentas continuem a diminuir gradualmente com a idade.

Fonte: Adaptado de Roffwarg, H. P.; Muzio, J. N.; Dement, W. C. (1966) Ontogenetic development of human sleep dream cycle. *Science*, v. 152, 1966, p. 604-609. Copyright © 1966 pela American Association for the Advancement of Science. Adaptado e revisado com permissão dos autores.

O último período da noite tem o maior número de movimentos oculares e pode ser o período em que os sonhos são mais lembrados

REVISÃO 5.1

Comparação sistemática do sono REM e NREM

Uma tabela aqui poderia proporcionar uma comparação sistemática do sono REM e não REM, mas isso não lhe daria a mesma oportunidade de verificar seu entendimento sobre as fases do sono que você teria criando sua própria tabela. Tente preencher cada um dos espaços em branco a seguir com uma palavra ou frase que indiquem as diferenças entre as fases REM e NREM, considerando as várias características especificadas. As respostas encontram-se no Apêndice A.

Características	Sono REM	Sono NREM
1. Tipo de atividade EEG		
2. Movimentos oculares		
3. Sonhos		
4. Profundidade (dificuldade em acordar)		
5. Porcentagem do sono total (em adultos)		
6. Aumento ou diminuição (porcentagem de sono) durante a infância		
7. Duração do ciclo do sono (predominantemente cedo ou tarde)		

principalmente em regiões tropicais do mundo (Webb e Dinges, 1989). Nesse caso, essa prática é adaptativa, na medida em que permite às pessoas evitar o trabalho durante as horas mais quentes do dia. Como regra, a tradição da sesta não é encontrada em sociedades industrializadas, nas quais ela se choca com a ênfase na produtividade e a filosofia de que "tempo é dinheiro".

Privação do sono

As pesquisas científicas sobre privação do sono apresentam-se como um paradoxo. De um lado, alguns estudos sugerem que ela não é tão prejudicial como muitas pessoas subjetivamente pensam que seja. Do outro, há evidências de que a privação do sono pode ser um problema social importante, minando a eficiência no trabalho e contribuindo para inúmeros acidentes.

As pesquisas focaram principalmente a privação parcial do sono, ou sua restrição, que ocorre quando as pessoas têm um período substancialmente menor de sono do que o normal. Muitos especialistas norte-americanos acreditam que grande parte da sociedade norte-americana sofre de privação crônica do sono (Walsh, Dement e Dinges, 2011). Parece que mais e mais pessoas estão tentando colocar horas adicionais de vigília em uma tentativa de conciliar responsabilidades conflitantes no trabalho, família, casa e escola. A epidemia de privação de sono não parece ser limitada à América; um estudo recente mostrou que o sono inadequado é um problema global (Stranges et al., 2012).

Quão graves são os efeitos da privação parcial do sono? O consenso emergente é que a restrição do sono tem efeitos muito mais negativos do que a maioria das pessoas presume. Pesquisas indicam que a restrição do sono pode prejudicar a atenção, o tempo de reação, a coordenação motora, a tomada de decisão e também pode ter efeitos negativos no funcionamento do sistema endócrino e imunológico do indivíduo (Banks e Dinges, 2011). A privação do sono tem sido considerada a responsável por grande parte dos acidentes de trabalho e de trânsito (Walsh et al., 2011). Por exemplo, uma pesquisa sugere que dirigir com sono aumenta em oito vezes o risco de acidentes e é um fator que contribui em aproximadamente 20% para os acidentes com carros (Philip, Sagaspe e Taillard, 2011). Infelizmente, a pesquisa mostra que os indivíduos privados de sono não são particularmente bons em prever se e quando adormecerão (Kaplan, Itoi e Dement, 2007). Assim, os motoristas cansados normalmente não conseguem deixar a estrada quando deveriam.

A qualidade única da fase REM do sono levou os pesquisadores a investigarem os efeitos de um tipo especial de privação parcial do sono – a *privação seletiva*. Em muitos estudos de laboratório, participantes eram acordados em períodos da noite em que começavam a entrar na fase REM. Em geral, eles tinham uma quantidade satisfatória de sono em estágios não REM, mas eram seletivamente privados do sono REM.

Quais são os efeitos da privação de sono REM? A evidência indica que essa privação tem pouco impacto nas funções diárias e na realização de tarefas, mas *de fato* tem alguns efeitos interessantes nos padrões de sono dos participantes (Bonnet, 2005). Conforme passam as noites nos estudos de privação de sono REM, torna-se necessário acordar os participantes cada vez com mais frequência para privá-los de seu sono REM, pois eles espontaneamente entram nesse estágio mais vezes. Enquanto muitos participantes entram na fase REM cerca de quatro vezes por noite, participantes privados dela começam a entrar em REM toda vez que os pesquisadores permitem que eles durmam. Além disso, quando uma experiência de privação de REM chega ao final e os participantes podem dormir sem interrupção, eles experimentam um efeito "rebote", isto é, passam tempo extra em períodos REM de uma a três noites para compensar a privação (Achermann e Borbely, 2011).

Resultados semelhantes foram observados em pesquisas nas quais participantes foram seletivamente privados do sono de ondas lentas (Achermann e Borbely, 2011). O que os teóricos fazem com essas atividades espontâneas de REM e das ondas lentas do sono? Eles concluem que as pessoas devem ter *necessidades* específicas e fortes de sono REM e de ondas lentas.

Por que precisamos do sono REM e do sono de ondas lentas? Alguns estudos influentes sugerem que o sono REM e o sono de ondas lentas contribuem para firmar o aprendizado que ocorre durante o dia – um processo chamado *consolidação da memória*. Tentativas para explorar essa hipótese levaram a algumas descobertas interessantes nos últimos anos. Por exemplo, em um estudo, os participantes receberam treinamento em tarefa perceptual motora e foram testados novamente 12 horas depois. Aqueles que dormiram durante as 12 horas de intervalo mostraram uma *melhora* substancial no desempenho que não foi demonstrado pelos participantes que não dormiram (Walker et al., 2002). Um número crescente de estudos similares revelou que o sono parece melhorar a memória dos sujeitos no que diz respeito a atividades específicas de aprendizado que ocorreram durante o dia (Nguyen, Tucker et al., 2013; Payne et al., 2012; Stickgold e Walker, 2013). Esses estudos descobriram uma recordação reforçada pelo sono em uma ampla variedade de tipos de tarefas de memória. O significado teórico dessas descobertas ainda está sendo debatido, mas as explicações mais aceitas estão centradas em como o tempo gasto em estágios específicos do sono pode estabilizar ou solidificar memórias formadas durante o dia (Stickgold e Wamsley, 2011). Além disso, a teoria recente da questão sugere que o sono também possa contribuir para assimilar novas memórias em redes existentes de conhecimento (Stickgold, 2013; Walker, 2012).

Além de destacar a importância do sono REM, alguns estudos até sugerem que essa fase possa promover *insights* criativos relacionados à aprendizagem anterior (Stickgold e Walker, 2004). Em um estudo, os participantes trabalharam em uma tarefa desafiadora que exigia criatividade antes e depois de um intervalo para tirar uma soneca ou curtir um breve descanso (Cai et al., 2009). As sonecas eram monitoradas fisiologicamente, e os pacientes foram divididos entre os

Muitos acidentes de trânsito ocorrem porque os motoristas ficam tontos ou dormem ao volante. Embora os efeitos da privação do sono pareçam ser inócuos, não dormir pode ser fatal.

que vivenciaram e os que não vivenciaram o REM durante o sono. O grupo de sono REM mostrou aumentos drásticos na criatividade após a soneca, e isso não foi verificado no grupo sem REM ou no grupo que preferiu descansar.

Outro estudo descobriu que o sono melhora o desempenho em tarefas de tomadas de decisão complexas, como os jogos de cassino (Pace-Schott et al., 2012). Os participantes que ganharam o jogo depois do sono (em vez de depois de um dia de atividades de vigília) realizaram jogadas mais vantajosas e mostraram melhor compreensão do jogo. Os pesquisadores atribuíram o desempenho melhorado pelo sono à oportunidade dos sujeitos de terem tido o sono REM. Outro estudo descobriu que o sono leva a um desempenho superior nos problemas de difícil compreensão verbal (Sio, Monaghan e Ormerod, 2013). Esses estudos sugerem que os efeitos benéficos do sono podem não estar limitados apenas em melhorar a memória; o sono também melhora o aprendizado e a solução de problemas. Obviamente, essa conclusão tem implicações importantes para os estudantes que querem maximizar o sucesso acadêmico. Condizente a essa conclusão, os estudos descobriram correlações modestas entre a duração do sono e as medições do desempenho acadêmico (Dewald et al., 2010). Como é possível adivinhar, os estudantes que dormiam menos tinham notas menores. Além disso, um estudo recente com alunos do ensino médio descobriu que sacrificar as horas de sono para se ajustar ao estudo adicional pode não ser uma boa ideia, resultando em um desempenho menor nos testes e na lição de casa (Gillen-O'Neel, Huynh e Fuligni, 2013).

Perda de sono e saúde

Nos últimos anos, os pesquisadores começaram a investigar a hipótese de que a privação do sono pode ter consequências graves à saúde. Evidências acumuladas sugerem que a perda do sono afeta processos fisiológicos que podem debilitar a saúde física. Por exemplo, a privação do sono parece ativar mudanças hormonais que aumentam a fome (Shlisky et al., 2012). Um estudo descobriu que apenas uma noite de privação de sono aumentou o valor calórico dos alimentos consumidos na manhã seguinte em 9% (Chapman et al., 2013). Em acordo com essas descobertas, estudos mostraram uma ligação entre o sono de curta duração e o aumento da obesidade, que é um fator de risco para vários problemas de saúde (Knutson, 2012). Os pesquisadores também descobriram que a perda de sono leva ao enfraquecimento da imunidade (Motivala e Irwin, 2007) e ao aumento da resposta inflamatória (Patel et al., 2009), que são suscetíveis de aumentar a vulnerabilidade a várias doenças. Assim, não é de surpreender que estudos descobrissem a ligação entre o sono de curta duração e o aumento no risco de diabetes, hipertensão e doenças coronarianas (Grandner et al., 2012, 2014).

Esses achados motivaram os pesquisadores a explorar a correlação entre o sono habitual e a mortalidade geral. Os resultados dessa pesquisa surpreenderam um pouco. Conforme esperado, as pessoas que dormiam todos os dias menos de 7 horas apresentaram risco de mortalidade elevada, assim como as que rotineiramente dormem *mais* de 8 horas. De fato, a taxa de mortalidade é especialmente alta entre aqueles que dormem mais de 10 horas (veja **Figura 5.6**) (Grandner et al., 2010; Kakizaki et al., 2013). Agora, os pesquisadores estão se dedicando a descobrir por que o sono de longa duração está correlacionado à taxa de mortalidade alta. Pode ser que o sono prolongado seja um "marcador" para outros problemas, como depressão ou estilo de vida sedentária, que têm efeitos negativos na saúde (Patel et al., 2006). Tenha em mente também que os estudos que relacionam a duração normal do sono à mortalidade dependem da *estimativa de autor-relatório* do participante sobre quanto tempo ele dorme normalmente e que os relatórios subjetivos podem ser imprecisos (Bianchi et al., 2013). Em qualquer evento, a relação entre a duração do sono e a saúde é uma área emergente de pesquisa da qual provavelmente surgirão achados interessantes nos próximos anos.

> **CHECAGEM DA REALIDADE**
> **Ideia equivocada**
> Os efeitos da privação parcial do sono são geralmente modestos e insignificantes.
>
> **Realidade**
> A base para essa crença é o efeito mais óbvio na privação do sono: o aumento da sonolência, que soa bastante inofensivo. No entanto, a privação do sono prejudica a atenção, a coordenação motora, a tomada de decisão e a memória, além de aumentar a probabilidade de acidentes. Além disso, a perda de sono está associada ao aumento da vulnerabilidade a diversas doenças graves e à alta taxa de mortalidade.

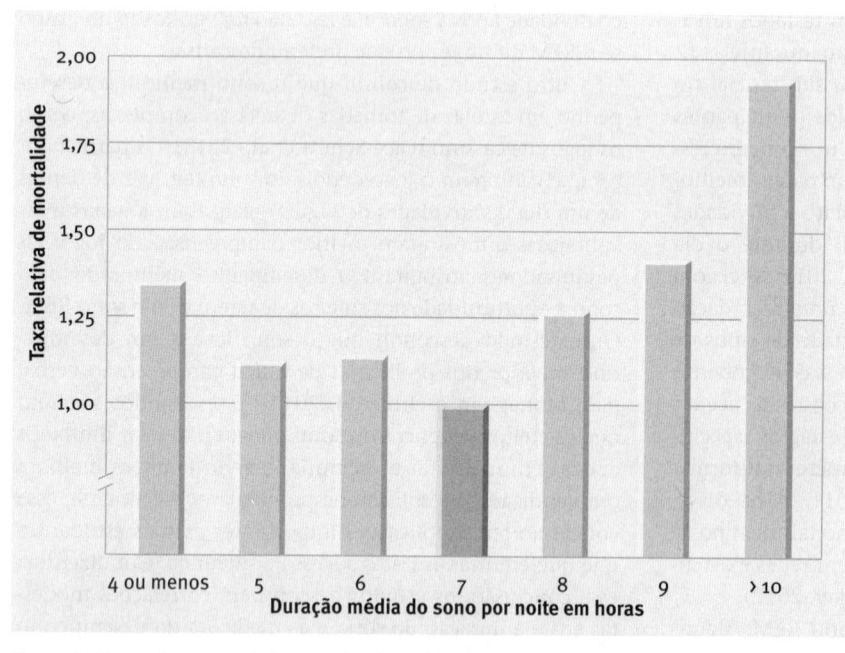

Figura 5.6 Taxas de mortalidade como função da duração normal do sono.

Em um estudo com mais de 100 mil pacientes por 10 anos, Tamakoshi et al. (2004) estimaram uma taxa de mortalidade em relação à duração normal do sono. A taxa de mortalidade mais baixa foi descoberta entre aqueles que dormem 7 horas, de modo que esse valor foi definido arbitrariamente para 1,00, e a taxa de mortalidade para outras durações de sono foram calculadas em relação a essa linha de base. As taxas indicadas aqui são uma média para homens e mulheres. Como é possível observar, as taxas de mortalidade mais altas são associadas ao sono com durações mais curta e mais longa. As taxas de mortalidade foram especialmente elevadas entre aqueles que relataram dormir pelo menos 10 horas por noite. (Dados de Tamakoshi et al., 2004)

Problemas à noite: distúrbios do sono

Nem todas as pessoas são capazes de se dar ao luxo de uma boa e constante noite de sono. Nesta seção, discutiremos brevemente o que se conhece sobre uma variedade de distúrbios do sono.

Insônia

A insônia é o mais comum entre os transtornos do sono. *Insônia* **diz respeito a problemas crônicos relativos à incapacidade de dormir adequadamente que resulta na fadiga diurna e no funcionamento comprometido.** Ela ocorre em três padrões básicos: (1) dificuldade em conseguir pegar no sono, (2) dificuldade em permanecer dormindo e (3) acordar persistentemente muito cedo. A insônia, longe de ser um problema menos importante, pode ser uma doença muito desagradável. Além do mais, ela é associada à redução na produtividade, ao aumento do absentismo no trabalho, a mais risco de acidentes, à ansiedade e à depressão, ao aumento notável na variedade de diversos problemas de saúde, conforme indicado na **Figura 5.7** (Kucharczyk, Morgan e Hall, 2012; Sivertsen et al., 2014).

Quão comum é a insônia? Quase todas as pessoas sofrem de dificuldades ocasionais para dormir devido a estresse, perturbação dos ritmos biológicos ou outras circunstâncias temporárias. Felizmente, esses problemas desaparecem espontaneamente para a maioria das pessoas. Todavia, estudos sugerem que cerca 10% dos adultos sofrem de problemas crônicos com insônia; outros 20% a 30% relatam sintomas intermitentes de insônia (Morgan, 2012). A incidência da insônia aumenta com a idade e é cerca de 50% mais comum nas mulheres que nos homens (Partinen e Hublin, 2011).

Grande parte das pessoas que sofre de insônia não busca tratamento profissional. Muitas delas provavelmente dependem da ajuda de medicamentos, que têm valor questionável (Mahowald e Schenck, 2005). A abordagem mais comum no tratamento de insônia é a prescrição de duas classes de drogas: *sedativos com benzodiazepina* (como Dalmane, Halcion e Restoril), que foram originalmente desenvolvidos para aliviar a ansiedade, e os novos *sedativos não benzodiazepínicos* (como Ambien, Sonata e Lunesta), projetados principalmente para problemas de sono (Mendelson, 2011). Os dois tipos de sedativos são bastante eficazes em ajudar pessoas a adormecer mais rapidamente, reduzem o número de vezes que elas acordam durante a noite e aumentam o período total de sono (Walsh e Roth, 2011).

Entretanto, os sedativos podem ser uma problemática solução de longo prazo para a insônia por inúmeras razões. É possível errar na dose de pílulas de sono (especialmente em conjunto com o uso do álcool) e ocorrer abuso desses medicamentos. Os sedativos também têm efeitos colaterais indesejáveis, que podem fazer a pessoa se sentir sonolenta e preguiçosa no dia seguinte (Walsh e Roth, 2011). Além do mais, com o uso contínuo, os sedativos gradualmente se tornam menos eficazes, e as pessoas têm de aumentar a dose, criando um círculo vicioso de dependência cada vez maior (Lader, 2002) (veja **Figura 5.8**). Outro problema está na descontinuação abrupta da medicação, o que pode acarretar sintomas desagradáveis de abstinência (Lee-Chiong e Sateia, 2006). Felizmente, a geração mais nova de sedativos, que não são à base de benzodiazepina, reduziram (mas não eliminaram) alguns dos problemas associados às gerações anteriores das pílulas de sono (Mendelson, 2011).

Os riscos potenciais das medicações para dormir são colocados em foco pelos estudos que relatam aumento drástico de mortalidade entre os que utilizavam as pílulas. Um estudo de registros médicos eletrônicos comparou 10.529 pacientes que receberam a prescrição de sedativos contra 23.676 casos de controle da mesma base de dados (Kripke, Langer e Kline, 2012). Em apenas 2,5 anos, 6,1% dos usuários de sedativos faleceram, enquanto a taxa de morte entre os não usuários foi de somente 1,2%. Assim, as medicações para dormir foram associadas ao aumento em cinco vezes da mortalidade em um tempo relativamente curto! Outro estudo, utilizando uma base de dados de mais de 104 mil registros médicos, mostrou resultados semelhantes (Weich et al., 2014). Os pacientes que ingeriam sedativos de benzodiazepina mostravam um aumento quadruplicado na mortalidade por um período de 7,5 anos. Embora muitos médicos avaliem que os problemas associados às pílulas de sono sejam exagerados (Walsh e Roth, 2011), esses achados surpreendentes sobre as taxas de mortalidade levantam

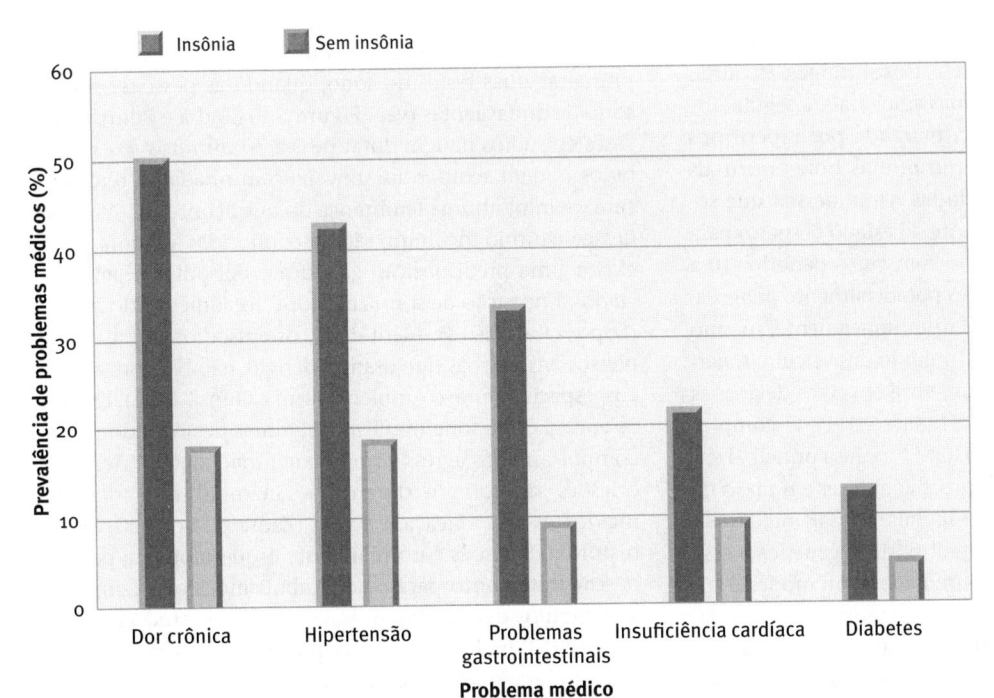

Figura 5.7 Insônia e problemas médicos

A insônia é associada a uma grande variedade de problemas médicos. Como é possível verificar neste gráfico, pessoas com insônia (barras escuras) são mais passíveis de sofrerem vários problemas médicos graves do que as pessoas que não têm insônia (barras claras). As relações causais que fundamentam essas descobertas estão sendo investigadas. (Com base nos dados de Lichstein et al., 2011)

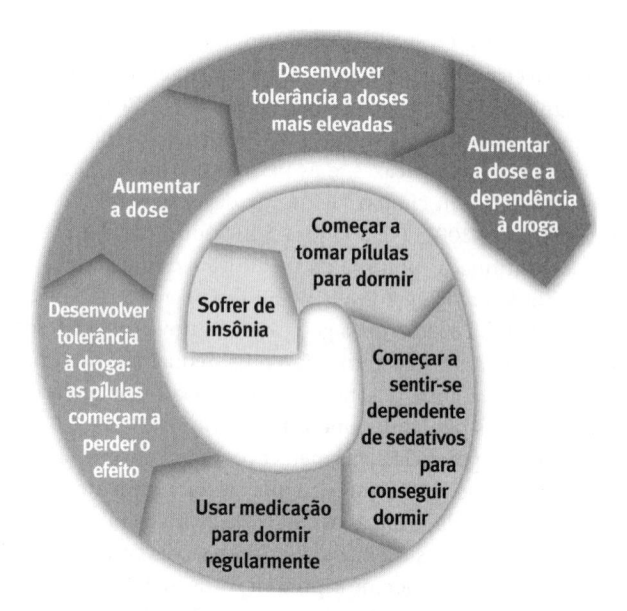

Figura 5.8 O círculo vicioso da dependência de pílulas para dormir.
Por causa da capacidade do corpo de desenvolver tolerância a drogas, usar sedativos rotineiramente para "curar" a insônia pode levar a um círculo vicioso de dependência cada vez maior, com doses cada vez maiores, para produzir o mesmo efeito.

(Ciclo: Sofrer de insônia → Começar a tomar pílulas para dormir → Começar a sentir-se dependente de sedativos para conseguir dormir → Usar medicação para dormir regularmente → Desenvolver tolerância à droga: as pílulas começam a perder o efeito → Aumentar a dose → Desenvolver tolerância a doses mais elevadas → Aumentar a dose e a dependência à droga)

novas questões sobre a segurança dos medicamentos para dormir.

Há alternativas para as medicações para dormir. Várias intervenções terapêuticas efetivas para a insônia são desenvolvidas, incluindo treino para relaxamento, educação em higiene do sono e terapia comportamental cognitiva, mas tendem a ser subutilizadas (Morin, 2011).

Outros problemas do sono

Embora a insônia seja a dificuldade mais comum associada ao sono, as pessoas também sofrem de muitos outros tipos de problemas. Examinemos rapidamente os sintomas, as causas e a prevalência de quatro problemas adicionais, a seguir.

A *narcolepsia* **é uma doença marcada por repentinos e irresistíveis ataques de sono durante as horas normais em que as pessoas estão acordadas.** Uma pessoa que sofre de narcolepsia passa diretamente do estado desperto para a fase REM do sono, em geral, por um curto período (10 a 20 minutos). Essa é uma condição potencialmente perigosa, pois algumas vítimas adormecem instantaneamente, mesmo enquanto estão caminhando ou dirigindo um veículo. A narcolepsia é relativamente incomum, vista em cerca de apenas 0,05% da população (Partinen e Hublin, 2011). O comprometimento na regulação do sono REM é a causa principal da narcolepsia (Siegel, 2011). Isso parece acontecer em razão da perda dos neurônios orexina no hipotálamo (Sakurai, 2013). Alguns indivíduos apresentam predisposição genética a essa doença. Drogas estimulantes foram usadas com modesto sucesso para tratar tal condição (Guilleminault e Cao, 2011). Mas como você verá adiante, quando tratarmos dos medicamentos, os estimulantes trazem consigo muitos problemas.

A *apneia do sono* **envolve arfadas frequentes e reflexas que acordam a pessoa e perturbam o sono.** Algumas vítimas são acordadas do sono centenas de vezes durante a noite. A apneia ocorre quando uma pessoa literalmente para de respirar por um mínimo de dez segundos. Esse distúrbio, que geralmente é acompanhado por um ronco alto, é visto em aproximadamente 8% dos adultos, e sua prevalência está aumentando (Cao, Guilleminault e Kushida, 2011). A incidência maior está entre os homens, adultos mais velhos, mulheres na pós-menopausa, pessoas obesas e aquelas com predisposição genética à doença (Redline, 2011; Sanders e Givelber, 2006). Como você deve imaginar, a apneia pode ter efeito perturbador no sono, levando à excessiva sonolência diurna. Trata-se de um distúrbio mais sério do que aparenta por aumentar a vulnerabilidade a doenças cardiovasculares e mais que dobrar o risco de mortalidade geral do indivíduo (Kendzerska et al., 2014; Lee, Lee et al., 2013). A apneia é associada também à diminuição de atenção, memória e outros aspectos do funcionamento cognitivo (Weaver e George, 2011). Ela pode ser tratada com modificações no estilo de vida (perda de peso, redução na ingestão de bebidas alcoólicas, melhor higiene do sono), terapia com medicamentos, máscaras especiais e aparelhos orais que melhoram o fluxo de ar e cirurgia nas vias aéreas superiores e craniofacial (Phillips e Kryger, 2011).

O *sonambulismo*, **ou andar enquanto se dorme, ocorre quando a pessoa se levanta da cama e vagueia ainda dormindo.** Aproximadamente 15% das crianças apresentam sonambulismo (Cartwright, 2006). Uma pesquisa com uma amostra representativa de mais de 19 mil adultos nos Estados Unidos descobriu que 3,6% relataram um episódio de sonambulismo no último ano (Ohayon et al., 2012). Um estudo com centenas de pessoas que buscaram tratamento para o sonambulismo (e presumivelmente tiveram casos relativamente graves) revelou que 23% tiveram episódios diários de sonambulismo; e 43%, episódios semanais (Lopez et al., 2013). O sonambulismo tende a acontecer durante as três primeiras duas horas do sono, quando as pessoas estão no sono de ondas lentas (veja **Figura 5.9**) (Zadra e Pilon, 2012). Esses episódios podem durar de 2 a 30 minutos. Os sonâmbulos podem acordar durante sua caminhada ou retornar à cama sem nenhuma lembrança do que aconteceu. As causas desse distúrbio incomum são desconhecidas, embora pareça existir uma predisposição genética e episódios sejam associados à privação de sono anterior e ao aumento do estresse (Lopez et al., 2013). Além disso, os episódios são mais propensos em pessoas que usam sedativos não benzodiazepínicos, especialmente o Ambien (Gunn e Gunn, 2006). Durante os episódios de sonambulismo, algumas pessoas adotam um comportamento agressivo ou sexual inadequado. Acidentes e lesões são comuns durante o sonambulismo, incluindo incidentes que ameaçam a vida (Zadra e Pilon, 2012). Um histórico de lesões é normalmente o que motiva a pessoa a buscar tratamento para o sonambulismo. Por exemplo, os sonâmbulos que buscaram tratamento no estudo de Lopez et al. (2013) incluíram pessoas que pularam da janela do terceiro andar e outras que caíram de um lance de escadas.

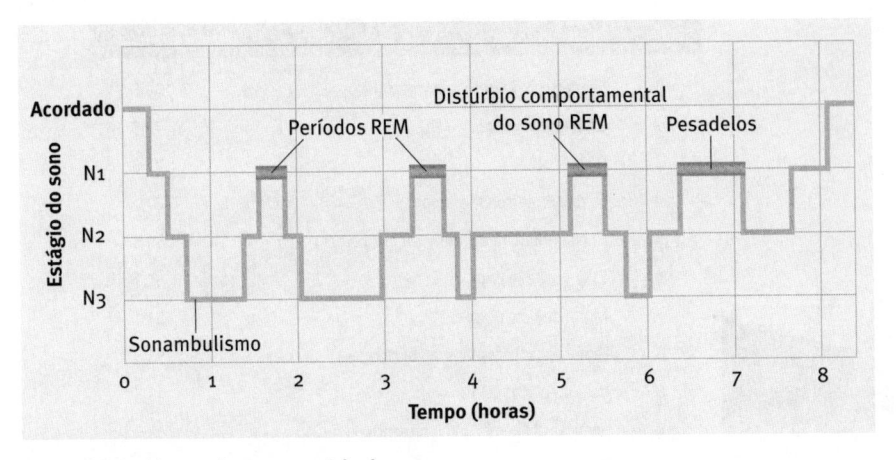

Figura 5.9 Problemas de sono e o ciclo de sono.
Os diferentes problemas de sono tendem a ocorrer em diferentes pontos no ciclo do sono. Enquanto o sonambulismo ocorre durante o sono de onda curta, as manifestações do sonho em razão do distúrbio comportamental do sono REM ocorrem obviamente durante o período REM. Os pesadelos rotineiros também são associados ao aumento da atividade de sonho do sono REM.

> **CHECAGEM DA REALIDADE**
>
> **Ideia equivocada**
> Os sonâmbulos reagem nos sonhos e é perigoso acordá-los.
>
> **Realidade**
> O sonambulismo não ocorre junto com os sonhos. Não é raro os sonâmbulos se machucarem. Portanto, é melhor acordar a pessoa (de modo gentil) de um episódio de sonambulismo. Despertá-los é muito mais seguro do que deixá-los vagando.

O distúrbio comportamental do sono REM (DCS) é marcado pela manifestação de sonhos potencialmente problemáticos durante os períodos de REM. As pessoas portadoras dessa síndrome podem falar, gritar, gesticular, debater-se ou saltar para fora da cama durante os sonhos REM. Quando questionadas, muitas relatam que estavam sendo perseguidas ou atacadas nos sonhos. A manifestação do sonho pode ser surpreendentemente violenta, e normalmente machucam a si mesmas ou os parceiros de cama (Mahowald e Schenck, 2011). Normalmente, o DCS ocorre em homens, que geralmente vivem esse problema por volta dos 50 ou 60 anos. Conforme observado anteriormente, em geral as pessoas durante o sono REM estão virtualmente paralisadas, o que impede a manifestação do sonho. A causa do DCS parece ser a deterioração das estruturas do tronco cerebral que são geralmente responsáveis pela imobilização durante os períodos de REM (Chen et al., 2013). A maioria das pessoas que sofre de DCS, por fim, desenvolve distúrbios neurodegenerativos, especialmente o mal de Parkinson (Mahowald e Schenck, 2011). Os sintomas de DCS podem anteceder o surgimento do mal de Parkinson em dez anos.

5.4 O MUNDO DOS SONHOS

5.4 Objetivos Principais de Aprendizagem
- Discutir a importância dos sonhos e as descobertas sobre o conteúdo do sonho.
- Descrever as variações culturais relativas às crenças nos sonhos e explicar as três teorias de sonho.

Em grande parte, os sonhos não são levados a sério nas sociedades ocidentais. Paradoxalmente, Robert Van de Castle (1994) demonstra como algumas vezes os sonhos mudaram o mundo. Ele descreve, por exemplo, como a filosofia do dualismo de René Descartes, a descoberta da insulina por Frederick Banting, o aperfeiçoamento da máquina de costura por Elias Howe e as estratégias de resistência não violenta de Mohandas Gandhi foram todos inspirados em sonhos. Ele também explica como *Frankenstein*, de Mary Shelley, e *O estranho caso do Dr. Jekyll e do Sr. Hyde*, de Robert Louis Stevenson, emergiram de experiências em seus sonhos. Em sua abrangente discussão, Van de Castle também relata como o pintor surrealista Salvador Dalí caracterizou seu trabalho como "fotografias de sonhos" e como os legendários cineastas Ingmar Bergman, Orson Welles e Federico Fellini baseavam-se em seus sonhos para fazer seus filmes. Assim, Van de Castle conclui que "os sonhos têm uma grande influência sobre quase todo aspecto importante de nossa cultura e história" (1994, p. 10).

O conteúdo dos sonhos

Com o que as pessoas sonham? Em geral, os sonhos não são tão empolgantes quanto anunciados. Talvez os sonhos sejam vistos como exóticos porque muitas pessoas tendem a lembrar os dramas mais bizarros sonhados (De Koninck, 2000). Depois de analisar o conteúdo de mais de 10 mil sonhos, Calvin Hall (1966) concluiu que a maioria deles é relativamente comum. Eles tendem a se desenrolar em ambientes familiares, com personagens da família, amigos, colegas (Zadra e Domhoff, 2011). As pessoas *são* mais tolerantes a discrepâncias lógicas e cenários inverossímeis nos sonhos do que no pensamento de vigília (Kahn, 2007), embora geralmente se movam pelos mundos virtuais coerentes nos sonhos. O único elemento quase universal dos sonhos é o senso estável e coerente de si – as pessoas quase sempre vivenciam sonhos na primeira pessoa (Valli e Revonsuo, 2009).

Nos sonhos, certos temas tendem a ser mais comuns que outros. A **Figura 5.10** enumera os temas mais comuns de sonhos relatados por 1.181 estudantes universitários em um estudo sobre o conteúdo típico dos sonhos (Nielsen et al.,

Graduação	Conteúdo do sonho	Prevalência total %
1	Ser perseguido, sem ferimentos físicos	81,5
2	Experiências sexuais	76,5
3	Cair	73,8
4	Escola, professores, estudo	67,1
5	Chegar muito tarde, por exemplo, perder o trem	59,5
6	Estar prestes a cair	57,7
7	Morte de uma pessoa	54,1
8	Tentar várias vezes fazer a mesma coisa	53,5
9	Voar ou planar pelo ar	48,3
10	Sentir vividamente... uma presença no quarto	48,3
11	Ser reprovado em um exame	45,0
12	Ser atacado fisicamente (surrado, esfaqueado, violentado)	42,4
13	Ficar paralisado de medo	40,7
14	Uma pessoa morta aparecer viva	38,4
15	Ser criança de novo	36,7
16	Ser morto	34,5
17	Insetos ou aranhas	34,3
18	Nadar	33,8
19	Estar nu	32,6
20	Estar vestido inapropriadamente	32,5
21	Descobrir um novo aposento na casa	32,3
22	Perder o controle de um veículo	32,0
23	Comer comidas deliciosas	30,7
24	Estar semiacordado e paralisado na cama	27,2
25	Encontrar dinheiro	25,7

Figura 5.10 Temas comuns em sonhos.

Estudos sobre o conteúdo dos sonhos revelam que certos temas são particularmente comuns. Os dados exibidos aqui são de um estudo feito com 1.181 estudantes universitários no Canadá (Nielsen et al., 2003). Essa lista mostra os 25 sonhos relatados com mais frequência pelos estudantes. A prevalência total se refere à porcentagem de estudantes que relataram cada sonho.

Fonte: Nielsen, T. A.; Zadra, A. L.; Simard, V.; Saucier, S.; Stentstrom, P.; Smith, C.; Kulken, D. (2003). The typical dreams of Canadian university students. *Dreaming*, 13, p. 211-235. Copyright © 2003. Association for the Study of Dreams. [da Tabela 1, p. 217]

2003). Se você der uma olhada na lista, verá que as pessoas sonham muito com sexo, agressões e infortúnios. Como se pode perceber, normalmente as pessoas sonham sobre eventos negativos e potencialmente traumáticos, incluindo ser morto. No entanto, a noção de que um sonho traumático seria fatal não faz sentido. Hall (1966) espantou-se com o fato de os sonhos quase não incluírem assuntos públicos e eventos correntes. Tipicamente, eles são pessoais; as pessoas sonham predominantemente consigo mesmas.

Embora os sonhos pareçam pertencer a um mundo à parte, o que as pessoas sonham é afetado pelo que acontece nas suas vidas (Wamsley e Stickgold, 2009). Se você estiver enfrentando problemas financeiros, terá provas em breve ou está sexualmente atraído por alguém, esses temas podem emergir nos seus sonhos. Freud já havia indicado que o conteúdo de nossa vida quando estamos acordados tende a influenciar nossos sonhos. Ele chamou esse fato de *resíduo diurno*. Os eventos com significado emocional são os mais prováveis de serem incorporados no sonho do indivíduo (Malinowski e Horton, 2014).

Às vezes, o conteúdo dos sonhos pode ser afetado também por estímulos externos ex-

CHECAGEM DA REALIDADE

Ideia equivocada

Caso sonhe que cai de um penhasco, é melhor acordar durante o salto, pois, se bater no chão, o choque seria tão grande que o indivíduo morreria no sonho.

Realidade

Pense sobre essa pessoa por um momento. Se fosse um problema genuíno, quem relataria? Pode-se ter certeza de que ninguém testemunhou a experiência de um sonho fatal. Esse mito provavelmente existe por haver muitas pessoas que acordam durante a queda, pensando que estão por um fio. Na verdade, as pessoas têm sonhos sobre a própria morte – e vivem para falar dela.

perimentados enquanto se está dormindo (De Koninck, 2000). Por exemplo, William Dement borrifou água em uma das mãos dos participantes que dormiam enquanto estavam na fase REM do sono (Dement e Wolpert, 1958). Os participantes que não acordaram por causa da água foram acordados logo depois pelo pesquisador e questionados sobre o que estavam sonhando. Dement descobriu que 42% dos participantes haviam incluído a água como componente de seus sonhos. Eles disseram que estavam em chuvas, enchentes, banheiras, piscinas e situações semelhantes. Algumas pessoas relatam que ocasionalmente experimentam o mesmo fenômeno em casa quando o som do despertador não os acorda. O alarme é incorporado aos sonhos como um motor alto ou uma sirene, por exemplo.

A cultura e os sonhos

Surpreendentes variações entre culturas diferentes ocorrem quanto às crenças sobre a natureza dos sonhos e a importância atribuída a eles (Lohmann, 2007). Na sociedade ocidental moderna, normalmente fazemos distinção entre o mundo "real", que conhecemos enquanto estamos acordados, e o "imaginário", que experimentamos enquanto sonhamos. Algumas pessoas percebem que eventos no mundo real podem influenciar seus sonhos, mas poucas acreditam que os acontecimentos nos sonhos possam ter algum significado para suas vidas enquanto acordadas. Embora uma pequena minoria leve seus sonhos a sério, nas culturas ocidentais os sonhos são considerados insignificantes divagações do inconsciente (Tart, 1988).

Em muitas culturas não ocidentais, os sonhos são vistos como importantes fontes de informação sobre si próprio, o futuro ou o mundo espiritual (Kracke, 1991). Embora em nenhuma cultura se confundam os sonhos com a realidade de quando se está acordado, muitos veem os eventos em sonhos como outro tipo de realidade que pode ser tão importante, ou talvez até mais, do que os eventos experimentados enquanto acordados. Em alguns casos, as pessoas chegam até a ser consideradas responsáveis pelas ações que praticam nos sonhos. Entre os *arapesh* da Nova Guiné, por exemplo, um sonho erótico a respeito de alguém pode ser considerado equivalente a um ato de adultério. Em muitas culturas, os sonhos são vistos como "janelas" para o mundo espiritual, permitindo a comunicação com ancestrais ou seres sobrenaturais (Bourguignon, 1972). As pessoas em algumas culturas acreditam que eles tragam informações a respeito do futuro – bons ou maus presságios sobre batalhas, caçadas, nascimentos futuros e assim por diante (Tedlock, 1992).

Em relação ao conteúdo, ocorrem semelhanças e diferenças entre culturas quanto aos tipos de sonhos que as pessoas relatam (Domhoff, 2005b). Alguns temas básicos parecem ser quase universais (sonhos de que se está caindo, sendo perseguido, fazendo amor). Porém, o conteúdo varia de uma cultura para outra porque as pessoas lidam com mundos diferentes enquanto acordadas.

Teorias dos sonhos

Muitas teorias têm sido propostas para explicar a finalidade dos sonhos (veja **Figura 5.11**). Sigmund Freud (1900), que

Figura 5.11 Três teorias sobre os sonhos.

Os sonhos podem ser explicados de diversas maneiras. Freud acentuava a função da realização dos desejos nos sonhos. Cartwright enfatizava a função de solução dos problemas nos sonhos. Hobson e McCarley afirmavam que os sonhos são meramente um subproduto da ativação neural periódica. As três teorias são especulativas e têm seus críticos.

analisava os sonhos de clientes em sessões de terapia, acreditava que a finalidade principal dos sonhos era a *realização de desejos*. Ele acreditava que as pessoas preenchem necessidades não realizadas em suas horas de vigília por meio dos sonhos. Por exemplo, se você estava sentindo culpa inconsciente sobre ser rude com um amigo, é possível sonhar com esse incidente de maneira que o torne inocente. Freud afirmou que a qualidade de muitos sonhos de ser a realização de desejos pode não ser óbvia, pois o inconsciente tenta censurar e disfarçar o verdadeiro significado dos sonhos. A teoria influente de Freud soou plausível quando foi proposta há mais de cem anos, mas as pesquisas não apresentaram muito apoio para a concepção freudiana do sonho (Fisher e Greenberg, 1996).

Outros teóricos, como Rosalind Cartwright, propõem que os sonhos oferecem uma oportunidade de trabalhar os problemas e as questões emocionais do dia a dia (Cartwright 2011; Cartwright e Lamberg, 1992). De acordo com a sua *visão cognitiva da resolução de problemas/regulação do humor*, sonhos permitem que as pessoas reflitam sobre as experiências emocionais recentes e regulam o tom emocional. Ela afirma que o sonho contribui para a melhoria do humor quando as pessoas acordam. Defensores dessa visão acreditam que os sonhos permitem que as pessoas empreguem o pensamento criativo em seus problemas porque os sonhos não estão restritos à lógica ou ao realismo. Pesquisas que mostram que o sono REM pode melhorar o aprendizado acrescentaram nova credibilidade à resolução de problemas do ponto de vista dos sonhos (Cartwright, 2004).

J. Allan Hobson e colegas argumentam que os sonhos são simplesmente um subproduto dos ímpetos de atividade que emanam de áreas subcorticais do cérebro. Seu modelo de *síntese-ativação* (Hobson e McCarley, 1977; McCarley, 1994) e as revisões mais recentes (Hobson, 2007) propõem que os sonhos são efeitos colaterais da ativação neural que produz as ondas cerebrais beta durante o sono REM, associadas ao estado de vigília. De acordo com esse modelo, os neurônios descarregando periodicamente em centros cerebrais inferiores (especialmente a ponte) enviam sinais aleatórios ao córtex (o centro do pensamento complexo). Supostamente, o córtex constrói um sonho para dar sentido a esses sinais. Em contraste às teorias de Freud e Cartwright, tal teoria certamente subestima o papel de fatores emocionais como determinantes dos sonhos. Como outras teorias do sono, o modelo síntese-ativação tem sua parcela de críticos. Eles ressaltam que o modelo tem dificuldades em explicar o fato de que sonhos ocorrem fora da fase REM do sono, de que danos na ponte não eliminam os sonhos e de que os conteúdos dos sonhos são muito mais significativos que o modelo poderia prever (Domhoff, 2005a).

5.5 Hipnose: consciência alterada ou representação de papéis?

A hipnose tem uma história longa. Tudo começou com um médico austríaco do século XVIII chamado Franz Anton Mesmer (Pintar, 2010). Trabalhando em Paris, ele dizia curar pessoas por meio de uma rotina elaborada com a "imposição das mãos". Mesmer tinha umas teorias complexas de como havia conseguido aprisionar o "magnetismo animal". Mas hoje sabemos que ele havia apenas tropeçado no poder da sugestão. No final, foi considerado um charlatão e expulso da cidade pelas autoridades locais. Embora oficialmente desacreditado, Mesmer inspirou seguidores – praticantes do "mesmerismo" –, que continuaram a trilhar o seu caminho. Até hoje, nossa língua preservou a memória de Franz Mesmer, haja vista os termos mesmerismo e mesmerista.

> **5.5 Objetivos Principais de Aprendizagem**
> - Discutir a suscetibilidade hipnótica e listar alguns efeitos proeminentes da hipnose.
> - Comparar o desempenho do papel e o estado alterado das teorias de hipnose.

Por fim, um médico escocês, James Braid, interessou-se pelo estado semelhante a um transe que podia ser induzido pelos mesmeristas. Foi Braid quem popularizou o termo *hipnotismo* em 1843, emprestando-o da palavra grega para sono (Pintar, 2010). Ele acreditava que o hipnotismo pudesse produzir anestesia para cirurgias. Contudo, quando a hipnose estava começando a ser aceita como anestésico geral, anestésicos químicos mais poderosos e confiáveis foram descobertos, e o interesse pelo hipnotismo, então, diminuiu.

Desde essa época, o hipnotismo passou a ter uma curiosa existência dupla. De um lado, tem sido o tema de inúmeros estudos científicos – e ainda utilizado como ferramenta clínica por médicos, dentistas e psicólogos por mais de um século e empiricamente acrescentou valor ao tratamento de uma variedade de doenças psicológicas e físicas (Green et al., 2015). Por outro lado, inúmeros charlatões têm continuado na tradição menos respeitável do mesmerismo, usando o hipnotismo em demonstrações de palco.

A indução e o fenômeno hipnótico

A *hipnose* é um procedimento sistemático que normalmente produz um estado aumentado de sugestionamento. Pode também levar a relaxamento passivo, atenção diminuída e aumento da fantasia. Pelo menos nos filmes populares, todo mundo já viu uma *indução hipnótica* executada com um pêndulo. Na verdade, muitas técnicas podem ser usadas (Gibbons e Lynn, 2010). Em geral, o hipnotizador sugere ao participante que ele está relaxando. Repetida e suavemente, os participantes recebem a informação de que estão ficando cansados, sonolentos. Com frequência, o hipnotizador descreve vividamente sensações corporais que deveriam estar acontecendo. Os participantes ouvem o hipnotizador dizer que seus braços estão ficando pesados, que seus pés estão quentes, e suas pálpebras, pesadas. Gradualmente, muitos sucumbem e ficam hipnotizados.

As pessoas diferem na maneira pela qual respondem à indução hipnótica. Nem todos podem ser hipnotizados. Cerca de 10% a 20% da população não respondem bem. No outro extremo, cerca de 15% das pessoas são excepcionalmente bons participantes em uma hipnose (Barnier, Cox e McConkey, 2014). Nas pessoas suscetíveis, muitos efeitos interessantes podem ser produzidos por meio da hipnose. Alguns dos mais proeminentes fenômenos hipnóticos incluem:

1. *Anestesia.* Os medicamentos são mais confiáveis, mas a hipnose pode ser surpreendentemente eficaz no tratamento das dores agudas e crônicas (Boly et al., 2007; Jensen e Patterson, 2014). Ainda que a prática não esteja muito difundida, alguns médicos, dentistas e psicólogos usam a hipnose como tratamento para problemas como dores, especialmente, dores crônicas.
2. *Distorções sensoriais e alucinações.* Participantes hipnotizados podem ser levados a experimentar alucinações auditivas e visuais (Spiegel, 2003b). Eles podem ouvir sons e ver coisas que não estão lá ou deixar de ouvir ou ver estímulos que estão presentes (Spiegel et al., 1985). Participantes podem também ter suas sensações distorcidas de forma que algo doce pode parecer ter gosto amargo, ou algo com odor desagradável pode parecer perfumado.
3. *Desinibição.* A hipnose pode às vezes reduzir inibições que normalmente impediriam que participantes agissem de forma as quais considerariam imorais ou inaceitáveis. Em experiências, participantes hipnotizados foram induzidos a atirar o que acreditavam ser ácido nítrico no rosto de um assistente de pesquisa. Da mesma forma, hipnotizadores de palco são às vezes bem-sucedidos em conseguir que as pessoas se dispam em público. Essa desinibição pode ocorrer simplesmente porque as pessoas hipnotizadas não se sentem responsáveis por seus atos enquanto estão sob efeito da hipnose.
4. *Sugestões pós-hipnóticas e amnésia.* Sugestões feitas durante a hipnose podem influenciar o comportamento de participantes (Cox e Bryant, 2008). A sugestão pós-hipnótica mais comum é a criação da amnésia pós-hipnótica. Ou seja, os participantes aos quais se diz que eles não se lembrarão de nada do que aconteceu enquanto estavam hipnotizados, de fato, geralmente, não se lembram de nada.

Teorias da hipnose

Embora muitas teorias tenham sido desenvolvidas para explicar a hipnose, ela ainda é pouco compreendida. Uma visão popular é que os efeitos hipnóticos ocorrem em razão de os participantes serem colocados em um estado especial e modificado de consciência chamado *transe hipnótico* (Christensen, 2005). Embora os pacientes hipnotizados possam sentir como se estivessem em um estado alterado, eles não parecem mostrar alterações confiáveis na atividade cerebral que sejam exclusivas da hipnose (Burgess, 2007; Lynn et al., 2007). A falha em descobrir mudanças na atividade cerebral consistentemente associadas à hipnose leva alguns teóricos a concluir que a hipnose é um estado normal de consciência caracterizada pelo papel dramático.

A hipnose como representação de papéis

A visão da representação de papéis afirma que a hipnose provoca um estado mental normal em que as pessoas suscetíveis representam o papel do participante hipnotizado e se comportam como pensam que agiriam pessoas hipnotizadas (Kirsch, 2000; Spanos, 1991). De acordo com essa noção, é a expectativa do papel do participante que produz efeitos hipnóticos, e não um estado especial de transe da consciência.

Duas outras linhas de evidência apoiam a visão da representação. Primeiro, muitos dos efeitos surpreendentes da hipnose foram duplicados por sujeitos não hipnotizados ou demonstraram ser exagerados (Kirsch, Mazzoni e Montgomery, 2007). Essa descoberta sugere que não é necessário determinado estado de consciência para explicar os feitos da hipnose.

A segunda linha de evidência envolve demonstrações de que participantes hipnotizados estão frequentemente representando papéis. Por exemplo, Martin Orne (1951) fez que seus participantes regredissem até seus 6 anos e pediu-lhes que descrevessem esse período. Eles responderam com descrições detalhadas, que pareciam representar grandes feitos da memória aumentada pela hipnose. Entretanto, em vez de aceitar essa informação, Orne a comparou com informações que havia obtido dos pais dos participantes. Acabou constatando que muitas das lembranças dos participantes eram imprecisas e inventadas! Muitos outros estudos têm também descoberto que as lembranças de um passado distante de participantes em estudos sobre a regressão tendiam a ser mais fantasiosas do que factuais (Green, 1999). Assim, a explicação da representação de papéis para a hipnose sugere que fatores situacionais levem participantes sugestionáveis a representar certo papel de maneira muito cooperativa (Lynn, Kirsch e Hallquist, 2008; Wagstaff et al., 2010).

CHECAGEM DA REALIDADE

Ideia equivocada

Sob hipnose, as pessoas podem realizar feitos que nunca tenham realizado.

Realidade

Os hipnotizadores de palco tocam a vida fazendo com que as pessoas ajam de forma incomum. Por exemplo, muitos perceberam que a pessoa hipnotizada podia ser utilizada como "mesa humana" (veja a foto abaixo). No entanto, revela-se que os pacientes não hipnotizados podem igualar esse feito. O pesquisador sugere que todos os fenômenos produzidos na hipnose também podem ser produzidos sem ela.

A hipnose como um estado alterado da consciência

Apesar das dúvidas levantadas pelas explicações de representação de papéis, muitos teóricos proeminentes ainda creem que os efeitos hipnóticos são atribuídos a um estado especial de consciência alterada (Naish, 2006; Spiegel, 2003a; Woody e Sadler, 2008). Esses teóricos argumentam ser duvidoso que a representação de papéis possa explicar todos os fenômenos hipnóticos. Por exemplo, eles afirmam que mesmo os participantes mais cooperativos muito dificilmente aguentariam uma cirurgia sem drogas anestésicas só para agradar a seus médicos à altura de suas expectativas. Eles também citam estudos nos quais participantes hipnotizados continuaram a exibir reações hipnóticas quando sentiram que estavam sozinhos e não sendo observados (Perugini et al., 1998). Se os participantes hipnotizados estavam apenas representando, eles deixariam de fazer isso quando se encontrassem sozinhos.

A explicação mais importante sobre a hipnose como um estado de consciência alterada tem sido oferecida por Ernest Hilgard (1986, 1992). De acordo com Hilgard, a hipnose cria uma *dissociação* da consciência. **Dissociação é uma divisão dos processos mentais em duas correntes simultâneas separadas da consciência.** Em outras palavras, Hilgard teoriza que a hipnose divide a consciência em duas correntes: uma está em comunicação com o hipnotizador e o mundo externo, e a outra é um "observador escondido" difícil de detectar. Hilgard acredita que muitos efeitos hipnóticos são produto dessa consciência dividida. Ele sugere, por exemplo, que o participante hipnotizado pode parecer indiferente à dor porque esta não é registrada na porção da consciência que se comunica com as outras pessoas.

Um aspecto interessante na teoria de Hilgard é que a *consciência dividida* é uma experiência normal. Por exemplo, as pessoas frequentemente dirigem seu carro por uma grande distância, respondendo a sinais de tráfego e a outros carros, sem que se lembrem conscientemente daquelas ações específicas. Em tais casos, a consciência está claramente dividida entre dirigir e os pensamentos da pessoa sobre outros assuntos. Interessante é que essa experiência comum tem sido conhecida há tempo como *hipnose das estradas*. Nessa condição, há até mesmo uma "amnésia" para o componente de consciência que dirigia o carro, semelhante à amnésia pós-hipnótica. Em resumo, Hilgard apresenta a hipnose como uma variação plausível da consciência que tem continuidade com a experiência do dia a dia.

Uma resolução para o debate sobre se a hipnose envolve um estado normal ou alterado da consciência não parece estar próxima. A questão continua gerando uma pesquisa perspicaz que aprimora a nossa compreensão sobre a hipnose, mas os resultados permanecem equivocados e abertos para várias interpretações (Accardi et al., 2013; Mazzoni et al., 2013).

5.6 Meditação: em busca de maior consciência

5.6 Objetivos Principais de Aprendizagem

- Explicar a natureza da meditação, além de descrever dois dos principais tipos de meditação.
- Avaliar a evidência dos benefícios de longo prazo da meditação.

Recentemente, tem crescido o interesse na antiga disciplina da meditação. **Meditação refere-se a um conjunto de práticas que treinam a atenção para aumentar a consciência e trazer processos mentais para um controle voluntário maior.** Há várias abordagens à meditação. Na América do Norte, as mais amplamente praticadas são aquelas associadas à ioga, ao zen e à meditação transcendental (MT). Esses três meios têm raízes em religiões orientais (hinduísmo, budismo e taoísmo). Todavia, a meditação já vem sendo praticada ao longo da história como um elemento de tradições religiosas e espirituais, inclusive no judaísmo e no cristianismo (Walsh e Shapiro, 2006). Além disso, a prática da meditação pode ser separada de crenças religiosas. De fato, em culturas ocidentais, muitas pessoas meditam tendo apenas ideias vagas sobre sua significação religiosa. É interessante para a psicologia o fato de que a meditação envolve um esforço deliberado para alterar a consciência.

As abordagens para a meditação podem ser classificadas em dois principais tipos que refletem como a atenção é direcionada: *atenção focada* e *monitoramento aberto* (Cahn e Polich, 2006; Manna et al., 2010). Na atenção focada, a atenção é concentrada em objeto, imagem, som ou sensação corporal específica (como respiração). A meta em estreitar a atenção é limpar a mente da confusão. No monitoramento aberto, a atenção é direcionada ao conteúdo da experiência de momento a momento de uma pessoa, sem julgamentos ou reações. A intenção de expandir a atenção é tornar-se um observador imparcial do fluxo das próprias sensações, pensamentos e sentimentos. As abordagens buscam alcançar uma forma "maior" de consciência do que as pessoas geralmente vivenciam. As disciplinas meditativas que recebem mais atenção de pesquisa são TM e meditação de atenção plena. A meditação de atenção plena é uma abordagem de monitoramento aberto, com raízes no zen-budismo, enquanto a TM é focada principalmente na abordagem de atenção focada com raízes no hinduísmo.

Quais são as descobertas dos benefícios de longo prazo da meditação? Uma descoberta intrigante em muitos estudos é que as ondas alfa e teta se tornam mais proeminentes em registros EEG (Cahn e Polich, 2006), indicando

Embora haja muitas abordagens para a meditação, todas elas envolvem colocar os processos cognitivos do indivíduo sob maior autocontrole. Pesquisas sugerem que essa autodisciplina mental possa apresentar muitos benefícios, especialmente quando se lida com o estresse.

REVISÃO 5.2

Relacionando a atividade EEG a variações na consciência

No início do capítulo, enfatizamos a relação estreita entre a atividade cerebral e as variações na consciência. Verifique seu entendimento a respeito dessa relação indicando o tipo de atividade EEG (alfa, beta, teta ou delta) que provavelmente seria dominante em cada uma das seguintes situações. As respostas encontram-se no Apêndice A.

_____ 1. Você está jogando videogame.

_____ 2. Você se encontra em meditação profunda.

_____ 3. Você acaba de pegar no sono.

_____ 4. Você está no meio de um terrível pesadelo.

_____ 5. Você é um novato praticando digitação.

---

que a meditação está associada ao relaxamento. Consistente com essa descoberta, pesquisas sugerem que a meditação tenha algum valor na redução dos efeitos do estresse. Particularmente, a meditação regular está associada a níveis mais baixos de alguns "hormônios de estresse" (Infante et al., 2001), resposta imune aprimorada (Davidson et al., 2003a) e redução nas inflamações (Rosenkranz et al., 2013). Estudos também sugerem que a meditação possa diminuir a ansiedade e outras emoções negativas, além de aumentar a empatia para com outros e o bem-estar geral (Sedlmeier et al., 2012). A meditação mostra algum valor como complemento para o tratamento de depressão, distúrbios de ansiedade e dor crônica (Goyal et al., 2014; Marchand, 2013). No domínio psicológico, pesquisas sugerem que a meditação possa promover melhorias na saúde cardiovascular (Schneider et al., 2012) e nos padrões de sono (Pattanashetty et al., 2010). Finalmente, embora seja mais difícil medir, alguns teóricos afirmam que a meditação pode melhorar o potencial humano, melhorando a concentração, elevando a consciência e construindo resiliência emocional (Walsh e Shapiro, 2006). No primeiro lance, esses resultados são impressionantes, mas os críticos se perguntam se os efeitos placebo, viés de amostra e outros problemas metodológicos podem exagerar nos benefícios relatados da meditação (Canter, 2003; Caspi e Burleson, 2005; Ireland, 2012).

Dito isso, a qualidade da pesquisa sobre meditação parece estar melhorando e algumas descobertas reveladoras foram apresentadas nos últimos anos. Por exemplo, uma quantidade de experimentos demonstrou que a meditação pode aumentar a tolerância à dor, que pode ter implicações importantes para a gestão de diversos problemas de saúde (Grant et al., 2010; Zeidan et al., 2010). Grant e Rainville (2009) compararam a sensibilidade à dor de treze meditadores zen experientes e treze não meditadores comparáveis. A dor cuidadosamente controlada foi administrada pela aplicação de placa de aquecimento nas panturrilhas dos participantes. Os meditadores conseguiram lidar com a dor mais consideravelmente do que aqueles que não eram meditadores. Além disso, um estudo de acompanhamento sugeriu que a tolerância maior à dor dos meditadores foi associada ao aumento da espessura das regiões cerebrais que registram a dor (Grant et al., 2010). Em outras palavras, pareceu que a experiência da meditação produziu alterações duráveis na estrutura cerebral responsável pelo aumento da tolerância à dor do meditador. Outros estudos descobriram que a meditação está associada a mudanças de longo prazo na estrutura cerebral (Kang et al., 2013; Luders et al., 2013). Claramente é necessária uma quantidade maior de pesquisas, mas esses achados instigantes poderiam enfraquecer a ideia que a meditação nada mais é que relaxamento.

5.7 Alteração da consciência com drogas

Como a hipnose e a meditação, drogas são comumente usadas em esforços deliberados para alterar a consciência. Nesta seção, enfocamos o abuso de drogas com propósitos não medicinais, geralmente conhecido como "uso recreativo de drogas". O abuso de drogas ilícitas envolve questões pessoais, morais, políticas e legais que não são assunto para a ciência resolver. No entanto, quanto mais soubermos a respeito das drogas, mais bem fundamentadas serão nossas decisões e

5.7 Objetivos Principais de Aprendizagem

- Identificar os principais tipos de drogas utilizadas e os principais efeitos.
- Compreender o motivo pelo qual os efeitos das drogas variam, como as drogas afetam o cérebro e a dependência.
- Resumir a evidência dos principais riscos à saúde associados ao abuso de drogas.

opiniões sobre o assunto. Dessa forma, esta seção descreve os tipos de drogas que são comumente usados para propósitos ilícitos e resume seus efeitos sobre a consciência, comportamento e saúde.

Principais drogas e seus efeitos

As drogas ilícitas são chamadas *psicoativas*. **Drogas psicoativas são substâncias químicas que modificam o funcionamento mental, emocional ou comportamental.** Nem todas as drogas psicoativas têm efeitos que levam ao uso recreativo. Geralmente, os usuários preferem drogas que elevem sua disposição ou que produzem alterações prazerosas na sua consciência. Os principais tipos de drogas ilícitas estão descritos na **Tabela 5.2**, que lista as drogas representativas em cada uma das seis categorias e resume como elas são usadas, seus usos médicos, efeitos sobre a consciência e efeitos colaterais mais comuns (baseado em Levinthal, 2014; Ruiz e Strain, 2011). As seis categorias de drogas psicoativas que enfocaremos são narcóticos, sedativos, estimulantes, alucinógenos, *cannabis* e álcool.

Narcóticos **ou** ***opiáceos*** **são drogas derivadas do ópio que podem aliviar a dor.** As principais drogas dessa categoria são a heroína e a morfina, embora opiáceos menos potentes como a codeína, o Demerol e a metadona também sejam usados e abusados. O problema emergente nessa ca-

tegoria é uma droga relativamente nova chamada *oxicodona* (nome comercial: OxyContin). Seu formato de liberação lenta foi projetado para torná-la um analgésico eficaz, com menos potencial para abuso do que outros opiáceos. Mas as pessoas aprenderam rapidamente que poderiam moê-lo e cheirá-lo ou injetá-lo para um efeito mais poderoso. Essa tendência levou a uma nova epidemia de intenso abuso de drogas, especialmente nas áreas rurais dos Estados Unidos (Young e Havens, 2012). A droga foi reformulada em 2010 para dificultar a manipulação, e o abuso da OxyContin caiu consideravelmente (Havens et al., 2014). Em dosagens suficientes, as drogas dessa categoria podem produzir uma impressionante sensação de euforia e bem-estar. Esse efeito eufórico tem uma qualidade relaxante do tipo "Quem se importa?", que transforma seu clímax em uma atraente fuga da realidade.

Sedativos **são drogas que induzem ao sono e tendem a diminuir a ativação do sistema nervoso central e a atividade comportamental.** Historicamente, os sedativos mais amplamente abusados são os *barbitúricos*. Mas nas últimas décadas os controles restritos foram diminuindo sua disponibilidade e as pessoas se voltaram para os sedativos com *benzodiazepina* – que, felizmente, têm menos apelo como droga de abuso. As pessoas que abusam de sedativos, ou "calmantes", geralmente consumem doses muito maiores do que o descrito para finalidade médica. O efeito desejado é uma euforia

Tabela 5.2 Drogas psicoativas: usos médicos e efeitos

Drogas	Principais usos médicos	Efeitos desejados	Efeitos colaterais de curta duração
Narcóticos (opiáceos) Morfina Heroína Oxicodona	Alívio da dor	Euforia, relaxamento, redução da ansiedade, alívio da dor	Letargia, sonolência, náuseas, coordenação prejudicada, função mental prejudicada, constipação
Sedativos Barbitúricos (por exemplo, Seconal) Não barbitúricos (por exemplo, Quaalude)	Pílula para dormir, anticonvulsivo	Euforia, relaxamento, redução da ansiedade, redução da inibição	Letargia, sonolência, coordenação gravemente prejudicada, função mental prejudicada, instabilidade emocional, depressão
Estimulantes Anfetaminas Cocaína	Tratamento da hiperatividade e da narcolepsia, anestésico local (somente a cocaína)	Elação, excitação, estado de alerta aumentado, energia aumentada, redução da fadiga	Aumento da pressão sanguínea e do ritmo cardíaco, aumento da conversação, irritabilidade, inquietação, insônia, redução do apetite, aumento do suor e da urina, ansiedade, paranoia, aumento da agressividade, pânico
Alucinógenos LSD Mescalina Psilocibina	Nenhum	Aumento da percepção sensorial, euforia, percepções alteradas, alucinações, experiências autorreferentes	Pupilas dilatadas, náusea, instabilidade emocional, paranoia, pensamento confuso, julgamento prejudicado, ansiedade, reação de pânico
Cannabis Maconha Haxixe THC	Tratamento do glaucoma e quimioterapia, náusea e vômito induzidos e outros usos ainda em estudo	Euforia suave, relaxamento, alterações da percepção, consciência aumentada	Elevação do ritmo cardíaco, olhos avermelhados, boca seca, memória de curto prazo reduzida, coordenação motora lenta, funcionamento mental vagaroso, ansiedade
Álcool	Nenhum	Euforia suave, relaxamento, redução da ansiedade, inibições reduzidas	Coordenação gravemente prejudicada, função mental prejudicada, aumento da urina, instabilidade emocional, depressão, aumento da agressividade, ressaca

semelhante àquela produzida pelo consumo exagerado de álcool. Sensações de tensão ou depressão são substituídas por um estado relaxado e agradável, acompanhado de inibição diminuída.

***Estimulantes* são drogas que tendem a aumentar a ativação do sistema nervoso central e a atividade comportamental.** Os estimulantes variam de drogas leves amplamente difundidas, como a cafeína e a nicotina, até aquelas mais fortes, cuidadosamente controladas, como a cocaína. Enfocaremos a cocaína e as anfetaminas. A primeira é uma substância natural que vem do arbusto da coca. Em comparação, as anfetaminas são sintetizadas em laboratórios farmacêuticos. Ambas têm efeitos bem semelhantes, com a exceção de que a cocaína produz um clímax mais breve. Os estimulantes produzem uma euforia muito diferente daquela criada pelos narcóticos ou sedativos e também uma sensação flutuante, exaltada, energética, do tipo "Eu posso conquistar o mundo!", acompanhada de estado de alerta aumentado. Recentemente, a cocaína e as anfetaminas tornaram-se disponíveis em formas muito mais potentes (e perigosas) do que antes. O *crack* consiste em fragmentos relativamente puros de cocaína que são frequentemente fumados. As anfetaminas são cada vez mais vendidas sob a forma de um pó cristalino, chamado *crank*, ou *cristal meth* (abreviação de metanfetamina), que pode ser aspirada ou injetada.

***Alucinógenos* são um grupo diverso de drogas que têm efeitos poderosos sobre o funcionamento mental e emocional, marcados principalmente por distorções da experiência sensorial e perceptual.** Os principais alucinógenos são o LSD, a mescalina e a psilocibina. Essas drogas têm efeitos semelhantes, embora variem em potência. Os alucinógenos produzem euforia, consciência sensorial aumentada e uma percepção distorcida do tempo. Em alguns usuários, levam a sentimentos profundos, oníricos e até mesmo místicos difíceis de descrever, já que têm sido usados em cerimônias religiosas em algumas culturas há séculos. Infelizmente, no outro extremo do espectro emocional, os alucinógenos podem também produzir sensações atemorizantes de ansiedade e paranoia, comumente chamada *bad trip*.

***Cannabis* é a planta da qual a maconha, o haxixe e o tetraidrocanabino (THC) são derivados.** A maconha é uma mistura de folhas secas, flores, caules e sementes extraídos da planta, ao passo que o haxixe vem da resina da planta. Ambos são normalmente utilizados como fumo. THC é o ingrediente químico ativo da *cannabis* e pode ser sintetizado para propósitos de pesquisa (por exemplo, para dar a animais, que não têm como fumar maconha). Quando fumada, a *cannabis* tem um impacto imediato que pode durar muitas horas. Os efeitos desejados da droga são uma leve e relaxada euforia e consciência sensorial aumentada.

O *álcool* envolve uma variedade de bebidas que contêm álcool etílico, como cervejas, vinhos e destilados.

O abuso de álcool é particularmente comum entre os universitários e jovens em geral. Por ser legal, normalmente as pessoas não pensam no álcool como uma droga, mas ao observar os riscos para a saúde na **Tabela 5.3**, é aparente que o álcool pode ter efeitos muito nocivos à saúde.

A concentração de álcool etílico varia em cerca de 4% na maioria das cervejas até 40% em outras bebidas. Quando as pessoas bebem demais, o efeito central é uma euforia relaxada que temporariamente melhora a autoestima, porque os problemas parecem desaparecer e as inibições diminuem. Os efeitos colaterais comuns incluem graves danos no funcionamento motor e mental, mudanças de humor e predisposição à agressividade. O álcool é a droga mais amplamente utilizada na nossa sociedade. Como seu uso é legal, muitas pessoas o utilizam casualmente sem nem mesmo pensar nele como uma droga.

O abuso de álcool é um problema particularmente prevalente nos *campi* de faculdades. Pesquisadores da Harvard School on Public Health (Wechsler et al., 2002) investigaram aproximadamente 11 mil estudantes universitários em 119 faculdades e descobriram que 81% deles bebiam. Além disso, 49% dos homens e 41% das mulheres relataram que bebem em excesso com a intenção de ficarem bêbados. Uma pesquisa de acompanhamento de 18 das 119 faculdades descobriu que os níveis de consumo excessivo de álcool permaneceram muito altos (Nelson et al., 2009). Com as inibições reprimidas, algumas pessoas se tornam mais argumentativas e predispostas à agressividade. Na pesquisa da Harvard, 29% dos estudantes que *não* bebiam em excesso relataram que foram insultados ou humilhados pelos outros alunos; 19% enfrentaram sérias discussões; 9% foram empurrados, surrados ou atacados; e 19,5% foram vítimas de assédio sexual (Wechsler et al., 2002). Ainda pior, o álcool parece contribuir para cerca de 90% dos casos de estupro entre os estudantes e 95% dos crimes violentos nos *campi*. O álcool também contribui para o comportamento sexual desprevenido. Nessa pesquisa, 21% dos estudantes que bebiam relataram que praticaram sexo casual como resultado da bebida e 10% indicaram que o excesso de bebida os levou a praticar sexo sem proteção. Outro problema é que o cérebro ainda esteja amadurecendo na adolescência, tornando-o particularmente vulnerável aos efeitos negativos do álcool. Assim, estudos recentes descobriram que a bebedeira pode prejudicar o funcionamento nervoso no cérebro do adolescente (Lisdahl et al., 2013; Lopez-Caneda et al., 2014).

Fatores que influenciam nos efeitos das drogas

Os efeitos das drogas resumidos na **Tabela 5.2** são *típicos* e podem variar de pessoa para pessoa e até mesmo com a mesma pessoa em diferentes situações. O impacto de qualquer droga depende, em parte, da idade, do humor, da motivação, da personalidade, da experiência prévia com drogas, do peso corporal e da fisiologia do usuário. A dosagem e potência de uma droga, o método de ingestão e o contexto ambiental em que a droga é utilizada também provavelmente influenciarão nos seus efeitos (Leavitt, 1995). Nosso tema da *causalidade multifatorial* claramente se aplica aos efeitos das drogas.

O mesmo acontece com nosso tema, que enfatiza a *subjetividade da experiência*. As expectativas são fatores potencialmente poderosos que podem influenciar as percepções do usuário sobre os efeitos das drogas. Em nossa discussão a respeito do efeito placebo no Capítulo 2, algumas pessoas que foram *levadas a pensar* que estavam ingerindo álcool mostravam sinais de intoxicação (Assefi e Garry, 2003). Se elas esperarem que uma droga as faça sentir atordoadas, serenas ou sérias, suas expectativas poderão contribuir com as sensações que experimentarão.

Os efeitos de uma droga podem também mudar quando o corpo da pessoa desenvolve uma *tolerância* ao produto químico. **Tolerância é a progressiva diminuição na resposta de uma pessoa a uma droga como resultado do uso continuado.** A tolerância geralmente leva a pessoa a consumir doses cada vez maiores de uma droga para conseguir os efeitos que deseja. Muitas drogas produzem tolerância, mas algumas mais rapidamente que outras. Por exemplo, a tolerância ao álcool, em geral, desenvolve-se lentamente, enquanto a tolerância à heroína é muito mais rápida. A **Tabela 5.3** indica várias categorias de drogas que tendem a produzir tolerância.

Mecanismos de ação das drogas

Muitas drogas têm efeitos que repercutem por todo o corpo. Entretanto, drogas psicoativas funcionam principalmente pela alteração da atividade neurotransmissora no cérebro. Como discutimos no Capítulo 3, os *neurotransmissores* são substâncias químicas que transmitem sinais entre os neurônios, nas junções chamadas sinapses.

A ação das anfetaminas ilustra como as drogas têm efeitos múltiplos, seletivos sobre a atividade neurotransmissora. As anfetaminas exercem seus principais efeitos em dois sistemas

Tabela 5.3 Drogas psicoativas: tolerância, dependência, potencial para *overdose* fatal e riscos para a saúde

Drogas	Tolerância	Risco de dependência física	Risco de dependência psicológica	Riscos à saúde
Narcóticos (opiáceos)	Rápida	Alto	Alto	Doenças infecciosas, acidentes, supressão imunológica, *overdose*
Sedativos	Rápida	Alto	Alto	Acidentes, *overdose*
Estimulantes	Rápida	Moderado	Alto	Problemas com o sono, má alimentação, dano nasal, hipertensão, doenças respiratórias, derrame, doenças hepáticas, ataque cardíaco, *overdose*
Alucinógenos	Gradual	Nenhum	Muito baixo	Acidentes, pânico agudo
Cannabis	Gradual	Nenhum	Baixo a moderado	Acidentes, câncer de pulmão, doenças respiratórias e pulmonares, maior vulnerabilidade a psicoses, déficits cognitivos
Álcool	Gradual	Moderado	Moderado	Acidentes, doenças hepáticas, má alimentação, dano cerebral, doenças neurológicas, ataque cardíaco, derrame, hipertensão, úlceras, câncer e defeitos congênitos, *overdose*

neurotransmissores: a noradrenalina (NA) e a dopamina (DA). As anfetaminas parecem ter dois efeitos importantes nas sinapses de DA e NA (Koob e Le Moal, 2006). Primeiro, aumentam a descarga de dopamina e noradrenalina pelos neurônios pré-sinápticos. Segundo, interferem na sinapse de DA e NA nos feixes sinápticos. Essas ações servem para aumentar os níveis de dopamina e noradrenalina nas sinapses afetadas. A cocaína compartilha algumas dessas ações, e é por isso que, assim como as anfetaminas, produz efeitos estimulantes similares (veja **Figura 5.12**).

Embora drogas específicas exerçam seus efeitos iniciais no cérebro em uma variedade de sistemas neurotransmissores, muitos teóricos acreditam que quase todas as drogas utilizadas acabam aumentando a atividade em determinado caminho neural, chamado *caminho mesolímbico dopaminérgico* (Schmidt, Vassoler e Pierce, 2011). Esse circuito neural, que sai de uma área do mesencéfalo, passa pelo *nucleus accumbens*, chegando ao córtex pré-frontal (veja **Figura 5.13**), foi caracterizado como um "caminho de recompensa". Acredita-se que mudanças grandes e rápidas na liberação da dopamina nesse caminho são as bases neurais dos efeitos reforçados da maioria das drogas (Knapp e Kornetsky, 2009; Koob, 2012).

Dependência

As pessoas podem tornar-se tanto física como psicologicamente dependentes de drogas. A dependência física é um problema comum quando se trata de narcóticos, sedativos e álcool, e ocasional em relação aos estimulantes. A *dependência física* **existe quando uma pessoa tem de continuar tomando uma droga para evitar distúrbios advindos de sua abstinência.** Os sintomas dos distúrbios causados pela abstinência dependem da droga específica. A abstinência de heroína, barbitúricos e álcool pode produzir febre, tremores, convulsões, vômito, cólicas, diarreia e dores intensas, enquanto a dos estimulantes leva a uma síndrome mais sutil, marcada por fadiga, apatia, irritabilidade, depressão e desorientação.

A *dependência psicológica* **existe quando uma pessoa tem de continuar tomando uma substância para satisfazer o intenso desejo mental e emocional pela droga.** A dependência psicológica é mais sutil do que a física, mas a necessidade que ela cria pode ser poderosa.

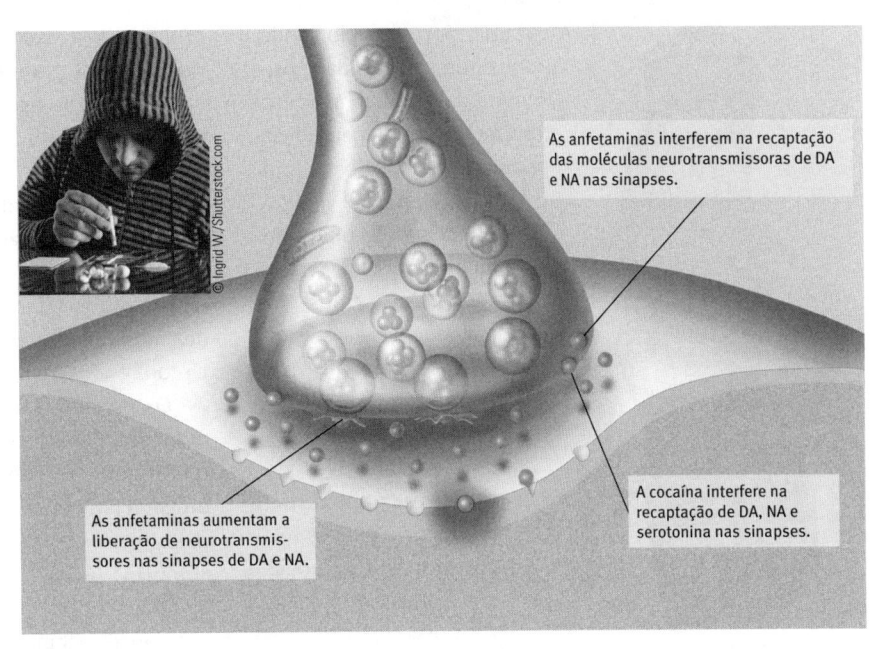

Figura 5.12 Drogas estimulantes e atividade neurotransmissora.

Como outras drogas psicoativas, as anfetaminas e a cocaína alteram a atividade neurotransmissora em sinapses específicas. As anfetaminas aumentam principalmente a liberação da dopamina (DA) e da noradrenalina (NA) e inibem a recaptação desses neurotransmissores secundariamente. A cocaína retarda a recaptação de DA, NA e serotonina nas sinapses. Os efeitos psicológicos e comportamentais das drogas são amplamente atribuídos ao impacto nos circuitos de dopamina.

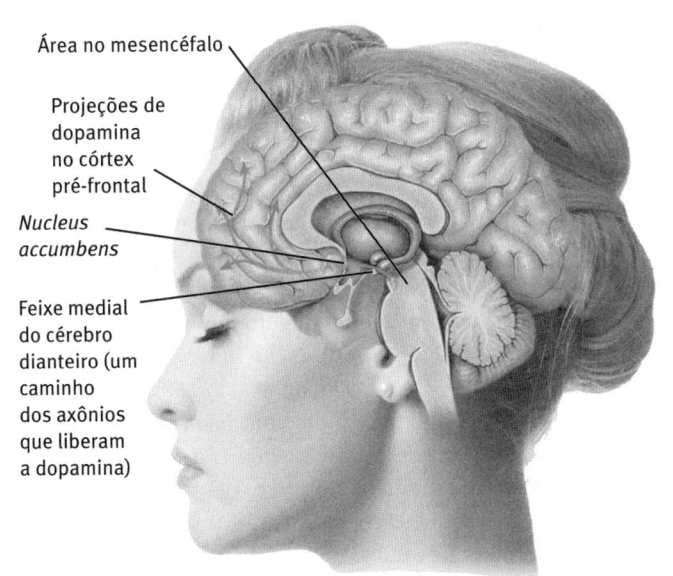

Figura 5.13 O "caminho da recompensa" do cérebro.

Os circuitos neurais mostrados em preto fazem o *caminho mesolímbico dopaminérgico*. Os axônios nesse caminho saem de uma área no mesencéfalo, passam pelo feixe medial do cérebro dianteiro, chegando ao *nucleus accumbens* e ao córtex pré-frontal. As drogas ilícitas afetam a variedade dos sistemas neurotransmissores, mas os teóricos acreditam que o aumento da atividade da dopamina nesse caminho – especialmente na porção que vai do mesencéfalo até o *nucleus accumbens* – seja responsável pelos efeitos reforçados da maioria das drogas.

Em 2011, após anos lutando contra o abuso de substâncias, a cantora Amy Winehouse faleceu de *overdose* acidental de álcool. Sua morte trágica ilustra os riscos sedutores das drogas psicoativas e o fato de que o álcool em si pode ser bastante prejudicial.

A cocaína, por exemplo, pode produzir uma necessidade psicológica devastadora pelo uso continuado. A dependência psicológica é possível com todas as drogas ilícitas, embora pareça rara com alucinógenos.

Os dois tipos de dependência são estabelecidos gradualmente com o uso repetido da droga. A **Tabela 5.3** nos fornece estimativas do risco de cada tipo de dependência para as seis categorias de drogas recreativas abordadas em nossa discussão.

Drogas e saúde

O uso de drogas ilícitas pode afetar a saúde física de muitas formas. Os três riscos principais são: *overdose*, danos a tecidos (efeitos diretos) e comportamentos prejudiciais à saúde resultantes do uso de drogas (efeitos indiretos).

Overdose

Qualquer droga pode ser fatal se uma pessoa consumi-la em grandes quantidades, mas algumas podem ser mais perigosas do que outras. As que são inibidoras do SNC – sedativos, narcóticos e álcool – representam maior risco de *overdose*. É importante lembrar que essas drogas são sinérgicas entre si, então, muitas *overdoses* envolvem *combinações* fatais de inibidores do SNC. O que acontece quando uma pessoa toma uma *overdose* dessas drogas? O sistema respiratório geralmente fica paralisado, produzindo coma, dano cerebral e morte dentro de curto período. *Overdoses* fatais com estimulantes do SNC geralmente envolvem ataque cardíaco, derrame ou dano cortical.

Efeitos diretos

Em alguns casos, as drogas podem causar dano direto ao tecido. Por exemplo, inalar cocaína pode ocasionar danos crônicos das membranas nasais e também pode causar doença cardiovascular. Fumar *crack* está associado a inúmeros problemas respiratórios (Paczynski e Gold, 2011). O uso prolongado e excessivo de álcool está associado a elevado risco de uma grande variedade de problemas de saúde, inclusive dano ao fígado, úlceras, hipertensão, derrame, doenças neurológicas e alguns tipos de câncer. (Hernandez-Avila e Kranzler, 2011; Lee, McNeely e Gourevitch, 2011). Um estudo recente com dependentes de álcool descobriu que dobrou a mortalidade entre os homens e mais que quadruplicou a mortalidade entre as mulheres (John et al., 2013). Outro estudo (Stahre et al., 2014) estimou que uma a cada dez mortes entre adultos ativos (20 a 64 anos) nos Estados Unidos é atribuída ao excesso de bebida!

Os riscos que a maconha pode causar à saúde têm gerado um debate considerável nos últimos anos. Embora muitas pessoas tenham passado a ver a maconha como uma droga relativamente prejudicial, muitos especialistas afirmam que os riscos desse uso são subestimados (Volkow et al., 2014). A evidência disponível sugere que o uso crônico da maconha aumenta o risco de doenças respiratórias e pulmonares (Budney, Vandrey e Fearer, 2011). Alguns estudos descobriram uma ligação entre o uso de longo prazo da maconha e o risco de câncer pulmonar, embora os dados sejam surpreendentemente inconsistentes (Aldington et al., 2008; Callaghan, Allebeck e Sidorchuk, 2013). Por fim, uma grande quantidade de estudos recentes relatou uma ligação inesperada entre o uso da maconha e os distúrbios graves e psicóticos, incluindo esquizofrenia (Burns, 2013; Greiner et al., 2013). Obviamente, a grande maioria dos usuários de maconha não desenvolve psicoses, mas parece que a maconha pode ativar a doença psicótica em pessoas com vulnerabilidade genética (Parakh e Basu, 2013). Uma quantidade de estudos descobriu a associação entre o uso crônico e pesado da maconha e o prejuízo notável na atenção, aprendizagem e memória que aparece quando os usuários não estão "altos" (Hanson et al., 2010; Thames, Arbid e Sayegh, 2014). Os resultados desse estudo (Solowij et al., 2002) são apresentados na **Figura 5.14**. No entanto, esses déficits cognitivos podem desaparecer após 3 a 4 semanas de abstinência da maconha (Schreiner e Dunn, 2012). Claramente, a maconha não é prejudicial, embora alguns perigos publicados sejam exagerados pela imprensa popular. Por exemplo, contrário aos relatos populares, parece que a *cannabis* não provoca reduções significativas na resposta ao sistema imune (Hall e Degenhardt, 2009) ou qualquer efeito significativo na fertilidade ou na função sexual do fumante masculino (Grinspoon, Bakalar e Russo, 2005).

Efeitos indiretos

Os efeitos negativos das drogas sobre a saúde física são frequentemente resultados indiretos do seu impacto sobre o comportamento. Pessoas que usam estimulantes, por exemplo, com frequência não comem nem dormem adequadamente. Os sedativos aumentam o risco de ferimentos acidentais porque prejudicam muito a coordenação motora.

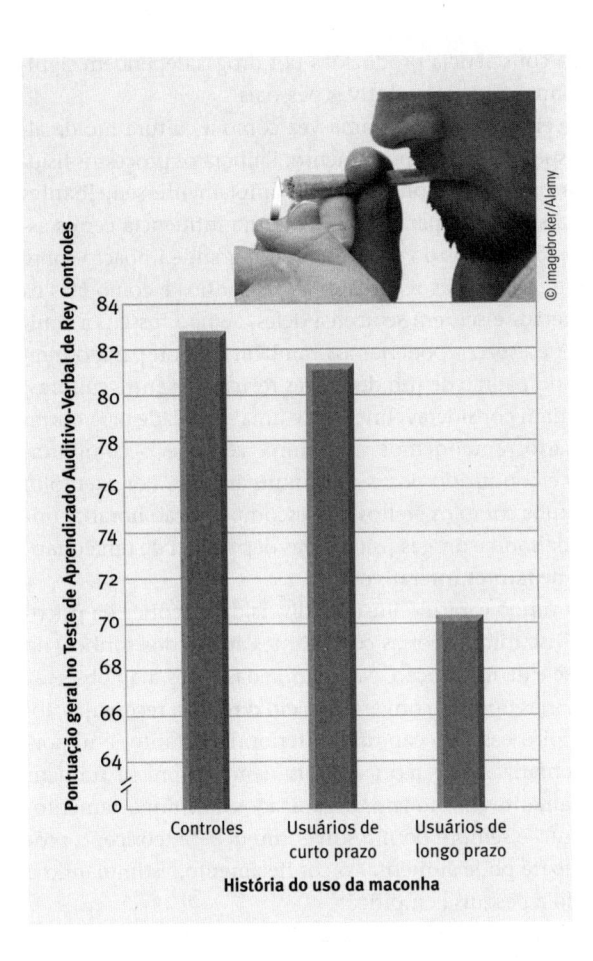

Figura 5.14 Uso crônico da *cannabis* e o desempenho cognitivo.

Solowij e associados (2002) administraram uma bateria de testes neuropsicológicos em 51 usuários de longa data da *cannabis* que fumavam maconha regularmente há aproximadamente 24 anos, 51 usuários recentes da *cannabis* que fumavam maconha regularmente há uma média de 10 anos, e 13 pacientes de controle que usaram pouco ou nunca usaram maconha. Os usuários de *cannabis* precisavam abster-se da maconha por no mínimo 12 horas antes do teste. O estudo descobriu evidências sugestivas das deficiências cognitivas sutis entre os usuários de longa data em muitos testes. O gráfico representa os resultados observados no desempenho geral no Teste de Aprendizagem Auditivo-Verbal de Rey, que mede diversos aspectos do funcionamento da memória.

Pessoas que abusam de medicamentos sedativos costumam tropeçar nas escadas, cair de bancos e sofrer outros contratempos. Muitos medicamentos prejudicam a habilidade de direção de motoristas, aumentando o risco de acidentes com automóveis. O álcool, por exemplo, pode contribuir para cerca de 60% das mortes em acidentes automobilísticos (Hingson e Sleet, 2006). Embora a *cannabis* prejudique menos que a intoxicação por álcool, o uso da maconha por três horas parece dobrar bruscamente o risco de acidente (Asbridge, Hayden e Cartwright, 2012). Usuários de drogas intravenosas se arriscam a contrair doenças infecciosas que podem se alastrar em razão do uso de agulhas não esterilizadas. Por exemplo, a síndrome da insuficiência imunológica adquirida (Aids) foi transmitida em um índice alarmante entre os grupos de usuários de drogas intravenosas (Epstein, Phillips e Preston, 2011).

Os maiores riscos à saúde decorrentes do uso de várias drogas recreativas estão enumerados na

---

REVISÃO 5.3

Reconhecendo as características únicas das drogas comumente utilizadas de maneira abusiva

Em nossa discussão sobre as principais drogas psicoativas, fica claro que existe uma considerável sobreposição entre as categorias de drogas em termos dos métodos de ingestão, usos médicos e efeitos desejados e colaterais de curta duração. Cada tipo de droga tem pelo menos uma ou duas características que a fazem diferente dos outros tipos. Verifique seu entendimento a respeito das características únicas de cada tipo de droga indicando quais delas possuem as características listadas a seguir. Escolha entre: (a) narcóticos, (b) sedativos, (c) estimulantes, (d) alucinógenos, (e) *cannabis* e (f) álcool. As respostas encontram-se no Apêndice A.

_____ 1. Aumentam o estado de alerta e a energia, além de reduzir a fadiga.

_____ 2. Não têm reconhecimento para uso médico. Podem levar a experiências "místicas" e autorreferentes.

_____ 3. Usados como pílulas para dormir porque reduzem a atividade do SNC.

_____ 4. Aumenta o risco de uma série de doenças, incluindo problemas no fígado e distúrbios neurológicos.

_____ 5. Derivados do ópio e usadas como remédio para alívio da dor.

_____ 6. Os riscos à saúde incluem doenças respiratórias e pulmonares, além do desenvolvimento de distúrbios psicóticos.

quinta coluna da **Tabela 5.3**. Como se vê, o álcool parece ter os mais diversos efeitos negativos na saúde física. A ironia, claro, é o álcool ser a única droga de uso recreativo que é legalizada.

5.8 Refletindo sobre os temas do capítulo

5.8 Objetivos Principais de Aprendizagem
- Identificar cinco temas unificadores destacados neste capítulo.

Contexto sócio-histórico

Subjetividade da experiência

Herança cultural

Causalidade multifatorial

Diversidade teórica

Este capítulo elucida cinco dos nossos temas unificadores. Primeiro, vimos como a psicologia se desenvolve em um contexto histórico-social. Após a chegada de John B. Watson, as pesquisas sobre a consciência reduziram-se a quase nada. Watson (1913-1919) e outros redefiniram a psicologia como a ciência do comportamento. No entanto, nos anos 1960, as pessoas começaram a focar seu interior, demonstrando um novo interesse pela alteração da consciência por meio do uso de drogas, medicação, meditação, hipnose e *biofeedback*. Os psicólogos responderam a essas tendências sociais por meio do estudo dessas variações da consciência. Essa mudança mostra a influência das forças sociais na evolução da psicologia.

O segundo tema que apareceu neste capítulo é a ideia de que a experiência das pessoas sobre o mundo é altamente subjetiva. Enfocamos esse tema próximo do fim do capítulo, quando discutimos a natureza subjetiva dos efeitos das drogas, mostrando que as alterações da consciência produzidas por drogas dependem significativamente de expectativas pessoais.

Terceiro, vimos mais uma vez como a cultura molda alguns aspectos do comportamento. Embora os processos fisiológicos básicos do sono pareçam amplamente semelhantes de uma sociedade para outra, a cultura influencia certos aspectos dos hábitos do sono e tem um grande impacto sobre o fato de as pessoas recordarem seus sonhos e como elas os interpretam e sentem-se acerca deles. Se não fosse por limitações de espaço, poderíamos também ter comparado diferenças no padrão de uso de drogas recreativas entre culturas, que variam consideravelmente de uma sociedade para outra.

Quarto, aprendemos mais uma vez que o comportamento é conduzido por causas multifatoriais. Por exemplo, discutimos como os efeitos da descompensação horária, privação de sono e drogas psicoativas dependem de uma quantidade de fatores interativos.

Por fim, o capítulo ilustra a diversidade teórica da psicologia. Discutimos teorias conflitantes acerca dos sonhos, da hipnose e da meditação. Na maioria das vezes, não observamos teorias opostas convergirem em direção à reconciliação, como foi o caso no capítulo anterior. Entretanto, é importante enfatizar que teorias rivais nem sempre se fundem perfeitamente em modelos organizados do comportamento. Enquanto é sempre bom resolver um debate teórico, o próprio debate pode aumentar o conhecimento, estimulando e guiando a pesquisa empírica.

Na verdade, nossa Aplicação Pessoal demonstra que debates teóricos não precisam ser resolvidos para o avanço do conhecimento. Muitas controvérsias teóricas e mistérios duradouros permanecem no estudo do sono e dos sonhos. Apesar disso, pesquisadores têm acumulado muita informação prática sobre esses tópicos, que discutiremos a seguir.

5.9 APLICAÇÃO PESSOAL
Questões práticas sobre o sono e os sonhos

Indique se as seguintes afirmativas são "verdadeiras" ou "falsas":
___ 1. Cochilos raramente têm um efeito revigorante.
___ 2. Algumas pessoas nunca sonham.
___ 3. Quando as pessoas não conseguem recordar seus sonhos é porque elas os estão reprimindo.

Essas afirmações foram extraídas do Questionário de Informações acerca do Sono e dos Sonhos (Palladino e Carducci, 1984), que avalia o conhecimento prático sobre o sono e os sonhos. Elas são verdadeiras ou falsas? Confira nesta Aplicação.

Questões comuns acerca do sono

De quanto sono precisamos? A quantidade média para jovens adultos é de 7 horas (Dijk e Lazar, 2012). Contudo, as pessoas diferem muito quanto ao número de horas que dormem, o que sugere que o sono possa variar. Conforme observado anteriormente, os especialistas em sono acreditam que a maioria das pessoas funcionaria mais eficazmente se aumentasse as horas de sono (Banks e Dinges, 2011). Com isso em mente, pesquisas também sugerem que as pessoas que dormem de 7 a 8 horas por noite apresentam as menores taxas de mortalidade (Kakizaki et al., 2013).

Cochilos curtos podem ser revigorantes? Alguns cochilos são benéficos e outros não. A eficiência do cochilo varia de pessoa para pessoa. Além disso, os benefícios de qualquer cochilo específico dependem da hora do dia e da quantidade de sono que a pessoa teve recentemente. Os cochilos tendem a ser mais benéficos quando são ricos em sono de onda curta ou sono REM (Mednick e Drummond, 2009). Infelizmente, em geral, é quando estamos atingindo os estágios mais profundos do sono que chega a hora de interrompê-lo. Todavia, os cochilos podem melhorar o subsequente estado de alerta e reduzir a sonolência (Ficca et al., 2010). As evidências também sugerem que os cochilos podem melhorar o aprendizado e a memória – mais do que tomar café (Mednick et al., 2008). Concluindo, os cochilos podem ser revigorantes para muitas pessoas; por isso, a primeira frase desta Aplicação é falsa.

Qual é o significado do ronco? O ronco é um fenômeno comum visto em aproximadamente 40% dos adultos (Li e Hoffstein, 2011). O ronco ocorre nos homens mais que nas mulheres; é mais comum entre as pessoas que estão acima do peso (Partinen e Hublin, 2011). Muitos fatores, incluindo obesidade, alergias, resfriados, o hábito de fumar e algumas drogas, podem contribuir para o ronco, principalmente forçando as pessoas a respirar pela boca enquanto dormem. Algumas pessoas que roncam muito alto perturbam seu próprio sono, assim como o de seus companheiros. Pode ser difícil evitar o ronco em algumas pessoas, ao passo que outras podem reduzir o problema perdendo peso, ingerindo menos álcool ou dormindo de lado em vez de de costas (Li e Hoffstein, 2011). O ronco pode parecer um problema trivial, mas está associado à apneia do sono e a doenças cardiovasculares e tem um significado médico mais importante do que a maioria das pessoas pensa (Endeshaw et al., 2013).

O que pode ser feito para evitar problemas do sono? Há muitas maneiras de melhorar as chances de conseguir um sono satisfatório. Muitas delas envolvem desenvolver hábitos sensatos para o período diurno que não venham a interferir com o sono (veja Epstein e Mardon, 2007; Maas, 1998; Stevenson, 2014). Por exemplo, se você tem apresentado problemas para dormir à noite, é uma boa ideia evitar cochilos diurnos para que esteja cansado quando for para a cama à noite. Algumas pessoas acham que exercícios durante o dia podem ajudá-las a dormir mais prontamente à noite (Flausino et al., 2012).

> **5.9 OBJETIVOS PRINCIPAIS DE APRENDIZAGEM**
> - Resumir evidências a respeito de várias questões práticas sobre o sono e os sonhos.

É bom minimizar o consumo de estimulantes como a cafeína e a nicotina. Como o café e o cigarro não são drogas receitadas, as pessoas não percebem quanto os estimulantes que eles contêm podem aumentar o despertar físico. Muitos alimentos (como o chocolate) e bebidas (como as de cola) têm mais cafeína do que as pessoas pensam. Também tenha em mente que maus hábitos alimentares podem interferir no sono. Tente evitar ir para a cama com fome, ou com o estômago muito cheio, ou logo depois de ter comido o que normalmente não lhe cai bem.

Também é uma boa ideia tentar estabelecer um horário regular para se recolher. Tal método o auxiliará a tirar vantagem de seu ritmo circadiano, de modo que você estará tentando dormir quando seu corpo estiver pronto a cooperar. E não subestime a importância de dormir em um ambiente favorável ao sono. Esse conselho detalha o que deve ser óbvio, mas muitas pessoas não consideram isso. Tenha certeza de que há uma cama boa e confortável para você. Assegure-se de que o quarto seja silencioso o suficiente e que a umidade e a temperatura lhe agradem. Veja se o quarto é escuro, pois até pequenos feixes de luz podem minar a qualidade do sono. E não durma com o celular e outros aparelhos que provavelmente podem acordá-lo.

O que pode ser feito a respeito da insônia? Primeiro, não entre em pânico com um pequeno problema para dormir. Se você levar isso muito a sério, dificuldades podem iniciar um círculo vicioso de problemas cada vez maiores. Se você chegar à conclusão de que está se tornando um insone, estará agravando o

Muitas pessoas não entendem que o consumo de cafeína pode ser prejudicial para o sono.

problema com a ansiedade. Quanto mais tentar pegar no sono, menor sucesso provavelmente terá. Como notamos anteriormente, problemas temporários com o sono são comuns e geralmente desaparecem por si mesmos.

É uma boa ideia também ter sonhos agradáveis acordado. Esse processo normal de pré-sono pode livrar sua mente de dificuldades. O que quer que você pense, não se deixe envolver por estresse e problemas presentes em sua vida cotidiana. Pesquisas mostram que esse é um fator-chave que contribui com a insônia (Gehrman, Findley e Perlis, 2012). Qualquer coisa que relaxe – música, meditação, orações, um banho quente ou técnica de relaxamento sistemático – pode ajudá-lo a pegar no sono.

As evidências também sugerem que a melatonina pode ajudar a adormecer, sem todas as questões e riscos associados às pílulas para dormir (Buysse, 2011). Muitas pessoas consomem álcool perto do horário de dormir para efeito sedativo. A evidência relacionada a essa estratégia é mista (Ebrahim et al., 2013). Por um lado, o álcool tende a ajudar as pessoas a adormecerem mais rapidamente e permanecerem adormecidas por mais tempo eficientemente na primeira metade da noite. Por outro lado, o álcool interrompe o sono na segunda metade da noite e diminui o tempo no sono REM de acordo com a dose ingerida. Dada a grande quantidade de achados sobre a importância do sono REM, os efeitos de REM reprimidos pelo álcool, certamente, causam preocupação.

Questões comuns acerca dos sonhos

Será que todo mundo sonha? Sim. Algumas pessoas só não se lembram de seus sonhos. Mas quando são trazidas para um laboratório do sono e acordadas durante a fase REM do sono, elas relatam ter sonhado – muito surpresas (a afirmação 2 no início desta Aplicação é falsa). Em um estudo recente, sete participantes que relataram raramente se lembrarem de um sonho foram levados a um laboratório do sono e monitorados com um EEG extrassensível (Yu, 2014). O despertar REM extrapreciso resultou em lembrar-se do sonho em 94% das vezes. Cientistas estudaram um pequeno número de pessoas que apresentavam danos cerebrais na área da ponte que eliminaram sua fase REM do sono, mas mesmo essas pessoas relataram sonhos (Klosch e Kraft, 2005).

Por que algumas pessoas não se lembram de seus sonhos? A evaporação dos sonhos parece ser bastante normal. A maioria dos sonhos é perdida para sempre, a menos que a pessoa acorde durante ou logo após o sonho. Mesmo assim, a lembrança do sonho desaparece rapidamente (Nir e Tononi, 2010). Um estudo recente (Eichenlaub et al., 2014) descobriu que as pessoas propensas a se lembrar dos sonhos tendem a levantar-se mais durante a noite do que aquelas que raramente se lembram dos sonhos. A crença de Hobson (1989) é que as pessoas provavelmente se esquecem de 95% a 99% de seus sonhos, o que é natural e não se refere à repressão (a afirmativa 3 também é falsa). As pessoas que tendem a não se recordar provavelmente têm um padrão de sono com muito tempo entre a sua última fase REM do sono e o despertar.

Os sonhos requerem interpretação? Sim, mas a interpretação pode não ser tão difícil quanto se pensa geralmente. Por muito tempo, as pessoas acreditaram que os sonhos são simbólicos e que é necessário interpretar os símbolos para entender o significado deles. Freud, por exemplo, fazia distinção entre os *conteúdos manifesto* e *latente* de um sonho. **O *conteúdo manifesto* é o enredo de um sonho em um nível superficial, enquanto o *conteúdo latente* se refere ao significado oculto ou disfarçado dos eventos de um enredo.** Assim, um terapeuta freudiano pode equacionar os eventos do sonho – como caminhar por um túnel, montar a cavalo, andar em uma montanha-russa – com o ato sexual. Teóricos freudianos afirmam que a interpretação dos sonhos é uma tarefa complicada que requer considerável conhecimento do simbolismo.

Entretanto, muitos teóricos do sonho argumentam que o simbolismo dos sonhos é menos enganoso e misterioso do que Freud pensava (Faraday, 1974; Foulkes, 1985). Zadra e Domhoff (2011) observaram que recentes pesquisas sobre sonhos modernos revelam que o conteúdo da maioria dos sonhos é relativamente realista e transparente. Calvin Hall (1979) diz que os sonhos podem requerer alguma interpretação simplesmente porque são mais visuais do que verbais. Isto é, as figuras têm de ser traduzidas em ideias. Infelizmente, não há um meio definitivo para julgar a validade de interpretações diferentes para eles.

Normalmente, as pessoas ficam desapontadas quando têm dificuldade para adormecer. Infelizmente, esse estresse emocional tende a tornar cada vez mais difícil adormecer.

5.10 APLICAÇÃO DO PENSAMENTO CRÍTICO
O alcoolismo é uma doença? O poder das definições

O alcoolismo é um grave problema na maior parte – talvez em todas – das sociedades. Ele destrói inúmeras vidas e separa famílias. Com aproximadamente 17 milhões de grandes bebedores problemáticos nos Estados Unidos (National Institute on Alcohol Abuse and Alcoholism, 2013), parece provável que o alcoolismo afete a vida da maioria dos norte-americanos.

Em quase todas as discussões sobre alcoolismo, alguém pergunta: "O alcoolismo é uma doença?". Se a resposta for "sim", então se trata de uma doença muito estranha, porque o alcoólatra é a causa mais direta de sua própria doença. Se o alcoolismo *não* for uma doença, o que mais ele pode ser? No curso da história, o alcoolismo foi categorizado sob muitos rótulos, desde fraqueza pessoal até crime, pecado, perturbação mental e uma doença física (Meyer, 1996). Cada uma dessas definições tem importantes implicações pessoais, sociais, políticas e econômicas.

Considere, por exemplo, as consequências de caracterizar o alcoolismo como uma doença. Se esse for o caso, os alcoólatras deveriam ser tratados como os diabéticos, pacientes com problemas cardíacos ou vítimas de outras doenças físicas. Ou seja, deveriam ser encarados com simpatia e receber intervenções médicas e terapêuticas apropriadas para promover a recuperação da doença. Esses tratamentos deveriam ser cobertos pelos planos de saúde e conduzidos por profissionais da saúde. Igualmente importante, se o alcoolismo for definido como uma doença, ele deveria perder muito de seu estigma. Afinal de contas, não culpamos as pessoas com diabetes ou problemas cardíacos pelas doenças que apresentam. Sim, é verdade que os alcoólatras contribuem para sua própria doença (por beber muito), mas assim também o fazem muitas vítimas do diabetes e doenças cardíacas que ingerem todos os alimentos errados, não controlam o peso e assim por diante (McLellan et al., 2000). E, assim como acontece com muitas doenças físicas, a pessoa pode herdar uma vulnerabilidade genética ao alcoolismo (Nguyen et al., 2011), por isso é difícil argumentar que o alcoolismo seja causado apenas pelo comportamento da pessoa.

Alternativamente, se o alcoolismo for definido como uma falha pessoal ou uma fraqueza moral, os alcoólatras serão vistos com menos simpatia e compaixão. Eles podem ser alertados a parar de beber, colocados na prisão ou punidos de outra forma. Essas respostas ao alcoolismo seriam administradas em primeiro lugar pelo sistema legal, porque intervenções médicas não têm o objetivo de curar falhas morais. Obviamente, as intervenções disponíveis não seriam cobertas pelos planos de saúde, o que teria enormes repercussões financeiras (tanto para as seguradoras quanto para os alcoólatras).

O ponto-chave aqui é que as definições estão no centro de muitos debates complexos. As pessoas tendem a considerar as definições conjuntos de palavras insignificantes e arbitrárias encontradas na obscuridade dos grossos dicionários compilados por intelectuais em uma torre de marfim. Bem, uma grande parte dessa caracterização pode ser correta, mas as definições não são insignificantes. Elas são investidas de um enorme poder para dar forma ao modo como as pessoas pensam a respeito de questões importantes. E uma infindável quantidade de questões se reduz a problemas de definição. Por exemplo, da próxima vez que você ouvir pessoas discutindo se determinado filme é pornográfico, se a pena de morte é uma punição cruel e incomum, ou se espancar uma criança deve ser considerado abuso, você descobrirá que esclarecer a definição de pontos cruciais ajudará a focar o debate.

> **5.10 OBJETIVOS PRINCIPAIS DE APRENDIZAGEM**
> • Reconhecer a influência das definições, além de compreender a falácia nominal.

O poder de criar definições

Então, como podemos solucionar o debate quanto ao alcoolismo ser uma doença? Os cientistas geralmente tentam resolver seus debates conduzindo pesquisas. Você já deve ter notado que a afirmação "Mais pesquisas são necessárias para essa questão..." é um refrão frequente neste livro. Mais pesquisa será a resposta para o caso que estamos estudando? Pela primeira vez, a resposta é "não". Não há nenhum meio conclusivo para determinar se o alcoolismo é uma doença. Não é como se existisse uma resposta "certa" para essa pergunta que pode ser descoberta com mais e melhores pesquisas.

A questão se o alcoolismo é uma doença é um *problema de definição*: o alcoolismo se encaixa na atual definição aceita do que constitui uma doença? Se consultarmos textos médicos ou dicionários, veremos que doença é tipicamente definida como *uma debilitação no funcionamento normal de um organismo que altera suas funções vitais*. Como o alcoolismo visivelmente debilita o funcionamento normal das pessoas e prejudica uma série de funções vitais, parece razoável caracterizá-lo como uma doença. Além disso, como em outras doenças, isso causa aumento da mortalidade em razão de incidentes agudos, como acidentes automobilísticos (veja **Figura 5.15**) e em razão da contribuição para diversas doenças crônicas (veja **Figura 5.16**). Portanto, essa é a visão dominante do alcoolismo nos Estados Unidos desde a metade do século XX (Meyer, 1996). Essa visão foi reforçada pela evidência de que a

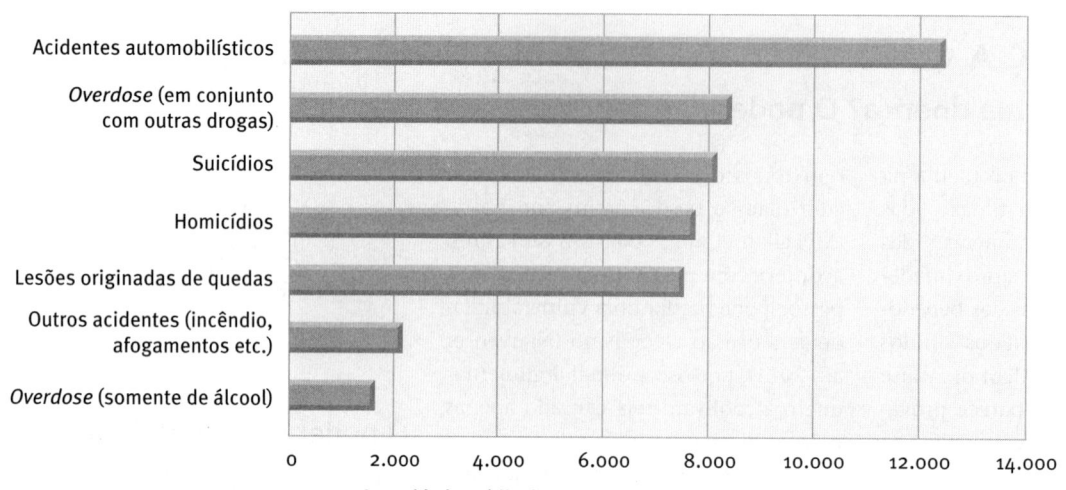

Figura 5.15 Álcool e as causas graves de morte.
Esse gráfico estima a quantidade média de mortes anuais com causas graves atribuídas ao excesso de álcool. O número de mortes por acidentes relacionados ao álcool, *overdoses*, suicídios e homicídios é assombroso. (Com base nos dados de Stahre et al., 2014)

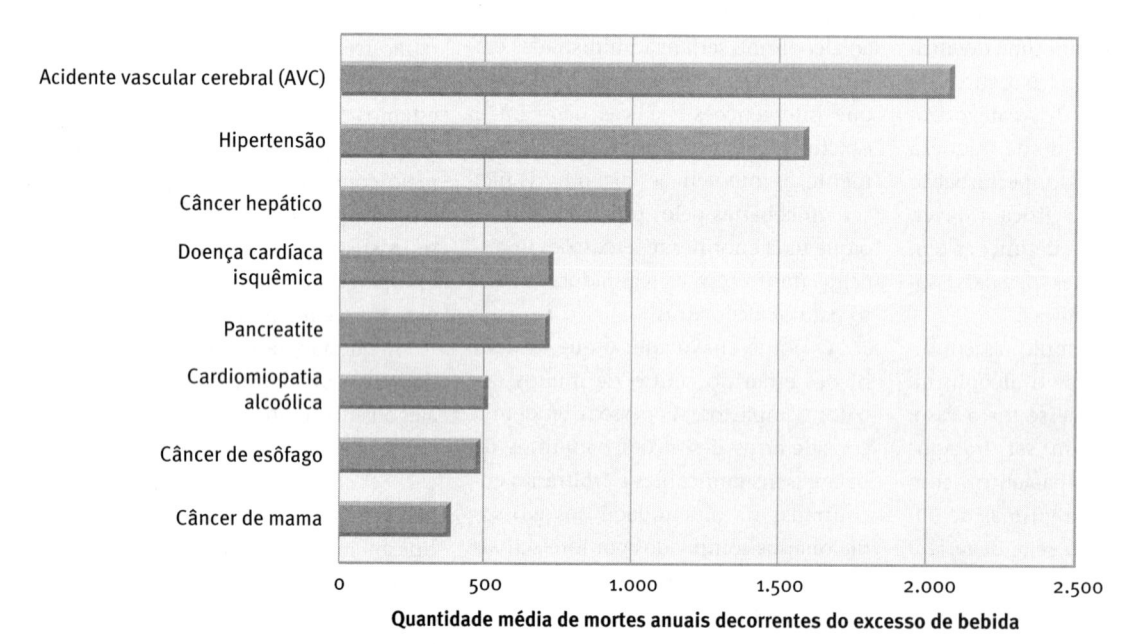

Figura 5.16 Álcool e as doenças crônicas.
Embora o número de mortes por doenças crônicas induzidas pelo álcool não seja tão assombroso quanto as atribuições a causas graves, o excesso de bebida contribui para várias doenças crônicas que elevam o risco de mortalidade. (Com base nos dados de Stahre et al., 2014)

Tabela 5.4 Habilidades do pensamento crítico discutidas neste capítulo

Habilidade	Descrição
Entender como as definições moldam o que as pessoas pensam sobre determinadas questões.	O pensador crítico entende o enorme poder das definições e a necessidade de esclarecê-las para resolver discussões.
Identificar as fontes das definições.	O pensador crítico reconhece a necessidade de determinar quem tem o poder de criar definições específicas e avaliar sua credibilidade.
Evitar a falácia nominal ao trabalhar com definições e rótulos.	O pensador crítico entende que rótulos não têm valores explicativos.

dependência do álcool (e de outras drogas) acontece porque importantes circuitos neurais no cérebro ficam desregulados (Koob, 2012). Mesmo assim, alguns críticos expressam sérias dúvidas quanto à definição do alcoolismo como doença (Peele, 1989, 2000; Satel e Lilienfeld, 2013). Eles, com frequência, levantam uma questão que é comum nas discussões sobre definições: quem deve ter o poder de criar a definição? Nesse caso, o poder está nas mãos da comunidade médica, o que parece sensato, pois doença é um conceito médico. Mas alguns críticos argumentam que a comunidade médica tem forte propensão a definir condições como doenças porque isso cria novos mercados e propicia o crescimento econômico para a indústria da saúde (Nikelly, 1994). A concepção do alcoolismo como uma doença cerebral também elevou o prestígio da pesquisa adicional e ajudou os pesquisadores bem intencionados a conseguir mais financiamento de agências governamentais (Satel e Lilienfeld, 2013). Portanto, o debate em torno da questão do alcoolismo ser ou não uma doença parece que vai continuar por um futuro indefinido.

Para resumir, as definições em geral não surgem das pesquisas. Elas são criadas por especialistas ou autoridades em determinada área que tentam chegar a um consenso sobre como melhor definir um conceito específico. Assim, ao analisar a validade de uma definição, é preciso olhar não apenas para ela, mas para sua origem. Quem decidiu qual deveria ser a definição? A fonte da definição parece legítima? As autoridades que a formularam têm alguma propensão que deve ser considerada?

Definições, rótulos e tautologia

É importante discutir um ponto adicional a respeito das definições. Talvez porque as definições sejam imbuídas de tanto poder, as pessoas têm uma tendência interessante a usá-las incorretamente como *explicações* para o fenômeno que descrevem. Esse erro lógico, que equivale a *dar nome* a alguma coisa *explicando-a*, às vezes é chamado *falácia nominal*. Nomes e rótulos que são usados como explicações, com frequência, soam bem razoáveis a princípio. *Mas as definições, na verdade, não têm nenhum valor explicativo; elas apenas especificam o que certos termos significam.* Considere um exemplo. Digamos que seu amigo, Frank, tem um grave problema com bebida. Você está sentado com outros amigos discutindo por que Frank bebe tanto. Pode ter certeza de que pelo menos um desses amigos dirá: "Frank bebe tanto porque é um alcoólatra". Isso é uma *tautologia*, que é tão inútil quanto explicar que Frank é um alcoólatra porque ele bebe muito.

Os rótulos diagnósticos que são usados na classificação de distúrbios mentais – rótulos como esquizofrenia e autismo – também parecem ser um convite a esse tipo de raciocínio circular. Por exemplo, as pessoas, com frequência, dizem coisas assim: "Essa pessoa tem ilusões porque é esquizofrênica", ou "ele tem medo de lugares pequenos e fechados porque é claustrofóbico". Essas afirmações podem parecer plausíveis, mas não são mais lógicas ou perspicazes do que dizer: "Ela é ruiva porque tem cabelos vermelhos". A falácia lógica de trocar uma explicação por um rótulo nos levará tão longe em nosso entendimento quanto um cão perseguindo o próprio rabo.

CAPÍTULO 5 – QUADRO DE CONCEITOS

CONSCIÊNCIA

Natureza da consciência

- **Consciência** é a ciência de estímulos internos e externos, que inclui consciência de si e de seus pensamentos.
- A consciência envolve diversos níveis de ciência ou vigilância.
- As variações na consciência são associadas às variações da atividade cerebral, conforme medido pelo EEG.

Sinais das estruturas subcorticais → Sonolência / Mudança na atividade de onda cerebral (EEG)

RITMO BIOLÓGICO E SONO

- **Ritmos biológicos** são flutuações periódicas em funções fisiológicas ligadas aos ritmos do planeta.
- **Ritmos circadianos** são ciclos de 24 horas que são influentes na regulação do sono.
- O relógio biológico interno é restabelecido pela exposição à luz, que estimula o SCN no hipotálamo.
- O sono fraco associado a descompensação horária e turnos de trabalho rotativos se dá em razão da falta de sincronia com os ritmos circadianos.
- A melatonina e cronogramas de rotatividade bem planejados podem reduzir os efeitos do rompimento do ritmo circadiano.

MUNDO DOS SONHOS

Natureza do sonho

- Os sonhos são menos exóticos do que o amplamente assumido.
- Os sonhos podem ser afetados pelos estímulos externos e eventos da vida do indivíduo.
- As variações culturais são vistas no teor dos sonhos, na interpretação de sonhos e na importância atribuída aos sonhos.

Teorias dos sonhos

- Freud afirmou que o propósito principal do sonho é a realização de um desejo.
- Outros teóricos argumentam que os sonhos proporcionam a oportunidade de pensar criativamente sobre os problemas pessoais.
- O modelo de síntese de ativação propõe que os sonhos sejam os efeitos colaterais da ativação nervosa que produz ondas cerebrais como as do despertar durante o sono REM.

SONO

Arquitetura do sono

- O **sono não REM** (estágios 1 a 3) é marcado pela ausência de movimentos rápidos dos olhos, poucos sonhos e atividade EEG variada.
- O **sono REM** é um estágio profundo do sono, marcado por movimentos oculares rápidos, ondas cerebrais de alta frequência e sonhos.
- Durante o curso do sono, os períodos de REM gradualmente se tornam mais longos, e os períodos não REM, mais curtos e superficiais.
- A arquitetura do sono varia, de algum modo, de pessoa para pessoa.

Idade, cultura e sono

- O tempo gasto no sono REM diminui de 50% entre os recém-nascidos para 20% entre os adultos.
- O tempo total do sono diminui com o avanço da idade.
- As variações culturais nos padrões de sono parecem ser pequenas.
- A prática do cochilo varia entre as linhas culturais, e as culturas de sesta existem em regiões tropicais.

Privação de sono

- Os especialistas do sono acreditam que muitos norte-americanos sofrem de privação crônica de sono.
- A privação de sono parece ter muito mais efeitos negativos do que as pessoas presumem.
- A privação seletiva de REM e do sono de ondas lentas levam a mais tentativas de entrarem nesses estágios do sono e aumentam o tempo nesses estágios após o término da privação de sono.
- O REM e o sono de onda lenta podem ajudar a consolidação da memória.
- A duração curta do sono está associada a vários problemas de saúde, e as pessoas que dormem pouco ou muito apresentam taxas de mortalidade elevadas.

Transtorno do sono

- **Insônia:** Problemas crônicos em ter sono adequado.
- **Narcolepsia:** Marcada pela súbita e irresistível vontade de dormir durante as horas em que está acordado.
- **Apneia do sono:** Arfada de ar frequente e reflexiva que interrompe o sono.
- **Sonambulismo:** Vagar enquanto se permanece adormecido.
- **Distúrbio comportamental do sono REM (DCS):** situações potencialmente problemáticas, até violentas, de manifestação de sonho durante os períodos de REM.

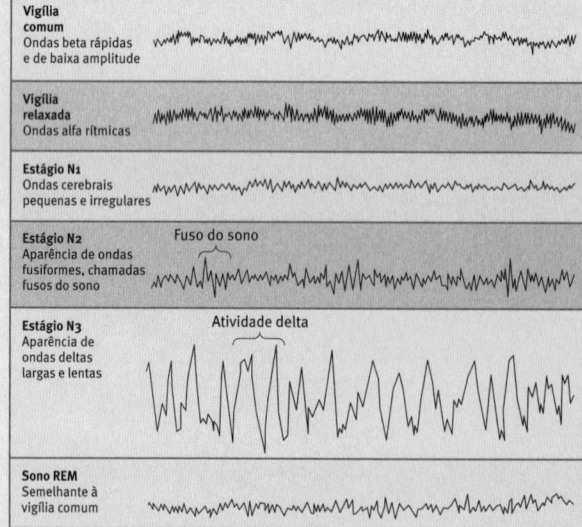

Vigília comum — Ondas beta rápidas e de baixa amplitude
Vigília relaxada — Ondas alfa rítmicas
Estágio N1 — Ondas cerebrais pequenas e irregulares
Estágio N2 — Aparência de ondas fusiformes, chamadas fusos do sono (Fuso do sono)
Estágio N3 — Aparência de ondas deltas largas e lentas (Atividade delta)
Sono REM — Semelhante à vigília comum

TEMAS PRINCIPAIS

- Diversidade teórica
- Subjetividade da experiência
- Herança cultural
- Contexto sócio-histórico
- Causalidade multifatorial

HIPNOSE

Indução hipnótica e fenômenos
- A hipnose é um procedimento que produz um estado elevado de sugestionamento.
- As pessoas variam na suscetibilidade à hipnose.
- A hipnose pode produzir diversos efeitos, incluindo anestesia, distorção sensorial, desinibição e amnésia pós-hipnótica.

Teorias da hipnose
- De acordo com alguns teóricos, a hipnose é o estado normal de consciência no qual a pessoa representa o papel de um sujeito hipnotizado.
- A *visão do desempenho do papel* é apoiada pela evidência de que os feitos hipnóticos podem ser duplicados pelos sujeitos não hipnotizados e que os sujeitos hipnotizados estão normalmente representando.
- De acordo com Ernest Hilgard, a hipnose produz um estado alterado da consciência caracterizado pela dissociação.
- A *visão de estado alterado* apoiada pela evidência que divide a consciência é uma experiência comum, conforme ilustrado pela hipnose de estrada.

MEDITAÇÃO

Tipos e efeitos
- A meditação refere-se a uma família de práticas que treinam a atenção para aumentar a consciência e trazer os processos mentais sob mais controle voluntário.
- Dois principais tipos: *atenção focada* e *monitoramento aberto*.
- A meditação eficaz leva a um estado fisiológico benéfico que pode ser acompanhado de mudanças na atividade cerebral.
- A meditação pode provocar alterações na estrutura cerebral.

ALTERAÇÃO DA CONSCIÊNCIA COM DROGAS

Principais drogas consumidas em abuso

Narcóticos: Drogas derivadas do ópio, como heroína.

Sedativos: Drogas que induzem ao sono, que diminuem a ativação SNC, como barbitúricos.

Estimulantes: Drogas que aumentam a ativação SNC, como cocaína e anfetaminas.

Alucinógenos: Drogas que produzem efeitos sensoriais e emocionais, como LSD e mescalina.

Cannabis: Cânhamo dos quais maconha, haxixe e THC são derivados.

Álcool: Inclui uma variedade de bebidas que contêm álcool etílico.

Fatores que influenciam os efeitos da droga
- Os efeitos da droga dependem da idade, do humor, da personalidade, do peso e das expectativas do usuário.
- Os efeitos da droga também dependem do potencial dela, do método de administração e da tolerância do usuário.
- A tolerância refere-se à diminuição progressiva da resposta da pessoa a uma droga como resultado do uso contínuo.

Mecanismos de ação da droga
- As drogas psicoativas exercem os efeitos, alterando a atividade neurotransmissora.
- O aumento da ativação na dopamina mesolímbica pode ser responsável pelo reforço dos efeitos de muitas drogas.

Caminho da dopamina mesolímbica

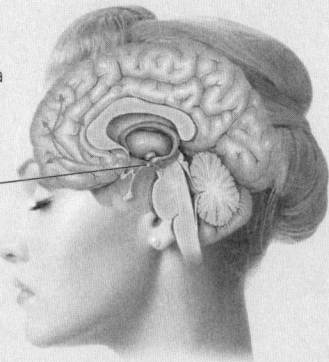

Riscos associados ao abuso das drogas
- A *dependência física* existe quando o uso da droga deve ser contínuo para evitar a abstinência.
- A *dependência psicológica* existe quando o uso da droga deve ser contínuo para atender à ânsia pela droga.
- Muitas drogas, especialmente as inibidoras do SNC, podem produzir uma *overdose* letal.
- Muitas drogas causam efeitos deletérios na saúde, produzindo danos ao tecido.
- Os efeitos negativos das drogas na saúde física devem-se normalmente aos efeitos indiretos comportamentais.

APLICAÇÕES

- Os cochilos podem ser úteis, mas têm efeitos variados; o ronco tem mais significado médico do que a maioria das pessoas acha.
- As pessoas com problemas de insônia devem evitar entrar em pânico, devem relaxar e tentar distrair-se.
- Todos sonham, mas alguns não se lembram do que sonharam. Freud distingue entre o conteúdo manifesto e latente dos sonhos.
- Na avaliação da validade de uma definição, o indivíduo deve atentar não somente para a definição, mas também para a sua origem.

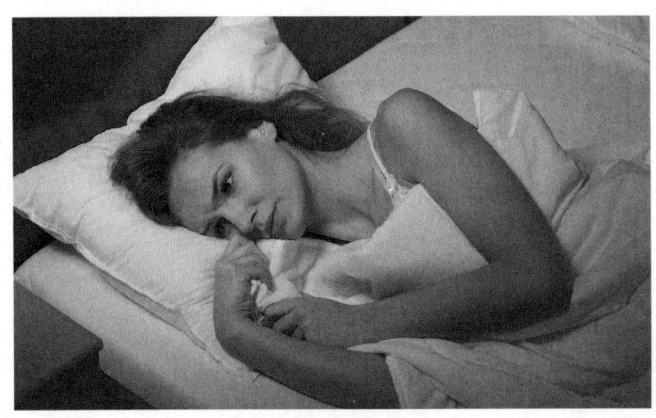

Capítulo 6
Aprendizagem

6.1 **CONDICIONAMENTO CLÁSSICO**

6.2 **CONDICIONAMENTO OPERANTE**

6.3 **NOVOS CAMINHOS NO ESTUDO DO CONDICIONAMENTO**

6.4 **APRENDIZAGEM POR OBSERVAÇÃO**

6.5 **REFLETINDO SOBRE OS TEMAS DO CAPÍTULO**
Visão geral ilustrada: três tipos de aprendizagem

6.6 **APLICAÇÃO PESSOAL**
Adquirindo autocontrole por meio da modificação do comportamento

6.7 **APLICAÇÃO DO PENSAMENTO CRÍTICO:**
Manipulação das emoções: Pavlov e a persuasão

Quadro de conceitos

Temas neste capítulo

Hereditariedade e meio ambiente

Contexto sócio-histórico

Vamos ver se você consegue desvendar uma charada. O que os cenários a seguir têm em comum?

- Em 1953, um pesquisador japonês observou um pequeno macaco em uma ilha de Koshima que lavava uma batata-doce em um córrego antes de comê-la. Ninguém tinha visto um macaco fazer isso antes. Logo, outros membros do seu grupo demonstravam o mesmo comportamento. Várias gerações depois, os macacos na ilha de Koshima ainda lavam suas batatas antes de ingeri-las (De Waal, 2001).
- Em 2005, Wade Boggs entrou para o Hall da Fama do beisebol. Boggs era tão conhecido por suas superstições quanto por sua habilidade como jogador. Por 20 anos, Boggs comeu frango todos os dias do ano. Antes dos jogos, ele seguia um estrito conjunto de rituais que incluía andar pelas bases ao contrário, correndo em seguida a toda velocidade por precisamente 17 minutos antes do início da partida e atirando exatamente três pedrinhas para fora do campo. Sempre que era sua vez de rebater em uma partida, ele desenhava a letra hebraica *chai* na areia com seu taco. Para Boggs, a mais leve mudança nessa rotina era muito perturbadora (Gaddis, 1999; Vyse, 2000).
- Andorinhas em Minnesota construíram ninhos dentro de um depósito da Home Depot, a salvo do clima e dos predadores. Como, então, elas entram e saem para alimentar seus filhotes quando as portas estão fechadas? Elas voam ao redor dos sensores de movimento que operam as portas até que elas se abram!

O que há de comum entre essas situações diversas? O que liga um supersticioso jogador de beisebol a macacos que lavam batatas e andorinhas que abrem portas?

A resposta é *aprendizagem*. Isso pode surpreendê-lo. Quando a maioria das pessoas pensa em aprendizagem, elas imaginam alunos debruçados sobre livros ou novatos adquirindo proficiência em uma habilidade, como esquiar ou tocar violão. Para um psicólogo, contudo, **aprendizagem é qualquer mudança relativamente duradoura de comportamento ou conhecimento devida à experiência.** Os macacos não nascem com o hábito de lavar suas batatas-doces nem as andorinhas começam a vida sabendo como operar sensores de movimento. Esses comportamentos são produto da experiência; ou seja, representam a aprendizagem.

A aprendizagem é um dos conceitos mais importantes em todo o campo da psicologia. A aprendizagem molda nossos hábitos pessoais, como roer as unhas; traços de personalidade, como timidez; preferências pessoais, como não gostar de roupas formais; e reações emocionais, como as que temos quando ouvimos nossas canções favoritas. Se todas as suas respostas aprendidas pudessem ser retiradas de você, pouco sobraria de seu comportamento. Você não conseguiria falar, ler um livro, nem fazer um hambúrguer. Você seria tão complexo e interessante quanto um nabo.

Como mostram os exemplos no início deste capítulo, a aprendizagem não é um processo exclusivamente humano. Ela também existe no mundo animal; um fato que não surpreenderá alguém que já teve um cachorro ou viu uma foca treinada atuando. Na verdade, muitas das descobertas mais fascinantes no estudo da aprendizagem se originaram dos estudos de animais.

Neste capítulo, você verá como a pesquisa sobre aprendizagem foi frutífera e como são amplas suas aplicações. Focaremos nossa atenção em um tipo específico de aprendizagem: **o *condicionamento*, que envolve aprendizagem de associações entre eventos que ocorrem no meio ambiente dos seres vivos.** Ao investigá-lo, os psicólogos estudam a aprendizagem em um nível muito fundamental. Essa estratégia possibilita o surgimento de visões que lançam as bases para o estudo de formas mais complexas de aprendizagem. Na Aplicação Pessoal, veremos como utilizar os princípios do condicionamento para melhorar o autocontrole. A Aplicação do Pensamento Crítico mostra como os procedimentos de condicionamento podem ser usados para manipular as emoções.

6.1 Condicionamento clássico

Você sente as pernas fracas só de pensar em ficar em pé no topo de um edifício alto? Seu coração acelera só de imaginar encontrar uma cobra? Se for esse o caso, você entende, pelo menos até certo ponto, como é ter uma fobia. *Fobias* são temores irracionais de objetos ou situações específicas. Fobias moderadas são comuns. Com o passar dos anos, meus alunos têm descrito suas respostas fóbicas a uma diversidade de estímulos, incluindo pontes, elevadores, túneis, altura, cães, gatos, insetos, cobras, professores, médicos, estranhos, trovões e germes. Se você tem fobia, pergunte-se onde conseguiu um temor tão bobo. Provavelmente o adquiriu por meio de um condicionamento clássico (Field e Purkis, 2012). ***Condicionamento clássico* é um tipo de aprendizado no qual um estímulo adquire a capacidade de evocar uma resposta que era originalmente evocada por outro estímulo.** O processo foi originalmente descrito em 1903 por Ivan Pavlov e é chamado *condicionamento pavloviano* em homenagem a ele. Esse processo de aprendizagem foi caracterizado como condicionamento "clássico" décadas mais tarde (início dos anos 1940) para distingui-lo dos outros tipos de condicionamento que interessaram à pesquisa naquela época (Clark, 2004).

A demonstração de Pavlov: "reflexos psíquicos"

Pavlov foi um proeminente psicólogo russo que realizou pesquisa sobre a digestão, que lhe valeu um Prêmio Nobel. Pavlov estava estudando o papel da saliva nos processos

> **6.1 Objetivos Principais de Aprendizagem**
>
> - Descrever a demonstração de Pavlov sobre o condicionamento clássico e seus principais elementos nessa forma de aprendizagem.
> - Esclarecer como o condicionamento clássico pode moldar as emoções, as respostas fisiológicas e as atitudes.
> - Descrever a aquisição, extinção e recuperação espontânea no condicionamento clássico.
> - Explicar o que acontece na generalização, discriminação e condicionamento de ordem mais alta.

digestivos de cães quando se deparou com o que ele chamou "reflexos psíquicos" (Pavlov, 1906). Como muitas das grandes descobertas, a sua foi parcialmente acidental, embora ele tenha tido percepção para reconhecer sua significância. Seus participantes eram cães presos em arreios em uma câmara experimental (veja **Figura 6.1**), e sua saliva era coletada por meio de um tubo cirurgicamente implantado na glândula salivar. Pavlov apresentava carne para o cão e colhia a saliva que resultava desse estímulo. Conforme sua pesquisa se desenvolvia, Pavlov notou que os cães acostumados ao procedimento começavam a salivar *antes* que a carne fosse apresentada, isso em resposta ao som feito pelo dispositivo usado para apresentar a carne.

Intrigado com essa descoberta inesperada, Pavlov decidiu investigar mais a fundo. Ele pareou a apresentação da carne a vários estímulos que se sobressairiam na situação do laboratório. Por exemplo, usou um simples estímulo auditivo – um som. Depois que o som e a carne eram apresentados conjuntamente uma série de vezes, o som era apresentado sozinho. O que aconteceu? Os cães salivaram ao simples toque do som.

O que havia de tão significativo na salivação do cão quando ouvia o som? O fato importante é que o som era apenas um estímulo *neutro*, isso é, ele originalmente não produzia a resposta da salivação. Pavlov conseguiu mudar isso pareando o som a um estímulo (a carne) que *produzia* a resposta da salivação. Por meio desse processo, o som adquiriu a capacidade de desencadear a resposta da salivação. O que Pavlov havia demonstrado era como as associações estímulo-resposta – as bases da aprendizagem – são formadas por eventos no meio ambiente dos seres vivos. Baseado nessa ideia, ele construiu uma teoria ampla de aprendizagem que tentava explicar os aspectos da emoção, do temperamento, das neuroses e da linguagem.

Terminologia e procedimentos

Há um vocabulário especial associado ao condicionamento clássico que pode intimidar um pouco, mas ele não é tão misterioso assim. A relação que Pavlov notou entre a carne e a salivação era uma associação natural, não aprendida. Ela não teve de ser criada por meio do condicionamento, por isso é chamada associação *não condicionada*. Em relações desse tipo, o *estímulo não condicionado* **(ENC) evoca, sem condicionamento prévio, uma** *resposta não condicionada* **(RNC), que é uma reação não aprendida a um estímulo não condicionado que ocorre sem condicionamento prévio.**

Por outro lado, a relação entre o som e a salivação foi estabelecida por meio de condicionamento e, assim, é chamada associação *condicionada*. Em relações condicionadas, o *estímulo condicionado* **(EC) é previamente neutro, pois, por meio do condicionamento, adquiriu a capacidade de evocar uma resposta condicionada. A** *resposta condicionada* **(RC) é uma reação aprendida com um estímulo condicionado que ocorre por causa de condicionamento prévio.**

Para evitar possível confusão, vale a pena notar que a resposta não condicionada e a condicionada são basicamente o mesmo comportamento, apesar de poder haver diferenças sutis entre elas. Na demonstração inicial de Pavlov, a resposta não condicionada e a condicionada foram, em ambos os casos, a salivação. Quando evocada pelo ENC (a carne), a salivação foi uma resposta não condicionada. Quando evocada pelo EC (o som), houve uma resposta condicionada. De qualquer modo, os procedimentos envolvidos no condicionamento clássico estão esquematizados na **Figura 6.2**.

CHECAGEM DA REALIDADE

Ideia equivocada

Na demonstração de Pavlov sobre o reflexo condicionado, o estímulo condicionado foi o soar de um sino.

Realidade

Os detalhes dos estudos de Pavlov foram distorcidos ao longo dos anos. Pavlov tentou usar um sino como um EC, mas nesse artigo clássico de 1906, ele relatou que o sino não foi um estímulo muito eficaz porque tendia a assustar os cães e perturbar seu comportamento (Goodwin, 1991). Pavlov utilizou uma variedade de estímulos condicionados, porém o som de um tom foi o estímulo auditivo preferido.

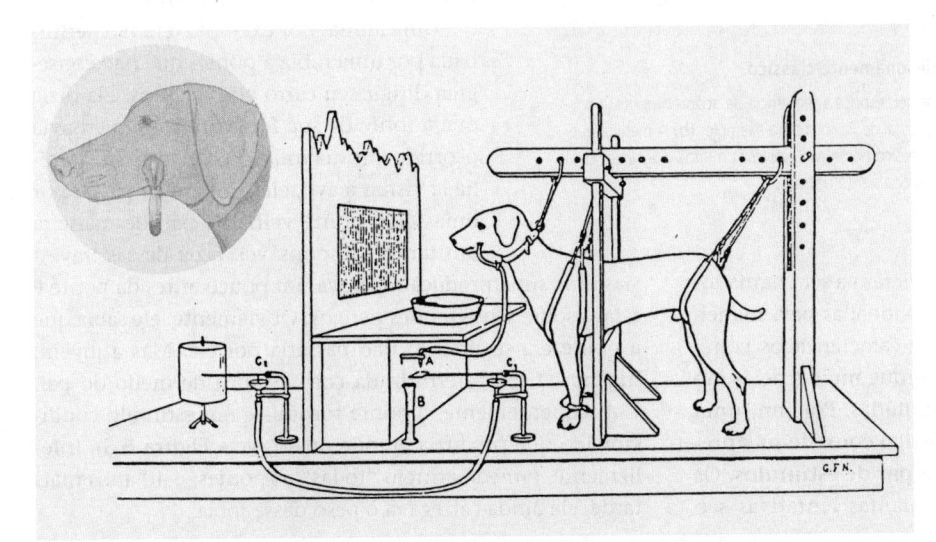

Figura 6.1 Aparato para o condicionamento clássico.

Um arranjo experimental semelhante ao ilustrado aqui (extraído de Yerkes e Morgulis, 1909) tem sido tipicamente utilizado em demonstrações de condicionamento clássico, embora a estrutura original de Pavlov (veja o detalhe) fosse muito mais simples. O cão é preso por arreios. Um som é usado como estímulo condicionado (EC), e a carne é apresentada como estímulo não condicionado (ENC). O tubo inserido na glândula salivar do cão permite a medição precisa de sua resposta de salivação. A caneta e o rolo de papel rotativo à esquerda são utilizados para manter um registro contínuo do fluxo salivar. O detalhe mostra a estrutura menos elaborada que Pavlov originalmente usou para colher a saliva em cada tentativa (Goodwin, 1991).

(a) Processo de condicionamento clássico

Antes do condicionamento
O estímulo não condicionado (ENC) produz resposta não condicionada, mas o estímulo neutro (EN) não.

- EN Som → Não há resposta
- ENC Carne → RNC Salivação

Durante o condicionamento
O estímulo neutro é pareado ao estímulo não condicionado.

- EN Som
- ENC Carne → RNC Salivação

Depois do condicionamento
O estímulo neutro sozinho produz a resposta; ele é agora um estímulo condicionado (EC), e a resposta a ele é uma resposta condicionada (RC).

- EC Som → RC Salivação

(b) Resumo do condicionamento clássico

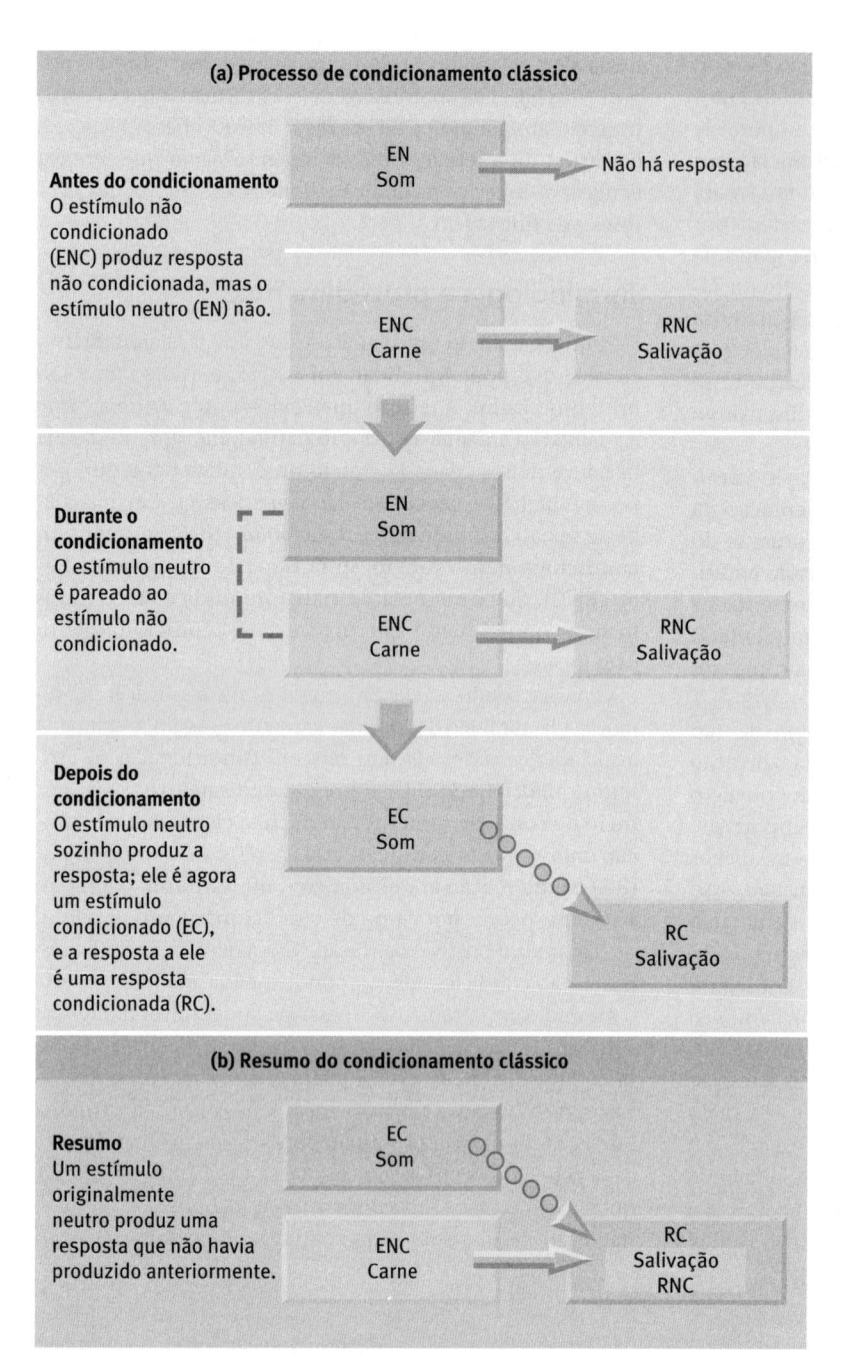

Resumo
Um estímulo originalmente neutro produz uma resposta que não havia produzido anteriormente.

- EC Som
- ENC Carne → RC Salivação / RNC

Figura 6.2 A sequência de eventos no condicionamento clássico.
(a) Seguindo de cima para baixo, essa série de três painéis esboça a sequência de acontecimentos no condicionamento clássico, usando a demonstração original de Pavlov como exemplo. (b) À medida que encontrarmos outros exemplos de condicionamento clássico neste livro, veremos muitos diagramas como esse, que apresentarão exemplos específicos de condicionamento clássico.

Os "reflexos psíquicos" de Pavlov vieram a ser chamados *reflexos condicionados*. Respostas condicionadas pela maneira clássica têm sido tradicionalmente caracterizadas como reflexos e diz-se que são **eliciadas**, porque muitas delas são relativamente automáticas ou involuntárias. Por fim, **uma tentativa** em condicionamento clássico consiste na apresentação de um estímulo ou de um par de estímulos. Os psicólogos interessam-se por saber quantas tentativas são necessárias para estabelecer uma relação condicionada específica. O número necessário para formar uma associação varia consideravelmente. Embora o condicionamento clássico em geral prossiga gradualmente, ele também pode ocorrer rapidamente, às vezes em apenas um pareamento do estímulo condicionado com o não condicionado.

O condicionamento clássico na vida cotidiana

Em experiências de laboratório sobre o condicionamento clássico, pesquisadores trabalham geralmente com respostas extremamente simples. Além da salivação, muitas vezes a lista dos estudos favoritos inclui o fechamento das pálpebras, os movimentos realizados pelos joelhos e flexões dos vários membros. O estudo de respostas bem simples prova ser prático e produtivo. Todavia, essas respostas nem mesmo começam a explicar a rica diversidade do comportamento diário que é regulado pelo condicionamento clássico. Vejamos alguns exemplos desse condicionamento extraídos da vida cotidiana.

O medo condicionado e a ansiedade

Em geral, o condicionamento clássico desempenha um papel-chave em moldar respostas emocionais, como o medo e a ansiedade. As fobias são um bom exemplo de tais respostas. Estudos de casos de pacientes que sofriam de fobias sugerem que muitos temores irracionais podem ter suas raízes em experiências que envolvem o condicionamento clássico (Field e Purkis, 2012). É fácil imaginar como tal condicionamento pode ocorrer fora do laboratório.

Uma aluna, por exemplo, era tão perturbada por uma fobia a pontes que não conseguia dirigir seu carro em viadutos. Ela dizia que a fonte de sua fobia era algo que havia ocorrido em sua infância. Quando sua família ia visitar a avó, eles tinham de passar por uma frágil ponte velha. O pai, de maneira um tanto irresponsável, fazia dessas travessias uma superprodução: parava um pouco antes da ponte e falava sobre seus grandes perigos. Obviamente, ele sabia que a ponte era segura, ou não passaria por ela. Mas a jovem, ingênua, ficava aterrorizada com a tática de medo do pai. Consequentemente, a ponte tornou-se um estímulo condicionado que produzia grande medo (veja **Figura 6.3**). Infelizmente, o medo atingiu "todas" as pontes, e 40 anos mais tarde, ela ainda carregava o peso dessa fobia.

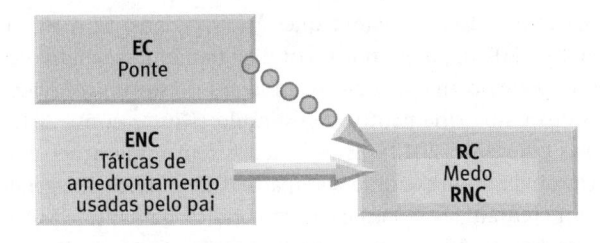

Figura 6.3 O condicionamento clássico e a resposta de medo.
Muitas respostas emocionais intrigantes podem ser explicadas pelo condicionamento clássico. No caso da fobia de uma mulher em relação a pontes, o medo originalmente eliciado pela tática de seu pai para assustá-la tornou-se uma resposta condicionada ao estímulo "pontes".

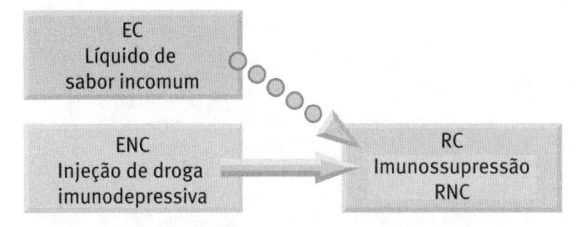

Figura 6.4 Condicionamento clássico de imunossupressão.
Quando um estímulo neutro se junta a uma droga que quimicamente causa imunossupressão, ele pode se tornar um EC que produz a imunossupressão por si própria. Assim, até a resposta imunológica pode ser influenciada pelo condicionamento clássico.

As reações diárias de ansiedade são menos graves que as fobias e podem também ser produtos do condicionamento clássico. Por exemplo, se você fica tenso ao ouvir o motor da broca do dentista, essa resposta é resultado do condicionamento clássico. Nesse caso, a dor que você experimentou com a broca de dentista é o ENC. Essa dor foi pareada ao som do motor, que se tornou um EC, gerando uma resposta de esquiva.

Isso *não* quer dizer que as experiências traumáticas associadas aos estímulos levavam *automaticamente* aos medos ou fobias condicionados. Se o condicionamento do medo ocorre ou não, depende de vários fatores (Oehlberg e Mineka, 2011). Os medos condicionados são menos prováveis de serem desenvolvidos quando os eventos parecem escapáveis e controláveis, e quando as pessoas têm um histórico de encontros não traumáticos em situações semelhantes (por exemplo, com dentistas). As pessoas que têm ansiedade relativamente baixa provavelmente adquirem medos condicionados com menos velocidade do que aquelas com alto nível de ansiedade.

Outras respostas condicionadas

O condicionamento clássico afeta não somente comportamentos observáveis, mas também *processos psicológicos*. Por exemplo, estudos têm demonstrado que o funcionamento do sistema imunológico pode ser influenciado pelo condicionamento (Szczytkowski e Lysle, 2011). Assim, Ader e Nicholas Cohen (1993) mostraram que o condicionamento clássico pode levar à *imunossupressão* – uma diminuição na produção de anticorpos. Em um estudo comum, injeta-se uma droga (ENC) que *quimicamente* causa imunossupressão em animais, enquanto eles recebem simultaneamente um líquido de sabor incomum para beber (EC). Dias mais tarde, depois de a imunossupressão induzida quimicamente ter acabado, alguns animais são expostos novamente ao EC, ou seja, lhes é apresentado o líquido de paladar incomum. As medições da produção de anticorpos indicam que os animais expostos ao EC mostram uma resposta imunológica reduzida (veja **Figura 6.4**).

Estudos também demonstraram que o condicionamento clássico pode influenciar a *estimulação sexual*. Por exemplo, pesquisas revelaram que as codornas podem ser condicionadas a ficarem sexualmente estimuladas com o uso de um estímulo neutro, não sexual – como a luz vermelha –, que foi utilizado em conjunto com oportunidades para copular (Domjan, 1994). Os pesquisadores também condicionaram a codorna para desenvolver fetiches sexuais por objetos inanimados (Cetinkaya e Domjan, 2006). O condicionamento clássico também pode ser a base do desenvolvimento dos fetiches sexuais em seres humanos. Parece possível que os seres humanos possam ser condicionados a ficar excitados por objetos – como tênis, botas, couro e roupas íntimas – que foram emparelhados com encontros sexuais.

Condicionamento avaliativo das atitudes

O condicionamento pavloviano também pode influenciar as atitudes das pessoas. Nas últimas décadas, os pesquisadores mostraram grande interesse em um subtipo de condicionamento clássico chamado de *condicionamento avaliativo*. **Condicionamento avaliativo refere-se às mudanças no gosto por um estímulo que resulta do emparelhamento desse estímulo com outros estímulos positivos ou negativos.** Em outras palavras, o condicionamento avaliativo envolve a aquisição de gostos e desgostos, ou preferências, por meio do condicionamento clássico (De Houwer, 2011). Por exemplo, um estímulo neutro pode ser emparelhado com um estímulo não condicionado que desencadeia reações positivas de modo que o estímulo neutro se torna um estímulo condicionado que provoca reações positivas semelhantes. Por exemplo, em um estudo, desenhos divertidos emparelhados com dois tipos de bebidas energéticas aumentaram o gosto dos participantes pelas bebidas (Strick et al., 2009) (veja **Figura 6.5**). Outro estudo mostrou que figuras de salgadinhos com alto teor calórico emparelhadas com imagens de efeitos adversos à saúde (obesidade e doença cardiovascular) promoveram atitudes mais negativas sobre os salgadinhos não saudáveis e, subsequentemente, levaram os sujeitos a escolher frutas a salgadinhos altamente calóricos (Hollands, Prestwich e Marteau, 2011). Outros estudos descobriram que o condicionamento avaliativo pode ser usado para reduzir atitudes prejudiciais em relação aos sem-teto (Balas e Sweklej, 2013); promover atitudes mais favoráveis sobre reciclagem (Geng et al., 2013); e criar

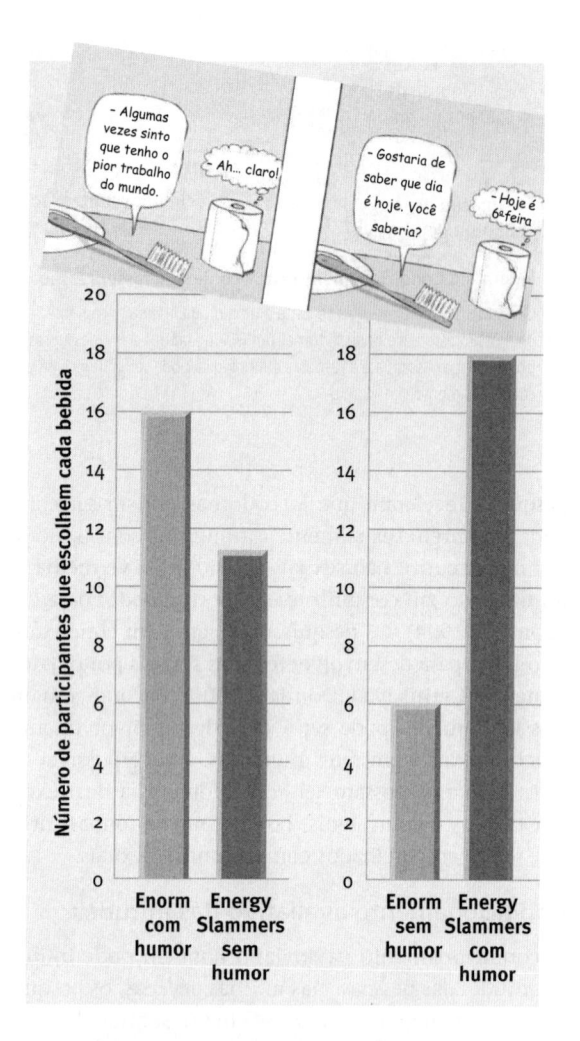

Figura 6.5 Condicionamento avaliativo com humor.

Em um estudo sobre o condicionamento avaliativo, Strick et al. (2009) emparelharam dez desenhos humorísticos ou não humorísticos com duas bebidas energéticas. Os desenhos do controle não humorístico foram criados a partir de um desenho divertido cujo texto foi modificado para que eles não fossem mais engraçados (veja exemplo na parte superior). Emparelhar as bebidas energéticas com humor teve efeito positivo nas atitudes dos participantes a respeito das bebidas. Além do mais, essas atitudes positivas influenciaram o comportamento real dos sujeitos quando eles tiveram a chance de consumir uma das bebidas. Quando a bebida Enorm foi emparelhada com humor, os participantes a preferiram, e quando a bebida Energy Slammers foi emparelhada com humor, ela foi escolhida com mais frequência.

Fonte: Adaptado de Strick, M., van Baaren, R. B., Holland, R. W. e van Knippenberg, A. (2009). O humor nas propagandas aumenta a preferência pelo produto por mera associação. *Journal of Experimental Psychology: Applied*, 15, 35-45. Figuras 1 e 4. Copyright © 2009 American Psychological Association.

atitudes mais negativas em relação ao consumo de cerveja (Houben, Schoenmakers e Wiers, 2010).

Em suma, os estudos do condicionamento avaliativo mostraram consistentemente que o gosto por um estímulo pode ser aumentado ao emparelhá-lo com estímulos positivos e reduzido ao emparelhá-lo com estímulos negativos (Gast, Gawronski e De Houwer, 2012; Hoffmann et al., 2010). Além do mais, pesquisas sugerem que as atitudes alteradas por meio do condicionamento avaliativo são especialmente duráveis (Walther, Weil e Dusing, 2011). Embora haja muito debate sobre a questão (Sweldens, Corneille e Yzerbyt, 2014), parece que o condicionamento avaliativo às vezes pode ocorrer sem que os indivíduos estejam conscientes dos emparelhamentos de estímulo (Hutter et al., 2012; Balas e Sweklej, 2012). Esses achados têm implicações práticas óbvias; por exemplo, campanhas de publicidade geralmente tentam levar vantagem do condicionamento clássico (Schachtman, Walker e Fowler, 2011) (veja Aplicação Pessoal neste capítulo).

Processos básicos do condicionamento clássico

O condicionamento clássico é frequentemente visto como um processo mecânico que inevitavelmente leva a certo resultado. Essa visão exprime a realidade de que muitas respostas condicionadas são reflexas e difíceis de controlar. Os cães de Pavlov teriam de ser muito pressionados para reter a salivação. Da mesma forma, pessoas com fobias têm grande dificuldade para suprimir seus temores. Contudo, essa visão do condicionamento clássico como uma "força irresistível" é enganosa, porque não considera os muitos fatores envolvidos no condicionamento clássico (Kehoe e Macrae, 1998). Nesta seção, veremos os processos básicos do condicionamento clássico para aprofundar a rica complexidade dessa forma de aprendizagem.

Aquisição

Já discutimos a *aquisição* sem ter usado um nome formal para o processo. **Aquisição refere-se ao estado inicial de aprender uma nova tendência de resposta.** Pavlov teorizou que a aquisição de uma resposta condicionada depende da *contiguidade do estímulo*. Os estímulos são contíguos se ocorrerem juntos no mesmo tempo e espaço.

A contiguidade do estímulo é importante, mas os teóricos da aprendizagem percebem agora que a contiguidade sozinha não produz condicionamento automaticamente (Urcelay e Miller, 2014). As pessoas são bombardeadas diariamente com incontáveis estímulos que poderiam ser percebidos como pareados, mas só alguns deles produzem condicionamento clássico. Se o condicionamento não ocorre com todos os estímulos presentes em uma situação, o que determina sua ocorrência? A evidência sugere que os estímulos novos, maiores ou especialmente intensos têm maior probabilidade de se tornar ECs do que os estímulos rotineiros, provavelmente porque os primeiros são mais salientes; isso é, é mais provável que se sobressaiam entre outros estímulos (Miller e Grace, 2013).

Extinção

Felizmente, uma nova relação estímulo-resposta não necessariamente dura para sempre. Se assim fosse, a aprendizagem seria inflexível, e organismos teriam dificuldades em se adaptar a novas situações. Em vez disso, as circunstâncias certas produzem *extinção* – **o enfraquecimento gradual e o desaparecimento da tendência a uma resposta condicionada.**

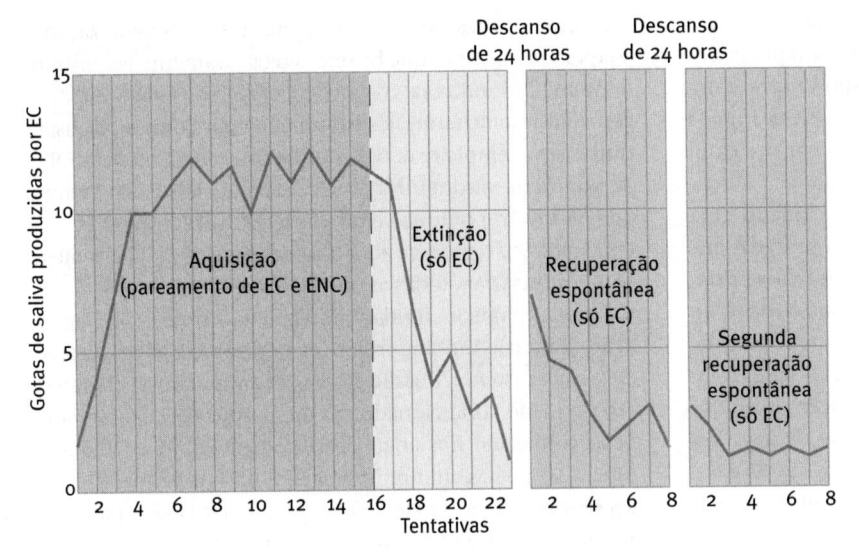

Figura 6.6 Aquisição, extinção e recuperação espontânea.

Durante a aquisição, a força da resposta condicionada do cão (medida pela quantidade de salivação) aumenta rapidamente e depois se estabiliza próximo de seu máximo. Durante a extinção, a RC diminui irregularmente até se extinguir. Depois de um período de "descanso", quando o cão não é exposto ao EC, ocorre uma recuperação espontânea, e o EC novamente produz uma RC (mais fraca). Apresentações repetidas do EC sozinho extinguem novamente a RC, mas depois de um outro "período de descanso" ocorre uma recuperação espontânea mais fraca.

O que leva à extinção no condicionamento clássico? A apresentação consistente do estímulo condicionado *isoladamente*, sem o estímulo não condicionado. Por exemplo, quando Pavlov apresentava consistentemente apenas o som a um cão previamente condicionado, o som gradualmente perdia sua capacidade de produzir a resposta de salivação. Tal sequência de eventos está ilustrada na parte esquerda da **Figura 6.6**, que apresenta um gráfico com a quantidade de salivação de um cachorro em uma série de tentativas de condicionamento. Note que a resposta de salivação diminui durante a extinção.

Para um exemplo de extinção fora do laboratório, presumamos que você fique tenso ao som do motor da broca do dentista que foi pareado com a dor que você sentiu no passado. Você, então, consegue um emprego como assistente de dentista e ouve o motor (EC) dia sim, dia não, sem experimentar dor (ENC). Sua resposta condicionada (ficar tenso) diminui pouco a pouco até desaparecer.

Recuperação espontânea

Algumas respostas condicionadas podem "ressurgir dos mortos" depois de terem sido extintas. Teóricos da aprendizagem, para descrever tal ressurreição do cemitério das associações condicionadas, usam o termo ***recuperação espontânea***, que é o reaparecimento de uma resposta extinta depois de um período de não exposição ao estímulo condicionado.

Pavlov (1927) observou esse fenômeno em alguns de seus estudos anteriores. Ele extinguiu completamente a RC de salivação de um cão a um som e, depois, o manteve na jaula para um "período de descanso" (de não exposição ao EC). Em um dia subsequente, quando o cão foi trazido de volta à câmara experimental para ser testado novamente, ele ouviu o som e a resposta de salivação reapareceu. Entretanto, a resposta recuperada foi fraca: havia menos salivação do que quando a resposta chegara ao seu

---

REVISÃO 6.1

Identificando os elementos de um condicionamento clássico

Verifique seu entendimento a respeito do condicionamento clássico tentando identificar o estímulo não condicionado (ENC), a resposta não condicionada (RNC), o estímulo condicionado (EC) e a resposta condicionada (RC) em cada um dos exemplos a seguir. Preencha o diagrama que acompanha cada exemplo. As respostas encontram-se no Apêndice A.

1. Sam tem 3 anos. Uma noite, seus pais fazem um fogaréu na lareira. O fogo arremessa uma brasa de bom tamanho que atinge o braço de Sam e o faz sentir dor por horas. Uma semana mais tarde, quando seus pais acendem novamente a lareira, Sam fica aborrecido e amedrontado. Ele chora e sai correndo da sala.

2. Mara está dirigindo para o trabalho. Chove muito. Ela nota que as luzes dos freios de todos os carros em frente ao dela se acendem. Ela pisa no freio, mas observa, com horror, que seu carro desliza e causa um acidente em que quatro carros ficam empilhados uns sobre os outros. Ela fica muito atordoada com o acidente. Um mês depois, ela está dirigindo na chuva novamente e nota que fica tensa toda vez que vê as luzes dos freios dos carros à sua frente se acenderem.

3. Aos 24 anos, Tyrone desenvolveu uma alergia a gatos. Quando ele está em uma mesma sala com um gato por mais de 30 minutos, começa a ficar ofegante. Depois de algumas dessas crises de alergia, Tyrone começa a sentir-se ofegante logo que vê um gato.

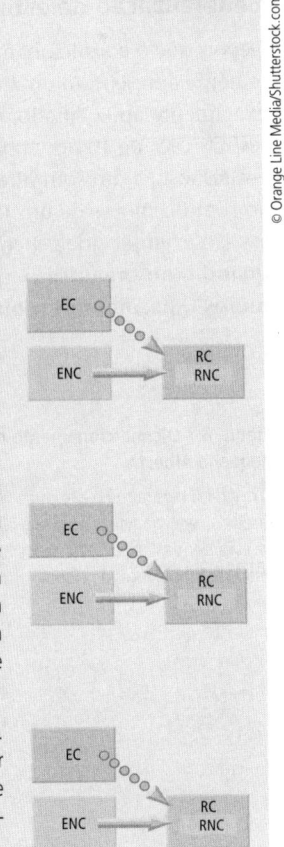

ponto máximo. Se Pavlov apresentasse consistentemente o EC sozinho outra vez, a resposta se extinguiria rapidamente. Curiosamente, em alguns dos cães, a resposta teve outra recuperação espontânea (normalmente até mais fraca que a primeira) depois que passaram outro período em seu canil (consulte novamente a **Figura 6.6**).

Pesquisas descobriram um fenômeno relacionado chamado *efeito de renovação* – **se uma resposta se extinguir em um ambiente diferente daquele em que foi adquirida, a resposta extinta reaparecerá caso o animal retorne ao ambiente original em que a aquisição ocorreu.** Esse fenômeno, junto com evidências recentes sobre as bases neurais da extinção do medo, sugere que a extinção de algum modo *suprime* a resposta condicionada em vez de *apagar* a associação aprendida (Milad e Quirk, 2012). Em outras palavras, a *extinção não parece levar à desaprendizagem* (Bouton e Woods, 2009). O significado teórico da recuperação espontânea e do efeito de renovação é complexo e sujeito a debates. Entretanto, seu significado prático é bastante simples: mesmo que você consiga se livrar de uma resposta condicionada indesejada (como no caso do motor do dentista), existe uma grande possibilidade de que ela reapareça de surpresa posteriormente. Infelizmente, essa ideia também se aplica às terapias comportamentais utilizadas para extinguir fobias problemáticas. Embora os pacientes estejam propensos à recaída após esses tratamentos, novas pesquisas sobre extinção produziram novas tecnologias criadas para reduzir a possibilidade de recaída (Laborda, McConnell e Miller, 2011).

Generalização de estímulo

Depois que o condicionamento ocorre, organismos frequentemente apresentam uma tendência a responder não apenas exatamente ao EC usado, mas a outros estímulos semelhantes. Os cães de Pavlov, por exemplo, poderiam ter salivado em resposta a um som diferente, ou você poderia ficar tenso ao som do motor de um joalheiro como ao do dentista. Esses são exemplos de *generalização de estímulo*, **que ocorre quando um organismo, que aprendeu a responder a estímulos específicos, responde igualmente a estímulos que são semelhantes ao estímulo original.** A generalização é adaptativa, uma vez que os seres vivos raramente encontram o mesmo estímulo mais de uma vez (Miller e Grace, 2013). A generalização de estímulos é também lugar-comum. Já discutimos um exemplo real: o da mulher que adquiriu uma fobia de pontes na sua infância porque seu pai a assustava sempre que passavam por uma velha ponte em particular. O EC original para seu temor era aquela ponte específica, mas o medo se *generalizou* para todas as outras pontes.

John B. Watson, fundador do behaviorismo (veja Capítulo 1), conduziu um importante estudo sobre a generalização. Ele e sua assistente, Rosalie Rayner, examinaram a generalização do medo condicionado em um garoto de 11 meses, que ficou conhecido nos anais de psicologia como o "pequeno Albert", o qual, como muitos bebês, não tinha medo de ratos brancos vivos. Então, Watson e Rayner (1920) parearam a apresentação de um rato com um som muito alto (o de um martelo batendo em uma barra de aço). Albert *demonstrou* medo em resposta ao som estridente. Depois de sete apresentações consecutivas do rato com o gongo, o rato foi estabelecido como EC, produzindo uma resposta de medo (veja **Figura 6.7**). Cinco dias mais tarde, Watson e Rayner expuseram o menino a outro estímulo que se assemelhava ao rato porque era branco e peludo. Eles descobriram que a resposta de medo de Albert havia se generalizado a uma variedade de estímulos, incluindo um coelho, um cachorro, um casaco de pele, uma máscara de Papai Noel e o cabelo de Watson.

A generalização depende da semelhança entre o novo estímulo e o EC original. A lei básica que governa a generalização é essa: *quanto mais semelhantes forem os novos estímulos ao EC original, maior a probabilidade de generalização*. Esse princípio pode ser quantificado em gráficos chamados *gradientes de generalização*, como os mostrados na **Figura 6.8**. Esses gradientes de generalização mapeiam como um cão condicionado a salivar a um tom de 1200 hertz pode responder a outros tons. Como você pode ver, a força da resposta de generalização reduz à medida que a similaridade entre os novos estímulos e o EC original diminui.

Figura 6.7 O condicionamento do pequeno Albert.

O diagrama mostra como a resposta de medo do pequeno Albert a um rato branco foi estabelecida. Sua resposta de medo a outros objetos brancos e peludos ilustra a generalização.

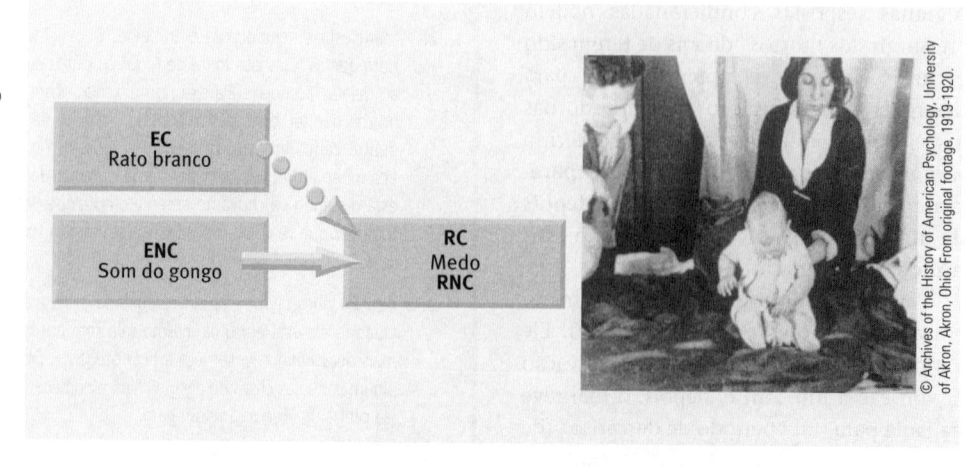

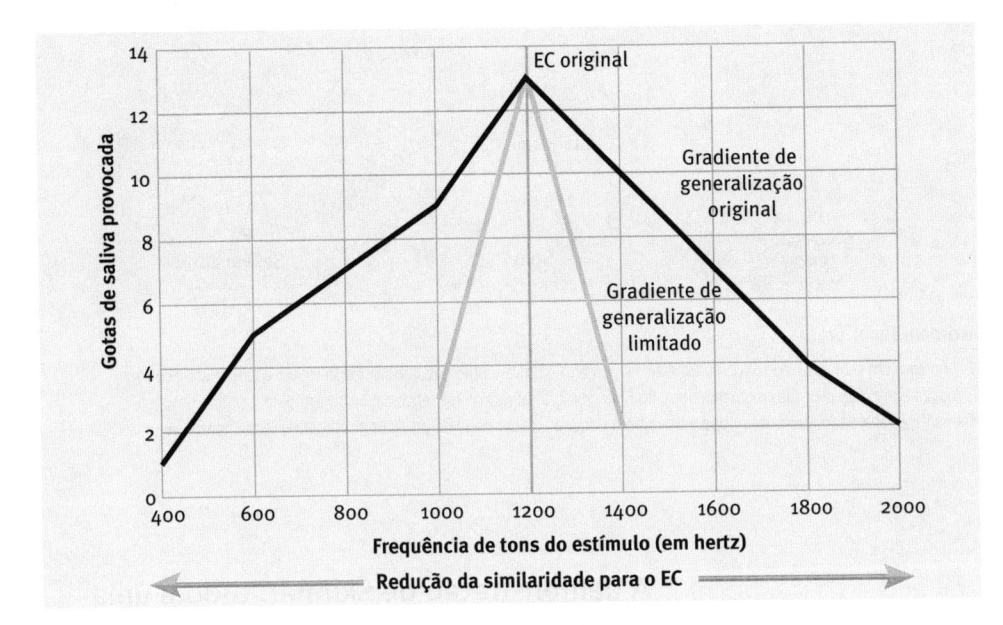

Figura 6.8 Gradientes de generalização.

Em um estudo sobre a generalização do estímulo, um organismo geralmente é condicionado a responder a um EC específico, como ao tom de 1200 hertz, e, então, é testado com estímulos semelhantes, como outros tons entre 400 e 2000 hertz. Os gráficos das respostas dos organismos são chamados *gradientes de generalização*. Os gráficos normalmente mostram, como ilustrado aqui, que a generalização reduz à medida que a similaridade entre o EC original e os novos estímulos diminui. Quando um organismo gradualmente aprende a *discriminar* entre um EC e estímulos semelhantes, o gradiente de generalização tende a se limitar em torno do EC original (como mostrado em cinza).

O processo de generalização pode ter implicações importantes. Por exemplo, ele parece contribuir com o desenvolvimento do *transtorno de pânico*, que envolve ataques de ansiedade recorrentes e esmagadores que ocorrem súbita e inesperadamente (veja Capítulo 14). A pesquisa sugere que os pacientes com pânico têm tendência a generalizar demais; ou seja, têm gradientes de generalização mais amplos que os sujeitos de controle, quando expostos a estímulos que desencadeiam a ansiedade (Lissek et al., 2010). Desse modo, o medo condicionado ao ambiente de estímulo em que o pânico ocorre (digamos, determinado shopping center) imediatamente generaliza para situações semelhantes de estímulo (todos os shopping centers), alimentando o crescimento do transtorno de pânico do paciente.

Discriminação de estímulo

Exatamente oposta à generalização de estímulo, a ***discriminação de estímulo*** ocorre quando um organismo, que aprendeu uma resposta a um estímulo específico, não responde da mesma forma a um novo estímulo semelhante ao estímulo original. Como a generalização, a discriminação é adaptativa, já que a sobrevivência do animal pode depender de sua capacidade de distinguir um amigo de um adversário, ou aquilo que pode comer de comida venenosa (Thomas, 1992). Organismos podem gradualmente aprender a discriminar entre o EC original e os estímulos semelhantes se tiverem experiência adequada com ambos. Por exemplo, digamos que seu cão de estimação corra em círculos, abanando alegremente a cauda, sempre que ouve um carro parar em frente de casa. No início, ele provavelmente responderá a *todos* os carros que pararem lá (generalização de estímulo). Porém, se houver algo distintivo acerca do som do seu carro, seu cão poderá gradualmente responder feliz apenas a seu carro e não aos outros (discriminação de estímulo).

O desenvolvimento da discriminação de estímulo frequentemente requer que o EC original (seu carro) continue pareado com o ENC (a sua chegada), enquanto estímulos semelhantes (os outros carros) não ocorram conjuntamente com o ENC. Como no caso da generalização, uma lei básica governa a discriminação: *quanto menos semelhantes forem os novos estímulos ao EC original, maior a probabilidade (e facilidade) de discriminação*. Assim, de modo contrário, se o novo estímulo for bem semelhante ao EC original, a discriminação será relativamente difícil de aprender.

Condicionamento de ordem superior

Imagine-se realizando a seguinte experiência. Primeiro, você condiciona um cão a salivar em resposta a um som pareando-o à carne. Uma vez que o som esteja firmemente estabelecido como um EC, você pareia o som a um novo estímulo, uma luz vermelha, durante 15 tentativas, e a apresenta sozinha, sem o som. Será que o cão salivará em resposta à luz vermelha?

A resposta é "sim". Embora a luz vermelha nunca tenha sido ligada à carne, adquirirá a capacidade de produzir salivação simplesmente por estar ligada ao som (veja **Figura 6.9**). Essa é uma demonstração de ***condicionamento de ordem superior***, em que o estímulo condicionado funciona como se fosse um estímulo não condicionado. O condicionamento de ordem superior mostra que o condicionamento clássico não depende da presença de um ENC verdadeiro, natural. Um EC já estabelecido funcionará bem. No condicionamento de ordem superior, novas respostas condicionadas são construídas sobre o alicerce de respostas condicionadas já estabelecidas. Muitas das respostas condicionadas nos seres humanos são o produto de condicionamento de ordem superior. Esse processo estende muito o alcance do condicionamento clássico.

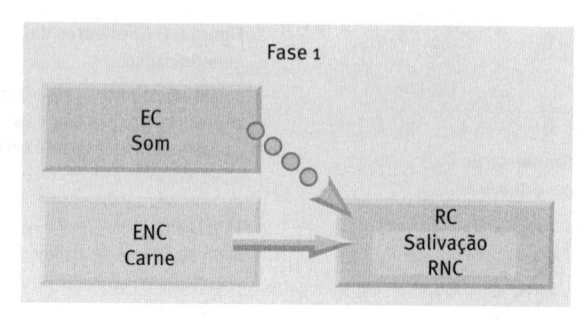

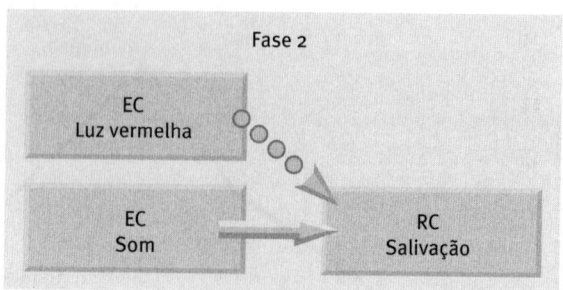

Figura 6.9 Condicionamento de ordem superior.

Envolve um processo de duas fases. Na primeira, um estímulo neutro (como um som) é pareado a um estímulo não condicionado (como a carne) até que se torne um estímulo condicionado que produza a resposta evocada originalmente pelo ENC (como a salivação). Na segunda, outro estímulo neutro (como a luz vermelha) é pareado ao EC (som) previamente estabelecido, de maneira que ele também adquira a capacidade de produzir a resposta originalmente evocada pelo ENC.

6.2 Condicionamento operante

6.2 Objetivos Principais de Aprendizagem

- Explicar o princípio do reforço de Skinner e descrever a terminologia e os procedimentos na pesquisa operante.
- Descrever modelagem, extinção, generalização e discriminação no condicionamento operante.
- Identificar os diversos tipos de esquemas de reforço e discutir seus efeitos comuns.
- Distinguir entre o reforço positivo e o negativo e entre a aprendizagem de fuga e a aprendizagem de esquiva.
- Descrever a punição e avaliar as questões relacionadas a ela como um procedimento disciplinar.

Até mesmo Pavlov reconheceu que o condicionamento clássico não é a única forma de condicionamento. Esse condicionamento explica melhor as respostas reflexas, que são amplamente controladas por estímulos que *precedem* a resposta. Seres humanos e outros animais emitem um grande número de respostas que não se encaixam nesta descrição. Considere a resposta ao que você está envolvido nesse momento: estudar. Essa definitivamente não é uma resposta reflexa (a vida seria bem mais fácil se fosse). Os estímulos que a governam (exames e notas) não a precedem. Em vez disso, seu estudo é principalmente influenciado por estímulos que *seguem* a resposta – especificamente, suas *consequências*.

Nos anos 1930, esse tipo de aprendizagem foi denominado *condicionamento operante* por B. F. Skinner (1938, 1953, 1969). O termo derivou de sua convicção, segundo a qual nesse tipo de resposta, um organismo "opera" sobre seu meio e não simplesmente reage aos estímulos. Assim, o **condicionamento operante é uma forma de aprendizagem em que as respostas voluntárias são controladas por suas consequências.** Teóricos da aprendizagem originalmente distinguiam entre o condicionamento clássico e o operante com base no fato de que o primeiro regula as respostas reflexas involuntárias, enquanto o último governa as respostas voluntárias. Essa distinção já dura muito tempo, mas não é absoluta, porque os dois tipos de condicionamento regem conjunta e interativamente alguns aspectos do comportamento (Schachtman e Reilly, 2011).

A demonstração de Skinner: tudo é uma questão de consequências

B. F. Skinner tinha grande admiração pelo trabalho de Pavlov e o usou como fundamento de sua própria teoria, chegando mesmo a tomar emprestado um pouco da terminologia de Pavlov (Disnmoor, 2004). E, como Pavlov, Skinner (1953, 1984) realizou uma pesquisa aparentemente simples que veio a se tornar muito importante. O princípio fundamental do condicionamento operante é extremamente simples: *Skinner demonstrou que organismos tendem a repetir aquelas respostas seguidas de consequências favoráveis.* Esse princípio fundamental está incorporado ao conceito de reforço de Skinner. **O *reforço* ocorre quando um evento seguido de uma resposta aumenta a tendência de um organismo produzir aquela resposta.** Em outras palavras, uma resposta é reforçada porque leva a consequências compensadoras.

O princípio do reforço pode parecer simples, mas é muito poderoso. Skinner e seus seguidores mostraram que muito do comportamento cotidiano das pessoas é regulado pelo reforço. Por exemplo: você estuda muito porque boas notas provavelmente advirão como resultado, trabalha porque esse comportamento resulta em seu pagamento no fim do mês e talvez trabalhe mais arduamente porque promoções e aumentos salariais poderão advir de tal comportamento. Você conta piadas e seus amigos riem – então, você conta mais outras. O princípio do reforço governa claramente complexos aspectos do comportamento humano. Paradoxalmente, esse princípio surgiu da pesquisa de Skinner sobre o comportamento de ratos e pombos em situações excepcionalmente simples. Vejamos essa pesquisa.

Terminologia e procedimentos

Como Pavlov, Skinner criou um protótipo de procedimento experimental que tem sido repetido (com variações) milhares de vezes. Nesse procedimento, um animal, normalmente um rato ou um pombo, é colocado em uma *câmara operante*, mais conhecida como "caixa de Skinner". ***Caixa de Skinner*** é um pequeno recipiente em que um animal pode produzir uma resposta específica que é sistematicamente registrada enquanto as consequências da resposta são controladas. Nas caixas desenhadas para ratos, a resposta principal disponibilizada é pressionar uma pequena alavanca montada em uma parede lateral (veja **Figura 6.10**). Naquelas preparadas para pombos a resposta designada é bicar um pequeno disco montado em uma parede lateral.

Comumente, diz-se que respostas operantes, como pressionar a alavanca e bicar o disco, são *emitidas*, em vez de *eliciadas*. **Emitir** significa desencadear. Essa palavra foi escolhida porque, como já observado, o condicionamento operante governa principalmente as respostas *voluntárias*, em vez das reflexas.

A caixa de Skinner permite ao experimentador controlar as contingências de reforçamento para o animal. ***Contingências de reforçamento* são as circunstâncias ou regras que determinam se as respostas levam à apresentação de reforços.** Em geral, o experimentador manipula se consequências positivas ocorrem quando o animal produz a resposta esperada. A principal consequência positiva normalmente

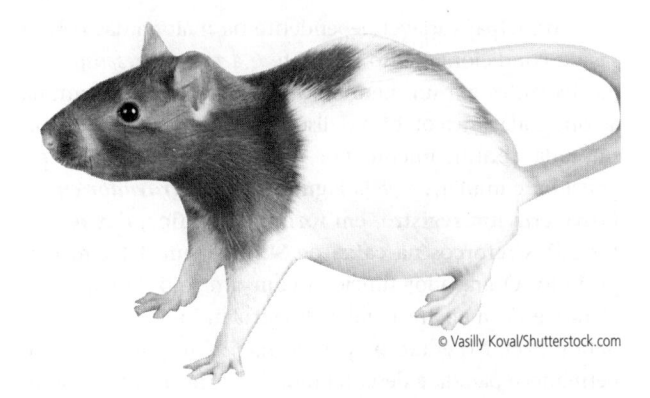

Embora o condicionamento operante possa explicar incontáveis aspectos do complexo comportamento humano, grande parte da pesquisa inicial foi conduzida em ratos de laboratório.

corresponde a uma pequena porção de alimento oferecida ao animal em um dispositivo montado na câmara. Como os animais são privados de alimentos um pouco antes da sessão experimental, a fome que eles sentem praticamente assegura que a comida sirva como reforço.

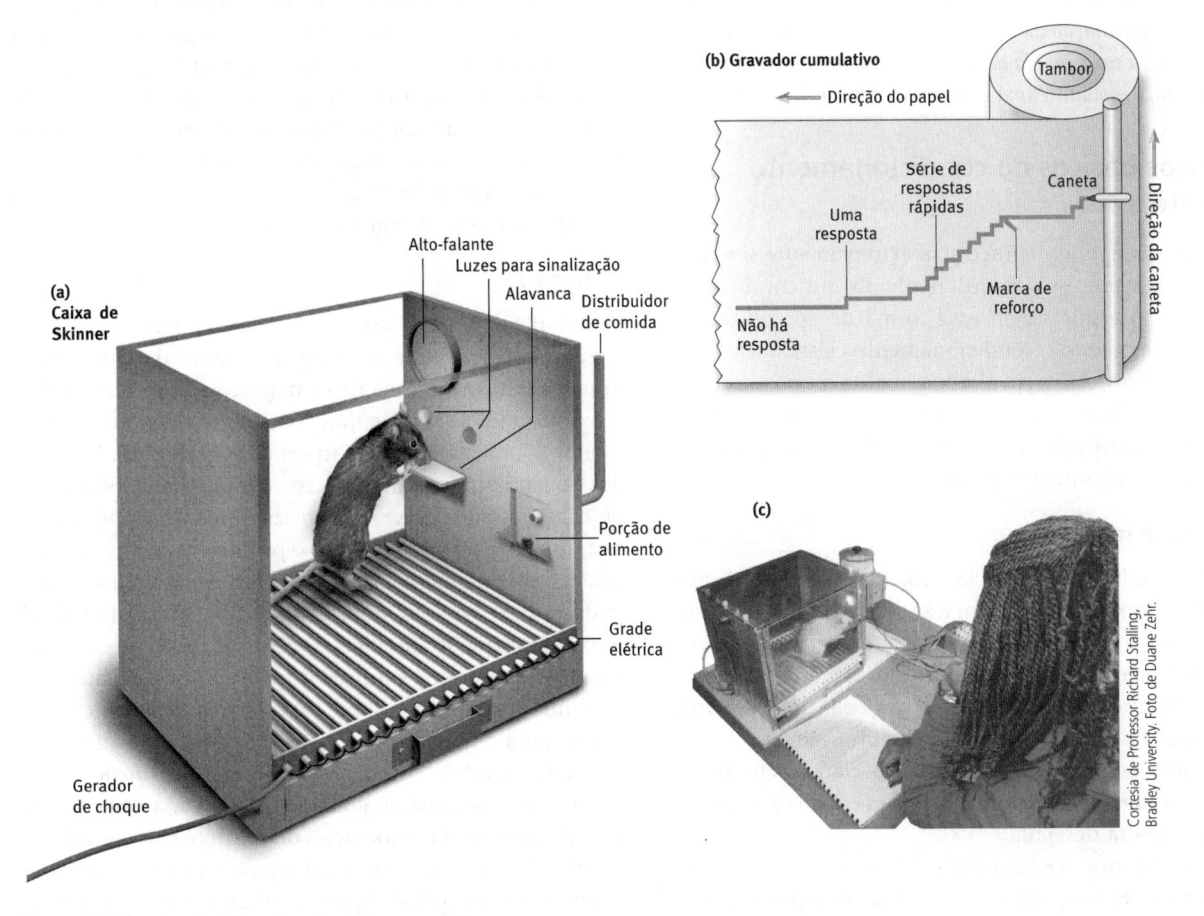

Figura 6.10 A caixa de Skinner e o registro cumulativo.
(a) Esse diagrama esclarece algumas das características importantes da caixa de Skinner. Nesse aparato desenhado para ratos, a resposta em estudo é pressionar a alavanca. Porções de alimento, que podem servir como reforços, são liberadas no dispositivo para tal fim à direita. O alto-falante e a luz permitem manipulação dos estímulos visuais e auditivos, e a grade elétrica dá ao experimentador controle sobre consequências aversivas (choque) na caixa. **(b)** Um gravador cumulativo conectado à caixa mantém registro contínuo das respostas e reforços. Cada vez que a alavanca for pressionada, a caneta se move um degrau, e cada reforço é marcado com uma barra. **(c)** Esta foto mostra a realidade – um rato sendo condicionado em uma caixa de Skinner.

A principal variável dependente na maioria das pesquisas de condicionamento operante é a *taxa de respostas* dos participantes em um período. A taxa com que um animal aciona a alavanca ou bica o disco na caixa de Skinner é monitorada continuamente por um aparato conhecido por gravador cumulativo (veja **Figura 6.10**). O *gravador cumulativo* **cria um registro, em forma de gráfico, das respostas e dos reforços na caixa de Skinner em determinado período.** O gravador funciona com um rolo de papel que se move de maneira regular desenrolando-se sob uma caneta móvel. No entanto, quando não há resposta, a caneta permanece parada e desenha uma linha horizontal reta, refletindo a passagem do tempo. Porém, quando ocorre uma resposta esperada, ela se move para cima de uma linha divisória. O movimento da caneta produz um resumo gráfico das reações dos animais com o passar do tempo. A caneta também faz uma barra horizontal que indica cada reforço liberado. Os resultados dos estudos sobre o condicionamento operante são geralmente ilustrados em gráficos, nos quais o eixo horizontal é usado para marcar a passagem do tempo, enquanto o vertical é utilizado para organizar o acúmulo de respostas (consultar os quatro gráficos da **Figura 6.13** para exemplos). Ao interpretar esses gráficos, a consideração principal é a *inclinação* da linha que representa o registro das respostas. *Uma taxa rápida de respostas produz uma inclinação bem marcante, enquanto uma taxa lenta, uma inclinação rasa.*

Processos básicos do condicionamento operante

Embora o princípio do reforço seja extremamente simples, muitos outros processos estão envolvidos no condicionamento operante que fazem essa forma de aprendizagem tão complexa quanto o condicionamento clássico. De fato, alguns processos estão envolvidos nos dois tipos de condicionamento. Nesta seção, discutiremos como os processos de aquisição, extinção, generalização e discriminação ocorrem no condicionamento operante.

Aquisição e modelagem

Como no condicionamento clássico, a *aquisição* no condicionamento operante é a formação de tendência de uma nova resposta. Os procedimentos usados para estabelecer uma tendência a emitir uma resposta operante voluntária são diferentes daqueles usados para criar uma resposta condicionada reflexa. Respostas operantes, em geral, são estabelecidas por meio de um processo gradual **chamado modelagem: o reforço de aproximações cada vez maiores de uma resposta desejada.**

A modelagem é necessária quando um organismo não emite a resposta desejada por si só. Por exemplo, quando um rato é colocado pela primeira vez na caixa de Skinner, pode ser que ele não pressione a alavanca. Nesse caso, um experimentador começa a modelagem liberando porções de comida sempre que o rato se move em direção à alavanca. Conforme essa resposta se torna mais frequente, o experimentador começa a exigir uma aproximação maior da resposta desejada, possivelmente liberando comida apenas quando o rato realmente tocar a alavanca. À medida que o reforço aumenta a tendência de o rato tocar a alavanca, ele espontaneamente a pressionará, fornecendo finalmente ao experimentador uma oportunidade de reforçar a resposta esperada. Esses reforços aumentarão gradualmente a taxa de acionamento da alavanca.

A modelagem dá forma a muitos aspectos do comportamento humano e animal. Por exemplo, ela é a chave para o treinamento de animais na realização de truques impressionantes. Quando vamos ao zoológico, circos ou parques aquáticos e vemos ursos andando em bicicletas, macacos tocando piano e baleias pulando por dentro de aros, estamos testemunhando os resultados da modelagem. Para demonstrar o poder das técnicas de modelagem, Skinner uma vez treinou pombos para que parecesse que eles estavam jogando uma versão tosca do pingue-pongue! Eles corriam de um lado para o outro nos lados opostos da mesa de pingue-pongue e quicavam a bola para lá e para cá. Keller e Marian Breland, casal de psicólogos influenciados por Skinner, aplicaram a modelagem em seu negócio de treinamento de animais para comerciais e fins de entretenimento. Um de seus feitos mais conhecidos foi a modelação de "Priscilla, a porca manhosa" para ligar o rádio, comer na mesa da cozinha, colocar roupas sujas em um cesto, passar aspirador de pó e depois "ir às compras" com um carrinho de mercado (veja a foto na página seguinte). É claro que Priscilla apanhou o produto do patrocinador da prateleira na sua visita ao supermercado (Breland e Breland, 1961).

Extinção

No condicionamento operante, *extinção* refere-se ao enfraquecimento gradual e ao desaparecimento da tendência a uma resposta porque ela não é mais seguida de um reforço. A extinção inicia-se no condicionamento operante quando o reforço previamente disponível é interrompido. Em estudos de laboratório com ratos, isso geralmente ocorre quando o pesquisador deixa de fornecer alimento como reforço ao toque da alavanca. Quando o processo de extinção é iniciado, frequentemente ocorre um breve aumento na resposta do rato, seguido de uma diminuição gradual na taxa de resposta até que se aproxime de zero. Os mesmos efeitos são geralmente vistos na extinção do comportamento humano.

Uma questão importante no condicionamento operante é quanta *resistência à extinção* um organismo apresentará quando o reforço cessar. **A *resistência à extinção* ocorre quando um organismo continua a dar uma resposta depois de terminada a liberação do reforço.** Quanto maior a resistência à extinção, por mais tempo a resposta persistirá. Assim, se um pesquisador para de reforçar o acionamento da alavanca e a resposta se torna mais lenta, isso é sinal de alta resistência à extinção. Se a resposta cessa rapidamente, ela apresenta relativamente pouca resistência à extinção.

A resistência à extinção pode soar como uma questão de interesse puramente teórico, mas, na realidade, é bastante

Modelagem – uma técnica operante em que o organismo é recompensado pela aproximação cada vez maior da resposta desejada – é usada para ensinar tanto animais como seres humanos. É o principal meio para treinar animais a fazer truques. "Priscilla, a porca manhosa" – Breland e Breland (1961) – é mostrada na foto acima.

prática. As pessoas frequentemente querem reforçar a resposta de tal maneira que ela seja relativamente resistente à extinção. Por exemplo, muitos pais desejam ver a resposta de estudo de seus filhos sobreviver mesmo que a criança não consiga atingir os reforços esperados (boas notas). De forma semelhante, um cassino quer ver as pessoas continuarem a apostar, mesmo que elas passem um bom tempo sem ganhar.

Outra complexidade em relação à extinção é que o *efeito de renovação* visto no condicionamento clássico também é visto no condicionamento operante. Bouton e colegas (2011) fizeram um teste para obter um efeito de renovação ao modificar duas caixas de Skinner para criar contextos diferentes. Duas câmaras possuíam aromas diferentes, pisos diferentes (nivelado *versus* não nivelado) e paredes e tetos diferentes (pintados com pontos *versus* listras). Eles descobriram que se a aquisição da pressão da alavanca ocorreu em um contexto e a extinção subsequente em outro contexto, a recuperação das respostas ocorre quando os ratos são devolvidos para o contexto original ou colocados em um novo contexto neutro. *Em outras palavras, parece que o resultado da extinção é o fato de que os seres vivos aprendem a não dar uma resposta específica em um contexto específico, ao contrário de quaisquer e todos os contextos* (Bouton e Todd, 2014). A natureza dependente do contexto da extinção pode ajudar a explicar por que as respostas não adaptativas que foram extintas com sucesso nos consultórios dos terapeutas comportamentais podem reaparecer em outros contextos.

Controle do estímulo: generalização e discriminação

A resposta operante é basicamente controlada por suas consequências, conforme os organismos aprendem a associação resposta-consequência (R-C) (Colwill, 1993). Os estímulos que *precedem* uma resposta também podem influenciar o comportamento operante. Quando uma resposta é consistentemente seguida por um reforçador na presença de um estímulo específico, aquele estímulo vem a servir como "sinal", indicando que a resposta provavelmente levará a um reforçador. Uma vez que um organismo aprende o sinal, ele tende a responder de acordo. Por exemplo, o comportamento de um pombo bicar o disco pode ser reforçado apenas quando uma pequena luz atrás do disco estiver acesa. Caso contrário, bicar o disco não leva à recompensa. Os pombos rapidamente aprendem a bicar o disco somente quando a luz estiver acesa. A luz que indica a disponibilidade da recompensa é chamada estímulo discriminativo. **Estímulos discriminativos são sugestões que influenciam o comportamento operante, indicando as consequências prováveis (reforço ou não) de uma resposta.**

Estímulos discriminativos representam um papel importante na regulagem do comportamento operante. Por exemplo, os pássaros aprendem que caçar minhocas provavelmente será reforçado após uma chuva. As crianças aprendem a pedir doces aos pais quando eles estão de bom humor. Motoristas aprendem a diminuir a velocidade quando

Figura 6.11 Roedores controlados por controle remoto: um exemplo do condicionamento operante em ação.

Em um estudo que quase parece ficção científica, Sanjiv Talwar et al. (2002) usaram procedimentos do condicionamento operante para treinar "ratos-robôs" controlados por rádio, que poderiam ter uma variedade de aplicações valiosas, como procurar por sobreviventes em desmoronamentos. Como a imagem mostra, sinais de rádio podem ser utilizados para direcionar o rato a ir para a frente ou virar à direita ou à esquerda, enquanto uma imagem de vídeo é enviada para o centro de controle. O *reforço* nesse arranjo é uma breve estimulação elétrica do centro de prazer no cérebro do rato (veja Capítulo 3), que pode ser enviada por controle remoto. Os choques curtos enviados aos bigodes direitos ou esquerdos são *estímulos discriminativos* que indicam que tipo de resposta será reforçado. O procedimento completo depende de uma *modelagem* extensa.

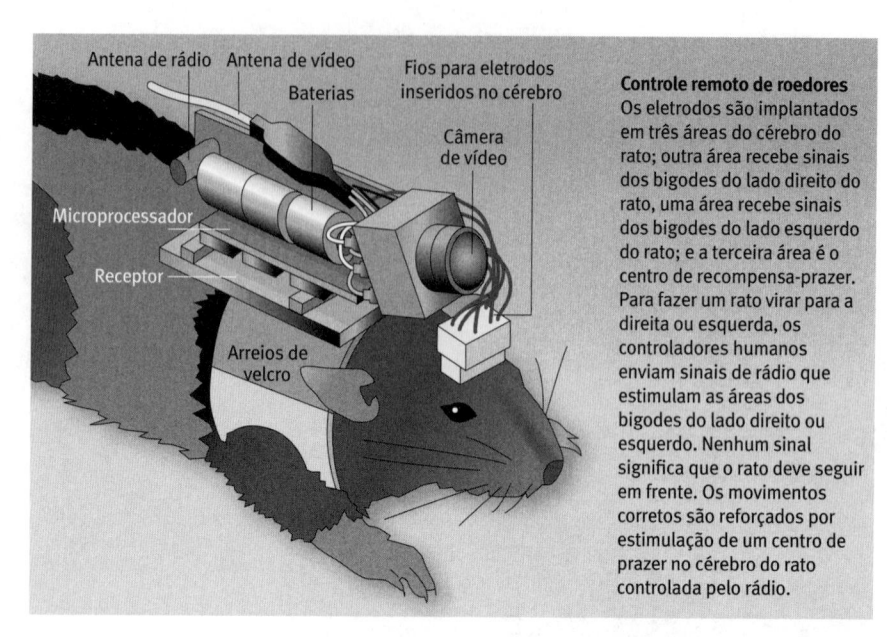

Controle remoto de roedores
Os eletrodos são implantados em três áreas do cérebro do rato; outra área recebe sinais dos bigodes do lado direito do rato, uma área recebe sinais dos bigodes do lado esquerdo do rato; e a terceira área é o centro de recompensa-prazer. Para fazer um rato virar para a direita ou esquerda, os controladores humanos enviam sinais de rádio que estimulam as áreas dos bigodes do lado direito ou esquerdo. Nenhum sinal significa que o rato deve seguir em frente. Os movimentos corretos são reforçados por estimulação de um centro de prazer no cérebro do rato controlada pelo rádio.

a estrada está molhada. O poder potencial dos estímulos discriminativos para controlar o comportamento foi demonstrado de forma drástica em um estudo feito por Talwar et al. (2002). Eles mostraram que é possível usar procedimentos operantes para treinar aquilo que a revista *Time* chamou "ratos-robôs", roedores controlados por rádio que podem ser direcionados com precisão por ambientes complexos, como edifícios em ruínas (veja **Figura 6.11**).

Reações a um estímulo discriminativo são governadas pelos processos de *generalização de estímulos* e *discriminação de estímulos*, como as reações ao EC no condicionamento clássico. Por exemplo, contemple um gato que fique animado quando ouve o som de um abridor de latas elétrico porque aquele som se tornou um estímulo discriminativo indicativo de que há boas chances de que ele venha a ser alimentado. Se o gato também respondesse ao som de outro utensílio de cozinha (um liquidificador, por exemplo), essa resposta representaria *generalização* – responder a um novo estímulo como se fosse o original. A *discriminação* ocorreria se o gato aprendesse a responder apenas ao abridor de latas, e não ao liquidificador.

Como aprendemos nesta seção, os processos de aquisição, extinção, generalização e discriminação no condicionamento operante são paralelos a esses mesmos processos no condicionamento clássico. A **Tabela 6.1** os compara nos dois tipos de condicionamento.

Reforço

Embora seja conveniente equacionar reforço com recompensa e a experiência de prazer, os behavioristas mais rigorosos opõem-se a essa prática, porque a experiência de prazer é um evento não observável que acontece dentro de um organismo. Como explicado no Capítulo 1, muitos behavioristas acreditam que afirmativas científicas devam ser limitadas àquilo que pode ser observado.

Mantendo essa orientação, Skinner disse que o reforço ocorre quando um resultado fortalece a resposta, como medido por um aumento na taxa de respostas. Essa definição

Tabela 6.1 Comparação dos processos básicos no condicionamento clássico e no condicionamento operante

Processo e definição	Descrição no condicionamento clássico	Descrição no condicionamento operante
Aquisição: Formação da tendência a uma resposta condicionada.	EC e ENC são unidos, gradualmente resultando em RC.	A resposta aumenta gradualmente por causa do reforço. Possivelmente por meio de modelagem.
Extinção: O enfraquecimento gradual e o desaparecimento da tendência a uma resposta condicionada.	EC é apresentado sozinho até que não mais produza RC.	A resposta gradualmente diminui e para depois de o reforço ter sido eliminado.
Generalização do estímulo: Resposta de um organismo a estímulos outros que não o original usado no condicionamento.	RC é produzida por um novo estímulo que se assemelha ao EC.	A resposta aumenta na presença do novo estímulo que se assemelha ao estímulo discriminativo original.
Discriminação do estímulo: Não resposta de um organismo a estímulos que são semelhantes ao original usado no condicionamento.	RC não é produzida pelo novo estímulo que se assemelha ao EC.	A resposta não aumenta na presença do novo estímulo que se assemelha ao estímulo discriminativo original.

evita a questão do que o organismo está sentindo e enfoca os eventos observáveis. Assim, o processo central no reforço é o *fortalecimento de uma tendência de resposta*.

O reforço é, portanto, definido *depois do fato*, em termos de seu *efeito* sobre o comportamento. Algo que seja claramente um reforçador para um organismo em determinado momento pode não funcionar como reforço mais tarde (Catania, 1992). O alimento reforçará a resposta de um rato em acionar a alavanca apenas se ele estiver com fome. Da mesma forma, algo que sirva de reforço para uma pessoa pode não funcionar como tal para outra. Por exemplo, a aprovação dos pais é um reforço poderoso para a maioria das crianças, mas não para todas elas.

Teóricos do condicionamento operante fazem distinção entre reforçadores primários, ou não aprendidos, e reforçadores secundários, condicionados. **Reforçadores primários são eventos que reforçam inerentemente, porque satisfazem necessidades biológicas.** Dada espécie tem um número limitado de reforçadores primários porque eles estão muito proximamente ligados às necessidades fisiológicas. No caso dos seres humanos, reforçadores primários incluem alimento, água, calor, sexo e talvez afeição expressa por meio de abraços e contato físico mais próximo. **Reforçadores secundários ou condicionados são eventos que adquirem qualidade de reforço por estarem associados a reforços primários.** Os eventos que funcionam como reforçadores secundários variam entre os membros de uma espécie porque dependem da aprendizagem. Exemplos de reforçadores secundários comuns em seres humanos incluem dinheiro, boas notas, atenção, elogios e aplauso. A maioria das coisas materiais pelas quais as pessoas trabalham duro para conseguir são reforçadores secundários. Por exemplo, as pessoas aprendem a considerar roupas da moda, carros esportivos, joias finas, porcelana chinesa e sofisticados equipamentos eletrônicos como reforçadores.

Esquemas de reforçamento

No condicionamento operante, um resultado favorável é bem mais passível de fortalecer uma resposta se ele surgir *imediatamente*. Se houver algum atraso entre uma resposta e o resultado positivo, a resposta pode não ser fortalecida. Ademais, os estudos mostram que, quanto mais longo for o intervalo entre a resposta designada e a entrega do reforçador, mais devagar o condicionamento irá prosseguir (McDevitt e Williams, 2001).

Obviamente, organismos produzem inumeráveis respostas que *não* levam a consequências favoráveis. Seria bom se as pessoas fossem reforçadas cada vez que fizessem um exame, assistissem a um filme, fizessem pontos no golfe, convidassem alguém para um encontro ou fizessem uma chamada telefônica de venda. No mundo real, a maioria das respostas é reforçada apenas algumas vezes. Como essa realidade afeta a potência dos reforçadores? Para descobrir essa resposta, os psicólogos operantes dedicaram muito de sua atenção a como os *esquemas de reforçamento* influenciam o comportamento operante (Ferster e Skinner, 1957; Skinner, 1938, 1953).

Um *esquema de reforçamento* é um padrão específico de apresentação de reforçadores no tempo. O padrão mais simples é o *reforço contínuo*, que ocorre quando cada resposta esperada produzida é reforçada. No laboratório, os experimentadores frequentemente o utilizam para moldar e estabelecer uma nova resposta antes de prosseguir para esquemas mais realistas envolvendo reforço intermitente ou parcial. **O *reforço intermitente* se dá quando uma resposta esperada é reforçada apenas algumas vezes.**

Qual você supõe que leva a efeitos mais duradouros – ser reforçado cada vez que você emite uma resposta ou apenas algumas vezes? Estudos mostram que, dado um número igual de reforços, o reforço *intermitente* produz uma resposta mais resistente à extinção do que o reforço contínuo (Falls, 1998). Isso explica por que os comportamentos reforçados apenas ocasionalmente – como acessos de raiva em crianças – podem ser muito duradouros e difíceis de extinguir.

Existem muitos tipos de esquemas de reforçamento, mas há quatro tipos principais de reforçamento intermitente que atraem mais o interesse (Miller e Grace, 2013). Esses esquemas são descritos aqui com exemplos extraídos de laboratório e da vida diária (veja **Figura 6.12**, para alguns exemplos adicionais).

Esquemas de razão demandam que o organismo produza a resposta esperada certo número de vezes para ganhar reforçador. **Em um *esquema de razão fixa* (RF), o reforçador é dado após um número fixo de respostas não reforçadas.** *Exemplos*: (1) Um rato é reforçado a cada décimo acionamento da barra. (2) Um vendedor recebe reforço a cada quarta carteirinha de associado que ele consegue para a academia de ginástica. **Em um *esquema de razão variável* (RV), o reforçador é dado após um número variável de respostas não reforçadas.** O número de respostas não reforçadas varia em torno de uma média predeterminada. *Exemplos*: (1) um rato é reforçado, em média, a cada décima vez que aciona a alavanca. O número exato de respostas necessárias para reforço varia de uma vez para a outra. (2) Uma máquina caça-níqueis de cassino paga uma em cada seis vezes em média. O número de respostas de não ganho varia muito de uma vez para a outra.

Esquemas em intervalo demandam um determinado período entre a apresentação de reforçadores. **Em um *esquema de intervalo fixo* (IF), o reforçador é dado à primeira resposta que ocorre depois que um intervalo fixo de tempo**

> **CHECAGEM DA REALIDADE**
>
> **Ideia equivocada**
>
> A melhor maneira de garantir que um comportamento desejado irá persistir é recompensar o comportamento todas as vezes que ele ocorrer.
>
> **Realidade**
>
> Essa afirmação certamente parece lógica, mas pesquisas mostram claramente que o reforço contínuo gera menos resistência à extinção do que o reforço intermitente. Se você deseja que uma resposta permaneça forte na ausência do reforço, é preciso reforçar a resposta de maneira intermitente, de modo que o organismo se acostume a algum grau de não reforço.

Figura 6.12 Esquemas de reforçamento na vida cotidiana.

Complexos comportamentos humanos são regulados por esquemas de reforçamento. O trabalho por tarefa realizado em fábricas é reforçado em um esquema de razão fixa. Apostar na roleta baseia-se em esquema de razão variável. Observar um relógio enquanto se está trabalhando é recompensado em uma base de intervalo fixo (a chegada da hora de ir para casa é o reforçador). Surfistas aguardando por uma boa onda são recompensados em uma base de intervalo variável.

Décadas de pesquisas produziram um enorme volume de dados sobre como esses cronogramas de reforço estão relacionados aos padrões de resposta (Williams, 1988; Zeiler, 1977). Algumas das descobertas mais importantes estão resumidas na **Figura 6.13**, que ilustra padrões típicos de resposta gerados para cada esquema. Por exemplo, com esquemas de intervalos fixos, geralmente ocorre uma pausa na emissão de respostas depois de cada reforçador ser aplicado, e, então, a emissão de respostas gradualmente aumenta a uma taxa rápida no final de cada intervalo. Esse padrão de comportamento produz uma curva de respostas "recortada". Em geral, *as programações de razão tendem a produzir emissão de respostas mais rápida do que programações* **tenha passado**. *Exemplos*: (1) Um rato recebe reforço ao primeiro pressionamento da alavanca, depois de um intervalo de dois minutos, e então precisa esperar 2 minutos antes de poder receber o próximo reforço. (2) Você pode obter roupas limpas da sua máquina de lavar a cada 35 minutos. Em um *esquema de intervalo variável* (IV), o reforçador é dado para a primeira resposta após um intervalo variável de tempo. A duração do intervalo varia de acordo com uma média predeterminada. *Exemplos*: (1) Um rato é reforçado pela primeira vez que acionar a alavanca após um intervalo de 1 minuto, mas os intervalos seguintes são de 3 minutos, 2 minutos, 4 minutos, e assim por diante – com uma média de duração de 2 minutos. (2) Uma pessoa repetidamente disca certo número de telefone que sempre se apresenta ocupado (conseguir completar a conexão é o reforçador).

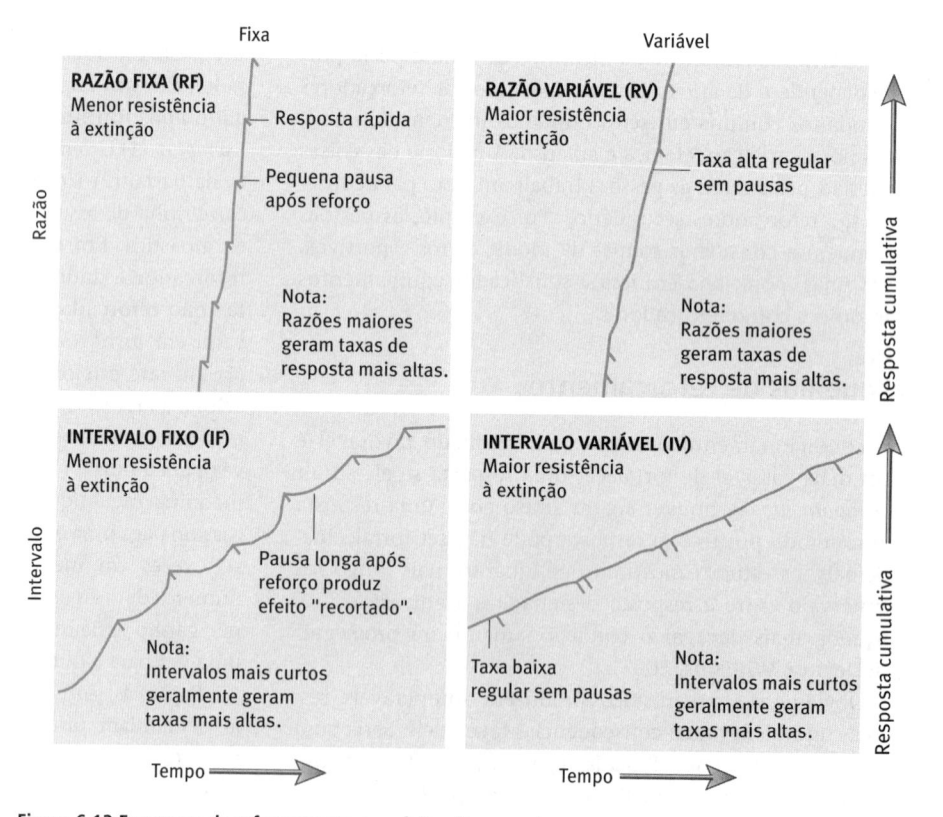

Figura 6.13 Esquemas de reforçamento e padrões de resposta.

Em gráficos de respostas operantes como esses, uma inclinação mais acentuada indica uma razão mais rápida de resposta e as marcas cortadas refletem a incidência de reforçadores. Cada tipo de esquema de reforçamento tende a gerar um padrão característico de respostas. Em geral, esquemas de razão tendem a produzir emissão de respostas mais rápida do que esquemas de intervalo (note a escalada íngreme das curvas RF e RV). Comparados com os esquemas fixos, os esquemas variáveis tendem a produzir emissão de respostas mais regular (note as linhas planas dos esquemas RV e IV à direita) e maior resistência à extinção.

REVISÃO 6.2

Reconhecendo esquemas de reforçamento

Verifique seu entendimento sobre esquemas de reforçamento no condicionamento operante, indicando o tipo de esquema que teria efeito em cada um dos exemplos a seguir. Nos espaços à esquerda, complete com RC para reforço contínuo, RF para razão fixa, RV para razão variável, IF para intervalo fixo e IV para intervalo variável. As respostas encontram-se no Apêndice A.

_____ 1. Sara é paga por comissão na venda de computadores. Ela recebe um prêmio em dinheiro a cada três computadores vendidos.

_____ 2. Os pais de Juan permitem que ele receba algum trocado por cuidar do jardim uma vez por semana.

_____ 3. Marta está pescando. Pense em cada vez que ela joga a linha como uma resposta que pode ser recompensada.

_____ 4. Jamal, que está no quarto ano, recebe uma estrelinha dourada de sua professora a cada livro que lê.

_____ 5. Oscar, um jogador de basquete profissional, assina um acordo para que seus aumentos salariais sejam negociados a cada três anos.

---

de intervalo, porque essa emissão leva a reforço mais rápido quando um esquema de razão está acontecendo. *Esquemas variáveis tendem a gerar taxas de resposta mais estáveis e maior resistência à extinção do que esquemas fixos.*

Grande parte da pesquisa sobre esquemas de reforçamento foi realizada com ratos e pombos nas caixas de Skinner. Entretanto, psicólogos descobriram que seres humanos reagem a esquemas de reforçamento de maneira muito semelhante aos animais inferiores (de Villiers, 1977; Perone, Galizio e Baron, 1988). Por exemplo, quando animais são colocados em esquemas de razão, passando para uma proporção maior (isso é, que demandam mais respostas por reforçadores), tendem a gerar emissão de respostas mais rápida. Gerentes de fábricas que pagam seus funcionários por tarefa realizada (uma programação de razão fixa) já viram a mesma resposta em seres humanos. De modo semelhante, o hábito de jogar é reforçado de acordo com esquemas de razão variável, que tendem a produzir respostas rápidas, instantâneas e muito resistentes à extinção – exatamente o que os donos de cassinos querem.

Reforço positivo *versus* reforço negativo

De acordo com Skinner, o reforço pode tomar duas formas, que são chamadas *reforço positivo* e *reforço negativo* (veja **Figura 6.14**). O *reforço positivo* ocorre quando uma resposta

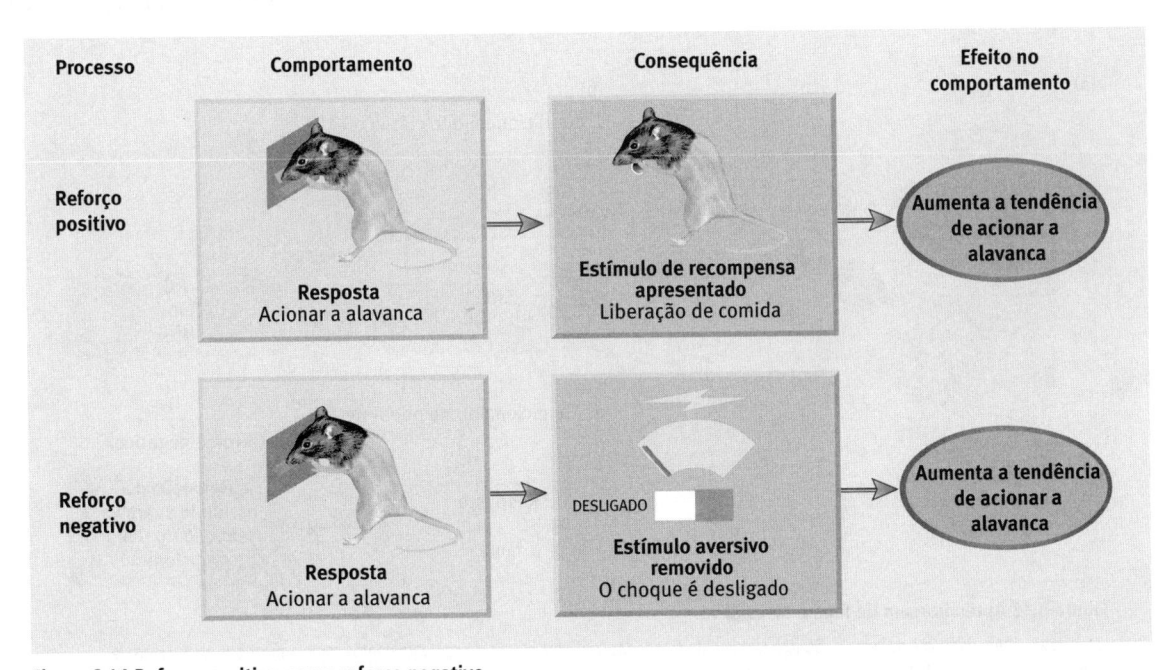

Figura 6.14 Reforço positivo *versus* reforço negativo.

No reforço positivo, uma resposta leva à apresentação de um estímulo de recompensa. No reforço negativo, a resposta leva à remoção de um estímulo aversivo. Os dois tipos de reforço envolvem consequências favoráveis e ambos têm o mesmo efeito sobre o comportamento: a tendência de o organismo emitir a resposta reforçada é fortalecida.

é fortalecida porque é seguida pela apresentação de um estímulo de recompensa. Até aqui, por questões de simplicidade, nossos exemplos têm envolvido reforço positivo. Boas notas, uma refeição deliciosa, cheques de pagamento, bolsas de estudo, promoções, boas roupas, carros atraentes e atenção são todos reforços positivos.

Em contraste, *reforços negativos* ocorrem quando uma resposta é fortalecida porque é seguida pela remoção de um estímulo aversivo. Não deixe a palavra negativo confundi-lo. Reforço negativo é reforço. E, como tal, envolve um resultado favorável que fortalece uma tendência de resposta. Esse fortalecimento acontece porque uma resposta leva à remoção de um estímulo aversivo, em vez da chegada de um estímulo agradável (veja **Figura 6.14**).

Em estudos de laboratório, o reforço negativo geralmente é alcançado como aqui descrito: enquanto um rato está em uma caixa de Skinner, um choque elétrico moderado é descarregado no animal por meio do piso da caixa. Quando o rato aciona a alavanca, o choque é desligado por algum tempo. Assim, o acionamento da alavanca leva à remoção de um estímulo aversivo (o choque). Embora essa sequência de eventos seja diferente daquela do reforço positivo, ela seguramente fortalece a resposta de acionamento da alavanca pelo rato.

O comportamento humano no dia a dia é extensivamente regulado pelo reforço negativo. Considere esses exemplos. Você se apressa para chegar em casa no inverno para fugir do frio, limpa a casa para se livrar da bagunça, rende-se ao choro de seu filho para se livrar do barulho, rende-se ao argumento de seu cônjuge para pôr fim a uma discussão desagradável.

O reforço negativo representa um papel importante tanto na aprendizagem de fuga como na de esquiva. Na *aprendizagem de fuga*, um organismo adquire uma resposta que diminui ou termina com alguma estimulação aversiva. Os psicólogos frequentemente estudam a aprendizagem de fuga no laboratório com cães ou ratos que são condicionados em uma *caixa de dois compartimentos* ligados por uma porta, que pode ser aberta ou fechada pelo experimentador, como se pode ver na **Figura 6.15(a)**. Em um estudo típico, o animal é colocado em um compartimento e o choque no piso daquele compartimento é acionado com a porta aberta. O animal aprende a fugir do choque correndo para o outro compartimento. Essa resposta de fuga leva à remoção do estímulo aversivo (choque), então ela é fortalecida por meio de reforço negativo. Se você deixasse uma festa quando seus companheiros começassem a importuná-lo, estaria empregando a resposta de fuga.

A aprendizagem de fuga sempre leva à *aprendizagem de esquiva*, na qual um organismo adquire uma resposta que evita que algum estímulo aversivo ocorra. Nos estudos com caixas de dois compartimentos sobre aprendizagem de esquiva, o experimentador simplesmente dá ao animal um sinal de que o choque é iminente. O sinal típico é uma luz que se acende por alguns segundos antes de o choque ocorrer. Inicialmente, o cão ou rato corre apenas quando recebe o choque (aprendizagem de fuga). Gradualmente, o animal aprende a correr para o compartimento seguro logo que a luz se acende, demonstrando aprendizagem de esquiva. Da mesma forma, se você evita ir a festas para não ser importunado por seus companheiros, isso demonstraria aprendizagem de esquiva.

A aprendizagem de esquiva apresenta um exemplo interessante de como os condicionamentos clássico e operante podem trabalhar juntos para regular o comportamento (Levis, 1989; Mowrer, 1947). Na aprendizagem de esquiva,

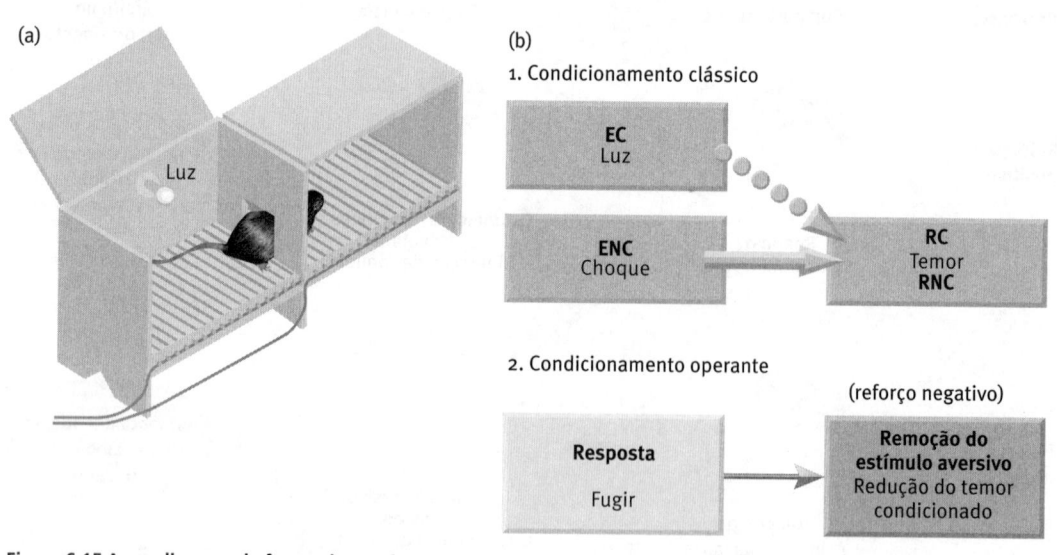

Figura 6.15 Aprendizagem de fuga e de esquiva.

(a) Aprendizagem de fuga e de esquiva são frequentemente estudadas com uma caixa com compartimentos como a mostrada aqui. Sinais de advertência, choques e a habilidade do animal de correr de um compartimento para o outro podem ser controlados pelo experimentador. **(b)** O comportamento de esquiva envolve o condicionamento clássico e o operante. A esquiva começa porque o condicionamento clássico cria um temor condicionado que é indicado pela luz de advertência (painel 1). A esquiva continua porque é mantida pelo condicionamento operante (painel 2). Especificamente, a resposta de esquiva é fortalecida por meio de reforço negativo, uma vez que leva à remoção do temor condicionado.

a luz de aviso que é acesa antes do choque torna-se um EC (por meio do condicionamento clássico), eliciando o temor reflexo condicionado no animal. A resposta de fuga para o outro lado da caixa é o comportamento operante. Essa resposta é fortalecida por meio de *reforço negativo*, porque reduz o medo condicionado do animal – veja **Figura 6.15(b)**.

Os princípios da aprendizagem de esquiva esclarecem por que as fobias são tão resistentes à extinção (Levis, 1989). Por exemplo, suponhamos que você tenha fobia de elevadores. Por essa razão, você sempre opta pelas escadas. Ir pelas escadas é uma resposta de esquiva que leva a um reforço negativo constante por meio do alívio do medo condicionado – então seu comportamento de esquiva é fortalecido e continua. Além do mais, seu comportamento de esquiva impede qualquer oportunidade de extinguir a resposta fóbica condicionada, porque você nunca é exposto ao estímulo condicionado (nesse caso, tomar um elevador).

Punição

O reforço é definido em termos de suas consequências. Ele *fortalece* a tendência de um organismo produzir certa resposta. Há também consequências que *enfraquecem* a tendência de organismos a produzir dada resposta? Sim. No modelo de comportamento operante de Skinner, tais consequências são chamadas **punição, que ocorre quando um evento seguindo uma resposta enfraquece a tendência de produzir aquela resposta.** Na caixa de Skinner, o uso da punição é muito simples.

Quando um rato aciona a alavanca ou um pombo bica o disco, ele recebe um pequeno choque. Esse procedimento geralmente leva a um rápido declínio na taxa de resposta do animal (Dinsmoor, 1998). A punição normalmente envolve a apresentação de um estímulo aversivo (por exemplo, bater em uma criança). Entretanto, ela pode também envolver a remoção do estímulo de recompensa (por exemplo, tirar o privilégio de a criança assistir à TV).

O conceito de punição em condicionamento operante é confuso para muitos alunos por dois motivos. Primeiro, eles frequentemente o confundem com o reforço negativo, que é inteiramente diferente. O reforço negativo envolve a *remoção* de um estímulo aversivo e, assim, *fortalece* uma resposta. A punição, por outro lado, envolve a *apresentação* de um estímulo aversivo, enfraquecendo assim a resposta. Dessa forma, a punição e o reforço negativo são *procedimentos opostos* que *produzem efeitos opostos* sobre o comportamento (veja **Figura 6.16**).

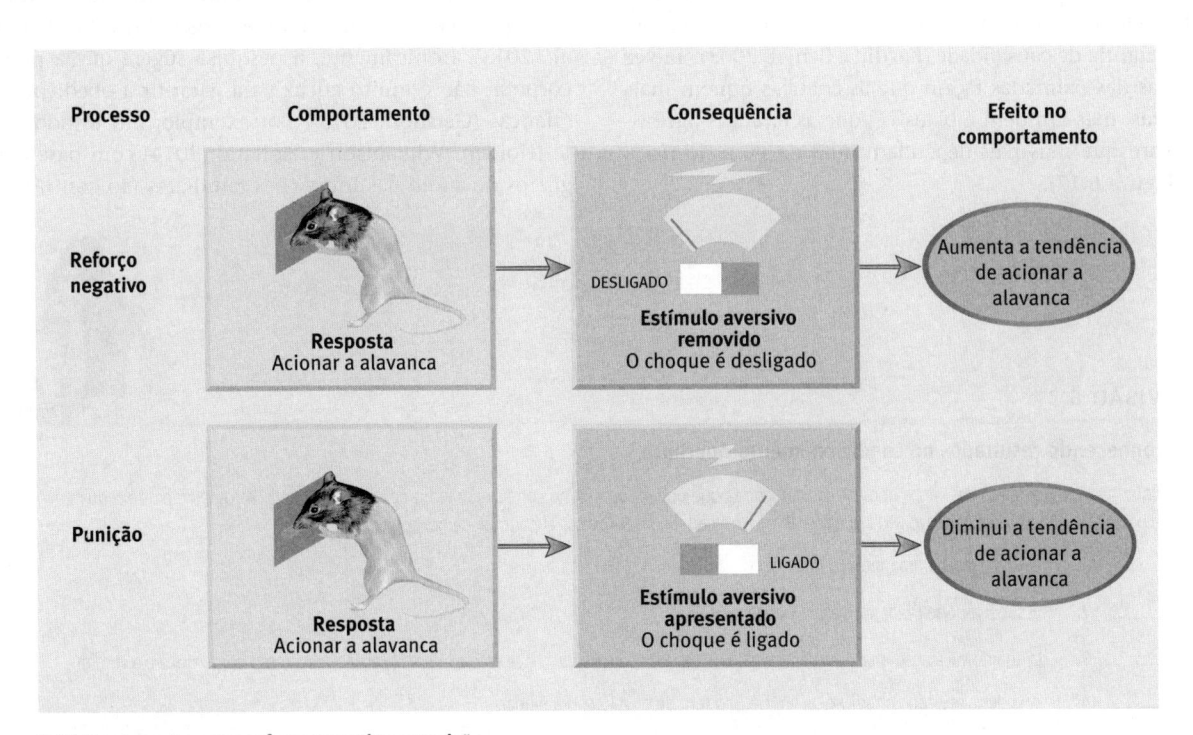

CHECAGEM DA REALIDADE

Ideia equivocada
O reforço negativo é essencialmente a mesma coisa que punição.

Realidade
Tanto o reforço negativo quanto a punição envolvem estímulos de aversão, porém a semelhança acaba aí. O reforço negativo envolve a *remoção* de um estímulo desagradável, *fortalecendo* assim uma resposta. A punição envolve a *apresentação* de um estímulo desagradável, *enfraquecendo* assim uma resposta. Portanto, eles são procedimentos opostos que produzem efeitos opostos no comportamento.

6.16 Comparação entre reforço negativo e punição.
Embora a punição possa ocorrer quando uma resposta leva à remoção de um estímulo de recompensa, em geral, ela envolve a apresentação de um estímulo aversivo. Estudantes frequentemente confundem punição com reforço negativo porque associam ambos a estímulos aversivos. Como mostra o diagrama, a punição e o reforço negativo representam consequências opostas que têm efeitos opostos sobre o comportamento.

A segunda fonte de confusão envolve a tendência de equiparar punição com *procedimentos disciplinares* usados pelos pais, professores e outras figuras de autoridade. No modelo operante, a punição ocorre a qualquer momento em que consequências indesejáveis enfraqueçam uma tendência de resposta. Assim definido, o conceito de punição vai muito além de coisas como pais batendo em seus filhos e professores dando suspensões. Por exemplo, se você usar uma roupa nova e seus colegas de classe rirem, seu comportamento estará sendo punido, e a sua tendência de emitir essa resposta (usar a mesma roupa) provavelmente diminuirá. De maneira semelhante, se você for a um restaurante e fizer uma refeição horrível, sua resposta terá sido punida, e a sua tendência de ir àquele restaurante provavelmente diminuirá.

Embora a punição no condicionamento operante abranja muito mais do que atos disciplinares, ela é usada frequentemente para fins disciplinares. Tendo em vista essa situação, vale a pena olhar as pesquisas sobre o uso da punição como medida disciplinar. Há controvérsias quanto à sensatez de utilizar a punição *física*. A principal preocupação é que palmadas e outras formas de castigo corporal podem produzir muitos efeitos não pretendidos e indesejáveis. Os estudos geralmente descobrem que a punição corporal está associada a agressão elevada, delinquência e problemas comportamentais nos mais jovens (Gershoff, 2002). A longo prazo, a punição física também está associada a desenvolvimento cognitivo reduzido, aumentos do comportamento criminoso e ampla gama de problemas de saúde mental (Durrant e Ensom, 2012; Straus, Douglas e Medeiros, 2014). Alguns críticos apontaram que as evidências que ligam a palmada a efeitos negativos são correlacionais, e a correlação não é garantia de causalidade (Kazdin e Benjet, 2003). Talvez as causas das palmadas façam que as crianças fiquem mais agressivas, mas também é plausível que as crianças agressivas façam que seus pais dependam mais da punição física (veja **Figura 6.17**).

Figura 6.17 A correlação entre a punição física e a agressividade.

Como foi discutido antes, a correlação não estabelece causalidade. Parece plausível que o uso excessivo da punição física faz que as crianças se tornem mais agressivas, como muitos especialistas afirmam. No entanto, também é possível que as crianças altamente agressivas façam que os pais recorram muito à punição física. Ou talvez os pais com temperamento agressivo e hostil transmitam suas tendências genéticas à agressividade para seus filhos, modelem um comportamento agressivo e prefiram fazer uso da punição física pesada.

Embora essa crítica tenha mérito, as evidências sobre os efeitos negativos da punição corporal continuaram a se acumular (Gershoff et al., 2012; Smith, 2012). Muitos dos estudos mais recentes controlaram estatisticamente o nível inicial de agressão das crianças e outras variáveis de confusão, o que fortalece a necessidade de uma ligação causal entre a palmada e os resultados negativos (Durrant e Ensom, 2012). Apesar de todas as evidências dos efeitos negativos, a punição física continua a ser muito utilizada pelos pais (Lee, Grogan-Kaylor e Berger, 2014; MacKenzie et al., 2013). Ironicamente, a pesquisa sugere que a punição corporal não é muito eficaz para garantir a obediência das crianças (Gershoff, 2013). Por exemplo, um estudo recente (Holden, Williamson e Holland, 2014) com base em registros de áudio das interações familiares (ao contrário dos

REVISÃO 6.3

Reconhecendo resultados no condicionamento operante

Verifique seu entendimento dos vários tipos de consequências que podem ocorrer no condicionamento operante indicando se os exemplos a seguir envolvem reforço positivo (RP), reforço negativo (RN), punição (P) ou extinção (E). As respostas encontram-se no Apêndice A.

_____ 1. Antonio recebe uma multa de trânsito.

_____ 2. O supervisor de Diana elogia seu trabalho.

_____ 3. Leonardo vai à academia de ginástica para um exercício esporádico e se esforça demais, então todo o seu corpo dói e ele vomita.

_____ 4. Ana deixa seu cão correr livre, assim ela não tem de ouvi-lo choramingar.

_____ 5. Ricardo consome heroína para evitar os tremores e calafrios associados à abstenção da droga.

_____ 6. Sharma constantemente reclama de pequenas dores para obter a simpatia de seus colegas de trabalho. Três dessas pessoas partilham o mesmo escritório com ela e decidem ignorar suas reclamações em vez de responder com simpatia.

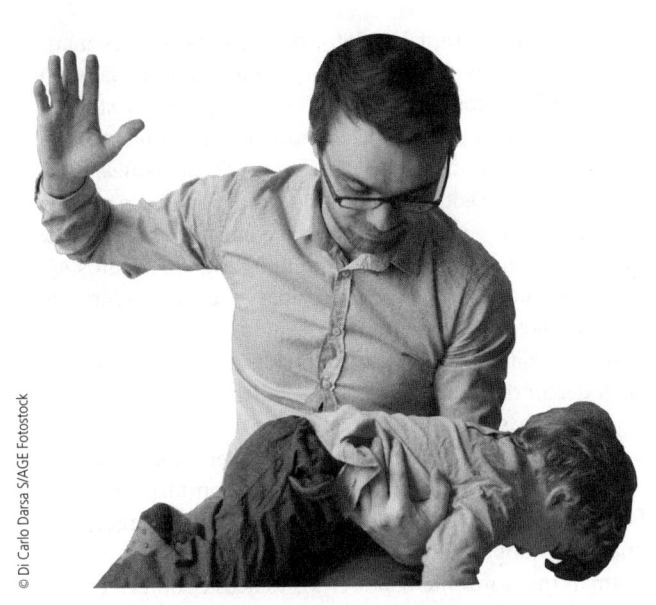

Pesquisas indicam que os pais dependem extensivamente da punição corporal. Embora a punição física seja frequentemente administrada para suprimir o comportamento agressivo, em longo prazo parece que ela promove ainda mais agressividade nas crianças.

dados autorrelatados) descobriu que, quando as crianças apanhavam, 73% das vezes elas se comportavam mal novamente dentro de 10 minutos! Esse estudo também revelou que os pais que utilizam a punição física não o fazem como último recurso quando as outras técnicas falham; na maioria das vezes, eles batem nos filhos por ofensas mundanas, triviais; e muitas vezes estão irritados quando administram as pancadas. Esses achados, que provavelmente fornecem uma imagem mais precisa das práticas disciplinares dos pais do que os dados autorrelatados, pintam um retrato feio da punição corporal em casa. Embora as sociedades profissionais na psicologia, psiquiatria, pediatria, enfermagem e serviço social tenham emitido firmações incitando que os pais abandonem a punição física, a diminuição na confiança na punição corporal tem sido modesta (Durrant e Ensom, 2012; Gershoff, 2013).

6.3 Novos caminhos no estudo do condicionamento

Como vimos no Capítulo 1, a ciência está em constante desenvolvimento e mudança em resposta às novas pesquisas e ao novo pensamento. E isso certamente ocorreu no estudo do condicionamento. Nesta seção, examinaremos duas grandes mudanças no pensamento a respeito do condicionamento que surgiram nas últimas décadas. Primeiro, consideraremos o crescente reconhecimento de que a herança biológica de um organismo pode limitar ou canalizar o condicionamento. Segundo, discutiremos a crescente apreciação do papel dos processos cognitivos no condicionamento.

> **6.3 Objetivos Principais de Aprendizagem**
> - Articular o significado teórico da aversão condicionada ao paladar e a preparação.
> - Compreender as implicações teóricas da pesquisa sobre aprendizagem latente, relações de sinais e relações de resposta-resultado.

Reconhecendo barreiras biológicas no condicionamento

Os teóricos da aprendizagem tradicionalmente assumem que as leis fundamentais do condicionamento têm grande generalidade – que elas se aplicam a uma grande variedade de espécies. Embora ninguém tenha sugerido que os *hamsters* podem aprender física, até os anos 1960 muitos psicólogos presumiam que associações podiam

---

REVISÃO 6.4

Distinguindo entre o condicionamento clássico e o operante

Verifique seu entendimento sobre as diferenças usuais entre o condicionamento clássico e o operante, indicando o tipo de processo de condicionamento envolvido em cada um dos exemplos abaixo. Nos espaços à esquerda, coloque um C se o exemplo envolver condicionamento clássico, um O se envolver condicionamento operante ou um A se envolver ambos. As respostas encontram-se no Apêndice A.

_____ 1. Sempre que Midori leva seu cão para uma caminhada, ela veste o mesmo velho agasalho azul. Logo, ela percebe que seu cão fica muito animado sempre que ela veste esse agasalho.

_____ 2. As Criaturas são uma bem-sucedida banda de rock com três álbuns de sucesso. Eles iniciam sua turnê lançando muitas músicas inéditas, o que causa o silêncio da plateia. Os mesmos fãs deliram quando eles tocam algumas de suas músicas antigas favoritas. Gradualmente, a banda diminui o número de músicas novas em seus concertos e passa a tocar mais de seus antigos sucessos.

_____ 3. Quando Carla e Alberto se apaixonaram, eles ouviam constantemente uma música de sucesso do Wailing Creatures chamada "Transatlantic Obsession". Embora muitos anos tenham se passado, sempre que ouvem essa música eles experimentam uma sensação de romance e ternura.

_____ 4. Há quase 20 anos, Raul trabalha na mesma fábrica como maquinista. Seu novo chefe parece nunca estar satisfeito com o seu trabalho e o critica constantemente. Depois de algumas semanas de muita crítica, ele sente ansiedade sempre que chega ao trabalho. Ele começa a avisar que está doente de modo cada vez mais frequente para fugir à ansiedade.

ser condicionadas entre qualquer estímulo que um organismo pudesse registrar e qualquer resposta que ele pudesse produzir. Todavia, descobertas em décadas recentes têm demonstrado que há limites à generalidade dos princípios do condicionamento – limites impostos pela herança biológica de um organismo.

A aversão condicionada ao paladar

Há alguns anos, um proeminente psicólogo, Martin Seligman, estava jantando com sua esposa em um restaurante, apreciando um filé com molho *béarnaise*. Seis horas depois, ele desenvolveu um caso difícil de congestão estomacal e passou por intensa náusea. Tempos depois, quando pediu o molho *béarnaise*, ele ficou decepcionado ao perceber que o aroma causava-lhe ânsia de vômito. A experiência de Seligman não é única. Muitas pessoas desenvolvem aversão à comida que é seguida de náusea, intoxicação alcoólica ou alimentar (Rosenblum, 2009). Seligman ficou intrigado com esse problema que ele chamou "síndrome do molho *béarnaise*" (Seligman e Hager, 1972). De um lado, parecia ser o resultado objetivo do condicionamento clássico. Um estímulo neutro (o molho) foi pareado a outro não condicionado (a congestão), que causou uma resposta não condicionada (a náusea). Consequentemente, o molho *béarnaise* tornou-se um estímulo condicionado produzindo náusea (veja **Figura 6.18**).

Por outro lado, Seligman reconhecia que sua aversão a esse molho parecia violar certos princípios básicos do condicionamento. Primeiro, a longa demora de seis horas entre o EC (o molho) e o ENC (a congestão) deveria ter evitado que o condicionamento ocorresse. Em estudos de laboratório, uma demora de mais de *30 segundos* entre o EC e o ENC torna muito difícil estabelecer uma resposta condicionada, embora esse condicionamento ocorresse apenas em um pareamento. Segundo, por que *somente* o molho *béarnaise* havia se tornado um EC provocando náusea? Por que não outros estímulos que estavam presentes no restaurante? Será que os pratos, talheres, toalhas ou até sua esposa, por exemplo, não desencadearam a náusea de Seligman?

O enigma da aversão de Seligman à síndrome do molho *béarnaise* foi resolvido por John Garcia et al. (1989). Eles realizaram uma série de estudos sobre a *aversão condicionada ao paladar* (Garcia, Clarke e Hankins, 1973; Garcia e Koelling, 1966; Garcia e Rusiniak, 1980). Nesses estudos, eles manipularam os tipos de estímulos que precediam a náusea e outras experiências semelhantes em ratos, usando radiação para induzir a náusea artificialmente. Eles descobriram que, quando sugestões de paladar eram seguidas de náusea, os ratos rapidamente adquiriam aversão condicionada ao paladar. Porém, quando sugestões de paladar eram seguidas de outros tipos de estímulos nocivos (como um choque), os ratos *não* desenvolviam aversões condicionadas ao paladar. Além disso, estímulos visuais e auditivos seguidos de náusea também não produziam aversões condicionadas. Em resumo, Garcia et al. descobriram que era quase impossível criar certas associações, ao passo que associações sabor-náusea (e associações odor-náusea) eram quase impossíveis de ser impedidas.

Qual é o significado teórico dessa prontidão única em fazer conexões entre paladar e náusea? Garcia argumenta que é um subproduto da história evolutiva dos mamíferos. Animais que consomem alimentos tóxicos e sobrevivem devem aprender a não repetir seus erros. A seleção natural favorecerá os organismos que rapidamente aprenderem o que *não* devem comer. Assim, a evolução pode ter programado alguns organismos para aprender certos tipos de associações mais facilmente do que outras.

Preparação e fobias

De acordo com Martin Seligman (1971), a evolução também programou os organismos a adquirirem certos medos mais rapidamente que outros por causa de um fenômeno chamado *preparação*. A **preparação envolve predisposições específicas das espécies a serem condicionadas de determinadas formas e não de outras.** Seligman acredita que a preparação pode explicar por que certas fobias são tão mais comuns do que outras. As pessoas tendem a desenvolver fobias a cobras, aranhas, alturas e escuridão de um jeito relativamente fácil. Entretanto, mesmo após ter experiências dolorosas com martelos, facas, fogões quentes e tomadas elétricas, os medos fóbicos que as pessoas têm desses objetos são raros. Quais características os objetos fóbicos comuns compartilham? A maioria deles eram ameaças genuínas aos nossos ancestrais. Consequentemente, uma resposta de medo a esses objetos pode ter um valor de sobrevivência para nossa espécie. De acordo com Seligman, as forças evolutivas prepararam o cérebro humano para adquirir medos condicionados desses estímulos de maneira fácil e rápida. As simulações em laboratório do condicionamento fóbico forneceram um apoio considerável para o conceito da preparação (Oehlberg e Mineka, 2011).

Reconhecendo processos cognitivos no condicionamento

Pavlov, Skinner e seus seguidores tradicionalmente viam o condicionamento como um processo mecânico, no qual as associações estímulo-resposta são "fixadas" pela experiência. Teóricos da aprendizagem afirmavam que, se criaturas como os caracóis podem ser condicionadas, então o condiciona-

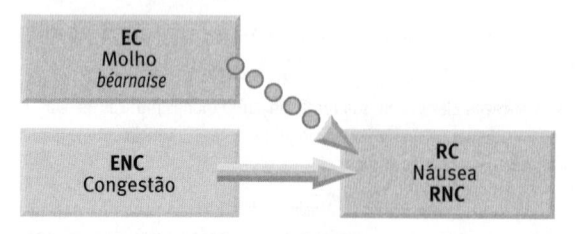

Figura 6.18 Aversões condicionadas ao paladar.
Aversões condicionadas ao paladar podem ser estabelecidas por condicionamento clássico, como a "síndrome do molho *béarnaise*". No entanto, como explicamos, aversões ao paladar podem ser adquiridas de muitas formas que parecem violar os princípios básicos do condicionamento clássico.

As pessoas tendem a desenvolver fobias a cobras muito facilmente, mas raramente a fogões quentes, mesmo que esses possam ser tão dolorosos quanto. A teoria da preparação pode explicar esse paradoxo.

mento não pode depender de processos mentais superiores. Esse ponto de vista não é isento de controvérsias, como discutimos anteriormente, mas as principais teorias do condicionamento não atribuíam um papel importante aos processos cognitivos. Nas últimas décadas, descobertas em pesquisas têm levado teóricos a se voltarem a explicações mais cognitivas do condicionamento. Revisemos parte dessa pesquisa.

Aprendizagem latente e mapas cognitivos

O primeiro importante "renegado" a questionar a visão convencional da aprendizagem foi Edward C. Tolman (1932, 1938), um psicólogo norte-americano que irritava o movimento behaviorista nas décadas de 1930 e 1940. Tolman et al. conduziram uma série de estudos que apresentaram algumas perguntas difíceis às visões prevalecentes do condicionamento. Em um estudo que representou um marco (Tolman e Honzik, 1930), três grupos de ratos privados de comida aprenderam a passar por um complicado labirinto em tentativas conduzidas uma vez ao dia (veja **Figura 6.19a**). Os ratos do grupo A recebiam recompensa de alimento quando chegavam ao fim do labirinto a cada dia. Por causa desse reforço, o desempenho deles em percorrer o labirinto (auferido por quantas "voltas erradas" eles fizeram) gradualmente melhorou em 17 dias (veja **Figura 6.19b**). Os ratos do grupo B não receberam nenhuma recompensa de alimento. Sem o reforço para chegar ao fim do labirinto mais rapidamente, esse grupo cometeu muitos "erros" e demonstrou apenas uma melhora modesta no desempenho. O grupo C foi o mais crítico; eles não receberam nenhuma recompensa de comida nos primeiros dez dias de tentativa no labirinto, mas começaram a ser alimentados a partir do 11º dia. Os ratos nesse grupo mostraram pouca melhora no desempenho nos primeiros dez dias (como os do grupo B), mas, depois de encontrar comida na caixa no

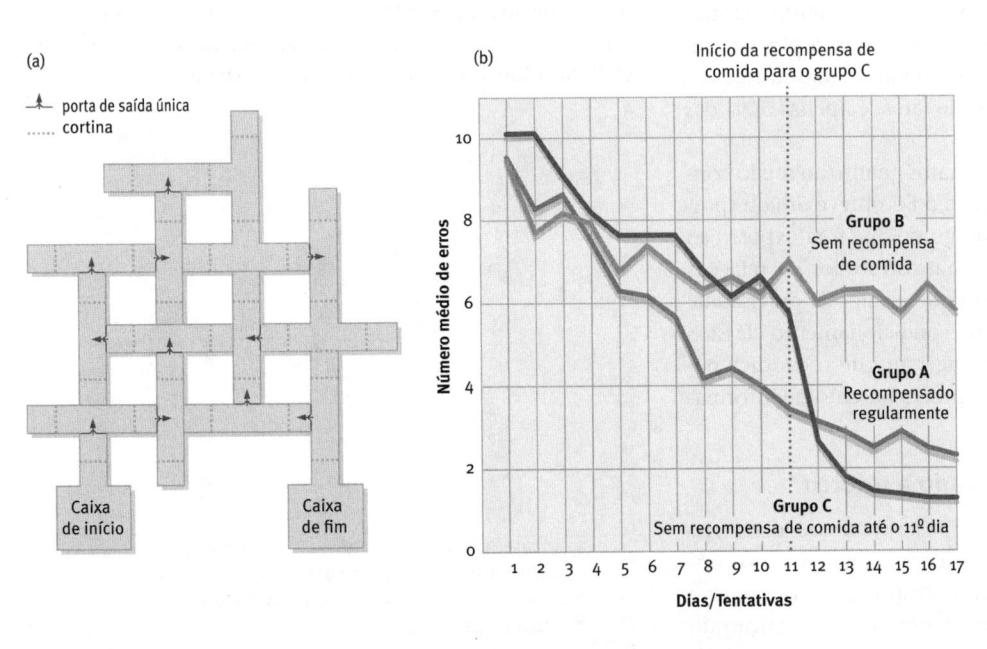

Figura 6.19 Aprendizagem latente.
(a) No estudo realizado por Tolman e Honzik (1930), os ratos aprenderam a cobrir o complicado percurso do labirinto demonstrado aqui. **(b)** Os resultados obtidos por Tolman e Honzik estão resumidos no gráfico. Os ratos do grupo C demonstraram uma melhora repentina no desempenho quando passaram a receber uma recompensa de comida na 11ª tentativa. Tolman concluiu que os ratos nesse grupo estavam aprendendo o caminho do labirinto, mas sua aprendizagem permaneceu "latente" até que o reforço ficasse disponível.

Fonte: Adaptado de Tolman, E. C.; Honzik, C. H. (1930) Introduction and removal of reward and maze performance in rats [Introdução e remoção de recompensa e desempenho dos ratos no labirinto], *University of California Publications in Psychology*, v. 4, 1930, p. 257-275.

11º dia de tentativa, demonstraram uma significativa melhora. Na verdade, o desempenho deles foi ainda melhor que o do grupo A, que recebia alimento depois de cada tentativa (veja **Figura 6.19b**).

Tolman concluiu que os ratos no grupo C aprenderam como vencer o labirinto do mesmo modo que aqueles do grupo A, mas não tinham motivação em demonstrar esse aprendizado até que uma recompensa foi introduzida. Tolman chamou esse fenômeno ***aprendizagem latente – aprendizagem que não é aparente a partir do comportamento quando ela ocorre pela primeira vez***. *Por que essas descobertas representam um desafio para a visão prevalecente da aprendizagem?* Em primeiro lugar, elas sugeriram que a aprendizagem pode ocorrer na ausência do reforço. Em segundo, que os ratos que demonstraram a aprendizagem latente tinham feito um *mapa cognitivo* do labirinto (uma representação mental do *layout* espacial) em um momento em que os processos cognitivos eram considerados irrelevantes para entender o condicionamento, mesmo em seres humanos.

Tolman (1948) conduziu outros estudos que sugeriram que os processos cognitivos têm uma função no condicionamento. Mas suas ideias estavam à frente de seu tempo e foram refutadas e criticadas por influentes teóricos da aprendizagem da época (Hilgard, 1987). Com o passar do tempo, todavia, as ideias de Tolman prevaleceram, pois aos poucos os modelos de condicionamento tiveram de ser incorporados aos fatores cognitivos.

Relações de sinais

Um teórico que foi especialmente influente na demonstração da importância dos fatores cognitivos no condicionamento foi Robert Rescorla (1978, 1980). Para ele, estímulos ambientais servem como sinais, e alguns deles são melhores, ou mais confiáveis, do que outros. Um "bom" sinal é aquele que permite uma previsão exata do ENC. Consequentemente, ele manipulou o *valor de previsão* de um estímulo condicionado ao variar a proporção das tentativas nas quais o EC e o ENC são emparelhados. Por exemplo, em um estudo, o EC (o som) e o ENC (o choque) estão juntos em 100% das vezes para um grupo de ratos, e apenas 50% das vezes para outro grupo.

Ao testar ambos os grupos de ratos quanto ao medo condicionado, Rescorla descobriu que o EC obteve uma resposta muito mais forte de medo no grupo que fora exposto ao sinal mais dependente. Muitos outros estudos de relações de sinais também demonstraram que o valor de previsão de um EC é um fator importante no condicionamento clássico (Rescorla, 1978). Esses estudos sugerem que o condicionamento clássico pode envolver o processamento de informação em vez de resposta reflexa.

Relações de resposta-resultado e reforço

Estudos sobre as relações de resposta-resultado e reforço também destacam o papel dos processos cognitivos no condicionamento. Imagine que na noite anterior a um exame importante você estuda muito ao som de uma canção do Coldplay. Na manhã seguinte, consegue a nota máxima no exame. Esse resultado fortaleceria sua tendência a ouvir Coldplay antes dos exames? Talvez não. Você provavelmente reconhecerá a relação lógica entre a resposta de estudar arduamente e o reforço da nota alta, e apenas a resposta de estudar arduamente será reforçada (Killeen, 1981).

Todavia, não está fora de cogitação que você possa desenvolver o hábito de tocar Coldplay antes de provas importantes. Há muitos anos, B. F. Skinner propôs que o "comportamento supersticioso" pode ser estabelecido por meio do *reforço não contingente*, que ocorre quando uma resposta é acidentalmente fortalecida por um reforço que a segue, mesmo que a entrega do reforçador não seja resultado da resposta. Em um estudo clássico, Skinner (1948) coloca oito pombas em câmaras operantes que foram montadas para entregar o reforço a cada 15 segundos, independentemente de quais respostas as pombas dessem. No julgamento de Skinner, seis das oito pombas começaram a exibir respostas peculiares e supersticiosas, como sacudir a cabeça ou virar no sentido anti-horário. A teoria de Skinner de que o reforço não contingente é a base para o comportamento supersticioso dominou por muitos anos, porém, os pesquisadores eventualmente falharam em replicar seus achados (Staddon e Simmelhag, 1971).

Dito isso, o comportamento supersticioso é extremamente comum, e os reforços acidentais às vezes *podem* contribuir com essas superstições, juntamente com diversos tipos de raciocínio errôneo (Ono, 1987; Vyse, 1997). Há muitos relatos verídicos de atletas, como Wade Boggs, exibindo respostas supersticiosas, como usar um par de meias especial, comer o mesmo almoço, fazer rituais especiais, e assim por diante, para aumentar as chances de sucesso (Bleak e Frederick, 1998; Ciborowski, 1997). E essas peculiaridades certamente não são limitadas apenas a atletas. Por exemplo, a maioria das pessoas precisa compulsivamente "bater na madeira" após mencionar sua boa sorte em alguma área. Um estudo (Risen e Gilovich, 2008) mostrou que muitas pessoas acreditam que dá azar "abusar da sorte". Em uma parte do estudo, os participantes liam sobre um aluno chamado Jon que se inscreveu na prestigiada Universidade

Surpreendentemente, as pesquisas sugerem que as superstições podem melhorar o desempenho. Um estudo revelou que o uso de uma "bola da sorte" ajudou golfistas fazerem mais pontos.

de Stanford para um curso de graduação, e cuja mãe enviou uma camiseta de Stanford antes de saber se ele havia sido aceito. Os sujeitos acreditavam que as chances de aceitação de Jon seriam maiores se ele não tivesse abusado da sorte ao vestir a camiseta antes de obter os resultados. Uma pesquisa contemporânea sobre comportamentos supersticiosos tende a atribuí-los aos vieses e erros cognitivos normais que promovem o raciocínio irracional (discutido no Capítulo 8) em vez de os caprichos imprevisíveis do condicionamento operante (Pronin et al., 2006; Wegner e Wheatley, 1999).

Em qualquer um dos casos, fica claro que o reforço *não* é automático quando as consequências favoráveis seguem uma resposta. As pessoas raciocinam ativamente sobre as relações entre as respostas e os resultados que seguem. Quando uma resposta é seguida por um resultado desejável, a resposta é mais propensa a ser fortalecida se a pessoa pensar que a resposta *provocou* o resultado. Resumindo, os modelos reformulados de condicionamento consideram isso como uma questão de detectar as *contingências* entre os eventos ambientais (De Houwer, 2014; Schachtman e Reilly, 2011).

6.4 Aprendizagem por observação

6.4 Objetivos Principais de Aprendizagem

- Explicar a natureza, a importância e os processos básicos da aprendizagem observacional.
- Discutir a pesquisa de Bandura sobre os modelos da TV e a agressão e a pesquisa moderna sobre os efeitos da violência na mídia.

Será que o condicionamento clássico e o operante podem ser responsáveis por todo o nosso conhecimento? É claro que não. Consideremos como as pessoas aprendem uma habilidade bastante básica, como dirigir um carro. Elas simplesmente não pulam no carro e começam a emitir respostas aleatórias até que uma delas leve a consequências favoráveis. Pelo contrário, a maioria das pessoas que aprendem a dirigir sabe exatamente onde colocar a chave e como dar a partida. Como essas respostas são adquiridas? Por meio da *observação*. Muitos dos novos motoristas têm anos de experiência observando outros dirigirem e põem essas observações a seu serviço. A aprendizagem por meio da observação é responsável por grande parte da aprendizagem tanto em animais como em seres humanos.

A *aprendizagem por observação* ocorre quando as respostas de um organismo são influenciadas pela observação de outros, que são chamados modelos. Esse processo foi extensivamente investigado por Albert Bandura (1977, 1986), que não considera esse tipo de aprendizagem como inteiramente separado do condicionamento clássico e do operante. Ao contrário, ele afirma que ela estende muito o alcance dos processos condicionadores. Enquanto antigos teóricos do condicionamento enfatizavam a experiência direta dos organismos, Bandura demonstrou que o condicionamento clássico e o operante podem acontecer de forma indireta por meio da aprendizagem por observação, a qual envolve ser condicionado indiretamente em virtude da observação do condicionamento de outros.

Processos básicos

Essencialmente, a aprendizagem observacional envolve estar condicionado indiretamente pela observação do condicionamento de outra pessoa (veja **Figura 6.20**). Para ilustrar, suponhamos que você observe uma amiga barganhando com um vendedor de carros. Você percebe o comportamento dela ser reforçado pela boa compra que consegue fazer. Sua própria tendência em comportar-se da mesma forma com vendedores pode ser fortalecida como resultado disso. Note que o reforço é experimentado por sua amiga, e não por você. A boa compra deveria fortalecer a tendência de sua amiga de pechinchar, mas sua tendência de fazer o mesmo também pode ser fortalecida indiretamente.

Bandura identificou quatro processos cruciais na aprendizagem observável. Os dois primeiros – atenção e retenção – destacam a importância da cognição nesse tipo de aprendizagem.

- *Atenção*. Para aprender por meio da observação, você deve prestar atenção ao comportamento de outra pessoa e suas consequências.
- *Retenção*. Você pode não ter ocasião de usar uma resposta observada por semanas, meses ou até mesmo anos. Consequentemente, deve armazenar uma representação mental do que testemunhou em sua memória.
- *Reprodução*. Executar uma resposta modelada depende de sua habilidade em reproduzi-la, convertendo suas imagens mentais armazenadas em comportamento observável.
- *Motivação*. Por fim, é improvável que você reproduza uma resposta observada, a menos que esteja motivado a

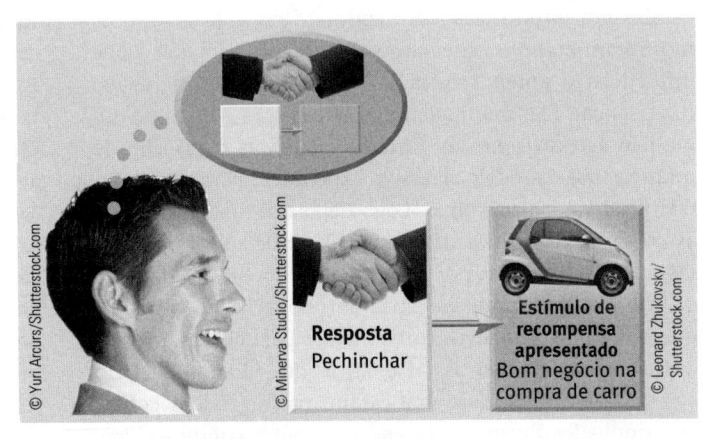

Figura 6.20 A aprendizagem por observação.

Na aprendizagem por observação, um observador verifica e armazena uma representação mental de um comportamento do modelo (por exemplo, pechinchar) e suas consequências (um bom negócio na compra de carro). Se ele perceber que a resposta modelada leva a um resultado favorável, sua tendência de emitir a resposta modelada será fortalecida.

A aprendizagem por observação ocorre tanto nos seres humanos quanto nos animais. Por exemplo, ninguém treinou esse cachorro a "rezar" junto com seu dono; o chihuahua apenas captou a resposta por meio da observação. De modo semelhante, as crianças adquirem uma grande variedade de respostas a partir do modelo, por meio do aprendizado por observação.

fazê-lo, o que depende de como você encara uma situação e se acredita que a resposta trará resultados positivos.

Aprendizagem por observação e a controvérsia da violência na mídia

O poder da aprendizagem observacional está no centro de uma longa controvérsia acerca dos efeitos da violência na mídia. Desde que a TV se tornou popular na década de 1950, os críticos sociais demonstram preocupações acerca da violência nela exibida. Na década de 1960, Albert Bandura et al. conduziram uma importante pesquisa a respeito da questão, que continua a ser amplamente citada e influente.

Em um estudo clássico, Bandura, Ross e Ross (1963a) mostraram como a observação de modelos filmados pode influenciar a aprendizagem do comportamento agressivo nas crianças. Eles manipularam a observação ou não de um modelo agressivo em um filme por crianças no jardim de infância e se o modelo agressivo experimentava consequências positivas ou negativas. Logo depois das manipulações, as crianças foram levadas a uma sala onde suas brincadeiras foram observadas por meio de um espelho falso. Entre os brinquedos disponíveis havia dois bonecos "joão-bobo", que serviram como alvos convenientes para chutes, socos e outras reações agressivas. As crianças que viram o modelo agressivo recompensado praticaram mais agressões contra os brinquedos do que as crianças na outra condição. Esse estudo foi uma das primeiras demonstrações experimentais do relacionamento de causa e efeito entre a exposição à agressão demonstrada na TV e o crescente comportamento agressivo.

Décadas de pesquisas desde o pioneiro trabalho de Bandura têm indicado que violência na mídia promove o aumento da agressão (Bushman e Huesmann, 2012; Gentile e Bushman, 2012). Os efeitos de curto prazo da violência na mídia foram investigados em centenas de estudos experimentais que demonstram com consistência que a exposição à violência em programas de TV, filmes e videogames aumenta a probabilidade de agressão física, verbal e de emoções e pensamentos agressivos em crianças e adultos (Anderson et al., 2010; Warburton, 2014).

Uma fonte específica de preocupação na pesquisa recente foi o achado de que a exposição à violência na mídia parece dessensibilizar as pessoas aos efeitos da agressão no mundo real (Krahe et al., 2011). Dessensibilização significa que as pessoas mostram reações mudas à violência real. Por exemplo, um estudo mostrou que os sujeitos que jogaram videogames violentos por apenas 20 minutos mostraram reações psicológicas menores aos registros em vídeo de agressões reais (brigas em prisões etc.) do que aqueles que jogaram videogames não violentos (Carnagey, Anderson e Bushman, 2007). Outro estudo descobriu que jogar videogames violentos mudou as percepções dos participantes sobre a agressão no dia a dia, à medida que eles classificaram atos específicos de comportamento agressivo como sendo menos agressivos do que os sujeitos de controle fizeram (Greitemeyer, 2014).

Ainda assim, outro estudo sugeriu que o efeito "entorpecente" da violência na mídia torna as pessoas menos sensíveis ao sofrimento alheio e menos propensas a ajudar os que precisam (Bushman e Anderson, 2009). Nesse estudo, os participantes que jogaram apenas um videogame violento ou não violento ouviram uma briga ensaiada (do lado de fora do laboratório) em que uma pessoa foi ferida. O ator agressivo claramente saiu da cena, então não houve perigo percebido para os participantes. Os pesquisadores monitoraram quanto tempo levou para que os sujeitos fossem até o corredor oferecer ajuda à vítima agredida. Os participantes que haviam jogado um videogame violento demoraram mais para ajudar (73 segundos em média) em relação aos que haviam jogado um videogame não violento (16 segundos). Assim, parece que a violência na mídia pode dessensibilizar os indivíduos para atos de agressão.

Os efeitos do mundo real e de longo prazo da violência na mídia foram certa vez investigados por meio de pesquisa correlacional. As descobertas desses estudos mostram que, quanto mais violência as crianças virem na TV, mais agressivas elas tendem a ser em casa e na escola (Krahe, 2013). É claro que os críticos alegam que essa correlação poderia resultar de uma variedade de relacionamentos causais (Ferguson e Savage, 2012). Talvez a alta agressividade nas crianças provoque o aumento no interesse por programas violentos na TV (veja **Figura 6.21**). Contudo, um número crescente de estudos tem controlado os níveis iniciais de agressividade dos sujeitos e ainda descobriu que uma dieta de violência na mídia promove o aumento da agressão (Bushman e Huesmann, 2014).

Os críticos também afirmam que os efeitos da violência na mídia são relativamente fracos (Elson e Ferguson, 2014; Ferguson, 2013). Essa afirmação é precisa, porém corresponde exatamente ao que se esperaria. Como outros aspectos do complexo comportamento humano, a agressão certamente é influenciada por uma série de fatores, como predisposições genéticas, modelo dos pais e influências de amigos. A exposição à violência na mídia é apenas um ator em um palco lotado. Dito isso, os pesquisadores que estão preocupados com os efeitos da violência na mídia acreditam que mesmo os efeitos fracos podem ter repercussões de longo alcance. Eles apontam que os programas de TV, cinema e videogames atingem milhares e milhares de pessoas (Bushman e Anderson, 2001). Suponha que 25 milhões de pessoas assistam a um filme extremamente violento. Mesmo se apenas 1 a cada 1000 espectadores se tornasse um pouco mais propenso à agressão, seriam 25 mil pessoas um pouco mais passíveis de causar algum estrago na vida de alguém.

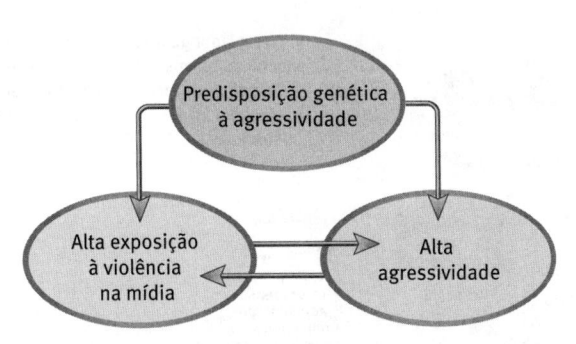

Uma ressalva: vale notar que os achados da pesquisa sobre os efeitos dos videogames não são de todo ruins. Estudos descobriram que inúmeros benefícios podem advir do hábito de jogar videogames, inclusive os jogos de tiro em primeira pessoa, muito criticados por serem extremamente violentos (Granic, Lobel e Engels, 2014). Os benefícios cognitivos de jogar videogame incluem melhoras na alocação da atenção, no processamento visual-espacial e na resolução de problemas. Os videogames também podem demonstrar as recompensas da persistência em face dos contratempos. E o advento dos jogos que se desenrolam nas comunidades virtuais pode ter algumas vantagens em termos de melhorar as habilidades sociais.

De qualquer modo, o debate acalorado sobre a violência na mídia demonstra que a aprendizagem por observação representa um papel importante na regulagem do comportamento. Ela representa o terceiro mais amplo tipo de aprendizagem que se desenvolve sobre os dois anteriores – o condicionamento clássico e o operante.

6.5 Refletindo sobre os temas do capítulo

Dois de nossos temas unificadores destacam-se neste capítulo: (1) a natureza e a criação interativamente governam o comportamento e (2) densas interconexões existem entre a psicologia e os eventos do mundo de forma geral. Examinaremos cada um deles detalhadamente.

> **6.5 Objetivos Principais de Aprendizagem**
> • Identificar os dois temas unificadores destacados neste capítulo.

No que concerne à questão natureza – educação, as pesquisas sobre a aprendizagem têm demonstrado clara e repetidamente o enorme poder do meio e da experiência na formação do comportamento. Na verdade, muitos teóricos da aprendizagem acreditavam que *todos* os aspectos do comportamento podiam ser explicados em termos de determinantes ambientais. Nas últimas décadas, porém, as evidências da aversão condicionada ao paladar e da preparação têm demonstrado que há limitações biológicas ao condicionamento. Assim, até mesmo nas explicações da aprendizagem – área uma vez dominada por teorias da educação – vemos novamente que a hereditariedade e o meio ambiente conjuntamente influenciam o comportamento.

A história da pesquisa sobre o condicionamento também mostra como o progresso na psicologia pode infiltrar-se em

Figura 6.21 A correlação entre a exposição à violência na mídia e a agressão.

Quanto mais violência as crianças virem na TV, mais agressivas elas tendem a ser; mas essa correlação pode refletir uma variedade de relacionamentos causais subjacentes. Embora assistir a programas violentos provavelmente aumente a agressividade, é também possível que as crianças agressivas sejam atraídas por programas violentos. Ou talvez uma terceira variável (como uma predisposição genética à agressividade) leve tanto à preferência por programas violentos quanto à alta agressividade.

Visão geral ilustrada — Três tipos de aprendizagem

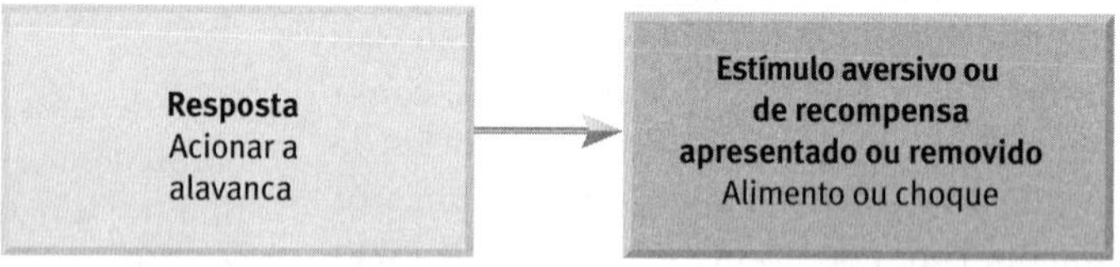

TIPO DE APRENDIZAGEM	PROCEDIMENTO	RESULTADO
CONDICIONAMENTO CLÁSSICO — Ivan Pavlov	Um estímulo neutro (por exemplo, um som) é pareado a outro não condicionado (como um alimento), que produz uma resposta também não condicionada (salivação). EC Som → RC Salivação; ENC Carne → RNC	O estímulo neutro torna-se um estímulo condicionado, que produz a resposta condicionada (por exemplo, um som ativa a salivação).
CONDICIONAMENTO OPERANTE — B.F. Skinner	Em uma situação de estímulo, uma resposta é seguida por consequências favoráveis (reforço) ou não favoráveis (punição). Resposta: Acionar a alavanca → Estímulo aversivo ou de recompensa apresentado ou removido: Alimento ou choque	Se reforçada, a resposta é fortalecida (emitida mais frequentemente); se punida, é enfraquecida (emitida com menos frequência).
APRENDIZAGEM POR OBSERVAÇÃO — Albert Bandura	Um observador presta atenção ao comportamento de um modelo (por exemplo, pechinchar) e às suas consequências (por exemplo, um bom negócio na compra de carro). Resposta: Pechinchar → Estímulo de recompensa apresentado: Bom negócio na compra de carro	O observador guarda uma representação mental da resposta do modelo; sua tendência em emitir a resposta pode ser fortalecida ou enfraquecida, dependendo das consequências observadas.

TIPOS DE RESPOSTAS	EXEMPLOS EM ANIMAIS	EXEMPLOS EM SERES HUMANOS
Frequentemente, reflexos involuntários e respostas viscerais.	Os cães aprenderam a salivar ao toque de um som que foi emparelhado com a carne. 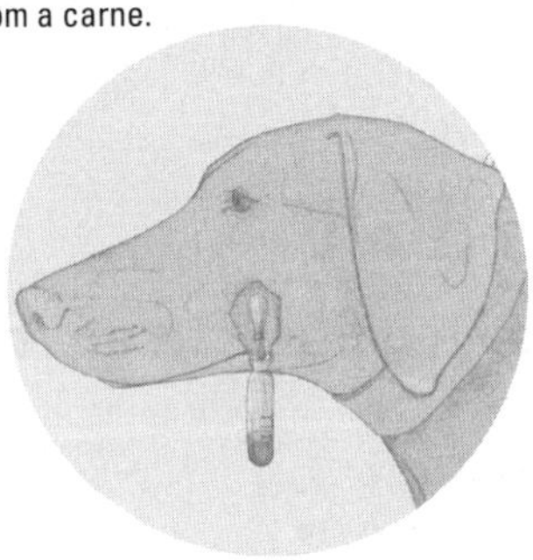	O pequeno Albert aprendeu a temer um rato branco e outros objetos peludos por meio do condicionamento clássico.  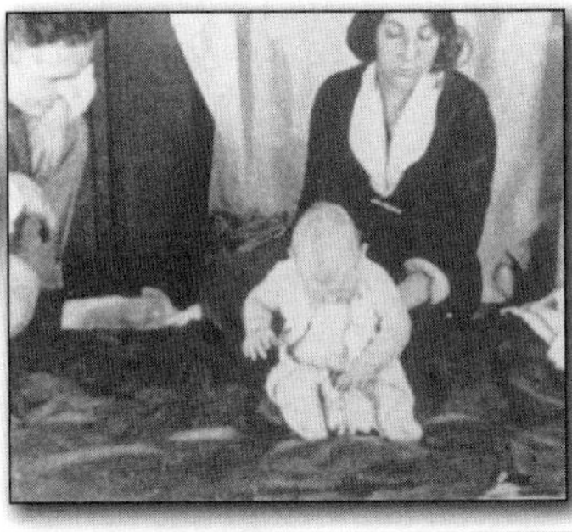
Frequentemente, respostas voluntárias espontâneas.	Animais treinados realizam feitos extraordinários porque foram reforçados gradualmente, por aproximações sucessivas, a apresentar respostas que originalmente não emitiam. 	Frequentadores de cassinos tendem a exibir altas e estáveis taxas de apostas, pois muitos jogos de azar envolvem complexas programações de reforço de razão variável. 
Principalmente respostas voluntárias, que consistem em sequências novas e complexas.	Um cão aprende espontaneamente a imitar um ritual humano. 	Uma garotinha produz uma resposta que adquiriu por meio de aprendizagem observável. 

cada canto da sociedade. Por exemplo, as ideias de Skinner sobre o poder do reforço positivo influenciaram padrões de disciplina na sociedade norte-americana. A pesquisa sobre o condicionamento operante também afetou formas de gerenciamento no mundo dos negócios, levando a uma ênfase maior no reforço positivo. O fato de que os princípios do condicionamento são rotineiramente aplicados em casa, negócios, creches, escolas e fábricas claramente mostra que a psicologia não está isolada do mundo.

Na Aplicação Pessoal, veremos como aplicar os princípios do condicionamento para melhorar o autocontrole, quando discutirmos a tecnologia da modificação do comportamento.

6.6 APLICAÇÃO PESSOAL
Adquirindo autocontrole por meio da modificação do comportamento

Responda "sim" ou "não":
___ 1 Você tem dificuldade em recusar comida mesmo que não esteja com fome?
___ 2 Gostaria de estudar com mais frequência?
___ 3 Gostaria de parar de beber ou fumar?
___ 4 Tem dificuldade em se exercitar regularmente?

Se respondeu "sim" a qualquer das perguntas anteriores, você já se deparou com o desafio do autocontrole. Essa Aplicação mostra como usar os princípios e as técnicas da modificação do comportamento para melhorar seu autocontrole. A *modificação do comportamento* é uma abordagem sistemática à mudança de comportamento por meio da aplicação dos princípios do condicionamento. Defensores da modificação do comportamento afirmam que ele é principalmente um produto da aprendizagem, condicionamento e controle ambiental. Eles presumem que *o que é aprendido pode ser desaprendido*. Assim, eles se preparam para "recondicionar" as pessoas para produzir padrões de comportamento mais desejáveis e eficientes.

A modificação do comportamento tem sido aplicada com grande sucesso em escolas, negócios, hospitais, fábricas, creches, presídios e centros para a saúde mental (Kazdin, 2001; Miltenberger, 2012). Além disso, técnicas para a modificação do comportamento têm provado ser particularmente valiosas

6.6 Objetivos Principais de Aprendizagem
- Descrever como especificar seu comportamento-alvo e reunir dados básicos para um programa de automodificação.
- Discutir como criar e executar um programa de automodificação.

em esforços para melhorar o autocontrole. Nossa discussão terá como base um excelente livro sobre automodificação de David Watson e Roland Tharp (2014). Discutiremos quatro passos no processo de automodificação que estão ilustrados na **Figura 6.22**.

Especificando o comportamento-alvo

O primeiro passo no programa de automodificação é especificar o comportamento que se deseja modificar. A mudança de comportamento só pode ser aplicada a uma resposta observável claramente definida, embora muitas pessoas tenham dificuldade em apontar o comportamento que desejam alterar. Elas tendem a descrever seus problemas em termos de *traços* de personalidade não observáveis em vez de *comportamentos* observáveis. Por exemplo, perguntado sobre qual comportamento desejava modificar, um homem respondeu: "Sou extremamente irritável". Essa afirmação pode ser verdadeira, mas não ajuda muito na

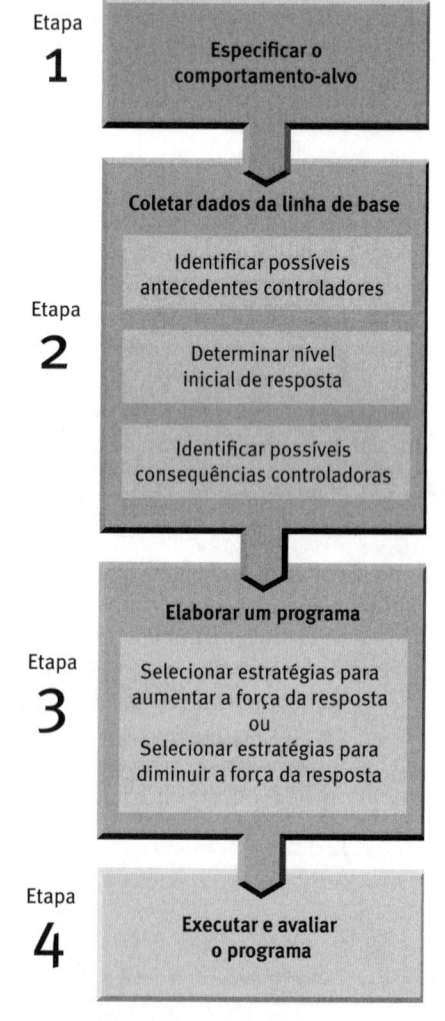

Figura 6.22 Etapas de um programa de automodificação.

Esse fluxograma fornece uma visão geral das etapas necessárias para a execução de um programa de automodificação.

Etapa 1 — Especificar o comportamento-alvo

Etapa 2 — Coletar dados da linha de base
- Identificar possíveis antecedentes controladores
- Determinar nível inicial de resposta
- Identificar possíveis consequências controladoras

Etapa 3 — Elaborar um programa
- Selecionar estratégias para aumentar a força da resposta
ou
- Selecionar estratégias para diminuir a força da resposta

Etapa 4 — Executar e avaliar o programa

Fumar e beber estão entre os muitos problemas de autocontrole que podem ser dominados com o uso dos princípios da automodificação.

elaboração de um programa de automodificação. Para usar uma abordagem behaviorista, definições vagas a respeito de traços têm de ser traduzidas em descrições precisas de comportamentos específicos.

Para identificar as respostas que se procura, tem-se de ponderar o comportamento passado e prestar muita atenção ao comportamento nas semanas seguintes, de modo que você possa listar *exemplos* específicos de respostas que levem à descrição do traço. Por exemplo, o homem que se diz "extremamente irritável" pode identificar duas respostas frequentes demais, como discutir com sua esposa ou repreender os filhos. Trata-se de comportamentos específicos para os quais ele poderia elaborar um programa de automodificação.

Colhendo dados

A segunda etapa é colher dados de linha de base. É necessário observar seu comportamento-alvo sistematicamente por um período (uma semana ou duas, normalmente) antes de trabalhar os detalhes de seu programa. Na coleta de dados de linha de base, é necessário monitorar três coisas.

Em primeiro lugar, determine o nível de resposta inicial do comportamento que deseja desenvolver. Não se pode afirmar se um programa está dando certo ou não a não ser que se tenha uma linha de base para comparar. Em muitos casos, você só precisaria prestar atenção à frequência com que a resposta-alvo ocorre em certo período. Assim, pode-se contar o número de vezes que repreendeu os filhos, fumou um cigarro ou roeu as unhas. *É importante coletar dados precisos.* Devem-se manter os registros escritos permanentes, e sempre é melhor ilustrá-los em forma de gráficos (veja **Figura 6.23**).

Segundo, monitore os *antecedentes* de seu comportamento-alvo. Antecedentes são eventos que tipicamente antecedem a resposta-alvo. Esses eventos frequentemente representam um papel importante na incitação de seu comportamento-alvo. Por exemplo, se o seu alvo é o fato de comer demais, você pode perceber que o maior volume consumido ocorre tarde da noite enquanto assiste à TV. Se conseguir identificar esse tipo de ligação com a resposta antecedente, você poderá elaborar um programa para iludir ou quebrar esse elo.

Terceiro, monitore as consequências típicas de seu comportamento-alvo. Tente identificar os reforçadores que estão mantendo o comportamento

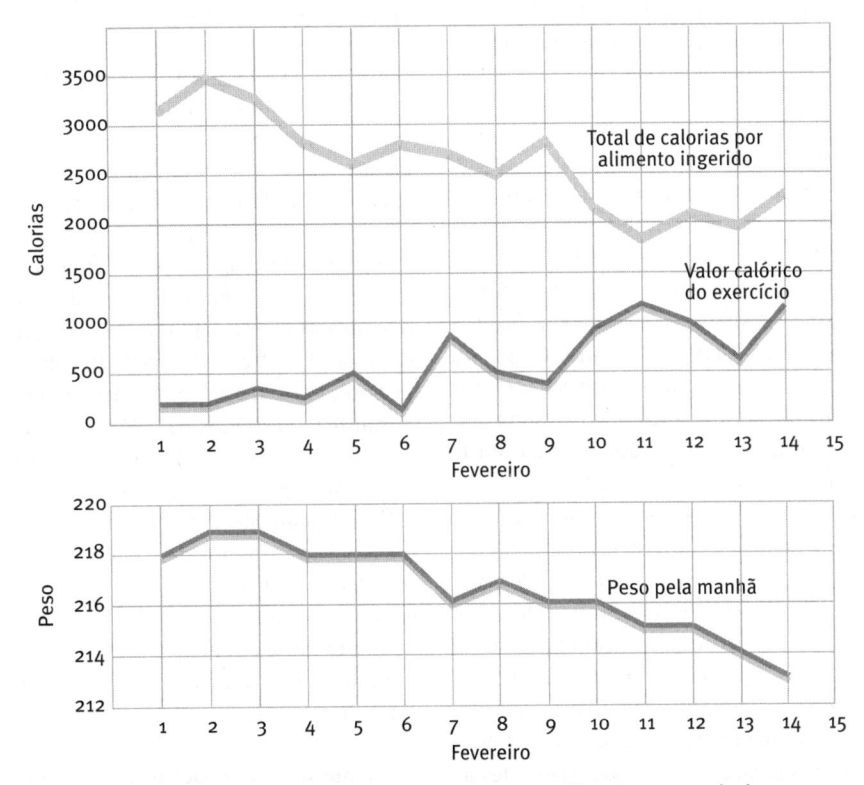

Figura 6.23 Exemplo de registro de um programa de automodificação para perda de peso.
Registros gráficos são ideais para acompanhar o progresso dos esforços na modificação do comportamento. Os registros mostrados aqui ilustram o caminho que uma pessoa provavelmente teria de seguir em um programa de modificação de comportamento para perda de peso.

indesejável ou os resultados desfavoráveis que estão suprimindo um comportamento-alvo desejável. Você deve também levar em consideração o fato de que uma resposta pode não ser reforçada toda vez, pois grande parte do comportamento é mantida por reforço intermitente.

Elaborando seu programa

Uma vez selecionado o comportamento-alvo e colhida a linha de base adequada, é hora de planejar seu programa de intervenção. De modo geral, seu programa será elaborado para aumentar ou diminuir a frequência da resposta-alvo.

Aumentando a força na resposta

Esforços para aumentar a frequência da resposta-alvo dependem grandemente do uso do reforço positivo. Em outras palavras, você se recompensa por comportar-se adequadamente. Embora a estratégia básica seja muito simples, cumpri-la com habilidade requer uma série de considerações, incluindo a seleção do reforçador correto e a preparação das contingências.

Selecionar um reforço. Para usar reforço positivo, é preciso encontrar uma recompensa que seja eficaz para você. O reforço é subjetivo. O que reforça uma pessoa pode não reforçar outra. Para determinar seus reforçadores pessoais, você precisa fazer a si mesmo perguntas como: O que eu gosto de fazer para me divertir? O que me faz sentir bem? O que seria um bom presente? O que eu detestaria perder? (veja **Figura 6.24**)

Não é necessário inventar reforços espetaculares que você nunca experimentou. *Você poderá utilizar reforçadores que já está obtendo.* Entretanto, você tem de reestruturar as contingências de maneira que só os obtenha se se comportar adequadamente. Por exemplo, se normalmente compra dois DVDs por semana, você pode fazer dessas compras um prêmio por estudar certo número de horas durante a semana.

Organizando as contingências. Uma vez escolhido o reforçador, você deve selecionar contingências de reforçamento. Elas irão descrever os objetivos exatos que devem ser alcançados, bem como o reforçador que deverá ser recompensado. Por exemplo, em um programa para aumentar o exercício físico, você pode estabelecer o gasto de R$ 50,00 em roupas (o reforço) se tiver caminhado sete quilômetros durante a semana (o comportamento-alvo).

Tente estabelecer objetivos de comportamento que sejam desafiadores, porém realistas, para que possam levar a uma melhoria em seu comportamento. Estabelecer objetivos altos demais e irreais – um engano comum na automodificação – frequentemente leva a um desânimo desnecessário.

Diminuindo a força das respostas

Vamos agora lidar com o desafio da diminuição de frequência de uma resposta não desejável. Pode-se lidar com essa tarefa de várias formas. Suas opções principais incluem reforço, controle de antecedentes e punição.

Reforço. Pode ser utilizado de maneira indireta para diminuir a frequência de uma resposta. Isso pode parecer paradoxal, já que você aprendeu que reforços fortalecem uma resposta. O truque está em como se define um comportamento-alvo. Por exemplo, no caso de comer demais, pode-se definir o comportamento-alvo como comer mais de 1.600 calorias por dia (uma resposta de excesso que você deseja diminuir), ou menos de 1.600 calorias por dia (uma resposta de falta que você deseja aumentar). Você pode escolher a última definição e reforçar-se sempre que consumir menos de 1.600 calorias por dia. Assim, poderá estar se reforçando por não emitir uma resposta, ou por emiti-la em menor proporção e, por meio disso, diminuir a resposta por meio de reforço.

Controle de antecedentes. Uma estratégia que vale a pena tentar para diminuir a ocorrência de uma resposta indesejável pode ser identificar seus an-

Selecionar um reforçador
1. Quais serão as recompensas ao atingir sua meta?
2. Que tipo de elogio você gosta de receber de você mesmo e dos outros?
3. Que tipo de coisas você gostaria de ter?
4. Quais são seus principais interesses?
5. Quais são seus *hobbies*?
6. Quais pessoas você gosta de ter por perto?
7. O que você gosta de fazer com essas pessoas?
8. O que você faz para se divertir?
9. O que você faz para relaxar?
10. O que você faz para escapar de tudo?
11. O que faz você se sentir bem?
12. Qual seria um bom presente para você ganhar?
13. O que é importante para você?
14. O que você compraria se tivesse R$20 sobrando? R$50? R$100?
15. No que você gasta seu dinheiro toda semana?
16. Quais comportamentos você exibe todos os dias? (Não ignore o óbvio ou o lugar-comum.)
17. Há algum comportamento que você normalmente exibe em vez do comportamento-alvo?
18. O que você odeia perder?
19. Das coisas que você faz todos os dias, do que você odiaria desistir?
20. Quais são seus sonhos e fantasias favoritos?
21. Quais são as cenas mais relaxantes que você consegue imaginar?

Figura 6.24 Como escolher um reforçador para um programa de automodificação.

Encontrar um bom reforçador para usar em um programa de modificação de comportamento pode exigir muita análise. As questões enumeradas aqui podem ajudar a identificar reforçadores pessoais.

Fonte: Adaptado de Watson, D. L. e Tharp, R. G. (1997). *Self-directed behavior: self-modification for personal adjustment*. Belmont, CA: Wadsworth, reimpresso mediante permissão.

tecedentes e evitar se expor a eles. Essa estratégia é especialmente útil quando se está tentando diminuir a tendência de uma resposta de consumo, como fumar ou comer. No caso do comer em excesso, por exemplo, a maneira mais fácil de resistir à tentação é evitar ter de enfrentá-la. Assim, você poderia ficar longe dos restaurantes atraentes, diminuir o tempo passado na cozinha, fazer compras somente depois de já ter comido (quando a força de vontade é maior) e evitar comprar suas comidas favoritas.

Punição. A estratégia de punir o comportamento indesejável é uma opção óbvia que as pessoas tendem a exagerar. O grande problema com a punição em um esforço de automodificação é que é difícil aplicá-la. Apesar disso, pode haver situações em que sua manipulação de reforços tenha de ser sustentada sob a ameaça de punição.

Se você for utilizar a punição, tenha em mente duas linhas de direção: primeira, não utilize somente a punição; use-a em conjunto com um reforço positivo. Se você estabelecer um programa apenas com consequências negativas, provavelmente não irá mantê-lo. Segunda, use punição relativamente leve para que seja realmente capaz de administrá-la.

Executando e avaliando seu programa

Uma vez elaborado seu programa, o próximo passo é pô-lo em prática forçando as contingências que você cuidadosamente planejou. Durante esse período, continue registrando com precisão a frequência de seu comportamento-alvo para que possa avaliar seu progresso. O sucesso de seu programa depende de você não "trapacear". A forma mais comum de trapacear é recompensar-se quando na realidade não atingiu as metas. Pode-se também reduzir a probabilidade de "trapaça" quando se tem alguém mais, além de si próprio, para dar reforços e punições.

Geralmente quando se elabora um programa, devem-se estabelecer as condições em que ele deverá ser concluído. Fazer isso envolve a determinação de objetivos finais, como atingir determinado peso, estudar com certa regularidade ou passar um tempo sem fumar. É sempre boa ideia ir terminando seu programa de etapas com uma redução gradual na frequência ou na potência de seu reforço para o comportamento apropriado.

6.7 APLICAÇÃO DO PENSAMENTO CRÍTICO
Manipulação das emoções: Pavlov e a persuasão

6.7 Objetivos Principais de Aprendizagem
- Reconhecer como o condicionamento clássico é usado para manipular as emoções.

Com todo o respeito devido ao grande Ivan Pavlov, quando focamos sua demonstração de que cães podem ser treinados a salivar em resposta a um tom, é fácil perder de vista a importância do condicionamento clássico. À primeira vista, em sua maioria, as pessoas não veem um relacionamento entre os cães salivantes de Pavlov e algo em que elas possam estar minimamente interessadas. Entretanto, na parte principal do capítulo, vimos que o condicionamento clássico de fato contribui para regular os aspectos mais importantes do comportamento, incluindo medos, fobias e até a estimulação sexual. Nesta Aplicação, você aprenderá que o condicionamento clássico é rotineiramente usado para manipular emoções em esforços persuasivos. Se você assiste à TV, foi submetido às técnicas de Pavlov. Um entendimento dessas técnicas pode ajudá-lo a reconhecer quando suas emoções estão sendo manipuladas por anunciantes, políticos e pela mídia.

Os esforços de manipulação que utilizam o condicionamento de Pavlov geralmente envolvem o *condicionamento avaliativo*, que consiste em esforços para transferir a emoção ligada a um ENC para um novo EC. A chave desse processo é simplesmente manipular as associações automáticas e subconscientes que as pessoas fazem em resposta a vários estímulos. Vejamos como essa manipulação é feita na publicidade, nos negócios e no mundo da política.

Condicionamento clássico na publicidade

A arte de manipular as associações das pessoas foi aperfeiçoada pela indústria da publicidade, levando Till e Priluck (2000) a comentar: "o condicionamento de atitudes em relação a produtos e marcas tornou-se aceito de forma geral e desenvolveu-se em uma corrente única de pesquisa". Os anunciantes constantemente tentam associar o produto que estão vendendo a estímulos que provocam respostas emocionais positivas (Schachtman et al., 2011) (veja **Figura 6.25**). Uma extensa variedade de estímulos é usada para esse propósito. Os produtos são associados a celebridades muito estimadas; representações de famílias amorosas e felizes; belas cenas campestres; bichinhos de estimação engraçadinhos e carinhosos; crianças saudáveis e encantadoras; música agradável e alegre; e cenários opulentos que exibem riqueza. Os anunciantes também gostam de associar seus produtos a eventos empolgantes, como a final da NBA; e símbolos apreciados, como bandeiras e a insígnia dos aros olímpicos. Mas, acima de tudo, os anunciantes gostam de ligar os produtos à imagem sexual e a modelos extremamente atraentes – em especial, mulheres glamorosas, sedutoras (Reichert, 2003; Reichert e Lambiase, 2003).

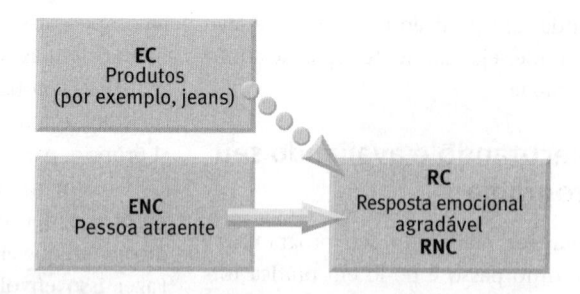

Figura 6.25 Condicionamento clássico na publicidade.
Muitos anunciantes tentam fazer dos produtos estímulos condicionados que provoquem respostas emocionais agradáveis, associando-os a pessoas atraentes ou populares ou a imagens sexuais.

Os anunciantes, na maioria das vezes, procuram associar seus produtos a estímulos que evocam sentimentos agradáveis de um tipo geral, mas em alguns casos tentam criar associações mais específicas. Por exemplo, as marcas de cigarro vendidas principalmente aos homens são com frequência associadas a homens fortes em cenários rudes para criar a associação entre os cigarros e a masculinidade. Em contraste, as marcas de cigarro mais anunciadas para mulheres estão ligadas a imagens que evocam sentimentos de feminilidade. Do mesmo modo, os fabricantes de jeans de marca buscam criar associações entre seu produto e coisas que são jovens, urbanas e alegres. Os anunciantes de automóveis caros ou cartões de crédito platinum associam seus produtos a símbolos de afluência, luxo e privilégios, como mansões, mordomos e joias deslumbrantes.

Condicionamento clássico nos negócios

No mundo das interações comerciais duas práticas-padrão são destinadas a fazer que os clientes da empresa façam uma associação entre ela e sentimentos agradáveis. A primeira é a prática de levar os clientes para jantar em restaurantes finos. A provisão de comida deliciosa e vinhos finos em um ambiente luxuoso é um poderoso estímulo não condicionado que, com certeza, gera sentimentos agradáveis que serão associados ao anfitrião. A segunda é a estratégia de entreter os clientes em eventos importantes, como concertos ou jogos de futebol. Nas duas últimas décadas, as arenas esportivas norte-americanas foram em grande parte reformadas com bem mais "camarotes luxuosos" para acomodar essa técnica de negócios. Ela alcança seu ápice todos os anos na Super Bowl, em que a maioria dos lugares vai para os convidados das corporações *Fortune 500*. Essa prática associa o anfitrião tanto a sentimentos agradáveis quanto à empolgação para um grande evento.

É importante observar que tais estratégias se aproveitam de outros processos além do condicionamento clássico. Elas também fazem uso da *norma de reciprocidade* – a regra social de que a pessoa deve retornar uma gentileza que recebeu de outra (Cialdini, 2001). Assim, a demonstração de gentilezas para com os clientes gera um senso de obrigação de que eles devem retornar a generosidade do anfitrião – presumivelmente nos negócios.

Condicionamento clássico no mundo da política

Assim como anunciantes, candidatos que concorrem em uma eleição precisam influenciar as atitudes de muitas pessoas de maneira rápida, sutil e eficaz – e eles dependem do condicionamento avaliativo para ajudá-los a fazer isso. Por exemplo, você já notou como os políticos aparecem em uma infindável variedade de eventos públicos agradáveis (como a abertura de um novo shopping center), que com frequência não têm nenhuma relação com o serviço público? Quando um time ganha determinado tipo de campeonato, os políticos locais são atraídos como moscas às subsequentes celebrações. Eles querem ter sua imagem ligada a esses acontecimentos positivos, pois assim são associados a emoções agradáveis.

A propaganda eleitoral usa as mesmas técnicas de anúncios comerciais (exceto que não recorrem muito à imagem sexual). Os candidatos são associados a celebridades populares, famílias felizes, música agradável e símbolos de patriotismo. Cientes do poder do condicionamento clássico, os políticos também tomam muito cuidado para garantir que não sejam associados a pessoas ou eventos que possam provocar sentimentos negativos. Por exemplo, na eleição presidencial de 2008, foi reportado que o candidato republicano John McCain tentou minimizar suas aparições públicas com o presidente atual George W. Bush porque as taxas de popularidade de Bush eram extremamente baixas.

A perversão definitiva dos princípios do condicionamento clássico provavelmente aconteceu na Alemanha nazista. Os nazistas usaram muitas técnicas de propaganda para criar o preconceito contra os judeus e membros de outros grupos-alvo (como os ciganos). Tal estratégia consistiu na repetida associação de imagens desagradáveis e repulsivas a representações estereotipadas dos judeus. Por exemplo, os nazistas mostravam imagens alternadas de ratos ou baratas rastejando sobre o lixo e rostos estereotipados de judeus, de modo que as duas imagens fossem associadas nas mentes dos espectadores. Desse modo, a população alemã foi condicionada a ter reações emocionais negativas aos judeus e a associá-los a animais daninhos sujeitos à exterminação. Os nazistas imaginaram que se as pessoas não hesitavam em exterminar ratos e baratas, então por que não fariam o mesmo com seres humanos associados a eles?

Quão eficazes são os esforços para manipular as emoções por meio do condicionamento clássico? É difícil dizer. No mundo real, essas estratégias são sempre usadas com outras táticas persuasivas, que criam diversos fatores confusos, tornando difícil avaliar o impacto das técnicas de Pavlov (Walther, Nagengast e Trasselli, 2005). Pesquisas laboratoriais podem eliminar essas confusões, mas muito pouco foi publicado sobre os estudos dessas estratégias, e quase todos abordavam a publicidade. Eles sugerem que o condicionamento clássico é eficaz e deixa marcas duradouras nas atitudes dos consumidores (Schachtman et al., 2011; Walther e Grigoriadis, 2003). E as pesquisas indicam que os apelos sexuais na publicidade atraem a atenção, são apreciados e persuasivos (Reichert, Heckler e Jackson, 2001). Mas uma grande quantidade de pesquisas adicionais se faz necessária. Considerando as somas monumentais gastas pelos anunciantes no uso dessas técnicas, parece razoável especular que empresas individuais têm dados sobre suas práticas específicas para demonstrar sua eficácia, mas esses dados não estão disponíveis ao público.

O que pode ser feito para reduzir a intensidade da manipulação de nossas emoções por meio dos procedimentos de Pavlov? Bem, você pode desligar o rádio ou a TV; fechar as revistas; parar de ler o jornal; desconectar-se da internet; e recolher-se em uma concha à prova de mídia, mas isso dificilmente é algo realista para a maioria das pessoas. Na verdade, a melhor defesa é fazer um esforço consciente para aumentar a percepção das tentativas penetrantes de condicionar suas emoções e atitudes. Algumas pesquisas sobre persuasão sugerem que *estar precavido é estar armado de antemão* (Pfau et al., 1990). Em outras palavras, se souber como as fontes de mídia tentam manipulá-lo, você ficará mais resistente às estratégias empregadas por elas.

Tabela 6.2 Habilidades de pensamento crítico discutidas nesta Aplicação

Habilidade	Descrição
Entender como o condicionamento de Pavlov pode ser usado para manipular as emoções.	O pensador crítico entende como os estímulos podem ser ativados para criar associações automáticas das quais as pessoas não têm consciência.
Desenvolver a habilidade para detectar os procedimentos de condicionamento usados na mídia.	O pensador crítico pode reconhecer as táticas do condicionamento de Pavlov em anúncios comerciais e políticos.

CAPÍTULO 6 – QUADRO DE CONCEITOS

CONDICIONAMENTO CLÁSSICO

Descrição

- *Condicionamento clássico* é um tipo de aprendizagem em que um estímulo adquire a capacidade de despertar uma resposta originalmente despertada por outro estímulo.
- O condicionamento clássico foi iniciado por Pavlov, que condicionou cães a salivar quando um som foi apresentado.
- O condicionamento clássico regula principalmente as respostas involuntárias e reflexas.
- Os exemplos incluem as respostas emocionais (como os medos) e as respostas fisiológicas (como a imunossupressão e a excitação sexual).

Terminologia e procedimentos

Diz-se que as respostas controladas pelo condicionamento clássico são *eliciadas*.

O condicionamento clássico começa com um *estímulo não condicionado (ENC)* que produz uma *resposta não condicionada (RNC)*.

Então, um estímulo neutro é emparelhado com o ENC até que ele se torne um *estímulo condicionado (EC)* que produz uma *resposta condicionada (RC)*.

Processos básicos

- *Aquisição* ocorre quando um EC e um ENC são emparelhados, gradualmente resultando em uma RC.

- *Extinção* ocorre quando um EC é repetidamente apresentado sozinho até que não suscite mais uma RC.
- *Recuperação espontânea* é o reaparecimento de uma resposta extinguida após um período de não exposição ao EC.

- *Generalização* ocorre quando uma RC é suscitada por um novo estímulo que se assemelha ao EC original, como no estudo de Watson e Rayner sobre o pequeno Albert.

- *Discriminação* ocorre quando uma RC não é suscitada por um novo estímulo que se assemelha ao EC original.

- *Condicionamento de alta ordem* ocorre quando um EC funciona como se fosse um ENC.

CONDICIONAMENTO OPERANTE

Descrição

- *Condicionamento operante* é um tipo de aprendizagem em que as respostas são controladas por suas consequências.
- O condicionamento operante foi iniciado por B.F. Skinner, que mostrou que os ratos e as pombas tendem a repetir as respostas seguidas por resultados favoráveis.
- O condicionamento operante regula principalmente as respostas voluntárias e espontâneas.
- Os exemplos incluem estudar, ir trabalhar, contar piadas, chamar alguém para sair, fazer apostas.

Terminologia e procedimentos

- O *reforço* ocorre quando um evento que segue uma resposta aumenta a tendência de um organismo a apresentar aquela resposta.
- Diz-se que as respostas controladas pelo condicionamento operante são *emitidas*.
- As demonstrações do condicionamento operante normalmente ocorrem em uma *caixa de Skinner*, em que o reforço de um animal é controlado.
- A principal variável dependente é a *taxa de resposta* do animal, conforme monitorado por um *gravador cumulativo*, com os resultados exibidos em gráficos.

Processos básicos

Aquisição — é a formação de uma tendência de resposta condicionada.

- *Aquisição* ocorre quando uma resposta gradualmente aumenta em função do reforço contingente.
- A aquisição pode envolver *modelagem* – o reforço de aproximações sucessivas da resposta desejada.

Extinção — é o enfraquecimento gradual de uma tendência de resposta condicionada.

- *Extinção* ocorre quando uma resposta gradualmente diminui, mesmo após o reforço ser finalizado.

Generalização — ocorre quando um organismo responde a novos estímulos além do estímulo original.

- *Generalização* ocorre quando as respostas aumentam na presença de um estímulo que se assemelha ao estímulo discriminativo original.

Discriminação — ocorre quando um organismo não responde a outros estímulos que se assemelham ao estímulo original.

- *Discriminação* ocorre quando as respostas não aumentam na presença de um estímulo que se assemelha ao estímulo discriminativo original.

- Os *reforçadores primários* são inerentemente reforçadores, ao passo que os *reforçadores secundários* se desenvolvem por meio da aprendizagem.

TEMAS PRINCIPAIS

Hereditariedade e meio ambiente

Contexto sócio-histórico

Esquemas de reforço

- O *reforço intermitente* ocorre quando uma resposta é reforçada apenas em parte do tempo.
- Nos *esquemas de razão*, o reforçador é dado após um número de respostas não reforçadas fixas (RF) ou variáveis (RV).
- Nos *esquemas de intervalo*, o reforçador é dado para a primeira resposta que ocorre após um intervalo de tempo fixo (IF) ou variável (IV) ter passado.
- Os esquemas de razão (RF e RV) tendem a produzir taxas de resposta mais altas, ao passo que os esquemas variáveis (RV e IV) tendem a produzir mais resistência à extinção.

Distinções entre os resultados operantes

- O *reforço positivo* ocorre quando uma resposta é seguida pela apresentação de um estímulo recompensador.
- O *reforço negativo* ocorre quando uma resposta é seguida pela remoção de um estímulo aversivo.
- O reforço negativo desempenha o papel principal na *aprendizagem de fuga* e *aprendizagem de esquiva*.
- A *punição* ocorre quando um evento após uma resposta enfraquece a tendência de dar aquela resposta.
- Quando usada como procedimento disciplinar, a punição física é associada a vários resultados negativos.

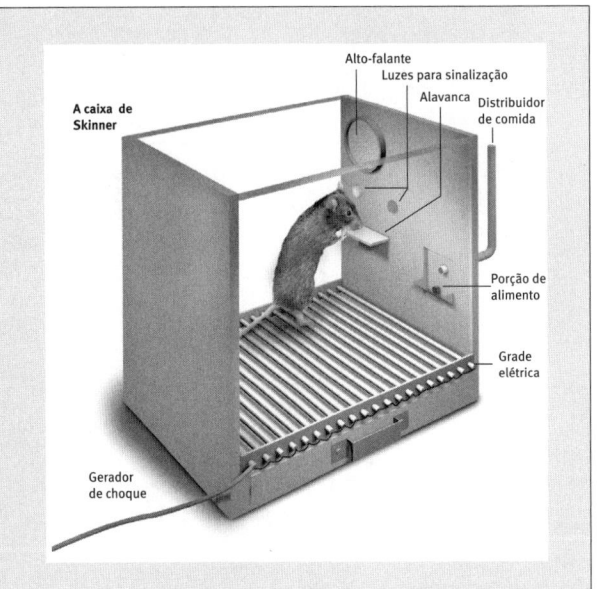

NOVAS DIREÇÕES NO ESTUDO DO CONDICIONAMENTO

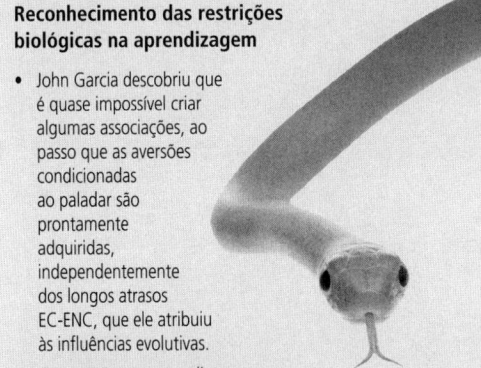

Reconhecimento das restrições biológicas na aprendizagem

- John Garcia descobriu que é quase impossível criar algumas associações, ao passo que as aversões condicionadas ao paladar são prontamente adquiridas, independentemente dos longos atrasos EC-ENC, que ele atribuiu às influências evolutivas.
- *Preparação* parece explicar por que as pessoas adquirem fobias a fontes antigas de ameaça com mais rapidez do que a fontes modernas de ameaça.

Reconhecendo os processos cognitivos no condicionamento

- Os estudos de Tolman sugeriram que a aprendizagem pode ocorrer na ausência de reforço.
- Robert Rescorla mostrou que o valor preditivo de um EC influencia o processo do condicionamento clássico.
- Quando a resposta é seguida por um resultado desejável, ela é mais propensa a ser fortalecida caso ela pareça ter causado o resultado favorável.
- Reforço não contingente, vieses cognitivos e raciocínio irracional parecem contribuir com o comportamento supersticioso.
- As teorias modernas afirmam que o condicionamento é questão de detectar as contingências que regem os eventos.

APRENDIZAGEM OBSERVACIONAL

- A *aprendizagem observacional* ocorre quando as respostas de um organismo são influenciadas pela observação de outros, chamados de *modelos*.
- A aprendizagem observacional foi iniciada por Albert Bandura, que mostrou que o condicionamento não tem que ser um produto da experiência direta.
- Tanto o condicionamento clássico quanto o operante podem ocorrer por meio da aprendizagem observacional.
- A aprendizagem observacional depende dos processos de atenção, retenção, reprodução e motivação.
- Na pesquisa sobre os efeitos da violência na mídia, os estudos experimentais e correlacionais sugerem que a violência na mídia contribui para o aumento da agressão entre crianças e adultos.

APLICAÇÕES

- As técnicas da modificação do comportamento podem ser usadas para aumentar o autocontrole; se está tentando aumentar a força de uma resposta, você dependerá do reforço positivo.
- Inúmeras estratégias podem ser usadas para diminuir a força de uma resposta, incluindo reforço, controle de antecedentes e punição.
- O condicionamento avaliativo pode ser usado para manipular as respostas emocionais das pessoas, tornando-o uma ferramenta muito útil para os publicitários.

Capítulo 7

A memória humana

7.1 CODIFICAÇÃO: REGISTRANDO A INFORMAÇÃO NA MEMÓRIA

7.2 ARMAZENAMENTO: MANTENDO A INFORMAÇÃO NA MEMÓRIA

7.3 RECORDAÇÃO: RECUPERANDO A INFORMAÇÃO NA MEMÓRIA

7.4 ESQUECIMENTO: QUANDO A MEMÓRIA FALHA

7.5 À PROCURA DO TRAÇO DE MEMÓRIA: A FISIOLOGIA DA MEMÓRIA

7.6 DIFERENTES TIPOS DE SISTEMAS DE MEMÓRIA

7.7 REFLETINDO SOBRE OS TEMAS DO CAPÍTULO

7.8 APLICAÇÃO PESSOAL:
Aprimorando a memória do dia a dia

7.9 APLICAÇÃO DO PENSAMENTO CRÍTICO:
Entendendo a falibilidade dos relatos das testemunhas oculares

Quadro de conceitos

Temas neste capítulo

Subjetividade da experiência

Diversidade teórica

Causalidade multifatorial

Se você mora nos Estados Unidos, com certeza já manuseou milhares de moedas norte-americanas. Certamente se lembrará da aparência de uma moeda de um centavo (veja **Figura 7.1**). Qual desenho corresponde a um centavo real?

Você teve dificuldade em selecionar a moeda correta? Se for esse o caso, você não é o único. Nickerson e Adams (1979) descobriram que a maioria das pessoas não consegue reconhecer a moeda verdadeira nessa sequência de desenhos. Como isso pode ocorrer? Por que muitos de nós temos uma recordação tão falha de um objeto que vemos todos os dias? Vamos tentar outro exercício. Uma definição de uma palavra vem a seguir. Não é uma palavra particularmente comum, mas há uma boa chance de que você a conheça. Tente pensar na palavra.

Definição: favoritismo demonstrado por pessoas em altos postos públicos aos seus parentes e amigos próximos.

Se não conseguir pensar na palavra, talvez possa se lembrar qual é a letra do alfabeto com a qual ela começa ou como ela soa. Assim, estará experimentando o *fenômeno ponta da língua*, em que a informação esquecida é percebida como se estivesse próxima, mas fora de alcance. Nesse caso, a palavra que você pode estar procurando é *nepotismo*. Você provavelmente já experimentou esse tipo de fenômeno ao fazer provas. Você não se lembra da resposta, no entanto, tem certeza de que a conhece. Sente-se como se estivesse prestes a lembrá-la, porém não consegue. Mais tarde, ao voltar para casa, de repente a palavra lhe vem à cabeça. "É claro!", você exclama. "Como pude esquecer?" É uma questão interessante. O termo estava claramente armazenado em sua memória.

Como sugerem esses exemplos, a memória envolve mais do que absorver informação e armazená-la em algum compartimento mental. De fato, psicólogos que investigam o funcionamento da memória tiveram de enfrentar três questões: como a informação *entra* na memória? Como é *mantida* na memória? Como é *resgatada* da memória? Todas correspondem aos três processos principais envolvidos na memória (veja **Figura 7.2**): *codificação* (registrando a informação), *armazenamento* (mantendo-a) e *recordação* (recuperando-a).

Codificação envolve a formação de um código de memória. Por exemplo, quando se forma um código de memória para uma palavra, pode-se enfatizar como ela se parece, como soa ou o que significa. Codificar geralmente requer atenção, e é por isso que você pode não ser capaz de se lembrar exatamente como se parece uma moedinha de um centavo norte-americana – a maioria das pessoas não dá muita atenção a ela. Como veremos neste capítulo, a memória é, em grande parte, um processo ativo. Em muitos casos, você não se recordará de coisas, a não ser que faça um esforço consciente para tal. **Armazenamento envolve a manutenção da informação codificada na memória por um período.** Em suas pesquisas, os psicólogos enfocam muito a memória, na tentativa de identificação de quais fatores auxiliam ou dificultam o armazenamento na memória. Mas, como mostra o fenômeno ponta da língua, a armazenagem da informação

Figura 7.1 Um teste simples de memória.
Nickerson e Adams (1979) apresentaram essas versões similares de um objeto que muitas pessoas têm visto centenas ou milhares de vezes, perguntando "Qual é a moeda certa?". Você consegue identificar a moeda verdadeira?
(Adaptado de Nickerson e Adams, 1979).

Figura 7.2 Três processos-chave na memória.
A memória depende de três processos sequenciais: codificação, armazenamento e recordação. Alguns teóricos fizeram uma analogia entre esses processos e os elementos de processamento de informação feito por computadores, como demonstrado aqui. As analogias para a codificação e a recordação funcionam muito bem, mas para o armazenamento é um tanto enganosa. Quando a informação é armazenada em um disco rígido, ela permanece imutável indefinidamente, e você pode recuperar uma cópia exata. Como você aprenderá neste capítulo, o armazenamento da memória é um processo muito mais dinâmico. As lembranças mudam com o tempo e são reconstruções toscas, em vez de cópias exatas de acontecimentos passados.

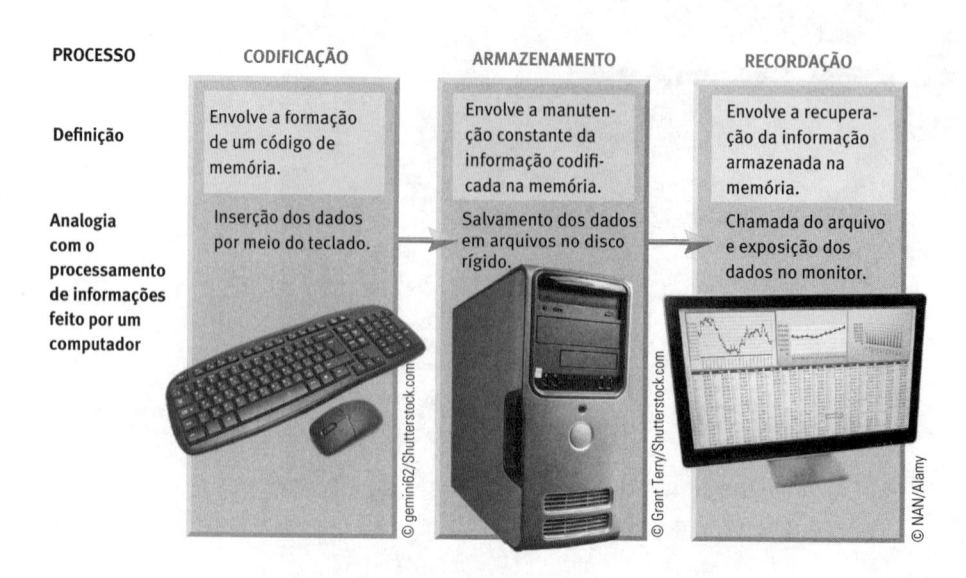

PROCESSO	CODIFICAÇÃO	ARMAZENAMENTO	RECORDAÇÃO
Definição	Envolve a formação de um código de memória.	Envolve a manutenção constante da informação codificada na memória.	Envolve a recuperação da informação armazenada na memória.
Analogia com o processamento de informações feito por um computador	Inserção dos dados por meio do teclado.	Salvamento dos dados em arquivos no disco rígido.	Chamada do arquivo e exposição dos dados no monitor.

não é suficiente para garantir que você se lembrará de alguma coisa. É preciso conseguir extrair a informação da memória. ***Recordação (recuperação) envolve o resgate das informações armazenadas na memória.*** Tópicos de pesquisa relativos ao resgate incluem o estudo de como as pessoas vasculham a memória e por que algumas estratégias de resgate são mais eficientes do que outras.

Grande parte deste capítulo é dedicada ao exame da codificação da memória, armazenamento e recordação. Esses três princípios básicos ajudam a explicar o quebra-cabeça mais intrigante no estudo da memória: por que as pessoas esquecem. Depois de nossa discussão sobre esquecimento, estudaremos as bases fisiológicas da memória. Por fim, discutiremos a controvérsia sobre a existência ou não de sistemas separados da memória para diferentes tipos de informação. A Aplicação Pessoal fornece conselhos práticos sobre como melhorar a memória. Já a Aplicação do Pensamento Crítico discute algumas razões pelas quais a memória é menos confiável do que as pessoas pensam.

7.1 Codificação: registrando a informação na memória

7.1 Objetivos Principais de Aprendizagem
- Esclarecer o papel da atenção e da profundidade do processamento na memória.
- Explicar como a elaboração, a imagem visual e a motivação para se lembrar podem enriquecer a codificação.

Você já se sentiu envergonhado por não lembrar o nome de alguém? Talvez você tenha percebido, 30 segundos depois de falar com a pessoa, que "esqueceu" o nome dela. Esse tipo familiar de esquecimento resulta de uma falha em formar um traço de memória para o nome. Quando somos apresentados a uma pessoa, estamos normalmente preocupados em observá-la e com o que vamos dizer. Com a atenção dividida, nomes entram por um ouvido e saem pelo outro. Você não se recorda porque eles nunca foram codificados para o armazenamento.

O problema ilustra que a codificação ativa é um processo importante da memória. Nesta seção, trataremos do papel da atenção na codificação, dos diferentes tipos de codificação e das maneiras de enriquecer o processo de codificação.

O papel da atenção

Em geral, você precisa prestar atenção à informação se pretende lembrá-la (Lachter, Foster e Ruthruff, 2004). Por exemplo, se nos sentamos para assistir a uma aula e prestamos pouca ou nenhuma atenção, é improvável que nos lembremos muito do que o professor disse. A ***atenção* envolve a focalização consciente a uma classe restrita de estímulos ou eventos.** Os psicólogos rotineiramente referem-se à "atenção seletiva", mas as palavras são realmente redundantes. A atenção *é* a seleção do estímulo. Se nossa atenção fosse distribuída igualmente entre todos os estímulos, a vida seria um caos. Se não fôssemos capazes de filtrar muito da estimulação potencial ao nosso redor, não conseguiríamos ler um livro, conversar com um amigo e até mesmo desenvolver um pensamento coerente.

A importância da atenção para a memória fica aparente quando se pede aos participantes que foquem sua atenção em duas ou mais informações simultaneamente. Estudos indicam que, quando os participantes são forçados a dividir a atenção entre a codificação e alguma outra tarefa, ocorre uma grande redução no desempenho da memória (Craik, 2001). Na verdade, os efeitos negativos da atenção dividida podem ter um impacto negativo no desempenho de uma variedade de tarefas, especialmente quando elas são complexas ou pouco conhecidas (Pashler, Johnston e Ruthruff, 2001).

Embora as pessoas tenham tendência a pensar que podem fazer várias coisas ao mesmo tempo sem interferir no desempenho, a pesquisa sugere que o cérebro humano pode lidar de maneira eficaz com apenas uma tarefa que consome a atenção por vez (Liem, Ruthruff e Johnston, 2006). Quando as pessoas são multitarefa, na verdade, elas alternam a atenção entre uma tarefa e outra, em vez de processá-las simultaneamente. Isso pode dar certo em muitas circunstâncias, mas o custo da atenção dividida tem profundas implicações para o ato de dirigir enquanto se fala ao celular, por exemplo. Uma pesquisa minuciosamente controlada demonstra com clareza que as conversas ao celular prejudicam o desempenho das pessoas ao volante, mesmo quando se usa a mão que não segura o celular (Chen e Yan, 2013; Strayer, Drews e Crouch, 2006).

As pessoas acham que podem fazer diversas coisas simultaneamente, mas, na realidade, elas apenas alternam a atenção entre as diversas tarefas.

Níveis de processamento

A atenção é fundamental para a codificação das memórias. Mas nem toda atenção é criada igualmente. Pode-se atentar às coisas de maneiras diferentes, enfocando diversos aspectos dos estímulos. De acordo com alguns teóricos, essas divergências qualitativas relativas a *como* as pessoas atentam à informação são fatores importantes que influenciam quanto elas lembram. Por exemplo, Fergus Craik e Robert Lockhart (1972) afirmam que diferentes níveis de esquecimento ocorrem porque alguns métodos de codificação criam traços de memória mais duradouros que outros.

Craik e Lochart propõem que a entrada de informação pode ser processada em diferentes níveis. Por exemplo, eles sustentam que, ao lidar com informação verbal, as pessoas se encaixam em três níveis progressivamente mais profundos do processamento: a codificação estrutural, a fonética e a semântica (veja **Figura 7.3**). A *codificação estrutural* é um processamento relativamente superficial que enfatiza a estrutura física dos estímulos. Por exemplo, se palavras são projetadas em uma tela, a codificação estrutural registra como as palavras aparentam (em maiúscula, em minúscula e assim por diante) ou sua extensão (quantas letras). Uma análise posterior pode resultar em *codificação fonética*, que enfatiza os sons de uma palavra e envolve nomear e proferir palavras (mesmo que silenciosamente). Por fim, a *codificação semântica* enfatiza o significado do estímulo verbal; envolve o pensamento sobre os objetos e ações que as palavras representam. **As *teorias de níveis de processamento* propõem que os mais profundos níveis de processamento resultam em traços de memória mais duradouros.**

Em um teste experimental sobre a teoria dos níveis de processamento, Craik e Tulving (1975) compararam a durabilidade da codificação estrutural, fonética e semântica. Eles dirigiram a atenção dos participantes a aspectos particulares de palavras-estímulo apresentadas rapidamente, questionando-os sobre várias características das palavras (exemplos na **Figura 7.3**). As perguntas eram elaboradas para envolver os participantes em diferentes níveis de processamento. Depois de responderem sobre 60 palavras, os participantes foram submetidos a um teste-surpresa de suas memórias a tais palavras. Como previsto, a lembrança dos participantes foi baixa depois da codificação estrutural, notavelmente melhor depois da codificação fonética e mais alta depois da codificação semântica. A hipótese de que um processamento mais profundo leva a uma recordação aprimorada já foi replicada em muitos estudos (Craik, 2002; Lockhart e Craik, 1990). A teoria de níveis de processamento foi muito influente; ela mostrou que a memória envolve mais do que apenas armazenagem e inspirou uma grande quantidade de pesquisas sobre como as considerações de processamento afetam a memória (Roediger, Gallo e Geraci, 2002).

Codificação enriquecedora

As codificações estrutural, fonética e semântica não são os únicos processos envolvidos na formação dos traços da memória. Outras dimensões que podem enriquecer o processo de codificação e assim melhorar a memória incluem elaboração, imagem mental e motivação que as pessoas têm para se lembrar.

Elaboração

A codificação semântica pode, muitas vezes, ser melhorada por meio de um processo chamado *elaboração*, que consiste em ligar um estímulo a outra informação no momento da codificação. Por exemplo, digamos que você leia que as fobias são frequentemente causadas por condicionamento clássico e que aplique essa ideia ao seu próprio medo de aranhas, analisando como você foi condicionado. Ao fazer isso, está empregando a elaboração. As conexões adicionais criadas pela elaboração geralmente ajudam as pessoas a se lembrarem da informação. Diferenças na elaboração podem ajudar a explicar por que diferentes abordagens do

Figura 7.3 Teoria dos níveis de processamento.

De acordo com Craik e Lockhart (1972), as codificações estrutural, fonética e semântica – que podem ser deduzidas por questões como as mostradas à direita – envolvem níveis de processamento progressivamente mais profundos.

Níveis de processamento	Tipo de codificação	Exemplos de perguntas usadas para produzir codificação apropriada
Processamento superficial	*Codificação estrutural:* enfatiza a estrutura física do estímulo.	A palavra está escrita em letras maiúsculas?
Processamento intermediário	*Codificação fonética:* enfatiza os sons da palavra.	A palavra rima com "peso"?
Processamento profundo	*Codificação semântica:* enfatiza o significado do estímulo verbal.	A palavra se encaixaria na sentença: "Ele encontrou uma _____ na rua"?

(Profundidade do processamento)

processamento semântico resultam em volumes variados de retenção (Toyota e Kikuchi, 2004, 2005).

Imagens mentais

Imagem – a criação de imagens mentais para representar palavras a serem lembradas – pode também ser utilizada para enriquecer a codificação. É claro, algumas palavras são mais fáceis de criar imagens do que outras. Se tivéssemos de nos recordar da palavra *malabarista*, conseguiríamos prontamente formar uma imagem de alguém fazendo malabarismos com bolas. Mas se tivéssemos de nos lembrar da palavra *verdade*, teríamos maior dificuldade em formar uma imagem adequada. A diferença é que *malabarista* é algo concreto, enquanto *verdade* se refere a um conceito abstrato. Allan Paivio (1986) aponta que é mais fácil criar imagens para objetos concretos do que para conceitos abstratos. Ele acredita que essa facilidade de formação de imagem afeta a memória. Por exemplo, em um estudo, Paivio descobriu que sujeitos que receberam pares de palavras para memorizar mostraram melhor recordação dos pares de fácil formação de uma imagem mental do que os de difícil formação (veja **Figura 7.4**), demonstrando que a imagem mental enriquece a codificação (Paivio, Smythe e Yuille, 1968). Resultados semelhantes foram obtidos em um estudo subsequente, que controlava fatores adicionais de confusão (Paivio, Khan e Begg, 2000).

De acordo com Paivio (1986, 2007), as imagens mentais facilitam a memória porque fornecem um segundo tipo de código para a memorização, e dois códigos são melhores que um. Sua **teoria da codificação dupla afirma que a memória é favorecida duplamente pela formação de códigos semânticos e visuais, uma vez que cada um deles pode levar à lembrança.** Embora alguns aspectos de sua teoria tenham sido questionados, fica claro que o uso de imagens mentais pode melhorar a memória em muitas situações (McCauley, Eskes e Moscovitch, 1996). O valor das imagens mentais demonstra, uma vez mais, que a codificação representa um papel decisivo na memória.

Motivação para lembrar

Outro fator que parece influenciar a eficácia da codificação é a motivação que alguém tem para se lembrar (MPL) no momento da codificação. Quando a MPL é alta no momento da codificação – normalmente porque as informações são percebidas como importantes –, as pessoas são mais propensas a exercer mais esforço para cumprir e organizar as informações de maneira que facilitem a lembrança futura. Em uma investigação, pediu-se que os participantes memorizassem fatos sobre seis pessoas apresentadas em fotos (Kassam et al., 2009). A motivação para lembrar foi manipulada, seja no momento da codificação ou no momento da recuperação, por meio da oferta de um bônus financeiro aos participantes para cada fato que eles se lembrassem sobre determinada pessoa-alvo. Os resultados mostraram que aumentar a MPL no momento da codificação levou a mais lembrança, enquanto aumentar a MPL no momento da recuperação teve pouco efeito (**Figura 7.5**). Assim, os processos de codificação podem ser intensificados por uma forte motivação. Porém, a codificação é o único dos três processos principais na memória. Voltaremos a seguir para o processo de armazenamento que, para muitas pessoas, é praticamente sinônimo de memória.

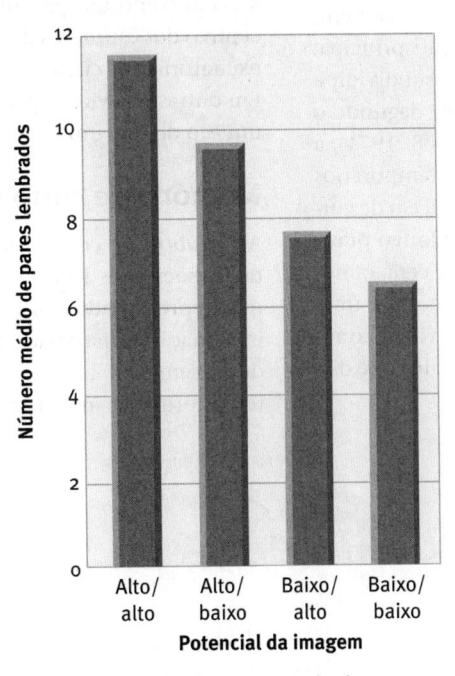

Figura 7.4 O efeito da imagem mental na retenção.

Paivio, Smythe e Yullie (1968) pediram aos participantes que memorizassem uma lista de 16 pares de palavras. Eles manipularam se as palavras eram concretas, de fácil formação de uma imagem mental, ou abstratas, de difícil formação de uma imagem mental. Em termos de potencial da imagem, a lista continha quatro tipos de pares: alto-alto (*malabarista-vestido*); alto-baixo (*carta-esforço*); baixo-alto (*dever-hotel*); e baixo-baixo (*qualidade-necessidade*). O impacto da imagem é bem evidente. A melhor recordação foi dos pares alto-alto, e a pior, a dos pares baixo-baixo.

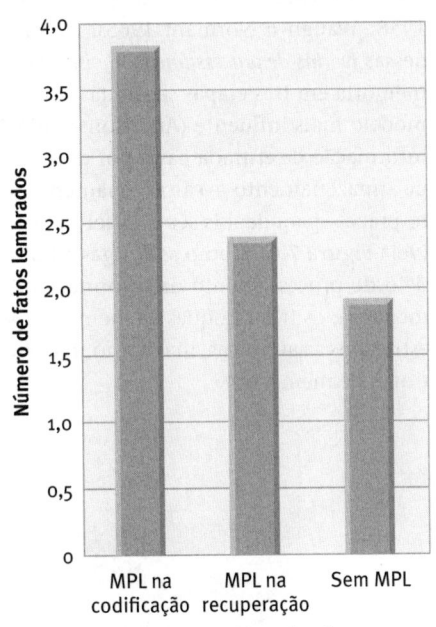

Figura 7.5 Efeito da motivação para lembrar (MPL) na recordação subsequente.

A motivação dos participantes para lembrar foi aumentada no momento da codificação, da recuperação ou não ocorreu na condição de controle. Aumentar a MPL no momento da codificação aumentou a lembrança, mas aumentar a MPL no momento da recuperação não.

Fonte: Adaptado de Kassam, K. S., Gilbert, D. T., Swencionis, J. K. e Wilson, T. D. (2009). Misconceptions of memory: The Scooter Libby effect. *Psychological Science*, 20, 551-552.

7.2 Armazenamento: mantendo a informação na memória

7.2 Objetivos Principais de Aprendizagem

- Descrever o armazenamento da memória sensorial e discutir a durabilidade e a capacidade da memória de curto prazo.
- Descrever o modelo da memória de trabalho de Baddeley e compreender a pesquisa sobre a capacidade dele.
- Avaliar a permanência da memória de longo prazo e discutir como o conhecimento é representado na memória.

Em seus esforços para entender a retenção na memória, teóricos a têm relacionado historicamente às tecnologias de seu tempo (Roediger, 1980). Um dos primeiros modelos usados para explicar a retenção na memória foi o tablete de cera. Tanto Aristóteles como Platão comparavam a memória a um bloco de cera que diferia em dimensão e dureza de um indivíduo para outro. A lembrança, de acordo com essa analogia, era como estampar uma impressão na cera. Desde que a impressão permanecesse na cera, a lembrança permaneceria intacta.

As teorias modernas da memória refletem os avanços tecnológicos do século XX. Por exemplo, muitas teorias formuladas no início da era do computador fizeram uma analogia entre o armazenamento de informações pelos computadores e o armazenamento de informações pela memória humana (Atkinson e Shiffrin, 1968, 1971; Broadbent, 1958; Waugh e Norman, 1965). A contribuição principal dessas *teorias de processamento de informação* foi subdividir a memória em três etapas separadas (Esses, 1999). Segundo o modelo mais influente (Atkinson e Shiffrin, 1968, 1971), a informação de entrada passa por dois divisores temporários de armazenamento – o armazenamento sensorial e o de curto prazo – para depois ser transferida para o de longo prazo (veja **Figura 7.6**). Como as antigas tabuinhas de cera, o modelo de processamento da informação da memória é uma metáfora; os três estoques da memória não são vistos como estruturas anatômicas, mas como tipos funcionalmente distintos de memória.

Memória sensorial

A *memória sensorial* preserva a informação em sua forma sensorial original por um curto período, geralmente apenas uma fração de segundo. Ela permite a sensação de um padrão visual, ou toque, que persiste por um breve momento após a estimulação sensorial ter terminado. No caso da visão, as pessoas realmente percebem uma *imagem posterior* em vez do estímulo real. Você pode demonstrar a existência de imagens posteriores movendo fogos de artifício em círculos no escuro. Se os mover suficientemente rápido, verá um círculo completo, embora a fonte de luz seja apenas um ponto (veja foto na página seguinte). A memória sensorial preserva a imagem sensorial por tempo suficiente para que você perceba um círculo contínuo, em vez de pontos separados de luz.

A breve preservação de sensações na memória sensorial permite-nos tempo adicional para tentar reconhecer os estímulos. Contudo, é melhor tirar vantagem do armazenamento sensorial imediatamente, porque ele não dura muito. Em experimento clássico, George Sperling (1960) demonstrou que o traço mnésico no armazenamento sensorial visual esmorece em cerca de 1/4 de segundo. Há debates sobre se a persistência do estímulo realmente envolve o *armazenamento na memória* (Nairne e Neath, 2013). Alguns teóricos a veem como um produto artificial do processamento perceptivo dos estímulos de entrada que é atribuível ao *feedback* excitatório em circuitos neurais específicos (Francis, 1999). Em outras palavras, a persistência do estímulo pode ser mais um eco do que uma memória.

Memória de curto prazo

A *memória de curto prazo* (MCP) é um armazenamento de capacidade limitada que pode manter informação não reprocessada por até 20 segundos. Por outro lado, a informação armazenada na memória de longo prazo pode durar semanas, meses ou anos. Na verdade, pode-se manter informação na memória de curto prazo por mais de

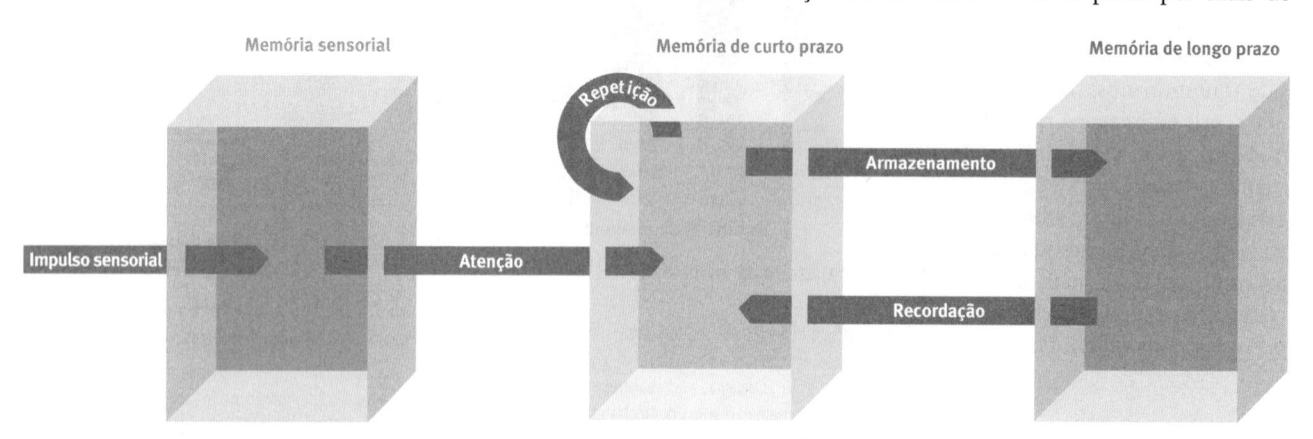

Figura 7.6 O modelo de armazenamento da memória de Atkinson e Shiffrin.
Atkinson e Shiffrin (1971) propunham que a memória armazena informação de três formas. A *memória sensorial* pode reter grande quantidade de informações por um período suficiente apenas (uma fração de segundo) para que uma pequena porção dela possa ser selecionada para o armazenamento. A *memória de curto prazo* tem capacidade limitada e, a menos que seja reforçada por repetição, a duração de seu armazenamento é breve. A *memória de longo prazo* pode armazenar uma aparentemente ilimitada quantidade de informação por períodos indeterminados.

20 segundos. Como? Pelo *reprocessamento* da informação – o processo de repetidamente verbalizar ou pensar na informação. Você certamente já se serviu desse processo em muitas oportunidades. Por exemplo, se você obtém um número de telefone fornecido por uma central de atendimento, provavelmente irá repeti-lo várias vezes até tê-lo memorizado. O reprocessamento envolve reciclagem da informação na sua memória de curto prazo. Em teoria, essa reciclagem poderia continuar indefinidamente, mas, na realidade, alguma coisa eventualmente causa sua distração e quebra o ciclo do reprocessamento.

Duração do armazenamento

Sem reprocessamento, a informação na memória de curto prazo desaparece em 10 a 20 segundos (Nairne, 2003). Esse rápido esquecimento foi demonstrado em um estudo de Peterson e Peterson (1959). Eles mediram por quanto tempo alunos de um curso de graduação conseguiam se lembrar de três consoantes se não pudessem repeti-las. Para evitar a repetição, os Peterson pediram que os estudantes fizessem contagem regressiva de três em três a partir de um dado número desde o momento em que as consoantes foram apresentadas até que vissem a luz que sinalizava o teste de memória (veja **Figura 7.7**). A precisão da recordação dos participantes foi desastrosa depois de apenas 15 segundos. Outras abordagens à questão sugeriram que a duração típica do armazenamento da memória de curto prazo pode ser ainda menor (Baddely, 1986). Os teóricos acreditavam originalmente que a perda da informação da memória de curto prazo se devia unicamente a um *declínio* dos traços da memória relacionado ao tempo, mas pesquisas subsequentes mostraram que a *interferência* a partir de material concorrente também contribui (Oberauer e Lewandowsky, 2014; Nairne e Neath, 2013).

A imagem das faíscas perdura na memória sensorial. Assim, quando a faísca é rapidamente movimentada, a combinação de imagens posteriores induz as pessoas a verem um fluxo contínuo de luz em vez de uma sucessão de pontos isolados.

Alerta
Luz verde: o experimento está prestes a começar.

Apresentação do estímulo
Três letras e um número de três dígitos.

CJL 547

Intervalo de retenção
O indivíduo faz a contagem regressiva, de três em três números para intervalos de 3 a 8 segundos.

547...
544...
541...
538...
535...

Sinal para a lembrança e relato
Luz vermelha: lembrança das letras.

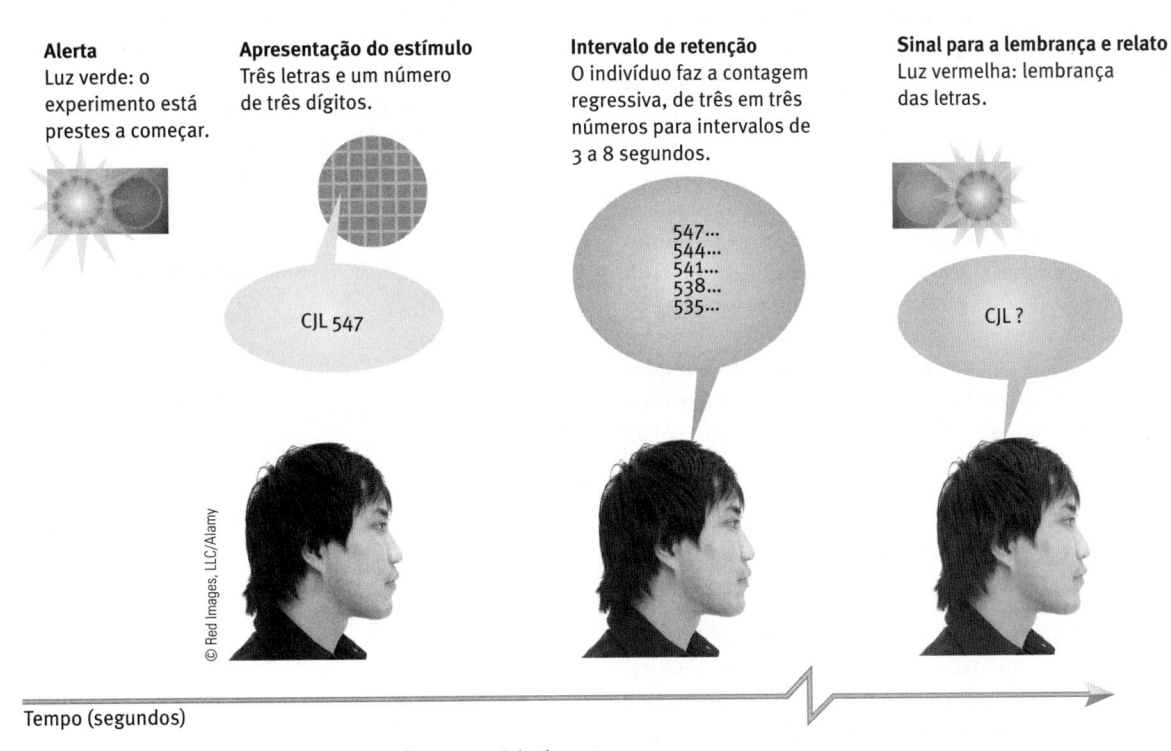

CJL?

Tempo (segundos)

Figura 7.7 Estudo de Peterson e Peterson sobra a memória de curto prazo.
Depois que uma luz de advertência acendeu, foram informadas três consoantes aos participantes, as quais eles tinham de memorizar. Os pesquisadores evitaram a repetição informando também um número de três dígitos ao mesmo tempo que diziam aos participantes para fazerem contagem regressiva, de três em três, a partir do número informado, até que fosse dado o sinal para lembrar as letras. Ao variar esse tempo entre a apresentação de estímulo e a lembrança, Peterson e Peterson (1959) foram capazes de medir com que rapidez as informações foram perdidas na memória de curto prazo.

> **CHECAGEM DA REALIDADE**
> **Ideia equivocada**
> A capacidade da memória de curto prazo (MCP) é de 7 itens de informação mais ou menos 2.
>
> **Realidade**
> Definir essa afirmação como uma ideia equivocada é um pouco difícil, porque trata de um conceito convencional desde a década de 1950, e ainda há espaço para debater sobre o assunto. Contudo, na última década, pesquisadores que utilizam métodos mais sofisticados estão descartando essa premissa. O conceito entre especialistas em memória tem se modificado em direção à hipótese de que a capacidade da memória de curto prazo é de 4 itens de informação mais ou menos 1.

Capacidade de armazenamento

A memória de curto prazo é também limitada quanto ao número de itens que pode abranger. A pequena capacidade da memória de curto prazo (MCP) foi apontada por George Miller (1956) em um famoso estudo chamado *O mágico número sete, mais ou menos dois: alguns limites da nossa capacidade em processar informação*. Miller notou que as pessoas podem se recordar de apenas sete itens sobre tarefas que demandam o uso da memória de curto prazo. Quando ela está no limite de sua capacidade, a introdução de nova informação sempre *desloca* alguma informação presente. A capacidade limitada da MCP dificulta a habilidade de as pessoas realizarem tarefas nas quais têm de usar malabarismos mentais com várias partes da informação (Baddeley e Hitch, 1974).

A capacidade da memória de curto prazo pode até mesmo ser menor do que geralmente se supõe. Nelson Cowan (2005, 2010) menciona evidências que indicam que a capacidade da memória de curto prazo é de 4 mais ou menos 1. O consenso quanto a tal capacidade parece se dirigir a essa estimativa menor (Lustig et al., 2009). De acordo com Cowan, a capacidade da memória de curto prazo tem sido superestimada historicamente porque, na maioria dos casos, os pesquisadores falharam em seguir as etapas para evitar repetição mental ou *chunking* (organização de estímulos em unidades familiares), pelos participantes. Há muito tempo se sabe que as pessoas podem aumentar a capacidade da MCP combinando estímulos em unidades de ordem maior e mais alta, chamadas *chunks* (Simon, 1974). **Um *chunk* é um grupo de estímulos familiares armazenados em uma única unidade.** Pode-se demonstrar o efeito de um *chunk* pedindo a alguém que memorize uma sequência de doze letras agrupadas da seguinte maneira:

FB – ITW – AC – IAB – M

Ao lê-las em voz alta, fazemos pausa nos traços. O participante provavelmente tentará lembrar-se de cada letra separadamente porque não há grupos óbvios ou pedaços. Porém, uma sequência de 12 letras é longa demais para a MCP, por isso os erros são prováveis. Agora, apresente a mesma sequência de letras a outra pessoa, mas coloque as pausas nos seguintes lugares:

FBI – TWA – CIA – IBM

As letras agora formam quatro grupos familiares, que devem ocupar apenas quatro espaços na memória de curto prazo, resultando em sucesso na memorização (Bower e Springston, 1970).

Para agrupar as letras I B M corretamente, um participante deve, primeiro, reconhecê-las como uma unidade familiar. Essa familiaridade tem de ser armazenada em algum lugar na memória de longo prazo. Nesse caso, a informação foi transferida da memória de curto prazo para a de longo prazo. Esse tipo de transferência não é incomum. As pessoas rotineiramente retiram informação de seus bancos de memória de longo prazo para avaliar e entender a informação com que estão trabalhando na memória de curto prazo.

Memória de curto prazo como "memória de trabalho"

Eventualmente, as pesquisas sugeriram que a memória de curto prazo envolve mais do que um simples dispositivo de repetição, como originalmente se acreditava. As descobertas apresentadas por Alan Baddeley (1992, 2001, 2012) propõem um modelo mais complexo de memória de curto prazo, que a caracteriza como **memória de trabalho – um sistema modular para manipulação e armazenamento temporários de informações.** O modelo de Baddeley sobre a memória de trabalho consiste em quatro componentes (veja **Figura 7.8**). O primeiro é o *ciclo fonológico*, que representa toda a memória de curto prazo em modelos anteriores. Esse componente entra em ação quando se usa a recitação para temporariamente manter um número de telefone na memória. Baddeley (2003) acreditava que o ciclo fonológico evoluiu para melhorar a aquisição da linguagem. O segundo componente da memória de trabalho é um *esboço visuoespacial*, que permite que as pessoas temporariamente mantenham e manipulem imagens mentais.

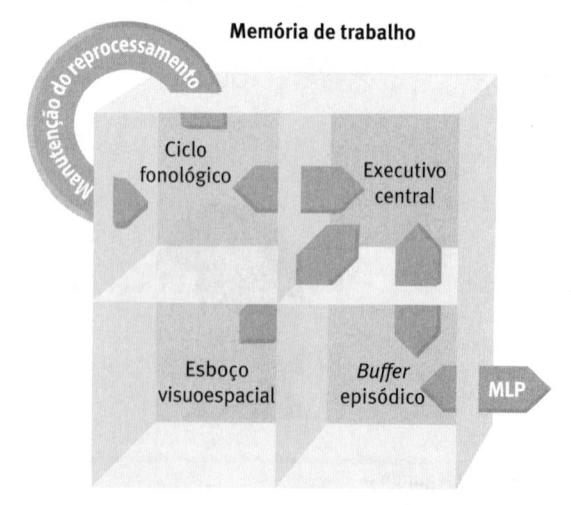

Figura 7.8 Memória de curto prazo como memória de trabalho.
Esse diagrama representa o modelo revisado do armazenamento de curto prazo proposto por Alan Baddeley. Segundo Baddeley (2001), a memória de trabalho inclui quatro componentes: um ciclo fonológico; um bloco visuoespacial; um sistema executivo central; e um divisor episódico.

Esse componente funciona quando se tenta mentalmente reposicionar a mobília do quarto. O terceiro é um sistema *executivo central*. Ele controla o desenvolvimento da atenção, mudando o foco e dividindo-a quando necessário. O quarto componente é um *buffer episódico*, uma capacidade temporária e limitada de armazenamento que permite aos vários componentes da memória de trabalho integrar informações e serve como uma interface entre a memória de trabalho e a de longo prazo.

As duas características principais que originalmente definiram a memória de curto prazo – pequena capacidade e curta duração de armazenamento – ainda estão presentes no conceito da memória de trabalho. Porém, o modelo de Baddeley fornece evidências de que a memória de curto prazo lida com uma variedade maior de funções e depende de processos mais complicados do que previamente se pensava.

O modelo da memória de trabalho de Baddeley gerou um enorme volume de pesquisas. Por exemplo, pesquisas demonstraram que as pessoas variam no modo como podem lidar com as informações em sua memória de trabalho enquanto evitam distrações (Wiley e Jarosz, 2012). **A capacidade da memória de trabalho refere-se à habilidade de manter e manipular informações na atenção consciente.** A capacidade da memória de trabalho é uma característica pessoal estável (Unsworth et al., 2005) que parece ser influenciada por um grau considerável de hereditariedade (Kremen et al., 2007). Desse modo, a capacidade da memória de trabalho pode ser temporariamente reduzida por fatores situacionais, como pressão por um desempenho ou ruminação mental (Curci et al., 2013; Gimming et al., 2006). É interessante observar que as pessoas com maior capacidade de memória de trabalho tendem a ser especialmente flexíveis e efetivas na alocação de sua memória de trabalho (Rummel e Boywitt, 2014). Em outras palavras, indivíduos com alta capacidade de memória de trabalho tendem a deixar sua mente divagar sobre a tarefa imediata, em comparação aos indivíduos com baixa capacidade de memória de trabalho quando as demandas por atenção para a tarefa forem modestas – supostamente porque eles podem efetivamente fazer isso –, mas eles também conseguem manter seu foco com eficácia quando necessário.

As variações na capacidade da memória de trabalho relacionam-se positivamente com medidas de habilidades cognitivas de alto nível, como a compreensão da leitura, raciocínio complexo e até a inteligência (Logie, 2011; Unsworth et al., 2014). Essa descoberta levou alguns teóricos a concluir que a capacidade da memória de trabalho é vital para a cognição complexa (Lepine, Barrouillet e Camos, 2005). Aparentemente, variações na capacidade de memória de trabalho também influenciam a habilidade musical, porque ler uma partitura enquanto toca um instrumento é um atributo da capacidade de memória de trabalho (Hambrick e Meinz, 2013). Alguns teóricos afirmam que, há dez mil anos, o aumento na capacidade da memória de trabalho foi crucial para a evolução de processos cognitivos complexos e a criatividade nos seres humanos (Coolidge e Wynn, 2009). Suas análises eram altamente especulativas, mas eles destacam a profunda importância dessa capacidade (Balter, 2010).

Memória de longo prazo

A *memória de longo prazo* (MLP) **é um armazenamento de capacidade ilimitada que pode manter informação por períodos mais longos.** Diferentemente da memória sensorial e da de curto prazo, que esmorecem rapidamente, a memória de longo prazo pode armazenar informação indefinidamente e é durável. Algumas informações podem permanecer na memória de longo prazo por toda a vida.

Uma hipótese é que toda a informação armazenada na memória de longo prazo é lá armazenada *permanentemente*. De acordo com esse ponto de vista, o esquecimento ocorre apenas porque as pessoas às vezes não conseguem reter a informação necessária na memória de longo prazo. Analogamente, imagine que as lembranças estejam armazenadas na memória de longo prazo como bolinhas de gude em um barril. Quando nos esquecemos, simplesmente não estamos conseguindo coletar a bolinha certa, mas ela está lá – em algum lugar. Em um estudo sobre a visão geral referente à memória, 48% dos respondentes aprovaram a ideia de que o armazenamento da memória de longo prazo é permanente (Simons e Chabris, 2011). Uma perspectiva alternativa presume que algumas lembranças armazenadas na memória de longo prazo desaparecem para sempre. Segundo essa visão,

Memórias-relâmpago são recordações vívidas e detalhadas de acontecimentos momentâneos. Por exemplo, muitas pessoas lembrarão por muito tempo exatamente onde estavam e como se sentiram quando souberam sobre os ataques terroristas ao World Trade Center.

o barril possui vazamentos, e algumas bolinhas se perdem e nunca mais retornam.

A existência de *memórias-relâmpago* é uma evidência que foi citada para apoiar a ideia de que o armazenamento na memória de longo prazo possa ser permanente. À primeira vista, **memórias-relâmpago (flash bulb memories), que são lembranças extremamente vívidas e detalhadas de eventos muito importantes,** fornecem exemplos surpreendentes de armazenamento aparentemente permanente (Brown e Kulik, 1977). Muitos adultos norte-americanos, por exemplo, podem lembrar exatamente onde estavam, o que estavam fazendo e como se sentiram quando da morte da princesa Diana em 1997, ou dos ataques terroristas de 11 de setembro de 2001 que aconteceram em Nova York e Washington, DC. Embora as memórias-relâmpago tenham sido extensivamente estudadas em relação a eventos negativos, as pessoas também relatam essas memórias em eventos positivos (Kraha e Boals, 2014). Por exemplo, Tinti e colegas (2014) estudaram as memórias-relâmpago nos cidadãos italianos após a Itália vencer a Copa do Mundo de 2006.

As evidências sobre as memórias-relâmpago cintilantes fornecem apoio adequado para a ideia de que o armazenamento da memória de longo prazo é permanente? Não, a pesquisa acabou por mostrar que as memórias-relâmpago não são nem tão precisas nem tão especiais como se acreditava (Hirst et al., 2009; Schmolck, Buffalo e Squire, 2000). Como outras memórias, elas se tornam cada vez menos detalhadas e completas com o tempo e geralmente são imprecisas (Talarico e Rubin, 2009). A pesquisa sugere que não são a precisão extraordinária ou a longevidade que distinguem as memórias-relâmpago. Por outro lado, o que as torna especiais é que as pessoas subjetivamente sentem que essas memórias são excepcionalmente vívidas, elas possuem uma confiança excepcional (embora equivocada) na precisão de suas memórias e que mais intensidade emocional está ligada a essas lembranças (Talarico e Rubin, 2003, 2007). Portanto, talvez as memórias-relâmpago sejam "especiais", mas não do modo como originalmente era pensado.

Voltando à questão, os achados da pesquisa sobre as memórias-relâmpago obviamente entram em conflito com a hipótese de que o armazenamento da memória seja permanente. Embora a possibilidade não possa ser eliminada por completo, ainda não há evidências convincentes de que as memórias são armazenadas permanentemente e que o esquecimento é apenas uma questão de falha em sua recuperação (Payne e Blackwell, 1998; Schacter, 1996).

Como o conhecimento é representado e organizado na memória?

Com o passar dos anos, as pesquisas sobre a memória travaram uma luta interminável com outra importante questão relacionada ao armazenamento da memória: como o conhecimento é representado e organizado na memória? A maioria dos teóricos parece concordar que provavelmente as memórias assumem uma variedade de formas, dependendo da natureza do material. A maioria das teorias até hoje concentrou-se em como o conhecimento factual pode ser representado na memória.

Categorias e hierarquias conceituais

As pessoas organizam espontaneamente as informações em categorias para armazená-las na memória. Esse fato ficou evidente em um estudo de Bousfield (1953), que solicitava aos participantes que memorizassem uma lista de seis palavras. Embora apresentadas em uma ordem embaralhada, cada uma das palavras na lista se encaixava em uma das quatro categorias: animais, nomes masculinos, vegetais ou profissões. Bousfield mostrou que os participantes, para se lembrarem dessa lista, optaram pelo *agrupamento* – a tendência de lembrar de itens semelhantes nos grupos. As palavras não foram apresentadas em grupos organizados, porém a tendência dos participantes era de lembrar-se delas em grupos que pertenciam à mesma categoria. Dessa forma, quando aplicável, as informações concretas são costumeiramente organizadas em categorias simples.

Quando possível, as informações concretas também podem ser organizadas em hierarquias conceituais. *Hierarquia conceitual* **é um sistema de classificação de múltiplos níveis de acordo com as propriedades comuns entre os itens.** A hierarquia conceitual que uma pessoa pode

---

REVISÃO 7.1

Comparando os tipos de armazenamento da memória

Verifique seu entendimento a respeito dos três tipos de armazenamento preenchendo os espaços na tabela. A coluna da esquerda lista três elementos do armazenamento de memórias que podem ser comparados. As respostas encontram-se no Apêndice A.

Característica	Memória sensorial	Memória de curto prazo	Memória de longo prazo
Formato de codificação	Cópia do impulso		Muito semântica
Capacidade de armazenamento	Limitada		
Duração do armazenamento		Até 20 segundos	

construir para uma pequena parte do mundo animal pode ser encontrada na **Figura 7.9**. De acordo com Gordon Bower (1970), organizar as informações em uma hierarquia conceitual pode melhorar muito a lembrança.

Esquemas

Imagine-se visitando o gabinete do professor Smith, que é mostrado ao lado. Olhe brevemente a foto e depois cubra-a. Agora, finja que você deve descrevê-lo a um amigo. Escreva o que viu na foto.

Depois, compare sua descrição à foto. É provável que inclua elementos – livros ou um arquivo, por exemplo – que *não* aparecem nela. Esse fenômeno comum demonstra como os *esquemas* podem influenciar a lembrança.

***Esquema* é um conjunto organizado de conhecimentos a respeito de um objeto em particular ou evento absorvido de experiência anterior com o objeto ou evento.** Por exemplo, estudantes universitários possuem esquemas sobre a aparência dos gabinetes dos professores. Quando Brewer e Treyens (1981) testaram a memória de 30 participantes que haviam visitado brevemente o gabinete mostrado na foto, muitos estudantes lembraram-se das escrivaninhas e das cadeiras, mas poucos se lembraram da garrafa de vinho ou da cesta de piquenique, que não são parte de um típico esquema de gabinete. Além do mais, nove participantes no estudo falsamente "se lembraram" de que o gabinete continha livros.

Esses resultados e outros estudos (Tuckey e Brewer, 2003) sugerem que *as pessoas têm uma tendência maior a se lembrar das coisas que são condizentes com seus esquemas do que das que não são*. Embora esse princípio pareça aplicável a maior parte do tempo, o inverso também é verdade: *as pessoas às vezes têm melhor recordação das coisas que violam suas expectativas* (Neuschatz et al., 2002) *baseadas no esquema* (Rojahn e Pettigrew, 1992). Se a informação realmente colidir com um esquema, ela pode atrair atenção extra e um processamento mais profundo, tornando-se mais memorável. Aparentemente, a informação armazenada na memória é com frequência organizada ao redor de esquemas (Brewer, 2000).

Redes semânticas

Claro que nem todas as informações se encaixam perfeitamente em hierarquias conceituais ou esquemas.

O gabinete do professor Smith é mostrado nesta foto. Siga as instruções no texto para saber como Brewer e Treyens (1981) o usaram para um estudo da memória.

Boa parte do conhecimento parece estar organizada em estruturas menos sistemáticas, chamadas *redes semânticas* (Collins e Loftus, 1975). **Uma *rede semântica* consiste em pontos que representam conceitos interligados.** Uma rede semântica pequena é mostrada na **Figura 7.10**. Os ovais e os nós, e as palavras dentro dos ovais, são conceitos interligados. As linhas que conectam os nós são as vias. O comprimento de cada caminho representa o grau de associação entre os dois conceitos. Caminhos mais curtos implicam associações mais fortes.

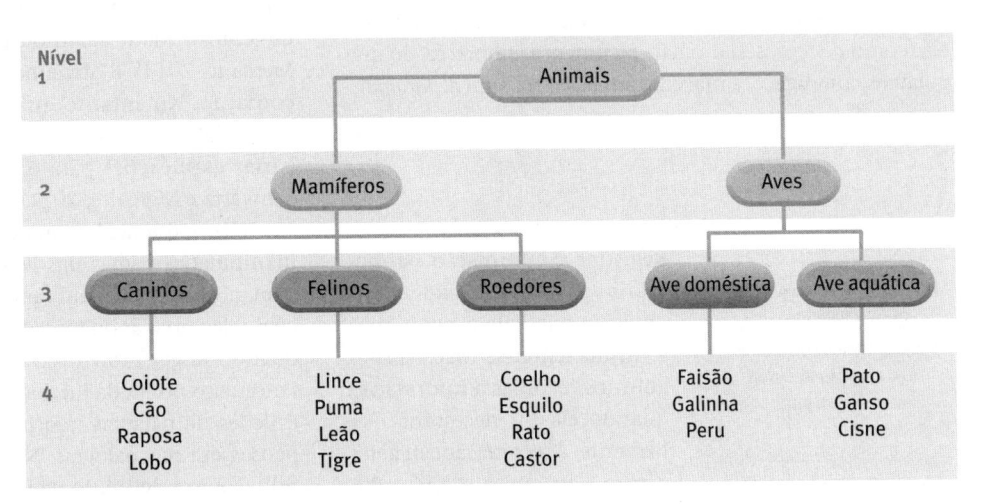

Nível					
1			Animais		
2	Mamíferos			Aves	
3	Caninos	Felinos	Roedores	Ave doméstica	Ave aquática
4	Coiote Cão Raposa Lobo	Lince Puma Leão Tigre	Coelho Esquilo Rato Castor	Faisão Galinha Peru	Pato Ganso Cisne

Figura 7.9 Hierarquias conceituais e memória de longo prazo.

Alguns tipos de informações podem ser organizados em uma hierarquia de conceitos de múltiplos níveis, como mostrado aqui. Bower e colegas (1969) descobriram que os participantes se lembram mais das informações quando as organizam em uma hierarquia conceitual.

Figura 7.10 Uma rede semântica.
Muito da informação na memória de longo prazo depende de redes de associações entre conceitos. Nesta descrição bem simplificada de um fragmento de uma rede semântica, quanto mais curta for a linha que liga dois conceitos quaisquer, mais forte é a associação entre eles. A coloração das caixas representa a ativação dos conceitos. É assim que a associação pode ser representada ao ouvir a palavra *maçã*.

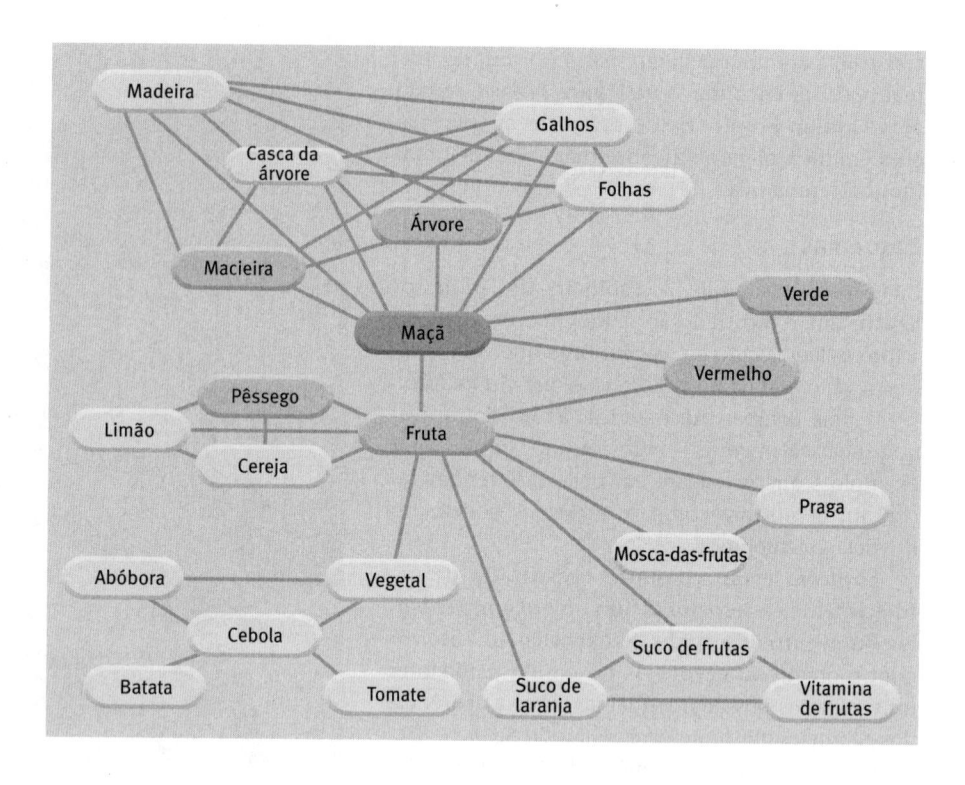

Redes semânticas provaram ser úteis para explicar por que pensar em uma palavra (como *manteiga*, por exemplo) pode fazer que uma palavra intimamente ligada a ela (como *pão*) seja mais fácil de lembrar. De acordo com Collins e Loftus (1975), quando as pessoas pensam em uma palavra, seus pensamentos se dirigem naturalmente a palavras relacionadas. Esses teóricos chamam esse processo *ativação irradiada* dentro de uma rede semântica. Eles presumem que a ativação se irradie pelos caminhos da rede semântica que circundam a palavra; também teorizam que a força dessa ativação diminui enquanto ela "viaja", assim como as ondulações diminuem em tamanho à proporção que se irradiam a partir de uma pedra atirada em um lago. Considere novamente a rede semântica mostrada na **Figura 7.10**. Se os participantes vissem a palavra *fruta*, palavras mais próximas a ela, como *pêssego*, seriam mais facilmente lembradas do que palavras com ligações mais distantes, como *suco de laranja*.

7.3 Recordação: recuperando a informação na memória

7.3 Objetivos Principais de Aprendizagem

- Explicar o fenômeno da ponta da língua e compreender como os índices de contexto podem influenciar a recuperação.
- Resumir a pesquisa sobre a natureza construtiva da memória e aplicar o conceito do monitoramento da fonte às falhas diárias da memória.

Registrar a informação na memória de longo prazo é um objetivo que vale a pena, mas é insuficiente se não conseguirmos recordar a informação quando ela for necessária. Felizmente, a recordação em geral ocorre sem muito esforço. Porém, ocasionalmente, uma procura planejada na memória de longo prazo se faz necessária. Por exemplo, imagine que você tenha de lembrar os nomes dos 50 estados dos Estados Unidos. Provavelmente você faria uma busca sistemática na memória, tentando lembrar os estados em ordem alfabética ou por localização geográfica. Embora esse exemplo seja muito simplificado, a recordação é um processo complexo, como veremos nessa seção.

Usando pistas para auxiliar a recordação

No início deste capítulo, discutimos o *fenômeno ponta da língua* – a incapacidade temporária de lembrarmos algo que já sabemos, o que causa uma sensação de que a informação está bem ao nosso alcance. Esse fenômeno é uma experiência comum, que ocorre mais ou menos uma vez por semana, embora a ocorrência possa aumentar com a idade (Salthouse e Mandell, 2013; Schwartz e Metcalfe, 2014). É obviamente uma falha do sistema de recordação. No entanto, os mecanismos exatos subjacentes a essa falha são objetos de debate, pois foram propostas várias explicações para o fenômeno (A. S. Brown, 2012a; Schwartz e Metcalfe, 2011).

Felizmente, as lembranças podem, com frequência, ser manipuladas com *pistas de recordação* – estímulos que ajudam no acesso às lembranças –, como sugestões, informações relacionadas ou recordações parciais. Isso ficou evidente quando Roger Brown e David McNeill (1966) estudaram o fenômeno ponta da língua. Eles deram aos participantes definições de palavras não muito usuais e lhes pediram que pensassem nas palavras. Nosso exemplo no início do capítulo (sobre a definição de *nepotismo*) foi tirado desse estudo. Brown e McNeill descobriram que participantes ao lidarem com esse tipo de palavras estavam certos em 57% das vezes quanto à primeira letra da palavra perdida. Esse percentual está muito além da casualidade e mostra que lembranças parciais estão normalmente na direção correta.

Restabelecendo o contexto de um evento

Vamos testar sua memória: o que você comeu no café da manhã há dois dias? Caso não consiga responder rapidamente, comece imaginando-se à mesa do café (ou onde quer que você costume tomar café da manhã). Tentar lembrar um evento colocando-se no contexto em que ele ocorreu envolve trabalhar com pistas contextuais para auxiliar a recordação.

Pistas contextuais normalmente facilitam a recuperação da informação (Hanczakowski, Zawadzka e Coote, 2014). Muitas pessoas já experimentaram pistas contextuais em várias ocasiões. Por exemplo, quando retornamos a um lugar onde moramos depois de muitos anos, ele está geralmente repleto de lembranças há muito tempo esquecidas. Ou considere quantas vezes vamos de um cômodo para outro em busca de algo (tesouras, talvez) até que nos esquecemos do que estávamos procurando. Entretanto, quando retornamos à primeira sala (o contexto original), lembramos, de repente, o que estávamos procurando ("É claro, a tesoura!"). Esses exemplos ilustram como são potencialmente poderosos os efeitos das pistas contextuais na lembrança.

O valor de restabelecer o contexto de um evento pode explicar como a hipnose *ocasionalmente* estimula a lembrança da testemunha ocular em investigações jurídicas (Meyer, 1992). O hipnólogo normalmente tenta restabelecer o contexto do evento ao pedir para a testemunha imaginar estar na cena do crime novamente. Embora o público geral acredite amplamente que a hipnose possa ajudar as pessoas a se lembrarem de coisas que normalmente não lembrariam (Simons e Chabris, 2011), extensas pesquisas não puderam demonstrar que a hipnose pode realmente aumentar a recuperação (Mazzoni, Heap e Scoboria, 2010). Por outro lado, as pesquisas sugerem que a hipnose muitas vezes aumenta a tendência do indivíduo a relatar informações *incorretas* (Mazzoni, Laurence e Heap, 2014).

Reconstruindo memórias

Um levantamento sobre as noções das pessoas sobre a memória descobriu que, quando recordamos a informação da memória de longo prazo, não conseguimos puxar uma "fita de vídeo mental" que nos repita o passado em detalhes (Simons e Chabris, 2011). No entanto, inúmeros estudos demonstraram que esse é um ponto de vista ingênuo e extremamente impreciso da memória. Na realidade, todas as memórias são *reconstruções* grosseiras do passado que podem estar distorcidas e incluir detalhes que, na verdade, não ocorreram (Gallo e Wheeler, 2013; Schacter e Loftus, 2013).

A pesquisa realizada por Elizabeth Loftus et al. (1979, 1992, 2005) sobre o *efeito da informação equivocada* tem provado que distorções na reconstrução acontecem frequentemente em depoimentos de testemunhas oculares. O *efeito da informação equivocada* **ocorre quando a recordação de um evento por parte dos participantes que o testemunharam é alterada pela introdução de uma informação enganosa pós-evento.** Por exemplo, em um estudo, Loftus e Palmer (1974) mostraram a participantes uma fita de vídeo de um acidente automobilístico. Os participantes foram tratados como se estivessem "fornecendo" testemunho ocular, e houve a introdução de informação tendenciosa. Perguntaram a alguns deles: "A que velocidade iam os carros quando *bateram*?". E a outros: "A que velocidade iam os carros quando *colidiram*?". Uma semana mais tarde, a memória dos participantes foi testada novamente quando lhes perguntaram se haviam visto vidro quebrado na cena do acidente (não havia nenhum vidro). Muitos dos questionados quanto à *colisão* indicaram haver algum vidro no chão na cena do acidente. Por que eles adicionariam esse detalhe às suas reconstruções? Talvez porque vidro quebrado seja consistente com seus esquemas de *colisão* (veja **Figura 7.11**). O efeito da

CHECAGEM DA REALIDADE

Ideia equivocada

A hipnose pode ser usada para recuperar as memórias de eventos esquecidos.

Realidade

Por mais de um século, os defensores da hipnose afirmaram que ela pode intensificar a lembrança, mas a evidência empírica é bem clara. A hipnose não melhora a recuperação da memória. Pelo contrário, os sujeitos hipnotizados são mais passíveis do que os outros a entender errado as coisas – e a sentir excesso de confiança sobre suas memórias.

Figura 7.11 O efeito da informação equivocada.

Em um experimento conduzido por Loftus e Palmer (1974), os participantes que foram submetidos a perguntas manipuladas sobre carros descritos como *batendo* ou *colidindo* apresentavam maior tendência à lembrança do mesmo acidente de maneira diferente uma semana depois, demonstrando a natureza reconstrutora da memória.

informação equivocada, que foi reproduzido em inúmeros estudos (Frenda, Nichols e Loftus, 2011), é um fenômeno notavelmente confiável que "desafiou os pontos de vista prevalecentes sobre a validade da memória" (Zaragoza, Belli e Payment, 2007, p. 37). De fato, é difícil escapar do efeito, pois mesmo sujeitos que foram avisados de antemão podem ser confundidos por informações equivocadas pós-evento (Chrobak e Zaragoza, 2013).

Os estudos demonstraram que a influência das informações errôneas não é limitada às memórias de eventos que alguém viveu ou testemunhou pessoalmente; ela também pode distorcer o conhecimento dessa pessoa sobre os fatos básicos (Bottoms, Eslick e Marsh, 2010). Por exemplo, a maioria das pessoas sabe que o Pacífico é o maior oceano da Terra e que Thomas Edison inventou a lâmpada. Esses são fatos que a maioria das pessoas encontrou repetidamente. Eles deveriam ser memórias estáveis resistentes à mudança. Mas considere o que aconteceu quando Fazio et al. (2013) fizeram os participantes lerem contos fictícios que contradiziam esses fatos ao mencionar casualmente que o Atlântico era o maior oceano e que Benjamin Franklin inventou a lâmpada. Embora os participantes tivessem mostrado um conhecimento correto desses e de outros fatos conhecidos duas semanas atrás, quando fizeram o teste de conhecimentos gerais após lerem as histórias falsas, cerca de 20% erraram os fatos básicos – como indicar que Franklin inventou a lâmpada – mesmo que eles tenham sido explicitamente avisados de que as histórias fictícias poderiam conter erros factuais. Desse modo, em um grupo de sujeitos, uma única e breve exposição a informações erradas corrompeu o conhecimento factual básico. Infelizmente, esses achados sugerem que apenas ler sobre esse estudo já pode distorcer sua própria lembrança futura desses fatos simples.

Outra pesquisa sobre a natureza reconstrutiva da memória demonstrou que o simples ato de recontar uma história pode introduzir imprecisões na memória (Marsh, 2007). Quando as pessoas recontam uma história, elas podem simplificá-la, embelezar os fatos, exagerar sua participação e assim por diante. Ao fazer isso, as pessoas podem estar cientes de que estão se afastando um pouco dos fatos (Marsh e Tversky, 2004). Entretanto, o interessante é que as distorções intencionais podem moldar novamente as lembranças subsequentes dos mesmos eventos. De algum modo, a história "real" e o "toque" que o contador dá a ela começam a se misturar imperceptivelmente. Logo, mesmo o ato rotineiro de recontar eventos pode contribuir com a maleabilidade da memória.

Monitoramento da fonte

O efeito da informação equivocada parece ser devido, em parte, à falta de confiabilidade do monitoramento da fonte (Mitchell e Johnson, 2000). **Monitoramento da fonte é o processo de fazer inferências acerca das origens das memórias** (Johnson, 1996, 2006; Johnson et al., 2012). Marcia Johnson et al. afirmam que esse processo é um aspecto crucial da recuperação da memória, o qual contribui com muitos dos erros que as pessoas cometem ao reconstruir suas experiências. Segundo Johnson, as memórias não são presas com etiquetas que especificam suas fontes. Portanto, quando as pessoas puxam registros específicos de memória, elas têm de tomar decisões *na hora da recuperação* sobre o local de onde as memórias vieram (por exemplo: "Eu li isso no *New York Times*, ou na *Rolling Stone*?). Na maior parte do tempo essas decisões são fáceis e automáticas, as pessoas as tomam sem ter consciência da fonte do processo de monitoração da fonte. Em outros casos, todavia, elas podem estar conscientemente se esforçando para definir a fonte da memória. **Um *erro de monitoramento da fonte* ocorre quando uma lembrança derivada de uma fonte é atribuída erroneamente à outra.** Por exemplo, pode-se lembrar de uma frase que um colega diga que foi de autoria do professor de psicologia, ou, ainda, algo que você ouviu do Dr. Phil sobre seu livro de psicologia. Memórias imprecisas que refletem erros da monitoração da fonte parecem ser bem convincentes, e as pessoas muitas vezes sentem confiança quanto à autenticidade de suas afirmações, embora as lembranças sejam de fato imprecisas (Lampiren, Neuschatz e Payne, 1999).

Erros de monitoramento da fonte parecem ser comuns e podem esclarecer muitos fenômenos interessantes da memória. Por exemplo, em estudos sobre o sugestionamento, alguns participantes chegaram a insistir que se "lembraram" de ter visto algo que, na verdade, só lhes havia sido sugerido verbalmente. Muitas teorias enfrentam dificuldades em explicar como as pessoas se lembram de eventos que nunca viram ou experimentaram; mas esse paradoxo não parece ser tão surpreendente quando é explicado como um erro de monitoramento da fonte (Lindsay, 2004).

7.4 Esquecimento: quando a memória falha

O esquecimento tem a "má fama" que talvez ele não mereça. As pessoas tendem a ver o esquecimento como uma falha, fraqueza ou deficiência no processamento cognitivo. Embora esquecer informações importantes *possa* ser frustrante, alguns teóricos da memória argumentam que o esquecimento, na verdade, é adaptativo.

CHECAGEM DA REALIDADE

Ideia equivocada

A memória é como uma fita cassete mental que pode fornecer reproduções fiéis de eventos passados.

Realidade

Inúmeros estudos nas últimas décadas demonstraram que as memórias são reconstruções incompletas, distorcidas e indistintas de eventos passados. Os adjetivos que melhor descrevem a memória não são *exata* ou *precisa*, mas sim *frágil*, *falível* e *maleável*.

7.4 Objetivos Principais de Aprendizagem

- Descrever a curva do esquecimento de Ebbinghaus e as três medidas de retenção.
- Compreender as possíveis causas do esquecimento.
- Resumir as evidências sobre a controvérsia a respeito das memórias recuperadas do abuso sexual na infância.

Como assim? Imagine quão desordenada sua memória seria se você nunca esquecesse de nada. De acordo com alguns teóricos (Schacter, 1999; Storm, 2011), as pessoas precisam esquecer as informações que não são mais relevantes, como números de telefone desatualizados, senhas descartadas e falas que foram memorizadas para uma peça da escola. O esquecimento pode reduzir a concorrência entre as memórias que podem causar confusão. Laney (2013) oferece um exemplo simples, porém convincente. Imagine o que aconteceria se todas as suas inúmeras memórias de estacionamento do seu carro em um shopping center próximo fossem igualmente vívidas? Boa sorte para encontrar seu carro! É altamente funcional se sua memória sobre onde você estacionou no shopping hoje for muito mais forte do que sua memória sobre onde estacionou no mesmo shopping há 5 dias ou há 2 semanas.

Embora o esquecimento possa ser adaptativo a longo prazo, a questão fundamental das pesquisas sobre a memória continua: por que as pessoas esquecem informações que elas gostariam de lembrar? Não há uma resposta simples para essa pergunta. As pesquisas mostram que o esquecimento pode ser causado por defeitos na codificação, armazenamento, recuperação ou alguma combinação desses processos.

Com que rapidez esquecemos: a curva do esquecimento de Ebbinghaus

A primeira pessoa a realizar estudos científicos sobre o esquecimento foi Hermann Ebbinghaus. Ele publicou uma série de estudos criteriosos sobre a memória em 1885 e estudou apenas um participante: ele mesmo. Para aplicar a si próprio grande quantidade de material a ser memorizado, inventou *sílabas sem sentido* – com disposições consoante-vogal-consoante que não correspondem a palavras (como BAF, XOF, VIC e MEQ). Ele queria trabalhar com materiais sem sentido que não pudessem ser contaminados por seu aprendizado anterior.

Ebbinghaus foi um extraordinário e dedicado pesquisador. Por exemplo, em um estudo, ele praticou mais de 14 mil repetições e memorizou 420 listas de sílabas sem sentido (Slamecka, 1985); testou então sua memória com essas listas depois de vários intervalos de tempo. A **Figura 7.12** mostra o que ele descobriu. Esse diagrama, chamado *curva do esquecimento*, **ilustra a retenção e o esquecimento ao longo do tempo.** A curva do esquecimento de Ebbinghaus mostra uma queda significativa na retenção durante as primeiras poucas horas depois de as sílabas sem sentido terem sido memorizadas. Ele esqueceu mais de 60% delas em menos de nove horas! Assim, concluiu que grande parte do esquecimento ocorre muito rapidamente após aprendermos algo.

Essa é uma conclusão deprimente! Qual é o sentido em memorizar informação se vamos esquecer imediatamente após a termos aprendido? Felizmente, uma pesquisa posterior mostrou que a curva do esquecimento de Ebbinghaus era atípica (Postman, 1985). O esquecimento não é normalmente tão imediato ou extenso quanto pensava Ebbinghaus. Um problema era que ele estava trabalhando com material sem sentido. Quando participantes memorizam material com sentido, como prosa ou poesia, as curvas de esquecimento não são tão acentuadas. Estudos sobre como as pessoas conseguem se lembrar de seus colegas de escola sugerem que as curvas do esquecimento para informação autobiográfica são ainda mais rasas (Bahrick, 2000). Da mesma forma, métodos diferentes para medir o esquecimento produzem estimativas variadas quanto à rapidez com que as pessoas esquecem. Essa variação ressalta a importância dos métodos usados para medir o esquecimento.

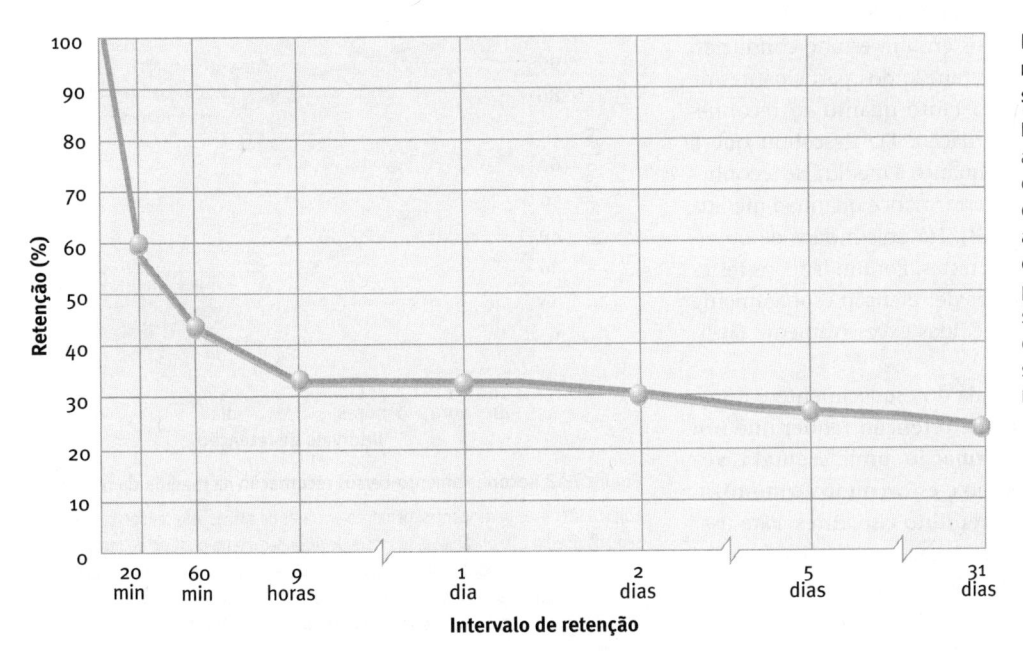

Figura 7.12 A curva do esquecimento de Ebbinghaus para sílabas sem sentido.

De suas experiências aplicadas a si próprio, Ebbinghaus (1885) concluiu que o esquecimento é extremamente rápido logo após o aprendizado original e depois fica estável. Embora essa generalização permaneça verdadeira, pesquisas subsequentes revelaram que as curvas de esquecimento para sílabas sem sentido são, de modo incomum, bem íngremes.

Medidas do esquecimento

Para estudar o esquecimento de forma empírica, os psicólogos precisam ser capazes de medi-lo com precisão. Medidas do esquecimento inevitavelmente medem também a **retenção, que é a proporção de material retido (lembrado)**. Em estudos sobre o esquecimento, os resultados podem ser relatados em termos do volume esquecido ou do retido. Nesses estudos, o *intervalo de retenção* é o tempo entre a apresentação do material a ser lembrado e a medida do esquecimento. Psicólogos usam três métodos para medir o esquecimento/retenção: o resgate, o reconhecimento e o reaprendizado.

Quem é o atual secretário de estado norte-americano? Que filme ganhou o Oscar de melhor fotografia no ano passado? Essas questões envolvem medidas de retenção. **Uma *medida de recordação* requer que os participantes reproduzam informações por si próprios sem auxílio de qualquer sugestão.** Se você fosse fazer teste de memória com uma lista de 25 palavras que tivesse memorizado, simplesmente lhe pediriam para escrever quantas fosse possível lembrar em um pedaço de papel em branco.

Em comparação, em um teste de reconhecimento, você poderia receber uma lista de 100 palavras para escolher as 25 que tivesse memorizado anteriormente. **Uma *medida de reconhecimento* de retenção requer que os participantes selecionem informação previamente aprendida de uma variedade de opções.** Eles não apenas têm sugestões com o que trabalhar, como também têm as respostas diante de si. Em provas educacionais, perguntas de múltipla escolha, de verdadeiro ou falso e de correspondência são medidas de reconhecimento; questões dissertativas e de preenchimento de lacunas são medidas de resgate da recordação.

Se você for como a maior parte dos alunos, provavelmente prefere testes de múltipla escolha a questões dissertativas. Essa preferência é compreensível, porque a evidência mostra que as medidas de reconhecimento tendem a gerar notas mais altas do que, para a mesma informação, as obtidas com as de recordação (Lockhart, 2000). Essa tendência foi demonstrada há muitos anos em um estudo conduzido por Luh (1922), que mediu a retenção dos participantes de testes com sílabas sem sentido tanto quanto ao reconhecimento como quanto à recordação. Ele descobriu que a performance dos participantes quanto à medida de reconhecimento foi muito superior à performance quanto à medida de recordação (veja **Figura 7.13**). Há dois modos de observar essa disparidade entre esses testes. Por um lado, os testes de reconhecimento são medidas de retenção especialmente *sensíveis*. Por outro, eles são medidas excessivamente fáceis da retenção.

O terceiro método de medida do esquecimento é o reaprendizado. **O *reaprendizado* de retenção requer que um participante memorize informação uma segunda vez para determinar quanto tempo e esforço são economizados, visto que ele já havia aprendido isso antes.** Para usar esse método, um pesquisador mede quanto tempo (ou quantas tentativas de prática) uma pessoa precisa para memorizar alguma coisa. Mais tarde, o participante deve reaprender a informação. O pesquisador mede quão mais rápido o material é memorizado na segunda vez. Os *pontos economizados* pelos participantes indicam uma estimativa de sua retenção. Por exemplo, se levar 20 minutos para memorizar uma lista na primeira vez e apenas 5 minutos para memorizá-la uma semana mais tarde, ele terá economizado 15 minutos. Seus pontos economizados de 75% (15/20 = 3/4 = 75%) sugerem que o participante conseguiu reter 75% e que se esqueceu dos 25% restantes da informação. Medidas de reaprendizado podem detectar retenção, que muitas vezes é desconsiderada em testes de reconhecimento (Crowder e Greene, 2000).

Por que esquecemos

Medir o esquecimento é apenas o primeiro passo do longo caminho em busca da explicação de por que o esquecimento ocorre. Nesta seção, exploraremos as possíveis causas do esquecimento, observando os fatores que podem afetar os processos de codificação, armazenamento e resgate.

Codificação ineficiente

Muito do esquecimento pode *parecer* simples esquecimento. Em primeiro lugar, a informação em questão pode nunca ter sido inserida na memória. Uma vez que não se pode realmente esquecer algo que nunca se tenha aprendido, esse fenômeno é às vezes chamado *pseudoesquecimento*. Abrimos este capítulo com um exemplo de pseudoesquecimento. As pessoas frequentemente presumem que sabem a aparência de uma moeda de um centavo, mas a maior parte delas, na verdade, falhou em codificar essa informação. O pseudoesquecimento geralmente é atribuído a *falhas na atenção*.

Mesmo quando os traços de memória *são* formados de nova informação, um subsequente esquecimento pode ser o resultado de codificação ineficaz ou inapropriada (Brown e Craik, 2000). As pesquisas sobre níveis de processamento

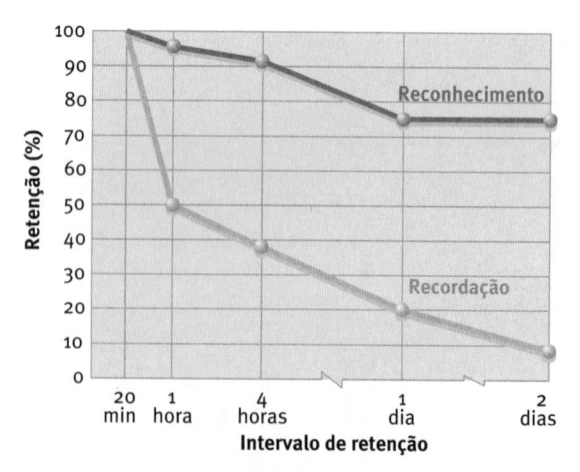

Figura 7.13 Reconhecimento *versus* recordação na medida da retenção.

Luh (1922) fez os participantes memorizarem listas de sílabas sem sentido e, em seguida, mediu a retenção com um teste de reconhecimento ou teste de recordação em vários intervalos por 2 dias. Como você pode ver, a curva de esquecimento para o teste de recordação era bem íngreme, ao passo que o teste de reconhecimento produziu estimativas bem mais altas da retenção dos participantes.

mostram que algumas abordagens de codificação levam a maior esquecimento do que outras (Craik e Tulving, 1975). Por exemplo, se você estiver distraído enquanto lê este livro, pode estar fazendo pouco mais do que ler as palavras. Esse é um exemplo de *codificação fonética*, que é inferior à *codificação semântica* para retenção de material verbal.

Deterioração

Em vez de focar a codificação, a teoria da deterioração atribui o esquecimento à não permanência do armazenamento da memória. **A *teoria da deterioração* propõe ainda que os traços de memória desaparecem com o tempo.** O pressuposto é que ocorre deterioração nos mecanismos fisiológicos responsáveis pelas lembranças. De acordo com a teoria da deterioração, a simples passagem do tempo produz o esquecimento. Essa ideia articula-se bem com as noções de senso comum a respeito do esquecimento.

Como vimos anteriormente, a deterioração parece *de fato* contribuir para a perda de informação dos armazenamentos da memória sensorial e da de curto prazo. Porém, a tarefa fundamental das teorias do esquecimento é explicar a perda de informação da memória de longo prazo. Os pesquisadores não foram bem-sucedidos em fornecer demonstrações evidentes sobre se a deterioração provoca o esquecimento da memória de longo prazo (Roediger, Weinstein e Agarwal, 2010). Contudo, nem todos os teóricos abandonaram o conceito de deterioração. Com base em evidências complexas relacionadas às bases neurológicas e moleculares da memória, Hardt, Nader e Nadel (2013) afirmaram que os processos de deterioração contribuem com a remoção seletiva de algumas memórias. Eles acreditam que a deterioração enfraquece o substrato neurobiológico das memórias selecionadas e que esse processo se revela primariamente durante o sono. Ainda não se sabe se essa nova teoria progredirá.

Por muitas décadas, o maior problema para a teoria da deteriorização tem sido a incapacidade dos pesquisadores em validar a proposição fundamental de que a principal causa e correlato mais forte do esquecimento é a passagem do tempo. Em estudos da memória de longo prazo, contudo, pesquisadores repetidamente descobriram que a passagem do tempo não é tão importante quanto o que acontece durante os intervalos do tempo. Pesquisas mostraram que o esquecimento não depende da quantidade de tempo que passou desde a aprendizagem, mas da quantidade, da complexidade e do tipo de informação que os sujeitos tiveram de absorver *durante* o intervalo de retenção. O impacto negativo de informações concorrentes é chamado *interferência*, que veremos a seguir.

Interferência

A *teoria da interferência* propõe que as pessoas esquecem algumas informações por causa da competição com outros materiais. Embora evidências de deterioração na memória de longo prazo tenham permanecido evasivas, centenas de pesquisas mostraram que a interferência influencia o esquecimento (Anderson e Neely, 1996; Bjork, 1992). Em muitos desses estudos, pesquisadores controlaram a interferência variando a semelhança entre o material original dado aos participantes (o material de teste) e o estudado em período interveniente. Presume-se que a interferência seja maior quando o material do período interveniente é mais semelhante ao de teste. Diminuindo as semelhanças, reduziríamos a interferência e causaríamos danos menores ao esquecimento. É exatamente isso o que McGeoch e McDonald (1931) descobriram em um importante estudo. Eles levaram os participantes a memorizar um material de teste, que consistia em uma lista de adjetivos de duas sílabas, e variaram a semelhança da aprendizagem interveniente, orientando seus participantes a memorizar uma de cinco listas. Para diminuir as semelhanças com o material de teste, essas listas eram compostas de sinônimos e antônimos das palavras do teste, adjetivos sem nenhuma relação, sílabas sem sentido e números. Mais tarde, a memória dos participantes quanto ao material de teste foi medida. Os resultados mostram que à medida que a semelhança com o material interveniente diminuiu, o volume de esquecimento também diminuiu – por causa da interferência reduzida.

Há dois tipos de interferência: *retroativa* e *proativa* (Marsh e Roediger, 2013). **A *interferência retroativa* ocorre quando a nova informação interfere com a retenção, informação anteriormente aprendida**, ou seja, entre o aprendizado original e a reavaliação sobre esse aprendizado (veja **Figura 7.14**). Por exemplo, a interferência manipulada por McGeoch e McDonald (1931) era retroativa. Em contrapartida, **a *interferência proativa* ocorre quando a informação previamente aprendida interfere na retenção da nova informação.** Essa está enraizada na aprendizagem que se transforma antes da exposição ao material teste. Por exemplo, quando você obtém um novo número de telefone, o antigo (aprendizagem anterior) pode criar uma interferência proativa que atrapalha sua recordação. A evidência indica que os dois tipos de interferência podem ter efeitos significativos sobre o quanto se esquece.

Falhas no resgate

É comum as pessoas se lembrarem de coisas que eram incapazes de recordar algum tempo antes. Esse acontecimento pode ser óbvio apenas durante as dificuldades com fenômenos ponta da língua, mas acontece frequentemente. De fato, grande parte do esquecimento pode ser atribuída a falhas no processo de resgate.

Por que os esforços para resgatar alguma informação falham em certas ocasiões e funcionam

---

CHECAGEM DA REALIDADE

Ideia equivocada

A causa principal do esquecimento é a deterioração gradual dos traços de memória com o tempo.

Realidade

As pessoas sentem subjetivamente que suas memórias se deterioram gradualmente com o passar do tempo. Porém, pesquisas mostram que o simples passar do tempo não chega a ser tão influente quanto outros fatores. Embora não tenha sido eliminado um possível papel para a deterioração na memória de longo prazo, o esquecimento é atribuível, principalmente, à interferência, à codificação ineficaz, à imprecisão reconstrutiva e às falhas no processo de recuperação.

Figura 7.14 Interferência retroativa e interferência proativa.

A primeira ocorre quando o aprendizado produz um efeito "de retorno", reduzindo o resgate de material previamente aprendido. A segunda se dá quando o aprendizado produz um efeito "de avanço", reduzindo o resgate de material aprendido subsequentemente. Por exemplo, se você tivesse de se preparar para uma prova de economia e estudasse psicologia, a interferência do estudo de psicologia seria retroativa. Contudo, se você estudasse psicologia em primeiro lugar e depois economia, a interferência do estudo de psicologia seria proativa.

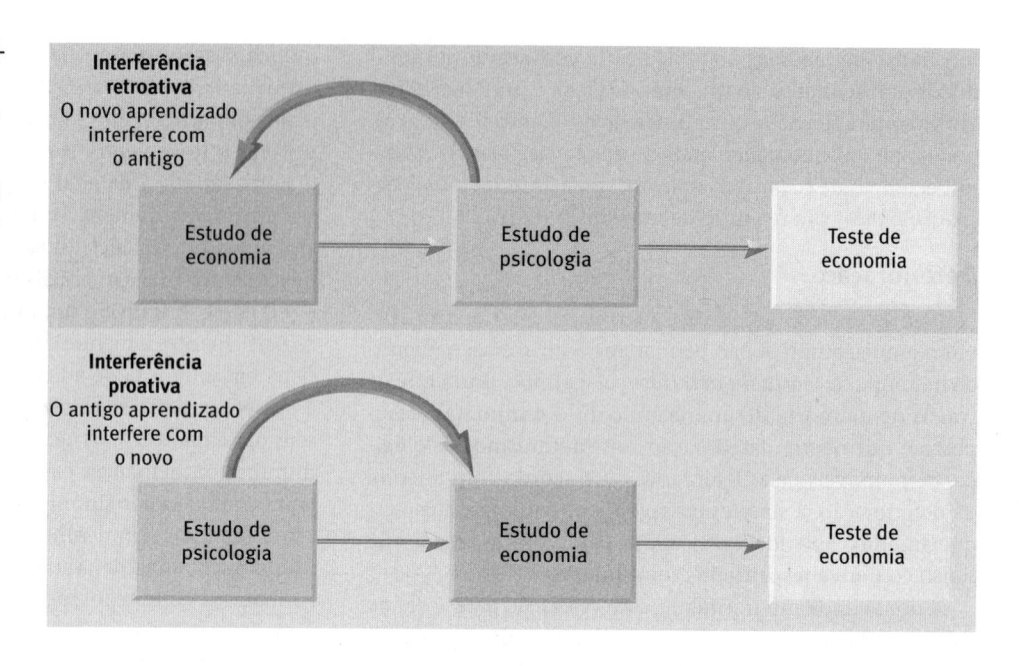

Interferência retroativa
O novo aprendizado interfere com o antigo

Estudo de economia → Estudo de psicologia → Teste de economia

Interferência proativa
O antigo aprendizado interfere com o novo

Estudo de psicologia → Estudo de economia → Teste de economia

em outras? Essa é uma pergunta difícil. Uma teoria diz que falhas no resgate são mais prováveis quando há uma má combinação entre as sugestões de resgate e a codificação da informação que se está procurando. De acordo com Tulving e Thomson (1973), uma boa sugestão de resgate condiz com a codificação original da informação a ser lembrada. Se o som de uma palavra – sua qualidade fonética – foi enfatizado durante a codificação, uma sugestão eficiente de resgate deveria enfatizar esse som. Se o significado da palavra foi enfatizado durante a codificação, sugestões semânticas seriam mais aconselháveis. Uma afirmação geral do princípio regente aqui foi formulada por Tulving e Thomson (1973). **O *princípio da especificidade da codificação* estabelece que o valor de uma sugestão de resgate depende de quão bem ela corresponde ao traço de memória.**

Tal princípio fornece uma explicação para a inconstância no sucesso das tentativas de resgate.

Esquecimento motivado

Há mais de um século, Sigmund Freud (1901) levantou uma explicação inteiramente diferente para as falhas de resgate. Como vimos no Capítulo 1, ele afirmava que as pessoas frequentemente mantinham lembranças desagradáveis, embaraçosas ou recordações dolorosas enterradas em seu subconsciente. Por exemplo, uma criança que ficou triste por perceber descaso em sua festa de aniversário pode suprimir toda a lembrança daquela festa. Em sua terapia com pacientes, Freud recuperou muitas dessas lembranças sepultadas. Ele teorizava que as lembranças estavam todas lá, mas seu resgate estava bloqueado por tendências inconscientes de fuga.

A tendência a esquecer coisas em que não se quer pensar é chamada *esquecimento motivado*, ou, para usar a terminologia de Freud, ***recalcamento*, que se refere à manutenção de pensamentos e sentimentos**

REVISÃO 7.2

Explicando o esquecimento

Verifique seu entendimento de por que as pessoas esquecem, identificando as causas prováveis do esquecimento em cada um dos seguintes cenários. Escolha entre (a) esquecimento motivado (recalcamento); (b) deterioração; (c) codificação ineficaz; (d) interferência proativa; (e) interferência retroativa; ou (f) falha no resgate. As respostas encontram-se no Apêndice A.

_____ 1. Helena não consegue lembrar os motivos do Tratado Webster-Ashburton porque estava absorta em seus pensamentos quando o assunto foi discutido em classe.

_____ 2. Rufus detesta seu trabalho na Taco Heaven e sempre se esquece quando está escalado para trabalhar.

_____ 3. O novo assistente de Francisco no departamento de entregas chama-se Jason Timberlake. Ray sempre o chama Justin, confundindo seu nome com o do cantor Justin Timberlake.

_____ 4. Tânia estudou história no domingo de manhã e sociologia no domingo à tarde. É segunda-feira e ela está tendo dificuldades no seu teste de história, pois fica confundindo os historiadores famosos com os sociólogos importantes.

tristes enterrados no inconsciente (veja Capítulo 11). Uma série de experimentos sugere que as pessoas não se lembram de material carregado de angústia tão prontamente como daquele emocionalmente neutro, exatamente como propunha Freud (Guenther, 1988; Reisner, 1998). Assim, quando nos esquecemos de coisas desagradáveis, como a consulta com o dentista, a promessa de ajudar um amigo em sua mudança, ou a data de entrega de um importante trabalho escolar, o esquecimento motivado pode estar em funcionamento.

A controvérsia das lembranças recalcadas

Embora o conceito de recalcamento não seja algo novo, o interesse nesse fenômeno aumentou nos últimos anos graças a uma grande quantidade de relatos que envolvem o retorno de muitas lembranças antigas de abuso sexual e outros traumas da infância. Os meios de comunicação estão repletos de relatos de adultos acusando seus pais, professores e vizinhos de terem cometido horríveis abusos contra eles, quando crianças, com base em memórias anteriormente reprimidas desses acontecimentos. Em sua maioria, esses pais, professores e vizinhos negaram as alegações. Alguns dos pais acusados argumentaram que essas lembranças das crianças eram falsas, criadas por terapeutas por meio do poder de sugestão. O que os psicólogos e psiquiatras têm a dizer a respeito da recuperação das lembranças reprimidas? Eles parecem bastante divididos quanto à questão.

Apoio a lembranças recalcadas

Muitos psicólogos e psiquiatras, especialmente clínicos envolvidos no tratamento de doenças psicológicas, admitem lembranças recuperadas de abuso (Banyard e Williams, 1999; Briere e Conte, 1993; Legault e Laurence, 2007; Skinner, 2001; Terr, 1994). Eles afirmam que abuso sexual na infância é muito mais comum do que pode parecer. Por exemplo, uma pesquisa em larga escala (MacMillan et al., 1997), usando uma amostra aleatória de 9.953 residentes de Ontário, no Canadá, descobriu que 12,8% das mulheres e 4,3% dos homens relataram que foram vítimas de abuso sexual na infância. Os defensores dessa ideia revelam ainda que existe ampla evidência de que é comum para as pessoas sepultar incidentes traumáticos em seu inconsciente (Brewin, 2012; De-Prince et al., 2012). Por exemplo, em um estudo recente feito entre pacientes psiquiátricos hospitalizados por transtornos pós-traumáticos ou dissociativos (veja Capítulo 14), um terço daqueles que relataram ter sido vítimas de abuso sexual na infância disseram que experimentaram amnésia completa do acontecimento em algum momento de suas vidas (Chu et al., 1999). Além do mais, estudos experimentais sugerem que as pessoas podem suprimir a recuperação de memórias indesejadas de maneira que podem levar ao esquecimento dessas memórias (Anderson e Huddleston, 2012).

O ceticismo das lembranças recalcadas

Muitos outros psicólogos, no entanto, especialmente os estudiosos da memória, expressaram ceticismo a respeito do recente *boom* de memórias de abuso recuperadas (Kihlstrom, 2004; Laney e Loftus, 2013; Loftus, 2013; McNally, 2003). Os céticos *não* sustentam a ideia de que as pessoas estejam mentindo acerca de suas lembranças previamente recalcadas. Pelo contrário, sustentam que algumas pessoas sugestionáveis, em conflito com seus problemas emocionais, foram convencidas por terapeutas persuasivos de que seus problemas emocionais seriam o resultado de abusos ocorridos anos atrás. Os críticos culpam uma minoria de terapeutas que presumivelmente tinham boas intenções, mas que trabalham com a questionável hipótese de que a maioria ou mesmo todos os problemas psicológicos são atribuíveis a abuso sexual na infância (Loftus e Davis, 2006). Usando hipnose, interpretação de sonhos e muitas vezes perguntas tendenciosas, eles supostamente encorajaram e sondaram pacientes até que esses criaram as lembranças de abusos que estavam procurando (Thayer e Lynn, 2006).

Os psicólogos que duvidam da autenticidade das lembranças recalcadas apoiam sua análise citando casos de descrédito de lembranças recobradas (Brown, Goldstein e Bjorklund, 2000). Por exemplo, com a ajuda de um conselheiro religioso, uma mulher recuperou lembranças de como seu pai, pastor, repetidamente a havia estuprado, engravidado e então provocado aborto com um cabide. Mas evidências subsequentes revelaram que a mulher ainda era virgem e que o pai havia feito vasectomia anos antes (Brainerd e Reyna, 2005). Os céticos também apontam histórias de casos publicados que claramente envolviam questionamento sugestionável e casos em que os pacientes haviam recuperado lembranças de abuso sexual e depois perceberam que essas lembranças haviam sido "implantadas" por seus terapeutas.

Aqueles que questionam a precisão das lembranças recalcadas também apontam descobertas sobre os efeitos da informação incorreta, pesquisa sobre os erros de monitoração da fonte e outras demonstrações da relativa facilidade de criar "lembranças" de eventos que nunca aconteceram (Lindsay et al., 2004; Loftus e Cahill, 2007; Strange, Clifasefi e Garry, 2007). Por exemplo, trabalhando com universitários, Ira Hyman et al. conseguiram implantar recordações de acontecimentos razoavelmente substanciais (como derramar a tigela do ponche em um casamento; estar em uma mercearia quando o detector de fogo disparou; ser hospitalizado por causa de uma dor de ouvido) em cerca de 25% dos sujeitos, apenas pedindo-lhes que pensassem em detalhes sobre eventos supostamente relatados por seus pais (Hyman e Kleinknecht, 1999). Outros estudos tiveram sucesso em implantar memórias falsas de quase ser afogado (Heaps e Nash, 2001) e de ser atacado por um animal perigoso (Porter, Yuille e Lehman, 1999), e de ficar doente após ingerir determinado alimento (Bernstein e Loftus, 2009). Um estudo recente executado pelo site *Slate* envolvendo mais de 5 mil participantes utilizou fotos adulteradas na tentativa de criar memórias falsas de eventos políticos que, na verdade, nunca aconteceram (Frenda et al., 2013). Os resultados indicaram que 47% dos sujeitos "se lembraram" de ver o presidente Obama apertar as mãos do presidente do Irã na conferência das Nações Unidas, e 31% "se lembraram" de ver a cobertura do presidente Bush entretendo o famoso arremessador de beisebol Roger Clemens em seu rancho no Texas no meio da crise do furacão Katrina. Curiosamente, os sujeitos nesses estudos, no geral, sentiram-se confiantes sobre suas falsas memórias, o que frequentemente gerou fortes reações emocionais e "lembranças" com detalhes ricos (Laney e Loftus, 2013).

Do mesmo modo, com base em um trabalho bem antigo de James Deese (1959), Henry Roediger e Kathleen McDermott (1995, 2000) desenvolveram um simples paradigma de laboratório envolvendo a aprendizagem de listas de palavras, que é notavelmente digno de produzir ilusões de memória. Nesse procedimento, agora conhecido como *paradigma Deese-Roediger-McDermott (DRM)*, uma série de listas de 15 palavras é apresentada aos participantes, que precisam se lembrar das palavras imediatamente após cada lista ser apresentada, recebendo uma medida de reconhecimento de sua retenção no fim da sessão. O truque é que cada lista consiste em um conjunto de palavras (como *cama, descanso, acordar, cansado*) que são fortemente associadas à outra palavra-alvo que não está na lista (nesse caso, *dormir*). Quando os sujeitos *recordam* as palavras de cada lista, lembram-se da palavra-alvo não apresentada em mais de 50% das vezes, e quando recebem o teste final de *reconhecimento*, ele indica na maioria das vezes que cerca de 80% de palavras-alvo não estudadas estavam presentes nas listas (veja **Figura 7.15**).

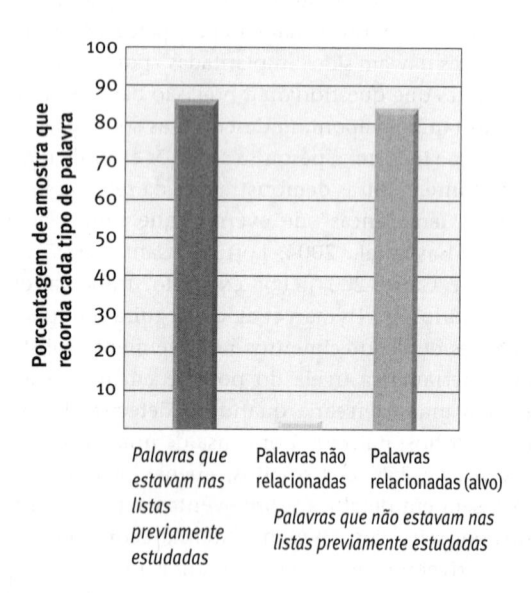

Figura 7.15 A prevalência das memórias falsas observadas por Roediger e McDermott (1995).

O gráfico aqui exibido resume os resultados do teste de conhecimento no Estudo 1 conduzido por Roediger e McDermott (1995). Oitenta e seis por cento das vezes os participantes identificaram corretamente palavras que estavam na lista que estudaram, e apenas 2% das vezes identificaram erroneamente palavras não relacionadas que não estavam na lista, o que indica que eles estavam prestando muita atenção à tarefa. Não obstante, 84% das vezes eles relataram erroneamente que se "lembravam" de palavras-alvo que não estavam nas listas – uma prevalência notavelmente alta de memórias falsas.

As ilusões triviais da memória criadas nesse experimento podem parecer triviais em comparação com as recordações vívidas e detalhadas de abusos sexuais anteriormente esquecidos, que geraram a controvérsia a respeito das memórias reprimidas. Mas essas memórias falsas podem ser confiavelmente criadas em participantes normais e saudáveis em questão de minutos, com pouco esforço e sem pressão ou informação equivocada. Assim, essa linha de pesquisa proporciona uma demonstração drástica de como é fácil fazer que as pessoas se lembrem de ter visto coisas que realmente não viram (McDermott, 2007).

Conclusões

Assim, o que podemos concluir quanto à controvérsia das memórias recuperadas? Parece muito evidente que os terapeutas podem saber criar recordações falsas em seus pacientes e que uma proporção significativa de memórias recuperadas de abuso é produto de sugestão (Follette e Davis, 2009; Loftus e Davis, 2006). Mas também parece provável que alguns casos de memórias recuperadas sejam autênticos (Colangelo, 2009; Ost, 2013). É difícil estimar que proporção de lembranças recuperadas de abuso se insere em qual categoria. Dito isso, algumas evidências sugerem que as memórias de abuso recuperadas por meio de terapia são mais possíveis de serem falsas do que as recuperadas espontaneamente (McNally e Geraerts, 2009). As pessoas que relatam as memórias recuperadas de abuso parecem se inserir em dois grupos bem distintos. Algumas recuperam gradualmente as memórias de abuso com o auxílio de técnicas terapêuticas sugestivas, ao passo que outras, súbita e inesperadamente, recuperam essas memórias quando se deparam com um indício de recuperação relevante (como voltar para a cena do abuso). Um estudo com o intuito de corroborar com os relatórios de abuso de ambos os grupos descobriu uma taxa de corroboração bem mais alta entre os que recuperaram as memórias espontaneamente (37%) em relação aos que recuperaram as memórias na terapia (0%) (Geraerts, 2012).

A controvérsia das memórias recuperadas continua a gerar debate acalorado (Patihis et al., 2014). Uma vantagem é que o debate inspirou uma imensa quantidade de pesquisas que aumentaram intensamente nossa compreensão sobre quão frágil, falível, maleável e subjetiva a memória humana pode ser. Na verdade, a dicotomia subjacente ao debate acerca das lembranças recalcadas – algumas são verdadeiras e outras são falsas – é enganosa ou muito simplificada. Pesquisas demonstram que todas as lembranças humanas são reconstruções imperfeitas do passado que estão sujeitas a muitos tipos de distorção.

7.5 À PROCURA DO TRAÇO DE MEMÓRIA: A FISIOLOGIA DA MEMÓRIA

Há décadas, os neurocientistas aventuram-se à procura das bases anatômicas e neurais da memória. Muito progresso foi feito, mas muito ainda precisa ser aprendido. Nesta seção, observaremos algumas das pesquisas mais influentes.

7.5 Objetivos Principais de Aprendizagem

- Distinguir entre dois tipos de amnésia e identificar as estruturas anatômicas implicadas na memória.
- Descrever as evidências sobre os circuitos neurais e a memória e as evidências sobre a neurogênese e a memória.

A anatomia da memória

Casos de amnésia (perda extensiva de memória) resultantes de lesões na cabeça são uma boa fonte de indícios acerca das bases anatômicas da memória. Há dois tipos básicos de amnésia: a retrógrada e a anterógrada (veja **Figura 7.16**). Na *retrógrada,* uma pessoa perde a memória de eventos que ocorreram anteriormente à lesão. Por exemplo, uma ginasta de 25 anos que sofre um traumatismo craniano pode perceber que sua vida foi apagada em três, sete ou talvez todos os anos de sua vida. Na *anterógrada*, uma pessoa perde a memória de eventos que ocorreram após a lesão. Por exemplo, depois de seu acidente, a ginasta ferida pode experimentar incapacidade para se lembrar das pessoas que encontra, onde estacionou o carro etc. Os dois tipos de amnésia não são mutuamente exclusivos; muitos pacientes exibem ambos os tipos.

Como o funcionamento da memória presente é danificado, casos de amnésia anterógrada são fontes especialmente ricas de informação sobre o cérebro e a memória. Um caso bastante conhecido – aquele do homem a quem se referiam como H. M. – foi acompanhado por Brenda Milner et al. desde 1953 até sua morte, em 2008 (Corkin, 1984, 2002; Scoville e Milner, 1957). H. M. sofreu uma cirurgia para aliviar ataques debilitantes de epilepsia. Infelizmente, a cirurgia eliminou quase toda sua habilidade para formar memórias de longo prazo. A memória de curto prazo de H. M. está perfeita, mas ele não se lembra de nada que aconteceu antes de 1953 (a não ser os 20 segundos mais recentes em sua vida).

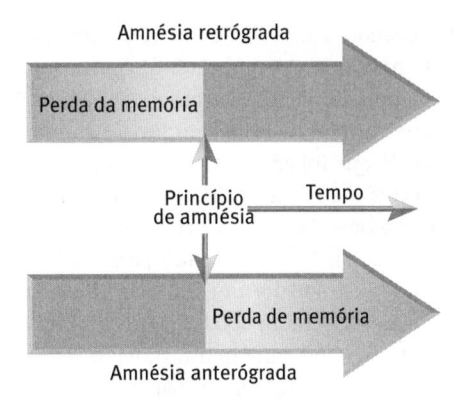

Figura 7.16 A amnésia retrógrada e a anterógrada.
Na amnésia retrógrada, os pacientes perdem a lembrança de eventos que antecederam sua amnésia. Na amnésia anterógrada, os pacientes apresentam déficits de recordação para eventos que ocorrem subsequentemente à amnésia.

Ele não reconhece os médicos que o tratam, não se recorda dos caminhos de ida e volta nem tampouco da sua idade. H. M. não conseguia se lembrar do que comeu alguns minutos atrás, o que dirá o que havia feito nos anos que antecederam sua cirurgia. Aos 66 anos de idade, após já estar grisalho há anos, ele não conseguia se lembrar se tinha cabelo grisalho quando lhe faziam essa pergunta, apesar de se olhar no espelho todos os dias. Embora não conseguisse formar novas memórias de longo prazo, a inteligência de H. M. permanecia intacta. Ele podia cuidar de si mesmo (na própria casa), ter conversas complexas e resolver palavras cruzadas. O infortúnio desse homem deu a oportunidade de ouro para os pesquisadores da memória.

Nas décadas após sua cirurgia, mais de 100 pesquisadores estudaram os vários aspectos do desempenho da memória

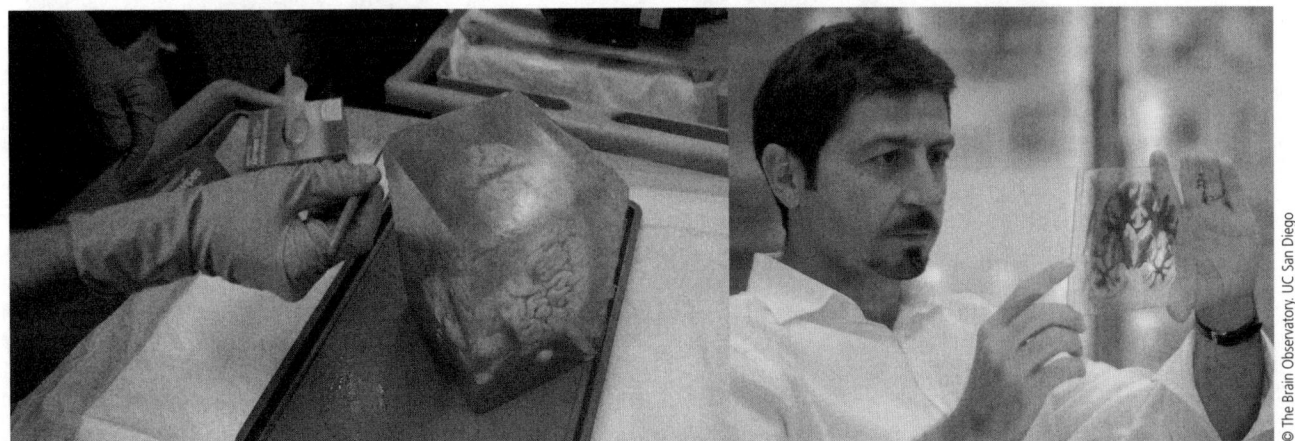

Para proteger sua privacidade, H. M. foi identificado apenas por suas iniciais por mais de 50 anos. Após sua morte, foi revelado que seu nome era Henry Molaison. Sua morte fez que uma equipe complexa e multifacetada, orquestrada por Suzanne Corkin do MIT, se dedicasse a preservar, escanear e dissecar o cérebro do sujeito da pesquisa mais importante da história da neurociência. Seu cérebro é mostrado à esquerda em um molde de gelatina. O desafio de fatiar o cérebro de Molaison em seções tão finas quanto uma lâmina para preservação e imagem digital foi responsabilidade de Jacob Annese do UCSD, que passou anos se preparando para a delicada tarefa. Annese é mostrado olhando para um *slide* montado de uma fatia de um cérebro à direita. O atlas digital do cérebro de Molaison revelará as fronteiras exatas de suas lesões cirúrgicas. Essas informações permitirão que os cientistas analisem as relações precisas entre o dano de seu cérebro e 50 anos de dados do desempenho de sua memória.

de H. M., levando a diversas grandes descobertas sobre a natureza da memória (Maugh, 2008). Como um cientista colocou no comentário sobre o caso: "Foi aprendido mais sobre a memória por meio da pesquisa feita com apenas um paciente do que foi aprendido nos últimos cem anos de pesquisa sobre a memória" (Miller, 2009). Mais de 15 anos antes da morte dele, Suzanne Corkin organizou tudo para que o cérebro de H. M. fosse doado para o Massachusetts General Hospital, onde foi imediatamente sujeito a uma extensa imagem de cérebro após seu falecimento em 2008. Seu cérebro foi subsequentemente movido para o laboratório da University of California, San Diego, onde apenas um ano após a morte de H. M., foi cortado em 2.401 fatias extremamente finas para estudos futuros por cientistas de todo o mundo (Becker, 2009; Carey, 2009). A dissecação minuciosa e metódica de 53 horas foi transmitida ao vivo pela internet, em que as partes do processo foram assistidas por mais de 400 mil pessoas. A dissecação meticulosa eventualmente levou à criação de um modelo microscópico tridimensional do cérebro de H. M., que deve promover mais pesquisas (Annese et al., 2014).

A perda de memória de H. M. foi originalmente atribuída à remoção do seu *hipocampo*, uma estrutura do *sistema límbico* (veja **Figura 7.17**), embora os teóricos agora entendam que outras estruturas próximas que foram removidas também contribuíram para as drásticas falhas de memória de H. M. (Delis e Lucas, 1996). Baseados em décadas de pesquisas adicionais, os cientistas acreditam que toda a *região hipocampal* é crucial para muitos tipos de memórias de longo prazo (Zola e Squire, 2000). Muitos cientistas se referem a esse complexo mais amplo da memória como *sistema de memória do lobo temporal medial* (Shrager e Squire, 2009).

Isso significa que as lembranças estão armazenadas na região hipocampal e áreas adjacentes? Provavelmente não. Muitos teóricos acreditam que o sistema de memória do lobo temporal medial desempenha papel-chave na *consolidação* das memórias (Dudai, 2004). **Consolidação é um processo hipotético que envolve a conversão gradual da informação em novos códigos de memória duráveis e estáveis, armazenados na memória de longo prazo.** Segundo essa visão, as memórias são consolidadas na região hipocampal e depois armazenadas em áreas diversas e amplamente distribuídas no córtex (Shrager e Squire, 2009). Essa configuração permite que novas memórias se tornem independentes da região do hipocampo e gradualmente sejam integradas a outras memórias já armazenadas em diversas áreas do córtex. Curiosamente, a pesquisa sugere que boa parte do processo de consolidação pode revelar por que as pessoas dormem (Born e Wilhelm, 2012).

Mesmo após a consolidação, no entanto, as memórias podem estar sujeitas à modificação, principalmente quando são reativadas. Os estudos sugerem que, quando as memórias consolidadas são recuperadas, as memórias reativadas voltam temporariamente para um estado instável, a partir do qual elas devem ser reestabilizadas por meio de um processo chamado de *reconsolidação* (Hardt, Einarsson e Nader, 2010). Durante a reconsolidação, dependendo do que acontece, as memórias podem ser enfraquecidas, fortalecidas ou

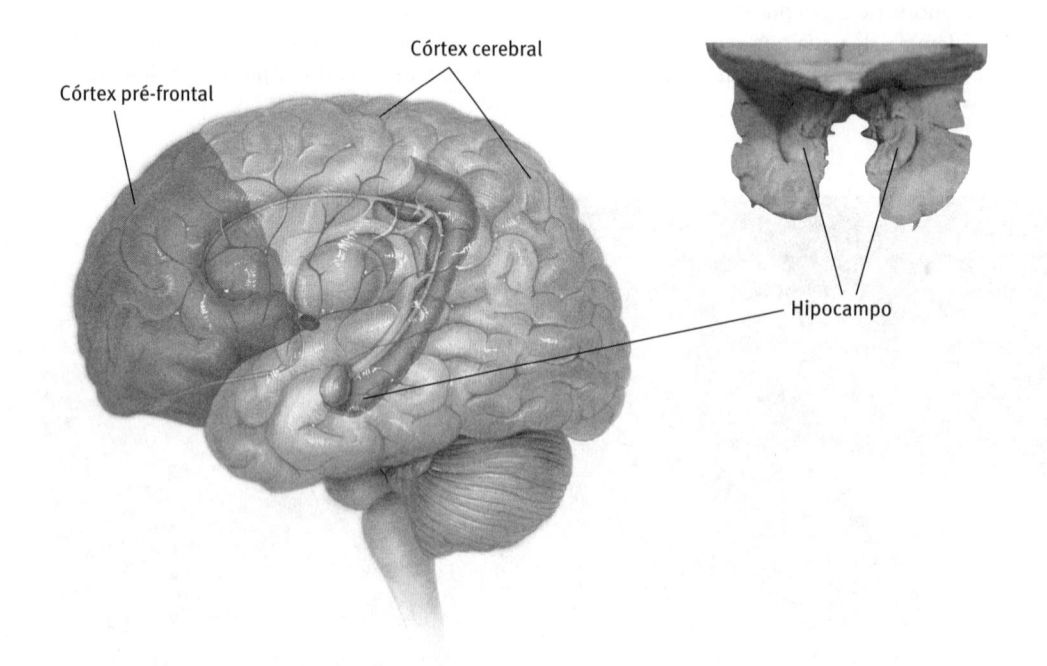

Figura 7.17 O hipocampo e a memória.
O hipocampo e as áreas adjacentes no cérebro desempenham uma função fundamental na memória. Aparentemente, o hipocampo é responsável pela consolidação inicial das memórias, que depois são armazenadas em áreas diversas e amplamente distribuídas no córtex.

atualizadas para levar em consideração as informações mais recentes (Schwabe, Nader e Pruessner, 2014). Pensa-se que essa flexibilidade dinâmica torna a memória de longo prazo mais adaptativa do que ela seria se as memórias fossem gravadas no concreto, porém é importante observar que o processo de atualização pode apresentar distorções (St. Jacques e Schacter, 2013). Por isso, mesmo a arquitetura neural da memória de longo prazo parece ser inerentemente reconstrutiva.

O circuito neural e a bioquímica da memória

Richard F. Thompson et al. (1992, 2005, 2013) mostraram que recordações específicas podem depender de três *circuitos neurais* localizados no cérebro. Em outras palavras, elas podem criar caminhos únicos e reutilizáveis no cérebro ao longo do fluxo dos sinais. Thompson também traçou o caminho que explica a memória de um coelho sobre uma resposta condicionada de movimento das pálpebras. Thompson teoriza que outras memórias provavelmente criam vias inteiramente diferentes em outras áreas do cérebro.

Outra linha de pesquisa sugere que a formação da memória resulta em *alterações na transmissão sináptica* em locais específicos. Eric Kandel et al. (2001) estudaram reflexos condicionados em um organismo simples: uma lesma-do-mar. Em uma pesquisa que deu a Kandel o Prêmio Nobel, eles mostraram que a aprendizagem dos reflexos na lesma-do-mar produz mudanças na força de conexões sinápticas específicas, promovendo a disponibilidade e liberação de neurotransmissores nessas sinapses. Kandel acredita que mudanças duráveis na transmissão sináptica também podem ser os blocos neurais de construção de memórias mais complexas.

Pesquisas sugerem que o processo de *neurogênese* – a formação de novos neurônios – pode contribuir com a escultura dos circuitos neurais, que são a base da memória (Koehl e Abrous, 2011). Como observamos no Capítulo 3, os cientistas descobriram recentemente que as novas células cerebrais são formadas constantemente no *giro denteado* do *hipocampo* (Drew, Fusi e Hen, 2013; Leuner e Gould, 2010). Estudos com animais mostram que as manipulações que suprimem a neurogênese levam a comprometimentos da memória em muitos tipos de tarefas de aprendizagem, e que as condições que aumentam a neurogênese tendem a ser associadas à aprendizagem melhorada em muitas tarefas (Leuner, Gould e Shors, 2006). A neurogênese pode fornecer ao cérebro um suprimento de neurônios que variam com a idade, e essas variações podem, de algum modo, permitir que o cérebro faça "marcas temporais" em algumas das memórias. Dito isso, as teorias sobre como a neurogênese contribui com a memória são altamente especulativas (Jessberger, Aimone e Gage, 2009). De fato, alguns teóricos acreditam que a neurogênese também possa desempenhar um papel no esquecimento (Frankland, Kohler e Josselyn, 2013). De acordo com essa linha de pensamento, a neurogênese leva ao remodelamento contínuo dos circuitos do hipocampo, que cada vez mais elimina as memórias do hipocampo.

Em resumo, uma variedade de estruturas anatômicas, circuitos neurais e processos bioquímicos parecem desempenhar uma função na memória. Tudo isso parece confuso? Deveria, porque é. O ponto principal é que os neurocientistas ainda estão juntando as peças do quebra-cabeça que explicará as bases fisiológicas da memória. Embora eles tenham identificado muitas das peças, ainda não estão certos de como elas se encaixam. Sua dificuldade deve-se provavelmente à natureza complexa e multifacetada da memória. Procurar as bases fisiológicas da memória só é uma tarefa menos desestimulante do que procurar as bases fisiológicas para o próprio pensamento.

7.6 Diferentes tipos de sistemas de memória

7.6 Objetivos Principais de Aprendizagem
- Comparar e contrastar a memória declarativa e a não declarativa.
- Distinguir entre a memória episódica e semântica e a memória retrospectiva e prospectiva.

Alguns teóricos acreditam que a evidência sobre a fisiologia da memória é confusa porque os pesquisadores estão inconscientemente sondando diversos sistemas distintos da memória que podem ter diferentes bases fisiológicas. Os vários sistemas de memória são distinguidos principalmente pelos tipos de informação com as quais eles lidam.

Memória declarativa *versus* memória não declarativa

A divisão mais essencial da memória em sistemas distintos separa a *memória declarativa* da *não declarativa* ou *procedural* (Squire, 2004, 2009; veja **Figura 7.18**). O *sistema da memória declarativa* lida com informação factual. Ele contém memória de palavras, definições, nomes, datas, rostos, eventos, conceitos e ideias. **O *sistema da memória procedural* guarda a lembrança de ações, habilidades, respostas condicionadas e memórias emocionais.** Ele contém memórias de como executar ações, como andar de bicicleta, digitar e tentar amarrar os sapatos. Para ilustrar a distinção, se você conhece as regras do tênis (o número de jogos em um *set*, a contagem de pontos e tudo o mais), essa informação factual foi armazenada na memória declarativa. Se você se lembra dos movimentos e de como arremessar a bola, essas habilidades perceptomotoras estão armazenadas na memória não declarativa.

A base para a distinção entre memória declarativa e não declarativa advém da evidência de que os dois sistemas parecem operar de maneira um tanto quanto diferente (Johnson, 2013b; Squire, Knowlton e Musen, 1993). Por exemplo, o resgate de informação factual geralmente depende de processos conscientes e de esforço, enquanto a memória de reflexos condicionados é em grande parte automática, e as memórias de habilidades com frequência demandam pouco esforço e atenção (Johnson, 2003). As pessoas executam tarefas perceptomotoras, como tocar piano ou digitar, com pouca consciência do que estão fazendo. De fato, a performance em

Figura 7.18 Teorias dos sistemas de memória independentes.

Os teóricos fizeram uma distinção entre a memória declarativa, que lida com fatos e informações, e não declarativa ou procedural, que lida com as habilidades motoras, respostas condicionadas e memórias emocionais. A memória declarativa é subdividida em memória semântica (conhecimento geral) e memória episódica (recordações datadas de experiências pessoais). Ainda há debate sobre até que ponto a memória não declarativa pode ser subdividida de modo útil.

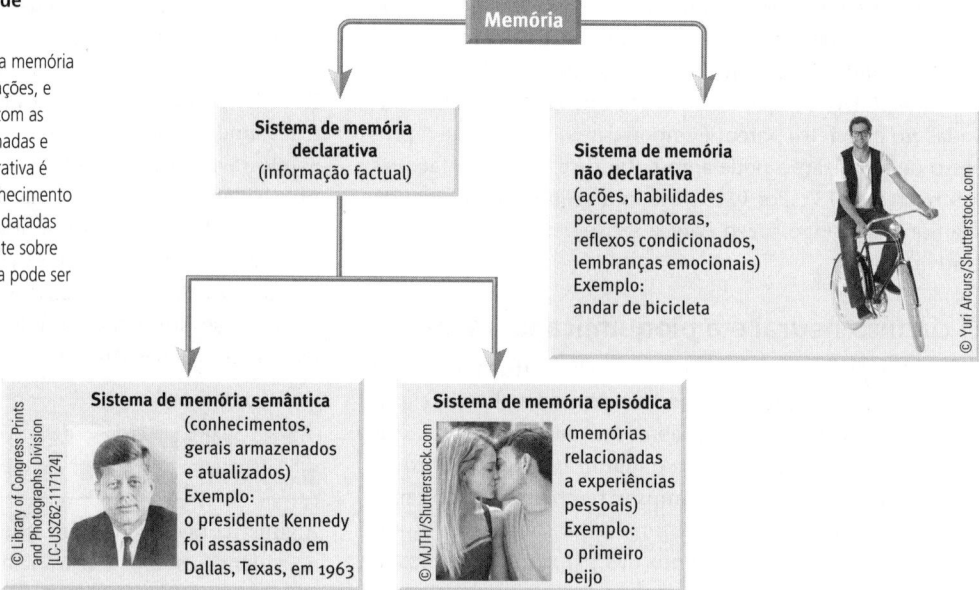

Memória

- **Sistema de memória declarativa** (informação factual)
  - **Sistema de memória semântica** (conhecimentos, gerais armazenados e atualizados) Exemplo: o presidente Kennedy foi assassinado em Dallas, Texas, em 1963
  - **Sistema de memória episódica** (memórias relacionadas a experiências pessoais) Exemplo: o primeiro beijo
- **Sistema de memória não declarativa** (ações, habilidades perceptomotoras, reflexos condicionados, lembranças emocionais) Exemplo: andar de bicicleta

---

tais tarefas às vezes se deteriora se as pessoas pensam demais a respeito do que estão fazendo. Outra disparidade é que a memória de habilidades (tais como digitar ou andar de bicicleta) não declina muito em intervalos longos para retenção, ao passo que a memória declarativa é mais vulnerável ao esquecimento.

A noção de que as memórias declarativas e procedurais são separadas é apoiada por certos padrões de perda de memória vistos em amnésicos. Em muitos casos, a memória declarativa é gravemente comprometida, enquanto a memória procedural é deixada praticamente intacta (Mulligan e Besken, 2013). Por exemplo, H. M., a vítima de amnésia discutida anteriormente, pôde aprender e se lembrar de novas habilidades motoras, mesmo sem conseguir se lembrar como ele era à medida que envelhecia. A memória procedural poupada de H. M. forneceu evidências cruciais para a distinção entre a memória declarativa e a não declarativa. O achado também sugeriu que as diferentes estruturas do cérebro podem estar envolvidas em dois tipos de memórias. De fato, décadas de pesquisa progrediram em direção à identificação de bases neurais para a memória declarativa *versus* a não declarativa (Eichenbaum, 2013).

Memória semântica *versus* memória episódica

Endel Tulving (1993, 2002) dividiu a memória declarativa em memória semântica e memória episódica (veja **Figura 7.18**). Ambas contêm informação factual, mas a episódica contém *fatos pessoais*, e a semântica, *fatos gerais*. **O sistema da memória episódica constitui-se de memórias cronológicas, ou temporariamente datadas, de experiências pessoais.** A memória episódica é um registro das coisas que se faz, se vê ou se ouve e inclui informação acerca de *quando*

Memória de habilidade perceptomotora, tal como acertar uma tacada no golfe, aparenta ser um pouco diferente da memória de informação fatual. Habilidades motoras envolvem memórias de procedimento que são parte do sistema de memória não declarativa.

se fez, se viu ou se ouviu essas coisas. A memória episódica contém lembranças de ter participado de uma peça teatral na escola, visitado o Grand Canyon, assistido a um show do Coldplay ou ido ao cinema na semana passada. A codificação das memórias episódicas geralmente ocorre de forma rápida e automática, com pouco ou nenhum esforço consciente (Gallo e Wheeler, 2013). Tulvin (2001) enfatiza que a função da memória episódica é uma "viagem no tempo", ou seja, permite que a pessoa reviva o passado. Ele também especula que a memória episódica pode ser exclusiva dos seres humanos.

O *sistema da memória semântica* contém **conhecimentos gerais que não estão vinculados ao tempo quando a informação foi aprendida** e também informações, como o Natal é no dia 25 de dezembro, cães têm quatro patas, o Supremo Tribunal Federal (STF) é a mais alta instância do Poder Judiciário do Brasil, Olinda localiza-se em Pernambuco. As pessoas geralmente não se lembram de quando aprenderam esses fatos (MacNamara, 2013). A distinção entre ambas as memórias pode ficar mais evidente fazendo-se uma analogia com livros: a episódica é como uma autobiografia, enquanto a semântica é como uma enciclopédia. No momento da recuperação, as memórias episódicas são associadas a um sentido de "lembrança", ao passo que as memórias semânticas são associadas a um sentido de "conhecimento" (Gallo e Wheeler, 2013). As falhas de memória vistas em casos de amnésia sugerem que a memória episódica e a semântica sejam sistemas separados. Assim, algumas pessoas com amnésia esquecem muitos fatos pessoais, mas sua memória de fatos gerais permanece em grande parte inalterada (Szpunar e McDermott, 2009). Entretanto, o debate sobre se as memórias episódica e semântica têm bases neurais distintas continua.

Memória prospectiva *versus* memória retrospectiva

Um estudo de 1984, com um título chamativo, "*Remembering to do things: a forgotten topic*" ["Lembrando-se do que há para fazer: um tópico esquecido"] (Harris, 1984), introduziu mais uma distinção entre tipos de memória: *prospectiva* versus *retrospectiva* (veja **Figura 7.19**). Essa distinção não se refere aos *sistemas de memória independentes*, mas aos tipos fundamentalmente diferentes de *tarefas da memória*. A ***memória retrospectiva*** **envolve lembrar eventos do passado ou informação previamente aprendida** e funciona quando tentamos lembrar quem ganhou o campeonato no ano passado ou fatos dos velhos tempos de escola. A ***memória prospectiva*** **envolve lembrar-se de realizar ações no futuro.** Os exemplos das tarefas da memória prospectiva incluem lembrar-se de pegar o guarda-chuva, levar o cachorro para passear, ligar para alguém ou pegar os ingressos para um jogo importante. Uma grande diferença entre a memória retrospectiva e a memória prospectiva é que nessa ninguém pede para que o indivíduo se lembre da ação pretendida. Dessa forma, é preciso *lembrar-se de lembrar*. No entanto, experimentos demonstram que é fácil *esquecer-se de lembrar*, sobretudo ao ser confrontado por interrupções e distrações. Embora nossos exemplos de memória prospectiva envolvam tarefas relativamente triviais, as falhas da memória prospectiva podem potencialmente ter graves consequências. Dismukes (2012) discute o que pode acontecer quando a memória prospectiva falha no local de trabalho. Por exemplo, parece que diversos desastres de companhias aéreas foram atribuídos a pilotos que se esqueceram de concluir as ações pretendidas. De modo semelhante, os erros médicos que levam a consequências negativas para os pacientes do hospital geralmente envolvem falhas ao dar sequência às intenções. A pesquisa indica que a falta de sono tende a aumentar as falhas da memória prospectiva, o que pode contribuir para grandes erros na aviação, medicina e outras áreas de trabalho em que a segurança é de importância fundamental (Grundgeiger, Bayen e Horn, 2014).

As pessoas variam consideravelmente na habilidade de realizar com sucesso as tarefas da memória prospectiva. Os indivíduos que parecem deficientes na memória prospectiva muitas vezes são caracterizados como "distraídos". A pesquisa sugere que os adultos mais velhos são, de algum modo, mais vulneráveis a problemas com a memória prospectiva do que as pessoas mais jovens, apesar de os

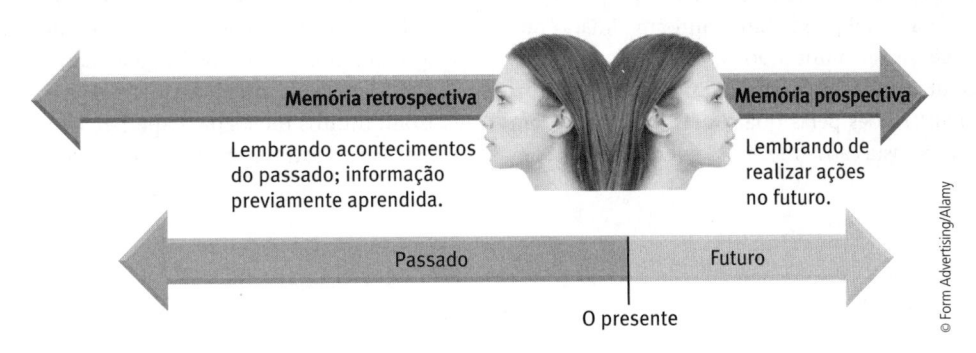

Figura 7.19 Memória retrospectiva *versus* memória prospectiva.

A maior parte das pesquisas sobre a memória explorou a dinâmica da *memória retrospectiva*, que foca recordações do passado. Porém, a *memória prospectiva*, que faz que as pessoas se lembrem de praticar ações no futuro, também desempenha uma importante função na vida cotidiana.

> **REVISÃO 7.3**
>
> **Reconhecendo os vários tipos de memória**
>
> Verifique seu entendimento sobre os tipos de memória discutidos neste capítulo, relacionando as definições dadas com: (a) memória sensorial, (b) memória de curto prazo, (c) memória de longo prazo, (d) memória declarativa, (e) memória de procedimento, (f) memória episódica, (g) memória semântica, (h) memória retrospectiva e (i) memória prospectiva. As respostas encontram-se no Apêndice A.
>
> _____ 1. Memória para informação factual.
>
> _____ 2. Um armazenamento de capacidade ilimitada que pode reter informação por longos períodos.
>
> _____ 3. A preservação da informação na sua forma sensorial original por um curto espaço de tempo, geralmente apenas uma fração de segundo.
>
> _____ 4. Memórias de experiências pessoais cronológica ou temporariamente datadas.
>
> _____ 5. O repositório das memórias para ações, habilidades, operações e respostas condicionadas.
>
> _____ 6. Conhecimento geral que não está ligado ao tempo em que a informação foi aprendida.
>
> _____ 7. A memória para realizar ações futuras.
>
> _____ 8. Um armazenamento de capacidade limitada que pode manter informação não repetida por até 20 segundos.

achados serem complexos e não inteiramente consistentes (Niedźwieńska e Barzykowski, 2012).

7.7 Objetivos Principais de Aprendizagem

- Identificar os três temas unificadores destacados neste capítulo.

Subjetividade da experiência

Diversidade teórica

Causalidade multifatorial

7.7 Refletindo sobre os temas do capítulo

Um dos nossos temas integrativos – a concepção de que a experiência de mundo das pessoas é subjetiva – elevou-se muito acima dos demais neste capítulo. Vamos rever brevemente como o estudo da memória iluminou essa ideia.

Em primeiro lugar, nossa discussão sobre a atenção como inerentemente seletiva deve ter lançado luz à razão pela qual a experiência das pessoas é subjetiva. Em grande medida, o que você vê no mundo ao seu redor depende de onde focaliza sua atenção. Essa é uma das principais razões pelas quais duas pessoas podem ser expostas aos "mesmos" eventos e sair com percepções inteiramente diversas. Em segundo, a natureza reconstrutiva da memória explicaria melhor a tendência das pessoas a olhar o mundo a partir de um ponto de vista subjetivo. Quando você observa um evento, não armazena uma cópia exata do evento em sua memória. Em vez disso, você armazena uma aproximação, um "esboço bruto" do evento, que pode ser remodelado com o passar do tempo.

Um segundo tema que ficou evidente em nossa discussão sobre a memória foi a diversidade teórica da psicologia. Vimos debates teóricos esclarecedores a respeito da natureza do armazenamento da memória, das causas do esquecimento e da existência de múltiplos sistemas de memória.

Por fim, a natureza multifacetada da memória demonstrou uma vez mais que o comportamento é orientado por múltiplas causas. Por exemplo, sua memória sobre um evento específico pode ser influenciada por sua atenção, seu nível de processamento, como você organiza a informação, como busca seu arquivo de memória, como você reconstrói o evento e assim por diante. Dada a natureza multifacetada da memória, não deveria surpreender que existam muitos meios para aperfeiçoar a memória. Discutiremos várias estratégias na seção Aplicação Pessoal.

7.8 APLICAÇÃO PESSOAL
Aprimorando a memória do dia a dia

Responda às seguintes questões com "verdadeiro" ou "falso":

___ 1 As estratégias de memória foram recentemente inventadas pelos psicólogos.
___ 2 Estudar muita informação causa retenção deficiente.
___ 3 Destacar o que se lê não parece afetar a retenção.
___ 4 A prática concentrada em uma longa sessão de estudos é melhor que distribuir a prática por diversas sessões mais curtas.

Recursos mnemônicos **são estratégias que aprimoram a memória.** Eles têm uma longa e honrosa história. De fato, um dos recursos mnemônicos mensionados nesta Aplicação – o método de *loci* – foi descrito na Grécia entre 86 e 82 a.C. (Yates, 1966). Na realidade, esses recursos foram ainda mais importantes na Antiguidade do que hoje. Na Antiguidade grega e romana, por exemplo, papel e lápis – muito menos, iPads – não estavam disponíveis para que as pessoas escrevessem o que desejavam lembrar mais tarde, por isso elas dependiam muito desses recursos.

Seriam os recursos mnemônicos a chave para melhorar a memória do dia a dia? Não. É claro que eles podem ser úteis em algumas situações (Wilding e Valentine, 1996), mas não são um remédio para tudo. Eles podem ser difíceis de usar e de aplicar às situações cotidianas. Muitos programas e livros que objetivam aprimorar a memória provavelmente superenfatizam técnicas mnemônicas (Searleman e Herrmann, 1994). Embora estratégias menos exóticas, como o aumento da repetição, o envolvimento em um processamento mais profundo e a organização do material, sejam mais importantes para a memória do dia a dia, discutiremos alguns dos recursos mais populares enquanto prosseguimos com a nossa Aplicação. Pelo caminho, você perceberá que todas aquelas questões para colocar "verdadeiro ou falso" no começo desta Aplicação são falsas.

Repetição adequada

A prática, na verdade, provavelmente não garante a perfeição. Estudos mostram que a atenção melhora com o aumento da repetição. Essa melhora presumivelmente ocorre porque ela ajuda a transferir a informação para a memória de longo prazo. Embora os benefícios da prática sejam bem conhecidos, as pessoas têm uma tendência curiosa a superestimar seu conhecimento sobre um tópico e o desempenho que terão em um subsequente teste de memória desse conhecimento (Koriat e Bjork, 2005). Por isso, é uma boa ideia testar a si mesmo informalmente a respeito de informações que você acredita ter dominado antes de enfrentar um teste real.

Além de verificar seu domínio, pesquisas sugerem que o teste realmente aumenta a retenção, fenômeno apelidado de *efeito do teste* ou *aprendizagem aprimorada pelo teste* (Pyc, Agarwal e Roediger, 2014). Os estudos mostraram que fazer um teste sobre o material aumenta ainda mais o desempenho em um teste subsequente do que estudar ou reler durante a mesma quantidade de tempo. O efeito do teste tem sido visto em grande variedade de tipos distintos de conteúdo, e os benefícios crescem à medida que o intervalo de retenção se torna maior (Pyc et al., 2014). Os efeitos favoráveis dos testes são melhores se os participantes obtiverem *feedback* sobre seu desempenho no teste (Kornell e Metcalfe, 2014). Os estudos demonstraram que os achados laboratoriais sobre a aprendizagem aprimorada pelo teste são repetidos nos âmbitos educacionais do mundo real (McDermott et al., 2014). Além do mais, o efeito do teste não é limitado à aprendizagem mecânica; ele também pode aprimorar a aprendizagem significativa aprofundada (Karpicke e Blunt, 2011). Melhor ainda, pesquisas sugerem que o teste melhora não apenas a retenção de informações, mas também a *aplicação* das informações em novos contextos (S. K. Carpenter, 2012). Infelizmente, dada a recente natureza dessa descoberta, relativamente poucos alunos têm consciência do valor dos testes na retenção (Karpicke, 2012).

Por que os testes são tão benéficos? O segredo parece ser que o teste força os alunos a se envolverem na recuperação esforçada de informações (Roediger et al., 2010). Na verdade, mesmo nos esforços *malsucedidos* de recuperação, os esforços podem aprimorar a retenção (Kornell, Hays e Bjork, 2009). Em qualquer caso, o autoteste parece ser uma excelente ferramenta de memória. Isso sugere que seria prudente fazer os Testes Práticos neste livro (veja Apêndice A) ou os testes adicionais disponíveis no site do livro.

Também vale a pena mencionar outro ponto relacionado à preparação. Se você estiver memorizando algum tipo de lista, preste atenção ao efeito da posição serial, que com frequência é observado quando os sujeitos são testados quanto à recordação de listas (Murdock, 2001). **O *efeito da posição serial* ocorre quando os sujeitos demonstram melhor recordação dos itens no início e no fim da lista do que os que estão no meio** (veja Figura 7.20). As razões para o efeito da posição serial são complexas e não nos interessam aqui, mas suas implicações pragmáticas são claras: se você precisa memorizar uma lista de, digamos, nervos cranianos ou ex-presidentes, faça uma prática extra dos itens no meio da lista e verifique sua memorização cuidadosamente.

7.8 OBJETIVOS PRINCIPAIS DE APRENDIZAGEM

- Discutir a importância do ensaio, prática distribuída e interferência nos esforços para melhorar a memória diária.
- Discutir o valor do processamento profundo, boa organização e dispositivos mnemônicos em esforços para melhorar a memória diária.

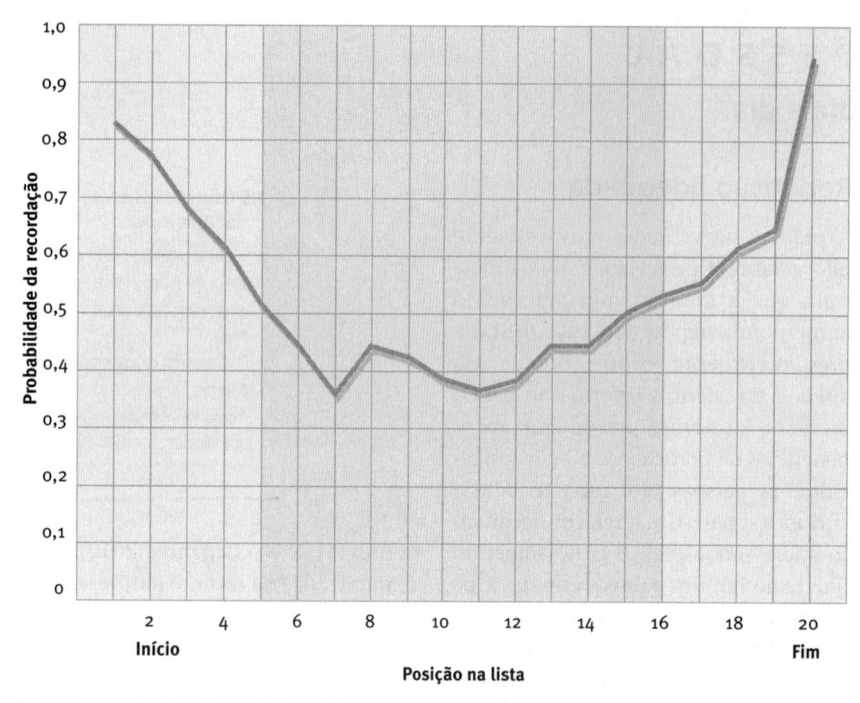

Figura 7.20 O efeito da posição serial.

Depois de ler uma lista de itens para memorizar, as pessoas tendem a recordar melhor aqueles que estão no começo e no fim do que os que estão no meio, produzindo a característica curva em forma de U demonstrada aqui. Esse fenômeno é chamado efeito da posição serial.

Fonte: Adaptado de Rundus, D. Analysis of rehearsal processes in free call. *Journal of Experimental Psychology*, n. 89, p. 63-77 1971. Copyright © 1971 por American Psychology Association. Adaptado com permissão da editora e do autor.

A prática da programação distribuída e interferência minimizada

Suponhamos que você precise estudar nove horas para um exame. Você deveria concentrar todo o seu estudo em um período de nove horas (prática massiva)? Ou seria melhor distribuir seu estudo em períodos de, digamos, três horas em dias sucessivos (prática distribuída)? A evidência indica que a retenção tende a ser maior depois da prática distribuída do que depois da prática massiva. (Carpenter, 2014; Kornell et al., 2010). Além disso, a análise de mais de 300 experimentos (Cepeda et al., 2006) mostrou que quanto maior o intervalo de retenção entre o estudo e o teste, maior a vantagem para a prática distribuída, como mostrado na **Figura 7.21**. A mesma análise concluiu que quanto maior o intervalo de retenção, maior a "quebra" ideal entre os testes práticos. Quando o próximo teste acontecer em mais de dois dias, o intervalo ideal entre os períodos de prática parece ser em torno de 24 horas. A superioridade da prática distribuída ao longo da prática reunida sugere que o acúmulo não é uma abordagem aconselhada para estudar para provas (Marsh e Butler, 2013).

Sendo a interferência uma causa importante do esquecimento, você provavelmente vai querer pensar a respeito de como minimizá-la. Essa questão é especialmente importante para estudantes, porque memorizar a informação para um curso pode interferir na retenção de informação para outro curso. Assim, um dia antes de fazer uma prova, estude apenas para aquela matéria – se possível. Se as exigências de outras matérias tornarem esse plano impossível, estude o material da prova por último.

Processamento profundo e organização da informação

A pesquisa em níveis de processamento sugere que a quantidade de *vezes* que você revisa o material é menos importante que a *profundidade* do processamento que você empreendeu. Se você espera lembrar-se do que leu, tem de entender profundamente o seu significado (Marsh e Butler, 2013). Muitos estudantes possivelmente se

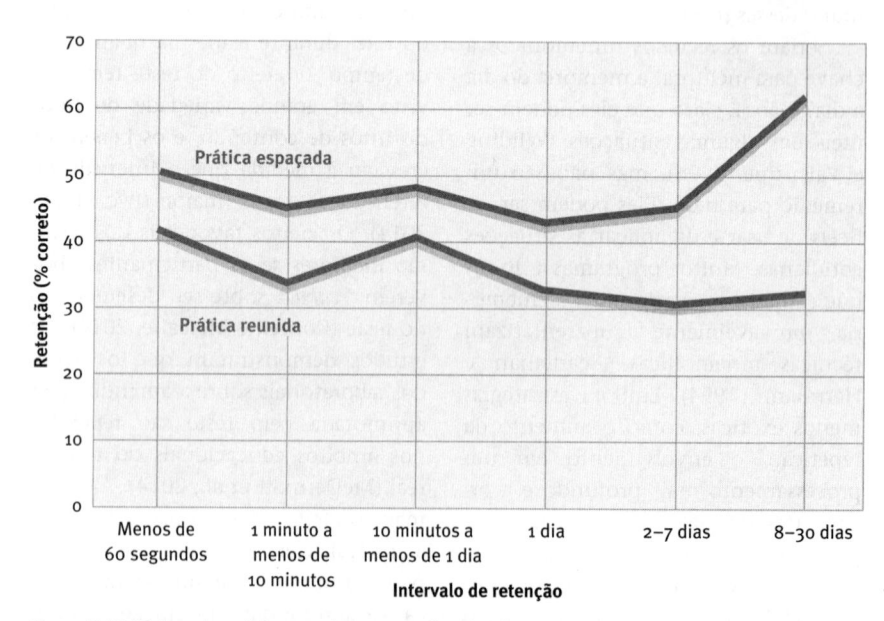

Figura 7.21 Efeitos da prática reunida *versus* distribuída na retenção.

Na análise de mais de 300 experimentos sobre prática reunida *versus* distribuída, Cepeda et al. (2006) examinaram a importância do intervalo de retenção. Como você pode ver, a prática espaçada superou a prática reunida em todos os intervalos de retenção, mas a lacuna se ampliou em intervalos mais longos. Esses achados sugerem que a prática distribuída é, sobretudo, vantajosa quando você precisa ou deseja se lembrar do material a longo prazo.

beneficiariam caso passassem menos tempo memorizando e mais tempo prestando atenção e analisando o significado de sua leitura. Em particular, é útil tornar o material *pessoalmente* significativo. Quando se leem livros, é bom tentar relacionar a informação à sua própria vida e experiências. Por exemplo, ao ler a respeito de condicionamento clássico, tente pensar nas próprias respostas que são atribuíveis ao condicionamento clássico.

É também importante entender que a retenção tende a ser maior quando a informação é bem organizada (Einstein e McDaniel, 2004). Gordon Bower (1970) demonstrou que a organização hierárquica é particularmente útil quando aplicável. Portanto, é uma boa ideia *sublinhar* passagens nos textos de leitura para estudo, pois isso o forçará a organizar o material de forma hierárquica. Em acordo com esse raciocínio existe evidência empírica sobre o fato de que sublinhar passagens em livros pode melhorar a retenção do material (McDaniel, Waddill e Shakesby, 1996).

Enriquecendo a codificação com mnemônicos verbais

Embora seja frequentemente útil tornar a informação pessoalmente significativa, nem sempre é fácil fazê-lo. Quando estudamos química, por exemplo, em geral temos dificuldade em relacionar polímeros em um nível pessoal. Assim, muitos recursos mnemônicos – como acrósticos, acrônimos e métodos narrativos – são construídos para tornar o material abstrato mais significativo.

Outros recursos mnemônicos dependem de imagens mentais. Como você pode lembrar, Allan Paivio (1986, 2007) acredita que as imagens mentais criam um segundo código de memória, e que dois códigos são melhores que apenas um.

Acrósticos e acrônimos

Acrósticos são frases (ou poemas) em que a primeira letra de cada palavra (ou linha) funciona como uma pista para nos ajudar a recordar uma informação guardada na memória. Uma leve variação dos acrósticos são os *acrônimos* – palavras formadas pela primeira letra de uma série de palavras. Para memorizar a ordem das cores do espectro da luz, pode-se armazenar o nome **vlavava** para se lembrar de **v**ermelho, **l**aranja, **a**marelo, **v**erde, **a**zul, **v**ioleta e **a**nil. Note que esse acrônimo utiliza o princípio da aglomeração. Acrósticos e acrônimos que os indivíduos criam para si podem ser eficazes instrumentos de memória (Hermann, Raybeck e Grunenberg, 2002).

Método de associação

O *método de associação* envolve formar uma imagem mental dos itens a **serem lembrados de modo que eles se associem**. Digamos, por exemplo, que você precise lembrar alguns itens a serem comprados no mercado: uma revista de notícias, creme de barbear, filme para a máquina fotográfica e canetas. Para se lembrar deles, você pode visualizar uma figura pública na capa da revista barbeando-se com uma caneta enquanto está sendo fotografada. Quanto mais bizarra for a imagem criada, mais útil ela será (McDaniel e Einstein, 1986).

Método de *loci*

O *método de loci* envolve fazer uma **caminhada imaginária por caminhos familiares, em que imagens de itens a serem lembrados estão associadas a certos locais**. O primeiro passo é guardar, ao longo do caminho, uma série de locais normalmente específicos em sua casa ou vizinhança. Visualize cada coisa que queira em um desses locais. Tente formar imagens vivas e distintas. Quando você precisar lembrar os itens, imagine-se seguindo pelo caminho. Os vários locais devem servir como sugestões para o resgate das imagens que você formou (veja **Figura 7.22**). As evidências sugerem que o método de *loci* pode ser eficaz para aumentar a retenção (Gross et al. 2014; Moe e De Beni, 2004). Além do mais, esse método garante que os itens sejam lembrados na sua *ordem correta*.

Figura 7.22 O método de *loci*.

Nesse exemplo de Bower (1970), ao ir às compras, uma pessoa emparelha os itens de que quer se lembrar com locais (*loci*) familiares arranjados em uma sequência natural: (1) cachorro-quente/entrada da garagem; (2) comida para gato/interior da garagem; (3) tomates/porta da frente; (4) bananas/prateleira do armário; (5) uísque/pia da cozinha. O comprador então usa as imagens para associar os itens em sua lista de compras aos locais, como mostrado nas ilustrações: (1) cachorro-quente gigante rolando pela entrada da garagem; (2) um gato devorando comida na garagem; (3) tomates maduros escorrendo pela porta da frente; (4) cachos de banana pendurados na prateleira do armário; (5) o conteúdo de uma garrafa de uísque descendo pelo ralo da pia da cozinha. Como mostra o último painel, o comprador lembra os itens visitando mentalmente os locais a eles associados.

Fonte: De Bower, G. H. (1970). Analysis of a mnemonic device. *American Scientist*, 58, 496–499. Copyright © 1970 by Scientific Research Society. Reimpresso com permissão

7.9 APLICAÇÃO DO PENSAMENTO CRÍTICO
Entendendo a falibilidade dos relatos das testemunhas oculares

7.9 OBJETIVOS PRINCIPAIS DE APRENDIZAGEM
- Compreender como o viés retrospectivo e o excesso de confiança contribuem para a imprecisão frequente da memória da testemunha ocular.

Alguns anos atrás, a região de Wilmington, em Delaware, foi assolada por uma série de assaltos à mão armada cometidos por um homem que foi chamado "bandido cavalheiro" pela imprensa, porque era extremamente bem-educado e bem-vestido. A mídia local publicou um retrato falado do bandido cavalheiro, e, após algum tempo, um morador denunciou um suspeito que se parecia com a imagem. Para a surpresa de todos, o acusado era um padre católico de nome Bernard Pagano – é claro, ele negou a acusação. Infelizmente para o padre Pagano, seus álibis e negações não foram convincentes, e ele foi indiciado pelo crime. No julgamento, *sete* testemunhas oculares confidencialmente identificaram o padre como o criminoso. A promotoria estava quase conseguindo a condenação quando algo surpreendente aconteceu e deu outro rumo à situação – outro homem, Ronald Clouser, confessou à polícia ser o bandido cavalheiro. As autoridades retiraram as acusações contra o padre Pagano que, sendo libertado, voltou à sua vida normal (Rodgers, 1982).

Essa história bizarra de identidade equivocada – que parece ter sido tirada de um filme – levanta algumas questões interessantes a respeito da memória. Como sete pessoas puderam "se lembrar" de ter visto o padre Pagano cometer assaltos com os quais ele não teve nenhuma ligação? Como puderam confundi-lo com Ronald Clouser, quando os dois de fato não se parecem (veja fotos)? Como puderam se sentir tão confiantes estando tão erradas? Talvez você esteja pensando que esse seja apenas um caso e que não é representativo (o que seria um pensamento crítico). Bem, sim, é um exemplo um tanto extremo de falibilidade das testemunhas oculares, mas pesquisadores reuniram pilhas de evidências de que o relato de uma testemunha ocular nem sempre é tão confiável ou preciso quanto se imagina (Wells e Loftus, 2013). A descoberta é irônica quando pensamos que as pessoas têm mais confiança em suas afirmações quando dizem: "Vi com meus próprios olhos". Os noticiários na TV mostram que gostam de usar o título "Notícias de Testemunha Ocular" para dar a impressão de que relatam eventos com grande clareza e precisão. E nosso sistema legal confere um *status* especial ao relato de testemunhas oculares porque eles são considerados muito mais confiáveis do que rumores ou evidências circunstanciais.

Então, por que esses relatos são surpreendentemente imprecisos? Bem, uma variedade de fatores e processos contribui para essa imprecisão. Examinaremos brevemente os processos relevantes que foram apresentados neste capítulo; depois focaremos os dois erros comuns no pensamento que também dão sua contribuição.

Você consegue se lembrar de algum fenômeno da memória descrito no capítulo que enfraqueça a precisão de um relato de testemunha ocular? Você poderia apontar o fato de que a *memória é um processo reconstrutivo*, e a recordação das testemunhas oculares pode ser distorcida por esquemas que as pessoas têm para vários acontecimentos. Uma segunda consideração é que *as testemunhas às vezes cometem erros de monitoramento da fonte* e ficam confusas sobre o local onde viram um determinado rosto. Por exemplo, uma vítima de estupro confundiu seu agressor com um convidado de um programa de TV ao qual ela assistia quando foi atacada. Felizmente, o suspeito falsamente acusado tinha um álibi invulnerável, pois demonstrou que estava no programa, ao vivo, quando o crime aconteceu (Schacter, 1996). Talvez o fator mais generalizado seja o efeito da informação equivocada (Loftus, 1993). *As recordações das testemunhas são rotineiramente distorcidas pela informação introduzida depois do evento* pela polícia, advogados, jornalistas etc. Além desses fatores, o relato das testemunhas oculares é nutrido de maneira imprecisa pelo *viés retrospectivo* e pelos *efeitos da superconfiança*.

A contribuição do viés retrospectivo

O *viés retrospectivo* **é a tendência a moldar a interpretação do passado a fim de encaixá-lo no modo como as coisas de fato aconteceram.** Quando você conhece o resultado de um evento, esse conhecimento influencia sua recordação do modo como ele se desenrolou e do que você estava pensando no momento. Por causa do retrospecto, as pessoas têm uma tendência curiosa a dizer "Eu já sabia" ao explicar eventos que objetivamente teriam sido difíceis de ser previstos. A tendência a exibir a parcialidade de análises do passado é normal, penetrante e surpreendentemente forte (Guilbault et al., 2004). Em relação às testemunhas oculares, suas recordações podem muitas vezes ser distorcidas quando se sabe que uma pessoa em particular foi presa e acusada do crime em

Embora ele não se pareça com o verdadeiro "bandido cavalheiro", à esquerda, sete testemunhas oculares identificaram o padre Pagano (à direita) como o criminoso, mostrando como os relatos de testemunhas oculares podem ser incertos.

questão. Por exemplo, Wells e Bradfield (1998) pediram a testemunhas oculares simuladas que indicassem o autor de um crime por meio de um conjunto de fotos. A confiança dos participantes em sua identificação foi bem modesta, o que fazia sentido, pois a foto do verdadeiro perpetrador nem estava incluída no conjunto. Mas quando disseram a alguns participantes: "Muito bem, você identificou o suspeito verdadeiro", eles ficaram muito confiantes dessa identificação, que obviamente era incorreta. Nos últimos 15 anos, inúmeros estudos replicaram esse efeito (Steblay, Wells e Douglass, 2014). Quando as autoridades confirmam as identificações alinhadas das pessoas, essa confirmação altera sua lembrança da cena do crime. Sua lembrança de quão boa era sua visão e como elas prestaram atenção ao evento aumenta drasticamente, e sua certeza sobre sua identificação cresce graças ao viés retrospectivo.

A contribuição da superconfiança

Outra falha no pensamento que contribui para a imprecisão dos relatos de testemunhas oculares é a tendência das pessoas a serem superconfiantes quanto às suas recordações. Quando são testadas em suas memórias de informações gerais, as pessoas tendem a superestimar sua precisão (Koriat e Bjork, 2005). Em pesquisas com lembranças de testemunhas oculares, os participantes também tendem a ser exageradamente confiantes quanto a elas. Embora os jurados tendam a ser mais convencidos por testemunhas oculares que pareçam confiantes, a suposição de que a confiança é um excelente indicador de precisão está claramente errada (Roediger, Wixted e DeSoto, 2012). Pesquisas mostram que há apenas uma correlação modesta entre a confiança da testemunha ocular e a precisão dela (Shaw, McClure e Dykstra, 2007). Por isso, muitas condenações de pessoas inocentes foram atribuídas ao impacto dos relatos apresentados por testemunhas oculares muito confiantes, mas incorretas (Loftus, 2013). Nas últimas décadas, o advento dos exames de DNA levou à exoneração de centenas de indivíduos erroneamente condenados por crimes. O falso testemunho da testemunha ocular passou a ser o principal fator em cerca de três quartos dessas condenações errôneas (Garrett, 2011).

É possível aprender a fazer melhores julgamentos da precisão de suas recordações dos acontecimentos do dia a dia? Sim, com esforço você pode se aprimorar em fazer estimativas precisas sobre a probabilidade de estar correto na recordação de algum fato ou evento. Uma razão pela qual as pessoas tendem a ser superconfiantes é que não podem pensar em nenhum motivo pelo qual possam estar erradas – elas presumem que devam estar certas. Assim, a superconfiança é nutrida por outro erro comum no pensamento – *a falha em buscar evidências em contrário.*

Apesar da corte dar um crédito especial para testemunhas oculares, as evidências científicas mostram que testemunhas oculares são menos confiáveis do que se pensa.

Desse modo, para fazer afirmações mais precisas do que você sabe e não sabe, é útil entrar em um processo deliberado de considerar por que você pode estar errado. Aqui vai um exemplo. Baseado em sua leitura do Capítulo 1, escreva as escolas de pensamento associadas aos seguintes importantes teóricos: William James, John B. Watson e Carl Rogers. Depois de escrever as respostas, avalie sua confiança sobre ter prestado a informação correta. Agora, escreva três razões pelas quais suas respostas podem estar erradas e três por que elas podem estar corretas. Muitas pessoas não prosseguirão com o exercício, argumentando que não conseguem pensar em nenhuma razão pela qual estariam erradas, mas depois de alguma resistência elas descobrem várias. Tais razões podem incluir: "Eu estava caindo no sono quando li essa parte do capítulo" ou "Talvez esteja confundindo Watson e James". Depois de listar as razões pelas quais você pode estar certo ou errado, avalie mais uma vez sua confiança em sua precisão. Adivinhe! A maioria das pessoas fica menos confiante depois de fazer o exercício do que estava antes de fazê-lo (dependendo, é claro, da natureza do tópico).

As novas avaliações de confiança tendem a ser mais realistas do que as originais (Koriat, Lichtenstein e Fischhoff, 1980). Portanto, o processo de considerar as razões pelas quais você pode estar errado a respeito de uma coisa – um processo no qual as pessoas entram de fato – é uma habilidade de pensamento crítico muito útil que pode reduzir os efeitos da superconfiança.

Tabela 7.1 Habilidades do pensamento crítico discutidas neste capítulo

Habilidade	Descrição
Entender as limitações e falibilidade da memória humana.	O pensador crítico entende que a memória é reconstrutiva e que mesmo os relatos das testemunhas oculares podem ser distorcidos ou imprecisos.
Reconhecer o viés na análise retrospectiva.	O pensador crítico entende que conhecer o resultado dos acontecimentos torna parcial nossa recordação e interpretação deles.
Reconhecer a superconfiança na cognição humana.	O pensador crítico entende que as pessoas são frequentemente superconfiantes quanto à precisão de suas projeções para o futuro e recordações do passado.
Entender a necessidade de buscar evidências em contrário.	O pensador crítico entende o valor do pensamento sobre como e por que alguém pode estar errado acerca de uma determinada coisa.

CAPÍTULO 7 – QUADRO DE CONCEITOS

CODIFICAÇÃO

- A *atenção*, que ocasiona o foco seletivo em determinada entrada, aprimora a codificação.
- A *atenção dividida* mina a codificação e pode ter um efeito negativo no desempenho de outras tarefas.
- A *teoria dos níveis de processamento* propõe que os níveis mais profundos de processamento resultam em códigos de memórias mais duráveis.
- A *elaboração*, que envolve o vínculo de um estímulo a outras informações, pode enriquecer a codificação.
- De acordo com a *teoria da codificação dupla*, as imagens mentais podem facilitar a memória ao fornecer dois códigos de memória em vez de apenas um.
- Aumentar a motivação para se lembrar no momento da codificação pode aprimorar a memória.

ARMAZENAMENTO

- As teorias do processamento de informações propõem que as pessoas têm três tipos de armazenamentos de memória: *memória sensorial*, *memória de curto prazo (MCP)* e *memória de longo prazo (MLP)*.
- Atkinson e Shiffrin postularam que as informações de entrada passam por dois *buffers* de armazenamento temporário antes de serem colocadas na memória de longo prazo.

RECORDAÇÃO

- A lembrança geralmente é guiada por informações parciais, como demonstrado pelo *fenômeno da ponta da língua*.
- Reafirmar o contexto de um evento, muitas vezes, pode aprimorar os esforços de recuperação.
- As memórias são reconstruções esboçadas do passado que podem ser distorcidas.
- O efeito da *informação errônea* ocorre quando a lembrança de um evento é alterada por informações falsas pós-evento.
- Mesmo o simples ato de recontar uma história pode introduzir imprecisões na memória.
- O *monitoramento da fonte* é o processo de fazer inferências sobre as origens das memórias.

Memória sensorial

- A *memória sensorial* preserva a informação em sua forma original por um período bem curto de tempo.
- Os traços da memória no armazenamento sensorial parecem deteriorar-se em aproximadamente um quarto de segundo.
- Alguns teóricos veem a persistência do estímulo mais como um eco do que como uma memória.

Memória de curto prazo

- A *memória de curto prazo (MCP)* pode manter as informações não repetidas por cerca de 10 a 20 segundos.
- A MCP tem capacidade limitada, que há muito se acreditava ser em torno de sete itens mais ou menos dois.
- Entretanto, um estudo mais recente que estima que a capacidade da MCP seja de quatro itens mais ou menos um está se tornando cada vez mais influente.
- Baddeley propôs um modelo mais complexo de MCP chamado *memória de trabalho*.
- A *capacidade da memória de trabalho* refere-se à habilidade que a pessoa tem de manter e manipular as informações em atenção consciente.

Memória de longo prazo

- A *memória de longo prazo (MLP)* é a capacidade de armazenamento ilimitada que pode deter as informações por tempo indefinido.
- As memórias-relâmpago sugerem que o armazenamento da MLP pode ser permanente, porém os dados não são convincentes.
- A pesquisa mostrou que as memórias-relâmpago não são tão duráveis ou precisas quanto afirmado.

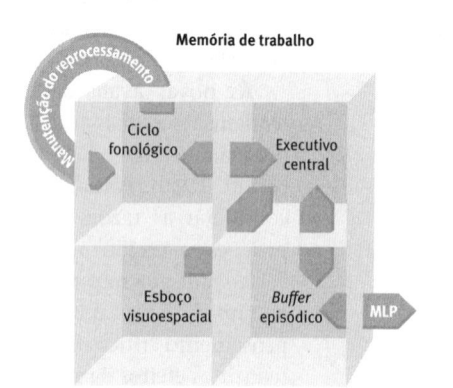

Memória de trabalho

Ciclo fonológico — Executivo central — Esboço visuoespacial — *Buffer* episódico — MLP
Manutenção do reprocessamento

Organização na MLP

- As pessoas organizam espontaneamente as informações em categorias para armazenar na memória.
- *Hierarquia conceitual* é um sistema de classificação de múltiplos níveis com base nas propriedades comuns entre os itens.
- Um *esquema* é um agrupamento organizado de conhecimento sobre determinado objeto ou evento.
- Uma *rede semântica* consiste em nós que representam conceitos, unidos por vias que ligam os conceitos relacionados.

TEMAS PRINCIPAIS

- Diversidade teórica
- Subjetividade da experiência
- Causalidade multifatorial

ESQUECIMENTO

Medindo o esquecimento

- As pessoas veem o esquecimento como uma deficiência, mas ele pode ser adaptável, tornando mais fácil a lembrança de informações importantes.
- O trabalho de Ebbinghaus sugeriu que a maioria dos esquecimentos ocorre muito rapidamente, mas pesquisas posteriores indicaram que suas *curvas de esquecimento* eram excepcionalmente íngremes.
- A retenção pode ser avaliada com uma medida de recordação, *reconhecimento* ou *reaprendizado*.

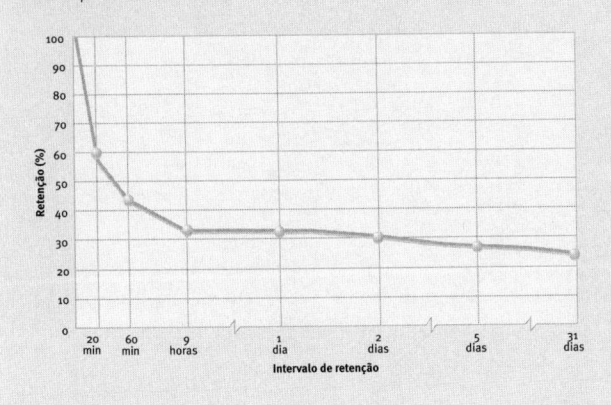

Por que esquecemos

- Grande parte do esquecimento, incluindo o pseudoesquecimento, que acontece devido à *codificação ineficiente*.
- A *teoria da deterioração* propõe que traços de memória desaparecem com o tempo, mas a deterioração da memória de longo prazo é difícil de demonstrar.
- A *teoria da interferência* afirma que as pessoas esquecem informações por causa da concorrência com outros materiais, a qual se provou ser fácil de demonstrar.
- O esquecimento normalmente acontece devido à *falha na recuperação*, que pode incluir recalcamento.

A controvérsia das memórias recalcadas

- Nos últimos anos houve um surgimento de vários relatos de memórias recuperadas de abusos sexuais esquecidos na infância.
- Muitos clínicos admitem essas memórias recuperadas, argumentando que é comum as pessoas enterrarem as memórias traumáticas em seu inconsciente.
- Muitos pesquisadores da memória são céticos sobre as memórias recuperadas, porque eles demonstraram que é fácil criar memórias imprecisas em estudos de laboratório.
- Embora seja evidente que alguns terapeutas criaram falsas memórias em seus pacientes, parece provável que alguns casos de memórias recuperadas sejam autênticos.
- Memórias recuperadas espontaneamente parecem mais prováveis de serem autênticas do que aquelas recuperadas em terapia.

FISIOLOGIA DA MEMÓRIA

Anatomia da memória

- Na *amnésia retrógrada*, uma pessoa perde a memória de eventos anteriores à amnésia.
- Na *amnésia anterógrada*, uma pessoa mostra déficits de memória para eventos subsequentes ao início da amnésia.
- Estudos sobre a amnésia e outras pesquisas sugerem que o hipocampo e o sistema mais amplo do lobo temporal medial exercem um papel primordial na memória.
- Essas áreas podem ser cruciais para a *consolidação* das memórias.

Circuitos neurais da memória

- A pesquisa de Thompson sugere que traços da memória podem consistir de *circuitos neurais localizados*.
- De acordo com Kandel, traços da memória refletem alterações na liberação de neurotransmissores em sinapses específicas.
- *Neurogênese* pode contribuir para criar os circuitos neurais para a memória.

SISTEMAS DE MEMÓRIA PROPOSTOS

Memória declarativa

Envolve lembranças de informações factuais, como nomes, datas, eventos e ideias.

Memória não declarativa

Envolve lembranças de ações, habilidades e operações, como pedalar uma bicicleta ou digitar.

Memória semântica *versus* episódica

- *Sistema de memória semântica* contém conhecimento geral que não está temporariamente datado.
- *Sistema de memória episódica* lida com recordações temporariamente datadas de experiências pessoais.

Memória prospectiva *versus* retrospectiva

- *Memória prospectiva* envolve lembrar-se de realizar ações no futuro.
- *Memória retrospectiva* envolve lembranças de eventos do passado ou informações previamente aprendidas.

APLICAÇÕES

- Aumente a repetição e teste-se com o material para melhorar a retenção.
- Na memorização de listas, tenha cuidado com o efeito da posição serial.
- Prática distribuída tende a ser mais eficiente do que a prática massiva.
- O processamento mais profundo de materiais e sua organização tendem a resultar em maior retenção.
- A significância pode ser aumentada com o uso de recursos mnemônicos.
- A testemunha ocular não é tão confiável ou tão precisa quanto se acredita.
- A tendência retrospectiva é a tendência de reformular a interpretação de alguém sobre o passado para encaixá-la com os resultados conhecidos.

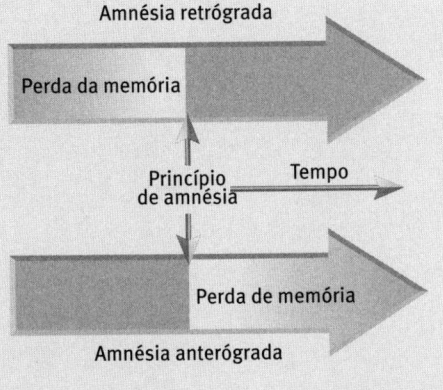

Capítulo 8
Cognição e inteligência

8.1 LINGUAGEM: TRANSFORMANDO PENSAMENTOS EM PALAVRAS

8.2 RESOLUÇÃO DE PROBLEMAS: EM BUSCA DE SOLUÇÕES

8.3 A TOMADA DE DECISÃO: ESCOLHAS E OPORTUNIDADES

8.4 MEDINDO A INTELIGÊNCIA

8.5 HEREDITARIEDADE E AMBIENTE COMO FATORES DETERMINANTES DA INTELIGÊNCIA

8.6 NOVAS DIREÇÕES NO ESTUDO DA INTELIGÊNCIA

8.7 REFLETINDO SOBRE OS TEMAS DO CAPÍTULO

8.8 APLICAÇÃO PESSOAL: Medindo e entendendo a criatividade

8.9 APLICAÇÃO DO PENSAMENTO CRÍTICO: Entendendo as armadilhas no raciocínio sobre decisões

Quadro de conceitos

Temas neste capítulo

Empirismo

Herança cultural

Hereditariedade e meio ambiente

Contexto sócio-histórico

Subjetividade da experiência

"Sr. Watson, Sr. Sherlock Holmes", disse Stamford, apresentando-nos. "Como vai?", disse ele cordialmente, apertando minha mão com uma força pela qual quase não lhe daria nenhum crédito. "O senhor esteve no Afeganistão, acredito."

"Como o senhor sabe disso?", perguntei-lhe surpreso.
(De Um estudo em vermelho, *de Arthur Conan Doyle*)

Se você já leu alguma história de Sherlock Holmes, sabe que o grande detetive continuamente surpreendia seu leal companheiro, Dr. Watson, com suas extraordinárias deduções. É claro que Sherlock Holmes não poderia chegar às suas conclusões sem uma cadeia de raciocínio. Ainda assim, para ele, até um processo elaborado de raciocínio era um simples ato cotidiano. Considere sua façanha em saber de imediato, tendo encontrado Watson pela primeira vez, que ele estivera no Afeganistão. Quando perguntado, Holmes explicou seu raciocínio da seguinte maneira:

"Eu sabia que você tinha estado no Afeganistão. De tanta prática, o curso do pensamento corre tão rapidamente pela minha mente que cheguei à conclusão sem nem mesmo estar consciente dos passos intermediários. Houve passos intermediários, entretanto. O curso do raciocínio corria: 'Aqui está um cavalheiro do tipo médico, mas com ares de militar. Claramente um médico do exército, então. Acaba de chegar dos trópicos, pela sua face escurecida, e essa não é a cor natural de sua pele, pois seus pulsos são de cor clara. Ele enfrentou dificuldades e doenças, como sua face magra me diz claramente. Seu braço esquerdo foi ferido. Ele o movimenta de maneira forçada e nada natural. Onde nos trópicos poderia um médico do exército ter visto tanta dificuldade e ter seu braço ferido? Claramente, no Afeganistão'. O curso do pensamento não demorou um segundo."

As façanhas dedutivas de Sherlock Holmes, é claro, são fictícias. Mas, mesmo lê-las de maneira que as apreciemos – ou imaginemos, como o fez sir Arthur Conan Doyle – é um ato mental extraordinariamente complexo. Os processos do pensamento do dia a dia parecem comuns para nós porque os tomamos por certos, assim como Holmes não nos disse nada extraordinário no que para ele era uma simples dedução.

Na realidade, todos somos Sherlock Holmes, continuamente realizando façanhas mágicas de pensamento. Até mesmo a percepção elementar – por exemplo, assistir a um jogo de futebol ou a uma apresentação de balé – envolve elaborados processos cognitivos. As pessoas têm de associar impulsos perceptuais distorcidos constantemente deslocados e deduzir o que está sendo visto lá fora no mundo real. Imagine, então, a complexidade de pensamento necessária para ler um livro, consertar um carro ou controlar um talão de cheques.

Nossos tópicos neste capítulo estão centralizados no *ato de pensar*. Na primeira metade do capítulo, resumiremos a pesquisa a respeito da cognição, ou *como as pessoas pensam*, examinando temas como a resolução de problemas e as tomadas de decisão. Na segunda, focaremos a atenção em *quão bem as pessoas pensam*, aferido por testes de inteligência. Assim, a primeira metade examinará as complexidades dos *processos* de pensamento (cognição), e a segunda focará as variações entre as pessoas quanto à *habilidade* de pensamento (inteligência).

Os tópicos da cognição e da inteligência têm muitas histórias diferentes. Como discutiremos adiante, os primeiros testes proveitosos de habilidade mental geral foram criados entre 1904 e 1916; e os testes de inteligência floresceram durante o século XX. Em comparação, durante a primeira metade daquele século, o estudo da cognição foi muito desestimulado pela dominação teórica do behaviorismo. Herbert Simon, um pioneiro da psicologia cognitiva, lembra que "não se podia usar uma palavra como mente, por exemplo, em um periódico de psicologia – você teria de lavar a boca com sabão" (Holden, 1986). Contudo, as décadas de 1950 e 1960 trouxeram uma "evolução cognitiva" à psicologia, à medida que os teóricos pioneiros desenvolviam novas abordagens criativas para pesquisar sobre os processos cognitivos (Baars, 1986). Assim, foi apenas na segunda metade do século XX que o estudo da cognição se tornou uma forte e influente área de pesquisa.

8.1 Linguagem: transformando pensamentos em palavras

A linguagem, obviamente, tem um papel fundamental no comportamento humano. Se você perguntasse às pessoas: "Qual característica mais distingue os humanos de outros organismos?", um grande número responderia: "Linguagem". Nesta seção, discutimos os processos que fundamentam a aprendizagem infantil da língua, o bilinguismo e como a linguagem molda o pensamento.

> **8.1 Objetivos Principais de Aprendizagem**
>
> - Comparar perspectivas comportamentais, nativistas e interacionistas na aquisição da linguagem.
> - Discutir os efeitos do bilinguismo, e avaliar o estado da hipótese da relatividade linguística.

Aquisição da linguagem

Desde os anos 1950, há um grande debate sobre os principais processos envolvidos na aquisição da linguagem. Assim como ocorre em relação às discussões que temos visto em outras áreas da psicologia, este centra-se na questão da *natureza* versus *criação*.

Teorias behavioristas

A abordagem behaviorista da linguagem foi descrita pela primeira vez por B. F. Skinner em seu livro *Comportamento verbal* (1957). Ele propôs que as crianças aprendem a linguagem da mesma maneira que aprendem o restante: por meio da imitação, reforço e outros princípios estabelecidos do condicionamento. De acordo com Skinner, as vocalizações que não são reforçadas diminuem gradualmente de frequência. As vocalizações restantes são moldadas com reforços até que estejam corretas. Os behavioristas afirmam que, ao controlarem o reforço, os pais incentivam seus filhos a aprenderem o significado correto e a pronúncia das palavras (Staats e Staats, 1963). Por exemplo, conforme as crianças crescem, os pais devem insistir nas aproximações graduais da palavra *água* antes de fornecerem a bebida solicitada. Se as imitações das sentenças proferidas por adultos ou crianças mais velhas pela criança são entendidas, os pais podem responder a suas perguntas ou seus pedidos, reforçando assim seu comportamento verbal.

Teorias nativistas

A explicação de Skinner sobre a aquisição da linguagem logo inspirou uma crítica e explicação divergentes de Noam Chomsky (1959, 1965). Chomsky apontou que há um número infinito de frases em uma língua. É, portanto, razoável esperar que as crianças aprendam a língua por imitação. Por exemplo, em inglês, adiciona-se *ed* ao final de um verbo para construir o passado. As crianças rotineiramente generalizam essa regra, produzindo verbos incorretos, como *goed*, *eated* e *thinked* (o correto é: *went*, *eat* e *thought*). Erros como esses são inconsistentes com a ênfase de Skinner na imitação, porque a maioria dos falantes adultos não usa palavras não gramaticais como *goed*. As crianças não podem imitar coisas que elas não ouvem. De acordo com Chomsky, as crianças aprendem as *regras da linguagem*, e não respostas verbais específicas, como Skinner propôs.

Uma teoria alternativa favorecida por Chomsky (1975, 1986, 2006) é a de que os seres humanos têm uma propensão inata ou "nativa" para desenvolver a linguagem. A teoria nativista propõe que os seres humanos estão equipados com um ***dispositivo de aquisição de linguagem (DAL)** – um mecanismo ou processo inato que facilita a aprendizagem da língua.* De acordo com essa perspectiva, os seres humanos aprendem a língua pelo mesmo motivo que os pássaros aprendem a voar – porque são biologicamente equipados para isso. A natureza exata do dispositivo de aquisição da linguagem não foi explicitada nas teorias nativistas. Ele presumivelmente consiste de estruturas cerebrais e ligação neural que tornam humanos bem preparados para diferenciar os sons linguísticos, adquirir regras de sintaxe, e assim por diante.

Por que Chomsky acredita que as crianças têm uma capacidade inata para a aprendizagem de línguas? Uma razão é que as crianças parecem adquirir a linguagem de forma rápida e sem esforço. Como elas conseguiriam desenvolver uma habilidade tão complexa em tão pouco tempo, a menos que tivessem uma capacidade interna para isso? Outra razão é que o desenvolvimento da linguagem tende a desdobrar-se praticamente no mesmo ritmo para a maioria das crianças, embora elas, obviamente, sejam criadas em diversos ambientes domésticos. Essa constatação sugere que o desenvolvimento da linguagem seja determinado pela maturação biológica mais do que a experiência pessoal.

Teorias interacionistas

Como Skinner, Chomsky tem seus críticos (Bohannon e Bonvillian, 2009). Eles questionam: o que é exatamente um dispositivo de aquisição da linguagem? Quais são os mecanismos neurais envolvidos? Eles afirmam que o conceito de dispositivo de aquisição de linguagem é muito vago. Outros críticos questionam se a rapidez do desenvolvimento da linguagem precoce é tão excepcional como os nativistas assumem. Eles afirmam que não é justo comparar o rápido progresso das crianças, que estão imersas em sua língua nativa, contra a luta dos alunos mais velhos, que podem dedicar apenas 10-15 horas por semana ao seu curso de língua estrangeira.

Os problemas aparentes nas explicações sobre o desenvolvimento da linguagem de Skinner e Chomsky levaram alguns pesquisadores a delinearem as *teorias interacionistas* de aquisição da linguagem. Essas teorias (Bates, 1999; MacWhinney, 2001, 2004) afirmam que *ambas*, a biologia e a experiência, fazem importantes contribuições para o desenvolvimento da linguagem. Como os nativistas, os interacionistas acreditam que o organismo humano é biologicamente bem equipado para aprender o idioma. Eles também concordam que grande parte dessa aprendizagem envolve a aquisição de regras. No entanto, como os behavioristas, eles acreditam que as trocas sociais com os pais e outros seres humanos desempenham um papel fundamental nas habilidades que moldam a linguagem (veja **Figura 8.1**).

Nos últimos anos, foi realizada pesquisa que sustenta a afirmação de nativistas e interacionistas: os seres humanos são biologicamente preparados para aprender a língua

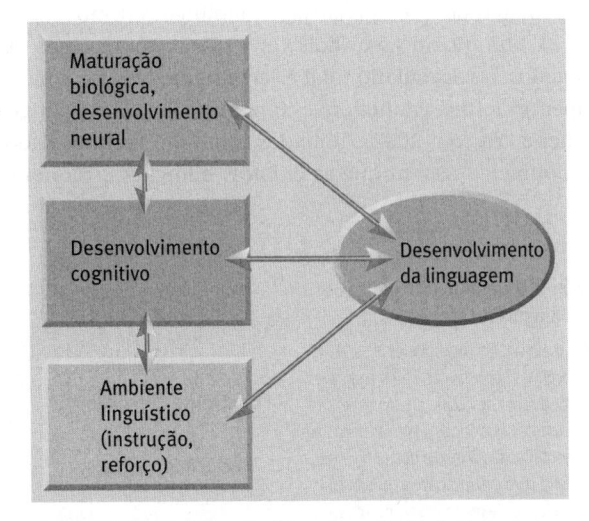

Figura 8.1 Teorias interacionistas da aquisição da linguagem.

Segundo a visão interacionista, a natureza e a criação são importantes para a aquisição da linguagem. A maturação impulsiona o desenvolvimento da linguagem de forma direta e a influencia indiretamente pela promoção do desenvolvimento cognitivo. Enquanto isso, as trocas verbais com pais e outras pessoas também desempenham um papel importante na modelagem das habilidades da linguagem. As relações bidirecionais complexas descritas aqui lançam uma luz para um amplo debate sobre os fatores cruciais na aquisição da linguagem.

rapidamente. Um estudo inovador utilizando a tecnologia de imagens do cérebro descobriu que o cérebro humano reage de forma diferente às sílabas artificiais que são boas ou más candidatas à palavra (Berent et al., 2014). Essa disparidade é vista até mesmo em recém-nascidos (Gómez et al., 2014). As descobertas sugerem que o cérebro humano é programado para reconhecer facilmente os padrões de som que compõem as línguas humanas.

Aprendendo mais de uma língua: bilinguismo

Dadas as complexidades envolvidas na aquisição de uma língua, você pode estar se perguntando sobre as implicações de aprender *duas*. **Bilinguismo é a aquisição de duas línguas que usam diferentes sons da fala, vocabulário e regras gramaticais.** Quase metade da população do mundo cresce bilíngue (Snow, 1998), mas o bilinguismo tem suscitado controvérsia nos Estados Unidos. Uma série de leis e decisões judiciais tem reduzido a disponibilidade de programas educacionais bilíngues em muitos sistemas escolares (Wiese e Garcia, 2006). Essas leis baseiam-se no pressuposto de que o bilinguismo dificulta o desenvolvimento da linguagem e tem um impacto negativo sobre o progresso educacional dos alunos. Vamos examinar essa evidência.

Aprender duas línguas na infância diminui o desenvolvimento da linguagem?

Se as crianças aprendem duas línguas simultaneamente, uma interfere na outra de modo que a aquisição de ambas seja prejudicada? Alguns estudos *descobriram* que as crianças bilíngues têm vocabulários menores em cada uma das suas línguas do que as crianças monolíngues (Umbel et al., 1992). Mas quando seus dois vocabulários sobrepostos são somados, o vocabulário total é semelhante ou ligeiramente superior ao das crianças que aprendem uma única língua (Oller e Pearson, 2002). Tomados como um todo, os dados disponíveis sugerem que as crianças bilíngues e monolíngues são muito semelhantes no decorrer e na taxa de desenvolvimento da linguagem (Costa e Sebastián-Galles, 2014). Há pouco apoio empírico para a ideia de que o bilinguismo tem sérios efeitos negativos no desenvolvimento da linguagem (Hoff, 2014).

O bilinguismo afeta os processos cognitivos e as habilidades?

Estudos descobriram que o bilinguismo está associado a vantagens e desvantagens. A principal desvantagem é que os bilíngues parecem ter uma ligeira desvantagem em termos de *velocidade de processamento* da linguagem natural e *fluência verbal* (a facilidade com que as pessoas podem pensar em palavras). As evidências sugerem que quando as pessoas bilíngues estão lendo, escutando ou falando em um idioma específico, até certo ponto tanto a sua primeira língua (L1) como a sua segunda língua (L2) estão simultaneamente ativas (Gullifer, Kroll e Dussias, 2013). Em outras palavras, não há nenhuma maneira de desligar a L1 quando utilizar a L2, ou vice-versa. Isso cria alguma interferência entre as línguas que retarda o processamento da linguagem (Michael e Gollan, 2005; Sandoval et al., 2010).

Em comparação com essa desvantagem relativamente pequena, novas pesquisas nessa área sugerem que o bilinguismo está associado a uma variedade de vantagens significativas. Uma meta-análise de 63 estudos descobriu que os indivíduos bilíngues tendem a marcar pontos moderadamente mais altos do que os monolíngues nas avaliações de controle de atenção, trabalho com a

> **CHECAGEM DA REALIDADE**
>
> **Ideia equivocada**
>
> Bilinguismo enfraquece o desenvolvimento cognitivo.
>
> **Realidade**
>
> Acredita-se amplamente que o bilinguismo interfira no desenvolvimento cognitivo. Mas quando os pesquisadores fazem comparações em relação à classe social, eles não encontram déficits cognitivos em jovens bilíngues. Além disso, a investigação sugere que o bilinguismo pode estar associado a benefícios cognitivos inesperados.

Figura 8.2 Benefícios cognitivos do bilinguismo.

Uma meta-análise (Adesope et al., 2010) de pesquisas sobre os correlatos cognitivos do bilinguismo descobriu alguns benefícios interessantes associados a ele. Os dados aqui apresentados são a média dos *tamanhos de efeito* para cinco variáveis cognitivas. Um tamanho de efeito é uma estimativa da dimensão do efeito de uma na outra. Um tamanho de efeito de 0,20 a 0,50 é considerado significativo, mas pequeno, de 0,50 a 0,80 é caracterizado como moderado e acima de 0,80 é considerado grande. Obviamente, os tamanhos de efeito variam, mas os dados sugerem que o bilinguismo melhora, em vez de enfraquecer, o desenvolvimento cognitivo.

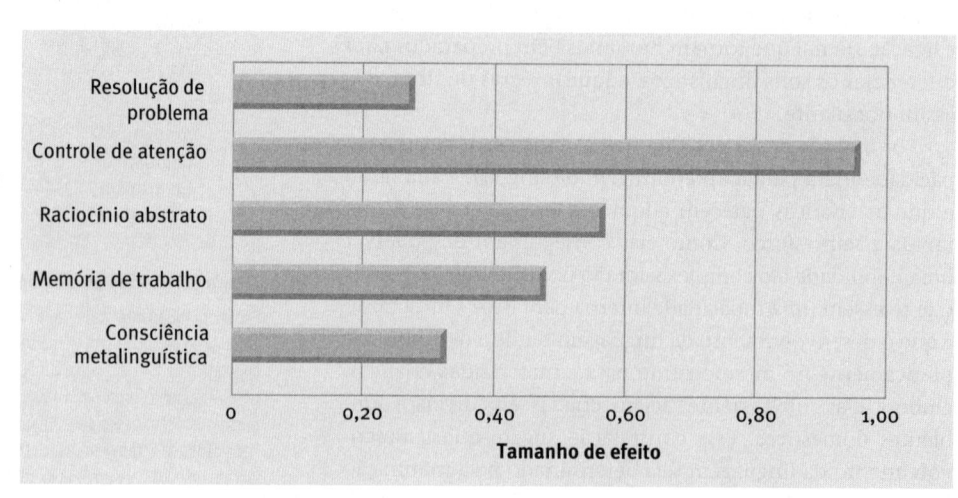

capacidade de memória, raciocínio abstrato e certos tipos de resolução de problemas (Adesope et al., 2010) (veja **Figura 8.2**). Como o bilinguismo pode levar a esses benefícios cognitivos? O pensamento atual concentra-se na constatação de que L1 e L2 são simultaneamente ativas em bilíngues. Essa competição obriga os bilíngues a aprenderem a maximizar seu controle sobre a atenção para resistir às invasões e melhorar a eficiência da sua memória de trabalho. O aumento resultante do controle da atenção e da memória de trabalho pode promover o raciocínio avançado e a resolução de problemas. Além disso, estudos recentes sugerem que os benefícios cognitivos do bilinguismo persistem na idade adulta e podem proteger as pessoas, até certo ponto, contra o declínio cognitivo relacionado à idade e à demência (Bialystok et al., 2014; Guzmán-Vélez e Tranel, 2015).

Cultura, língua e pensamento

A sua formação em português leva você a pensar sobre certas coisas de forma diferente de alguém que cresceu falando chinês ou francês? Em outras palavras, a língua de um grupo cultural determina seu pensamento? Ou o pensamento determina a língua? Benjamin Lee Whorf (1956) tem sido o mais proeminente defensor da *relatividade linguística*, a **hipótese de que a língua determina a natureza do pensamento**. Whorf propõe que diferentes idiomas levam as pessoas a verem o mundo de formas diferentes. Seu exemplo clássico compara os pontos de vista do inglês e do esquimó quanto à "neve". Ele afirmou que o inglês tem apenas uma palavra para "neve", enquanto a língua esquimó tem muitas palavras que distinguem entre neve caindo, neve molhada, e assim por diante. Devido a essa lacuna da linguagem, Whorf afirma que os esquimós percebem a neve de forma diferente das pessoas que falam inglês. No entanto, a conclusão de Whorf sobre essas diferenças de percepção baseou-se na observação casual em vez de comparações interculturais sistemáticas entre processos perceptivos. Além disso, os críticos observaram que os defensores da hipótese da relatividade linguística descuidadamente superestimaram o número de palavras esquimós para "neve", ignorando a variedade de palavras em inglês que se referem a ela, como *slush* (neve parcialmente derretida) e "nevasca" (Martin, 1986; Pullum, 1991).

A hipótese de Whorf tem sido objeto de investigação considerável e continua a gerar debate (Chiu, Leung e Kwan, 2007; Gleitman e Papafragou, 2005). Muitos estudos centram-se em comparações interculturais de como as pessoas percebem as cores porque há variações substanciais entre as formas como as culturas as classificam por nomes. Por exemplo, algumas línguas têm um único nome de cor que designa tanto o azul como o verde (Davies, 1998). Se uma língua não distingue entre essas duas cores, os falantes dela pensam nas cores de forma diferente das pessoas de outras culturas?

As primeiras tentativas de responder a essa pergunta sugeriram que as categorias de cor em uma língua têm relativamente pouca influência sobre como as pessoas percebem e pensam sobre elas (Berlin e Kay, 1969; Rosch, 1973). No entanto, estudos mais recentes forneceram novas evidências que corroboram a hipótese da relatividade linguística (Davidoff, 2001, 2004; Roberson et al., 2005). Estudos sobre indivíduos que falam línguas africanas que não distinguem entre o azul e o verde descobriram que a língua afeta sua percepção de cor. Eles têm mais dificuldade para fazer discriminações rápidas entre as cores azul e verde do que os indivíduos da língua inglesa (Ozgen, 2004). Estudos adicionais descobriram que as categorias de cores de uma cultura moldam julgamentos de similaridade e agrupamentos de cores dos sujeitos (Pilling e Davies, 2004; Roberson, Davies e Davidoff, 2000). Outros estudos descobriram que a língua também tem alguma influência sobre a forma como as pessoas pensam sobre o movimento (Gennari et al., 2002), o tempo (Boroditsky, 2001) e as formas (Roberson, Davidoff e Shapiro, 2002).

Então, qual é o *status* da hipótese da relatividade linguística? Atualmente, o debate parece focar se os novos dados são suficientes para apoiarem a versão original, versão "forte" da hipótese (que uma dada língua torna certas formas de pensar obrigatórias ou impossíveis), ou uma versão "mais fraca" da hipótese (que uma língua torna certas formas de pensar mais fáceis ou mais difíceis). O pensamento atual parece favorecer a versão mais fraca da hipótese da relatividade linguística (Kreiner, 2011).

A língua que você fala determina como você pensa? Sim, disse Benjamin Lee Whorf, que afirmou que a língua esquimó, que tem numerosas palavras para "neve", leva os esquimós a perceberem a neve de forma diferente do que os falantes de inglês. A hipótese de Whorf tem sido objeto de um debate caloroso.

8.2 Resolução de problemas: em busca de soluções

Veja esses dois problemas. Você consegue resolvê-los?

> *Na família Thompson há cinco irmãos, e cada irmão tem uma irmã. Se contarmos a Sra. Thompson, quantas mulheres há na família?*
>
> *Quinze por cento das pessoas em Topeka têm números de telefone que não constam na lista telefônica. Você seleciona 200 nomes aleatoriamente da lista. Quantas dessas pessoas não têm seus nomes listados?*

> **8.2 Objetivos Principais de Aprendizagem**
> - Identificar quatro barreiras comuns à resolução eficaz dos problemas.
> - Rever estratégias de resolução de problemas gerais e heurísticas e discutir variações culturais no estilo cognitivo.

Esses problemas, extraídos de Sternberg (1986, p. 214), são excepcionalmente simples, mas muitas pessoas não conseguem solucioná-los. A resposta para o primeiro problema é: existem duas mulheres na família. As únicas mulheres na família Thompson são a Sra. Thompson e sua única filha, que é irmã de cada um de seus irmãos. A resposta para a segunda pergunta é: nenhuma. Se você selecionou os nomes da lista, eles estão listados nela.

Por que tantas pessoas erram na solução desses problemas tão simples? Você saberá em breve, quando discutirmos as barreiras à solução eficiente de problemas. Mas, antes disso, examinemos um esquema para classificar os problemas em alguns tipos básicos.

Tipos de problemas

A *resolução de problemas* refere-se a esforços ativos para descobrir o que deve ser feito para alcançar um objetivo que não está prontamente disponível. Obviamente, se ele estiver prontamente disponível, não há problema a ser solucionado. Mas, em situações de solução de problemas, deve-se ir além da informação dada para superar os obstáculos e alcançar um objetivo. Jim Greeno (1978) propôs que os problemas podem ser categorizados em três classes principais:

1. Problemas de estrutura indutiva. A pessoa deve descobrir as relações entre as partes do problema. Os problemas de completar a série e de analogia na **Figura 8.3** são exemplos dessa classe.
2. Problemas de disposição. A pessoa deve arranjar as partes de modo que satisfaça algum critério. Elas podem geralmente ser arranjadas de várias formas. Contudo, apenas um ou alguns dos arranjos formam a solução. O problema do barbante e o dos anagramas na **Figura 8.3** se encaixam nessa categoria.
3. Problemas de transformação. A pessoa deve elaborar uma sequência de transformações para atingir um objetivo específico. O problema dos *hobbits* e *orcs* e o da jarra d'água na **Figura 8.3** são exemplos dessa categoria.

Problemas de transformação podem ser desafiadores: mesmo que se saiba exatamente qual é o objetivo, nem sempre é óbvio como ele pode ser alcançado.

A lista de Greeno não é um esquema exaustivo para classificação de problemas, mas fornece um sistema útil para o entendimento da variedade observada nos problemas do dia a dia.

Obstáculos na resolução eficiente de problemas

Com base em seus estudos sobre a questão da resolução de problemas, os psicólogos identificaram uma série de barreiras que frequentemente impedem os esforços de chegar a uma conclusão. Obstáculos comuns à solução efetiva de problemas incluem um foco de informação irrelevante, rigidez funcional, configuração mental e imposição de restrições desnecessárias.

Informação irrelevante

Começamos nossa discussão sobre a resolução de problemas com duas questões simples que as pessoas usualmente não conseguem resolver. A "pegadinha" é que esses problemas contêm informação irrelevante que desvia a atenção das pessoas. No primeiro, o número de irmãos é irrelevante na determinação do número de mulheres na família Thompson. No segundo, os participantes tendem a focalizar a percentagem (15%) e a quantidade de nomes (200). Mas essa informação numérica é irrelevante, porque todos os nomes foram tirados da lista telefônica.

Sternberg (1986) diz que é comum as pessoas presumirem incorretamente que toda informação numérica em um problema seja necessária para solucioná-lo. Elas, portanto, tentam descobrir como usar essa informação mesmo antes de considerar se ela é relevante. Focar informação irrelevante pode causar um efeito adverso no raciocínio e na solução de problemas (Gaeth e Shanteau, 2000). Por isso, a solução efetiva de problemas requer que se tente descobrir qual informação é relevante e qual não é antes de prosseguir.

A rigidez funcional

Outra barreira comum à solução eficiente de problemas é a *rigidez funcional* – a tendência de perceber um item apenas no seu uso mais comum –, que é observada na dificuldade que as pessoas têm em solucionar o problema na **Figura 8.3** (Maier, 1931). Solucionar esse problema demanda encontrar um novo uso para um dos objetos: a chave de fenda. Os participantes tendem a pensar nela em termos de sua utilização usual – parafusar e desparafusar e talvez abrir algo. Eles têm dificuldades para pensar nela como um peso. Sua maneira rígida de pensar a respeito da chave de fenda ilustra a rigidez funcional (Bassok e Novick, 2012). De acordo com McCaffrey (2012), a causa raiz da rigidez funcional está no fato de as pessoas tenderem a ignorar as características latentes e menos aparentes dos problemas. Para combater a rigidez funcional, ele desenvolveu uma estratégia que

A. Analogia
Que palavra completa a analogia?
Comerciante: vende :: Consumidor:_____
Advogado: cliente :: Médico: _____

B. O problema do barbante
Há dois pedaços de barbante dependurados no teto, mas eles estão distanciados demais para que uma pessoa pegue um e vá tentar apanhar o outro. Sobre a mesa pode-se ver uma caixa de fósforos, uma chave de fenda e alguns pedaços de algodão.
Como seria possível amarrar as duas extremidades dos barbantes?

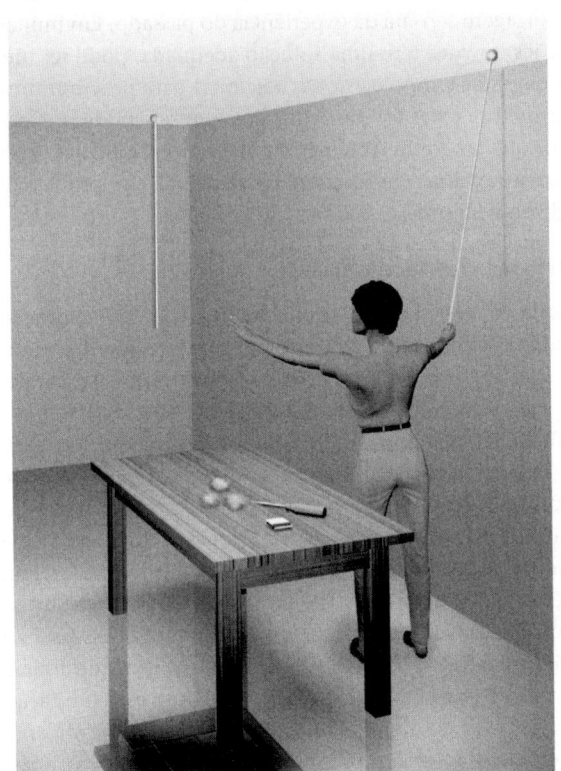

C. O problema dos *hobbits* e *orcs*
Três *hobbits* e três *orcs* chegam à margem de um rio e todos eles desejam chegar ao outro lado. Felizmente, há um barco, mas, infelizmente, ele só pode carregar duas pessoas por vez. Há também outro problema. Os *orcs* são criaturas maldosas e, sempre que há mais orcs que *hobbits* em um lado do rio, os *orcs* imediatamente atacam os *hobbits* e os devoram. Consequentemente, é preciso certificar-se de nunca deixar mais *orcs* que *hobbits* em qualquer dos lados do rio. Como solucionar o problema? Apesar de tudo, deve-se dizer que, embora os *orcs* sejam criaturas maldosas, pode-se confiar que eles trazem o barco de volta! (De Matlin, 1989, p. 319)

D. O problema da jarra d'água
Suponha uma jarra que comporte 21 xícaras de líquido, outra que comporte 127 xícaras e ainda outra que comporte 3 xícaras. Pode-se passar a água de uma jarra para outra e também se desfazer de parte da água, mas deve-se medir exatamente 100 xícaras de água. Como isso poderia ser feito?

E. Anagrama
Reorganize as letras em cada fileira de modo que apareça uma palavra em inglês.
RWAET
KEROJ

F. Finalização de série
Que número ou letra completa cada série?
1 2 8 3 4 6 5 6 ____
A B M C D M ____

Figura 8.3 Seis tipos de problemas-padrão utilizados em estudos de solução de problemas.
Tente solucionar os problemas identificando a que classe cada um deles pertence antes de ler adiante. Eles podem ser classificados como se segue: os problemas de analogia e os problemas de completar a série são de estrutura indutiva. As soluções para os problemas de analogia são "compra" e "paciente"; para os problemas de completar a série são 4 e *E*. O problema do barbante e o do anagrama são de disposição. Para solucionar o do barbante, conecte a chave de fenda a um barbante e faça que balance como um pêndulo. Segure o outro barbante e pegue a chave de fenda. Agora, desamarre a chave de fenda e amarre os pedaços de barbante. As soluções para os problemas do anagrama são *water* e *joker*. O problema dos *hobbits* e *orcs* e o problema da jarra d'água são de transformação. As soluções para eles estão delineadas nas **Figuras 8.4 e 8.5**.

ajuda as pessoas a discernirem as características latentes dos problemas. Essa estratégia envolve a sucessiva decomposição dos problemas em suas partes constituintes. Em um estudo inicial, ele descobriu que o treinamento nessa estratégia levou à solução avançada de problemas.

Configuração mental

A rigidez de pensamento também está em funcionamento quando a configuração mental interfere na eficiência da resolução de problemas. **A configuração mental existe quando as pessoas persistem em usar estratégias de resolução de problemas que foram bem-sucedidas no passado.** Seus efeitos podem ser vistos nos estudos de Abraham Luchins (1942). Ele pediu aos seus participantes que trabalhassem em uma série de problemas da jarra d'água. Seis desses problemas são apresentados na **Figura 8.6**, que mostra as capacidades das três jarras e a quantidade de água a ser calculada. Tente solucioná-los.

Você conseguiu encontrar uma fórmula para solucioná-los? Os quatro primeiros demandam a mesma estratégia descrita na **Figura 8.5**. É necessário encher a jarra B, despejar o conteúdo da jarra A uma vez e o da jarra C duas vezes. Assim, a fórmula para a solução do problema é B-A-2C. Embora haja uma solução bem mais simples (A-C) para o quinto problema (veja **Figura 8.10**), Luchins descobriu que muitos dos participantes ficavam empacados na estratégia mais complicada que haviam usado nos problemas 1-4. Além disso, muitos deles não conseguiram solucionar o sexto problema

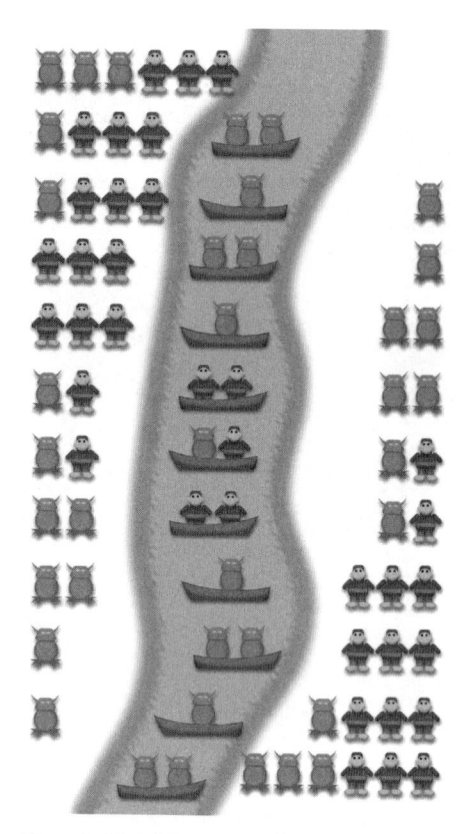

Figura 8.4 Solução para o problema dos *hobbits* e *orcs*.

Esse problema é difícil porque é necessário um "afastamento" temporário do objetivo a ser alcançado.

Figura 8.5 Método para a solução do problema da jarra d'água.

A fórmula é B – A – 2C.

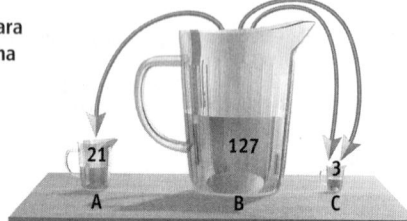

	Capacidade das jarras vazias			Volume de água desejado
Problema	A	B	C	
1	14	163	25	99
2	18	43	10	5
3	9	42	6	21
4	20	59	4	31
5	23	49	3	20
6	28	76	3	25

Figura 8.6 Outro problema da jarra d'água.

Usando as jarras A, B e C com as capacidades indicadas em cada fileira, descubra como medir o volume desejado de água especificado na coluna da direita. As soluções são mostradas na **Figura 8.10** (com base em Luchins, 1942).

dentro do tempo estipulado porque insistiam em usar sua estratégia comprovada, que não funcionava para esse problema. O poder impositivo da configuração mental foi demonstrado em *enxadristas* que trabalham com problemas no jogo (Bilali, McLeod e Gobet, 2010). Os dados sobre os movimentos dos olhos dos jogadores de xadrez indicaram que a primeira solução que vem à mente concentra atenção em informações consistentes com essa solução e dirige atenção para longe das estratégias alternativas. Configurações mentais não são necessariamente ruins. Elas refletem a aprendizagem sensata da experiência do passado. Em muitas situações, se você tem uma solução adequada, pode ser ineficiente gastar tempo e esforço adicional para procurar uma ainda melhor. Mas as configurações mentais podem explicar por que ter conhecimento em determinada área às vezes atrasa e atrapalha os esforços para a resolução de problemas (Leighton e Sternberg, 2003).

Restrições desnecessárias

A resolução efetiva de um problema demanda especificação de todos os limites que o controlam sem pressupor nenhuma restrição inexistente. Um exemplo de um problema em que as pessoas colocam restrições desnecessárias à solução está ilustrado na **Figura 8.7**. Sem levantar o lápis do papel, tente desenhar quatro linhas retas que passem pelos nove pontos. Se você sofreu com esse, não se sinta mal. Quando um limite de tempo de alguns minutos é imposto a esse problema, a taxa comum de solução é de 0% (MacGregor, Ormerod e Chronicle, 2001). O principal fator que torna esse um problema difícil é que a maioria das pessoas não vai desenhar linhas fora do limite imaginário que rodeia os pontos (Bassok e Novick, 2012). Note que essa limitação não é parte do enunciado do problema. Ela é imposta apenas pela pessoa que o está solucionando. Soluções corretas,

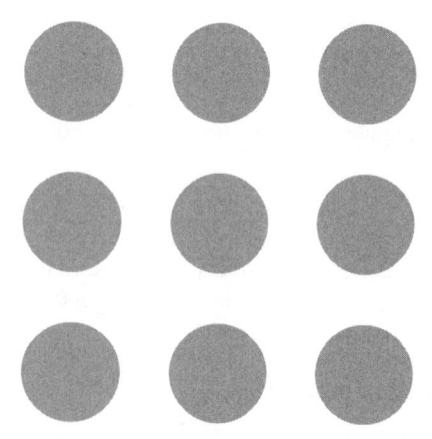

Figura 8.7 O problema dos nove pontos.

Sem levantar o lápis do papel, trace não mais de quatro linhas que passem pelos nove pontos. Para uma possível solução, veja **Figura 8.11**.

inclusive duas das quais são mostradas na **Figura 8.11**, estendem-se além da fronteira imaginária. Para resolver esse problema, é preciso literalmente, "pensar fora da caixa". Esse *slogan* popular, gerado pelo problema dos nove pontos, reflete o fato de que as pessoas frequentemente presumem coisas que impõem limitações desnecessárias a seus esforços na resolução de problemas.

O problema dos nove pontos é um clássico problema de *insight* – o que significa que quando as pessoas conseguem resolvê-lo, elas normalmente experimentam uma manifestação do *insight*. **O *insight* ocorre quando as pessoas repentinamente descobrem a solução correta para um problema depois de lidar com ele por algum tempo.** Embora a perspicácia se pareça com uma repentina experiência "ahá" para quem soluciona o problema, alguns pesquisadores questionaram se as soluções emergem instantaneamente ou são precedidas de um movimento crescente em direção a elas (Steenburgh et al., 2012).

Abordagens na resolução de problemas

As pessoas utilizam uma variedade de estratégias para tentar solucionar problemas. Nesta seção, examinaremos algumas delas.

Tentativa e erro e heurística

Tentativa e erro é uma abordagem comum, embora primitiva, de solucionar problemas, a qual **envolve tentar soluções possíveis sequencialmente e descartar aquelas que resultam em erro até que uma delas dê certo.** Tentativa e erro pode ser eficiente quando há relativamente poucas soluções possíveis a serem tentadas. Entretanto, esse método não é prático quando o número de manobras possíveis é grande. Considere, por exemplo, o problema mostrado na **Figura 8.8**. O desafio é mover apenas dois palitos de fósforos para criar um padrão que contenha quatro quadrados iguais. É claro, pode-se usar a abordagem de tentativa e erro para mover os palitos de fósforos. Mas isso demanda muito tempo, pois há cerca de 60 mil arranjos possíveis a serem tentados (veja **Figura 8.12** para a solução).

Como tentativa e erro é ineficiente, as pessoas comumente usam certos atalhos chamados heurística na resolução de problemas. **Heurística é um princípio orientador ou básico usado na resolução de problemas ou tomada de decisão.** Mas não garante sucesso. Quando bem-sucedida, inclui a formação de submetas, a busca por analogias e a mudança da representação do problema.

Formando submetas

É comum lidar com problemas formulando submetas, passos intermediários em busca da solução (Catrambone, 1998). Quando atingimos as submetas já resolvemos parte do problema. Alguns problemas têm submetas muito óbvias, e pesquisas mostram que as pessoas tiram vantagem disso. Por exemplo, em problemas de analogia, a primeira submeta geralmente é descobrir as possíveis relações entre a primeira e a segunda parte da analogia.

A sabedoria na formulação de submetas pode ser vista no problema da torre de Hanói, ilustrado na **Figura 8.9**. O objetivo final para esse problema é mover todos os três anéis da estaca A para a C, enquanto obedecemos a duas restrições: apenas o anel superior em uma estaca pode ser movido e um anel maior nunca deve ser sobreposto a um menor. Veja se você consegue solucionar esse problema antes de continuar.

Dividimos o problema em submetas para facilitar a solução (Kotovsky, Hayes e Simon, 1985). Se pensarmos em termos de submetas, sua primeira tarefa é colocar o anel 3 na base da estaca C. Dividindo a tarefa em submetas, os

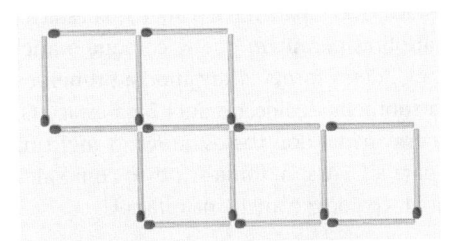

Figura 8.8 O problema dos palitos de fósforos.
Mova dois palitos para formar quatro quadrados iguais. A solução pode ser encontrada na **Figura 8.12**.

Fonte: Kendler, H. H. (1974). *Basic psychology*. Merlo Park, CA: Benjamin-Cummings. Copyright © 1974 The Benjamin-Cummings Publishing Co. Adaptado com permissão de Howard H. Kendler.

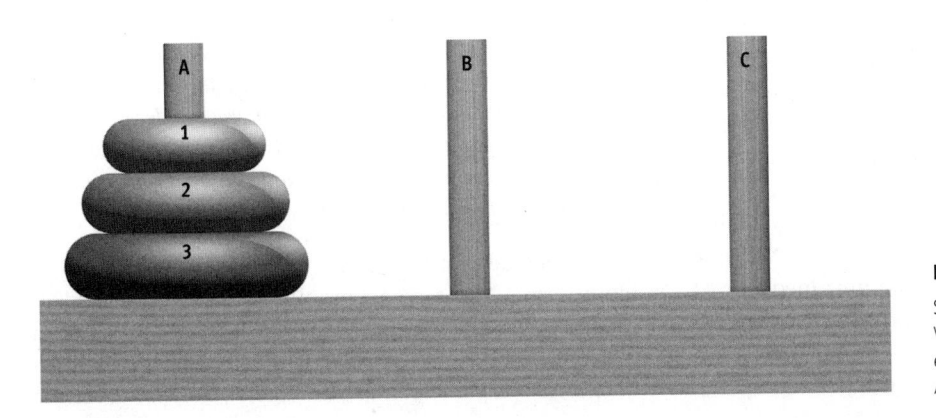

Figura 8.9 O problema da torre de Hanói.
Sua missão é mover os anéis da estaca A para a C. Você só pode mover o anel superior em cada estaca e não pode colocar um anel maior sobre um menor. A solução está explicada no texto.

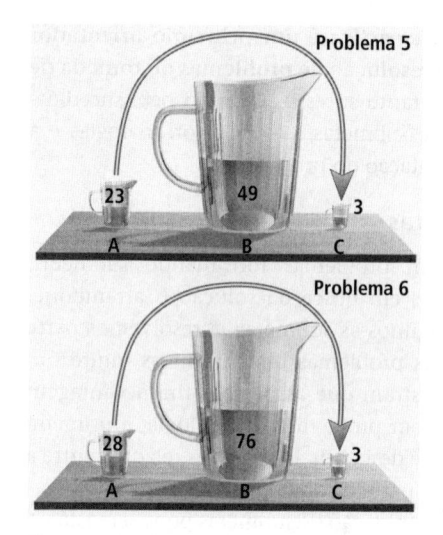

Figura 8.10 Soluções para os problemas adicionais da jarra d'água.

A solução para os problemas 1-4 é a mesma (B – A – 2C) que a mostrada para a Figura 8.7. Esse método funciona para o problema 5, mas há uma resposta ainda mais simples (A-C), que é a única solução para o problema 6. Muitos participantes exibem uma rigidez mental nesses problemas quando deixam de notar a solução mais simples.

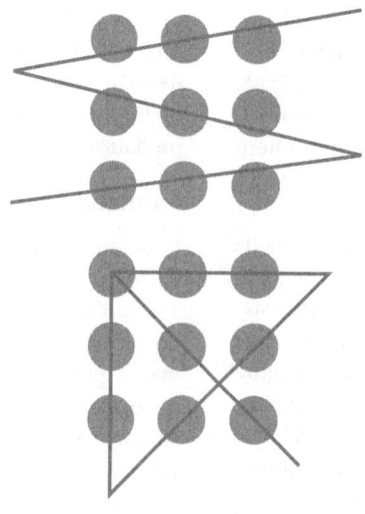

Figura 8.11 Duas soluções para o problema dos nove pontos.

A chave para a solução é reconhecer que nada no enunciado proíbe que se saia da fronteira imaginária que circunda os pontos.

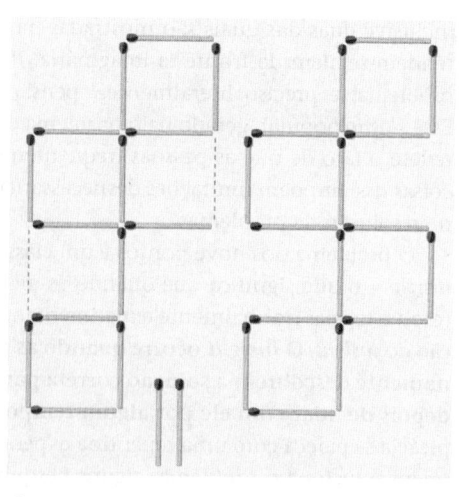

Figura 8.12 Solução para o problema dos palitos de fósforo.

A chave para a solução é "abrir" a figura, algo que muitos participantes relutam em fazer porque impõem limitações desnecessárias ao problema.

Fonte: Kendler, H. H. (1974). *Basic psychology*. Merlo Park, CA: Benjamin-Cummings. Copyright © 1974 The Benjamin-Cummings Publishing Co. Adaptado com permissão de Howard H. Kendler.

---

participantes podem descobrir que devem levar o anel 1 para a estaca C, o 2 para a B e o anel 1 da estaca C para a B. Essas manobras permitem que se coloque o anel 3 na base da estaca C, dessa forma alcançando a primeira submeta. A próxima submeta – colocar o anel 2 na estaca C – pode ser atingida em apenas dois passos: mover o anel 1 para a estaca A e o 2 para a C. Assim, torna-se óbvio como alcançar o objetivo final – colocar o anel 1 na estaca C.

Busca por analogias

Buscar analogias é outra das grandes heurísticas para solucionar problemas (Holyoak, 2012). Nós raciocinamos por analogia constantemente, e esses esforços para identificar analogias trazem grandes contribuições ao pensamento efetivo (Gentner e Smith, 2013). Se você consegue perceber uma analogia entre problemas, pode ser que seja capaz de usar a solução de um problema anterior para solucionar o atual. É claro que usar essa estratégia depende de reconhecer as semelhanças entre dois problemas, o que também pode ser um desafio. Contudo, estudos de esforços de resolução de problemas do mundo real mostram que nós dependemos de analogias muito mais do que a maioria das pessoas acredita. Por exemplo, um estudo registrou engenheiros de projeto durante as suas reuniões de desenvolvimento de produtos e descobriu que eles tinham uma média de 11 analogias por hora de deliberação (Christensen e Schunn, 2007). Claramente, analogias podem ser ferramentas poderosas nos esforços para resolver os problemas.

Alterando a representação do problema

A solução de um problema depende de como o antevemos – nossa representação do problema. Muitos problemas podem ser representados de forma verbal, matemática ou espacial. Pode-se representá-lo com uma lista, uma tabela, uma equação, um gráfico, uma matriz de fatos ou números, um diagrama hierárquico em forma de árvore ou um fluxograma sequencial (Halpern, 2014). Quando não se consegue progredir com a representação inicial, mudá-la é sempre uma boa estratégia (Bassok e Novick, 2012). Como ilustração, veja se consegue solucionar o problema do monge budista:

> *Ao alvorecer, um monge budista sai para escalar uma montanha alta. Ele vai por uma trilha estreita que segue ao redor da montanha e leva a um templo no seu topo. Ele sempre para, a fim de descansar, e sobe em uma velocidade variável, chegando na hora do pôr do sol. Depois de lá permanecer alguns dias, inicia sua viagem de volta. Como anteriormente, sai ao nascer do dia, para frequentemente para descansar, caminha em velocidade variável e chega ao pôr do sol. Prove que deve haver algum lugar ao longo do caminho que o monge passará nas duas viagens precisamente à mesma hora do dia.*

Por que deveria existir esse tal ponto? A velocidade do monge varia. Não seria apenas uma questão de coincidência que ele chegue a um ponto à mesma hora do dia? Além disso, se existe esse tal ponto, como se poderia provar qualquer coisa? Os participantes que representam esse problema em termos de informação verbal, matemática ou espacial encontram dificuldades. Os que trabalham com uma representação gráfica saem-se muito melhor. A melhor maneira de representar esse problema é visualizar um monge (ou dois monges diferentes) subindo e descendo a montanha à mesma hora. Ambos devem se encontrar em algum ponto. Ao construir um gráfico (veja **Figura 8.13**), pode-se variar a velocidade dos dois monges descendo diversos caminhos, mas há sempre um ponto em que eles se encontram. Pesquisas sugerem que a reestruturação da representação dos problemas muitas vezes é a chave para resolver os problemas de *insight*. A reestruturação de problemas também pode contribuir para a criatividade (Cunningham e MacGregor, 2014).

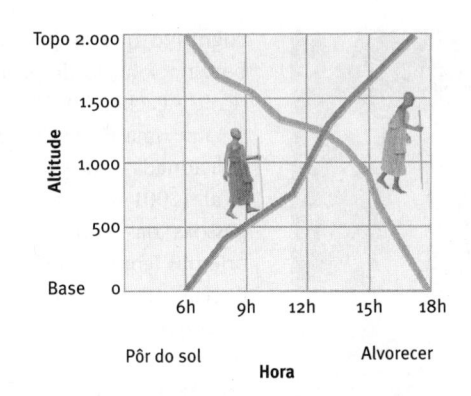

Figura 8.13 Solução do problema do monge budista.
Se você representar esse problema graficamente e pensar em termos de dois monges, fica evidente que o monge realmente passa por determinado ponto, no mesmo horário, todos os dias.

Fazendo uma pausa: incubação

Quando um problema é resistente à solução, há muito a ser dito sobre fazer uma pausa e não pensar sobre isso por um tempo. Depois de uma pausa, você pode achar que vê o problema sob uma luz diferente, e novas soluções podem vir à mente. Obviamente, não há nenhuma garantia de que uma ruptura facilitará a resolução dos problemas. Mas as pausas são importantes o suficiente para que os pesquisadores dessem ao fenômeno um nome: *incubação*. Um *efeito de incubação* **ocorre quando novas soluções aparecem para um problema anteriormente sem solução, após se passar um período inconscientemente pensando sobre o problema.** Dependendo da natureza do problema, os períodos de incubação podem ser medidos em minutos, horas ou dias. A probabilidade de um efeito de incubação depende de uma série de fatores relacionados à tarefa, mas, no geral, a incubação tende a aumentar a resolução dos problemas (Dodds, Ward e Smith, 2011). Alguns teóricos acreditam que os efeitos da incubação ocorrem porque as pessoas continuam trabalhando em problemas em um nível inconsciente depois que o esforço consciente foi suspenso (Ellwood et al., 2009). No entanto, outras evidências sugerem que um nível elevado de divagação durante o intervalo de incubação está associado a uma maior probabilidade de chegar a uma nova solução (Baird et al., 2012).

Cultura, estilo cognitivo e resolução de problemas

As várias experiências das pessoas em diferentes culturas levariam a variações entre culturas na resolução de problemas? Sim, pelo menos até certo ponto. Os pesquisadores têm notado diferenças culturais no estilo

---

REVISÃO 8.1

Pensando a respeito da resolução de problemas

Verifique seu entendimento sobre a solução de problemas completando os espaços em branco. Comece tentando solucioná-los.

O problema da vela

Usando os objetos mostrados aqui – velas, uma caixa de fósforos, barbante e algumas tachinhas –, descubra como montar uma vela na parede de modo que possa ser usada para iluminar.

Tente solucionar o problema antes de ver a solução na página seguinte. E, depois, responda às seguintes perguntas. As respostas encontram-se no Apêndice A.

1. Caso não lhe tenha ocorrido, a caixa de fósforos pode ser convertida de embalagem em plataforma. Isso ilustra _____.

2. Ao pensar no problema "Como posso criar uma plataforma presa à parede", você usou a heurística de _____.

3. Se lhe ocorreu, de repente, que a caixa de fósforos poderia ser transformada em plataforma, essa percepção seria um exemplo de _____.

4. Se suspeitou de que talvez pudesse haver alguma semelhança entre esse problema e o do barbante na **Figura 8.3** (a semelhança é o novo uso de um objeto), suas suspeitas estariam ilustrando a heurística de _____.

5. Considerando as três classes de problema de Greeno, o das velas é um _____.

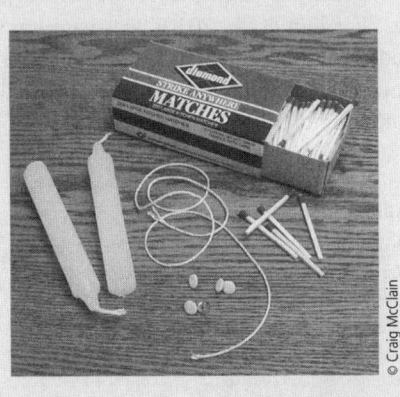

A solução para o problema da vela, que se encontra na Revisão 8.1.

cognitivo que as pessoas exibem na solução de problemas (Cole e Packer, 2011).

Em uma linha de pesquisa relacionada, Richard Nisbett et al. (2001) afirmaram que as pessoas das culturas da Ásia oriental (como China, Japão e Coreia) apresentam um estilo cognitivo holístico que foca o contexto e o relacionamento dos elementos em um campo, ao passo que as culturas ocidentais (América e Europa) apresentam um estilo cognitivo analítico que foca objetos e suas propriedades, em vez do contexto. Explicando de uma maneira mais simples, os orientais veem o todo, enquanto os ocidentais veem as partes.

Em um teste de hipótese, Masuda e Nisbett (2001) apresentaram cenas animadas por computador que incluíam peixes e outros objetos debaixo d'água a participantes japoneses e norte-americanos e lhes pediram que relatassem o que viram. Os comentários iniciais dos participantes norte-americanos tipicamente se referiram aos peixes que estavam em foco, ao passo que os comentários iniciais dos japoneses se referiram aos elementos de fundo (veja **Figura 8.14**). Além do mais, os participantes japoneses fizeram aproximadamente 70% de comentários a mais sobre o contexto ou fundo e duas vezes mais comentários a respeito dos relacionamentos entre os elementos nas cenas. Baseados nessas e em muitas outras descobertas, Nisbett et al. (2001) concluem que as diferenças culturais no estilo cognitivo são substanciais e que "processos cognitivos literalmente diferentes são com frequência invocados pelas culturas da Ásia oriental e pelos ocidentais ao lidar com o mesmo problema" (p. 305). Essas disparidades no estilo cognitivo parecem estar enraizadas nas variações da orientação social das culturas (Varnum et al., 2010). Elas parecem surgir da ênfase no indivíduo e na independência das culturas ocidentais, e, ao contrário, da ênfase no grupo e na interdependência da cultura oriental (veja Capítulos 11 e 12).

8.3 A TOMADA DE DECISÃO: ESCOLHAS E OPORTUNIDADES

A vida é repleta de decisões. Você decidiu ler este livro hoje. Pela manhã, ao se levantar, decidiu se tomaria ou não seu café da manhã, e o que comeria. Geralmente, tomamos decisões rotineiras como essas com pouco esforço. Às vezes, entretanto, temos de tomar decisões importantes que requerem mais concentração. Grandes decisões – como escolher um carro, uma casa, um emprego – tendem a ser mais difíceis. As alternativas frequentemente apresentam inúmeros aspectos que precisam ser ponderados. Por exemplo, na escolha entre diversos carros, pode-se desejar comparar custos, espaço interno, economia de combustível, manuseio, aceleração, estilo, confiabilidade, características de segurança e garantias.

8.3 OBJETIVOS PRINCIPAIS DE APRENDIZAGEM

- Articular a teoria da racionalidade limitada de Simon e discutir as pesquisas acerca de decisões sobre preferências.
- Entender a disponibilidade e a representatividade heurística e como elas contribuem para a tendência de ignorar índices básicos e a falácia da conjunção.
- Descrever a natureza da heurística rápida e frugal e discutir teorias do processo dual de tomada de decisão.

A ***tomada de decisão* envolve avaliar alternativas e escolher entre elas.** Muitos tentam ser sistemáticos e racionais na tomada de decisão. Porém, o estudo que valeu a Hebert Simon o Prêmio Nobel de Economia de 1978 mostrava que as pessoas nem sempre sustentavam tais objetivos. Antes do estudo de Simon, a maioria das teorias tradicionais em economia pressupunha que as pessoas faziam escolhas racionais para maximizar seus ganhos econômicos. Simon (1957) notou que elas têm limitada capacidade para processar e avaliar informações em numerosos aspectos de alternativas possíveis. Assim, a **teoria da racionalidade limitada** de Simon **afirma que as pessoas tendem a usar estratégias simples na tomada de decisões, que se concentram em apenas alguns aspectos de opções disponíveis e muitas vezes resultam em decisões "irracionais", que estão abaixo do ideal.**

Motivados pela análise de Simon, os psicólogos dedicaram várias décadas ao estudo do modo como as parcialidades cognitivas distorcem o processo de tomada de decisão das pessoas. Vamos examinar essa pesquisa – e as críticas recentes que ela inspirou.

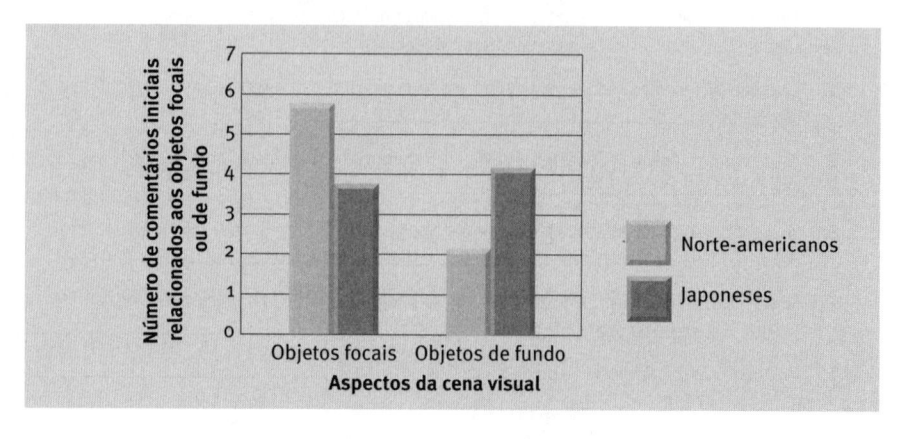

Figura 8.14 Disparidades culturais em estilos cognitivos.

Em um dos estudos conduzidos por Masuda e Nisbett (2001), pediu-se aos participantes que descrevessem cenas visuais animadas por computador. Como você pode ver, os comentários iniciais feitos pelos sujeitos norte-americanos se referiram mais aos objetos focais nas cenas, ao passo que os comentários iniciais feitos pelos japoneses se referiram mais aos elementos de fundo nas cenas. Essas descobertas são consistentes com a hipótese de que os orientais veem o todo (um estilo cognitivo holístico), enquanto os ocidentais veem partes (um estilo cognitivo analítico). (Dados de Masuda e Nisbett, 2001).

Escolhendo entre preferências

Tomar decisões envolve escolhas quanto a preferências, que podem ser feitas usando uma variedade de estratégias. Barry Schwartz (2004) propõe que as pessoas nas sociedades modernas são dominadas por uma superabundância de tais escolhas sobre preferências. Por exemplo, Schwartz descreve como uma simples visita a um supermercado local pode exigir que o consumidor escolha entre 285 variedades de biscoitos, 61 bronzeadores, 150 batons e 175 molhos para salada. O aumento da escolha é mais tangível nos bens de consumo. Mas Schwartz argumenta que também se estende a domínios mais significativos da vida. Hoje, as pessoas tendem a ter oportunidades sem precedentes para realizar escolhas sobre como elas serão educadas, como e onde trabalharão, como suas relações íntimas se desenrolarão, e até mesmo como se aparentarão. Apesar de uma enorme liberdade de escolha soar atraente, Schwartz afirma que a superabundância de escolhas na vida moderna tem custos inesperados. Ele sugere que as pessoas habitualmente cometem erros, mesmo quando escolhem entre várias alternativas, e que esses erros se tornam muito mais prováveis quando as decisões se tornam mais complexas. Ele explica como a *sobrecarga de escolha* aumenta o potencial de ruminação e arrependimento pós-decisão.

De acordo com essa análise, um grande número de estudos têm sugerido que, quando os consumidores têm muitas opções (para um produto específico), eles estão mais propensos a deixarem uma loja de mãos vazias (Jessup et al., 2009; Park e Jang, 2013). Por quê? Estudos mostram que, quando há muitas opções disponíveis, as pessoas estão mais propensas a terem dificuldades para decidir qual é a melhor opção e, assim, adiarem a sua decisão (White e Hoffrage, 2009). Quantas escolhas são muitas? Isso depende de uma série de fatores, mas parece que as pessoas preferem mais opções até certo ponto, depois, novos aumentos na quantidade de opções levam à diminuição da satisfação com a situação (Reutskaja e Hogarth, 2009). Dito isso, variações em como os consumidores bem informados se sentem sobre um produto específico podem influenciar a probabilidade de sobrecarga de escolha. Em um estudo recente, os participantes que subjetivamente se sentiram bem informados sobre produtos específicos estavam menos propensos a comprarem quando lhes eram dadas muitas opções (mostrando sobrecarga de escolha), mas aqueles que não se sentiam muito bem informados tendiam a acolher opções adicionais quando as escolhas extras os ajudavam a educarem-se sobre o produto (Hadar e Sood, 2014). Desse modo, a previsão de quando ocorrerá a sobrecarga da escolha é uma questão complexa.

Outra linha de pesquisa analisou se as decisões sobre as preferências funcionam melhor quando as pessoas se envolvem em deliberação consciente ou com sentimentos intuitivos inconscientes com base na deliberação mínima. Ap Dijksterhuis e colegas (Dijksterhuis e Nordgren, 2006; Dijksterhuis e van Olden, 2006) afirmaram que, dada a limitada capacidade do pensamento consciente, o número de decisões deliberadas deve ser superior ao de decisões intuitivas quando as escolhas são simples, mas o número de decisões inconscientes intuitivas deve ser superior quando as escolhas são complexas. Em um teste sobre essa hipótese, eles verificaram uma amostra de pessoas que indicaram quantos aspectos elas avaliariam na decisão de comprar 40 produtos de consumo, tais como xampus, sapatos e câmeras, produzindo uma pontuação de complexidade de decisão para cada produto (Dijksterhuis et al., 2006). Posteriormente, outro grupo de participantes escolheu um produto comprado recentemente dessa lista e foi perguntado sobre quanto de pensamento consciente colocaram na decisão e quão satisfeitos eles estavam com suas escolhas. Como previsto, a deliberação consciente promoveu uma maior satisfação quando as decisões eram simples.

> **CHECAGEM DA REALIDADE**
>
> **Ideia equivocada**
>
> Ao fazer escolhas, as pessoas gostam de ter muitas opções; quanto mais opções, melhor.
>
> **Realidade**
>
> Ter opções é uma coisa boa, mas ter mais opções não é necessariamente melhor. As pessoas gostam de ter uma variedade de opções, mas pesquisas sobre a sobrecarga de escolhas sugerem que a variedade é boa só até certo ponto. Uma superabundância de opções pode tornar as decisões difíceis e desagradáveis, fomentar a paralisia da decisão (uma incapacidade para decidir) e levar a um arrependimento pós-decisão.

Em geral, as pessoas decidem entre produtos alternativos – como TVs, carros, refrigeradores, e assim por diante – que variam em diversas dimensões. Frequentemente, ficam indecisas entre as várias opções e deliberam com o passar do tempo. No entanto, como o texto explica, deliberação extra não leva necessariamente a melhores decisões.

No entanto, o oposto ocorreu para as decisões complexas. Dijksterhuis chama esse fenômeno de *efeito de deliberação sem atenção* – quando as pessoas são confrontadas por escolhas complexas, elas tendem a tomar decisões melhores se não dedicarem muita atenção ao assunto. Dijksterhuis acredita que as deliberações estão ocorrendo, mas fora da consciência.

Essa afirmação foi apoiada por uma recente replicação do efeito da deliberação sem atenção que incorporou a neuroimagem dos cérebros dos participantes enquanto eles estavam envolvidos na deliberação consciente em relação à escolha de um produto e enquanto eles trabalhavam em uma tarefa para distração do pensamento para promover uma deliberação inconsciente sobre a escolha (Creswell, Bursley e Sapture, 2013). O estudo descobriu que as mesmas regiões cerebrais que foram ativadas pela deliberação consciente sobre a decisão continuavam ativas durante o período de deliberação inconsciente.

A heurística no julgamento das probabilidades

- Quais são suas chances de passar nas provas de psicologia se só estudar três horas?
- Qual é a probabilidade de uma reviravolta no mercado de ações durante o ano que vem?
- Quais são as chances de você ingressar em uma faculdade na carreira de sua escolha?

Essas perguntas pedem que se façam estimativas de probabilidade. Tais estimativas são cruciais na **tomada de decisão arriscada**, **que envolve fazer escolhas sob condições de incerteza.** Incerteza existe quando as pessoas não sabem o que acontecerá. Amos Tversky e Daniel Kahneman (1982; Kahneman e Tversky, 2000) conduziram extensa pesquisa sobre heurística (ou atalhos mentais) que as pessoas usam para lidar com as estimativas de probabilidades. Essa pesquisa deu a Kahneman o Prêmio Nobel de Economia em 2002 (infelizmente, seu colaborador, Amos Tversky, faleceu em 1996).

A disponibilidade é uma heurística. **Heurística da disponibilidade envolve basear uma probabilidade estimada de um evento na facilidade com que informações relevantes vêm à mente.** Por exemplo, você pode estimar a proporção de divórcios ao lembrar o número deles entre os amigos de seus pais. Lembrar instâncias específicas de um evento é uma estratégia razoável para usar na estimativa de probabilidade de eventos. Todavia, se as instâncias ocorrem frequentemente, mas você tem dificuldade de resgatá-las da memória, sua estimativa será tendenciosa. Por exemplo, é mais fácil lembrar de palavras que começam por uma mesma letra do que de daquelas que contenham certa letra em qualquer outra posição. Consequentemente, as pessoas devem ter tendência a responder que há mais palavras começando com a letra K do que tendo a mesma letra na terceira posição. Para testar essa hipótese, Tversky e Kahneman (1973) selecionaram cinco consoantes (K, L, N, R, V) que ocorrem mais frequentemente em terceira posição nas palavras em inglês do que em posição inicial. Os participantes foram questionados se cada uma das letras ocorria com mais frequência em primeira ou terceira posição. Muitos erroneamente acreditavam que as cinco letras eram muito mais frequentes na primeira do que na terceira posição, confirmando a hipótese.

A representatividade é outro guia na estimativa de probabilidades identificadas por Kahneman e Tversky (1982). **Heurística da representatividade envolve basear a probabilidade estimada de um evento em termos de quão bem representa um protótipo típico daquele evento.** Para ilustrar, imagine que você tire "cara ou coroa" seis vezes e mantenha um registro de quantas vezes o resultado seja cara (CA) ou coroa (CO). Qual das sequências é mais provável?

1. CO CO CO CO CO CO
2. CA CO CO CA CO CA

As pessoas geralmente acreditam que a segunda é mais provável. Apesar disso, o arremessar da moeda é um evento aleatório; a segunda opção parece muito mais representativa de um processo aleatório do que a primeira. Na realidade, a probabilidade de cada sequência é exatamente a mesma (1/2 x 1/2 x 1/2 x 1/2 x 1/2 x 1/2 = 1/64).

O trabalho influente de Tversky e Kahneman (1974, 1982) gerou um enorme volume de pesquisas sobre a tomada de decisão arriscada. Essa pesquisa mostrou que as pessoas se desviam de forma previsível das estratégias de melhor decisão – com surpreendente regularidade (Griffin et al., 2012). Por meio de dois exemplos, veremos como a dependência excessiva da heurística da representatividade tem sido usada para explicar a tendência a ignorar os índices básicos e a falácia da conjunção.

A tendência de ignorar os índices básicos

Steve é muito tímido e introvertido, normalmente prestativo, mas com pouco interesse nas pessoas e no mundo real. Uma alma dócil e organizada, ele necessita de ordem e estrutura e tem paixão por detalhes. Você acha que ele é um vendedor ou um bibliotecário? (Adaptado de Tversky e Kahneman, 1974, p. 1124).

Usando a heurística da representatividade, os participantes tendem a supor que ele seja um bibliotecário, porque se parece com o protótipo de um bibliotecário (Tversky e Kahneman, 1982). Na realidade, essa não é uma adivinhação muito sábia, pois ela ignora os índices básicos de bibliotecários e vendedores na população. Quase todos sabem que o número de vendedores é muito maior que o de bibliotecários (cerca de 75 para 1 nos Estados Unidos). Esse fato torna muito mais provável que Steve esteja no mundo das vendas. Ao estimar probabilidades, as pessoas ignoram informações de índices básicos. As pessoas são particularmente falhas ao aplicarem os índices básicos a si mesmas. Por exemplo, os empresários começam novas empresas ignorando a elevada taxa de insucesso para os novos negócios, e os assaltantes subestimam a probabilidade de que eles acabarão na cadeia.

A falácia da conjunção

Examinemos outro erro comum no raciocínio da tomada de decisão. Imagine que você vai encontrar um homem que é articulado, ambicioso e sedento de poder. É mais provável que ele seja um professor universitário ou um professor universitário que também é um político? As pessoas tendem a supor que ele seja um "professor universitário que também é um político", porque a descrição se encaixa no estereótipo típico dos políticos. Mas pare e pense por um instante. A categoria mais ampla de professores universitários inclui completamente a subcategoria menor de professores universitários que são políticos (veja **Figura 8.15**). A probabilidade de estar incluído na subcategoria não pode ser mais alta que a de estar incluído na categoria mais ampla. Isso é uma impossibilidade lógica! Tversky e Kahneman (1983) chamam esse erro de falácia da conjunção. A *falácia da conjunção* **ocorre quando as pessoas estimam que as chances de dois eventos incertos acontecerem juntos são maiores que as de qualquer um ocorrer sozinho.** Ela foi observada em uma série de estudos e geralmente é atribuída à poderosa influência da heurística de representatividade (Epstein, Donovam e Denes-Raj, 1999).

Análise evolucionista da heurística rápida e frugal

Uma das conclusões principais dos últimos 30 anos de pesquisa sobre o processo de tomada de decisões é que as estratégias humanas de tomada de decisão são repletas de erros e parcialidades que levam a surpreendentes resultados irracionais (Griffin et al. 2012; LeBoeuf e Shafir, 2012). Teóricos concluíram que o pensamento humano não é tão racional e eficaz como amplamente assumido. No entanto, alguns psicólogos evolutivos afirmam que os seres humanos só *parecem* irracionais porque os psicólogos cognitivos estão fazendo as perguntas erradas e formulando problemas de maneira errada – maneiras que não têm nada a ver com os problemas de adaptação que a mente humana evoluiu para resolver (Cosmides e Tooby, 1996). Expandindo essa visão, Gerd Gigerenzer afirma que o raciocínio dos seres humanos depende em grande parte da "heurística rápida e frugal", que é um pouco mais simples do que os complicados processos mentais estudados na pesquisa cognitiva tradicional (Girenzer, 2008; Katsikopoulos e Gigerenzer, 2013). Segundo Gigerenzer, organismos desde rãs até corretores da bolsa têm de tomar decisões rápidas sob circunstâncias exigentes com informações limitadas. Na maioria dos casos, os organismos (incluindo os seres humanos) não têm tempo, recursos, nem capacidades cognitivas para reunir todas as informações relevantes,

Figura 8.15 A falácia da conjunção.

As pessoas habitualmente são vítimas da falácia da conjunção, mas como esse diagrama deixa óbvio, a probabilidade de estar inserido em uma subcategoria (professores universitários que são políticos) não pode ser maior que a probabilidade de estar inserido na categoria mais ampla (professores universitários). Como ilustra esse caso, é bom representar um problema em um diagrama.

considerar todas as possíveis opções, calcular as probabilidades e riscos e depois tomar a decisão estatisticamente ótima. Em vez disso, eles usam a heurística rápida e frugal que é menos perfeita, mas que funciona bem o suficiente na maioria das vezes para se adaptar ao mundo real.

Gigerenzer e seus colegas mostraram que a heurística rápida e frugal pode ser surpreendentemente eficaz. Um tipo de heurística que é usada com frequência ao selecionar entre alternativas baseadas em uma dimensão quantitativa é a heurística do reconhecimento (Pachur et al. 2012), que funciona da seguinte maneira: se uma de duas alternativas for reconhecida e a outra não, infere-se que a alternativa reconhecida tem valor maior. Considere as seguintes perguntas – Qual cidade tem mais habitantes: San Diego ou San Antonio? Hamburgo ou Munique? Ao escolher entre as cidades dos Estados Unidos, os estudantes universitários norte-americanos pesaram fatos úteis obtidos durante sua experiência de vida para inferir a população e fizeram a escolha certa em 71% das vezes. Ao escolher entre as cidades da Alemanha, que conheciam muito pouco, os mesmos estudantes usaram a heurística do reconhecimento e fizeram a escolha certa em 73% das vezes (Goldstein e Gigerenzer, 2002).

Gigerenzer et al. estudaram uma variedade de outras estratégias rápidas e de raciocínio único e demonstraram que elas podem render inferências que são tão precisas quanto estratégias muito mais elaboradas e demoradas que pesam cuidadosamente muitos fatores (Marewski, Gaissmaier e Gigerenzer, 2010). E os pesquisadores demonstraram que as pessoas, na verdade, usam essa heurística rápida e frugal em diversas situações. Portanto, o estudo da heurística rápida e frugal promete ser uma intrigante nova linha de pesquisas no estudo do processo humano de tomada de decisão.

Como os teóricos tradicionais do processo de tomada de decisões reagiram ao desafio apresentado por Gigerenzer e outros teóricos evolucionistas? Eles reconhecem que as pessoas com frequência dependem da heurística rápida e frugal, mas argumentam que essa realidade não faz que décadas de pesquisas sobre abordagens cuidadosamente fundamentadas se tornem sem sentido. Pelo contrário, eles propõem teorias de um processo dual que afirmam que as pessoas dependem de dois modos ou sistemas de pensamento muito diferentes ao tomarem decisões (Evans e Stanovich, 2013; Gilovich e Griffin, 2010; Kahneman, 2011). Um sistema consiste em julgamentos rápidos, simples, sem esforço e automáticos, que os teóricos tradicionais preferem caracterizar como "pensamento intuitivo". O segundo consiste em julgamentos mais lentos, elaborados, controlados e com mais esforço, como aqueles estudados na pesquisa tradicional. De acordo com essa visão, o segundo sistema monitora e corrige o sistema intuitivo quando necessário e assume o comando quando surgem decisões complicadas e importantes. Portanto, os teóricos tradicionais afirmam que a heurística rápida e frugal e as estratégias fundamentadas e governadas por regras existem lado a lado e que ambas precisam ser estudadas para um entendimento completo do processo de tomada de decisão. Teorias do processo duplo têm gerado muitas pesquisas, mas essa abordagem levanta muitas

> **CHECAGEM DA REALIDADE**
>
> **Ideia equivocada**
>
> A tomada de decisão eficaz exige uma análise cuidadosa das alternativas e deliberação reflexiva.
>
> **Realidade**
>
> A pesquisa sobre a heurística rápida e frugal e o efeito de deliberação sem atenção demonstram que a boa tomada de decisão não *exige* necessariamente deliberação sistemática aprofundada. Embora muitas decisões exijam uma reflexão cuidadosa, parece que a intuição tem sido subestimada. Estratégias rápidas, simples e intuitivas também podem render boas decisões. O desafio é saber quando seguir a intuição e quando contar com a deliberação.

REVISÃO 8.2

Reconhecendo falhas na tomada de decisão

Verifique seu entendimento da heurística e tendências no processo de tomada de decisão tentando identificar as peculiaridades de raciocínio aparentes nos exemplos a seguir. Escreva a letra correspondente ao fenômeno cognitivo em funcionamento no espaço à esquerda, escolhendo uma das seguintes opções: (a) a heurística da disponibilidade, (b) a heurística da representatividade, (c) a tendência a ignorar os índices básicos e (d) a falácia da conjunção.

_____ 1. Alex é um *linebacker* excelente da sua equipe de futebol norte-americano na escola. Ele está bem consciente de que apenas uma pequena minoria das estrelas do ensino médio ganha bolsas de estudos e que uma fração menor ainda de atletas universitários começa a jogar bola profissionalmente. No entanto, ele está confiante de que será uma estrela do NFL um dia.

_____ 2. Reggie está desfrutando de deliciosas férias em um hotel em frente à praia na Flórida. Mas seus amigos não conseguem convencê-lo a entrar no mar porque ele está extremamente preocupado com a possibilidade de um ataque de tubarão. Seus amigos dizem que ele está sendo bobo, mas ele explica que ao longo dos anos ele tem visto muitas notícias sobre ataques de tubarão.

_____ 3. Maurice e Whitney são os orgulhosos pais de quatro meninas, mas eles ainda anseiam por um menino. Ao contemplar a possibilidade de tentar ter outro filho, na esperança de adicionar um menino à família, eles pensam: "Que diabos, as leis da probabilidade estão a nosso favor. A probabilidade de ter cinco meninas em seguida deve ser muito baixa. Vamos tentar".

questões complexas sobre como decidimos qual sistema ouvir, como os sistemas interagem e como eles trocam informações (Newell, 2013). Os teóricos também expressaram preocupações de que as diferenças entre os dois sistemas têm sido descritas de forma vaga, imprecisa e simplificada (Evans, 2012).

Embora o processo sensato de tomada de decisão e a resolução eficaz de problemas sejam obviamente aspectos-chave da inteligência, há relativamente pouca sobreposição entre a pesquisa da cognição e a da inteligência. Como vimos, a pesquisa cognitiva investiga como as pessoas usam sua inteligência; o foco está no processo. Em comparação, o estudo da inteligência, foi, em geral, abordado a partir de uma perspectiva de teste, que enfatiza a aferição da quantidade de inteligência que as pessoas têm e a descoberta da razão pela qual algumas pessoas têm mais inteligência que outras. Vamos examinar como essas aferições são feitas.

8.4 Medindo a inteligência

8.4 Objetivos Principais de Aprendizagem
- Resumir as contribuições de Binet, Terman e Wechsler para a evolução dos testes de inteligência.
- Explicar o significado do desvio nas pontuações de QI e resumir as evidências sobre a confiabilidade e validade das pontuações de QI.
- Discutir quão bem as pontuações de QI preveem o sucesso profissional e descrever o uso dos testes de QI em culturas não ocidentais.

Começaremos nossa discussão com uma breve visão geral da história dos testes de inteligência e depois abordaremos algumas questões práticas sobre como esses testes funcionam.

Uma breve história

Os testes de inteligência foram inventados há cerca de cem anos. A principal inovação aconteceu em 1904, quando uma comissão sobre educação na França pediu a Alfred Binet que desenvolvesse um teste para identificar crianças mentalmente situadas abaixo do padrão de normalidade. A comissão desejava identificar jovens que precisassem de treinamento especial e também evitar a confiança total nas avaliações dos professores, que podem ser subjetivas e parciais. Em resposta a essa necessidade, Binet e um colega, Theodore Simon, criaram o primeiro teste de habilidade mental geral em 1905. Sua escala foi um sucesso porque era barata, fácil de aplicar, objetiva e capaz de fazer uma boa previsão do desempenho das crianças na escola (Siegler, 1992). Graças a essas qualidades, seu uso se espalhou pela Europa e América.

A escala Binet-Simon expressava a pontuação de uma criança nos termos de "nível mental" ou "idade mental". A **idade mental** de uma criança indicava que ela tinha a habilidade mental típica de uma criança daquela idade cronológica (verdadeira). Desse modo, uma criança com a idade mental de 6 anos tinha um desempenho correspondente à média de 6 anos no teste. Binet percebeu que essa escala foi um esforço inicial um tanto rudimentar para medir a habilidade mental. Ele a revisou em 1908 e de novo em 1911. Infelizmente, essas revisões pararam abruptamente quando de sua morte em 1911. Contudo, outros psicólogos continuaram a desenvolver o trabalho de Binet.

Nos Estados Unidos, Lewis Terman et al., da Stanford University, logo começaram a trabalhar em uma expansão e revisão do teste de Binet. Seu trabalho levou à publicação em 1916 da Escala de Inteligência Stanford-Binet (Terman, 1916). Essa revisão foi bastante leal às concepções originais de Binet. Entretanto, ela incorporou um novo esquema de teste baseado no "quociente de inteligência", de William Stern (Weiner, 2013b). **Quociente de inteligência (QI) é a idade mental da criança dividida pela idade cronológica, multiplicada por 100.** As pontuações do QI originalmente envolviam quocientes reais, calculados da seguinte maneira:

$$QI = \frac{\text{Idade mental}}{\text{Idade cronológica}} \times 100$$

A proporção do QI colocava todas as crianças (independente da idade) na mesma escala, que foi centrada em 100 se a idade mental delas correspondesse à idade cronológica (veja **Tabela 8.1** para exemplos de cálculos de QI).

As contribuições técnicas e teóricas de Terman aos testes psicológicos foram modestas, mas suficientes para demonstrar os benefícios educacionais do teste e se tornar a força principal por trás da ampla adoção dos testes de QI pelas escolas norte-americanas. Como resultado de seus esforços, a escala Stanford-Binet rapidamente se tornou o principal teste de inteligência do mundo e padrão de comparação para todos os testes de inteligência posteriores. Hoje, ela permanece como um dos testes psicológicos mais usados mundialmente.

Avanços subsequentes nos testes de inteligência vieram do trabalho de David Wechsler (1939), que publicou o primeiro teste de QI de alta qualidade projetado especificamente para adultos em 1939. Seu teste, a Escala de Inteligência Wechsler para Adultos (WAIS – *Wechsler Adult Intelligence Scale*), introduziu duas grandes inovações. Em primeiro lugar, Wechsler tornou o teste menos dependente da habilidade verbal dos sujeitos do que era a escala Stanford-Binet. Ele incluiu muitos itens que exigiam raciocínio não verbal. Para destacar a distinção entre a habilidade verbal e não verbal, Wechsler formalizou a computação de pontuações separadas para QI verbal, QI de desempenho (não verbal) e QI escala total. Em segundo lugar, Wechsler descartou o quociente de inteligência em favor de um novo esquema de pontuação

Tabela 8.1 Calculando o quociente de inteligência

Medida	Criança 1	Criança 2	Criança 3	Criança 4
Idade mental (IM)	6 anos	6 anos	9 anos	12 anos
Idade cronológica (IC)	6 anos	9 anos	12 anos	9 anos
$QI = \frac{IM}{IC} \times 100$	$\frac{6}{6} \times 100 = 100$	$\frac{6}{9} \times 100 = 67$	$\frac{9}{12} \times 100 = 75$	$\frac{12}{9} \times 100 = 133$

Na cultura norte-americana, a maioria das pessoas está familiarizada com testes padronizados durante seus anos na escola primária, porque elas fazem várias vezes testes de QI e vários outros tipos de testes de desempenho. O teste padronizado é uma enorme empresa nos Estados Unidos.

baseado na distribuição normal. Esse sistema de pontuação tem sido adotado pela maioria dos testes de QI, incluindo o Stanford-Binet. Embora o termo quociente de inteligência permaneça em nosso vocabulário, as pontuações nos testes de inteligência não são mais baseadas em um verdadeiro quociente (Urbina, 2011).

O que as pontuações dos atuais testes de QI significam?

Como discutimos, as pontuações nos testes de inteligência costumavam representar uma proporção da idade mental para a idade cronológica. Porém, esse sistema deu lugar a outro baseado na distribuição normal e no desvio-padrão, um índice estatístico de variabilidade na distribuição de dados, que é explicado no Apêndice B. A curva normal é uma curva simétrica, em forma de sino, que representa o padrão no qual muitas características são dispersas na população. Quando um traço é distribuído normalmente, muitos casos se encaixam perto do centro de distribuição, e o número de casos diminui gradualmente quando nos movemos do centro para qualquer direção. A distribuição normal fornece um meio preciso de medir como as pessoas avançam umas em relação às outras. As pontuações sob a curva normal são dispersas em um padrão fixo, com o desvio-padrão servindo como a unidade de medida (veja **Figura 8.16**). Cerca de 68% das pontuações na distribuição se encaixam em um desvio-padrão da média, ao passo que 95% da pontuações se encaixam em dois desvios-padrão da média.

Os psicólogos acabaram reconhecendo que a pontuação de inteligência também se encaixa na curva normal. Essa

Figura 8.16 A curva normal.
Muitas características são distribuídas em um padrão representado por essa curva de sino. O eixo horizontal mostra quão acima ou abaixo da média está uma pontuação (medida em mais ou menos desvios-padrão). O eixo vertical é usado para indicar o número de casos que obtiveram cada pontuação. Em uma distribuição normal, os casos são distribuídos em um padrão fixo. Por exemplo, 68,6% dos casos estão entre −1 e +1 desvio-padrão. As pontuações modernas do QI indicam onde a inteligência medida de uma pessoa se encaixa na distribuição normal. Na maioria dos testes de QI, a média é estabelecida em um QI de 100, e o desvio-padrão em 15. Qualquer desvio de pontuação do QI pode ser convertido em uma pontuação percentil. As classificações mentais na parte de baixo da figura são rótulos descritivos que correspondem aproximadamente à cadeia de pontuação do QI.

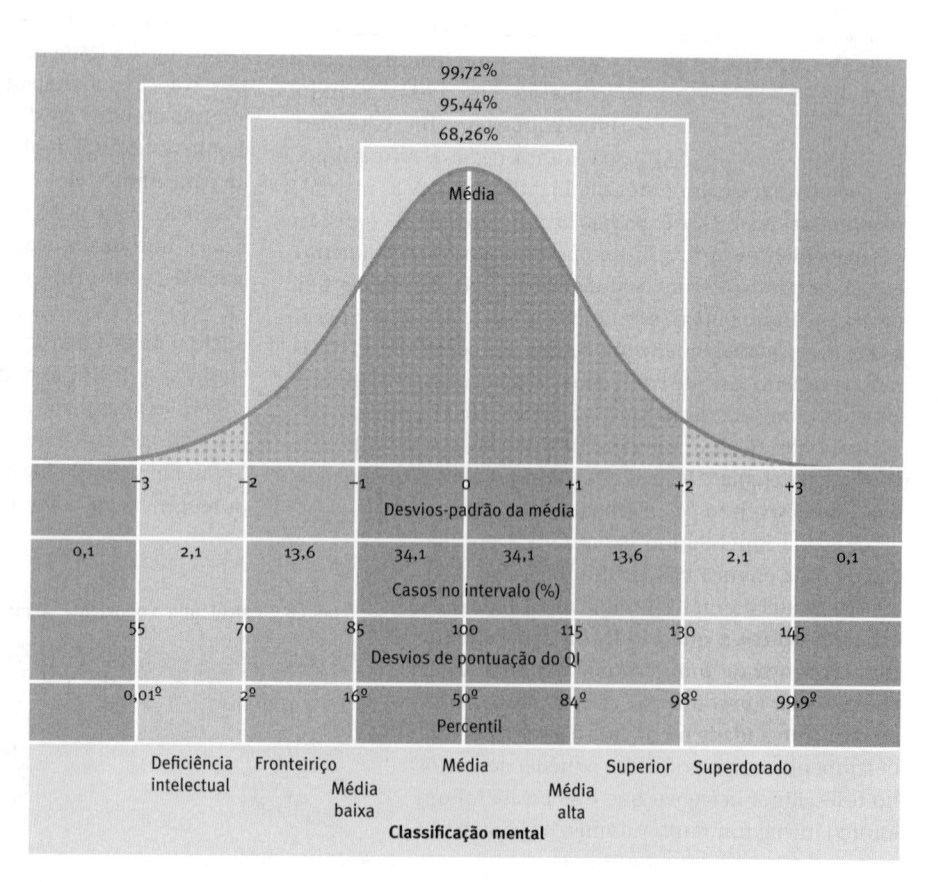

visão permitiu a David Wechsler desenvolver um sistema de pontuação mais sofisticado para seus testes, que foi eventualmente adotado por praticamente todos os modernos testes de QI. Nele as pontuações puras são traduzidas em ***desvios de pontuação do QI*** **que localizam as pessoas que respondem aos testes precisamente dentro da distribuição normal**. Para a maioria dos testes de QI, a média de distribuição é estabelecida em 100 e o desvio-padrão (DP) é estabelecido em 15. Essas escolhas foram feitas para dar continuidade dentro da proporção original do QI (idade mental para idade cronológica) que foi centrada em 100. Nesse sistema, exibido na **Figura 8.16**, uma pontuação de 115 significa que a pessoa pontuou exatamente um DP (15 pontos) acima da média. Uma pontuação de 85 significa que a pessoa pontuou um DP abaixo da média. Uma pontuação de 100 significa que a pessoa mostrou um desempenho dentro da média. O ponto-chave é que as pontuações dos testes modernos de QI indicam exatamente onde você se encaixa na distribuição normal da inteligência. Assim, uma pontuação de 120 não significa que você respondeu a 120 questões corretamente. Nem que você tem 120 "unidades de inteligência". Um desvio de pontuação do QI o coloca em um ponto específico na distribuição normal da inteligência (com base nas normas da sua faixa etária). Os desvios de pontuação do QI podem ser convertidos em pontuações percentis, como vemos na **Figura 8.16**. Uma *pontuação percentil* indica a porcentagem das pessoas que obtêm a mesma pontuação, ou mais baixa, que outra pessoa.

Os testes de inteligência têm confiabilidade adequada?

No jargão dos testes psicológicos, ***confiabilidade*** **refere-se à consistência de medida de um teste**. Um teste confiável é aquele que produz resultados semelhantes ao ser repetido. Como outros tipos de recursos de mensuração, como um cronômetro ou calibrador de pneus, os testes psicológicos precisam ser adequadamente confiáveis (Geinsinger, 2013). As estimativas de confiabilidade exigem a computação de coeficientes de correlação, que apresentamos no Capítulo 2. Como você deve se lembrar, **um *coeficiente de correlação* é um índice numérico do grau de relacionamento entre duas variáveis** (veja **Figura 8.17**). Ao aferir a confiabilidade de um teste, as duas variáveis que são correlacionadas tipicamente são dois grupos de pontuações obtidas por dois administradores do teste. Os testes de QI produzem resultados consistentes quando as pessoas são testadas novamente? Sim. A maioria dos testes de QI relata estimativas meritórias de confiabilidade. As correlações geralmente alcançam 0,90 (Kaufman, 2000), que é muito alto. Em comparação com a maioria dos outros tipos de testes psicológicos, os testes de QI são excepcionalmente confiáveis.

Entretanto, assim como em outros testes, eles fazem uma amostra de comportamento, e um teste específico pode produzir uma pontuação não representativa. As variações nas motivações dos examinandos para fazer um teste de QI ou sua ansiedade a respeito do teste podem às vezes produzir pontuações enganosas (Duckworth et al., 2011; Hopko et al., 2005). O problema mais comum é que a motivação baixa ou a alta ansiedade podem arrastar a pontuação de uma pessoa para baixo em uma ocasião específica. Embora a confiabilidade dos testes de QI seja excelente, é sempre necessário ter cuidado na interpretação das pontuações.

Os testes de inteligência têm validade adequada?

Ainda que um teste seja bastante confiável, precisamos nos preocupar com sua validade. A ***validade*** **refere-se à habilidade de um teste em medir aquilo que é designado a medir**. A validade pode ser estimada de várias maneiras, dependendo da natureza do teste (Sireci e Sukin, 2013). Ao medir uma qualidade pessoal abstrata como a inteligência, é preciso observar a validade da construção do teste. Os testes de inteligência medem o que eles são designados a medir? Sim, mas essa resposta tem de ser qualificada com cuidado. Os testes de QI são medidas válidas do tipo de inteligência que é necessária para ter um bom desempenho

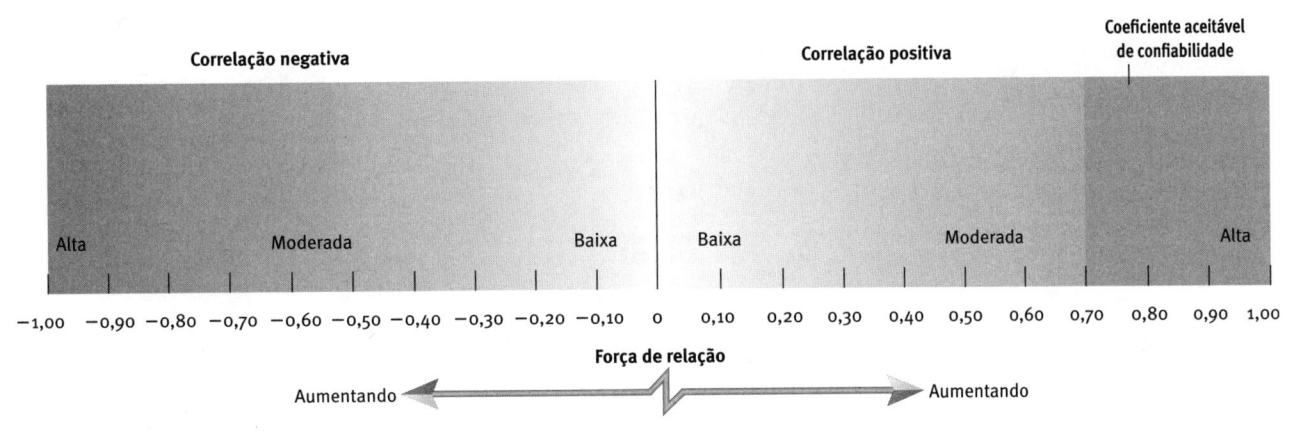

Figura 8.17 Correlação e confiabilidade.
Como explicamos no Capítulo 2, uma correlação positiva significa que duas variáveis covariam na *mesma* direção. Quanto mais próximo o coeficiente de correlação chegar de −1,00 ou +1,00, mais forte é o relacionamento. Em um mínimo, as estimativas de confiabilidade para os testes psicológicos podem ser correlações positivas moderadamente altas. A maioria dos coeficientes de confiabilidade fica entre 0,70 e 0,95.

> **CHECAGEM DA REALIDADE**
>
> **Ideia equivocada**
> Os testes de QI medem a capacidade mental em um sentido verdadeiramente geral.
>
> **Realidade**
> Os testes de QI são caracterizados como medidas de habilidade mental *geral*, e o público passou a acreditar que eles medem a capacidade mental em um sentido verdadeiramente amplo. Na realidade, os testes de QI sempre focaram apenas o raciocínio abstrato e fluência verbal essencial para o sucesso acadêmico. Os testes não abordam a competência social, resolução de problemas práticos, criatividade, engenhosidade mecânica ou talento artístico.

em um trabalho acadêmico. Mas se o propósito for acessar a inteligência em um sentido mais amplo, a validade do teste de QI é questionável.

Como você deve se lembrar, os testes de inteligência foram originalmente desenvolvidos com um propósito um tanto limitado em mente: prever o desempenho escolar. Esse continuou a ser o principal propósito do teste de QI. Esforços para documentar a validade dos testes de QI se concentraram no relacionamento deles com as notas escolares. Tipicamente, as correlações positivas em 0,50 são encontradas entre as pontuações do QI e as notas (Mackintosh, 1998). Além disso, um estudo enorme com mais de 70 mil crianças na Inglaterra encontrou uma relação ainda mais forte entre inteligência e desempenho escolar. Quando Deary e colegas (2007) usaram uma medida composta de inteligência (baseada em vários testes) para prever uma estimativa composta do progresso educacional (com base em 25 testes de desempenho) cinco anos mais tarde, eles encontraram correlações nas proximidades de 0,70.

Essas correlações são tão altas quanto se pode esperar, considerando-se que muitos fatores além da inteligência de uma pessoa podem afetar as notas e o progresso escolar. Por exemplo, as notas escolares podem ser influenciadas pela motivação do aluno, sua diligência, ou personalidade; para não falar das parcialidades subjetivas dos professores. De fato, um estudo relatou que as medidas de *autodisciplina* dos alunos são surpreendentemente fortes preditores de seus desempenhos (Duckworth e Seligman, 2005). Assim, tendo em conta todos os outros fatores suscetíveis de influenciarem o desempenho na escola, os testes de QI parecem ser índices razoavelmente válidos da habilidade intelectual relacionada à escola, ou à inteligência acadêmica.

Mas as habilidades avaliadas pelos testes de QI não são tão amplas e genéricas quanto se pensa. Quando Robert Sternberg et al. (1981) pediram às pessoas que listassem exemplos de comportamento inteligente, descobriram que os exemplos se encaixaram em três categorias: (1) inteligência verbal; (2) inteligência prática; e (3) inteligência social (veja **Figura 8.18**). Desse modo, as pessoas em geral reconhecem três componentes básicos de inteligência. Em sua maioria, os testes de QI avaliam apenas o primeiro desses três componentes, focando mais estritamente a inteligência acadêmica/verbal (Sternberg, 1998; 2003b).

Os testes de inteligência preveem sucesso vocacional?

Os dados que relacionam o QI à realização profissional são bem claros. As pessoas que alcançam uma pontuação alta nos testes de QI têm maior probabilidade de alcançar altas posições profissionais do que as que têm uma pontuação baixa (Gottfredson, 2003b; Schmidt e Hunter, 1994; Schmidt e Hunter, 2004). Como os testes de QI medem muito bem a habilidade escolar, e o desempenho na escola é importante para conseguir certas ocupações, o elo entre as pontuações do QI e o *status* profissional faz sentido. É claro que a correlação entre o QI e a realização profissional é moderada. Por exemplo, em uma meta-análise de muitos estudos sobre o assunto, Strenze (2007) encontrou uma correlação de 0,37 entre o QI e o *status* profissional. Esse número significa que há uma abundância de exceções à tendência geral. Algumas pessoas provavelmente superam colegas brilhantes, com a determinação de um buldogue e trabalho duro. A relação entre o QI e a renda parece ser um pouco mais fraca. A me-

Figura 8.18 Concepções de inteligência por parte das pessoas leigas.
Robert Sternberg et al. (1981) e seus colegas pediram a participantes que listassem exemplos característicos de comportamento inteligente. Os exemplos encaixaram-se em três grupos que representam três tipos de inteligência reconhecidos pela pessoa comum: verbal, prática e social. Os três personagens aqui mencionados são protótipos de inteligência verbal (J. K. Rowling), inteligência prática (Jeff Bezos) e inteligência social (Jimmy Fallon).

Fonte: Adaptado de Sternberg, R. J. et al. People's conception of intelligence. *Journal of Personality and Social Psychology*, v. 41, n. 1, p. 37-55. 1981. Copyright © 1981 pela American Psychological Association. Adaptado com permissão do editor e autor.

ta-análise de Strenze (2007) relatou uma correlação de 0,21 entre o QI e a renda com base em 31 estudos. Os resultados sugerem que a inteligência promove o sucesso profissional. No entanto, a força da relação é modesta.

Há um debate considerável, todavia, se as pontuações de QI são previsões efetivas de desempenho em relação a uma ocupação particular. Por outro lado, as pesquisas sugerem que (a) existe uma correlação substancial (cerca de 0,50) entre as pontuações do QI e o desempenho profissional; e (b) essa correlação varia dependendo da complexidade das exigências do trabalho, mas não desaparece mesmo para os empregos de nível mais baixo (Kuncel e Hezlett, 2010; Ones, Viswesvaran, Dilchert, 2005). Por outro lado, os críticos afirmam que as correlações relatadas foram corrigidas por artefatos estatísticos e que as correlações puras, não corrigidas, são mais baixas (0,30) (Outtz, 2002); e observam que mesmo uma correlação de 0,50 forneceria apenas uma precisão modesta na previsão (explicando pelo menos 25% da variação no desempenho profissional). Também existe a preocupação de que, quando os testes de QI são utilizados para o processo de seleção, eles podem ter um impacto adverso sobre as oportunidades de emprego para aqueles que se encontram nos grupos minoritários que tendem a obter uma pontuação mais baixa (em média) nesses testes (Murphy, 2002). Na análise final, contudo, não há dúvida de que a inteligência está associada ao sucesso vocacional, mas existe espaço para discutir se essa associação é forte o suficiente para justificar a dependência dos testes de QI nos processos de seleção profissional.

Os testes de QI são amplamente usados em outras culturas?

Em outras culturas ocidentais com raízes europeias, a resposta é sim. Na maioria das culturas não ocidentais, a resposta é muito pouco. O teste de QI tem uma longa história e continua a ser uma das principais iniciativas em muitos países ocidentais, como a Grã-Bretanha, França, Noruega, Canadá e Austrália (Irvine e Berry, 1988). Contudo, os esforços para exportar os testes de QI para sociedades não ocidentais tiveram resultados mistos. Os testes foram bem recebidos em algumas culturas não ocidentais, como Japão, onde as escalas Binet-Simon foram introduzidas em 1908 (Iwawaki e Vernon, 1988), mas foram tratados com indiferença ou resistência em outras culturas, como a China e a Índia. Uma razão para isso é que algumas culturas têm concepções diferentes do que é a inteligência e valorizam habilidades mentais diferentes (Niu e Brass, 2011; Sternberg, 2007). Assim, a conclusão é que os testes de QI ocidentais não se traduzem bem na cognição e estruturas de linguagem de muitas culturas não ocidentais (Sternberg, 2004).

8.5 Hereditariedade e ambiente como fatores determinantes da inteligência

A maioria dos testes pioneiros de inteligência afirmava que a inteligência é herdada (Mackintosh, 2011). Não é de surpreender que essa visão permaneça em nossa sociedade. Gradualmente, porém, ficou claro que tanto a hereditariedade quanto o ambiente influenciam a inteligência (Tucker-Drob, Briley e Harden, 2013; Davis, Arden e Plomin, 2008). Isso significa que o debate natureza *versus* criação foi decidido no que diz respeito à inteligência? Absolutamente, não. Os teóricos e pesquisadores continuam a argumentar vigorosamente sobre qual é a mais importante, em parte porque a questão tem implicações sociais e políticas de longo alcance.

Os teóricos que acreditam que a inteligência é em grande parte herdada subestimam o valor dos programas de educação especial para os grupos não privilegiados (Herrnstein

> **8.5 Objetivos Principais de Aprendizagem**
> - Resumir a evidência de que a hereditariedade afeta a inteligência e discutir o conceito de hereditariedade.
> - Descrever várias linhas de pesquisa que indicam que o ambiente afeta a inteligência.
> - Avaliar hereditariedade e desvantagem socioeconômica como explicações para as diferenças culturais no QI.

As habilidades e os conhecimentos que são cruciais para o sucesso variam de uma cultura para outra. Os testes de QI foram concebidos para avaliar as habilidades e os conhecimentos valorizados nas culturas modernas ocidentais. Eles provaram serem úteis em algumas culturas não ocidentais que valorizam conjuntos semelhantes de habilidades, mas também provaram ser irrelevantes em muitas outras culturas.

e Murray, 1994; Kanazawa, 2006; Rushton e Jensen, 2005). Eles afirmam que a inteligência de uma criança não pode aumentar de forma visível porque o destino genético não pode ser alterado. Outros teóricos contestam esse argumento, salientando que traços com um forte componente genético não são necessariamente imutáveis (Flynn, 2007; Sternberg, Grigorenko e Kidd, 2005). Eles chegam a afirmar que deveriam ser investidos mais fundos em programas educacionais de correção, para melhorar as condições das escolas em bairros pobres, e em ajuda financeira para que pessoas não privilegiadas possam cursar faculdades. Como o debate acerca do papel da hereditariedade na inteligência influi diretamente em importantes questões sociais e decisões políticas, examinaremos essa controvérsia complexa com mais detalhes.

Evidência da influência hereditária

Há muito tempo, os pesquisadores sabem que a inteligência é coisa de família. Porém, estudos com famílias podem apenas determinar se a influência genética em um traço é plausível; não se é certa. Os membros de uma família compartilham não apenas genes, mas ambientes semelhantes. Se a alta (ou baixa) inteligência aparece em uma família por várias gerações, essa consistência pode refletir a influência dos genes ou dos ambientes compartilhados. Por causa desse problema, os pesquisadores precisam se voltar para os estudos com gêmeos ou estudos com pessoas adotadas para obter evidências mais definitivas sobre se a hereditariedade afeta a inteligência.

Estudos com gêmeos

A melhor evidência a respeito do papel dos fatores genéticos na inteligência vem de estudos que comparam gêmeos idênticos e fraternos. A justificativa para estudos com gêmeos é que tanto os gêmeos idênticos quanto os fraternos normalmente se desenvolvem em condições ambientais similares. Todavia, gêmeos idênticos compartilham mais parentesco genético do que os fraternos. Portanto, se pares de gêmeos idênticos são mais semelhantes em inteligência do que os pares de gêmeos fraternos, é presumível que isso aconteça por causa de sua maior semelhança genética. (Veja o Capítulo 3 para uma explicação mais detalhada sobre a lógica subjacente ao estudo com gêmeos.)

Quais são as descobertas dos estudos com gêmeos referentes à inteligência? McGue et al. (1993) revisaram os resultados de mais de cem estudos de semelhança intelectual para vários tipos de relações de parentesco e arranjos de criação de filhos. As descobertas-chave dessa revisão estão indicadas na **Figura 8.19**, que representa a correlação média observada em vários tipos de relacionamento. Como você pode ver, a correlação média relatada para gêmeos idênticos (0,86) é muito alta. Isso indica que gêmeos idênticos tendem a ser muito semelhantes em inteligência. A correlação média para gêmeos fraternos (0,60) é significativamente mais baixa. Ela indica que os gêmeos fraternos também tendem a ser semelhantes em inteligência, mas bem menos que os idênticos. Esses resultados apoiam a ideia de que a inteligência é herdada até um grau considerável (Plomin e Spinath, 2004).

Figura 8.19 Estudos de semelhança de QI.

O gráfico mostra a correlação média das pontuações de QI para pessoas com vários tipos de relacionamento, obtidos nos estudos de semelhança de QI. Correlações altas indicam maior similaridade. Os resultados mostram que uma similaridade genética maior é associada à maior semelhança do QI, sugerindo que a inteligência seja parcialmente herdada (compare, por exemplo, as correlações para gêmeos idênticos e fraternos). Porém, os resultados também mostram que viver junto está associado à maior similaridade do QI, sugerindo que a inteligência seja parcialmente influenciada pelo ambiente (compare, por exemplo, as pontuações de gêmeos criados juntos e as dos criados separados). (Dados de McGue et al., 1993)

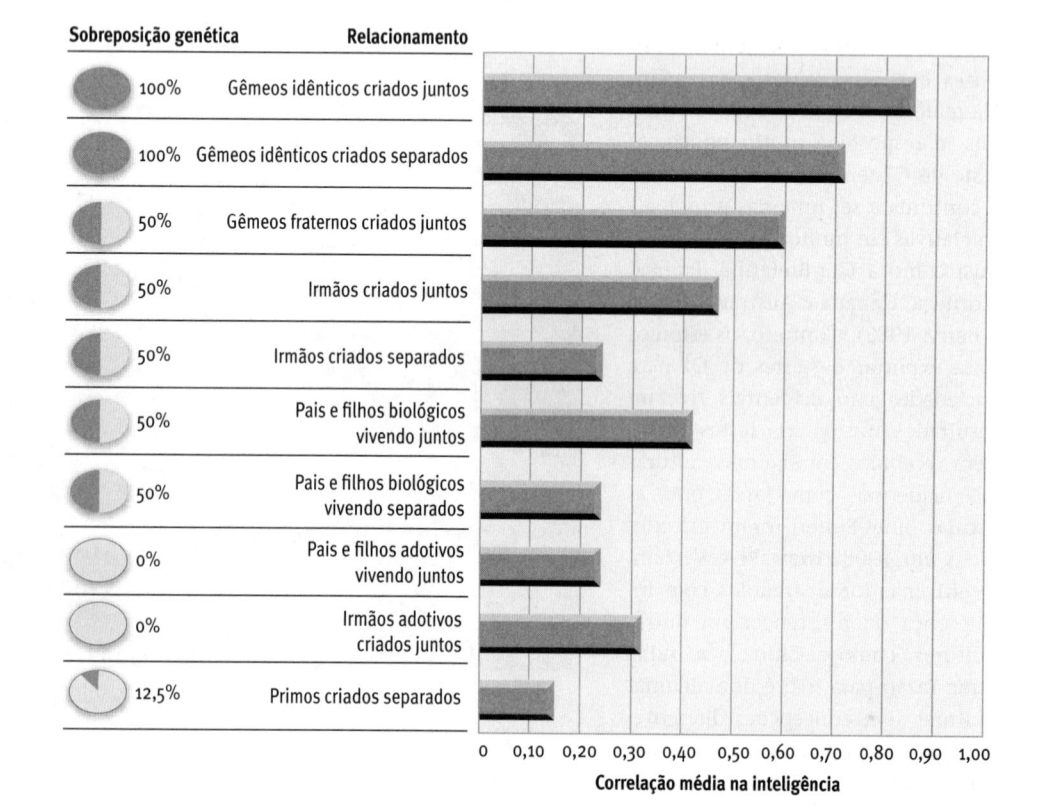

Sobreposição genética	Relacionamento
100%	Gêmeos idênticos criados juntos
100%	Gêmeos idênticos criados separados
50%	Gêmeos fraternos criados juntos
50%	Irmãos criados juntos
50%	Irmãos criados separados
50%	Pais e filhos biológicos vivendo juntos
50%	Pais e filhos biológicos vivendo separados
0%	Pais e filhos adotivos vivendo juntos
0%	Irmãos adotivos criados juntos
12,5%	Primos criados separados

Correlação média na inteligência

Estudos que comparam gêmeos idênticos e fraternos desempenham um papel importante em identificar os efeitos da hereditariedade e do ambiente na inteligência.

os filhos adotivos serem semelhantes aos pais biológicos em inteligência, ainda que não tenham sido criados por eles, apoia a hipótese genética. Os estudos relevantes indicam que existe de fato alguma semelhança mensurável entre filhos adotivos e seus pais biológicos (veja novamente a **Figura 8.19**).

Estimativas de hereditariedade

Muitos especialistas vasculharam pilhas de evidências correlacionais para estimar a hereditariedade da inteligência. A *proporção da hereditariedade* **é uma estimativa da proporção da variabilidade de traços em uma população que é determinada por variações na herança genética.** A hereditariedade pode ser estimada por qualquer traço. Por exemplo, a hereditariedade da altura é estimada em cerca de 90% (Plomin, 2013). As estimativas de hereditariedade para a inteligência variam (veja **Figura 8.20**). Na extremidade, alguns teóricos estimam que a hereditariedade do QI alcança até 80%. Ou seja, eles acreditam que apenas 20% da variação em inteligência pode ser atribuída a fatores ambientais. Estimativas na extremidade baixa do espectro sugerem que a hereditariedade relativa à inteligência tende a ficar por volta de 40%. Em anos recentes, as estimativas de consenso dos especialistas tendem a ficar em torno de 50% (Petrill, 2005; Plomin, DeFries et al., 2013).

Todavia, é importante entender que as estimativas de hereditariedade têm certas limitações (Grigorenko, 2000; Johnson et al., 2009). Em primeiro lugar, uma estimativa de hereditariedade é uma estatística de grupo baseada em estudos de variabilidade de traços dentro de um grupo específico. Uma estimativa de hereditariedade não pode ser aplicada significativamente a *indivíduos*. Em outras palavras, mesmo que a hereditariedade para a inteligência seja de fato 60%, isso não significa que cada inteligência individual é 60% herdada. Em segundo lugar, a hereditariedade de um traço específico pode flutuar ao longo da vida. Por exemplo, pesquisas recentes têm demonstrado que a hereditariedade

É claro que os críticos tentaram encontrar falhas nessa linha de raciocínio. Eles argumentam que os gêmeos idênticos são mais semelhantes em QI porque os pais e os outros os tratam de maneira mais similar do que o fazem com gêmeos fraternos. A explicação ambiental sobre tais descobertas tem seus méritos. Afinal de contas, gêmeos idênticos são sempre do mesmo sexo, e o gênero sexual influencia o modo como uma criança é educada. Contudo, essa explicação parece improvável à luz da evidência de gêmeos idênticos criados em ambientes diferentes como resultado de separação de famílias ou adoção (Bouchard, 1997). Embora criados em ambientes distintos, esses gêmeos idênticos ainda demonstram maior semelhança em QI (correlação média: 0,72) do que os gêmeos fraternos criados juntos (correlação média: 0,60).

Estudos sobre adoção

Pesquisas que comparam filhos adotivos a seus pais biológicos também fornecem evidências quanto aos efeitos da hereditariedade (e do ambiente, como veremos). O fato de

Estimativas de hereditariedade para a inteligência

Estimativa "alta": 80% de variação na inteligência determinada por hereditariedade; 20% de variação na inteligência determinada pelo ambiente.

Estimativa "baixa": 40% de variação na inteligência determinada por hereditariedade; 60% de variação na inteligência determinada pelo ambiente.

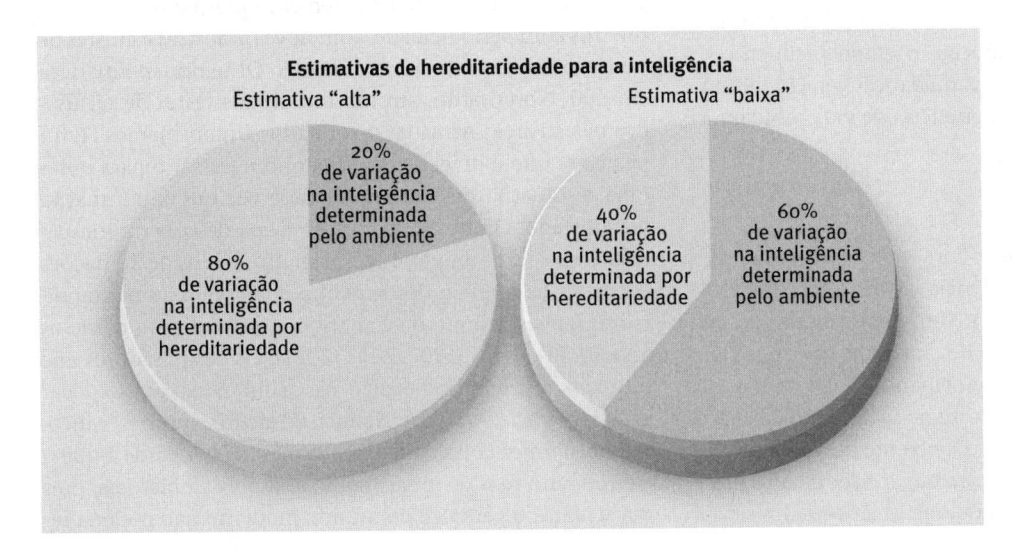

Figura 8.20 O conceito de hereditariedade.

Uma proporção de hereditariedade é uma estimativa da porção da variação em um traço determinado por hereditariedade – com o restante presumivelmente determinado pelo ambiente – como os gráficos ilustram. As estimativas de hereditariedade para a inteligência variam entre a alta de 80% e a baixa de 40%. A estimativa de consenso tende a ficar em cerca de 50%. Lembre-se de que as proporções de hereditariedade são *estimativas* e têm certas limitações que são discutidas no texto.

da inteligência aumenta com a idade. Em outras palavras, as estimativas de hereditariedade em crianças pequenas começam relativamente baixas, aumentam consideravelmente na adolescência e continuam a aumentar gradualmente durante a meia-idade (Briley e Tucker-Drob, 2013). Em terceiro lugar, a hereditariedade de uma característica específica pode variar de um grupo para outro dependendo de uma variedade de fatores (Mandelman e Grigorenko, 2011). Por exemplo, as evidências sugerem que a hereditariedade da inteligência é notavelmente menor em amostras colhidas de estratos socioeconômicos mais baixos do que em amostras colhidas de classe média e alta (Nisbett et al., 2012). Parece que a hereditariedade é suprimida por condições ambientais negativas associadas à pobreza.

Embora o conceito de hereditariedade não seja tão simples como parece à primeira vista, está bem claro que o QI é influenciado pela hereditariedade. Novas abordagens para a análise dos dados sobre genética molecular, que permitiram aos cientistas quantificarem a hereditariedade de maneiras completamente diferentes, produziram estimativas de hereditariedade que convergem muito bem com as baseadas em décadas de estudos com gêmeos e adotivos (Davies et al., 2011; Plomin, Haworth et al., 2013). Dito isso, a pesquisa em genética molecular que tem tentado identificar os genes específicos que moldam a inteligência rendeu resultados decepcionantes (Deary, 2012). Os genes candidatos descobertos até agora têm efeitos minúsculos sobre a inteligência, o que representa apenas pequenas porções (bem abaixo de 1% cada) da variação na capacidade cognitiva (Plomin, 2013). Além disso, muitas das associações relatadas entre as variantes genéticas e a inteligência provaram ser difíceis de serem replicadas em estudos subsequentes (Chabris et al., 2012). Embora os pesquisadores continuem esperançosos, os esforços para mapear os genes específicos que regem a inteligência têm um longo caminho a percorrer.

Evidência da influência ambiental

É inquestionável que a hereditariedade influencia a inteligência, mas muitas evidências indicam que a criação também afeta a habilidade mental. Examinaremos três linhas de pesquisa – abordando a adoção, o empobrecimento e enriquecimento do ambiente e as mudanças geracionais no QI – que mostram como as experiências de vida moldam a inteligência.

Estudos de adoção

Pesquisas com crianças adotadas fornecem boas evidências a respeito do impacto da experiência, assim como da hereditariedade (Niasbett et al., 2012). Muitas das correlações na **Figura 8.19** refletem a influência do ambiente. Por exemplo, filhos adotivos mostram certa semelhança de QI com seus pais adotivos. Essa similaridade costuma ser atribuída ao fato de que os pais adotivos moldam o ambiente dessas crianças. Estudos de adoção também indicam que irmãos criados juntos são mais semelhantes em QI do que irmãos criados separados. Isso é verdade mesmo para gêmeos idênticos. Além do mais, crianças que não têm nenhum parentesco entre si, mas que são criadas na mesma casa, também demonstram uma significativa semelhança em QI. Todas essas descobertas indicam que o ambiente influencia a inteligência.

Empobrecimento e enriquecimento do ambiente

Se o ambiente afeta a inteligência, então as crianças que são criadas em circunstâncias abaixo do padrão devem experimentar um declínio gradual no QI à medida que se tornam mais velhas (pois as outras crianças progredirão mais rápido). Essa hipótese de empobrecimento cumulativo foi testada décadas atrás. Pesquisadores estudaram crianças em orfanatos sem funcionários suficientes e crianças criadas na pobreza e isolamento, nas montanhas Apalaches (Sherman e Key, 1932; Stoddard, 1943). Em geral, os pesquisadores de fato descobriram que o empobrecimento do ambiente levou ao declínio no QI que fora previsto. Reciprocamente, as crianças que são removidas de um ambiente de privação e colocadas em circunstâncias mais conducentes à aprendizagem tendem a se beneficiar do enriquecimento do ambiente (Schiff e Lewontin, 1986). Por exemplo, uma meta-análise de estudos relevantes descobriu que crianças adotadas marcaram, notavelmente, mais pontos nos testes de QI do que irmãos ou colegas "deixados para trás" nas instituições ou lares de desfavorecidos (van IJzendoorn e Juffer, 2005). Esses ganhos são por vezes reduzidos se as crianças sofrem graves e longas privações antes de sua adoção. Mas as tendências globais demonstram claramente que os ambientes melhorados levam ao aumento das pontuações de QI para a maioria dos adotados (Grotevant e McDermott, 2014). Esses resultados mostram que as pontuações de QI não são imutáveis e que elas são sensíveis às influências ambientais.

Mudanças geracionais: o efeito Flynn

A evidência mais interessante, embora desconcertante, que mostra a importância do ambiente é a descoberta de que o desempenho nos testes de QI aumentou continuamente com o passar de gerações. Essa tendência não foi amplamente apreciada até recentemente porque os testes são revistos com periodicidade, com novas amostras e ajustes de pontuação, de modo que a média do QI sempre permaneça em 100. No entanto, em um estudo dos testes de QI usados pelas Forças Armadas dos Estados Unidos, James Flynn percebeu que o nível de desempenho necessário para obter uma pontuação de 100 saltava cada vez que a pontuação era ajustada. O que há de curioso nessa descoberta inesperada é que ele acabou por reunir muitos dados de 20 nações e demonstrou que o desempenho de QI vem aumentando continuamente em todo o mundo industrializado desde os anos 1930 (Flynn, 1987, 2003, 2011). Os pesquisadores que estudam a inteligência estão agora lutando para explicar essa tendência, que foi chamada "efeito Flynn". Praticamente, a única coisa com a qual a maioria concorda é que o efeito Flynn tem de ser atribuído a fatores ambientais, pois o reservatório genético do mundo moderno não poderia ter mudado da noite para o dia (em termos evolutivos, 80 anos é como uma fração de segundo) (Dickens e Flynn, 2001; Sternberg et al., 2005).

Até agora, as explicações propostas para o efeito Flynn são conjecturais, mas vale a pena rever algumas, pois elas destacam a diversidade dos fatores ambientais que possam moldar o desenvolvimento do QI. Alguns teóricos atribuem ganhos geracionais no desempenho em testes de QI a reduções na prevalência de desnutrição grave entre crianças (Lynn, 2009). Outros atribuem o efeito Flynn ao aumento do acesso à educação e a um currículo mais exigente nas escolas no decorrer do século passado (Rönnlund e Nilsson, 2009). W. M. Williams (1998) discute a importância de uma constelação de fatores, incluindo escolas melhores; famílias menores; pais mais instruídos; e criação de melhor qualidade. Todas essas especulações são plausíveis e não mutuamente exclusivas (R. L. Williams, 2013). Assim, as causas do efeito Flynn permanecem sob investigação.

A interação hereditariedade-ambiente

Claramente, tanto a hereditariedade quanto o ambiente influenciam a inteligência em um grau significativo (Petrill, 2005), e seus efeitos envolvem interações intrincadas, dinâmicas e recíprocas (Johnson, 2010; Tucker-Drob et al., 2013). De fato, muitos teóricos agora afirmam que a questão sobre qual deles é mais importante deve dar lugar à questão sobre como eles interagem para influenciar o QI.

Uma linha de pensamento é que a hereditariedade estabelece certos limites à inteligência e que fatores ambientais determinam onde os indivíduos se inserem nesses limites (Bouchard, 1997; Hunt, 2011). De acordo com esse modelo, a composição genética coloca um limite mais alto no QI de uma pessoa, limite esse que não pode ser excedido mesmo quando o ambiente é ideal. Acredita-se que a hereditariedade também coloca um limite mais baixo no QI de uma pessoa, embora circunstâncias extremas (por exemplo, ficar preso em sótão durante anos) poderiam levar o QI da pessoa para baixo desse limite. Os teóricos usam o termo **âmbito de reação** para se referir a esses limites geneticamente determinados no QI (ou outros traços).

Segundo o modelo do âmbito de reação, as crianças criadas em ambientes de alta qualidade, que promovem o desenvolvimento da inteligência, devem obter pontuação própria do topo de seu alcance potencial de QI. Crianças criadas em circunstâncias menos ideais têm uma pontuação mais baixa em seu alcance de reação. O alcance de reação para a maioria das pessoas é estimado em cerca de 20 a 25 pontos na escala do QI (Weinberg, 1989). O conceito de um alcance de reação pode explicar por que crianças com QI alto às vezes vêm de ambientes pobres. Ele também pode explicar por que crianças com baixo QI, às vezes, vêm de ambientes muito bons (veja **Figura 8.21**). Além do mais, também explica esses aparentes paradoxos sem desconsiderar a importância do ambiente.

Diferenças culturais nas pontuações do QI

Embora a variação total das pontuações do QI seja observada em todos os grupos étnicos, a média do QI para muitas pessoas que fazem parte de grupos minoritários mais expressivos nos Estados Unidos (como negros, índios e hispânicos) é um tanto mais baixa que a média para os brancos. A disparidade típica varia de 10 a 15 pontos, dependendo do grupo testado e da escala de QI usada (Hunt e Carlson, 2007; Nisbett, 2005). No entanto, dados mais recentes sugerem que a diferença diminuiu nas últimas décadas (Suzuki, Short e Lee, 2011). Há relativamente pouca discordância quanto à existência dessas diferenças de grupos, referidas como diferenças raciais, étnicas ou culturais, quanto à inteligência.

REVISÃO 8.3

Entendendo a evidência correlacional da questão hereditariedade-ambiente

Verifique seu entendimento de como as descobertas correlacionais se relacionam à questão inato *versus* adquirido, indicando como você interpreta o significado de cada "trecho" de evidência descrito a seguir. Os números entre parênteses são as correlações médias de QI observadas para os relacionamentos descritos (baseados em McGue et al., 1993), que são mostrados na **Figura 8.19**.

Nos espaços à esquerda, coloque a letra H se a descoberta sugerir que a inteligência é moldada pela hereditariedade; a letra A se a descoberta sugerir que a inteligência é moldada pelo ambiente; e a letra D se a descoberta sugerir que a inteligência é moldada pelos dois. As respostas encontram-se no Apêndice A.

_____ 1. Gêmeos idênticos criados separados são mais semelhantes (0,72) que gêmeos fraternos criados juntos (0,60).

_____ 2. Gêmeos idênticos criados juntos são mais semelhantes (0,86) que gêmeos idênticos criados separados (0,72).

_____ 3. Irmãos criados juntos são mais semelhantes (0,47) que irmãos criados separados (0,24).

_____ 4. Pais biológicos e os filhos por eles criados são mais semelhantes (0,42) que pessoas sem parentesco que são criadas separadas (nenhuma correlação se a amostragem for aleatória).

_____ 5. Crianças adotadas mostram semelhanças com seus pais biológicos (0,24) e com seus pais adotivos (0,24).

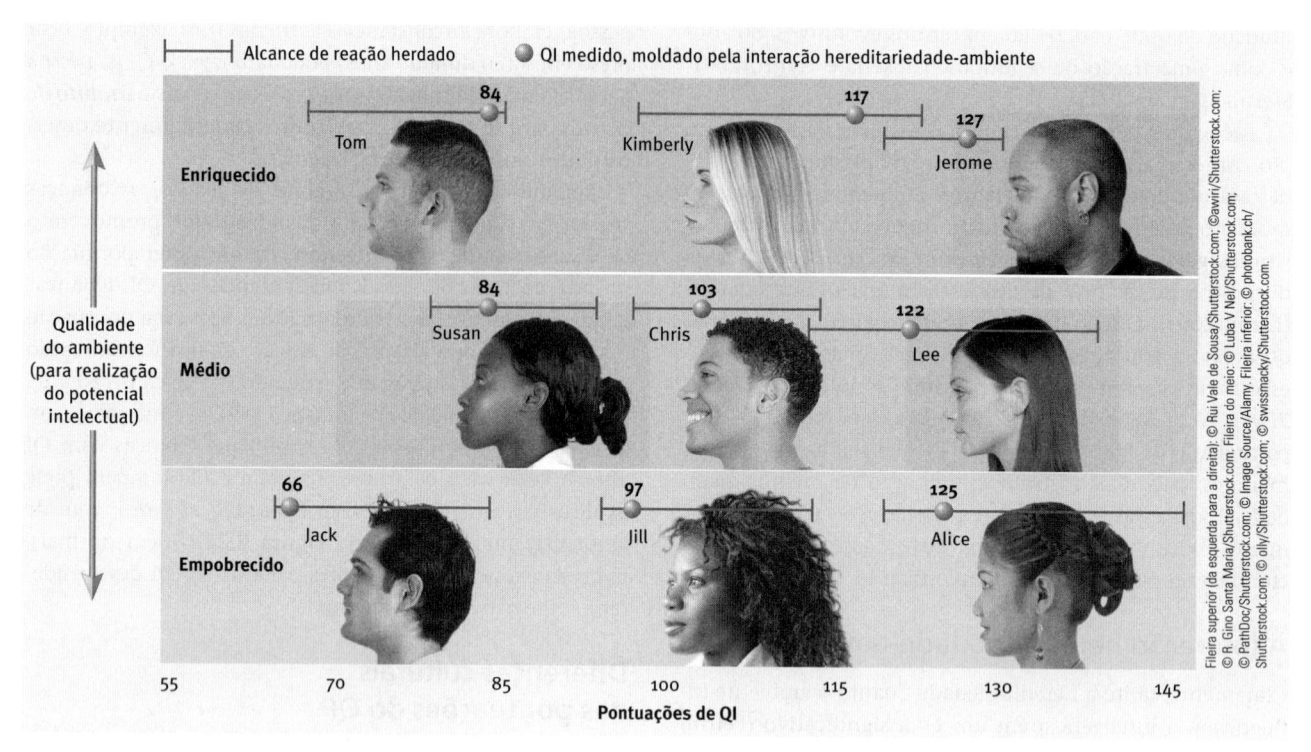

Figura 8.21 Âmbito de reação.

O conceito de âmbito de reação afirma que a hereditariedade estabelece limites ao potencial intelectual da pessoa (representado pelas barras horizontais), enquanto a qualidade do ambiente influencia a pontuação da pessoa dentro desse alcance (representado pelos pontos nas barras). As pessoas criadas em ambientes enriquecidos devem pontuar próximo ao topo de seu âmbito de reação, ao passo que pessoas criadas em ambientes de baixa qualidade devem pontuar perto da extremidade mais baixa de seu alcance. Os limites genéticos ao QI só podem ser inferidos de forma indireta, por isso, os teóricos não têm certeza se os alcances de reação são estreitos (como o de Jerome) ou largos (como o de Kimberly). O conceito de âmbito de reação pode explicar por que duas pessoas com potencial genético similar podem ser muito diferentes na inteligência (compare Tom e Jack), e como duas pessoas criadas em ambientes de qualidade semelhante podem ter pontuações muito diferentes (compare Alice e Jack).

A controvérsia gira em torno da razão pela qual as diferenças são encontradas. Há um intenso debate quanto à questão de diferenças culturais na inteligência se dever à influência da hereditariedade ou do ambiente.

A hereditariedade como uma explicação

Em 1969, Arthur Jensen iniciou uma acirrada guerra de palavras quando argumentou que as diferenças raciais na média do QI são em grande parte devidas à hereditariedade. A base do argumento de Jensen foi sua análise, a qual sugeriu que a hereditariedade para a inteligência fica em torno de 80%. Essencialmente, ele afirmou que (1) a inteligência é amplamente genética na origem; (2) e, portanto, os fatores genéticos têm "forte implicação" como causa das diferenças étnicas na inteligência. O artigo de Jensen provocou ofensas, uma crítica ferrenha em muitos segmentos e também uma grande quantidade de pesquisas adicionais sobre os elementos determinantes da inteligência. Vinte e cinco anos depois, Richard Herrnstein e Charles Murray (1994) reacenderam a mesma controvérsia com a publicação de seu livro amplamente discutido, *The bell curve* [A curva do sino]. Eles argumentam que as diferenças étnicas da inteligência média são substanciais, difíceis de reduzir e, pelo menos em parte, genéticas na origem. A mensagem implícita por todo o livro é que grupos em desvantagem não podem evitar seu destino porque é um destino genético. E, em 2010, com base em uma extensa revisão das evidências estatísticas, J. Phillipe Rushton e Arthur Jensen (2010) argumentaram que os fatores genéticos são responsáveis, pelo menos, pela metade da brecha entre as raças no QI médio – uma conclusão que encontrou eco em Linda Gottfredson (2005).

Como você pode imaginar, essas análises e conclusões geraram muitas refutações longas e elaboradas. Os críticos argumentam que as explicações da hereditariedade para as diferenças étnicas no QI têm uma variedade de falhas e pontos fracos (Brody, 2003; Horn, 2002; Nisbett, 2009; Sternberg, 2005a). Por exemplo, como foi observado anteriormente, a hereditariedade relativa à inteligência pode ser reconhecidamente inferior em amostras extraídas das classes socioeconômicas mais baixas, em oposição às mais altas (Tucker-Drob et al., 2011). Assim, existem dúvidas sobre a validade da aplicação das estimativas de hereditariedade com base na população em geral para grupos culturais que estão super-representados nas classes mais baixas.

Além disso, mesmo que aceitemos a presunção de que a hereditariedade do QI é muito alta, isso não significa que as diferenças nas médias dos grupos sejam devidas em grande parte à hereditariedade. Leon Lamin apresentou uma convincente analogia que demonstra a falácia lógica nesse raciocínio (veja **Figura 8.22**):

> *Enchemos um saco branco e um saco preto com uma mistura de diferentes variedades genéticas de semente de milho. Nós nos certificamos de que as proporções de cada variedade de semente fossem idênticas em cada saco. Então, plantamos as sementes do saco branco em solo fértil A; e as sementes do saco preto em solo infértil B. Observamos que no solo A, assim como no solo B, há uma considerável variação na altura das plantas individuais. Essa variação será devida em grande parte aos fatores genéticos (as diferenças das sementes). Também observamos que, entretanto, a altura média das plantas no solo A é maior que a altura média das plantas no solo B. Essa diferença se deve inteiramente a fatores ambientais (o solo). O mesmo vale para os QIs: as diferenças na média das distintas populações humanas podem ser inteiramente devidas a diferenças ambientais, mesmo que em cada população todas as variações se devam a diferenças genéticas! (Eysenck e Kamin, 1981, p. 97).*

Variação individual na altura das plantas em cada grupo (causa: variação genética das sementes)

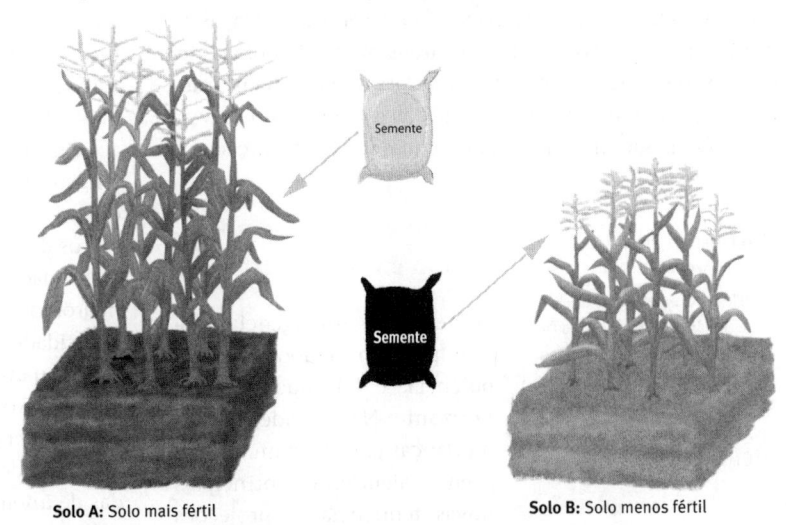

Solo A: Solo mais fértil   **Solo B:** Solo menos fértil

Diferenças na altura média das plantas entre os grupos
(causa: os solos nos quais as plantas cresceram)

Figura 8.22 Genética e diferenças de traço entre grupos.

A analogia de Leon Kamin (veja o texto) mostra como as diferenças de traço entre grupos (a altura média das plantas) podem se dever ao ambiente, mesmo que o traço seja em grande parte herdado. O mesmo raciocínio se aplica presumivelmente às diferenças entre grupos étnicos quanto à inteligência média.

A analogia de Kamin mostra que, mesmo que a hereditariedade relativa à inteligência seja alta, as diferenças entre os grupos no QI médio ainda poderiam ser causadas inteiramente (ou em parte) por fatores ambientais (Block, 2002). Durante décadas, os críticos da tese de Jensen se apoiaram nessa analogia em vez de em dados reais para defender a posição de que as diferenças de grupos no QI não necessariamente refletem diferenças genéticas. Eles dependiam da analogia, pois não havia dados relevantes disponíveis. Todavia, a recente descoberta do efeito Flynn forneceu novos dados convincentes que são diretamente relevantes (Dickens e Flynn, 2001; Flynn, 2003). Os ganhos geracionais nas pontuações do QI mostram que a disparidade entre grupos no QI médio (nesse caso, a brecha é entre as gerações, e não entre grupos étnicos) pode ter origem ambiental, embora a inteligência seja altamente hereditária.

A desvantagem socioeconômica como uma explicação

Muitos cientistas sociais argumentam que as pontuações de QI de estudantes que pertencem a grupos minoritários são mais baixas porque eles tendem a crescer em ambientes empobrecidos que criam desvantagem – tanto na escola quanto nos testes de QI. Não há dúvida de que, em média, os brancos e os grupos minoritários tendem a ser criados em circunstâncias muito diferentes. A maioria dos grupos minoritários passou por uma longa história de discriminação econômica e se encontra em grande parte inserida nas classes sociais mais baixas. Uma criação de classe social mais baixa tende a ocasionar uma série de desvantagens que operam contra o desenvolvimento do potencial intelectual completo de uma criança (Bigelow, 2006; Dupere et al., 2010; Evans, 2004; Noble, McCandliss e Farah, 2007; Yoshikawa, Aber e Beardslee, 2012). Em comparação com crianças das classes média e alta, as da classe baixa são expostas a condições como menos livros, menos recursos de aprendizagem, menor acesso a computadores, menos privacidade para se concentrar nos estudos e menos assistência dos pais na aprendizagem. Do mesmo modo, também têm modelos mais restritos a seguir para desenvolvimento da linguagem; sofrem menos pressão para se esforçar em buscas intelectuais, têm menos acesso a creches e frequentam escolas de qualidade inferior. As crianças pobres (e seus pais) também estão expostas a níveis muito maiores de estresse no bairro, o que pode perturbar os esforços dos pais e abalar a aprendizagem dos jovens. As crianças que crescem na pobreza também sofrem com maior exposição a riscos ambientais que podem prejudicar o desenvolvimento intelectual, como um pobre cuidado pré-natal, envenenamento por chumbo, poluição, deficiências nutricionais e cuidados médicos inferiores (Daley e Onwuegbuzie 2011; Suzuki et al., 2011).

À luz dessas desvantagens, não é surpresa que a média das pontuações do QI entre crianças de classes sociais mais baixas costume ficar cerca de 15 pontos abaixo das pontuações médias obtidas por crianças das classes média e alta (Seifer, 2001; Williams e Ceci, 1997). Isso acontece mesmo que a raça seja deixada de fora, estudando-se apenas crianças brancas. Reconhecidamente, há espaço para discutir a direção dos relacionamentos causais subjacentes a essa associação entre a classe social e a inteligência. Não obstante, devido ao excesso de minorias nas classes mais baixas, muitos pesquisadores argumentam que as diferenças étnicas na inteligência são, na verdade, diferenças sociais disfarçadas.

8.6 Objetivos Principais de Aprendizagem

- Entender as evidências dos correlatos cerebrais da inteligência e a relação entre QI e mortalidade.
- Explicar a análise cognitiva de Sternberg sobre a inteligência e a teoria das inteligências múltiplas de Gardner.

8.6 Novas direções no estudo da inteligência

Os testes de inteligência passam por um período de turbulência, e há mudanças no horizonte. Na verdade, muitas mudanças já ocorreram. Discutiremos algumas das principais novas tendências e projeções para o futuro.

Explorando índices biológicos de inteligência

Alguns pesquisadores começaram a explorar as relações entre variações na inteligência e em características específicas do cérebro. Os primeiros estudos nessa área usaram várias medidas de tamanho do crânio como um indicador do tamanho do cérebro. Em geral, esses estudos encontraram correlações positivas, mas muito pequenas (média = 0,15), entre o tamanho da cabeça e o QI (Vernon et al., 2000). Esse resultado levou os pesquisadores a especularem que o tamanho do crânio é provavelmente um índice muito imperfeito do tamanho do cérebro. Essa linha de pesquisa pode ter enfraquecido, mas a invenção de sofisticadas tecnologias para obter imagens do cérebro lhe deu um novo impulso. Desde a década de 1990, alguns estudos examinaram a correlação entre as pontuações de QI e as medidas do volume do cérebro baseadas em imagens de ressonância magnética (veja o Capítulo 3), produzindo uma correlação média de cerca de 0,40 (Haier, 2011).

Outros pesquisadores têm abordado a base neural da inteligência, analisando as relações entre QI e as medidas da quantidade de matéria cinzenta ou substância branca nos cérebros dos indivíduos. De acordo com Luders et al. (2009), a quantidade de matéria cinzenta deve refletir a densidade dos neurônios e os seus dendritos, que podem ser preditivos da capacidade de processamento de informação. Em comparação, a quantidade de substância branca deve refletir a quantidade de axônios no cérebro e o seu grau de mielinização, que podem ser preditivos da eficiência da comunicação neuronal. Os resultados até agora sugerem que pontuações mais elevadas de inteligência estão correlacionadas com o aumento do volume *tanto* da matéria cinzenta como da matéria branca, com a associação sendo um pouco mais forte para a massa cinzenta (Luders et al., 2009; Narr et al., 2007, Taki et al., 2012).

Uma implicação óbvia dessas descobertas, ansiosamente abraçada por aqueles que defendem a influência da hereditariedade sobre a inteligência, é que a herança genética dá a algumas pessoas cérebros maiores que os de outras, e que os cérebros maiores promovem mais inteligência (Rushton, 2003). No entanto, como sempre, devemos tomar cuidado com a interpretação de dados correlacionais. Como discutimos no Capítulo 3, as pesquisas demonstram que um ambiente rico pode produzir redes neurais mais densas e cérebros mais pesados em ratos de laboratório (Rosenzweig e Bennett, 1996). Por isso, também é possível que a causa esteja na direção contrária – que o desenvolvimento de mais inteligência ocasiona um tamanho maior do cérebro, assim como o levantamento de peso aumenta o tamanho dos músculos (Nguyen et al., 2012).

A investigação sobre os correlatos biológicos de inteligência tornou-se outro achado interessante. As pontuações de QI medidas na infância correlacionam-se com a saúde física e até mesmo com a longevidade décadas depois (Deary e Batty, 2011; Wrulich et al., 2014). Um grande número de estudos tem chegado à conclusão de que as *pessoas mais inteligentes tendem a ser mais saudáveis e viver mais do que as outras* (veja **Figura 8.23**). Por que o QI mais elevado está associado ao aumento da longevidade? Pesquisadores têm dado variadas explicações (Arden, Gottfredson e Miller, 2009; Batterham, Christensen e Mackinnon, 2009; Wrulich et al., 2013). Uma possibilidade é que os bons genes poderiam promover tanto a inteligência superior quanto a saúde sólida. Uma segunda possibilidade é que os autocuidados com a saúde são uma missão de vida complicada, para a qual as pessoas mais brilhantes estão mais bem preparadas. Em outras palavras, as pessoas mais inteligentes podem estar mais propensas a evitar hábitos que prejudicam a saúde (como o tabagismo e comer demais), serem pró-ativas com relação a saúde (como fazer exercício e tomar vitaminas) e

Os pesquisadores não sabem ao certo porque uma inteligência superior está associada a uma maior longevidade. Vários processos podem estar envolvidos. Tudo o que sabemos neste momento é que as pessoas extremamente brilhantes, tais como Warren Buffett, têm uma melhor chance de viver seus 80 e 90 anos do que suas contrapartes menos inteligentes.

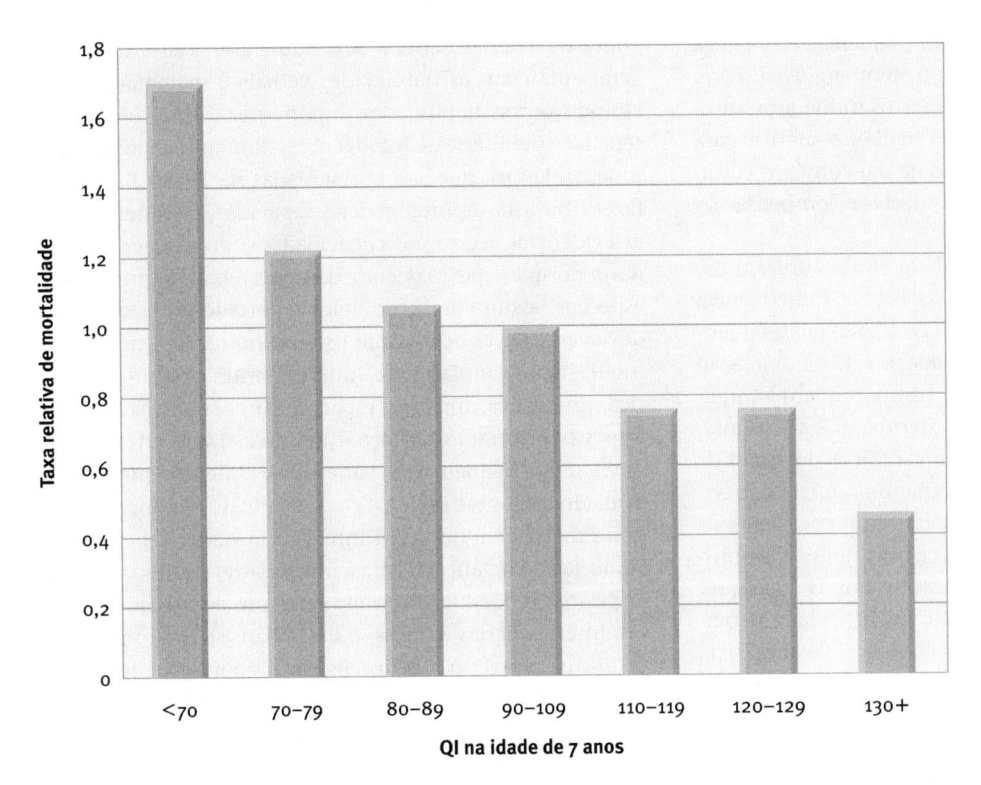

Figura 8.23 A relação entre QI na infância e a mortalidade.

Leon et al. (2009) examinaram a associação entre QI medido aos 7 anos de idade e a mortalidade até a idade de 57 anos em uma amostra de mais de 11.000 pessoas no RU. Os dados do gráfico são as taxas de mortalidade *relativas* ajustadas por idade em comparação com o grupo de referência de pessoas que marcaram perto da média (90-109) em inteligência. Assim, em comparação com o grupo de referência, as pessoas que marcaram 70-79 tinham 22% mais probabilidade de morrer aos 57 anos, e as pessoas que marcaram mais de 130 tinham menos da metade da probabilidade de morrer aos 57 anos. Como você pode ver, há uma tendência evidente. Conforme as pontuações de QI sobem, as taxas de mortalidade diminuem.

utilizarem cuidados médicos de forma mais eficaz (como saber quando procurar tratamento). Uma terceira possibilidade é que a inteligência promove o sucesso educacional e a carreira, o que significa que as pessoas mais brilhantes estão mais propensas a acabarem em estratos socioeconômicos mais altos. Pessoas de classes socioeconômicas mais altas tendem a ter empregos menos estressantes, com riscos de acidentes mais baixos, redução da exposição a toxinas e agentes patogênicos, melhor seguro de saúde e maior acesso a cuidados médicos. Assim, a riqueza poderia ser o fator-chave que liga a inteligência à longevidade. Essas explicações não são mutuamente exclusivas. Todas podem contribuir para a associação entre o QI e a longevidade.

Investigando processos cognitivos no comportamento inteligente

Pesquisadores interessados na inteligência e diletantes que estudaram a cognição tradicionalmente seguiram linhas separadas de pesquisa que só se cruzaram em casos raros. Todavia, desde a metade da década de 1980, Robert Sternberg (1985, 1991) encabeça um esforço para aplicar a perspectiva cognitiva aos estudos da inteligência. Sua abordagem cognitiva enfatiza a necessidade de compreender como as pessoas usam sua inteligência.

Em extensões mais recentes de sua *teoria triárquica da inteligência bem-sucedida*, Sternberg (1999, 2005b, 2012) afirmou que existem aspectos, ou facetas, da inteligência: inteligência analítica, inteligência criativa e inteligência prática (veja **Figura 8.24**). A inteligência analítica envolve o raciocínio abstrato, a avaliação e o julgamento. É o tipo de inteligência crucial para a maior parte dos trabalhos escolares e que é avaliada pelos testes convencionais de QI. A inteligência criativa envolve a habilidade de gerar novas ideias e ser inventivo ao lidar com problemas novos. A inteligência prática envolve a habilidade de lidar de maneira eficaz com os tipos de problemas que as pessoas enfrentam na vida cotidiana, como situações no trabalho ou em casa. Uma grande parte da inteligência prática envolve a aquisição de conhecimento tácito – o que é necessário para saber em um determinado ambiente para operar com eficiência, que não

Figura 8.24 Teoria da Inteligência de Sternberg.

O modelo de inteligência de Sternberg (2003a, 2005b) propõe que existem três aspectos ou tipos de inteligência: inteligência analítica, inteligência prática e inteligência criativa. De acordo com Sternberg, testes de QI tradicionais concentram-se quase exclusivamente na inteligência analítica. Ele acredita que a previsão de resultados do mundo real poderia ser melhorada por meio de um alargamento das avaliações de inteligência para alcançar a inteligência prática e a criativa.

é explicitamente ensinado e que com frequência não chega a ser nem verbalizado. De acordo com Sternberg, *inteligência bem-sucedida* consiste na capacidade de os indivíduos aproveitarem sua inteligência analítica, criativa e prática para atingir seus objetivos de vida dentro de seu contexto cultural, tirando vantagem de seus pontos fortes e compensando suas fraquezas.

Em uma série de estudos, Sternberg et al. reuniram dados, sugerindo que (1) todos os três aspectos da inteligência podem ser medidos com confiança; (2) eles são relativamente independentes (não correlacionados); e (3) a avaliação deles pode melhorar a previsão do comportamento inteligente no mundo real (Grigorenko e Sternberg, 2001; Henry, Sternberg e Grigorenko, 2005). Alguns críticos duvidam de que as medidas de Sternberg permitirão uma melhor previsão dos resultados significativos que os testes tradicionais de QI (Gottfredson, 2003a), mas essa é uma questão empírica que deve ser resolvida por pesquisas futuras. De qualquer modo, Sternberg com certeza é uma voz articulada defendendo um conceito mais amplo, estendido, de inteligência – um tema que encontrou eco em outros pesquisadores.

Expandindo o conceito de inteligência

Nos últimos anos, muitos teóricos concluíram que os testes tradicionais de QI têm um foco muito limitado. Essa visão foi muito bem articulada por Howard Gardner (1983, 1999, 2006; Davis et al., 2012). Segundo ele, os testes de QI em geral enfatizam as habilidades verbais e matemáticas, excluindo outras habilidades importantes. Ele sugere a existência de uma série de inteligências humanas relativamente independentes, que são apresentadas na Figura 8.25. Para fazer essa lista de inteligências separadas, Gardner revisou as evidências acerca das capacidades cognitivas em indivíduos normais, pessoas com danos cerebrais e populações especiais, assim como prodígios e portadores da síndrome de Savant. Ele concluiu que os seres humanos exibem oito inteligências amplamente independentes: lógico-matemática, linguística, musical, espacial, corporal-cinestética, interpessoal, intrapessoal e naturalística. Essas inteligências obviamente incluem uma variedade de talentos que não são avaliados pelos testes de QI convencionais. Gardner investiga a extensão em que essas inteligências são independentes, como sua teoria afirma. Para a maior parte, ele descobriu que as pessoas tendem a exibir uma mistura de habilidades fortes, intermediárias e fracas, o que é consistente com a ideia de que os vários tipos de inteligência são independentes.

Os livros de Gardner tornaram-se muito populares, e sua teoria claramente é aceita por muitas pessoas (Shearer, 2004). Suas ideias tiveram um impacto enorme sobre as atitudes e crenças dos educadores em todo o mundo (Kaufman, Kaufman e Plucker, 2013). Ele levantou questões provocadoras sobre quais habilidades devem ser incluídas sob a rubrica

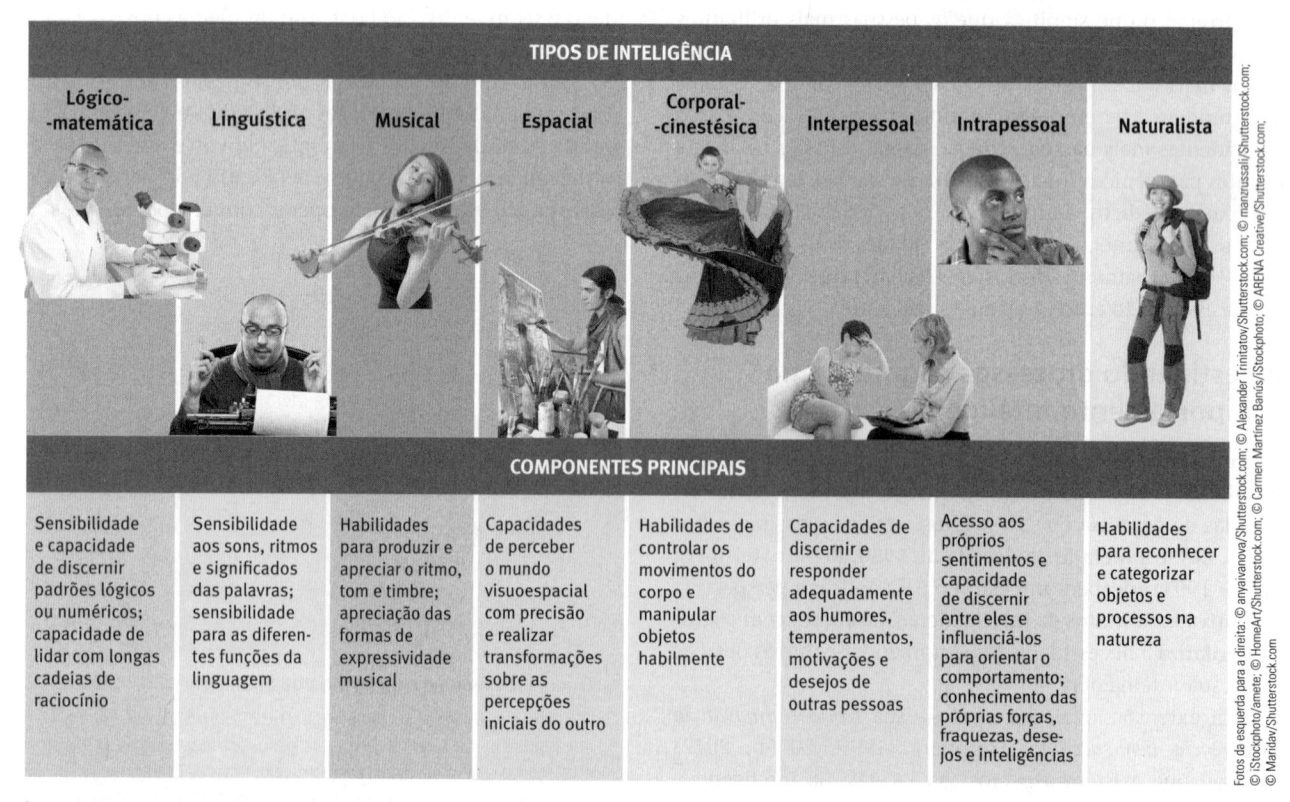

Figura 8.25 As oito inteligências de Gardner.
Howard Gardner defende uma visão expandida da inteligência. Ele afirma que os seres humanos exibem oito formas muito diferentes de inteligência, que são, em grande parte, independentes uma da outra.

Tipo de inteligência	Componentes principais
Lógico-matemática	Sensibilidade e capacidade de discernir padrões lógicos ou numéricos; capacidade de lidar com longas cadeias de raciocínio
Linguística	Sensibilidade aos sons, ritmos e significados das palavras; sensibilidade para as diferentes funções da linguagem
Musical	Habilidades para produzir e apreciar o ritmo, tom e timbre; apreciação das formas de expressividade musical
Espacial	Capacidades de perceber o mundo visuoespacial com precisão e realizar transformações sobre as percepções iniciais do outro
Corporal-cinestésica	Habilidades de controlar os movimentos do corpo e manipular objetos habilmente
Interpessoal	Capacidades de discernir e responder adequadamente aos humores, temperamentos, motivações e desejos de outras pessoas
Intrapessoal	Acesso aos próprios sentimentos e capacidade de discernir entre eles e influenciá-los para orientar o comportamento; conhecimento das próprias forças, fraquezas, desejos e inteligências
Naturalista	Habilidades para reconhecer e categorizar objetos e processos na natureza

inteligência. No entanto, Gardner também tem seus críticos (Hunt, 2001; Visser, Ashton e Vernon, 2006; Waterhouse, 2006; White, 2006). Alguns argumentam que seu uso do termo inteligência é muito amplo, abrangendo praticamente qualquer habilidade humana de valor, o que torna o termo quase sem sentido (Davidson e Kemp, 2011). Esses críticos se perguntam se existe alguma vantagem em dar outros nomes a talentos como a habilidade musical e a coordenação motora como formas de inteligência. Eles também observam que a teoria de Gardner não gerou muitas pesquisas a respeito do valor de previsão da aferição de diferenças individuais nas oito diferenças que descreveu. Essa pesquisa necessitaria do desenvolvimento de testes para medir as oito inteligências, mas Gardner não está particularmente interessado na questão de avaliação e tem aversão a testes convencionais. Tal situação torna difícil prever para onde a teoria de Gardner nos conduzirá, pois a pesquisa é crucial para o desenvolvimento de uma teoria.

8.7 Refletindo sobre os temas do capítulo

8.7 Objetivos Principais de Aprendizagem
- Identificar os cinco temas unificadores destacados neste capítulo.

Cinco de nossos temas unificadores apareceram neste capítulo. O primeiro é a natureza empírica da psicologia. Durante muitas décadas, os psicólogos deram pouca atenção aos processos cognitivos, porque a maioria deles presumia que o pensamento era muito particular para ser estudado cientificamente. Nas décadas de 1950 e 1960, contudo, os psicólogos começaram a desenvolver novos e criativos modos de medir os processos mentais. Essas inovações, que levaram à revolução cognitiva, mostram que os métodos empíricos são a essência do empreendimento científico.

Em segundo lugar, nossa revisão da cognição e inteligência demonstrou a importância dos fatores culturais. Por exemplo, aprendemos que há variações culturais consideráveis no estilo cognitivo. Também vimos que os testes de inteligência são um fenômeno em grande parte ocidental e que as diferenças étnicas na inteligência média podem ser amplamente culturais em sua origem. Por isso, vemos mais uma vez que, se esperamos alcançar um entendimento sólido do comportamento, precisamos entender os contextos culturais em que esse comportamento se desenvolve.

Em terceiro lugar, nosso estudo mostrou que a inteligência é moldada por uma interação complexa de hereditariedade e fatores ambientais. Chegamos a uma conclusão semelhante em capítulos anteriores, quando examinamos outros tópicos. Entretanto, esse deve ter aumentado seu entendimento sobre essa ideia, ilustrando em detalhes como os cientistas chegam a tal conclusão.

Em quarto lugar, vimos mais evidências de que a psicologia se desenvolve em um contexto histórico-social. Atitudes sociais prevalecentes sempre exerceram alguma influência nas práticas de testes e na interpretação dos resultados dos testes. Na primeira metade do século XX, uma forte corrente de preconceito racial e de classe ficou aparente nos Estados Unidos e na Grã-Bretanha. Esse preconceito apoiou a ideia de que os testes de QI mediam a habilidade inata e que grupos "indesejáveis" obtinham pontuações baixas por causa de sua inferioridade genética. Embora essas crenças tenham sido questionadas por alguns na psicologia, sua ampla aceitação na área refletiu

Empirismo

Herança cultural

Hereditariedade e meio ambiente

Contexto sócio-histórico

Subjetividade da experiência

REVISÃO 8.4

Reconhecendo as teorias da inteligência

Verifique seu entendimento sobre as várias teorias da natureza da inteligência fazendo a correspondência entre os nomes de seus criadores e as breves descrições dos principais temas das teorias que aparecem a seguir. Escolha entre os seguintes teóricos: (a) Alfred Binet; (b) Howard Gardner; (c) Arthur Jensen; (d) Lewis Terman; (e) Robert Sternberg e (f) David Wechster. As respostas encontram-se no Apêndice A.

_____ 1. Esse psicólogo desenvolveu a Escala de Inteligência Stanford-Binet, que originalmente descrevia as pontuações das crianças em termos de um quociente de inteligência.

_____ 2. Esse teórico postulou oito inteligências humanas: lógico-matemática, linguística, musical, espacial, corporal-cinestésica, interpessoal, intrapessoal e naturalística.

_____ 3. Essa pessoa distinguiu entre a capacidade verbal e não verbal e descartou o quociente de inteligência em favor de um esquema de pontuação baseado na distribuição normal.

_____ 4. Esse teórico definiu que a hereditariedade da inteligência é muito alta e que as diferenças de QI entre grupos étnicos se devem principalmente à genética.

_____ 5. Esse psicólogo francês inventou o primeiro teste de inteligência bem-sucedido, que expressa a pontuação de uma criança em termos de idade mental.

_____ 6. A teoria dessa pessoa propõe que há três aspectos da inteligência: o analítico, o prático e o criativo.

os valores sociais da época. Hoje, o debate acirrado e contínuo acerca das raízes das diferenças culturais na inteligência mostra que as questões da psicologia com frequência têm implicações sociais e políticas de longo alcance.

O tema final aparente neste capítulo foi a natureza subjetiva da experiência humana, que foi proeminente em nossa discussão acerca das peculiaridades no processo humano de tomada de decisão.

8.8 APLICAÇÃO PESSOAL
Medindo e entendendo a criatividade

Responda "verdadeiro" ou "falso":
___ 1 Ideias criativas com frequência surgem do nada.
___ 2 A criatividade geralmente ocorre a partir de um surto de inspiração.
___ 3 A criatividade e a inteligência não estão relacionadas.

A inteligência não é o único tipo de habilidade mental que os psicólogos estudaram. Eles desenvolveram testes para explorar uma variedade de habilidades mentais. Entre elas, a criatividade é com certeza uma das mais interessantes. As pessoas tendem a enxergar a criatividade como um traço essencial de artistas, músicos e escritores, mas ela é importante em muitos segmentos da vida. Nesta Aplicação, discutiremos o empenho dos psicólogos em medir e entender a criatividade. À medida que progredirmos, você descobrirá que todas as frases anteriores são falsas.

A natureza da criatividade

O que torna o pensamento criativo? A **criatividade envolve a geração de ideias que são originais, novas e úteis.** O pensamento criativo é fresco, inovador e inventivo. Mas a novidade em si não é suficiente. Além de ser incomum, o pensamento criativo deve ser adaptativo. Deve ser apropriado à situação e ao problema.

A criatividade ocorre a partir de um surto de inspiração?

Muitos acreditam que a criatividade em geral envolve *flashes* repentinos de inspiração e grandes saltos de imaginação. Robert Weisberg (1986) chama essa crença de "Mito do Aha!". Sem dúvida, surtos criativos de inspiração de fato ocorrem (Feldman, 1988). Todavia, as evidências sugerem que as principais conquistas criativas em geral são extensões lógicas de ideias existentes, que envolvem trabalho árduo e longo, e muitos passos pequenos e hesitantes para frente. Ideias criativas não surgem do nada. Elas nascem de um poço profundo de experiência e treinamento em uma área específica, seja ela música, pintura, negócios ou ciência (Weisberg, 1999, 2006). Por exemplo, um estudo recente de sessões de *brainstorming* de uma equipe de engenharia constatou que o progresso em direção a soluções criativas tende a ser incremental (Chan e Schunn, 2014).

A criatividade depende do pensamento divergente?

Segundo muitos teóricos, a chave para a criatividade está no pensamento divergente – pensamento que "segue em diferentes direções", como diz J. P. Guilford (1959). Guilford distinguiu entre pensamento convergente e divergente. **No *pensamento convergente*, a pessoa tenta diminuir uma lista de alternativas para convergir a uma única resposta correta.** Por exemplo, quando faz um teste de múltipla escolha, você tenta eliminar as opções incorretas até chegar à resposta correta. A maior parte da prática nas escolas encoraja o pensamento convergente. **No *pensamento divergente*, a pessoa tenta expandir a possibilidade de alternativas gerando muitas soluções possíveis.** Imagine que você trabalhe para uma agência de publicidade. Para criar a maior quantidade de *slogans* possíveis para um produto, você deve usar o pensamento divergente. Alguns de seus *slogans* podem ser claramente ruins, por fim, você terá de usar o pensamento convergente para escolher o melhor, mas expandir as novas possibilidades depende do pensamento divergente.

Trinta anos de pesquisa sobre o pensamento divergente produziu resultados mistos. Como um todo, as evidências sugerem que o pensamento divergente contribui para a criatividade, mas ele claramente não representa a essência da criatividade, como proposto originalmente (Runco, 2010; Weisberg, 2006). Em retrospecto, não foi realista esperar que a criatividade dependesse de uma única habilidade cognitiva.

Medindo a criatividade

Embora sua natureza seja elusiva, a criatividade é claramente importante no mundo de hoje. Obras-primas criativas na arte e na literatura enriquecem a existência humana. As invenções

> **8.8 OBJETIVOS PRINCIPAIS DE APRENDIZAGEM**
> - Avaliar o papel da visão e o pensamento divergente na criatividade e discutir testes de criatividade.
> - Esclarecer as associações entre criatividade e personalidade, inteligência e doença mental.

criativas nutrem o progresso tecnológico. Assim, é compreensível que os psicólogos tenham interesse em medir a criatividade com os testes psicológicos.

Como os testes psicológicos avaliam a criatividade?

Uma diversa ordem de testes psicológicos foi desenvolvida para medir a criatividade individual (Plucker e Makel, 2010). Em geral, os itens nos testes de criatividade fornecem aos respondentes um ponto de partida específico para que gerem quantas possibilidades conseguir em curto período. Os itens típicos incluídos em um teste de criatividade podem ser: (1) Liste quantos usos você pode fazer de um jornal. (2) Pense em quantos fluidos podem queimar. (3) Imagine que as pessoas não precisam mais dormir e pense na maior quantidade de consequências possível. A pontuação dos participantes desses testes depende do número de alternativas que elas geram e da originalidade e utilidade das alternativas.

Com que eficácia os testes preveem a produtividade criativa?

Em geral, os estudos indicam que os testes de criatividade são prognósticos ruins das realizações criativas no mundo real (Plucker e Makel, 2010; Zeng, Proctor e Salvendy, 2011). Por quê? Uma razão é que esses testes medem a criatividade em abstrato, como um traço geral. Contudo, o acúmulo de evidências sugere que até determinado grau a criatividade seja específica de certas áreas (Baer, 2013; Feist, 2004; Kaufman e Baer, 2004). Apesar de algumas raras exceções, as pessoas criativas costumam se destacar em uma única área na qual elas têm considerável treinamento e habilidade. Um físico inovador pode não ter potencial para ser um poeta criativo. Medir a criatividade dessa pessoa fora do campo da física pode não ter sentido.

Elementos correlacionados à criatividade

Como são as pessoas criativas? Elas são brilhantes ou menos ajustadas que as outras? Há uma grande quantidade de pesquisas sobre os elementos correlacionados à criatividade.

Existe uma personalidade criativa?

Não existe um perfil de personalidade único que conta para a criatividade (Weisberg, 2006). Contudo, pesquisadores descobriram correlações modestas entre certas características de personalidade e criatividade. Pesquisas sugerem que as pessoas altamente criativas tendem a ser mais independentes, não conformistas, introvertidas, abertas a novas experiências, autoconfiantes, persistentes, ambiciosas, dominantes e impulsivas (Feist, 1998, 2010). No centro desse conjunto de características de personalidade estão os traços relacionados de independência e não conformidade e abertura a novas experiências. As pessoas criativas tendem a pensar por si mesmas e são menos influenciadas pelas opiniões dos outros do que a média das pessoas. A importância da abertura a novas experiências pode ser vista em uma nova linha de pesquisa que sugere que viver no exterior aumenta a criatividade.

Apesar de a vivência no exterior ter sido vista como um rito de passagem para artistas e escritores criativos, ninguém pensou em olhar empiricamente seu impacto até relativamente pouco tempo atrás. Em uma série de estudos, Maddux e Galinsky (2009) descobriram que a quantidade de tempo gasto vivendo no exterior foi positivamente correlacionada com medidas de criatividade. Curiosamente, o tempo gasto em viagens de turismo *não* prevê a criatividade. Os efeitos contrastantes de viver e viajar ao exterior parecem depender da aculturação. Maddux e Galinsky descobriram que o grau em que as pessoas se adaptavam às culturas estrangeiras era responsável pela associação entre viver no exterior e a criatividade. Um estudo posterior revelou que as pessoas que se identificam tanto com sua cultura de origem quanto com sua cultura de acolhimento temporário beneficiam-se mais de viver no exterior (Tadmor, Galinsky e Maddux, 2012). Aparentemente, uma mentalidade bicultural promove uma maior capacidade para ver os problemas de várias perspectivas e integrá-las, promovendo, assim, o pensamento criativo mais flexível.

A criatividade e a inteligência estão relacionadas?

As pessoas criativas são excepcionalmente inteligentes? Do ponto de vista conceitual, a criatividade e a inteligência são tipos diferentes de habilidade mental. Assim, não é surpresa que as correlações entre criatividade e inteligência geralmente sejam fracas (Kaufman e Plucker, 2011). Por exemplo, uma meta-análise de vários estudos relatou uma correlação de apenas 0,17 (Kim, 2005).

Existe uma relação entre a criatividade e as doenças mentais?

Pode ser que exista uma relação entre a criatividade excepcional e as doenças mentais, em particular os transtornos de humores, como a depressão. Quando Nancy Andreasen estudou 30 autores de sucesso que foram convidados como professores visitantes ao prestigioso Iowa Writers Workshop (Oficina de Escritores de Iowa), ela descobriu que 80% de sua amostra sofrera de um transtorno de humor em algum momento de suas vidas (Andreasen, 1987, 2005). Em um estudo similar feito com 59 escritoras participantes de outra conferência de autores, Ludwig (1994) descobriu que 56% haviam sofrido de depressão. Esses números estão muito acima do índice básico (por volta de 15%) para distúrbios de humor na população em geral. Outros estudos também descobriram uma associação entre a criatividade e a prevalência de transtornos psicológicos (Jamison, 1988 Kyaga et al., 2013; Silvia e Kaufman, 2010). Talvez o exame mais ambicioso da questão tenha sido as análises que Arnold Ludwig (1995) fez das biografias de 1.004 pessoas que alcançaram destaque em 18 áreas. Ele descobriu índices muito elevados de depressão e outros distúrbios entre eminentes escritores, artistas e compositores (veja **Figura 8.26**). Assim, o acúmulo de dados empíricos sugere que possa existir uma correlação entre as grandes realizações criativas e a vulnerabilidade a distúrbios mentais.

Figura 8.26 Prevalência estimada dos transtornos psicológicos entre as pessoas que alcançaram destaque criativo.

Ludwig (1995) estudou as biografias de 1.004 pessoas que claramente alcançaram destaque em uma das 18 áreas e tentou determinar se cada uma delas sofreu de algum tipo de transtorno mental durante a vida. Os dados resumidos aqui mostram os índices de prevalência para depressão e para qualquer tipo de transtorno mental para quatro áreas em que a criatividade é com frequência a chave para alcançar destaque. Como podemos ver, a prevalência estimada das doenças mentais foi muito elevada entre escritores, artistas e compositores de sucesso (mas não para os cientistas da natureza) comparando-se à população em geral, com a depressão tendo um peso significativo para essa elevação.

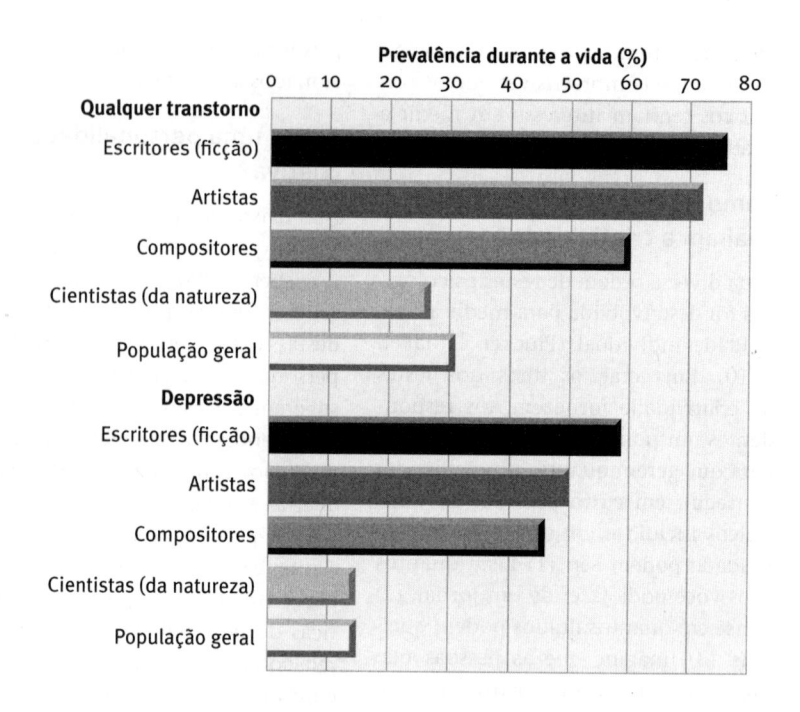

8.9 APLICAÇÃO DO PENSAMENTO CRÍTICO
Entendendo as armadilhas no raciocínio sobre decisões

Considere o seguinte cenário:

> *Laura está em um cassino vendo as pessoas jogarem roleta. As 38 posições na roleta incluem 18 números pretos, 18 números vermelhos e 2 números verdes. Assim, em qualquer rotação, a probabilidade de vermelho ou preto é um pouco menor que 50-50 (0,474, para ser exato). Embora Laura não tenha apostado, ela tem seguido o padrão de resultados no jogo com muito cuidado. A bola parou no vermelho sete vezes seguidas. Laura conclui que o preto é muito atrasado, e ela vai para o jogo, apostando pesadamente no preto.*

Laura fez uma boa aposta? Você concorda com o raciocínio de Laura? Ou você acha que Laura não entende as leis da probabilidade? Você descobrirá em breve, conforme discutimos como as pessoas raciocinam para tomar decisões – e como o raciocínio delas pode dar errado.

O trabalho pioneiro de Amos Tversky e Daniel Kahneman (1974, 1982) levou a uma explosão de pesquisas sobre a tomada de decisão arriscada. Em seus esforços para identificar as heurísticas que as pessoas usam na tomada de decisões, os investigadores tropeçaram em alguns equívocos, omissões e preconceitos (LeBoeuf e Shafir, 2012). Além disso, parece que ninguém está imune a essas falhas no pensamento. A pesquisa indica que as pessoas extremamente brilhantes são tão vulneráveis ao pensamento irracional como todas as outras (Stanovich, 2012). Felizmente, no entanto, algumas pesquisas sugerem que o aumento da consciência das falhas comuns no raciocínio pode levar a uma melhor tomada de decisão (Lilienfeld, Ammirati e Landfield, 2009). Com esse objetivo em mente, vamos olhar para algumas armadilhas comuns na tomada de decisão.

A falácia do apostador

O raciocínio de Laura em nosso cenário de abertura é falho. O comportamento de Laura ilustra a *falácia do apostador* **– a crença de que as chances de um acontecimento fortuito aumentam se ele não ocorreu recentemente.** As pessoas acreditam que as leis da probabilidade devem produzir resultados justos. Se eles acreditam que um processo é aleatório, eles esperam que o processo seja autocorretivo (Burns e Corpus, 2004). Essas não são hipóteses ruins em longo prazo. No entanto, não se aplicam a eventos individuais e independentes.

A roleta não se lembra de seus resultados recentes e faz os ajustes para eles. Cada giro da roleta é um evento independente. A probabilidade do preto em cada rodada permanece em 0,474, mesmo se o vermelho aparecer 100 vezes seguidas! A falácia do apostador reflete a influência penetrante da *heurística da representatividade*. Ao apostar no preto,

> **8.9 OBJETIVOS PRINCIPAIS DE APRENDIZAGEM**
>
> • Descrever a falácia do apostador, a tendência de superestimar os efeitos improváveis do enquadramento e aversão à perda.

Laura está prevendo que os resultados futuros serão mais representativos de um processo aleatório. Essa lógica pode ser utilizada para estimar a probabilidade do preto por meio de uma *série de rodadas*. Mas isso não se aplica a uma *rotação específica* da roleta. Curiosamente, algumas pesquisas recentes sugerem que a tendência de perceber as faixas ilusórias em situações de apostas pode contribuir para o problema do jogo (Wilke et al., 2014).

Superestimando o improvável

Vamos examinar outra questão que frequentemente surge ao trabalhar com probabilidades. Várias causas de morte estão emparelhadas abaixo. Em cada par, qual é a causa mais provável de morte?

Asma ou tornados?
Quedas acidentais ou acidentes com armas?
Tuberculose ou inundações?
Suicídio ou assassinato?

A **Tabela 8.2** mostra os números de mortalidades reais para cada uma das causas de morte listadas. Como você pode ver, a primeira escolha em cada par é a causa mais comum de morte. Se você errou em vários pares, não se sinta mal. Como muitas outras pessoas, você pode ser uma vítima da tendência de *superestimar o improvável*. As pessoas tendem a superestimar a probabilidade de eventos dramáticos, vívidos – mas pouco frequentes – eventos que recebem cobertura pesada da mídia. Assim, o número de mortes devido a tornados, acidentes com disparo de arma, inundações e assassinatos geralmente é superestimado (Slovic, Fischhoff e Lichtenstein, 1982). Fatalidades devido à asma e outras doenças comuns que recebem menos cobertura da mídia tendem a ser subestimadas. Por exemplo, mesmo que a tuberculose tenha sido amplamente erradicada e não chame nenhuma atenção da imprensa, as mortes por essa doença superam as mortes por inundações em cerca de 18 a 1! Essa tendência a exagerar o improvável tem sido geralmente atribuída à operação da *disponibilidade heurística* (Reber, 2004). Ocorrências de inundações, tornados e coisas do tipo estão prontamente disponíveis na memória porque as pessoas estão expostas a uma grande quantidade de cobertura da mídia sobre tais eventos. Como regra geral, as crenças das pessoas sobre o que elas devem temer tendem a ser surpreendentemente inconsistentes com as probabilidades reais (Glassner, 1999).

Os efeitos do enquadramento

Outra consideração sobre a tomada de decisões que envolvem riscos é o enquadramento de perguntas (Tversky e Kahneman, 1988, 1991). O **enquadramento** refere-se à forma como as questões de decisão são colocadas ou como as escolhas são estruturadas. As pessoas, muitas vezes, permitem que uma decisão seja moldada pela língua ou o contexto em que ela é apresentada, em vez de explorá-la a partir de diferentes perspectivas. Considere o seguinte cenário, adaptado de Kahneman e Tversky (1984, p. 343):

> *Imagine que os Estados Unidos estão se preparando para o surto de uma doença perigosa, que, como se espera, matará 600 pessoas. Dois programas alternativos para combater a doença têm sido propostos. Suponha que as estimativas científicas exatas das consequências dos programas sejam as seguintes:*
>
> - *Se o Programa A for adotado, 200 pessoas serão salvas.*
> - *Se o Programa B for adotado, há um terço de probabilidade de que todas as 600 pessoas sejam salvas e uma probabilidade de dois terços de que nenhuma seja salva.*

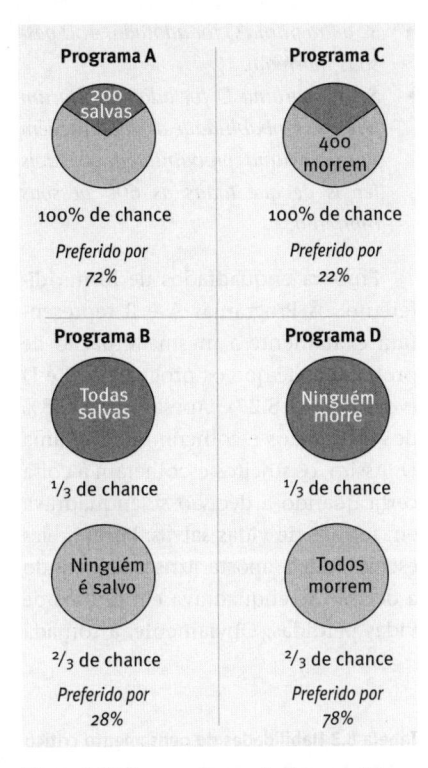

Figura 8.27 O enquadramento das questões.
Esse gráfico mostra que os programas A e B são paralelos em probabilidade aos Programas C e D, mas esses pares paralelos de alternativas levam os sujeitos a fazerem escolhas diferentes. Estudos mostram que, quando as escolhas estão enquadradas em termos de possíveis ganhos, as pessoas preferem o plano mais seguro. No entanto, quando as escolhas estão enquadradas em termos de perdas, as pessoas estão mais dispostas a fazerem uma aposta.

Kahneman e Tversky descobriram que 72% dos participantes escolhem a "coisa certa" (Programa A) sobre a "aposta arriscada" (Programa B). No entanto, eles obtiveram resultados diferentes quando as alternativas foram reformuladas da seguinte forma:

Tabela 8.2 Mortes anuais por causas selecionadas

Causa de morte	Número	Causa de morte	Número
Asma	3345	Tornados	70
Quedas acidentais	27.483	Acidentes com arma de fogo	591
Tuberculose	539	Inundações	29
Suicídio	39.518	Homicídios	16.238

Observe: todos os dados referem-se aos Estados Unidos em 2011 com base nos Arquivos Micro-data das Múltiplas Causas de Mortalidade do CDC (http://www.cdc.gov/nchs/data_access/Vitalstatsonline.htm), com exceção dos tornados e inundações, que se baseiam em estatísticas do Serviço Nacional de Meteorologia para 2012.

- *Se o Programa C for adotado, 400 pessoas morrerão.*
- *Se o Programa D for adotado, há um terço de probabilidade de que ninguém morra e uma probabilidade de dois terços de que todas as 600 pessoas morrerão.*

Embora enquadrados de forma diferente, os Programas A e B representam exatamente a mesma situação de probabilidade que os programas C e D (veja **Figura 8.27**). Apesar disso, 78% dos indivíduos escolheram o Programa D. Assim, os sujeitos escolheram a coisa certa quando a decisão se enquadrava em termos de vidas salvas. Porém, eles escolheram a aposta arriscada quando a decisão se enquadrava em termos de vidas perdidas. Obviamente, a tomada de decisão deve render decisões consistentes que não sejam alteradas drasticamente por mudanças superficiais em como as opções são apresentadas.

Aversão à perda

Outro fenômeno interessante é a *aversão à perda* – em geral, as perdas parecem maiores do que os ganhos de igual tamanho (Novemsky e Kahneman, 2005). Assim, a maioria das pessoas espera que o impacto negativo da perda de $ 1.000 será maior do que o impacto positivo do ganho de $ 1.000. Aversão à perda pode levar as pessoas a deixarem passar excelentes oportunidades. Por exemplo, os indivíduos tendem a diminuir uma aposta teórica em que têm 85% de chance de dobrarem suas economias *versus* uma chance de 15% de as perderem, o que matematicamente é muito mais atraente do que qualquer aposta em um cassino (Gilbert, 2006). Aversão à perda pode influenciar as decisões em muitas áreas da vida, incluindo escolhas de bens de consumo, investimentos, negociações comerciais e as abordagens aos cuidados de saúde (Camerer, 2005). O problema com a aversão à perda é que as pessoas geralmente superestimam a intensidade e a duração das emoções negativas que experimentarão após todos os tipos de perdas, que vão desde a perda de um emprego ou parceiro(a) a fazer uma entrevista ruim ou assistir a um time perder em um grande jogo (Kermer et al., 2006; veja Capítulo 9).

Tabela 8.3 Habilidades do pensamento crítico discutidas neste capítulo

Habilidade	Descrição
Compreender as limitações da representatividade heurística	O pensador crítico entende que o foco em protótipos pode levar a estimativas de probabilidade imprecisas.
Compreender as limitações da disponibilidade heurística	O pensador crítico compreende que a facilidade com que os exemplos vêm à mente pode não ser um guia preciso para a probabilidade de um evento.
Reconhecer os efeitos do enquadramento	O pensador crítico está ciente de que como as escolhas são colocadas ou estruturadas pode influenciar percepções subjetivas de probabilidades.
Entender a aversão à perda	O pensador crítico entende que as perdas subjetivamente parecem maiores do que os ganhos de igual tamanho.

CAPÍTULO 8 – QUADRO DE CONCEITOS

LINGUAGEM

Aquisição da linguagem
- De acordo com Skinner e outros *behavioristas*, as crianças adquirem a linguagem por meio da imitação, do reforço e de outros aspectos da aprendizagem e da experiência.
- De acordo com Chomsky e outros *nativistas*, os seres humanos são biologicamente preparados para adquirir rapidamente as regras da linguagem.
- De acordo com as teorias *interacionistas*, uma predisposição inata e um ambiente favorável contribuem para o desenvolvimento da linguagem.

Bilinguismo
- Há pouco suporte empírico para a crença de que o bilinguismo retarda o desenvolvimento da linguagem.
- Os bilíngues têm uma ligeira desvantagem na velocidade de processamento, mas têm vantagens na atenção, na capacidade, na memória de trabalho e no raciocínio.

Linguagem e pensamento
- A hipótese da *relatividade linguística* afirma que a linguagem molda a natureza dos processos de pensamento.
- O suporte empírico para a hipótese de relatividade linguística tem aumentado consideravelmente nos últimos anos.

RESOLVENDO PROBLEMAS

Tipos de problemas
- Greeno distingue entre problemas de estrutura indutiva, problemas de disposição e problemas de transformação.

Barreiras para a solução de problemas
- As pessoas são muitas vezes distraídas por informações irrelevantes.
- *Rigidez funcional* é a tendência para perceber um item apenas em termos da sua utilização mais comum.
- Uma *configuração mental* existe quando as pessoas insistem em usar estratégias que funcionaram no passado, mas não são mais ideais.
- As pessoas muitas vezes impõem restrições desnecessárias em suas possíveis soluções.

Abordagens para a resolução de problemas
- *Tentativa e erro* é uma abordagem comum, ainda que primitiva, para a resolução de problemas.
- *Heurística* é uma regra de ouro ou o atalho mental seguido para resolver problemas ou tomar decisões.
- Muitas vezes é útil formular submetas.
- Se você consegue identificar uma analogia entre um problema e outro, uma solução pode tornar-se aparente.
- Quando o progresso está estagnado, mudar a representação de um problema sempre ajuda.
- Pesquisas sobre os *efeitos da incubação* sugerem que fazer uma pausa de um problema pode melhorar os esforços na sua resolução.

Cultura e resolução de problemas
- Disparidades interculturais têm sido observadas no estilo da resolução de problemas.
- Pesquisas sugerem que culturas orientais manifestam um estilo cognitivo mais holístico, ao passo que as culturas ocidentais, um estilo cognitivo mais analítico.

TOMADA DE DECISÃO

Estratégias básicas
- A *teoria da racionalidade limitada* de Simon afirma que as pessoas tendem a usar estratégias simples de decisão que muitas vezes produzem resultados aparentemente irracionais, porque elas não conseguem lidar com tanta informação de uma só vez.
- Schwartz argumenta que, nas sociedades modernas, as pessoas sofrem com a sobrecarga de escolhas, o que leva à ruminação, ao arrependimento e diminui o bem-estar.
- Pesquisas sugerem que decisões inconscientes e intuitivas muitas vezes são mais gratificantes do que aquelas baseadas na deliberação consciente.
- A tomada de decisão arriscada envolve fazer escolhas em condições de incerteza.

Heurísticas comuns e falhas
- A *disponibilidade heurística* envolve basear a probabilidade estimada de um evento na facilidade com que as informações relevantes vêm à mente.
- A *heurística representativa* envolve basear a probabilidade estimada de um evento em termos de quão bem representa um protótipo típico desse evento.
- Nas probabilidades de estimativa, as pessoas muitas vezes ignoram os índices básicos por causa da influência da heurística de representatividade.
- A *falácia da conjunção* ocorre quando as pessoas estimam que as chances de dois eventos incertos acontecerem juntos são maiores do que as chances de qualquer evento acontecer sozinho.
- Psicólogos evolucionistas afirmam que os seres humanos parecem irracionais porque psicólogos cognitivos estão fazendo perguntas que não têm nada a ver com os problemas de adaptação que a mente humana evoluiu para resolver.
- De acordo com Gigerenzer, as pessoas dependem principalmente das *heurísticas rápida e frugal*, que são muito mais simples, do que dos processos inferenciais complexos estudados na pesquisa cognitiva tradicional.
- As teorias de processo dual afirmam que as pessoas dependem tanto do pensamento intuitivo, automático e rápido, quanto do mais lento, que exige esforço e controle.

TEMAS PRINCIPAIS

- Empirismo
- Contexto sócio-histórico
- Hereditariedade e meio ambiente
- Subjetividade da experiência
- Herança cultural

MEDIDA DA INTELIGÊNCIA

História dos testes de inteligência

- Os testes de inteligência modernos iniciaram em 1905 com Binet, que desenvolveu uma escala para medir a idade mental das crianças.
- Terman revisou o teste de Binet e criou o teste Stanford-Binet em 1916, que introduziu o quociente de inteligência (QI).
- Em 1939, Wechsler publicou um método mais desenvolvido para medir a inteligência dos adultos, criando a pontuação de desvio de QI baseada na distribuição normal.

Fundamentos dos testes de inteligência

- Os métodos modernos de pontuação de desvio de QI estabelecem onde as pessoas se enquadram dentro da distribuição normal para cada idade.
- O QI dos indivíduos pode variar de acordo com o momento dos testes, mas os testes de inteligência apresentam alto nível de segurança.
- Há plena evidência de que os testes de QI são medidas válidas de inteligência acadêmica/verbal, mas eles não avaliam a inteligência prática ou social.
- Os níveis de QI estão relacionados à realização profissional, mas ainda há dúvida sobre o quanto eles podem revelar sobre o desempenho em profissões específicas.
- Os testes de QI não são muito utilizados na maioria das culturas não ocidentais.

HEREDITARIEDADE E AMBIENTE COMO FATORES DETERMINANTES DA INTELIGÊNCIA

Evidência da influência da hereditariedade

- O *estudo com irmãos gêmeos* mostra que gêmeos idênticos possuem nível de inteligência mais similar que gêmeos fraternos, o que leva a concluir que a inteligência é herdada, ao menos em parte.
- O fato mais impressionante é que gêmeos idênticos criados separados possuem nível de inteligência mais semelhante que gêmeos fraternos criados juntos.
- *Estudos sobre adoção* mostram que crianças adotadas têm níveis de inteligência semelhantes aos dos pais biológicos.
- A proporção de hereditariedade é uma estimativa da proporção da variabilidade de traços de personalidade em uma população determinada por variações na herança genética.
- Estimativas da hereditariedade da inteligência variam de 40% a 80%, sendo a maioria de 50%, mas os níveis de hereditariedade possuem limitações.

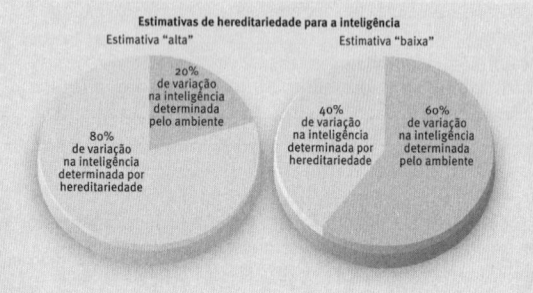

Estimativas de hereditariedade para a inteligência

Estimativa "alta": 80% de variação na inteligência determinada por hereditariedade / 20% de variação na inteligência determinada pelo ambiente

Estimativa "baixa": 40% de variação na inteligência determinada por hereditariedade / 60% de variação na inteligência determinada pelo ambiente

Evidência da influência do ambiente

- Estudos sobre adoções indicam que crianças adotadas apresentam relativa semelhança em termos de QI com relação aos pais e irmãos adotivos.
- Estudos sobre privação e enriquecimento ambiental mostram que o QI das crianças se modifica em resposta à mudança das circunstâncias.
- O efeito Flynn está relacionado à descoberta de que o desempenho em testes de QI vem aumentando nas últimas gerações.

A interação entre hereditariedade e ambiente

- Evidências mostram que a inteligência é formada tanto por hereditariedade quanto pelo ambiente, e que essas influências atuam uma sobre a outra.
- O modelo de variação de reação supõe que a hereditariedade estabeleça limites à inteligência e que os fatores ambientais determinem onde a pessoa se enquadra dentro desses limites.

Debate sobre diferenças culturais em termos de QI

- Jensen e outros afirmam que diferenças culturais em termos de QI se devem, em boa parte, à hereditariedade.
- Mesmo que a hereditariedade do QI seja alta, as diferenças de grupo em termos de QI podem ser totalmente ambientais quanto à origem.
- Muitos cientistas acreditam que as diferenças culturais de QI se deem em decorrência das desvantagens socioeconômicas.

NOVAS DIREÇÕES

- Pesquisas recentes identificaram correlações moderadamente positivas entre QI, o volume do cérebro e o volume de massa cinzenta e branca.
- Os pesquisadores descobriram que o QI medido na infância está relacionado à longevidade, décadas depois.
- A teoria de Sternberg utiliza uma perspectiva cognitiva que enfatiza a necessidade de entendermos como as pessoas usam a inteligência.
- Segundo Sternberg, os três aspectos da inteligência bem-sucedida são as inteligências analítica, criativa e prática.
- Gardner afirma que o conceito de inteligência deve ser ampliado para englobar uma gama variada de oito tipos de habilidade independentes.

APLICAÇÕES

- A criatividade normalmente não envolve um surto de inspiração; os testes de criatividade são meros previsores da produtividade criativa.
- A associação entre criatividade e inteligência é fraca; gênios criativos podem apresentar alta vulnerabilidade a distúrbios psicológicos.
- A falácia do apostador é a crença de que a probabilidade de que algo aconteça aumente se o evento não ocorreu recentemente.
- As pessoas tendem a superestimar eventos improváveis que são amplamente cobertos pela mídia em razão da disponibilidade heurística.
- Pesquisas mostram que as pessoas superestimam o impacto negativo das perdas.

Capítulo 9
Motivação e emoção

9.1 TEORIAS MOTIVACIONAIS

9.2 MOTIVAÇÃO DA FOME E DO COMER

9.3 MOTIVAÇÃO SEXUAL E COMPORTAMENTO

9.4 MOTIVAÇÃO PARA A REALIZAÇÃO

9.5 ELEMENTOS DA EXPERIÊNCIA EMOCIONAL

9.6 TEORIAS DA EMOÇÃO

9.7 REFLETINDO SOBRE OS TEMAS DO CAPÍTULO

9.8 APLICAÇÃO PESSOAL:
Explorando os ingredientes da felicidade

9.9 APLICAÇÃO DO PENSAMENTO CRÍTICO:
Analisando argumentos: entendendo a controvérsia

Quadro de conceitos

Temas neste capítulo

Herança cultural

Contexto sócio-histórico

Diversidade teórica

Hereditariedade e meio ambiente

Causalidade multifatorial

Era uma tarde clara do mês de maio de 1996, e Jon Krakauer, 41 anos, estava no topo do mundo – literalmente. Krakauer acabara de realizar um sonho de infância escalando o Monte Everest, o mais alto da Terra. Retirando o gelo de sua máscara de oxigênio, ele olhou para baixo, para uma extensa vista de gelo, neve e montanhas majestosas. Seu triunfo deveria ter-lhe trazido uma alegria imensa. Porém, ele se sentia estranhamente desapegado. "Eu fantasiei esse momento e a emoção que o acompanharia por muitos anos", escreveu mais tarde. "Mas agora que estava finalmente lá, parado no pico do Monte Everest, simplesmente não conseguia reunir a energia para me importar" (Krakauer, 1998).

Por que as emoções de Krakauer estavam tão subjugadas? A razão principal era que ele estava fisicamente exaurido. Escalar o Monte Everest é uma experiência incrivelmente cansativa. Medindo 8.850 m, o pico da montanha está em uma altitude alcançada por aviões do tipo jumbo. Como tais altitudes provocam alterações no corpo humano, Krakauer e seus colegas alpinistas não podiam nem se aproximar do topo até que tivessem passado seis semanas se aclimatando no acampamento-base, a 5.368 m acima do nível do mar.

A partir do acampamento-base, são mais de 3 km verticais por uma região apropriadamente denominada Zona da Morte, até chegar ao cume. Ao chegar ao cume, cada passo de Krakauer era difícil, e respirar era um esforço. Estava congelando. Extremamente cansado. Em vez de euforia, tinha apenas apreensão, por entender que descer do cume seria tão perigoso quanto subir. Uma grande tempestade atingiu a montanha durante a descida. Krakauer escapou por pouco. Doze homens e mulheres não tiveram a mesma sorte. Morreram na montanha, incluindo diversas pessoas que vieram com ele no grupo.

A saga de Jon Krakauer e dos outros alpinistas está repleta de enigmas da motivação. Por que as pessoas levariam um objetivo adiante mesmo correndo risco de vida? Por que escolheriam enfrentar uma provação tão punitiva e arriscada em primeiro lugar? No caso do Monte Everest, talvez o motivo mais óbvio seja simplesmente a satisfação de conquistar a montanha mais alta do mundo. Quando, na década de 1920, perguntaram ao alpinista britânico George Leigh Mallory por que ele queria escalar o Everest, sua resposta famosa foi: "Apenas porque ele está lá". Algumas pessoas parecem ter um desejo intenso de assumir os desafios mais difíceis.

A história de Krakauer também é cheia de emoções fortes. Ele previu que experimentaria um estado emocional de arrebatamento transcendental quando atingisse o topo do Everest. No entanto, seu triunfo foi acompanhado mais por angústia que êxtase. Os eventos terríveis que se seguiram o deixaram em princípio emocionalmente entorpecido. Contudo, ele logo foi tomado por uma forte sensação de desespero, pesar e culpa pela morte de seus companheiros. Seu relato ilustra a ligação íntima entre a motivação e a emoção – os tópicos que examinaremos neste capítulo.

9.1 Teorias motivacionais

Motivos são as necessidades, os interesses e os desejos que impulsionam as pessoas em certas direções. Em resumo, **a *motivação* envolve o comportamento direcionado por uma meta.** Os psicólogos criaram uma série de abordagens teóricas à motivação. Vamos examinar algumas dessas teorias e os conceitos relacionados.

> **9.1 Objetivos Principais de Aprendizagem**
> - Estabelecer uma comparação entre impulso, incentivo e abordagens evolucionistas para compreender motivação.

As teorias do impulso

Muitas teorias definem as forças motivacionais em termos de *impulsos*. O conceito de impulso surgiu da observação de Walter Cannon (1932) de que os seres vivos procuram manter **a *homeostase*, um estado de equilíbrio ou estabilidade fisiológica.** O corpo a mantém de muitas maneiras. Por exemplo, a temperatura do corpo humano normalmente flutua em torno de 36,5 °C (veja **Figura 9.1**). Caso sua temperatura corporal suba ou desça perceptivelmente, ocorrerão respostas automáticas: se a sua temperatura sobe, você transpira; se a temperatura abaixa, você se curva, começa a tremer. Essas reações destinam-se a ajustar a temperatura outra vez em torno dos 36,5 °C. Portanto, seu corpo reage a muitos distúrbios na estabilidade fisiológica na tentativa de restaurar o equilíbrio.

Escalar o Monte Everest é sempre um risco e um desafio, como mostra a história de Jon Krakauer.

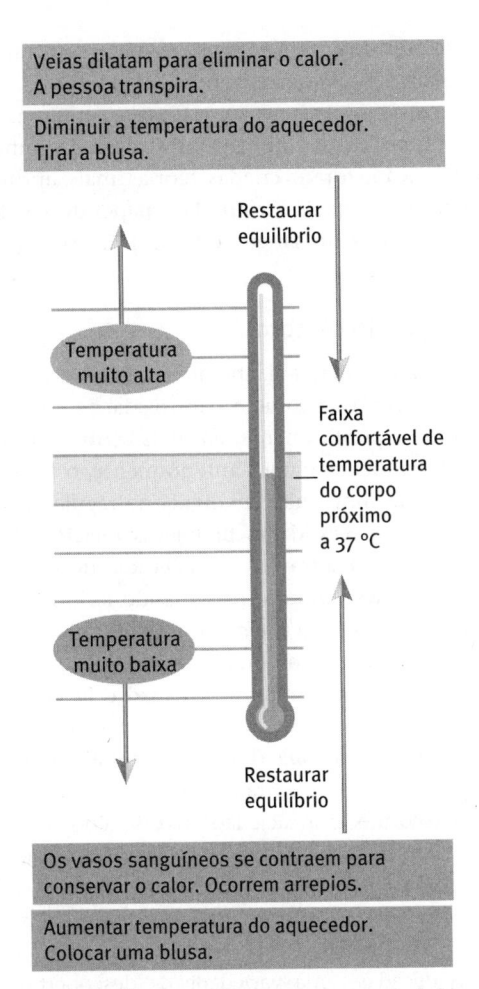

Figura 9.1 Regulação de temperatura como um exemplo de homeostase.
A regulação da temperatura corporal fornece um exemplo simples de como os seres vivos procuram manter a homeostase ou um estado de equilíbrio fisiológico. Quando a temperatura se altera além de um limite aceitável, ocorrem reações corporais automáticas (como transpiração ou estremecimento), de modo que se restabeleça o equilíbrio. É claro que essas reações automáticas podem não ser suficientes, de modo que você talvez tenha de tomar outras providências (como aumentar ou diminuir a temperatura ambiente) a fim de trazer sua temperatura novamente para o intervalo satisfatório.

As teorias do impulso empregam o conceito de homeostase ao comportamento. **Um *impulso* é um estado interno hipotético de tensão que induz um organismo a empreender atividades que possam reduzir tal tensão.** Esses estados desconfortáveis de tensão são entendidos como uma ruptura no equilíbrio desejável. Segundo as teorias do impulso, quando os indivíduos experimentam um impulso, são motivados a buscar ações que os levem a uma *redução do impulso*. Por exemplo, o motivo da fome é geralmente visto como um sistema de impulso. Se você ficar sem comida por algum tempo, começará a sentir certo desconforto. Essa tensão interna (impulso) vai motivá-lo a obter comida. Ao comer, o impulso se reduzirá e o equilíbrio fisiológico será restabelecido.

As teorias do impulso tornaram-se bastante influentes, e esse conceito continua sendo amplamente utilizado na atual psicologia. *As teorias do impulso, entretanto, não conseguem explicar a totalidade da motivação* (Berridge, 2004). A homeostase parece irrelevante para certos motivos humanos, como a "sede de saber". E pense em todas as vezes em que comeu sem ter fome. As teorias do impulso não podem explicar muito bem comportamentos como esses.

As teorias do incentivo

Segundo as teorias do incentivo, os estímulos externos regulam os estados motivacionais (Bolles, 1975; McClelland, 1975). ***Incentivo* é um objetivo externo capaz de motivar o comportamento.** Sorvete, prêmio em dinheiro, aprovação de amigos, nota A em um exame e promoção no emprego são todos incentivos. Alguns podem reduzir os impulsos, outros, talvez, não.

Os modelos de impulso e incentivo de motivação são muitas vezes contrapostos, como as teorias *de empurrar* versus *as de puxar*. As teorias do impulso enfatizam como os estados *internos* de tensão *empurram* as pessoas para determinadas direções. As do incentivo enfatizam como os estímulos *externos puxam* as pessoas para certas direções. De acordo com as teorias do impulso, a fonte de motivação localiza-se *dentro* do organismo. Segundo as do incentivo, essa fonte localiza-se *fora* do organismo, no ambiente. Assim, os modelos de incentivo enfatizam o papel dos fatores ambientais, em vez do princípio da homeostase.

Teorias evolucionistas

Os psicólogos que assumem uma perspectiva evolucionista afirmam que as motivações dos seres humanos e de outras espécies são produtos da evolução, assim como as características anatômicas. Eles afirmam que a seleção natural favorece comportamentos que maximizam o sucesso reprodutivo – ou seja, a transmissão dos genes para a geração seguinte. Assim, eles explicam motivos como afiliação, realização, domínio, agressão e impulso sexual nos termos de seu valor adaptativo (Durrant e Ellis, 2013).

As análises evolucionistas são baseadas na premissa de que as motivações podem ser mais bem entendidas nos termos dos problemas adaptativos que eles resolveram durante o curso da história humana. Por exemplo, acredita-se que a necessidade de dominar é maior nos homens do que nas mulheres porque ela facilita o sucesso reprodutivo do macho da espécie de várias maneiras. Por exemplo: as fêmeas da espécie preferem se acasalar com os machos dominantes; machos dominantes podem tirar as fêmeas dos machos não dominantes; machos dominantes podem intimidar machos rivais na competição por acesso sexual; e machos dominantes podem conseguir mais recursos materiais, que aumentam as oportunidades de acasalamento (Buss, 2014). Considere, também, a motivação para a *afiliação*, ou necessidade de pertencer. Os benefícios adaptativos da afiliação para nossos ancestrais provavelmente incluíam ajuda com a prole, colaboração na caça e coleta, defesa mútua, oportunidades de interação sexual, e assim por diante (Griskevicius,

Haselton, e Ackerman, 2015). Por esse motivo, os humanos desenvolveram a forte necessidade de fazer parte de um grupo e grande aversão à rejeição (Neuberg e Schaller, 2015). David Buss (1995) ressalta que não é por acidente que conquista, poder (domínio) e intimidade estão entre as motivações mais fortemente estudadas, porque a satisfação de cada uma dessas motivações afeta o sucesso reprodutivo.

Os teóricos motivacionais de todas as correntes concordam em um ponto: os seres humanos apresentam uma enorme variedade de motivações. Isso inclui uma série de *motivações biológicas*, como fome, sede, sexo e diversas *motivações sociais*, como a necessidade de realização, de relacionamento social, de autonomia, de dominância e de ordem. Dada a gama e a diversidade das motivações humanas, podemos examiná-las com detalhes. Nossas escolhas refletem, em grande parte, as motivações que os psicólogos mais estudam: fome, sexo e realização. Após a discussão sobre esses sistemas motivacionais, iremos explorar os elementos de experiência emocional e discutir diversas teorias sobre emoções.

9.2 Motivação da fome e do comer

9.2 Objetivos Principais de Aprendizagem

- Apresentar evidências dos fatores psicológicos envolvidos na regulação da fome.
- Explicar como a disponibilidade, a cultura e o aprendizado influenciam a fome.
- Descrever evidências de prevalência, consequências para a saúde e as origens da obesidade.

Por que as pessoas comem? Porque têm fome. O que as faz ter fome? Uma carência de alimentação. Qualquer criança cursando os primeiros anos escolares consegue explicar esses fatos básicos. Portanto, a fome é um simples sistema motivacional, certo? Errado! A fome é enganosa. Apenas parece simples, mas, na verdade, é um sistema motivacional enigmático e complexo.

Fatores biológicos na regulação da fome

Você provavelmente já viveu situações embaraçosas quando, em um momento bastante inesperado, seu estômago roncou alto. Talvez alguém tenha comentado: "Você deve estar morrendo de fome!". A maioria das pessoas associa estômago roncando com estar com fome, e, de fato, as primeiras teorias científicas sobre a fome eram baseadas nessa simples equação. Em um estudo realizado em 1912, Walter Cannon e A. L. Washburn verificaram o que as pessoas haviam percebido a partir da observação casual: existe uma associação entre contrações do estômago e a experiência de fome.

Baseado nessa correlação, Cannon teorizou que as contrações estomacais *causam* fome. Contudo, como já vimos, a correlação não é garantia de relação causal, e sua teoria acabou sendo desacreditada. As contrações do estômago frequentemente acompanham a fome, mas não são sua causa. Como sabemos disso? Porque pesquisas mais recentes mostraram que as pessoas continuam a sentir fome mesmo depois que, por motivos de saúde, seus estômagos foram reduzidos (Wangensteen e Carlson, 1931). Se pode haver fome sem a presença de estômago, então as contrações do estômago não podem ser a causa da fome. Com essa verificação, foram criadas teorias mais aprimoradas sobre a fome, as quais focam (1) o papel do cérebro, (2) o nível de açúcar no sangue e fatores digestivos e (3) os hormônios.

A regulação do cérebro

Pesquisas com animais em laboratório acabaram por sugerir que a experiência da fome é controlada no cérebro – no hipotálamo, especificamente, em dois centros ali localizados. Como já mencionamos anteriormente, o *hipotálamo* é uma estrutura minúscula, envolvida na regulação de uma diversidade de necessidades biológicas relacionadas à sobrevivência (veja **Figura 9.2**). Nas décadas de 1940 e 1950, pesquisadores descobriram que, quando lesionavam cirurgicamente o *hipotálamo lateral* (HL) desses animais, eles demonstraram pouco ou nenhum interesse por comida, pois o centro da fome fora removido (Anad e Brobeck, 1951). Ao contrário, quando os pesquisadores destruíram o *núcleo ventromedial do hipotálamo* (NVH), os animais comeram em excesso e ganharam peso rapidamente, como se a habilidade em reconhecer a saciedade tivesse sido neutralizada (Brobeck, Tepperman e Long, 1943). Esses resultados levaram à conclusão de que o hipotálamo lateral e o núcleo ventromedial do hipotálamo eram os mecanismos de controle da fome (Stellar, 1954). No entanto, com o decorrer de várias décadas, uma variedade de descobertas tornou mais complexa essa visão simples e questionou o modelo de centro duplo da fome (Winn, 1995). O pensamento atual é o de que as áreas lateral e ventromedial do hipotálamo são elementos no circuito neural que regulam a fome, mas não são elementos-chave – nem tampouco apenas centros de controle (Meister, 2007). Hoje, os cientistas acreditam que duas outras áreas do hipotálamo – o *núcleo arqueado* e o *núcleo paraventricular* – desempenham um papel mais importante na modulação da fome (Scott, McDade e Luckman, 2007) (veja **Figura 9.2**). Nos últimos anos, o núcleo arqueado vem sendo considerado cada vez mais importante (Moran e Sakai, 2013).

Teorias contemporâneas da fome centram-se mais nos *circuitos neurais* que passam por áreas do hipotálamo em vez de nos *centros anatômicos* no cérebro. Esses circuitos dependem de uma grande variedade de neurotransmissores e parecem ser mais complicados do que o previsto. Evidências sugerem que circuitos neurais que regulam a fome são fortes e reciprocamente interconectados, com extenso processamento paralelo (Powley, 2009). Esse complexo esquema de circuitos neurais é sensível a uma vasta gama de processos fisiológicos.

Regulação digestiva e hormonal

O sistema digestivo inclui uma variedade de mecanismos que influenciam a fome (Ritter, 2004). Ao que parece,

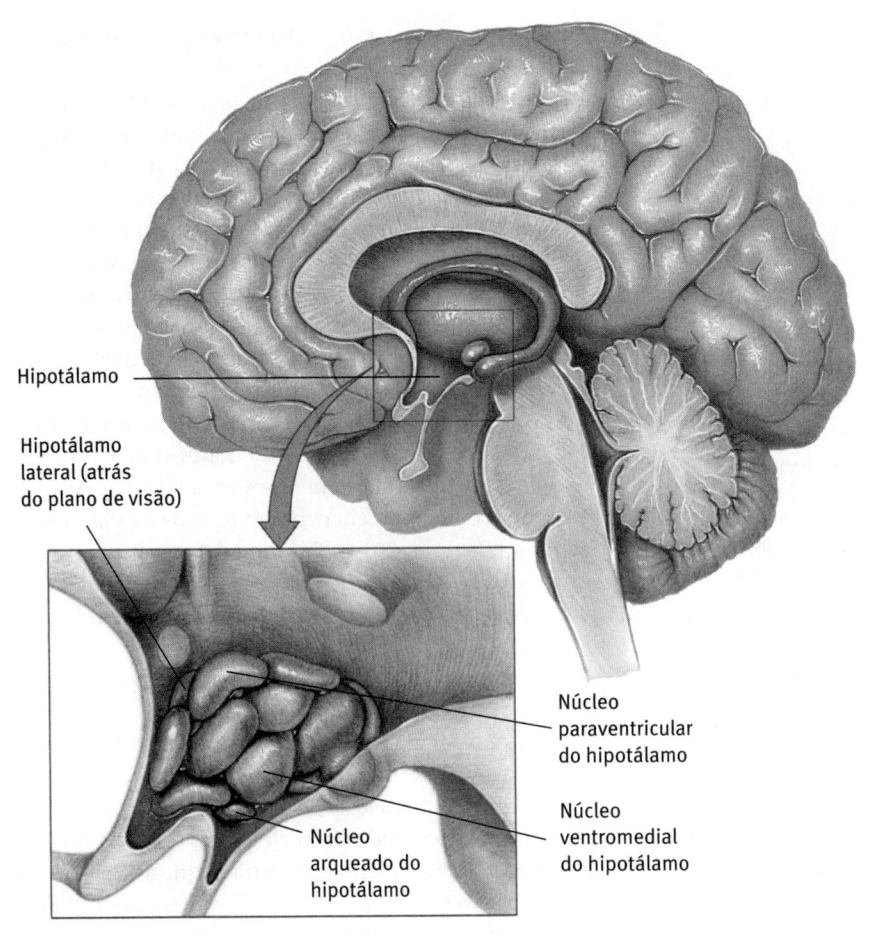

Figura 9.2 O hipotálamo.
Essa pequena estrutura na base do prosencéfalo tem uma função na regulação de uma diversidade de necessidades biológicas do homem, incluindo a fome. O detalhamento da figura em destaque mostra que o hipotálamo é composto por várias áreas distintas. Os cientistas acreditavam que a área lateral e a ventromedial eram centros liga-desliga do cérebro para comer. Entretanto, pesquisas mais recentes sugerem que o núcleo paraventricular pode ser mais crucial para a regulação da fome e que faz mais sentido pensar em termos de circuitos neurais do que centros anatômicos.

Walter Cannon não estava completamente equivocado em sua hipótese de que o estômago é o regulador da fome. Após a ingestão de alimentos, o estômago pode enviar uma série de sinais ao cérebro para inibir a vontade de continuar a comer (Woods e Stricker, 2008). Por exemplo, o nervo vago leva informação sobre a dilatação das paredes do estômago que indicam quando ele está cheio. Outros nervos levam mensagens de saciedade que dependem do nível de riqueza dos nutrientes do estômago.

Diversos hormônios presentes na circulação sanguínea parecem contribuir para regular a fome (Schwartz, 2012). Por exemplo, se o corpo fica sem alimento durante algum tempo, o estômago secreta *grelina*, que causa contração das paredes e promove a fome. Após os alimentos serem consumidos, a parte superior do intestino libera um hormônio chamado *CCK*, que envia sinais de saciedade ao cérebro, reduzindo a fome.

Por fim, evidências indicam que um hormônio denominado *leptina* contribui para a regulação da fome em longo prazo, assim como a regulação de inúmeras outras funções do corpo (Ramsay e Woods, 2012). A leptina é produzida pelas células de gordura por todo o corpo e liberada na corrente sanguínea. A leptina circula pela corrente sanguínea e por fim transmite ao hipotálamo informação sobre a armazenagem de gordura do corpo (Dietrich e Horvath, 2012).

Quando os níveis de leptina estão baixos, os sinais que chegam ao cérebro causam o aumento da fome. A *insulina*, um hormônio secretado pelo pâncreas, também é sensível às flutuações nas reservas de gordura do corpo. Os sinais hormonais que influenciam a fome (a flutuação de insulina, grelina, CCK e leptina) parecem convergir para o hipotálamo, especialmente os núcleos arqueado e paraventricular (Moran e Sakai, 2013).

Fatores ambientais na regulação da fome

A fome é claramente uma necessidade biológica, mas o comer não é regulado apenas por fatores biológicos. Estudos mostram que fatores sociais e ambientais influenciam consideravelmente o comer.

Disponibilidade de comida e pistas relacionadas

A maior parte da pesquisa sobre a regulação fisiológica da fome foi baseada na suposição de que a fome opera como um sistema de impulso no qual os mecanismos homeostáticos estão em funcionamento. Todavia, alguns teóricos enfatizam o valor de incentivo da comida e argumentam que os seres humanos e outros animais são, com frequência, motivados a comer não pela necessidade de compensar os déficits de energia, mas pela antecipação do prazer de comer (Finlayson, Dalton e Blundell, 2012; Johnson, 2013). Essa perspectiva foi sustentada pela evidência de que diversas variáveis ambientais exercem uma influência significativa sobre o consumo de comida:

- *Palatabilidade*. Como você pode imaginar, quanto melhor o sabor da comida, mais pessoas a consumirão (Castro, 2010). Esse princípio não é limitado aos seres humanos, pois o comportamento alimentar dos ratos e de outros animais também é influenciado pela palatabilidade.
- *Quantidade disponível*. Um poderoso elemento determinador da quantidade ingerida é a quantidade disponí-

Quanto mais comida é servida às pessoas, mais elas tendem a comer. Portanto, o aumento gradual das porções servidas contribui claramente para o aumento do consumo de alimentos.

vel. As pessoas tendem a consumir o que é colocado na sua frente. Quanto mais comida é servida às pessoas, mais elas comem (Rolls, 2012). Por exemplo, um estudo revelou que as pessoas consomem 45% mais pipoca quando ela é servida em recipientes maiores (Wansink e Kim, 2005). Em outro estudo, observou-se que crianças comem praticamente o dobro de cereais quando eles são servidos em vasilhas maiores, ao contrário de quando são servidos nas menores (Wansink, van Ittersum e Payne, 2014). Da mesma maneira, quem janta em um buffet em que haja pratos grandes consome 45% mais (e desperdiça 135% mais!) do que quando os pratos são menores (Wansink e van Ittersum, 2013). Infelizmente, nas últimas décadas, o tamanho das embalagens nos supermercados, porções nos restaurantes e dos pratos aumentou consideravelmente (Wansink, 2012). Esse aumento do que representa o consumo "normal" de alimentos claramente fez com que a população passasse a comer mais.

- *Variedade.* Seres humanos e animais aumentam o consumo quando uma variedade maior de alimentos está disponível (Temple et al., 2008). Quando você ingere um alimento específico, seu valor de incentivo diminui. Esse fenômeno é chamado de *saciedade sensorial específica* (Mellon et al., 2013). Se apenas alguns tipos de alimento estiverem disponíveis, o interesse por todos eles diminui rapidamente. Mas se muitos tipos assim estiverem, as pessoas podem trocar de alimento e acabam comendo mais de modo geral. Esse princípio explica por que as pessoas tendem a comer demais em festas, onde há oferta de grande quantidade de alimentos.
- *Presença de outras pessoas.* Em média, os indivíduos comem 44% mais quando estão com outras pessoas, ao contrário de quando estão sozinhas. Quanto mais pessoas presentes, mais comida elas tendem a ingerir (de Castro, 2010). Quando duas pessoas comem juntas, tendem a ajustar a quantidade de alimento entre si, comendo aproximadamente a mesma quantidade (Hermans et al., 2012). Quando lhes perguntavam, as pessoas pareciam não perceber que a quantidade de alimentos que ingeriam era influência da presença de outras.
- *Estresse.* O estresse tem efeito variado sobre a alimentação, fazendo com que alguns indivíduos comam menos, mas as estimativas sugerem que 40% a 50% das pessoas passam a comer mais em períodos de estresse (Sproesser, Schupp e Renner, 2014). Em muitas pessoas, o estresse também parece estimular o consumo de alimentos menos saudáveis, como doces e itens gordurosos (Michels et al., 2012).
- *Exposição às imagens de alimentos.* O ato de comer também pode ser incentivado pela exposição a sugestões associadas à comida (Wansink e Chandon, 2014). Não há dúvida de que seu apetite é provocado por comerciais de TV que mostram refeições de aparência deliciosa ou por aromas sedutores vindos da cozinha. Em acordo com essa observação, estudos têm demonstrado que a exposição a anúncios de comida incita à fome e à ingestão de maiores quantidades de alimento (Harris, Bargh e Brownell, 2009). Infelizmente, a simples visão ou o cheiro de boa comida levam as pessoas a pensar em como seria bom saborear aquele alimento e minam sua força de vontade (Stroebe et al., 2013).

De acordo com os modelos de incentivo da fome, a disponibilidade e a palatabilidade de comida são fatores cruciais para a regulação da fome. A fartura de alimentos diversificados geralmente leva as pessoas a comerem mais.

Preferências e hábitos adquiridos

Você gosta de comer miolo de bezerro? Que tal enguias ou cobras? Eu poderia fazê-lo se interessar em comer gafanhotos ou um pouco de carne de cachorro? Provavelmente não. Contudo, essas são iguarias finas em certas regiões do mundo. Esquimós do Ártico gostam de comer larvas de mosca! Você provavelmente prefere frango, maçãs, ovos, alface, batata frita, pizza, cereais ou sorvete. Essas preferências são adquiridas por meio de aprendizado. Pessoas de diferentes culturas apresentam padrões de consumo de alimentos muito diferentes (Rozin, 2007). Se você duvida desse fato, vá a um supermercado de comida étnica.

Preferências de paladar são, em parte, função de associações adquiridas por meio de *condicionamento clássico* (Appleton, Gentry e Shepherd, 2006). Por exemplo, as crianças podem ser condicionadas a preferir sabores associados à ingestão altamente calórica ou outros eventos agradáveis. Evidentemente, como vimos no Capítulo 6, a aversão a paladares também pode ser adquirida pelo condicionamento quando a ingestão de alimentos é seguida de náuseas (Reilly e Schachtman, 2009).

Hábitos alimentares são moldados também por meio de *aprendizado por observação* (veja Capítulo 6). As preferências alimentares são, em grande parte, uma questão de exposição (Cooke, 2007). As pessoas normalmente preferem comidas familiares. Mas existem fatores geográficos, culturais, religiosos e étnicos que limitam a exposição das pessoas a determinados alimentos. Exposições repetidas a um novo alimento normalmente levam a um aumento na preferência. Porém, como muitos pais foram forçados a reconhecer, pressionar uma criança para que coma determinado alimento pode ter um resultado contrário e provocar um efeito negativo na preferência das crianças pelo alimento que os pais desejam que ela coma (Benton, 2004).

As preferências quanto à comida são muito influenciadas pela cultura. Por exemplo, aranhas fritas não são agradáveis para a maioria dos norte-americanos, mas elas são uma iguaria em algumas culturas.

Alimentação e peso: origens da obesidade

Como já vimos, a fome é regulada por uma complexa interação de fatores biológicos e psicobiológicos. E o mesmo tipo de complexidade emerge ao investigar as origens da **obesidade, ou condição de sobrepeso**. A maioria dos especialistas avalia a obesidade em termos de ***índice de massa corporal (IMC)* – peso (em quilogramas) dividido pela altura (em metros) elevado ao quadrado (kg/m²)**. Esse índice de peso depende da variação da altura. Um IMC entre 25,0 e 29,9 é normalmente considerado sobrepeso, e acima de 30, obesidade. A cultura norte-americana parece ter obsessão pela magreza, mas as pesquisas mostram grande aumento na incidência de obesidade nas últimas décadas. Em um conceituado estudo de uma fatia representativa da população dos EUA, 40% dos entrevistados estavam acima do peso e 28,5% deles eram obesos (Flegal et al., 2010). Adultos acima do peso

---

REVISÃO 9.1

Compreendendo os fatores na regulação da fome

Verifique seu entendimento sobre os efeitos dos diversos fatores que influenciam a fome indicando se ela, e também a vontade de comer, tendem a aumentar ou a diminuir em cada uma das situações descritas a seguir. Indique sua escolha, ao lado de cada situação, com um A (aumenta), um D (diminui) ou um N (não é possível determinar sem informações adicionais). As respostas encontram-se no Apêndice A.

_____ 1. O estômago de Jameer acabou de secretar o hormônio grelina.

_____ 2. Os níveis de leptina da circulação sanguínea de Marlene aumentaram nas últimas semanas.

_____ 3. Norman não estava com fome, mas seu colega de quarto acabou de entrar com uma bela pizza com cheiro muito bom.

_____ 4. Alguém lhe oferece um alimento exótico, de aparência estranha, e lhe diz que todos naquela cultura adoram a iguaria.

_____ 5. Darius está comendo em um grande buffet, com enorme variedade de alimentos disponíveis.

_____ 6. Você está em um novo restaurante e acabaram de servir seu prato. Você fica surpreso com o tamanho gigantesco da porção.

Muitos teóricos afirmam que o aumento na prevalência de obesidade se deve ao fato de que o ambiente das sociedades atuais é obesogênico, com comida de aspecto tentador em toda parte.

geralmente têm a companhia dos filhos, pois o problema de sobrepeso triplicou entre crianças e adolescentes (Ogden et al., 2012). A epidemia de obesidade também vem se tornando um problema global, alastrando-se dos países mais abastados para boa parte do planeta, incluindo diversos países relativamente pobres (Popkin, 2012).

Os estudiosos têm uma explicação plausível para o aumento drástico na prevalência da obesidade (Blass, 2012; King, 2013). Segundo eles, ao longo da história, a maior parte dos humanos vivia em ambientes caracterizados por acirrada competição por recursos escassos e imprevisíveis de alimentos. Por isso, desenvolveram a tendência a consumir mais que o necessário quando tinham oportunidade, porque o alimento pode não estar disponível mais tarde. O excesso de calorias era armazenado no corpo (na forma de gordura) como garantia para tempos de escassez. Mas, hoje, nas sociedades modernas e industrializadas, a maioria dos humanos vive em ambientes em que há abundância e suprimento garantido de alimentos altamente palatáveis. Nesses ambientes, o instinto de se alimentar em excesso quando há alimento disponível leva muitas pessoas ao consumo crônico e excessivo. Claro, em decorrência de variações de genética, metabolismo e outros fatores, apenas algumas se tornam obesas.

Se a obesidade afetasse apenas a vaidade das pessoas, não haveria grande motivo para preocupação. Mas, infelizmente, a obesidade é um problema sério de saúde que eleva o risco de mortalidade. Indivíduos obesos são mais vulneráveis que os demais a doenças coronárias, enfarto, hipertensão, diabetes, problemas respiratórios, doenças na vesícula biliar, artrite, dores musculares e nos ossos, apneia do sono e alguns tipos de câncer (Corsica e Perri, 2013; Ogden, 2010). Estudos recentes também sugerem que a obesidade pode causar mudanças inflamatórias e metabólicas que contribuem para o desenvolvimento da doença de Alzheimer (Letra, Santana e Seica, 2014; Spielman, Little e Klegeris, 2014). A **Figura 9.3** mostra como a prevalência da diabetes, da hipertensão, das doenças coronarianas e da dor musculoesquelética se eleva com o aumento do IMC. A obesidade é realmente um problema de saúde importante. Por isso os cientistas têm dedicado grande atenção às causas da obesidade. Vejamos alguns fatores que já foram identificados.

Predisposição genética

Pesquisas sugerem que a obesidade é, em parte, uma questão de influência hereditária (Price, 2012). Em um estudo com irmãos gêmeos, Stunkard e seus colegas (1990) descobriram que gêmeos idênticos criados separados possuem IMC mais semelhante que gêmeos fraternos criados juntos (veja **Figura 9.4**). Em outro estudo com mais de 4 mil gêmeos, Allison e seus colegas (1994) estimaram que os fatores genéticos foram responsáveis por 61% da variação de peso entre homens e 73% entre mulheres. O que se pode concluir é que, aparentemente, algumas pessoas têm *vulnerabilidade* genética à obesidade (Chung e Leibel, 2012).

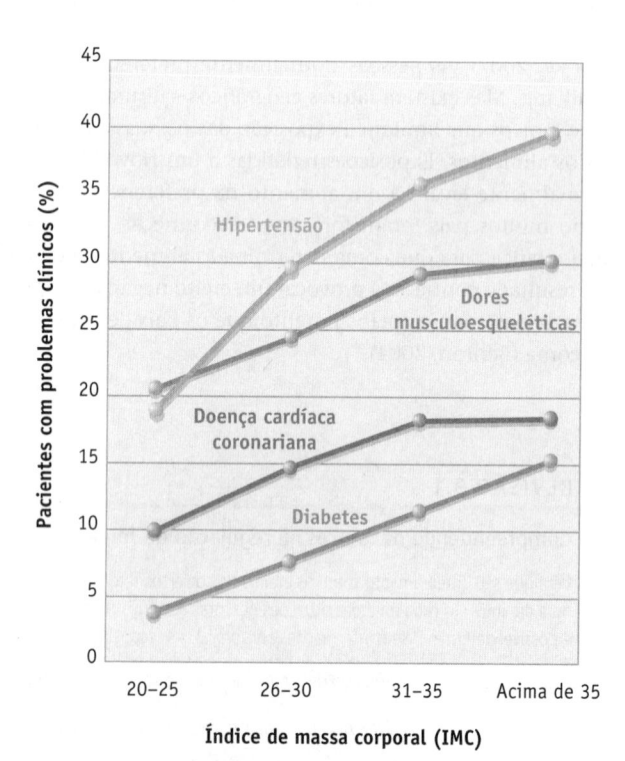

Figura 9.3 Peso e prevalência de diversas doenças.
O gráfico mostra como a obesidade, indicada pelo IMC, está relacionada à prevalência de quatro tipos comuns de doenças. A prevalência de diabetes, doenças cardíacas, dor muscular e hipertensão se eleva com o aumento do IMC, o que sugere que a obesidade oferece risco significativo para a saúde. (Baseado em dados de Brownell e Wadden, 2000)

Comer demais e se exercitar inadequadamente

A causa de as pessoas terem excesso de peso é que elas comem demais em relação ao nível em que se exercitam. Na América moderna, a tendência de comer demais e se exercitar muito pouco é fácil de entender (Henderson e Brownell, 2004). Alimentos gordurosos, saborosos e com elevado nível de calorias e bebidas adoçadas com açúcar estão plenamente disponíveis em todos os lugares – não apenas em restaurantes, mercados, padarias etc., mas também em shoppings, aeroportos, postos de gasolina, escolas e locais de trabalho. Atualmente, os norte-americanos gastam quase a metade de seu orçamento destinado à comida em restaurantes, onde tendem a comer mais do que normalmente consomem quando estão em suas casas (Corsica e Perri, 2013). Alimentos não saudáveis são muito divulgados, e esses esforços de marketing são muito efetivos em fazer as pessoas aumentarem seu consumo desses alimentos (Horgen, Harris e Brownell, 2012). A incapacidade de controlar o desejo de comer demais tem se tornado tão comum que alguns teóricos estão se aproximando da conclusão de que alimentos muito processados, gordurosos e com alto teor de açúcar são literalmente viciantes (Ahmed, 2012; Gearhadt e Corbin, 2012). Considera-se que as sociedades modernas criam um ambiente tóxico, obesogênico, para a alimentação. Infelizmente, o aumento desse ambiente obesogênico tem sido acompanhado por um declínio significativo na atividade física (Corsica e Perri, 2013). As conveniências modernas, por exemplo, carros e elevadores, assim como as mudanças no mundo do trabalho, como o aumento de funções de escritório, e o crescimento do hábito de ver TV e jogar videogame, tudo isso tem conspirado para tornar o estilo de vida dos norte-americanos mais sedentário do que nunca.

Falta de sono adequado

Privação do sono, problema que vem aumentando na sociedade moderna das últimas décadas, é outro fator que se considera estar relacionado à obesidade. O sono parece estar ligado à questão do peso, portanto, a falta de descanso adequado tem sido associada ao ganho de peso. Um estudo recente indica que dormir menos de 6 horas por noite, para um indivíduo de 16 anos de idade, pode aumentar em 20% as chances de ele ser obeso aos 21 (Suglia, Kara e Robinson, 2014). Outro estudo revela que, mesmo com o controle de 17 variáveis diferentes, ainda restou uma relação significativa entre períodos de sono insuficientes e obesidade elevada (Di Milia, Vandelanotte e Duncan, 2013). Mas a que se deve isso? A privação do sono parece alterar o equilíbrio dos hormônios responsáveis por regular o apetite, a alimentação e a saciedade (Knutson e Van Cauter, 2008).

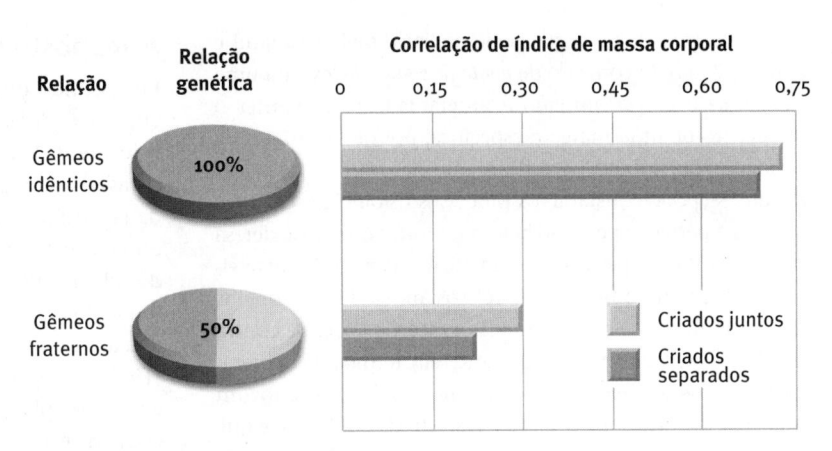

Figura 9.4 Hereditariedade do peso.
Esses dados, obtidos de um estudo de Stunkard et al. (1990), revelam que gêmeos idênticos são muito mais semelhantes em termos de índice de massa corporal que os gêmeos fraternos, o que sugere que fatores genéticos são responsáveis por diversas variações entre as pessoas quanto à propensão de vir a ter sobrepeso.

Conceito de "ponto de equilíbrio"

As pessoas que perdem peso com dieta têm grande tendência a ganhar todo o peso novamente, o que sugere que os mecanismos homeostáticos se defendem da perda de peso (Berthoud, 2012). Aparentemente, existem inúmeros processos metabólicos e neuroendocrinológicos que trabalham para resistir à perda de peso. Um exemplo é que, após a perda significativa de peso, o gasto de energia das pessoas tende a diminuir (Goldsmith et al., 2010); ou seja, a queima de calorias ocorre de maneira mais lenta, o que promove o ganho de peso. E o mais importante, menores depósitos de gordura resultam em níveis reduzidos do hormônio leptina. Baixos níveis de leptina aumentam a sensação de fome e inibem alguns dos sinais de saciedade que normalmente controlam a vontade de comer, fazendo com que se aumente o consumo de alimentos (Kissilef et al., 2012). Obviamente, essas adaptações biológicas à perda de peso levam as pessoas a recuperar todos os quilos novamente. O mais interessante é que o corpo humano parece também estar programado para resistir ao ganho de peso. Pessoas que precisam engordar têm dificuldade em manter o peso. Os mecanismos adaptativos que tendem a manter o peso corporal relativamente estável sugerem que todos temos um *ponto de equilíbrio*, que é um ponto natural de estabilidade do peso corporal. Inicialmente, era visto como ponto específico, mas hoje se conside-

---

CHECAGEM DA REALIDADE

Ideia equivocada

Deixar de tomar o café da manhã e comer à noite causa ganho extra de peso.

Realidade

A mudança de peso depende da ingestão de calorias em relação ao gasto de energia com atividades físicas e processos metabólicos. *Quando* se consomem as calorias é irrelevante. As calorias consumidas à noite não são processadas de maneira diferente que as consumidas durante o dia. Apesar disso, há evidência de que as pessoas que jantam tarde tendem a ingerir mais calorias durante o jantar que aquelas que jantam cedo, talvez em razão da influência circadiana sobre a fome (Baron et al., 2011; Scheer, Morris e Shea, 2013).

ra uma margem de peso que pode oscilar (Pinel, Assanand e Lehman, 2000). O conceito de *ponto de equilíbrio* levanta uma questão: se o corpo humano é programado para manter o peso dentro de uma margem específica, por que os níveis de obesidade vêm subindo drasticamente nas últimas décadas? Pelo que se pôde constatar, os processos fisiológicos de defesa contra a perda de peso são bem mais fortes que os de defesa contra o ganho de peso (Berthoud, 2012). Por quê? Provavelmente porque no ambiente de nossos ancestrais, em que as reservas de alimento eram limitadas e incertas, a defesa contra a perda de peso era mais importante em termos de sobrevivência do que a defesa contra o ganho de peso (Rosenbaum et al., 2010). Outra consideração a respeito da obesidade é que o corpo humano foi esculpido pela evolução para se defender melhor da perda de peso do que do ganho de peso.

9.3 Motivação sexual e comportamento

De que forma sexo e comida se parecem? Às vezes parece que as pessoas são obcecadas por ambos. Vivem brincando e fazendo fofocas sobre sexo o tempo todo. Revistas, romances, cinemas e programas de televisão são repletos de jogos e insinuações sexuais. A indústria de marketing usa o sexo para vender qualquer coisa, de pasta de dentes a *jeans* e automóveis. Esse intenso interesse em sexo reflete a importância da motivação sexual.

9.3 Objetivos Principais de Aprendizagem

- Descrever as quatro fases da reação sexual humana.
- Descrever a teoria do investimento parental e as diferenças de gênero em termos de atividade sexual e preferências por parceiros.
- Discutir a prevalência da homossexualidade e comparar as teorias ambientais e biológicas da orientação sexual.

A resposta sexual humana

Presumindo que as pessoas sejam motivadas a se envolver em atividades sexuais, o que, na verdade, acontece com elas fisicamente? Parece ser uma pergunta simples, mas os cientistas, de fato, sabiam muito pouco a respeito da fisiologia da resposta sexual humana antes de William Masters e Virginia Johnson terem conduzido uma pesquisa inovadora na década de 1960. Seu trabalho produziu uma descrição detalhada da resposta sexual humana, que eventualmente rendeu aos pesquisadores ampla aclamação. Masters e Johnson (1966, 1970) dividem a resposta sexual em quatro estágios: excitação, platô, orgasmo e resolução. A **Figura 9.5** mostra como a intensidade da estimulação sexual muda à medida que mulheres e homens avançam por esses estágios.

Durante a *fase de excitação*, o nível da estimulação física geralmente sobe muito rápido. Em ambos os gêneros, a tensão muscular, a respiração, o batimento cardíaco e a pressão arterial aumentam rapidamente. A *vasocongestão* – o enchimento dos vasos sanguíneos – produz a ereção do pênis e o inchaço dos testículos nos homens. Nas mulheres, a vasocongestão leva a um inchaço e endurecimento do clitóris, à expansão dos lábios vaginais e à lubrificação vaginal. Durante a *fase platô*, a estimulação fisiológica continua a aumentar, mas em um ritmo bem mais lento. Quando as preliminares são demoradas, é normal que a estimulação tenda a oscilar para ambos os gêneros.

O *orgasmo* ocorre quando a estimulação sexual atinge sua maior intensidade e é descarregado em uma série de contrações musculares que pulsam pela área pélvica. A experiência subjetiva do orgasmo é muito parecida para homens e mulheres, mas as mulheres têm uma probabilidade maior que os homens de experimentar mais de um orgasmo em curto período (padrão C na **Figura 9.5**). Dito desse modo, as

Figura 9.5 O ciclo da reação sexual humana.

Existem semelhanças e diferenças entre homens e mulheres quanto aos padrões da estimulação sexual. O padrão A, que culmina no orgasmo e na resolução, é a sequência modal para os dois gêneros, mas não algo com que se possa contar. O padrão B, que envolve a estimulação sexual sem o orgasmo, seguida por uma resolução lenta, é vista nos dois sexos, porém é mais comum entre as mulheres. O padrão C, que envolve orgasmos múltiplos, é visto quase exclusivamente entre as mulheres, pois os homens passam por um período refratário antes de conseguir experimentar outro orgasmo.

Fonte: baseado em Masters, W. H. Johnson, V. E. *Human Sexual Response*. Boston: Little, Brown, 1996. Copyright © 1966 Little, Brown and Company.

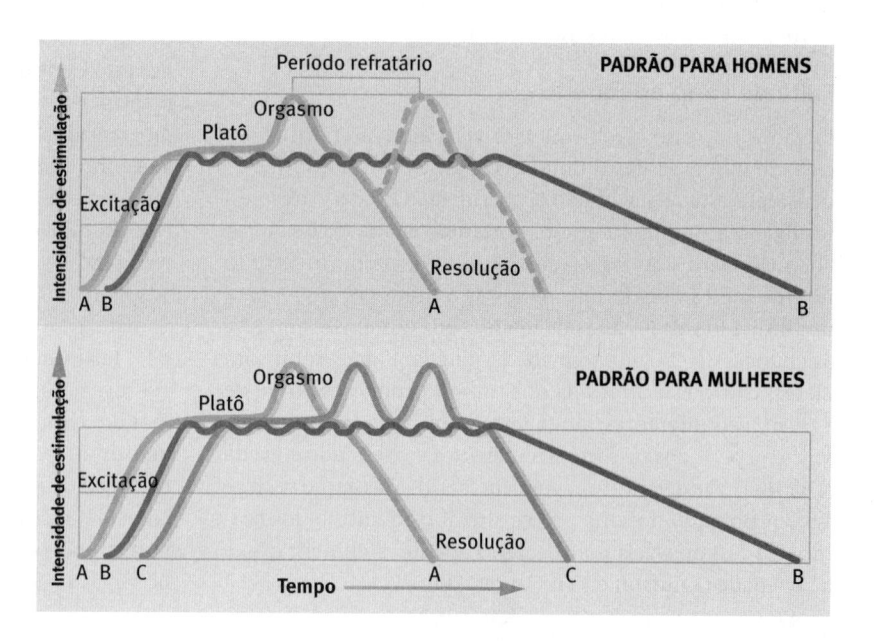

mulheres também têm uma probabilidade maior que os homens de praticar uma relação sexual sem chegar ao orgasmo (Katz-Wise e Hyde, 2014). Ao perguntar aos entrevistados se eles *sempre* têm orgasmos com seus parceiros, a disparidade de gêneros em termos de consistência orgástica parece ser bem grande. Por exemplo, no caso de entrevistados de idades entre 35 e 39, Laumann et al. (1994) observou que 78% dos homens e apenas 28% das mulheres responderam que sempre tinham orgasmo. No entanto, uma pesquisa mais abrangente e mais recente sobre comportamento sexual abordou a questão de maneira diferente e revelou uma menor disparidade entre gêneros. Herbenick et al. (2010) perguntaram aos entrevistados sobre detalhes de suas *interações sexuais mais recentes* (o que fizeram, quanto prazer tiveram, se tiveram orgasmos etc.). Como se pode ver na **Figura 9.6**, os homens tinham mais tendência que as mulheres a ter orgasmos, mas a disparidade não era tão grande quando se perguntava se as pessoas *sempre* tinham orgasmos.

Se essas diferenças refletem atitudes e práticas sexuais ou os processos fisiológicos, isso é uma questão aberta a debate. Por um lado, é fácil argumentar que a maior consistência orgástica do sexo masculino deve ser um produto da evolução, pois ela teria uma óbvia importância adaptativa em promover a capacidade reprodutiva do homem. Por outro lado, as diferenças de gênero na socialização dos sentimentos de culpa a respeito do sexo e práticas sexuais que são menos que ótimas para as mulheres poderiam ter seu papel (Katz-Wise e Hyde, 2014).

Durante a *fase de resolução*, as mudanças fisiológicas produzidas pela estimulação sexual gradualmente diminuem. Se o orgasmo não ocorre, a redução na tensão sexual pode ser um tanto lenta. Depois do orgasmo, os homens passam por um *período refratário*, um intervalo que se segue ao orgasmo durante o qual os homens não reagem a estímulos adicionais. A duração desse período varia de alguns minutos a algumas horas e aumenta com a idade.

Análise evolucionista da motivação sexual humana

A tarefa de explicar o comportamento sexual é obviamente importante para os psicólogos evolucionistas, devido à sua tese fundamental de que a seleção natural é alimentada por variações no sucesso reprodutivo. O pensamento nessa área foi orientado pela *teoria do investimento parental* de Robert Trivers (1972). **Investimento parental** refere-se ao que os dois gêneros sexuais têm de investir – em termos de tempo, energia, risco de sobrevivência e oportunidades perdidas (para perseguir outros objetivos) – a fim de gerar e cuidar da prole. Por exemplo, o esforço exigido para tomar conta dos ovos, construir ninhos e alimentar os filhotes representa investimento parental. Na maioria das espécies existem disparidades surpreendentes entre machos e fêmeas no que se refere ao investimento parental; e tais discrepâncias dão forma às estratégias de acasalamento. Então, como essa teoria se aplica aos seres humanos?

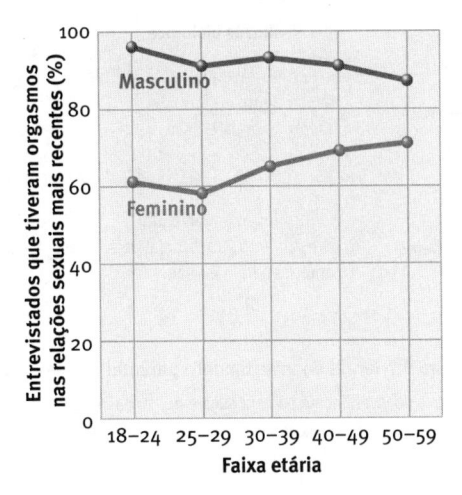

Figura 9.6 A diferença entre os gêneros na consistência do orgasmo.

Nas relações sexuais, os homens têm mais probabilidade de atingir orgasmos. Ao perguntar aos entrevistados se eles *sempre* têm orgasmos, a disparidade entre gêneros é imensa. Mas os dados aqui indicados, que mostram se as pessoas tiveram orgasmos nas relações sexuais mais recentes, sugerem que a disparidade entre gêneros é um pouco menor, embora não insignificante. Os dados também indicam que a disparidade entre gêneros diminui em grupos de idade mais avançada. (Dados de Herbenick et al., 2010)

Assim como acontece com muitas espécies mamíferas, *espera-se* que o macho da espécie invista pouco na geração de filhos além da cópula. Portanto, seu potencial reprodutivo é maximizado pelas relações com o maior número de fêmeas possível. A situação para as fêmeas da espécie é bem diferente. Elas têm de investir nove meses na gravidez, e nossas ancestrais tinham de devotar vários anos adicionais amamentando os filhos. Essas realidades colocam um limite na quantidade de filhos que as mulheres podem gerar, independentemente da quantidade de homens com quem mantêm relações sexuais. Por isso, as fêmeas têm pouco ou nenhum incentivo para acasalar com muitos machos. Pelo contrário, elas podem otimizar seu potencial reprodutivo sendo seletivas. Assim, nos seres humanos, espera-se que os homens compitam com outros homens pela relativamente escassa e valiosa "mercadoria" das oportunidades de reprodução.

A teoria do investimento parental prevê que, em comparação com as mulheres, os homens mostram mais interesse pela atividade sexual, mais desejo de variedade de parceiras sexuais e mais disposição para praticar sexo sem compromisso (Durrant e Ellis, 2013). Em comparação, as mulheres são o gênero mais conservador, discriminatório e altamente seletivo na escolha de parceiros (veja **Figura 9.7**). Essa seletividade supostamente envolve a busca de parceiros com maior habilidade para contribuir com a alimentação e criação dos filhos. Por quê? Porque no mundo de nossos ancestrais a maior força e agilidade dos homens, assim como o acesso a recursos econômicos, eram cruciais na luta sem fim para encontrar comida, abrigo e defender o território.

	Realidade biológica	Importância evolucionista	Resultados comportamentais
Homens	A reprodução envolve investimento mínimo de tempo, energia e risco.	Maximizar o sucesso reprodutivo buscando mais parceiras sexuais com alto potencial reprodutivo.	Mais interesse em sexo sem compromisso, maior número de parceiras sexuais durante a vida, procura por parceiras jovens e atraentes.
Mulheres	A reprodução envolve um investimento substancial de tempo, energia e risco.	Maximizar o sucesso reprodutivo buscando parceiros dispostos a investir recursos materiais na prole.	Menos interesse em sexo sem compromisso, menor número de parceiros sexuais durante a vida, procura por renda, *status* e ambição nos parceiros.

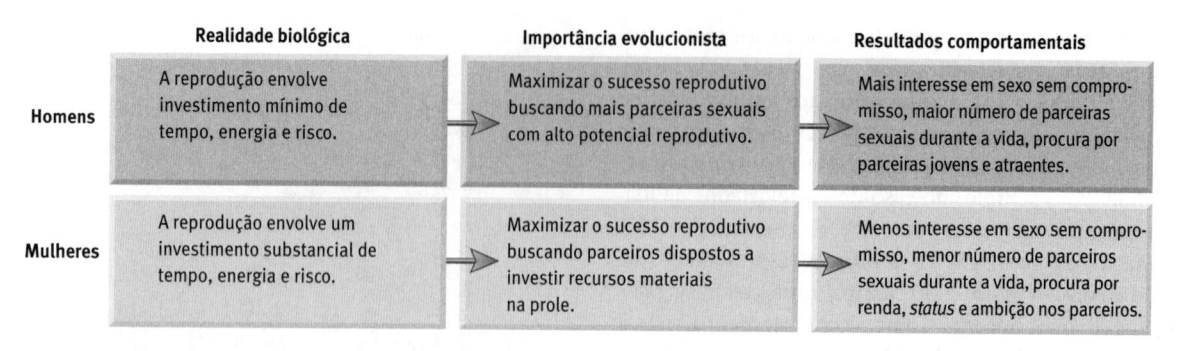

Figura 9.7 Teoria do investimento parental e preferência na escolha de parceiros.

A teoria do investimento parental sugere que as diferenças básicas entre homens e mulheres no investimento parental têm uma grande importância adaptativa e levam a diferenças nas tendências e preferências na escolha de parceiros, como demonstrado aqui.

Diferenças de gênero nos padrões de atividade sexual

Em acordo com a teoria evolucionista, os homens, em geral, demonstram mais interesse pelo sexo que as mulheres. Eles pensam em sexo mais que as mulheres, iniciam a vida sexual mais cedo e têm fantasias sexuais mais frequentes e variadas (Baumeister, Catanese e Vohs, 2001). Homens também apresentam mais propensão a assistir e apreciar material pornográfico (Buss e Schmitt, 2011). Homens se masturbam bem mais que mulheres e também apresentam probabilidade um pouco maior de ter casos extraconjugais (Petersen e Hyde, 2011). Quando se pergunta a casais heterossexuais sobre sua vida sexual, os homens afirmam que gostariam de praticar sexo com mais frequência em comparação com suas parceiras.

As descobertas de um estudo sugerem que essa disparidade na motivação sexual só se amplia quando os indivíduos atingem a meia-idade (Lindau e Gavrilova, 2010). Como se pode ver na **Figura 9.8**, na faixa de 55 a 64 anos de idade, 62% dos homens, mas apenas 38% das mulheres, afirmaram estar interessados em sexo.

Os homens também são mais motivados que as mulheres a procurar sexo com maior variedade de parceiros (Buss e Schmidt, 2011). Por exemplo, Buss e Schmidt descobriram que estudantes universitários do sexo masculino indicam que gostariam de ter 18 parceiras sexuais durante a vida, ao passo que as estudantes relatam que gostariam de ter apenas cinco. Claras disparidades entre os gêneros sexuais também são vistas no que diz respeito à disposição para praticar sexo casual ou sem compromisso. Por exemplo, em um interessante estudo de campo, Clark e Hatfield (1989) pediram a homens com aparência comum que se aproximassem de mulheres desconhecidas (universitárias) e perguntassem a elas se os acompanhariam ao seu apartamento para fazer sexo. Nenhuma das mulheres concordou com essa proposta. Mas quando Clark e Hatfield fizeram o experimento oposto, com mulheres de aparência comum fazendo a mesma proposta a homens, 75% deles concordaram fervorosamente! Descobertas semelhantes foram observadas em um estudo mais recente que também avaliava se a pessoa entrevistada estava tendo um relacionamento (Hald e Høgh-Olesen, 2010). Entre os que não estavam em um relacionamento, 59% dos homens e nenhuma das mulheres aceitaria um convite para sexo casual. Quando as pessoas entrevistadas *estavam* tendo um relacionamento, a probabilidade de aceitarem o convite caía bastante entre os homens, e a disparidade entre gêneros diminuía, com 18% dos homens e 4% das mulheres aceitando um convite para sexo casual.

Diferença dos gêneros nas preferências por uniões

A teoria do investimento parental sugere que existem disparidades evidentes entre homens e mulheres no que ambos buscam em uma relação duradoura (veja **Figura 9.7**). Em virtude dessas necessidades, os teóricos evolucionistas

Figura 9.8 Disparidade entre gêneros em termos de interesse por sexo.

Lindau e Gavrilova (2010) coletaram dados de uma amostra representativa nacional de mais de 3 mil participantes. Na pesquisa, perguntou-se aos entrevistados quanto tempo e esforço eles dedicavam à sexualidade. A escala era de 0 (nenhum) a 10 (muito). O gráfico mostra a porcentagem de entrevistados que respondeu 6 ou mais. Como podemos ver, os homens expressaram mais interesse, em geral, do que as mulheres. A disparidade entre gêneros foi moderada na faixa de 25 a 54 anos de idade, mas ampliou-se consideravelmente em grupos de idade mais avançada.

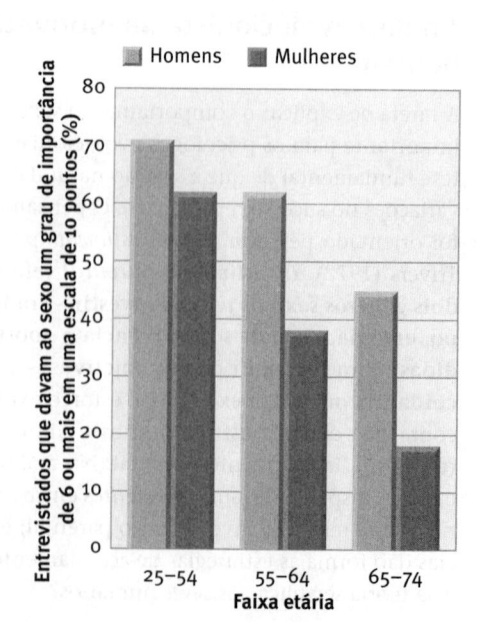

preveem que os homens dão mais ênfase do que as mulheres à busca de parceiras que sejam jovens (o que permite mais anos de reprodução) e atraentes (que se presume estar relacionado à saúde e fertilidade). Por outro lado, o problema adaptativo para nossas ancestrais do sexo feminino era encontrar um homem que pudesse prover recursos materiais e proteger sua família e que fosse confiável e disposto a investir seus recursos em sua família. Em razão dessas necessidades, os teóricos evolucionistas preveem que as mulheres dão mais ênfase que os homens à busca de parceiros que sejam inteligentes, ambiciosos, com boa educação, boa renda e *status* social (que são associados à habilidade de prover mais recursos materiais). Se essas análises evolucionistas da motivação sexual estiverem corretas, as diferenças nas preferências por uniões devem ser universais e, portanto, transcender as culturas.

Para testar essa hipótese, David Buss (1989) e 50 cientistas de todo o mundo pesquisaram mais de 10 mil pessoas de 37 culturas sobre o que elas procuram em uma relação. Como previsto pela teoria do investimento parental, eles descobriram que as mulheres davam um valor mais alto a *status*, ambição e perspectivas financeiras dos parceiros potenciais (veja **Figura 9.9**). Essas prioridades eram aparentes em culturas de terceiro mundo, países socialistas e todas as variedades de sistemas econômicos. Em comparação, os homens em todo o mundo demonstraram maior interesse constante em mulheres jovens e fisicamente atraentes como parceiras potenciais. Uma série de estudos usando diversas amostras e uma variedade de métodos de pesquisa reproduziu essas descobertas (Li et al., 2013; Schmitt, 2014).

Críticas e explicações alternativas

As descobertas nas diferenças dos gêneros no que se refere às prioridades de comportamento e de acasalamento combinam muito bem com as previsões derivadas da teoria evolucionista. Mas a teoria evolucionista tem suas críticas. Alguns céticos argumentam que existem explicações alternativas para as descobertas. Por exemplo, a ênfase das mulheres quanto aos recursos materiais dos homens pode ser um subproduto de forças culturais e econômicas, em vez de o resultado de imperativos biológicos (Eagly e Wood, 1999). As mulheres podem ter aprendido a valorizar a situação econômica dos homens porque, historicamente, o potencial econômico *delas* tenha sido limitado em praticamente todas as culturas (Kasser e Sharma, 1999). De modo semelhante, Baumeister e Twenge (2002) argumentaram que a disparidade de gênero na motivação sexual pode ser amplamente atribuída a amplos processos culturais que servem para suprimir a sexualidade das mulheres. Pesquisas recentes descobriram algum apoio para a ideia de que as disparidades de gênero nas preferências na escolha de pares são menores nos países que apresentam maior igualdade quanto ao gênero. Até certo ponto, essa descoberta afeta as análises que atribuem a disparidade entre gênero nas preferências quanto à formação de pares ao modo como o cérebro de homens e mulheres se aproximou pela evolução.

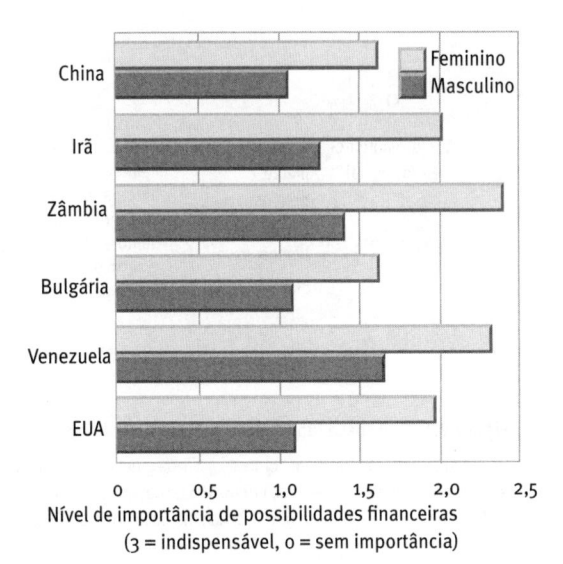

Figura 9.9 Gênero e condições financeiras de possíveis parceiros.

De acordo com a teoria evolucionista, Buss (1989) descobriu que mulheres prestam mais atenção às condições financeiras de parceiros em potencial do que homens. Descobriu também que isso transcende questões culturais. Os resultados específicos de seis das 37 culturas estudadas por Buss são aqui representados.

O mistério da orientação sexual

Sexo é um tema polêmico, pois a controvérsia a respeito das explicações evolucionistas das diferenças entre os gêneros na sexualidade é facilmente igualada pela controvérsia que cerca os fatores determinantes da *orientação sexual*. *Orientação sexual* refere-se à preferência de uma pessoa por

A teoria evolucionista postula que os homens maximizam a capacidade reprodutiva buscando mulheres jovens, enquanto as mulheres maximizam o sucesso reprodutivo buscando parceiros que possuam riqueza material que possa ser investida em filhos. Obviamente, essa teoria explica por que muitas mulheres jovens e atraentes se envolvem romanticamente com homens bem mais velhos e ricos.

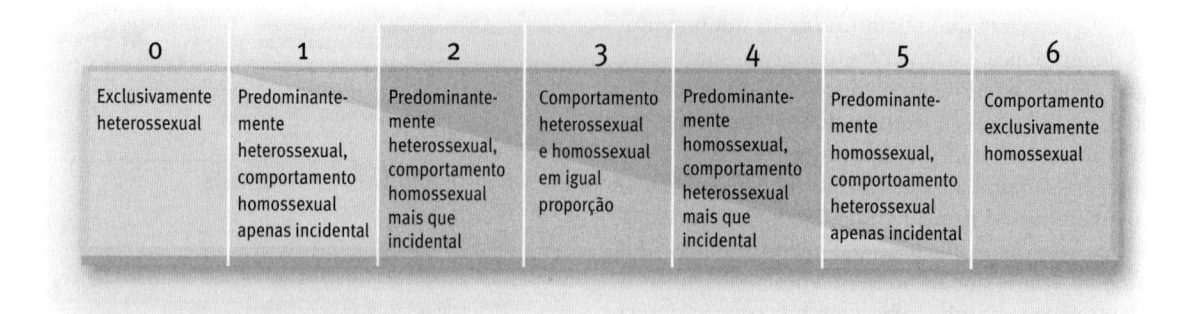

0	1	2	3	4	5	6
Exclusivamente heterossexual	Predominantemente heterossexual, comportamento homossexual apenas incidental	Predominantemente heterossexual, comportamento homossexual mais que incidental	Comportamento heterossexual e homossexual em igual proporção	Predominantemente homossexual, comportamento heterossexual mais que incidental	Predominantemente homossexual, comportoamento heterossexual apenas incidental	Comportamento exclusivamente homossexual

Figura 9.10 Homossexualidade e heterossexualidade como pontos extremos de um *continuum*.

Os pesquisadores sexuais veem homossexualidade e heterossexualidade como pertencentes a um *continuum*, e não como absolutamente distintas, como se fosse oito ou oitenta. Kinsey et al. (1948, 1953) criaram essa escala de sete pontos (de 0 a 6) para descrever a orientação sexual das pessoas. Usaram o termo *ambissexual* para descrever os que se situam no meio da escala, mas hoje em dia essas pessoas são chamadas *bissexuais*.

relacionamentos emocionais e sexuais com pessoas do mesmo sexo, do sexo oposto ou de qualquer um deles. Os *heterossexuais* procuram relacionamentos com pessoas do sexo oposto, os *bissexuais* com pessoas de qualquer um dos sexos e os *homossexuais* com pessoas do mesmo sexo. Nos últimos anos, os termos homo (*gay*) e hetero vêm sendo amplamente utilizados para se referir a homossexuais e heterossexuais, respectivamente. Apesar de gay se referir a homossexuais de ambos os sexos, a maioria das mulheres homossexuais prefere se definir como lésbicas.

As pessoas tendem a considerar heterossexualidade e homossexualidade absolutamente distintas entre si, como se se tratasse de tudo ou nada. Porém, Alfred Kinsey e seus colegas (1948, 1953) descobriram, em uma extensa pesquisa sobre comportamento sexual, que muitas pessoas que se definem como heterossexuais tiveram experiências homossexuais e vice-versa. Assim, Kinsey e outros concluíram que seria mais preciso entender a heterossexualidade e a homossexualidade como pontos extremos em um *continuum*. Na realidade, Kinsey construiu uma escala de sete pontos, como mostra a **Figura 9.10**, que pode ser utilizada para caracterizar a orientação sexual das pessoas.

A homossexualidade é uma coisa comum? Ninguém sabe ao certo. Parte do problema é que essa pergunta é bem mais complexa do que parece à primeira vista (Savin-Williams, 2005). Como a orientação sexual é mais bem representada como um contínuo, onde podemos traçar a linha entre heterossexualidade, bissexualidade e homossexualidade? E como lidar com a distinção entre comportamento aberto e desejo latente? Em diversas pesquisas simplesmente é pedido aos entrevistados que se identifiquem como heterossexuais, homossexuais ou bissexuais, mas uma delas foi mais específica e por meio dela se descobriu que cerca de três quartos daqueles que reconheceram sentir ao menos um pouco de atração sexual por indivíduos do mesmo gênero não se identificavam como gays ou bissexuais (Chandra et al., 2011). Portanto, autoidentificação e comportamento são coisas diferentes. Não é para menos que as estimativas da porção homossexual da população sejam tão diversas. Nas pesquisas feitas nos EUA, cerca de 3,5% das pessoas se autoidentifica como gay ou bissexual, enquanto 8,2% admite ter tido relações com alguém do mesmo gênero e 11% reconhece sentir ao menos um pouco de atração por pessoas do mesmo sexo (Gates, 2011, 2013). Embora a sequência contínua de Kinsey tenha se iniciado há bastante tempo, o conceito convencional sobre orientação sexual é de que a maioria das pessoas é homossexual ou heterossexual. Portanto, considera-se que a maioria dos que admitem sentir atração por pessoas do mesmo sexo são exclusivamente homossexuais, e bissexuais são considerados exceções, vistos ceticamente como gays que negam sua homossexualidade. Na realidade, dados recentes obtidos em uma série de pesquisas sugerem que entre os que não são exclusivamente heterossexuais (principalmente mulheres), apenas a minoria é exclusivamente homossexual (Diamond, 2014). Esses dados sugerem que a bissexualidade é muito mais comum do que era reconhecida, mas Diamond explica que o termo *bissexualidade* sugere a atração igual pelos dois gêneros, enquanto muitas pessoas nessa categoria são atraídas predominantemente, mas não exclusivamente, por um gênero ou por outro. Ela afirma que pode ser mais apropriado considerar esses indivíduos como tendo sexualidade não exclusiva, em oposição a bissexuais. Como podemos ver, os dados demográficos sobre orientação sexual são bastante complicados.

Teorias ambientais da homossexualidade

Já foram lançadas muitas teorias ambientais para explicar as origens da homossexualidade. Contudo, quando testadas empiricamente, obtiveram notavelmente pouca sustentação. Os psicanalistas e teóricos comportamentais, por exemplo, que normalmente concordam muito pouco entre si, propuseram explicações ambientais para o desenvolvimento da homossexualidade. Os teóricos freudianos argumentam que um homem pode tornar-se gay quando é criado por um pai fraco, desinteressado e fracassado, que é um modelo

A prevalência da homossexualidade é um assunto complexo e amplamente debatido. Embora muito já se tenha descoberto, as origens da homossexualidade continuam sendo um mistério.

pobre de papel heterossexual, e por uma mãe superprotetora, excessivamente apegada, com quem o garoto se identifica. Teóricos do comportamento afirmam que a homossexualidade é uma preferência adquirida quando estímulos de pessoas do mesmo sexo são pareados com estimulação sexual, talvez por meio de seduções casuais por adultos homossexuais. Pesquisas extensivas sobre a criação de homossexuais e suas experiências infantis falharam em confirmar ambas as teorias (Bell, Weinberg e Hammersmith, 1981). Da mesma maneira, não há evidência de que a orientação sexual dos pais esteja ligada a dos filhos (Gato e Fontaine, 2013); ou seja, pais homossexuais não têm mais probabilidade de ter filhos homossexuais do que pais heterossexuais.

Mas esforços no sentido de investigar as histórias pessoais de homossexuais produziram numerosos *insights* interessantes. Comportamento *extremamente* feminino em meninos de pouca idade ou comportamento masculino em meninas são, de fato, sinais de predição de homossexualidade (Mustanski, Kuper e Greene, 2014). Por exemplo, Rieger e seus colegas (2008) pediram a homossexuais e heterossexuais adultos que apresentassem vídeos gravados de quando eram crianças. Voluntários independentes assistiram e avaliaram o nível de inconformidade de gênero das crianças nos vídeos. Rieger e seus colegas descobriram que crianças que acabaram se identificando como homossexuais na vida adulta apresentavam mais inconformidades de gênero que aqueles que se identificaram como heterossexuais. A descoberta abrangeu tanto homens quanto mulheres. Por exemplo, entre 75% e 90% desses meninos altamente femininos tornam-se gays (Blanchard et al., 1995). Condizente com esse resultado, a maioria dos homens e mulheres gays relata que é capaz de reconstituir sua inclinação homossexual desde tenra infância, mesmo antes de saber exatamente do que se tratava o sexo (Bailey, 2003). A maior parte deles relata também que, em virtude das atitudes negativas dos pais e da sociedade com relação à homossexualidade, inicialmente lutou para negar sua orientação sexual. Depois, sentiram que sua homossexualidade não era uma questão de escolha nem algo que pudessem mudar facilmente (Breedlove, 1994). Embora as recordações subjetivas do passado precisem ser interpretadas com cuidado, essas descobertas sugerem que as raízes da homossexualidade são mais biológicas do que ambientais.

Teorias biológicas da homossexualidade

Assim, da mesma forma que os teóricos ambientais, também os teóricos biológicos ficaram frustrados por muito tempo em seus esforços para explicar as raízes da homossexualidade. Mas esse quadro mudou dramaticamente na década de 1990. Em uma pesquisa que se tornou referência, Bailey e Pillard (1991) estudaram homens gays que tinham um irmão gêmeo ou adotado. Os pesquisadores verificaram que eram gays: 52% dos participantes gêmeos idênticos, 22% dos gêmeos fraternos e 11% dos seus irmãos adotivos. Um estudo associado (Bailey et al., 1993) de lésbicas produziu um padrão semelhante de resultados (veja **Figura 9.11**). Visto que gêmeos idênticos compartilham de maior coincidência genética do que gêmeos fraternos, que, por sua vez, compartilham de mais genes do que irmãos adotivos, esses resultados sugerem a existência de uma predisposição

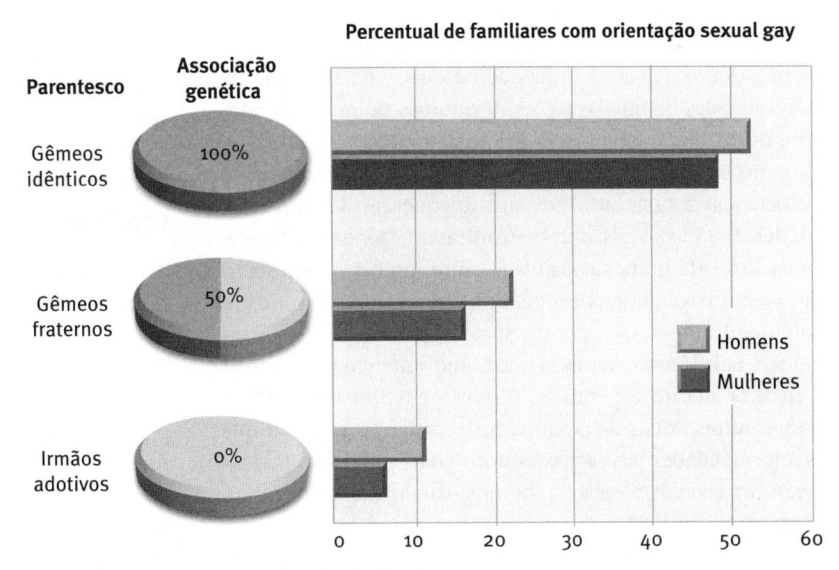

Figura 9.11 Genética e orientação sexual.

Se parentes que compartilham maior relação genética apresentam maior semelhança em um traço do que os que possuem menor relação genética, há evidências de que existe uma predisposição genética para essa característica. Estudos recentes com homossexuais masculinos e femininos encontraram maior prevalência de homossexualidade entre seus gêmeos idênticos do que entre gêmeos fraternos, que, por sua vez, têm mais probabilidade de ser homossexuais do que irmãos adotivos. Esses resultados sugerem que fatores genéticos influenciam a orientação sexual. (Dados de Bailey e Pillard, 1991; Bailey et al., 1993)

Muitas pessoas se surpreenderam quando a atriz Lindsay Lohan se envolveu com a DJ Samantha Ronson após um histórico de relacionamentos heterossexuais. Embora mudanças de orientação sexual como essa sejam menos comuns em homens, pesquisas mostram que a orientação sexual de mulheres tende a apresentar mais plasticidade.

genética para a homossexualidade (Hill, Dawood e Puts, 2013). A hereditariedade da orientação sexual parece ser idêntica em homens e mulheres (Rosario e Scrimshaw, 2014). Pesquisas também sugerem que os processos epigenéticos que reprimem ou silenciam os efeitos de genes específicos podem influenciar a orientação sexual (Rice, Friberg, e Gavrilets, 2012) (veja explicação sobre epigenética no Capítulo 3).

Muitos teóricos suspeitam que as raízes da homossexualidade podem estar localizadas nos efeitos organizadores de hormônios pré-natais no desenvolvimento neurológico (James, 2005). Diversas linhas de pesquisa sugerem que há possibilidades de que secreções hormonais durante períodos críticos do desenvolvimento pré-natal moldem o desenvolvimento sexual, organizem o cérebro de forma duradoura e influenciem a orientação sexual subsequente (Berenbaum e Snyder, 1995). Pesquisadores encontraram, por exemplo, elevadas taxas de homossexualidade entre mulheres expostas a níveis excessivamente altos de andrógenos durante o desenvolvimento pré-natal – porque suas mães tinham um distúrbio adrenal ou receberam um hormônio sintético para reduzir o risco de aborto espontâneo (Rosario e Scrimshaw, 2014). Várias outras linhas de pesquisa independentes sugerem que as anormalidades nas secreções hormonais pré-natais podem gerar uma predisposição à homossexualidade (Mustanski, Kuper e Greene, 2014).

Apesar desse progresso, ainda há muito que aprender sobre os determinantes da orientação sexual. Um fator de complicação observado recentemente é que os caminhos para a homossexualidade podem ser diferentes para homens e mulheres. A sexualidade das mulheres parece ser caracterizada por mais *maleabilidade* do que a do homem (Baumeister, 2000, 2004). Em outras palavras, o comportamento sexual das mulheres pode ser mais facilmente moldado e modificado por fatores socioculturais. Por exemplo, embora se presuma que a orientação sexual seja uma característica estável, pesquisas mostram que lésbicas e mulheres bissexuais com frequência mudam sua orientação sexual durante a vida adulta (Diamond, 2008, 2013). Em comparação com gays do sexo masculino, é menos provável que a homossexualidade das lésbicas remonte à infância; pesquisas indicam que a atração delas por pessoas do mesmo sexo nasce durante a vida adulta (2013). Essas descobertas sugerem que a orientação sexual pode ser mais fluente e maleável nas mulheres do que nos homens.

9.4 Motivação para a realização

No início deste capítulo, discutimos o laborioso e sofrido esforço de Jon Krakauer para chegar ao topo do Monte Everest. O que motiva tanto as pessoas para que façam um esforço tão extraordinário? Com toda certeza é uma enorme necessidade de realização. ***Motivo de realização* é a necessidade de vencer grandes desafios, de sobrepujar os outros e de alcançar padrões superiores de excelência.** A necessidade de realização envolve, acima de tudo, a vontade de se sobressair particularmente em competições com outras pessoas.

> **9.4 Objetivos Principais de Aprendizagem**
> - Descrever a necessidade de conquista e como ela é medida.
> - Explicar como a necessidade de conquista e fatores situacionais influenciam o empenho para atingi-la.

A pesquisa sobre motivação da realização foi iniciada por David McClelland et al. (McClelland, 1985; McClelland et al., 1953). McClelland afirmou que a motivação para a realização é de suma importância – ou seja, motivação é a faísca da ignição para o crescimento econômico, o progresso científico, a inspiração de lideranças e, na arte criadora, a inspiração de obras-primas.

As diferenças individuais na necessidade de realização

A necessidade de realização é um aspecto da personalidade razoavelmente estável. Assim, as pesquisas referentes à motivação para a realização têm focado principalmente nas variações entre indivíduos. Nessas pesquisas, os estudiosos medem, normalmente, a necessidade de realização dos participantes por meio de algumas variantes do Teste de Apercepção Temática (TAT) (Spangler, 1992). TAT é um teste *projetivo* que solicita aos sujeitos que respondam a estímulos vagos e ambíguos, de tal forma que é possível revelar motivos e traços pessoais (veja Capítulo 11). Os materiais de estímulo para o TAT são telas com pessoas em cenas ambíguas, abertas a interpretações. Exemplos incluem um homem trabalhando em uma escrivaninha e uma mulher sentada em uma cadeira, com olhar perdido. Pede-se aos participantes que escrevam ou falem sobre o que está acontecendo nas cenas e sobre o que as personagens estão sentindo. Os temas dessas histórias são depois analisados para que se avalie a força das várias necessidades. A **Figura 9.12** mostra exemplos de histórias em que prevalecem temas de realização e, como outro exemplo, de necessidades de afiliação.

Pesquisas sobre diferenças individuais na motivação de realização trouxeram resultados interessantes sobre as características das pessoas que obtêm alta pontuação na necessidade de realização. Por exemplo, elas tendem a trabalhar em suas tarefas mais arduamente e com maior persistência do que as pessoas com baixa necessidade de realização (Brown, 1974). Também são mais propensas que outras a adiar as gratificações para buscar objetivos de longo prazo (Raynor e Entin, 1982). Como é possível perceber, dadas as características, a alta expectativa de conquista está relacionada a obter mais nível educacional (Hustinx et al., 2009) e mais sucesso nos negócios (Winter, 2010). Em termos de carreiras, aqueles com mais necessidade de conquista geralmente escolhem se direcionar a ocupações competitivas, que lhes ofereçam oportunidade de se sobressair (Stewart e Roth, 2007). No ambiente de trabalho, a grande necessidade de conquista possui aspectos positivos e negativos. Por um lado, parece oferecer certa proteção contra a síndrome de *burnout*, comum em diversas linhas de trabalho (Moneta, 2011). Por outro lado, contribui para a tendência que algumas pessoas têm de se tornar *workaholics* (Mazzetti, Schaufeli e Guglielmi, 2014).

Será que as pessoas com elevada necessidade de realização sempre buscam os maiores desafios disponíveis? Não necessariamente. Um resultado curioso surgiu em pesquisas de laboratório, nas quais foi pedido aos participantes que escolhessem o nível difícil da tarefa para realizar. Os participantes que têm uma grande necessidade de realização tinham a tendência de escolher tarefas de dificuldade intermediária (McClelland e Koestner, 1992). Pesquisas sobre os determinantes situacionais do comportamento de realização sugeriram uma razão para esse comportamento.

Determinantes situacionais no comportamento de realização

O impulso de realização não é o único determinante do esforço que se aplica ao trabalho; fatores situacionais também podem influenciar o empenho para realização. John Atkinson (1974, 1981, 1992) estudou detalhadamente a teoria original da motivação de realização de McClelland e identificou alguns determinantes situacionais importantes do comportamento de realização. Atkinson teoriza que a tendência de buscar a realização em determinada situação depende dos seguintes fatores:

- A força de *motivação de uma pessoa para obter sucesso*, que é vista como um aspecto estável da personalidade.
- A estimativa que uma pessoa tem da *probabilidade de obter sucesso* em determinada tarefa; tais estimativas variam de tarefa para tarefa.
- O *valor de incentivo* do sucesso, que depende das recompensas tangíveis e intangíveis pela obtenção de sucesso na tarefa específica.

As últimas duas variáveis são determinantes situacionais do comportamento de realização; isso é, variam de uma situação para outra. De acordo com Atkinson, a busca de realização eleva-se com o aumento da probabilidade de sucesso e do valor do incentivo de sucesso. Apliquemos o modelo de Atkinson a um exemplo simples. Considerando certa motivação para atingir sucesso, será menor o empenho em buscar uma boa nota em cálculo se o seu professor

Estimulação de associação
George, engenheiro, está trabalhando até tarde e *preocupado com o fato de que sua mulher ficará brava* por achar que ele a está desprezando. Ela tem *reclamado* que ele se importa mais com o trabalho que com ela e a família. Parece que ele *não consegue agradar* a ambos, seu chefe e sua mulher, mas ele *a ama muito* e fará o possível para *terminar rapidamente e encontrá-la em casa.*

Estimulação de realização
George, engenheiro, *quer vencer* uma competição na qual quem apresentar o *projeto mais exequível* obterá o contrato para construir uma ponte. Ele parou um pouquinho para pensar em *como ficará feliz se vencer.* Não está conseguindo *imaginar como fazer para construir um vão tão grande que seja também resistente*, mas aí se lembrou de *especificar uma nova liga de aço* que possui muita resistência; entrega seu teste para avaliação, mas não vence, e fica *muito infeliz.*

Figura 9.12 A avaliação de motivos por meio do Teste de Apercepção Temática (TAT).

Os participantes que realizam o TAT contam ou escrevem histórias relativas à cena que lhes é apresentada, como essa figura, que mostra um homem trabalhando. As duas histórias descritas aqui exemplificam forte motivação de afiliação e de realização. As palavras das histórias destacadas em itálico são ideias temáticas que seriam identificadas pela pessoa que avaliaria o teste realizado.

Fonte: Histórias reimpressas com a permissão do Dr. David McClelland.

> **CHECAGEM DA REALIDADE**
>
> **Ideia equivocada**
>
> Pessoas com altos níveis de motivação gostam de correr riscos e preferem tarefas que envolvam desafio.
>
> **Realidade**
>
> Pessoas com nível de motivação elevado parecem *ter necessidade* de obter sucesso; muitas temem o fracasso. Por isso, tendem a escolher tarefas que contenham nível moderado de desafio e metas relativamente realistas. Não são necessariamente os que se arriscam mais.

der exames impossíveis (diminuindo, portanto, a expectativa de sucesso que você possua) ou se uma boa nota em cálculo não for um requisito para a conclusão do seu curso (diminuindo o valor de incentivo do sucesso).

A influência conjunta desses fatores situacionais pode explicar o porquê de as pessoas com uma grande necessidade de realização preferirem tarefas de dificuldade intermediária. Atkinson observa que a probabilidade de sucesso e o valor de incentivo do sucesso em tarefas são interdependentes até certo ponto. À medida que as tarefas ficam mais fáceis, o sucesso torna-se menos satisfatório. À medida que as tarefas ficam mais difíceis, o sucesso torna-se mais satisfatório, porém, menos provável. Quando a probabilidade e o valor de incentivo são igualmente ponderados, as tarefas moderadamente desafiadoras parecem ser as que oferecem o melhor valor global.

Nós nos voltaremos agora para o estudo da emoção. A motivação e a emoção são, com frequência, ligadas (Zurbriggen e Sturman, 2002). De um lado, *a emoção pode causar a motivação*. Por exemplo, a *raiva* de seu horário de trabalho pode motivá-lo a procurar outro emprego. O *ciúme* de uma ex-namorada pode motivá-lo a convidar a colega de quarto dela para sair. De outro, *a motivação pode causar a emoção*. Por exemplo, sua motivação para ganhar um concurso de fotografia pode provocar uma grande *ansiedade* durante o julgamento e *alegria* se você ganhar, ou *tristeza* se perder. Embora a motivação e a emoção estejam intimamente relacionadas, elas *não* são a mesma coisa. Analisaremos a natureza da emoção na seção seguinte.

9.5 Elementos da experiência emocional

As experiências mais profundas e importantes da vida são repletas de emoção. Pense na *alegria* que as pessoas sentem ao se casar, no *pesar* que sentem nos funerais e no *êxtase de* quando se apaixonam. As emoções também dão colorido às experiências cotidianas. Por exemplo, você pode sentir *raiva* quando um garçom o trata de maneira rude, *consternação* ao saber que seu automóvel necessita de reparos caros e *alegria* se teve sucesso no exame de economia. As emoções certamente têm um papel importantíssimo na vida das pessoas.

> **9.5 Objetivos Principais de Aprendizagem**
>
> - Descrever os componentes cognitivos e psicológicos da emoção.
> - Explicar como as emoções se refletem em expressões faciais e descrever a hipótese do feedback facial.
> - Avaliar as semelhanças interculturais e as variações da experiência emocional.

O que é exatamente uma emoção? Todo mundo tem inúmeras experiências pessoais com emoção; todavia, esse é um conceito vago, difícil de definir (LeDoux, 1995). A emoção envolve componentes cognitivos, fisiológicos e comportamentais sintetizados na seguinte definição: *emoção* envolve **(1) uma experiência subjetiva consciente (o componente cognitivo), (2) acompanhada de uma estimulação corporal (o componente fisiológico) e (3) de evidentes manifestações características (o componente comportamental)**. Tal definição é bastante complexa. Analisemos mais detalhadamente cada um desses componentes.

O componente cognitivo

Para estudar o componente cognitivo das emoções, em geral os psicólogos dependem de relatórios verbais muito subjetivos dos indivíduos sobre o que estão sentindo. Esses relatórios indicam que as emoções são sentimentos internos potencialmente intensos que, às vezes, parecem ter vida própria. As pessoas não podem ligá-las e desligá-las como se fossem uma lâmpada de abajur. Se fosse tão simples assim, você poderia escolher fi-

---

REVISÃO 9.2

A compreensão dos determinantes do comportamento de realização

De acordo com John Atkinson, a busca pessoal de realização em uma situação particular depende de diversos fatores. Verifique seu entendimento desses fatores identificando cada uma das seguintes vinhetas como um exemplo de cada um dos três seguintes fatores que determinam o comportamento de realização: (a) necessidade de realização, (b) estimativa da probabilidade de sucesso e (c) valor de incentivo do sucesso. As respostas encontram-se no Apêndice A.

_____ 1. Belinda está nervosa à espera do início das finais da corrida de 200 metros. "Tenho de ganhar essa corrida! Essa é a corrida mais importante da minha vida!"

_____ 2. Corey ri pensando em como o semestre vai ser fácil. "Essas aulas vão ser moleza. Ouvi dizer que o professor dá A e B para quase todo mundo."

_____ 3. Diana conseguiu a mais alta nota em todos os testes durante o semestre e, mesmo assim, ainda fica toda noite até altas horas estudando para o exame final. "Eu sei que tenho um A já garantido, mas quero ser a melhor da escola!"

car feliz sempre que desejasse. Como Joseph LeDoux (1996) explica: "As emoções são coisas que acontecem para nós, e não coisas que queremos que ocorram".

As avaliações cognitivas que as pessoas fazem dos eventos em suas vidas são determinantes fundamentais das emoções que experimentam (Ellsworth, 2013). Um evento específico, como, por exemplo, fazer um discurso, pode ser algo muito ameaçador para uma pessoa e, portanto, uma ocasião que estimula a ansiedade, ao passo que, para outra, pode ser um fato absolutamente rotineiro. A experiência consciente da emoção envolve um aspecto *avaliativo*. As pessoas caracterizam suas emoções como agradáveis ou desagradáveis (Shuman, Sander e Scherer, 2013). Essas reações de julgamento podem ser automáticas e subconscientes (Keltner e Horberg, 2015). É claro que elas frequentemente sentem "emoções mistas", que incluem qualidades agradáveis ou desagradáveis (Larsen e McGraw, 2011). Por exemplo, um executivo que acabou de ser promovido para funções com responsabilidades novas e desafiadoras pode experimentar, ao mesmo tempo, alegria e ansiedade.

Nos últimos anos, fez-se uma interessante descoberta a respeito da percepção cognitiva das pessoas sobre suas emoções: elas não têm facilidade para prever sua reação emocional em eventos futuros. Pesquisas sobre ***previsão afetiva*** – **tentativa de prever as próprias reações emocionais em eventos futuros** – mostram que as pessoas normalmente erram ao tentar prever o que sentirão diante de acontecimentos bons ou ruins, como receber uma promoção, tirar as tão sonhadas férias ou receber nota baixa em uma matéria importante (Wilson e Gilbert, 2003, 2005, 2013). As pessoas conseguem prever razoavelmente se os eventos irão gerar emoções positivas ou negativas, mas falham totalmente ao tentar prever a intensidade e a duração das reações emocionais.

Dunn, Wilson e Gilbert (2003), por exemplo, pediram a alunos de uma faculdade que tentassem imaginar qual seria seu nível de satisfação se houvesse um sorteio no *campus* para colocá-los em um dormitório melhor ou pior. Eles afirmaram que o sorteio teria efeito drástico sobre seu bem-estar. Mas seu nível de contentamento foi avaliado um ano depois, quando já estavam nos dormitórios, e ficou claro que o tipo de quarto que receberam não afetou a felicidade (veja **Figura 9.13**). Da mesma maneira, as pesquisas mostram que os professores mais jovens superestimam o nível de felicidade que terão após cinco anos lecionando, os alunos de faculdade exageram ao imaginar sua grande tristeza se terminarem um relacionamento e os candidatos a emprego superestimam o nível de frustração que sentirão se não forem contratados (Kushlev e Dunn, 2012).

Por que as previsões que fazemos sobre nossas reações emocionais são tão incorretas? Muitos são os fatores (Hoerger et al., 2009; Schwartz e Sommers, 2013). Um deles é que a maioria de nós não aceita totalmente o fato de que as pessoas possuem grande capacidade de racionalizar, desprezar e ignorar erros e fracassos. Outro é que as previsões das pessoas sobre o futuro se baseiam em lembranças do passado, porém essas lembranças são normalmente vagas e distorcidas. Outro aspecto é que, ao prever um acontecimento, as pessoas se concentram em aspectos da vida que mudarão e deixam de considerar diversos outros aspectos que continuarão iguais. Como podemos ver, as emoções não são apenas difíceis de controlar; elas são difíceis de prever.

O componente fisiológico

Os processos emocionais estão intimamente ligados aos processos fisiológicos, mas as interligações são muito complexas. As bases biológicas das emoções são difusas e multifacetadas, e envolvem diversas

As emoções envolvem reações automáticas que são difíceis de controlar.

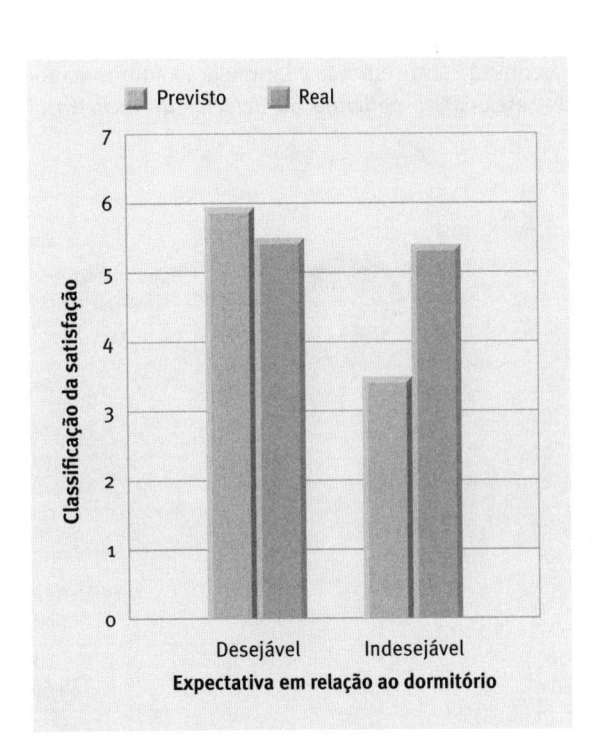

Figura 9.13 Ineficácia na previsão afetiva.

Usando uma escala de sete pontos (em que 1 = é triste e 7 = é contente), os alunos de uma faculdade tentaram prever como se sentiriam se fossem aleatoriamente colocados em dormitórios confortáveis ou ruins. Os alunos previram que a escolha do dormitório teria impacto bastante positivo ou negativo no nível de satisfação (cinza-claro). No entanto, um ano depois, tanto os que receberam quartos melhores quanto os que receberam quartos piores mostravam níveis quase idênticos de satisfação (cinza-escuro).

áreas no cérebro e muitos sistemas neurotransmissores e sistema endócrino.

Estimulação autônoma

Imagine a reação que você teria se perdesse o controle do seu carro em uma rodovia coberta com placas de gelo. Seu medo é acompanhado por uma multiplicidade de modificações fisiológicas. Seu batimento cardíaco e sua respiração aceleram. A pressão sanguínea dá um salto e as pupilas se dilatam. Os pelos da pele eriçam, você fica todo "arrepiado" e começa a transpirar. Apesar de as reações físicas não serem sempre tão evidentes como as dessa cena, *as emoções são acompanhadas por estimulação física* (Larsen et al., 2008). Você certamente já sentiu um "nó no estômago" ou uma "coisa na garganta" devido à ansiedade.

Uma grande parte da estimulação fisiológica associada à emoção ocorre principalmente pelas ações do *sistema nervoso autônomo* (Levenson, 2014). Esse sistema regula a atividade de glândulas, músculos lisos e vasos sanguíneos (veja **Figura 9.14**). Como você deve estar lembrando do Capítulo 3, o sistema nervoso autônomo é responsável pela *reação de luta ou fuga* altamente emocional, controlada em grande parte pela liberação dos *hormônios* das glândulas suprarrenais que se espalham por todo o corpo. As modificações hormonais possuem, sem dúvida, um papel crucial nas reações emocionais ao estresse e provavelmente também são muito importantes em muitas outras emoções (Wirth e Gaffey, 2013).

A conexão entre emoção e estimulação autônoma fornece as bases para o **polígrafo** ou **detector de mentiras**, um instrumento que registra as oscilações autonômicas do sujeito enquanto ele é questionado. O polígrafo foi inventado em 1915 pelo psicólogo William Marston – que também criou a personagem Mulher Maravilha (Knight, 2004). Um polígrafo não pode detectar mentiras realmente. Ele é, na verdade, um detector de emoção, que monitora indicadores fundamentais de estimulação autonômica, caracterizados por frequência cardíaca, pressão arterial, respiratória e ***reação galvânica da pele*** **(RGP), que é uma elevação na condutividade elétrica da pele que acontece quando as glândulas de suor aumentam sua atividade.** A suposição é que, quando as pessoas mentem, elas sentem emoção (presumivelmente ansiedade) que produz modificações observáveis nesses indicadores fisiológicos (veja **Figura 9.15**). O examinador, com o polígrafo, faz várias questões não ameaçadoras ao sujeito, a fim de traçar sua linha de base para esses indicadores. Depois disso, o examinador faz as perguntas críticas (por exemplo: "Você estava em casa na noite do roubo?") e observa se as estimulações autônomas do sujeito se modificam.

O polígrafo foi controverso desde a sua invenção (Grubin e Masden, 2005). Seus defensores alegam que os testes com o detector de mentiras são cerca de 85% a 90% precisos e que a validade dos testes com o polígrafo foi demonstrada em estudos empíricos. São surpreendentemente escassas as pesquisas sérias e metodológicas sobre os testes com o polígrafo (principalmente porque é uma pesquisa difícil de fazer), e a evidência limitada não é muito impressionante (Branaman e Gallagher, 2005). Parte do problema é que as pessoas que estão dizendo a verdade podem experimentar

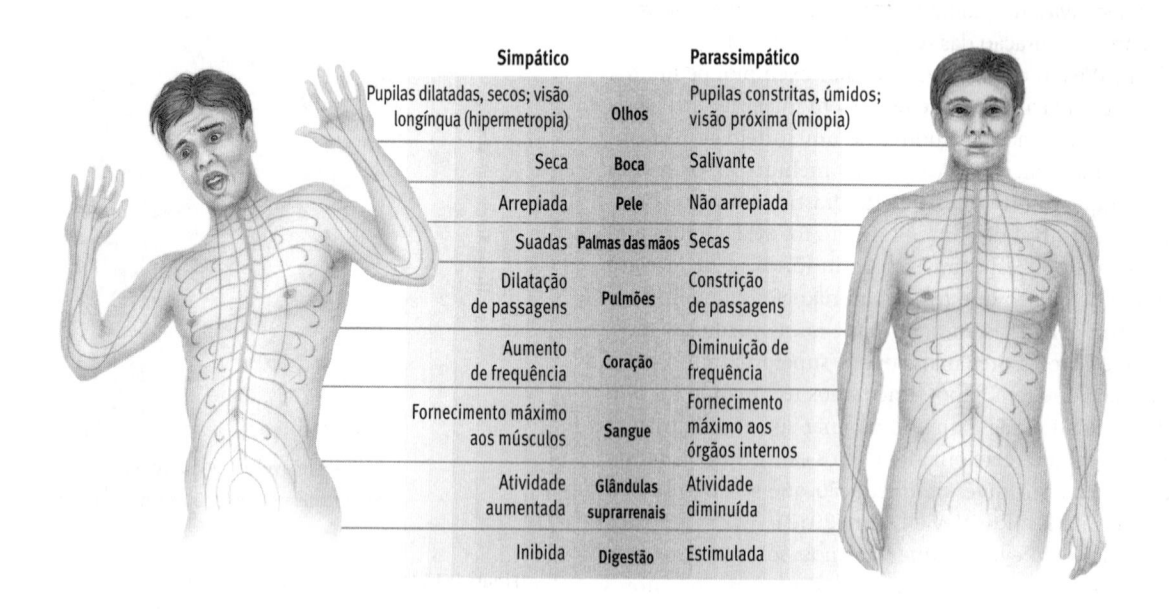

Simpático		Parassimpático
Pupilas dilatadas, secos; visão longínqua (hipermetropia)	Olhos	Pupilas constritas, úmidos; visão próxima (miopia)
Seca	Boca	Salivante
Arrepiada	Pele	Não arrepiada
Suadas	Palmas das mãos	Secas
Dilatação de passagens	Pulmões	Constrição de passagens
Aumento de frequência	Coração	Diminuição de frequência
Fornecimento máximo aos músculos	Sangue	Fornecimento máximo aos órgãos internos
Atividade aumentada	Glândulas suprarrenais	Atividade diminuída
Inibida	Digestão	Estimulada

Figura 9.14 Emoção e estimulação autônoma.
O sistema nervoso autônomo (SNA) é composto por nervos conectados ao coração por vasos sanguíneos, músculos lisos e glândulas (consulte o Capítulo 3 para mais informações). O SNA divide-se em *sistema simpático*, que mobiliza recursos corporais em reação ao estresse, e *sistema parassimpático*, que protege os recursos corporais. As emoções são comumente acompanhadas da ativação do SNA simpático, que ocasiona arrepios na pele, suor na palma das mãos e outras reações fisiológicas relacionadas à esquerda no diagrama.

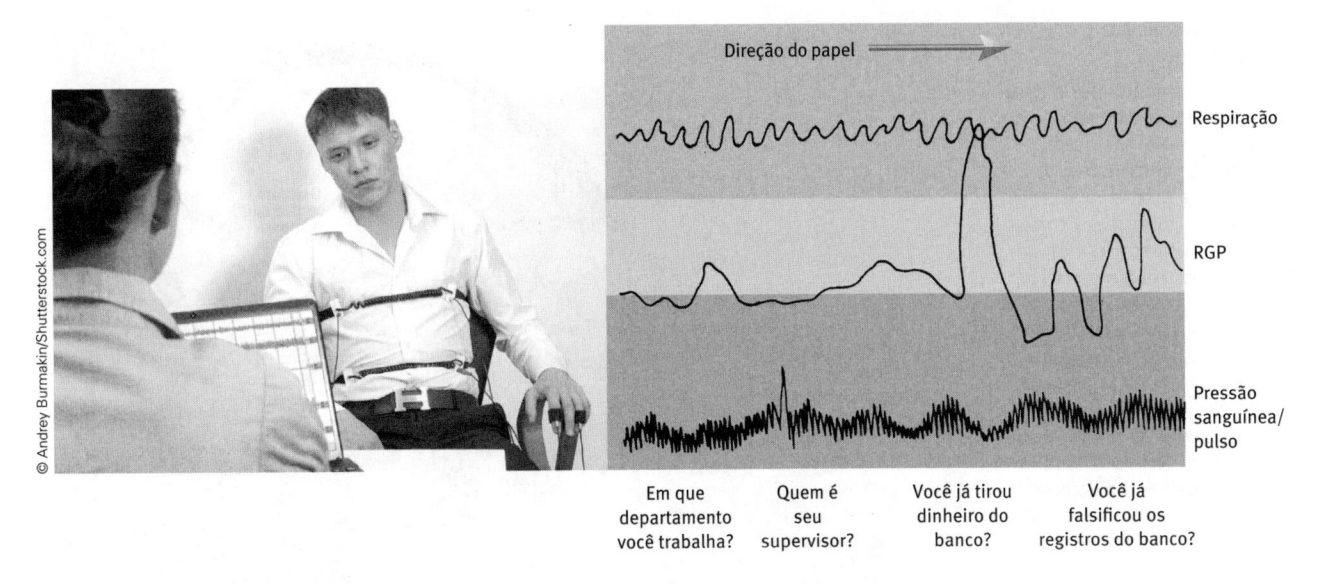

Figura 9.15 Emoção e o polígrafo.
Um detector de mentiras mede a estimulação autônoma que a maioria das pessoas apresenta ao dizer uma mentira. Depois de utilizar perguntas não ameaçadoras para estabelecer uma linha de base, o examinador com polígrafo procura sinais de estimulação (como a modificação abrupta na RGP, como ilustra a figura) ao fazer questões incriminatórias. Infelizmente, como o texto explica, o polígrafo não é um índice muito confiável para verificar se as pessoas estão mentindo.

CHECAGEM DA REALIDADE

Ideia equivocada

O detector de mentiras é um método preciso e confiável para identificar respostas desonestas.

Realidade

A precisão do polígrafo é erroneamente exagerada. Por exemplo, um renomado estudo (Kleinmuntz e Szucko, 1984) mostra que o detector de mentiras levou a veredictos incorretos em cerca de um terço do número de suspeitos que provaram ser inocentes e um quarto dos que acabaram confessando os crimes.

---

uma estimulação emocional quando respondem a perguntas incriminadoras. Outro problema é que algumas pessoas conseguem mentir sem sentir ansiedade ou excitação autônoma. O polígrafo *é um instrumento potencialmente útil que pode ajudar a polícia a verificar pistas e álibis*. Contudo, os resultados do polígrafo não são confiáveis o suficiente para serem apresentados como evidência em muitos tipos de julgamentos.

Circuitos neurais

As reações autônomas que acompanham as emoções são controladas no cérebro. O hipotálamo, a amígdala e as estruturas adjacentes no *sistema límbico* há muito são vistos como o ponto das emoções no cérebro (MacLean, 1993).

Evidências sugerem que a *amígdala* desempenha uma função particularmente central na aquisição dos medos condicionados (Armony, 2013). Segundo Joseph LeDoux (2000), as informações sensoriais capazes de gerar emoções chegam ao tálamo, que simultaneamente direciona a informação por dois caminhos separados: à amígdala, mais próxima, e às áreas no córtex (veja **Figura 9.16**). A amígdala processa a informação muito rapidamente, e, se detectar uma ameaça, ela provoca, quase instantaneamente, atividade no hipotálamo, que leva à estimulação autônoma e a reações hormonais. O processamento nesse caminho é muito rápido, de modo que as emoções podem ser geradas mesmo antes que o córtex tenha uma chance de realmente "pensar" sobre a informação. LeDoux acredita que esse caminho de reação rápida evoluiu porque é um sistema de alerta muito adaptativo que pode "ser a diferença entre a vida e a morte". Como previu a teoria de LeDoux, evidências mostram que a amígdala é capaz de processar emoções, independentemente da consciência cognitiva (Phelps, 2005). Comprovando o conceito de que a amígdala é o centro de medo do cérebro, um estudo recente revelou que crianças com altos níveis de ansiedade costumam ter amígdalas maiores, com conexões expandidas para outras regiões do cérebro (Qin et al., 2014). Embora a amígdala desempenhe claramente um papel importante na questão do medo, alguns estudiosos acreditam que ela seja meramente parte de uma rede neural responsável pela sensação de medo. Segundo esse conceito, diversas emoções dependem da atividade nas redes neurais que são amplamente distribuídas por diversas regiões do cérebro, e não de estruturas distintas do cérebro (Lindquist et al., 2012).

O componente comportamental

No nível comportamental, as pessoas revelam suas emoções por meio de manifestações características, como sorrisos, caras fechadas, cenhos franzidos, punhos cerrados e ombros caídos. Em outras palavras, *as emoções são expressas por meio de "linguagem corporal" ou comportamento não verbal*.

Figura 9.16 A amígdala (tonsila cerebelar).

As emoções são controladas por inúmeras interações de sistemas do cérebro, mas a amígdala parece ter um papel particularmente importante. Segundo LeDoux (1996), as informações sensoriais que podem desencadear medo (como ver uma cobra enquanto estamos andando) chegam ao tálamo e seguem, então, um caminho rápido (cinza-escuro), diretamente para a amígdala, e por um caminho lento (cinza-claro) que dá ao córtex tempo para pensar sobre a situação. A atividade no caminho rápido também provoca a estimulação autônoma e reações hormonais que são parte do componente fisiológico da emoção. (Adaptado de LeDoux, 1994)

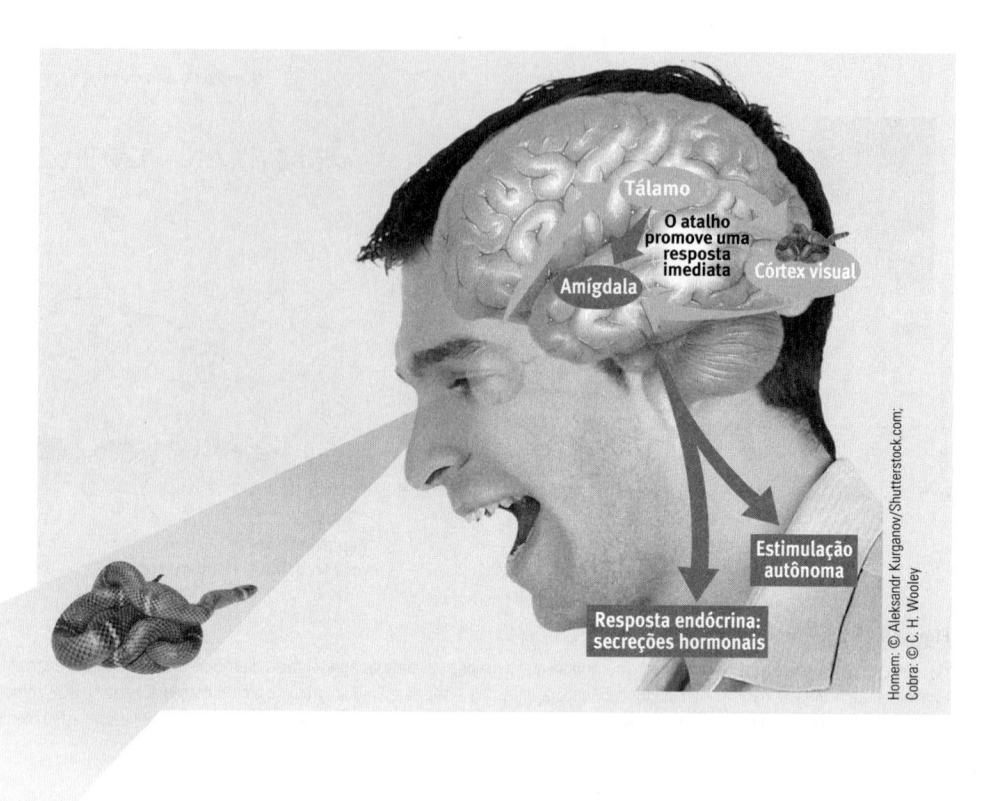

Expressões faciais revelam uma diversidade de emoções básicas. Em amplo projeto de pesquisa, Paul Ekman e Wallace Friesen pediram aos participantes que identificassem que emoção uma pessoa estava sentindo com base em suas expressões faciais em fotografias. Eles descobriram que os participantes são geralmente bem-sucedidos na identificação de seis emoções fundamentais: alegria, tristeza, raiva, medo, surpresa e repugnância (Ekman e Friesen, 1975, 1984).

Alguns teóricos acreditam que o *feedback* muscular das próprias expressões faciais contribui para que se tenha experiência consciente das emoções (Izard, 1990; Tomkins, 1991). Os proponentes da *hipótese do feedback facial* afirmam que os músculos faciais emitem sinais ao cérebro, que o auxiliam a reconhecer que emoção a pessoa está sentindo (veja **Figura 9.17**). De acordo com essa abordagem, sorrisos, caretas e cenhos franzidos auxiliam a criar a experiência de muitas emoções. Condizente com essa ideia, os estudos demonstram que, ao instruir os participantes a contraírem seus músculos faciais para fazer a mímica de expressões faciais associadas a determinadas emoções, eles tendem a relatar que sentem, de fato, tais emoções em certo nível (Dimberg e Söderkvist, 2011). Com base na hipótese do *feedback* facial, os pesquisadores desenvolveram um tratamento inovador para a depressão que utiliza injeções de Botox na testa para paralisar os músculos faciais responsáveis pelo franzimento. A hipótese é de que as informações enviadas pelo constante franzir da testa contribuam para gerar sentimentos de depressão. Observou-se uma redução significativa dos sintomas depressivos em seis semanas, o que ofereceu ainda mais suporte para a hipótese do *feedback* facial (Wollmer et al., 2012, 2014).

As expressões faciais que acompanham as diferentes emoções podem ser, em boa parte, congênitas (Eibl-Eibesfeldt, 1975; Izard, 1994). Mesmo pessoas que nasceram cegas sorriem e usam as mesmas expressões faciais que todas as outras, mesmo nunca tendo visto alguém fazê-las (Galati, Scherer e Ricci-Bitti, 1997). Em um importante estudo realizado, David Matsumoto e Bob Willigham (2009) fotografaram em detalhes as expressões faciais de atletas cegos de judô nos Jogos Paralímpicos e de atletas de judô com visão normal nos Jogos Olímpicos. As fotos foram feitas no momento em que os atletas venciam ou perdiam as últimas lutas (para as medalhas de ouro, prata ou bronze). Os resultados de centenas de análises das fotografias de diversos atletas levaram a resultados claros: era impossível distinguir entre as expressões faciais dos atletas cegos e daqueles com visão. Essas descobertas sugerem que as expressões faciais que acompanham as emoções são programadas pelo cérebro humano (Matsumoto e Hwang, 2011).

Cultura e os elementos da emoção

As emoções são reações inatas e universais a todas as culturas? Ou elas são reações aprendidas socialmente que variam culturalmente? A pesquisa sobre essa antiga questão não

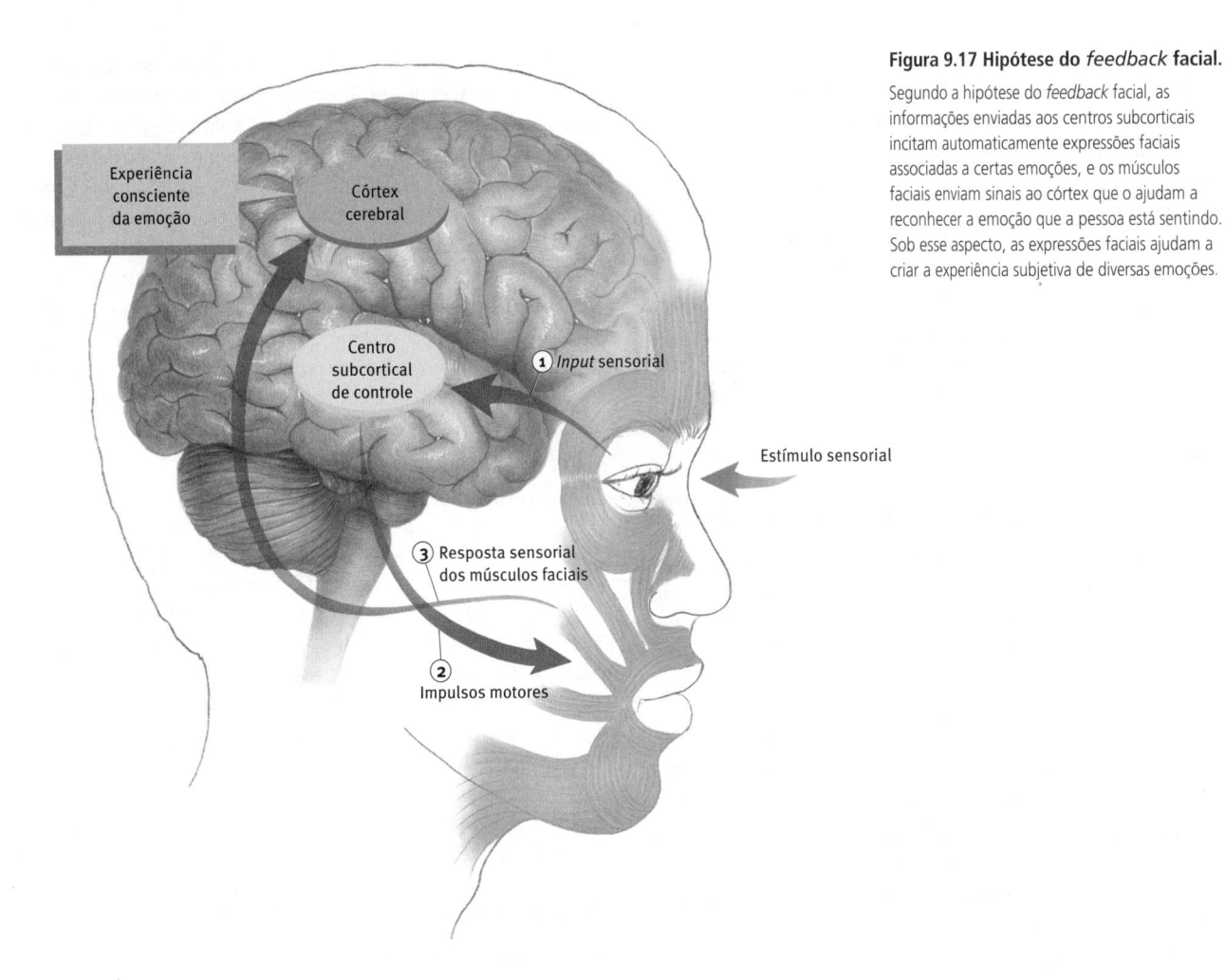

Figura 9.17 Hipótese do *feedback* facial.
Segundo a hipótese do *feedback* facial, as informações enviadas aos centros subcorticais incitam automaticamente expressões faciais associadas a certas emoções, e os músculos faciais enviam sinais ao córtex que o ajudam a reconhecer a emoção que a pessoa está sentindo. Sob esse aspecto, as expressões faciais ajudam a criar a experiência subjetiva de diversas emoções.

trouxe uma resposta simples. Com relação à experiência de emoções, os pesquisadores encontraram semelhanças e diferenças entre as culturas.

Semelhanças interculturais na experiência emocional

Depois de demonstrar que sujeitos ocidentais reconhecem emoções específicas em expressões faciais, Ekman e Friesen (1975) levaram suas fotografias de expressões faciais a outras sociedades para verificar se as expressões não verbais de emoção transcendem as fronteiras culturais. Por exemplo, eles fizeram testes com participantes na Argentina, na Espanha e no Japão e em outros países e encontraram considerável concordância intercultural na identificação de alegria, tristeza, raiva, medo, surpresa e repugnância em expressões faciais (veja **Figura 9.18**). Eles até mesmo levaram as fotos a uma área longínqua da Nova Guiné e as mostraram a um grupo de nativos (os fores), que praticamente não haviam tido contato com a cultura ocidental. Até mesmo as pessoas pertencentes a essa cultura pré-alfabetizada identificaram boa parte das emoções representadas nas fotos (veja **Figura 9.18**), *levando à conclusão de que as expressões faciais associadas a emoções básicas são universalmente reconhecidas entre as culturas*. Também foram verificadas semelhanças interculturais nas avaliações

Em uma aplicação criativa da observação naturalística, Matsumoto e Willingham (2009) fizeram fotos nas cerimônias de premiação de atletas cegos congênitos e daqueles com visão para avaliar se as expressões faciais relacionadas a emoções são algo inato.

cognitivas que levam a determinadas emoções (Matsumoto, Nezlek e Koopmann, 2007). Da mesma maneira, os pesquisadores encontraram poucas variações culturais quanto à estimulação psicológica que acompanha a experiência emocional (Breugelmans et al., 2005). Ainda assim, alguns teóricos questionam a afirmação de que as expressões faciais de emoção transcendem a cultura. Nelson e Russel (2013) indicam que há importantes variações interculturais na capacidade de os indivíduos identificarem determinadas emoções. Essa linha de pesquisa foi criticada com base no fato de que eles se referiam a um pequeno grupo de fotos com expressões caricaturescas e artificiais que não fazem parte da variedade de expressões faciais que acompanham emoções específicas (Barrett, 2011).

Diferenças interculturais na experiência emocional

As semelhanças interculturais quanto à experiência emocional são impressionantes, mas os pesquisadores também encontraram muitas disparidades culturais em relação à maneira como as pessoas pensam e expressam suas emoções (Mesquita e Leu, 2007). Por exemplo, fascinantes variações têm sido observadas na maneira como as culturas classificam as emoções. Algumas categorias básicas de emoção universalmente reconhecidas nas culturas ocidentais parecem passar despercebidas – ou pelo menos não denominadas – em algumas culturas não ocidentais (Russell, 1991). Algumas culturas, por exemplo, não possuem uma palavra que corresponda a *tristeza*. Outras não têm uma palavra para designar *depressão*, *ansiedade* ou *remorso*.

Disparidades culturais também foram encontradas em relação às expressões não verbais de emoção. **Regras de demonstração são normas que regulam a expressão adequada de emoções.** Elas definem quando, como e a quem as pessoas podem expressar inúmeras emoções e variam de uma cultura para outra (Ekman, 1992). Os ifaluques, da Micronésia, por exemplo, reprimem intensamente as expressões de felicidade porque acreditam que essa emoção acaba levando as pessoas a negligenciar seus deveres. A cultura japonesa enfatiza a repressão da demonstração de emoções negativas em público. Mais do que em muitas outras culturas, a socialização dos japoneses dita o mascaramento de emoções como raiva, tristeza e repugnância por meio de expressões de impassividade ou de um sorriso. Portanto, as expressões não verbais de emoções apresentam certa variação de uma cultura para outra.

9.6 Teorias da emoção

Como os psicólogos explicam a experiência de emoção? Há uma diversidade de teorias e modelos conflitantes; alguns vêm sendo discutidos acaloradamente por mais de um século. Na verdade, o debate ainda ocorre na psicologia contemporânea (veja Dror, 2014; Ellsworth, 2014; Laird e Lacasse, 2014; Reisenzein e Stephan, 2014).

9.6 Objetivos Principais de Aprendizagem

- Comparar as teorias de James Lange e Cannon-Bard sobre emoções.
- Explicar a teoria de dois fatores da emoção e as teorias evolucionistas sobre emoção.

A teoria de James-Lange

Como dissemos no Capítulo 1, William James foi um dos primeiros teóricos a recomendar fortemente que os psicólogos explorassem as funções da consciência. A teoria da

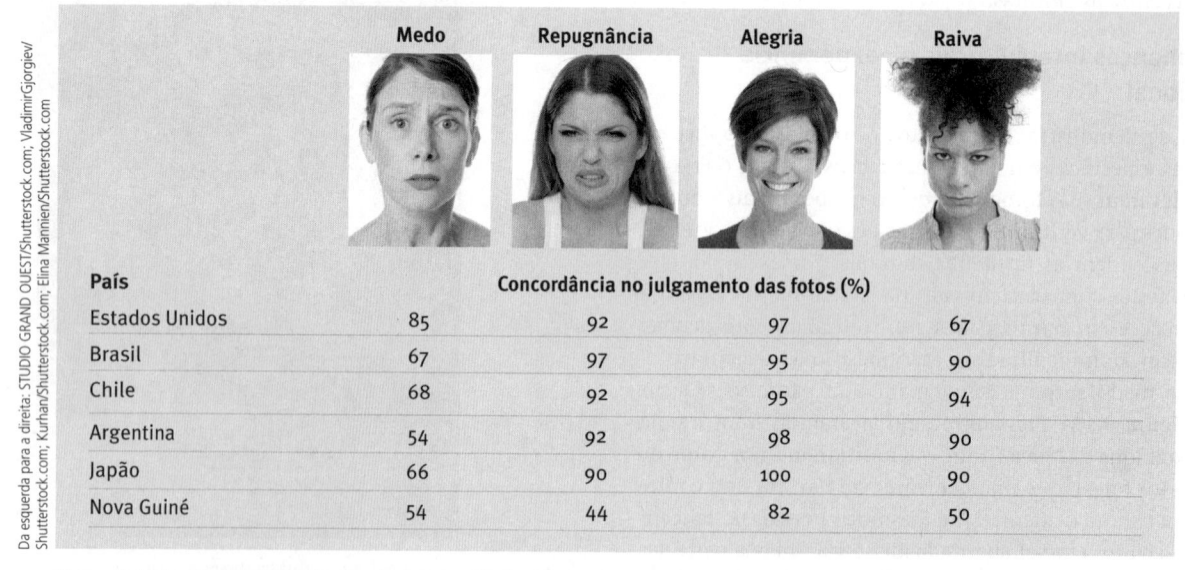

País	Concordância no julgamento das fotos (%)			
	Medo	Repugnância	Alegria	Raiva
Estados Unidos	85	92	97	67
Brasil	67	97	95	90
Chile	68	92	95	94
Argentina	54	92	98	90
Japão	66	90	100	90
Nova Guiné	54	44	82	50

Figura 9.18 Comparações interculturais da capacidade das pessoas em distinguir emoções nas expressões faciais.

Ekman e Friesen (1975) verificaram que as pessoas de culturas bastante díspares demonstraram grande concordância quanto às emoções representadas nessas fotos. Esse consenso entre as culturas sugere que as expressões faciais de emoções podem ser universais e que elas têm uma forte base biológica.

Fonte: Dados de Ekman, P.; Friesen, W. V. *Unmasking the face*. Englewood Cliffs, NJ: Prentice-Hall, 1975. © 1975 by Paul Ekman.

emoção que James (1884) desenvolveu há mais de 130 anos permanece influente até hoje. Carl Lange e ele (1885) propuseram, independentemente, mais ou menos na mesma época, que *a experiência consciente de emoção resulta da percepção que se tem da estimulação autônoma*. Sua teoria inverteu o senso comum. Segundo a lógica cotidiana, quando você se depara com uma cascavel no bosque, a experiência consciente de medo produz uma estimulação autônoma (a reação de luta ou de fuga). Já a teoria da emoção de James-Lange afirma o oposto: que a percepção da estimulação autônoma é que conduz à experiência consciente de medo (veja **Figura 9.19**). Em outras palavras, enquanto você supõe que sua pulsação tenha aumentado porque você está com medo, James e Lange argumentam que você sente medo porque sua pulsação aumentou. De acordo com a teoria de James-Lange, *padrões diferentes de ativação autônoma conduzem à experiência de emoções distintas*. Portanto, as pessoas, supostamente, distinguem emoções – como medo, alegria e raiva – com base na configuração exata das reações físicas que vivenciam.

A teoria de Cannon-Bard

Walter Cannon (1927) considerava a teoria de James-Lange pouco convincente. Cannon afirmou que a estimulação fisiológica pode ocorrer sem que haja experiência de emoção (ao se exercitar vigorosamente, por exemplo). Ele também argumentou que as modificações viscerais são demasiado lentas para que precedam a experiência consciente de emoção. Por fim, argumentou que pessoas que experimentam emoções muito distintas, como medo, alegria e raiva, exibem padrões que são semelhantes demais para serem prontamente distinguidos.

Assim, Cannon adotou uma explicação diferente de emoção, que Philip Bard (1934) depois aperfeiçoou. A teoria resultante de Cannon-Bard defende que a emoção ocorre quando o *tálamo* envia sinais *simultaneamente* ao córtex (criando a experiência consciente de emoção) e ao sistema nervoso autônomo (criando a estimulação visceral). O modelo de Cannon-Bard é contraposto ao de James-Lange na **Figura 9.19**. Cannon e Bard estavam um pouco equivocados em definirem o tálamo como o centro neural das emoções. Entretanto, muitos teóricos modernos concordam com a noção de Cannon-Bard de que as emoções têm origem nas estruturas cerebrais subcorticais (LeDoux, 1996; Panksepp, 1991). Da mesma forma, a maior parte dos teóricos modernos aceita a ideia de que as pessoas *não* inferem suas emoções a partir de diferentes padrões de ativação autônoma (Frijda, 1999; Wagner, 1989).

A teoria dos dois fatores de Schachter

Em outra análise influente, Stanley Schachter afirmou que as pessoas observam as pistas situacionais para fazer a

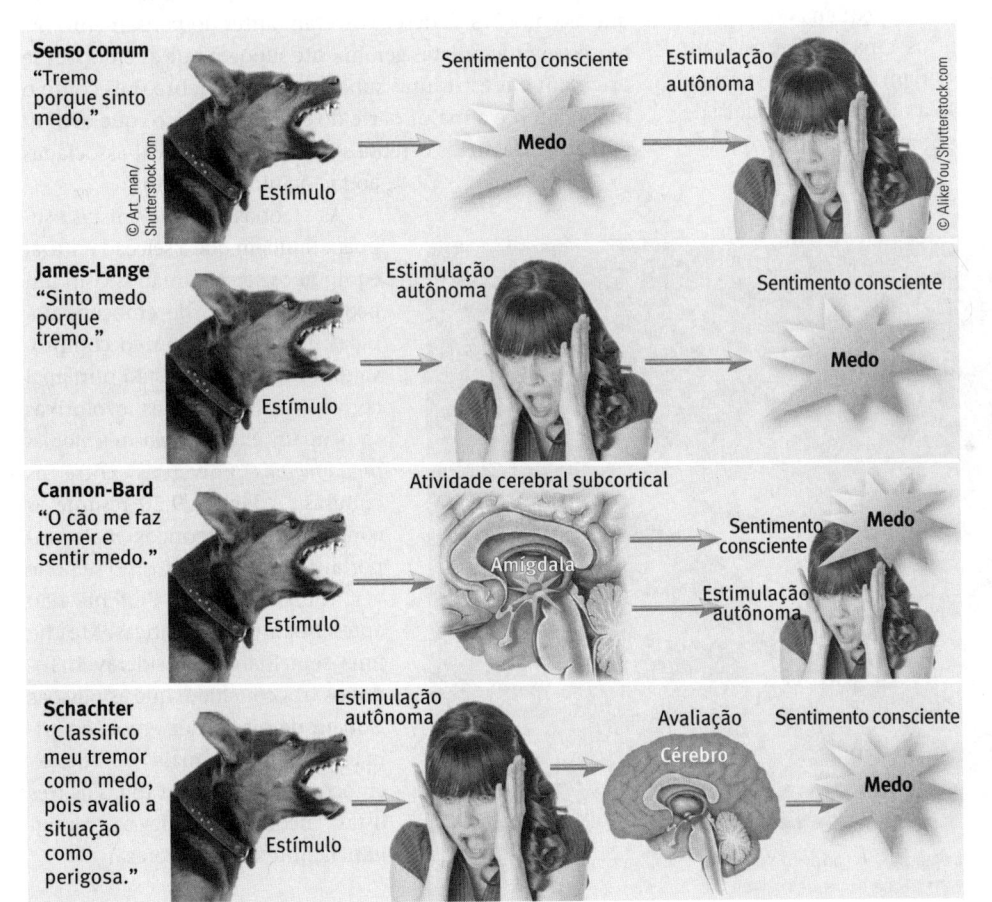

Figura 9.19 Teorias da emoção.

Aqui, três influentes teorias da emoção são comparadas entre si e com o senso comum. A de James-Lange foi a primeira a sugerir que sensações de estimulação causam emoção, e não o contrário. Schachter desenvolveu essa ideia, adicionando a ela um segundo fator – a interpretação (avaliação e classificação) da estimulação.

diferenciação entre uma e outra emoção. Segundo Schachter (1964), a experiência de emoção depende de dois fatores: (1) estimulação autônoma e (2) interpretação cognitiva da referida estimulação. Schachter propõe que, quando experimentamos uma estimulação fisiológica, procuramos sua explicação no ambiente (reveja **Figura 9.19**). Se você estiver preso em um engarrafamento, provavelmente classificará tal estimulação como raiva. Se estiver se submetendo a um exame importante, talvez a defina como ansiedade. Se estiver comemorando seu aniversário, provavelmente irá chamá-la de alegria.

Schachter concorda com a visão de James-Lange de que se infere a emoção a partir da estimulação. Porém, também está de acordo com a posição de Cannon-Bard, de que as diferentes emoções produzem padrões de estimulação indistinguíveis. Concilia essas duas visões a partir do argumento de que, em vez de pistas internas, as pessoas procuram pistas externas para distinguir e denominar suas emoções. Schachter sugere, basicamente, que as pessoas pensam da seguinte forma: "Se estou sentindo alguma coisa e você é detestável, acho que estou bravo".

Em um teste clássico da teoria de dois fatores, Dutton e Aron (1974) arranjaram para que uma jovem pedisse a alguns rapazes que atravessavam uma ponte no parque que parassem para responder a um questionário. E que ela se oferecesse para explicar sobre a pesquisa e lhes desse seu número de telefone. A estimulação autônoma foi manipulada em relação a duas pontes diferentes. Uma era velha e precariamente suspensa a 70 metros acima do rio. A outra era uma estrutura sólida e segura, construída acima da pequena correnteza. Os pesquisadores concluíram que os rapazes que estavam cruzando a ponte mais frágil poderiam estar em estimulação emocional e atribuir seu estado à moça, e não ao fato de estarem sobre a ponte. Ou seja, poderiam estar confundindo a emoção com desejo sexual, em vez de medo, e achar que estavam se sentindo atraídos pela moça. A variável dependeria de quantos deles telefonariam para ela para marcar um encontro. Como se previu, mais rapazes que estavam sobre a ponte frágil telefonaram para a jovem. Assim, as descobertas sustentam a teoria de que as pessoas captam as emoções em um momento de estimulação fisiológica e as rotulam de acordo com suas explicações cognitivas.

As teorias evolucionistas da emoção

Nos últimos anos, alguns teóricos interessados em emoção retornaram às ideias abraçadas por Charles Darwin (1872), mais de um século atrás, o qual acreditava que as emoções se desenvolviam por causa de seu valor adaptativo. O medo, por exemplo, ajudaria determinado organismo a evitar o perigo e, portanto, auxiliaria em sua sobrevivência. Desse modo, Darwin via as emoções humanas como um produto da evolução. Essa premissa serve como base para diversas teorias modernas da emoção desenvolvidas independentemente por S. S. Tomkins (1980, 1991), Carroll Izard (1984, 1991) e Robert Plutchik (1984, 1993).

Essas *teorias evolucionistas* consideram as emoções reações inatas, em sua grande maioria, a determinados estímulos. Como tal, as emoções deveriam ser imediatamente identificáveis sob a maioria das condições, sem muito raciocínio. Afinal, os animais primitivos, que são incapazes de raciocínios complexos, parecem ter pouca dificuldade em reconhecer suas emoções. Teóricos evolucionistas acreditam que as emoções se desenvolveram antes do pensamento. As teorias evolucionistas geralmente supõem que as emoções se originam nas estruturas subcorticais do cérebro (tais como o hipotálamo e a maior parte do sistema límbico) que evoluíram antes das áreas cerebrais superiores (o córtex) associadas ao raciocínio complexo.

As teorias evolucionistas supõem também que a seleção natural equipou os seres humanos com um pequeno número de emoções dotadas de valor adaptativo comprovado. Portanto, a questão principal com a qual as teorias evolutivas se ocupam é: *quais são as emoções fundamentais universais entre as culturas?* A **Figura 9.20** resume as conclusões dos teóricos mais importantes nessa área. Como se pode ver, Tomkins, Izard e Plutchik não apresentam listas idênticas. Mas há uma semelhança considerável. Todos os três concluem que as pessoas exibem de oito a dez emoções primárias. Além do mais, seis dessas emoções aparecem em todas as três listas: medo, raiva, alegria, repugnância, interesse e surpresa.

A ponte suspensa de Capilano, mostrada aqui, foi usada no estudo de Dutton e Aron (1974) para manipular a estimulação autônoma em um teste engenhoso e avaliar a teoria de dois fatores de emoção.

REVISÃO 9.3

A compreensão das teorias da emoção

Verifique seu entendimento sobre as teorias da emoção relacionando as teorias que discutimos com as afirmações abaixo. Vamos emprestar um exemplo clássico de William James: imagine que você se depara com um urso no bosque. A primeira afirmação expressa a explicação de senso comum para o seu medo. Cada uma das afirmações restantes expressa a essência de uma teoria diferente; indique qual é a teoria nos espaços. As respostas encontram-se no Apêndice A.

1. Você treme porque tem medo.
   Senso comum

2. Você sente medo porque está tremendo.
   _____

3. Você sente medo porque as pistas situacionais (o urso) sugerem que seja esse o motivo de você estar tremendo.
   _____

4. Você sente medo porque o urso despertou uma emoção primária inata.
   _____

9.7 Refletindo sobre os temas do capítulo

9.7 Objetivos Principais de Aprendizagem
- Identificar cinco temas unificadores destacados neste capítulo.

Ícones:
- Herança cultural
- Contexto sócio-histórico
- Diversidade teórica
- Hereditariedade e meio ambiente
- Causalidade multifatorial

Cinco de nossos temas organizadores foram particularmente enfatizados neste capítulo: a influência de contextos culturais, a densa conexão entre a psicologia e a sociedade em geral, a diversidade teórica da psicologia, a interação de hereditariedade e ambiente e as múltiplas causas do comportamento.

Nossa discussão sobre motivação e emoção demonstrou, uma vez mais, que há tanto similaridades como diferenças de comportamento entre as culturas. Os processos neurais, bioquímicos, genéticos e hormonais subjacentes à fome e ao comer, por exemplo, são universais. Entretanto, os fatores culturais têm influência sobre o que as pessoas preferem comer e o quanto comem. De maneira semelhante, os pesquisadores têm encontrado muitas similaridades interculturais nos elementos cognitivos, fisiológicos e expressivos da experiência emocional, mas também variações culturais em como as pessoas pensam e expressam suas emoções.

Nossa discussão acerca das controvérsias que envolvem a teoria evolucionista e os determinantes da orientação sexual mostram mais uma vez que a psicologia não é um empreendimento que existe em uma redoma de vidro. Ela se desenvolve em um contexto sócio-histórico que molda os debates nesse campo, e esses debates frequentemente possuem ramificações para a sociedade de modo geral. Terminamos o capítulo com uma discussão sobre as diversas teorias da emoção, que

Silvan Tomkins	Carroll Izard	Robert Plutchik
Medo	Medo	Medo
Raiva	Raiva	Raiva
Prazer	Alegria	Alegria
Repugnância	Repugnância	Repugnância
Interesse	Interesse	Expectativa
Surpresa	Surpresa	Surpresa
Desprezo	Desprezo	
Vergonha	Vergonha	
	Tristeza	Tristeza
Sofrimento		
	Culpa	
		Aprovação

Figura 9.20 Emoções primárias.
As teorias evolutivas da emoção procuram identificar as emoções primárias. Três teóricos importantes – Silvan Tomkins, Carroll Izard e Robert Plutchik – compilaram listas diferentes de emoções primárias, mas esse quadro mostra uma grande superposição entre as emoções básicas identificadas por eles. (Baseado em Mandler, 1984).

demonstraram mais uma vez que a psicologia é caracterizada por uma grande diversidade teórica.

Por fim, vimos, repetidamente, que os fatores biológicos e ambientais determinam o comportamento conjuntamente. Vimos, por exemplo, que o comportamento alimentar, desejo sexual e toda a experiência da emoção dependem de interações complexas de determinantes biológicos e ambientais. De fato, interações complexas permearam todo o capítulo. Assim, se quisermos entender totalmente o comportamento, devemos levar múltiplas causas em consideração.

9.8 APLICAÇÃO PESSOAL
Explorando os ingredientes da felicidade

Responda "verdadeiro" ou "falso".

___ 1 A evidência empírica indica que a maioria das pessoas é relativamente infeliz.
___ 2 Embora a riqueza não garanta a felicidade, as pessoas muito ricas têm mais probabilidades de ser felizes do que o restante da população.
___ 3 As pessoas que têm filhos são mais felizes que as que não têm.
___ 4 Boa saúde é um requisito essencial da felicidade.

A resposta a todas essas perguntas é "falso". Essas afirmações são hipóteses razoáveis e muito acreditadas sobre a prevalência e correlação com a felicidade. Contudo, *não* foram apoiadas pela pesquisa empírica. Os últimos anos trouxeram uma onda de interesse nos elementos correlacionados ao **bem-estar subjetivo – percepções individuais da felicidade geral e satisfação com a vida.** As descobertas dessa pesquisa são muito interessantes.

Quão felizes são as pessoas?

Uma dessas imprecisões é a suposição aparentemente ampla de que a maioria das pessoas é relativamente infeliz. Escritores, cientistas sociais e o público em geral parecem acreditar que as pessoas em todo o mundo estão predominantemente insatisfeitas e infelizes. Contudo, pesquisas empíricas descobriram, com consistência, que a vasta maioria dos respondentes – mesmo aqueles que são pobres ou têm alguma incapacidade – caracteriza-se como feliz (Pavot e Diener, 2013). Quando se pede que as pessoas deem uma pontuação à própria felicidade, apenas uma pequena minoria se coloca abaixo do ponto neutro nas várias escalas usadas (veja **Figura 9.21**). Quando o bem-estar subjetivo médio de nações inteiras é computado, com base em mais de mil pesquisas, a média se agrupa em direção ao fim da escala (Tov e Diener, 2007). Isso não significa que todas as pessoas são igualmente felizes. Os pesquisadores descobrem disparidades substanciais entre as pessoas quanto ao bem-estar subjetivo, que analisaremos em breve, mas o cenário geral parece ser mais cor-de-rosa do que se esperava. Essa é uma descoberta animadora, já que o bem-estar subjetivo tende a ser relativamente estável ao longo da vida das pessoas, e os níveis mais altos de felicidade preveem melhores relacionamentos, mais satisfação com relação à carreira, melhor saúde física e mais longevidade (Lucas e Diener, 2015). Sendo assim, o bem-estar subjetivo pode ter importantes consequências.

Fatores insatisfatórios na previsão da felicidade

Vamos começar nossa discussão sobre as diferenças individuais quanto à felicidade destacando aqueles elementos relativamente não importantes na determinação do bem-estar subjetivo. Uma série de fatores que você acredita serem influentes parece ter pouca ou nenhuma relação com a felicidade geral.

Dinheiro

Há uma correlação positiva entre a renda e os sentimentos subjetivos de felicidade. A associação, no entanto, é surpreendentemente fraca. Em nações específicas, a correlação entre renda e felicidade fica entre 12 e 20 (Diener e Biswas-Diener, 2002; Johnson e Krueger, 2006). Obviamente, ser pobre contribui para a infelicidade. No entanto, parece que quando as pessoas atingem certo patamar mais alto de renda, ela não parece lhes proporcionar mais felicidade. Um estudo nos Estados Unidos estima que, quando as pessoas excedem a renda de cerca de $75.000, passa a haver pouca relação entre riqueza e bem-estar emocional (Kahneman e Deaton, 2010).

Por que o dinheiro não é garantia tão certa de felicidade? Um dos motivos é que parece haver uma lacuna entre a renda e a maneira como as pessoas se sentem com relação a sua situação financeira. Uma pesquisa (Johnson e Krueger, 2006) sugere que a relação entre riqueza e a percepção subjetiva das pessoas quanto ao fato de terem dinheiro suficiente para satisfazer suas necessidades é surpreendentemente modesta (por volta de 30). Outro problema é que a propaganda, em geral, instiga desejos materiais cada vez maiores e, muitas vezes, acima das condições financeiras das pessoas, causando descontentamento (Norris e Larsen, 2011). Portanto, reclamar sobre não ter dinheiro suficiente é algo rotineiro mesmo entre pessoas muito abastadas, em termos objetivos. Há também evidências interessantes de que as pessoas que dão muita ênfase aos objetivos materiais tendem a ser menos felizes que as outras (Ahuvia e Izberk-Bilgin, 2013). As

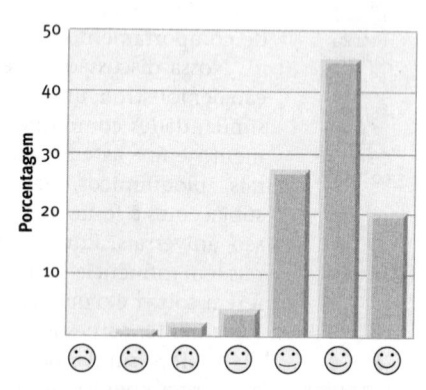

> **9.8 OBJETIVOS PRINCIPAIS DE APRENDIZAGEM**
> - Identificar fatores que estão e não estão relacionados à felicidade e desenvolver três conclusões sobre a dinâmica da felicidade.

Qual dessas faces representa o modo como você se sente em relação à vida em geral?

Figura 9.21 Medindo a felicidade com uma escala não verbal.

Pesquisadores empregaram uma variedade de métodos para estimar a distribuição da felicidade. Por exemplo, em um estudo feito nos Estados Unidos, pediram aos respondentes que examinassem as sete expressões faciais exibidas e selecionassem aquela que "estivesse mais próxima de expressar como você se sente em relação à sua vida de modo geral". Como você pode ver, a grande maioria dos participantes escolheu rostos felizes. (Dados adaptados de Myers, 1992)

evidências também sugerem que morar em bairros mais ricos incentiva o materialismo (Zhang, Howell e Howell, 2014), mais uma razão para afirmar que a riqueza não necessariamente traz felicidade. Infelizmente, a pesquisa sugere que os níveis de materialismo nos Estados Unidos vêm subindo a níveis historicamente altos nas últimas décadas (Twenge e Kasser, 2013).

Estudos recentes oferecem mais dados interessantes e inesperados sobre dinheiro e felicidade. Primeiro, sugerem que o dinheiro gasto com *experiências*, como ir a shows, viajar ou atividades ao ar livre, promove mais felicidade que aquele gasto com *bens materiais* como roupas, joias e aparelhos (Pchelin e Howell, 2014). Segundo, indicam que, em diferentes culturas de diferentes condições financeiras, as pessoas obtêm mais felicidade com o dinheiro gasto em ajudar aos outros do que consigo mesmas (Dunn, Aknin e Norton, 2014).

Idade

Verifica-se com consistência a falta de correlação entre a idade e a felicidade. Por exemplo, um estudo com mais de 7 mil adultos concluiu que níveis de felicidade não variavam com a idade (Cooper et al., 2011). Os fatores-chave que influenciam o bem-estar subjetivo podem mudar um pouco à medida que as pessoas envelhecem – o trabalho torna-se menos importante, a idade, mais –, mas o nível médio de felicidade das pessoas tende a permanecer bastante estável durante a vida.

Ter filhos

Filhos podem ser uma enorme fonte de felicidade e realização, mas também podem ser uma enorme fonte de dores de cabeça e descontentamento. Aparentemente, os aspectos bons e ruins de ter filhos se equilibram, porque as evidências indicam que as pessoas com filhos não são nem mais nem menos felizes que aquelas sem filhos (Argyle, 2001; Bhargava, Kassam e Loewenstein, 2014).

Inteligência e atratividade

Inteligência e atratividade física são traços altamente valorizados na sociedade moderna, mas as pesquisas não encontraram uma associação entre essas características e a felicidade (Diener, Wolsic e Fujita, 1995; Diener, Kesebir e Tov, 2009).

Fatores de previsão da felicidade moderadamente bons

Pesquisas identificaram alguns aspectos da vida que parecem ter uma associação moderada com o bem-estar subjetivo: saúde, atividade social e crença religiosa.

Saúde

A boa saúde física parece ser um requisito essencial para a felicidade, mas as pessoas se adaptam aos problemas de saúde. Pesquisas revelam que os indivíduos que desenvolvem problemas graves e debilitantes de saúde não são tão infelizes quanto se imagina (Myers, 1992; Riis et al., 2005). Além disso, parece que as pessoas tendem a não dar tanta importância à saúde. Considerações como essas ajudam a explicar por que os pesquisadores encontram apenas uma moderada correlação positiva (média = 0,32%) entre a condição de saúde e o bem-estar subjetivo (Argyle, 1999).

Atividade social

Os seres humanos são animais sociais, e as relações interpessoais parecem contribuir para a felicidade das pessoas. Aqueles que estão satisfeitos com seu apoio social e amigos e aqueles que são socialmente ativos relatam níveis mais altos de felicidade que os outros (Demir, Orthel e Andelin, 2013; Lakey, 2013). Um estudo descobriu que pessoas de 50 anos que tinham mais amigos apresentavam mais bem-estar psicológico que aquelas que tinham poucos (Cable et al., 2013).

Religião

O elo entre a religiosidade e o bem-estar subjetivo é modesto. Porém, uma série de pesquisas em larga escala sugere que as pessoas com convicções religiosas sinceras têm mais probabilidades de ser felizes que aquelas que se caracterizam como não religiosas (Myers, 2013). Os pesquisadores ainda não têm certeza de como a fé religiosa promove a felicidade, mas Myers (1992) tem algumas conjecturas interessantes. Ele afirma que a religião dá às pessoas a sensação de propósito e sentido em suas vidas e as ajuda a aceitar os obstáculos com mais facilidade. Faz com que se sintam parte de uma comunidade atenciosa e que lhes dá apoio. E também as conforta colocando em perspectiva a questão da mortalidade.

Fortes fatores de previsão da felicidade

A lista de fatores que têm forte associação com a felicidade é surpreendentemente curta. Os ingredientes-chave da felicidade parecem envolver satisfação nos relacionamentos, amor, trabalho e personalidade.

Satisfação nos relacionamentos

Relacionamentos românticos podem ser estressantes, mas as pessoas constantemente avaliam o fato de estar apaixonado como um dos ingredientes cruciais da felicidade. Além do mais, embora as pessoas reclamem muito do casamento, pesquisas demonstraram consistentemente que as pessoas casadas tendem a ser mais felizes que as solteiras ou divorciadas (Saphire, Bernstein e Taylor, 2013). Essa relação é encontrada em todo o mundo em culturas muito diferentes (Diener et al., 2000). Entre as pessoas casadas, o nível de satisfação com o relacionamento prognostica o bem-estar (Proulx, Helms e Buehler, 2007). A pesquisa nessa área usou a questão do estado civil como marcador simples, mas que permite medir com facilidade a satisfação nos relacionamentos. Muito provavelmente é a *satisfação nos relacionamentos* que promove a felicidade. A satisfação nos relacionamentos tem provavelmente a mesma associação com felicidade tanto em casais heterossexuais como homossexuais. Confirmando essa linha de pensamento, um estudo revelou que tanto pessoas que moram juntas quanto as oficialmente casadas são mais felizes que as que se mantiveram solteiras (Musick e Bumpass, 2012).

Trabalho

As pessoas reclamam muito de seu trabalho. Por isso, não se espera que ele seja uma fonte-chave de felicidade, mas é.

Embora menos crucial que amor e casamento, a satisfação com o trabalho tem uma associação substancial com a felicidade geral (Judge e Klinger, 2008). Estudos também revelam que o desemprego tem fortes efeitos negativos no bem-estar subjetivo (Lucas et al., 2004). É difícil definir se a satisfação com o trabalho gera felicidade ou vice-versa, mas as evidências sugerem que a causa flui reciprocamente (Argyle, 2001).

Genética e personalidade

O melhor fator de previsão da felicidade futura individual é sua felicidade passada (Pavot e Diener, 2013). Algumas pessoas parecem estar destinadas a ser felizes, e outras, infelizes, independentemente de seus triunfos ou fracassos. Evidências sugerem que a felicidade não depende tanto de circunstâncias externas – comprar uma bela casa, conseguir uma promoção – quanto de fatores internos, como o modo como a pessoa vê a vida (Lyubomirsky, Sheldon e Schkade, 2005). Com essa realidade em mente, pesquisadores investigaram a possibilidade de haver uma origem hereditária para as variações nos níveis de felicidade. Esses estudos sugerem que a predisposição genética das pessoas é responsável, em boa parte, pela variação nos níveis de felicidade, talvez em até 50% (Stubbe et al., 2005). Como os genes podem influenciar na felicidade? Aparentemente, moldando o temperamento e a personalidade, que já se sabe serem hereditários. Na verdade, já se sabe que os traços de personalidade apresentam estreita relação com o bem-estar subjetivo (Lucas e Diener, 2015). Por exemplo, a *extroversão* é um dos melhores indicadores da felicidade. Pessoas extrovertidas e sociáveis parecem ser mais felizes que as outras (Gale et al., 2013). E, ao contrário, pessoas que apresentam altos níveis de comportamento *neurótico* – tendência à ansiedade, hostilidade e insegurança – tendem a ser menos felizes que as outras (Zhang e Howell, 2011).

Conclusões sobre o bem-estar subjetivo

Devemos ter cuidado em fazer inferências sobre as *causas* da felicidade, porque os dados disponíveis são correlacionais (veja **Figura 9.22**). Não obstante, as descobertas empíricas sugerem uma série de percepções a respeito das raízes da felicidade.

Em primeiro lugar, as pesquisas sobre felicidade mostram que os fatores determinantes do bem-estar subjetivo são precisamente assim: subjetivos. *Realidades objetivas não são tão importantes quanto os sentimentos subjetivos.* Em outras palavras, sua saúde, trabalho e idade não são tão influentes quanto o modo como você *se sente* em relação a eles (Schwarz e Strack, 1999). Em segundo lugar, *no que se refere à felicidade, tudo é relativo* (Argyle, 1999; Hagerty, 2000). Ou seja, você avalia o que possui em relação ao que as pessoas ao seu redor têm e o que você esperava ter. Em geral, nós nos comparamos a outros que são semelhantes a nós. Assim, as pessoas que são ricas avaliam o que têm comparando-se a seus amigos e vizinhos ricos. Essa é outra razão por que há pouca correlação entre riqueza e felicidade.

Em terceiro lugar, *as pesquisas acerca do bem-estar subjetivo indicam que as pessoas com frequência se adaptam às suas circunstâncias.* Esse efeito de adaptação explica por que um aumento na renda não necessariamente gera um aumento de felicidade. A ***adaptação hedônica*** **ocorre quando a escala mental que as pessoas usam para julgar experiências, quanto a serem agradáveis ou não, se altera de modo que seu ponto neutro, ou base de comparação, mude.** Infelizmente, quando as experiências das pessoas melhoram, a adaptação hedônica pode *algumas vezes* colocá-las em uma *rotina hedônica* – o ponto neutro delas sobe, de maneira que a melhora não gera nenhum benefício real (Kahneman, 1999). Todavia, quando as pessoas têm de lutar contra graves retrocessos, a adaptação hedônica provavelmente ajuda a proteger sua saúde física e mental. Por exemplo, as pessoas que são mandadas para a prisão e aquelas que desenvolvem doenças debilitantes não são tão infelizes quanto imaginamos, porque se adaptam às situações alteradas e avaliam os acontecimentos a partir de um ponto de vista diferente (Frederick e Loewenstein, 1999). Isso não significa que a adaptação hedônica diante das dificuldades da vida seja inevitável ou completa, mas grande parte das pessoas parece se adaptar a elas de maneira melhor que o esperado (Lucas, 2007).

A pesquisa mostra que a felicidade não depende de experiências positivas e negativas, tanto quanto se poderia esperar. Algumas pessoas, presumivelmente por causa de sua personalidade, parecem destinadas a serem felizes, apesar de grandes reveses, e outras parecem destinadas a agarrar-se à infelicidade, mesmo que suas vidas pareçam razoavelmente agradáveis.

Figura 9.22 Possíveis relações causais entre os elementos correlatos à felicidade.

Embora existam dados consideráveis acerca dos elementos correlatos à felicidade, é difícil identificar os possíveis relacionamentos causais. Por exemplo, sabemos que existe uma correlação positiva moderada entre a atividade social e a felicidade, mas não podemos dizer com certeza se a intensa atividade social causa a felicidade ou se a felicidade faz que as pessoas se tornem mais ativas socialmente. Além do mais, à luz da pesquisa que mostra que uma terceira variável – a extroversão – se correlaciona com as duas variáveis, temos de considerar a possibilidade de que a extroversão gera tanto uma atividade social mais intensa quanto mais felicidade.

9.9 APLICAÇÃO DO PENSAMENTO CRÍTICO
Analisando argumentos: entendendo a controvérsia

Considere o seguinte argumento: "Fazer dieta é prejudicial à saúde porque a tendência a ser obeso é, em grande parte, herdada". Qual é sua reação a esse raciocínio? Você acha que ele é convincente? Esperamos que não, pois esse argumento é seriamente falho. Você pode identificar o que está errado? Não há nenhuma relação entre a conclusão de que "fazer dieta é prejudicial à saúde" e o motivo dado de que "a tendência a ser obeso é em grande parte herdada". A princípio, o argumento é sedutor porque a maioria das pessoas sabe que a obesidade *é* em grande parte herdada, por isso a razão apresentada representa uma declaração verdadeira. Mas a razão não está relacionada à conclusão defendida. Essa situação pode parecer estranha, mas, se você prestar atenção cuidadosamente a discussões acerca de questões controversas, perceberá que as pessoas com frequência citam considerações irrelevantes para apoiar suas conclusões preferidas.

Este capítulo está repleto de questões controversas a respeito das quais pessoas sinceras e de boas intenções poderiam discutir durante semanas. As diferenças nos gêneros sexuais na busca de parceiros são produto da evolução ou das realidades econômicas modernas? Existe uma base biológica para a homossexualidade? Infelizmente, os argumentos para questões como essas são tipicamente improdutivos em termos de progresso em direção a uma solução ou acordo, porque a maioria das pessoas sabe muito pouco acerca das regras de argumentação. Nesta Aplicação, exploraremos os elementos que tornam os argumentos sólidos ou não sólidos, na esperança de melhorar sua habilidade de analisá-los e pensar criticamente sobre eles.

A anatomia de um argumento

No uso diário, a palavra *argumento* é usada para se referir a uma disputa ou discordância entre duas ou mais pessoas. Contudo, na **linguagem técnica da retórica)**, *argumento* **consiste em uma ou mais premissas que são usadas para dar apoio a uma conclusão.** *Premissas* **são as razões apresentadas para persuadir alguém de que a conclusão é verdadeira ou provavelmente verdadeira.** *Suposições* **são premissas para as quais não é oferecida nenhuma prova ou evidência.** As suposições, com frequência, não são declaradas. Por exemplo, suponha que seu médico lhe diga que você precisa fazer exercícios regularmente porque são bons para o seu coração. Nesse argumento simples, a conclusão é: "Você deve fazer exercícios regularmente". A premissa que leva a essa conclusão é a ideia de que "exercício é bom para o coração". Uma suposição não declarada é que todas as pessoas querem um coração saudável. Na linguagem da análise do argumento, as premissas supostamente apoiam (ou não) as conclusões. Uma conclusão pode ser apoiada por uma ou muitas razões.

Os argumentos podem se tornar muito complicados, pois geralmente têm mais partes do que apenas premissas e conclusões. Além do mais, há também os *contra-argumentos*, que são razões que tiram o apoio de uma conclusão. E, às vezes, a parte mais importante de um argumento é algo que não está lá – razões que foram omitidas, deliberadamente ou não, que levariam a uma conclusão diferente se fossem apresentadas. Devido a todas essas variações complexas que podem ocorrer em um argumento, é impossível apresentar regras simples para julgar argumentos, mas podemos destacar algumas falácias comuns e então fornecer alguns critérios para serem aplicados quando pensarmos criticamente acerca dos argumentos.

Falácias comuns

Como observamos em capítulos anteriores, os cientistas cognitivos compilaram longas listas de falácias que as

> **9.9 OBJETIVOS PRINCIPAIS DE APRENDIZAGEM**
>
> • Identificar os principais elementos dos argumentos e os erros mais comuns entre eles.

Argumentos sobre questões controversas surgem o tempo todo. Vale a pena estar ciente de algumas falácias comuns na argumentação.

pessoas com frequência apresentam em seus argumentos. Esta seção descreve cinco falácias mais comuns (obtidas de Halpern, 2014). Para ilustrar cada uma, analisaremos alguns argumentos que afirmam que o material pornográfico na internet (ciberpornô) deve ser proibido ou fortemente regulamentado.

Tautologia

Na *tautologia*, a premissa e a conclusão são simplesmente afirmações uma da outra. As pessoas variam um pouco as palavras para que não fique tão óbvio, mas quando as examinamos com cuidado, a conclusão é a premissa. Por exemplo, nos argumentos acerca da pornografia na internet é possível ouvir alguém dizer: "Precisamos controlar o ciberpornô porque atualmente ele não é regulamentado".

Descida escorregadia

O conceito de *descida escorregadia* (*slippery slope*) vem da noção de que, se você estiver em uma descida escorregadia e não firmar seus calcanhares nela, escorregará e escorregará até chegar ao fim. Um argumento "descida escorregadia" tipicamente afirma que, se permitir que X aconteça, as coisas sairão do controle e eventos ainda piores acontecerão. O truque é que não existe nenhuma ligação inerente entre X e os acontecimentos previstos para acontecer. Por exemplo, no debate sobre o uso da maconha para fins medicinais, os oponentes argumentaram: "Se legalizarmos o uso da maconha para fins medicinais, logo a cocaína e a heroína também serão legalizadas". No debate acerca de ciberpornô, um argumento "descida escorregadia" poderia ser: "Se não proibirmos o ciberpornô, logo as crianças terão acesso a ele nas bibliotecas das escolas".

Analogias insípidas

Uma *analogia* afirma que dois conceitos ou eventos são similares de algum modo. Portanto, é possível extrair conclusões do evento B por causa de sua semelhança com o evento A. As analogias podem ser muito úteis quando pensamos a respeito de questões complexas, mas algumas são muito fracas ou inapropriadas porque a similaridade entre A e B é superficial, mínima ou irrelevante para a questão. Por exemplo, no debate sobre o erotismo na internet, alguém pode argumentar: "O ciberpornô é moralmente ofensivo, assim como o abuso sexual de crianças. Não toleramos o abuso sexual de crianças, portanto não devemos tolerar o ciberpornô".

Dicotomia falsa

Uma *dicotomia falsa* cria uma escolha exclusiva entre dois resultados: o resultado defendido e um resultado obviamente horrível que qualquer pessoa sensata desejaria evitar. Esses resultados são apresentados como os únicos possíveis, quando, na realidade, muitos outros o são, incluindo algum que esteja entre os dois extremos apresentados na dicotomia falsa. No debate acerca da pornografia na internet, a dicotomia falsa seria: "Ou proibimos o ciberpornô ou aceleramos a decadência moral da sociedade moderna".

Avaliando a força dos argumentos

Na vida diária, muitas vezes precisamos avaliar a força dos argumentos apresentados por nossos amigos, família, colegas de trabalho, políticos, profissionais de mídia etc. Também precisamos avaliar nossos próprios argumentos quando escrevemos trabalhos escolares ou preparamos apresentações para o trabalho. As perguntas a seguir o ajudarão a fazer uma avaliação sistemática dos argumentos (adaptado de Halpern, 2014):

- Qual é a conclusão?
- Quais são as premissas apresentadas para sustentar a conclusão? Elas são válidas?
- A conclusão acompanha a premissa? Há alguma falácia na cadeia de raciocínio?
- Que suposições foram feitas? Elas são válidas? Devem ser declaradas explicitamente?
- Quais são os contra-argumentos? Eles enfraquecem o argumento?
- Alguma coisa foi omitida do argumento?

Tabela 9.1 Habilidades de pensamento crítico discutidas nesta Aplicação

Habilidade	Descrição
Entender os elementos de um argumento.	O pensador crítico entende que um argumento consiste em premissas e suposições que são usadas para sustentar uma conclusão.
Reconhecer e evitar falácias comuns como razões irrelevantes, tautologias, raciocínio "descida escorregadia", analogias fracas e dicotomias falsas.	O pensador crítico está sempre atento às conclusões baseadas em premissas não relacionadas, conclusões que são premissas expressas com outras palavras, previsões sem garantia de que as coisas sairão do controle, analogias superficiais e dicotomias inventadas.
Avaliar os argumentos sistematicamente.	O pensador crítico é cuidadoso ao avaliar a validade das premissas, suposições e conclusões em um argumento e considera os contra-argumentos e elementos faltantes.

CAPÍTULO 9 – QUADRO DE CONCEITOS

TEORIAS E CONCEITOS MOTIVACIONAIS

- As *teorias da motivação* enfatizam como estados internos de tensão (decorrentes de distúrbios de homeostase) *impelem* os seres vivos em determinadas direções.

- As *teorias do incentivo* mostram como *objetivos externos impelem* os organismos em determinadas direções.

- As teorias evolucionistas afirmam que os motivos são um produto da *seleção natural* que tiveram valor adaptativo em termos de estimular as condições reprodutivas.

- Humanos apresentam grande diversidade de motivações *biológicas* e *sociais*.

EMOÇÃO

Componente cognitivo

- O componente cognitivo da emoção consiste de sentimentos subjetivos, geralmente intensos e difíceis de controlar.
- A avaliação cognitiva dos eventos influencia as emoções das pessoas.
- Pesquisas sobre *previsão afetiva* mostram que as pessoas possuem, surpreendentemente, pouquíssima capacidade de prever a intensidade e a duração de suas reações emotivas aos eventos.

Componente fisiológico

- O componente fisiológico da emoção é dominado pela estimulação autônoma.
- Um *polígrafo* detecta estimulação autônoma, que está longe de ser um indicador perfeito da mentira.
- Segundo Joseph LeDoux, a *amígdala* é o centro de um complexo sistema de circuitos neurais que processam emoções, principalmente o medo.

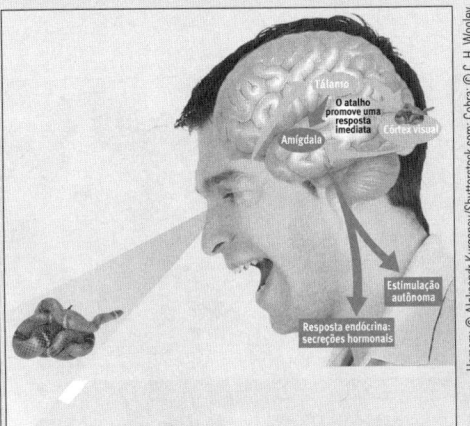

MOTIVAÇÃO DA FOME

Fatores biológicos na regulação da fome

- Pesquisas anteriores sugeriam que *as áreas lateral e ventromedial do hipotálamo* eram os mecanismos de acionamento da fome, mas o modelo de dois centros mostrou-se simples demais.
- Hoje os cientistas acreditam que *os circuitos neurais* que passam pelas regiões *arqueada* e *paraventricular* do hipotálamo têm um papel maior na regulação da fome.
- No sistema digestivo, o estômago pode enviar diversos tipos de sinais de saciedade ao cérebro.
- Secreções do hormônio *grelina* causam contrações do estômago e aumentam a sensação de fome.
- Secreções do hormônio CCK levam sinais de saciedade do intestino para o cérebro.
- O hormônio *leptina* leva informações sobre as reservas de gordura do corpo para o hipotálamo.

Fatores ambientais na regulação da fome

- Os seres vivos consomem mais alimentos quando eles têm sabor agradável, quando há mais quantidade disponível e mais variedade.
- As pessoas tendem a comer mais na presença de outras pessoas e em resposta à propaganda de alimentos.
- Eventos estressantes podem aumentar o consumo de alimentos em 40% a 50% das pessoas.
- Condicionamento clássico e aprendizagem observacional definem o que as pessoas preferem comer.
- A preferência por alimentos também é regida pela exposição, e por isso há tamanha variação cultural em termos de hábitos alimentares.

Causas da obesidade

- Pesquisas mostram um grande aumento na incidência de obesidade nas últimas décadas.
- A obesidade está associada ao aumento na incidência de diversos problemas de saúde e elevado risco de mortalidade.
- Algumas pessoas herdam a vulnerabilidade genética à obesidade.
- A obesidade é atribuída ao comer excessivo e a exercícios inadequados.
- O aumento da privação de sono nas sociedades modernas provavelmente estimula o aumento da obesidade.
- O conceito de ponto de equilíbrio sugere que cada indivíduo possui uma faixa natural de estabilidade de peso.

Componente comportamental

- Em nível comportamental, as emoções são reveladas pela linguagem corporal.
- Podem se identificar ao menos seis emoções com base em expressões faciais.
- Segundo a *hipótese de feedback facial*, os músculos faciais enviam ao cérebro sinais que auxiliam na identificação das emoções.

Fatores culturais

- Ekman e Friesen encontraram consenso intercultural na identificação de emoções com base em expressões faciais.
- Foram igualmente descobertas similaridades interculturais nos componentes cognitivos e fisiológicos da emoção.
- No entanto, existem diferenças culturais na maneira como as emoções são classificadas e em demonstrações públicas de emoções.

Conceitos teóricos

- Segundo a *teoria de James-Lange*, a experiência consciente das emoções resulta da percepção pessoal da estimulação autônoma.
- Segundo a *teoria de Cannon-Bard*, as emoções se originam nas áreas subcorticais do cérebro.
- De acordo com a *teoria de dois fatores*, as pessoas inferem as emoções a partir de estimulação autônoma e a classificam conforme sua explicação cognitiva para tal emoção.
- *As teorias evolucionistas da emoção* afirmam que as emoções são reações inatas que não dependem de processos cognitivos.

TEMAS PRINCIPAIS

Diversidade teórica — Contexto sócio-histórico — Hereditariedade e meio ambiente — Herança cultural — Causalidade multifatorial

MOTIVAÇÃO SEXUAL

Reação do desejo sexual humano

- Masters e Johnson mostraram que o ciclo de reação sexual consiste de quatro estágios: excitação, platô, orgasmo e resolução.
- As mulheres têm, em média, menos orgasmos que os homens durante as relações, mas elas têm mais tendência a orgasmos múltiplos.

Análises evolucionárias

- Segundo a *teoria de investimento parental*, o gênero que menos investe em prole competirá por oportunidades de acasalamento com o gênero que investe mais e que será mais rigoroso na seleção de parceiros.
- Machos humanos não necessitam investir tanto em prole, portanto seu potencial reprodutivo é maximizado pelo acasalamento com o maior número de parceiras possível.
- Fêmeas humanas investem anos cuidando e alimentando seus filhos e por isso maximizam seu potencial reprodutivo se acasalando com machos que possam investir mais recursos na prole.

Orientação sexual

- As pessoas tendem a ver a heterossexualidade e a homossexualidade distintamente, porém seria mais apropriado vê-las como extremo de um *continuum*.
- Explicações ambientais para a orientação sexual não foram confirmadas pelas pesquisas.
- As explicações biológicas vêm se aprimorando nos últimos anos, pois os estudos de irmãos gêmeos mostram que fatores genéticos influenciam na orientação sexual.
- Pesquisas também sugerem que idiossincrasias nas secreções hormonais pré-natais podem influenciar na orientação sexual.
- A orientação sexual das mulheres parece se caracterizar por mais *maleabilidade* que a dos homens.

MOTIVAÇÃO PARA A REALIZAÇÃO

- David McClelland foi pioneiro no uso de TAT para medir diferenças pessoais em *termos de necessidade de realização*.
- Algumas pessoas sentem maior necessidade em obter sucesso, tendendo a trabalhar mais arduamente e com mais persistência do que outras e não se importam em adiar as gratificações.
- No entanto, há quem tenha maior necessidade de realização optando por escolher desafios de dificuldade intermediária.
- A busca dos objetivos de realização tende a aumentar quando a probabilidade de sucesso de uma tarefa e o valor de incentivo de tal sucesso são maiores.

Diferenças de gênero em termos de atividade sexual

- Homens pensam e se entregam à atividade sexual com mais frequência que mulheres.
- Homens apresentam maior tendência a sexo casual e a ter mais parceiras que as mulheres.

Diferenças de gênero em termos de preferências por parceiros

- Homens no mundo todo dão mais ênfase a juventude e aparência de potenciais parceiras do que mulheres.
- Já mulheres dão mais ênfase a *status* social, inteligência e condições financeiras de potenciais parceiros do que homens.

APLICAÇÕES

- Dinheiro, idade, paternidade, inteligência e atratividade não têm nenhuma relação com felicidade.
- Saúde física, bons relacionamentos sociais e convicções religiosas estão relativamente associados à felicidade.
- Amor e casamento, satisfação no trabalho, personalidade e genética são grandes indicadores de felicidade.
- O bem-estar pessoal é um conceito relativo, e as pessoas se adaptam às circunstâncias.
- Discussões são normalmente distorcidas por argumentos irrelevantes, analogias insípidas, raciocínio circular, correlações equivocadas e dicotomias falsas.

Capítulo 10
Desenvolvimento humano durante o ciclo da vida

10.1 EVOLUÇÃO ANTES DE NASCER: DESENVOLVIMENTO PRÉ-NATAL

10.2 DESENVOLVIMENTO MOTOR, SOCIAL E DA LINGUAGEM NA INFÂNCIA

10.3 DESENVOLVIMENTO COGNITIVO, MORAL E DA PERSONALIDADE NA INFÂNCIA

10.4 A TRANSIÇÃO PARA A ADOLESCÊNCIA

10.5 A EXTENSÃO DA VIDA ADULTA

10.6 REFLETINDO SOBRE OS TEMAS DO CAPÍTULO

10.7 APLICAÇÃO PESSOAL:
A compreensão das diferenças de gênero

10.8 APLICAÇÃO DO PENSAMENTO CRÍTICO:
O pai é essencial ao bem-estar dos filhos?

Quadro de conceitos

Temas neste capítulo

Diversidade teórica
Contexto sócio-histórico
Causalidade multifatorial
Herança cultural
Hereditariedade e meio ambiente

Na escola, as crianças a chamavam de "bagre" por causa de seus lábios excessivamente grandes. Ao tentar ser modelo, foi recusada mais de cem vezes. Era muito baixa, muito magra e tinha a pele do rosto muito marcada. Hoje, é chamada de "a mulher mais bela do mundo" pela revista *People*, uma das atrizes mais bem pagas do planeta, reconhecida por seu trabalho humanitário junto às Nações Unidas. Vamos analisar um pouco mais detalhadamente a vida de Angelina Jolie.

Após o divórcio dos pais, sua infância foi marcada por constantes mudanças para casas alugadas cada vez menores enquanto sua mãe lutava para pagar as contas. Ao frequentar uma escola em Beverly Hills, sentia-se deslocada entre colegas ricos e bem-vestidos. Sua mãe insistia para que ela fosse modelo, mas ela não se sentia à vontade para isso. Embora seu pai, Jon Voigt, fosse um ator famoso e ganhador do Oscar, ela não queria seguir o mesmo caminho. Seu sonho era ser agente funerária. Começou a andar com más companhias e a usar drogas. Aos 14, tingiu os cabelos de roxo e participava de rodas de dança punk com seu namorado, que também fazia parte do movimento. Cresceu e continuou a se rebelar contra as convenções. Em seu casamento com o ator Jonny Lee Miller, usou calças pretas emborrachadas e uma camiseta branca com o nome do noivo escrito nas costas com seu próprio sangue. A mídia explorou ao máximo a imagem da "menina rebelde".

Mas aos 20 anos, Angelina passou por uma transformação. Nas filmagens de *Lara Croft: Tomb Rider* no Camboja, Angelina presenciou situações que a modificaram para sempre. As dificuldades das pessoas afetadas pela guerra deixaram marcas profundas. Procurou, então, as Nações Unidas para saber mais sobre o assunto e ofereceu-se para ajudar. Deram a ela os territórios menos mencionados na mídia e também os mais difíceis: zonas de tensão em Serra Leoa e na Tanzânia. Nas Nações Unidas no ano de 2001, Angelina recebeu do Conselho de Refugiados o título oficial de Embaixadora do Bem. Desde então ela já esteve em diversas missões perigosas das Nações Unidas, em locais como a Tailândia, o Sudão e o Equador, enfrentando condições de vida extremamente precárias.

A transição da menina insegura para uma mulher autoconfiante e de criança rebelde para uma pessoa humanitária foi surpreendente. Mas há um elemento de continuidade nessa história. Tomemos o exemplo de sua rebeldia. Quando jovem, Angelina era realmente rebelde. E mesmo amadurecendo, manteve o espírito de rebeldia ao lutar por tratamento mais humano para as populações refugiadas e oprimidas. De certa maneira, canalizou sua energia rebelde para uma causa. Como ela mesma afirma, "agora eu levo meu espírito punk para Washington, para lutar por coisas importantes" (Swibel, 2006).

Outro traço de personalidade que se manteve constante em sua vida foi a empatia. Talvez devido às dificuldades que enfrentou na infância, Angelina sempre se mostrou maternal para com as crianças. Aos 12 anos já havia decidido que um dia adotaria crianças carentes. Na fase adulta, manteve

A história da metamorfose de Angelina Jolie, que deixou de ser uma "criança rebelde", esquisita e insegura para se tornar uma figura pública segura e elegante, é um bom exemplo de como o desenvolvimento humano é marcado por continuidade e transição.

esse desejo e adotou três órfãos de países distantes no globo. E, claro, sua compaixão pelos menos afortunados sempre se manifestou em sua abnegada participação nas missões humanitárias.

Mas o que Angelina Jolie tem a ver com psicologia do desenvolvimento? Embora sua história seja obviamente singular, é um exemplo interessante para os dois temas que permeiam o estudo do comportamento humano: *transição* e *continuidade*. Ao investigar o desenvolvimento humano, os psicólogos estudam a maneira como as pessoas evoluem com o passar do tempo. Observando essas transições, inevitavelmente obtiveram conclusões sobre o conceito de continuidade.

Desenvolvimento é a sequência das modificações relacionadas à idade que ocorrem à medida que uma pessoa vai da concepção até a morte. É um processo razoavelmente ordenado e cumulativo, que abrange tanto as mudanças biológicas como as comportamentais decorrentes do envelhecimento das pessoas. A capacidade recém-descoberta de um bebê para agarrar objetos, o domínio gradual da gramática de uma criança, o estirão de crescimento de um adolescente, o crescente compromisso de um jovem adulto com uma vocação e uma transição dos adultos mais velhos para o papel de avós representam desenvolvimento. Essas transições são mudanças previsíveis relacionadas com a idade.

Tradicionalmente, os psicólogos têm estado mais interessados no desenvolvimento durante a infância. Nossa abordagem reflete essa ênfase. No entanto, décadas de pesquisa demonstraram claramente que o desenvolvimento é um processo que dura a vida toda. Neste capítulo, dividiremos a duração da vida em quatro amplos períodos: pré-natal, entre a concepção e o nascimento, infância, adolescência e maturidade. Examinaremos aspectos de desenvolvimento que são especialmente dinâmicos durante cada período. Vamos dar uma olhada em acontecimentos que ocorrem antes do nascimento, durante o desenvolvimento pré-natal.

10.1 Evolução antes de nascer: desenvolvimento pré-natal

10.1 Objetivos Principais de Aprendizagem
- Descrever os maiores fenômenos dos três estágios do desenvolvimento pré-natal.
- Apresentar descrição do impacto dos fatores ambientais sobre o desenvolvimento pré-natal.

O *período pré-natal* estende-se da concepção ao nascimento, compreendendo geralmente nove meses de gestação. Há um desenvolvimento muito significativo antes do nascimento. De fato, durante o desenvolvimento, o período pré-natal é extraordinariamente rápido. Se você foi um recém-nascido de tamanho médio e se o seu crescimento físico tivesse continuado durante o primeiro ano de sua vida no ritmo do desenvolvimento pré-natal, com mais ou menos um ano você estaria pesando 90 quilos! Felizmente, você não cresceu a essa taxa porque nas semanas finais antes do nascimento o ritmo frenético do desenvolvimento pré-natal diminui significativamente.

Nesta seção, examinaremos o curso normal do desenvolvimento pré-natal e discutiremos como os eventos ambientais podem deixar sua marca no desenvolvimento antes mesmo que o nascimento exponha o recém-nascido ao mundo exterior.

O curso do desenvolvimento pré-natal

O período pré-natal é dividido em três estágios: (1) o germinal (as duas primeiras semanas), (2) o embrionário (de duas semanas a dois meses) e (3) o fetal (de dois meses ao nascimento). Alguns desenvolvimentos fundamentais dessas fases são descritos aqui.

O estágio germinal

Estágio germinal é a primeira fase do desenvolvimento pré-natal, que compreende as duas primeiras semanas após a concepção. Ele se inicia quando se cria um zigoto por meio da fertilização. Em 36 horas, tem início uma veloz divisão celular, e o zigoto transforma-se em uma massa microscópica de células multiplicadoras. Essa massa migra lentamente ao longo da trompa de Falópio da mãe em direção à cavidade uterina. Por volta do sétimo dia, a massa celular começa a se fixar na parede uterina. Esse processo leva cerca de uma semana e está longe de ser automático. Muitos zigotos são rejeitados nesse ponto. Assim, uma em cada cinco gravidezes termina sem que a mulher sequer tenha notado que tenha havido concepção (Simpson e Jauniaux, 2012).

Durante o processo de fixação, a placenta começa a se formar. *Placenta* **é uma estrutura que permite a passagem de oxigênio e nutrientes da corrente sanguínea da mãe para o feto e de dejetos corporais do feto para a mãe**. Essa troca crucial ocorre através de finas membranas que bloqueiam a passagem de células sanguíneas, conservando separadas as correntes sanguíneas fetal e materna.

O estágio embrionário

Embrionário **é o segundo estágio do desenvolvimento pré-natal, que perdura de duas semanas até o final do segundo mês**. Durante esse período, a maioria dos órgãos vitais e sistemas corpóreos começa a se formar no organismo em desenvolvimento, que agora passa a ser chamado *embrião*. Estruturas como o coração, a coluna dorsal e o cérebro emergem gradualmente, à medida que a divisão das células se torna mais especializada. Embora ao final do estágio o embrião meça em geral apenas uns 25 milímetros de comprimento, já começa a parecer humano. Braços, pernas, mãos, pés, dedos, olhos e orelhas já são perceptíveis.

O estágio embrionário é um período de grande vulnerabilidade, pois praticamente todas as estruturas fisiológicas básicas estão sendo formadas. Se algo interferir no desenvolvimento normal durante a fase embrionária, os efeitos podem ser devastadores. A maioria dos abortos ocorre durante esse período (Simpson e Janiaux, 2012). Grande parte dos defeitos estruturais de nascença também resultam de problemas que ocorrem durante o estágio embrionário (Niebyl e Simpson, 2012).

O estágio fetal

Fetal **é o terceiro estágio do desenvolvimento pré-natal, que perdura dos dois meses até o nascimento**. Alguns pontos importantes do desenvolvimento fetal estão apresentados na **Figura 10.1**. Nos dois primeiros meses desse estágio, ocorre rápido crescimento corporal, com o início da formação de músculos e ossos (Moore, Persaud e Torchia, 2003). O organismo em desenvolvimento, agora chamado *feto*, torna-se capaz de movimentos físicos com o fortalecimento das estruturas esqueléticas. Os órgãos formados no estágio embrionário continuam a crescer e começam a funcionar gradualmente. O sentido da audição, por exemplo, é funcional por volta de 20 a 24 semanas (Hepper, 2003).

Durante os três meses finais do período pré-natal, as células cerebrais multiplicam-se em um ritmo vigoroso. Uma camada de gordura é depositada sob a pele para proporcionar

O desenvolvimento pré-natal é extraordinariamente rápido. Em cima, à esquerda: esse embrião de 30 dias tem apenas 6 milímetros de comprimento. Embaixo, à esquerda: com 14 semanas, o feto tem aproximadamente 50 milímetros de comprimento. Note os dedos bem desenvolvidos. O feto já consegue mover pernas, pés, mãos e cabeça e apresenta uma variedade de reflexos básicos. À direita: após quatro meses de desenvolvimento pré-natal, as feições faciais estão começando a aparecer.

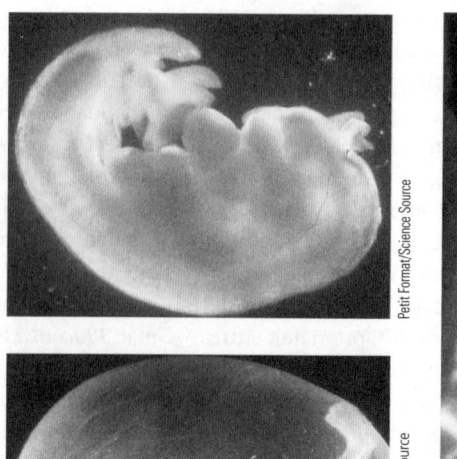

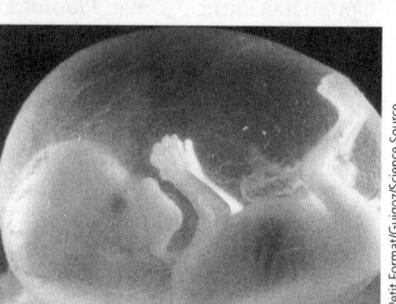

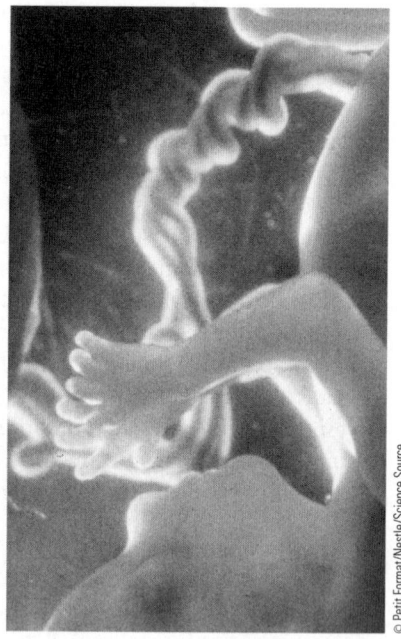

isolamento, e os sistemas respiratório e digestivo amadurecem (Adolph e Berger, 2011). Em algum momento entre a 23ª e 25ª semana, o feto atinge a *idade de viabilidade* – a idade a partir da qual um bebê pode sobreviver na eventualidade de um nascimento prematuro. Na 23ª semana, a probabilidade de sobrevivência é ainda muito pequena (cerca de 20%), mas aumenta rapidamente para uma taxa de sobrevivência em torno de 67% na 25ª semana (Seaton et al., 2013). Infelizmente, a maior parte das crianças prematuras que nascem no limiar da sobrevivência enfrenta uma vasta gama de problemas de desenvolvimento (Cunningham et al., 2010).

Fatores ambientais e desenvolvimento pré-natal

Embora o feto se desenvolva no aconchego protetor de dentro do útero, eventos no ambiente externo podem afetá-lo indiretamente através da mãe, pois o organismo em desenvolvimento e sua mãe estão ligados pela placenta.

Nutrição

A nutrição materna é muito importante, pois o feto em desenvolvimento precisa de uma variedade de nutrientes

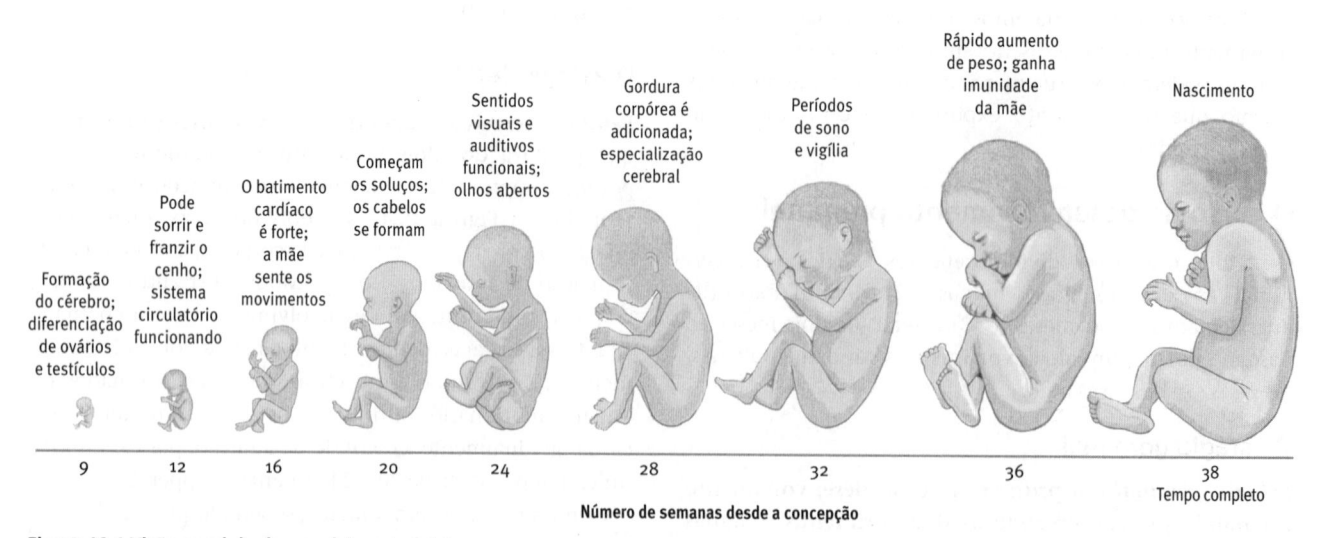

Figura 10.1 Visão geral do desenvolvimento fetal.
Esse gráfico esboça alguns pontos importantes de desenvolvimento durante o estágio fetal.

essenciais. Uma grave subnutrição materna aumenta o risco de complicações de nascimento e de déficit neurológico para o recém-nascido (Coutts, 2000). O impacto da subnutrição moderada é mais difícil de aferir porque ela é geralmente confundida com outros fatores de risco associados à pobreza, como uso de drogas e acesso limitado à assistência médica (Guerrini, Thomson e Gurling, 2007). Ainda assim, mesmo quando mulheres grávidas têm amplo acesso a alimentos, é importante que se mantenha uma dieta balanceada, incluindo vitaminas e minerais essenciais (Monk, Georgieff e Osterholm, 2013).

Estresse e emoções

Estudos mais recentes sugerem que as emoções maternas relacionadas a eventos estressantes podem ter impacto sobre o desenvolvimento pré-natal. Por exemplo: descobriu-se que elevados níveis de estresse pré-natal estão associados ao nascimento de natimortos (Hogue et al., 2013); a deficiências de imunidade (Veru et al., 2014); a problemas de alta vulnerabilidade a doenças infecciosas (Nielsen et al., 2010); ao desenvolvimento motor atrasado (Cao et al., 2014); ao desenvolvimento cognitivo abaixo da média (Tarabulsy et al., 2014); e a déficits sociais (Walder et al., 2014). Por que o estresse pré-natal é tão prejudicial? Pesquisas sugerem que as reações emocionais de futuras mães a eventos estressantes podem afetar o delicado equilíbrio hormonal que promove o desenvolvimento pré-natal saudável (Douglas, 2010).

Uso de drogas

Outra grande fonte de preocupação é o consumo de drogas por parte das mães. Infelizmente, a maioria das drogas consumidas por uma mulher grávida pode passar através das membranas da placenta. Praticamente todas as drogas ilícitas podem ser prejudiciais; sedativos, narcóticos, cocaína e metanfetamina são particularmente perigosos. (Kaltenbach e Jones, 2011). Devido ao uso de drogas pelas mães, mais de 13 mil bebês nos Estados Unidos nascem dependentes de narcóticos a cada ano (Patrick et al., 2012). Pode mesmo haver problemas causados por medicamentos prescritos com autorização médica e por alguns medicamentos não controlados (Niebyl e Simpson, 2012). O consumo de cigarro durante a gravidez também é problemático. Aparentemente, o tabagismo aumenta o risco de a mãe sofrer aborto, o bebê nascer morto e nascimentos prematuros, assim como risco de síndrome de morte súbita infantil (Shea e Steiner, 2008) e déficit de atenção, hiperatividade e problemas de conduta (Wehby et al., 2011).

Consumo de álcool

O consumo de álcool durante a gravidez também implica sérios riscos. Já se sabe, há algum tempo, que alcoolismo *acentuado* por parte da mãe pode ser perigoso para o feto. **A síndrome alcoólica fetal é um conjunto de problemas congênitos "inatos" associados ao uso excessivo de álcool durante a gravidez.** Problemas típicos que se manifestam na infância incluem microcefalia (cabeça pequena), deficiências cardíacas, irritabilidade, hiperatividade e retardo no desenvolvimento motor (Dörrie et al., 2014). A síndrome fetal alcoólica é a causa conhecida mais comum de deficiência intelectual (Niccols, 2007). Mesmo o consumo moderado de álcool durante a gravidez pode ter efeitos negativos sérios e permanentes (Flak et al., 2014). Pesquisas com mulheres grávidas que consomem álcool mostram que o consumo moderado está associado a um elevado risco de déficit de QI, problemas com as habilidades motoras e déficit de atenção, bem como o aumento do comportamento impulsivo, antissocial e delinquente (Lewis et al., 2012),

Doenças maternas

A placenta filtra um grande número de agentes infecciosos, mas não todos. Assim, muitas enfermidades maternas podem interferir no desenvolvimento pré-natal. Doenças como

REVISÃO 10.1

Compreensão dos estágios de desenvolvimento pré-natal

Verifique seu entendimento sobre os estágios de desenvolvimento pré-natal completando os espaços vazios do quadro a seguir. A primeira coluna contém descrições de um evento principal de cada um dos três estágios. Na segunda, escreva o nome do estágio; na terceira, o termo usado para se referir ao organismo em desenvolvimento durante o referido estágio; e na quarta, o período (em termos de semanas ou meses) correspondente ao estágio de gestação. As respostas encontram-se no Apêndice A.

Evento	Estágio	Termo para o organismo	Período de tempo
1. Fixação uterina			
2. Músculos e ossos começam a se formar			
3. Órgãos vitais e sistemas corporais começam a se formar			

sarampo, rubéola, sífilis e catapora podem constituir risco para o feto (Bernstein, 2007). A natureza de qualquer dano depende, em parte, da época em que a mãe contrai a doença. O vírus HIV que causa a Aids também pode ser transmitido pelas mulheres grávidas ao filho. A transmissão da Aids pode ocorrer antes do nascimento, pela placenta, durante o parto ou pela amamentação. Até a metade dos anos 1990, 20% a 30% das mulheres grávidas portadoras de HIV transmitiam o vírus a seus bebês, mas o desenvolvimento de drogas antirretrovirais (administradas à mãe) e o tratamento obstétrico mais apurado reduziram esse quadro para cerca de 2% nos Estados Unidos (Cotter e Potter, 2006).

> **CHECAGEM DA REALIDADE**
>
> **Ideia equivocada**
> É seguro beber social e moderadamente durante a gravidez.
>
> **Realidade**
> Não. Estudos indicam que o ato de beber socialmente durante a gravidez está associado a uma vasta gama de problemas para o bebê. Não existe uma estimativa clara da quantidade de álcool cujo consumo seria seguro durante a gravidez. Por falta de evidências, a única atitude segura é a abstinência completa de bebidas alcoólicas durante a gestação.

Toxinas ambientais

Pesquisas também sugerem que os bebês no útero são expostos a uma variedade surpreendente de *toxinas ambientais* que podem afetá-los (Houlihan et al., 2005). Por exemplo, a exposição pré-natal à poluição do ar já foi associada a atrasos no desenvolvimento cognitivo por volta dos 5 anos de idade (Edwards et al., 2010) e a maiores índices de obesidade por volta dos 7 (Rundle et al., 2012). Da mesma maneira, a exposição a produtos químicos utilizados em materiais antichamas está relacionada a atrasos no desenvolvimento mental e físico por volta dos 6 anos (Herbstman et al., 2010).

Origens fetais de doenças em adultos

Pesquisas sobre o desenvolvimento pré-natal sempre se concentraram na associação desse período com os riscos de defeitos congênitos e problemas aparentes na primeira infância. No entanto, pesquisadores começaram a explorar a ligação entre fatores pré-natais e a saúde física e mental de *adultos*. Evidências indicam que determinados eventos durante o desenvolvimento pré-natal podem "programar" o cérebro fetal para influenciar a vulnerabilidade da pessoa a diversos tipos de doenças décadas depois (Barker, 2013; Skogen e Overland, 2012). Por exemplo: a subnutrição pré-natal foi associada a uma vulnerabilidade à esquizofrenia, que normalmente surge somente no final da adolescência ou no início da fase adulta (A. S. Brown, 2012a). Baixo peso ao nascer, um indício de diversos distúrbios pré-natais, também foi associado ao aumento de risco de doenças cardíacas que podem surgir décadas mais tarde, na fase adulta (Roseboom, de Rooij e Painter, 2006). Outros estudos associaram aspectos do desenvolvimento pré-natal ao risco de desenvolvimento de depressão e distúrbio bipolar em adultos (Bale et al., 2010; Talati et al., 2013), assim como obesidade, diabetes e alguns tipos de câncer (Calkins e Devaskar, 2011). Essas descobertas sobre as origens fetais de certas doenças levaram a uma reavaliação dos fatores que influenciam a saúde e causam enfermidades.

Um número surpreendente de fatores ambientais pode influenciar o curso do desenvolvimento pré-natal e ter efeitos permanentes nas crianças. Em alguns casos, esses efeitos somente se manifestam décadas depois.

10.2 Desenvolvimento motor, social e da linguagem na infância

Uma certa magia é associada à infância. Crianças pequenas possuem uma capacidade extraordinária de fascinar os adultos pela maneira que passam de bebês indefesos a seres curiosos quase que da noite para o dia. Neste capítulo, veremos o que os psicólogos já descobriram sobre o desenvolvimento das habilidades motoras, as relações de apego e a linguagem.

> **10.2 Objetivos Principais de Aprendizagem**
>
> • Entender o papel da maturação e das variações culturais no desenvolvimento motor.
> • Descrever o ponto de vista de Harlow e Bowlby sobre o vínculo e discutir as pesquisas sobre padrões de vínculo.
> • Identificar o desenvolvimento da linguagem humana durante a infância.

A exploração do mundo: o desenvolvimento motor

O *desenvolvimento motor* refere-se à progressão da coordenação muscular necessária para as atividades físicas. As habilidades motoras básicas incluem o agarrar e o alcançar objetos, a manipulação de objetos, sentar-se, engatinhar, andar e correr. Historicamente, as atenções sempre estiveram voltadas à habilidade de andar, que é normalmente desenvolvida por volta dos 12 meses de idade. Um estudo sobre a transição entre engatinhar e andar revelou que as crianças passam por uma grande quantidade de experiências em pouco tempo à medida que atingem a média de 2.368 passos e 17 quedas por hora durante o tempo que passam brincando (Adolph et al., 2012). Já se comprovou que as crianças podem dar mais de 14 mil passos por dia, o que equivale a atravessar 46 campos de futebol! Não é de surpreender que aprendam rapidamente a andar.

O desenvolvimento motor inicial depende em parte do crescimento físico, que não apenas ocorre de maneira rápida durante a infância, mas também de forma mais irregular do que se imaginava. Pesquisas mostram que nos primeiros anos de vida há períodos de estagnação do crescimento, pontuados por períodos de crescimento rápido. Esses períodos de crescimento súbito tendem a ser acompanhados de inquietação, irritabilidade e aumento do sono (Lampl e Johnson, 2011; Lampl, Veldhuis e Johnson, 1992). Portanto, quando os pais dizem que os filhos mudam da noite para o dia, podem estar certos.

Progressos iniciais nas habilidades motoras têm sido tradicionalmente atribuídos quase que inteiramente ao processo de maturação (Adolph e Berger, 2011). **Maturação é o desenvolvimento que reflete o desdobramento gradual do esquema genético de uma pessoa.** É um produto de mudanças físicas geneticamente programadas que aparecem com a idade, em vez de com a experiência e o aprendizado. No entanto, uma pesquisa recente observou mais de perto o *processo* de desenvolvimento motor e sugere que os bebês são agentes ativos, não organismos passivos à espera da maturação de seus cérebros e membros (Adolph e Berger, 2011). De acordo com essa nova visão, a força motriz por trás do desenvolvimento motor é a exploração continuada do bebê de seu mundo e sua necessidade de dominar tarefas específicas (como agarrar um brinquedo maior ou olhar uma janela).

Compreendendo as normas de desenvolvimento

Os pais, com frequência, prestam muita atenção no desenvolvimento motor inicial de seus filhos, comparando seu progresso com as normas de desenvolvimento. **Normas de desenvolvimento indicam a idade típica (mediana) na qual os indivíduos apresentam diversos comportamentos e habilidades.** Essas normas são marcas de referências úteis, desde que os pais não esperem que seus filhos progridam exatamente no ritmo especificado por elas. Alguns pais ficam desnecessariamente alarmados quando seus filhos se situam aquém das normas de desenvolvimento. O que esses pais não compreendem é que tais normas são *médias* de grupo cujas variações são absolutamente normais. Essa variação normal, destacada na **Figura 10.2**, indica a idade na qual 25%, 50% e 90% das crianças podem manifestar várias habilidades motoras. Como se pode ver na **Figura 10.2**, uma parte substancial das crianças não atinge determinado feito importante a não ser muito depois do tempo médio mencionado pelas normas.

Variações culturais e sua importância

Pesquisas interculturais evidenciam a dinâmica interação da experiência e da maturação no desenvolvimento motor. Tem

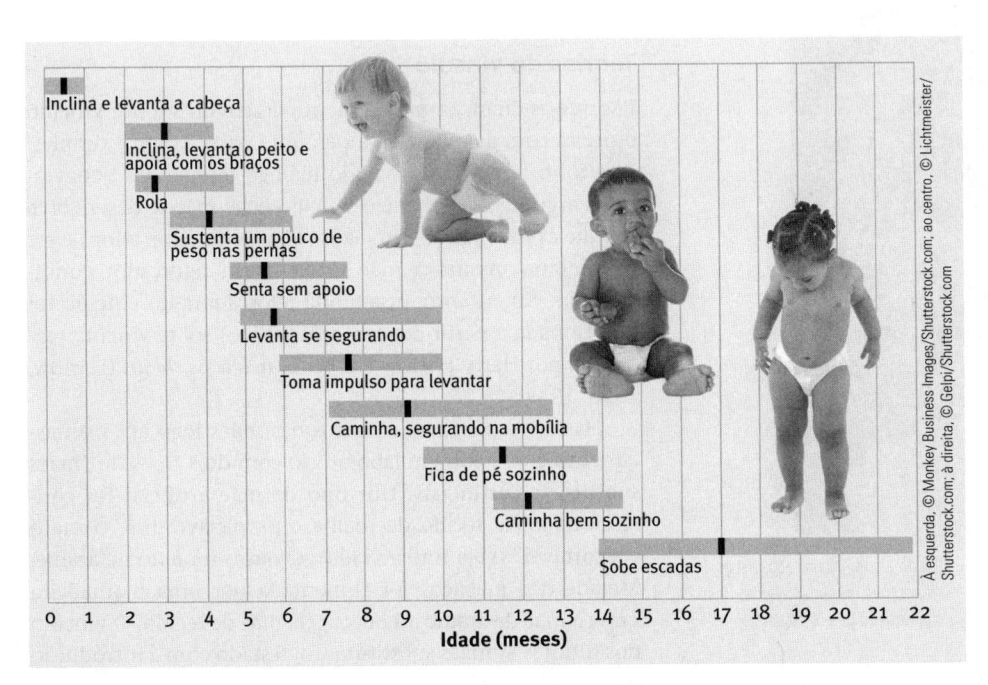

Figura 10.2 Marcas do desenvolvimento motor.

A margem esquerda, a marca interna e a margem direita de cada barra indicam as idades nas quais 25%, 50% e 90% dos bebês dominam cada uma das habilidades motoras mencionadas. De modo geral, as normas de desenvolvimento informam apenas a idade mediana do domínio (a marca interna), que pode ser enganosa em vista da variabilidade na idade de domínio, apresentada nesse diagrama.

Tribos em todas as partes do mundo utilizam diversos métodos para promover o desenvolvimento rápido das habilidades motoras em suas crianças. Os bosquímanos, que vivem no Deserto do Kalahari, em Botswana, ensinam seus filhos a dançarem quando ainda muito pequenos, usando bastões para desenvolverem seu senso de equilíbrio dinâmico.

sido observado um desenvolvimento motor relativamente rápido em algumas culturas que proporcionam práticas especiais em habilidades motoras básicas (Adolph, Karasik, Tamis-Lemonda, 2010). Por exemplo, o povo kipsigis do Quênia inicia esforços efetivos para treinar seus bebês a sentar-se, a ficar em pé e a andar logo após o nascimento. Graças a esse treinamento, as crianças kipsigis atingem essas marcas de desenvolvimento (mas não outras) por volta de um mês antes dos bebês nos Estados Unidos (Super, 1976).

Mesmo que alimentado por uma mãe substituta, feita de arame, os macacos bebês, no estudo de Harlow, aninham-se junto a um pano macio que lhes proporciona contato confortável. Quando ameaçados por algum brinquedo que os assusta os macacos buscam segurança em suas mães de pano.

Por outro lado, um desenvolvimento motor relativamente lento foi encontrado em algumas culturas que desencorajam a exploração motora (Adolph et al., 2010). Variações culturais no surgimento de habilidades motoras básicas mostram que fatores ambientais podem acelerar ou retardar o desenvolvimento motor inicial.

O desenvolvimento emocional inicial: o vínculo

Vínculo refere-se às ligações íntimas, emocionais ou afetivas que se desenvolvem entre os bebês e quem cuida deles. Pesquisadores mostraram um profundo interesse no modo como os vínculos mãe-bebê são formados no início da vida. As crianças acabam por se apegar a muitas pessoas, incluindo seus pais, irmãos, avós e outros (Cassidy, 2008; Easterbrooks et al., 2013). Entretanto, o primeiro vínculo importante de uma criança geralmente ocorre com a mãe porque ela é a principal cuidadora dos filhos nos primeiros meses de vida (Lamb e Lewis, 2011).

No início, os bebês mostram relativamente pouca inclinação a ter uma preferência especial por suas mães. Entre 2 e 3 meses, eles podem sorrir e rir mais quando interagem com a mãe, mas podem passar para as mãos de estranhos, como babás, com relativamente pouca dificuldade. Essa situação muda gradualmente e, por volta dos 6 a 8 meses, quando os bebês começam a mostrar uma pronunciada preferência pela companhia de suas mães, protestam frequentemente ao ser separados delas (Lamb, Ketterlinus e Fracasso, 1992). Essa é a primeira manifestação de *ansiedade da separação* – sofrimento observado em muitos bebês quando são separados das pessoas com as quais estabeleceram um vínculo. A ansiedade da separação, que pode ocorrer com outras pessoas que cuidam dele, assim como com a mãe, normalmente atinge seu ápice por volta de 14 a 18 meses, para, então, daí começar a diminuir.

Teorias do vínculo

Por que as crianças gradualmente desenvolvem um vínculo especial com as mães? Essa pergunta parece muito simples, mas foi o tema de um vívido diálogo teórico. Os behavioristas argumentaram que o vínculo bebê-mãe se desenvolve porque as mães estão associadas ao evento reforçador de ser alimentado. Assim, a mãe torna-se um reforçador condicionado. No entanto, essa teoria reforçadora do vínculo foi questionada a partir dos famosos estudos sobre vínculo realizados por Harry Harlow em bebês macacos *rhesus* (Harlow, 1958, 1959).

Harlow separou os macacos das mães logo após o nascimento e os criou em laboratório com dois tipos de "mães substitutas" artificiais. Um tipo de mãe artificial foi confeccionado de tecido de toalha e propiciava um "contato confortável" (veja foto ao lado). O outro foi feito de arame. Metade dos macacos foi alimentada por uma mamadeira presa à mãe de arame e a outra pela mãe de tecido. O vínculo dos filhotes às mães substitutas foi testado com a introdução de um estímulo que provocava medo, como um brinquedo diferente. Se o reforço por meio da alimentação fosse a chave para o vínculo, os filhotes assustados deveriam ter corrido para a mãe que os havia alimentado. Mas isso não aconteceu. Todos eles correram para as mães de tecido, ainda que *não* tivessem sido alimentados por elas.

O trabalho de Harlow tornou irreal uma simples explicação para o vínculo pelo reforço em relação a animais e mais ainda a seres humanos, que são mais complexos. A atenção então se voltou para uma explicação alternativa proposta por John Bowlby (1969, 1973, 1980). Bowlby estava impressionado com a importância do contato confortável para os macacos de Harlow e pela natureza aparentemente não aprendida dessa preferência. Influenciado por teorias evolucionistas, ele argumentou que deve existir uma base biológica para o vínculo. Segundo essa visão, os bebês são biologicamente programados para emitir um comportamento (rir, murmurar, agarrar etc.) que provoca uma resposta afetiva dos adultos. Bowlby também afirmou que os adultos são programados a ser cativados por esse comportamento e a reagir com carinho, amor e proteção. Obviamente, essas características seriam adaptativas no que diz respeito à promoção da sobrevivência das crianças. A teoria de Bowlby orientou a maior parte das pesquisas sobre o vínculo nas últimas décadas, incluindo o influente trabalho de Mary Ainsworth sobre padrões de vínculo.

Padrões de vínculo

Os vínculos mãe-filho variam em qualidade. Mary Ainsworth et al. (1978) descobriram que eles se encaixam em três categorias. Felizmente, a maioria dos bebês desenvolve um *vínculo seguro*. Eles brincam e exploram confortavelmente quando a mãe está presente e tornam-se visivelmente perturbados quando ela sai de perto e rapidamente se acalmam quando ela volta. Porém, algumas crianças apresentam um padrão chamado *vínculo ansioso-ambivalente* (também denominado *vínculo resistente*). Elas parecem ansiosas mesmo quando a mãe está perto e protestam excessivamente quando ela sai, mas não se sentem mais confortáveis quando ela volta. As crianças na terceira categoria buscam pouco contato com a mãe e com frequência não ficam irritadas quando ela sai. Essa condição é conhecida como *vínculo de evitação*.

Embora uma ampla variedade de fatores possa moldar o tipo de vínculo que surge entre o bebê e a mãe, aparentemente, a sensibilidade materna parece ser especialmente influente (Posada et al., 2007; Thompson, 2013). As mães que são sensíveis e responsivas às necessidades da criança apresentam uma probabilidade maior de criar vínculos seguros que mães que são relativamente insensíveis ou inconsistentes em sua resposta (Easterbrooks et al., 2013). Contudo, os bebês não são observadores passivos nesse processo. Eles são participantes ativos que influenciam o processo com seu choro, risada, barulho e balbucio. Os bebês difíceis, que cospem a maior parte da comida, transformam o banho em uma luta e raramente sorriem, podem às vezes desacelerar o processo

A qualidade da relação de vínculo entre o bebê e sua mãe pode ter efeitos duradouros no desenvolvimento da criança. Um vínculo seguro tende a promover resultados mais saudáveis do que um vínculo distante, ou ansioso-ambivalente.

do vínculo (van IJzendoorn e Bakermans-Kranenburg, 2004). Assim, o tipo de vínculo que emerge entre um bebê e a mãe pode depender da natureza do temperamento do bebê e também da sensibilidade da mãe (Kagan e Fox, 2006).

As evidências mostram que a qualidade da relação de vinculação pode ter consequências importantes no desenvolvimento subsequente das crianças. Baseadas em suas experiências com o vínculo, as crianças desenvolvem *modelos internos de trabalho* da dinâmica dos relacionamentos íntimos que influenciam suas futuras interações com uma grande variedade de pessoas (Bretherton e Munholland, 2008). Bebês com um vínculo relativamente seguro tendem a se tornar crianças socialmente resilientes, capazes e com elevada autoestima (Thompson, 2012) e com desenvolvimento mais avançado da linguagem (Moullin, Waldfogel e Washbrook, 2014). Durante a pré-escola, essas crianças demonstram maior persistência, curiosidade, autoconfiança, liderança e melhores relações (Weinfield et al., 2008). À medida que amadurecem, essas crianças apresentam menos problemas de raiva, desobediência e agressão e também menos ansiedade ou depressão (Moullin et al., 2014).

Creche e vínculo

O impacto das creches em termos de apego já foi tema de muitos debates. A questão crucial é se as separações frequentes entre mãe e criança podem tumultuar o processo de apego. Trata-se de uma questão importante, já que cerca de metade das crianças nos Estados Unidos recebem algum tipo de cuidado que não seja dos pais (Berlin, 2012). A maior parte das evidências sugere que as creches não têm efeito negativo sobre os relacionamentos de apego das crianças (Friedman e Boyle, 2008). Quando as mães têm uma boa relação afetiva com os filhos, o tempo e a qualidade da creche não têm grande relação com a segurança do vínculo (Thompson, 2008).

> **CHECAGEM DA REALIDADE**
>
> **Ideia equivocada**
> Um relacionamento de maior vínculo depende da ligação da mãe e da criança durante as primeiras horas após o parto.
>
> **Realidade**
> O estabelecimento da ligação entre mãe e filho logo após o nascimento pode ser um momento mágico para as mães e deve ser estimulado. Mas não há evidência empírica de que essa prática leve a vínculos mais saudáveis em longo prazo.

No entanto, observou-se que há uma perda em termos de segurança no vínculo quando as mães são menos ligadas aos filhos e os cuidados na creche também não são de boa qualidade (Vermeer e Bakermans-Kranenburg, 2008). Alguns estudos sugerem que crianças de temperamento "difícil" são mais vulneráveis aos potenciais efeitos negativos de uma creche de baixa qualidade (Pluess e Belsky, 2010; Burchinal, Lowe Vandell e Belsky, 2014). Portanto, há razões para preocupação quando as crianças são deixadas em creches com poucos funcionários, baixa qualidade e onde recebem pouca atenção.

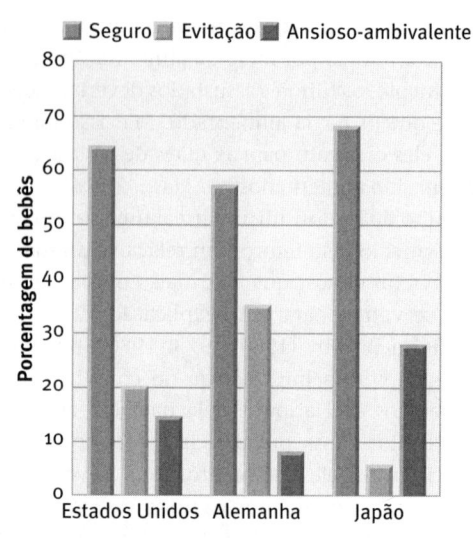

Figura 10.3 Variações culturais nos padrões de vínculo.
Esse gráfico mostra a prevalência dos padrões de vínculo seguro, de evitação e ansioso-ambivalente encontrados em estudos específicos realizados na Alemanha, no Japão e nos Estados Unidos. Como podemos ver, o vínculo seguro é o padrão mais comum em todas as três sociedades. Todavia, existem algumas diferenças culturais modestas quanto à prevalência de cada padrão de vínculo, que provavelmente são atribuídas às variações culturais nas práticas de criação de filhos. (Dados de Van IJzendoorn e Kroonenberg, 1988.)

Cultura e vínculo

A ansiedade da separação surge nas crianças por volta dos 6 aos 8 meses e atinge seu ápice ao redor dos 14 aos 18 meses nas culturas pelo mundo afora (Grossman e Grossman, 1990). Essas descobertas, que foram reproduzidas em uma grande variedade de culturas não ocidentais, sugerem que o vínculo é uma característica universal do desenvolvimento humano. No entanto, os estudos têm mostrado algumas variações culturais pouco significativas na proporção de bebês que se situam nas três categorias de vínculo descritas por Ainsworth, como é possível ver na **Figura 10.3**, que mostra dados do Japão, da Alemanha e dos Estados Unidos (Thompson, 2013; van IJzendoorn e Sagi-Schwartz, 2008). Embora o vínculo seguro seja aparentemente predominante no mundo todo, os pesquisadores descobriram que os fatores que promovem esse tipo de vínculo e seus resultados podem variar de acordo com a cultura (Molitor e Hsu, 2011).

O aprendizado da comunicação: desenvolvimento da linguagem

O início do desenvolvimento da linguagem é similar em diversas culturas (Gleitman e Newport, 1996) e tende a ocorrer *aproximadamente* na mesma idade com a maior parte das crianças, apesar do fato de elas serem criadas em ambientes diferentes (Wagner e Hoff, 2013). Essas descobertas sugerem que o desenvolvimento da linguagem é determinado mais pelo amadurecimento biológico do que pela experiência pessoal. Assim sendo, há variações no ritmo de aquisição da linguagem entre as crianças, e a experiência *não* é irrelevante (Parish-Morris, Golinkoff e Hirsh-Pasek, 2013). Pais mais atentos às tentativas da criança de se comunicar estimulam um desenvolvimento mais veloz (Tamis-LeMonda, Kuchirko e Song, 2014). Até mesmo ações como responder aos ruídos vocais da criança, que parecem sem sentido, aceleram a aquisição da linguagem (Gros-Louis, West e King, 2014). Também é importante que os pais falem com a criança. A quantidade e a diversidade do discurso dirigido pela criança durante sua infância ajudam no desenvolvimento de vocabulário e em outros aspectos do desenvolvimento da linguagem (Goldin-Meadow et al., 2014; Weisleder e Fernald, 2013).

O início da produção de palavras

Muito antes de balbuciar as primeiras palavras, as crianças já se encontram em pleno aprendizado da estrutura sonora de seu idioma nativo. Pesquisas sugerem que os bebês começam a aprender os sons básicos das vogais ainda no útero materno (Moon, Lagercrantz e Kuhl, 2012). Durante os primeiros 6 meses de vida, a vocalização dos bebês é predominantemente choro, murmúrios e riso, que têm pouco valor em termos de comunicação. Em pouco tempo eles começam a *balbuciar*. Esse balbuciar gradualmente se torna mais complexo e semelhante à linguagem dos pais e de outras pessoas de sua convivência (Hoff, 2014). As crianças começam a aprender o significado de algumas palavras já entre os 6 e os 9 meses de idade, bem antes de adquirirem a capacidade de produzir palavras (Parise e Csibra, 2012).

Entre os 10 e 13 meses, a maioria das crianças começa a emitir sons que correspondem a palavras. As primeiras são similares em termos de fonética e significado, mesmo em línguas diferentes (Waxman, 2002). Elas lembram as sílabas que elas já vinham balbuciando. Palavras como *papa, mama* e *dada*, por exemplo, são usadas para chamar os pais em diversos idiomas por consistirem de sons fáceis de pronunciar.

O uso das palavras

Depois de pronunciarem as primeiras palavras, as crianças experimentam um crescimento de vocabulário lento nos meses seguintes. Aos 18 meses, elas geralmente são capazes de dizer entre três e cinquenta palavras. No entanto, seu *vocabulário receptivo* é bem maior que o *produtivo*. Ou seja, entendem mais palavras ditas por outras pessoas do que conseguem produzir para se expressar (Pan e Uccelli, 2009). *Já entendem cinquenta palavras meses antes de poder dizê-las.*

O vocabulário das crianças passa a se desenvolver com velocidade surpreendente quando um *"jorro de vocabulário"* surge por volta dos 18 meses, momento em que elas percebem que tudo tem um nome (Camaioni, 2001). Ao iniciar o primeiro ano escolar as crianças já têm um vocabulário de aproximadamente 10 mil palavras que atinge, de modo incrível, cerca de 40 mil ao final do quinto ano (Anglin, 1993). O *mapeamento rápido* parece ser um dos fatores que leva a esse desenvolvimento acelerado do vocabulário (Carey, 2010). **Mapeamento rápido é o processo pelo qual as crianças mapeiam o mundo por meio de conceitos desenvolvidos após uma única exposição.** Ou seja, as crianças adicionam a seu vocabulário palavras como *tanque, tábua* e *fita* após seu primeiro contato com os objetos que ilustram esses conceitos. O desenvolvimento de vocabulário na pré-escola é um processo importante. O número de palavras aos 30 meses é um prognóstico da quantidade de vocabulário que a criança terá ao entrar no ensino fundamental (Rowe, Raudenbush e Goldin-Meadow, 2012). Vocabulário é um elemento crucial para o desenvolvimento das habilidades de compreensão de leitura (Lervag e Aukrust, 2010).

É claro que o aprendizado de novas palavras não é perfeito no início. As crianças cometem erros, como hiperextensão e hipoextensão das palavras (Harley, 2008). **A hiperextensão ocorre quando elas usam incorretamente uma palavra para descrever mais de um objeto ou ação.** Por exemplo, uma criança pode usar a palavra *bola* para qualquer objeto redondo (laranjas, maçãs ou a lua). Isso costuma ocorrer entre um e dois anos e meio de idade e pode se estender por vários meses. Também pode ocorrer a *hipoextensão*, **quando a criança emprega incorretamente uma palavra para descrever uma quantidade muito restrita de objetos ou ações.** Exemplo: usar a palavra *boneca* para especificar uma única boneca, a predileta. Essas trocas indicam que a criança está ativamente tentando aprender as regras do idioma, embora ainda cometa muitos erros.

Combinação de palavras

As crianças geralmente começam a combinar palavras e formar frases ao final do segundo ano de idade. As primeiras são chamadas "telegráficas", pois lembram os velhos telegramas, em que se omitiam palavras não essenciais pelo fato de eles serem cobrados por palavra (Bochner e Jones, 2003). *Discurso telegráfico* **consiste basicamente de palavras essenciais: artigos, preposições e palavras menos importantes são omitidas.** Uma criança pode dizer "dá boneca", em vez de "por favor, me dê a boneca". O discurso telegráfico não ocorre apenas na língua inglesa, mas não é culturalmente universal como se acreditava (de Villiers e de Villiers, 1999).

Por volta do terceiro ano de vida, a maioria das crianças já é capaz de expressar ideias complexas, utilizando plural e verbos no passado. No entanto, todos esses esforços ainda geram erros. ***Ultragenerelizações* ocorrem quando as regras gramaticais são incorretamente generalizadas.** Por exemplo: crianças podem dizer coisas como "eles foi para casa" ou "eu bateu na bola". Não aprendem os detalhes e a forma de uso da gramática de uma vez. Vão incorporando os detalhes aos poucos. O ápice do desenvolvimento da linguagem se dá por volta dos 4 ou 5 anos de idade. Mas as crianças continuam a desenvolver as habilidades linguísticas durante os anos de escola.

10.3 Desenvolvimento cognitivo, moral e da personalidade na infância

Outros aspectos do desenvolvimento são especificamente dinâmicos durante a infância. Neste capítulo, examinaremos o desenvolvimento da personalidade, o desenvolvimento cognitivo e o desenvolvimento da percepção moral, que está intimamente ligado ao desenvolvimento cognitivo. Começamos com o estudo do trabalho de Erik Erikson para introduzir o conceito dos estágios de desenvolvimento.

> **10.3 Objetivos Principais de Aprendizagem**
>
> - Descrever os princípios básicos da teoria de Erikson e os estágios do desenvolvimento da personalidade na infância.
> - Descrever as teorias de Piaget e Vygotsky sobre o desenvolvimento cognitivo e avaliar a concepção de que algumas habilidades cognitivas são congênitas.
> - Discutir os estágios de Kohlberg sobre o desenvolvimento moral e as críticas a essa teoria.

Tornar-se único: o desenvolvimento da personalidade

Como os indivíduos desenvolvem sua constelação singular de traços de personalidade no decorrer do tempo? A primeira grande teoria do desenvolvimento da personalidade foi formulada por Sigmund Freud no início do século XX. Como discutiremos no Capítulo 11, ele afirmou que a fundação básica da personalidade de um indivíduo está formada aos 5 anos. Meio século mais tarde, Erik Erikson (1963) propôs uma extensa revisão da teoria de Freud que provou ser muito influente. Como Freud, Erikson concluiu que eventos na primeira infância deixam uma marca permanente na personalidade adulta. Porém, diferentemente de Freud, Erikson teorizou que a personalidade continua a se desenvolver durante toda a vida.

Baseando-se no trabalho anterior de Freud, Erikson concebeu uma teoria de estágios de desenvolvimento da personalidade. Como você verá ao ler este capítulo, muitas teorias descrevem o desenvolvimento em termos de estágio. *Estágio*

Figura 10.4 Teorias de estágio de desenvolvimento.

Algumas teorias veem o desenvolvimento como um processo relativamente contínuo, ainda que não tão uniforme, e perfeitamente linear, como vemos à esquerda. Em contraste, as teorias de estágio assumem que o desenvolvimento é marcado por importantes descontinuidades (como ilustrado à direita), que trazem mudanças qualitativas fundamentais nas habilidades ou no comportamento característico.

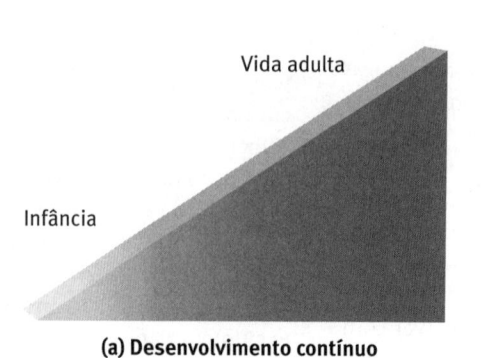

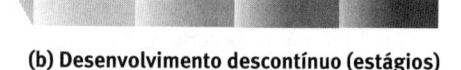

(a) Desenvolvimento contínuo

(b) Desenvolvimento descontínuo (estágios)

é um período de desenvolvimento durante o qual se manifestam padrões característicos de comportamento e são estabelecidas determinadas habilidades. As teorias de estágio assumem que: (1) os indivíduos devem progredir por meio de estágios específicos em uma ordem particular, pois cada estágio se forma a partir do anterior; (2) o progresso por meio desses estágios é fortemente relacionado à idade; (3) o desenvolvimento é marcado por importantes descontinuidades que introduzem transições significativas no comportamento (veja **Figura 10.4**).

A teoria de estágios de Erikson

Erikson dividiu o ciclo vital em oito estágios. Cada estágio apresenta uma *crise psicossocial*, que envolve transições em relações sociais importantes. De acordo com Erikson, a personalidade é moldada pela maneira como os indivíduos lidam com essas crises psicossociais. Cada crise é um ponto decisivo em potencial, que pode conduzir a resultados distintos. Erikson descreveu os estágios por meio de polaridades alternativas que representam traços de personalidade que as pessoas demonstram pelo resto da vida. Os oito estágios da teoria de Erikson estão esquematizados na **Figura 10.5**. Descrevemos aqui os quatro primeiros estágios da infância e discutiremos os restantes nas próximas seções sobre adolescência e vida adulta.

Confiança *versus* desconfiança. O primeiro estágio de Erikson abarca o primeiro ano de vida. Durante esse período, o bebê depende totalmente dos adultos para suprir suas necessidades básicas, como dar-lhe alimento, agasalhá-lo e trocar-lhe as fraldas. Se as necessidades biológicas básicas de um bebê forem satisfeitas de forma adequada e se forem estabelecidos vínculos sadios com as pessoas que cuidam dele, o bebê deve desenvolver uma atitude otimista e confiante com relação ao mundo. Mas se as suas necessidades básicas não forem adequadamente satisfeitas, é provável que resulte em uma personalidade mais desconfiada e insegura.

Autonomia *versus* vergonha e dúvida. O segundo estágio de Erikson manifesta-se durante o segundo e terceiro anos de vida. Nessa fase, os pais começam a tirar as fraldas da

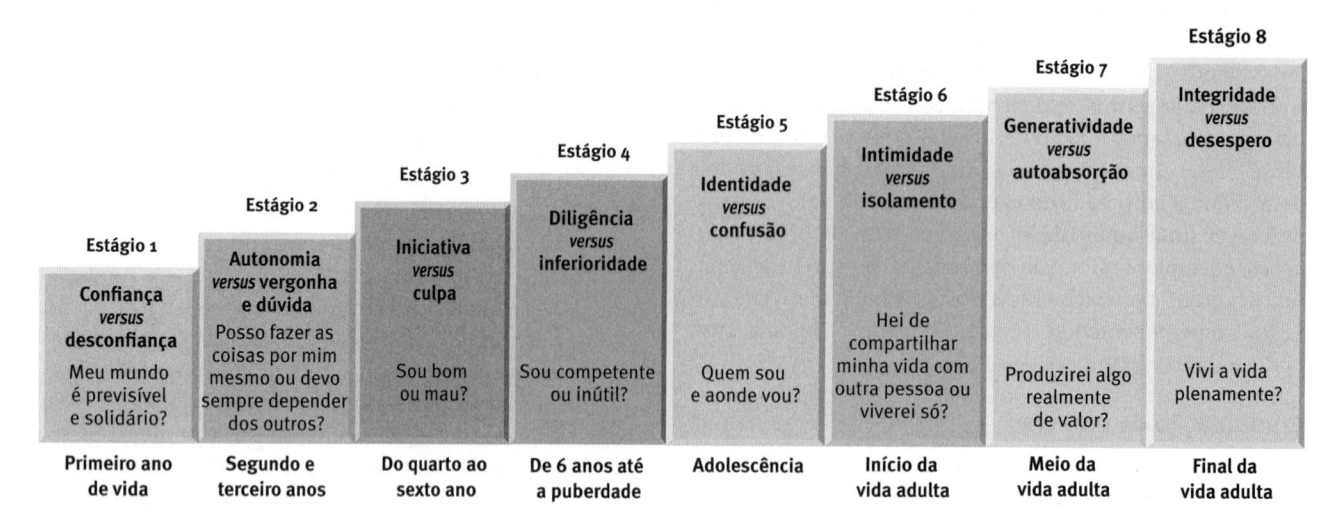

Estágio 1	Estágio 2	Estágio 3	Estágio 4	Estágio 5	Estágio 6	Estágio 7	Estágio 8
Confiança *versus* desconfiança	Autonomia *versus* vergonha e dúvida	Iniciativa *versus* culpa	Diligência *versus* inferioridade	Identidade *versus* confusão	Intimidade *versus* isolamento	Generatividade *versus* autoabsorção	Integridade *versus* desespero
Meu mundo é previsível e solidário?	Posso fazer as coisas por mim mesmo ou devo sempre depender dos outros?	Sou bom ou mau?	Sou competente ou inútil?	Quem sou e aonde vou?	Hei de compartilhar minha vida com outra pessoa ou viverei só?	Produzirei algo realmente de valor?	Vivi a vida plenamente?
Primeiro ano de vida	Segundo e terceiro anos	Do quarto ao sexto ano	De 6 anos até a puberdade	Adolescência	Início da vida adulta	Meio da vida adulta	Final da vida adulta

Figura 10.5 Teoria de estágios de Erikson.

A teoria de Erikson do desenvolvimento da personalidade propõe que as pessoas se desenvolvem por meio de oito estágios no decorrer da vida. Cada um deles é marcado por uma *crise psicossocial*, que envolve o confronto com uma questão fundamental, como: "Quem sou e para onde vou?". Os estágios são descritos em termos de traços alternados que são resultados potenciais das crises. O desenvolvimento é intensificado quando uma crise é solucionada favoravelmente a uma alternativa mais saudável (que está descrita em primeiro lugar para cada estágio).

criança e a fazer outros esforços para ajustá-la. A criança deve começar a assumir alguma responsabilidade pessoal para alimentar-se vestir-se e tomar banho. Se tudo correr bem, adquire um senso de autossuficiência ou autonomia. Mas se os pais nunca estiverem satisfeitos com os esforços da criança e se os conflitos entre eles forem constantes, a criança pode desenvolver um senso de vergonha pessoal e dúvida sobre si mesmo.

Iniciativa *versus* culpa. No terceiro estágio de Erikson, aproximadamente de 3 a 6 anos, o desafio enfrentado pelas crianças é atuar socialmente dentro da família. Se as crianças pensarem apenas em suas próprias necessidades e desejos, os membros da família podem começar a instigar sentimentos de culpa, e a autoestima pode padecer. Mas se a criança aprender a se dar bem com os irmãos e pais, deve começar a crescer um senso de iniciativa e autoconfiança.

Diligência *versus* inferioridade. No quarto estágio (a partir dos 6 anos e durante a puberdade), o desafio de aprender a atuar socialmente é estendido para além da família ao mundo social mais amplo da vizinhança e da escola. As crianças que são capazes de atuar efetivamente nessa esfera social menos provedora, em que a produtividade é altamente valorizada, devem desenvolver um senso de competência.

A expansão do pensamento: o desenvolvimento cognitivo

O *desenvolvimento cognitivo* **refere-se a transições nos padrões de pensamento dos jovens, incluindo raciocínio, memória e resolução de problemas.** A investigação do desenvolvimento cognitivo tem sido dominada pela teoria de Jean Piaget. A maior parte de nossa discussão sobre o desenvolvimento cognitivo é dedicada à teoria de Piaget e à pesquisa que ela tem gerado, mas também vamos examinar outras abordagens do desenvolvimento cognitivo.

Visão geral da teoria de estágios de Piaget

Partindo da observação de que as crianças exploram ativamente o mundo ao redor de si, o acadêmico suíço Jean Piaget (1929, 1952, 1983) afirmou que a interação com o ambiente e a maturação alteram gradualmente a maneira como as crianças pensam. Assim como a teoria de Erikson, o modelo de Piaget é uma *teoria de estágios* de desenvolvimento. Segundo ele, o processo de pensamento das crianças atravessa uma série de quatro estágios principais: o *período sensório-motor* (do nascimento aos 2 anos), o *pré-operacional* (de 2 a 7 anos), o *operacional concreto* (de 7 a 11 anos) e o *operacional formal* (dos 11 anos em diante). A **Figura 10.6** fornece uma visão geral de cada um desses períodos. Piaget considerava suas normas de idade como aproximações e admitia que as idades de transição variam de uma criança para outra.

Período sensório-motor. O primeiro estágio na teoria de Piaget é o *período sensório-motor*, que dura do nascimento até aproximadamente os 2 anos. Piaget chamou assim esse estágio porque os bebês estão desenvolvendo a capacidade de coordenar suas afluências sensoriais com suas ações motoras. O principal desenvolvimento durante o período sensório-motor é o aparecimento gradual de pensamento simbólico. No início desse estágio, o comportamento de uma criança é dominado por reflexos inatos; as crianças não estão "pensando" tanto quanto estão apenas respondendo a estímulos. Mas, por volta do final do estágio, a criança é capaz de usar símbolos mentais para representar objetos (por exemplo, uma imagem mental de um brinquedo favorito).

Estágio 1 — Período sensório-motor
Coordenação dos estímulos sensoriais e reação motora; desenvolvimento da noção de permanência dos objetos.
Do nascimento até os 2 anos

Estágio 2 — Período pré-operatório
Desenvolvimento do pensamento simbólico marcado pela irreversibilidade, pela centralização e pelo egocentrismo.
De 2 a 7 anos

Estágio 3 — Período de operações concretas
Operações mentais aplicadas a eventos concretos; domínio da conservação e da classificação hierárquica.
De 7 a 11 anos

Estágio 4 — Período de operações formais
Operações mentais aplicadas a ideias abstratas; pensamento lógico e sistemático.
Dos 11 anos à idade adulta

Figura 10.6 A teoria dos estágios de Piaget.
A teoria de Piaget sobre o desenvolvimento cognitivo identifica quatro estágios marcados por mecanismos diferentes de pensamento por meio dos quais a criança se desenvolve. Os modelos aproximados de idade e algumas características-chave do pensamento correspondentes a cada estágio são aqui descritos.

A chave para essa transição é a aquisição do conceito de *permanência de objeto*, que se desenvolve quando uma criança percebe que os objetos continuam a existir mesmo quando não são mais visíveis. Embora você tenha a permanência de objetos como óbvia, os bebês não são conscientes dela em primeira instância. Se você mostrar um brinquedo a uma criança de 3 meses e depois cobri-lo com um travesseiro, ela não tentará procurá-lo. Piaget inferiu, a partir dessa observação, que a criança não entende que o brinquedo continua a existir sob o travesseiro. De acordo com Piaget, as crianças gradualmente adquirem o conceito de permanência de objeto entre 4 e 18 meses.

Período pré-operacional. Esse período se estende aproximadamente dos 2 aos 7 anos. Embora o progresso do pensamento simbólico continue, Piaget enfatizou as *deficiências* do pensamento pré-operacional. Considere um problema simples que Piaget apresentava às crianças. Ele pegava dois recipientes idênticos em formato de copo e enchia cada um deles com a mesma quantidade de água. Depois de a criança ter concordado que os dois copos continham a mesma quantidade de água, ele despejava a água de um deles em um recipiente bem mais alto e fino (veja **Figura 10.7**). Em seguida, perguntava à criança se os dois copos de formas distintas ainda continham a mesma quantidade de água. As crianças no período pré-operacional, quando confrontadas com um problema desse tipo, normalmente respondiam que "não". Elas focalizavam a linha d'água do copo mais alto e insistiam que havia mais água no copo mais delgado. Ainda não dominavam o princípio de conservação. **Conservação é o termo usado por Piaget para a consciência de que as quantidades físicas continuam constantes apesar de modificações em sua forma ou aparência.**

Por que as crianças na fase pré-operacional não são capazes de resolver problemas de conservação? De acordo com Piaget, sua incapacidade em entender a conservação é o resultado de algumas falhas básicas no pensamento pré-operacional, as quais se compõem de centralização, irreversibilidade e egocentrismo.

Centralização é a tendência a focalizar apenas uma característica de um problema, desprezando outros aspectos importantes. Ao trabalhar com o problema de conservação da água, as crianças pré-operacionais tendem a se concentrar na altura da água e ignorar a largura. Têm dificuldade em analisar diversos aspectos de um problema ao mesmo tempo.

Já a *irreversibilidade* é a incapacidade de conceber a possibilidade de reverter uma ação. As crianças pré-operacionais não podem "desfazer" uma coisa mentalmente. Por exemplo, ao esforçar-se para resolver a conservação da água, elas não pensam sobre o que ocorreria se a água fosse despejada de volta do copo alto para o copo original.

O *egocentrismo* é caracterizado, no pensamento, por uma capacidade limitada de partilhar o ponto de vista de outra pessoa. De fato, Piaget notou que as crianças pré-operacionais falham em perceber que há outros pontos de vista além dos seus próprios. Por exemplo, se você perguntar a uma menina pré-operacional se a irmã dela tem uma irmã, ela provavelmente dirá "não", se elas forem as duas únicas meninas da família. Ela é incapaz de ver a existência de irmãos da perspectiva de sua irmã (esse exemplo também mostra irreversibilidade). Uma característica notável do egocentrismo é o *animismo*, que é a crença que as crianças pré-operacionais têm de que todas as coisas são vivas, exatamente como elas. Portanto, as crianças atribuem vida e qualidades humanas a objetos inanimados, fazendo

Figura 10.7 A tarefa de conservação de Piaget.

Após assistir à transformação mostrada, uma criança pré-operacional geralmente responderá que o copo mais alto contém mais água. Em comparação, a criança no período operacional concreto tende a responder corretamente, reconhecendo que a quantidade de água no copo C continua a mesma que a quantidade no copo A.

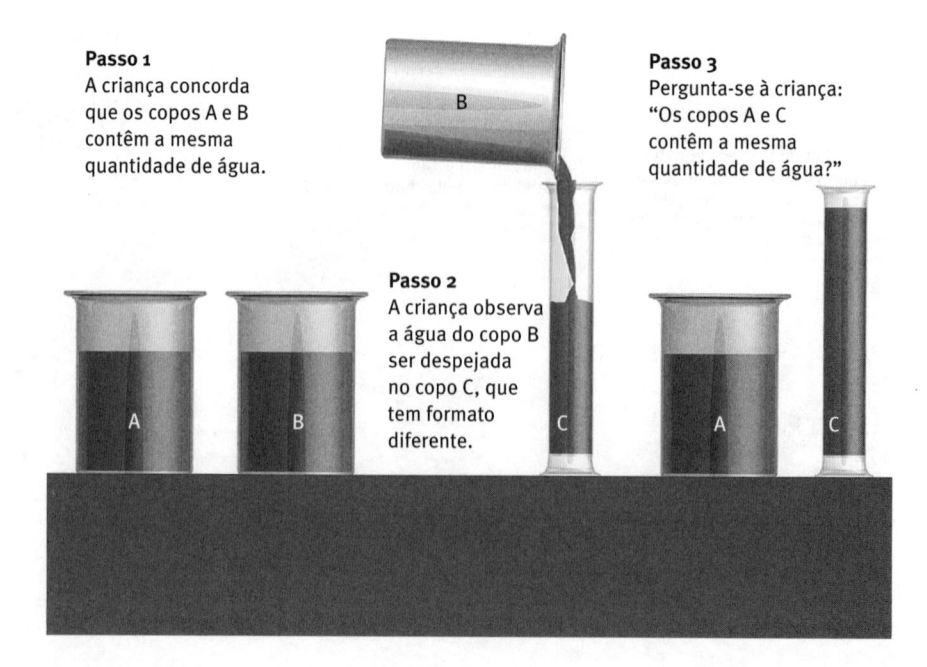

Passo 1
A criança concorda que os copos A e B contêm a mesma quantidade de água.

Passo 2
A criança observa a água do copo B ser despejada no copo C, que tem formato diferente.

Passo 3
Pergunta-se à criança: "Os copos A e C contêm a mesma quantidade de água?"

perguntas do tipo "Quando o oceano vai dormir?" ou "Por que o vento está tão bravo?".

Período operacional concreto. Esse período dura dos 7 aos 11 anos, aproximadamente. Piaget chamou esse estágio *operacional concreto*, porque as crianças podem realizar operações apenas com imagens de objetos tangíveis e eventos reais. Entre as operações que as crianças dominam durante esse estágio estão a *reversibilidade*, que permite a uma criança desfazer mentalmente uma ação, e a *descentralização*, que permite que ela analise mais de uma característica de um problema simultaneamente. A capacidade recém-adquirida de coordenar vários aspectos de um problema ajuda a criança a perceber que há diversas maneiras de olhar para as coisas. Essa capacidade, por sua vez, conduz a um *declínio no egocentrismo e um controle gradual da conservação* no que diz respeito a líquido, massa, número, volume, área e comprimento.

À medida que as crianças dominam operações concretas, elas desenvolvem uma série de novas capacidades de resolver problemas. Examinemos outro problema estudado por Piaget. Dê sete cravos e três margaridas a uma criança pré-operacional. Diga a ela os nomes dos dois tipos de flores. Então, peça-lhe para que as separe em cravos e margaridas. Isso não deve ser problema. Agora, pergunte para ela se há mais cravos ou margaridas. A maioria dirá corretamente que há mais cravos. Depois, pergunte à criança se há mais cravos ou mais flores. Nesse ponto, a maioria das crianças pré-operacionais tropeçará e responderá incorretamente que há mais cravos de que flores; essas crianças geralmente não conseguem lidar com problemas de *classificação hierárquica*, que demandam que elas analisem dois níveis de classificação simultaneamente. Todavia, a que ingressou no estágio operacional concreto não está tão limitada pela centralização e é capaz de trabalhar corretamente com problemas de classificação hierárquica.

Período operacional formal. O estágio final na teoria de Piaget é o *período operacional formal*, que começa supostamente por volta dos 11 anos. Nele, as crianças começam a aplicar suas operações a conceitos *abstratos*, além de objetos concretos. Realmente, durante esse estágio, as crianças vêm a *desfrutar* a reflexão fascinante de conceitos abstratos. Muitos adolescentes passam horas meditando sobre possibilidades hipotéticas relacionadas a abstrações, como justiça, amor e livre-arbítrio. O processo de pensamento no período de operações formais pode ser descrito como relativamente sistemático, lógico e reflexivo.

De acordo com Piaget, os jovens alcançam gradualmente o modo de pensamento adulto no estágio operacional formal. Ele *não* sugeriu que não ocorra desenvolvimento cognitivo posterior, uma vez que as crianças tenham atingido esse estágio. Não obstante, acreditava que após as crianças adquirirem as operações formais, os desenvolvimentos posteriores no pensamento são mudanças em *grau*, e não mudanças fundamentais na *natureza* do pensamento.

Avaliando a teoria de Piaget

Jean Piaget forneceu uma contribuição marcante para a compreensão da psicologia sobre as crianças em geral e o seu desenvolvimento cognitivo em particular (Beilin, 1992). Sua teoria orientou um enorme volume de pesquisas produtivas que continuam até hoje (Feldman, 2003). Essas pesquisas têm apoiado muitas das ideias centrais de Piaget (Flavell, 1996). Em uma teoria de tamanha abrangência, porém, é quase certo que haja alguns pontos fracos. Aqui estão algumas críticas à teoria de Piaget:

1. Em muitos aspectos, Piaget parece ter subestimado o desenvolvimento cognitivo de crianças pequenas (Birney et al., 2005). Por exemplo, alguns pesquisadores têm encontrado evidências de que elas começam a entender a permanência de objeto e são capazes de algum pensamento simbólico bem mais cedo do que Piaget imaginava (Birney e Sternberg, 2011). Da mesma maneira, algumas evidências sugerem que crianças no período pré-operatório não são tão egocêntricas quanto Piaget acreditava (Moll e Metzoff, 2011).

REVISÃO 10.2

Reconhecendo os estágios de Piaget

Verifique seu entendimento sobre a teoria de Piaget, indicando o estágio do desenvolvimento cognitivo de cada um dos exemplos a seguir. Para cada situação, preencha o espaço à esquerda com a letra do estágio correspondente. As respostas encontram-se no Apêndice A.

a. Período sensório-motor
b. Período pré-operacional
c. Período operacional concreto
d. Período operacional formal

_____ 1. Ao ver um copo deitado, Samuel diz "Olhe, o copo está cansado. Está cochilando".

_____ 2. É dito a Maria que um fazendeiro tem nove vacas e seis cavalos. O professor lhe pergunta "O fazendeiro tem mais vacas ou mais animais?". Ela responde "Mais animais".

_____ 3. Alice está brincando na sala de estar com uma bolinha vermelha. A bola rola sob o sofá. Por um momento, ela olha fixamente o lugar por onde a bola desapareceu e volta sua atenção a um caminhão de brinquedo na sua frente.

2. Outro problema é que as crianças, com frequência, exibem simultaneamente padrões de pensamento que são característicos de vários estágios diferentes. Essa "mistura" de estágios e o fato de que essa transição entre estágios é gradual, em vez de abrupta, coloca em questão o valor de organizar o desenvolvimento cognitivo nesses termos (Bjorklund, 2012). O progresso no pensamento de crianças parece ocorrer em ondas que se sobrepõem em vez de em estágios distintos com limites definidos.
3. Piaget acreditava que sua teoria descrevia processos universais, que levariam crianças de todos os lugares a evoluir pelos estágios uniformes de pensamento com aproximadamente as mesmas idades. Pesquisas subsequentes mostraram que a *sequência* de estágios é largamente invariante, mas que a *duração dos intervalos* desses estágios varia consideravelmente entre as culturas. Portanto, Piaget subestimou a influência de fatores culturais no desenvolvimento cognitivo (Molitor e Hsu, 2011; Rogoff, 2003).

Teoria sociocultural de Vygotsky

Nas últimas décadas, à medida que as limitações e os pontos fracos das ideias de Piaget se tornaram mais evidentes, alguns pesquisadores do desenvolvimento procuraram orientação teórica em outros lugares. De modo irônico, a teoria que inspirou o interesse maior – a *teoria sociocultural* de Lev Vygotsky – nasceu mais ou menos na mesma época em que Piaget começou a formular sua teoria (as décadas de 1920-1930). Vygotsky era um proeminente psicólogo russo cuja pesquisa terminou prematuramente em 1934, quando morreu de tuberculose aos 37 anos.

As perspectivas de Piaget e Vygotsky a respeito do desenvolvimento cognitivo têm muito em comum, mas também se diferenciam em alguns aspectos importantes (Lourenço, 2012; Rowe e Wertsch, 2002). Em primeiro lugar, na teoria de Piaget, o desenvolvimento cognitivo é nutrido principalmente pela exploração ativa das crianças do mundo ao seu redor. Por outro lado, Vygotsky dá uma ênfase muito grande ao modo como o desenvolvimento cognitivo das crianças é nutrido pelas interações sociais com pais, professores e outras crianças que possam propiciar uma valiosa orientação (Hedegaard, 2005). Em segundo lugar, Piaget considerava que o domínio gradual das crianças sobre a linguagem é outro aspecto do desenvolvimento cognitivo, enquanto Vygotsky defendia que a aquisição de linguagem tem um papel crucial no desenvolvimento cognitivo (Kozulin, 2005).

Segundo Vygotsky, as crianças adquirem a maior parte das habilidades cognitivas culturais e estratégias para solução de problemas por meio de diálogos colaborativos com membros mais experientes da sociedade. A ênfase de Vygotsky na primazia da linguagem é refletida em sua discussão sobre o *discurso particular*. As crianças na pré-escola falam em voz alta consigo mesmas enquanto realizam suas atividades. Piaget entendia esse discurso como algo egocêntrico e insignificante. Vygotsky argumentava que as crianças usam esse discurso particular para planejar suas estratégias, regular suas ações e alcançar seus objetivos. À medida que

Vygotsky e Piaget tinham opiniões diferentes sobre a importância do discurso privado (tendência de crianças pequenas falarem sozinhas enquanto desenvolvem suas atividades). Para Piaget, o discurso privado é insignificante, já para Vygotsky, as crianças utilizam o discurso privado para controlar suas ações e planejar estratégias.

as crianças se tornam mais velhas, esse discurso particular é internalizado e se transforma no diálogo verbal que as pessoas têm consigo mesmas enquanto fazem suas atividades. Portanto, a linguagem serve cada vez mais como a *fundação* dos processos cognitivos dos jovens. A teoria sociocultural de Vygotsky ofereceu uma base importante para as pesquisas contemporâneas sobre o desenvolvimento cognitivo e o aprendizado (Mahn e John-Steiner, 2013).

Algumas habilidades cognitivas são inatas?

A descoberta de que Piaget subestimou as habilidades cognitivas dos bebês levou a uma profusão de pesquisas que sugeriram que os bebês têm uma surpreendente compreensão de muitos conceitos complexos. Estudos demonstraram que eles entendem propriedades básicas dos objetos e algumas das regras que as regem (Baillargeon, 2002, 2004). Entre 3 e 4 meses, os bebês percebem que os objetos são entidades distintas com limites, que eles se movem em caminhos contínuos, que um objeto sólido não pode passar por dentro de outro por uma abertura que é menor que a do objeto e que os objetos colocados em declive descem em vez de subir (Baillargeon, 2008; Spelke e Newport, 1998). Crianças também entendem que líquidos são diferentes de objetos. Por exemplo: crianças de 5 meses de idade percebem que os líquidos mudam de forma à medida que se movem e que podem ser penetrados por objetos sólidos (Hespos, Ferry e Rips, 2009). De maneira similar, um estudo recente mostra que crianças de 6 meses parecem entender que frutas secas extraídas de plantas são mais comestíveis que frutas secas derivadas de objetos artificiais (Wertz e Wynn, 2014). Em outras palavras, são capazes de identificar plantas como fonte de alimentos já em tenra idade.

Nessa linha de pesquisa, talvez a descoberta mais surpreendente seja a de que os *bebês parecem ser capazes de exibir habilidades surpreendentemente sofisticadas* (Wood e Spelke, 2005). Se os bebês com 5 meses veem uma sequência de eventos na qual um objeto é acrescentado a outro por trás de uma tela, eles esperam ver dois objetos quando a tela é removida e demonstram surpresa quando essa expectativa não é satisfeita (veja **Figura 10.9**). Essa expectativa sugere que eles entendem que $1 + 1 = 2$ (Wynn, 1992, 1996). Manipulações similares sugerem que os bebês também entendem que $2 - 1 = 1$; $2 + 1 = 3$; $3 - 1 = 2$, e outros cálculos mais complicados (Hauser e Carey, 1998; McCrink e Wynn, 2004). Embora essas descobertas já tenham sido reproduzidas diversas vezes, alguns teóricos afirmam que os resultados podem ser explicados por simples reações perceptuais a estímulos e não por uma compreensão das crianças sobre relações numéricas (Colombo, Brez e Curtindale, 2013).

Repetidas vezes nos últimos anos, as pesquisas demonstram que os bebês parecem entender conceitos surpreendentemente complexos que não tiveram oportunidade de aprender. Essas descobertas levaram alguns teóricos a concluir que certas habilidades cognitivas básicas são biologicamente pré-programadas, construídas na arquitetura neural humana (Spelke e Kinzler, 2007). Como você pode prever, teóricos evolucionistas afirmam que essa pré-programação é produto da seleção natural e se esforçam por entender seu significado adaptativo para nossos ancestrais (Hauser e Carey, 1998; Wynn, 1998).

O desenvolvimento do julgamento moral

Na Europa, uma mulher estava prestes a morrer de câncer. Uma droga poderia salvá-la, uma forma de rádio que um farmacêutico na mesma cidade havia descoberto recentemente. Ele cobrava 2 mil, dez vezes o que custara para ele fazer a droga. Heinz, o marido da mulher doente, recorreu a todas as pessoas que conhecia para pedir dinheiro emprestado, mas conseguiu juntar apenas cerca de metade do preço da droga. Contou ao farmacêutico que sua esposa estava morrendo e pediu-lhe que a vendesse mais barato ou que o deixasse pagar mais tarde. Mas o farmacêutico disse "não". O marido, desesperado, acabou arrombando a farmácia para roubar o remédio para sua mulher. Ele deveria ter feito isso? Por quê? (Kohlberg, 1969, p. 379).

Qual é a sua resposta para o dilema de Heinz? Você teria respondido a mesma coisa há três anos? No quinto ano? Consegue imaginar o que você teria respondido aos 6 anos? Ao apresentar dilemas semelhantes aos participantes e estudar suas respostas, Lawrence Kohlberg (1976, 1984) elaborou um modelo de *desenvolvimento moral*.

A teoria de estágios de Kohlberg

O modelo de Kohlberg é o mais influente entre uma quantidade de teorias concorrentes que buscam explicar como os jovens desenvolvem um senso de certo e de errado (Magun-Jackson e Burgette, 2013). O foco da teoria de Kohlberg é o *raciocínio* moral em vez de simples *comportamento*. Isso pode ser mais bem ilustrado ao descrevermos o método de investigação de Kohlberg. Ele apresentou a seus participantes questões morais difíceis, como o dilema de Heinz, e então perguntou a eles o que o ator no dilema deveria fazer e, o mais importante, porquê. Foi o *porquê* que interessou Kohlberg. Ele examinou a natureza e a progressão do raciocínio moral dos indivíduos.

O resultado desse trabalho é a teoria de estágios de raciocínio moral esboçada na **Figura 10.8**. Kohlberg verificou que os indivíduos atravessam uma sequência de três níveis de desenvolvimento moral. Cada um desses níveis pode ser dividido em dois subníveis, levando a um total de seis estágios.

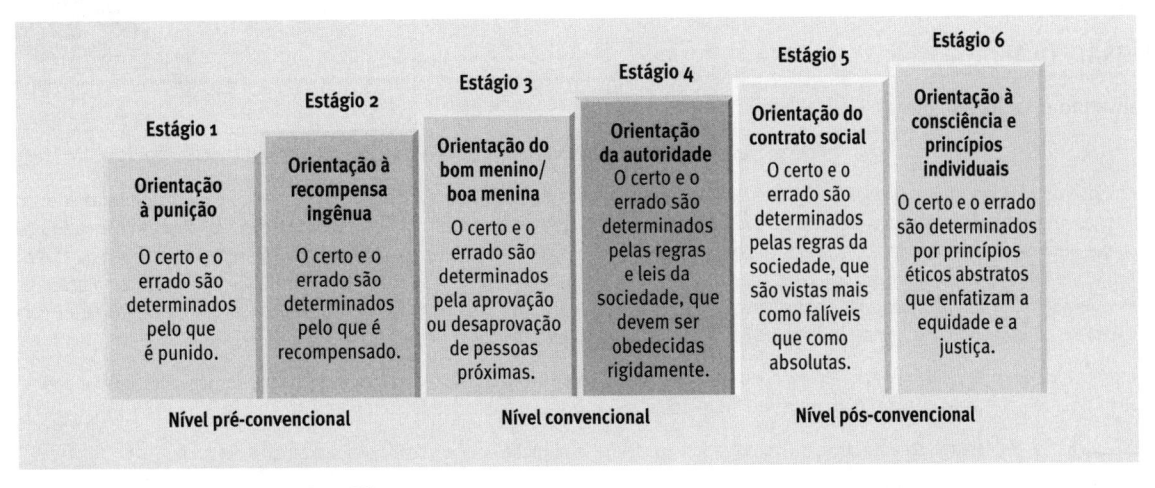

Figura 10.8 A teoria de estágios de Kohlberg.

O modelo de Kohlberg descreve três níveis de raciocínio moral, e cada um deles pode ser dividido em dois estágios. Esse diagrama mostra alguns dos aspectos-chave no modo como os indivíduos pensam sobre o certo e o errado em cada estágio.

Estágio 1	Estágio 2	Estágio 3	Estágio 4	Estágio 5	Estágio 6
Orientação à punição	Orientação à recompensa ingênua	Orientação do bom menino/boa menina	Orientação da autoridade	Orientação do contrato social	Orientação à consciência e princípios individuais
O certo e o errado são determinados pelo que é punido.	O certo e o errado são determinados pelo que é recompensado.	O certo e o errado são determinados pela aprovação ou desaprovação de pessoas próximas.	O certo e o errado são determinados pelas regras e leis da sociedade, que devem ser obedecidas rigidamente.	O certo e o errado são determinados pelas regras da sociedade, que são vistas mais como falíveis que como absolutas.	O certo e o errado são determinados por princípios éticos abstratos que enfatizam a equidade e a justiça.
Nível pré-convencional		Nível convencional		Nível pós-convencional	

Cada estágio representa uma abordagem diferente de pensar sobre o certo e o errado.

Crianças mais jovens, no *nível pré-convencional*, pensam em termos de autoridade externa. Os atos são errados porque são punidos, ou são corretos porque levam a consequências positivas. As mais velhas, que já atingiram o *nível convencional* de raciocínio moral, veem as regras como necessárias para a manutenção da ordem social, aceitando-as, portanto, como delas mesmas. "Internalizam" essas regras não para evitar punição, mas para serem virtuosas e ganharem aprovação dos outros. O pensamento moral nesse estágio é relativamente inflexível. As regras são vistas como diretrizes absolutas que devem ser aplicadas rigidamente.

Durante a adolescência, alguns jovens se movem para o *nível pós-convencional*, que envolve a elaboração de um código de ética pessoal. A aceitação de regras é menos rígida e o pensamento moral mostra alguma flexibilidade. Os sujeitos no nível pós-convencional admitem a possibilidade de que alguém possa não agir de acordo com algumas regras da sociedade se essas entrarem em conflito com éticas pessoais. Por exemplo: os que estão nesse nível podem aplaudir um jornalista que vai para a cadeia, mas que não revela uma fonte de informação à qual fora prometido anonimato.

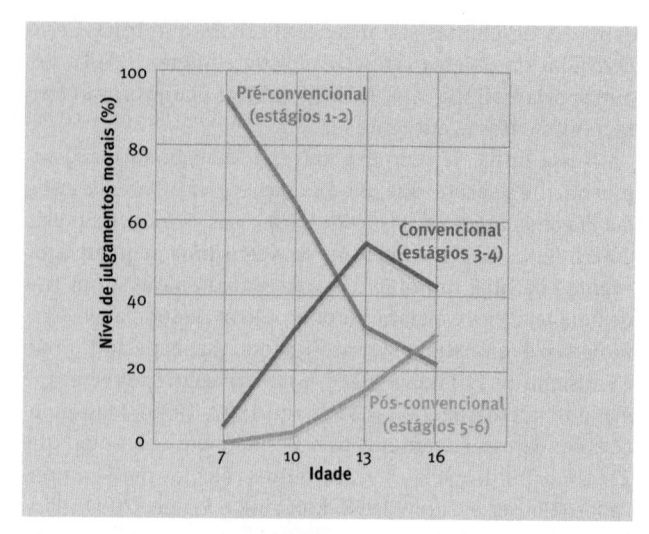

Figura 10.9 Idade e raciocínio moral.
As porcentagens de tipos diferentes de julgamento moral feitos por sujeitos em várias idades estão traçadas aqui (baseado em Kohlberg, 1963, 1969). Como previsto, o raciocínio pré-convencional entra em declínio assim que a criança vai amadurecendo; o convencional aumenta durante a média infância; e o pós-convencional começa a emergir durante a adolescência; mas em cada idade as crianças demonstram a mistura de vários níveis de raciocínio moral.

Avaliando a teoria de Kohlberg

Como a teoria de Kohlberg tem-se saído na pesquisa? Suas ideias centrais vêm recebendo apoio razoável. Os estudos têm mostrado que os jovens geralmente se desenvolvem por meio dos estágios de raciocínio moral de Kohlberg, na ordem proposta por ele (Walker, 1989). Além disso, as relações entre idade e nível de raciocínio moral seguem as direções prognosticadas (Rest, 1986; veja **Figura 10.9**). Embora essas descobertas apoiem o modelo de Kohlberg, críticos observam que não é incomum o fato de uma pessoa demonstrar diversos níveis de raciocínio moral em um ponto específico de seu desenvolvimento (Krebs e Denton, 2005). Como observamos na crítica de Piaget, essa mistura de estágios é um problema para literalmente todas as teorias de estágios. Também há mais evidências de que a teoria de Kohlberg reflita uma ideologia individualista, característica de nações ocidentais modernas, o que a torna muito mais especificamente cultural do que Kohlberg reconhecia. (Miller, 2006). Em suma, estabelece-se um consenso de que a teoria de Kohlberg levou a um foco reduzido de discussões sobre conflitos interpessoais enquanto se ignoravam outros aspectos importantes do desenvolvimento moral (Walker, 2007). Os teóricos

---

REVISÃO 10.3

Analisando o raciocínio moral

Verifique seu entendimento sobre a teoria de Kohlberg, analisando as respostas hipotéticas aos seguintes dilemas morais.

Uma bióloga do centro-oeste dos Estados Unidos tem feito numerosos estudos demonstrando que organismos simples como vermes e paramécios podem aprender por meio de condicionamento. Ocorre a ela que talvez pudesse condicionar óvulos humanos fertilizados para propiciar uma demonstração significativa de que abortos destroem organismos humanos vivos e adaptáveis. Isso possivelmente lhe interessa, pois se opõe veementemente ao aborto. Mas não há maneira de realizar a pesquisa necessária com óvulos humanos sem sacrificar as vidas de potenciais seres humanos. Ela quer muito realizar a pesquisa, mas obviamente o sacrifício de óvulos humanos é absolutamente incompatível com sua crença na santidade da vida humana. O que ela deveria fazer? Por quê? [Apresentado por um aluno (com 13 anos) à professora Barbara Banas, em Monroe Community College.]

Nos espaços à esquerda de cada resposta enumerada, indique o nível de raciocínio moral apresentado, escolhendo a partir dos seguintes: (a) nível pré-convencional, (b) nível convencional e (c) nível pós-convencional. As respostas encontram-se no Apêndice A.

_____ 1. Ela deve realizar a pesquisa, pois, embora seja errado matar, ela pode fazer um bem maior realizando a pesquisa.

_____ 2. Ela não deve realizar a pesquisa, pois as pessoas pensarão que ela é hipócrita e a condenarão.

_____ 3. Ela deve realizar a pesquisa, pois pode ficar rica e famosa com o resultado.

contemporâneos observam que o comportamento moral depende de diversos fatores além do raciocínio, incluindo reações emocionais, variações de temperamento e bagagem cultural (Haidt e Kesebir, 2010).

Dentro dessa linha, Haidt (2007, 2013) afirma que muitos julgamentos morais envolvem reações emocionais automáticas e imediatas ao comportamento das pessoas ("Como ele ousa?"), ao que ele chama de *intuição moral*. Após esse tipo de julgamento intuitivo, as pessoas se voltam para o racional para justificar suas reações emocionais imediatas. Sendo assim, Haidt defende que o comportamento moral é muito mais emocional, intuitivo e irracional do que Kohlberg previa.

10.4 A TRANSIÇÃO PARA A ADOLESCÊNCIA

A adolescência é uma ponte entre a infância e a idade adulta. Durante esse período, os indivíduos continuam a apresentar mudanças significativas em seu desenvolvimento cognitivo, social e moral. No entanto, as áreas mais dinâmicas de desenvolvimento durante a adolescência são as mudanças físicas e a equivalente transição no desenvolvimento emocional e de personalidade.

10.4 OBJETIVOS PRINCIPAIS DE APRENDIZAGEM
- Rever as mudanças fisiológicas da puberdade e descrever as pesquisas sobre o desenvolvimento neural na adolescência.
- Discutir a formação da identidade na adolescência e o início da fase adulta.

Mudanças fisiológicas

Por um momento, recorde-se de seus dias escolares. Não parecia que seu corpo crescia tão rapidamente naquela época que suas roupas simplesmente não podiam "acompanhar"? Essa fase de rápido crescimento em altura e peso é chamada *estirão do crescimento adolescente*. Causada por mudanças hormonais, inicia-se aos 9-10 anos nas meninas e aos 10-12 nos meninos (Peper e Dahl, 2013). Além de aumentarem de altura e peso, as crianças começam a desenvolver as ***características sexuais secundárias – características físicas que distinguem um sexo do outro, mas que não são essenciais na reprodução***, como pêlos no rosto e ombros mais largos nos homens e seios e quadris mais largos nas mulheres (Susman e Dorn, 2013; veja **Figura 10.10**).

Logo, os jovens chegam à ***puberdade – o estágio durante o qual as funções sexuais atingem a maturidade, marcando o início da adolescência***. É durante a puberdade que as *características sexuais primárias* – que são estruturas necessárias à reprodução – se desenvolvem por completo. No sexo masculino, elas incluem os testículos, o pênis e as estruturas internas relacionadas. As características sexuais primárias na mulher incluem os ovários, a vagina, o útero e outras estruturas internas.

Nas meninas, a puberdade é tipicamente indicada pela ***menarca – a primeira ocorrência de menstruação***, que reflete a culminância de uma série de mudanças hormonais. As garotas norte-americanas geralmente atingem a menarca entre 12 e 13 anos, com a continuação de maturação sexual

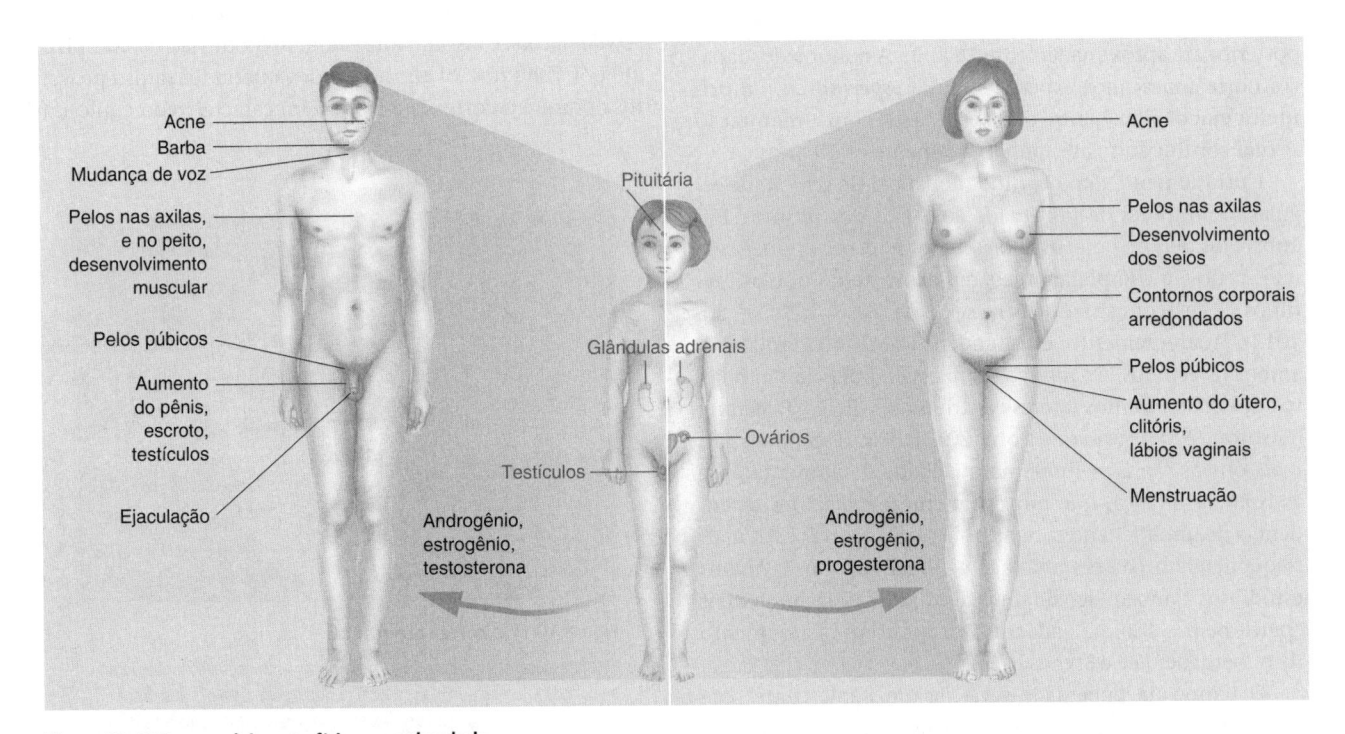

Figura 10.10 Desenvolvimento físico na puberdade.
Mudanças hormonais durante a puberdade levam não apenas a um arranque de crescimento, mas também ao desenvolvimento de características sexuais secundárias. A glândula pituitária envia sinais às glândulas adrenais e às gônadas (ovários e testículos), que secretam hormônios responsáveis por diversas mudanças físicas que diferenciam o sexo masculino e o feminino.

O período da maturação sexual pode ter implicações importantes para os adolescentes. Jovens que amadurecem cedo demais ou muito tarde geralmente se sentem desconfortáveis quanto a essa transição.

posterior até aproximadamente 16 anos. A maioria dos rapazes norte-americanos experimentam a *espermarca* – a **primeira ejaculação** – entre os 13 e 14 anos, com a maturação sexual continuando até aproximadamente os 18 anos.

Curiosamente, têm ocorrido mudanças de *geração* na regulação temporal da puberdade ao longo dos últimos 150 anos. Nos dias de hoje, os adolescentes iniciam a puberdade mais cedo e a completam mais rapidamente do que os meninos de gerações anteriores (Lee e Styne, 2013; Talma et al., 2013). Aparentemente, essa tendência está ocorrendo em ambos os gêneros. Os motivos para essa tendência são objetos de debate. Muitos fatores contribuíram (Bellis, Downing e Ashton, 2006; Susman e Dorn, 2013). As causas potenciais mais óbvias são a melhoria na qualidade de alimentação e assistência médica, que provavelmente explicariam a tendência de um início precoce da puberdade ocorrer com mais frequência em países modernos e "desenvolvidos". Alguns estudiosos também acreditam que os poluentes ambientais "perturbem o sistema endócrino" e apressem o surgimento da puberdade (Lee e Styne, 2013).

O tempo da puberdade varia de um adolescente para outro em um período de cerca de cinco anos. Em geral, as meninas que amadurecem mais cedo e os meninos que amadurecem mais tarde parecem experimentar mais conflitos e dificuldades emocionais com a transição para a adolescência (Susman, Dorn e Schiefelbein, 2003). Essa experiência de estresse subjetivo pode contribuir para o elevado número de distúrbios psicológicos observados em ambos os grupos, mas especificamente em mulheres (Graber, 2013). Contudo, tanto nos homens quanto nas mulheres, o amadurecimento precoce está associado a um maior uso de tabaco, álcool e outras drogas, comportamento de mais alto risco e mais agressivo e mais problemas com a lei (Lynne et al., 2007; Steinberg e Morris, 2001). Entre as mulheres, o amadurecimento precoce também está relacionado ao maior risco para distúrbios de alimentação (Klump, 2013). Assim, podemos considerar que o amadurecimento precoce com frequência ocorre em ambos os gêneros (mas especialmente nas mulheres) em direção à vida adulta antecipadamente.

Desenvolvimento neural

Nos últimos anos, estudos mais recentes de imagens do cérebro mostram que o volume da matéria branca no cérebro cresce durante a adolescência, ao passo que o volume da matéria cinzenta diminui (Giedd e Rapoport, 2010). O crescimento da matéria branca sugere que *os neurônios estão se tornando mais envoltos em mielina*, o que leva à melhor conectividade no cérebro, ao passo que a diminuição na matéria cinzenta reflete o processo de *poda sináptica*, que desempenha um papel-chave na formação de redes neurais (veja Capítulo 3). Talvez a descoberta mais interessante tenha sido o fato de que o aumento da mielinização e da poda sináptica são mais pronunciados no *córtex pré-frontal* (Sebastian, Burnett e Blakemore, 2010) (veja **Figura 10.11**). Portanto, *o córtex pré-frontal parece ser a última área do cérebro a amadurecer totalmente*, e esse amadurecimento pode não ser completo até por volta dos 20 anos. Essa descoberta foi muito proveitosa porque o córtex pré-frontal foi caracterizado como um

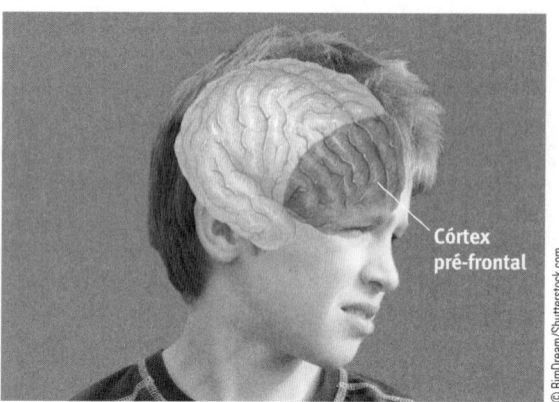

Figura 10.11 O córtex pré-frontal.

Pesquisas recentes sugerem que o desenvolvimento neural continua durante a adolescência. Além do mais, o local principal para a maior parte desse desenvolvimento é o córtex pré-frontal, que parece ser a última área do cérebro a amadurecer por completo. Essa descoberta pode ter implicações fascinantes para o entendimento do cérebro adolescente, pois o córtex pré-frontal parece desempenhar uma função-chave em regular as emoções e o autocontrole.

"centro executivo de controle" que parece ser crucial ao controle cognitivo e a regulação emocional (Casey et al., 2005). Teóricos sugeriram que a imaturidade do córtex pré-frontal pode explicar por que o comportamento arriscado (como direção imprudente, uso de drogas, atividades perigosas, sexo sem proteção etc.) atinge o auge durante a adolescência e então declina na fase adulta (Steinberg, 2008).

Pesquisas mais recentes sugerem que o papel que se dá ao córtex pré-frontal com relação ao comportamento de correr riscos na adolescência é exagerado, pois outras áreas do desenvolvimento neural também contribuem para isso (Casey e Caudle, 2013). Estudos comprovam que os adolescentes apresentam alta resposta a recompensas como o prazer associado a alimentos saborosos, pagamentos monetários, drogas psicoativas e aventuras (Galvan, 2013). Esse elevado nível de resposta é atribuído à maturação relativamente precoce dos circuitos subcorticais de dopamina que atuam como mediadores da experiência de prazer (Luna et al., 2013). Portanto, o conceito atual é de que o comportamento de correr riscos na adolescência é estimulado por um descompasso nos centros de recompensa subcorticais com relação às áreas pré-frontais relacionadas ao controle cognitivo (Mills et al., 2014). Em outras palavras, o sistema de recompensas de maturação precoce do cérebro se sobrepõe ao córtex pré-frontal que tem maturação tardia.

Sendo assim, outros fatores também contribuem para o comportamento de risco na adolescência. Evidências indicam que os adolescentes são mais sensíveis à avaliação social das pessoas (Somerville, 2013). Adolescentes passam boa parte do tempo com amigos. Portanto, a suscetibilidade à influência deles também contribui para o comportamento de risco (Albert, Chein e Steinberg, 2013). Um importante estudo em laboratório revelou que a presença de amigos mais que duplicou o número de riscos que os adolescentes correriam em um videogame em que eles tinham que tomar decisões imediatas sobre riscos de acidentes (Gardner e Steinberg, 2005). Já em adultos, não se observou um aumento de risco motivado pela presença de amigos (veja **Figura 10.12**).

Em busca de identidade

Erik Erikson estava especialmente interessado no desenvolvimento da personalidade durante a adolescência, que é o quinto dos oito principais estágios que descreveu. A crise psicossocial durante esse estágio opõe *identidade* e *confusão* como resultados potenciais. De acordo com Erikson (1968), o principal desafio da adolescência é a luta para formar um senso claro de identidade. Essa luta envolve a elaboração de um conceito estável de si mesmo como um indivíduo único e a adoção de uma ideologia ou sistema de valores que forneça um senso de direção. Na visão de Erikson, o adolescente enfrenta questões como: "Quem sou eu?" e "Aonde irei na vida?". Pesquisas recentes têm sido desenvolvidas com foco nas consequências da confusão de identidade. Estudos indicam que a confusão de identidade está associada a um maior risco de abuso de substâncias tóxicas, atividade sexual sem proteção, ansiedade, baixa autoestima e distúrbios alimentares (Schwartz et al., 2013).

Os adolescentes lidam com a formação da identidade de várias maneiras. Com base nas percepções de Erickson, James Marcia (1966, 1980, 1994) propôs que a presença ou a ausência de um senso de compromisso (objetivos de vida e valores) e um senso de crise (questionamento e exploração ativos) podem se combinar para produzir quatro diferentes *estatutos identitários*. Em ordem crescente de amadurecimento, os quatro estatutos identitários de Marcia começam com a *difusão da identidade*, um estado de apatia desorientada, sem nenhum compromisso com uma ideologia. *Pré-fechamento* é um comprometimento prematuro com visões, valores e papéis – em geral, aqueles prescritos pelos pais. O pré-fechamento está associado à conformidade e não à abertura a novas experiências (Kroger, 2003). A *moratória da identidade* envolve o atraso momentâneo de comprometimento para experimentar ideologias e carreiras alternativas. Já a *realização da identidade* envolve atingir um senso de si mesmo e de direção depois de alguma consideração sobre possibilidades alternativas.

A realização da identidade está associada a autoestima mais alta, consciência, segurança, motivação da realização e capacidade para intimidade (Kroger, 2003; Kroger e Marcia, 2011). Entretanto, pesquisas sugerem que as pessoas tendem a chegar à realização da identidade em idades mais

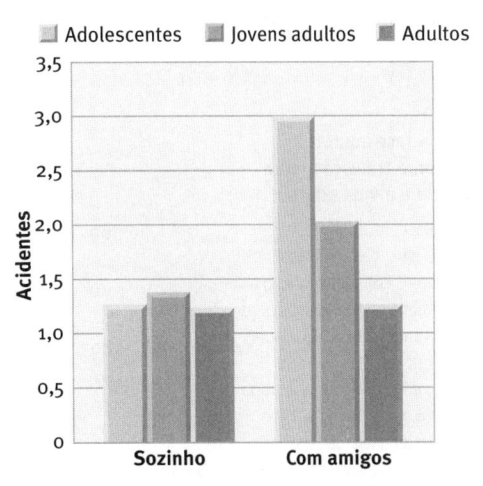

Figura 10.12 Influência de amigos no comportamento de risco.

Gardner e Steinberg (2005) convidou adolescentes, jovens adultos e adultos para jogar um videogame de simulação de direção no qual os participantes tinham que tomar decisões rápidas em situações de risco de acidentes. A variável dependente, que classificava o risco que os participantes correriam, era o número de acidentes. Alguns participantes jogaram sozinhos e outros na companhia de colegas. Os dados mostraram que a presença de amigos aumentava moderadamente a exposição dos jovens adultos ao risco e com bastante intensidade no caso dos adolescentes, mas não alterava o comportamento dos adultos. Essas descobertas sugerem que a suscetibilidade à influência de outras pessoas aumenta o comportamento de risco de adolescentes e jovens adultos.

Fonte: Adaptado de Steinberg, L. Comportamento de risco na adolescência: Novas perspectivas da ciência do cérebro e do comportamento. *Current Directions in Psychological Science*, n. 16, p. 55-59, 2007. Copyright © 2007 Blackwell Publishing.

avançadas do que originalmente visto por Marcia. Em um estudo de maior escala (Meeus et al., 2010), ao final da adolescência apenas 22% a 26% da amostragem havia alcançado a realização da identidade. Por isso a luta por um senso de identidade normalmente se estende até o início da vida adulta jovem. Na verdade, algumas pessoas continuam a ter problemas de identidade até a metade ou mesmo até o final da vida adulta (Newton e Stewart, 2012).

A fase adulta emergente como um novo período de desenvolvimento

A descoberta de que a busca de identidade comumente se estende até a fase adulta é uma das diversas considerações que levaram Jeffrey Arnett à radical conclusão de que devemos reconhecer a existência de um novo estágio de desenvolvimento nas sociedades modernas. Ele chama a esse estágio de *fase adulta emergente*. Segundo Arnett (2000, 2006), o período entre 18 e 25 anos (aproximadamente) tornou-se um novo estágio de vida transitório e distinto. Ele atribui esse novo período de desenvolvimento a uma série de tendências demográficas. Por exemplo: hoje mais pessoas se casam mais tarde e têm filhos somente por volta dos 30 anos. E estudam por mais tempo. Os jovens agora encontram mais barreiras para atingir a independência financeira.

Arnett (2000, 2006, 2011) defende que a fase adulta emergente é marcada por uma série de características distintas. A principal delas é a sensação de estar entre a adolescência e a fase adulta. Adultos emergentes não se sentem como adolescentes, mas muitos também não se vêem como adultos (veja **Figura 10.13**). Outra característica da fase adulta emergente é a de ser uma idade de várias possibilidades. É uma fase de grande otimismo sobre o futuro. Trata-se também de um momento em que a pessoa está concentrada em si mesma. Arnett também descobriu que a fase adulta emergente é um período de grandes conflitos relacionados aos problemas de identidade. A teoria instigante de Arnett já fomentou uma série de pesquisas sobre a dinâmica e a importância do desenvolvimento na fase adulta emergente (Chow e Ruhl, 2014; Chung et al., 2014; Claxton e van Dulmen, 2013).

10.5 A EXTENSÃO DA VIDA ADULTA

No passado, o conceito de desenvolvimento foi associado quase exclusivamente à infância e adolescência. Contudo, hoje é amplamente reconhecido como uma jornada que dura a vida toda. Curiosamente, os padrões de desenvolvimento durante a vida adulta estão se tornando cada vez mais diversos. Os limites entre a juventude, a meia-idade e a velhice se confundem à medida que um número crescente de pessoas

10.5 Objetivos Principais de Aprendizagem

- Discutir o desenvolvimento da personalidade na fase adulta e estabelecer as transições típicas na relação familiar durante os anos da vida adulta.
- Descrever as mudanças físicas associadas à idade e informações sobre a doença de Alzheimer.
- Entender como a memória e a agilidade mental se modificam ao final da fase adulta.
- Discutir as atitudes com relação à morte, o processo de morrer e as variações no modo como as pessoas reagem ao luto.

Figura 10.13 A fase adulta emergente como transição entre a adolescência e a vida adulta.

Arnett (2006) caracteriza a fase adulta emergente como uma "fase de se sentir entre dois períodos." Essa caracterização teve origem em um estudo no qual ele perguntou a voluntários de várias idades: "você sente que já atingiu a fase adulta?". Como é possível ver pelos dados exibidos, a resposta que prevaleceu no grupo de idades entre 18-25 anos foi um ambivalente "sim e não", enquanto a resposta daqueles entre 26-35 anos foi um predominante "sim."

Fonte: Arnett, J. J. Emerging adult hood: Understanding the new way of coming of age. In: J. J. Arnett; J. L. Tanner (Eds.). *Emerging adults in America: Coming of age in the 21st century*. Washington, DC: American Psychological Association, 2006. p. 11.

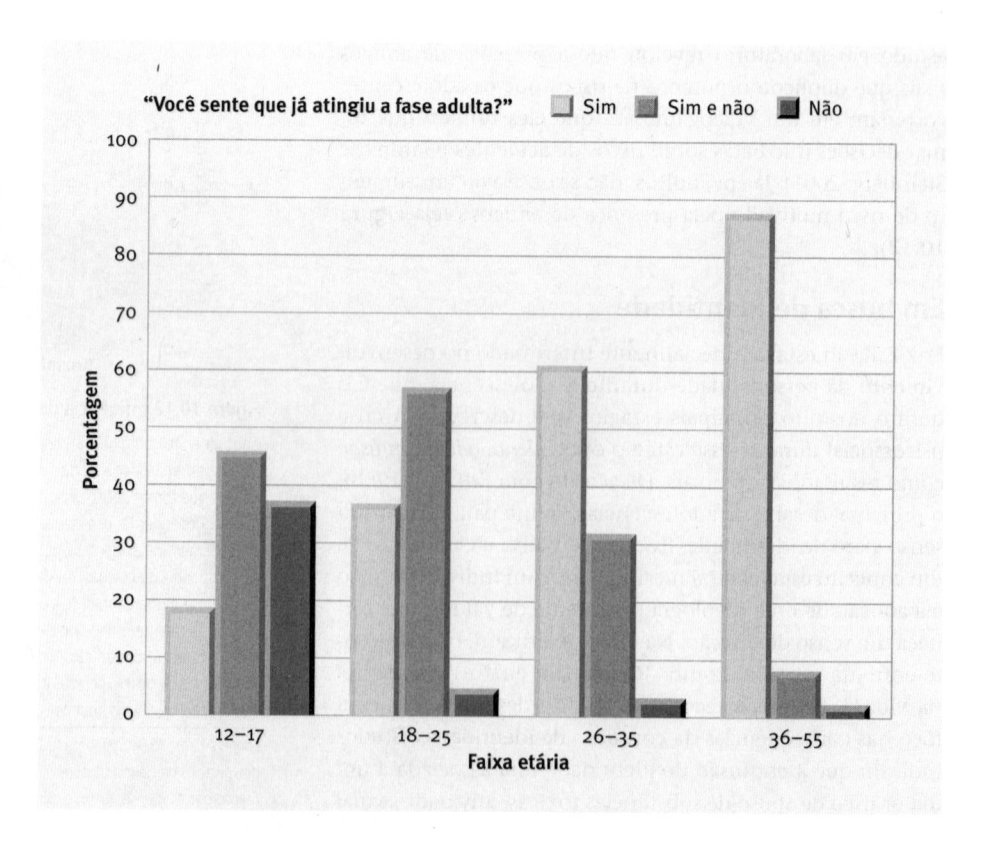

têm filhos mais tarde "do que deveriam", se aposentam mais tarde "do que deveriam" e assim por diante.

Desenvolvimento da personalidade

As pesquisas sobre desenvolvimento da personalidade adulta têm sido dominadas por uma questão fundamental: quão estável é a personalidade ao longo da vida? Veremos esse assunto e a visão de Erikson da vida adulta em nossa discussão sobre desenvolvimento da personalidade nos anos adultos.

A questão da estabilidade

As mudanças significativas de personalidade na vida adulta são comuns? Uma pessoa de 20 anos aborrecida virá a ser um rabugento de 40 e um rabugento de 65 anos? Depois de acompanhar as pessoas durante a vida adulta, muitos pesquisadores têm ficado impressionados pela quantidade de mudanças observadas (Helson, Jones e Kwan, 2002; Whitbourne et al., 1992). Por outro lado, muitos outros pesquisadores concluíram que a personalidade tende a ser mais estável no período entre os 20 e 40 anos (Costa e McCrae, 1994, 1997; Roberts e DelVecchio, 2000).

É claro que os pesquisadores, ao avaliarem a estabilidade da personalidade durante a vida adulta, têm chegado a conclusões muito diferentes. Como podem essas conclusões contraditórias ser conciliadas? Ao que parece, *ambas* são precisas – elas apenas refletem diferentes modos de observar os dados (Bertrand, Graham e Lachman, 2003). Como observamos no Capítulo 8, as pontuações dos testes psicológicos são medidas *relativas* – elas mostram como alguém pontua *em relação a outras pessoas*. Pontuações puras são convertidas em *pontuações percentis*, que indicam o grau exato em que a pessoa está acima ou abaixo da média em determinado traço. Os dados indicam que essas pontuações percentis tendem a ser bastante estáveis durante longos períodos – a permanência relativa das pessoas em traços de personalidade não tende a mudar muito (Allemand, Steiger e Hill, 2013). Além disso, a estabilidade em termos de medidas relativas dos traços de personalidade tende a aumentar com a idade (Roberts, Donnellan e Hill, 2013).

Contudo, se examinarmos as pontuações puras dos participantes quanto aos traços de personalidade fundamentais, poderemos ver que existem algumas tendências desenvolvimentais significativas. Embora o resultado bruto dos adultos em termos de extroversão se mantenha estável, a propensão à neurose tende a diminuir moderadamente com o passar da idade e características como condescendência, abertura a experiências e consciência aumentam gradativamente (Soto et al., 2011; veja **Figura** 10.14). Estudos mostram, principalmente, que (1) há variação entre o modo como as pessoas sentem as mudanças de personalidade; (2) as maiores mudanças em termos de resultado bruto ocorrem entre as idades de 20 e 40 anos; (3) mudanças significativas podem ocorrer até na velhice; e (4) as tendências comuns em termos de desenvolvimento representam mudanças "positivas" que levam as pessoas a maior maturidade social (Donnellan, Hill e Roberts, 2015). Em resumo, parece que a personalidade na vida adulta é caracterizada por estabilidade *e* mudança.

A visão de Erikson da vida adulta

À medida que a personalidade muda durante a vida adulta, a teoria de Erik Erikson (1963) oferece algumas pistas sobre os tipos de mudanças que as pessoas podem esperar. Em seu modelo de desenvolvimento de oito estágios ao longo da vida, ele dividiu a vida adulta em três (veja **Figura 10.5** novamente):

Intimidade *versus* isolamento. No começo da vida adulta, a preocupação-chave é se a pessoa pode desenvolver a capacidade de partilhar intimidade com os outros. Resoluções bem-sucedidas dos desafios nesse estágio devem promover empatia e abertura, em vez de recolhimento e manipulação.

> **CHECAGEM DA REALIDADE**
>
> **Ideia equivocada**
>
> A maior parte das pessoas passa por uma crise de meia-idade por volta dos 40.
>
> **Realidade**
>
> Embora se fale muito a respeito disso, a crise de meia-idade não parece ser um traço característico de transição do desenvolvimento. Pesquisas mostram que apenas uma minoria (2% a 5%) das pessoas passa por uma crise de meia-idade (Chiriboga, 1989; McCrae e Costa, 1990).

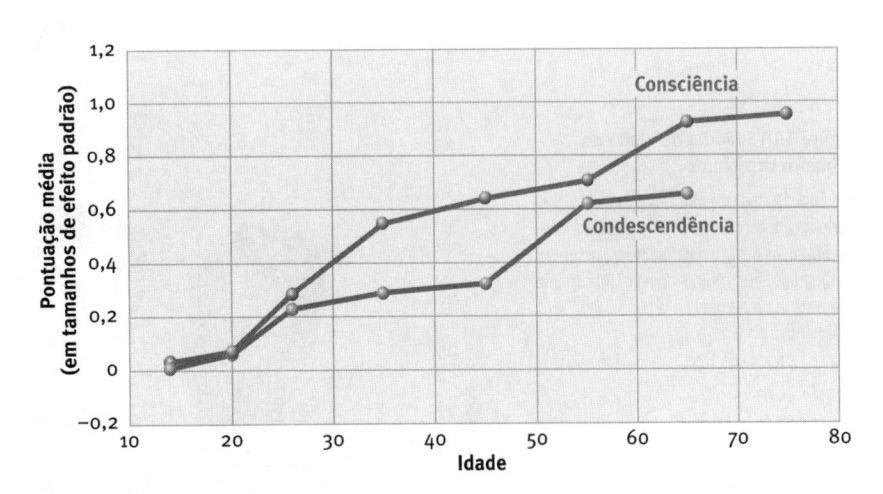

Figura 10.14 Exemplos de traços de personalidade na fase adulta.

Segundo Roberts e Mroczek (2008), quando os pesquisadores examinam a média de pontos dos participantes, descobrem características importantes sobre as décadas da fase adulta. As tendências de dois traços específicos (condescendência e consciência) são mostradas aqui como exemplos. Usando os resultados dos testes dos participantes adolescentes como base, pode-se ver como as medidas de condescendência e consciência aumentam substancialmente com o passar das décadas.

Fonte: Roberts, B. W.; Mroczek, D. Personality trait change in adulthood. *Current Directions in Psychological Science*, n. 17, p. 31-35, 2008. Copyright © 2008 Blackwell Publishing.

Generatividade *versus* autoabsorção. Na fase média da idade adulta, o principal desafio é adquirir uma preocupação genuína com o bem-estar das gerações futuras, que resulta em fornecer conselhos altruístas às pessoas mais jovens. A autoabsorção caracteriza-se por preocupações autoindulgentes em satisfazer as próprias necessidades e desejos.

Integridade *versus* desespero. Durante os anos de aposentadoria, o desafio é evitar a tendência de debruçar-se sobre os erros do passado e a morte iminente. As pessoas precisam encontrar significado e satisfação em suas vidas, e não mergulhar em amargura e ressentimento.

Transições na vida familiar

Muitas das transições importantes na vida adulta envolvem mudanças nas responsabilidades e relações familiares. Todos surgem de uma família, e a maioria das pessoas segue em frente para formar sua própria família. O período de transição durante o qual os jovens adultos ficam "desgarrados" até formar uma nova família tem-se prolongado cada vez mais para um número maior de pessoas. A porcentagem de jovens adultos que têm adiado o casamento para o final dos 20 anos e início dos 30 tem subido significativamente (Teachman, Polonko e Scanzoni, 1999; veja **Figura 10.15**). Essa tendência é provavelmente o resultado de uma série de fatores. Entre os mais importantes estão a disponibilidade de opção por novas carreiras para mulheres, o aumento dos requisitos educacionais no mundo do trabalho e a intensificação da ênfase na autonomia pessoal. Continuar solteiro é, hoje, uma opção muito mais aceitável que há poucas décadas (DeFrain e Olson, 1999). Não obstante, mais de 90% dos adultos acabam se casando.

Adaptando-se ao casamento

A maioria dos novos casais parece feliz, mas 8% a 14% dos recém-casados apresentam pontuação negativa em termos de satisfação no casamento, especialmente com relação a dificuldades para equilibrar trabalho, casamento e preocupações financeiras (Schramm et al., 2005). Otimismo pode ajudar, mas tudo depende do tipo de otimismo. Um estudo recente indica que o *traço de personalidade de otimismo*, que envolve uma tendência à expectativa de bons acontecimentos, estimula a solução construtiva de problemas e o bem-estar no casamento (Neff e Geers, 2013). No entanto, esse estudo revelou que o *otimismo específico em relação ao casamento*, que envolve expectativas idealistas sobre a relação (meu parceiro sempre será carinhoso, sempre se comunicará bem comigo, jamais irá me magoar e assim por diante), está associado à solução menos construtiva de problemas e diminui consideravelmente em termos de bem-estar marital durante o primeiro ano de casamento. Portanto, é bastante útil ter expectativas realistas sobre o casamento.

É normal imaginar que os pares que moram juntos antes do casamento têm uma transição mais suave para o casamento e que há mais chances de sucesso na relação. No entanto, até bem pouco tempo as pesquisas mostravam exatamente o contrário. Descobriu-se uma associação entre a convivência pré-marital e maiores taxas de divórcio (Teachman, 2003). Pesquisadores consideram que pessoas que decidem morar juntas têm uma visão menos tradicional, mais individualista, além de menor comprometimento com a instituição do casamento. No entanto, descobertas mais recentes sobre os efeitos da relação de convivência têm sido diferentes (Liefbroer e Dourleijn, 2006). Um dos motivos pode ser o fato de as pessoas morarem juntas antes do casamento estar se tornando mais norma que exceção (Cohan, 2013). Nos anos 1970, apenas 10% dos pares moravam juntos

Figura 10.15 Média de idade do primeiro casamento.

A média de idade do primeiro casamento dos norte-americanos vem aumentando tanto para homens quanto para mulheres, desde a metade dos anos 1960. Essa tendência aponta que cada vez mais pessoas estão adiando seus casamentos.
(Dados extraídos do U.S. Bureau of the Sensus).

antes do casamento, mas esse número aumentou para 66% (Manning, Brown e Payne, 2014; Tach e Halpern-Meekin, 2009). Um grande estudo feito na Austrália sobre as tendências nas últimas décadas (de 1945 a 2000) revelou que a relação de casais que moravam juntos apresentava um índice mais alto de dissolução até 1988, mas a tendência passou a se reverter aos poucos, com índices mais baixos de separação (Hewitt e de Vaus, 2009). Nos Estados Unidos, estudos mais recentes sobre casamentos também não identificaram relação entre o fato de os pares morarem juntos e instabilidade marital (Manning e Cohen, 2012; Reinhold, 2010).

Um fator crítico de conflito em muitos casamentos novos é a negociação de papéis no que tange a carreiras. Cada vez mais mulheres aspiram a carreiras que exigem comprometimento. No entanto, as pesquisas mostram que as carreiras dos maridos continuam a ter prioridade sobre as ambições de carreira das esposas (Cha, 2010). Ademais, muitos maridos mantêm expectativas tradicionais sobre o papel das esposas quanto a trabalhos domésticos, cuidados com os filhos e tomada de decisões. A contribuição dos homens nos quesitos de tarefas domésticas/cuidados com os filhos *aumentou* visivelmente desde os anos 1960. Mas estudos sobre casais com filhos indicam que as esposas ainda desempenham duas vezes mais trabalhos domésticos/cuidados com os filhos que os maridos (Bianchi et al., 2012; veja **Figura 10.16**). Isso ocorre mesmo com executivos de altos salários e carreiras de grande responsabilidade. Miller Burke e Attridge (2011a, 2011b) entrevistaram 106 mulheres e homens executivos no mundo todo que têm renda anual acima de um milhão de dólares. Entre as mulheres, 44% afirmaram fazer a maior parte do trabalho de casa/cuidar dos filhos enquanto apenas 4% dos homens afirmaram assumir tais responsabilidades. Pelo que se pode observar, maridos ainda têm uma carga de trabalho mais longa que as esposas e elas não percebem sua carga de trabalhos domésticos como injusta porque a maioria não espera uma divisão igualitária com os maridos nessas tarefas (Braun et al., 2008).

Adaptando-se à paternidade/maternidade

Embora um número crescente de pessoas escolham não ter filhos, a grande maioria de casais continua a ter filhos. A maioria dos casais se sente feliz com a decisão de ter filhos, mas a chegada do primeiro filho representa uma transição importante e uma ruptura das rotinas que pode ser emocionalmente desgastante. A transição para a maternidade/paternidade tende a apresentar mais impacto nas mães do que nos pais (Nomaguchi e Milkie, 2003). Um estudo detalhado revelou uma grande queda na qualidade dos relacionamentos após o nascimento do primeiro filho (Doss et al., 2009). Uma revisão de décadas de pesquisa sobre paternidade/maternidade e satisfação com o casamento descobriu que: (1) casais com filhos mostram uma satisfação com o casamento menor do que os sem filhos; (2) mães com bebês relatam uma diminuição acentuada na

> **CHECAGEM DA REALIDADE**
> **Ideia equivocada**
> Crianças são um fator essencial de alegria para os casais.
>
> **Realidade**
> Crianças podem ser motivo de grande alegria, mas também são grande fonte de estresse. Embora haja outros fatores a serem considerados e muitas exceções, estudos mostram que a satisfação conjugal normalmente diminui com a chegada dos filhos e muitas vezes aumenta quando eles crescem e deixam a casa.

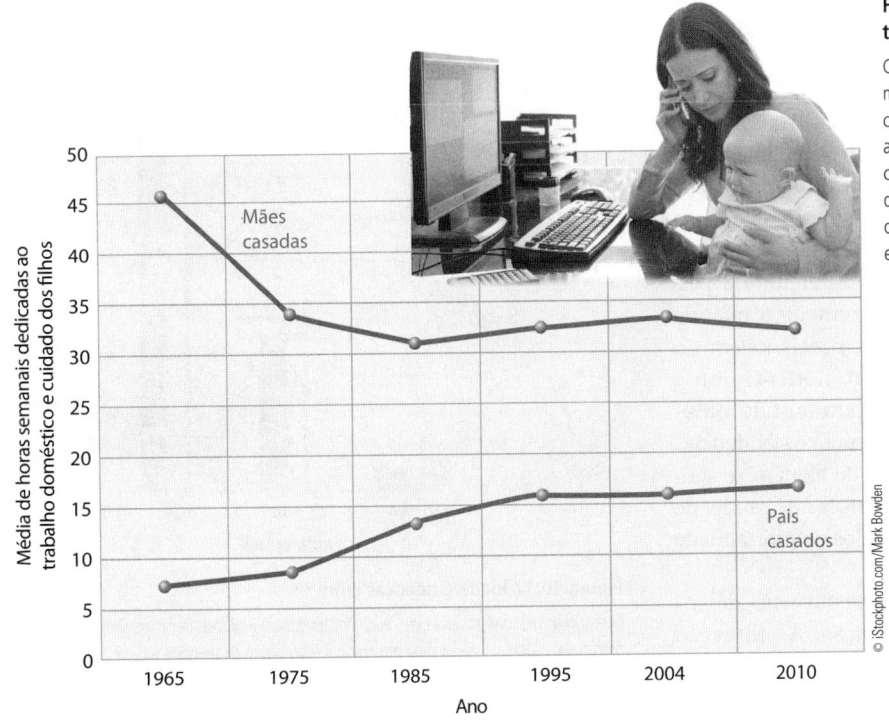

Figura 10.16 Tendências do trabalho doméstico desde os anos 1960

Como os dados mostram, a diferença entre homens e mulheres, no que diz respeito ao trabalho doméstico/cuidado com as crianças, vem diminuindo desde a década de 1960. Pais casados duplicaram sua contruibuição doméstica, mas mães casadas ainda dedicam o dobro do tempo ao trabalho doméstico/cuidado com as crianças. (Dados extraídos de Bianchi et al., 2000)

satisfação com o casamento; e (3) quanto mais filhos tem o casal, menor tende a ser sua satisfação com o casamento (Twenge, Campbell e Foster, 2003). Embora essas descobertas sejam desanimadoras, a crise após o nascimento do primeiro filho não é algo universal. Um estudo recente indica que a média de satisfação no relacionamento após o nascimento de um filho mostra uma diminuição comum, mas análises mais profundas revelaram que a média era de subgrupos de pais e mães que apresentavam quedas acentuadas em termos de satisfação (Don e Mickelson, 2014). O que se descobriu é que a satisfação com o relacionamento se manteve para cerca de metade dos pais e três quartos das mães. Portanto, como é comum, as médias podem desapontar.

Conforme os filhos crescem, a influência dos pais sobre eles tende a decrescer. À medida que isso acontece, os primeiros anos de paternidade/maternidade – que antes pareciam ter sido tão difíceis – são, em geral, recordados com carinho. Quando os jovens atingem a adolescência e buscam estabilizar suas próprias identidades, ocorrem realinhamentos graduais nas relações entre pais e filhos (Bornstein, Jager e Steinberg, 2013). Por um lado, as relações entre pais e adolescentes geralmente não são tão amargas ou conflitantes como é amplamente assumido. Por outro lado, os adolescentes passam menos tempo em atividades familiares, e a proximidade deles com os pais diminui enquanto os conflitos se tornam mais frequentes (Smetana, Camplione Barr e Metzger, 2006). Os conflitos tendem a envolver mais assuntos corriqueiros (afazeres e aparências) do que substanciais (sexo e drogas) (Collins e Laursen, 2006).

O envelhecimento e as mudanças fisiológicas

As pessoas obviamente experimentam muitas mudanças físicas ao avançar na idade adulta. Em ambos os gêneros, os cabelos tendem a afinar e se tornam grisalhos, e muitos homens se confrontam com entradas e calvície. Para a consternação de muitos, a proporção de gordura corporal tende a aumentar com a idade. Essas mudanças têm relativamente pouca importância funcional, porém, em nossa sociedade orientada aos jovens, elas frequentemente levam as pessoas a se verem como não atraentes (Aldwin e Gilmer, 2004).

Curiosamente, no entanto, quando se pergunta a pessoas mais velhas com que idade elas se sentem, a maioria responde ter a sensação de ser um pouco mais jovem do que realmente é (Kleinspehn-Ammerlahn, Kotter-Grühn e Smith, 2008). Obviamente, há um contexto ilusório na situação, mas aparentemente de caráter benéfico. Evidências sugerem que há associação entre o fato de alguém se sentir mais jovem do que é e melhores condições de saúde, de funcionamento cognitivo e riscos reduzidos de mortalidade (Hsu, Chung e Langer, 2010).

No domínio sensorial, as mudanças-chave no desenvolvimento ocorrem na visão e na audição. A proporção de pessoas com acuidade visual 20/20 diminui com a idade. A hipermetropia e a dificuldade de ver em ambientes com baixa luminosidade tornam-se mais comuns (Schieber, 2006). A sensibilidade auditiva começa a diminuir gradualmente no início da vida adulta, mas não costuma ser perceptível até os 50 anos. Essas perdas sensoriais podem ser mais problemáticas, mas na sociedade moderna elas normalmente podem ser parcialmente compensadas com óculos, lentes de contato e aparelhos de ajuda auditiva.

As mudanças relacionadas com a idade também ocorrem no funcionamento hormonal durante a vida adulta. Entre as mulheres, essas mudanças levam à *menopausa*. Esse fim dos períodos menstruais, acompanhado de uma perda da fertilidade, ocorre comumente por volta dos 50 anos (Grady, 2006). A maioria das mulheres apresenta alguns sintomas desagradáveis, como ondas de calor, dor de cabeça, sudorese noturna, oscilações de humor, dificuldades para dormir e diminuição no desejo sexual, mas o nível de desconforto varia consideravelmente (Grady, 2006; Williams et al., 2007). Não muito tempo atrás, pensava-se que a menopausa fosse quase universalmente acompanhada de tensão emocional intensa. No entanto, é certo que as reações variam e que a maioria das mulheres experimenta relativamente modesta angústia psicológica (George, 2002; Walter, 2000).

De maneira geral, as mudanças psicológicas que acompanham a velhice tendem a causar diminuição das capacidades funcionais, redução da resistência biológica diante do estresse e aumento da suscetibilidade a doenças agudas e crônicas (Freund, Nikitin e Riediger, 2013). Portanto, como conclusão, é possível afirmar que a proporção de pessoas com doenças crônicas aumenta consideravelmente com a idade (Ward, Schiller e Goodman, 2014) (veja **Figura 10.17**). Sendo assim, algumas pessoas apresentam "envelhecimento com mais qualidade" que outras. Embora normalmente se pense que uma boa saúde na terceira idade dependa

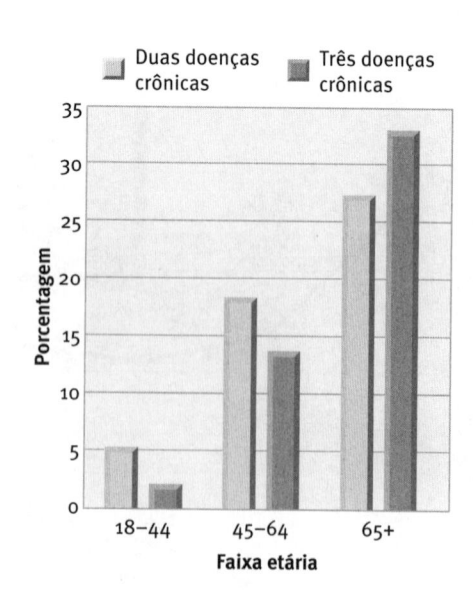

Figura 10.17 Idade e doenças crônicas.
Quando as pessoas envelhecem, elas têm tendência a apresentar mais problemas crônicos de saúde. Esse gráfico mostra a porcentagem de pessoas em três períodos de idade que sofrem com dois ou até três problemas crônicos de saúde. (Dados de Ward, Schiller e Goodman, 2014).

principalmente de fatores fisiológicos, como uma constituição genética favorável, parece haver uma série de *fatores psicológicos* de grande importância quando se trata de diminuir os efeitos negativos do avanço da idade. Por exemplo, observamos no Capítulo 8 que maior *inteligência* está associada a melhor saúde e longevidade (Wrulich et al., 2014). No Capítulo 13, discutiremos como a saúde e a longevidade estão associadas aos traços de personalidade de *otimismo* (Carver e Scheier, 2014) e *consciência* (Friedman et al., 2014). Pesquisas também já associaram a *autoestima* à tendência de vivenciar *emoções positivas* para um envelhecimento saudável (Vondracek e Crouter, 2013). E, claro, o envelhecimento saudável depende de *hábitos de comportamento*, como uma dieta nutritiva, exercícios adequados, evitar o fumo e substâncias nocivas e ter uma postura proativa com relação à saúde, fazendo *checkups* regulares (CDC, 2009). Portanto, uma boa saúde na terceira idade pode depender tanto de processos psicológicos quanto físicos.

Envelhecimento e mudanças neurais

A quantidade de tecido cerebral e o peso do cérebro diminuem gradualmente no período final da idade adulta, principalmente após os 60 anos (Victoroff, 2005). Essas tendências parecem refletir uma queda no número de neurônios ativos em algumas áreas do cérebro e o encolhimento de neurônios ainda ativos, com a perda de neurônios sendo talvez menos importante do que se acreditava. Embora essa perda gradual de tecido cerebral pareça alarmante, ela é um processo normal do envelhecimento. Seu significado funcional é objeto de debate, mas não parece ser um fator-chave em nenhum tipo de demência associada à idade. **Demência é uma condição anormal marcada por múltiplos déficits cognitivos, que incluem perda de memória.** A demência pode ser causada por uma variedade de doenças, como mal de Alzheimer, de Parkinson, de Huntington e a Aids, para citar apenas algumas (Bourgeois, Seaman e Servis, 2008). A prevalência de muitas dessas doenças aumenta com a idade. Desse modo, a demência é vista em cerca de 5% a 8% das pessoas com mais de 65 a 70 anos, e em 15% a 20% das pessoas com mais de 75 anos (Richards e Sweet, 2009). No entanto, é importante enfatizar que demência e "senilidade" não são parte do processo normal de envelhecimento.

O mal de Alzheimer é responsável por cerca de 60% a 80% de todos os casos de demência (Thies e Bleiler, 2003). Esse mal é acompanhado de uma séria deterioração estrutural no cérebro. Pacientes com Alzheimer apresentam perda profunda e generalizada de neurônios e tecido cerebral, especialmente na região do hipocampo, que desempenha papel importante em termos de memória (Braskie e Thompson, 2013). O primeiro sintoma que se nota é o esquecimento, depois de períodos muito curtos, de informações obtidas recentemente. Problemas de memória, atenção e funções executivas (planejamento, concentração em uma tarefa) também são bastante comuns (Storandt, 2008). O curso da doença é uma deterioração progressiva, em um período de

Ao contrário dos estereótipos que são amplamente disseminados, muitas pessoas permanecem bastante ativas e produtivas nos seus 70-80 anos, e até mesmo depois disso. Esse "envelhecimento bem-sucedido" parece depender consideravelmente de vários fatores psicológicos.

8 a 10 anos, terminando com a morte (Albert, 2008). Famílias de pacientes com Alzheimer passam por grande estresse com relação a cuidados e assistem a uma lenta deterioração da saúde do ente querido (Thies e Bleiler, 2013).

As causas dessa debilitante destruição neural não são bem entendidas. Fatores genéticos com certeza contribuem (Kauwe et al., 2013). Seu papel exato, no entanto, ainda é desconhecido (Guerreiro, Gustafson e Hardy, 2012). Evidências recentes apontam inflamação crônica como um fator que contribui para o quadro (Obulesu e Jhansilakshmi, 2014). Alguns fatores "protetores" que reduzem a vulnerabilidade ao mal de Alzheimer foram identificados. Por exemplo: o risco é menor entre os que praticam exercícios regularmente (Smith et al., 2013) e aqueles com menos fatores de risco cardiovascular, que não apresentam pressão alta e não têm histórico de fumo ou diabetes (Prince et al., 2014). A menor vulnerabilidade ao Alzheimer também está associada à participação frequente em atividades de estimulação cognitiva (Landau et al., 2012) e à manutenção das relações sociais com amigos e parentes (James et al., 2011).

O envelhecimento e as modificações cognitivas

Diversos estudos mostram uma diminuição da capacidade de memória de adultos mais velhos (Dixon et al., 2013). Alguns pesquisadores afirmam que as perdas de memória associadas ao envelhecimento normal são moderadas e *não* ocorrem com todas as pessoas (Dixon e Cohen, 2003). No entanto, Salthouse (2003, 2004) enxerga a questão de maneira bem mais pessimista e afirma que a perda de memória com o avanço da idade é significativa, começa já no início da idade adulta e ocorre com todas as pessoas. Uma razão para essa diversidade de opiniões pode ser a variedade de tipos de memória (veja Capítulo 7), como semântica, episódica e procedural (Small et al., 2012). A memória episódica parece ser bem mais vulnerável que a memória semântica em termos de declínio relacionado à idade (Nyberg et al., 2012).

No âmbito cognitivo, o envelhecimento realmente parece trazer problemas, em primeiro lugar, à *velocidade*. Muitos estudos indicam que a velocidade de aprender, resolver problemas e processar informação tende a diminuir com a idade (Salthouse, 1996). As evidências sugerem que a diminuição da velocidade de processamento pode ser uma tendência demorada e gradual, começando na média idade adulta (veja **Figura 10.18**). Embora a velocidade mental diminua com a idade, a capacidade de resolução de problemas continua consideravelmente intacta, se a pessoa tiver o tempo adequado para resolver o problema como forma de compensar a velocidade mental reduzida.

Um assunto bastante debatido nos últimos anos é se uma atividade mental mais intensa ao final da vida adulta pode adiar o declínio típico das funções cognitivas relacionado à idade mais avançada. Essa possibilidade é comumente associada ao provérbio "o que não se usa se atrofia". Diversas linhas de pesquisa parecem reforçar esse conceito. Por exemplo: pessoas que continuam a trabalhar na terceira idade, especialmente com tarefas que exigem raciocínio, tendem a apresentar menor redução nas habilidades cognitivas (Schooler, 2007). Outros estudos sugerem que se engajar em atividades que envolvam desafio intelectual ao final da idade adulta ajuda a evitar o declínio cognitivo (Nyberg et al., 2012). Por exemplo: um estudo recente com pessoas da terceira idade (72 anos, em média) revelou que três meses de atividades de aquisição de novas habilidades (tricô ou fotografia digital) estimula a memória episódica (Park et al., 2014).

Com essas descobertas em mente, alguns cientistas desenvolveram complexos e estimulantes programas de treinamento cognitivo para pessoas da terceira idade com o objetivo de reduzir seu declínio cognitivo. O estudo dessas atividades pareceu apresentar melhorias promissoras, embora moderadas, em diversos aspectos do desempenho de memória (Kanaan et al., 2014; Miller et al., 2013). Sendo assim, as evidências sobre o treinamento da memória apontam para diversas direções. Ainda não se sabe ao certo se o treinamento da mente pode adiar ou diminuir o avanço da doença de Alzheimer.

A morte e o morrer

A vida é uma viagem, e a morte é a última parada. Lidar com a morte de amigos e familiares é um problema frequente para as pessoas durante a vida adulta. Além disso, o desafio final da vida é encarar a própria morte.

E como ela é um tabu na sociedade moderna ocidental, a estratégia mais comum para lidar com esse problema é *evitá-lo*. É comum vermos as pessoas usarem eufemismos como "falecimento" para não dizer a tão temida palavra. A maneira de compreender a morte varia de uma cultura para outra. O negativismo e a evasão *não* são universais. Por exemplo: na cultura mexicana, a morte é um assunto comum e até celebrado em uma festividade nacional chamada Dia dos Mortos (DeSpelder e Strickland, 1983).

Figura 10.18 Idade e velocidade mental.

Muitos estudos descobriram que a velocidade mental diminui com a idade. Os dados exibidos aqui, de Salthouse (2000), são baseados em duas tarefas de velocidade perceptual. Os pontos representam médias para grandes grupos de sujeitos, expressos em termos de quantos desvios-padrão (veja o Apêndice B) eles estão acima ou abaixo da média para todas as idades (que é estabelecida em 0). Diminuições semelhantes relacionadas à idade são vistas em muitas tarefas que dependem da velocidade mental.

Fonte: Adaptado de Salthouse, T. A. Aging and measures of processing speed. *Biological Psychology* (2000), v. 54, p. 35-54, 2000. Reproduzido com autorização da Elsevier Science.

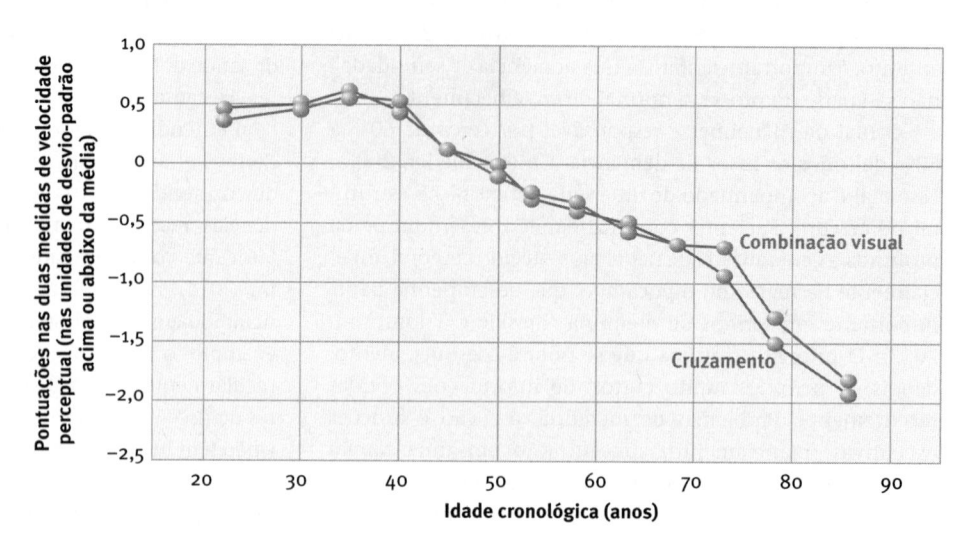

A ansiedade com relação à morte normalmente diminui do início para o final da idade adulta (Thorson e Powell, 2000). Adultos mais velhos normalmente temem mais o período de incerteza que se apresenta antes da morte do que a morte em si. Preocupam-se onde irão viver, se alguém cuidará deles e como terão de lidar com as situações que surgirem.

Elisabeth Kübler-Ross (1969, 1970) desenvolveu uma pesquisa sobre a experiência de morrer durante os anos 1960. Baseada em entrevistas com pacientes terminais, concluiu que as pessoas passam por cinco estágios ao confrontar a própria morte: (1) negação, (2) raiva, (3) barganha (geralmente com Deus), (4) depressão e (5) aceitação. Estudos mais recentes conduzidos com pacientes terminais não identificaram os mesmos estágios de emoção que ela descreveu (Corr, 1993; Friedman e James, 2008). Mas Kübler-Ross merece crédito por sua pesquisa empírica sobre o processo da morte.

Quando um amigo, cônjuge ou parente morre, as pessoas têm que conviver com o *luto*. Há uma variação considerável entre as culturas quanto à forma de lidar com esse evento que causa tanto estresse. Nos Estados Unidos e na Europa, encoraja-se que as pessoas rompam os vínculos emocionais com o morto e retomem o mais breve possível suas rotinas. Nas culturas asiática, africana e hispânica, as pessoas que perdem um ente querido são encorajadas a manter a ligação emocional com seus mortos (Bonanno, 1998). Por exemplo, quase todos os lares no Japão possuem altares dedicados aos ancestrais das famílias, e é comum ver as pessoas falando com os mortos. Independentemente da forma de luto, todos os rituais têm como objetivo dar algum sentido à morte e ajudar as famílias a lidar com a dor e a separação que ela causa.

Estudos com viúvas sugerem que as reações ao luto se encaixam em cinco categorias (Bonanno, Wortman e Noese, 2004). O *sofrimento ausente* ou *padrão flexível* caracteriza-se por baixos níveis de depressão antes e depois da morte do cônjuge. No *sofrimento crônico* uma baixa depressão antes da perda é seguida de uma depressão prolongada após sua ocorrência. O *sofrimento comum* caracteriza-se por um aumento na depressão logo após a morte do cônjuge e uma diminuição com o decorrer do tempo. No padrão de *desenvolvimento do sofrimento*, um pico de depressão antes da perda é seguido por um declínio relativamente breve após a morte do cônjuge. A *depressão crônica* descreve quando surgem altos níveis de depressão tanto antes quanto depois da perda. Surpreendentemente, o sofrimento ausente/flexível é o padrão mais comum, apresentado por aproximadamente metade das viúvas. Muitos acreditam que aqueles que não se permitem "sofrer" têm mais dificuldades para se adaptar depois. No entanto, isso tem sido contestado por diversos estudos (Bonanno et al., 2002; Wortman, Wolff e Bonanno, 2004).

10.6 Refletindo sobre os temas do capítulo

10.6 Objetivos Principais de Aprendizagem
- Identificar os cinco temas unificadores destacados neste capítulo.

Cinco de nossos sete temas integrativos emergiram, até certo ponto, em nossa discussão sobre o desenvolvimento humano. Vimos diversidade teórica em nossas discussões sobre desenvolvimento cognitivo e da personalidade, e que a psicologia evolui em um contexto sócio-histórico ao investigar assuntos complexos do mundo real – tais como as controvérsias em torno das diferenças de gênero – que aparecem com a mudança de nossa sociedade. Encontramos causas multifatoriais de comportamento no desenvolvimento do vínculo, entre outras coisas. Vimos também invariância e diversidade culturais em nossa análise sobre os vínculos, desenvolvimento motor, desenvolvimento cognitivo e desenvolvimento moral.

Diversidade teórica

Contexto sócio-histórico

Causalidade multifatorial

Herança cultural

Hereditariedade e meio ambiente

Mas, acima de tudo, tratamos de como a hereditariedade e o ambiente moldam conjuntamente o comportamento. Já havíamos verificado a influência dual da hereditariedade e do ambiente anteriormente, mas esse tema é rico em complexidade e cada capítulo abrange aspectos e implicações diferentes. Nossa discussão sobre desenvolvimento ampliou o ponto de que a genética e a experiência trabalham *interativamente* para moldar o comportamento. O que significa dizer que a hereditariedade e o ambiente interagem? Na linguagem da ciência, uma interação significa que os efeitos de uma variável dependem dos efeitos de outra, ou seja, ambos não funcionam independentemente. Crianças com temperamentos "difíceis" provocarão reações diversas de pais diferentes, dependendo das personalidades deles e de suas expectativas. Da mesma forma, um determinado casal de pais afetará diferentes filhos de diversas maneiras, dependendo das características inatas das crianças. Há uma inter-relação, ou laço de realimentação, entre fatores biológicos e ambientais.

Todos os aspectos do desenvolvimento são moldados conjuntamente pela hereditariedade e pela experiência. Frequentemente estimamos seu peso ou influência relativa como se pudéssemos dividir claramente o comportamento em componentes genéticos e ambientais. Embora não possamos realmente esculpir o comportamento de forma tão pura, tais comparações podem ser de grande interesse teórico, como você verá em nossa Aplicação Pessoal, que discute a natureza e as origens das diferenças de gênero no comportamento.

10.7 APLICAÇÃO PESSOAL
A compreensão das diferenças de gênero

Responda às seguintes questões com "verdadeiro" ou "falso".

___ 1 As mulheres são mais socialmente orientadas que os homens.
___ 2 Os homens superam as mulheres na maioria das tarefas espaciais.
___ 3 As mulheres são mais irracionais que os homens.
___ 4 Os homens são menos sensíveis a pistas não verbais que as mulheres.
___ 5 As mulheres são mais emotivas que os homens.

Há diferenças comportamentais genuínas entre os gêneros similares às mencionadas anteriormente? Se houver, por que elas existem? Como se desenvolvem? Essas são as questões complexas e controversas que exploraremos aqui.

Como os sexos diferem em comportamento?

As *diferenças de gênero* são **disparidades reais entre homens e mulheres quanto ao comportamento típico ou capacidade média.** Há literalmente milhares de estudos sobre diferenças de gênero. O que as pesquisas mostram? Os estereótipos masculinos e femininos são precisos? Bem, as descobertas apresentam uma mistura de coisas. As pesquisas indicam que existem *de fato* genuínas diferenças comportamentais entre os gêneros e que os estereótipos das pessoas não são inteiramente imprecisos. Mas as diferenças são menos numerosas, menores e muitíssimo mais complexas do que os estereótipos sugerem (Hyde, 2014; Leaper, 2013). Como você verá, apenas duas das diferenças mencionadas em nossas questões verdadeiro-falso (os itens pares) têm sido amplamente confirmadas pelas pesquisas.

Capacidades cognitivas

No domínio cognitivo, parece que há três diferenças genuínas – embora muito pequenas – de gênero. Primeiro, na média, as mulheres tendem a exibir *habilidades verbais* ligeiramente melhores que os homens (Leaper, 2013). Por exemplo: meninas são as que mais se destacam em atividades de leitura no mundo todo (Stoet e Geary, 2013). O nível de vantagem das mulheres varia, dependendo da natureza das tarefas, mas as diferenças de gênero costumam ser bem pequenas (Halpern, 2012). Segundo, a partir do ensino médio, aproximadamente, os homens mostram uma ligeira vantagem em testes de *habilidade matemática*. Quando todos os estudantes são comparados, a vantagem dos homens é bem menor. Na verdade, parece que a lacuna entre gêneros tem desaparecido na população em geral nos Estados Unidos (Hyde, 2014). Ainda assim, em relação ao mundo todo, ainda parece haver pequenas disparidades de gênero em muitos países, e em todos eles as diferenças favorecem os homens (Else-Quest, Hyde e Linn, 2010; Stoet e Geary, 2013). Mas ainda se observa certa diferença entre os gêneros nos Estados Unidos em termos de distribuição de habilidades. Homens apresentam três a quatro vezes mais habilidades excepcionais em matemática (Wai, Putallaz e Makel, 2012). Terceiro, já a partir dos primeiros anos escolares, meninos costumam demonstrar mais habilidade *visuoespacial* (Hines, 2013). Tarefas que exigem rotação espacial mental e percepção de movimento no espaço tendem a gerar maior disparidade entre os gêneros (Halpern, 2012).

Comportamento social

Com relação ao comportamento social, as descobertas das pesquisas sustentam a existência de algumas diferenças adicionais de gênero. Primeiro, os estudos indicam que os homens tendem a ser muito mais agressivos *fisicamente* que as mulheres (Archer, 2005; Card et al., 2008). Essa disparidade mostra-se logo na infância. Sua continuação pela vida adulta é sustentada pelo fato de que os homens respondem por um número brutalmente desproporcional de crimes violentos na nossa sociedade. (Kenrick, Trost e Sundie, 2004). Ao contrário da crença popular, mulheres e homens possuem níveis semelhantes de *agressão verbal* ou *relacional* (comentários maldosos etc.). Mas esse é o tipo de agressão que as mulheres usam mais, resultando no estereótipo de "meninas perversas" (Leaper, 2013). Em segundo lugar, existem diferenças na *comunicação não verbal*. As evidências indicam que as mulheres são mais sensíveis às pistas não verbais que os homens (Hampson, van Anders e Mullin, 2006; Schmid et al., 2011) e que elas prestam mais atenção a informações interpessoais (Hall e Mast, 2008). Em terceiro lugar, os homens são sexualmente mais ativos que as mulheres de diversas maneiras. Por exemplo: meninos têm mais propensão para o sexo casual e antes do casamento, para a masturbação e para o uso de pornografia (Petersen e Hyde, 2011; veja Capítulo 9).

Algumas qualificações

Embora as pesquisas tenham identificado algumas diferenças de gênero genuínas em comportamento, tenha em mente que elas são grupais, que nada indicam sobre o indivíduo. Essencialmente, os resultados de pesquisas comparam o "homem médio" com a "mulher média". Porém, você é – e todo indivíduo também é – único. A mulher e o homem médios são, fundamentalmente, produtos da nossa imaginação. Além do mais, as diferenças genuínas de grupo que foram observadas são

---

10.7 OBJETIVOS PRINCIPAIS DE APRENDIZAGEM

- Apresentar evidências das diferenças de comportamento entre os gêneros e mostrar a importância delas.
- Explicar como os fatores biológicos e ambientais podem contribuir para as diferenças de gênero.

relativamente pequenas (Hyde, 2014). A **Figura 10.19** mostra como as pontuações em um traço, talvez a habilidade verbal, podem ser distribuídas entre homens e mulheres. Embora as médias de grupo sejam detectadas como diferentes, você pode ver a grande variedade dentro de cada grupo (gênero) e a enorme superposição entre as distribuições dos dois grupos.

Origens biológicas das diferenças entre os gêneros

O que justifica o desenvolvimento das diferenças de gênero que existem de fato? Até que ponto elas são produto de aprendizado ou da biologia? Essas questões são ainda uma manifestação da controvérsia *inato* versus *adquirido*. As pesquisas sobre as origens biológicas das diferenças de gênero têm se centrado nas bases evolucionistas do comportamento, hormônios e organização cerebral.

Explicações evolucionistas

Os psicólogos evolucionistas argumentam que as diferenças de gênero no comportamento refletem diferentes pressões de seleção natural operando sobre homens e mulheres durante todo o curso da história humana (Archer, 1996; Geary, 2007). Por exemplo, como discutimos no Capítulo 9, os machos são supostamente mais ativos e permissivos sexualmente por investir menos que as fêmeas no processo de procriação e por poder maximizar seu sucesso reprodutivo ao procurar muitas parceiras sexuais (Buss, 1996; Schmitt, 2005; Webster, 2009). A disparidade entre os gêneros com respeito à agressão é também explicada em termos de adequação reprodutiva. Como fêmeas são mais seletivas em relação ao acasalamento que os machos, eles têm de se empenhar em mais competição por parcerias sexuais que as fêmeas. Considera-se que uma agressividade maior seja mais adaptativa aos machos nessa competição por acesso sexual por favorecer o domínio social sobre outros machos e facilitar a aquisição dos recursos materiais enfatizados pelas fêmeas ao avaliar parceiros potenciais (Campbell, 2005; Cummins, 2005). Os teóricos evolucionistas afirmam que as diferenças de gênero em habilidade espacial refletem a divisão do trabalho nas sociedades caçadoras e coletoras ancestrais, nas quais os machos se ocupavam da caça e as fêmeas da coleta. A superioridade dos machos na maioria das tarefas espaciais tem sido atribuída às exigências adaptativas de caça (Silverman e Choi, 2005; veja o Capítulo 1).

As análises evolucionistas de diferenças de gênero são interessantes e plausíveis, porém os críticos argumentam que as hipóteses evolucionistas são especulativas e que existem explicações alternativas. O problema crucial para alguns críticos é que as análises evolucionistas são tão "flexíveis" que podem ser usadas para explicar quase tudo. Por exemplo, se a situação referente à habilidade espacial fosse revertida – se a mulheres tivessem uma pontuação mais alta que os homens –, os teóricos evolucionistas poderiam atribuir a superioridade feminina às exigências adaptativas de coletar comida, fazer cestas e roupas – e seria difícil provar o contrário (Cornell, 1997).

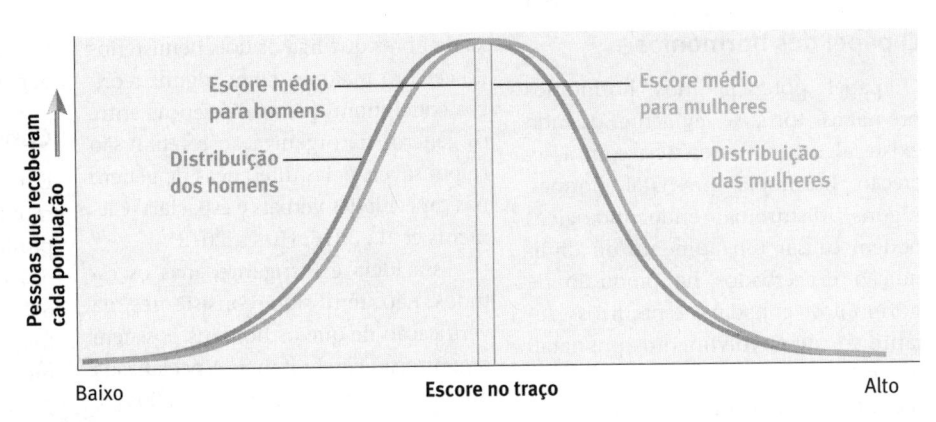

Figura 10.19 A natureza das diferenças de gênero.
As diferenças de gênero são diferenças grupais que fornecem pouca informação sobre os indivíduos devido à grande superposição entre os grupos. Para determinado traço, um gênero pode sair-se melhor na média, mas ocorre uma variação muito maior dentro de cada gênero que entre eles.

A socialização dos papéis dos gêneros se inicia bem cedo. Os pais compram roupas e brinquedos que diferenciam os gêneros para os filhos e os incentivam a participar de atividades "adequadas" a seu gênero.

O papel dos hormônios

O papel potencial dos hormônios pré-natais torna-se evidente quando existe alguma interferência com a secreção hormonal pré-natal normal. Alguns distúrbios endocrinológicos podem causar um aumento ou diminuição exacerbados na produção de hormônios gonadais específicos durante o desenvolvimento pré-natal. A tendência nessa pesquisa é que fêmeas em período pré-natal expostas a níveis excepcionalmente altos de androgênicos apresentam um comportamento mais tipicamente masculino. Da mesma maneira, machos em período pré-natal expostos a níveis muito baixos de androgênicos desenvolvem mais comportamentos típicos femininos (Hines, 2004, 2013). Essas descobertas sugerem que os hormônios pré-natais contribuem para a formação das diferenças de gênero em seres humanos. Mas a evidência é muito maior em fêmeas que em machos, e é sempre arriscado tirar conclusões sobre a população em geral com base em pequenas amostras de pessoas que possuem condições diferentes (Basow, 1992; Jordan-Young, 2010).

Diferenças na organização cerebral

As diferenças de gênero também estão vinculadas à especialização dos hemisférios cerebrais (veja **Figura 10.20**). Como você pode recordar do Capítulo 3, o hemisfério esquerdo, na maioria das pessoas, é mais ativamente envolvido em processamento verbal, ao passo que o direito é mais ativo em processamento visuoespacial (Gazzaniga, Ivry e Mangum, 2009). Depois dessas descobertas, os teóricos começaram a se perguntar se essa divisão de trabalho no cérebro poderia estar relacionada a diferenças em habilidades verbais e espaciais entre homens e mulheres.

Algumas descobertas provocativas *têm* sido relatadas. Por exemplo, há estudos que mostraram que *os homens tendem a exibir mais especialização cerebral que as mulheres* (Boles, 2005). Alguns estudos sugerem que *as mulheres tendem a ter corpos calosos* (Gur e Gur, 2007), a faixa de fibras que liga os dois hemisférios do cérebro maiores. Logo, alguns teóricos concluíram que as diferenças entre os gêneros na organização cerebral são responsáveis pelas diferenças de gênero nas capacidades verbais e espaciais (Clements et al., 2016; Hines, 2013).

Essa ideia é intrigante, mas os estudos não têm sido consistentes na verificação de que os homens possuem organização cerebral mais especializada que as mulheres (Kaiser et al., 2009), e existem dúvidas quanto à descoberta de que as mulheres têm um maior corpo caloso. Além do mais, mesmo que essas descobertas fossem reproduzidas consistentemente, ninguém está realmente seguro de como elas justificariam as diferenças de gênero observadas em capacidades cognitivas (Fine, 2010).

Em resumo, os pesquisadores têm feito um progresso intrigante em seus esforços para demonstrar as raízes biológicas das diferenças de gênero no comportamento. Todavia, a ideia de que "anatomia é destino" tem-se mostrado difícil de ser provada. Muitos teóricos continuam convencidos de que as diferenças entre homens e mulheres são na maior parte moldadas pela experiência. Vamos examinar suas evidências.

Origens ambientais das diferenças entre os gêneros

Todas as sociedades fazem esforços para treinar as crianças nos papéis de gênero. ***Papéis de gênero são as expectativas sobre qual é o comportamento apropriado para cada gênero.*** Embora eles estejam em um período de transição na sociedade ocidental moderna, há ainda muitas disparidades em como os homens e as mulheres são educados. Os pesquisadores têm identificado três processos principais envolvidos no desenvolvimento de papéis de gênero: condicionamento operante, aprendizagem por observação e autossocialização. Primeiro, examinaremos esses processos e, depois, consideraremos as principais fontes de socialização de papel de gênero: família, escola e mídia.

Condicionamento operante

Em parte, os papéis de gênero são moldados pela força de recompensa e punição – os processos-chave no *condicionamento operante* (veja o Capítulo 6). Pais, professores, colegas e outros frequentemente reforçam (normalmente com aprovação tácita) o comportamento "apropriado ao gênero" e respondem negativamente ao comportamento "inapropriado ao gênero" (Bussey e Bandura, 1999; Matlin, 2008). Se você é homem, é possível que, ao ter se ferido quando criança, tenha ouvido que "homens não choram". Se você se saiu bem em inibir seu choro, provavelmente recebeu um sorriso de aprovação ou até algo tangível como um sorvete. O reforço provavelmente fortaleceu sua tendência de "agir como um homem" e reprimiu manifestações emocionais. Estudos sugerem que os pais podem encorajar e recompensar comportamento apropriado ao gênero de seus

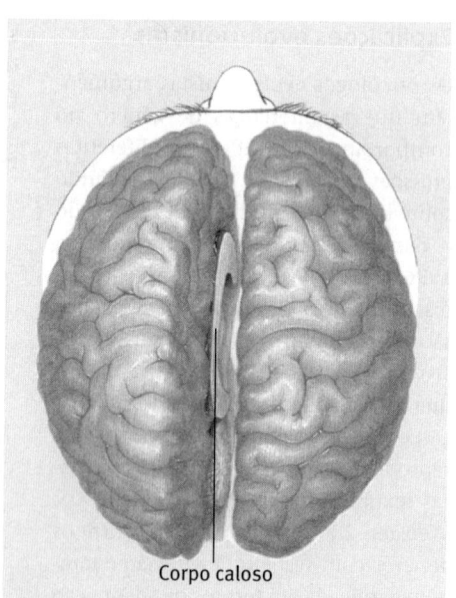

Figura 10.20 Hemisférios cerebrais e o corpo caloso.

Nessa imagem, os hemisférios cerebrais foram "separados" para revelar o corpo caloso, o grupo de fibras que liga as metades direita e esquerda do cérebro. Pesquisas demonstram que os hemisférios direito e esquerdo são especializados em lidar com diferentes tipos de tarefas cognitivas (veja o Capítulo 3), levando alguns teóricos a especular que os padrões da especialização hemisférica podem contribuir para as diferenças em habilidades verbais e espaciais entre homens e mulheres.

filhos mais que as mães, e que os rapazes experimentam maior pressão para se comportar de maneira apropriada ao gênero que as garotas (Levy, Taylor e Gelman, 1995).

Aprendizado por observação

O *aprendizado por observação* (veja o Capítulo 6) pela criança pode levar à imitação do comportamento apropriado ao gênero do adulto. As crianças imitam tanto os homens como as mulheres, mas a maioria delas tende a imitar mais modelos de papéis de mesmo gênero do que do oposto (Bussey e Bandura, 1984; Frey e Ruble, 1992). Logo, a imitação leva as garotas a brincar com bonecas, casinhas de bonecas e fogões de brinquedo, enquanto os meninos são mais propensos a mexer com caminhões de brinquedo, postos de gasolina em miniatura ou caixas de ferramentas.

Autossocialização

Por si mesmas, as crianças são agentes ativos em sua própria socialização no papel de gênero. Diversas *teorias cognitivas* de desenvolvimento de papel de gênero enfatizam a autossocialização (Bem, 1985; Martin e Ruble, 2004). De acordo com essa visão, elas se esforçam para se comportar de acordo com o que é considerado apropriado ao gênero em suas culturas. Em outras palavras, as crianças ficam envolvidas com sua própria socialização, trabalhando diligentemente para descobrir as regras que supõem que governam seus comportamentos.

Fontes de socialização de papel de gênero

Há três principais fontes de influência na socialização de papel de gênero: a família, a escola e a mídia. É claro que estamos agora em uma era de transição em papéis de gênero; então, as generalizações que descrevemos a seguir podem dizer mais sobre como você foi socializado do que sobre como as crianças serão socializadas no futuro.

Família. Muito da socialização do papel de gênero ocorre no lar (Berenbaum, Martin e Ruble, 2008). Os pais ocupam-se mais com brincadeiras de fazer "bagunça" com seus filhos que com suas filhas, mesmo quando bebês (McBride-Chang e Jacklin, 1993). Com o crescimento das crianças, os garotos e as garotas são encorajados a brincar com tipos diferentes de brinquedo (Hines, 2013). Geralmente, os garotos possuem menor liberdade de ação para brincar com brinquedos "femininos" que as garotas para brincar com brinquedos "masculinos". Quando as crianças se tornam grandes o suficiente para ajudar nas tarefas domésticas, as designações de tarefas tendem a depender do gênero (Cunningham, 2001). Por exemplo, as meninas lavam os pratos e os garotos cortam a grama.

Escola. As escolas e os professores claramente contribuem para a socialização dos papéis de gênero (Berenbaum et al., 2008). Os livros que as crianças usam para aprender a ler influenciam suas ideias sobre o que é comportamento adequado para homens e mulheres (McCabe et al., 2011). Tradicionalmente, os meninos são mais caracterizados como espertos, heróicos e aventureiros nesses livros, ao passo que as meninas têm sido caracterizadas realizando tarefas domésticas. Os professores da pré-escola e do ensino fundamental e médio com frequência premiam comportamentos apropriados ao gênero sexual dos alunos. Curiosamente, os professores tendem a dar mais atenção aos meninos, ajudando-os, elogiando-os e repreendendo-os mais que as meninas (Jones e Dindia, 2004). A escola também pode desempenhar um papel relevante na diferença de gêneros ao ressaltar o desempenho em matemática. Por exemplo: Hyde e Mertz (2009) observam que meninas são muito menos encorajadas a se destacar em matemática avançada, química ou física.

Mídia. A televisão, assim como outros tipos de mídia de massa, é outra fonte de socialização de papel do gênero (Bussey e Bandura, 2004). Embora alguma melhora tenha ocorrido nos últimos anos, a televisão tem mostrado os homens e as mulheres de maneira estereotipada (Galambos, 2004; Signorielli, 2001). As mulheres são retratadas como submissas, passivas e emotivas, e os homens, em geral, figuram como independentes, assertivos e competentes. Pesquisas *indicam* uma associação entre a exposição das crianças aos estereótipos na mídia e suas crenças sobre os papéis dos gêneros (Oppliger, 2007).

Conclusão

Como você pode ver, os achados sobre gênero e comportamento são complexos e confusos. Entretanto, as evidências permitem uma conclusão bastante genérica – conclusão que você viu antes e verá novamente. Tomada com o um todo, a pesquisa nessa área sugere que tanto fatores biológicos quanto ambientais contribuem para as diferenças de comportamento entre os gêneros – assim como em todos os outros aspectos do desenvolvimento. E essas influências biológicas e ambientais interagem de forma bastante complexas (Miller e Halpern, 2014).

10.8 APLICAÇÃO DO PENSAMENTO CRÍTICO
O pai é essencial ao bem-estar dos filhos?

O pai é essencial para que os filhos tenham um desenvolvimento normal e saudável? Essa pergunta é, hoje, objeto de um acirrado debate. Alguns cientistas sociais apresentaram um estimulante argumento segundo o qual a ausência do pai é o fator principal subjacente a uma variedade de transtornos sociais modernos. Por exemplo, David Blankenhorn (1995) argumenta que a "ausência do pai é a tendência demográfica mais prejudicial dessa geração. É a causa principal da diminuição do bem-estar das crianças em nossa sociedade". Expressando uma visão semelhante, David Popenoe (2009) afirma que "a ausência do pai nos dias de hoje levou a perturbações sociais – crianças com problemas, crianças infelizes, crianças sem objetivo na vida e crianças que revidam com um comportamento patológico e violento". A crença de que o pai é crucial para o desenvolvimento saudável das crianças é amplamente aceita. E foi fortemente reforçada tanto pelo presidente George W. Bush quanto por Barack Obama, além de orientar a política governamental em diversas áreas.

O argumento básico

Qual é a evidência para a proposição de que o pai é essencial ao desenvolvimento saudável? Nos últimos 40 anos, a proporção de crianças que cresceram sem a presença do pai em casa dobrou. No mesmo período, vimos um aumento significativo de gravidez na adolescência, delinquência juvenil, crimes violentos, abuso de drogas, transtornos alimentares, suicídio entre adolescentes e disfunção familiar. Além do mais, inúmeros estudos demonstraram uma associação entre a ausência do pai e um risco elevado desses problemas. Resumindo essa evidência, Popenoe (1996) afirma que "as crianças sem pai têm um fator de risco duas a três vezes maior que as crianças com pai para uma grande variedade de resultados negativos, incluindo abandono escolar, gravidez na adolescência e delinquência juvenil" (p. 192), o que o leva a inferir que "o pai tem um papel único e insubstituível no desenvolvimento da criança" (p. 197). A partir dessa premissa, Popenoe conclui: "Se as tendências atuais continuarem, nossa sociedade pode estar a ponto de cometer um suicídio social" (p. 192). Ecoando essa conclusão fatídica, Blankenhorn (1995) comenta que "tolerar a tendência da falta do pai significa aceitar a inevitabilidade da recessão social contínua" (p. 222).

Você talvez esteja pensando: "Por que toda essa confusão?". Com certeza, proclamar a importância da paternidade não deveria ser mais controverso do que defender a maternidade ou a torta de maçã. Mas a afirmação de que o pai é *essencial* para o bem-estar de uma criança tem algumas implicações políticas relevantes. Ela sugere que o casamento heterossexual seja o único contexto apropriado para educar filhos e que outras configurações familiares são fundamentalmente deficientes. Baseadas nessa linha de raciocínio, algumas pessoas argumentam a favor de novas leis que tornem mais difícil obter o divórcio e defendem outras políticas que deem preferência às famílias tradicionais sobre aquelas mantidas por mães solteiras, pais não casados e casais gays e de lésbicas (Silverstein e Auerbach, 1999). Não é de surpreender que o conceito de que crianças necessitam tanto de um pai quanto de uma mãe tenha surgido repetidamente em discussões legais sobre o casamento entre pessoas do mesmo gênero. Assim, a questão sobre a importância do pai está criando uma grande controvérsia porque é, na verdade, uma questão sobre alternativas à estrutura familiar tradicional.

Avaliando o argumento

Diante das implicações de longo alcance da visão de que o pai é essencial ao desenvolvimento normal, faz sentido submetê-la a um escrutínio crítico. Como poderíamos usar as habilidades de pensamento crítico para avaliar tal argumento? Pelo menos três ideias discutidas previamente parecem pertinentes.

> **10.8 OBJETIVOS PRINCIPAIS DE APRENDIZAGEM**
> - Esclarecer e criticar o argumento de que o pai é essencial para um desenvolvimento saudável.

Em primeiro lugar, é importante reconhecer que a posição segundo a qual o pai é essencial para o desenvolvimento saudável repousa em uma fundação de evidência correlacional e, como vimos mais de uma vez, *a correlação não é garantia de causa*. Sim, houve um aumento de casos em que há ausência do pai em paralelo ao aumento de gravidez na adolescência, uso de drogas, distúrbios alimentares e outros problemas sociais. Mas pense em todas as outras mudanças que ocorreram na cultura norte-americana nos últimos 40 anos, como o declínio da religião organizada, o crescimento da mídia de massa, mudanças drásticas nos hábitos sexuais etc. O aumento dos casos de ausência do pai varia juntamente com uma série de outras tendências culturais. Por isso, é altamente especulativo inferir que essa ausência é a causa principal para a maioria dos problemas sociais modernos.

Em segundo lugar, é sempre bom pensar se existem *explicações alternativas* para descobertas a respeito das quais podemos ter dúvidas. Que outros fatores podem ser relevantes para a associação entre a ausência do pai e o desajuste das crianças? Pense por um momento:

O pai é crucial ao bem-estar dos filhos? Essa pergunta aparentemente simples tem provocado debates acalorados.

qual é a causa mais frequente da ausência do pai? Obviamente é o divórcio. Divórcios tendem a ser acontecimentos muito estressantes que perturbam toda a vida das crianças. Embora as evidências sugiram que a maioria dos filhos sobrevive ao divórcio sem efeitos perturbadores duradouros, é claro, ele aumenta o risco entre os jovens de uma grande variedade de resultados desenvolvimentais negativos (Amato e Dorius, 2010; Ehrenberg et al., 2014; Greene et al., 2012). Como a ausência do pai e o divórcio estão com frequência interligados, é possível que os efeitos negativos dele sejam responsáveis por uma grande parcela da associação entre a ausência do pai e os problemas sociais.

Existem outras explicações alternativas para a correlação entre a ausência do pai e os problemas sociais? Sim, os críticos ressaltam que a prevalência da ausência do pai também varia com o *status* socioeconômico. Essa ausência é muito mais comum em famílias de baixa renda (Anderson, Kohler e Letiecq, 2002). Portanto, os efeitos da ausência do pai estão até certo ponto interligados com muitos dos efeitos malignos e poderosos da pobreza, o que pode explicar em grande parte a correlação entre a ausência do pai e os resultados negativos (McLoyd, 1998).

Uma terceira estratégia possível ao pensarmos de modo crítico a respeito da ausência do pai seria perguntar *se há evidência contraditória*. Mais uma vez a resposta é sim. Biblarz e Stacey (2010) revisaram estudos em que se comparavam pares de pais heterossexuais com pares de lésbicas. Se pais são essenciais, o nível de ajuste de crianças criadas por pais heterossexuais deveria ser superior ao daquelas criadas por lésbicas. Mas os estudos não mostram diferenças significativas nos dois casos.

Uma quarta estratégia possível para o pensamento crítico quanto aos efeitos da ausência do pai seria procurar algumas das *falhas de raciocínio* introduzidas no Capítulo 9 (razões irrelevantes, argumentação circular, argumentos evasivos, correlações equivocadas ("descida escorregadia") e falsa dicotomia). Algumas citações de Popenoe e Blankenhorn foram escolhidas para promover aqui a oportunidade de identificar esses erros em um novo contexto. Veja novamente as citações e tente identificar as falhas.

A afirmação de Popenoe: "Se as tendências atuais continuarem, nossa sociedade pode estar a ponto de cometer um suicídio social" é um exemplo de *argumentação "descida escorregadia"*, que envolve previsões de que se alguém permite que X aconteça, as coisas sairão do controle e eventos catastróficos seguirão. "Suicídio social" é uma expressão um tanto vaga, mas parece que Popenoe está prevendo que a ausência do pai levará à destruição da cultura norte-americana moderna. A outra falácia que podemos encontrar é a *dicotomia falsa* aparente na afirmação de Blankenhorn, segundo a qual "tolerar a tendência da falta do pai significa aceitar a inevitabilidade da recessão social contínua". Uma dicotomia falsa cria uma escolha excludente entre a posição que a pessoa defende (nesse caso, novas políticas sociais para reduzir a falta do pai) e um resultado óbvio horrível que qualquer pessoa sensata desejaria evitar (a decadência social), enquanto ignora outros resultados possíveis que podem existir entre esses dois extremos.

Em resumo, podemos encontrar uma série da falhas e pontos fracos no argumento de que o pai é *essencial* ao desenvolvimento normal. No entanto, nossa avaliação crítica desse argumento *não significa que o pai não seja importante*. Muitos tipos de evidências sugerem que o pai em geral contribui de maneira significativa para o desenvolvimento dos filhos (McLanahan, Tach e Schneider, 2013; Ramchandani et al., 2013). Poderíamos argumentar corretamente que a presença do pai propicia uma vantagem substancial para os filhos; algo que as crianças que crescem sem essa presença não têm. Mas existe uma distinção crucial entre argumentar que o pai *promove* um desenvolvimento normal e saudável e que ele é *necessário* para esse desenvolvimento. Se o pai fosse *necessário*, as crianças criadas sem ele não poderiam alcançar o mesmo nível de bem-estar daquelas que são criadas com o pai, contudo, fica claro que um grande número de crianças que vivem apenas com a mãe são saudáveis.

O pai com certeza é importante, e parece provável que sua ausência *contribua* para uma variedade de problemas na sociedade moderna. Então, por que Blankenhorn (1995) e Popenoe (1996) argumentam a favor da conclusão mais forte – que o pai é *essencial*? Eles parecem preferir a conclusão mais forte porque ela levanta questões muito mais sérias sobre a viabilidade de formatos familiares não tradicionais. Logo, eles parecem querer avançar uma causa política que premie os valores familiares tradicionais. Eles têm o direito de fazer isso, mas quando as pesquisas científicas são usadas para promover uma *causa política* – seja ela conservadora ou liberal – é preciso que haja cautela. Quando uma causa política está em jogo, é importante analisar os argumentos com um cuidado extra, porque as descobertas das pesquisas costumam ser apresentadas de modo mais parcial. O campo da psicologia lida com uma série de questões complexas que têm implicações profundas sobre diversas questões sociais. As habilidades e hábitos do pensamento crítico podem ajudá-lo a encontrar seu caminho em meio ao labirinto de razões e evidências que sustentam os vários lados dessas questões complexas.

Tabela 10.1 Habilidades de pensamento crítico discutidas nesta Aplicação

Habilidade	Descrição
Entender as limitações das evidências correlacionais.	O pensador crítico entende que a correlação entre duas variáveis não demonstra que existe um elo causal entre elas.
Buscar explicaçãoes alternativas para descobertas e acontecimentos.	Ao avaliar as explicações, o pensador crítico explora a existência de outras explicações que também possam se aplicar às descobertas e aos acontecimentos examinados.
Reconhecer e evitar falácias comuns, como razões irrelevantes, tautologias, raciocínio "descida escorregadia", analogias fracas e dicotomias falsas.	O pensador crítico é cuidadoso quanto às conclusões baseadas em premissas não relacionadas, conclusões que são apenas repetição de palavras, previsões sem garantia de que as coisas sairão de controle, analogias superficiais e dicotomias limitadas.

CAPÍTULO 10 – QUADRO DE CONCEITOS

DESENVOLVIMENTO PRÉ-NATAL

Estágios

- Durante o *estágio germinal* o zigoto se transforma em uma massa de células que se aloja na parede uterina, e a placenta começa a se formar.

- Durante o *estágio embrionário* os órgãos mais vitais e os sistemas corporais começam a tomar forma, sendo esse um período de grande vulnerabilidade.

- Durante o *estágio fetal*, os órgãos continuam a crescer e gradualmente iniciam suas funções; o feto atinge o *limiar da viabilidade* em 23-25 semanas.

Influências ambientais

- A má nutrição materna durante o período pré-natal já foi associada a complicações no parto e a outros problemas, e as emoções maternas podem ter impacto sobre o desenvolvimento pré-natal.

- O uso de drogas ilícitas por parte da mãe é perigoso para a criança ainda não nascida. Até mesmo o uso social de bebida e tabaco pode ser prejudicial.

- Diversas doenças maternas podem interferir no desenvolvimento pré-natal, e as toxinas ambientais também podem ser fonte de preocupação.

- Evidências indicam que o desenvolvimento pré-natal pode "programar" o cérebro fetal para influenciar a vulnerabilidade da pessoa a diversos tipos de doenças décadas mais tarde.

O DESENVOLVIMENTO NA INFÂNCIA

Desenvolvimento motor

- O crescimento físico é rápido e irregular durante a infância, uma vez que a criança passa por períodos de rápido crescimento.

- O progresso das habilidades motoras tem sido tradicionalmente associado à *maturação*, mas pesquisas recentes sugerem que a exploração por parte da criança também é importante.

- Pesquisadores identificaram variações culturais no ritmo do desenvolvimento motor, o que demonstra a potencial importância do aprendizado.

Vínculo

- *Vínculo* refere-se aos laços emocionais que se estabelecem entre a criança e a pessoa que cuida dela.

- Os estudos de Harlow sobre os bebês macacos mostram que o reforço não é a chave para que se estabeleça o *vínculo*.

- Bowlby afirmou que o *vínculo* possui bases biológicas e evolucionárias.

- As pesquisas de Ainsworth mostram que o *vínculo* entre mãe e filho se encaixa em três categorias: seguro, ansioso-ambivalente e evitação.

- Crianças com *vínculo* relativamente seguro tendem a se tornar mais flexíveis, competentes e a ter maior autoestima.

- As variações culturais na criação dos filhos influenciam os padrões de *vínculo* na sociedade.

Desenvolvimento de linguagem

- O desenvolvimento da linguagem ocorre *aproximadamente* na mesma época com a maioria das crianças.

- A vocalização inicial das crianças é semelhante em todas as línguas, mas seu balbuciar logo se assemelha aos sons da língua de sua região.

- As crianças normalmente verbalizam as primeiras palavras por volta do primeiro ano de vida.

- O desenvolvimento do vocabulário é lento no início, mas o *mapeamento rápido* contribui para um aumento substancial que se dá por volta dos 18 meses.

- As crianças começam a fazer combinações de palavras por volta do segundo ano de idade, utilizando o *discurso telegráfico*.

- Durante os anos seguintes, as crianças gradualmente absorvem a complexidade da gramática, mas ainda podem cometer diversos *erros*.

Desenvolvimento da personalidade

- A teoria de Erikson propõe que os indivíduos se desenvolvem em oito estágios ao longo da vida, sendo cada um deles marcado por *crises psicossociais* específicas.

- As *teorias dos estágios* baseiam-se no princípio de que os indivíduos progridem por meio de estágios em uma ordem definida, que o desenvolvimento está ligado à idade e que os novos estágios envolvem importantes modificações.

- Os quatro estágios da infância propostos por Erikson são confiança *versus* desconfiança, autonomia *versus* vergonha e dúvida, iniciativa *versus* culpa e diligência *versus* inferioridade.

Desenvolvimento cognitivo

- Piaget afirmava que as crianças passam por quatro estágios de desenvolvimento cognitivo.

- O ápice do *período sensório-motor* (do nascimento aos 2 anos) é o desenvolvimento da permanência dos objetos.

- O pensamento da criança durante o *período pré-operatório* (entre 2 e 7 anos) é marcado pela centralização, pelo animismo, pela irreversibilidade e pelo egocentrismo.

- No *período operacional concreto* (entre 7 e 11 anos), as crianças desenvolvem a habilidade de realizar operações de representação mental.

- No *período operacional formal* (de 11 anos em diante) o pensamento torna-se mais sistemático, abstrato e lógico.

- Piaget pode ter subestimado alguns aspectos do desenvolvimento cognitivo infantil, a mistura dos estágios e o impacto da cultura.

- Segundo a teoria sociocultural de Vygotsky, o desenvolvimento cognitivo das crianças é moldado pelas interações sociais, pelo progresso da linguagem e por fatores culturais.

- Pesquisadores descobriram que as crianças compreendem conceitos complexos, como adição, apesar de não terem tido acesso formal a esse tipo de conceito.

- Essas descobertas levaram alguns estudiosos a concluir que as habilidades cognitivas básicas são inatas à arquitetura neural humana.

Desenvolvimento moral

- Segundo a teoria de Kohlberg, os indivíduos progridem em três níveis de raciocínio moral.

- *O raciocínio pré-convencional* refere-se às consequências dos atos, *o raciocínio convencional*, à necessidade de manter a ordem social e o *raciocínio pós-convencional*, à construção de um código pessoal de ética.

- O progresso do raciocínio moral relacionado à idade foi identificado em pesquisas, mas descobriu-se que há diversas sobreposições entre os estágios.

TEMAS PRINCIPAIS

- Diversidade teórica
- Contexto sócio-histórico
- Hereditariedade e meio ambiente
- Herança cultural
- Causalidade multifatorial

DESENVOLVIMENTO NA ADOLESCÊNCIA

Desenvolvimento fisiológico e neural

Provocado por mudanças hormonais, o estirão do crescimento adolescente começa normalmente dos 9 aos 10 anos de idade em meninas e dos 10 aos 12 anos em meninos.

- A puberdade é a fase durante a qual as *características sexuais primárias* desenvolvem-se por completo.
- Os adolescentes de hoje tendem a começar a puberdade mais cedo do que as gerações anteriores, talvez em função das melhoras na nutrição e no cuidado médico.
- As meninas que chegam à puberdade antes dos meninos, os quais amadurecem relativamente tarde, enfrentam um risco maior de dificuldades psicológicas e sociais.
- O *córtex pré-frontal* parece ser a última área do cérebro a amadurecer por completo, e esse amadurecimento não é finalizado até o início da vida adulta.

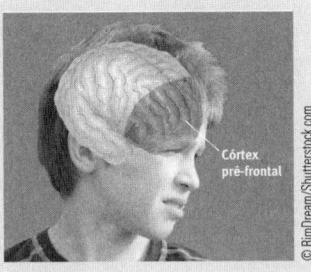

A busca pela identidade

- De acordo com Erikson, o principal desafio da adolescência é a luta por um senso de identidade.
- Marcia afirmou que os adolescentes lidam com sua crise de identidade de quatro maneiras: *construção (pré-fechamento), moratória, difusão e realização da identidade*.
- Arnett defende a existência de uma nova fase de desenvolvimento nas sociedades modernas, chamada de *adulto emergente*.

APLICAÇÕES

- Diferenças de gênero genuínas foram descobertas quanto à habilidade verbal, às habilidades matemática e espacial, à agressão, à comunicação não verbal e ao comportamento sexual.
- Entretanto, muitos estereótipos de gênero são imprecisos, e a maior parte das diferenças entre os gêneros em termos de comportamento são limitadas em grandeza.

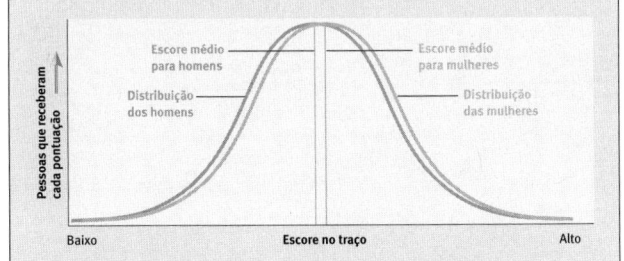

- Os teóricos evolucionistas atribuem as diferenças de gênero à seleção natural com base em demandas adaptativas distintas confrontadas por homens e mulheres.
- As evidências sugerem que os hormônios pré-natais contribuem com as diferenças de gênero, mas as hipóteses sobre a especialização cerebral sempre foram altamente especulativas.
- O condicionamento operante, o aprendizado por observação e a autossocialização contribuem com o desenvolvimento das diferenças de gênero.
- Há dados contraditórios e explicações alternativas para a associação entre a ausência do pai e os resultados negativos do desenvolvimento.

DESENVOLVIMENTO NA VIDA ADULTA

Desenvolvimento da personalidade

- Durante a vida adulta, a personalidade é marcada por estabilidade e mudança, à medida que pontuações percentuais permanecem estáveis, porém as pontuações brutas médias mudam de maneiras previsíveis.
- Os anos de vida adulta tendem a trazer aumentos graduais na afabilidade, abertura à experiência e consciência.
- De acordo com Erikson, as pessoas evoluem por meio de três estágios de desenvolvimento na fase adulta: intimidade *versus* isolamento, generatividade *versus* autoabsorção e integridade *versus* desespero.

Transições familiares

- O otimismo pode facilitar a transição para o casamento, mas as expectativas idealistas sobre o matrimônio estão associadas às quedas acentuadas no bem-estar.
- O "morar junto" antes do casamento costumava ser um elemento que resultava em maior possibilidade de dissolução do casamento, mas a situação parece estar mudando.
- Ajustar-se ao casamento torna-se algo mais difícil quando os cônjuges têm expectativas diferentes sobre os papéis conjugais.
- A maioria dos pais fica feliz com sua decisão de ter um bebê, mas a chegada do primeiro filho representa uma grande transição e a quebra da rotina pode ser desgastante.
- As relações entre pais e adolescentes não são tão controversas quanto amplamente assumido, mas os conflitos aumentam.

Mudanças fisiológicas e neurais

- No domínio sensorial, a acuidade visual e auditiva tende a diminuir, mas óculos e aparelhos auditivos podem compensar essas perdas.
- As reações das mulheres à menopausa é variável, e esse período não é tão estressante quanto se imagina.
- A proporção das pessoas com doenças crônicas aumenta constantemente com a idade, porém algumas pessoas exibem um envelhecimento mais bem-sucedido do que outras.
- O tecido e o peso cerebral tendem a reduzir após os 60 anos de idade, mas essa perda não parece ser o segredo das demências relacionadas à idade.
- As demências são encontradas em aproximadamente 15% a 20% das pessoas com mais de 75 anos, contudo, não fazem parte do processo de envelhecimento normal.
- Os pacientes com Alzheimer exibem profunda perda do tecido cerebral e acúmulo de anormalidades neurais características.

Mudanças cognitivas

- Muitos estudos descobriram reduções na capacidade de memória dos adultos mais velhos; há uma discussão sobre a gravidade dessas perdas de memória.
- A velocidade no processamento cognitivo tende a uma queda gradual que se inicia durante a metade da vida adulta.
- Alguns estudos sugerem que os altos níveis da atividade no final da vida adulta podem adiar o declínio típico do funcionamento cognitivo relacionado à idade.

Morte

- Kübler-Ross concluiu que as pessoas, ao confrontarem a morte, passam por uma série de cinco estágios, mas alguns estudos subsequentes não encontraram a mesma progressão.
- Há uma variação considerável entre as culturas sobre como as pessoas tendem a lidar com o luto.
- Os estudos sobre viúvas sugerem que as reações de pesar se encaixam em cinco padrões, em que o sofrimento ausente/flexível é o padrão mais comum.

Capítulo 11
Personalidade

11.1 A NATUREZA DA PERSONALIDADE

11.2 PERSPECTIVAS PSICODINÂMICAS

11.3 PERSPECTIVAS COMPORTAMENTAIS

11.4 PERSPECTIVAS HUMANISTAS

11.5 PERSPECTIVAS BIOLÓGICAS

11.6 **ABORDAGENS EMPÍRICAS CONTEMPORÂNEAS DA PERSONALIDADE**
Visão geral ilustrada: principais teorias da personalidade

11.7 CULTURA E PERSONALIDADE

11.8 REFLETINDO SOBRE OS TEMAS DO CAPÍTULO

11.9 APLICAÇÃO PESSOAL:
Compreensão da avaliação da personalidade

11.10 APLICAÇÃO DO PENSAMENTO CRÍTICO:
Viés retrospectivo na análise cotidiana da personalidade

Quadro de conceitos

Temas neste capítulo

Herança cultural   Diversidade teórica   Contexto sócio-histórico

Richard Branson tinha certeza de estar prestes a morrer. Ele estava bem acima do Oceano Atlântico, sozinho em uma cápsula ligada ao maior balão do mundo. Per Lindstrand, o piloto do balão, estava em algum lugar nas ondas congeladas bem abaixo. Ele e Branson tinham acabado de se tornar as primeiras pessoas a atravessar o Atlântico em um balão de ar quente. Quando, porém, um pouso de emergência no mar falhou, Lindstrand saltou na água. Antes de Branson poder segui-lo, o balão disparou de volta para o céu. Branson nunca havia pilotado um balão antes de um treinamento muito breve para a viagem. Agora ele estava preso no meio do ar sem fazer ideia de como se salvar.

Apressadamente, Branson rabiscou um bilhete para sua família. Depois, começou a tentar ventilar o imenso balão em uma tentativa desesperada de guiá-lo com segurança para a terra firme. Para sua própria surpresa, ele conseguiu chegar perto o suficiente do mar para saltar. Um helicóptero de resgate arrancou-o para fora das ondas.

Após esse encontro com a morte, Branson jurou que nunca arriscaria sua vida de maneira tão estúpida novamente. Contudo, três anos depois, ele e Lindstrand o fizeram de novo. Dessa vez, eles tentavam ser as primeiras pessoas a atravessar o Pacífico em um balão de ar quente. A viagem transformou-se em outra terrível provação e, mais uma vez, eles quase morreram. No entanto, isso não os impediu de planejar sua próxima empreitada – queriam ser os primeiros pilotos de um balão de ar quente a dar a volta completa ao mundo (Branson, 2005; Brown, 1998).

Quando as pessoas descrevem Richard Branson, elas podem usar palavras como *aventureiro, corajoso, ousado, impulsivo* e *imprudente*. Esses são os tipos de palavras usadas para caracterizar o que chamamos de "personalidade". E Branson – um bilionário que se fez sozinho e uma das pessoas mais ricas do mundo – pode ser tão famoso por sua exuberante personalidade quanto por sua saúde formidável.

Branson é o fundador do grupo de empresas Virgin, incluindo a companhia aérea Virgin Atlantic e a Virgin Galactic, que visa se tornar a primeira empresa a levar turistas para o espaço. Ele é um empresário ousado, astuto e implacável que adora fechar um acordo; mas ele também adora festas, diversão e participar de campanhas publicitárias extravagantes. Acima de tudo, aprecia descobrir novos lugares para conquistar.

A maioria das pessoas concordaria que Richard Branson tem uma personalidade incomum. Mas o que exatamente *é* personalidade? E por que as personalidades são tão diferentes? Por que uma pessoa é ousada e a outra é tímida? Richard Branson nasceu com a autoconfiança e a ousadia que o consagraram, ou o ambiente e a aprendizagem foram fundamentais para moldar sua personalidade? Considere que os pais de Branson reforçaram a importância de ser forte e independente, começando bem cedo na vida. Ou talvez as raízes da personalidade de Branson estejam na herança biológica. Branson (2005) descreve sua mãe como uma mulher de energia contagiante e determinação feroz que também teve um gosto pela aventura. Durante a Segunda Guerra Mundial, ela conseguiu participar de um treinamento de piloto com a condição de se disfarçar como um rapaz. Talvez a composição genética de Branson seja responsável por ele ser um "viciado em adrenalina".

Os psicólogos abordaram questões como essas com base em diferentes perspectivas. Tradicionalmente, o estudo da personalidade foi dominado pelas "grandes teorias" que tentam explicar muitos aspectos do comportamento. Nossa discussão refletirá essa ênfase, pois dedicaremos a maior parte do tempo às pujantes teorias de Freud, Skinner, Rogers e vários outros. Nas últimas décadas, no entanto, o estudo da personalidade mudou para programas de pesquisa mais concentrados que examinam questões específicas relacionadas à personalidade. Essa tendência é refletida em nossa análise sobre as abordagens biológica, cultural e outras abordagens contemporâneas sobre a personalidade nas últimas seções do capítulo. Na seção Aplicação Pessoal discutiremos como os testes psicológicos são usados para mensurar vários aspectos da personalidade. Na Aplicação do Pensamento Crítico veremos como o viés retrospectivo pode interferir nas análises da personalidade.

Richard Branson, o fundador do grupo corporativo Virgin, manifesta claramente uma personalidade poderosa e incomum. Mas todo mundo tem sua própria personalidade, que é única, o que torna o estudo da personalidade uma área fascinante de pesquisa na psicologia.

11.1 A NATUREZA DA PERSONALIDADE

A personalidade é um constructo hipotético complexo, que já foi definido de muitas formas. Analisemos mais detalhadamente os conceitos de personalidade e de traços de personalidade.

11.1 OBJETIVOS PRINCIPAIS DE APRENDIZAGEM

- Esclarecer o significado de personalidade e de traços de personalidade.
- Descrever o modelo dos cinco fatores de personalidade e a relação entre os Cinco Grandes Fatores e os seus resultados.

Definição de personalidade: consistência e peculiaridade

O que significa dizer que a pessoa tem uma personalidade otimista? Essa afirmação indica que ela tem uma *tendência consistente* a se comportar de maneira alegre, esperançosa e entusiástica, enxergando o lado positivo das coisas em ampla gama de situações. Apesar de não haver uma pessoa que tenha comportamento com consistência absoluta, essa qualidade da *consistência em diferentes situações* é essencial ao conceito de personalidade.

Peculiaridade também é fundamental ao conceito de personalidade. A personalidade é usada para explicar por que ninguém age da mesma forma em situações semelhantes. Se você e mais três pessoas ficassem presos em um elevador, é provável que cada um reagisse diferentemente. Um poderia começar a fazer graça para relaxar a tensão. Outro faria profecias sinistras de que "nunca vamos conseguir sair daqui". Pode ser que a terceira pessoa apenas ficasse pensando calmamente em como poderia sair de lá. Ocorrem essas reações diferentes à mesma situação porque cada um possui uma personalidade diferente. Cada um tem traços encontrados em outras pessoas, mas possui o próprio *conjunto* diferenciado de traços de personalidade.

Em suma, o conceito de personalidade é utilizado para explicar: (1) a estabilidade no comportamento de uma pessoa ao longo dos anos e em diferentes situações (consistência) e (2) as diferenças de comportamento entre as pessoas ao reagir à mesma situação (peculiaridade). Podemos combinar essas ideias na seguinte definição: **personalidade refere-se ao conjunto singular de traços de comportamento consistentes de um indivíduo.** Analisemos mais detalhadamente o conceito de traços.

Traços de personalidade: disposições e dimensões

Ao descrever uma pessoa, a tendência é fazermos comentários do tipo: "Jairo é muito *consciencioso*". Ou talvez você afirme que: "Jamaal é *tímido* demais para ser bem-sucedido naquele tipo de trabalho". Essas afirmações descritivas referem-se a traços de personalidade. **Um *traço de personalidade* é uma disposição duradoura de se comportar de determinada forma em diversas situações.** Adjetivos como *honesto, digno de confiança, temperamental, impulsivo, desconfiado, ansioso, excitável, dominador* e *amigável* descrevem tendências que denominam traços de personalidade. As pessoas utilizam uma quantidade enorme desses termos para descrever a personalidade umas das outras. Um importante teórico da personalidade, Gordon Allport (1937, 1961), pesquisou um extenso dicionário e encontrou mais de 4.500 traços de personalidade!

A maior parte das abordagens de personalidade supõe que haja alguns traços mais básicos que outros (Paunonen e Hong, 2015). Segundo essa ideia, um pequeno número de traços fundamentais determina outros, mais superficiais. Por exemplo, a tendência de uma pessoa a ser impulsiva, agitada, irascível, impetuosa e impaciente poderia ser decorrente de uma tendência mais básica a ser excitável.

Muitos teóricos enfrentaram o desafio de identificar os traços básicos que formam a essência da personalidade. Esses teóricos dependem de um procedimento estatístico chamado *análise fatorial* (Cai, 2013). **Na *análise fatorial*, as correlações entre muitas variáveis são analisadas para identificar agrupamentos de variáveis intimamente relacionadas.** Se as medidas de um número de variáveis (neste caso, os traços de personalidade) têm forte correlação umas com as outras, a presunção é de que um único fator influencia todas elas. A análise fatorial é usada para identificar esses fatores ocultos. Nas análises fatoriais dos traços de personalidade, esses fatores ocultos são vistos como traços básicos, de ordem mais alta, que determinam traços menos básicos e mais específicos. Nas últimas décadas, a estrutura do modelo de personalidade mais influente é o *modelo dos cinco fatores de personalidade,* que veremos a seguir.

Modelo dos cinco fatores dos traços de personalidade

Com base na análise de fatores, Robert McCrae e Paul Costa (1987, 1997, 2008) sustentam que a maior parte dos traços de personalidade é derivada de apenas cinco desses traços, que são de ordem superior e ficaram conhecidos como os "Cinco Grandes Fatores" (veja **Figura 11.1**):

- *Extroversão*. As pessoas com pontuação alta em extroversão são caracterizadas como extrovertidas, sociáveis, alegres, assertivas e gregárias. Elas também têm uma perspectiva mais positiva sobre a vida e são motivadas a

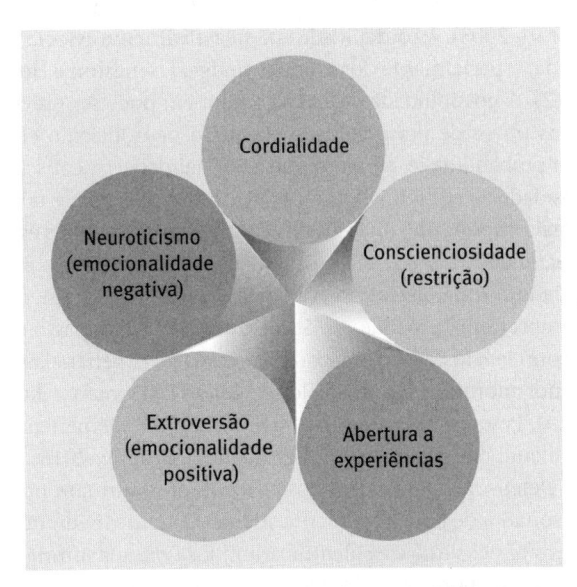

Figura 11.1 O modelo dos cinco fatores da personalidade.

Os modelos de traços tentam dividir a personalidade em suas dimensões básicas. McCrae e Costa (1985, 1987, 1997) afirmam que a personalidade pode ser descrita adequadamente com os cinco traços de ordem superior, conhecidos como os "Cinco Grandes Fatores".

ir em busca do contato social, intimidade e interdependência (Wilt e Revelle, 2009).
- *Neuroticismo.* As pessoas com alto grau de pontuação em neuroticismo tendem a ser ansiosas, hostis, nervosas, inseguras e vulneráveis. Também tendem a exibir mais impulsividade e instabilidade emocional do que as outras (Widiger, 2009).
- *Abertura a experiências.* A abertura está associada a curiosidade, flexibilidade, imaginação, criatividade, atividades intelectuais, interesses em novas ideias e atitudes não convencionais. As pessoas que se abrem mais também tendem a tolerar melhor a ambiguidade (McCrae e Sutin, 2009).
- *Cordialidade.* As pessoas com alta pontuação em cordialidade tendem a ser solidárias, confiantes, cooperativas, modestas e sinceras. A cordialidade também está correlacionada à empatia e ao comportamento de ajuda (Graziano e Tobin, 2009).
- *Conscienciosidade.* As pessoas com conscienciosidade tendem a ser diligentes, bem organizadas, pontuais e confiáveis. A conscienciosidade está associada à forte autodisciplina e à capacidade de se autorregular mais efetivamente (Roberts et al., 2009).

Correlações foram descobertas entre os Cinco Grandes Fatores e uma boa variedade de importantes resultados de vida. Por exemplo, as notas mais altas na faculdade são associadas a uma conscienciosidade mais alta (McAbee e Oswald, 2013), talvez porque os alunos conscienciosos estudem com mais afinco (Noftle e Robins, 2007). Vários dos Cinco Grandes Fatores são associados ao sucesso na carreira. Extroversão e conscienciosidade são indicadores positivos de realização profissional, ao passo que o neuroticismo é um indicador negativo (Miller Burke e Attridge, 2011; Roberts, Caspi e Moffitt, 2003). A cordialidade está negativamente associada à renda, especialmente dos homens (Judge, Livingston e Hurst, 2012). A possibilidade de divórcio também pode ser prevista pelos traços de personalidade porque o neuroticismo eleva essa probabilidade, ao passo que a cordialidade e a conscienciosidade a reduzem (Roberts et al., 2007). Por fim, e talvez o mais importante, diversos dos Cinco Grandes Fatores estão relacionados à saúde e à mortalidade. O neuroticismo é associado a uma elevada prevalência de transtornos físicos e mentais (Smith, Williams e Segerstrom, 2015), ao passo que a conscienciosidade está correlacionada a experiências de menor morbidez e à maior longevidade (Friedman e Kern, 2014). Pesquisa recente sugere que a abertura a experiências também pode promover a longevidade (DeYoung, 2015).

Defensores do modelo dos cinco fatores afirmam que a personalidade pode ser descrita adequadamente medindo os traços básicos que eles identificaram. Essa ousada afirmação foi apoiada por muitos estudos, e o modelo dos Cinco Grandes Fatores tornou-se a concepção dominante da estrutura da personalidade na psicologia contemporânea (McGrae, Gaines e Wellington, 2013). No entanto, alguns teóricos argumentam que são necessários apenas dois ou três traços para demonstrar a maior parte das diversidades verificadas na personalidade humana, ao passo que outros sugerem que mais de cinco traços são requeridos para descrever adequadamente a personalidade (Saucier e Srivastava, 2015).

O debate acerca de quantas dimensões são necessárias para descrever a personalidade provavelmente continuará a existir. Como você verificará ao longo do capítulo, o estudo da personalidade é uma área da psicologia que tem longa história de "teorias conflitantes". Nós as dividiremos em quatro grupos amplos, que partilham algumas suposições, ênfases e interesses: (1) abordagens psicodinâmicas, (2) abordagens comportamentais, (3) abordagens humanistas e (4) abordagens biológicas. Iniciaremos nossa discussão com a análise da vida e da obra de Sigmund Freud.

11.2 Perspectivas psicodinâmicas

As ***teorias psicodinâmicas*** compreendem as diversas teorias descendentes da obra de Sigmund Freud, que se baseia em forças mentais inconscientes. Freud influenciou muitos acadêmicos brilhantes, que seguiram seu percurso intelectual. Alguns desses seguidores apenas aprimoraram e atualizaram a teoria freudiana. Outros tomaram novas direções e instituíram novas escolas de pensamento, ainda que relacionadas à original. Hoje, o teto da psicodinâmica abriga amplo conjunto de teorias vagamente relacionadas entre si. Nesta seção analisaremos mais detalhadamente as ideias de Sigmund Freud. Em seguida, faremos uma breve exposição das teorias psicodinâmicas de Carl Jung e Alfred Adler.

> **11.2 Objetivos Principais de Aprendizagem**
> - Explicar o ponto de vista de Freud sobre a estrutura da personalidade e o papel do conflito e da ansiedade.
> - Identificar os principais mecanismos de defesa e destacar o ponto de vista de Freud sobre o desenvolvimento.
> - Resumir as teorias psicodinâmicas propostas por Jung e Adler.
> - Avaliar as vantagens e as desvantagens da abordagem psicodinâmica da personalidade.

A teoria psicanalítica de Freud

Freud era um médico que cursava especialização em neurologia quando começou a clinicar em Viena, no final do século XIX. Como muitos neurologistas de sua época, atendia pessoas com problemas nervosos, como medos irracionais, obsessões e ansiedades. Por fim, dedicou-se ao tratamento de transtornos mentais utilizando um procedimento inovador que ele havia desenvolvido, ao qual denominou *psicanálise*, que exigia longas interações verbais com pacientes, durante as quais investigava a vida destes em profundidade (veja o Capítulo 15). A *teoria psicanalítica* de Freud (1901, 1924, 1940) desenvolveu-se com base em décadas de interações com seus clientes. A teoria psicanalítica procura explicar a personalidade focando as influências das primeiras experiências na infância, conflitos inconscientes, assim como os impulsos sexuais.

Embora a teoria de Freud tenha, gradualmente, conquistado proeminência, a maioria dos seus contemporâneos sentia-se incomodada com essa teoria por, no mínimo, três razões. Primeira, com o argumento de que o comportamento das pessoas é governado por fatores inconscientes dos quais não são conhecedoras, Freud levantou a suposição desconcertante de que as pessoas não são senhoras da própria mente. Segunda, com o argumento de que as personalidades adultas são fruto de experiências infantis e de outros fatores além do controle da pessoa, ele sugeriu que as pessoas não são senhoras do próprio destino. Terceira, com sua ênfase sobre a importância na maneira como as pessoas lidam com seus impulsos sexuais, desagradou as pessoas que apoiavam os conservadores valores vitorianos de sua época. Vejamos as ideias que geraram tamanha controvérsia.

A estrutura da personalidade

Freud dividiu a estrutura da personalidade em três componentes: o id, o ego e o superego. Ele via o comportamento de uma pessoa como o resultado das interações entre esses três componentes.

Id é o componente primitivo e instintivo da personalidade e opera segundo o princípio do prazer. Freud referia-se ao id como o reservatório da energia psíquica. Com isso, queria dizer que abriga os impulsos biológicos em estado natural (comer, dormir, defecar, copular etc.) que ativam o comportamento humano. O id funciona segundo o *princípio do prazer*, que exige gratificação imediata às suas necessidades. O id emprega o *processo primário de pensamento*, que é primitivo, ilógico, irracional e fantasioso.

Ego é o componente da personalidade que toma as decisões e opera segundo o princípio da realidade. Faz a mediação entre o id, com seus desejos intensos de satisfação imediata, e o mundo social externo, com suas expectativas e normas com relação ao comportamento adequado. O ego leva em consideração as realidades sociais – normas, etiquetas, regras e costumes da sociedade – para decidir como se comportar. É regido pelo *princípio da realidade*, que procura adiar a satisfação das necessidades do id até que se encontrem as saídas e as situações adequadas. Em suma, para evitar problemas, o ego está sempre trabalhando para dominar os desejos desenfreados do id.

Em última análise, o ego, da mesma forma que o id, deseja maximizar o prazer. Emprega, no entanto, o *processo secundário de pensamento*, que é relativamente racional, realista e direcionado à resolução de problemas. Logo, o ego empenha-se em evitar as consequências negativas advindas da sociedade e de seus representantes (por exemplo, punições dos pais ou de professores), comportando-se "adequadamente". Também procura atingir objetivos de longo prazo, os quais às vezes exigem o adiamento do prazer.

Enquanto o ego se preocupa com realidades práticas, o **superego é o componente da personalidade que incorpora os padrões sociais sobre o que representa o certo e o errado.** Durante a vida toda, mas especialmente na infância, as pessoas aprendem sobre o que constitui um bom ou um mau comportamento, e muitas normas sociais relacionadas à moralidade acabam por internalizar-se. O superego surge

A teoria psicanalítica de Freud teve como base décadas de trabalho clínico. Ele tratou muitos de seus pacientes no consultório apresentado aqui, que contém diversos artefatos de outras culturas – e o divã original no qual os pacientes eram atendidos.

do ego, entre 3 e 5 anos, podendo se tornar, em algumas pessoas, irracionalmente exigente em seu esforço por perfeição moral, e essas pessoas se tornam atormentadas por excessivos sentimentos de culpa.

Segundo Freud, o id, o ego e o superego distribuem-se diferentemente entre três níveis de consciência, que descreveremos em seguida.

Níveis de consciência

Talvez o *insight* mais duradouro de Freud tenha sido a identificação de como as forças inconscientes influenciam o comportamento. Ele inferiu a existência do inconsciente com base em uma diversidade de observações que efetuou em seus pacientes. Reparou, por exemplo, que os "atos falhos" revelam frequentemente os verdadeiros sentimentos de uma pessoa (daí a expressão "ato falho freudiano"). Também observou que os sonhos de seus pacientes expressavam desejos ocultos. Mais importante, ajudou-os a descobrir sentimentos e conflitos dos quais não tinham conhecimento.

Freud contrapôs ao inconsciente o consciente e o pré-consciente, criando três níveis de consciência. **O *consciente*, que consiste em tudo o que for percebido em determinado instante.** Por exemplo, neste momento, seu consciente provavelmente contém a linha de raciocínio deste texto e uma leve suspeita de que seus olhos estão se tornando pesados e de que você está começando a ficar com fome. **O *pré-consciente*, que contém material logo abaixo da superfície da consciência que pode ser facilmente recuperado.** Exemplos incluem: seu sobrenome, o que você jantou ontem à noite ou uma discussão que teve com um amigo. **O *inconsciente*, que contém pensamentos, recordações e desejos que estão bem abaixo da superfície consciente, mas, apesar disso, exercem grande influência sobre o comportamento.** Exemplos podem incluir um trauma infantil que foi esquecido, sentimentos hostis ocultos dirigidos a um dos pais e desejos sexuais reprimidos.

A concepção de mente de Freud é frequentemente comparada a um *iceberg*, que tem sua maior parte dentro d'água

Figura 11.2 Estrutura do modelo de personalidade de Freud.

Freud teorizou que as pessoas possuem três níveis de consciência: o consciente, o pré-consciente e o inconsciente. A enorme dimensão do inconsciente é expressa frequentemente pela comparação à porção submersa de um *iceberg*. Freud também dividiu a estrutura da personalidade em três componentes – o id, o ego e o superego –, que operam segundo diferentes princípios e exibem diversos modos de pensamento. No modelo de Freud, o id é totalmente inconsciente, mas o ego e o superego atuam nos três níveis de consciência.

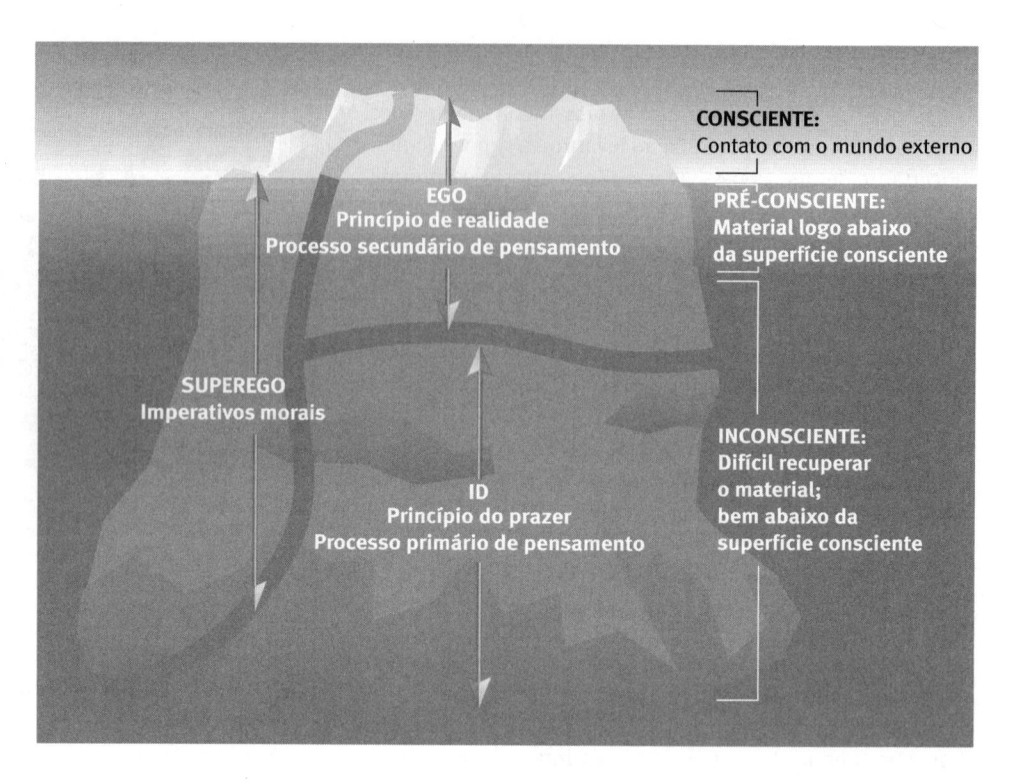

EGO
Princípio de realidade
Processo secundário de pensamento

SUPEREGO
Imperativos morais

ID
Princípio do prazer
Processo primário de pensamento

CONSCIENTE: Contato com o mundo externo

PRÉ-CONSCIENTE: Material logo abaixo da superfície consciente

INCONSCIENTE: Difícil recuperar o material; bem abaixo da superfície consciente

---

(veja **Figura 11.2**). Ele acreditava que o inconsciente (a massa abaixo da superfície) é muito maior que o consciente e o pré-consciente. Como você pode ver na **Figura 11.2**, ele supôs que o ego e o superego atuam nos três níveis de consciência. O id, ao contrário, é totalmente inconsciente e expressa seus impulsos no nível consciente por meio do ego.

Conflito e tirania da sexualidade e da agressividade

Freud supôs que o comportamento é o resultado de uma série de conflitos internos. Considerava as batalhas internas entre id, ego e superego rotineiras. Por quê? Porque o id quer satisfazer seus impulsos imediatamente, mas as normas da sociedade civilizada frequentemente impõem o contrário. Por exemplo, seu id poderia sentir um impulso para dar uma surra em alguém que o irritasse profundamente. No entanto, a sociedade repreende esse comportamento, e então seu ego se esforçaria para reprimi-lo. Portanto, você se encontraria em conflito.

Freud acreditava que conflitos internos eram parte rotineira da vida das pessoas. Ele afirmou que conflitos centrados em impulsos sexuais e agressivos são particularmente prováveis de apresentar consequências em longo prazo. Por que enfatizou a sexualidade e a agressividade? Havia dois motivos fundamentais em seu pensamento. Primeiro, ele pensava que sexualidade e agressividade estão sujeitos a controles sociais mais complexos e ambíguos do que outros motivos básicos. Desse modo, as pessoas muitas vezes recebem mensagens inconscientes sobre o que é adequado. Em segundo lugar, Freud observou que os impulsos agressivos e sexuais são mais frequentemente frustrados do que outras necessidades básicas, biológicas. Pense bem: se você tem fome ou sede, pode simplesmente procurar uma lanchonete ou um bebedouro. Contudo, ao ver uma pessoa extremamente atraente, que mexe com seus desejos sexuais, em geral, você não vai em direção a essa pessoa propondo que se encontrem no hotel da esquina. Freud atribuía grande importância a essas necessidades porque as normas sociais prescrevem que elas sejam rotineiramente frustradas.

Ansiedade e mecanismos de defesa

A maioria dos conflitos internos é trivial e rapidamente solucionável. Ocasionalmente, porém, há conflitos que persistem por dias, meses ou até anos, gerando tensão interna. Duradouros e aflitivos, eles apresentam, no mais das vezes, teor sexual ou agressivo que a sociedade deseja controlar. Esses conflitos existem apenas no inconsciente. Mesmo que não se esteja ciente dessas batalhas inconscientes, elas produzem *ansiedade*, que emerge à superfície da consciência.

A excitação da ansiedade é um acontecimento crucial na teoria de Freud sobre o funcionamento da personalidade. A ansiedade é perturbadora, por isso as pessoas tentam se livrar dessa emoção desagradável de qualquer maneira. Esse esforço para evitar ansiedade implica a utilização de

---

CHECAGEM DA REALIDADE

Ideia equivocada

As pessoas geralmente estão cientes dos fatores que influenciam seu comportamento.

Realidade

As ideias desenvolvidas por Freud há mais de um século de que as pessoas muitas vezes não estão cientes dos fatos inconscientes que moldam seu comportamento, provaram-se proféticas. Décadas de pesquisa sobre percepção, cognição e comportamento social têm demonstrado repetidamente que as metas, as atitudes e os pensamentos inconscientes exercem enorme influência no comportamento humano (Bargh, Gollwitzer e Oettingen, 2010; Dijksterhuis, 2010).

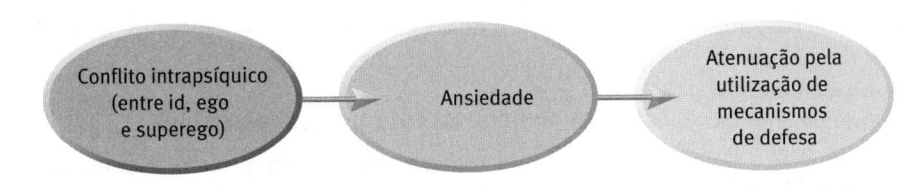

Figura 11.3 Modelo da dinâmica da personalidade de Freud.

Segundo Freud, conflitos inconscientes entre id, ego e superego às vezes provocam ansiedade. Esse desconforto pode acionar o uso de mecanismos de defesa, os quais podem atenuar a ansiedade.

[Conflito intrapsíquico (entre id, ego e superego) → Ansiedade → Atenuação pela utilização de mecanismos de defesa]

mecanismos de defesa, (veja Figura 11.3) que são reações, em grande parte inconscientes, que protegem uma pessoa de emoções desagradáveis, como ansiedade e culpa. São manobras mentais que operam por meio do autoengano (veja Tabela 11.1). Pense na *racionalização*, **que é a criação de desculpas falsas, mas plausíveis, para poder justificar um comportamento inaceitável.** Por exemplo, se você enganou uma pessoa em uma transação comercial, pode diminuir sua culpa por meio da racionalização de que "todo mundo faz o mesmo".

Segundo Freud, o mecanismo de defesa mais fundamental e amplamente utilizado é o *recalcamento*, **que faz que os pensamentos e os sentimentos que provocam angústia permaneçam mergulhados no inconsciente.** As pessoas tendem a recalcar desejos que as fazem se sentir culpadas, conflitos que as deixam angustiadas e lembranças que lhes causam sofrimento. Se você se esquece de uma consulta com o dentista ou o nome de alguém que não o agrada, pode ser obra do recalcamento.

A autodecepção também pode ser verificada na projeção e no deslocamento. **A *projeção* é a atribuição que uma pessoa faz dos próprios pensamentos, sentimentos ou motivos a outra pessoa.** Os pensamentos que uma pessoa projeta em outras são, normalmente, pensamentos que a fazem se sentir culpada. Por exemplo, se o fato de sentir-se sexualmente atraído por uma colega de trabalho o faz se sentir culpado, você poderia atribuir qualquer tensão sexual latente entre vocês dois ao desejo da *outra pessoa* de seduzi-lo. O *deslocamento* **consiste em desviar sentimentos emocionais (normalmente a raiva) de sua fonte original a um alvo substituto.** Se seu chefe exige demais de você no trabalho e você chega em casa batendo a porta, chutando o cachorro e gritando com sua esposa, estará deslocando sua raiva para alvos indevidos. Infelizmente, as coerções sociais obrigam as pessoas a conter sua raiva e, no fim, elas acabam por agredir a quem mais amam.

Outros mecanismos de defesa importantíssimos são: formação reativa, regressão e identificação. **A *formação reativa* é comportar-se de modo exatamente oposto ao ditado pelos verdadeiros sentimentos.** A culpa com relação a desejos sexuais geralmente acarreta formação reativa. Freud teorizou que muitos homofóbicos que ridicularizam os homossexuais estão se defendendo dos próprios impulsos. As pistas que denunciam a formação reativa são o exagero do comportamento oposto. **A *regressão* é uma volta a padrões imaturos de comportamento.** Quando ansiosos com relação à sua própria dignidade, há adultos que reagem com arrogância e jactância infantis (em contraposição a esforços sutis para impressionar os outros). Por exemplo, um executivo demitido, com dificuldades para conseguir novo emprego, pode começar a fazer declarações ridículas sobre seus incomparáveis talentos e suas realizações. Esse tipo de presunção é regressivo quando caracterizado por grandes exageros que praticamente todas as pessoas conseguem detectar. **A *identificação* é a sustentação da autoestima por meio do estabelecimento de uma aliança real ou imaginária com alguém ou com algum grupo.** Jovens frequentemente apoiam seus frágeis sentimentos sobre a dignidade própria por meio de

Tabela 11.1 Mecanismos de defesa com exemplos

Mecanismo de defesa	Definição	Exemplo
Recalcamento	Manutenção de pensamentos que trazem angústia mergulhados no inconsciente	Um soldado traumatizado não tem lembranças dos detalhes da ocasião em que quase morreu
Projeção	Atribuição dos próprios pensamentos, sentimentos e motivos a outras pessoas	Uma mulher que não gosta do chefe, mas sente que ele é quem não gosta dela
Deslocamento	Desvio de sentimentos (normalmente raiva) de sua fonte original para um alvo substituto	Depois de levar uma bronca dos pais, a jovem dirige sua raiva para seu irmão mais novo
Formação reativa	Comportamento absolutamente contrário aos sentimentos verdadeiros	Um pai ou uma mãe que não gosta do filho, mas vive mimando-o com presentes maravilhosos
Regressão	Retorno a padrões imaturos de comportamento	Um adulto que tem acessos de birra quando não tem as coisas da maneira como quer
Racionalização	Criação de desculpas falsas, mas plausíveis, para justificação de comportamento inaceitável	Um estudante que fica assistindo à televisão em vez de estudar, dizendo que "estudar mais um pouco não adiantaria nada mesmo"
Identificação	Proteção da autoestima por meio do estabelecimento de uma aliança real ou imaginária com alguém	Um jovem inseguro associa-se a uma congregação ou algum grupo para elevar sua autoestima

identificação com astros da música, do cinema ou com atletas famosos. Adultos associam-se a clubes ou organizações como meio de elevar a própria autoestima pela identificação.

As últimas décadas trouxeram um ressurgimento do interesse na pesquisa sobre os mecanismos de defesa. Por exemplo, uma série de estudos identificou um *estilo de enfrentamento repressivo* e mostrou que os "repressores" têm uma memória empobrecida dos eventos que são passíveis de desencadear emoções desagradáveis e que eles evitam informações negativas a respeito de si mesmos (Myers, 2010; Saunders, Worth e Fernandes, 2012). Além do mais, os estudos descobriram uma ligação entre o enfrentamento repressivo e a saúde física ruim, incluindo doença cardíaca (Denollet et al., 2008; Myers et al., 2007). Em outra linha da pesquisa recente, foi encontrado um suporte à hipótese freudiana de que a formação reativa é subjacente à **homofobia, que envolve um medo intenso e intolerância à homossexualidade** (Weinstein et al., 2012). Essa pesquisa descobriu que as pessoas que relatam que são héteros, mas mostram uma atração inconsciente para o mesmo sexo em testes psicológicos sutis, tendem a exibir grande hostilidade em relação a gays e endossam as políticas homofóbicas. A pesquisa sugere que os homofóbicos são ameaçados por gays porque estes os fazem lembrar dos próprios desejos sexuais latentes. Por isso, eles liberam sua hostilidade com os gays para mascarar seus sentimentos conflitantes sobre homossexualidade.

De acordo com Freud, todos utilizam mecanismos de defesa de alguma maneira. Eles se tornam problemáticos apenas quando uma pessoa depende excessivamente deles. As sementes para os transtornos psicológicos são plantadas quando as defesas levam à distorção indiscriminada da realidade. A pesquisa fornece algum apoio à crença de Freud de que a saúde mental depende em parte da extensão com que as pessoas dependem dos mecanismos de defesa. Um estudo de pacientes submetidos à terapia psicanalítica em longo prazo descobriu que as reduções em sua confiança nos mecanismos de defesa estavam associadas às melhoras no funcionamento da vida e às diminuições nos sintomas psiquiátricos (Perry e Bond, 2012).

Desenvolvimento: estágios psicossexuais

Freud propôs a surpreendente afirmação de que os fundamentos básicos da personalidade de um indivíduo são estabelecidos até a tenra idade de 5 anos. Para esclarecer melhor esses primeiros anos cruciais, ele formulou uma teoria de estágios do desenvolvimento. Enfatizou quão precocemente as crianças se ocupam com suas necessidades sexuais, imaturas, mas poderosas (usou o termo *sexual* com sentido universal referindo-se às muitas necessidades de prazer físico). Segundo Freud, essas necessidades sexuais mudam de foco conforme as crianças passam de um estágio de desenvolvimento para outro. Na realidade, os nomes dos estágios (oral, anal, genital, e assim por diante) são baseados em onde as crianças concentram sua energia sexual durante aquele dado período. Assim, *estágios psicossexuais* são períodos de desenvolvimento com foco sexual característico, que deixam suas marcas na personalidade adulta.

Freud teorizou que cada um dos estágios psicossexuais possui seus desafios ou tarefas específicos (veja **Tabela 11.2**). O modo como se lida com esses desafios supostamente molda a personalidade. A noção de *fixação* é muito importante neste processo. A *fixação* **envolve uma impossibilidade de progredir de um estágio ao seguinte, conforme o que seria esperado.** A fixação pode ser ocasionada pela excessiva *gratificação* de necessidades em determinado estágio ou pela excessiva *frustração* dessas necessidades. De qualquer forma, os remanescentes das fixações na infância afetam a personalidade adulta. Freud descreveu uma sequência de cinco estágios psicossexuais. Vamos examinar alguns pontos principais dessa sequência e como a fixação pode ocorrer.

Estágio oral. Ocorre no primeiro ano de vida. Durante esse período, a principal fonte de estimulação erótica é a boca

---

REVISÃO 11.1

Identificação de mecanismos de defesa

Verifique seu entendimento sobre os mecanismos de defesa identificando as defesas específicas na história a seguir. Cada exemplo de um mecanismo de defesa está *em itálico* e numerado. Anote, nos espaços numerados ao final da história, que defesa está sendo utilizada em cada caso. As respostas encontram-se no Apêndice A.

Meu namorado terminou nosso namoro depois de vários anos de um relacionamento profundo entre nós. Em um primeiro momento, eu *me tranquei no quarto, chorando sem parar* (1). Tenho a certeza de que meu ex-namorado estava se sentindo tão infeliz quanto eu. Eu *disse a vários amigos provavelmente que ele estava se sentindo só e deprimido* (2). Depois, cheguei à conclusão de que eu o odiava. *Estava feliz com a separação e dizia para os outros que aproveitaria bastante minha liberdade recém-conquistada* (3). Fui a festas, saí muito e simplesmente me esqueci de que ele existia. É engraçado – a certa altura eu nem me *lembrava mais do seu número de telefone!* (4) Aí voltei a ter uma queda por ele outra vez. Mas, no final, comecei a entender a situação mais objetivamente. Vi que ele tinha muitos defeitos e que, *cedo ou tarde, nós iríamos nos separar mesmo e, portanto, era melhor para mim que estivesse sem ele* (5).

1. _____
2. _____
3. _____
4. _____
5. _____

Tabela 11.2 Os estágios de desenvolvimento psicossexual de Freud

Estágio	Idades aproximadas	Foco erótico	Principais tarefas e experiências
Oral	0–1	Boca (chupar, morder)	Desmame (do peito ou da mamadeira)
Anal	2–3	Ânus (expulsão ou retenção de fezes)	Treinamento para usar o banheiro
Fálico	4–5	Genitais (masturbação)	Identificação com modelos de papéis adultos; superação da crise edípica
Latência	6–12	Nenhum (reprimido sexualmente)	Expansão de contatos sociais
Genital	Puberdade em diante	Genitais (ter intimidade sexual)	Estabelecimento de relacionamentos íntimos; contribuição para a sociedade por meio do trabalho

(no morder, sugar, mascar, e assim por diante). Na visão de Freud, o modo como as experiências de alimentação da criança é tratado é crucial para seu desenvolvimento subsequente. Ele atribuía considerável importância à maneira como se dava o desmame da criança, seja do peito ou da mamadeira. Para Freud, a fixação no estágio oral poderia estabelecer a base para o hábito obsessivo de comer ou fumar no decorrer da vida (entre várias outras coisas).

Estágio anal. Durante o segundo ano de vida, as crianças obtêm prazer erótico com o movimento do intestino, seja pela expulsão ou retenção das fezes. O evento significativo desse período é o treinamento para usar o banheiro, que representa o primeiro esforço sistemático da sociedade em regular as necessidades biológicas da criança. Um treinamento altamente punitivo leva a vários resultados possíveis. Por exemplo, a punição excessiva pode ocasionar um sentimento latente de hostilidade com relação ao "treinador", geralmente a mãe. Essa hostilidade pode generalizar-se à categoria das mulheres. Outra possibilidade é que a utilização contínua de medidas punitivas poderia levar a uma associação entre preocupações genitais e a ansiedade gerada pela punição. Essa ansiedade genital decorrente de treinamento severo para usar o banheiro pode, mais tarde, desenvolver-se em uma ansiedade relacionada a atividades sexuais.

Estágio fálico. Entre 3 e 5 anos, os genitais tornam-se o foco da energia erótica da criança, em grande parte pela autoestimulação. Durante esse estágio decisivo, emerge o *complexo de Édipo*, ou seja, os meninos desenvolvem uma preferência com inclinações eróticas em relação à mãe. Sentem, também, hostilidade com relação ao pai, a quem veem como concorrente pela afeição da mãe. Da mesma forma, as meninas desenvolvem uma ligação especial com o pai. Por volta dessa época, verificam que os meninos possuem genitais bem diferentes e, supostamente, desenvolvem a *inveja do pênis*. Segundo Freud, as meninas sentem hostilidade com relação às mães porque as culpam por sua "deficiência" anatômica. Resumindo, **no *complexo de Édipo*, as crianças manifestam desejos com inclinações eróticas em relação ao pai ou à mãe (quem for do sexo oposto), acompanhados de sentimentos de hostilidade com relação ao pai ou à mãe (quem for do mesmo sexo).** O nome para essa síndrome baseou-se no mito grego segundo o qual Édipo, não sabendo a real identidade de seus pais, mata, sem saber, o próprio pai e se casa com a mãe.

Segundo Freud, é fundamentalmente importante o modo como pais e filhos lidam com os conflitos sexuais e agressivos inerentes ao complexo de Édipo. A criança precisa resolver o dilema edipiano, expurgando-se dos desejos sexuais pelo pai (ou pela mãe) e aniquilando a hostilidade sentida em relação ao pai (ou à mãe). Na visão de Freud, o desenvolvimento psicossexual saudável apoia-se na

De acordo com Freud, as experiências no início da infância, como aprender a usar a privada (uma tentativa dos pais de regular as necessidades fisiológicas da criança), pode influenciar a personalidade do indivíduo, com consequências que podem perdurar por toda a vida adulta.

resolução do conflito edipiano. Por quê? Porque a manutenção da hostilidade em relação ao pai (ou à mãe) pode dificultar a identificação adequada da criança com o pai (ou a mãe). A teoria freudiana profetiza que, se não houver essa identificação, muitos aspectos do desenvolvimento da criança não evoluirão da forma como deveriam.

Estágios de latência e genital. Dos 5 anos, aproximadamente, até a puberdade, a sexualidade da criança é amplamente recalcada – torna-se *latente*. Eventos importantes durante esse *estágio de latência* concentram-se na expansão de contatos sociais além da família imediata. Com o advento da puberdade, a criança avança no sentido do *estágio genital*. As necessidades sexuais reaparecem e se concentram mais uma vez nos genitais. A essa altura, a energia sexual é normalmente canalizada para companheiros do sexo oposto, e não a si mesmo, como no estágio fálico.

Com a suposição de que os primeiros anos moldam a personalidade, Freud não afirmava que o desenvolvimento da personalidade se interrompe abruptamente na infância. Ele acreditava, no entanto, que, por volta dessa etapa, a base para a personalidade adulta está solidamente estabelecida. Sustentava que os desenvolvimentos futuros são fundamentados nas experiências iniciais, formativas, e que conflitos importantes nos anos subsequentes são reprises de crises infantis.

Na verdade, Freud acreditava que conflitos sexuais inconscientes fundados em experiências infantis são a causa da maioria dos distúrbios de personalidade. Sua crença inabalável nas origens psicossexuais dos distúrbios psicológicos acabou resultando em ásperas disputas teóricas com dois de seus colegas mais brilhantes: Carl Jung e Alfred Adler, que argumentavam que ele estava superestimando a sexualidade. Freud rejeitou sumariamente as ideias deles. Desse modo, Jung e Adler se sentiram compelidos a seguir cada um seu caminho, desenvolvendo a própria teoria dinâmica da personalidade.

A psicologia analítica de Jung

Carl Jung foi um jovem psiquiatra renomado, estabelecido na Suíça, que começou a escrever para Freud em 1906. Eles trocaram 359 cartas, até que a amizade e a aliança teórica entre eles se rompessem, em 1913. Jung denominou sua nova abordagem *psicologia analítica*, para diferenciá-la da psicanálise de Freud.

Assim como Freud, Jung (1921, 1933) enfatizou os determinantes inconscientes da personalidade. Entretanto, supôs que o inconsciente consiste em duas camadas. A primeira, chamada *inconsciente pessoal*, é essencialmente o mesmo que a versão freudiana de inconsciente. O inconsciente pessoal abriga material derivado das experiências pessoais e que foi reprimido ou esquecido. Além disso, Jung propôs a existência de uma camada mais profunda, a qual chamou de ***inconsciente coletivo*, que é o depósito dos vestígios de memória latente herdados do passado ancestral das pessoas.** Para ele, cada pessoa compartilha o inconsciente coletivo com a totalidade da raça humana (veja **Figura 11.4**).

Jung denominou essas recordações ancestrais de *arquétipos*, que não são recordações de experiências reais, pessoais. Em vez disso, **arquétipos são imagens investidas de emoções e formas de pensamentos que possuem sentido universal**. Essas imagens e ideias arquetípicas aparecem muitas vezes em sonhos e se manifestam sempre na utilização de símbolos de arte, literatura e religião de uma cultura.

De acordo com Jung, símbolos de culturas bem diferentes muitas vezes mostram semelhanças surpreendentes, pois emergem arquétipos que são compartilhados por toda a raça humana.

Jung encontrou, por exemplo, numerosas culturas em que a *mandala*, ou o "círculo mágico", é utilizada como símbolo da completa unicidade do eu. Jung sentiu que a compreensão sobre os símbolos arquetípicos o ajudava a entender os sonhos de seus pacientes. Ele considerava que os sonhos encerram importantes mensagens provenientes do inconsciente e, assim como Freud, Jung dependia amplamente da análise de sonhos em seu tratamento de pacientes.

A psicologia individual de Adler

Tendo crescido em Viena, Alfred Adler era uma criança adoentada, ofuscada por seu irmão mais velho, que era excepcionalmente inteligente e bem-sucedido. Apesar de tudo, formou-se em Medicina e gradativamente passou a

Figura 11.4 Visão de Jung sobre o inconsciente coletivo.
De modo bem semelhante a Freud, Jung teorizou que cada pessoa possui níveis de consciência que são conscientes e inconscientes. Também propôs que a totalidade da raça humana compartilha um inconsciente coletivo, que existe no nível mais profundo de consciência de todas as pessoas. Considerou esse inconsciente como um depósito de recordações ancestrais ocultas, denominadas *arquétipos*.

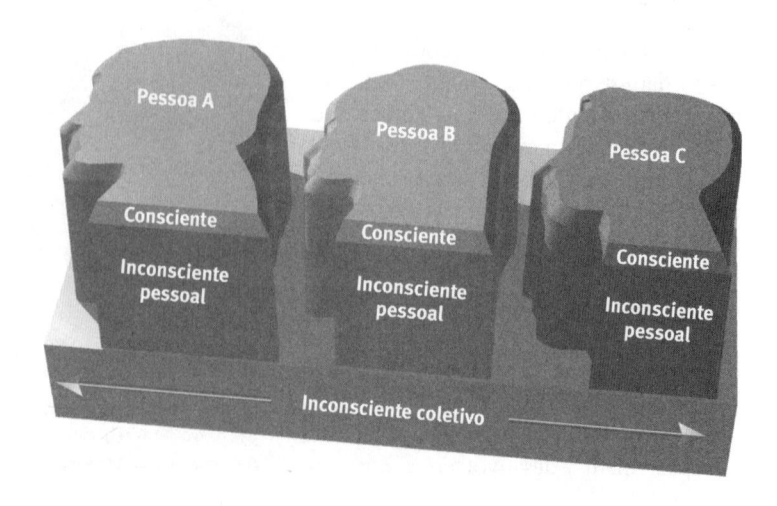

se interessar por psiquiatria. Foi sócio fundador do círculo íntimo de Freud – a Sociedade Psicanalítica de Viena. Entretanto, logo começou a desenvolver a própria abordagem de personalidade, que chamou *psicologia individual*.

Assim como Jung, Adler (1917, 1927) argumentava que Freud tinha se tornado demasiadamente entusiasmado em centrar sua teoria em conflitos sexuais. Segundo Adler, a principal fonte de motivação humana é a busca pela superioridade. Ele via a luta por superioridade como um impulso universal para adaptar-se, aprimorar-se e vencer os desafios da vida. Mostrava que as crianças mais novas sentiam-se, compreensivelmente, fracas e indefesas diante de crianças mais capazes e mais velhas e perante os adultos. Esses sentimentos de inferioridade precoces supostamente motivam-nas a adquirir novas habilidades e a desenvolver novas aptidões.

Adler afirmou que todos têm de se esforçar para superar certos sentimentos de inferioridade – um processo que denominou *compensação*, que **implica esforços para superar inferioridades reais ou imaginárias, por meio do desenvolvimento de capacidades próprias**. Adler considerava a compensação algo totalmente normal. No entanto, em algumas pessoas, os sentimentos de inferioridade podem se tornar excessivos e resultar no que hoje é amplamente conhecido como *complexo de inferioridade* – sentimentos exacerbados de fragilidade e inadequação. Para Adler, mimo ou desprezo dos pais poderia ocasionar complexo de inferioridade. Portanto, ele concordava com Freud sobre a importância das primeiras experiências infantis, apesar de ter focado diferentes aspectos da relação pais e filhos.

Adler afirmou que algumas pessoas se envolvem em *compensação excessiva* para poder ocultar, até delas próprias, seus sentimentos de inferioridade. Essas pessoas trabalham para adquirir *status*, poder e as vantagens do sucesso (roupas chiques, carros fabulosos) para disfarçar seu complexo de inferioridade subjacente. A teoria de Adler reforça o contexto social do desenvolvimento da personalidade (Carlson e Englar-Carlson, 2013). Por exemplo, Adler foi o primeiro a concentrar sua atenção na possível importância da *ordem de nascimento* como um fator da personalidade governante. Ele observou que os primogênitos, os filhos do meio e os caçulas entram em vários ambientes domiciliares e são tratados de maneira diferente pelos pais e que essas experiências possivelmente afetarão suas personalidades (Eckstein e Kaufman, 2012).

Avaliação das perspectivas psicodinâmicas

As teorias psicodinâmicas produziram novos *insights* arrojados. Mesmo que se possa inquirir sobre os pormenores exatos da interpretação, décadas de pesquisas demonstraram que: (1) as forças inconscientes podem influenciar o comportamento; (2) conflitos internos geralmente têm um papel fundamental na geração do sofrimento psicológico; (3) experiências na primeira infância podem influenciar a personalidade adulta; e (4) as pessoas usam os mecanismos de defesa para reduzir suas experiências com emoções desagradáveis (Bornstein, Denckla e Chung, 2013; Western, Gabbard e Ortigo, 2008).

A teoria de Adler tem sido utilizada para analisar a vida trágica da legendária atriz Marilyn Monroe (Ansbacher, 1970). Durante sua infância, Marilyn sofreu com a negligência de seus pais, e isso a deixou com graves sentimentos de inferioridade. Esses sentimentos a levaram a procurar compensação ao exibir sua beleza, casar-se com celebridades (Joe DiMaggio e Arthur Miller), deixar equipes de filmagem esperando durante horas e procurar a adoração de seus fãs.

As teorias psicodinâmicas, além de receber elogios, também foram bastante criticadas em vários aspectos, incluindo os seguintes (Crews, 2006; Kramer, 2006; Torrey, 1992):

1. *Baixa testabilidade*. As pesquisas científicas requerem hipóteses testáveis. Ideias psicodinâmicas com frequência foram muito vagas e conjecturais para permitir um teste científico claro. Por exemplo, como você provaria ou contestaria a afirmação de que o id é inteiramente inconsciente?

2. *Amostras não representativas*. As teorias de Freud foram fundamentadas em uma amostra excepcionalmente limitada de mulheres vienenses de classe alta, neuróticas e sexualmente reprimidas. Elas não eram nem mesmo remotamente representantes da cultura da Europa ocidental, muito menos de outras culturas ou de outras épocas.

3. *Ênfase excessiva em estudos de caso*. As teorias da psicodinâmica dependem muito dos estudos de casos clínicos em que é muito mais fácil para os médicos verem o que eles esperam ver. Os novos exames do próprio trabalho clínico de Freud sugerem que ele frequentemente distorcia as histórias de caso de seus pacientes para fazê-las combinar com sua teoria (Esterson, 2001) e que havia

disparidades substanciais entre as anotações de Freud e seus métodos terapêuticos reais (Lynn e Vaillant, 1998). Ademais, as ideias de Freud tinham como base as *memórias* de seus pacientes adultos sobre suas experiências da infância, enquanto as pesquisas contemporâneas sobre memória sugerem que elas provavelmente eram distorcidas, incompletas e imprecisas.

4. *Evidência contraditória*. Embora os estudos tenham apoiado algumas ideias das teorias psicodinâmicas, o peso da evidência empírica contradisse muitas das principais hipóteses (Westen, Gabbard e Ortigo, 2008; Wolitzky, 2006). Por exemplo, agora sabemos que o desenvolvimento é uma jornada da vida toda e que Freud enfatizou excessivamente a importância dos primeiros cinco anos. O complexo de Édipo não é universal nem tão importante quanto Freud acreditava. As lutas com a sexualidade *não* são a causa central da maioria dos transtornos. A teoria de Freud sobre os sonhos angariou modesto apoio, no máximo.

5. *Sexismo*. Muitos críticos argumentaram que as teorias psicodinâmicas são caracterizadas por um sexismo contra as mulheres. Freud acreditava que a inveja que as mulheres tinham do pênis as fazia se sentir inferiores aos homens. Ele também pensava que as mulheres tinham uma tendência a desenvolver superegos mais fracos e eram mais inclinadas a estresse psicológico do que os homens. O preconceito de gênero nas modernas teorias psicodinâmicas foi reduzido consideravelmente. Não obstante, a abordagem psicodinâmica em geral propicia um ponto de vista centrado nos homens (Lerman, 1986; Person, 1990).

Hoje é fácil ridicularizar alguns conceitos freudianos – como o da inveja do pênis – e apontar ideias suas que se tornaram incorretas. Contudo, as teorias psicodinâmicas têm causado extraordinário impacto no pensamento intelectual moderno. E na psicologia como um todo, não houve outra escola de pensamento tão influente – exceto o comportamentalismo, que examinaremos a seguir.

11.3 Objetivos Principais de Aprendizagem

- Compreender as contribuições de Skinner e Bandura para os pontos de vista comportamentais da personalidade.
- Identificar a principal tese de Mischel e avaliar a abordagem comportamental da personalidade.

11.3 Perspectivas comportamentais

***Comportamentalismo**, ou **behaviorismo**, é uma orientação teórica baseada na premissa de que a psicologia científica deveria estudar somente o comportamento observável.* Como vimos no Capítulo 1, o comportamentalismo é uma das principais escolas de pensamento na psicologia desde 1913, quando John B. Watson argumentou que a psicologia deveria abandonar seu foco inicial na mente, nos processos mentais, e concentrar-se exclusivamente no comportamento evidente. Nesta seção, examinaremos três visões comportamentais da personalidade, de B. F. Skinner, Albert Bandura e Walter Mischel. Na maioria das vezes, você verá que os comportamentalistas explicam a personalidade da mesma forma como explicam tudo o mais – em termos de aprendizagem.

As ideias de Skinner aplicadas à personalidade

Conforme dissemos nos Capítulos 1 e 6, o teórico mais importante do comportamentalismo moderno foi B. F. Skinner, psicólogo norte-americano que viveu de 1904 a 1990. Ao trabalhar na Harvard University, Skinner ficou famoso por sua pesquisa sobre aprendizagem em organismos inferiores, principalmente em ratos e pombos. Os princípios de *condicionamento operante* de Skinner (1953, 1957) nunca se propuseram a ser uma teoria da personalidade. Suas ideias, no entanto, influenciaram todas as áreas da psicologia e foram aplicadas à explicação da personalidade. Aqui, vamos analisar as ideias de Skinner em relação à estrutura e ao desenvolvimento da personalidade.

Estrutura da personalidade: uma visão com base no exterior

Skinner não criou estruturas de personalidade interna equivalentes ao id, ao ego e ao superego de Freud, porque essas estruturas não podem ser observadas. Seguindo a tradição de Watson, Skinner mostrou pouco interesse no que se passa "dentro" das pessoas. Em vez disso, concentrava-se na maneira como o ambiente externo modela o comportamento manifesto. Defendia um tipo poderoso de *determinismo*, afirmando que o comportamento é totalmente determinado por estímulos ambientais.

Como a teoria de Skinner é capaz de explicar a consistência que se verifica no comportamento dos indivíduos? Segundo sua visão, as pessoas manifestam alguns padrões consistentes de comportamento porque possuem algumas *tendências de respostas* estáveis, que foram adquiridas pela experiência. Essas tendências podem modificar-se no futuro, em decorrência de novas experiências, mas são suficientemente resistentes para garantir determinado nível de consistência no comportamento de uma pessoa. Portanto, Skinner implicitamente entendia uma personalidade individual como um *conjunto de tendências de respostas ligadas a uma diversidade de situações de estímulo*. Uma situação específica pode estar associada a uma diversidade de tendências de respostas que variam em força, dependendo do condicionamento (veja **Figura 11.5**).

Desenvolvimento da personalidade como produto de condicionamento

As explicações da teoria de Skinner para o desenvolvimento da personalidade dizem respeito ao modo como as diversas tendências de respostas são adquiridas por meio do aprendizado (Bolling, Terry e Kohlenberg, 2006). Ele acreditava que a maior parte das respostas humanas é moldada pelo *condicionamento operante*. Como discutimos no Capítulo 6, Skinner

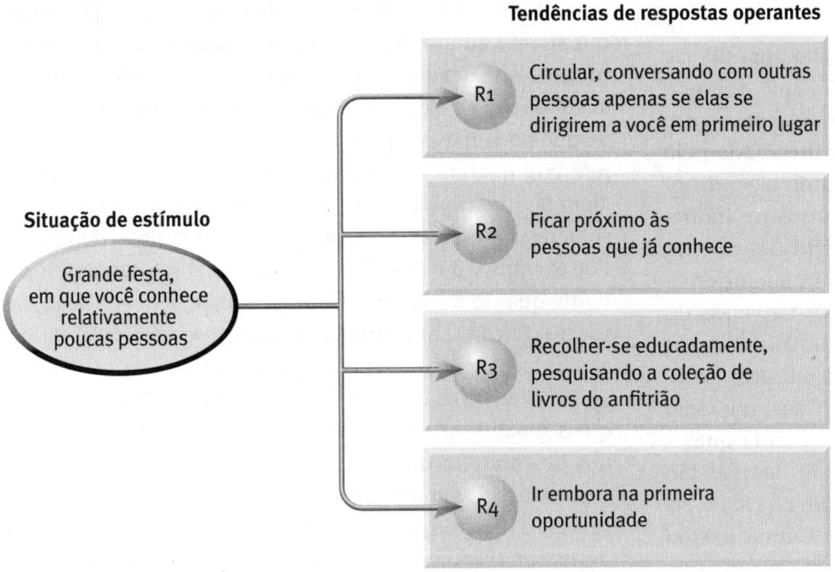

Tendências de respostas operantes

Situação de estímulo: Grande festa, em que você conhece relativamente poucas pessoas

- R1: Circular, conversando com outras pessoas apenas se elas se dirigirem a você em primeiro lugar
- R2: Ficar próximo às pessoas que já conhece
- R3: Recolher-se educadamente, pesquisando a coleção de livros do anfitrião
- R4: Ir embora na primeira oportunidade

Figura 11.5 Uma visão comportamental da personalidade.

Comportamentalistas fervorosos dedicam pouca atenção à estrutura da personalidade por não ser observável, mas implicitamente a consideram como o conjunto de tendências de respostas de um indivíduo. Ilustra-se aqui uma possível hierarquia de tendências de respostas para uma situação de estímulo específica (um grande grupo).

---

sustentava que as consequências ambientais – reforço, punição e extinção – determinam os padrões de resposta das pessoas. Por um lado, quando as respostas são seguidas por consequências favoráveis (reforço), elas são fortalecidas. Por exemplo, se, ao contar uma piada em uma festa, você obtiver atenção favorável, sua tendência a contar piadas em festas aumentará (veja **Figura 11.6**). Por outro lado, quando as respostas produzem consequências negativas (punição), tendem a se enfraquecer. Portanto, se as suas decisões impulsivas sempre dão errado, sua tendência a ser impulsivo diminuirá.

As tendências de respostas estão constantemente sendo fortalecidas ou enfraquecidas em decorrência de novas experiências. Por causa disso, a teoria de Skinner considera o desenvolvimento humano como um percurso contínuo, que acontece durante a vida toda. Diferentemente de Freud e de muitos outros teóricos, ele não via razão para a classificação do processo de desenvolvimento em estágios e também não atribuía importância especial às primeiras experiências infantis.

A teoria da cognição social de Bandura

Albert Bandura (1986, 2012) foi um dos que mais acrescentaram um caráter cognitivo ao comportamentalismo a partir da década de 1960. Esses teóricos discordam do comportamentalismo "puro" de Skinner. Declaram que os homens obviamente são seres conscientes, que pensam e sentem. Além disso, esses teóricos argumentam que, ao desprezar processos cognitivos, Skinner ignorou a característica mais marcante e importante do comportamento humano. Bandura e teóricos afins originalmente denominaram seu tipo modificado de comportamentalismo de *teoria da aprendizagem social*. Hoje, Bandura refere-se a seu modelo como a *teoria da cognição social*.

Bandura (1999, 2006) concorda com um ponto fundamental do comportamentalismo, segundo o qual a personalidade é formada em grande parte por meio da aprendizagem. Contrapõe-se, no entanto, dizendo que o condicionamento não é um processo mecânico, no qual as pessoas são participantes passivas. Em vez disso, sustenta que as pessoas buscam ativamente e processam informações sobre o seu ambiente para maximizar seus resultados favoráveis. Ao focalizar o processamento de informações, Bandura traz à cena eventos cognitivos não observáveis.

Contexto do estímulo: Festa

Contar piadas (Resposta) → Risadas, atenção, cumprimentos (Reforço)

Figura 11.6 Desenvolvimento da personalidade e condicionamento operante.

De acordo com Skinner, as tendências de respostas características das pessoas são modeladas por reforços e outras consequências que acompanham o comportamento. Logo, se a piada que você contou em uma festa atraiu a atenção e obteve cumprimentos, sua tendência a ser espirituoso e engraçado será reforçada.

Aprendizado por observação

A contribuição teórica mais importante de Bandura foi sua descrição da aprendizagem por observação, que apresentamos no Capítulo 6. *Aprendizado por observação* **ocorre quando a resposta de um organismo é influenciada pela observação de outros.** Segundo Bandura, tanto o condicionamento clássico como o operante podem ocorrer indiretamente quando uma pessoa observa o condicionamento de outra. Por exemplo, pelo fato de ver sua irmã morrendo de raiva por receber um cheque sem fundos na venda do seu antigo *smartphone*, sua tendência a desconfiar das outras pessoas pode ser reforçada. Ou seja, sua irmã será afetada diretamente, mas isso poderá lhe trazer influências – por meio da aprendizagem por observação. Bandura sustenta que os padrões de comportamento característicos das pessoas são formados pelos *modelos* aos quais elas estão expostas. Na aprendizagem por observação, **um *modelo* é uma pessoa cujo comportamento é observado por outra.** Seja quando for, todos servem de modelos uns para os outros. A questão central de Bandura é que muitas tendências de respostas são produto de imitação. Segundo Bandura, as crianças aprendem a ser independentes, confiáveis, desembaraçadas etc. ao observar pais, professores, parentes, irmãos e colegas se comportando assim.

Autoeficácia

Bandura discute como uma diversidade de fatores pessoais (aspectos da personalidade) determina o comportamento. Ele enfatizou prioritariamente o fator da autoeficácia (Bandura, 1990, 1993, 1995). *Autoeficácia* **refere-se à crença que se tem quanto à própria capacidade de ter comportamentos que devem levar a resultados esperados.** Quando a autoeficácia é elevada, os indivíduos sentem-se confiantes de que podem executar as respostas necessárias para receber reforços; quando é baixa, receiam que as respostas estejam além de suas capacidades. As percepções de autoeficácia são subjetivas e específicas para determinados tipos de tarefas. Por exemplo, é possível você sentir-se absolutamente confiante quanto à sua capacidade de sair-se bem em situações sociais difíceis. Em contrapartida, você pode duvidar da sua capacidade de lidar com desafios acadêmicos.

As percepções de autoeficácia podem ter influência sobre quais desafios as pessoas enfrentam e como se saem. Estudos descobriram que sentimentos, por exemplo, de maior autoeficácia estão associados a conseguir reduzir a procrastinação (Wäschle et al., 2014); ter mais sucesso em parar de fumar (Perkins et al., 2012); maior comprometimento para seguir um programa de exercícios (Ayotte, Margrett e Hicks-Patrick, 2010); esforços de perda de peso mais eficazes (Byrne, Barry e Petry, 2012); qualidade de vida mais elevada após um ataque cardíaco (Brink et al., 2012); aumento de atividades físicas entre adolescentes (Rutkowski e Connelly, 2012); desconforto psicológico reduzido entre os pacientes com artrite reumatoide (Benka et al., 2014); melhores hábitos de estudo (Prat-Sala e Redford, 2010); níveis mais altos de envolvimento e desempenho acadêmico (Ouweneel, Schaufeli e Le Blanc, 2013); aumento do desempenho atlético (Gilson, Chow e Feltz, 2012); desempenho mais eficaz no trabalho (Tims, Bakker e Derks, 2014); atendimento ao cliente mais proativo por funcionários do setor público (Raub e Liao, 2012); e vulnerabilidade à exaustão reduzida entre os professores (C. G. Brown, 2012), entre muitas outras coisas.

Mischel e a controvérsia pessoa-situação

Walter Mischel é outro proeminente teórico do aprendizado social. A principal contribuição de Mischel (1973, 1974) para a teoria da personalidade foi concentrar a atenção sobre a dimensão em que os fatores situacionais governam o comportamento. Essa contribuição envolveu-o em uma controvérsia fundamental acerca da consistência do comportamento humano em diferentes situações. Segundo Mischel, as pessoas produzem as respostas que imaginam que lhes trará reforço em dada situação. Por exemplo, se você acreditar que trabalhar duro em seu

As percepções da autoeficácia podem influenciar nos desafios que as pessoas buscam e na qualidade do seu desempenho. Por exemplo, a pesquisa vinculou a autoeficácia ao desempenho e sucesso no trabalho e à adesão a um regime de exercícios.

CHECAGEM DA REALIDADE

Ideia equivocada

O comportamento das pessoas é altamente determinado por sua personalidade e caráter.

Realidade

O argumento de Mischel de que as forças situacionais moldam boa parte de nosso comportamento comprovou-se convincente. Isso não quer dizer que a personalidade é irrelevante. A pesquisa, porém, tem mostrado cada vez mais que os fatores situacionais são determinantes do comportamento mais poderosos do que leigos ou cientistas teriam imaginado (Benjamin e Simpson, 2009; Ross e Nisbett, 1991; Zimbardo, 2004).

emprego vai levá-lo a obter progressos e promoções, será, provavelmente, bastante trabalhador e diligente. Contudo, se achar pouco provável que trabalhar com afinco lhe trará alguma recompensa, pode ser que se comporte de maneira indolente e irresponsável. Assim, a versão de Mischel da teoria da aprendizagem social prescreve que as pessoas vão sempre se comportar diferentemente em diversas situações. Mischel (1968, 1973) fez uma revisão de décadas de estudos e concluiu que, de fato, há quem exiba muito menor consistência ao longo de diferentes situações do que anteriormente se havia suposto. Por exemplo, um indivíduo que é tímido em determinado contexto pode ser extrovertido em outra situação. Outros modelos de personalidade ignoram amplamente essa inconsistência. Assim, as teorias polêmicas de Mischel deram início a um vigoroso debate acerca da relativa importância da *pessoa*, em oposição à *situação*, na determinação do comportamento. A pesquisa que se seguiu levou a um crescente reconhecimento de que *ambos* os fatores, personalidade e situação, são importantes na determinação do comportamento (Reis e Holmes, 2012).

Avaliação das perspectivas comportamentais

As teorias do comportamento são solidamente embasadas em extensas pesquisas empíricas. As ideias de Skinner lançaram luz sobre como as consequências e o condicionamento ambientais moldam o comportamento característico das pessoas. A teoria social cognitiva de Bandura mostra como aprender com os outros pode moldar a personalidade. Mischel merece o crédito por aumentar o conhecimento da psicologia sobre como os fatores situacionais moldam o comportamento.

É claro que toda abordagem teórica tem seus pontos fracos, e a abordagem comportamental não é exceção. Os behavioristas costumavam ser criticados porque eles negligenciavam os processos cognitivos. A ascensão da teoria cognitiva social atenuou essa crítica. Entretanto, a teoria cognitiva social enfraqueceu a base sobre a qual o behaviorismo foi construído – a ideia de que os psicólogos devem estudar apenas o comportamento observável. Assim, alguns críticos reclamam que as teorias comportamentais não são mais tão comportamentais. Outros críticos argumentam que os behavioristas generalizaram indiscriminadamente de pesquisas com animais para o comportamento humano (Burger, 2015). Os teóricos humanistas, que veremos a seguir, têm sido particularmente veementes em suas críticas aos pontos de vista comportamentalistas.

11.4 Perspectivas Humanistas

A teoria humanista surgiu na década de 1950 como uma espécie de reação às teorias comportamentais e psicodinâmicas

11.4 Objetivos Principais de Aprendizagem

- Explicar o ímpeto para o humanismo e articular os pontos de vista de Roger sobre o autoconceito.
- Descrever as principais ideias de Maslow e avaliar a abordagem humanista da personalidade.

que acabamos de analisar (Cassel, 2000). A acusação mais importante que formulava sobre esses dois modelos é de que são desumanos. A teoria freudiana foi criticada por sua crença de que o comportamento é dominado por impulsos primitivos e animais (sexualidade e agressividade). O comportamentalismo, por se dedicar a pesquisas com animais. Os críticos argumentavam que ambas as escolas de pensamento eram excessivamente deterministas e falhavam em reconhecer que os humanos são livres para traçar os próprios cursos de ação.

Muitos desses críticos se reuniram em ampla associação, que passou a ser conhecida como humanista, graças ao seu foco exclusivo no comportamento humano. Na psicologia, o ***humanismo* é uma orientação teórica que enfatiza as qualidades únicas dos seres humanos, especialmente sua liberdade e seu potencial para crescimento pessoal.** Contrariamente à maior parte dos teóricos psicodinâmicos e comportamentais, os teóricos humanistas, como Carl Rogers e Abraham Maslow, possuem uma visão otimista sobre a natureza humana. Para eles as pessoas (1) têm condições de se situar acima de suas heranças animais primitivas e controlar suas necessidades biológicas; (2) são seres em grande medida conscientes e racionais, que não são dominados por necessidades e conflitos inconscientes e irracionais; e (3) não são peões indefesos das forças deterministas. Os teóricos humanistas também sustentam que a visão subjetiva de mundo de uma pessoa é mais importante do que a realidade objetiva (Wong, 2006). Segundo essa noção, se você pensar que é inculto, brilhante ou sociável, essa crença influenciará mais amplamente seu comportamento do que quanto você na realidade é inculto, brilhante ou sociável.

A teoria centrada na pessoa de Rogers

Carl Rogers (1951, 1961, 1980) foi um dos pais do movimento do potencial humano, o qual enfatiza a autorrealização por meio de treinamento da sensibilidade, grupos de encontro e outros exercícios que promovam o crescimento pessoal. Da mesma forma que Freud, Rogers também baseou sua teoria da personalidade em suas extensas interações terapêuticas com muitos pacientes. Devido à sua ênfase no ponto de vista subjetivo da pessoa, Rogers chamou essa abordagem de *teoria centrada na pessoa*.

O *self*

Rogers via a estrutura de personalidade em termos de um único constructo, o qual denominava *self*, apesar de hoje ser mais amplamente conhecido como a ***autoimagem*, que é um conjunto de crenças que cada um possui sobre sua natureza, suas qualidades particulares e seu comportamento característico.** Sua autoimagem é a imagem mental de si mesmo. É um conjunto de autopercepções e pode conter, por exemplo, crenças como "Sou calmo", "Sou esperto e astuto", "Sou bonito" ou "Sou trabalhador".

Rogers enfatizou a natureza subjetiva da autoimagem. Sua autoimagem pode não ser inteiramente coerente com suas experiências. A maioria das pessoas tende a deturpar, até certo ponto, suas experiências, a fim de promover uma autoimagem relativamente favorável. Por exemplo, pode ser que você se considere muito inteligente, mas seu boletim escolar pode sugerir o oposto. Rogers chamou a diferença entre a autoimagem e a realidade de ***incongruência*, que é o grau de disparidade entre a autoimagem de uma pessoa e sua experiência real**. Em contraposição, se a autoimagem de uma pessoa é razoavelmente precisa, costuma-se dizer que é *congruente* com a realidade (veja **Figura 11.7**). Todos experimentam certo grau de incongruência. O ponto central é: quanto. Conforme veremos, Rogers sustentava que incongruência em demasia enfraquece o bem-estar psicológico de uma pessoa.

Desenvolvimento do *self*

Em termos de desenvolvimento de personalidade, Rogers estava interessado em como as experiências infantis favorecem congruência ou incongruência entre a autoimagem e a experiência real de uma pessoa. Para ele, as pessoas têm uma necessidade muito forte de afeição e aceitação pelos outros. No início da vida, os pais suprem a maior parte dessa afeição. Rogers sustentava que muitos pais tornam sua afeição *condicional*. Quer dizer, depende de a criança ter bom comportamento e preencher as expectativas que se tem. Quando o amor dos pais lhes parece condicional, as crianças em geral impedem que as experiências que as fazem sentir-se não merecedoras de amor façam parte da sua autoimagem. Isso se dá porque elas ficam ansiosas por obter aceitação dos pais, que lhes parece incerta. No outro extremo do espectro, outros pais oferecem afeição *incondicional*. Seus filhos têm menor necessidade de bloquear as experiências não dignificantes porque estão seguras de que merecem afeição, não importa o que façam.

Congruência
Autoimagem tem bom entrosamento com a experiência real (alguma incongruência provavelmente é inevitável).

Incongruência
Autoimagem não se entrosa bem com a experiência real.

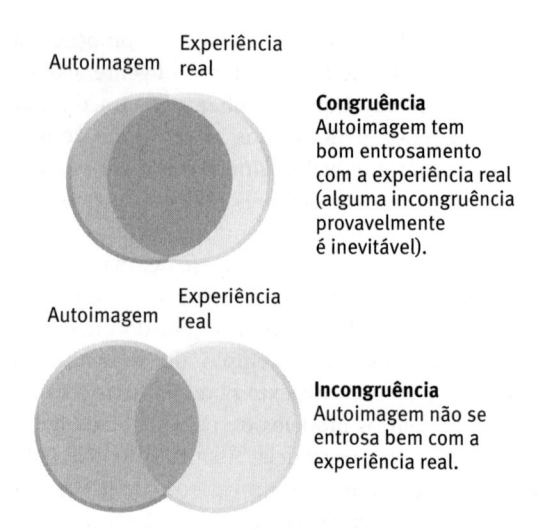

Figura 11.7 A visão de estrutura da personalidade de Rogers.
No modelo de Rogers, a autoimagem é o único constructo estrutural importante. Ele reconhecia, entretanto, que a autoimagem de uma pessoa pode não ser consistente com as realidades da experiência dela – condição denominada *incongruência*.

Rogers acreditava que o amor incondicional dos pais favorece a congruência e que o amor condicional, a incongruência. Teorizou depois que, se indivíduos crescem acreditando que a afeição dos outros é altamente condicional, vão distorcer mais e mais suas experiências para se sentir merecedores de afeição por um número cada vez maior de pessoas.

Ansiedade e defesa

Para Rogers, as experiências que ameaçam a visão das pessoas sobre si mesmas são a causa principal da ansiedade aflitiva.

De acordo com Carl Rogers, o amor incondicional dos pais tende a promover uma autoimagem precisa que é congruente com a realidade.

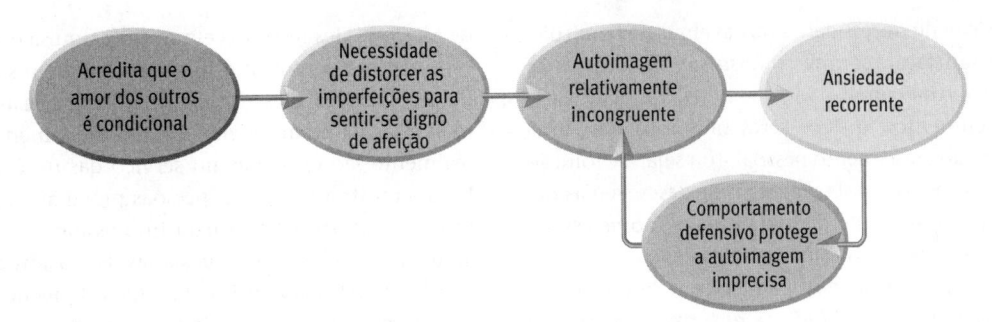

Figura 11.8 Visão do desenvolvimento e da dinâmica da personalidade segundo Rogers.

A teoria de desenvolvimento de Rogers postula que o amor condicional leva a uma necessidade de distorcer as experiências, favorecendo o estabelecimento de uma autoimagem incongruente. A incongruência deixa a pessoa com inclinações a ansiedade recorrente, o que ativa o comportamento defensivo, aumentando a incongruência.

Logo, as pessoas com autoimagem altamente incongruente são particularmente vulneráveis à ansiedade recorrente (veja **Figura 11.8**). Para precaver-se dessa ansiedade, os indivíduos comumente se comportam defensivamente, na tentativa de reinterpretar suas experiências para que se pareçam coerentes com sua autoimagem. Assim, eles ignoram, negam e distorcem a realidade para proteger e perpetuar sua autoimagem. Por exemplo, uma jovem mulher que é egoísta, mas não consegue enfrentar essa realidade, pode atribuir os comentários dos amigos sobre o fato de ela ser egoísta à inveja que eles sentem da beleza dela.

A teoria da autorrealização de Maslow

Abraham Maslow (1970) foi um proeminente teórico humanista que sustentava que a psicologia deveria dedicar maior interesse na natureza da personalidade saudável, em vez de permanecer todo o tempo nas causas dos transtornos. "Colocando a questão de maneira simples, é como se Freud nos tivesse suprido da metade doentia da psicologia e agora tivéssemos de preencher sua parte saudável" (Maslow, 1968). A contribuição mais importante de Maslow para a teoria da personalidade foram suas análises do modo como os motivos são organizados hierarquicamente e sua descrição da personalidade saudável.

Hierarquia de necessidades

Maslow propôs que os motivos humanos são organizados em uma *hierarquia de necessidades* – **um arranjo sistemático, de acordo com as prioridades, no qual as necessidades básicas devem ser satisfeitas antes que necessidades menos básicas surjam.** Esse arranjo hierárquico é geralmente representado como uma pirâmide (veja **Figura 11.9**). As necessidades mais próximas da base da pirâmide, como as fisiológicas ou de segurança, são as mais básicas. Níveis mais altos na pirâmide consistem em necessidades progressivamente menos básicas. Quando uma pessoa consegue

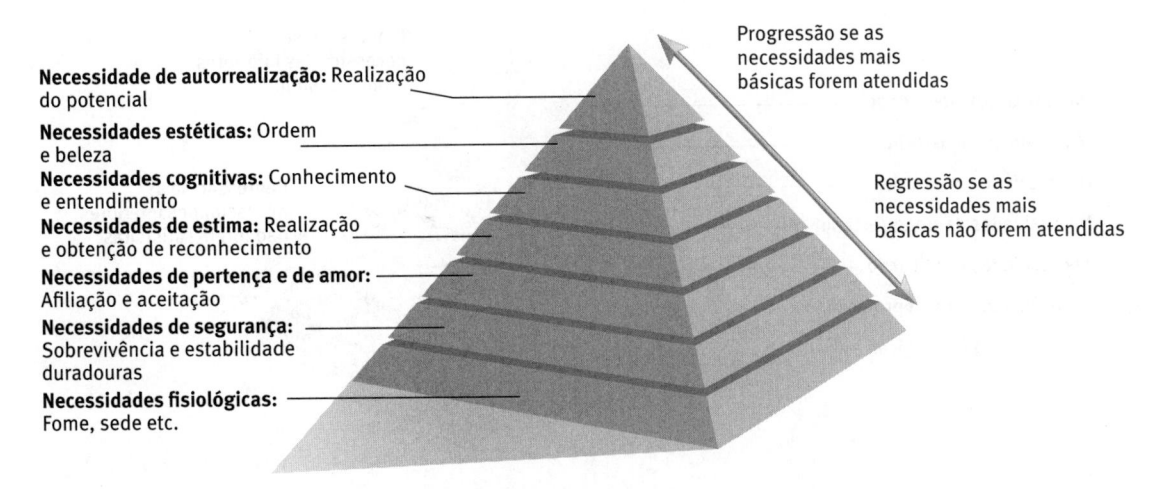

Figura 11.9 A hierarquia das necessidades de Maslow.

Segundo Maslow, as necessidades humanas são dispostas em uma hierarquia, e as pessoas devem satisfazer às suas necessidades básicas antes de satisfazer às menos básicas. No diagrama, os níveis mais altos na pirâmide representam progressivamente necessidades menos básicas. As pessoas sobem na hierarquia quando as necessidades básicas são satisfeitas razoavelmente bem, mas podem regredir a níveis mais baixos se essas não forem mais atendidas.

satisfazer um nível de necessidades razoavelmente bem (não é necessária a satisfação completa), *essa satisfação ativa as necessidades no próximo nível.*

Maslow argumentou que os seres humanos têm uma motivação inata ao crescimento pessoal – ou seja, à evolução para um estado superior do ser. Por isso, ele descreveu as necessidades no nível mais alto da hierarquia como *necessidades de crescimento*. Entre elas estão incluídas as necessidades de conhecimento, entendimento, ordem e beleza estética. Acima de todas está a ***necessidade de autorrealização**, que é a de realizar o próprio potencial*. Ela ocupa o lugar mais alto na hierarquia motivacional de Maslow, que resumiu esse conceito com uma simples frase: "O que um homem *pode* ser, ele *deve* ser". Segundo Maslow, os indivíduos ficarão frustrados se não forem capazes de utilizar por completo seus talentos ou perseguir seus reais interesses. Por exemplo, se você tem um grande talento musical, mas precisa trabalhar como contador, ou se tem interesses acadêmicos, mas precisa trabalhar como vendedor, seu nível de autorrealização será obstruído.

A hierarquia das necessidades de Maslow provou ser um tema desafiador para o estudo empírico. No entanto, um estudo recente que mediu a satisfação de diversos níveis de necessidades na hierarquia descobriu que a satisfação das necessidades em cada nível foi prevista pela satisfação no nível imediatamente abaixo dela (Taormina e Gao, 2013). Esse achado fornece algum apoio para a tese de Maslow de que a satisfação das necessidades em cada nível ativa as necessidades no próximo nível.

A pirâmide de Maslow penetrou a cultura popular em um grau notável (Peterson e Park, 2009). No entanto, mais recentemente, quase 70 anos depois de Maslow ter proposto sua influente pirâmide das necessidades, os teóricos propuseram uma maior renovação. Trabalhando com base em uma perspectiva evolutiva, Kenrick e colegas (2010) argumentaram por um retrabalho dos níveis superiores da hierarquia de Maslow. Eles reconhecem que a pesquisa e a teoria fornecem suporte para a prioridade dos primeiros quatro níveis de necessidades. Eles afirmaram, porém, que as necessidades mais altas na pirâmide não são tão fundamentais e que elas realmente são exercidas no serviço das necessidades da estima – mostrando que as pessoas procuram conhecimento, beleza e autorrealização para impressionar os outros. Após agrupar as necessidades mais altas de Maslow com as necessidades da estima, Kenrick et al. (2010) preenchem os níveis superiores de sua hierarquia revisada com necessidades relacionadas à aptidão reprodutiva – ou seja, passar adiante os próprios genes. Especificamente, eles propuseram que as três necessidades principais na pirâmide devem ser a necessidade de encontrar um parceiro, a necessidade de manter um parceiro e a necessidade de ter filhos (veja **Figura 11.10**). É difícil dizer se essa análise abrangente da pirâmide de Maslow ganhará força (Kesebir, Graham e Oishi, 2010).

A personalidade saudável

Por causa de seu interesse na autorrealização, Maslow fez uma pesquisa para analisar a natureza da personalidade saudável. Ele identificou as pessoas excepcionalmente saudáveis como *pessoas autorrealizadas* por causa de seu compromisso com o contínuo crescimento pessoal. Maslow identificou vários traços característicos de pessoas autorrealizadas. Muitos deles estão relacionados na **Figura 11.11**. Em resumo, Maslow descobriu que as pessoas autorrealizadas estão ligadas na realidade e em paz consigo mesmas. Ele descobriu que elas são abertas e espontâneas e que retêm uma apreciação nova do mundo ao redor delas. Socialmente são sensíveis às necessidades dos outros e gostam de relações interpessoais recompensadoras. Contudo, elas não dependem da aprovação dos outros e não se sentem desconfortáveis com a solidão. Prosperam no trabalho e apreciam seu senso de humor. Maslow também observou que essas pessoas têm "experiências de pico" (profundos picos emocionais) com

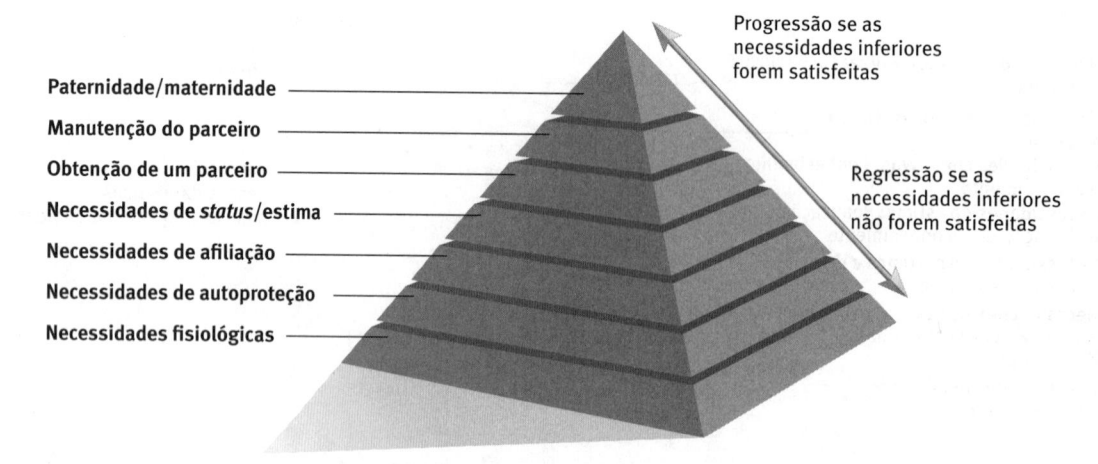

Figura 11.10 Revisão proposta da pirâmide de Maslow.
De acordo com Kenrick e colegas (2010), os níveis inferiores de necessidades na hierarquia de Maslow foram comprovados por pesquisas, mas as necessidades na parte superior de sua pirâmide devem ser substituídas. Trabalhando com base em uma perspectiva evolutiva, Kenrick et al. argumentaram que as necessidades mais altas dos seres humanos envolvem os motivos relacionados à aptidão reprodutiva, como mostrado aqui.

Características de pessoas autorrealizadas	
• Visão clara e eficiente da realidade e boas relações com ela	• Experiências místicas e extremas
• Espontaneidade, simplicidade e naturalidade	• Sentimentos de semelhança e identificação com a raça humana
• Concentração em problemas (algo externo a si mesmas, que "têm" de fazer, como uma missão)	• Grandes amizades, mas em número limitado
• Desprendimento e necessidade de privacidade	• Estrutura de caráter democrático
• Autonomia, independência da cultura e do ambiente	• Discriminação ética entre bom e mau
• Constantes estímulos para apreciação	• Senso de humor filosófico e não hostil
	• Equilíbrio entre polaridades na personalidade

Figura 11.11 Visão de Maslow da personalidade sadia.
Os teóricos humanistas dão ênfase à saúde psicológica em vez de às inadaptações. A descrição de Maslow de características de pessoas autorrealizadas evoca uma imagem de personalidade sadia.

Fonte: Adaptado de Potkay, C. R.; Allen, B. P. (1986). *Personality: Theory, research and application*. Pacific Grove, CA: Brooks/Cole. Copyright © 1986 de C. R. Potkay & B. P. Allen. Adaptado com permissão do editor e do autor.

mais frequência que as outras. Por fim, ele descobriu que as pessoas autorrealizadas conseguem um agradável equilíbrio entre muitas polaridades da personalidade. Por exemplo, elas podem ser tanto infantis quanto maduras; racionais e intuitivas; conformistas e rebeldes.

Avaliando as perspectivas humanistas

A abordagem humanista merece crédito por tornar a autoimagem um importante princípio básico da psicologia. Seu argumento de que as visões subjetivas de uma pessoa podem ser mais importantes do que a realidade objetiva provou também ser muito convincente. É possível argumentar que a abordagem humanista otimista, orientada pelo crescimento e pela saúde, fincou as bases para o surgimento do movimento de psicologia positiva que é cada vez mais influente na psicologia contemporânea (Sheldon e Kasser, 2001; Taylor, 2001).

Logicamente, o balanço final também tem seu lado negativo (Burger, 2015; Wong, 2006). Críticos argumentam que: (1) muitos aspectos da teoria humanista são difíceis de ser cientificamente testados; (2) os humanistas são otimistas irrealistas em suas asserções sobre a natureza humana e suas descrições de personalidade sadia; (3) são necessárias mais pesquisas empíricas para solidificar a visão humanista.

11.5 Perspectivas biológicas

A personalidade poderia ser um aspecto relacionado à herança genética? Essa possibilidade foi altamente ignorada por muitas décadas de pesquisas sobre a personalidade até que Hans Eysenck realizou um estudo acerca da influência genética nos anos 1960. Nesta seção, discutiremos a teoria de Hans Eysenck e analisaremos recentes pesquisas genéticas comportamentais sobre a hereditariedade da personalidade. Também examinaremos perspectivas evolucionistas sobre a personalidade.

> **11.5 Objetivos Principais de Aprendizagem**
> • Conhecer a visão sobre personalidade de Eysenck e analisar pesquisas genéticas comportamentais sobre a hereditariedade da personalidade.
> • Explicar por que os Cinco Grandes Fatores de personalidade são importantes e avaliar a abordagem biológica da personalidade.

REVISÃO 11.2

Reconhecimento de conceitos-chave nas teorias da personalidade

Verifique seu entendimento sobre as teorias psicodinâmicas, comportamentais e humanistas identificando os conceitos-chave dessas teorias nas situações a seguir. As respostas encontram-se no Apêndice A.

1. Sara, de 13 anos, assiste a um filme no qual a protagonista manipula seu namorado agindo como se fosse indefesa e perde, de propósito, um jogo de tênis contra ele. Ela diz constantemente: "Nunca deixe os homens saberem quanto você sabe cuidar de si mesma". Sara torna-se mais passiva e menos competitiva na presença de garotos de sua idade.

   Conceito: _____

2. Yolanda tem um emprego seguro, agradável e bem remunerado como professora de inglês em uma universidade estadual. Seus amigos ficam boquiabertos quando ela diz que vai se demitir e desistir de tudo para escrever um romance. Ela explica: "Preciso de um novo desafio, outra montanha para escalar. Venho reprimindo meu potencial para escrever há anos e tenho de deixá-lo voar, tenho de tentar. Não ficarei satisfeita enquanto não o fizer".

   Conceito: _____

3. Vladimir, 4 anos, parece emocionalmente distante e alheio ao seu pai. Sempre reclama quando fica com ele. Em compensação, fica bem juntinho de sua mãe e se esforça muito para agradá-la, comportando-se adequadamente.

   Conceito: _____

A teoria de Eysenck

Hans Eysenck nasceu na Alemanha, mas fugiu para Londres durante o nazismo. Na Grã-Bretanha, tornou-se um dos mais eminentes psicólogos. Eysenck (1967, 1982, 1990) considerava a personalidade uma hierarquia de traços, na qual muitos traços superficiais têm origem em um número menor deles – mais básicos –, que, por sua vez se originam de um pequeno número de outros – fundamentais – de maior classificação, como mostra a **Figura 11.12**.

De acordo com Eysenck, a personalidade é amplamente determinada pelos genes da pessoa. De que forma a hereditariedade está vinculada à personalidade no modelo de Eysenck? Em parte, por conceitos de condicionamento, emprestados da teoria comportamental (consulte o Capítulo 6 para uma visão geral do condicionamento clássico). Eysenck propõe que algumas pessoas podem ser condicionadas mais rapidamente do que outras, devido a diferenças herdadas em seu funcionamento fisiológico. Essas variações supostamente influenciam os traços de personalidade que as pessoas adquirem por meio de processos de condicionamento.

Eysenck mostrou interesse especial em explicar as variações em *extroversão-introversão*. Ele propôs que os introvertidos tendem a ser mais estimulados por eventos, o que os faz mais facilmente condicionados do que os extrovertidos. Para Eysenck, essas pessoas adquirem mais inibições condicionadas do que as outras. Essas inibições as fazem mais tímidas, hesitantes e apreensivas em situações sociais.

Genética do comportamento e personalidade

Recentes pesquisas sobre genética do comportamento forneceram enorme apoio à ideia de que a carga genética molda os contornos da personalidade de um indivíduo (South et al., 2015). Por exemplo, em pesquisas com gêmeos, com base nos estudos dos Cinco Grandes Fatores da personalidade, descobriu-se que gêmeos idênticos são muito mais semelhantes do que gêmeos fraternos no que se refere aos cinco fatores (Zuckerman, 2013; veja **Figura 11.13**). Especialmente revelador é o achado de que é verdade mesmo quando gêmeos idênticos são criados em lares diferentes. Esse achado apresenta argumentos contra a possibilidade de que os fatores ambientais (e não a hereditariedade) podem ser responsáveis pela maior semelhança de personalidade dos gêmeos idênticos. No geral, cinco décadas de pesquisa sobre os determinantes dos Cinco Grandes Fatores sugerem que a hereditariedade (veja o Capítulo 8) de cada traço está em aproximadamente 50% (South et al., 2013).

Pesquisas sobre a hereditariedade da personalidade sem querer fizeram uma surpreendente descoberta: *o ambiente familiar compartilhado* parece causar muito pouco impacto na personalidade. Essa descoberta inesperada foi observada com consistência em pesquisas genéticas comportamentais (South et al. 2015). Ela é surpreendente porque os cientistas sociais presumiam que o ambiente familiar compartilhado por crianças que crescem juntas causava alguma semelhança de personalidade entre elas.

Essa descoberta levou os pesquisadores a explorar como os ambientes subjetivos das crianças variam *dentro* das famílias. Contudo, os cientistas continuam se impressionando pelo impacto mínimo do ambiente familiar compartilhado.

Houve certa empolgação – e controvérsia – sobre os relatórios recentes que vinculam os genes específicos a traços de personalidade específicos. As técnicas de *mapeamento genético*

> **CHECAGEM DA REALIDADE**
>
> **Ideia equivocada**
>
> Os pais exercem grande influência sobre a personalidade de seus filhos.
>
> **Realidade**
>
> Isso parece ser uma suposição lógica, mas quando os pesquisadores da genética comportamental tentaram quantificar o impacto do ambiente familiar compartilhado na personalidade, eles ficaram surpresos por sua falta de influência. Outros tipos de pesquisa sobre a psicologia do desenvolvimento sugeriram que os pais têm alguma influência na personalidade de seus filhos (Maccoby, 2000), mas essa influência parece ser bem mais modesta do que amplamente assumido (Cohen, 1999; Harris, 1998).

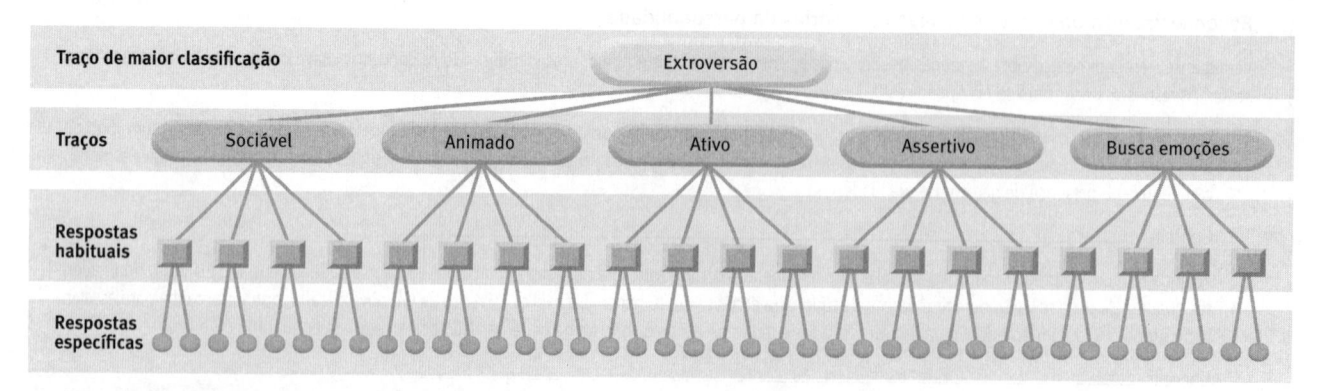

Figura 11.12 O modelo da estrutura da personalidade de Eysenck.

Eysenck descreveu a estrutura da personalidade como uma hierarquia de traços. Nesse esquema, poucos traços de maior classificação, como extroversão, determinam inúmeros traços de menor classificação, que determinam as respostas habituais de uma pessoa.

Fonte: Eysenck, H. J. (1976). *The biological basis of personality*. Springfield, IL: Charles C. Thomas. Reimpresso sob permissão do editor.

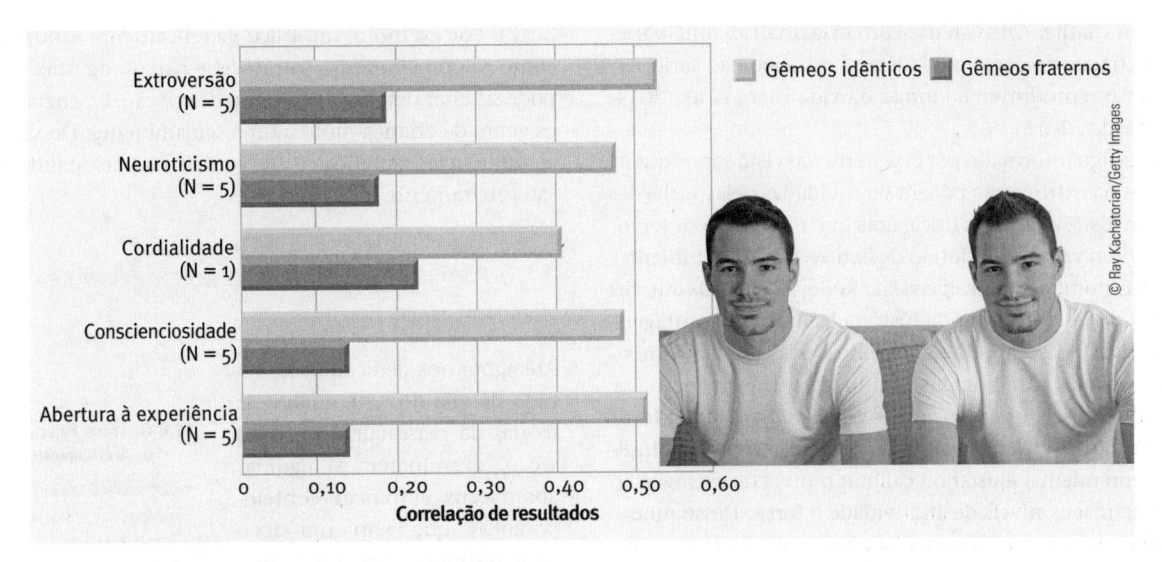

Figura 11.13 Estudos com gêmeos sobre personalidade.
Loehlin (1992) sintetizou os resultados dos estudos com gêmeos que verificaram os Cinco Grandes Fatores da personalidade. A letra N indica a quantidade de estudos com gêmeos que examinaram esses traços. O quadro assinala as correlações médias entre gêmeos idênticos e gêmeos fraternos obtidas nesses estudos. Como você pode ver, gêmeos idênticos mostraram maior semelhança em personalidade do que gêmeos fraternos, sugerindo que a personalidade é parcialmente herdada. (Baseado em dados de Loehlin, 1992)

estão começando a permitir que os pesquisadores procurem por associações entre os genes e os aspectos específicos do comportamento (veja o Capítulo 3). Inúmeros estudos descobriram um vínculo entre um gene específico relacionado à dopamina e as medidas de extroversão, busca pela novidade e impulsividade, porém muitas falhas em replicar essa associação também foram reportadas (Canli, 2008; Plomin, DeFries et al., 2013). Em uma veia semelhante, uma variedade de estudos reportaram um vínculo entre um gene relacionado à serotonina e as medidas da neurose, porém os resultados foram inconsistentes (Canli, 2008; Plomin, DeFries et al., 2013). Esses vínculos podem ser genuínos, mas difíceis de replicar consistentemente porque as correlações são bem fracas (Munafò e Flint, 2011). Logo, as diferenças sutis entre os estudos na amostragem ou nos testes de personalidade específicos utilizados podem levar a achados inconsistentes (South et al., 2015). O problema final, no entanto, é provavelmente que os traços de personalidade específicos podem ser influenciados por *centenas, se não milhares,* de genes, cada um podendo ter um efeito tão pequeno que se torna difícil de detectar (Krueger e Johnson, 2008; Munafò e Flint, 2011).

A abordagem evolucionista da personalidade

No domínio das abordagens biológicas da personalidade, o fato mais recente foi o aparecimento da teoria evolucionista. Teóricos evolucionistas afirmam que a personalidade possui uma base biológica porque a seleção natural favoreceu certos traços ao longo da história da humanidade (Figueredo et al., 2005, 2009). Assim, as análises evolucionistas preocupam-se em como diversos traços da personalidade – e a capacidade de reconhecê-los nos outros – podem ter contribuído para a adequabilidade reprodutiva em populações humanas ancestrais.

Por exemplo, David Buss (1991, 1995, 1997) argumenta que os Cinco Grandes Fatores da personalidade se sobressaem como importantes dimensões da personalidade em várias culturas porque esses traços tiveram implicações adaptativas importantes. Buss assinala que os seres humanos historicamente dependeram amplamente de grupos, os quais lhes proporcionam proteção contra predadores e inimigos, oportunidades de partilhar alimentos e uma extensa gama de outros benefícios. No contexto dessas interações grupais, as pessoas tiveram de fazer julgamentos difíceis, mas cruciais, sobre as características umas das outras, formulando questões do tipo: com quem posso contar quando precisar de ajuda? Quem dividirá seus recursos? Segundo Buss, os Cinco Grandes Fatores emergem como dimensões fundamentais da personalidade porque os seres humanos desenvolveram uma sensibilidade especial às variações na capacidade de se unirem aos outros (extroversão), ao desejo de cooperar e colaborar (cordialidade), à tendência a ser confiável e ético (conscienciosidade), à habilidade de resolver novos problemas (abertura a experiências) e à capacidade de lidar com o estresse (baixo nível de neuroticismo). Em poucas palavras, Buss argumenta que os Cinco Grandes Fatores refletem as características mais notórias do comportamento adaptativo que percebemos no outro ao longo do curso da história evolutiva.

Daniel Nettle (2006) leva essa linha de pensamento um passo adiante. Ele afirma que os traços em si (ao contrário da habilidade em reconhecê-los em outros) são produtos de evolução e que eram adaptativos em ambientes ancestrais. Por exemplo, ele discute como a extroversão pode ter promovido o sucesso do acasalamento, como a cordialidade pode ter alimentado a construção efetiva das coalizões, e assim por diante. Consistente com essa análise, uma variedade de traços de personalidade está associada às variações no sucesso reprodutivo ao longo da vida (Berg et al., 2014; Buss e Penke, 2015).

Um artigo informado por esse ponto de vista supôs que as variações na extroversão podem ser moldadas pelas variações na atratividade e na força física, dois traços que podem ter influenciado o valor reprodutivo da extroversão em ambientes ancestrais humanos (Lukaszewski e Roney, 2011). Os autores afirmam que, no decorrer da história humana, as vantagens reprodutivas do comportamento extrovertido provavelmente eram maiores para homens e mulheres que exibiam maior atratividade física, e para os homens que exibiam maior força física. Portanto, eles teorizam que, de algum modo, os indivíduos aprendem a ajustar ou calibrar o nível de extroversão para refletir seus níveis de atratividade e força. Desse modo, é possível prever que a atratividade deve correlacionar positivamente com a extroversão em ambos os gêneros, e que a força deve ser um preditor de extroversão em homens. Isso foi o que eles descobriram em dois estudos. Assim, além de explicar por que certos traços são dimensões importantes da personalidade, as análises evolutivas podem ajudar a explicar as origens das variações individuais nessas dimensões.

Avaliação das perspectivas biológicas

Os pesquisadores compilaram evidências convincentes de que fatores biológicos ajudam a moldar a personalidade, e os resultados sobre os efeitos mínimos do ambiente familiar compartilhado deram início a novas e curiosas abordagens à investigação do desenvolvimento da personalidade. Apesar disso, devemos destacar algumas deficiências nas abordagens biológicas da personalidade. Os críticos afirmam que muita ênfase tem sido dada nas taxas de hereditariedade que podem depender da amostragem e dos procedimentos estatísticos (Funder, 2001). Os críticos também argumentam que os esforços para moldar o comportamento com base na genética e nos componentes ambientais levaram em alguns casos a resultados artificiais. Os efeitos da natureza e da criação estão retorcidos em interações complicadas que não podem ser simplesmente separadas (Asbury e Plomin, 2014; Rutter, 2012). Por exemplo, um traço geneticamente influenciado, como o temperamento intratável e ríspido de uma criança, pode suscitar determinado estilo de criação. Essencialmente, os genes da criança moldaram o seu ambiente. Dessa forma, as influências genéticas e ambientais na personalidade não são inteiramente independentes.

11.6 ABORDAGENS EMPÍRICAS CONTEMPORÂNEAS DA PERSONALIDADE

Até agora nos dedicamos ao estudo de grandes e panorâmicas teorias da personalidade. Nesta seção, examinaremos algumas abordagens empíricas contemporâneas que têm um foco mais estreito. Em programas modernos de pesquisa sobre a personalidade, os pesquisadores normalmente tentam descrever e medir um importante traço de personalidade e determinar sua relação com outros traços e comportamentos específicos. Para ter uma noção desse tipo de pesquisa, daremos uma olhada na pesquisa sobre um traço chamado *narcisismo*. Também verificaremos uma influente nova abordagem chamada de *teoria da gestão do terror,* que se concentra na dinâmica da personalidade em vez de nos traços da personalidade.

11.6 OBJETIVOS PRINCIPAIS DE APRENDIZAGEM
- Compreender a natureza, os correlatos e as consequências sociais do narcisismo.
- Descrever os principais conceitos da teoria de gestão do terror.

Narcisismo

Narcisismo **é um traço da personalidade marcado por um senso inflado de importância, uma necessidade por atenção e admiração, um senso de merecimento e uma tendência a explorar os outros.** O termo é extraído do mito grego de Narciso, que era um jovem atraente em busca do amor. No conto mítico, ele eventualmente vê seu reflexo na água, apaixona-se pela própria imagem e a admira até morrer, ilustrando assim os perigos do excesso de amor-próprio. O conceito do narcisismo foi originalmente popularizado há mais de um século pelo pesquisador pioneiro sobre

---

REVISÃO 11.3

Entendimento das implicações das teorias mais importantes: quem disse o quê?

Verifique seu entendimento sobre as implicações das teorias da personalidade que discutimos, indicando que teóricos teriam feito as afirmações a seguir. As respostas estão no Apêndice A.

Escolha entre os seguintes teóricos: (a) Alfred Adler; (b) Albert Bandura; (c) Hans Eysenck; (d) Sigmund Freud; (e) Abraham Maslow; (f) Walter Mischel

_____ 1. "Se você deliberadamente planeja ser menos do que é capaz de ser, eu o previno de que será profundamente infeliz pelo resto da sua vida."

_____ 2. "Eu penso que as dimensões mais importantes e fundamentais da personalidade são provavelmente aquelas em que há forte determinação genética das diferenças individuais."

_____ 3. "As pessoas não são normalmente sinceras com relação às questões sexuais... elas vestem um sobretudo pesado, tecido de mentiras, como se o tempo fosse ruim no mundo da sexualidade."

a sexualidade Havelock Ellis (1898) e também por Sigmund Freud (1914).

O narcisismo não foi amplamente discutido fora dos círculos psicanalíticos até a década de 1980, quando alguns pesquisadores desenvolveram escalas pretendidas para avaliar o narcisismo como um traço de personalidade normal (e não uma síndrome patológica). Dessas escalas, o Inventário da Personalidade Narcisista (*Narcissistic Personality Inventory*, NPI) (Raskin e Hall, 1979, 1981; Raskin e Terry, 1988) tornou-se a medida do narcisismo mais utilizada.

Os estudos pintaram um interessante retrato daqueles que pontuam alto no narcisismo (Rhodewalt e Peterson, 2009). Os narcisistas têm autoconceitos altamente positivos, mas facilmente ameaçados. Acima de tudo, seu comportamento é movido por uma necessidade de manter sua frágil autoestima. Eles exibem um desejo por aprovação e admiração que se assemelha a um vício (Baumeister e Vohs, 2001). Por isso, eles tendem a ser obsessivos por sua aparência e são propensos à vaidade. Eles fazem hora extra para impressionar as pessoas ao se gabar sobre suas conquistas. Como você pode adivinhar, nessa era de redes sociais na internet, aqueles com alto teor de narcisismo tendem a postar um conteúdo autopromocional relativamente espalhafatoso no Facebook e em sites semelhantes (Buffardi e Campbell, 2008; Carpenter, 2012). As pesquisas também sugerem que os narcisistas gostam de adquirir produtos que os destaquem em uma multidão; portanto, eles preferem produtos exclusivos, distintos e personalizados (Lee, Gregg e Park, 2013). Como são egocêntricos, eles tendem a mostrar relativamente pouca empatia com pessoas em apuros (Heppner, Hart e Sedikides, 2014). O narcisismo não é distribuído por igual pelas classes socioeconômicas, mas é mais encontrado entre as classes mais altas (Piff, 2014).

Quando se encontram com as pessoas, os narcisistas muitas vezes são percebidos como charmosos, seguros, engraçados e, talvez, até carismáticos. Inicialmente, eles tendem a ser aceitos. Todavia, com uma exposição repetida, sua necessidade por atenção, ostentação descarada e senso de merecimento tendem ao desgaste. Por fim, eles começam a ser vistos como arrogantes, egoístas e antipáticos (Back, Schmukle e Egloff, 2010). Curiosamente, as pesquisas mostram que os narcisistas têm alguma consciência do fato de que eles deixam primeiras impressões favoráveis que se deterioram ao longo do tempo (Carlson, Vazire e Oltmanns, 2011).

Com base em diversas tendências sociais, Jean Twenge e colegas (2008) suspeitaram que o narcisismo pode estar aumentando nas gerações atuais. Para testar essa hipótese, eles reuniram dados de 85 estudos da década de 1980 em que alunos universitários norte-americanos receberam o NPI. Sua análise revelou que as pontuações do NPI estavam subindo, indo de uma média de cerca de 15,5 nos anos 1980 para quase 17,5 em 2005–2006. Esse achado foi replicado e estendido em vários outros estudos (Twenge, Gentile e Campbell, 2015). Em uma discussão sobre as possíveis implicações dessa tendência, Twenge e Campbell (2009) argumentaram que o narcisismo elevado impulsionou uma preocupação obsessiva com atratividade física em jovens, levando à dieta não saudável, uso excessivo de cirurgia cosmética e fisiculturismo alimentado por esteroides. Eles também afirmam que a atitude "eu primeiro" dos narcisistas levou a um aumento do materialismo e do consumo excessivo dos recursos do planeta.

Embora a pesquisa tenha enfatizado o lado escuro do narcisismo, há algumas evidências de que esse traço está associado à atividade empresarial e à liderança bem-sucedida. Os empresários tendem a ter uma pontuação mais alta no narcisismo do que os outros (Mathieu e St-Jean, 2013), e as empresas lideradas por CEOs* narcisistas tendem a exibir forte orientação empresarial (Wales, Patel e Lumpkin, 2013). Os narcisistas costumam surgir como líderes em grupos recém-formados (Brunell et al., 2008). Os líderes narcisistas tendem a ser vistos como carismáticos e tendem a articular visões ousadas para o futuro (Galvin, Waldman e Balthazard, 2010). Sob certas circunstâncias, o narcisismo parece promover a liderança mais eficaz no mundo dos negócios (Reina, Zhang e Peterson, 2014). Além do mais, um estudo sobre os presidentes dos Estados Unidos descobriu que os níveis mais altos de narcisismo (como estimado pelos especialistas) estavam positivamente associados a avaliações independentes do poder de persuasão pública, gestão de crises, sucesso legislativo e grandeza geral (Watts et al., 2013). Voltemos, porém, para o lado escuro. Os estudos também sugerem que os líderes narcisistas tendem a responder mal às críticas, manipular as situações para fazê-los parecer bem e são

Os narcisistas, que têm uma necessidade de atenção e um senso inflado de importância, gostam de se destacar em uma multidão. Eles tendem a ser obsessivos por sua aparência e são propensos à vaidade.

---

* CEO – Chief Executive Officer – Cargo de grande importância em uma empresa (N.E.).

Visão geral ilustrada — Principais teorias da personalidade

TEÓRICO E ORIENTAÇÃO	FONTE DE DADOS E OBSERVAÇÕES	PRINCIPAIS SUPOSIÇÕES
UMA VISÃO PSICODINÂMICA — Sigmund Freud	Estudos de caso com base na prática clínica da psicanálise	Os eventos passados na infância determinam nossa personalidade adulta. Nosso comportamento é dominado por desejos, necessidades e conflitos inconscientes e irracionais. O desenvolvimento da personalidade progride por meio de estágios.
UMA VISÃO COMPORTAMENTAL — B. F. Skinner	Experiências laboratoriais, principalmente com animais	O comportamento é determinado pelo ambiente, embora esse ponto de vista seja abrandado pela teoria cognitiva social de Bandura. A criação (aprendizado e experiência) é mais influente que a natureza (hereditariedade e fatores biológicos). Os fatores situacionais exercem grande influência no comportamento.
UMA VISÃO HUMANISTA — Carl Rogers	Estudos de caso com base na prática clínica de terapia centrada no paciente	As pessoas são livres para traçar os próprios cursos de ação; elas não são vítimas infelizes governadas pelo ambiente. As pessoas são seres altamente conscientes e racionais, que não são movidos por necessidades inconscientes. O ponto de vista subjetivo de uma pessoa sobre o mundo é mais importante do que a realidade objetiva.
UMA VISÃO BIOLÓGICA — Hans Eysenck	Estudos de hereditariedade com gêmeos; estudos de análise fatorial sobre estrutura da personalidade	O comportamento é altamente determinado por adaptações evolutivas, estrutura do cérebro e hereditariedade. A natureza (hereditariedade e fatores biológicos) é mais influente do que a criação (aprendizado e experiência).

MODELO DE ESTRUTURA DE PERSONALIDADE	VISÃO DE DESENVOLVIMENTO DA PERSONALIDADE	CAUSAS DE TRANSTORNOS
Três componentes de interação (id, ego e superego), operando em três níveis de consciência	Ênfase em fixação ou evolução pelos estágios psicossexuais; experiências no início da infância (como treinamento para usar o banheiro) podem deixar marcas duradouras na personalidade adulta	Fixações inconscientes e conflitos não resolvidos na infância, normalmente centrados na sexualidade e agressividade
Conjunto de tendências de resposta ligadas a situações de estímulos específicos	A personalidade desenvolve-se gradualmente ao longo da vida (não em estágios); respostas (como contar piadas) seguidas por reforço (como risos de aprovação) tornam-se mais frequentes	Comportamento desajustado devido à falha de aprendizagem; o "sintoma" é o problema, não o sinal de uma doença subjacente
Autoimagem, que pode ou não se entrosar bem com a experiência real	As crianças que recebem amor incondicional têm menor necessidade de ser defensivas; desenvolvem autoimagem mais precisa e congruente; amor condicional favorece a incongruência	Incongruência entre *self* e experiência real (autoimagem imprecisa); dependência excessiva dos outros para obter aprovação e senso de dignidade
Hierarquia de traços, com traços específicos originados em traços mais fundamentais e mais gerais	Ênfase na manifestação do projeto genético com a maturação; predisposições herdadas interagem com experiências aprendidas	Vulnerabilidade genética ativada, em parte, por fatores ambientais

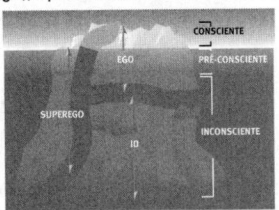

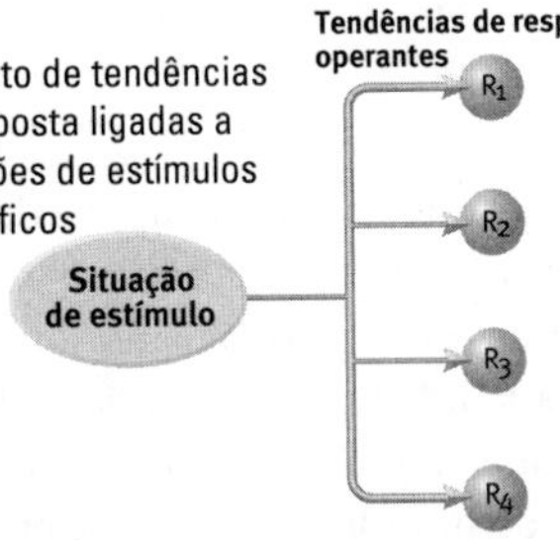

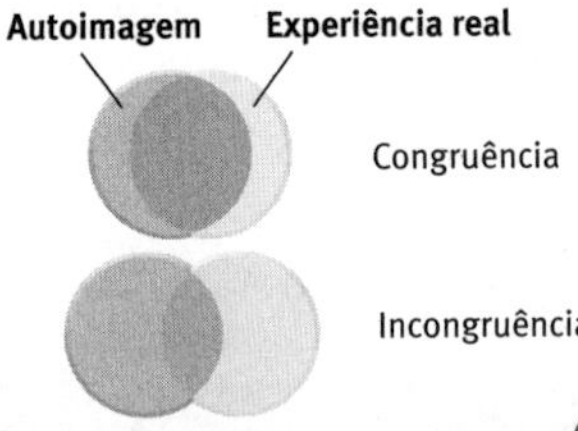

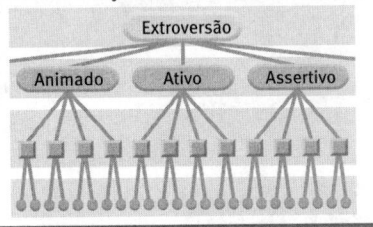

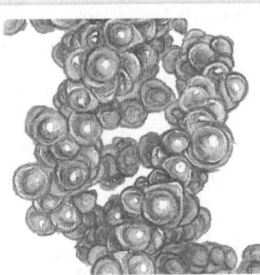

propensos a lapsos éticos (Reina et al., 2014). Na verdade, um estudo sobre os presidentes norte-americanos descobriu que o nível mais alto de narcisismo foi associado ao comportamento mais antiético, e um estudo recente descobriu que empresas conduzidas por líderes narcisistas tinham possibilidade maior de ser investigadas por fraude (Rijsenbilt e Commandeur, 2013).

Alguns teóricos argumentam que há dois tipos de narcisismo: *narcisismo grandioso* e *narcisismo vulnerável* (Houlcroft, Bore e Munro, 2012; Miller, Gentile et al., 2013). Até agora, discutimos o narcisismo grandioso, que é caracterizado por arrogância, extroversão, presunção e agressividade. Em contrapartida, o narcisismo vulnerável é caracterizado por sentimentos ocultos de inferioridade, introversão, neurose e uma necessidade de reconhecimento. Até o momento, a maioria das pesquisas tem se concentrado no narcisismo grandioso, mas atualmente tem surgido um interesse nas raízes e nas ramificações do narcisismo vulnerável (Czarna, Dufner e Clifton, 2014; Lamkin et al., 2014).

Teoria da gestão do terror

Teoria da gestão do terror surgiu como uma perspectiva influente na década de 1990. Embora a teoria beba da fonte freudiana e das formulações evolutivas, ela proporciona a sua própria análise exclusiva da condição humana. Desenvolvida por Sheldon Solomon, Jeff Greenberg e Tom Pyszczynski (1991, 2004), essa nova perspectiva atualmente está gerando grande volume de pesquisas.

Um dos principais objetivos da teoria da gestão do terror é explicar por que as pessoas precisam de autoestima. Ao contrário dos outros animais, nos seres humanos as habilidades cognitivas complexas evoluíram até o ponto de permitir a autoconsciência e a contemplação do futuro. Essas capacidades cognitivas tornam os seres humanos conscientes de que a vida pode ser extinta a qualquer momento. A colisão entre o instinto de autopreservação e sua consciência sobre a inevitabilidade da morte cria o potencial para experimentar a ansiedade, o alarme e o terror quando as pessoas pensam sobre sua mortalidade (veja **Figura 11.14**).

Como os seres humanos lidam com esse potencial de terror? De acordo com a teoria da gestão do terror: "O que nos salva é a cultura. As culturas nos dão maneiras de ver o mundo – visões de mundo – que 'solucionam' a crise existencial engendrada pela consciência da morte" (Pyszczynski, Solomon e Greenberg, 2003, p. 16). As visões culturais de mundo diminuem a ansiedade dando respostas a questões universais como: Por que estou aqui? Qual é o significado da vida? As culturas criam histórias, tradições e instituições que dão aos seus membros um senso de pertencer a um legado duradouro e, dessa forma, amenizam seu medo da morte. Onde a autoestima se encaixa nesse cenário? A autoestima é vista como um senso de valor pessoal que depende da confiança de alguém na validade de sua visão cultural de mundo e na crença de que se está vivendo nos padrões prescritos por aquela visão de mundo. Logo, a autoestima amortece as pessoas contra a ansiedade profunda associada à consciência de que elas são animais transitórios destinados a morrer. Em outras palavras, a autoestima tem uma função na *gestão do terror* (veja **Figura 11.14**).

A noção de que a autoestima funciona como um *amortecedor da ansiedade* foi apoiada por inúmeros estudos (Landau

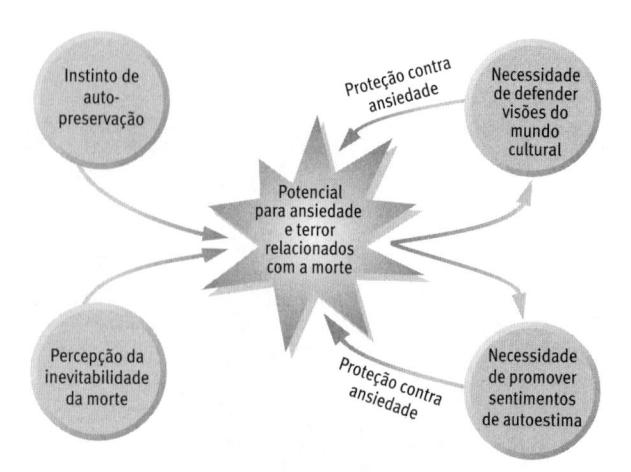

Figura 11.14 Visão geral da teoria da gestão do terror.
Esse gráfico mapeia as relações entre os conceitos-chave propostos pela teoria da gestão do terror. A teoria afirma que a percepção única dos seres humanos da inevitabilidade da morte promove uma necessidade de defender as visões de mundo culturais e a autoestima, o que serve para proteger a pessoa da ansiedade relacionada à mortalidade.

De acordo com a teoria da gestão do terror, eventos que lembram as pessoas de sua mortalidade as motivam a defender sua visão cultural de mundo. Uma manifestação deste processo é um crescente interesse e respeito por ícones culturais, como bandeiras.

e Sullivan, 2015). Em muitos desses experimentos, os pesquisadores manipularam o que eles chamam de *saliência da mortalidade* – o grau em que a mortalidade dos indivíduos é proeminente na mente deles. Normalmente, a saliência da mortalidade é temporariamente aumentada ao pedir para os participantes pensar brevemente sobre a própria morte. Consistente com a hipótese do amortecedor da ansiedade, lembrar as pessoas sobre sua mortalidade leva os indivíduos a se envolverem em uma variedade de comportamentos que são passíveis de reforçar sua autoestima, reduzindo assim a ansiedade.

O crescente destaque da mortalidade também leva as pessoas a trabalharem mais para defender sua visão de mundo cultural (Landau e Sullivan, 2015). Por exemplo, após ponderar brevemente sua mortalidade, os participantes da pesquisa (1) aplicaram penalidades mais rigorosas aos transgressores morais; (2) responderam de maneira mais negativa às pessoas que criticaram seu país; e (3) mostraram mais respeito pelos ícones culturais, como a bandeira. Essa necessidade de defender a visão de mundo cultural pode chegar a alimentar o preconceito e a agressão (Greenberg et al., 2009). Lembrar os sujeitos da sua mortalidade leva a (1) avaliações mais negativas das pessoas de origens religiosas e étnicas diferentes; (2) um pensamento mais estereotipado sobre as minorias; e (3) um comportamento mais agressivo com pessoas com visões políticas opostas. A teoria da gestão do terror produziu novas hipóteses concernentes a muitos fenômenos, e essas previsões foram apoiadas em centenas de experimentos (Pyszczynski, Sullivan e Greenberg, 2015).

> **11.7 Objetivos Principais de Aprendizagem**
>
> - Esclarecer como os pesquisadores descobriram as similaridades e as disparidades interculturais na personalidade.

11.7 Cultura e personalidade

Há conexões entre cultura e personalidade? O novo interesse da psicologia nos fatores culturais levou ao renascimento da pesquisa sobre personalidade e cultura (Church, 2010). Essa pesquisa procurou determinar se as construções da personalidade ocidental são relevantes para as outras culturas.

Para a maior parte, a continuidade esteve aparente nas comparações interculturais da *estrutura de traço* da personalidade. Quando as versões traduzidas das escalas que tratam dos Cinco Grandes Fatores da personalidade são administradas e sujeitas à análise fatorial em outras culturas, os costumeiros cinco traços geralmente aparecem (Chiu, Kim e Wan, 2008; McCrae e Costa, 2008). É certo que os resultados nem *sempre* são consistentes com o modelo dos cinco fatores (Kwan e Herrmann, 2015). A inconsistência mais comum é que um fator claro para o traço da abertura à experiência não surge em algumas culturas (Saucier e Srivastava, 2015). Ainda assim, no geral, a pesquisa tenta sugerir que as dimensões básicas da estrutura do traço da personalidade podem ser quase universais.

Em contrapartida, certa variabilidade intercultural é vista quando os pesquisadores comparam as pontuações médias do traço de amostras de vários grupos culturais. Por exemplo, em um estudo que comparou 51 culturas, McCrae et al. (2005) descobriram que os brasileiros obtiveram uma pontuação relativamente alta em neuroticismo, os australianos em extroversão, os alemães em abertura à experiência, os tchecos em cordialidade e os malásios em conscienciosidade, apenas para dar alguns exemplos. Esses achados sugerem que pode haver diferenças culturais genuínas em alguns traços de personalidade, embora as disparidades culturais que observamos sejam modestas em termos de dimensão.

A disponibilidade dos dados do estudo de McCrae et al. (2005) possibilitou que Terracciano et al. (2005) avaliassem o conceito de *caráter nacional* – a ideia de que várias culturas têm personalidades prototípicas amplamente reconhecidas. Terracciano e seus colegas pediram a indivíduos de muitas culturas que descrevessem o membro *típico* de *sua* cultura em formas de classificação orientadas pelo modelo dos cinco fatores. Em geral, os indivíduos exibiram um acordo substancial com essas classificações do que era comum em sua cultura. As classificações médias, que serviram como as medidas do caráter nacional de cada cultura, foram correlacionadas em seguida às pontuações medianas reais do traço para as diversas culturas compiladas no estudo de McCrae et al. (2005). Os resultados foram definitivos: a maioria das correlações foi extremamente baixa e muitas vezes até negativa. Em outras palavras, houve pouca ou nenhuma relação entre as percepções do caráter nacional e das pontuações reais do traço para as várias culturas (veja **Figura 11.15**). As crenças das pessoas sobre o caráter nacional, que geralmente alimenta os preconceitos culturais, passaram a ser estereótipos profundamente imprecisos (McCrae e Terracciano, 2006). Embora algumas dúvidas tenham sido levantadas sobre essa

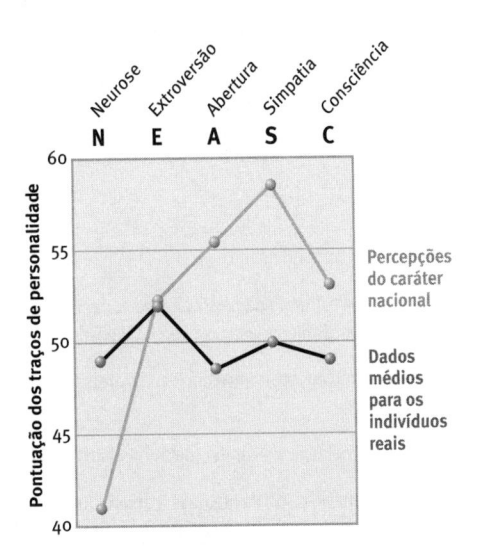

Figura 11.15 Um exemplo de percepções imprecisas do caráter nacional.

Terracciano et al. (2005) descobriram que as percepções do caráter nacional (o protótipo ou a personalidade típica para uma determinada cultura) são altamente imprecisas. Os dados mostrados aqui para uma cultura – canadense – ilustram essa imprecisão. As percepções médias do caráter nacional para os canadenses são grafadas em cinza. As pontuações medianas sobre os Cinco Grandes Fatores para uma amostra dos indivíduos reais do Canadá estão grafadas em preto. A discrepância entre a percepção e a realidade é óbvia. Terracciano et al. descobriram disparidades semelhantes entre as visões do caráter nacional e as pontuações reais do traço para a maioria das culturas que eles estudaram. (Adaptado de McCrae e Terracciano, 2006)

conclusão (Heine, Buchtel e Norenzayan, 2008), uma replicação recente descobriu mais uma vez que as percepções do caráter nacional tendem a ser altamente imprecisas (McCrae et al., 2013). Embora a replicação tenha coletado dados mais refinados sobre as crenças no caráter nacional (levando o gênero e o grupo etário em consideração) do que o estudo original, essas crenças ainda mostraram pouca ou nenhuma correlação com as pontuações reais do traço.

Talvez o trabalho mais interessante e influente sobre cultura e personalidade tenha sido o de Hazel Markus e Shinobu Kitayama (1991, 1994, 2003). Sua pesquisa comparou as concepções do eu entre norte-americanos e asiáticos. De acordo com Markus e Kitayama, os pais norte-americanos ensinam seus filhos a serem autossuficientes, a se sentirem bem consigo mesmos e a se verem como indivíduos especiais. As crianças são encorajadas a se sobressair em atividades competitivas e a lutar para se destacar na multidão. Elas aprendem que "quem não chora, não mama" e que "é preciso saber se defender". Desse modo, Markus e Kitayama argumentam que *a cultura norte-americana promove uma visão independente do eu*. Os jovens norte-americanos aprendem a se definir em termos de seus atributos, habilidades, conquistas e posses pessoais. Seus pontos fortes e conquistas exclusivos tornam-se a base para o seu senso de valor próprio. Assim, eles são propensos a enfatizar sua singularidade.

A maioria de nós superestima a mentalidade individualista. Entretanto, Markus e Kitayama organizam provas convincentes de que essa visão *não* é universal. Eles argumentaram que nas culturas asiáticas, como o Japão e a China, as práticas de socialização promovem uma *visão interdependente do eu* que enfatiza a conexão fundamental das pessoas umas com as outras (veja **Figura 11.16**). Nessas culturas, os pais ensi-

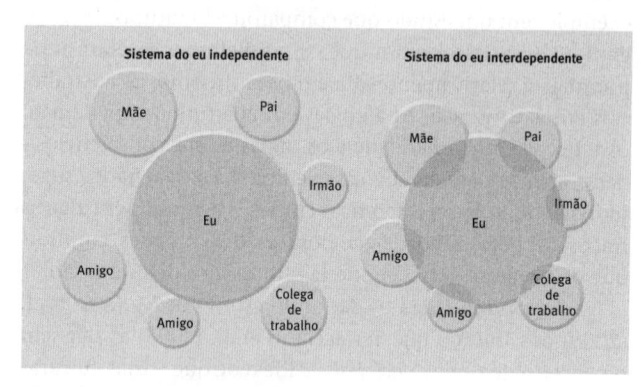

Figura 11.16 Cultura e concepções do eu.
Segundo Markus e Kitayama (1991), as culturas ocidentais promovem uma visão independente do eu, como um indivíduo singular, separado dos outros, como mostra o diagrama da esquerda. As culturas asiáticas, ao contrário, favorecem um ponto de vista sobre o eu como parte de uma matriz social interconectada, como mostra o diagrama da direita. A visão interdependente leva as pessoas a se definirem em termos de suas relações sociais (por exemplo, como filha, empregada, colega ou vizinha de alguém).

Fonte: Adaptado de Marcus, H. R. e Kitayama, S. (1991). Culture and the self: Implications for cognition, emotion, and motivation. *Psychological Review*, 98, p. 224-53. Copyright © 1991 American Psychological Association. Adaptado com permissão do autor.

REVISÃO 11.4

Identificando as contribuições dos grandes teóricos da personalidade

Verifique sua lembrança das principais ideias dos importantes teóricos da personalidade cobertos neste capítulo ao combinar as pessoas listadas à esquerda com as contribuições apropriadas descritas à direita. Preencha com as letras de suas escolhas os espaços fornecidos à esquerda. Você encontrará as respostas no Apêndice A.

Principais teóricos

_____ 1. Alfred Adler
_____ 2. Albert Bandura
_____ 3. Hans Eysenck
_____ 4. Sigmund Freud
_____ 5. Carl Jung
_____ 6. Abraham Maslow
_____ 7. Walter Mischel
_____ 8. Carl Rogers
_____ 9. B. F. Skinner

Importantes ideias e contribuições

a. Esse teórico humanista é famoso por sua hierarquia das necessidades e seu trabalho sobre pessoas autossuficientes.
b. Esse humanista chamou sua abordagem de uma "teoria centrada na pessoa". Ele argumentou que um autoconceito incongruente tende a promover a ansiedade e o comportamento defensivo.
c. Esse behaviorista influente explicou o desenvolvimento da personalidade em termos de condicionamento operante, sobretudo o processo de reforço.
d. Esse teórico enfatizou a importância dos conflitos inconscientes, ansiedade, mecanismos de defesa e desenvolvimento psicossexual.
e. Esse behaviorista incitou um debate caloroso sobre a importância da pessoa como elemento contrário à situação, ao determinar o comportamento.
f. Esse teórico via a estrutura da personalidade como uma hierarquia dos traços e argumentou que a personalidade devia ser altamente influenciada pela hereditariedade.
g. Esse teórico entrou em confronto com Freud e argumentou que a principal fonte da motivação humana é uma luta pela superioridade.
h. Esse teórico psicodinâmico é famoso pelos conceitos de inconsciente coletivo e arquétipos.
i. Esse teórico cognitivo e social enfatizava a aprendizagem observacional e a autoeficácia

nam seus filhos que eles podem confiar em sua família e seus amigos, que eles devem ser modestos sobre suas realizações pessoais para que não diminuam as realizações dos outros e que eles devem ver a si mesmos como parte de uma matriz social maior. As crianças são encorajadas ao ajuste umas com as outras e a evitar destacar-se na multidão. Um dito popular no Japão lembra as crianças de que "o prego que se destaca é martelado." Por isso, Markus e Kitayama afirmam que os jovens asiáticos normalmente aprendem a definir-se em termos dos grupos a que eles pertencem. Suas relações harmoniosas com os outros e seu orgulho pelas conquistas do grupo tornam-se a base para seu senso de valor próprio. Assim, os conceitos do eu entre os asiáticos e os norte-americanos parecem ser notavelmente diferentes.

11.8 Refletindo sobre os temas do capítulo

11.8 Objetivos Principais de Aprendizagem
- Identificar os três temas unificadores destacados neste capítulo.

Herança cultural

Diversidade teórica

Contexto sócio-histórico

A discussão anterior sobre cultura e personalidade obviamente destacou o tema do texto de que o comportamento de um indivíduo é influenciado por sua herança cultural. Este capítulo também vem acrescentar exemplos a dois outros temas unificadores: a diversidade teórica da psicologia e a ideia de que a psicologia se desenvolve em um contexto socio-histórico.

Nenhuma outra área da psicologia é caracterizada por tamanha diversidade teórica quanto o estudo da personalidade, em que há literalmente dúzias de teorias interessantes. Parte dessa diversidade deve-se ao fato de que diferentes teorias buscam explicar diferentes facetas do comportamento. Grande parte dela reflete, é claro, divergências genuínas em questões básicas sobre a personalidade. Essas divergências devem ficar mais evidentes no quadro Visão geral ilustrada das principais teorias da personalidade neste capítulo, com os representantes das abordagens psicodinâmica, comportamental, humanista e biológica da personalidade.

O estudo da personalidade também enfatiza o contexto sócio-histórico no qual a psicologia se desenvolve. As teorias da personalidade deixaram muitas marcas na cultura moderna. As de Freud, Adler e Skinner tiveram um impacto extraordinário nas formas de educar as crianças. As ideias de Freud e Jung tiveram influência sobre a literatura (influenciando a representação de personagens fictícias) e as artes visuais, ao passo que a hierarquia de necessidades de Maslow e a afirmação do valor do reforço positivo de Skinner têm dado margem a novas abordagens do gerenciamento no mundo dos negócios e na indústria.

As forças sócio-históricas também deixam suas marcas na psicologia. O presente capítulo forneceu vários exemplos de como experiências pessoais, visões predominantes e acontecimentos históricos têm contribuído para o desenvolvimento das ideias em psicologia. A ênfase de Freud sobre a sexualidade foi influenciada, certamente, pela atmosfera vitoriana de repressão sexual existente durante sua juventude. As visões de Adler também refletiram o contexto social em que ele cresceu. Seu interesse em sentimentos de inferioridade e compensação parece ter brotado em sua infância fragilizada e nas dificuldades que teve de enfrentar.

Os avanços no estudo da personalidade também foram influenciados por desenvolvimentos em outras áreas da psicologia. Por exemplo, a utilização de testes psicológicos apareceu originalmente dos esforços para medir a inteligência geral. Mais tarde, porém, os princípios dos testes psicológicos foram aplicados ao desafio de medir a personalidade. Na Aplicação Pessoal, a seguir, discutimos os pontos positivos e as limitações dos testes psicológicos.

11.9 APLICAÇÃO PESSOAL
Compreensão da avaliação da personalidade

Responda "verdadeiro" ou "falso":
___ 1 As respostas a testes psicológicos são sujeitas a distorções inconscientes.
___ 2 Os resultados de testes de personalidade são frequentemente mal interpretados.
___ 3 Resultados de testes de personalidade devem ser interpretados com cuidado.
___ 4 Testes de personalidade servem a várias funções importantes.

Se você respondeu "verdadeiro" às quatro questões, obteve resultado perfeito. Sim, os testes de personalidade são sujeitos a distorções; seus resultados são, reconhecidamente, mal interpretados com frequência e devem ser interpretados com cuidado. Apesar desses problemas, entretanto, os testes psicológicos podem ser bastante úteis.

Os testes de personalidade podem ser úteis em (1) fazer diagnósticos clínicos de transtornos psicológicos; (2) aconselhamento vocacional; (3) seleção de pessoal em negócios e nas organizações; e (4) aferição de traços específicos de personalidade para propósitos de pesquisa. Os testes de personalidade podem ser divididos em duas categorias amplas: *questionários autorreferidos* e *testes projetivos*. Nesta Aplicação Pessoal, discutiremos alguns testes que representam as duas categorias, bem como seus pontos fortes e fracos.

Questionários autorreferidos

Questionários autorreferidos são testes de personalidade que pedem aos indivíduos que respondam a uma série de perguntas sobre seu comportamento típico. A lógica subjacente a essa abordagem é simples: quem o conhece melhor do que você mesmo? Quem o conhece há mais tempo? Quem tem maior acesso aos seus sentimentos pessoais? Por mais imperfeitas que possam ser, as classificações próprias continuam o padrão de ouro para a avaliação da personalidade (Paunonen e Hong, 2015). Examinaremos duas escalas autorreferidas, o MMPI e o Inventário de Personalidade NEO.

O MMPI

O Inventário de Personalidade Multifásico de Minnesota (*Minnesota Multiphasic Personality Inventory* – MMPI) é o mais amplamente utilizado. O MMPI (Butcher, 2011) foi originalmente criado para ajudar clínicos no diagnóstico de transtornos psicológicos. Ele mede dez traços de personalidade que, quando manifestados em grau extremo, são considerados sintomas de distúrbios. Exemplos incluem traços como paranoia, depressão e histeria.

As escalas clínicas do MMPI são válidas? Ou seja, elas medem aquilo para que foram criadas? Originalmente, presumia-se que as dez subescalas clínicas forneceriam índices diretos de tipos específicos de perturbações. Em outras palavras, uma pontuação alta na escala de depressão seria indicativa de depressão; uma pontuação alta na escala de paranoia seria indicativa de paranoia; e assim por diante. Contudo, as pesquisas revelaram que as relações entre as pontuações MMPI e vários tipos de doenças mentais são muito mais complexas do que fora previsto originalmente. As pessoas com a maioria dos tipos de transtorno alcançam pontuações elevadas em *várias* subescalas MMPI. Isso significa que certos *perfis* de pontuação são indicativos de transtornos específicos (veja **Figura 11.17**). Portanto, a interpretação do MMPI é muito complicada – talvez excessivamente complicada, de acordo com alguns críticos (Helmes, 2008). Não obstante, ele pode ser uma ferramenta de diagnóstico de grande auxílio para os clínicos. O fato de o inventário ter sido traduzido para mais de 115 idiomas atesta sua competência.

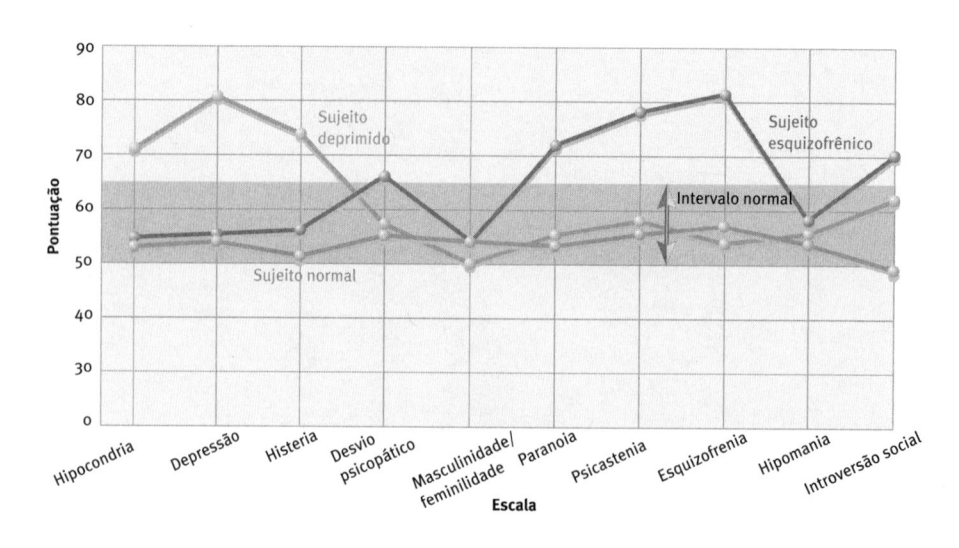

> **11.9 OBJETIVOS PRINCIPAIS DE APRENDIZAGEM**
> • Explicar como inventários de personalidade e testes projetivos funcionam e avalie os pontos fortes e fracos deles.

Figura 11.17 Perfis do MMPI.

As pontuações nas dez escalas clínicas do MMPI são frequentemente assinaladas, como demonstrado, para criar um perfil para um cliente. O intervalo normal para pontuações em cada subescala vai de 50 a 65. As pessoas com distúrbios apresentam, comumente, resultados elevados em várias escalas clínicas em vez de em apenas uma.

Inventário de Personalidade NEO

Como observamos na parte principal do capítulo, muitos teóricos acreditam que apenas cinco traços são necessários para fornecer uma descrição completa da personalidade. Esse ponto de vista levou à criação do *NEO Personality Inventory*. Desenvolvido por Paul Costa e Robert McCrae (1985, 1992), o inventário NEO foi projetado para medir os Cinco Grandes Fatores: neuroticismo, extroversão, abertura à experiência, cordialidade e conscienciosidade. Apesar de sua vida útil relativamente curta, o inventário NEO é amplamente usado em pesquisas e no trabalho clínico, e revisões atualizadas da escala foram lançadas (McCrae e Costa, 2007, 2010). Um exemplo de um perfil de personalidade NEO (média de muitos participantes) foi mostrado em nossa discussão sobre cultura e personalidade (veja **Figura 11.15**).

Pontos fortes e fracos dos questionários autorreferidos

Para avaliar os pontos positivos dos inventários autorreferidos, pense qual seria outra forma para se informar sobre uma personalidade. Por exemplo, se você quiser saber quanto alguém é assertivo, por que não perguntar, simplesmente, à pessoa? Por que administrar um detalhado questionário de personalidade de 50 itens que meça assertividade? A vantagem do questionário de personalidade é que ele pode fornecer uma estimativa mais objetiva e precisa sobre a assertividade da pessoa.

Os questionários autorreferidos são usados para muitos fins em uma grande variação de configurações, e eles têm o valor bem documentado ao fornecer informações úteis sobre os indivíduos (Ben-Porath, 2013; Krug, 2013).

É claro que questionários autorreferidos são apenas tão precisos quanto a informação que os sujeitos fornecem (Butcher, Bubany e Mason, 2013). São suscetíveis a várias fontes de erro, incluindo os seguintes:

1. *Fraude deliberada.* Alguns questionários autorreferidos incluem várias perguntas cujo propósito é fácil imaginar. Esse problema possibilita que alguns sujeitos simulem intencionalmente traços pessoais particulares (Rees e Metcalfe, 2003). Alguns estudos sugerem que o fingimento deliberado é um grave problema quando as escalas da personalidade são usadas para avaliar candidatos a vaga de emprego (Birkeland et al., 2006). Outros estudos, no entanto, sugerem que o problema não é tão significativo (Hogan e Chamorro-Premuzic, 2015).
2. *Viés de conveniência social.* Sem perceber, algumas pessoas consistentemente respondem às perguntas de modo que as faz parecerem boas. O viés de conveniência social não é uma questão de fraude, mas, sim, de vontade de ser, que pode distorcer os resultados do teste em algum grau (Paunonen e LeBel, 2012).
3. *Respostas prescritas.* Uma resposta prescrita é uma tendência sistemática a responder a itens de teste de um modo particular, não relacionado ao conteúdo dos itens. Por exemplo, algumas pessoas chamadas de "a favor" tendem a concordar com praticamente todas as afirmações de um teste. Outras, as "do contra", tendem a discordar de quase todas as afirmações.

As pessoas que projetam os testes elaboram inúmeras estratégias para reduzir o impacto da fraude deliberada, do viés de conveniência social e das respostas prescritas. (Paunonen e Hong, 2015; Hough e Connelly, 2013). Uma estratégia é inserir uma escala de validade em um teste para avaliar a possibilidade de um participante estar se envolvendo em um engano intencional (Ellingson, Heggestad e Makarius, 2012). Por exemplo, o MMPI contém diversas escalas que são muito sensíveis para identificar vários tipos de respostas enganosas (Butcher, 2013). A melhor maneira para reduzir o impacto do viés de conveniência social é identificar quais itens são sensíveis a esse viés e retirá-los do teste. Problemas com as respostas prescritas podem ser reduzidos por meio de uma variação sistemática na forma como os itens dos testes são formulados.

Testes projetivos

Esses testes fazem uma abordagem bastante indireta à avaliação de personalidade e são amplamente utilizados em trabalho clínico. **Testes projetivos pedem aos participantes que respondam a estímulos vagos e ambíguos de forma tal que revelem suas necessidades, seus sentimentos e seus traços de personalidade.** O teste de Rorschach, por exemplo, consiste em uma série de dez pranchas com manchas de tinta.

Pede-se aos participantes que descrevam o que eles veem nas manchas de tinta. No Teste de Apercepção Temática (TAT), uma série de figuras de cenas simples é apresentada aos participantes, aos quais se pede que contem histórias sobre o que está acontecendo nas cenas e o que as personagens estão sentindo. Por exemplo, uma cartela de TAT mostra um jovem contemplando um violino sobre uma mesa em frente a ele.

A hipótese projetiva

A "hipótese projetiva" é de que materiais ambíguos podem servir como telas em branco, nas quais as pessoas projetam suas preocupações, conflitos e desejos característicos (Frank, 1939). Portanto, se a cartela de TAT que mostra o jovem junto à mesa, com o violino, for apresentada a uma pessoa competitiva, ela pode criar uma história de que o jovem está considerando um concurso musical que haverá no futuro, no qual espera se sobressair. A mesma cartela, apresentada a uma pessoa altamente impulsiva, pode despertar uma história sobre como o jovem está planejando o modo como poderá sair sorrateiramente pela porta, para ir andar de bicicleta com seus amigos.

A pontuação e a interpretação de testes projetivos podem ser muito complicadas. As respostas do Rorschach podem ser analisadas em termos de conteúdo, originalidade, características da mancha de tinta que determinaram a resposta e a quantidade de cartões usados, entre outros critérios. De fato, há seis sistemas diferentes de pontuar o Rorschach (Adams e Culbertson, 2005). As histórias do TAT são analisadas em termos de heróis, necessidades, temas e desfechos.

Pontos fortes e fracos dos testes projetivos

Os proponentes de testes projetivos afirmam que eles têm dois únicos pontos fortes. Primeiro, não são transparentes aos participantes, ou seja, o participante não sabe como o teste fornece informações a quem o aplica. Então, é difícil que as pessoas se utilizem de fraudes intencionais (Weiner, 2013a). Segundo, a abordagem indireta usada nesses testes pode torná-los especialmente sensíveis a características inconscientes e latentes da personalidade (Meyer e Viglione, 2008).

Infelizmente, as evidências científicas das medidas de projeção não são impressionantes (Garb et al., 2005, Wood et al., 2011). Em uma revisão completa das pesquisas relevantes, Lillienfeld, Wood e Garb (2000) concluem que os testes projetivos tendem a apresentar pontuações inconsistentes, confiabilidade baixa, normas inadequadas de testes, vieses culturais e estimativas de validades baixas. Eles também afirmam que, ao contrário do que alegam seus defensores, os testes projetivos são suscetíveis a alguns tipos de fraude intencional (principalmente, fingir uma saúde mental fraca). Baseados em análises, Lillienfeld et al. argumentam que os testes projetivos deveriam ser referidos como "técnicas" ou "instrumentos" projetivos em vez de testes, pois "a maioria dessas técnicas, como são usadas na prática clínica diária, não preenche os critérios tradicionais para testes psicológicos" (p. 29). Outro problema específico para Rorschach é que todas as manchas de tinta foram postadas na Wikipedia, juntamente com as respostas comuns e sua interpretação. Embora os psicólogos tenham protestado veemente, os direitos autorais do teste expiraram, e as imagens estão em domínio público. Os clínicos estão preocupados que essa exposição das manchas de tinta possa comprometer a utilidade do teste (Hartmann e Hartmann, 2014; Schultz e Brabender, 2013). Apesar desses problemas, os testes projetivos, como o de Rorschach, continuam a ser usados por muitos clínicos (Weiner e Meyer, 2009). Embora o *status* científico questionável dessas técnicas seja um problema bem real, sua contínua popularidade sugere que eles fornecem informações subjetivas que muitos clínicos consideram úteis (Meyer et al., 2013).

11.10 APLICAÇÃO DO PENSAMENTO CRÍTICO
Viés retrospectivo na análise cotidiana da personalidade

Considere o caso de duas irmãs muito apegadas que cresceram juntas: Lorena e Christina. Lorena transformou-se numa adulta frugal que é cuidadosa ao gastar seu dinheiro, só faz compras onde há promoções e economiza cada centavo que consegue. Em contraste, Christina tornou-se uma esbanjadora extravagante que vive para comprar e jamais economiza. De que modo elas explicam suas personalidades surpreendentemente diferentes? Lorena atribui seus hábitos econômicos ao fato de que a família era tão pobre que ela aprendeu o valor de ser cuidadosa com o dinheiro. Christina atribui seus gastos extravagantes ao fato de que a família era tão pobre que ela aprendeu a gostar do dinheiro que obtém. É possível que duas irmãs possam reagir às mesmas circunstâncias de modo bem diferente, mas a explicação mais provável é o *viés retrospectivo* – a tendência a moldar a própria interpretação do passado para encaixar o modo como os acontecimentos de fato se desenrolaram. Vimos como o viés retrospectivo pode distorcer a memória no Capítulo 7. Aqui, estudaremos de que maneira ela tende a fazer que as pessoas sintam que são especialistas em personalidade e como isso cria problemas interpretativos mesmo para teorias científicas da personalidade.

A prevalência do viés retrospectivo

O viés retrospectivo é *onipresente,* o que significa que acontece em muitas situações e com todos os tipos de pessoas (Bernstein et al., 2011). Na maioria das vezes, as pessoas não percebem o modo como suas explicações são influenciadas pelo fato de que o resultado já é conhecido. A literatura experimental sobre viés retrospectivo oferece um rico conjunto de descobertas sobre como o conhecimento de um resultado influencia o modo como as pessoas pensam sobre suas causas (Fischhoff, 2007; Guilbault et al., 2004). Por exemplo, quando estudantes universitários foram informados dos resultados de um experimento hipotético, cada grupo de estudantes tinha uma "explicação" do porquê dos resultados, embora grupos diferentes tenham recebido resultados opostos para explicar (Slovic e Fischhoff, 1977). Os estudantes acreditaram que os resultados dos estudos eram óbvios quando souberam o que o experimentador descobriu, mas quando receberam apenas a informação que estava disponível antes de o resultado ser conhecido, eles não eram mais tão óbvios assim. Essa parcialidade também é chamada efeito "eu já sabia", porque essa é a frase típica das pessoas quando têm o viés retrospectivo. Na verdade, depois, as pessoas com frequência agem como se acontecimentos difíceis de prever tivessem

11.10 Objetivos Principais de Aprendizagem

- Compreender como o viés retrospectivo afeta as análises cotidianas e as análises teóricas da personalidade.

sido realmente *inevitáveis e previsíveis* (Roese e Vohs, 2012). Tendo a queda de 2008 do sistema de hipotecas e o colapso financeiro dos Estados Unidos em perspectiva, vemos, por exemplo, que muitas pessoas hoje em dia agem como se esses eventos estivessem predestinados a acontecer. Contudo, na realidade, esses eventos marcantes não foram previstos por quase ninguém. Parece que o conhecimento do resultado deforma os julgamentos de duas maneiras (Erdfelder, Brandt e Bröder, 2007). Conhecer o resultado de um evento compromete a lembrança de uma pessoa sobre expectativas anteriores e mais ingênuas sobre o evento.

O viés retrospectivo aparece em muitos contextos. Por exemplo, quando um casal anuncia que está se separando, muitas pessoas de seu círculo social alegarão que "já sabiam que isso ia acontecer". Quando um time de futebol perde de maneira muito triste, você ouvirá muitos torcedores dizendo: "Eu sabia que eles estavam se valorizando muito e também vulneráveis". Quando as autoridades públicas tomam uma decisão difícil que tem um resultado desastroso – como a decisão oficial de não evacuar Nova Orleans antes do Furacão Katrina até que fosse relativamente tarde – muitos "especialistas" na imprensa foram rápidos em fazer críticas, com frequência afirmando que somente tolos incompetentes poderiam ter falhado em prever a catástrofe. Curiosamente, as pessoas não são muito mais gentis consigo mesmas quando tomam decisões com resultados ruins. Quando elas tomam decisões difíceis que levam a resultados negativos – como comprar um carro que só apresenta problemas; ou investir em ações que caem –, quase sempre dizem coisas como: "Por que ignorei os sinais óbvios?" ou "Como pude ser tão idiota?".

Viés retrospectivo e personalidade

O viés retrospectivo pode influenciar a análise cotidiana da personalidade (Nestler et al., 2012). Pense sobre isso: se tentar explicar por que você é tão desconfiado, sua mãe é tão dominadora, ou seu melhor amigo tão inseguro, o ponto de partida de cada caso será o resultado da personalidade. Seria provavelmente impossível reconstruir o passado sem ser levado pelo conhecimento desses resultados. Assim, o viés retrospectivo torna todo mundo um especialista em personalidade, pois todos nós podemos dar explicações plausíveis para os traços de personalidade de pessoas que conhecemos bem. Talvez seja por isso que Judith Harris (1998) provocou uma enxurrada de protestos quando escreveu um livro argumentando que os pais têm relativamente pouco efeito sobre a personalidade dos filhos além do material genético que fornecem.

Em seu livro, *The Nurture Assumption*, Harris resume a pesquisa genética comportamental (assunto discutido neste capítulo), e outras evidências, sugerindo que o ambiente familiar tem pouquíssimo impacto sobre a personalidade das crianças. Há espaço para debates a respeito dessa questão complexa (Kagan, 1998; Tavris, 1998), mas nosso interesse principal aqui é que Harris apresentou um argumento convincente e atraente que chamou a atenção da imprensa e gerou uma avalanche de comentários vindos de pais zangados, que argumentaram que *os pais são realmente importantes*. Por exemplo, a revista *Newsweek* recebeu 350 cartas, a maioria de pais que apresentavam exemplos de como acreditavam ter influenciado a personalidade dos filhos. Contudo, a análise retrospectiva desses pais do desenvolvimento da personalidade de seus filhos deve ser encarada com grande ceticismo. Essas análises tendem a ser distorcidas pelo viés retrospectivo (para não mencionar a recordação seletiva vista com frequência em relatórios anedóticos).

Infelizmente, o viés retrospectivo é tão prevalecente que cria um problema para as teorias científicas da personalidade. Por exemplo: a questão do viés retrospectivo foi levantada por muitos críticos da teoria psicanalítica (Torrey, 1992). A teoria freudiana foi originalmente construída sobre uma base de estudo de casos de pacientes em terapia. Obviamente, os terapeutas freudianos,

Com o luxo do viés retrospectivo, é fácil antever atos oficiais, tal como a então secretária de Estado, Hilary Clinton, que falhou ao não prever o ataque de 2012 à embaixada norte-americana em Bengasi, Líbia.

que conheciam a personalidade adulta de seus pacientes, provavelmente buscavam os tipos de experiência infantil apresentados nas hipóteses de Freud (fixação oral, treinamento punitivo do uso do banheiro, conflitos de Édipo etc.) em seus esforços para explicar a personalidade dos pacientes.

Outro problema com o viés retrospectivo é que, assim que os pesquisadores conhecem determinado resultado, eles com frequência criam uma explicação plausível. Torrey (1992) descreve um estudo inspirado pela teoria freudiana que examinou a preferência entre os homens por tamanhos de seios. A hipótese original é que os homens com pontuação mais alta em dependência – embora isso fosse um sinal de fixação oral – manifestavam maior preferência por mulheres com seios grandes. Quando os resultados reais do estudo mostraram exatamente o oposto – a dependência estava associada à preferência por seios menores –, a descoberta foi atribuída à formação de reação (o mecanismo de defesa que envolve comportar-se de modo oposto aos sentimentos verdadeiros). Em vez de fracassarem no apoio à teoria freudiana, as descobertas inesperadas foram simplesmente reinterpretadas de maneira que se tornassem consistentes com a teoria.

O viés retrospectivo também apresenta problemas espinhosos para os teóricos evolucionistas, que em geral trabalham com base em resultados conhecidos e olham para o passado para concluir como as pressões adaptativas no passado ancestral dos seres humanos podem ter levado a esses resultados (Cornell, 1997). Considere, por exemplo, a afirmação dos teóricos evolucionistas de que os Cinco Grandes Fatores são considerados em todo o mundo dimensões fundamentais da personalidade porque esses traços específicos tiveram importantes implicações adaptativas no curso da história humana (Buss, 1995; Nettle, 2006). Essa explicação faz sentido, mas o que teria acontecido se alguns *outros traços* tivessem aparecido entre os Cinco Grandes? A visão evolucionista teria sido enfraquecida se domínio ou paranoia tivessem aparecido nos Cinco Grandes? Provavelmente não. Com o luxo da retrospectiva, os teóricos evolucionistas com certeza teriam criado explicações plausíveis para o modo como esses traços promoveram sucesso na reprodução no passado distante. Assim, o viés retrospectivo é uma característica fundamental da cognição humana e a atividade científica não está imune a esse problema.

Outras implicações do viés retrospectivo 20-20

Nossa discussão acerca do viés retrospectivo focou suas implicações no pensamento sobre a personalidade, mas existem amplas evidências de que ele pode ter efeitos sobre o pensamento em todos os tipos de domínios. Por exemplo, considere a prática de obter segundas opiniões a respeito de diagnósticos médicos. O médico que dá a segunda opinião em geral está ciente do diagnóstico do primeiro, o que cria um viés retrospectivo (Arkes et al., 1981). Segundas opiniões provavelmente seriam mais valiosas se os médicos que as proferissem não conhecessem o diagnóstico anterior. O viés retrospectivo frequentemente influencia as tomadas de decisão na medicina, sem mencionar decisões jurídicas que envolvem casos de negligencia (Arkes, 2013). Na verdade, o viés retrospectivo tem o potencial de distorcer decisões legais em muitos tipos de casos, em que os jurados avaliam a responsabilidade dos réus em conhecer os possíveis resultados, como no caso de um sistema de freios com defeito (Harley, 2007). Por exemplo, em julgamentos que envolvem alegações de negligência, os jurados naturalmente tendem a pensar "Como eles não previram esse problema?", e isso pode exagerar a evidência de negligência. O problema definitivo com o viés retrospectivo é que ele tende a promover o pensamento unilateral e o excesso de confiança quando as pessoas analisam decisões que deram errado (Roese e Vohs, 2012). Tanto no contexto médico quanto no jurídico, essas tendências cognitivas podem ter consequências importantes.

O viés retrospectivo é poderoso. Da próxima vez que você ouvir falar sobre um resultado infeliz de uma decisão tomada por uma autoridade pública, examine com cuidado o modo como os jornalistas descrevem a decisão. Você provavelmente descobrirá que eles acreditam que o resultado desastroso deveria ter sido óbvio, porque os jornalistas podem ver com clareza o que aconteceu de errado. Do mesmo modo, se você se pegar pensando: "Somente um idiota não teria previsto esse desastre", ou "Eu teria previsto esse problema", respire profundamente e tente rever a decisão *usando apenas as informações que são conhecidas no momento em que a decisão foi tomada*. Às vezes, boas decisões baseadas nas melhores informações disponíveis podem ter resultados terríveis. Infelizmente, a clareza do "viés retrospectivo 20-20" torna difícil para as pessoas aprender com seus erros e com os dos outros.

Tabela 11.3 Habilidades de pensamento crítico discutidas nesta Aplicação

Habilidade	Descrição
Reconhecer o viés na análise retrospectiva.	O pensador crítico entende que saber os resultados dos acontecimentos influencia nossa lembrança e interpretação deles.

CAPÍTULO 11 – QUADRO DE CONCEITOS

A NATUREZA DA PERSONALIDADE

- Um *traço de personalidade* é uma disposição durável para se comportar de determinada maneira em inúmeras situações.
- De acordo com o *modelo de cinco fatores,* a maioria dos aspectos da personalidade é derivada de cinco traços cruciais: neuroticismo, extroversão, abertura para a experiência, cordialidade e conscienciosidade.
- Os Cinco Grandes Fatores predizem importantes resultados de vida, como notas, realização ocupacional, divórcio, saúde e mortalidade.

PERSPECTIVAS PSICODINÂMICAS

Teoria de Freud

- A *teoria psicanalítica* de Freud cresceu com base em seu trabalho terapêutico com pacientes e enfatizava a importância do inconsciente.
- Freud dividiu a estrutura da personalidade em três componentes: id, ego e superego.
- O *id* é o componente instintivo que segue o princípio do prazer, o *ego* é o componente da tomada de decisão que segue o princípio da realidade e o *superego* é o componente da moral.
- Freud descreveu três níveis de consciência: o *consciente* (consciência atual), o *pré-consciente* (material logo abaixo da superfície da consciência) e o *inconsciente* (material bem abaixo da superfície da consciência).
- Freud teorizou que os conflitos centrados em sexo e agressão são especificamente possíveis de levar a uma ansiedade significativa.
- De acordo com Freud, a ansiedade e outras emoções desagradáveis são muitas vezes repelidas por *mecanismos de defesa,* que funcionam como autoilusão.
- Freud propôs que as crianças evoluem por meio de cinco estágios do desenvolvimento psicossexual: oral, anal, fálico, latência e genital.
- Certas experiências durante esses estágios, como lidar com o *complexo de Édipo,* podem moldar a futura personalidade adulta.

Teoria de Jung

- A *psicologia analítica* de Jung enfatizou os determinantes inconscientes da personalidade, mas ele dividiu o inconsciente em inconsciente pessoal e inconsciente coletivo.
- O *inconsciente coletivo* é um depósito de traços da memória latente herdados do passado ancestral das pessoas.
- Essas memórias consistem em *arquétipos,* que são formas de pensamento emocionalmente carregadas que possuem significado universal.

Teoria de Adler

- A *psicologia individual* de Adler enfatizou como as forças sociais moldam o desenvolvimento da personalidade.
- Adler argumentou que *lutar pela superioridade* é a principal força motivacional na vida das pessoas.
- Adler atribuiu as perturbações da personalidade aos sentimentos excessivos de inferioridade que podem desvirtuar o processo normal de luta pela superioridade e podem resultar em *compensação excessiva.*

PERSPECTIVAS COMPORTAMENTAIS

Teoria de Skinner

- O trabalho de Skinner sobre *condicionamento operante* não era para ser uma teoria da personalidade, mas tem sido aplicado à personalidade.
- Os seguidores de Skinner veem a personalidade como uma coleção de tendências de resposta que estão ligadas a situações específicas.
- Os adeptos de Skinner veem o desenvolvimento da personalidade como um processo vitalício em que as tendências de resposta são moldadas pelo reforço.

Teoria de Bandura

- A *teoria cognitiva social* de Bandura enfatiza como os fatores cognitivos moldam a personalidade.
- De acordo com Bandura, as tendências de resposta das pessoas são altamente adquiridas por meio da *aprendizagem observacional.*
- Bandura destacou o papel da *autoeficácia* – a crença que alguém tem sobre a capacidade de realizar os comportamentos que deveriam levar aos resultados esperados.

Teoria de Mischel

- A marca da teoria da aprendizagem social de Mischel enfatiza como as pessoas se comportam de maneira diferente em situações diferentes.
- Sua teoria iniciou o debate sobre a importância relativa da pessoa em relação à situação como determinante do comportamento.

Contexto do estímulo
Festa

Contar piadas → Risadas, atenção, cumprimentos

Resposta — **Reforço**

Mecanismo de Defesa	Definição
Repressão	Manter pensamentos e sentimentos perturbadores enterrados no inconsciente
Projeção	Atribuir os próprios pensamentos, sentimentos ou motivos a outrem
Deslocamento	Desviar os sentimentos emocionais (normalmente raiva) de sua fonte original para um alvo substituto
Formação reativa	Comportar-se de maneira exatamente oposta aos seus sentimentos verdadeiros
Regressão	Uma reversão para padrões imaturos do comportamento
Racionalização	Criar desculpas falsas, porém plausíveis para justificar o comportamento inaceitável
Identificação	Apoiar a autoestima ao formar uma aliança imaginária ou real com alguma pessoa ou grupo

TEMAS PRINCIPAIS

- Diversidade teórica
- Contexto sócio-histórico
- Herança cultural

PERSPECTIVAS HUMANISTAS

A teoria de Roger

- A abordagem *centrada na pessoa*, de Roger, concentra-se no *autoconceito* – um conjunto de crenças subjetivas sobre a natureza do indivíduo.
- *Incongruência* é o grau de disparidade entre o autoconceito e as experiências reais do indivíduo.
- Roger defendia que o amor incondicional durante a infância seria um estímulo para a congruência enquanto o amor condicional favorece a incongruência.
- E afirmava que pessoas com conceitos altamente incongruentes sobre si mesmas apresentam tendência à ansiedade recorrente.

Necessidade de autorrealização

A teoria de Maslow

- Segundo Maslow, as motivações humanas se organizam em *uma hierarquia de necessidades*, na qual as mais básicas devem ser satisfeitas antes que as menos básicas possam ser estimuladas.
- No topo da hierarquia de necessidades de Maslow está a de *autorrealização* – necessidade de desenvolvimento pleno do potencial de uma pessoa.
- Recentemente, estudiosos propuseram *uma revisão da pirâmide de necessidades de Maslow*, na qual as necessidades mais altas de crescimento são substituídas por razões relacionadas à capacidade de reprodução.
- Segundo Maslow, *pessoas autorrealizadas* são aquelas de personalidade saudável, marcada por contínuo crescimento pessoal.

PERSPECTIVAS BIOLÓGICAS

A teoria de Eysenck

- Eysenck via a estrutura da personalidade como uma hierarquia em que diversos traços superficiais se originam de um conjunto de traços essenciais.
- Segundo ele, a personalidade é determinada em grande parte por herança genética.
- Sua teoria é de que a introversão e a extroversão são moldadas por diferenças herdadas e por condicionamento.

Pesquisa sobre genética do comportamento

- Gêmeos idênticos criados separados tendem a ser mais parecidos em termos de personalidade que gêmeos fraternos criados juntos, o que sugere que a genética influencia a personalidade.
- *As estimativas de hereditariedade* em termos de personalidade são de cerca de 50%.
- A genética do comportamento revela que *a convivência no ambiente familiar* compartilhado tem, surpreendentemente, pouco impacto sobre a personalidade.
- Estudos de mapeamento genético sobre personalidade resultaram em descobertas inconsistentes e difíceis de estabelecer.

A abordagem evolucionária

- Segundo Buss, a habilidade de reconhecer e julgar a condição das pessoas de acordo com os Cinco Grandes Fatores pode ter contribuído para a capacidade de reprodução.
- Ele afirma que os Cinco Grandes Fatores (ao contrário da habilidade de reconhecê-los) são produto da evolução e estão relacionados a questões de adaptação de nossos ancestrais.

ABORDAGENS EMPÍRICAS CONTEMPORÂNEAS DA PERSONALIDADE

Narcisismo

- O *Narcisismo* é uma noção exacerbada do ego, uma grande necessidade de atenção e *de merecimento*.
- Os narcisistas passam a maior parte do tempo tentando impressionar as pessoas e exagerando seus feitos para proteger sua frágil autoestima.
- São admirados no início, mas com o tempo passam a ser vistos como arrogantes e egocêntricos. Pesquisas sugerem que os níveis de narcisismo vêm se elevando nos últimos anos.

Teoria da gestão do terror

- O choque entre o instinto de preservação e a consciência da morte gera nas pessoas o potencial de medo ao pensar em sua mortalidade.
- A visão cultural mundial e a autoestima diminuem nas pessoas a ansiedade associada à consciência da própria mortalidade.
- Intensificar a questão da saliência da mortalidade leva as pessoas a defender com mais ímpeto sua visão cultural de mundo e sua autoestima.
- A manipulação da saliência da mortalidade instiga a punição mais severa das transgressões morais, maior respeito a ícones culturais e maiores níveis de preconceito.

CULTURA E PERSONALIDADE

- Os traços básicos da estrutura da personalidade provavelmente são os mesmos entre as culturas, pois os Cinco Grandes Fatores estão geralmente presentes em estudos interculturais.
- No entanto, observa-se certa variabilidade quando os pesquisadores comparam a quantidade de traços entre os diversos grupos culturais.
- Estudos mostram que as percepções de caráter nacional tendem a apresentar estereótipos imprecisos.
- Markus e Kitayama afirmaram que a cultura norte-americana estimula uma *visão independente* do eu, enquanto culturas asiáticas incentivam uma *visão interdependente* do eu.

APLICAÇÕES

- *Questionários autorreferidos*, como o MMPI e o NEO, são aqueles em que as pessoas têm de descrever a si mesmas.
- São excelentes recursos de avaliação, porém vulneráveis a fontes de erro como fraudes deliberadas, viés de conveniência social e respostas prescritas.
- *Testes projetivos*, que dependem das respostas dos pacientes a estímulos diversos, possuem baixo nível de confiabilidade e validade.
- O *viés de retrospectiva* normalmente leva as pessoas a conclusões do tipo "eu sabia disso" ao discutir resultados que na verdade não tinham sido previstos.

Capítulo 12
Comportamento social

12.1 PERCEPÇÃO PESSOAL: FORMANDO IMPRESSÃO SOBRE OS OUTROS

12.2 PROCESSOS DE ATRIBUIÇÃO: EXPLICANDO O COMPORTAMENTO

12.3 ATRAÇÃO INTERPESSOAL: GOSTAR E AMAR

12.4 ATITUDES: FAZENDO JULGAMENTOS SOCIAIS

12.5 CONFORMIDADE E OBEDIÊNCIA: SUBMETENDO-SE AOS OUTROS

12.6 COMPORTAMENTO EM GRUPOS: UNINDO-SE AOS OUTROS

12.7 REFLETINDO SOBRE OS TEMAS DO CAPÍTULO

12.8 APLICAÇÃO PESSOAL:
Compreendendo o preconceito

12.9 APLICAÇÃO DO PENSAMENTO CRÍTICO:
Analisando a credibilidade e as táticas de influência social

Quadro de conceitos

Temas neste capítulo

Empirismo   Herança cultural   Causalidade multifatorial   Subjetividade da experiência

Audrey, uma aluna de ensino médio de 16 anos, carrega o celular para toda parte embora deteste falar ao telefone. Evita ao máximo atender ligações. O fato de ter que responder imediatamente ao que lhe perguntam durante uma conversa a intimida, mas não que ela deixe de usar o celular. Troca mensagens de texto o tempo todo, o que considera mais seguro porque tem tempo de pensar no que vai dizer e editar as frases antes de enviar. Também usa a câmera do telefone o tempo todo. Tira fotos e as posta no Facebook. "Gosto de me ver online", diz. Mas seleciona cuidadosamente tudo que posta em seu perfil. Audrey passa horas decidindo quais fotos postará. Qual delas está com o melhor ângulo?

Baseia-se nos comentários que recebe para decidir o que vai postar em seguida. Digamos que tenha decidido se apresentar com um estilo mais sedutor em sua página. Espera até ver o que os amigos comentam para continuar ou não. Certa vez, decidiu utilizar um estilo mais "irônico" nas postagens. Mas não recebeu comentários positivos, de forma que imediatamente alterou sua postura. Os amigos que a conhecem pessoalmente acham que ela às vezes foge um pouco da realidade. E ela responde deixando que eles postem tudo que acham ser verdade sobre si mesmos, sem questionar muito.

Mas nem sempre é possível controlar a troca de alfinetadas on-line. Um dia Audrey acabou se desentendendo com um colega de classe, Logan, em uma sala de bate-papo. Percebendo que estava errada, foi se desculpar com ele na escola no dia seguinte. Mas Logan não perdoou. Continuou a discutir com ela on-line e postou sua versão da história na página do Facebook de Audrey para todos os amigos verem. Ela se sentiu atacada diante da história mal contada e decidiu reagir. Durante seis meses os dois, que antes eram "bons amigos de verdade", evitaram se encontrar ou se falar. Um dia Logan decidiu se desculpar, mas apenas on-line. Foi fácil. Impessoal. Escreveu apenas "me desculpe". Esse tipo de comunicação on-line é sempre vago.

Audrey não achou correto da parte do amigo, mas reconheceu que também já utilizou a mesma ferramenta para dispensar um namorado. Admitia como algo inadequado terminar um relacionamento por texto ou comunicação on-line, mas confessava que não teve forças para evitar. "Estava me sentindo muito mal, pois tinha muito carinho por ele e não conseguia dizer pessoalmente que queria terminar o namoro... Não queria fugir da situação, mas não conseguia olhar nos olhos dele e terminar tudo. Acabei fazendo isso on-line. Claro, me arrependi. Ele merecia que eu falasse pessoalmente... Até hoje me sinto mal com o que fiz. Foi algo frio e até covarde."

FONTE: Turkle, S. *Alone together*. Nova York: Basic Books, 2011. p. 189–197.

O trecho anterior é uma história real, tirada do livro de Sherry Turkle, *Alone together* (2011), que oferece uma análise fascinante sobre como a tecnologia moderna está alterando a estrutura dos relacionamentos sociais. A história de Audrey ilustra o que já sabemos: os relacionamentos sociais têm grande importância em nossa vida. Audrey, como a maioria de nós, se preocupa com o modo como as pessoas a percebem. Sofre com o fim da amizade com Logan e com a dificuldade de terminar um namoro pessoalmente. A história dela também ilustra o modo como os avanços da tecnologia estão modificando nosso comportamento social. As interações hoje estão migrando para a internet. Até relacionamentos íntimos se iniciam em sites de encontros. Grupos de trabalho também realizam reuniões e fazem negócios a grandes distâncias pela internet. As pessoas formam opinião umas sobre as outras a partir do que é postado em sites de relacionamento. Se essas trocas provocarão alterações reais ou superficiais em nossa sociedade ainda não se sabe.

Em todo caso, neste capítulo, abordaremos os aspectos sociais do mundo de hoje. **A *psicologia social* é o ramo da psicologia que se preocupa com a maneira pela qual os pensamentos, sentimentos e comportamentos dos indivíduos são influenciados por outras pessoas.** Os psicólogos sociais estudam como as pessoas são afetadas pela presença real, imaginada ou implícita de outras pessoas. O interesse deles está nas *interações* dos indivíduos com os outros e em como as pessoas podem se envolver em comportamento social mesmo quando estão sozinhas. Por exemplo, se você estivesse dirigindo sozinho em uma estrada e jogasse seu lixo pela janela, sua sujeira seria uma atitude social. Ela desafiaria as normas sociais, refletiria sua socialização e atitudes e teria repercussões (embora pequenas) para outras pessoas em sua sociedade. Dessa maneira, os psicólogos sociais muitas vezes estudam o comportamento *individual* em um contexto social.

12.1 Percepção pessoal: formando impressões sobre os outros

Você é capaz de se lembrar de sua primeira aula de introdução à psicologia? Que tipo de impressão seu professor lhe causou naquele dia? Pareceu-lhe confiante? Natural? Pretensioso? Aberto? Cínico? Amigável? Suas primeiras impressões foram sustentadas por observações subsequentes? Quando você interage com alguém, ocorre constantemente a *percepção pessoal*, ou seja, o processo de formar impressões sobre os outros. Nessa seção, consideraremos alguns dos fatores que influenciam, e com frequência distorcem, nossas percepções sobre os outros.

> **12.1 Objetivos Principais de Aprendizagem**
>
> - Entender como a aparência física e os estereótipos influenciam a impressão que as pessoas têm umas das outras.
> - Discutir a subjetividade da percepção social e as explicações evolucionistas para as influências que alteram a percepção pessoal.

Efeitos da aparência física

"Você não deve julgar um livro por sua capa." As pessoas sabem disso muito bem para não permitir que a atração física determine suas percepções sobre qualidades pessoais dos outros. Será? Estudos recentes mostram que pessoas de boa aparência têm mais influência sobre as outras do que indivíduos menos atraentes (Lorenzo, Biesanz e Human, 2010). Além disso, vários estudos mostram que os julgamentos da personalidade das outras pessoas muitas vezes são movidos pela aparência, especialmente por sua atratividade física. As pessoas tendem a ver características de personalidade desejáveis naqueles indivíduos que apresentam boa aparência. Esse fenômeno é chamado de *estereótipo de atrativo físico* ou *a beleza tem bom efeito*. Pessoas atraentes são vistas como mais sociáveis, amistosas, calorosas e bem ajustadas do que as menos atraentes (Macrae e Quadflieg, 2010). Um estudo recente, com foco nos Cinco Grandes Fatores, indica que mulheres atraentes são vistas como mais agradáveis, extrovertidas, atenciosas, abertas a experiências e emocionalmente estáveis (com menor caráter neurótico) que as menos atraentes (Segal-Caspi, Roccas e Sagiv, 2012). Mas, na realidade, pesquisas sugerem que há pouca relação entre boa aparência e traços de personalidade (Segal-Caspi et al., 2012).

Você pode pensar que a atratividade física influencia as percepções de competência menos do que as percepções de personalidade, mas os dados sugerem o contrário. Surpreendentemente, as pessoas têm grande tendência a ver indivíduos de boa aparência como mais competentes que aqueles menos atraentes (Langlois et al., 2000). Essa tendência recompensa as pessoas de boa aparência, pois elas conseguem empregos melhores e salários mais altos do que as menos atraentes (Senior et al., 2007). Por exemplo, um estudo recente indica que corretores de imóveis considerados altamente atraentes conseguem melhores vendas que seus concorrentes de aparência menos privilegiada, o que se traduz em melhores comissões e maior renda (Salter; Mixon; King, 2012). Com base nessas informações, Judge; Hurst e Simon (2009) decidiram comparar o impacto do intelecto *versus* beleza em questões de renda. Como se imaginava (e esperava), inteligência está mais fortemente ligada a ganhos (correlação = 0,50) que a boa aparência. Mas a correlação de 0,24 entre boa aparência e renda não é algo que se possa ignorar. Claro, o lado trágico do estereótipo da boa aparência é que pessoas menos atraentes são vistas de maneira mais negativa, o que pode ter sérias consequências. Vejamos o exemplo de um estudo recente em ambientes de trabalho no qual se descobriu que funcionários menos atraentes são tratados de maneira mais hostil e abusiva (comentários rudes e jocosos) que os de melhor aparência (Scott e Judge, 2013).

Os rostos das pessoas são a parte mais avaliada. Observando o rosto de alguém, as pessoas tiram conclusões sobre sua personalidade, escala social e orientação sexual (Uleman e Saribay, 2012). Até mesmo crianças de 3 ou 4 anos tiram conclusões pelas expressões faciais que veem nos adultos (Cogsdill et al., 2014). Essas descobertas sugerem que nossas reações a expressões faciais podem ter raízes evolutivas (Zebrowitz; Montepare, 2015).

Tais reações intuitivas parecem ter importantes consequências no mundo real. Por exemplo: estudos mostram que as percepções sobre competência baseadas apenas em aparência facial permitem prever os resultados das eleições nos Estados Unidos com surpreendente precisão (Olivola e Todorov, 2010). No entanto, as eleições norte-americanas normalmente envolvem apenas dois candidatos, que já passam por uma triagem prévia dos partidos para a escolha do mais atraente, o que pode limitar a generalização dos resultados. Uma pesquisa avaliou uma eleição presidencial na Bulgária na qual havia dezoito candidatos (Sussman, Petkova e Todorov, 2013). Mais de 200 residentes dos Estados Unidos avaliaram a competência (e outras qualidades) desses dezoito candidatos baseados em fotos. Os resultados corresponderam em 0,77 à classificação na qual os candidatos ficaram no resultado final das eleições! O que se pode perceber é que a decisão dos eleitores, que deveria se basear na avaliação das habilidades, valores e posições políticas dos candidatos, parece ter sido consideravelmente influenciada por um julgamento intuitivo a partir de seus rostos.

Estereótipos

Estereótipos podem ter efeito significativo sobre o processo de percepção das pessoas. Estereótipos são convicções generalizadas de que as pessoas têm certas características por pertencerem a um grupo particular. Os estereótipos mais comuns em nossa sociedade são aqueles baseados em sexo e

As pessoas tendem a ver homens e mulheres de boa aparência como calorosos, agradáveis, inteligentes e competentes. O estereótipo de pessoas atraentes pode favorecê-las no trabalho e em todos os aspectos de sua vida.

na participação nos grupos étnicos ou ocupacionais. Pessoas que aceitam *estereótipos de gênero* tradicionais tendem a supor que as mulheres são emotivas, submissas, ilógicas e passivas, e que os homens são não emotivos, dominadores, lógicos e agressivos. Noções preconcebidas de que judeus são mercenários, negros têm ritmo, alemães são metódicos e italianos, apaixonados, são exemplos de *estereótipos étnicos* comuns. Os *estereótipos ocupacionais* sugerem que os advogados são manipuladores, programadores de computador são estranhos, contadores são conformistas, artistas são temperamentais, e assim por diante.

A estereotipagem é um processo cognitivo normal, muitas vezes automático, que poupa o tempo e o esforço necessários para cuidar das pessoas individualmente (Fiske e Russell, 2010). Os estereótipos economizam energia simplificando nossa ordem social. No entanto, essa economia de energia pode ter seu preço em termos de exatidão. Os estereótipos tendem a ser supergeneralizações amplas que ignoram a diversidade existente dentro dos grupos sociais e que fomentam percepções imprecisas das pessoas (Bodenhausen; Morales, 2013). Evidentemente, nem todos os judeus, homens e advogados se comportam de maneira semelhante. A maioria das pessoas que aceita os estereótipos percebe que nem todos os membros de um grupo são idênticos. Por exemplo, elas podem admitir que alguns judeus não são mercenários, que alguns homens não são competitivos e que alguns advogados não são manipuladores. Mas ainda podem supor que judeus, homens e advogados têm *mais probabilidade* do que outros de ter determinadas características.

Subjetividade na percepção da pessoa

Os estereótipos criam tendências na percepção do indivíduo, que frequentemente levam à confirmação das expectativas das pessoas a respeito dos outros. Se houver qualquer ambiguidade no comportamento de alguém, provavelmente as pessoas interpretarão aquilo que veem de maneira coerente com as próprias expectativas (Olson, Rose e Zana, 1996). As pessoas não somente veem aquilo que esperam ver; elas também tendem a superestimar quão frequentemente o veem (Risen, Gilovich e Dunning, 2007). Ocorre **correlação ilusória quando as pessoas estimam que encontraram mais confirmações de uma associação entre características sociais do que aquilo que realmente viram.** As pessoas também tendem a subestimar o número de não confirmações que encontraram, como é ilustrado por afirmações como: "Jamais encontrei um advogado honesto".

Os processos de memória podem contribuir para a existência de preconceitos que confirmam as percepções pessoais de muitas maneiras. É comum os indivíduos lembrarem-se seletivamente de fatos que se enquadram em seus esquemas e estereótipos (Fiske, 1998; Quinn, Macrae e Bodenhausen, 2003). Prova dessa tendência foi encontrada em um estudo feito por Cohen (1981), em que os participantes assistiram a um vídeo de uma mulher, descrita ora como garçonete, ora como bibliotecária, que se envolvia em uma variedade de atividades, incluindo ouvir música clássica, beber cerveja e assistir à TV. Quando solicitados a se lembrarem do que a mulher fazia durante a sequência filmada, eles tenderam a lembrar-se de atividades coerentes com seus estereótipos sobre garçonetes e bibliotecárias. Por exemplo, os participantes que acharam que a mulher era uma garçonete tenderam a lembrar-se dela bebendo cerveja. Os que acharam que ela era uma bibliotecária tenderam a lembrar-se dela ouvindo música clássica.

Perspectiva evolucionista sobre a tendência na percepção pessoal

Por que o processo de percepção pessoal é permeado por tendências? Para os psicólogos evolucionistas, muitas das tendências vistas na percepção social foram adaptações ao ambiente ancestral dos seres humanos (Krebs e Denton, 1997). Por exemplo, segundo eles, a percepção pessoal é influenciada pela atratividade física porque esta era associada ao potencial reprodutivo nas mulheres, e à saúde, vigor e acumulação de recursos materiais nos homens.

Os teóricos evolucionistas atribuem a tendência humana de categorizar automaticamente os outros à necessidade de nossos ancestrais distantes de distinguir rapidamente amigos de inimigos (Park, 2012). Eles afirmam que os seres humanos são programados pela evolução para classificar imediatamente as pessoas como membros de um *mesmo grupo* – **grupo ao qual alguém pertence e com o qual se identifica** – ou de um *grupo externo* – **grupo ao qual alguém não pertence ou com o qual não se identifica.** Considera-se que essa categorização crucial estrutura as percepções subsequentes. Membros de mesmo grupo tendem a ser vistos de uma forma favorável, ao passo que aqueles de grupo externo tendem a ser vistos por meio de vários estereótipos negativos ("Eles são inferiores; são todos iguais"). Além disso, em determinadas circunstâncias, as pessoas são influenciadas a ver membros de outros grupos como hostis e ameaçadores (Park, 2012). Assim, os psicólogos evolucionistas afirmam que grande parte da tendência na percepção pessoal se deve a mecanismos cognitivos que foram introjetados ao cérebro humano pela seleção natural.

12.2 Processos de atribuição: explicando o comportamento

É sexta-feira à noite. Você está em casa, entediado. Telefona a alguns amigos para ver se gostariam de sair. Todos lhe dizem que adorariam, mas têm outros compromissos e não podem. Os compromissos deles parecem vagos, e você acha que os motivos deles para não sair são bastante inconsistentes. Como você explica essas rejeições? Eles realmente têm compromissos? Estão exaustos por causa da faculdade, do trabalho, ou

> **12.2 Objetivos Principais de Aprendizagem**
> - Discernir atribuições internas e externas e sintetizar a teoria de Weiner sobre atribuições de sucesso e fracasso.
> - Identificar alguns tipos de influência nos padrões de atribuição, incluindo variações culturais.

apenas com preguiça e apáticos para sair? Essas questões ilustram um processo no qual as pessoas se envolvem rotineiramente: a explicação de comportamento. A *atribuição* desempenha um papel fundamental nesses esforços explicativos e tem efeitos significativos sobre as relações sociais.

O que são atribuições? **Atribuições são inferências que as pessoas fazem a respeito das causas de eventos, do comportamento dos outros e do próprio comportamento.** Se você concluiu que uma amiga rejeitou seu convite porque estava com muito trabalho, fez uma atribuição sobre a causa do comportamento dela (e, implicitamente, rejeitou outras possíveis explicações). Se concluiu que está plantado em casa sem nada para fazer porque deixou de planejar com antecedência, fez uma atribuição a respeito da causa de um evento (estar plantado em casa). Se concluiu que deixou de planejar antecipadamente porque sempre protela as coisas, fez uma atribuição a respeito da causa do próprio comportamento. *Por que as pessoas fazem atribuições?* Porque têm uma forte necessidade de entender suas experiências; querem dar sentido ao próprio comportamento, às ações dos outros e aos eventos de sua vida.

Atribuições internas *versus* externas

Fritz Heider (1958) foi o primeiro a descrever como as pessoas fazem atribuições. Ele afirma que as pessoas tendem a localizar a causa do comportamento ou *dentro da pessoa*, atribuindo-o a fatores pessoais, ou *fora da pessoa*, atribuindo--o a fatores ambientais.

Ao desenvolverem o *insight* de Heider, vários teóricos concordaram que as explicações sobre o comportamento e os eventos podem ser categorizadas como atribuições internas e externas (Jones e Davis, 1965; Kelley, 1967). **As *atribuições internas* relacionam as causas de comportamento a disposições, características, capacidades e sentimentos pessoais. Já as *atribuições externas* relacionam as causas de comportamento a demandas situacionais e a restrições ambientais.** Por exemplo, se o negócio de um amigo falir, você pode atribuir isso à falta de seu conhecimento comercial (um fator interno, pessoal) ou a tendências negativas no clima econômico do país (uma explicação externa, situacional). Pais que descobrem que seu filho adolescente acabou de bater o carro podem atribuir isso ao descuido dele (uma atribuição interna) ou a condições de pista escorregadia (uma atribuição externa).

As atribuições internas e externas podem ter impacto tremendo sobre as interações interpessoais diárias. Atribuir o fracasso comercial de um amigo ao seu pouco tino para os negócios, em oposição a um ambiente econômico ruim, terá um grande impacto sobre como você o vê – mesmo sem mencionarmos se você emprestará ou não dinheiro a ele no futuro. Similarmente, se os pais atribuírem o acidente de seu filho a condições de pista escorregadia, provavelmente lidarão com o evento de maneira muito diferente do que se o atribuir ao descuido dele.

Atribuições para o sucesso e o fracasso

Alguns psicólogos procuram descobrir novas dimensões do pensamento atributivo além da dimensão interna-externa. Depois de estudar as atribuições que as pessoas fazem para explicar o sucesso e o fracasso, Bernard Weiner (1980, 1994, 2012) concluiu que estas muitas vezes se concentram na *estabilidade* das causas subjacentes ao comportamento. De acordo com Weiner, a dimensão estável-instável da atribuição atravessa a dimensão interna-externa, criando quatro tipos de atribuições para o sucesso e o fracasso, como mostra a **Figura 12.1**.

Vamos aplicar o modelo de Weiner a um evento concreto. Imagine que você esteja refletindo sobre o porquê não obteve sucesso em conseguir o emprego que queria. Pode atribuir seu revés a fatores internos que sejam estáveis (falta de capacidade) ou instáveis (esforço inadequado para montar um currículo profissional atraente), ou ainda a fatores externos que sejam estáveis (demasiada competição de nível excelente) ou instáveis (má sorte). Se você obtivesse o emprego, as explicações que poderia apresentar para seu sucesso se situariam nas mesmas quatro categorias: interno-estável (sua excelente capacidade), interno-instável (seu árduo trabalho para montar um excelente currículo profissional), externo-estável (falta de competição de alta categoria) e externo-instável (boa sorte).

O modelo de Weiner pode ser usado para a compreensão de aspectos complexos do mundo real. Por exemplo: quando se analisam as causas da pobreza, muitas explicações ten-

Dimensão interna-externa	Dimensão da estabilidade	
	Causa instável (temporária)	Causa estável (permanente)
Causa interna	Esforço Humor Cansaço	Capacidade Inteligência
Causa externa	Sorte Casualidade Oportunidade	Dificuldade da tarefa

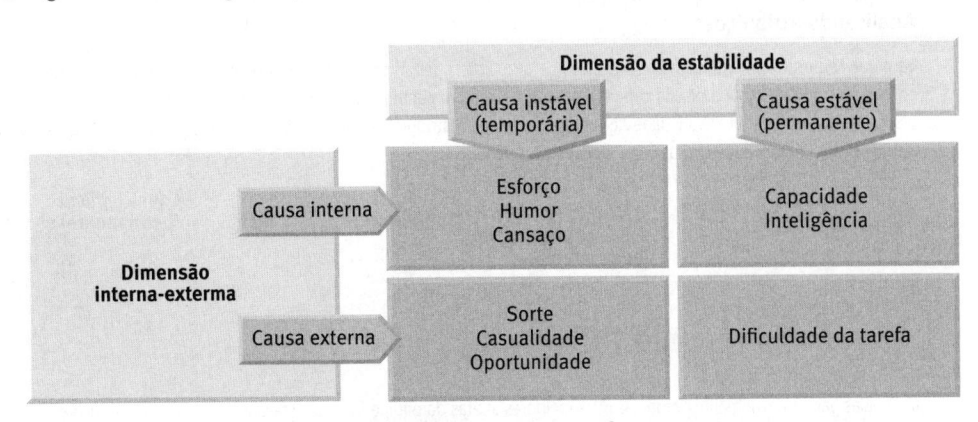

Figura 12.1 O modelo de Weiner de atribuições para o sucesso e o fracasso.

O modelo de Weiner supõe que as explicações que as pessoas têm para o sucesso e o fracasso enfatizam causas internas e externas *versus* causas estáveis e instáveis. Exemplos de fatores causais que se enquadram em cada uma das quatro células no modelo de Weiner são mostrados no diagrama.

Fonte: Weiner, B.; Friese, I.; Kukla, L.; Rosenbaum, R. M. Perceiving the causes and failure. In: E. E. Jones et al. (eds.) *Perceiving the causes of success of behavior.* Morristown, NJ: General Learning Press, 1972. Utilizado com permissão de Bernard Weiner.

dem a se encaixar nas características do modelo de Weiner: interno-estável (preguiça, falta de iniciativa); interno-instável (gastos financeiros compulsivos); externo-estável (discriminação, programas governamentais de treinamento inadequados) e externo-instável (falta de sorte, recessão econômica) (Weiner; Osborne; Rudolph, 2011). Ademais, utilizando-se um esquema de atribuição, as pesquisas mostram o motivo de as pessoas não chegarem a um acordo quando se trata de reduzir a pobreza. Os liberais tendem a atribuir a pobreza a causas externas como discriminação, políticas governamentais inadequadas, recessão etc. (Weiner, 2006). Já os conservadores normalmente atribuem a pobreza a causas internas como preguiça, falta de iniciativa, alcoolismo/abuso de drogas, e assim por diante. Tais diferenças nas atribuições da pobreza ajudam a explicar por que os liberais são geralmente a favor de se oferecer maior assistência aos pobres enquanto os conservadores demonstram menos entusiasmo com relação a isso. Portanto, as relações que estabelecemos podem auxiliar na análise de questões complexas e de grande importância.

Tendência na atribuição

Atribuições são apenas inferências. Suas atribuições podem não ser as explicações corretas para os eventos. Pode parecer paradoxal, mas as pessoas geralmente chegam a explicações imprecisas mesmo quando contemplam as causas *do próprio comportamento*. Em última análise, as atribuições representam suposições quanto às causas dos eventos, e essas suposições tendem a uma determinada direção. Observemos as principais tendências observadas na atribuição.

Tendência do ator-observador

A visão que você tem de seu comportamento pode ser bem diferente da de outra pessoa que o observa. Quando um ator (a pessoa que exibe o comportamento) e um observador fazem inferências sobre as causas do comportamento do ator, muitas vezes fazem diferentes atribuições. *O erro fundamental de atribuição* refere-se à propensão que os observadores têm de favorecer as atribuições internas ao explicar o comportamento dos outros. Evidentemente, em muitos casos, um erro de atribuição pode não ser um "erro", mas observadores têm a curiosa tendência de superestimar a probabilidade de que o comportamento de um ator reflita qualidades pessoais em vez de fatores situacionais (Krull, 2001). Por quê? Principalmente, porque atribuir o comportamento das pessoas a seu tipo de temperamento é um processo fácil e praticamente automático. Em contrapartida, explicar o comportamento das pessoas em termos de fatores situacionais requer maior raciocínio e esforço (veja F**igura 12.2**; Krull e Erickson, 1995).

Para ilustrar a lacuna que muitas vezes existe entre as atribuições dos atores e observadores, imagine que você esteja enraivecido com um erro cometido em sua conta bancária. Observadores que testemunhem sua ira provavelmente farão uma atribuição interna e o julgarão grosseiro, temperamental e briguento. Eles podem estar certos, mas se lhe for perguntado, possivelmente você atribuirá sua raiva à situação frustrante. Talvez você seja normalmente uma pessoa calma, mas hoje esperou na fila durante 20 minutos, deparou-se com um erro similar cometido pelo mesmo banco na semana passada e está sendo tratado grosseiramente pelo atendente do caixa. Observadores frequentemente não têm consciência de considerações situacionais como essas, de forma que

---

REVISÃO 12.1

Analisando atribuições

Verifique seu entendimento sobre os processos de atribuição analisando as possíveis explicações para o sucesso de uma equipe de atletismo. Imagine que a equipe feminina de corrida de sua cidade acaba de vencer um campeonato regional que a qualifica para o torneio nacional. Você ouve pessoas atribuírem o sucesso da equipe a uma variedade de fatores. Examine as atribuições relacionadas a seguir e coloque cada uma delas em uma das células do modelo de atribuição de Weiner. As respostas encontram-se no Apêndice A.

	Causa instável (temporária)	Causa estável (permanente)
Causa interna		
Causa externa		

a. "Elas ganharam somente porque as duas melhores atletas da equipe favorita estavam fora devido a contusões – digamos que foi sorte!"

b. "Elas ganharam porque a equipe tem algumas das atletas mais talentosas do país."

c. "Qualquer um poderia ganhar nessa região; a competição está bem abaixo da média em comparação com o restante do país."

d. "Elas ganharam porque dedicaram muito esforço e prática na última hora e estavam inacreditavelmente motivadas para o torneio regional depois de quase perderem no ano passado."

Modelos tradicionais de atribuição

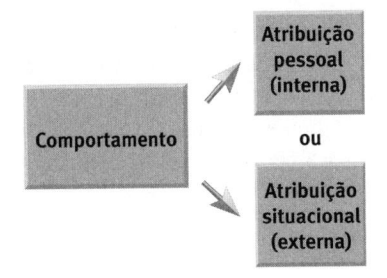

```
                    → Atribuição
                      pessoal
                      (interna)
Comportamento              ou
                    → Atribuição
                      situacional
                      (externa)
```

Modelo alternativo de duas fases de atribuição

```
Comportamento → Atribuição      → Atribuição
                pessoal    ?      situacional
                (interna)         (externa)
                    |                 |
              Primeira fase      Segunda fase
              automática         maior esforço
```

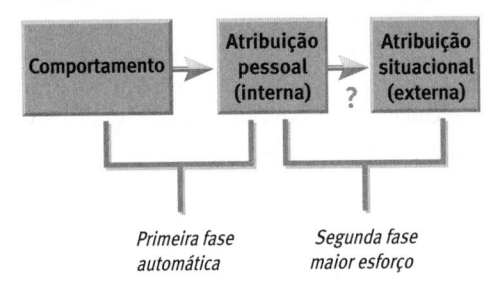

Figura 12.2 Uma visão alternativa do erro fundamental de atribuição.
Segundo Gilbert et al. (1989), a natureza dos processos de atribuições favorece o *erro fundamental de atribuição*. Modelos tradicionais de atribuição presumem que as atribuições internas e externas sejam uma proposição ou-ou, requerendo quantidades iguais de esforço. Em comparação, o modelo de duas fases de atribuição afirma que as pessoas tendem a automaticamente fazer atribuições internas com pouco esforço; depois *podem* despender um esforço adicional para ajustar a influência dos fatores situacionais, que podem levar a uma atribuição externa. Assim, as atribuições externas para o comportamento dos outros demandam mais pensamento e esforço, o que as torna menos comuns do que as atribuições pessoais.

tendem a fazer atribuições internas referentes ao comportamento dos outros (Gilbert, 1998).

Entretanto, as circunstâncias que influenciaram o comportamento do ator tendem a ser para ele mesmo mais palpáveis, tendo, portanto, mais probabilidade do que os observadores de localizar a causa de seu comportamento na situação. Em geral, então, *os atores favorecem as atribuições externas quanto ao seu comportamento, enquanto os observadores justificarão o mesmo comportamento com atribuições internas* (Jones e Nisbett, 1971; Krueger, Ham e Linford, 1996).

Tendência autorreferente

A tendência autorreferente entra em cena quando as pessoas tentam explicar o sucesso e o fracasso (Campbell e Sedikides, 1999; Mezulis et al., 2004). A *tendência autorreferente* é **a tendência para atribuir os próprios sucessos a fatores pessoais e os próprios fracassos a fatores situacionais**. Ao explicar o *fracasso*, as tendências de ator-observador usuais são evidentes. Ao explicar o *sucesso*, as diferenças usuais entre ator e observador são invertidas até certo ponto; os atores preferem as atribuições internas, para que possam receber o crédito por seus triunfos. Curiosamente, essa tendência intensifica-se cada vez mais à medida que o tempo passa após o evento, de modo que as pessoas tendem a, de maneira progressiva, receber mais crédito por seus sucessos e menos culpa por seus fracassos (Burger, 1986). A tendência autorreferente tem a função de aumentar a autoestima e o bem-estar, e evidências sugerem que ela demonstra, pelo menos, sucesso parcial nesse sentido (Sanjuan; Magallares, 2014).

Cultura e atribuições

Os padrões de atribuição observados em indivíduos de sociedades ocidentais transcendem a cultura? Talvez não. Algumas disparidades culturais interessantes surgiram nos processos de atribuição.

Décadas de pesquisa têm demonstrado que diferenças culturais de *individualismo versus coletivismo* influenciam as tendências atributivas, bem como outros aspectos do comportamento social (Triandis, 1989, 2001; Triandis e Gelfand, 2012). *O individualismo* coloca as metas pessoais adiante das grupais e define a própria identidade em termos de atributos pessoais, em vez de sua participação no grupo. O *coletivismo* coloca as metas do grupo adiante das metas pessoais e define a própria identidade em termos do grupo ao qual pertence (como família, tribo, grupo de trabalho, classe social, casta etc.). Em comparação com as culturas individualistas, as coletivistas dão maior prioridade a valores e recursos compartilhados e se preocupam em relação a como as ações de alguém afetarão os outros membros do grupo. De modo geral, as culturas norte-americana e da Europa Ocidental tendem a ser individualistas, enquanto a asiática, africana e da América Latina tendem a ser coletivistas (Hofstede, 1980, 1983, 2001).

Atletas triunfantes de culturas com alto grau de coletivismo geralmente exibem diferentes tendências de atribuição em comparação com atletas vencedores de sociedades que privilegiam o individualismo. As culturas coletivistas tendem a incentivar mais uma tendência mais modesta para explicar o sucesso do que uma tendência autorreferente.

Como o individualismo *versus* coletivismo se relaciona com os padrões de atribuição? As evidências sugerem que as culturas coletivistas proporcionam diferentes tendências de atribuição em comparação às individualistas. Por exemplo, embora indivíduos das sociedades coletivistas não sejam imunes ao *erro fundamental de atribuição*, eles parecem ser menos suscetíveis do que as pessoas de sociedades individualistas (Koenig e Dean, 2011). Pesquisas sugerem que a *tendência autorreferente* pode ser particularmente prevalecente nas sociedades ocidentais individualistas, em que a ênfase na competição e a elevada autoestima motivam as pessoas a tentar impressionar os outros, bem como a si mesmas (Mazulis et al., 2004). Assim como o erro de atribuição fundamental, a tendência autorreferente *existe* em culturas coletivistas, porém não com tanta intensidade quanto nas sociedades ocidentais (Koenig e Dean, 2011).

12.3 Atração interpessoal: gostar e amar

12.3 Objetivos Principais de Aprendizagem
- Entender o papel da atratividade física, da similaridade e da reciprocidade na atração.
- Discutir a visão teórica do amor e de como a cultura e a internet estão ligadas aos relacionamentos românticos.
- Entender a análise evolucionista das preferências de acasalamento.

"Simplesmente não sei o que ela viu nele. Ele não é a pessoa certa para ela." Você é capaz de imaginar alguém em seu círculo social fazendo esses comentários ao discutir sobre o novo namorado de uma amiga em comum? Você já deve ter ouvido observações semelhantes em muitas ocasiões. Esses comentários ilustram o interesse que as pessoas têm em analisar a dinâmica da atração. **Atração interpessoal** refere-se a sentimentos positivos em relação a alguém. Os psicólogos sociais utilizam esse termo amplamente para abranger uma variedade de experiências, inclusive simpatia, amizade, admiração, desejo e amor.

Fatores-chave na atração

Muitos fatores influenciam a atração de uma pessoa por outra. Aqui, discutiremos os fatores que promovem o desenvolvimento da simpatia, amizade e amor. Não obstante eles representem diferentes tipos de atração, as dinâmicas interpessoais em ação em cada um são surpreendentemente similares.

Atratividade física

Costuma-se dizer que "a beleza é algo apenas superficial". Mas a prova empírica sugere que a maioria das pessoas não se comporta de maneira consistente com a mensagem desse ditado. Pesquisas mostram que a chave da atração romântica para ambos os gêneros é a atratividade física da outra pessoa (Sprecher e Duck, 1994). Muitos outros estudos demonstraram a singular proeminência da atratividade física na fase inicial dos encontros, e que ela continua a influenciar no curso do compromisso à medida que as relações se desenvolvem (Sprecher et al., 2015). No domínio romântico, ser atraente fisicamente parece ser mais importante para a desejabilidade das mulheres (Regan, 2008). Por exemplo, em um estudo com estudantes universitários (Speed e Gangestad, 1997), a correlação entre a popularidade romântica para encontros (avaliada pelos colegas) e a atratividade física foi mais alta para mulheres (0,76) do que para homens (0,47).

Apesar de as pessoas preferirem parceiros fisicamente atraentes nas relações românticas, elas podem considerar o próprio nível de atratividade ao procurar marcar encontros. O que as pessoas querem em um parceiro pode ser diferente do que estão dispostas a aceitar (Regan, 1998). A ***hipótese da coincidência*** propõe que homens e mulheres que têm atratividade física aproximadamente igual provavelmente se escolherão mutuamente como parceiros. A hipótese da coincidência é sustentada pela

---

REVISÃO 12.2

Reconhecendo a tendência na cognição social

Verifique seu entendimento sobre a tendência na cognição social identificando erros comuns na percepção pessoal e atribuição. Imagine-se como membro não votante de uma banca universitária que está contratando um novo professor de Ciência Política. Em uma discussão da banca, você ouve exemplos do (a) efeito da correlação ilusória, (b) estereotipagem e (c) erro fundamental de atribuição. Indique qual deles está em ação nos excertos das deliberações dos membros do comitê que se seguem. As respostas encontram-se no Apêndice A.

_____ 1. "Não considerarei o colega que chegou 30 minutos atrasado para a entrevista. Qualquer um que não possa fazer uma entrevista de emprego na hora certa ou é irresponsável ou irremediavelmente desorganizado. Não me importo com o que ele diga a respeito de a empresa aérea ter feito uma confusão com sua reserva."

_____ 2. "Sabe, fiquei muito impressionado com a jovem candidata e adoraria contratá-la, mas toda vez que acrescentamos uma jovem ao corpo docente ela engravida no primeiro ano." O presidente do comitê, que já ouvira essa linha de raciocínio do professor antes, responde: "Você sempre diz isso; então, finalmente fiz uma checagem sistemática do que aconteceu no passado. Das últimas 14 mulheres contratadas, somente uma engravidou no decorrer do primeiro ano".

_____ 3. "O primeiro que gostaria de descartar é o rapaz que está na prática jurídica há dez anos. Embora ele tenha um excelente *background* em ciência política, simplesmente não confio em advogados. Todos eles são ambiciosos, ávidos por poder, ferozes manipuladores. Ele será uma força desagregadora no departamento."

Segundo a hipótese da coincidência, homens e mulheres que são similares em atratividade física tendem a se atrair. Esse tipo de coincidência pode também influenciar a criação de amizades.

CHECAGEM DA REALIDADE

Ideia equivocada

Em termos românticos, os opostos se atraem.

Realidade

Não há evidência empírica que defenda essa afirmação. As pesquisas sempre mostram que os casais tendem a apresentar semelhanças em termos de inteligência, educação, posição social, etnia, aparência e atitudes. Diferenças não promovem atração.

---

prova de que casais casados tendem a ser muito similares quanto ao nível de atratividade física (Regan, 2008). Há certa discordância, no entanto, quanto ao fato de as pessoas realmente se relacionarem por escolha mútua. Alguns teóricos acreditam que os indivíduos buscam parceiros altamente atraentes e que o relacionamento seja resultado de forças sociais além de seu controle, como a rejeição por parte de pessoas mais atraentes (Taylor et al., 2011).

Efeitos da similaridade

É verdadeiro que "pássaros de mesma plumagem se agrupam" ou que "opostos se atraem"? As pesquisas sustentam mais a primeira do que a última (Sprecher et al., 2015). Um estudo revelou que as pessoas se sentam perto daquelas com quem têm aspectos físicos em comum, como comprimento ou cor de cabelos e uso de óculos (Mackinnon, Jordan e Wilson, 2011). Os casais, seja de namorados, seja os que já se casaram, tendem a ser similares quanto à idade, raça, religião, classe social, educação, inteligência, atratividade física e atitudes (Kalmijn, 1998; Watson et al., 2004). O princípio da similaridade funciona tanto para amizade quanto para relacionamentos românticos independentemente da orientação sexual (Fehr, 2008; Morry, 2009). A explicação mais evidente para essas correlações é que a similaridade provoca a atração (Byrne, 1997), talvez porque imaginemos que pessoas parecidas conosco gostem de nós (Montoya e Horton, 2012). Contudo, as pesquisas também sugerem que a atração pode promover a similaridade (Sprecher, 2014), porque as pessoas que são próximas umas das outras gradualmente modificam suas atitudes de modo a torná-las mais congruentes, um fenômeno que denominaram *alinhamento de atitude*.

Efeitos da reciprocidade

Na atração interpessoal, *reciprocidade* envolve gostarmos daqueles que demonstram gostar de nós. Em geral, as pesquisas indicam que tendemos a gostar daqueles que demonstram gostar de nós, e a ver os outros como quem gosta mais de nós se gostarmos deles. Dessa forma, parece que simpatia produz simpatia e que amor promove amor (Whitchurch, Wilson e Gilbert, 2011). A atração recíproca em geral propicia a amigos e parceiros íntimos um *feedback* positivo que resulta em um efeito de *autodesenvolvimento* – em outras palavras, você os ajuda a se sentirem bem consigo mesmos (Sedikides e Strube, 1997).

Perspectivas no mistério do amor

O amor provou ser um assunto elusivo. É difícil defini-lo e estudá-lo porque há muitos tipos de amor. No entanto, os psicólogos começaram a fazer progressos em seus estudos sobre o amor.

Amor apaixonado e amor companheiro

Em uma análise de referência, os pesquisadores sugeriram que os relacionamentos românticos se caracterizam por dois tipos de amor: amor apaixonado e amor companheiro (Berscheid, 1988; Hatfield e Rapson, 1993). ***Amor apaixonado envolve uma absorção completa no outro, que inclui ternos sentimentos sexuais e agonia e êxtase de intensa emoção.*** O amor apaixonado tem seus altos e baixos. Está associado a oscilações entre emoções positivas e negativas (Reis e Aron, 2008). ***Amor companheiro é afeto caloroso, confiante e tolerante com o outro, cuja vida está profundamente entrelaçada com a sua.*** Amor apaixonado e amor companheiro podem coexistir. Contudo, não seguem, necessariamente, de maneira paralela. Inicialmente, pensava-se que o amor apaixonado é mais intenso no início e que diminui com o tempo. No entanto, pesquisas mais recentes sugerem que, em relacionamentos que se mantêm intactos, a erosão do amor apaixonado tende a ser gradual e moderada, mantendo-se em níveis relativamente altos na maioria dos casais (Fehr, 2015; O'Leary et al., 2012).

Pesquisas mostram que o amor apaixonado é uma grande força motivacional que gera profundas mudanças no raciocínio, nas emoções e no comportamento (Acevedo e Aron, 2014). Curiosamente, pesquisas com imagens do cérebro indicam que, quando as pessoas pensam em alguém por quem estão apaixonadas, acendem-se em seus cérebros os mesmos circuitos de dopamina que são estimulados pela cocaína e por outras drogas que causam dependência (Acevedo e Aron, 2014). Talvez isso explique o motivo de o amor muitas vezes se assemelhar ao vício.

O amor como vínculo

Em outra pesquisa pioneira sobre o amor, Hazan e Shaver (1987) analisaram não os tipos de amor, mas as similaridades entre amor adulto e relações de vínculo na infância. Observamos no Capítulo 10 que a ligação, ou *vínculo*, entre a criança e o cuidador surge no primeiro ano de vida. As primeiras manifestações variam em termos de qualidade, e as crianças tendem a se colocar em três grupos (Ainsworth et al., 1978). A maioria das crianças desenvolve um vínculo seguro. Entretanto, algumas se tornam muito ansiosas quando são separadas de seu cuidador, síndrome essa chamada *vínculo ambivalente-ansioso*. Um terceiro grupo de crianças, caracterizadas por *vínculo de evitação*, jamais se liga muito bem ao cuidador.

De acordo com Hazan e Shaver, o amor romântico é um processo de vínculo, e as relações íntimas das pessoas seguem sua mesma forma de vínculo na infância. De acordo com sua teoria, uma pessoa que teve um vínculo ambivalente-ansioso na infância tende a ter relações românticas marcadas pela ansiedade e ambivalência na idade adulta. Em outras palavras, as pessoas revivem, em suas relações românticas adultas, seus primeiros laços com seus pais.

Os estudos iniciais de pesquisa de Hazan e Shaver (1987) deram um surpreendente apoio à sua teoria. Eles descobriram que as relações amorosas dos adultos poderiam ser classificadas em grupos que se comparavam com os três padrões de vínculo vistos nas crianças (veja **figura 12.3**). *Adultos seguros* achavam relativamente fácil aproximar-se de outras pessoas e descreveram suas relações amorosas como confiáveis. *Adultos ambivalentes-ansiosos* registraram uma preocupação com o amor acompanhada de expectativas de rejeição e descreveram suas relações amorosas como voláteis e marcadas pelo ciúme. *Adultos reticentes* acharam difícil se aproximar dos outros e descreveram suas relações amorosas como carentes de intimidade e confiança. Pesquisas também mostram que os padrões de apego se mantêm razoavelmente estáveis com o passar do tempo e que os modelos de atuação das pessoas com relação ao apego são mantidos quando se passa de um relacionamento para outro (Simpson e Winterheld, 2012). Essas descobertas reforçam o conceito de que as experiências de infância dos indivíduos, em termos de apego, servem de molde para seus relacionamentos íntimos na fase adulta.

Pesquisas sobre a relação dos estilos de vínculo adulto vêm se tornando mais frequentes desde os anos 1990. E, seguindo a teoria original, mostram que indivíduos que cresceram com vínculo seguro têm relacionamentos mais plenos, satisfatórios, íntimos, bem-ajustados e duradouros que aqueles que cresceram com vínculo ansioso-ambivalente ou esquivo (Pietromonaco e Beck, 2015). Outros estudos mostram que pessoas com estilos diferentes de vínculo tendem a pensar, sentir e se comportar de maneira distinta uns dos outros em termos de relacionamento (Mikulincer e Shaver, 2013). Por exemplo: pessoas com altos níveis de ansiedade em termos de vínculo se comportam de maneira desajeitada e acabam minando o sucesso de seus namoros. Preocupados

Estilo de vínculo adulto

Seguro
Acho relativamente fácil aproximar-me de outras pessoas e sinto-me à vontade em depender delas e fazer que dependam de mim. Não me preocupo em ser abandonado ou se alguém se aproximar muito de mim.

Esquivo
Sinto-me bastante desconfortável em aproximar-me muito dos outros; acho difícil confiar neles e permitir-me depender deles. Fico nervoso quando alguém se aproxima muito e, por vezes, meus pares amorosos querem que eu seja mais íntimo do que aquilo com o qual me sinto à vontade.

Ansioso/ambivalente
Acho que as outras pessoas relutam em se aproximar o quanto eu gostaria. Muitas vezes, preocupo-me que meu par realmente me ame ou não queira permanecer comigo. Quero me fundir completamente à outra pessoa, e esse desejo às vezes assusta as pessoas.

Figura 12.3 Vínculo e relações românticas.
De acordo com Hazan e Shaver (1987), as relações românticas das pessoas na idade adulta são similares em termos de forma aos seus padrões de vínculo na infância, que se encaixam em três categorias. Os três estilos de vínculo observados em relacionamentos íntimos adultos estão descritos aqui. (Baseado em Hazan e Shaver, 1986, 1987.)

com a possibilidade de ser rejeitados, acabam se fechando e agindo de maneira fria, desconfiada e voltados apenas para si mesmos (McClure e Lydon, 2014). E quando *conseguem* se envolver em relacionamentos românticos, pessoas com alto nível de ansiedade em termos de vínculo demonstram comportamento reativo e conflitante para com seus parceiros. Exageram sensações de mágoa e vulnerabilidade para fazê-los se sentir culpados, mas seus esforços manipuladores acabam tendo impacto negativo sobre o relacionamento (Overall et al., 2014).

Cultura e relações próximas

Algumas evidências sugerem que há tanto similaridades quanto diferenças entre as culturas quanto às relações românticas (Schmitt, 2005). Em sua maior parte, foram encontradas similaridades quando a pesquisa se concentrou naquilo que as pessoas procuram em seus possíveis companheiros – como atração mútua, gentileza e inteligência (Fehr, 2013). Entretanto, as culturas variam em sua ênfase no amor – especialmente o amor apaixonado – como um requisito prévio para o casamento. Amor apaixonado como base do casamento é uma criação da cultura ocidental individualista do século XVIII (Stone, 1977). Já os casamentos arranjados por famílias e outros intermediários permanecem comuns em culturas que apresentam um coletivismo elevado, inclusive Índia, Japão, China (Eastwick, 2013) e

Casamentos que têm como base o amor romântico são a norma nas culturas ocidentais individualistas. No entanto, em culturas mais coletivistas, casamentos arranjados são comuns.

muitos países orientais. Em sociedades coletivistas, as pessoas que pensam em casamento ainda tendem a pensar em termos de: "O que meus pais e as outras pessoas dirão?", em vez de "O que meu coração diz?". Embora o amor romântico seja comum em sociedades coletivistas (Fehr, 2013), indivíduos dessas sociedades são muito menos propensos a considerar o amor romântico como algo importante para o casamento quando comparados aos de sociedades mais individualistas (Fehr, 2015).

Indivíduos de sociedades ocidentais se surpreendem com o fato de as pessoas das culturas coletivistas darem pouca importância ao amor e aceitarem casamentos arranjados. A maioria de nós acredita que o moderno conceito de amor como base de um casamento resulta em melhores relacionamentos do que as crenças "antiquadas" das culturas coletivistas. No entanto, as evidências são limitadas e confusas, oferecendo pouco embasamento empírico para essa visão etnocêntrica (Eastwick, 2013; Triandis, 1994).

A internet e os relacionamentos

A internet vem ampliando significativamente as oportunidades para as pessoas se conhecerem e desenvolverem relacionamentos pelas redes sociais (Google+, Facebook), serviços de encontros on-line, e-mail e salas de bate-papo. Mas também há críticos preocupados com o fato de esses relacionamentos serem muito superficiais. Pesquisas sugerem, no entanto, que relacionamentos virtuais podem ser tão ou mais íntimos quanto formas mais próximas (Bargh; McKenna e Fitzsimons, 2002). Muitos relacionamentos virtuais se desenvolvem e se tornam pessoais (Boase e Wellman, 2006).

O Facebook parece satisfazer duas importantes necessidades das pessoas: pertencer a um grupo e administrar sua autoimagem e sua apresentação perante a sociedade (Nadkarni e Hofmann, 2012). Pesquisas sobre os usuários do Facebook sugerem que os perfis das pessoas são relativamente precisos em termos da realidade delas (Wilson, Gosling e Graham, 2012). Obviamente, todos tentam se apresentar de maneira positiva, mas isso não difere do que acontece nas relações presenciais. Alguns teóricos expressam preocupação e acreditam que as pessoas podem acabar passando mais tempo on-line do que em relacionamentos pessoais, o que pode resultar em solidão e isolamento (Turkle, 2011). No entanto, pesquisas também sugerem que o nível de uso do Facebook está relacionado a uma sensação maior de conexão e de desconexão (Sheldon, Abad e Hinsch, 2011). Por um lado, a solidão parece levar as pessoas a maior dependência do Facebook como forma de alívio, mas, por outro, aquelas que utilizam o site com frequência conseguem estabelecer relações satisfatórias. Os benefícios do Facebook se mostram mais evidentes para aqueles que interagem ativamente com os outros (postando mensagens para os amigos) do que para os que apenas observam passivamente os comentários que são postados (Burke, Marlow e Lento, 2010). Dessa forma, um estudo recente indica que o uso do Facebook está associado à diminuição temporária do bem-estar (Kross et al., 2013), talvez porque as pessoas sintam inveja das boas notícias dos amigos e de sua boa aparência nas imagens postadas. Outro estudo mostra que o uso constante do Facebook pode gerar conflito entre parceiros românticos (Clayton, Nagurney e Smith, 2013).

O poder dos efeitos de similaridade é a base de alguns dos sites de encontros de maior sucesso na internet. Até 2000, sites de encontros eram apenas uma variação eletrônica dos tradicionais serviços que já existiam havia décadas, com a adição de alguns elementos sofisticados de busca. Mas, em 2000, o eHarmony.com criou o primeiro site exclusivo para encontro de parceiros, utilizando o que chamou de "método científico" para unir pessoas, baseado em elementos de compatibilidade. Os associados preenchem longos questionários sobre seu comportamento, valores, interesses,

O Facebook e os sites de relacionamento estão mudando os padrões de interação social. Pesquisas sugerem que o uso do Facebook ajuda algumas pessoas a estabelecerem relações sociais, mas também causa sensação de isolamento em outras.

etc., e algoritmos são então utilizados para identificar aqueles que apresentam similaridades. O sucesso comercial do eHarmony.com levou diversos sites de encontros on-line a utilizar serviços de compatibilidade. Os desenvolvedores do eHarmony afirmam que são responsáveis por 5% de todos os novos casais nos Estados Unidos (Martin, 2011).

Os sites de encontros de parceiros alteraram visivelmente o conceito de namoro e de relacionamentos (Finkel et al., 2012). Eles oferecem aos indivíduos acesso a um número muito maior de candidatos do que eles poderiam conhecer em bares, igrejas, cursos ou festas. O processo de encontrar pessoas é hoje mais rico em informações do que nunca. Os parceiros ficam sabendo quase tudo uns sobre os outros antes mesmo de se conhecerem. Esses sites anunciam serem capazes de ajudar as pessoas a encontrar sua "alma gêmea" e que suas fórmulas de compatibilidade levam a relacionamentos românticos muito melhores que aqueles iniciados em encontros tradicionais. Mas há evidência para o que eles afirmam? Em boa parte não (Sprecher et al., 2015). Por razões comerciais, esses sites não revelam os detalhes de seus algoritmos nem publicam as pesquisas internas que fazem (Finkel et al., 2012). O conceito de que a formação de casais com base em compatibilidade possa ser bem-sucedida em termos românticos é plausível, mas, com exceção de uma única pesquisa recente, não há estudos publicados sobre o assunto. No entanto, essa única pesquisa, da qual a eHarmony consentiu participar, mostra resultados surpreendentemente positivos (Cacioppo et al., 2013). Entrevistando mais de 19 mil pessoas que se casaram entre 2005 e 2012, os pesquisadores descobriram que o término dos relacionamentos ocorreu em menor proporção entre os que se conheceram on-line (5,96%) do que entre os que se conheceram da maneira tradicional (7,76%). Um único estudo não caracteriza um resultado formal, mas as descobertas iniciais são animadoras.

Uma perspectiva evolucionista da atração

Os psicólogos evolucionistas têm muito a dizer sobre a atração heterossexual. Por exemplo, eles afirmam que a aparência física é um fator de determinação influente de atração, porque certos aspectos da boa aparência podem ser indicadores de boa saúde, bons genes e alta fertilidade – tudo o que contribui para o potencial reprodutivo (Maner e Ackerman, 2013). Consistente com a visão evolucionista, as pesquisas revelaram que alguns padrões de atratividade são mais consistentes entre as culturas do que se acreditava previamente (Sugiyama, 2005). Por exemplo, a *simetria facial* parece ser um elemento-chave da atratividade em diversas culturas (Fink e Penton-Voak, 2002). Acredita-se que a simetria facial seja valorizada porque uma variedade de agressões ambientais e as anormalidades do desenvolvimento são associadas a assimetrias físicas, o que pode servir como um sinal de genes ou saúde relativamente precários (Fink et al., 2001). Outro aspecto da aparência que pode transcender a cultura é a *proporção cintura-quadril das mulheres* (Singh et al., 2010).

No mundo todo, homens parecem preferir mulheres com proporção cintura-quadril (predominantemente nos anos 1970) relativamente baixa, uma figura que corresponde a uma "ampulheta". Essa característica parece estar relacionada ao potencial reprodutivo feminino (Gallup e Frederick, 2010), sendo indicativo de uma mulher saudável, jovem e que não esteja grávida.

As descobertas mais completamente documentadas sobre as bases evolucionistas da atração heterossexual são aquelas sobre as diferenças do gênero sexual nas preferências de casamento, o que parece ser consistente em diversas culturas (Neuberg, Kenrick e Schaller, 2010). De acordo com a noção de que os seres humanos são programados pela evolução para se comportar de maneiras que promovam sua aptidão reprodutiva, as evidências indicam que os homens em geral são mais interessados que as mulheres em buscar juventude e atratividade física em suas parceiras porque tais traços estão associados a maior potencial reprodutivo (veja Capítulo 9). Contudo, as pesquisas mostram que as mulheres dão muita importância à ambição dos futuros parceiros, seu *status* social e potencial financeiro, pois esses traços são associados à habilidade para investir recursos materiais nos filhos (Griskevicius, Haselton e Ackerman, 2015; Kenrick, Neuberg e White, 2013).

Tais descobertas foram questionadas em algumas pesquisas sobre encontros rápidos, as quais indicaram que uma aparência atraente em prováveis parceiros não se diferenciava em termos de previsão de interesse romântico de homens ou de mulheres (Asendorpf, Penke e Back, 2011; Eastwick et al., 2011). No entanto, críticos observaram que um encontro rápido pode despertar estratégias de relações casuais (Meltzer et al., 2014). Não é novidade, quando se pergunta a mulheres o que elas preferem em relações casuais (de sexo casual), que o quesito aparência física seja o primeiro da lista, exatamente como ocorre com os homens (Maner e Ackerman, 2013). Alguns críticos questionam se os estudos sobre encontros rápidos envolveram variações de posição social e aparência física para atestar realmente o impacto dessas variáveis (Li et al., 2013). Um estudo recente incluindo mais pessoas com menores níveis de atratividade e posição social (o que aumenta a variação das dimensões da pesquisa) obteve resultados consistentes com a teoria evolucionista: homens são mais exigentes quanto à aparência de prováveis candidatas para um encontro enquanto mulheres valorizam mais a posição social (Li et al., 2013). E outro estudo sobre casais nos primeiros quatro anos de casamento revelou que a questão da atratividade física é mais relevante para os homens em termos de satisfação no relacionamento do que para as mulheres (Meltzer et al., 2014).

Análises evolucionistas também revelam informações interessantes sobre como o ciclo menstrual das mulheres pode influenciar suas táticas e preferências em termos de parceiros. Na metade do ciclo, perto da ovulação (período mais fértil), sua preferência é por homens de rosto e corpo mais másculo, mais atraentes e dominantes (Gangestad et al., 2007; Little, Jones e Burriss, 2007). E as estratégias de acasalamento também se modificam quando as mulheres atingem o ápice do período fértil. Sua tendência é usar roupas mais provocantes e flertar com homens atraentes (Cantu et al., 2014; Durante, Li e Haselton, 2008). Curiosamente, embora a ovulação seja algo óbvio nas mulheres, *strippers* ganham 58% mais gorjetas por noite quando estão no período fértil (veja **Figura 12.4**; Miller, Tybur e Jordan, 2007). Os pesquisadores ainda não sabem se os clientes "captam" o estado mais fértil das *strippers* ou se elas é que se aproximam mais deles por estarem sexualmente motivadas.

Será que a diferença de gêneros quanto ao acasalamento influencia a estratégia que as pessoas usam ao buscar relacionamentos românticos? Sim, evidências mostram que durante a fase inicial de namoro, os homens tendem a enfatizar seus recursos materiais, ao passo que as mulheres se esforçam mais para melhorar a aparência (Buss, 1988). Por exemplo: homens usam bens de consumo (objetos e carros de luxo) para indicar seu sucesso e riqueza a potenciais parceiras (Sundie et al., 2011). De maneira similar, comparadas aos homens, as mulheres passam mais tempo aprimorando sua aparência e investem boa parte de seus recursos em produtos e serviços que possam torná-las mais atraentes (Hill et al., 2012). E em épocas de crise econômica (quando há normalmente um número menor de homens com recursos financeiros disponíveis, tornando a concorrência mais acirrada) as mulheres gastam ainda mais com produtos de beleza (Hill et al., 2012).

Outra diferença entre gêneros consistente com a teoria evolucionista é que homens tendem a superestimar o interesse sexual das mulheres e elas tendem a subestimar o interesse sexual deles (Perilloux, 2014; Perilloux, Easton e Buss, 2012). Essas tendências cognitivas parecem ter sido desenvolvidas para reduzir a probabilidade de que homens deixem de aproveitar oportunidades sexuais e ao mesmo tempo ajudar as mulheres a serem menos vistas como "promíscuas" (Neuberg e Schaller, 2015).

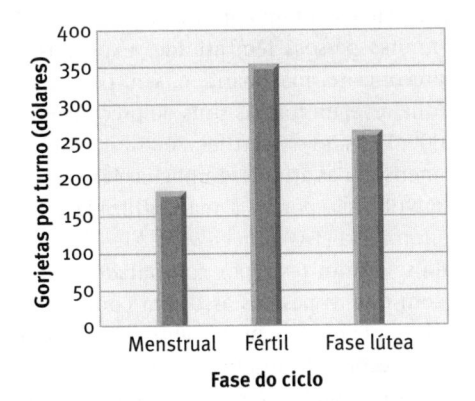

Figura 12.4 O ciclo menstrual e os ganhos de *strippers*.
Miller et al. (2007) descobriram que as gorjetas das *strippers* são influenciadas por seu ciclo menstrual. Como é possível ver no gráfico que mostra *strippers* que não estavam usando contraceptivos hormonais, as gorjetas eram 58% maiores quando elas estavam no período fértil do que quando estavam menstruando ou na fase lútea. (Baseado em Miller et al., 2007.)

12.4 Atitudes: fazendo julgamentos sociais

O que são atitudes? **Atitudes são avaliações positivas ou negativas dos objetos de pensamento.** Os "objetos de pensamento" podem incluir questões sociais (pena de morte ou controle de armas, por exemplo), grupos (profissionais liberais, agricultores), instituições (igreja luterana, Suprema Corte), produtos de consumo (iogurte, computadores) e pessoas (o presidente, seu vizinho).

12.4 Objetivos Principais de Aprendizagem

- Analisar a estrutura das atitudes e a ligação entre atitudes e comportamento.
- Entender a diferença entre atitudes implícitas e explícitas e explicar como as atitudes implícitas são mensuradas.
- Discorrer sobre como a fonte, a mensagem e os fatores do destinatário influenciam o processo de persuasão.
- Esclarecer sobre as diferentes teorias a respeito de formação e mudança de atitudes.

Componentes e dimensões das atitudes

As atitudes podem incluir até três componentes (Briñol; Petty, 2012). O *componente cognitivo* é composto de *convicções*. O *afetivo*, de uma atitude consiste nos *sentimentos emocionais* estimulados pelo objeto de pensamento. O *componente comportamental* compreende predisposições para agir de certa maneira em relação ao objeto da atitude. A **Figura 12.5** apresenta exemplos concretos de como a atitude de alguém em relação ao controle de armas pode ser dividida em seus componentes.

As atitudes também variam ao longo de várias dimensões cruciais, incluindo sua *força, acessibilidade* e *ambivalência* (Maio, Olson e Cheung, 2013). As definições da *força da atitude* diferem, mas atitudes fortes são em geral vistas como aquelas que são mantidas com firmeza (resistentes à mudança), duradouras e que causam um impacto poderoso sobre o comportamento (Pretty, Wheeler e Tormala, 2013). A *acessibilidade* de uma atitude refere-se à frequência com que se pensa e à velocidade com que as ideias nos vêm à mente. Atitudes altamente acessíveis são rápidas e de acesso fácil (Fabrigar, MacDonald e Wegener, 2005). As *atitudes ambivalentes* são avaliações conflituosas que incluem sentimentos positivos e negativos sobre o objeto de pensamento. Quando a ambivalência é alta, uma atitude tende a prever menos o comportamento e a ser mais flexível à persuasão (Fabrigar e Wegener, 2010).

Mas até que ponto as atitudes realmente indicam determinado tipo de comportamento? Pesquisas sobre atitudes revelam uma resposta surpreendente. Diversos estudos já mostram que as atitudes são uma forma pouco eficaz de prever o comportamento das pessoas (Ajzen e Fishbein, 2005). Quando Wallace e seus colegas (2005) revisaram 797 estudos sobre atitude-comportamento, descobriram que a correlação média entre atitudes e comportamento era de 0,41. É uma correlação alta o suficiente para se concluir que atitudes são indicadores reais de comportamento, mas não tão precisa quanto as pessoas imaginam.

Figura 12.5 Os possíveis componentes das atitudes.

As atitudes podem ser decompostas em componentes comportamentais, cognitivos e afetivos, como está ilustrado aqui com a atitude de uma pessoa hipotética sobre o controle de armas.

CHECAGEM DA REALIDADE

Ideia equivocada

As atitudes das pessoas são excelentes indicadores do comportamento deles.

Realidade

Décadas de pesquisas mostram que as atitudes não são indicadores confiáveis para prever o comportamento. Por diversas razões, a relação entre atitudes e comportamento é surpreendentemente fraca. Portanto, uma atitude favorável com relação a um produto ou a um candidato não necessariamente se traduz em compra do produto ou em voto.

Por que a relação atitude-comportamento não é tão consistente? Um dos motivos é que as pessoas não levam em consideração a força das atitudes (Fabrigar; Wegener, 2010). Embora atitudes mais fortes sejam indicadores razoáveis de comportamento (Ajzen, 2012), muitas delas não se manifestam de maneira tão intensa, não sendo, portanto, indicadores confiáveis. Também se observam relações inconsistentes entre atitudes e comportamento porque este depende de limitações situacionais (Ajzen e Fishbein, 2000, 2005). Suas percepções subjetivas de como as pessoas esperam que você se comporte também são importantes. Por exemplo: suponhamos que você seja totalmente contra o uso da maconha. No entanto, poderá optar por não se manifestar em uma festa onde as pessoas estão fumando maconha, somente para não criar discussões. Mas em outras circunstâncias onde as normas sejam diferentes, como em uma discussão em sala de aula, provavelmente fará um discurso veemente contra o uso da droga.

Atitudes implícitas: observação mais profunda

Nos últimos anos os pesquisadores vêm fazendo distinção entre atitudes implícitas e explícitas (Blair, Dasgupta e Glaser, 2015). **Atitudes explícitas** são aquelas que um indivíduo expressa de maneira consciente e é capaz de descrever. Eram as atitudes que os psicólogos mais estudavam até bem recentemente. **Atitudes implícitas são atitudes ocultas, expressas através de reações sutis e automáticas, sobre as quais o indivíduo tem pouco controle consciente.** Somente nos anos 1990 os psicólogos começaram a pesquisar mais sobre o significado e a importância das atitudes implícitas. As atitudes implícitas foram descobertas em pesquisas sobre o preconceito, e seu papel em diversos tipos de preconceito continua a ser o foco de estudo.

Mas por que as atitudes implícitas são objeto de destaque no estudo do preconceito? Porque nas sociedades modernas a maioria das pessoas é ensinada a reconhecer que o preconceito é algo inapropriado, mas estereótipos negativos sobre determinados grupos ainda são amplamente disseminados. Embora a maior parte das pessoas não deseje ser influenciada, pesquisas mostram que as ideias negativas se instalam no subconsciente e contaminam as reações dos indivíduos. Portanto, muitas pessoas têm atitudes explícitas que condenam o preconceito, mas mantêm, sem perceber, atitudes implícitas que revelam formas sutis de preconceito (Devine e Sharp, 2009; Dovidio e Gaertner, 2008).

Como mensurar as atitudes implícitas? Diversas técnicas foram desenvolvidas, porém a mais utilizada é o Teste de Associação Implícita (TAI) (Greenwald, McGhee e Schwartz, 1998). Trata-se de um teste por computador que mensura a rapidez com que as pessoas associam conceitos cuidadosamente selecionados. Vejamos como o TAI é usado para identificar o preconceito implícito contra negros. Uma série de palavras e figuras é apresentada na tela e os participantes respondem aos estímulos da maneira mais rápida e exata possível. Na primeira parte do teste os participantes recebem instruções para pressionar uma tecla específica com a mão esquerda se o estímulo for uma pessoa negra ou uma palavra positiva, e para pressionar outra tecla com a mão direita se o estímulo for uma pessoa branca ou uma palavra

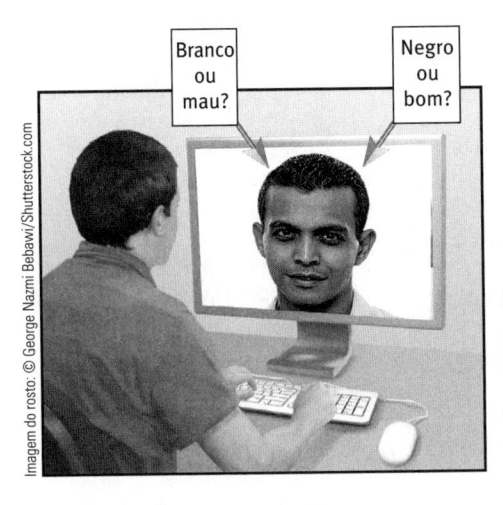

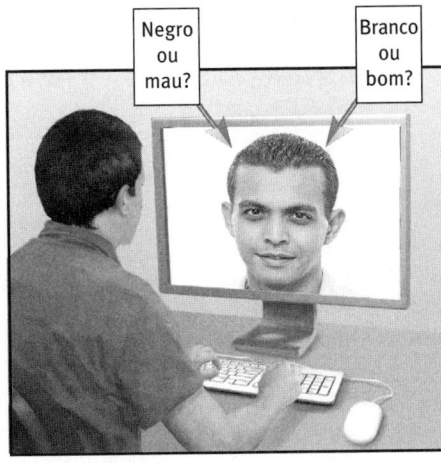

Figura 12.6 Mensuração de atitudes implícitas.

O TAI mensura o preconceito contra negros avaliando a velocidade com que os participantes respondem a imagens de pessoas negras e brancas associadas a palavras positivas ou negativas. Os participantes que têm preconceito contra afrodescendentes reagem mais rápido aos pares de imagens e palavras exibidos à direita. O TAI é usado para medir atitudes implícitas relacionadas a uma série de grupos.

negativa (veja **Figura 12.6**). Na segunda parte do teste, as instruções mudam, e os participantes têm que pressionar a tecla da mão esquerda se o estímulo for uma pessoa negra ou uma palavra negativa e a tecla da mão direita se o estímulo for uma pessoa branca ou uma palavra positiva. Os estímulos são apresentados em sucessão rápida, e o computador registra com precisão o tempo de reação. Pesquisas mostram que os participantes reagem mais rápido quando rostos que lhes agradam são associados a palavras positivas, e rostos que lhes desagradam a palavras negativas. Portanto, se os participantes têm atitudes implícitas negativas sobre afrodescendentes, vão apresentar um tempo médio menor de reações na segunda fase. Dessa maneira, as diferenças entre o tempo médio de reação nas duas fases fornece um índice da intensidade do racismo dos participantes.

Desde 1998, milhões de pessoas já participaram de uma versão on-line do TAI (Nosek, Greenwald e Banaji, 2007). Embora as pesquisas sobre atitudes explícitas das pessoas sugiram que o preconceito vem diminuindo consideravelmente, os resultados do TAI mostram que mais de 80% dos participantes, jovens e velhos, demonstram atitudes implícitas negativas sobre pessoas de idade. E que cerca de três quartos dos participantes brancos apresentam preconceito implícito contra negros. As descobertas também indicam que o preconceito implícito contra homossexuais, deficientes físicos e obesos ainda é algo comum.

Os dados identificados pelo TAI, baseados em pequenas diferenças de tempo de reação, são capazes de mensurar o comportamento de preconceito no mundo real? Sim, os dados coletados pelo TAI podem indicar diferenças sutis, porém importantes, de comportamento (Greenwald et al., 2009; Greenwald, Banaji e Nosek, 2015). Por exemplo: o nível de preconceito racial implícito de participantes brancos indica a distância a que eles preferem se sentar de um colega negro quando necessitam trabalhar em conjunto com ele em uma tarefa (Amodio e Devine, 2006). Níveis mais altos de racismo em participantes brancos também são identificados por sorrisos menos frequentes, pouco contato visual e tempo de conversação reduzido em relações inter-raciais (Devos, 2008). O preconceito implícito também prevê discriminação em contratações, atitudes negativas sobre imigração e agressão em resposta a provocações (Fiske e Tablante, 2015). Além da questão do preconceito, atitudes implícitas sobre matemática indicam interesse e desempenho na matéria e atitudes implícitas sobre políticos indicam tendências de voto (Blair et al., 2015).

Tentando modificar atitudes: fatores de persuasão

Todos os dias você é bombardeado por forças para alterar suas atitudes. Levando em consideração essa realidade, examinemos alguns fatores que determinam se a persuasão funciona.

O processo da persuasão inclui quatro elementos básicos: a fonte, o receptor, a mensagem e o canal (veja **Figura 12.7**). *Fonte* é a pessoa que emite uma comunicação, e *receptor* é a pessoa a quem a mensagem é emitida. Assim, se você assistir na TV a uma entrevista coletiva do presidente, ele será a fonte, e você e milhões de outros telespectadores serão os receptores. A *mensagem* é a informação transmitida pela fonte, e o *canal* é o meio através do qual a mensagem é enviada. Não obstante as pesquisas sobre canais de comunicação serem interessantes, restringiremos nossa discussão às variáveis fonte, mensagem e receptor.

Fatores da fonte

Com exceções ocasionais à regra, a persuasão tende a ser mais bem-sucedida quando a fonte tem alta *credibilidade* (Petty e Brinol, 2015). O que dá credibilidade a uma pessoa? As pessoas tentam transmitir sua *competência* mencionando seus diplomas, seu treinamento e sua experiência, ou exibindo uma compreensão impressionante a respeito da questão presente. A competência é uma vantagem, mas a *confiabilidade* é ainda mais importante. Muitas pessoas tendem a aceitar mensagens de fontes confiáveis, fazendo pouca ou nenhuma pesquisa (Priester e Petty, 1995, 2003). A confiabilidade é solapada quando uma fonte parece ter algo a ganhar. A *simpatia* também aumenta a eficiência de uma fonte persuasiva

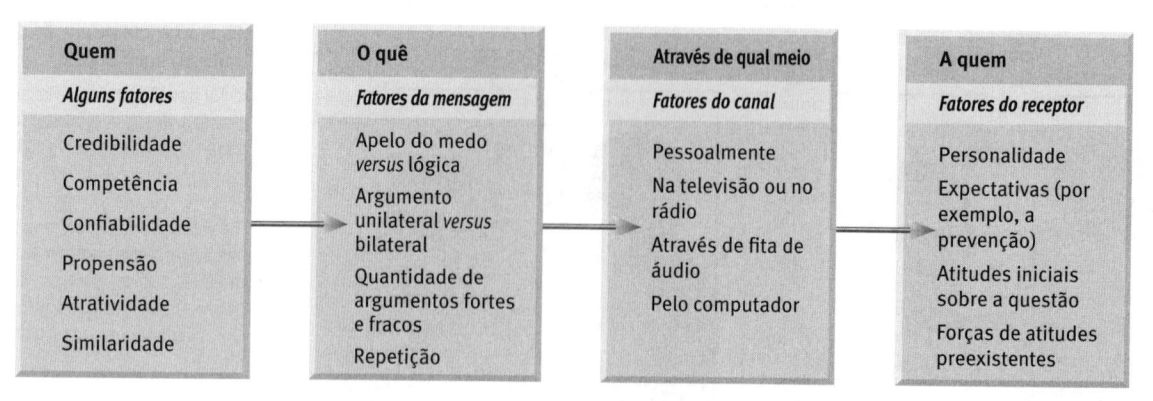

Quem	O quê	Através de qual meio	A quem
Alguns fatores	*Fatores da mensagem*	*Fatores do canal*	*Fatores do receptor*
Credibilidade	Apelo do medo *versus* lógica	Pessoalmente	Personalidade
Competência	Argumento unilateral *versus* bilateral	Na televisão ou no rádio	Expectativas (por exemplo, a prevenção)
Confiabilidade		Através de fita de áudio	Atitudes iniciais sobre a questão
Propensão	Quantidade de argumentos fortes e fracos	Pelo computador	Forças de atitudes preexistentes
Atratividade			
Similaridade	Repetição		

Figura 12.7 Visão geral do processo de persuasão.

O processo de persuasão essencialmente gira em torno de *quem* (a fonte) comunica *o quê* (a mensagem) *através de qual meio* (o canal) *a quem* (o receptor). Desse modo, há quatro conjuntos de variáveis que influenciam o processo de persuasão: os fatores de fonte, mensagem, canal e receptor. O diagrama relaciona alguns dos fatores mais importantes em cada categoria (incluindo alguns que não são discutidos no texto devido a limitações de espaço). (Adaptado de Lippa, 1994.)

(Neal et al., 2012). Além disso, as pessoas respondem melhor a fontes com as quais identifiquem *similaridade* em relação aos assuntos que estiverem em pauta (Petty e Brinol, 2015).

Fatores da mensagem

Se você fosse fazer uma palestra a um grupo comunitário local defendendo a redução dos impostos estaduais para as corporações, provavelmente se envolveria em uma série de questões sobre como estruturar sua mensagem. Você deve olhar para ambos os lados da questão ou deve apresentar apenas seu lado? Você deve proferir uma palestra concreta, lógica? Ou deve tentar incutir medo nos corações de seus ouvintes? Essas perguntas preocupam-se com os fatores da mensagem na persuasão.

Em geral, argumentos bilaterais parecem ser mais eficientes do que as apresentações unilaterais (Petty e Wegener, 1998). Simplesmente mencionar que há dois lados em uma questão pode aumentar sua credibilidade em relação a um público. Apelos ao medo parecem funcionar – se a mensagem for bem-sucedida em provocar medo, mas pesquisas revelam que muitas mensagens com o objetivo de provocar medo falham nesse aspecto. Os apelos ao medo têm maior probabilidade de funcionar quando os ouvintes acreditam que as consequências danosas que você descreve como extremamente desagradáveis serão muito prováveis se eles não seguirem seus conselhos, e que podem ser evitadas se os conselhos forem seguidos (Das, De Wit e Stroebe, 2003).

CHECAGEM DA REALIDADE

Ideia equivocada

Exposição constante gera antipatia. Quanto mais somos expostos a determinado item, menos gostamos dele.

Realidade

As pessoas sempre comentam que estão cansadas de comerciais e de histórias de celebridades, mas diversas pesquisas revelam que a exposição repetida a uma informação, ainda que ela seja neutra ou não favorável, acaba gerando aceitação e empatia.

A repetição frequente de uma mensagem também parece ser uma estratégia eficaz (Dechêne et al., 2010), provavelmente devido ao efeito de exposição descrito por Robert Zajonc. O *efeito da mera exposição* é a descoberta de que a exposição repetida a um estímulo faz com que o indivíduo passe a gostar dele. Em um estudo pioneiro (Zajonc, 1968), foram apresentadas aos participantes palavras em turco, que eles desconheciam, 0, 1, 2, 5, 10, ou até 25 vezes. Em seguida, pediu-se a eles que indicassem até que ponto achavam que as palavras se referiam a algo bom ou ruim. Quanto mais eles tinham sido expostos a uma palavra, mais favorável era sua impressão a respeito dela. Zajonc observou descobertas consideravelmente semelhantes quando participantes consideraram positivas pictografias em chinês (os símbolos utilizados na escrita chinesa) e também as fotografias de pessoas mostradas em um anuário (veja **Figura 12.8**). O efeito de mera exposição foi repetido com diversos tipos de estímulo (Albarracin e Vargas, 2010).

Fatores do receptor

E o receptor da mensagem persuasiva? Algumas pessoas são mais fáceis de convencer do que outras? Sem dúvida, mas fatores transitórios, por exemplo, a prevenção que um receptor recebe a respeito de um esforço persuasivo e a posição inicial do receptor, parecem ser mais influentes do que a personalidade do receptor. Um antigo ditado diz que "ser prevenido é armar-se antecipadamente". O valor da *prevenção* se aplica a alvos de esforços persuasivos (Janssen, Fennis e Pruyn, 2010). Ao sair para comprar um carro novo, você *espera* que os vendedores trabalhem para convencê-lo, e, até certo ponto, essa prevenção reduz o impacto do argumento deles.

Além do mais, estudos mostram que *atitudes mais fortes são mais resistentes à mudança* (Miller e Peterson, 2004). Atitudes fortes podem ser mais difíceis de ser mudadas porque tendem a estar inseridas em um conjunto de crenças e valores que também precisa ser mudado. E, por fim, *resistência*

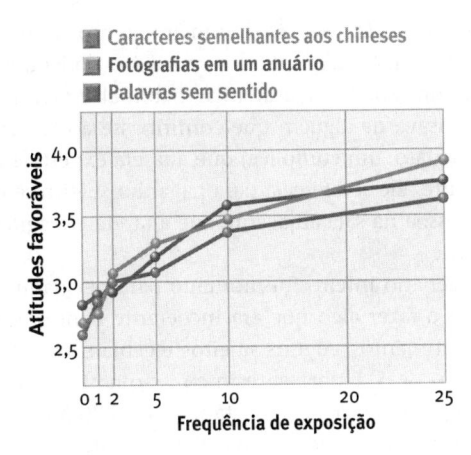

Figura 12.8 O efeito da mera exposição.

Em uma pesquisa seminal sobre o efeito de mera exposição, Robert Zajonc (1968) manipulou a frequência com que os participantes eram expostos a diversos estímulos neutros e não familiares. Como é possível verificar pelos dados mostrados, ele descobriu que maior exposição leva a uma crescente afeição. O efeito de mera exposição pode ajudar a compreender o motivo da repetição ser uma estratégia eficaz de persuasão.

promove resistência. Ou seja, quando as pessoas conseguem resistir a esforços persuasivos para mudar determinadas atitudes, tornam-se mais firmes com relação a elas (Tormala e Petty, 2002, 2004).

Teorias sobre a formação e mudança de atitudes

Muitas teorias têm sido propostas para explicar os mecanismos que atuam na mudança de atitudes, se ela ocorre ou não em resposta à persuasão. Olharemos para três perspectivas teóricas: teoria da aprendizagem, teoria da dissonância e modelo de probabilidade de elaboração.

Teoria da aprendizagem

Atitudes podem ser aprendidas com os pais, os colegas, a mídia, as tradições culturais e outras influências sociais (Banaji e Heiphetz, 2010).

O componente afetivo ou emocional de uma atitude pode ser criado por um subtipo especial de *condicionamento clássico*, chamado condicionamento avaliativo (Walther e Langer, 2008). Como vimos no Capítulo 6, o *condicionamento avaliativo* consiste em esforços para transferir as emoções ligadas a um estímulo não condicionado (EI) a um novo estímulo condicionado (EC) (De Houwer, 2011). Os publicitários diariamente tentam se aproveitar do condicionamento avaliativo apresentando seus produtos acompanhados de estímulos que provocam respostas emocionais agradáveis, como modelos extremamente atraentes, porta-vozes muito estimados e eventos apreciados, como os Jogos Olímpicos (Schachtman, Walker e Fowler, 2011). Esse processo de condicionamento está esquematizado na **Figura 12.9**. O condicionamento avaliativo pode ocorrer de modo inconsciente e parece bem resistente à eliminação (Balas e Sweklej, 2012).

O *condicionamento operante* pode entrar em cena quando você expressa abertamente uma atitude, como "Acredito que os maridos devam fazer mais trabalho doméstico". A concordância de outras pessoas geralmente funciona como um reforçador, fortalecendo sua tendência de expressar uma atitude específica (Bohner e Schwarz, 2001). A discordância frequentemente funciona como uma forma de punição. Portanto, isso pode gradualmente enfraquecer seu compromisso com seu ponto de vista.

As atitudes de outras pessoas podem influenciá-lo por meio da *aprendizagem por observação* (Banaji; Heiphetz, 2010). Se você ouvir seu tio dizer "Os republicanos

---

REVISÃO 12.3

Entendendo as atitudes e a persuasão

Verifique seu entendimento sobre os componentes das atitudes e os elementos da persuasão analisando estratégias políticas hipotéticas. Imagine que você esteja trabalhando em uma campanha política e seja convidado a reunir-se com os assessores de determinado candidato nas sessões de estratégia, quando os membros da equipe preparam o candidato para os próximos compromissos de campanha. Durante as reuniões, você vê várias estratégias serem discutidas. Para cada estratégia a seguir, indique qual componente das atitudes dos eleitores (cognitivo, afetivo ou comportamental) pretendem modificar e indique qual elemento de persuasão (fatores de fonte, mensagem ou receptor) é manipulado. As respostas encontram-se no Apêndice A.

1. "Você precisa convencer esse povo de que seu programa para regulamentar as casas de repouso é ótimo. Seja o que for, não fale sobre as duas fragilidades do programa as quais estamos escondendo. Simplesmente esquive-se das perguntas e continue falando das vantagens do programa."

2. "Você não tem se mostrado sorridente ultimamente, em especial diante das câmaras de TV. Lembre-se: você pode ter as melhores ideias do mundo, mas se não parecer simpático, não conseguirá ser eleito. A propósito, acho que captamos alguns instantâneos fotográficos que devem nos ajudar a criar uma imagem de sinceridade e compaixão."

3. "Esse povo já está atrás de você. Não precisa alterar as opiniões deles a respeito de qualquer questão. Vá direto ao trabalho de convencê-los a contribuir para a campanha. Quero que eles façam fila para dar dinheiro."

Figura 12.9 Condicionamento clássico de atitudes na propaganda.

Os anunciantes em geral combinam seus produtos com celebridades simpáticas na esperança de que estes venham a produzir respostas emocionais agradáveis. Como vimos no Capítulo 6, esse tipo especial de condicionamento clássico é chamado *condicionamento avaliativo*. Ver a Aplicação do Pensamento Crítico no Capítulo 6 para uma discussão mais profunda dessa prática.

não passam de marionetes dos grandes empresários", e sua mãe concordar efusivamente, sua exposição à atitude de seu tio e o reforço de sua mãe ao seu tio podem influenciar sua atitude em relação ao Partido Republicano. Estudos mostram que pais e filhos tendem a ter atitudes políticas similares (Sears, 1975). Supostamente, a aprendizagem por observação é responsável por grande parte dessa similaridade. As opiniões de professores, colegas, artistas etc. também podem influenciar as atitudes das pessoas por meio da aprendizagem por observação.

Teoria da dissonância

A *teoria da dissonância* de Leon Festinger supõe que a incoerência entre atitudes impulsiona as pessoas na direção de uma mudança de atitude. Em um estudo importante sobre dissonância, Festinger e Carlsmith (1959) fizeram que estudantes universitários do sexo masculino entrassem em um laboratório e trabalhassem em tarefas terrivelmente tolas, como girar pinos repetidamente. Quando o tempo de um sujeito se encerrava, o experimentador confidenciava a ele que a motivação de alguns participantes seria manipulada e que lhes seria dito que a tarefa era interessante e agradável antes de eles

começarem. Então, depois de um momento de hesitação, o experimentador perguntava se o sujeito poderia ajudá-lo a sair de um aperto. Seu auxiliar habitual estava atrasado e ele precisava de alguém que confirmasse ao "sujeito" seguinte (de fato, um cúmplice) que a tarefa experimental era interessante. Ele se oferecia para pagar ao sujeito se ele dissesse à pessoa na sala adjacente que a tarefa era agradável e envolvente.

Esse cenário inteiro foi montado para persuadir os participantes a fazer algo que era incoerente com seus verdadeiros sentimentos. Alguns sujeitos recebiam uma ficha de pagamento de $ 1 por seu esforço, enquanto outros recebiam um pagamento mais substancial, de $ 20 (uma quantia equivalente a $ 120 hoje, considerando a inflação).* Posteriormente, um segundo experimentador inquiria sobre os verdadeiros sentimentos dos participantes em relação à tola tarefa experimental. A **Figura 12.10** resume o estudo de Festinger e Carlsmith.

Quem você acha que classificou a tarefa de maneira mais favorável – os sujeitos a quem foram pagos $ 1 ou aqueles que receberam $ 20? Tanto o senso comum como a teoria da aprendizagem preveriam que os sujeitos que receberam a recompensa maior ($ 20) viriam a gostar mais da tarefa. Entretanto, os sujeitos a quem foram pagos $ 1 exibiram uma mudança de atitude mais favorável – exatamente como

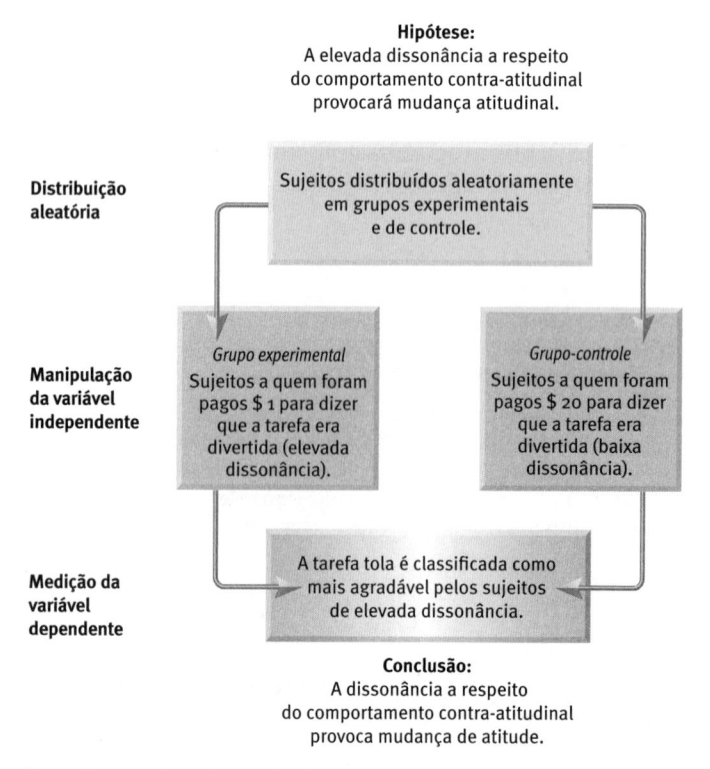

Figura 12.10 Projeto do estudo de Festinger e Carlsmith (1959).

As manipulações das variáveis e os resultados do estudo de Festinger e Carlsmith (1959) sobre dissonância cognitiva e as mudanças de atitude são apresentadas aqui.

---
* Valores referentes a realidade norte-americana (N.E.).

Festinger e Carlsmith haviam previsto. Por quê? A teoria da dissonância fornece uma explicação.

De acordo com Festinger (1957), a ***dissonância cognitiva existe quando atitudes ou crenças relacionadas são incoerentes, ou seja, quando se contradizem mutuamente***. Quando as cognições são relacionadas, elas podem ser consoantes ("Estou trabalhando arduamente" e "Estou fazendo horas extras para concluir um trabalho") ou dissonantes ("Estou trabalhando arduamente" e "Estou faltando ao trabalho"). Quando levantada, supõe-se que a dissonância cognitiva crie um estado de tensão desagradável que motiva as pessoas a reduzir sua dissonância – geralmente, alterando suas cognições.

No estudo feito por Festinger e Carlsmith (1959), as cognições contraditórias dos sujeitos eram "A tarefa é chata" e "Eu disse a alguém que a tarefa era agradável". Os participantes a quem foram pagos $ 20 para mentir tinham uma razão óbvia para se comportar de maneira incoerente com suas verdadeiras atitudes, de forma que esses sujeitos experimentaram pouca dissonância. Em comparação, os que receberam $ 1 não tinham nenhuma justificativa prontamente patente para suas mentiras, e experimentaram uma dissonância elevada. Para reduzi-la, eles tendiam a se convencer de que a tarefa era mais agradável do que aquilo que acharam originalmente. *Assim, a teoria da dissonância esclarece o porquê de as pessoas às vezes passarem a acreditar nas próprias mentiras.*

A dissonância cognitiva também atua quando as pessoas fazem malabarismos de atitudes para justificar esforços que não produzem os resultados desejados, síndrome essa denominada *justificação do esforço*. Aronson e Mills (1959) estudaram a justificação do esforço fazendo que mulheres universitárias passassem por uma "séria iniciação" antes de poderem se qualificar a participar daquilo que prometia ser uma discussão interessante sobre sexualidade. Na iniciação, as mulheres tinham de ler passagens obscenas em voz alta para um experimentador do sexo masculino. Depois disso, a tão falada discussão sobre a sexualidade vinha a ser uma palestra chata, gravada em fita, sobre a reprodução de animais inferiores. Os sujeitos que estavam na condição de séria iniciação experimentavam cognições altamente dissonantes ("Enfrentei um bocado para chegar aqui" e "Essa discussão é terrível"). Como eles reduziram sua dissonância? Aparentemente, modificando suas atitudes acerca da discussão, classificando-a mais favoravelmente do que os participantes que estavam em duas situações de controle. A justificativa do esforço pode estar em ação em muitos aspectos da vida diária. Por exemplo, fãs de música que pagam centenas de dólares para comprar ingressos de cambistas tenderão a ver o concerto de maneira favorável, mesmo que os artistas tenham se apresentado mal.

A teoria da dissonância foi testada em centenas de estudos, obtendo resultados mistos, mas altamente favoráveis (Petty et al., 2013). A dinâmica da dissonância parece ser o fundamento de muitos tipos importantes de mudança de atitude (Draycott e Dabbs, 1998; Keller e Block, 1999; Petty et al., 2003). E as pesquisas comprovam a afirmação de Festinger de que a dissonância envolve genuíno desconforto psicológico e até mesmo estimulação fisiológica (Cooper, 2012).

Quando candidatos usam música, bandeiras e *slogans* para influenciar os eleitores, estão usando o caminho periférico para a persuasão. E, quando tentam influenciar os eleitores com sua análise sobre assuntos políticos mais complexos, estão usando o caminho central para a persuasão.

Modelo de probabilidade de elaboração

O *modelo de probabilidade de elaboração*, referente à mudança de atitudes, originalmente proposto por Richard Petty e John Cacioppo (1986) afirma que há duas "rotas" básicas para a persuasão: a central e a periférica (Petty e Wegener, 1999). A *rota central* é tomada quando as pessoas ponderam cuidadosamente sobre o conteúdo e a lógica das mensagens persuasivas. Enquanto a *periférica* refere-se a quando a persuasão depende de fatores que não compõem a mensagem, como a atratividade e a credibilidade da fonte, ou de respostas emocionais condicionadas (veja **Figura 12.11**). Por exemplo, um político que faz campanha com discursos cuidadosamente pesquisados que analisam questões complexas está seguindo a rota central para a persuasão. Em comparação, um político que depende de bandeiras ondulando, do endosso de celebridades e *slogans* emocionais está seguindo a rota periférica.

Ambas as rotas podem levar à persuasão eficaz e mudança de atitude. Entretanto, de acordo com o *modelo de probabilidade de elaboração*, a durabilidade da mudança de atitude depende da extensão em que a pessoa elabora (pensa sobre) o conteúdo das comunicações persuasivas. Estudos sugerem que a rota central para a persuasão leva a uma mudança de atitude mais durável do que a rota periférica (Petty e Briñol, 2010). As pesquisas também sugerem que as atitudes modificadas mediante processos centrais são mais resistentes à mudança e preveem melhor o comportamento do que as modificadas por meio de processos periféricos (Petty e Briñol, 2015).

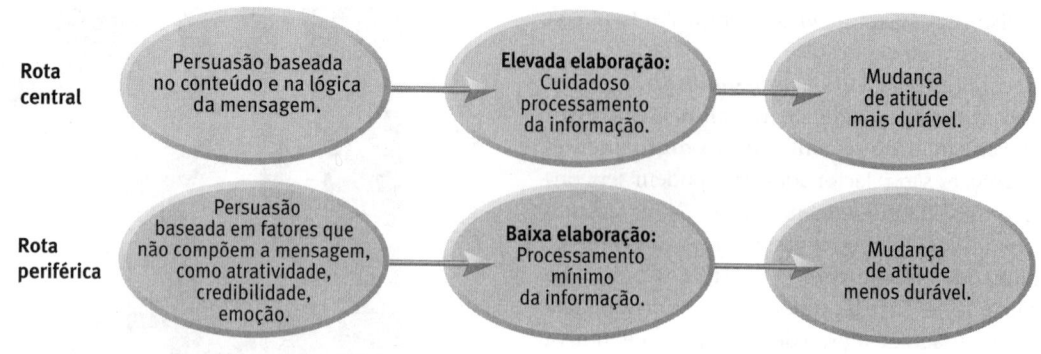

Figura 12.11 O modelo de probabilidade de elaboração.

De acordo com o modelo de probabilidade de elaboração (Petty e Cacioppo, 1986), a rota central para a persuasão leva a maior elaboração do conteúdo da mensagem e a uma mudança de atitude mais duradoura que a rota periférica.

12.5 Conformidade e obediência: submetendo-se aos outros

12.5 Objetivos Principais de Aprendizagem
- Entender o trabalho de Aschs sobre conformidade e a pesquisa de Milgram sobre obediência.
- Discutir as variações culturais em termos de conformidade e obediência e descrever a Simulação de Prisão de Stanford.

Desde os anos 1950, os psicólogos demonstram fascinação pelo tema da influência social. Trabalhos nessa área resultaram em alguns dos mais famosos e influentes estudos da história da psicologia. Vejamos essa pesquisa.

Conformidade

Se você mantém um gramado bem cuidado e elogia bastante a música do Coldplay, está exibindo conformidade? De acordo com os psicólogos sociais, isso depende de seu comportamento ser ou não resultado da pressão do grupo. A *conformidade* **ocorre quando as pessoas se rendem a uma pressão social real ou imaginária.** Por exemplo, se você mantém um gramado bem cuidado somente para evitar reclamações de seus vizinhos, você está se rendendo à pressão social. Se você gosta de Cold Play porque genuinamente aprecia sua música, *não* se trata de conformidade. Entretanto, se você gosta da banda porque está na moda e porque seus amigos questionariam seu gosto se não o fizesse, então você estará se conformando. Assim sendo, a conformidade está naquele que observa, pois as pessoas têm uma curiosa tendência de achar que as outras são mais conformadas que elas (Pronin, Berger e Molouki, 2007). Por exemplo: quando *seus amigos* compram iPhones, você pode ver a escolha deles como conformismo sem sentido, mas quando *você* compra um iPhone, pode ver sua escolha como uma decisão sensata, baseada em suas necessidades. Portanto, as pessoas tendem a acreditar que estão "rodeadas por um bando de ovelhas", todas passivas e conformadas.

Na década de 1950, Solomon Asch (1951, 1955, 1956) idealizou um hábil procedimento que minimizava a ambiguidade sobre quais sujeitos estavam se conformando, permitindo que ele investigasse as variáveis que regem a conformidade. Vamos recriar uma das experiências clássicas de Asch (1955). Os participantes eram estudantes não graduados do sexo masculino, recrutados para um estudo da percepção visual. Foi mostrado a um grupo de sete sujeitos um grande cartão contendo uma linha vertical. Depois, foi solicitado que indicassem qual das três linhas em um segundo cartaz era igual à linha "padrão" em termos de comprimento (veja **Figura 12.12**). Deu-se a todos os sete participantes a oportunidade de fazer a tarefa, para, então, cada um deles anunciar sua escolha ao grupo. O sujeito que ocupava a sexta cadeira não sabia, mas todos os outros do grupo eram cúmplices do experimentador, e eles estavam prestes a fazê-lo imaginar que estava ficando doido.

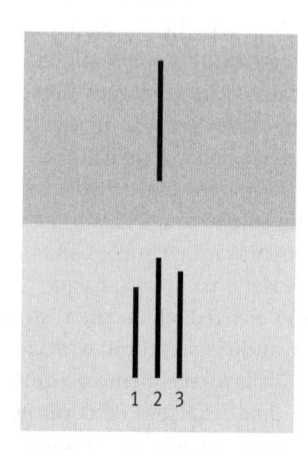

Figura 12.12 Estímulos utilizados nos estudos de Asch sobre a conformidade.

Sujeitos eram solicitados a comparar uma linha-padrão (ao alto) com uma das outras três linhas exibidas em outro cartão (embaixo). A tarefa era fácil – até que os cúmplices na experiência começassem a responder com respostas evidentemente incorretas, criando uma situação na qual Asch avaliava a conformidade dos sujeitos.

Fonte: Adaptado de Asch, S. Opinion and social pressure. *Scientific American*, n. 193, v. 5, p. 31-35, 1955, de uma ilustração de Sara Love, p. 32. Copyright ©1955 de Scientific American, Inc. Todos os direitos reservados.

Os cúmplices davam a resposta exata nas duas primeiras tentativas. A linha número 2 evidentemente era a resposta correta, mas, na terceira tentativa, todos os cinco primeiros "sujeitos" diziam que a linha número 3 coincidia com a linha-padrão. O verdadeiro sujeito estava desnorteado e não podia acreditar no que ouvia. Em 11 das 15 tentativas seguintes, todos os cúmplices davam a mesma resposta incorreta. Como o sujeito real reagiu? O julgamento das linhas era fácil e sem ambiguidade. Então, se o participante consistentemente concordasse com os cúmplices, ele não estaria cometendo erros honestos – estaria se conformando.

Ao calcular a média de todos os 50 sujeitos, Asch (1955) descobriu que os jovens se conformavam em 37% das tentativas. Entretanto, os participantes variavam consideravelmente em sua tendência para se conformar. Dos 50 sujeitos, 13 nunca seguiram o grupo, enquanto 14 se conformaram em mais da metade das tentativas. Poderíamos argumentar que os resultados mostram que pessoas que confrontam a maioria unânime geralmente tendem *a resistir* à pressão para se conformar (Hodges, 2014; Padalia, 2014). Contudo, como o julgamento das linhas era claro e fácil, a maioria dos cientistas sociais compreendeu essas descobertas como uma demonstração significativa da propensão humana a se conformar (Prislin; Crano, 2012).

Em estudos subsequentes, o *tamanho* e a *unanimidade do grupo* passaram a ser os determinantes fundamentais da conformidade (Asch, 1956). Para examinar o impacto do tamanho do grupo, Asch repetiu seu procedimento com grupos que incluíam de 1 a 15 cúmplices. Pouca conformidade era observada quando um sujeito era confrontado com apenas uma pessoa, mas a conformidade aumentava rapidamente quando o tamanho do grupo passava de dois para quatro, atingindo um nível máximo com um grupo composto de sete pessoas, e depois se nivelava (veja **Figura 12.13**). Dessa forma, Asch concluiu que, à medida que os grupos se tornam maiores, a conformidade se eleva – até determinado ponto –, uma conclusão que encontrou apoio em outros pesquisadores (Cialdini e Trost, 1998).

Entretanto, o tamanho do grupo fazia pouca diferença se apenas um cúmplice "rompesse" com os demais, fazendo naufragar a concordância unânime deles. A presença de outro dissidente diminuía a conformidade para cerca de um quarto de seu ponto máximo, mesmo quando o dissidente fazia julgamentos *inexatos* que estavam em conflito com o ponto de vista da maioria. Aparentemente, os participantes simplesmente precisavam ouvir mais alguém questionar a precisão das desconcertantes respostas do grupo. A importância da unanimidade para fomentar a conformidade foi reproduzida em pesquisas subsequentes (Forsyth, 2013).

A conformidade pode ser mais comum do que a maioria gostaria. Todos nos conformamos com as expectativas sociais de inúmeras formas. A conformidade não é essencialmente boa ou ruim, tudo depende da situação.

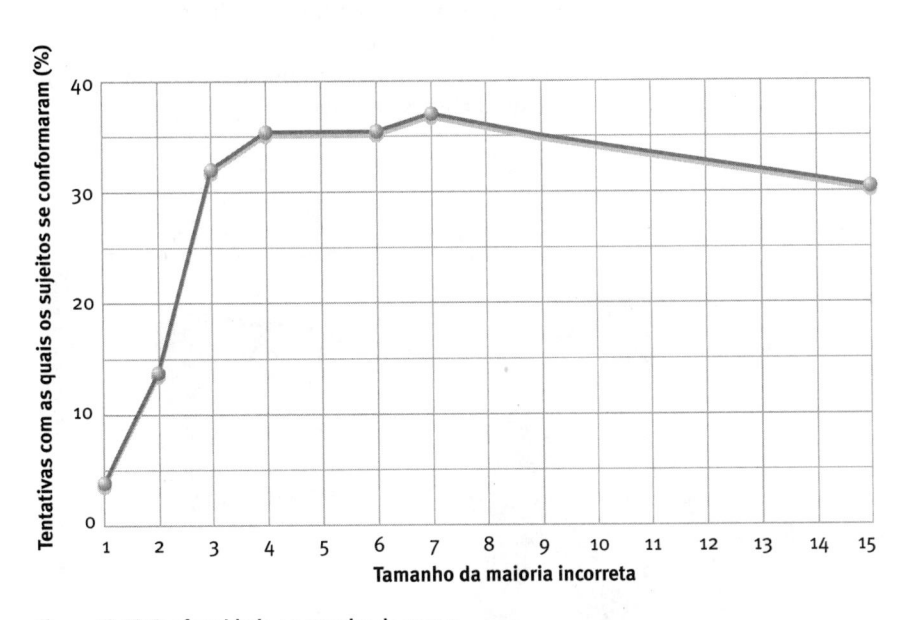

Figura 12.13 Conformidade e tamanho do grupo.

Esse gráfico mostra a porcentagem de tentativas nas quais os participantes se conformaram em função do tamanho do grupo na pesquisa de Asch, que descobriu que a conformidade se tornava mais frequente à medida que o tamanho do grupo se elevava até cerca de sete pessoas, e depois se nivelava. (Dados de Asch, 1955.)

Fonte: Adaptado de Asch, S. Opinion and social pressure. *Scientific American*, n. 193, v. 5, p. 31-35, 1955, de uma ilustração de Sara Love, p. 35. Copyright © 1955 de Scientific American, Inc. Todos os direitos reservados.

Por que as pessoas tendem a se conformar em determinadas situações? Dois processos-chave parecem contribuir: a influência normativa e a influência informacional (Levine e Tindale, 2015). A *influência normativa* **ocorre quando as pessoas se conformam com as normas sociais por medo de consequências sociais negativas.** Ou seja, as pessoas normalmente se conformam por receio de serem criticadas ou rejeitadas. As pessoas também tendem a se conformar quando não têm certeza de como se comportar. A *influência informacional* **ocorre quando as pessoas se baseiam nas outras para saber como se comportar em situações ambíguas.** Portanto, alguém que esteja em um restaurante e não saiba qual garfo utilizar para determinado prato, acaba observando os outros para saber qual eles estão usando. Em situações assim, usar as pessoas como fonte de informação sobre um comportamento apropriado é uma estratégia sensata. Em última análise, a influência informacional se refere a estar certo, enquanto a influência normativa se refere a ser aceito.

Obediência

A *obediência* **é uma forma de submissão que ocorre quando as pessoas seguem comandos diretos, geralmente de alguém que ocupa uma posição de autoridade.** Em uma extensão surpreendente, quando uma autoridade diz "Pule!", muitas pessoas simplesmente perguntam: "A que altura?".

Estudos de Milgram

Stanley Milgram queria estudar a tendência de se obedecer às autoridades. Como muitas outras pessoas depois da Segunda Guerra Mundial, ele se preocupou em quão prontamente os cidadãos da Alemanha seguiram as ordens do ditador Adolf Hitler, mesmo quando as ordens exigiam ações moralmente repugnantes, como o massacre de milhões de judeus. Milgram, que trabalhara com Solomon Asch, passou a projetar um procedimento laboratorial-padrão para o estudo da obediência, muito similar ao procedimento de Asch para estudar a conformidade. O hábil experimento que Milgram idealizou tornou-se um dos mais famosos e controversos estudos dos anais da psicologia (Blass, 2009).

Os participantes de Milgram (1963) eram um conjunto díspar de 40 homens da comunidade local. Foi-lhes dito que eles participariam de um estudo que se preocupava com os efeitos da punição na aprendizagem. Quando eles chegavam ao laboratório, retiravam tiras de papel de um chapéu para obter suas tarefas. A retirada era montada de tal forma que o sujeito sempre se tornava o "professor", e um cúmplice experimental (um simpático contador de 47 anos), o "aprendiz".

O aprendiz era amarrado a uma cadeira eletrificada por meio da qual um choque poderia ser aplicado sempre que ele cometesse um erro na tarefa (veja **Figura 12.14**). O sujeito era levado a uma sala adjacente que abrigava um gerador de choques que ele controlaria em seu papel como professor. Não obstante o aparelho parecesse e soasse de maneira realística, era uma farsa, e o aprendiz jamais recebia um choque.

À medida que a "experiência de aprendizagem" prosseguia, o cúmplice cometia muitos erros que necessitavam de choques. O professor era instruído a aumentar o nível de choque depois de cada resposta errada. A 300 volts, o aprendiz começava a dar pancadas na parede entre as duas salas em protesto e logo parava de responder às perguntas do professor. Desse ponto em diante, os participantes frequentemente se voltavam ao experimentador para obter orientação. O experimentador, então, indicava firmemente que o professor deveria continuar a aplicar choques cada vez mais fortes no aprendiz, agora silencioso. A variável dependente era o choque máximo que o participante estava disposto a aplicar antes de se recusar a prosseguir.

Figura 12.14 Experiência de Milgram sobre a obediência.

A foto à esquerda mostra o "aprendiz" sendo ligado ao gerador de choque durante uma das sessões experimentais de Milgram. A foto à direita mostra o falso gerador de choque usado no estudo. Os surpreendentes resultados do estudo de Milgram (1963) estão resumidos no gráfico de barras. Apesar de os sujeitos frequentemente protestarem, a grande maioria (65%) aplicou a série inteira de choques ao aprendiz.

Fonte: Fotos com copyright © de 1965 por Stanley Milgram. Do filme *Obedience*, distribuído pela The Pennsylvania State University. Reimpresso com permissão de Alexandra Milgram.

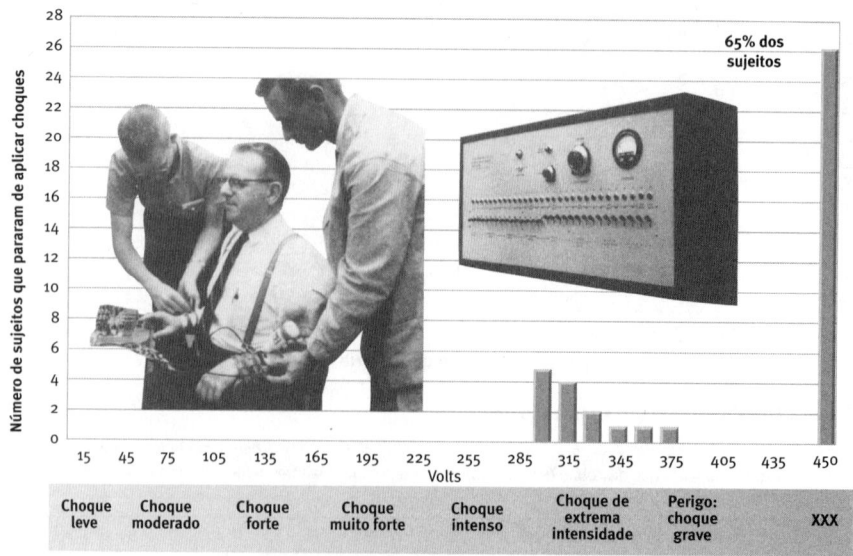

Como mostra a **Figura 12.14**, 26 dos 40 sujeitos (65%) administraram todos os 30 níveis de choque. Apesar de eles tenderem a obedecer ao experimentador, muitos sujeitos declaravam e exibiam considerável aflição a respeito de prejudicar o aprendiz. Os aterrorizados participantes gemiam, mordiam os lábios, tremiam e começavam a suar, mas continuavam a administrar os choques. Baseado nesses resultados, Milgram concluiu que a obediência à autoridade era ainda mais comum do que ele e outros haviam previsto. Antes que o estudo fosse concluído, Milgram descreveu-o a 40 psiquiatras e pediu-lhes que previssem quantos choques os sujeitos estariam dispostos a aplicar em suas inocentes vítimas. A maioria dos psiquiatras previu que menos de 1% dos sujeitos continuaria até o final da série de choques!

Ao interpretar seus resultados, Milgram argumentou que a forte pressão de uma autoridade pode fazer pessoas decentes infligir coisas indecentes a outros. Aplicando esse *insight* aos crimes de guerra nazistas e outros análogos, Milgram afirmou que algumas ações sinistras talvez não se devam tanto ao mau caráter dos atores quanto a pressões situacionais que podem levar pessoas normais a se envolver em atos de deslealdade e violência. Dessa maneira, ele chegou à perturbadora conclusão de que, dadas as circunstâncias certas, qualquer um de nós poderia obedecer a ordens para infligir dano a estranhos inocentes.

A iminente controvérsia

O estudo de Milgram suscitou uma controvérsia que prossegue até hoje (Benjamin e Simpson, 2009; Reicher, Haslam e Miller, 2014). Alguns críticos argumentaram que os resultados obtidos por Milgram não se generalizariam para o mundo real (Orne e Holland, 1968). Por exemplo, Baumrind (1964) afirmou que sujeitos que concordam em participar de um estudo científico *esperam obedecer* a ordens de um experimentador. Milgram (1964, 1968) respondeu salientando que também soldados e burocratas do mundo real que são acusados de atos vis os executaram em obediência à autoridade. "Rejeito o argumento de Baumrind de que a obediência observada não conta porque ocorreu onde é apropriado", diz Milgram (1964). "É exatamente por isso que conta." Em geral, o peso das provas sustenta a capacidade de generalização dos resultados obtidos por Milgram. Eles foram consistentemente reproduzidos durante muitos anos, em diversos ambientes, com uma variedade de sujeitos e variações procedimentais (Blass, 1999, 2009; Miller, 1986).

Os críticos também questionaram a ética dos procedimentos experimentais de Milgram (Baumrind, 1964; Kelman, 1967). Eles observaram que, sem consentimento prévio, os participantes eram expostos a uma extensa decepção que poderia solapar sua confiança nas pessoas, e que o grave estresse poderia deixar cicatrizes emocionais. Os defensores de Milgram argumentaram que a breve angústia experimentada por seus sujeitos era um pequeno preço a ser pago pelos *insights* obtidos de seus estudos sobre a obediência. Olhando para trás, entretanto, muitos psicólogos parecem compartilhar das preocupações dos críticos acerca das implicações éticas do trabalho inovador de Milgram. Seu procedimento é questionável, de acordo com os padrões contemporâneos de ética de pesquisa, e nenhuma replicação de seu estudo sobre a obediência foi realizada nos Estados Unidos desde meados da década de 1970 até pouco tempo atrás (Elms, 2009), quando Jerry Burger (2009) desenvolveu uma réplica bastante cautelosa e *parcial*, que incorpora uma série de medidas de segurança para proteger os participantes.

Seguindo os padrões éticos modernos, Burger (2009) selecionou os participantes com extremo critério, excluindo os que demonstravam estresse excessivo. Deixou também bastante claro que eles poderiam sair do experimento a qualquer momento, sem quaisquer penalidades, e conversava frequentemente com todos. E o mais importante: utilizava o cenário de Milgram somente até 150 volts. Definiu 150 volts como máximo porque, na série de estudos de Milgram, a grande maioria dos participantes que passavam desse ponto começava a administrar todos os níveis de choque. Curiosamente, apesar de todas as precauções, o estudo de Burger produziu taxas de obediência em níveis pouco abaixo daqueles observados por Milgram 45 anos atrás. Como Burger repetia aos participantes que eles poderiam deixar o experimento a qualquer momento (o que, se imagina, reduziria os níveis de obediência), ao que parece as pessoas hoje demonstram o mesmo nível de obediência de 45 anos atrás.

Embora a pesquisa de Milgram tenha sobrevivido ao teste do tempo, os teóricos continuam a debater sobre as explicações e as implicações de suas descobertas. Ent e Baumeister (2014) afirmam que a obediência não é algo intrinsecamente ruim. Segundo eles, obediência para legitimar a autoridade é um aspecto vital das culturas humanas e que se trata de um mecanismo para suprimir as tendências reflexivas dos indivíduos de se rivalizar e atacar os outros. Burger (2014) discute a maneira como diversos fatores situacionais no estudo de Milgram promoveram altos níveis de obediência. Por exemplo: os participantes tinham pouco tempo para pensar sobre o que estavam fazendo. Acabavam se convencendo de que o pesquisador seria responsável por todos os riscos. Com isso, o lento e gradual aumento dos níveis de choque parecia algo irrelevante. Reicher, Haslam e Smith (2012) discordam do conceito gerado pelas pesquisas de Milgram, segundo o qual as pessoas têm inclinação natural para demonstrar obediência a figuras de autoridade.

Variações culturais quanto à conformidade e obediência

A conformidade e a obediência são exclusivas da cultura norte-americana? De modo algum. As experiências de Asch e Milgram foram repetidas em muitas sociedades diferentes, nas quais produziram resultados mais ou menos similares àqueles vistos nos Estados Unidos. Desse modo, os fenômenos da conformidade e obediência parecem transcender a cultura.

A replicação do estudo de Milgram sobre a obediência limitou-se amplamente a países industrializados similares aos Estados Unidos. Muitos desses estudos relataram índices de obediência ainda mais *elevados* do que os vistos nas amostras norte-americanas de Milgram (Blass, 2012). Portanto, o nível de obediência surpreendentemente elevado observado por Milgram não parece ser peculiar aos Estados Unidos. A experiência de Asch foi repetida em uma faixa mais diversa de sociedades do que a de Milgram. Vários teóricos aventaram a hipótese de que as culturas coletivistas, que enfatizam o respeito pelas normas grupais, a cooperação e a harmonia, estimulam maior conformidade do que as individualistas, com sua ênfase na independência (Kim e Markus, 1999; Matsumoto, 1994). Em coerência com essa análise, as experiências de Asch tenderam a encontrar níveis bem mais elevados de conformidade em culturas coletivistas do que nas individualistas (Forsyth, 2013).

O poder da situação: a Simulação da Prisão Stanford

As pesquisas de Asch e Milgram forneceram demonstrações significativas da potente influência que os fatores situacionais podem ter sobre o comportamento social. O poder da situação foi ressaltado mais uma vez, quase uma década depois da pesquisa sobre obediência conduzida por Milgram, em outro estudo notável realizado por Philip Zimbardo, que, curiosamente, foi colega de escola de Milgram. Zimbardo e seus colegas planejaram a Simulação da Prisão Stanford para investigar por que as prisões tendem a se tornar ambientes abusivos, violentos e degradantes (Haney, Banks e Zimbardo, 1973; Zimbardo, Haney e Banks, 1973). Assim como Milgram, Zimbardo queria verificar quanto o poder da situação moldava o comportamento de pessoas normais, medianas.

Os participantes foram estudantes universitários, recrutados por um anúncio publicado em jornal, para um estudo sobre a vida na prisão. Depois que 70 voluntários passaram por uma extensa bateria de testes e entrevistas, os pesquisadores escolheram 24 estudantes que pareciam ter boa saúde física e ser psicologicamente estáveis para participar do experimento. Assim, tiraram no "cara ou coroa" quais deles seriam os "guardas" e quais seriam os "prisioneiros" em uma prisão simulada, estabelecida na Stanford University. Os prisioneiros seriam "presos" em suas casas, algemados e transportados para uma prisão simulada no *campus* da universidade. Assim que chegavam, recebiam ordens para tirar as roupas, eram borrifados com inseticida contra piolhos, recebiam uniformes da prisão (aventais), números como identidades e eram presos em celas com barras de ferro. Os "guardas" receberam uniformes cáquis, cassetetes, apitos, e óculos de sol reflexivos. Foram informados de que poderiam administrar a prisão do modo que quisessem, mas não tinham permissão de administrar punições físicas.

O que aconteceu? Em resumo, ocorreram confrontos entre os guardas e os prisioneiros, e os guardas rapidamente inventaram uma variedade de estratégias, às vezes cruéis, para manter o controle total dos prisioneiros. Refeições, cobertores e uso do toalete foram seletivamente negados a alguns prisioneiros, para que o controle pudesse ser obtido.

Os prisioneiros foram insultados, humilhados, ofendidos, forçados a implorar por oportunidades de usar o toalete. Regras sem sentido e mesquinhas foram implantadas e os prisioneiros mais difíceis foram punidos com trabalho árduo (excesso de exercícios físicos e limpeza dos banheiros sem o uso de luvas). E os guardas criativamente transformaram um armário de 60 cm x 60 cm em um "buraco" para confinamento na solitária para os prisioneiros rebeldes. Apesar de algumas variações entre os guardas, coletivamente eles se tornaram cruéis, maldosos e abusivos ao cumprir suas responsabilidades. Como os prisioneiros reagiram? Alguns deles exibiram sinais de perturbação emocional e tiveram de ser liberados mais cedo, mas a maioria se tornou indiferente, apática e desmoralizada. O estudo foi planejado para durar duas semanas, mas Zimbardo decidiu encerrá-lo prematuramente após seis dias porque ficou preocupado com o rápido crescimento dos abusos e degradações infligidos aos prisioneiros. Os participantes foram inquiridos, receberam aconselhamento, e foram enviados para suas casas.

Como Zimbardo et al. explicaram as chocantes transformações dos participantes? Em primeiro lugar, atribuíram o comportamento dos sujeitos à enorme influência dos papéis sociais. **Papéis sociais são expectativas amplamente compartilhadas sobre como se espera que pessoas em certas posições venham a agir.** Temos expectativas de papéis para vendedores, garçons, ministros, pacientes, estudantes, motoristas de ônibus, turistas, comissários de bordo, e, é claro, guardas de prisões e prisioneiros. Os participantes tinham uma ideia desvirtuada do que significava agir como guarda ou prisioneiro e foram gradualmente consumidos por seus papéis (Haney e Zimbardo, 1998). Em segundo lugar, os pesquisadores atribuíram o comportamento dos sujeitos ao grande poder forçoso dos fatores situacionais. Antes de o estudo começar, os testes e as entrevistas não mostraram nenhuma diferença aferível na personalidade ou no caráter dos estudantes escolhidos aleatoriamente para ser guardas ou prisioneiros. A completa diferença em seu comportamento se deveu às situações radicalmente distintas nas quais se encontraram. Como explicam Haney e Zimbardo (1998), o estudo "demonstrou que o poder das situações subjuga as pessoas e extrai delas comportamentos inesperadamente cruéis, contudo 'situacionalmente apropriados'" (p. 719). Como resultado, Zimbardo, assim como Milgram antes dele, concluiu que as pressões situacionais podem levar pessoas normais e decentes a se comportar de modos sinistros e repugnantes.

Outro paralelo entre as pesquisas de Milgram e de Zimbardo é que ambas se mostraram controversas. Alguns críticos afirmam que a Simulação de Prisão de Stanford foi mais uma demonstração que um estudo empírico, com coleta precisa de dados (Ribkoff, 2013). Outros afirmam que os guardas foram estimulados a agir de maneira abusiva, o que invalida as descobertas (Banuazizi e Movahedi, 1975; Haslam e Reicher, 2003). E outros ainda questionam as explicações de Zimbardo para a afirmação de que as pessoas seguem passivamente os papéis sociais ditados por fatores situacionais (Reicher e Haslam, 2006; Turner, 2006).

12.6 Comportamento em grupos: unindo-se aos outros

12.6 Objetivos Principais de Aprendizagem
- Descrever o efeito do observador e a preguiça social.
- Explicar a polarização e o pensamento de grupo.

De acordo com os psicólogos sociais, um *grupo* consiste em dois ou mais indivíduos que interagem e são interdependentes. Historicamente, a maioria dos grupos interagiu em uma base cara a cara, mas os avanços nas telecomunicações vêm mudando rapidamente essa situação. Na era da internet, as pessoas podem interagir, tornar-se interdependentes e desenvolver uma identidade de grupo mesmo sem se conhecerem pessoalmente. Hackman e Katz (2010) afirmam, na verdade, que a natureza dos grupos vem se desenvolvendo devido aos avanços da tecnologia. Eles observam que os grupos tendiam a se manter intactos e estáveis em termos de limites, já a participação em grupos modernos se modifica continuamente. Grupos tradicionais costumavam ter um líder designado, já que os grupos modernos operam normalmente em sistema de autogestão, com liderança compartilhada. Da mesma forma, grupos tradicionais tendem as ser criados em hierarquia de cima para baixo, já grupos modernos se reúnem espontaneamente para explorar interesses em comum. Será interessante observar se essas mudanças terão impacto na maneira como os grupos se organizam.

Comportamento individual e em grupos: o caso do efeito espectador

Imagine que você tenha uma saúde precária e que passe a vida se preocupando em relação a se alguém se adiantará para oferecer-lhe ajuda se houver necessidade. Você se sentiria mais seguro se estivesse junto a grupos maiores? Afinal de contas, há "segurança nos números". Logicamente, à medida que o tamanho do grupo se eleva, aumenta-se a probabilidade de haver no cenário um bom samaritano. Ou não? Vimos anteriormente que o comportamento humano não é necessariamente lógico. Quando se trata de comportamento de ajuda, muitos estudos descobriram um paradoxo evidente chamado *efeito espectador*: **as pessoas têm menos probabilidade de oferecer a necessária ajuda quando estão em grupos do que quando estão sozinhas.**

A prova de que sua probabilidade de obter ajuda *diminui* à medida que o tamanho do grupo se eleva foi descrita pela primeira vez por John Darley e Bibb Latané (1968), que realizavam pesquisas sobre os determinantes do comportamento de ajuda. No estudo de Darley e Latané, estudantes em cabinas individuais ligadas por um intercomunicador participavam de grupos de debate de três tamanhos. Logo, no início da discussão, um estudante que era um cúmplice na experiência mencionou hesitantemente que era propenso a sofrer um ataque. Posteriormente na discussão, o mesmo cúmplice simulou um sério ataque e gritou pedindo ajuda. Apesar de a maioria dos participantes procurar ajuda para o estudante, a tendência para procurar ajuda *diminuiu* com o aumento do tamanho do grupo.

Tendências similares foram observadas em muitas outras experiências, nas quais mais de 6 mil sujeitos tiveram oportunidades de reagir a aparentes emergências, que incluíam incêndios, ataques de asma, desmaios, colisões e pneus furados, bem como necessidades menos urgentes, como atender à porta ou pegar objetos que um estranho deixou cair. Reunindo os resultados dessa pesquisa, Latané e Nida (1981) estimaram que participantes que estavam sozinhos ofereciam ajuda 75% das vezes, ao passo que sujeitos que estavam na presença de outros ofereciam ajuda somente 53% das vezes.

O que é responsável pelo efeito espectador? Uma série de fatores pode estar em ação. Por exemplo, a *difusão da responsabilidade* que ocorre em um grupo é importante. Se você estiver sozinho quando encontrar alguém que precisa de ajuda, a responsabilidade de oferecer ajuda recai certa-

---

REVISÃO 12.4

A procura do bom senso

Verifique seu entendimento sobre as implicações das pesquisas em psicologia social indicando se as asserções do senso comum relacionadas a seguir foram apoiadas por descobertas empíricas. As tendências de pesquisa resumidas neste capítulo indicam que as afirmações seguintes são verdadeiras ou falsas? As respostas encontram-se no Apêndice A.

_____ 1. De maneira geral, ao formar suas impressões sobre os outros, as pessoas não julgam um livro por sua capa.

_____ 2. Quando se trata de atração, pássaros de mesma plumagem se agrupam.

_____ 3. No campo do amor, os opostos se atraem.

_____ 4. Se for você o alvo da persuasão, ser prevenido é armar-se antecipadamente.

_____ 5. Quando se precisa de ajuda, há segurança nos números.

mente sobre seus ombros. Porém, se outras pessoas estiverem presentes, a responsabilidade será dividida entre vocês, e tudo que talvez digam é "Outra pessoa ajudará". Um reduzido senso de responsabilidade pode contribuir para outros aspectos do comportamento em grupos, como veremos a seguir.

Produtividade grupal e preguiça social

Você já dirigiu por uma estrada em obras – a passo de lesma, é claro – e irritou-se porque tantos trabalhadores parecem estar apenas perambulando? A produtividade das pessoas frequentemente decresce em grupos maiores (Latané, Williams e Harkins, 1979).

Dois fatores parecem contribuir para a reduzida produtividade individual em grupos maiores. Um fator é a *reduzida eficiência* resultante da *perda de coordenação* entre os esforços dos trabalhadores. À medida que você colocar mais pessoas na equipe responsável por um anuário, por exemplo, provavelmente criará uma quantidade cada vez maior de esforços duplicados e aumentará a frequência com que os membros do grupo acabarão trabalhando com objetivos contrários.

O segundo fator a contribuir para a baixa produtividade nos grupos envolve *esforço* em vez de eficiência. **Preguiça social (*social loafing*) é uma redução do esforço feito por indivíduos quando trabalham em grupos em comparação com quando trabalham sozinhos.** Para investigar a preguiça social, Latané et al. (1979) mediram o *output* de som produzido por sujeitos a quem foi solicitado rir ou bater palmas o mais alto que pudessem. A fim de que não pudessem ver ou ouvir outros membros do grupo, foi dito aos participantes que o estudo se preocupava com a importância do *feedback* sensorial e foi-lhes pedido que colocassem vendas e pusessem fones de ouvido através dos quais um elevado ruído era executado. Essa manobra permitia um engodo simples: os sujeitos eram levados a *acreditar* que estavam trabalhando sozinhos ou em um grupo de dois ou seis, quando o *output individual* era de fato medido.

Quando os sujeitos *achavam* que estavam trabalhando em grupos maiores, seu *output* individual diminuía. Desde que a falta de coordenação não poderia afetar o *output* individual, a diminuição da produção de som dos participantes tinha de ser atribuída ao reduzido esforço. Latané et al. também fizeram que os mesmos sujeitos batessem palmas e gritassem, em grupos de duas a seis pessoas, e descobriram uma diminuição adicional de produção que foi atribuída à perda de coordenação. A **Figura 12.15** mostra como a preguiça social e a perda de coordenação se combinaram para reduzir a produtividade à medida que o tamanho do grupo se elevava.

Assim, a preguiça social *não* é inevitável. Por exemplo: a preguiça social é reduzida quando as pessoas trabalham em grupos menores e mais coesos (Shiue; Chiu; Chang, 2010). A preguiça social também não é um problema em grupos recém-formados (Worchel, Rothgerber e Day, 2011) e em pessoas que seguem uma "ética protestante do trabalho" (Smrt e Karau, 2011). Para concluir, pesquisas sugerem que a preguiça social ocorre menos em culturas coletivistas, que estabelecem como prioridade os objetivos em grupo e a contribuição entre os membros dos grupos (Smith, 2001).

Tomada de decisão em grupos

Produtividade não é a única questão que comumente preocupa os grupos. Quando pessoas se reúnem em grupos, muitas vezes têm de tomar decisões a respeito daquilo que o grupo fará e como utilizará seus recursos. Quer seu grupo de estudo esteja decidindo que pizza encomendar, um júri que decide sobre um veredicto, ou o Congresso que decide se deve aprovar uma conta, os grupos tomam decisões. Os psicólogos sociais descobriram algumas tendências interessantes na tomada de decisão em grupo. Examinaremos brevemente duas delas: a *polarização grupal* e o *pensamento de grupo*.

Polarização grupal

Quem se volta a decisões mais cautelosas: indivíduos ou grupos? O senso comum sugere que os grupos trabalham meios-termos que anulam pontos de vista extremos dos membros. Portanto, a sabedoria coletiva do grupo deve produzir escolhas relativamente moderadas. O senso comum está correto? Para investigar essa questão, Stoner (1961) pediu que participantes isolados apresentassem suas opiniões a respeito de decisões difíceis e, depois, que os mesmos sujeitos se envolvessem em decisão grupal para chegar a um consenso. Quando Stoner comparou a opinião média dos indivíduos com suas decisões grupais geradas pela discussão, descobriu

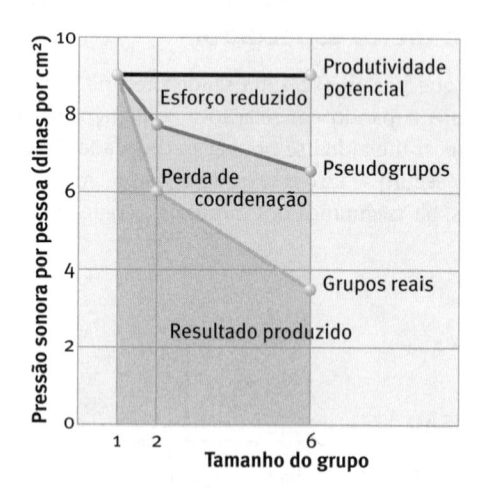

Figura 12.15 O efeito da perda de coordenação e preguiça social na produtividade de grupo.

A quantidade de som produzida por pessoa diminuiu notavelmente quando as pessoas trabalhavam em grupos reais de dois ou seis (linha cinza claro). Essa diminuição de produtividade reflete tanto perda de coordenação como preguiça social. O som por pessoa também diminuiu quando as pessoas simplesmente achavam que estavam trabalhando em grupos de dois ou seis (linha cinza escuro). Essa menor diminuição de produtividade se deve à preguiça social.

Fonte: Adaptado de Latané, B., Williams, K., Harkins, S. Many hands make light the work: the causes and consequences of social loafing. *Journal of Personality and Social Psychology*, v. 37, p. 822-832, 1979. Copyright © 1979 de American Psychological Association. Adaptado com permissão do autor.

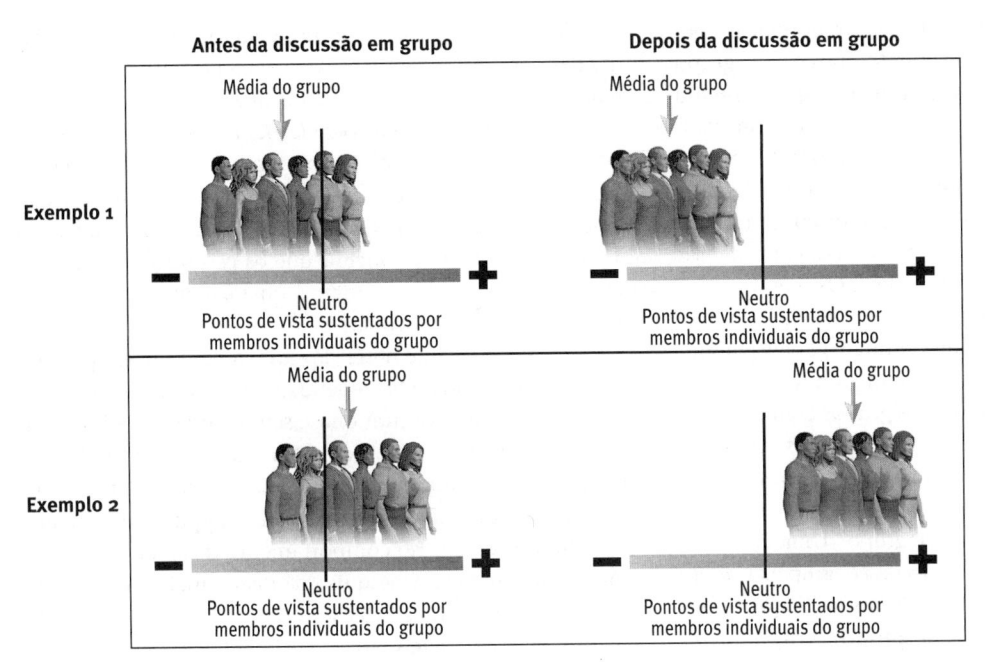

Figura 12.16 Polarização em grupos.

Dois exemplos de polarização grupal são mostrados aqui em diagrama. No primeiro exemplo (ao alto), um grupo inicialmente se posiciona de maneira ligeiramente oposta a uma ideia, mas depois da discussão há um sentimento mais forte contra a ideia. No segundo (embaixo), um grupo inicia com uma disposição favorável em relação a uma ideia, e essa disposição é fortalecida pela discussão em grupo.

que os grupos chegavam a decisões mais *arriscadas* do que as produzidas por indivíduos isolados.

Entretanto, pesquisadores concluíram, por fim, que os grupos podem se desviar para qualquer um dos caminhos, rumo ao risco ou à cautela, dependendo, de início, de qual rumo o grupo está tomando (Friedkin, 1999). Um desvio rumo a uma posição mais extrema, efeito esse chamado *polarização*, muitas vezes é o resultado da discussão em grupo (Van Swol, 2009). Dessa forma, **polarização de grupo ocorre quando a discussão em grupo fortalece o ponto de vista predominante do grupo e produz um desvio rumo a uma decisão mais extrema nessa direção** (veja **Figura 12.16**). A polarização em grupos não envolve ampliar o hiato entre as facções em um grupo, como seu nome poderia sugerir. Na verdade, ela pode contribuir para o consenso em um grupo. A polarização pode ocorrer em todos os tipos de grupo. Por exemplo: estudos recentes avaliam como a polarização dos grupos tem um papel importante na tomada de decisões de diretorias em grandes corporações (Zhu, 2013, 2014).

Pensamento de grupo

Em comparação com a polarização grupal, que é um processo normal na dinâmica de grupo, o pensamento de grupo se assemelha mais a uma "doença" que pode infectar a tomada de decisão em grupo. Ocorre *pensamento de grupo* quando os membros de um grupo coeso enfatizam a cooperação à custa do pensamento crítico para chegar a uma decisão. Como se pode imaginar, o pensamento de grupo não produz uma tomada de decisão muito eficiente. De fato, o pensamento de grupo muitas vezes leva a grandes asneiras, que podem parecer incompreensíveis depois do fato. Irving Janis (1972) descreveu pela primeira vez o pensamento de grupo na tentativa de explicar como o presidente John F. Kennedy e seus conselheiros poderiam ter calculado tão mal ao decidirem invadir Cuba pela Baía dos Porcos em 1961. A tentativa de invasão fracassou por completo e pareceu incrivelmente mal concebida. Aplicando seus muitos anos de pesquisa em dinâmicas de grupo ao fiasco da Baía dos Porcos, Janis desenvolveu um modelo de pensamento de grupo.

Muitos tipos de grupo têm de chegar a decisões coletivas. A dinâmica social das decisões em grupo é complicada, e uma variedade de fatores pode minar a efetiva tomada de decisão.

Quando grupos são tomados pelo pensamento de grupo, os membros suspendem seu julgamento crítico, e o grupo começa a censurar as discordâncias à medida que aumenta a pressão para haver conformidade. Logo, todos começam a pensar de modo igual. Além disso, "guardiões da mente" tentam proteger o grupo de informações que contradigam a opinião do grupo. Se a opinião do grupo for contestada de fora, as vítimas do pensamento de grupo tendem a pensar em termos simplistas de "nós contra eles". Os membros começam a superestimar a unanimidade do mesmo grupo, e passam a ver o grupo externo como inimigo. O pensamento de grupo também promove uma coleta incompleta de informações. Assim como os indivíduos, os grupos com frequência exibem uma tendência de confirmação, pois tendem a buscar e focar informações que apoiem suas visões iniciais (Schulz-Hardt et al., 2000).

O que provoca o pensamento de grupo? Uma condição prévia fundamental é uma elevada coesão grupal. **Coesão grupal refere-se à força das relações de simpatia que ligam os membros do grupo entre si e ao próprio grupo**. Membros de grupos coesos são estritamente unidos, são comprometidos, têm "espírito de equipe" e são leais ao grupo. A coesão em si não é ruim. Ela pode ajudar grupos a realizar coisas grandiosas. Mas Janis sustenta que o perigo do pensamento de grupo é maior quando os grupos são altamente coesos. O pensamento de grupo também é mais frequente quando um grupo trabalha em relativo isolamento, quando sua estrutura de poder é dominada por um líder forte e diretivo e quando ele está sob pressão para tomar uma decisão importante rapidamente. O pensamento de grupo pode atrapalhar diversos tipos de decisão. Por exemplo: estudos analisaram como o pensamento de grupo pode ter contribuído para decisões calamitosas como a de continuar no Monte Everest em 1996 (discutida no início do Capítulo 9) e para a violência contra os prisioneiros no campo de Abu Ghraib, no Iraque (Burnette, Pollack e Forsyth, 2011; Post, 2011).

12.7 REFLETINDO SOBRE OS TEMAS DO CAPÍTULO

12.7 OBJETIVOS PRINCIPAIS DE APRENDIZAGEM
- Identificar os quatro temas destacados neste capítulo.

Empirismo
Causalidade multifatorial
Herança cultural
Subjetividade da experiência

Nossa discussão sobre psicologia social constituiu uma análise mais profunda sobre quatro de nossos sete temas de destaque: o compromisso da psicologia com o empirismo, a importância dos fatores culturais, a causalidade multifatorial e a extensão em que a experiência que as pessoas têm do mundo é altamente subjetiva. Vamos primeiro considerar as virtudes do empirismo.

É fácil questionar a necessidade de fazer pesquisas científicas sobre o comportamento social, porque os estudos de psicologia social muitas vezes parecem comprovar o senso comum. Embora a maioria das pessoas presumivelmente não queira inventar as próprias teorias sobre a visão em cores ou questionar a importância do sono REM, todos têm convicções a respeito da natureza do amor, de como convencer os outros e dos limites da obediência. Portanto, quando estudos demonstram que a credibilidade aumenta a persuasão, ou que a boa aparência facilita a atração, é tentador concluir que os psicólogos sociais vão muito longe para documentar o óbvio, e alguns críticos dizem: "Por que se preocupar?".

Você viu o porquê neste capítulo. A pesquisa em psicologia social tem mostrado repetidamente que as previsões da lógica e do senso comum quase sempre estão erradas. Consideremos apenas alguns exemplos. Até mesmo especialistas em psiquiatria falharam em termos de prever a notável obediência à autoridade desvendada na pesquisa de Milgram. O efeito espectador no comportamento de ajuda viola a fria lógica matemática. A pesquisa da dissonância mostrou que depois de uma séria iniciação, quanto maior o desapontamento, mais favoráveis são os sentimentos das pessoas. Esses princípios desafiam o senso comum.

Assim, a pesquisa sobre o comportamento social fornece significativas amostras de por que os psicólogos confiam no empirismo. A moral da história da psicologia social é esta: embora a pesquisa científica frequentemente apoie ideias baseadas no senso comum e na lógica, não podemos contar com esse resultado. Se os psicólogos quiserem obter um sólido entendimento dos princípios que regem o comportamento, eles terão de realizar um teste empírico para suas ideias.

Nossa abordagem da psicologia social também demonstrou mais uma vez que o comportamento é caracterizado tanto por variâncias como por invariâncias sociais. Apesar de fenômenos sociais básicos, como estereotipagem, atração, obediência e conformidade, provavelmente ocorrerem em todas as partes do mundo, estudos interculturais do comportamento social mostram que as descobertas de pesquisa em amostras norte-americanas podem não se generalizar de maneira precisa para outras culturas. Nossa discussão do comportamento social também demonstrou mais uma vez que o comportamento é determinado por múltiplas causas. Por exemplo, vimos como uma variedade de fatores influencia os processos da percepção pessoal, a atração interpessoal e a persuasão.

A pesquisa em psicologia social também é excepcionalmente bem adequada para defender o ponto de vista de que a visão que as pessoas têm do mundo é altamente pessoal e subjetiva. Neste capítulo, vimos como a aparência física pode influenciar as percepções sobre a capacidade ou personalidade de uma pessoa, como esquemas sociais podem levar as pessoas a ver aquilo que esperam ver em suas interações com os outros, como a pressão para se conformar pode fazer as pessoas começarem a duvidar de seus sentidos, e como o pensamento de grupo pode levar seus membros por um perigoso caminho de ilusões compartilhadas.

12.8 APLICAÇÃO PESSOAL
Comprendendo o preconceito

Responda às seguintes questões com "verdadeiro" ou "falso."
___ 1 Preconceito e discriminação são a mesma coisa.
___ 2 Estereótipos são sempre negativos ou pouco lisonjeiros.
___ 3 Grupos étnicos e raciais são os únicos alvos difundidos de preconceito na sociedade moderna.

O preconceito é um grande problema social. Ele pode prejudicar o autoconceito das vítimas, suprimir seu potencial, criar um enorme estresse na vida delas, causar depressão e outros problemas de saúde mental, bem como provocar tensão e debates entre grupos (Cox et al., 2012; Inzlicht e Kang, 2010). E muito pior: estereótipos raciais podem levar a decisões perigosas (e terríveis) em fração de segundos, quando as pessoas acham ter visto uma arma que não existe (Payne, 2006). Considerando esses problemas, é compreensível que as pesquisas sobre preconceito tenham crescido substancialmente nas últimas décadas (Biernat e Danaher, 2013). O primeiro passo para reduzir o preconceito é entender suas raízes. Portanto, nessa Aplicação, nos esforçaremos para obter melhor entendimento de por que o preconceito é tão comum. No decorrer da exposição, você saberá as respostas para as sentenças enunciadas anteriormente.

Em nossa sociedade moderna, o preconceito normalmente se manifesta nas breves interações diárias e aparentemente rotineiras que demonstram aquilo que pode ser denominado "perceptível inferioridade" de determinados grupos. Esses pequenos insultos, muitas vezes sem intenção, são caracterizados como *microagressões* (Sue, 2010). Exemplos incluem um indivíduo branco prestando serviços de maneira mais amistosa para um cliente branco que para um cliente de grupos de minoria, recusando-se a se sentar ao lado de um membro de alguma minoria em um trem ou ônibus ou de um homem acreditando que uma mulher não seja capaz de realizar operações matemáticas, e assim por diante. Infelizmente, as pesquisas indicam que tais microagressões têm efeito substancial e cumulativo na autoestima e no bem-estar dos indivíduos (Nadal et al., 2014; Ong et al., 2013).

Preconceito e discriminação são conceitos estritamente relacionados, mas não são intercambiáveis. *Preconceito* **é uma atitude negativa em relação a membros de um grupo.** À semelhança de outras atitudes, o preconceito pode incluir três componentes (veja **Figura 12.17**): crenças ("Os baianos, em sua maioria, são preguiçosos"), emoções ("Detesto judeus") e disposições comportamentais ("Eu não contrataria um argentino"). O preconceito racial e étnico recebe a maior parte da publicidade, mas o preconceito não se limita a grupos étnicos. As mulheres, os homossexuais, os idosos, os deficientes físicos, cidadãos sem moradia e os deficientes mentais também são alvos de generalizado preconceito (Fiske e Tablante, 2015). Dessa forma, muitas pessoas mantêm atitudes preconceituosas em relação a um ou outro grupo, e muitos têm sido vítimas de preconceito.

O preconceito pode levar à *discriminação*, **que envolve comportar-se diferentemente, em geral de maneira injusta, em relação aos membros de um grupo.** O preconceito e a discriminação tendem a andar de mãos dadas, mas as atitudes e o comportamento não se correspondem necessariamente (veja **Figura 12.18**). Em nossa discussão, nos concentraremos primeiro na atitude de preconceito. Vamos começar olhando para os processos na percepção da pessoa que promove o preconceito.

> **12.8 OBJETIVOS PRINCIPAIS DE APRENDIZAGEM**
> - Relacionar os processos de percepção das pessoas e a influência atribuída ao preconceito.
> - Relacionar formação de atitudes e competição dentro e fora dos grupos ao preconceito.

Estereótipos

Talvez nenhum fator desempenhe um papel tão importante no preconceito quanto os *estereótipos*. Entretanto, estereótipos não são necessariamente negativos. Embora os estereótipos não sejam inevitavelmente negativos, muitas pessoas subscrevem estereótipos depreciativos de vários grupos étnicos. Estudos sugerem que os estereótipos raciais negativos diminuíram no decorrer dos últimos 50 anos, mas eles não são uma coisa do passado. De acordo com uma variedade de investigadores, o racismo moderno simplesmente tornou-se mais sutil (Fiske e Tablante, 2015).

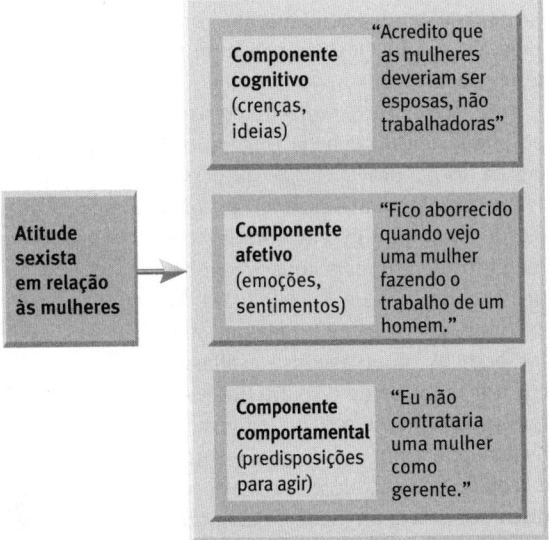

Figura 12.17 Os três componentes potenciais do preconceito como uma atitude.

As atitudes consistem em até três componentes. O modelo tríplice dos componentes da atitude, aplicado ao preconceito contra as mulheres, vê o sexismo como crenças negativas sobre elas (componente cognitivo), que leva a reações emocionais (componente afetivo), e cria uma prontidão a discriminá-las (componente comportamental).

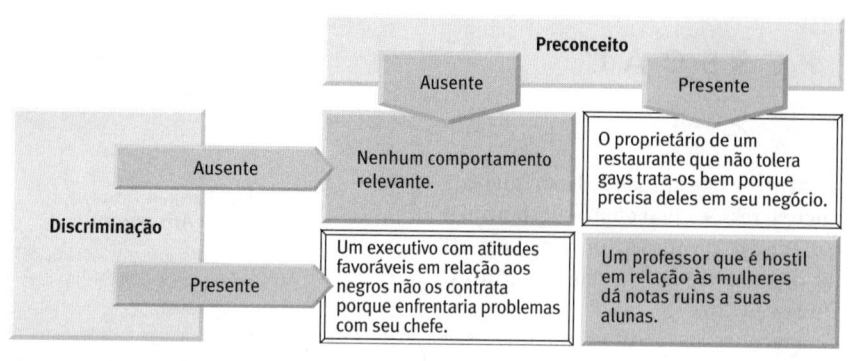

	Preconceito	
Discriminação	Ausente	Presente
Ausente	Nenhum comportamento relevante.	O proprietário de um restaurante que não tolera gays trata-os bem porque precisa deles em seu negócio.
Presente	Um executivo com atitudes favoráveis em relação aos negros não os contrata porque enfrentaria problemas com seu chefe.	Um professor que é hostil em relação às mulheres dá notas ruins a suas alunas.

Figura 12.18 Relação entre preconceito e discriminação.
Como mostram esses exemplos, pode existir preconceito sem discriminação e discriminação sem preconceito. Nas células brancas, há uma disparidade entre atitude e comportamento.

Na verdade, as pesquisas indicam que os estereótipos prejudiciais são tão penetrantes e insidiosos que frequentemente operam automaticamente, mesmo em pessoas que verdadeiramente renunciam ao preconceito (Forscher e Divine, 2014). Dessa maneira, um heterossexual que rejeite o preconceito contra homossexuais ainda pode se sentir desconfortável ao se sentar próximo de um casal gay em um ônibus, não obstante considerar sua reação imprópria.

Estereótipos negativos podem não apenas levar ao preconceito e à discriminação, mas também são úteis para justificá-los (Crandall et al., 2011). Por exemplo: a falta de indivíduos representantes de minorias em uma força policial pode ser justificada com a alegação de que eles não passaram nos testes de seleção.

Os estereótipos também persistem porque a *subjetividade* da percepção da pessoa torna provável que as pessoas vejam aquilo que esperam ver quando de fato entram em contato com membros de grupos ao qual veem com preconceito (Fiske e Russel, 2010). Por exemplo, Duncan (1976) fez que sujeitos brancos observassem e avaliassem em um monitor de TV uma interação que supostamente se dava ao vivo (na realidade, era um videotape), e variava a raça da pessoa que entrava em uma discussão e dava um pequeno empurrão em outra pessoa. O empurrão era codificado como "comportamento violento" por 73% dos participantes quando o ator era negro, mas por somente 13% quando o ator era branco. Como observamos antes, as percepções das pessoas são altamente subjetivas. Devido a estereótipos, até mesmo a "violência" pode mentir aos olhos do observador.

Atribuições influenciadas

Os processos de atribuição também podem ajudar a perpetuar estereótipos e preconceitos. Pesquisas que seguem o curso do modelo de atribuição de Weiner (1980) mostraram que as pessoas frequentemente fazem *atribuições tendenciosas para o sucesso e o fracasso*. Por exemplo, homens e mulheres não obtêm crédito igual por seu sucesso (Swim e Sanna, 1996). Os observadores muitas vezes diminuem o sucesso de uma mulher atribuindo-o à boa sorte, dedicado esforço ou facilidade da tarefa (exceto em tarefas femininas tradicionais). Em comparação, o sucesso de um homem tem maior probabilidade de ser atribuído à sua notável capacidade (veja **Figura 12.19**). Por exemplo: um estudo recente indica que, quando homens e mulheres participam em conjunto de uma tarefa estereotipicamente "masculina", tanto eles quanto elas subestimam as contribuições femininas (Haynes e Heilman, 2013). Tais padrões influenciados de atribuição ajudam a sustentar o estereótipo de que homens são mais competitivos que mulheres.

Lembre-se de que o *erro fundamental de atribuição* é uma tendência para explicar eventos apontando para as características pessoais dos atores como as causas (atribuições internas). As pesquisas sugerem que as pessoas têm uma especial probabilidade de cometer esse erro quando avaliam alvos de preconceito (Hewstone, 1990). Dessa forma, quando as pessoas notam bairros étnicos dominados por crime e pobreza, as qualidades pessoais dos habitantes são a causa desses problemas, enquanto outras explicações que enfatizam fatores situacionais (discriminação no emprego, fraco policiamento etc.) são minimizadas ou ignoradas.

Formando e conservando atitudes preconceituosas

Se o preconceito é uma atitude, de onde ela vem? Muitos preconceitos parecem ser transmitidos como um legado dos pais (Killen, Richardson e Kelly, 2010). Pesquisas sugerem que as atitudes raciais dos pais com frequência influenciam as atitudes raciais dos filhos especialmente quando os pais demonstram intenso preconceito (Jackson, 2011). Essa transmissão de preconceito

Membros de muitos grupos são vítimas de preconceitos. Além das minorias raciais, outros grupos também são estereotipados e discriminados, como homossexuais, mulheres, moradores de rua e obesos.

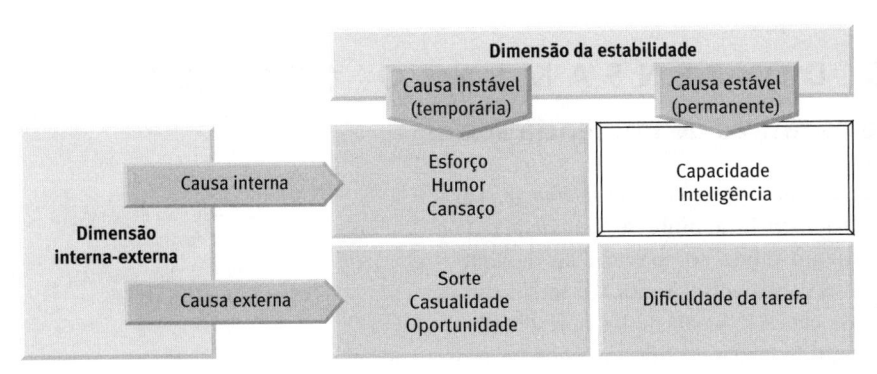

Figura 12.19 Tendenciosidade nas atribuições usadas para explicar o sucesso e o fracasso de homens e mulheres.

As atribuições a respeito dos dois sexos muitas vezes diferem. Por exemplo, os sucessos dos homens tendem a ser atribuídos à sua capacidade e inteligência (célula branca), ao passo que os das mulheres, a trabalho árduo, boa sorte ou pouca dificuldade da tarefa (células cinza). Essas tendenciosidades atributivas ajudam a perpetuar a crença de que os homens são mais competentes que as mulheres.

através das gerações presumivelmente depende até certo ponto da *aprendizagem por observação*. Por exemplo, se um garoto ouvir seu pai ridicularizar homossexuais, essa exposição à atitude de seu pai provavelmente afetará sua atitude em relação a gays. Se o garoto for então à escola e fizer observações ofensivas sobre gays que sejam reforçadas por aprovação de seus colegas, seu preconceito será fortalecido por meio do *condicionamento operante*. Embora o papel dos pais seja claramente importante, à medida que as crianças crescem, seu grupo de amigos passa a ser mais influente que os pais ou que figuras de autoridade (Killen e Hitti; Mulvey, 2015). Assim como os pais, os colegas podem induzir tanto ao preconceito quanto a atitudes igualitárias, dependendo dos pontos de vista que defendam. É claro que as atitudes preconceituosas não são adquiridas apenas pela experiência direta. Retratações estereotipadas de vários grupos na mídia também podem provocar atitudes preconceituosas (Mutz e Goldman, 2010).

Competição entre grupos

Uma das explicações mais simples e antigas para o preconceito é que a competição entre grupos pode provocar animosidade. Se dois grupos competem por recursos escassos, como bons empregos e casas acessíveis, o ganho de um grupo significa a perda do outro. A *teoria do conflito realista entre grupos* afirma que a hostilidade e o preconceito entre os grupos são um produto natural da feroz competição entre eles.

Um estudo clássico em Robbers' Cave Sate Park, em Oklahoma, apoiou essa teoria muitos anos atrás (Sherif et al., 1961). Os sujeitos eram meninos brancos com 11 anos, que frequentavam um acampamento de férias de três semanas no parque e não sabiam que os monitores eram na verdade pesquisadores (os pais dos meninos sabiam). Os meninos foram divididos aleatoriamente em dois grupos. Durante a primeira semana, os meninos conheceram os outros membros do grupo por meio de atividades típicas de um acampamento e desenvolveram uma identidade grupal, escolhendo os nomes de Rattlers e Eagles. Na segunda semana, os Rattlers e os Eagles foram colocados em uma série de situações competitivas, como jogos de futebol americano, caça ao tesouro e cabo de guerra, com troféus e outros prêmios. Como prevista pela teoria do conflito realista entre grupos, sentimentos hostis logo surgiram entre os dois grupos, quando brigas irromperam no horário das refeições, alojamentos foram invadidos e bandeiras dos grupos foram queimadas.

Se competições entre grupos inocentes de crianças por prêmios triviais podem provocar hostilidade, imagine o que pode acontecer quando adultos de diferentes contextos lutam por recursos genuinamente importantes. Pesquisas mostram repetidas vezes que o conflito por recursos escassos instiga o preconceito e a discriminação (Esses, Jackson e Bennet-AbuAyyash, 2010). Na verdade, mesmo a simples *percepção* da competição pode gerar preconceito (Zarate et al., 2004).

A divisão do mundo em grupos internos e externos

Como descrito ao longo do capítulo, quando as pessoas se reúnem em grupos, muitas vezes dividem o mundo social em "nós *versus* eles", ou em *grupos internos versus grupos externos*. Essa distinção tem profundo impacto sobre a maneira como as pessoas percebem, avaliam e se lembram das outras (Dovidio e Gaertner, 2010). As pessoas tendem a pensar de modo simplista sobre grupos externos. Tendem a perceber a diversidade entre os membros do próprio grupo, mas superestimam a homogeneidade dos grupos externos (Boldry, Gaertner e Quinn, 2007). Em nível simples e concreto, a essência desse processo pode ser definida pela frase "eles todos se parecem". A ilusão de homogeneidade no grupo externo facilita a existência de crenças estereotipadas sobre seus membros (Rubin e Badea, 2012). Além disso, como se pode imaginar, as pessoas têm tendência a avaliar membros de grupos externos de maneira menos favorável que membros do grupo interno (Fiske e Tablante, 2015). As pessoas comumente depreciam grupos externos, ou seja, os "criticam duramente" de maneira a se sentir superiores a eles.

Embora a hostilidade para com grupos externos seja fonte de grande discriminação, uma análise recente reforça de maneira convincente a afirmação de que fenômenos mais sutis e menos ofensivos de favoritismo de grupos internos são responsáveis por boa parte da discriminação que ocorre na sociedade moderna (Greenwald e Pettigrew, 2014). Favorecer membros de grupos internos em contratações, promoções, oportunidades de obter boa moradia etc. é algo extremamente comum. Como não se trata de atitudes movidas por má intenção ou desrespeito, elas não parecem contestáveis. Mas a mera frequência do favoritismo em grupo pode torná-lo uma fonte mais generalizada de discriminação que a hostilidade contra grupos externos.

12.9 APLICAÇÃO DO PENSAMENTO CRÍTICO
Analisando a credibilidade e as táticas de influência social

> **12.9 OBJETIVOS PRINCIPAIS DE APRENDIZAGEM**
>
> • Identificar critérios válidos para avaliação da credibilidade e reconhecer estratégias-padrão de influência social.

Não há meio de evitar os esforços constantes e intermináveis dos outros em moldar suas atitudes e comportamentos. Nessa Aplicação, discutiremos dois tópicos que podem fortalecer sua resistência à manipulação. Em primeiro lugar, esboçaremos algumas ideias que serão úteis na avaliação da credibilidade de uma fonte persuasiva. Em segundo lugar, descreveremos algumas estratégias de influência social amplamente usadas e que valem a pena ser conhecidas.

Avaliando a credibilidade

O vendedor da loja de alimentos naturais jura que determinada combinação de ervas melhora a memória e ajuda as pessoas a permanecer saudáveis. Um cantor popular agencia uma central telefônica de apoio psicológico, em que os operadores podem "realmente ajudar" com as importantes questões da vida. Palestrantes em uma reunião de uma "sociedade de história" alegam que o Holocausto jamais aconteceu. Esses são apenas alguns exemplos da vida real de como as pessoas tentam persuadir o público a acreditar em algo. Nesses exemplos, o "algo" em que se espera que as pessoas acreditem vão contra a visão convencional ou científica, mas quem pode afirmar quem está certo? Afinal de contas, as pessoas têm direito às próprias opiniões, não é mesmo?

Sim, as pessoas *têm* direito às próprias opiniões, mas isso não significa que todas as opiniões são igualmente válidas. Algumas são bem erradas, e outras altamente questionáveis. As pessoas não são igualmente críveis. Ao decidir no que acreditar, é importante examinar com cuidado as evidências apresentadas e a lógica dos argumentos que apoiam a conclusão (veja Aplicação do Pensamento Crítico, Capítulo 9). Ao decidir no que acreditar, também é necessário decidir *em quem* acreditar – uma tarefa que requer a avaliação da credibilidade da fonte de informação. Examinemos algumas questões que podem servir de guia nesse processo.

A fonte tem um interesse no ponto em questão? Se a fonte se beneficiará de algum modo ao convencê-lo de alguma coisa, você precisa ter uma atitude cética. Nos exemplos apresentados aqui, é fácil ver como o vendedor e o cantor popular se beneficiarão se você adquirir os produtos que eles estão vendendo, mas, e a suposta sociedade histórica? Como os membros se beneficiarão convencendo grandes quantidades de pessoas de que o Holocausto nunca aconteceu? Como o vendedor e o cantor, eles também estão vendendo algo – nesse caso, uma visão específica da história que, eles esperam, influenciará os eventos futuros de determinada maneira. É claro que o fato de essas fontes terem um interesse na questão não significa necessariamente que seus argumentos sejam inválidos. Mas a credibilidade de uma fonte precisa ser avaliada com cuidado extra quando a pessoa ou o grupo tem algo a ganhar.

Quais são as credenciais da fonte? A pessoa tem algum treinamento especial, uma formação avançada, ou qualquer outra base para alegar conhecimento especial sobre o assunto? O treinamento usual para um vendedor ou cantor não inclui como acessar resultados de pesquisas em diários médicos nem como avaliar alegações de poderes psíquicos. Aqueles que negam o Holocausto são mais difíceis de ser avaliados. Alguns deles estudaram história e escreveram livros sobre o tópico. Contudo, as publicações são em sua maioria independentes; e poucos desses "especialistas" têm cargos em universidades respeitáveis onde os acadêmicos estão sujeitos a avaliações dos colegas. Isso *não* quer dizer que credenciais legítimas garantam a credibilidade da fonte, mas elas tendem a ser associadas à credibilidade.

A informação é muito inconsistente com a visão convencional da questão? O fato de apenas ser diferente da corrente principal certamente *não* faz que a conclusão seja errada. Mas alegações que variam radicalmente da maioria das outras informações sobre determinado assunto devem acender uma luz de alerta que leva a um exame cuidadoso. Tenha em mente que charlatães e profissionais de marketing costumam ser bem-sucedidos porque tentam persuadir as pessoas a acreditar nas coisas que elas querem acreditar. Não seria maravilhoso se pudéssemos, sem nenhum esforço, melhorar nossa memória, prever o futuro, comer de tudo e ainda perder peso, e ganhar centenas de dólares por hora trabalhando em casa? E não seria bom se o Holocausto jamais tivesse acontecido? É importante ser cuidadoso com os pensamentos fantasiosos.

Qual foi o método de análise usado para chegar à conclusão? Os provedores de curas milagrosas e aconselhamento psíquico inevitavelmente se apoiam em evidências anedóticas. Mas você já aprendeu sobre os perigos e a falta de credibilidade da evidência anedótica (ver Aplicação do Pensamento Crítico, Capítulo 2). Um método usado com muita frequência por charlatães é enfraquecer a credibilidade da informação convencional focando em inconsistências triviais. Essa é uma entre muitas estratégias utilizadas pelas pessoas que argumentam que o Holocausto nunca aconteceu. Elas questionam a credibilidade de milhares de documentos históricos, fotos, artefatos e testemunhos de um incontável número de pessoas, destacando pequenas inconsistências nos registros históricos relativas a questões sem importância, como o número de pessoas transportadas para um campo de concentração em determinada semana, ou a quantidade de corpos jogados fora em um único dia (Shermer, 1997). Algumas inconsistências são exatamente o que se deve esperar quando colocamos juntos múltiplos relatos de fontes que trabalham com diferentes partes de informações incompletas. Mas a estratégia de focar em inconsistências triviais é um método-padrão para levantar dúvidas a respeito de informações críveis.

Reconhecendo as estratégias de influência social

Vale a pena entender as estratégias de influência social porque os anunciantes, vendedores e captadores de donativos – isso para não mencionar amigos e vizinhos – frequentemente as utilizam para manipular o comportamento das pessoas. Vamos examinar quatro estratégias básicas: a técnica "pé na porta"; o uso impróprio da norma de reciprocidade; a técnica "bola murcha"; e escassez simulada.

Os vendedores ambulantes há muito reconheceram a importância de obter uma *pequena* colaboração de seus alvos (colocar "um pé na porta"), antes de atingi-los com a verdadeira venda. A *técnica "pé na porta"* consiste em fazer que as pessoas concordem com um pequeno pedido para aumentar a chance de que concordem com um pedido maior posteriormente. Essa técnica é muito usada em todos os setores. Por exemplo, captadores de donativos costumam primeiro pedir às pessoas que apenas assinem uma petição.

Em um dos primeiros estudos sobre a técnica "pé na porta" (Freedman e Fraser, 1966), o pedido maior era que as donas de casa deixassem uma equipe de seis homens que pesquisavam sobre bens de consumo entrar na casa delas para classificar *todos* os produtos que elas tinham em casa. Apenas 22% dos sujeitos de controle aceitaram esse último pedido. Contudo, quando o mesmo pedido foi feito três dias depois, após um pedido menor (responder a algumas perguntas sobre preferências de sabão), 53% dos participantes concordaram com o pedido maior. Por que a técnica do pé na porta funciona? Segundo Burger (1999), uma variedade de processos contribui para sua eficácia, incluindo a tendência de as pessoas tentarem se comportar de modo consistente (com sua resposta inicial) e a relutância em renegar seus sensos de compromisso com a pessoa que fez o pedido inicial.

A maioria das pessoas foi socializada a acreditar na **norma da reciprocidade – a regra de que devemos retornar o que recebemos dos outros**. Robert Cialdini (2008) escreveu extensivamente acerca do modo como a norma da reciprocidade é utilizada em esforços de influência social. Por exemplo, grupos de captação de donativos rotineiramente enviam etiquetas de endereço, chaveiros e outros pequenos presentes com seus pedidos. Vendedores que usam o princípio da reciprocidade distribuem amostras grátis a possíveis clientes. Quando retornam alguns dias depois, a maioria dos consumidores se sente obrigada a comprar alguns de seus produtos. A regra da reciprocidade tem o objetivo de promover trocas justas em

Frequentemente, os publicitários criam escassez artificialmente para que seus produtos pareçam ser mais desejáveis.

Tabela 12.1 Habilidades do pensamento crítico discutidas neste capítulo

Habilidade	Descrição
Julgar a credibilidade de uma fonte de informação.	O pensador crítico entende que a credibilidade e a tendência são fundamentais para determinar a qualidade de informação e procura fatores como interesses, credenciais e conhecimento apropriado.
Reconhecer as estratégias de influência social.	O pensador crítico está ciente das táticas de manipulação, como as técnicas "pé na porta" e "bola murcha", o uso inapropriado da norma da reciprocidade e a escassez simulada.

interações sociais. Porém, quando as pessoas manipulam a norma da reciprocidade, elas em geral dão alguma coisa de valor mínimo na esperança de conseguir mais em retorno (Howard, 1995). Muitos golpes pela internet envolvem manipulação de reciprocidade (Muscanell, Guadagno e Murphy, 2014).

A técnica "bola murcha" é ainda mais enganosa. O nome dessa técnica deriva de uma prática comum na venda de automóveis, na qual se oferece a um consumidor uma fantástica oferta na compra de um carro. O preço faz que o consumidor se comprometa a comprar o automóvel. Logo depois que o compromisso é assumido, no entanto, o vendedor começa a revelar alguns custos escondidos. O consumidor descobre que as opções supostamente incluídas no preço original na verdade custarão mais, ou que a prometida taxa baixa de financiamento "caiu por terra". Após ter se comprometido a comprar o carro, a maioria dos consumidores não deseja cancelar o negócio. Assim, a *técnica "bola murcha"* faz que alguém se comprometa com uma proposição aparentemente atraente antes que seus custos escondidos sejam revelados. As agências de automóveis não são as únicas que se utilizam dessa técnica, que é surpreendentemente eficaz (Cialdini e Griskevivius, 2010).

Alguns anos atrás, Jack Brehm (1996) demonstrou que dizer às pessoas que elas não podem ter determinada coisa apenas faz que elas a desejem ainda mais. Esse fenômeno ajuda a explicar por que as empresas costumam dar a impressão de que seus produtos estão escassos. A escassez ameaça a liberdade de escolher um produto, criando desse modo um aumento no desejo pelo produto. Os publicitários com frequência fingem a escassez para motivar a demanda por produtos. Por isso, constantemente vemos anúncios que pregam "estoques limitados," "oferta por tempo limitado," "apenas enquanto durarem os estoques," ou "o tempo está se esgotando". Como a escassez genuína, a escassez falsa pode aumentar o desejo por um produto (Cialdini e Griskevicius, 2010).

CAPÍTULO 12 – QUADRO DE CONCEITOS

PERCEPÇÃO PESSOAL

- O julgamento das pessoas pode ser distorcido pela aparência física, já que nossa tendência é associar características desejáveis de personalidade e competência a pessoas de boa aparência.
- A percepção de rostos tem grande influência e é responsável pela percepção de competência, o que pode até mesmo afetar a reação e os votos a determinado candidato.
- *Estereótipos* são crenças gerais de que as pessoas possuem determinadas características simplesmente por pertencerem a um determinado grupo.
- Os teóricos evolucionistas atribuem a tendência de categorizar as pessoas de acordo com *grupos internos* e *grupos externos* à necessidade que nossos ancestrais tinham de diferenciar rapidamente amigos de inimigos.

ATRIBUIÇÃO

Processos básicos

- *Atribuições* são conclusões que as pessoas tiram a respeito das causas dos acontecimentos e do comportamento.
- *Atribuições internas* associam as causas do comportamento a características, habilidades e sentimentos, enquanto *atribuições externas* associam as causas do comportamento a exigências situacionais e fatores ambientais.
- Segundo Weiner, as atribuições de sucesso ou fracasso podem ser analisadas em dimensões estáveis-instáveis e internas-externas.

Influências

- O *erro fundamental de atribuição* se refere à influência do observador em favor de atribuições internas ao explicar o comportamento dos outros.
- Os atores favorecem as atribuições externas ao explicar o próprio comportamento, enquanto os observadores favorecem atribuições internas.
- A influência *autorreferente* é a tendência a explicar o sucesso por meio de atribuições internas e o próprio fracasso por atribuições externas.

Modelos tradicionais de atribuição

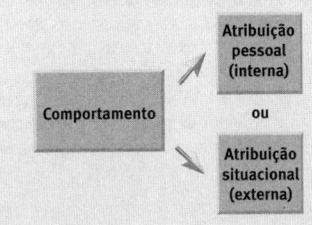

Comportamento → Atribuição pessoal (interna) ou Atribuição situacional (externa)

Modelo alternativo de duas fases de atribuição

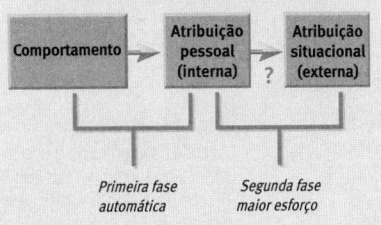

Comportamento → Atribuição pessoal (interna) → ? → Atribuição situacional (externa)

Primeira fase automática — Segunda fase maior esforço

Influências culturais

- As culturas variam em termos de *individualismo* (colocar os objetivos pessoais acima dos objetivos de grupo) e de *coletivismo* (colocar os objetivos do grupo acima dos objetivos pessoais).
- Indivíduos de culturas coletivistas aparentemente apresentam menos tendência a erro de atribuição fundamental e a tendências autorreferentes do que indivíduos de culturas individualistas.

ATRAÇÃO INTERPESSOAL

Fatores da atração

- A chave da atração romântica para ambos os gêneros é a atratividade física da outra pessoa.
- Segundo a *hipótese de compatibilidade*, homens e mulheres de aparência igualmente atraente tendem a se escolher como parceiros.
- Casais de namorados e casados tendem a apresentar diversas características semelhantes, provavelmente devido ao fato de a similaridade causar atração e de a atração intensificar a similaridade.
- Pesquisas sobre *reciprocidade* mostram que o afeto fomenta o afeto e que o amor fomenta o amor.

Perspectivas sobre o amor

- Alguns teóricos fazem distinção entre o *amor apaixonado* e o *amor companheiro*.
- Outra linha classifica o amor romântico como um *processo de ligação* e defende que os relacionamentos amorosos dos adultos refletem os padrões de vínculo da infância que se encaixam em três categorias: vínculo seguro, vínculo ansioso-ambivalente e vínculo de evitação.
- As características que as pessoas buscam em parceiros em potencial parecem transcender a cultura, mas há grandes diferenças entre as sociedades no que concerne ao amor como pré-requisito para o casamento.

Influências em termos de atração

- Embora os críticos demonstrem preocupação com o fato de os relacionamentos pela internet serem superficiais e fadados à decepção, esses relacionamentos parecem ser tão íntimos e estáveis quanto os relacionamentos estabelecidos off-line.
- O poder dos efeitos da similaridade serve de base para os sites de encontros.
- Segundo os psicólogos, alguns aspectos da boa aparência influenciam a atração por serem indicadores de condições de procriação.
- Os homens parecem ser mais interessados nos quesitos juventude e atratividade de possíveis parceiras, já as mulheres buscam melhor situação financeira em possíveis parceiros.

TEMAS PRINCIPAIS

- Empirismo
- Herança cultural
- Subjetividade da experiência
- Causalidade multifatorial

ATITUDES

ESTRUTURA DAS ATITUDES

Componentes

- O *componente cognitivo* de uma atitude é composto de crenças que as pessoas têm sobre o objeto de uma atitude.
- O *componente afetivo* de uma atitude consiste nos sentimentos emocionais estimulados por uma objeto de pensamento.
- O *componente comportamental* de uma atitude consiste em predisposições para agir de certas maneiras em direção a um objeto de atitude.

Dimensões

- *Força da atitude* refere-se a quão firmemente são mantidas as atitudes.
- *Acessibilidade da atitude* refere-se a quão frequente e quão rapidamente uma atitude vem à mente.
- *Ambivalência de atitude* refere-se a quão conflituosa uma pessoa se sente a respeito de uma atitude.

Relações com o comportamento

- A pesquisa demonstra que as atitudes são previsores medíocres do comportamento das pessoas.
- *Atitudes explícitas* são atitudes que temos conscientemente e podemos descrever prontamente, ao passo que as *atitudes implícitas* são atitudes dissimuladas que são expressas em respostas automáticas sutis. As atitudes implícitas *podem* influenciar o comportamento.

TENTANDO MUDAR AS ATITUDES

Fatores da fonte

- A persuasão tende a ser mais bem-sucedida quando uma fonte tem credibilidade, o que pode depender da perícia ou da confiabilidade.
- A aceitação também tende a aumentar o sucesso da persuasão.

Fatores da mensagem

- Os argumentos bilaterais tendem a ser mais eficazes do que as apresentações unilaterais.
- Os apelos de medo tendem a funcionar se obtiverem êxito em despertar o medo.
- A repetição de uma mensagem pode ser eficaz, talvez em função do efeito da mera exposição.

Fatores do receptor

- A persuasão é mais difícil quando o receptor é advertido sobre o esforço persuasivo.
- A resistência é maior quando as atitudes fortes são o alvo.

TEORIAS DA MUDANÇA DE ATITUDE

Teoria da aprendizagem

- O componente afetivo de uma atitude pode ser moldado pelo condicionamento clássico.
- As atitudes podem ser fortalecidas pelo reforço ou adquiridas pela aprendizagem observacional.

Teoria da dissonância

- De acordo com Festinger, a inconsistência entre as atitudes motiva a mudança de atitude.
- A teoria da dissonância pode explicar por que as pessoas às vezes passam a acreditar nas próprias mentiras.

Modelo da possibilidade de elaboração

- A *rota central* para a persuasão depende da lógica da mensagem de alguém, ao passo que a *rota periférica* depende de fatores não relacionados com a mensagem, como as emoções.
- Ambas as rotas podem levar à persuasão efetiva, porém a rota central tende a produzir a mudança de atitude mais durável.

SUBMISSÃO AOS OUTROS

Conformidade

- A pesquisa de Asch mostrou que as pessoas têm uma tendência surpreendentemente forte a se conformar.
- Asch descobriu que a conformidade torna-se mais provável à medida que o tamanho do grupo aumenta para próximo de sete membros.
- No entanto, a presença de outro dissidente no grupo reduz muito a conformidade observada.
- Os achados de Asch foram replicados em muitas culturas, com níveis de conformidade ainda mais altos nas culturas coletivistas.

Obediência

- No estudo de referência de Milgram, uma amostra de homens adultos extraídos da comunidade mostrou uma tendência notável para seguir ordens que determinavam a aplicação de choques elétricos em um desconhecido inocente, com 65% atingindo a intensidade máxima do choque.
- A generalização dos achados de Milgram resistiu ao teste do tempo, mas seu trabalho ajudou a estimular os padrões éticos mais rigorosos para a pesquisa.
- Os achados de Milgram foram replicados em muitas nações modernas, e taxas de obediência ainda mais altas foram encontradas em muitos lugares.

O poder da situação

- A simulação da Prisão de Stanford demonstrou que os papéis sociais e outras pressões situacionais podem exercer uma tremenda influência em um comportamento social.
- Como Milgram, Zimbardo mostrou que as forças situacionais podem levar pessoas normais a exibirem um comportamento surpreendentemente insensível e abusivo.

COMPORTAMENTO EM GRUPOS

- O *efeito espectador* refere-se ao fato de que as pessoas são menos passíveis de fornecer ajuda quando elas estão em grupos do que quando elas estão sozinhas por causa da difusão da responsabilidade.
- A produtividade geralmente diminui em grupos em decorrência da perda da coordenação e da *preguiça social*, que se refere ao esforço reduzido observado quando as pessoas trabalham em grupos.
- *Polarização de grupo* ocorre quando a discussão leva um grupo a adotar uma decisão mais extrema na direção na qual ele já estava pendendo.
- No *pensamento de grupo*, um grupo coeso suspende o pensamento crítico em um esforço mal direcionado para promover o acordo.

APLICAÇÕES

- O preconceito moderno tende a ser sutil e muitas vezes é manifestado em microagressões imperceptíveis.
- Os estereótipos raciais negativos diminuíram, mas eles ainda podem alimentar o racismo automático e sutil.
- Os vieses de atribuição, como a tendência em assumir que o comportamento dos outros reflete sua disposição, podem contribuir com o preconceito.
- As atitudes negativas sobre os grupos geralmente são adquiridas por meio da aprendizagem observacional e fortalecidas pelo condicionamento operante.
- A teoria do conflito do grupo realista postula que a competição entre os grupos por recursos escassos promove o preconceito.
- A invalidação do grupo externo e o favoritismo do grupo interno parecem contribuir para a discriminação.
- Para resistir aos esforços manipulativos, esteja ciente das táticas de influência social, como a técnica "pé na porta", mal uso da norma de reciprocidade, técnica "bola murcha" e escassez simulada.

Capítulo 13

Estresse, manejo e saúde

13.1 A NATUREZA DO ESTRESSE

13.2 RESPOSTAS AO ESTRESSE

13.3 ESTRESSE E SAÚDE FÍSICA

13.4 COMPORTAMENTOS QUE DEBILITAM A SAÚDE

13.5 REAÇÕES À ENFERMIDADE

13.6 REFLETINDO SOBRE OS TEMAS DO CAPÍTULO

13.7 APLICAÇÃO PESSOAL:
Melhorando as estratégias de manejo e a administração do estresse

13.8 APLICAÇÃO DO PENSAMENTO CRÍTICO:
Pensando racionalmente sobre estatísticas e decisões de saúde

Quadro de conceitos

Temas neste capítulo

Causalidade multifatorial

Subjetividade da experiência

Você está em seu carro, com um colega de classe. O tráfego está lento. O rádio anuncia que o congestionamento vai piorar. Você resmunga sobre o trânsito enquanto muda rapidamente as estações do rádio. Um motorista lhe dá uma fechada, outro quase arranca seu para-choque. Você grita com o motorista desconhecido, que nem mesmo pode ouvi-lo. Sua pulsação aumenta. Pensa no trabalho de fim de semestre que tem de fazer à noite. Sente seu estômago embrulhar só de pensar em toda a pesquisa que ainda tem de fazer, sem mencionar que você precisa estudar para o teste de matemática. Seu colega de classe pergunta como você se sente sobre o aumento da matrícula que a faculdade anunciou ontem. Você não quer pensar sobre isso; já está com muitas dívidas. Seus pais querem que você mude de escola, mas você não quer perder a companhia dos amigos. Seus batimentos cardíacos aceleram-se quando pensa na discussão que certamente terá com seus pais. Sente-se absolutamente tenso ao se dar conta de que o estresse na sua vida parece que nunca vai acabar.

Neste capítulo, discutiremos a natureza do estresse, como as pessoas lidam com esse fenômeno e seus possíveis efeitos. Nossa análise sobre o relacionamento entre o estresse e a enfermidade física nos levará a uma discussão mais ampla sobre a psicologia da saúde. A maneira como os profissionais da área de saúde avaliam a enfermidade física modificou-se consideravelmente nos últimos 20–30 anos. A visão tradicional da enfermidade física como um fenômeno puramente biológico foi suplantada por um modelo biopsicossocial de enfermidade (Friedman e Adler, 2007; Suls; Luger e Martin, 2010). **O *modelo biopsicossocial* sustenta que a doença física é causada por uma complexa interação de fatores biológicos, psicológicos e socioculturais.** Esse modelo não supõe que os fatores biológicos não sejam importantes; simplesmente afirma que esses fatores se desenvolvem em um contexto psicológico e social, e que isso também é importante.

13.1 A NATUREZA DO ESTRESSE

13.1 OBJETIVOS PRINCIPAIS DE APRENDIZAGEM

- Avaliar o impacto dos estressores secundários e as avaliações das pessoas sobre o estresse.
- Identificar quatro tipos principais de estresse.

O termo estresse é utilizado de diversas maneiras por diferentes teóricos. Definiremos *estresse* como quaisquer circunstâncias que ameaçam ou são percebidas como ameaçadoras do bem-estar e que, portanto, minam as capacidades de enfrentamento do indivíduo. A ameaça pode referir-se à segurança física imediata, à segurança em longo prazo, à autoestima, à reputação, à paz de espírito ou a várias outras coisas que a pessoa valorize. Como é um conceito complexo, vamos explorá-lo um pouco mais profundamente.

Estresse como um evento do cotidiano

A palavra estresse tende a evocar imagens de crises terríveis e traumáticas. As pessoas pensam em ataques terroristas, furacões, combates militares e acidentes nucleares. Não há dúvida de que grandes desastres como esses são eventos altamente estressantes. Os estudos realizados na sequência desses traumas em geral encontram taxas elevadas de problemas psicológicos e enfermidade física em comunidades e indivíduos afetados (Dougall e Swanson, 2011). Por exemplo, 15 meses depois de o furacão Katrina ter devastado a área de Nova Orleans, um levantamento com os residentes descobriu aumentos dramáticos nos problemas de saúde física e mental (Kim et al., 2008). Mesmo 6 *anos* após o Katrina, um estudo descobriu que as taxas de ataque cardíaco foram três vezes mais altas do que antes do furacão (Peters et al., 2014). Entretanto, grandes desastres são eventos incomuns e representam apenas uma pequena parte do que constitui o estresse. Muitos eventos cotidianos – como esperar na fila, ter um problema com o carro, comprar presentes de Natal, perder seu talão de cheques e encarar as contas que você não pode pagar – também são estressantes.

Talvez você imagine que estresses menores produzam menores efeitos, mas isso não é necessariamente verdadeiro. Uma pesquisa indica que elas podem apresentar efeitos danosos significativos sobre a saúde mental e física (Delongis, Folkman e Lazarus, 1988; Pettit et al., 2010). Um estudo recente observou se os aborrecimentos cotidianos e os eventos mais estressantes, analisados ao longo de um período de 15 anos, previam a mortalidade em uma amostra de homens mais idosos (Aldwin et al., 2014). Níveis elevados dos dois tipos de estresse estavam associados com maior índice de mortalidade, mas o impacto dos aborrecimentos era um pouco maior do que o impacto dos eventos estressantes. Por que contrariedades menores estariam relacionadas a resultados na saúde? Pode ser por causa da *natureza cumulativa* do estresse (Seta, Seta e McElroy, 2002). O estresse se acumula. O estresse rotineiro em casa, na escola e no trabalho pode ser razoavelmente benigno individualmente, mas coletivamente pode criar forte tensão. Do mesmo modo, os grandes eventos estressantes são relativamente raros, ao passo que os aborrecimentos tendem a ser uma pedra em nossos sapatos.

Avaliação: o estresse é uma questão de ponto de vista

A experiência de sentir-se estressado depende de que situações o indivíduo observa e de como ele as avalia. As avaliações são determinantes particularmente cruciais das reações de estresse (Folkman, 2011; Gomes, Faria e Gonçalves, 2013). Situações que são estressantes para uma pessoa podem ser rotineiras para outras. Por exemplo, para muitos, viajar de avião é estressante, mas quem voa constantemente pode não se incomodar com isso. Há aqueles que gostam da excitação de marcar um encontro com uma nova pessoa; outros acham terrível essa incerteza.

Ao discutir as avaliações do estresse, Lazarus e Folkman (1984) distinguem entre a avaliação primária e a secundária (veja **Figura 13.1**). A *avaliação primária* **é uma análise inicial para determinar se um evento é (1) irrelevante para você, (2) relevante, porém não ameaçador, ou (3) estressante.** Quando você vê um evento como estressante, é possível que esteja fazendo uma *avaliação secundária,* **que é uma avaliação de seus recursos e suas opções de enfrentamento para lidar com o estresse.** Assim, a avaliação primária determinaria se você percebe uma futura entrevista de emprego como estressante. A avaliação secundária determinaria quão estressante a entrevista poderia ser, em vista de sua avaliação e de sua habilidade em lidar com o evento.

Com frequência, as pessoas não são muito objetivas em suas avaliações sobre situações potencialmente estressantes. Um estudo com pacientes hospitalizados que aguardavam cirurgia mostrou apenas uma leve correlação entre a seriedade objetiva da operação que se acercava e o medo que os pacientes estavam sentindo (Janis, 1958). Algumas pessoas são claramente mais inclinadas que outras a se sentirem ameaçadas pelas dificuldades da vida. Muitos estudos verificaram que pessoas ansiosas e neuróticas relatam mais estresse que as outras (Smith, 2011 e Espejo et al., 2011), da mesma forma que aquelas relativamente infelizes (Cacioppo et al., 2008). Portanto, o estresse é uma questão de ponto de vista. As avaliações sobre situações estressantes são altamente subjetivas.

Principais tipos de estresse

Uma enorme variedade de eventos pode ser estressante para uma pessoa ou outra. Embora não sejam inteiramente independentes, os quatro principais tipos de estresse são: (1) frustração, (2) conflito, (3) mudança e (4) pressão. Ao ler sobre cada um deles, certamente reconhecerá alguns adversários bastante familiares.

Frustração

De acordo com a forma como os psicólogos usam esse termo, a *frustração* **é uma emoção que se experimenta quando a busca de um objetivo fracassa.** Em essência, você se frustra quando quer algo que não consegue obter. Todos têm de lidar com a frustração praticamente todos os dias. Congestionamentos, dificuldades diárias no transporte e motoristas irritantes, por exemplo, são uma fonte diária de frustração, que podem provocar raiva e agressão (Schaefer, 2005; Wener; Evans, 2011). Felizmente, a maior parte das frustrações é breve e irrelevante. Você se contraria muito quando vai à assistência técnica para pegar seu *notebook* que foi para o conserto e vê que ele não foi consertado conforme o combinado. Contudo, uma semana depois, terá, provavelmente, seu computador consertado e esquecerá sua frustração. Óbvio que algumas frustrações – como não ser promovido no emprego ou perder o namorado – podem ser fontes significativas de estresses.

Conflito interno

Assim como a frustração, o conflito é uma característica inevitável da vida cotidiana. A pergunta inquietante "Devo ou não devo?" aparece inúmeras vezes na vida de uma pessoa. Existe ***conflito*** **quando duas ou mais motivações ou impulsos comportamentais incompatíveis competem por expressão.** Como vimos no Capítulo 11, Sigmund Freud elaborou, há quase um século, a suposição de que os conflitos internos dão origem a considerável sofrimento psicológico.

Os conflitos aparecem em três tipos (Lewin, 1935; Miller, 1944, 1959): de aproximação-aproximação, de esquiva-esquiva e de aproximação-esquiva. Veja a esquematização na **Figura 13.2**.

Figura 13.1 Avaliação primária e secundária do estresse.

A *avaliação primária* é uma análise inicial para determinar se um evento é (1) irrelevante para você, (2) relevante, porém não ameaçador, ou (3) estressante. Quando você vê um evento como estressante, é possível que esteja fazendo uma *avaliação secundária*, que é uma análise de seus recursos e suas opções de enfrentamento para lidar com o estresse. (Com base em Lazarus e Folkman, 1984)

Figura 13.2 Tipos de conflito.

Os psicólogos identificaram três tipos básicos de conflito. Nos de aproximação-aproximação e de esquiva-esquiva, a pessoa fica dividida entre dois objetivos. Em um conflito de aproximação-esquiva há de considerar apenas um objetivo, que possui aspectos positivos e negativos.

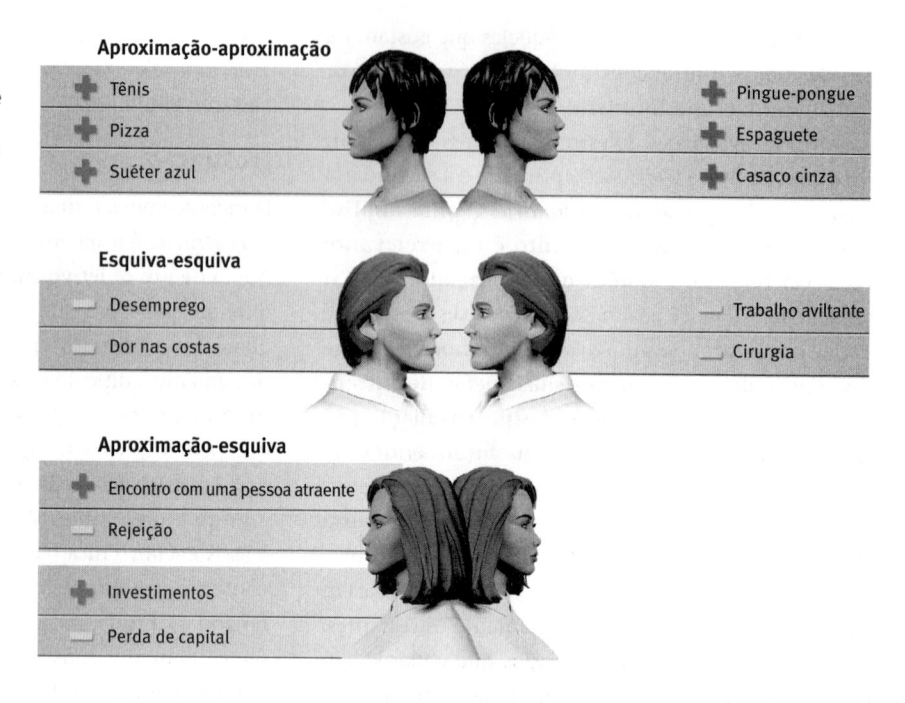

Aproximação-aproximação
- + Tênis — + Pingue-pongue
- + Pizza — + Espaguete
- + Suéter azul — + Casaco cinza

Esquiva-esquiva
- − Desemprego — − Trabalho aviltante
- − Dor nas costas — − Cirurgia

Aproximação-esquiva
- + Encontro com uma pessoa atraente
- − Rejeição
- + Investimentos
- − Perda de capital

Em um *conflito de aproximação-aproximação*, é necessário que se faça uma escolha entre dois objetivos atraentes. O problema é que você poderá escolher apenas um deles. Por exemplo, se você tiver uma tarde livre, vai jogar tênis ou pingue-pongue? Quando sai para jantar fora, come pizza ou espaguete? Você não tem dinheiro para adquirir as duas coisas, deve comprar o suéter azul ou o casaco cinza? Dos três tipos de conflito, o de aproximação-aproximação tende a ser o menos estressante; mas, apesar disso, os relacionados a questões importantes podem às vezes ser problemáticos. Se você estiver em dúvida entre duas especializações universitárias interessantes ou dois namorados atraentes, por exemplo, o processo de escolha pode ser bastante estressante.

Em um *conflito de esquiva-esquiva*, tem-se de optar entre dois objetivos não atraentes. Forçado a escolher entre duas opções repulsivas, você está, como dizem, "entre a cruz e a espada". Por exemplo: você deve continuar a viver desempregado ou aceitar aquele emprego aviltante no lava-rápido? Ou, imagine-se com dor nas costas. Você deve se submeter à cirurgia da qual morre de medo, ou continuar com a dor? É lógico que os conflitos de esquiva-esquiva são terrivelmente desagradáveis e altamente estressantes.

Em um *conflito de aproximação-esquiva* tem-se de escolher entre buscar ou não um único objetivo que tem tanto aspectos atraentes como não atraentes. Imagine, por exemplo, que lhe ofereceram uma promoção que implicará um salário muito maior, mas que o obrigará a mudar-se para uma cidade que você odeia muito. Os conflitos de aproximação-esquiva são muito comuns e podem ser muito estressantes. Toda vez que você tiver de correr riscos para buscar um resultado desejável, estará, provavelmente, vivendo um conflito de

---

REVISÃO 13.1

Identificação de tipos de conflito

Verifique seu entendimento dos três tipos básicos de conflito identificando o conflito experimentado em cada um dos seguintes exemplos. As respostas encontram-se no Apêndice A.

Exemplos

_____ 1. João não consegue decidir se aceita um trabalho enfadonho em um lava-rápido ou se continua desempregado.

_____ 2. Desiree quer ingressar em uma escola de direito de alta reputação, mas odeia arriscar a possibilidade de ser reprovada.

_____ 3. Vanessa quer comprar um carro novo e está em dúvida entre um pequeno carro esporte lindíssimo e um sedã clássico, dos quais gostou muito.

Tipos de conflito

a. aproximação-aproximação

b. esquiva-esquiva

c. aproximação-esquiva

aproximação-esquiva. Você deve correr o risco de ser rejeitado, tentando se aproximar daquela pessoa atraente da sua classe? Você deve arriscar investir suas economias em um novo negócio que pode fracassar? Conflitos de aproximação-esquiva geralmente produzem *vacilação* (Miller, 1944).

Isto é, você vai para frente e para trás, atormentado pela indecisão. Você decide prosseguir e então decide não ir, e então decide prosseguir novamente.

Mudança

Thomas Holmes e Richard Rahe introduziram a noção de que mudanças de vida – incluindo eventos positivos, como casar-se ou ser promovido – representam um tipo importante de estresse. **Mudanças de vida implicam qualquer tipo de alteração nas circunstâncias de vida de uma pessoa que exijam readaptação.** Baseados em sua teoria, Holmes e Rahe (1967) desenvolveram a Escala de Classificação de Readaptação Social (Social Readjustment Rating Scale – SRRS) para medir as mudanças de vida como forma de estresse. A escala atribui valores numéricos a 43 eventos significativos de mudança de vida, os quais supõe-se que meçam a magnitude da readaptação exigida para cada uma dessas mudanças (veja **Tabela 13.1**). Para utilizar a escala, pede-se aos sujeitos que indiquem com que frequência experimentaram cada um dos 43 eventos durante dado período (em geral, durante o último ano). Depois, somam-se os números de cada situação verificada. Esse total é um indicador da quantidade de estresse relacionado a mudanças experimentadas recentemente pela pessoa.

A escala SRRS e outras mais desse tipo têm sido utilizadas em milhares de estudos no mundo todo (Dohrenwend, 2006). Esses resultados têm revelado, de modo geral, que as pessoas com elevada pontuação na SRRS tendem a ser mais vulneráveis a diversos tipos de doenças físicas, além de vários tipos de problemas psicológicos (Scully, Tosi e Banning, 2000; Surtees; Wainwright, 2007). Esses resultados chamaram muito a atenção, e a SRRS foi veiculada em diversos jornais e revistas populares. A publicidade resultante conduziu

Tabela 13.1 Escala de classificação de readaptação social

Evento na vida	Valor médio
Morte do cônjuge	100
Divórcio	73
Separação conjugal	65
Prisão	63
Morte de familiar próximo	63
Lesão ou doença pessoal	53
Casamento	50
Demissão do emprego	47
Reconciliação conjugal	45
Aposentadoria	45
Mudança na saúde de pessoa da família	44
Gravidez	40
Dificuldades sexuais	39
Nascimento de novo membro da família	39
Readaptação nos negócios	39
Mudança de condição financeira	38
Morte de um amigo próximo	37
Mudança para diferente linha de trabalho	36
Mudança em número de discussões com o cônjuge	35
Hipoteca ou empréstimo para compra importante (casa etc.)	31
Cobrança de hipoteca ou empréstimo	30
Mudança de responsabilidades no trabalho	29
Saída de filho ou filha de casa	29
Problemas com parentes por afinidade	29
Realização pessoal extraordinária	28
Cônjuge começa ou para de trabalhar	26
Início ou final da escola	26
Mudança nas condições de vida	25
Revisão de hábitos pessoais	24
Problemas com a chefia	23
Mudança na carga horária ou nas condições de trabalho	20
Mudança de residência	20
Mudança de escola	20
Mudança no lazer	19
Mudança em atividades religiosas	19
Mudança em atividades sociais	18
Hipoteca ou empréstimo para compra (carro, TV etc.)	17
Mudança em hábitos de sono	16
Mudança em número de familiares vivendo juntos	15
Mudança em hábitos alimentares	15
Férias	13
Natal	12
Pequenas violações da lei	11

Fonte: adaptado de Holmes, T.H., & Rahe, R. (1967). The Social Readjustment Rating Scale. Journal of Psychosomastic Research, 11, 213-218. Copyright © 1967 de Elsevier Science Publishing Co. Reimpresso com permissão.

A pressão vem em duas variedades: a pressão para cumprir e a pressão para se conformar. Por exemplo, os comediantes de *stand-up* ficam sob intensa pressão para fazer o público rir (pressão para cumprir), ao passo que espera-se de muitos funcionários corporativos que se vistam de certa maneira (pressão para conformar-se).

CHECAGEM DA REALIDADE

Ideia equivocada

O estresse é algo imposto por forças externas.

Realidade

É difícil quantificar, mas uma porção significativa do estresse das pessoas é autoimposta. As pessoas costumam impor pressão a si mesmas ao aceitar trabalho extra e novos desafios. Captam a frustração ao abraçar objetivos irreais ou ao se envolver em um comportamento autodestrutivo. Também criam o estresse ao fazer avaliações irreais de eventos adversos.

à conclusão universal de que mudanças de vida são inerentemente estressantes.

Entretanto, os especialistas criticaram essas pesquisas, mencionando problemas com os métodos utilizados e com a interpretação dos resultados (Anderson; Wethington; Kamarck, 2011; Monroe, 2008). Essa é uma interessante questão de interpretação. Vários críticos coletaram evidências indicando que a SRRS não mede exclusivamente *mudanças* (Turner e Wheaton, 1995). Na verdade, ela avalia ampla variedade de tipos de experiências estressantes. Por isso, há poucas razões para acreditar que as mudanças sejam *inerente* ou *inevitavelmente* estressantes. Sem dúvida, algumas mudanças na vida podem ser bem desafiadoras, mas outras podem ser muito benéficas.

Pressão

Em algum momento da vida, a maioria das pessoas diz estar "sob pressão". O que isso significa? **A *pressão* envolve expectativas ou exigências para que a pessoa se comporte de determinada maneira.** Você está sob pressão para *cumprir* quando se espera que você execute tarefas e responsabilidades de maneira rápida e eficiente com bons resultados. Por exemplo, quem trabalha com vendas normalmente sofre pressão para aumentá-las. Comediantes de *stand-ups* sofrem grande pressão para fazer as pessoas rirem. Também são comuns em nossa vida as pressões para nos *conformarmos* às expectativas dos outros. Espera-se que os executivos vistam terno e gravata. As pessoas que moram em casas com jardins devem mantê-los sempre bem bonitos.

REVISÃO 13.2

Reconhecimento das fontes de estresse

Verifique seu entendimento sobre as maiores fontes de estresse indicando que tipo de estresse está ocorrendo em cada um dos exemplos a seguir. Lembre-se de que esses quatro tipos básicos não são mutuamente excludentes. Há possibilidade de superposição, de modo que uma experiência específica pode apresentar, por exemplo, tanto estresse de mudança como de pressão. As respostas encontram-se no Apêndice A.

Exemplos

_____ 1. Marie está atrasada para um encontro, presa na fila do banco.

_____ 2. Tamika resolveu que não ficará satisfeita se nesse ano não tirar A em todas as matérias.

_____ 3. José acabou de formar-se em administração de empresas e assumiu um trabalho novo e interessante.

_____ 4. Morris acabou de ser demitido de seu emprego e precisa encontrar outro.

Tipos de estresse

a. frustração
b. conflito
c. mudança
d. pressão

Apesar de amplamente discutido pelo público em geral, o conceito de pressão tem recebido ínfima atenção por parte dos pesquisadores. Todavia, Weiten (1988) desenvolveu uma escala para medir a pressão como forma de estresse. Na pesquisa feita com essa escala, verificou-se uma estreita relação entre pressão e uma diversidade de sintomas e problemas psicológicos. De fato, a pressão tornou-se mais fortemente relacionada a medidas de saúde mental do que a SRRS e as outras medidas estabelecidas de estresse. Além disso, um estudo de 15 anos com mais de 12 mil enfermeiros descobriu que a pressão aumentada no trabalho estava relacionada a um risco elevado para doença cardíaca (Väänänen, 2010). Os participantes que reportaram ser sua pressão no trabalho bem mais alta eram quase 50% mais propensos a desenvolver doença cardíaca do que os sujeitos que vivenciavam níveis normais de pressão.

Temos tendência a pensar na pressão como algo imposto por forças externas. No entanto, estudos de alunos do ensino médio e da faculdade descobriram que a *pressão geralmente é autoimposta* (Kouzma; Kennedy, 2004; Hamaideh, 2011). Por exemplo, você pode se inscrever em aulas extras para terminar a escola mais rapidamente. Na verdade, o estresse autoimposto não é exclusivo para a pressão. Pesquisas sugerem que outras formas de estresse também podem ser autogeradas (Roberts; Ciesla, 2007). Uma implicação desse achado é que as pessoas podem ter mais controle sobre uma porção substancial do estresse na vida delas.

13.2 Respostas ao estresse

As reações humanas ao estresse são complexas e multidimensionais (Segerstrom; O'Connor, 2012). O estresse afeta o indivíduo em vários níveis. Imagine novamente as circunstâncias descritas no início do capítulo, nas quais você está voltando para casa, o trânsito está absolutamente congestionado, você tem trabalhos de escola atrasados, aumento de mensalidade e pressão dos pais. Vejamos algumas das reações mencionadas. Quando você resmunga ao ouvir o boletim de trânsito, está experimentando uma *reação emocional* ao estresse, no caso, aborrecimento e raiva. Quando sua pulsação acelera e seu estômago fica embrulhado, está apresentando *reações fisiológicas* ao estresse. Ao gritar com o outro motorista, sua agressão verbal é uma *reação comportamental* ao estresse. Portanto, podemos analisar as reações de uma pessoa ao estresse em três níveis: (1) respostas emocionais, (2) respostas fisiológicas e (3) respostas comportamentais. A **Figura 13.3** oferece um resumo desse processo de estresse.

> **13.2 Objetivos Principais de Aprendizagem**
> - Discutir o papel das emoções positivas em resposta ao estresse e descrever os efeitos da excitação emocional.
> - Descrever a síndrome da adaptação geral de Selye e outras respostas fisiológicas ao estresse.
> - Avaliar o valor adaptativo das estratégias de enfrentamento comuns.

Respostas emocionais

Quando as pessoas estão sob estresse, com frequência reagem emocionalmente. Estudos que acompanharam diariamente estresse e humor encontraram íntimas relações entre os dois (Kiang e Buchanan, 2014; Van Eck, Nicolson e Berkhof, 1998). Além do mais, um estudo recente descobriu que os humores negativos induzidos pelo estresse podem ter implicações em longo prazo para a saúde mental (Charles et al., 2013). Nesse estudo, a reatividade emocional intensificada para o estresse diário previu a possibilidade de vivenciar transtornos de humor 10 anos depois.

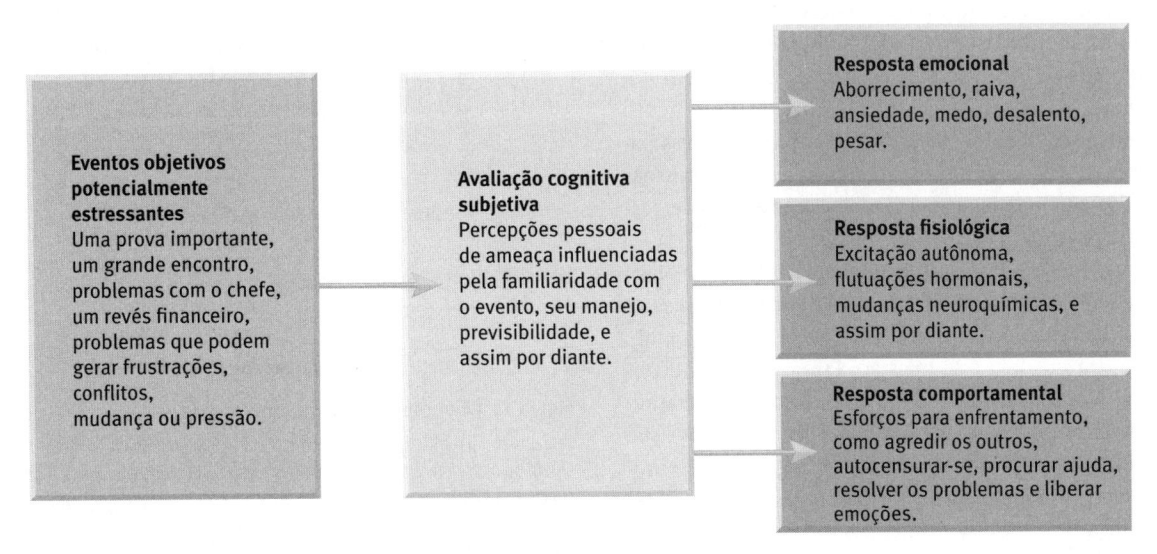

Figura 13.3 Resumo do processo de estresse.
Um evento potencialmente estressante, como uma prova muito importante, provoca uma avaliação subjetiva sobre quão ameaçador ele é. Se o evento for acompanhado de temor, pode haver reações emocionais, fisiológicas e comportamentais, uma vez que as pessoas apresentam respostas multidimensionais ao estresse.

- **Eventos objetivos potencialmente estressantes**: Uma prova importante, um grande encontro, problemas com o chefe, um revés financeiro, problemas que podem gerar frustrações, conflitos, mudança ou pressão.
- **Avaliação cognitiva subjetiva**: Percepções pessoais de ameaça influenciadas pela familiaridade com o evento, seu manejo, previsibilidade, e assim por diante.
- **Resposta emocional**: Aborrecimento, raiva, ansiedade, medo, desalento, pesar.
- **Resposta fisiológica**: Excitação autônoma, flutuações hormonais, mudanças neuroquímicas, e assim por diante.
- **Resposta comportamental**: Esforços para enfrentamento, como agredir os outros, autocensurar-se, procurar ajuda, resolver os problemas e liberar emoções.

Emoções comumente despertadas

Não há conexões diretas e simples entre determinados tipos de eventos estressantes e emoções específicas, mas os pesquisadores começaram a descobrir algumas ligações estreitas entre *reações cognitivas a estresse* (avaliações) e emoções específicas (Lazarus, 2006). Por exemplo, a autocensura tende a despertar culpa, sentimentos de impotência, tristeza, e assim por diante. Apesar de várias emoções serem despertadas por eventos estressantes, algumas parecem mais prováveis que outras. Respostas emocionais comuns ao estresse incluem as seguintes (Lazarus, 1993; Woolfolk e Richardson, 1978): (a) aborrecimento, raiva e fúria; (b) apreensão, ansiedade e medo; (c) desalento, tristeza e pesar.

Os pesquisadores tendem a focar mais intensamente a ligação entre o estresse e as emoções negativas. Contudo, as pesquisas mostram que as emoções positivas também ocorrem durante períodos de estresse (Moskowitz et al., 2012; Folkman, 2008). Embora essa descoberta pareça contraintuitiva, os pesquisadores descobriram que as pessoas experimentam diferentes emoções agradáveis mesmo quando enfrentam as circunstâncias mais difíceis (Folkman et al., 1997). Considere, por exemplo, um estudo recente que examinou o funcionamento emocional de indivíduos no início de 2001 e de novo nas duas semanas que se seguiram aos ataques terroristas aos Estados Unidos em 11 de Setembro (Fredrickson et al., 2003). Como a maioria dos cidadãos norte-americanos, esses indivíduos relataram muitas emoções negativas depois do 11 de Setembro, incluindo raiva, tristeza e medo. No entanto, dessa "nuvem densa de angústia", também emergiram emoções positivas. Por exemplo, as pessoas sentiram gratidão pela segurança de seus entes queridos, agradeceram pelas bênçãos recebidas, e alguns relataram sentir um amor renovado por seus familiares e amigos. Fredrickson et al. (2003) também descobriram que a frequência de emoções positivas estava correlacionada positivamente com uma medida de resiliência dos sujeitos. Essa descoberta foi replicada nos estudos subsequentes (Gloria e Steinhardt, 2014). Dessa forma, ao contrário do senso comum, as emoções positivas *não* somem durante o momento de grave estresse. Além do mais, essas emoções positivas parecem desempenhar papel fundamental ao ajudar as pessoas a escapar das dificuldades associadas ao estresse (Tugade; Devlin; Fredrickson, 2014; Zautra; Reich, 2011).

Como as emoções positivas promovem a resiliência diante do estresse? A *teoria de ampliação e construção das emoções positivas* de Barbara Fredrickson (2001, 2006; Conway et al., 2013) pode trazer luz a essa questão. Primeiro, as emoções positivas alteram a atitude mental das pessoas, ampliando seu escopo de atenção e aumentando sua criatividade e sua flexibilidade na resolução de problemas. Segundo, as emoções positivas podem desfazer os efeitos prolongados das emoções negativas e, dessa forma, fazer as respostas fisiológicas potencialmente nocivas, sobre as quais discutiremos momentaneamente, entrarem em curto-circuito. Terceiro, as emoções positivas podem promover as interações sociais recompensadoras que ajudam a construir o valioso suporte social e as estratégias melhoradas de enfrentamento.

Um achado particularmente interessante foi que um estilo emocional positivo está associado a uma resposta imune melhorada (Cohen e Pressman, 2006). As emoções positivas também parecem proteger contra a doença cardíaca (Davidson; Mostofsky; Whang, 2010). De fato, as evidências sugerem que um estilo emocional positivo pode estar associado à saúde física melhorada no geral (Moskowitz; Saslow, 2014). Esses efeitos provavelmente contribuem com a associação recém-descoberta entre a tendência a reportar as emoções positivas e a longevidade (Ong, 2010; Pressman; Cohen, 2012). Sim, as pessoas que vivenciam um alto nível de emoções positivas parecem viver mais do que as outras! Um estudo que explora essa associação observou as fotos dos jogadores de beisebol da liga principal tiradas do *Baseball Register* de 1952. A intensidade dos sorrisos dos jogadores foi usada como um índice bruto de sua tendência em vivenciar as emoções positivas, que depois foi relacionada a quanto tempo eles viveram. Como você pode ver na **Figura 13.4**, a maior intensidade de sorriso previu a maior longevidade (Abel e Kruger, 2010). Um estudo mais recente observou o uso de palavras positivas nas autobiografias de oitenta e oito psicólogos conhecidos já falecidos (Pressman e Cohen, 2012). Mais uma vez, os resultados sugerem que

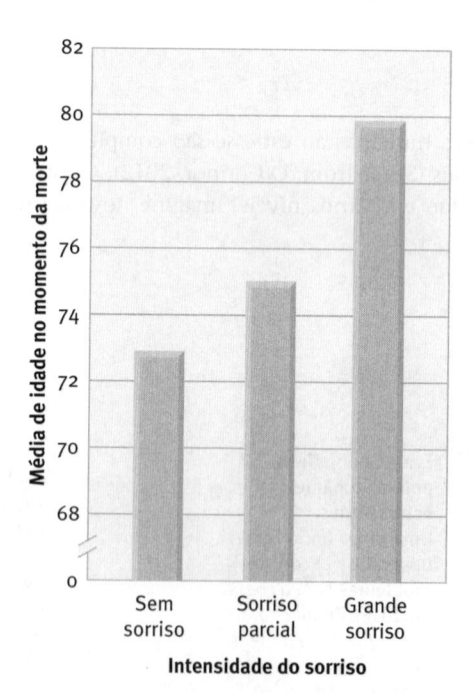

Figura 13.4 Emoções positivas e longevidade.

Para observar a relação entre as emoções positivas e a longevidade, Abel e Kruger (2010) usaram a intensidade dos sorrisos dos jogadores de beisebol nas fotografias como um indicador aproximado do tom emocional característico dos jogadores. Todas as fotos do *Baseball Register* de 1952 foram revisadas e classificadas como sem sorriso, sorriso parcial ou grande sorriso. Depois a idade no momento da morte foi determinada para os jogadores (exceto para os quarenta e seis que continuavam vivos em junho de 2009). Como você pode ver, a maior intensidade de sorriso foi associada a uma vida mais longa.

uma mentalidade positiva estava associada à maior longevidade. Assim, parece que os benefícios das emoções positivas podem ser mais diversos e de maior alcance do que amplamente apreciado.

Efeitos da excitação emocional

As respostas emocionais são parte normal e natural da vida. Mesmo as emoções desagradáveis têm uma finalidade importante. Da mesma forma como na dor física, as emoções dolorosas podem sinalizar que a pessoa precisa agir. Entretanto, uma intensa estimulação emocional às vezes interfere nos esforços para enfrentar o estresse. Por exemplo, há evidências de que elevada estimulação emocional pode interferir na atenção e na capacidade de memória e prejudicar julgamentos e tomada de decisões (Lupien; Maheu, 2007; Mandler, 1993).

Apesar de o estímulo emocional poder prejudicar os esforços de enfrentamento, isso não acontece *necessariamente*. A *hipótese do U invertido* prediz que o desempenho da tarefa deve melhorar com o aumento do estímulo emocional – até determinado ponto, a partir do qual o aumento do estímulo passa a atrapalhar e o desempenho decai (Anderson, 1990; Mandler, 1993). Essa noção é conhecida como a hipótese do U invertido porque, quando o desempenho é registrado como função do estímulo, os gráficos resultantes assemelham-se a um U de cabeça para baixo (veja **Figura 13.5**). Nesses gráficos, o nível de estímulo que caracteriza o desempenho máximo é denominado *nível ótimo de excitação* para uma tarefa.

Esse nível ótimo parece depender, em parte, da complexidade da tarefa a ser executada. Segundo o pensamento convencional, *à medida que uma tarefa se torna mais complexa, o nível ótimo de estímulo (para desempenho máximo) tende a decrescer*. Essa relação está representada na Figura 13.5. Como você pode ver, em tarefas simples o ponto ótimo requer um nível razoavelmente alto de estímulo (como dirigir durante oito horas para ajudar um amigo que esteja precisando). Entretanto, o desempenho máximo em tarefas complexas dá-se com um nível mais baixo de estímulo (como tomar uma importante decisão que exige que você considere vários fatores). Dessa forma, a excitação emocional pode ter efeitos benéficos ou disruptivos no enfrentamento, dependendo da natureza das demandas estressantes possíveis.

Respostas fisiológicas

Como acabamos de ver, o estresse geralmente desperta intensas respostas emocionais. Agora, vamos nos voltar às importantes modificações fisiológicas que muitas vezes acompanham essas emoções.

A síndrome de adaptação geral

Preocupações relativas aos efeitos físicos do estresse foram, primeiro, mencionadas por Hans Selye (1936, 1956, 1974), cientista canadense que criou o termo *estresse* e deu início à pesquisa sobre o assunto muitas décadas atrás. Selye explicou as reações de estresse em termos do que ele denominou *síndrome da adaptação geral*. A **síndrome de adaptação geral é um modelo de resposta corporal ao estresse, que consiste em três estágios: alarme, resistência e exaustão** (veja **Figura 13.6**). No primeiro estágio, ocorre uma *reação de alarme*, quando o organismo percebe a existência de uma ameaça: ocorre uma excitação fisiológica, com o corpo concentrando seus recursos para enfrentar o desafio. A reação de alarme de Selye é, essencialmente, a reação de luta ou fuga, descrita nos Capítulos 3 e 9.

Entretanto, Selye conduziu sua investigação sobre estresse um pouco mais além, expondo animais de laboratório a

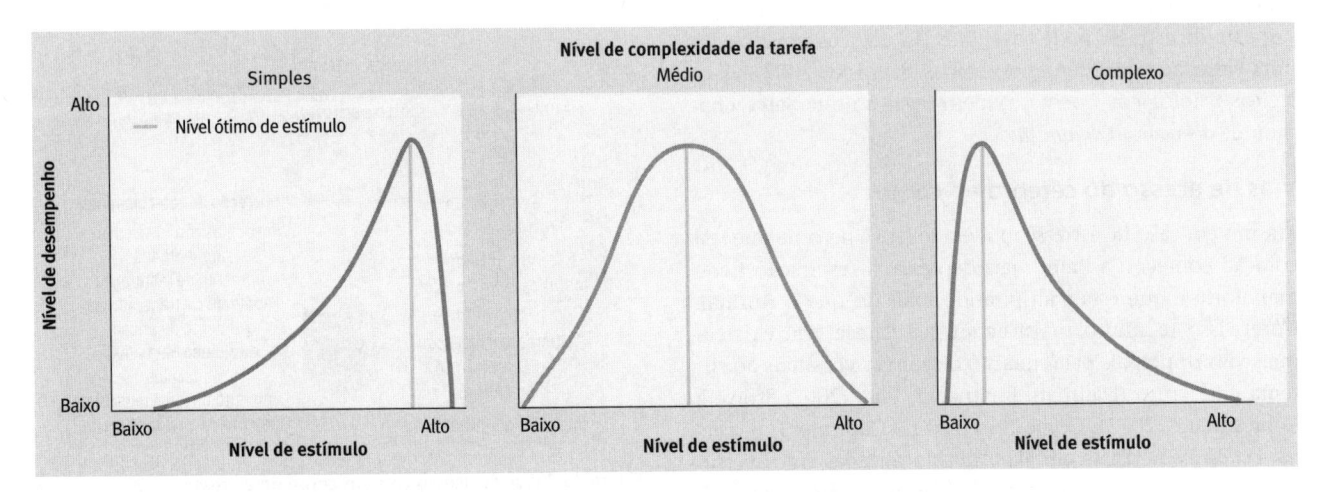

Figura 13.5 Estímulo e desempenho.
Os gráficos da relação entre estímulo emocional e desempenho da tarefa tendem a se parecer com um U invertido, uma vez que a elevação do estímulo está associada ao melhor desempenho até determinado ponto, a partir do qual a elevação do estímulo leva a um pior desempenho. O nível ótimo de estímulo para uma tarefa depende da sua complexidade. Em tarefas complexas, um nível relativamente baixo de estímulo tende a ser ótimo. Em tarefas simples, porém, o desempenho deve ser melhor em um nível de estímulo maior.

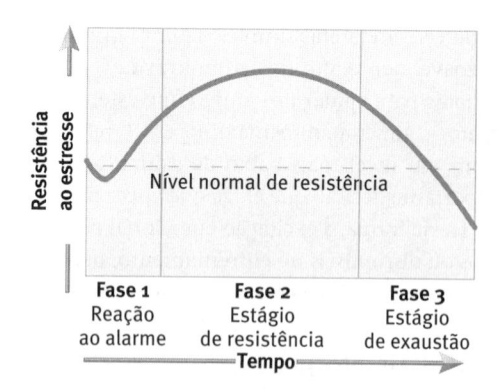

Figura 13.6 A síndrome de adaptação geral.

De acordo com Selye, a resposta fisiológica ao estresse pode ser dividida em três fases. Durante a primeira fase, o corpo mobiliza seus recursos para a resistência após um breve choque inicial. Na segunda fase, os níveis de resistência são desligados e, eventualmente, começam a cair. Se a terceira fase da síndrome de adaptação geral for alcançada, a resistência é esgotada, levando a problemas de saúde e exaustão.

um *estresse prolongado*, semelhante ao estresse crônico muitas vezes enfrentado pelas pessoas. Com a continuação do estresse, o organismo deve evoluir a uma segunda fase da síndrome de adaptação geral, o *estágio de resistência*. Durante essa fase, as modificações fisiológicas estabilizam-se, uma vez que os esforços adaptativos se mantêm. A excitação fisiológica geralmente permanece mais elevada que o normal, apesar de diminuir razoavelmente conforme o organismo se acostuma à ameaça.

Se o estresse continuar por um período substancial de tempo, o organismo deverá entrar em um terceiro estágio, que é o *estágio de exaustão*. De acordo com Selye, os recursos do corpo para enfrentar o estresse têm um limite. Se o estresse não puder ser superado, os recursos do corpo podem se esgotar. Segundo ele, eventualmente, o organismo sofreria uma exaustão hormonal, embora agora saibamos que o ponto crucial do problema é que a superativação crônica da resposta de estresse pode ter efeitos fisiológicos nocivos em uma variedade de sistemas orgânicos (Sapolsky, 2007). Esses efeitos fisiológicos nocivos podem levar ao que Selye chamou de *doenças da adaptação*.

Vias de acesso do cérebro ao corpo

Mesmo em caso de estresse moderado, você percebe que seu coração começou a bater mais depressa, a respiração ficou mais forte e que está transpirando mais do que o normal. Como isso (e muito mais) acontece? Parece que existem duas vias principais pelas quais o cérebro envia sinais ao sistema endócrino (Dallman, Bhatnagar; Viau, 2007; Stowell; Robles; Kane, 2013). Como dissemos no Capítulo 3, o *sistema endócrino* consiste em glândulas localizadas em diversas partes do corpo que secretam substâncias químicas denominadas *hormônios*. O hipotálamo parece ser a parte do cérebro que inicia a ação através dessas duas vias.

A primeira via (veja **Figura 13.7**) atravessa o sistema nervoso autônomo (SNA). Seu hipotálamo ativa a divisão simpática do SNA. O ponto crucial dessa ativação envolve a estimulação da parte central das glândulas adrenais (a medula adrenal) para lançamento de doses maciças de *catecolaminas* na corrente sanguínea. Esses hormônios irradiam-se por todo o corpo, produzindo grande número de modificações fisiológicas. O resultado da elevação de catecolamina é que seu corpo está mobilizado para a ação (Lundberg, 2007).

A segunda via envolve uma comunicação mais direta entre o cérebro e o sistema endócrino (veja **Figura 13.7**). O hipotálamo envia sinais à glândula mestra do sistema endócrino, a glândula pituitária, que, por sua vez, secreta um hormônio (ACTH) que estimula a parte exterior das glândulas adrenais (o córtex adrenal), que liberam outro importante conjunto de hormônios – os *corticosteroides*. Esses hormônios estimulam a liberação de substâncias químicas que ajudam a aumentar a sua energia e que auxiliam a inibição de inflamação de tecidos em caso de lesão (Munck, 2007).

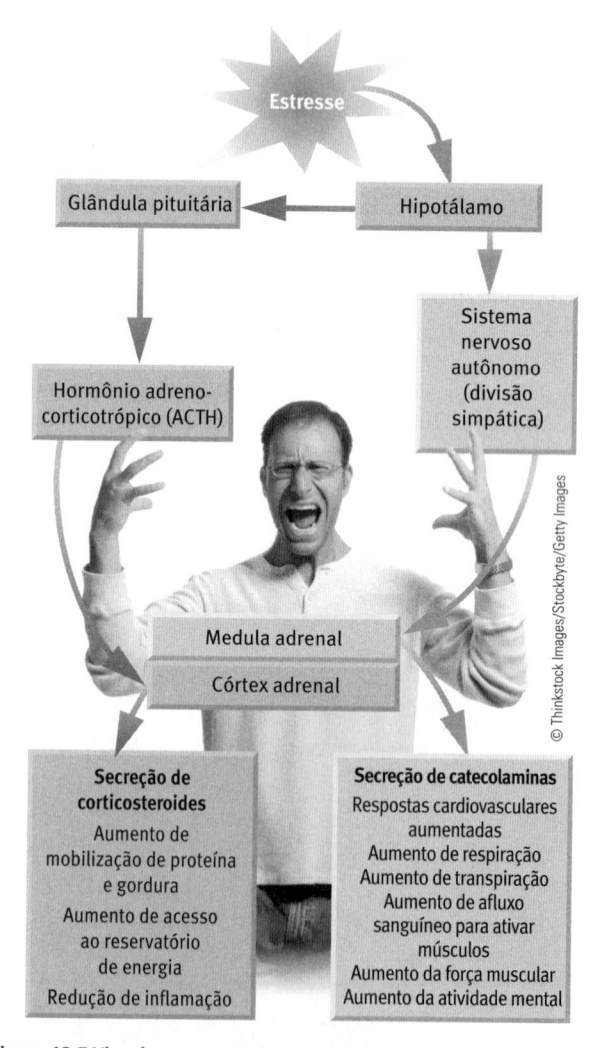

Figura 13.7 Vias de acesso cérebro-corpo no estresse.

Em situações de estresse, o cérebro envia sinais através de duas vias. A do sistema nervoso autônomo controla a liberação de hormônios catecolaminas, que ajudam o corpo a mobilizar-se para a ação. A da glândula pituitária e do sistema endócrino controla a liberação de hormônios corticosteroides, que aumentam a energia e previnem inflamação de tecidos.

Uma nova e importante descoberta da pesquisa sobre estresse e o cérebro é que o estresse pode interferir com a neurogênese (Mahar et al., 2014; McEwen, 2009). Como você pode se lembrar do Capítulo 3, os cientistas descobriram que o cérebro adulto é capaz de *neurogênese* – **a formação de novos neurônios**, principalmente em certas áreas-chave do hipocampo. No Capítulo 14, discutiremos sobre o fato de que as evidências em torno da supressão da neurogênese podem ser uma causa importante da depressão (Anacker, 2014). Desse modo, a capacidade de estresse para impedir a neurogênese pode ter ramificações importantes. Isso é atualmente o tópico de intensas pesquisas.

Respostas comportamentais

As pessoas respondem ao estresse em vários níveis, mas, naturalmente, o comportamento é a dimensão crucial de suas reações. A maior parte das respostas comportamentais envolve as estratégias de manejo. **Manejo refere-se a esforços ativos para dominar, reduzir ou tolerar as demandas criadas pelo estresse.** Essa é uma definição neutra quanto aos esforços de manejo serem saudáveis ou inadequados. O uso popular do termo geralmente implica que o manejo é inerentemente saudável. Quando as pessoas dizem que alguém "enfrentou seus problemas", querem dizer que a pessoa soube lidar efetivamente com eles.

Todavia, as respostas de manejo podem ser adaptativas ou não (Folkman; Moskowitz, 2004; Kleinke, 2007). Por exemplo, se você estivesse indo muito mal no curso de história, no meio do semestre poderia enfrentar seu estresse (1) aumentando seu esforço para estudar, (2) procurando auxílio de um orientador, (3) culpando seu professor, ou (4) desistindo da matéria sem tentar nada. As duas primeiras respostas seriam claramente mais adaptativas que as duas últimas. Nesta seção, daremos mais atenção aos estilos de manejo que tendem a estar aquém do ideal. Na Aplicação Pessoal do capítulo sobre gestão e manejo do estresse, discutiremos algumas estratégias mais saudáveis.

Desistir e culpar a si mesmo

Ao se confrontar com o estresse, as pessoas às vezes simplesmente desistem e se retiram da batalha. Alguns indivíduos rotineiramente respondem ao estresse com fatalismo e resignação, aceitando de maneira passiva contrariedades que podem ser enfrentadas com eficiência. Essa síndrome é conhecida como *desamparo aprendido* (Seligman, 1974, 1992). **O *desamparo aprendido* é um comportamento passivo produzido pela exposição a acontecimentos adversos inevitáveis.** Ele parece ocorrer quando os indivíduos passam a acreditar que os eventos estão além de seu controle. Como você pode adivinhar, desistir não é um método muito apreciado de manejo. De acordo com essa visão, muitos estudos sugerem que o desamparo aprendido pode contribuir para a depressão (Isaacowitz e Seligman, 2007).

Embora desistir esteja longe do ideal em muitos contextos, pesquisas sugerem que quando as pessoas lutam para buscar objetivos que acabam por ser inatingíveis, às vezes faz sentido para elas cortar suas perdas e se desligar do objetivo (Wrosch et al., 2012). Os estudos mostram que as pessoas que são mais capazes de se desligar de objetivos inatingíveis reportam uma saúde melhor e exibem níveis mais baixos de um hormônio-chave do estresse (Wrosch, 2011; Wrosch et al., 2007). Dada a forma com que as pessoas em nossa cultura competitiva tendem a denegrir o conceito da "desistência", os autores observam que pode ser melhor caracterizar essa tática de manejo como "ajuste do objetivo".

REVISÃO 13.3

Localização das vias cérebro-corpo em situação de estresse

Verifique seu entendimento sobre as duas principais vias através das quais o cérebro, quando em situações de estresse, emite sinais ao sistema endócrino. Separe os oito termos seguintes em dois conjuntos de quatro, descrevendo-os em sua sequência apropriada. As respostas encontram-se no Apêndice A.

ACTH	corticosteroides
córtex adrenal	hipotálamo
medula adrenal	pituitária
catecolaminas	divisão simpática do SNA

Via 1

_____
_____
_____
_____

Via 2

_____
_____
_____
_____

As pesquisas sugerem que atacar os outros não é uma catarse, e que isso apenas provoca mais raiva e estresse.

Culpar a si mesmo é outra resposta comum quando as pessoas são confrontadas por dificuldades estressantes. A tendência a se tornar autocrítico em excesso em reação ao estresse foi observada por vários teóricos influentes. Albert Ellis (1973, 1987, 2001) chama esse fenômeno de *pensamento catastrófico*. Segundo Ellis, o pensamento catastrófico causa, agrava e perpetua as reações emocionais ao estresse, que são com frequência problemáticas (veja Aplicação Pessoal deste capítulo). Embora exista algo a ser dito quanto ao reconhecimento das próprias fraquezas e assumir a responsabilidade pelas próprias falhas, Ellis afirma que culpar a si mesmo em excesso pode ser muito prejudicial à saúde.

Descontar nos outros

As pessoas geralmente reagem a eventos estressantes descontando nos outros por meio de comportamentos agressivos. **Agressão é qualquer comportamento com intenção de ferir alguém física ou verbalmente.** Muitos anos atrás, uma equipe de psicólogos (Dollard et al., 1939) propôs a *hipótese da frustração-agressão*, que sustentava que a agressão sempre é causada por frustração. Décadas de pesquisas sustentaram essa ideia de uma ligação causal entre frustração e agressão (Berkowitz, 1989). Entretanto, essas pesquisas também mostraram que não há uma correspondência inevitável e biunívoca entre as duas.

Sigmund Freud teorizou que o comportamento agressivo poderia liberar a emoção reprimida de um sistema e, assim, ser adaptativo. Ele criou o **termo catarse para se referir a essa liberação de tensão emocional.** A noção de Freud de que é uma boa ideia liberar a raiva foi muito disseminada e aceita na sociedade moderna. Livros, revistas, e autodenominados especialistas afirmam que é saudável "explodir" e, como consequência, liberar e diminuir a raiva. Contudo, pesquisas experimentais em geral não apoiam a hipótese da catarse. Na verdade, *a maioria dos estudos descobriu exatamente o oposto: comportar-se de maneira agressiva tende a provocar mais raiva e agressão* (Bushman e Huesmann, 2012). Outros comportamentos, como conversar ou escrever sobre os próprios problemas, pode ter algum valor em liberar emoções reprimidas (consulte Aplicação Pessoal), porém o comportamento agressivo não é uma catarse.

Autoindulgência

O estresse às vezes conduz a um menor controle de impulsos, ou à *autoindulgência*. Quando estão perturbadas por estresse, muitas pessoas apresentam um comportamento excessivamente consumista – padrões imprudentes de alimentar-se, beber, fumar, usar drogas, gastar dinheiro, e assim por diante. Por isso, não é de surpreender que os estudos ligaram o estresse a um aumento no hábito de comer (O'Connor e Conner, 2011); no tabagismo (Slopen et al., 2013); nos jogos de azar (Elman; Tschibelu; Borsook, 2010), e no consumo de álcool e drogas (Grunberg; Berger; Hamilton, 2011). Outro exemplo de autoindulgência como estratégia de manejo está em uma pessoa fazer compras, induzida pelo estresse. Um estudo recente examinou as relações entre o estresse, o materialismo e as compras compulsivas em duas amostras israelenses, uma das quais estava sob estresse intenso em função dos ataques diários de foguetes (Ruvio; Somer; Rindfleisch, 2014). Os achados indicaram que o estresse aumenta o consumo compulsivo e que essa estratégia de manejo é particularmente comum entre aqueles que são altamente materialistas. Os autores essencialmente concluem que *quando as coisas ficam difíceis, os materialistas vão às compras*.

Uma manifestação relativamente nova dessa estratégia de manejo que tem atraído muito a atenção nos últimos anos é a tendência a mergulhar no mundo da internet. Kimberly Young (2009, 2013) descreveu a síndrome chamada *vício em internet*. O vício de navegar na internet envolve um dos três subtipos: jogos excessivos, preocupação com conteúdos sexuais ou socialização obsessiva (pelo Facebook, por mensagens de texto, e assim por diante; Weinstein et al., 2014). Todos os três subtipos exibem (1) tempo excessivo on-line; (2) raiva e depressão quando frustrados de estarem on-line; (3) uma necessidade cada vez maior por melhores equipamentos e conexões; (4) consequências adversas, como discussões e mentiras sobre o uso da internet, isolamento social e reduções no desempenho acadêmico ou no trabalho. As estimativas da prevalência do vício na internet variam consideravelmente de um país para outro, mas uma recente metanálise de resultados de 31 nações estimaram que a prevalência média fica em torno de 6% da população (Cheng e Li, 2014). A porcentagem exata não é tão importante quanto o reconhecimento de que a síndrome *não* é rara e que é um problema mundial. Os estudos sugerem que o vício na internet *é* promovido pelo alto nível de estresse (Chen et al., 2014; Tang et al., 2014). Entre outras coisas, o vício na internet está associado aos níveis elevados de ansiedade, depressão e consumo de álcool (Ho et al., 2014). Embora nem todos os psicólogos concordem quanto ao uso excessivo da internet ser classificado como um *vício* (Hinic, 2011; Starcevic, 2013), está claro que essa estratégia de ajuste pode ser problemática (Muller et al., 2014).

Existe alguma controvérsia quanto a se o uso excessivo da internet deve ser caracterizado como um vício. No entanto, a incapacidade de controlar o uso on-line claramente é um problema comum, de âmbito internacional e cada vez mais difundido.

Manejo defensivo

Muitas pessoas exibem estilos consistentes de manejo defensivo em resposta ao estresse (Vaillant, 1994). Mostramos no Capítulo 11 que Sigmund Freud foi quem originalmente desenvolveu o conceito de *mecanismo de defesa*. Apesar de ser baseado na tradição psicanalítica, esse conceito ganhou ampla aceitação de psicólogos da maioria das tendências (Cramer, 2000). Partindo dos *insights* iniciais de Freud, os psicólogos modernos ampliaram o escopo do conceito e adicionaram-no à lista de mecanismos de defesa de Freud.

Mecanismos de defesa são reações em grande parte inconscientes que protegem uma pessoa de emoções desagradáveis, como ansiedade e culpa. Foram identificados muitos mecanismos de defesa específicos. Por exemplo, Laughlin (1979) arrola 49 defesas diferentes. Em nossa discussão sobre a teoria de Freud, no Capítulo 11, descrevemos sete mecanismos de defesa comuns: recalcamento, projeção, deslocamento, formação reativa, regressão, racionalização e identificação (veja **Tabela 11.1**).

O principal propósito dos mecanismos de defesa é proteger os indivíduos de emoções desagradáveis, com frequência, despertadas pelo estresse (Cramer, 2008). Eles atuam por meio do autoengano. Os mecanismos de defesa atingem seus objetivos mediante a distorção da realidade, fazendo-a não parecer ameaçadora; operam em níveis variáveis de percepção, embora sejam, em sua maioria, inconscientes (Cramer, 2001; Erdelyi, 2001).

Em geral, o manejo defensivo não é ideal porque a estratégia de evitação raramente resolve problemas pessoais (Grant et al., 2013; MacNeil et al., 2012). Colocado dessa forma, existem algumas evidências que sugerem que "ilusões positivas" podem às vezes ser adaptativas para a saúde mental (Taylor, 2011; Taylor e Brown, 1994). Algumas das ilusões pessoais criadas por meio do enfrentamento defensivo podem ajudar as pessoas a lidar com as dificuldades. Roy Baumeister (1989) teoriza que tudo é uma questão de grau e que existe uma "margem ideal de ilusão". Segundo Baumeister, distorções extremas da realidade são inadequadas, mas pequenas ilusões podem ser benéficas.

Manejo construtivo

Nossa discussão até agora girou em torno de estratégias de manejo que estão normalmente aquém do ideal. É claro que as pessoas também exibem muitas estratégias saudáveis para lidar com o estresse. Usaremos o termo ***manejo construtivo*** **para nos referirmos aos esforços saudáveis que as pessoas fazem para lidar com eventos estressantes.** Tenha em mente que nenhuma estratégia específica de manejo é capaz de garantir um resultado bem-sucedido. Mesmo as respostas mais saudáveis, que tendem a ser adaptativas, podem não ser efetivas, dependendo das circunstâncias (Bonanno e Burton, 2013). A eficácia da resposta de enfrentamento depende, de algum modo, da pessoa, da natureza do desafio estressante e do contexto dos eventos. Logo, o conceito de manejo construtivo apenas indica uma abordagem saudável e positiva, sem sucesso assegurado.

O que faz determinadas estratégias de manejo serem construtivas? Honestamente, essa é uma área obscura, na qual as opiniões dos psicólogos variam consideravelmente. Existe um consenso, entretanto, com relação à natureza do manejo construtivo, criado com base na vasta literatura existente em gerenciamento de estresse. Entre os temas principais nessa literatura estão os seguintes:

1. Manejo construtivo implica confrontar os problemas diretamente. É uma atitude adequada e direcionada à ação. Envolve um esforço consciente para avaliar racio-

nalmente suas opções para que você possa tentar resolver seus problemas.
2. Manejo construtivo é baseado em avaliações razoavelmente realistas de seu estresse e dos seus recursos para enfrentá-lo. Enganar a si mesmo em uma pequena escala pode, às vezes, ser adaptativo, mas enganar-se de modo excessivo e ter pensamentos muito irreais e negativos, obviamente, não é adaptativo.
3. Manejo construtivo geralmente envolve reavaliar eventos estressantes de modo menos ameaçador.
4. Manejo construtivo envolve fazer esforços para assegurar que seu corpo não seja particularmente vulnerável à possibilidade de efeitos danosos do estresse.

Esse princípios descritos oferecem uma imagem ampla e abstrata de manejo construtivo. Analisaremos modelos de manejo construtivo mais detalhadamente na Aplicação Pessoal, que discute várias estratégias de gerenciamento de estresse que as pessoas usam. A seguir, voltamos nossa atenção para algumas das possíveis consequências da luta com o estresse.

13.3 Estresse e saúde física

13.3 Objetivos Principais de Aprendizagem

- Analisar as evidências que ligam os fatores da personalidade, as reações emocionais e a depressão à doença cardíaca coronária.
- Discutir como o estresse afeta o funcionamento imunológico e avaliar a ligação entre o estresse e a enfermidade.
- Identificar alguns fatores que moderam o impacto do estresse e explicar como o estresse pode ter efeitos positivos.

As pessoas enfrentam várias fontes de estresse todos os dias. A maioria dos estresses vem e vai sem deixar marcas duradouras. Entretanto, quando ele é severo, ou quando muitos dos seus eventos se acumulam, a saúde mental ou física da pessoa pode ser afetada. No Capítulo 14, veremos que o estresse crônico contribui para vários tipos de transtornos psicológicos, incluindo depressão, esquizofrenia e distúrbios de ansiedade. Aqui, discutiremos a ligação entre estresse e doença física.

Antes dos anos 1970, pensava-se que o estresse contribuía para o desenvolvimento de apenas algumas doenças físicas, como hipertensão, úlcera e asma, que eram denominadas *doenças psicossomáticas*. A partir de 1970, porém, as pesquisas começaram a revelar novas ligações entre estresse e uma diversidade de doenças que anteriormente se acreditava ter origem apenas fisiológica (Carver e Vargas, 2011; Dougall e Baum, 2012). Vejamos algumas dessas pesquisas.

Personalidade, hostilidade e doenças cardíacas

Apesar do declínio, a doença cardíaca permanece sendo a principal causa de morte nos Estados Unidos. *Doenças cardíacas coronarianas* implicam uma redução no fluxo sanguíneo nas artérias coronárias, que suprem o coração de sangue. Esse tipo de doença é responsável por cerca de 90% das mortes relacionadas ao coração. Os fatores de risco estabelecidos para a doença coronária incluem tabagismo, sedentarismo, altos níveis de colesterol e hipertensão (Bekkouche et al., 2011). Recentemente, o foco de atenção mudou para as crescentes evidências de que *inflamações* representam um papel importante no início e no desenvolvimento de doenças coronárias, assim como complicações agudas que desencadeiam ataques cardíacos (Christodoulidis et al., 2014; Libby et al., 2014).

Pesquisas sobre a relação entre fatores *psicológicos* e ataques cardíacos começaram nas décadas de 1960 e 1970, quando dois cardiologistas, Meyer Friedman e Ray Rosenman (1974), descobriram uma aparente ligação entre o risco coronário e a síndrome que chamaram *personalidade Tipo A*, que envolve a tensão autoinfligida e reações intensas ao estresse. A **personalidade do Tipo A contém três elementos: (1) forte orientação competitiva; (2) impaciência e urgência temporal; e (3) raiva e hostilidade.** As pessoas com personalidade do Tipo A são ambiciosas, perfeccionistas e excessivamente preocupadas com o tempo. Em geral, são altamente competitivas, viciadas em trabalho, facilmente irritáveis, e estabelecem para si mesmas muitos prazos. Em contrapartida, **pessoas com *personalidade do Tipo B* se caracterizam por um comportamento relativamente tranquilo, paciente, sossegado e amigável.** São menos apressadas, menos competitivas e menos facilmente irritáveis que as do Tipo A.

Décadas de pesquisas descobriram uma interessante, embora modesta, correlação entre o comportamento do Tipo A e o aumento do risco de doenças coronárias. Com muita frequência, os estudos indicaram uma correlação entre a personalidade do Tipo A e uma elevada incidência de doenças cardíacas, mas as descobertas não foram tão consistentes quanto se esperava (Smith et al., 2012). No entanto, nos últimos anos, pesquisadores descobriram um elo mais forte entre a personalidade e o risco coronário, focando um componente específico da personalidade do Tipo A: *raiva e hostilidade* (Betensky; Contrada; Glass, 2012; Smith; Williams; Segerstrom, 2015). Por exemplo, em um estudo conduzido com quase 13 mil homens e mulheres que não tinham histórico de doenças cardíacas, os pesquisadores descobriram elevada incidência de ataques cardíacos entre os participantes que exibiram um temperamento agressivo (Williams et al., 2000). Entre os participantes com pressão sanguínea normal, os sujeitos com nível mais alto de raiva vivenciaram quase três vezes mais eventos coronários do que os sujeitos com baixo nível de raiva (veja **Figura 13.8**). Os resultados desse estudo e de muitos outros sugerem que a hostilidade pode ser o elemento tóxico crucial na síndrome Tipo A.

Reações emocionais, depressão e doenças cardíacas

Estudos recentes sugerem que as emoções das pessoas também podem contribuir para a ocorrência de doenças cardíacas. *Uma linha de pesquisa apoia a hipótese de que o estresse*

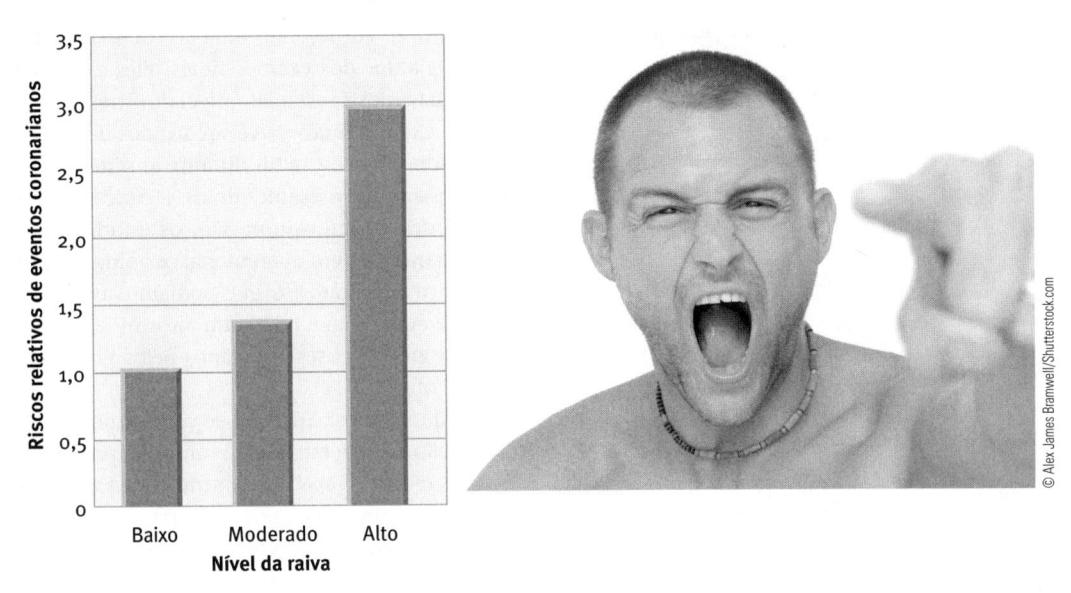

Figura 13.8 A raiva e o risco coronariano.
Trabalhando com uma grande amostra de homens e mulheres saudáveis que foram acompanhados por cerca de 4,5 anos, Williams et al. (2000) descobriram uma associação entre a propensão dos participantes a ficar com raiva e a probabilidade de um evento coronariano. Entre os sujeitos que manifestaram pressão sanguínea normal no início do estudo, um nível moderado de raiva foi associado a um aumento de 36% de ataques coronários; e um nível alto de raiva quase triplicou o risco dos participantes para doenças coronárias.

mental transitório e as emoções resultantes que as pessoas experimentam podem afetar o coração. (Emery; Anderson e Goodwin, 2013). Baseados em evidências anedóticas, cardiologistas e leigos há muito levantam suspeitas de que reações emocionais fortes podem provocar ataques cardíacos em indivíduos com doenças coronárias, mas tem sido difícil documentar essa ligação. Contudo, avanços no monitoramento cardíaco facilitam a pesquisa do assunto.

Como se suspeitava, experimentos laboratoriais com pacientes com problemas cardíacos mostraram que breves períodos de estresse mental podem provocar sintomas repentinos de doenças cardíacas (Baker; Suchday; Krantz, 2007). Em geral, as evidências sugerem que o estresse mental pode provocar sintomas cardíacos em 30% a 70% de pacientes com doenças coronárias (Emery et al., 2013). Os surtos de raiva podem ser particularmente perigosos. Uma metanálise recente das evidências disponíveis concluiu que nas duas horas imediatamente seguintes a um surto de raiva, há um salto quase cinco vezes maior de risco de ataque cardíaco em um indivíduo e um aumento de mais de três vezes no risco de um AVC (Mostofsky; Penner; Mittleman, 2014). Essas breves elevações do risco cardiovascular são transitórias, mas em pessoas que têm surtos frequentes de raiva, elas podem somar aumentos significativos na vulnerabilidade cardiovascular.

Outra linha de pesquisa incluiu a depressão como um fator de risco para ataques cardíacos (Glassman, Maj e Sartorius, 2011). *Distúrbios depressivos*, que são caracterizados por sentimentos persistentes de tristeza e desespero, são uma forma comum de doença mental (veja Capítulo 14). Em muitos estudos, índices elevados de depressão foram encontrados entre pacientes que sofriam de doenças cardíacas. Os especialistas tendem a explicar essa correlação ao afirmar que ser diagnosticada com doença cardíaca deixa a pessoa deprimida. Contudo, evidências recentes sugerem que as relações causais podem ser exatamente o oposto: *a disfunção emocional da depressão pode causar uma doença cardíaca* (Gustad et al., 2014; Brunner et al., 2014). Por exemplo, um estudo feito com aproximadamente 20 mil pessoas que inicialmente não sofriam de doenças cardíacas relatou resultados surpreendentes: os pacientes que sofriam de depressão apresentavam 2,7 vezes mais probabilidade de morrer de uma doença cardíaca durante o período de acompanhamento do que as pessoas que não eram depressivas (Surtees et al., 2008). Como os transtornos depressivos dos participantes antecediam seus ataques cardíacos, estava fora de questão discutir se sua doença cardíaca provocou a depressão. No geral, os estudos sugerem que a depressão quase duplica as chances de alguém desenvolver doença cardíaca (Halaris, 2013; Herbst et al., 2007).

Estresse, outras doenças e funcionamento imunológico

O desenvolvimento de questionários para mensurar o estresse na vida das pessoas possibilitou aos pesquisadores a verificação de correlação entre o estresse e uma variedade de doenças físicas. Por exemplo, eles encontraram uma associação entre o estresse cotidiano e o desenvolvimento de artrite reumatoide (Davis et al., 2013). Outros estudos conectaram o estresse ao desenvolvimento de diabetes (Nezu et al., 2013), herpes (Pedersen, Bovbjerg e Zachariae 2011); fibromialgia (Malin e Littlejohn, 2013) e doença inflamatória intestinal (Keefer, Taft e Kiebles, 2013). A **Tabela 13.2**

Tabela 13.2 Problemas de saúde que podem estar ligados ao estresse

Problema de saúde	Evidências significativas
AIDS	Perez; Cruess; Kalichman (2010)
Asma	Schmaling (2013)
Câncer	Dalton; Johansen (2005)
Dores crônicas nas costas	Mitchell et al. (2009)
Resfriado comum	Cohen (2005)
Complicações na gravidez	Wakeel et al. (2013)
Diabetes	Nezu et al. (2013)
Ataques epilépticos	Novakova et al. (2013)
Fibromialgia	Malin; Littlejohn (2013)
Doenças cardíacas	Bekkouche et al. (2011)
Herpes viral	Pedersen; Bovbjerg; Zachariae (2011)
Hipertensão	Emery; Anderson; Goodwin (2013)
Doenças intestinais inflamatórias	Keefer; Taft; Kiebles (2013)
Enxaquecas	Schramm et al. (2014)
Esclerose múltipla	Senders et al. (2014)
Doença periodontal	Parwani; Parwani (2014)
Tensão pré-menstrual	Stanton et al. (2002)
Artrite reumatoide	Davis et al. (2013)
Doenças de pele	Huynh; Gupta; Koo (2013)
AVC	Egido et al. (2012)
Úlceras	Kanno et al. (2013)

mostra uma lista mais extensa de problemas de saúde que foram relacionados ao estresse. Muitas dessas conexões estresse-doença são baseadas em conjecturas ou verificações inconsistentes, mas a extensão e a diversidade da lista são impressionantes. Por que o estresse haveria de aumentar nosso risco a tantos tipos de doença? Uma resposta parcial pode estar em nosso funcionamento imunológico.

Resposta imune é a reação defensiva do corpo à invasão por bactérias, agentes virais ou outras substâncias estranhas. Ela atua para proteger as pessoas de várias formas de doenças. Há uma profusão de estudos que indicam que estresse induzido experimentalmente pode debilitar o funcionamento imunológico *em animais* (Ader, 2001; Kemeny, 2011). Ou seja, estressores como multidões, choque e restrição alimentar reduzem diversos aspectos da reatividade imunológica em animais de laboratório (Prolo e Chiapelli, 2007).

Alguns estudos também relacionaram o estresse à supressão da atividade imunológica *em seres humanos* (Kiecolt-Glaser, 2009; Dhabbar, 2011). Em um estudo, estudantes de medicina forneceram amostras de sangue para que suas respostas imunológicas fossem registradas. (Kiecolt-Glaser, et al., 1984). Forneceram uma amostra como linha de base um mês antes dos exames finais. Eles então contribuíram com uma amostra com alto nível de estresse no primeiro dia de seus exames finais. Níveis reduzidos de atividade imunológica foram encontrados durante as semanas extremamente estressantes dos exames finais. Destacando a importância prática dessa imunossupressão, os estudos mostraram que quando estavam em quarentena, os voluntários eram expostos a vírus respiratórios que podiam causar o resfriado comum, e aqueles que relataram altos níveis de estresse eram mais propensos a ser infectados pelos vírus (Marsland; Bachen; Cohen, 2012).

Pesquisas nessa área têm se concentrado principalmente na ligação entre o estresse e a imunossupressão. No entanto, estudos recentes revelaram outras conexões entre o estresse, a função imunológica e a vulnerabilidade a doenças. Pesquisas sugerem que a exposição ao estresse em longo prazo às vezes promove a inflamação crônica (Cohen et al., 2012; Gouin et al., 2012). Os cientistas apenas começaram a apreciar por completo as possíveis ramificações da inflamação crônica. Como já observamos, esse tipo de inflamação recentemente foi reconhecida como um fator na doença cardíaca, mas isso não é tudo. Pesquisas também demonstraram que a inflamação crônica contribui para uma diversidade de doenças, incluindo artrite, osteoporose, doenças respiratórias, diabetes, mal de Alzheimer e alguns tipos de câncer (Gouin; Hantsoo; Kiecolt-Glaser, 2011). Assim, a inflamação crônica que resulta da desregulação do sistema imunológico pode ser outro importante mecanismo subjacente à associação entre o estresse e uma grande variedade de doenças.

Avaliando a ligação entre estresse e doenças

Inúmeras evidências demonstram que o estresse está relacionado à saúde física, e linhas convergentes de evidências sugerem que ele contribui como *causa* de doenças (Cohen; Janicki-Deverts; Miller, 2007; Pedersen et al., 2011). No entanto, temos de fazer uma avaliação global desses dados intrigantes. Praticamente todas as pesquisas relevantes apresentam correlações; portanto, não demonstram conclusivamente que o estresse *causa* doenças (Smith e Gallo, 2001; veja o Capítulo 2 para uma análise da correlação e causa). Os elevados níveis de estresse e enfermidade dos sujeitos poderiam ser o resultado de uma terceira variável, talvez algum aspecto da personalidade (veja **Figura 13.9**). Por exemplo, algumas evidências sugerem que a neurose pode deixar as pessoas manifestamente inclinadas a interpretar diversos eventos como estressantes e propensas a interpretar sensações desagradáveis como sintomas de doenças. Essa tendência aumentaria a correlação entre estresse e doenças (Espejo et al., 2011).

Apesar de os problemas metodológicos favorecerem um aumento nas correlações, as pesquisas nessa área coerentemente indicam que a *força* da correlação entre estresse e doenças é *modesta*. As correlações caem tipicamente entre

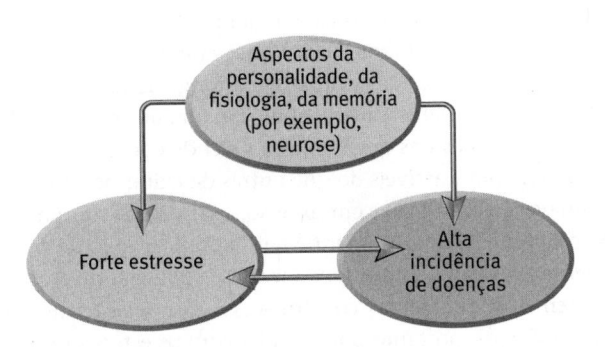

Figura 13.9 Correlação entre estresse e doença.

Um ou mais aspectos da personalidade, da fisiologia ou da memória poderiam atuar como uma terceira variável pressuposta no relacionamento entre forte estresse e alta incidência de doenças. Por exemplo, a neurose pode levar alguns indivíduos a perceber mais eventos como estressantes e a lembrar-se de mais doenças, aumentando, portanto, a correlação aparente entre estresse e doença.

0,20 e 0,30 (Schwarzer e Luszczynska, 2013). O estresse claramente não é uma força irresistível que produz inevitáveis efeitos sobre a saúde. De fato, isso não é surpresa, uma vez que o estresse é apenas um fator que age em uma complexa rede de determinantes biopsicossociais de saúde. Outros fatores importantes incluem dotação genética da pessoa, exposição a agentes infecciosos e toxinas ambientais, nutrição, exercícios, consumo de álcool e drogas, tabagismo, utilização de cuidados médicos e cooperação com recomendações médicas. Além do mais, alguns lidam melhor com o estresse do que outros, assunto de que trataremos a seguir.

Fatores atenuantes do impacto do estresse

Há os que parecem ser capazes de suportar melhor os males do estresse do que outros (Smith, Epstein et al., 2013). Por quê? Porque alguns fatores podem diminuir o impacto do estresse sobre a saúde física e mental. Analisaremos alguns desses fatores para esclarecer as diferenças individuais na maneira como as pessoas resistem ao estresse.

CHECAGEM DA REALIDADE

Ideia equivocada

O estresse é a principal causa de doenças e problemas de saúde.

Realidade

A contribuição do estresse à enfermidade provavelmente foi exagerada pela imprensa popular. O estresse *pode* ser um importante fator na saúde, mas as correlações entre os resultados de estresse e a saúde não são tão fortes, e há espaço para alguma argumentação sobre se essas correlações refletem processos causais.

Apoio social

Os amigos podem ser bons para a sua saúde! Essa surpreendente conclusão emerge de estudos sobre apoio social como moderador de estresse. *Apoio social* **refere-se a vários tipos de auxílio e suporte emocional fornecidos por membros da rede social da pessoa.** Muitos estudos descobriram correlações positivas entre o alto nível de apoio social e o maior funcionamento imune (Stowell; Robles; Kane, 2013). Em contrapartida, o oposto do apoio social – solidão e isolamento social – está associado ao aumento da desregulação imunológica e de inflamações (Jaremka et al., 2013). Nas últimas décadas muitos estudos encontraram evidências de que o apoio social está relacionado favoravelmente à saúde física (Gleason e Masumi, 2015; Uchino e Birmingham, 2011). Nesse ínterim, os estudos conectaram o isolamento social aos problemas de saúde e ao aumento da mortalidade (Cacioppo e Cacioppo, 2014; Steptoe et al., 2013). Os efeitos favoráveis do apoio social são fortes o suficiente para ter um impacto na mortalidade, aumentando as chances de sobrevida das pessoas em aproximadamente 50% (Holt-Lunstad; Smith; Layton, 2010). Essa descoberta surpreendente sugere que o efeito negativo do apoio social inadequado pode ser maior do que os efeitos negativos de ser obeso, sedentário, consumir álcool em excesso e fumar.

Pesquisas sugerem que as disparidades culturais existem no tipo de apoio social que as pessoas preferem. Taylor et al. (2007) distinguem entre o *apoio social explícito* (consolo emocional evidente e auxílio instrumental de outros) e o *apoio social implícito* (o conforto que vem de saber que uma pessoa tem acesso a outras que a apoiarão). Pesquisa mostraram que os norte-americanos geralmente preferem e buscam o apoio social explícito. Em contraste, os asiáticos não se sentem confortáveis em buscar o apoio social explícito porque se preocupam com a tensão que vão colocar em seus

A disponibilidade do apoio social é um fator essencial que influencia a capacidade de tolerar o estresse. Décadas de pesquisa mostraram que o apoio social promove a resiliência.

amigos e familiares (Kim; Sherman; Taylor, 2008; Taylor, 2015). Os asiáticos, porém, beneficiam-se do apoio implícito resultante de quando passam um tempo com pessoas próximas e quando lembram a si mesmos de que pertencem a grupos valiosos que os apoiariam se necessário.

Curiosamente, um estudo recente sugere que mesmo as interações sociais superficiais com conhecidos e desconhecidos – como garçons, funcionários da mercearia e as pessoas que você vê pelo bairro – podem ser benéficas. Sandstrom e Dunn (2014) perguntaram aos participantes sobre suas interações recentes que envolviam pessoas com quem eles tinham laços fortes ou laços fracos. Como esperado, as maiores interações com laços fortes foram correlacionadas com um maior bem-estar subjetivo, mas, curiosamente, assim também ocorreu com as maiores interações com laços fracos.

Em geral, os pesquisadores assumiram que nossos sentimentos de pertencimento e apoio social são derivados de nossas interações com amigos próximos e familiares, mas o estudo de Sandstrom e Dunn levanta a possibilidade de que os laços fracos também podem contribuir.

Otimismo e consciência

O *otimismo* é uma tendência geral de esperar resultados positivos. Estudos constataram que há uma correlação relativamente boa entre otimismo e saúde física (Scheier; Carver; Armstrong, 2012); funcionamento mais eficaz do sistema imunológico (Segerstrom e Sephton, 2010); melhor saúde cardiovascular (Hernandez et al., 2015); e maior longevidade (Peterson et al., 1998). Por que o otimismo é benéfico à saúde? Pesquisas sugerem que os otimistas lidam com o estresse de maneiras mais adaptativas do que os pessimistas (Carver; Scheier; Segerstrom, 2010). Os otimistas são mais propensos a se engajar em manejo orientado a ações e focado em problemas; e provavelmente enfatizarão os aspectos positivos em suas avaliações de eventos estressantes.

Os otimistas também apreciam mais o maior apoio social do que os pessimistas porque eles se esforçam mais em suas relações (Carver; Scheier, 2014). Na maior parte, pesquisas sobre o otimismo costumam ser realizadas em sociedades modernas e industrializadas. No entanto, um estudo recente de amostras representativas de 142 países produziu evidências de que a ligação entre o otimismo e a saúde pode ser encontrado ao redor do mundo (Gallagher; Lopez; Pressman, 2013).

O otimismo não foi o único traço de personalidade examinado como um possível moderador da relação entre o estresse e a saúde. A pesquisa mostrou que a *conscienciosidade*, um dos Cinco Grandes traços da personalidade discutidos no Capítulo 11, está associada à boa saúde física e ao aumento da longevidade (Friedman, 2011; Kern; Della Porta; Friedman, 2014). Por que a conscienciosidade promove a longevidade? Diversas considerações parecem contribuir (Shanahan et al., 2014). Primeiro, as pessoas que têm alto nível de conscienciosidade são menos passíveis do que outras de exibir hábitos não saudáveis, como beber em excesso, usar drogas, dirigir perigosamente, fumar, comer demais e praticar sexo de risco. Segundo, elas tendem a depender das estratégias de enfrentamento de problemas construtivas e são persistentes em seus esforços, portanto podem lidar com os estressores melhor do que as outras pessoas. Terceiro, a conscienciosidade parece promover a melhor adesão ao aconselhamento médico e ao tratamento mais eficaz dos problemas de saúde. Quarto, a conscienciosidade está associada ao maior nível de escolaridade e ao melhor desempenho no trabalho, que podem promover o sucesso na carreira e aumentar a renda, significando que as pessoas com alto nível de conscienciosidade tendem a acabar nos níveis mais elevados do status socioeconômico (SSE). Pode não ser justo, mas um grande corpo de pesquisa indica que o SSE alto confere uma série de vantagens que promovem mais saúde e maior longevidade. As taxas de mortalidade ajustadas à idade são 2 a 3 vezes mais altas entre os pobres do que entre os ricos (Phelan; Link; Tehranifar, 2010). Essas disparidades bem documentadas na saúde existem porque as pessoas mais ricas tendem a passar por níveis mais baixos de estresse, beneficiam-se de melhor nutrição e de mais exercícios, exibem menos hábi-

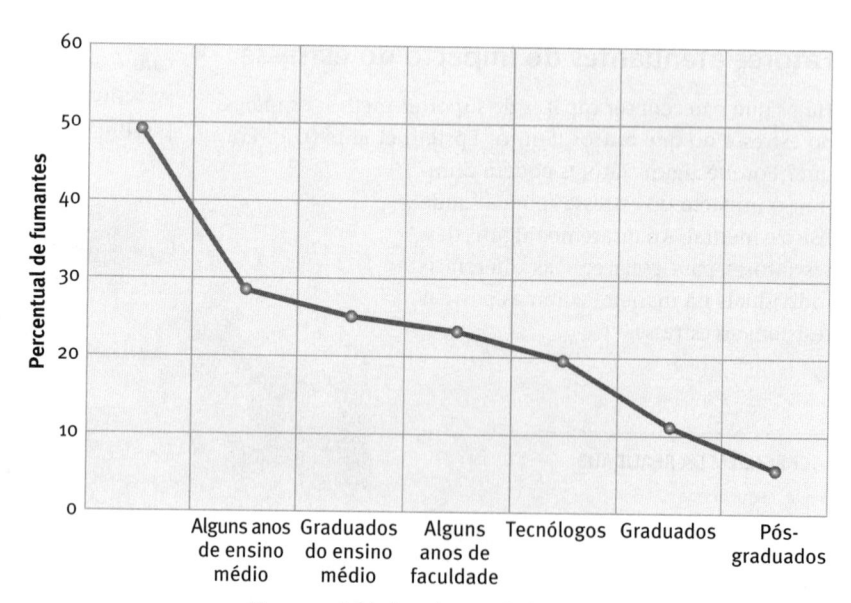

Figura 13.10 Classe social e tabagismo.

O SSE mais alto está associado à menor prevalência de hábitos não saudáveis, como tabagismo, consumo excessivo de álcool e sedentarismo. Em muitos casos, essas associações são surpreendentemente fortes, como você pode ver neste gráfico, que ilustra a relação entre a classe social e a possibilidade de tabagismo. Utilizando o nível de escolaridade como um indicador de SSE, fica claro que o tabagismo cai precipitadamente à medida que o SSE aumenta. Isso não quer dizer que as classes altas não têm maus hábitos de saúde, mas em média elas parecem fazer bem menos escolhas não saudáveis do que as classes mais baixas. (Com base em Dube et al., 2010).

tos não saudáveis (veja **Figura 13.10**), são menos expostas à poluição e podem pagar por planos de saúde de alta qualidade (Ruiz; Prather; Steffen, 2012).

Mentalidade sobre o estresse

As atitudes e crenças de um indivíduo a respeito do estresse podem influenciar sua capacidade de lidar, de forma eficaz, com o estresse? Uma recente pesquisa de Crum, Salovey e Achor (2013) sugere que a resposta é sim. Eles argumentam que a maioria das pessoas assume que o estresse, em geral, é prejudicial. Eles rotulam essa atitude como uma *mentalidade de que o estresse é debilitante*. No entanto, observam que algumas pessoas veem o estresse como um desafio revigorante e uma oportunidade para o crescimento. Eles rotulam essa atitude como uma *mentalidade de que o estresse é engrandecedor*. Afirmam que a mentalidade das pessoas sobre o estresse possivelmente molda sua experiência psicológica com eventos estressantes, assim como suas reações comportamentais. Especificamente, supõem que uma mentalidade de que o estresse é engrandecedor deve ser associada à excitação reduzida frente ao estresse e às estratégias mais eficazes de manejo. Seus dados iniciais forneceram algum apoio para essa linha de pensamento. Muitas pesquisas adicionais são necessárias, mas a mentalidade de estresse de alguém pode virar outro fator que modera o impacto dos eventos estressantes.

Efeitos positivos do estresse

Como já foi discutido, aparentemente, a maioria das pessoas opera sob a impressão de que os efeitos do estresse são inteiramente negativos, mas com certeza não é o caso. Os últimos anos trouxeram um aumento no interesse pelos aspectos positivos do processo do estresse, incluindo resultados favoráveis posteriores ao estresse (Folkman e Moskowitz, 2000). Até certo ponto, o novo foco sobre os possíveis benefícios do estresse reflete uma nova ênfase na "psicologia positiva". Como observamos no Capítulo 1, os defensores da psicologia positiva argumentam pelo aumento das pesquisas sobre bem-estar, coragem, perseverança, tolerância e outras forças e virtudes humanas (Seligman, 2003). Uma dessas forças é a resistência diante do estresse; de fato, os estudos indicam que a resiliência não é tão incomum como amplamente assumido (Bonanno; Westphal; Mancini, 2012).

As pesquisas a respeito da resiliência sugerem que o estresse pode promover crescimento ou aperfeiçoamento pessoal (Calhoun e Tedeschi, 2008, 2013). Por exemplo, estudos com pessoas que enfrentam graves problemas revelam que a maioria dos participantes relata que obteve benefícios derivados das adversidades (Lechner, Tennen e Affleck, 2009). Eventos estressantes às vezes forçam os indivíduos a desenvolverem novas habilidades e percepções, reavaliarem prioridades e adquirirem novas forças. Em outras palavras, o processo de adaptação iniciado pelo estresse pode provocar mudanças pessoais para melhor.

Um estudo que mediu a exposição dos participantes a 37 grandes eventos negativos descobriu uma relação curvilínea entre a adversidade da vida e a saúde mental (Seery, 2011). Os altos níveis de adversidade anteciparam problemas quanto à saúde mental, como esperado, porém as pessoas que enfrentaram níveis intermediários de adversidade estavam mais saudáveis do que aquelas que vivenciaram pouca adversidade, o que sugere que quantidades moderadas de estresse podem promover a resiliência. Um estudo de acompanhamento descobriu uma conexão semelhante entre a quantidade de adversidades da vida e as respostas dos sujeitos aos estressores de laboratório (Seery et al., 2013). Os níveis intermediários de adversidade foram preditivos da melhor resiliência. Desse modo, ter de lidar com uma quantidade moderada de estresse pode construir resiliência em face do estresse futuro.

> **CHECAGEM DA REALIDADE**
>
> **Ideia equivocada**
>
> O estresse sempre é ruim para você.
>
> **Realidade**
>
> Claramente, *há* uma associação entre o estresse e uma série de resultados negativos, mas diversas linhas de pesquisa mostraram que o estresse também pode ter efeitos positivos. Pode criar resiliência, reforçar as habilidades de manejo e promover o crescimento pessoal. E em função da influência dos fatores moderadores – como otimismo e consciência – os efeitos negativos do estresse estão longe de ser inevitáveis.

13.4 Comportamentos que debilitam a saúde

> **13.4 Objetivos Principais de Aprendizagem**
>
> - Avaliar o impacto negativo na saúde causado por tabagismo, abuso de substâncias e sedentarismo.
> - Esclarecer a relação entre os fatores comportamentais e a AIDS.

Algumas pessoas parecem determinadas a cavar os próprios túmulos mais cedo. Elas fazem exatamente o que é ruim para a sua saúde. Por exemplo, bebem exageradamente, apesar de saber que estão estragando seu fígado, e comem de forma errada, mesmo conscientes de que estão aumentando seu risco de um segundo ataque cardíaco. Os comportamentos francamente *autodestrutivos* são surpreendentemente comuns. Nesta seção, discutiremos como a saúde é afetada por fumo, consumo de álcool e uso de drogas e pelo sedentarismo, e analisaremos os fatores comportamentais da Aids.

Tabagismo

O tabagismo é disseminado em nossa cultura. A porcentagem de pessoas que fumam diminuiu consideravelmente desde a metade da década de 1960 (veja **Figura 13.11**). No entanto, cerca de 20,5% dos homens adultos e 15,8% das mulheres adultas nos Estados Unidos continuam a fumar com regularidade. Os fumantes têm muito maior risco de morte prematura do que os não fumantes. Por exemplo, o fumante médio tem uma expectativa de vida *13 a 14 anos mais curta* do que a de um não fumante nas mesmas condições (Grunberg; Berger; Starosciak, 2012).

Por que as taxas de mortalidade são mais elevadas entre os fumantes? Fumar aumenta a probabilidade de desenvolver

Figura 13.11
A prevalência do tabagismo nos Estados Unidos.

O gráfico mostra como a porcentagem de adultos que fumam nos Estados Unidos caiu consideravelmente desde a metade da década de 1960. Embora um progresso significativo se tenha dado, o fumo ainda é responsável por alto número de mortes prematuras nos Estados Unidos todos os anos. (Baseado em dados do Centers for Disease Control and Prevention [Centro de Controle e Prevenção de Doenças]).

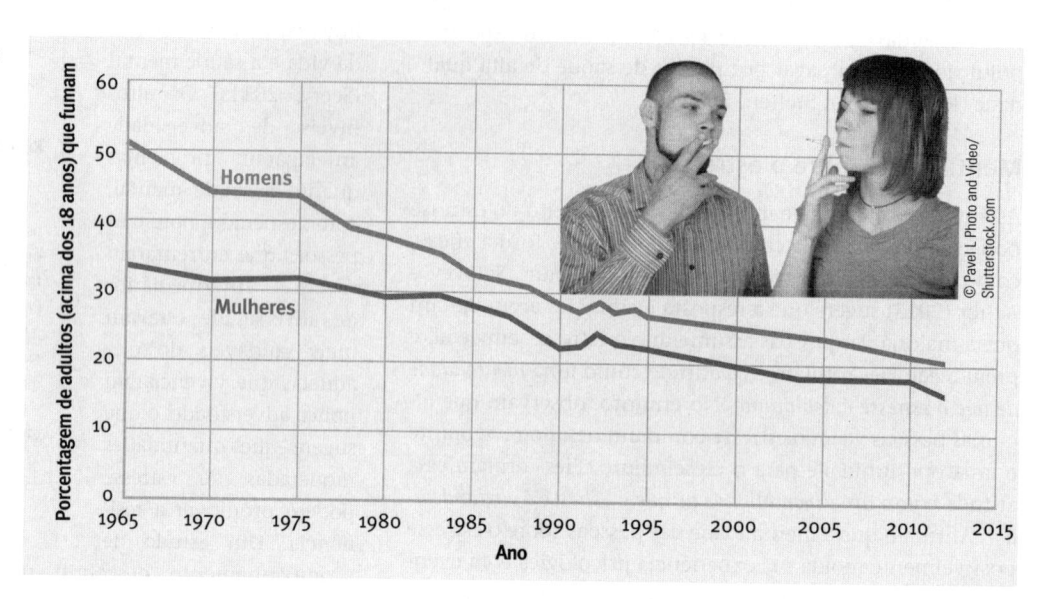

um número enorme de doenças (Thun, Apicella; Henley, 2000; Thun et al., 2013). Câncer de pulmão e doenças cardíacas são as maiores causadoras de morte entre fumantes. Contudo, os fumantes também têm alto risco de câncer oral, de bexiga e de rim, bem como de laringe, esôfago, pâncreas, arteriosclerose, hipertensão, acidente vascular cerebral e outras doenças cardíacas, além de bronquite, enfisema e outras doenças pulmonares. A maioria dos fumantes conhece os riscos associados ao consumo de tabaco, mas o interessante é que eles tendem a subestimar os riscos verdadeiros em relação a si mesmos (Ayanian e Cleary, 1999).

Lamentavelmente, os perigos do tabagismo não são limitados aos próprios fumantes. Familiares e colegas de trabalho que passam muito tempo perto de fumantes são expostos ao *fumo passivo* ou *exposição ambiental ao tabaco*. O fumo passivo pode aumentar seu risco para grande variedade de enfermidades, incluindo câncer de pulmão (Vineis, 2005) e doença cardíaca (Ding et al., 2009). Crianças novas podem ser particularmente vulneráveis aos efeitos do fumo passivo (Homa et al., 2015).

Estudos revelam que, se as pessoas conseguem parar de fumar, seus riscos à saúde diminuem com razoável rapidez (Kenfield et al., 2008). As evidências sugerem que a maioria dos fumantes gostaria de parar, mas reluta em abandonar uma grande fonte de prazer e se preocupa com o desejo de fumar, em ganhar peso, tornar-se ansiosos e irritáveis e menos capazes de lidar com o estresse (Grunberg, Faraday e Rahman, 2001).

Infelizmente, é muito difícil parar de fumar. Os que se inscrevem em programas formais para parar de fumar são só um pouco mais bem-sucedidos do que os que tentam por si mesmos (Swan, Hudman e Khroyan, 2003). Taxas de sucesso em longo prazo ficam em torno de apenas 25%, e alguns estudos trazem dados ainda menores. Apesar disso, o fato de haver perto de 50 milhões de ex-fumantes nos Estados Unidos indica que é possível parar de fumar. É interessante que muitos fracassaram várias vezes até conseguir abandonar definitivamente o cigarro. As evidências sugerem que a preparação para parar de fumar vai se construindo gradualmente, conforme as pessoas vão atravessando períodos de abstinência e reincidência (Prochaska et al., 1994).

> **CHECAGEM DA REALIDADE**
>
> **Ideia equivocada**
>
> Se você não consegue parar de fumar da primeira vez que tenta, provavelmente não conseguirá também no futuro.
>
> **Realidade**
>
> As pessoas que tentam parar de fumar em geral falham muitas vezes antes de definitivamente conseguir. Logo, se seu primeiro esforço em parar de fumar falhar, não perca a esperança. Tente novamente em algumas semanas ou alguns meses.

Álcool e uso de drogas

Embora haja evidências instigantes de que o consumo *moderado* de bebidas alcóolicas pode oferecer alguma proteção contra a doença cardiovascular (Ronksley et al., 2011), o consumo intenso de álcool aumenta o risco para uma série de doenças (Sher et al., 2011). O uso recreativo de drogas é outro hábito comum que compromete a saúde. Diferentemente do tabagismo ou do sedentarismo, as drogas podem matar direta e imediatamente. E em longo prazo, o álcool e várias drogas recreativas elevam o risco de uma pessoa ter doenças infecciosas; doenças respiratórias, pulmonares e cardiovasculares; doença hepática; problemas gastrointestinais; câncer; transtornos neurológicos; e complicações gestacionais (veja Capítulo 5).

Sedentarismo

Há consideráveis evidências que associam o sedentarismo à saúde debilitada (Wilson; Zarrett; Kitzman-Ulrich, 2011). Em contrapartida, estudos descobriram reduções substanciais na prevalência das doenças crônicas posteriormente

A prática regular de exercícios tem muitos benefícios físicos e psicológicos que podem promover uma saúde melhor a uma longevidade maior.

na vida e mortalidade geral entre aqueles com alto nível de aptidão física (Moore et al., 2012; Willis et al., 2012). Infelizmente, a aptidão física parece estar em declínio nos Estados Unidos. Somente um terço dos norte-americanos adultos pratica uma quantidade adequada de exercícios regulares (Carlson et al., 2010).

Por que praticar exercícios poderia ajudar as pessoas a viver mais? Em primeiro lugar, um esquema de exercícios adequados pode aumentar a saúde cardiovascular, diminuindo a probabilidade de problemas cardiovasculares fatais (Brassington et al., 2012). Em segundo lugar, exercícios podem reduzir, indiretamente, o risco da pessoa a uma diversidade de problemas de saúde relacionados à obesidade, como diabetes e doenças respiratórias (Corsica e Perri, 2003). Em terceiro, estudos recentes sugerem que os exercícios podem ajudar a diminuir a inflamação crônica, que possivelmente contribui com certa variedade de doenças (You et al., 2013). Em quarto lugar, os exercícios servem como um amortecedor que reduz a potencialidade prejudicial dos efeitos físicos do estresse (Edenfield e Blumenthal, 2011). Esse efeito de amortecimento pode ocorrer porque as pessoas em boa forma física demonstram uma reação fisiológica ao estresse menor que aquelas que não estão (Zschucke et al., 2015). Em quinto, entre os idosos, o exercício está associado a uma redução no encolhimento do cérebro, visto com frequência após os 60 anos de idade (Gow et al., 2012), e a uma redução na vulnerabilidade ao mal de Alzheimer (Radak et al., 2010).

Comportamento e HIV/Aids

Atualmente, uma das ligações mais problemáticas entre comportamento e saúde é, possivelmente, aquela relativa à **Aids (*acquired immune deficiency syndrome* – síndrome da imunodeficiência adquirida), um transtorno no qual o sistema imunológico é enfraquecido gradualmente e acaba por ser totalmente inutilizado pelo HIV, vírus da imunodeficiência humana (*human immunodeficiency virus*)**. Infectar-se com esse vírus não é o mesmo que ter Aids. A Aids é o estágio final do processo de infecção do HIV e se manifesta tipicamente cerca de sete a dez anos após a infecção original. Com o início da doença, a pessoa fica praticamente indefesa contra uma enormidade de agentes infecciosos oportunistas. Os danos da Aids impõem-se indiretamente, abrindo as portas para outras doenças. Seus sintomas variam consideravelmente, dependendo da específica constelação de doenças que cada pessoa desenvolve (Cunningham e Selwyn, 2005). Embora o crescimento da epidemia tenha estabilizado nos últimos anos e o número de mortes relacionadas à Aids tenha caído, essa doença mortal permanece desproporcionalmente prevalente em determinadas regiões da África.

Antes de 1996-1997, o tempo médio de sobrevida após o começo da Aids era em torno de 18 a 24 meses. Novos e animadores avanços no seu tratamento com drogas, chamado *terapia antirretroviral altamente ativa (highly active antiretroviral therapy – HAART)*, trazem a promessa de uma sobrevida *substancialmente* maior (Thompson et al., 2012). Entretanto, como esses regimes medicamentosos são complicados de administrar, têm efeitos colaterais adversos, não são eficazes para todos os pacientes e são mais difíceis de obter nos países pobres, eles têm sido usados por meros 10% dos pacientes com Aids no mundo inteiro (Carey; Scott-Sheldon; Vanable, 2013). Especialistas médicos estão preocupados que o público geral tenha ficado com a impressão de que esses tratamentos tenham transformado a Aids de uma doença fatal em uma doença tratável. Essa pode ser uma conclusão prematura, pois as cepas do HIV estão evoluindo e algumas delas são resistentes ao tratamento medicamentoso (Temoshok, 2011).

O vírus HIV é transmitido pelo contato pessoa-pessoa, envolvendo a troca de fluidos corpóreos, especialmente sêmen e sangue. Os dois modos principais de transmissão nos Estados Unidos têm sido o contato sexual e a partilha de agulhas por pessoas que utilizam drogas intravenosas (IV). Nos Estados Unidos, a transmissão sexual deu-se, inicialmente, entre homossexuais e bissexuais, mas a transmissão heterossexual aumentou nos últimos anos (U.S. Centers for Disease Control, 2011). No mundo, de modo geral, a infecção por meio das relações heterossexuais tem sido muito mais comum desde o início (Carey et al., 2013). Nas relações heterossexuais estima-se que a transmissão do homem para a mulher seja oito vezes mais provável que a da mulher para o homem (Ickovics, Thayaparan e Ethier, 2001). O vírus HIV pode ser encontrado nas lágrimas e na saliva dos indivíduos infectados, mas as concentrações são baixas e não há evidências de que a infecção possa espalhar-se por contato casual. Mesmo a maioria dos contatos não casuais, como beijar, abraçar e compartilhar comida com pessoas infectadas, parece ser segura (Kalichman, 1995).

Um problema relacionado à transmissão do vírus é que muitos jovens heterossexuais, que são sexualmente ativos com uma diversidade de parceiros, menosprezam, de maneira imprudente, seus riscos de infectar-se com o HIV. Subestimam imensamente a possibilidade de que seus parceiros sexuais tenham usado drogas, ou que tenham tido sexo não seguro com parceiros infectados. Além disso, muitos jovens também acreditam erroneamente que futuros parceiros sexuais portadores do vírus HIV apresentarão sinais que denunciarão a doença. Na realidade, muitos portadores do HIV não sabem que são soropositivos. Em um estudo que triou mais de 5 mil homens quanto ao HIV, 77% deles que eram soropositivos não tinham ciência de sua infecção (MacKellar et al., 2005).

13.5 Reações à enfermidade

Algumas pessoas ignoram os sinais de desenvolvimento de uma doença, ao passo que outras buscam ativamente vencê-las. Examinemos a decisão de buscar tratamento médico, a comunicação com os profissionais de saúde e os fatores que afetam a adesão às orientações médicas.

13.5 Objetivos Principais de Aprendizagem

- Discutir as diferenças na disposição em procurar tratamento médico e algumas barreiras para a comunicação eficaz entre paciente e profissional da saúde.
- Analisar a extensão em que as pessoas tendem a seguir os conselhos médicos.

A decisão de procurar tratamento

Você já teve náuseas, diarreia, rigidez, dores de cabeça, cãibras, dores no peito ou problemas de sinusite? Claro que sim; todos nós experimentamos alguns desses problemas periodicamente. No entanto, se vemos essas sensações como *sintomas* é questão de interpretação pessoal. Quando duas pessoas sentem as mesmas sensações desagradáveis, pode ser que uma as veja apenas como um incômodo e as ignore, ao passo que a outra vai correndo procurar um médico (Martin e Leventhal, 2004). Os estudos sugerem que as pessoas com um nível relativamente alto de ansiedade e neurose tendem a relatar mais sintomas de doenças do que as outras (Petrie e Pennebaker, 2004).

O maior problema com relação à procura de tratamento é a tendência de muitas pessoas a adiar a busca de orientação profissional. Os adiamentos podem ser críticos, porque um diagnóstico precoce e a rápida intervenção levam a um tratamento mais eficaz de muitos problemas de saúde (Petrie e Pennebaker, 2004). A demora é, infelizmente, a norma, mesmo quando as pessoas estão enfrentando emergências médicas, como um ataque de coração (Martin e Levanthal, 2004). Por que as pessoas ficam perdendo tempo em meio a uma crise? Robin DiMatteo (1991), importante especialista em comportamento de pacientes, menciona várias razões, afirmando que as pessoas atrasam porque muitas vezes: (1) interpretam erradamente os sintomas e os ignoram; (2) ficam preocupadas em parecer bobas se o problema não for nada sério; (3) ficam preocupadas em "incomodar" seus médicos; (4) ficam relutantes em mudar seus planos (ir jantar fora, ir ao cinema, e assim por diante); e (5) perdem tempo em questões triviais (como tomar banho, arrumar os objetos pessoais ou fazer uma mala) antes de ir para um pronto-socorro.

Comunicando-se com profissionais de saúde

A qualidade da comunicação entre pacientes e profissionais de saúde pode influenciar os resultados de saúde dos indivíduos (Hall; Roter, 2011). Grande parte dos pacientes sai do consultório dos médicos sem entender o que lhes foi dito e o que devem fazer (Johnson e Carlson, 2004). Essa situação é muito triste, pois boa comunicação é um requisito crucial para decisões médicas sensatas, escolhas bem informadas sobre o tratamento, e um acompanhamento apropriado por parte dos pacientes (Haskard et al. 2008).

Existem muitas barreiras a uma comunicação eficaz entre os pacientes e os profissionais de saúde (DiMatteo, 1997; Marteau e Weinman, 2004). Realidades econômicas determinam que as consultas médicas sejam rápidas, com pouco tempo para conversa. Muitos profissionais usam o jargão médico em excesso e superestimam o entendimento de termos técnicos por parte dos pacientes. Pacientes que estão aborrecidos ou preocupados com suas enfermidades podem simplesmente esquecer de relatar alguns sintomas ou de fazer perguntas que desejavam. Outros pacientes são evasivos

A comunicação entre profissionais de atendimento à saúde e pacientes tende a ser muito menos do que ótima, por inúmeras razões.

a respeito de sua condição real, pois temem um diagnóstico grave. Alguns relutam em desafiar a autoridade do médico e são muito passivos em sua interação com os profissionais.

O que pode ser feito para melhorar a comunicação com os profissionais de saúde? A chave está em não ser um consumidor passivo de serviços médicos (Berger, 2013). Chegue à consulta na hora certa, com as perguntas e as preocupações preparadas antes. Seja preciso e sincero ao responder às perguntas de seu médico. Se você não entender algo que ele diz, não tenha vergonha de pedir explicações. E se tiver dúvidas quanto à conveniência ou à viabilidade das recomendações do médico, não hesite em expressá-las.

Adesão às recomendações médicas

Muitos pacientes falham em seguir as instruções que recebem dos médicos e de outros profissionais da saúde. As evidências sugerem que a *não adesão* às recomendações médicas ocorre 30% das vezes quando tratamentos de curto prazo são prescritos para condições agudas, e 50% das vezes quando tratamentos de longo prazo são necessários para doenças crônicas (Johnson e Carlson, 2004). A não adesão assume muitas formas. Os pacientes podem deixar de começar um tratamento, parar o tratamento antes do tempo, aumentar ou diminuir os níveis de tratamento prescritos, ou ser inconsistentes e não confiáveis para seguir os procedimentos recomendados (Dunbar-Jacob e Schlenk, 2001). A não adesão foi associada ao aumento de doenças, fracassos no tratamento, e maior índice de mortalidade (Dunbar-Jacob; Schlenk e McCall, 2012). Além disso, a não adesão desperdiça consultas médicas e medicamentos caros, e aumenta o índice de internações em hospitais, levando a enormes custos econômicos. DiMatteo (2004b) especula que apenas nos Estados Unidos a não adesão representa uma drenagem de 300 bilhões de dólares por ano no sistema de saúde.

Por que as pessoas não aderem às recomendações que obtiveram de profissionais da saúde altamente qualificados? Os médicos tendem a atribuir a não adesão a características pessoais dos pacientes, mas pesquisas indicam que traços de personalidade e fatores demográficos não estão relacionados aos índices de adesão (DiMatteo, 2004b). O motivo mais reportado para a má adesão é o simples esquecimento (Dunbar-Jacob et al., 2012). Um fator que *está* relacionado à adesão é o *apoio social* aos pacientes. A adesão é mais alta quando os pacientes têm familiares, amigos ou colegas de trabalho que se lembram deles e os ajudam a seguir as exigências do tratamento (DiMatteo, 2004a). Outras considerações que influenciam a adesão incluem as seguintes (Hall e Roter, 2011; Johnson e Carlson, 2004):

1. Frequentemente a não adesão deve-se à dificuldade de o paciente entender as orientações recebidas. Profissionais altamente treinados muitas vezes se esquecem de que o que parece simples e óbvio para eles pode ser obscuro e complexo para muitos dos seus pacientes.

2. A dificuldade das orientações é outro fator fundamental. Se o regime prescrito for desagradável, a adesão tende a diminuir, e quanto mais o cumprimento das orientações interferir no comportamento rotineiro, menos provável será que o paciente coopere com sucesso.

3. Se um paciente tem uma atitude negativa com relação a um médico, a probabilidade de não adesão aumentará. Quando os pacientes não estão satisfeitos com suas interações com o médico, tornam-se mais inclinados a ignorar as orientações médicas recebidas, não importa a importância que tenham.

13.6 Refletindo sobre os temas do capítulo

Quais foram os temas mais enfatizados neste capítulo? Como você provavelmente observou, nossa discussão sobre estresse e saúde ilustrou a causalidade multifatorial e a subjetividade da experiência.

Nossa discussão sobre psicologia da saúde apresentou uma ilustração particularmente complexa de causalidade multifatorial. Como apontamos no Capítulo 1, as pessoas tendem a raciocinar de maneira simplista em termos de causas únicas. Nos últimos anos, as pesquisas que associam estresse à saúde, amplamente

13.6 Objetivos Principais de Aprendizagem

- Identificar os dois temas unificadores deste capítulo.

Causalidade multifatorial

Subjetividade da experiência

A não adesão ao aconselhamento médico e aos regimes de tratamento é um grande problema em nosso sistema de saúde. Por exemplo, apenas metade dos pacientes toma seus medicamentos conforme prescrito.

divulgadas, têm levado muitas pessoas a automaticamente apontar o estresse como explicação para as doenças. Na verdade, ele tem apenas um impacto modesto sobre a saúde física. Pode aumentar o risco de doenças, mas a saúde é determinada por densa rede de fatores, entre os quais os mais importantes são: vulnerabilidades herdadas, exposição a agentes infecciosos, hábitos que debilitam a saúde, reações aos sintomas, comportamento de procura de tratamento, adesão às orientações médicas, otimismo e apoio social. Em outras palavras, o estresse é apenas um ator, em um palco cheio de atores. Isso deve ficar evidente na **Figura 13.12**, que mostra a quantidade de fatores biopsicossociais que conjuntamente influenciam a saúde; a figura ilustra a causalidade multifatorial em toda a sua complexidade.

A subjetividade da experiência foi demonstrada pelo detalhe repetidamente referido de que o estresse é uma questão de interpretação pessoal. A mesma promoção no emprego pode ser estressante para uma pessoa e revigorante para outra. A pressão para uma pessoa é o desafio para outra. Quando se trata de estresse, a realidade objetiva não é tão importante quanto as percepções subjetivas. O impacto de eventos estressantes depende, mais do que tudo, da maneira como as pessoas os veem. A importância fundamental da avaliação pessoal do estresse continuará a ser evidente em nossa Aplicação Pessoal, relacionada ao gerenciamento do estresse. Muitas estratégias de gerenciamento do estresse dependem de uma modificação da avaliação da pessoa sobre os eventos.

Figura 13.12 Fatores biopsicossociais em saúde.

A saúde física pode ter influências de um conjunto incrivelmente diversificado de variáveis, composto por fatores biológicos, psicológicos e sociais. A grande quantidade de fatores que afetam a saúde oferece um excelente exemplo de causalidade multifatorial.

13.7 APLICAÇÃO PESSOAL
Melhorando as estratégias de manejo e a administração do estresse

Responda "verdadeiro" ou "falso" às seguintes afirmações:

___ 1 A chave para lidar com o estresse é evitá-lo ou contorná-lo.
___ 2 É melhor reprimir as reações emocionais ao estresse.
___ 3 É imaturidade zombar dos problemas pessoais.
___ 4 Exercitar-se tem pouco ou nenhum impacto sobre a resistência ao estresse.

Cursos e livros sobre o gerenciamento do estresse multiplicaram-se em ritmo frenético durante a última década. Eles trazem recomendações de especialistas sobre como manejar com mais eficácia o estresse. O que os especialistas acham das quatro declarações verdadeiras/falsas feitas anteriormente? Como você verá no decorrer desta Aplicação Pessoal, a maioria deles diria que as quatro são falsas.

A chave para gerenciar o estresse não está em evitá-lo. Ele é um elemento inevitável na estrutura da vida moderna. Como Hans Selye (1973) apontou, "ao contrário do que diz a opinião pública, não devemos – como, aliás, não podemos – evitar o estresse". Assim, a maioria dos programas de gerenciamento de estresse treina as pessoas a utilizar estratégias de manejo mais efetivas. Nesta Aplicação, examinaremos diversas táticas construtivas de manejo, começando pelas ideias de Albert Ellis sobre a modificação das avaliações que se tem de eventos estressantes.

Reavaliação: o pensamento racional de Ellis

Albert Ellis é um importante teórico que acredita que as pessoas podem contornar suas reações emocionais ao estresse com a alteração de suas avaliações sobre os eventos estressantes. Os *insights* de Ellis sobre avaliação de estresse são a base para um sistema largamente utilizado, criado por ele – a *terapia comportamental emocional-racional* (Ellis, 1977, 1987; Ellis e Ellis, 2011), e vários livros populares sobre manejo eficaz (Ellis, 1985, 1999, 2001).

Ellis sustenta que *você sente da maneira como pensa*. Argumenta que as reações emocionais problemáticas são causadas por conversas negativas consigo mesmo, que chama de ***pensamento catastrófico***, **que envolve avaliações irreais e pessimistas de estresse que exageram a magnitude dos problemas da pessoa.** Segundo Ellis, as pessoas involuntariamente acreditam que eventos estressantes causam suas perturbações emocionais, mas ele afirma que as reações emocionais às contrariedades pessoais são de fato causadas por avaliações excessivamente negativas desses eventos (veja **Figura 13.13**).

Ellis teoriza que as avaliações não realistas do estresse derivam de suposições irracionais das pessoas. Ele afirma que, se examinar o pensamento catastrófico, você descobrirá que seu raciocínio está baseado em uma premissa logicamente indefensável, como "eu preciso ter a aprovação de todos", ou "devo me sair bem em tudo o que faço". Essas premissas falsas, que as pessoas com frequência têm inconscientemente, geram o pensamento catastrófico e as perturbações emocionais. Como podemos reduzir nossas avaliações não realistas do estresse? Ellis ensina que

> **13.7 OBJETIVOS PRINCIPAIS DE APRENDIZAGEM**
>
> • Analisar o valor adaptativo do pensamento racional, do humor e da liberação de emoções reprimidas.
> • Avaliar o valor adaptativo do perdão aos outros, do relaxamento, da melhoria da aptidão física e da adoção de melhores hábitos de sono.

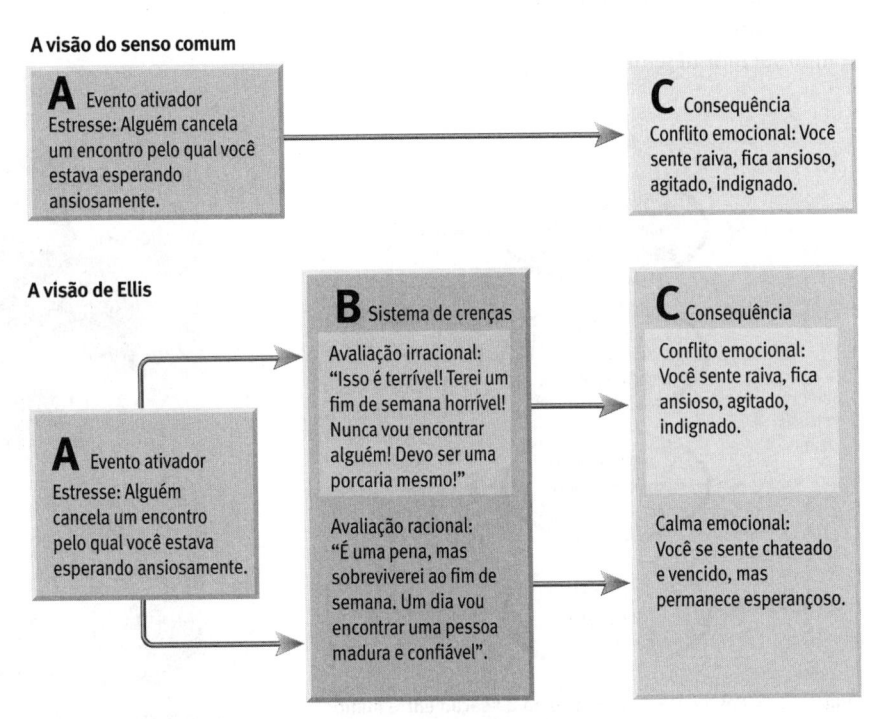

A visão do senso comum

A Evento ativador
Estresse: Alguém cancela um encontro pelo qual você estava esperando ansiosamente.
→
C Consequência
Conflito emocional: Você sente raiva, fica ansioso, agitado, indignado.

A visão de Ellis

A Evento ativador
Estresse: Alguém cancela um encontro pelo qual você estava esperando ansiosamente.
→
B Sistema de crenças
Avaliação irracional: "Isso é terrível! Terei um fim de semana horrível! Nunca vou encontrar alguém! Devo ser uma porcaria mesmo!"
→
C Consequência
Conflito emocional: Você sente raiva, fica ansioso, agitado, indignado.

Avaliação racional: "É uma pena, mas sobreviverei ao fim de semana. Um dia vou encontrar uma pessoa madura e confiável".
→
Calma emocional: Você se sente chateado e vencido, mas permanece esperançoso.

Figura 13.13 O modelo das reações emocionais de Albert Ellis.
Embora a maioria das pessoas atribua suas reações emocionais negativas diretamente aos eventos negativos que experimenta, Ellis argumenta que os eventos em si *não* causam transtornos emocionais; pelo contrário, o transtorno é causado pelo modo como as pessoas *pensam* sobre os eventos negativos. Segundo Ellis, a chave para enfrentar o estresse é mudar a avaliação que fazemos dos eventos estressantes.

devemos aprender (1) a detectar o pensamento catastrófico; e (2) a enfrentar as suposições irracionais que ele causa.

O humor como um redutor do estresse

Muitos anos atrás, os subúrbios de Chicago tiveram sua primeira enchente depois de mais ou menos um século. Milhares de pessoas viram suas casas serem destruídas quando dois rios extravasaram suas margens. Quando a água refluiu, as vítimas da enchente, que retornavam às suas casas, foram personagens de inevitáveis entrevistas. Um grande número de vítimas, rodeadas pelas ruínas de seus lares, *fez brincadeiras* sobre sua má sorte. Quando as coisas ficam difíceis, é melhor rir da desgraça. Em um estudo sobre estilos de manejo, McCrae (1984) verificou que 40% de seus participantes usaram humor para lidar com o estresse.

Por mais de 30 anos, os pesquisadores vêm acumulando evidências empíricas de que o humor modera o impacto do estresse. (Abel, 2002; Lefcourt, 2001, 2005). Por exemplo, uma análise de 49 estudos descobriu que os funcionários que usavam o humor no trabalho mostraram melhor desempenho, satisfação e saúde, assim como menos exaustão e estresse (Mesmer-Magnus; Glew; Viswesvaran, 2012).

Como o humor ajuda a reduzir os efeitos do estresse e a promover o bem-estar? Várias explicações foram propostas (veja **Figura 13.14**). Uma possibilidade é que o humor afeta as avaliações dos eventos estressantes (Abel, 2002). Brincadeiras podem ajudar as pessoas a dar um caráter menos ameaçador às suas dificuldades e atribulações. Outra explicação é que o humor aumenta a experiência de emoções positivas (Marin, 2002), o que pode ajudar as pessoas a se recuperar de acontecimentos estressantes (Tugade e Fredrickson, 2004). Outra hipótese é que um bom senso de humor facilita interações sociais recompensadoras, promovendo o apoio social, que amortece os efeitos do estresse (Martin, 2002). Por fim, Lefcourt et al. (1995) argumentam que pessoas bem-humoradas podem se beneficiar com o fato de não se levarem tão a sério quanto as pessoas mal-humoradas. Conforme o que eles dizem: "Se as pessoas não se levam tão a sério e não têm um senso inflado de autoimportância, então derrotas, situações embaraçosas, e mesmo tragédias têm consequências emocionais menos penetrantes para elas" (p. 375).

Liberação de emoções reprimidas e perdão

Embora não exista nenhuma garantia disso, você pode algumas vezes reduzir a excitação fisiológica induzida pelo estresse *expressando* suas emoções. Por exemplo, há cada vez mais evidências de que escrever ou falar sobre as dificuldades da vida pode ser algo valioso ao lidar com o estresse (Smyth, Pennebaker e Arigo, 2012). Em um estudo feito com universitários pediu-se que metade dos sujeitos escrevesse três ensaios a respeito de suas dificuldades para se adaptar à faculdade, enquanto a outra metade escreveu três ensaios sobre tópicos superficiais. Aqueles que

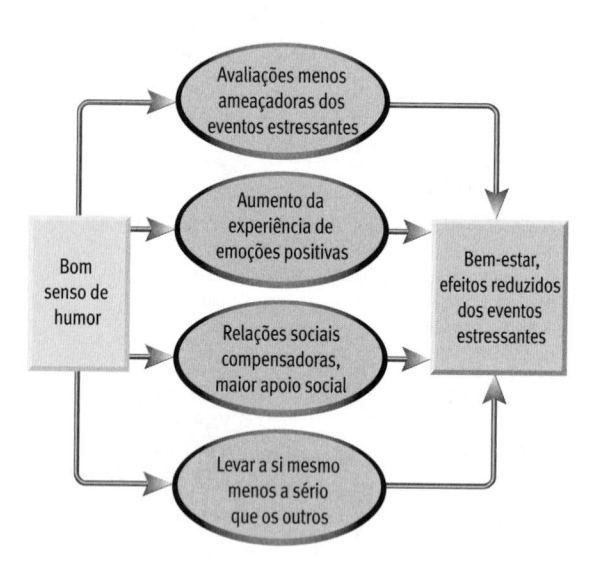

Figura 13.14 Possíveis explicações para a ligação entre humor e bem-estar.

Pesquisas sugerem que um bom senso de humor amortece os efeitos do estresse e promove o bem-estar. Na coluna do meio do diagrama aparecem quatro hipóteses para a ligação entre o humor e o bem-estar. Como você pode ver, o humor pode ter uma série de efeitos benéficos.

Em setembro de 1994, Reg e Maggie Green estavam de férias na Itália, quando seu filho Nicholas, de sete anos, foi morto a tiros durante um assalto que ocorreu em uma estrada. Em uma atitude de perdão que surpreendeu a Europa, os Green resolveram doar os órgãos de seu filho para sete cidadãos italianos. Os Green, na foto tirada cinco anos após o terrível incidente, superaram sua perda melhor do que a maioria das pessoas consegue fazer, talvez, por causa de seu desejo de perdoar.

relataram seus problemas pessoais gozaram de uma saúde melhor do que os outros nos meses seguintes (Pennebaker, Colder e Sharp, 1990). Estudos semelhantes subsequentes replicaram essa descoberta e mostraram que a liberação emocional está associada ao melhor funcionamento imunológico (Slatcher e Pennebaker, 2005). Por isso, se conseguir encontrar um bom ouvinte, talvez você consiga descarregar emoções problemáticas, deixando que seus medos, ansiedades e frustrações se liberem em uma conversa franca.

As pessoas tendem a experimentar hostilidade e outras emoções negativas quando sentem que foram "prejudicadas" – ou seja, quando acreditam que as ações de outras pessoas foram danosas, imorais ou injustas. A inclinação natural das pessoas nessas situações é buscar vingança ou evitar contato futuro com quem a ofendeu (McCullough, Kurzban e Tabak, 2013). *Perdoar* alguém envolve ir contra essas emoções naturais e libertar a pessoa para sempre de sua transgressão. Pesquisas sugerem que o ato de perdoar está associado a melhor ajuste e bem-estar (McCullough e Witvliet, 2002; Worthington e Scherer, 2004), assim como a raiva e sintomas físicos reduzidos (Bono; McCullough; Root, 2008; McCullough et al., 2014). Por exemplo, um estudo feito por McCullough com mulheres divorciadas ou separadas permanentemente (2001) revelou que a intensidade com que essas mulheres perdoaram os ex-maridos estava positivamente relacionada a várias medidas de bem-estar.

Relaxamento e redução da vulnerabilidade psicológica

O relaxamento é uma valiosa técnica de gerenciamento de estresse capaz de aliviar sua confusão emocional e suprimir a excitação fisiológica problemática (McGuigan e Lehrer, 2007; Smith, 2007). A importância do relaxamento tornou-se evidente para Herbert Benson (1975) como resultado de sua pesquisa sobre meditação. Benson, cardiologista da Escola de Medicina de Harvard, acredita que o relaxamento é o ponto crucial para muitos dos efeitos benéficos da meditação. Qualquer coisa que faça você relaxar – seja música, meditação, oração seja um banho quente – pode ser útil. Os especialistas também criaram uma variedade de procedimentos de relaxamento sistemático que podem tornar os esforços de relaxamento mais eficazes. Você pode querer aprender sobre técnicas como *relaxamento progressivo* (Jacobson, 1938), *treinamento autogênico* (Schultz e Luthe, 1959) e a *resposta de relaxamento* (Benson; Klipper, 1988).

Como esse capítulo esclareceu, o desgaste do estresse pode ser prejudicial à saúde física das pessoas. Para enfrentar esse problema potencial, convém que seu corpo esteja em forma relativamente equilibrada. Os benefícios potenciais de exercícios regulares são substanciais, incluindo o aumento da longevidade (Gremeaux et al., 2012). Além disso, as pesquisas mostraram que você não tem de ser um atleta dedicado para obter benefícios com exercícios, porque mesmo uma quantidade moderada de exercícios já reduz seu risco de adoecer (Richardson et al., 2004; veja **Figura 13.15**).

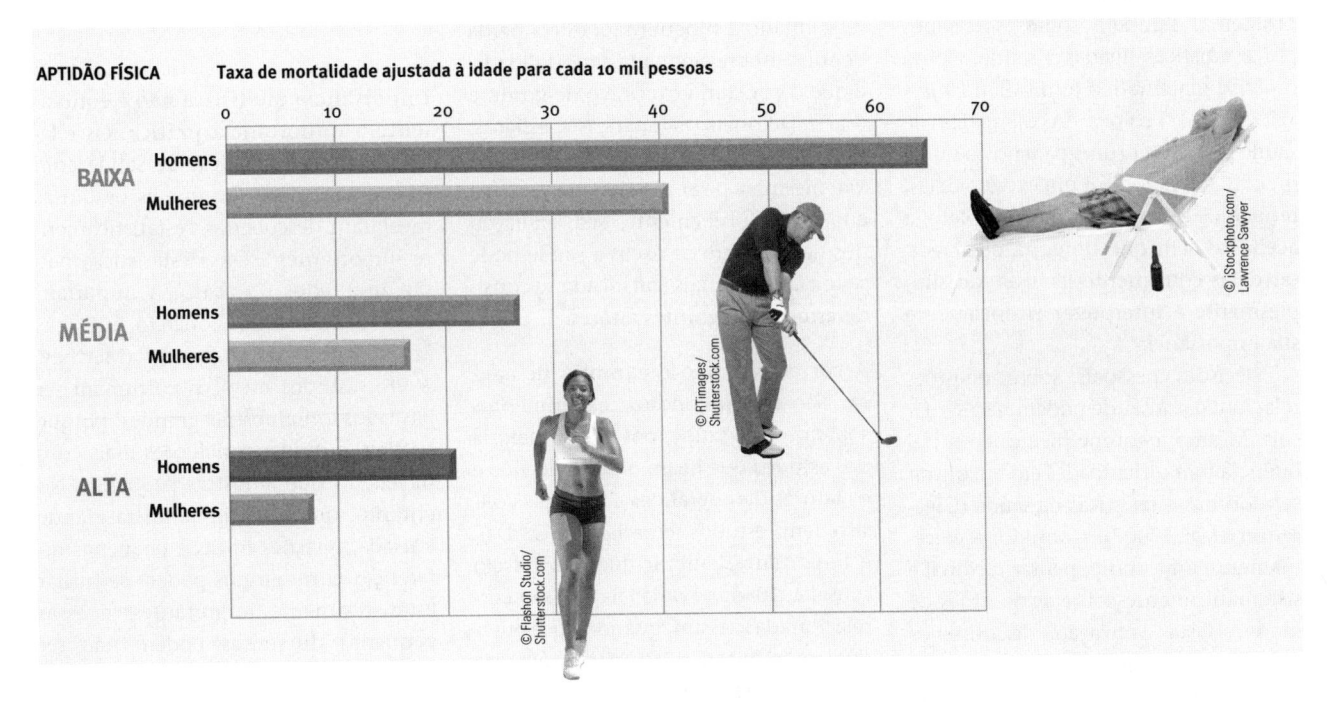

Figura 13.15 Boa forma física e mortalidade.
Blair et al. (1989) estudaram taxas de mortalidade entre homens e mulheres que apresentavam baixa, média e alta aptidão física. Como você pode ver, a boa forma estava associada a menores taxas de mortalidade em ambos os sexos.

Para muitos, é difícil iniciar a participação em um programa de exercícios. Fazê-lo exige tempo, e se você estiver fora de forma, suas tentativas iniciais podem ser sofridas e frustrantes. Para driblar esses problemas, é aconselhável (1) procurar uma atividade que você considere agradável, (2) aumentar sua participação gradualmente, (3) exercitar-se regularmente sem cometer excessos, e (4) recompensar a si mesmo pelos seus esforços (Greenberg, 2002).

Bons hábitos de sono também podem ajudar no esforço para minimizar a vulnerabilidade fisiológica ao estresse. Como discutimos no Capítulo 5, a perda de sono pode prejudicar as respostas do sistema imunológico (Motivala e Irwin, 2007) e alimentar as respostas inflamatórias (Patel et al., 2009). As evidências também sugerem que a má qualidade do sono está associada a problemas de saúde (Grandner et al., 2012, 2014) e que a perda de sono pode elevar o risco de mortalidade (Magee et al., 2013). Desse modo, os padrões normais de sono podem contribuir com o gerenciamento do estresse. Os resultados de um estudo sugerem que as pessoas precisam ter uma quantidade suficiente de sono e devem se esforçar para manter a consistência em seus padrões de sono (Barber et al., 2010).

13.8 APLICAÇÃO DO PENSAMENTO CRÍTICO
Pensando racionalmente sobre estatísticas e decisões de saúde

Com tantas afirmações conflitantes acerca dos melhores meios de prevenir ou tratar doenças, como é possível decidir o que fazer? Parece que todos os dias uma notícia na mídia afirma que o que foi anunciado sobre saúde ontem estava errado. A inconsistência das notícias a respeito da saúde é apenas parte do problema. Também somos soterrados por estatísticas ligadas à saúde. Como o perito matemático John Allen Paulos (1995, p. 133) coloca: "As estatísticas de saúde podem ser ruins para nossa saúde mental. Cercados por um excesso delas, tendemos a ignorá-las por completo; a aceitá-las sem questionar; a desacreditar delas com mente fechada; ou simplesmente a interpretar erroneamente sua importância".

Decisões pessoais sobre questões relacionadas à saúde podem não ser fáceis. Mesmo a equipe médica com frequência tem dificuldades em encontrar sentido nas estatísticas da saúde (Gigerenzer et al., 2007). Contudo, é extremamente importante pensar racional e sistematicamente sobre as questões de saúde. Nesta Aplicação, discutiremos alguns *insights* que podem ajudá-lo a pensar de modo crítico acerca das estatísticas sobre riscos à saúde; depois esboçaremos uma abordagem sistemática do pensamento por meio de decisões de saúde.

Avaliando as estatísticas sobre riscos à saúde

Novos relatórios parecem sugerir que há elos entre quase tudo o que as pessoas fazem, tocam e consomem e algum tipo de doença física. Por exemplo, a mídia anuncia que o consumo de café está relacionado à hipertensão; que a perda de sono está relacionada à mortalidade; e que o consumo excessivo de gordura está relacionado a doenças cardíacas. Essas notícias são suficientes para deixar, mesmo a pessoa mais complacente, em pânico. Felizmente, sua avaliação dos dados sobre os riscos à saúde pode se tornar bem mais sofisticada se considerarmos os seguintes fatores:

A correlação não é garantia de causa. Não é fácil conduzir experimentos sobre riscos à saúde, por isso, a maioria dos estudos que ligam o estilo de vida e os fatores demográficos a doenças consiste em estudos correlacionais. Daí, é importante lembrar que não há elo causal entre duas variáveis que são correlacionadas. Assim, quando você ouvir que um fator está relacionado a alguma doença, tente ir um pouco mais fundo e descobrir *por que* os cientistas acreditam que isso acontece. O fator causal suspeito pode ser algo bem diferente do que foi medido.

> **13.8 OBJETIVOS PRINCIPAIS DE APRENDIZAGEM**
>
> - Compreender considerações importantes ao avaliar as estatísticas de saúde e tomar decisões nesse sentido.

Importância estatística não é equivalente à importância prática. Os relatórios sobre estatísticas de saúde com frequência enfatizam que as pesquisas revelaram descobertas "estatisticamente importantes". Essas estatísticas não são resultados do acaso. A importância estatística é um conceito útil, mas às vezes pode ser enganador (Matthey, 1998). Estudos médicos costumam ser baseados em amostras grandes, porque tendem a render conclusões mais confiáveis do que amostras pequenas. No entanto, quando uma amostra grande é usada, relações fracas e pequenas diferenças entre grupos podem se tornar estatisticamente importantes; e essas pequenas diferenças podem não ter muita importância prática. Por exemplo, em um estudo sobre o consumo de sódio (sal) e doenças cardiovasculares, que usou uma amostra de mais de 14 mil participantes, He et al. (1999) descobriram uma ligação estatisticamente importante entre o alto consumo de sódio e a prevalência da hipertensão entre sujeitos com peso normal. Contudo, essa diferença estatisticamente importante não era muito grande. A prevalência de hipertensão entre sujeitos com o mínimo consumo de sódio era 19,1%, comparada a 28,1% para os sujeitos com o consumo máximo de sódio – não é uma diferença que cause pânico.

Índices-base devem ser considerados nas probabilidades de avaliação. Ao avaliar se um possível risco à saúde está associado a uma doença, as pessoas em geral deixam de considerar os índices-base desses eventos. Se o índice-base de uma doença é relativamente baixo, um pequeno aumento pode parecer muito grande se for apresentado como uma porcentagem. Por exemplo, no estudo de He et al. (1999), a existência do diabetes entre os sujeitos com o menor consumo de sódio foi 2,1%, comparada a 3,8% para os sujeitos com o consumo mais alto de sódio. Com base nessa diferença pequena, mas estatisticamente importante, alguém poderia dizer (os pesquisadores não fizeram isso) que o alto consumo de sódio estava associado a um aumento de 81% ([3,8 – 2,1] ÷ 2,1) na prevalência do diabetes. Isso seria tecnicamente preciso, mas uma maneira exagerada de retratar os resultados. Os índices-base também devem ser considerados ao avaliar as alegações feitas sobre o valor dos medicamentos e outros tratamentos médicos. Se o índice-base de uma doença for baixo, uma redução bem modesta reportada como um percentual pode promover percepções exageradas dos benefícios do tratamento. Por exemplo, Gigerenzer et al. (2007) descrevem um anúncio para o Lipitor (um fármaco que baixa os níveis de colesterol) que alega que o Lipitor reduziu o risco de AVC em 48%. Embora isso fosse tecnicamente preciso, em termos absolutos os benefícios protetores do Lipitor eram, na verdade, bem modestos. Após quatro anos, 1,5% daqueles que tomavam o Lipitor tiveram um AVC, *versus* 2,8% daqueles que tomavam o placebo.

Pensando sistematicamente sobre decisões de saúde

As decisões de saúde são orientadas para o futuro, o que significa que são sempre incertezas. E, em geral, envolvem pesar riscos e benefícios potenciais. Nenhuma dessas variáveis é única para as decisões de saúde – incerteza, riscos e benefícios têm papéis importantes nas decisões políticas, econômicas e pessoais. Vamos aplicar alguns princípios básicos de raciocínio quantitativo a uma decisão de saúde que envolve a prescrição de Ritalina para um menino que foi diagnosticado com transtorno do déficit de atenção (TDA). Não se esqueça de que os princípios gerais aplicados neste exemplo podem ser usados para uma grande variedade de decisões.

Busque informações para reduzir a incerteza. Reúna informações e verifique com cuidado sua precisão, completude e presença ou ausência de informações conflitantes. Por exemplo, o diagnóstico de transtorno de déficit de atenção está correto? Procure informações conflitantes que não se encaixem no diagnóstico. Se a criança consegue se sentar e ler por um longo período, talvez o problema seja uma perda de audição não detectada que faz que ela pareça ser hiperativa em algumas situações. Ao considerar a informação adicional, comece a quantificar o grau de incerteza, ou, o contrário, o grau de sua confiança no diagnóstico. Se não estiver confiante, talvez você esteja tentando resolver o problema errado.

Faça avaliações risco-benefício. Quais são os riscos e os benefícios da Ritalina? Qual é a probabilidade de a criança se beneficiar com a medicação, e qual melhora pode ser esperada? Se o menino tiver 8 anos, não conseguir ler e seu desempenho na escola e em casa for ruim, qualquer tratamento que possa reduzir seus problemas merece séria consideração. Assim como no primeiro passo, a quantificação está em um nível aproximado.

Faça uma lista de cursos alternativos de ação. Quais são as alternativas à Ritalina? Elas funcionam bem? Quais são os riscos associados às alternativas, incluindo o de piorar o desempenho da criança na escola? Considere prós e

Quando você tem de tomar decisões sobre questões médicas para si mesmo ou para sua família, é válido pensar racionalmente. Em particular, é sábio lembrar-se de que a correlação não é garantia de causalidade.

contras de cada alternativa. Uma dieta especial que às vezes funciona pode ser um bom primeiro passo diante da decisão de iniciar a terapia com medicamentos se a criança não demonstrar melhora durante certo período. Quais são os índices de sucesso relativo para diferentes tipos de tratamento de crianças com problemas semelhantes ao do menino em questão? Para responder a essas perguntas, você precisará usar as estimativas de probabilidade em seu processo de decisão.

Como podemos ver com base nesse exemplo, muitas partes do problema foram quantificadas (confiança no diagnóstico, probabilidade de melhora, probabilidade de resultados negativos etc.). Valores precisos de probabilidade não foram usados porque, com frequência, os números reais não são conhecidos. Alguns dos valores quantificados refletem julgamentos de valor; outros, probabilidades; e outros avaliam o grau de incerteza. Se você está pensando que a quantificação de muitas partes desconhecidas no processo de decisão é um trabalho árduo, você está certo. No entanto, vale a pena fazê-lo. Sempre que há decisões importantes sobre saúde a serem tomadas, a habilidade em pensar com números o ajudará a alcançar uma decisão melhor. E, sim, essa avaliação é uma certeza virtual.

Tabela 13.3 Habilidades do pensamento crítico discutidas nesta Aplicação

Habilidade	Descrição
Entender as limitações de evidências correlacionais.	O pensador crítico entende que a correlação entre duas variáveis não demonstra que existe um elo causal entre as variáveis.
Entender as limitações da importância estatística.	O pensador crítico entende que os relacionamentos fracos podem ser estatisticamente significativos quando grandes amostras são usadas na pesquisa.
Utilizar índices-base para fazer previsões e avaliar probabilidades.	O pensador crítico entende que a proporção inicial de algum grupo ou evento precisa ser considerado quando se pesam as probabilidades.
Buscar informações para reduzir a incerteza.	O pensador crítico entende que reunir mais informações pode com frequência diminuir a incerteza, e a incerteza reduzida pode levar a decisões melhores.
Fazer avaliações risco-benefício.	O pensador crítico sabe que a maioria das decisões tem riscos e benefícios que precisam ser pesados com cuidado.
Gerar e avaliar cursos alternativos de ação.	Ao resolver problemas e tomar decisões, o pensador crítico sabe o valor de gerar o maior número de alternativas possível e avaliar suas vantagens e desvantagens.

CAPÍTULO 13 – QUADRO DE CONCEITOS

ESTRESSE

- O estresse é um evento comum e cotidiano, e mesmo os aborrecimentos de rotina podem ter efeitos nocivos.
- As *avaliações primárias* das pessoas sobre os eventos determinam o que elas acham estressantes.
- As *avaliações secundárias* das pessoas analisam seus recursos de enfrentamento e influenciam o grau de estresse vivenciado.

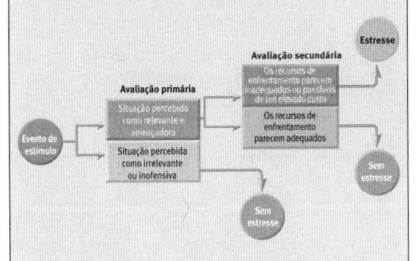

PRINCIPAIS TIPOS DE ESTRESSE

Frustração

- *Frustração* ocorre quando a busca por algum objetivo é impedida.

Conflito

- Em um *conflito aproximação-aproximação*, uma escolha deve ser feita entre dois objetivos atraentes.
- Em um *conflito esquiva-esquiva*, uma escolha deve ser feita entre dois objetivos não atraentes.
- Em um *conflito aproximação-esquiva*, uma escolha deve ser feita entre buscar ou não um objetivo que tenha tanto aspectos positivos como negativos.

Mudança

- As *mudanças na vida* são alterações nas circunstâncias da convivência, incluindo mudanças positivas, que precisam de ajustes.
- A Escala de Reajustamento Social (SRRS) pretende medir o estresse relacionado à mudança, mas, na verdade, mede muitos tipos de experiências estressantes.
- Muitos estudos mostram que altas pontuações na SRRS estão associados ao aumento da vulnerabilidade à enfermidade física e aos problemas psicológicos.

Pressão

- As pessoas podem estar sob *pressão* para ter um bom desempenho ou para estar em conformidade com as expectativas dos outros.
- A pressão é um indicador de sintomas psicológicos e de doença cardíaca.

RESPOSTA DO ESTRESSE

Respostas emocionais

- Muitas emoções podem ser invocadas pelo estresse, mas raiva-ira, ansiedade-medo e tristeza-pesar são especialmente comuns.
- Os pesquisadores tendem a concentrar-se nas emoções negativas, mas pesquisas mostram que as emoções positivas também ocorrem durante os períodos de estresse.
- A excitação emocional pode interferir nos esforços de enfrentamento.
- A *hipótese do U invertido* indica que à medida que as tarefas ficam mais complexas, o nível ideal de excitação diminui.

Respostas fisiológicas

- A *síndrome da adaptação geral* é um modelo de Hans Selye das respostas do corpo ao estresse, que pode progredir em três estágios: alarme, resistência e exaustão.
- O estresse prolongado pode levar ao que Selye chamou de doenças da adaptação.
- O estresse pode fazer o cérebro enviar sinais ao sistema endócrino por duas vias.

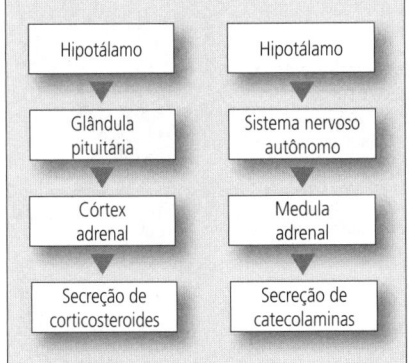

```
Hipotálamo              Hipotálamo
    ↓                       ↓
Glândula              Sistema nervoso
pituitária               autônomo
    ↓                       ↓
 Córtex                  Medula
 adrenal                 adrenal
    ↓                       ↓
Secreção de            Secreção de
corticosteroides       catecolaminas
```

Respostas comportamentais

- Os esforços de enfrentamento que pretendem dominar ou reduzir o estresse podem ser saudáveis ou não saudáveis.
- *Desistir e culpar-se* são métodos de enfrentamento menos ideais para o estresse.
- Outra resposta não saudável é atacar outros com atos de *agressão*.
- Autoindulgência é outra resposta comum ao estresse que tende a ser distante do ideal.
- O manejo *defensivo* protege contra o desconforto emocional, mas depende da autoilusão e da evitação.
- No entanto, pequenas ilusões positivas sobre a sua vida podem ser adaptativas para a saúde mental.
- O manejo *construtivo* refere-se aos esforços relativamente saudáveis para lidar com as demandas do estresse.

EFEITOS DO ESTRESSE

Efeitos na saúde física

- O estresse parece contribuir com muitos tipos de enfermidades físicas e não apenas com *doenças psicossomáticas*.
- A *personalidade Tipo A* foi identificada como um fator contribuinte da doença cardíaca coronária.
- Pesquisas sugerem que a *hostilidade* é o elemento mais tóxico da síndrome Tipo A.
- Evidências recentes sugerem que as reações emocionais fortes podem precipitar ataques cardíacos.
- As pesquisas indicam que a depressão chega a dobrar as chances de alguém desenvolver doença cardíaca.
- A associação entre o estresse e a vulnerabilidade a muitas doenças pode refletir o impacto negativo do estresse na função imunológica.
- A correlação entre o estresse e a enfermidade tem força modesta porque o estresse é apenas um dos muitos fatores que influenciam a saúde.

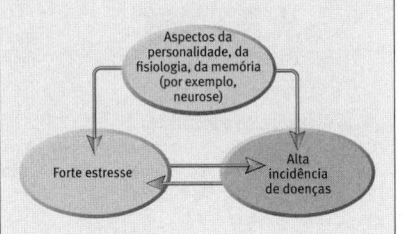

Variações na tolerância ao estresse

- Há diferenças individuais em quanto estresse as pessoas podem tolerar sem efeitos negativos.
- O forte *apoio social* parece atenuar o impacto do estresse e, desse modo, promover a saúde física e psicológica.
- Os asiáticos preferem o apoio social *implícito*, ao passo que os norte-americanos preferem o apoio social *explícito*.
- Dois traços de personalidade, *otimismo* e *consciência*, parecem promover a saúde.
- Uma *mentalidade de que o estresse é engrandecedor* pode estar associada à excitação reduzida ao estresse e ao manejo mais eficaz.
- As pesquisas sobre resiliência sugerem que o estresse pode promover o crescimento pessoal, o autoaperfeiçoamento e outros benefícios.

TEMAS PRINCIPAIS

Causalidade multifatorial Subjetividade da experiência

COMPORTAMENTO PREJUDICIAL À SAÚDE

Tabagismo
- Fumantes apresentam taxas de mortalidade mais altas que não fumantes, pois o fumo eleva o risco de *uma* grande variedade de doenças, incluindo o câncer de pulmão e doenças cardíacas.
- Quando as pessoas deixam de fumar, o risco de problemas de saúde diminui com relativa rapidez.
- As taxas de sucesso em longo prazo nas tentativas de abandonar o tabagismo são de 25% ou menos.

Álcool e uso de drogas
- Beber moderadamente pode oferecer proteção contra doenças cardiovasculares, mas o consumo excessivo de bebidas aumenta o risco de desenvolvimento de uma série de doenças.
- O uso recreativo de drogas também eleva a vulnerabilidade do organismo a vários tipos de doença.

Sedentarismo
- Pesquisas indicam que a prática regular de exercícios está associada à maior longevidade.
- A boa forma física reduz a vulnerabilidade a doenças cardiovasculares fatais, a problemas relacionados à obesidade e a inflamação crônica.

Comportamento e AIDS
- Determinados padrões de comportamento influenciam o risco de Aids, que é transmitida de uma pessoa para outra por meio de troca de fluídos corporais, especialmente sêmen e sangue.
- No mundo todo *as* doenças sexualmente transmissíveis são contraídas, em sua maioria, por meio de relações heterossexuais.
- Muitos jovens heterossexuais subestimam ingenuamente os riscos do HIV.

REAÇÕES À DOENÇA

A decisão de procurar tratamento
- Identificar ou não as sensações físicas como sintomas de doenças é algo que depende de interpretação subjetiva.
- O maior problema das pessoas em relação à busca de tratamento é a tendência de adiarem a procura de um médico.
- A demora se dá por medo de parecerem tolas, por não quererem incomodar seu médico, ou simplesmente por não quererem alterar sua rotina diária.

A comunicação com os profissionais de saúde
- Grande parte dos pacientes deixa o consultório sem entender exatamente o que lhes foi explicado.
- As barreiras na comunicação se dão basicamente por consultas muito rápidas, excesso de jargão médico e relutância em questionar a autoridade médica.
- A chave para melhorar a comunicação é agir como um consumidor ativo e não passivo.

Adesão aos conselhos médicos
- São muito comuns casos em que o paciente não acata os conselhos médicos.
- Isso em geral ocorre por esquecimento ou porque o paciente não compreende totalmente as instruções.
- Se o tratamento prescrito é desagradável ou difícil, a tendência do paciente é não segui-lo.
- Pacientes tendem a não seguir as ordens médicas quando têm atitudes negativas quanto a seus médicos.

APLICAÇÕES

- Ellis enfatiza a importância de se reavaliar eventos estressantes e o pensamento racional.
- O humor pode atenuar o estresse, aumentar as emoções positivas e facilitar o apoio social.
- Liberar emoções reprimidas, especialmente escrevendo sobre suas dificuldades, pode ajudar a melhorar a saúde.
- Uma maneira de reduzir o estresse é aprender a perdoar com mais facilidade.
- Relaxamento, exercícios e bons hábitos de sono podem reduzir a vulnerabilidade aos efeitos físicos do estresse.
- Pode-se aumentar a eficácia das avaliações de risco para a saúde levando-se em consideração que correlação não é garantia de causa e que significado estatístico não equivale a significado prático.

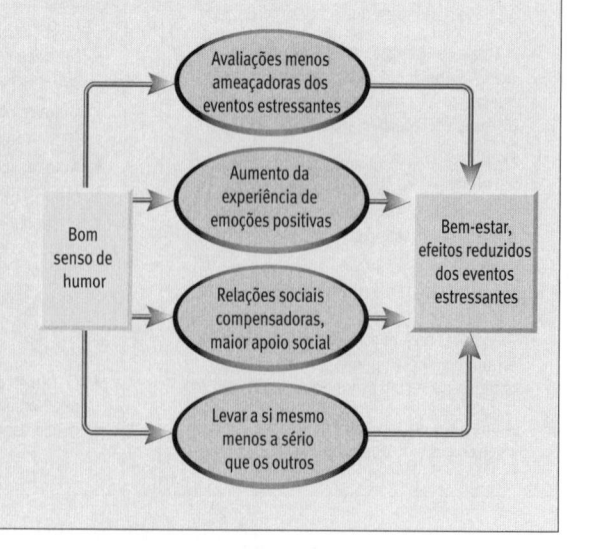

Bom senso de humor →
- Avaliações menos ameaçadoras dos eventos estressantes
- Aumento da experiência de emoções positivas
- Relações sociais compensadoras, maior apoio social
- Levar a si mesmo menos a sério que os outros

→ Bem-estar, efeitos reduzidos dos eventos estressantes

Capítulo 14
Transtornos psicológicos

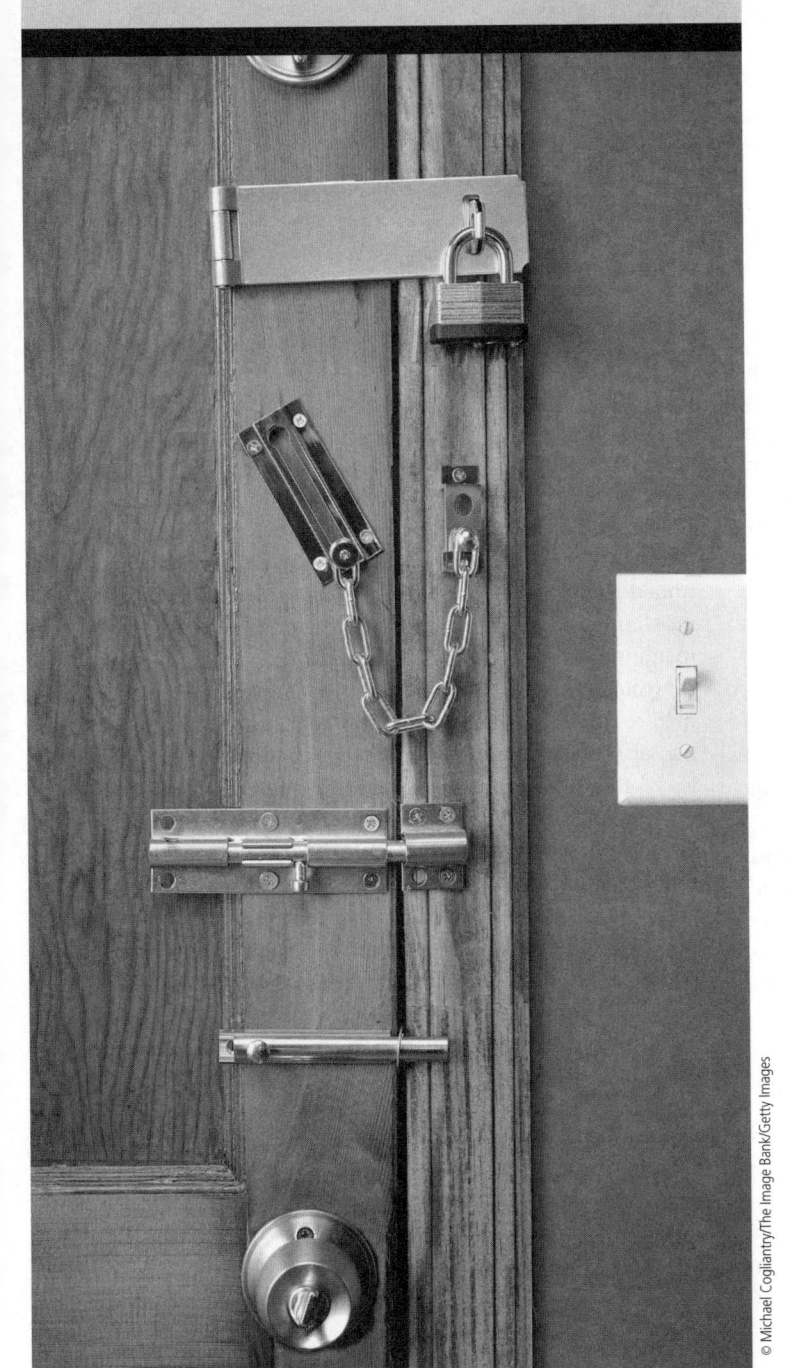

14.1 CONCEITOS GERAIS

14.2 TRANSTORNOS DE ANSIEDADE, TOC E TEPT

14.3 TRANSTORNOS DISSOCIATIVOS

14.4 DISTÚRBIOS DEPRESSIVO E BIPOLAR

14.5 DISTÚRBIOS ESQUIZOFRÊNICOS

14.6 TRANSTORNOS DO ESPECTRO AUTISTA

Visão geral ilustrada: três principais categorias de transtornos psicológicos

14.7 TRANSTORNOS DE PERSONALIDADE

14.8 TRANSTORNOS ALIMENTARES

14.9 NOVAS DIRETRIZES NO ESTUDO DOS TRANSTORNOS PSICOLÓGICOS

14.10 REFLETINDO SOBRE OS TEMAS DO CAPÍTULO

14.11 APLICAÇÃO PESSOAL: Compreendendo os transtornos psicológicos e a lei

14.12 APLICAÇÃO DO PENSAMENTO CRÍTICO: Trabalhando com probabilidades ao pensar sobre doenças mentais

Quadro de conceitos

Temas neste Capítulo

Causalidade multifatorial | Hereditariedade e meio ambiente | Contexto sócio-histórico | Herança cultural

A atriz Jessica Alba desconectava da tomada todos os aparelhos elétricos em sua casa por medo de incêndio. E também verificava várias vezes as portas para se certificar de que estavam trancadas.

O famoso jogador de futebol David Beckham afirma ter grandes preocupações com simetria e ordem. Só se sente à vontade quando tudo está organizado em filas ou pares. Por exemplo: se houver cinco latas de Pepsi em sua geladeira, ele tem de se livrar de uma para que as outras fiquem organizadas em pares. Quando entra em um quarto de hotel, tem de guardar todos os folhetos, as revistas e os livros que houver no recinto para deixá-lo organizado.

Para Alba e Beckham, não se trata apenas de excentricidade de pessoas famosas. São sintomas de transtorno obsessivo-compulsivo (TOC). O comediante e apresentador Howie Mandel explica o distúrbio na autobiografia, escrita em 2009, *Here's the Deal: Don't Touch Me*. Mandel se recusa a apertar a mão das pessoas por medo de germes, mas "não é apenas medo de germes", afirma. Não há problema em apertar a mão de alguém e depois lavar as mãos. Contudo, "*há* um problema muito grande em saber que lavar não é suficiente, que ainda há germes em sua mão; então é preciso lavá-la e lavá-la diversas e diversas vezes", diz Mandel. "Quando não se consegue superar essa sensação é porque se tem transtorno obsessivo-compulsivo. Não é simplesmente o medo de germes, mas a obsessão de precisar lavar as mãos para aliviar a preocupação. Eu tenho uma série de pensamentos repetidos e rituais".

E o que causa este comportamento anormal? Será que Mandel tem uma doença mental ou simplesmente age de maneira estranha? Qual é a base para julgar um comportamento como normal ou anormal? Esses distúrbios são comuns? Têm cura? Essas são apenas algumas das questões abordadas neste capítulo sobre distúrbios psicológicos e suas complexas causas.

14.1 Conceitos gerais

14.1 Objetivos Principais de Aprendizagem

- Avaliar o modelo médico dos distúrbios psicológicos e identificar os critérios básicos da anormalidade.
- Descrever as novas pesquisas e os aspectos relacionados ao sistema de diagnóstico DSM-5.

Conceitos errôneos sobre comportamentos patológicos são comuns. Consequentemente, precisamos esclarecer algumas questões preliminares antes de descrever os diversos tipos de transtorno. Nessa seção, discutiremos (1) o modelo médico do comportamento patológico; (2) os critérios de comportamento patológico; e (3) a classificação dos transtornos psicológicos.

O modelo médico aplicado ao comportamento patológico

Sem dúvida, o medo extremo que Howie Mandel sente de germes não é normal. Contudo, será que faz sentido enxergar seu comportamento insólito e irracional como uma doença?

Howie Mandel escreveu um livro perspicaz e divertido a respeito da sua luta contra o transtorno obsessivo-compulsivo.

Essa é uma questão controversa. **O *modelo médico* propõe que é útil pensar no comportamento patológico como uma doença.** Esse ponto de vista é a base para muitos dos termos empregados para se referir a comportamento patológico, incluindo *doença* mental, *transtorno* psicológico e *psicopatologia* (*patologia* refere-se à manifestação da doença). O modelo médico tornou-se gradualmente a maneira dominante de pensar sobre o comportamento patológico durante os séculos XVIII e XIX, e ainda hoje sua influência continua forte.

O modelo médico representou claramente um avanço em relação aos modelos de comportamento patológico anteriores. Antes do século XVIII, a maioria dos conceitos de comportamento patológico baseava-se em superstição. Pensava-se que as pessoas que agiam de forma estranha eram possuídas por demônios, feiticeiras em parceria com o diabo ou, então, vítimas do castigo de Deus. A ascensão do modelo médico trouxe melhorias para o tratamento das pessoas que exibiam comportamento patológico. Por serem vítimas de uma doença, elas passaram a ser vistas com mais compaixão e menos ódio e medo. Embora as condições de vida nos primeiros asilos fossem, quase sempre, deploráveis, houve avanços graduais para cuidados mais humanos aos mentalmente enfermos.

No entanto, nas últimas décadas, alguns críticos têm sugerido que o modelo médico pode ter perdido sua utilidade.

(Deacon, 2013; Glasser, 2005; Rosemond, 2005). Alguns críticos se preocupam com o fato de os diagnósticos médicos de comportamento patológico gerarem rótulos negativos nas pessoas (Hinshaw, 2007). Ser considerado psicótico, esquizofrênico ou com problemas mentais gera um estigma social difícil de ser apagado. Pessoas classificadas como doentes mentais são vistas como instáveis, perigosas, incompetentes e inferiores (Corrigan e Larson, 2008). São estereótipos que causam distanciamento, desprezo e rejeição. O preconceito é uma grande fonte de estresse para pessoas que sofrem de doenças mentais (Rusch et al., 2014). E mais importante: o estigma associado a distúrbios psicológicos faz com que muitas deixem de procurar a ajuda médica de que precisam e que poderia auxiliá-las (Corrigan, Druss, e Perlick, 2014). Infelizmente, o estigma associado a distúrbios psicológicos parece ter raízes profundas. Nas últimas décadas, as pesquisas revelaram que muitos distúrbios psicológicos podem estar (ao menos em parte) relacionados a fatores genéticos e biológicos, tornando-os mais parecidos com as doenças físicas, que envolvem bem menos estigma (Pescosolido, 2010). Pode-se achar que essa tendência levaria a uma redução do estigma associado a doenças mentais, mas pesquisas mostram que o preconceito contra este tipo de distúrbio se mantém estável ou até se elevou (Hinshaw e Stier, 2008; Schnittker, 2008).

Outra linha de crítica é a de Thomas Szasz (1974, 1990). Ele afirma que, "estritamente falando, doença ou enfermidade podem afetar apenas o corpo; daí que não pode haver doença mental... As mentes podem ser 'doentias' apenas no sentido de que as anedotas são 'doentias' ou as economias são 'doentias'" (1974, p. 267). Ele vai mais além, argumentando que o comportamento anormal geralmente envolve antes um desvio a normas sociais e não uma doença. E afirmou ainda que esses desvios são "problemas na vida", e não problemas médicos. Segundo Szasz, a analogia com o modelo médico de doença converte as questões morais e sociais sobre o que é comportamento aceitável em questões médicas. A crítica ao modelo médico tem algum mérito e é importante reconhecer as raízes sociais e as ramificações desse modelo. No entanto, o principal ponto é que o modelo médico continua a dominar o pensamento sobre os transtornos psicológicos.

Conceitos médicos como *diagnóstico*, *etiologia* e *prognóstico* têm um valor já provado no tratamento e no estudo das patologias. **Diagnóstico implica distinguir uma doença de outra. Etiologia refere-se às causas aparentes e à história do desenvolvimento de uma doença. Prognóstico é uma previsão sobre o provável curso de uma doença.** Esses conceitos baseados na medicina têm significados amplamente compartilhados que permitem aos clínicos, aos pesquisadores e ao público em geral comunicar-se de maneira mais efetiva em suas discussões sobre comportamento patológico.

Critérios de comportamento patológico

Se seu vizinho lava a calçada duas vezes por dia e gasta praticamente todo o tempo limpando e relimpando a casa, ele é normal? Se sua cunhada vai a médicos buscando tratamento para indisposições que parecem ser imaginárias, ela é psicologicamente saudável? Como podemos julgar o que é ou não é normal? E, mais importante, quem deve fazer o julgamento?

São questões complexas. De certa forma, *todos* fazem julgamentos sobre normalidade, uma vez que expressam opiniões sobre a saúde mental dos outros (e talvez deles mesmos). É claro que os diagnósticos formais de transtornos psicológicos são feitos por profissionais da saúde mental. Ao fazê-los, os clínicos contam com inúmeros critérios, dentre os quais os principais são:

1. *Desvio.* Segundo Szasz, diz-se comumente que uma pessoa tem um transtorno quando seu comportamento desvia-se do que a sociedade considera aceitável. O que constitui normalidade varia de uma cultura para outra. Contudo, todas as culturas têm suas normas. Quando as pessoas violam padrões e expectativas, são muitas vezes rotuladas como mentalmente doentes. Considere o fetichismo do *travesti*, por exemplo, que é um transtorno sexual que o leva a encontrar excitação sexual em vestir-se com roupas femininas. É um comportamento tido como desviante, porque um homem que usa vestido, sutiã e meias de náilon está se desviando de nossas normas culturais. Esse exemplo ilustra a natureza um tanto arbitrária de padrões culturais no que diz respeito

O acúmulo compulsivo representa claramente um tipo de desvio, mas deve ser considerado distúrbio mental? Os critérios de classificação de doenças mentais são subjetivos e complicados. O acúmulo compulsivo é visto como distúrbio, porém, como em qualquer outro tipo de doença, tudo depende dos níveis dos sintomas. Em muitos casos, é difícil estabelecer os limites entre normalidade e anormalidade.

à normalidade. Portanto, o mesmo comportamento manifesto (vestir-se como o sexo oposto) é aceitável para as mulheres e desviante para os homens.

2. *Comportamento desajustado.* Em muitos casos, julgam-se as pessoas como tendo um transtorno psicológico porque têm poucos comportamentos adaptativos cotidianos. Esse é o critério-chave no diagnóstico de transtornos pelo uso de substâncias (drogas). Por si só, o uso de drogas ou álcool não é terrivelmente raro ou desviante. No entanto, quando o uso de cocaína, por exemplo, começa a interferir sobre o funcionamento social ou ocupacional de uma pessoa, existe um transtorno pelo uso de substâncias. Em casos assim, é a qualidade inadequada do comportamento que a torna doentia.

3. *Angústia pessoal.* O diagnóstico de um transtorno psicológico é comumente baseado no relato de grande angústia pessoal de um indivíduo. Esse é, geralmente, o critério satisfeito por pessoas que estão perturbadas por transtornos da depressão ou da ansiedade. Pessoas deprimidas, por exemplo, podem ou não exibir comportamento desviante ou desajustado e são, em geral, rotuladas como tendo um transtorno quando descrevem suas dores e seus sofrimentos subjetivos a amigos, parentes e profissionais da saúde mental.

Embora dois ou três critérios possam ser aplicados em um caso específico, as pessoas com frequência são vistas como perturbadas quando se encaixam em pelo menos um dos critérios. Como você já deve ter notado, os diagnósticos de transtornos psicológicos envolvem *julgamentos de valor* sobre o que representa um comportamento normal ou patológico (Sadler, Widiger e Sankis, 2000). Esses julgamentos acerca de doenças mentais refletem valores culturais prevalecentes, tendências sociais e forças políticas, bem como conhecimento científico (Frances e Widiger, 2012; Kirk, Gomory e Cohen, 2013).

Antônimos como *normal versus anormal* e *saúde mental versus doença mental* sugerem que os indivíduos podem ser classificados em dois grupos distintos: normais e não normais. Na verdade, é difícil estabelecer uma linha divisória entre normalidade e anormalidade. Todas as pessoas apresentam comportamento desviante de vez em quando, todas têm comportamento desajustado e todas passam por momentos de aflição. As pessoas são rotuladas como portadoras de distúrbios psicológicos somente quando mostram comportamento *extremamente* desviante, desajustado ou angustiado. Portanto, normalidade e anormalidade são extensões uma da outra. É uma questão de nível, não de classificação estática (veja **Figura 14.1**).

CHECAGEM DA REALIDADE

Ideia equivocada

Pessoas com distúrbios psicológicos apresentam sempre comportamento bizarro.

Realidade

Isso vale apenas para uma minoria, em casos mais severos. A maioria das pessoas com distúrbios psicológicos não apresenta comportamento estranho. À primeira vista, são indivíduos exatamente iguais aos outros.

REVISÃO 14.1

Aplicação dos critérios de comportamento patológico

Verifique seu entendimento sobre os critérios de comportamento patológico, identificando os critérios satisfeitos em cada um dos exemplos a seguir e assinalando-os na tabela fornecida. Lembre-se de que um comportamento específico pode satisfazer a mais de um critério. As respostas estão no Apêndice A.

Exemplos comportamentais

1. O desempenho de Alexandre no trabalho tem sido prejudicado, pois ele tem ingerido álcool em excesso. Diversos companheiros de trabalho têm lhe sugerido que procure ajuda para seu problema, mas ele acha que estão alarmados por nada e diz: "Eu apenas aproveito uma boa ocasião de vez em quando".

2. Mônica foi para a faculdade e sente-se solitária, triste e rejeitada. Suas notas são boas e ela se dá bem com as outras alunas no dormitório, mas por dentro ela está sufocada pela tristeza, pela desesperança e pelo desespero.

3. Bóris crê que ele seja a reencarnação de Napoleão. Acredita que está destinado a liderar as Forças Armadas dos Estados Unidos em uma grande batalha para reconquistar a Califórnia, tomada por alienígenas.

4. Natasha entra em pânico e sente muita ansiedade sempre que sai de casa. Seu problema intensificou-se gradualmente até se ausentar do trabalho com tamanha frequência que acabou sendo despedida. Não tem sido vista fora de casa durante os últimos nove meses e está profundamente transtornada por causa de seu problema.

Critérios satisfeitos em cada exemplo

	Comportamento desajustado	Desvio	Angústia pessoal
1. Alexandre	_____	_____	_____
2. Mônica	_____	_____	_____
3. Bóris	_____	_____	_____
4. Natasha	_____	_____	_____

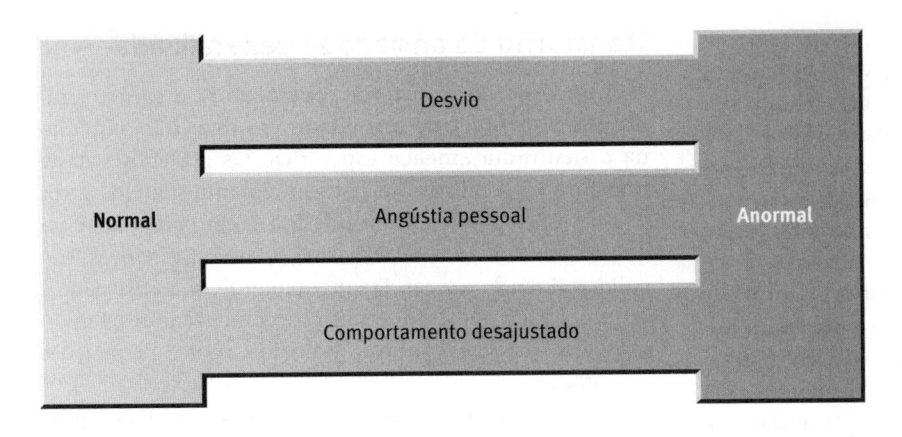

Figura 14.1 Normalidade e anormalidade como extensões uma da outra.

Não há limites específicos entre comportamento normal e anormal. Tudo é questão de níveis. O comportamento pode ser normal ou anormal dependendo da extensão em que é desviante, angustiante ou desajustado.

Psicodiagnóstico: a classificação dos transtornos

Se reuníssemos todos os distúrbios psicológicos, seria extremamente difícil de entendê-los melhor. Um sólido sistema de taxonomia de transtornos mentais pode facilitar a pesquisa empírica e intensificar a comunicação entre cientistas e clínicos (First, 2008; Widiger e Crego, 2013). Portanto, tem-se investido grandes esforços na elaboração de um sistema minucioso para classificar os transtornos psicológicos. Esse sistema de classificação, publicado pela Associação Americana de Psiquiatria, é descrito em um livro intitulado *Manual Diagnóstico e Estatístico de Transtornos Mentais* (DSM – *Diagnostic and Statistical Manual of Mental Disorders*). A quarta edição, denominada DSM-IV, foi utilizada de 1994 a 2013, quando a quinta edição (atual) foi lançada. A quinta edição foi intitulada DSM-5 (em vez de DSM-V) para facilitar atualizações (como DSM 5.1). Ela é o resultado de mais de uma década de pesquisas (Kupfer, Kuhl e Regier, 2013). Pesquisadores clínicos reuniram grandes quantidades de dados, organizaram inúmeras conferências e debateram intensamente para determinar se as síndromes deveriam ser adicionadas, eliminadas, redefinidas ou renomeadas (Sachdev, 2013).

Um dos principais temas no desenvolvimento do DSM-5 foi a questão de reduzir a abrangência do sistema a um *método categórico*. Nos últimos anos, muitos críticos do sistema DSM vêm questionando o axioma básico de que o sistema de diagnóstico se baseia na pressuposição de que as pessoas podem ser classificadas de acordo com as categorias descontínuas (não sobrepostas) de diagnóstico (Helzer et al., 2008). Esses críticos observam um grande intervalo entre os sintomas de diversos distúrbios, tornando os limites entre os diagnósticos mais difusos do que seria o ideal. E também que as pessoas em geral se enquadram em mais de um diagnóstico (Lilienfeld e Landfield, 2008).

Devido a esses problemas, alguns teóricos defendem que o método tradicional e categórico de diagnósticos deve ser substituído por um *método dimensional*. O método dimensional descreveria os distúrbios, indicando como a pessoa pode ser classificada em um número limitado de dimensões contínuas, como seu grau de ansiedade, depressão, agitação, raiva, hipocondria, ruminação, paranoia, e assim por diante (Kraemer, 2008; Widiger, Livesley e Clark, 2009). A logística prática de optar por um método dimensional para os distúrbios psicológicos mostrou-se ao mesmo tempo grandiosa e controversa (Blashfield et al., 2014). Os especialistas teriam de estabelecer um acordo sobre quais dimensões avaliar e como mensurar cada uma delas. Diante de todas essas dificuldades, os responsáveis pelo desenvolvimento do DSM-5 decidiram manter o método categórico, porém incorporando o método dimensional a algumas áreas (Burke e Kraemer, 2014; Krueger e Markon, 2014).

Outra área de preocupação com relação ao DSM é seu crescimento quase exponencial. O número de diagnósticos específicos no DSM subiu de 128 na primeira edição

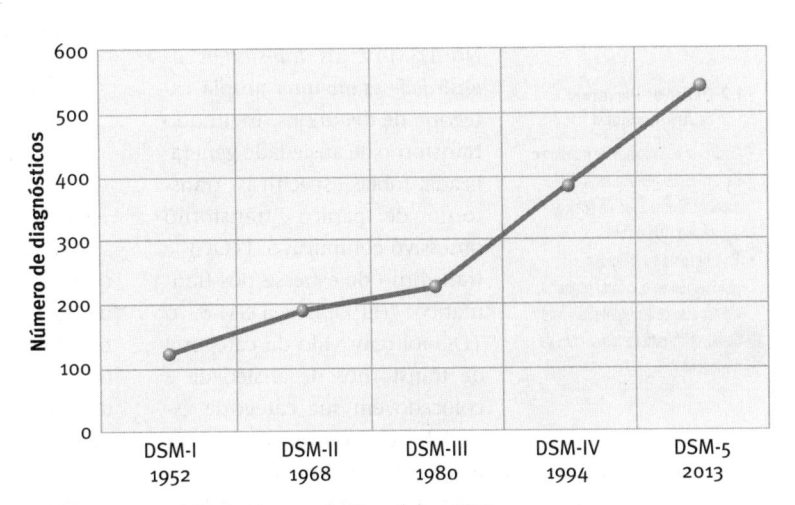

Figura 14.2 Expansão do sistema de diagnóstico DSM.

Publicado pela American Psychiatric Association [Associação Americana de Psiquiatria], o *Manual Diagnóstico e Estatístico de Transtornos Mentais* cresce substancialmente a cada edição. O número de diagnósticos específicos mais que quadruplicou desde o lançamento da primeira edição. (Baseado em Blashfield et al., 2014.)

para 541 na edição atual (Blashfield et al., 2014) (veja **Figura 14.2**). Parte desse crescimento se deve à divisão dos distúrbios existentes em subtipos, mas também à adição de novos distúrbios. Alguns dos novos distúrbios envolvem padrões de comportamento antes considerados comuns; meros problemas de ajuste diários, em vez de transtornos mentais. Por exemplo: o DSM-5 inclui diagnósticos de intoxicação por cafeína (pessoas que têm alucinações por excesso de café), distúrbio de uso de tabaco (incapacidade de controlar o tabagismo), transtorno disruptivo da desregulação do humor (explosões de raiva recorrentes em jovens), compulsão alimentar (comer em excesso mais de uma vez por semana durante mais de 3 meses), jogo patológico (incapacidade de parar de jogar). Algumas dessas síndromes apresentam problemas sérios, para os quais as pessoas normalmente pensam em procurar tratamento, mas será que elas merecem a designação formal de doentes mentais? Alguns críticos do DSM afirmam que esse método "medicaliza" os problemas diários e atribui o estigma de patologia a distúrbios menores, que são apenas questão de autocontrole (Frances, 2013; Kirk et al., 2013). Os críticos também afirmam que classificar problemas casuais como distúrbios mentais pode tornar trivial o conceito de doença mental.

Vamos agora examinar os tipos específicos de distúrbios psicológicos. Obviamente não é possível abranger as centenas de diagnósticos específicos listados no DSM-5 neste capítulo. Portanto, vamos apresentar as principais categorias de distúrbios para mostrar as diversas formas de comportamento patológico existentes. Ao discutir cada tipo de transtorno, faremos uma breve descrição dos subtipos específicos dessa categoria. Caso haja dados disponíveis, abordaremos a *prevalência* dos transtornos em cada categoria (a frequência de ocorrência do transtorno na população). E então nos concentraremos na *etiologia* daquele grupo de transtorno.

14.2 Transtornos de ansiedade, TOC e TEPT

14.2 Objetivos Principais de Aprendizagem

- Descrever os sintomas do transtorno de ansiedade generalizada, fobia específica, transtorno de pânico, agorafobia, TOC e TEPT.
- Discutir como a biologia, o condicionamento, o fator cognitivo e o estresse podem contribuir para o desenvolvimento de transtornos de ansiedade.

No DSM-IV, os *transtornos de ansiedade* eram uma ampla categoria de distúrbios, incluindo transtorno de ansiedade generalizada, fobias específicas, transtorno de pânico, transtorno obsessivo-compulsivo (TOC) e transtorno de estresse pós-traumático (TEPT). No DSM-5, o TOC foi removido da categoria de transtornos de ansiedade e colocado em sua categoria especial, com outros problemas de compulsão, como acumulação. Da mesma maneira, o TEPT foi transferido para uma nova categoria, de transtornos relacionados a trauma. Há razões convincentes para essa reorganização (Stein et al., 2014), mas para efeito de análise ainda faz sentido manter juntos esses distúrbios relacionados à ansiedade.

Transtorno da ansiedade generalizada

O *transtorno da ansiedade generalizada* é caracterizado por alto nível de ansiedade crônica, não vinculada a nenhuma ameaça específica. Os portadores deste transtorno preocupam-se constantemente com os erros de ontem, os problemas de amanhã e, em particular, com questões secundárias relacionadas à família, finanças, trabalho e doença pessoal. Frequentemente, sua ansiedade é acompanhada por sintomas físicos, como tremores, tensão muscular, diarreia, tontura, desmaios, suor e palpitações do coração.

Eles esperam que sua preocupação os prepare para o pior, mas o resultado é apenas um conjunto de emoções negativas e excitação psicológica prolongada (Newman e Llera, 2011). Pessoas com transtorno de ansiedade generalizada passam a impressão de ser "corretamente preocupadas", mas o distúrbio pode ser altamente incapacitante e associado a um aumento de risco de diversos problemas de saúde (Newman et al., 2013). O distúrbio de ansiedade generalizada tende a progredir de maneira gradual, tem prevalência de cerca de 5% do período de vida e ocorre duas vezes mais em mulheres do que em homens (Schneier et al., 2014).

Transtorno fóbico específico

Em um transtorno fóbico específico, a ansiedade perturbadora do indivíduo tem foco determinado. **O *transtorno fóbico* é marcado por um medo persistente e irracional de um objeto ou situação que não apresentam perigo real.** O caso a seguir serve de exemplo:

> Hilda, de 32 anos, tem um medo bastante insólito. Sente-se apavorada diante da neve. Não sai de casa se houver neve, nem quer vê-la ou ouvir falar sobre ela no boletim meteorológico. Sua fobia restringe severamente seu comportamento do dia a dia. Sondagens em terapia revelaram que sua fobia fora causada por uma experiência traumática aos 11 anos. Brincando em uma colônia de esqui, foi soterrada brevemente por uma pequena avalanche de neve. Mas não tinha lembranças dessa experiência até que ela fosse resgatada na terapia. (Adaptado de Laughlin, 1967, p. 227.)

Como ilustra a insólita fobia de Hilda por neve, as pessoas podem desenvolver respostas fóbicas a praticamente qualquer coisa. Certos tipos de fobia, porém, são relativamente comuns, incluindo acrofobia (medo de altura), claustrofobia (medo de lugares pequenos e fechados), brontofobia (medo de trovões), hidrofobia (medo de água) e fobias por diversos animais e insetos (Antony e McCabe, 2008; veja **Figura 14.3**). Muitas pessoas atormentadas por fobias percebem que seus medos são irracionais, mas, mesmo assim, são incapazes de se acalmar ao ser confrontadas com o objeto da fobia. Medos fóbicos parecem ser bastante comuns, pois se estima uma prevalência de fobias específicas de cerca de 10%; sendo dois terços das vítimas mulheres (Sadock, Sadock e Ruiz, 2015).

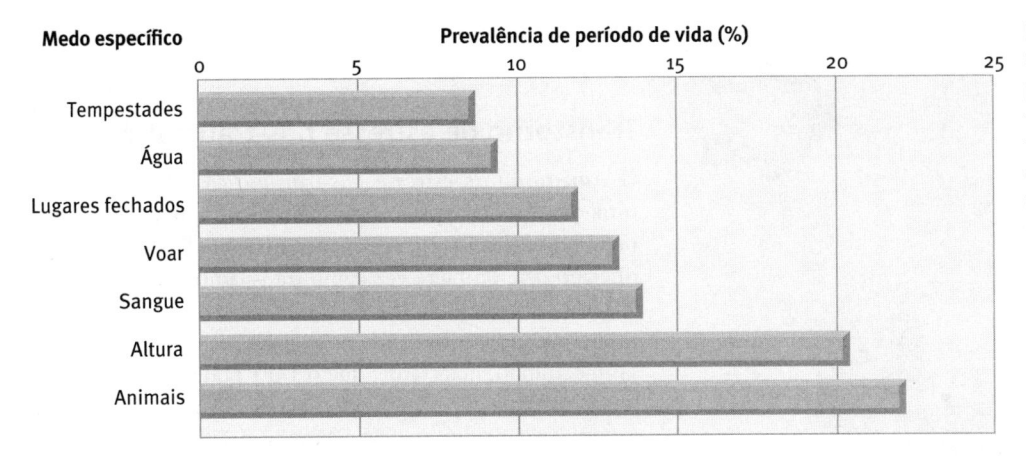

Figura 14.3 Fobias específicas comuns.

Este gráfico mostra a prevalência dos tipos mais comuns de transtornos fóbicos dos participantes de um estudo de Curtis et al. (1998). Como se pode ver, muitas pessoas convivem com uma grande variedade de medos. Entretanto, deve-se ter em mente que somente parte delas se qualifica para um *diagnóstico* de fobia específica, que é quando o distúrbio prejudica as atividades diárias.

Transtorno de pânico

Um transtorno de pânico é caracterizado por recorrentes ataques de ansiedade avassaladora que ocorrem, em geral, súbita e inesperadamente. Esses ataques paralisantes são acompanhados por sintomas físicos de ansiedade, e algumas vezes são interpretados erroneamente como ataques cardíacos. Após uma série de ataques de ansiedade, as vítimas frequentemente tornam-se apreensivas e hipervigilantes, perguntando a si mesmas quando ocorrerá o próximo ataque. Cerca de dois terços das pessoas diagnosticadas com transtorno de pânico são mulheres, e o processo normalmente se inicia durante o final da adolescência ou no início da idade adulta (Schneier et al., 2014).

Agorafobia

Pessoas com transtornos de pânico em geral sentem medo de estar em público, a ponto de deixarem de sair de casa. Esse medo cria uma condição chamada **agorafobia**, que é **o medo de ir a lugares públicos** (seu significado literal é "medo de lugares abertos"). Devido a esse medo, algumas pessoas tornam-se prisioneiras, confinadas em suas casas, embora muitas se aventurem a sair se estiverem acompanhadas por alguém de confiança (Hollander e Simeon, 2008). Como seu nome sugere, a agorafobia foi originalmente vista como um transtorno fóbico. No entanto, nos casos do DSM-III e do DSM-IV, foi classificada como uma complicação comum do transtorno de pânico. No DSM-5, é classificada como um transtorno de ansiedade separado que pode ou não coexistir com o transtorno de pânico. Mas percebe-se que ela pode coexistir com uma série de transtornos (Asmundson, Taylor e Smits, 2014). Assim como outros transtornos, a agorafobia pode apresentar diversos níveis de gravidade, mas pode ser uma condição muito debilitante.

Transtorno obsessivo-compulsivo

As obsessões são *pensamentos* que se impõem repetidamente na consciência de uma pessoa de maneira angustiante. As compulsões são *ações* que uma pessoa se sente forçada a realizar. Logo, *transtorno obsessivo-compulsivo* (TOC) **caracteriza-se por imposições persistentes e indesejadas de pensamentos (obsessões) e impulsos de praticar ri-**

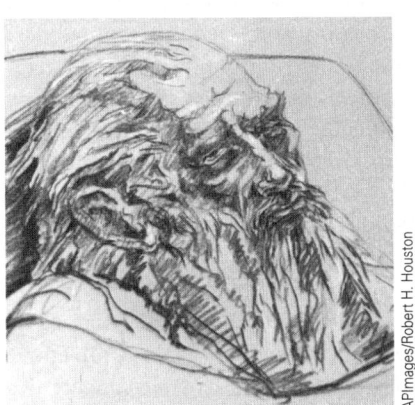

Quando jovem (mostrado na foto acima) Howard Hughes era um belo e arrojado piloto de aviões e produtor de filmes, que parecia ser uma pessoa razoável e bem ajustada. Contudo, com o passar dos anos, seu comportamento foi se tornando cada vez mais desajustado, à medida que suas obsessões e compulsões começaram a dominar sua vida. Nos últimos anos (conforme mostra a ilustração), ele passou a maior parte de seu tempo em quartos escuros, nu, despenteado e sujo, seguindo rituais bizarros para aliviar sua ansiedade. (O desenho foi feito por um artista da NBC e teve como base as descrições de um homem que tinha visto Hughes).

Lavar as mãos é uma das compulsões mais comuns entre pacientes de TOC, perdendo apenas para a necessidade compulsiva de verificar repetidamente a mesma coisa. Alguns teóricos acreditam que essas compulsões são causadas por uma necessidade de reduzir sentimentos irracionais de culpa.

tuais sem sentido (compulsões). Para ilustrar, examinemos o comportamento bizarro de um homem que chegou a ser considerado a pessoa mais rica do mundo:

> O famoso industrial Howard Hughes era obcecado pela possibilidade de ser contaminado por germes. Isso o levou a inventar extraordinários rituais para minimizar a possibilidade de tal contágio. Passava horas limpando metodicamente um simples telefone. Certa vez, ele escreveu uma nota de três páginas instruindo seus auxiliares sobre como abrir, exatamente, latas de frutas para ele (Adaptado de Barlett e Steele, 1979, p. 227-237).

As obsessões centram-se, geralmente, em infligir mal aos outros, falhas pessoais, suicídio ou atos sexuais. As pessoas atormentadas por obsessões podem sentir que perderam o controle da mente. As compulsões envolvem rituais estereotipados que podem aliviar temporariamente a ansiedade produzida pelas obsessões do indivíduo. Como vimos no início do capítulo, alguns exemplos são lavar constantemente as mãos, limpar e organizar repetidamente os objetos e verificar repetidamente fechaduras de portas, torneiras etc. Muitos de nós podem ser mostrar compulsivos algumas vezes. De fato, em amostragens de pessoas com distúrbios mentais, muitos indivíduos apresentam obsessões ou compulsões significativas (Clark et al., 2014). Entretanto, *os transtornos* obsessivo-compulsivos plenamente desenvolvidos ocorrem em aproximadamente 2% a 3% da população (Zohar, Fostick e Juven-Wetzler, 2009). O TOC pode ser um transtorno bastante sério, normalmente associado a distúrbios sociais e ocupacionais (Dougherty, Wilhelm e Jenike, 2014). E se diferencia dos problemas relacionados à ansieda-

de por afetar um número igual de homens e mulheres (Gallo et al., 2013).

Transtorno de estresse pós-traumático

O *transtorno de estresse pós-traumático* (TEPT) **envolve uma perturbação psicológica duradoura atribuída à experiência de um forte evento traumático.** O TEPT foi reconhecido pela primeira vez como transtorno em 1970, como sequela da Guerra do Vietnã, quando muitos veteranos ficaram traumatizados pelas experiências de combate. Pesquisas mostraram, mais tarde, que o TEPT pode ser causado por uma variedade de eventos traumáticos além de angustiantes experiências de guerra. Por exemplo, o TEPT geralmente se manifesta após um estupro ou ataque, um grave acidente automobilístico, um desastre natural, ou quando se testemunha a morte de alguém. Embora as pessoas considerem esses eventos relativamente incomuns, pesquisas mostram que a maioria dos adultos já esteve exposta a um ou mais eventos traumáticos (Ogle et al., 2013). Sintomas comuns de TEPT incluem reviver o acontecimento traumático na forma de pesadelos ou *flashbacks*, paralisia emocional, alienação, problemas com relacionamentos sociais, uma sensação aumentada de vulnerabilidade e aumento de agitação, ansiedade, raiva e culpa (Stoddard, Simon e Pitman, 2014). As pesquisas sugerem que cerca de 7% das pessoas já sofreram de TEPT em algum momento da vida (Resick, Monson e Rizvi, 2008). Há atualmente grande preocupação e debates sobre a prevalência de TEPT entre militares que retornam dos campos de guerra no Afeganistão e no Iraque (Berntsen et al., 2012; Fisher, 2014; Hines et al., 2014).

Uma variedade de fatores pode prever o risco de a pessoa apresentar TEPT (McNally, 2009). Por exemplo: pessoas

Há a preocupação que muitos militares que serviram em guerras no Iraque e Afeganistão venham a sofrer de TEPT. Há também um debate sobre o aumento das taxas de ocorrência de TEPT em decorrência dessas guerras.

expostas a altos níveis de estresse e adversidades na infância são bastante vulneráveis ao TEPT (Yehuda et al., 2010). Como é esperado, o aumento da vulnerabilidade está associado a uma ocorrência maior de perdas e ferimentos pessoais, maior intensidade de exposição ao evento traumático e ao seu grotesco resultado. Um fator-chave de previsão da vulnerabilidade que surgiu em recente revisão de uma pesquisa importante é a *intensidade de reação da pessoa no momento do evento traumático* (Ozer et al., 2003). Indivíduos que têm uma reação emocional especialmente intensa durante ou logo depois da experiência traumática demonstram alta vulnerabilidade ao TEPT.

Etiologia de transtornos relacionados à ansiedade

Como a maioria dos transtornos psicológicos, os transtornos dominados pela ansiedade se desenvolvem de interações complexas entre uma variedade de fatores biológicos e psicológicos.

Fatores biológicos

Em estudos que avaliam o impacto da hereditariedade em transtornos psicológicos, os pesquisadores observam as **taxas de concordância, que indicam a porcentagem de pares de gêmeos ou outros pares de parentes que apresentam o mesmo transtorno.** Se os parentes que compartilham maior semelhança genética mostram taxas de concordância maiores que os parentes que compartilham menor superposição genética, o resultado encontrado sustenta a hipótese genética. Os resultados *dos estudos de gêmeos* (veja **Figura 14.4**) e *dos estudos de família* (veja o Capítulo 3 para discussões sobre os dois métodos) sugerem que pode haver uma moderada predisposição genética a transtornos de ansiedade (Fyer, 2009).

Evidências recentes sugerem que pode existir uma ligação entre transtornos de ansiedade e atividade neuroquímica no cérebro. Como vimos no Capítulo 3, os *neurotransmissores* são substâncias químicas que levam sinais de um neurônio a outro. Drogas terapêuticas (como Valium ou Xanax) que reduzem a ansiedade excessiva parecem alterar a atividade neurotransmissora nas sinapses que liberam um neurotransmissor chamado GABA. Essa descoberta e outras linhas de evidências sugerem que as perturbações nos circuitos neurais usando GABA podem desempenhar certo papel em alguns tipos de transtorno de ansiedade (Rowa e Antony, 2008).

Disfunções em outros circuitos neurais usando serotonina foram, recentemente, relacionados a transtornos obsessivo-compulsivos (Sadock et al., 2015).

Condicionamento e aprendizado

Muitas respostas de ansiedade podem ser *adquiridas por condicionamento clássico e mantidas por condicionamento operante* (veja o Capítulo 6). De acordo com Mowrer (1947), um estímulo originalmente neutro (no caso de Hilda, por exemplo, a neve) pode associar-se a um evento apavorante (a avalanche) de tal modo que se torne um estímulo condicionado que desperta ansiedade (veja **Figura 14.5**). Uma vez que um temor é adquirido por meio de condicionamento clássico, a pessoa pode começar a evitar o estímulo produtor de ansiedade. A resposta de esquiva é reforçada negativamente porque é seguida de uma redução da ansiedade. Esse processo envolve condicionamento operante (veja **Figura 14.5**). Logo, processos separados de condicionamento podem criar e sustentar respostas específicas da ansiedade (Levis, 1989). De acordo com essa visão, estudos descobriram que um número substancial de pessoas que sofrem de fobia pode identificar uma experiência de condicionamento traumática que contribuiu para o seu transtorno de ansiedade (McCabe e Antony, 2008). No entanto, o desenvolvimento de medos condicionados não é automático. Por uma série de razões, o desenvolvimento de medos condicionados, que podem se tornar problemas de ansiedade, varia bastante de pessoa para pessoa (Mineka, 2013).

A tendência a desenvolver fobias de certos tipos de objetos e situações pode ser explicada pelo conceito de *estado de preparação* de Martin Seligman (1971). Como muitos teóricos, ele também acredita que o condicionamento clássico cria a maioria das respostas fóbicas. *No entanto, sugere*

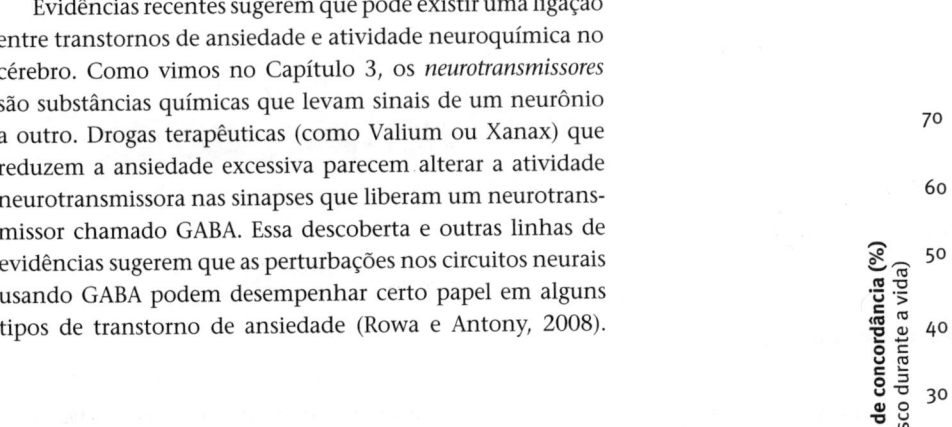

Figura 14.4 Estudos com gêmeos sobre transtornos de ansiedade.

A taxa de concordância para o transtornos de ansiedade em gêmeos idênticos é mais alta do que para gêmeos fraternos, que compartilham menor justaposição genética. Esses resultados sugerem que existe uma predisposição genética aos transtornos dominados pela ansiedade. (Baseados em dados de Noyes et al., 1987; Slater e Shields, 1969; Torgersen, 1979, 1983).

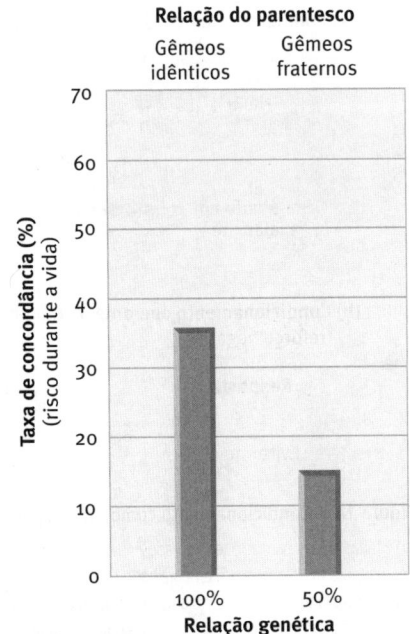

que as pessoas são biologicamente preparadas, por sua história evolutiva, a adquirir certos temores muito mais facilmente que outros. Sua teoria explicaria o porquê de elas desenvolverem fobias de origens ancestrais de ameaça (como cobras e aranhas) muito mais facilmente que de origens modernas de ameaça (como tomadas ou ferros elétricos). Arne Öhman e Susan Mineka (2001) reviram o conceito de preparação, a que chamam *um módulo evoluído de aprendizado de medo*. E afirmam que esse módulo desenvolvido é automaticamente ativado por estímulos relacionados a ameaças à sobrevivência ao longo da história evolucionária e que é relativamente resistente a esforços intencionais de suprimir os medos resultantes. Confirmando essa hipótese, os estímulos fóbicos associados a ameaças evolucionárias tendem a produzir condicionamento mais rápido de medos e reações de medo mais fortes (Mineka e Ohman, 2002).

Fatores cognitivos

Teóricos cognitivos sustentam que determinados estilos de pensamento tornam algumas pessoas particularmente vulneráveis a transtornos de ansiedade (Ferreri, Lapp e Peretti, 2011). Segundo eles, essas pessoas são mais propensas a sofrer de problemas de ansiedade porque tendem (1) a interpretar equivocadamente situações inofensivas como ameaçadoras, (2) a concentrar excessiva atenção em ameaças perceptíveis, e (3) a recordar informações que pareçam ameaçadoras de forma seletiva (Clark e Beck, 2010). Em um curioso teste de visão cognitiva, foi pedido a sujeitos ansiosos e não ansiosos que lessem 32 sentenças que poderiam ser interpretadas de maneira ameaçadora ou inofensiva (Eysenck et al., 1991). Por exemplo, uma das sentenças era: "O doutor examinou o crescimento da pequena Emma", que poderia significar que o doutor examinou sua altura ou o crescimento de um tumor. Como mostra a **Figura 14.6**, os participantes ansiosos interpretaram as sentenças de forma ameaçadora com maior frequência que os não ansiosos. Portanto, coerentemente com nosso tema de que a experiência humana é altamente subjetiva, a visão cognitiva sustenta que algumas pessoas são propensas a transtornos de ansiedade porque veem ameaça em todos os cantos de sua vida (Riskind, 2005).

Estresse

Obviamente, casos de transtornos de estresse pós-traumático são atribuídos à exposição da pessoa a incidentes extremamente estressantes. Pesquisas também demonstraram que outros tipos de transtorno de ansiedade podem estar relacionados ao estresse (Beidel e Stipelman, 2007). Por exemplo, Favarelli e Pallanti (1989) descobriram que pacientes com transtorno de pânico experimentaram um aumento drástico no estresse no mês anterior ao início de seu transtorno. Outros estudos descobriram que níveis de estresse preveem a severidade dos sintomas de pacientes com TOC (Lin et al., 2007, Morgado et al., 2013). Desse modo, existem razões para acreditar que o alto nível de estresse contribui para o surgimento ou o agravamento dos transtornos de ansiedade.

14.3 Transtornos dissociativos

Transtornos dissociativos são provavelmente o grupo de distúrbios mais controverso do sistema de diagnósticos, que gera acalorados debates até mesmo entre os mais tranquilos pesquisadores e clínicos. ***Transtornos***

14.3 Objetivos Principais de Aprendizagem
- Descrever a amnésia dissociativa e o transtorno dissociativo de identidade.
- Discutir a etiologia do transtorno dissociativo de identidade.

(a) Condicionamento clássico: aquisição de medo fóbico

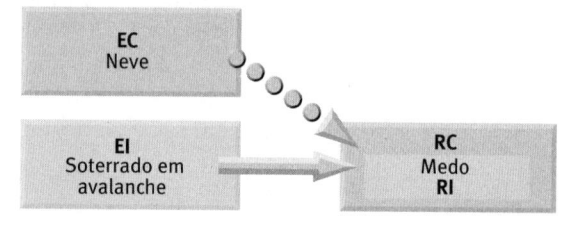

EC: Neve
EI: Soterrado em avalanche
RC: Medo / RI

(b) Condicionamento operante: manutenção de medo fóbico (reforço negativo)

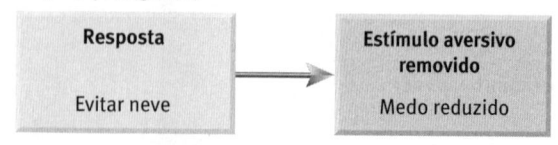

Resposta: Evitar neve → Estímulo aversivo removido / Medo reduzido

Figura 14.5 Condicionamento como uma explicação de fobias.
(a) Muitas fobias parecem ter sido adquiridas por meio de condicionamento clássico, quando um estímulo neutro torna-se emparelhado com um estímulo de excitação de ansiedade.
(b) Uma vez adquirida, uma fobia pode ser mantida mediante o condicionamento operante: a esquiva ao estímulo fóbico reduz a ansiedade, resultando em reforço negativo.

Interpretações ameaçadoras endossadas (%)

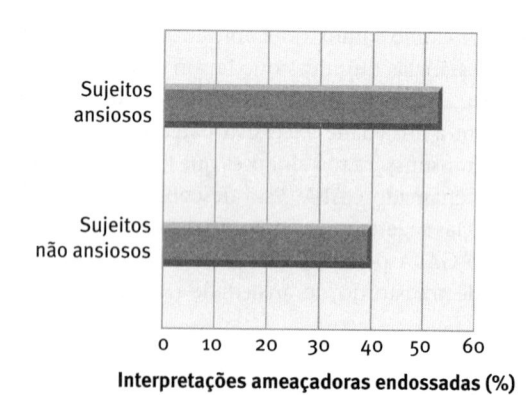

Figura 14.6 Fatores cognitivos em transtornos de ansiedade.

Eysenck et al. (1991) compararam como sujeitos com problemas de ansiedade e os não ansiosos tendiam a interpretar sentenças que poderiam ser vistas como ameaçadoras ou inofensivas. Coerentemente com modelos cognitivos de transtornos de ansiedade, os ansiosos apresentaram maior probabilidade de interpretar as sentenças sob uma perspectiva ameaçadora.

dissociativos são uma classe de distúrbios na qual as pessoas perdem contato com partes de sua consciência ou memória, resultando em ruptura no seu senso de identidade. Descreveremos duas síndromes dissociativas: amnésia dissociativa e transtorno dissociativo de identidade – ambas, relativamente incomuns.

Descrição

A *amnésia dissociativa* **é uma perda súbita de memória para informações pessoais importantes, muito extensa para ser atribuída ao esquecimento normal.** As perdas de memória podem ocorrer para um único evento traumático (como um acidente de trânsito ou incêndio em casa) ou por um período prolongado em torno do evento. Casos de amnésia foram observados depois que as pessoas experimentaram desastres, acidentes, estresse de combate, violência física, estupro, entre outros eventos (Cardeña e Gleaves, 2007). Em alguns casos, após se esquecerem de seu nome, de sua família, de onde moram e de onde trabalham, essas pessoas perambulam para longe dos bairros onde residem. Apesar de se esquecerem de muitas informações, lembram-se de assuntos não relacionados à sua identidade, como dirigir um carro ou fazer operações aritméticas.

O *transtorno dissociativo de identidade (TDI)* **envolve um transtorno de identidade caracterizado pela experiência de duas ou mais personalidades amplamente completas e geralmente muito diferentes.** O nome deste transtorno costumava ser *transtorno da múltipla personalidade*, que ainda é usado informalmente. O nome foi mudado porque dava a entender que diversas pessoas habitassem o mesmo corpo, enquanto o termo atual traduz a visão moderna de que esses indivíduos não conseguem integrar aspectos incongruentes de sua personalidade para estabelecer um elemento único, coerente e normal (Cardeña et al., 2013). No transtorno dissociativo de identidade, as divergências de comportamento vão muito além daquelas que as pessoas exibem em geral para se adaptar aos diferentes papéis assumidos na vida. As pessoas com "múltiplas personalidades" sentem que têm mais de uma identidade. Cada identidade tem o próprio nome, memórias, traços, maneirismos físicos e autonomia. Embora relativamente rara, essa síndrome é frequentemente abordada em novelas, romances, filmes e programas de TV, como no caso do filme *Eu, eu mesmo e Irene*, do ano 2000, estrelado por Jim Carrey. Nas retratações populares da mídia, costuma ser confundida erroneamente com a *esquizofrenia*. Como veremos mais adiante, os transtornos da esquizofrenia são completamente diferentes.

No transtorno dissociativo de identidade, as diferentes personalidades em geral relatam não ter consciência umas das outras, apesar de medidas objetivas de memória sugerirem de outro modo (Huntjens et al., 2006). As personalidades alternadas apresentam traços que são totalmente opostos à personalidade original. Por exemplo, uma pessoa inibida, tímida, pode desenvolver uma personalidade alternada extravagante, extrovertida. As transições entre as identidades com frequência ocorrem de forma repentina. O transtorno disso-

---

REVISÃO 14.2

Distinção entre transtornos de ansiedade, TOC e TEPT

Verifique seu entendimento sobre a natureza dos transtornos de ansiedade, TOC e TEPT fazendo diagnósticos bastante preliminares dos casos descritos a seguir. Leia o resumo de cada caso e escreva seu diagnóstico preliminar no espaço estipulado. As respostas encontram-se no Apêndice A.

1. Malcolm segue religiosamente uma programação exata todos os dias. Seu ritual de banho e asseio demora duas horas. Faz o mesmo caminho para as aulas todos os dias e senta-se sempre no mesmo lugar em cada aula. Não pode estudar até que seu apartamento esteja perfeitamente arrumado. Embora tente evitar, pensa constantemente em ser reprovado na escola. Tanto suas notas como sua vida social estão sendo prejudicadas com suas rígidas rotinas.

    Diagnóstico preliminar:

    _____

2. Jane tem um medo muito grande de tempestades. Raios e trovões a aterrorizam. Se ela está em casa quando uma tempestade começa, ela para tudo o que está fazendo e corre para o porão. Se ela está fora de casa quando chega uma tempestade, ela entra em pânico. Ela monitora a previsão do tempo para evitar essa calamidade. Por causa do seu medo de tempestades, ela frequentemente falta ao trabalho e tem medo de ser mandada embora.

    Diagnóstico preliminar:

    _____

3. Natan recentemente voltou de seu serviço militar, que durou 6 meses no Afeganistão, onde ele viu um amigo próximo morrer em combate. Ele revive o pesadelo de ver o amigo morrer. Ele relata um sentimento crônico de ansiedade, raiva e entorpecimento emocional.

    Diagnóstico preliminar:

    _____

ciativo de identidade é mais comum em mulheres (Simeon e Loewenstein, 2009).

Começando na década de 1970, foi observado um aumento drástico nos diagnósticos do transtorno dissociativo de identidade. Apenas 79 casos bem documentados tinham sido acumulados durante a década de 1970, mas, por volta do fim dos anos 1990, estimava-se que cerca de 40 mil casos tenham sido relatados (Lilienfeld e Lynn, 2003). Alguns teóricos acreditam que esses transtornos costumavam ser diagnosticados erroneamente (Maldonado e Spiegel, 2014). No entanto, outros teóricos afirmam que grande quantidade de médicos começou a diagnosticar o problema exageradamente, e que alguns médicos, ainda que não intencionalmente, acabam incentivando os pacientes a demonstrarem transtornos aparentemente exóticos ou interessantes (Boysen e VanBergen, 2013; Powell e Gee, 1999). De acordo com essa visão, uma pesquisa com todos os psiquiatras da Suíça revelou que 90% deles jamais tenham visto um caso de transtorno dissociativo de identidade, enquanto seis (entre os 655 pesquisados) respondiam por dois terços dos diagnósticos do transtorno dissociativo de identidade na Suíça (Modestin, 1992).

Etiologia dos transtornos dissociativos

A amnésia dissociativa é geralmente atribuída a estresse excessivo. Conhece-se, porém, relativamente pouco sobre o porquê de essa reação extrema ao estresse ocorrer em ínfima minoria de pessoas, mas não na ampla maioria sujeita a tensão semelhante.

As causas dos transtornos dissociativos de identidade são particularmente obscuras. Alguns teóricos céticos (Lilienfeld et al., 1999; Lynn et al., 2012) acreditam que as pessoas com transtorno de múltiplas personalidades creem, em parte, graças a descrições de livros e filmes a respeito do transtorno dissociativo de identidade e do reforço dos terapeutas, que seu comportamento peculiar, suas oscilações imprevisíveis de humor e suas ações imprudentes se devem a entidades independentes que habitam sua mente. Aos poucos, encorajados por seus terapeutas e uma tendência a fantasiar, passam a atribuir características e lembranças específicas a personalidades alternativas e imaginárias. Teóricos que defendem essa linha de pensamento também se baseiam em pesquisas recentes, que sugerem que distúrbios de sono podem ampliar sintomas dissociativos (van der Kloet et al., 2012).

Apesar dessas questões, muitos clínicos estão convencidos de que o transtorno dissociativo de identidade é autêntico (Dorahy et al., 2014; van der Hart e Nijenhuis, 2009). Eles sustentam que não há incentivo para pacientes nem para terapeutas para inventar casos de múltipla personalidade – os quais são frequentemente recebidos com ceticismo e completa hostilidade –, e que a maioria dos casos de transtorno dissociativo de identidade tem origem em traumas emocionais severos que ocorreram durante a infância (Maldonado e Spiegel, 2014). A maioria substancial de pessoas com esse transtorno relata uma história de infância de rejeição dos pais e abuso sexual (van der Hart e Nijenhies, 2009). Contudo, esse abuso não tem sido identificado sozinho frequentemente (Ross e Ness, 2010). Na análise final, pouco se sabe sobre as causas de distúrbios de múltiplas personalidades, que ainda possuem um diagnóstico controverso (Lilienfeld e Arkowitz, 2011).

14.4 Transtornos depressivo e bipolar

O que Abraham Lincoln, Marilyn Monroe, Kurt Cobain, Vincent van Gogh, Ernest Hemingway, Winston Churchill, Ted Turner, Alec Baldwin, Catherine Zeta-Jones, Sting, Billy Joel, Jim Carrey, Jon Hamm, Ben Stiller e Anne Hathaway têm em comum? Sim, todos eles alcançaram grande notoriedade, embora de formas diferentes e em épocas diferentes. No entanto, mais pertinente ao nosso interesse é que eles sofriam de sérias disfunções emocionais, ou transtornos do humor. Embora esses transtornos emocionais possam ser debilitadores, as pessoas que os têm ainda assim podem alcançar a

> **14.4 Objetivos Principais de Aprendizagem**
> - Descrever os sintomas do transtorno depressivo maior, do transtorno bipolar e sua relação com o suicídio.
> - Entender como fatores genéticos, neurais, hormonais, cognitivos, sociais e de estresse estão relacionados ao desenvolvimento dos transtornos depressivo e bipolar.

Transtornos de humor são comuns e afetam muitas pessoas bem-sucedidas e famosas, como o Jon Hamm e a Catherine Zeta-Jones.

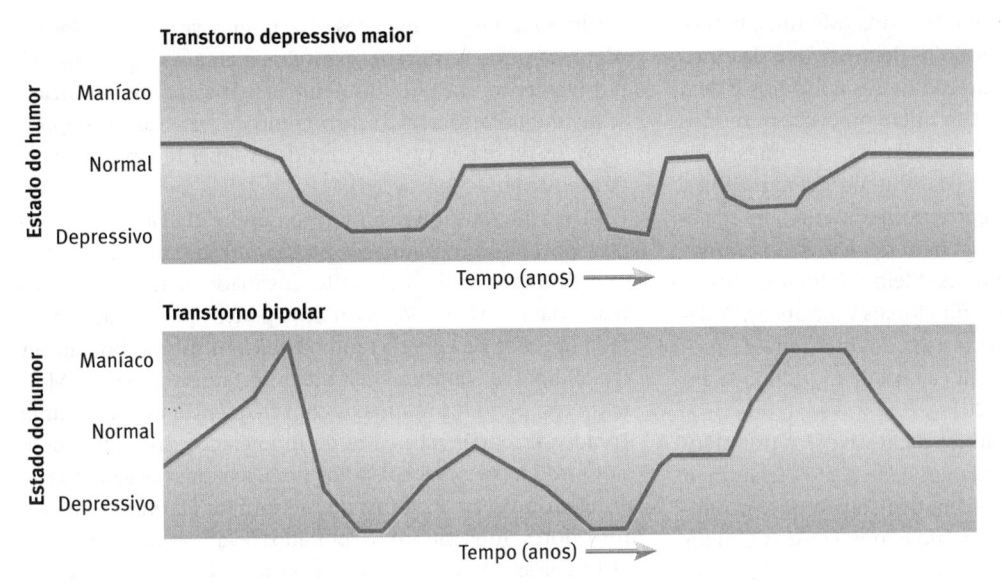

Figura 14.7 Padrões episódicos em transtornos bipolares e depressivos.

Episódios temporalmente limitados de perturbação emocional vêm e vão imprevisivelmente nos transtornos do humor. As pessoas com transtorno de depressão sofrem apenas períodos de depressão, ao passo que as que têm transtorno bipolar experimentam episódios tanto maníacos como depressivos. O tempo entre os episódios de perturbação e a duração deles varia muito.

---

fama, porque eles tendem a ser *episódicos*. Em outras palavras, os transtornos do humor geralmente vêm e vão, entremeados por períodos de normalidade.

No DSM-III e DSM-IV, *a maioria dos transtornos depressivos e bipolares* foram agrupados em uma categoria chamada de *transtornos de humor*. No DSM-5, cada um deles possui o próprio capítulo ou categoria, mas nós vamos discuti-los juntos aqui. A **Figura 14.7** mostra a forma geral de como esses transtornos são diferentes. As pessoas com transtorno depressivo maior têm pontos emocionais extremos em apenas uma extremidade do *continuum* do humor porque elas experimentam períodos de depressão profunda. As pessoas com transtorno bipolar experimentam extremos emocionais em ambas as extremidades do *continuum* do humor, passando tanto por períodos de *depressão* como de *mania* (excitação e elação). Na verdade, embora o nome do transtorno sugira que todos os indivíduos bipolares apresentem tanto depressão quanto mania, uma minoria não apresenta episódios de depressão (Johnson, Cuellar e Peckham, 2014).

Transtorno depressivo maior

É difícil estabelecer o limite entre depressão normal e patológica (Bebbington, 2013). A categoria de *transtornos depressivos* inclui diversas síndromes mais brandas, porém o transtorno mais comum entre elas é o *transtorno depressivo maior*. Nos **transtornos depressivos mais graves**, as pessoas apresentam sentimentos persistentes de tristeza e desesperança e perda de interesse em fontes anteriores de prazer. Emoções negativas formam a essência da síndrome de depressão, mas podem também surgir muitos outros sintomas. Os sintomas mais comuns de depressão estão resumidos e comparados com os sintomas de mania na **Tabela 14.1**. Uma característica central da depressão maior é a **anedonia – a incapacidade de uma pessoa de sentir prazer**. As pessoas deprimidas não sentem energia nem motivação. Portanto, geralmente, elas desistem das coisas com as quais costumavam se divertir, como passatempos, sua comida favorita, ou passar tempo com amigos. A redução de apetite ou a ocorrência de insônia são comuns. Pessoas deprimidas tendem a mover-se e a falar vagarosamente. Ansiedade, irritabilidade e cisma são comumente observadas. A depressão faz que a pessoa mergulhe em sentimentos de desesperança, desalento e imensa culpa.

O aparecimento da depressão pode ocorrer em qualquer momento da vida. Contudo, uma maioria substancial de casos aparece antes dos 40 anos. A depressão ocorre em crianças, adolescentes e adultos, embora as taxas de depressão sejam notavelmente menores em crianças e relativamente menores em adolescentes (Rohde et al., 2013). A maioria (75% a 95%) das pessoas que sofrem de depressão experi-

Tabela 14.1 Comparação de sintomas maníacos e depressivos

Sintomas	Episódios depressivos	Episódios maníacos
Sintomas emocionais	Humor disfórico e soturno; menor disposição para buscar prazer, falta de esperança.	Humor eufórico, entusiasta; busca incessante de atividades prazerosas; otimismo injustificado.
Sintomas comportamentais	Fadiga, falta de energia; insônia; fala e movimentos lentos; retração social.	Elétrico, incansável, hiperativo; menor necessidade de sono; fala rápida e agitação; aumento de sociabilidade.
Sintomas cognitivos	Dificuldade de pensar e tomar decisões; lentidão de pensamento; preocupação excessiva, ruminação; culpa, autoacusação, avaliação negativa e infundada de si mesmo.	Planejamento grandioso, tomada de decisões indiscriminada; pensamentos excessivamente rápidos, distração excessiva; comportamento impulsivo; excesso de autoconfiança e de autoestima.

menta mais de um episódio durante a vida (McInnis, Ribia e Greden, 2014). A média de episódios depressivos é de cinco a seis. O período médio de duração desses episódios é de 5 a 7 meses (Keller et al., 2013). Um início precoce em termos de idade é associado a maior recorrência, sintomas mais severos e um prognóstico pior (Hammen e Keenan-Miller, 2013). Embora a depressão ocorra normalmente em episódios isolados, algumas pessoas sofrem de depressão crônica maior, que pode persistir por anos (Klein e Allmann, 2014). É algo associado a deficiências funcionais específicas. A depressão está associada a elevado risco de uma série de problemas físicos de saúde e aumenta a taxa de mortalidade em cerca de 50% (Cuijpers et al., 2014).

Quão comuns são os distúrbios depressivos? A prevalência ao longo da vida é estimada em 13% a 16% (Hammen e Keenan-Miller, 2013). Essa estimativa sugere que, no mínimo, cerca de 40 milhões de pessoas nos Estados Unidos sofrem ou sofrerão de depressão. Como se essa notícia já não fosse suficientemente desanimadora, há evidências de que a prevalência da depressão esteja se elevando, segundo as estatísticas recentes de coortes de nascimento (Twenge, 2015).

Pesquisas indicam que a prevalência da depressão é cerca de duas vezes mais alta nas mulheres do que nos homens (Gananca, Kahn e Oquendo, 2014). As muitas explicações possíveis para essa lacuna de gênero são o assunto de inúmeros debates. A lacuna *não* parece estar relacionada a diferenças na constituição genética (Franić et al., 2010). Parte da disparidade pode ser resultado da elevada vulnerabilidade das mulheres à depressão em determinados períodos de sua vida reprodutiva (Hilt e Nolen-Hoeksema, 2014). Obviamente, somente mulheres precisam se preocupar com depressão pós-parto e pós-menopausa. Susan Nolen-Hoeksema (2001) argumenta que as mulheres sofrem mais de depressão que os homens porque são mais passíveis de ser vítimas de abuso sexual e também mais sujeitas a enfrentar a pobreza, o assédio sexual, pressão excessiva para serem magras e atraentes. Em outras palavras, ela atribui a incidência mais alta da depressão entre as mulheres à experiência maior de estresse e adversidade. Nolen-Hoeksema também acredita que as mulheres têm uma tendência maior do que os homens de remoer derrotas e problemas. As evidências sugerem que essa tendência a ruminar as dificuldades pessoais eleva a vulnerabilidade à depressão, como veremos mais adiante.

Transtorno bipolar

O *transtorno bipolar* **é caracterizado pela experiência tanto de períodos depressivos como maníacos.** Os sintomas verificados nos períodos maníacos são o oposto daqueles observados durante a depressão (veja **Tabela 14.1** para uma comparação). Em um episódio maníaco, o humor de uma pessoa torna-se elevado até o ponto da euforia. A autoestima sobe às nuvens, pois ela transborda otimismo, energia e planos extravagantes. Torna-se hiperativa e pode ficar dias sem dormir. Fala rapidamente e muda de assunto desenfreadamente, pois sua mente corre em velocidade vertiginosa. Os julgamentos são, muitas vezes, debilitados. Algumas pessoas, durante períodos maníacos, apostam impulsivamente, gastam dinheiro freneticamente ou ficam sexualmente arrojadas. Assim como os transtornos depressivos, os bipolares variam consideravelmente em gravidade (Youngstrom e Algorta, 2014).

Você provavelmente está pensando que a euforia durante os episódios maníacos possa ser interessante. Se achar que sim, não está totalmente enganado. Em suas formas mais suaves, os estados maníacos podem parecer atrativos. Os aumentos de energia, autoestima e otimismo podem ser ilusoriamente sedutores (Goodwin e Jamison, 2007). Muitas vezes, períodos maníacos com frequência carregam uma paradoxal tendência oculta de inquietação, irritabilidade e raiva. Além disso, os episódios maníacos suaves geralmente atingem níveis mais altos, que se tornam alarmantes e perturbadores. Julgamentos debilitados levam muitas vítimas a fazer coisas das quais vêm depois a se arrepender imensamente, como você poderá ver na seguinte história:

> *Certa manhã, Robert, dentista, acordou com a ideia de que era o cirurgião-dentista mais talentoso da região. Decidiu que deveria tentar fornecer serviços a muita gente, para que mais pessoas pudessem se beneficiar de seu talento. Então, decidiu remodelar seu consultório, de duas cadeiras, instalando 20 cabines, para que pudesse atender 20 pacientes simultaneamente. Naquele mesmo dia, redigiu planos para sua arrumação, telefonou para uma série de companhias de reformas e pediu orçamentos para o trabalho. Mais tarde, impaciente para começar sua reforma, arregaçou as mangas, pegou ele mesmo uma marreta e começou a demolir as paredes de seu consultório. Irritado por não ter feito muito bem o serviço, quebrou seus instrumentos de trabalho, incluindo o equipamento de raio X. Mais tarde, sua esposa, perturbada com seu comportamento, chamou duas de suas filhas adultas para ajudar, as quais a atenderam prontamente, chegando à casa da família com seus maridos. Na discussão que se seguiu, Robert, após se gabar de seu desempenho sexual, avançou sobre suas filhas, tendo de ser detido por seus maridos. (Adaptado de Kleinmuntz, 1980, p. 309)*

Embora não seja raro, o transtorno bipolar é muito menos comuns do que a depressão. O transtorno bipolar afeta cerca de 1% da população e, diferentemente da depressão, a bipolaridade é observada com a mesma frequência em homens e mulheres (Jauhar e Cavanagh, 2013). O início do transtorno bipolar está relacionado à idade. A fase mais comum é no final da adolescência ou no início da fase adulta (Ketter e Chang, 2014).

Transtornos de humor e suicídio

Um problema trágico e doloroso associado aos transtornos de humor é o suicídio. Ele é a décima causa principal de óbito nos Estados Unidos; responsável por cerca de 40 mil mortes anualmente. As estatísticas oficiais em geral subestimam a extensão do problema. Muitos suicídios são disfarçados de acidente, tanto pelo suicida quanto pelos sobreviventes, que tentam encobrir a verdade. Além disso, os especialistas estimam que as tentativas de suicídio possam ser bem maiores que os suicídios em si, em uma proporção de 25 para 1 (Rothberg e Feinstein, 2014). Mulheres *tentam* o suicídio três vezes mais que homens, porém homens apresentam mais propensão a se *matar efetivamente*. Representam um número quatro vezes maior de suicidas que as mulheres (Rothberg e Feinstein, 2014).

Hoje já se sabe que cerca de 90% das pessoas que cometem suicídio sofrem de algum tipo de transtorno psicológico, embora este possa não se evidenciar em alguns casos (Nock et al., 2014). Como se pode imaginar, as taxas de suicídio são mais altas entre pessoas com transtornos depressivo e bipolar. Representam cerca de 50% a 60% dos suicídios cometidos (Nock et al., 2014). A probabilidade de uma tentativa de suicídio cresce com o aumento da severidade da depressão que o indivíduo estiver sentindo (MacLeod, 2013). Ainda assim, o suicídio é algo notoriamente difícil de prever. Talvez o maior indício seja quando o indivíduo expressa falta de esperança quanto ao futuro, porém até isso é algo difícil de mensurar (MacLeod, 2013). Infelizmente não há maneira infalível de evitar que um suicida tire a própria vida. Entretanto, algumas dicas úteis são apresentadas na **Figura 14.8**.

Etiologia dos transtornos depressivo e bipolar

Conhece-se bastante sobre a etiologia dos transtornos depressivo e bipolar, embora o quebra-cabeça ainda não tenha sido totalmente montado. Parece haver muitas rotas para esses transtornos, que envolvem interações intrincadas de fatores psicológicos e biológicos.

Vulnerabilidade genética

As evidências sugerem com veemência que fatores genéticos influenciam a probabilidade de desenvolver sério transtorno depressivo (Lau et al., 2014) e transtorno bipolar (Macritchie e Blackwood, 2013). Os *estudos de gêmeos* verificaram enorme disparidade entre gêmeos idênticos e fraternos no que diz respeito a taxas de concordância de transtornos do humor. A taxa de concordância para gêmeos idênticos é muito mais alta (veja **Figura 14.9**). Essa evidência sugere que a hereditariedade pode criar uma *predisposição* a transtornos do humor. Fatores ambientais provavelmente determinam se essa predisposição será convertida em um transtorno real.

Fatores neuroquímicos e neuroanatômicos

Foram encontradas correlações entre transtornos do humor e níveis anormais de dois neurotransmissores no cérebro: norepinefrina e serotonina, embora transtornos com outros neurotransmissores também possam contribuir (Thase, Hahn e Berton, 2014). Os detalhes permanecem elusivos,

Dicas de Prevenção do Suicídio

1. *Leve a sério conversas sobre suicídio*. Quando alguém fala em suicídio de maneira vaga, as pessoas geralmente acham que se trata apenas de figura de linguagem e ignoram o assunto. No entanto, quem chega a verbalizar o tema suicídio se encontra em um grupo de risco e suas ameaças não devem ser ignoradas. O primeiro passo para a prevenção do suicídio é perguntar diretamente à pessoa se ela considera a possibilidade de se matar.

2. *Demonstre compreensão e apoio*. É importante mostrar ao suicida que você se importa com ele. As pessoas muitas vezes pensam em suicídio quando sentem que o mundo ao seu redor é indiferente a elas. Portanto, é preciso demonstrar preocupação verdadeira. A tentativa de suicídio é com frequência o último e desesperado pedido de ajuda de uma pessoa. É imperativo oferecer ajuda.

3. *Identifique o problema central e ajude a solucioná-lo*. O suicida muitas vezes está confuso e se sente perdido em um mar de frustrações e problemas. É importante ajudar a diminuir sua confusão. Encoraje-o a tentar identificar o problema principal. Uma vez isolado, o problema pode não parecer mais tão grave.

4. *Jamais prometa manter em segredo a intenção da pessoa de cometer suicídio*. Se sentir que a vida de alguém está realmente em perigo, não prometa manter seus planos de suicídio em segredo apenas para manter a amizade.

5. *Em um momento de crise aguda, não deixe um suicida sozinho*. Fique com ele até que seja possível ter ajuda de mais pessoas. Remova do local armas, drogas, objetos pontiagudos e tudo o que possa ser usado pela pessoa para cometer suicídio.

6. *Incentive a pessoa a procurar ajuda profissional*. A maioria dos profissionais de saúde mental tem certa experiência para lidar com crises de suicídio. Muitas cidades possuem centros 24 horas de prevenção ao suicídio por telefone. Nesses centros há pessoas treinadas para lidar com o problema de suicídio. É importante tentar fazer com que o suicida procure ajuda profissional.

Figura 14.8 Prevenção do suicídio.
Sudak (2005) afirma: "Não é possível evitar todos os suicídios ou proteger totalmente um paciente suicida. O que é possível é reduzir a tendência de as pessoas se suicidarem". (p. 2449). Portanto, os conselhos que apresentamos podem ser úteis caso você precise ajudar alguém que esteja passando por uma crise suicida. (Baseado em Fremouw, de Perczel e Ellis, 1990; Rosenthal, 1988; Shneidman, Farberow e Litman, 1994)

mas níveis baixos de serotonina parecem ser um fator crucial subjacente a várias formas de depressão.

Estudos também revelaram interessantes correlações entre os transtornos do humor e uma variedade de patologias estruturais no cérebro (Kempton et al., 2011). Talvez a correlação mais bem documentada seja a associação entre a depressão e o *volume reduzido do hipocampo*, especialmente no giro denteado do hipocampo (Treadway et al., 2015). Uma teoria relativamente nova sobre as bases biológicas da depressão pode contribuir para essa descoberta. O trampolim para essa teoria é a descoberta recente de que o cérebro hu-

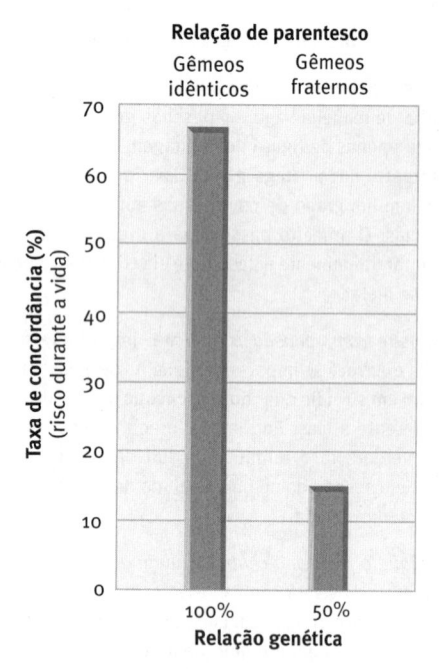

Figura 14.9 Estudos de transtornos de humor em gêmeos.

A taxa de concordância de transtornos de humor em gêmeos idênticos é muito maior que entre gêmeos fraternos, que apresentam menos aspectos genéticos em comum. Esses resultados sugerem que existe predisposição genética para transtornos de humor. (Dados de Berrettini, 2006).

mano continua a gerar novos neurônios (neurogênese) na vida adulta, especialmente na formação do hipocampo, que foi discutida no Capítulo 3 (Kozorovitskiy e Gould, 2007, 2008). Evidências recentes sugerem que a depressão ocorre quando um grave estresse provoca reações neuroquímicas que suprimem essa neurogênese, resultando na redução do volume do hipocampo (Mahar et al., 2014). Segundo essa visão, a supressão da neurogênese é a causa principal da depressão, e remédios antidepressivos são bem-sucedidos porque eles promovem a neurogênese (Boldrini et al., 2013). Ainda serão necessárias muitas pesquisas para testar por completo este modelo inovador das bases biológicas dos transtornos depressivos.

Fatores hormonais

Nos últimos anos os pesquisadores vêm estudando a maneira como as alterações hormonais podem contribuir para o surgimento da depressão. Como discutimos no Capítulo 13, em momentos de estresse o cérebro envia sinais em duas direções. Uma delas é do hipotálamo para a glândula pituitária e para o córtex adrenal, que libera hormônios corticosteroides (veja novamente a **Figura 13.7**). Essa direção é comumente chamada eixo hipotálamo-pituitário-adrenal (HPA). Evidências sugerem que o excesso de atividade no eixo HPA por causa do estresse está, muitas vezes, relacionado à depressão (Goodwin, 2009). De acordo com essa hipótese, um número substancial de pacientes de depressão demonstra elevados níveis de cortisol, um hormônio-base do estresse, produzido por atividade HPA (Cleare e Rane, 2013). Alguns estudiosos acreditam que essas mudanças hormonais podem ter impacto sobre o cérebro, onde podem desencadear a supressão da neurogênese que acabamos de discutir (Duman, Polan e Schatzberg, 2008).

Fatores cognitivos

Uma multiplicidade de teorias enfatiza como os fatores cognitivos contribuem para os transtornos depressivos (Clasen, Disner e Beevers, 2013). Por exemplo, baseado principalmente em pesquisas com animais, Seligman (1974) propôs que a depressão é causada por um *desamparo adquirido* – um comportamento de "desistência" passiva produzido pela exposição a eventos adversos inevitáveis (como um choque incontrolável em laboratório). A princípio, ele considerou o desamparo adquirido um produto do condicionamento, mas depois revisou sua teoria, dando-lhe uma inclinação cognitiva. A teoria reformulada do desamparo adquirido afirmou que as raízes da depressão estão no modo como as pessoas explicam fracassos e outros acontecimentos negativos que acontecem com elas (Abramson, Seligman e Teasdale, 1978). Segundo Seligman (1990), as pessoas que apresentam um *estilo explicativo pessimista* são especialmente vulneráveis à depressão. Além do mais, essas pessoas tendem a atribuir os fracassos às suas falhas pessoais em vez de a fatores situacionais; e também são inclinadas a tirar conclusões globais e de longo alcance sobre suas inadequações pessoais com base nesses fracassos.

De acordo com essa linha de pensamento, Susan Nolen-Hoeksema (1991, 2000) descobriu que as pessoas deprimidas que *remoem* sua depressão permanecem nesse estado por mais tempo do que as que tentam desviar a atenção do problema. As pessoas que reagem à depressão remoendo-a focam repetitivamente a atenção em seus sentimentos de depressão, pensando constantemente no quão tristes, letárgicas e desmotivadas elas são. A ruminação excessiva tende a estender e ampliar os episódios de depressão do indivíduo, aumentando os pensamentos negativos, dificultando a solução de problemas e diminuindo o apoio social (Nolen-Hoeksema, Wisco e Lyubomirsky, 2008). Como já observamos, Nolen-Hoeksema acredita que as mulheres são mais inclinadas a remoer do que os homens, e que essa disparidade pode ser a principal razão de a depressão ser mais prevalente nas mulheres.

Em resumo, os modelos cognitivos da depressão afirmam que o pensamento negativo é o que provoca o transtorno em muitas pessoas. O principal problema com as teorias cognitivas é a dificuldade que elas têm em separar a causa do efeito. O pensamento negativo causa depressão? Ou a depressão causa o pensamento negativo (veja **Figura 14.10**)? Um estudo que fornece grandes evidências de uma possível causa para o pensamento negativo é o de Alloy et al. (1999), que avaliou o estilo explanatório em estudantes universitários do primeiro ano, acompanhando estudantes por 2,5 anos. Eles descobriram que o estilo de explicação negativa previa vulnerabilidade à depressão, com a depressão mais grave ocorrendo em 17% dos estudantes que exibiam pen-

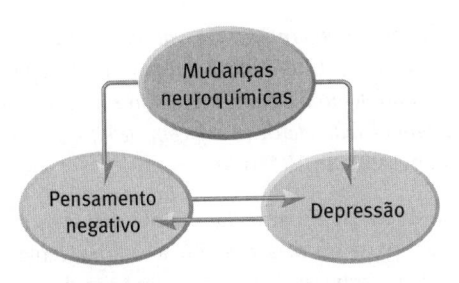

Figura 14.10 Interpretação da correlação entre pensamento negativo e depressão

Teorias cognitivas da depressão assumem que padrões consistentes de pensamento negativo causam depressão. Apesar de essas teorias serem altamente plausíveis, a depressão poderia provocar pensamentos negativos, ou ambos poderiam ser causados por um terceiro fator, como mudanças neuroquímicas no cérebro.

samento negativo, mas somente em 1% daqueles que não tinham esse tipo de pensamento.

Raízes interpessoais

As abordagens comportamentais para entender a depressão dão ênfase a como as dificuldades sociais colocam as pessoas no caminho dos transtornos depressivos (veja **Figura 14.11**; Ingram, Scott e Hamill, 2009). De acordo com essa noção, as pessoas propensas a depressão tendem a não ter a sutileza social necessária para adquirir muitos tipos importantes de reforço, como bons amigos, bons empregos e cônjuges desejáveis. Essa escassez de reforços poderia, compreensivelmente, levar a emoções negativas e à depressão. Com base nessa teoria, os pesquisadores têm encontrado correlações entre habilidades sociais fracas e depressão (Petty, Sachs-Ericsson e Joiner, 2004). Evidências também sugerem que indivíduos depressivos estimulam não intencionalmente a rejeição das pessoas, pois tendem a ser irritáveis, pessimistas e companhias desagradáveis (Joiner e Timmons, 2009). E também afastam as pessoas ao exigir delas constante afirmação da estabilidade do relacionamento e de seu valor. A necessidade constante de afirmação acaba fomentando a rejeição e causando a depressão (Hames, Hagan e Joiner, 2013). Outro fator a considerar é que relações sociais complicadas e difíceis tendem a aumentar os níveis de estresse na vida das pessoas. Da mesma maneira que apresentam uma relação estranha, tensa, tempestuosa e frustrante com família, amigos e colegas, pessoas depressivas geram estresse crônico para si mesmas (Hammen e Shih, 2014). E, como veremos adiante, o estresse pode ser um dos fatores dos transtornos de humor.

Estresse precipitador

Os transtornos do humor aparecem misteriosamente em pessoas que levam uma vida agradável e não estressante (Monroe e Harkness, 2005). Por essa razão, os especialistas costumavam acreditar que o estresse tem pouca influência sobre os transtornos do humor. No entanto, avanços na mensuração de estresse pessoal alteraram essa noção. As evidências hoje disponíveis sugerem a existência de uma ligação moderadamente forte entre estresse e aparecimento tanto de transtornos de depressão maior (Monroe, Slavich e Georgiades, 2014) quanto de transtorno bipolar (Johnson et al., 2014). E, claro, como a maioria das pessoas que apresentam altos níveis de estresse não necessariamente desenvolve transtornos de humor, a vulnerabilidade tanto ao estresse quanto a transtornos de humor pode ser um fator importante (Bifulco, 2013). Infelizmente, a vulnerabilidade à depressão parece aumentar à medida que as pessoas passam por estados depressivos recorrentes. Estudos mostram que o estresse passa a ser um fator menos relevante para a depressão conforme os episódios de depressão vão se acumulando durante os anos (Monroe et al., 2014).

14.5 Transtornos esquizofrênicos

Literalmente, *esquizofrenia* significa "mente dividida". Contudo, quando Eugen Bleuler cunhou o termo em 1911, estava se referindo à fragmentação dos processos de pensamento observados no transtorno, e não a uma "personalidade dividida". Infelizmente, os escritores da mídia popular muitas vezes presumem que a noção de mente fragmentada, e, portanto, a esquizofrenia, refere-se à rara síndrome na qual a pessoa manifesta duas ou mais personalidades. Como já foi visto, essa síndrome é atualmente chamada *transtorno de múltipla personalidade*, ou *transtorno dissociativo da identidade*. A esquizofrenia é um tipo de transtorno muito mais comum e completamente diferente.

> **14.5 Objetivos Principais de Aprendizagem**
> - Identificar as características gerais da esquizofrenia e diferenciar os sintomas positivos dos negativos.
> - Explicar como fatores genéticos e neurais podem contribuir para o desenvolvimento da esquizofrenia.
> - Entender a hipótese de neurodesenvolvimento e como a dinâmica de família e o estresse podem influenciar a esquizofrenia.

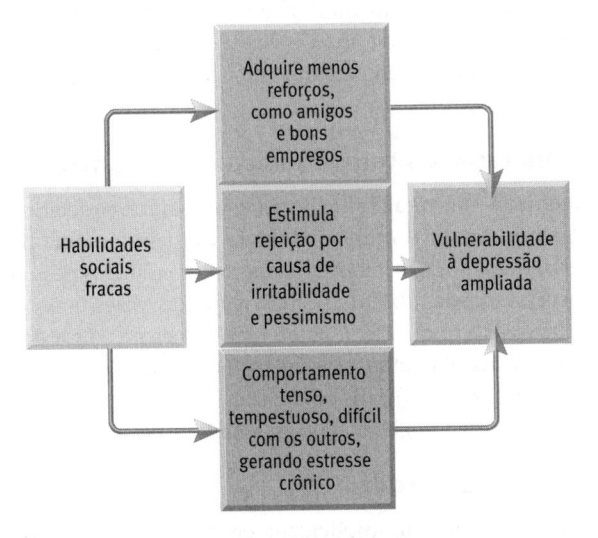

Figura 14.11 Fatores interpessoais na depressão.

As teorias comportamentais sobre a etiologia da depressão enfatizam como habilidades sociais inadequadas e outras peculiaridades interpessoais podem contribuir para o desenvolvimento do transtorno por meio de vários mecanismos, como diagramado aqui.

> **CHECAGEM DA REALIDADE**
> **Ideia equivocada**
> A esquizofrenia é a síndrome que faz com que uma pessoa manifeste duas ou mais personalidades.
>
> **Realidade**
> *Esquizofrenia* significa, literalmente, "mente dividida". No entanto, ao criar o termo em 1911, Eugen Bleuler se referia à fragmentação do processo de pensamento, algo característico do transtorno, e não a uma "personalidade dividida". Infelizmente, a mídia popular muitas vezes utiliza erroneamente a noção de personalidade dividida. Como já vimos, essa síndrome é na verdade denominada *transtorno dissociativo da identidade*.

A *esquizofrenia* é um **distúrbio marcado por delírios, alucinações, fala desordenada e deterioração do comportamento adaptativo.** Essa doença geralmente surge durante a adolescência ou no começo da idade adulta. Cerca de 75% dos casos muitas vezes se manifestam por volta dos 30 anos (Perkins, Miller-Anderson e Lieberman, 2006). Estimativas sugerem que cerca de 1% da população pode sofrer de esquizofrenia (Sadock et al., 2015). Parece que não é muito, mas significa que só nos Estados Unidos, milhões de pessoas podem sofrer de transtornos esquizofrênicos. Além do mais, a esquizofrenia é extremamente cara para a sociedade, pois é uma doença grave e debilitante que tende a se iniciar logo cedo e com frequência requer longo cuidado hospitalar (Samnaliev e Clark, 2008). Além disso, os indivíduos que sofrem de esquizofrenia apresentam maior risco de suicídio e de mortalidade prematura devido a causas naturais (Nielsen et al., 2013).

Sintomas

A esquizofrenia é um transtorno severo que causa grandes problemas à vida de suas vítimas. Muitos dos principais sintomas da esquizofrenia são visíveis na seguinte história adaptada de Sheehan (1982). Sylvia foi diagnosticada pela primeira vez como esquizofrênica aos 15 anos. A partir de então, tem entrado e saído muitas vezes de diversos tipos de instituições psiquiátricas. Nunca foi capaz de permanecer em um emprego por muito tempo. Durante acessos agudos de seu transtorno, sua higiene pessoal se deteriora. Banha-se raramente, usa roupas que não cabem nem combinam, besunta-se de maquilagem forte, mas aleatoriamente. Ocasionalmente, ouve vozes que conversam com ela. Tende a ser briguenta, agressiva e emocionalmente volúvel. Durante anos, envolveu-se em inúmeras brigas com outros pacientes, membros da equipe psiquiátrica e estranhos. Seus pensamentos podem ser altamente irracionais, conforme se pode ver na seguinte citação:

> *Mick Jagger quer se casar comigo. Se eu tiver Mick Jagger, não terei de cobiçar Geraldo Rivera. Mick Jagger é São Nicolau e Maharishi é o Papai Noel. Quero montar uma banda de rock gospel chamada Thorn Oil, mas Geraldo quer que eu seja crítica musical no Eyewitness News. Então, o que posso fazer? Tenho de ouvir meu namorado. Teddy Kennedy me curou da feiúra. Estou grávida do filho de Deus. Estão devorando os pacientes aqui. Sou Joana D'Arc. Sou Florence Nightingale.*
> *A porta entre a enfermaria e a varanda é a linha divisória entre Nova York e Califórnia. Esqueça os códigos postais. Preciso de tratamento de choque. O corpo é movido por eletricidade. Minha rede elétrica está com defeito.* (Adaptado de Sheehan, 1982; p. 104-105)

O caso de Sylvia mostra claramente que o raciocínio esquizofrênico pode ser bizarro e que a esquizofrenia pode ser um transtorno grave e debilitante. Embora não exista um sintoma individual inevitavelmente presente, os sintomas listados a seguir são comumente observados na esquizofrenia (Arango e Carpenter, 2011; Liddle, 2009).

Delírios e pensamento irracional

Deficiências cognitivas e processos de pensamento perturbados e irracionais são a característica central e definidora da esquizofrenia (Heinrichs et al., 2013). Vários tipos de delírio são comuns. **Delírios são crenças falsas que são mantidas mesmo que estejam claramente fora da realidade.** Por exemplo, o delírio de um paciente de que é um tigre (com um corpo deformado) persistiu há 15 anos (Kulick, Pope e Keck, 1990). Há os que acreditam que seus pensamentos privados estejam sendo irradiados para outras pessoas, e que também estejam sendo injetados pensamentos em suas mentes contra suas vontades, ou ainda que os pensamentos estejam sendo controlados por uma força externa (Maher, 2001). Em *delírios de grandeza*, as pessoas sustentam que são famosas ou importantes. Sylvia expressou uma lista infindável de delírios grandiosos, como o de pensar que Mick Jagger queria se casar com ela, que ela havia ditado as histórias dos *hobbits* a J. R. R. Tolkien e que ganharia o Prêmio Nobel de Medicina.

Além dos delírios, a linha de raciocínio do esquizofrênico deteriora-se. O pensamento torna-se caótico em vez de lógico e linear. Há um "afrouxamento de associações" à medida que a pessoa muda de assunto de maneira desconexa. A citação de Sylvia ilustra dramaticamente esse sintoma. A narração toda envolve uma revoada desenfreada de ideias cujos pensamentos em sua maioria não parecem ter ligação uns com os outros.

Deterioração do comportamento adaptativo

A esquizofrenia geralmente envolve uma notável deterioração na qualidade do funcionamento rotineiro de uma pessoa no trabalho, nas relações sociais e nos cuidados pessoais (Harvey e Bowie, 2013). Os amigos muitas vezes farão comentários do tipo: "Ele já não é mais o mesmo". Essa deterioração é imediatamente visível na inabilidade de Sylvia em dar-se bem com os outros ou atuar no mundo do trabalho e também em sua negligência com a higiene pessoal.

Percepção distorcida

Pode ocorrer uma multiplicidade de distorções perceptivas na esquizofrenia, as mais comuns são as *alucinações auditivas*, relatadas por cerca de 75% dos pacientes (Combs e Mueser, 2007). **Alucinações são percepções sensoriais que ocorrem na ausência de um estímulo externo, real, ou**

distorções graves na percepção. Pessoas com esquizofrenia frequentemente relatam que ouvem vozes de pessoas inexistentes ou ausentes que falam com elas. Sylvia, por exemplo, disse que ouvia mensagens de Paul McCartney. Muitas vezes essas vozes fazem um breve comentário insultante sobre o comportamento da pessoa ("Você é um idiota por cumprimentá-lo"), podem ser argumentativas ("Você não precisa tomar banho") ou podem dar ordens ("Prepare sua casa para visitantes do espaço sideral").

Distúrbio emocional

A harmonia emocional normal pode ser destruída de diversas maneiras. Algumas vítimas apresentam um achatamento das emoções, ou seja, mostram pouca sensibilidade emocional. Outras exibem respostas emocionais inadequadas, que não se coadunam com a situação ou com o que estão dizendo. Pessoas com esquizofrenia também podem se tornar emocionalmente volúveis. Devido a essa instabilidade, alguns pacientes com esquizofrenia podem apresentar problemas de agressividade (Serper, 2011).

Tradicionalmente, quatro tipos de transtorno de esquizofrenia eram identificados: paranoide, catatônica, desorganizada e indiferenciada (Minzenberg, Yoon e Carter, 2008). Como o próprio nome indica, *esquizofrenia paranoide* era associada à mania de perseguição e também de grandeza. A *esquizofrenia catatônica* era associada a sérios distúrbios motores, da rigidez muscular característica de um estado de introspecção (denominado *estupor catatônico*) até a atividade motora aleatória observada em um estado de *excitação catatônica*. A *esquizofrenia desorganizada* era vista como uma síndrome severa caracterizada por frequente incoerência, deterioração do comportamento adaptativo e retraimento social quase completo. Pessoas claramente identificadas como esquizofrênicas, mas que não se encaixavam nas categorias descritas, eram consideradas portadoras de *esquizofrenia indiferenciada*, que envolvia uma mistura de sintomas de esquizofrenia.

No entanto, em uma ruptura total com a tradição, o DSM-5 descartou os quatro subtipos de esquizofrenia. Por quê? Durante muitos anos os pesquisadores afirmaram que não havia diferença significativa entre os subtipos clássicos em termos de etiologia, prognóstico ou resposta aos tratamentos. A ausência de diferença deixava dúvida quanto ao valor da distinção entre os subtipos. Os críticos também observavam que os subtipos catatônico e desorganizado eram raros na prática clínica contemporânea e que o subtipo indiferenciado não representava um subtipo nem mesmo uma miscelânea dos demais. Com o passar do tempo, os pesquisadores deixaram de concentrar seus estudos nos subtipos específicos de esquizofrenia (Braff et al., 2013).

Outro método para entender e descrever a esquizofrenia é diferenciar os *sintomas positivos* dos *negativos* (Stroup et al., 2014; veja **Figura 14.12**). *Sintomas negativos* envolvem déficit de comportamento, como emoções entorpecidas, retraimento social, apatia, déficit de atenção, desleixo com a própria aparência, falta de persistência no trabalho ou na escola e escassez de fala. *Sintomas positivos* envolvem excessos ou peculiaridades de comportamento como alucinações, delírios, pensamento incoerente, agitação, comportamento estranho e conflito de ideias. A maioria dos pacientes apresenta os dois tipos de sintomas, mas há uma variação em termos de *níveis* de predominância dos sintomas positivos e negativos (Andreasen, 2009). O predomínio relativo dos sintomas negativos é associado a um menor funcionamento

Sintomas positivos e negativos da esquizofrenia			
Sintomas negativos	Porcentagem de pacientes	Sintomas positivos	Porcentagem de pacientes
Poucos relacionamentos de amizade	96	Mania de perseguição	81
Poucos interesses recreativos	95	Alucinações auditivas	75
Falta de persistência no trabalho ou na escola	95	Ilusão de estar sendo controlado	46
Desleixo com a aparência ou higiene	87	Pensamentos excessivamente rápidos	45
Escassez de gestos expressivos	81	Mania de grandeza	39
Negligência social	78	Comportamento social e sexual bizarro	33
Falta de resposta emocional	64	Delírios de inserção de pensamentos	31
Emoções inadequadas	63	Comportamento agressivo e agitado	27
Escassez de fala	53	Raciocínio incoerente	23

Figura 14.12 Sintomas positivos e negativos da esquizofrenia.
Alguns teóricos acreditam que os transtornos esquizofrênicos podem ser mais bem entendidos considerando-se dois tipos de sintomas: positivos (excessos no comportamento) e negativos (déficits de comportamento). As porcentagens aqui apresentadas, baseadas em uma amostra de 111 pacientes esquizofrênicos estudados por Andreasen (1987), oferecem indicação da frequência de cada sintoma específico.

> **REVISÃO 14.3**
>
> **Distinção entre transtorno depressivo, bipolar e esquizofrênico**
>
> Verifique seu entendimento sobre a natureza do transtorno depressivo, bipolar e esquizofrênico fazendo diagnósticos preliminares para os casos descritos a seguir. Leia cada caso e escreva seu diagnóstico preliminar no espaço fornecido. As respostas estão no Apêndice A.
>
> 1. Márcio não dorme há quatro dias. Está determinado a escrever o "grande romance norte-americano" antes do reencontro da sua turma de escola, para o qual faltam poucos meses. Ele expõe eloquentemente seu romance a qualquer um que o ouça, falando em um ritmo tão rápido que ninguém consegue entender uma palavra. Sente-se como se estivesse cheio de energia e está extremamente confiante sobre seu romance, mesmo que tenha apenas escrito entre 10 e 20 páginas. Na semana passada, ele gastou 2 mil dólares em novos *softwares* computacionais, os quais supõe que vão ajudá-lo a escrever seu livro.
>
>   Diagnóstico preliminar: _____
>
> 2. Eduardo sustenta que inventou a bomba atômica, mesmo que tenha nascido depois da sua invenção. Diz que a inventou para punir os homossexuais, os nazistas e os anões. É dos anões que ele tem mais medo. Tem certeza de que todos os anões da TV estão falando sobre ele e conspirando para fazê-lo parecer um republicano. Eduardo frequentemente discute com as pessoas e é emocionalmente volúvel. Sua aparência é insatisfatória, mas ele diz que está tudo bem, pois é o Secretário de Estado.
>
>   Diagnóstico preliminar: _____
>
> 3. Marta tem saído pouco da cama há semanas, embora seja atormentada pela insônia. Ela não tem vontade de comer e sente-se sem nenhuma energia, desanimada, desencorajada, abatida e apática. Os amigos passam por lá tentando reanimá-la, mas ela lhes diz para não perderem tempo com "trastes".
>
>   Diagnóstico preliminar: _____

John Nash, o matemático ganhador do prêmio Nobel. Cuja história foi contada no filme *Uma mente brilhante*, lutou contra a esquizofrenia paranóica desde 1959.

social efetivo (Robertson et al., 2014) e a resultados menos eficazes de tratamento (Fervaha et al., 2014).

Etiologia da esquizofrenia

Provavelmente, você pode se identificar, pelo menos até certo ponto, com pessoas que sofrem de transtornos do humor e distúrbios de ansiedade. É capaz de imaginar eventos que poderiam ocorrer e levá-lo a lutar contra a depressão, engalfinhar-se com a ansiedade. No entanto, o que poderia justificar o pensamento de Sylvia de que era Joana D'Arc ou que tinha ditado as novelas dos *hobbits* para Tolkien? Por mais mistificadores que esses delírios possam parecer, você verá que a etiologia dos transtornos esquizofrênicos não é tão diferente da de outros transtornos psicológicos. Começaremos nossa discussão examinando o assunto da vulnerabilidade genética.

Vulnerabilidade genética

As evidências de que fatores hereditários desempenham um papel no desenvolvimento dos transtornos esquizofrênicos são abundantes (Riley e Kendler, 2011). Por exemplo, em estudos de gêmeos, as taxas de concordância ficam em média em torno de 48% para gêmeos idênticos, em comparação com cerca de 17% para gêmeos fraternos (Gottesman, 1991, 2001). Estudos também indicam que uma criança que tenha nascido de dois progenitores esquizofrênicos tem 46% de probabilidade de desenvolver transtornos esquizofrênicos (quando comparada com a probabilidade na população geral, por volta de 1%). Essas e outras descobertas, que demonstram as raízes genéticas da esquizofrenia, estão resumidas na **Figura 14.13**. Alguns teóricos suspeitam que fatores genéticos possam ser responsáveis por 80% da variabilidade na suscetibilidade à esquizofrenia (Pogue-Geile e Yokley, 2010). Depois de anos de descobertas inconsistentes e dificuldades em reproduzir resultados, os estudos de mapeamento genético estão finalmente começando a mostrar descobertas promissoras quanto à combinação específica de genes e mutações genéticas que aumentam o risco de indivíduos desenvolverem esquizofrenia (Gelernter, 2015; Gershon e Alliey-Rodriguez, 2013; Hall et al., 2015).

Fatores neuroquímicos

Assim como os transtornos depressivo e bipolar, o transtorno esquizofrênico parece ser acompanhado por mudanças na atividade de um ou mais neurotransmissores do cérebro. Segundo a *hipótese dopaminérgica*, o excesso de atividade dopamínica é a base neuroquímica da esquizofrenia. Essa hipótese faz sentido porque a maioria das drogas úteis em seu tratamento é conhecida por amortecer a atividade de dopa-

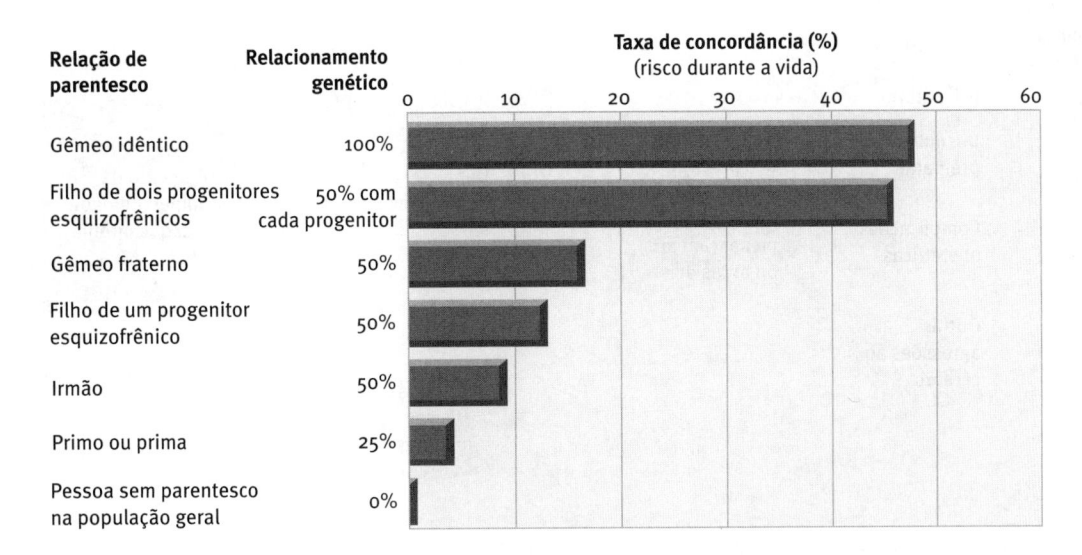

Figura 14.13 Vulnerabilidade genética a transtornos esquizofrênicos.

Parentes de pacientes esquizofrênicos têm elevado risco para a esquizofrenia. Esse risco é maior entre parentes mais próximos. Embora o ambiente também influencie na etiologia da esquizofrenia, as taxas de concordância mostradas aqui sugerem que deve haver uma vulnerabilidade genética ao transtorno. Essas estimativas de concordância são baseadas em dados agrupados de 40 estudos realizados entre 1920 e 1987. (Dados adaptados de Gottesman, 1991).

Relação de parentesco	Relacionamento genético	Taxa de concordância (%) (risco durante a vida)
Gêmeo idêntico	100%	~48
Filho de dois progenitores esquizofrênicos	50% com cada progenitor	~46
Gêmeo fraterno	50%	~17
Filho de um progenitor esquizofrênico	50%	~13
Irmão	50%	~9
Primo ou prima	25%	~2
Pessoa sem parentesco na população geral	0%	~1

mina no cérebro. (Stroup et al., 2014). Pesquisas sugerem que um aumento de *síntese* e de *liberação* de dopamina em regiões específicas do cérebro pode ser o fator crucial que desencadeia a esquizofrenia em indivíduos vulneráveis (Howes et al., 2011; Winton-Brown et al., 2014). Nos últimos anos a hipótese dopamínica se tornou mais completa e complexa. Pesquisadores acreditam que o distúrbio ocorra nos circuitos de dopamina e que possa variar nas diferentes regiões do cérebro (Abi-Dargham e Grace, 2011).

Pesquisas recentes sugerem que o uso de maconha *durante a adolescência* pode ajudar a desencadear a esquizofrenia em jovens que possuem *vulnerabilidade genética* ao transtorno (van Winkel e Kuepper, 2014). Por exemplo: uma meta-análise de 83 estudos mostrou que o início do transtorno psicótico se dava 2,7 anos antes em usuários de maconha que em não usuários (Large et al., 2011). Essa descoberta inesperada gerou considerável debate sobre como a maconha pode contribuir para o desencadeamento da esquizofrenia. Alguns críticos sugerem que a esquizofrenia pode levar ao uso da maconha, e não o contrário. Ou seja, sintomas psicóticos iniciais podem levar esses jovens ao uso da maconha como forma de automedicação. No entanto, estudos mais detalhados não avaliaram a explicação da automedicação (van Winkel e Kuepper, 2014). A evidência sugere uma relação casual entre o uso da maconha e o início da esquizofrenia, mas o mecanismo permanece indefinido. Pesquisas sugerem que também pode haver associação entre o uso de metanfetamina e o desencadeamento da esquizofrenia (Callaghan et al., 2012).

Disfunções estruturais no cérebro

Indivíduos com esquizofrenia apresentam uma variedade de déficits de atenção, percepção e processamento de informações (Goldberg, David e Gold, 2011). Essas deficiências cognitivas sugerem que os transtornos esquizofrênicos podem ser causados por defeitos neurológicos. Estudos de imagens do cérebro geraram interessantes descobertas consistentes com esse conceito.

A descoberta mais confiável é a de que os exames de tomografia e ressonância magnética (veja Capítulo 3) sugerem uma associação entre ventrículos cerebrais hipertrofiados (as cavidades ocas, cheias de fluido, no cérebro, mostradas na **Figura 14.14**) e os transtornos esquizofrênicos (Lawrie e Pantelis, 2011). Acredita-se que os ventrículos hipertrofiados reflitam a degeneração do tecido cerebral próximo. A importância dos ventrículos hipertrofiados é, todavia, muito debatida. Essa deterioração estrutural pode ser uma *consequência* da esquizofrenia, ou uma *causa* que contribui para a

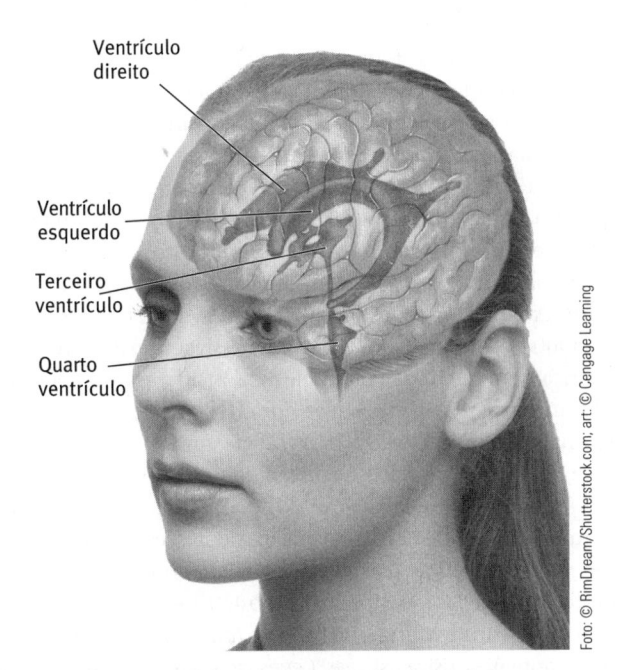

Figura 14.14 A esquizofrenia e os ventrículos do cérebro.

O fluido cerebroespinhal (FCE) circula em volta do cérebro e da medula espinhal. As cavidades ocas no cérebro, cheias de FCE, são chamadas ventrículos. Os quatro ventrículos no cérebro humano são exibidos aqui. Estudos recentes com tomografias e ressonâncias magnéticas sugerem uma associação entre ventrículos hipertrofiados no cérebro e a ocorrência de perturbações esquizofrênicas.

Figura 14.15 A hipótese neurodesenvolvimental da esquizofrenia

Descobertas recentes sugerem que agressões ao cérebro ocorridas durante o desenvolvimento pré-natal ou no nascimento podem perturbar processos de maturação cruciais no cérebro, resultando em dano neurológico sutil, que aos poucos se torna aparente à medida que as crianças se desenvolvem. Acredita-se que esse dano neurológico aumente tanto a vulnerabilidade à esquizofrenia quanto a incidência de anomalias físicas menores (pequenos defeitos anatômicos da cabeça, face, mãos e pés).

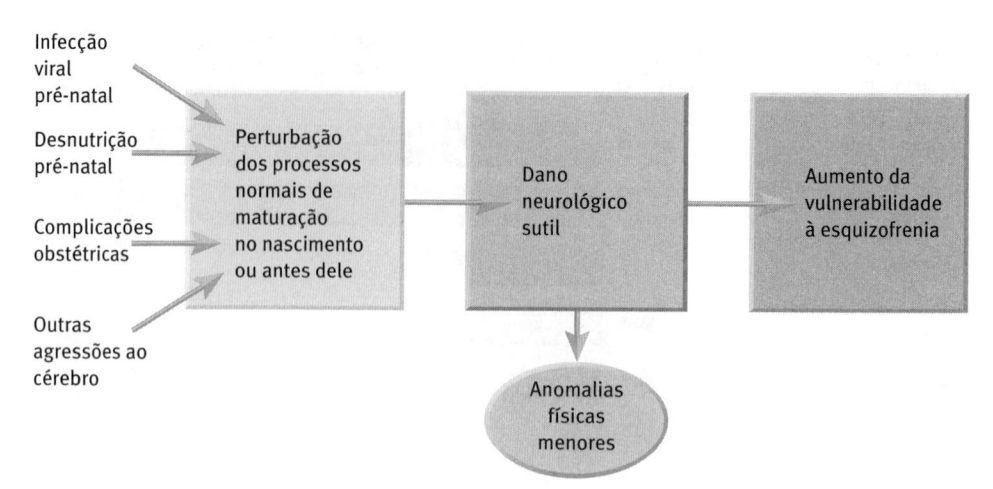

doença. Estudos de imagens do cérebro também revelaram outras anormalidades estruturais, incluindo redução na matéria cinzenta e na matéria branca, em regiões específicas do cérebro (Cannon et al. 2015; White et al., 2013).

A hipótese do neurodesenvolvimento

A *hipótese do neurodesenvolvimento* da esquizofrenia afirma que a doença é causada em parte por vários transtornos no processo de maturação normal do cérebro antes ou no nascimento ou antes dele (Rapoport, Giedd e Gogtay, 2012). Segundo essa hipótese, agressões ao cérebro durante fases sensíveis de desenvolvimento pré-natal ou durante o nascimento podem causar um dano neurológico sutil que eleva a vulnerabilidade dos indivíduos à esquizofrenia anos depois, na adolescência ou no começo da vida adulta (veja **Figura 14.15**). Quais são as fontes dessas agressões ao cérebro? Até agora, as pesquisas focaram infecções virais ou desnutrição durante o desenvolvimento pré-natal e complicações obstétricas durante o processo do nascimento.

Uma série de estudos indica relação entre a exposição a gripes e a outras infecções durante o desenvolvimento pré-natal e a prevalência da esquizofrenia (Brown e Derkits, 2010); imaginava-se que as inflamações fossem o principal fator a prejudicar a maturação neural (Miller et al., 2013).

Outro estudo, que investigou o possível impacto da desnutrição pré-natal, descobriu elevada incidência da doença em um grupo de pessoas que durante o desenvolvimento pré-natal foram expostas à fome severa em 1944-1945, devido a um bloqueio nazista à entrega de suprimentos à Holanda durante a Segunda Guerra Mundial (Susser et al., 1996). Outra pesquisa demonstrou que pacientes esquizofrênicos são mais passíveis do que pacientes de um grupo de controle de ter passado por complicações obstétricas quando nasceram (Mc-Grath e Murray, 2011). Por fim, pesquisas sugerem que anomalias físicas suaves (leves defeitos anatômicos na cabeça, nas mãos, nos pés e rosto), que seriam consistentes com um dano neurológico pré-natal, são mais comuns entre pessoas com esquizofrenia do que em outras (Akabaliev, Sivkov e Mantarkov, 2014). Coletivamente, esses estudos diversos defendem uma relação entre traumas neurológicos no início da vida e uma predisposição à esquizofrenia (Rapoport et al., 2012).

Emoção expressa

Estudos da emoção expressa têm focado esse elemento da dinâmica familiar e como ele influencia o *curso* da doença esquizofrênica após o começo do transtorno (Leff e Vaughn, 1985). **Emoção expressa é o grau no qual um parente de um paciente esquizofrênico exibe atitudes altamente críticas ou emocionalmente supercomprometidas com relação ao paciente.** Entrevistas gravadas de comunicação de parentes têm sido cuidadosamente avaliadas quanto a comentários críticos, ressentimento em relação ao paciente e envolvimento emocional excessivo (atitudes superpreocupadas e superprotetoras) (Hooley, 2004).

Estudos mostram que a emoção expressa de uma família é um bom preditor do curso da doença de um paciente esquizofrênico (Hooley, 2007). Após deixar um hospital, os pacientes esquizofrênicos que retornam a uma família com elevada emoção expressa mostram taxas de reincidência três vezes maiores que a dos que retornam a uma família com pouca emoção expressa (Hooley, 2009; veja **Figura 14.16**). Parte do problema de pacientes que retornam a lares com

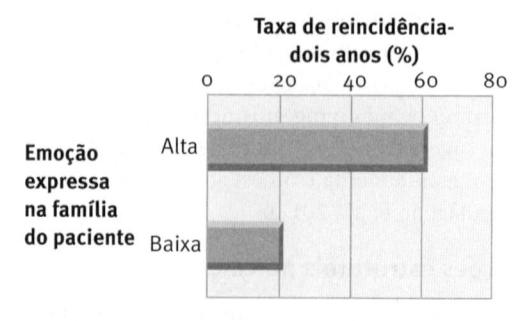

Figura 14.16 Emoção expressa e taxas de reincidência em esquizofrenia.

Pacientes esquizofrênicos que retornam a um lar que tem elevada emoção expressa possuem taxas de reincidência mais altas que aqueles que retornam a um lar com pouca emoção expressa. Assim, dinâmicas familiares insalubres podem influenciar o curso da esquizofrenia (Adaptado de Leff e Vaughn, 1981).

elevada emoção expressa é que suas famílias provavelmente são fontes de estresse, em vez de apoio social (Bebbington e Kuipers, 2011).

Estresse

A maioria das teorias sobre esquizofrenia sustenta que o estresse desempenha um papel-chave no desencadeamento de transtornos esquizofrênicos (Walker e Tessner, 2008). De acordo com essa noção, vários fatores biológicos e psicológicos influenciam a *vulnerabilidade* de um indivíduo à esquizofrenia. Um estresse alto pode, então, servir para precipitar um transtorno esquizofrênico em alguém que seja vulnerável (Bebbington e Kuipers, 2011). Pesquisas indicam que altos níveis de estresse também podem causar recaídas em pacientes que já estavam em fase de recuperação (Walker, Mittal e Tessner, 2008).

14.6 Transtorno do espectro autista

14.6 Objetivos Principais de Aprendizagem

- Descrever os sintomas, a prevalência e a etiologia dos transtornos do espectro autista.

Muitos dos transtornos que discutimos podem ser observados em crianças. Por exemplo: transtornos fóbicos, transtornos obsessivo-compulsivos e depressão são comumente vistos em crianças, assim como em adultos. No entanto, o próximo distúrbio que estudaremos, o *autismo*, é diagnosticado exclusivamente durante a infância, e logo no início dela. **O autismo, ou *transtorno do espectro autista (TEA)*, caracteriza-se por uma profunda deficiência na interação social e na comunicação, além de interesses e atividades bastante restritos, algo muitas vezes identificado por volta dos 3 anos de idade.** Antigamente chamado de *autismo infantil*, o transtorno foi descrito pela primeira vez pelo psiquiatra infantil Leo Kanner nos anos 1940.

Sintomas e prevalência

A principal característica do TEA é a falta de interesse da criança por outras pessoas. Crianças com autismo agem como se as pessoas ao seu redor fossem objetos inanimados, como brinquedos, travesseiros ou cadeiras. Não estabelecem contato visual, nem sentem falta de contato físico com seus cuidadores. Não fazem esforço para se conectar com as pessoas, com os pais ou com outras crianças. A comunicação verbal se mostra bastante deficiente. Cerca de um terço das crianças que têm TEA não desenvolve a fala (Wetherby e Prizant, 2005). Aquelas que desenvolvem a fala possuem limitada habilidade de iniciar ou manter um diálogo. Seu uso da linguagem possui características específicas, como a *ecolalia*, que é a repetição automática das palavras ditas pelas outras pessoas. Os interesses das crianças autistas são bastante restritos, tendem a se preocupar com objetos ou movimentos repetitivos do corpo (girar, balançar, brincar com as mãos etc.). Podem ser extremamente sensíveis. Quaisquer mudanças em seu ambiente podem desencadear surtos e ataques de raiva. Algumas crianças com TEA podem apresentar comportamento autodestrutivo, como bater a cabeça, puxar os próprios cabelos ou espancar a si mesmas. Aproximadamente metade das crianças com autismo apresenta níveis baixos de QI (Volkmar et al., 2009).

Os pais de crianças autistas geralmente começam a apresentar preocupação com seu desenvolvimento por volta dos 15-18 meses de vida e buscam ajuda profissional por volta dos 24 meses. O diagnóstico da TEA é quase sempre feito antes de a criança completar 3 anos. Na maioria dos casos, o autismo acompanha a pessoa durante a vida toda e exige cuidados extensivos da família e de instituições. No entanto, com intervenção e tratamento apropriado logo no início, cerca de 15% a 20% dos indivíduos com TEA conseguem viver de maneira independente durante a fase adulta e 20% a 30% atinge a independência em algum ponto da vida (Volkmar et al., 2009). Além disso, pesquisas recentes sugerem que uma minoria obtém cura total na fase adulta (Fein et al., 2013).

Até bem recentemente, acreditava-se que a prevalência do autismo era abaixo de 1% (Newschaffer, 2007). Desde os anos 1990, porém, houve grande aumento (praticamente quadruplicado) no diagnóstico de autismo, com estimativas de prevalência próximas ou mesmo excedendo 1% (Brugha et al., 2011; Idring et al., 2014; Zahorodny et al., 2014). A maioria dos especialistas acredita que isso ocorra devido a um maior conhecimento sobre o transtorno e ao uso de critérios mais amplos de diagnóstico (Abbeduto et al., 2014). As estimativas de prevalência contemporâneas abrangem síndromes relacionadas, como o *transtorno de Asperger*. São formas mais brandas da doença que antes não eram incluídas, mas que hoje fazem parte da versão mais ampla da definição do DSM-5 do *espectro* do transtorno de autismo. Embora essas explicações façam sentido, os cientistas não excluem a possibilidade de um aumento na prevalência do autismo (Weintraub, 2011). Cerca de 80% dos casos de autismo ocorrem em meninos embora, curiosamente, as meninas apresentem os casos mais graves (Ursano et al., 2008).

Crianças com autismo dificilmente estabelecem contato visual com os outros, como se pode ver nessa foto de um menino com autismo, que participa de uma sessão de terapia de comportamento.

Visão geral ilustrada — Três principais categorias de transtornos psicológicos

CATEGORIAS DE DIAGNÓSTICO

TRANSTORNOS RELACIONADOS À ANSIEDADE

A obra de Evelyn Williams, *People Waiting* [Pessoas Esperando] expressa sentimentos agudos de ansiedade.

TRANSTORNOS RELACIONADOS AO HUMOR

O Retrato do Dr. Gachet, de Vincent van Gogh, captura o profundo desânimo experimentado em casos de doenças depressivas.

TRANSTORNOS ESQUIZOFRÊNICOS

As distorções de percepção verificadas na esquizofrenia provavelmente contribuem para as bizarras imagens aparentes neste retrato de um gato, pintado por Louis Wain.

SUBTIPOS

Transtorno de ansiedade generalizada: a ansiedade crônica, em alto nível, não está associada a nenhuma ameaça específica.
Fobia específica: medo persistente e irracional de um objeto ou uma situação, que na verdade não apresenta perigo real.
Transtorno de pânico: ataques recorrentes de ansiedade intensa, que ocorrem repentina e inexplicavelmente.
Agorafobia: medo de lugares públicos
Transtorno obsessivo-compulsivo: intrusões persistentes e incontroláveis de pensamentos indesejados e impulsos que geram rituais sem sentido.
Transtorno de estresse pós-traumático: transtorno psicológico de longa duração, que pode ser atribuído à experiência de um importante evento traumático.

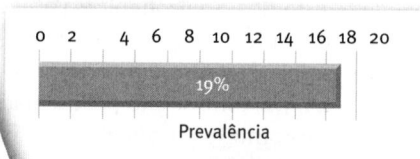

Transtorno depressivo maior: dois ou mais episódios depressivos intensos, marcados por sentimentos de tristeza, insignificância, desespero.

Transtorno bipolar: um ou mais episódios maníacos, marcados por excesso de autoestima, grandiosidade, e alto nível de humor e energia, geralmente acompanhado de importantes episódios depressivos.

As diferenças entre esquizofrenia paranoide, catatônica, desorganizada e indiferenciada foram descartadas no DSM-5.

Sintomas negativos envolvem déficit de comportamento, como emoções entorpecidas, retraimento social, apatia e escassez de fala.

Sintomas positivos envolvem excessos ou peculiaridades de comportamento, como alucinações, delírios, agitação e comportamento estranho.

A predominância de sintomas negativos está associada a um prognóstico pior.

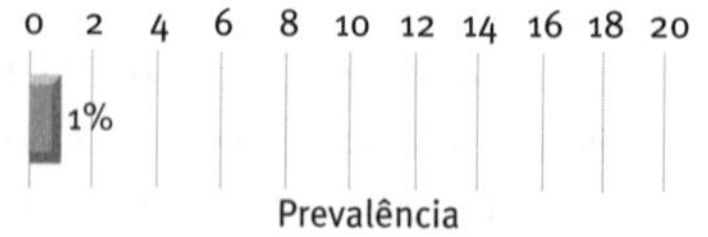

PREVALÊNCIA/VÍTIMAS FAMOSAS

Prevalência: 19%

O comediante Howie Mandel sofre de transtorno obsessivo-compulsivo.

Prevalência: 15%

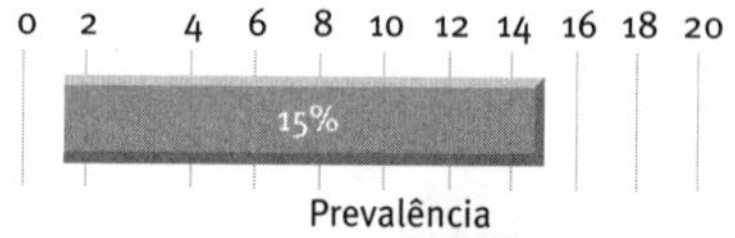

A atriz Catherine Zeta Jones já sofreu de depressão.

Prevalência: 1%

John Nash, ganhador do prêmio Nobel de matemática, cuja história foi contada no filme *Uma mente brilhante*, lutava com a esquizofrenia.

ETIOLOGIA: FATORES BIOLÓGICOS

Vulnerabilidade genética: estudos com gêmeos e outras evidências sugerem uma leve predisposição genética a transtornos relacionados à ansiedade.

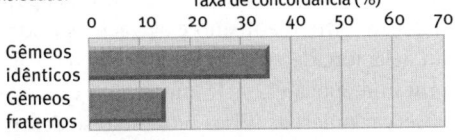

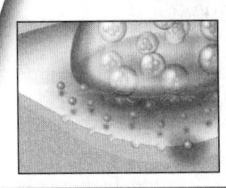

Taxa de concordância (%) — Gêmeos idênticos / Gêmeos fraternos

Bases neuroquímicas: transtornos nos circuitos neurais, causando a liberação de GABA, podem contribuir para alguns transtornos; anormalidades nas sinapses de serotonina têm sido implicadas nos transtornos obsessivo-compulsivos.

Vulnerabilidade genética: estudos com gêmeos e outras evidências sugerem uma leve predisposição genética a transtornos relacionados ao humor.

Taxa de concordância (%) — Gêmeos idênticos / Gêmeos fraternos

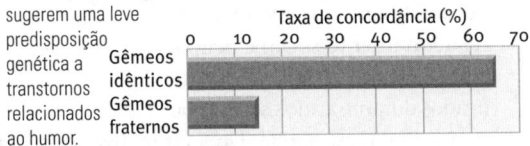

Neurogênese suprimida: a interrupção da neurogênese pode levar a um volume reduzido no hipocampo e à depressão.

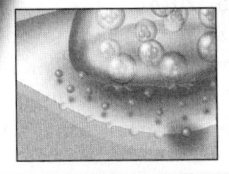

Bases neuroquímicas: transtornos nos circuitos neurais, causando a liberação de noradrenalina, podem contribuir para alguns transtornos relacionados ao humor; anormalidades nas sinapses de serotonina têm sido implicadas como fatores da depressão.

Vulnerabilidade genética: estudos com gêmeos e outras evidências sugerem uma predisposição genética a transtornos esquizofrênicos.

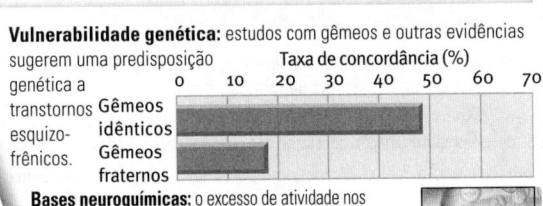

Taxa de concordância (%) — Gêmeos idênticos / Gêmeos fraternos

Bases neuroquímicas: o excesso de atividade nos circuitos neurais, causando a liberação de dopamina, está associado à esquizofrenia; mas anormalidades em outros sistemas neurotransmissores também podem contribuir.

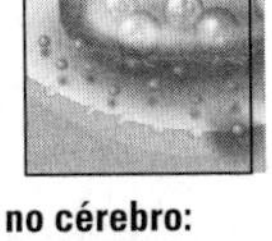

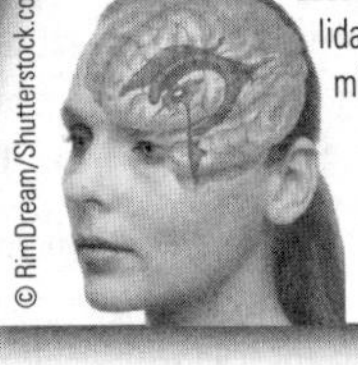

Anormalidades estruturais no cérebro: a expansão dos ventrículos no cérebro está associada à esquizofrenia, mas pode ser um efeito, e não uma causa, do transtorno.

ETIOLOGIA: FATORES PSICOLÓGICOS

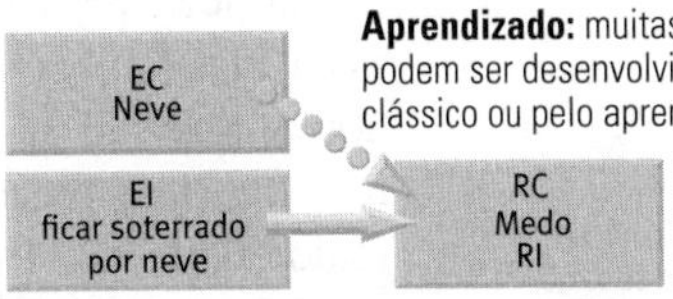

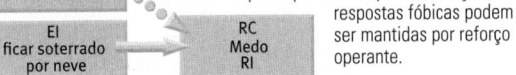

Aprendizado: muitas reações de ansiedade podem ser desenvolvidas por condicionamento clássico ou pelo aprendizado por observação; respostas fóbicas podem ser mantidas por reforço operante.

EC Neve / EI ficar soterrado por neve → RC Medo / RI

Estresse: alto nível de estresse pode ajudar a precipitar a manifestação de transtornos relacionados à ansiedade.

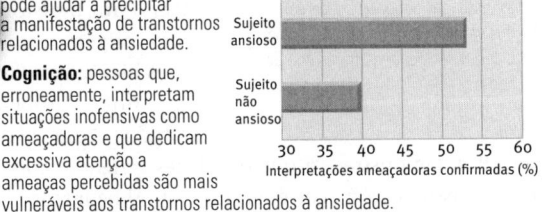

Cognição: pessoas que, erroneamente, interpretam situações inofensivas como ameaçadoras e que dedicam excessiva atenção a ameaças percebidas são mais vulneráveis aos transtornos relacionados à ansiedade.

Interpretações ameaçadoras confirmadas (%) — Sujeito ansioso / Sujeito não ansioso

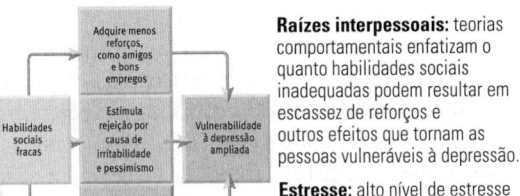

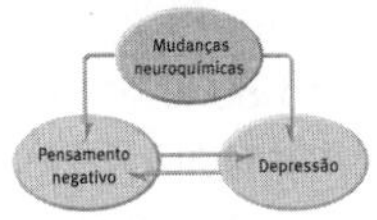

Raízes interpessoais: teorias comportamentais enfatizam o quanto habilidades sociais inadequadas podem resultar em escassez de reforços e outros efeitos que tornam as pessoas vulneráveis à depressão.

Habilidades sociais fracas → Estimula rejeição por causa de irritabilidade e pessimismo → Adquire menos reforços, como amigos e bons empregos → Comportamento tenso, tempestuoso, difícil com os outros, gerando estresse crônico → Vulnerabilidade à depressão ampliada → Mudanças neuroquímicas → Pensamento negativo → Depressão

Estresse: alto nível de estresse pode atuar como um fator de precipitação que aciona a depressão ou o transtorno bipolar.

Cognição: o pensamento negativo pode contribuir para o desenvolvimento da depressão; a ruminação pode estender e ampliar a depressão.

Emoção expressa: a emoção expressa de uma família é um bom preditor para o curso da doença do paciente esquizofrênico.

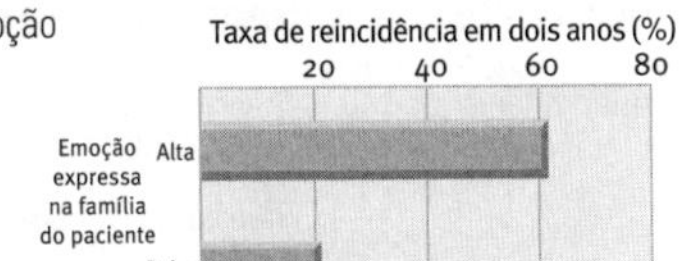

Taxa de reincidência em dois anos (%) — Emoção expressa na família do paciente: Alta / Baixa

Estresse: alto nível de estresse pode precipitar o transtorno esquizofrênico em pessoas vulneráveis à esquizofrenia.

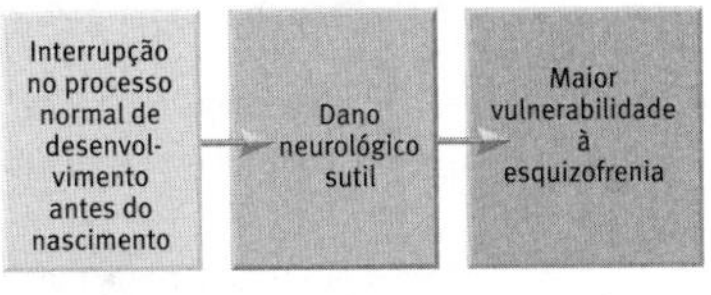

A hipótese do neurodesenvolvimento: interferências no cérebro, mantidas durante o desenvolvimento pré-natal ou no nascimento, podem afetar os processos de maturação no cérebro, resultando em elevada vulnerabilidade à esquizofrenia.

Interrupção no processo normal de desenvolvimento antes do nascimento → Dano neurológico sutil → Maior vulnerabilidade à esquizofrenia

> **CHECAGEM DA REALIDADE**
>
> **Ideia equivocada**
>
> O autismo pode ser causado por vacinas aplicadas nas crianças.
>
> **Realidade**
>
> Muitas pessoas continuam a acreditar nesse tipo de informação, embora o estudo realizado em 1988, que indicava uma relação entre vacinas e autismo, tenha sido identificado como fraudulento (Deer, 2011; Godlee et al., 2011). Além disso, esforços independentes para provar a associação entre vacinas e autismo falharam consistentemente. Portanto, as evidências disponíveis sugerem que vacinas não têm associação com o desenvolvimento do transtorno de autismo.

Etiologia do TEA

O autismo foi inicialmente apontado como resultado de tratamento frio e indiferente por parte dos pais (Bettelheim, 1967), mas a informação foi logo descartada por pesquisas (Bhasin e Schendel, 2007). Devido à manifestação tão precoce, a maior parte dos estudiosos hoje considera o autismo um transtorno que tem origem em disfunções biológicas. Seguindo essa linha de raciocínio, estudos com gêmeos e famílias demonstraram que os fatores genéticos contribuem em boa parte para a ocorrência do TEA (Abbeduto et al., 2014; Risch et al., 2014). Muitos teóricos acreditam que o autismo possa ser atribuído a algum tipo de anormalidade cerebral, mas até bem recentemente houve pouco progresso na identificação da natureza dessa anormalidade. A descoberta mais confiável é a de que o TEA está associado a um aumento generalizado do cérebro que se pode observar aos 2 anos de idade (Hazlett et al., 2011). Crianças com autismo parecem ter 67% mais neurônios no córtex pré-frontal que as outras crianças (Courchesne et al., 2011). Estudos de imagem por ressonância magnética (IRM) sugerem que o crescimento exacerbado do cérebro se inicie por volta do final do primeiro ano quando, já se sabe, é o momento em que os sintomas do autismo costumam aparecer. No entanto, um estudo mais recente revelou evidências de que esse crescimento pode se iniciar durante o desenvolvimento pré-natal (Stoner et al., 2014). Estudiosos especulam que esse crescimento provavelmente causa distúrbios em circuitos neurais.

Uma hipótese que ganhou notoriedade é a ideia de que o autismo poderia ser causado pelo mercúrio utilizado como conservante em algumas vacinas infantis (Kirby, 2005). No entanto, o estudo realizado em 1988, que indicava uma relação entre vacinas e autismo, foi identificado como fraudulento (Deer, 2011; Godlee, Smith e Marcovitch, 2011). Além disso, esforços independentes para provar a associação entre vacinas e TEA falharam consistentemente (Paul, 2009; Wing e Potter, 2009). A crença na aparentemente falsa relação entre o autismo e as vacinas pode simplesmente estar relacionada ao fato de que as crianças são vacinadas na mesma época (12 a 15 meses) em que os pais começam a observar que seus filhos não estão se desenvolvendo normalmente (Doja e Roberts, 2006).

14.7 Transtornos de personalidade

Transtornos de personalidade são uma classe de distúrbios caracterizados por traços extremos e inflexíveis de personalidade que causam problemas pessoais ou dificuldades de relacionamento social e ocupacional. Em geral, eles são identificados durante a adolescência ou no início da fase adulta. Uma estimativa conservadora estabelece a prevalência de transtornos de personalidade em cerca de 12% (Caligor, Yeomans e Levin, 2014).

> **14.7 Objetivos Principais de Aprendizagem**
>
> - Discutir a natureza dos transtornos de personalidade; os sintomas dos transtornos de personalidade antissocial, restritiva e narcisista, e sua etiologia.

O DSM-5 estabelece dez tipos de transtorno de personalidade. Eles são agrupados em três categorias: ansioso/temeroso, estranho/excêntrico e dramático/impulsivo. Esses transtornos são descritos resumidamente na **Tabela 14.2**.

Tabela 14.2 Transtornos de personalidade

Grupo	Transtorno	Descrição
Ansioso/temeroso	Transtorno da personalidade esquiva	Excessivamente sensível a potencial rejeição, humilhação ou constrangimento; retraimento social apesar da necessidade de aceitação por parte das pessoas.
	Transtorno da personalidade dependente	Autoconfiança e autoestima excessivamente baixas; permissão passiva para que outras pessoas tomem todas as decisões; subordinação constante das próprias necessidades às necessidades alheias.
	Transtorno da personalidade obsessivo-compulsiva	Preocupação com organização, regras, horários, listas, detalhes triviais; convencionalismo extremo, seriedade, formalidade; incapacidade de demonstrar emoções afetuosas.
Estranho/excêntrico	Transtorno de personalidade esquizoide	Incapazes de estabelecer relacionamentos sociais ou demonstrar sentimentos afetuosos.
	Transtorno de personalidade esquizotípica	Déficits sociais, pensamentos e percepções estranhas; formas de comunicação que lembram a esquizofrenia.
	Transtorno de personalidade paranoide	Suspeita e esquiva excessiva com relação às pessoas; sensibilidade excessiva, tendência à inveja.
Dramático/impulsivo	Transtorno de personalidade histriônica	Tendência exagerada ao drama, a expressões exacerbadas de emoção; egocentrismo, necessidade de atenção.
	Transtorno de personalidade narcisista	Sentimento de importância; preocupação com fantasias de sucesso; expectativa de receber tratamento especial; falta de empatia interpessoal.
	Transtorno de personalidade borderline	Autoimagem, humor e relacionamentos interpessoais instáveis; comportamento impulsivo e imprevisível.
	Transtorno de personalidade antissocial	Violação crônica dos direitos dos outros; dificuldade de aceitar normas sociais, de estabelecer vínculos, de manter comportamento de trabalho consistente; tendência à explosão e à impulsividade.

Observando a tabela, pode-se ver uma ampla série de transtornos de personalidade. Também pode-se notar que alguns desses transtornos são versões mais brandas daqueles mais sérios que já mencionamos. Por exemplo: os transtornos de personalidade esquizoide e esquizotípica são variantes mais brandas de transtornos esquizofrênicos. Embora os transtornos de personalidade possam ser relativamente brandos se comparados a transtornos de ansiedade, humor e esquizofrenia, eles causam grandes problemas em termos de relacionamento social e ocupacional (Trull, Carpenter e Widiger, 2013).

Transtornos antissocial, restritivo, narcisista e de personalidade

Por causa do grande número de transtornos de personalidade existentes, vamos descrever brevemente alguns dos distúrbios mais interessantes da categoria. Estudemos, então, os transtornos antissocial, borderline e narcisista.

Transtorno de personalidade antissocial

Pessoas portadoras deste tipo de transtorno são *antissociais* no sentido de que *rejeitam normas sociais* associadas a princípios morais. Pessoas de personalidade antissocial exploram constantemente as outras. **O *transtorno de personalidade antissocial* se caracteriza por comportamento impulsivo, insensível, manipulador, agressivo e irresponsável.** Como não aceitam as regras sociais que violam, portadores de personalidade antissocial raramente se sentem culpadas por suas transgressões. Não possuem senso adequado de consciência. O transtorno de personalidade antissocial é mais frequente em homens (Torgersen, 2012). Muitos indivíduos de personalidade antissocial se envolvem em atividades ilegais (Porter e Porter, 2007). Entretanto, alguns mantêm o comportamento manipulador controlado nos limites da lei. E outros até desfrutam de alto padrão em nossa sociedade (Babiak e Hare, 2006). Em outras palavras, o conceito de transtorno de personalidade antissocial pode estar presente em executivos implacáveis, políticos corruptos, golpistas, traficantes de drogas e em simples ladrões. Pessoas de personalidade antissocial apresentam uma série de características de desajuste social (Hare, 2006; Hare e Neumann, 2008). Uma delas é o fato de raramente demonstrarem afeto genuíno. Sexualmente, são predatórias e promíscuas. Toleram baixos níveis de frustração e buscam sempre gratificação imediata. Essas características fazem delas empregados não confiáveis, cônjuges infiéis, pais relapsos e amigos instáveis. A maioria tem histórico de divórcio, abuso infantil e instabilidade em empregos.

Transtorno de personalidade borderline

O *transtorno de personalidade borderline* se caracteriza por instabilidade em relacionamentos sociais, autoimagem e aspectos emocionais. Parece ser um pouco mais comum em mulheres (Tomko et al., 2014). Esses indivíduos tendem a apresentar relacionamentos interpessoais turbulentos, marcados por medo de abandono (Hooley, Cole e Gironde, 2012). Oscilam frequentemente entre idealizar e desvalorizar seus parceiros. Podem demonstrar temperamento intenso, com frequentes crises de raiva e pouco controle das emoções. Apresentam oscilações de humor, alternando entre pânico, desespero e sentimento de vazio. Seu comportamento é impulsivo, com tendência a gastos impensados, uso de drogas e comportamento sexual promíscuo. Costumam ter conceitos frágeis e instáveis acerca de si mesmos, e seus planos, objetivos, valores, opiniões e metas de carreira podem mudar com frequência. O transtorno da personalidade borderline também é associado a um elevado comportamento de risco. O indivíduo pode ferir a si mesmo cortando-se ou queimando-se e apresenta alto risco de suicídio (Caligor et al., 2014).

Transtorno de personalidade narcisista

Discutimos as características de *narcisismo* no Capítulo 11. Como se pode imaginar, pessoas com transtorno de personalidade narcisista podem apresentar a característica em níveis extremos. Portanto, **o *transtorno da personalidade narcisista* é caracterizado por um extremo senso de grandeza, de direitos especiais e de excessiva necessidade de atenção e admiração.** É um transtorno mais comum em homens (Trull et al., 2010). Indivíduos com esse transtorno pensam que são especiais e superiores aos outros. Tendem a ser prepotentes e pretensiosos. Embora aparentem ser seguros e confiantes, a autoestima é em geral muito frágil, o que os leva a buscar elogios e a se sentirem facilmente ameaçados por críticas. Sua noção exacerbada de merecimento os torna arrogantes e os faz pensar que merecem tratamento e privilégios especiais. Sua necessidade de admiração é insaciável. Reclamam frequentemente de que seus feitos não são valorizados e de que não recebem o respeito que merecem. Alguns críticos defendem que os critérios atuais para o tratamento do transtorno da personalidade narcisista se concentram excessivamente no aspecto da arrogância e no sentimento de superioridade dos pacientes e não o suficiente em seus aspectos frágeis, nem sempre revelados (Levy, 2012; Skodol, Bender e Morey, 2014).

Etiologia dos transtornos da personalidade

Assim como em outros distúrbios, os transtornos da personalidade envolvem interação entre predisposição genética e fatores ambientais, como estilos cognitivos, estratégias para lidar com problemas e exposição ao estresse. Como observamos no Capítulo 11, os traços de personalidade são, em boa parte, associados à hereditariedade (South et al., 2013). Como os transtornos da personalidade consistem em manifestações extremas de traços de personalidade, faz sentido afirmar que também sejam influenciados por hereditariedade. Resultados de pesquisas com gêmeos e com famílias reforçam essa linha de raciocínio (Skodol et al., 2014). Os fatores ambientais envolvidos no transtorno da personalidade podem variar consideravelmente de um distúrbio para outro, o que faz sentido considerando-se a grande diversidade de transtornos da personalidade existentes. Por exemplo: os fatores que contribuem para o transtorno da personalidade antissocial envolvem sistemas disfuncionais de família, falta de disciplina, negligência e padrões imorais e abusivos dos pais (Farrington, 2006; Sutker e Allain, 2001). Em contraposição, o transtorno da personalidade borderline tem sido atribuído primariamente a um histórico de trauma precoce, incluindo maus-tratos físicos e abuso sexual (Ball e Links, 2009; Widom, Czaja e Paris, 2009). Para os oito demais tipos de transtorno da personalidade foram identificados diferentes conjuntos de fatores ambientais.

14.8 Transtornos alimentares

14.8 Objetivos Principais de Aprendizagem

- Identificar os subtipos de transtornos alimentares e discutir sua prevalência.
- Descrever a maneira como fatores genéticos, culturais, de personalidade, de dinâmica familiar e de pensamento contribuem para os transtornos alimentares.

A maioria das pessoas aparentemente não considera os transtornos alimentares tão sérios quanto os outros tipos de transtornos psicológicos. Contudo, veremos que esses distúrbios são perigosos e debilitantes. Nenhum outro tipo de transtorno psicológico está relacionado a níveis de mortalidade tão elevados.

Descrição

Transtornos alimentares são perturbações graves no comportamento alimentar caracterizadas por preocupação com o peso e esforços prejudiciais para controlá-lo. As três síndromes são: anorexia nervosa, bulimia nervosa e uma nova síndrome adicionada ao DSM-5, chamada transtorno compulsivo alimentar periódico.

Anorexia nervosa

A *anorexia nervosa* envolve o medo intenso de ganhar peso, uma imagem distorcida do corpo, a recusa em manter um peso normal e o uso de medidas perigosas para perder peso. Dois subtipos foram observados. Na *anorexia nervosa de tipo restritivo*, as pessoas reduzem drasticamente o consumo de alimento, algumas vezes chegando até a passar fome. Na *anorexia nervosa tipo compulsão periódica/purgativa*, os indivíduos tentam perder peso forçando o vômito após as refeições, usando de modo errado laxativos e diuréticos e praticando exercícios físicos em excesso.

Anoréxicos possuem uma imagem distorcida de seu corpo. Não importa quão frágeis se tornem, as pessoas que apresentam esses transtornos insistem que estão muito gordas. Seu medo mórbido da obesidade significa que nunca estão satisfeitas com seu peso. Se aumentam meio ou um quilo, entram em pânico. A única coisa que as faz feliz é perder mais peso. O resultado comum é um declínio inexorável no peso do corpo. Por causa de sua imagem corporal distorcida, os indivíduos que sofrem de anorexia geralmente *não* percebem a qualidade ruim de adaptação de seu comportamento e raramente buscam tratamento por si mesmos. Em geral são persuadidos ou forçados a isso por amigos ou familiares que ficam alarmados com sua aparência.

Pacientes anoréxicos também apresentam frequentemente outros transtornos psicológicos. Mais da metade sofre de transtornos depressivos ou de ansiedade (Sadock et al., 2015). A anorexia nervosa leva a uma série de problemas médicos, os quais podem incluir *amenorreia* (perda do ciclo menstrual nas mulheres), problemas gastrintestinais, pressão arterial baixa, *osteoporose* (perda da densidade dos ossos) e transtornos metabólicos que podem provocar ataque cardíaco ou colapso circulatório (Mitchell e Wonderlich, 2014). Anorexia é uma doença debilitante associada a elevados níveis de mortalidade (Franko et al., 2013).

Bulimia nervosa

A *bulimia nervosa* envolve o comer em excesso e fora de controle, seguido de esforços compensatórios prejudiciais, como provocar o vômito, jejuar, abusar de laxativos e diuréticos e praticar exercícios físicos em excesso. As compulsões por comer em geral são concretizadas em segredo e seguidas de forte sentimento de culpa e preocupação com ganhar peso. Esses sentimentos motivam estratégias insalubres para desfazer os efeitos do excesso de consumo de alimentos. Entretanto, vomitar impede a absorção de apenas metade do alimento recentemente ingerido; e laxantes e diuréticos produzem um impacto insignificante sobre a ingestão de calorias; por isso, indivíduos que sofrem de bulimia nervosa costumam manter um peso razoavelmente

Os transtornos alimentares estão se tornando aflitivamente comuns entre mulheres jovens nas culturas ocidentais. Não importa quanto estejam magras, as pessoas que apresentam esses transtornos insistem que estão muito gordas.

normal (Fairburn, Cooper e Murphy, 2009). Os problemas médicos associados à bulimia nervosa incluem arritmia cardíaca, problemas dentários, deficiências metabólicas e problemas gastrintestinais (Mitchell e Wonderlich, 2014).

Obviamente, a bulimia nervosa tem muitas características presentes na anorexia nervosa, como o medo mórbido de se tornar obeso, a preocupação com comida e abordagens rígidas e insalubres de controle de peso, fundadas no ingênuo pensamento "tudo ou nada". No entanto, os transtornos diferem de maneira crucial. Em primeiro lugar e acima de tudo, a bulimia é uma condição bem menos ameaçadora da vida. Em segundo lugar, embora sua aparência seja mais "normal" do que a das pessoas com anorexia, indivíduos com bulimia têm maiores probabilidades de perceber que seu comportamento alimentar é patológico, e assim cooperam mais com o tratamento (Guarda et al., 2007). Ainda assim, da mesma maneira que a anorexia, a bulimia é associada a elevados níveis de mortalidade, embora seus números representem apenas um terço das mortes causadas por anorexia (Arcelus et al., 2011).

Transtorno periódico de compulsão alimentar

O *transtorno periódico de compulsão alimentar* **envolve episódios emocionais que induzem à compulsão alimentar, embora não acompanhados de purgação, jejum e exercícios em excesso como se observa em casos de bulimia.** Trata-se, obviamente, de uma síndrome semelhante à bulimia, porém menos severa. Ainda assim, causa grandes problemas, pois as pessoas que sofrem do transtorno se sentem mal com o fato de comer em demasia e demonstram nojo do próprio corpo. Na maioria dos casos, encontram-se acima do peso. O ato de comerem em excesso muitas vezes é induzido pelo estresse (Gluck, 2006). Trata-se de uma síndrome mais branda e mais comum que a anorexia ou a bulimia (Hudson et al., 2007).

Prevalência e raízes culturais

Transtornos alimentares são um produto da rica cultura moderna ocidental, na qual o alimento é em geral abundante e o desejo de ficar magro é amplamente apoiado. Até as últimas décadas, esses transtornos não eram encontrados fora das culturas ocidentais (Hoek, 2002). Entretanto, os avanços na comunicação exportaram a cultura ocidental para todos os cantos do globo. Assim, os transtornos alimentares começaram a aparecer em muitas sociedades não ocidentais, em especial nos países asiáticos mais ricos (Becker e Fay, 2006).

Existe um grande hiato em relação ao gênero no que diz respeito à probabilidade de desenvolver transtornos alimentares. Cerca de 90% a 95% dos indivíduos com anorexia nervosa e bulimia nervosa são mulheres, e cerca de 60% das pessoas que apresentam transtorno compulsivo alimentar periódico são mulheres (Devlin e Steinglass, 2014). As grandes disparidades de gênero na prevalência dos transtornos alimentares mais sérios indicam se tratar mais de um resultado de pressão cultural que de fatores biológicos (Smolak e Murnen, 2001). Os padrões ocidentais de atratividade enfatizam a magreza mais para as mulheres do que para os homens; e as mulheres em geral sofrem uma pressão maior que os homens para ser fisicamente atraentes (Strahan et al., 2008). Os transtornos alimentares afligem mais as mulheres *jovens*. A idade comum para o início da anorexia é de 14 a 18 anos; para bulimia é de 15 a 21 (veja **Figura 14.17**).

Quão comuns são os transtornos alimentares nas sociedades ocidentais? Pesquisas sugerem que entre as mulheres, cerca de 1% desenvolve anorexia nervosa, aproximadamente 1,5% desenvolve bulimia nervosa e em torno de 3,5% apresenta o distúrbio de compulsão alimentar (Hudson et al., 2007). Em alguns aspectos, esses números parecem ser uma indicação meramente superficial do problema (Keel et al., 2012). Evidências sugerem que entre 2% e 4% das pessoas que sofrem de sérios distúrbios alimentares não se qualificam

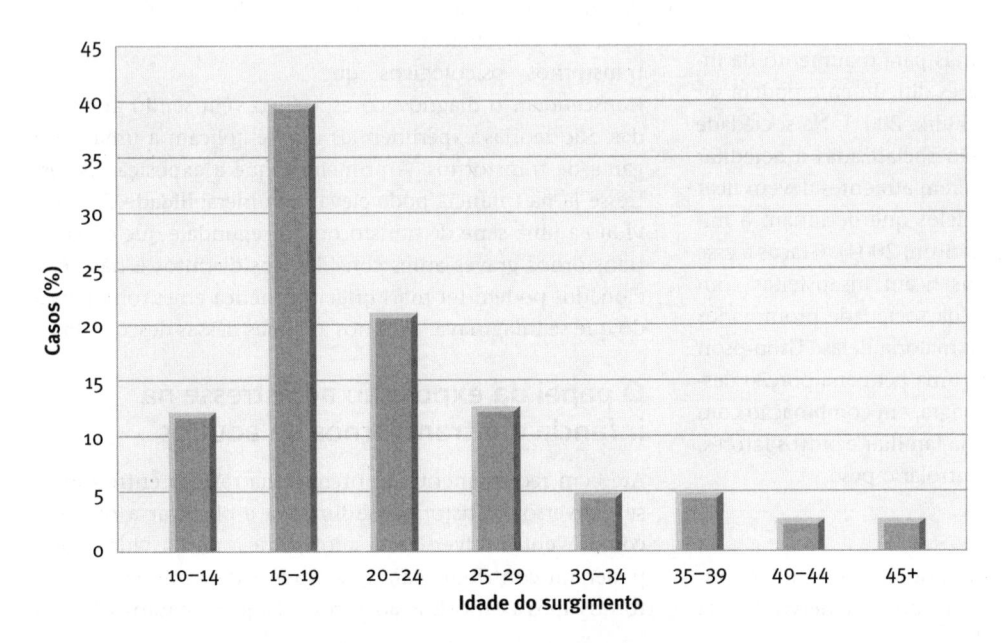

Figura 14.17 Idade de surgimento da anorexia nervosa.

Os transtornos alimentares costumam aparecer durante a adolescência, como mostram estes dados sobre a anorexia nervosa. Este gráfico mostra como a idade de aparecimento foi distribuída em uma amostra de 166 pacientes do sexo feminino de Minnesota. Como podemos ver, mais da metade das pacientes experienciou o surgimento da doença antes dos 20 anos, com a vulnerabilidade claramente atingindo o pico entre as idades de 15 e 19 anos. (Baseado em dados de Lucas et al., 1991.)

para um diagnóstico formal (Swanson et al., 2011). E levantamentos efetuados em comunidades sugerem que pode haver mais casos não diagnosticados de transtornos alimentares entre homens do que se imagina (Field et al., 2014).

Etiologia dos transtornos alimentares

Como outros tipos de transtorno psicológico, os transtornos alimentares são causados por vários fatores determinantes que operam em conjunto. Vamos examinar brevemente alguns dos fatores que contribuem para o desenvolvimento da anorexia e da bulimia nervosas.

Vulnerabilidade genética

A quantidade de descobertas não é tão grande como no caso de muitos outros tipos de psicopatologias (como transtornos da ansiedade, do humor e esquizofrênicos), mas é possível que algumas pessoas herdem uma predisposição genética aos transtornos alimentares. Há evidências contundentes de um componente hereditário tanto na anorexia nervosa como na bulimia nervosa, entre as quais a genética provavelmente desempenha um grande papel na anorexia (Trace et al., 2013). Uma predisposição genética também parece contribuir para o transtorno periódico de compulsão alimentar, mas ainda há poucas pesquisas sobre esse novo diagnóstico.

Fatores da personalidade

Certos traços de personalidade podem aumentar a vulnerabilidade aos transtornos alimentares. Existem inúmeras exceções, mas as vítimas de anorexia nervosa tendem a ser obsessivas, rígidas e emocionalmente contidas; ao passo que as de bulimia nervosa tendem a ser impulsivas, excessivamente sensíveis, e sofrem de baixa autoestima (Anderluh, Tchauturia e Rube-Hesketh, 2003; Wonderlich, 2002). Pesquisas recentes também sugerem que o perfeccionismo é um fator de risco para a anorexia (Keel et al., 2012).

Valores culturais

A contribuição dos valores culturais para o aumento da incidência de transtornos alimentares dificilmente poderá ser superestimada (Striegel-Moore e Bulik, 2007). Na sociedade ocidental, as mulheres jovens são socializadas a acreditar que devem ser atraentes, e para serem atraentes devem ficar tão magras quanto atrizes e modelos que dominam a mídia (Fox-Kales, 2011; Levine e Harrison, 2004). Graças a esse ambiente cultural, muitas jovens ficam insatisfeitas com o próprio peso porque os ideais da sociedade promovidos pela mídia são inatingíveis para a maioria delas (Thompson e Stice, 2001). Infelizmente, para uma pequena porção dessas mulheres, a pressão para ser magra, em combinação com vulnerabilidade genética, patologia familiar e outros fatores, leva a esforços insalubres para controlar o peso.

O papel da família

Vários teóricos enfatizam quanto a dinâmica familiar contribui para o desenvolvimento da anorexia nervosa e da bulimia nervosa em mulheres jovens (Haworth-Hoeppner, 2000). Aparentemente, a principal questão é que algumas mães podem contribuir para os transtornos alimentares simplesmente por endossar a mensagem social de que "não há um limite para a magreza", e por criar os próprios comportamentos insalubres de dieta (Francis e Birch, 2005). Além das pressões da mídia, esses modelos de conduta levam muitas filhas a internalizar a ideia de que, quanto mais magras estiverem, mais atraentes serão. E, claro, a influência de colegas também reforça as crenças e o comportamento que levam a transtornos alimentares (Keel et al., 2013). Outro aspecto potencialmente relacionado à família é o fato de haver associação entre maus-tratos e abuso sexual durante a infância e riscos elevados de transtornos alimentares (Steiger, Bruce e Israël, 2013).

Fatores cognitivos

Muitos teóricos enfatizam o papel do pensamento perturbado na etiologia dos transtornos alimentares (Williamson et al., 2001). Por exemplo, a crença típica dos pacientes anoréxicos de que estão gordos quando, na verdade, estão se esvaindo é uma ilustração dramática do modo como o pensamento é distorcido. Pacientes com transtornos alimentares exibem um pensamento rígido, de "tudo ou nada", e muitas crenças erradas (Roberts, Tchanturia e Treasure, 2010). Esses pensamentos podem incluir algo como "eu tenho de ser magro para ser aceito", "se eu não tiver controle total, perderei todo o controle", "se engordar meio quilo, continuarei a ganhar peso até engordar muito". Pesquisas adicionais são necessárias para determinar se o pensamento distorcido é a *causa* ou meramente um *sintoma* dos transtornos alimentares.

14.9 Novas diretrizes no estudo dos transtornos psicológicos

14.9 Objetivos Principais de Aprendizagem

- Descrever duas descobertas recentes sobre patologias que transcendem o diagnóstico específico.

Recentemente, novas e interessantes descobertas sobre os transtornos psicológicos que transcendem o diagnóstico específico vêm sendo anunciadas. São teorias experimentais que se aplicam a uma vasta gama de transtornos. A primeira é que a exposição ao estresse já na infância pode elevar a vulnerabilidade do indivíduo a uma série de transtornos. A segunda é que diversos transtornos graves antes considerados distintos e não relacionados podem ter mais origem genética e neurobiológica do que se imaginava. Vejamos algumas dessas descobertas.

O papel da exposição ao estresse na infância em transtornos de adultos

Até bem recentemente, o interesse na relação entre estresse e diversos transtornos se limitava a observar a maneira como eventos adversos na adolescência ou na vida adulta poderiam contribuir para desencadear determinados transtornos após a exposição ao estresse. Hoje, no entanto, há um grande número de pesquisas a respeito dos possíveis efeitos do estresse na infância em termos de vulnerabilidade a diversos tipos de transtornos que surgem anos depois. Esses estudos avaliam muitas formas de trauma na infância, como maus-tratos, abuso sexual, negligência emocional, morte dos pais, doenças na infância etc. Duas revisões sistemáticas da vasta literatura dessas pesquisas mostram que diversos estudos relacionaram o estresse precoce à alta prevalência de transtornos de ansiedade, dissociativos, depressivos, bipolares, esquizofrênicos, da personalidade e alimentares (Carr et al., 2013; Martins et al., 2011). Esses estudos variam consideravelmente em termos de qualidade metodológica. Muitos se baseiam em lembranças de traumas dos pacientes e não incluem grupos de não pacientes para efeito de comparação (Bendall et al., 2008). São métodos fracos em termos de correlação, que podem exagerar os efeitos aparentes de adversidades na infância e não permitem conclusões sobre causalidade. Portanto, são necessárias mais evidências para estabelecer causalidade, mas o simples número e a consistência das descobertas sugerem que o trauma na infância pode ter efeitos propagados de longo período, que aumentam a vulnerabilidade dos indivíduos a vasta gama de transtornos psicológicos. E por que isso ocorre? O raciocínio é o de que adversidades durante a infância podem alterar aspectos críticos do desenvolvimento da estrutura do cérebro e a reatividade do eixo HPA que regula as respostas hormonais aos fatores de estresse (Aust et al., 2014; Juruena, 2014).

A relação genética entre os principais transtornos

Depressão, transtorno bipolar, esquizofrenia e autismo são vistos como transtornos independentes há várias décadas. São transtornos mentais relativamente severos, mas que envolvem tipos diferentes de desenvolvimento da doença, dos sintomas, de fatores etiológicos e de tratamento. No entanto, descobertas recentes sugerem que eles podem ter mais origens em comum do que se imaginava. Uma linha de pesquisa sugere haver relação entre autismo e esquizofrenia. Por exemplo: um estudo com famílias identificou que ter parentes com diagnóstico de esquizofrenia estava associado a maiores riscos de autismo (Sullivan et al., 2012). Outro revelou que autismo e esquizofrenia parecem envolver anormalidades similares de neurodesenvolvimento e que mutações genéticas recentemente descobertas elevam o risco de ambos os transtornos (De Lacy e King, 2013). Outra linha de pesquisa indica uma relação entre esquizofrenia e transtorno bipolar. Por exemplo: estudos recentes mostram que esquizofrenia e transtorno bipolar apresentam vulnerabilidades genéticas em comum (Cardno e Owen, 2014); reduções no volume do hipocampo no cérebro (Haukvik et al., 2015); e anormalidades na massa branca pré-frontal (Hercher, Chopra e Beasley, 2014). A pesquisa mais interessante e influente na área é um estudo que usou tecnologia de mapeamento genético de ponta para quantificar a covariação entre depressão, transtorno bipolar, esquizofrenia, autismo e transtorno de déficit de atenção/hiperatividade (Cross-Disorder Group of the Psychiatric Genomics Consortium, 2013). Mais de 300 cientistas em oito centros de pesquisa trabalharam nesse grande projeto. As descobertas sugerem que a relação entre esquizofrenia e o transtorno bipolar é grande; a relação entre esquizofrenia e depressão é moderada; a relação entre depressão e transtorno bipolar é moderada e que há certa relação entre autismo e esquizofrenia, embora relativamente pequena. Ainda não se sabe aonde essas pesquisas levarão. Os transtornos certamente continuarão a ser vistos como distintos, mas as semelhanças genéticas e neurobiológicas entre eles provavelmente serão uma área de intensa pesquisa nos próximos anos. Dependendo do que as pesquisas revelarem, esses transtornos podem vir a ser considerados doenças correlacionadas existentes em um espectro.

14.10 Refletindo sobre os temas do capítulo

O exame do comportamento anormal e suas origens foi o tema dos quatro itens destacados: causalidade multifatorial, relação entre hereditariedade e ambiente, contexto sócio-histórico no qual a psicologia se desenvolve e influência da cultura sobre os fenômenos psicológicos.

14.10 Objetivos Principais de Aprendizagem

- Identificar os quatro temas unificados destacados neste capítulo.

Podemos afirmar com segurança que cada transtorno descrito neste capítulo tem múltiplas causas. O desenvolvimento de transtornos mentais envolve uma interação entre diferentes fatores psicológicos, biológicos e sociais. Também vimos que a maioria dos transtornos psicológicos depende de uma interação entre genética e experiência. Essa interação fica mais evidente nos *modelos de vulnerabilidade ao estresse* para transtornos de humor e transtornos esquizofrênicos. A *vulnerabilidade* a esses transtornos parece depender basicamente de hereditariedade, enquanto o *estresse* é predominantemente uma função do ambiente. Segundo as teorias de vulnerabilidade ao estresse, os transtornos emergem quando há alta vulnerabilidade associada a altos níveis de estresse. Portanto, o impacto da hereditariedade depende do ambiente e o efeito do ambiente depende da hereditariedade.

Este capítulo também mostra que a psicologia se desenvolve em um contexto sócio-histórico. Já vimos que os conceitos modernos de normalidade e anormalidade são amplamente influenciados por pesquisas empíricas, mas as tendências sociais, os valores vigentes e a realidade política também exercem influência. Portanto, nossa discussão sobre os transtornos psicológicos mostra mais uma vez que os fenômenos psicológicos são quase sempre moldados por parâmetros culturais, uma vez que as normas culturais influenciam o que é considerado anormal.

14.11 APLICAÇÃO PESSOAL
Compreendendo os transtornos psicológicos e a lei

Responda às seguintes questões com "verdadeiro" ou "falso."
___ 1 A insanidade é comumente utilizada como defesa em julgamentos criminais.
___ 2 Quando a defesa baseada em insanidade é utilizada, os casos são quase sempre bem-sucedidos.
___ 3 A decisão sobre internação involuntária em um hospital psiquiátrico é tomada por psiquiatras e psicólogos.

Todas as afirmativas são falsas, como veremos a seguir: A sociedade usa a lei para fazer valer suas normas quanto a comportamentos apropriados. Diante disso, vejamos o que a lei estabelece quanto aos vários aspectos relacionados ao comportamento anormal. Nesta seção, examinaremos os conceitos de insanidade, capacidade e internação involuntária.

Insanidade

A insanidade *não* é um diagnóstico; é um conceito legal. *Insanidade* é a condição legal que indica que uma pessoa não pode se responsabilizar por seus atos devido a uma doença mental. Mas por que este é um assunto resolvido em tribunais? Porque crimes são considerados atos intencionais. A lei estabelece que pessoas "fora de seu estado normal" podem não perceber o significado do que fazem. A defesa de insanidade é usada em julgamentos por réus que admitem ter cometido um crime, porém sem intenção.

Não é simples estabelecer relação entre diagnósticos específicos de transtornos mentais e julgamentos de insanidade, ou a chamada *responsabilidade criminal*. A maioria das pessoas diagnosticadas com transtornos psicológicos *não* se qualifica como insana. As que mais se qualificam são aquelas que apresentam transtornos graves e comportamento delirante. Os juízes aplicam diversas regras ao julgar a sanidade de um réu, dependendo da jurisdição (Packer, 2015). Segundo a mais comum delas, chamada *Regra M'naghten*, a insanidade existe quando um transtorno mental torna um indivíduo incapaz de distinguir o que é certo do que é errado. Como se pode imaginar, avaliar a insanidade de acordo com a Regra M'naghten é difícil tanto para juízes quanto para jurados, e até para psicólogos e psiquiatras

14.11 OBJETIVOS PRINCIPAIS DE APRENDIZAGEM

• Articular os conceitos legais de insanidade e capacidade e esclarecer as bases da internação involuntária.

que são chamados para atuar como testemunhas especializadas. Embora amplamente comentada e controversa, a defesa por insanidade é usada com menor frequência e sucesso do que se pode imaginar (veja **Figura 14.18**). Segundo um estudo, o público em geral imagina que a defesa de insanidade seja usada em 37% dos casos de crimes, quando na verdade ela é usada em menos de 1% (Silver, Cirincione e Steadman, 1994). Outro estudo, que envolveu 60 mil acusações em Baltimore, revelou que apenas 190 dos réus (0,31%) alegaram insanidade. Destes, apenas oito foram absolvidos (Janofsky et al., 1996).

Capacidade

Capacidade (ou "aptidão", em alguns estados norte-americanos) refere-se à

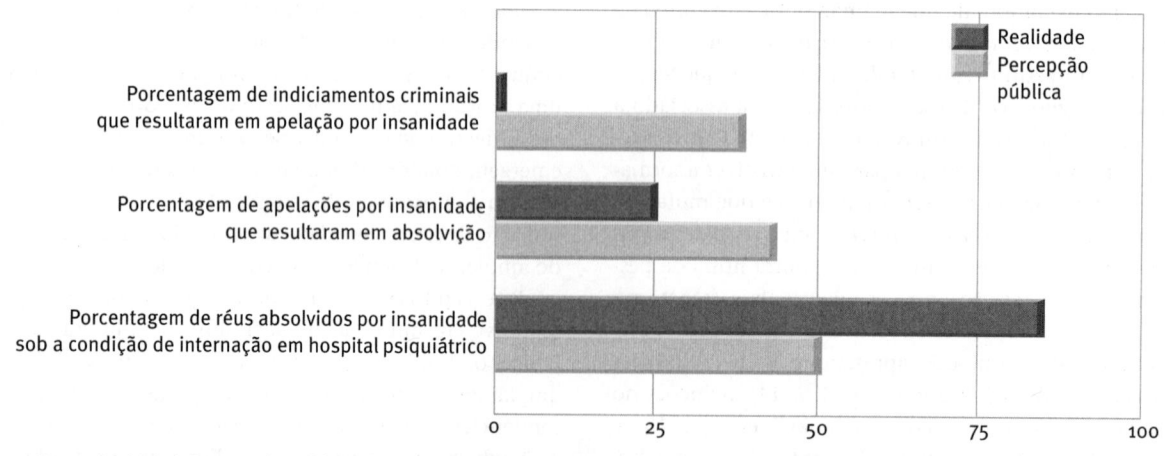

Figura 14.18 A defesa por insanidade: Percepção pública e realidade.

Silver et al. (1994) coletaram informações sobre a opinião do público em geral a respeito de defesa por insanidade e a realidade da frequência com que ela é utilizada e de absolvições (com base em uma pesquisa em larga escala sobre apelações por insanidade em oito estados norte-americanos). Devido à extensa cobertura da mídia, observam-se grandes disparidades entre a percepção do público e a realidade, pois a defesa por insanidade é usada com muito menos frequência e sucesso do que se imagina.

Jared Lee Loughner, que alvejou a congressista Gabrielle Giffords e diversos expectadores inocentes em janeiro de 2011, aparentemente vinha demonstrando sinais de transtorno psicológico nos meses anteriores ao incidente. Devido ao transtorno, muitas pessoas questionaram o motivo de ele não ter sido submetido à internação involuntária. O que a maioria das pessoas não entende é que as leis nos Estados Unidos são muito rígidas no que se refere à internação involuntária. Por quê? Porque um quadro de periculosidade nem sempre é preciso e também porque o sistema legal norte-americano não é a favor de encarcerar pessoas pelo que elas *possam vir* a fazer. Infelizmente, essa visão conservadora a respeito da internação involuntária às vezes pode ter trágicas consequências.

capacidade de um réu de passar por julgamento. Para ser considerado capaz, um réu precisa conseguir entender a natureza e o propósito dos procedimentos legais e fornecer informações a seu advogado. Caso não esteja apto para isso, será declarado incapaz e não pode ser levado a julgamento, a menos que se mostre capaz novamente.

Qual é a diferença entre insanidade e incapacidade? Insanidade se refere ao estado mental de um réu *no momento do suposto crime*. Capacidade se refere ao estado mental de um réu *no momento do julgamento*. Devido à potencial demora de nosso sistema jurídico, o julgamento pode ocorrer meses ou até mesmo anos depois do crime. A insanidade sequer pode ser alegada, a menos que o réu seja capaz de participar do julgamento. Mais pessoas são classificadas como incapazes do que como insanas. Em termos de sanidade, não há relação direta entre um diagnóstico específico e ser declarado incapaz (Simon e Shuman, 2008).

O que acontece com réus declarados incapazes ou insanos? Geralmente são encaminhados a uma instituição de saúde mental para tratamento. No entanto, essa simples afirmação mascara em muito a variabilidade no andamento dos casos. O que acontece com um réu depende da natureza do crime, das regras aplicadas na jurisdição específica, da natureza do transtorno mental, da possibilidade de recuperação, do retorno ao estado de capacidade e de uma série de outros fatores.

Internação involuntária

A questão da insanidade se apresenta apenas em procedimentos *criminais*. Um número bem maior de pessoas é envolvido em processos *cíveis* relacionados à internação involuntária. **Na internação involuntária, as pessoas são hospitalizadas em instituições psiquiátricas contra sua vontade.** Quais são as bases para uma medida tão drástica? As leis variam de acordo com a região. Em geral, as pessoas são submetidas à internação involuntária quando profissionais da área de saúde mental e autoridades legais as consideram (1) perigosas para si mesmas (normalmente suicidas), (2) perigosas para as outras (potencialmente violentas), ou (3) incapazes de prover o próprio sustento (Simon e Shuman, 2014). Nos Estados Unidos, em situações de emergência, psicólogos e psiquiatras podem autorizar a internação *temporária*, geralmente de 24 a 72 horas.* Pedidos de internação involuntária são normalmente renováveis em períodos de 6 meses e só podem ser expedidos por um juiz após uma audiência formal. Profissionais de saúde mental participam dessas audiências e contribuem com informações, mas cabe ao juiz a decisão.

A maioria das internações involuntárias ocorre porque as pessoas podem ser perigosas para si mesmas ou para as outras. A maior dificuldade é prever a periculosidade (Freedman et al., 2007). Estudos sugerem que as previsões clínicas em curto prazo sobre quais pacientes podem vir a se tornar violentos não são tão precisas. E as previsões de longo prazo sobre comportamento violento são altamente imprecisas (Simon e Shuman, 2008). Na média, indivíduos que apresentam transtornos psicológicos não têm tendência à violência como o público imagina. Apresentam *apenas tendência um pouco maior* que a maioria da população. Por exemplo: em um ano recente, 2,9% das pessoas com transtornos mentais sérios cometeram atos violentos comparados a 0,8% das pessoas que não apresentam o transtorno (Swanson et al., 2014). Contudo, um histórico de comportamento violento é sempre um indício mais forte de violência futura que um diagnóstico psiquiátrico.

A falta de precisão ao prever a periculosidade é algo negativo. Deter uma pessoa é um ato sério. A internação involuntária envolve a detenção das pessoas pelo que elas *podem vir a fazer* no futuro, não necessariamente pelo que já fizeram. É uma detenção que vai contra a base dos princípios legais norte-americanos de que as pessoas são *inocentes até que se prove o contrário*. A dificuldade inerente de prever periculosidade faz da internação voluntária um assunto controverso.

CHECAGEM DA REALIDADE

Ideia equivocada

Pessoas com transtornos psicológicos normalmente são violentas e perigosas.

Realidade

Observa-se, em geral, pouca associação entre doenças mentais e tendência à violência (Elbogen & Johnson, 2009; Swanson et al., 2014). Esse estereótipo existe porque incidentes de violência envolvendo pessoas mentalmente doentes chamam a atenção da mídia e influenciam negativamente a opinião das pessoas (McGinty, Webster e Barry, 2013). No entanto, os indivíduos envolvidos nesses incidentes não representam o grande número de pessoas que sofrem em de transtornos psicológicos.

---

* No Brasil, psicólogos, de um modo geral, não autorizam internações.

14.12 APLICAÇÃO DO PENSAMENTO CRÍTICO
Trabalhando com probabilidades ao pensar sobre doenças mentais

14.12 OBJETIVOS PRINCIPAIS DE APRENDIZAGEM

- Entender como as heurísticas mentais podem distorcer as estimativas de probabilidades cumulativas e conjuntivas.

Quando você leu a respeito dos diferentes tipos de transtorno psicológico, reconheceu a própria descrição ou a de alguém que conhece? Por um lado, não há razão para ficar alarmado. A tendência a ver si mesmo e seus amigos nas descrições de patologias é uma resposta muito comum; às vezes ela é chamada *síndrome dos estudantes de medicina*, porque estes, quando estão no início do curso de medicina, com frequência acreditam, erroneamente, que eles ou seus amigos têm quaisquer doenças sobre as quais estejam estudando no momento. Por outro lado, falando de maneira realista, é *bem* provável que você conheça *muitas* pessoas com transtornos psicológicos. Dados recentes sobre a incidência de transtornos psicológicos – que estão resumidos na **Figura 14.19** – sugerem que a probabilidade de qualquer pessoa ter pelo menos um transtorno de DSM em algum momento de sua vida é de cerca de 44%.

Essa estimativa choca muitas pessoas por ser muito alta. Por quê? Uma razão é que, quando as pessoas pensam sobre os transtornos psicológicos, elas tendem a considerar aqueles graves, como a bipolaridade ou a esquizofrenia, que são relativamente infrequentes, e não os "comuns", como os de ansiedade e depressivos, que são muito mais frequentes. No que se refere a doenças mentais, as pessoas tendem a pensar em pacientes em camisa de força, ou indivíduos sem lar, obviamente psicóticos, que não refletem a ampla e diversa população de pessoas que sofrem de transtornos psicológicos. Em outras palavras, os *protótipos*, ou "melhores exemplos" de doença mental consistem em transtornos graves que não são frequentes; por isso, costuma-se subestimar a incidência de transtornos mentais. Essa distorção ilustra a influência da *heurística da representatividade*, que significa basear a probabilidade estimada de um evento em quão similar ela é ao protótipo típico daquele evento (veja o Capítulo 8).

Você ainda acha difícil acreditar que a incidência geral dos transtornos psicológicos seja cerca de 44%? Outra razão pela qual esse número parece surpreendentemente alto é que muitas pessoas não entendem que a probabilidade de ter *pelo menos um* transtorno é muito maior que a probabilidade de ter apenas o transtorno predominante. Por exemplo, a probabilidade de ter um transtorno por uso de substâncias, o tipo mais comum de transtorno, é de aproximadamente 24%, mas a probabilidade de ter um transtorno por uso de substância *ou* um transtorno da ansiedade *ou* do humor *ou* esquizofrênico salta para 44%. Esses relacionamentos "ou" representam *probabilidades cumulativas*.

E o que dizer sobre os relacionamentos "e" – ou seja, os relacionamentos nos quais queremos saber a probabilidade de alguém ter a condição A *e* a condição B? Por exemplo, dadas as estimativas de incidência por toda a vida (veja **Figura 14.19**) para cada categoria de transtorno, que são mostradas entre parênteses, qual é a probabilidade de alguém ter um transtorno por uso de substâncias (24% de prevalência) *e* um de ansiedade (19%) *e* um do humor (15%) *e* um esquizofrênico (1%) em sua vida? Esses relacionamentos "e" representam *probabilidades conjuntivas*.

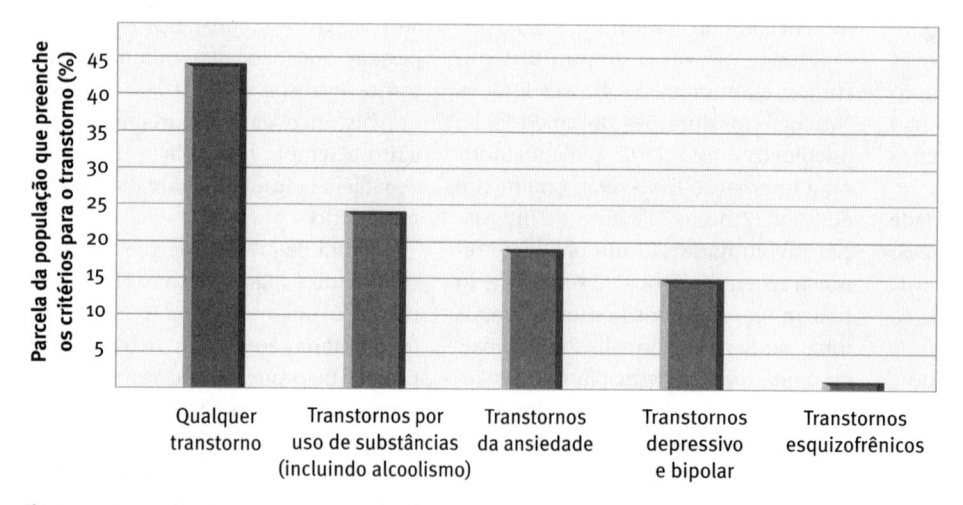

Figura 14.19 Incidência durante a vida dos transtornos psicológicos

A porcentagem estimada de pessoas que sofreram, em qualquer momento da vida, um dos quatro tipos de transtorno psicológico, ou um transtorno de qualquer tipo (barra maior) é mostrada aqui. As estimativas de incidência variam um pouco de estudo para estudo, dependendo da exatidão dos métodos usados em amostragem e avaliação. As estimativas expostas aqui são baseadas em dados colhidos da Onda 1 e 2 dos estudos da Epidemiological Catchment Area e do National Comorbidity Study, resumidas por Regier e Burke (2000) e Dew, Bromet e Switzer (2000). Esses estudos, que coletivamente avaliaram mais de 28 mil sujeitos, fornecem os melhores dados da incidência das doenças mentais nos Estados Unidos.

Pare e pense: o que deve ser verdadeiro a respeito da probabilidade de alguém ter todos os quatro tipos de transtorno? Essa probabilidade será inferior a 24%, entre 24% e 44%, ou superior a 44%? Você ficará surpreso ao descobrir que esse número fica em torno de 1%. A pessoa não pode ter todos os quatro transtornos a menos que tenha o transtorno menos frequente (esquizofrenia), que tem uma incidência de 1%, por isso a resposta *tem de ser* 1% ou menos. Além do mais, de todas as pessoas com esquizofrenia, apenas um pequeno subconjunto delas apresentarão os outros três transtornos, portanto a resposta é com certeza bem inferior a 1% (veja **Figura 14.20**). Se esse tipo de pergunta parece inventado, pense novamente. Os epidemiologistas dedicaram muitas pesquisas à estimativa da *comorbidade* – a coexistência de dois ou mais transtornos – porque ela pode complicar muito as questões de tratamento.

Esses são dois exemplos do uso de probabilidades estatísticas como um instrumento de pensamento crítico. Apliquemos esse tipo de pensamento a outro problema concernente à saúde física. Temos aqui um problema usado em um estudo conduzido por Tversky e Kahneman (1983, p. 308) em que muitos médicos erraram.

Uma pesquisa sobre saúde foi conduzida com uma amostra de homens adultos, de todas as idades e ocupações, na Colúmbia Britânica. Por favor, dê sua melhor estimativa dos seguintes valores:

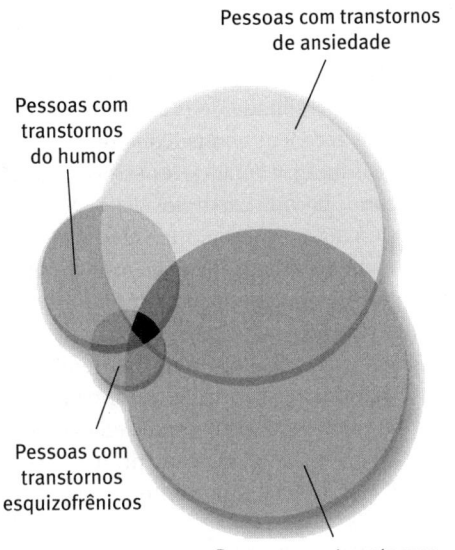

Figura 14.20 Probabilidades conjuntivas.

A probabilidade de alguém ter todos os quatro transtornos descritos aqui não pode ser maior que a probabilidade de a condição menos comum acontecer sozinha, que é 1% para a esquizofrenia. O cruzamento de todos os quatro transtornos (mostrados em preto) tem de ser um subconjunto dos transtornos esquizofrênicos, e está provavelmente bem abaixo de 1%. Esforços para pensar sobre as probabilidades podem algumas vezes ser facilitados pela criação de diagramas que mostram o relacionamento e a sobreposição entre vários eventos.

Que porcentagem dos homens pesquisados sofreu um ou mais ataques cardíacos? _____

Que porcentagem dos homens pesquisados tem mais de 55 anos e teve um ou mais ataques cardíacos? _____

Preencha os espaços reservados com sua melhor suposição. É claro que você provavelmente tenha apenas uma ideia geral sobre a incidência de ataques cardíacos, mas continue e preencha os espaços do mesmo modo.

Os valores reais não são tão importantes neste exemplo quanto os valores relativos. Mais de 65% dos médicos que participaram do experimento conduzido por Tversky e Kahneman deram um valor de porcentagem mais alto para a segunda pergunta do que para primeira. O que há de errado com a resposta deles? A segunda pergunta é sobre a probabilidade conjuntiva de dois eventos. Esperamos que você perceba por que esse número *tem de ser* inferior à probabilidade de qualquer um desses eventos ocorrer sozinho. De todos os homens na pesquisa que sofreram um ataque cardíaco, apenas alguns deles também têm mais de 55 anos, por isso o segundo número tem de ser menor que o primeiro. Como vimos no Capítulo 8, esse erro comum de pensamento é chamado *falsa conjunção*. **A *falsa conjunção* ocorre quando as pessoas estimam que as chances de que dois eventos incertos aconteçam juntos sejam maiores que as chances de cada um deles acontecer sozinho.**

Por que tantos médicos erraram na solução do problema? Eles ficaram vulneráveis à falsa conjunção porque foram influenciados pela *heurística da representatividade*, ou poder dos protótipos. Quando os médicos pensam em "ataque cardíaco", eles tendem a visualizar um homem acima de 55 anos. Assim, o segundo cenário se encaixa tão bem no protótipo que eles têm de uma vítima de ataque cardíaco, que descuidadamente superestimaram sua probabilidade.

Consideremos alguns exemplos adicionais de raciocínio errôneo em

Tabela 14.3 Habilidades do pensamento crítico discutidas neste capítulo

Habilidade	Descrição
Entender as limitações da heurística da representatividade.	O pensador crítico entende que focar protótipos pode levar a estimativas imprecisas de probabilidades.
Entender as probabilidades cumulativas.	O pensador crítico entende que a probabilidade de pelo menos um entre vários eventos ocorrer é aditiva, e aumenta com o tempo e a quantidade de eventos.
Entender as probabilidades conjuntivas.	O pensador crítico entende que a probabilidade de dois eventos acontecerem juntos é menor que a de cada um acontecer sozinho.
Entender as limitações da heurística da disponibilidade.	O pensador crítico entende que a facilidade com que os exemplos vêm à mente pode não ser um guia preciso da probabilidade de um evento.

relação a probabilidades, envolvendo o modo como as pessoas pensam a respeito dos transtornos psicológicos. Muitas pessoas tendem a assumir de forma estereotipada que as vítimas de doenças mentais tendem a ser violentas. As pessoas também tendem a superestimar precipitadamente a frequência (37 vezes mais em um estudo) com que a defesa com base na insanidade é usada em julgamentos de criminosos (Silver et al., 1994). Essas crenças erradas refletem a influência da **heurística da disponibilidade**, **que significa basear a probabilidade estimada de um evento na facilidade com que os exemplos relevantes vêm à mente.** Por causa da heurística da disponibilidade, as pessoas tendem a superestimar a probabilidade de eventos dramáticos que recebem muita cobertura da mídia, mesmo quando esses eventos são raros, porque exemplos deles são fáceis de reaver da memória. Atos violentos cometidos por ex-pacientes psiquiátricos tendem a obter muita atenção da imprensa. E, por causa desse *viés retrospectivo*, os jornalistas tendem a questionar por que as autoridades não previram e impediram a violência (veja a Aplicação do Pensamento Crítico do Capítulo 11) e, portanto, o ângulo da doença mental tende a ser enfatizado. De modo semelhante, a cobertura da imprensa é em geral intensa quando o réu em um julgamento de assassinato alega insanidade como defesa.

Em resumo, os vários tipos de estatísticas que aparecem quando pensamos sobre os transtornos psicológicos demonstram que estamos constantemente trabalhando com probabilidades, ainda que não percebamos isso. O pensamento crítico requer um bom entendimento das leis da probabilidade, porque existem muito poucas certezas na vida.

CAPÍTULO 14 – QUADRO DE CONCEITOS

CONCEITOS GERAIS

O modelo médico
- O *modelo médico*, que recomenda tratar o comportamento anormal como doença, levou a um tratamento mais humano de pessoas que apresentam comportamento anormal.
- No entanto, a doença mental carrega um *estigma* que pode ser difícil de eliminar e que gera dificuldades para quem sofre de transtornos psicológicos.
- O modelo médico também vem sendo criticado com a alegação de que pode converter questões sociais e morais em questões médicas.

Critérios da anormalidade
- O julgamento da anormalidade se dá com base em três critérios: desvio das normas sociais, comportamento inadequado e angústia pessoal.
- O julgamento da doença mental se baseia em valores culturais, tendências sociais, forças políticas e também em conhecimento científico.
- Normalidade e anormalidade são extensões uma da outra.

O sistema de diagnóstico
- DSM-5, lançado em 2013, é o sistema oficial de psicodiagnóstico dos Estados Unidos.
- A logística prática da conversão para um *método dimensional* de diagnóstico se mostrou controversa, portanto o DSM-5 manteve um *método categórico* com relação aos transtornos.
- O número de diagnósticos no DSM subiu de 128, na primeira edição, para 541, na edição atual.

TRANSTORNOS DE ANSIEDADE, TOC E TEPT

Tipos
- O *transtorno de ansiedade generalizada* se caracteriza por uma ansiedade crônica e elevada não relacionada a uma ameaça específica.
- A *fobia específica* se caracteriza por um medo persistente e irracional de um objeto que não é perigoso.
- O *transtorno de pânico* envolve ataques inesperados, recorrentes e súbitos de ansiedade.
- A *agorafobia* é o medo de lugares públicos. Pode coexistir com diversos transtornos, especialmente o transtorno de pânico.
- O *transtorno obsessivo-compulsivo (TOC)* se caracteriza por pensamentos indesejados e invasivos e necessidade premente de repetir rituais sem sentido.
- O *transtorno de estresse pós-traumático (TEPT)* envolve distúrbios psicológicos decorrentes da experiência de um evento traumático.

Etiologia
- Estudos com gêmeos sugerem *predisposição genética* a transtornos de ansiedade.
- Distúrbios nos circuitos neurais usando *GABA* e *serotonina* podem ter relação com alguns transtornos de ansiedade.
- Muitas reações de ansiedade podem ser desenvolvidas por condicionamento clássico e mantidas por meio de condicionamento operante.
- Teóricos do cognitivismo afirmam que a tendência a interpretar situações comuns como ameaçadoras pode levar a transtornos de ansiedade.
- A exposição a grandes fatores de estresse pode levar ao desencadeamento de alguns transtornos de ansiedade.

TRANSTORNOS DISSOCIATIVOS

Tipos
- A *amnésia dissociativa* é a perda súbita de informações pessoais de maneira excessiva e intensa, algo bem além de um esquecimento normal.
- O *transtorno dissociativo de identidade (TDI)* se caracteriza pela coexistência de duas ou mais personalidades completamente diferentes.

Etiologia
- A amnésia dissociativa é normalmente relacionada a estresse extremo.
- Alguns teóricos afirmam que portadores de TDI começam a atribuir, com o passar do tempo, todos os seus problemas a entidades independentes que habitam seu corpo.
- Outros teóricos insistem que o TDI se origina de trauma emocional severo ocorrido na infância.

TRANSTORNOS DEPRESSIVO E BIPOLAR

Tipos
- O *transtorno depressivo maior* se caracteriza por sentimentos prolongados de tristeza, desespero, perda de interesse por atividades que antes traziam prazer, lentidão de pensamento e autocrítica.
- O *transtorno bipolar* se caracteriza por episódios de depressão e mania, euforia irracional, pensamentos excessivamente rápidos, comportamento impulsivo e aumento de energia.
- Tanto o transtorno depressivo maior quanto o transtorno bipolar estão associados a elevados níveis de suicídio.

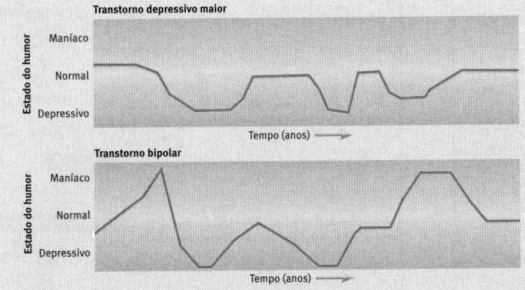

Etiologia
- Estudos com gêmeos sugerem haver *predisposição genética* para a depressão e o transtorno bipolar.
- Distúrbios nos circuitos neurais usando *serotonina* e *noradrenalina* parecem contribuir para os transtornos depressivos.
- Pesquisadores identificaram uma correlação entre depressão e *um volume reduzido do hipocampo,* o que pode significar *supressão da neurogênese* devido ao estresse.
- Excesso de atividade hormonal ao longo do eixo HPA em resposta ao estresse pode estar relacionado à depressão.
- Teóricos da linha cognitivista afirmam que pessoas que apresentam *estilo explanatório pessimista* são altamente vulneráveis à depressão.
- As teorias de comportamento indicam que a falta de habilidades sociais adequadas aumenta a vulnerabilidade à depressão.
- Altos níveis de estresse estão associados à maior vulnerabilidade tanto à depressão quanto ao transtorno bipolar.

TEMAS PRINCIPAIS

- Contexto sócio-histórico
- Hereditariedade e meio ambiente
- Herança cultural
- Causalidade multifatorial

TRANSTORNOS ESQUIZOFRÊNICOS

Sintomas

- Os sintomas da esquizofrenia incluem pensamentos irracionais, delírios, deterioração do comportamento adaptativo, percepção distorcida, alucinações e emoções perturbadas.
- As diferenças entre os subtipos de esquizofrenia (paranoide, catatônica, desorganizada e indiferenciada) foram descartadas no DSM-5.
- O novo método para descrever a esquizofrenia considera o equilíbrio entre os sintomas positivos e os negativos do transtorno.

Etiologia

- Estudos com gêmeos e crianças adotadas sugerem a existência de uma *vulnerabilidade genética* à esquizofrenia.
- Distúrbios na sinapse da *dopamina* já foram identificados como causa provável da esquizofrenia.
- Pesquisas também revelaram uma associação entre *ventrículos cerebrais hipertrofiados* e transtornos esquizofrênicos.
- A *hipótese do neurodesenvolvimento* postula que a vulnerabilidade à esquizofrenia é maior em casos de distúrbio no processo de maturação normal do cérebro, durante o desenvolvimento pré-natal ou no nascimento.
- Pacientes esquizofrênicos oriundos de famílias com elevado nível de *emoções extrema* apresentam maiores taxas de reincidência.
- Altos níveis de estresse estão associados à maior vulnerabilidade a transtornos esquizofrênicos.

TRANSTORNO DO ESPECTRO AUTISTA

- O *transtorno do espectro autista* se caracteriza por uma profunda deficiência na comunicação social e por interesses e atividades bastante restritos. O transtorno normalmente é identificado por volta dos 3 anos de idade.
- O autismo pode acompanhar a pessoa durante a vida toda e exige cuidados extensivos da família e de instituições.
- O recente aumento no diagnóstico do autismo provavelmente se deve ao maior conhecimento sobre o transtorno e ao uso de critérios mais amplos de diagnóstico.
- Acredita-se que fatores genéticos contribuam para o transtorno de autismo e que o crescimento excessivo do cérebro também possa ser uma causa.
- Pesquisas não identificam uma associação entre vacinas e desenvolvimento do autismo.

TRANSTORNOS DA PERSONALIDADE

- Os *transtornos da personalidade* são caracterizados por traços extremos de personalidade que causam problemas pessoais ou dificuldades de relacionamento social e ocupacional.
- O *transtorno da personalidade antissocial* se caracteriza por comportamento impulsivo, insensível, manipulativo, agressivo e irresponsável.
- O *transtorno da personalidade borderline* se caracteriza pela instabilidade em relacionamentos sociais, autoimagem e aspectos emocionais.
- O *transtorno da personalidade narcisista* é caracterizado por exagerada noção de grandeza, pela expectativa de direitos especiais e por excessiva necessidade de atenção e admiração.

TRANSTORNOS ALIMENTARES

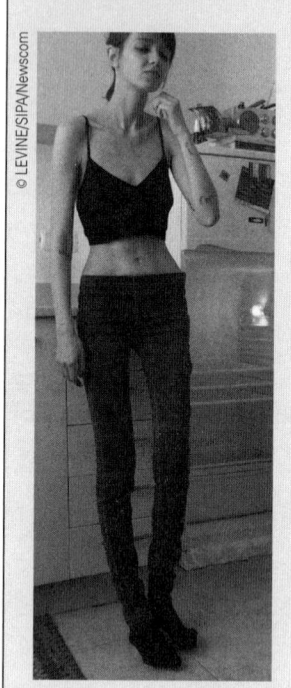

- Os transtornos alimentares englobam anorexia nervosa, bulimia nervosa e transtorno compulsivo alimentar periódico.
- A anorexia e a bulimia se desenvolvem muitas vezes ao final da adolescência; note-se que 90%-95% das vítimas são mulheres.
- Predisposição genética e alguns traços de personalidade podem aumentar a vulnerabilidade aos transtornos alimentares.
- Pensamento rígido, perturbado, valores culturais e patologia em família também podem contribuir para os transtornos alimentares.

NOVAS DIRETRIZES

- Pesquisas recentes sugerem que a exposição precoce ao estresse pode aumentar a vulnerabilidade a uma série de transtornos psicológicos.
- Diversos transtornos graves, antes considerados distintos e não relacionados, podem ter mais origem genética e neurobiológica do que se imaginava.

APLICAÇÕES

- A defesa por *insanidade* é usada com menor frequência e com mais sucesso do que se imagina.
- *Capacidade* é a característica que permite a um réu entender a natureza e o propósito dos procedimentos legais e fornecer informações a seu advogado.
- Pessoas são condenadas à *internação involuntária* quando se mostram perigosas para si mesmas ou para as outras.
- Devido à heurística da representatividade, as pessoas tendem a equiparar transtornos mentais a transtornos graves, subestimando a prevalência dos transtornos mentais.
- A heurística de disponibilidade leva as pessoas a superestimar a probabilidade de que pacientes com transtornos mentais venham a ser violentos graças à ampla cobertura desses incidentes pela mídia.

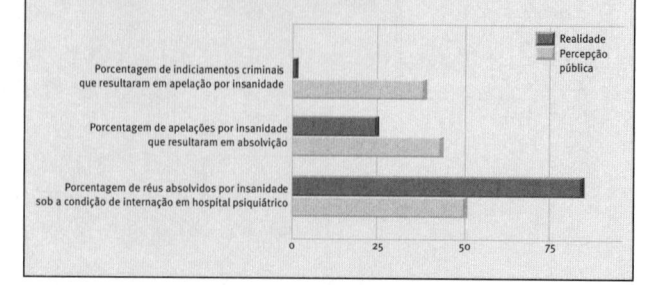

Capítulo 15
Tratamento dos transtornos psicológicos

15.1 OS ELEMENTOS DOS PROCESSOS DE TRATAMENTO

15.2 TERAPIAS DE *INSIGHT*

15.3 TERAPIAS COMPORTAMENTAIS

15.4 TERAPIAS BIOMÉDICAS

15.5 TENDÊNCIAS E QUESTÕES ATUAIS NO TRATAMENTO

15.6 TRATAMENTO INSTITUCIONAL EM TRANSIÇÃO

Visão geral ilustrada: cinco principais abordagens de tratamento

15.7 REFLETINDO SOBRE OS TEMAS DO CAPÍTULO

15.8 APLICAÇÃO PESSOAL:
À procura de um terapeuta

15.9 APLICAÇÃO DO PENSAMENTO CRÍTICO:
Da crise ao bem-estar – mas, o que é terapia?

Quadro de conceitos

Temas neste Capítulo

Herança cultural

Diversidade teórica

O que você imagina quando ouve o termo *psicoterapia*? A menos que já tenha tido alguma experiência pessoal com terapia, sua imagem dela provavelmente é baseada em representações vistas na TV ou em filmes. Um bom exemplo disso é o filme de 1999, *A máfia no divã*, uma comédia estrelada por Billy Crystal, como o psiquiatra Ben Sobol, e Robert De Niro, como Paul Vitti, um chefe mafioso que sofre de "ataques de pânico". As complicações começam quando Vitti – um homem para quem ninguém diz "não" – exige que o Dr. Sobol o cure do problema antes que seus rivais no crime usem sua "fraqueza" contra ele.

Com óculos e barba, o Dr. Sobol de Billy Cristal é parecido com a imagem que muitas pessoas fazem de um terapeuta. Como em muitos filmes que mostram terapeutas, Dr. Sobol pratica a "terapia pela conversa". Ele ouve atentamente enquanto seus pacientes falam sobre o que os está perturbando. Ocasionalmente, faz comentários que refletem os pensamentos e os sentimentos deles, ou que oferecem alguma visão esclarecedora de seus problemas. Podemos ver essa abordagem em uma cena engraçada na qual o rude Vitti aplica a técnica do Dr. Sobol no próprio psiquiatra:

> VITTI: *Ei, vamos ver se você gosta disso. Vamos falar de seu pai.*
> SOBOL: *Não.*
> VITTI: *Que tipo de trabalho seu pai faz.*
> SOBOL: *Isso não é importante.*
> VITTI: *Você parou.*
> SOBOL: *Não, não parei.*
> VITTI: *Você parou. Isso significa que você tinha um sentimento, como um pensamento...*
> SOBOL: *Sabe, seu tempo está acabando. Não vamos desperdiçá-lo falando sobre meus problemas.*
> VITTI: *Seu pai é um problema?*
> SOBOL: *Não!*
> VITTI: *Você acabou de dizer isso!*
> SOBOL: *Não! Eu não disse!*
> VITTI: *Agora você está chateado.*
> SOBOL (ficando chateado): *Não estou chateado!*
> VITTI: *Está, sim.*
> SOBOL: *Quer parar com isso!*
> VITTI: *Sabe de uma coisa? Estou ficando bom nisso.*

Como nessa cena, o filme extrai seu humor de concepções populares – e concepções erradas – sobre terapia. A técnica da qual Vitti faz gozação é semelhante a um tipo de processo terapêutico. Assim como Vitti, muitas pessoas associam a necessidade de terapia a uma fraqueza vergonhosa. Além do mais, a terapia com frequência traz um benefício considerável ajudando as pessoas a fazer mudanças significativas na vida – ainda que essas mudanças não sejam tão dramáticas quanto a desistência de Vitti da vida de crimes

O popular filme *A máfia no divã* criou muito do seu humor com base em erros de concepção comum sobre o processo de psicoterapia.

no fim do filme. Em contrapartida, os exageros cômicos de *A máfia no divã* também destacam algumas concepções erradas sobre terapia, incluindo as seguintes:

- Vitti procura um psiquiatra porque sente que está "desabando". De fato, os terapeutas ajudam as pessoas com todos os tipos de problema. As pessoas não precisam ter sintomas graves de doença mental para buscar os benefícios de uma terapia.
- Dr. Sobol é um psiquiatra, mas muitos terapeutas não são. E embora o Dr. Sobol cite Freud e o enredo do filme foque a interpretação de um sonho (no caso, o sonho do psiquiatra!), a maioria dos terapeutas usa poucas, ou nenhuma, das técnicas de Freud.
- Dr. Sobol utiliza a "terapia pela conversa" para produzir visões que ajudarão seus pacientes a superar os problemas. Na verdade, essa abordagem é uma entre várias empregadas pelos terapeutas.
- Dr. Sobol "cura" Vitti fazendo que ele reconheça um evento traumático na infância (a morte do pai), que é a raiz de seus problemas. Entretanto, são raros os casos em que a terapia produz uma única visão dramática que resulta em uma mudança total para o cliente.

Neste capítulo, faremos um estudo realista da *psicoterapia*, usando o termo em seu sentido mais amplo, para nos referir a todas as diferentes abordagens usadas no tratamento de transtornos mentais e problemas psicológicos. Começaremos discutindo algumas questões gerais sobre como o tratamento é fornecido. Depois de considerar essas questões, examinaremos os objetivos, as técnicas e a eficácia de algumas das abordagens terapêuticas mais empregadas; e discutiremos tendências e questões recentes no tratamento, incluindo mudanças no tratamento institucional. Na Aplicação Pessoal, examinaremos questões práticas relacionadas a encontrar e escolher um terapeuta. E na Aplicação do

Pensamento Crítico, abordaremos problemas envolvidos ao determinar se a terapia de fato ajuda.

15.1 Os elementos dos processos de tratamento

15.1 Objetivos Principais de Aprendizagem

- Identificar as três maiores categorias de terapia e discutir os padrões de busca de tratamento.
- Identificar os diversos tipos de profissionais da área de saúde mental envolvidos na prestação de serviços de terapia.

É a Sigmund Freud que se credita o surgimento da moderna psicoterapia, por volta de 1880. Freud e um colega descobriram que os sintomas de uma paciente desapareciam quando ele a encorajava a falar a respeito de experiências emocionalmente fortes de seu passado. Freud passou a pesquisar o fato de que falar sobre os sentimentos fazia que os pacientes drenassem as emoções acumuladas que causavam os sintomas. Essa descoberta o levou a desenvolver um novo procedimento sistemático de tratamento, que denominou *psicanálise*. As descobertas de Freud prenunciaram um século de progresso para a psicoterapia. A psicanálise produziu muitos rebentos quando seguidores de Freud desenvolveram os próprios sistemas de tratamento. A partir daí as abordagens à psicoterapia desenvolveram-se continuamente de maneira mais numerosa, mais diversa e mais eficiente.

Tratamentos: quantos tipos existem?

Para ajudar as pessoas, os psicoterapeutas utilizam diversos métodos de tratamento. Um especialista (Kazdin, 1994) estima que pode haver mais de 400 diferentes abordagens ao tratamento! Felizmente, podemos impor certa ordem a esse caos. Por mais variados que sejam os procedimentos dos terapeutas, as abordagens ao tratamento podem ser classificadas em três grandes categorias:

1. *Terapias de insight* são as *terapias pela conversa* na tradição da psicanálise de Freud. Nessas terapias, os pacientes envolvem-se em complexas e frequentemente extensas interações verbais com seus terapeutas. A meta dessas discussões é buscar um aumento do *insight* em relação à natureza das dificuldades do paciente e resolvê-las por meio das possíveis soluções.
2. *Terapias comportamentais* baseiam-se nos princípios da aprendizagem, apresentados no Capítulo 6. Em vez de enfatizar *insights* pessoais, os terapeutas comportamentais fazem esforços diretos para alterar respostas problemáticas (fobias, por exemplo) e hábitos inadequados (uso de medicamentos, por exemplo).
3. *Terapias biomédicas* envolvem intervenções no funcionamento biológico da pessoa. Os procedimentos mais amplamente utilizados são a terapia farmacológica e a eletroconvulsoterapia (eletrochoque). Nas últimas décadas, a terapia com medicamentos se tornou prática predominante para os transtornos psicológicos. Como mostra a **Figura 15.1**, um estudo em larga escala revelou que 57% dos pacientes de transtornos mentais foram tratados exclusivamente com medicação, dos quais mais de 44% apenas nos 9 últimos anos (Olfson e Marcus, 2010). Essas *terapias biomédicas* consistem em tratamentos tradicionalmente aplicados somente por médicos formados (geralmente psiquiatras). Nos Estados Unidos, essa situação está se modificando, entretanto, uma vez que os psicólogos fazem uma campanha para obter privilégios de fazer prescrições medicamentosas, e já obtiveram a autorização de fazer prescrições em três estados norte-americanos.

Clientes: quem procura terapia?

As pessoas que buscam tratamento para a saúde mental representam a completa gama de problemas humanos: ansiedade, depressão, relações de *insight* insatisfatórias, hábitos problemáticos, autocontrole ruim, baixa autoestima, conflitos conjugais, dúvidas existenciais, sensação de vazio e sentimentos de estagnação pessoal. Em adultos, os dois problemas mais comuns são a depressão e os transtornos de ansiedade (Olfson e Marcus, 2010).

As pessoas variam consideravelmente em sua disposição para procurar psicoterapia. Muitas vezes elas adiam por anos a busca de tratamento de problemas psicológicos (Wang, Ber-

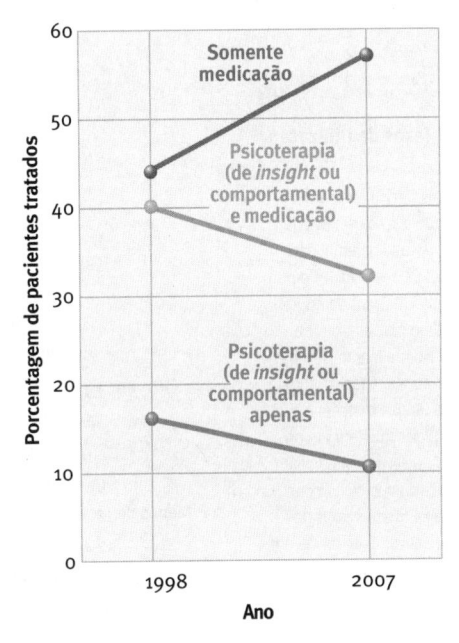

Figura 15.1 O aumento de dependência na terapia baseada em medicamentos.

Utilizando dados de uma pesquisa nacional norte-americana com foco em padrões de serviços médicos, Olfson e Marcus (2010) descobriram tendências interessantes em termos de tratamento de transtornos psicológicos em pacientes de ambulatório. Comparando procedimentos de tratamento em 1998 e 2007, eles descobriram que a porcentagem de pacientes tratados exclusivamente com medicamentos havia aumentado de 44% para 57%. Descobriram ainda que, durante o mesmo período, a porcentagem de pacientes tratados somente com terapia de *insight* ou comportamental, ou em combinação com medicamentos, havia diminuído.

> **CHECAGEM DA REALIDADE**
>
> **Ideia equivocada**
>
> Recorrer à psicoterapia é sinal de fraqueza. As pessoas deveriam ser capazes de lidar com os próprios problemas.
>
> **Realidade**
>
> Essa crença infundada e prejudicial faz com que muitas pessoas deixem de buscar a ajuda de que necessitam. Transtornos psicológicos podem ser doenças sérias e incapacitantes que requerem tratamento; reconhecer a necessidade de ajuda é mais sinal de coragem que de fraqueza.

glund et al., 2005). Como se pode ver na **Figura 15.2**, mulheres se predispõem mais facilmente a receber tratamento que homens. Em termos de etnia, brancos procuram mais tratamento que negros ou hispânicos. A probabilidade de busca de tratamento também é maior entre pessoas que possuem planos de saúde e têm maior nível educacional (Olfsone e Marcus, 2010).

Infelizmente, parece que muitos dos que necessitam de terapia não a fazem (Kazdin e Rabbitt, 2013). As pessoas que poderiam se beneficiar da terapia não a procuram por inúmeros motivos. A falta de um plano de saúde e o custo elevado parecem ser as principais barreiras enfrentadas por muitas pessoas para obter o tratamento necessário. Talvez, a maior barreira seja o estigma que envolve aquele que recebe o tratamento de saúde mental (Corrigan, Druss e Perlick, 2014). Lamentavelmente, muitas pessoas – como Paul Vitti, em *A máfia no divã* – equiparam procurar terapia a admitir fraqueza pessoal (Clement et al., 2015).

Terapeutas: quem provê tratamento profissional?

Amigos e parentes podem oferecer excelente orientação sobre seus problemas pessoais, mas a ajuda deles não se qualifica como terapia. A psicoterapia refere-se a tratamento *profissional* prestado por alguém com treinamento especial. Todavia, uma fonte comum de confusão a respeito da psicoterapia é a variedade de "profissões de ajuda" envolvidas (Murstein e Fontaine, 1993). A psicologia e a psiquiatria são as principais profissões envolvidas na oferta da psicoterapia, provendo a maior parte dos cuidados da saúde mental. Porém, o tratamento também é prestado por outros tipos de terapeutas (veja **Tabela 15.1**). Examinemos essas profissões da área da saúde mental.

Psicólogos

Dois tipos de psicólogos podem oferecer terapia, embora a distinção entre eles seja mais teórica do que real. Os *psicólogos clínicos* e os *psicólogos de aconselhamento* são **especializados em diagnóstico e tratamento de transtornos psicológicos e problemas comportamentais do dia a dia.** Teoricamente, o treinamento dos psicólogos clínicos enfatiza o tratamento de transtornos plenamente desenvolvidos. Em contrapartida, supõe-se que o treinamento dos psicólogos de aconselhamento inclina-se para o tratamento de problemas de ajuste diários em pessoas normais. Na prática,

Figura 15.2 Taxas de utilização da terapia.

Olfson e Marcus (2010) analisaram dados sobre a utilização de serviços ambulatoriais de saúde mental não hospitalares nos Estados Unidos em relação a diversas variáveis demográficas. Quanto ao estado civil, as taxas de utilização são especialmente elevadas entre os divorciados ou não casados. A utilização de terapia também é maior entre aqueles que têm um nível educacional mais elevado. As mulheres têm mais tendência que os homens a procurar terapia, mas as taxas de utilização são relativamente baixas entre minorias étnicas e aqueles que não têm planos de saúde.

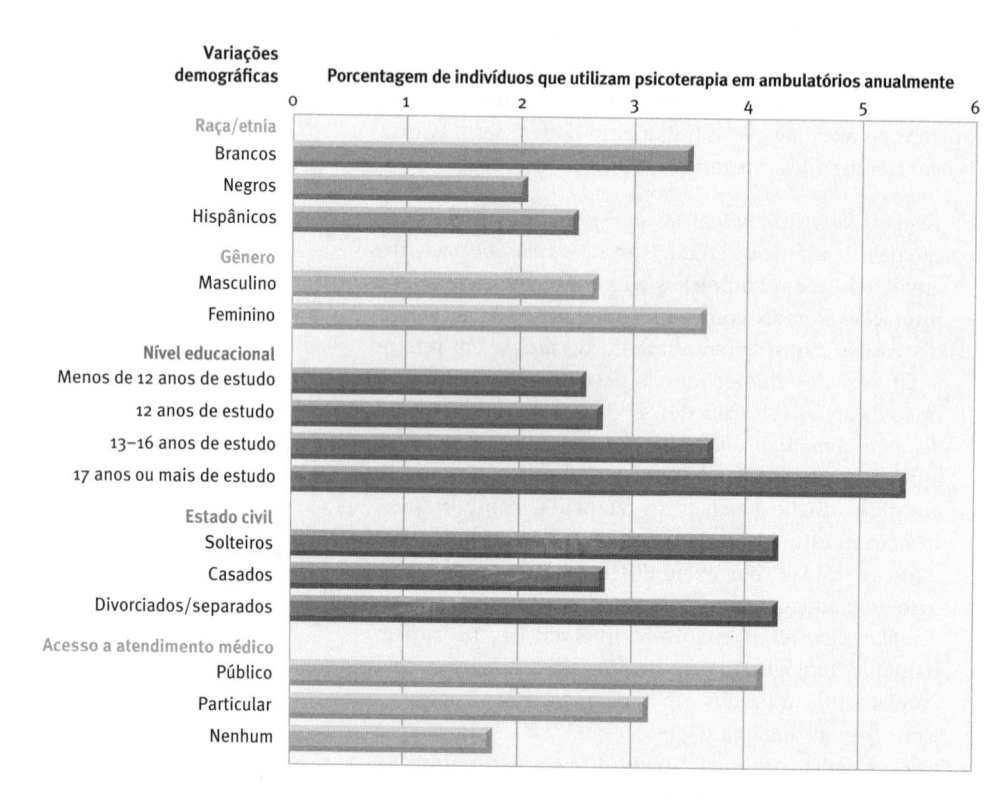

Tabela 15.1 Tipos de terapeuta.

Profissão	Formação acadêmica	Cursos de pós-graduação	Posições e atividades comuns
Psicólogo clínico	Ph.D. ou doutorado em Psicologia (PsyD)	5-7 anos de estudo	Testes psicológicos, diagnósticos, tratamento por meio de terapia de *insight* ou comportamental
Orientação psicológica	Ph.D., Psy.D. ou doutorado em Educação (Ed.D.)	5-7 anos de estudo	Semelhante à psicologia clínica, porém com foco em problemas de trabalho, carreira e adaptação ao trabalho
Psiquiatra	Médico	8 anos de estudo	Diagnóstico e tratamento por meio de terapias biomédicas e também de terapia de *insight*
Serviço social clínico	Mestrado em Serviço Social, Doutorado em Serviço Social	2-5 anos de estudo	Terapia de *insight* e comportamental, para ajudar pacientes internados a retornar à comunidade
Enfermeiro psiquiátrico	Enfermeiro, licenciatura plena ou Ph.D.	0-5 anos de estudo	Tratamento de pacientes internados, terapia de *insight* e comportamental
Orientador psicológico	Bacharelado ou mestrado	0-2 anos de estudo	Orientação vocacional, aconselhamento a usuários de medicamentos, orientação para reabilitação
Terapia familiar e de casais	Licenciatura plena ou Ph.D.	2-5 anos de estudo	Terapia familiar/terapia de casais

porém, há uma grande sobreposição entre psicólogos clínicos e de aconselhamento quanto ao treinamento, habilidades e clientela à qual atendem (Morgan e Cohen, 2008). Nos Estados Unidos, ambos precisam ter grau de doutor (Ph.D., Psy.D. ou Ed.D.). Ao oferecerem terapia, os psicólogos utilizam a abordagem de *insight* ou a comportamental. Os psicólogos clínicos e de aconselhamento fazem testes psicológicos, bem como psicoterapia, além de realizar pesquisas.

Psiquiatras

***Psiquiatras* são médicos especializados em diagnóstico e tratamento de transtornos psicológicos.** Muitos tratam também de problemas comportamentais do dia a dia. Entretanto, em comparação com os psicólogos, os psiquiatras dedicam mais tempo a transtornos relativamente graves (esquizofrenia, transtornos do humor) do que a problemas conjugais, familiares, do trabalho e escolares. Nos Estados Unidos, os psiquiatras se formam em medicina (M.D.). A graduação consiste em 4 anos de curso de medicina e 4 anos de residência. Diferentemente dos psicólogos, os psiquiatras utilizam mais a psicanálise do que a terapia em grupo ou comportamental. Os psiquiatras contemporâneos utilizam cada vez mais a medicação como principal forma de tratamento (Olfson et al., 2014).

Outros profissionais da área da saúde mental

Diversos outros tipos de profissionais da área da saúde mental oferecem serviços de psicoterapia. Nos Estados Unidos, *assistentes sociais psiquiátricos* e *enfermeiras psiquiátricas* comumente trabalham como parte de uma equipe de tratamento com um psicólogo ou um psiquiatra. Ambos tradicionalmente trabalham em hospitais e órgãos de serviço social. Contudo, muitos prestam também ampla variedade de serviços terapêuticos como profissionais independentes. Muitos tipos de *conselheiros* também prestam serviços terapêuticos. Por vezes, especializam-se em tipos particulares de problemas, como aconselhamento vocacional, conjugal, de reabilitação e sobre medicamentos. Terapeutas familiares e de casais normalmente possuem uma especialização que os prepara para trabalhar com casais que apresentem dificuldades de relacionamento ou com famílias disfuncionais. As terapias familiares e de casais aumentaram consideravelmente desde os anos 1980 (Lebow, 2008), e nos Estados Unidos há profissionais licenciados para a prática no país inteiro.

Existem claras diferenças entre as profissões de ajuda quanto à educação, ao treinamento e suas abordagens à terapia. Portanto, seu papel no processo de tratamento sobrepõe-se de maneira considerável. Neste capítulo, vamos nos referir a psicólogos ou a psiquiatras quando necessário; caso contrário, utilizaremos os termos *clínico*, *terapeuta* e *profissional da saúde mental* para nos referirmos a psicoterapeutas de todos os tipos, independentemente de sua graduação profissional.

Agora que discutimos os elementos básicos da psicoterapia, podemos examinar abordagens específicas ao tratamento quanto a suas metas, seus procedimentos e sua eficácia. Começaremos com algumas terapias de *insight* representativas.

15.2 Terapias de *insight*

Muitas escolas de pensamento apresentam ideias sobre como conduzir a terapia de *insight*. Terapeutas com várias orientações teóricas utilizam diferentes métodos para conseguir diferentes tipos de *insight*. Entretanto, o que essas diversas abordagens têm em comum é que as **terapias de *insight* envolvem interações verbais que preten-**

15.2 Objetivos Principais de Aprendizagem

- Explicar a lógica da psicanálise e as técnicas utilizadas pelos psicanalistas para explorar o inconsciente.
- Entender o papel do clima terapêutico e do processo terapêutico na terapia centrada no cliente.
- Explicar como são conduzidas as terapias de grupo, familiares e de casais.
- Avaliar a eficácia da terapia de *insight* e o papel dos fatores mais comuns da terapia.

dem melhorar o autoconhecimento dos clientes e, desse modo, promover mudanças saudáveis na personalidade e no comportamento. Nesta seção, mergulharemos na psicanálise, na terapia centrada no cliente, na terapia de grupo e nas terapias de casal e de família.

Psicanálise

Sigmund Freud trabalhou como psicoterapeuta durante quase 50 anos em Viena. Por meio de um diligente processo de tentativa e erro, ele desenvolveu técnicas inovadoras para tratamento de transtornos psicológicos e angústia. Seu sistema de *psicanálise* dominou a psiquiatria durante muitas décadas. Não obstante a predominância da psicanálise eventualmente ter se desgastado nos últimos anos, um amplo conjunto de abordagens psicanalíticas à terapia continuou a se desenvolver e a se manter influente na atualidade (Luborsky, O'Reilly-Landry e Arlow, 2011; Ursano e Carr, 2014).

***Psicanálise* é uma terapia de *insight* que enfatiza a recuperação de conflitos, motivos e defesas inconscientes por meio de técnicas como associação livre e transferência.** Para apreciar a lógica da psicanálise, temos de olhar para o pensamento de Freud a respeito das raízes dos transtornos mentais. Ele tratou principalmente dos transtornos dominados pela ansiedade, como os fóbicos, do pânico, obsessivo-compulsivos e de conversão, que eram então chamados *neuroses*.

Freud acreditava que os problemas neuróticos são causados por conflitos inconscientes provenientes da primeira infância. Como explicado no Capítulo 11, ele acreditava que as pessoas dependem de mecanismos de defesa para evitar confrontar esses conflitos, os quais permanecem ocultos nas profundezas do inconsciente (veja **Figura 15.3**). No entanto, ele observava que as manobras defensivas tendem a ser apenas parcialmente bem-sucedidas para aliviar a angústia, a culpa e outras emoções desse tipo. Com esse modelo em mente vamos verificar os procedimentos terapêuticos utilizados na psicanálise.

Sondando o inconsciente

Dadas as suposições de Freud, podemos ver que a lógica da psicanálise é bem simples. O analista tenta sondar as obscuras profundezas do inconsciente para descobrir os conflitos não resolvidos que causam o comportamento neurótico do cliente. Nesse esforço para explorar o inconsciente, o terapeuta recorre a duas técnicas: associação livre e análise dos sonhos.

Na *associação livre*, os clientes expressam espontaneamente seus pensamentos e seus sentimentos exatamente como eles ocorrem, com a menor censura possível. Ao empreender a associação livre, expõem tudo o que lhes vêm à mente, independentemente de quão trivial, tolo ou embaraçoso possa ser. O analista estuda essas associações livres em busca de pistas a respeito daquilo que se passa no inconsciente. **Na *análise dos sonhos*, o terapeuta interpreta o significado simbólico dos sonhos do cliente.** Para Freud, os sonhos eram a "estrada real para o inconsciente", o mais direto meio de acesso a conflitos, desejos e impulsos mais íntimos dos pacientes. Os clientes psicanalíticos são encorajados e treinados a se lembrar de seus sonhos, que então descrevem na terapia.

Para ilustrar melhor essas questões, olhemos para um caso real tratado pela psicanálise (adaptado de Greenson, 1967, p. 40-41). Sr. N sentia-se perturbado por um casamento insatisfatório. Afirmava amar sua esposa, mas preferia relações sexuais com prostitutas. Relatou que seus pais também enfrentaram uma vida inteira de dificuldades conjugais. Seus conflitos de infância a respeito das relações de seus pais pareciam estar relacionados com seus problemas. Tanto a análise dos sonhos como a associação livre podem ser vistas na seguinte descrição de uma sessão do tratamento do Sr. N:

> Sr. N relatou um fragmento de um sonho. Tudo o que ele conseguiu lembrar é que estava esperando que um sinal vermelho de trânsito mudasse quando sentiu que alguém colidiu com a traseira de seu carro. ... As associações levaram ao gosto que ele tem por carros, especialmente os esportivos. Ele adorava a sensação de zumbido provocada por aqueles carros antigos reluzentes e caros ... Seu pai sempre insinuava que fora um grande atleta, mas nunca o provou... Sr. N duvidava do desempenho do pai. Seu pai flertava com uma garçonete de um restaurante ou fazia observações sexuais a respeito de mulheres que passavam, mas parecia estar "fazendo gênero". Se realmente fosse agressivo sexualmente, não recorreria a isso.

Como é característico da associação livre, o encadeamento de ideias do Sr. N vagava sem muita direção. Todavia,

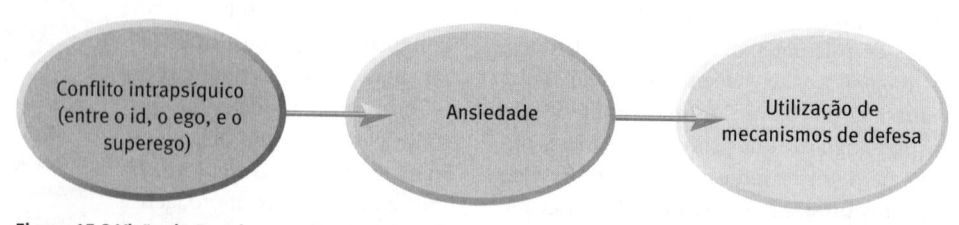

Figura 15.3 Visão de Freud a respeito das raízes dos transtornos mentais.

De acordo com Freud, conflitos inconscientes entre o id, o ego e o superego às vezes levam à ansiedade. Esse desconforto pode acarretar a utilização de mecanismos de defesa, que podem aliviar temporariamente a angústia.

Conflito intrapsíquico (entre o id, o ego, e o superego) → Ansiedade → Utilização de mecanismos de defesa

as pistas sobre seus conflitos inconscientes eram patentes. O que seu terapeuta extraiu dessa seção? Ele viu vislumbres sexuais no fragmento de sonho, em que alguém se chocava com a traseira do carro do Sr. N. O terapeuta também inferiu que seu cliente tinha uma orientação competitiva com seu pai, baseado na associação livre a respeito do zumbido provocado por carros caros lustrosos e antigos. Como se pode ver, os analistas devem *interpretar* os sonhos e associações livres de seus clientes. Contrariamente à crença popular, os analistas em geral não tentam deslumbrar os clientes com revelações surpreendentes. Em vez disso, eles caminham passo a passo, oferecendo interpretações que estavam fora do alcance dos clientes. O terapeuta do Sr. N por fim ofereceu a seguinte interpretação a seu cliente:

> *Eu disse ao Sr. N, quase no fim da consulta, que achava que ele estava lutando com seus sentimentos acerca da vida sexual de seu pai. Ele parecia estar dizendo que seu pai, sexualmente, não era um homem muito potente... Ele também se lembra de que certa vez encontrou um pacote de preservativos sob o travesseiro de seu pai quando era adolescente e que pensou: "Meu pai deve estar saindo com prostitutas". Argumentei que os preservativos sob o travesseiro de seu pai poderiam indicar mais evidentemente que ele os usava com sua mãe, que dormia na mesma cama. Entretanto, o Sr. N queria acreditar na fantasia que satisfazia sua vontade: sua mãe não queria sexo com seu pai e seu pai não era muito potente. O paciente permaneceu em silêncio e a sessão terminou.*

Como você já deve ter adivinhado, o terapeuta concluiu que as dificuldades do Sr. N estavam enraizadas em um *complexo de Édipo* (veja o Capítulo 11). O paciente tinha sentimentos sexuais não resolvidos em relação à sua mãe e sentimentos hostis com seu pai. Esses conflitos inconscientes enraizados na infância estavam distorcendo suas relações íntimas como adulto.

Resistência e transferência

Como você esperaria que o Sr. N respondesse às sugestões do terapeuta de que ele estava competindo com seu pai pela atenção sexual de sua mãe? Evidentemente, a maioria dos clientes teria grandes dificuldades para aceitar essa interpretação. Freud esperava plenamente que os clientes exibissem certa resistência aos esforços terapêuticos. **Resistência refere-se às manobras defensivas amplamente inconscientes destinadas a perturbar o progresso da terapia.** Assume-se que a resistência é uma parte inevitável do processo psicanalítico (Samberg e Marcus, 2005). Por que os clientes tentam resistir ao processo de ajuda? Porque não querem encarar os conflitos penosos e perturbadores que sepultaram em seu inconsciente. Apesar de procurar ajuda, eles relutam em confrontar seus problemas reais. Os analistas usam uma variedade de estratégias para lidar com a resistência dos clientes. Com frequência, uma consideração-chave é lidar com a transferência.

A *transferência* ocorre quando clientes começam a se relacionar com seus terapeutas de maneiras que imitam relações cruciais da vida deles. Desse modo, um cliente poderia começar a relacionar-se com o terapeuta como se este fosse uma mãe superprotetora, ou rejeitadora, ou mesmo uma esposa passiva. Em certo sentido, o cliente *transfere* para o terapeuta sentimentos conflitantes a respeito de pessoas importantes (Høglend et al., 2011). Os psicanalistas muitas vezes encorajam a transferência a fim de que seus clientes possam reatar relações com pessoas cruciais no contexto da terapia. Essas retomadas podem ajudar a trazer à superfície sentimentos reprimidos e conflitos, permitindo que o cliente os trabalhe.

Suportar psicanálise não é fácil. Pode ser um processo lento e penoso de autoexame que rotineiramente requer de três a cinco anos de trabalho árduo. É um processo relativamente lento, pois os pacientes necessitam de tempo para trabalhar seus problemas e aceitar revelações incômodas (Williams, 2005). Em última análise, se a resistência e a transferência puderem ser tratadas de maneira eficiente, as

---

CHECAGEM DA REALIDADE

Ideia equivocada

Para fazer terapia as pessoas se deitam em sofás e falam sobre seu passado.

Realidade

Somente em tratamentos de psicanálise (e não em todos eles) os pacientes se deitam em um sofá e falam sobre sua infância. Como se verá neste capítulo, há diversos métodos de tratamento de transtornos psicológicos e, na maior parte dos casos, os clientes não ficam deitados em sofás falando sobre um passado distante.

Na psicanálise, o terapeuta encoraja o cliente a revelar pensamentos, sentimentos, sonhos e lembranças, que então podem ser interpretados em relação aos problemas atuais do cliente.

interpretações do terapeuta deverão levar o cliente a profundos *insights*. Por exemplo, o Sr. N por fim admitiu: "Provavelmente, o velhinho está certo; diverte-me imaginar que minha mãe preferia a mim e que eu poderia derrotar meu pai. Depois, ponderei se isso tinha algo a ver com minha vida sexual complicada com minha esposa". De acordo com Freud, assim que os pacientes reconhecem as fontes inconscientes de conflitos, eles podem resolvê-los e se desfazer de suas defesas neuróticas.

Tratamentos psicodinâmicos modernos

Não obstante ainda estar disponível, a psicanálise clássica como foi aplicada por Freud não é mais amplamente praticada. Seu método psicanalítico destinava-se a um tipo particular de clientes que ele via em Viena há um século. À medida que seus seguidores se espalharam pela Europa e pela América, muitos acharam necessário adaptar a psicanálise a diferentes culturas, à mudança dos tempos e aos novos tipos de pacientes (Karasu, 2005). Dessa forma, muitas variações da abordagem original de Freud à psicanálise desenvolveram-se ao longo dos anos. Esses descendentes da psicanálise são conhecidos coletivamente como *abordagens psicodinâmicas* de terapia.

O resultado é que hoje temos uma rica diversidade de métodos psicodinâmicos (Magnavita, 2008). Reavaliações recentes desses métodos sugerem que a interpretação, a resistência e a transferência continuam a ter papel fundamental em termos de efeito terapêutico (Høglend et al., 2008; Luborskye Barrett, 2006). Outras características importantes das modernas terapias psicodinâmicas são: (1) foco na experiência emocional, (2) incentivo ao esforço para evitar pensamentos e sentimentos negativos, (3) identificação de padrões recorrentes nas experiências de vida dos pacientes, (4) discussão de experiências, em especial dos eventos vivenciados durante a infância, (5) análise de relacionamentos de *insight*, (6) foco no relacionamento terapêutico em si, e (7) análise de sonhos e demais aspectos da fantasia (Shedler, 2010; veja **Figura 15.4**). Pesquisas recentes sugerem que os métodos psicodinâmicos podem ajudar no tratamento de uma vasta gama de transtornos (Joseph e Weinberger, 2013; Barber et al., 2013).

Terapia centrada no cliente

Talvez você já tenha ouvido falar de pessoas que vão à terapia para "se encontrar", ou para "entrar em contato com seus verdadeiros sentimentos". Essas frases populares surgiram do *movimento do potencial humano*. Esse movimento foi estimulado em parte pelo trabalho de Carl Rogers (1951, 1986). Utilizando uma perspectiva humanística, ele idealizou a terapia centrada no cliente (também conhecida como terapia centrada na pessoa) nas décadas de 1940 e 1950.

Terapia centrada no cliente é uma terapia de *insight* que enfatiza o oferecimento de um clima emocional de apoio para os clientes, que desempenham um papel importante na determinação do ritmo e da orientação de sua terapia. A teoria de Rogers a respeito das causas princi-

Figura 15.4 Características das terapias psicodinâmicas.

Em um artigo sobre a eficácia das terapias psicodinâmicas, Jonathan Shedler (2010) listou os principais aspectos das técnicas e dos processos da psicodinâmica moderna. As sete características listadas representam os princípios do tratamento psicodinâmico contemporâneo.

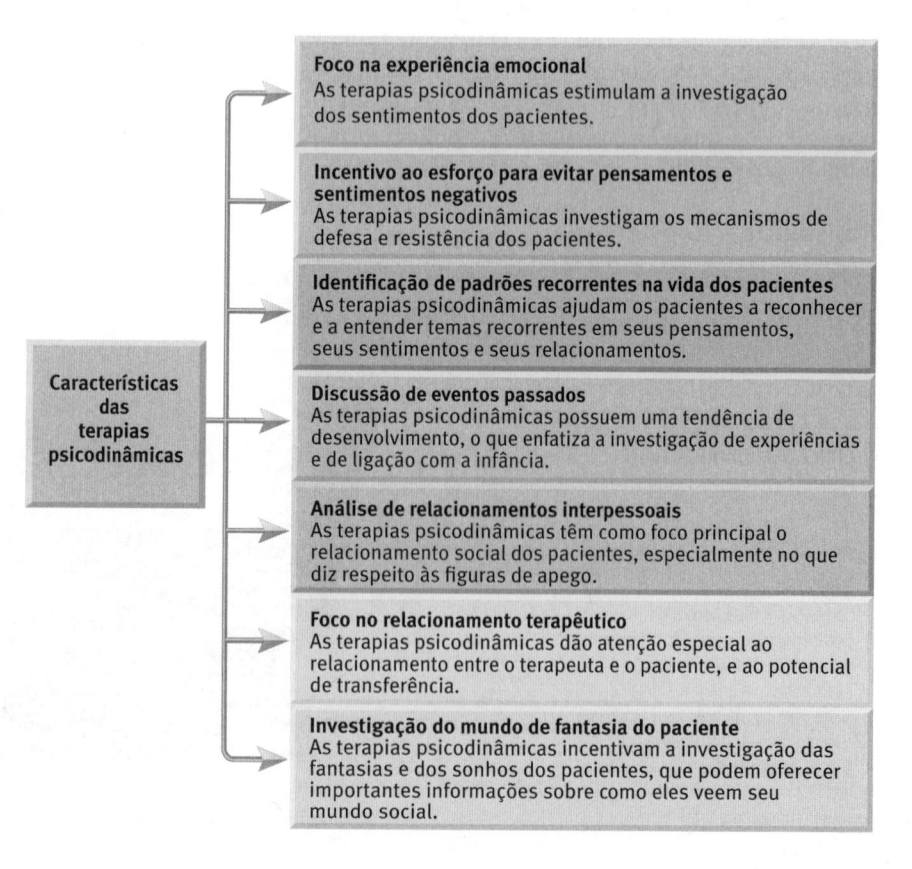

Características das terapias psicodinâmicas

- **Foco na experiência emocional**
  As terapias psicodinâmicas estimulam a investigação dos sentimentos dos pacientes.

- **Incentivo ao esforço para evitar pensamentos e sentimentos negativos**
  As terapias psicodinâmicas investigam os mecanismos de defesa e resistência dos pacientes.

- **Identificação de padrões recorrentes na vida dos pacientes**
  As terapias psicodinâmicas ajudam os pacientes a reconhecer e a entender temas recorrentes em seus pensamentos, seus sentimentos e seus relacionamentos.

- **Discussão de eventos passados**
  As terapias psicodinâmicas possuem uma tendência de desenvolvimento, o que enfatiza a investigação de experiências e de ligação com a infância.

- **Análise de relacionamentos interpessoais**
  As terapias psicodinâmicas têm como foco principal o relacionamento social dos pacientes, especialmente no que diz respeito às figuras de apego.

- **Foco no relacionamento terapêutico**
  As terapias psicodinâmicas dão atenção especial ao relacionamento entre o terapeuta e o paciente, e ao potencial de transferência.

- **Investigação do mundo de fantasia do paciente**
  As terapias psicodinâmicas incentivam a investigação das fantasias e dos sonhos dos pacientes, que podem oferecer importantes informações sobre como eles veem seu mundo social.

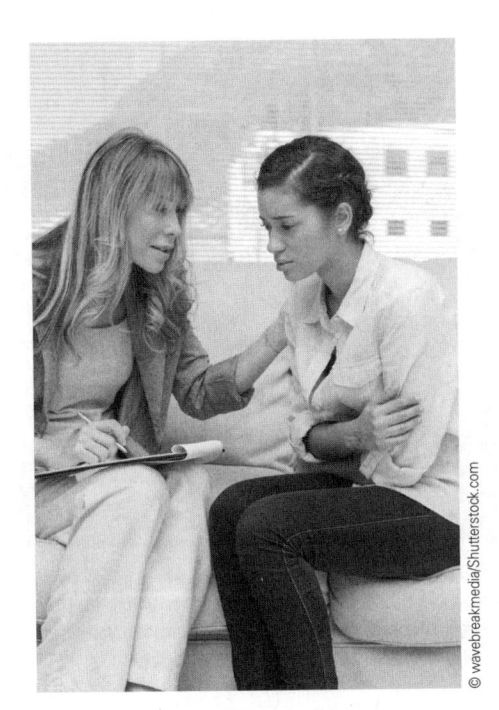

Os terapeutas centrados nos clientes enfatizam a importância do clima de apoio emocional na terapia. Eles também trabalham para esclarecer, em vez de interpretar, os sentimentos expressados por seus pacientes.

pais das ansiedades neuróticas é bem diferente da explicação freudiana. Como discutimos no Capítulo 11, Rogers defende que a angústia da maioria das pessoas se deve à inconsistência, ou "incongruência", entre o autoconceito da pessoa e a realidade (veja **Figura 15.5**). De acordo com sua teoria, a incongruência faz as pessoas sentirem-se ameaçadas pelo *feedback* realista sobre elas mesmas, vindo de outras pessoas. De acordo com Rogers, a ansiedade a respeito desse *feedback* muitas vezes leva à utilização de mecanismos de defesa, distorções da realidade e crescimento pessoal reprimido. Considera-se que a excessiva incongruência está enraizada na superdependência que os clientes têm de aprovação ou aceitação dos outros.

Dada a teoria de Carl Rogers, os terapeutas centrados no cliente procuram *insights*, que são bem diferentes dos conflitos reprimidos que os psicanalistas procuram, e ajudam os clientes a perceber que eles não têm de se preocupar constantemente em agradar os outros e ganhar aceitação. Esses clínicos ajudam as pessoas a reestruturar seu autoconceito para melhor corresponder à realidade. Por fim, tentam promover a autoaceitação e o crescimento pessoal.

Clima terapêutico

De acordo com Rogers, o *processo* de terapia não é tão importante quanto o *clima* emocional no qual ela se desenvolve. Ele acredita que é imprescindível que o terapeuta proporcione um clima cordial, de apoio e aceitação, que crie um ambiente seguro, no qual os clientes podem confrontar suas dificuldades sem se sentir ameaçados. A ausência de ameaça deve reduzir as tendências defensivas do cliente e, dessa forma, ajudá-lo a se abrir. Para criar essa atmosfera de apoio, os terapeutas centrados no cliente devem prover três condições: (1) *autenticidade* (comunicação honesta); (2) *consideração positiva incondicional* (aceitação sem julgamentos do cliente); e (3) *empatia profunda* (entendimento do ponto de vista do cliente). Pesquisas consistentes com a opinião de Rogers sobre a importância vital do clima terapêutico revelam que as medidas de empatia e o tratamento incondicionalmente positivo por parte dos terapeutas estão diretamente relacionados aos resultados positivos dos pacientes (Elliott et al., 2011; Farber e Doolin, 2011).

Processo terapêutico

Na terapia centrada no cliente, este e o terapeuta trabalham juntos como iguais. O terapeuta oferece relativamente pouca orientação e a mantém, assim como conselho, em um nível mínimo (Raskin, Rogers e Witty, 2011). A tarefa-chave do terapeuta é *clarificação*. Os terapeutas centrados no cliente tentam funcionar como um espelho humano, refletindo as afirmações de volta para seus clientes, mas com maior clareza. Eles os ajudam a se tornar mais conscientes de seus verdadeiros sentimentos ao realçar temas que podem estar obscuros no vago discurso de seus clientes.

Ao trabalhar com clientes para esclarecer seus sentimentos, os terapeutas centrados no cliente esperam construir gradualmente *insights* de mais longo alcance. Em especial,

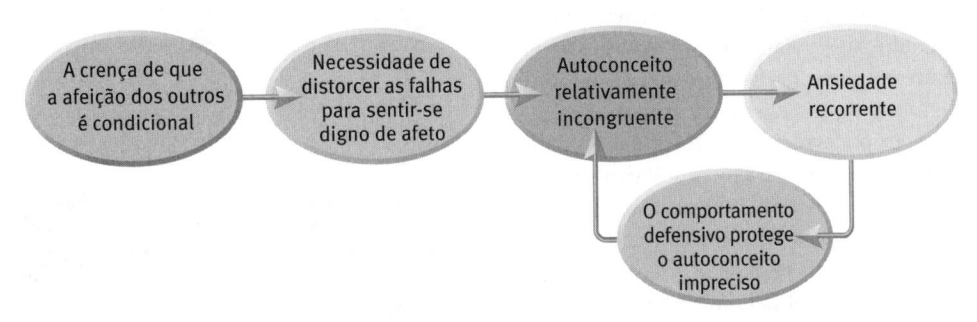

Figura 15.5 Visão de Rogers a respeito das raízes dos transtornos mentais.

A teoria de Rogers afirma que a ansiedade e o comportamento de autoderrota estão enraizados em um autoconceito incongruente, que torna o indivíduo propenso à ansiedade recorrente, a qual dispara o comportamento defensivo, que alimenta mais incongruência.

eles tentam ajudar os clientes a entender melhor suas relações de *insight* e a se tornar mais confortáveis com o seu "eu" autêntico. Evidentemente, são metas ambiciosas. Esse tipo de terapia lembra a psicanálise, uma vez que ambas procuram obter uma grande reconstrução da personalidade do cliente.

Terapia de grupo

Muitas abordagens à terapia de *insight*, como a terapia centrada no cliente, podem ser conduzidas em uma base individual ou em grupo. ***Terapia de grupo* é o tratamento simultâneo de diversos clientes em um grupo**. Devido a pressões econômicas na área de tratamento de saúde mental, a terapia de grupo promete ser uma tendência crescente para os próximos anos (Burlingame e Baldwin, 2011). Ainda que a terapia de grupo possa ser realizada de diversas maneiras, podemos apresentar uma visão geral do processo (veja Piper e Hernandez, 2013; Spitz, 2009).

Uma terapia de grupo consiste em quatro a doze pessoas, sendo de seis a oito participantes considerado o número ideal (Cox et al., 2008). O terapeuta geralmente faz uma triagem dos participantes, excluindo os que parecem ser mais perturbados. Alguns teóricos defendem que uma escolha criteriosa dos participantes é crucial para um tratamento de grupo eficiente (Schachter, 2011). Na terapia de grupo, os participantes essencialmente funcionam como terapeutas uns dos outros (Stone, 2008). Seus membros descrevem seus problemas, trocando pontos de vista, compartilhando experiências e discutindo estratégias de tratamento. O mais importante é que eles promovem aceitação e apoio emocional mútuos. Nessa atmosfera, os membros do grupo trabalham para retirar as máscaras sociais que cobrem suas inseguranças. Assim que seus problemas são expostos, eles lutam para corrigi-los. Quando passam a valorizar as opiniões uns dos outros, trabalham arduamente para exibir mudanças saudáveis. No tratamento de grupo, as responsabilidades do terapeuta incluem: selecionar os participantes, definir metas para o grupo, iniciar e manter o processo terapêutico e impedir interações dos membros do grupo que possam ser psicologicamente danosas (Cox et al., 2008). O terapeuta muitas vezes desempenha um papel relativamente sutil nessa terapia, permanecendo no plano de fundo e se concentrando principalmente em promover a coesão do grupo.

As terapias de grupo evidentemente poupam tempo e dinheiro, o que pode ser crucial em hospitais psiquiátricos e outros ambientes institucionais com insuficiência de pessoal (Cox et al., 2008). Os terapeutas da prática privada geralmente cobram menos pela terapia de grupo do que pela individual, tornando-a acessível para um número maior de pessoas. Entretanto, essa terapia *não* é apenas um substituto menos oneroso para a terapia individual (Knauss, 2005; Stone, 2008). Ela tem potencialidades particulares próprias,

Terapias de grupo têm se revelado particularmente úteis quando os membros compartilham problemas semelhantes, como o alcoolismo, comer em excesso, ou ter sofrido abuso sexual quando criança. Muitas abordagens para a terapia de *insight* originalmente desenvolvidas para tratamentos individuais – como a terapia centrada no paciente – foram adaptadas para tratamentos em grupos.

e certos tipos de problema são especialmente bem adequados para tratamento em grupo. Tratamentos em grupo têm obtido êxito para uma gama cada vez maior de problemas e transtornos na prática clínica contemporânea (Burlingame, Strauss e Joyce, 2013).

Terapias de família e de casais

Assim como a terapia de grupo, a terapia familiar e de casais cresceu exponencialmente após a Segunda Guerra Mundial. Como o próprio nome diz, essas intervenções são definidas de acordo com quem está sendo tratado. A ***terapia de casais* é o tratamento de parceiros em um relacionamento de comprometimento íntimo, com foco nos problemas do relacionamento**. A terapia de casais não se restringe a parceiros casados. É frequentemente utilizada para indivíduos que moram juntos, incluindo casais do mesmo sexo. A ***terapia familiar* envolve o tratamento do grupo familiar**

Terapeutas de casais tentam ajudar os cônjuges a tornar mais claros seus desejos e suas necessidades no relacionamento, a reconhecer a contribuição mútua para os problemas, a desenvolver melhor comunicação, a aumentar a flexibilidade e a tolerância quanto às diferenças, a trabalhar o equilíbrio de poder e a aprender a lidar com os conflitos de maneira mais construtiva.

> **REVISÃO 15.1**
>
> **Entendendo os conceitos de desordem dos terapeutas**
>
> Verifique seu entendimento sobre três tipos de aplicação da terapia de *insight* abordadas neste livro, associando os tipos de terapia à explicação das origens típicas dos distúrbios psicológicos dos pacientes. As respostas estão no Apêndice A.
>
> **Causa teórica do distúrbio**
>
> _____ 1. Problemas vêm do ecossistema da família ou do casal.
>
> _____ 2. Problemas vêm de conflitos mal resolvidos na infância.
>
> _____ 3. Problemas vêm de um conceito próprio errado ou de uma preocupação excessiva em agradar o outro.
>
> **Terapia**
>
> a. Psicanálise
>
> b. Terapia centrada no cliente
>
> c. Terapia familiar e de casais

como um todo e o foco está na dinâmica e na comunicação entre seus membros. A terapia familiar muitas vezes surge de esforços para tratar crianças ou adolescentes em terapia individual. O terapeuta de uma criança, por exemplo, pode perceber que o tratamento não surte efeito porque a criança vive em um ambiente doméstico que contribui para o seu problema, então propõe uma intervenção com a família em conjunto.

Assim como em outras modalidades de terapia, há diferentes escolas de pensamento sobre como conduzir a terapia familiar e a de casais (Goldenberg, Goldenberg e Pelavin, 2011). Alguns desses sistemas diversos são extensões de métodos de referência em termos de terapia individual, incluindo tratamentos das linhas de *insight*, humanística e comportamental. Outros métodos se baseiam em modelos inovadores de famílias como sistemas complexos, e representam uma rejeição explícita dos modelos individuais de tratamento. Embora os diversos métodos de terapia familiar e de casais possam diferir quanto a terminologia e modelos teóricos de relacionamento e de disfunções familiares, eles possuem dois objetivos em comum. Primeiro, buscam entender os complexos padrões de interação que causam os problemas. Nessa tentativa, consideram os indivíduos como partes de um ecossistema familiar e presumem que seu comportamento seja resultado de seu papel nesse sistema (Lebow e Stroud, 2013). Segundo, buscam ajudar os casais e as famílias a melhorar a comunicação e a descobrir padrões mais saudáveis de interação.

Qual é a eficácia das terapias de *insight*?

Avaliar a eficácia de qualquer abordagem à psicoterapia é uma questão complexa (Conner e Kendall, 2013; Lilienfeld et al., 2014; Ogles, 2015). Em primeiro lugar, os transtornos psicológicos às vezes desaparecem por si mesmos, fenômeno chamado *remissão espontânea*. Se um cliente experimentar uma recuperação depois de um tratamento, não se pode supor automaticamente que a recuperação se deva ao tratamento (veja a Aplicação do Pensamento Crítico). As avaliações das terapias de *insight* são especialmente complicadas porque várias escolas de pensamento buscam objetivos totalmente diferentes. Os julgamentos do resultado terapêutico nas terapias de *insight* tendem a ser subjetivos, havendo pouco consenso a respeito da melhor maneira de se avaliar o progresso terapêutico. Além disso, as pessoas ingressam na terapia com problemas diversos de variados níveis de gravidade, o que complica ainda mais o processo de avaliação.

Apesar dessas dificuldades, milhares de estudos de resultados terapêuticos têm sido realizados para avaliar a eficácia da terapia de *insight*. Esses estudos examinaram ampla variedade de problemas clínicos e utilizaram diversos métodos para avaliar os resultados terapêuticos, incluindo observar pontuações para testes psicológicos e classificações por membros da família, terapeutas e clientes. Como um todo, eles indicam consistentemente que a terapia de *insight* é superior ao não tratamento ou ao tratamento com placebo, e que seus efeitos são razoavelmente duráveis (Lambert, 2011, 2013). E, quando as terapias de *insight* são comparadas a terapias com medicamento, apresentam relativamente o mesmo nível de eficácia (Arkowitz e Lilienfeld, 2007; Wampold, 2013). Os estudos em geral descobrem maiores progressos no início do tratamento (as primeiras dez a vinte sessões semanais), com ganhos adicionais diminuindo gradualmente com o passar do tempo (Lambert, 2013), como revelam os dados de um estudo indicado na **Figura 15.6**. Com certeza, essa ampla generalização disfarça uma considerável variação no resultado, mas as tendências gerais são encorajadoras.

Como funcionam as terapias de *insight*

Embora existam evidências consideráveis de que a terapia de *insight* tende a produzir efeitos positivos para a maioria dos clientes, existe um acirrado debate quanto aos *mecanismos de ação* que estão por trás desses efeitos positivos (Duncan e Reese, 2013). Os defensores de várias terapias tendem a atribuir os benefícios da terapia aos procedimentos particulares usados para cada abordagem específica. Basicamente, afirmam que diferentes tipos de terapia obtêm

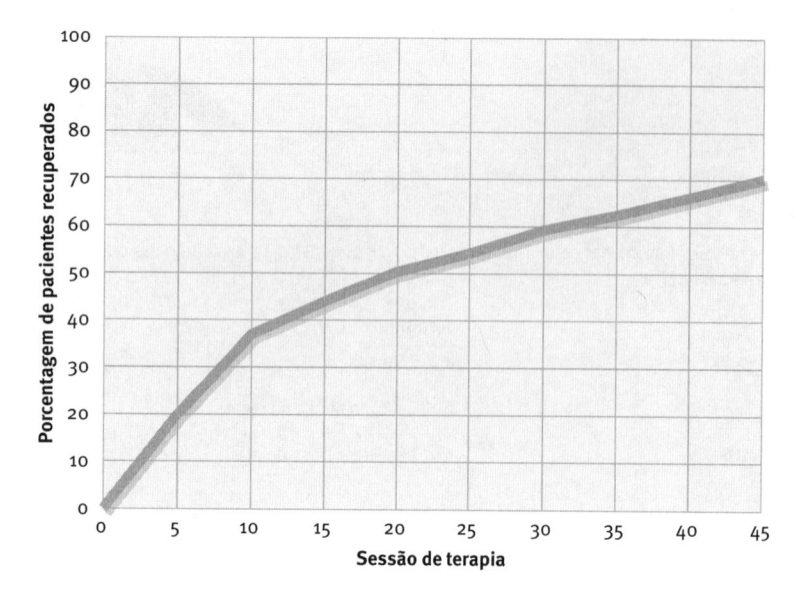

Figura 15.6 Recuperação em função do número de sessões de terapia.

Com base em uma amostra com mais de 6 mil pacientes, Lambert, Hansen e Finch (2001) fizeram o mapeamento do elo entre a recuperação e a duração do tratamento. Esses dados mostram que cerca de metade dos pacientes experimentou uma significativa recuperação clínica depois de 20 sessões semanais de terapia. Depois de 45 sessões, cerca de 70% se recuperou.

Fonte: Adaptado de Lambert, M. J., Hansen, N. B. e Finch, A. E. Patient-focused research: Using patient outcome data to enhance treatment effects. *Journal of Consulting and Clinical Psychology*, n. 69, p. 159-172, 2001. Copyright © 2001 por American Psychologycal Association. Usado com autorização do editor e dos autores.

benefícios similares por meio de processos diferentes. Uma visão alternativa exposta por muitos teóricos é que as diversas abordagens à terapia compartilham certos *fatores comuns* e que esses fatores comuns explicam uma grande parte dos progressos experimentados pelos clientes (Wampold, 2001). Evidências que apoiam a teoria dos fatores comuns aumentaram nos últimos anos (Lambert e Ogles, 2014; Sparks, Duncan e Miller, 2008).

Quais são os denominadores comuns que estão no cerne das diversas abordagens à terapia? Os modelos propostos para responder a essa pergunta variam de maneira considerável, mas os fatores comuns mais amplamente citados incluem (1) o desenvolvimento de uma aliança terapêutica com um profissional; (2) o provimento de apoio emocional e empatia por parte do terapeuta; (3) o cultivo de esperança e expectativas positivas no cliente; (4) a apresentação de uma razão para os problemas do cliente, e de um método plausível para reduzi-los; e (5) a oportunidade de expressar sentimentos, enfrentar problemas e ganhar novos *insights* (Laska, Gurman e Wampold, 2014; Weinberger, 1995). Qual é a importância dos fatores comuns na terapia? Alguns teóricos argumentam que eles explicam praticamente *todo* o progresso alcançado pelos clientes na terapia (Wampold, 2001). Parece mais provável que os benefícios da terapia representam os efeitos combinados dos fatores comuns e de procedimentos específicos. Uma pesquisa tentou quantificar a influência de fatores comuns analisando trinta e um estudos com foco no tratamento da depressão. Quando a variedade de resultados em pacientes foi distribuída entre diversas fontes de influência, os pesquisadores estimaram que 49% dessa variedade pode ser atribuída a fatores comuns (Cuijpers et al., 2012). Pode-se admitir que se trata apenas de estimativa baseada em uma forma de tratamento para um transtorno específico e que, portanto, não oferece resposta definitiva quanto à importância dos fatores comuns. No entanto, certamente sugere que os fatores comuns têm papel significativo na terapia de *insight*.

15.3 Terapias comportamentais

As terapias comportamentais são diferentes da terapia de *insight*, pois os terapeutas comportamentais não fazem nenhuma tentativa de ajudar os clientes a obter grandes *insights* sobre si mesmos. Por quê? Porque os terapeutas comportamentais acreditam que os *insights* não são necessários para produzir mudanças construtivas. Por exemplo, considere um cliente perturbado por jogar compulsivamente. O terapeuta comportamental não se preocupa se esse comportamento está enraizado em conflitos inconscientes ou rejeição dos pais. O que o cliente precisa é livrar-se do comportamento inadequado. Consequentemente, o terapeuta apenas idealiza um programa para eliminar a compulsão para o jogo.

15.3 Objetivos Principais de Aprendizagem

- Descrever os procedimentos da dessensibilização sistemática e do desenvolvimento de habilidades sociais.
- Enunciar os objetivos e as técnicas da terapia cognitiva e avaliar a eficácia das terapias comportamentais.

As *terapias comportamentais* **envolvem a aplicação dos princípios de aprendizagem e condicionamento para direcionar esforços a fim de mudar comportamentos inadequados dos clientes.** As terapias comportamentais baseiam-se em duas suposições principais (Stanley e Beidel, 2009). *Primeiro, presume-se que o comportamento seja um produto da aprendizagem*. Não importa quão portador de autoderrota ou patológico possa ser o comportamento de um cliente, o terapeuta comportamental acredita que isso é o resultado de condicionamento passado. *Segundo, supõe-se que aquilo que foi aprendido possa ser desaprendido*. Assim, os terapeutas comportamentais tentam modificar o comportamento dos clientes aplicando os princípios do condicionamento clássico, do condicionamento operante e de aprendizagem observacional (veja o Capítulo 6). As terapias comportamentais envolvem o desenvolvimento de procedimentos específicos para tipos específicos de problema, como veremos em nossa discussão a respeito da dessensibilização sistemática.

Dessensibilização sistemática

Idealizada por Joseph Wolpe (1958), a dessensibilização sistemática revolucionou a psicoterapia ao dar aos terapeutas sua primeira alternativa útil à tradicional "terapia pela conversa" (*talk therapy*) (Fishman, Rego e Muller, 2011). **Dessensibilização sistemática é uma terapia do comportamento utilizada para reduzir as respostas fóbicas dos clientes.** O tratamento supõe que a maioria das respostas de ansiedade seja adquirida por meio do condicionamento clássico (como vimos no Capítulo 14). De acordo com esse modelo, um estímulo inofensivo (por exemplo, uma ponte) pode ser emparelhado com um evento causador de medo (um relâmpago atingi-la), de modo que ele se torne um estímulo condicionado que provoca ansiedade. A meta da dessensibilização sistemática é enfraquecer a associação entre o estímulo condicionado (a ponte) e a resposta condicionada de ansiedade (veja **Figura 15.7**).

A dessensibilização sistemática envolve três passos. *Primeiro, o terapeuta ajuda o cliente a construir uma hierarquia de ansiedades.* A hierarquia é uma lista de estímulos que provoca ansiedade relacionada com a fonte específica de ansiedade, como voar, exames universitários ou cobras. O cliente classifica os estímulos daquilo que lhe provoca menos ansiedade para o que provoca mais ansiedade. *O segundo passo envolve treinar o cliente em um profundo relaxamento muscular.* Essa segunda fase pode ser iniciada durante as primeiras sessões, enquanto o terapeuta e o cliente ainda estão estabelecendo a hierarquia de ansiedade. *No terceiro passo, o cliente tenta trabalhar a hierarquia, aprendendo a manter-se relaxado enquanto imagina cada estímulo.* Iniciando com o estímulo que lhe causa menos ansiedade, o cliente imagina a situação de maneira tão vívida quanto possível enquanto se mantém relaxado. Se ele experimentar forte ansiedade, deixa de lado a cena imaginária e se concentra em relaxar; continua a repetir esse processo até poder imaginar uma cena com pouca ou nenhuma ansiedade. Depois que uma cena em particular é superada, o cliente passa para a situação de estímulo seguinte na hierarquia de ansiedades. Gradualmente, ao longo de uma série de sessões de terapia, o cliente avança através da hierarquia, desaprendendo respostas de ansiedade problemáticas.

A eficácia da dessensibilização sistemática para reduzir respostas fóbicas é bem documentada (Spiegler, 2016). No entanto, intervenções que enfatizam exposições *diretas* a situações da vida real que causam ansiedade se tornaram o tratamento predileto dos terapeutas para transtornos fóbicos e de ansiedade (Rachman, 2009). **Na *terapia de exposição*, os clientes são expostos às situações que temem para aprender que elas não são realmente prejudiciais.** A exposição ocorre em ambiente controlado e geralmente envolve uma progressão gradual, que vai dos estímulos menos temidos até os mais assustadores. Essa exposição real a situações que provocam ansiedade não é nociva e a ansiedade do cliente acaba diminuindo. Nas últimas décadas alguns terapeutas vêm recorrendo a apresentações bem realistas de situações temidas por meio de imagens de computador (Meyerbröker e Emmelkamp, 2010; Reger et al., 2011). Terapias de exposição são versáteis porque podem ser usadas para uma vasta gama de transtornos de ansiedade, incluindo o transtorno obsessivo-compulsivo, o transtorno de estresse pós-traumático e o transtorno de pânico.

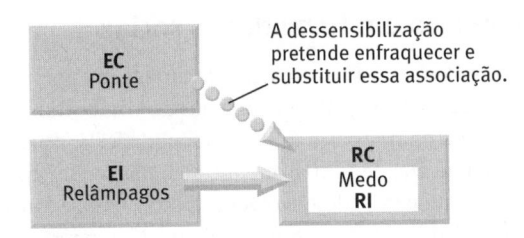

Figura 15.7 A lógica subjacente da dessensibilização sistemática.

Os behavioristas argumentam que muitas respostas fóbicas são adquiridas por meio do condicionamento clássico. Por exemplo, uma pessoa traumatizada pela queda de um relâmpago ao atravessar uma ponte poderia desenvolver uma fobia de pontes, como mostra o diagrama. A dessensibilização sistemática tem como alvo as associações condicionadas entre estímulos fóbicos e respostas de medo.

A dessensibilização sistemática é um tratamento comportamental para fobias. Os primeiros estudos da eficácia dos procedimentos geralmente utilizaram pessoas que tinham medo de cobras como objeto de pesquisa, por serem essas pessoas fáceis de encontrar. Essa pesquisa mostrou que a dessensibilização sistemática, frequentemente, é um tratamento efetivo.

Treinamento em habilidades sociais

Muitos problemas psicológicos se desenvolvem por causa de dificuldades de *insight*. Os terapeutas do comportamento destacam que as pessoas adquirem habilidades sociais por meio da aprendizagem. Infelizmente, algumas sequer aprenderam a ser amigáveis, desenvolver uma conversa, expressar raiva apropriadamente, e assim por diante. Como resultado, os terapeutas comportamentais estão utilizando cada vez mais o treinamento em habilidades sociais em seus esforços para melhorar as capacidades sociais dos clientes. Essa abordagem tem produzido resultados promissores no tratamento da depressão (Thase, 2002), do autismo (Ottero et al., 2015) e da esquizofrenia (Maeser et al., 2013).

Treinamento em habilidades sociais é uma terapia comportamental idealizada para melhorar habilidades de *insight*, que enfatiza a modelação, o ensaio comportamental e a modelagem (*shaping*). A *modelação* é usada para encorajar os clientes a observar amigos e colegas que possuem habilidades sociais, a fim de poderem adquirir respostas apropriadas (contato visual, ouvir ativamente etc.) pela observação. No *ensaio comportamental*, os clientes praticam técnicas sociais em exercícios estruturados em que eles representam um papel. O terapeuta fornece *feedback* corretivo e utiliza aprovação para reforçar o progresso. Por fim, é claro, os clientes experimentam suas habilidades recém-adquiridas em interações do mundo real. Geralmente, tarefas específicas de lição de casa são dadas a eles. A modelagem (*shaping*) é utilizada quando os clientes são solicitados gradualmente a lidar com situações sociais mais complicadas e delicadas. Por exemplo, um cliente não afirmativo pode começar trabalhando para fazer pedidos a amigos. Somente muito depois lhe será pedido para que enfrente ficar diante de seu chefe no trabalho.

Tratamentos cognitivo-comportamentais

No Capítulo 14 aprendemos que os fatores cognitivos têm um importante papel no desenvolvimento de muitos transtornos da ansiedade e do humor. Graças à importância dessas descobertas na década de 1970, os terapeutas comportamentais começaram a dar mais atenção às cognições de seus clientes. **Os *tratamentos cognitivo-comportamentais* usam combinações de intervenções verbais e técnicas de modificação de comportamento para ajudar os clientes a mudar padrões de pensamento desajustado.** Alguns desses tratamentos, como a *terapia do comportamento emotivo-racional*, de Albert Ellis (1973), e a *terapia cognitiva*, de Aaron Beck (1976), mostraram-se extremamente influentes. Focaremos a terapia cognitiva de Beck como um exemplo do tratamento cognitivo-comportamental (veja o Capítulo 13 para discussão de algumas das ideias de Ellis).

A *terapia cognitiva* utiliza estratégias específicas para corrigir erros habituais de pensamento que estão por trás de vários tipos de transtornos. A terapia cognitiva foi originalmente desenvolvida como tratamento para a depressão. No entanto, nas últimas décadas, a terapia cognitiva vem sendo aplicada com sucesso em grande variedade de transtornos (Hollon e Beck, 2013; Wright, Thase e Beck, 2014). Segundo os terapeutas cognitivos, a depressão e outros transtornos são causados por "erros" no pensamento (veja **Figura 15.8**). Por exemplo, eles afirmam que pessoas com tendência à depressão costumam (1) culpar as inadequações pessoais por seus fracassos, sem considerar explicações circunstanciais; (2) focar seletivamente eventos negativos ao mesmo tempo que ignoram eventos positivos; (3) fazer projeções pessimistas injustificadas sobre o futuro; e (4) extrair conclusões negativas sobre seu valor como pessoa, com base em eventos insignificantes. Por exemplo, imagine que você tenha tirado uma nota baixa em um teste sem muita importância na faculdade. Se você cometeu os erros de pensamento descritos anteriormente, culpará sua lamentável estupidez pela nota; desconsiderará comentários dos colegas de que foi um teste injusto; fará uma previsão sombria de que com certeza não passará na matéria; e concluirá que não tem capacidade de acompanhar uma faculdade.

O objetivo da terapia cognitiva é mudar os pensamentos negativos e as crenças inadequadas dos clientes (Wright et al., 2014). Para começar, os clientes são ensinados a detectar seus pensamentos negativos automáticos – as frases de autoderrota que as pessoas estão prontas a dizer quando analisam problemas. Exemplos dessas frases são "eu não sou inteligente o suficiente"; "ninguém gosta de mim de verdade", e "é tudo minha culpa". Os clientes são então treinados a submeter esses pensamentos automáticos ao teste da realidade. O terapeuta os ajuda a ver quão irrealistas são esses pensamentos negativos.

A terapia cognitiva emprega uma variedade de técnicas comportamentais, como a modelação, o monitoramento sistemático do comportamento de alguém e o ensaio comportamental (Beck e Weishaar, 2011). Por exemplo, os terapeutas cognitivos com frequência dão a seus clientes "lições de casa" que focam a mudança do seu comportamento público. Os clientes podem ser instruídos a se engajar em

Pensamentos negativos

- Atribuir os insucessos à inadequação pessoal
- Focar seletivamente eventos negativos
- Fazer projeções injustificadamente pessimistas sobre o futuro
- Tirar conclusões negativas sobre o valor pessoal

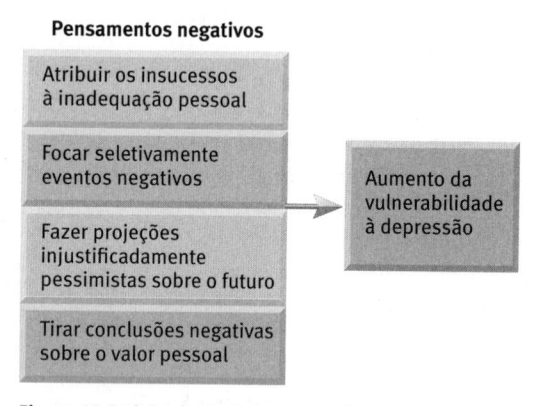

→ Aumento da vulnerabilidade à depressão

Figura 15.8 Visão de Beck das raízes dos transtornos.
A teoria de Beck inicialmente focava as causas da depressão, embora tenha sido gradualmente expandida para explicar outros transtornos. Segundo Beck, a depressão é causada pelos tipos de pensamento negativo mostrados aqui.

respostas expansivas por sua conta, fora dos consultórios médicos.

Eficácia das terapias comportamentais

Terapeutas da linha comportamental sempre deram mais importância a mensurar os resultados terapêuticos do que os terapeutas de *insight*. Por isso, há diversas pesquisas sobre a eficácia da terapia comportamental (Stanley e Beidel, 2009). É claro que terapias comportamentais não se aplicam a alguns tipos de problema (sentimentos vagos de descontentamento, por exemplo). Além do mais, é infrutífero fazer afirmações genéricas sobre a eficiência das terapias comportamentais, porque elas incluem muitos tipos de procedimentos idealizados para propósitos muito diferentes. Por exemplo, o valor da dessensibilização sistemática para fobias não tem nenhuma influência no valor da terapia de aversão para patologias sexuais. Para nossos propósitos, é suficiente observar que há uma prova favorável sobre a eficácia da maioria das intervenções comportamentais amplamente utilizadas (Zinbarg e Griffith, 2008). As terapias comportamentais podem trazer importantes contribuições para o tratamento de fobias, transtornos obsessivo-compulsivos, disfunções sexuais, esquizofrenia, problemas relacionados a medicamentos, transtornos psicossomáticos, hiperatividade, autismo e retardo mental (Craighead et al., 2013; Emmelkamp, 2013; Wilson, 2011).

15.4 Terapias biomédicas

15.4 Objetivos Principais de Aprendizagem

- Descrever as ações terapêuticas e os efeitos colaterais de quatro categorias de medicamentos psiquiátricos.
- Avaliar a eficácia geral dos tratamentos com medicamento e discutir as controvérsias a respeito das pesquisas farmacêuticas.
- Descrever a terapia eletroconvulsiva e avaliar seus efeitos terapêuticos e seus riscos.

Terapias biomédicas são intervenções psicológicas que pretendem reduzir os sintomas associados aos transtornos psicológicos. Essas terapias supõem que os transtornos psicológicos são causados, pelo menos em parte, por disfunções biológicas. Como discutimos no capítulo anterior, essa suposição evidentemente tem méritos para o tratamento de muitos transtornos, especialmente os mais graves. Discutiremos dois tratamentos biomédicos: terapia com medicamentos e eletroconvulsoterapia (eletrochoque).

Tratamento com medicamentos

Os medicamentos terapêuticos para transtornos mentais são divididos em quatro grandes grupos: ansiolíticos, antipsicóticos, antidepressivos e estabilizadores do humor. Como se pode ver na **Figura 15.9**, a taxa com que os psiquiatras prescrevem esses medicamentos aumentou desde a metade dos anos 1990 e inclui as quatro classes de medicamentos (Olfson et al., 2014).

Medicamentos ansiolíticos

Os *medicamentos ansiolíticos* **reduzem a tensão, a apreensão e o nervosismo**. Os mais populares são Valium e Xanax (nomes comerciais para os medicamentos genéricos Diazepam e Alprazolam, respectivamente). O Valium, o Xanax e outros semelhantes são geralmente chamados *tranquilizantes*. São medicamentos cujo efeito é exercido quase imediatamente e podem ser bastante eficientes para aliviar sentimentos de ansiedade (Dubovsky, 2009). No entanto, seus efeitos são medidos em termos de horas, de forma que seu impacto tem duração relativamente breve. Os medicamentos ansiolíticos rotineiramente são prescritos para pessoas com transtornos de ansiedade, mas também são ministrados a milhões de pessoas que simplesmente padecem de tensão nervosa crônica.

Todos os medicamentos utilizados para tratar transtornos psicológicos têm efeitos colaterais potencialmente problemáticos que surgem em alguns pacientes, mas não em todos. Os efeitos colaterais mais comuns do Valium e do Xanax são sonolência, tontura, boca seca, depressão, náusea e constipação. Esses medicamentos também têm certo potencial para utilização abusiva, dependência e superdosagens (overdoses), embora esses riscos provavelmente tenham sido exagerados pela imprensa (Martinez, Marangell e Martinez, 2008). Outro inconveniente é que pacientes que tomaram medicamentos ansiolíticos durante certo tempo muitas vezes enfrentam crises desagradáveis de abstinência quando o tratamento com o medicamento é interrompido (Ferrando, Owen e Levenson, 2014).

REVISÃO 15.2

Compreensão dos objetivos dos terapeutas

Verifique seu entendimento dos objetivos dos terapeutas associando várias terapias com a descrição apropriada. As respostas estão no Apêndice A.

Principais objetivos terapêuticos

____ 1. Eliminação de comportamentos ou sintomas inadequados.

____ 2. Aceitação do "eu" genuíno, crescimento pessoal.

____ 3. Recuperação de conflitos inconscientes.

____ 4. Detecção e redução do pensamento negativo.

Terapia

a. Psicanálise

b. Terapia centrada no cliente

c. Terapia cognitiva

d. Terapia comportamental

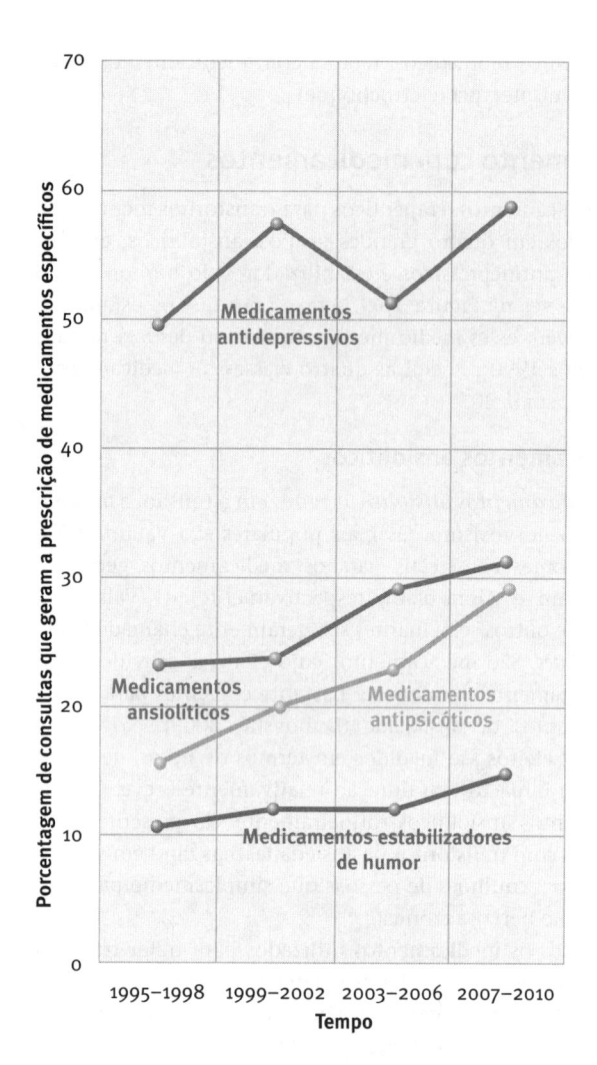

Figura 15.9 Aumento na prescrição de medicamentos psiquiátricos.
Olfson et al. (2014) observaram as tendências de prescrição de medicamentos psiquiátricos durante um período de 15 anos. Esses dados mostram a porcentagem de consultas psiquiátricas que resultaram na prescrição de diversos tipos de medicamento. Como se pode ver, o índice de prescrição das quatro categorias de medicamentos psiquiátricos aumentou durante esse período (com base nos dados de Olfson et al., 2014).

Medicamentos antipsicóticos

São utilizados principalmente no tratamento da esquizofrenia. Também são ministrados a pacientes com graves transtornos do humor que se tornam delirantes. **Medicamentos antipsicóticos são utilizados para reduzir gradualmente sintomas psicóticos, incluindo hiperatividade, confusão mental, alucinações e delírios.**

Os antipsicóticos tradicionais parecem diminuir a atividade nas sinapses de dopamina, embora a relação exata entre os efeitos neuroquímicos e seus efeitos clínicos permaneça obscura (Miyamoto et al., 2008).

Estudos sugerem que os medicamentos antipsicóticos reduzem os sintomas psicóticos em cerca de 70% dos pacientes, embora em graus variados (Kane, Stroup e Marder, 2009). Quando eficientes, fazem sua mágica gradualmente, como mostra a **Figura 15.10**. Os pacientes geralmente começam a responder no prazo de dois dias a uma semana. Melhorias adicionais podem ocorrer durante vários meses. Muitos pacientes esquizofrênicos são submetidos a antipsicóticos indefinidamente, porque esses medicamentos podem reduzir a probabilidade de uma recidiva em um episódio esquizofrênico ativo.

Os medicamentos antipsicóticos inegavelmente dão grande contribuição ao tratamento de transtornos mentais graves, e a confiança dos psiquiatras nos antipsicóticos vem aumentando muito nas últimas décadas (Olfson et al., 2012). No entanto, os medicamentos antipsicóticos também apre-

Figura 15.10 O tempo de ação dos efeitos dos medicamentos antipsicóticos.

Esses medicamentos reduzem gradualmente os sintomas psicóticos ao longo de um intervalo de semanas, como mostra o gráfico. Em comparação, pacientes aos quais são dadas pílulas de placebo exibem pouca melhora.

Fonte: Cole, J. O, Goldberg, S. C. e Davis, J. M. (1966). Drugs in the treatment of psychosis. In P. Solomon (Ed.). *Psychiatric drugs*. New York: Grune e Straton. Dados do NIMH-PSC Collabotative Study I. Reimpresso com permissão de J. M. Davis.

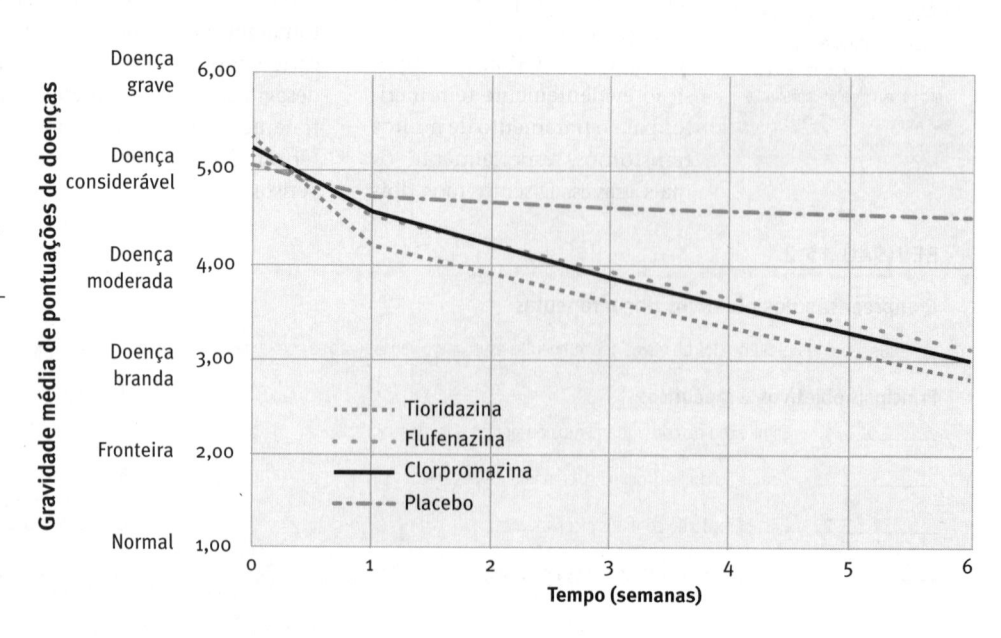

sentam problemas. Eles têm muitos efeitos colaterais desagradáveis (Ferrando et al., 2014). Sonolência, constipação e secura na boca são comuns. Tremores, rigidez muscular e coordenação prejudicada também podem ocorrer. Depois de obter alta do hospital, muitos pacientes submetidos a antipsicóticos interrompem seu tratamento com medicamentos devido a seus efeitos colaterais. Infelizmente, a maioria experimenta uma recidiva depois que para de tomar a medicação antipsicótica, cerca de 70% de recaída em um ano (Kammen, Hurford e Marder, 2009). Um estudo mostra que mesmo períodos breves de não obediência aos horários ou às doses de medicação resultaram em aumento do risco de recaídas (Subotnik et al., 2011). Mais dez anos de estudo provaram que a não obediência estava associada a um aumento de mortalidade entre pacientes esquizofrênicos (Cullen et al., 2013). Além de incômodos efeitos colaterais, os antipsicóticos podem causar um problema mais grave e duradouro chamado *discinesia tardia*, que é vista em cerca de 15% a 25% de pacientes que recebem tratamento de longo prazo com antipsicóticos tradicionais (Stewart, Russakoff e Stewart, 2014). **Discinesia tardia é um transtorno neurológico marcado por espasmos involuntários e movimentos assemelhados a tiques nervosos da boca, língua, face, mãos ou pés.** Assim que essa síndrome debilitante é estabelecida, não há cura, embora às vezes ocorra remissão espontânea depois que o paciente para de tomar a medicação (Pi e Simpson, 2000).

Atualmente, os psiquiatras recorrem basicamente a uma nova classe de agentes antipsicóticos chamados *medicamentos antipsicóticos de segunda geração* (Marder, Hurford e Kammen, 2009). Esses medicamentos parecem apresentar relativa semelhança com relação à primeira geração de antipsicóticos em termos de eficácia terapêutica, mas oferecem diversas vantagens (Meltzer e Bobo, 2009). Por exemplo, eles podem ajudar alguns pacientes resistentes ao tratamento, que não respondem a medicações antipsicóticas tradicionais e causam menos efeitos colaterais indesejados e menor risco de discinesia tardia. Obviamente, como acontece com todos os medicamentos, eles apresentam alguns riscos: os antipsicóticos de segunda geração parecem aumentar a vulnerabilidade dos pacientes a diabetes e problemas cardiovasculares. Na esperança de reduzir a interrupção do tratamento pelos pacientes e a consequente alta taxa de recaídas, os psiquiatras estão fazendo experiências com medicamentos antipsicóticos injetáveis que só precisam ser administrados mensalmente. No entanto, pesquisas recentes sobre esse novo método ainda não demonstram a eficácia que os clínicos gostariam de ver (Goff, 2014; McEvoy et al., 2014).

Medicamentos antidepressivos

Como o nome sugere, os *medicamentos antidepressivos* **elevam gradualmente o humor e ajudam uma pessoa a sair da depressão.** O uso de antidepressivos vem aumentando drasticamente nos últimos anos e é o tipo de medicamento mais receitado nos Estados Unidos (Olfson e Marcus, 2009). Atualmente, os tipos de antidepressivo mais prescritos são os *inibidores seletivos de recaptação da serotonina* (SSRIs – *selective serotonin reuptake inibitors*), que desaceleram o processo de escape nas sinapses de serotonina. Os medicamentos dessa classe, que incluem o Prozac (fluoxetina), o Paxil (paroxetina) e o Zolof (sertralina), parecem produzir ganhos terapêuticos rápidos no tratamento da depressão (Boland e Keller, 2008) ao mesmo tempo que produzem menos efeitos colaterais desagradáveis ou perigosos que as gerações anteriores de antidepressivos (Sussman, 2009). No entanto, ainda há dúvidas quanto à eficácia dos SSRIs (e outros antidepressivos) no alívio de episódios de depressão de pacientes que sofrem de transtorno bipolar (Pacchiarotti et al., 2013). Embora apresentem menos problemas que os antidepressivos anteriores, os SSRIs também apresentam efeitos colaterais. Entre eles estão náusea, boca seca, sonolência, disfunções sexuais, aumento de peso, torpor emocional, agitação e aumento de pensamentos sobre suicídio (Read, Cartwright e Gibson, 2014).

Assim como nos medicamentos antipsicóticos, o efeito dos diversos tipos de antidepressivo se inicia de maneira gradual durante as primeiras semanas, mas 60% dos pacientes já apresentam sinais de melhora em duas semanas (Gitlin, 2014). Uma pesquisa que analisou detalhadamente a *gravidade* da depressão em pacientes indica que pessoas com depressão mais severa podem se beneficiar mais dos antidepressivos do que aquelas que apresentam depressão moderada (Fournier et al., 2010).

Uma preocupação nos últimos anos é a evidência comprovada por estudos de que os SSRIs podem aumentar o número de suicídios, especialmente em adolescentes e jovens adultos (Healy e Whitaker, 2003; Holden, 2004). O desafio de obter dados definitivos quanto a essa questão é muito maior do que podemos imaginar. O ponto crítico do problema é que as taxas de suicídio já são elevadas entre as pessoas que apresentam os transtornos para os quais os SSRIs são prescritos (Berman, 2009). As descobertas obtidas nas pesquisas sobre essa área são complicadas e contraditórias. Uma meta-análise importante concluiu que os antidepressivos levam a um ligeiro aumento no risco de comportamento suicida (Bridge et al., 2007). No entanto, uma análise mais recente de 41 medicamentos antidepressivos não encontrou indícios de risco de aumento de suicídios (Gibbons et al., 2012). Advertências normativas do FDA (Food and Drug Administration, dos Estados Unidos) levaram a uma redução da prescrição de SSRIs para adolescentes (Nemeroff et al., 2007). Essa tendência vem provocando preocupação porque as advertências, embora bem-intencionadas, podem ter efeito contrário e levar a um aumento no número de suicídios de pessoas que não recebem tratamento (Dudley et al., 2008). Um estudo recente revelou evidências que confirmam essa suspeita. C. Y. Lu et al., (2014) descobriram que, no segundo ano após as advertências do FDA, o uso de antidepressivos diminuiu em 31% entre adolescentes, e 24% entre jovens adultos, enquanto aparentes tentativas de suicídio por overdose (um método relativamente fácil de identificar em bancos de dados médicos) aumentaram em 22% entre adolescentes e 34% em jovens adultos. A associação entre a redução no uso de antidepressivos e o aumento

> **CHECAGEM DA REALIDADE**
>
> **Ideia equivocada**
> Transtornos psicológicos são quase sempre crônicos e incuráveis.
>
> **Realidade**
> Há de fato pessoas com distúrbios mentais para as quais os tratamentos não funcionam. No entanto, um número muito maior de pessoas apresenta grande melhora, seja de maneira espontânea, seja por tratamento médico formal. A maioria dos pacientes diagnosticados com transtornos mentais acaba melhorando e leva uma vida normal e produtiva. Até os transtornos mentais mais graves podem ser tratados com sucesso.

de suicídios não reflete necessariamente uma relação causal, mas as descobertas são preocupantes. Obviamente, há necessidade de pesar os riscos de tratar pacientes jovens com antidepressivos, ou deixar de tratá-los com medicamentos. Em suma, é um tema complexo, mas todos os especialistas concordam que o tratamento de adolescentes com SSRIs deve ser sempre monitorado pela família e pelos médicos.

Estabilizadores do humor

Estabilizadores do humor **são medicamentos usados para controlar as mudanças de humor em pacientes que sofrem do transtorno do humor bipolar.** Os principais medicamentos da categoria são o *lítio* e o *valproato*. Ambos têm se mostrado eficazes em prevenir episódios *futuros* de mania e de depressão em pacientes com transtorno bipolar (Miklowitz, 2014; Post e Altshuler, 2009). Também podem ser utilizados para tirar pacientes com transtorno bipolar de episódios maníacos ou depressivos *em curso*. O lado negativo é que o lítio produz alguns efeitos colaterais perigosos se não for administrado com habilidade (Ferrando et al., 2014). Os níveis de lítio no sangue do paciente devem ser monitorados com cuidado, porque altas concentrações podem ser tóxicas e até fatais. Complicações nos rins e na glândula tireoide são os outros problemas sérios associados à terapia com lítio.

Avaliação das terapias com medicamentos

As terapias com medicamentos podem produzir ganhos terapêuticos evidentes para muitos tipos de paciente. O impressionante é que elas podem ser eficientes com transtornos graves que, muitas vezes, desafiam os esforços terapêuticos. Todavia, elas são controversas. Críticos têm levantado uma série de questões (Bentall, 2009; Breggin, 2008; Healy, 2004; Kirsch, 2010; Spielmans e Kirsch, 2014; Whitaker, 2002). Em primeiro lugar, alguns argumentam que elas não são tão eficazes quanto se anuncia e que com frequência produzem efeitos de cura superficiais e de curta duração. Por exemplo, o Valium não resolve realmente os problemas de ansiedade – simplesmente oferece alívio temporário de um sintoma desagradável. Além disso, os índices de recaída quando o tratamento é descontinuado são substanciais. Em segundo lugar, os críticos afirmam que muitos medicamentos são prescritos em demasia e que muitos pacientes são supermedicados. De acordo com esses críticos, alguns médicos prescrevem esses medicamentos rotineiramente sem ter uma consideração adequada de intervenções mais complicadas e difíceis. Nessa linha, uma pesquisa sobre consultas com psiquiatras descobriu que eles prescrevem dois ou até três tipos de medicamentos aos pacientes, apesar de não se saber muito sobre os efeitos da interação desse tipo de medicamento psiquiátrico (Mojtabai e Olfson, 2010). Além disso, o uso crescente de medicação diminuiu o número de tratamentos por meio de terapia de *insight* e comportamental. Apesar de não haver grande evidência empírica sobre o valor das terapias de *insight* e comportamental, o uso de medicamentos tem levado a um declínio dessas intervenções, que podem ser tão eficientes quanto os medicamentos, e bem mais seguras (Gaudiano e Miller, 2013). Em terceiro lugar, outros críticos alegam que os efeitos colaterais nocivos dos medicamentos terapêuticos são subestimados pelos psiquiatras, e que esses efeitos são em geral piores que as doenças que deveriam ser curadas pela medicação. Outros ainda defendem que os medicamentos psiquiátricos podem ser úteis em curto prazo, mas prejudicam os sistemas neurotransmissores e podem *aumentar* a vulnerabilidade dos pacientes a transtornos psicológicos em longo prazo (Andrews et al., 2011).

Os críticos afirmam que os efeitos negativos dos medicamentos psiquiátricos não são totalmente avaliados e compreendidos porque a indústria farmacêutica conseguiu exercer influência indevida sobre as pesquisas no que se refere a testes com medicamentos (Angell, 2000, 2004; Carpenter, 2002; Healy, 2004; Insel, 2010). Atualmente, a maioria dos pesquisadores que investigam os benefícios e os riscos das medicações e escrevem guias de tratamento tem arranjos financeiros lucrativos com a indústria farmacêutica (Bentall, 2009; Cosgrove e Krimsky, 2012). Os estudos desses pesquisadores são financiados pelas indústrias farmacêuticas, e com frequência eles recebem substancial taxa de consultoria. Infelizmente, esses elos financeiros parecem prejudicar a objetividade exigida pela pesquisa científica porque os estudos financiados pelas empresas têm uma probabilidade muito menor de relatar resultados desfavoráveis do que aqueles mantidos por organizações sem fins lucrativos (Bekelman, Li e Gross, 2003; Perlis et al., 2005). Os testes financiados pelas indústrias farmacêuticas também tendem a ser muito curtos para detectar os riscos em longo prazo associados a novos medicamentos (Vandenbroucke e Psaty, 2008). Além disso, descobertas a favor dos medicamentos são quase sempre divulgadas, enquanto resultados negativos nem sempre são publicados (Spielmans e Kirsch, 2014; Turner et al., 2008). Adicionalmente, os projetos de pesquisa são influenciados de várias maneiras para exagerar os efeitos positivos e minimizar os negativos dos medicamentos em estudo (Carpenter, 2002; Chopra, 2003; Spielmans e Kirsch, 2014). Os conflitos de interesse que permeiam a pesquisa contemporânea de medicamentos provocam muitas preocupações que exigem a atenção de pesquisadores, universidades e agências federais.

Eletroconvulsoterapia (ECT)

Na década de 1930, um psiquiatra húngaro chamado Ladislas von Meduna especulou que a epilepsia e a esquizofrenia não poderiam coexistir no mesmo corpo. Com base nessa informação, que se demonstrou imprecisa, von Meduna teorizou que poderia ser útil induzir ataques semelhantes aos epilépticos em pacientes esquizofrênicos. Inicialmente, uma droga era usada para disparar esses ataques. Entretanto, em 1938, uma dupla de psiquiatras italianos (Cerletti e Bini, 1938) demonstrou que era mais seguro provocar os ataques com choque elétrico. Assim, nascia a moderna *eletroconvulsoterapia* (ECT).

A *eletroconvulsoterapia* (ECT) é um tratamento biomédico no qual é utilizado um choque elétrico para produzir um ataque cortical acompanhado de convulsões. Na ECT, eletrodos são ligados ao crânio sobre os lobos temporais do cérebro. Uma leve anestesia é administrada e o paciente recebe uma variedade de medicamentos para minimizar a probabilidade de complicações, como fraturas espinais. Uma corrente elétrica é então aplicada durante aproximadamente um segundo, disparando um breve ataque convulsivo (5 a 20 segundos). Durante o ataque, o paciente em geral perde a consciência, acordando aproximadamente em uma ou duas horas. Em geral, as pessoas recebem três tratamentos por semana em um período de 2 a 7 semanas (Fink, 2009).

A utilização clínica da ECT atingiu seu ponto máximo nas décadas de 1940 e 1950, antes que terapias farmacológicas eficientes estivessem amplamente disponíveis. A ECT não é um tratamento raro hoje em dia, mas seu uso vem diminuindo. Segundo um estudo recente, o número de hospitais com departamentos psiquiátricos que utilizam ECT caiu de 55% em 1993 para 35% em 2009 (Case et al., 2013). Durante o mesmo período o número de pacientes tratados com ECT diminuiu 43%. Os defensores da ECT afirmam que o tratamento já não é tão utilizado pois a opinião pública possui muitas ideias equivocadas a respeito de riscos e efeitos colaterais da técnica (Fink, Kellner e McCall, 2014; Kellner et al., 2012). Ao mesmo tempo, alguns críticos da ECT afirmam que a técnica é utilizada em excesso por se tratar de um procedimento lucrativo, que consome relativamente pouco tempo em comparação com a terapia de *insight* (Frank, 1990).

Eficácia da ECT

A evidência da eficácia terapêutica da ECT está aberta a várias interpretações. Seus defensores sustentam que ela é um tratamento notavelmente eficaz para a depressão grave (Fink, 2014; Prudic, 2009). Além disso, eles afirmam que muitos pacientes, que não alcançam benefícios com a medicação antidepressiva, melhoram em resposta à ECT (Nobler e Sackeim, 2006). Contudo, os opositores argumentam que os estudos disponíveis são falhos e inconclusivos, e que ela não é mais eficaz do que um placebo (Rose et al., 2003). Em geral, parece haver provas suficientes e favoráveis para justificar uma utilização *conservadora* da ECT no tratamento de graves transtornos do humor em pacientes que não respondem à medicação (Kellner et al., 2012). Os pacientes de ECT que se recuperam da depressão e que não apresentam recaída relatam grande melhora em termos de qualidade de vida (McCall et al., 2013). Infelizmente, porém, as taxas de recaída depois da ECT são drasticamente altas. Uma avaliação feita com 32 estudos científicos mostrou que o risco de recaída de depressão foi de 38% após seis meses e 51% após um ano (Jelovac, Kolshus e McLoughlin, 2013). No entanto, esse número pode ser devido ao fato de que a ECT é utilizada somente em pacientes que apresentam depressão crônica e grave que não respondem ao tratamento com medicamentos (Fekadu et al., 2009). Ou seja, se ECT é usada apenas em casos mais graves, pode-se esperar altos índices de recaída.

Riscos associados à ECT

Até os defensores da ECT reconhecem que perdas de memória, atenção prejudicada e outros déficits cognitivos são efeitos colaterais em curto prazo da eletroconvulsoterapia (Rowny e Lisanby, 2008; Sackeim et al., 2007). Entretanto, os adeptos da ECT asseguram que esses déficits são brandos e geralmente desaparecem em um ou dois meses

---

REVISÃO 15.3

Compreensão das Terapias Biomédicas

Verifique seu entendimento das terapias biomédicas associando cada tratamento com seu uso principal. As respostas estão no Apêndice A.

Tratamento

_____ 1. Medicamentos ansiolíticos

_____ 2. Medicamentos antipsicóticos

_____ 3. Medicamentos antidepressivos

_____ 4. Estabilizadores do humor

_____ 5. Eletroconvulsoterapia (ECT)

Uso principal

a. Reduzir sintomas psicóticos.

b. Levar ao fim uma grande depressão.

c. Suprimir a tensão, o nervosismo e a apreensão.

d. Evitar episódios futuros de mania ou depressão em pessoas com transtornos bipolares do humor.

(Fink, 2004; Glass, 2001). Em contrapartida, os críticos da ECT sustentam que esses prejuízos cognitivos são significativos e muitas vezes permanentes (Breggin, 1991; Rose et al., 2003). Uma pesquisa recente e detalhada baseada em evidências concluiu que amnésia retrógrada de informação autobiográfica é um efeito colateral comum da ECT, que pode ser persistente e, em alguns casos, permanente (Sackeim, 2014). Devido às dúvidas que surgiram quanto a eficácia e riscos da eletroconvulsoterapia, parece que esse tratamento permanecerá controverso ainda por algum tempo.

> **15.5 OBJETIVOS PRINCIPAIS DE APRENDIZAGEM**
> - Analisar as barreiras que levam à menor utilização de serviços de saúde mental pelas minorias étnicas e as possíveis soluções para isso.
> - Discutir os esforços para expandir a oferta de serviços clínicos por meio da tecnologia e os benefícios de utilizar simultaneamente diversos tipos de terapia.

15.5 Tendências e questões atuais no tratamento

Como vimos em nossa discussão sobre terapias de *insight*, comportamentais e com medicamentos, houve muitas mudanças nas últimas décadas no mundo dos cuidados com a saúde mental. Nessa seção, discutiremos três tendências que não estão ligadas a um tipo peculiar de tratamento. Vamos analisar de maneira específica os esforços para responder, de maneira mais eficaz, ao crescente aumento da diversidade cultural, às iniciativas para o aumento da disponibilidade de psicoterapia por meio do uso da tecnologia e à tendência de utilizar simultaneamente diversas técnicas de terapia.

Aumento da sensibilidade multicultural no tratamento

A moderna psicoterapia foi fomentada em parte por um ambiente cultural que via a pessoa como um ser independente, reflexivo e racional, capaz de autodesenvolvimento (Cushman, 1992). Supunha-se que os transtornos psicológicos tinham causas naturais, como as doenças físicas, e que eram suscetíveis a tratamentos médicos derivados da pesquisa científica. Entretanto, a instituição individualizada, medicada, da moderna psicoterapia reflete valores da cultura ocidental que estão distantes de ser universais (Sue e Sue, 1999). Em muitas sociedades não industrializadas, os transtornos psicológicos são atribuídos a forças sobrenaturais (possessão, bruxaria, deuses irados etc.), e as vítimas procuram ajuda de sacerdotes, xamãs e curandeiros, em vez de médicos (Wittkower e Warnes, 1984). Dessa forma, os esforços para exportar as psicoterapias ocidentais para culturas não ocidentais têm obtido sucesso relativo. De fato, as vinculações íntimas das modernas terapias com a cultura ocidental têm suscitado questões a respeito de sua aplicabilidade a minorias étnicas *dentro* da referida cultura (Falicov, 2014; Miranda et al., 2005).

Pesquisas sobre como os fatores culturais influenciam o processo e o resultado da psicoterapia prosperaram nos últimos anos, motivadas em parte pela necessidade de melhorar os serviços de saúde mental para grupos étnicos minoritários na sociedade norte-americana (Gunthert, 2014; Worthington, Soth-McNett e Moreno, 2007). Os estudos sugerem que os grupos minoritários norte-americanos geralmente subutilizam os serviços terapêuticos (López et al., 2012; Snowden, 2012; Sue et al., 2012). Por quê? Uma variedade de barreiras parece contribuir para esse problema (Snowden e Yamada, 2005; F. G. Lu et al., 2014; Zane et al., 2004). Uma consideração importante é que muitos membros de grupos minoritários têm um histórico de interações frustrantes com a burocracia governamental. Portanto, relutam em confiar em instituições de grande porte, consideradas ameaçadoras, como hospitais e centros de tratamento de transtornos mentais (Henderson et al., 2014). Outra questão é que a maioria dos hospitais e das agências de saúde mental não conta com terapeutas que falam a língua usada pelos grupos minoritários em suas áreas de serviço. Ainda outro problema é que a maioria de terapeutas foi treinada quase exclusivamente no tratamento dos norte-americanos brancos de classe média. Como resultado, frequentemente não estão familiarizados com as origens culturais e as características dos diversos grupos étnicos. Essa lacuna cultural muitas vezes leva a enganos, a estratégias de tratamento inadequadas e a pouca afinidade entre médicos e pacientes. Confirmando esse conceito, pesquisas recentes mostram que os psiquiatras passam menos tempo em consulta com pacientes afro-americanos que com pacientes brancos (Olfson, Cherry e Lewis-Fernandez, 2009). Outro estudo com mais de 15 mil pessoas que sofriam de depressão revelou que mexicano-americanos e afro-americanos apresentavam menos predisposição a rece-

Pesquisas indicam que minorias étnicas se sentem mais à vontade com terapeutas de sua etnia. Infelizmente, há poucos terapeutas de etnias diferentes nos Estados Unidos.

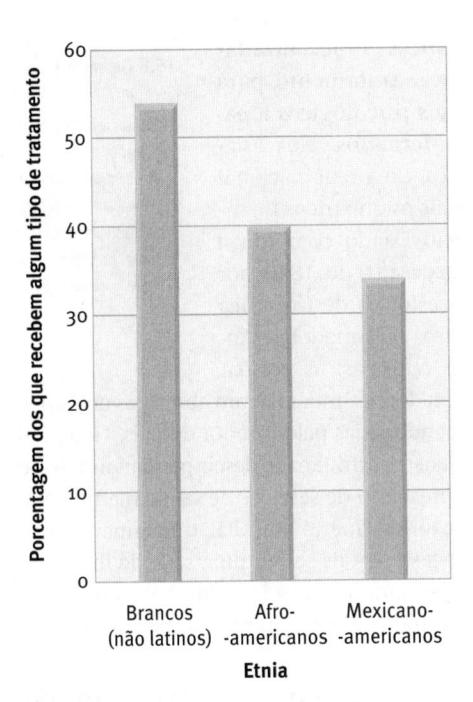

Figura 15.11 Etnia e tratamento da depressão.

Em uma amostra nacional representativa de quase 16 mil indivíduos, González et al., (2010) identificaram alguns participantes que sofriam de depressão e perguntaram quais tipos de tratamento já tinham recebido. Ao analisar as informações com relação à etnia dos participantes, observaram que membros de grupos minoritários apresentavam menos tendência a receber tratamento. Os dados no gráfico mostram a porcentagem de pacientes que receberam tratamentos de algum tipo.

ber tratamento do que brancos, como se pode ver na **Figura 15.11** (González et al., 2010).

O que pode ser feito para melhorar os serviços de saúde mental para grupos minoritários norte-americanos? Pesquisadores dessa área têm apresentado uma variedade de sugestões (Berger, Zane e Hwang, 2014; Hansen et al., 2013; Hong, Garcia e Soriano, 2000; Miranda et al., 2005). As discussões sobre possíveis soluções geralmente se iniciam com a necessidade de recrutar e treinar mais terapeutas de minorias étnicas. Estudos mostram que minorias étnicas mais provavelmente ingressarão em estabelecimentos de saúde mental equipados com uma proporção mais elevada de pessoas que compartilham de seu *background* étnico (Snowden e Hu, 1996; Sue, Zane e Young, 1994). Pesquisas também mostram que os resultados tendem a ser melhores e que a satisfação dos clientes é maior quando são tratados por um terapeuta de sua etnia (Meyer, Zane e Cho, 2011). Terapeutas da mesma etnia são vistos como pessoas que têm experiências semelhantes e mais confiáveis. Há incentivo para que terapeutas brancos que trabalham com clientes não brancos se esforcem para desenvolver uma boa *aliança terapêutica* (suporte emocional mais forte) com seus clientes étnicos. Uma aliança terapêutica está relacionada a melhores resultados terapêuticos, independentemente de etnia (Crits-Christoph, Gibbons e Mukherjee, 2013), mas alguns estudos sugerem que isso é especialmente importante para clientes étnicos (Bender et al., 2007; Comas-Diaz, 2006). Por fim, a maioria das autoridades insiste em mais investigações de como as abordagens tradicionais à terapia podem ser modificadas e amoldadas para serem mais compatíveis com atitudes, valores, normas e tradições de grupos culturais específicos. (Hwang, 2006). Um estudo recente de pesquisas realizadas sobre os efeitos de intervenções culturalmente adaptadas encontrou evidências de que essa adaptação gera efeitos positivos, embora se trate de evidências um tanto ambíguas (Huey et al., 2014).

Uso de tecnologia para expandir a oferta de serviços clínicos

Embora a questão seja pior entre as minorias étnicas, a pouca disponibilidade de tratamento de saúde mental é um problema amplo que atinge todos os níveis de nossa sociedade. Em um artigo de referência, Alan Kazdin e Stacey Blase (2011) afirmam que não há profissionais e hospitais ou clínicas suficientes para atender às necessidades de saúde mental nos Estados Unidos. E a situação é ainda mais séria em cidades pequenas e áreas rurais. Além disso, Kadzin e Blase observam que o modelo tradicional de atendimento individualizado limita a disponibilidade de tratamento. Para contornar o problema, os clínicos tentam cada vez mais aproveitar a tecnologia para expandir o atendimento de serviços de saúde mental e para reduzir os custos da terapia.

Esses esforços para criar novas plataformas e oferecer serviços terapêuticos adotaram diversos formatos. Um dos mais simples foi oferecer terapia individual ou em grupo por telefone. O método já foi usado no tratamento de clientes de idade avançada com problemas de ansiedade, por exemplo (Brenes, Ingram e Danhauer, 2012), e com veteranos que sofrem de solidão e depressão (Davis, Guyker e Persky, 2012). Outra inovação relativamente simples foi usar a tecnologia de videoconferência para terapias individuais e em grupo. Uma análise das pesquisas sobre esse tipo de tratamento concluiu que os resultados clínicos são praticamente os mesmos que os obtidos com terapia presencial, e que os clientes se sentem bastante satisfeitos (Backhaus et al., 2012).

Consultas pela internet também são uma forma promissora de atender um número maior de pessoas que de outra forma poderiam não receber tratamento. Por exemplo: programas de computador foram desenvolvidos para o tratamento de abuso de substâncias tóxicas (Campbell et al., 2014); transtornos generalizados de ansiedade (Amir e Taylor, 2012); transtorno obsessivo-compulsivo (Andersson et al., 2011); e transtornos fóbicos (Opri et al., 2012). A maioria desses tratamentos envolve adaptação on-line, interativa e multimídia de terapias cognitivo-comportamentais. Os tratamentos computadorizados em geral consistem em uma série de módulos que educam os indivíduos sobre a natureza e as causas de seus transtornos e sobre estratégias cognitivas para reduzir seus problemas, além de práticas e exercícios a serem feitos em casa. Na maioria dos casos, as intervenções são feitas com acesso limitado a um terapeuta pela internet. Alguns programas, no entanto, são totalmente automatizados, sem necessidade de contato com o clínico. Estudos sobre terapias computadorizadas sugerem que elas são eficazes para diversos tipos de transtorno, mas há necessidade de mais pesquisa para obter conclusões definitivas sobre seu valor real (Kiluk et al., 2011). Ao que parece, ainda veremos grandes esforços para melhorar o acesso aos tratamentos por meio das inovações da tecnologia.

Tratamento combinado

Neste capítulo estudamos diversos métodos de tratamento. Contudo, não há regra que especifique que o cliente só possa ser tratado com um único método. Com frequência o clínico utiliza diversas técnicas. Por exemplo: uma pessoa com depressão pode receber terapia cognitiva, treino de habilidades sociais e medicação antidepressiva. Estudos sugerem que a combinação de técnicas de tratamento tem seus benefícios (Glass, 2004; Szigethy e Friedman, 2009). A combinação de medicamento com tratamentos de *insight* ou comportamentais pode trazer melhorias, embora não para todos os tipos de transtorno (Forand, DeRubeis e Amsterdam, 2013).

O valor dos tratamentos combinados pode explicar o motivo de uma nova tendência no campo da psicoterapia. Existe hoje um movimento que se *distancia* da lealdade às escolas de pensamento individuais, com tendência à integração de diversos métodos de terapia (Gold e Stricker, 2013). Muitos clínicos dependiam exclusivamente de um tipo de terapia, rejeitando a utilidade das demais, porém nos últimos anos um número cada vez maior de profissionais afirma utilizar um método *eclético* (veja **Figura 15.12**). **O ecletismo na prática de terapias envolve o uso de duas ou mais técnicas em vez de apenas uma.** Os defensores do ecletismo, como Arnold Lazarus (2008), afirmam que os terapeutas devem se perguntar qual o melhor método para o cliente, para o problema e para a situação, e ajustar a estratégia de acordo com o caso.

15.6 Tratamento institucional em transição

Tradicionalmente, grande parte do tratamento de doenças mentais era realizada em ambientes institucionais, principalmente em **hospitais psiquiátricos,** que são instituições médicas especializadas em oferecer tratamento para transtornos psicológicos a pacientes internados. Nos Estados Unidos, uma rede nacional de hospitais psiquiátricos financiados pelo Estado começou a surgir na década de 1840 por meio dos esforços de Dorothea Dix e outros reformadores. Antes dessas reformas, as pessoas pobres com doença mental eram abrigadas em cadeias ou asilos, ou abandonadas pelo interior do país. Hoje, os hospitais psiquiátricos continuam a desempenhar um papel importante na prestação de serviços de saúde mental. No entanto, desde a Segunda Guerra Mundial, o tratamento institucional para doenças mentais sofreu uma série de importantes transições – e a poeira ainda não assentou. Vejamos como o tratamento institucional evoluiu nas últimas décadas.

> **15.6 Objetivos Principais de Aprendizagem**
>
> - Explicar por que as pessoas se decepcionaram com os hospitais de tratamento mental, e discutir as consequentes mudanças em termos de assistência à saúde mental.
> - Avaliar os efeitos do movimento de desinstitucionalização.

Desencanto com os hospitais psiquiátricos

Na década de 1950, tornou-se patente que os hospitais psiquiátricos não estavam cumprindo muito bem suas metas (Mechanic, 1980; Menninger, 2005). Os especialistas começaram a perceber que a hospitalização muitas vezes *contribuía* para o desenvolvimento da patologia, em vez de curá-la.

Quais eram as causas desses efeitos negativos inesperados? Parte do problema devia-se ao fato de que os estabelecimentos geralmente não contavam com os fundos financeiros apropriados (Hogan e Morrison, 2008). A falta de recursos financeiros adequados significava que os estabelecimentos tinham um número excessivo de pessoas internadas e pouco pessoal para atendê-las. Os funcionários dos hospitais não recebiam treinamento apropriado e tinham excesso de trabalho, havendo muita pressão para que prestassem um mínimo trabalho de custódia. Apesar dos esforços no tratamento, as desmoralizadoras condições tornaram a maioria dos hospitais psiquiátricos públicos decididamente não terapêutica (Scull, 1990). Esses problemas eram agravados pelo fato de que os hospitais psiquiátricos estaduais atendiam a grandes regiões geográficas, mas raramente eram colocados próximos a grandes centros populacionais. Como resultado, a maioria dos pacientes era arrancada de suas comunidades e isolada de suas redes de apoio social.

O desencanto com o sistema público de hospitais psiquiátricos inspirou o *movimento de saúde mental comunitária,* que surgiu na década de 1960 (Duckworth e Borus, 1999; Huey et al., 2009). O movimento de saúde mental comunitária enfatiza (1) o atendimento local da comunidade; (2) menor dependência da hospitalização; e (3) a prevenção dos distúrbios psicológicos. Os centros comunitários de saúde mental foram criados para complementar os hospitais psiquiátricos, oferecendo serviços descen-

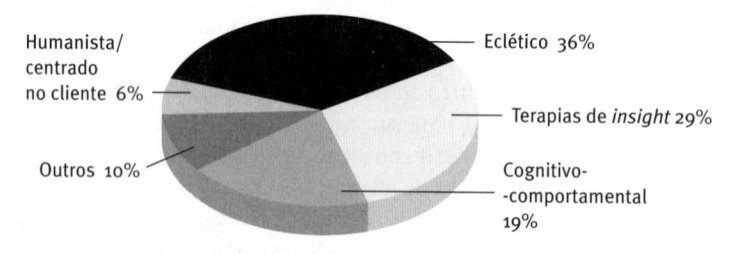

Figura 15.12 Os principais métodos de terapia usados pelos psicólogos.

Esses dados, de uma pesquisa com 531 psicólogos da American Psychological Association's Division of Psychotherapy [Divisão de Psicoterapia da Associação de Psicologia Norte-Americana], indicam como a abordagem eclética se tornou comum na terapia. As descobertas sugerem que os métodos de tratamento mais utilizados em termos de terapia são o eclético, o psicodinâmico e o cognitivo-comportamental (com base nos dados de Norcross, Hedges e Castle, 2002).

- Eclético 36%
- Terapias de *insight* 29%
- Cognitivo-comportamental 19%
- Outros 10%
- Humanista/centrado no cliente 6%

tralizados e mais acessíveis. No entanto, eles enfrentam desafios em termos de custeio (Dixon e Goldman, 2004).

Desinstitucionalização

A partir da década de 1960, uma política de desinstitucionalização tem sido seguida nos Estados Unidos, assim como na maioria dos países ocidentais (Novella, 2010; Paulson, 2012). **Desinstitucionalização refere-se à transferência do tratamento de doenças mentais de instituições fechadas para estabelecimentos comunitários que enfatizam o tratamento ambulatorial.** Esse deslocamento de responsabilidade foi facilitado por dois fatores: (1) o surgimento de terapias farmacológicas eficientes para diversos transtornos, e (2) a implantação antecipada de centros de saúde mental comunitários para coordenar o atendimento local (Goff e Gudeman, 1999).

O êxodo de pacientes dos hospitais psiquiátricos foi dramático. A população média de pacientes internados em hospitais psiquiátricos estaduais e municipais caiu de aproximadamente 550 mil em meados da década de 1950 para cerca de 40 mil em 2010, como mostra a **Figura 15.13**. Essa tendência não significa que a hospitalização para doenças mentais se tornou uma coisa do passado. Muitas pessoas ainda permanecem hospitalizadas, mas tem havido uma mudança para colocá-las em hospitais gerais locais durante breves períodos, em vez de hospitais psiquiátricos distantes durante longos períodos (Hogan e Morrison, 2008). Ao acompanhar a filosofia de desinstitucionalização, esses estabelecimentos locais tentam fazer que os pacientes se mantenham estabilizados e retornem à comunidade o mais depressa possível.

Como a desinstitucionalização funcionou? Isso merece múltiplas avaliações. Quanto ao aspecto positivo, muitas pessoas se beneficiaram ao evitar uma hospitalização desnecessária. Amplas evidências sugerem que as alternativas à hospitalização tanto podem ser mais eficientes quanto menos onerosas do que o tratamento de pacientes internados (Hamden et al., 2011; Kunitoh, 2013). Além disso, muitos estudos que acompanharam pacientes que foram liberados dos hospitais revelam que uma maioria considerável prefere a maior liberdade provida por tratamentos com base comunitária (Leff, 2006).

Não obstante, surgiram alguns problemas imprevistos (Elpers, 2000; Novella, 2010; Talbott, 2004). Muitos pacientes que padecem de transtornos psicológicos crônicos não tinham para onde ir quando recebiam alta nem tinham família ou amigos. Muitos não tinham habilidades para trabalhar e estavam despreparados para viver por conta própria. Supunha-se que essas pessoas fossem absorvidas por "ambulatórios" e outros tipos de instalação intermediária de atendimento. Infelizmente, muitas comunidades nunca foram capazes de custear e construir as instalações planejadas (Hogan e Morrison, 2008). Portanto, com relação aos efeitos não esperados da desinstitucionalização, Novella (2010) conclui que "muitas vezes resultou na destruição de um refúgio necessário, especialmente para pacientes que precisam de maior suporte". Por fim, a desinstitucionalização deixou em seu rastro dois grandes problemas: uma população "rotativa", composta de pessoas que entram e saem de instituições psiquiátricas, e uma população considerável de pessoas sem-teto com deficiências mentais.

Doença mental, a porta giratória e a falta de moradia

A maioria das pessoas presas pela porta giratória do sistema de saúde mental padece de transtornos crônicos graves (geralmente esquizofrenia) que frequentemente requerem hospitalização (Machado, Leônidas e Santos, 2012). Elas respondem bem às terapias farmacológicas no hospital, contudo, assim que se estabilizam por meio da terapia farmacológica, não mais se qualificam para o caro tratamento hospitalar, de acordo com os novos padrões exigidos pela desinstitucionalização e pela gestão hospitalar. Assim, elas são enviadas de volta pela porta, para comunidades que não estão preparadas para oferecer tratamento ambulatorial adequado. Devido à falta de cuidado e apoio apropriados, sua situação se deteriora e logo necessitam de reinternação em um hospital, onde o ciclo se inicia mais uma vez (Botha et al., 2010). No mundo todo, em média um em cada sete pacientes psiquiátricos que recebe alta volta a ser internado dentro de 30 dias (Vigod et al., 2015), e 40% a 50% dos pacientes são novamente internados depois de um ano de sua liberação (Bridge e Barbe, 2004). As taxas de re-hospitalização são particularmente altas entre pacientes com problemas de uso de medicamentos (Frick et al., 2013). Mais de dois terços de todas as internações de pacientes psiquiátricos envolvem nova hospitalização de um antigo paciente.

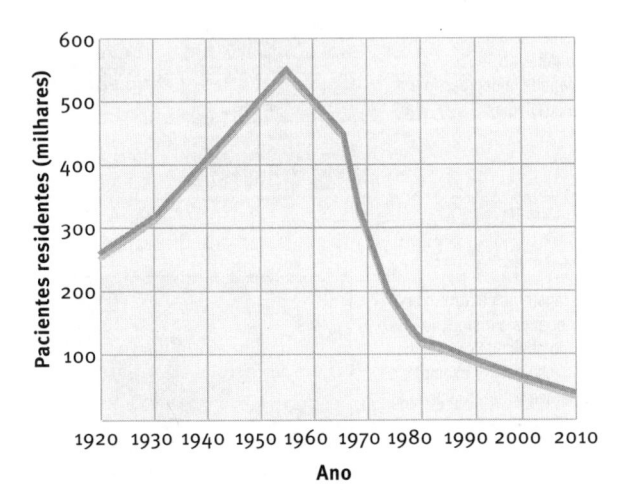

Figura 15.13 Número decrescente da população de pacientes internados em hospitais psiquiátricos estaduais e municipais.

A população de pacientes internados em hospitais psiquiátricos públicos declinou drasticamente desde o final da década de 1950 em consequência da desinstitucionalização e da utilização da terapia farmacológica.

Visão geral ilustrada — Cinco principais abordagens de tratamento

TERAPIA/FUNDADOR | RAÍZES DOS TRANSTORNOS

PSICANÁLISE

Desenvolvida por **Sigmund Freud** em Viena, de 1890 a 1930.

Conflito intrapsíquico (entre o id, o ego e o superego) → Ansiedade → Utilização de mecanismos de defesa

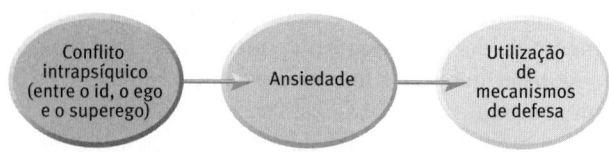

Conflitos inconscientes resultantes de fixações ocorridas na primeira fase de desenvolvimento causam ansiedade, que leva a comportamentos defensivos. Os conflitos reprimidos centralizam-se na sexualidade e agressividade.

TERAPIA CENTRADA NO CLIENTE

Criada por **Carl Rogers** na Universidade de Chicago durante as décadas de 1940 e 1950.

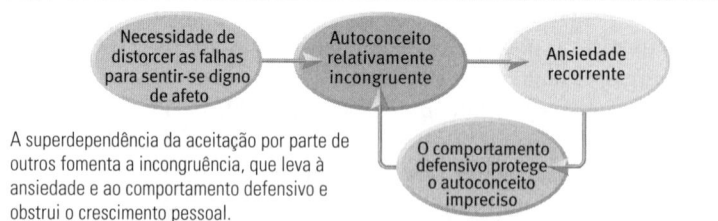

Necessidade de distorcer as falhas para sentir-se digno de afeto → Autoconceito relativamente incongruente → Ansiedade recorrente → O comportamento defensivo protege o autoconceito impreciso

A superdependência da aceitação por parte de outros fomenta a incongruência, que leva à ansiedade e ao comportamento defensivo e obstrui o crescimento pessoal.

TERAPIA COMPORTAMENTAL

Lançada principalmente pela descrição da dessensibilização sistemática feita em 1958 pelo sul-africano **Joseph Wolpe**.

EC Ponte
EI Relâmpagos
RC Medo RI

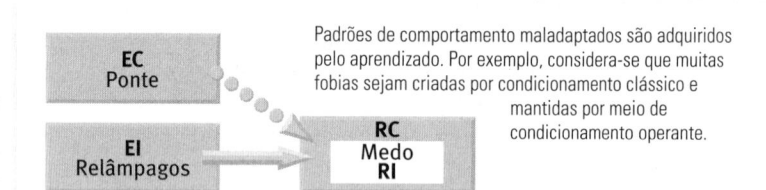

Padrões de comportamento maladaptados são adquiridos pelo aprendizado. Por exemplo, considera-se que muitas fobias sejam criadas por condicionamento clássico e mantidas por meio de condicionamento operante.

TRATAMENTOS COGNITIVO-COMPORTAMENTAIS

Idealizada por **Aaron Beck**, da Universidade de Pensilvânia, nas décadas de 1960 e 1970.

Profundo pensamento negativo sobre eventos relacionados ao "eu" fomenta a ansiedade, a depressão e outros tipos de patologias.

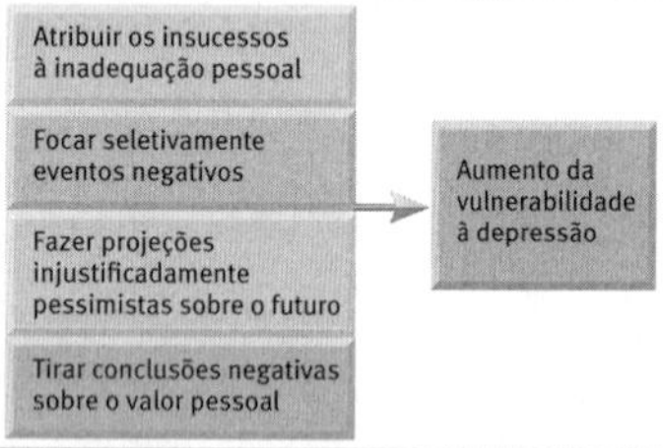

- Atribuir os insucessos à inadequação pessoal
- Focar seletivamente eventos negativos
- Fazer projeções injustificadamente pessimistas sobre o futuro
- Tirar conclusões negativas sobre o valor pessoal

→ Aumento da vulnerabilidade à depressão

TERAPIA BIOMÉDICA

Muitos pesquisadores contribuíram; descobertas fundamentais no tratamento farmacológico foram feitas por volta de 1950 por John Cade, na Austrália, Henri Laborit, na França, e Jean Delay e Pierre Deniker, também na França.

A maioria dos transtornos é atribuída à predisposição genética e disfunções fisiológicas, como atividade patológica dos neurotransmissores. Por exemplo, a esquizofrenia parece estar associada à superatividade nas sinapses de dopamina.

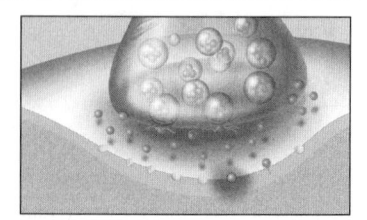

METAS TERAPÊUTICAS | TÉCNICAS TERAPÊUTICAS

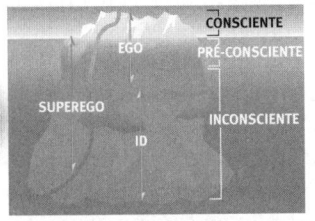

Insights referentes a conflitos e motivos inconscientes; resolução de conflitos; reconstrução da personalidade.

Associação livre, análise dos sonhos, interpretação, transferência.

Aumento da congruência entre autoconceito e experiência; aceitação do eu autêntico; autodeterminação e crescimento pessoal.

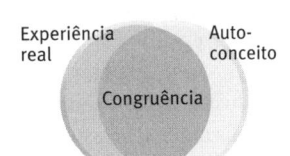

Autenticidade, empatia, consideração positiva incondicional, clarificação, refletir de volta para o cliente.

Eliminação de sintomas mal-adaptados; aquisição de respostas mais adaptadas. A dessensibilização pretende enfraquecer e substituir essa associação.

Condicionamento clássico e operante, dessensibilização sistemática, condicionamento aversivo, treinamento em habilidades sociais, reforço, modelagem, punição, extinção, *biofeedback*.

Redução do pensamento negativo; substituição por pensamentos mais realistas.

Interrupção do pensamento, gravação de pensamentos automáticos, refutação de pensamentos negativos, atribuições de tarefas para realizar em casa.

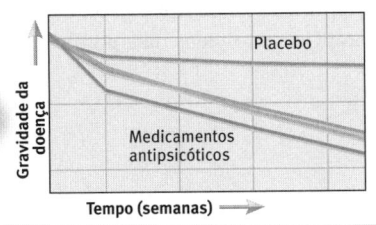

Eliminação ou redução dos sintomas; prevenção de recidiva.

Medicamentos ansiolíticos, antidepressivos, antipsicóticos e estabilizadores do humor, eletroconvulsoterapia.

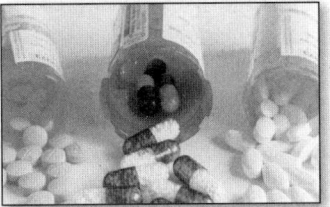

A desinstitucionalização também foi acusada de contribuir para a população de pessoas sem-teto. O fato de pessoas morarem nas ruas tem diversas causas, mas a doença mental tratada de forma inadequada parece ser um fator crucial, que aumenta a vulnerabilidade das pessoas a essa condição. Estudos descobriram taxas muito elevadas de doenças mentais entre os sem-teto. Em conjunto, as evidências sugerem que aproximadamente um terço deles padece de doenças mentais graves (esquizofrenia e transtornos do humor), que aproximadamente outro terço ou mais luta com problemas com álcool e drogas, que muitos apresentam diagnósticos múltiplos e que a incidência de doenças mentais entre os sem-teto pode estar aumentando (Bassuk et al., 1998; Hodgson, Shelton e Bree, 2015; North et al., 2004; Viron et al., 2014). Em suma, abrigos para moradores de rua se tornaram, *de fato*, um elemento do sistema de saúde mental nos Estados Unidos (Callicutt, 2006). O mesmo aconteceu com as prisões, pois as pessoas com doenças mentais são muitas vezes encarceradas, levando a uma epidemia de transtornos psicológicos no sistema presidiário norte-americano (Baillargeon et al., 2009). A realidade é que alguns indivíduos com transtornos mentais são repetidamente encarcerados.

Em última análise, é evidente que nossa sociedade não prové a atenção adequada para um segmento considerável da população portadora de doenças mentais (Appelbaum, 2002; Gittelman, 2005; Torrey, 2014). Isso não é novidade. Atenção inadequada com as doenças mentais tem sido a norma. As sociedades sempre lutam com o problema do que fazer com as pessoas com doenças mentais e como pagar pelo cuidado delas (Duckworth e Borus, 1999). A nossa não é diferente. Infelizmente, nos últimos anos, a situação piorou em vez de melhorar. Embora os custos com a saúde mental tenham aumentado regularmente nos últimos anos, os recursos financeiros para essa área diminuíram drasticamente (Geller, 2009). Hoje a maior parte dos estados norte-americanos tem poucos leitos psiquiátricos, o que resulta em maiores listas de espera, excesso de pacientes e tempo de hospitalização cada vez mais curto (Geller, 2009). Lamentavelmente, a situação chegou a tal ponto que o *Journal of the American Medical Association* publicou recentemente um artigo que defendia a extinção parcial da desinstitucionalização. Defendendo o retorno dos manicômios abandonados, os autores afirmaram que "a escolha hoje é entre o ciclo prisão-situação de rua-hospitalização intensiva-prisão, ou institucionalização psiquiátrica de longo período" (Sisti, Segal e Emanuel, 2015, p. 244).

15.7 Refletindo sobre os temas do capítulo

15.7 Objetivos Principais de Aprendizagem
- Identificar os dois temas unificadores destacados neste capítulo.

Em nossa discussão sobre a psicoterapia, um de nossos temas unificadores – o valor da diversidade teórica – foi especialmente proeminente, e outro – a importância da cultura – foi abordado brevemente. Vamos discutir primeiro este último. As abordagens à psicoterapia descritas neste capítulo são produtos da moderna classe média branca, a cultura ocidental. Algumas dessas terapias demonstraram-se úteis em algumas culturas, mas muitas se revelaram irrelevantes ou contraproducentes quando utilizadas com diferentes grupos culturais. Portanto, vimos novamente que a psicologia ocidental não pode supor que suas teorias e suas práticas tenham aplicabilidade universal.

Diversidade teórica

Herança cultural

Com respeito à diversidade teórica, seu valor pode ser ilustrado com uma questão retórica: você é capaz de imaginar qual seria a situação da moderna psicoterapia se todos os profissionais da área da psicologia e da psiquiatria simplesmente tivessem aceitado as teorias de Freud a respeito da natureza e do tratamento dos transtornos psicológicos? Se não fosse pela diversidade teórica, o tratamento da saúde mental ainda poderia estar na idade das trevas. A psicanálise pode ser um método útil de terapia, mas seria um estado de coisas trágico se houvesse *somente* um tratamento disponível para as pessoas que enfrentam transtornos psicológicos. Um número enorme de pessoas tem se beneficiado de abordagens alternativas de tratamento que surgiram da tensão existente entre a teoria psicanalítica e as muitas outras perspectivas teóricas.

Como as pessoas têm problemas diversos, enraizados em diferentes origens, é bom que elas possam escolher em um conjunto diverso de abordagens ao tratamento. A Visão geral ilustrada das cinco principais abordagens de tratamento resume e compara as abordagens que discutimos neste capítulo. Essa visão indica que cada um dos tipos principais de abordagem à terapia tem a própria visão da natureza do descontentamento humano e do remédio ideal.

Evidentemente, a diversidade pode ser complexa. A abrangência e a variedade dos tratamentos disponíveis na moderna psicoterapia deixam muitas pessoas confusas sobre suas opções. Em nossa seção Aplicação Pessoal destacaremos as questões práticas envolvidas na escolha de um terapeuta.

15.8 APLICAÇÃO PESSOAL
À procura de um terapeuta

Responda às seguintes questões com "verdadeiro" ou "falso".

___ 1 Psicoterapia é tanto uma arte como uma ciência.

___ 2 A psicoterapia pode ser danosa ou prejudicial a um cliente.

___ 3 O tratamento da doença mental não tem de ser caro.

___ 4 O tipo de graduação profissional que o terapeuta exibe é relativamente pouco importante.

Todas essas afirmações são verdadeiras. Surpreso? Você não está só. Muitas pessoas sabem relativamente pouco sobre as particularidades de escolher um terapeuta.

A tarefa de encontrar um que seja apropriado não é menos complexa do que comprar qualquer outro serviço importante. Você precisa consultar um psicólogo ou psiquiatra? Deve optar por terapia individual ou grupal? Deve procurar um terapeuta centrado no cliente ou um comportamental? A parte ruim dessa complexidade é que as pessoas que procuram psicoterapia já têm seus problemas pessoais. A última coisa de que precisam é ser confrontadas por um problema ainda mais complexo.

Todavia, a importância de encontrar um bom terapeuta não pode ser subestimada. A terapia às vezes pode ter efeitos danosos em vez de úteis. Já discutimos como as terapias farmacológicas e a ECT às vezes podem ser prejudiciais, mas os problemas não se limitam às intervenções biológicas. Falar de seus problemas com um terapeuta pode parecer bastante inofensivo, mas estudos indicam que as terapias de *insight* também podem ser "um tiro pela culatra" (Lambert, 2013; Lilienfeld, 2002). Apesar de um número muito grande de terapeutas talentosos estar disponível, a psicoterapia, como qualquer outra profissão, tem também profissionais medíocres e incompetentes. Portanto, você deve pesquisar para encontrar um que seja habilitado, exatamente como faria com um bom advogado ou um bom mecânico.

Nessa Aplicação Pessoal examinaremos algumas informações que serão úteis se você precisar procurar um terapeuta para si mesmo ou para um amigo ou membro da família (baseamo-nos em Beutler, Bongar e Shurkin, 2001; Bruckner-Gordon, Gangi e Wallman, 1988; Ehrenberg e Ehrenberg, 1994; Pittman, 1994; Zimmerman e Strouse, 2002).

Onde encontrar serviços terapêuticos?

A psicoterapia pode ser encontrada em uma variedade de ambientes. Contrariamente à crença geral, a maioria dos terapeutas não está na prática privada. Muitos trabalham em ambientes institucionais, como centros de saúde mental comunitários, hospitais e órgãos de assistência social. As principais fontes de serviços terapêuticos estão descritas na **Tabela 15.2**. A exata configuração dos serviços terapêuticos disponíveis vai variar de uma comunidade para outra. Para descobrir o que sua comunidade tem a oferecer, uma boa ideia é realizar uma pesquisa on-line ou consultar seus amigos, sua lista telefônica local ou um centro de saúde mental comunitário.

> **15.8 OBJETIVOS PRINCIPAIS DE APRENDIZAGEM**
>
> - Discutir alguns aspectos sobre a busca de terapia, incluindo a importância do método teórico do terapeuta.

Encontrar o terapeuta certo não é uma tarefa fácil. Você precisa levar em conta o treinamento e a orientação do terapeuta, o preço das consultas e a personalidade do profissional. Uma visita inicial dará a você uma boa ideia de como o terapeuta é.

Tabela 15.2 Principais fontes de serviços terapêuticos

Fonte	Comentários
Profissionais particulares	Terapeutas autônomos estão relacionados nas Páginas Amarelas em suas categorias profissionais; por exemplo, psicólogos ou psiquiatras.
	Profissionais liberais tendem a ser relativamente caros, mas também altamente experientes.
Centros de saúde mental comunitários	Os centros de saúde mental comunitários têm psicólogos, psiquiatras e assistentes sociais assalariados em seu quadro de funcionários. Prestam uma variedade de serviços e têm pessoal disponível nos fins de semana e à noite para lidar com emergências.
Hospitais	Diversos tipos de hospitais psiquiátricos oferecem serviços terapêuticos. Há tanto hospitais psiquiátricos públicos como privados especializados em atender pessoas com transtornos psicológicos. Muitos hospitais gerais têm uma ala psiquiátrica, e aqueles que não a têm geralmente contam em seus quadros com psiquiatras e psicólogos. Não obstante os hospitais tenham tendência a se concentrar em pacientes internados, muitos oferecem também terapia ambulatorial.
Órgãos de assistência social	Vários órgãos de assistência social empregam terapeutas para prover aconselhamento de curto prazo nos Estados Unidos. Dependendo de sua comunidade, você pode encontrar agências que tratam de problemas familiares, juvenis, os relacionados a medicamentos, e assim por diante.
Escolas e locais de trabalho	A maioria das escolas de ensino médio e universidades norte-americanas tem centros de aconselhamento, onde os estudantes podem obter ajuda no tocante aos problemas pessoais. De modo similar, algumas grandes empresas oferecem aconselhamento para seus funcionários dentro da própria organização.

A profissão do terapeuta ou o gênero são importantes?

Os psicoterapeutas podem ser treinados em psicologia, psiquiatria, assistência social, aconselhamento, enfermagem psiquiátrica ou terapia conjugal e familiar. Os pesquisadores *não* encontraram nenhuma associação confiável entre o *background* profissional dos terapeutas e a eficácia terapêutica (Beutler et al., 2004), provavelmente porque muitos terapeutas talentosos podem ser encontrados em todas essas profissões.

Dessa forma, o tipo de graduação que o terapeuta exibe não precisa ser uma consideração crítica em seu processo de escolha. É verdade que atualmente apenas um psiquiatra pode prescrever medicamentos. Entretanto, os críticos asseguram que muitos psiquiatras são demasiadamente rápidos para usar medicamentos para resolver problemas (Breggin, 2008; Whitaker, 2009). De qualquer forma, outros tipos de terapeuta podem encaminhá-lo a um psiquiatra se acharem que a terapia farmacológica é necessária. Se você tiver um convênio médico que cubra psicoterapia, talvez queira verificar se ele contém alguma restrição sobre a profissão do terapeuta.

Depende de sua atitude o fato de o gênero do terapeuta ser importante ou não. Se *você* sentir que o gênero do terapeuta é importante, então ele é (Nadelson, Notman e McCarthy, 2005). A relação terapêutica deve ser caracterizada por confiança e entendimento. Sentir-se desconfortável com um terapeuta de um ou de outro gênero poderia inibir o processo terapêutico. Portanto, você deve sentir-se à vontade para procurar um terapeuta do sexo masculino ou feminino, se preferir.

O tratamento é sempre caro?

A psicoterapia não tem de ser proibitivamente cara. Os profissionais liberais tendem a ser os mais caros, cobrando entre $ 75 e $ 150,[1] em média, 50 minutos. Esses honorários podem parecer elevados, mas eles estão alinhados com os de profissionais similares, como dentistas e advogados. Os centros de saúde mental comunitários e os órgãos de assistência social norte-americanos geralmente são sustentados por impostos. Portanto, eles podem cobrar valores menores do que a maioria dos terapeutas que estão na prática privada. Muitas dessas organizações utilizam uma escala ascendente, de forma que os clientes pagam de acordo com o que podem pagar. Desse modo, a maioria das co-

A terapia é uma ciência e uma arte. É científica porque seus praticantes são orientados em seu trabalho por muita pesquisa empírica. É uma arte, tendo em vista que os terapeutas geralmente têm de ser criativos para adaptar seus procedimentos de tratamento aos pacientes individuais e suas idiossincrasias.

---

[1] Esses valores correspondem à realidade americana, por isso estão em dólares. No Brasil, o valor de uma consulta fica, em média, de R$ 150 a R$ 250.

munidades tem oportunidades pouco dispendiosas para tratamento. Além disso, muitos planos de saúde proveem pelo menos um reembolso parcial para os custos com psicoterapia.

A abordagem teórica do terapeuta é importante?

Logicamente, você poderia esperar que as diversas abordagens à terapia variassem quanto à eficácia. Entretanto, isso *não* é o que os pesquisadores encontram na maioria das vezes. Depois de revisar muitos estudos sobre a eficácia terapêutica, Jerome Frank (1961), Lester Luborsky et al. (1975) citam o pássaro dodô, que acaba de julgar uma corrida em *Alice no País das Maravilhas*: "Todo mundo ganhou, e *todos* devem receber prêmios". Os índices de melhora para várias orientações teóricas geralmente aproximam-se muito na maioria dos estudos (Lambert, 2013; Bergin e Garfield, 2004; Luborsky et al., 2002; Wampold, 2001; veja **Figura 15.14**).

Essas descobertas, porém, são um pouco enganosas, uma vez que essas estimativas sobre a eficácia global foram extraídas de uma média de muitos tipos de paciente e de problema. Grande parte dos especialistas parece achar que, *para certos tipos de problema, algumas abordagens à terapia são mais eficazes do que outras* (Beutler, 2002; Barlow et al., 2013; Hofmann e Barlow, 2014).

Também é importante salientarmos que a descoberta de que diferentes abordagens à terapia são mais ou menos iguais quanto à eficiência global não significa que todos os *terapeutas* sejam "criados" de maneira igual. Alguns, inquestionavelmente, são mais eficientes que outros, e as diferenças podem ser consideráveis (Baldwin e Imel, 2013; Castonguay et al., 2013). Contudo, essas variações de eficiência parecem depender das habilidades pessoais individuais dos terapeutas, em vez de sua orientação teórica (Beutler et al., 2004). Terapeutas bons, maus ou medíocres são encontrados dentro de cada escola de pensamento.

O ponto-chave é que uma terapia eficaz requer habilidade e criatividade. Arnold Lazarus (1987, p. 167), que idealizou a terapia multimodal, enfatiza que os terapeutas "estão sobre o muro entre a ciência e a arte". A terapia é científica em razão das intervenções que se baseiam em extensa teoria e pesquisas empíricas (Forsyth e Strong, 1986). Em última instância, cada cliente é um ser humano único, e o terapeuta tem de moldar criativamente um programa de tratamento que ajude esse indivíduo (Goodheart, 2006).

Como é a terapia?

É importante haver expectativas realistas sobre a terapia. Caso contrário, pode-se acabar desnecessariamente desapontado. Algumas pessoas esperam milagres. Esperam uma grande e rápida melhora sem nenhum esforço. Outras esperam que seus terapeutas conduzam a vida delas. São expectativas irreais.

A terapia geralmente é um processo lento, um trabalho árduo, e seu terapeuta é somente um facilitador. Seus problemas provavelmente não se desvanecerão depressa. Em última instância, é preciso enfrentar o desafio de modificar seu comportamento, seus padrões de pensamento, seus sentimentos ou sua personalidade. Esse processo pode não ser agradável. Talvez tenha de encarar algumas verdades penosas sobre si mesmo. Como Ehrenberg e Ehrenberg (1994, p. 5) apontam, "psicoterapia demanda tempo, esforço e coragem".

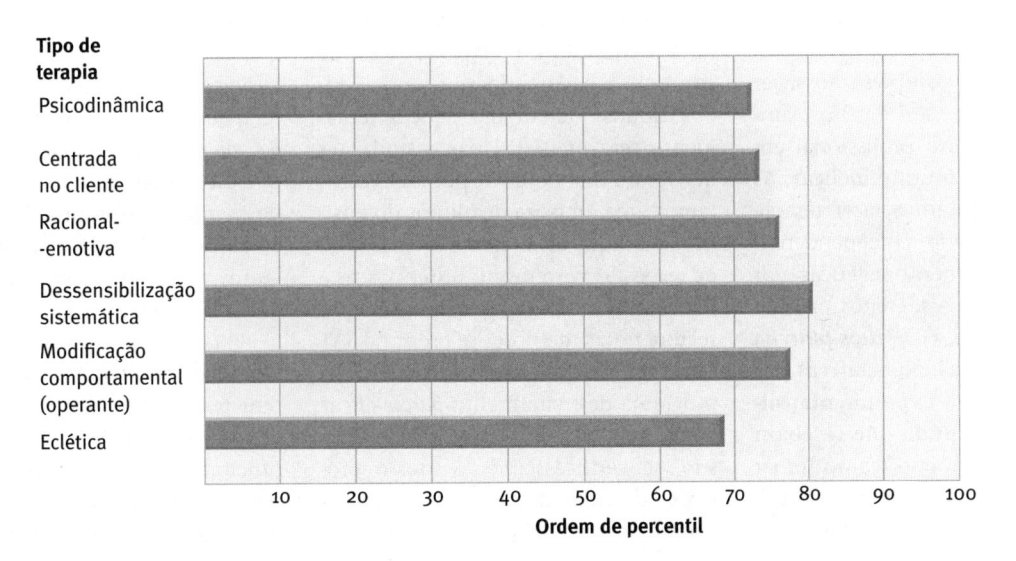

Figura 15.14 Estimativas da eficácia de várias abordagens à psicoterapia.
Smith e Glass (1977) revisaram quase 400 estudos, nos quais clientes que eram tratados com um tipo específico de terapia eram comparados com um grupo de controle composto por indivíduos com problemas similares que não haviam sido tratados. As barras indicam a ordem de percentil (em medidas do resultado) obtida com cada terapia quando comparadas com os objetos de controle. Quanto mais elevado o percentil, mais eficaz a terapia. Como se pode ver, as diferentes abordagens eram razoavelmente similares em sua eficácia aparente.

Fonte: Adaptado de Smith, M. L. e Glass, G. V. (1977). Meta-analysis of psychoterapy outcome series. *American Psychologist*, n. 32, p. 752-760. Copyright © 1977 de American Psychological Association. Adaptado com permissão da editora e do autor.

15.9 APLICAÇÃO DO PENSAMENTO CRÍTICO
Da crise ao bem-estar – mas, o que é terapia?

Geralmente acontece assim. Os problemas parecem que vão de mal a pior – o estopim pode ser uma forte pressão no trabalho, um conflito emocional com o cônjuge, ou o comportamento descompensado de uma criança saindo do controle. Em dado momento você reconhece que pode ser uma decisão sábia procurar ajuda profissional de um terapeuta. Mas, aonde ir? Se você for como a maioria das pessoas, provavelmente hesitará antes de procurar ativamente ajuda profissional. As pessoas hesitam porque a terapia carrega um estigma; porque a tarefa de encontrar um terapeuta é assustadora; e porque elas esperam que seus problemas psicológicos se resolvam sozinhos – o que *de fato* acontece com certa regularidade. Quando as pessoas decidem finalmente procurar tratamento mental é porque, com frequência, elas sentem que chegaram ao fundo do poço no que se refere a seu funcionamento e não têm escolha. Motivadas por suas crises, elas começam o tratamento, procurando por um raio de esperança. A terapia as ajudará a se sentir melhor?

Você pode ficar surpreso ao saber que a resposta *em geral* é "sim", ainda que o tratamento profissional em si seja totalmente inútil e ineficaz. As pessoas que começam a fazer terapia tendem a melhorar, independentemente de seu tratamento ser eficaz, por duas razões principais: efeitos placebo e regressão à média. Os ***efeitos placebo ocorrem quando as expectativas das pessoas as levam a experimentar alguma mudança, ainda que recebam um tratamento inócuo*** (como tomar uma pílula de açúcar em vez de um remédio). Os clientes geralmente começam a terapia com a expectativa de que ela terá efeitos positivos e, como enfatizamos neste capítulo, *as pessoas têm uma tendência notável de ver aquilo que esperam ver*. Devido a esse fator, estudos sobre eficácia dos medicamentos sempre incluem uma condição placebo, na qual os sujeitos recebem remédios falsos (veja o Capítulo 2). Os pesquisadores ficam surpresos ao ver como os pacientes do efeito placebo apresentam melhoras (Fisher e Greenberg, 1997; Walsh et al., 2002). Esses efeitos podem ser poderosos e devem ser levados em consideração sempre que esforços são feitos para avaliar a eficácia de alguma abordagem ao tratamento.

Outro fator é o foco principal dessa Aplicação. Trata-se de um curioso fenômeno estatístico que não estudamos antes. ***Regressão à média ocorre quando as pessoas, que obtêm escore extremamente alto ou baixo em algum traço, são medidas uma segunda vez e seu novo escore fica mais próximo da metade (média)***. Os efeitos dessa regressão funcionam nas duas direções: na segunda aferição, os escores mais altos tendem a diminuir para a média, e os mais baixos tendem a aumentar, atingindo a média. Por exemplo, digamos que estejamos avaliando a eficácia de um dia de programa de treinamento com o objetivo de melhorar a pontuação no teste SAT (teste de admissão a cursos superiores nos Estados Unidos). Acreditamos que o treinamento será mais útil para estudantes que foram mal no teste, por isso, recrutamos uma amostra de alunos do ensino médio que alcançaram apenas 20% de respostas corretas no teste. Graças à regressão à média, a maioria deles conseguirá notas melhores se prestar o SAT uma segunda vez, por essa razão, nosso programa de treinamento *parece* eficaz ainda que não tenha valor. A propósito, se verificássemos se nosso programa de treinamento pode melhorar o desempenho daqueles que tiraram notas mais altas, os efeitos da regressão operariam *contra* nós. Os processos subjacentes à regressão à média são questões complexas de probabilidade, mas podem ser abordados por um princípio simples: se você estiver mais perto do fundo, praticamente não tem outro lugar para ir a não ser para cima; e se você estiver perto do topo, praticamente não tem outro lugar para ir a não ser para baixo.

O que tudo isso tem a ver com os efeitos do tratamento profissional para os problemas e os transtornos psicológicos? Bem, lembre-se de que a maioria das pessoas procura a psicoterapia em um momento de crise grave, quando estão em um ponto realmente baixo da vida delas. Se medirmos a saúde mental de um grupo de pessoas que inicia a terapia, a maioria obterá escores relativamente baixos. Se medirmos a saúde mental deles mais uma vez, alguns meses depois, a probabilidade é que a maioria obtenha pontuações mais altas – com ou sem terapia – por causa da regressão à média. Não se trata de especulação sem bases. Em estudos de eficácia terapêutica, dados sobre *sujeitos* (*grupos de controle*) *não tratados* demonstram que escores baixos em questões de saúde mental regressam à média quando os participantes são avaliados uma segunda vez (Flett, Vredenburg e Krames, 1995; Hsu, 1995).

O fato de que a maioria das pessoas alcançará resultados melhores mesmo sem terapia significa que não há evidências sólidas de que a psicoterapia funciona? Não. Os efeitos da regressão, com os efeitos placebo, provocam de fato "dores de cabeça" para os pesquisadores que avaliam a eficácia de várias terapias, mas esses problemas *podem* ser neutralizados. Grupos de controle, tarefas aleatórias, condições placebo e ajustes estatísticos podem ser empregados para controlar os efeitos de regressão e placebo, bem como outras ameaças à validade. Como estudamos neste

---

15.9 OBJETIVOS PRINCIPAIS DE APRENDIZAGEM

- Entender como o efeito placebo e a regressão à média podem complicar a evolução da terapia.

Os efeitos placebo e a regressão à média são dois fatores proeminentes que podem tornar difícil avaliar a eficácia de várias abordagens de terapia.

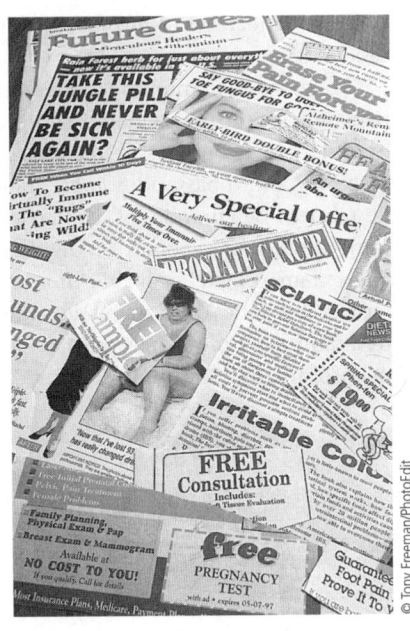

Os efeitos placebo e a regressão à média podem ajudar a explicar porque tratamentos falsos, sem valor, podem ter defensores sinceros, que realmente acreditam que essas falsas intervenções são eficazes.

capítulo, os pesquisadores acumularam sólidas evidências de que a maioria das abordagens à terapia demonstrou ser eficiente. Todavia, nossa discussão sobre os efeitos placebo e de regressão mostra algumas complexidades que tornam esse tipo de pesquisa muito mais complicado do que se pensava.

Reconhecer que a regressão à média pode ocorrer em uma variedade de contextos é uma importante habilidade de pensamento crítico, por isso, vamos examinar outros exemplos. Pense em um jovem jogador profissional de beisebol que tem um desempenho excelente na primeira fase do campeonato e é, portanto, chamado "Revelação do Ano". Que tipo de desempenho você preveria para esse atleta no ano seguinte? Falando estatisticamente, nossa "Revelação do Ano" tende a apresentar um desempenho bem acima da média no próximo ano, mas não tão bom quanto no primeiro. Se você é fã de esportes, reconhecerá esse padrão como "queda do segundo ano", que normalmente se atribui à personalidade ou à motivação do atleta ("ele ficou preguiçoso" ou "se tornou arrogante"), quando pode tratar-se simplesmente de um caso de regressão à média.

É claro, às vezes a "Revelação do Ano" tem um desempenho ainda melhor no segundo ano. Assim, nosso exemplo do beisebol pode ser usado para enfatizar um ponto importante. A regressão à média não é algo inevitável. É uma tendência estatística que, na maioria dos casos, prevê o que acontecerá, mas é apenas uma questão de probabilidade.

As pessoas que não entendem a regressão à média podem cometer erros interessantes em seus esforços para melhorar o desempenho em uma tarefa. Por exemplo, Kahneman e Tversky (1973) trabalharam com instrutores de voo israelenses que, logicamente, elogiavam os alunos quando eles conseguiam realizar muito bem uma manobra difícil, e os criticavam quando seu desempenho não era bom. Por causa da regressão à média, o desempenho dos alunos tendia a declinar depois que recebiam o elogio por um trabalho extremamente bom, e a melhorar depois que recebiam a crítica por um mau desempenho. Observando essa tendência, os instrutores de voo erroneamente concluíram que elogios levavam a um mau desempenho e a crítica levava a um desempenho melhor – até que o

Tabela 15.3 Habilidades do pensamento crítico discutidas nesta Aplicação

Habilidade	Descrição
Reconhecer situações em que pode ocorrer o efeito placebo.	O pensador crítico entende que, se as pessoas têm expectativas de que um tratamento produzirá determinado efeito, elas podem experimentar esse efeito mesmo que o tratamento seja falso ou ineficaz.
Reconhecer situações em que pode ocorrer a regressão à média.	O pensador crítico entende que, quando as pessoas são destacadas por suas pontuações extremamente altas ou baixas em determinado traço, suas pontuações subsequentes provavelmente ficarão mais perto da média.
Reconhecer as limitações da evidência anedótica.	O pensador crítico é cuidadoso com a evidência anedótica, que consiste em usar histórias pessoais para apoiar afirmações. A evidência anedótica tende a ser imprecisa, não representativa nem confiável.

conceito de regressão à média foi explicado a eles.

Voltemos ao mundo da terapia para um último pensamento sobre a importância dos efeitos de regressão e placebo. Com o passar dos anos, grande número de curandeiros, charlatães, impostores, fitoterapeutas e indivíduos que curam pela fé anunciou uma interminável série de tratamentos inúteis, tanto para problemas psicológicos quanto físicos. Em muitos casos, as pessoas que foram tratadas com essas falsas terapias expressaram satisfação ou mesmo elogio e gratidão. As pessoas muitas vezes não entendem testemunhos acalorados sobre tratamentos que acreditam não serem eficazes. Bem, agora você tem duas explicações por que as pessoas às vezes acreditam honestamente que obtiveram grandes benefícios com tratamentos falsos: efeitos placebo e de regressão. As pessoas que dão testemunho a favor de tratamentos inúteis podem ter experimentado melhoras *genuínas* em suas condições, mas essas melhoras podem ter sido o resultado dos efeitos placebo e de regressão à média. Os efeitos placebo e de regressão se acrescentam às muitas razões pelas quais devemos sempre ser céticos em relação a uma evidência anedótica. E eles ajudam a explicar por que charlatães algumas vezes são tão bem-sucedidos e por que tratamentos ineficazes e insensatos têm defensores sinceros.

CAPÍTULO 15 – QUADRO DE CONCEITOS

ELEMENTOS DE TRATAMENTO

Métodos de tratamento

Terapias de *insight* envolvem interações verbais para aumentar o conhecimento do cliente acerca de si mesmo e promover mudanças saudáveis.

Terapias comportamentais envolvem a aplicação de princípios do aprendizado e condicionamento para gerar esforços a fim de modificar comportamentos desajustados do cliente.

Terapias biomédicas são intervenções fisiológicas para reduzir sintomas associados a transtornos psicológicos.

TERAPIAS DE *INSIGHT*

Psicanálise

- Freud acreditava que neuroses eram causadas por *conflitos inconscientes* com relação a sexo e agressões vivenciadas na infância.
- Na psicanálise, a *análise de sonhos* e o *método de associação livre* são usados para explorar o inconsciente.
- Quando a interpretação de um analista toca pontos sensíveis do cliente, é normal haver *resistência*.
- O relacionamento de *transferência* pode ser usado para superar a resistência e promover soluções.
- A psicanálise clássica não é tão praticada hoje, mas uma vasta gama de terapias de *insight* ainda é utilizada.

Terapia centrada no cliente

- Segundo Rogers, a ansiedade neurótica ocorre devido a *incongruências* entre o autoconceito do paciente e a realidade.
- Rogers afirmava que o *clima* terapêutico é mais crucial que o *processo* de terapia.
- Para estabelecer um clima saudável, o terapeuta deve ser autêntico, demonstrando empatia e interesse incondicional positivo.
- O processo principal na terapia centrada no cliente é a *clarificação* dos sentimentos.

Terapia de grupo

- A maioria das terapias de *insight* pode ser conduzida em grupo, o que envolve o tratamento simultâneo de vários clientes.
- Na terapia de grupo os participantes funcionam basicamente como terapeutas uns para os outros, compartilhando experiências, estratégias de superação e apoio.
- Os terapeutas de grupo têm um papel mais sutil, assistindo o grupo e estimulando a coesão e a interação de ajuda.

Terapia familiar e de casais

- A *terapia de casais* é o tratamento de parceiros em um relacionamento de comprometimento íntimo, com foco nos problemas do relacionamento.
- A *terapia familiar* envolve o tratamento do grupo familiar como um todo, e o foco está na dinâmica e na comunicação entre seus membros.
- Os terapeutas familiar e de casais buscam entender os padrões intrincados de interação que causam problemas aos clientes.

Clientes

- Os clientes chegam com diversos problemas à terapia, o que não significa necessariamente que tenham algum transtorno.
- Mulheres, brancos, pessoas de escolaridade mais alta e as que possuem planos particulares de assistência médica apresentam maior tendência a aceitar tratamento.
- As pessoas nem sempre estão dispostas a buscar tratamento psicológico, e muitas que precisam não o recebem.

Terapeutas

- *Psicólogos clínicos* são especialistas em diagnóstico e tratamento de transtornos mentais e problemas do cotidiano.
- *Psiquiatras* são médicos especialistas no diagnóstico e no tratamento de transtornos mentais.
- *Assistentes sociais, enfermeiros de psiquiatria, conselheiros* e *terapeutas familiares e de casais* também auxiliam no processo terapêutico.

Avaliação das psicoterapias de *insight*

- Avaliar a eficácia de qualquer tipo de tratamento é uma tarefa extremamente complicada e subjetiva.
- Centenas de estudos sugerem que a psicoterapia de *insight* é mais eficaz do que o tratamento placebo, e que os efeitos positivos da terapia têm duração razoavelmente longa.
- Muitos teóricos acreditam que há fatores comuns que são de grande valia no desenvolvimento de terapias de *insight*.

TEMAS PRINCIPAIS

Diversidade teórica Herança cultural

TERAPIAS COMPORTAMENTAIS

Princípios gerais
- Os behavioristas acreditam que até comportamentos patológicos são aprendidos e que tudo que se aprende pode ser desaprendido.
- Na terapia comportamental os procedimentos são usados de acordo com o tipo de problema clínico.

Dessensibilização sistemática e terapias de exposição
- A *dessensibilização sistemática de Wolpe*, um tratamento para fobias, envolve a construção de uma hierarquia de ansiedade, técnicas de relaxamento e movimento através da hierarquia, emparelhando relaxamento com cada estímulo fóbico.
- Na *terapia de exposição* os clientes são expostos às situações que temem para aprender que elas não são realmente prejudiciais.
- A terapia de exposição pode ser conduzida com o auxílio de apresentações de realidade virtual.

Treino de aptidões sociais
- Muitos problemas psicológicos surgem das dificuldades de *insight* geradas por déficit de habilidades sociais.
- O *treino de aptidões sociais* desenvolve as interações de *insight* do cliente através de modelação, ensaio comportamental e modelagem.

Tratamento cognitivo-comportamental
- O tratamento cognitivo-comportamental combina intervenções verbais e técnicas de mudança de comportamento para ajudar os clientes a modificar padrões desajustados de pensamento.
- A *terapia cognitiva* foi criada por Aaron Beck como um tratamento para depressão, mas hoje é usada para diversos tipos de transtorno.
- Segundo Beck, a maioria dos transtornos é causada por padrões de pensamento irracionais, rígidos e negativos.

Avaliação das terapias comportamentais
- Há diversas pesquisas sobre a eficácia dos vários métodos de terapia comportamental.
- Há evidências positivas sobre a eficácia da maior parte das intervenções comportamentais mais comumente utilizadas.

TERAPIAS BIOMÉDICAS

Tratamento com medicamentos
- *Ansiolíticos*, usados para aliviar o nervosismo; têm efeito de curto prazo.
- *Medicamentos antipsicóticos* podem reduzir gradualmente os sintomas psicóticos, mas acarretam diversos efeitos colaterais indesejados.
- *Antidepressivos* aliviam gradualmente episódios de depressão, porém mesmo os SSRIs de última geração apresentam efeitos colaterais.
- *Estabilizadores do humor* como o lítio podem ajudar a prevenir episódios de mania e depressão em pacientes bipolares.
- A terapia com medicamentos pode ter grandes efeitos positivos, mas os críticos advertem que são efeitos de curto prazo, que esses medicamentos são prescritos em excesso pelos clínicos, e que são medicamentos mais perigosos do que se desejaria.
- Os críticos também enfatizam que os conflitos de interesse são um problema generalizado nas pesquisas sobre novos medicamentos, o que leva a uma valorização exagerada de sua eficácia e a certa negligência quanto a seus efeitos colaterais.

ECT
- Na *eletroconvulsoterapia (ECT)* choques elétricos são usados para produzir convulsões corticais, acredita-se que elas são benéficas no tratamento da depressão.
- Os defensores da ECT afirmam se tratar de um tratamento muito eficaz, mas os críticos levantaram muitas dúvidas, e seu uso diminuiu.
- A perda de memória é um efeito de curto prazo da ECT, mas há muito debate sobre a possibilidade de ela apresentar riscos de longo prazo.

TRATAMENTO INSTITUCIONAL EM TRANSIÇÃO

- A insatisfação com os hospitais psiquiátricos tradicionais levou ao *movimento de tratamento mental comunitário*, que defende o atendimento local e comunitário para a prevenção e o tratamento de transtornos mentais.
- A *desinstitucionalização* é a transferência do sistema de tratamento mental de instituições de internação para instalações comunitárias de atendimento ambulatorial.

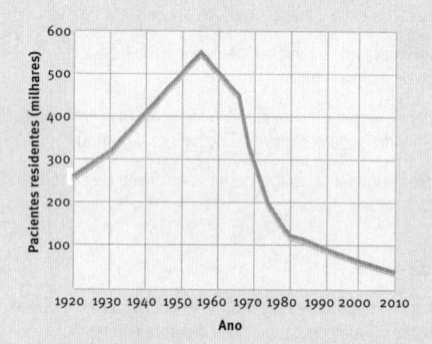

- A desinstitucionalização funcionou para alguns pacientes, mas contribuiu para o aumento dos *pacientes reincidentes*.
- A desinstitucionalização também contribuiu para o aumento dos moradores de rua e para a incidência de doenças mentais entre eles.
- Está claro que nossa sociedade não oferece condições adequadas a um segmento considerável da população com doenças mentais, e a situação se agrava a cada dia.

ASPECTOS VIGENTES DOS TRATAMENTOS

- Devido às origens culturais das terapias ocidentais, há dúvidas quanto à sua funcionalidade em outras culturas e mesmo em grupos étnicos dentro das sociedades ocidentais.
- Minorias étnicas nos Estados Unidos utilizam pouco os serviços de saúde mental em razão da desconfiança cultural e às barreiras institucionais e de linguagem.
- Os clínicos tentam cada vez mais aproveitar a tecnologia para expandir o atendimento de serviços de saúde mental e reduzir os custos da terapia.
- A combinação de psicoterapias de *insight*, comportamentais e biomédicas é normalmente usada com bons resultados.

APLICAÇÕES

- As habilidades pessoais dos terapeutas são mais importantes que seu diploma.
- Várias abordagens para terapia parecem ser similares em efetividade geral.
- Contudo, para certos tipos de problemas, algumas abordagens de terapia são mais efetivas que outras.
- A regressão para a média e o efeito placebo podem ajudar a explicar por que as pessoas frequentemente são enganadas por tratamentos ineficazes.

APÊNDICE A
Testes Práticos e Respostas à Revisão de Conceitos

PARTE 1: REVISÃO DE CONCEITOS POR CAPÍTULO

Prova Prática do Capítulo 1

1. Por qual das seguintes iniciativas Wilhelm Wundt é mais conhecido?
   A. Estabelecer o primeiro laboratório formal para pesquisa em psicologia.
   B. A separação entre mente e corpo como duas entidades distintas.
   C. A descoberta de como sinais são conduzidos por nervos no corpo.
   D. O desenvolvimento do primeiro programa formal para treinamento em psicoterapia.

2. Qual das abordagens a seguir William James poderia criticar por examinar o cinema quadro a quadro em vez de observar o movimento fluido do filme?
   A. Estruturalismo
   B. Funcionalismo
   C. Dualismo
   D. Humanismo

3. Fred, um treinador de tênis, insiste que pode transformar qualquer indivíduo razoavelmente saudável em um jogador de tênis internacionalmente competitivo. Fred ecoa os pensamentos de:
   A. Sigmund Freud.
   B. John B. Watson.
   C. Abraham Maslow.
   D. William James.

4. Com qual declaração os seguidores de Skinner concordariam?
   A. O todo é maior que a soma de suas partes.
   B. A meta do comportamento é a autorrealização.
   C. Natureza é mais influente que criação (inato *versus* adquirido).
   D. Livre-arbítrio é uma ilusão.

5. Qual das abordagens a seguir tem a visão mais otimista da natureza humana?
   A. Humanismo
   B. Behaviorismo
   C. Psicanálise
   D. Estruturalismo

6. Qual dos seguintes acontecimentos históricos criou uma demanda por clínicos muito maior que a oferta?
   A. Primeira Guerra Mundial
   B. A depressão
   C. Segunda Guerra Mundial
   D. A guerra da Coreia

7. Psicologia _____ examina processos comportamentais em termos de seu valor adaptativo para uma espécie no decorrer de muitas gerações.
   A. Clínica
   B. Cognitiva
   C. Evolucionista
   D. Fisiológica

8. O estudo do sistema endócrino e mecanismos genéticos seria mais provavelmente conduzido por um:
   A. psicólogo clínico.
   B. psicólogo fisiológico.
   C. psicólogo social.
   D. psicólogo educacional.

9. Uma abordagem de causa multifatorial ao comportamento sugere que:
   A. a maioria dos comportamentos podem ser mais bem explicados por uma causa única.
   B. a maioria dos comportamentos é determinada por uma complexa rede de fatores inter-relacionados.
   C. dados precisam ser analisados pela técnica estatística chamada análise fatorial para fazerem sentido.
   D. explicações de comportamento tendem a se desenvolver do simples para o complexo de forma hierárquica.

10. A resposta da psicologia à questão se somos "nascidos" ou "feitos" tende a ser de que:
    A. somos "nascidos".
    B. somos "feitos".
    C. somos ambos "nascidos" e "feitos".
    D. nenhuma está correta.

11. Uma boa razão para tomar notas em suas próprias palavras, em vez de ao pé da letra, é que:
    A. a maioria das palestras são deveras prolixas.
    B. "traduzir" de imediato é um bom exercício mental.
    C. reduz a probabilidade de você posteriormente cometer plágio.
    D. obriga a assimilar a informação de forma que faça sentido para você.

12. Habilidades de pensamento crítico:
    A. são habilidades abstratas que não podem ser identificadas.
    B. com frequência se desenvolvem espontaneamente através de simples orientação sobre conteúdo.

C. em geral se desenvolvem espontaneamente sem nenhuma orientação.
D. necessitam ser deliberadamente ensinadas pois frequentemente não se desenvolvem por conta própria com orientação padrão sobre conteúdo.

Respostas

1. A
2. A
3. B
4. D
5. A
6. C
7. C
8. B
9. B
10. C
11. D
12. D

Prova Prática do Capítulo 2

1. Teorias permitem aos pesquisadores passar de:
   A. compreensão a aplicação.
   B. conceito a aplicação.
   C. aplicação a controle.
   D. descrição a compreensão.

2. Pesquisadores devem descrever as ações que serão tomadas para medir ou controlar cada variável em seus estudos. Em outras palavras, eles devem:
   A. disponibilizar definições operacionais de suas variáveis.
   B. decidir se seus estudos serão experimentais ou correlacionais.
   C. usar estatísticas para resumir suas descobertas.
   D. decidir quantos voluntários devem participar de seus estudos.

3. Um pesquisador descobriu que clientes aleatoriamente designados a grupos de mesmo sexo participavam mais em sessões de terapia de grupo do que clientes designados aleatoriamente a grupos mistos. Nesse experimento, a variável independente era:
   A. a parcela de participação nas sessões de terapia de grupo.
   B. se o grupo era mesmo-sexo ou misto.
   C. a atitude dos clientes perante a terapia de grupo.
   D. quanto a saúde mental do cliente melhorou.

4. Em um estudo do efeito de uma nova técnica de ensino sobre as notas dos estudantes em provas de desempenho, qual característica do estudante seria uma importante variável extrínseca?
   A. Cor do cabelo
   B. Habilidades atléticas
   C. Escore de QI
   D. Sociabilidade

5. Quando você está resfriado, repousa na cama, toma aspirina e bebe bastante líquido. Não se pode determinar qual remédio é o mais efetivo devido a qual dos seguintes problemas?
   A. Viés amostra
   B. Dados de autorrelato distorcidos
   C. Variáveis de confusão
   D. Viés do pesquisador

6. Qual dos seguintes coeficientes de correlação indicaria o relacionamento mais forte entre duas variáveis?
   A. 0,58
   B. 0,19
   C. –0,97
   D. –0,05

7. Um psicólogo monitora um grupo de crianças de uma creche durante o dia letivo, registrando cada instância de comportamento solidário conforme ocorrem, sem nenhuma intervenção. O psicólogo está utilizando:
   A. o método experimental.
   B. observação naturalística.
   C. estudo de caso.
   D. método de pesquisa estatística.

8. Entre as vantagens da pesquisa descritiva/correlacional estão:
   A. poder ser frequentemente usada em circunstâncias nas quais um experimento seria antiético ou impossível.
   B. permitir aos pesquisadores examinar o comportamento do paciente em circunstâncias naturais, do mundo real.
   C. poder demonstrar conclusivamente que duas variáveis têm relação causal.
   D. estão corretas A e B.

9. Viés amostral existe quando:
   A. a amostra é representativa da população.
   B. a amostra não é representativa da população.
   C. duas variáveis são confundidas.
   D. o efeito da variável independente não pode ser isolado.

10. Críticos do engano em pesquisas pressupõem que estudos com engano são prejudiciais aos participantes. Os dados empíricos sobre esse assunto sugerem que:
    A. muitos estudos com engano têm sim efeitos negativos nos participantes.
    B. a maioria dos participantes em estudos com engano relatam que desfrutaram da experiência e não se importavam em ser iludidos.
    C. a pesquisa com engano prejudica seriamente a confiança do participante nas pessoas.
    D. estão corretas A e C.

11. Qual dos seguintes **não** seria incluso na seção de resultados de um artigo de periódico?
    A. Estatística descritiva resumindo os dados.
    B. Análise estatística dos dados.
    C. Gráficos e/ou tabelas que apresentam os dados de forma ilustrativa.
    D. Interpretação, avaliação, e implicações dos dados.

12. Evidência anedótica:
    A. é frequentemente concreta, vívida e memorável.
    B. tende a influenciar as pessoas.
    C. é fundamentalmente falha e não confiável.
    D. todas as anteriores estão corretas.

Respostas

1. D
2. A
3. B
4. C
5. C
6. C
7. B
8. D
9. B
10. B
11. D
12. D

Prova Prática do Capítulo 3

1. Um impulso neural é iniciado quando a carga de um neurônio se torna momentaneamente menos negativa, ou até positiva. Esse evento é chamado:
   A. potencial de ação.
   B. potencial de repouso.
   C. facilitação de impulso.
   D. neuromodulação.

2. Neurônios transmitem informação sobre a força dos estímulos pela variação:
   A. do tamanho de seus potenciais de ação.
   B. da velocidade de seus potenciais de ação.
   C. da taxa na qual eles disparam potenciais de ação.
   D. todas as anteriores estão corretas.

3. Alterações na atividade de sinapses de dopamina foram implicadas no desenvolvimento de:
   A. ansiedade.
   B. esquizofrenia.
   C. Mal de Alzheimer.
   D. vício em nicotina.

4. Jim evitou por pouco uma colisão frontal em uma estrada estreita. Com o coração palpitando, mãos tremendo e corpo transpirando, Jim reconhece que esses são sinais da reação de lutar ou fugir (estresse agudo) do corpo, controlada pelo:
   A. setor empático do sistema nervoso periférico.
   B. setor parassimpático do sistema nervoso autônomo.
   C. setor somático do sistema nervoso periférico.
   D. setor simpático do sistema nervoso autônomo.

5. O tálamo pode ser caracterizado como:
   A. um mecanismo regulador.
   B. a chave da consciência no cérebro.
   C. uma estação retransmissora.
   D. uma ponte entre os dois hemisférios cerebrais.

6. O lóbulo _____ é para a audição o que o lóbulo occipital é para a visão:
   A. frontal
   B. temporal
   C. parietal
   D. cerebelar

7. O cientista que ganhou um Prêmio Nobel por seu trabalho com pacientes de cérebro dividido:
   A. Walter Cannon.
   B. Paul Broca.
   C. Roger Sperry.
   D. James Olds.

8. Em pessoas cujos corpos calosos não se partiram, estímulos verbais são identificados mais rápida e precisamente:
   A. quando enviados primeiro ao hemisfério direito.
   B. quando enviados primeiro ao hemisfério esquerdo.
   C. quando apresentados ao campo visual esquerdo.
   D. quando apresentados sonoramente em vez de visualmente.

9. Hormônios são para o sistema endócrino o que os _____ são para o sistema nervoso.
   A. nervos
   B. sinapses
   C. neurotransmissores
   D. potenciais de ação

10. Similaridades entre crianças adotadas e seus pais biológicos são geralmente atribuídas a _____; similaridades entre crianças adotadas e seus pais adotivos são geralmente atribuídas a _____.
    A. hereditariedade; meio
    B. meio; hereditariedade
    C. meio; meio
    D. hereditariedade; hereditariedade

11. Na teoria evolutiva, aptidão refere-se a:
    A. habilidade de sobreviver.
    B. habilidade de se adaptar às demandas do meio.
    C. sucesso reprodutivo.
    D. habilidades físicas necessárias à sobrevivência.

12. Para qual das asserções a seguir a evidência empírica é mais forte?
    A. Os dois hemisférios cerebrais são especializados para lidar com diferentes tipos de tarefa cognitiva.
    B. O ensino escolar precisa de reforma para educar melhor o hemisfério direito.
    C. Cada hemisfério tem o próprio estilo cognitivo.
    D. Algumas pessoas são cérebro-direito, enquanto outras são cérebro-esquerdo.

Respostas

1. A
2. C
3. B
4. D
5. C
6. B
7. C
8. B
9. C
10. A
11. C
12. A

Prova Prática do Capítulo 4

1. O termo usado para se referir ao estímulo dos órgãos do sentido é:
   A. sensação.
   B. percepção.
   C. transdução.
   D. adaptação.

2. A percepção do brilho de uma cor é afetada principalmente por:
   A. comprimento das ondas de luz.
   B. amplitude das ondas de luz.
   C. pureza das ondas de luz.
   D. saturação das ondas de luz.

3. Na hipermetropia:
   A. objetos próximos são vistos claramente, mas objetos distantes parecem desfocados.
   B. o foco de luz de objetos próximos incide atrás da retina.
   C. o foco de luz de objetos distantes incide um pouco antes da retina.
   D. A e B ocorrem.
   E. A e C ocorrem.

4. O grupo de receptores bastonete e cone que afunilam sinais para uma célula visual específica na retina constituem naquela célula seu:
   A. ponto cego.
   B. disco ótico.
   C. campo de processamento oponente.
   D. campo receptivo.

5. O córtex visual primário situa-se no:
   A. lobo occipital.
   B. lobo temporal.
   C. lobo parietal.
   D. lobo frontal.

6. Qual teoria preveria que a bandeira norte-mericana possui uma pós-imagem em verde, preto e amarelo?
   A. Mistura de cores subtrativas.
   B. Teoria de processos oponentes.
   C. Mistura de cores aditivas.
   D. Teoria tricromática.

7. Uma prontidão em perceber um estímulo de uma maneira específica é conhecida por:
   A. Gestalt.
   B. análise de características.
   C. conjunto perceptual.
   D. congruência.

8. Em um quadro, trilhos de um trem parecem se distanciar para longe porque o artista desenha os trilhos como linhas convergentes, um sinal monocular à profundidade conhecido como:
   A. interposição.
   B. gradiente de textura.
   C. tamanho relativo.
   D. perspectiva linear.

9. Percepção da altura do som pode ser mais bem explicada por:
   A. teoria de posição.
   B. teoria de frequência.
   C. estão corretas A e B.
   D. nenhuma das anteriores.

10. De quais maneiras o paladar é como o olfato?
    A. Há quatro grupos primários de estímulos para esses sentidos.
    B. Ambos sistemas são encaminhados pelo tálamo em direção ao córtex.
    C. O estímulo físico para esses dois sentidos são substâncias químicas dissolvidas em fluídos.
    D. Todas as anteriores.
    E. Nenhuma das anteriores.

11. O fato de teorias originalmente vistas como incompatíveis, como as teorias de processo de visão de cores tricromática e oponente, agora serem ambas vistas como necessárias para explicar processos sensoriais ilustra:
    A. que a psicologia evolui em um contexto histórico-social.
    B. a subjetividade da experiência.
    C. o valor da diversidade teórica da psicologia.
    D. a controvérsia natureza-criação.

12. No estudo de Kenrick e Gutierres (1980), expor voluntários do sexo masculino a um programa de TV dominado por mulheres extremamente belas:
    A. não teve efeito em suas qualificações de atratividade de uma possível companheira.
    B. aumentou suas qualificações de atratividade de uma possível companheira.
    C. diminuiu suas qualificações de atratividade de uma possível companheira.
    D. diminuiu suas qualificações de sua própria atratividade.

Respostas

1. A
2. B
3. B
4. D
5. A
6. B
7. C
8. D
9. C
10. C
11. C
12. C

Prova Prática do Capítulo 5

1. Um EEG indicaria principalmente atividade _____ enquanto você realiza o exame;
   A. alfa
   B. beta
   C. delta
   D. teta

2. Reajustar seu relógio biológico seria mais difícil sob qual das seguintes circunstâncias:
   A. Voar para o oeste de Nova York a Los Angeles.
   B. Voar para o norte de Miami a Nova York.
   C. Voar para o leste de Los Angeles a Nova York.
   D. voar para o sul de Nova York a Miami.

3. Conforme o ciclo de sono evolui pela noite, as pessoas tendem a:
   A. passar mais tempo em sono REM e menos tempo em sono NREM.
   B. passar mais tempo em sono NREM e menos tempo em sono REM.
   C. passar mais ou menos o mesmo tempo em sono REM e NREM.
   D. passar mais tempo em sono de onda lenta e menos tempo em sono REM.

4. Bebês recém-nascidos passam cerca de _____% de seu sono em REM, e adultos passam cerca de _____% de seu sono em REM.
   A. 20; 50
   B. 50; 20
   C. 20; 20
   D. 50; 50

5. Depois de serem seletivamente privadas de sono REM, as pessoas normalmente experienciam:
   A. hipocondria.
   B. distúrbio NREM.
   C. colapso emocional.
   D. aumento temporário na duração do sono REM.

6. Qual das seguintes afirmações **não** é verdade sobre pílulas para dormir?
   A. São excelente solução de longo alcance para todos os tipos de insônia.
   B. Há algum perigo de overdose.
   C. Podem deixar as pessoas lerdas e sonolentas no dia seguinte.
   D. Seu uso está associado a mortalidade elevada.

7. A teoria da ativação-síntese sustenta que os sonhos:
   A. são simplesmente o subproduto de picos de atividade no cérebro.
   B. proporcionam uma válvula de escape para energia investida em impulsos socialmente indesejáveis.
   C. representam a tentativa do cérebro de expurgar informação assimilada durante o período acordado.
   D. são uma tentativa de restaurar um equilíbrio neurotransmissor no cérebro.

8. Uma experiência comum ao dirigir é a "hipnose de estrada", na qual a consciência parece se dividir entre o ato de dirigir e o fluxo consciente de pensamentos. Esse fenômeno foi citado para sustentar a ideia de que a hipnose:
   A. é um exercício de interpretação de papéis.
   B. é um estado dissociado de consciência.
   C. é uma fantasia direcionada a um objetivo.
   D. não é um estado alterado de consciência.

9. Anfetaminas funcionam aumentando atividade nas sinapses _____ de diversas formas.
   A. ácido gama-aminobutírico e glicina
   B. serotonina e dopamina
   C. acetilcolina
   D. noradrenalina e dopamina

10. Qual das seguintes drogas seria mais provável resultar em uma overdose fatal?
    A. LSD
    B. Mescalina
    C. Maconha
    D. narcóticos

11. Qual das declarações seguintes é verdadeira sobre cochilos?
    A. Cochilos diurnos invariavelmente levam à insônia.
    B. Cochilos diurnos são invariavelmente revigorantes e uma maneira eficiente de descansar.
    C. Cochilos diurnos não são maneira eficiente de dormir, mas seus efeitos são variáveis e eles podem ser benéficos.
    D. Tirar muitos cochilos durante o dia pode substituir uma noite completa de sono.

12. Definições
    A. geralmente surgem de pesquisa.
    B. frequentemente têm grande valor explanatório.
    C. geralmente exercem pouca influência sobre como as pessoas pensam.
    D. são normalmente elaboradas por especialistas ou autoridades de determinada área.

Respostas

1. B
2. C
3. A
4. B
5. D
6. A
7. A
8. B
9. D
10. D
11. C
12. D

Prova Prática do Capítulo 6

1. Após repetidas combinações de uma sineta com uma porção de carne, Pavlov descobriu que um cão saliva quando ouvia a sineta. A salivação ao som é:
   A. um estímulo não condicionado.
   B. uma resposta não condicionada.
   C. um estímulo condicionado.
   D. uma resposta condicionada.

2. A esposa de Sam veste a mesma camisola preta sempre que está disposta a relações sexuais. Sam fica sexualmente excitado tão logo observa sua esposa na camisola. Para Sam a camisola é:
   A. um estímulo não condicionado.
   B. uma resposta não condicionada.
   C. um estímulo condicionado.
   D. uma resposta condicionada.

3. Watson e Rayner (1920) condicionaram o "Pequeno Albert" a temer ratos brancos, batendo um martelo em uma barra de ferro quando ele brincava com um rato branco. Mais tarde, foi descoberto que Albert temia não apenas ratos brancos mas também brinquedos de pelúcia brancos e a barba do Papai Noel. O medo de Albert a esses objetos pode ser atribuído a:
   A. modelagem.
   B. generalização de estímulo.
   C. discriminação de estímulo.
   D. uma imaginação hiperativa.

4. O fenômeno de condicionamento de segunda ordem mostra que:
   A. somente um estímulo não condicionado natural, genuíno pode ser usado para estabelecer uma resposta condicionada.
   B. estímulos sonoros são mais fáceis de condicionar do que estímulos visuais.
   C. estímulos visuais são mais fáceis de condicionar do que estímulos sonoros.
   D. uma resposta condicionada já estabelecida pode ser usada no lugar de um estímulo não condicionado natural.

5. Em uma caixa de Skinner, a variável dependente é normalmente:
   A. a força com a qual a alavanca é pressionada ou o disco é bicado.
   B. o esquema de reforço utilizado.
   C. a frequência de resposta.
   D. a velocidade do gravador cumulativo.

6. Um reforço primário tem propriedades de reforço _____; um reforço secundário tem propriedades de reforço _____.
   A. biológicas; adquiridas
   B. condicionadas; não condicionadas
   C. fracas; potentes
   D. imediatas; atrasadas

7. A resposta rápida e constante de uma pessoa ao jogar um caça-níqueis é um exemplo do padrão de resposta tipicamente gerado em um esquema de _____ de reforço.
   A. frequência fixa
   B. frequência variável
   C. intervalo fixo
   D. intervalo variável

8. Reforço positivo _____ a frequência de resposta; reforço negativo _____ a frequência de resposta;
   A. aumenta; diminui
   B. diminui; aumenta
   C. aumenta; aumenta
   D. diminui; diminui

9. Pesquisas sobre aprendizagem por evasão sugerem que o medo condicionado adquirido por condicionamento _____ desempenha um papel fundamental.
   A. clássico
   B. operante
   C. por reforço
   D. intermitente

10. Os estudos de Garcia e seus colegas demonstram que ratos aprendem facilmente a associar um estímulo condicionado de sabor com um estímulo não condicionado _____.
    A. de choque
    B. visual
    C. sonoro
    D. nauseante

11. Albert Bandura:
    A. foi o primeiro a descrever tendências de aprendizagem específicas por espécie.
    B. foi o fundador do behaviorismo.
    C. foi pioneiro no estudo do condicionamento clássico.
    D. foi pioneiro no estudo da aprendizagem observacional.

12. Na modelagem de um programa de automodificação, o controle de antecedentes deveria ser usado:
    A. por pessoas que estão em condições físicas ruins.
    B. apenas quando seus reforços usuais estão indisponíveis.
    C. quando você quer diminuir a frequência de uma resposta.
    D. quando de início você não é capaz de conseguir a resposta desejada.

Respostas

1. D
2. C
3. B
4. D
5. C
6. A
7. B
8. C
9. A
10. D
11. D
12. C

Prova Prática do Capítulo 7

1. Inserir informação na memória chama-se _____; Extrair informação da memória chama-se _____.
   A. armazenamento; evocação
   B. codificação; armazenamento
   C. codificação; evocação
   D. armazenamento; codificação

2. A palavra "grande" é exibida em uma tela. Uma figura mental da palavra "grande" representa um código _____; a definição "de grande tamanho" representa um código _____.
   A. estrutural; fonêmico.
   B. fonêmico; semântico.
   C. estrutural; semântico.
   D. fonêmico; estrutural.

3. A capacidade da memória de curto prazo é:
   A. cerca de 50 mil palavras.
   B. ilimitada.
   C. cerca de 25 estímulos.
   D. acredita-se, 7 mais ou menos 2 pedaços de informação, apesar de alguns teóricos sugerirem que pode ser 4 mais ou menos 1 pedaço.

4. Qual declaração representa melhor a evidência atual da durabilidade do armazenamento de longo prazo?
   A. Todo esquecimento envolve colapsos na evocação.
   B. A memória de longo prazo é como um barril de bolinhas do qual nenhuma delas nunca escapa.
   C. Não há evidência convincente de que todas as lembranças de uma pessoa são armazenadas permanentemente.
   D. Todas as lembranças de longo prazo decaem a uma taxa constante.

5. Um acervo organizado de conhecimento sobre certo objeto ou uma sequência de eventos chama-se:
   A. rede semântica.
   B. hierarquia conceitual.
   C. esquema.
   D. lembrança com chaves.

6. O fenômeno ponta da língua:
   A. é uma inabilidade temporária de lembrar-se de algo que sabemos, acompanhado de um sentimento de que aquilo está fora de alcance.
   B. é claramente devido a uma falha na evocação.
   C. reflete uma perda permanente de informação da memória de longo prazo.
   D. A e B estão corretas.

7. A obra de Loftus no depoimento de testemunhas demonstrou que:
   A. erros de memória são surpreendentemente infrequentes.
   B. erros de memória são principalmente devidos a repressão.
   C. informação prestada após um evento pode alterar a memória do evento.
   D. informação prestada após um evento não pode alterar a memória do evento.

8. Se a teoria de decaimento é correta:
   A. informação nunca pode ser permanentemente perdida da memória de longo prazo.
   B. esquecimento é simplesmente um caso de falha na evocação.
   C. a causa principal de esquecimento deveria ser o decorrer do tempo.
   D. todas as anteriores estão corretas.

9. Amnésia na qual as pessoas perdem lembranças de eventos que ocorreram antes de suas lesões é chamada amnésia _____.
   A. anterógrada
   B. retrospectiva
   C. retrógrada
   D. episódica

10. Seu conhecimento de que pássaros voam, de que o sol nasce no leste, e de que 2 + 2 = 4 está contido em sua memória _____.
    A. episódica.
    B. processual.
    C. implícita.
    D. semântica.

11. Dorothy memorizou sua lista de compras. Contudo, quando chegou ao mercado percebeu que havia esquecido muitos dos itens do meio da lista. Este é um exemplo de:
    A. codificação inadequada.
    B. amnésia retrógrada.
    C. interferência proativa.
    D. efeito de posição serial.

12. A tendência de moldar a interpretação do passado para se encaixar como os eventos realmente resultaram chama-se:
    A. efeito de super confiança
    B. amnésia seletiva.
    C. interferência retroativa.
    D. viés de retrospecto

Respostas

1. C
2. C
3. D
4. C
5. C
6. D
7. C
8. C
9. C
10. D
11. D
12. D

Prova Prática do Capítulo 8

1. Chomsky propôs que as crianças aprendem linguagem rapidamente:
   A. porque possuem um dispositivo de assimilação de linguagem inato.
   B. por imitação, reforço e modelagem.
   C. porque a qualidade de seus pensamentos melhora com a idade.
   D. porque é necessário para que consigam a solução de suas demandas cada vez mais complexas.

2. Problemas que requerem o uso de um objeto comum de uma forma incomum podem ser difíceis de resolver devido a:
   A. conjunto mental.
   B. informação irrelevante.
   C. restrições desnecessárias.
   D. fixação funcional.

3. O problema dos nove pontos é:
   A. a base para dizer "pense fora da caixa".
   B. difícil porque as pessoas presumem restrições que não são parte do problema.
   C. solucionado através da criação de submetas.
   D. A e B estão corretas.

4. Uma heurística é um:
   A. lampejo de discernimento.
   B. princípio orientador, ou "regra prática", usada na solução de problemas ou na tomada de decisões.
   C. procedimento metódico de tentar todas as soluções possíveis para um problema.
   D. forma de tomar uma decisão compensatória.

5. De acordo com Nisbett, culturas orientais tendem a favorecer um estilo cognitivo _____; enquanto culturas ocidentais tendem a apresentar um estilo cognitivo _____.
   A. analítico; holístico
   B. holístico; analítico
   C. lógico; emocional
   D. emocional; lógico

6. A obra de Herbert Simon sobre a tomada de decisões mostrou que:
   A. as pessoas geralmente fazem escolhas racionais que maximizam seus ganhos.
   B. as pessoas podem avaliar efetivamente um número ilimitado de alternativas.
   C. as pessoas tendem a focar apenas poucos aspectos de suas opções disponíveis e frequentemente tomam decisões "irracionais".
   D. quanto mais opções as pessoas consideram, melhores suas decisões tendem a ser.

7. Quando estima-se a probabilidade de um evento julgando a facilidade com a qual instâncias relevantes vêm à mente, confia-se em:
   A. modelo aditivo de tomada de decisão.
   B. heurística de representatividade.
   C. Heurística de disponibilidade.
   D. modelo não compensatório.

8. Na maioria dos testes modernos de QI, um resultado de 115 seria:
   A. perto da média.
   B. cerca de 15% acima da média entre contemporâneos.
   C. um indício de gênio.
   D. um desvio padrão acima da média.

9. Testes de QI provaram-se bons prognosticadores de:
   A. inteligência social.
   B. inteligência prática de solução de problemas.
   C. performance escolar.
   D. todas as anteriores.

10. Dizer que a hereditariedade de inteligência é 60% significaria que:
    A. 60% da inteligência de uma pessoa deve-se a hereditariedade.
    B. estima-se que 60% da variabilidade em resultados de inteligência em um grupo seja devida a variações genéticas.
    C. inteligência é 40% herdada.
    D. hereditariedade afeta inteligência em 60% dos membros do grupo.

11. De acordo com teorias que usam o conceito de variação de reação, os limites máximos do potencial intelectual de um indivíduo são:
    A. determinados durante o primeiro ano de vida.
    B. amplamente determinados por hereditariedade.
    C. determinados pelas experiências únicas da pessoa.
    D. determinados pelo quociente de hereditariedade.

12. A crença de que a probabilidade de cara é maior após uma longa série de coroas:
    A. é racional e precisa.
    B. é um exemplo da "falácia do apostador".
    C. reflete a influência da heurística de representatividade.
    D. B e C estão corretas.

Respostas

1. A
2. D
3. D
4. B
5. B
6. C
7. C
8. D
9. C
10. B
11. B
12. D

Prova Prática do Capítulo 9

1. Apesar de um enorme café da manhã e sentir-se satisfeito, Jackson comeu três rosquinhas que um colega trouxe a uma reunião. Seu comportamento é consistente com:
   A. teorias de incentivo da motivação.
   B. teorias de impulso da motivação.
   C. teorias evolucionistas da motivação.
   D. teoria Cannon-Bard da motivação.

2. Baseado na pesquisa moderna, quais duas áreas do hipotálamo parecem ter mais influência em regular a fome?
   A. Lateral e ventromedial
   B. Arcuato e paraventricular
   C. Ventromedial e arcuato
   D. Lateral e paraventricular

3. Qual das declarações a seguir é falsa?
   A. Insulina é um hormônio secretado pelo pâncreas.
   B. Colecistocinina envia sinais de saciedade ao cérebro.
   C. Níveis de leptina se correlacionam com níveis de armazenamento de gordura no corpo.
   D. Secreções de grelina estão associadas com diminuição da fome.

4. Qual das seguintes afirmações **não** foi encontrada em pesquisa sobre diferenças de gênero em interesses sexuais?
   A. Homens pensam mais em sexo do que as mulheres.
   B. Homens são mais prováveis de assistir pornografia do que as mulheres.
   C. Mulheres são mais interessadas em ter múltiplos parceiros do que os homens.
   D. Homens são mais interessados em sexo descomprometido/casual do que as mulheres.

5. Kinsey sustentava que a orientação sexual:
   A. depende de experiências primordiais de condicionamento clássico.
   B. deveria ser vista como um contínuo.
   C. depende de normalidades a anormalidades na amígdala cerebelosa.
   D. deveria ser vista como uma distinção entre uma coisa ou outra.

6. A necessidade por realização é normalmente avaliada usando:
   A. Inventário de realização de McClelland.
   B. Inventário Multifásico de Personalidade de Minnesota (MMPI).
   C. Teste de Apercepção Temática.
   D. Escala Atkinson de Necessidades Manifestas.

7. Um polígrafo (detector de mentiras) funciona:
   A. monitorando índices fisiológicos de excitação autônoma.
   B. avaliando diretamente a verdade nas declarações de uma pessoa.
   C. monitorando as expressões faciais da pessoa.
   D. realizando todas as anteriores.

8. Qual das declarações seguintes sobre experiência emocional é verdadeira?
   A. As expressões faciais associadas com diversas emoções variam amplamente de uma cultura para outra.
   B. Algumas emoções básicas passam anônimas em determinadas culturas.
   C. Pode-se identificar onze emoções fundamentais pelas expressões faciais de uma pessoa.
   D. Regras de demonstração não variam de uma cultura para outra.

9. De acordo com a teoria James-Lange de emoção:
   A. a experiência de emoção depende da excitação autônoma e interpretação cognitiva.
   B. a emoção resulta da percepção de excitação autônoma.
   C. a emoção ocorre quando o tálamo envia sinais simultâneos ao córtex e ao sistema nervoso autônomo.
   D. as emoções se desenvolvem por causa de seu valor adaptativo.

10. O fato de que comportamento alimentar, comportamento sexual, e experiência de emoção dependerem de interações entre determinantes biológicos e ambientais evidencia qual dos temas relacionados no texto?
    A. A diversidade teórica da psicologia.
    B. O empirismo da psicologia.
    C. A experiência de mundo das pessoas é subjetiva.
    D. A influência conjunta de biologia e ambiente.

11. Quais das declarações a seguir são verdadeiras?
    A. Na maior parte do tempo, as pessoa são bem felizes.
    B. Idade não tem nenhuma conexão com felicidade.
    C. Renda é apenas sutilmente relacionada a felicidade.
    D. Todas as anteriores estão corretas.

12. O argumento de venda "Somos a melhor concessionária na cidade porque as outras simplesmente não se comparam a nós" é um exemplo de:
    A. uma falsa dicotomia.
    B. ênfase semântica.
    C. raciocínio circular.
    D. falácia da bola de neve.

Respostas

1. A
2. B
3. D
4. C
5. B
6. C
7. A
8. B
9. B
10. D
11. D
12. C

Prova Prática do Capítulo 10

1. O estágio do desenvolvimento pré-natal durante o qual o organismo em desenvolvimento está mais vulnerável a lesões é o:
   A. estágio zigótico.
   B. estágio germinal.
   C. estágio fetal.
   D. estágio embrionário.

2. Normas de desenvolvimento:
   A. podem ser usadas para fazer previsões extremamente precisas sobre a idade na qual uma certa criança alcançará vários marcos de desenvolvimento.
   B. indicam a idade máxima na qual uma criança pode alcançar certo marco de desenvolvimento e ainda ser considerada normal.
   C. indicam a idade média na qual indivíduos alcançam vários marcos de desenvolvimento.
   D. envolvem A e B.

3. A explicação comportamental para o apego entre criança e cuidador foi abalada pela pesquisa de:
   A. Erik Erikson.
   B. Harry Harlow.
   C. Lawrence Kohlberg.
   D. Lev Vygotsky.

4. A qualidade do apego entre criança e cuidador depende:
   A. da qualidade do laço nas primeiras hora de vida.
   B. exclusivamente do temperamento do bebê.
   C. da interação entre o temperamento do bebê e a receptividade do cuidador.
   D. de como a ansiedade a estranhos é administrada.

5. Uma criança de dois anos de idade que se refere a qualquer quadrúpede como "cachorrinho" está cometendo qual dos seguintes erros?
   A. Sub extensão
   B. Super extensão
   C. Super-regularização
   D. Sub-regularização

6. Durante o segundo ano de vida, a criança começa a assumir alguma responsabilidade pessoal por alimentar-se, vestir-se, e se banhar sozinha, procurando estabelecer o que Erikson chama de um senso de:
   A. superioridade.
   B. indústria (produtividade).
   C. generatividade.
   D. autonomia.

7. David aos cinco anos de idade observa você derramar água de um copo baixo e largo em um alto e estreito. Ele afirma que agora há mais água do que antes. Essa resposta demonstra que:
   A. David entende o conceito de conservação.
   B. David não entende o conceito de conservação.
   C. O desenvolvimento cognitivo de David está "atrasado" para sua idade.
   D. B e C acontecem.

8. Qual das seguintes não é uma das críticas à teoria de Piaget do desenvolvimento cognitivo?
   A. Piaget pode ter subestimado as habilidades cognitivas das crianças em algumas áreas.
   B. Piaget pode ter subestimado a influência de fatores culturais no desenvolvimento cognitivo.
   C. A mistura simultânea de estágios levanta questões sobre o valor de analisar desenvolvimento em termos de estágios.
   D. Evidência para a teoria é baseada em respostas das crianças a perguntas.

9. Se a razão primária de uma criança para não rabiscar as paredes da sala com giz de cera é esquivar-se da inevitável punição a esse comportamento, seria dito que ela se encontra em qual nível de desenvolvimento moral?
   A. Convencional
   B. Pós-convencional
   C. Pré-convencional
   D. Não convencional

10. Meninas que amadurecem _____ e meninos que amadurecem _____ sentem mais aflição subjetiva sobre a transição da puberdade.
    A. cedo; cedo
    B. cedo; tarde
    C. tarde; cedo
    D. tarde; tarde

11. Duas áreas cognitivas que podem declinar por volta de 60 anos de idade são:
    A. verbal e resultados em testes de matemática.
    B. velocidade cognitiva e memória episódica.
    C. notas de vocabulário e raciocínio abstrato.
    D. nenhuma das anteriores.

12. Observa-se sutil diferença entre homens e mulheres em três áreas bem documentadas das habilidades mentais. Qual das seguintes não é uma delas?
    A. Habilidade verbal
    B. Habilidade matemática
    C. Inteligência
    D. Habilidade visual-espacial

Respostas

1. D
2. C
3. B
4. C
5. B
6. D
7. B
8. D
9. C
10. B
11. B
12. C

Prova Prática do Capítulo 11

1. Harvey Hedonist dedicou sua vida à procura por prazer físico e satisfação imediata de necessidades. Freud diria que Harvey é dominado por seu:
   A. ego
   B. superego
   C. id
   D. pré-consciente

2. Furiosa com seu chefe por críticas que considera injustas, Clara se vira e desconta sua raiva em seus subordinados. Clara pode estar usando o mecanismo de defesa de:
   A. deslocamento.
   B. formação reativa.
   C. identificação.
   D. substituição.

3. Freud acreditava que a maioria dos distúrbios de personalidade deve-se a:
   A. falha parental em reforçar comportamento saudável.
   B. pobre autoconceito resultante de demandas parentais excessivas.
   C. conflitos sexuais inconscientes e não resolvidos enraizados em experiências na infância.
   D. a exposição de crianças a modelos exemplares nocivos.

4. De acordo com Alfred Adler, a principal força motivadora na vida de uma pessoa é:
   A. gratificação física.
   B. ansiedade existencial.
   C. obstinação por superioridade.
   D. necessidade de poder.

5. Qual dos seguintes mecanismos de aprendizagem B.F. Skinner vê como o maior meio pelo qual o comportamento é aprendido?
   A. Condicionamento clássico
   B. Condicionamento operante
   C. Aprendizagem observacional
   D. Aprendizagem por *insight*

6. Tendo sempre sido bom estudante, Irving confia em seu desempenho no curso de psicologia. Segundo a teoria cognitiva social de Bandura, Irving teria:
   A. fortes sentimentos de autoeficácia.
   B. um senso de superioridade.
   C. fortes sentimentos de narcisismo.
   D. fortes mecanismos de defesa.

7. Qual das seguintes hipóteses Carl Rogers acredita promover um autoconceito congruente?
   A. Amor condicional
   B. Modelos exemplares apropriados
   C. Satisfação imediata de necessidades
   D. Amor incondicional

8. Qual necessidade Abraham Maslow expressava quando disse "O que um homem pode ser, ele deve ser".
   A. A necessidade de superioridade
   B. A necessidade de amor incondicional
   C. A necessidade de autorrealização
   D. A necessidade de conquistar

9. A mais convincente evidência para a teoria de que personalidade é altamente influenciada por genética é fornecida por forte similaridade de personalidade entre:
   A. gêmeos idênticos criados juntos.
   B. gêmeos idênticos criados separados.
   C. gêmeos fraternos criados juntos.
   D. não gêmeos criados juntos.

10. Em qual das seguintes culturas uma perspectiva independente do "eu" é mais provável de ser a norma?
    A. China
    B. Japão
    C. Coreia
    D. Estado Unidos

11. Qual dos seguintes **não** é um defeito do questionário de personalidade de autorrelato?
    A. A precisão dos resultados em função da honestidade do participante.
    B. Participantes podem responder de forma que crie uma imagem positiva de si próprios.
    C. Às vezes há o problema de pessoas que assinalam "sim" ou "não" para tudo.
    D. São medidas objetivas.

12. Em "The nature assumption" Judith Harris argumenta que a evidência indica que o ambiente familiar tem _____ na personalidade das crianças.
    A. efeitos amplamente positivos
    B. efeitos amplamente negativos
    C. surpreendentemente pouco efeito
    D. efeito poderoso

Respostas

1. C
2. A
3. C
4. C
5. B
6. A
7. D
8. C
9. B
10. D
11. D
12. C

Prova Prática do Capítulo 12

1. Estereótipos:
   A. refletem processos cognitivos normais que frequentemente são automáticos.
   B. são crenças amplamente adotadas de que as pessoas apresentam certas características devido à sua presença em determinado grupo.
   C. tendem a ser generalizações vastas que ignoram a diversidade em grupos sociais.
   D. são todas as anteriores.

2. Você acredita que homens baixos tendem a ser inseguros. O conceito de correlação ilusória implica que você vai:
   A. superestimar a frequência com a qual conhece homens baixos que são inseguros.
   B. subestimar a frequência com a qual conhece homens baixos que são inseguros.
   C. superestimar a frequência de homens baixos na população.
   D. presumir erroneamente que baixa estatura masculina acarreta insegurança.

3. Um pai sugere que as notas baixas do filho na escola são por preguiça. O pai fez uma atribuição _____.
   A. externa
   B. interna
   C. situacional
   D. de alto consenso

4. O erro fundamental de atribuição refere-se à tendência de os:
   A. observadores favorecerem atribuições externas para explicar o comportamento dos outros.
   B. observadores favorecerem atribuições internas para explicar o comportamento dos outros.
   C. atores favorecerem atribuições externas para explicar o comportamento dos outros.
   D. atores favorecerem atribuições internas para explicar seu comportamento.

5. Qual dos seguintes fatores **não** influencia atração interpessoal.
   A. Atratividade física
   B. Similaridade
   C. Reciprocidade
   D. Latitude de aceitação

6. De acordo com Hazan e Shaver (1987):
   A. relacionamentos românticos na fase adulta seguem a mesma forma de relacionamentos de apego na infância.
   B. aqueles que tiveram apegos ambivalentes na infância estão condenados a nunca se apaixonar quando adultos.
   C. aqueles que tiveram apegos evitativos na infância frequentemente supercompensam tornando-se excessivamente íntimos em seus relacionamentos amorosos quando adultos.
   D. todas as anteriores procedem.

7. Qual das seguintes variáveis **não** tende a facilitar persuasão?
   A. Credibilidade do comunicador
   B. Integralidade do comunicador
   C. Prevenção do receptor
   D. Um argumento bilateral

8. A teoria da dissonância cognitiva prevê que após as pessoas se envolverem em comportamento que contradiz seus reais sentimentos, elas:
   A. convencem a si próprias de que não cometeram realmente aquele comportamento.
   B. mudam sua atitude para torná-la mais consistente com o seu comportamento.
   C. mudam sua atitude para torná-la menos consistente com o seu comportamento.
   D. não fazem nada.

9. O modelo de probabilidade de elaboração da mudança de atitude sugere que:
   A. a rota periférica resulta em mudanças de atitude mais duradouras.
   B. a rota central resulta em mudanças de atitude mais duradouras.
   C. só a rota central para persuasão pode ser efetiva.
   D. só a rota periférica para persuasão pode ser efetiva.

10. Os resultados do estudo de Milgram (1963) implicam que:
    A. no mundo real, a maioria das pessoas se recusará a seguir ordens de fazer o mal a um estranho.
    B. muitas pessoas obedecerão uma figura autoritária, mesmo que inocentes se machuquem.
    C. a maioria das pessoas está disposta a fornecer respostas erradas sob ordens.
    D. a maioria das pessoas se atém ao próprio discernimento, mesmo quando membros do grupo descordam unanimemente.

11. Parece que a preguiça social se deve a:
    A. normas sociais que enfatizam a importância de interações positivas entre membros do grupo.
    B. duplicação do esforço entre membros do grupo.
    C. difusão de responsabilidade em grupos.
    D. uma inclinação a criar atribuições internas sobre o comportamento dos outros.

12. Pensamento de grupo ocorre quando membros de um grupo coeso:
    A. alcançam unanimidade sobre um assunto.
    B. salientam a importância de cuidado na tomada de decisões em grupo.
    C. enfatizam congruência às custas de pensamento crítico para chegar a decisões.
    D. inclinam-se a posições menos extremas após um debate em grupo.

Respostas

1. D
2. A
3. B
4. B
5. D
6. A
7. C
8. B
9. B
10. B
11. C
12. C

Prova Prática do Capítulo 13

1. A noção de que a saúde é regulada por uma complexa interação de fatores biológicos, psicológicos e socioculturais é chamada de:
   A. modelo médico.
   B. modelo multifatorial.
   C. modelo biopsicossocial.
   D. modelo interativo.

2. Os quatro tipos principais de estresse são:
   A. frustração, conflito, pressão e ansiedade.
   B. frustração, raiva, pressão e mudança.
   C. raiva, ansiedade, expressão e irritação.
   D. frustração, conflito, pressão e mudança.

3. Você quer muito convidar alguém para um encontro, mas teme o risco de rejeição. Você está experienciando:
   A. um conflito aproximação-esquiva.
   B. um conflito esquiva-esquiva.
   C. excitação otimizada.
   D. pressão de conformidade.

4. Pesquisa sugere que um alto nível de excitação pode ser otimizado para a performance de uma tarefa quando:
   A. a tarefa é complexa.
   B. a tarefa é simples.
   C. as recompensas são altas.
   D. há um público presente.

5. A reação de alarme da síndrome geral de adaptação de Hans Selye é essencialmente o mesmo que:
   A. reação de lutar ou fugir (estresse agudo).
   B. enfrentamento construtivo.
   C. conflito aproximação-esquiva.
   D. apreciação secundária.

6. Em resposta ao estresse, a estrutura cerebral responsável por iniciar ação ao longo das duas maiores trilhas pelas quais o cérebro envia sinais ao sistema endócrino é:
   A. hipotálamo.
   B. tálamo.
   C. corpo caloso.
   D. medula.

7. Qual das seguintes afirmações é exata em relação aos mecanismos de defesa?
   A. Há muitos mecanismos de defesa diferentes.
   B. Eles são usados para afastar emoções desagradáveis.
   C. Eles funcionam através do autoengano.
   D. Todas as afirmações são corretas.

8. Qual elemento do Tipo A de personalidade parece mais fortemente relacionado a um crescente risco coronário?
   A. Consciência do tempo
   B. Perfeccionismo
   C. Ambição
   D. Hostilidade

9. Todos os seguintes aspectos são associados a alta consciência **exceto**:
   A. dependência de estratégias de enfrentamento construtivas e persistentes.
   B. baixos níveis de hábitos nocivos, como fumar.
   C. aderência relativamente fraca a conselhos médicos
   D. maior probabilidade de atingir uma esfera socioeconômica mais alta.

10. Qual das seguintes não foi identificada como forma de transmissão do vírus HIV?
    A. Contato sexual entre homens homossexuais.
    B. Compartilhamento de agulhas por usuários de drogas intravenosas.
    C. Contato heterossexual.
    D. Compartilhar comida.

11. O fato de a saúde ser regulada por uma densa rede de fatores é uma ilustração do tema de:
    A. psicologia em contexto socio-histórico.
    B. fenomenologia da experiência.
    C. causação multifatorial.
    D. empirismo.

12. Ao avaliar estatísticas de saúde, é útil:
    A. lembrar que significância estatística é equivalente a significância prática.
    B. lembrar que correlação é um indicador de causação confiável.
    C. considerar taxas de base ao pensar sobre probabilidades.
    D. fazer todas as anteriores.

Respostas

1. C
2. D
3. A
4. B
5. A
6. A
7. D
8. D
9. C
10. D
11. C
12. C

Prova Prática do Capítulo 14

1. De acordo com Thomas Szasz, comportamento anormal com frequência envolve:
   A. comportamento que é estatisticamente incomum.
   B. comportamento que diverge de normas sociais.
   C. uma doença da mente.
   D. um desequilíbrio biológico.

2. Apesar de Sue sempre sentir alto nível de temor, preocupação e ansiedade, ela ainda consegue cumprir suas responsabilidades diárias. O comportamento de Sue:
   A. não deve ser considerado patológico pois seu funcionamento adaptativo não está prejudicado.
   B. não deve ser considerado patológico pois todos às vezes experienciam preocupação e ansiedade.
   C. ainda pode ser considerado patológico pois ela sente grande aflição pessoal.
   D. A e B estão corretas.

3. Uma taxa de concordância indica:
   A. a porcentagem de parentes que apresentam o mesmo distúrbio.
   B. a porcentagem de pessoas com determinado distúrbio que estão recebendo tratamento no momento.
   C. a prevalência de determinado distúrbio na população geral.
   D. a taxa de cura para determinado distúrbio.

4. A observação de que as pessoas adquirem fobias de fontes antigas de ameaça (como cobras) muito mais prontamente do que fontes modernas de ameaça (como tomadas) pode ser mais bem explicado por:
   A. condicionamento clássico.
   B. condicionamento operante.
   C. aprendizagem observacional.
   D. prontidão/um módulo evoluído de aprendizagem do medo.

5. Qual das declarações a seguir sobre transtorno dissociativo de identidade é verdadeira?
   A. A personalidade original está sempre ciente das personalidades alternativas.
   B. Transtorno dissociativo de identidade é um nome alternativo para esquizofrenia.
   C. As personalidades são tipicamente bem similares uma à outra.
   D. A partir da década de 1970, houve aumento vertiginoso no diagnóstico de transtorno dissociativo de identidade.

6. A prevalência estimada de distúrbio bipolar é cerca de _____; e a idade típica da manifestação é _____.
   A. 1%; no fim da adolescência, início dos 20
   B. 1%; na metade dos 30
   C. 10%; no fim da adolescência, início dos 20
   D. 10%; após os 40

7. Pessoas que consistentemente inventam explicações _____ para eventos negativos são mais propensas a depressão.
   A. demasiado otimistas
   B. pessimistas
   C. delirantes
   D. distímicas

8. Mary crê que enquanto dorme à noite, criaturas do espaço a atacam e invadem seu útero, onde se multiplicarão até estarem prontas para dominar o mundo. Mary foi escolhida para essa tarefa, ela crê, porque é a única capaz de ajudar as criaturas espaciais a triunfar. Mary seria mais provavelmente diagnosticada com:
   A. esquizofrenia
   B. depressão extrema
   C. distúrbio bipolar
   D. transtorno de estresse pós-traumático

9. A maior parte das drogas úteis no tratamento da esquizofrenia, sabe-se, atenua a atividade da _____ no cérebro, sugerindo que perturbações na atividade desse neurotransmissor podem contribuir para o desenvolvimento do transtorno.
   A. norepinefrina
   B. serotonina
   C. acetilcolina
   D. dopamina

10. Pesquisas sugerem que há associação entre esquizofrenia e:
    A. ventrículos cerebrais atrofiados.
    B. ventrículos cerebrais dilatados.
    C. degeneração no hipocampo.
    D. anormalidades no cerebelo.

11. A síndrome caracterizada por comportamento manipulador, agressivo, aproveitador e uma escassez de consciência é:
    A. transtorno de personalidade limítrofe
    B. transtorno de personalidade narcisista
    C. transtorno de personalidade histriônica
    D. transtorno de personalidade antissocial

12. Vítimas de _____ são mais prováveis de reconhecer que seu comportamento alimentar é patológico; o transtorno alimentar mais fatal é _____.
    A. anorexia nervosa; bulimia nervosa
    B. bulimia nervosa; anorexia nervosa
    C. anorexia nervosa; anorexia nervosa
    D. bulimia nervosa; bulimia nervosa

Respostas

1. B
2. C
3. A
4. D
5. D
6. A
7. B
8. A
9. D
10. B
11. D
12. B

Prova Prática do Capítulo 15

1. Um problema-chave com a provisão de psicoterapia é que há:
   A. muitas abordagens diferentes ao tratamento.
   B. muitas profissões diferentes envolvidas.
   C. muito poucas profissões envolvidas.
   D. muitas pessoas que precisam de terapia, mas não recebem tratamento.

2. Após submeter-se a psicanálise por vários meses, Karen de repente começou a "esquecer" de comparecer a suas sessões de terapia. Esse comportamento é mais provavelmente uma forma de:
   A. resistência.
   B. transferência.
   C. *insight*.
   D. catarse.

3. A tarefa-chave do terapeuta centrado no cliente é:
   A. interpretação de pensamentos, sentimentos, lembranças, e comportamentos do cliente.
   B. clarificação dos sentimentos do cliente.
   C. confrontação dos pensamentos irracionais do cliente.
   D. modificação dos comportamentos problemáticos do cliente.

4. Avaliar a efetividade da psicoterapia é complicado e difícil porque:
   A. transtornos às vezes se solucionam sozinhos.
   B. abordagens diferentes ao tratamento objetivam metas completamente diferentes.
   C. os problemas dos clientes variam em gravidade.
   D. todas as anteriores estão envolvidas.

5. Dessensibilização sistemática é particularmente efetiva para o tratamento de transtornos _____.
   A. de ansiedade generalizada
   B. de pânico
   C. obsessivo-compulsivos
   D. fóbicos

6. O terapeuta de Linda a orientou a praticar seu empenho como ouvinte em exercícios estruturados de interpretação de papéis. Depois, Linda é gradualmente solicitada praticar essas habilidades com familiares; amigos; e finalmente, seu chefe. Linda está se submetendo a:
   A. dessensibilização sistemática.
   B. reestruturação cognitiva.
   C. economia de fichas.
   D. treinamento de competência social.

7. Após receber alta de um hospital, muitos pacientes esquizofrênicos param de tomar sua medicação antipsicótica porque:
   A. sua incapacidade mental faz com que esqueçam.
   B. os efeitos colaterais são desagradáveis.
   C. a maioria dos esquizofrênicos não crê que está doente.
   D. todas as anteriores estão corretas.

8. Inibidores seletivos de recaptação de serotonina (SSRI) parecem ter valor para o tratamento de transtornos _____.
   A. depressivos
   B. esquizofrênicos
   C. dissociativos
   D. alcoólicos

9. A psicoterapia moderna:
   A. nasceu em um meio cultural que via o "eu" como um ser independente, racional.
   B. abraça valores culturais universais.
   C. foi exportada com sucesso para a maioria das culturas não ocidentais.
   D. B e C estão corretas.

10. Muitas pessoas vivem entrando e saindo de hospitais psiquiátricos. Tipicamente, essas pessoas recebem alta porque _____; elas são eventualmente readmitidas porque _____.
    A. foram estabilizadas pela terapia com drogas; sua condição volta a deteriorar devido a cuidados ambulatórios inadequados
    B. esgotam seus recursos para custear a hospitalização; recuperam condições para bancá-la
    C. foram curados de seu transtorno; desenvolvem outro transtorno
    D. não querem mais ser hospitalizados; se reinternam voluntariamente

11. O tipo de treinamento profissional que um terapeuta possui:
    A. é o mais importante indicador de competência
    B. deveria ser a principal consideração para escolhê-lo
    C. não é assim tão importante, pois terapeutas talentosos podem ser encontrados em todas as profissões da saúde mental.
    D. A e B são verdadeiros.

12. Qual das seguintes situações pode ser explicada por regressão à média?
    A. Você atinge um placar de boliche mediano em um jogo e um excelente no próximo.
    B. Você atinge um placar de boliche mediano em um jogo e um baixíssimo no próximo.
    C. Você atinge um placar de boliche mediano em um jogo e outro mediano no próximo.
    D. Você atinge um placar de boliche terrível em um jogo e um mediano no próximo.

Respostas

1. D
2. A
3. B
4. D
5. D
6. D
7. B
8. A
9. A
10. A
11. C
12. D

PARTE 2: RESPOSTAS PARA AS REVISÕES

Capítulo 1

Revisão 1.1

1. c. Sigmund Freud (1905, p. 77-78), argumentando ser possível sondar as profundezas do inconsciente da mente.

2. a. Wilhelm Wundt (revisão de 1904 de um texto anterior, p. v) fazendo campanha por uma ciência da psicologia nova e independente.

3. b. William James (1890) comentando negativamente os esforços dos estruturalistas para dividir a consciência em seus elementos, e a visão que ele tinha da consciência como uma corrente que flui continuamente.

Revisão 1.2

1. b. B. F. Skinner (1971, p. 17) explicando por que ele acredita que a liberdade é uma ilusão.

2. c. Carl Rogers (1961, p. 27) comentando a assertiva de outros de que ele tinha uma visão exageradamente otimista ("Polianística") do potencial humano e discutindo o impulso básico dos seres humanos para o crescimento pessoal.

3. a. John B. Watson (1930, p. 103), descartando a importância da herança genética ao argumentar que os traços são moldados inteiramente pela experiência.

Revisão 1.3

1. c. O famoso *New York Longitudinal Study* de Thomas e Chess (1977) é um marco na psicologia do desenvolvimento.

2. a. Olds e Milner (1954) fizeram essa descoberta acidentalmente, e então abriu-se uma fascinante linha de pesquisa na psicologia fisiológica.

3. e. Zuckerman (1971) abriu caminho para o estudo da busca da sensação como um traço da personalidade.

Capítulo 2

Revisão 2.1

1. VI: Violência em filmes (presente *versus* ausente).
   VD: Taxa de batimento cardíaco e pressão sanguínea (há duas VDs).

2. VI: Treinamento de cortesia (treinamento *versus* não treinamento).
   VD: Número de reclamações dos clientes.

3. VI: Complexidade do estímulo (elevado *versus* baixo) e contraste do estímulo (elevado *versus* baixo) (há duas VIs).
   VD: Extensão de tempo gasto olhando para os estímulos.

4. VI: Tamanho do grupo (grande *versus* pequeno).
   VD: Conformidade.

Revisão 2.2

1. b e e. Todas as outras três conclusões igualam correlação com causação.

2. a. Negativo. À medida que a idade aumenta, mais pessoas tendem a ter problemas visuais e a acuidade tende a diminuir.

   b. Positivo. Estudos mostram que pessoas com um nível educacional elevado tendem a ter rendimentos mais elevados e que pessoas com um nível educacional inferior tendem a obter menores rendimentos.

   c. Negativo. À medida que a timidez aumenta, o tamanho da rede de amizades deve decrescer. Entretanto, pesquisas sugerem que essa associação inversa pode ser mais fraca do que aquilo que se acredita amplamente.

Revisão 2.3

Falha Metodológica	*Estudo 1*	*Estudo 2*
Amostras tendenciosas	✓	✓
Efeito placebo	✓	
Confusão de variáveis	✓	
Distorções no autorrelato		✓
Tendenciosidade do pesquisador	✓	

Explicações referentes ao Estudo 1 A privação sensorial é um tipo incomum de experiência que pode intrigar certos sujeitos potenciais, que podem ser mais aventureiros ou mais dispostos a enfrentar riscos do que a população em geral. Utilizar os primeiros 80 estudantes que se inscreveram para este estudo pode não produzir uma amostra que seja representativa da população. Designar os primeiros 40 sujeitos que se inscreveram para o grupo experimental pode confundir essas variáveis estranhas com o tratamento (estudantes que se inscreveram mais rapidamente podem ser os mais aventureiros). Ao anunciar que estará examinando os efeitos prejudiciais da privação sensorial, o experimentador criou expectativas nos sujeitos. Essas expectativas poderiam levar a efeitos de placebo para os quais não se fez controle com um grupo de placebo. O experimentador também revelou que ele tem uma tendenciosidade em relação ao resultado do estudo. Uma vez que ele supervisiona os tratamentos, ele conhece quais sujeitos estão nos grupos experimentais e de controle, agravando, assim, os problemas potenciais com a tendenciosidade do experimentador. Por exemplo, ele poderia involuntariamente dar aos sujeitos do grupo de controle melhores instruções sobre como realizar a tarefa da busca ao rotor e, portanto, inclinar o estudo em favor de encontrar apoio para sua hipótese.

Explicações referentes ao Estudo 2 A tendenciosidade na amostragem é um problema porque o pesquisador desenhou uma amostra composta apenas por sujeitos de um bairro de baixa renda de uma cidade do interior. Uma amostra obtida dessa maneira provavelmente não será representativa da população em geral. As pessoas são sensíveis em relação à questão do preconceito racial, de forma que também são prováveis distorções nos dados do autorrelato. Muitos sujeitos podem ser abalados pela tendenciosidade de desejabilidade social e se classificar como menos atingidos pelo preconceito do que realmente o são.

Capítulo 3

Revisão 3.1

1. d. Serotonina
2. b e d. Noradrenalina e serotonina
3. e. Endorfina.
4. c. Dopamina.
5. a. Acetilcolina.

Revisão 3.2

1. Dano no hemisfério esquerdo, provavelmente na área de Wernicke.
2. Déficit na síntese de dopamina na região mediana do cérebro.
3. Deterioração das camadas de mielina em torno dos axônios.
4. Distúrbio na atividade da dopamina.
   Observe que a avaliação neuropsicológica não é tão simples como esse exercício introdutório pode sugerir. Há muitas causas possíveis para a maioria dos transtornos e discutimos somente uma pequena parte de causas principais de cada um.

Revisão 3.3

1. Parentes mais próximos; parentes mais distantes.
2. Gêmeos idênticos; gêmeos fraternos.
3. Pais biológicos; pais adotivos.
4. Sobreposição e proximidade genéticas; similaridade de traços.

Capítulo 4

Revisão 4.1

Dimensão	Bastonetes	Cones
1. Forma física	Alongados	Curtos e espessos
2. Número na retina	100 milhões	6 milhões
3. Área da retina na qual eles são o receptor predominante	Periferia	Centro/fóvea
4. Crítico para a visão em cores	Não	Sim
5. Crítico para a visão periférica	Sim	Não
6. Sensibilidade a pouca luminosidade	Forte	Fraca
7. Velocidade de adaptação ao escuro	Lenta	Rápida

Revisão 4.2

✓ 1. **Interposição.** Algumas colunas cortam partes das estátuas atrás deles.

✓ 2. **Altura em superfície plana.** A parte posterior do corredor está mais elevada no plano horizontal do que a frente do corredor.

✓ 3. **Gradiente de textura.** Os quadrados no chão se tornarão mais densos e menos distintos quanto maior a distância.

✓ 4. **Tamanho relativo.** As estátuas e as colunas à distância são menores do que aquelas em primeiro plano.

✓ 5. **Luz e sombra.** A luz que brilha do corredor que cruza (ela vem da direita) contrasta com a sombra de outros lugares.

✓ 6. **Perspectiva linear.** As linhas do corredor convergem ao longe.

Revisão 4.3

Dimensão	Visão	Audição
1. Estímulo	Ondas de luz	Ondas sonoras
2. Elementos do estímulo e percepções relatadas	Comprimento de onda/tonalidade Amplitude/brilho Pureza/saturação	Frequência/tom Amplitude/altura Pureza/timbre
3. Receptores	Cones e bastonetes	Células ciliares
4. Localização dos receptores	Retina	Membrana basilar
5. Localização principal do processamento no cérebro	Lobo occipital, córtex visual	Lobo temporal, córtex auditivo

Capítulo 5

Revisão 5.1

Característica	Sono em REM	Sono em NREM
1. Tipo de atividade do eletroencefalograma (EEG)	Ondas cerebrais "plenamente despertas"; a maioria, ondas beta	Variadas; muitas ondas delta
2. Movimentos oculares	Rápidos, laterais	Lentos ou ausentes
3. Sonhos	Frequentes, vívidos	Menos frequentes
4. Profundidade (dificuldade para acordar)	Dificuldade para acordar	Variado geralmente mais fácil de acordar
5. Porcentagem de sono total (em adultos)	Cerca de 20%	Cerca de 80%
6. Aumentos ou diminuições (como porcentagem de sono) durante a infância	Decréscimos percentuais	Elevações percentuais
7. Tempo de ocorrência no sono (predomina cedo ou tarde)	Predomina mais tarde no ciclo	Predomina cedo no ciclo

Revisão 5.2

1. Beta. Os videogames requerem processamento de informações de alerta, as quais são associadas com ondas beta.
2. Alfa. Meditação envolve relaxamento, o que está associado com ondas alfa, e estudos mostram elevado alfa em pessoas que fazem meditação.
3. Teta. Na fase 1 do sono, as ondas teta tendem a ser prevalecentes.
4. Beta. Os sonhos são associados ao sono REM, que, paradoxalmente, produz ondas beta "plenamente despertas".
5. Beta. Se você for iniciante, digitar exigirá de você uma atenção alerta, focalizada, o que deve gerar ondas beta.

Revisão 5.3

1. c. Estimulantes.
2. d. Alucinógenos.
3. b. Sedativos.
4. f. Álcool.
5. a. Narcóticos.
6. e. Maconha.

Capítulo 6

Revisão 6.1

1. EC: Fogo na lareira
   EI: Dor da queimadura   RC/RI: Medo
2. EC: Luzes de freio na chuva
   EI: Acidente automobilístico   RC/RI: Aumento da tensão
3. EC: Avistar um gato
   EI: Pelo de gato   RC/RI: Respiração asmática

Revisão 6.2

1. RF. Cada venda é uma resposta e toda terceira resposta ganha reforço.
2. IV. Uma quantidade variada de tempo transcorre antes que a resposta de fazer o trabalho no quintal possa ganhar reforço.
3. RV. O reforço ocorre depois de um número variado de modelagens não reforçadoras (o tempo é irrelevante; quanto mais modelagens Marta faz, mais reforços receberá).
4. RC. A resposta designada (ler um livro) é reforçada (com uma estrela dourada) a cada vez.
5. IF. Um intervalo de tempo fixo (três anos) tem de transcorrer antes que Oscar possa ganhar um aumento de salário (o reforçador).

Revisão 6.3

1. Punição.
2. Reforço positivo.
3. Punição.
4. Reforço negativo (para Ana); o cachorro é positivamente reforçado por seu ganido.
5. Reforço negativo.
6. Extinção. Quando os colegas de trabalho de Edna começam a ignorar suas reclamações, eles estão tentando extinguir o comportamento (o qual foi positivamente reforçado quando ganhou simpatia).

Revisão 6.4

1. Condicionamento clássico. O agasalho azul de Márcia é um EC, que provoca excitação em seu cachorro.
2. Condicionamento operante. Executar novas canções leva a consequências negativas (punição), as quais enfraquecem a tendência de executar novas canções. Executar canções antigas leva a reforço positivo, o qual gradativamente fortalece a tendência de executar canções antigas.

3. Condicionamento clássico. A canção foi comparada com a paixão do novo amor, de forma que se tornou um EC que provoca sentimentos emocionais, românticos.

4. Ambos. O ambiente de trabalho de Raul é emparelhado com crítica, de forma que o ambiente de trabalho se torna um EC que provoca ansiedade. Contratar pessoas doentes é um comportamento operante que é fortalecido através de reforço negativo (porque reduz a ansiedade).

Capítulo 7
Revisão 7.1

Característica	Memória sensorial	Memória de curto prazo	Memória de longo prazo
1. Formato da codificação	Cópia do impulso	Muito fonêmica	Muito semântica
2. Capacidade de armazenamento	Capacidade limitada	Pequenos	Sem limite conhecido
3. Duração do armazenamento	Em torno de 1/4 de segundo	Até 20 segundos	Minutos a anos

Revisão 7.2
1. c. Codificação ineficiente devido à falta de atenção.
2. f. Falha de recuperação devido ao esquecimento motivado.
3. d. Interferência proativa (a aprendizagem anterior do nome de Justin Timberlake interfere na nova aprendizagem).
4. e. Interferência retroativa (a nova aprendizagem de sociologia interfere na aprendizagem de história mais antiga).

Revisão 7.3
1. d. Memória declarativa.
2. c. Memória de longo prazo.
3. a. Memória sensorial.
4. f. Memória episódica.
5. e. Memória não declarativa.
6. g. Memória semântica.
7. i. Memória prospectiva.
8. b. Memória de curto prazo.

Capítulo 8
Revisão 8.1
1. Estabilidade funcional.
2. Formando submetas.
3. *Insight*.
4. Procurando por analogias.
5. Problema de disposição.

Revisão 8.2
1. c. Tendência a ignorar taxas básicas
2. a. Heurística disponível leva a superestimação do improvável.
3. b. Heurística representativa leva a uma estimativa de probabilidade incerta.

Revisão 8.3
2. H. Dado que os gêmeos idênticos foram criados separadamente, sua maior similaridade em comparação com gêmeos fraternos criados juntos somente pode dever-se à hereditariedade. Essa comparação provavelmente é a prova mais importante a apoiar a determinação genética do QI.
2. E. Tendemos a associar gêmeos idênticos com provas que sustentam a hereditariedade, mas nessa comparação a similaridade genética se mantém constante, uma vez que ambos os grupos de gêmeos são idênticos. A única explicação lógica para a maior similaridade em gêmeos idênticos criados juntos é o efeito de serem criados juntos (ambiente).
3. E. Essa comparação é similar à anterior. A similaridade genética mantém-se constante, e um ambiente compartilhado produz maior similaridade do que se fossem criados separadamente.
4. B. Isso nada mais é do que uma quantificação de que a observação da inteligência ocorre nas famílias. Uma vez que estas compartilham de genes e do ambiente, qualquer um deles poderia ser responsável pela correlação observada.
5. B. A similaridade de crianças adotadas com seus pais biológicos somente pode dever-se a genes compartilhados, e a similaridade de crianças adotadas com seus pais adotivos somente pode dever-se ao ambiente compartilhado, de forma que essas correlações mostram a influência tanto da hereditariedade como do ambiente.

Revisão 8.4

1. d. Lewis Terman
2. b. Howard Gardner.
3. f. David Wechsler
4. c. Arthur Jensen.
5. a. Alfred Binet
6. e. Robert Sternberg.

Capítulo 9

Revisão 9.1

1. A. A secreção de grelina pelo estômago tende a desencadear contrações estomacais e promover a fome.
2. D. Quando os níveis de leptina aumentam, a tendência a sentir fome diminui.
3. A. ou? Sugestões de alimentação em geral provocam a fome e o ato de comer, mas as reações variam entre indivíduos.
4. D. Preferências alimentares são aprendidas; tendemos a gostar daquilo que estamos acostumados a comer. A maioria das pessoas não ficará entusiasmada a comer um alimento com aparência estranha.
5. A. As pessoas tendem a comer mais quando há uma variedade de alimentos disponível.
6. A. Quanto mais as pessoas são servidas, mais elas tendem a comer. Grande porções tendem a aumentar a alimentação.

Revisão 9.2

1. c. Valor de incentivo do sucesso.
2. b. Estimativa da probabilidade de sucesso.
3. a. Necessidade de realização.

Revisão 9.3

2. Teoria de James-Lange.
3. Teoria dos dois fatores de Schachter.
4. Teorias evolucionistas.

Capítulo 10

Revisão 10.1

Evento	Estágio	Organismo	Intervalo de tempo
1. Implantação uterina	Germinal	Zigoto	0-2 semanas
2. Os músculos e os ossos começam a se formar	Fetal	Feto	2 meses até o nascimento
3. Os órgãos vitais e sistemas corporais começam a se formar	Embrionária	Embrião	2 semanas a 2 meses

Revisão 10.2

1. b. O animismo é característico do período pré-operacional.
2. c. O domínio da classificação hierárquica ocorre durante o período operatório concreto.
3. a. A falta de permanência dos objetos é característica do período sensório-motor.

Revisão 10.3

1. c. O compromisso com a ética pessoal é característico do raciocínio pós-convencional.
2. b. A preocupação com aprovação dos outros é característica do raciocínio convencional.
3. a. A ênfase em consequências positivas ou negativas é característica do raciocínio pré-convencional.

Capítulo 11

Revisão 11.1

1. Regressão.
2. Projeção.
3. Formação reativa.
4. Repressão.
5. Racionalização.

Revisão 11.2

1. Aprendizagem por observação de Bandura. Sarah imita um modelo de televisão.

2. Necessidade de Maslow para a autorrealização. Yolanda está se esforçando para realizar seu pleno potencial.
3. Complexo de Édipo de Freud. Vladimir mostra preferência por sua mãe e distância emocional de seu pai.

Revisão 11.3

1. e. Maslow (1971) comentando a necessidade de autorrealização.
2. c. Eysenck (1977) comentando as raízes biológicas da personalidade.
3. d. Freud (in Malcolm, 1980) comentando o recalcamento da sexualidade.

Revisão 11.4

1. g
2. i
3. f
4. d
5. h
6. a
7. e
8. b
9. c

Capítulo 12

Revisão 12.1

	Instável	*Estável*
Interno	d	b
Externo	a	c

Revisão 12.2

1. c. Erro de atribuição fundamental (supondo que chegar atrasado reflete características pessoais).
2. a. Efeito de correlação ilusória (superestimando a frequência em que se observa confirmações da asserção de que professoras jovens engravidam pouco depois de serem contratadas).
3. b. Estereotipar (supondo que todos os advogados apresentam certos traços).

Revisão 12.3

1. *Alvo*: Componente cognitivo de atitudes (crenças sobre o programa para regulamentação de asilos).
   Persuasão: Fator mensagem (aconselhamento ao uso de argumentos unilaterais em vez de bilaterais).
2. *Alvo*: Componente afetivo de atitudes (sentimentos sobre o candidato).
   Persuasão: Fator origem (aconselhamento a parecer simpático, sincero, e compassivo).
3. *Alvo*: Componente comportamental de atitudes (fazer contribuições).
   Persuasão: Fator receptor (considerando a posição inicial do público sobre o candidato).

Revisão 12.4

1. Falso
2. Verdadeiro
3. Falso
4. Verdadeiro
5. Falso

Capítulo 13

Revisão 13.1

1. b. Uma escolha entre duas opções não atrativas.
2. c. Pesar o lado positivo e o negativo de um único objetivo.
3. a. Uma escolha entre duas opções atrativas.

Revisão 13.2

1. a. Frustração devida ao atraso.
2. d. Pressão para executar.
3. c. Mudança associada com sair da escola e assumir um novo emprego.
4. a. Frustração por causa da perda do emprego.
   c. Mudança nas circunstâncias da vida.
   d. Pressão para executar (para obter um novo emprego rapidamente).

Revisão 13.3

Caminho 1: hipotálamo, divisão simpática do sistema nervoso autônomo (SNA), medula da adrenal, catecolaminas.

Caminho 2: pituitária, acetilcolina, córtex da adrenal, corticosteroides.

Capítulo 14

Revisão 14.1

	Desvio	Comportamento desajustado	Angústia pessoal
1. Alexandre		✓	
2. Mônica			✓
3. Bóris	✓		
4. Natasha	✓	✓	✓

Revisão 14.2

1. Transtorno obsessivo compulsivo (principais sintomas: rituais frequentes, obsessão em organizar as coisas).

2. Fobias específicas (principais sintomas: medo persistente e irracional de tempestades, interferência na produtividade profissional).

3. Transtorno de estresse pós-traumático (principais sintomas: distúrbio contínuo devido a exposição a um evento traumático, pesadelos, torpor emocional).

Revisão 14.3

1. Transtorno bipolar do humor, episódio maníaco (sintomas-chave: planos extravagantes, hiperatividade, despreocupação com gastos).

2. Esquizofrenia paranoica (sintomas-chave: delírios de perseguição e grandeza, com deterioração do comportamento adaptado).

3. Grande depressão (sintomas-chave: sentimentos de desespero, baixa autoestima, falta de energia).

Capítulo 15

Revisão 15.1

1. c. Terapia centrada no cliente
2. a. Psicanálise
3. b. Terapia de casais e familiar

Revisão 15.2

1. d. Terapia comportamental
2. b. Terapia centrada no cliente
3. a. Psicanálise
4. c. Terapia cognitiva

Revisão 15.3

1. c.
2. a.
3. b.
4. d.
5. b.

APÊNDICE B
Métodos estatísticos

O empirismo depende de observação, a observação precisa depende de medidas, e medidas exigem números. Dessa forma, os cientistas rotineiramente analisam dados numéricos para chegar a suas conclusões. Mais de 3 mil estudos empíricos são citados neste livro, e todos, a não ser alguns dos mais simples, exigiram uma análise estatística. **Estatística é o uso da matemática para organizar, resumir e interpretar dados numéricos.** Discutimos brevemente as correlações no Capítulo 2, mas, neste apêndice, verificamos uma variedade de estatísticas.

Para ilustrar estatísticas em ação, imaginemos que queiramos testar uma hipótese que gerou muita polêmica em nossa aula de psicologia. A hipótese é que estudantes universitários que assistem muito à televisão não são tão brilhantes como os que a assistem raramente. Por diversão, sua classe decide realizar um estudo correlacional de si mesma, coletando dados de pesquisa e de testes psicológicos. Todos os seus colegas concordam em responder a uma pequena pesquisa sobre seus hábitos de ver televisão. Uma vez que todos de sua faculdade tiveram de fazer o *Scholastic Aptitude Test* (SAT), a classe decide usar as pontuações obtidas no subteste oral do SAT como um indicador de quão brilhantes são os estudantes. Todos eles concordam em permitir que a secretaria da universidade forneça suas pontuações do SAT ao professor, o qual substitui o nome de cada aluno por um número (para proteger o direito à privacidade dos estudantes).

Vejamos como poderíamos utilizar estatísticas para analisar os dados coletados em nosso estudo piloto (uma pequena pesquisa preliminar).

Representando dados graficamente

Depois de coletar nossos dados, o passo seguinte é organizá-los para obter uma rápida visão geral de nossos resultados numéricos. Suponhamos que haja 20 estudantes em sua classe, e quando eles estimam quantas horas gastam por dia assistindo à TV, os resultados são os seguintes:

3	2	0	3	1
3	4	0	5	1
2	3	4	5	2
4	5	3	4	6

Uma das coisas mais simples que podemos fazer para organizar dados é criar uma *distribuição de frequência*, que é uma disposição organizada de pontuações que indica a frequência de cada pontuação ou grupo de pontuações. A **Figura B.1(a)** mostra uma distribuição de frequência correspondente aos nossos dados de assistência à TV. A coluna à esquerda relaciona as pontuações possíveis (horas estimadas de assistência à TV) em ordem, e a coluna à direita relaciona o número de sujeitos que recebeu cada uma das pontuações. Gráficos podem oferecer uma visão geral bem melhor dos dados. Uma abordagem é retratar os dados num *histograma*, **que é um gráfico de barras que representa os dados de uma distribuição de frequência.** Esse histograma, que resume nossos dados sobre assistência à TV, é apresentado na **Figura B.1(b)**.

Outro método amplamente utilizado para representar dados graficamente é o *polígono de frequência*, que é uma

Pontuação	Classificações	Frequência
6	I	1
5	III	3
4	IIII	4
3	IHJ	5
2	III	3
1	II	2
0	II	2

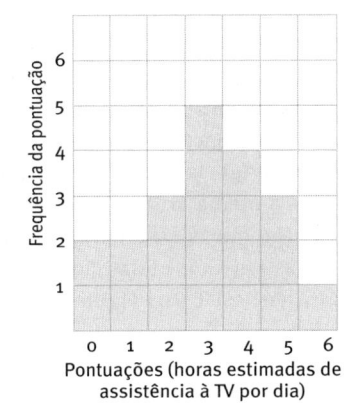

(a) Distribuição da frequência

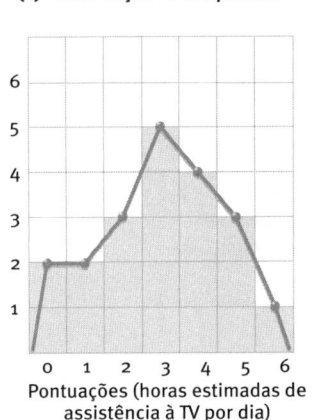

(b) Histograma

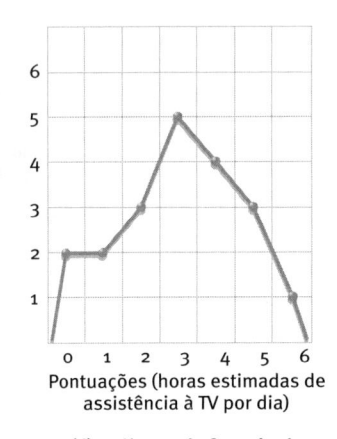

(c) Conversão do histograma em polígono de frequência

(d) Polígono de frequência

Figura B.1 Representação gráfica de dados.
(a) Nossos dados brutos são classificados em uma distribuição de frequência. (b) Os mesmos dados são representados num gráfico de barras chamado histograma. (c) Um polígono de frequência é plotado sobre o histograma. (d) O polígono de frequência resultante é mostrado sozinho.

figura de linhas usada para representar dados de uma distribuição de frequência. As **Figuras B.1(c)** e **B.1(d)** mostram como nossos dados de assistência à TV podem ser convertidos de um histograma para um polígono de frequência. Tanto no gráfico de barras como na figura de linhas, o eixo horizontal relaciona as pontuações possíveis, e o eixo vertical é utilizado para indicar a frequência de cada pontuação. Essa utilização dos eixos é quase universal para polígonos de frequência, não obstante às vezes ser invertida em alguns histogramas (o eixo vertical relaciona as pontuações possíveis; desse modo, as barras tornam-se horizontais).

Nossos gráficos melhoram a confusa coleção de pontuações com a qual iniciamos, mas *estatísticas descritivas*, **que são usadas para organizar e resumir dados**, oferecem algumas vantagens adicionais. Vejamos o que as três medidas da tendência central nos dizem a respeito de nossos dados.

Medindo a tendência central

Ao examinarmos um conjunto de dados, é costumeiro perguntarmos: "O que é uma pontuação típica na distribuição?". Por exemplo, neste caso, poderíamos comparar a quantidade média de assistência à TV em nossa amostra com estimativas nacionais, para determinar se os nossos sujeitos parecem ser representativos da população. As três medidas da tendência central – a mediana, a média e a moda – dão indicações sobre a pontuação típica num conjunto de dados. **A *mediana* é a pontuação que se situa no centro de uma distribuição, a *média* é a média aritmética das pontuações, e a *moda* é a pontuação que ocorre mais frequentemente.**

Todas as três medidas são calculadas para nossos dados de assistência à TV na **Figura B.2**. Como se pode ver, nesse conjunto de dados – a média, a mediana e a moda – todos têm a mesma pontuação, que é 3. A correspondência entre as três medidas da tendência central em nossos dados de assistência à TV é bastante comum, mas há situações em que a média, a mediana e a moda podem produzir estimativas muito diferentes da tendência central. Para ilustrarmos, imagine que você esteja numa entrevista para ocupar um posto de vendas numa companhia. Sem o seu conhecimento, os cinco vendedores da companhia ganharam os seguintes rendimentos no ano anterior: $ 20 mil, $ 20 mil, $ 25 mil, $ 35 mil e $ 200 mil. Você pergunta quanto ganha o vendedor típico num ano. O diretor de vendas orgulhosamente anuncia que os seus cinco vendedores obtiveram um rendimento *médio* de $ 60 mil no ano passado. Entretanto, antes que você encomende aquele novo carro esportivo caro, seria melhor se informar sobre o rendimento *médio* e o *modal* da equipe de vendas. Nesse caso, uma pontuação extrema ($ 200 mil) inflacionou a média, tornando-a não representativa dos ganhos da equipe de vendas. Neste exemplo, a mediana ($ 25 mil) e a moda ($ 20 mil) constituem melhores expectativas daquilo que provavelmente você ganhará.

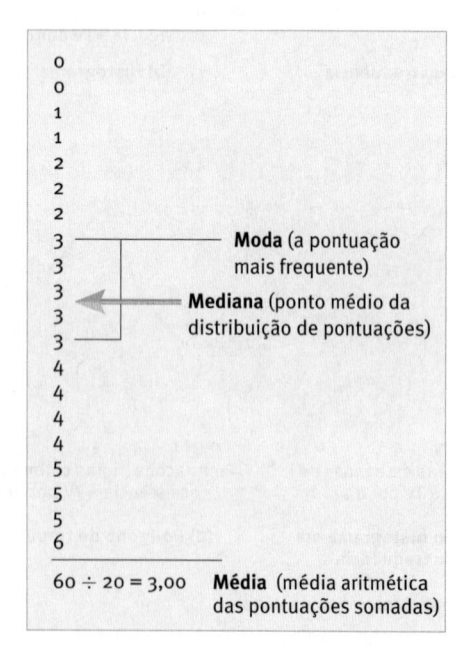

Em geral, a média é a medida mais útil de tendência central porque podem ser executadas sobre ela manipulações estatísticas adicionais que não são possíveis com a mediana ou a moda. Entretanto, a média é sensível a pontuações extremas numa distribuição, o que pode, às vezes, tornar a média enganosa. Desse modo, ocorre falta de concordância entre as três medidas da tendência central quando algumas pontuações extremas empurram a média para longe do centro da distribuição, como mostra a **Figura B.3**. As curvas plotadas na **Figura B.3** são simplesmente polígonos de frequência "suavizados" baseados em dados de muitos objetos. Elas mostram que quando uma distribuição é simétrica, as medidas da tendência central se juntam, mas isso não é verdadeiro em distribuições inclinadas ou não balanceadas.

A **Figura B.3(b)** mostra uma ***distribuição inclinada negativamente*, na qual a maioria das pontuações se acumula na extremidade superior da escala** (a inclinação negativa refere-se à direção para a qual a "cauda" da curva aponta). Uma ***distribuição inclinada positivamente*, na qual as pontuações se acumulam na extremidade inferior da escala**, é mostrada na **Figura B.3(c)**. Em ambos os tipos de distribuição inclinada, algumas pontuações extremas no fim puxam a média, e num grau menor do que a mediana, para fora da moda. Nessas situações, a média pode ser enganosa, e a mediana geralmente fornece o melhor índice da tendência central.

De qualquer forma, as medidas de nossa tendência central relativas aos nossos dados de assistência à TV são afirmativas, uma vez que todos concordam e se situam relativamente próximos das estimativas nacionais referentes a quanto os adultos jovens assistem à TV. Dado o pequeno tamanho de nosso grupo, essa concordância com as normas nacionais **não prova** que nossa amostra seja representativa da população, mas pelo menos não há nenhuma razão óbvia para acreditarmos que não seja representativa.

```
0
0
1
1
2
2
2
3  ┐
3  │  Moda (a pontuação
3  │  mais frequente)
3  ← Mediana (ponto médio da
3  ┘  distribuição de pontuações)
4
4
4
4
5
5
5
6
─────────
60 ÷ 20 = 3,00   Média (média aritmética
                 das pontuações somadas)
```

Figura B.2 Medidas da tendência central.
A média, a mediana e a moda geralmente convergem, como no caso de nossos dados de assistência à TV.

Baixa | **Média / Moda / Mediana** | **Alta**
Pontuações
(a) Distribuição simétrica

Baixa | **Média / Moda / Mediana** | **Alta**
Pontuações
(b) Distribuição inclinada negativamente

Baixa | **Moda / Média / Mediana** | **Alta**
Pontuações
(c) Distribuição inclinada positivamente

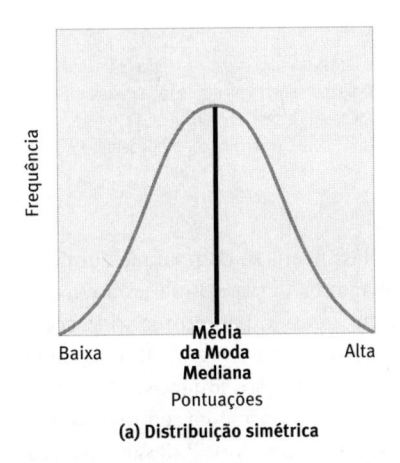

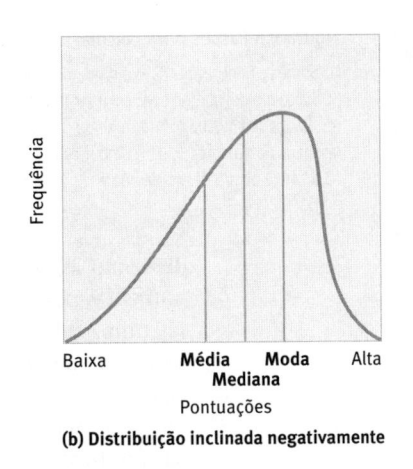

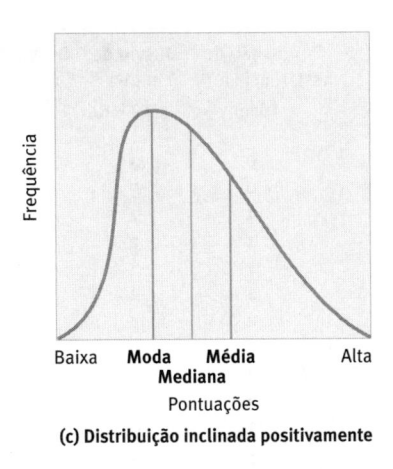

Figura B.3 Medidas da tendência central em distribuições inclinadas.

Numa distribuição simétrica (**a**), as três medidas da tendência central convergem. Numa distribuição inclinada negativamente (**b**) ou numa distribuição inclinada positivamente (**c**), a média, a mediana e a moda são separadas, como é mostrado aqui. Nestas situações, a mediana fornece o melhor índice da tendência central.

Medindo a variabilidade

Obviamente, todas as pessoas de nossa amostra não relataram hábitos idênticos de assistência à TV. Virtualmente, todos os conjuntos de dados são caracterizados por alguma variabilidade. *Variabilidade* **refere-se a quanto as pontuações tendem a variar ou a se afastar da pontuação média.** Por exemplo, a distribuição das pontuações de golfe para um golfista medíocre e errático seria caracterizada por elevada variabilidade, enquanto as pontuações para um golfista medíocre, mas consistente, exibem menos variabilidade.

O *desvio padrão* **é um índice da quantidade de variabilidade num conjunto de dados.** Ele reflete a dispersão das pontuações numa distribuição. Esse princípio é retratado graficamente na **Figura B.4**, na qual as duas distribuições das pontuações de golfe têm a mesma média, mas a da esquerda tem uma variabilidade menor porque as pontuações "agrupam-se" no centro (para o golfista consistente). A distribuição na **Figura B.4(b)** é caracterizada por mais variabilidade, uma vez que as pontuações do golfista errático estão mais dispersas. Essa distribuição produzirá um desvio padrão mais elevado do que a distribuição na **Figura B.4(a)**.

A fórmula para calcular o desvio padrão é mostrada na **Figura B.5**, em que d refere-se ao desvio de cada pontuação a partir da média, e Σ refere-se à soma. Uma aplicação passo a passo desta fórmula para nossos dados de assistência à TV, mostrada na **Figura B.5**, revela que o desvio padrão para nossos dados de assistência à TV é 1,64. O desvio padrão tem uma variedade de utilizações. Uma dessas utilizações virá à tona na próxima seção, em que discutiremos a distribuição normal.

A distribuição normal

A hipótese em nosso estudo é que estudantes mais brilhantes assistem menos à TV do que os relativamente menos inteligentes. Para testar essa hipótese, correlacionaremos assistência à TV com as pontuações obtidas no SAT. Contudo, para fazermos uma utilização eficiente dos dados do SAT, precisamos entender o que significam as pontuações obtidas no SAT, o que nos leva à distribuição normal.

A *distribuição normal* **é uma curva simétrica, em forma de sino, que representa o padrão em que muitas características humanas estão dispersas na população.**

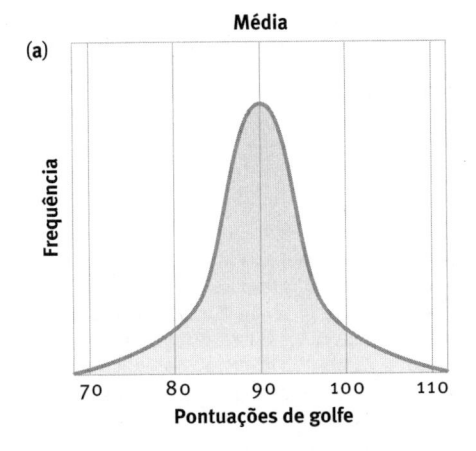

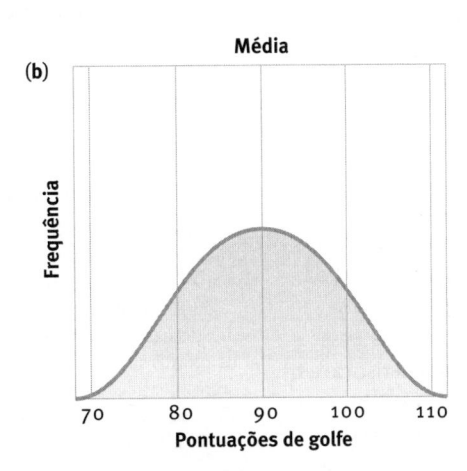

Figura B.4 O desvio padrão e a dispersão de dados.

Não obstante ambas as distribuições no golfe terem a mesma média, seus desvios padrões serão diferentes. Em (**a**) as pontuações se agrupam e há menos variabilidade do que em (**b**), produzindo um desvio padrão menor para os dados da distribuição (**a**).

Pontuação de assistência à TV (X)	Desvio de média (d)	Desvio elevado ao quadrado (d^2)
0	−3	9
0	−3	9
1	−2	4
1	−2	4
2	−1	1
2	−1	1
2	−1	1
3	0	0
3	0	0
3	0	0
3	0	0
3	0	0
4	+1	1
4	+1	1
4	+1	1
4	+1	1
5	+2	4
5	+2	4
5	+2	4
6	+3	9

$N = 20$ $\Sigma X = 60$ $\Sigma d^2 = 54$

$$\text{Média} = \frac{\Sigma X}{N} = \frac{60}{20} = 3{,}0$$

$$\text{Desvio padrão} = \sqrt{\frac{\Sigma d^2}{N}} = \sqrt{\frac{54}{20}}$$

$$= \sqrt{2{,}70} = 1{,}64$$

Figura B.5 Passos para calcular o desvio padrão.
(1) Some as pontuações (Σx) e divida pelo número de pontuações (N) para calcular a média (3,0 neste caso). (2) Calcule o desvio que cada pontuação tem a partir da média subtraindo a média de cada pontuação (os resultados são mostrados na segunda coluna). (3) Eleve ao quadrado esses desvios da média e totalize os resultados para obter (Σd^2), como mostra a terceira coluna. (4) Insira os números correspondentes a N e Σd^2 na fórmula para o desvio padrão e compute os resultados.

dir como as pessoas se classificam se comparadas umas às outras. As pontuações abaixo da curva normal estão dispersas num padrão fixo, com o desvio padrão servindo como a unidade de medição, como mostra a **Figura B.6**. Cerca de 68% das pontuações na distribuição situam-se dentro de mais ou menos 1 desvio padrão da média, enquanto 95% das pontuações situam-se mais ou menos 2 desvios padrões da média. Dado esse padrão fixo, se você conhecer a média e o desvio padrão de uma característica normalmente distribuída, será capaz de saber onde qualquer pontuação se situa na distribuição para a característica.

Ainda que você não tenha percebido, provavelmente já fez muitos testes em que o sistema de pontuação é baseado na distribuição normal. No SAT, por exemplo, as pontuações

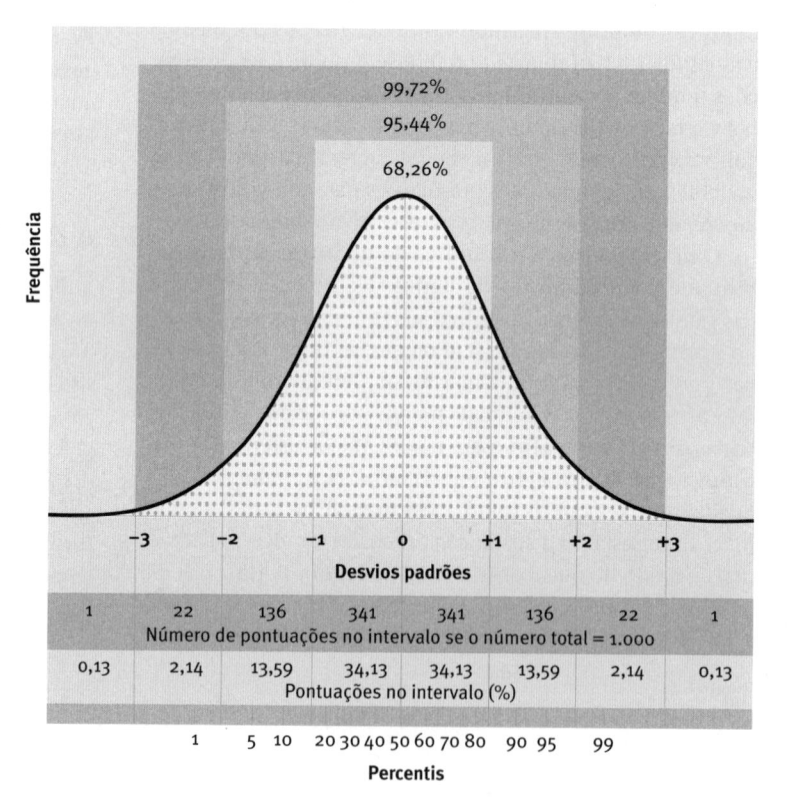

Um grande número de qualidades físicas (por exemplo, altura, tamanho do nariz e velocidade para correr) e características psicológicas (inteligência, capacidade de raciocínio espacial, introversão) está distribuído de maneira que se assemelha muito a essa curva em forma de sino. Quando uma característica é normalmente distribuída, a maioria das pontuações situa-se próximo ao centro da distribuição (a média), e o número de graduações decresce gradualmente à medida que se afasta do centro em qualquer direção (**ver Figura B.6**). A distribuição normal *não* é uma lei da natureza, mas sim uma função matemática, ou curva teórica, que se aproxima da maneira segundo a qual a natureza parece operar.

A distribuição normal é a pedra de toque do sistema de pontuações na maioria dos testes psicológicos, inclusive o SAT. Como discutimos no Capítulo 8, os testes psicológicos são *medidas relativas*; eles avaliam como as pessoas se classificam quanto a uma característica em comparação com outras pessoas. A distribuição normal nos fornece uma maneira precisa de me-

Figura B.6 A distribuição normal.
Muitas características estão distribuídas num padrão representado por essa curva em forma de sino (cada ponto representa um caso). O eixo horizontal mostra quão distante acima ou abaixo da média está uma pontuação (medida em mais ou menos desvios padrões). O eixo vertical mostra o número de casos em cada pontuação. Numa distribuição normal, a maioria dos casos situa-se próximo ao centro da distribuição, de forma que 68,26% dos casos se situam dentro de mais ou menos 1 desvio padrão da média. O número de casos decresce gradualmente à medida que se afasta da média em qualquer direção, de forma que somente 13,59% dos casos se situam entre 1 e 2 desvios padrões acima ou abaixo da média, e um número de casos ainda menor (2,14%) se situa entre 2 e 3 desvios padrões acima ou abaixo da média.

brutas (o número de itens corretos em cada subteste) são convertidas em pontuações padrões que indicam onde você se situa na distribuição normal correspondente à característica medida. Nessa conversão, a média é fixada arbitrariamente em 500 e o desvio padrão em 100, como mostra a **Figura B.7**. Portanto, uma pontuação igual a 400 no subteste oral do SAT significa que você obteve uma pontuação igual a 1 desvio padrão abaixo da média, enquanto uma pontuação igual a 600 obtida no SAT indica que você obteve uma pontuação igual a 1 desvio padrão acima da média. Dessa forma, as pontuações do SAT lhe dizem quantos desvios padrões acima ou abaixo da média sua pontuação estava. O sistema também fornece a metrificação para escalas de QI e muitos outros tipos de testes psicológicos (veja o Capítulo 8).

Notas de exame que colocam os examinandos na distribuição normal sempre podem ser convertidas em pontuações percentis, as quais são mais fáceis de interpretar. Uma **pontuação percentil** indica a porcentagem de pessoas que estão na mesma pontuação ou abaixo da que alguém obteve. Por exemplo, se você se classificar no 60º percentil, 60% das pessoas que fazem o exame se classificam no mesmo nível que o seu ou abaixo dele, enquanto os 40% restantes se classificam acima de você. Há tabelas disponíveis que nos permitem converter qualquer colocação de desvio padrão numa distribuição normal numa pontuação percentil precisa. A **Figura B.6** nos dá algumas conversões percentis para a curva normal.

Evidentemente, nem todas as distribuições são normais. Como vimos na **Figura B.3**, algumas distribuições são inclinadas em uma ou outra direção. Como exemplo, considere o que aconteceria se o exame em uma sala de aula fosse demasiadamente fácil ou demasiadamente difícil. Se o exame fosse facílimo, as pontuações seriam agrupadas na extremidade superior da escala, como mostra a **Figura B.3(b)**. Se fosse dificílimo, as pontuações se agrupariam na extremidade inferior, como na **Figura B.3(c)**.

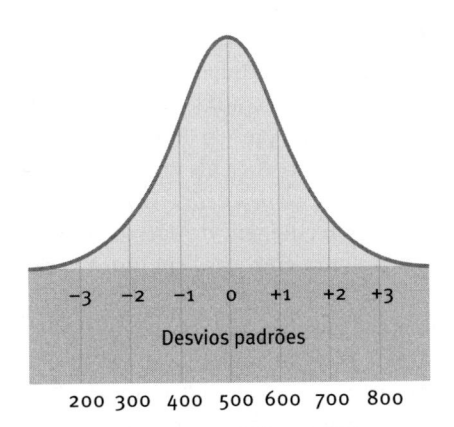

Medindo a correlação

Para determinar se a assistência à TV está relacionada com as pontuações obtidas no SAT, temos de computar um *coeficiente de correlação*, que é um índice numérico do grau de relação que existe entre duas variáveis. Como discutimos no Capítulo 2, uma correlação *positiva* significa que há uma relação direta entre duas variáveis – digamos, X e Y. Isso significa que pontuações elevadas na variável X estão associadas com pontuações elevadas na variável Y e que pontuações baixas em X estão associadas com pontuações baixas em Y. Uma correlação *negativa* indica uma relação inversa entre duas variáveis. Isso significa que pessoas que obtêm uma pontuação elevada na variável X tendem a obter uma pontuação baixa na variável Y, ao passo que as que obtêm uma pontuação baixa em X tendem a obter uma pontuação elevada em Y. Em nosso estudo, levantamos a hipótese que, à medida que a assistência à TV se eleva, as pontuações obtidas no SAT decrescem, de forma que esperaríamos uma correlação negativa entre assistir à TV e as pontuações do SAT.

A *magnitude* do coeficiente de correlação indica a *força* da associação entre duas variáveis. Esse coeficiente pode variar entre 0 e ±1,00. O coeficiente em geral é representado pela letra r (por exemplo, $r = 0{,}45$). Um coeficiente próximo a 0 nos diz que não há nenhuma relação entre duas variáveis. Um coeficiente de +1,00 ou –1,00 indica que há uma correspondência perfeita, biunívoca, entre duas variáveis. Uma correlação perfeita é encontrada apenas quando se trabalha com dados reais. Quanto mais próximo o coeficiente estiver ou de –1,00 ou de +1,00, mais forte será a relação.

A direção e a força das correlações podem ser ilustradas graficamente em diagramas de dispersão. Um *diagrama de dispersão* é um gráfico em que pontuações X e Y emparelhadas para cada sujeito são plotadas como pontos simples. A **Figura B.8** exibe diagramas de dispersão correspondentes a correlações positivas na metade superior e correspondentes a correlações negativas na metade inferior. Uma correlação positiva perfeita e uma correlação negativa perfeita são mostradas bem à esquerda. Quando uma correlação é perfeita, os pontos de dados no diagrama de dispersão situam-se exatamente numa linha reta. Entretanto, correlações positivas e negativas produzem linhas inclinadas na direção oposta porque as linhas correspondem a tipos opostos de associações. Movendo-se para a direita na **Figura B.8**, você poderá ver o que acontece quando a magnitude de uma correlação decresce. Os pontos de dados se dispersam cada vez mais a partir da linha reta que representaria uma relação perfeita.

Como nossos dados relacionam a assistência à TV e as pontuações do SAT? A **Figura B.9** mostra um diagrama de dispersão desses dados. Tendo acabado de aprender a respei-

Figura B.7 A distribuição normal e as pontuações do SAT.

A distribuição normal é a base para o sistema de pontuação em muitos testes padronizados. Por exemplo, no *Scholastic Aptitude Test* (SAT), a média é fixada em 500, e o desvio padrão em 100. Portanto, uma pontuação SAT lhe diz quantos desvios padrões acima ou abaixo da média você se classificou. Por exemplo, uma pontuação igual a 700 significa que obteve uma pontuação igual a 2 desvios padrões acima da média.

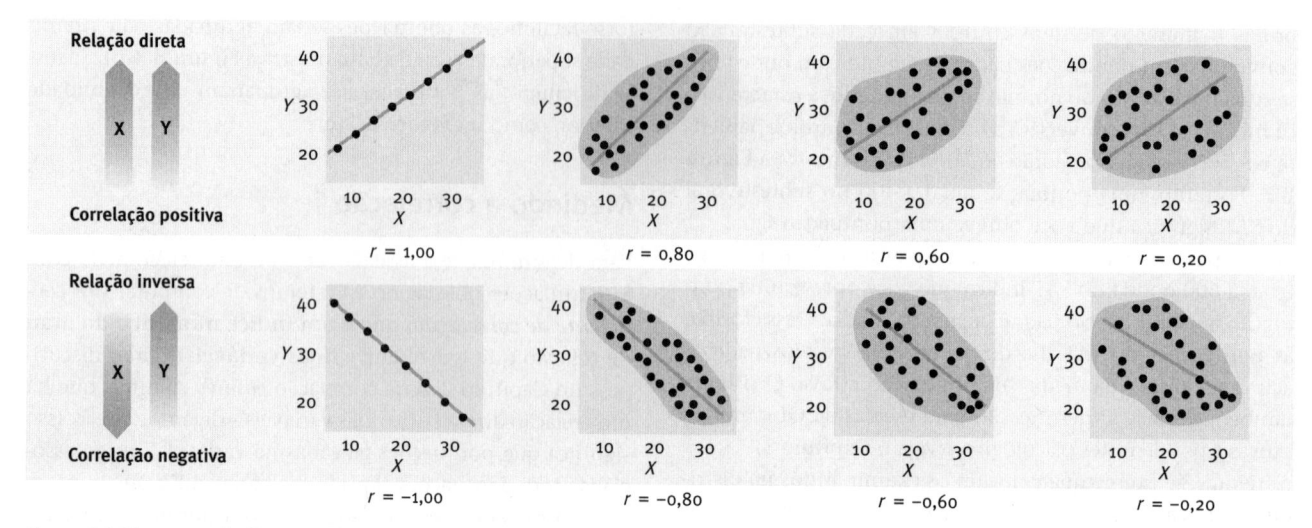

Figura B.8 Diagramas de dispersão de correlações positivas e negativas.

Diagramas de dispersão plotam pontuações X e Y emparelhadas como pontos simples. Plotagens de pontuações inclinadas na direção oposta resultam de correlações positivas (linha de cima) ao contrário de correlações negativas (linha de baixo). Movendo-se ao longo de ambas as linhas (para a direita), pode-se ver que correlações progressivamente mais fracas resultam em plotagens de pontos de dados cada vez mais dispersas.

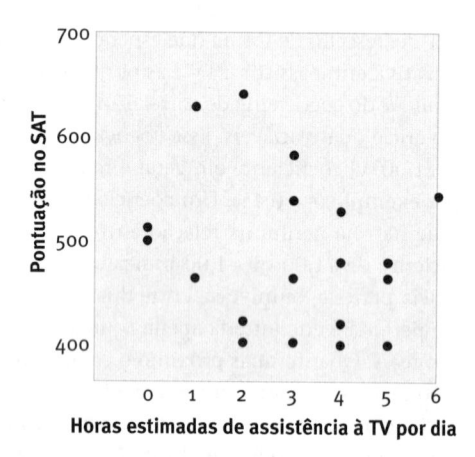

Figura B.9 Diagrama de dispersão da correlação entre assistir à TV e pontuações no SAT.

Nossos dados hipotéticos que relacionam assistir à TV com pontuações obtidas no SAT são plotados nesse diagrama de dispersão. Compare-o com o diagrama de dispersão visto na **Figura B.8** e veja se pode estimar a correlação entre assistir à TV e as pontuações do SAT em nossos dados (leia o texto para obter a resposta).

to dos diagramas de dispersão, talvez você possa estimar a magnitude da correlação entre assistir à TV e pontuações do SAT. O diagrama de dispersão de nossos dados parece com o que é visto no canto inferior direito da **Figura B.8**, sugerindo que a correlação estará nas proximidades de – 0,20.

A fórmula para computar a medida de correlação mais amplamente utilizada – a correlação momento-produto de Pearson – é mostrada na **Figura B.10**, juntamente com os cálculos correspondentes aos nossos dados sobre assistência à TV e pontuações do SAT. Os dados produzem uma correlação de r = – 0,24. Esse coeficiente de correlação revela que encontramos uma fraca associação inversa entre assistir à TV e o desempenho no SAT. Entre nossos sujeitos, à medida que a assistência à TV aumenta, as pontuações no SAT diminuem, mas a tendência não é muito forte. Podemos obter uma ideia melhor dessa correlação examinando o seu poder de previsão.

Correlação e previsão

À medida que a magnitude de uma correlação aumenta (aproxima-se ou de –1,00 ou +1,00), nossa capacidade de prever uma variável baseando-nos no conhecimento da outra variável eleva-se continuamente. Essa relação entre a magnitude de uma correlação e a previsibilidade pode ser quantificada de maneira precisa. Tudo o que temos de fazer é elevar ao quadrado o coeficiente de correlação (multiplicá-lo por si mesmo), e isso nos dará o *coeficiente de determinação*, **que é a porcentagem de variação numa variável que pode ser prevista com base em outra variável**. Dessa forma, uma correlação igual a 0,70 produz um coeficiente de determinação igual a 0,49 (0,70 × 0,70 = 0,49), indicando que a variável X pode ser responsável por 49% da variação existente na variável Y. A **Figura B.11** mostra como o coeficiente de determinação se eleva à medida que a magnitude de uma correlação aumenta.

Infelizmente, uma correlação de –0,24 não apresenta muito poder de previsão. Podemos considerar somente um pouco mais de 6% da variação na variável Y. Desse modo, se tentássemos prever as pontuações SAT de indivíduos baseando-nos em quanto eles assistiram à TV, nossas previsões não seriam muito acuradas. Não obstante uma baixa correlação não ter muita utilidade prática quanto a previsões, ainda assim ela pode ter valor teórico. Simplesmente saber que há

Número de sujeitos	Pontuação da assistência à TV (X)	X^2	Pontuação obtida no SAT (Y)	Y^2	XY
1	0	0	500	250.000	0
2	0	0	515	265.225	0
3	1	1	450	202.500	450
4	1	1	650	422.500	650
5	2	4	400	160.000	800
6	2	4	675	455.625	1.350
7	2	4	425	180.625	850
8	3	9	400	160.000	1.200
9	3	9	450	202.500	1.350
10	3	9	500	250.000	1.500
11	3	9	550	302.500	1.650
12	3	9	600	360.000	1.800
13	4	16	400	160.000	1.600
14	4	16	425	180.625	1.700
15	4	16	475	225.625	1.900
16	4	16	525	275.625	2.100
17	5	25	400	160.000	2.000
18	5	25	450	202.500	2.250
19	5	25	475	225.625	2.375
20	6	36	550	302.500	3.300
$N = 20$	$\Sigma X = 60$	$\Sigma X^2 = 234$	$\Sigma Y = 9.815$	$\Sigma Y^2 = 4.943.975$	$\Sigma XY = 28.825$

Fórmula para o coeficiente de correlação do momento-produto de Pearson

$$r = \frac{(N)\Sigma XY - (\Sigma X)\Sigma Y}{\sqrt{[(N)\Sigma X^2 - (\Sigma X)^2][(N)\Sigma Y^2 - (\Sigma Y)^2]}}$$

$$= \frac{(20)(28.825) - (60)(9.815)}{\sqrt{[(20)(234) - (60)^2][(20)(4.943.975) - (9.815)^2]}}$$

$$= \frac{-12.400}{\sqrt{[1.080][2.545.275]}}$$

$$= -0,237$$

Figura B.10 Computando um coeficiente de correlação

Os cálculos necessários para computar o coeficiente de correlação do momento-produto de Pearson são mostrados aqui. A fórmula parece assustadora, mas é apenas uma questão de introduzir os números tirados das somas das colunas mostradas ao lado na fórmula.

Figura B.11 Correlação e o coeficiente de determinação.

O coeficiente de determinação é um indicador do poder de previsão de uma correlação. Como se pode ver, quer sejam positivas, quer negativas, correlações mais fortes produzem maior poder de previsão.

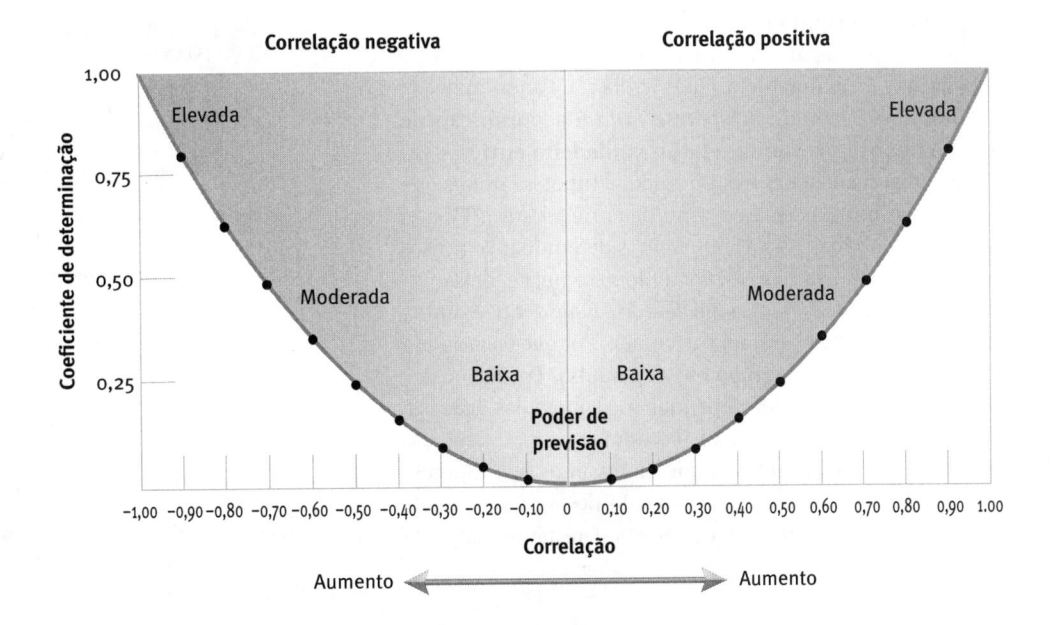

uma relação entre duas variáveis pode ser teoricamente interessante. Entretanto, ainda não encaminhamos a questão sobre se nossa correlação observada é suficientemente forte para apoiar nossa hipótese de que há uma correlação entre assistir à TV e as pontuações obtidas no SAT. Para fazermos esse julgamento, temos de nos voltar para a estatística inferencial e para o processo de teste de hipóteses.

Teste de hipótese

A estatística inferencial vai além da simples descrição dos fatos. A *estatística inferencial* é utilizada para interpretar dados e tirar conclusões. Ela permite que pesquisadores concluam se seus dados sustentam suas hipóteses.

Em nosso estudo sobre assistência à TV levantamos a hipótese de que encontraríamos uma relação inversa entre a quantidade de assistência à TV e as pontuações obtidas no SAT. Com bastante segurança, foi isso que encontramos. Entretanto, temos de fazer a nós mesmos uma pergunta: Essa correlação observada é grande o bastante para apoiar nossa hipótese, ou poderia uma correlação desse porte ter ocorrido casualmente?

Temos de fazer uma pergunta semelhante quase todas as vezes que realizamos um estudo. Por quê? Porque estamos trabalhando com uma *amostra* limitada (neste caso, 20 sujeitos) para tirar conclusões acerca de uma *população* muito maior (estudantes universitários em geral). Há sempre a possibilidade de que, se tirássemos uma amostra diferente da população, os resultados poderiam também ser diferentes. Talvez nossos resultados sejam exclusivos de nossa amostra e não possam ser generalizados para uma população maior. Se tivéssemos condições de coletar dados sobre a população inteira, não teríamos de enfrentar esse problema, mas nossa dependência de uma amostra requer a utilização de estatísticas inferenciais para avaliar precisamente a probabilidade de que nossos resultados se devam a fatores ocasionais na amostragem. Dessa forma, as estatísticas inferenciais são a chave para darmos o salto inferencial da amostra para a população (veja a **Figura B.12**).

Embora possa parecer um retrocesso, no teste da hipótese testamos formalmente a *hipótese nula*. Quando aplicada a dados correlacionais, a **hipótese nula é a presunção de que não existe nenhuma relação verdadeira entre as variáveis observadas**. Em nosso estudo, a hipótese nula é que não há nenhuma associação genuína entre assistir à TV e as pontuações obtidas no SAT. Queremos determinar se nossos resultados nos permitirão *rejeitar* a hipótese nula e, dessa forma, concluirmos que nossa *hipótese de pesquisa* (que há uma relação entre as variáveis) foi sustentada. Por que testarmos a hipótese nula em vez da hipótese de pesquisa? Porque nossos cálculos de probabilidade dependem de suposições ligadas à hipótese nula. Especificamente, computamos a probabilidade de obtermos os resultados que observamos se a hipótese nula for, de fato, verdadeira. O cálculo dessa probabilidade gira em torno de uma série de fatores. Um fator-chave é a quantidade de variabilidade nos dados, razão pela qual o desvio padrão é uma estatística importante.

Significação estatística

Quando rejeitamos a hipótese nula, concluímos que encontramos resultados *estatisticamente significativos*. Diz-se que existe **significação estatística quando é muito baixa a probabilidade de que as descobertas observadas se devam à casualidade, geralmente menos de 5 chances em 100**. Isso significa que se a hipótese nula estiver correta e realizarmos nosso estudo 100 vezes, extraindo uma nova amostra da população a cada vez, obteremos resultados como os observados somente 5 vezes em 100. Se os nossos cálculos nos permitirem rejeitar a hipótese nula, concluiremos que os nossos resultados sustentam nossa hipótese de pesquisa. Dessa forma, resultados estatisticamente significativos são descobertas que *sustentam* uma hipótese de pesquisa.

A necessidade de que haja menos de 5 chances em 100 de que os resultados da pesquisa se devam à casualidade é a exigência *mínima* para que se tenha significação estatística. Quando essa exigência é satisfeita, dizemos que os resultados são significativos no nível 0,05. Se as pesquisas calcularem que há menos de 1 chance em 100 de que seus resultados se devam a fatores casuais na amostragem, os resultados serão significativos no nível 0,01. Se houver menos de 1 chance em 1 mil de que as descobertas sejam atribuíveis a erro de amostragem, os resultados serão significativos no nível 0,001. Dessa forma, há diversos *níveis* de significação que podem ser citados em artigos científicos.

Uma vez que estamos tratando somente de questões de probabilidade, há sempre a possibilidade de que nossa de-

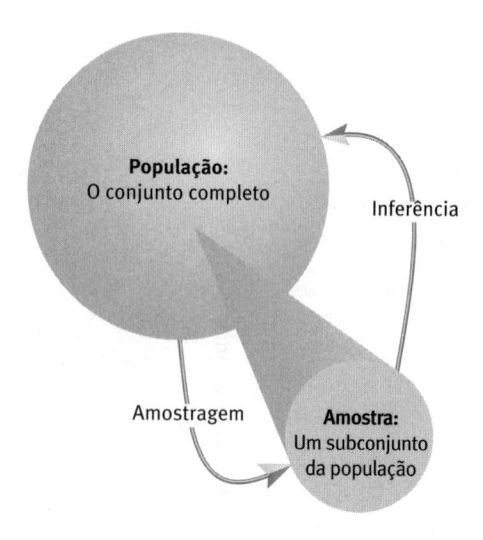

Figura B.12 A relação entre a população e a amostra.
Nas pesquisas, geralmente estamos interessados numa população ampla, mas podemos observar uma pequena amostra da população. Depois de fazermos observações de nossa amostra, fazemos inferências a respeito da população, baseando-nos na amostra. Esse processo inferencial funciona bem, contanto que a amostra seja razoavelmente representativa da população.

cisão de aceitar ou rejeitar a hipótese nula esteja errada. Os vários níveis de significação indicam a probabilidade de rejeitar erroneamente a hipótese nula (e imprecisamente aceitar a hipótese de pesquisa). No nível de significação 0,05, há 5 chances em 100 de que tenhamos cometido um erro quando concluímos que nossos resultados sustentam nossa hipótese, e no nível de significação 0,01 a chance de uma conclusão errônea é 1 em 100. Não obstante os pesquisadores mantenham a probabilidade desse tipo de erro bastante baixa, ela nunca é igual a zero. Essa é uma das razões pelas quais estudos competentemente executados sobre a mesma questão podem produzir descobertas contraditórias. As diferenças podem se dever a variações casuais na amostragem que não podem ser evitadas.

O que descobrimos quando avaliamos nossos dados que vinculam assistir à TV com as pontuações obtidas no SAT pelos estudantes? Os cálculos indicam que, dado o tamanho de nossa amostra e a variabilidade em nossos dados, a probabilidade de obtermos uma correlação de − 0,24 casualmente é maior do que 20%. Essa não é uma probabilidade elevada, mas não é suficientemente baixa para que rejeitemos a hipótese nula. Dessa forma, nossas descobertas não são suficientemente fortes para nos permitir concluir que sustentamos a nossa hipótese.

Estatística e empirismo

Em suma, conclusões baseadas em pesquisa empírica são uma questão de probabilidade, e sempre há uma possibilidade de que as conclusões estejam erradas. No entanto, duas grandes forças da abordagem empírica são sua precisão e sua intolerância ao erro. Os cientistas podem dar a você estimativas precisas da probabilidade de que suas conclusões estão erradas, e, uma vez que eles são intolerantes com o erro, mantêm essa probabilidade extremamente baixa. É o fato de confiarem em estatísticas que permite que eles atinjam suas metas.

GLOSSÁRIO

A

Adaptação hedônica: Efeito que ocorre quando a balança mental que as pessoas usam para julgar a percepção de agradáveis ou desagradáveis de suas experiências se inclina de forma que o ponto neutro, ou base de comparação, se altera.

Adaptação: Uma característica herdada que aumenta em uma população (através da seleção natural) porque ajudou a resolver um problema de sobrevivência ou reprodução durante o tempo em que surgiu. Ver também Adaptação sensorial.

Anedonia: Capacidade diminuída de experiência prazer.

Anorexia nervosa: Transtorno alimentar caracterizado por medo intenso de ganhar peso, aparência corporal deturpada, recusa a manter um peso normal, e uso de medidas perigosas para perder peso.

Aquisição: O estágio inicial de aprendizado de uma nova tendência de resposta.

Atitude explícita: Atitudes que as pessoas conscientemente mantêm e podem prontamente descrever.

Atitudes implícitas: Atitudes dissimuladas expressadas em respostas automáticas sutis sobre as quais as pessoas têm pouco controle consciente.

Atitudes: Avaliações positivas ou negativas de objetos de pensamento.

Atribuição aleatória: Procedimento no qual todos os voluntários em um estudo têm chance igual de serem designados a qualquer grupo ou condição.

Autismo ou Transtorno do espectro do autismo (ASD): Transtorno psicológico infantil caracterizado por danos profundos à interação social e interesses e atividades severamente restritos, normalmente aparentes aos 3 anos de idade.

Avaliação primária: Ponderação inicial se um evento lhe é (1) irrelevante, (2) relevante mas não ameaçador, ou (3) estressante.

Avaliação secundária: Qualificação de seus recursos de enfrentamento e opções para lidar com um evento estressante.

Axônio: Fibra longa e fina que transmite sinais do corpo celular do neurônio (soma) para outros neurônios ou para músculos e glândulas.

B

Bilingüismo: Assimilação de dois idiomas que usam sons de pronúncia, vocabulários, e regras gramaticais diferentes.

C

Capacidade da memória de trabalho (WMC): Habilidade de manter e manipular informação na memória de trabalho.

Cegueira por desatenção: A falha em ver objetos plenamente visíveis ou eventos em uma apresentação visual porque a atenção está focada em outro lugar.

Competência: A capacidade de um réu ser submetido a julgamento, chamada de aptidão em alguns estados.

Condicionamento avaliativo: Mudanças na afeição por um estímulo que resultam de emparelhá-lo com outros estímulos positivos ou negativos.

Condicionamento clássico: Tipo de aprendizagem na qual um estímulo neutro desenvolve a capacidade de provocar uma resposta originalmente provocada por outro estímulo (também chamado Condicionamento Pavloviano)

Condicionamento: Associações de aprendizagem entre eventos que ocorrem no ambiente de um organismo.

Conjunto mental: Persistir em utilizar estratégias de solução de problemas que funcionaram no passado.

Consolidação: Processo hipotético envolvendo a conversão gradual de lembranças novas e instáveis para códigos de memória estáveis e duradouros armazenados na memória de longo prazo.

Correlação: A correlação existe quando duas variáveis estão relacionadas uma à outra.

D

Definição operacional: Em pesquisa empírica, definição que descreve as ações ou operações que serão utilizadas para medir ou controlar uma variável.

Dessensibilização sistemática: Terapia comportamental usada para reduzir as respostas fóbicas do paciente.

Discinesia tardia: Transtorno neurológico marcado por contorções involuntárias e movimentos de tique na boca, língua, face, mãos, ou pés.

Dispositivos de Aquisição da Linguagem (LAD): De acordo com Chomsky, um mecanismo ou processo inato que facilita a aprendizado da linguagem.

Dissonância cognitiva: Estado psicológico que existe quando atitudes ou crenças relacionadas contradizem umas às outras.

Distúrbio comportamental do sono REM (RBD): Transtorno do sono marcado por agitações potencialmente problemáticas durante o sonho no período REM.

Divisão parassimpática: O ramo do sistema nervoso autônomo que geralmente conserva recursos corporais.

Drogas ansiolíticas: Medicamentos que acalmam a tensão, apreensão, e nervos.

E

Ecletismo: Na psicoterapia, buscar idéias de dois ou mais sistemas de terapia ao invés de comprometer-se a apenas um sistema.

Efeito de incubação: Fenômeno que ocorre quando novas soluções surgem para um problema previamente não solucionado após um período de não pensar conscientemente sobre o problema.

Efeito de mera exposição: A descoberta de que a exposição repetitiva a um estímulo promove maior afeição ao estímulo.

Efeito de renovação: Refere-se ao fenômeno que ocorre se uma resposta é extinta em um ambiente diferente de onde foi adquirida; a resposta extinta reaparecerá se o animal for retornado ao ambiente original onde a aquisição ocorreu.

Efeito halo: Fenômeno que ocorre em autorrelatos quando a avaliação geral de alguém sobre uma pessoa, objeto, ou instituição se sobressai, influenciando uma classificação mais específica.

Efeitos placebo: Ocorre quando as expectativas da pessoa levam-na a experienciar algumas mudanças apesar de receberem um tratamento vazio, falso ou ineficaz.

Emoção expressada: O grau a que um parente de um paciente esquizofrênico demonstra atitudes altamente críticas ou emocionalmente super-envolvidas para com o paciente.

Enquete: Método de pesquisa descritiva na qual pesquisadores usam questionários ou entrevistas para reunir informação sobre aspectos específicos do perfil contextual, atitudes, crenças, ou comportamento do participante.

Epigenética: O estudo de mudanças herdáveis em expressão de genes que não envolvem modificações à seqüência de DNA.

Esquizofrenia: Transtorno marcado por delírios, alucinações, pensamento e discurso desorganizados, e deterioração do comportamento adaptativo.

Estágio germinativo: Primeira fase do desenvolvimento pré-natal, normalmente abrangendo as duas primeiras semanas após a concepção.

Estímulo Discriminativo: Em condicionamento operante, sinais que influenciam comportamento operante indicando as prováveis conseqüências (de reforço ou não) de uma resposta.

Estímulo: Ver Estímulo condicionado, Estímulo não-condicionado.

F

Fala telegráfica: Refere-se às primeiras frases da criança, que consistem principalmente de palavras de conteúdo; artigos, preposições, e outras palavras menos essenciais são omitidas.

Fenômeno da ponta da língua: Incapacidade temporária de lembrar-se de algo que se sabe, acompanhado de um sentimento de que está quase no alcance.

Fobia específica: Medo persistente e irracional de um objeto ou situação que não apresenta perigo real.

Fonte: Na persuasão, pessoa que envia mensagem ao receptor com a intenção de produzir mudança de atitude no receptor.

Framing: Na tomada de decisões, refere-se a como questões de decisão são apresentadas ou como escolhas são estruturadas.

H

Hierarquia conceitual: Um sistema de classificação multinível baseado em propriedades comuns entre itens.

Hipótese perceptiva: Interferência sobre qual forma poderia ser responsável por um padrão de estimulação sensorial.

Homofobia: Intenso medo e intolerância à homossexualidade.

I

Índice de massa corporal (IMC): Uma proporção peso-para-altura calculada por peso (em quilogramas) dividido por altura (em metros) ao quadrado (kg/m2).

Influência informacional: Efeito que freqüentemente contribui para a conformidade com a qual as pessoas recorrem aos outros pra orientação sobre côo se comportar em situações ambíguas.

Influência normativa: Efeito que promove conformidade a normas sociais por medo de conseqüências sociais negativas.

Insanidade: Status legal indicando que uma pessoa não pode ser responsabilizada por suas ações devido a doença mental.

Insônia: Problema crônicos para conseguir sono adequado que resulta em fadiga diurna e funcionamento prejudicado.

Interferência proativa: Fonte de esquecimento que ocorre

Interferência retroativa: Fonte de esquecimento que ocorre quando nova informação prejudica a retenção de informação assimilada anteriormente.

Internação involuntária: Quando pessoas são hospitalizadas em instituições psiquiátricas contra sua vontade.

Irreversibilidade: Incapacidade de contemplar a reversão de uma ação.

L

Limitação da racionalidade. Ver Teoria da Limitação da racionalidade.

Localização sonora: Localizar a origem de um som no espaço.

M

Mapeamento rápido: Processo pelo qual as crianças mapeiam uma palavra a um conceito básico após apenas uma exposição.

Meditação: Uma família de práticas que treinam a atenção para aumentar a percepção e trazem processos mentais sob um maior controle voluntário.

Memória de trabalho: Modelo da memória de curto prazo que consiste em um sistema modular para armazenamento temporário e manipulação de informação.

Mensagem: Em persuasão, a informação transmitida por uma fonte a um receptor:

Meta-análise: Técnica de pesquisa que combina os resultados estatísticos de muitos estudos da mesma questão, gerando uma estimativa do tamanho e consistência dos efeitos de uma variável.

Método de ligação: Dispositivo mnemônico que envolve formar uma imagem mental de itens a serem lembrados de uma forma que ligue uns aos outros.

Modelo: Na aprendizagem observacional, uma pessoa cujo comportamento é observado por outra.

Mudanças de vida: Quaisquer alterações substanciais nas circunstâncias de vida de uma pessoa que necessitam de reajustes.

N

Narcisismo: Traço de personalidade marcado por inflado senso de importância, necessidade de atenção e admiração, pretensiosismo regalista (privilégio ilusório), e uma tendência a explorar os outros.

Necessidade de autorrealização: De acordo com Maslow, a necessidade da pessoa cumprir seu potencial.

Nervos: Grupos de fibras neurais (axônio) que são tubuladas juntas no sistema nervoso periférico.

Neurogênese: A formação de novos neurônios.

Neurônios espelho: Neurônio que são ativados ao realizar uma ação ou ao observar outro macaco ou pessoa realizar a mesma ação.

O

Obesidade: A condição de estar acima do peso

Ocitocina: Hormônio liberado pela glândula pituitária que regula comportamentos reprodutivos.

P

Participantes: Pessoas ou animais cujo comportamento é sistematicamente observado em um estudo.

Pontuação percentual: Cifra que indica a porcentagem de pessoas que ficam igual ou abaixo da pontuação que qualquer outro indivíduo obteve.

Potencial de ação: Breve mudança na carga elétrica de um neurônio que viaja por um axônio.

Preparo: Predisposição específica à espécie de estar condicionado de algumas maneiras e não de outras.

Previsão afetiva: esforços para prever as reações emocionais de uma pessoa a eventos futuros.

Psicólogo aconselhador: Psicólogos que se especializam no diagnóstico e tratamento de transtornos psicológicos e problemas comportamentais corriqueiros.

Psiquiatria: Ramo na medicina responsável pelo diagnóstico e tratamento de problemas e transtornos psicológicos.

Puberdade: Estágio durante o qual funções sexuais atingem a maturidade, que marca o início da adolescência.

Q

Quiasma óptico: O ponto no qual os axônios da metade interna de cada olho cruzam de lado e se projetam para a metade oposta do cérebro.

R

Reatividade: Alteração do comportamento de uma pessoa devido à presença de um observador.

Receptor: Na persuasão, a pessoa à qual uma mensagem de mudança de atitude é enviada por uma fonte.

Relatividade linguística: A hipótese de que o idioma de uma pessoa determina a natureza de seus pensamentos.

Resposta não-condicionada (UR): Reação não aprendida a estímulo não-condicionado que ocorre por condicionamento prévio.

Resposta: Ver Resposta condicionada, resposta não-condicionada.

S

Saliência de mortalidade: O grau a que a mortalidade da pessoa tem proeminência em sua mente.

Setor simpático: Ramo do sistema nervoso autônomo que mobiliza os recursos do corpo para emergências.

Sistema de memória não-declarativa: Repositório de lembranças para ações, habilidades, respostas condicionadas, e memória emocional. Também chamada memória procedural.

Sistema de memória processual: Ver Sistema de memória não-declarativa.

Sistema límbico: Rede sutilmente conectada de estruturas localizadas aproximadamente a longo da fronteira entre o córtex cerebral e áreas sub-corticais mais profundas.

Sub-extensão: Equívoco no aprendizado de linguagem que ocorre quando uma criança utiliza incorretamente uma palavra para descrever um conjunto mais estreito de objetos ou ações do que é propósito da mesma.

Sujeitos: Ver Participantes.

Super-extensão: Equívoco no aprendizado de linguagem que ocorre quando a criança utiliza incorretamente uma palavra para descrever um conjunto mais amplo de objetos ou ações do que é propósito da mesma.

Super-regulação: Equívoco no aprendizado de linguagem no qual a criança incorretamente generaliza regras gramaticais em casos irregulares onde não se aplicam.

Suporte social: Vários tipos de auxílio e suporte emocional prestados por membros da rede social da pessoa.

T

Técnica da bola baixa: Conseguir que alguém concorde com uma proposta aparentemente atraente antes de revelar os custos ocultos.

Teoria da limitação da racionalidade: A idéia de que as pessoas tendem a usar estratégias simples na tomada de decisões que focam em apenas algumas das facetas das opções disponíveis e freqüentemente resultam em decisões "irracionais" que são ficam abaixo do ideal.

Teoria de Dupla Codificação: A teoria de Paivio de que a memória é acentuada com a formação de códigos semânticos e visuais pois qualquer um dos dois pode permitir a evocação.

Teoria de freqüência: Afirma que a percepção de altura corresponde à taxa, ou freqüência, na qual toda a membrana basilar vibra.

Teoria de processo oponente: Idéia de que a percepção de cores depende de receptores que geram respostas antagônicas a três pares de cores.

Teoria tricromática: Idéia de que o olho humano tem três tipos de receptores com sensibilidades variadas para diferentes tipos de comprimentos de onda.

Terapia cognitiva: Terapia de percepção que utiliza estratégias específicas para corrigir erros habituais de pensamento que fundamentam vários tipos de transtornos.

Terapia de casais: O tratamento de ambos os parceiros de um relacionamento comprometido e íntimo, no qual o principal foco são problemas na relação. Também chamada de Terapia matrimonial.

Terapia familiar: O tratamento de uma unidade familiar como um todo, na qual o principal foco é em dinâmicas familiares e comunicação.

Terapia matrimonial: Ver Terapia de casais.

Terapias de comportamento: Aplicação dos princípios de aprendizagem e condicionamento para esforços diretos à mudança de comportamentos mal-adaptativos do paciente.

Terapias de exposição: Abordagem à terapia comportamental na qual pacientes são confrontados com situações que temem para que aprendam que essas situações são na verdade inofensivas.

Tolerância: Decréscimo progressivo na receptividade a uma droga resultante de uso contínuo.

Transtorno bipolar: Transtorno de humor marcado pela experiência de períodos tanto depressivos quanto maníacos. Antes chamada distúrbio maníaco depressivo.

Transtorno da compulsão alimentar periódica: Transtorno caracterizado por compulsão alimentar causadora de aflição, e que não é acompanhada de purgativos, jejuns, e exercitação excessiva como na bulimia.

Transtorno de estresse pós-traumático (TEPT): Distúrbio psicológico que é atribuído a um evento de estresse grave mas que surge após a passagem do estresse.

Transtorno de personalidade antissocial: Distúrbio caracterizado por comportamento impulsivo, insensível, manipulativo, agressivo, e irresponsável.

Transtorno de personalidade limítrofe: Transtorno marcado por instabilidade em relacionamentos sociais, autoimagem, e funcionamento emocional.

Transtorno de personalidade narcisista: Transtorno marcado por senso grandioso de auto-importância, pretensiosismo regalista (privilégio ilusório), e uma necessidade excessiva de atenção e admiração.

Transtorno dissociativo de identidade: Um tipo de transtorno dissociativo caracterizado pela coexistência em uma pessoa de duas ou mais personalidades amplamente completas, e normalmente muito diferentes. Anteriormente chamado transtorno de múltiplas personalidades.

Transtornos de personalidade: Classe de transtornos marcada por traços de personalidade extremos, inflexíveis, que causam aflição subjetiva ou funcionamento social e ocupacional prejudicados.

V

Variáveis de confusão: Condição que existe quando duas variáveis são interligadas de forma a dificultar a distinção de seus respectivos efeitos.

Variáveis extrínsecas: Quaisquer variáveis que não a variável independente que parecem prováveis de influenciar a variável dependente em um experimento específico.

Variável Independente: Em um experimento, uma condição ou evento que um pesquisador varia para observar seu impacto em outra variável.

Viés de Desejabilidade Social: Tendência a fornecer respostas socialmente aprovadas a questões sobre si próprio ao responder pesquisas.

REFERÊNCIAS BIBLIOGRÁFICAS

Abbeduto, L., Ozonoff, S., Thurman, A. J., McDuffie, A., & Schweitzer, J. (2014). Neurodevelopmental disorders. In R. E. Hales, S. C. Yudofsky, & L. W. Roberts (Eds.), *The American Psychiatric Publishing textbook of psychiatry* (6th ed.). Washington, DC: American Psychiatric Publishing.

Abel, E. L., & Kruger, M. L. (2010). Smile intensity in photographs predicts longevity. *Psychological Science, 21*(4), 542-544.

Abel, M. H. (2002). Humor, stress, and coping strategies. *Humor: International Journal of Humor Research, 15*, 365-381.

Abi-Dargham, A., & Grace, A. (2011). Dopamine and schizophrenia. In D. R. Weinberger & P. Harrison (Eds.), *Schizophrenia* (3rd ed.). Malden, MA: Wiley-Blackwell.

Abraham, A., Thybusch, K., Pieritz, K., & Hermann, C. (2014). Gender differences in creative thinking: Behavioral and fMRI findings. *Brain Imaging and Behavior, 8*(1), 39-51. doi: org/10.1007 /s11682-013-9241-4

Abramov, I., Gordon, J., Feldman, O., & Chavarga, A. (2012). Sex and vision II: Color appearance of monochromatic lights. *Biology of Sex Differences, 3*(1), 21.

Abramson, L. Y., Seligman, M. E. P., & Teasdale, J. (1978). Learned helplessness in humans: Critique and reformulation. *Journal of Abnormal Psychology, 87*, 32-48.

Accardi, M., Cleere, C., Lynn, S. J., & Kirsch, I. (2013). Placebo versus "standard" hypnosis rationale: Attitudes, expectancies, hypnotic responses, and experiences. *American Journal of Clinical Hypnosis, 56*, 103-114. doi:10.1080/00029157. 2013.769087

Acevedo, B. P., & Aron, A. P. (2014). Romantic love, pair-bonding, and the dopaminergic reward system. In M. Mikulincer & P. R. Shaver (Eds.), *Mechanisms of social connection: From brain to group*. Washington, DC: American Psychological Association.

Achermann, P., & Borbely, A. A. (2011). Sleep homeostasis and models of sleep regulation. In M. H. Kryger, T. Roth, & W. C. Dement (Eds.), *Principles and practice of sleep medicine* (5th ed.). Saint Louis, MO: Elsevier Saunders.

Adam, T. C., & Epel, E. (2007). Stress, eating and the reward system. *Physiology and Behavior, 91*, 449-458.

Adams, R. L., & Culbertson, J. L. (2005). Personality assessment: Adults and children. In B. J. Sadock & V. A. Sadock (Eds.), *Kaplan & Sadock's comprehensive textbook of psychiatry*. Philadelphia, PA: Lippincott Williams & Wilkins.

Ader, R. (2001). Psychoneuroimmunology. *Current Directions in Psychological Science, 10*(3), 94-98.

Ader, R., & Cohen, N. (1993). Psychoneuroimmunology: Conditioning and stress. *Annual Review of Psychology, 44*, 53-85.

Adesope, O. O., Lavin, T., Thompson, T., & Ungerleider, C. (2010). A systematic review and metaanalysis of the cognitive correlates of bilingualism. *Review of Educational Research, 80*(2), 207-245. doi:10.3102/0034654310368803

Adler, A. (1917). *Study of organ inferiority and its psychical compensation*. New York, NY: Nervous and Mental Diseases Publishing Co.

Adler, A. (1927). *Practice and theory of individual psychology*. New York, NY: Harcourt, Brace & World.

Adler, L. L. (Ed.). (1993). *International handbook on gender roles*. Westport, CT: Greenwood.

Adolph, K. E., & Berger, S. E. (2011). Physical and motor development. In M. H. Bornstein & M. E. Lamb (Eds.), *Developmental science: An advanced textbook* (pp. 109-198). New York, NY: Psychology Press.

Adolph, K. E., Cole, W. G., Komati, M., Garciaguirre, J. S., Badaly, D., Lingeman, J. M., ... Sotsky, R. B. (2012). How do you learn to walk? Thousands of steps and dozens of falls per day. *Psychological Science, 23*, 1387-1394. doi:10.1177/0956797612446346

Adolph, K. E., Karasik, L. B., & TamisLemonda, C. S. (2010). Motor skills. In M. H. Bornstein (Ed.), *Handbook of cultural developmental science* (pp. 61-88). New York, NY: Psychology Press.

Agid, O., Siu, C. O., Potkin, S. G., Kapur, S., Watsky, E., Vanderburg, D., ... Remington, G. (2013). Metaregression analysis of placebo response in antipsychotic trials, 1970-2010. *The American Journal of Psychiatry, 170*, 1335-1344.

Ahmed, S. H. (2012). Is sugar as addictive as cocaine. In K. D. Brownell, & M. S. Gold (Eds.), *Food and addiction: A comprehensive handbook*. New York, NY: Oxford University Press.

Ahuvia, A., & Izberk-Bilgin, E. (2013). Well-being in consumer societies. In S. A. David, I. Boniwell, & A. Conley Ayers (Eds.), *The Oxford handbook of happiness*. New York, NY: Oxford University Press.

Ainsworth, M. D. S., Blehar, M. C., Waters, E., & Wall, S. (1978). *Patterns of attachment: A psychological study of the strange situation*. Hillsdale, NJ: Erlbaum.

Ajzen, I. (2012). Attitudes and persuasion. In K. Deaux & M. Snyder (Eds.), *Oxford handbook of personality and social psychology*. New York, NY: Oxford University Press.

Ajzen, I., & Fishbein, M. (2000). Attitudes and the attitude-behavior relation: Reasoned and automatic processes. In W. Stroebe & M. Hewstone (Eds.), *European review of social psychology* (Vol. 11). Chichester, UK: Wiley.

Ajzen, I., & Fishbein, M. (2005). The influence of attitudes on behavior. In D. Albarracin, B. T. Johnson, & M. P. Zanna (Eds.), *The handbook of attitudes*. Mahwah, NJ: Erlbaum.

Akabaliev, V. H., Sivkov, S. T., & Mantarkov, M. Y. (2014). Minor physical anomalies in schizophrenia and bipolar I disorder and the neurodevelopmental continuum of psychosis. *Bipolar Disorders, 16*, 633-641. doi:10.1111/bdi.12211

Akerstedt, T., Hume, K., Minors, D., & Waterhouse, J. (1997). Good sleep: Its timing and physiological sleep characteristics. *Journal of Sleep Research, 6*, 221-229.

Akerstedt, T., & Kecklund, G. (2012). Sleep, work, and occupational stress. In C. M. Morin, & C. A. Espie (Eds.), *Oxford handbook of sleep and sleep disorders*. New York, NY: Oxford University Press.

Akins, C. K., & Panicker, S. (2012). Ethics and regulation of research with nonhuman animals. In H. Cooper, P. M. Camic, D. L. Long, A. T. Panter, D. Rindskopf, & K. J. Sher (Eds.), *APA handbook of research methods in psychology: Vol. 1. Foundations, planning, measures, and psychometrics*. Washington, DC: American Psychological Association.

Albarracin, D., & Vargas, P. (2010). Attitudes and persuasion: From biology to social responses to persuasive intent. In S. T. Fiske, D. T. Gilbert, G. Lindzey, & S. T. Fiske (Eds.), *Handbook of social psychology*, (5th ed., Vol. 1, pp. 353-393). Hoboken, NJ: Wiley.

Albert, D., Chein, J., & Steinberg, L. (2013). The teenage brain: Peer influences on adolescent decision making. *Current Decisions in Psychological Science, 22*, 114-120. doi:10.1177/0963721412471347

Albert, M. A. (2008). Neuropsychology of the development of Alzheimer's disease. In F. I. M. Craik & T. A. Salthouse (Eds.), *Handbook of aging and cognition* (2nd ed., pp. 97-132). New York, NY: Psychology Press.

Albouy, G., King, B. R., Maquet, P., & Doyon, J. (2013). Hippocampus and striatum: Dynamics and interaction during acquisition and sleep-related motor sequence memory consolidation. *Hippocampus, 23*(11), 985-1004. doi:org/10.1002/hipo.22183

Alcock, J. (2005). *Animal behavior*. Sunderland, MA: Sinauer Associates.

Aldington, S., Harwood, M., Cox, B., Weatherall, M., Beckert, L., Hansell, A., . . . Cannabis and Respiratory Disease Research Group. (2008). Cannabis use and risk of lung cancer: A case-control study. *European Respiratory Journal, 31*, 280-286.

Aldwin, C. M., & Gilmer, D. F. (2004). *Health, illness, and optimal aging: Biological and psychosocial perspectives*. Thousand Oaks, CA: Sage.

Aldwin, C. M., Jeong, Y., Igarashi, H., Choun, S., & Spiro III, A. (2014). Do hassles mediate between life events mortality in older men? Longitudinal findings from the VA Normative Aging Study. *Experimental Gerontology, 59*, 74-80.

Ale, C. M., Arnold, E. B., Whiteside, S. P. H., & Storch, E. A. (2014). Family-based behavioral treatment of pediatric compulsive hoarding: A case example. *Clinical Case Studies, 13*(1), 9-21. doi:10.1177/1534650113504487

Allemand, M., Steiger, A. E., & Hill, P. L. (2013). Stability of personality traits in adulthood: Mechanisms and implications. *GeroPsych: The Journal of Gerontology and Geriatric Psychiatry, 26*, 5-13. doi:10.1024/1662-9647/a000080

Allison, D. B., Heshka, S., Neale, M. C., Lykken, D. T., & Heymsfield, S. B. (1994). A genetic analysis of relative weight among 4,020 twin pairs, with an emphasis on sex effects. *Health Psychology, 13*, 362-365.

Alloy, L. B., Abramson, L. Y., Whitehouse, W. G., Hogan, M. E., Tashman, N. A., Steinberg, D. L., ... Donovan, P. (1999). Depressogenic cognitive styles: Predictive validity, information processing and personality characteristics, and developmental origins. *Behavioral Research and Therapy, 37*, 503-531.

Allport, G. W. (1937). *Personality: A psychological interpretation*. New York, NY: Holt.

Allport, G. W. (1961). *Pattern and growth in personality*. New York, NY: Holt.

Altman, I. (1990). Centripetal and centrifugal trends in psychology. In L. Brickman & H. Ellis (Eds.), *Preparing psychologists for the 21st century: Proceedings of the National Conference on Graduate Education in Psychology*. Hillsdale, NJ: Erlbaum.

Amato, P. R., & Dorius, C. (2010). Fathers, children, and divorce. In M. Lamb (Ed.), *The role of the father in child development* (5th ed., pp. 177-200). Hoboken, NJ: Wiley.

Amedi, A., Floel, A., Knecht, S., Zohary, E., & Cohen, L. G. (2004). Transcranial magnetic stimulation of the occipital pole interferes with verbal processing in blind subjects. *Nature Neuroscience, 7*, 1266-1270.

American Psychological Association. (1984). *Behavioral research with animals*. Washington, DC: Author.

American Psychological Association. (2002). Ethical principles of psychologists and code of conduct. *American Psychologist, 57*, 1060-1073.

Amir, N., & Taylor, C. T. (2012). Combining computerized home-based treatments for generalized anxiety disorder: An attention modification program and cognitive behavioral therapy. *Behavior Therapy, 43*, 546-559. doi:10.1016/j.beth.2010.12.008

Amodio, D. M., & Devine, P. G. (2006). Stereotyping and evaluation in implicit race bias: Evidence for independent constructs and unique effects on behavior. *Journal of Personality and Social Psychology, 91*(4), 652-661. doi:10.1037/0022-3514.91.4.652

Anacker, C. (2014). Adult hippocampal neurogenesis in depression: Behavioral implications and regulation by the stress system. In C. M. Pariante & M. D. Lapiz-Bluhm (Eds.), *Behavioral neurobiology of stress-related disorders*. New York, NY: Springer-Verlag Publishing.

Anand, B. K., & Brobeck, J. R. (1951). Hypothalamic control of food intake in rats and cats. *Yale Journal of Biology and Medicine, 24*, 123-140.

Anderluh, M. B., Tchanturia, K., & Rabe-Hesketh, S. (2003). Childhood obsessive-compulsive personality traits in adult women with eating disorders: Defining a broader eating disorder phenotype. *American Journal of Psychiatry, 160*, 242-247.

Anderson, B., Wethington, E., & Kamarck, T. W. (2011). Interview assessment of stressor exposure. In R. J. Contrada & A. Baum (Eds.), *Handbook of stress science: Biology, psychology and health*. New York, NY: Spring Publishing Company.

Anderson, C. A., Shibuya, A., Ihori, N., Swing, E. L., Bushman, B. J., Sakamoto, A., ... Saleem, M. (2010). Violent video game effects on aggression, empathy, and prosocial behavior in Eastern and Western countries: A meta-analytic review. *Psychological Bulletin, 136*, 151-173. doi:10.1037/a0018251

Anderson, E. A., Kohler, J. K., & Letiecq, B. L. (2002). Low-income fathers and "Responsible Fatherhood" programs: A qualitative investigation of participants' experiences. *Family Relations, 51*, 148-155.

Anderson, K. J. (1990). Arousal and the inverted-U hypothesis: A critique of Neiss's "reconceptualizing arousal." *Psychological Bulletin, 107*, 96-100.

Anderson, M. C., & Huddleston, E. (2012). Towards a cognitive and neurobiological model of motivated forgetting. In R. F. Belli (Ed.), *True and false recovered memories: Toward a reconciliation of the debate*. New York, NY: Springer.

Anderson, M. C., & Neely, J. H. (1996). Interference and inhibition in memory retrieval. In E. L. Bjork & R. A. Bjork (Eds.), *Memory*. San Diego, CA: Academic Press.

Andersson, E., Ljótsson, B., Hedman, E., Kaldo, V., Paxling, B., Andersson, G., ... Rück, C. (2011). Internetbased cognitive behavior therapy for obsessive compulsive disorder: A pilot study. *BMC Psychiatry, 11*(125), 1-10. doi:10.1186/1471-244X-11-125

Andreasen, N. C. (1987). The diagnosis of schizophrenia. *Schizophrenia Bulletin, 13*(1), 9-22.

Andreasen, N. C. (1990). Positive and negative symptoms: Historical and conceptual aspects. In N. C. Andreasen (Ed.), *Modern problems of pharmacopsychiatry: Positive and negative symptoms and syndromes*. Basel: Karger.

Andreasen, N. C. (2005). *The creating brain: The neuroscience of genius*. New York, NY: Dana Press.

Andreasen, N. C. (2009). Schizophrenia: A conceptual history. In M. C. Gelder, N. C. Andreasen, J. J. Lopez-Ibor, Jr., & J. R. Geddes (Eds,), *New Oxford textbook of psychiatry* (2nd ed., Vol. 1). New York, NY: Oxford University Press.

Andrews, P. W., Kornstein, S. G., Halberstadt, L. J., Gardner, C. O., & Neale, M. C. (2011). Blue again: perturbational effects of antidepressants suggest monoaminergic homeostasis in major depression. *Frontiers in Psychology, 2*(159), 1-24. doi:10.3389/fpsyg.2011.00159

Angell, M. (2004). *The truth about the drug companies: How they deceive us and what to do about it*. New York, NY: Random House.

Anglin, J. M. (1993). Vocabulary development: A morphological analysis. *Monographs of the Society for Research in Child Development, 58*.

Annese, J., Schenker-Ahmed, N. M., Bartsch, H., Maechler, P., Sheh, C., Thomas, N., ... Corkin, S. (2014). Postmortem examination of patient HM's brain based on histological sectioning and digital 3D reconstruction. *Nature Communications, 5*, 3122. doi:10.1038/ncomms4122

Ansbacher, H. (1970, February). Alfred Adler, individual psychology. *Psychology Today, 66*, 42-44.

Appelbaum, P. S. (2002). Responses to the presidential debate: The systematic defunding of psychiatric care: A crisis at our doorstep. *American Journal of Psychiatry, 159*, 1638-1640.

Appleton, K. M., Gentry, R. C., & Shepherd, R. (2006). Evidence of a role for conditioning in the development of liking for flavours in humans in everyday life. *Physiology & Behavior, 87*, 478-486.

Arango, C., & Carpenter, W. T. (2011). The schizophrenia construct: Symptomatic presentation. In D. R. Weinberger & P. Harrison (Eds.), *Schizophrenia* (3rd ed.). Malden, MA: Wiley-Blackwell.

Arcelus, J., Mitchell, A. J., Wales, J., & Nielsen, S. (2011). Mortality rates in patients with anorexia nervosa and other eating disorders: A meta-analysis of 36 studies. *Archives of General Psychiatry, 68*, 724-731. doi:10.1001/archgenpsychiatry.2011.74

Arcelus, J., Whight, D., Langham, C., Baggott, J., McGrain, L., Meadows, L., & Meyer, C. (2009). A case series evaluation of the modified version of interpersonal psychotherapy (IPT) for the treatment of bulimic eating disorders: A pilot study. *European Eating Disorders Review, 17*(4), 260-268. doi:10.1002/(ISSN)1099-096810.1002/erv.v17:410.1002/erv.932.

Archer, J. (1996). Sex differences in social behavior: Are the social role and evolutionary explanations compatible? *American Psychologist, 51*, 909-917.

Archer, J. (2005). Are women or men the more aggressive sex? In S. Fein, G. R. Goethals, & M. J. Sansdtrom (Eds.), *Gender and aggression: Interdisciplinary perspectives*. Mahwah, NJ: Erlbaum.

Arden, R., Gottfredson, L. S., & Miller, G. (2009). Does a fitness factor contribute to the association between intelligence and health outcomes? Evidence from medical abnormality counts among 3654 U.S. veterans. *Intelligence, 37*(6), 581-591. doi:10.1016/j.intell.2009.03.008

Arendt, J. (2009). Managing jet lag: Some of the problems and possible new solutions. *Sleep Medicine Reviews, 13*(4), 249-256. doi:10.1016/j.smrv.2008.07.011

Arendt, J. (2010). Shift work: Coping with the biological clock. *Occupational Medicine, 60*(1), 10-20. doi:10.1093/occmed/kqp162

Argyle, M. (1999). Causes and correlates of happiness. In D. Kahneman, E. Diener, & N. Schwarz (Eds.), *Wellbeing: The foundations of hedonic psychology*. New York, NY: Russell Sage Foundation.

Argyle, M. (2001). *The psychology of happiness*. New York, NY: Routledge.

Arkes, H. R. (2013). The consequences of the hindsight bias in medical decision making. *Current Directions in Psychological Science, 22*, 356-360. doi:10.1177/0963721413489988

Arkes, H. R., Wortmann, R. L., Saville, P. D., & Harkness, A. R. (1981). Hindsight bias among physicians weighing the likelihood of diagnoses. *Journal of Applied Psychology, 66*, 252-254.

Arkowitz, H., & Lilienfeld, S. O. (2007). The best medicine? How drugs stack up against talk therapy for the treatment of depression. *Scientific American Mind, 18*(5), 80-83.

Armbruster, B. B. (2000). Taking notes from lectures. In R. F. Flippo & D. C. Caverly (Eds.), *Handbook of college reading and study strategy research*. Mahwah, NJ: Erlbaum.

Armony, J. L. (2013). Current emotion research in behavioral neuroscience: The role(s) of the amygdala. *Emotion Review, 5*(1), 104-115. doi:10.1177/1754073912457208

Arnett, J. J. (2000). Emerging adulthood: A theory of development from the late teens through the twenties. *American Psychologist, 55*, 469-480.

Arnett, J. J. (2006). Emerging adulthood: Understanding the new way of coming of age. In J. J. Arnett & J. L. Tanner (Eds.), *Emerging adults in America: Coming of age in the 21st century*. Washington, DC: American Psychological Association.

Arnett, J. J. (2008). The neglected 95%: Why American psychology needs to become less American. *American Psychologist, 63*(7), 602-614. doi:10.1037/0003-066X.63.7.602.

Arnett, J. J. (2011). Emerging adulthood(s): The cultural psychology of a new life stage. In L. A. Jensen (Ed.), *Bridging cultural and development approaches to psychology: New syntheses in theory, research, and policy*. New York, NY: Oxford University Press.

Arnold, E. M., Greco, E., Desmond, K., & Rotheram-Borus, M. J. (2014). When life is a drag: Depressive symptoms associated with early adolescent smoking. *Vulnerable Children and Youth Studies, 9*(1), 1-9. doi:10.1080/17450128.2013.797129.

Aronson, E., & Mills, J. (1959). The effect of severity of initiation on liking for a group. *Journal of Abnormal and Social Psychology, 59*, 177-181.

Arrazola, R. A., Kuiper, N. M., & Dube, S. R. (2014). Patterns of current use of tobacco products among U.S. high school students for 2000-2012: Findings from the National Youth Tobacco Survey. *Journal of Adolescent Health, 54*(1), 54-60. doi:10.1016/j.jadohealth.2013.08.003.

Asbridge, M., Hayden, J. A., & Cartwright, J. L. (2012). Acute cannabis consumption and motor vehicle collision risk: Systematic review of observational studies and metaanalysis. *British Medical Journal, 344*, e536. doi:10.1136/bmj.e536

Asbury, K., & Plomin, R. (2014). *G is for genes: The impact of genetics on education and achievement*. Malden, MA: Wiley-Blackwell.

Asch, S. E. (1951). Effects of group pressure on the modification and distortion of judgments. In H. Guetzkow (Ed.), *Groups, Leadership and men*. Pittsburgh, PA: Carnegie Press.

Asch, S. E. (1955). Opinions and social pressures. *Scientific American, 193*(5), 31-35.

Asch, S. E. (1956). Studies of independence and conformity: A minority of one against a unanimous majority. *Psychological Monographs, 70*(9, Whole No. 416).

Asendorpf, J. B., Penke, L., & Back, M. D. (2011). From dating to mating and relating: Predictors of initial and long-term outcomes of speed-dating in a community sample. *European Journal of Personality, 25*, 16-30. doi:10.1002/per.768

Asmundson, G. G., Taylor, S., & Smits, J. J. (2014). Panic disorder and agoraphobia: An overview and commentary on DSM-5 changes. *Depression and Anxiety, 31*(6), 480-486. doi:10.1002/da.22277

Assefi, S. L., & Garry, M. (2003). Absolut® memory distortions: Alcohol placebos influence the misinformation effect. *Psychological Science, 14*(1), 77-80.

Atkinson, J. W. (1974). The mainsprings of achievement-oriented activity. In J. W. Atkinson & J. O. Raynor (Eds.), *Motivation and achievement*. New York, NY: Wiley.

Atkinson, J. W. (1981). Studying personality in the context of an advanced motivational psychology. *American Psychologist, 36*, 117-128.

Atkinson, J. W. (1992). Motivational determinants of thematic apperception. In C. P. Smith (Ed.), *Motivation and personality: Handbook of thematic content analysis*. New York, NY: Cambridge University Press.

Atkinson, R. C., & Shiffrin, R. M. (1968). Human memory: A proposed system and its control processes. In K. W. Spence & J. T. Spence (Eds.), *The psychology of learning and motivation* (Vol. 2). New York, NY: Academic Press.

Aust, S., Stasch, J., Jentschke, S., Härtwig, E. A., Koelsch, S., Heuser, I., & Bajbouj, M. (2014). Differential effects of early life stress on hippocampus and amygdala volume as a function of emotional abilities. *Hippocampus, 24*, 1094-1101. doi:10.1002/hipo.22293

Axel, R. (1995). The molecular logic of smell. *Scientific American, 273*, 154-159.

Ayanian, J. Z., & Cleary, P. D. (1999). Perceived risks of heart disease and cancer amoung cigarette smokers. *JAMA, 281*, 1019-1021.

Ayotte, B. J., Margrett, J. A., & HicksPatrick, J. (2010). Physical activity in middle-aged and young-old adults: The roles of self-efficacy, barriers, outcome expectancies, self-regulatory behaviors and social support. *Journal of Health Psychology, 15*(2), 173-185. doi:10.1177/1359105309342283

Azevedo, F. C., Carvalho, L. B., Grinberg, L. T., Farfel, J. M., Ferretti, R. L., Leite, R. P., ... HerculanoHouzel, S. (2009). Equal numbers of neuronal and nonneuronal cells make the human brain an isometrically scaled-up primate brain. *The Journal of Comparative Neurology, 513*, 532-541. doi:10.1002/cne.21974

Baars, B. J. (1986). *The cognitive revolution in psychology*. New York, NY: Guilford Press.

Babiak, P., & Hare, R. D. (2006). *Snakes in suits: When psychopaths go to work*. New York, NY: Regan Books/Harper Collins Publishers.

Back, M. D., Schmukle, S. C., & Egloff, B. (2010). Why are narcissists so charming at first sight? Decoding the narcissism-popularity link at zero acquaintance. *Journal of Personality and Social Psychology, 98*(1), 132-145. doi:10.1037/a0016338

Backhaus, A., Agha, Z., Maglione, M. L., Repp, A., Ross, B., Zuest, D., . . . Thorp, S. R. (2012). Videoconferencing psychotherapy: A systematic review. *Psychological Services, 9*(2), 111-131. doi:10.1037/a0027924

Baddeley, A. D. (1986). *Working memory*. New York, NY: Oxford University Press.

Baddeley, A. D. (1992). Working memory. *Science, 255*, 556-559.

Baddeley, A. D. (2001). Is working memory still working? *American Psychologist, 56*, 851-864.

Baddeley, A. D. (2003). Working memory: Looking back and looking forward. *Nature Reviews Neuroscience, 4*, 829-839.

Baddeley, A. D. (2012). Working memory: Theories, models, and controversies. *Annual Review of Psychology, 631*-29. doi:10.1146/annurev-psych-120710-100422

Baddeley, A. D., & Hitch, G. (1974). Working memory. In G. H. Bower (Ed.), *The psychology of learning and motivation* (Vol. 8). New York, NY: Academic Press.

Baddeley, J. L., Pennebaker, J. W., & Beevers, C. G. (2013). Everyday social behavior during a major depressive episode. *Social Psychology and Personality Science, 4*(4), 445-452. doi:10.1177/1948550612461654.

Baer, J. (2013). Teaching for creativity: Domains and divergent thinking, intrinsic motivation, and evaluation. In M. Banks Gregerson, H. T. Snyder, & J. C. Kaufman (Eds.), *Teaching creatively and teaching creativity*. New York, NY: Springer Science + Business Media. doi:10.1007/978-1-4614-5185-3_13

Bahrick, H. P. (2000). Long-term maintenance of knowledge. In E. Tulving & F. I. M. Craik (Eds.), *The Oxford handbook of memory* (pp. 347-362). New York, NY: Oxford University Press.

Bailey, C. H., & Kandel, E. R. (2009). Synaptic and cellular basis of learning. In G. G. Berntson & J. T. Cacioppo (Eds.), *Handbook of neuroscience for the behavioral sciences* (Vol. 1, pp. 528-551). Hoboken, NJ: Wiley.

Bailey, J. M. (2003). Biological perspectives on sexual orientation. In L. D. Garnets & D. C. Kimmel (Eds.), *Psychological perspectives on lesbian, gay, and bisexual experiences*. New York, NY: Columbia University Press.

Bailey, J. M., & Pillard, R. C. (1991). A genetic study of male sexual orientation. *Archives of General Psychology, 48*, 1089-1096.

Bailey, J. M., Pillard, R. C., Neale, M. C. I., & Agyei, Y. (1993). Heritable factors influence sexual orientation in women. *Archives of General Psychiatry, 50*, 217-223.

Baillargeon, J., Binswanger, I. A., Penn, J. V., Williams, B. A., & Murray, O. J. (2009). Psychiatric disorders and repeat incarcerations: The revolving prison door. *The American Journal of Psychiatry, 166*(1), 103-109. doi:10.1176/appi.ajp.2008.08030416

Baillargeon, R. (2002). The acquisition of physical knowledge in infancy: A summary in eight lessons. In U. Goswami (Ed.), *Blackwell handbook of childhood cognitive development*. Malden, MA: Blackwell.

Baillargeon, R. (2004). Infants' physical world. *Current Directions in Psychological Science, 13*(3), 89-94.

Baillargeon, R. (2008). Innate ideas revisited: For a principle of persistence in infants' physical reasoning. *Perspectives on Psychological Science, 3*(1), 2-13.

Baird, A. D., Scheffer, I. E., & Wilson, S. J. (2011). Mirror neuron system involvement in empathy: A critical look at the evidence. *Social Neuroscience, 6*, 327-335. doi:10.1080/17470919.2010.547085

Baird, B., Smallwood, J., Mrazek, M. D., Kam, J. Y., Franklin, M. S., & Schooler, J. W. (2012). Inspired by distraction: Mind wandering facilitates creative incubation. *Psychological Science, 23*, 1117-1122. doi:10.1177/0956797612446024

Baker, C. I. (2013). Visual processing in the primate brain. In R. J. Nelson, S. J. Y. Mizumori, & I. B. Weiner (Eds.), *Handbook of psychology: Vol. 3. Behavioral neuroscience* (2nd ed.). New York, NY: Wiley.

Baker, G. J., Suchday, S., & Krantz, D. S. (2007). Heart disease/attack. In G. Fink (Ed.), *Encyclopedia of stress*. San Diego, CA: Elsevier.

Balas, R., & Sweklej, J. (2012). Evaluative conditioning may occur with and without contingency awareness. *Psychological Research, 76*, 304-310. doi:10.1007/s00426-011-0336-5

Balas, R., & Sweklej, J. (2013). Changing prejudice with evaluative conditioning. *Polish Psychological Bulletin, 44*, 379-383. doi:10.2478/ppb-2013-0041

Balcetis, E., & Dunning, D. (2006). See what you want to see: The impact of motivational states on visual perception. *Journal of Personality and Social Psychology, 91*, 612-625.

Baldwin, E. (1993). The case for animal research in psychology. *Journal of Social Issues, 49*(1), 121-131.

Baldwin, S. A., & Imel, Z. E. (2013). Therapist effects: Findings and methods. In M. J. Lambert (Ed.). *Bergin and Garfield's handbook of psychotherapy and behavior change* (6th ed.). New York, NY: Wiley.

Baldwin, W. (2000). Information no one else knows: The value of self-report. In A. A. Stone, J. S. Turkkan, C. A. Bachrach, J. B. Jobe, H. S. Kurtzman, & V. Cain (Eds.), *The science of self-report: Implications for research and practice*. Mahwah, NJ: Erlbaum.

Bale, T. L., Baram, T. Z., Brown, A. S., Goldstein, J. M., Insel, T. R., McCarthy, ... Nestler, E. J. (2010). Early life programming and neurodevelopmental disorders. *Biological Psychiatry, 68*(4), 314-319. doi:10.1016/j.biopsych.2010.05.028

Ball, J. S., & Links, P. S. (2009). Borderline personality disorder and childhood trauma: evidence for a causal relationship. *Current Psychiatry Reports, 11*(1), 63-68. doi:10.1007/s11920-009-0010-4

Balter, M. (2010). Did working memory spark creative culture? *Science, 328*(5975), 160-163. doi:10.1126/science.328.5975.160

Bamidis, P., Vivas, A., Styliadis, C., Frantzidis, C., Klados, M.,

Schlee, W., . . . Papageorgiou, S. (2014). A review of physical and cognitive interventions in aging. *Neuroscience and Biobehavioral Reviews*, 44, 206-220. doi:10.1016/j.neubiorev.2014.03.019

Banaji, M. R., & Heiphetz, L. (2010). Attitudes. In S. T. Fiske, D. T. Gilbert, & G. Lindzey (Eds.), *Handbook of social psychology* (Vol. 1, 5th ed., pp. 353-393). Hoboken, NJ: Wiley.

Bandura, A. (1977). *Social learning theory*. Englewood Cliffs, NJ: PrenticeHall.

Bandura, A. (1986). *Social foundations of thought and action: A socialcognitive theory*. Englewood Cliffs, NJ: Prentice-Hall.

Bandura, A. (1990). Perceived selfefficacy in the exercise of personal agency. *Journal of Applied Sport Psychology*, 2(2), 128-163.

Bandura, A. (1993). Perceived selfefficacy in cognitive development and functioning. *Educational Psychologist*, 28(2), 117-148.

Bandura, A. (1995). Exercise of personal and collective efficacy in changing societies. In A. Bandura (Ed.), *Self-efficacy in changing societies*. New York, NY: Cambridge University Press.

Bandura, A. (1999). Social cognitive theory of personality. In L. A. Pervin & O. P. John (Eds.), *Handbook of personality: Theory and research*. New York, NY: Guilford Press.

Bandura, A. (2006). Toward a psychology of human agency. *Perspectives on Psychological Science*, 1, 164-180.

Bandura, A. (2012). Social cognitive theory. In P. A. Van Lange, A. W. Kruglanski, & E. T. Higgins (Eds.), *Handbook of theories of social psychology* (Vol. 1). Los Angeles, CA: Sage.

Bandura, A., Ross, D., & Ross, S. A. (1963). Imitation of film-mediated aggressive models. *Journal of Abnormal and Social Psychology*, 66, 3-11.

Banks, S., & Dinges, D. F. (2011). Chronic sleep deprivation. In M. H. Kryger, T. Roth, & W. C. Dement (Eds.), *Principles and practice of sleep medicine* (5th ed.). Saint Louis, MO: Elsevier Saunders.

Banuazizi, A., & Movahedi, S. (1975). Interpersonal dynamics in a simulated prison: A methodological analysis. *American Psychologist*, 30, 152-160.

Banyard, V. L., & Williams, L. M. (1999). Memories for child sexual abuse and mental health functioning: Findings on a sample of women and implications for future research. In L. M. Williams & V. L. Banyard (Eds.), *Trauma & memory*. Thousand Oaks, CA: Sage.

Bar, M., & Bubic, A. (2013). Topdown effects in visual perception. In K. N. Ochsner, & S. Kosslyn (Eds.), *The oxford handbook of cognitive neuroscience: Vol.1. Core topics*. doi:10.1093/oxfordhb/978019998869 3.013.0004

Barber, J. P., Muran, C., McCarthy, K. S., & Keefe, J. R. (2013). Research on dynamic therapies. In M. J. Lambert (Ed.), *Bergin and Garfield's handbook of psychotherapy and behavior change* (6th ed.). New York, NY: Wiley.

Barber, L., Munz, D., Bagsby, P., & Powell, E. (2010). Sleep consistency and sufficiency: Are both necessary for less psychological strain? *Stress & Health: Journal of the International Society for the Investigation of Stress*, 26(3), 186-193.

Bard, P. (1934). On emotional experience after decortication with some remarks on theoretical views. *Psychological Review*, 41, 309-329.

Bargh, J. A., Gollwitzer, P. M., & Oettingen, G. (2010). Motivation. In S. T. Fiske, D. T. Gilbert, & G. Lindzey (Eds.), *Handbook of social psychology* (5th ed., Vol. 1, pp. 268-316). New York, NY: Wiley.

Bargh, J. A., McKenna, K. Y. A., & Fitzsimons, G. M. (2002). Can you see the real me? Activation and expression of the "true self" on the Internet. *Journal of Social Issues*, 58, 33-48.

Barker, D. J. P. (2013). The developmental origins of chronic disease. In N. S. Landale, S. M. McHale, & A. Booth (Eds.), *Families and child health: National Symposium on family issues* (Vol. 3). New York, NY: Spring Science + Business Media. doi:10.1007/978-1-4614-6194-4_1

Barlett, D. L., & Steele, J. B. (1979). *Empire: The life, legend and madness of Howard Hughes*. New York, NY: Norton.

Barlow, D. H., Bullis, J. R., Comer, J. S., & Ametaj, A. A. (2013). Evidence-based psychological treatments: an update and a way forward. *Annual Review of Clinical Psychology*, 9, 1-27. doi: 10.1146/annurev-clinpsy-050212-185629

Barnier, A. J., Cox, R. E., & McConkey, K. M. (2014). The province of "highs": The high hypnotizable person in the science of hypnosis and in psychological science. *Psychology of Consciousness: Theory, Research, and Practice*, 1, 168-183. doi:10.1037/cns0000018

Baron, K. G., Reid, K. J., Kern, A. S., & Zee, P. C. (2011). Role of sleep timing in caloric intake and BMI. *Obesity*, 19, 1374-1381. doi:10.1038/oby.2011.100

Barrett, L. F. (2011). Was Darwin wrong about emotional expressions? *Current Directions in Psychological Science*, 20, 400-406. doi:10.1177/0963721411429125

Barrios-Miller, N. L., & Siefferman, L. (2013). Evidence that fathers, but not mothers, respond to mate and offspring coloration by favouring highquality offspring. *Animal Behaviour*, 85(6), 1377-1383. doi:10.1016/j.anbehav.2013.03.029

Bartoshuk, L. M. (1993). Genetic and pathological taste variation: What can we learn from animal models and human disease? In D. Chadwick, J. Marsh, & J. Goode (Eds.), *The molecular basis of smell and taste transduction*. New York, NY: Wiley.

Bartoshuk, L. M., Duffy, V. B., & Miller, I. J. (1994). PTC/PROP taste: Anatomy, psychophysics, and sex effects. *Physiology & Behavior*, 56, 1165-1171.

Basbaum, A. I., & Jessell, T. M. (2013). Pain. In E. R. Kandel, J. H. Schwartz, T. M. Jessell, S. A. Siegelbaum, & A. J. Hudspeth (Eds.), *Principles of neural science* (5th ed.). New York, NY: McGraw-Hill.

Basow, S. A. (1992). *Gender: Stereotypes and roles*. Pacific Grove, CA: Brooks/Cole.

Bassok, M., & Novick, L. R. (2012). Problem solving. In K. J. Holyoak, & G. Morrison (Eds.), *Oxford handbook of thinking and reasoning*. New York, NY: Oxford University Press.

Bassuk, E. L., Buckner, J. C., Perloff, J. N., & Bassuk, S. S. (1998). Prevalence of mental health and substance use disorders among homeless and lowincome housed mothers. *American Journal of Psychiatry*, 155, 1561-1564.

Bates, E. (1999). Plasticity, localization, and language development. In H. Broman & J. M. Fletcher (Eds.), *The changing nervous system: Neurobehavioral consequences of early brain disorders* (pp. 214-247). New York, NY: Oxford University Press.

Bateson, P. (2011). Ethical debates about animal suffering and the use of animals in research. *Journal of Consciousness Studies*, 18(9-10), 186-208.

Batterham, P. J., Christensen, H., & Mackinnon, A. J. (2009). Fluid intelligence is independently associated with all-cause mortality over 17 years in an elderly community sample: An investigation of potential mechanisms. *Intelligence*, 37(6), 551-560. doi:10.1016/j.intell.2008.10.004

Baumeister, R. F. (1989). The optimal margin of illusion. *Journal of Social and Clinical Psychology*, 8, 176-189.

Baumeister, R. F. (2000). Gender differences in erotic plasticity: The female sex drive as socially flexible and responsive. *Psychological Bulletin*, 126, 347-374.

Baumeister, R. F. (2004). Gender and erotic plasticity: Sociocultural influences on the sex drive. *Sexual and Relationship Therapy*, 19, 133-139.

Baumeister, R. F., Catanese, K. R., & Vohs, K. D. (2001). Is there a gender difference in strength of sex drive? Theoretical views, conceptual distinctions, and a review of relevent evidence. *Personality and Social Psychology Review*, 5(3), 242-273. doi:10.1207/S15327957PSPR0503_5

Baumeister, R. F., & Twenge, J. M. (2002). Cultural suppression of female sexuality. *Review of General Psychology*, 6, 166-203.

Baumeister, R. F., & Vohs, K. D. (2001). Narcissism as addiction to esteem. *Psychological Inquiry*, 12(4), 206-210.

Baumrind, D. (1964). Some thoughts on the ethics of reading Milgram's "Behavioral study of obedience." *American Psychologist*, 19, 421-423.

Baumrind, D. (1985). Research using intentional deception: Ethical issues revisited. *American Psychologist*, 40, 165-174.

Bebbington, P. (2013). The classification and epidemiology of unipolar depression. In M. Power (Ed.), *The Wiley-Blackwell handbook of mood disorders* (2nd ed.). Malden, MA: Wiley-Blackwell.

Bebbington, P. E., & Kuipers, E. (2011). Schizophrenia and psychosocial stress. In D. R. Weinberger & P. Harrison (Eds.), *Schizophrenia* (3rd ed.). Malden, MA: Wiley-Blackwell.

Beck, A. T. (1976). *Cognitive therapy and the emotional disorders*. New York, NY: International Universities Press.

Beck, A. T., & Weishaar, M. E. (2011). Cognitive therapy. In R. J. Corsini & D. Wedding (Eds.), *Current psychotherapies* (9th ed.). Belmont, CA: Brooks/Cole.

Becker, A. E., & Fay, K. (2006). Sociocultural issues and eating disorders. In S. Wonderlich, J. Mitchell, M. de Zwaan, & H. Steiger (Eds.), *Annual review of eating disorders*. Oxon, UK: Radcliffe.

Becker, A. L. (2009, November 29). Science of memory: Researchers to study pieces of unique brain. *The Hartford Courant*. Retrieved from www.courant.com

Beer, J. S., Shimamura, A. P., & Knight, R. T. (2004). Frontal lobe contributions to executive control of cognitive and social behavior. In M. S. Gazzaniga (Ed.), *The cognitive neurosciences*. Cambridge, MA: MIT Press.

Behrens, R. R. (2010). Ames demonstration in perception. In E. B. Goldstein (Ed.), *Encyclopedia of perception*. Thousand Oaks, CA: Sage.

Beidel, D. C., & Stipelman, B. (2007). Anxiety disorders. In M. Hersen, S. M. Turner, & D. C. Beidel (Eds.), *Adult psychopathology and diagnosis*. New York, NY: Wiley.

Beilin, H. (1992). Piaget's enduring contribution to developmental psychology. *Developmental Psychology, 28,* 191-204.

Bekelman, J. E., Li, Y., & Gross, C. P. (2003). Scope and impact of financial conflicts of interest in biomedical research. *JAMA, 289,* 454-465.

Bekkouche, N. S., Holmes, S., Whittaker, K. S., & Krantz, D. S. (2011). Stress and the heart: Psychosocial stress and coronary heart disease. In R. J. Contrada & A. Baum (Eds.), *The handbook of stress science: Biology, psychology, and health* (pp. 111-121). New York, NY: Springer Publishing.

Bell, A. P., Weinberg, M. S., & Hammersmith, S. K. (1981). *Sexual preference: Its development in men and women.* Bloomington: IN: University Press.

Bellis, M. A., Downing, J., & Ashton, J. R. (2006). Adults at 12? Trends in puberty and their public health consequences. *Journal of Epidemiology and Community Health, 60,* 910-911.

Bem, S. L. (1985). Androgyny and gender schema theory: A conceptual and empirical integration. In T. B. Sonderegger (Ed.), *Nebraska symposium on motivation, 1984: Psychology and gender* (Vol. 32). Lincoln, NE: University of Nebraska Press.

Benarroch, E. E. (2013). Adult neurogenesis in the dentate gyrus: General concepts and potential implications. *Neurology, 81,* 1443-1452. doi:10.1212/WNL.0b013e3182a 9a156

Bendall, S., Jackson, H. J., Hulbert, C. A., & McGorry, P. D. (2008). Childhood trauma and psychotic disorders: A systematic, critical review of the evidence. *Schizophrenia Bulletin, 34,* 568-579. doi:10.1093/schbul/sbm121

Bender, D. S., Skodol, A. E., Dyck, I. Markowitz, J. C., Shea, M. T., Yen, ., ... Grilo, C. M. (2007). Ethnicity and mental health treatment utilization by patients with personality disorders. *Journal of Consulting and Clinical Psychology, 75,* 992-999.

Benedetti, F. (2009). *Placebo effects: Understanding the mechanisms in health and disease.* New York, NY: Oxford University Press.

Benedetti, F. (2013). Placebo and the new physiology of the doctor-patient relationship. *Physiological Reviews, 93*(3), 1207-1246. doi:10.1152/physrev.00043.2012.

Benjamin, L. T., Jr. (2000). The psychology laboratory at the turn of the 20th century. *American Psychologist, 55,* 318-321.

Benjamin, L. T., Jr. (2014). *A brief history of modern psychology* (2nd ed.). New York, NY: Wiley.

Benjamin, L. T., Jr., & Baker, D. B. (2004). *From seance to science: A history of the profession of psychology in America.* Belmont, CA: Wadsworth.

Benjamin, L. T., Jr., & Simpson, J. A. (2009). The power of the situation: The impact of Milgram's obedience studies on personality and social psychology. *American Psychologist, 64,* 12-19. doi:10.1037/a0014077

Benka, J., Nagyova, I., Rosenberger, J., Macejova, Z., Lazurova, I., Van der Klink, J., ... Van Dijk, J. (2014). Is coping self-efficacy related to psychological distress in early and established rheumatoid arthritis patients? *Journal of Developmental and Physical Disabilities, 26*(3), 285-297. doi:10.1007/s10882-013-9364-y

Bennett, A. J. (2012). Animal research: The bigger picture and why we need psychologists to speak out. *Psychological Science Agenda, 26*(4). doi:10.1037/e553492012-010

Ben-Porath, Y. S. (2013). Self-report inventories: Assessing personality and psychopathology. In J. R. Graham, J. A. Naglieri, & I. B. Weiner (Eds.), *Handbook of psychology: Vol. 10. Assessment psychology* (2nd ed.). Hoboken, NJ: Wiley.

Benson, H. (1975). *The relaxation response.* New York, NY: Morrow.

Benson, H., & Klipper, M. Z. (1988). *The relaxation response.* New York, NY: Avon.

Bentall, R. P. (2009). *Doctoring the mind: Is our current treatment of mental illness really any good?* New York, NY: New York University Press.

Benton, D. (2004). Role of parents in the determination of the food preferences of children and the development of obesity. *International Journal of Obesity, 28,* 858-869.

Berenbaum, S. A., Martin, C. L., & Ruble, D. N. (2008). Gender development. In W. Damon & R. M. Lerner (Eds.), *Child and adolescent development: An advanced course* (pp. 647-681). New York, NY: Wiley.

Berenbaum, S. A., & Snyder, E. (1995). Early hormonal influences on childhood sex-typed activity and playmate preferences: Implications for the development of sexual orientation. *Developmental Psychology, 31,* 31-42.

Berent, I., Pan, H., Zhao, X., Epstein, J., Bennett, M. L., Deshpande, V., ... Stern, E. (2014). Language universals engage Broca's area. *PloS One, 9*(4), e95155. doi:10.1371/journal. pone.009515

Berg, V., Lummaa, V., Lahdenperä, M., Rotkirch, A., & Jokela, M. (2014). Personality and long-term reproductive success measured by the number of grandchildren. *Evolution and Human Behavior, 35,* 533-539. doi:10.1016/j.evolhumbehav.2014.07.006

Berger, L. K., Zane, N., & Hwang, W. (2014). Therapist ethnicity and treatment orientation differences in multicultural counseling competencies. *Asian American Journal of Psychology, 5*(1), 53-65. doi:10.1037/a0036178

Berger, Z. (2013). *Talking to your doctor: A patient's guide to communication in the exam room and beyond.* Lanham, MD: Rowman & Littlefield Publishers.

Berghmans, R. L. P. (2007). Misleading research participants: Moral aspects of deception in psychological research. *Netherlands Journal of Psychology, 63*(1), 14-20.

Berkowitz, L. (1989). Frustration aggression hypothesis: Examination and reformulation. *Psychological Bulletin, 106,* 59-73.

Berlin, B., & Kay, P. (1969). *Basic color terms: Their universality and evolution.* Berkeley, CA: University of California Press.

Berlin, L. J. (2012). Leveraging attachment research to re-vision infant/toddler care for poor families. In S. L. Odom, P. E. Pungello, & N. Gardner-Neblett (Eds.), *Infants, toddlers, and families in poverty: Research implications for early child care.* New York, NY: Guilford Press.

Berman, A. L. (2009). Depression and suicide. In I. H. Gotlib & C. L. Hammen (Eds.), *Handbook of depression* (2nd ed.). New York, NY: Guilford Press.

Bernstein, D. M., Erdfelder, E., Meltzoff, A. N., Peria, W., & Loftus, G. R. (2011). Hindsight bias from 3 to 95 years of age. *Journal of Experimental Psychology: Learning, Memory, and Cognition, 37,* 378-391. doi:10.1037/a0021971

Bernstein, D. M., & Loftus, E. F. (2009). The consequences of false memories for food preferences and choices. *Perspectives on Psychological Science, 4*(2), 135-139. doi:10.1111/j.1745-6924.2009.01113.x-7

Bernstein, H. (2007). Maternal and perinatal infection-viral. In S. G. Gabbe, J. R. Niebyl, & J. L. Simpson (Eds.), *Obstetrics: Normal and problem pregnancies* (5th ed., pp. 1203- 1232). Philadelphia, PA: Elsevier.

Berntsen, D., Johannessen, K. B., Thomsen, Y. D., Bertelsen, M., Hoyle, R. H., & Rubin, D. C. (2012). Peace and war: Trajectories of posttraumatic stress disorder symptoms before, during, and after military deployment in Afghanistan. *Psychological Science, 23,* 1557-1565. doi:10.1177/0956797612457389

Berrettini, W. (2006). Genetics of bipolar and unipolar disorders. In D. J. Stein, D. J. Kupfer, & A. F. Schatzberg (Eds.), *Textbook of mood disorders.* Washington, DC: American Psychiatric Publishing.

Berridge, K. C. (2004). Motivation concepts in behavioral neuroscience. *Physiology and Behavior, 81*(2), 179-209.

Berry, C. M., & Sackett, P. R. (2009). Individual differences in course choice result in underestimation of the validity of college admissions systems. *Psychological Science, 20*(7), 822-830. doi:10.1111/j.1467-9280.2009.02368.x.

Berry, J. W., Poortinga, Y., Segall, M., & Dasen, P. (1992). *Crosscultural psychology.* New York, NY: Cambridge University Press.

Berscheid, E. (1988). Some comments on love's anatomy: Or, whatever happened to old-fashioned lust. In R. J. Sternberg & M. L. Barnes (Eds.), *The psychology of love.* New Haven: Yale University Press.

Berthoud, H. (2012). Central regulation of hunger, satiety, and body weight. In K. D. Brownell, & M. S. Gold (Eds.), *Food and addiction: A comprehensive handbook.* New York, NY: Oxford University Press.

Bertrand, R. M., Graham, E. K., & Lachman, M. E. (2013). Personality development in adulthood and old age. In R. M. Lerner, M. A. Easterbrooks, J. Mistry, & I. B. Weiner (Eds.), *Handbook of psychology: Vol. 6. Developmental psychology.* New York, NY: Wiley.

Betensky, J. D., Contrada, R. J., & Glass, D. C. (2012). Psychosocial factors in cardiovascular disease: Emotional states, conditions, and attributes. In A. Baum, T. A. Revenson, & J. Singer (Eds.), *Handbook of health psychology* (2nd ed.). New York, NY: Psychology Press.

Bettelheim, B. (1967). *The empty fortress.* New York, NY: Free Press.

Beutler, L. E. (2002). The dodo bird is extinct. *Clinical Psychology: Science & Practice, 9*(1), 30-34.

Beutler, L. E., Bongar, B., & Shurkin, J. N. (2001). *A consumer's guide to psychotherapy.* New York, NY: Oxford University Press.

Beutler, L. E., Malik, M., Alimohamed, S., Harwood, T. M., Talebi, H., Noble, S., & Wong, E. (2004). Therapist variables. In M. J. Lambert (Ed.), *Bergin and Garfield's handbook of psychotherapy and behavior change.* New York, NY: Wiley.

Bhanpuri, N. H., Okamura, A. M., & Bastian, A. J. (2013). Predictive modeling by the cerebellum improves proprioception. *The Journal of Neuroscience, 33,* 14301-14306. doi:10.1523/JNEUROSCI.0784-13.2013

Bhargava, S., Kassam, K. S., & Loewenstein, G. (2014). A reassessment of the defense of parenthood. *Psychological Science, 25,* 299-302. doi:10.1177/0956797613503348

Bhasin, T., & Schendel, D. (2007). Sociodemographic risk factors for autism in a U.S. metropolitan area. *Journal of Autism and Developmental Disorders, 37,* 667-677.

Bialystok, E., Craik, F. M., Binns, M. A., Ossher, L., &

Freedman, M. (2014). Effects of bilingualism on the age of onset and progression of MCI and AD: Evidence from executive function tests. *Neuropsychology, 28*, 290-304. doi:10.1037/neu0000023

Bianchi, M. T., Williams, K. L., McKinney, S., & Ellenbogen, J. M. (2013). The subjective-objective mismatch in sleep perception among those with insomnia and sleep apnea. *Journal of Sleep Research, 22*, 557-568. doi:10.1111/jsr.12046

Bianchi, S. M., Sayer, L. C., Milkie, M. A., & Robinson, J. P. (2012). Housework: Who did, does or will do it, and how much does it matter? *Social Forces, 91*, 55-63. doi:10.1093/sf/sos120

Biblarz, T. J., & Stacey, J. (2010). How does the gender of parents matter? *Journal of Marriage and Family, 72*(1), 3-22. doi:10.1111/j.1741-3737.2009.00678.x

Biermann, T., Estel, D., Sperling, W., Bleich, S., Kornhuber, J., & Reulbach, U. (2005). Influence of lunar phases on suicide: The end of a myth? A population-based study. *Chronobiology International, 22*, 1137-1143.

Biernat, M., & Danaher, K. (2013). Prejudice. In H. Tennen, J. Suls, & I. B. Weiner (Eds.), *Handbook of psychology: Vol. 5. Personality and social psychology* (2nd ed.). New York, NY: Wiley.

Bifulco, A. (2013). Psychosocial models and issues in major depression. In M. Power (Ed.), *The Wiley-Blackwell handbook of mood disorders* (2nd ed.). Malden, MA: Wiley-Blackwell.

Bigelow, B. J. (2006). There's an elephant in the room: The impact of early poverty and neglect on intelligence and common learning disorders in children, adolescents, and their parents. *Developmental Disabilities Bulletin, 34*(1-2), 177-215.

Bilali_, M., McLeod, P., & Gobet, F. (2010). The mechanism of the Einstellung (set) effect: A pervasive source of cognitive bias. *Current Directions in Psychological Science, 19*(2), 111-115. doi:10.1177/0963721410363571

Birkeland, S. A., Manson, T. M., Kisamore, J. L., Brannick, M. T., & Smith, M. A. (2006). A meta-analytic investigation of job applicant faking on personality measures. *International Journal of Selection and Assessment, 14*, 317-335.

Birney, D. P., Citron-Pousty, J. H., Lutz, D. J., & Sternberg, R. J. (2005). The development of cognitive and intellectual abilities. In M. H. Bornstein & M. E. Lamb (Eds.), *Developmental science: An advanced textbook*. Mahwah, NJ: Erlbaum.

Birney, D. P., & Sternberg, R. J. (2011). The development of cognitive abilities. In M. H. Bornstein & M. E. Lamb (Eds.), *Developmental science: An advanced textbook* (pp. 353-388). New York, NY: Psychology Press.

Bjork, R. A. (1992). Interference and forgetting. In L. R. Squire (Ed.), *Encyclopedia of learning and memory*. New York, NY: Macmillan.

Bjork, R. A., Dunlosky, J., & Kornell, N. (2013). Self-regulated learning: Beliefs, techniques, and illusions. *Annual Review of Psychology, 64*, 417-444.

Bjorklund, D. F. (2012). *Children's thinking: Cognitive development and individual differences* (5th ed.). Belmont, CA: Wadsworth.

Blair, I. V., Dasgupta, N., & Glaser, J. (2015). Implicit attitudes. In M. Mikulincer, P. R. Shaver, E. Borgida, & J. A. Bargh (Eds.), *APA handbook of personality and social psychology: Vol. 1. Attitudes and social cognition*. Washington, DC: American Psychological Association.

Blair, S. N., Kohl, H. W., Paffenbarger, R. S., Clark, D. G., Cooper, K. H., & Gibbons, L. W. (1989). Physical fitness and all-cause mortality: A prospective study of healthy men and women. *JAMA, 262*, 2395-2401.

Blankenhorn, D. (1995). *Fatherless America: Confronting our most urgent social problem*. New York, NY: Basic Books.

Blashfield, R. K., Keeley, J. W., Flanagan, E. H., & Miles, S. R. (2014). The cycle of classification: DSM-I through DSM-5. *Annual Review of Clinical Psychology, 10*, 25-51. doi:10.1146/annurev-clinpsy-032813-153639

Blass, E. M. (2012). Phylogenic and ontogenetic contributions to today's obesity quagmire. In K. D. Brownell, & M. S. Gold (Eds.), *Food and addiction: A comprehensive handbook*. New York, NY: Oxford University Press.

Blass, T. (1999). The Milgram Paradigm after 35 years: Some things we now know about obedience to authority. *Journal of Applied Social Psychology, 29*, 955-978.

Blass, T. (2009). From New Haven to Santa Clara: A historical perspective on the Milgram obedience experiments. *American Psychologist, 64*(1), 37-45. doi:10.1037/a0014434

Bleak, J., & Frederick, C. M. (1998). Superstitious behavior in sport: Levels of effectiveness and determinants of use in three collegiate sports. *Journal of Sport Behavior, 21*, 1-15.

Bleuler, E. (1911). *Dementia praecox or the group F schizophrenias*. New York, NY: International Universities Press.

Bliwise, D. L. (2011). Normal aging. In M. H. Kryger, T. Roth, & W. C. Dement (Eds.), *Principles and practice of sleep medicine* (5th ed.). Saint Louis, MO: Elsevier Saunders.

Block, J. R., & Yuker, H. E. (1992). *Can you believe your eyes?: Over 250 illusions and other visual oddities*. New York, NY: Brunner/Mazel.

Block, N. (2002). How heritability misleads us about race. In J. Fish (Ed.), *Race and intelligence: Separating science from myth*. Mahwah, NJ: Erlbaum.

Boase, J., & Wellman, B. (2006). Personal relationships: On and off the Internet. In A. L. Vangelisti & D. Perlman (Eds.), *The Cambridge handbook of personal relationships*. New York, NY: Cambridge University Press.

Bochner, S., & Jones, J. (2003). *Child language development: Learning to talk*. London, UK: Whurr Publishers.

Bodenhausen, G. V., & Morales, J. R. (2013). Social cognition and perception. In H. Tennen, J. Suls, & I. B. Weiner (Eds.), *Handbook of psychology: Vol. 5. Personality and social psychology* (2nd ed.). New York, NY: Wiley.

Boecker, H., Sprenger, T., Spilker, M. E., Henriksen, G., Koppenhoefer, M., &Wagner, K. J., ... Tolle, T. R. (2008). The runner's high: Opioidergic mechanisms in the human brain. *Cerebral Cortex, 18*(11), 2523-2531. doi:10.1093/cercor/bhn013

Bohacek, J., Gapp, K., Saab, B. J., & Mansuy, I. M. (2013). Transgenerational epigenetic effects on brain functions. *Biological Psychiatry, 73*, 313-320. doi:10.1016/j.biopsych.2012.08.019

Bohannon, J. N., III., & Bonvillian, J. D. (2009). Theoretical approaches to language acquisition. In J. B. Gleason & N. B. Ratner (Eds.), *The development of language*. Boston, MA: Pearson.

Bohner, G., & Schwarz, N. (2001). Attitudes, persuasion, and behavior. In A. Tesser & N. Schwarz (Eds.), *Blackwell handbook of social psychology: Intraindividual processes*. Malden, MA: Blackwell.

Boland, R. J., & Keller, M. B. (2008). Antidepressants. In A. Tasman, J. Kay, J. A. Lieberman, M. B. First, & M. Maj (Eds.), *Psychiatry* (3rd ed.). New York, NY: Wiley-Blackwell.

Boldrini, M., Santiago, A. N., Hen, R., Dwork, A. J., Rosoklija, G. B., Tamir, H., ... Mann, J. J. (2013). Hippocampal granule neuron and denate gyrus volume in antidepressant-treated and untreated major depression. *Neuropsychopharmacology, 38*, 1068-1077. doi:10.1038/npp.2013.5

Boldry, J. G., Gaertner, L., & Quinn, J. (2007). Measuring the measures: A meta-analytic investigation of the measures of outgroup homogeneity. *Group Processes & Intergroup Relations, 10*, 157-178.

Boles, D. B. (2005). A large-sample study of sex differences in functional cerebral lateralization. *Journal of Clinical and Experimental Neuropsychology, 27*(6), 759-768. doi:10.1081/13803390590954263

Bolles, R. C. (1975). *Theory of motivation*. New York, NY: Harper & Row.

Bolling, M. Y., Terry, C. M., & Kohlenberg, R. J. (2006). Behavioral theories. In J. C. Thomas & D. L. Segal (Eds.), *Comprehensive handbook of personality and psychopathology*. New York, NY: Wiley.

Boly, M., Faymonville, M.-E., Vogt, B. A., Maquet, P., & Laureys, S. (2007). Hypnotic regulation of consciousness and the pain neuromatrix. In G. A. Jamieson (Ed.), *Hypnosis and conscious states: The cognitive neuroscience perspective*. New York, NY: Oxford University Press.

Bonanno, G. A. (1998). The concept or "working through" loss: A critical evaluation of the cultural, historical, and empirical evidence. In A. Maercker, M. Schuetzwohl, & Z. Solomon (Eds.), *Posttraumatic stress disorder: Vulnerability and resilience in the lifespan*. Gottingen, Germany: Hogrefe and Huber.

Bonanno, G. A., & Burton, C. L. (2013). Regulatory flexibility: An individual differences perspective on coping and emotion regulation. *Perspectives on Psychological Science, 8*, 591-612. doi:10.1177/1745691613504116

Bonanno, G., Westphal, M., & Mancini, A. D. (2012). Loss, trauma, and resilience in adulthood. In B. Hayslip, Jr., & G. C. Smith (Eds.), *Annual review of gerontology and geriatrics: Vol. 32. Emerging perspectives on resilience in adulthood and later life*. New York, NY: Springer Publishing Co.

Bonanno, G. A., Wortman, C. B., Lehman, D. R., Tweed, R. G., Harrig, M., Sonnega, J., ... Nesse, R. M. (2002). Resilience to loss and chronic grief: A prospective study from preloss to 18-months postloss. *Journal of Personality and Social Psychology, 83*, 1150-1164.

Bonanno, G. A., Wortman, C. B., & Nesse, R. M. (2004). Prospective patterns of resilience and maladjustment during widowhood. *Psychology and Aging, 19*, 260-271. doi:10.1037/0882-7974.19.2.260

Bonnet, M. H. (2005). Acute sleep deprivation. In M. H. Kryger, T. Roth, & W. C. Dement (Eds.), *Principles and practice of sleep medicine*. Philadelphia, PA: Elsevier Saunders.

Bono, G., McCullough, M. E., & Root, L. M. (2008). Forgiveness, feeling connected to others, and well-being: Two longitudinal studies. *Personality and Social Psychology Bulletin, 34*, 182-195.

Boot, W. R., Simons, D. J., Stothart, C., & Stutts, C. (2013). The pervasive problems with placebos in psychology: Why active control groups are not sufficient to rule out placebo effects. *Perspective on Psychological Science, 8*(4), 445-454. doi:10.1177/1745691613491271

Borgida, E., & Nisbett, R. E. (1977). The differential impact of abstract vs. concrete information on decisions. *Journal of Applied Social Psychology, 7*, 258-271.

Boring, E. G. (1966). A note on the origin of the word *psychology*. *Journal of the History of the Behavioral Sciences, 2*, 167.

Born, J., & Wilhelm, I. (2012). System consolidation of memory during sleep. *Psychological Research, 76*, 192-203. doi:10.1007/s00426-011-0335-6

Bornstein, M. H., Jager, J., & Steinberg, L. D. (2013). Adolescents, parents, friends/peers: A relationships model. In R. M. Lerner, M. A. Easterbrooks, J. Mistry, & I. B. Weiner (Eds.), *Handbook of psychology: Vol. 6. Developmental psychology*. New York, NY: Wiley.

Bornstein, R. F., Denckla, C. A., & Chung, W.-J. (2013). Psychodynamic models of personality. In H. Tennen, J. Suls, & I. B. Weiner (Eds.), *Handbook of psychology, Vol. 5. Personality and social psychology* (2nd ed.; pp. 43-64). Hoboken, NJ: Wiley.

Boroditsky, L. (2001). Does language shape thought? Mandarin and English speakers' conceptions of time. *Cognitive Psychology, 43*(1), 1-22.

Botha, U. A., Koen, L., Joska, J. A., Parker, J. S., Horn, N., Hering, L. M., & Oosthuizen, P. P. (2010). The revolving door phenomenon in psychiatry: Comparing low-frequency and high-frequency users of psychiatric inpatient services in a developing country. *Social Psychiatry and Psychiatric Epidemiology, 45*, 461-468. doi:10.1007/s00127-009-0085-6

Bottoms, H. C., Eslick, A. N., & Marsh, E. J. (2010). Memory and the Moses illusion: Failures to detect contradictions with stored knowledge yield negative memorial consequences. *Memory, 18*(6), 670-678. doi:org/10.1080/09658211.2010.501558

Bouchard, T. J., Jr. (1997). IQ similarity in twins reared apart: Findings and responses to critics. In R. J. Sternberg, & E. L. Grigorenko (Eds.), *Intelligence, heredity, and environment*. New York, NY: Cambridge University Press.

Bourgeois, J. A., Seaman, J. S., & Servis, M. E. (2008). Delirium, dementia, and amnestic and other cognitive disorders. In R. E. Hales, S. C. Yudofsky, & G. O. Gabbard (Eds.), *The American Psychiatric Publishing textbook of psychiatry* (5th ed.). Washington, DC: American Psychiatric Publishing.

Bourguignon, E. (1972). Dreams and altered states of consciousness in anthropological research. In F. L. K. Hsu (Ed.), *Psychological anthropology* (2nd ed.). Cambridge, MA: Schenkman.

Bousfield, W. A. (1953). The occurrence of clustering in the recall of randomly arranged associates. *Journal of General Psychology, 49*, 229-240. doi:10.1080/00221309.1953.9710088

Bouton, M. E., & Todd, T. P. (2014). A fundamental role for context in instrumental learning and extinction. *Behavioural Processes, 104*, 13-19. doi:10.1016/j.beproc.2014.02.012

Bouton, M. E., Todd, T. P., Vurbic, D., & Winterbauer, N. E. (2011). Renewal after the extinction of free operant behavior. *Learning & Behavior, 39*, 57-67.

Bouton, M. E., & Woods, A. M. (2009). Extinction: Behavioral mechanisms and their implications. In J. H. Byrne (Ed.), *Concise learning and memory: The editor's selection*. San Diego, CA: Elsevier.

Bowd, A. D., & Shapiro, K. J. (1993). The case against laboratory animal research in psychology. *Journal of Social Issues, 49*(1), 133-142.

Bower, G. H. (1970a). Analysis of a mnemonic device. *American Scientist, 58*, 496-499.

Bower, G. H. (1970b). Organizational factors in memory. *Cognitive Psychology, 1*(1), 18-46. doi:10.1016/0010-0285(70)90003-4

Bower, G. H., Clark, M. C., Lesgold, A. M., & Winzenz, D. (1969). Hierarchical retrieval schemes in recall of categorized word lists. *Journal of Verbal Learning and Verbal Behavior, 8*, 323-343.

Bower, G. H., & Springston, F. (1970). Pauses as recoding points in letter series. *Journal of Experimental Psychology, 83*, 421-430.

Bowlby, J. (1969). *Attachment and loss: Vol. 1. Attachment*. New York, NY: Basic Books.

Bowlby, J. (1973). *Attachment and loss: Vol. 2. Separation, anxiety and anger*. New York, NY: Basic Books.

Bowlby, J. (1980). *Attachment and loss: Vol. 3. Sadness and depression*. New York, NY: Basic Books.

Boyce, C. J., Brown, G. A., & Moore, S. C. (2010). Money and happiness: Rank of income, not income, affects life satisfaction. *Psychological Science, 21*(4), 471-475.

Boysen, G. A., & VanBergen, A. (2013). A review of published research on adult dissociative identity disorder: 2000-2010. *Journal of Nervous and Mental Disease, 201*(1), 5-11. doi:10.1097/NMD.0b013e31827aaf81

Bradshaw, J. L. (1989). *Hemispheric specialization and psychological function*. New York, NY: Wiley.

Braff, D. L., Ryan, J., Rissling, A. J., & Carpenter, W. T. (2013). Lack of use in the literature from the last 20 years supports dropping traditional schizophrenia subtypes from DSM-5 and ICD-11. *Schizophrenia Bulletin, 39*, 751-753. doi:10.1093/schbul/sbt068

Brainerd, C. J., & Reyna, V. F. (2005). *The science of false memory*. New York, NY: Oxford University Press.

Branaman, T. F., & Gallagher, S. N. (2005). Polygraph testing in sex offender treatment: A review of limitations. *American Journal of Forensic Psychology, 23*(1), 45-64.

Branson, R. (2005). *Losing my virginity: The autobiography*. London, UK: Virgin.

Braskie, M. N., & Thompson, P. M. (2013). Understanding cognitive deficits in Alzheimer's disease based on neuroimaging findings. *Trends in Cognitive Sciences, 17*, 510-516. doi:10.1016/j.tics.2013.08.007

Brassington, G. S., Hekler, E. B., Cohen, Z., & King, A. C. (2012). Health-enhancing physical activity. In A. Baum, T. A. Revenson, & J. Singer (Eds.), *Handbook of health psychology* (2nd ed.). New York, NY: Psychology Press.

Braun, M., Lewin-Epstein, N., Stier, H., & Baumgärtner, M. K. (2008). Perceived equity in the gendered division of household labor. *Journal of Marriage and Family, 70*(5), 1145-1156. doi:10.1111/j.1741-3737.2008.00556.x

Bravo, M. (2010). Context effects in perception. In E. B. Goldstein (Ed.), *Encyclopedia of perception*. Thousand Oaks, CA: Sage.

Breggin, P. R. (1991). *Toxic psychiatry*. New York, NY: St. Martin's Press.

Breggin, P. R. (2008). *Medication madness: A psychiatrist exposes the dangers of mood-altering medications*. New York, NY: St. Martin's Press.

Brehm, J. W. (1966). *A theory of psychological reactance*. New York, NY: Academic Press.

Breland, K., & Breland, M. (1961). The misbehavior of organisms. *American Psychologist, 16*, 681-684.

Brenes, G. A., Ingram, C. W., & Danhauer, S. C. (2012). Telephone-delivered psychotherapy for late-life anxiety. *Psychological Services, 9*(2), 219-220. doi:10.1037/a0025950

Bretherton, I., & Munholland, K. A. (2008). Internal working models in attachment relationships: Conceptual and empirical aspects of security. In J. Cassidy & P. R. Shaver (Eds.), *Handbook of attachment: Theory, research, and clinical applications* (2nd ed., pp. 102-130). New York, NY: Guilford Press.

Breugelmans, S. M., Poortinga, Y. H., Ambadar, Z., Setiadi, B., Vaca, J. B., Widiyanto, P., et al. (2005). Body sensations associated with emotions in Raramuri Indians, rural Javanese, and three student samples. *Emotion, 5*, 166-174.

Brewer, C. L. (1991). Perspectives on John B. Watson. In G. A. Kimble, M. Wertheimer, & C. White (Eds.), *Portraits of pioneers in psychology*. Hillside, NJ: Erlbaum.

Brewer, W. F. (2000). Bartlett, functionalism, and modern schema theories. *Journal of Mind and Behavior, 21*, 37-44.

Brewer, W. F., & Treyens, J. C. (1981). Role of schemata in memory for places. *Cognitive Psychology, 13*, 207-230.

Brewin, C. R. (2012). A theoretical framework for understanding recovered memory experiences. In R. F. Belli (Ed.), *True and false recovered memories: Toward a reconciliation of the debate*. New York, NY: Springer.

Bridge, J. A., & Barbe, R. P. (2004). Reducing hospital readmission in depression and schizophrenia: Current evidence. *Current Opinion in Psychiatry, 17*, 505-511.

Bridge, J. A., Iyengar, S., Salary, C. B., Barbe, R. P., Birmaher, B., Pincus, H. A., . . . Brent, D. A. (2007). Clinical response and risk for reported suicidal ideation and suicide attempts in pediatric antidepressant treatment: A metaanalysis of randomized controlled trials. *JAMA, 297*, 1683-1969.

Briere, J., & Conte, J. R. (1993). Self-reported amnesia for abuse in adults molested as children. *Journal of Traumatic Stress, 6*(1), 21-31.

Briley, D. A., & Tucker-Drob, E. M. (2013). Explaining the increasing heritability of cognitive ability across development: A meta-analysis of longitudinal twin and adoption studies. *Psychological Science, 24*, 1704-1713. doi:10.1177/0956797613478618

Brink, E., Alsén, P., Herlitz, J., Kjellgren, K., & Cliffordson, C. (2012). General self-efficacy and health-related quality of life after myocardial infarction. *Psychology, Health & Medicine, 17*, 346-355. doi:10.1080/13548506.2011.608807

Briñol, P., & Petty, R. E. (2012). A history of attitudes and persuasion research. In A. W. Kruglanski & W. Stroebe (Eds.), *Handbook of the history of social psychology*. New York, NY: Psychology Press.

Brislin, R. (2000). *Understanding culture's influence on behavior*. Belmont, CA: Wadsworth.

Broadbent, D. E. (1958). *Perception and communication*. New York, NY: Pergamon Press.

Brobeck, J. R., Tepperman, T., & Long, C. N. (1943). Experimental hypothalamic hyperphagia in the albino rat. *Yale Journal of Biology and Medicine, 15*, 831-853.

Bröder, A. (1998). Deception can be acceptable. *American Psychologist, 53*, 805-806.

Brody, N. (2003). Jensen's genetic interpretation of racial differences in intelligence: Critical evaluation. In H. Nyborg (Ed.), *The scientific study of general intelligence: Tribute to Arthur R. Jensen*. Oxford, UK: Pergamon.

Brown, A. S. (2012a). Epidemiological studies of exposure to prenatal infection and risk of schizophrenia and autism. *Developmental Neurobiology, 72*, 1272-1276. doi:10.1002/dneu.22024

Brown, A. S. (2012b). *The tip of the tongue state*. New York, NY: Psychology Press.

Brown, A. S., & Derkits, E. J. (2010). Prenatal infection and schizophrenia: A review of epidemiologic and translational studies. *American Journal of Psychiatry, 167*(3), 261-280. doi:10.1176/appi.ajp.2009.09030361

Brown, C. G. (2012). A systematic review of the relationship between self-efficacy and burnout in teachers. *Educational and Child Psychology, 29*(4), 47-63.

Brown, M. (1974). Some determinants of persistence and initiation of achievement-related activities. In J. W. Atkinson & J. O. Raynor (Eds.), *Motivation and achievement*. Washington, DC: Halsted.

Brown, M. (1998). *Richard Branson: The inside story*. London: Headline.

Brown, R., & Kulik, J. (1977). Flashbulb memories. *Cognition, 5*, 73-79.

Brown, R., & McNeill, D. (1966). The "tip-of-the-tongue" phenomenon. *Journal of Verbal Learning and Verbal Behavior, 5*(4), 325-337.

Brown, R. D., Goldstein, E., & Bjorklund, D. F. (2000). The history and zeitgeist of the repressed-false-memory debate: Scientific and sociological perspectives on suggestibility and childhood memory. In D. F. Bjorklund (Ed.), *False-memory creation in children and adults* (pp. 1-30). Mahwah, NJ: Erlbaum.

Brown, S. C., & Craik, F. I. M. (2000). Encoding and retrieval of information. In E. Tulving & F. I. M. Craik (Eds.), *The Oxford handbook of memory* (pp. 93-108). New York, NY: Oxford University Press.

Brownell, K. D., & Wadden, T. A. (2000). Obesity. In B. J. Sadock & V. A. Sadock (Eds.), *Kaplan and Sadock's comprehensive textbook of psychiatry* (7th ed., Vol. 2, pp. 1787-1796). Philadelphia, PA: Lippincott Williams & Wilkins.

Bruer, J. T. (1999). *The myth of the first three years: A new understanding of early brain development and life-long learning*. New York, NY: Free Press.

Bruer, J. T. (2002). Avoiding the pediatrician's error: How neuroscientists can help educators (and themselves). *Nature Neuroscience, 5*, 1031-1033.

Brugha, T. S., McManus, S., Bankart, J., Scott, F., Purdon, S., Smith, J., Bebbington, P., Jenkins, R., & Meltzer, H. (2011). Epidemiology of autism spectrum disorders in adults in the community in England. *Archives of General Psychiatry, 68*(5), 459-466. doi:10.1001/archgenpsychiatry.2011.38

Brunell, A. B., Gentry, W. A., Campbell, W. K., Hoffman, B. J., Kuhnert, K. W., & DeMarree, K. G. (2008). Leader emergence: The case of the narcissistic leader. *Personality and Social Psychology Bulletin, 34*, 1663-1676. doi:10.1177/0146167208324101

Brunner, E. J., Shipley, M. J., Britton, A. R., Stansfeld, S. A., Heuschmann, P. U., Rudd, A. G., ... & Kivimaki, M. (2014). Depressive disorder, coronary heart disease, and stroke: Doseresponse and reverse causation effects in the Whitehall II cohort study. *Preventive Cardiology, 21*, 340-346. doi:10.1177/2047487314520785

Buccino, G., & Riggio, L. (2006). The role of the mirror neuron system in motor learning. *Kinesiology, 38*(1), 5-15.

Buck, L. B. (2004). Olfactory receptors and coding in mammals. *Nutrition Reviews, 62*, S184-S188.

Buck, L. B., & Bargmann, C. I. (2013). Smell and taste: The chemical senses. In E. R. Kandel, J. H. Schwartz, T. M. Jessell, S. A. Siegelbaum, & A. J. Hudspeth (Eds.), *Principles of neural science* (5th ed.). New York, NY: McGraw-Hill.

Buckley, K. W. (1982). The selling of a psychologist: John Broadus Watson and the application of behavioral techniques to advertising. *Journal of the History of Behavioral Sciences, 18*(3), 207-221. doi:10.1002/1520-6696(198207)18:3<207::AID-JHBS2300180302>3.0.CO;2-8

Buckley, K. W. (1994). Misbehaviorism: The case of John B. Watson's dismissal from Johns Hopkins University. In J. T. Todd & E. K. Morris (Eds.), *Modern perspectives on John B. Watson and classical behaviorism*. Westport, CT: Greenwood.

Budney, A. J., Vandrey, R. L., & Fearer, S. (2011). Cannabis. In P. Ruiz, & E. C. Strain (Eds.), *Lowinson and Ruiz's substance abuse: A comprehensive textbook* (5th ed.). Philadelphia, PA: Wolters Kluwer Lippincott Williams & Wilkins.

Buffardi, L. E., & Campbell, W. (2008). Narcissism and social networking web sites. *Personality and Social Psychology Bulletin, 34*(10), 1303-1314. doi:10.1177/0146167208320061

Bühler, C., & Allen, M. (1972). *Introduction to humanistic psychology*. Pacific Grove, CA: Brooks/Cole.

Burchinal, M. R., Lowe Vandell, D., & Belsky, J. (2014). Is the prediction of adolescent outcomes from early child care moderated by later maternal sensitivity? Results from the NICHD Study of Early Child Care and Youth Development. *Developmental Psychology, 50*, 542-553. doi:10.1037/a0033709

Burger, J. M. (1986). Temporal effects on attributions: Actor and observer differences. *Social Cognition, 4*, 377-387.

Burger, J. M. (1999). The foot-in-thedoor compliance procedure: A multiple process analysis review. *Personality and Social Psychology Review, 3*, 303-325.

Burger, J. M. (2009). Replicating Milgram: Would people still obey today? *American Psychologist, 64*(1), 1-11. doi:10.1037/a0010932

Burger, J. M. (2014). Situational features in Milgram's experiment that kept his participants shocking. *Journal of Social Issues, 70*, 489-500. doi:10.1111/josi.12073

Burger, J. M. (2015). *Personality* (9th ed.). San Francisco, CA: Cengage Learning.

Burgess, A. (2007). On the contribution of neurophysiology to hypnosis research: Current state and future directions. In G. A. Jamieson (Ed.), *Hypnosis and conscious states: The cognitive neuroscience perspective*. New York, NY: Oxford University Press.

Burke, A., Kandler, A., & Good, D. (2012). Women who know their place: Sex-based differences in spatial abilities and their evolutionary significance. *Human Nature, 23*, 133-148. doi:10.1007/s12110-012-9140-1

Burke, J. D., & Kraemer, H. C. (2014). DSM-5 as a framework for psychiatric diagnosis. In R. E. Hales, S. C. Yudofsky, L. W. Roberts, R. E. Hales, S. C. Yudofsky, & L. W. Roberts (Eds.), *The American Psychiatric Publishing textbook of psychiatry* (6th ed.). Washington, DC: American Psychiatric Publishing.

Burke, M., Marlow, C., & Lento, T. (2010). Social network activity and social well-being. *Postgraduate Medical Journal, 85*, 455-459.

Burkhardt, D. A. (2010). Visual processing: Retinal. In E. B. Goldstein (Ed.), *Encyclopedia of perception*. Thousand Oaks, CA: Sage.

Burlingame, G. M., & Baldwin, S. (2011). Group therapy. In J. C. Norcross, G. R. Vandenbos, & D. K. Freedheim (Eds.), *History of psychotherapy: Continuity and change* (2nd ed.). Washington, DC: American Psychological Association.

Burlingame, G. M., Strauss, B., & Joyce, A. S. (2013). Change mechanisms and effectiveness of small group treatments. In M. J. Lambert (Ed.). *Bergin and Garfield's handbook of psychotherapy and behavior change* (6th ed.). New York, NY: Wiley.

Burnette, J. L., Pollack, J. M., & Forsyth, D. R. (2011). Leadership in extreme contexts: A groupthink analysis of the May 1996 Mount Everest disaster. *Journal of Leadership Studies, 4*, 29-40. doi:10.1002/jls.20190

Burns, B. D., & Corpus, B. (2004). Randomness and inductions from streaks: "Gambler's fallacy" versus "hot hand." *Psychonomic Bulletin & Review, 11*(1), 179-184.

Burns, J. K. (2013). Pathways from cannabis to psychosis: A review of the evidence. *Frontiers in Psychiatry, 4*, 128. doi:10.3389/fpsyt.2013.00128

Burton, C., Campbell, P., Jordan, K., Strauss, V., & Mallen, C. (2013). The association of anxiety and depression with future dementia diagnosis: A case-control study in primary care. *Family Practice, 30*(1), 25-30. doi:10.1093/fampra/cms044

Bushdid, C., Magnasco, M. O., Vosshall, L. B., & Keller, A. (2014). Humans can discriminate more than 1 trillion olfactory stimuli. *Science, 343*, 1370-1372.

Bushman, B. J., & Anderson, C. A. (2001). Media violence and the American public: Scientific facts versus media misinformation. *American Psychologist, 56*, 477-489.

Bushman, B. J., & Anderson, C. A. (2009). Comfortably numb: Desensitizing effects of violent media on helping others. *Psychological Science, 20*(3), 273-277. doi:10.1111/j.1467-9280.2009.02287.x

Bushman, B. J., & Huesmann, L. R. (2012). Effects of violent media on aggression. In D. G. Singer, & J. L. Singer (Eds.), *Handbook of children and the media* (2nd ed.). Thousand Oaks, CA: Sage.

Bushman, B. J., & Huesmann, L. R. (2014). Twenty-five years of research on violence in digital games and aggression revisited: A reply to Elson and Ferguson (2013). *European Psychologist, 19*, 47-55. doi:10.1027/1016-9040/a000164

Buss, D. M. (1985). Human mate selection. *American Scientist, 73*, 47-51.

Buss, D. M. (1988). The evolution of human intrasexual competition: Tactics of mate attraction. *Journal of Personality and Social Psychology, 54*, 616-628.

Buss, D. M. (1989). Sex differences in human mate preferences: Evolutionary hypotheses tested in 37 cultures. *Behavioral and Brain Sciences, 12*, 1-49.

Buss, D. M. (1991). Evolutionary personality psychology. *Annual Review of Psychology, 42*, 459-491.

Buss, D. M. (1995). Evolutionary psychology: A new paradigm for psychological science. *Psychological Inquiry, 6*, 1-30.

Buss, D. M. (1997). Evolutionary foundation of personality. In R. Hogan, J. Johnson, & S. Briggs (Eds.), *Handbook of personality psychology*. San Diego, CA: Academic Press.

Buss, D. M. (2009). The great struggles of life: Darwin and the emergence of evolutionary psychology. *American Psychologist, 64*(2), 140-148. doi:10.1037/a0013207

Buss, D. M. (2014). *Evolutionary psychology: The new science of the mind* (5th ed.). Boston, MA: Pearson.

Buss, D. M., & Penke, L. (2015). Evolutionary personality psychology. In M. Mikulincer, P. R. Shaver, M. L. Cooper, & R. J. Larsen (Eds.), *APA handbook of personality and social psychology: Vol. 4. Personality processes and individual differences*. Washington, DC: American Psychological Association.

Buss, D. M., & Schmitt, D. P. (1993). Sexual strategies theory: A contextual evolutionary analysis of human mating. *Psychological Review, 100*, 204-232.

Buss, D. M., & Schmitt, D. P. (2011). Evolutionary psychology and feminism. *Sex Roles, 64*, 768-787. doi:10.1007/s11199-011-9987-3

Bussey, K., & Bandura, A. (1984). Influence of gender constancy and social power on sex-linked modeling. *Journal of Personality and Social Psychology, 47*, 1292-1302.

Bussey, K., & Bandura, A. (1999). Social cognitive theory of gender development and differentiation. *Psychological Review, 106*, 676-713.

Bussey, K., & Bandura, A. (2004). Social cognitive theory of gender development and functioning. In A. H. Eagly, A. E. Beall, & R. J. Sternberg (Eds.), *The psychology of gender*. New York, NY: Guilford Press.

Butcher, J. N. (2011). *A beginner's guide to the MMPI-2* (3rd ed.). Washington, DC: American Psychological Association.

Butcher, J. N. (2013). Assessing MMPI-2 profile validity. In G. P. Koocher, J. C. Norcross, & B. A. Greene (Eds.), *Psychologists' desk reference* (3rd ed.). New York, NY: Oxford University Press.

Butcher, J. N., Bubany, S., & Mason, S. N. (2013). Assessment of personality and psychopathology with self-report inventories. In K. F. Geisinger, B. A. Bracken, J. F. Carlson, J. C. Hansen, N. R. Kuncel, S. P. Reise, & M. C. Rodriguez, *APA handbook of testing and assessment in psychology: Vol. 2. Testing and assessment in clinical and counseling psychology*. Washington, DC: American Psychological Association. doi:10.1037/14048-011

Buysse, D. J. (2011). Clinical pharmacology of other drugs used as hypnotics. In M. H. Kryger, T. Roth, & W. C. Dement (Eds.), *Principles and practice of sleep medicine* (5th ed.). Saint Louis, MO: Elsevier Saunders.

Buzan, D. S. (2004, March 12). I was not a lab rat. *The Guardian*. Retrieved from www.guardian.co.uk/education/2004/mar/12/highereducation.uk

Byrne, D. (1997). An overview (and underview) of research and theory within the attraction paradigm. *Journal of Social and Personal Relationships, 14*, 417-431.

Byrne, S., Barry, D., & Petry, N. M. (2012). Predictors of weight loss success. Exercise vs. dietary selfefficacy and treatment attendance. *Appetite, 58*, 695-698. doi:10.1016/j.appet.2012.01.005

Cable, N., Bartley, M., Chandola, T., & Sacker, A. (2013). Friends are equally important to men and women, but family matters more for men's well-being. *Journal of Epidemiology And Community Health, 67*(2), 166-171. doi:10.1136/jech-2012-201113

Cacioppo, J. T., & Cacioppo, S. (2014). Social relationships and health: The toxic effects of perceived social isolation. *Social and Personality Psychology Compass, 8*, 58-72. doi:10.1111/spc3.12087

Cacioppo, J. T., Cacioppo, S., Gonzaga, G. C., Ogburn, E. L., & VanderWeele, T. J. (2013). Marital satisfaction and break-ups differ across on-line and off-line meeting venues. *PNAS Proceedings of the National Academy of Sciences of the United States of America, 110*, 10135-10140. doi:10.1073/pnas.1222447110

Cacioppo, J. T., Hawkley, L. C., Kalil, A., Hughes, M. E., Waite, L., & Thisted, R. A. (2008). Happiness and the invisible threads of social connection: The Chicago health, aging, and social relations study. In M. Eid & R. J. Larsen (Eds.), *The science of subjective well-being*. New York, NY: Guilford Press.

Cahn, B. R., & Polich, J. (2006). Meditation states and traits: EEG, ERP, and neuroimaging studies. *Psychological Bulletin, 132*, 180-211.

Cai, D. J., Mednick, S. A., Harrison, E. M., Kanady, J. C., & Mednick, S. C. (2009). REM, not incubation, improves creativity by priming associative networks. *PNAS Proceedings of the National Academy of Sciences of the United States of America, 106*(25), 10130-10134. doi:10.1073/pnas.0900271106

Cai, L. (2013). Factor analysis of tests and items. In K. F. Geisinger, B. A. Bracken, J. F. Carlson, J. C. Hansen, N. R. Kuncel, S. P. Reise, & M. C. Rodriguez (Eds.), *APA handbook of testing and assessment in psychology: Vol. 1. Test theory and testing and assessment in industrial and organizational psychology*. Washington, DC: American Psychological Association. doi:10.1037/14047-005

Cain, W. S. (1988). Olfaction. In R. C. Atkinson, R. J. Herrnstein, G. Lindzey, & R. D. Luce (Eds.), *Stevens' handbook of experimental psychology: Perception and motivation* (Vol. 1). New York, NY: Wiley.

Calhoun, L. G., & Tedeschi, R. G. (2008). The paradox of struggling with trauma: Guidelines for practice and directions for research. In S. Joseph & P. A. Linley (Eds.), *Trauma, recovery, and growth: Positive psychological perspectives on posttraumatic stress*. Hoboken, NJ: Wiley.

Calhoun, L. G., & Tedeschi, R. G. (2013). *Posttraumatic growth in clinical practice*. New York, NY: Routledge/Taylor & Francis Group.

Caligor, E., Yeomans, F., & Levin, Z. (2014). Feeding and eating disorders. In J. L. Cutler (Ed.), *Psychiatry* (3rd ed.). New York, NY: Oxford University Press.

Calkins, K., & Devaskar, S. U. (2011). Fetal origins of adult disease. *Current Problems in Pediatric and Adolescent Health Care, 41*, 158-176. doi:10.1016/j.cppeds.2011.01.001

Callaghan, R C., Allebeck, P., & Sidorchuk, A. (2013). Marijuana use and risk of lung cancer: A 40-year cohort study. *Cancer Causes & Control, 24*, 1811-1820.

Callaghan, R. C., Cunningham, J. K., Allebeck, P., Arenovich, T., Sajeev, G., Remington, G., ... Kish, S. J. (2012). Methamphetamine use and schizophrenia: a population-based cohort study in California. *American Journal of Psychiatry, 169*, 389-396.

Callicutt, J. W. (2006). Homeless shelters: An uneasy component of the de facto mental health system. In J. Rosenberg & S. Rosenberg (Eds.), *Community mental health: Challenges for the 21st century*. New York, NY: Routledge.

Camaioni, L. (2001). Early language. In G. Bremner & A. Fogel (Eds.), *Blackwell handbook of infant development*. Malden, MA: Blackwell.

Camerer, C. (2005). Three cheers- psychological, theoretical, empirical- for loss aversion. *Journal of Marketing Research, 42*(2), 129-133.

Campbell, A. (2005). Aggression. In D. M. Buss (Ed.), *The handbook of evolutionary psychology*. New York, NY: Wiley.

Campbell, A. C., Nunes, E. V., Matthews, A. G., Stitzer, M., Miele, G. M., Polsky, D., ... Ghitza, U. E. (2014). Internet-delivered treatment for substance abuse: A multisite randomized controlled trial. *The American Journal of Psychiatry, 171*, 683-690. doi:10.1176/appi.ajp.2014.13081055

Canli, T. (2008). Toward a "molecular psychology" of personality. In O. P. John, R. W. Robbins, & L. A. Pervin (Eds.), *Handbook of personality: Theory and research* (Vol. 3, pp. 311-327). New York, NY: Guilford Press.

Cannon, T. D., Chung, Y., He, G., Sun, D., Jacobson, A., van Erp, T. G., ... Heinssen, R. (2015). Progressive reduction in cortical thickness as psychosis develops: A multisite longitudinal neuroimaging study of youth at elevated clinical risk. *Biological Psychiatry, 77*(2), 147-157. doi:10.1016/j.biopsych.2014.05.023

Cannon, W. B. (1927). The JamesLange theory of emotions: A critical examination and an alternate theory. *American Journal of Psychology, 39*, 106-124.

Cannon, W. B. (1932). *The wisdom of the body*. New York, NY: Norton.

Cannon, W. B., & Washburn, A. L. (1912). An explanation of hunger. *American Journal of Physiology, 29*, 444-454.

Canter, P. H. (2003). The therapeutic effects of meditation. *British Medical Journal, 326*, 1049-1050.

Cantu, S. M., Simpson, J. A., Griskevicius, V., Weisberg, Y. J., Durante, K. M., & Beal, D. J. (2014). Fertile and selectively flirty: Women's behavior toward men changes across the ovulatory cycle. *Psychological Science, 25*, 431-438. doi:10.1177/0956797613508413

Cao, M. T., Guilleminault, C., & Kushida, C. A. (2011). Clinical features and evaluation of obstructive sleep apnea and upper airway resistance syndrome. In M. H. Kryger, T. Roth, & W. C. Dement (Eds.), *Principles and practice of sleep medicine* (5th ed.). Saint Louis, MO: Elsevier Saunders.

Cao, X., Laplante, D. P., Brunet, A., Ciampi, A., & King, S. (2014). Prenatal maternal stress affects motor function in 5 1/2-year-old children: Project ice storm. *Developmental Psychobiology, 56*, 117-125. doi:10.1002/dev.21085

Card, N. A., Stucky, B. D., Sawalani, G. M., & Little, T. D. (2008). Direct and indirect aggression during childhood and adolescence: A meta-analytic review of gender differences, intercorrelations, and relations to maladjustment. *Child Development, 79*, 1185-1229.

Cardeña, E., Butler, L. D., Reijman, S., & Spiegel, D. (2013). Disorders of extreme stress. In T. A. Widiger, G. Stricker, I. B. Weiner, G. Stricker, T. A. Widiger, & I. B. Weiner (Eds.), *Handbook of psychology: Vol. 8*.

Clinical psychology (2nd ed.). New York, NY: Wiley.

Cardeña, E., & Gleaves, D. H. (2007). Dissociative disorders. In M. Hersen, S. M. Turner, & D. C. Beidel (Eds.), Adult psychopathology and diagnosis. New York, NY: Wiley.

Cardno, A. G., & Owen, M. J. (2014). Genetic relationships between schizophrenia, bipolar disorder, and schizoaffective disorder. Schizophrenia Bulletin, 40, 504-515. doi:10.1093/ schbul/sbu016

Cardoso, C., Ellenbogen, M. A., & Linnen, A. (2012). Acute intranasal oxytocin improves positive self-perceptions of personality. Psychopharmacology, 220, 741-749. doi:10.1007/s00213-011-2527-6

Carey, B. (2009, December 21). Building a search engine of the brain, slice by slice. The New York Times. Retrieved from www.newyorktimes.com

Carey, M. P., Scott-Sheldon, L. A. J., & Vanable, P. A. (2013). HIV/AIDS. In A. M. Nezu, C. M. Nezu, P. A. Geller, & I. B. Weiner (Eds.), Handbook of psychology: Vol. 9. Health psychology (2nd ed.). New York, NY: Wiley.

Carey, S. (2010). Beyond fast mapping. Language Learning and Development, 6(3), 184-205. doi:10.1080/15475441.2010.484379

Carlson, E. N., Vazire, S., & Oltmanns, T. F. (2011). You probably think this paper is about you: Narcissists' perceptions of their personality and reputation. Journal of Personality and Social Psychology, 101, 185-201. doi:10.1037/a0023781

Carlson, J. D., & Englar-Carlson, M. (2013). Adlerian therapy. In J. Frew, & M. D. Spiegler (Eds.), Contemporary psychotherapies for a diverse world (1st rev. ed.). New York, NY: Routledge/Taylor & Francis Group.

Carlson, S. A., Fulton, J. E., Schoenborn, C. A., & Loustalot, F. (2010). Trend and prevalence estimates based on the 2008 Physical Activity Guidelines for Americans. American Journal of Preventive Medicine, 39(4), 305-313.

Carpenter, C. J. (2012). Narcissism on Facebook: Self-promotional and anti-social behavior. Personality and Individual Differences, 52, 482-486. doi:10.1016/j.paid.2011.11.011

Carpenter, S. K. (2012). Testing enhances the transfer of learning. Current Directions in Psychological Science, 21, 279-283. doi:10.1177/0963721412452728

Carpenter, S. K. (2014). Spacing and interleaving of study and practice. In V. A. Benassi, C. E. Overson, & C. M. Hakala (Eds.), Applying science of learning in education: Infusing psychological science into the curriculum. Washington, DC: Society for the Teaching of Psychology.

Carpenter, W. T. (2002). From clinical trial to prescription. Archives of General Psychology, 59, 282-285.

Carr, C. P., Martins, C. S., Stingel, A. M., Lemgruber, V. B., & Juruena, M. F. (2013). The role of early life stress in adult psychiatric disorders: A systematic review according to childhood trauma subtypes. Journal of Nervous and Mental Disease, 201, 1007-1020. doi:10.1097/NMD.0000000000000049

Carroll, M. E., & Overmier, J. B. (2001). Animal research and human health. Washington, DC: American Psychological Association.

Carskadon, M. A., & Dement, W. C. (2011). Normal human sleep: An overview. In M. H. Kryger, T. Roth, & W. C. Dement (Eds.), Principles and practice of sleep medicine (5th ed.). Saint Louis, MO: Elsevier Saunders.

Carter, C. S. (2014). Oxytocin pathways and the evolution of human behavior. Annual Review of Psychology, 65, 17-39. doi:10.1146/annurev-psych-010213-115110

Cartwright, R. D. (2004). The role of sleep in changing our minds: A psychologist's discussion of papers on memory reactivation and consolidation in sleep. Learning & Memory, 11, 660-663.

Cartwright, R. D. (2006). Sleepwalking. In T. Lee-Chiong (Ed.), Sleep: A comprehensive handbook. Hoboken, NJ: Wiley-Liss.

Cartwright, R. D. (2011). Dreaming as a mood-regulation system. In M. H. Kryger, T. Roth, & W. C. Dement (Eds.), Principles and practice of sleep medicine (5th ed.). Saint Louis, MO: Elsevier Saunders.

Cartwright, R. D., & Lamberg, L. (1992). Crisis dreaming. New York, NY: HarperCollins.

Carver, C. S., & Scheier, M. F. (2014). Dispositional optimism. Trends in Cognitive Sciences, 18, 293-299. doi:10.1016/j.tics.2014.02.003

Carver, C. S., Scheier, M. F., & Segerstrom, S. C. (2010). Optimism. Clinical Psychology Review, 30(7), 879-889.

Carver, C. S., & Vargas, S. (2011). Stress, coping, and health. In H. S. Friedman (Ed.), The Oxford handbook of health psychology. New York, NY: Oxford University Press.

Casanova, C., Merabet, L., Desautels, A., & Minville, K. (2001). Higherorder motion processing in the pulvinar. Progress in Brain Research, 134, 71-82.

Case, B. G., Bertollo, D. N., Laska, E. M., Price, L. H., Siegel, C. E., Olfson, M., & Marcus, S. C. (2013). Declining use of electroconvulsive therapy in United States general hospitals. Biological Psychiatry, 73(2), 119-126. doi:10.1016/j.biopsych.2012.09.005

Casey, B. J., & Caudle, K. (2013). The teenage brain: Self control. Current Directions in Psychological Science, 22, 82-87. doi:10.1177/0963721413480170

Casey, B. J., Tottenham, N., Listen, C., & Durston, S. (2005). Imaging the developing brain: What have we learned about cognitive development? Trends in Cognitive Sciences, 9(3), 104-110. doi:10.1016/j.tics.2005.01.011

Caspi, O., & Burleson, K. O. (2005). Methodological challenges in meditation research. Advances in Mind-Body Medicine, 21(1), 4-11.

Cassel, R. N. (2000). Third force psychology and person-centered theory: From ego-status to ego-ideal. Psychology: A Journal of Human Behavior, 37(3), 44-48.

Cassidy, J. (2008). The nature of the child's ties. In J. Cassidy & P. R. Shaver (Eds.), Handbook of attachment: Theory, research, and clinical applications (2nd ed., pp. 3-22). New York, NY: Guilford Press.

Castonguay, L., Barkham, M., Lutz, W., & McAleavey, A. (2013). Practiceoriented research: Approaches and applications. In M. J. Lambert (Ed.). Bergin and Garfield's handbook of psychotherapy and behavior change (6th ed.). New York, NY: Wiley.

Catania, A. C. (1992). Reinforcement. In L. R. Squire (Ed.), Encyclopedia of learning and memory. New York, NY: Macmillan.

Catrambone, R. (1998). The subgoal learning model: Creating better examples so that students can solve novel problems. Journal of Experimental Psychology: General, 127, 355-376.

Cautin, R. L., Freedheim, D. K., & DeLeon, P. H. (2013). Psychology as a profession. In D. K. Freedheim, & I. B. Weiner (Eds.), Handbook of psychology: Vol. 1. History of psychology (2nd ed., pp. 32-54). New York, NY: Wiley.

Caverly, D. C., Orlando, V. P., & Mullen, J. L. (2000). Textbook study reading. In R. F. Flippo & D. C. Caverly (Eds.), Handbook of college reading and study strategy research. Mahwah, NJ: Erlbaum.

Cepeda, N. J., Pashler, H., Vul, E., Wixted, J. T., & Roher, D. (2006). Distributed practice in verbal recall tasks: A review and quantitative synthesis. Psychological Bulletin, 132, 354-380.

Cerletti, U., & Bini, L. (1938). Un nuevo metodo di shockterapie "L'elettro-shock." Boll. Acad. Med. Roma, 64, 136-138.

Cetinkaya, H., & Domjan, M. (2006). Sexual fetishism in a quail (Coturnix japonica) model system: Test of reproductive success. Journal of Comparative Psychology, 120(4), 427-432. doi:10.1037/0735-7036.120.4.427

Cha, Y. (2010). Reinforcing separate spheres: The effect of spousal overwork on men's and women's employment in dual earner households. American Sociological Review, 75(2), 303-329. doi:10.1177/000312241036530

Chabris, C. F., Hebert, B. M., Benjamin, D. J., Beauchamp, J., Cesarini, D., van der Loos, M., ... Laibson, D. (2012). Most reported genetic associations with general intelligence are probably false positives. Psychological Science, 23, 1314-1323. doi:10.1177/0956797611435528

Chan, J., & Schunn, C. (2014). The impact of analogies on creative concept generation: Lessons from an in vivo study in engineering design. Cognitive Science, 1-30. doi:10.1111/cogs.12127

Chance, P. (2001, September/October). The brain goes to school: Why neuroscience research is going to the head of the class. Psychology Today, p. 72.

Chandra, A., Copen, C. E., & Mosher, W. D. (2011). Sexual behavior, sexual attraction, and sexual identity in the United States: Data from the 20062008 National Survey of Family Growth. National Health Statistics Reports, 3, 1-36.

Chapman, C. D., Nilsson, E. K., Nilsson, V. C., Cedernaes, J., Rangtell, F. H., Vogel, H., ... Benedict, C. (2013). Acute sleep deprivation increases food purchasing in men. Obesity, 21, E555-E560. doi:10.1002/oby.20579

Charles, S. T., Piazza, J. R., Mogle, J., Sliwinski, M. J., & Almeida, D. M. (2013). The wear and tear of daily stressors on mental health. Psychological Science, 24, 733-741. doi:10.1177/0956797612462222

Chen, M. C., Yu, H., Huang, Z., & Lu, J. (2013). Rapid eye movement sleep behavior disorder. Current Opinion in Neurobiology, 23, 793-798.

Chen, Q., & Yan, Z. (2013). New evidence of impacts of cell phone use on driving performance: A review. International Journal of Cyber Behavior, Psychology and Learning, 3(3), 46-61. doi:10.4018/ijcbpl.2013070104

Chen, S., Gau, S. F., Pikhart, H., Peasey, A., Chen, S., & Tsai, M. (2014). Work stress and subsequent risk of Internet addiction among information technology engineers in Taiwan. Cyberpsychology, Behavior, and Social Networking, 17, 542-550. doi:10.1089/cyber.2013.0686

Cheng, C., & Li, A. Y-I. (2014). Internet addiction prevalence and quality of (real) life: A meta-analysis of 31 nations across seven world regions. Cyberpsychology, Behavior, and Social Networking, 17, 755-760. doi:10.1089/cyber.2014.0317

Chew, S. L. (2014). Helping students to get the most out of studying. In V. A. Benassi, C. E. Overson, & C. M. Hakala (Eds.), Applying science of learning in education:

Infusing psychological science into the curriculum. Washington, DC: Society for the Teaching of Psychology.

Chiriboga, D. A. (1989). Mental health at the midpoint: Crisis, challenge, or relief? In S. Hunter & M. Sundel (Eds.), *Sage sourcebooks for the human services series: Vol. 7. Midlife myths: Issues, findings, and practice implications* (pp. 116-144). Thousand Oaks, CA: Sage.

Chiu, C., Kim, Y., & Wan, W. W. N. (2008). Personality: Cross-cultural perspectives. In G. J. Boyles, G. Matthews, & D. H. Saklofske (Eds.), *The Sage handbook of personality theory and assessment: Personality theories and models* (Vol. 1, pp. 124-144). Los Angles, CA: Sage.

Chiu, C. Y., Leung, A. K. Y., & Kwan, L. (2007). Language, cognition, and culture: Beyond the Whorfian hypothesis. In S. Kitayama & D. Cohen (Eds.), *Handbook of cultural psychology* (pp. 668-690). New York, NY: Guilford Press.

Cholewiak, R. W., & Cholewiak, S. A. (2010). Pain: Physiological mechanisms. In E. B. Goldstein (Ed.), *Encyclopedia of perception.* Thousand Oaks, CA: Sage.

Chomsky, N. (1959). A review of B. F. Skinner's "Verbal Behavior." *Language, 35,* 26-58.

Chomsky, N. (1965). *Aspects of theory of syntax.* Cambridge, MA: MIT Press.

Chomsky, N. (1975). *Reflections on language.* New York, NY: Pantheon.

Chomsky, N. (1986). *Knowledge of language: Its nature, origins, and use.* New York, NY: Praeger.

Chomsky, N. (2006). *Language and mind* (3rd ed.). New York, NY: Cambridge University Press.

Chopra, S. S. (2003). Industry funding of clinical trials: Benefit of bias? *JAMA, 290,* 113-114.

Chow, C. M., & Ruhl, H. (2014). Friendship and romantic stressors and depression in emerging adulthood: Mediating and moderating roles of attachment representations. *Journal of Adult Development, 21,* 106-115. doi:10.1007/s10804-014-9184-z

Christensen, B. T., & Schunn, C. D. (2007). The relationship of analogical distance to analogical function and preinventive structure: The case of engineering design. *Memory & Cognition, 35*(1), 29-38.

Christensen, C. C. (2005). Preferences for descriptors of hypnosis: A brief communication. *International Journal of Clinical and Experimental Hypnosis, 53,* 281-289.

Christensen, L. (1988). Deception in psychological research: When is its use justified? *Personality and Social Psychology Bulletin, 14,* 664-675.

Christodoulidis, G., Vittorio, T. J., Fudim, M., Lerakis, S., & Kosmas, C. E. (2014). Inflammation in coronary artery disease. *Cardiology Review, 22,* 279-288. doi:10.1097/CRD.0000000000000006

Chrobak, Q. M., & Zaragoza, M. S. (2013). The misinformation effect: Past research and recent advances. In A. M. Ridley, F. Gabbert, & D. J. La Rooy (Eds.), *Suggestibility in legal contexts: Psychological research and forensic implications.* Malden, MA: Wiley-Blackwell.

Chu, J. A., Frey, L. M., Ganzel, B. L., & Matthews, J. A. (1999). Memories of childhood abuse: Dissociation, amnesia, and corroboration. *American Journal of Psychiatry, 156,* 749-755.

Chudler, E. H. (2007). The power of the full moon. Running on empty? In S. Della Sala (Ed.), *Tall tales about the mind & brain: Separating fact from fiction* (pp. 401-410). New York, NY: Oxford University Press.

Chung, J. M., Robins, R. W., Trzesniewski, K. H., Noftle, E. E., Roberts, B. W., & Widaman, K. F. (2014). Continuity and change in self-esteem during emerging adulthood. *Journal of Personality and Social Psychology, 106,* 469-483. doi:10.1037/a0035135

Chung, W. K., & Leibel, R. L. (2012). Genetics of body weight regulation. In K. D. Brownell, & M. S. Gold (Eds.), *Food and addiction: A comprehensive handbook.* New York, NY: Oxford University Press.

Church, A. (2010). Current perspectives in the study of personality across cultures. *Perspectives on Psychological Science, 5*(4), 441-449. doi:10.1177/1745691610375559

Cialdini, R. B. (2007). *Influence: Science and practice.* New York, NY: HarperCollins.

Cialdini, R. B. (2008). *Influence: Science and practice* (5th ed.). Boston, MA: Allyn & Bacon.

Cialdini, R. B., & Griskevicius, V. (2010). Social influence. In R. F. Baumeister & E. J. Finkel (Eds.), *Advanced social psychology: The state of the science* (pp. 385-417). New York, NY: Oxford University Press.

Cialdini, R. B., & Trost, M. R. (1998). Social influence: Social norms, conformity, and compliance. In D. T. Gilbert, S. T. Fiske, & G. Lindzey (Eds.), *The handbook of social psychology.* New York, NY: McGraw-Hill.

Ciborowski, T. (1997). "Superstition" in the collegiate baseball player. *Sport Psychologist, 11,* 305-317.

Clark, D. A., Abramowitz, J., Alcolado, G. M., Alonso, P., Belloch, A., Bouvard, M., ... Wong, W. (2014). Part 3. A question of perspective: The association between intrusive thoughts and obsessionality in 11 countries. *Journal of Obsessive-Compulsive and Related Disorders, 3*(3), 292-299. doi:10.1016/j.jocrd.2013.12.006

Clark, D. A., & Beck, A. T. (2010). *Cognitive Therapy of Anxiety Disorders: Science and practice.* New York, NY: Guilford Press.

Clark, R. D., & Hatfield, E. (1989). Gender differences in receptivity to sexual offers. *Journal of Psychology & Human Sexuality, 2*(1), 39-55.

Clark, R. E., Hales, J. B., Zola, S. M., & Thompson, R. F. (2013). Biological psychology. In D. K. Freedheim, & I. B. Weiner (Eds.), *Handbook of psychology: Vol. 1. History of psychology* (2nd ed., pp. 55-78). New York, NY: Wiley.

Clasen, P. C., Disner, S. G., & Beevers, C. G. (2013). Cognition and depression: Mechanisms associated with the onset and maintenance of emotional disorder. In M. D. Robinson, E. Watkins, & E. Harmon-Jones (Eds.), *Handbook of cognition and emotion.* New York, NY: Guilford Press.

Claxton, S. E., & van Dulmen, M. H. M. (2013). Casual sexual relationships and experiences in emerging adulthood. *Emerging Adulthood, 1,* 138-150.

Clayton, R. B., Nagurney, A., & Smith, J. R. (2013). Cheating, breakup, and divorce: Is Facebook use to blame? *Cyberpsychology, Behavior, and Social Networking, 16,* 717-720. doi:10.1089/cyber.2012.0424

Cleare, A. J., & Rane, L. J. (2013). Biological models of unipolar depression. In M. Power (Ed.), *The Wiley-Blackwell handbook of mood disorders* (2nd ed.). Malden, MA: Wiley-Blackwell.

Clement, S., Schauman, O., Graham, T., Maggioni, F., Evans-Lacko, S., Bezborodovs, N., ... Thornicroft, G. (2015). What is the impact of mental health-related stigma on help-seeking? A systematic review of quantitative and qualitative studies. *Psychological Medicine, 45*(1), 11-27. doi:10.1017/S0033291714000129

Clements, A. M., Rimrodt, S. L., Abel, J. R., Blankner, J. G., Mostofsky, S. H., Pekar, J. J., ... Cutting, L. E. (2006). Sex differences in cerebral laterality of language and visuospatial processing. *Brain and Language, 98*(2), 150-158. doi:10.1016/j.bandl.2006.04.007

Clint, E. K., Sober, E., Garland Jr, T., & Rhodes, J. S. (2012). Male superiority in spatial navigation: Adaptation or side effect? *The Quarterly Review of Biology, 87,* 289-313. doi:10.1086/668168

Clow, A. (2001). The physiology of stress. In F. Jones & J. Bright (Eds.), *Stress: Myth, theory, and research.* Harlow, UK: Pearson.

Coderre, T. J., Mogil, J. S., & Bushnell, M. C. (2003). The biological psychology of pain. In M. Gallagher & R. J. Nelson (Eds.), *Handbook of psychology: Vol. 3. Biological psychology.* New York, NY: Wiley.

Cogsdill, E. J., Todorov, A. T., Spelke, E. S., & Banaji, M. R. (2014). Inferring character from faces: A developmental study. *Psychological Science, 25,* 1132-1139. doi:10.1177/0956797614523297

Cohan, C. L. (2013). The cohabitation conundrum. In M. A. Fine & F. D. Fincham (Eds.), *Handbook of family theories: A content-based approach.* New York, NY: Routledge/Taylor & Francis Group.

Cohen, C. E. (1981). Person categories and social perception: Testing some boundaries of the processing effects of prior knowledge. *Journal of Personality and Social Psychology, 40,* 441-452.

Cohen, D. B. (1999). *Stranger in the nest: Do parents really shape their child's personality, intelligence, or character?* New York, NY: Wiley.

Cohen, S. (2005). Pittsburgh common cold studies: Psychosocial predictors of susceptibility to respiratory infectious illness. *International Journal of Behavioral Medicine, 12*(3), 123-131.

Cohen, S., Janicki-Deverts, D., Doyle, W. J., Miller, G. E., Frank, E., Rabin, B. S., & Turner, R. B. (2012). Chronic stress, glucocorticoid receptor resistance, inflammation, and disease risk. *PNAS Proceedings of the National Academy of Sciences in the United States of America, 109,* 5995-5999. doi:10.1073/pnas.1118355109

Cohen, S., Janicki-Deverts, D., & Miller, G. E. (2007). Psychological stress and disease. *JAMA, 298,* 1685-1687.

Cohen, S., & Pressman, S. D. (2006). Positive affect and health. *Current Directions in Psychological Science, 15*(3), 122-125.

Colagiuri, B., & Boakes, R. A. (2010). Perceived treatment, feedback, and placebo effects in double-blind RCTs: An experimental analysis. *Psychopharmacology, 208*(3), 433-441. doi:10.1007/s00213-009-1743-9

Colangelo, J. J. (2009). Case study: The recovered memory controversy: A representative case study. *Journal of Child Sexual Abuse: Research, Treatment, & Program Innovations For Victims, Survivors, & Offenders, 18,* 103-121. doi:10.1080/10538710802584601

Cole, M., & Packer, M. (2011). Culture and cognition. In K. D. Keith (Ed.), *Cross-cultural psychology: Contemporary themes and perspectives.* Malden, MA: Wiley-Blackwell.

Collins, A. M., & Loftus, E. F. (1975). A spreading-activation theory of semantic processing.

Psychological Review, 82, 407-428. doi:10.1037/0033-295X.82.6.407

Collins, W. A., & Laursen, B. (2006). Parent-adolescent relationships. In P. Noller & J. A. Feeney (Eds.), *Close relationships: Functions, forms and processes.* Hove, England: Psychology Press.

Colombo, J., Brez, C. C., & Curtindale, L. M. (2013). Infant perception and cognition. In R. M. Lerner, M. A. Easterbrooks, J. Mistry, & I. B. Weiner (Eds.), *Handbook of psychology: Vol. 6. Developmental psychology.* New York, NY: Wiley.

Colwill, R. M. (1993). An associative analysis of instrumental learning. *Current Directions in Psychological Science, 2*(4), 111-116.

Comas-Diaz, L. (2006). Cultural variation in the therapeutic relationship. In C. D. Goodheart, A. E. Kazdin, & R. J. Sternberg (Eds.), *Evidencebased psychotherapy: Where practice and research meet.* Washington, DC: American Psychological Association.

Combs, D. R., & Mueser, K. T. (2007). Schizophrenia. In M. Hersen, S. M. Turner, & D. C. Beidel (Eds.), *Adult psychopathology and diagnosis.* New York, NY: Wiley.

Comer, J. S., & Kendall, P. C. (2013). Methodology, design, and evaluation in psychotherapy research. In M. J. Lambert (Ed.). *Bergin and Garfield's handbook of psychotherapy and behavior change* (6th ed.). New York, NY: Wiley.

Connell, J. D. (2005). *Brain-based strategies to reach every learner.* New York, NY: Scholastic.

Connor, C. E., Pasupathy, A., Brincat, S., & Yamane, Y. (2009). Neural transformation of object information by ventral pathway visual cortex. In M. S. Gazzaniga (Ed.), *The cognitive neurosciences.* Cambridge, MA: MIT Press.

Conway, A. M., Tugade, M. M., Catalino, L. I., & Frederickson, B. L. (2013). The broaden-and-build theory of positive emotions: Form, function, and mechanisms. In S. A. David, I. Boniwell, & A. Conley Ayers (Eds.), *Oxford handbook of happiness.* New York, NY: Oxford University Press.

Cooke, L. (2007). The importance of exposure for healthy eating in childhood: A review. *Journal of Human Nutrition and Dietetics, 20,* 294-301.

Coolidge, F. L., & Wynn, T. (2009). *The rise of homo sapiens: The evolution of modern thinking.* Malden, MA: Wiley-Blackwell. doi:10.1002/9781444308297

Cooper, C., Bebbington, P., King, M., Jenkins, R., Farrell, M., Brugha, T., . . . Livingston, G. (2011). Happiness across age groups: Results from the 2007 National Psychiatric Morbidity Survey. *International Journal of Geriatric Psychiatry, 26,* 608-614. doi:10.1002/gps.2570

Cooper, J. (2012). Cognitive dissonance theory. In P. A. M. Van Lange, A. W. Kruglanski, & E. T. Higgins (Eds.), *Handbook of theories of social psychology: Vol. 1.* Los Angeles, CA: Sage.

Corballis, M. C. (1991). *The lopsided ape.* New York, NY: Oxford University Press.

Corballis, M. C. (2007). The dualbrain myth. In S. Della Sala (Ed.), *Tall tales about the mind & brain: Separating fact from fiction* (pp. 291-313). New York, NY: Oxford University Press.

Corballis, P. M. (2003). Visuospatial processing and the right-hemisphere interpreter. *Brain & Cognition, 53*(2), 171-176.

Coren, S. (1992). *The left-hander syndrome: The causes and consequences of left-handedness.* New York, NY: Free Press.

Coren, S., & Girgus, J. S. (1978). *Seeing is deceiving: The psychology of visual illusions.* Hillsdale, NJ: Erlbaum.

Corkin, S. (1984). Lasting consequences of bilateral medial temporal lobectomy: Clinical course and experimental findings in H. M. *Seminars in Neurology, 4,* 249-259.

Corkin, S. (2002). What's new with the amnesic patient H. M.? *Nature Reviews Neuroscience, 3,* 153-159.

Cornell, D. G. (1997). Post hoc explanation is not prediction. *American Psychologist, 52,* 1380.

Corr, C. A. (1993). Coping with dying: Lessons that we should and should not learn from the work of Elisabeth Kubler-Ross. *Death Studies, 17,* 69-83.

Corrigan, P. W., Druss, B. G., & Perlick, D. A. (2014). The impact of mental illness stigma on seeking and participating in mental health care. *Psychological Science in the Public Interest, 15*(2), 37-70. doi:10.1177/1529100614531398

Corrigan, P. W., & Larson, J. E. (2008). Stigma. In K. T. Mueser & D. V. Jeste (Eds.), *Clinical handbook of schizophrenia* (pp. 533-540). New York, NY: Guilford Press.

Corsica, J. A., & Perri, M. G. (2013). Understanding and managing obesity. In A. M. Nezu, C. M. Nezu, P. A. Geller, & I. B. Weiner (Eds.), *Handbook of psychology: Vol. 9. Health psychology* (2nd ed.). Hoboken, NJ: Wiley.

Cosgrove, L., & Krimsky, S. (2012). A comparison of DSM-IV and DSM-5 panel members' financial associations with industry: a pernicious problem persists. *PLoS Medicine, 9*(3), e1001190. doi:10.1371/journal. pmed.1001190

Cosmides, L. L., & Tooby, J. (1989). Evolutionary psychology and the generation of culture. Part II. Case study: A computational theory of social exchange. *Ethology and Sociobiology, 10,* 51-97.

Cosmides, L. L., & Tooby, J. (1996). Are humans good intuitive statisticians after all? Rethinking some conclusions from the literature on judgment under uncertainty. *Cognition, 58,* 1-73.

Costa, A., & Sebastián-Gallés, N. (2014). How does the bilingual experience sculpt the brain? *Nature Reviews Neuroscience, 15,* 336-345. doi:10.1038/nrn3709

Costa, P. T., Jr., & McCrae, R. R. (1985). *NEO Personality Inventory.* Odessa, FL: Psychological Assessment Resources.

Costa, P. T., Jr., & McCrae, R. R. (1992). *Revised NEO Personality Inventory: NEO PI and NEO Five-Factor Inventory* (professional manual). Odessa, FL: Psychological Assessment Resources.

Costa, P. T., Jr., & McCrae, R. R. (1994). Set like plaster? Evidence for the stability of adult personality. In T. F. Heatherton & J. L. Weinberger (Eds.), *Can personality change?* Washington, DC: American Psychological Association.

Costa, P. T., Jr., & McCrae, R. R. (1997). Longitudinal stability of adult personality. In R. Hogan, J. Johnson, & S. Briggs (Eds.), *Handbook of personality psychology.* San Diego, CA: Academic Press.

Cotter, A., & Potter, J. E. (2006). Mother to child transmission. In J. Beal, J. J. Orrick, & K. Alfonso (Eds.), *HIV/AIDS: Primary care guide.* Norwalk, CT: Crown House.

Courchesne, E., Mouton, P. R., Calhoun, M. E., Semendeferi, K., Ahrens-Barbeau, C., Hallet, M. J., ... Pierce, K. (2011). Neuron number and size in prefrontal cortex of children with autism. *JAMA, 306,* 2001-2010. doi:10.1001/jama.2011.1638

Coutts, A. (2000). Nutrition and the life cycle. 1: Maternal nutrition and pregnancy. *British Journal of Nursing, 9,* 1133-1138.

Cowan, N. (2005). *Working memory capacity.* New York, NY: Psychology Press.

Cowan, N. (2010). The magical mystery four: How is working memory capacity limited, and why? *Current Directions in Psychological Science, 19*(1), 51-57. doi:10.1177/0963721409359277

Cowart, B. J. (2005). Taste, our body's gustatory gatekeeper. *Cerebrum, 7*(2), 7-22.

Cowart, B. J., & Rawson, N. E. (2001). Olfaction. In E. B. Goldestein (Ed.), *Blackwell handbook of perception.* Malden, MA: Blackwell.

Cox, D., Meyers, E., & Sinha, P. (2004). Contextually evoked objectspecific responses in human visual cortex. *Science, 304,* 115-117.

Cox, P. D., Vinogradov, S., & Yalom, I. D. (2008). Group therapy. In R. E. Hales, S. C. Yudofsky, & G. O. Gabbard (Eds.), *The American Psychiatric Publishing textbook of psychiatry* (pp. 1329-1376). Washington, DC: American Psychiatric Publishing.

Cox, R. E., & Bryant, R. A. (2008). Advances in hypnosis research: Methods, designs and contributions of intrinsic and instrumental hypnosis. In M. R. Nash & A. J. Barnier (Eds.). *The Oxford Handbook of Hypnosis: Theory, research and practice* (pp. 311-336). New York, NY: Oxford University Press.

Cox, W. T. L., Abramson, L. Y., Devine, P. G., & Hollon, S. D. (2012). Stereotypes, prejudice, and depression: The integrated perspective. *Perspective on Psychological Science, 7,* 427-449. doi:10.1177/1745691612455204

Craighead, W. E., Craighead, L. W., Ritschel, L. A., & Zagoloff, A. (2013). Behavior therapy and cognitivebehavioral therapy. In G. Stricker & T. A. Widiger (Eds.), *Handbook of psychology: Vol. 8. Clinical psychology* (2nd ed.). New York, NY: Wiley.

Craik, F. I. M. (2001). Effects of dividing attention on encoding and retrieval processes. In H. L. Roediger III, J. S. Nairne, I. Neath, & A. M. Surprenant (Eds.), *The nature of remembering: Essays in honor of Robert G. Crowder* (pp. 55-68). Washington, DC: American Psychological Association.

Craik, F. I. M. (2002). Levels of processing: Past, present ... and future? *Memory, 10*(5-6), 305-318.

Craik, F. I. M., & Lockhart, R. S. (1972). Levels of processing: A framework for memory research. *Journal of Verbal Learning and Verbal Behavior, 11,* 671-684.

Craik, F. I. M., & Tulving, E. (1975). Depth of processing and the retention of words in episodic memory. *Journal of Experimental Psychology: General, 104,* 268-294.

Cramer, P. (2000). Defense mechanisms in psychology today: Further processes for adaptation. *American Psychologist, 55*(6), 637-646.

Cramer, P. (2001). The unconscious status of defense mechanisms. *American Psychologist, 56,* 762-763.

Cramer, P. (2008). Seven pillars of defense mechanism theory. *Social and Personality Psychology Compass, 2*(5), 1963-1981. doi.org/10.1111/j.1751-9004.2008.00135.x

Crandall, C. S., Bahns, A. J., Warner, R., & Schaller, M. (2011). Stereotypes as justifications of prejudice. *Personality and Social Psychology Bulletin, 37,* 1488-1498. doi:10.1177/0146167211411723

Crede, M., & Kuncel, N. R. (2008). Study habits, skills, and attitudes: The third pillar supporting collegiate academic performance. *Perspectives on Psychological Science, 3*(6), 425-453. doi:10.1111/j.1745-6924.2008.00089.x

Creswell, J. D., Bursley, J. K., & Satpute, A. B. (2013). Neural reactivation links unconscious thought to decision-making performance. *Social Cognitive and Affective Neuroscience, 8,* 863-869. doi:10.1093/scan/nst004

Crews, F. (2006). *Follies of the wise: Dissenting essays.* Emeryville, CA: Shoemaker & Hoard.

Crits-Christoph, P., Gibbons, M. B., & Mukherjee, D. (2013). Psychotherapy process-outcome research. In M. J. Lambert (Ed.). *Bergin and Garfield's handbook of psychotherapy and behavior change* (6th ed.). New York, NY: Wiley.

Cross-Disorder Group of the Psychiatric Genomics Consortium. (2013). Genetic relationship between five psychiatric disorders estimated from genome-wide SNPs. *Nature Genetics, 45,* 1371-1379. doi:10.1038/ng.2711

Crowder, R. G., & Greene, R. L. (2000). Serial learning: Cognition and behavior. In E. Tulving & F. I. M. Craik (Eds.), *The Oxford handbook of memory* (pp. 125-136). New York, NY: Oxford University Press.

Crum, A. J., Salovey, P., & Achor, S. (2013). Rethinking stress: The role of mindsets in determining stress response. *Journal of Personality and Social Psychology, 104,* 716-733. doi:10.1037/a0031201

Cuijpers, P., Driessen, E., Hollon, S. D., van Oppen, P., Barth, J., & Andersson, G. (2012). The efficacy of nondirective supportive therapy for adult depression: A meta-analysis. *Clinical Psychology Review, 32*(4), 280-291. doi:10.1016/j.cpr.2012.01.003

Cuijpers, P., Vogelzangs, N., Twisk, J., Kleiboer, A., Li, J., & Penninx, B. W. (2014). Comprehensive meta-analysis of excess mortality in depression in the general community versus patients with specific illnesses. *The American Journal of Psychiatry, 171,* 453-462. doi:10.1176/appi.ajp.2013.13030325

Cullen, B. A., McGinty, E. E., Zhang, Y., dosReis, S. C., Steinwachs, D. M., Guallar, E., & Daumit, G. L. (2013). Guideline-concordant antipsychotic use and mortality in schizophrenia. *Schizophrenia Bulletin, 39,* 1159-1168. doi:10.1093/schbul/sbs097

Cummins, D. (2005). Dominance, status, and social hierarchies. In D. M. Buss (Ed.), *The handbook of evolutionary psychology.* New York, NY: Wiley.

Cunningham, C. O., & Selwyn, P. A. (2005). HIV-related medical complications and treatment. In J. H. Lowinson, P. Ruiz, R. B. Millman, & J. G. Langrod (Eds.), *Substance abuse: A comprehensive textbook.* Philadelphia, PA: Lippincott Williams & Wilkins.

Cunningham, F., Leveno, K., Bloom, S., Hauth, J., Rouse, D., & Spong, C. (2010). *Williams obstetrics* (23rd ed.). New York, NY: McGraw-Hill.

Cunningham, J. B., & MacGregor, J. N. (2014). Productive and reproductive thinking in solving insight problems. *Journal of Creative Behavior, 48*(1), 44-63. doi:10.1002/jocb.40

Cunningham, M. (2001). The influence of parental attitudes and behaviors on children's attitudes toward gender and household labor in early adulthood. *Journal of Marriage and the Family, 63,* 111-122.

Curci, A., Lanciano, T., Soleti, E., & Rimé, B. (2013). Negative emotional experiences arouse rumination and affect working memory capacity. *Emotion, 13,* 867-880. doi:10.1037/a0032492

Curtis, G. C., Magee, W. J., Eaton, W. W., Wittchen, H., & Kessler, R. C. (1998). Specific fears and phobias: Epidemiology and classification. *British Journal of Psychiatry, 173,* 212-217. doi:10.1192/bjp.173.3.212

Cushman, P. (1992). Psychotherapy to 1992: A historically situated interpretation. In D. K. Freedheim (Ed.), *History of psychotherapy: A century of change.* Washington, DC: American Psychological Association.

Czarna, A. Z., Dufner, M., & Clifton, A. D. (2014). The effects of vulnerable and grandiose narcissism on likingbased and dislikingbased centrality in social networks. *Journal of Research in Personality, 50,* 42-45. doi:10.1016/j.jrp.2014.02.004

Dager, A. D., Anderson, B. M., Rosen, R., Khadka, S., Sawyer, B., JiantonioKelly, R. E., ... Pearson, G. D. (2014). Functional magnetic resonance imaging (fMRI) response to alcohol pictures predicts subsequent transition to heavy drinking in college students. *Addiction, 109,* 585-595. doi:10.1111/add.12437

Daiek, D. B., & Anter, N. M. (2004). *Critical reading for college and beyond.* New York, NY: McGraw-Hill.

Daley, C. E., & Onwuegbuzie, A. J. (2011). Race and intelligence. In R. J. Sternberg, & S. B. Kaufman (Eds.), *Cambridge handbook of intelligence.* New York, NY: Cambridge University Press.

Dallman, M. F., Bhatnagar, S., & Viau, V. (2007). Hypothalamicpituitary-adrenal axis. In G. Fink (Ed.), *Encyclopedia of stress.* San Diego, CA: Elsevier.

Dalton, S. O., & Johansen, C. (2005). Stress and cancer: The critical research. In C. L. Cooper (Ed.), *Handbook of stress medicine and health.* Boca Raton, FL: CRC Press.

Daly, M., & Wilson, M. (1985). Child abuse and other risks of not living with both parents. *Ethology and Sociobiology, 6,* 197-210.

Dang-Vu, T. T., Schabus, M., Cologan, V., & Maquet, P. (2009). Sleep: Implications for theories of dreaming and consciousness. In W. P. Banks (Ed.), *Encyclopedia of Consciousness* (pp. 357-374). San Diego, CA: Academic Press.

Danziger, K. (1990). *Constructing the subject: Historical origins of psychological research.* Cambridge, UK: Cambridge University Press.

Darley, J. M., & Latané, B. (1968). Bystander intervention in emergencies: Diffusion of responsibility. *Journal of Personality and Social Psychology, 8,* 377-383.

Darling-Kuria, N. (2010). *Brain-based early learning activities: Connecting theory and practice.* St. Paul, MN: Redleaf Press.

Darwin, C. (1859). *The origin of species.* London, UK: Murray.

Darwin, C. (1872). *The expression of emotions in man and animals.* New York, NY: Philosophical Library.

Das, E. H. H. J., de Wit, J. B. F., & Stroebe, W. (2003). Fear appeals motivate acceptance of action recommendations: Evidence for a positive bias in the processing of persuasive messages. *Personality and Social Psychology Bulletin, 29*(5), 650-664. doi:org/10.1177/0146167203029005009

David, E. R., Okazaki, S., & Giroux, D. (2014). A set of guiding principles to advance multicultural psychology and its major concepts. In F. L. Leong, L. Comas-Díaz, G. C. Nagayama Hall, V. C. McLoyd, & J. E. Trimble (Eds.), *APA handbook of multicultural psychology: Vol. 1. Theory and research.* Washington, DC: American Psychological Association. doi:10.1037/14189-005

Davidoff, J. (2001). Language and perceptual categorization. *Trends in Cognitive Sciences, 5,* 382-387.

Davidoff, J. (2004). Coloured thinking. *Psychologist, 17,* 570-572.

Davidson, J. E., & Kemp, I. A. (2011). Contemporary models of intelligence. In R. J. Sternberg, & S. B. Kaufman (Eds.), *Cambridge handbook of intelligence.* New York, NY: Cambridge University Press.

Davidson, K. W., Mostofsky, E., & Whang, W. (2010). Don't worry, be happy: Positive affect and reduced 10-year incident coronary heart disease: The Canadian Nova Scotia Health Survey. *European Heart Journal, 31,* 1065-1070.

Davidson, R. J., Kabat-Zinn, J., Schumacher, J., Rosenkranz, M., Muller, D., Santorelli, ... Sheridan, J. F. (2003a). Alterations in brain and immune function produced by mindfulness meditation. *Psychosomatic Medicine, 65,* 564-570.

Davies, G., Tenesa, A., Payton, A., Yang, J., Harris, S. E., Liewald, D., ... Deary, I. J. (2011). Genome-wide association studies establish that human intelligence is highly heritable and polygenic. *Molecular Psychiatry, 16,* 996-1005. doi:10.1038/mp.2011.85

Davies, I. R. L. (1998). A study of colour in three languages: A test of linguistic relativity hypothesis. *British Journal of Psychology, 89,* 433-452.

Davis, A., & Bremner, G. (2006). The experimental method in psychology. In G. M. Breakwell, S. Hammond, C. Fife-Schaw, & J. A. Smith (Eds.), *Research methods in psychology* (3rd ed.). London, UK: Sage.

Davis, A. S., & Dean, R. S. (2005). Lateralization of cerebral functions and hemispheric specialization: Linking behavior, structure, and neuroimaging. In R. C. D'Amato, E. FletcherJanzen, & C. R. Reynolds (Eds.), *Handbook of school neuropsychology.* Hoboken, NJ: Wiley.

Davis, D., & Loftus, E. F. (2007). Internal and external sources of misinformation in adult witness memory. In M. P. Toglia, J. D. Read, D. F. Ross, & R. C. L. Lindsay (Eds.), *Handbook of eyewitness psychology: Vol. 1. Memory for events.* Mahwah, NJ: Erlbaum.

Davis, K., Christodoulou, J., Seider, S., & Gardner, H. (2011). The theory of multiple intelligences. In R. J. Sternberg, & S. B. Kaufman (Eds.), *Cambridge handbook of intelligence.* New York, NY: Cambridge University Press.

Davis, M., Guyker, W., & Persky, I. (2012). Uniting veterans across distance through a telephone-based reminiscence group therapy intervention. *Psychological Services, 9*(2), 206-208. doi:10.1037/a0026117

Davis, M. C., Burke, H. M., Zautra, A. J., & Stark, S. (2013). Arthritis and musculoskeletal conditions. In A. M. Nezu, C. M. Nezu, P. A. Geller, & I. B. Weiner (Eds.), *Handbook of psychology: Vol. 9. Health psychology* (2nd ed.). New York, NY: Wiley.

Davis, O. S. P., Arden, R., & Plomin, R. (2008). g in middle childhood: Moderate genetic and shared environmental influence using diverse measures of general cognitive ability at 7, 9 and 10 years in a large population sample of twins. *Intelligence, 36,* 68-80.

Day, R. H. (1965). Inappropriate constancy explanation of spatial distortions. *Nature, 207,* 891-893.

Deacon, B. J. (2013). The biomedical model of mental disorder: A critical analysis of its validity, utility, and effects on psychotherapy research. *Clinical Psychology Review, 33,* 846-861. doi:10.1016/j.cpr.2012.09.007

Deary, I. J. (2012). Intelligence. *Annual Review of Psychology,*

63, 453-482. doi:10.1146/annurevpsych-120710-100353

Deary, I. J., & Batty, G. D. (2011). Intelligence as a predictor of health, illness; and death. In R. J. Sternberg, & S. B. Kaufman (Eds.), *Cambridge handbook of intelligence*. New York, NY: Cambridge University Press.

Deary, I. J., Strand, S., Smith, P., & Fernandes, C. (2007). Intelligence and educational achievement. *Intelligence, 35*, 13-21.

de Castro, J. M. (2010). The control of food intake of free-living humans: Putting the pieces back together. *Physiology & Behavior, 100*(5), 446-453. doi:10.1016/j.physbeh.2010.04.028

Dechêne, A., Stahl, C., Hansen, J., & Wänke, M. (2010). The truth about the truth: A meta-analytic review of the truth effect. *Personality and Social Psychology Review, 14*(2), 238-257. doi:10.1177/1088868309352251

Deer, B. (2011). How the case against the MMR vaccine was fixed. *British Medical Journal, 342*, 77-82.

Deese, J. (1959). On the prediction of occurrence of particular verbal intrusions in immediate recall. *Journal of Experimental Psychology, 58*, 17-22.

De Houwer, J. (2011). Evaluative conditioning: A review of functional knowledge and mental process theories. In T. R. Schachtman, & Reilly (Eds.), *Associative learning and condition theory: Human and non-human applications*. New York, NY: Oxford University Press.

Deitmer, J. W., & Rose, C. R. (2010). Ion changes and signaling in perisynaptic glia. *Brain Research Reviews, 63*(1-2), 113-129. doi:10.1016/j.brainresrev.2009.10.006

De Koninck, J. (2000). Waking experiences and dreaming. In M. H. Kryger, Roth, & W. C. Dement (Eds.), *Principles and practice of sleep medicine*. Philadelphia, PA: Saunders.

De Lacy, N., & King, B. H. (2013). Revisiting the relationship between autism and schizophrenia: toward an integrated neurobiology. *Annual Review of Clinical Psychology, 9*, 555-587. doi:10.1146/annurevcinpsy-050212-185627

Delis, D. C., & Lucas, J. A. (1996). Memory. In B. S. Fogel, R. B. Schiffer, & S. M. Rao (Eds.), *Neuropsychiatry*. Baltimore: Williams & Wilkins.

DeLongis, A., Folkman, S., & Lazarus, R. S. (1988). The impact of daily stress on health and mood: Psychological and social resources as mediators. *Journal of Personality and Social Psychology, 54*, 486-495.

Dement, W. C. (1992). *The sleepwatchers*. Stanford, CA: Stanford Alumni Association.

Dement, W. C., & Wolpert, E. (1958). The relation of eye movements, bodily motility, and external stimuli to dream content. *Journal of Experimental Psychology, 53*, 543-553.

Demir, M., Orthel, H., & Andelin, A. K. (2013). Friendship and happiness. In S. A. David, I. Boniwell, & A. Conley Ayers (Eds.), *The Oxford handbook of happiness*. New York, NY: Oxford University Press.

Dempster, E. L., Pidsley, R., Schalkwyk, L. C., Owens, S., Georgiades, A., Kane, F., ... Mill, J. (2011). Disease-associated epigenetic changes in monozygotic twins discordant for schizophrenia and bipolar disorder. *Human Molecular Genetics*. doi:10.1093/hmg/ddr416

Denollet, J., Martens, E. J., Nyklicek, I., Conraads, V., & de Gelder, B. (2008). Clinical events in coronary patients who report low distress: Adverse effect of repressive coping. *Health Psychology, 27*, 302-308. doi:10.1037/0278-6133.27.3.302

DePrince, A. P., Brown, L. S., Cheit, R. E., Freyd, J. J., Gold, S. N., Pezdek, K., & Quina, K. (2012). Motivated forgetting and misremembering: Perspectives from betrayal trauma theory. In R. F. Belli (Ed.), *True and false recovered memories: Toward a reconciliation of the debate*. New York, NY: Springer.

Derevensky, J. L., & Gupta, R. (2004). Preface. In J. L. Derevensky & R. Gupta (Eds.), *Gambling problems in youth: Theoretical and applied perspectives* (pp. xxi-xxiv). New York, NY: Kluwer/Plenum.

Desmurget, M., Song, Z., Mottolese, C., & Sirigu, A. (2013). Re-establishing the merits of electrical brain stimulation. *Trends in Cognitive Sciences, 17*, 442-449. doi:10.1016/j.tics.2013.07.002

DeSpelder, L. A., & Strickland, A. L. (1983). *The last dance: Encountering death and dying*. Palo Alto, CA: Mayfield.

Deutch, A. Y., & Roth, R. H. (2008). Neurotransmitters. In L. Squire, D. Berg, F. Bloom, S. Du Lac, A. Ghosh, & N. Spitzer (Eds.), *Fundamental neuroscience* (3rd ed., pp. 133-156). San Diego, CA: Elsevier.

de Villiers, J. G., & de Villiers, P. A. (1999). Language development. In M. H. Bornstein & M. E. Lamb (Eds.), *Developmental psychology: An advanced textbook*. Mahwah, NJ: Erlbaum.

de Villiers, P. (1977). Choice in concurrent schedules and a quantitative formulation of the law of effect. In W. K. Honig & J. E. R. Staddon (Eds.), *Handbook of operant behavior*. Englewood Cliffs, NJ: Prentice-Hall.

Devine, P. G., & Sharp, L. B. (2009). Automaticity and control in stereotyping and prejudice. In T. D. Nelson (Ed.), *Handbook of prejudice, stereotyping, and discrimination* (pp. 1-22). New York, NY: Psychology Press.

Devlin, M. J., & Steinglass, J. E. (2014). Feeding and eating disorders. In J. L. Cutler (Ed.), *Psychiatry* (3rd ed.). New York, NY: Oxford University Press.

Devos, T. (2008). Implicit attitudes 101: Theoretical and empirical insights. In W. D. Crano, & R. Prislin (Eds.), *Attitudes and attitude change* (pp. 61-84). New York, NY: Psychology Press.

Dew, M. A., Bromet, E. J., & Switzer, G. E. (2000). Epidemiology. In M. Hersen & A. S. Bellack (Eds.), *Psychopathology in adulthood*. Boston, MA: Allyn & Bacon.

De Waal, F. (2001). *The ape and the sushi master: Cultural reflections of a primatologist*. New York, NY: Basic Books.

Dewald, J. F., Meijer, A. M., Oort, F. J., Kerkhof, G. A., & Bogels, S. M. (2010). The influence of sleep quality, sleep duration and sleepiness on school performance in children and adolescents: A meta-analytic review. *Sleep Medicine Reviews, 14*, 179-189. doi:10.1016/j.smrv.2009.10.004

de Wit, J. B. F., Das, E., & Vet, R. (2008). What works best: Objective statistics or a personal testimonial? An assessment of the persuasive effects of different types of message evidence on risk perception. *Health Psychology, 27*(1), 110-115. doi:10.1037/0278-6133.27.1.110

Dewsbury, D. A. (2009). Charles Darwin and psychology at the bicentennial and sesquicentennial: An introduction. *American Psychologist, 64*(2), 67-74. doi:10.1037/a0013205

DeYoung, C. G. (2015). Openness/intellect: A dimension of personality reflecting. In M. Mikulincer, P. R. Shaver, M. L. Cooper, & R. J. Larsen (Eds.), *APA handbook of personality and social psychology: Vol. 4. Personality processes and individual differences*. Washington, DC: American Psychological Association.

Dhabhar, F. S. (2011). Effects of stress on immune function: Implications for immunoprotection and immunopathology. In R. J. Contrada & A. Baum (Eds.), *Handbook of stress science: Biology, psychology, and health*. New York, NY: Springer Publishing Company.

Diamond, L. M. (2008). Female bisexuality from adolescence to adulthood: Results from a 10-year longitudinal study. *Developmental Psychology, 44*(1), 5-14. doi:10.1037/0012-1649.44.1.5

Diamond, L. M. (2013). Concepts of female sexual orientation. In C. J. Patterson, & A. R. D'Augelli (Eds.), *Handbook of psychology and sexual orientation*. New York, NY: Oxford University Press.

Diamond, L. M. (2014). Gender and same-sex sexuality. In D. L. Tolman, L. M. Diamond, J. A. Bauermeister, W. H. George, J. G. Pfaus, & L. M. Ward (Eds.), *APA handbook of sexuality and psychology: Vol. 1. Personbased approaches*. Washington, DC: American Psychological Association.

DiCicco-Bloom, E., & Falluel-Morel, A. (2009). Neural development & neurogenesis. In B. J. Sadock, V. A. Sadock, & P. Ruiz (Eds.), *Kaplan & Sadock's comprehensive textbook of psychiatry* (9th ed., Vol. 1, pp. 42-64). Philadelphia, PA: Lippincott Williams & Wilkins.

Dick, D. M., & Rose, R. J. (2002). Behavior genetics: What's new? What's next? *Current Directions in Psychological Science, 11*(2), 70-74.

Dickens, W. T., & Flynn, J. R. (2001). Heritability estimates versus large environmental effects: The IQ paradox resolved. *Psychological Review, 108*, 346-369.

Diener, E., & Biswas-Diener, R. (2002). Will money increase subjective well-being? *Social Indicators Research, 57*(2), 119-169. doi:10.1023/A:1014411319119

Diener, E., Gohm, C. L., Suh, E., & Oishi, S. (2000). Similarity of the relations between marital status and subjective well-being across cultures. *Journal of Cross-Cultural Psychology, 31*, 419-436.

Diener, E., Kesebir, P., & Tov, W. (2009). Happiness. In M. R. Leary & R. H. Hoyle (Eds.), *Handbook of individual differences in social behavior* (pp. 147-160). New York, NY: Guilford Press.

Diener, E., Wolsic, B., & Fujita, F. (1995). Physical attractiveness and subjective well-being. *Journal of Personality and Social Psychology, 69*, 120-129.

Dietrich, M. O., & Horvath T. L. (2012). Neuroendocrine regulation of energy balance. In K. D. Brownell, & M. S. Gold (Eds.), *Food and addiction: A comprehensive handbook*. New York, NY: Oxford University Press.

Dijk, D., & Lazar, A. S. (2012). The regulation of human sleep and wakefulness: Sleep homeostasis and circadian rhythmicity. In C. M. Morin, & A. Espie (Eds.), *Oxford handbook of sleep and sleep disorders*. New York, NY: Oxford University Press.

Dijksterhuis, A. (2010). Automaticity and the unconscious. In S. T. Fiske, T. Gilbert, & G. Lindzey (Eds.), *Handbook of social psychology* (5th ed., Vol. 1, pp. 228-267). New York, NY: Wiley.

Dijksterhuis, A., Bos, M. W., Nordgren, L. F., & van Baaren, R. B. (2006). On making the right choice: The deliberation-without-attention effect. *Science, 311*, 1005-1007.

Dijksterhuis, A., & Nordgren, L. F. (2006). A theory of unconscious thought. *Perspectives on Psychological Science, 1*(2), 95-109.

Dijksterhuis, A., & van Olden, Z. (2006). On the benefits of thinking unconsciously: Unconscious thought can increase post-choice satisfaction. *Journal of Experimental Social Psychology, 42,* 627-631.

Di Lorenzo, P. M., & Youngentob, S. L. (2003). Olfaction and taste. In M. Gallagher & R. J. Nelson (Eds.), *Handbook of psychology: Vol. 3. Biological psychology.* New York, NY: Wiley.

Di Lorenzo, P. M., & Youngentob, S. L. (2013). Taste and olfaction. In R. J. Nelson, S. J. Y. Mizumori, & I. B. Weiner (Eds.), *Handbook of psychology: Vol. 3. Behavioral neuroscience* (2nd ed.). New York, NY: Wiley.

DiMatteo, M. R. (1991). *The psychology of health, illness, and medical care: An individual perspective.* Pacific Grove, CA: Brooks/Cole.

DiMatteo, M. R. (1997). Health behaviors and care decisions: An overview of professional-patient communication. In D. S. Gochman (Ed.), *Handbook of health behavior research II: Provider determinants.* New York, NY: Plenum.

DiMatteo, M. R. (2004a). Social support and patient adherence to medical treatment: A meta analysis. *Health Psychology, 23,* 207-218.

DiMatteo, M. R. (2004b). Variations in patients' adherence to medical recommendations: A quantitative review of 50 years of research. *Medical Care, 42,* 200-209.

Dimberg, U., & Söderkvist, S. (2011). The voluntary facial action technique: A method to test the facial feedback hypothesis. *Journal of Nonverbal Behavior, 35*(1), 17-33. doi:10.1007/s10919-010-0098-6

Di Milia, L., Vandelanotte, C., & Duncan, M. J. (2013). The association between short sleep and obesity after controlling for demographic, lifestyle, work and health related factors. *Sleep Medicine, 14,* 319-323. doi:10.1016/j.sleep.2012.12.007

Ding, D., Fung, J. W., Zhang, Q., Yip, G. W., Chang, C., & Yu, C. (2009). Effect of household passive smoking exposure on the risk of ischaemic heart disease in never-smoke female patients in Hong Kong. *Tobacco Control: An International Journal, 18,* 354-357. doi:10.1136/tc.2008.026112

Dinsmoor, J. A. (1998). Punishment. In W. O'Donohue (Ed.), *Learning and behavior therapy.* Boston, MA: Allyn & Bacon.

Dinsmoor, J. A. (2004). The etymology of basic concepts in the experimental analysis of behavior. *Journal of the Experimental Analysis of Behavior, 82,* 311-316.

Dismukes, R. K. (2012). Prospective memory in workplace and everyday situations. *Current Directions in Psychological Science, 21,* 215-220. doi:10.1177/0963721412447621

Dissell, R. (2005, December 14). Student from Ohio robbed bank to feed gambling habit, lawyer says. *The Plain Dealer.*

Dixon, L., & Goldman, H. (2004). Forty years of progress in community mental health: The role of evidencebased practices. *Administration & Policy in Mental Health, 31*(5), 381-392.

Dixon, R. A., & Cohen, A. (2003). Cognitive development in adulthood. In R. M. Lerner, M. A. Easterbrooks, & J. Mistry (Eds.), *Handbook of psychology: Vol. 6. Developmental psychology.* New York, NY: Wiley.

Dixon, R. A., McFall, G. P., Whitehead, B. P., & Dolcos, S. (2013). Cognitive development in adulthood and aging. In R. M. Lerner, M. A. Easterbrooks, J. Mistry, & I. B. Weiner (Eds.), *Handbook of psychology: Vol. 6. Developmental psychology.* New York, NY: Wiley.

Dobzhansky, T. (1937). *Genetics and the origin of species.* New York, NY: Columbia University Press.

Dodds, R. A., Ward, T. B., & Smith, S. M. (2011). A review of experimental literature on incubation in problem solving and creativity. In M. A. Runco (Ed.), *Creativity research handbook* (Vol. 3). Cresskill, NJ: Hampton. doi:10.1016/j.neuroimage.2010.01.021

Dohrenwend, B. P. (2006). Inventorying stressful life events as risk factors for psychopathology: Toward resolution of the problem of intracategory variability. *Psychological Bulletin, 132,* 477-495.

Doja, A., & Roberts, W. (2006). Immunizations and autism: A review of the literature. *Canadian Journal of Neurological Sciences, 33*(4), 341-346.

Dollard, J., Doob, L. W., Miller, N. E., Mowrer, O. H., & Sears, R. R. (1939). *Frustration and aggression.* New Haven: Yale University Press.

Domhoff, G. W. (2005a). The content of dreams: Methodologic and theoretical implications. In M. H. Kryger, T. Roth, & W. C. Dement (Eds.), *Principles and practice of sleep medicine.* Philadelphia, PA: Elsevier Saunders.

Domhoff, G. W. (2005b). Refocusing the neurocognitive approach to dreams: A critique of the Hobson versus Solms debate. *Dreaming, 15*(1), 3-20.

Domjan, M. (1994). Formulation of a behavior system for sexual conditioning. *Psychonomic Bulletin & Review, 1,* 421-428.

Domjan, M., & Atkins, C. K. (2011). Applications of Pavlovian conditioning to sexual behavior and reproduction. In T. R. Schachtman, & S. Reilly (Eds.), *Associative learning and condition theory: Human and non-human applications.* New York, NY: Oxford University Press.

Domjan, M., & Purdy, J. E. (1995). Animal research in psychology: More than meets the eye of the general psychology student. *American Psychologist, 50,* 496-503.

Don, B. P., & Mickelson, K. D. (2014). Relationship satisfaction trajectories across the transition to parenthood among low-risk parents. *Journal of Marriage and Family, 76,* 677-692. doi:10.1111/jomf.12111

Donnellan, M. B., Hill, P. L., & Roberts, B. W. (2015). Personality development across the life span: Current findings and future directions. In M. Mikulincer, P. R. Shaver, M. L. Cooper, & R. J. Larsen (Eds.), *APA handbook of personality and social psychology: Vol. 4. Personality processes and individual differences.* Washington, DC: American Psychological Association.

Dorahy, M. J., Brand, B. L., s, ar, V., Krüger, C., Stavropoulos, P., Martínez-Taboas, A., ... Middleton, W. (2014). Dissociative identity disorder: An empirical overview. *Australian and New Zealand Journal of Psychiatry, 48,* 402-417. doi:10.1177/0004867414527523

Doron, K. W., Bassett, D. S., & Gazzaniga, M. S. (2012). Dynamic network structure of interhemispheric coordination. *PNAS Proceedings of the National Academy of Sciences of the United States of America, 109,* 18661-18668. doi:10.1073/pnas.1216402109

Dörrie, N., Focker, M., Freunscht, I., & Hebebrand, J. (2014). Fetal alcohol spectrum disorders. *European Child & Adolescent Psychiatry, 23,* 863-875. doi:10.1007/s00787-014-0571-6

Doss, B. D., Rhoades, G. K., Stanley, S. M., & Markman, H. J. (2009). The effect of the transition to parenthood on relationship quality: An 8-year prospective study. *Journal of Personality and Social Psychology, 96,* 601-619. doi:10.1037/a0013969

Doty, R. L. (2010). Olfaction. In E. B. Goldstein (Ed.), *Encyclopedia of perception.* Thousand Oaks, CA: Sage.

Dougall, A. L., & Baum, A. (2012). Stress, health, and illness. In A. Baum, T. A. Revenson, & J. Singer (Eds.), *Handbook of health psychology* (2nd ed.). New York, NY: Psychology Press.

Dougall, A. L., & Swanson, J. N. (2011). Physical health outcomes of trauma. In R. J. Contrada & A. Baum (Eds.), *Handbook of stress science: Biology, psychology and health.* New York, NY: Spring Publishing Company.

Dougherty, D. D., Wilhelm, S., & Jenike, M. A. (2014). Obsessivecompulsive and related disorders. In R. E. Hales, S. C. Yudofsky, & L. W. Roberts (Eds.), *The American Psychiatric Publishing textbook of psychiatry* (6th ed.). Washington, DC: American Psychiatric Publishing.

Douglas, A. J. (2010). Baby on board: Do responses to stress in the maternal brain mediate adverse pregnancy outcome? *Frontiers in Neuroendocrinology, 31*(3), 359-376. doi:10.1016/j.yfrne.2010.05.002

Dovidio, J. F., & Gaertner, S. L. (2008). New directions in aversive racism research: Persistence and pervasiveness. In C. Willis-Esqueda (Ed.), *Motivational aspects of prejudice and racism* (pp. 43-67). New York, NY: Springer Science & Business Media. doi:10.1007/978-0-387-73233-6_3

Dovidio, J. F., & Gaertner, S. L. (2010). Intergroup bias. In S. T. Fiske, D. T. Gilbert, & G. Lindzey (Eds.), *Handbook of social psychology* (5th ed., Vol. 1, pp. 353-393). Hoboken, NJ: Wiley.

Dowling, K. W. (2005). The effect of lunar phases on domestic violence incident rates. *The Forensic Examiner, 14*(4), 13-18.

Downey, C. A., & Chang, E. C. (2014). Positive psychology: Current knowledge, multicultural considerations, and the future of the movement. In F. L. Leong, L. Comas-Díaz, G. C. Nagayama Hall, V. C. McLoyd, & J. E. Trimble (Eds.), *APA handbook of multicultural psychology: Vol. 2. Applications and training.* Washington, DC: American Psychological Association. doi:10.1037/14187-008

Draganski, B., Gaser, C., Busch, V., Schuierer, G., Bogdahn, U., & May, A. (2004). Changes in grey matter induced by training. *Nature, 427,* 311-312.

Drake, C. L., & Wright, Jr., K. P. (2011). Shift work, shift-work disorder, and jet lag. In M. H. Kryger, T. Roth, & W. C. Dement (Eds.), *Principles and practice of sleep medicine* (5th ed.). Saint Louis, MO: Elsevier Saunders.

Drew, L. J., Fusi, S., & Hen, R. (2013). Adult neurogenesis in the mammalian hippocampus: Why the dentate gyrus?*Learning & Memory, 20,* 710-729. doi:10.1101/lm.026542.112

Drews, F. A., Pasupathi, M., & Strayer, D. L. (2008). Passenger and cell phone conversations in simulated driving. *Journal of Experimental Psychology: Applied, 14*(4), 392-400. doi:10.1037/a0013119

Drews, F. A., Yazdani, H., Godfrey, C. N., Cooper, J. M., & Strayer, D. L. (2009). Text messaging during simulated driving. *Human Factors, 51*(5), 762-770. doi:10.1177/0018720809353319

Dror, O. E. (2014). The CannonBard thalamic theory of emotions: A brief genealogy and reappraisal.

Emotion Review, 6(1), 13-20. doi:10.1177/1754073913494898

DuBois, G. E. (2010). Taste stimuli: Chemical and food. In E. B. Goldstein (Ed.), *Encyclopedia of perception*. Thousand Oaks, CA: Sage.

Dubovsky, S. L. (2009). Benzodiazepine receptor agonists and antagonists. In B. J. Sadock, V. A. Sadock, & P. Ruiz (Eds.), *Kaplan & Sadock's comprehensive textbook of psychiatry* (pp. 3044-3055). Philadelphia, PA: Lippincott Williams & Wilkins.

Duckworth, A. L., Quinn, P. D., Lynam, D. R., Loeber, R., & Stouthamer-Loeber, M. (2011). Role of test motivation in intelligence testing. *PNAS Proceedings of the National Academy of Sciences of the United States of America, 108*, 7716-7720. doi:10.1073/pnas.1018601108

Duckworth, A. L., & Seligman, M. E. P. (2005). Self-discipline outdoes IQ in predicting academic performance of adolescents. *Psychological Science, 16*, 939-944.

Duckworth, K., & Borus, J. F. (1999). Population-based psychiatry in the public sector and managed care. In A. M. Nicholi (Ed.), *The Harvard guide to psychiatry*. Cambridge, MA: Harvard University Press.

Dudai, Y. (2004). The neurobiology of consolidation, or, how stable is the engram? *Annual Review of Psychology, 55*, 51-86.

Dudley, M., Hadzi-Pavlovic, D., Andrews, D., & Perich, T. (2008). Newgeneration antidepressants, suicide and depressed adolescents: How should clinicians respond to changing evidence? *Australian and New Zealand Journal of Psychiatry, 42*(6), 456-466. doi:10.1080/00048670802050538

Duffy, V. B., Hayes, J. E., Davidson, A. C., Kidd, J. R., Kidd, K. K, & Bartoshuk, L. M. (2010). Vegetable intake in college-aged adults is explained by oral sensory phenotypes and TAS2R38 genotype. *Chemosensory Perception, 3*(3-4), 137-148. doi:10.1007/s12078-010-9079-8

Duffy, V. B., Lucchina, L. A., & Bartoshuk, L. M. (2004). Genetic variation in taste: Potential biomarker for cardiovascular disease risk? In J. Prescott & B. J. Tepper (Eds.), *Genetic variations in taste sensitivity: Measurement, significance, and implications* (pp. 195-228). New York, NY: Dekker.

Duke, A. A., Bègue, L., Bell, R., & Eisenlohr-Moul, T. (2013). Revisiting the serotonin-aggression relation in humans: A meta-analysis. *Psychological Bulletin, 139*, 1148-1172. doi:10.1037/a0031544

Dum, R. P., & Strick, P. L. (2009). Basal ganglia and cerebellar circuits with the cerebral cortex. In M. S. Gazzangia (Ed.), *The cognitive neurosciences* (4th ed., pp. 553-564). Cambridge, MA: MIT Press.

Duman, R. S., Polan, H. J., & Schatzberg, A. (2008). Neurobiologic foundations of mood disorders. In A. Tasman, J. Kay, J. A. Lieberman, M. B. First, & M. Maj (Eds.), *Psychiatry* (3rd ed.). New York, NY: WileyBlackwell.

Dunbar-Jacob, J., & Schlenk, E. (2001). Patient adherence to treatment regimen. In A. Baum, T. A. Revenson, & J. E. Singer (Eds.), *Handbook of health psychology*. Mahwah, NJ: Erlbaum.

Dunbar-Jacob, J., Schlenk, E., & McCall, M. (2012). Patient adherence to treatment regimen. In A. Baum, T. A. Revenson, & J. Singer (Eds.), *Handbook of health psychology* (2nd ed.). New York, NY: Psychology Press.

Duncan, B. L. (1976). Differential social perception and attribution of intergroup violence: Testing the lower limits of stereotyping of blacks. *Journal of Personality and Social Psychology, 34*, 590-598.

Duncan, B. L., & Reese, R. J. (2013). Empirically supported treatments, evidence-based treatments, and evidence-based practice. In G. Stricker & T. A. Widiger (Eds.), *Handbook of psychology: Vol. 8. Clinical psychology* (2nd ed.). New York, NY: Wiley.

Dunlosky, J., Rawson, K. A., Marsh, E. J., Nathan, M. J., & Willingham, D. T. (2013). Improving students' learning with effective learning techniques: Promising directions from cognitive and educational psychology. *Psychological Science in the Public Interest, 14*(1), 4-58. doi:10.1177/1529100612453266

Dunn, E. W., Aknin, L. B., & Norton, M. I. (2014). Prosocial spending and happiness: Using money to benefit others pays off. *Current Directions in Psychological Science, 23*(1), 41-47. doi:10.1177/0963721413512503

Dunn, E. W., Wilson, T. D., & Gilbert, D. T. (2003). Location, location, location: The misprediction of satisfaction in housing lotteries. *Personality and Social Psychology Bulletin, 29*(11), 1421-1432. doi:10.1177/0146167203256867

Dunning, D., & Balcetis, E. (2013). Wishful seeing: How preferences shape visual perception. *Current Directions in Psychological Science, 22*(1), 33-37. doi:10.1177/0963721412463693

Dupere, V., Leventhal, T., Crosnoe, R., & Dion, E. (2010). Understanding the positive role of neighborhood socioeconomic advantage in achievement: The contribution of the home, child care, and school environments. *Developmental Psychology, 46*, 1227-1244. doi:10.1037/a0020211

Durante, K. M., Li, N. P., & Haselton, M. G. (2008). Changes in women's choice of dress across the ovulatory cycle: Naturalistic and laboratory task-based evidence. *Personality and Social Psychology Bulletin, 34*, 1451-1460.

Durrant, J., & Ensom, R. (2012). Physical punishment of children: Lessons from 20 years of research. *Canadian Medical Association Journal*, 1373-1377. doi:10.1503/cmaj.101314

Durrant, R., & Ellis, B. J. (2013). Evolutionary psychology. In R. J. Nelson, S. Y. Mizumori, & I. B. Weiner (Eds.), *Handbook of psychology: Vol. 3. Behavioral neuroscience* (2nd ed.). New York, NY: Wiley.

Dutton, D. G., & Aron, A. P. (1974). Some evidence for heightened sexual attraction under conditions of high anxiety. *Journal of Personality and Social Psychology, 30*, 510-517. doi:10.1037/h0037031 Eagle, M. N. (2013). The implications of conceptual critiques and empirical research on unconscious processes for psychoanalytic theory. *Psychoanalytic Review, 100*, 881-917. doi:10.1521/prev.2013.100.6.881

Eagly, A. H., & Wood, W. (1999). The origins of sex differences in human behavior: Evolved dispositions versus social roles. *American Psychologist, 54*, 408-423.

Eagly, A. H., & Wood, W. (2013). The nature-nurture debates: 25 years of challenges in understanding the psychology of gender. *Perspectives on Psychological Science, 8*, 340-357. doi:10.1177/1745691613484767

Easterbrooks, M. A., Bartlett, J. D., Beeghly, M., & Thompson, R. A. (2013). Social and emotional development in infancy. In R. M. Lerner, M. A. Easterbrooks, J. Mistry, & I. B. Weiner (Eds.), *Handbook of psychology: Vol. 6. Developmental psychology*. New York, NY: Wiley.

Eastwick, P. W. (2013). Cultural influences on attraction. In J. A. Simpson & L. Campbell (Eds.), *Oxford handbook of close relationships*. New York, NY: Oxford University Press.

Eastwick, P. W., Eagly, A. H., Finkel, E. J., & Johnson, S. E. (2011). Implicit and explicit preferences for physical attractiveness in a romantic partner: A double dissociation in predictive validity. *Journal of Personality and Social Psychology, 101*, 993-1011. doi:10.1037/a0024061

Ebbinghaus, H. (1885/1964). *Memory: A contribution to experimental psychology* (H. A. Ruger & E. R. Bussemius, Trans.). New York, NY: Dover.

Ebrahim, I. O., Shapiro, C. M., Williams, A. J., & Fenwick, P. B. (2013). Alcohol and sleep I: Effects on normal sleep. *Alcoholism: Clinical and Experimental Research, 37*, 539-549. doi:10.1111/acer.12006

Eckstein, D., & Kaufman, J. A. (2012). The role of birth order in personality: An enduring intellectual legacy of Alfred Adler. *The Journal of Individual Psychology, 68*(1), 60-61.

Edenfield, T. M., & Blumenthal, J. A. (2011). Exercise and stress reduction. In R. J. Contrada & A. Baum (Eds.), *Handbook of stress science: Biology, psychology, and health*. New York, NY: Spring Publishing Company.

Edwards, S., Jedrychowski, W., Butscher, M., Camann, D., Kieltyka, A., Mroz, E., ... Perera, F. (2010). Prenatal exposure to airborne polycyclic aromatic hydrocarbons and children's intelligence at 5 years of age in a prospective cohort study in Poland. *Environmental Health Perspectives, 118*(9), 1326-1331. doi:10.1289/ehp.0901070

Egido, J. A., Castillo, O., Roig, B., Sanz, I., Herrero, M. R., Garay, M. T., ... Fernandez, C. (2012). Is psychophysical stress a risk factor for stroke? A case-control study. *Journal of Neurology, Neurosurgery, & Psychiatry, 83*, 1104-1110. doi:10.1136/jnnp-2012-302420

Ehrenberg, M., Regev, R., Lazinski, M., Behrman, L. J., & Zimmerman, J. (2014). Adjustment to divorce for children. In L. Grossman & S. Walfish (Eds.), *Translating psychological research into practice*. New York, NY: Spring Publishing Co.

Ehrenberg, O., & Ehrenberg, M. (1994). *The psychotherapy maze: A consumer's guide to getting in and out of therapy*. Northvale, NJ: Jason Aronson.

Eibl-Eibesfeldt, I. (1975). *Ethology: The biology of behavior*. New York, NY: Holt, Rinehart, & Winston.

Eichenbaum, H. (2013). Memory systems. In R. J. Nelson, S. Y. Mizumori, & I. B. Weiner (Eds.), *Handbook of psychology: Vol. 3. Behavioral neuroscience* (2nd ed.). New York, NY: Wiley.

Eichenlaub, J., Nicolas, A., Jerome, D., Redoute, J., Costes, N., & Ruby, P. (2014). Resting brain activity varies with dream recall frequency between subjects. *Neuropsychopharmacology, 39*, 1594-1602. doi:10.1038/npp.2014.6

Einstein, G. O., & McDaniel, M. A. (2004). *Memory fitness: A guide for successful aging*. New Haven, CT: Yale University Press.

Eippert, F., Bingel, U., Schoell, E. D., Yacubian, J., Klinger, R., Lorenz, J., & Büchel, C. (2009). Activation of the opioidergic descending pain control system underlies placebo analgesia. *Neuron, 63*(4), 533-543.

Ekman, P. (1992). Facial expressions of emotion: New findings, new questions. *Psychological Science, 3*, 34-38.

Ekman, P., & Friesen, W. V. (1975). *Unmasking the face*. Englewood Cliffs, NJ: Prentice-Hall.

Ekman, P., & Friesen, W. V. (1984). *Unmasking the face*. Palo Alto, CA: Consulting Psychologists Press.

Elbogen, E. B., & Johnson, S. C. (2009). The intricate link between violence and mental disorder: Results from the national epidemiologic survey on alcohol and related conditions. *Archives of General Psychiatry, 66*(2), 152-161. doi:10.1001/archgenpsychiatry.2008.537

Ellingson, J. E., Heggestad, E. D., & Makarius, E. E. (2012). Personality retesting for managing intentional distortion. *Journal of Personality and Social Psychology, 102*, 1063-1076. doi:10.1037/a0027327

Elliot, A. J., & Maier, M. A. (2012). Color-in-context theory. In P. Devine & A. Plant (Eds.), *Advances in experimental social psychology*. San Diego, CA: Academic Press.

Elliot, A. J., & Maier, M. A. (2014). Color psychology: Effects of perceiving color on psychological functions in humans. *Annual Review of Psychology, 65*, 95-120.

Elliot, A. J., Maier, M. A., Moller, A. C., Friedman, R., & Meinhardt, J. (2007). Color and psychological functioning: The effect of red on performance attainment. *Journal of Experimental Psychology: General, 136*(1), 154-168. doi:10.1037/0096-3445.136.1.154

Elliot, A. J., & Niesta, D. (2008). Romantic red: Red enhances men's attraction to women. *Journal of Personality and Social Psychology, 95*(5), 1150-1164. doi:10.1037/0022-3514.95.5.1150

Elliott, R., Bohart, A. C., Watson, J. C., & Greenberg, L. S. (2011). Empathy. *Psychotherapy, 48*(1), 43-49.

Ellis, A. (1973). *Humanistic psychotherapy: The rational-emotive approach*. New York, NY: Julian Press.

Ellis, A. (1977). *Reason and emotion in psychotherapy*. Seacaucus, NJ: Lyle Stuart.

Ellis, A. (1985). *How to live with and without anger*. New York, NY: Citadel Press.

Ellis, A. (1987). The evolution of rational-emotive therapy (RET) and cognitive behavior therapy (CBT). In J. K. Zeig (Ed.), *The evolution of psychotherapy*. New York, NY: Brunner/Mazel.

Ellis, A. (1999). *How to make yourself happy and remarkably less disturbable*. Atascadero, CA: Impact Publishers.

Ellis, A. (2001). *Feeling better, getting better: Profound self-help therapy for your emotions*. Atascadero, CA: Impact Publishers.

Ellis, A., & Ellis, D. (2011). *Rational emotive behavior therapy*. Washington, DC: American Psychological Association.

Ellis, H. H. (1898). Autoerotism: A psychological study. *Alienist and Neurologist, 19*, 260-299.

Ellsworth, P. C. (2013). Appraisal theory: Old and new questions. *Emotion Review, 5*(2), 125-131. doi:10.1177/1754073912463617

Ellsworth, P. C. (2014). Basic emotions and the rocks of New Hampshire. *Emotion Review, 6*(1), 21-26. doi:10.1177/1754073913494897

Ellwood, S., Pallier, G., Snyder, A., & Gallate, J. (2009). The incubation effect: Hatching a solution? *Creativity Research Journal, 21*(1), 6-14. doi:10.1080/10400410802633368

Elman, I., Tschibelu, E., & Borsook, D. (2010). Psychosocial stress and its relationship to gambling urges in individuals with pathological gambling. *The American Journal on Addictions, 19*, 332-339.

Elms, A. C. (2009). Obedience lite. *American Psychologist, 64*(1), 32-36. doi:10.1037/a0014473

Elpers, J. R. (2000). Public psychiatry. In B. J. Sadock & V. A. Sadock (Eds.), *Kaplan and Sadock's comprehensive textbook of psychiatry* (7th ed., Vol. 2). Philadelphia, PA: Lippincott Williams & Wilkins.

Else-Quest, N. M., Hyde, J., & Linn, M. C. (2010). Cross-national patterns of gender differences in mathematics: A meta-analysis. *Psychological Bulletin, 136*(1), 103-127. doi:10.1037/a0018053

Elson, M., & Ferguson, C. J. (2014). Twenty-five years of research on violence in digital games and aggression: Empirical evidence, perspectives, and a debate gone astray. *European Psychologist, 19*, 33-46. doi:10.1027/1016-9040/a000147

Emery, C. F., Anderson, D. R., & Goodwin, C. L. (2013). Coronary heart disease and hypertension. In A. M. Nezu, C. M. Nezu, P. A. Geller, & I. B. Weiner (Eds.), *Handbook of psychology: Vol. 9. Health psychology* (2nd ed.). New York, NY: Wiley.

Emmelkamp, P. M. (2013). Behavior therapy with adults. In M. J. Lambert (Ed.). *Bergin and Garfield's handbook of psychotherapy and behavior change* (6th ed.). New York, NY: Wiley.

Endeshaw, Y., Rice, T. B., Schwartz, A. V., Stone, K. L., Manini, T. M., & Satterfield, S., ... Pahor, M. (2013). Snoring, daytime sleepiness, and incident cardiovascular disease in the Health, Aging, and Body Composition study. *Sleep: Journal of Sleep and Sleep Disorders Research, 36*, 1737-1745.

Ent, M. R., & Baumeister, R. F. (2014). Obedience, self-control, and the voice of culture. *Journal of Social Issues, 70*, 574-586. doi:10.1111/josi.12079

Epley, N., & Huff, C. (1998). Suspicion, affective response, and educational benefit as a result of deception in psychology research. *Personality and Social Psychology Bulletin, 24*, 759-768.

Epstein, D. H., Phillips, K. A., & Preston, K. L. (2011). Opioids. In P. Ruiz, & E. C. Strain (Eds.), *Lowinson and Ruiz's substance abuse: A comprehensive textbook* (5th ed.). Philadelphia, PA: Lippincott Williams & Wilkins.

Epstein, L., & Mardon, S. (2007). *The Harvard medical school guide to a good night's sleep*. New York, NY: McGraw-Hill.

Erdelyi, M. H. (2001). Defense processes can be conscious or unconscious. *American Psychologist, 56*, 761-762.

Erdfelder, E., Brandt, M., & Bröder, A. (2007). Recollection biases in hindsight judgments. *Social Cognition, 25*, 114-131.

Erikson, E. (1963). *Childhood and society*. New York, NY: Norton.

Erikson, E. (1968). *Identity: Youth and crisis*. New York, NY: Norton.

Espejo, E., Ferriter, C., Hazel, N., Keenan-Miller, D., Hoffman, L., & Hammen, C. (2011). Predictors of subjective ratings of stressor severity: The effects of current mood and neuroticism. *Stress & Health: Journal of the International Society for the Investigation of Stress, 27*(1), 23-33.

Esses, V. M., Jackson, L. M., & Bennett-AbuAyyash, C. (2010). Intergroup competition. In J. F. Dovidio, M. Hewstone, P. Glick, & V. M. Esses (Eds.), *The Sage handbook of prejudice, stereotyping, and discrimination*. Los Angeles, CA: Sage.

Esterson, A. (2001). The mythologizing of psychoanalytic history: Deception and self-deception in Freud's accounts of the seduction theory episode. *History of Psychiatry, 7*, 329-352.

Estes, W. K. (1999). Models of human memory: A 30-year retrospective. In C. Izawa (Ed.), *On human memory: Evolution, progress, and reflections on the 30th anniversary of the AtkinsonShiffrin model*. Mahwah, NJ: Erlbaum.

Evans, G. W. (2004). The environment of childhood poverty. *American Psychologist, 59*(2), 77-92.

Evans, J. T. (2012). Dual-process theories of deductive reasoning: Facts and fallacies. In K. J. Holyoak, & R. G. Morrison (Eds.), *Oxford handbook of thinking and reasoning*. New York, NY: Oxford University Press.

Evans, J. T., & Stanovich, K. E. (2013). Dual-process theories of higher cognition: Advancing the debate. *Perspectives on Psychological Science, 8*, 223-241. doi:10.1177/1745691612460685

Eysenck, H. J. (1967). *The biological basis of personality*. Springfield, IL: Charles C. Thomas.

Eysenck, H. J. (1982). *Personality, genetics and behavior: Selected papers*. New York, NY: Praeger.

Eysenck, H. J. (1990). Biological dimensions of personality. In L. A. Pervin (Ed.), *Handbook of personality: Theory and research*. New York, NY: Guilford Press.

Eysenck, H. J., & Kamin, L. (1981). *The intelligence controversy*. New York, NY: Wiley.

Eysenck, M. W., Mogg, K., May, J., Richards, A., & Mathews, A. (1991). Bias in interpretation of ambiguous sentences related to threat in anxiety. *Journal of Abnormal Psychology, 100*, 144-150.

Faber Taylor, A., & Kuo, F. E. (2009). Children with attention deficits concentrate better after walk in the park. *Journal of Attention Disorders, 12*, 402-409.

Fabrigar, L. R., MacDonald, T. K., & Wegener, D. T. (2005). The structure of attitudes. In D. Albarracin, B. T. Johnson, & M. P. Zanna (Eds.), *The handbook of attitudes*. Mahwah, NJ: Erlbaum.

Fabrigar, L. R., & Wegener, D. T. (2010). Attitude structure. In R. F. Baumeister & E. J. Finkel (Eds.), *Advanced social psychology: The state of the science* (pp. 177-216). New York, NY: Oxford University Press.

Fairburn, C. G., Cooper, Z., & Murphy, R. (2009). Bulimia nervosa. In M. C. Gelder, N. C. Andreasen, J. J. López-Ibor, Jr., & J. R. Geddes (Eds.). *New Oxford textbook of psychiatry* (2nd ed., Vol. 1). New York, NY: Oxford University Press.

Falicov, C. J. (2014). Psychotherapy and supervision as cultural encounters: The multidimensional ecological comparative approach framework. In C. A. Falender, E. P. Shafranske & C. J. Falicov, (Eds.), *Multiculturalism and diversity in clinical supervision: A competency-based approach*. (pp. 29-58). Washington, DC: American Psychological Association.

Falls, W. A. (1998). Extinction: A review of therapy and the evidence suggesting that memories are not erased with nonreinforcement. In W. O'Donohue (Ed.), *Learning and behavior therapy*. Boston, MA: Allyn & Bacon.

Faraday, A. (1974). *The dream game*. New York, NY: Harper & Row.

Faravelli, C., & Pallanti, S. (1989). Recent life events and panic disorders. *American Journal of Psychiatry, 146*, 622-626.

Farber, B. A., & Doolin, E. M. (2011). Positive regard and affirmation. In J. C. Norcross (Ed.), *Psychotherapy relationships that work: Evidence-based responsiveness* (2nd ed.). New York, NY: Oxford University Press. doi:10.1093/acprof:oso/9780199737208.003.0008

Farrington, D. P. (2006). Family background and psychopathy. In C. J. Patrick, & C. J. Patrick (Eds.), *Handbook of psychopathy* (pp. 229-250). New York, NY: Guilford Press.

Fazio, L. K., Barber, S. J., **Rajaram, S., Ornstein, P. A., & Marsh, E. J.** (2013). Creating illusions of knowledge: Learning errors that contradict prior knowledge. *Journal of Experimental Psychology: General, 142*(1), 1-5. doi:10.1037/a0028649

Fehr, B. (2008). Friendship formation. In S. Sprecher, A. Wenzel, & J. Harvey (Eds.), *Handbook of relationship initiation* (pp. 235-247). New York, NY: Psychology Press.

Fehr, B. (2013). The social psychology of love. In J. A. Simpson & L. Campbell (Eds.), *Oxford handbook of close relationships*. New York, NY: Oxford University Press.

Fehr, B. (2015). Love: Conceptualization and experience. In M. Mikulincer, P. R. Shaver, J. A. Simpson, & J. F. Dovidio (Eds.), *APA handbook of personality and social psychology Vol. 3: Interpersonal relations*. Washington, DC: American Psychological Association.

Fein, D., Barton, M., Eigsti, I., Kelley, E., Naigles, L., Schultz, R. T., & ... Tyson, K. (2013). Optimal outcome in individuals with a history of autism. *Journal of Child Psychology and Psychiatry, 54*(2), 195-205. doi:10.1111/jcpp.12037

Feinstein, J. S., Adolphs, R., Damasio, A., & Tranel, D. (2011). The human amygdala and the induction and experience of fear. *Current Biology, 21*, 34-38. doi:10.1016/j.cub.2010.11.042

Feist, G. J. (1998). A meta-analysis of personality in scientific and artistic creativity. *Personality and Social Psychology Review, 2*, 290-309.

Feist, G. J. (2004). The evolved fluid specificity of human creativity talent. In R. J. Sternberg, E. L. Grigorenko & J. L. Singer (Eds.), *Creativity: From potential to realization*. Washington, DC: American Psychological Association.

Feist, G. J. (2010). The function of personality in creativity: The nature and nurture of the creative personality. In J. C. Kaufman & R. J. Sternberg (Eds.), *The Cambridge handbook of creativity* (pp. 113-130). New York, NY: Cambridge University Press.

Fekadu, A., Wooderson, S. C., Markopoulo, K., Donaldson, C., Papadopoulos, A., & Cleare, A. J. (2009). What happens to patients with treatment-resistant depression? A systematic review of medium to long term outcome studies. *Journal of Affective Disorders, 116*(1-2), 4-11. doi:10.1016/j.jad.2008.10.014

Feldman, D. H. (1988). Creativity: Dreams, insights, and transformations. In R. J. Sternberg (Ed.), *The nature of creativity: Contemporary psychological perspectives*. Cambridge: Cambridge University Press.

Feldman, D. H. (2013). Cognitive development in childhood: A contemporary perspective. In R. M. Lerner, M. A. Easterbrooks, J. Mistry, & I. B. Weiner (Eds.), *Handbook of psychology: Vol. 6. Developmental psychology*. New York, NY: Wiley.

Feng, J., Spence, I., & Pratt, J. (2007). Playing an action video game reduces gender differences in spatial cognition. *Psychological Science, 18*(10), 850-855. doi:10.1111/j.1467-9280.2007.01990.x

Ferguson, C. J. (2013). Violent video games and the Supreme Court: Lessons for the scientific community in the wake of Brown v. Entertainment Merchants Association. *American Psychologist, 68*, 57-74. doi:10.1037/a0030597

Ferguson, C. J., & Savage, J. (2012). Have recent studies addressed methodological issues raised by five decades of television violence research? A critical review. *Aggression and Violent Behavior, 17*, 129-139. doi:10.1016/j.avb.2011.11.001

Ferrando, S. J., Owen, J. A., & Levenson, J. L. (2014). Psychopharmacology. In R. E. Hales, S. C. Yudofsky, & L. W. Roberts (Eds.), *The American Psychiatric Publishing textbook of psychiatry* (6th ed.). Washington, DC: American Psychiatric Publishing.

Ferreri, F., Lapp, L. K., & Peretti, C. (2011). Current research on cognitive aspects of anxiety disorders. *Current Opinion in Psychiatry, 24*(1), 49-54. doi:10.1097/YCO.0b013e32833f5585

Ferster, C. S., & Skinner, B. F. (1957). *Schedules of reinforcement*. New York, NY: Appleton-Century-Crofts.

Fervaha, G., Foussias, G., Agid, O., & Remington, G. (2014). Impact of primary negative symptoms on functional outcomes in schizophrenia. *European Psychiatry, 29*, 449-455. doi:10.1016/j.eurpsy.2014.01.007

Festinger, L. (1957). *A theory of cognitive dissonance*. Stanford, CA: Stanford University Press.

Festinger, L., & Carlsmith, J. M. (1959). Cognitive consequences of forced compliance. *Journal of Abnormal and Social Psychology, 58*, 203-210.

Ficca, G., Axelsson, J., Mollicone, D. J., Muto, V., & Vitiello, M. V. (2010). Naps, cognition and performance. *Sleep Medicine Reviews, 14*(4), 249-258. doi:10.1016/j.smrv.2009.09.005

Field, A. E., Sonneville, K. R., Crosby, R. D., Swanson, S. A., Eddy, K. T., Camargo, C. A., ... Micali, N. (2014). Prospective associations of concerns about physique and the development of obesity, binge drinking, and drug use among adolescent boys and young adult men. *JAMA Pediatrics, 168*(1), 34-39. doi:10.1001/jamapediatrics.2013.2915

Field, A. P., & Purkis, H. M. (2012). Associating learning and phobias. In M. Haselgrove, & L. Hogarth (Eds.), *Clinical applications of learning theory*. New York, NY: Psychology Press.

Fields, R. (2011, May 1). The hidden brain. *Scientific American: Mind, 22*(2), 52-59.

Fields, R. D. (2014). Myelin: More than insulation. *Science, 344*, 264-266.

Figueredo, A. J., Gladden, P., Vásquez, G., Wolf, P. S. A., & Jones, D. N. (2009). Evolutionary theories of personality. In P. J. Corr & G. Matthews (Eds.), *Cambridge handbook of personality psychology* (pp. 265-274). New York, NY: Cambridge University Press.

Figueredo, A. J., Sefcek, J. A., Vasquez, G., Brumbach, B. H., King, J. E., & Jacobs, W. J. (2005). Evolutionary personality psychology. In D. M. Buss (Ed.), *The handbook of evolutionary psychology*. New York, NY: Wiley.

Fine, C. (2010). From scanner to sound bite: Issues in interpreting and reporting sex differences in the brain. *Current Directions in Psychological Science, 19*(5), 280-283. doi:10.1177/0963721410383248

Fink, B., Neave, N., Manning, J. T., & Grammer, K. (2006). Facial symmetry and judgments of attractiveness, health and personality. *Personality and Individual Differences, 41*, 1253-1262.

Fink, M. (2004). *Electroshock: Healing mental illness*. New York, NY: Oxford University Press.

Fink, M. (2014). What was learned: Studies by the consortium for research in ECT (CORE) 1997-2011. *Acta Psychiatrica Scandinavica, 129*(6), 417-426. doi:10.1111/acps.12251

Fink, M., Kellner, C. H., & McCall, W. V. (2014). The role of ECT in suicide prevention. *The Journal of ECT, 30*(1), 5-9. doi:10.1097/YCT.0b013e3182a6ad0d

Fink, M. F. (2009). Non-pharmacological somatic treatments: Electroconvulsive therapy. In M. C. Gelder, N. C. Andreasen, J. J. López-Ibor, Jr., & J. R. Geddes (Eds.), *New Oxford textbook of psychiatry* (2nd ed., Vol. 1). New York, NY: Oxford University Press.

Finkel, E. J., Eastwick, P. W., Karney, B. R., Reis, H. T., & Sprecher, S. (2012). Online dating: A critical analysis from the perspective of psychological science. *Psychological Science in the Public Interest, 13*, 3-66. doi:10.1177/1529100612436522

Finlayson, G., Dalton, M., & Blundell, J. E. (2012). Liking versus wanting food in human appetite: Relation to craving. In K. D. Brownell, & M. S. Gold (Eds.), *Food and addiction: A comprehensive handbook*. New York, NY: Oxford University Press.

Firestein, S. (2001). How the olfactory system makes sense of scents. *Nature, 413*, 211-218.

First, M. B. (2008). Psychiatric classification. In A. Tasman, J. Kay, J. A. Lieberman, M. B. First, & M. Maj (Eds.), *Psychiatry* (3rd ed.). New York, NY: Wiley-Blackwell.

Fischer, P., Krueger, J. I., Greitemeyer, T., Vogrincic, C., Kastenmuller, A., Frey, D., ... Kainbacher, M. (2011). The bystander-effect. A meta-analytic review on bystander intervention in dangerous and non-dangerous emergencies. *Psychological Bulletin, 137*, 517-537. doi:10.1037/a0023304

Fischhoff, B. (2007). An early history of hindsight research. *Social Cognition, 25*(1), 10-13.

Fisher, M. P. (2014). PTSD in the U.S. military, and the politics of prevalence. *Social Science & Medicine, 115*, 1-9. doi:10.1016/j.socscimed.2014.05.051

Fisher, S., & Greenberg, R. P. (1996). *Freud scientifically reappraised: Testing the theories and therapy*. New York, NY: Wiley.

Fisher, S., & Greenberg, R. P. (1997). The curse of the placebo: Fanciful pursuit of a pure biological therapy. In S. Fisher & R. P. Greenberg (Eds.), *From placebo to panacea: Putting psychiatric drugs to the test*. New York, NY: Wiley.

Fishman, D. B., Rego, S. A., & Muller, K. L. (2011). Behavioral theories of psychotherapy. In J. C. Norcross, G. R. VandenBos, & D. K. Freedheim, (Eds.), *History of psychotherapy: Continuity and change* (2nd ed.). Washington, DC: American Psychological Association. doi:10.1037/12353-004

Fiske, S. T. (2004). Mind the gap: In praise of informal sources of formal theory. *Personality and Social Psychology Review, 8*(2), 132-137.

Fiske, S. T., & Russell, A. M. (2010). Cognitive processes. In J. F. Dovidio, M. Hewstone, P. Glick, & V. M. Esses (Eds.), *The Sage handbook of prejudice, stereotyping, and discrimination*. Los Angeles, CA: Sage.

Fiske, S. T., & Tablante, C. B. (2015). Stereotyping: Process and content. In M. Mikulincer, P. R. Shaver, E. Borgida, & J. A. Bargh (Eds.), *APA handbook of personality and social psychology Vol. 1: Attitudes and social cognition*. Washington, DC: American Psychological Association.

Flak, A. L., Su, S., Bertrand, J., Denny, C. H., Kesmodel, U. S., & Cogswell, M. E. (2014). The association of mild, moderate, and binge prenatal alcohol exposure and child neuropsychological outcomes: A meta-analysis. *Alcoholism: Clinical and Experimental Research, 38*, 214-226. doi:10.1111/ acer.12214

Flausino, N. H., Da Silva Prado, J. M., De Queiroz, S. S., Tufik,

S., & De Mello, M. T. (2012). Physical exercise performed before bedtime improves the sleep pattern of healthy young good sleepers. *Psychophysiology, 49*(2), 186-192. doi:10.1111/j.1469-8986.2011.01300.x

Flavell, J. H. (1996). Piaget's legacy. *Psychological Science, 7*, 200-203.

Flegal, K. M., Carroll, M., Ogden, C., & Curtin, L. (2010). Prevalence and trends in obesity among U.S. adults, 1999-2008. *JAMA, 303*(3), 235-241.

Flett, G. L., Vredenburg, K., & Krames, L. (1995). The stability of depressive symptoms in college students: An empirical demonstration of regression to the mean. *Journal of Psychopathology & Behavioral Assessment, 17*, 403-415.

Florentine, M., & Heinz, M. (2010). Audition: Loudness. In E. B. Goldstein (Ed.), *Encyclopedia of perception*. Thousand Oaks, CA: Sage.

Flynn, J. R. (1987). Massive IQ gains in 14 nations: What IQ tests really measure. *Psychological Bulletin, 101*, 171-191.

Flynn, J. R. (2003). Movies about intelligence: The limitations of g. *Current Directions in Psychological Science, 12*(3), 95-99.

Flynn, J. R. (2007). *What is intelligence? Beyond the Flynn effect*. New York, NY: Cambridge University Press.

Flynn, J. R. (2011). Secular changes in intelligence. In R. J. Sternberg, & S. B. Kaufman (Eds.), *Cambridge handbook of intelligence*. New York, NY: Cambridge University Press.

Folkman, S. (2008). The case for positive emotions in the stress process. *Anxiety, Stress and Coping: An International Journal, 21*(1), 3-14.

Folkman, S. (2011). Stress, health, and coping: Synthesis, commentary, and future directions. In S. Folkman (Ed.), *Oxford handbook of stress, health, and coping*. New York, NY: Oxford University Press.

Folkman, S., & Moskowitz, J. T. (2000). Positive affect and the other side of coping. *American Psychologist, 55*, 647-654.

Folkman, S., & Moskowitz, J. T. (2004). Coping: Pitfalls and promise. *Annual Review of Psychology, 55*, 745-774.

Folkman, S., Moskowitz, J. T., Ozer, E. M., & Park, C. L. (1997). Positive meaningful events and coping in the context of HIV/AIDS. In B. H. Gottlieb (Ed.), *Coping with chronic stress* (pp. 293-314). New York, NY: Plenum.

Follette, W. C., & Davis, D. (2009). Clinical practice and the issue of repressed memories: Avoiding an ice patch on the slippery slope. In W. O'Donohue & S. R. Graybar (Eds.), *Handbook of contemporary psychotherapy: Toward an improved understanding of effective psychotherapy* (pp. 47-73). Thousand Oaks, CA: Sage.

Forand, N. R., DeRubeis, R. J., & Amsterdam, J. D. (2013). Combining medication and psychotherapy in the treatment of major mental disorders. In M. J. Lambert (Ed.), *Bergin and Garfield's handbook of psychotherapy and behavior change* (6th ed.). New York, NY: Wiley.

Forscher, P. S., & Devine, P. G. (2014). Breaking the prejudice habit: Automaticity and control in the context of a long-term goal. In J. W. Sherman, B. Gawronski, & Y. Trope (Eds.), *Dualprocess theories of the social mind*. New York, NY: Guilford Press.

Forsyth, D. R. (2013). Social influence and group behavior. In H. Tennen, J. Suls, & I. B. Weiner (Eds.), *Handbook of psychology: Vol. 5. Personality and social psychology* (2nd ed.). New York, NY: Wiley.

Forsyth, D. R., & Strong, S. R. (1986). The scientific study of counseling and psychotherapy: A unificationist view. *American Psychologist, 41*, 113-119.

Foulkes, D. (1985). *Dreaming: A cognitive-psychological analysis*. Hillsdale, NJ: Erlbaum.

Fournier, J. C., DeRubeis, R. J., Hollon, S. D., Dimidjian, S., Amsterdam, J. D., Shelton, R. C., & Fawcett, J. (2010). Antidepressant drug effects and depression severity: A patient-level meta-analysis. *JAMA, 303*(1), 47-53.

Fox-Kales, E. (2011). *Body shots: Hollywood and the culture of eating disorders*. Albany, NY: State University of New York Press.

Frances, A. (2013). *Saving normal: An insider's revolt against out-of-control psychiatric diagnosis, DSM-5, Big Pharma, and the medicalization of ordinary life*. New York, NY: Morrow.

Frances, A. J., & Widiger, T. (2012). Psychiatric diagnosis: Lessons from the DSM-IV past and cautions for the DSM-5 future. *Annual Review of Clinical Psychology, 8*, 109-130. doi:10.1146/annurev-clinpsy-032511-143102

Francis, G. (1999). Spatial frequency and visual persistence: Cortical reset. *Spatial Vision, 12*, 31-50.

Francis, L. A., & Birch, L. L. (2005). Maternal influences on daughters' restrained eating behavior. *Health Psychology, 24*, 548-554.

Frani_, S., Middeldorp, C. M., Dolan, C. V., Ligthart, L., & Boomsma, D. I. (2010). Childhood and adolescent anxiety and depression: beyond heritability. *Journal of the American Academy of Child & Adolescent Psychiatry, 49*, 820-829.

Frank, J. D. (1961). *Persuasion and healing*. Baltimore: Johns Hopkins University Press.

Frank, L. K. (1939). Projective methods for the study of personality. *Journal of Psychology, 8*, 343-389.

Frank, L. R. (1990). Electroshock: Death, brain damage, memory loss, and brainwashing. *The Journal of Mind and Behavior, 11*(3/4), 489-512.

Frankland, P. W., Köhler, S., & Josselyn, S. A. (2013). Hippocampal neurogenesis and forgetting. *Trends in Neurosciences, 36*, 497-503. doi:10.1016/j.tins.2013.05.002

Franko, D. L., Keshaviah, A., Eddy, K. T., Krishna, M., Davis, M. C., Keel, P. K., & Herzog, D. B. (2013). A longitudinal investigation of mortality in anorexia nervosa and bulimia nervosa. *The American Journal of Psychiatry, 170*, 917-925. doi:10.1176/appi.ajp.2013.12070868

Frederick, S., & Loewenstein, G. (1999). Hedonic adaptation. In D. Kahneman, E. Diener, & N. Schwarz (Eds.), *Well-being: The foundations of hedonic psychology*. New York, NY: Russell Sage Foundation.

Fredrickson, B. L. (2001). The role of positive emotions in positive psychology: The broaden-and-build theory of positive emotions. *American Psychologist, 56*, 218-226.

Fredrickson, B. L. (2006). The broaden-and-build theory of positive emotions. In M. Csikszentmihalyi, & I. S. Csikszentmihalyi (Eds.), *A life worth living: Contributions to positive psychology*. New York, NY: Oxford University Press.

Fredrickson, B. L., Tugade, M. M., Waugh, C. E., & Larkin, G. R. (2003). What good are positive emotions in crises? A prospective study of resilience and emotions following the terrorist attacks on the United States on September 11, 2001. *Journal of Personality and Social Psychology, 84*, 365-376.

Freedman, J. L., & Fraser, S. C. (1966). Compliance without pressure: The foot-in-the-door technique. *Journal of Personality and Social Psychology, 4*, 195-202.

Freedman, R., Ross, R., Michels, R., Appelbaum, P., Siever, L., Binder, R., et al. (2007). Psychiatrists, mental illness, and violence. *American Journal of Psychiatry, 164*(9), 1315-1317. doi:10.1176/appi.ajp.2007.07061013

Fremouw, W. J., de Perczel, M., & Ellis, T. E. (1990). *Suicide risk: Assessment and response guidelines*. Elmsford, NY: Pergamon.

Frenda, S. J., Knowles, E. D., Saletan, W., & Loftus, E. F. (2013). False memories of fabricated political events. *Journal of Experimental Social Psychology, 49*, 280-286. doi:10.1016/j.jesp.2012.10.013

Frenda, S. J., Nichols, R. M., & Loftus, E. F. (2011). Current issues and advances in misinformation research. *Current Directions in Psychological Science, 20*(1), 20-23. doi:10.1177/0963721410396620

Freud, S. (1900/1953). *The interpretation of dreams*. In J. Strachey (Ed.), *The standard edition of the complete psychological works of Sigmund Freud* (Vols. 4 and 5). London UK: Hogarth. (Original work published 1900.)

Freud, S. (1901/1960). *The psychopathology of everyday life*. In J. Strachey (Ed.), *The standard edition of the complete psychological works of Sigmund Freud* (Vol. 6). London, UK: Hogarth. (Original work published 1900.)

Freud, S. (1914/1953). On narcissism: An introduction. In J. Strachey (Ed., Trans.), *The standard edition of the complete psychological works of Sigmund Freud* (Vol. 1). London, UK: Hogarth Press. (Original work published 1914.)

Freud, S. (1924). *A general introduction to psychoanalysis*. New York, NY: Boni & Liveright.

Freud, S. (1933/1964). *New introductory lectures on psychoanalysis*. In J. Strachey (Ed.), *The standard edition of the complete psychological works of Sigmund Freud* (Vol. 22). London, UK: Hogarth.

Freud, S. (1940). An outline of psychoanalysis. *International Journal of Psychoanalysis, 21*, 27-84.

Freund, A. M., Nikitin, J., & Riediger, M. (2013). Successful aging. In R. M. Lerner, M. A. Easterbrooks, J. Mistry, & I. B. Weiner (Eds.), *Handbook of psychology: Vol. 6. Developmental psychology*. New York, NY: Wiley.

Frey, K. S., & Ruble, D. N. (1992). Gender constancy and the cost of sextyped behavior: A test of the conflict hypothesis. *Developmental Psychology, 28*, 714-721.

Frick, U., Frick, H., Langguth, B., Landgrebe, M., Hübner-Liebermann, B., & Hajak, G. (2013). The revolving door phenomenon revisited: Time to readmission in 17,415 patients with 37,697 hospitalisations at a German psychiatric hospital. *Plos ONE, 8*(10). Article ID e75612.

Fried, A. L. (2012). Ethics in psychological research: Guidelines and regulations. In H. Cooper, P. M. Camic, D. L. Long, A. T. Panter, D. Rindskopf, & K. J. Sher (Eds.), *APA handbook of research methods in psychology: Vol. 1. Foundations, planning, measures, and psychometrics*. Washington, DC: American Psychological Association.

Friedkin, N. E. (1999). Choice shift and group polarization. *American Sociological Review, 64*, 856-875.

Friedman, H. S. (2011). Personality, disease, and self-healing. In H. S. Friedman (Ed.), *Oxford handbook of health psychology*. New York, NY: Oxford University Press.

Friedman, H. S., & Adler, N. E. (2007). The history and background of health psychology. In H. S. Friedman & R. C. Silver (Eds.), *Foundations of health psychology*. New York, NY: Oxford University Press.

Friedman, H. S., & Kern, M. L. (2014). Personality, well-being, and health. *Annual Review of Psychology*, 65, 719-742. doi:10.1146/annurev-psych-010213-115123

Friedman, H. S., Kern, M. L., Hampson, S. E., & Duckworth, A. L. (2014). A new life-span approach to conscientiousness and health: Combining the pieces of the causal puzzle. *Developmental Psychology, 50*, 1377-1389. doi:10.1037/a0030373

Friedman, M., & Rosenman, R. F. (1974). *Type A behavior and your heart*. New York, NY: Knopf.

Friedman, R., & James, J. W. (2008). The myth of the sages of dying, death and grief. *Skeptic, 14*, 37-41.

Friedman, S. L., & Boyle, D. E. (2008). Attachment in U.S. children experiencing nonmaternal care in the early 1990s. *Attachment & Human Development, 10*, 225-261. doi:10.1080/14616730802113570

Frijda, N. H. (1999). Emotions and hedonic experience. In D. Kahneman, E. Diener, & N. Schwarz (Eds.), *Wellbeing: The foundations of hedonic psychology*. New York, NY: Russell Sage Foundation.

Fuchs, A. H., & Evans, R. B. (2013). Psychology as a science. In D. K. Freedheim, & I. B. Weiner (Eds.), *Handbook of psychology Vol. 1: History of psychology* (2nd ed., pp. 1-31). New York, NY: Wiley.

Funder, D. C. (2001). Personality. *Annual Review of Psychology, 52*, 197-221.

Furumoto, L., & Scarborough, E. (1986). Placing women in the history of psychology: The first American women psychologists. *American Psychologist, 41*, 35-42.

Fyer, A. J. (2009). Anxiety disorders: Genetics. In B. J. Sadock, V. A. Sadock, & P. Ruiz (Eds.), *Kaplan & Sadock's comprehensive textbook of psychiatry* (9th ed., pp. 1898-1905). Philadelphia, PA: Lippincott Williams & Wilkins.

Gaddis, C. (1999, August 8). A Boggs life. *Tampa Tribune*. Retrieved from http://rays.tbo.com/rays/MGBWZ4RSL3E.html

Gaeth, G. J., & Shanteau, J. (2000). Reducing the influence of irrelevant information on experienced decision makers. In T. Connolly, H. R. Arkes, & K. R. Hammond (Eds.), *Judgment and decision making: An interdisciplinary reader* (2nd ed., pp. 305-323). New York, NY: Cambridge University Press.

Gage, F. H. (2002). Neurogenesis in the adult brain. *Journal of Neuroscience, 22*, 612-613.

Galambos, N. L. (2004). Gender and gender role development in adolescence. In R. M. Lerner & L. Steinberg (Eds.), *Handbook of adolescent psychology*. New York, NY: Wiley.

Galati, D., Scherer, K. R., & RicciBitti, P. E. (1997). Voluntary facial expression of emotion: Comparing congenitally blind with normally sighted encoders. *Journal of Personality and Social Psychology, 73*(6), 1363-1379. doi:10.1037/0022-3514.73.6.1363

Gale, C. R., Booth, T., Möttus, R., Kuh, D., & Deary, I. J. (2013). Neuroticism and extraversion in youth predict mental well-being and life satisfaction 40 years later. *Journal of Research in Personality, 47*, 687-697. doi:10.1016/j.jrp.2013.06.005

Gallagher, M. W., Lopez, S. J., Pressman, S. D. (2013). Optimism is universal: Exploring the presence and benefits of optimism in a representative sample of the world. *Journal of Personality, 81*, 429-440. doi:10.1111/jopy.12026

Gallese, V., Fadiga, L., Fogassi, L., & Rizzolatti, G. (1996). Action recognition in the premotor cortex. *Brain, 119*, 593-609.

Gallo, D. A., & Wheeler, M. E. (2013). Episodic memory. In D. Reisberg (Ed.), *Oxford handbook of cognitive psychology*. New York, NY: Oxford University Press.

Gallo, K. P., Thompson-Hollands, J., Pincus, D. B., & Barlow, D. H. (2013). Anxiety disorders. In T. A. Widiger, G. Stricker, I. B. Weiner, G. Stricker, T. A. Widiger, & I. B. Weiner (Eds.), *Handbook of psychology: Vol. 8. Clinical psychology* (2nd ed.). New York, NY: Wiley.

Gallup, G. G., Jr., & Frederick, D. A. (2010). The science of sex appeal: An evolutionary perspective. *Review of General Psychology, 14*(3), 240-250.

Galvan, A. (2013). The teenage brain: Sensitivity to rewards. *Current Directions in Psychological Science, 22*, 88-93. doi:10.1177/0963721413480859

Galvin, B. M., Waldman, D. A., & Balthazard, P. (2010). Visionary communication qualities as mediators of the relationship between narcissism and attributions of leader charisma. *Personnel Psychology, 63*, 509-537. doi:10.1111/j.1744-6570.2010.01179.x

Gananca, L., Kahn, D. A., & Oquendo, M. A. (2014). Mood disorders. In J. L. Cutler (Ed.), *Psychiatry* (3rd ed.). New York, NY: Oxford University Press.

Gangestad, S. W., Garver-Apgar, C. E., Simpson, J. A., & Cousins, A. J. (2007). Changes in women's mate preferences across the ovulatory cycle. *Journal of Personality and Social Psychology, 92*, 151-163.

Garb, H. N., Wood, J. M., Lilienfeld, S. O., & Nezworski, M. T. (2005). Roots of the Rorschach controversy. *Clinical Psychology Review, 25*(1), 97-118. doi:10.1016/j.cpr.2004.09.002

Garcia, J. (1989). Food for Tolman: Cognition and cathexis in concert. In T. Archer & L. G. Nilsson (Eds.), *Aversion, avoidance, and anxiety: Perspectives on aversively motivated behavior*. Hillsdale, NJ: Erlbaum.

Garcia, J., Clarke, J. C., & Hankins, W. G. (1973). Natural responses to scheduled rewards. In P. P. G. Bateson & P. Klopfer (Eds.), *Perspectives in ethology*. New York, NY: Plenum.

Garcia, J., & Rusiniak, K. W. (1980). What the nose learns from the mouth. In D. Muller-Schwarze & R. M. Silverstein (Eds.), *Chemical signals*. New York, NY: Plenum.

Gardner, H. (1983). *Frames of mind: The theory of multiple intelligences*. New York, NY: Basic Books.

Gardner, H. (1985). *The mind's new science: A history of the cognitive revolution*. New York, NY: Basic Books.

Gardner, H. (1999). *Intelligence reframed: Multiple intelligences for the 21st century*. New York, NY: Basic Books.

Gardner, H. (2006). *Multiple intelligences: New horizons*. New York, NY: Basic Books.

Gardner, M., & Steinberg, L. (2005). Peer influence on risk-taking, risk preference, and risky decision-making in adolescence and adulthood: An experimental study. *Developmental Psychology, 41*, 625-635.

Garrett, B. L. (2011). *Convicting the innocent*. Cambridge, MA: Harvard University Press.

Gaskin, D. J., & Richard, P. (2012). The economic costs of pain in the United States. *The Journal of Pain, 13*(8), 715-724. doi:10.1016/j.jpain.2012.03.009

Gast, A., Gawronski, B., & De Houwer, J. (2012). Evaluative conditioning: Recent developments and future directions. *Learning and Motivation, 43*, 79-88. doi:10.1016/j.lmot.2012.06.004

Gatchel, R. J., McGeary, D. D., McGeary, C. A., & Lippe, B. (2014). Interdisciplinary chronic pain management: Past, present, and future. *American Psychologist, 69*(2), 119-130. doi:10.1037/a0035514

Gates, G. J. (2011). *How many people are lesbian, gay, bisexual and transgender?* Los Angeles, CA: The Williams Institute, UCLA School of Law.

Gates, G. J. (2013). Demographic perspectives on sexual orientation. In J. Patterson, & A. R. D'Augelli (Eds.), *Handbook of psychology and sexual orientation*. New York, NY: Oxford University Press.

Gato, J., & Fontaine, A. M. (2013). Anticipation of the sexual and gender development of children adopted by same-sex couples. *International Journal of Psychology, 48*, 244-253. doi:10.1080/00207594.2011.645484

Gaudiano, B. A., & Miller, I. W. (2013). The evidence-based practice of psychotherapy: Facing the challenges that lie ahead. *Clinical Psychology Review, 33*, 813-824. doi:10.1016/j.cpr.2013.04.004

Gazzaniga, M. S. (1970). *The bisected brain*. New York, NY: AppletonCentury-Crofts.

Gazzaniga, M. S. (2005). Forty-five years of split-brain research and still going strong. *Nature Reviews Neuroscience, 6*, 653-659.

Gazzaniga, M. S. (2008). Spheres of influence. *Scientific American Mind, 19*(2), 32-39.

Gazzaniga, M. S., Bogen, J. E., & Sperry, R. W. (1965). Observations on visual perception after disconnection of the cerebral hemispheres in man. *Brain, 88*, 221-236.

Gazzaniga, M. S., Ivry, R. B., & Mangum, G. R. (2009). *Cognitive neuroscience: The biology of the mind* (3rd ed.). New York, NY: Norton.

Gearhardt, A. N., & Corbin, W. R. (2012). Food addiction and diagnostic criteria for dependence. In K. Brownell, & M. S. Gold (Eds.), *Food and addiction: A comprehensive handbook*. New York, NY: Oxford University Press.

Geary, D. C. (2007). An evolutionary perspective on sex difference in mathematics and the sciences. In S. J. Ceci & W. M. Williams (Eds.), *Why aren't more women in science?* (pp. 173-188). Washington, DC: American Psychological Association.

Gegenfurtner, K. (2010). Color perception: Physiological. In E. B. Goldstein (Ed.), *Encyclopedia of perception*. Thousand Oaks, CA: Sage.

Gehrman, P., Findley, J., & Perlis, M. (2012). Insomnia I: Etiology and conceptualization. In C. M. Morin, & C. A. Espie (Eds.), *Oxford handbook of sleep and sleep disorders*. New York, NY: Oxford University Press.

Geier, C. F. (2013). Adolescent cognitive control and reward processing: Implications for risk taking and substance use. *Hormones and Behavior, 64*, 333-342. doi:10.1016/j.yhbeh.2013.02.008

Geisinger, K. F. (2013). Reliability. In K. F. Geisinger, B. A. Bracken, J. F. Carlson, J. C. Hansen, N. R. Kuncel, S. P. Reise, & M. C. Rodriguez (Eds.), *APA handbook of testing and assessment in psychology: Vol. 1. Test theory and testing and assessment in industrial and organizational psychology*. Washington, DC: American Psychological Association. doi:10.1037/14047-002

Gelernter, J. (2015). Genetics of complex traits in psychiatry.

Biological Psychiatry, 77(1), 36-42. doi:10.1016/j.biopsych.2014.08.005

Geller, J. L. (2009). The role of the hospital in the care of the mentally ill. In B. J. Sadock, V. A. Sadock, & P. Ruiz (Eds.), *Kaplan & Sadock's comprehensive textbook of psychiatry* (9th ed., pp. 4299-4314). Philadelphia, PA: Lippincott Williams & Wilkins.

Geng, L., Liu, L., Xu, J., Zhou, K., & Fang, Y. (2013). Can evaluative conditioning change implicit attitudes towards recycling? *Social Behavior and Personality, 41*, 947-956.

Gennari, S. P., Sloman, S. A., Malt, B. C., & Fitch, W. T. (2002). Motion events in language and cognition. *Cognition, 83*(1), 49-79.

Gentile, B., Grabe, S., Dolan-Pascoe, B., Twenge, J. M., Wells, B. E., & Maitino, A. (2009). Gender differences in domain-specific self-esteem: A meta-analysis. *Review of General Psychology, 13*(1), 34-45. doi:10.1037/a0013689

Gentile, D. A., & Bushman, B. J. (2012). Reassessing media violence effects using a risk and resilience approach to understanding aggression. *Psychology of Popular Media Culture, 1*, 138-151. doi:10.1037/a0028481

Gentner, D., & Smith, L. A. (2013). Analogical learning and reasoning. In D. Reisberg (Ed.), *Oxford handbook of cognitive psychology*. New York, NY: Oxford University Press.

George, S. A. (2002). The menopause experience: A woman's perspective. *Journal of Obstetric, Gynecologic, and Neonatal Nursing, 31*, 71-85.

Geraerts E. (2012). Cognitive underpinnings of recovered memories of childhood abuse. In R. F. Belli (Ed.), *True and false recovered memories: Toward a reconciliation of the debate*. New York, NY: Springer.

Gershoff, E. T. (2002). Parental corporal punishment and associated child behaviors and experiences: A metaanalytic and theoretical review. *Psychological Bulletin, 128*, 539-579.

Gershoff, E. T. (2013). Spanking and child development: We know enough now to stop hitting our children. *Child Development Perspectives, 7*, 133-137. doi:10.1111/cdep.12038

Gershoff, E. T., Lansford, J. E., Sexton, H. R., Davis-Kean, P., & Sameroff, A. J. (2012). Longitudinal links between spanking and children's externalizing behaviors in a national sample of white, black, Hispanic, and Asian American families. *Child Development, 83*, 838-843. doi:10.1111/j.1467-8624.2011.01732.x

Gershon, E. S., & Alliey-Rodriguez, N. (2013). New ethical issues for genetic counseling in common mental disorders. *The American Journal of Psychiatry, 170*, 968-976. doi:10.1176/appi.ajp.2013.12121558

Gibbons, D. E., & Lynn, S. J. (2010). Hypnotic inductions: A primer. In S. J. Lynn, J. W. Rhue, & I. Kirsch (Eds.), *Handbook of Clinical Hypnosis* (2nd ed., pp. 267-292). Washington, DC: American Psychological Association.

Gibbons, R. D., Brown, C. H., Hur, K., Davis, J. M., & Mann, J. J. (2012). Suicidal thoughts and behavior with antidepressant treatment: Reanalysis of the randomized placebocontrolled studies of fluoxetine and venlafaxine. *Archives of General Psychiatry, 69*(6), 580-587. doi:10.1001/archgenpsychiatry.2011.2048

Gibson, C., Folley, B. S., & Park, S. (2009). Enhanced divergent thinking and creativity in musicians: A behavioral and near-infrared spectroscopy study. *Brain and Cognition, 69*(1), 162-169. doi:10.1016/j.bandc.2008.07.009

Giedd, J. N., Rapoport, J. L. (2010). Structural MRI of pediatric brain development: What have we learned and where are we going? *Neuron, 67*, 728-734.

Gigerenzer, G. (2008). Why heuristics work. *Perspective on Psychological Science, 3*(1), 20-29.

Gigerenzer, G., Gaissmaier, W., KurzMilcke, E., Schwartz, L. M., & Woloshin, S. (2007). Helping doctors and patients make sense of health statistics. *Psychological Science in the Public Interest, 8*(2), 53-96. doi:10.1111/j.1539-6053.2008.00033.x

Gilbert, D. T. (1989). Thinking lightly about others: Automatic components of the social inference process. In J. S. Uleman & J. A. Bargh (Eds.), *Unintended thought: Limits of awareness, intention, and control*. New York, NY: Guilford Press.

Gilbert, D. T. (1998). Speeding with Ned: A personal view of the correspondence bias. In J. M. Darley & J. Cooper (Ed.), *Attribution and social interaction: The legacy of Edward E. Jones*. Washington, DC: American Psychological Association.

Gilbert, D. T. (2006). *Stumbling on happiness*. New York, NY: Alfred A. Knopf.

Gilgen, A. R. (1982). *American psychology since World War II: A profile of the discipline*. Westport, CT: Greenwood.

Gillen-O'Neel, C., Huynh, V. W., & Fuligni, A. J. (2013). To study or sleep? The academic costs of extra studying at the expense of sleep. *Child Development, 84*, 133-142.

Gilovich, T. D., & Griffin, D. W. (2010). Judgment and decision making. In S. T. Fiske, D. T. Gilbert, & G. Lindzey (Eds.), *Handbook of social psychology* (5th ed., Vol. 1, pp. 542-588). Hoboken, NJ: Wiley.

Gilson, T. A., Chow, G. M., & Feltz, D. L. (2012). Self-efficacy and athletic squat performance: Positive or negative influences at the within- and between-levels of analysis. *Journal of Applied Social Psychology, 42*, 1467-1485. doi:10.1111/j.1559-1816.2012.00908.x

Gimmig, D., Huguet, P., Caverni, J., & Cury, F. (2006). Choking under pressure and working memory capacity: When performance pressure reduces fluid intelligence. *Psychonomic Bulletin & Review, 13*(6), 1005-1010.

Gitlin, M. J. (2014). Pharmacotherapy and other somatic treatments for depression. In I. H. Gotlib & C. L. Hammen, (Eds.), *Handbook of depression* (3rd ed). New York, NY: Guilford Press.

Gittelman, M. (2005). The neglected disaster. *International Journal of Mental Health, 34*(2), 9-21.

Gläscher, J., Adolphs, R., Damasio, H., Bechara, A., Rudrauf, D., Calamia, M., . . . Tranel, D. (2012). Lesion mapping of cognitive control and value-based decision making in the prefrontal cortex. *PNAS Proceedings of The National Academy of Sciences of the United States of America, 109*, 14681-14686. doi:10.1073/pnas.1206608109

Glass, R. M. (2001). Electroconvulsive therapy. *JAMA, 285*, 1346-1348.

Glass, R. M. (2004). Treatment of adolescents with major depression: Contributions of a major trial. *JAMA, 292*, 861-863.

Glasser, W. (2005). Warning: Psychiatry can be hazardous to your mental health. In R. H. Wright & N. A. Cummings (Eds.), *Destructive trends in mental health: The well-intentioned path to harm*. New York, NY: Routledge.

Glassman, A., Maj, M., & Sartorius, N. (2011). *Depression and heart disease*. Hoboken, NJ: Wiley.

Glassner, B. (1999). *The culture of fear: Why Americans are afraid of the wrong things*. New York, NY: Perseus Books Group.

Gleason, M. E. J., & Masumi, I. (2015). Social support. In M. Mikulincer, P. R. Shaver, E. Borgida, & A. Bargh (Eds.), *APA handbook of personality and social psychology: Vol. 3. Interpersonal relations*. Washington, DC: American Psychological Association.

Gleitman, L., & Newport, E. (1996). *The invention of language by children*. Cambridge, MA: MIT Press.

Gleitman, L., & Papafragou, A. (2005). Language and thought. In J. Holyoak & R. G. Morrison (Eds.), *The Cambridge handbook of thinking and reasoning*. New York, NY: Cambridge University Press.

Gloria, C. T., & Steinhardt, M. A. (2014). Relationships among positive emotions, coping, resilience, and mental health. *Stress and Health: Journal of the International Society for the Investigation of Stress*. Advance online publication. doi:10.1002/smi.2589

Gluck, M. E. (2006). Stress response and binge eating disorder. *Appetite, 46*(1), 26-30.

Godlee, F., Smith, J., & Marcovitch, H. (2011). Wakefield's article linking MMR vacine and autism was fraudulent. *British Medical Journal, 342*, 64-66.

Goff, D. C. (2014). Maintenance treatment with long-acting injectable antipsychotics: Comparing old with new. *JAMA, 311*, 1973-1974.

Goff, D. C., & Gudeman, J. E. (1999). The person with chronic mental illness. In A. M. Nicholi (Ed.), *The Harvard guide to psychiatry*. Cambridge, MA: Harvard University Press.

Gold, J., & Stricker, G. (2013). Psychotherapy integration and integrative psychotherapies. In G. Stricker & T. A. Widiger (Eds.), *Handbook of psychology: Vol. 8. Clinical psychology* (2nd ed.). New York, NY: Wiley.

Goldberg, T. E., David, A., & Gold, J. M. (2011). Neurocognitive impairments in schizophrenia: Their character and their role in symptom formation. In D. R. Weinberger & P. Harrison (Eds.), *Schizophrenia* (3rd ed.). Malden, MA: Wiley-Blackwell.

Goldenberg, H. (1983). *Contemporary clinical psychology*. Pacific Grove, CA: Brooks/Cole.

Goldenberg, I., Goldenberg, H., & Pelavin, E. G. (2011). Family therapy. In R. J. Corsini & D. Wedding (Eds.), *Current psychotherapies* (9th ed.). Belmont, CA: Brooks/Cole.

Goldin-Meadow, S., Levine, S. C., Hedges, L. V., Huttenlocher, J., Raudenbush, S. W., & Small, S. L. (2014). New evidence about language and cognitive development based on a longitudinal study: Hypotheses for intervention. *American Psychologist, 69*, 588-599. doi:10.1037/a0036886

Goldsmith, R., Joanisse, D. R., Gallagher, D., Pavlovich, K., Shamoon, E., Leibel, R. L., & Rosenbaum, M. (2010). Effects of experimental weight perturbation on skeletal muscle work efficiency, fuel utilization, and biochemistry in human subjects. *American Journal of Physiology-Regulatory, Integrative and Comparative Physiology, 298*, R79-R88.

Goldstein, D. G., & Gigerenzer, G. (2002). Models of ecological rationality: The recognition heuristic. *Psychological Review, 109*, 75-90.

Goldstein, E. B. (2001). Pictorial perception and art. In E. B. Goldstein (Ed.), *Blackwell handbook of perception*. Malden, MA: Blackwell.

Goldstein, E. B. (2010). Constancy. In E. B. Goldstein (Ed.), *Encyclopedia of perception*. Thousand Oaks, CA: Sage.

Gomes, A. R., Faria, S., & Goncalves, A. M. (2013). Cognitive appraisal as a mediator in the relationship between stress and burnout. *Work & Stress, 27*, 351-367. doi:10.1080/02678373.2013.840341

Gómez, D. M., Berent, I., BenavidesVarela, S., Bion, R. H., Cattarossi, L., Nespor, M., & Mehler, J. (2014). Language universals at birth. *PNAS Proceedings of the National Academy of Sciences of the United States of America, 111*, 5837-5841. doi:10.1073/pnas.1318261111

González, H. M., Vega, W. A., Williams, D. R., Tarraf, W., West, B. T., & Neighbors, H. W. (2010). Depression care in the United States: Too little for too few. *Archives of General Psychiatry, 67*(1), 37-46.

Goodall, J. (1986). Social rejection, exclusion, and shunning among the Gombe chimpanzees. *Ethology & Sociobiology, 7*, 227-236.

Goodall, J. (1990). *Through a window: My thirty years with the chimpanzees of Gombe*. Boston, MA: Houghton, Mifflin.

Goodheart, C. D. (2006). Evidence, endeavor, and expertise in psychology practice. In C. D. Goodheart, A. E. Kazdin, & R. J. Sternberg (Eds.), *Evidence-based psychotherapy: Where practice and research meet* (pp. 37-62). Washington, DC: American Psychological Association.

Goodie, A. S., & Fortune, E. E. (2013). Measuring cognitive distortions in pathological gambling: Review and meta-analyses. *Psychology of Addictive Behaviors, 27*, 730-743. doi:10.1037/a0031892

Goodwin, C. J. (1991). Misportraying Pavlov's apparatus. *American Journal of Psychology, 104*(1), 135-141.

Goodwin, F. K., & Jamison, K. R. (2007). *Manic-depressive illness: Bipolar disorders and recurrent depression*. New York, NY: Oxford University Press.

Goodwin, G. (2009). Neurobiological aetiology of mood disorders. In M. C. Gelder, N. C. Andreasen, J. J. Lopezdor, Jr., & J. R. Geddes (Eds.), *New Oxford textbook of psychiatry* (2nd ed., Vol. 1). New York, NY: Oxford University Press.

Gopnik, A., Meltzoff, A. N., & Kuhl, P. K. (1999). *The scientist in the crib: Minds, brains, and how children learn*. New York, NY: Morrow.

Gordon, J., & Abramov, I. (2001). Color vision. In E. B. Goldstein (Ed.), *Blackwell handbook of perception*. Malden, MA: Blackwell.

Goswami, U. (2006). Neuroscience and education: From research to practice? *Nature Reviews Neuroscience, 7*(5), 2-7.

Gottesman, I. I. (1991). *Schizophrenia genesis: The origins of madness*. New York, NY: W. H. Freeman.

Gottesman, I. I. (2001). Psychopathology through a life span-genetic prism. *American Psychologist, 56*, 867-878.

Gottesmann, C. (2009). Discovery of the dreaming sleep stage: A recollection. *Sleep: Journal of Sleep and Sleep Disorders Research, 32*(1), 15-16.

Gottfredson, L. S. (2003a). Dissecting practical intelligence theory: Its claims and evidence. *Intelligence, 31*, 343-397.

Gottfredson, L. S. (2003b). G, jobs and life. In H. Nyborg (Ed.), *The scientific study of general intelligence: Tribute to Arthur R. Jensen*. Oxford, UK: Pergamon.

Gouin, J., Glaser, R., Malarkey, W. B., Beversdorf, D., & Kiecolt-Glaser, J. (2012). Chronic stress, daily stressors, and circulating inflammatory markers. *Health Psychology, 31*, 264-268. doi:10.1037/a0025536

Gouin, J., Hantsoo, L. V., & KeicoltGlaser, J. K. (2011). Stress, negative emotions, and inflammation. In J. T. Cacioppo & J. Decety (Eds.), *Oxford handbook of social neuroscience*. New York, NY: Oxford University Press.

Gould, E. (2004). Stress, deprivation, and adult neurogenesis. In M. S. Gazzaniga (Ed.), *The cognitive neurosciences* (pp. 139-148). Cambridge, MA: MIT Press.

Gow, A. J., Bastin, M. E., Munoz Maniega, S., Valdes Hernandez, M. C., Morris, Z., Murray, C., ... Wardlaw, J. M. (2012). Neuroprotective lifestyles and the aging brain: Activity, atrophy, and white matter integrity. *Neurology, 23*, 1802-1808. doi:10.1212/WNL.0b013e3182703fd2

Goyal, M., Singh, S., Sibinga, E. M. S., Gould, N. F., Rowland-Seymour, A., Sharma, R., ... Haythornthwaite, J. A. (2014). Meditation programs for psychological stress and well-being: A systematic review and meta-analysis. *JAMA Internal Medicine, 174*, 357-368. doi:10.1001/jamainternmed.2013.13018

Graber, J. A. (2013). Pubertal timing and the development of psychopathology in adolescence and beyond. *Hormones and Behavior, 64*, 262-269. doi:10.1016/j.yhbeh.2013.04.003

Grady, D. (2006). Management of menopausal symptoms. *New England Journal of Medicine, 355*, 2338-2347.

Granberg, G., & Holmberg, S. (1991). Self-reported turnout and voter validation. *American Journal of Political Science, 35*, 448-459.

Grandner, M. A., Chakravorty, S., Perlis, M. L., Oliver, L., & Gurubhagavatula, I. (2014). Habitual sleep duration associated with selfreported and objectively determined cardiometabolic risk factors. *Sleep Medicine, 15*, 42-50. doi:10.1016/j.sleep.2013.09.012

Grandner, M. A., Hale, L., Moore, M., & Patel, N. P. (2010). Mortality associated with short sleep duration: The evidence, the possible mechanisms, and the future. *Sleep Medicine Reviews, 14*(3), 191-203. doi:10.1016/j.smrv.2009.07.006

Grandner, M. A., Jackson, N. J., Pak, V. M., & Gehrman, P. R. (2012). Sleep disturbance is associated with cardiovascular and metabolic disorders. *Journal of Sleep Research, 21*, 427-433. doi:10.1111/j.1365-2869.2011.00990.x

Granic, I., Lobel, A., & Engels, R. C. M. E. (2014). The benefits of playing video games. *American Psychologist, 69*, 66-78. doi:10.1037/a0034857

Grant, D. A., Bieling, P. J., Segal, Z. V., & Cochrane, M. M. (2013). Cognitive models and issues. In M. Power (Ed.), *The Wiley-Blackwell handbook of mood disorders* (2nd ed.). Malden, MA: Wiley-Blackwell.

Grant, J. A., Courtemanche, J., Duerden, E. G., Duncan, G. H., & Rainville, P. (2010). Cortical thickness and pain sensitivity in zen meditators. *Emotion, 10*(1), 43-53. doi:10.1037/a0018334

Grant, J. A., & Rainville, P. (2009). Pain sensitivity and analgesic effects of mindful states in Zen meditators: A cross-sectional study. *Psychosomatic Medicine, 71*(1), 106-114. doi:10.1097/PSY.0b013e31818f52ee

Gray, C., & Della Sala, S. (2007). The Mozart effect: It's time to face the music! In S. Della Sala (Ed.), *Tall tales about the mind & brain: Separating fact from fiction* (pp. 148-157). New York, NY: Oxford University Press.

Graziano, W. G., & Tobin, R. M. (2009). Agreeableness. In M. R. Leary & R. H. Hoyle (Eds.), *Handbook of individual differences in social behavior* (pp. 46-61). New York, NY: Guilford Press.

Green, C. D. (2009). Darwinian theory, functionalism, and the first American psychological revolution. *American Psychologist, 64*(2), 75-83. doi:10.1037/a0013338

Green, J. P. (1999). Hypnosis, context effects, and recall of early autobiographical memories. *International Journal of Clinical & Experimental Hypnosis, 47*, 284-300.

Green, J. P., Laurence, J., & Lynn, S. J. (2014). Hypnosis and psychotherapy: From Mesmer to mindfulness. *Psychology of Consciousness: Theory, Research, and Practice, 1*, 199-212. doi:10.1037/cns0000015

Greenberg, J., Landau, M., Kosloff, S., & Solomon, S. (2009). How our dreams of death transcendence breed prejudice, stereotyping, and conflict: Terror management theory. In T. D. Nelson (Ed.), *Handbook of prejudice, stereotyping, and discrimination* (pp. 309-332). New York, NY: Psychology Press.

Greenberg, J. S. (2002). *Comprehensive stress management: Health and human performance*. New York, NY: McGraw-Hill.

Greene, S. M., Anderson, E. R., Forgatch, M. S., DeGarmo, D. S., & Hetherington, E. M. (2012). Risk and resilience after divorce. In F. Walsh (Ed.), *Normal family processes: Growing diversity and complexity* (4th ed.). New York, NY: Guilford Press.

Greeno, J. G. (1978). Nature of problem-solving abilities. In W. K. Estes (Ed.), *Handbook of learning and cognitive processes* (Vol. 5). Hillsdale, NJ: Erlbaum.

Greenough, W. T. (1975). Experiential modification of the developing brain. *American Scientist, 63*, 37-46.

Greenough, W. T., & Volkmar, F. R. (1973). Pattern of dendritic branching in occipital cortex of rats reared in complex environments. *Experimental Neurology, 40*, 491-504.

Greenson, R. R. (1967). *The technique and practice of psychoanalysis* (Vol. 1). New York, NY: International Universities Press.

Greenwald, A. G., Banaji, M. R., & Nosek, B. A. (2015). Statistically small effects of the implicit association test can have societally large effects. *Journal of Personality and Social Psychology, 108*(4), 553-561. doi:10.1037/pspa0000016

Greenwald, A. G., McGhee, D. E., & Schwartz, J. K. (1998). Measuring individual differences in implicit cognition: The Implicit Association Test. *Journal of Personality and Social Psychology, 74*(6), 1464-1480. doi:10.1037/0022-3514.74.6.1464

Greenwald, A. G., & Pettigrew, T. F. (2014). With malice toward none and charity for some: Ingroup favoritism enables discrimination. *American Psychologist, 69*, 669-684. doi:10.1037/a0036056

Greenwald, A. G., Poehlman, T., Uhlmann, E., & Banaji, M. R. (2009). Understanding and using the Implicit Association Test: III. Meta-analysis of predictive validity. *Journal of Personality and Social Psychology, 97*(1), 17-41. doi:10.1037/a0015575

Gregory, R. L. (1973). *Eye and brain*. New York, NY: McGraw-Hill.

Gregory, R. L. (1978). *Eye and brain* (2nd ed.). New York, NY: McGraw-Hill.

Greiner, E., Ryan, M., Mithani, Z., & Junquera, P. (2013). Cannabis use and psychosis: Current perspectives.

Addictive Disorders & Their Treatment, 12, 136-139. doi:10.1097/ADT.0b013e3182624271

Greitemeyer, T. (2014). Intense acts of violence during video game play make daily life aggression appear innocuous: A new mechanism of why violent video games increase aggression. *Journal of Experimental Social Psychology, 50*, 52-56. doi:10.1016/j.jesp.2013.09.004

Gremeaux, V., Gayda, M., Lepers, R., Sosner, P., Juneau, M., & Nigam, A. (2012). Exercise and longevity. *Maturitas, 73*, 312-317. doi:10.1016/j.maturitas.2012.09.012

Griffin, D. W., Gonzalez, R., Koehler, J., & Gilovich, T. (2012). Judgmental heuristics: A historical overview. In K. J. Holyoak, & R. G. Morrison (Eds.), *Oxford handbook of thinking and reasoning*. New York, NY: Oxford University Press.

Grigorenko, E. L. (2000). Heritability and intelligence. In R. J. Sternberg (Ed.), *Handbook of intelligence* (pp. 53-91). New York, NY: Cambridge University Press.

Grinspoon, L., Bakalar, J. B., & Russo, E. (2005). Marihuana: Clinical aspects. In J. H. Lowinson, P. Ruiz, R. B. Millman, & J. G. Langrod (Eds.), *Substance abuse: A comprehensive textbook*. Philadelphia, PA: Lippincott Williams & Wilkins.

Griskevicius, V., Haselton, M. G., & Ackerman, J. M. (2015). Evolution and close relationships. In M. Mikulincer, P. R. Shaver, J. A. Simpson, & J. F. Dovidio (Eds.), *APA handbook of personality and social psychology Vol. 3: Interpersonal relations*. Washington, DC: American Psychological Association.

Gros-Louis, J., West, M. J., & King, A. P. (2014). Maternal responsiveness and the development of directed vocalizing in social interactions. *Infancy, 19*, 385-408. doi:10.1111/infa.12054

Gross, A. L., Brandt, J., BandeenRoche, K., Carlson, M. C., Stuart, E. A., Marsiske, M., & Rebok, G. W. (2014). Do older adults use the method of loci? Results from the active study. *Experimental Aging Research, 40*, 140-163. doi:10.1080/0361073X.2014.882204

Gross, C. G. (2000). Neurogenesis in the adult brain: Death of a dogma. *Nature Reviews Neuroscience, 1*, 67-73.

Grossmann, K. E., & Grossmann, K. (1990). The wider concept of attachment in cross-cultural research. *Human Development, 33*, 31-47.

Grotevant, H. D., & McDermott, J. M. (2014). Adoption: Biological and social processes linked to adaptation. *Annual Review of Psychology, 65*, 235-266. doi:10.1146/annurevpsych-010213-115020

Grubin, D., & Madsen, L. (2005). Lie detection and the polygraph: A historical review. *Journal of Forensic Psychiatry & Psychology, 16*, 357-369.

Grunberg, N. E., Berger, S. S., & Hamilton, K. R. (2011). Stress and drug use. In R. J. Contrada & A. Baum (Eds.), *The handbook of stress science: Biology, psychology, and health* (pp. 111-121). New York, NY: Springer Publishing.

Grunberg, N. E., Shafer Berger, S., & Starosciak, A. K. (2012). Tobacco use: Psychology, neurobiology and clinical implications. In A. Baum, T. A. Revenson, & J. Singer (Eds.), *Handbook of health psychology* (2nd ed., pp. 311- 332). New York, NY: Psychology Press.

Grunberg, N. E., Faraday, M. M., & Rahman, M. A. (2001). The psychobiology of nicotine self-administration. In A. Baum, T. A. Revenson, & J. E. Singer (Eds.), *Handbook of health psychology* (pp. 249-262). Mahwah, NJ: Erlbaum.

Grundgeiger, T., Bayen, U. J., & Horn, S. S. (2014). Effects of sleep deprivation on prospective memory. *Memory, 22*, 679-686. doi:10.1080/09658211.2013.812220

Guarda, A. S., Pinto, A. M., Coughlin, J. W., Hussain, S., Haug, N. A., & Heinberg, L. J. (2007). Perceived coercion and change in perceived need for admission in patients hospitalized for eating disorders. *American Journal of Psychiatry, 164*, 108-114.

Guardiola-Lemaitre, B., & QueraSalva, M. A. (2011). Melatonin and the regulation of sleep and circadian rhythms. In M. H. Kryger, T. Roth, & W. C. Dement (Eds.), *Principles and practice of sleep medicine* (5th ed.). Saint Louis, MO: Elsevier Saunders.

Guenther, K. (1988). Mood and memory. In G. M. Davies & D. M. Thomson (Eds.), *Memory in context: Context in memory*. New York, NY: Wiley.

Guerreiro, R. J., Gustafson, D. R., & Hardy, J. (2012). The genetic architecture of Alzheimer's disease: Beyond APP, PSENs and APOE. *Neurogbiology of Aging, 33*, 437-456. doi:10.1016/j.neurobiolaging.2010.03.025

Guerrini, I., Thomson, A. D., & Gurling, H. D. (2007). The importance of alcohol misuse, malnutrition, and genetic susceptibility on brain growth and plasticity. *Neuroscience & Biobehavioral Reviews, 31*, 212-220.

Guilbault, R. L., Bryant, F. B., Brockway, J. H., & Posavac, E. J. (2004). A meta-analysis of research on hindsight bias. *Basic & Applied Social Psychology, 26*(2-3), 103-117.

Guilford, J. P. (1959). Three faces of intellect. *American Psychologist, 14*, 469-479.

Guilleminault, C., & Cao, M. T. (2011). Narcolepsy: Diagnosis and management. In M. H. Kryger, T. Roth, & W. C. Dement (Eds.), *Principles and practice of sleep medicine* (5th ed.). Saint Louis, MO: Elsevier Saunders.

Gullifer, J. W., Kroll, J. F., & Dussias, P. E. (2013). When language switching has no apparent cost: Lexical access in sentence context. *Frontiers in Psychology, 4*, 1-13. doi:10.3389/fpsyg.2013.00278

Gunn, S. R., & Gunn, W. S. (2006). Are we in the dark about sleepwalking's dangers? *Cerebrum*, 1-12.

Gunthert, K. (2014). Special series: Part I. Cultural competence at the intersection of research, practice, and training. *The Behavior Therapist, 37*(5), 100-101.

Gur, R. C., & Gur, R. E. (2007). Neural substrates for sex differences in cognition. In S. J. Ceci & W. M. Williams (Eds.), *Why aren't more women in science?* (pp. 189-198). Washington, DC: American Psychological Association.

Gustad, L. T., Laugsand, L. E., Janszky, I., Dalen, H., & Bjerkeset, O. (2014). Symptoms of anxiety and depression and risk of heart failure: The HUNT study. *European Journal of Heart Failure, 16*, 861-870. doi:10.1002/ejhf.133

Guzmán-Vélez, E., & Tranel, D. (2015). Does bilingualism contribute to cognitive reserve? Cognitive and neural perspectives. *Neuropsychology, 29*, 139-150. doi:10.1037/neu0000105

Hackman, J. R., & Katz, N. (2010). Attitudes. In S. T. Fiske, D. T. Gilbert, & G. Lindzey (Eds.), *Handbook of social psychology* (5th ed., Vol. 1, pp. 353-393). Hoboken, NJ: Wiley.

Hadar, L., & Sood, S. (2014). When knowledge is demotivating: Subjective knowledge and choice overload. *Psychological Science, 25*, 1739-1747. doi:10.1177/0956797614539165

Hadaway, C. K., Marler, P. L., & Chaves, M. (1993). What the polls don't show: A closer look at U.S. church attendance. *American Sociological Review, 58*, 741-752.

Hagerty, M. R. (2000). Social comparisons of income in one's community: Evidence from national surveys of income and happiness. *Journal of Personality and Social Psychology, 78*, 764-771.

Haidt, J. (2007). The new synthesis in moral psychology. *Science, 316*, 998-1002.

Haidt, J. (2013). Moral psychology for the twenty-first century. *Journal of Moral Education, 42*, 281-297. doi:10.1080/03057240.2013.817327

Haidt, J., & Kesebir, S. (2010). Morality. In S. T. Fiske, D. T. Gilbert, & G. Lindzey (Eds.), *Handbook of social psychology* (Vol. 2, 5th ed.). Hoboken NJ: Wiley.

Haier, R. J. (2011). Biological basis of intelligence. In R. J. Sternberg, & S. B. Kaufman (Eds.), *Cambridge handbook of intelligence*. New York, NY: Cambridge University Press.

Halaris, A. (2013). Inflammation, heart disease, and depression. *Current Psychiatry Reports, 15*, 400. doi:10.1007/s11920-013-0400-5

Halassa, M. M., & Haydon, P. G. (2010). Integrated brain circuits: astrocytic networks modulate neuronal activity and behavior. *Annual Review of Physiology, 72*, 335-355.

Hald, G. M., & Høgh-Olesen, H. (2010). Receptivity to sexual invitations from strangers of the opposite gender. *Evolution and Human Behavior, 31*, 453-458. doi:10.1016/j.evolhumbehav.2010.07.004

Haleem, D. J. (2012). Serotonin neurotransmission in anorexia nervosa. *Behavioural Pharmacology, 23*, 478-495. doi:10.1097/FBP.0b013e328357440d

Hall, C. I. (2014). The evolution of the revolution: The successful establishment of multicultural psychology. In F. L. Leong, L. Comas-Díaz, G. C. Nagayama Hall, V. C. McLoyd, & J. E. Trimble (Eds.), *APA handbook of multicultural psychology: Vol. 1. Theory and research*. Washington, DC: American Psychological Association. doi:10.1037/14189-001.

Hall, C. S. (1966). *The meaning of dreams*. New York, NY: McGraw-Hill.

Hall, C. S. (1979). The meaning of dreams. In D. Goleman & R. J. Davidson (Eds.), *Consciousness: Brain, states of awareness, and mysticism*. New York, NY: Harper & Row.

Hall, J., Trent, S., Thomas, K. L., O'Donovan, M. C., & Owen, M. J. (2015). Genetic risk for schizophrenia: Convergence on synaptic pathways involved in plasticity. *Biological Psychiatry, 77*(1), 52-58. doi:10.1016/j.biopsych.2014.07.011

Hall, J. A., & Mast, M. S. (2008). Are women always more interpersonally sensitive than men? Impact of goals and content domain. *Personality and Social Psychology Bulletin, 34*, 144-155.

Hall, J. A., & Roter, D. L. (2011). Physician-patient communication. In H. S. Friedman (Ed.), *Oxford handbook of health psychology*. New York, NY: Oxford University Press.

Hall, J. E. (2011). *Guyton and Hall textbook of medical physiology* (12th ed.). Philadelphia, PA: Elsevier Saunders.

Hall, W. D., & Degenhardt, J. (2009). Cannabis-related disorders. In B. J. Sadock, V. A. Sadock, & P. Ruiz (Eds.), *Kaplan & Sadock's comprehensive textbook of psychiatry* (9th ed.). Philadelphia, PA: Lippincott Williams & Wilkins.

Halpern, C., Hurtig, H., Jaggi, J., Grossman, M., Won, M., &

Baltuch, G. (2007). Deep brain stimulation in neurologic disorders. *Parkinsonism & Related Disorders, 13*(1), 1-16.

Halpern, D. F. (1994). A national assessment of critical thinking skills in adults: Taking steps toward the goal. In A. Greenwood (Ed.), *The national assessment of college student learning: Identification of the skills to be taught, learned, and assessed.* Washington, DC: US Department of Education. National Center for Education Statistics.

Halpern, D. F. (1998). Teaching critical thinking for transfer across domains: Dispositions, skills, structure training, and metacognitive monitoring. *American Psychologist, 53,* 449-455.

Halpern, D. F. (2012). *Sex differences in cognitive abilities* (4th ed.). New York, NY: Psychology Press.

Halpern, D. F. (2014). *Thought and knowledge: An introduction to critical thinking* (5th ed.). New York, NY: Psychology Press.

Hamaideh, S. H. (2011). Stressors and reactions to stressors among university students. *International Journal of Social Psychiatry, 57,* 69-80. doi:10.1177/0020764010348442

Hambrick, D. Z., & Meinz, E. J. (2013). Working memory capacity and musical skill. In T. Packiam Alloway, & R. G. Alloway (Eds.), *Working memory: The connected intelligence.* New York, NY: Psychology Press.

Hamden, A., Newton, R., McCauleyElsom, K., & Cross, W. (2011). Is deinstitutionalization working in our community? *International Journal of Mental Health Nursing, 20*(4), 274-283. doi:10.1111/j.1447-0349.2010.00726.x

Hames, J. L., Hagan, C. R., & Joiner, T. E. (2013). Interpersonal processes in depression. *Annual Review of Clinical Psychology, 9,* 355-377. doi:10.1146/annurev-clinpsy-050212-185553

Hammen, C., & Keenan-Miller, D. (2013). Mood disorders. In T. A. Widiger, G. Stricker, I. B. Weiner, G. Stricker, T. A. Widiger, & I. B. Weiner (Eds.), *Handbook of psychology: Vol. 8. Clinical psychology* (2nd ed.). New York, NY: Wiley.

Hammen, C. L., & Shih, J. (2014). Depression and interpersonal processes. In I. H. Gotlib & C. L. Hammen (Eds.), *Handbook of depression* (3rd ed.). New York, NY: Guilford Press.

Hampson, E., van Anders, S. M., & Mullin, L. I. (2006). A female advantage in the recognition of emotional facial expressions: Test of an evolutionary hypothesis. *Evolution and Human Behavior, 27,* 401-416.

Hanczakowski, M., Zawadzka, K., & Coote, L. (2014). Context reinstatement in recognition: Memory and beyond. *Journal of Memory and Language, 72,* 85-97. doi:10.1016/j.jml.2014.01.001

Haney, C., Banks, W. C., & Zimbardo, P. G. (1973). Interpersonal dynamics in a simulated prison. *International Journal of Criminology and Penology, 1,* 69-97.

Haney, C., & Zimbardo, P. G. (1998). The past and future of U.S. prison policy: Twenty-five years after the Stanford Prison Experiment. *American Psychologist, 53,* 709-727.

Hanna-Pladdy, B., & MacKay, A. (2011). The relation between instrumental musical activity and cognitive aging. *Neuropsychology, 25,* 378-386. doi:10.1037/a0021895

Hansen, H., Dugan, T. M., Becker, A. E., Lewis-Fernández, R., Lu, F. G., Oquendo, M. A., ... Trujillo, M. (2013). Educating psychiatry residents about cultural aspects of care: A qualitative study of approaches used by U.S. expert faculty. *Academic Psychiatry, 37,* 412-416. doi:10.1176/appi.ap.12080141

Hanson, K., Windward, J., Schweinsburg, A., Medina, K., Brown, S., & Tapert, S. (2010). Longitudinal study of cognition among adolescent marijuana users over three weeks of abstinence. *Addictive Behaviors, 35,* 970-976.

Hardt, O., Einarsson, E. Ö., & Nader, K. (2010). A bridge over troubled water: Reconsolidation as a link between cognitive and neuroscientific memory research traditions. *Annual Review of Psychology, 61,* 141-167. doi:10.1146/annurev.psych.093008.100455

Hardt, O., Nader, K., & Nadel, L. (2013). Decay happens: The role of active forgetting in memory. *Trends in Cognitive Sciences, 17,* 111-120. doi:10.1016/j.tics.2013.01.001

Hare, R. D. (2006). Psychopathy: A clinical and forensic overview. *Psychiatric Clinics of North America, 29,* 709-724. doi:10.1016/j.psc.2006.04.007

Hare, R. D., & Neumann, C. S. (2008). Psychopathy as a clinical and empirical construct. *Annual Review of Clinical Psychology, 4,* 217-246. doi:10.1146/annurev.clinpsy.3.022806.091452

Harley, E. M. (2007). Hindsight bias in legal decision making. *Social Cognition, 25,* 48-63.

Harley, T. A. (2008). *The psychology of language: From data to theory.* New York, NY: Psychology Press.

Harlow, H. F. (1958). The nature of love. *American Psychologist, 13,* 673-685.

Harlow, H. F. (1959). Love in infant monkeys. *Scientific American, 200*(6), 68-74.

Harris, J. E. (1984). Remembering to do things: A forgotten topic. In J. E. Harris & P. E. Morris (Eds.), *Everyday memory, actions, and absent-mindedness.* New York, NY: Academic Press.

Harris, J. L., Bargh, J. A., & Brownell, K. D. (2009). Priming effects of television food advertising on eating behavior. *Health Psychology, 28*(4), 404-413. doi:10.1037/a0014399

Harris, J. R. (1998). *The nurture assumption: Why children turn out the way they do.* New York, NY: Free Press.

Harte, J. L., & Eifert, G. H. (1995). The effects of running, environment, and attentional focus on athletes' catecholamine and cortisol levels and mood. *Psychophysiology, 32*(1), 49-54. doi:10.1111/j.1469-8986.1995.tb03405.x

Hartmann, E., & Hartmann, T. (2014). The impact of exposure to Internet-based information about the Rorschach and the MMPI-2 on psychiatric outpatients' ability to simulate mentally healthy test performance. *Journal of Personality Assessment, 96,* 432-444. doi:10.1080/00223891.2014.882342

Harvey, P. D., & Bowie, C. R. (2013). Schizophrenia spectrum disorders. In T. A. Widiger, G. Stricker, I. B. Weiner, G. Stricker, T. A. Widiger, & I. B. Weiner (Eds.), *Handbook of psychology: Vol. 8. Clinical psychology* (2nd ed.). New York, NY: Wiley.

Haskard, K. B., Williams, S. L., DiMatteo, M., Rosenthal, R., White, M., & Goldstein, M. G. (2008). Physician and patient communication training in primary care: Effects on participation and satisfaction. *Health Psychology, 27*(5), 513-522. doi:10.1037/0278-6133.27.5.513

Haslam, S. A., & Reicher, S. (2003). Beyond Stanford: Questioning a role-based explanation of tyranny. *Dialogue, 18,* 22-25.

Hastorf, A., & Cantril, H. (1954). They saw a game: A case study. *Journal of Abnormal and Social Psychology, 49,* 129-134.

Hatfield, E., & Rapson, R. L. (1993). *Love, sex, and intimacy: Their psychology, biology, and history.* New York, NY: HarperCollins.

Haukvik, U. K., Westlye, L. T., Mørch-Johnsen, L., Jørgensen, K. N., Lange, E. H., Dale, A. M., ... Agartz, I. (2015). In vivo hippocampal subfield volumes in schizophrenia and bipolar disorder. *Biological Psychiatry, 77*(6), 581-588. doi:10.1016/j.biopsych.2014.06.020

Hauser, M., & Carey, S. (1998). Building a cognitive creature from a set of primitives: Evolutionary and developmental insights. In D. D. Cummins & C. Allen (Eds.), *The evolution of mind.* New York, NY: Oxford University Press.

Havens, J. R., Leukefeld, C. G., DeVeaugh-Geiss, A. M., Coplan, P., & Chilcoat, H. D. (2014). The impact of a reformulation of extended-release oxycodone designed to deter abuse in a sample of prescription opioid abusers. *Drug and Alcohol Dependence, 139,* 9-17. doi:10.1016/j.drugalcdep.2014.02.018

Haworth-Hoeppner, S. (2000). The critical shapes of body image: The role of culture and family in the production of eating disorders. *Journal of Marriage and the Family, 62,* 212-227.

Hayati, A. M., & Shariatifar, S. (2009). Mapping strategies. *Journal of College Reading and Learning, 39,* 53-67.

Haynes, M. C., & Heilman, M. E. (2013). It had to be you (not me)! Women's attributional rationalization of their contribution to successful joint work outcomes. *Personality and Social Psychology Bulletin, 39,* 956-969. doi:10.1177/0146167213486358

Hazan, C., & Shaver, P. (1986). *Parental caregiving style questionnaire.* Unpublished questionnaire.

Hazan, C., & Shaver, P. (1987). Romantic love conceptualized as an attachment process. *Journal of Personality and Social Psychology, 52,* 511-524.

Hazlett, H. C., Poe, M. D., Gerig, G., Styner, M., Chappell, C., Smith, R. G., & ... Piven, J. (2011). Early brain overgrowth in autism associated with an increase in cortical surface area before age 2 years. *Archives of General Psychiatry, 68*(5), 467-476. doi:10.1001/archgenpsychiatry.2011.39

He, J., Ogden, L. G., Vupputuri, S., Bazzano, L. A., Loria, C., & Whelton, P. K. (1999). Dietary sodium intake and subsequent risk of cardiovascular disease in overweight adults. *JAMA, 282,* 2027-2034.

Healy, D. (2004). *Let them eat Prozac: The unhealthy relationship between the pharmaceutical industry and depression.* New York, NY: NYU Press.

Healy, D., & Whitaker, C. (2003). Antidepressants and suicide: Risk-benefit conundrums. *Journal of Psychiatry & Neuroscience, 28*(5), 28.

Heaps, C. M., & Nash, M. (2001). Comparing recollective experience in true and false autobiographical memories. *Journal of Experimental Psychology: Learning, Memory, and Cognition, 27,* 920-930.

Heavey, C. L., & Hurlburt, R. T. (2008). The phenomena of inner experience. *Consciousness and Cognition, 17,* 798-810. doi:10.1016/j.concog.2007.12.006

Hedegaard, M. (2005). The zone of proximal development as basis for instruction. In H. Daniels (Ed.), *An introduction to Vygotsky.* New York, NY: Routledge.

Heider, F. (1958). *The psychology of interpersonal relations.* New York, NY: Wiley.

Heine, S. J., Buchtel, E. E., & Norenzayan, A. (2008). What do cross-national comparisons of personality traits tell us? The case of conscientiousness. *Psychological Science, 19,* 309-313. doi:10.1111/j.1467-9280.2008.02085.x

Heinrichs, R. W., Miles, A. A., Ammari, N., & Muharib, E. (2013). Cognition as a central illness feature in schizophrenia. In P. D. Harvey (Ed.), *Cognitive impairment in schizophrenia: Characteristics, assessment and treatment.* New York, NY: Cambridge University Press. doi:10.1017/CBO9781139003872.002

Helmes, E. (2008). Modern applications of the MMPI/MMPI-2 in assessment. In G. J. Boyle, G. Matthews, & D. H. Saklofske (Eds.), *The Sage handbook of personality theory and assessment: Personality measurement and testing* (Vol. 2, pp. 589-607). Los Angeles, CA: Sage.

Helmholtz, H. von. (1852). On the theory of compound colors. *Philosophical Magazine, 4,* 519-534.

Helson, R., Jones, C., & Kwan, V. S. Y. (2002). Personality change over 40 years of adulthood: Hierarchical linear modeling analyses of two longitudinal studies. *Journal of Personality & Social Psychology, 83,* 752-766.

Helzer, J. E., Wittchen, H.-U., Krueger, R. F., & Kraemer, H. C. (2008). Dimensional options for DSM-V: The way forward. In J. E. Helzer, H. C. Kraemer, R. F. Krueger, H.-U, Wittchen, P. J. Sirovatka, et al. (Eds.), *Dimensional approaches in diagnostic classification: Refining the research agenda for DSM-V* (pp. 115-127). Washington, DC: American Psychiatric Association.

Henderson, K. E., & Brownell, K. D. (2004). The toxic environment and obesity: Contribution and cure. In J. K. Thompson (Ed.), *Handbook of eating disorders and obesity.* New York, NY: Wiley.

Henderson, R. C., Williams, P., Gabbidon, J., Farrelly, S., Schauman, O., Hatch, S., ... Clement, S. (2014, March). Mistrust of mental health services: Ethnicity, hostpital admission and unfair treatment. *Epidemiological and Psychiatric Sciences,* 1-8.

Henry, P. J., Sternberg, R. J., & Grigorenko, E. L. (2005). Capturing successful intelligence through measures of analytic, creative, and practical skills. In O. Wilhelm & R. W. Engle (Eds.), *Handbook of understanding and measuring intelligence.* Thousand Oaks, CA: Sage.

Hepper, E. G., Hart, C. M., & Sedikides, C. (2014). Moving narcissus: Can narcissists be empathic? *Personality and Social Psychology Bulletin, 40,* 1079-1091. doi:10.1177/0146167214535812

Hepper, P. (2003). *Prenatal psychological and behavioural development.* Thousand Oaks, CA: Sage.

Herbenick, D., Reece, M., Schick, V., Sanders, S. A., Dodge, B., & Fortenberry, J. (2010). An event-level analysis of the sexual characteristics and composition among adults ages 18 to 59: Results from a national probability sample in the United States. *Journal of Sexual Medicine, 7* (Suppl 5), 346-361. doi:10.1111/j.1743-6109.2010.02020.x

Herbst, S., Pietrzak, R. H., Wagner, J., White, W. B., & Petry, N. M. (2007). Lifetime major depression is associated with coronary heart disease in older adults: Results from the national epidemiologic survey on alcohol and related conditions. *Psychosomatic Medicine, 69,* 729-734.

Herbstman, J., Sjodin, A., Kurzon, M., Lederman, S., Jones, R., Rauh, V., ... Perera, F. (2010). Prenatal exposure to PBDEs and neurodevelopment. *Environmental Health Perspectives, 118*(5), 712-719. doi:10.1289/ehp.0901340

Hercher, C., Chopra, V., & Beasley, C. L. (2014). Evidence for morphological alterations in prefrontal white matter glia in schizophrenia and bipolar disorder. *Journal of Psychiatry & Neuroscience, 39,* 376-385. doi:10.1503/jpn.130277

Hermann, D., Raybeck, D., & Gruneberg, M. (2002). *Improving memory and study skills: Advances in theory and practice.* Ashland, OH: Hogrefe & Huber.

Hermans, H. J. M., & Kempen, H. J. G. (1998). Moving cultures: The perilous problems of cultural dichotomies in a globalizing society. *American Psychologist, 53,* 1111-1120.

Hermans, R. C., Lichtwarck-Aschoff, A., Bevelander, K. E., Herman, C. P., Larsen, J. K., & Engels, R. C. (2012). Mimicry of food intake: the dynamic interplay between eating companions. *PloS One, 7*(2), e31027. doi:10.1371/journal.pone.0031027

Hernandez, R., Kershaw, K. N., Siddique, J., Boehm, J. K., Kubzansky, L. D., Diez-Roux, A., ... Lloyd-Jones, D. M. (2015). Optimism and cardiovascular health: Multi-Ethnic Study of Atherosclerosis (MESA). *Health Behavior and Policy Review, 2,* 62-73. doi:10.14485/HBPR.2.1.6

Hernandez-Avila, C. A., & Kranzler, H. R. (2011). Alcohol use disorders. In P. Ruiz, & E. C. Strain (Eds.), *Lowinson and Ruiz's substance abuse: A comprehensive textbook* (5th ed.). Philadelphia, PA: Wolters Kluwer Lippincott Williams & Wilkins.

Herrnstein, R. J., & Murray, C. (1994). *The bell curve: Intelligence and class structure in American life.* New York, NY: Free Press.

Hervé, P., Zago, L., Petit, L., Mazoyer, B., & Tzourio-Mazoyer, N. (2013). Revisiting human hemispheric specialization with neuroimaging. *Trends in Cognitive Sciences, 17*(2), 69-80. doi:10.1016/j.tics.2012.12.004

Hespos, S. J., Ferry, A. L., & Rips, L. J. (2009). Five-month-old infants have different expectations for solids and liquids. *Psychological Science, 20*(5), 603-611. doi:10.1111/j.1467-9280.2009.02331.x

Hewitt, B., & de Vaus, D. (2009). Change in the association between premarital cohabitation and separation, Australia 1945-2000. *Journal of Marriage and Family, 71*(2), 353-361. doi:10.1111/j.1741-3737.2009.00604.x

Hewstone, M. (1990). The "ultimate attribution error"? A review of the literature on intergroup causal attribution. *European Journal of Social Psychology, 20,* 311-335.

Heyman, R. E., Lorber, M. F., Eddy, J. M., & West, T. V. (2014). Behavioral observation and coding. In H. T. Reis & C. M. Judd (Eds.), *Handbook of research methods in social and personality psychology* (2nd ed.). New York, NY: Cambridge University Press.

Higgins, E. T. (2004). Making a theory useful: Lessons handed down. *Personality and Social Psychology Review, 8*(2), 138-145.

Hilgard, E. R. (1986). *Divided consciousness: Multiple controls in human thought and action.* New York, NY: Wiley.

Hilgard, E. R. (1987). *Psychology in America: A historical survey.* San Diego, CA: Harcourt Brace Jovanovich.

Hilgard, E. R. (1992). Dissociation and theories of hypnosis. In E. Fromm & M. R. Nash (Eds.), *Contemporary hypnosis research.* New York, NY: Guilford Press.

Hill, A. K., Dawood, K, & Puts, D. A. (2013). Biological foundations of sexual orientation. In C. J. Patterson, & A. R. D'Augelli (Eds.), *Handbook of psychology and sexual orientation.* New York, NY: Oxford University Press.

Hill, S. E., Rodeheffer, C. D., Griskevicius, V., Durante, K., & White, A. E. (2012). Boosting beauty in an economic decline: Mating, spending, and the lipstick effect. *Journal of Personality and Social Psychology, 2,* 275-291. doi:10.1037/a0028657

Hilt, L. M., & Nolen-Hoeksema, S. (2014). Gender differences in depression. In I. H. Gotlib & C. L. Hammen (Eds.), *Handbook of depression* (3rd ed.). New York, NY: Guilford Press.

Hines, L. A., Sundin, J., Rona, R. J., Wessely, S., & Fear, N. T. (2014). Posttraumatic stress disorder post Iraq and Afghanistan: Prevalence among military subgroups. *The Canadian Journal of Psychiatry / La Revue Canadienne de Psychiatrie, 59,* 468-479.

Hines, M. (2004). Androgen, estrogen, and gender: Contributions of the early hormone environment to genderrelated behavior. In A. H. Eagly, A. E. Beall, & R. J. Sternberg (Eds.), *The psychology of gender.* New York, NY: Guilford Press.

Hines, M. (2013). Sex and sex differences. In P. D. Zelazo (Ed.), *Oxford handbook of developmental psychology: Vol. 1. Body and mind.* New York, NY: Oxford University Press.

Hingson, R., & Sleet, D. A. (2006). Modifying alcohol use to reduce motor vehicle injury. In A. C. Gielen, D. A. Sleet, & R. J. DiClemente (Eds.), *Injury and violence prevention: Behavioral science theories, methods, and applications.* San Francisco, CA: Jossey-Bass.

Hinic, D. (2011). Problems with "Internet addiction" diagnosis and classification. *Psychiatria Danubina, 23,* 145-151.

Hinshaw, S. P. (2007). *The mark of shame: Stigma of mental illness and an agenda for change.* New York, NY: Oxford University Press.

Hinshaw, S. P., & Stier, A. (2008). Stigma as related to mental disorders. *Annual Review of Clinical Psychology, 4,* 367-393.

Hinvest, N. S., Brosnan, M. J., Rogers, R. D., & Hodgson, T. L. (2014). fMRI evidence for procedural invariance underlying gambling preference reversals. *Journal of Neuroscience, Psychology, and Economics, 7*(1), 48-63. doi:10.1037/npe0000007

Hirst, W., Phelps, E. A., Buckner, R. L., Budson, A. E., Cuc, A., Gabrieli, J. E., et al. (2009). Long-term memory for the terrorist attack of September 11: Flashbulb memories, event memories, and the factors that influence their retention. *Journal of Experimental Psychology: General, 138*(2), 161-176. doi:10.1037/a0015527

Ho, R. C., Zhang, M. W. B., Tsang, T. Y., Toh, A. H., Pan, F., Lu, Y., ... Mak, K. (2014). The association between Internet addiction and psychiatric co-morbidity: A meta-analysis. *BMC Psychiatry, 14,* 183.

Hobson, J. A. (1989). *Sleep.* New York, NY: Scientific American Library.

Hobson, J. A. (2007). Current understanding of cellular models of REM expression. In D. Barrett & P. McNamara (Eds.), *The new science of dreaming.* Westport, CT: Praeger.

Hobson, J. A., & McCarley, R. W. (1977). The brain as a dream state generator: An activation-synthesis hypothesis of the dream process. *American Journal of Psychiatry, 134*, 1335-1348.

Hodges, B. H. (2014). Rethinking conformity and imitation: Divergence, convergence, and social understanding. *Frontiers in Psychology, 5*, 726.

Hodgins, D. C., & Racicot, S. (2013). The link between drinking and gambling among undergraduate university students. *Psychology of Addictive Behaviors, 27*, 885-892. doi:10.1037/a0032866.

Hodgkin, A. L., & Huxley, A. F. (1952). Currents carried by sodium and potassium ions through the membrane of the giant axon of Loligo. *Journal of Physiology, 116*, 449-472.

Hodgson, K. J., Shelton, K. H., & Bree, M. M. (2015). Psychopathology among young homeless people: Longitudinal mental health outcomes for different subgroups. *British Journal of Clinical Psychology*. Advance online publication. doi:10.1111/bjc.12075

Hoek, H. W. (2002). Distribution of eating disorders. In C. G. Fairburn & K. D. Brownell (Eds.), *Eating disorders and obesity: A comprehensive handbook*. New York, NY: Guilford Press.

Hoerger, M., Quirk, S. W., Lucas, R. E., & Carr, T. H. (2009). Immune neglect in affective forecasting. *Journal of Research in Personality, 43*(1), 91-94. doi:10.1016/j.jrp.2008.10.001

Hoff, E. (2014). *Language development* (5th ed.). Belmont, CA: Wadsworth.

Hofmann, S. G., & Barlow, D. H. (2014). Evidence-based psychological interventions and the common factors approach: The beginnings of a rapprochement? *Psychotherapy, 51*, 510-513. doi:10.1037/a0037045

Hofmann, W., De Houwer, J., Perugini, M., Baeyens, F., & Crombez, G. (2010). Evaluative conditioning in humans: A meta-analysis. *Psychological Bulletin, 136*, 390-421. doi:10.1037/a0018916

Hofstede, G. (1980). *Culture's consequences: International differences in work-related values*. Beverly Hills, CA: Sage.

Hofstede, G. (1983). Dimensions of national cultures in fifty countries and three regions. In J. Deregowski, S. Dzuirawiec, & R. Annis (Eds.), *Explications in cross-cultural psychology*. Lisse: Swets and Zeitlinger.

Hofstede, G. (2001). *Culture's consequences: Comparing values, behaviors, institutions, and organizations across nations*. Thousand Oaks, CA: Sage.

Hogan, M. F., & Morrison, A. K. (2008). Organization and economics of mental health treatment. In A. Tasman, J. Kay, J. A. Lieberman, M. B. First, & M. Maj (Eds.), *Psychiatry* (3rd ed.). New York, NY: WileyBlackwell.

Hogan, R., & Chamorro-Premuzic, T. (2015). Personality and career success. In M. Mikulincer, P. R. Shaver, M. L. Cooper, & R. J. Larsen (Eds.), *APA handbook of personality and social psychology, Volume 4: Personality processes and individual differences*. Washington, DC: American Psychological Association.

Høglend, P., Bøgwald, K.-P., Amlo, S., Marble, A., Ulberg, R., Sjaastad, M. C., . . . Johansson, P. (2008). Transference interpretations in dynamic psychotherapy: Do they really yield sustained effects? *American Journal of Psychiatry, 165*, 763-771.

Høglend, P., Hersoug, A. G., Bøgwald, K., Amlo, S., Marble, A., Sørbye, Ø., . . . Crits-Christoph, P. (2011). Effects of transference work in the context of therapeutic alliance and quality of object relations. *Journal of Consulting and Clinical Psychology, 79*, 697-706. doi:10.1037/a0024863

Hogue, C. J. R., Parker, C. B., Willinger, J. R., Temple, C. M., Bann, R. M., Silver, D. J., ... Goldenberg, R. L. (2013). A population-based case-control study of stillbirth: The relationship of significant life events to the racial disparity for African American. *American Journal of Epidemiology, 177*, 755-767. doi:10.1093/aje/kws381

Holden, C. (1986, October). The rational optimist. *Psychology Today*, pp. 55-60.

Holden, C. (2004). FDA weighs suicide risk in children on antidepressants. *Science, 303*, 745.

Holden, G. W., Williamson, P. A., & Holland, G. W. O. (2014). Eavesdropping on the family: A pilot investigation of corporal punishment in the home. *Journal of Family Psychology, 28*, 401-406. doi:10.1037/a0036370

Hollander, E., & Simeon, D. (2008). Anxiety disorders. In R. E. Hales, S. C. Yudofsky, & G. O. Gabbard (Eds.), *The American Psychiatric Publishing textbook of psychiatry*. Washington, DC: American Psychiatric Publishing.

Hollands, C. (1989). Trivial and questionable research on animals. In G. Langley (Ed.), *Animal experimentation: The consensus changes*. New York, NY: Chapman & Hall.

Hollands, G. J., Prestwich, A., & Marteau, T. M. (2011). Using aversive images to enhance healthy food choices and implicit attitudes: An experimental test of evaluative conditioning. *Health Psychology, 30*, 195-203. doi:10.1037/a0022261

Hollingworth, L. S. (1914). *Functional periodicity: An experimental study of the mental and motor abilities of women during menstruation*. New York, NY: Teachers College, Columbia University.

Hollingworth, L. S. (1916). Sex differences in mental tests. *Psychological Bulletin, 13*, 377-383.

Hollon, S. D., & Beck, A. T. (2013). Cognitive and cognitive-behavioral therapies. In M. J. Lambert (Ed.). *Bergin and Garfield's handbook of psychotherapy and behavior change* (6th ed.). New York, NY: Wiley.

Holmes, T. H., & Rahe, R. H. (1967). The Social Readjustment Rating Scale. *Journal of Psychosomatic Research, 11*, 213-218.

Holtgraves, T. (2004). Social desirability and self-reports: Testing models of socially desirable responding. *Personality and Social Psychology Bulletin, 30*, 161-172.

Holt-Lunstad, J., Smith, T. B., & Layton, J. B. (2010). Social relationships and mortality risk: A meta-analytic review. *PLoS Medicine, 7*(7), 1-20.

Holyoak, K. J. (2012). Analogy and relational reasoning. In K. J. Holyoak, & R. G. Morrison (Eds.), *Oxford handbook of thinking and reasoning*. New York, NY: Oxford University Press.

Homa, D., Neff, L. J., King, B. A., Caraballo, R. S., Bunnell, R. E., Babb, S. S., ... Centers for Disease Control and Prevention (CDC). (2015). Vital signs: Disparities in nonsmokers' exposure to secondhand smoke-United States, 1999-2012. *MMWR Morbidity and Mortality Weekly Report, 64*(4), 103-108.

Hong, G. K., Garcia, M., & Soriano, M. (2000). Responding to the challenge: Preparing mental health professionals for the new millennium. In I. Cuellar & F. A. Paniagua (Eds.), *Handbook of multicultural mental health: Assessment and treatment of diverse populations*. San Diego, CA: Academic Press.

Hooley, J. M. (2004). Do psychiatric patients do better clinically if they live with certain kinds of families? *Current Directions in Psychological Science, 13*(5), 202-205.

Hooley, J. M. (2007). Expressed emotion and relapse of psychopathology. *Annual Review of Clinical Psychology, 3*, 329-352.

Hooley, J. M. (2009). Schizophrenia: Interpersonal functioning. In P. H. Blaney & T. Millon (Eds.), *Oxford textbook of psychopathology* (2nd ed., pp. 333-360). New York, NY: Oxford University Press.

Hooley, J. M., Cole, S. H., & Gironde, S. (2012). Borderline personality disorder. In T. A. Widiger, & T. A. Widiger (Eds.), *The Oxford handbook of personality disorders*. New York, NY: Oxford University Press. doi:10.1093/oxfordhb/9780199735013.013.0020

Hooper, J., & Teresi, D. (1986). *The 3-pound universe: The brain*. New York, NY: Laurel.

Hopko, D. R., Crittendon, J. A., Grant, E., & Wilson, S. A. (2005). The impact of anxiety on performance IQ. *Anxiety, Stress, and Coping: An International Journal, 18*(1), 17-35.

Horgen, K. B., Harris, J. L., & Brownell, K. D. (2012). Food marketing: Targeting young people in a toxic environment. In D. G. Singer, & J. L. Singer (Eds.), *Handbook of children and the media* (2nd ed.). Thousand Oaks, CA: Sage.

Horn, J. L. (2002). Selections of evidence, misleading assumptions, and oversimplifications: The political message of *The Bell Curve*. In J. M. Fish (Ed.), *Race and intelligence: Separating science from myth* (pp. 297-326). Mahwah, NJ: Erlbaum.

Horn, J. P., & Swanson, L. W. (2013). The autonomic motor system and the hypothalamus. In E. R. Kandel, J. H. Schwartz, T. M. Jessell, S. A. Siegelbaum, & A. J. Hudspeth (Eds.), *Principles of neural science* (5th ed.). New York, NY: McGraw-Hill.

Horowitz, F. D. (1992). John B. Watson's legacy: Learning and environment. *Developmental Psychology, 28*, 360-367.

Houben, K., Schoenmakers, T. M., & Wiers, R. W. (2010). I didn't feel like drinking but I don't know why: The effects of evaluative conditioning on alcohol-related attitudes, craving and behavior. *Addictive Behaviors, 35*, 1161-1163. doi:10.1016/j.addbeh.2010.08.012

Hough, L. M., & Connelly, B. S. (2013). Personality measurement and use in industrial and organizational psychology. In K. F. Geisinger, B. A. Bracken, J. F. Carlson, J. C. Hansen, N. R. Kuncel, S. P. Reise, & M. C. Rodriguez (Eds.), *APA handbook of testing and assessment in psychology: Vol. 1. Test theory and testing and assessment in industrial and organizational psychology*. Washington, DC: American Psychological Association. doi:10.1037/14047-028

Houlcroft, L., Bore, M., & Munro, D. (2012). Three faces of narcissism. *Personality and Individual Differences, 53*(3), 274-278. doi:10.1016/j.paid.2012.03.036

Houlihan, J., Kropp, T., Wiles, R., Gray, S., & Campbell, C. (2005). *Body burden: The pollution in newborns*. Washington, DC: Environmental Working Group.

Howard, D. J. (1995). "Chaining" the use of influence strategies for producing compliance behavior. *Journal of Social Behavior and Personality, 10*, 169-185.

Howes, O. D., Bose, S. K., Turkheimer, F., Valli, I., Egerton, A., Valmaggia, L. R., ... McGuire,

P. (2011). Dopamine synthesis capacity before onset of psychosis: A prospective [18F]-DOPA PET imaging study. *The American Journal of Psychiatry, 168*(12), 1311-1317.

Hsu, L. M. (1995). Regression toward the mean associated with measurement error and the identification of improvement and deterioration in psychotherapy. *Journal of Consulting and Clinical Psychology, 63*(1), 141-144. doi:org/10.1037/0022-006X.63.1.141

Hsu, L. M., Chung, J., & Langer, E. J. (2010). The influence of age-related cues on health and longevity. *Perspectives on Psychological Science, 5*, 632-648. doi:10.1177/1745691610388762

Hubel, D. H., & Wiesel, T. N. (1962). Receptive fields, binocular interaction and functional architecture in the cat's visual cortex. *Journal of Physiology, 160*, 106-154.

Hubel, D. H., & Wiesel, T. N. (1963). Receptive fields of cells in striate cortex of very young visually inexperienced kittens. *Journal of Neurophysiology, 26*, 994-1002.

Hubel, D. H., & Wiesel, T. N. (1979). Brain mechanisms of vision. In Scientific American (Eds.), *The brain*. San Franciso, CA: W. H. Freeman.

Huber, R., & Tononi, G. (2009). Sleep and waking across the lifespan. In G. G. Berntson & J. T. Cacioppo (Eds.), *Handbook of neuroscience for the behavioral sciences* (Vol. 1, pp. 461-481). New York, NY: Wiley.

Hudson, J. I., Hiripi, E., Pope Jr., H. G., & Kessler, R. C. (2007). The prevalence and correlates of eating disorders in the national comorbidity survey replication. *Biological Psychiatry, 61*, 348-358.

Hudson, W. (1960). Pictorial depth perception in sub-cultural groups in Africa. *Journal of Social Psychology, 52*, 183-208.

Hudson, W. (1967). The study of the problem of pictorial perception among unacculturated groups. *International Journal of Psychology, 2*, 89-107.

Hudspeth, A. J. (2013). The inner ear. In E. R. Kandel, J. H. Schwartz, T. M. Jessell, S. A. Siegelbaum, & A. J. Hudspeth (Eds.), *Principles of neural science* (5th ed.). New York, NY: McGraw-Hill.

Huey, E. D., Krueger, F., & Grafman, J. (2006). Representations in the human prefrontal cortex. *Current Directions in Psychological Science, 15*, 167-171.

Huey, L. Y., Cole, S., Cole, R. F., Daniels, A. S., & Katzelnick, D. J. (2009). Health care reform. In B. J. Sadock, V. A. Sadock, & P. Ruiz (Eds.), *Kaplan & Sadock's comprehensive textbook of psychiatry* (pp. 4282-4298). Philadelphia, PA: Lippincott Williams & Wilkins.

Huey, S. J., Tilley, J. L., Jones, E. O., & Smith, C. A. (2014). The contribution of cultural competence to evidence-based care for ethnically diverse populations. *Annual Review of Clinical Psychology, 10*, 305-338. doi:10.1146/annurev-clinpsy-032813-153729

Huma, D. M., Neff, L. J., King, B. A., Caraballo, R. S., Bunnell, R. E., Babb, S. D., ... Wang, L. (2015). Vital signs: Disparities in nonsmokers' exposure to secondhand smoke-United States, 1999-2012. *Morbidity and Mortality Weekly Report, 64*, 103-108.

Hughes, J., Smith, T. W., Kosterlitz, H. W., Fothergill, L. A., Morgan, B. A., & Morris, H. R. (1975). Identification of two related pentapeptides from the brain with the potent opiate agonist activity. *Nature, 258*, 577-579.

Hunt, E. (2001). Multiple views of multiple intelligence [review of the book *Intelligence reframed: Multiple intelligence in the 21st century*]. *Contemporary Psychology, 46*, 5-7.

Hunt, E. (2011). Where are we? Where are we going? Reflections on the current and future state of research on intelligence. In R. J. Sternberg & S. B. Kaufman (Eds.), *Cambridge handbook of intelligence*. New York, NY: Cambridge University Press.

Hunt, E., & Carlson, J. (2007). Considerations relating to the study of group differences in intelligence. *Perspectives on Psychological Science, 2*(2), 194-213. doi:10.1111/j.1745-6916.2007.00037.x

Huntjens, R. C., Peters, M. L., Woertman, L., Bovenschen, L. M., Martin, R. C., & Postma, A. (2006). Inter-identity amnesia in dissociative identity disorder: A simulated memory impairment? *Psychological Medicine, 36*, 857-863. doi:10.1017/ S0033291706007100

Hustinx, P. J., Kuyper, H., van der Werf, M. C., & Dijkstra, P. (2009). Achievement motivation revisited: New longitudinal data to demonstrate its predictive power. *Educational Psychology, 29*(5), 561-582. doi:10.1080/01443410903132128

Huttenlocher, P. R. (1994). Synaptogenesis in human cerebral cortex. In G. Dawson & K. W. Fischer (Eds.), *Human behavior and the developing brain*. New York, NY: Guilford Press.

Huttenlocher, P. R. (2002). *Neural plasticity: The effects of environment on the development of the cerebral cortex*. Cambridge, MA: Harvard University Press.

Hutter, M., Sweldens, S., Stahl, C., Unkelbach, C., & Klauer, K. C. (2012). Dissociating contingency awareness and conditioned attitudes: Evidence of contingency-unaware evaluative conditioning. *Journal of Experimental Psychology: General, 141*, 539-557. doi:10.1037/ a0026477

Huynh, M., Gupta, R., & Koo, J. Y. (2013). Emotional stress as a trigger for inflammatory skin disorders. *Seminars in Cutaneous Medicine and Surgery, 32*, 68-72.

Hwang, W. C. (2006). The psychotherapy adaptation and modification framework: Application to Asian Americans. *American Psychologist, 61*, 702-715.

Hyde, J. S. (2014). Gender similarities and differences. *Annual Review of Psychology, 65*, 373-398. doi:10.1146/annurev-psych-010213-115057

Hyde, J. S., & Mertz, J. E. (2009). Gender, culture, and mathematics performance. *Proceedings of the National Academy of Sciences of the United States of America, 106*(22), 8801-8807. doi:10.1073/ pnas.0901265106

Hyman, I. E., Jr., & Kleinknecht, E. E. (1999). False childhood memories: Research, theory, and applications. In L. M. Williams, & V. L. Banyard (Eds.), *Trauma & memory*. Thousand Oaks, CA: Sage.

Iacoboni, M. (2012). The human mirror neuron system and its role in imitation and empathy. In F. M. de Waal, & P. F. Ferrari (Eds.), *The primate mind: Built to connect with other minds* (pp. 32-47). Cambridge, MA: Harvard University Press. doi:10.4159/ harvard.9780674062917.c3

Iacoboni, M., & Dapretto, M. (2006). The mirror neuron system and the consequences of its dysfunction. *Nature Reviews Neuroscience, 7*, 942-951.

Iacono, W. G. (2008). Effective policing: Understanding how polygraph tests work and are used. *Criminal Justice and Behavior, 35*, 1295-1308. doi:10.1177/0093854808321529

Ickovics, J. R., Thayaparan, B., & Ethier, K. A. (2001). Women and AIDS: A contextual analysis. In A. Baum, T. A. Revenson, & J. E. Singer (Eds.), *Handbook of health psychology* (pp. 817-840). Mahwah, NJ: Erlbaum.

Idring, S., Lundberg, M., Sturm, H., Dalman, C., Gumpert, C., Rai, ... Magnusson, C. (2014). Changes in prevalence of autism spectrum disorders in 2001-2011: Findings from the Stockholm youth cohort. *Journal of Autism and Developmental Disorders*. Advance online publication. doi:10.1007/ s10803-014-2336-y

Infante, J. R., Torres-Avisbal, M., Pinel, P., Vallejo. J. A., Peran, F., Gonzalez, F., Contreras, P., Pacheco, C., Roldan, A., & Latre, J. M. (2001). Catecholamine levels in practitioners of the transcendental meditation technique. *Physiology & Behavior, 72*(1-2), 141-146.

Ingram, R. E., Scott, W. D., & Hamill, S. (2009). Depression: Social and cognitive aspects. In P. H. Blaney & T. Millon (Eds.), *Oxford textbook of psychopathology* (2nd ed., pp. 230- 252). New York, NY: Oxford University Press.

Insel, T. R. (2010). Psychiatrists' relationships with pharmaceutical companies: Part of the problem or part of the solution? *JAMA, 303*(12), 1192-1193. doi:10.1001/ jama.2010.317

Inzlicht, M., & Kang, S. K. (2010). Stereotype threat spillover: How coping with threats to social identity affects aggression, eating, decision making, and attention. *Journal of Personality and Social Psychology, 99*(3), 467-481. doi:10.1037/a0018951

Iredale, S. K., Nevill, C. H., & Lutz, C. K. (2010). The influence of observer presence on baboon (*Papio spp.*) and rhesus macaque (*Macaca mulatta*) behavior. *Applied Animal Behaviour Science, 122*(1), 53-57. doi:10.1016/j. applanim.2009.11.002.

Ireland, M. (2012). Meditation and psychological health and functioning: A descriptive and critical review. *Scientific Review of Mental Health Practice: Objective Investigations of Controversial and Unorthodox Claims in Clinical Psychology, Psychiatry, and Social Work, 9*, 4-19.

Irvine, S. H., & Berry, J. W. (1988). *Human abilities in cultural context*. New York, NY: Cambridge University Press.

Isaacowitz, D. M., & Seligman, M. E. P. (2007). Learned helplessness. In G. Fink (Ed.), *Encyclopedia of stress*. San Diego, CA: Elsevier.

Israel, S., Hart, E., & Winter, E. (2013). Oxytocin decreases accuracy in the perception of social deception. *Psychological Science, 25*, 293-295. doi:10.1177/0956797613500794

Iwawaki, S., & Vernon, P. E. (1988). Japanese abilities and achievements. In S. H. Irvine & J. W. Berry (Eds.), *Human abilities in cultural context*. New York, NY: Cambridge University Press.

Izard, C. E. (1984). Emotion-cognition relationships and human development. In C. E. Izard, J. Kagan, & R. B. Zajonc (Eds.), *Emotions, cognition and behavior*. Cambridge, England: Cambridge University Press.

Izard, C. E. (1990). Facial expressions and the regulation of emotions. *Journal of Personality and Social Psychology, 58*, 487-498.

Izard, C. E. (1991). *The psychology of emotions*. New York, NY: Plenum.

Izard, C. E. (1994). Innate and universal facial expressions:

Evidence from developmental and cross-cultural research. *Psychological Bulletin, 115,* 288-299.

Jackson, L. M. (2011). *The psychology of prejudice: From attitudes to social action.* Washington, DC: American Psychological Association.

Jacobs, D. F. (2004). Youth gambling in North America: Long-term trends and future prospects. In J. L. Derevensky & R. Gupta (Eds.), *Gambling problems in youth: Theoretical and applied perspectives* (pp. 1-24). New York, NY: Kluwer/Plenum.

Jacobson, E. (1938). *Progressive relaxation.* Chicago, IL: University of Chicago Press.

James, B. D., Wilson, R. S., Barnes, L. L., & Bennett, D. A. (2011). Late-life social activity and cognitive decline in old age. *Journal of International Neuropsychological Society, 17,* 998-1005. doi:10.1017/S1355617711000531

James, C. E., Oechslin, M. S., Van De Ville, D., Hauert, C., Descloux, C., & Lazeyras, F. (2014). Musical training intensity yields opposite effects on grey matter density in cognitive versus sensorimotor networks. *Brain Structure & Function, 219,* 353-366. doi:10.1007/s00429-013-0504-z

James, W. (1884). What is emotion? *Mind, 19,* 188-205.

James, W. (1890). *The principles of psychology.* New York, NY: Holt.

James, W. (1902). *The varieties of religious experience.* New York, NY: Modern Library.

James, W. H. (2005). Biological and psychosocial determinants of male and female human sexual orientation. *Journal of Biosocial Science, 37,* 555-567.

Jamison, K. R. (1988). Manicdepressive illness and accomplishment: Creativity, leadership, and social class. In F. K. Goodwin & K. R. Jamison (Eds.), *Manic-depressive illness.* Oxford, England: Oxford University Press.

Janis, I. L. (1958). *Psychological stress.* New York, NY: Wiley.

Janis, I. L. (1972). *Victims of groupthink.* Boston, MA: Houghton Mifflin.

Janofsky, J. S., Dunn, M. H., Roskes, E. J., Briskin, J. K., & Rudolph, M. L. (1996). Insanity defense pleas in Baltimore City: An analysis of outcome. *The American Journal of Psychiatry, 153,* 1464-1468.

Janssen, L., Fennis, B. M., & Pruyn, A. H. (2010). Forewarned is forearmed: Conserving self-control strength to resist social influence. *Journal of Experimental Social Psychology, 46*(6), 911-921. doi:10.1016/j.jesp.2010.06.008

Jaremka, L. M., Fagundes, C. P., Glaser, R., Bennett, J. M., Malarkey, W. B., & Kiecolt-Glaser, J. K. (2013). Loneliness predicts pain, depression, and fatigue: Understanding the role of immune dysregulation. *Psychoneuroendocrinology, 38,* 1310-1317. doi:10.1016/j.psyneuen.2012.11.016

Jauhar, S., & Cavanagh, J. (2013). Classification and epidemiology of bipolar disorder. In M. Power (Ed.), *The Wiley-Blackwell handbook of mood disorders* (2nd ed.). Malden, MA: Wiley-Blackwell.

Jellinger, K. A. (2013). Organic bases of late-life depression: A critical update. *Journal of Neural Transmission, 120,* 1109-1125. doi:10.1007/s00702-012-0945-1

Jelovac, A., Kolshus, E., & McLoughlin, D. M. (2013). Relapse following successful electroconvulsive therapy for major depression: A meta-analysis. *Neuropsychopharmacology, 38,* 2467-2474. doi:10.1038/npp.2013.149

Jensen, A. R. (1969). How much can we boost IQ and scholastic achievement? *Harvard Educational Review, 39,* 1-23.

Jensen, M. P., & Patterson, D. R. (2014). Hypnotic approaches for chronic pain management: Clinical implications of recent research findings. *American Psychologist, 69,* 167-177. doi:10.1037/a0035644

Jensen, M. P., & Turk, D. C. (2014). Contributions of psychology to the understanding and treatment of people with chronic pain: Why it matters to all psychologists. *American Psychologist, 69*(2), 105-118. doi:10.1037/a0035641

Jessberger, S., Aimone, J. B., & Gage, F. H. (2009). Neurogenesis. In J. H. Byrne (Ed.), *Concise learning and memory: The editor's selection.* San Diego, CA: Elsevier.

Jessup, R. K., Veinott, E. S., Todd, P. M., & Busemeyer, J. R. (2009). Leaving the store empty-handed: Testing explanations for the too-much-choice effect using decision field theory. *Psychology & Marketing, 26*(3), 299-320. doi:10.1002/mar.20274

Ji, R. R., Berta, T., & Nedergaard, M. (2013). Glia and pain: Is chronic pain a gliopathy? *Pain, 154,* S10-28. doi:10.1016/j.pain.2013.06.022

Joffe, R. T. (2009). Neuropsychiatric aspects of multiple sclerosis and other demyelinating disorders. In J. Sadock, V. A. Sadock, & P. Ruiz (Eds.), *Kaplan & Sadock's comprehensive textbook of psychiatry* (9th ed., Vol. 1, pp. 248-272). Philadelphia, PA: Lippincott Williams & Wilkins.

John, U., Rumpf, H., Bischof, G., Hapke, U., Hanke, M., & Meyer, C. (2013). Excess mortality of alcoholdependent individuals after 14 years and mortality predictors based on treatment participation and severity of alcohol dependence. *Alcoholism: Clinical and Experimental Research, 37*(1), 156-163. doi:10.1111/j.1530-0277.2012.01863.x

Johnson, A. W. (2003). Procedural memory and skill acquisition. In A. F. Healy & R. W. Proctor (Eds.), *Handbook of psychology: Vol. 4. Experimental psychology.* New York, NY: Wiley.

Johnson, A. W. (2013a). Eating beyond metabolic need: How environmental cues influence feeding behavior. *Trends in Neurosciences, 36*(2), 101-109. doi:10.1016/j.tins.2013.01.002

Johnson, A. W. (2013b). Procedural memory and skill acquisition. In A. F. Healy, R. W. Proctor, & I. B. Weiner (Eds.), *Handbook of psychology: Vol. 4. Experimental psychology* (2nd ed.). New York, NY: Wiley.

Johnson, B. T., & Eagly, A. H. (2014). Meta-analysis of research in social psychology and personality psychology. In H. T. Reis & C. M. Judd (Eds.), *Handbook of research methods in social and personality psychology* (2nd ed.). New York, NY: Cambridge University Press.

Johnson, J. (2013). Vulnerable subjects? The case of nonhuman animals in experimentation. *Journal of Bioethical Inquiry, 10*(4), 497-504. doi:10.1007/s11673-013-9473-4

Johnson, M. K. (1996). Fact, fantasy, and public policy. In D. J. Herrmann, McEvoy, C. Hertzog, P. Hertel, & M. K. Johnson (Eds.), *Basic and applied memory research: Theory in context* (Vol. 1). Mahwah, NJ: Erlbaum.

Johnson, M. K. (2006). Memory and reality. *American Psychologist, 61,* 760-771.

Johnson, M. K., Raye, C. L., Mitchell, K. J., & Ankudowich, E. (2012). The cognitive neuroscience of the true and false memories. In R. F. Belli (Ed.), *True and false recovered memories: Toward a reconciliation of the debate.* New York, NY: Springer.

Johnson, S. B., & Carlson, D. N. (2004). Medical regimen adherence: Concepts assessment, and interventions. In J. M. Raczynski & L. C. Leviton (Eds.), *Handbook of clinical health psychology: Vol 2. Disorders of behavior and health.* Washington, DC: American Psychological Association.

Johnson, S. L., Cuellar, A. K., & Peckham, A. D. (2014). Risk factors for bipolar disorder. In I. H. Gotlib & C. L. Hammen (Eds.), *Handbook of depression* (3rd ed.). New York, NY: Guilford Press.

Johnson, W. (2010). Understanding the genetics of intelligence: Can height help? Can corn oil? *Current Directions in Psychological Science, 19*(3), 177-182. doi:10.1177/0963721410370136

Johnson, W., & Krueger, R. F. (2006). How money buys happiness: Genetic and environmental processes linking finances and life satisfaction. *Journal of Personality and Social Psychology, 90,* 680-691.

Johnson, W., Turkheimer, E., Gottesman, I. I., & Bouchard, T. R. (2009). Beyond heritability: Twin studies in behavioral research. *Current Directions in Psychological Science, 18*(4), 217-220. doi:10.1111/j.1467-8721.2009.01639.x

Johnston, J. C., & McClelland, J. L. (1974). Perception of letters in words: Seek not and ye shall find. *Science, 184,* 1192-1194.

Joiner, T. E., Jr., & Timmons, K. A. (2009). Depression in its interpersonal context. In I. H. Gotlib & C. L. Hammen (Eds.), *Handbook of depression* (2nd ed., pp. 322-339). New York, NY: Guilford Press.

Jones, E. E., & Davis, K. E. (1965). From acts to dispositions: The attribution process in person perception. In L. Berkowitz (Ed.), *Advances in experimental social psychology* (Vol. 2). New York, NY: Academic Press.

Jones, E. E., & Nisbett, R. E. (1971). The actor and the observer: Divergent perceptions of the causes of behavior. In E. E. Jones, D. E. Kanouse, H. H. Kelley, R. E. Nisbett, S. Valins, & B. Weiner (Eds.), *Attribution: Perceiving the causes of behavior.* Morristown, NJ: General Learning Press.

Jones, S. G., & Benca, R. M. (2013). Sleep and biological rhythms. In R. J. Nelson, S. Y. Mizumori, & I. B. Weiner (Eds.), *Handbook of psychology: Vol. 3. Behavioral neuroscience* (2nd ed., pp. 365-394). New York, NY: Wiley.

Jones, S. M., & Dindia, K. (2004). A meta-analytic perspective on sex equity in the classroom. *Review of Educational Research, 74,* 443-471.

Jordan-Young, R. M. (2010). *Brainstorm: The flaws in the science of sex differences.* Cambridge, MA: Harvard University Press.

Josephs, L., & Weinberger, J. (2013). Psychodynamic psychotherapy. In G. Stricker & T. A. Widiger (Eds.), *Handbook of psychology: Vol. 8. Clinical psychology* (2nd ed.). New York, NY: Wiley.

Josse, G., & Tzourio-Mazoyer, N. (2004). Hemispheric specialization for language. *Brain Research Reviews, 44,* 1-12.

Judge, T. A., Hurst, C., & Simon, L. S. (2009). Does it pay to be smart, attractive, or confident (or all three)? Relationships among general mental ability, physical attractiveness, core self-evaluations, and income. *Journal of Applied Psychology, 94*(3), 742-755. doi:10.1037/a0015497

Judge, T. A., & Klinger, R. (2008). Job satisfaction: Subjective well-being at work. In M. Eid & R. J. Larsen (Eds.), *The science of subjective well-being*. New York, NY: Guilford Press.

Judge, T. A., Livingston, B. A., & Hurst, C. (2012). Do nice guys-and gals-really finish last? The joint effects of sex and agreeableness on income. *Journal of Personality and Social Psychology, 102*, 390-407. doi:10.1037/a0026021

Jung, C. G. (1921/1960). *Psychological types*. In H. Read, M. Fordham, & G. Adler (Eds.), *Collected works of C. G. Jung* (Vol. 6). Princeton, NJ: Princeton University Press.

Jung, C. G. (1933). *Modern man in search of a soul*. New York, NY: Harcourt, Brace & World.

Juruena, M. F. (2014). Early-life stress and HPA axis trigger recurrent adulthood depression. *Epilepsy & Behavior, 38*, 148-159. doi:10.1016/j.yebeh.2013.10.020

Kaas, J. H. (2000). The reorganization of sensory and motor maps after injury in adult mammals. In M. S. Gazzaniga (Ed.), *The new cognitive neurosciences*. Cambridge, MA: The MIT Press.

Kaas, J. H., O'Brien, B. M. J., & Hackett, T. A. (2013). Auditory processing in primate brains. In R. J. Nelson, S. J. Y. Mizumori, & I. B. Weiner (Eds.), *Handbook of psychology: Vol. 3. Behavioral neuroscience* (2nd ed.). New York, NY: Wiley.

Kagan, J. (1998, November/December). A parent's influence is peerless. *Harvard Education Letter*.

Kagan, J., & Fox, A. (2006). Biology, culture, and temperamental biases. In N. Eisenberg, W. Damon, & R. M. Lerner (Eds.), *Handbook of child psychology: Social, emotional, and personality development*. Hoboken, NJ: Wiley.

Kahn, D. (2007). Metacognition, cognition, and reflection while dreaming. In D. Barrett & P. McNamara (Eds.), *The new science of dreaming*. Westport, CT: Praeger.

Kahneman, D. (1999). Objective happiness. In D. Kahneman, E. Diener, & N. Schwarz (Eds.), *Well-being: The foundations of hedonic psychology*. New York, NY: Russell Sage Foundation.

Kahneman, D. (2011). *Thinking, fast and slow*. New York, NY: Farrar, Straus, and Giroux.

Kahneman, D., & Deaton, A. (2010). High income improves evaluation of life but not emotional well-being. *Proceedings of the National Academy of Sciences of the United States of America, 107*(38), 16489-16493. doi:10.1073/pnas.1011492107

Kahneman, D., & Tversky, A. (1973). On the psychology of prediction. *Psychological Review, 80*, 237-251.

Kahneman, D., & Tversky, A. (1982). Subjective probability: A judgment of representativeness. In D. Kahneman, P. Slovic, & A. Tversky (Eds.), *Judgment under uncertainty: Heuristics and biases*. Cambridge: Cambridge University Press.

Kahneman, D., & Tversky, A. (1984). Choices, values, and frames. *American Psychologist, 39*, 341-350.

Kahneman, D., & Tversky, A. (2000). *Choices, values, and frames*. New York, NY: Cambridge University Press.

Kaiser, A., Haller, S., Schmitz, S., & Nitsch, C. (2009). On sex/gender related similarities and differences in fMRI language research. *Brain Research Reviews, 61*(2), 49-59. doi:10.1016/j.brainresrev.2009.03.005

Kakizaki, M., Kuriyama, S., Nakaya, N., Sone, T., Nagai, M., Sugawara, Y., ... Tsuji, I. (2013). Long sleep duration and cause-specific mortality according to physical function and self-rated health: The Oshaki Cohort Study. *Journal of Sleep Research, 22*, 209-216. doi:10.1111/j.1365-2869.2012.01053.x

Kalat, J. W. (2013). *Biological psychology* (11th ed.). Belmont, CA: Wadsworth Cengage Learning.

Kalichman, S. C. (1995). *Understanding AIDS: A guide for mental health professionals*. Washington, DC: American Psychological Association.

Kalmijn, M. (1998). Intermarriage and homogamy: Causes, patterns, trends. *Annual Review of Sociology, 24*, 395-421.

Kaltenbach, K., & Jones, H. (2011). Maternal and neonatal complications of alcohol and other drugs. In P. Ruiz & E. C. Strain (Eds.), *Lowinson and Ruiz's substance abuse: A comprehensive textbook* (5th ed.). Philadelphia, PA: Lippincott Williams & Wilkins.

Kanaan, S. F., McDowd, J. M., Colgrove, Y., Burns, J. M., Gajewski, B., & Pohl, P. S. (2014). Feasibility and efficacy of intensive cognitive training in early-stage Alzheimer's disease. *American Journal of Alzheimer's Disease and Other Dementias, 29*, 150-158. doi:10.1177/1533317513506775

Kanazawa, S. (2006). Mind the gap . . . in intelligence: Reexamining the relationship between inequality and health. *British Journal of Health Psychology, 11*, 623-642.

Kandel, E. R. (2000). Nerve cells and behavior. In E. R. Kandel, J. H. Schwartz, & T. M. Jessell (Eds.), *Principles of neural science* (pp. 19-35). New York, NY: McGraw-Hill.

Kandel, E. R. (2001). The molecular biology of memory storage: A dialogue between genes and synapses. *Science, 294*, 1030-1038.

Kandel, E. R., Barres, B. A., & Hudspeth, A. J. (2013). Nerve cells, neural circuitry, and behavior. In E. R. Kandel, J. H. Schwartz, T. M. Jessell, S. A. Siegelbaum, & A. J. Hudspeth (Eds.), *Principles of neural science* (5th ed., pp. 21-38). New York, NY: McGraw-Hill.

Kandel, E. R., & Siegelbaum, S. A. (2013). Signaling at the nerve-muscle synapse: Directly gated transmission. In E. R. Kandel, J. H. Schwartz, T. M. Jessell, S. A. Siegelbaum, & A. J. Hudspeth (Eds.), *Principles of neural science* (5th ed.). New York, NY: McGraw-Hill.

Kane, J. M., Stroup, T. S., & Marder, S. R. (2009). Schizophrenia: Pharmacological treatment. In B. J. Sadock, V. A. Sadock, & P. Ruiz (Eds.), *Kaplan & Sadock's comprehensive textbook of psychiatry* (pp. 1547-1555). Philadelphia, PA: Lippincott Williams & Wilkins.

Kane, M. J., Brown, L. H., McVay, J. C., Silivia, P. J., Myin-Germeys, I., & Kwapil, T. R. (2007). For whom the mind wanders, and when: An experience-sampling study of working memory and executive control in daily life. *Psychological Science, 18*, 614-621.

Kang, D., Jo, H J., Jung, W. H., Kim, S. H., Jung, Y., Choi, C., ... Kwon, J. S. (2013). The effect of mediation on brain structure: Cortical thickness mapping and diffusion tensor imaging. *Social Cognitive and Affective Neuroscience, 8*, 27-33. doi:10.1093/scan/nss056

Kanno, T., Iijima, K., Abe, Y., Koike, T., Shimada, N., Hoshi, T., ... Shimosegawa, T. (2013). Peptic ulcers after the Great East Japan earthquake and tsunami: Possible existence of psychosocial stress ulcers in humans. *Journal of Gastroenterology, 48*, 483-490. doi:10.1007/s00535-012-0681-1

Kanwisher, N., & Yovel, G. (2009). Face perception. In G. G. Berntson & J. T. Cacioppo (Eds.), *Handbook of neuroscience for the behavioral sciences*. New York, NY: Wiley.

Kaplan, K. A., Itoi, A., & Dement, W. C. (2007). Awareness of sleepiness and ability to predict sleep onset: Can drivers avoid falling asleep at the wheel? *Sleep Medicine, 9*(1), 71-79. doi:10.1016/j.sleep.2007.02.001

Karasu, T. B. (2005). Psychoanalysis and psychoanalytic psychotherapy. In B. J. Sadock & V. A. Sadock (Eds.), *Kaplan and Sadock's comprehensive textbook of psychiatry*. Philadelphia, PA: Lippincott Williams & Wilkins.

Karpicke, J. D. (2012). Retrievalbased learning: Active retrieval promotes meaningful learning. *Current Directions in Psychological Science, 21*, 157-163. doi:10.1177/0963721412443552

Karpicke, J. D., & Blunt, J. R. (2011). Retrieval practice produces more learning than elaborate studying with concept mapping. *Science, 331*, 772-775. doi:10.1126/science.1199327

Kassam, K. S., Gilbert, D. T., Swencionis, J. K., & Wilson, T. D. (2009). Misconceptions of memory: The Scooter Libby effect. *Psychological Science, 20*(5), 551-552. doi:10.1111/j.1467-9280.2009.02334.x

Kasser, T., & Sharma, Y. S. (1999). Reproductive freedom, educational equality, and females' preference for resource-aquisition characteristics in mates. *Psychological Science, 10*, 374-377.

Katsikopoulos, K. V., & Gigerenzer, G. (2013). Modeling decision heuristics. In J. D. Lee & A. Kirlik (Eds.), *Oxford handbook of cognitive engineering*. New York, NY: Oxford University Press.

Katz-Wise, S. L., & Hyde, J. S. (2014). Sexuality and gender: The interplay. In D. L. Tolman, L. M. Diamond, J. A. Bauermeister, W. H. George, J. G. Pfaus, & L. M. Ward (Eds.), *APA handbook of sexuality and psychology: Vol. 1. Person-based approaches*. Washington, DC: American Psychological Association.

Kaufman, A. S. (2000). Tests of intelligence. In R. J. Sternberg (Ed.), *Handbook of intelligence* (pp. 445-476). New York, NY: Cambridge University Press.

Kaufman, J. C., & Baer, J. (2004). Hawking's haiku, Madonna's math: Why it is hard to be creative in every room of the house. In R. J. Sternberg, E. L. Grigorenko, & J. L. Singer (Eds.), *Creativity: From potential to realization*. Washington, DC: American Psychological Association.

Kaufman, J. C., Kaufman, S. B., & Plucker, J. A. (2013). Contemporary theories of intelligence. In D. Reisberg (Ed.), *Oxford handbook of cognitive psychology*. New York, NY: Oxford University Press.

Kaufman, J. C., & Plucker, J. A. (2011). Intelligence and creativity. In R. J. Sternberg, & S. B. Kaufman (Eds.), *Cambridge handbook of intelligence*. New York, NY: Cambridge University Press.

Kaufman, L., Vassiliades, V., Noble, R., Alexander, R., Kaufman, J., & Edlund, S. (2007). Perceptual distance and the moon illusion. *Spatial Vision, 20*, 155-175. doi:10.1163/156856807779369698

Kauwe, J. S. K., Ridge, P. G., Foster, N. L., Cannon-Albright, L. A. (2013). Strong evidence for a genetic contribution to late-onset Alzheimer's disease mortality: A population-based study. *PLoS ONE, 8*, e77087.

Kazdin, A. (1994). Methodology, design, and evaluation in psychotherapy research. In A. E. Bergin & S. L. Garfield (Eds.), *Handbook of psychotherapy and behavior change* (4th ed.). New York, NY: Wiley.

Kazdin, A. (2001). *Behavior modification in applied settings*. Belmont: Wadsworth.

Kazdin, A., & Benjet, C. (2003). Spanking children: Evidence and issues. *Current Directions in Psychological Science, 12*(3), 99-103.

Kazdin, A. E., & Blase, S. L. (2011). Rebooting psychotherapy research and practice to reduce the burden of mental illness. *Perspectives on Psychological Science, 6*(1), 21-37. doi:10.1177/1745691610393527

Kazdin, A. E., & Rabbitt, S. M. (2013). Novel models for delivering mental health services and reducing the burdens of mental illness. *Clinical Psychological Science, 1*(2), 170-191. doi:10.1177/2167702612463566

Keefer, L., Taft, T. h., & Kiebles, J. L. (2013). Gastrointestinal diseases. In A. M. Nezu, C. M. Nezu, P. A. Geller, & I. B. Weiner (Eds.), *Handbook of psychology: Vol. 9. Health psychology* (2nd ed.). New York, NY: Wiley.

Keel, P. K., Brown, T. A., Holland, A., & Bodell, L. P. (2012). Empirical classification of eating disorders. *Annual Review Of Clinical Psychology,* 8381-404. doi:10.1146/annurevclinpsy-032511-143111

Keel, P. K., Forney, K. J., Brown, T. A., & Heatherton, T. F. (2013). Influence of college peers on disordered eating in women and men at 10-year followup. *Journal of Abnormal Psychology, 122,* 105-110. doi:10.1037/a0030081

Keenan, S., & Hirshkowitz, M. (2011). Monitoring and staging human sleep. In M. H. Kryger, T. Roth, & W. C. Dement (Eds.), *Principles and practice of sleep medicine* (5th ed.). Saint Louis, MO: Elsevier Saunders.

Keller, M. B., Boland, R., Leon, A., Solomon, D., Endicott, J., & Li, C. (2013). Clinical course and outcome of unipolar major depression. In M. B. Keller, W. H. Coryell, J. Endicott, J. D. Maser, & P. J. Schettler (Eds.), *Clinical guide to depression and bipolar disorder: Findings from the Collaborative Depression Study.* Washington, DC: American Psychiatric Press.

Kelley, H. H. (1950). The warmcold variable in first impressions of persons. *Journal of Personality, 18,* 431-439.

Kelley, H. H. (1967). Attributional theory in social psychology. *Nebraska Symposium on Motivation, 15,* 192-241.

Kellner, C. H., Greenberg, R. M., Murrough, J. W., Bryson, E. O., Briggs, C., & Pasculli, R. M. (2012). ECT in treatment-resistant depression. *The American Journal of Psychiatry, 169,* 1238-1244. doi:10.1176/appi.ajp.2012.12050648

Kelman, H. C. (1967). Human use of human subjects: The problem of deception in social psychological experiments. *Psychological Bulletin, 67,* 1-11.

Kelman, H. C. (1982). Ethical issues in different social science methods. In T. L. Beauchamp, R. R. Faden, R. J. Wallace, Jr., & L. Walters (Eds.), *Ethical issues in social science research.* Baltimore: Johns Hopkins University Press.

Keltner, D., & Horberg, E. J. (2015). Emotion-cognition interactions. In M. Mikulincer, P. R. Shaver, E. Borgida, & J. A. Bargh (Eds.), *APA handbook of personality and social psychology: Vol. 1. Attitudes and social cognition.* Washington, DC: American Psychological Association. doi:10.1037/14341-020

Kemeny, M. E. (2011). Psychoneuroimmunology. In H. S. Friedman (Ed.), *Oxford handbook of health psychology.* New York, NY: Oxford University Press.

Kempton, M. J., Salvador, Z., Munafò, M. R., Geddes, J. R., Simmons, A., Frangou, S., & Williams, S. R. (2011). Structural neuroimaging studies in major depressive disorder: Metaanalysis and comparison with bipolar disorder. *Archives of General Psychiatry, 68,* 675-690. doi:10.1001/archgenpsychiatry.2011.60

Kendzerska, T., Mollayeva, T., Gershon, A. S., Leung, R. S., Hawker, G., & Tomlinson, G. (2014). Untreated obstructive sleep apnea and the risk of serious long-term adverse outcomes: A systematic review. *Sleep Medicine Reviews, 18,* 49-59. doi:10.1016/j.smrv.2013.01.003

Kenfield, S. A., Stampfer, M. J., Rosner, B. A., & Colditz, G. A. (2008). Smoking and smoking cessation in relation to mortality in women. *JAMA, 299,* 2037-2047.

Kenrick, D. T., Griskevicius, V., Neuberg, S. L., & Schaller, M. (2010). Renovating the pyramid of needs: Contemporary extensions built upon ancient foundations. *Perspectives on Psychological Science, 5*(3), 292-314. doi:10.1177/1745691610369469

Kenrick, D. T., & Gutierres, S. E. (1980). Contrast effects and judgments of physical attractiveness: When beauty becomes a social problem. *Journal of Personality and Social Psychology, 38,* 131-140.

Kenrick, D. T., Neuberg, S. L., & White, A. E. (2013). Relationships from an evolutionary life history perspective. In J. A. Simpson & L. Campbell (Eds.), *Oxford handbook of close relationships.* New York, NY: Oxford University Press.

Kenrick, D. T., Trost, M. R., & Sundie, J. M. (2004). Sex roles as adaptations: An evolutionary perspective on gender differences and similarities. In A. H. Eagly, A. E. Beall, & R. J. Sternberg (Eds.), *The psychology of gender.* New York, NY: Guilford Press.

Kermer, D. A., Driver-Linn, E., Wilson, T. D., & Gilbert, D. T. (2006). Loss aversion is an affective forecasting error. *Psychological Science, 17,* 649-653.

Kern, M. L., Della Porta, S. S., & Friedman, H. S. (2014). Lifelong pathways to longevity: Personality, relationships, flourishing, and health. *Journal of Personality, 82,* 472-484. doi:10.1111/jopy.12062

Kesebir, S., Graham, J., & Oishi, S. (2010). A theory of human needs should be human-centered, not animal-centered: Commentary on Kenrick et al. (2010). *Perspectives on Psychological Science, 5*(3), 315-319. doi:10.1177/1745691610369470

Ketter, T. A., & Chang, K. D. (2014). Bipolar and related disorders. In R. E. Hales, S. C. Yudofsky, & L. W. Roberts (Eds.), *The American Psychiatric Publishing textbook of psychiatry* (6th ed.). Washington, DC: American Psychiatric Publishing.

Kiang, L., & Buchanan, C. M. (2014). Daily stress and emotional well-being among Asian American adolescents: Same-day, lagged, and chronic associations. *Developmental Psychology, 50,* 611-621. doi:10.1037/a0033645

Kiecolt-Glaser, J. K. (2009). Psychoneuroimmunology: Psychology's gateway to biomedical future. *Perspective on Psychological Science, 4,* 367-369. doi:10.1111/j.1745-6924.2009.01139.x

Kiecolt-Glaser, J. K., Garner, W., Speicher, C., Penn, G. M., Holliday, J., & Glaser, R. (1984). Psychosocial modifiers of immunocompetence in medical students. *Psychosomatic Medicine, 46*(1), 7-14.

Kihlstrom, J. F. (2004). An unbalanced balancing act: Blocked, recovered, and false memories in the laboratory and clinic. *Clinical Psychology: Science & Practice, 11*(1), 34-41.

Kihlstrom, J. F., & Cork, R. C. (2007). Consciousness and anesthesia. In M. Velmans & S. Schneider (Eds.), *The Blackwell companion to consciousness.* Malden, MA: Blackwell.

Killeen, P. R. (1981). Learning as causal inference. In M. L. Commons & J. A. Nevin (Eds.), *Quantitative analyses of behavior: Vol. 1. Discriminative properties of reinforcement schedules.* Cambridge, MA: Ballinger.

Killen, M., Hitti, A., & Mulvey, K. L. (2015). Social development and intergroup relations. In M. Mikulincer, P. R. Shaver, J. F. Dovidio, & J. A. Simpson (Eds.), *APA handbook of personality and social psychology: Vol. 2. Group processes* (pp. 177-201). doi.org/10.1037/14342-007

Killen, M., Richardson, C. B., & Kelly, M. C. (2010). Developmental perspectives. In J. F. Dovidio, M. Hewstone, P. Glick, & V. M. Esses (Eds.), *The Sage handbook of prejudice, stereotyping, and discrimination.* Los Angeles, CA: Sage.

Killingsworth, M. A., & Gilbert, D. T. (2010). A wandering mind is an unhappy mind. *Science, 330,* 932.

Kiluk, B. D., Sugarman, D. E., Nich, C., Gibbons, C. J., Martino, S., Rounsaville, B. J., & Carroll, K. M. (2011). A methodological analysis of randomized clinical trials of computerassisted therapies for psychiatric disorders: Toward improved standards for an emerging field. *The American Journal of Psychiatry, 168,* 790-799. doi:10.1176/appi.ajp.2011.10101443

Kim, H., & Markus, H. R. (1999). Deviance or uniqueness, harmony or conformity? A cultural analysis. *Journal of Personality and Social Psychology, 77,* 785-800.

Kim, H. S., Sherman, D. K., & Taylor, S. E. (2008). Culture and social support. *American Psychologist, 63*(6), 518-526. doi:10.1037/0003-066X

Kim, K. H. (2005). Can only intelligent people be creative? *Journal of Secondary Gifted Education, 16,* 57-66.

Kim, S., Plumb, R., Gredig, Q., Rankin, L., & Taylor, B. (2008). Medium-term post-Katrina health sequelae among New Orleans residents: Predictors of poor mental and physical health. *Journal of Clinical Nursing, 17*(17), 2335-2342

Kimmel, A. J. (1996). *Ethical issues in behavioral research: A survey.* Cambridge, MA: Blackwell.

Kimura, D. (1973). The asymmetry of the human brain. *Scientific American, 228,* 70-78.

King, B. M. (2013). The modern obesity epidemic, ancestral huntergatherers, and the sensory/reward control of food intake. *American Psychologist, 68*(2), 88-96. doi:10.1037/a0030684

King, D. B., Woody, W. D., & Viney, W. (2013). *A history of psychology: Ideas and context.* New York, NY: Pearson.

Kinsey, A. C., Pomeroy, W. B., & Martin, C. E. (1948). *Sexual behavior in the human male.* Philadelphia, PA: Saunders.

Kinsey, A. C., Pomeroy, W. B., Martin, E., & Gebhard, P. H. (1953). *Sexual behavior in the human female.* Philadelphia, PA: Saunders.

Kirby, D. (2005). *Evidence of harm: Mercury in vaccines and the autism epidemic: A medical controversy.* New York, NY: St. Martin's Press.

Kirk, R. E. (2013). Experimental design. In J. A. Schinka, W. F. Velicer, & I. B. Weiner (Eds.), *Handbook of psychology: Vol. 2. Research methods in psychology* (2nd ed.). Hoboken, NJ: Wiley.

Kirk, S. A., Gomory, T., & Cohen, D. (2013). *Mad science: Psychiatric coercion, diagnosis, and drugs.* New Brunswick, NJ: Transaction Publishers.

Kirov, G., & Owen, M. J. (2009). Genetics of schizophrenia. In B. J. Sadock, V. A. Sadock, & P. Ruiz (Eds.), *Kaplan & Sadock's comprehensive textbook of psychiatry* (9th ed., Vol. 1, pp. 1462-1472). Philadelphia, PA: Lippincott Williams & Wilkins.

Kirsch, I. (2000). The response set theory of hypnosis. *American Journal of Clinical Hypnosis, 42*, 274-292.

Kirsch, I. (2010). *The emperor's new drugs: Exploding the antidepressant myth.* New York, NY: Basic Books.

Kirsch, I., Mazzoni, G., & Montgomery, G. H. (2007). Remembrance of hypnosis past. *American Journal of Clinical Hypnosis, 49*, 171-178.

Kissileff, H. R., Thornton, J. C., Torres, M. I., Pavlovich, K., Mayer, L. S., Kalari, V., ... Rosenbaum, M. (2012). Leptin reverses declines in satiation in weight-reduced obese humans. *The American Journal of Clinical Nutrition, 95*, 309-317.

Klatzky, R. L., & Lederman, S. J. (2013). Touch. In A. F. Healy, R. W. Proctor, & I. B. Weiner (Eds.), *Handbook of psychology: Vol. 4. Experimental psychology* (2nd ed.). New York, NY: Wiley.

Klein, D. N., & Allmann, A. E. (2014). Course of depression: Persistence and recurrence. In I. H. Gotlib & C. L. Hammen (Eds.), *Handbook of depression* (3rd ed.). New York, NY: Guilford Press.

Kleinke, C. L. (2007). What does it mean to cope? In A. Monat, R. S. Lazarus, & G. Reevy (Eds.), *The Praeger handbook on stress and coping.* Westport, CT: Praeger.

Kleinmuntz, B. (1980). *Essentials of abnormal psychology.* San Francisco, CA: Harper & Row.

Kleinmuntz, B., & Szucko, J. J. (1984). Lie detection in ancient and modern times: A call for contemporary scientific study. *American Psychologist, 39*(7), 766-776. doi:10.1037/0003-066X.39.7.766

Kleinspehn-Ammerlahn, A., KotterGrühn, D., & Smith, J. (2008). Selfperceptions of aging: Do subjective age and satisfaction with aging change during old age? *The Journals of Gerontology: Series B: Psychological Sciences and Social Sciences, 63B*(6), 377-385.

Klosch, G., & Kraft, U. (2005). Sweet dreams are made of this. *Scientific American Mind, 16*(2), 38-45.

Klump, K. L. (2013). Puberty as a critical risk period for eating disorders: A review of human and animal behaviors. *Hormones and Behavior, 64*, 399-410. doi:10.1016/j.yhbeh.2013.02.019

Knapp, C. M., & Kornetsky, C. (2009). Neural basis of pleasure and reward. In G. G. Berntson & J. T. Cacioppo (Eds.), *Handbook of neuroscience for the behavioral sciences* (Vol. 1, pp. 781-806). New York, NY: Wiley.

Knauss, W. (2005). Group psychotherapy. In G. O. Gabbard, J. S. Beck, & J. Holmes (Eds.), *Oxford textbook of psychotherapy.* New York, NY: Oxford University Press.

Knecht, S., Drager, B., Floel, A., Lohmann, H., Breitenstein, C., Henningsen, H., & Ringelstein, E. B. (2001). Behavioural relevance of atypical language lateralization in healthy subjects. *Brain, 124*, 1657-1665.

Knight, J. (2004). The truth about lying. *Nature, 428*, 692-694.

Knutson, K. L. (2012). Does inadequate sleep play a role in vulnerability to obesity? *American Journal of Human Biology, 24*, 361-371.

Knutson, K. L., & Van Cauter, E. (2008). Associations between sleep loss and increased risk of obesity and diabetes. In D. W. Pfaff, & B. L. Kieffer (Eds.), *Annals of the New York Academy of Sciences. Molecular and biophysical mechanisms of arousal, alertness, and attention* (pp. 287-304). Malden, MA: Blackwell.

Kobrin, J. L., Patterson, B. F., Shaw, E. J., Mattern, K. D., & Barbuti, S. M. (2008). *Validity of the SAT for predicting first-year college grade point average* (College Board research report no. 2008-5). New York, NY: College Board.

Koehl, M., & Abrous, D. N. (2011). A new chapter in the field of memory: Adult hippocampal neurogenesis. *European Journal of Neuroscience, 33*, 1101-1114. doi:10.1111/j.1460-9568.2011.07609.x

Koenig, A. M., & Dean, K. K. (2011). Cross-cultural differences and similarities in attribution. In K. D. Keith (Ed.), *Cross-cultural psychology: Contemporary themes and perspectives.* Malden, MA: Wiley-Blackwell.

Kofink, D., Boks, M. M., Timmers, H. M., & Kas, M. J. (2013). Epigenetic dynamics in psychiatric disorders: Environmental programming of neurodevelopmental processes. *Neuroscience and Biobehavioral Reviews, 37*, 831-845. doi:10.1016/j.neubiorev.2013.03.020

Kohlberg, L. (1963). The development of children's orientations toward a moral order: I. Sequence in the development of moral thought. *Vita Humana, 6*, 11-33.

Kohlberg, L. (1969). Stage and sequence: The cognitive-developmental approach to socialization. In D. A. Goslin (Ed.), *Handbook of socialization theory and research.* Chicago, IL: Rand McNally.

Kohlberg, L. (1976). Moral stages and moralization: Cognitive-developmental approach. In T. Lickona (Ed.), *Moral development and behavior: Theory, research and social issues.* New York, NY: Holt, Rinehart & Winston.

Kohlberg, L. (1984). *Essays on moral development: Vol. 2. The psychology of moral development.* San Francisco, CA: Harper & Row.

Kohman, R. A., & Rhodes, J. S. (2013). Neurogenesis, inflammation and behavior. *Brain, Behavior, and Immunity, 27*, 22-32. doi:10.1016/j.bbi.2012.09.003

Koob, G. F. (2012). Neuroanatomy of addiction. In K. D. Brownell & M. S. Gold (Eds.), *Food and addiction: A comprehensive handbook.* New York, NY: Oxford University Press.

Koob, G. F., Everitt, B. J., & Robbins, T. W. (2008). Reward, motivation, and addiction. In L. Squire, D. Berg, F. Bloom, S. Du Lac, A. Ghosh, N. Spitzer (Eds.), *Fundamental neuroscience* (3rd ed., pp. 87-111). San Diego, CA: Elsevier.

Koob, G. F., & Le Moal, M. (2006). *Neurobiology of addiction.* San Diego, CA: Academic Press.

Koriat, A., & Bjork, R. A. (2005). Illusions of competence in monitoring one's knowledge during study. *Journal of Experimental Psychology: Learning, Memory, and Cognition, 31*(2), 187-194.

Koriat, A., Lichtenstein, S., & Fischhoff, B. (1980). Reasons for confidence. *Journal of Experimental Psychology, 6*, 107-118.

Korn, J. H. (1997). *Illusions of reality: A history of deception in social psychology.* Albany, NY: State University of New York Press.

Kornell, N., Castel, A. D., Eich, T. S., & Bjork, R. A. (2010). Spacing as the friend of both memory and induction in young and older adults. *Psychology and Aging, 25*(2), 498-503. doi:10.1037/a0017807

Kornell, N., Hays, M., & Bjork, R. A. (2009). Unsuccessful retrieval attempts enhance subsequent learning. *Journal of Experimental Psychology: Learning, Memory, and Cognition, 35*(4), 989-998. doi:10.1037/a0015729

Kornell, N., & Metcalfe, J. (2014). The effects of memory retrieval, errors and feedback on learning. In V. A. Benassi, C. E. Overson, & C. M. Hakala (Eds.), *Applying science of learning in education: Infusing psychological science into the curriculum.* Washington, DC: Society for the Teaching of Psychology.

Kosfeld, M., Heinrichs, M., Zak, P. J., Fischbacher, U., & Fehr, E. (2005). Oxytocin increases trust in humans. *Nature, 435*(7042), 673-676. doi:10.1038/nature03701

Kotovsky, K., Hayes, J. R., & Simon, H. A. (1985). Why are some problems hard? Evidence from Tower of Hanoi. *Cognitive Psychology, 17*, 248-294.

Kotulak, R. (1996). *Inside the brain: Revolutionary discoveries of how the mind works.* Kansas City, MO: Andrews McMeel.

Kouzma, N. M., & Kennedy, G. A. (2004). Self-reported sources of stress in senior high school students. *Psychological Reports, 94*, 314-316.

Kowalski, P., & Taylor, A. K. (2009). The effect of refuting misconceptions in the introductory psychology class. *Teaching of Psychology, 36*(3), 153-159. doi:10.1080/00986280902959986

Kozorovitskiy, Y., & Gould, E. (2007). Adult neurogenesis and regeneration in the brain. In Y. Sern (Ed.), *Cognitive reserve: Theory and applications.* Philadelphia, PA: Taylor and Francis.

Kozorovitskiy, Y., & Gould, E. (2008). Adult neurogenesis in the hippocampus. In C. A. Nelson, & M. Luciana (Eds.), *Handbook of developmental cognitive neuroscience* (2nd ed., pp. 51-61). Cambridge, MA: MIT Press.

Kozulin, A. (2005). The concept of activity in Soviet psychology: Vygotsky, his disciples and critics. In H. Daniels (Ed.), *An introduction to Vygotsky.* New York, NY: Routledge.

Kracke, W. (1991). Myths in dreams, thought in images: An Amazonian contribution to the psychoanalytic theory of primary process. In B. Tedlock (Ed.), *Dreaming: Anthropological and psychological interpretations.* Santa Fe, NM: School of American Research Press.

Kraemer, H. C. (2008). DSM categories and dimensions in clinical and research contexts. In J. E. Helzer, H. C. Kraemer, R. F. Krueger, H.-U. Wittchen, P. J. Sirovatka, et al. (Eds.), *Dimensional approaches in diagnostic classification: Refining the research agenda for DSM-V* (pp. 5-17). Washington, DC: American Psychiatric Association.

Kraha, A., & Boals, A. (2014). Why so negative? Positive flashbulb memories for a personal event. *Memory, 22*, 442-449. doi:10.1080/09658211.2013.798121

Krahe, B. (2013). Violent video games and aggression. In K. E. Dill (Ed.), *Oxford handbook of media psychology.* New York, NY: Oxford University Press.

Krahe, B., Moller, I., Huesmann, L. R., Kirwil, L., Felber, J., & Berger, A. (2011). Desensitization to media violence: Links with habitual media violence exposure, aggressive cognitions, and aggressive behavior. *Journal of Personality and Social Psychology, 100*, 630-646. doi:10.1037/a0021711

Krakauer, D., & Dallenbach, K. M. (1937). Gustatory adaptation to sweet, sour, and bitter. *American Journal of Psychology, 49*, 469-475.

Krakauer, J. (1998). *Into thin air: A personal account of the Mount Everest disaster.* New York, NY: Villard.

Kramer, P. D. (2006). *Freud: Inventor of the modern mind*. New York, NY: HarperCollins.

Krebs, D. L., & Denton, K. (1997). Social illusions and self-deception: The evolution of biases in person perception. In J. A. Simpson & D. T. Kenrick (Eds.), *Evolutionary social psychology*. Mahwah, NJ: Erlbaum.

Krebs, D. L., & Denton, K. (2005). Toward a more pragmatic approach to morality: A critical evaluation of Kohlerg's model. *Psychological Review, 112*, 629-649.

Kreiner, D. S. (2011). Language and culture: Commonality, variation, and mistaken assumptions. In K. D. Keith (Ed.), *Cross-cultural psychology: Contemporary themes and perspectives*. Malden, MA: Wiley-Blackwell.

Kremen, W. S., Jacobsen, K. C., Xian, H., Eisen, S. A., Eaves, L. J., Tsuang, M. T., & Lyons, M. J. (2007). Genetics of verbal working memory processes: A twin study of middle-aged men. *Neuropsychology, 21*(5), 569-580. doi:10.1037/0894-4105.21.5.569

Kriegsfeld, L. J., & Nelson, R. J. (2009). Biological rhythms. In G. G. Berntson & J. T. Cacioppo (Eds.), *Handbook of neuroscience for the behavioral sciences* (Vol. 1, pp. 56-81). New York, NY: Wiley.

Kripke, D. F., Langer, R. D., & Kline, L. E. (2012). Hypnotics' association with mortality or cancer: A matched cohort study. *British Medical Journal Open, 2*, e000850. doi:10.1136/bjmopen-2012-000850

Kroger, J. (2003). Identity development during adolescence. In G. R. Adams & M. D. Berzonsky (Eds.), *Blackwell handbook of adolescence*. Malden, MA: Blackwell.

Kroger, J., & Marcia, J. E. (2011). The identify statuses: Origins, meanings, and interpretations. In S. J. Schwartz, K. Luyckx, & V. L. Vignoles (Eds.), *Handbook of identity theory and research* (Vol. 1 & 2). New York, NY: Springer Science + Business Media.

Krosnick, J. A. (1999). Survey research. *Annual Review Psychology, 50*, 537-567.

Krosnick, J. A., & Fabrigar, L. R. (1998). *Designing good questionnaires: Insights from psychology*. New York, NY: Oxford University Press.

Krosnick, J. A. Lavrakas, P. J., & Kim, (2014). Survey research. In H. T. Reis & C. M. Judd (Eds.), *Handbook of research methods in social and personality psychology* (2nd ed.). New York, NY: Cambridge University Press.

Kross, E., Verduyn, P., Demiralp, E., Park, J., Lee, D. S., Lin, N., … Ybarra, (2013). Facebook use predicts declines in subjective well-being in young adults. *PLoS ONE, 8*, e69841.

Krueger, J., Ham, J. J., & Linford, K. M. (1996). Perceptions of behavioral consistency: Are people aware of the actor-observer effect? *Psychological Science, 7*, 259-264.

Krueger, R. F., & Johnson, W. (2008). Behavioral genetics and personality: A new look at the integration of nature and nurture. In O. P. John, R. W. Robbins, & L. A. Pervin (Eds.), *Handbook of personality: Theory and research* (Vol. 3, pp. 287-310). New York, NY: Guilford Press.

Krueger, R. F., & Markon, K. E. (2014). The role of the DSM-5 personality trait model in moving toward a quantitative and empirically based approach to classifying personality and psychopathology. *Annual Review of Clinical Psychology, 10*, 477-501. doi:10.1146/annurev-clinpsy-032813-153732

Krug, S. E. (2013). Objective personality testing. In K. F. Geisinger, B. A. Bracken, J. F. Carlson, J. C. Hansen, N. R. Kuncel, S. P. Reise, & M. C. Rodriguez (Eds.), *APA handbook of testing and assessment in psychology: Vol. 1. Test theory and testing and assessment in industrial and organizational psychology*. Washington, DC: American Psychological Association. doi:10.1037/14047-019

Krull, D. S. (2001). On partitioning the fundamental attribution error: Dispositionalism and the correspondence bias. In G. B. Moskowitz (Ed.), *Cognitive social psychology: The Princeton Symposium on the legacy and future of social cognition*. Mahwah, NJ: Erlbaum.

Krull, D. S., & Erickson, D. J. (1995). Inferential hopscotch: How people draw social inferences from behavior. *Current Directions in Psychological Science, 4*, 35-38.

Kübler-Ross, E. (1969). *On death and dying*. New York, NY: Macmillan.

Kübler-Ross, E. (1970). The dying patient's point of view. In O. G. Brim, Jr., H. E. Freeman, S. Levine, & N. A. Scotch (Eds.), *The dying patient*. New York, NY: Sage.

Kucharczyk, E. R., Morgan, K., & Hall, A. P. (2012). The occupational impact of sleep quality and insomnia symptoms. *Sleep Medicine Reviews, 16*, 547-559. doi:10.1016/j.smrv.2012.01.005

Kulick, A. R., Pope, H. G., & Keck, P. E. (1990). Lycanthropy and self-identification. *Journal of Nervous & Mental Disease, 178*(2), 134-137.

Kuncel, N. R., & Hezlett, S. A. (2010). Fact and fiction in cognitive ability testing for admissions and hiring decisions. *Current Directions in Psychological Science, 19*, 339-345. doi:10.1177/0963721410389459

Kung, S., & Mrazek, D. A. (2005). Psychiatric emergency department visits on full-moon nights. *Psychiatric Services, 56*, 221-222.

Kunitoh, N. (2013). From hospital to the community: The influence of deinstitutionalization on discharged long-stay psychiatric patients. *Psychiatry and Clinical Neurosciences, 67*, 384-396. doi:10.1111/pcn.12071

Kupfer, D. J., Kuhl, E. A., & Regier, D. A. (2013). DSM-5: The future arrived. *JAMA, 309*, 1691-1692.

Kushlev, K., & Dunn, E. W. (2012). Affective forecasting: Knowing how we will feel in the future. In S. Vazire, & T. D. Wilson (Eds.), *Handbook of self-knowledge*. New York, NY: Guilford Press.

Kwan, V. S., & Herrmann, S. D. (2015). The interplay between culture and personality. In M. Mikulincer, P. R. Shaver, M. L. Cooper, & R. J. Larsen (Eds.), *APA handbook of personality and social psychology: Vol. 4. Personality processes and individual differences*. Washington, DC: American Psychological Association.

Kyaga, S., Landén, M., Boman, M., Hultman, C. M., Långström, N., & Lichtenstein, P. (2013). Mental illness, suicide and creativity: 40-year prospective total population study. *Journal of Psychiatric Research, 47*(1), 83-90. doi:10.1016/j.jpsychires.2012.09.010 Laborda, M. A., McConnell, B. L., & Miller, R. R. (2011). Behavioral techniques to reduce relapse after exposure therapy: Applications of studies of experimental extinction. In T. R. Schachtman, & S. Reilly (Eds.), *Associative learning and condition theory: Human and non-human applications*. New York, NY: Oxford University Press.

Lachman, S. J. (1996). Processes in perception: Psychological transformations of highly structured stimulus material. *Perceptual and Motor Skills, 83*, 411-418.

Lachter, J., Forster, K. I., & Ruthruff, E. (2004). Forty-five years after Broadbent (1958): Still no identification without attention. *Psychological Review, 111*, 880-913.

la Cour, L. T., Stone, B.W., Hopkins, W., Menzel, C., & Fragaszy, D. M. (2014). What limits tool use in nonhuman primates? Insights from tufted capuchin monkeys (*Sapajus spp.*) and chimpanzees (Pan troglodytes) aligning three-dimensional objects to a surface. *Animal Cognition, 17*(1), 113-125. doi:10.1007/s10071-013-0643-x

Lader, M. H. (2002). Managing dependence and withdrawal with newer hypnotic medications in the treatment of insomnia. *Journal of Clinical Psychiatry, 4*(suppl 1), 33-37.

Laeng, B., Sirois, S., & Gredeback, G. (2012). Pupillometry: A window to the preconscious? *Perspective on Psychological Science, 7*(1), 18-27. doi:10.1177/1745691611427305

Laird, J. D., & Lacasse, K. (2014). Bodily influences on emotional feelings: Accumulating evidence and extensions of William James's theory of emotion. *Emotion Review, 6*(1), 27-34. doi:10.1177/1754073913494899

Lakein, A. (1996). *How to get control of your time and your life*. New York, NY: New American Library.

Lakey, B. (2013). Perceived social support and happiness: The role of personality and relational processes. In S. A. David, I. Boniwell, & A. Conley Ayers (Eds.), *The Oxford handbook of happiness*. New York, NY: Oxford University Press.

Lamb, M. E., Ketterlinus, R. D., & Fracasso, M. P. (1992). Parent-child relationships. In M. H. Bornstein & M. E. Lamb (Eds.), *Developmental psychology: An advanced textbook* (3rd ed.). Hillsdale, NJ: Erlbaum.

Lamb, M. E., & Lewis, C. (2011). The role of parent-child relationships in child development. In M. H. Bornstein & M. E. Lamb (Eds.), *Developmental science: An advanced textbook* (pp. 469-518). New York, NY: Psychology Press.

Lambert, M. J. (2011). Psychotherapy research and its achievements. In J. C. Norcross, G. R. Vandenbos, & D. K. Freedheim (Eds.), *History of psychotherapy: Continuity and change* (2nd ed.). Washington, DC: American Psychological Association.

Lambert, M. J. (2013). The efficacy and effectiveness of psychotherapy. In M. J. Lambert (Ed.). *Bergin and Garfield's handbook of psychotherapy and behavior change* (6th ed.). New York, NY: Wiley.

Lambert, M. J., & Ogles, B. M. (2014). Common factors: Post hoc explanation or empirically based therapy approach? *Psychotherapy, 51*, 500-504. doi:10.1037/a0036580

Lamkin, J., Clifton, A., Campbell, W. K., & Miller, J. D. (2014). An examination of the perceptions of social network characteristics associated with grandiose and vulnerable narcissism. *Personality Disorders: Theory, Research, and Treatment, 5*(2), 137-145. doi:10.1037/per0000024

Lampinen, J. M., Neuschatz, J. S., & Payne, D. G. (1999). Source attributions and false memories: A test of the demand characteristics account. *Psychonomic Bulletin & Review, 6*, 130-135.

Lampl, M., & Johnson, M. L. (2011). Infant growth in length follows prolonged sleep and increased naps. *Sleep: Journal of Sleep and Sleep Disorders Research, 34*, 641-650.

Lampl, M., Veldhuis, J. D., & Johnson, M. L. (1992). Saltation and stasis: A model of human growth. *Science, 258*, 801-803.

Landau, M. J., & Sullivan, D. (2015). Terror management motivation at the core of personality. In M. Mikulincer, P. R. Shaver, M. L. Cooper, & R. J. Larsen (Eds.), *APA handbook of personality and social psychology: Vol. 4. Personality processes and individual differences*. Washington, DC: American Psychological Association.

Landau, S. M., Marks, S. M., Mormino, E. C., Rabinovici, G. D., Oh, H., O'Neil, J. P., ... Jagust, W. J. (2012). Association of lifetime cognitive engagement and low β-amyloid deposition. *Archive of Neurology, 69*, 623-629. doi:10.1001/archneurol.2011.2748

Lane, A., Luminet, O., Rimé, B., Gross, J. J., de Timary, P., & Mikolajczak, M. (2013). Oxytocin increases willingness to socially share one's emotions. *International Journal of Psychology, 48*, 676-681. doi:10.10 80/00207594.2012.677540

Laney, C. (2013). The sources of memory errors, In D. Reisberg (Ed.), *Oxford handbook of cognitive psychology*. New York, NY: Oxford University Press.

Laney, C., & Loftus, E. F. (2013). Recent advances in false memory research. *South African Journal of Psychology, 43*, 137-146. doi:10.1177/0081246313484236

Lange, C. (1885). One leuds beveegelser. In K. Dunlap (Ed.), *The emotions*. Baltimore, MD: Williams & Wilkins.

Langlois, J. H., Kalakanis, L., Rubenstein, A. J., Larson, A., Hallam, M., & Smoot, M. (2000). Maxims or myths of beauty? A meta-analytic and theoretical review. *Psychological Bulletin, 126*, 390-423.

Lango, A. H., Estrada, K., Lettre, G., Berndt, S. I., Weedon, M. N., & Rivadeneira, F., et al. (2010). Hundreds of variants clustered in genomic loci and biological pathways affect human height. *Nature, 467*, 832-838.

Large, M., Sharma, S., Compton, M. T., Slade, T., & Nielssen, O. (2011). Cannabis use and earlier onset of psychosis: A systematic meta-analysis. *Archives of General Psychiatry, 68*, 555-561. doi:10.1001/archgenpsychia try.2011.5

Larsen, J. T., Berntson, G. G., Poehlmann, K. M., Ito, T. A., & Cacioppo, J. T. (2008). The psychophysiology of emotion. In M. Lewis, J. M. Haviland-Jones, & L. F. Barrett (Eds.), *Handbook of emotions* (3rd ed., pp. 180-195). New York, NY: Guilford Press.

Larsen, J. T., & McGraw, A. P. (2011). Further evidence for mixed emotions. *Journal of Personality and Social Psychology, 100*, 1095-1110. doi:10.1037/a0021846

Laska, K. M., Gurman, A. S., & Wampold, B. E. (2014). Expanding the lens of evidence-based practice in psychotherapy: A common factors perspective. *Psychotherapy, 51*, 467-481. doi:10.1037/a0034332

Laska, M., Seibt, A., & Weber, A. (2000). "Microsmatic" primates revisited: Olfactory sensitivity in the squirrel monkey. *Chemical Senses, 25*, 47-53. doi:10.1093/chemse/25.1.47

Latané, B. (1981). The psychology of social impact. *American Psychologist, 36*, 343-356.

Latané, B., & Nida, S. A. (1981). Ten years of research on group size and helping. *Psychological Bulletin, 89*, 308-324.

Latané, B., Williams, K., & Harkins, S. (1979). Many hands make light the work: The causes and consequences of social loafing. *Journal of Personality and Social Psychology, 37*, 822-832.

Lau, C., Wang, H., Hsu, J., & Liu, M. (2013). Does the dopamine hypothesis explain schizophrenia? *Reviews in the Neurosciences, 24*, 389-400. doi:10.1515/revneuro-2013-0011

Lau, J. Y., Lester, K. J., Hodgson, K., & Eley, T. C. (2014). The genetics of mood disorders. In I. H. Gotlib & L. Hammen (Eds.), *Handbook of depression* (3rd ed.). New York, NY: Guilford Press.

Laughlin, H. (1967). *The neuroses*. Washington, DC: Butterworth.

Laughlin, H. (1979). *The ego and its defenses*. New York, NY: Jason Aronson.

Laumann, E. O., Gagnon, J. H., Michael, R. T., & Michaels, S. (1994). *The social organization of sexuality: Sexual practices in the United States*. Chicago, IL: University of Chicago Press.

Lawrie, S. M., & Pantelis, C. (2011). Structural brain imaging in schizophrenia and related populations. In R. Weinberger & P. Harrison (Eds.), *Schizophrenia* (3rd ed.). Malden, MA: Wiley-Blackwell.

Lazarus, A. A. (1987). The need for technical eclecticism: Science, breadth, depth, and specificity. In J. K. Zeig (Ed.), *The evolution of psychotherapy*. New York, NY: Brunner/Mazel.

Lazarus, A. A. (2008). Technical eclecticism and multimodal therapy. In J. L. Lebow (Ed.), *Twenty-first century psychotherapies: Contemporary approaches to theory and practice*. New York, NY: Wiley.

Lazarus, R. S. (1993). Why we should think of stress as a subset of emotion. In L. Goldberger & S. Breznitz (Eds.), *Handbook of stress: Theoretical and clinical aspects* (2nd ed.). New York, NY: Free Press.

Lazarus, R. S. (2006). Emotions and interpersonal relationships: Toward a person-centered conceptualization of emotions and coping. *Journal of Personality, 71*, 9-46.

Lazarus, R. S., & Folkman, S. (1984). *Stress, appraisal, and coping*. New York, NY: Springer.

Leahey, T. H. (2013). Cognition and learning. In D. K. Freedheim, & I. B. Weiner (Eds.), *Handbook of psychology Vol. 1: History of psychology* (2nd ed., pp. 129-154). New York, NY: Wiley.

Leaper, C. (2013). Gender development during childhood. In P. D. Zelazo (Ed.), *Oxford handbook of developmental psychology: Vol. 2. Self and other*. New York, NY: Oxford University Press. doi:10.1093/oxfordh b/9789199958474.013.0014

Leavitt, F. (1995). *Drugs and behavior* (3rd ed.). Thousand Oaks, CA: Sage.

LeBoeuf, R. A., & Shafir, E. (2012). Decision making. In K. J. Holyoak, & R. G. Morrison (Eds.), *Oxford handbook of thinking and reasoning*. New York, NY: Oxford University Press.

Lebow, J. L. (2008). Couple and family therapy. In J. L Lebow (Ed.), *Twentyfirst century psychotherapies: Contemporary approaches to theory and practice* (pp. 307-346). New York, NY: Wiley.

Lebow, J. L., & Stroud, C. B. (2013). Family therapy. In G. Stricker & T. A. Widiger (Eds.), *Handbook of psychology: Vol. 8. Clinical psychology* (2nd ed.). New York, NY: Wiley.

Lechner, S. C., Tennen, H., & Affleck, G. (2009). Benefit-finding and growth. In S. J. Lopez & C. R. Snyder (Eds.), *Oxford handbook of positive psychology* (2nd ed.). New York, NY: Oxford University Press.

LeDoux, J. E. (1994). Emotion, memory and the brain. *Scientific American, 270*, 50-57.

LeDoux, J. E. (1995). Emotion: Clues from the brain. *Annual Review of Psychology, 46*, 209-235.

LeDoux, J. E. (1996). *The emotional brain*. New York, NY: Simon & Schuster.

LeDoux, J. E. (2000). Emotion circuits in the brain. *Annual Review of Neuroscience, 23*, 155-184.

LeDoux, J. E., & Damasio, A. R. (2013). Emotions and feelings. In E. R. Kandel, J. H. Schwartz, T. M. Jessell, S. A. Siegelbaum, & A. J. Hudspeth (Eds.), *Principles of neural science* (5th ed., pp. 1079-1093). New York, NY: McGraw-Hill.

Lee, J. D., McNeely, J., & Gourevitch, M. N. (2011). Medical complications of drug use/dependence. In P. Ruiz, & E. C. Strain (Eds.), *Lowinson and Ruiz's substance abuse: A comprehensive textbook* (5th ed.). Philadelphia, PA: Wolters Kluwer Lippincott Williams & Wilkins.

Lee, J. E., Lee, C. H., Lee, S. J., Ryu, Y., Lee, W. H., Yoon, I. Y., ... Kim, J. W. (2013). Mortality of patients with obstructive sleep apnea in Korea. *Journal of Clinical Sleep Medicine, 9*, 997-1002.

Lee, K. A., & Rosen, L. A. (2012). Sleep and human development. In C. M. Morin, & C. A. Espie (Eds.), *Oxford handbook of sleep and sleep disorders*. New York, NY: Oxford University Press.

Lee, S. J., Grogan-Kaylor, A., & Berger, L. M. (2014). Parental spanking of 1-year old children and subsequent child protective services involvement. *Child Abuse & Neglect, 38*, 875-883. doi:10.1016/j.chiabu.2014.01.018

Lee, S. Y., Gregg, A. P., & Park, S. H. (2013). The person in the purchase: Narcissistic consumers prefer products that positively distinguish them. *Journal of Personality and Social Psychology, 105*, 335-352. doi:10.1037/a0032703

Lee, Y., & Styne, D. (2013). Influences on the onset and tempo of puberty in human beings and implications for adolescent psychological development. *Hormones and Behavior, 64*, 250-261. doi:10.1016/j.yhbeh.2013.03.014

Lee-Chiong, T., & Sateia, M. (2006). Pharmacologic therapy of insomnia. In T. Lee-Chiong (Ed.), *Sleep: A comprehensive handbook*. Hoboken, NJ: Wiley-Liss.

Leeper, R. W. (1935). A study of a neglected portion of the field of learning: The development of sensory organization. *Journal of Genetic Psychology, 46*, 41-75.

Lefcourt, H. M. (2001). The humor solution. In C. R. Snyder (Ed.), *Coping with stress: Effective people and processes* (pp. 68-92). New York, NY: Oxford University Press.

Lefcourt, H. M. (2005). Humor. In C. R. Snyder & S. J. Lopez (Eds.), *Handbook of positive psychology*. New York, NY: Oxford University Press.

Lefcourt, H. M., Davidson, K., Shepherd, R., Phillips, M., Prkachin, K., & Mills, D. (1995). Perspectivetaking humor: Accounting for stress moderation. *Journal of Social and Clinical Psychology, 14*, 373-391.

Leff, J. (2006). Whose life is it anyway? Quality of life for long-stay patients discharged from psychiatric hospitals. In H. Katschnig, H. Freeman, & N. Sartorius (Eds.), *Quality of life in mental disorders*. New York, NY: Wiley.

Leff, J. P., & Vaughn, C. E. (1981). The role of maintenance therapy and relatives' expressed emotion in relapse of schizophrenia: A two-year followup. *The British Journal of Psychiatry, 139*, 102-104. doi:org/10.1192/bjp.139.2.102

Leff, J. P., & Vaughn, C. E. (1985). *Expressed emotion in families*. New York, NY: Guilford Press.

Legault, E., & Laurence, J.-R. (2007). Recovered memories of childhood sexual abuse: Social worker, psychologist, and psychiatrist reports of beliefs, practices, and cases. *Australian Journal of Clinical & Experimental Hypnosis, 35*, 111-133.

Leighton, J. P., & Sternberg, R. J. (2003). Reasoning and

problem solving. In A. F. Healy & R. W. Proctor (Eds.), *Handbook of psychology: Vol. 4. Experimental psychology*. New York, NY: Wiley.

Leon, D. A., Lawlor, D. A., Clark, H. H., Batty, G. D., & Macintyre, S. S. (2009). The association of childhood intelligence with mortality risk from adolescence to middle age: Findings from the Aberdeen Children of the 1950s cohort study. *Intelligence, 37*(6), 520-528. doi:10.1016/j.intell.2008.11.00

Lepine, R., Barrouillet, P., & Camos, V. (2005). What makes working memory spans so predictive of highlevel cognition? *Psychonomic Bulletin & Review, 12*(1), 165-170.

Lerman, H. (1986). *A mote in Freud's eye: From psychoanalysis to the psychology of women*. New York, NY: Springer.

Lervag, A., & Aukrust, V. G. (2010). Vocabulary knowledge is a critical determinant of the difference in reading comprehension growth between first and second language learners. *Journal of Child Psychology and Psychiatry, 51*, 612-620. doi:10.1111/j.1469-7610.2009.02185.x

Letra, L., Santana, I., & Seiça, R. (2014). Obesity as a risk factor for Alzheimer's disease: The role of adipocytokines. *Metabolic Brain Disease, 29*, 563-568. doi:10.1007/s11011-014-9501-z

Leuner, B., & Gould, E. (2010). Structural plasticity and hippocampal function. *Annual Review of Psychology, 61*, 111-140. doi:10.1146/annurev.psych.093008.100359

Leuner, B., Gould, E., & Shors, T. J. (2006). Is there a link between adult neurogenesis and learning? *Hippocampus, 16*, 216-224.

Levenson, R. W. (2014). The autonomic nervous system and emotion. *Emotion Review, 6*(2), 100-112. doi:10.1177/1754073913512003

Levine, J. M., & Tindale, R. S. (2015). Social influence in groups. In M. Mikulincer, P. R. Shaver, J. F. Dovidio, & J. A. Simpson (Eds.), *APA handbook of personality and social psychology Vol. 2: Group processes*. Washington, DC: American Psychological Association.

Levine, M. P., & Harrison, K. (2004). Media's role in the perpetuation and prevention of negative body image and disordered eating. In J. K. Thompson (Ed.), *Handbook of eating disorders and obesity*. New York, NY: Wiley.

Levinthal, C. F. (2014). *Drugs, behavior, and modern society* (8th ed.). Boston, MA: Pearson.

Levis, D. J. (1989). The case for a return to a two-factor theory of avoidance: The failure of non-fear interpretations. In S. B. Klein & R. R. Bowrer (Eds.), *Contemporary learning theories: Pavlovian conditioning and the status of traditional learning theory*. Hillsdale NJ: Erlbaum.

Levitt, J. B. (2010). Receptive fields. In E. B. Goldstein (Ed.), *Encyclopedia of perception*. Thousand Oaks, CA: Sage.

Levy, G. D., Taylor, M. G., & Gelman, S. A. (1995). Traditional and evaluative aspects of flexibility in gender roles, social conventions, moral rules, and physical laws. *Child Development, 66*, 515-531.

Levy, J., Trevarthen, C., & Sperry, R. W. (1972). Perception of bilateral chimeric figures following hemispheric disconnection. *Brain, 95*, 61-78.

Levy, K. N. (2012). Subtypes, dimensions, levels, and mental states in narcissism and narcissistic personality disorder. *Journal of Clinical Psychology, 68*, 886-897. doi:10.1002/jclp.21893

Lewin, K. (1935). *A dynamic theory of personality*. New York, NY: McGrawHill.

Lewis, S. J., Zuccolo, L., Davey Smith, G., Macleod, J., Rodriguez, S., Draper, E. S., ... Gray, R. (2012). Fetal alcohol exposure and IQ at age 8: Evidence from a population-based birth-cohort study. *PLoS One, 7*, e49407. doi:10.1371/journal.pone.0049407

Li, C., & Hoffstein, V. (2011). Snoring. In M. H. Kryger, T. Roth, & W. C. Dement (Eds.), *Principles and practice of sleep medicine* (5th ed.). Saint Louis, MO: Elsevier Saunders.

Li, N. P., Yong, J. C., Tov, W., Sng, O., Fletcher, G. O., Valentine, K. A., ... Balliet, D. (2013). Mate preferences do predict attraction and choices in the early stages of mate selection. *Journal of Personality and Social Psychology, 105*, 757-776. doi:10.1037/a0033777

Libby, P., Tabas, I., Fredman, G., & Fisher, E. A. (2014). Inflammation and its resolution as determinants of acute coronary syndromes. *Circulation Research, 114*, 1867-1879. doi:10.1161/CIRCRESAHA.114.302699

Lichstein, K. L., Taylor, D. J., McCrae, C. S., & Ruiter, M. E. (2011). Insomnia: Epidemiology and risk factors. In M. H. Kryger, T. Roth, & W. C. Dement (Eds.), *Principles and practice of sleep medicine* (5th ed.). Saint Louis, MO: Elsevier Saunders.

Liddle, P. F. (2009). Descriptive clinical features of schizophrenia. In M. C. Gelder, N. C. Andreasen, J. J. LópezIbor, Jr., & J. R. Geddes (Eds.), *New Oxford textbook of psychiatry* (2nd ed., Vol. 1). New York, NY: Oxford University Press.

Liefbroer, A. C., & Dourleijn, E. (2006). Unmarried cohabitation and union stability: Testing the role of diffusion using data from 16 European countries. *Demography, 43*, 203-221.

Lien, M.-C., Ruthruff, E., & Johnston, J. C. (2006). Attentional limitations in doing two tasks at once. *Current Directions in Psychological Science, 15*, 89-93.

Lilienfeld, S. O. (2007). Psychological treatments that cause harm. *Perspectives on Psychological Science, 2*, 53-70.

Lilienfeld, S. O., Ammirati, R., & Landfield, K. (2009). Giving debiasing away: Can psychological research on correcting cognitive errors promote human welfare? *Perspectives on Psychological Science, 4*(4), 390-398. doi:10.1111/j.1745-6924.2009.01144.x

Lilienfeld, S. O., & Arkowitz, H. (2009, February/March). Lunacy and the full moon: Does a full moon really trigger strange behavior? *Scientific American Mind*, 64-65.

Lilienfeld, S., & Arkowitz, H. (2011, September/October). Can People Have Multiple Personalities? *Scientific American Mind*, 64-65.

Lilienfeld, S. O., & Landfield, K. (2008). Issues in diagnosis: Categorical vs. dimensional. In W. E. Craighead, D. J. Miklowitz, & L. W. Craighead (Eds.), *Psychopathology: History, diagnosis, and empirical foundations*. New York, NY: Wiley.

Lilienfeld, S. O., & Lynn, S. J. (2003). Dissociative identity disorder: Multiple personalities, multiple controversies. In S. O. Lilienfeld, S. J. Lynn, & J. M. Lohr (Eds.), *Science and pseudoscience in clinical psychology*. New York, NY: Guilford Press.

Lilienfeld, S. O., Lynn, S. J., Kirsch, I., Chaves, J. F., Sarbin, T. R., Ganaway, G. K., & Powell, R. A. (1999). Dissociative identity disorder and the sociocognitive model: Recalling the lessons of the past. *Psychological Bulletin, 125*, 507-523.

Lilienfeld, S. O., Lynn, S. J., Ruscio, J., & Beyerstein, B. L. (2010). *50 great myths of popular psychology: Shattering widespread misconceptions about human behavior*. Malden, MA: WileyBlackwell.

Lilienfeld, S. O., Ritschel, L. A., Lynn, S. J., Cautin, R. L., & Latzman, R. D. (2014). Why ineffective psychotherapies appear to work: A taxonomy of causes of spurious therapeutic effectiveness. *Perspectives on Psychological Science, 9*, 355-387. doi:10.1177/1745691614535216

Lilienfeld, S. O., Wood, J. M., & Garb, H. N. (2000). The scientific status of projective tests. *Psychological Science in the Public Interest, 1*(2), 27-66.

Lim, M. M., & Young, L. J. (2006). Neuropepidergic regulation of affiliative behavior and social bonding in animals. *Hormones and Behavior, 50*(4), 506-517.

Lin, H., Katsovich, L., Ghebremichael, M., Findley, D. B., Grantz, H., Lombroso, P. J., & ... Leckman, J. F. (2007). Psychosocial stress predicts future symptom severities in children and adolescents with Tourette syndrome and/or obsessive-compulsive disorder. *Journal of Child Psychology and Psychiatry, 48*(2), 157-166. doi:10.1111/j.1469-7610.2006.01687.x

Lindau, S., & Gavrilova, N. (2010). Sex, health, and years of sexually active life gained due to good health: Evidence from two U.S. population based cross sectional surveys of ageing. *British Medical Journal, 340*, c810. doi:10.1136/bmj.c810

Lindgren, H. C. (1969). *The psychology of college success: A dynamic approach*. New York, NY: Wiley.

Lindquist, K. A., Wager, T. D., Kober, H., Bliss-Moreau, E., & Barrett, L. F. (2012). The brain basis of emotion: A meta-analytic review. *Behavioral and Brain Sciences, 35*(3), 121-143. doi:10.1017/S0140525X11000446

Lindsay, M., & Lester, D. (2004). *Suicide by cop: Committing suicide by provoking police to shoot you (death, value and meaning)*. Amityville, NY: Baywood Publishing.

Lindsay, P. H., & Norman, D. A. (1977). *Human information processing*. New York, NY: Academic Press.

Lindsay, S. D., Allen, B. P., Chan, J. C. K., & Dahl, L. C. (2004). Eyewitness suggestibility and source similarity: Intrusions of details from one event into memory reports of another event. *Journal of Memory & Language, 50*(1), 96-111.

Lippa, R. A. (1994). *Introduction to social psychology*. Pacific Grove, CA: Brooks/Cole.

Lisberger, S. G., & Thach, W. T. (2013). The cerebellum. In E. R. Kandel, J. H. Schwartz, T. M. Jessell, S. A. Siegelbaum, & A. J. Hudspeth (Eds.), *Principles of neural science* (5th ed.). New York, NY: McGraw-Hill.

Lisdahl, K. M., Thayer, R., Squeglia, L. M., McQueeny, T. M., & Tapert, S. F. (2013). Recent binge drinking predicts smaller cerebellar volumes in adolescents. *Psychiatry Research: Neuroimaging, 211*(1), 17-23. doi: 10.1016/j.pscychresns.2012.07.009

Lissek, S., Rabin, S., Heller, R. E., Lukenbaugh, D., Geraci, M., Pine, D. S., & Grillon, C. (2010). Overgeneralization of conditioned fear as a pathogenic marker of panic disorder. *American Journal of Psychiatry, 167*(1), 47-55. doi:10.1176/appi.ajp.2009.09030410

Little, A. C., Jones, B. C., & Burriss, R. P. (2007). Preferences for masculinity in male bodies change across the menstrual cycle. *Hormones and Behavior, 51*, 633-639.

Little, A. C., & Mannion, H. (2006). Viewing attractive or unattractive same-sex individuals changes selfrated attractiveness and face preferences in women. *Animal Behaviour, 72,* 981-987.

Liverant, G. I., Sloan, D. M., Pizzagalli, D. A., Harte, C. B., Kamholz, B.W., Rosebrock, L. E., ... Kaplan, G. B. (2014). Associations among smoking, anhedonia, and reward learning in depression. *Behavior Therapy, 45*(5), 651-663. doi:10.1016/j.beth.2014.02.004.

Lockhart, R. S. (2000). Methods of memory research. In E. Tulving & F. I. M. Craik (Eds.), *The Oxford handbook of memory* (pp. 45-58). New York, NY: Oxford University Press.

Lockhart, R. S., & Craik, F. I. (1990). Levels of processing: A retrospective commentary on a framework for memory research. *Canadian Journal of Psychology, 44*(1), 87-112.

Loehlin, J. C. (1992). *Genes and environment in personality development.* Newbury Park, CA: Sage.

Loftus, E. F. (1979). *Eyewitness testimony.* Cambridge, MA: Harvard University Press.

Loftus, E. F. (1992). When a lie becomes memory's truth: Memory distortion after exposure to misinformation. *Current Directions in Psychological Science, 1,* 121-123.

Loftus, E. F. (2003). Make believe memories. *American Psychologist, 58,* 864-873.

Loftus, E. F. (2004). Memories of things unseen. *Current Directions in Psychological Science, 13*(4), 145-147.

Loftus, E. F. (2005). Planting misinformation in the human mind: A 30-year investigation of the malleability of memory. *Learning & Memory, 12,* 361-366.

Loftus, E. F. (2013). 25 years of eyewitness science ... finally pays off. *Perspectives on Psychological Science, 8,* 556-557. doi:10.1177/1745691613500995

Loftus, E. F., & Cahill, L. (2007). Memory distortion: From misinformation to rich false memory. In J. S. Nairne (Ed.), *The foundations of remembering: Essays in honor of Henry L. Roediger III.* New York, NY: Psychology Press.

Loftus, E. F., & Davis, D. (2006). Recovered memories. *Annual Review of Clinical Psychology, 2,* 469-498.

Loftus, E. F., & Palmer, J. C. (1974). Reconstruction of automobile destruction: An example of the interaction between language and memory. *Journal of Verbal Learning and Verbal Behavior, 13,* 585-589.

Logie, R. H. (2011). The functional organization and capacity limits of working memory. *Current Directions in Psychological Science, 20,* 240-245. doi:10.1177/0963721411415340

Logue, A. W. (1991). *The psychology of eating and drinking* (2nd ed.). New York, NY: W. H. Freeman.

Lohmann, R. I. (2007). Dreams and ethnography. In D. Barrett & P. McNamara (Eds.), *The new science of dreaming.* Westport, CT: Praeger.

Long, Z., Medlock, C., Dzemidzic, M., Shin, Y., Goddard, A. W., & Dydak, U. (2013). Decreased GABA levels in anterior cingulate cortex/medial prefrontal cortex in panic disorder. *Progress in Neuro-Psychopharmacology & Biological Psychiatry, 44,* 131-135. doi:10.1016/j.pnpbp.2013.01.020

Longman, D. G., & Atkinson, R. H. (2005). *College learning and study skills.* Belmont, CA: Wadsworth.

Lonner, W. J. (2009). A retrospective on the beginnings of JCCP and IACCP. *Journal of Cross-Cultural Psychology, 40*(2), 167-169. doi:10.1177/0022022109332406

Lopez, R., Jaussent, I., Scholz, S., Bayard, S., Montplaisir, J., & Dauvilliers, Y. (2013). Functional impact in adult sleepwalkers: A case-control study. *SLEEP, 36,* 345-351.

López, S. R., Barrio, C., Kopelowicz, A., & Vega, W. A. (2012). From documenting to eliminating disparities in mental health care for Latinos. *American Psychologist, 67,* 511-523. doi:10.1037/a0029737

Lopez-Caneda, E., Rodriguez Holguin, S., Corral, M., Doallo, S., & Cadaveira, F. (2014). Evolution of the binge drinking pattern in college students: Neurophysiological correlates. *Alcohol, 48,* 407-418. doi:10.1016/j.alcohol.2014.01.009

Lorenzo, G. L., Biesanz, J. C., & Human, L. J. (2010). What is beautiful is good and more accurately understood: Physical attractive-ness and accuracy in first impressions of personality. *Psychological Science, 21*(12), 1777-1782. doi:10.1177/0956797610388048

Lothane, Z. (2006). Freud's legacy: Is it still with us? *Psychoanalytic Psychology, 23*(2), 285-301. doi: 10.1037/0736-9735.23.2.285

Lourenco, O. (2012). Piaget and Vygotsky: Many resemblances, and a crucial difference. *New Ideas in Psychology, 30,* 281-295. doi:10.1016/j.newideapsych.2011.12.006

Lu, C. Y., Zhang, F., Lakoma, M. D., Madden, J. M., Rusinak, D., Penfold, R. B., ... Soumerai, S. B. (2014). Changes in antidepressant use by young people and suicidal behavior after FDA warnings and media coverage: quasi-experimental study. *British Medical Journal, 348,* g3596. doi:10.1136/bmj.g3596

Lu, F. G., Lewis-Fernandez, R., Primm, A. B., Lim, R. F., & Aggarwal, N. K. (2014). Treatment of culturally diverse populations.

In R. E. Hales, S. C. Yudofsky, & L. W. Roberts (Eds.), *The American Psychiatric Publishing textbook of psychiatry* (6th ed.). Washington, DC: American Psychiatric Publishing.

Luborsky, E. B., O'Reilly-Landry, M., & Arlow, J. A. (2011). Psychoanalysis. In R. J. Corsini & D. Wedding (Eds.), *Current psychotherapies* (9th ed.). Belmont, CA: Brooks/Cole.

Luborsky, L., & Barrett, M. S. (2006). The history and empirical status of key psychoanalytic concepts. *Annual Review Clinical Psychology, 2,* 1-19.

Luborsky, L., Singer, B., & Luborsky, L. (1975). Comparative studies of psychotherapies: Is it true that everyone has won and all must have prizes? *Archives of General Psychiatry, 32,* 995-1008.

Lucas, A. R., Beard, C. M., O'Fallon, W. M., & Kurland, L. T. (1991). 50-year trends in the incidence of anorexia nervosa in Rochester, Minn.: A population-based study. *American Journal of Psychiatry, 148,* 917-922.

Lucas, R. E. (2007). Adaptation and the set-point model of subjective wellbeing: Does happiness change after major life events? *Current Directions in Psychological Science, 16,* 75-79.

Lucas, R. E., Clark, A. E., Georgellis, Y., & Diener, E. (2004). Unemployment alters the set point for life satisfaction. *Psychological Science, 15*(1), 8-13.

Lucas, R. E., & Diener, E. (2015). Personality and subjective well-being: Current issues and controversies. In M. Mikulincer, P. R. Shaver, M. L. Cooper, & R. J. Larsen (Eds.), *APA handbook of personality and social psychology: Vol. 4. Personality processes and individual differences.* Washington, DC: American Psychological Association.

Luchins, A. S. (1942). Mechanization in problem solving. *Psychological Monographs, 54* (6, Whole nº 248).

Luders, E., Narr, K. L., Thompson, P. M., & Toga, A. W. (2009). Neuroanatomical correlates of intelligence. *Intelligence, 37*(2), 156-163. doi:10.1016/j.intell.2008.07.002

Luders, E., Thompson, P. M., Kurth, F., Hong, J., Phillips, O. R., Wang, Y., ... Toga, A. W. (2013). Global and regional alterations of hippocampal anatomy in long-term meditation practitioners. *Human Brain Mapping, 34,* 3369-3375. doi:10.1002/hbm.22153

Ludwig, A. M. (1994). Mental illness and creative activity in female writers. *American Journal of Psychiatry, 151,* 1650-1656.

Ludwig, A. M. (1995). *The price of greatness: Resolving the creativity and madness controversy.* New York, NY: Guilford Press.

Luh, C. W. (1922). The conditions of retention. *Psychological Monographs, 31.*

Lukaszewski, A. W., & Roney, J. R. (2011). The origins of extraversion: Joint effects of facultative calibration and genetic polymorphism. *Personality and Social Psychology Bulletin, 37,* 409-421. doi:10.1177/0146167210397209

Luna, B., Paulsen, D. J., Padmanabhan, A., & Geier, C. (2013). The teenage brain: Cognitive control and motivation. *Current Directions in Psychological Science, 22,* 94-100. doi:10.1177/0963721413478416

Lundberg, U. (2007). Catecholamines. In G. Fink (Ed.), *Encyclopedia of stress.* San Diego, CA: Elsevier.

Lupien, S. J., & Maheu, F. S. (2007). Memory and stress. In G. Fink (Ed.), *Encyclopedia of stress.* San Diego, CA: Elsevier.

Luppi, P., Clément, O., & Fort, P. (2013). Paradoxical (REM) sleep genesis by the brainstem is under hypothalamic control. *Current Opinion in Neurobiology, 23,* 786-792. doi:10.1016/j.conb.2013.02.006

Lustig, C., Berman, M. G., Nee, D., Lewis, R. L., Sledge Moore, K., & Jonides, J. (2009). Psychological and neural mechanisms of shortterm memory. In G. G. Berntson & J. T. Cacioppo (Eds.), *Handbook of neuroscience for the behavioral sciences* (Vol 1, pp. 567-585). Hoboken, NJ: Wiley.

Lynn, D. J., & Vaillant, G. E. (1998). Anonymity, neutrality, and confidentiality in the actual methods of Sigmund Freud: A review of 43 cases, 1907-1939. *American Journal of Psychiatry, 155,* 163-171.

Lynn, R. (2009). What has caused the Flynn effect? Secular increases in the development quotients of infants. *Intelligence, 37*(1), 16-24. doi:10.1016/j.intell.2008.07.00

Lynn, S. J., Kirsch, I., & Hallquist, M. N. (2008). Social cognitive theories of hypnosis. In M. R. Nash & A. J. Barnier (Eds.). *Oxford handbook of hypnosis: Theory, research and practice* (pp. 111-140). New York, NY: Oxford University Press.

Lynn, S. J., Kirsch, I., Knox, J., Fassler, O., & Lilienfeld, S. O. (2007). Hypnotic regulation of consciousness and the pain neuromatrix. In G. A. Jamieson (Ed.), *Hypnosis and conscious states: The cognitive neuroscience perspective.* New York, NY: Oxford University Press.

Lynn, S. J., Lilienfeld, S. O., Merckelbach, H., Giesbrecht, T., & van der Kloet, D. (2012). Dissociation and dissociative disorders: Challenging conventional wisdom. *Current Directions in Psychological Science, 21*(1), 48-53. doi:10.1177/0963721411429457

Lynne, S. D., Graber, J. A., Nichols, T. R., & Brooks-Gunn, J., & Botwin, G. J. (2007). Links between pubertal timing, peer influences, and externalizing behaviors among urban students followed through middle school. *Journal of Adolescent Health, 40*(2).

Lyubomirsky, S., Sheldon, K. M., & Schkade, D. (2005). Pursuing happiness: The architecture of sustainable change. *Review of General Psychology, 9,* 111-131.

Maas, J. B. (1998). *Power sleep.* New York, NY: Harper Perennial.

Maccoby, E. E. (2000). Parenting and its effects on children: On reading and misreading behavior genetics. *Annual Review of Psychology, 51,* 1-27.

MacCoun, R. J. (1998). Biases in the interpretation and use of research results. *Annual Review Psychology, 49,* 259-287.

MacGregor, J. N., Ormerod, T. C., & Chronicle, E. P. (2001). Informationprocessing and insight: A process model of performance on the ninedot and related problems. *Journal of Experimental Psychology: Learning, Memory, and Cognition, 27,* 176-201.

Machado, S., Arias-Carrión, O., Castillo, A. O., Lattari, E., Silva, A. C., & Nardi, A. E. (2013). Hemispheric specialization and regulation of motor behavior on a perspective of cognitive neuroscience. *Salud Mental, 3,* 513-520.

Machado, V., Leonidas, C., Santos, M. A., & Souza, J. (2012). Psychiatric readmission: An integrative review of the literature. *International Nursing Review, 59,* 447-457. doi:10.1111/j.1466-7657.2012.01011.x

Mack, A. (2003). Inattentional blindness: Looking without seeing. *Current Directions in Psychological Science, 12*(5), 180-184.

MacKellar, D. A., Valleroy, L. A., Secura, G. M., Behel, S., Bingham, T., Celentano, ... Young Men's Survey Study Group. (2005). Unrecognized HIV infection, risk behaviors, and perceptions of risk among young men who have sex with men: Opportunities for advancing HIV prevention in the third decade of HIV/AIDS. *Journal of Acquired Immune Deficiency Syndromes, 38,* 603-614.

MacKenzie, M. J., Nicklas, E., Waldfogel, J., & Brooks-Gunn, J. (2013). Spanking and child development across the first decade of life. *Pediatrics, 132,* e1118-e1125. doi:10.1542/peds.2013-1227.

Mackey, A. P., Whitaker, K. J., & Bunge, S. A. (2012). Experiencedependent plasticity in white matter microstructure: reasoning training alters structural connectivity. *Frontiers in Neuroanatomy, 6*(32). doi:10.3389/fnana.2012.00032

Mackinnon, S. P., Jordan, C. H., & Wilson, A. E. (2011). Birds of a feather sit together: Physical similarity predicts seating choice. *Personality and Social Psychology Bulletin, 37,* 879-892. doi:10.1177/0146167211402094

Mackintosh, N. J. (1998). *IQ and human intelligence.* Oxford: Oxford University Press.

Mackintosh, N. J. (2011). History of theories and measurement of intelligence. In R. J. Sternberg, & S. B. Kaufman (Eds.), *Cambridge handbook of intelligence.* New York, NY: Cambridge University Press.

MacLean, P. D. (1954). Studies on limbic system ("viosceal brain") and their bearing on psychosomatic problems. In E. D. Wittkower & R. A. Cleghorn (Eds.), *Recent developments in psychosomatic medicine.* Philadelphia, PA: Lippincott.

MacLean, P. D. (1993). Cerebral evolution of emotion. In M. Lewis & J. M. Haviland (Eds.), *Handbook of emotions.* New York, NY: Guilford Press.

MacLeod, A. K. (2013). Suicide and attempted suicide. In M. Power (Ed.), *The Wiley-Blackwell handbook of mood disorders* (2nd ed.). Malden, MA: Wiley-Blackwell.

MacMillan, H. L., Fleming, J. E., Trocme, N., Boyle, M. H., Wong, M., Racine, ... Offord, D. R. (1997). Prevalence of child physical and sexual abuse in the community: Results from the Ontario health supplement. *JAMA, 278,* 131-135.

MacNeil, L., Espostio-Smythers, C., Mahlenbeck, R., & Weismoore, J. (2012). The effects of avoidance coping and coping self-efficacy on eating disorder attitudes and behaviors: A stress-diathesis model. *Eating Behaviors, 13,* 293-296. doi:10.1016/j.eatbeh.2012.06.005

Macrae, C. N., & Quadflieg, S. (2010). Perceiving people. In S. T. Fiske, D. T. Gilbert, & G. Lindzey (Eds.), *Handbook of social psychology* (5th ed., Vol. 1, pp. 353-393). Hoboken, NJ: Wiley.

Macritchie, K., & Blackwood, D. (2013). Neurobiological theories of bipolar disorder. In M. Power (Ed.), *The Wiley-Blackwell handbook of mood disorders* (2nd ed.). Malden, MA: Wiley-Blackwell.

MacWhinney, B. (2001). Emergentist approaches to language. In J. Bybee & P. Hooper (Eds.), *Frequency and the emergence of linguistic structure.* Amsterdam: John Benjamins Publishing.

MacWhinney, B. (2004). A multiple process solution to the logical problem of language acquisition. *Journal of Child Language, 31,* 883-914.

Maddux, W. W., & Galinsky, A. D. (2009). Cultural borders and mental barriers: The relationship between living abroad and creativity. *Journal of Personality and Social Psychology, 96*(5), 1047-1061. doi:10.1037/a0014861

Madill, A. (2012). Interviews and interviewing techniques. In H. Cooper, P. M. Camic, D. L. Long, A. T. Panter, D. Rindskopf, & K. J. Sher (Eds.), *APA handbook of research methods in psychology: Vol. 1. Foundations, planning, measures, and psychometrics.* Washington, DC: American Psychological Association.

Magee, C. A., Holliday, E. G., Attia, J., Kritharides, L., & Banks, E. (2013). Investigation of the relationship between sleep duration, all-cause mortality, and preexisting disease. *Sleep Medicine, 14,* 591-596. doi:10.1016/j.sleep.2013.02.002

Magnavita, J. J. (2008). Psychoanalytic psychotherapy. In J. L. Lebow (Ed.), *Twenty-first century psychotherapies: Contemporary approaches to theory and practice.* New York, NY: Wiley.

Maguire, W., Weisstein, N., & Klymenko, V. (1990). From visual structure to perceptual function. In K. N. Leibovic (Ed.), *Science of vision.* New York, NY: Springer-Verlag.

Magun-Jackson, S., & Burgette, J. E. (2013). Moral development. In B. J. Irby, G. Brown, R. Lara-Alecio, & S. Jackson (Eds.), *The handbook of educational theories.* Charlotte, NC: IAP-Information Age Publishing.

Mahar, I., Bambico, F. R., Mechawar, N., & Nobrega, J. N. (2014). Stress, serotonin, and hippocampal neurogenesis in relation to depression and antidepressant effects. *Neuroscience and Biobehavioral Reviews, 38,* 173-192. doi:10.1016/j.neubiorev.2013.11.009

Maher, B. A. (2001). Delusions. In P. B. Sutker & H. E. Adams (Eds.), *Comprehensive handbook of psychopathology* (3rd ed., pp. 309-370). New York, NY: Kluwer Academic/Plenum Publishers.

Mahn, H., & John-Steiner, V. (2013). Vygotsky and sociocultural approaches to teaching and learning. In W. M. Reynolds, G. E. Miller, & I. B. Weiner (Eds.), *Handbook of psychology: Vol. 7. Educational psychology* (2nd ed.). Hoboken, NJ: Wiley.

Mahowald, M. W., & Schenck, C. H. (2005). Insights from studying human sleep disorders. *Nature, 437,* 1279-1285.

Maier, N. R. F. (1931). Reasoning and learning. *Psychological Review, 38,* 332-346.

Maio, G. R., Olson, J. M., & Cheung, I. (2013). Attitudes in social behavior. In H. Tennen, J. Suls, & I. B. Weiner (Eds.), *Handbook of psychology: Vol. 5. Personality and social psychology* (2nd ed.). New York, NY: Wiley.

Maldonado, J. R., & Spiegel, D. (2008). Dissociative disorders. In R. E. Hales, S. C. Yudofsky, & G. O. Gabbard (Eds.), *The American Psychiatric Publishing textbook of psychiatry* (5th ed., pp. 665-710). Washington, DC: American Psychiatric Publishing.

Maldonado, J. R., & Spiegel, D. (2014). Dissociative disorders. In R. E. Hales, S. C. Yudofsky, & L. W. Roberts (Eds.), *The American Psychiatric Publishing textbook of psychiatry* (6th ed.). Washington, DC: American Psychiatric Publishing.

Malin, K., & Littlejohn, G. O. (2013). Stress modulates key psychological processes and characteristic symptoms in females with fibromyalgia. *Clinical Experimental Rheumatology, 31,* S64-S71.

Malinowski, J., & Horton, C. L. (2014). Evidence for the preferential incorporation of emotional wakinglife experiences into dreams. *Dreaming, 24,* 18-31. doi:10.1037/a0036017

Mandelman, S. D., & Grigorenko, E. L. (2011). Intelligence: Genes, environments, and their interactions. In R. J. Sternberg, & S. B. Kaufman (Eds.), *Cambridge handbook of intelligence.* New York, NY: Cambridge University Press.

Mandler, G. (1984). *Mind and body.* New York, NY: Norton.

Mandler, G. (1993). Thought, memory, and learning: Effects of emotional stress. In L. Goldberger & S. Breznitz (Eds.), *Handbook of stress: Theoretical and clinical aspects* (2nd ed.). New York, NY: Free Press.

Mandler, G. (2002). Origins of the cognitive revolution. *Journal of the History of the Behavioral Sciences, 38,* 339-353.

Maner, J. K., & Ackerman, J. M. (2013). Love is a battlefield: Romantic attraction, intrasexual competition, and conflict between the sexes. In J. A. Simpson & L. Campbell (Eds.), *Oxford handbook of close relationships.* New York, NY: Oxford University Press.

Manna, A., Raffone, A., Perrucci, M., Nardo, D., Ferretti, A., Tartaro, A., et al. (2010). Neural correlates of focused attention and cognitive monitoring in meditation. *Brain Research Bulletin, 82*(1-2), 46-56. doi:10.1016/j.brainresbull.2010.03.001

Manning, W. D., Brown, S. L., & Payne, K. K. (2014). Two decades of stability and change in age at first union formation. *Journal of Marriage and Family, 76,* 247-260. doi:10.1111/jomf.12090

Manning, W. D., & Cohen, J. A. (2012). Premarital cohabitation and marital dissolution: An examination of recent marriages. *Journal of Marriage and Family, 74,* 377-387. doi:10.1111/j.1741-3737.2012.00960.x

Manuck, S. B., & McCaffery J. M. (2014). Gene-environment interaction. *Annual Review of Psychology, 65*, 41-70. doi:10.1146/annurev-psych-010213-115100.

Marchand, W. R. (2013). Mindfulness meditation practices as adjunctive treatments for psychiatric disorders. *Psychiatric Clinics of North America, 36*(1), 141-152. doi:10.1016/j.psc.2013.01.002

Marcia, J. E. (1966). Development and validation of ego identity status. *Journal of Personality and Social Psychology, 3*, 551-558.

Marcia, J. E. (1980). Identity in adolescence. In J. Adelson (Ed.), *Handbook of adolescent psychology*. New York, NY: Wiley.

Marcia, J. E. (1994). The empirical study of ego identity. In H. A. Bosma, T. L. G. Graafsma, H. D. Grotevant, & D. J. de Levita (Eds.), *Identity and development: An interdisciplinary approach*. Thousand Oaks, CA: Sage.

Marder, S. R., Hurford, I. M., & van Kammen, D. P. (2009). Secondgeneration antipsychotics. In B. J. Sadock, V. A. Sadock, & P. Ruiz (Eds.), *Kaplan & Sadock's comprehensive textbook of psychiatry* (pp. 3206-3240). Philadelphia, PA: Lippincott Williams & Wilkins.

Marewski, J. N., Gaissmaier, W., & Gigerenzer, G. (2010). Good judgments do not require complex cognition. *Cognitive Processing, 11*(2), 103-121. doi:10.1007/s10339-009-0337-0

Markus, H. R., & Hamedani, M. G. (2007). Sociocultural psychology: The dynamic interdependence among self systems and social systems. In S. Kitayama & D. Cohen (Eds.), *Handbook of cultural psychology*. New York, NY: Guilford Press.

Markus, H. R., & Kitayama, S. (1991). Culture and the self: Implications for cognition, emotion, and motivation. *Psychological Review, 98*, 224-253.

Markus, H. R., & Kitayama, S. (1994). The cultural construction of self and emotion: Implications for social behavior. In S. Kitayama & H. R. Markus (Eds.), *Emotions and culture: Empirical studies of mutual influence*. Washington, DC: American Psychological Association.

Markus, H. R., & Kitayama, S. (2003). Culture, self, and the reality of the social. *Psychological Inquiry, 14*(3-4), 277-283.

Marsh, E. J. (2007). Retelling is not the same as recalling: Implications for memory. *Current Directions in Psychological Science, 16*(1), 16-20.

Marsh, E. J., & Roediger, H. I. (2013). Episodic and autobiographical memory. In A. F. Healy, R. W. Proctor, & I. B. Weiner (Eds.), *Handbook of psychology: Vol. 4. Experimental psychology* (2nd ed.). New York, NY: Wiley.

Marsh, E. J., & Tversky, B. (2004). Spinning the stories of our lives. *Applied Cognitive Psychology, 18*, 491-503.

Marsh, J. M., & Butler, A. C. (2013). Memory in educational settings, In D. Reisberg (Ed.), *Oxford handbook of cognitive psychology*. New York, NY: Oxford University Press.

Marsh, L., & Margolis, R. L. (2009). Neuropsychiatric aspects of movement disorders. In B. J. Sadock, V. A. Sadock, & P. Ruiz, *Kaplan & Sadock's comprehensive textbook of psychiatry* (9th ed., pp. 481-493). Philadelphia, PA: Lippincott Williams & Wilkins.

Marsland, A. L., Bachen, E. A., & Cohen, S. (2012). Stress, immunity, and susceptibility to upper respiratory infectious disease. In A. Baum, T. A. Revenson, & J. Singer (Eds.), *Handbook of health psychology*. New York, NY: Psychology Press.

Marteau, T. M., & Weinman, J. (2004). Communicating about health threats and treatments. In S. Sutton, A. Baum, & M. Johnston (Ed), *The Sage handbook of health psychology*. Thousand Oaks, CA: Sage.

Martin, C. L., & Ruble, D. (2004). Children's search for gender cues: Cognitive perspectives on gender development. *Current Directions in Psychological Science, 13*(2), 67-70.

Martin, L. (1986). "Eskimo words for snow": A case study in the genesis and decay of an anthropological example. *American Psychologist, 88*, 418-423.

Martin, R., & Leventhal, H. (2004). Symptom perception and health care- seeking behavior. In J. M. Raczynski & L. C. Leviton (Eds.), *Handbook of clinical health psychology: Vol. 2. Disorders of behavior and health*. Washington, DC: American Psychological Association.

Martin, R. A. (2002). IS laughter the best medicine? Humor, laughter, and physical health. *Current Directions in Psychological Science, 11*(6), 216-220.

Martin, S. (2011). The behavioral scientist behind eHarmony said today's web technology offers rich possibilities for researchers. *Monitor on Psychology, 42*, 69.

Martinez, M., Marangell, L. B., & Martinez, J. M. (2008). Psychopharmacology. In R. E. Hales, S. C. Yudofsky, & G. O. Gabbard (Eds.), *The American Psychiatric Publishing textbook of psychiatry* (pp. 1053-1132). Washington, DC: American Psychiatric Publishing.

Martins, C. S., de Carvalho Tofoli, S. M., Von Werne Baes, C., & Juruena, M. (2011). Analysis of the occurrence of early life stress in adult psychiatric patients: A systematic review. *Psychology & Neuroscience, 4*(2), 219-227. doi:10.3922/j. psns.2011.2.007

Maslow, A. H. (1954). *Motivation and personality*. New York, NY: Harper & Row.

Maslow, A. H. (1968). *Toward a psychology of being*. New York, NY: Van Nostrand.

Maslow, A. H. (1970). *Motivation and personality*. New York, NY: Harper & Row.

Masters, W. H., & Johnson, V. E. (1966). *Human sexual response*. Boston, MA: Little, Brown.

Masters, W. H., & Johnson, V. E. (1970). *Human sexual inadequacy*. Boston, MA: Little, Brown.

Masuda, T. (2010). Cultural effects on visual perception. In E. B. Goldstein (Ed.), *Encyclopedia of perception*. Thousand Oaks, CA: Sage.

Masuda, T., & Nisbett, R. E. (2001). Attending holistically versus analytically: Comparing the context sensitivity of Japanese and Americans. *Journal of Personality and Social Psychology, 81*, 922-934.

Mathieu, C., & St-Jean, É. (2013). Entrepreneurial personality: The role of narcissism. *Personality and Individual Differences, 55*, 527-531. doi:10.1016/j.paid.2013.04.026

Matlin, M. W. (1989). *Cognition*. New York, NY: Holt, Rinehart & Winston.

Matlin, M. W. (2008). *The psychology of women*. Belmont, CA: Wadsworth.

Matsumoto, D. (2003). Cross-cultural research. In S. F. Davis (Ed.), *Handbook of research methods in experimental psychology*. Malden, MA: Blackwell.

Matsumoto, D., & Hwang, H. S. (2011). Culture, emotion, and expression. In K. D. Keith (Ed.), *Crosscultural psychology: Contemporary themes and perspectives*. Malden, MA: Wiley-Blackwell.

Matsumoto, D., & Juang, L. (2008). *Culture and psychology*. Belmont, CA: Wadsworth.

Matsumoto, D., Nezlek, J. B., & Koopmann, B. (2007). Evidence for universality in phenomenological emotion response system coherence. *Emotion, 7*, 57-67.

Matsumoto, D., & Willingham, B. (2009). Spontaneous facial expressions of emotion of congenitally and noncongenitally blind individuals. *Journal of Personality and Social Psychology, 96*(1), 1-10. doi:10.1037/a0014037

Matsumoto, D., & Yoo, S. (2006). Toward a new generation of crosscultural research. *Perspectives on Psychological Science, 1*, 234-250.

Matthey, S. (1998). P<.05-But is it clinically *significant*?: Practical examples for clinicians. *Behaviour Change, 15*, 140-146.

Maugh, T. H., II. (2008, December 9). Henry M. dies at 82: Victim of brain surgery accident offered doctors key insights into memory. *Los Angeles Times*. Retrieved from http:// latimes.com

Mays, V. M., Rubin, J., Sabourin, M., & Walker, L. (1996). Moving toward a global psychology: Changing theories and practice to meet the needs of a changing world. *American Psychologist, 51*, 485-487.

Mazzetti, G., Schaufeli, W. B., & Guglielmi, D. (2014). Are workaholics born or made? Relations of workaholism with person characteristics and overwork climate. *International Journal of Stress Management, 21*, 227-254. doi:10.1037/a0035700

Mazzoni, G., Heap, M., & Scoboria, A. (2010). Hypnosis and memory: Theory, laboratory research, and applications. In S. Lynn, J. W. Rhue, & I. Kirsch (Eds.), *Handbook of clinical hypnosis* (2nd ed., pp. 709-741). Washington, DC: American Psychological Association.

Mazzoni, G., Laurence, J., & Heap, M. (2014). Hypnosis and memory: Two hundred years of adventures and still going!. *Psychology of Consciousness: Theory, Research, and Practice, 1*, 153-167. doi:10.1037/cns0000016

Mazzoni, G., Venneri, A., McGeown, W. J., & Kirsch, I. (2013). Neuroimaging resolution of the altered state hypothesis. *Cortex: A Journal Devoted to the Study of the Nervous System and Behavior, 49*, 400-410. doi:10.1016/j.cortex.2012.08.005

McAbee, S. T., & Oswald, F. L. (2013). The criterion-related validity of personality measures for predicting GPA: A meta-analytic validity competition. *Psychological Assessment, 25*, 532-544. doi:10.1037/a0031748

McBride-Chang, C., & Jacklin, C. N. (1993). Early play arousal, sex-typed play, and activity level as precursors to later rough-and-tumble play. *Early Education & Development, 4*, 99-108.

McCabe, J., Fairchild, E., Grauerholz, L., Pescosolido, B. A., & Tope, D. (2011). Gender in twentieth-century children's books: Patterns of disparity in titles and central character. *Gender & Society, 25*, 197-226. doi:10.1177/0891243211398358

McCabe, R. E., & Antony, M. M. (2008). Anxiety disorders: Social and specific phobias. In A. Tasman, J. Kay, J. A. Lieberman, M. B. First, & M. Maj (Eds.), *Psychiatry* (3rd ed.). New York, NY: Wiley-Blackwell.

McCaffrey, T. (2012). Innovation relies on the obscure: A key to overcoming the classic problem of functional fixedness. *Psychological Science, 23*, 215-218. doi:10.1177/0956797611429580

McCall, W. V., Reboussin, D., Prudic, J., Haskett, R. F., Isenberg,

K., Olfson, M., ... Sackeim, H. A. (2013). Poor health-related quality of life prior to ECT in depressed patients normalizes with sustained remission after ECT. *Journal of Affective Disorders, 147*(1-3), 107-111. doi:10.1016/j.jad.2012.10.018

McCarley, R. W. (1994). Dreams and the biology of sleep. In M. H. Kryger, T. Roth, & W. C. Dement (Eds.), *Principles and practice of sleep medicine* (2nd ed.). Philadelphia, PA: Saunders.

McCauley, M. E., Eskes, G., & Moscovitch, M. (1996). The effect of imagery on explicit and implicit tests of memory in young and old people: A double dissociation. *Canadian Journal of Experimental Psychology, 50*, 34-41.

McClelland, D. C. (1975). *Power: The inner experience*. New York, NY: Irvington.

McClelland, D. C. (1985). How motives, skills and values determine what people do. *American Psychologist, 40*, 812-825.

McClelland, D. C., Atkinson, J. W., Clark, R. A., & Lowell, E. L. (1953). *The achievement motive*. New York, NY: Appleton-Century-Crofts.

McClelland, D. C., & Koestner, R. (1992). The achievement motive. In C. P. Smith (Ed.), *Motivation and personality: Handbook of thematic content analysis*. New York, NY: Cambridge University Press.

McClure, M. J., & Lydon, J. E. (2014). Anxiety doesn't become you: How attachment anxiety compromises relational opportunities. *Journal of Personality and Social Psychology, 106*, 89-111. doi:10.1037/aa34532

McCormick, D. A. (2008). Membrane potential and action potential. In L. Squire, D. Berg, F. Bloom, S. Du Lac, A. Ghosh, & N. Spitzer (Eds.), *Fundamental neuroscience* (3rd ed., pp. 112-132). San Diego, CA: Elsevier.

McCrae, R. R. (1984). Situational determinants of coping responses: Loss, threat and challenge. *Journal of Personality and Social Psychology, 46*, 919-928.

McCrae, R. R., Chan, W., Jussim, L., De Fruyt, F., Löckenhoff, C. E., De Bolle, M., ... Terracciano, A. (2013). The inaccuracy of national character stereotypes. *Journal of Research in Personality, 47*, 831-842. doi:10.1016/j.jrp.2013.08.006

McCrae, R. R., & Costa, P. T., Jr. (1985). Updating Norman's "adequate taxonomy": Intelligence and personality dimensions in natural language and in questionnaires. *Journal of Personality and Social Psychology, 49*, 710-721.

McCrae, R. R., & Costa, P. T., Jr. (1987). Validation of the five-factor model of personality across instruments and observers. *Journal of Personality and Social Psychology, 52*, 81-90.

McCrae, R. R., & Costa, P. T., Jr. (1990). *Personality in adulthood*. New York, NY: Guilford Press.

McCrae, R. R., & Costa, P. T., Jr. (1997). Personality trait structure as a human universal. *American Psychologist, 52*, 509-516.

McCrae, R. R., & Costa, P. T., Jr. (2007). Brief versions of the NEO-PI-3. *Journal of Individual Differences, 28*, 116-128.

McCrae, R. R., & Costa, P. T., Jr. (2008). The five-factor theory of personality. In O. P. John, R. W. Robbins, & L. A. Pervin (Eds.), *Handbook of personality: Theory and research* (Vol. 3, pp. 159-181). New York, NY: Guilford Press.

McCrae, R. R., & Costa, P. T., Jr. (2010). *Professional manual for the NEO Inventories*. Lutz, FL: Psychological Assessment Resources.

McCrae, R. R., Gaines, J. F., & Wellington, M. A. (2013).The fivefactor model in fact and fiction. In H. Tennen, J. Suls, & I. B. Weiner (Eds.), *Handbook of psychology: Vol. 5. Personality and social psychology* (2nd ed.). New York, NY: Wiley.

McCrae, R. R., & Sutin, A. R. (2009). Openness to experience. In M. R. Leary & R. H. Hoyle (Eds.), *Handbook of individual differences in social behavior* (pp. 257-273). New York, NY: Guilford Press.

McCrae, R. R., & Terracciano, A. (2006). National character and personality. *Current Directions in Psychological Science, 15*, 156-161.

McCrae, R. R., & Terracciano, A., & Personality Profiles of Cultures Project. (2005). Personality profiles of cultures: Aggregate personality traits. *Journal of Personality and Social Psychology, 89*, 407-425.

McCrink, K., & Wynn, K. (2004). Large-number addition and subtraction by 9-month-old infants. *Psychological Science, 15*, 776-781.

McCullough, M. E. (2001). Forgiving. In C. R. Snyder (Ed.), *Coping with stress: Effective people and processes* (pp. 93-113). New York, NY: Oxford University Press.

McCullough, M. E., Kurzban, R., & Tabak, B. A. (2013). Cognitive systems for revenge and forgiveness. *Behavioral and Brain Science, 36*, 1-15. doi:10.1017/S0140525X11002160

McCullough, M. E., Pedersen, E. J., Tabak, B. A., & Carter, E. C. (2014). Conciliatory gestures promote forgiveness and reduce anger in humans. *PNAS Proceedings of the National Academy of Sciences of the United States of America, 111*, 11211-11216. doi:10.1073/pnas.1405072111

McCullough, M. E., & Witvliet, C. V. (2002). The psychology of forgiveness. In C. R. Synder & S. J. Lopez (Eds.), *Handbook of positive psychology*. New York, NY: Oxford University Press.

McDaniel, M. A., & Einstein, G. O. (1986). Bizarre imagery as an effective memory aid: The importance of distinctiveness. *Journal of Experimental Psychology: Learning, Memory & Cognition, 12*, 54-65.

McDaniel, M. A., Waddill, P. J., & Shakesby, P. S. (1996). Study strategies, interest, and learning from text: The application of material appropriate processing. In D. J. Herrmann, C. McEvoy, C. Hertzog, P. Hertel, & M. K. Johnson (Eds.), *Basic and applied memory research: Theory in context* (Vol. 1). Mahwah, NJ: Erlbaum.

McDermott, K. B. (2007). Inducing false memories through associated lists: A window onto everyday false memories? In J. S. Nairne (Ed.), *The foundations of remembering: Essays in honor of Henry L. Roediger III*. New York, NY: Psychology Press.

McDermott, K. B., Agarwal, P. K., D'Antonio, L., Roediger, H. I., & McDaniel, M. A. (2014). Both multiple-choice and short-answer quizzes enhance later exam performance in middle and high school classes. *Journal of Experimental Psychology: Applied, 20*(1), 3-21. doi:10.1037/ xap0000004

McDevitt, M. A., & Williams, B. A. (2001). Effects of signaled versus unsignaled delay of reinforcement on choice. *Journal of the Experimental Analysis of Behavior, 75*, 165-182. doi:10.1901/jeab.2001.75-165

McDonald, C., & Murphy, K. C. (2003). The new genetics of schizophrenia. *Psychiatric Clinics of North America, 26*(1), 41-63.

McEvoy, J. P., Byerly, M., Hamer, R. M., Dominik, R., Swartz, M. S., Rosenheck, R. A., ... Stroup, T. S. (2014). Effectiveness of paliperidone palmitate vs haloperidol decanoate for maintenance treatment of schizophrenia: A randomized clinical trial. *JAMA, 311*, 1978-1986. doi:10.1001/ jama.2014.4310

McEwen, B. S. (2009). Stress and coping. In G. G. Berntson & J. T. Cacioppo (Eds.), *Handbook of neuroscience for the behavioral sciences* (Vol. 2, pp. 1220-1235). Hoboken, NJ: Wiley.

McGeoch, J. A., & McDonald, W. T. (1931). Meaningful relation and retroactive inhibition. *American Journal of Psychology, 43*, 579-588.

McGinty, D., & Szymusiak, R. (2011). Neural control of sleep in mammals. In M. H. Kryger, T. Roth, & W. C. Dement (Eds.), *Principles and practice of sleep medicine* (5th ed., pp. 76-91). St. Louis, MO: Elsevier Saunders.

McGinty, E. E., Webster, D. W., & Barry, C. L. (2013). Effects of news media messages about mass shootings on attitudes toward persons with serious mental illness and public support for gun control policies. *The American Journal of Psychiatry, 170*, 494-501. doi:10.1176/appi.ajp.2013.13010014

McGrath, J. J., & Murray, R. M. (2011). Environmental risk factors for schizophrenia. In D. R. Weinberger & P. Harrison (Eds.), *Schizophrenia* (3rd ed.). Malden, MA: Wiley-Blackwell.

McGue, M., Bouchard, T. J., Jr., Iacono, W. G., & Lykken, D. T. (1993). Behavioral genetics of cognitive ability: A life-span perspective. In R. Plomin & G. E. McClearn (Eds.), *Nature, nurture and psychology*. Washington, DC: American Psychological Association.

McGugin, R. W., Gatenby, J. C., Gore, J. C., & Gauthier, I. (2012). High-resolution imaging of expertise reveals reliable object selectivity in the fusiform face area related to perceptual performance. *Proceedings of the National Academy of Sciences, 109*(42), 17063-17068. doi:10.1073/pnas.1116333109

McGuigan, F. J., & Lehrer, P. M. (2007). Progressive relaxation: Origins, principles, and clinical applications. In P. M. Lehrer, R. L. Woolfolk, & W. E. Sime (Eds.), *Principles and practice of stress management*. New York, NY: Guilford Press.

McInnis, M. G., Ribia, M., & Greden, J. F. (2014). Anxiety disorders. In R. E. Hales, S. C. Yudofsky, & L. W. Roberts (Eds.), *The American Psychiatric Publishing textbook of psychiatry* (6th ed.). Washington, DC: American Psychiatric Publishing.

McLanahan, S., Tach, L., & Schneider, D. (2013). The causal effects of father absence. *Annual Review of Sociology, 39*, 399-427.

McLay, R. N., Daylo, A. A., & Hammer, P. S. (2006). No effect of lunar cycle on psychiatric admissions or emergency evaluations. *Military Medicine, 171*, 1239-1242.

McLellan, A. T., Lewis, D. C., O'Brien, C. P., & Kleber, H. D. (2000). Drug dependence, a chronic mental illness: Implications for treatment, insurance, and outcome evaluation. *JAMA, 284*, 1689-1695.

McLoughlin, K., & Paquet, M. (2005, December 14). Gambling led Hogan to robbery, lawyer says. *Lehigh University's The Brown and White*. Retrieved from www.bw.lehigh.edu/story.asp?ID=19313.

McLoyd, V. C. (1998). Socioeconomic disadvantage and child development. *American Psychologist, 53*, 185-204.

McNally, R. J. (2009). Posttraumatic stress disorder. In P. H. Blaney & T. Millon (Eds.), *Oxford textbook of psychopathology* (2nd ed., pp. 176-197). New York, NY: Oxford University Press.

McNally, R. J. (2012). Searching for repressed memory. In R. F.

Belli (Ed.), *True and false recovered memories: Toward a reconciliation of the debate.* New York, NY: Springer.

McNally, R. J., & Geraerts, E. (2009). A new solution to the recovered memory debate. *Perspectives on Psychological Science, 4*(2), 126-134. doi:10.1111/j.1745-6924.2009.01112.x

McNamara, T. P. (2013). Semantic memory and priming. In A. F. Healy, R. W. Proctor, & I. B. Weiner (Eds.), *Handbook of psychology: Vol. 4. Experimental psychology* (2nd ed.). New York, NY: Wiley.

McWhorter, K. T. (2007). *College reading & study skills.* New York, NY: Pearson Longman.

Mechanic, D. (1980). *Mental health and social policy.* Englewood Cliffs, NJ: Prentice-Hall.

Mednick, S. C., & Drummond, S. P. A. (2009). Napping. In R. Stickgold & M. P. Walker (Eds.), *The neuroscience of sleep* (pp. 254-262). San Diego, CA: Academic Press.

Meeus, W., van de Schoot, R., Keijsers, L., Schwartz, S. J., & Branje, S. (2010). On the progression and stability of adolescent identity formation: A five-wave longitudinal study in earlyto-middle and middle-to-late adolescence. *Child Development, 81*(5), 1565-1581. doi:10.1111/j.1467-8624.2010.01492.x

Mehl, M. R., & Robbins, M. L. (2012). Naturalistic observation sampling: The Electronically Activated Recorder (EAR). In M. R. Mehl & T. S. Connor (Eds.), *Handbook of research methods for studying daily life.* New York, NY: Guilford Press.

Meillon, S., Thomas, A., Havermans, R., Pénicaud, L., & Brondel, L. (2013). Sensory-specific satiety for a food is unaffected by the ad libitum intake of other foods during a meal. Is SSS subject to dishabituation? *Appetite, 63,* 112-118. doi:10.1016/j.appet.2012.12.004

Meister, B. (2007). Neurotransmitters in key neurons of the hypothalamus that regulate feeding behavior and body weight. *Physiology & Behavior, 92,* 263-271.

Meister, M., & Tessier-Lavigne, M. (2013). Low-level visual processing: The retina. In E. R. Kandel, J. H. Schwartz, T. M. Jessell, S. A. Siegelbaum, & A. J. Hudspeth (Eds.), *Principles of neural science* (5th ed.). New York, NY: McGraw-Hill.

Meltzer, A. L., McNulty, J. K., Jackson, G. L., & Karney, B. R. (2014). Sex differences in the implications of partner physical attractiveness for the trajectory of marital satisfaction. *Journal of Personality and Social Psychology, 106,* 418-428. doi:10.1037/a0034424

Meltzer, H. Y., & Bobo, W. V. (2009). Antipsychotic and anticholinergic drugs. In M. C. Gelder, N. C. Andreasen, J. J. López-Ibor, Jr., & J. R. Geddes (Eds.), *New Oxford textbook of psychiatry* (2nd ed., Vol. 1). New York, NY: Oxford University Press.

Melzack, R., & Wall, P. D. (1965). Pain mechanisms: A new theory. *Science, 150,* 971-979.

Men, W., Falk, D., Sun, T., Chen, W., Li, J., Yin, D., ... Fan, M. (2013). The corpus callosum of Albert Einstein's brain: Another clue to his high intelligence? *Brain, 24,* 1-8. doi:10.1093/brain/awt252

Mendelson, W. (2011). Hypnotic medications: Mechanisms of action and pharmacologic effects. In M. H. Kryger, T. Roth, & W. C. Dement (Eds.), *Principles and practice of sleep medicine* (5th ed.). Saint Louis, MO: Elsevier Saunders.

Menninger, W. W. (2005). Role of the psychiatric hospital in the treatment of mental illness. In B. J. Sadock & V. A. Sadock (Eds.), *Kaplan & Sadock's comprehensive textbook of psychiatry.* Philadelphia, PA: Lippincott Williams & Wilkins.

Merolla, J. L., Burnett, G., Pyle, K. V., Ahmadi, S., & Zak, P. J. (2013). Oxytocin and the biological basis for interpersonal and political trust. *Political Behavior, 35,* 753-776. doi:10.1007/s11109-012-9219-8

Mesmer-Magnus, J., Glew, D. J., & Viswesvaran, C. (2012). A metaanalysis of positive humor in the work-place. *Journal of Managerial Psychology, 27,* 155-190. doi:10.1108/02683941211199554

Mesquita, B., & Leu, J. (2007). The cultural psychology of emotion. In S. Kitayama & D. Cohen (Eds.), *Handbook of cultural psychology.* New York, NY: Guilford Press.

Mesulam, M. (2013). Cholinergic circuitry of the human nucleus basalis and its fate in Alzheimer's disease. *The Journal of Comparative Neurology, 521,* 4124-4144. doi:10.1002/cne.23415

Meyer, G. J., Hsiao, W., Viglione, D. J., Mihura, J. L., & Abraham, L. M. (2013). Rorschach scores in applied clinical practice: A survey of perceived validity by experienced clinicians. *Journal of Personality Assessment, 95,* 351-365. doi:10.1080/00223891.2013.770399

Meyer, G. J., & Viglione, D. J. (2008). An introduction to Rorschach assessment. In R. P. Archer, & S. R. Smith (Eds.), *Personality assessment.* New York, NY: Routledge/Taylor & Francis Group.

Meyer, O., Zane, N., & Cho, Y. I. (2011). Understanding the psychological processes of the racial match effect in Asian Americans. *Journal of Counseling Psychology, 58*(3), 335-345. doi:10.1037/a0023605

Meyer, R. E. (1996). The disease called addiction: Emerging evidence in a 200-year debate. *The Lancet, 347,* 162-166.

Meyer, R. G. (1992). *Practical clinical hypnosis: Techniques and applications.* New York, NY: Lexington Books.

Meyerbröker, K., & Emmelkamp, P. G. (2010). Virtual reality exposure therapy in anxiety disorders: A systematic review of process-and-outcome studies. *Depression and Anxiety, 27*(10), 933-944. doi:10.1002/da.20734

Mezulis, A. H., Abramson, L. Y., Hyde, J. S., & Hankin, B. L. (2004). Is there a universal positivity bias in attributions? A meta-analytic review of individual, developmental and cultural differences in the self-serving attributional bias. *Psychological Bulletin, 130,* 711-747.

Michael, E. B., & Gollan, T. H. (2005). Being and becoming bilingual: Individual differences and consequences for language production. In J. F. Kroll & A. B. de Groot (Eds.), *Handbook of bilingualism: Psycholinguistic approaches* (pp. 389-407). New York, NY: Oxford University Press.

Michels, N., Sioen, I., Braet, C., Eiben, G., Hebestreit, A., Huybrechts, I., . . . De Henauw, S. (2012). Stress, emotional eating behaviour and dietary patterns in children. *Appetite, 59,* 762-769. doi:10.1016/j.appet.2012.08.010

Miklowitz, D. J. (2014). Pharmacotherapy and psychosocial treatments. In I. H. Gotlib & C. L. Hammen, (Eds.), *Handbook of depression* (3rd ed) New York, NY: Guilford Press.

Mikulincer, M., & Shaver, P. R. (2013). The role of attachment security in adolescent and adult close relationships. In J. A. Simpson & L. Campbell (Eds.), *Oxford handbook of close relationships.* New York, NY: Oxford University Press.

Milad, M. R., & Quirk, G. J. (2012). Fear extinction as a model for translational neuroscience: Ten years of progress. *Annual Review of Psychology, 63,* 129-151. doi:10.1146/annurev. psych.121208.131631

Milar, K. S. (2000). The first generation of women psychologists and the psychology of women. *American Psychologist, 55,* 616-619.

Milgram, S. (1963). Behavioral study of obedience. *Journal of Abnormal and Social Psychology, 67,* 371-378.

Milgram, S. (1964). Issues in the study of obedience. *American Psychologist, 19,* 848-852.

Milgram, S. (1968). Reply to the critics. *International Journal of Psychiatry, 6,* 294-295.

Millecamps, M., Seminowicz, D. A., Bushnell, M. C., & Coderre, T. J. (2013). The biopsychology of pain. In R. J. Nelson, S. Y. Mizumori, & I. B. Weiner (Eds.), *Handbook of psychology: Vol. 3. Behavioral neuroscience* (2nd ed., pp. 240-271). New York, NY: Wiley.

Miller, A. G. (1986). *The obedience experiments: A case study of controversy in social science.* New York, NY: Praeger.

Miller, A. G. (2014). The explanatory value of Milgram's obedience experiments: A contemporary appraisal. *Journal of Social Issues, 70,* 558-573. doi:10.1111/josi.12078

Miller, B. J., Culpepper, N., Rapaport, M. H., & Buckley, P. (2013). Prenatal inflammation and neurodevelopment in schizophrenia: A review of human studies. *Progress in Neuro-Psychopharmacology & Biological Psychiatry, 42,* 92-100. doi:10.1016/j.pnpbp.2012.03.010

Miller, D. I., & Halpern, D. F. (2014). The new science of cognitive sex difference. *Trends in Cognitive Sciences, 18,* 37-45. doi:10.1016/j.tics.2013.10.011

Miller, E., & Wallis, J. (2008). The prefrontal cortex and executive brain functions. In L. Squire, D. Berg, F. Bloom, S. Du Lac, A. Ghosh, & N. Spitzer (Eds.), *Fundamental neuroscience* (3rd ed., pp. 1199-1222). San Diego, CA: Elsevier.

Miller, G. (2009). The brain collector. *Science, 324*(5935), 1634-1636.

Miller, G., Tybur, J. M., & Jordan, B. D. (2007). Ovulatory cycle effects on tip earnings by lap dancers: Economic evidence for human estrus? *Evolution and Human Behavior, 28,* 375-381.

Miller, G. A. (1956). The magical number seven, plus or minus two: Some limits on our capacity for processing information. *Psychological Review, 63,* 81-97.

Miller, G. A. (2003). The cognitive revolution: A historical perspective. *Trends in Cognitive Sciences, 7*(3), 141-144.

Miller, I. J., & Reedy, F. E. Jr. (1990). Variations in human taste-bud density and taste intensity perception. *Physiological Behavior, 47,* 1213-1219.

Miller, J. D., Gentile, B., Wilson, L., & Campbell, W. K. (2013). Grandiose and vulnerable narcissism and the DSM-5 pathological personality trait model. *Journal of Personality Assessment, 95*(3), 284-290. doi:10.1080/00223891.2012.685907

Miller, J. G. (2006). Insights into moral development from cultural psychology. In M. Killen & J. G. Smetana (Eds.), *Handbook of moral development.* Mahwah, NJ: Erlbaum.

Miller, J. M., & Peterson, D. A. M. (2004). Theoretical and empirical implications of attitude strength. *Journal of Politics, 66,* 847-867.

Miller, K. J., Dye, R. V., Kim, J., Jennings, J. L., O'Toole, E., Wong,

J., & Siddarth, P. (2013). Effect of a computerized brain exercise program on cognitive performance in older adults. *The American Journal of Geriatric Psychiatry, 21,* 655-663. doi:10.1016/j.jagp.2013.01.077

Miller, N. E. (1944). Experimental studies of conflict. In J. M. Hunt (Ed.), *Personality and the behavior disorders* (Vol. 1). New York, NY: Ronald.

Miller, N. E. (1959). Liberalization of basic S-R concepts: Extension to conflict behavior, motivation, and social learning. In S. Koch (Ed.), *Psychology: A study of a science* (Vol. 2). New York, NY: McGraw-Hill.

Miller, N. E. (1985). The value of behavioral research on animals. *American Psychologist, 40,* 423-440.

Miller, R. R., & Grace, R. C. (2013). Conditioning and learning. In A. F. Healy, R. W. Proctor, & I. B. Weiner (Eds.), *Handbook of psychology: Vol. 4. Experimental psychology* (2nd ed.). New York, NY: Wiley.

Miller Burke, J., & Attridge, M. (2011a). Pathways to career and leadership success: Part 1-A psychosocial profile of $100k professionals. *Journal of Workplace Behavioral Health, 26*(3), 175-206. http://dx.doi.org/10.1080/15555240.2011.589718

Miller Burke, J., & Attridge, M. (2011b). Pathways to career and leadership success: Part 2-Striking gender similarities among $100k professionals. *Journal of Workplace Behavioral Health, 26*(3), 207-239. http://dx.doi.org/10.1080/15555240.2011.589722

Milligan, E. D., & Watkins, L. R. (2009). Pathological and protective roles of glia in chronic pain. *Nature Reviews Neuroscience, 10*(1), 23-36. doi:10.1038/nrn2533

Mills, K. L., Goddings, A., Clasen, L. S., Giedd, J. N., & Blakemore, S. (2014). The developmental mismatch in structural brain maturation during adolescence. *Developmental Neuroscience, 36,* 147-160. doi:10.1159/000362328

Millstone, E. (1989). Methods and practices of animal experimentation. In G. Langley (Ed.), *Animal experimentation: The consensus changes.* New York, NY: Chapman & Hall.

Miltenberger, R. G. (2012). *Behavior modification: Principles and procedures.* Belmont, CA: Cengage Learning.

Mineka, S. (2013). Individual differences in the acquisition of fears. In D. Hermans, B. Rimé, & B. Mesquita (Eds.), *Changing emotions.* New York, NY: Psychology Press.

Mineka, S., & Öhman, A. (2002). Phobias and preparedness: The selective, automatic and encapsulated nature of fear. *Biological Psychiatry, 52,* 927-937.

Minkel, J. D., & Dinges, D. F. (2009). Circadian rhythms in sleepiness, alertness, and performance. In R. Stickgold & M. P. Walker (Eds.), *The neuroscience of sleep* (pp. 183-190). San Diego, CA: Academic Press.

Minzenberg, M. J., Yoon, J. H., & Carter, C. S. (2008). Schizophrenia. In R. E. Hales, S. C. Yudofsky, & G. O. Gabbard (Eds.), *The American Psychiatric Publishing textbook of psychiatry* (5th ed., pp. 407-456). Washington, DC: American Psychiatric Publishing.

Miranda, J., Bernal, G., Lau, A., Kohn, L., Hwang, W., & LaFromboise, T. (2005). State of the science on psychosocial interventions for ethnic minorities. *Annual Review of Clinical Psychology, 1,* 113-42.

Mischel, W. (1968). *Personality and assessment.* New York, NY: Wiley.

Mischel, W. (1973). Toward a cognitive social learning conceptualization of personality. *Psychological Review, 80,* 252-283.

Mischel, W. (1984). Convergences and challenges in the search for consistency. *American Psychologist, 39,* 351-364.

Mitchell, J. E., & Wonderlich, S. A. (2014). Feeding and eating disorders. In R. E. Hales, S. C. Yudofsky, & L. W. Roberts (Eds.), *The American Psychiatric Publishing textbook of psychiatry* (6th ed.). Washington, DC: American Psychiatric Publishing.

Mitchell, T., O'Sullivan, P. B., Smith, A., Burnett, A. F., Straker, L., Thornton, J., & Rudd, C. J. (2009). Biopsychosocial factors are associated with low back pain in female nursing students: A cross-sectional study. *International Journal of Nursing Studies, 46*(5), 678-688. doi:10.1016/j.ijnurstu.2008.11.004

Mitterauer, B. J. (2011). Possible role of glia in cognitive impairment in schizophrenia. *CNS Neuroscience & Therapeutics, 17,* 333-344. doi:10.1111/j.1755-5949.2009.00113.x

Miyamoto, S., Merrill, D. B., Lieberman, J. A., Fleischacker, W. W., & Marder, S. R. (2008). Antipsychotic drugs. In A. Tasman, J. Kay, J. A. Lieberman, M. B. First, & M. Maj (Eds.), *Psychiatry* (3rd ed.). New York, NY: Wiley-Blackwell.

Modestin, J. (1992). Multiple personality disorder in Switzerland. *American Journal of Psychiatry, 149,* 88-92.

Moè, A., & De Beni, R. (2004). Studying passages with the loci method: Are subject-generated more effective than experimenter-supplied loci pathways? *Journal of Mental Imagery, 28*(3-4), 75-86.

Mojtabai, R., & Olfson, M. (2010). National trends in psychotropic medication polypharmacy in officebased psychiatry. *Archives of General Psychiatry, 67*(1), 26-36.

Molitor, A., & Hsu, H. (2011). Child development across cultures. In K. D. Keith (Ed.), *Cross-cultural psychology: Contemporary themes and perspectives.* Malden, MA: Wiley-Blackwell.

Moll, H., & Meltzoff, A. N. (2011). How does it look? Level 2 perspective-taking at 36 months of age. *Child Development, 82*(2), 661-673. doi:org/10.1111/j.1467-8624.2010.01571.x

Moneta, G. B. (2011). Need for achievement, burnout, and intention to leave: Testing an occupational model in educational settings. *Personality and Individual Differences, 50,* 274-278. doi:10.1016/j.paid.2010.10.002

Monk, C., Georgieff, M. K., & Osterholm, E. A. (2013). Research review: Maternal prenatal distress and poor nutrition: Mutually influencing risk factors affecting infant neurocognitive development. *Journal of Child Psychology and Psychiatry, 54,* 115-130. doi:10.1111/jcpp.12000

Monk, T. H. (2000). Shift work. In M. H. Kryger, T. Roth, & W. C. Dement (Eds.), *Principles and practice of sleep medicine.* Philadelphia, PA: Saunders.

Monk, T. H. (2006). Jet lag. In T. LeeChiong (Ed.), *Sleep: A comprehensive handbook.* Hoboken, NJ: Wiley-Liss.

Monroe, S. M. (2008). Modern approaches to conceptualizing and measuring human life stress. *Annual Review of Clinical Psychology, 4,* 33-52.

Monroe, S. M., & Harkness, K. L. (2005). Life stress, the "kindling" hypothesis, and the recurrence of depression: Considerations from a life stress perspective. *Psychological Review, 112,* 417-445. doi:10.1037/0033-295X.112.2.417

Monroe, S. M., Slavich, G. M., & Georgiades, K. (2014). The social environment and depression: The roles of life stress. In I. H. Gotlib & C. L. Hammen (Eds.), *Handbook of depression* (3rd ed.). New York, NY: Guilford Press.

Montoya, R., & Horton, R. S. (2012). The reciprocity of liking effect. In M. A. Paludi (Ed.), *The psychology of love.* Santa Barbara, CA: Praeger/ ABC-CLIO.

Moon, C., Lagercrantz, H., & Kuhl, P. K. (2012). Language experienced in utero affects vowel perception after birth: A two-country study. *Acta Paediatrica, 102,* 156-160. doi:10.1111/apa.12098

Moore, B. C. J. (2010). Audition. In E. B. Goldstein (Ed.), *Encyclopedia of perception.* Thousand Oaks, CA: Sage.

Moore, K. L., Persaud, T. V. N., & Torchia, M. G. (2013). *Before we are born: Essentials of embryology and birth defects* (8th ed.). Philadelphia, PA: Elsevier.

Moore, R. Y. (2006). Biological rythms and sleep. In T. Lee-Chiong (Ed.), *Sleep: A comprehensive handbook.* Hoboken, NJ: Wiley-Liss.

Moore, S. C., Patel, A. V., Matthews, C. E., Berrington de Gonzalez, A., Park, Y., Katki, H. A., ... Lee, I. M. (2012). Leisure time physical activity of moderate to vigorous intensity and mortality: A large pooled cohort analysis. *PLoS Medicine, 9,* e1001335. doi:10.1371/journal.pmed.1001335

Moore, S. M., Thomas, A. C., Kalé, S., Spence, M., Zlatevska, N., Staiger, P. K., ... Kyrios, M. (2013). Problem gambling among international and domestic university students in Australia: Who is at risk? *Journal of Gambling Studies, 29,* 217-230.

Moran, T. H., & Sakai R. R. (2013). Food and fluid intake. In R. J. Nelson, S. Y. Mizumori, & I. B. Weiner (Eds.), *Handbook of psychology: Vol. 3. Behavioral neuroscience* (2nd ed.). New York, NY: Wiley.

Moreno, S., Bialystok, E., Barac, R., Schellenberg, E. G., Cepeda, N. J., & Chau, T. (2011). Short-term music training enhances verbal intelligence and executive function. *Psychological Science, 22,* 1425-1433. doi:10.1177/0956797611416999

Morewedge, C. K., & Norton, M. I. (2009). When dreaming is believing: The (motivated) interpretation of dreams. *Journal of Personality and Social Psychology, 96*(2), 249-264. doi:10.1037/a0013264

Morgado, P., Freitas, D., Bessa, J. M., Sousa, N., & Cerqueira, J. J. (2013). Perceived stress in obsessive-compulsive disorder is related with obsessive but not compulsive symptoms. *Frontiers In Psychiatry, 4,* Article ID 21.

Morgan, K. (2012). The epidemiology of sleep. In C. M. Morin, & C. A. Espie (Eds.), *Oxford handbook of sleep and sleep disorders.* New York, NY: Oxford University Press.

Morgan, R. D., & Cohen, L. M. (2008). Clinical and counseling psychology: Can differences be gleaned from printed recruiting materials? *Training and Education in Professional Psychology, 2*(3), 156-164.

Morin, C. M. (2011). Psychological and behavioral treatments for insomnia I: Approaches and efficacy. In M. H. Kryger, T. Roth, & W. C. Dement (Eds.), *Principles and practice of sleep medicine* (5th ed.). Saint Louis, MO: Elsevier Saunders.

Morrison, A. R. (2003). The brain on night shift. *Cerebrum, 5*(3), 23-36.

Morry, M. M. (2009). Similarity principle of attraction. In H. T. Reis & S. Sprecher (Eds.), *Encyclopedia of human relationships* (pp. 1500-1504)., Los Angeles, CA: Sage.

Moskowitz, J. T., & Saslow, L. R. (2014). Health and psychology: The importance of positive affect. In M. M. Tugade, M. N. Shiota, & L. D. Kirby (Eds.), *Handbook of positive emotions*. New York, NY: Guilford Press.

Moskowitz, J. T., Shmueli-Blumberg, D., Acree, M., & Folkman, S. (2012). Positive affect in the midst of distress: Implications for role functioning. *Journal of Community & Applied Social Psychology, 22*, 502-518. doi:10.1002/casp.1133

Most, S. B., Scholl, B. J., Clifford, E. R., & Simons, D. J. (2005). What you see is what you set: Sustained inattentional blindness and the capture of awareness. *Psychological Review, 112*, 217-242.

Most, S. B., Simons, D. J., Scholl, B. J., Jimenez, R., Clifford, E., & Chabris, C. F. (2001). How not to be seen: The contribution of similarity and selective ignoring to sustained inattentional blindness. *Psychological Science, 12*(1), 9-17.

Mostofsky, E., Penner, E. A., Mittleman, M. A. (2014). Outbursts of anger as trigger of acute cardiovascular events: A systematic review and metaanalysis. *European Heart Journal, 35*, 1404-1410. doi:10.1093/eurheartj/ ehu033

Motivala, S. J., & Irwin, M. R. (2007). Sleep and immunity: Cytokine pathways linking sleep and health outcomes. *Current Directions in Psychological Science, 16*, 21-25.

Moullin, S., Waldfogel, J., & Washbrook, E. (2014). *Baby bonds: Parenting, attachment and a secure base for children*. London, UK: The Sutton Trust.

Mowrer, O. H. (1947). On the dual nature of learning: A reinterpretation of "conditioning" and "problemsolving." *Harvard Educational Review, 17*, 102-150.

Muchnik, C., Amir, N., Shabtai, E., & Kaplan-Neeman, R. (2012). Preferred listening levels of personal listening devices in young teenagers: Self reports and physical measurements. *International Journal of Audiology, 51*(4), 287-293. doi:10.3 109/14992027.2011.631590

Mueser, K. T., Deavers, F., Penn, D. L., & Cassisi, J. E. (2013). Psychosocial treatments for schizophrenia. *Annual Review of Clinical Psychology, 9*, 465-497. doi:10.1146/annurev-clinpsy-050212-185620

Muller, K. W., Glaesmer, H., Brahler, E., Woelfling, K., & Beutel, M. E. (2014). Prevalence of Internet addiction in the general population: Results from a German population-based survey. *Behaviour & Information Technology, 33*, 757-766. doi:10.1080/014492 9X.2013.810778

Mulligan, N. W., & Besken, M. (2013). Implicit memory, In D. Reisberg (Ed.), *Oxford handbook of cognitive psychology*. New York, NY: Oxford University Press.

Munafò, M. R., & Flint, J. (2011). Dissecting the genetic architecture of human personality. *Trends in Cognitive Sciences, 15*, 395-400.

Munck, A. (2007). Corticosteroids and stress. In G. Fink (Ed.), *Encyclopedia of stress*. San Diego, CA: Elsevier.

Murdock, B. (2001). Analysis of the serial position curve. In H. L. Roediger III, J. S. Nairne, I. Neath, & A. M. Surprenant (Eds.), *The nature of remembering: Essays in honor of Robert G. Crowder* (pp. 151-170). Washington, DC: American Psychological Association.

Murphy, K. R. (2002). Can conflicting perspectives on the role of g in personnel selection be resolved? *Human Performance, 15*, 173-186.

Muscanell, N. L., Guadagno, R. E., & Murphy, S. (2014). Weapons of influence misused: A social influence analysis of why people fall pretty to Internet scams. *Social and Personality Psychology Compass, 8*, 388-396. doi:10.1111/spc3.12115

Musick, K., & Bumpass, L. (2012). Reexamining the case for marriage: Union formation and changes in wellbeing. *Journal of Marriage and Family, 74*(1), 1-18.

Mustanski, B. S., Chivers, M. L., & Bailey, J. M. (2002). A critical review of recent biological research on human sexual orientation. *Annual Review of Sex Research, 12*, 89-140.

Mustanski, B. S., Kuper, L., & Greene, G. J. (2014). Development of sexual orientation and identity. In D. L. Tolman, L. M. Diamond, J. A. Bauermeister, W. H. George, J. G. Pfaus, & L. M. Ward (Eds.), *APA handbook of sexuality and psychology: Vol. 1. Person-based approaches*. Washington, DC: American Psychological Association.

Mutz, D. C., & Goldman, S. K. (2010). Mass media. In J. F. Dovidio, M. Hewstone, P. Glick, & V. M. Esses (Eds.), *The Sage handbook of prejudice, stereotyping, and discrimination*. Los Angeles, CA: Sage.

Myers, D. (2010). *Social psychology* (10th ed.). New York, NY: McGrawHill.

Myers, D. G. (1992). *The pursuit of happiness: Who is happy-and why*. New York, NY: Morrow.

Myers, D. G. (2013). Religious engagement and well-being. In S. A. David, I. Boniwell, & A. Conley Ayers (Eds.), *The Oxford handbook of happiness*. New York, NY: Oxford University Press.

Myers, L. B., Burns, J. W., Derakshan, N., Elfant, E., Eysenck, M. W., & Phipps, S. (2007). Current issues in repressive coping and health. In J. Denollet, I. Nyklicek, & A. Vingerhoets (Eds.), *Emotion regulation: Conceptual and clinical issues* (pp. 69-86). New York, NY: Springer.

Nadal, K. L., Wong, Y., Sriken, J., Griffin, K., & Fujii-Doe, W. (2014). Racial microaggressions and Asian Americans: An exploratory study on within-group differences and mental health. *Asian American Journal of Psychology*, np. doi:10.1037/ a0038058

Nadelson, C. C., Notman, M. T., & McCarthy, M. K. (2005). Gender issues in psychotherapy. In G. O. Gabbard, J. S. Beck, & J. Holmes (Eds.), *Oxford textbook of psychotherapy*. New York, NY: Oxford University Press.

Nadkarni, A., & Hofmann, S. G. (2012). Why do people use Facebook? *Personality and Individual Differences, 52*, 243-249. doi:10.1016/j.paid.2011.11.007

Nairne, J. S. (2003). Sensory and working memory. In A. F. Healy & R. W. Proctor (Eds.), *Handbook of psychology: Vol. 4. Experimental psychology*. New York, NY: Wiley.

Nairne, J. S., & Neath, I. (2013). Sensory and working memory. In A. F. Healy, R. W. Proctor, & I. B. Weiner (Eds.), *Handbook of psychology: Vol. Experimental psychology* (2nd ed.). New York, NY: Wiley.

Naish, P. L. N. (2006). Time to explain the nature of hypnosis? *Contemporary Hypnosis, 23*, 33-46.

Narr, K. L., Woods, R. P., Thompson, P. M., Szeszko, P., Robinson, D., Dimtcheva, T., ... Bilder, R. M. (2007). Relationships between IQ and regional cortical gray matter thickness in healthy adults. *Cerebral Cortex, 17*(9), 2163-2171. doi:10.1093/cercor/bhl125

National Institute on Alcohol Abuse and Alcoholism. (2013). *Alcohol facts and statistics*. Retrieved from www.niaaa.nih.gov/alcohol-health/overview-alcohol-consumption/alcohol-facts-and-statistics

National Sleep Foundation. (2010). *Sleep in America poll: Summary of findings*. Retrieved from www.sleepfoundation.org/sites/default/files/nsaw/NSF%20Sleep%20in%20%20America%20Poll%20-%20Summary%20of%20Findings%20.pdf

Neal, T. M. S., Guadagno, R. E., Eno, C. A., & Brodsky, S. L. (2012). Warmth and competence on the witness stand: Implications for the credibility of male and female expert witnesses. *Journal of the American Academy of Psychiatry and the Law, 40*, 488-497.

Nedergaard, M., & Verkhratsky, A. (2012). Artifact versus reality: How astrocytes contribute to synaptic events. *Glia, 60*, 1013-1023. doi:10.1002/glia.22288

Neff, L. A., & Geers, A. L. (2013). Optimistic expectations in early marriage: A resource or vulnerability for adaptive relationship function? *Journal of Personality and Social Psychology, 105*, 38-60. doi:10.1037/a0032600

Neisser, U. (1967). *Cognitive psychology*. New York, NY: AppletonCentury-Crofts.

Nelson, N. L., & Russell, J. A. (2013). Universality revisited. *Emotion Review, 5*(1), 8-15. doi:10.1177/1754073912457227

Nemeroff, C. B., Kalali, A., Keller, M, B., Charney, D. S., Lenderts, S. E., Cascade, E. F., ... Schatzberg, A. F. (2007). Impact of publicity concerning pediatric suicidality data on physician practice patterns in the United States. *Archives of General Psychiatry, 64*, 466-472.

Nestler, E. J. (2014). Epigenetic mechanisms of drug addiction. *Neuropharmacology, 76*(Part B), 259-268. doi:10.1016/j.neuropharm.2013. 04.004

Nestler, S., Egloff, B., & Küfner, A. P., & Back, M. D. (2012). An integrative lens model approach to bias and accuracy in human inferences: Hindsight effects and knowledge updating in personality judgments. *Journal of Personality and Social Psychology, 103*, 689-717. doi:10.1037/a0029461

Nettle, D. (2006). The evolution of personality variation in humans and other animals. *American Psychologist, 61*, 622-631.

Neuberg, S. L., Kenrick, D. T., & Schaller, M. (2010). Evolutionary social psychology. In S. T. Fiske, D. T. Gilbert, & G. Lindzey (Eds.), *Handbook of social psychology*, (5th ed., Vol. 2, pp. 761-796). Hoboken, NJ: Wiley.

Neuberg, S. L., & Schaller, M. (2015). Evolutionary social cognition. In M. Mikulincer, P. R. Shaver, E. Borgida, & J. A. Bargh (Eds.), *APA handbook of personality and social psychology Vol. 1: Attitudes and social cognition*. Washington, DC: American Psychological Association.

Neuschatz, J. S., Lampinen, J. M., Preston, E. L., Hawkins, E. R., & Toglia, M. P. (2002). The effect of memory schemata on memory and the phenomenological experience of naturalistic situations. *Applied Cognitive Psychology, 16*, 687-708.

Newell, B. R. (2013). Judgment under uncertainty. In D. Reisberg (Ed.), *Oxford handbook of cognitive psychology*. New York, NY: Oxford University Press.

Newman, M. G., & Llera, S. J. (2011). A novel theory of experiential avoidance in generalized anxiety disorder: A review and synthesis of research supporting a contrast avoidance model of worry. *Clinical Psychology Review, 31*, 371-382. doi:10.1016/j.cpr.2011.01.008

Newman, M. G., Llera, S. J., Erickson, T. M., Przeworski, A.,

Castonguay, L. G. (2013). Worry and generalized anxiety disorder: A review and theoretical synthesis of evidence on nature, etiology, mechanisms, and treatment. *Annual Review of Clinical Psychology, 9,* 275-297. doi:10.1146/annurev-cinpsy-050212-185544

Newschaffer, C. J., Croen, L. A., Daniels, J., Giarelli, E., Grether, J. K., Levy, S. E., ... Windham, G. C. (2007). The epidemiology of autism spectrum disorders. *Annual Review of Public Health, 28,* 235-258.

Newton, N. J., & Stewart, A. J. (2012). Personality development in adulthood. In S. K. Whitbourne & M. J. Sliwinski (Eds.), *Wiley-Blackwell handbook of adulthood and aging.* Malden, MA: Wiley-Blackwell.

Nezu, A. M., Raggio, G., Evans, A. N., & Nezu, C. M. (2013). Diabetes mellitus. In A. M. Nezu, C. M. Nezu, P. A. Geller, & I. B. Weiner (Eds.), *Handbook of psychology: Vol. 9. Health psychology* (2nd ed.). New York, NY: Wiley.

Nguyen, N. D., Tucker, M. A., Stickgold, R., & Wamsley, E. J. (2013). Overnight sleep enhances hippocampus-dependent aspects of spatial memory. *Sleep: Journal of Sleep and Sleep Disorders Research, 36,* 1051-1057.

Nguyen, T. A., Heffner, J. L., Lin, S. W., & Anthenelli, R. M. (2011). Genetic factors in the risk for substance use disorders. In P. Ruiz, & E. C. Strain (Eds.), *Lowinson and Ruiz's substance abuse: A comprehensive textbook* (5th ed.). Philadelphia, PA: Lippincott Williams & Wilkins.

Niccols, A. (2007). Fetal alcohol syndrome and the developing socioemotional brain. *Brain and Cognition, 65,* 135-142.

Nickerson, R. S., & Adams, M. J. (1979). Long-term memory for a common object. *Cognitive Psychology, 11,* 287-307.

Niebyl, J. R., & Simpson, J. L. (2012). Drug and environmental agents in pregnancy and lactation: Embryology, teratology, epidemiology. In S. G. Gabbe, J. R. Niebyl, J. L. Simpson, M. B. Landon, H. L. Galan, E. R. M. Jauniaux, & D. A. Driscoll (Eds.), *Obstetrics: Normal and problem pregnancies* (6th ed.). Philadelphia, PA: Elsevier.

Nied_wie_ska, A., & Barzykowski, K. (2012). The age prospective memory paradox within the same sample in time-based and event-based tasks. *Aging, Neuropsychology, and Cognition, 19*(1-2), 58-83. doi:10.1080/13825585.2011.628374

Nielsen, J. A., Zielinski, B. A., Ferguson, M. A., Lainhart, J. E., & Anderson, J. S. (2013). An evaluation of the left-brain vs. right-brain hypothesis with resting state functional connectivity magnetic resonance imaging. *PloS One, 8,* e71275.

Nielsen, N. M., Hansen, A. V., Simonsen, J., & Hviid, A. (2010). Prenatal stress and risk of infectious diseases in offspring. *American Journal of Epidemiology, 173,* 990-997. doi:10.1093/aje/kwq492

Nielsen, R. E., Uggerby, A. S., Jensen, S. W., & McGrath, J. J. (2013). Increasing mortality gap for patients diagnosed with schizophrenia over the last three decades: A Danish nationwide study from 1980 to 2010. *Schizophrenia Research, 146*(1-3), 22-27. doi:10.1016/j.schres.2013.02.025

Nielsen, T. (2011). Ultradian, circadian, and sleep-dependent features of dreaming. In M. H. Kryger, T. Roth, & W. C. Dement (Eds.), *Principles and practice of sleep medicine* (5th ed.). Saint Louis, MO: Elsevier Saunders.

Nielsen, T. A., Zadra, A. L., Simard, V., Saucier, S., Stenstrom, P., Smith, C., & Kuiken, D. (2003). The typical dreams of Canadian university students. *Dreaming, 13*(4), 211-235.

Nikelly, A. G. (1994). Alcoholism: Social as well as psycho-medical problem: The missing "big picture." *Journal of Alcohol & Drug Education, 39,* 1-12.

Nir, Y., & Tononi, G. (2010). Dreaming and the brain: From phenomenology to neurophysiology. *Trends in Cognitive Sciences, 14*(2), 88-100. doi:10.1016/j.tics.2009.12.001

Nisbett, R. E. (Ed.). (1993). *Rules for reasoning.* Hillsdale, NJ: Erlbaum.

Nisbett, R. E. (2005). Heredity, environment, and race differences in IQ: A commentary on Rushton and Jensen. *Psychology, Public Policy, and the Law, 11,* 302-310.

Nisbett, R. E. (2009). *Intelligence and how to get it: Why schools and cultures count.* New York, NY: Norton.

Nisbett, R. E., Aronson, J., Blair, C., Dickens, W., Flynn, J., Halpern, D. F., & Turkheimer, E. (2012). Intelligence: New findings and theoretical developments. *American Psychologist, 67,* 130-159. doi:10.1037/a0026699

Nisbett, R. E., & Miyamoto, Y. (2005). The influence of culture: Holistic versus analytic perception. *Trends in Cognitive Sciences, 9,* 467-473.

Nisbett, R. E., Peng, K., Choi, I., & Norenzayan, A. (2001). Culture and systems of thought: Holistic versus analytic cognition. *Psychological Review, 108,* 291-310.

Nist, S. L., & Holschuh, J. L. (2000). Comprehension strategies at the college level. In R. F. Flippo & D. C. Caverly (Eds.), *Handbook of college reading and study strategy research.* Mahwah, NJ: Erlbaum.

Nithianantharajah, J., & Hannan, A. J. (2006). Enriched environments, experience-dependent plasticity and disorders of the nervous system. *Nature Reviews Neuroscience, 7,* 697-709.

Niu, W., & Brass, J. (2011). Intelligence in worldwide perspective. In R. J. Sternberg, & S. B. Kaufman (Eds.), *Cambridge handbook of intelligence.* New York, NY: Cambridge University Press.

Noble, K. G., McCandliss, B. D., & Farah, M. J. (2007). Socioeconomic gradients predict individual differences in neurocognitive abilities. *Developmental Science, 10,* 464-480.

Nobler, M. S., & Sackeim, H. A. (2006). Electroconvulsive therapy and transcranial magnetic stimulation. In D. J. Stein, D. J. Kupfer, & A. F. Schatzberg (Eds.), *Textbook of mood disorders.* Washington, DC: American Psychiatric Publishing.

Nock, M. K., Millner, A. J., Deming, C. A., & Glenn, C. R. (2014). Depression and suicide. In I. H. Gotlib & C. L. Hammen (Eds.), *Handbook of depression* (3rd ed.). New York, NY: Guilford Press.

Noftle, E. E., & Robins, R. W. (2007). Personality predictors of academic outcomes: Big Five correlates of GPA and SAT scores. *Journal of Personality and Social Psychology, 93,* 116-130.

Nolen-Hoeksema, S. (1991). Responses to depression and their effects on the duration of depressive episodes. *Journal of Abnormal Psychology, 100,* 569-582.

Nolen-Hoeksema, S. (2000). The role of rumination in depressive disorders and mixed anxiety/depressive symptoms. *Journal of Abnormal Psychology, 109,* 504-511.

Nolen-Hoeksema, S. (2001). Gender differences in depression. *Current Directions in Psychological Science, 10,* 173-176.

Nolen-Hoeksema, S., Wisco, B. E., & Lyubomirsky, S. (2008). Rethinking rumination. *Perspectives on Psychological Science, 3*(5), 400-424. doi:10.1111/j.1745-6924.2008.00088.x

Nomaguchi, K. M., & Milkie, M. A. (2003). Costs and rewards of children: The effects of becoming a parent on adults' lives. *Journal of Marriage and the Family, 65,* 356-374.

Norenzayan, A., & Heine, S. J. (2005). Psychological universals: What are they and how can we know? *Psychological Bulletin, 131,* 763-784.

Norris, I. J., & Larsen, J. T. (2011). Wanting more than you have and its consequences for well-being. *Journal of Happiness Studies, 12,* 877-885. doi:10.1007/s10902-010-9232-8

North, C. S., Eyrich, K. M., Pollio, D. E., & Spitznagel, E. L. (2004). Are rates of psychiatric disorders in the homeless population changing? *American Journal of Public Health, 94*(1), 103-108.

Norton, C. (2005). Animal experiments: A cardinal sin? *The Psychologist, 18*(2), 69.

Nosek, B. A., Greenwald, A. G., & Banaji, M. R. (2007). The Implicit Association Test at age 7: A Methodological and conceptual review. In J. A. Bargh (Ed.), *Social psychology and the unconscious: The automaticity of higher mental processes* (pp. 265-292). New York, NY: Psychology Press.

Novakova, B., Harris, P. R., Ponnusamy, A., & Reuber, M. (2013). The role of stress as a trigger for epileptic seizures: A narrative review of evidence from human and animal studies. *Epilepsia, 54,* 1866-1876. doi:10.1111/epi.12377

Novella, E. J. (2010). Mental health care in the aftermath of deinstitutionalization: A retrospective and prospective view. *Health Care Analysis, 18*(3), 222-238. doi:10.1007/s10728-009-0138-8

Novemsky, N., & Kahneman, D. (2005). The boundaries of loss aversion. *Journal of Marketing Research, 42,* 119-128.

Noyes, R., Clarkson, C., Crowe, R. R., Yates, W. R., & McChesney, C. M. (1987). A family study of generalized anxiety disorder. *American Journal of Psychiatry, 144,* 1019-1024.

Nyberg, L., Lovden, M., Riklund, K., Lindenberger, U., & Backman, L. (2012). Memory aging and brain maintenance. *Trends in Cognitive Science, 16,* 292-305. doi:10.1016/j.tics.2012.04.005

Oberauer, K, & Lewandowsky, S. (2014). Further evidence against decay in working memory. *Journal of Memory and Language, 73,* 15-30. doi:10.1016/j.jml.2014.02.003

Obulesu, M., & Jhansilakshmi, M. (2014). Neuroinflammation in Alzheimer's disease: An understanding of physiology and pathology. *International Journal of Neuroscience, 124,* 227-235. doi:10.3109/00207454.2013.831852

O'Connor, D. B., & Conner, M. (2011). Effects of stress on eating behavior. In R. J. Contrada & A. Baum (Eds.), *The handbook of stress science: Biology, psychology, and health* (pp. 111-121). New York, NY: Springer.

Oechslin, M. S., Descloux, C., Croquelois, A., Chanal, J., Van De Ville, D., Lazeyras, F., & James, C. E. (2013). Hippocampal volume predicts fluid intelligence in musically trained people. *Hippocampus, 23*(7), 552-558. doi:10.1002/hipo.22120

Oehlberg, K., & Mineka, S. (2011). Fear conditioning and attention to threat: An integrative approach to understanding the etiology of anxiety disorders. In T.

R. Schachtman, & S. Reilly (Eds.), *Associative learning and condition theory: Human and nonhuman applications*. New York, NY: Oxford University Press.

Ogden, C. L., Lamb, M. M., Kit, B. K., & Wright, J. D. (2012). Weight and diet among children and adolescents in the United States. In K. D. Brownell, & M. S. Gold (Eds.), *Food and addiction: A comprehensive handbook*. New York, NY: Oxford University Press.

Ogden, J. (2010). *The psychology of eating: From healthy to disordered behavior*. Malden, MA: Wiley-Blackwell.

Ogle, C. M., Rubin, D. C., Berntsen, D., & Siegler, I. C. (2013). The frequency and impact of exposure to potentially traumatic events over the life course. *Clinical Psychological Science, 1*, 426-434. doi:10.1177/2167702613485076

Ogles, B. M. (2013). Measuring change in psychotherapy research. In M. J. Lambert (Ed.). *Bergin and Garfield's handbook of psychotherapy and behavior change* (6th ed.). New York, NY: Wiley.

Ohayon, M. M., Carskadon, M. A., Guilleminault, C., & Vitiello, M. V. (2004). Meta-analysis of quantitative sleep parameters from childhood to old age in healthy individuals: Developing normative sleep values across the human lifespan. *Sleep: Journal of Sleep & Sleep Disorders Research, 27*, 1255-1273.

Ohayon, M. M., Mahowald, M. W., Dauvilliers, Y., Krystal, A. D., & Leger, D. (2012). Prevalence and comorbidity of nocturnal wandering in the US adult general population. *Neurology, 78*, 1583-1589.

Öhman, A., & Mineka, S. (2001). Fears, phobias, and preparedness: Toward an evolved module of fear and fear learning. *Psychological Review, 108*, 483-522.

Oken, B. S. (2008). Placebo effects: Clinical aspects and neurobiology. *Brain: A Journal of Neurology, 131*(11), 2812-2823. doi:10.1093/brain/awn116.

Olabarria, M., Noristani, H. N., Verkhratsky, A., & Rodríguez, J. J. (2010). Concomitant astroglial atrophy and astrogliosis in a triple transgenic animal model of Alzheimer's disease. *Glia, 58*, 831-838.

O'Leary, K. D., Acevedo, B. P., Aron, A., Huddy, L., & Mashek, D. (2012). Is long-term love more than a rare phenomenon? If so, what are its correlates? *Social Psychological and Personality Science, 3*, 241-249. doi:10.1177/1948550611417015

O'Leary, K. D., Kent, R. N., & Kanowitz, J. (1975). Shaping data collection congruent with experimental hypotheses. *Journal of Applied Behavior Analysis, 8*, 43-51.

Olds, J. (1956). Pleasure centers in the brain. *Scientific American, 193*, 105-116.

Olds, J., & Milner, P. (1954). Positive reinforcement produced by electrical stimulation of the septal area and other regions of the rat brain. *Journal of Comparative and Physiological Psychology, 47*, 419-427.

Olds, M. E., & Fobe, J. L. (1981). The central basis of motivation: Intracranial self-stimulation studies. *Annual Review of Psychology, 32*, 523-574.

Olfson, M., Blanco, C., Liu, S.-M., Wang, S., & Correll, C. U. (2012). National trends in the office-based treatment of children, adolescents, and adults with antipsychotics. *JAMA Psychiatry, 69*(12), 1247-1256.

Olfson, M., Cherry, D. K., & LewisFernández, R. (2009). Racial differences in visit duration of outpatient psychiatric visits. *Archives of General Psychiatry, 66*(2), 214-221.

Olfson, M., Kroenke, K., Wang, S., & Blanco, C. (2014). Trends in officebased mental health care provided by psychiatrists and primary care physicians. *Journal of Clinical Psychiatry, 75*, 247-253. doi:10.4088/ JCP.13m08834

Olfson, M., & Marcus, S. C. (2009). National patterns in antidepressant medication treatment. *Archives of General Psychiatry, 66*(8), 848-856.

Olfson, M., & Marcus, S. C. (2010). National trends in outpatient psychotherapy. *The American Journal of Psychiatry, 167*(12), 1456-1463. doi:10.1176/appi.ajp.2010.10040570

Olivola, C. Y., & Todorov, A. (2010). Elected in 100 milliseconds: Appearance-based trait inferences and voting. *Journal of Nonverbal Behavior, 34*, 83-110. doi:10.1007/s10919-009-0082-1

Oller, K., & Pearson, B. Z. (2002). Assessing the effects of bilingualism. In D. K. D. Oller & R. E. Eilers (Eds.), *Language and literacy in bilingual children*. Clevedon, UK: Multilingual Matters.

Olson, J. M., Roese, N. J., & Zanna, M. P. (1996). Expectancies. In E. T. Higgins & A. W. Kruglanski (Eds.), *Social psychology: Handbook of basic principles*. New York, NY: Guilford Press.

Ones, D. S., Viswesvaran, C., & Dilchert, S. (2005). Cognitive ability in selection decisions. In O. Wilhelm & R. W. Engle (Eds.), *Handbook of understanding and measuring intelligence*. Thousand Oaks, CA: Sage.

Ong, A. D. (2010). Pathways linking positive emotion and health in later life. *Current Directions in Psychological Science, 19*(6), 358-362. doi:10.1177/0963721410388805

Ong, A. D., Burrow, A. L., Fuller-Rowell, T. E., Ja, N. M., & Sue, D. W. (2013). Racial microaggressions and daily well-being among Asian Americans. *Journal of Counseling Psychology, 60*, 188-199. doi:10.1037/a0031736

Ono, K. (1987). Supersitious behavior in humans. *Journal of the Experimental Analysis of Behavior, 47*(3), 261-271. doi:10.1901/jeab.1987.47-261

Oppliger, P. A. (2007). Effects of gender stereotyping on socialization. In R. W. Preiss, B. M. Gayle, N. Burrell, M. Allen, & J. Bryant (Eds.), *Mass media effects research: Advances through meta-analysis* (pp. 192-214). Mahwah, NJ: Erlbaum.

Opris, D., Pintea, S., García-Palacios, A., Botella, C., Szamosközi, S., & David, D. (2012). Virtual reality exposure therapy in anxiety disorders: A quantitative meta-analysis. *Depression and Anxiety, 29*(2), 85-93. doi:10.1002/da.20910

Orne, M. T. (1951). The mechanisms of hypnotic age regression: An experimental study. *Journal of Abnormal and Social Psychology, 46*, 213-225.

Orne, M. T., & Holland, C. C. (1968). On the ecological validity of laboratory deceptions. *International Journal of Psychiatry, 6*, 282-293.

Ortmann, A., & Hertwig, R. (1997). Is deception acceptable? *American Psychologist, 52*, 746-747.

Ost, J. (2013). Recovered memories and suggestibility for entire events. In A. M. Ridley, F. Gabbert, & D. J. La Rooy (Eds.), *Suggestibility in legal contexts: Psychological research and forensic implications*. WileyBlackwell.

Otero, T. L., Schatz, R. B., Merrill, A. C., & Bellini, S. (2015). Social skills training for youth with autism spectrum disorders: A follow-up. *Child and Adolescent Psychiatric Clinics of North America, 24*(1), 99-115. doi:10.1016/j.chc.2014.09.002

Outtz, J. L. (2002). The role of cognitive ability tests in employment selection. *Human Performance, 15*, 161-171.

Ouweneel, E., Schaufeli, W. B., & Le Blanc, P. M. (2013). Believe, and you will achieve: Changes over time in self-efficacy, engagement, and performance. *Applied Psychology: Health and Well-Being, 5*(2), 225-247.

Overall, N. C., Girme, Y. U., Lemay, Jr., E. P., & Hammond, M. D. (2014). Attachment anxiety and reactions to relationship threat: The benefits and costs of inducing guilt in romantic partners. *Journal of Personality and Social Psychology, 106*, 235-256. doi:10.1037/a0034371

Overy, R. (2014). "Ordinary men," extraordinary circumstances: Historians, social psychology, and the Holocaust. *Journal of Social Issues, 70*, 515-530. doi:10.1111/josi.12075

Ozer, E. J., Best, S. R., Lipsey, T. L., & Weiss, D. S. (2003). Predictors of posttraumatic stress disorder and symptoms in adults: A meta-analysis. *Psychological Bulletin, 129*, 52-73.

Ozgen, E. (2004). Language, learning, and color perception. *Current Directions in Psychological Science, 13*(3), 95-98.

Pacchiarotti, I., Bond, D. J., Baldessarini, R. J., Nolen, W. A., Grunze, H., Licht, R. W., ... Vieta, E. (2013). The International Society for Bipolar Disorders (ISBD) task force report on antidepressant use in bipolar disorders. *The American Journal of Psychiatry, 170*, 1249-1262. doi:10.1176/appi.ajp.2013.13020185

Pace-Schott, E. F. (2011). The neurobiology of dreaming. In M. H. Kryger, T. Roth, & W. C. Dement (Eds.), *Principles and practice of sleep medicine* (5th ed.). Saint Louis, MO: Elsevier Saunders.

Pace-Schott, E. F., Nave, G., Morgan, A., & Spencer, R. M. C. (2012). Sleep-dependent modulation of affectively guided decision-making. *Journal of Sleep Research, 21*, 30-39. doi:10.1111/j.1365-2869.2011.00921.x

Pachur, T., Todd, P. M., Gigerenzer, G., Schooler, L. J., & Goldstein, D. G. (2012). When is the recognition heuristic an adaptive tool? In P. M. Todd, & G. Gigerenzer (Eds.), *Ecological rationality: Intelligence in the world*. New York, NY: Oxford University Press. doi:10.1093/acprof:oso/9780195315448.003.0035

Packer, I. K. (2015). Legal insanity and mens rea defenses. In B. L. Cutler, P. A. Zapf, B. L. Cutler, P. A. Zapf (Eds.), *APA handbook of forensic psychology: Vol. 1. Individual and situational influences in criminal and civil contexts*. Washington, DC: American Psychological Association. doi:10.1037/14461-004

Paczynski, R. P., & Gold, M. S. (2011). Cocaine and crack. In P. Ruiz, & E. C. Strain (Eds.), *Lowinson and Ruiz's substance abuse: A comprehensive textbook* (5th ed., pp. 191-213). Philadelphia, PA: Lippincott Williams & Wilkins.

Padalia, D. (2014). Conformity bias: A fact or an experimental artifact? *Psychological Studies, 59*, 223-230. doi:10.1007/s12646-014-0272-8

Paivio, A. (1986). *Mental representations: A dual coding approach*. New York, NY: Oxford University Press.

Paivio, A. (2007). *Mind and its evolution: A dual coding theoretical approach*. Mahwah, NJ: Erlbaum.

Paivio, A., Khan, M., & Begg, I. (2000). Concreteness of relational effects on recall of adjective-noun pairs. *Canadian Journal of Experimental Psychology, 54*(3), 149-160.

Paivio, A., Smythe, P. E., & Yuille, J. C. (1968). Imagery versus meaningfulness of nouns in paired-associate learning. *Canadian Journal of Psychology, 22*, 427-441.

Pan, B. A., & Uccelli, P. (2009). Semantic development: Learning the meaning of words. In J. B. Gleason & N. B. Ratner (Eds.), *The development of language.* Boston, MA: Pearson.

Panksepp, J. (1991). Affective neuroscience: A conceptual framework for the neurobiological study of emotions. In K. T. Strongman (Ed.), *International review of studies on emotion.* Chichester, England: Wiley.

Parakh, P., & Basu, D. (2013). Cannabis and psychosis: Have we found the missing links? *Asian Journal of Psychiatry, 6,* 281-287. doi:10.1016/j.ajp.2013.03.012

Parise, E., & Csibra, G. (2012). Electrophysiological evidence for the understanding of maternal speech by 9-month-old infants. *Psychological Science, 23,* 728-733. doi:10.1177/0956797612438734

Parish-Morris, J., Golinkoff, R. M., & Hirsh-Pasek, K. (2013). From coo to code: A brief story of language development. In P. D. Zelazo (Ed.), *Oxford handbook of developmental psychology: Vol. 1. Body and mind.* New York, NY: Oxford University Press.

Park, D. C., Lodi-Smith, J., Drew, L., Haber, S., Hebrank, A., Bischof, G. N., & Aamodt, W. (2014). The impact of sustained engagement of cognitive function in older adults: The synapse project. *Psychological Science, 25,* 103-112. doi:10.1177/0956797613499592

Park, J., & Jang, S. (2013). Confused by too many choices? Choice overload in tourism. *Tourism Management, 35,* 1-12. doi:10.1016/j.tourman.2012.05.004

Park, J. H. (2012). Evolutionary perspectives on intergroup prejudice: Implications for promoting tolerance. In S. C. Roberts (Ed.), *Applied evolutionary psychology.* New York, NY: Oxford University Press.

Partinen, M., & Hublin, C. (2011). Epidemiology of sleep disorders. In M. H. Kryger, T. Roth, & W. C. Dement (Eds.), *Principles and practice of sleep medicine* (5th ed.). Saint Louis, MO: Elsevier Saunders.

Parwani, R., & Parwani, S. R. (2014). Does stress predispose to periodontal disease? *Dental Update, 41,* 260-264.

Pascual-Leone, A. (2009). Characterizing and modulating neuroplasticity of the adult human brain. In M. S. Gazzangia (Ed.), *The cognitive neurosciences* (4th ed., pp. 141-152). Cambridge, MA: MIT Press.

Pashler, H., & Harris, C. R. (2012). Is the replicability crisis overblown? Three arguments examined. *Perspectives on Psychological Science, 7*(6), 531-536. doi:10.1177/1745691612463401.

Pashler, H., Johnston, J. C., & Ruthruff, E. (2001). Attention and performance. *Annual Review of Psychology, 52,* 629-651.

Patel, S. R., Malhotra, A., Gottlieb, D. J., White, P., & Hu, F. B. (2006). Correlates of long sleep deprivation. *Sleep: Journal of Sleep and Sleep Disorders Research, 29,* 881-889.

Patel, S. R., Zhu, X., Storfer-Isser, A., Mehra, R., Jenny, N. S., Tracy, R., & Redline, S. (2009). Sleep duration and biomarkers of inflammation. *Sleep: Journal of Sleep and Sleep Disorders Research, 32*(2), 200-204.

Patihis, L., Ho, L. Y., Tingen, I. W., Lilienfeld, S. O., & Loftus, E. F. (2014). Are the "memory wars" over? A scientist-practitioner gap in beliefs about repressed memory. *Psychological Science, 25,* 519-530. doi:10.1177/0956797613510718

Patrick, S. W., Schumacher, R. E., Benneyworth, B. D., Krans, E. E., McAllister, J. M., & Davis, M. M. (2012). Neonatal abstinence syndrome and associated health care expenditures: United States, 2000-2009. *JAMA, 9,* 1934-1940. doi:10.1001/jama.2012.3951

Patston, L. M., Kirk, I. J., Rolfe, M. S., Corballis, M. C., & Tippett, L. J. (2007). The unusual symmetry of musicians: Musicians have equilateral interhemispheric transfer for visual information. *Neuropsychologia, 45*(9), 2059-2065. doi:10.1016/j.neuropsychologia.2007.02.001

Pattanashetty, R., Sathiamma, S., Talakkad, S., Nityananda, P., Trichur, R., & Kutty, B. M. (2010). Practitioners of vipassana meditation exhibit enhanced slow wave sleep and REM sleep states across different age groups. *Sleep and Biological Rhythms, 8*(1), 34-41. doi:10.1111/j.1479-8425.2009.00416.x

Paul, R. (2009). Parents ask: Am I risking autism if I vaccinate my children? *Journal of Autism and Developmental Disorders, 39*(6), 962-963.

Paulos, J. A. (1995). *A mathematician reads the newspaper.* New York, NY: Doubleday.

Paulson, G. W. (2012). *Closing the asylums: Causes and consequences of the deinstitutionalization movement.* Jefferson, NC: McFarland & Co.

Paunonen, S. V., & Hong, R. Y. (2015). On the properties of personality traits. In M. Mikulincer, P. R. Shaver, M. L. Cooper, & R. J. Larsen (Eds.), *APA handbook of personality and social psychology: Vol. 4. Personality processes and individual differences.* Washington, DC: American Psychological Association.

Paunonen, S. V., & LeBel, E. P. (2012). Socially desirable responding and its elusive effects on the validity of personality assessments. *Journal of Personality and Social Psychology, 103*(1), 158-175. doi:10.1037/a0028165

Pavlov, I. P. (1906). The scientific investigation of psychical faculties or processes in the higher animals. *Science, 24,* 613-619.

Pavlov, I. P. (1927). *Conditioned reflexes* (G. V. Anrep, Trans.). London: Oxford University Press.

Pavot, W., & Diener, E. (2013). Happiness experienced: The science of subjective well-being. In S. A. David, I. Boniwell, & A. Conley Ayers (Eds.), *The Oxford handbook of happiness.* New York, NY: Oxford University Press.

Payne, B. K. (2006). Weapon bias: Split-second decisions and unintended stereotyping. *Current Directions in Psychological Science, 15,* 287-291. doi:10.1111/j.1467-8721.2006.00454.x

Payne, D. G., & Blackwell, J. M. (1998). Truth in memory: Caveat emptor. In S. J. Lynn & K. M. McConkey (Eds.), *Truth in memory.* New York, NY: Guilford Press.

Payne, J. D., Tucker, M. A., Ellenbogen, J. M., Wamsley, E. J., Walker, M. P., Schacter, D. L., & Stickgold, R. (2012). Memory for semantically related and unrelated declarative information: The benefit of sleep, the cost of wake. *PLoS ONE, 7,* e33079. doi:10.1371/journal.pone.0033079

Pchelin, P., & Howell, R. T. (2014). The hidden cost of value-seeking: People do not accurately forecast the economic benefits of experiential purchases. *The Journal of Positive Psychology, 9,* 322-334. doi:10.1080/17439760.2014.898316

Pedersen, A. F., Bovbjerg, D. H., & Zachariae, R. (2011). Stress and susceptibility to infectious disease. In R. J. Contrada & A. Baum (Eds.), *The handbook of stress science: Biology, psychology, and health* (pp. 111-121). New York, NY: Springer.

Peele, S. (1989). *Diseasing of America: Addiction treatment out of control.* Lexington, MA: Lexington Books.

Peele, S. (2000). What addiction is and is not: The impact of mistaken notions of addiction. *Addiction Research, 8,* 599-607.

Peigneux, P., Urbain, C., & Schmitz, R. (2012). Sleep and the brain. In C. M. Morin, & C. A. Espie (Eds.), *Oxford handbook of sleep and sleep disorders.* New York, NY: Oxford University Press.

Peng, J. H., Tao, Z. Z., & Huang, Z. W. (2007). Risk of damage to hearing from personal listening devices in young adults. *Journal of Otolaryngology, 36*(3), 181-185. doi:10.2310/7070.2007.0032

Pennebaker, J. W., Colder, M., & Sharp, L. K. (1990). Accelerating the coping process. *Journal of Personality and Social Psychology, 58,* 528-537.

Peper, J. S., & Dahl, R. E. (2013). The teenage brain: Surging hormones- Brain-behavior interactions during puberty. *Current Directions in Psychological Science, 22,* 134-139. doi:10.1177/0963721412473755

Perez, G. K., Cruess, D. G., & Kalichman, S. C. (2010). Effects of stress on health in HIV/AIDS. In R. Contrada & A. Baum (Eds.), *Handbook of stress science: Biology, psychology, & health.* New York, NY: Springer.

Perilloux, C. (2014). (Mis)reading the signs: Men's perception of women's sexual interest. In V. A. WeekesShackelford & T. K. Shackelford (Eds.), *Evolutionary perspectives on human sexual psychology and behavior.* New York, NY: Spring Science + Business Media.

Perilloux, C., Easton, J. A., & Buss, D. M. (2012). The misperception of sexual interest. *Psychological Science, 23,* 146-151. doi:10.1177/0956797611424162

Perkins, D. O., Miller-Anderson, L., & Lieberman, J. A. (2006). Natural history and predictors of clinical course. In J. A. Lieberman, T. S. Stroup, & D. O. Perkins (Eds.), *Textbook of schizophrenia.* Washington, DC: American Psychiatric Publishing.

Perkins, K. A., Parzynski, C., Mercincavage, M., Conklin, C. A., & Fonte, C. A. (2012). Is self-efficacy for smoking abstinence a cause of, or a reflection on, smoking behavior change? *Experimental and Clinical Psychopharmacology, 20*(1), 56-62. doi:10.1037/a0025482

Perlis, R. H., Perlis, C. S., Wu, Y., Hwang, C., Joseph, M., & Nierenberg, A. A. (2005). Industry sponsorship and financial conflict of interest in the reporting of clinical trials in psychiatry. *American Journal of Psychiatry, 162,* 1957-1960.

Perone, M., Galizio, M., & Baron, A. (1988). The relevance of animal-based principles in the laboratory study of human operant conditioning. In G. Davey & C. Cullen (Eds.), *Human operant conditioning and behavior modification.* New York, NY: Wiley.

Perry, J. C., & Bond, M. (2012). Change in defense mechanisms during long-term dynamic psychotherapy and five-year outcome. *The American Journal of Psychiatry, 169,* 916-925.

Person, E. S. (1990). The influence of values in psychoanalysis: The case of female psychology. In C. Zanardi (Ed.), *Essential papers in psychoanalysis.* New York, NY: New York University Press.

Pert, C. B., & Snyder, S. H. (1973). Opiate receptor: Demonstration in the nervous tissue. *Science, 179,* 1011-1014.

Perugini, E. M., Kirsch, I., Allen, S. T., Coldwell, E., Meredith, J. M., Montgomery, G. H., & Sheehan, J. (1998). Surreptitious observation of response to hypnotically suggested hallucinations: A test of the compliance hypothesis. *International Journal of Clinical & Experimental Hypnosis, 46,* 191-203.

Pescosolido, B. A., Martin, J. K., Long, J., Medina, T. R., Phelan, J. C., & Link, B. G. (2010). "A disease like any other"? A decade of change in public reactions to schizophrenia, depression, and alcohol dependence. *American Journal of Psychiatry, 167*(11), 1321-1330. doi:10.1176/appi.ajp.2010.09121743

Peters, M. N., Moscona, J. C., Katz, M. J., Deandrade, K. B., Quevedo, H. C., Tiwari, S., ... Irimpen, A. M. (2014). Natural disasters and myocardial infarction: The six years after Hurricane Katrina. *Mayo Clinic Proceedings, 89,* 472-477. doi:10.1016/j. mayocp.2013.12.013

Petersen, J. L., & Hyde, J. S. (2011). Gender differences in sexual attitudes and behaviors: A review of metaanalytic results and large datasets. *Journal of Sex Research, 48,* 149-165. doi:10.1080/00224499.20 11.551851

Peterson, C., & Park, N. (2009). Positive psychology. In B. J. Sadock, V. A. Sadock, & P. Ruiz (Eds.), *Kaplan & Sadock's comprehensive textbook of psychiatry* (pp. 2939-2951). Philadelphia, PA: Lippincott Williams & Wilkins.

Peterson, C., Seligman, M. E. P., Yurko, K. H., Martin, L. R., & Friedman, H. S. (1998). Catastrophizing and untimely death. *Psychological Science, 9,* 127-130.

Peterson, L. R., & Peterson, M. J. (1959). Short-term retention of individual verbal items. *Journal of Experimental Psychology, 58,* 193-198.

Peterson, M. A., & Kimchi, R. (2013). Perceptual organization in vision. In D. Reisberg (Ed.), *The oxford handbook of cognitive psychology.* New York, NY: Oxford University Press.

Petrie, K. J., & Pennebaker, J. W. (2004). Health-related cognitions. In S. Sutton, A. Baum, & M. Johnston (Eds.), *The Sage handbook of health psychology.* Thousand Oaks, CA: Sage.

Petrill, S. A. (2005). Behavioral genetics and intelligence. In O. Wilhelm & R. W. Engle (Eds.), *Handbook of understanding and measuring intelligence.* Thousand Oaks, CA: Sage.

Petry, N. M. (2005). *Pathological gambling: Etiology, comorbidity, and treatment.* Washington, DC: American Psychological Association.

Pettit, J. W., Lewinsohn, P. M., Seeley, J. R., Roberts, R. E., & Yaroslavsky, I. (2010). Developmental relations between depressive symptoms, minor hassles, and major events from adolescence through age 30 years. *Journal of Abnormal Psychology, 119,* 811-824. doi:10.1037/a0020980

Petty, R. E., & Briñol, P. (2010). Attitude change. In R. F. Baumeister & E. J. Finkel (Eds.), *Advanced social psychology: The state of the science* (pp. 217-259). New York, NY: Oxford University Press.

Petty, R. E., & Briñol, P. (2012). The elaboration likelihood model. In P. A. M. Van Lange, A. W. Kruglanski, & E. T. Higgins (Eds.), *Handbook of theories of social psychology* (Vol. 1). CA: Sage.

Petty, R. E., & Briñol, P. (2015). Processes of social influence through attitude change. In M. Mikulincer, P. R. Shaver, E. Borgida, & J. A. Bargh (Eds.), *APA handbook of personality and social psychology Vol. 1: Attitudes and social cognition.* Washington, DC: American Psychological Association.

Petty, R. E., & Cacioppo, J. T. (1986). *Communication and persuasion: Central and peripheral routes to attitude change.* New York, NY: SpringerVerlag.

Petty, R. E., & Wegener, D. T. (1998). Attitude change: Multiple roles for persuasion variables. In D. T. Gilbert, S. T. Fiske, & G. Lindzey (Eds.), *The handbook of social psychology.* New York, NY: McGraw-Hill.

Petty, R. E., Wheeler, S. C., & Tormala, Z. L. (2013). Persuasion and attitude change. In H. Tennen, J. Suls, & I. B. Weiner (Eds.), *Handbook of psychology: Vol. 5. Personality and social psychology* (2nd ed.). New York, NY: Wiley.

Petty, S. C., Sachs-Ericsson, N., & Joiner, T. E., Jr. (2004). Interpersonal functioning deficits: Temporary or stable characteristics of depressed individuals. *Journal of Affective Disorders, 81,* 115-122.

Pfau, M., Kenski, H. C., Nitz, M., & Sorenson, J. (1990). Efficacy of inoculation strategies in promoting resistance to political attack messages: Application to direct mail. *Communication Monographs, 57,* 25-43.

Phelan, J. C., Link, B. G., & Tehranifar, P. (2010). Social conditions as fundamental causes of health inequalities: Theory, evidence, and policy implications. *Journal of Health and Social Behavior, 51,* S28-S40. doi:10.1177/0022146510383498

Phelps, E. A. (2005). The interaction of emotion and cognition: The relation between the human amygdala and cognitive awareness. In R. R. Hassin, J. S. Uleman, & J. A. Bargh (Eds.), *The new unconcious: Oxford series in social cognition and social neuroscience.* New York, NY: Oxford University Press.

Phelps, E. A. (2006). Emotion and cognition: Insights from studies of the human amygdala. *Annual Review of Psychology, 57,* 27-53.

Philip, P., Sagaspe, P., & Taillard, J. (2011). Drowsy driving. In M. H. Kryger, T. Roth, & W. C. Dement (Eds.), *Principles and practice of sleep medicine* (5th ed.). Saint Louis, MO: Elsevier Saunders.

Phillips, B. A., & Kryger, M. H. (2011). Management of obstructive sleep apnea-hypopnea syndrome. In M. H. Kryger, T. Roth, & W. C. Dement (Eds.), *Principles and practice of sleep medicine* (5th ed.). Saint Louis, MO: Elsevier Saunders.

Phillips, W. L. (2011). Cross-cultural differences in visual perception of color, illusions, depth, and pictures. In K. D. Keith (Ed.), *Cross-cultural psychology: Contemporary themes and perspectives.* Malden, MA: Wiley-Blackwell.

Piaget, J. (1929). *The child's conception of world* (J. Tomlinson, Trans.). New York, NY: Harcourt Brace. (Original work published in 1926.)

Piaget, J. (1952). *The origins of intelligence in children* (M. Cook, Trans.). New York, NY: International Universities Press. (Original work published in 1933.)

Piaget, J. (1983). Piaget's theory (G. Cellerier & J. Langer, Trans.). In P. H. Mussen (Series Ed.) & W. Kessen (Vol. Ed.), *Handbook of child psychology: History, theory, and methods* (4th ed., Vol. 1, pp. 103-126). New York, NY: Wiley. (Original work published in 1970.)

Pietromonaco, P. R., & Beck, L. A. (2015). Attachment processes in adult romantic relationships. In M. Mikulincer, P. R. Shaver, J. A. Simpson, & J. F. Dovidio (Eds.), *APA handbook of personality and social psychology Vol. 3: Interpersonal relations.* Washington, DC: American Psychological Association.

Pietschnig, J., Voracek, M., & Formann, A. K. (2010). Mozart effect-Shmozart effect: A metaanalysis. *Intelligence, 38*(3), 314-323. doi:10.1016/j. intell.2010.03.001

Piff, P. K. (2014). Wealth and the inflated self: Class, entitlement, and narcissism. *Personality and Social Psychology Bulletin, 40*(1), 34-43. doi:10.1177/0146167213501699

Pilling, M., & Davies, I. R. L. (2004). Linguistic relativism and colour cognition. *British Journal of Psychology, 95,* 429-455.

Pinel, J. P. J., Assanand, S., & Lehman, D. R. (2000). Hunger, eating, and ill health. *American Psychologist, 55,* 1105-1116.

Pink, D. H. (2005). *A whole new mind: Why right-brainers will rule the future.* New York, NY: Penguin.

Pintar, J. (2010). Il n'y a pas d'hypnotisme: A history of hypnosis in theory and practice. In S. J. Lynn, J. W. Rhue, & I. Kirsch (Eds.), *Handbook of Clinical Hypnosis* (2nd ed., pp. 19-46). Washington, DC: American Psychological Association.

Piper, W. E., & Hernandez, C. A. (2013). Group psychotherapies. In G. Stricker & T. A. Widiger (Eds.), *Handbook of psychology: Vol. 8. Clinical psychology* (2nd ed.). New York, NY: Wiley.

Pittman, F., III. (1994, January/February). A buyer's guide to psychotherapy. *Psychology Today,* 50-53, 74-81.

Plomin, R. (2013). Child development and molecular genetics: 14 years later. *Child Development, 84,* 104-120. doi:10.1111/j.1467-8624.2012.01757.x

Plomin, R., DeFries, J. C., Knopik, V. S., & Neiderhiser, J. M. (2013). *Behavioral genetics* (6th ed.). New York, NY: Worth Publishers.

Plomin, R., DeFries, J. C., McClearn, G. E., & McGuffin, P. (2001). *Behavioral genetics.* New York, NY: Freeman.

Plomin, R., Haworth, C. A., Meaburn, E. L., Price, T. S., & Davis, O. P. (2013). Common DNA markers can account for more than half of the genetic influence on cognitive abilities. *Psychological Science, 24,* 562-568. doi:10.1177/0956797612457952

Plomin, R., & Spinath, F. M. (2004). Intelligence: Genetics, genes, and genomics. *Journal of Personality & Social Psychology, 86,* 112-129.

Plucker, J. A., & Makel, M. C. (2010). Assessment of creativity. In J. C. Kaufman & R. J. Sternberg (Eds.), *The Cambridge handbook of creativity* (pp. 48-73). New York, NY: Cambridge University Press.

Pluess, M., & Belsky, J. (2010). Differential susceptibility to parenting and quality child care. *Developmental Psychology, 46,* 379-390. doi:10.1037/ a0015203

Plutchik, R. (1984). Emotions: A general psychoevolutionary theory. In K. R. Scherer & P. Ekman (Eds.), *Approaches to emotion.* Hillsdale, NJ: Erlbaum.

Plutchik, R. (1993). Emotions and their vicissitudes: Emotions and psychopathology. In M. Lewis & M. Haviland (Eds.), *Handbook of emotions.* New York, NY: Guilford Press.

Pogue-Geile, M. F., & Yokley, J. L. (2010). Current research on the genetic contributors to schizophrenia. *Current Directions in Psychological Science, 19*(4), 214-219. doi:10.1177/0963721410378490

Popenoe, D. (2009). *Families without fathers: Fathers, marriage, and children in American society.* Piscataway, NJ: Transaction.

Popkin, B. M. (2012). The changing face of global diet and nutrition. In D. Brownell, & M. S. Gold (Eds.), *Food and addiction: A comprehensive handbook.* New York, NY: Oxford University Press.

Porter, J., Craven, B., Khan, R. M., Chang, S., Kang, I., Judkewitz, B.,

Volpe, J., et al. (2007). Mechanisms of scent-tracking in humans. *Nature Neuroscience, 10*(1), 27-29. doi:10.1038/nn1819

Porter, S., & Porter, S. (2007). Psychopathy and Violent Crime. In H. Hervé, J. C. Yuille, H. Hervé, & J. C. Yuille (Eds.), *The Psychopath: Theory, Research, and Practice*. Mahwah, NJ: Lawrence Erlbaum Associates Publishers.

Porter, S., Yuille, J. C., & Lehman, D. R. (1999). The nature of real, implanted, and fabricated memories for emotional childhood events: Implications for the recovered memory debate. *Law and Human Behavior, 23*, 517-537.

Posada, G., Kaloustian, G., Richmond, K., & Moreno, A. J. (2007). Maternal secure base support and preschoolers' secure base behavior in natural environments. *Attachment & Human Development, 9*, 393-411.

Post, J. M. (2011). Crimes of obedience: "Groupthink" at Abu Ghraib. *International Journal of Group Psychotherapy, 61*, 49-66. doi:10.1521/ijgp.2011.61.1.48

Post, R. M., & Altshuler, L. L. (2009). Mood disorders: Treatment of bipolar disorders. In B. J. Sadock, V. A. Sadock, & P. Ruiz (Eds.), *Kaplan & Sadock's comprehensive textbook of psychiatry* (pp. 1743-1812). Philadelphia, PA: Lippincott Williams & Wilkins.

Postman, L. (1985). Human learning and memory. In G. A. Kimble & Schlesinger (Eds.), *Topics in the history of psychology*. Hillsdale, NJ: Erlbaum.

Powell, R. A., & Gee, T. L. (1999). The effects of hypnosis on dissociative identity disorder: A reexamination of the evidence. *Canadian Journal of Psychiatry, 44*, 914-916.

Powley, T. L. (2008). Central control of autonomic functions: Organization of the autonomic nervous system. In Squire, D. Berg, F. Bloom, S. Du Lac, A. Ghosh, & N. Spitzer (Eds.), *Fundamental neuroscience* (3rd ed., pp. 809-828). San Diego, CA: Elsevier.

Powley, T. L. (2009). Hunger. In G. G. Berntson & J. T. Cacioppo (Eds.), *Handbook of neuroscience for the behavioral sciences*, (Vol. 2, pp. 659-679). Hoboken, NJ: Wiley.

Prat-Sala, M., & Redford, P. (2010). The interplay between motivation, self-efficacy, and approaches to studying. *British Journal of Educational Psychology, 80*(2), 283-305. doi:10.1348/000709909X480563

Prescott, J. (2010). Taste: Supertasters. In E. B. Goldstein (Ed.), *Encyclopedia of perception*. Thousand Oaks, CA: Sage.

Pressman, S. D., & Cohen, S. (2012). Positive emotion word use and longevity in famous deceased psychologists. *Health Psychology, 31*, 297-305. doi:10.1037/a0025339

Price, R. A. (2012). Genetics and common human obesity. In J. J. Nurnberger, & W. H. Berrettini (Eds.), *Principles of psychiatric genetics*. New York, NY: Cambridge University Press. doi:10.1017/CBO9781139025997.022

Priester, J. R., & Petty, R. E. (2003). The influence of spokesperson trustworthiness on message elaboration, attitude strength, and advertising. *Journal of Consumer Psychology, 13*, 408-421.

Prince, M., Albanese, E., Guerchet, M., & Prina, M. (2014). *World Alzheimer report 2014 dementia and risk reduction: An analysis of protective and modifiable factors*. London, UK: Alzheimer's Disease International.

Prislin, R., & Crano, W. D. (2012). A history of social influence research. In A. W. Kruglanski & W. Stroebe (Eds.), *Handbook of the history of social psychology*. New York, NY: Psychology Press.

Prochaska, J. O., Velicer, W. F., Prochaska, J. M., & Johnson, J. L. (2004). Size, consistency, and stability of stage effects for smoking cessation. *Addictive Behaviors, 29*, 207-213.

Proffitt, D. R., & Caudek, C. (2013). Depth perception and the perception of events. In A. F. Healy, R. W. Proctor, & I. B. Weiner (Eds.), *Handbook of psychology: Vol. 4. Experimental psychology* (2nd ed.). New York, NY: Wiley.

Prolo, P., & Chiappelli, F. (2007). Immune suppression. In G. Fink (Ed.), *Encyclopedia of stress*. San Diego, CA: Elsevier.

Pronin, E., Berger, J., & Molouki, S. (2007). Alone in a crowd of sheep: Asymmetric perceptions of conformity and their roots in an introspection illusion. *Journal of Personality and Social Psychology, 92*, 585-595. doi:10.1037/0022-3514.92.4.585

Pronin, E., Wegner, D. M., McCarthy, K., & Rodriguez, S. (2006). Everyday magical powers: The role of apparent mental causation in the overestimation of personal influence. *Journal of Personality and Social Psychology, 91*, 218-231. doi:10.1037/0022-3514.91.2.218

Proulx, C. M., Helms, H. M., & Buehler, C. (2007). Marital quality and personal well-being: A metaanalysis. *Journal of Marriage and Family, 69*(3), 576-593. doi:10.1111/j.1741-3737.2007.00393

Prudic, J. (2009). Electroconvulsive therapy. In B. J. Sadock, V. A. Sadock, & P. Ruiz (Eds.), *Kaplan & Sadock's comprehensive textbook of psychiatry* (pp. 3285-3300). Philadelphia, PA: Lippincott Williams & Wilkins.

Pullum, G. K. (1991). *The great Eskimo vocabulary hoax*. Chicago, IL: University of Chicago Press.

Purves, D. (2009). Vision. In G. G. Berntson & J. T. Cacioppo (Eds.), *Handbook of neuroscience for the behavioral sciences*. New York, NY: Wiley.

Pyc, M. A., Agarwal, P. K., & Roediger, H. I. (2014). Test-enhanced learning. In V. A. Benassi, C. E. Overson, & C. M. Hakala (Eds.), *Applying science of learning in education: Infusing psychological science into the curriculum*. Washington, DC: Society for the Teaching of Psychology.

Pyszczynski, T., Solomon, S., & Greenberg, J. (2003). *In the wake of 9/11: The psychology of terror*. Washington, DC: American Psychological Association.

Pyszczynski, T., Sullivan, D., & Greenberg, J. (2015). Experimental existential psychology: Living in the shadow of the facts of life. In M. Mikulincer, P. R. Shaver, E. Borgida, & J. A. Bargh (Eds.), *APA handbook of personality and social psychology: Vol. 1. Attitudes and social cognition*. Washington, DC: American Psychological Association.

Qin, S., Young, C. B., Duan, X., Chen, T., Supekar, K., & Menon, V. (2014). Amygdala subregional structure and intrinsic functional connectivity predicts individual differences in anxiety during early childhood. *Biological Psychiatry, 75*, 892-900. doi:10.1016/j.biopsych.2013.10.006

Quinn, K. A., Macrae, C. N., & Bodenhausen, G. V. (2003). Stereotyping and impression formation: How categorical thinking shapes person perception. In M. A. Hogg & J. Cooper (Eds.), *The Sage handbook of social psychology*. Thousand Oaks, CA: Sage.

Rachman, S. J. (2009). Psychological treatment of anxiety: The evolution of behavior therapy and cognitive behavior therapy. *Annual Review of Clinical Psychology, 5*, 97-119.

Radak, Z., Hart, N., Sarga, L., Koltai, E., Atalay, M., Ohno, H., & Boldogh, I. (2010). Exercise plays a preventive role against Alzheimer's disease. *Journal of Alzheimer's Disease, 20*(3), 777-783.

Rains, G. D. (2002). *Principles of human neuropsychology*. New York, NY: McGraw-Hill.

Rama, A. N., Cho, S. C., & Kushida, C. A. (2006). Normal human sleep. In T. Lee-Chiong (Ed.), *Sleep: A comprehensive handbook*. Hoboken, NJ: Wiley-Liss.

Ramchandani, P. G., Domoney, J., Sethna, V., Psychogiou, L., Vlachos, H., & Murray, L. (2013). Do early father-infant interactions predict the onset of externalizing behaviours in young children? Findings from a longitudinal cohort study. *Journal of Child Psychology and Psychiatry, 54*, 56-64. doi:10.1111/j.1469-7610.2012.02583.x

Ramirez-Esparza, N., Mehl, M. R., Alvarez-Bermudez, J., & Pennebaker, J. W. (2009). Are Mexicans more or less sociable than Americans? Insights from a naturalistic observation study. *Journal of Research in Personality, 43*(1), 1-7. doi:doi:10.1016/j.jrp.2008.09.002

Ramsay, D. S., & Woods, S. C. (2012). Food intake and metabolism. In K. D. Brownell, & M. S. Gold (Eds.), *Food and addiction: A comprehensive handbook*. New York, NY: Oxford University Press.

Rapoport, J. L., Giedd, J. N., & Gogtay, N. (2012). Neurodevelopmental model of schizophrenia: Update 2012. *Molecular Psychiatry, 17*, 1228-1238. doi:10.1038/mp.2012.23

Rasinski, K. A., Lee, L., & Krishnamurty, P. (2012). Question order effects. In H. Cooper, P. M. Camic, D. L. Long, A. T. Panter, D. Rindskopf, & K. J. Sher (Eds.), *APA handbook of research methods in psychology: Vol. 1. Foundations, planning, measures, and psychometrics*. Washington, DC: American Psychological Association.

Raskin, N. J., Rogers, C. R., & Witty, M. C. (2011). Client-centered therapy. In R. J. Corsini & D. Wedding (Eds.), *Current psychotherapies* (9th ed.). Belmont, CA: Brooks/Cole.

Raskin, R. N., & Hall, C. S. (1979). A narcissistic personality inventory. *Psychological Reports, 45*(2), 590.

Raskin, R. N., & Hall, C. S. (1981). The Narcissistic Personality Inventory: Alternate form reliability and further evidence of construct validity. *Journal of Personality Assessment, 45*(2), 159-162. doi:10.1207/s15327752jpa4502_10

Raskin, R. N., & Terry, H. (1988). A principal-components analysis of the Narcissistic Personality Inventory and further evidence of its construct validity. *Journal of Personality and Social Psychology, 54*(5), 890-902. doi:10.1037/0022-3514.54.5.890

Raub, S., & Liao, H. (2012). Doing the right thing without being told: Joint effects of initiative climate and general self-efficacy on employee proactive customer service performance. *Journal of Applied Psychology, 97*, 651-667. doi:10.1037/a0026736

Rauscher, F. H., Shaw, G. L., & Ky, K. N. (1993). Music and spatial task performance. *Nature, 365*, 611.

Rauscher, F. H., Shaw, G. L., & Ky, K. N. (1995). Listening to Mozart enhances spatial-temporal reasoning: Towards a neurophysiological basis. *Neuroscience Letters, 185*, 44-47.

Ravizza, S. M., Hambrick, D. Z., & Fenn, K. M. (2014). Non-academic Internet use in the classroom is negatively related to classroom learning regardless of intellectual ability. *Computers & Education, 78*, 109-114. doi:10.1016/j.compedu.2014.05.007.

Raynor, J. O., & Entin, E. E. (1982). Future orientation and achievement motivation. In J. O. Raynor & E. E. Entin (Eds.), *Motivation, career striving, and aging*. New York, NY: Hemisphere.

Read, J., Cartwright, C., & Gibson, K. (2014). Adverse emotional and interpersonal effects reported by 1829 New Zealanders while taking antidepressants. *Psychiatry Research, 216*(1), 67-73. doi:10.1016/j.psychres.2014.01.042

Reber, R. (2004). Availability. In F. P. Rudiger (Ed.), *Cognitive illusions*. New York, NY: Psychology Press.

Rebok, G. W., Ball, K., Guey, L. T., Jones, R. N., Kim, H., King, J. W., . . . Willis, S. L. (2014). Ten-year effects of the advanced cognitive training for independent and vital elderly cognitive training trial on cognition and everyday functioning in older adults. *Journal of The American Geriatrics Society, 62*(1), 16-24. doi:10.1111/jgs.12607

Recht, L. D., Lew, R. A., & Schwartz, W. J. (1995). Baseball teams beaten by jet lag. *Nature, 377*, 583.

Redline, S. (2011). Genetics of obstructive sleep apnea. In M. H. Kryger, T. Roth, & W. C. Dement (Eds.), *Principles and practice of sleep medicine* (5th ed.). Saint Louis, MO: Elsevier Saunders.

Rees, C. J., & Metcalfe, B. (2003). The faking of personality questionnaire results: Who's kidding whom? *Journal of Managerial Psychology, 18*(2), 156-165.

Reeves, A. J. (2010). Visual lightand dark-adaptation. In E. B. Goldstein (Ed.), *Encyclopedia of perception*. Thousand Oaks, CA: Sage.

Refinetti, R. (2006). *Circadian physiology*. Boca Raton, FL: Taylor & Francis.

Regan, P. C. (2008). *The mating game: A primer on love, sex, and marriage* (2nd ed.). Thousand Oaks, CA: Sage.

Reger, G. M., Holloway, K. M., Candy, C., Rothbaum, B. O., Difede, J., Rizzo, A. A., & Gahm, G. A. (2011). Effectiveness of virtual reality exposure therapy for active duty soldiers in a military mental health clinic. *Journal of Traumatic Stress, 24*(1), 93-96. doi:10.1002/jts.20574

Regier, D. A., & Burke, J. D. (2000). Epidemiology. In B. J. Sadock & V. A. Sadock (Eds.), *Kaplan and Sadock's comprehensive textbook of psychiatry*. Philadelphia, PA: Lippincott Williams & Wilkins.

Reicher, S. D., & Haslam, S. A. (2006). Rethinking the psychology tyranny: The BBC prison study. *British Journal of Social Psychology, 45*, 1-40.

Reicher, S. D., Haslam, S. A., & Miller, A. G. (2014). What makes a person a perpetrator? The intellectual, moral, and methodological arguments for revisiting Milgram's research on the influence of authority. *Journal of Social Issues, 70*, 393-408. doi:10.1111/josi.12067

Reicher, S. D., Haslam, A., & Smith, J. (2012). Working toward the experimenter: Reconceptualizing obedience within the Milgram paradigm as identification-based followership. *Perspectives on Psychological Science, 7*, 315-324. doi:10.1177/1745691612448482

Reichert, T. (2003). The prevalence of sexual imagery in ads targeted to young adults. *Journal of Consumer Affairs, 37*, 403-412.

Reichert, T., Heckler, S. E., & Jackson, (2001). The effects of sexual social marketing appeals on cognitive processing and persuasion. *Journal of Advertising, 30*(1), 13-27.

Reichert, T., & Lambiase, J. (2003). How to get "kissably close": Examining how advertisers appeal to consumers' sexual needs and desires. *Sexuality & Culture: An Interdisciplinary Quarterly, 7*(3), 120-136.

Reid, R. C., & Usrey, W. M. (2008). Vision. In L. Squire, D. Berg, F. Bloom, S. du Lac, A. Ghosh, & N. Spitzer (Eds.), *Fundamental neuroscience*. San Diego, CA: Elsevier.

Reilly, S., & Schachtman, T. R. (2009). *Conditioned taste aversion: Behavioral and neural processes*. New York, NY: Oxford University Press.

Reina, C. S., Zhang, Z., & Peterson, S. J. (2014). CEO grandiose narcissism and firm performance: The role of organizational identification. *The Leadership Quarterly, 25*(5), 958-971. doi:10.1016/j.leaqua.2014.06.004

Reinhold, S. (2010). Reassessing the link between premarital cohabitation and marital instability. *Demography, 47*, 719-733. doi:10.1353/dem.0.0122

Reis, H. T., & Aron, A. (2008). Love: What is it, why does it matter, and how does it operate? *Perspectives on Psychological Science, 3*, 80-86.

Reis, H. T., & Holmes, J. G. (2012). Perspectives on the situation. In K. Deaux, & M. Snyder (Eds.), *The Oxford handbook of personality and social psychology* (pp. 64-92). New York, NY: Oxford University Press.

Reisenzein, R., & Stephan, A. (2014). More on James and the physical basis of emotion. *Emotion Review, 6*(1), 35-46. doi:10.1177/1754073913501395

Reisner, A. D. (1998). Repressed memories: True and false. In R. A. Baker (Ed.), *Child sexual abuse and false memory syndrome*. Amherst, NY: Prometheus Books.

Rescorla, R. A. (1978). Some implications of a cognitive perspective on Pavlovian conditioning. In S. H. Hulse, H. Fowler, & W. K. Honig (Eds.), *Cognitive processes in animal behavior*. Hillsdale, NJ: Erlbaum.

Rescorla, R. A. (1980). *Pavlovian second-order conditioning*. Hillsdale, NJ: Erlbaum.

Resick, P. A., Monson, C. M., & Rizvi, S. L. (2008). Posttraumatic stress disorder. In W. E. Craighead, D. J. Miklowitz, & L. W. Craighead (Eds.), *Psychopathology: History, diagnosis, and empirical foundations*. New York, NY: Wiley.

Rest, J. R. (1986). *Moral development: Advances in research and theory*. New York, NY: Praeger.

Reuter-Lorenz, P. A., & Miller, A. C. (1998). The cognitive neuroscience of human laterality: Lessons from the bisected brain. *Current Directions in Psychological Science, 7*, 15-20.

Reutskaja, E., & Hogarth, R. M. (2009). Satisfaction in choice as a function of the number of alternatives: When "goods satiate." *Psychology & Marketing, 26*(3), 197-203. doi:10.1002/mar.20268

Rhodes, G. (2013). Face recognition. In D. Reisberg (Ed.), *The oxford handbook of cognitive psychology*. New York, NY: Oxford University Press.

Rhodewalt, F., & Peterson, B. (2009). Narcissism. In M. R. Leary & R. H. Hoyle (Eds.), *Handbook of individual differences in social behavior* (pp. 547-560). New York, NY: Guilford Press.

Ribkoff, F. (2013). Unheeded posttraumatic unpredictability: Philip G. Zimbardo's Stanford Prison Experiment as absurdist performance. *Liminalities: A Journal of Performance Studies, 9*, np. Retrieved from http://liminalities.net/9-1/unheeded.pdf

Rice, W. R., Friberg, U., & Gavrilets, S. (2012). Homosexuality as a consequence of epigenetically canalized sexual development. *The Quarterly Review of Biology, 87*, 343-368.

Richards, S. S., & Sweet, R. A. (2009). Dementia. In B. J. Sadock, V. A. Sadock, & P. Ruiz (Eds.), *Kaplan & Sadock's comprehensive textbook of psychiatry* (9th ed., Vol. 1, pp. 1167-1197). Philadelphia, PA: Lippincott Williams & Wilkins.

Richardson, C. R., Kriska, A. M., Lantz, P. M., & Hayward, R. A. (2004). Physical activity and mortality across cardiovascular disease risk groups. *Medicine and Science in Sports and Exercise, 36*, 1923-1929.

Rieger, G., Linsenmeier, J. W., Gygax, L., & Bailey, J. (2008). Sexual orientation and childhood gender nonconformity: Evidence from home videos. *Developmental Psychology, 44*(1), 46-58. doi:10.1037/0012-1649.44.1.46

Riggio, H. R., & Halpern, D. F. (2006). Understanding human thought: Educating students as critical thinkers. In W. Buskist & S. F. Davis (Eds.), *Handbook of the teaching of psychology*. Malden, MA: Blackwell.

Riis, J., Loewenstein, G., Baron, J., Jepson, C., Fagerlin, A., & Ubel, P. A. (2005). Ignorance of hedonic adaptation to hemodialysis: A study using ecological momentary assessment. *Journal of Experimental Psychology: General, 134*(1), 3-9.

Rijsenbilt, A., & Commandeur, H. (2013). Narcissus enters the courtroom: CEO narcissism and fraud. *Journal of Business Ethics, 117*, 413-429. doi:10.1007/s10551-012-1528-7

Riley, B., & Kendler, K. S. (2011). Classical genetic studies of schizophrenia. In D. R. Weinberger & P. Harrison (Eds.), *Schizophrenia* (3rd ed.). Malden, MA: Wiley-Blackwell.

Risch, N., Hoffmann, T. J., Anderson, M., Croen, L. A., Grether, J. K., & Windham, G. C. (2014). Familial recurrence of autism spectrum disorder: Evaluating genetic and environmental contributions. *The American Journal of Psychiatry, 171*, 1206-1213. doi:10.1176/appi.ajp.2014.13101359

Risen, J. L., & Gilovich, T. (2008). Why people are reluctant to tempt fate. *Journal of Personality and Social Psychology, 95*, 293-307. doi:10.1037/0022-3514.95.2.293

Risen, J. L., Gilovich, T., & Dunning, D. (2007). One-shot illusory correlations and stereotype formation. *Personality and Social Psychology Bulletin, 33*, 1492-1502. doi:10.1177/0146167207305862

Riskind, J. H. (2005). Cognitive mechanisms in generalized anxiety disorder: A second generation of theoretical perspectives. *Cognitive Therapy & Research, 29*(1), 1-5.

Ritter, R. C. (2004). Gastrointestinal mechanisms of satiation for food. *Physiology & Behavior, 81*, 249-273.

Rizzolatti, G., & Craighero, L. (2004). The mirror-neuron system. *Annual Review of Neuroscience, 27*, 169-192.

Roberson, D., Davidoff, J., Davies, I. R. L., & Shapiro, L. R. (2005). Color categories: Evidence for the cultural relativity hypothesis. *Cognitive Psychology, 50*, 378-411.

Roberson, D., Davidoff, J., & Shapiro, L. (2002). Squaring the circle: The cultural relativity of good shape. *Journal of Cognition & Culture, 2*(1), 29-51.

Roberson, D., Davies, I., & Davidoff, J. (2000). Color categories are not universal: Replications and new evidence from a stone-age culture. *Journal of Experimental Psychology: General, 129,* 369-398.

Roberts, B. W., Caspi, A., & Moffitt, T. (2003). Work experiences and personality development in young adulthood. *Journal of Personality and Social Psychology, 84,* 582-593.

Roberts, B. W., & DelVecchio, W. F. (2000). The rank-order consistency of personality traits from childhood to old age: A quantitative review of longitudinal studies. *Psychological Bulletin, 126,* 3-25.

Roberts, B. W., Donnellan, M. B., & Hill, P. L. (2013). Personality trait development in adulthood. In H. Tennen, J. Suls, & I. B. Weiner (Eds.), *Handbook of psychology: Vol. 5. Personality and social psychology* (2nd ed.). Hoboken, NJ: Wiley.

Roberts, B. W., Jackson, J. J., Fayard, J. V., Edmonds, G., & Meints, J. (2009). Conscientiousness. In M. R. Leary & R. H. Hoyle (Eds.), *Handbook of individual differences in social behavior* (pp. 257-273). New York, NY: Guilford Press.

Roberts, B. W., Kuncel, N. R., Shiner, R., Caspi, A., & Goldberg, L. R. (2007). The power of personality: The comparative validity of personality traits, socioeconomic status, and cognitive ability for predicting important life outcomes. *Perspectives on Psychological Science, 2,* 313-345.

Roberts, B. W., & Mroczek, D. (2008). Personality trait change in adulthood. *Current Directions in Psychological Science, 17,* 31-35.

Roberts, J. E., & Ciesla, J. A. (2007). Stress generation. In G. Fink (Ed.), *Encyclopedia of stress*. San Diego, CA: Elsevier.

Roberts, M. E., Tchanturia, K., & Treasure, J. L. (2010). Exploring the neurocognitive signature of poor set-shifting in anorexia and bulimia nervosa. *Journal of Psychiatric Research, 44,* 964-970. doi:10.1016/j.jpsychires.2010.03.001

Robertson, B. R., Prestia, D., Twamley, E. W., Patterson, T. L., Bowie, C. R., & Harvey, P. D. (2014). Social competence versus negative symptoms as predictors of real world social functioning in schizophrenia. *Schizophrenia Research, 160*(1-3), 136-141. doi:10.1016/j.schres.2014.10.037

Rockey, D. L., Jr., Beason, K. R., Howington, E. B., Rockey, C. M., & Gilbert, J. D. (2005). Gambling by Greek-affiliated college students: An association between affiliation and gambling. *Journal of College Student Development, 46,* 75-87.

Rodgers, J. E. (1982). The malleable memory of eyewitnesses. *Science Digest, 3,* 32-35.

Rodrigues, A. C., Loureiro, M. A., & Caramelli, P. (2010). Musical training, neuroplasticity and cognition. *Dementia & Neuropsychologia, 4,* 277-286.

Roediger, H. L., III. (1980). Memory metaphors in cognitive psychology. *Memory & Cognition, 8,* 231-246.

Roediger, H. L., III, Agarwal, P. K., Kang, S. K., & Marsh, E. J. (2010). Benefits of testing memory: Best practices and boundary conditions. In G. M. Davies & D. B. Wright, (Eds.), *Current issues in applied memory research* (pp. 13-49). New York, NY: Psychology Press.

Roediger, H. L., III, Gallo, D. A., & Geraci, L. (2002). Processing approaches to cognition: The impetus from the levels-of-processing framework. *Memory, 10,* 319-332.

Roediger, H. L., III, & McDermott, K. B. (1995). Creating false memories: Remembering words not presented in lists. *Journal of Experimental Psychology: Learning, Memory, and Cognition, 21,* 803-814.

Roediger, H. L., III, & McDermott, K. B. (2000). Tricks of memory. *Current Directions in Psychological Science, 9,* 123-127.

Roediger, H. I., III, Weinstein, Y., & Agarwal, P. K. (2010). Forgetting: Preliminary considerations. In S. Della Sala (Ed.), *Forgetting*. New York, NY: Psychology Press.

Roediger, H. I., III, Wixted, J. H., & DeSoto, K. A. (2012). The curious complexity between confidence and accuracy in reports from memory. In L. Nadel, & W. P. Sinnott-Armstrong (Eds.), *Memory and law*. New York, NY: Oxford University Press.

Roese, N. J., & Vohs, K. D. (2012). Hindsight bias. *Perspectives on Psychological Science, 7,* 411-426. doi:10.1177/1745691612454303

Rogers, C. R. (1951). *Client-centered therapy: Its current practice, implications, and theory*. Boston, MA: Houghton Mifflin.

Rogers, C. R. (1961). *On becoming a person: A therapist's view of psychotherapy*. Boston, MA: Houghton Mifflin.

Rogers, C. R. (1980). *A way of being*. Boston, MA: Houghton Mifflin.

Rogers, C. R. (1986). Client-centered therapy. In I. L. Kutash & A. Wolf (Eds.), *Psychotherapist's casebook*. San Francisco, CA: Jossey-Bass.

Rogoff, B. (2003). *The cultural nature of human development*. New York, NY: Oxford University Press.

Rohde, P., Lewinsohn, P. M., Klein, D. N., Seeley, J. R., & Gau, J. M. (2013). Key characteristics of major depressive disorder occurring in childhood, adolescence, emerging adulthood, and adulthood. *Clinical Psychological Science, 1*(1), 41-53. doi:10.1177/2167702612457599

Rollman, G. B. (2010). Pain: Cognitive and contextual influences. In E. B. Goldstein (Ed.), *Encyclopedia of perception*. Thousand Oaks, CA: Sage.

Rolls, B. J. (2012). The impact of portion size and energy density on eating. In K. D. Brownell, & M. S. Gold (Eds.), *Food and addiction: A comprehensive handbook*. New York, NY: Oxford University Press.

Ronksley, P. E., Brien, S. E., Turner, B. J., Mukamal, K. J., & Ghali, W. A. (2011). Association of alcohol consumption with selected cardiovascular disease outcomes: a systematic review and meta-analysis. *British Medical Journal, 342*(7795), 479.

Rönnlund, M., & Nilsson, L. (2009). Flynn effects on sub-factors of episodic and semantic memory: Parallel gains over time and the same set of determining factors. *Neuropsychologia, 47,* 2174-2180. doi:10.1016/j.neuropsychologia.2008.11.007

Roofeh, D., Tumuluru, D., Shilpakar, S., & Nimgaonkar, V. L. (2013). Genetics of schizophrenia. Where has the heritability gone? *International Journal of Mental Health, 42*(1), 5-22. doi:10.2753/IMH0020-7411420101

Rosario, M., & Schrimshaw, E. W. (2014). Theories and etiologies of sexual orientation. In D. L. Tolman, L. M. Diamond, J. A. Bauermeister, W. H. George, J. G. Pfaus, & L. M. Ward (Eds.), *APA handbook of sexuality and psychology: Vol. 1. Personbased approaches*. Washington, DC: American Psychological Association.

Rosch, E. H. (1973). Natural categories. *Cognitive Psychology, 4,* 328-350.

Rose, D., Wykes, T., Leese, M., Bindman, J., & Fleischmann, P. (2003). Patient's perspectives on electroconvulsive therapy: Systematic review. *British Medical Journal, 326,* 1363-1365.

Roseboom, T., de Rooij, S., & Painter, R. (2006). The Dutch famine and its long-term consequences for adult health. *Early Human Development, 82,* 485-491.

Rosemond, J. K. (2005). The diseasing of America's children: The politics of diagnosis. In R. H. Wright & N. A. Cummings (Eds.), *Destructive trends in mental health: The well-intentioned path to harm*. New York, NY: Routledge.

Rosenbaum, M., Kissileff, H. R., Mayer, L. S., Hirsch, J., & Leibel, R. L. (2010). Energy intake in weight-reduced humans. *Brain Research, 1350,* 95-102. doi:10.1016/j.brainres.2010.05.062

Rosenblum, K. (2009). Conditioned taste aversion and taste learning: Molecular mechanisms. In J. H. Byrne (Ed.), *Concise learning and memory: The editor's selection*. San Diego, CA: Elsevier.

Rosenkranz, M. A., Davidson, R. J., MacCoon, D. G., Sheridan, J. F., Kalin, N. H., & Lutz, A. (2013). A comparison of mindfulness-based stress reduction and an active control in modulation of neurogenic inflammation. *Brain, Behavior, and Immunity, 27,* 174-184. doi:10.1016/j.bbi.2012.10.013

Rosenthal, H. (1988). *Not with my life I don't: Preventing suicide and that of others*. Muncie, IN: Accelerated Development.

Rosenthal, R. (1976). *Experimenter effects in behavioral research*. New York, NY: Halsted.

Rosenthal, R. (1994). Interpersonal expectancy effects: A 30-year perspective. *Current Directions in Psychological Science, 3,* 176-179.

Rosenthal, R. (2002). Experimenter and clinical effects in scientific inquiry and clinical practice. *Prevention & Treatment, 5*(38).

Rosenthal, R., & Fode, K. L. (1963). Three experiments in experimenter bias. *Psychological Reports, 12,* 491-511.

Rosenzweig, M. R., & Bennet, E. L. (1996). Psychobiology of plasticity: Effects of training and experience on brain and behavior. *Behavioural Brain Research, 78*(5), 57-65.

Rosenzweig, M. R., Krech, D., & Bennett, E. L. (1961). Heredity, environment, brain biochemistry, and learning. In *Current trends in psychological theory*. Pittsburgh: University of Pittsburgh Press.

Rosenzweig, M. R., Krech, D., Bennett, E. L., & Diamond, M. (1962). Effects of environmental complexity and training on brain chemistry and anatomy: A replication and extension. *Journal of Comparative and Physiological Psychology, 55,* 429-437.

Ross, C. A., & Ness, L. (2010). Symptom patterns in dissociative identity disorder patients and the general population. *Journal of Trauma & Dissociation, 11,* 458-468. doi:10.1080/15299732.2010.495939

Ross, H., & Plug, C. (2002). *The mystery of the moon illusion: Exploring the size perception*. New York, NY: Oxford.

Ross, L., & Nisbett, R. E. (1991). *The person and the situation: Perspectives of social psychology*. New York, NY: McGraw-Hill.

Rosso, I. M., Weiner, M. R., Crowley, D. J., Silveri, M. M., Rauch, S. L., & Jensen, J. E. (2014). Insula and anterior cingulate GABA levels in posttraumatic stress disorder: Preliminary findings using magnetic resonance spectroscopy.

Depression and Anxiety, 31(2), 115-123. doi:10.1002/da.22155

Rothberg, B., & Feinstein, R. E. (2014). Suicide. In J. L. Cutler (Ed.), *Psychiatry* (3rd ed.). New York, NY: Oxford University Press.

Routh, D. K. (2013). Clinical psychology. In D. K. Freedheim, & I. B. Weiner (Eds.), *Handbook of psychology Vol. 1: History of psychology* (2nd ed., pp. 377-387). New York, NY: Wiley.

Rowa, K., & Antony, M. M. (2008). Generalized anxiety disorders. In W. E. Craighead, D. J. Miklowitz, & L. W. Craighead (Eds.), *Psychopathology: History, diagnosis, and empirical foundations*. New York, NY: Wiley.

Rowe, M. L., Raudenbush, S. W., & Goldin-Meadow, S. (2012). The pace of vocabulary growth helps predict later vocabulary skill. *Child Development, 83*, 508-525.

Rowe, S. M., & Wertsch, J. V. (2002). Vygotsky's model of cognitive development. In U. Goswami (Ed.), *Blackwell handbook of childhood cognitive development*. Malden, MA: Blackwell.

Rowny, S., & Lisanby, S. H. (2008). Brain stimulation in psychiatry. In A. Tasman, J. Kay, J. A. Lieberman, M. B. First, & M. Maj (Eds.), *Psychiatry* (3rd ed.). New York, NY: Wiley-Blackwell.

Rozin, P. (2007). Food and eating. In S. Kitayama & D. Cohen (Eds.), *Handbook of cultural psychology*. New York, NY: Guilford Press.

Rubin, M., & Badea, C. (2012). They're all the same! ... but for several different reasons: A review of the multicausal nature of perceived group variability. *Current Direction in Psychological Science, 21*, 367-372. doi:10.1177/0963721412457363

Ruble, D. N., & Martin, C. L. (1998). Gender development. In W. Damon (Ed.), *Handbook of child psychology (Vol. 3): Social, emotional, and personality development*. New York, NY: Wiley.

Ruiz, J. M., Prather, C. C., & Steffen, P. (2012). Socioeconomic status and health. In A. Baum, T. A. Revenson, & J. Singer (Eds.), *Handbook of health psychology* (2nd ed.). New York, NY: Psychology Press.

Ruiz, P., & Strain, E. C. (2011). *Lowinson and Ruiz's substance abuse: A comprehensive textbook* (5th ed.). Philadelphia, PA: Lippincott Williams & Wilkins.

Rummel, J., & Boywitt, C. D. (2014). Controlling the stream of thought: Working memory capacity predicts adjustment of mind-wandering to situational demands. *Psychonomic Bulletin & Review, 21*, 1309-1315. doi:10.3758/s13423-013-0580-3

Runco, M. A. (2010). Divergent thinking, creativity, and ideation. In J. C. Kaufman, & R. J. Sternberg (Eds.), *Cambridge handbook of creativity*. New York, NY: Cambridge University Press. doi:10.1017/CBO9780511763205.026

Rundle, A., Hoepner, A., Hassoun, S., Oberfield, G., Freyer, D., Holmes, M., . . . Whyatt, R. (2012). Association of childhood obesity with maternal exposure to ambient air polycyclic aromatic hydrocarbons during pregnancy. *American Journal of Epidemiology, 175*, 1163-1172. doi:10.1093/aje/kwr455

Runyan, W. M. (2006). Psychobiography and the psychology of science: Understanding relations between the life and work of individual psychologists. *Review of General Psychology, 10*, 147-162.

Rüsch, N., Corrigan, P. W., Heekeren, K., Theodoridou, A., Dvorsky, D., Metzler, S., ... Rössler, W. (2014). Well-being among persons at risk of psychosis: The role of self-labeling, shame, and stigma stress. *Psychiatric Services, 65*, 483-489. doi:10.1176/appi.ps.201300169

Ruscio, J. (2006). *Clear thinking with psychology: Separating sense from nonsense*. Belmont, CA: Wadsworth.

Rushton, J. P. (2003). Race differences in g and the "Jensen effect." In H. Nyborg (Ed.), *The scientific study of general intelligence: Tribute to Arthur R. Jensen*. Oxford, UK: Pergamon.

Rushton, J. P., & Jensen, A. R. (2005). Thirty years of research on race differences in cognitive ability. *Psychology, Public Policy, and Law, 11*, 235-294.

Rushton, J. P., & Jensen, A. R. (2010). The rise and fall of the Flynn effect as a reason to expect a narrowing of the black-white IQ gap. *Intelligence, 38*(2), 213-219. doi:10.1016/j.intell.2009.12.002

Russell, J. A. (1991). Culture and the categorization of emotions. *Psychological Bulletin, 110*, 426-450.

Russo, N. F., & Denmark, F. L. (1987). Contributions of women to psychology. *Annual Review of Psychology, 38*, 279-298.

Rutherford, A. (2000). Radical behaviorism and psychology's public: B. F. Skinner in the popular press, 1934-1990. *History of Psychology, 3*, 371-395.

Rutherford, W. (1886). A new theory of hearing. *Journal of Anatomy and Physiology, 21*, 166-168.

Rutkowski, E. M., & Connelly, C. D. (2012). Self-efficacy and physical activity in adolescent and parent dyads. *Journal for Specialists in Pediatric Nursing, 17*, 51-60. doi:10.1111/j.1744-6155.2011.00314.x

Rutter, M. (2012). Gene-environment interdependence. *European Journal of Developmental Psychology, 9*, 391-412. doi:10.1080/17405629.2012.661174

Ruvio, A., Somer, E., & Rindfleisch, A. (2014). When bad gets worse: The amplifying effect of materialism on traumatic stress and maladaptive consumption. *Journal of the Academy of Marketing Science, 42*, 90-101. doi:10.1007/s11747-013-0345-6

Ryder, R. D. (2006). Speciesism in the laboratory. In P. Singer (Ed.), *In defense of animals: The second wave*. Malden, MA: Blackwell.

Sachdev, P. S. (2013). Is DSM-5 defensible? *Australian and New Zealand Journal of Psychiatry, 47*(1), 10-11. doi:10.1177/0004867412468164

Sackeim, H. A. (2014). Autobiographical memory and electroconvulsive therapy: Do not throw out the baby. *The Journal of ECT, 30*(3), 177-186. doi:10.1097/YCT.0000000000000117

Sackeim, H. A., Prudic, J., Fuller, R., Keilp, J., Lavori, P. W., & Olfson, M. (2007). The cognitive effects of electroconvulsive therapy in community settings. *Neuropsychopharmacology, 32*, 244-254.

Sacks, O. (1987). *The man who mistook his wife for a hat*. New York, NY: Harper & Row.

Sadler, J. Z. (2005). *Values and psychiatric diagnosis*. New York, NY: Oxford University Press.

Sadock, B. J., Sadock, V. A., & Ruiz, P. (2015). *Kaplan and Sadock's synopsis of psychiatry: Behavioral sciences/ clinical psychiatry* (11th ed.). Philadelphia, PA: Wolters Kluwer.

Sakurai, T. (2013). Orexin deficiency and narcolepsy. *Current Opinion in Neurobiology, 23*, 760-766. doi:10.1016/j.conb.2013.04.007

Salter, S. P., Mixon, F. G., Jr., & King, E. W. (2012). Broker beauty and boon: A study of physical attractiveness and its effect on real estate brokers' income and productivity. *Applied Financial Economics, 22*, 811-825. doi:10.1080/09603107.2011.627211

Salthouse, T. A. (1996). The processing-speed theory of adult age differences in cognition. *Psychological Review, 103*, 403-428.

Salthouse, T. A. (2000). Aging and measures of processing speed. *Biological Psychology, 54*, 35-54.

Salthouse, T. A. (2003). Memory aging from 18-80. *Alzheimer Disease & Associated Disorders, 17*(3), 162-167.

Salthouse, T. A. (2004). What and when of cognitive aging. *Current Directions in Psychological Science, 13*(4), 140-144.

Salthouse, T. A., & Mandell, A. R. (2013). Do age-related increases in tip-of-the-tongue experiences signify episodic memory impairments? *Psychological Science, 24*, 2489-2497. doi:10.1177/0956797613495881

Samberg, E., & Marcus, E. R. (2005). Process, resistance, and interpretation. In E. S. Person, A. M. Cooper, & G. O. Gabbard (Eds.), *Textbook of psychoanalysis*. Washington, DC: American Psychiatric Publishing.

Samnaliev, M., & Clark, R. E. (2008). The economics of schizophrenia. In K. T. Mueser & D. V. Jeste (Eds.), *Clinical handbook of schizophrenia* (pp. 25-34). New York, NY: Guilford Press.

Sana, F., Weston, T., & Cepeda, N. J. (2013). Laptop multitasking hinders classroom learning for both users and nearby peers. *Computers & Education, 62*, 24-31. doi:10.1016/j.compedu.2012.10.003.

Sanbonmatsu, D. M., Strayer, D. L., Medeiros-Ward, N., & Watson, J. M. (2013). Who multi-tasks and why? Multi-tasking ability, perceived multi-tasking ability, impulsivity, and sensation seeking. *PloS One, 8*, e54402. doi:10.1371/journal.pone.0054402

Sanders, M. H., & Givelber, R. J. (2006). Overview of obstructive sleep apnea in adults. In T. Lee-Chiong (Ed.), *Sleep: A comprehensive handbook*. Hoboken, NJ: Wiley-Liss.

Sandoval, T. C., Gollan, T. H., Ferreira, V. S., & Salmon, D. P. (2010). What causes the bilingual disadvantage in verbal fluency? The dual-task analogy. *Bilingualism: Language and Cognition, 13*(2), 231-252. doi:10.1017/S1366728909990514

Sandstrom, G. M., & Dunn, E. W. (2014). Social interactions and well-being: The surprising power of weak ties. *Personality and Social Psychology Bulletin, 40*, 910-922. doi:10.1177/0146167214529799

Sanes, J. R., & Jessell, T. M. (2013). Formation and elimination of synapses. In E. R. Kandel, J. H. Schwartz, T. M. Jessell, S. A. Siegelbaum, & A. J. Hudspeth (Eds.), *Principles of neural science* (5th ed.). New York, NY: McGraw-Hill.

Sanjuan, P., & Magallares, A. (2014). Coping strategies as mediating variables between self-serving attributional bias and subjective well-being. *Journal of Happiness Studies, 15*, 443-453. doi:10.1007/s10902-013-9430-2

Saper, C. B. (2000). Brain stem, reflexive behavior, and the cranial nerves. In E. R. Kandel, J. H. Schwartz, & T. M. Jessell (Eds.), *Principles of neural science* (pp. 873-888). New York, NY: McGraw-Hill.

Saper, C. B. (2013). The central circadian timing system. *Current Opinion in Neurobiology, 23*, 747-751. doi:10.1016/j.conb.2013.04.004

Saphire-Bernstein, S., & Taylor, S. E. (2013). Close relationships and happiness. In S. A. David, I. Boniwell, & A. Conley Ayers (Eds.), *The Oxford handbook of happiness*. New York, NY: Oxford University Press.

Sapolsky, R. M. (2007). Stress, stressrelated disease, and emotion regulation. In J. J. Gross (Ed.), *Handbook of emotion regulation*. New York, NY: Guilford Press.

Sassen, M., Kraus, L., & Bühringer, G. (2011). Differences in pathological gambling prevalence estimates: Facts or artefacts? *International Journal of Methods in Psychiatric Research, 20*(4), e83-e99. doi:10.1002/mpr.354

Satel, S., & Lilienfeld, S. O. (2013). *Brainwashed: The seductive appeal of mindless neuroscience*. New York, NY: Basic Books.

Saucier, G., & Srivastava S. (2015). What makes a good structural model of personality? Evaluating the big five and alternatives. In M. Mikulincer, P. R. Shaver, M. L. Cooper, & R. J. Larsen (Eds.), *APA handbook of personality and social psychology: Vol. 4. Personality processes and individual differences*. Washington, DC: American Psychological Association.

Saunders, J., Worth, R., & Fernandes, M. (2012). Repressive coping style and mnemic neglect. *Journal of Experimental Psychopathology, 3,* 346-367.

Savin-Williams, R. C. (2006). Who's gay? Does it matter? *Current Directions in Psychological Science, 15,* 40-44.

Schachter, R. (2011). Using the group in cognitive group therapy. *Group, 35*(2), 135-149.

Schachter, S. (1959). *The psychology of affiliation*. Stanford, CA: Stanford University Press.

Schachter, S. (1964). The interaction of cognitive and physiological determinants of emotional state. In L. Berkowitz (Ed.), *Advances in experimental social psychology* (Vol. 1). New York, NY: Academic Press.

Schachtman, T. R., & Reilly, S. (2011). Things you always wanted to know about conditioning but were too afraid to ask. In T. R. Schachtman, & S. Reilly (Eds.), *Associative learning and condition theory: Human and non-human applications*. New York, NY: Oxford University Press.

Schachtman, T. R., Walker, J., & Fowler, S. (2011). Effects of conditioning in advertising. In T. R. Schachtman, & S. Reilly (Eds.), *Associative learning and condition theory: Human and non-human applications*. New York, NY: Oxford University Press.

Schacter, D. L. (1996). *Searching for memory: The brain, the mind, and the past*. New York, NY: Basic Books.

Schacter, D. L. (1999). The seven sins of memory: Insights from psychology and cognitive neuroscience. *American Psychologist, 54,* 182-203.

Schacter, D. L. (2001). *The seven sins of memory: How the mind forgets and remembers*. Boston, MA: Houghton Mifflin.

Schacter, D. L., & Loftus, E. F. (2013). Memory and law: What can cognitive neuroscience contribute? *Nature Neuroscience, 16,* 119-123. doi:10.1038/nn.3294

Schaefer, A. (2005). Commuting takes its toll. *Scientific American Mind, 16*(3), 14-15.

Schaeffer, N. C. (2000). Asking questions about threatening topics: A selective overview. In A. A. Stone, J. S. Turkkan, C. A. Bachrach, J. B. Jobe, H. S. Kurtzman, & V. Cain (Eds.), *The science of self-report: Implications for research and practice*. Mahwah, NJ: Erlbaum.

Scheele, D., Striepens, N., Güntürkün, O., Deutschländer, S., Maier, W., Kendrick, K. M., & Hurlemann, R. (2012). Oxytocin modulates social distance between males and females. *The Journal of Neuroscience, 32,* 16074-16079. doi:10.1523/JNEUROSCI.2755-12.2012

Scheer, F. L., Morris, C. J., & Shea, S. A. (2013). The internal circadian clock increases hunger and appetite in the evening independent of food intake and other behaviors. *Obesity, 21,* 421-423. doi:10.1002/oby.20351

Scheier, M. F., Carver, C. S., & Armstrong, G. H. (2012). Behavioral self-regulation, health, and illness. In A. Baum, T. A. Revenson, & J. Singer (Eds.), *Handbook of health psychology* (2nd ed.). New York, NY: Psychology Press.

Schellenberg, E. G. (2006). Long-term positive associations between music lessons and IQ. *Journal of Educational Psychology, 98*(2), 457-468. doi:10.1037/0022-0663.98.2.457

Schellenberg, E. G. (2011). Examining the association between music lessons and intelligence. *British Journal of Psychology, 102,* 283-302. doi:10.1111/ j.2044-8295.2010.02000.x

Schieber, F. (2006). Vision and aging. In J. E. Birren & K. W. Schaie (Eds.), *Handbook of the psychology of aging*. San Diego, CA: Academic Press.

Schiff, M., & Lewontin, R. (1986). *Education and class: The irrelevance of IQ genetic studies*. Oxford: Clarendon Press.

Schirillo, J. A. (2010). Gestalt approach. In E. B. Goldstein (Ed.), *Encyclopedia of perception*. Thousand Oaks, CA: Sage.

Schmaling, K. B. (2012). Asthma. In A. M. Nezu, C. M. Nezu, P. A. Geller, & I. B. Weiner (Eds.), *Handbook of psychology: Vol. 9. Health psychology* (2nd ed.). New York, NY: Wiley.

Schmid, P. C., Mast, M. S., Bombari, D., & Mast, F. W. (2011). Gender effects in information processing on a nonverbal decoding task. *Sex Roles, 65,* 102-107. doi:10.1007/s11199-011-9979-3

Schmidt, F. L. (2013). Meta-analysis. In J. A. Schinka, W. F. Velicer, & I. B. Weiner (Eds.), *Handbook of psychology: Vol. 2. Research methods in psychology* (2nd ed.). Hoboken, NJ: Wiley.

Schmidt, F. L., & Hunter, J. (2004). General mental ability in the world of work: Occupational attainment and job performance. *Journal of Personality and Social Psychology, 86,* 162-173.

Schmidt, H. D., Vassoler, F. M., & Pierce, R. C. (2011). Neurobiological factors of drug dependence and addiction. In P. Ruiz, & E. C. Strain (Eds.), *Lowinson and Ruiz's substance abuse: A comprehensive textbook* (5th ed., pp. 55-78). Philadelphia, PA: Lippincott Williams & Wilkins.

Schmitt, D. P. (2005). Fundamentals of human mating strategies. In D. M. Buss (Ed.), *The handbook of evolutionary psychology*. New York, NY: Wiley.

Schmitt, D. P. (2014). Evaluating evidence of mate preference adaptations: How do we really know what Homo sapiens sapiens really want? In V. A. Weekes-Shackelford, & T. K. Shackelford (Eds.), *Evolutionary perspectives on human sexual psychology and behavior*. New York, NY: Springer Science + Business Media. doi:10.1007/978-1-4939-0314-6_1

Schmitt, D. P., & International Sexuality Description Project. (2003). Universal sex differences in the desire for sexual variety: Tests from 52 nations, 6 continents, and 13 islands. *Journal of Personality and Social Psychology, 85,* 85-104.

Schmolck, H., Buffalo, E. A., & Squire, L. R. (2000). Memory distortions develop over time: Recollections of the O. J. Simpson trial verdict after 15 and 32 months. *Psychological Science, 11,* 39-45.

Schneider, K. J., & Längle, A. (2012). The renewal of humanism in psychotherapy: A roundtable discussion. *Psychotherapy, 49,* 427-429. doi:10.1037/a0027111.

Schneider, R. H., Grim, C. E., Rainforth, M. V., Kotchen, T., Nidich, S. I., Gaylord-King, C., ... Alexander, C. N. (2012). Stress reduction in the secondary prevention of cardiovascular disease: Randomized, controlled trial of transcendental meditation and health education in blacks. *Circulation: Cardiovascular Quality and Outcomes, 5,* 750-758. doi:10.1161/CIRCOUTCOMES.112.967406

Schneier, F. R., Vidair, H. B., Vogel, L. R., & Muskin, P. R. (2014). Anxiety, obsessive-compulsive, and stress disorders. In J. L. Cutler (Ed.), *Psychiatry* (3rd ed.). New York, NY: Oxford University Press.

Schnittker, J. (2008). An uncertain revolution: Why the rise of a genetic model of mental illness has not increased tolerance. *Social Science & Medicine, 67*(9), 1370-1381. doi:10.1016/j.socscimed.2008.07.007

Schooler, C. (2007). Use it-and keep it, longer, probably: A reply to Salthouse. *Perspectives on Psychological Science, 2,* 24-29.

Schramm, D. G., Marshall, J. P., Harris, V. W., & Lee, T. R. (2005). After "I do": The newlywed transition. *Marriage and Family Review, 38,* 45-67.

Schramm, S. H., Moebus, S., Lehmann, N., Galli, U., Obermann, M., Bock, E., ... Katsarava, Z. (2014). The association between stress and headache: A longitudinal population-based study. *Cephalalgia*. Advance online publication. doi:10.1177/0333102414563087

Schreiner, A. M., & Dunn, M. E. (2012). Residual effects of cannabis use on neurocognitive performance after prolonged abstinence: A metaanalysis. *Experimental and Clinical Psychopharmacology, 20,* 420-429. doi:10.1037/a0029117

Schultz, D. S., & Brabender, V. M. (2013). More challenges since Wikipedia: The effects of exposure to Internet information about the Rorschach on selected Comprehensive System variables. *Journal of Personality Assessment,95*(2), 149-158. doi:10.1080/00223891.2012.725438

Schultz, J. H., & Luthe, W. (1959). *Autogenic training*. New York, NY: Grune & Stratton.

Schulz-Hardt, S., Frey, D., Luethgens, C., & Moscovici, S. (2000). Biased information search in group decision making. *Journal of Personality & Social Psychology, 78,* 655-669.

Schuman, H., & Kalton, G. (1985). Survey methods. In G. Lindzey & E. Aronson (Eds.), *Handbook of social psychology* (3rd ed.). New York, NY: Random House.

Schwabe, L., Nader, K., & Pruessner, J. C. (2014). Reconsolidation of human memory: Brain mechanisms and clinical relevance. *Biological Psychiatry, 76,* 274-280. doi:10.1016/j.biopsych.2014.03.008

Schwartz, B. (2004). *The paradox of choice: Why more is less*. New York, NY: Ecco.

Schwartz, B., & Sommers, R. (2013). Affective forecasting and well-being. In D. Reisberg (Ed.), *The Oxford handbook of cognitive psychology*. New York, NY: Oxford University Press. doi:10.1093/oxfordhb/9780195 376746.013.0044

Schwartz, B. L., & Metcalfe, J. (2011). Tip-of-the-tongue (TOT) states: Retrieval, behavior, and experience. *Memory & Cognition, 39,* 737-749. doi:10.3758/s13421-010-0066-8

Schwartz, B. L., & Metcalfe, J. (2014). Tip-of-the-tongue

(TOT) states: Mechanisms and metacognitive control. In B. L. Schwartz, & A. S. Brown (Eds.), *Tip-of-the-tongue states and related phenomena*. New York, NY: Cambridge University Press.

Schwartz, G. J. (2012). Peripheral regulation of hunger and satiety. In K. D. Brownell, & M. S. Gold (Eds.), *Food and addiction: A comprehensive handbook*. New York, NY: Oxford University Press.

Schwartz, J. H., & Javitch, J. A. (2013). Neurotransmitters. In E. R. Kandel, J. H. Schwartz, T. M. Jessell, S. A. Siegelbaum, & A. J. Hudspeth (Eds.), *Principles of neural science* (5th ed., pp. 289-305). New York, NY: McGraw-Hill.

Schwartz, S. J., Donnellan, M. B., Ravert, R. D., Luyckx, K., & Zamboanga, B. L. (2013). Identity development, personality, and wellbeing in adolescence and emerging adulthood: Theory, research, and recent advances. In R. M. Lerner, M. A. Easterbrooks, J. Mistry, & I. B. Weiner (Eds.), *Handbook of psychology: Vol. 6. Developmental psychology*. New York, NY: Wiley.

Schwarz, N., & Strack, F. (1999). Reports of subjective well-being: Judgmental processes and their methodological implications. In D. Kahneman, E. Diener, & N. Schwarz (Eds.), *Well-being: The foundations of hedonic psychology*. New York, NY: Russell Sage Foundation.

Schwarz, T. L. (2008). Release of neurotransmitters. In L. Squire, D. Berg, F. Bloom, S. Du Lac, A. Ghosh, & N. Spitzer (Eds.), *Fundamental neuroscience* (3rd ed., pp. 157-180). San Diego, CA: Elsevier.

Schwarzer, R., & Luszczynska, A. (2013). Stressful life events. In A. M. Nezu, C. M. Nezu, P. A. Geller, & I. B. Weiner (Eds.), *Handbook of psychology: Vol. 9. Health psychology* (2nd ed.). New York, NY: Wiley.

Scott, B. A., & Judge, T. A. (2013). Beauty, personality, and affect as antecedents of counterproductive work behavior receipt. *Human Performance, 26*, 93-113. doi:10.1080/08959285.2013.765876

Scott, K. (2008). Chemical senses: Taste and olfaction. In L. Squire, D. Berg, F. Bloom, S. du Lac, A. Ghosh, & N. Spitzer (Eds.), *Fundamental Neuroscience*. San Diego, CA: Elsevier.

Scott, V., McDade, D. M., & Luckman, S. M. (2007). Rapid changes in the sensitivity of arcuate nucleus neurons to central ghrelin in relation to feeding status. *Physiology & Behavior, 90*, 180-185.

Scoville, W. B., & Milner, B. (1957). Loss of recent memory after bilateral hippocampal lesions. *Journal of Neurology, Neurosurgery & Psychiatry, 20*, 11-21.

Scull, A. (1990). Deinstitutionalization: Cycles of despair. *The Journal of Mind and Behavior, 11*(3/4), 301-312.

Scully, J. A., Tosi, H., & Banning, K. (2000). Life event checklists: Revisiting the social readjustment rating scale after 30 years. *Educational & Psychological Measurement, 60*, 864-876.

Searleman, A., & Herrmann, D. (1994). *Memory from a broader perspective*. New York, NY: McGraw-Hill.

Seaton, S. E., King, S., Manktelow, B. N., Draper, E. S., & Field, D. J. (2013). Babies born at the threshold of viability: Changes in survival and workload over 20 years. *Archive of Disease of Childhood: Fetal and Neonatal Edition, 98*, F15-F20. doi:10.1136/fetalneonatal-2011-301572

Sebastian, C., Burnett, S., & Blakemore, S. (2010). The neuroscience of social cognition in teenagers: Implications for inclusion in society. In C. L. Cooper, J. Field, U. Goswami, R. Jenkins, & B. J. Sahakian (Eds.), *Mental capital and wellbeing*. Hoboken, NJ: Wiley-Blackwell.

Sedikides, C., & Strube, M. J. (1997). Self-evaluation: To thine own self be good, to thine own self be sure, to thine own self be true, and to thine own self be better. In M. P. Zanna (Ed.), *Advances in experimental social psychology*. New York, NY: Academic Press.

Sedlmeier, P., Eberth, J., Schwarz, M., Zimmermann, D., Haarig, F., Jaeger, S., & Kunze, S. (2012). The psychological effects of meditation: A metaanalysis. *Psychological Bulletin, 138*, 1139-1171. doi:10.1037/a0028168

Seery, M. D. (2011). Resilience: A silver lining to experiencing adverse life events? *Current Directions in Psychological Science, 20*, 390-394. doi: 10.1177/0963721411424740

Seery, M. D., Leo, R. J., Lupien, S. P., Kondrak, C. L., & Almonte, J. L. (2013). An upside to adversity? Moderate cumulative lifetime adversity is associated with resilient responses in the face of controlled stressors. *Psychological Science, 24*, 1181-1189. doi:10.1177/0956797612469210

Segal-Caspi, L., Roccas, S., & Sagiv, L. (2012). Don't judge a book by its cover, revisited: Perceived and reported traits and values of attractive women. *Psychological Science, 23*, 1112-1116. doi:10.1177/0956797612446349

Segall, M. H., Campbell, D. T., Herskovits, M. J. (1966). *The influence of culture on visual perception*. Indianapolis: Bobbs-Merrill.

Segerstrom, S. C., & O'Connnor, D. B. (2012). Stress, health, and illness: Four challenges for the future. *Psychology and Health, 27*, 128-140. doi:10.1080/08870446.2012.659516

Segerstrom, S. C., & Sephton, S. E. (2010). Optimistic expectancies and cell-mediated immunity: The role of positive affect. *Psychological Science, 21*(3), 448-455. doi:10.1177/0956797610362061

Seifer, R. (2001). Socioeconomic status, multiple risks, and development of intelligence. In R. J. Sternberg & E. L. Grigorenko (Eds.), *Environmental effects on cognitive abilities* (pp. 59-82). Mahwah, NJ: Erlbaum.

Seligman, M. E. P. (1971). Phobias and preparedness. *Behavior Therapy, 2*, 307-321.

Seligman, M. E. P. (1974). Depression and learned helplessness. In R. J. Friedman & M. M. Katz (Eds.), *The psychology of depression: Contemporary theory and research*. New York, NY: Wiley.

Seligman, M. E. P. (1990). *Learned optimism*. New York, NY: Pocket Books.

Seligman, M. E. P. (1992). *Helplessness: On depression, development, and death*. New York, NY: Freeman.

Seligman, M. E. P. (2003). The past and future of positive psychology. In C. L. M. Keyes & J. Haidt (Eds.), *Flourishing: Positive psychology and the life well-lived*. Washington, DC: American Psychological Association.

Seligman, M. E. P., & Hager, J. L. (1972, August). Biological boundaries of learning (the sauce béarnaise syndrome). *Psychology Today*, pp. 59-61, 84-87.

Selye, H. (1936). A syndrome produced by diverse nocuous agents. *Nature, 138*, 32.

Selye, H. (1956). *The stress of life*. New York, NY: McGraw-Hill.

Selye, H. (1973). The evolution of the stress concept. *American Scientist, 61*(6), 672-699.

Selye, H. (1974). *Stress without distress*. New York, NY: Lippincott.

Senders, A., Bourdette, D., Hanes, D., Yadav, V., & Shinto, L. (2014). Perceived stress in multiple sclerosis: The potential role of mindfulness in health and well-being. *Journal of Evidence-Based Complementary and Alternative Medicine, 19*, 104-111. doi:10.1177/2156587214523291

Senior, C., Thomson, K., Badger, J., & Butler, M. J. R. (2007). Interviewing strategies in the face of beauty: A psychophysiological investigation into the job negotiation process. *Annals of the New York Academy of Sciences, 1118*, 142-162.

Serper, M. R. (2011). Aggression in schizophrenia. *Schizophrenia Bulletin, 37*(Suppl 5), 897-898. doi:10.1093/schbul/sbr090

Seta, J. J., Seta, C. E., & McElroy, T. (2002). Strategies for reducing the stress of negative life experiences: An average/summation analysis. *Personality and Social Psychology Bulletin, 28*, 1574-1585.

Shamay-Tsoory, S. G., Abu-Akel, A., Palgi, S., Sulieman, R., Fischer-Shofty, M., Levkovitz, Y., & Decety, J. (2013). Giving peace a chance: Oxytocin increases empathy to pain in the context of the Israeli-Palestinian conflict. *Psychoneuroendocrinology, 38*, 3139-3144. doi:10.1016/j.psyneuen.2013.09.015

Shanahan, M. J., Hill, P. L., Roberts, B. W., Eccles, J., & Friedman, H. S. (2014). Conscientiousness, health, and aging: The life course of personality model. *Developmental Psychology, 50*, 1407-1425. doi:10.1037/a0031130

Sharpe, D., Adair, J. G., & Roese, N. J. (1992). Twenty years of deception research: A decline in subjects' trust? *Personality and Social Psychology Bulletin, 18*, 585-590.

Sharps, M. J., & Wertheimer, M. (2000). Gestalt perspectives on cognitive science and on experimental psychology. *Review of General Psychology, 4*, 315-336.

Shaw, J. S. I., McClure, K. A., & Dykstra, J. A. (2007). Eyewitness confidence from the witnessed event through trial. In M. P. Toglia, J. D. Read, D. F. Ross, & R. C. L. Lindsay (Eds.), *Handbook of eyewitness psychology: Vol. 1. Memory for events*. Mahwah, NJ: Erlbaum.

Shea, A. K., & Steiner, M. (2008). Cigarette smoking during pregnancy. *Nicotine & Tobacco Research, 10*, 267-278.

Shearer, B. (2004). Multiple intelligences theory after 20 years. *Teachers College Record, 106*(1), 2-16.

Shedler, J. (2010). The efficacy of psychodynamic psychotherapy. *American Psychologist, 65*(2), 98-109. doi:10.1037/a0018378

Sheehan, S. (1982). *Is there no place on earth for me?* Boston, MA: Houghton Mifflin.

Sheldon, K. M., Abad, N., & Hinsch, C. (2011). A two-process view of Facebook use and relatedness needsatisfaction: Disconnection drive use, and connection rewards it. *Journal of Personality and Social Psychology, 100*, 766-775. doi:10.1037/a0022407

Sheldon, K. M., & Kasser, T. (2001). Goals, congruence, and positive well-being: New empirical support for humanistic theories. *Journal of Humanistic Psychology, 41*(1), 30-50.

Shenton, M. E., & Kubicki, M. (2009). Structural brain imaging in schizophrenia. In B. J. Sadock, V. A. Sadock, & P. Ruiz (Eds.), *Kaplan & Sadock's comprehensive textbook of psychiatry* (9th ed., Vol. 1, pp. 1494-1506). Philadelphia, PA: Lippincott Williams & Wilkins.

Shepard, R. N. (1990). *Mind sights*. New York, NY: W. H. Freeman.

Shepherd, G. M. (2004). The human sense of smell: Are we better than we think? *PLoS Biology, 2*(5),

0572-0575. doi:10.1371/journal.pbio.0020146

Sher, K. J., Talley, A. E., Littlefield, A. K., & Martinez, J. A. (2011). Alcohol use and alcohol use disorders. In H. S. Friedman (Ed.), *Oxford handbook of health psychology*. New York, NY: Oxford University Press.

Sherif, M., Harvey, O., White, B., Hood, W., & Sherif, C. (1961). *Intergroup conflict and cooperation: The Robber's Cave experiment*. Norman: University of Oklahoma, Institute of Group Behavior.

Sherman, M., & Key, C. B. (1932). The intelligence of isolated mountain children. *Child Development, 3*, 279-290.

Shermer, M. (2004, March). None so blind. *Scientific American*, p. 42.

Shiue, Y., Chiu, C., & Chang, C. (2010). Exploring and mitigating social loafing in online communities. *Computers in Human Behavior, 26*(4), 768-777. doi:10.1016/j.chb.2010.01.014

Shlisky, J. D., Hartman, T. J., KrisEtherton, P. M., Rogers, C. J., Sharkey, N. A., & Nickols-Richardson, S. M. (2012). Partial sleep deprivation and energy balance in adults: An emerging issue for consideration by dietetics practitioners. *Journal of the Academy of Nutrition and Dietetics, 112*, 1785-1797.

Shneidman, E. S., Farberow, N. L., & Litman, R. E. (1994). *The psychology of suicide: A clinician's guide to evaluation and treatment*. Northvale, NJ: Jason Aronson.

Shobe, K. K., & Schooler, J. W. (2001). Discovering fact and fiction: Casebased analyses of authentic and fabricated discovered memories of abuse. In G. M. Davies & T. Dalgleish (Eds.), *Recovered memories: Seeking the middle ground*. Chichester, UK: Wiley.

Shrager, Y., & Squire, L. R. (2009). Medial temporal lobe function and human memory. In M. S. Gazzaniga (Eds.), The cognitive neurosciences (4th ed., pp. 675-690). Cambridge, MA: MIT Press.

Shuman, V., Sander, D., & Scherer, K. R. (2013). Levels of valence. *Frontiers in Psychology, 4*. doi:10.3389/fpsyg.2013.00261

Siegel, J. M. (2011). REM sleep. In M. H. Kryger, T. Roth, & W. C. Dement (Eds.), *Principles and practice of sleep medicine* (5th ed.). Saint Louis, MO: Elsevier Saunders.

Siegelbaum, S. A., & Kandel, E. R. (2013). Overview of synaptic transmission. In E. R. Kandel, J. H. Schwartz, T. M. Jessell, S. A. Siegelbaum, & A. J. Hudspeth (Eds.), *Principles of neural science* (5th ed., pp. 177-188). New York, NY: McGraw-Hill.

Siegler, R. S. (1992). The other Alfred Binet. *Developmental Psychology, 28*, 179-190.

Signorielli, N. (2001). Television's gender role images and contribution to stereotyping: Past present future. In D. G. Singer & J. L. Singer (Eds.), *Handbook of children and the media*. Thousand Oaks, CA: Sage.

Silver, E., Cirincione, C., & Steadman, H. J. (1994). Demythologizing inaccurate perceptions of the insanity defense. *Law and Human Behavior, 18*(1), 63-70. doi:10.1007/BF01499144

Silverman, I., & Choi, J. (2005). Locating places. In D. M. Buss (Ed.), *The handbook of evolutionary psychology*. New York, NY: Wiley.

Silverman, I., Choi, J., & Peters, M. (2007). The hunter-gatherer theory of sex differences in spatial abilities: Data from 40 countries. *Archives of Sexual Behavior, 36*(2), 261-268. doi:10.1007/s10508-006-9168-6

Silverman, I., & Eals, M. (1992). Sex differences in spatial ability: Evolutionary theory and data. In J. Barkow, L. Cosmides, & J. Tooby (Eds.), *The adapted mind*. New York, NY: Oxford University Press.

Silverstein, L. B., & Auerbach, C. F. (1999). Deconstructing the essential father. *American Psychologist, 54*, 397-407.

Silvia, P. J., & Kaufman, J. C. (2010). Creativity and mental illness. In J. C. Kaufman & R. J. Sternberg (Eds.), *The Cambridge handbook of creativity* (pp. 381-394). New York, NY: Cambridge University Press.

Simeon, D., & Loewenstein, R. J. (2009). Dissociative disorders. In B. J. Sadock, V. A. Sadock, & P. Ruiz (Eds.), *Kaplan & Sadock's comprehensive textbook of psychiatry* (9th ed., pp. 1965-2026). Philadelphia, PA: Lippincott Williams & Wilkins.

Simon, H. A. (1957). *Models of man*. New York, NY: Wiley.

Simon, H. A. (1974). How big is a chunk? *Science, 183*, 482-488.

Simon, R. I., & Shuman, D. W. (2008). Psychiatry and the law. In R. E. Hales & S. C. Yudofsky (Eds.), *The American Psychiatric Publishing textbook of psychiatry* (5th ed.). Washington, DC: American Psychiatric Publishing.

Simon, R. I., & Shuman, D. W. (2014). Clinical issues in psychiatry and the law. In R. E. Hales, S. C. Yudofsky, & L. W. Roberts (Eds.), *The American Psychiatric Publishing textbook of psychiatry* (6th ed.). Washington, DC: American Psychiatric Publishing.

Simons, D. J. (2014). The value of direct replication. *Perspectives on Psychological Science, 9*(1), 76-80. doi:10.1177/1745691613514755

Simons, D. J., & Chabris, C. F. (1999). Gorillas in our midst: Sustained inattentional blindness for dynamic events. *Perception, 28*, 1059-1074.

Simons, D. J., & Chabris, C. F. (2011). What people believe about how memory works: A representative survey of the US population. *PloS One, 6*(8), e22757. doi:10.1371/journal.pone.0022757

Simpson, J. L., & Jauniaux, E. (2012). Pregnancy loss. In S. G. Gabbe, J. R. Niebyl, J. L. Simpson, M. B. Landon, H. L. Galan, E. R. M. Jauniaux, & D. A. Driscoll (Eds.), *Obstetrics: Normal and problem pregnancies* (6th ed.). Philadelphia, PA: Elsevier.

Simpson, J. A., & Winterheld, H. A. (2012). Person-by-situation perspectives on close relationships. In K. Deaux & M. Snyder (Eds.), *Oxford handbook of personality and social psychology*. New York, NY: Oxford University Press.

Singer, W. (2007). Large-scale temporal coordination of cortical activity as a prerequisite for conscious experience. In M. Velmans & S. Schneider (Eds.), *The Blackwell companion to consciousness*. Malden, MA: Blackwell.

Singh, D., Dixson, B. J., Jessop, T. S., Morgan, B. B., & Dixson, A. F. (2010). Cross-cultural consensus for waist-hip ratio and women's attractiveness. *Evolution and Human Behavior, 31*, 176-181. doi:10.1016/j.evolhumbehav.2009.09.001

Sio, U. N., Monaghen, P., & Ormerod, T. (2013). Sleep on it, but only if it is difficult: Effects of sleep on problem solving. *Memory & Cognition, 41*, 159-166.

Sireci, S. G., & Sukin, T. (2013). Test validity. In K. F. Geisinger, B. A. Bracken, J. F. Carlson, J. C. Hansen, N. R. Kuncel, S. P. Reise, & M. C. Rodriguez (Eds.), *APA handbook of testing and assessment in psychology: Vol. 1. Test theory and testing and assessment in industrial and organizational psychology*. Washington, DC: American Psychological Association. doi:10.1037/14047-004

Sisti, D. A., Segal, A. G., & Emanuel, E. J. (2015). Improving long-term psychiatric care: Bring back the asylum. *JAMA, 313*(3), 243-244. doi:10.1001/jama.2014.16088

Sivertsen, B., Lallukka, T., Salo, P., Pallesen, S., Hysing, M., Krokstad, S. & Overland, S. (2014). Insomnia as a risk factor for ill health: Results from the large population-based prospective HUNT study in Norway. *Journal of Sleep Research, 23*, 124-132.

SJB. (2006, March 6). Overcoming problem gambling [Why?]. Message posted to www.gamcare.org.uk/forum/index.php?tid=7193.

Skinner, A. E. G. (2001). Recovered memories of abuse: Effects on the individual. In G. M. Davies, & T. Dalgleish (Eds.), *Recovered memories: Seeking the middle ground*. Chichester, England: Wiley & Sons.

Skinner, B. F. (1938). *The behavior of organisms*. New York, NY: AppletonCentury-Crofts.

Skinner, B. F. (1945, October). Baby in a box: The mechanical baby-tender. *Ladies' Home Journal*, pp. 30-31, 135-136, 138.

Skinner, B. F. (1948). Superstition in the pigeon. *Journal of Experimental Psychology, 38*, 168-172. doi:10.1037/0096-3445.121.3.273

Skinner, B. F. (1953). *Science and human behavior*. New York, NY: Macmillan.

Skinner, B. F. (1957). *Verbal behavior*. New York, NY: Appleton-CenturyCrofts.

Skinner, B. F. (1969). *Contingencies of reinforcement*. New York, NY: Appleton-Century-Crofts.

Skinner, B. F. (1971). *Beyond freedom and dignity*. New York, NY: Knopf.

Skinner, B. F. (1984). Selection by consequences. *Behavioral and Brain Sciences, 7*(4), 477-510.

Skodol, A. E., Bender, D. S., & Morey, L. C. (2014). Narcissistic personality disorder in DSM-5. *Personality Disorders: Theory, Research, and Treatment, 5*, 422-427. doi:10.1037/per0000023

Skogen, J. C., & Overland, S. (2012). The fetal origins of adult disease: A narrative review of the epidemiological literature. *Journal of the Royal Society of Medicine, 3*, 59. doi:10.1258/shorts.2012.012048

Slamecka, N. J. (1985). Ebbinghaus: Some associations. *Journal of Experimental Psychology: Learning, Memory and Cognition, 11*, 414-435.

Slatcher, R. B., & Pennebaker, J. W. (2005). Emotional processing of traumatic events. In C. L. Cooper (Ed.), *Handbook of stress medicine and health*. Boca Raton, FL: CRC Press.

Slater, E., & Shields, J. (1969). Genetic aspects of anxiety. In M. H. Lader (Ed.), *Studies of anxiety*. Ashford, England: Headley Brothers.

Sletten, T. L., & Arendt, J. (2012). Circadian rhythm disorders III: Jet lag. In C. M. Morin, & C. A. Espie (Eds.), *Oxford handbook of sleep and sleep disorders*. New York, NY: Oxford University Press.

Slopen, N., Kontos, E. Z., Ryff, C. D., Ayanian, J. Z., Albert, M. A., & Williams, D. R. (2013). Psychosocial stress and cigarette smoking persistence, cessation, and relapse over 9-10 years: A prospective study of middle-aged adults in the United States. *Cancer Causes & Control, 24*, 1849-1863.

Slovic, P., & Fischhoff, B. (1977). On the psychology of experimental surprises. *Journal of Experimental Psychology: Human Perception and Performance, 3*, 544-551.

Slovic, P., Fischhoff, B., & Lichtenstein, S. (1982). Facts versus fears: Understanding perceived risk. In D. Kahneman, P. Slovic, & A. Tversky (Eds.), *Judgment under uncertainty: Heuristics and biases*.

Cambridge, England: Cambridge University Press.

Slutske, W. S., Cho, S. B., Piasecki, T. M., & Martin, N. G. (2013). Genetic overlap between personality and risk for disordered gambling: Evidence from a national community-based Australian twin study. *Journal of Abnormal Psychology, 122*, 250-255. doi:10.1037/a0029999.

Small, B. J., Rawson, K. S., Eisel, S., & McEvoy, C. L. (2012). Memory and aging. In S. K. Whitbourne & M. J. Sliwinski (Eds.), *Wiley-Blackwell handbook of adulthood and aging*. Malden, MA: Wiley-Blackwell.

Small, S. A., & Heeger, D. J. (2013). Functional imaging of cognition. In E. R. Kandel, J. H. Schwartz, T. M. Jessell, S. A. Siegelbaum, & A. J. Hudspeth (Eds.), *Principles of neural science* (5th ed.). New York, NY: McGraw-Hill.

Smedley, S. R., & Eisner, T. (1996). Sodium: A male moth's gift to its offspring. *Proceedings of the National Academy of Sciences, 93*, 809-813.

Smetana, J. G., Campione-Barr, N., & Metzger, A. (2006). Adolescent development in interpersonal and societal contexts. *Annual Review of Psychology, 57*, 255-284.

Smith, B. L. (2012). The case against spanking. *Monitor on Psychology, 43*, 60-63.

Smith, B. W., Epstein, E. M., Ortiz, J. A., Christopher, P. J., & Tooley, E. M. (2013). The foundations of resilience: What are the critical resources for bouncing back from stress? In S. Prince-Embury & D. H. Saklofske (Eds.), *Resilience in children, adolescents, and adults: Translating research into practice*. New York, NY: Spring Science + Business Media.

Smith, E. R. (2014). Research design. In H. T. Reis & C. M. Judd (Eds.), *Handbook of research methods in social and personality psychology* (2nd ed.). New York, NY: Cambridge University Press.

Smith, G. T., Spillane, N. S., & Annus, A. M. (2006). Implications of an emerging integration of universal and culturally specific psychologies. *Perspectives on Psychological Science, 1*, 211-233.

Smith, J. C. (2007). The psychology of relaxation. In P. M. Lehrer, R. L. Woolfolk, & W. E. Sime (Eds.), *Principles and practice of stress management*. New York, NY: Guilford Press.

Smith, J. C., Nielson, K. A., Antuono, P., Lyons, J., Hanson, R. J., Butts, A. M., ... Verber, M. D. (2013). Semantic memory functional MRI and cognitive function after exercise intervention in mid cognitive impairment. *Journal of Alzheimer's Disease, 37*, 197-215. doi:10.3233/JAD-130467

Smith, M. R., Fogg, L. F., & Eastman, C. I. (2009). A compromise circadian phase position for permanent night work improves mood, fatigue, and performance. *Sleep: Journal of Sleep and Sleep Disorders Research, 32*(11), 1481-1489.

Smith, P. B. (2001). Cross-cultural studies of social influence. In D. Matsumoto (Ed.), *The handbook of culture and psychology*. New York, NY: Oxford University Press.

Smith, T. W. (2011). Measurement in health psychology research. In H. S. Friedman (Ed.), *Oxford handbook of health psychology*. New York, NY: Oxford University Press.

Smith, T. W., & Gallo, L. C. (2001). Personality traits as risk factors for physical illness. In A. Baum, T. A. Revenson, & J. E. Singer (Eds.), *Handbook of health psychology* (pp. 139-174). Mahwah, NJ: Erlbaum.

Smith, T. W., Gallo, L. C., Shivpuri, S., & Brewer, A. L. (2012). Personality and health: Current issues and emerging perspectives. In A. Baum, T. A. Revenson, & J. Singer (Eds.), *Handbook of health psychology* (2nd ed.). New York, NY: Psychology Press.

Smith, T. W., Williams, P. G., Segerstrom, S. C. (2015). Personality and physical health. In M. Mikulincer, P. R. Shaver, M. L. Cooper, & R. J. Larsen (Eds.), *APA handbook of personality and social psychology: Vol. 4. Personality processes and individual differences*. Washington, DC: American Psychological Association.

Smolak, L., & Murnen, S. K. (2001). Gender and eating problems. In R. H. Striegel-Moore & L. Smolak (Eds.), *Eating disorders: Innovative directions in research and practice* (pp. 91-110). Washington, DC: American Psychological Association.

Smrt, D. L., & Karau, S. J. (2011). Protestant work ethic moderates social loafing. *Group Dynamics: Theory, Research, and Practice, 15*, 267-274. doi:10.1037/a0024484

Smyth, J. M., Pennebaker, J. W., & Arigo, D. (2012). What are the health effects of disclosure? In A. Baum, T. A. Revenson, & J. Singer (Eds.), *Handbook of health psychology* (2nd ed.). New York, NY: Psychology Press.

Snedecor, S. M., Pomerleau, C. S., Mehringer, A. M., Ninowski, R., & Pomerleau, O. F. (2006). Differences in smoking-related variables based on phenylthiocabamide "taster" status. *Addictive Behaviors, 31*, 2309-2312.

Snow, C. E. (1998). Bilingualism and second language acquisition. In J. B. Gleason & N. B. Ratner (Eds.), *Psycholinguistics*. Fort Worth, TX: Harcourt College Publishers.

Snowden, L. R. (2012). Health and mental health policies' role in better understanding and closing African American-White American disparities in treatment access and quality of care. *American Psychologist, 67*, 524-531. doi:10.1037/a0030054

Snowden, L. R., & Hu, T. W. (1996). Outpatient service use in minorityserving mental health programs. *Administration and Policy in Mental Health, 24*, 149-159.

Snowden, L. R., & Yamada, A. (2005). Cultural differences in access to care. *Annual Review of Clinical Psychology, 1*, 143-166.

Soldatos, C. R., Allaert, F. A., Ohta, T., & Dikeos, D. G. (2005). How do individuals sleep around the world? Results from a single-day survey in ten countries. *Sleep Medicine, 6*, 5-13.

Solomon, S., Greenberg, J., & Pyszczynski, T. (1991). A terror management theory of social behavior: The psychological functions of self-esteem and cultural worldviews. In M. Zanna (Ed.), *Advances in experimental social psychology* (Vol. 24). Orlando, FL: Academic Press.

Solomon, S., Greenberg, J., & Pyszczynski, T. (2004). The cultural animal: Twenty years of terror management. In J. Greenberg, S. L. Koole, & T. Pyszczynski (Eds.), *Handbook of experimental existential psychology*. New York, NY: Guilford Press.

Solowij, N., Stephens, R. S., Roffman, R. A., Babor, T., Kadden, R., Miller, M., ... Vendetti, J. (2002). Cognitive functioning of long-term heavy cannabis users seeking treatment. *JAMA, 287*, 1123-1131.

Solso, R. L. (1994). *Cognition and the visual arts*. Cambridge, MA: MIT Press.

Somerville, L. H. (2013). The teenage brain: Sensitivity to social evaluation. *Current Directions in Psychological Science, 22*, 121-127. doi:10.1177/0963721413476512

Soto, C. J., John, O.P., Gosling, S. D., & Potter, J. (2011). Age differences in personality traits from 10 to 65: Big five domains and facets in a large cross-sectional sample. *Journal of Personality and Social Psychology, 100*, 330-348. doi:10.1037/a0021717

South, S. C., Reichborn-Kjennerud, T., Eaton, N. R., & Krueger, R. F. (2013). Genetics of personality. In H. Tennen, J. Suls, & I. B. Weiner (Eds.), *Handbook of psychology: Vol. 5. Personality and social psychology* (2nd ed.). New York, NY: Wiley.

South, S. C., Reichborn-Kjennerud, T., Eaton, N. R., & Krueger, R. F. (2015). Genetics of personality. In M. Mikulincer, P. R. Shaver, M. L. Cooper, & R. J. Larsen (Eds.), *APA handbook of personality and social psychology: Vol. 4. Personality processes and individual differences*. Washington, DC: American Psychological Association.

Spangler, W. D. (1992). Validity of questionnaire and TAT measures of need for achievement: Two metaanalyses. *Psychological Bulletin, 112*, 140-154.

Spanos, N. P. (1991). A sociocognitive approach to hypnosis. In S. J. Lynn & J. W. Rhue (Eds.), *Theories of hypnosis: Current models and perspectives* (pp. 324-361). New York, NY: Guilford Press.

Sparks, J. A., Duncan, B. L., & Miller, S. D. (2008). Common factors in psychotherapy. In J. L. Lebow (Ed.), *Twenty-first century psychotherapies: Contemporary approaches to theory and practice*. New York, NY: Wiley.

Spear, J. H. (2007). Prominent schools or other active specialties? A fresh look at some trends in psychology. *Review of General Psychology, 11*(4), 363-380. doi:10.1037/1089-2680.11.4.363.

Speed, A., & Gangestad, S. W. (1997). Romantic popularity and mate preferences: A peer-nomination study. *Personality and Social Psychology Bulletin, 23*, 928-936.

Spelke, E. S., & Kinzler, K. D. (2007). Core knowledge. *Developmental Science, 10*(1), 89-96.

Spelke, E. S., & Newport, E. L. (1998). Nativism, empiricism, and the development of knowledge. In W. Damon (Ed.), *Handbook of child psychology* (Vol. 1): *Theoretical models of human development*. New York, NY: Wiley.

Spence, I., Wong, P., Rusan, M., & Rastegar, N. (2006). How color enhances visual memory for natural scenes. *Psychological Science, 14*(1), 1-6.

Sperling, G. (1960). The information available in brief visual presentations. *Psychological Monographs, 74*(11, Whole nº 498).

Sperry, R. W. (1982). Some effects of disconnecting the cerebral hemispheres. *Science, 217*, 1223-1226, 1250.

Spiegel, D. (2003a). Hypnosis and traumatic dissociation: Therapeutic opportunities. *Journal of Trauma & Dissociation, 4*(3), 73-90.

Spiegel, D. (2003b). Negative and positive visual hypnotic hallucinations: Attending inside and out. *International Journal of Clinical & Experimental Hypnosis, 51*(2), 130-146.

Spiegel, D., Cutcomb, S., Ren, C., & Pribram, K. (1985). Hypnotic hallucination alters evoked potentials. *Journal of Abnormal Psychology, 94*, 249-255.

Spiegler, M. D. (2016). *Contemporary behavior therapy* (6th ed.). Belmont, CA: Wadsworth.

Spielman, L. J., Little, J. P., & Klegeris, A. (2014). Inflammation and insulin/ igf-1 resistance as the possible link between obesity and neurodegeneration. *Journal of*

Neuroimmunology, 273(1-2), 8-21. doi:10.1016/j.jneuroim.2014.06.004

Spielmans, G. I., & Kirsch, I. (2014). Drug approval and drug effectiveness. *Annual Review of Clinical Psychology, 10,* 741-766. doi:10.1146/annurev-clinpsy-050212-185533

Spitz, H. I. (2009). Group psychotherapy. In B. J. Sadock, V. A. Sadock, & P. Ruiz (Eds.), *Kaplan & Sadock's comprehensive textbook of psychiatry* (pp. 2832-2856). Philadelphia, PA: Lippincott Williams & Wilkins.

Sprecher, S. (2014). Effects of actual (manipulated) and perceived similarity on liking in get-acquainted interactions: The role of communication. *Communication Monographs, 81,* 4-27. doi:10.1080/03637751.2013.839884

Sprecher, S., & Duck, S. (1994). Sweet talk: The importance of perceived communication for romantic and friendship attraction experienced during a get-acquainted date. *Personality and Social Psychology Bulletin, 20,* 391-400.

Sprecher, S., Felmlee, D., Metts, S., & Cupach, W. (2015). Relationship initiation and development. In M. Mikulincer, P. R. Shaver, J. A. Simpson, & J. F. Dovidio (Eds.), *APA handbook of personality and social psychology Vol. 3: Interpersonal relations.* Washington, DC: American Psychological Association.

Sprenger, C., Eippert, F., Finsterbusch, J., Bingel, U., Rose, M., & Buchel, C. (2012). Attention modulates spinal cord responses to pain. *Current Biology, 22*(11), 1019-1022. doi:10.1016/j.cub.2012.04.006

Springer, S. P., & Deutsch, G. (1998). *Left brain, right brain.* New York, NY: W. H. Freeman.

Sproesser, G., Schupp, H. T., & Renner, B. (2014). The bright side of stress-induced eating: Eating more when stressed but less when pleased. *Psychological Science, 25*(1), 58-65. doi:10.1177/0956797613494849

Squire, L. R. (2004). Memory systems of the brain: A brief history and current perspective. *Neurobiology of Learning & Memory, 82*(3), 171-177.

Squire, L. R. (2009). Memory and brain systems: 1969-2009. *The Journal of Neuroscience, 29*(41), 12711-12716. doi:10.1523/JNEUROSCI.3575-09.2009

Squire, L. R., Knowlton, B., & Musen, G. (1993). The structure and organization of memory. *Annual Review of Psychology, 44,* 453-495.

Staats, A. W., & Staats, C. K. (1963). *Complex human behavior.* New York, NY: Holt, Rinehart & Winston.

Staddon, J. E. R., & Simmelhag, V. L. (1971). The "superstition" experiment: A reexamination of its implications for the principles of adaptive behavior. *Psychological Review, 78,* 3-43. doi:10.1037/h0030305

Stahre, M., Roeber, J., Kanny, D., Brewer, R. D., & Zhang, X. (2014). Contribution of excessive alcohol consumption to deaths and years of potential life lost in the United States. *Preventing Chronic Disease, 11,* 130293. doi:10.5888/pcd11.130293

Staley, J. K., & Krystal, J. H. (2009). Radiotracer imaging and positron emission topography and single photon emission computer topography. In B. J. Sadock, V. A. Sadock, & P. Ruiz (Eds.), *Kaplan & Sadock's comprehensive textbook of psychiatry* (9th ed., Vol. 1, pp. 42-64). Philadelphia, PA: Lippincott Williams & Wilkins.

Stanley, M. A., & Beidel, D. C. (2009). Behavior therapy. In B. J. Sadock, V. A. Sadock, & P. Ruiz (Eds.), *Kaplan & Sadock's comprehensive textbook of psychiatry* (pp. 2781-2803). Philadelphia, PA: Lippincott Williams & Wilkins.

Stanovich, K. E. (2004). *How to think straight about psychology.* Boston, MA: Allyn & Bacon.

Stanovich, K. E. (2012). On the distinction between rationality and intelligence: Implications for understanding individual differences in reasoning. In K. J. Holyoak, & R. G. Morrison (Eds.), *Oxford handbook of thinking and reasoning.* New York, NY: Oxford University Press.

Stanton, A. L., Lobel, M., Sears, S., & DeLuca, R. S. (2002). Psychosocial aspects of selected issues in women's reproductive health: Current status and future directions. *Journal of Consulting & Clinical Psychology, 70,* 751-770.

Starcevic, V. (2013). Is Internet addiction a useful concept? *Australian and New Zealand Journal of Psychiatry, 47,* 16-19. doi:10.1177/0004867412461693

Staub, E. (2014). Obeying, joining, following, resisting and other processes in Milgram's studies, and in the Holocaust and other genocides: Situations, personality, and bystanders. *Journal of Social Issues, 70,* 501-514. doi:10.1111/josi.12074

Steblay, N. K., Wells, G. L., & Douglass, A. B. (2014). The eyewitness post identification feedback effect 15 years later: Theoretical and policy implications. *Psychology, Public Policy, and Law, 20*(1), 1-18. doi:10.1037/law0000001

Steele, K. M. (2003). Do rats show a Mozart effect? *Music Perception, 21,* 251-265.

Steiger, H., Bruce, K. R., & Israël, M. (2013). Eating disorders: Anorexia nervosa, bulimia nervosa, and binge eating disorder. In G. Stricker, T. A. Widiger, & I. B. Weiner (Eds.), *Handbook of psychology: Vol. 8. Clinical psychology* (2nd ed.). New York, NY: Wiley.

Stein, B. E., Wallace, M. T., & Stanford, T. R. (2000). Brain mechanisms for synthesizing information from different sensory modalities. In E. B. Goldstein (Ed.), *Blackwell handbook of perception.* Malden, MA: Blackwell.

Stein, D. J., Craske, M. A., Friedman, M. J., & Phillips, K. A. (2014). Anxiety disorders, obsessive-compulsive and related disorders, traumaand stressorrelated disorders, and dissociative disorders in DSM-5. *The American Journal of Psychiatry, 171,* 611-613. doi:10.1176/appi.ajp.2014.14010003

Steinberg, L. (2008). A social neuroscience perspective on adolescent risktaking. *Developmental Review, 28*(1), 78-106. doi:10.1016/j.dr.2007.08.002

Steinberg, L., & Morris, A. S. (2001). Adolescent development. *Annual Review of Psychology, 52,* 83-110.

Stellar, E. (1954). The physiology of motivation. *Psychological Review, 61,* 5-22.

Steptoe, A., Shankar, A., Demakakos, P., & Wardle, J. (2013). Social isolation, loneliness, and all-cause mortality in older men and women. *PNAS Proceedings of the National Academy of Sciences of the United States of America, 110,* 5797-5801.

Sternberg, R. J. (1985). *Beyond IQ: A triarchic theory of human intelligence.* New York, NY: Cambridge University Press.

Sternberg, R. J. (1986). *Intelligence applied: Understanding and increasing your intellectual skills.* New York, NY: Harcourt Brace Jovanovich.

Sternberg, R. J. (1991). Theory-based testing of intellectual abilities: Rationale for the triarchic abilities test. In H. A. H. Rowe (Ed.), *Intelligence: Reconceptualization and measurement.* Hillsdale, NJ: Erlbaum.

Sternberg, R. J. (1999). The theory of successful intelligence. *Review of General Psychology, 3,* 292-316.

Sternberg, R. J. (2003a). Construct validity of the theory of successful intelligence. In R. J. Sternberg, J. Lautrey, & T. I. Lubart (Eds.), *Models of intelligence: International perspectives.* Washington, DC: American Psychological Association.

Sternberg, R. J. (2003b). My house is a very, very, very fine house-But it is not the only house. In H. Nyborg (Ed.), *The scientific study of general intelligence: Tribute to Arthur R. Jensen.* Oxford, UK: Pergamon.

Sternberg, R. J. (2004). Culture and Intelligence. *American Psychologist, 59,* 325-338.

Sternberg, R. J. (2005a). There are no public policy implications: A reply to Rushton and Jensen. *Psychology, Public Policy, and the Law, 11,* 295-301.

Sternberg, R. J. (2005b). The triarchic theory of successful intelligence. In D. P. Flanagan & P. L. Harrison (Eds.), *Contemporary intellectual assessment: Theories, tests and issues* (pp. 103-119). New York, NY: Guilford Press.

Sternberg, R. J. (2007). Intelligence and culture. In S. Kitayama & D. Cohen (Eds.), *Handbook of cultural psychology* (pp. 547-568). New York, NY: Guilford Press.

Sternberg, R. J. (2011). The theory of successful intelligence. In R. J. Sternberg, & S. B. Kaufman (Eds.), *Cambridge handbook of intelligence.* New York, NY: Cambridge University Press.

Sternberg, R. J. (2012). The triarchic theory of successful intelligence. In D. P. Flanagan, & P. L. Harrison (Eds.), *Contemporary intellectual assessment: Theories, tests, and issues* (3rd ed.). New York, NY: Guilford Press.

Sternberg, R. J., Conway, B. E., Ketron, J. L., & Bernstein, M. (1981). People's conceptions of intelligence. *Journal of Personality and Social Psychology, 41,* 37-55.

Sternberg, R. J., Grigorenko, E. L., & Kidd, K. K. (2005). Intelligence, race, and genetics. *American Psychologist, 60,* 45-69.

Stevenson, S. (2014). *Sleep smarter: 21 proven tips to sleep your way to a better body, better health and bigger success.* Florissant, MO: Model House Publishing.

Stewart, J. A., Russakoff, M., & Stewart, J. W. (2014). Pharmacotherapy, ECT, and TMS. In J. L. Cutler, (Ed.), *Psychiatry* (3rd ed) New York, NY: Oxford University Press.

Stewart, W. H., Jr., & Roth, P. L. (2007). A meta-analysis of achievement motivation differences between entrepreneurs and managers. *Journal of Small Business Management, 45,* 401-421.

Stickgold, R. (2013). Parsing the role of sleep in memory processing. *Current Opinion in Neurobiology, 23,* 847-853. doi:10.1016/j.conb.2013.04.002

Stickgold, R., & Walker, M. P. (2004). To sleep, perchance to gain creative insight. *Trends in Cognitive Sciences, 8*(5), 191-192.

Stickgold, R., & Walker, M. P. (2013). Sleep-dependent memory triage: Evolving generalization through selective processing. *Nature Neuroscience, 16,* 139-145. doi:10.1038/nn.3303

Stickgold, R., & Wamsley, E. J. (2011). Why we dream. In M. H. Kryger, T. Roth, & W. C. Dement (Eds.), *Principles and practice of sleep medicine* (5th ed.). Saint Louis, MO: Elsevier Saunders.

St. Jacques, P. L., & Schacter, D. L. (2013). Modifying memory: Selectively enhancing and updating personal memories for a museum tour by reactivating them. *Psychological Science, 24*, 537-543. doi:10.1177/0956797612457377

Stockman, A. (2010). Color mixing. In E. B. Goldstein (Ed.), *Encyclopedia of perception*. Thousand Oaks, CA: Sage.

Stoddard, F. J., Simon, N. M., & Pitman, R. K. (2014). Traumaand stressor-related disorders. In R. E. Hales, S. C. Yudofsky, & L. W. Roberts (Eds.), *The American Psychiatric Publishing textbook of psychiatry* (6th ed.). Washington, DC: American Psychiatric Publishing.

Stoddard, G. (1943). *The meaning of intelligence*. New York, NY: Macmillan.

Stoet, G., & Geary, D. C. (2013). Sex differences in mathematics and reading achievement are inversely related: Withinand across-nation assessment of 10 years of PISA data. *PLoS ONE, 8*, e57988. doi:10.1371/journal.pone.0057988

Stone, L. (1977). *The family, sex and marriage in England 1500-1800*. New York, NY: Harper & Row.

Stone, W. N. (2008). Group psychotherapy. In A. Tasman, J. Kay, J. A. Lieberman, M. B. First, & M. Maj (Eds.), *Psychiatry* (3rd ed.). New York, NY: Wiley-Blackwell.

Stoner, J. A. F. (1961). *A comparison of individual and group decisions involving risk*. Unpublished master's thesis, Massachusetts Institute of Technology.

Stoner, R., Chow, M. L., Boyle, M. P., Sunkin, S. M., Mouton, P. R., Roy, S., . . . Courchesne, E. (2014). Patches of disorganization in the neocortex of children with autism. *The New England Journal of Medicine, 370*, 1209-1219. doi:10.1056/NEJMoa1307491

Storandt, M. (2008). Cognitive deficits in the early stages of Alzheimer's disease. *Current Directions in Psychological Science, 17*(3), 198-202. doi:10.1111/j.1467-8721.2008.00574.x

Storm, B. C. (2011). The benefit of forgetting in thinking and remembering. *Current Directions in Psychological Science, 20*, 291-295. doi:10.1177/0963721411418469

Stowell, J. R., Robles, T. F., & Kane, H. S. (2013). Psychoneuroimmunology: Mechanisms, individuals differences, and interventions. In A. M. Nezu, C. M. Nezu, P. A. Geller, & I. B. Weiner (Eds.), *Handbook of psychology: Vol. 9. Health psychology* (2nd ed.). New York, NY: Wiley.

Strahan, E. J., Lafrance, A., Wilson, A. E., Ethier, N., Spencer, S. J., & Zanna, M. P. (2008). Victoria's dirty secret: How sociocultural norms influence adolescent girls and women. *Personality and Social Psychology Bulletin, 34*(2), 288-301.

Strange, D., Clifasefi, S., & Garry, M. (2007). False memories. In M. Garry & H. Hayne (Eds.), *Do justice and let the sky fall: Elizabeth F. Lotus and her contributions to science, law, and academic freedom*. Mahwah, NJ: Erlbaum.

Stranges, S., Tigbe, W., Gomez-Olive, F. X., Thorogood, M., & Kandala, N. (2012). Sleep problems: An emerging global epidemic? Findings from the INDEPTH WHO-SAGE study among more than 40,000 older adults from 8 countries across Africa and Asia. *SLEEP, 35*, 1173-1181.

Straus, M. A., Douglas, E. M., & Medeiros, R. A. (2014). *The primordial violence: Spanking children, psychological development, violence, and crime*. New York, NY: Routledge/Taylor & Francis Group.

Strayer, D. L., Drews, F. A., & Crouch, D. J. (2006). A comparison of the cell phone driver and the drunk driver. *Human Factors, 48*, 381-391.

Streissguth, A. (2007). Offspring effects of prenatal alcohol exposure from birth to 25 years: The Seattle prospective longitudinal study. *Journal of Clinical Psychology in Medical Settings, 14*, 81-101.

Strenze, T. (2007). Intelligence and socioeconomic success: A meta-analytic review of longitudinal research. *Intelligence, 35*, 401-426.

Strick, M., van Baaren, R. B., Holland, R. W., & van Knippenberg, A. (2009). Humor in advertisements enhances product liking by mere association. *Journal of Experimental Psychology: Applied, 15*, 35-45.

Striegel-Moore, R. H., & Bulik, C. M. (2007). Risk factors for eating disorders. *American Psychologist, 62*, 181-198.

Stroebe, W., van Koningsbruggen, G. M., Papies, E. K., & Aarts, H. (2013). Why most dieters fail but some succeed: A goal conflict model of eating behavior. *Psychological Review, 120*(1), 110-138. doi:10.1037/a0030849

Stroup, T. S., Lawrence, R. E., Abbas, A. I., Miller, B. R., Perkins, D. O., & Lieberman, J. A. (2014). Schizophrenia spectrum and other psychotic disorders. In R. E. Hales, S. C. Yudofsky, & L. W. Roberts (Eds.), *The American Psychiatric Publishing textbook of psychiatry* (6th ed., pp. 273-310). Washington, DC: American Psychiatric Publishing.

Stubbe, J. H., Posthuma, D., Boomsma, D. I., & de Geus, E. J. C. (2005). Heritability of life satisfaction in adults: A twin study. *Psychological Medicine, 35*, 1581-1588.

Stunkard, A. J., Harris, J. R., Pederson, N. L., & McClearn, G. E. (1990). The body-mass index of twins who have been reared apart. *New England Journal of Medicine, 322*, 1483-1487.

Sturgis, P. (2006). Surveys and sampling. In G. M. Breakwell, S. Hammond, C. Fife-Schaw, & J. A. Smith (Eds.), *Research methods in psychology* (3rd ed.). London, UK: Sage.

Subotnik, K. L., Nuechterlein, K. H., Ventura, J., Gitlin, M. J., Marder, S., Mintz, J., ... Singh, I. R. (2011). Risperidone nonadherence and return of positive symptoms in the early course of schizophrenia. *American Journal of Psychiatry, 168*(3), 286-292.

Sue, D. W. (2010). Microaggressions, marginality, and oppression: An introduction. In D. W. Sue (Ed.), *Microaggressions and marginality: Manifestation, dynamics, and impact*. Hoboken, NJ: Wiley.

Sue, D. W., & Sue, D. (1999). *Counseling the culturally different: Theory and practice*. New York, NY: Wiley.

Sue, S. (2003). In defense of cultural competency in psychotherapy and treatment. *American Psychologist, 58*, 964-970.

Sue, S., Cheng, J. Y., Saad, C. S., & Chu, J. P. (2012). Asian American mental health: A call to action. *American Psychologist, 67*, 532-544. doi:10.1037/a0028900

Sue, S., Zane, N., & Young, K. (1994). Research on psychotherapy with culturally diverse populations. In A. E. Bergin & S. L. Garfield (Eds.), *Handbook of psychotherapy and behavior change* (4th ed.). New York, NY: Wiley.

Sufka, K. J., & Price, D. D. (2002). Gate control theory reconsidered. *Brain & Mind, 3*, 277-290.

Sugita, Y. (2009). Innate face processing. *Current Opinion in Neurobiology, 19*(1), 39-44. doi:10.1016/j.conb.2009.03.001

Sugiyama, L. S. (2005). Physical attractiveness in adaptionist perspective. In D. M. Buss (Ed.), *The handbook of evolutionary psychology*. New York, NY: Wiley.

Suglia, S. F., Kara, S., & Robinson, W. R. (2014). Sleep duration and obesity among adolescents transitioning to adulthood: Do results differ by sex? *The Journal of Pediatrics, 165*, 750-754. doi:10.1016/j.jpeds.2014.06.052

Sullivan, P. F., Magnusson, C., Reichenberg, A., Boman, M., Dalman, C., Davidson, M., ... Lichtenstein, P. (2012). Family history of schizophrenia and bipolar disorder as risk factors for autism. *JAMA Psychiatry, 69*, 1099-1103.

Suls, J. M., Luger, T., & Martin, R. (2010). The biopsychosocial model and the use of theory in health psychology. In J. M. Suls, K. W. Davidson, & R. M. Kaplan (Eds.), *Handbook of health psychology and behavioral medicine* (pp. 15-27). New York, NY: Guilford Press.

Sundie, J. M., Kenrick, D. T., Griskevicius, V., Tybur, J. M., Vohs, K. D., & Beal, D. J. (2011). Peacocks, Porsches, and Thorstein Veblen: Conspicuous consumption as a sexual signaling system. *Journal of Personality and Social Psychology, 100*, 664-680. doi:10.1037/a0021669

Super, C. M. (1976). Environmental effects on motor development: A case of African infant precocity. *Developmental Medicine and Child Neurology, 18*, 561-567.

Surtees, P., & Wainwright, N. (2007). Life events and health. In G. Fink (Ed.), *Encyclopedia of stress*. San Diego, CA: Elsevier.

Surtees, P., Wainwright, N., Luben, R., Wareham, N., Bingham, S., & Khaw, K. (2008). Depression and ischemic heart disease mortality: Evidence from the EPIC-Norfolk United Kingdom Prospective Cohort Study. *American Journal of Psychiatry, 165*(4), 515-523.

Susman, E. J., & Dorn, L. D. (2013). Puberty: Its role in development. In R. M. Lerner, M. A. Easterbrooks, J. Mistry, & I. B. Weiner (Eds.), *Handbook of psychology: Vol. 6. Developmental psychology*. New York, NY: Wiley.

Susman, E. J., Dorn, L. D., & Schiefelbein, V. L. (2003). Puberty, sexuality, and health. In R. M. Lerner, M. A. Easterbrooks, & J. Mistry (Eds.), *Handbook of psychology: Vol. 6. Developmental psychology*. New York, NY: Wiley.

Susser, E. B., Neugebauer, R., Hoek, H. W., Brown, A. S., Lin, S., Labovitz, D., & Gorman, J. M. (1996). Schizophrenia after prenatal famine: Further evidence. *Archives of General Psychiatry, 53*, 25-31.

Sussman, A. B., Petkova, K., & Todorov, A. (2013). Competence ratings in U.S. predict presidential election outcomes in Bulgaria. *Journal of Experimental Social Psychology, 49*, 771-775. doi:10.1016/j.jesp.2013.02.003

Sussman, N. (2009). Selective serotonin reuptake inhibitors. In B. J. Sadock, V. A. Sadock, & P. Ruiz (Eds.), *Kaplan & Sadock's comprehensive textbook of psychiatry* (pp. 3190-3205). Philadelphia, PA: Lippincott Williams & Wilkins.

Sutker, P. B., & Allain, A. J. (2001). Antisocial personality disorder. In P. B. Sutker, H. E. Adams, P. B. Sutker, & H. E. Adams (Eds.), *Comprehensive handbook of psychopathology* (3rd ed.). New York, NY: Kluwer Academic/Plenum.

Suzuki, L. A., Short, E. L., & Lee, C. S. (2011). Racial and ethnic group differences in intelligence in the United States. In R. J. Sternberg, & S. B. Kaufman (Eds.), *Cambridge handbook of intelligence*. New York, NY: Cambridge University Press.

Swan, G. E., Hudmon, K. S., & Khroyan, T. V. (2003). Tobacco dependence. In A. M. Nezu, C. M. Nezu, & P. A. Geller (Eds.), *Handbook of psychology: Vol. 9. Health Psychology*. New York, NY: Wiley.

Swanson, J. W., McGinty, E. M., Fazel, S., & Mays, V. M. (2014). Mental illness and reduction of gun violence and suicide: Bringing epidemiologic research to policy. *Annals of Epidemiology, 30*, 1-11. doi:10.1016/j.annepidem.2014.03.004

Swanson, S. A., Crow, S. J., Le Grange, D., Swendsen, J., & Merikangas, K. R. (2011). Prevalence and correlates of eating disorders in adolescents: Results from the national comorbidity survey replication adolescent supplement. *Archives of General Psychiatry, 68*, 714-723.

Sweldens, S., Corneille, O., & Yzerbyt, V. (2014). The role of awareness in attitude formation through evaluative conditioning. *Personality and Social Psychology Review, 18*, 187-209. doi:10.1177/1088868314527832

Swibel, M. (2006, July 3). Bad girl interrupted. *Forbes*. Retrieved from www.forbes.com/forbes/2006/0703/118.html

Swim, J. K., & Sanna, L. J. (1996). He's skilled, she's lucky: A metaanalysis of observers' attributions for women's and men's successes and failures. *Personality and Social Psychology Bulletin, 22*, 507-519.

Szasz, T. (1974). *The myth of mental illness*. New York, NY: Harper & Row.

Szasz, T. (1990). Law and psychiatry: The problems that will not go away. *The Journal of Mind and Behavior, 11*(3/4), 557-564.

Szczytkowski, J. L., & Lysle, D. T. (2011). Conditioned immunomodulation. In T. R. Schachtman, & S. Reilly (Eds.), *Associative learning and condition theory: Human and non-human applications*. New York, NY: Oxford University Press.

Szigethy, E. M., & Friedman, E. S. (2009). Combined psychotherapy and pharmacology. In B. J. Sadock, V. A. Sadock, & P. Ruiz (Eds.), *Kaplan & Sadock's comprehensive textbook of psychiatry* (pp. 2923-2931). Philadelphia, PA: Lippincott Williams & Wilkins.

Szpunar, K. K., & McDermott, K. B. (2009). Episodic memory: An evolving concept. In J. H. Byrne (Ed.), *Concise learning and memory: The editor's selection*. San Diego, CA: Elsevier.

Szymusiak, R. (2009). Thermoregulation during sleep and sleep deprivation. In R. Stickgold & M. P. Walker (Eds.), *The neuroscience of sleep* (pp. 218-222). San Diego, CA: Academic Press.

Tach, L., & Halpern-Meekin, S. (2009). How does premarital cohabitation affect trajectories of marital quality? *Journal of Marriage and Family, 71*(2), 298-317. doi:10.1111/j.1741-3737.2009.00600.x

Tadmor, C. T., Galinsky, A. D., & Maddux, W. W. (2012). Getting the most out of living abroad: Biculturalism and integrative complexity as key drivers of creative and professional success. *Journal of Personality and Social Psychology, 103*, 520-542. doi:10.1037/a0029360

Tait, D. M., & Carroll, J. (2010). Color deficiency. In E. B. Goldstein (Ed.), *Encyclopedia of perception*. Thousand Oaks, CA: Sage.

Taki, Y., Hashizume, H., Sassa, Y., Takeuchi, H., Asano, M., Asano, K., ... Kawashima, R. (2012). Correlation among body height, intelligence, and brain gray matter volume in healthy children. *Neuroimage, 59*, 1023-1027. doi:10.1016/j.neuroimage.2011.08.092

Talarico, J. M., & Rubin, D. C. (2003). Confidence, not consistency, characterizes flashbulb memories. *Psychological Science, 14*, 455-461.

Talarico, J. M., & Rubin, D. C. (2007). Flashbulb memories are special after all; in phenomenology, not accuracy. *Applied Cognitive Psychology, 21*, 557-578.

Talarico, J. M., & Rubin, D. C. (2009). Flashbulb memories result from ordinary memory processes and extraordinary event characteristics. In O. Luminet & A. Curci (Eds.), *Flashbulb memories: New issues and new perspectives* (pp. 79-97). New York, NY: Psychology Press.

Talati, A., Bao, Y., Kaufman, J., Shen, L., Schaefer, C. A., & Brown, A. S. (2013). Maternal smoking during pregnancy and bipolar disorder in offspring. *American Journal of Psychiatry, 170*, 1178-1185.

Talbott, J. A. (2004). Deinstitutionalization: Avoiding the disasters of the past. *Psychiatric Services, 55*, 1112-1115.

Talma, H., Schonbeck, Y., van Dommelen, P., Bakker, B., van Buuren, S., & Hirasang, R. A. (2013). Trends in menarcheal age between 1955 and 2009 in the Netherlands. *PLoS ONE, 8*, e60056. doi:10.1371/journal.pone.0060056

Talwar, S.K., Xu, S., Hawley, E. S., Weiss, S. A., Moxon, K. A., & Chapin, J. K. (2002). Behavioural neuroscience: Rat navigation guided by remote control. *Nature, 417*, 37-38.

Tamakoshi, A., Ohno, Y., & JACC Study Group. (2004). Self-reported sleep duration as a predictor of allcause mortality: Results from JACC study, Japan. *Sleep: A Journal of Sleep and Sleep Disorders Research, 27*, 51-54.

Tamis-LeMonda, C. S., Kuchirko, Y., & Song, L. (2014). Why is infant language learning facilitated by parental responsiveness? *Current Directions in Psychological Science, 23*, 121-126. doi:10.1177/0963721414522813

Tanaka, J., Weiskopf, D., & Williams, P. (2001). The role of color in highlevel vision. *Trends in Cognitive Sciences, 5*, 211-215.

Tang, J., Yu, Y., Du, Y., Ma, Y., Zhang, D., & Wang, J. (2014). Prevalence of Internet addiction and its association with stressful life events and psychological symptoms among adolescent Internet users. *Addictive Behaviors, 39*, 744-747. doi:10.1016/j.addbeh.2013.12.010

Taormina, R. J., & Gao, J. H. (2013). Maslow and the motivation hierarchy: Measuring satisfaction of the needs. *The American Journal of Psychology, 126*(2), 155-177. doi:10.5406/amerjpsyc.126.2.0155

Tarabulsy, G. M., Pearson, J., Vaillancourt-Morel, M., Bussieres, E., Madigan, S., Lemelin, J., ... Royer, (2014). Meta-analytic findings of the relation between maternal prenatal stress and anxiety and child cognitive outcome. *Journal of Developmental and Behavioral Pediatrics, 35*, 38-43.

Tart, C. T. (1988). From spontaneous event to lucidity: A review of attempts to consciously control nocturnal dreaming. In J. Gackenbach & S. LaBerge (Eds.), *Conscious mind, sleeping brain: Perspectives on lucid dreaming*. New York, NY: Plenum.

Tavris, C. (1998, September 13). Peer pressure (Review of *The Nurture Assumption*). *The New York Times Book Review, 103*, p. 14.

Taylor, E. (2001). Positive psychology and humanistic psychology: A reply to Seligman. *Journal of Humanistic Psychology, 41*(1), 13-29.

Taylor, L. S., Fiore, A. T., Mendelsohn, A., & Cheshire, C. (2011). "Out of my league": A real-world test of the matching hypothesis. *Personality and Social Psychology Bulletin, 37*, 942-954. doi:10.1177/0146167211409947

Taylor, S. E. (2011). Positive illusions: How ordinary people become extraordinary. In M. Gernsbacher, R. W. Pew, L. M. Hough, & J. R. Pomerantz (Eds.), *Psychology and the real world: Essays illustrating fundamental contributions to society*. New York, NY: Worth Publishers.

Taylor, S. E. (2015). Social cognition and health. In M. Mikulincer, P. R. Shaver, E. Borgida, & J. A. Bargh (Eds.), *APA handbook of personality and social psychology: Vol. 1. Attitudes and social cognition*. Washington, DC: American Psychological Association.

Taylor, S. E., & Brown, J. D. (1994). Positive illusions and well-being revisited: Separating fact from fiction. *Psychological Bulletin, 116*, 21-27.

Taylor, S. E., Welch, W. T., Kim, H. S., & Sherman, D. K. (2007). Cultural differences in the impact of social support on psychological and biological stress responses. *Psychological Science, 18*(9), 831-837. doi:10.1111/j.1467-9280.2007.01987.x

Teachman, J. (2003). Premarital sex, premarital cohabitation and the risk of subsequent marital dissolution among women. *Journal of Marriage and Family, 65*(2), 444-455. doi:10.1111/j.1741-3737.2003.00444.x

Tedlock, L. B. (1992). Zuni and Quiche dream sharing and interpreting. In B. Tedlock (Ed.), *Dreaming: Anthropoligical and psychological interpretations*. Santa Fe, NM: School of American Research Press.

Temoshok, L. (2011). HIV/AIDS. In H. S. Friedman (Ed.), *Oxford handbook of health psychology*. New York, NY: Oxford University Press.

Temple, J. L., Giacomelli, A. M., Roemmich, J. N., & Epstein, L. H. (2008). Dietary variety impairs habituation in children. *Health Psychology, 27*, S10-S19.

Terman, L. (1916). *The measurement of intelligence: An explanation of and a complete guide for the use of the Stanford revision and extension of the Binet-Simon Intelligence Scale*. Boston, MA: Houghton Mifflin.

Terr, L. (1994). *Unchained memories*. New York, NY: Basic Books.

Terracciano, A., Abdel-Khalak, A. M., Adam, N., Adamovova, L., Ahn, C. K., Ahn, H. N., ... McCrae, R. R. (2005). National character does not reflect mean personality trait levels in 49 cultures. *Science, 310*, 96-100.

Teuber, M. (1974). Sources of ambiguity in the prints of Maurits C. Escher. *Scientific American, 231*, 90-104.

Thames, A. D., Arbid, N., & Sayegh, P. (2014). Cannabis use and neurocognitive functioning in a non-clinical sample of users. *Addictive Behaviors, 39*, 994-999. doi:10.1016/j.addbeh.2014.01.019

Thase, M. E. (2009). Selective serotonin-norepinephrine reuptake inhibitors. In B. J. Sadock, V. A. Sadock, & P. Ruiz (Eds.), *Kaplan & Sadock's comprehensive textbook of psychiatry* (pp. 3184-3189). Philadelphia, PA: Lippincott Williams & Wilkins.

Thase, M. E. (2012). Social skills training for depression and comparative efficacy research: A 30-year retrospective. *Behavior Modification, 36*, 545-557. doi:10.1177/0145445512445610

Thase, M. E., Hahn, C., & Berton, O. (2014). Neurobiological aspects of depression. In I. H. Gotlib & C.

L. Hammen (Eds.), *Handbook of depression* (3rd ed.). New York, NY: Guilford Press.

Thayer, A., & Lynn, S. J. (2006). Guided imagery and recovered memory therapy: Considerations and cautions. *Journal of Forensic Psychology Practice, 6*, 63-73.

Thelen, E. (1995). Motor development: A new synthesis. *American Psychologist, 50*, 79-95.

Thies, W., & Bleiler, L. (2013). 2013 Alzheimer's disease facts and figures. *Alzheimer's and Dementia, 9*, 208-245. doi:10.1016/j.jalz.2013.02.003

Thomas, D. R. (1992). Discrimination and generalization. In L. R. Squire (Ed.), *Encyclopedia of learning and memory*. New York, NY: Macmillan.

Thompson, J. K., & Stice, E. (2001). Thin-ideal internalization: Mounting evidence for a new risk factor for body-image disturbance and eating pathology. *Current Directions in Psychological Science, 10*(5), 181-183.

Thompson, M. A., Aberg, J. A., Hoy, J. F., Telenti, A., Benson, C., Cahn, P., ... Volberding, P. A. (2012). Antiretroviral treatment of adult HIV infection: 2012 recommendations of the International Antiviral Society: USA Panel. *JAMA, 308*, 387-402.

Thompson, R. A. (2008). Measure twice, cut once: Attachment theory and the NICHD Study of Early Child Care and Youth Development. *Attachment & Human Development, 10*, 287-297. doi:10.1080/14616730802113604

Thompson, R. A. (2013). Attachment theory and research: Precis and prospect. In P. D. Zelazo (Ed.), *Oxford handbook of developmental psychology: Vol. 2. Self and other*. New York, NY: Oxford University Press.

Thompson, R. A., & Nelson, C. A. (2001). Developmental science and the media: Early brain development. *American Psychologist, 56*, 5-15.

Thompson, R. F. (1992). Memory. *Current Opinion in Neurobiology, 2*, 203-208.

Thompson, R. F. (2005). In search of memory traces. *Annual Review of Psychology, 56*, 1-23.

Thompson, R. F. (2013). An essential memory trace found. *Behavioral Neuroscience, 127*, 669-675. doi:10.1037/a0033978

Thornhill, R. (1976). Sexual selection and nuptial feeding behavior in *Bittacus apicalis* (Insecta: Mecoptera). *American Naturalist, 110*, 529-548.

Thornton, B., & Maurice, J. K. (1999). Physical attractiveness contrast effect and the moderating influence of self-consciousness. *Sex Roles, 40*, 379-392.

Thorson, J. A., & Powell, F. C. (2000). Death anxiety in younger and older adults. In A. Tomer (Ed.), *Death attitudes and the older adult: Theories, concepts, and applications*. Philadelphia, PA: Brunner-Routledge.

Thun, M. J., Apicella, L. F., & Henley, S. J. (2000). Smoking vs. other risk factors as the cause of smoking-attributable deaths: Confounding in the courtroom. *JAMA, 284*, 706-712.

Thun, M. J., Carter, B. D., Freskanich, D., Freedman, N. D., Prentice, R., Lopez, A. D., ... Gapstur, S. M. (2013). 50-year trends in smokingrelated mortality in the United States. *The New England Journal of Medicine, 368*, 351-364. doi:10.1056/NEJMsa1211127

Till, B. D., & Priluck, R. L. (2000). Stimulus generalization in classical conditioning: An initial investigation and extension. *Psychology and Marketing, 17*, 55-72.

Tims, M., Bakker, A. B., & Derks, D. (2014). Daily job crafting and the self-efficacy: Performance relationship. *Journal of Managerial Psychology, 29*, 490-507. doi:10.1108/JMP-05-2012-0148

Tinti, C., Schmidt, S., Testa, S., & Levine, L. J. (2014). Distinct processes shape flashbulb and event memories. *Memory & Cognition, 42*, 539-551. doi:10.3758/s13421-013-0383-9

Titsworth, B. S., & Kiewra, K. A. (2004). Spoken organizational lecture cues and student notetaking as facilitators of student learning. *Contemporary Educational Psychology, 29*, 447-461.

Todd, J. T., & Morris, E. K. (1992). Case histories in the great power of steady misrepresentation. *American Psychologist, 47*, 1441-1453.

Tolman, E. C. (1932). *Purposive behavior in animals and men*. New York, NY: Appleton-Century-Crofts.

Tolman, E. C. (1938). The determiners of behavior at a choice point. *Psychological Reviews, 45*, 1-41.

Tolman, E. C. (1948). Cognitive maps in rats and men. *Psychological Review, 55*, 189-208.

Tolman, E. C., & Honzik, C. H. (1930). Introduction and removal of reward, and maze performance in rats. *University of California Publications in Psychology, 4*, 257-275.

Tolstrup, J. S., Stephens, R., & Gronbaek, M. (2014). Does the severity of hangovers decline with age? Survey of the incidence of hangover in different age groups. *Alcoholism: Clinical and Experimental Research, 38*(2), 466-470. doi:10.1111/acer.12238.

Tomassy, G. S., Berger, D. R., Chen, H., Kasthuri, N., Hayworth, K. J., Vercelli, A., ... Arlotta, P. (2014). Distinct profiles of myelin distribution along single axons of pyramidal neurons in the neocortex. *Science, 344*, 319-324. doi:10.1126/science.1249766

Tomkins, S. S. (1980). Affect as amplification: Some modifications in theory. In R. Plutchik & H. Kellerman (Eds.), *Emotion: Theory, research and experience* (Vol. 1). New York, NY: Academic Press.

Tomkins, S. S. (1991). *Affect, imagery, consciousness: Volume III. Anger and fear*. New York, NY: Springer-Verlag.

Tomko, R. L., Trull, T. J., Wood, P. K., & Sher, K. J. (2014). Characteristics of borderline personality disorder in a community sample: Comorbidity, treatment utilization, and general functioning. *Journal of Personality Disorders, 28*, 734-750. doi:10.1521/pedi_2012_26_093

Torgersen, S. (1979). The nature and origin of common phobic fears. *British Journal of Psychiatry, 119*, 343-351.

Torgersen, S. (1983). Genetic factors in anxiety disorders. *Archives of General Psychiatry, 40*, 1085-1089.

Torgersen, S. (2012). Epidemiology. In T. A. Widiger (Ed.), *The Oxford handbook of personality disorders*. New York, NY: Oxford University Press.

Tormala, Z. L., & Petty, R. E. (2002). What doesn't kill me makes me stronger: The effects of resisting persuasion on attitude certainty. *Journal of Personality and Social Psychology, 83*, 1298-1313.

Tormala, Z. L., & Petty, R. E. (2004). Resistance to persuasion and attitude certainty: The moderating role of elaboration. *Personality and Social Psychology Bulletin, 30*, 1446-1457.

Torrey, E. F. (1992). *Freudian fraud: The malignant effect of Freud's theory on American thought and culture*. New York, NY: Harper Perennial.

Torrey, E. F. (2014). *American psychosis: How the federal government destroyed the mental illness treatment system*. New York, NY: Oxford University Press.

Tourangeau, R. (2004). Survey research and societal change. *Annual Review of Psychology, 55*, 775-801.

Tourangeau, R., & Yan, T. (2007). Sensitive questions in surveys. *Psychological Bulletin, 133*, 859-883.

Tov, W., & Diener, E. (2007). Culture and subjective well-being. In S. Kitayama & D. Cohen (Eds.), *Handbook of cultural psychology*. New York, NY: Guilford Press.

Toyota, H., & Kikuchi, Y. (2004). Selfgenerated elaboration and spacing effects on incidental memory. *Perceptual and Motor Skills, 99*, 1193-1200.

Toyota, H., & Kikuchi, Y. (2005). Encoding richness of self-generated elaboration and spacing effects on incidental memory. *Perceptual and Motor Skills, 101*, 621-627.

Trace, S. E., Baker, J. H., Peñas-Lledó, E., & Bulik, C. M. (2013). The genetics of eating disorders. *Annual review of clinical psychology, 9*, 589-620. doi:10.1146/annurevclinpsy-050212-185546

Treadway, M. T., Waskom, M. L., Dillon, D. G., Holmes, A. J., Park, M. M., Chakravarty, M. M., ... Pizzagalli, D. A. (2015). Illness progression, recent stress, and morphometry of hippocampal subfields and medial prefrontal cortex in major depression. *Biological Psychiatry, 77*(3), 285-294. doi:10.1016/j.biopsych.2014.06.018

Triandis, H. C. (1989). Self and social behavior in differing cultural contexts. *Psychological Review, 96*, 269-289.

Triandis, H. C. (1994). *Culture and social behavior*. New York, NY: McGraw-Hill.

Triandis, H. C. (2001). Individualism and collectivism: Past, present, and future. In D. Matsumoto (Ed.), *The handbook of culture and psychology*. New York, NY: Oxford University Press.

Triandis, H. C. (2007). Culture and psychology: A history of the study of their relationship. In S. Kitayama & D. Cohen (Eds.), *Handbook of cultural psychology*. New York, NY: Guilford Press.

Triandis, H. C., & Gelfand, M. J. (2012). A theory of individualism and collectivism. In P. A. M. Van Lange, A. W. Kruglanski, & E. T. Higgins (Eds.), *Handbook of theories of social psychology* (Vol. 2). Thousand Oaks, CA: Sage.

Trivers, R. L. (1972). Parental investment and sexual selection. In B. Campbell (Ed.), *Sexual selection and the descent of man*. Chicago, IL: Aldine.

Trull, T. J., Carpenter, R. W., & Widiger, T. A. (2013). Personality disorders. In T. A. Widiger, G. Stricker, I. B. Weiner, G. Stricker, T. A. Widiger, & I. B. Weiner (Eds.), *Handbook of psychology: Vol. 8. Clinical psychology* (2nd ed.). New York, NY: Wiley.

Trull, T. J., Jahng, S., Tomko, R. L., Wood, P. K., & Sher, K. J. (2010). Revised NESARC personality disorder diagnoses: Gender, prevalence, and comorbidity with substance dependence disorders. *Journal of Personality Disorders, 24*, 412-426. doi:10.1521/pedi.2010.24.4.412

Tsankova, N., Renthal, W., Kumar, A., & Nestler, E. J. (2007). Epigenetic regulation in psychiatric disorders. *Nature Reviews Neuroscience, 8*(5), 355-367.

Tschernegg, M., Crone, J. S., Eigenberger, T., Schwartenbeck, P., Fauth-Bühler, M., Lemènager,

T., ... Kronbichler, M. (2013). Abnormalities of functional brain networks in pathological gambling: A graph-theoretical approach. *Frontiers in Human Neuroscience, 7.* doi:10.3389/fnhum.2013.00625.

Tse, P. U., & Palmer, S. E. (2013). Visual object processing. In A. F. Healy, R. W. Proctor, & I. B. Weiner (Eds.), *Handbook of psychology: Vol. 4. Experimental psychology* (2nd ed.). New York, NY: Wiley.

Tucker, A. M., Dinges, D. F., & Van Dongen, H. P. A. (2007). Trait interindividual differences in the sleep physiology of healthy young adults. *Journal of Sleep Research, 16,* 170-180.

Tucker-Drob, E. M., Briley, D. A., & Harden, K. P. (2013). Genetic and environmental influences on cognition across development and context. *Current Directions in Psychological Science, 22,* 349-355. doi:10.1177/0963721413485087

Tucker-Drob, E. M., Rhemtulla, M., Harden, K. P., Turkheimer, E., & Fask, D. (2011). Emergence of a gene X socioeconomic status interaction on infant mental ability between 10 months and 2 years. *Psychological Science, 22*(1), 125-133. doi:10.1177/0956797610392926

Tuckey, M. R., & Brewer, N. (2003). The influence of schemas, stimulus ambiguity, and interview schedule on eyewitness memory over time. *Journal of Experimental Psychology: Applied, 9,* 101-118.

Tugade, M. M., Devlin, H. C., & Fredrickson, B. L. (2014). Infusing positive emotions into life: The broaden-andbuild theory and dual-process model of resilience. In M. M. Tugade, M. N. Shiota, & L. D. Kirby (Eds.), *Handbook of positive emotions.* New York, NY: Guilford Press.

Tugade, M. M., & Fredrickson, B. L. (2004). Resilient individuals use positive emotions to bounce back from negative emotional experiences. *Journal of Personality and Social Psychology, 86,* 320-333.

Tulving, E. (1993). What is episodic memory? *Current Directions in Psychological Science, 2*(3), 67-70.

Tulving, E. (2001). Origin of autonoesis in episodic memory. In H. L. Roediger III, J. S. Nairne, I. Neath, & A. M. Surprenant (Eds.), *The nature of remembering: Essays in honor of Robert G. Crowder* (pp. 17-34). Washington, DC: American Psychological Association.

Tulving, E. (2002). Episodic memory: From mind to brain. *Annual Review of Psychology, 53,* 1-25.

Tulving, E., & Thomson, D. M. (1973). Encoding specificity and retrieval processes in episodic memory. *Psychological Review, 80,* 352-373.

Turk, D. C., & Okifuji, A. (2003). Pain management. In A. M. Nezu, C. M. Nezu, & P. A. Geller (Eds.), *Handbook of psychology: Vol. 9. Health psychology.* New York, NY: Wiley.

Turk-Browne, N. B. (2013). Functional interactions as big data in the human brain. *Science, 342,* 580-584. doi:10.1126/science.1238409

Turkle, S. (2011). *Alone together: Why we expect more from technology and less from each other.* New York, NY: Basic Books.

Turner, E. H., Matthews, A. M., Linardos, E., Tell, R. A., & Rosenthal, R. (2008). Selective publication of antidepressant trials and its influence on apparent efficacy. *New England Journal of Medicine, 358,* 252-260.

Turner, J. C. (2006). Tyranny, freedom and social structure: Escaping our theoretical prisons. *British Journal of Social Psychology, 25,* 41-46.

Turner, J. R., & Wheaton, B. (1995). Checklist measurement of stressful life events. In S. Cohen, R. C. Kessler, & L. U. Gordon (Eds.), *Measuring stress: A guide for health and social scientists.* New York, NY: Oxford University Press.

Tversky, A., & Kahneman, D. (1973). Availability: A heuristic for judging frequency and probability. *Cognitive Psychology, 5,* 207-232.

Tversky, A., & Kahneman, D. (1974). Judgments under uncertainty: Heuristics and biases. *Science, 185,* 1124-1131.

Tversky, A., & Kahneman, D. (1982). Judgment under uncertainty: Heuristics and biases. In D. Kahneman, P. Slovic, & A. Tversky (Eds.), *Judgment under uncertainty: Heuristics and biases.* New York, NY: Cambridge University Press.

Tversky, A., & Kahneman, D. (1983). Extensional versus intuitive reasoning: The conjunction fallacy in probability judgment. *Psychological Review, 90,* 283-315.

Tversky, A., & Kahneman, D. (1988). Rational choice and the framing of decisions. In D. E. Bell, H. Raiffa, & A. Tversky (Eds.), *Decision making: Descriptive, normative, and prescriptive interactions.* New York, NY: Cambridge University Press.

Tversky, A., & Kahneman, D. (1991). Loss aversion in riskless choice: A reference-dependent model. *Quarterly Journal of Economics, 106,* 1039-1061.

Twenge, J. M. (2015). Time period and birth cohort differences in depressive symptoms in the U.S., 1982-2013. *Social Indicators Research, 121,* 437-454. doi:10.1007/s11205-014-0647-1

Twenge, J. M., & Campbell, W. (2009). *The narcissism epidemic: Living in the age of enlightenment.* New York, NY: Free Press.

Twenge, J. M., & Kasser, T. (2013). Generational changes in materialism and work centrality, 1976-2007: Associations with temporal changes in societal insecurity and materialistic role modeling. *Personality and Social Psychology Bulletin, 39,* 883-897. doi:10.1177/0146167213484586

Twenge, J. M., Campbell, W. K., & Foster, C. A. (2003). Parenthood and marital satisfaction: A meta-analytic review. *Journal of Marriage and the Family, 65,* 574-583.

Twenge, J. M., Gentile, B., & Campbell, W. K. (2015). Birth cohort differences in personality. In M. Mikulincer, P. R. Shaver, M. L. Cooper, & R. J. Larsen (Eds.), *APA handbook of personality and social psychology: Vol. 4. Personality processes and individual differences.* Washington, DC: American Psychological Association.

Twenge, J. M., Konrath, S., Foster, J. D., Campbell, W., & Bushman, B. J. (2008). Egos inflating over time: A cross-temporal meta-analysis of the Narcissistic Personality Inventory. *Journal of Personality, 76*(4), 875-902. doi:10.1111/j.1467-6494.2008.00507.x

Uchino, B. N., & Birmingham, W. (2011). Stress and support processes. In R. J. Contrada & A. Baum (Eds.), *The handbook of stress science: Biology, psychology, and health* (pp. 111-121). New York, NY: Springer Publishing.

Uleman, J. S., & Sairbay, S. A. (2012). Initial impressions of others. In K. Deaux & M. Snyder (Eds.), *Oxford handbook of personality and social psychology.* New York, NY: Oxford University Press.

Umbel, V. M., Pearson, B. Z., Fernandez, S. C., & Oller, D. K. (1992). Measuring bilingual children's receptive vocabularies. *Child Development, 63,* 1012-1020.

Underwood, B. J. (1961). Ten years of massed practice on distributed practice. *Psychological Review, 68,* 229-247.

Unsworth, N., Fukuda, K., Awh, E., & Vogel, E. K. (2014). Working memory and fluid intelligence: Capacity, attention control, and secondary memory retrieval. *Cognitive Psychology, 71,* 1-26. doi:10.1016/j.cogpsych.2014.01.003

Unsworth, N., Heitz, R. P., Schrock, J. C., & Engle, R. W. (2005). An automated version of the operation span task. *Behavior Research Methods, 37*(3), 498-505. doi:10.3758/BF03192720

Urbina, S. (2011). Tests of intelligence. In R. J. Sternberg, & S. B. Kaufman (Eds.), *Cambridge handbook of intelligence.* New York, NY: Cambridge University Press.

Urcelay, G. P., & Miller, R. R. (2014). The functions of contexts in associative learning. *Behavioural Processes, 104,* 2-12. doi:10.1016/j.beproc.2014.02.008

Ursano, A. M., Kartheiser, P. H., & Barnhill, L. J. (2008). Disorders usually first diagnosed in infancy, childhood, or adolescence. In R. E. Hales, S. C. Yudofsky, & G. O. Gabbard (Eds.), *The American Psychiatric Publishing textbook of psychiatry* (5th ed., pp. 861-920). Washington, DC: American Psychiatric Publishing.

Ursano, R. J., & Carr, R. B. (2014). Psychodynamic psychotherapy. In R. E. Hales, S. C. Yudofsky, & L. W. Roberts (Eds.), *The American Psychiatric Publishing textbook of psychiatry* (6th ed.). Washington, DC: American Psychiatric Publishing.

U.S. Centers for Disease Control and Prevention. (2009). The power of prevention: Chronic disease ... the public health challenge of the 21st century. Retrieved from www.cdc.gov/chronicdisease/pdf/2009-Power-of-Prevention.pdf

U.S. Centers for Disease Control and Prevention. (2011). Diagnoses of HIV infection and AIDS in the United States and dependent areas, 2009. *HIV Surveillance Report, 21.* Retrieved from www.cdc.gov/hiv/surveillance/resources/reports/2009report/

Väänänen, A. (2010). Psychosocial work environment and risk of ischaemic heart disease in women. *Occupational & Environmental Medicine, 67*(5), 291-292.

Vaillant, G. E. (1994). Ego mechanisms of defense and personality psychopathology. *Journal of Abnormal Psychology, 103,* 44-50.

Valentine, J. C. (2012). Meta-analysis. In H. Cooper, P. M. Camic, D. L. Long, A. T. Panter, D. Rindskopf, & K. J. Sher (Eds.), *APA handbook of research methods in psychology: Vol. 3. Data analysis and research publication.* Washington, DC: American Psychological Association.

Valli, K., & Revonsuo, A. (2009). Sleep: Dreaming data and theories. In W. P. Banks (Ed.), *Encyclopedia of Consciousness* (pp. 341-356). San Diego, CA: Academic Press.

Valsiner, J. (2012). Introduction: Culture in psychology: A renewed encounter of inquisitive minds. In Valsiner, J. (Ed.) *Oxford handbook of culture and psychology.* New York, NY: Oxford University Press.

Van Blerkom, D. L. (2012). *College study skills: Becoming a strategic learner.* Belmont, CA: Wadsworth.

Van de Castle, R. L. (1994). *Our dreaming mind.* New York, NY: Ballantine Books.

Vandenbroucke, J. P., & Psaty, B. M. (2008). Benefits and risks of drug treatments: How to combine the best evidence on benefits with the best data about adverse effects. *JAMA, 300*(20), 2417-2419.

Van den Heuvel, M. P., & Sporns, O. (2013). Network hubs in the human brain. *Trends in Cognitive Sciences, 17*, 683-696. doi:10.1016/j.tics.2013.09.012 van der Hart, O., & Nijenhuis, E. R. S. (2009). Dissociative disorders. In P. H. Blaney & T. Millon (Eds.), *Oxford textbook of psychopathology* (2nd ed., pp. 452-481). New York, NY: Oxford University Press.

van der Kloet, D., Merckelbach, H., Giesbrecht, T., & Lynn, S. J. (2012). Fragmented sleep, fragmented mind: The role of sleep in dissociative symptoms. *Perspectives on Psychological Science, 7*(2), 159-175. doi:10.1177/1745691612437597

van Eck, M., Nicolson, N. A., & Berkhof, J. (1998). Effects of stressful daily events on mood states: Relationship to global perceived stress. *Journal of Personality and Social Psychology, 75*, 1572-1585.

van Herpen, E., Pieters, R., & Zeelenberg, M. (2014). When less sells more or less: The scarcity principle in wine choice. *Food Quality and Preference, 36*, 153-160. doi:10.1016/j.foodqual.2014.04.004

van IJzendoorn, M. H., & BakermansKranenburg, M. J. (2004). Maternal sensitivity and infant temperament in the formation of attachment. In G. Bremner & A. Slater (Eds.), *Theories of infant development*. Malden, MA: Blackwell.

van IJzendoorn, M. H., & Juffer, F. (2005). Adoption is a successful natural intervention enhancing adopted children's IQ and school performance. *Current Directions in Psychological Science, 14*, 326-330.

van IJzendoorn, M. H., & Kroonenberg, P. M. (1988). Crosscultural patterns of attachment: A meta-analysis of the strange situation. *Child Development, 59*, 147-156.

van IJzendoorn, M. H., & SagiSchwartz, A. (2008). Crosscultural patterns of attachment: Universal and contextual dimensions. In J. Cassidy & P. R. Shaver (Eds.), *Handbook of attachment: Theory, research, and clinical applications* (2nd ed., pp. 3-22). New York, NY: Guilford Press.

van Kammen, D. P., Hurford, I., & Marder, S. R. (2009). Firstgeneration antipsychotics. In B. J. Sadock, V. A. Sadock, & P. Ruiz (Eds.), *Kaplan & Sadock's comprehensive textbook of psychiatry* (pp. 3105-3126). Philadelphia, PA: Lippincott Williams & Wilkins.

van Steenburgh, J. J., Fleck, J. I., Beeman, M., & Kounios, J. (2012). Insight. In K. J. Holyoak, & R. G. Morrison (Eds.), *Oxford handbook of thinking and reasoning*. New York, NY: Oxford University Press.

Van Swol, L. M. (2009). Extreme members and group polarization. *Social Influence, 4*(3), 185-199. doi:10.1080/15534510802584368

van Winkel, R., & Kuepper, R. (2014). Epidemiological, neurobiological, and genetic clues to the mechanisms linking cannabis use to risk for nonaffective psychosis. *Annual Review of Clinical Psychology, 107*, 67-791. doi:10.1146/annurev-clinpsy-032813-153631

Varnum, M. W., Grossmann, I., Kitayama, S., & Nisbett, R. E. (2010). The origin of cultural differences in cognition: The social orientation hypothesis. *Current Directions in Psychological Science, 19*(1), 9-13. doi:10.1177/0963721409359301

Vermeer, H. J., & BakermansKranenburg, M. J. (2008). Attachment to mother and nonmaternal care: Bridging the gap. *Attachment & Human Development, 10*, 263-273. doi:10.1080/14616730802113588

Vernon, P. A., Wickett, J. C., Bazana, G. P., & Stelmack, R. M. (2000). The neuropsychology and psychophysiology of human intelligence. In R. J. Sternberg (Ed.), *Handbook of intelligence*. Cambridge, UK: Cambridge University Press.

Veru, F., Laplante, D. P., Luhesi, G., & King, S. (2014). Prenatal maternal stress exposure and immune function in the offspring. *Stress: The International Journal on the Biology of Stress, 17*, 133-148. doi:10.3109/10253890.2013.876404

Victoroff, J. (2005). Central nervous system changes with normal aging. In B. J. Sadock & V. A. Sadock (Eds.), *Kaplan & Sadock's comprehensive textbook of psychiatry*. Philadelphia, PA: Lippincott Williams & Wilkins.

Vigod, S. N., Kurdyak, P. A., Seitz, D., Herrmann, N., Fung, K., Lin, E., ... Gruneir, A. (2015). READMIT: A clinical risk index to predict 30-day readmission after discharge from acute psychiatric units. *Journal of Psychiatric Research, 61*, 205-213. doi:10.1016/j.jpsychires.2014.12.003

Vineis, P. (2005). Environmental tobacco smoke and risk of respiratory cancer and chronic obstructive pulmonary disease in former smokers and never smokers in the EPIC prospective study. *BMJ: British Medical Journal, 330*(7486), 277-280.

Viron, M., Bello, I., Freudenreich, O., & Shtasel, D. (2014). Characteristics of homeless adults with serious mental illness served by a state mental health transitional shelter. *Community Mental Health Journal, 50*, 560-565. doi:10.1007/s10597-013-9607-5

Visser, B. A., Ashton, M. C., & Vernon, P. A. (2006). Beyond g: Putting multiple intelligences theory to the test. *Intelligence, 34*, 487-502. doi:10.1016/j.intell.2006.02.004

Vogel, I., Brug, J., Hosli, E. J., van der Ploeg, C. P. B., & Raat, H. (2008). MP3 players and hearing loss: Adolescents' perceptions of loud music and hearing conservation. *Journal of Pediatrics, 152*(3), 400-404. doi:10.1016/j.jpeds.2007.07.009

Volkmar, F. R., Klin, A., Schultz, R. T., & State, M. W. (2009). Pervasive developmental disorders. In B. J. Sadock, V. A. Sadock, & P. Ruiz (Eds.), *Kaplan & Sadock's comprehensive textbook of psychiatry* (9th ed., pp. 3540-3559). Philadelphia, PA: Lippincott Williams & Wilkins.

Volkow, N. D., Baler, R. D., Compton, W. M., & Weiss, S. R. B. (2014). Adverse health effects of marijuana use. *New England Journal of Medicine, 370*, 2219-2227. doi:10.1056/NEJMra1402309

Vondracek, F. W., & Crouter, A. C. (2013). Health and human development. In R. M. Lerner, M. A. Easterbrooks, J. Mistry, & I. B. Weiner (Eds.), *Handbook of psychology: Vol. 6. Developmental psychology*. New York, NY: Wiley.

Voyer, D., Nolan, C., & Voyer, S. (2000). The relation between experience and spatial performance in men and women. *Sex Roles, 43*, 891-915.

Vyas, M. V., Garg, A. X., Iansavichus, A. V., Costella, J., Donner, A., Laugsand, L. E., ... Hackam, D. G. (2012). Shift work and vascular events: Systematic review and metaanalysis. *British Medical Journal, 345*, e4800. doi:10.1136/bmj.e4800

Vyse, S. A. (1997). *Believing in magic: The psychology of superstition*. New York, NY: Oxford University Press.

Waage, S., Moen, B., Pallesen, S., Eriksen, H. R., Ursin, H., Åkerstedt, T., & Bjorvatn, B. (2009). Shift work disorder among oil rig workers in the North Sea. *Sleep: Journal of Sleep and Sleep Disorders Research, 32*(4), 558-565.

Wager, T. D., Scott, D. J., & Zubieta, J. (2007). Placebo effects on human j.L-opioid activity during pain. *PNAS Proceedings of the National Academy of Sciences of the United States of America, 104*(26), 11056-11061. doi:10.1073/pnas.0702413104.

Wagner, L., & Hoff, E. (2013). Language development. In R. M. Lerner, M. A. Easterbrooks, J. Mistry, & I. B. Weiner (Eds.), *Handbook of psychology: Vol. 6. Developmental psychology*. New York, NY: Wiley.

Wagstaff, G. F., David, D., Kirsch, I., & Lynn, S. J. (2010). The cognitive-behavioral model of hypnotherapy. In S. J. Lynn, J. W. Rhue, & I. Kirsch (Eds.), *Handbook of clinical hypnosis* (2nd ed., pp. 179-208). Washington, DC: American Psychological Association.

Wai, J., Putallaz, M., & Makel, M. C. (2012). Studying intellectual outliers: Are there sex differences, and are the smart getting smarter? *Current Direction in Psychological Science, 21*, 382-390. doi:10.1177/0963721412455052

Wakeel, F., Wisk, L. E., Gee, R., Chao, S. M., & Witt, W. P. (2013). The balance between stress and personal capital during pregnancy and the relationship with adverse obstetric outcomes: Findings from the 2007 Los Angeles Mommy and Baby (LAMB) study. *Archives of Women's Mental Health, 16*, 435-451. doi:10.1007/s00737-013-0367-6

Walder, D. J., Laplante, D. P., SousaPires, A., Veru, F., Brunet, A., & King, S. (2014). Prenatal maternal stress predicts autism traits in 6 1/2 year-old children: Project ice storm. *Psychiatry Research, 219*, 353-360. doi:10.1016/j.psychres.2014.04.034

Wales, W. J., Patel, P. C., & Lumpkin, G. T. (2013). In pursuit of greatness: CEO narcissism, entrepreneurial orientation, and firm performance variance. *Journal of Management Studies, 50*, 1041-1069. doi:10.1111/joms.12034

Walker, E., Mittal, V., & Tessner, K. (2008). Stress and the hypothalamic pituitary adrenal axis in the developmental course of schizophrenia. *Annual Review of Clinical Psychology, 4*, 189-216.

Walker, E., & Tessner, K. (2008). Schizophrenia. *Perspectives on Psychological Science, 3*, 30-37.

Walker, L. J. (1989). A longitudinal study of moral reasoning. *Child Development, 60*, 157-166.

Walker, L. J. (2007). Progress and prospects in the psychology of moral development. In G. W. Ladd (Ed.), *Appraising the human developmental sciences: Essays in honor of MerrillPalmer Quarterly*. Detroit: Wayne State University Press.

Walker, M. P. (2012). The role of sleep in neurocognitive functioning. In C. M. Morin, & C. A. Espie (Eds.), *Oxford handbook of sleep and sleep disorders*. New York, NY: Oxford University Press.

Walker, M. P., Brakefield, T., Morgan, A., Hobson, J. A., & Stickgold, R. (2002). Practice with sleep makes perfect: Sleep dependent motor skill learning. *Neuron, 35*, 205-211.

Wallace, D. S., Paulson, R. M., Lord, C. G., & Bond, C. F. Jr. (2005). Which behaviors do attitudes predict? Meta-analyzing the effects of social pressure and perceived difficulty. *Review of General Psychology, 9*, 214-227.

Wallner, B., & Machatschke, I. H. (2009). The evolution of violence in men: The function of central cholesterol and serotonin. *Progress in Neuro-Psychopharmacology & Biological Psychiatry, 33*(3), 391-397. doi:10.1016/j.pnpbp.2009.02.006

Walsh, B. T., Seidman, S. N., Sysko, R., & Gould, M. (2002). Placebo response studies of major depression: Variable, substantial and growing. *JAMA, 287,* 1840-1847.

Walsh, J. K., Dement, W. C., & Dinges, D. F. (2011). Sleep medicine, public policy, and public health. In M. H. Kryger, T. Roth, & W. C. Dement (Eds.), *Principles and practice of sleep medicine* (5th ed.). Saint Louis, MO: Elsevier Saunders.

Walsh, J. K., & Roth, T. (2011). Pharmacological treatment of insomnia: Benzodiazepine receptor agonists. In M. H. Kryger, T. Roth, & W. C. Dement (Eds.), *Principles and practice of sleep medicine* (5th ed.). Saint Louis, MO: Elsevier Saunders.

Walsh, R., & Shapiro, S. L. (2006). The meeting of meditative disciplines and Western psychology: A mutually enriching dialogue. *American Psychologist, 61,* 227-239.

Walter, C. A. (2000). The psychological meaning of menopause: Women's experiences. *Journal of Women and Aging, 12*(3-4), 117-131.

Walther, E., & Grigoriadis, S. (2003). Why sad people like shoes better: The influence of mood on the evaluative conditioning of consumer attitudes. *Psychology & Marketing, 10,* 755-775.

Walther, E., & Langer, T. (2008). Attitude formation and change through association: An evaluative conditioning account. In W. D. Crano, & R. Prislin (Eds.), *Attitudes and attitude change* (pp. 61-84). New York, NY: Psychology Press.

Walther, E., Nagengast, B., & Trasselli, C. (2005). Evaluative conditioning in social psychology: Facts and speculations. *Cognition and Emotion, 19*(2), 175-196.

Walther, E., Weil, R., & Dusing, J. (2011). The role of evaluative conditioning in attitude formation. *Current Directions in Psychological Science, 20,* 192-196. doi:10.1177/0963721411408771

Wampold, B. E. (2001). *The great psychotherapy debate.* Mahwah, NJ: Erlbaum.

Wampold, B. E. (2013). The good, the bad, and the ugly: A 50-year perspective on the outcome problem. *Psychotherapy, 50*(1), 16-24. doi:10.1037/a0030570

Wampold, B. E., Imel, Z. E., & Minami, T. (2007). The story of placebo effects in medicine: Evidence in context. *Journal of Clinical Psychology, 63*(4), 379-390. doi:10.1002/jclp.20354

Wampold, B. E., Minami, T., Tierney, S. C., Baskin, T. W., & Bhati, K. S. (2005). The placebo is powerful: Estimating placebo effects in medicine and psychotherapy from randomized clinical trials. *Journal of Clinical Psychology, 61*(7), 835-854. doi:10.1002/jclp.20129

Wamsley, E. J., & Stickgold, R. (2009). Incorporation of waking events into dreams. In R. Stickgold & M. P. Walker (Eds.), *The neuroscience of sleep* (pp. 330-337). San Diego, CA: Academic Press.

Wang, P. S., Berglund, P., Olfson, M., Pincus, H. A., Wells, K. B., & Kessler, R. C. (2005). Failure and delay in initial treatment contact after first onset of mental disorders in the National Comorbidity Survey Replication. *Archives of General Psychiatry, 62,* 603-613.

Wangensteen, O. H., & Carlson, A. J. (1931). Hunger sensation after total gastrectomy. *Proceedings of the Society for Experimental Biology, 28,* 545-547.

Wansink, B. (2012). Specific environmental drivers of eating. In K. D. Brownell, & M. S. Gold (Eds.), *Food and addiction: A comprehensive handbook.* New York, NY: Oxford University Press.

Wansink, B., & Chandon, P. (2014). Slim by design: Redirecting the accidental drivers of mindless overeating. *Journal of Consumer Psychology, 24,* 413-431. doi:10.1016/j.jcps.2014.03.006

Wansink, B., & Kim, J. (2005). Bad popcorn in big buckets: Portion size can influence intake as much as taste. *Journal of Nutrition Education and Behavior, 37*(5), 242-245. doi:10.1016/S1499-4046(06)60278-9

Wansink, B., & van Ittersum, K. (2013). Portion size me: Plate-size induced consumption norms and winwin solutions for reducing food intake and waste. *Journal of Experimental Psychology: Applied, 19*(4), 320-332. doi:10.1037/a0035053.

Wansink, B., van Ittersum, K., & Payne, C. R. (2014). Larger bowl size increases the amount of cereal children request, consume, and waste. *The Journal of Pediatrics, 164,* 323-326. doi:10.1016/j.jpeds.2013.09.036

Warburton, W. (2014). Apples, oranges, and the burden of proof- Putting media violence findings into context: A comment on Elson and Ferguson (2013). *European Psychologist, 19,* 60-67. doi:10.1027/1016-9040/a000166

Ward, B. W., Schiller, J. S., & Goodman, R. A. (2014). Multiple chronic conditions among U.S. adults: A 2012 update. *Preventing Chronic Disease, 11,* 130389. doi:10.5888/pcd11.130389

Wäschle, K., Allgaier, A., Lachner, A., Fink, S., & Nückles, M. (2014). Procrastination and self-efficacy: Tracing vicious and virtuous circles in self-regulated learning. *Learning and Instruction, 29,* 103-114. doi:10.1016/j.learninstruc.2013.09.005

Washburn, M. F. (1908). *The animal mind.* New York, NY: MacMillan.

Waterhouse, L. (2006). Multiple intelligences, the Mozart effect, and emotional intelligence: A critical review. *Educational Psychologist, 41,* 207-225.

Watson, D., Klohen, E. C., Casillas, A., Nus Simms, E., Haig, J., & Berry, D. S. (2004). Match makers and deal breakers: Analyses of assortative mating in newlywed couples. *Journal of Personality, 72,* 1029-1068.

Watson, D. L., & Tharp, R. G. (2014). *Self-directed behavior: Self-modification for personal adjustment.* Belmont, CA: Cengage Learning.

Watson, J. B. (1913). Psychology as the behaviorist views it. *Psychological Review, 20,* 158-177.

Watson, J. B. (1919). *Psychology from the standpoint of a behaviorist.* Philadelphia, PA: Lippincott.

Watson, J. B. (1924). *Behaviorism.* New York, NY: Norton.

Watson, J. B., & Rayner, R. (1920). Conditioned emotional reactions. *Journal of Experimental Psychology, 3,* 1-14.

Watts, A. L., Lilienfeld, S. O., Smith, F., Miller, J. D., Campbell, W. K., Waldman, I. D., ... Faschingbauer, J. (2013). The double-edged sword of grandiose narcissism: Implications for successful and unsuccessful leadership among U.S. Presidents. *Psychological Science, 24,* 2379-2389. doi:10.1177/0956797613491970

Waugh, N. C., & Norman, D. A. (1965). Primary memory. *Psychological Review, 72,* 89-104.

Waxman, S. (2002). Early wordlearning and conceptual development: Everything had a name and each name gave birth to a new thought. In U. Goswami (Ed.), *Blackwell handbook of childhood cognitive development* (pp. 102-126). Malden, MA: Blackwell.

Weaver, T. E., & George, C. F. P. (2011). Cognition and performance in patients with obstructive sleep apnea. In M. H. Kryger, T. Roth, & W. C. Dement (Eds.), *Principles and practice of sleep medicine* (5th ed.). Saint Louis, MO: Elsevier Saunders.

Webb, W. B., & Dinges, D. F. (1989). Cultural perspectives on napping and the siesta. In D. F. Dinges & R. J. Broughton (Eds.), *Sleep and alertness: Chronobiological, behavioral, and medical aspects of napping.* New York, NY: Raven.

Webster, G. D. (2009). Parental investment theory. In H. T. Reis & S. Sprecher (Eds.), *Encyclopedia of human relationships* (Vol. 3, pp. 1194-1197)., Los Angeles, CA: Sage.

Webster, M. (2010). Color perception. In E. B. Goldstein (Ed.), *Encyclopedia of perception.* Thousand Oaks, CA: Sage.

Wechsler, D. (1939). *The measurement of adult intelligence.* Baltimore: Williams & Wilkins.

Wechsler, H., Lee, J. E., Kuo, M, Seibring, M., Nelson, T. F., & Lee, H. (2002). Trends in college binge drinking during a period of increased prevention efforts: Findings from 4 Harvard School of Public Health College Alcohol Study surveys: 1993-2001. *Journal of American College Health, 50,* 203-217.

Wegner, D. M., & Wheatley, T. (1999). Apparent mental causation: Sources of the experience of will. *American Psychologist, 54,* 480-492. doi:10.1037/0003-066X.54.7.480

Wehby, G. L., Prater, K., McCarthy, A. M., Castilla, E. E., & Murray, J. C. (2011). The impact of maternal smoking during pregnancy on early child neurodevelopment. *Journal of Human Capital, 5,* 207-254.

Weich, S., Pearce, H. L., Croft, P., Singh, S., Crome, I., Bashford, J., & Fisher, M. (2014). Effect of anxiolytic and hypnotic drug prescriptions on mortality hazards: Retrospective cohort study. *British Medical Journal, 348,* g1996. doi:10.1136/bmj.g1996

Weinberg, R. A. (1989). Intelligence and IQ: Landmark issues and great debates. *American Psychologist, 44,* 98-104.

Weinberger, J. (1995). Common factors aren't so common: The common factors dilemma. *Clinical Psychology: Science and Practice, 2*(1), 45-69. doi:10.1111/j.1468-2850.1995.tb00024.x

Weiner, B. (1980). *Human motivation.* New York, NY: Holt, Rinehart & Winston.

Weiner, B. (1994). Integrating social and personal theories of achievement striving. *Review of Educational Research, 64,* 557-573.

Weiner, B. (2006). *Social motivation, justice, and the moral emotions.* Mahwah, NJ: Lawrence Erlbaum.

Weiner, B. (2012). An attribution theory of motivation. In P. A. M. Van Lange, A. W. Kruglanski, & E. T. Higgins (Eds.), *Handbook of theories of social psychology: Vol. 1.,* Los Angeles, CA: Sage.

Weiner, B., Osborne, D., & Rudolph, U. (2011). An attributional analysis of reactions to poverty: The political ideology of the giver and the perceived morality of the receiver. *Personality and Social Psychology Review, 15,* 199-213. doi:10.1177/1088868310387615

Weiner, I. B. (2013a). Applying Rorschach assessment. In G. P. Koocher, J. C. Norcross, & B. A. Greene (Eds.), *Psychologists' desk reference* (3rd ed.). New York, NY: Oxford University Press.

Weiner, I. B. (2013b). Assessment psychology. In D. K. Freedheim, & I. B. Weiner (Eds.), *Handbook of psychology: Vol. 1. History of psychology* (2nd ed.). New York, NY: Wiley.

Weiner, I. B., & Meyer, G. J. (2009). Personality assessment with the Rorschach Inkblot Method. In J. N. Butcher (Ed.), *Oxford handbook of personality assessment*. New York, NY: Oxford University Press. doi:10.1093/oxfordhb/9780195366877.013.0015

Weiner, M. F. (2014). Neurocognitive disorders. In R. E. Hales, S. C. Yudofsky, & L. W. Roberts (Eds.), *The American Psychiatric Publishing textbook of psychiatry* (6th ed., pp. 815-850). Washington, DC: American Psychiatric Publishing.

Weinfeld, N. S., Sroufe, L. A., Egeland, B., & Carlson, E. (2008). Individual differences in infant-caregiver attachment: Conceptual and empirical aspects of security. In J. Cassidy & P. R. Shaver (Eds.), *Handbook of attachment: Theory, research, and clinical applications* (2nd ed., pp. 78-101). New York, NY: Guilford Press.

Weinstein, N., Ryan, W. S., DeHaan, C. R., Przybylski, A. K., Legate, N., & Ryan, R. M. (2012). Parental autonomy support and discrepancies between implicit and explicit sexual identities: Dynamics of self-acceptance and defense. *Journal of Personality and Social Psychology, 102*, 815-832. doi:10.1037/a0026854

Weinsten, A., Curtiss, F., Rosenberg, K. P., & Dannon, P. (2014). Internet addiction disorder: Overview and controversies. In K. P. Rosenberg & L. Curtiss Feder (Eds.), *Behavioral addictions: Criteria, evidence, and treatment*. San Diego, CA: Elsevier Academic Press. doi:10.1016/B978-0-12-407724-9.00005-7

Weintraub, K. (2011). Autism counts. *Nature, 479*(7371), 22-24. doi:10.1038/479022a

Weisberg, R. W. (1986). *Creativity: Genius and other myths*. New York, NY: W. H. Freeman.

Weisberg, R. W. (1999). Creativity and knowledge: A challenge to theories. In R. J. Sternberg (Ed.), *Handbook of creativity*. New York, NY: Cambridge University Press.

Weisberg, R. W. (2006). *Creativity: Understanding innovation in problem solving, science, invention, and the arts*. New York, NY: Wiley.

Weisleder, A., & Fernald, A. (2013). Talking to children matters: Early language experience strengthens processing and builds vocabulary. *Psychological Science, 24*, 2143-2152. doi:10.1177/0956797613488145

Weisman, O., Zagoory-Sharon, O., & Feldman, R. (2014). Oxytocin administration, salivary testosterone, and father-infant social behavior. *Progress in Neuro-Psychopharmacology & Biological Psychiatry, 49*, 47-52. doi:10.1016/j.pnpbp.2013.11.006

Weiten, W. (1988). Pressure as a form of stress and its relationship to psychological symptomatology. *Journal of Social and Clinical Psychology, 6*(1) 127-139.

Weiten, W. (1998). Pressure, major life events, and psychological symptoms. *Journal of Social Behavior and Personality, 13*, 51-68.

Weiten, W., & Diamond, S. S. (1979). A critical review of the jury-simulation paradigm: The case of defendant characteristics. *Law and Human Behavior, 3*, 71-93.

Weiten, W., Guadagno, R. E., & Beck, C. A. (1996). Students' perceptions of textbook pedagogical aids. *Teaching of Psychology, 23*, 105-107.

Weiten, W., & Houska, J. A. (2015). Introductory psychology: Unique challenges and opportunities. In D. S. Dunn (Ed.), *The Oxford handbook of psychology education* (pp. 289-321). New York, NY: Oxford University Press.

Weiten, W., & Wight, R. D. (1992). Portraits of a discipline: An examination of introductory psychology textbooks in America. In A. E. Puente, J. R. Matthews, & C. L. Brewer (Eds.), *Teaching psychology in America: A history*. Washington, DC: American Psychological Association. doi:10.1037/10120-020.

Wells, G. L., & Bradfield, A. L. (1998). "Good, you identified the suspect": Feedback to eyewitnesses disorts their reports of the witnessing experience. *Journal of Applied Psychology, 83*, 360-376.

Wells, G. L., & Loftus, E. F. (2013). Eyewitness memory for people and events. In R. K. Otto & I. B. Weiner (Eds.). *Handbook of psychology: Vol. 11. Forensic psychology* (2nd ed., pp. 617-629). Hoboken, NJ: Wiley.

Wener, R. E., & Evans, G. W. (2011). Comparing stress of car and train commuters. *Transportation Research Part F: Traffic Psychology and Behavior, 14*, 111-116. doi:10.1016/j.trf.2010.11.008

Wertheimer, M. [Max]. (1912). Experimentelle studien über das sehen von bewegung. *Zeitschrift für Psychologie, 60*, 312-378.

Wertheimer, M. [Michael]. (2012). *A brief history of psychology*. New York, NY: Psychology Press.

Wertz, A. E., & Wynn, K. (2014). Selective social learning of plant edibility in 6- and 18-month-old infants. *Psychological Science, 25*, 874-882. doi:10.1177/0956797613516145

Westen, D. Gabbard, G. O., & Ortigo, K. M. (2008). Psychoanalytic approaches to personality. In O. P. John, R. W. Robins, & L. A. Pervin (Eds.), *Handbook of personality psychology: Theory and research*. New York, NY: Guilford Press.

Wetherby, A. M., & Prizant, B. M. (2005). Enhancing language and communication development in autism spectrum disorders: Assessment and intervention guidelines. In D. Zager (Ed.), *Autism spectrum disorders: Identification, education, and treatment* (3rd ed., pp. 327-365). Hillside, NJ: Lawrence Erlbaum Associates.

Whitaker, R. (2002). *Mad in America: Bad science, bad medicine, and the enduring mistreatment of the mentally ill*. New York, NY: Perseus Publishing.

Whitaker, R. (2009). Deinstitutionalization and neuroleptics: The myth and reality. In Y. O. Alanen, M. González de Chávez, A. S. Silver, & B. Martindale (Eds.), *Psychotherapeutic approaches to schizophrenic psychoses: Past, present and future*. New York, NY: Routledge/Taylor & Francis Group.

Whitbourne, S. K., Zuschlag, M. K., Elliot, L. B., & Waterman, A. S. (1992). Psychosocial development in adulthood: A 22-year sequential study. *Journal of Personality and Social Psychology, 63*, 260-271.

Whitchurch, E. R., Wilson, T. D., & Gilbert, D. T. (2011). "He loves me, he loves me not...": Uncertainty can increase romantic attraction. *Psychological Science, 22*, 172-175. doi:10.1177/0956797610393745

White, C. M., & Hoffrage, U. (2009). Testing the tyranny of too much choice against the allure of more choice. *Psychology & Marketing, 26*(3), 280-298. doi:10.1002/mar.20273

White, J. (2006). Multiple Invalidities. In J. A. Schaler (Ed.), *Howard Gardner under fire: The rebel psychologist faces his critics*. Chicago, IL: Open Court.

White, T., Ehrlich, S., Ho, B., Manoach, D. S., Caprihan, A., Schulz, S. C., ... Magnotta, V. A. (2013). Spatial characteristics of white matter abnormalities in schizophrenia. *Schizophrenia Bulletin, 39*, 1077-1086. doi:10.1093/schbul/sbs106

Whorf, B. L. (1956). Science and linguistics. In J. B. Carroll (Ed.), *Language, thought and reality: Selected writings of Benjamin Lee Whorf*. Cambridge, MA: MIT Press.

Widiger, T. A. (2009). Neuroticism. In M. R. Leary & R. H. Hoyle (Eds.), *Handbook of individual differences in social behavior* (pp. 129-146). New York, NY: Guilford Press.

Widiger, T. A., & Crego, C. (2013). Diagnosis and classification. In T. A. Widiger, G. Stricker, I. B. Weiner, G. Stricker, T. A. Widiger, & I. B. Weiner (Eds.), *Handbook of psychology: Vol. 8. Clinical psychology* (2nd ed.). New York, NY: Wiley.

Widiger, T. A., Livesley, W., & Clark, L. (2009). An integrative dimensional classification of personality disorder. *Psychological Assessment, 21*(3), 243-255. doi:10.1037/a0016606

Widiger, T. A., & Sankis, L. M. (2000). Adult psychopathology: Issues and controversies. *Annual Review of Psychology, 51*, 377-404.

Widom, C. S., Czaja, S. J., & Paris, J. (2009). A prospective investigation of borderline personality disorder in abused and neglected children followed up into adulthood. *Journal of Personality Disorders, 23*(5), 433-446. doi:10.1521/pedi.2009.23.5.433

Wiese, A. M., & Garcia, E. E. (2006). Educational policy in the United States regarding bilinguals in early childhood education. In B. Spodek & O. N. Saracho (Eds.), *Handbook of research on the education of young children*. Mahwah, NJ: Erlbaum.

Wilde, E. A., Kim, H. F., Schulz, P. E., & Yudofsky, S. C. (2014). Neurocognitive disorders. In R. E. Hales, S. C. Yudofsky, & L. W. Roberts (Eds.), *The American Psychiatric Publishing textbook of psychiatry* (6th ed.). Washington, DC: American Psychiatric Publishing.

Wilding, J., & Valentine, E. (1996). Memory expertise. In D. J. Herrmann, C. McEvoy, C. Hertzog, P. Hertel, & M. K. Johnson (Eds.), *Basic and applied memory research: Theory in context* (Vol. 1). Mahwah, NJ: Erlbaum.

Wiley, J., & Jarosz, A. F. (2012). Working memory capacity, attentional focus, and problem solving. *Current Directions in Psychological Science, 21*, 258-262. doi:10.1177/0963721412447622

Wilke, A., Scheibehenne, B., Gaissmaier, W., McCanney, P., & Barrett, H. C. (2014). Illusionary pattern detection in habitual gamblers. *Evolution and Human Behavior, 35*, 291-297. doi:10.1016/j.evolhum behav.2014.02.010

Williams, B. A. (1988). Reinforcement, choice, and response strength. In R. C. Atkinson, R. J. Herrnstein, G. Lindzey, & R. D. Luce (Eds.), *Stevens' handbook of experimental psychology*. New York, NY: Wiley.

Williams, J. E., Paton, C. C., Siegler, I. C., Eigenbrodt, M. L., Neito, F. J., & Tyroler, H. A. (2000). Anger proneness predicts coronary heart disease risk. *Circulation, 101*, 2034-2039.

Williams, P. (2005). What is psychoanalysis? What is a psychoanalyst? In E. S. Person, A. M. Cooper, & G. O. Gabbard (Eds.), *Textbook of psychoanalysis*. Washington, DC: American Psychiatric Publishing.

Williams, R. E., Kaliani, L., DiBenedetti, D. B., Zhou, X., Fehnel, S. E., & Clark, R. V. (2007). Healthcare seeking and treatment for menopausal symptoms in the United States. *Maturitas, 58*, 348-358.

Williams, R. L. (2013). Overview of the Flynn effect. *Intelligence*,

41, 753-764. doi:10.1016/j.intell.2013.04.010

Williams, W. M. (1998). Are we raising smarter children today? School-and home-related infuences on IQ. In U. Neisser (Ed.), *The rising curve: Longterm gains in IQ and related measures*. Washington, DC: American Psychological Association.

Williams, W. M., & Ceci, S. J. (1997). Are Americans becoming more or less alike?: Trends in race, class, and ability differences in intelligence. *American Psychologist, 52*, 1226-1235.

Williamson, D. A., Zucker, N. L., Martin, C. K., & Smeets, M. A. M. (2001). Etiology and management of eating disorders. In P. B. Sutker & H. E. Adams (Eds.), *Comprehensive handbook of psychopathology*. New York, NY: Kluwer Academic/Plenum.

Willis, B. L., Gao, A., Leonard, D., Defina, L. F., & Berry, J. D. (2012). Midlife fitness and the development of chronic conditions in later life. *Archives of Internal Medicine, 172*, 1333-1340. doi:10.1001/archinternmed.2012.3400

Wilson, D. K., Zarrett, N., & Kitzman-Ulrich, H. (2011). Physical activity and health: Current research trends and critical issues. In H. S. Friedman (Ed.), *Oxford handbook of health psychology*. New York, NY: Oxford University Press.

Wilson, G. T. (2011). Behavior therapy. In R. J. Corsini & D. Wedding (Eds.), *Current psychotherapies* (9th ed.). Belmont, CA: Brooks/Cole.

Wilson, R. E., Gosling, S. D., & Graham, L. T. (2012). A review of Facebook research in the social sciences. *Perspectives on Psychological Science, 7*, 203-220. doi:10.1177/1745691612442904

Wilson, T. D., & Gilbert, D. T. (2003). Affective forecasting. In M. P. Zanna (Eds.), *Advances in experimental social psychology* (Vol. 35, pp. 345-411). San Diego, CA: Academic Press. doi:10.1016/S0065-2601(03)01006-2

Wilson, T. D., & Gilbert, D. T. (2005). Affective forecasting: Knowing what to want. *Current Directions in Psychological Science, 14*, 131-134.

Wilson, T. D., & Gilbert, D. T. (2013). The impact bias is alive and well. *Journal of Personality and Social Psychology, 105*, 740-748. doi:10.1037/a0032662

Wilt, J., & Revelle, W. (2009). Extraversion. In M. R. Leary & R. H. Hoyle (Eds.), *Handbook of individual differences in social behavior* (pp. 257-273). New York, NY: Guilford Press.

Wing, L., & Potter, D. (2009). The epidemiology of autism spectrum disorders: Is the prevalence rising? In S. Goldstein, J. A. Naglieri, & S. Ozonoff (Eds.), *Assessment of autism spectrum disorders* (pp. 18-54). New York, NY: Guilford Press.

Wingfield, A., Tun, P. A., & McCoy, S. L. (2005). Hearing loss in older adulthood: What it is and how it interacts with cognitive performance. *Current Directions in Psychological Science, 14*, 144-148.

Winn, P. (1995). The lateral hypothalamus and motivated behavior: An old syndrome reassessed and a new perspective gained. *Current Directions in Psychological Science, 4*, 182-187.

Winter, D. G. (2010). Why achievement motivation predicts success in business but failure in politics: The importance of personal control. *Journal of Personality, 78*(6), 1637-1667. doi:10.1111/j.1467-6494.2010.00665.x

Winton-Brown, T. T., Fusar-Poli, P., Ungless, M. A., & Howes, O. D. (2014). Dopaminergic basis of salience dysregulation in psychosis. *Trends in Neurosciences, 37*(2), 85-94. doi:10.1016/j.tins.2013.11.003

Wirth, M. M., & Gaffey, A. E. (2013). Hormones and emotion: Stress and beyond. In M. D. Robinson, E. Watkins, & E. Harmon-Jones (Eds.), *Handbook of cognition and emotion*. New York, NY: Guilford Press.

Wise, R. A. (2013). Dual roles of dopamine in food and drug seeking: The drive-reward paradox. *Biological Psychiatry, 73*, 819-826. doi:10.1016/j.biopsych.2012.09.001

Wittkower, E. D., & Warnes, H. (1984). Cultural aspects of psychotherapy. In J. E. Mezzich & C. E. Berganza (Eds.), *Culture and psychopathology*. New York, NY: Columbia University Press.

Wolfe, J. M., Kluender, K. R., Levi, D. M., Bartoshuk, L. M., Herz, R. S., Klatzky, R. L., & Lederman, S. J. (2006). *Sensation and perception*. Sunderland, MA: Sinauer Associates.

Wolford, G., Miller, M. B., & Gazzaniga, M. S. (2004). Split decisions. In M. S. Gazzaniga (Ed.), *The cognitive neurosciences*. Cambridge, MA: MIT Press.

Wolitzky, D. L. (2006). Psychodynamic theories. In J. C. Thomas, & D. L. Segal (Eds.), *Comprehensive handbook of personality and psychopathology*. New York, NY: Wiley.

Wollmer, M. A., de Boer, C., Kalak, N., Beck, J., Götz, T., Schmidt, T., . . . Kruger, T. H. (2012). Facing depression with botulinum toxin: A randomized controlled trial. *Journal of Psychiatric Research, 46*, 574-581. doi:10.1016/j.jpsychires.2012.01.027

Wollmer, M. A., Kalak, N., Jung, S., de Boer, C., Magid, M., Reichenberg, J. S., . . . Kruger, T. C. (2014). Agitation predicts response of depression to botulinum toxin treatment in a randomized controlled trial. *Frontiers in Psychiatry, 5*, 36. doi:10.3389/fpsyt.2014.00036

Wolpe, J. (1958). *Psychotherapy by reciprocal inhibition*. Stanford, CA: Stanford University Press.

Wonderlich, S. A. (2002). Personality and eating disorders. In C. G. Fairburn & K. D. Brownell (Eds.), *Eating disorders and obesity: A comprehensive handbook*. New York, NY: Guilford Press.

Wong, L. A. (2006). *Essential study skills*. Boston, MA: Houghton Mifflin.

Wood, J. M., Lilienfeld, S. O., Nezworski, M. T., Garb, H. N., Allen, K. H., & Wildermuth, J. L. (2010). Validity of Rorschach Inkblot scores for discriminating psychopaths from nonpsychopaths in forensic populations: A meta-analysis. *Psychological Assessment, 22*, 336-349. doi:10.1037/a0018998

Wood, J. N., & Spelke, E. S. (2005). Chronometric studies of numerical cognition in five-month-old infants. *Cognition, 97*, 23-39.

Woods, S. C., & Stricker, E. M. (2008). Food intake and metabolism. In L. Squire, D. Berg, F. Bloom, S. du Lac, A. Ghosh, & N. Spitzer, *Fundamental neuroscience* (3rd ed.). San Diego, CA: Academic Press.

Woody, E. Z., & Sadler, P. (2008). Dissociation theories of hypnosis. In M. R. Nash & A. J. Barnier (Eds.), *The Oxford handbook of hypnosis: Theory, research, and practice* (pp. 81-110). New York, NY: Oxford University Press.

Woolfolk, R. L., & Richardson, F. C. (1978). *Stress, sanity and survival*. New York, NY: Sovereign/Monarch.

Woollett, K., & Maguire, E. A. (2011). Acquiring "the knowledge" of London's layout drives structural brain changes. *Current Biology, 21*, 2109-2114. doi:10.1016/j.cub.2001.11.018

Worchel, S., Rothgerber, H., & Day, E. A. (2011). Social loafing and group development: When "I" comes last. *Current Research in Social Psychology, 17*, Article 4.

Worthen, J. B., & Wade, C. E. (1999). Direction of travel and visiting team athletic performance: Support for a circadian dysrhythmia hypothesis. *Journal of Sport Behavior, 22*, 279-287.

Worthington, E. L., Jr., & Scherer, M. (2004). Forgiveness is an emotionfocused coping strategy that can reduce health risks and promote health resilience: Theory, review, and hypotheses. *Psychology and Health, 19*, 385-405.

Worthington, R. L., Soth-McNett, A. M., & Moreno, M. V. (2007). Multicultural counseling competencies research: A 20-year content analysis. *Journal of Counseling Psychology, 54*, 351-361.

Wortman, C. B., Wolff, K., & Bonanno, G. A. (2004). Loss of an intimate partner through death. In D. J. Mashek & A. Aron (Eds.), *Handbook of closeness and intimacy*. Mahwah, NJ: Erlbaum.

Wright, J. H., Thase, M. E., & Beck, A. T. (2014). Cognitive-behavior therapy. In R. E. Hales, S. C. Yudofsky, & L. W. Roberts (Eds.), *The American Psychiatric Publishing textbook of psychiatry* (6th ed.). Washington, DC: American Psychiatric Publishing.

Wrosch, C. B. (2011). Self-regulation of unattainable goals and pathways to quality of life. In S. Folkman (Ed.), *Oxford handbook of stress, health, and coping*. New York, NY: Oxford University Press.

Wrosch, C. B., Miller, G. E., Scheier, M. F., & de Pontet, S. B. (2007). Giving up on unattainable goals: Benefits for health? *Personality and Social Psychology Bulletin, 33*, 251-265.

Wrosch, C. B., Scheier, M. F., Miller, G. E., & Carver, C. S. (2012). When meaning is threatened: The importance of goal adjustment for psychological and physical health. In P. T. P. Wong (Ed.), *Human quest for meaning: Theories, research, and applications* (2nd ed.). New York, NY: Routledge/Taylor & Francis Group.

Wrulich, M., Brunner, M., Stadler, G., Schalke, D., Keller, U., Chmiel, M., & Martin, R. (2013). Childhood intelligence and adult health: The mediating roles of education and socioeconomic status. *Intelligence, 41*, 490-500. doi:10.1016/j.intell.2013.06.015

Wrulich, M., Brunner, M., Stadler, G., Schalke, D., Keller, U., & Martin, R. (2014). Forty years on: Childhood intelligence predicts health in middle adulthood. *Health Psychology, 33*, 292-296. doi:10.1037/a0030727

Wundt, W. (1874/1904). *Principles of physiological psychology*. Leipzig, Germany: Engelmann.

Wynn, K. (1992). Addition and subtraction by human infants. *Nature, 358*, 749-750.

Wynn, K. (1996). Infants' individuation and enumeration of sequential actions. *Psychological Science, 7*, 164-169.

Wynn, K. (1998). An evolved capacity for number. In D. D. Cummins & C. Allen (Eds.), *The evolution of mind*. New York, NY: Oxford University Press.

Yates, F. A. (1966). *The art of memory*. London: Routledge & Kegan Paul.

Yehuda, R., Flory, J. D., Pratchett, L. C., Buxbaum, J., Ising, M., & Holsboer, F. (2010). Putative biological mechanisms for the association between early life adversity and the subsequent development of PTSD.

Psychopharmacologia, 212, 405-417. doi:10.1007/s00213-010-1969-6

Yeomans, M. R., Tepper, B. J., Rietzschel, J., & Prescott, J. (2007). Human hedonic responses to sweetness: Role of taste genetics and anatomy. *Physiology & Behavior, 91,* 264-273.

Yerkes, R. M., & Morgulis, S. (1909). The method of Pavlov in animal psychology. *Psychological Bulletin, 6,* 257-273.

Yoshikawa, H., Aber, J. L., & Beardslee, W. R. (2012). The effects of poverty on the mental, emotional, and behavioral health of children and youth: Implications for prevention. *American Psychologist, 67,* 272-284. doi:10.1037/a0028015

Yost, W. A. (2000). *Fundamentals of hearing: An introduction.* San Diego, CA: Academic Press.

Yost, W. A. (2010). Audition: Pitch perception. In E. B. Goldstein (Ed.), *Encyclopedia of perception.* Thousand Oaks, CA: Sage.

Yost, W. A. (2013). Audition. In A. F. Healy, R. W. Proctor, & I. B. Weiner (Eds.), *Handbook of psychology: Vol. 4. Experimental psychology* (2nd ed.). New York, NY: Wiley.

You, T., Arsenis, N. C., Disanzo, B. L., & LaMonte, M. J. (2013). Effects of exercising training on chronic inflammation in obesity: Current evidence and potential mechanisms. *Sports Medicine, 43,* 243-256. doi:10.1007/s40279-13-0023-3

Young, A. M., & Havens, J. R. (2012). Transition from first illicit drug use to first injection drug use among rural Appalachian drug users: A crosssectional comparison and retrospective survival analysis. *Addiction, 107,* 587-596.

Young, K. S. (2009). Internet addiction: Diagnosis and treatment considerations. *Journal of Contemporary Psychotherapy, 39*(4), 241-246. doi:10.1007/s10879-009-9120-x

Young, K. S. (2013). Treatment outcomes using CBT-IA with Internet-addicted patients. *Journal of Behavioral Addictions, 2,* 209-215. doi:10.1556/JBA.2.2013.4.3

Youngstrom, E., & Algorta, G. P. (2014). Features and course of bipolar disorder. In I. H. Gotlib & C. L. Hammen (Eds.), *Handbook of depression* (3rd ed.). New York, NY: Guilford Press.

Yu, C. K. (2014). Toward 100% dream retrieval by rapid-eye movement sleep awakening: A high-density electroencephalographic study. *Dreaming, 24,* 1-17. doi:10.1037/a0035792

Zadra, A., & Domhoff, G. W. (2011). Dream content: Quantitative findings. In M. H. Kryger, T. Roth, & W. C. Dement (Eds.), *Principles and practice of sleep medicine* (5th ed.). Saint Louis, MO: Elsevier Saunders.

Zadra, A., & Pilon, M. (2012). Parasomnias II: Sleep terrors and somnambulism. In C. M. Morin, & C. A. Espie (Eds.), *Oxford handbook of sleep and sleep disorders.* New York, NY: Oxford University Press.

Zahorodny, W., Shenouda, J., Howell, S., Rosato, N. S., Peng, B., & Mehta, U. (2014). Increasing autism prevalence in metropolitan New Jersey. *Autism, 18*(2), 117-126. doi:10.1177/1362361312463977

Zajonc, R. B. (1968). Attitudinal effects of mere exposure. *Journal of Personality and Social Psychology, 9,* 1-29.

Zane, N., Hall, G. C. N., Sue, S., Young, K., & Nunez, J. (2004). Research on psychotherapy with culturally diverse populations. In M. J. Lambert (Ed.), *Bergin and Garfield's handbook of psychotherapy and behavior change.* New York, NY: Wiley.

Zaragoza, M. S., Belli, R. F., & Payment, K. E. (2007). Misinformation effects and the suggestibility of eyewitness memory. In M. Garry & H. Hayne (Eds.), *Do justice and let the sky fall: Elizabeth F. Lotus and her contributions to science, law, and academic freedom.* Mahwah, NJ: Erlbaum.

Zautra, A. J., & Reich, J. W. (2011). Resilience: The meanings, methods, and measures of fundamental characteristics of human adaptation. In S. Folkman (Ed.), *Oxford handbook of stress, health, and coping.* New York, NY: Oxford University Press.

Zebrowitz, L. A., & Montepare, J. M. (2015). Face and first impressions. In M. Mikulincer, P. R. Shaver, E. Borgida, & J. A. Bargh (Eds.), *APA handbook of personality and social psychology Vol. 1: Attitudes and social cognition.* Washington, DC: American Psychological Association.

Zechmeister, E. B., & Nyberg, S. E. (1982). *Human memory: An introduction to research and theory.* Pacific Grove, CA: Brooks/Cole.

Zeidan, F., Gordon, N. S., Merchant, J., & Goolkasian, P. (2010). The effects of brief mindfulness meditation training on experimentally induced pain. *The Journal of Pain, 11*(3), 199-209. doi:10.1016/j.jpain.2009.07.015

Zeiler, M. (1977). Schedules of reinforcement: The controlling variables. In W. K. Honig & J. E. R. Staddon (Eds.), *Handbook of operant behavior.* Englewood Cliffs, NJ: Prentice-Hall.

Zeng, L., Proctor, R. W., & Salvendy, G. (2011). Can traditional divergent thinking tests be trusted in measuring and predicting real-world creativity? *Creativity Research Journal, 23*(1), 24-37. doi:10.1080/10400419.2011.545713

Zentner, M., & Mitura, K. (2012). Stepping out of the caveman's shadow: Nations' gender gap predicts degree of sex differentiation in mate preferences. *Psychological Science, 23,* 1176-1185. doi:10.1177/0956797612441004

Zhang, J. W., & Howell, R. T. (2011). Do time perspectives predict unique variance in life satisfaction beyond personality traits? *Personality and Individual Differences, 50,* 1261-1266. doi:10.1016/j.paid.2011.02.021

Zhang, J. W., Howell, R. T., & Howell, C. J. (2014). Living in wealthy neighborhoods increases material desires and maladaptive consumption. *Journal of Consumer Culture, 0,* 1-20. doi:10.1177/1469540514521085

Zhu, D. H. (2013). Group polarization on corporate boards: Theory and evidence on board decisions about acquisition premiums. *Strategic Management Journal, 34,* 800-822. doi:10.1002/smj.2039

Zhu, D. H. (2014). Group polarization in board decisions about CEO compensation. *Organization Science, 25,* 552-571. doi:10.1287/orsc.2013.0848

Zillmer, E. A., Spiers, M. V., & Culbertson, W. C. (2008). *Principles of neuropsychology.* Belmont, CA: Wadsworth.

Zimbardo, P. G. (2004, May 9). Power turns good soldiers into "bad apples." *Boston Globe.* Retrieved from www.boston.com/news/globe/editorial_opinion/oped/articles/2004/05/09.

Zimbardo, P. G., Haney, C., & Banks, W. C. (1973, April 8). The mind is a formidable jailer: A Pirandellian prison. *New York Times Magazine,* Section 6, p. 36.

Zimmerman, M., & Strouse, D. (2002). *Choosing a psychotherapist: A guide to navigating the mental health maze.* Lincoln, NE: Writers Club Press.

Zinbarg, R. E., & Griffith, J. W. (2008). Behavior Therapy. In J. L. Lebow (Ed.), *Twenty-first century psychotherapies: Contemporary approaches to theory and practice.* New York, NY: Wiley.

Zohar, J., Fostick, L., & Juven-Wetzler, E. (2009). Obsessive-compulsive disorder. In M. C. Gelder, N. C. Andreasen, J. J. López-Ibor, Jr., & J. R. Geddes (Eds.). *New Oxford textbook of psychiatry* (2nd ed., Vol. 1). New York, NY: Oxford University Press.

Zola, S. M., & Squire, L. R. (2000). The medial temporal lobe and the hippocampus. In E. Tulving & F. I. M. Craik (Eds.), *The Oxford handbook of memory* (pp. 485-500). New York, NY: Oxford University Press.

Zorumski, C. F., Isenberg, K. E., & Mennerick, S. (2009). Cellular and synaptic electrophysiology. In B. J. Sadock, V. A. Sadock, & P. Ruiz (Eds.), *Kaplan & Sadock's comprehensive textbook of psychiatry* (9th ed., Vol. 1, pp. 129-146). Philadelphia, PA: Lippincott Williams & Wilkins.

Zschucke, E., Renneberg, B., Dimeo, F., Wustenberg, T., & Strohle, A. (2015). The stress-buffering effect of acute exercise: Evidence for HPA axis negative feedback. *Psychoneuroendocrinology, 51,* 414-425. doi:10.1016/j.psyneuen.2014.10.019

Zuckerman, M. (2013). Biological bases of personality. In H. Tennen, J. Suls, & I. B. Weiner (Eds.), *Handbook of psychology: Vol. 5. Personality and social psychology* (2nd ed.). New York, NY: Wiley.

Zurbriggen, E. L., & Sturman, T. S. (2002). Linking motives and emotions: A test of McClelland's hypothesis. *Personality & Social Psychology Bulletin, 28,* 521-535.

ÍNDICE ONOMÁSTICO

A

Abad, N., 403
Abbeduto, L., 483, 486
Abel, E. L., 436
Abel, M. H., 454
Aber, J. L., 273
Abi-Dargham, A., 481
Abraham, A., 9, 10, 27, 73, 253, 371, 373, 378, 384, 472
Abramov, I., 108, 109
Abramson, L. Y., 476
Abrous, D. N., 79, 235
Accardi, M., 158
Acevedo, B. P., 401
Achermann, P., 149
Achor, S., 447
Ackerman, J. M., 404
Adair, J. G., 50
Adams, M. J., 214
Adams, R. L., 387
Adam, T. C., 69
Ader, R., 179, 444
Adesope, O. O., 250, 251
Adler, A., 6, 10, 360, 366, 367, 378, 384, 385, 391
Adler, L. L., 26
Adler, N. E., 430
Adolph, K. E., 322, 325, 326
Affleck, G., 447
Agarwal, P. K., 229, 239
Agid, O., 47
Ahmed, S. H., 293
Aimone, J. B., 235
Ainsworth, M. D. S., 327, 328, 354, 402
Ajzen, I., 405, 406
Akabaliev, V. H., 482
Akerstedt, T., 142, 143
Akins, C. K., 51
Aknin, L. B., 313
Albarracin, D., 408
Albert, D., 339
Albert, M. A., 43, 345
Albert, M. S., 345
Albouy, G., 76
Alcock, J., 90, 91
Aldington, S., 164
Aldwin, C. M., 344, 430
Ale, C. M., 44
Algorta, G. P., 474
Allain, A. J., 488
Allebeck, P., 164
Allemand, M., 341
Allen, M., 9, 155, 375, 456
Alliey-Rodriguez, N., 480
Allison, D. B., 292
Allmann, A. E., 474
Alloy, L. B., 476
Allport, G. W., 359
Altman, I., 18
Altshuler, L. L., 516
Amato, P. R., 353
Amedi, A., 78
Ames, A., 118, 119
Amir, N., 519

Ammirati, R., 280
Amodio, D. M., 407
Amsterdam, J. D., 520
Anacker, C., 439
Andelin, A. K., 313
Anderluh, M. B., 490
Anderson, B., 434
Anderson, C. A., 200, 201
Anderson, D. R., 443, 444
Anderson, E. A., 353
Anderson, K. J., 437
Anderson, M. C., 229, 231
Andersson, E., 519
Andreasen, N., 279
Andreasen, N. C., 279, 479
Andrews, P. W., 516
Angell, M., 516
Anglin, J. M., 329
Annese, J., 233, 234
Annus, A. M., 12
Anter, N. M., 23
Antony, M. M., 466, 469
Apicella, L. F., 447
Appelbaum, P. S., 524
Appleton, K. M., 291
Arango, C., 478
Arbid, N., 164
Arcelus, J., 43, 489
Archer, J., 348, 349
Arden, R., 267, 274
Arendt, J., 142, 143
Argyle, M., 313, 314
Arigo, D., 454
Arkes, H. R., 390
Arkowitz, H., 57, 472, 509
Arlow, J. A., 6, 504
Armbruster, B. B., 23
Armony, J. L., 305
Armstrong, G. H., 446
Arnett, J. J., 46, 340, 355
Arnold, R. D., 41, 279, 520, 527
Aron, A., 401
Aron, A. P., 310, 401
Aronson, E., 411
Arrazola, R. A., 44, 52
Asbridge, M., 165
Asbury, K., 88, 378
Asch, S. E., 412, 413, 414, 415, 416, 428
Asendorpf, J. B., 404
Aserinsky, E., 140
Ashton, J. R., 338
Ashton, M. C., 277
Asmundson, G. G., 467
Assanand, S., 294
Assefi, S. L., 47, 162
Atkinson, J. W., 301, 302
Atkinson, R. C., 218, 244
Atkinson, R. H., 23
Attridge, M., 343, 360
Auerbach, C. F., 352
Aukrust, V. G., 329
Aust, S., 491
Axel, R., 126
Ayanian, J. Z., 448

Ayotte, B. J., 370
Azevedo, C. F., 63, 70

B

Baars, B. J., 248
Babiak, P., 487
Bachen, E. A., 444
Backhaus, A., 519
Back, M. D., 379, 404
Baddeley, J. L., 42, 218, 220, 221, 244
Baddely, A., 219
Badea, C., 423
Baer, J., 279
Bahrick, H. P., 227
Bailey, C. H.,
Bailey, J. M., 299
Baillargeon, R., 334, 524
Baird, A. D., 77
Baird, B., 257
Bakalar, J. B., 164
Baker, C. I., 103, 105
Baker, D. B., 11
Baker, G. J., 443
Bakermans-Kranenburg, M. J., 327, 328
Bakker, A. B., 370
Balas, R., 179, 180, 409
Baldwin, A., 472
Baldwin, E., 50
Baldwin, S., 508
Baldwin, S. A., 527
Baldwin, W., 47
Bale, T. L., 324
Ball, J. S., 488
Balter, M., 221
Balthazard, P., 379
Bamidis, P., 96
Banaji, M. R., 407, 409
Bandura, A., 199, 200, 202, 211, 350, 351, 368, 369, 370, 371, 378, 380, 384, 391
Banks, S., 148, 167
Banks, W. C., 416
Banning, K., 433
Banuazizi, A., 416
Banyard, V. L., 231
Barbe, R. P., 521
Barber, J. P., 506
Barber, L., 456
Bard, P., 308, 309, 310, 317
Bargh, J. A., 290, 362, 403
Bargmann, C. I., 124, 125
Barker, D. J. P., 324
Barlett, D. L., 468
Barlow, D. H., 527
Barnier, A. J., 157
Baron, A., 191, 293
Barres, B. A., 65
Barrett, L. F., 308, 506
Barrios-Miller, N. L., 43
Barrouillet, P., 221
Barry, D., 259, 370, 493
Bartoshuk, L. M., 124, 125

Barzykowski, K., 238
Basbaum, A. I., 130
Basow, S. A., 350
Bassett, D. S., 83
Bassok, M., 252, 254, 256
Bassuk, E. L., 524
Bastian, A. J., 75
Basu, D., 164
Bates, E., 249
Bateson, P., 50
Batterham, P. J., 274
Batty, G. D., 274
Baum, A., 442
Baumeister, R. F., 296, 297, 379, 415, 441
Baumrind, D., 49, 415
Bayen, U. J., 237
Beardslee, W. R., 273
Beasley, C. L., 491
Bebbington, P., 473
Bebbington, P. E., 483
Beck, A. T., 402, 470, 512, 522, 532
Becker, A. E., 489
Becker, A. L., 234
Beck, L. A., 402, 470, 512, 522, 532
Beer, J. S., 78
Beevers, C. G., 42, 476
Begg, I., 217
Behrens, R. R., 118
Beidel, D. C., 470, 510, 513
Beilin, H., 333
Bekelman, J. E., 516
Bekkouche, N. S., 442, 444
Bell, A. P., 272, 299
Belli, R. F., 226
Bellis, M. A., 338
Belsky, J., 328
Bem, S. L., 25, 89, 94, 134, 169, 209, 242, 320, 348, 351, 454, 460, 524, 528, 530
Benarroch, E. E., 79
Benca, R. M., 75
Bendall, S., 491
Bender, D. S., 487, 519
Benedetti, F., 47, 127
Benjamin, L. T., 4, 5, 226, 251, 255, 256, 370, 415
Benjet, C., 194
Bennet, E. L., 274
Bennett, A. J., 50
Ben-Porath, Y. S., 387
Benson, H., 455
Bentall, R. P., 516
Benton, D., 291
Berenbaum, S. A., 300, 351
Berent, I., 250
Berger, J., 412
Berger, L. K., 519
Berger, L. M., 194
Berger, S. E, 322, 325
Berger, S. S., 440, 447
Berger, Z., 451

Berghmans, R. L. D., 49
Berg, V., 378
Berkhof, J., 435
Berkowitz, L., 440
Berlin, B., 251
Berlin, L. J., 327
Berman, A. L., 515
Bernstein, D. M., 231, 388
Bernstein, H., 324
Berntsen, D., 468
Berridge, K. C., 287
Berry, C. M., 21
Berry, J. W., 116, 267
Berscheid, E., 401
Berta, T., 64
Berthoud, H., 293, 294
Berton, O., 475
Bertrand, R. M., 341
Besken, M., 236
Betensky, J. D., 442
Bettelheim, B., 486
Beutler, L. E., 525, 526, 527
Bhanpuri, N. H., 75
Bhargava, S., 313
Bhasin, T., 486
Bhatnagar, S., 438
Bialystok, E., 251
Bianchi, M. T., 150
Bianchi, S. M., 343
Biblarz, T. J., 353
Biernat, M., 421
Biesanz, J. C., 395
Bifulco, A., 477
Bigelow, B. J., 273
Binet, A., 263, 264, 267, 277, 284
Bini, L., 517
Birch, L. L., 132, 490
Birkeland, S. A., 387
Birmingham, W., 445
Birney, D. P., 333
Biswas-Diener, R., 312
Bjorklund, D. F., 231, 334
Bjork, R. A., 21, 229, 239, 243
Blackwell, J. M., 3, 222, 339, 341
Blackwood, D., 475
Blair, I. V., 406, 407, 455
Blakemore, S., 338
Blankenhorn, D., 352, 353
Blase, S. L., 519
Blashfield, R. K., 465, 466
Blass, E. M., 292, 416
Blass, T., 414, 415
Bleak, J., 198
Bleiler, L., 345
Bleuler, E., 477
Bliwise, D. L., 143, 146
Block, N., 111, 273, 411
Blumenthal, J. A., 449
Blunt, J. R., 239
Boakes, R. A., 47
Boals, A., 222
Boase, J., 403
Bobo, W. V., 515
Bochner, S., 329
Bodenhausen, G. V., 396
Boecker, H., 70
Bogen, J. E., 11, 80, 81
Bohacek, J., 88
Bohannon, J. N., 249
Bohner, G., 409
Boland, R. F., 515
Boldrini, M., 476

Boldry, J. G., 423
Boles, D. B., 350
Bolles, R. C., 287
Bolling, M. Y., 368
Boly, M., 157
Bonanno, G. A., 347, 441, 447
Bond, M., 364
Bonnet, M. H., 149
Bono, G., 455
Bonvillian, J. D., 249
Boot, W. R., 47
Borbely, A. A., 149
Bore, M., 382
Borgida, E., 57
Boring, E. G., 4
Born, J., 234
Bornstein, M. H., 344
Bornstein, R. F., 367
Boroditsky, L., 251
Borsook, D., 440
Borus, J. F., 520, 524
Botha, U. A., 521
Bottoms, H. C., 226
Bouchard, T. J., 269, 271
Bourgeois, J. A., 96, 345
Bourguignon, E., 155
Bousfield, W. A., 222
Bouton, M. E., 182, 187
Bovbjerg, D. H., 443, 444
Bowd, A. D., 50
Bower, G. H., 116, 220, 223, 241
Bowie, C. R., 478
Boyle, D. E., 327
Boysen, G. A., 472
Boywitt, C. D., 221
Brabender, V. M., 388
Bradfield, A. L., 243
Bradshaw, J. L., 82
Braff, D. L., 479
Braid, J., 156
Brainerd, C. J., 231
Branaman, T. F., 304
Brandt, M., 389
Branson, R., 358
Braskie, M. N., 345
Brassington, G. S., 449
Brass, J., 267
Braun, M., 343
Bravo, M., 115, 333
Bree, M. M., 524
Breggin, P. R., 516, 518, 526
Brehm, J. W., 426
Breland, K., 186, 187
Breland, M., 186, 187
Bremner, G., 37
Brenes, G. A., 519
Bretherton, I., 327
Breugelmans, S. M., 308
Brewer, C. L., 8
Brewer, N., 223
Brewer, W. F., 223
Brewin, C. R., 231
Brez, C. C., 335
Bridge, J. A., 515, 521
Briere, J., 231
Briley, D. A., 267, 270
Brink, E., 370
Brinol, P., 407, 408
Brislin, R., 12, 19
Broadbent, D. E., 218
Brobeck, J. R., 288
Broca, P., 80, 179, 181

Brody, N., 272
Brown, A. S., 224, 324, 482
Brown, C. G., 370
Brown, G. A., 482
Brown, J. D., 441
Brown, K. J., 482
Brown, M., 301, 358
Brown, R., 222, 224
Brown, R. D., 231
Brown, S. L., 343
Brown, S. C., 228
Brownell, K. D., 290, 292, 293
Bruce, K. R., 109, 490
Bruer, J. T., 94, 96
Brugha, T. S., 483
Brunell, A. B., 379
Brunner, E. J., 443
Bryant, R. A., 157
Bubany, S., 387
Buccino, G., 77
Buchanan, C. M., 435
Buchtel, E. E., 384
Buck, L. B., 124, 125, 126
Buckley, K. W., 8
Budney, A. J., 164
Buehler, C., 313
Buffalo, E. A., 222
Buffardi, L. E., 379
Buhringer, G., 2
Bulik, C. M., 490
Bumpass, L., 313
Bunge, S. A., 78
Burchinal, M. R., 328
Burger, J. M., 371, 375, 399, 415, 425
Burgess, A., 157
Burgette, J. E., 335
Burke, A., 26
Burke, J. D., 465, 494
Burke, M., 343, 360, 403
Burkhardt, D. A., 65
Burleson, K. O., 159
Burlingame, G. M., 508
Burnette, J. L., 420
Burnett, S., 338
Burns, B. D., 280
Burns, J. K., 164
Burriss, R. P., 405
Burton, C., 43, 52
Burton, C. L., 441
Bushdid, C., 126
Bushman, B. J., 200, 201, 440
Bushnell, M. C., 127
Buss, D. M., 10, 13, 89, 287, 288, 296, 297, 349, 377, 378, 390, 392, 405
Bussey, K., 350, 351
Butcher, J. N., 386, 387
Butler, A. C., 23, 240
Buysse, D. J., 168
Byrne, D., 370, 401
Byrne, S., 370, 401

C

Cable, N., 313
Cacioppo, J. T., 404, 411, 412, 431, 445
Cacioppo, S., 445
Cahill, L., 231
Cahn, B. R., 158, 159
Cai, D. J., 149
Cai, L., 359
Cain, W. S., 126

Calhoun, L. G., 447
Caligor, E., 486, 487
Calkins, K., 6, 324
Callaghan, R. C., 164, 481
Callicutt, J. W., 524
Camaioni, L., 329
Camerer, C., 282
Camos, V., 221
Campbell, A., 349
Campbell, A. C., 519
Campbell, D. T., 118
Campbell, W., 344, 379
Campbell, W. K., 379
Canli, T., 377
Cannon, T. D., 482
Cannon, W. B., 71, 286, 288, 289, 308, 309, 310, 317
Canter, P. H., 159
Cantril, H., 20
Cantu, S. M., 405
Cao, M. T., 152
Cao, X., 323
Caramelli, P., 95
Cardena, E., 471
Card, N. A., 348
Cardno, A. G., 491
Cardoso, C., 84
Carducci, B. J., 167
Carey, B., 234
Carey, M. P., 449
Carey, S., 329, 335
Carlsmith, J. M., 410, 411
Carlson, A. J., 288
Carlson, D. N., 450, 451
Carlson, E. N., 379
Carlson, J., 271
Carlson, J. D., 367
Carlson, S. A., 288, 449
Carnagey, N. L., 200
Carpenter, C. J.
Carpenter, R. W., 487
Carpenter, S. K., 239, 240, 379
Carpenter, W. T., 478, 516
Carr, C. P., 491, 504
Carroll, J., 109
Carroll, M. E., 50
Carr, R. B., 491, 504
Carskadon, M. A., 144, 145
Carter, C. S., 84, 479
Cartwright, C., 515
Cartwright, J. L., 165
Cartwright, R. D., 152, 155, 156
Carver, C. S., 345, 442, 446
Casanova, C., 106
Case, B. G., 517
Casey, B. J., 339
Caspi, A., 360
Caspi, O., 159
Cassel, R. N., 371
Cassidy, J., 326
Castonguay, L., 527
Catanese, K. R., 296
Catania, A. C., 189
Catrambone, R., 255
Caudek, C., 115
Caudle, K., 339
Cautin, R. L., 11
Cavanagh, J., 474
Caverly, D. C., 23
Ceci, S. J., 273
Cepeda, N. J., 23, 240
Cerletti, U., 517

Cetinkaya, H., 179
Chabris, C. F., 111, 221, 225, 270
Chamorro-Premuzic, T., 387
Chance, P., 94
Chandon, P., 290
Chandra, A., 298
Chang, C., 418
Chang, E. C., 13
Chang, K. D., 474
Chan, J., 278
Chapman, C. D., 150
Charles, S. T., 89, 272, 310, 376, 435, 484
Charrier, L., 43
Chaves, M., 47
Cha, Y., 49, 198, 343
Chein, J., 339
Cheng, C., 440
Chen, M. C., 153
Chen, Q., 215
Chen, S., 215, 441
Cherry, D. K., 518
Cheung, I., 405
Chew, S. L., 22
Chiu, C., 383, 418
Chiu, C. Y., 251
Choi, J., 25, 349
Cholewiak, R. W., 127
Cholewiak, S. A., 127
Chomsky, N., 10, 249, 283
Chopra, S. S., 516
Chopra, V., 491
Cho, S. C., 144, 519
Chow, C. M., 340
Chow, G. M., 370
Cho, Y. I., 144, 519
Christensen, B. T., 256
Christensen, C. C., 157
Christensen, H., 274
Christensen, L., 50
Christodoulidis, G., 442
Chrobak, Q. M., 226
Chronicle, E. P., 254
Chu, J. A., 231
Chung, J. M., 340, 344
Chung, W. J., 367
Chung, W. K., 292
Church, A., 383
Cialdini, R. B., 134, 208, 413, 425, 426
Ciborowski, T., 198
Ciesla, J. A., 435
Cirincione, C., 492
Clark, A. E.
Clark, D. A., 468, 470
Clark, L.
Clark, R. D., 296
Clark, R. E., 11, 478
Clasen, P. C., 476
Claxton, S. E., 340
Clayton, R. B., 403
Cleare, A. J., 476
Cleary, P. D., 448
Clement, O., 69
Clement, S., 502
Clements, A. M., 350
Clifasefi, S., 231
Clifton, A. D., 382
Clint, E. K., 25, 26
Clow, A., 83
Coderre, T. J., 127
Cogsdill, E. J., 395
Cohan, C. L., 342

Cohen, A., 346
Cohen, C. E., 396
Cohen, D. B., 376
Cohen, J. A., 343
Cohen, L. M., 503
Cohen, N., 179
Cohen, S., 436, 444
Colagiuri, B., 47
Colangelo, J. J., 232
Colder, M., 455
Cole, J. O., 514
Cole, M., 258
Cole, S. H., 487
Collins, A. M., 223, 224
Collins, W. A., 344
Colombo, J., 335
Colwill, R. M., 187
Comas-Diaz, L., 519
Combs, D. R., 478
Comer, J. S., 154, 293
Commandeur, H., 382
Connell, J. D., 94
Connelly, B. S., 387
Connelly, C. D., 370
Conner, M., 440, 509
Connor, C. E., 107, 435, 440
Conte, J. R., 231
Contrada, R. J., 442
Conway, A. M., 436
Cooke, L., 291
Coolidge, F. L., 221
Cooper, C., 313
Cooper, J., 411
Cooper, Z., 489
Coote, L., 225
Corballis, P. M., 82, 92, 93
Corbin, W. R., 293
Coren, S., 93, 118
Corkin, S., 233, 234
Cork, R. C., 141
Corneille, O., 180
Cornell, D. G., 5, 6, 349, 390
Corpus, B., 280
Corr, C. A., 347
Corrigan, P. W., 463, 502
Corsica, J. A., 292, 293, 449
Cosgrove, L., 516
Cosmides, L., 10, 13, 261
Costa, A., 250
Costa, P. T., 341, 359, 383, 387
Cotter, A., 324
Courchesne, E., 486
Coutts, A., 323
Cowan, N., 220
Cowart, B. J., 124, 126
Cox, D., 107
Cox, P. D., 508
Cox, R. E., 157
Cox, W. T. L., 421
Craighead, W. E., 513
Craighero, L., 77
Craik, F. I. M., 215, 216, 228, 229
Cramer, P., 441
Crano, W. D., 413
Crede, M., 21
Crego, C., 465
Crews, F., 367
Crits-Christoph, P., 519
Crouch, D. J., 215
Crowder, R. G., 228
Csibra, G., 328

Cuellar, A. K., 473
Cuijpers, P., 474, 510
Culbertson, J. L., 387
Cullen, B. A., 515
Culpepper, N., 482
Cummins, D., 349
Cunningham, C. O., 449
Cunningham, F., 322
Cunningham, J. B., 257
Cunningham, M., 351, Curci, A., 221
Curtindale, L. M., 335
Cushman, P., 518
Czaja, S. J., 488
Czarna, A. Z., 382

D
Dager, A. D., 73
Daiek, D. B., 23
Daley, C. E., 273
Dallenbach, K. M., 125
Dallman, M. F., 438
Dalton, M., 289, 444
Daly, M., 10, 13
Damasio, A. R., 76
Danaher, K., 421
Dang-Vu, T. T., 141
Danhauer, S. C., 519
Dapretto, M., 77
Darley, J. M., 417
Darling-Kuria, N., 94
Darwin, C., 88, 89, 90, 98, 310
Das, E., 57, 206, 400, 408
Dasgupta, N., 406
David, A., 511
David, E. R., 10
Davidoff, J., 251
Davidson, J. E., 436
Davidson, K. W., 159
Davidson, R. J., 159, 277, 436
Davies, I. R. L., 251, 270
Davis, A., 37
Davis, A. S., 92
Davis, G., 232, 267
Davis, K. E., 443
Davis, M., 514
Davis, M. C., 444
Davis, O. S. P., 267, 276
Dawood, K., 300
Day, E. A., 117, 418
Day, R. H., 117, 418
Deacon, B. J., 463
Dean, K. K., 400
Dean, R. S., 92
Deary, I. J., 266, 270, 274
Deaton, A., 312
De Beni, R., 241
de Castro, J. M., 289, 290
Deer, B., 486
Deese, J., 232
DeFries, J. C., 86, 269, 377
Degenhardt, J., 164
De Houwer, J., 179, 180, 199, 409
Deitmer, J. W., 64
De Koninck, J., 153, 155
De Lacy, N., 491
DeLeon, P. H., 11
Delis, D. C., 234
Della Porta, S. S., 446
Della Sala, S., 95
DeLongis, A., 430
DelVecchio, W. F., 341

Dement, W., 140, 144, 145, 147, 148, 155
Demir, M., 313
Dempster, E. L., 88
Denckla, C. A., 367
Denollet, J., 364
Denton, K., 336, 396
DePrince, A. P., 231
Derevensky, J. R., 4
Derkits, E. J., 482
Derks, D., 370
de Rooij, S., 324
DeRubeis, R. J., 520
Desmurget, M., 72
DeSoto, K. A., 243
DeSpelder, L. A., 346
Deutsch, G., 92, 93
Devaskar, S. U., 324
de Vaus, D., 343
de Villiers, J. G., 329
de Villiers, P., 191
de Villiers, P. A., 329
Devine, P. G., 406, 407
Devlin, H. C., 436
Devlin, M. J., 489
Devos, T., 407
De Waal, F. M., 176
Dewald, J. F., 149
de Wit, J. B., 57
de Wit, J. B. F., 408
Dewsbury, D. A., 89
DeYoung, C. G., 360
Diamond, L. M., 298, 300
Diamond, S. S., 39
DiCicco-Bloom, E., 79
Dick, D., 88
Dickens, W. T., 271, 273
Diener, E., 312, 313, 314
Dietrich, M. O., 289
Dijk, D., 167
Dijksterhuis, A., 259, 260, 362
Dilchert, S., 267
Di Lorenzo, P. M., 124, 125
DiMatteo, M. R., 450, 451
Dimberg, U., 306
Di Milia, L., 293
Dindia, K., 351
Ding, D., 448
Dinges, D. F., 142, 145, 148, 167
Dinsmoor, J. A., 193
Dismukes, R. K., 237
Disner, S. G., 476
Dissell, R., 2
Dix, D., 520
Dixon, L., 521
Dixon, R. A., 346
Dodds, R. A., 257
Dohrenwend, B. P., 433
Doja, A., 486
Dollard, J., 440
Domhoff, G. W., 153, 155, 156, 168
Domjan, M., 50, 179
Don, B. P., 197, 211, 291, 344
Donnellan, M. B., 341
Doolin, E. M., 507
Dorahy, M. J., 472
Dorius, C., 353
Dorn, L. D., 337, 338
Doron, K. W., 83
Doss, B. D., 343
Doty, R. L., 92, 126

Dougall, A. L., 430, 442
Dougherty, D. D., 468
Douglas, A. J., 323
Douglas, E. M., 194
Douglass, A. B., 243
Dourleijn, E., 342
Dovidio, J. F., 406, 423
Downey, C. A., 13
Downing, J., 338
Draganski, B., 78
Drake, C. L., 143
Drew, L. J., 79, 235
Drews, F. A., 215
Dror, O. E., 308
Drummond, S. P. A., 167
Druss, B. G., 463, 502
Dube, S. R., 44, 446
DuBois, G. E., 124
Dubovsky, S. L., 513
Duck, S., 400
Duckworth, A. L., 265, 266
Duckworth, K., 520, 524
Dudai, Y., 234
Dudley, M., 515
Duffy, V. B., 124
Dufner, M., 382
Duke, A. A., 68
Duman, R., 476
Dum, R. P., 75
Dunbar-Jacob, J., 451
Duncan, B. L., 422, 509, 510
Duncan, M. J., 293
Dunlosky, J., 21, 23
Dunn, E. W., 164, 303, 313, 446
Dunning, D., 111, 396
Dunn, M. E., 164, 303, 313, 446
Dupere, V., 273
Durante, K. M., 11, 23, 27, 145, 146, 152, 172, 178, 181, 207, 234, 273, 277, 294, 295, 321, 327, 328, 330, 332, 336, 337, 342, 354, 355, 358, 361, 364, 365, 367, 394, 405, 409, 423, 438, 478, 479, 517
Durrant, R., 13, 31, 90, 194, 195, 287, 295
Dusing, J., 180
Dussias, P. E., 250
Dutton, D. G., 310
Dykstra, J. A., 243

E

Eagle, M. N., 6
Eagly, A. H., 45, 297
Eals, M., 25
Easterbrooks, M. A., 326, 327
Eastman, C., 143
Easton, J. A., 405
Eastwick, P. W., 403, 404
Ebbinghaus, H., 226, 227, 245
Ebrahim, I. O., 168
Eckstein, D., 367
Edenfield, T. M., 449
Edwards, S., 324
Egloff, B., 379
Ehrenberg, M., 353, 525, 527
Ehrenberg, O., 525, 527
Eibl-Eibesfeldt, I., 306
Eichenbaum, H., 76, 236
Eichenlaub, J., 168

Eifert, G. H., 69
Einarsson, E. O., 234
Einstein, A., 83
Einstein, G. O., 241
Eippert, F., 130
Eisner, T., 91
Ekman, P., 306, 307, 308, 317
Elfenbein, J. L., 120
Ellenbogen, M. A., 84
Ellingson, J. E., 387
Elliot, A., 31, 32, 33, 34, 55
Elliott, R., 507
Ellis, A., 440, 453, 460, 475, 512
Ellis, B. J., 13, 31, 90, 295, 379
Ellis, D., 453
Ellis, H. H., 379
Ellsworth, P. C., 303, 308
Ellwood, S., 257
Elman, I., 440
Elms, A. C., 415
Elpers, J. R., 521
Else-Quest, N. M., 348
Elson, M., 201
Emanuel, E. J., 524
Emery, C. F., 443, 444
Emmelkamp, P. G., 511
Emmelkamp, P. M., 513
Endeshaw, Y., 167
Engels, R. C. M., 201
Englar-Carlson, M., 367
Ensom, R., 194, 195
Entin, E. E, 301
Ent, M. R., 415
Epel, E., 69
Epley, N., 49
Epstein, D. H., 165, 167
Epstein, E. M., 445
Epstein, L., 167
Erdelyi, M. H., 441
Erdfelder, E., 389
Erickson, D. J., 339, 398
Erikson, E., 329, 330, 331, 339, 341, 354, 355
Eskes, G., 217
Eslick, A. N., 226
Espejo, E., 431, 444
Esses, V. M., 3, 4, 5, 8, 13, 22, 23, 34, 42, 43, 44, 54, 57, 66, 67, 71, 85, 86, 87, 88, 90, 93, 94, 103, 105, 107, 121, 123, 125, 126, 128, 142, 143, 149, 150, 152, 157, 169, 176, 180, 182, 186, 189, 195, 198, 201, 205, 215, 218, 223, 224, 225, 226, 240, 252, 268, 270, 277, 279, 287, 288, 293, 298, 299, 302, 314, 316, 325, 358, 359, 362, 367, 369, 377, 383, 387, 400, 404, 420, 421, 423, 424, 431, 433, 438, 462, 463, 464, 465, 467, 469, 476, 486, 487, 488, 490, 491, 494, 495, 505, 506, 507, 509, 510, 513, 514, 515, 519, 520, 526, 528
Esterson, A., 367
Estes, W. K., 17, 32, 364, 410, 489, 494
Evans, G. W., 273, 431
Evans, J. T., 262, 263

Evans, R. B., 4, 8
Everitt, B. J., 76
Eysenck, H. J., 273, 375, 376, 378, 380, 384, 392, 470

F

Fabrigar, L. R., 48, 405, 406
Fairburn, C. G., 489
Falicov, C. J., 518
Falls, W. A., 189
Falluel-Morel, A., 79
Faraday, A., 168
Faraday, M. M., 448
Farah, M. J., 273
Farber, B. A., 507
Faria, S., 430
Farrington, D. P., 488
Fay, K., 489
Fazio, L. K., 226
Fearer, S., 164
Fehr, B., 401, 402, 403
Fein, D., 483
Feinstein, J. S., 62
Feinstein, R. E., 475
Feist, G. J., 279
Fekadu, A., 517
Feldman, D. H., 278, 333
Feldman, R., 84
Feltz, D. L., 370
Feng, J., 26
Fennis, B. M., 408
Fenn, K. M., 22
Ferguson, C. J., 201
Fernald, A., 328
Fernandes, M., 364
Ferrando, S. J., 513, 515, 516
Ferreri, F., 470
Ferry, A. L., 334
Ferster, C. S., 189
Fervaha, G., 480
Festinger, L., 410, 411, 428
Ficca, G., 167
Field, A. E., 176, 178, 490
Fields, R. D., 63, 64
Figueredo, A. J., 377
Findley, J., 168
Fine, C., 350
Fink, B., 404
Fink, M., 517, 518
Fink, M. F., 517
Finkel, E. J., 404
Finlayson, G., 289
Firestein, S., 126
Fischhoff, B., 281, 388
Fishbein, M., 405, 406
Fisher, S., 156, 468, 528
Fishman, D. B., 44, 511
Fiske, S. T., 31, 396, 407, 421, 422, 423
Fitzsimons, G. M., 403
Flak, A. L., 323
Flausino, N. H., 167
Flavell, J. H., 333
Flegal, K. M., 292
Flett, G. L., 528
Flint, J., 377
Florentine, M., 120
Flynn, J. R., 268, 270, 271, 273, 284
Fobe, J. L., 76
Fode, K. L., 48, 49
Fogg, L. F., 143
Folkman, S., 430, 431, 436, 439, 447

Follette, W. C., 232
Folley, B. S., 93
Fontaine, A. M., 299, 502
Forand, N. R., 520
Forscher, P. S., 422
Forsyth, D. R., 413, 416, 420, 527
Fort, P., 69
Fortune, E. E., 3, 208
Foster, C. A., 215, 344
Fostick, L., 468
Foulkes, D., 168
Fournier, J. C., 515
Fowler, S., 180, 409
Fox, A., 327, 490
Fox-Kales, E., 490
Fracasso, M. P., 326
Frances, A., 464, 466
Francis, A. J., 490
Francis, G., 218
Francis, L. A., 490
Frank, J., 527
Frank, L. K., 517, 527
Frank, L. R., 517
Frankland, P. W., 235
Franko, D. L., 488
Fraser, S. C., 425
Frederick, C. M., 198
Frederick, D. A., 404
Fredrickson, B. L., 436, 454
Freedheim, D. K., 11
Freedman, J. L., 425
Freedman, R., 493
Frenda, S. J., 226, 231
Freud, S., 4, 5, 6, 7, 9, 10, 17, 18, 27, 133, 141, 154, 155, 156, 168, 172, 173, 230, 231, 329, 358, 360, 361, 362, 363, 364, 365, 366, 367, 368, 369, 371, 373, 378, 379, 380, 384, 385, 389, 391, 431, 440, 441, 500, 501, 504, 505, 506, 522, 524, 531
Freund, A. M., 344
Frey, K. S., 351
Friberg, U., 300
Frick, U., 521
Fried, A. L., 49
Friedkin, N. E., 419
Friedman, E. S., 520
Friedman, H. S., 345, 360, 442, 446
Friedman, M., 446
Friedman, R., 347
Friedman, S. L., 345
Friesen, W. V., 306, 307, 308, 317
Frijda, N. H., 309
Fuchs, A. H., 4, 8
Fujita, F., 313
Fuligni, A. J., 149
Funder, D. C., 378
Fusi, S., 79, 235
Fyer, A. J., 469

G

Gabbard, G. O., 6, 367, 368
Gaddis, C., 176
Gaertner, L., 406, 423
Gaertner, S. L., 406, 423
Gaeth, G. J., 252
Gaffey, A. E., 304
Gage, F. H., 79, 235

Gaines, J. F., 360
Gaissmaier, W., 262
Galambos, N. L., 351
Galati, D., 306
Gale, C. R., 314
Galinsky, A. D., 279
Galizio, M., 191
Gallagher, M. W., 446
Gallagher, S. N., 304
Gallese, V., 77
Gallo, D. A., 216, 225, 237, 468
Gallo, L. C., 444
Gallup, G. G., 404
Galvan, A., 339
Galvin, B. M., 379
Gananca, L., 474
Gangestad, S. W., 400, 405
Gao, J. H., 374
Garb, H. N., 388
Garcia, E. E., 250
Garcia, J., 211
Garcia, M., 519
Gardner, H., 11, 277, 284
Gardner, M., 339
Garrett, B. L., 243
Garry, M., 47, 162, 231
Gaskin, D. J., 126
Gast, A., 180
Gatchel, R. J., 126
Gates, G. J., 298
Gato, J., 299
Gaudiano, B. A., 516
Gavrilets, S., 300
Gavrilova, N., 296
Gawronski, B., 180
Gazzaniga, M. S., 11, 80, 81, 82, 83, 350
Geary, D. C., 348, 349
Geers, A. L., 342
Gee, T. L., 472
Gegenfurtner, K., 109, 110
Gehrman, P., 168
Gelernter, J., 480
Gelfand, M. J., 399
Geller, J. L., 524
Gelman, S. A., 351
Geng, L., 179
Gennari, S. P., 251
Gentile, B., 45, 131, 132, 200, 379, 382
Gentner, D., 256
Gentry, R. C., 291
George, C. F. P., 155
George, S. A., 344
Georgiades, K., 477
Georgieff, M. K., 323
Geraci, L, 216
Geraerts, E., 232
Gershoff, E, T., 194, 195
Gershon, E. S., 480
Gibbons, D. E., 156
Gibbons, M. B., 519
Gibbons, R. D., 515
Gibson, C., 93
Gibson, K., 515
Giedd, J. N., 338, 482
Gigerenzer, G., 261, 262, 283, 456, 457
Gilbert, D. T., 141, 217, 282, 303, 399, 401
Gilgen, A. R., 9
Gillen-O'Neel, C., 149
Gilmer, D. F., 344

Gilovich, T., 198, 262, 396
Gilson, T. A., 370
Girgus, J. S., 118
Gironde, S., 487
Gitlin, M. J., 515
Gittelman, M., 524
Givelber, R. J., 152
Glaser, J., 406, 444
Glass, D. C., 442
Glass, R. M., 520, 527
Glasser, W., 463
Glassman, A., 443
Glassner, B., 281
Gleason, M. E. J., 445
Gleaves, D. H., 471
Gleitman, L., 251, 328
Glew, D. J., 454
Gloria, C. T., 436
Gluck, M. E., 489
Gobet, F., 254
Godlee, F., 486
Goff, D. C., 515, 521
Gogtay, N., 482
Goldberg, T. E., 481, 514
Goldenberg, H., 11, 509
Goldenberg, I., 509
Goldin-Meadow, S., 328, 329
Gold, J., 520
Gold, J. M., 481
Gold, M. S., 68, 164
Goldman, H., 521
Goldman, S. K., 423
Goldsmith, R., 293
Goldstein, B., 117, 131
Goldstein, D. G., 231
Goldstein, E., 262
Golinkoff, R. M., 328
Gollan, T. H., 250
Gomes, A. R., 430
Gomory, T., 464
Goncalves, A. M., 430
Goodall, J., 42, 43
Good, D., 26
Goodheart, C. D., 527
Goodie, A. S., 3
Goodman, R. A., 344
Goodwin, C. L., 444
Goodwin, F. K., 474
Goodwin, G., 476
Gordon, J., 93, 109, 126, 223, 241, 359, 525
Gosling, S. D., 403
Goswami, U., 95
Gottesman, I. I., 85, 480, 481
Gottfredson, L. S., 266, 272, 274, 276
Gouin, J., 444
Gould, E., 79, 89, 95, 235, 476
Gourevitch, M. N., 164
Gow, A. J., 449
Goyal, M., 159
Graber, J. A., 338
Grace, A., 481
Grace, R. C., 180, 182, 189
Grady, D., 344
Grafman, J., 78
Graham, E. K., 341, 374, 403
Graham, J., 341
Graham, L. T., 374
Granberg, G., 47
Grandner, M. A., 150, 456
Granic, I., 201
Grant, D. A., 441

Grant, J. A., 159
Gray, C., 52, 53, 95
Graziano, W. G., 360
Gredeback, G., 103
Greden, J. F., 474
Greenberg, J., 383, 456
Greenberg, J. S., 383
Greenberg, R. P., 456
Green, C. D., 5, 156, 157, 403, 454
Greene, G. J., 300
Greene, R. L., 228
Greene, S. M., 353
Green, J. P., 5, 156, 157, 403, 454
Greeno, J., 252, 257, 283
Greenough, W., 94, 95
Greenson, R. R., 504
Greenwald, A. G., 406, 407, 423
Gregg, A. P., 379
Gregory, R. L., 114, 117
Greiner, E., 164
Greitemeyer, T., 200
Gremeaux, V., 455
Griffin, D. W., 260, 261, 262
Griffith, J. W., 513
Grigorenko, E. L., 268, 269, 270, 276
Grigoriadis, S., 209
Grinspoon, L., 164
Griskevicius, V., 287, 404, 426
Grogan-Kaylor, A., 194
Gronbaek, M., 44
Gros-Louis, J., 328
Gross, A. L., 241
Gross, C. G., 79
Gross, C. P., 516
Grotevant, H. D., 270
Grubin, D., 304
Grunberg, N. E., 440, 447, 448
Grundgeiger, T., 237
Guadagno, R. E., 426
Guarda, A. S., 489
Guardiola-Lemaitre, B., 142
Gudeman, J. E., 521
Guenther, K., 231
Guerreiro, R. J., 345
Guerrini, I., 323
Guglielmi, D., 301
Guilbault, R. L., 242, 388
Guilleminault, C., 152
Gullifer, J. W., 250
Gunn, S. R., 152
Gunn, W. S., 152
Gunthert, K., 518
Gupta, R., 4, 402, 444
Gurling, H. D., 323
Gurman, A. S., 510
Gur, R. C., 350
Gur, R. E., 350
Gustad, L. T., 443
Gustafson, D. R., 345
Gutierres, S. E., 135
Guyker, W., 519

H

Hackett, T. A., 121
Hackman, J. R., 417
Hadar, L., 259
Hadaway, C. K., 47
Hagan, C. R., 477

Hager, J. L., 196
Hagerty, M. R., 314
Hahn, C., 475
Haidt, J., 337
Haier, R. J., 274
Halaris, A., 443
Halassa, M. M., 64
Hald, G. M., 296
Haleem, D. J., 68
Hall, A. P., 151
Hall, C. I., 12, 154, 168
Hall, C. S., 450
Hall, J., 6, 480
Hall, J. A., 379, , 480
Hall, J. E., 102
Hall, W. D., 154
Hallquist, M. N., 157
Halpern, C., 351
Halpern, D. F., 24, 256, 316, 343, 348, 351
Halpern-Meekin, S., 343
Hamaideh, S. H., 435
Hambrick, D. Z., 22, 221
Hamden, A., 521
Hamedani, M. G., 19
Hames, J. L., 477
Hamill, S., 477
Ham, J. J., 399
Hammen, C., 474, 477
Hammen, C. L., 477
Hammersmith, S. K., 299
Hampson, E., 348
Hanczakowski, M., 225
Haney, C., 416
Hankins, W. G., 196
Hannan, A. J., 95
Hanna-Pladdy, B., 95
Hansen, H., 510, 519
Hanson, K., 164
Hantsoo, L. V., 444
Harcourt, R. G., 43
Harden, K. P., 267
Hardt, O., 229, 234, 420
Hardy, J., 345
Hare, R. D., 487
Harkins, S., 418
Harkness, K. L., 477
Harley, E. M., 329, 390
Harley, T. A., 329, 390
Harlow, H. F., 324, 326, 327, 354
Harris, C. R., 45
Harris, J. E., 237
Harris, J. L., 290
Harris, J. R., 389
Harrison, K., 490
Hart, C. M., 84, 379, 472
Hart, E., 84, 379, 472
Harte, J. L., 69
Hartmann, E., 388
Hartmann, T., 388
Harvey, P. D., 478
Haselton, M. G., 287, 404, 405
Haskard, K. B., 450
Haslam, A., 415, 416
Haslam, S. A., 415, 416
Hastorf, A., 20
Hatfield, E., 296, 401
Haukvik, U. K., 491
Hauser, M., 335
Havens, J. R., 160
Haworth, C. A., 270, 490
Haworth-Hoeppner, S., 490

Hayati, A. M., 23
Hayden, J. A., 165
Haydon, P. G., 64
Hayes, J. R., 255
Haynes, M. C., 422
Hays, M., 239
Hazan, C., 402
Hazlett, H. C., 486
Healy, D., 515, 516
Heap, M., 225
Heaps, C. M., 231
Heavey, C. L., 140
Heckler, S. E., 209
Hedegaard, M., 334
Heeger, D. J., 73
Heggestad, E. D., 387
Heider, F., 397
Heilman, M. E., 422
Heine, S. J., 12, 384
Heinrichs, R. W., 478
Heinz, M., 120, 335
Heiphetz, L., 409
He, J., 314, 456, 457
Helmes, E., 386
Helms, H. M., 313
Helson, R., 341
Helzer, J. E., 465
Henderson, K. E., 293
Henderson, R. C., 518
Henley, S. J., 447
Hen, R., 79, 235
Henry, P. J., 118, 232, 233, 276
Hepper, E. G., 321
Hepper, P., 321
Herbenick, D., 295
Herbstman, J., 324
Herbst, S., 443
Hercher, C., 491
Hermann, D., 108, 121, 227, 241
Hermans, H. J. M., 12
Hermans, R. C., 290
Hernandez-Avila, C. A., 164
Hernandez, C. A., 508
Hernandez, R., 446
Herrmann, D., 239
Herrmann, S. D., 383
Herrnstein, R., 267, 272
Herskovits, M. J., 118
Hertwig, R., 49
Herve, P., 93
Hespos, S. J., 334
Hewitt, B., 343
Hewstone, M., 422
Heyman, R. E., 42
Hezlett, S. A., 267
Hicks-Patrick, J., 370
Higgins, E. T., 31
Hilgard, E., 18, 158, 173, 198
Hill, A. K., 300
Hill, P. L., 341, 405
Hill, S. E., 405
Hilt, L. M., 474
Hines, L. A., 468
Hines, M., 348, 350, 351
Hingson, R., 165
Hinic, D., 441
Hinsch, C., 403
Hinshaw, S. P., 463
Hinvest, N. S., 73
Hirshkowitz, M., 143
Hirsh-Pasek, K., 328
Hirst, W., 222

Hitch, G., 220
Hitti, A., 423
Hobson, J. A., 155, 156, 168
Hodges, B. H., 413
Hodgins, D. C., 3
Hodgkin, A., 64
Hodgson, K. J., 524
Hoek, H. W., 489
Hoerger, M., 303
Hoff, E., 250, 328
Hoffrage, U., 259
Hoffstein, V., 167
Hofmann, S. G., 403, 527
Hofstede, G., 399
Hogan, J., 2, 387
Hogan, M. F., 520, 521
Hogarth, R. M., 259
Hogue, C. J. R., 323
Holden, C., 515
Holden, G. W., 194, 248
Holland, C. C., 133, 180, 194, 415
Hollander, E., 68, 467
Holland, G. W. O., 133, 180, 194, 415
Hollands, G. J., 50, 179
Hollingworth, L. S., 6
Hollon, S. D., 512
Holmberg, S., 47
Holmes, J. G., 371
Holmes, T. H., 433
Holschuh, J. L., 23
Holtgraves, T., 48
Holt-Lunstad, J., 445
Holyoak, K. J., 256
Homa, D. M., 448
Hong, G. K., 519
Hong, R. Y., 359, 386, 387
Honzik, C. H., 197
Hooley, J. M., 482, 487
Hooper, J., 93
Hopko, D. R., 265
Ho, R. C., 25, 441
Horberg, E. J., 303
Horn, J. L., 272
Horn, J. P., 75
Horn, S. S., 237
Horowitz, F. D., 7
Horton, C. L., 154, 401
Horton, R. S., 154, 401
Horvath, T. L., 289
Houben, K., 180
Hough, L. M., 387
Houlcroft, L., 382
Houlihan, J., 324
Howard, D. J., 255, 256, 276, 277, 426, 467, 468
Howell, R. T., 313, 314
Howes, O. D., 481
Hsu, H., 328, 334
Hsu, L. M., 344
Huang, Z. W., 120
Hubel, D., 10, 76, 94, 106, 107, 112
Huber, R., 145
Hublin, C., 151, 152, 167
Huddleston, E., 231
Hudman, K. S., 448
Hudson, J. I., 489
Hudson, W., 115-116
Hudspeth, A. J., 65, 121
Huesmann, L. R., 200, 201, 440
Huey, E. D., 78

Huey, L. Y., 520
Huey, S. J., 519
Huff, C., 49
Hughes, H., 468
Hughes, J., 69
Human, L. J., 294, 395
Hunt, E., 271, 277
Hunter, J., 266
Huntjens, R. C., 471
Hurford, I. M., 515
Hurst, C., 360, 395
Hustinx, P. J., 301
Hu, T. W, 519
Huttenlocher, P. R., 66, 96
Hutter, M., 180
Huxley, A., 64
Huynh, V. W., 149, 444
Hwang, H. S., 306
Hwang, W., 519
Hwang, W. S., 519
Hyde, J. S., 153, 294, 295, 296, 348, 349, 351
Hyman, I., 231

I

Iacoboni, M., 77
Idring, S., 483
Imel, Z. E., 47, 527
Infante, J. R., 159
Ingram, C. W., 519
Ingram, R. E., 477
Insel, T. R., 516
Inzlicht, M., 421
Iredale, S. K., 43
Ireland, M., 159
Irvine, S. H., 267
Irwin, M. R., 150, 456
Isaacowitz, D. M., 439
Isenberg, K. E., 63
Israel, M, 84
Israel, S., 84
Itoi, A., 148
Ivry, R. B., 350
Iwawaki, S., 267
Izard, C. E., 306, 310, 311

J

Jacklin, C. N., 351
Jackson, L. M., 335, 423
Jackson, S., 209
Jacobs, D. F., 2, 259, 283
Jacobson, E., 455
Jager, J., 344
James, B. D., 120, 346
James, C. E., 95
James, J. W., 347
James, W., 5-7, 10, 141, 243
James, W. H., 309, 317
Jamison, K. R., 279, 474
Jang, S., 259
Janicki-Deverts, D., 444
Janis, I. L., 419, 420, 431
Janofsky, J. S., 492
Janssen, L., 408
Jaremka, L. M., 445
Jarosz, A. F., 221
Jauhar, S., 474
Jauniaux, E., 321
Javitch, J. A., 67
Jellinger, K. A., 64
Jelovac, A., 517
Jenike, M. A., 468
Jensen, A., 277, 284

Jensen, A. R., 273
Jensen, M. P., 126, 157
Jessberger, S., 235
Jessell, T. M., 66
Jessup, R. K., 259
Jhansilakshmi, M., 345
Ji, R. R., 64
Joffe, R. T., 63
Johnson, A. W., 294
Johnson, B. T., 45
Johnson, J., 50
Johnson, M. K., 235, 269
Johnson, M. L., 325
Johnson, S. B., 450-451
Johnson, S. C., 271, 289
Johnson, S. L., 477, 493
Johnson, V., 312
Johnson, W., 325, 377
John-Steiner, V., 334
Johnston, J. C., 112, 215
John, U., 7, 9, 10, 18, 19, 27, 90, 128, 164, 166, 182, 196, 208, 211, 243, 301, 302, 327, 334, 357, 368, 411, 417, 419, 456, 480, 484, 522
Joiner, T. E., 477
Jones, B. C., 405
Jones, C. J., 351
Jones, E. E., 405
Jones, H., 341
Jones, J., 351
Jones, S. G., 75
Jones, S. M., 397
Jordan, B. D., 405
Jordan, C. H., 401
Jordan-Young, R. M., 350
Josephs, L., 12, 111, 135, 303, 305, 317, 506, 511, 522
Josse, G., 93
Josselyn, S. A., 235
Joyce, A. S., 508
Juang, L., 19
Judge, T. A., 314, 360, 395
Juffer, F., 270
Jung, C., 6, 10, 360, 366, 367, 384, 385, 391
Juruena, M. F., 491
Juven-Wetzler, E., 468

K

Kaas, J. H., 78, 121
Kagan, J., 327, 389
Kahn, D., 153
Kahn, D. A., 474
Kahneman, D., 260, 261, 262, 280, 281, 282, 312, 314, 495, 529
Kaiser, A., 350
Kakizaki, M., 150, 167
Kalichman, S. C., 444, 449
Kalmijn, M., 401
Kaltenbach, K., 323
Kalton, G., 48
Kamarck, T. W., 434
Kamin, L., 273
Kanaan, S. F., 346
Kanazawa, S., 267
Kandel, E. R., 65, 66, 67, 235, 245
Kandler, A., 26
Kane, H. S., 438, 445
Kane, J. M., 514
Kane, M. J., 141

Kang, D., 159
Kang, S. K., 421
Kanner, L., 483
Kanowitz, J., 48
Kanwisher, N., 107
Kaplan, K. A., 148
Kara, S., 293
Karasik, L. B., 326
Karasu, T. B., 506
Karau, S. J., 418
Karpicke, J. D., 239
Karr, M., 21
Kassam, K. S., 217, 313
Kasser, T., 297, 313, 375
Katsikopoulos, K. V., 261
Katz, N., 294, 295, 417
Katz-Wise, S. L., 294, 295
Kaufman, A. S., 279
Kaufman, J. A., 367
Kaufman, J. C., 276, 279
Kaufman, L., 118
Kaufman, S. B., 279
Kauwe, J. S. K., 345
Kay, P., 251
Kazdin, A., 204, 501, 502
Kazdin, A. E., 502
Kecklund, G., 143
Keck, P. E., 478
Keefer, L., 443, 444
Keel, P. K., 489, 490
Keenan-Miller, D., 474
Keenan, S., 143, 474
Kefalov, V. J., 104
Keller, M. B., 186, 411, 474, 515
Kelley, H. H., 20, 397
Kellner, C. H., 517
Kelly, M. C., 422
Kelman, H. C., 49, 415
Keltner, D., 303
Kemeny, M. E., 444
Kempen, H. J. G., 12
Kemp, I. A., 277
Kempton, M. J., 475
Kendall, P. C., 509
Kendler, K. S., 255, 256, 480
Kendzerska, T., 152
Kenfield, S. A., 448
Kennedy, G. M., 236, 419, 435, 478
Kenrick, D. T., 135, 348, 374, 404
Kent, R. N., 48, 484
Kermer, D. A., 282
Kern, M. L., 360, 446
Kesebir, P., 313
Kesebir, S., 337, 374
Ketterlinus, R. D., 326
Ketter, T. A., 474
Key, C. B., 52, 270
Khan, M., 217
Khroyan, T. V., 448
Kiang, L., 435
Kidd, K. K., 268
Kiebles, J. L., 443, 444
Kiecolt-Glaser, J. K., 444
Kiewra, K. A., 23
Kihlstrom, J. F., 141, 231
Kikuchi, Y., 217
Killeen, P. R., 198
Killen, M., 422, 423
Kiluk, B. D., 520
Kimchi, R., 113
Kim, H., 416

Kim, H. S., 430, 446
Kim, J., 290
Kim, K. H., 290
Kim, N., 44
Kim, Y., 416
Kimmel, A. J., 50
Kimura, D., 93
King, A. P., 328
King, B. H., 491
King, B. M., 292
King, D. B., 8
King, E. W., 395
Kinsey, A., 298
Kinzler, K. D., 335
Kirby, D., 486
Kirk, R. E., 466
Kirk, S. A., 37, 464
Kirov, G., 85
Kirsch, I., 157, 516
Kissilef, H. R., 293
Kitayama, S., 384, 385, 392
Kitzman-Ulrich, H., 448
Klatzky, R. L., 126
Klegeris, A., 292
Klein, D. N., 474
Kleinke, C. L., 439
Kleinknecht, E. E., 231
Kleinmuntz, B., 305, 474
Kleinspehn-Ammerlahn, A., 344
Kleitman, N., 140
Kline, L. E., 151
Klinger, R., 314
Klipper, M. Z., 455
Klosch, G., 168
Klump, K. L., 338
Knauss, W., 508
Knecht, S., 93
Knight, J., 304
Knight, R. T., 78
Knowlton, B., 235
Knutson, K. L., 150, 293
Kobrin, J. L., 21, 40
Koehl, M., 79, 235
Koenig, A. M., 400
Koestner, R., 301
Kofink, D., 88
Kohlberg, L., 329, 335, 336, 337, 354
Kohlenberg, R. J., 368
Kohler, J. K., 353
Kohler, S., 235
Kohman, R. A., 79
Kolshus, E., 517
Koob, G. F., 76, 163, 171
Koopmann, B., 308
Koriat, A., 239, 243
Kornell, N., 21, 239, 240
Korn, J. H., 49
Kosfeld, M., 84
Kotovsky, K., 255
Kotulak, R., 94
Kouzma, N. M., 435
Kowalski, P., 3
Kozorovitskiy, Y., 79, 476
Kozulin, A., 334
Kracke, W., 155
Kraemer, H. C., 465
Kraft, U., 168
Kraha, A., 222
Krahe, B., 200, 201
Krakauer, D., 125
Krakauer, J., 286, 300
Kramer, P. D., 300, 367

Krames, L., 528
Krantz, D. S., 443
Kranzler, H. R., 164
Kraus, L., 2
Krebs, D. L., 336, 396
Kreiner, D. S., 251
Kremen, W. S., 221
Kriegsfeld, L. J., 142, 143
Krimsky, S., 516
Kripke, D. F., 151
Krishnamurty, P., 48
Kroger, J., 339
Kroll, J. F., 250
Krosnick, J. A., 44, 48
Kross, E., 403
Krueger, F., 78
Krueger, J., 465
Krueger, R. F., 312, 377, 465
Kruger, M. L., 436
Krug, S. E., 387
Krull, D. S., 398
Kryger, M. H., 152
Krystal, J. H., 73
Kubicki, M., 73
Kucharczyk, E. R., 151
Kuchirko, Y., 328
Kuepper, R., 481
Kuhl, E. A., 465
Kuhl, P. K., 328
Kuiper, N. M., 44
Kuipers, E., 483
Kulick, A. R., 478
Kulik, J., 222
Kuncel, N. R., 21, 267
Kunitoh, N., 521
Kuper, L., 299, 300
Kupfer, D. J., 465
Kurzban, R., 455
Kushida, C. A., 152., C. A., 152.}
Kushlev, K., 303
Kwan, L., 251
Kwan, V. S., 383
Kwan, V. S. Y., 341
Kyaga, S., 279
Ky, K. N., 95

L

Laborda, M. A., 182
Lacasse, K., 5, 308
Lachman, M. E., 341
Lachman, S.J., 115
Lachter, J., 215
la Cour, L. T., 43
Lader, M. H., 151
Laeng, B., 103
Lagercrantz, H., 328
Laird, J. D., 5, 308
Lakein, A., 22
Lakey, B., 313
Lamberg, L., 156
Lambert, M. J., 509, 510, 525, 527
Lambiase, J., 207
Lamb, M. E., 326
Lamkin, J., 382
Lampl, M., 325
Landau, M. J., 383
Landau, S. M., 346
Landfield, K., 280, 465
Lane, A., 84
Laney, C., 227, 231, 232
Lange, C., 308, 309, 310, 317
Langer, E. J., 344

Langer, R. D., 151
Langer, T., 151, 344, 409
Langlois, J. H., 395
Lango, A. H., 88
Lapp, L. K., 470
Large, M., 481
Larsen, J. T., 303, 304, 312
Larson, J. E., 463
Laska, K. M., 510
Laska, M., 126
Lau, C., 68, 475
Laughlin, H., 441, 466
Lau, J. Y., 68, 475
Laumann, E. O., 295
Laurence, J., 52, 225, 231
Laursen, B., 344
Lavrakas, P. J., 44
Lawrie, S. M., 481
Layton, J. B., 445
Lazar, A. S., 167
Lazarus, A. A., 520, 527
Lazarus, R. S., 430, 431, 436
Leahey, T. H., 11
Leaper, C., 348
Leavitt, F., 162
LeBel, E. P., 387
Le Blanc, P. M., 370
LeBoeuf, R. A., 261, 280
Lebow, J. L., 503, 509
Lechner, S. C., 447
Lederman, S. J., 126
LeDoux, J. E., 76, 302, 303, 305, 306, 309, 317
Lee-Chiong, T., 151
Lee, C. H., 152
Lee, C. S., 272
Lee, J. D., 164
Lee, J. E., 152
Lee, K. A., 145
Lee, L., 48
Lee, S. J., 194
Lee, S. Y., 379
Lee, Y., 338
Leeper, R. W., 114
Lefcourt, H. M., 454
Leff, J., 521
Leff, J. P., 482
Legault, E., 231
Lehman, D. R., 231, 294
Lehrer, P. M., 455
Leibel, R. L., 292
Leighton, J. P., 254
Le Moal, M., 163
Lento, T., 403
Lepine, R., 221
Lerman, H., 368
Lervag, A., 329
Lester, D., 2, 527
Letiecq, B. L., 353
Letra, L., 69, 93, 111, 176, 214, 220, 224, 241, 253, 260, 262, 271, 333, 377
Leu, J., 308
Leuner, B., 235
Leung, A. K. Y., 251
Levenson, J. L., 513
Levenson, R. W., 304
Leventhal, H., 450
Levine, J. M., 414
Levine, M. P., 490
Levinthal, C. F., 160
Levin, Z., 486
Levis, D. J., 192, 193, 469
Levitt, J. B., 105

Levy, G. D., 351
Levy, J., 80
Levy, K. N., 487
Lewandowsky, S., 219
Lewin, K., 431
Lewis-Fernandez, R., 518
Lewis, C., 326
Lewis, S. J., 323
Lewontin, R., 270
Lew, R. A., 142
Li, A. Y-I, 440
Li, C., 167, 297, 404, 405, 440
Li, N. P., 516
Li, Y., 516
Liao, H., 370
Libby, P., 217, 442
Lichtenstein, S., 243, 281
Liddle, P. F., 478
Lieberman, J. A., 478
Liefbroer, A. C., 342
Lilienfeld, S. O., 3, 57, 171, 280, 465, 472, 509, 525
Lim, M. M., 84
Lindau, S., 296
Lindgren, H. C., 23
Lindquist, K. A., 305
Lindsay, M., 2, 226, 231
Lindsay, P. H., 112
Lindstrand, P., 358
Linford, K. M., 399
Lin, H., 470
Link, B. G., 55, 446
Links, P. S., 488
Linnen, A., 84
Linn, M. C., 348
Lisanby, S. H., 517
Lisberger, S. G., 75
Lisdahl, K. M., 162
Lissek, S., 183
Little, A. C., 135, 405
Little, J. P., 294
Littlejohn, G. O., 443, 444
Liverant, G. I., 41
Livesley, W., 465
Livingston, B. A., 360
Llera, S. J., 466
Lobel, A., 201
Lockhart, R., 216, 228
Loewenstein, G., 314
Loewenstein, R. J., 472
Loftus, E. F., 58, 223, 224, 225, 226, 231, 232, 242, 243
Logie, R. H., 221
Logue, A. W., 90
Lohmann, R. I., 155
Long, C. N., 2, 69, 288
Longman, D. G., 23
Long, Z., 2, 69, 288
Lonner, W. J., 13
Lopez-Caneda, E., 162
Lopez, S. J., 162, 446
Lopez, S. R., 446
Lorenzo, G. L., 124, 125, 395
Lothane, Z., 6
Loureiro, M. A., 95
Lowe Vandell, D., 328
Luborsky, E. B., 6, 504, 527
Luborsky, L., 6, 504, 527
Lu, C. Y., 515, 518
Lucas, J. A., 234
Lucas, R. E., 312, 314
Lucchina, L. A., 124

Luchins, A., 253, 254
Luders, E., 159, 274
Ludwig, A., 279, 280
Lu, F. G., 515, 518
Luger, T., 430
Luh, C. W., 228
Lukaszewski, A. W., 378
Lumpkin, G. T., 379
Luna, B., 339
Lundberg, U., 438
Lupien, S. J., 437
Luppi, P., 69
Lustig, C., 220
Luszczynska, A., 444
Luthe, W., 455
Lutz, C. K., 43
Lydon, J. E., 402
Lynn, D. J., 368
Lynn, R., 271
Lynn, S. J., 156, 157, 231, 472
Lynne, S. D., 292, 338
Lysle, D. T., 179
Lyubomirsky, S., 314, 476

M

Maas, J. B., 167
MacCoun, R. J., 48
MacGregor, J. N., 254, 257
Machado, V., 82, 521
Machatschke, I. H., 68
Mack, A., 112
MacKay, A., 95
MacKellar, D. A., 450
MacKenzie, M. S., 194
Mackey, A. P., 78
Mackinnon, A. J., 274
Mackinnon, S. P., 401
Mackintosh, N. J., 266, 267
MacLean, P., 76, 305
MacLean, P. D., 76, 305
MacLeod, A. K., 475
MacMillan, H. L., 231
MacNeil, L., 441
Macrae, C. N., 180, 395, 396
Macritchie, K., 475
MacWhinney, B., 249
Maddux, W. W., 279
Madill, A., 48
Magallares, A., 399
Magee, C. A., 456
Magnavita, J. J., 506
Maguire, E. A., 78
Maguire, W., 107
Magun-Jackson, S., 335
Mahar, I., 439, 476
Maher, B. A., 478
Maheu, F. S., 437
Mahn, H., 334
Mahowald, M. W., 151, 153
Maier, M., 32, 252
Maio, G. R., 286, 405
Maj, M., 443
Makarius, E. E., 387
Makel, M. C., 279, 348
Maldonado, J. R., 472
Malin, K., 443, 444
Malinowski, J., 154
Mallory, G. L., 286
Malthus, T., 89
Mancini, A. D., 447
Mandell, A. R., 224
Mandelman, S. D., 270
Mandler, G., 11, 311, 437
Maner, J. K., 404

Mangum, G. R., 350
Manna, A., 158
Manning, W. D., 343
Mannion, H., 135
Mantarkov, M. Y., 482
Manuck, S. B., 19, 87, 88
Marangell, L. B., 513
Marchand, W. R., 159
Marcia, J. E., 226, 339, 340, 355
Marcovitch, H., 486
Marcus, E. R., 502
Marcus, S. C., 501, 502, 515
Marder, S. R., 514, 515
Mardon, S., 167
Marewski, J. N., 262
Margolis, R. L., 67, 75
Margrett, J. A., 370
Markon, K. E., 465
Markus, H. R., 19, 32, 384, 385, 392, 416
Marler, P. L., 47
Marlow, C., 403
Marsh, E. J., 229, 240
Marsh, J. M., 23, 226-229
Marsh, L., 67, 75
Marsland, A. L., 444
Marston, W., 304
Marteau, T. M., 179, 450
Martin, C. L., 351
Martin, L., 251
Martin, R., 451, 469
Martin, R. A., 469
Martin, S., 430
Martinez, J. M., 513
Martinez, M., 513
Martins, C. S., 491
Maslow, A. H., 9, 10, 27, 371, 373, 374, 375, 378, 384, 385, 392
Mason, S. N., 387
Masters, W., 294, 318
Mast, M. S., 348
Masuda, T., 258
Masumi, I., 445
Mathieu, C., 379
Matlin, M. W., 253, 350
Matsumoto, D., 13, 19, 306, 307, 308, 416
Matthey, S., 456
Maugh, T. H., 234
Maurice, J. K., 135, 262
Mays, V. M., 12
Mazzetti, G., 301
Mazzoni, S., 157, 158, 225
McAbee, S. T., 360
McBride-Chang, C., 351
McBurney, D. H., 70
McCabe, J., 351
McCabe, R. E., 466, 469
McCaffery, J. M., 19, 87, 88
McCaffrey, T., 252
McCall, M., 451
McCall, W. V., 517
McCandliss, B. D., 273
McCarley, R. W., 145, 155, 156
McCarthy, M. K., 142, 525, 526
McCartney, P., 479
McCauley, M. E., 217
McClelland, D. C., 112, 287, 300, 301, 318
McClure, K. A., 243

McClure, M. J., 402
McConkey, K. M., 157
McConnell, B. L., 182
McCormick, D. A., 65
McCrae, R. R., 341, 359, 360, 383, 384, 387, 454
McCrink, K., 335
McCullough, M. E., 455
McDaniel, M. A., 241
McDermott, J. M., 270
McDermott, K., 232, 237, 239
McDevitt, M. A., 189
McDonald, C., 88
McDonald, W. T., 229
McElroy, T., 430
McEvoy, J. P., 515
McEwen, B. S., 439
McGeoch, J. A., 229
McGhee, D. E., 406
McGinty, D., 68, 75, 493
McGrath, J. J., 482
McGraw, A. P., 303
McGue, M., 87, 268, 271
McGugin, R. W., 107
McGuigan, F. J., 455
McInnis, M. G., 474
McKenna, K. Y. A., 403
McLanahan, S., 353
McLellan, A. T., 169
McLeod, P., 254
McLoughlin, D., 517
McLoughlin, K., 2
McLoyd, V. C., 353
McNally, R. J., 231, 232, 468
McNeely, J., 164
McNeill, D., 224
McWhorter, K. T., 23
Mechanic, D., 520
Medeiros, R. A., 194
Mednick, S. C., 167
Meeus, W., 340
Mehl, M. R., 42
Meinz, E. J., 221
Meister, B., 300
Meister, M., 103
Meltzer, A. L., 404
Meltzer, H. Y., 515
Melzack, R., 127, 130
Mendelson, W., 151
Mennerick, S., 63
Menninger, W. W., 520
Men, W., 83, 449, 460
Merolla, J. L., 84
Mertz, J. E., 351
Mesmer, F. A., 156, 454
Mesmer-Magnus, J., 454
Mesquita, B., 308
Mesulam, M., 67
Metcalfe, B., 387
Metcalfe, J., 224, 239
Metzger, A., 344
Meyer, G. J., 442
Meyer, O., 519
Meyer, R. E., 169, 225
Meyers, E., 107
Mezulis, A. H., 399
Michael, E. B., 80, 98, 250, 358, 461, 522, 523
Michels, N., 290
Mickelson, K. D., 344
Miklowitz, D. J., 516
Mikulincer, M., 402
Milad, M. R., 182
Milgram, S., 412, 414, 415, 416, 420, 428

Milkie, M. A., 343
Millecamps, M., 69, 130
Miller Burke, J., 343, 360
Miller, A. C., 94
Miller, A. G., 431, 433
Miller, B. J., 510
Miller, D. I., 367
Miller, E., 80
Miller, G., 274, 431
Miller, G. A., 11, 220
Miller, G. E., 474
Miller, I. J., 124
Miller, I. W., 516
Miller, J. D., 405
Miller, J. G., 351
Miller, J. L., 336
Miller, J. M., 433
Miller, K. J., 367
Miller, M. B., 80
Miller, N., 50
Miller, N. E., 444
Miller, R. R., 180, 182, 189
Miller, S. D., 516
Milligan, E. D., 130
Mills, J., 339, 411
Mills, K. L., 339, 411
Millstone, E., 50
Milner, B., 76, 233
Milner, P., 76, 233
Miltenberger, R. G., 204
Mineka, S., 179, 196, 469, 470
Minkel, J. D., 142
Minzenberg, M. J., 479
Miranda, J., 518, 519
Mischel, W., 368, 370, 371, 378, 384, 391
Mitchell, J. E., 158, 173, 226, 444, 488, 489
Mittal, V., 483
Mitterauer, B. J., 64
Mittleman, M. A., 443
Mixon, F. G., 395
Miyamoto, S., 514
Miyamoto, Y., 514
Modestin, J., 472
Moe, A., 241
Moffitt, T., 360
Mogil, J. S., 127
Mojtabai, R., 516
Molitor, A., 328, 334
Moll, H., 333
Molouki, S., 412
Monaghan, P., 149
Moneta, G. B., 301
Monk, C., 323
Monk, T. H., 143
Monroe, S. M., 336, 367, 434, 472, 477
Monson, C. M., 468
Montepare, J. M., 395
Montgomery, G. H., 157
Montoya, R., 401
Moon, C., 328
Moore, K., 2
Moore, K. L., 321
Moore, R. Y., 2, 142
Moore, S. C., 2, 122, 321, 448
Morales, J. R., 396
Moran, T. H., 288, 289
Moreno, M. V., 518
Moreno, S., 95
Morey, L. C., 487
Morgado, P., 470

Morgan, K., 151, 503
Morgan, R. D., 151, 503
Morin, C. M., 152
Morris, A. S., 338
Morris, E. K., 7
Morrison, A. K., 145, 520, 521
Morry, M. M., 401
Moscovitch, M., 217
Moskowitz, J. T., 436, 439, 447
Mostofsky, E., 436, 443
Most, S. B., 111
Motivala, S. J., 150, 456
Moullin, S., 327
Movahedi, S., 416
Mowrer, O. H., 192, 469
Muchnik, C., 120
Mueser, K. T., 478
Mukherjee, D., 519
Mullen, J. L., 23
Muller, K. L., 511
Muller, K. W., 441
Mulligan, N. W., 236
Mullin, L. I., 348
Mulvey, K. L., 423
Munck, A., 438
Munholland, K. A., 327
Munro, D., 382
Murdock, B., 239
Murnen, S. K., 489
Murphy, K. C., 88
Murphy, K. R., 267
Murphy, R., 489
Murphy, S., 426
Murray, C., 267, 272, 482
Murray, R. M., 267, 272, 482
Muscanell, N. L., 426
Musen, G., 235
Musick, K., 313
Mustanski, B. S., 299, 300
Mutz, D. C., 423
Myers, D., 364
Myers, D. G., 313
Myers, L. B., 364

N

Nadel, L., 229
Nadelson, C. C., 526
Nader, K., 229, 234, 235
Nadkarni, A., 403
Nagengast, B., 209
Nagurney, A., 403
Nairne, J. S., 218, 219
Naish, P. L. N., 157
Narr, K. L., 274
Nash, M., 231, 480, 484
Neal, T. M. S., 50, 408
Neath, I., 218, 219
Nedergaard, M., 64
Neely, J., 229
Neff, L. A., 342
Neisser, U., 11
Nelson, C. A., 142-143
Nelson, N. L., 308
Nelson, R. J., 142, 143, 161
Nemeroff, C. B., 515
Nestler, E. J., 88
Nestler, S., 389
Nettle, D., 377, 390
Neuberg, S. L., 288, 404, 405
Neumann, C. S., 487
Neuschatz, J. S., 223, 226

Nevill, C. H., 43
Newell, B. R., 263
Newman, M. G., 466
Newport, E, 328
Newport, E. L., 334
Newschaffer, C. J., 483
Newton, N. J., 340
Nezlek, J. B., 308
Nezu, C. M., 443, 444
Nguyen, N. D., 69, 149
Nguyen, T. A., 169
Niccols, A., 323
Nichols, R. M., 226
Nickerson, R. S., 214
Nicolson, N. A., 435
Nida, S. A., 417
Niebyl, J. R., 321, 323
Nielsen, J. A., 93, 145, 154, 478
Nielsen, N. M., 323
Niesta, D., 31, 32, 33, 34, 55
Nijenhuis, E. R. S., 472
Nikelly, A. G., 171
Nikitin, J., 344
Nilsson, L., 271
Nir, Y., 168
Nisbett, R. E., 25, 57, 258, 270, 271, 272, 370, 399
Nist, S. L., 23
Nithiananthrajah, J., 95
Niu, W., 267
Noble, K. J., 273
Nobler, M. S., 517
Nock, M. K., 475
Noftle, E. E., 360
Nolan, C., 26
Nolen-Hoeksema, S., 474, 476
Nomaguchi, K. M., 343
Nordgren, L. F., 259
Norenzayan, A., 12, 384
Norman, D. A., 112, 218, 291
North, C. S., 524
Norton, C., 50
Norton, M. I., 313
Nosek, B. A., 407
Notman, M. T., 526
Novella, E. J., 521
Novemsky, N., 282
Novick, L. R., 252, 254, 256
Nyberg, L., 346
Nyberg, S. E., 21

O

Oberauer, K., 219
O'Brien, B. M. J., 121
Obulesu, M., 345
O'Connor, D. B., 107, 435, 440
Oechslin, M. S., 95
Oehlberg, K., 179, 196
Ogden, C. L., 292
Ogden, J., 292
Ogle, C. M., 468
Ogles, B. M., 509, 510
Ohayon, M. M., 146, 152
Ohman, A., 470
Oishi, S., 374
Okamura, A. M., 75
Oken, B. S., 47
Okifuji, A., 127
Olabarria, M., 64
Olds, J., 10, 11, 76
O'Leary, K. D., 48, 401
Olfson, M., 501, 502, 503, 513, 514, 515, 516, 518

Olivola, C. Y., 395
Oller, K., 250
Olson, J. M., 342, 396
Olson, M., 405
Oltmanns, T. F., 379
Ones, D. S., 267
Ong, A. D., 421, 436
Ono, K., 198
Onwuegbuzie, A. J., 273
Oppliger, P. A., 351
Oquendo, M. A., 474
O'Reilly-Landry, M., 6, 504
Orlando, V. P., 23
Ormerod, T., 149, 254
Orne, M., 157
Orne, M. T., 415
Orthel, H., 313
Ortigo, K. M., 6, 367, 368
Ortmann, A., 49
Osborne, D., 398
Osterholm, E. A., 323
Ost, J., 232
Oswald, F. L., 360
Outtz, J. L., 267
Ouweneel, E., 370
Overall, N. C., 402, 532
Overland, S., 324
Overmier, J. B., 50
Owen, J. A., 513
Owen, M. J., 85, 491
Ozer, E. J., 469
Ozgen, E., 251

P

Pacchiarotti, I., 515
Pace-Schott, E. F., 145, 149
Pachur, T., 262
Packer, I. K., 258, 492
Packer, M., 258, 492
Paczynski, R. P., 68, 164
Padalia, D., 413
Painter, R., 324
Paivio, A., 217, 241
Palladino, J. J., 167
Pallanti, S., 470
Palmer, J. C., 225
Palmer, S. E., 113
Pan, B. A., 329
Panicker, S., 51
Panksepp, J., 309
Pantelis, C., 481
Papafragou, A., 251
Paquet, M., 2
Parakh, P., 164
Parise, E., 328
Parish-Morris, J., 328
Paris, J., 156, 484, 488
Park, D. C., 346
Park, J., 259
Park, J. H., 423
Park, N., 396
Park, S., 93
Park, S. H., 396
Partinen, M., 151, 152, 167
Pashler, H., 45, 215
Patel, P. C., 379
Patel, S. R., 150, 456
Patrick, S. W., 130, 323, 370
Patston, L. M., 93
Pattanashetty, R., 159
Patterson, D. R., 157
Paulos, J. A., 456
Paul, R., 76, 80, 306, 308, 359, 387, 479, 486, 500, 502

Paulson, G. W., 521
Paunonen, S. V., 359, 386, 387
Pavlov, I., 10, 175, 176, 177, 178, 180, 181, 182, 184, 196, 202, 207, 209, 210
Pavot, W., 312, 314
Payment, K. E., 226
Payne, B. K., 421
Payne, C. R., 290
Payne, D. G., 222, 226
Payne, J. D., 149
Payne, K. K., 343
Pchelin, P., 313
Pearson, B. Z., 250, 499
Peckham, A. D., 473
Pedersen, A. F., 443, 444
Peele, S., 171
Peigneux, P., 143, 144
Pelavin, E. G., 509
Peng, J. H., 120
Penke, L., 378, 404
Pennebaker, J. W., 42, 450, 454, 455
Penner, E. A., 443
Peretti, C., 470
Perilloux, C., 405
Perkins, D. O., 478
Perkins, K. A., 370
Perlick, D. A., 463, 502
Perlis, M., 168
Perlis, R. H., 516
Perone, M., 191
Perri, M. G., 292, 293, 449
Perry, J. C., 364
Persaud, T. V. N., 321
Persky, I., 519
Person, E. S., 368
Pert, C. B., 69
Perugini, E. M., 158
Pescosolido, B. A., 463
Petersen, J. L., 296, 348
Peters, M., 25
Peters, M. N., 430
Peterson, B., 408
Peterson, C., 379, 446
Peterson, D. A. M., 408
Peterson, L. R., 219
Peterson, M. A., 113
Peterson, M. J., 219
Peterson, S. J., 408
Peters, R., 25, 430
Petkova, K., 395
Petrie, K. J., 450
Petrill, S. A., 269, 271
Petry, N. M., 4, 370
Pettigrew, T. F., 223, 423
Pettit, J. W., 430
Petty, R. E., 405, 407, 408, 409, 411, 412
Petty, S. C., 477
Pfau, M., 209
Phelan, J. C., 446
Phelps, E. A., 76, 305
Philip, P., 148, 309, 416
Phillips, B. A., 152
Phillips, K. A., 116, 118, 165
Piaget, J., 10, 329, 331, 332, 333, 334, 336, 354
Pierce, R. C., 68, 76, 163
Pietromonaco, P. R., 402
Piff, P. K., 379
Pillard, R. C., 299
Pilling, M., 251

Pilon, M., 152
Pinel, P., 294
Pink, D. H., 92
Pintar, J., 156
Piper, W. E., 508
Pitcher, B. J., 43
Pitman, R. K., 468
Plomin, R., 85, 86, 87, 88, 267, 268, 269, 270, 377, 378
Plucker, J. A., 276, 279
Pluess, M., 328
Plug, C., 118
Plutchik, R., 310, 311
Pogue-Geile, M. F., 480
Polan, H. J., 476
Polich, J., 158, 159
Pollack, J. M., 420
Pope, H. G., 478
Popenoe, D., 352, 353
Popkin, B. M., 292
Porter, S., 126, 231, 487
Posada, G., 327
Postman, L., 227
Post, R. M., 420, 516
Potter, D., 486
Potter, J. E., 324
Powell, F. C., 347
Powell, R. A., 472
Powley, T. L., 71, 288
Prather, C. C., 447
Prat-Sala, M., 370
Pratt, J., 26
Prescott, J., 124
Pressman, S. D., 436, 446
Preston, K. L., 165
Prestwich, A., 179
Price, D. D., 130, 292
Price, R. A., 130, 292
Priluck, R. L., 207
Prince, M, 345
Prislin, R., 413
Prizant, B. M., 483
Prochaska, J. O., 448
Proctor, R. W., 279
Proffitt, D. R., 115
Prolo, P., 444
Pronin, E., 199, 412
Proulx, C. M., 313
Prudic, J., 517
Pruessner, J. C., 235
Pruyn, A. H., 408
Psaty, B. M., 516
Pullum, G. K., 251
Punch, J. L., 120
Purdy, J. E., 50
Purkis, H. M., 176, 178
Purves, D., 110
Putallaz, M., 348
Puts, D. A., 300
Pyc, M. A., 239
Pyszczynski, T., 382, 383

Q

Qin, S, 305
Quadflieg, S., 395
Quera-Salva, M. A., 142
Quinn, J., 423
Quinn, K. A., 396
Quirk, G. J., 182

R

Rabbitt, S. M., 502

Rachman, S. J., 511
Racicot, S., 3
Radak, Z., 449
Rahe, R. H., 433
Rahman, M. A., 448
Rains, G. D., 79
Rainville, P., 159
Rama, A. N., 144
Ramchandani, P. G., 353
Ramsay, D. S., 289
Rane, L. J., 476
Rapoport, J. L., 338, 482
Rapson, R. L., 401
Rasinski, K. A., 48
Raskin, N. J., 507
Raskin, R. N., 379
Raub, S., 370
Raudenbush, S. W., 329
Rauscher, F. H., 95
Ravizza, S. M., 22, 23
Rawson, N. E., 126
Raybeck, D., 241
Rayner, R., 182, 210
Raynor, J. O., 301
Read, J., 515
Reber, R., 281
Rebok, G. W., 96
Recht, L. D., 142
Redford, P., 370
Redline, S., 152
Rees, C. J., 387
Reese, R. J., 509
Reeves, A. J., 104
Refinetti, R., 142
Regan, P. C., 400, 401
Reger, G. M., 511
Regier, D. A., 465, 494
Rego, S. A., 511
Reicher, S., 416
Reicher, S. D., 415, 416
Reichert, T., 207, 209
Reich, J. W., 436
Reid, R. C., 109
Reilly, S., 6, 184, 199, 291, 504
Reina, C. S., 379, 382
Reinhold, S., 343
Reisenzein, R., 308
Reis, H. T., 371, 401
Reisner, A. D., 231
Rescorla, R., 198, 211
Resick, P. A., 468
Rest, J. R., 336
Reuter-Lorenz, P. A., 93
Reutskaja, E., 259
Revelle, W., 360
Revonsuo, A., 153
Reyna, V. F., 231
Rhodes, G., 107
Rhodes, J. S., 79
Rhodewalt, F., 379
Ribkoff, F., 416
Ricci-Bitti, P. E., 306
Rice, W. R., 300
Richard, P., 86, 88, 126, 185, 235, 258, 272, 358, 411, 433
Richardson, C. B., 422
Richardson, C. R., 455
Richardson, F. C., 436
Richards, S. S., 345
Riediger, M., 344
Rieger, G., 299
Riggio, H. R., 24
Riggio, L., 77

Riis, J., 313
Rijsenbilt, A., 382
Riley, B., 480
Rindfleisch, A., 440
Rips, L. J., 334
Risch, N., 486
Risen, J. L., 198, 396
Riskind, J. H., 470
Ritter, R. C., 289
Rizvi, S. L., 468
Rizzolatti, G., 77
Robbins, M. L., 42
Robbins, T. W., 76
Roberson, D., 251
Roberts, B. W., 33, 341, 360
Roberts, J. E., 435
Roberts, M. E., 486
Roberts, W., 490
Robertson, B. R., 480
Robinson, W. R., 78, 293
Robins, R. W., 360
Robles, T. F., 438, 445
Roccas, S., 395
Rockey, C. M., 3
Rodgers, J. E., 242
Rodrigues, A. C., 95
Roediger, H. L., 216, 218, 229, 232, 239, 243
Roese, N. J., 389, 390
Rogers, C., 9-10, 243, 358, 371, 372, 373, 380, 384, 522
Rogers, C. R., 531
Rogoff, B., 334
Rohde, P., 473
Rollman, G. B., 127
Rolls, B. J., 290
Roney, J. R., 378
Ronksley, P. E., 448
Roofeh, D., 87
Root, L. M., 455
Rosario, M., 300
Rosch, E. H., 251
Roseboom, T., 324
Rose, C. R., 64
Rose, D., 517, 518
Rosemond, J. K., 463
Rosenbaum, M., 294, 397
Rosenblum, K., 196
Rosenkranz, M. A., 159
Rosen, L. A., 145
Rosenman, R. F., 442
Rosenthal, R., 48, 49, 475
Rosenzweig, M. R., 274
Rose, R., 64, 88, 396, 517, 518
Ross, D., 200
Ross, H., 118
Ross, S. A., 200
Rosso, I. M., 69
Roter, D. L., 450, 451
Rothberg, B., 475
Rothgerber, H., 418
Roth, P. L., 301
Roth, R. H., 67, 151
Routh, D. K., 11
Rowa, K., 469
Rowe, M. L., 329, 334
Rowny, S., 517
Rozin, P., 291
Rube-Hesketh, S., 490
Rubin, D. C., 222
Rubin, M., 423
Ruble, D. N., 351

Rudolph, U., 398
Ruhl, H., 340
Ruiz, J. M., 447
Ruiz, P., 466
Rummel, J., 221
Runco, M. A., 278
Rundle, A., 324
Runyan, W. M., 18
Rusch, N., 463
Ruscio, J., 3, 58
Rushton, J. P., 267, 272, 274
Rusiniak, K. W., 196
Russakoff, M., 515
Russell, A. M., 396
Russell, J. A., 308
Russo, E., 6, 164
Rutherford, A., 9, 122
Ruthruff, E., 215
Rutkowski, E. M., 370
Rutter, M., 19, 88, 378
Ruvio, A., 440
Ryder, R. D., 50

S

Sachdev, P. S., 465
Sachs-Ericsson, N., 477
Sackeim, H. A., 517, 518
Sackett, P. R., 21
Sacks, O., 100
Sadler, J. Z., 157, 464
Sadler, P., 157, 464
Sadock, B. J., 466, 469, 478, 488
Sadock, V. A., 469, 478
Sagaspe, P., 148
Sagi-Schwartz, A., 328
Sagiv, L., 395
Sakai, R. R., 288, 289
Sakurai, T., 152
Salter, S. P., 395
Salthouse, T. A., 224, 346
Salvendy, G., 279
Samnaliev, M., 478
Sana, F., 23
Sander, D., 303
Sanders, M. H., 152
Sandoval, T. C., 250
Sandstrom, G. M., 446
Sanes, J. R., 66
Sanjuan, P., 399
Sankis, L. M., 464
Sanna, L. J., 422
Santana, I., 292
Santos, M. A., 521
Saper, C. B., 75, 142
Sapolsky, R. M., 438
Sartorius, N., 443
Saslow, L. R., 436
Sassen, M., 2
Sateia, M., 151
Satel, S., 171
Saucier, G., 154, 360, 383
Saunders, J., 364
Savage, J., 201
Savin-Williams, R. C., 298
Sayegh, P., 164
Schachter, R., 508
Schachter, S., 35-37, 49, 52, 310
Schachtman, T. R., 180, 184, 199, 207, 209, 291, 409
Schacter, D., 58, 222, 225, 227, 235, 242
Schaefer, A., 431

Schaeffer, N. C., 48
Schaller, M., 288, 404, 405
Schatzberg, A., 476
Schaufeli, W. B., 301, 370
Scheele, D., 84
Scheffer, I. E., 77
Scheier, M. F., 345, 446
Schellenberg, E. G., 95
Schenck, C. H., 151, 153
Schendel, D., 486
Scherer, K. R., 303, 306, 455
Scherer, M., 303, 306, 455
Schieber, F., 344
Schiefelbein, V. L., 338
Schiff, M., 270
Schiller, J. S., 344
Schirillo, J. A., 113
Schkade, D., 314
Schlenk, E., 451
Schmid, P. C., 348
Schmidt, F. L., 296
Schmidt, H. D., 46, 266
Schmitt, D. P., 296, 297, 349, 402
Schmitz, R., 143
Schmolck, H., 222
Schmukle, S. C., 379
Schneider, D., 353
Schneider, K. J., 10, 159
Schneier, F. R., 466, 467
Schnittker, J., 463
Schoenmakers, T. M., 180
Schooler, C., 346
Schooler, J. W., 346
Schramm, D. G., 342, 444
Schreiner, A. M., 164
Schultz, D. S., 388
Schultz, J. H., 455
Schulz-Hardt, S., 420
Schuman, H., 48
Schunn, C., 278
Schunn, C. D., 256
Schwabe, L., 235
Schwartz, B., 303
Schwartz, B. L., 224, 259
Schwartz, G. J., 303
Schwartz, J. H., 67
Schwartz, J. K., 406
Schwartz, S. J., 339
Schwartz, W. J., 142
Schwarzer, R., 444
Scoboria, A., 225
Schwarz, N., 314, 409
Schwarz, T. L., 66
Scott, B. A., 449
Scott, D. J., 73
Scott, K., 125
Scott-Sheldon, L. A. J., 449
Scott, W. D., 73, 125, 288, 395, 449, 477
Scoville, W. B., 233
Scrimshaw, E. W., 300
Scull, A., 520
Scully, J. A., 433
Seaman, J. S., 345
Searleman, A., 239
Seaton, S. E., 322
Sebastian, C., 338
Sedikides, C., 379, 399, 401
Sedlmeier, P., 159
Seery, M. D., 447
Segal, A. G., 395, 524
Segal-Caspi, L., 395
Segall, M. H., 118

Segerstrom, S. C., 360, 435, 442, 446
Seibt, A., 126
Seica, R., 292
Seifer, R., 273
Seligman, M. E. P., 13, 27, 196, 266, 439, 447, 469, 476
Selwyn, P. A., 449
Selye, H., 435, 437, 438, 453, 459
Senior, C., 395
Serper, M. R., 479
Servis, M. E., 345
Seta, C. E., 430
Seta, J. J., 430
Seurat, G., 132, 133
Shafir, E., 261, 280
Shakesby, P. S., 241
Shamay-Tsoory, S. G., 84
Shanahan, M. J., 446
Shanteau, J., 252
Shapiro, K. J., 50, 158-159
Shapiro, L., 251
Shariatifar, S., 23
Sharma, Y. S., 194, 297
Sharpe, D., 50
Sharp, L. B., 406
Sharp, L. K., 455
Sharps, M. J., 114
Shaver, P., 402
Shaver, P. R., 402
Shaw, G. L., 95
Shaw, J. S. I., 243
Shea, A. K., 293, 323
Shearer, B., 276
Shedler, J., 506
Sheehan, S., 478
Sheldon, K. M., 314, 375, 382, 403, 449
Shelton, K. H., 524
Shenton, M. E., 73
Shepard, R., 118
Shepherd, R., 126, 291
Sherif, M., 423
Sher, K. J., 448
Sherman, D. K., 446
Sherman, M., 270
Shermer, M., 112, 425
Shiffrin, R. M., 218, 244
Shih, J., 477
Shimamura, A. P., 78
Shiue, Y., 418
Shlisky, J. D., 150
Shors, T. J., 235
Short, E. L., 271
Shrager, Y., 234
Shuman, D. W., 303, 493
Shuman, V., 303, 493
Sidorchuk, A., 164
Siebert, A., 21
Siefferman, L., 43
Siegelbaum, S. A., 66, 67
Siegel, J. M., 152
Siegler, R. S., 263
Signorielli, N., 351
Silverman, I., 25, 349
Silverstein, L. B., 352
Silvia, P. J., 279
Simeon, D., 68, 467, 472
Simmelhag, V. L., 198
Simon, H., 10, 11
Simon, H. A., 220, 248, 263
Simon, N. M., 468, 493

Simon, R. I., 493
Simon, T., 267
Simons, D. J., 45, 221, 225
Simpson, J. A., 415, 515
Simpson, J. L., 321, 323
Singer, W., 141
Singh, D., 404
Sinha, P., 107
Sio, U. N., 149
Sireci, S. G., 265
Sirois, S., 103
Sisti, D. A., 524
Sivertsen, B., 151
Sivkov, S. T., 482
Skinner, A. E. D., 231
Skinner, B. F., 8-10, 22, 184-189, 191-193, 196, 198, 201, 210, 231, 248-249, 283, 358, 368, 369, 371, 380, 384-385, 391
Skodol, A. E., 487
Skogen, J. C., 324
Slamecka, N. J., 227
Slatcher, R. B., 455
Slavich, G. M., 477
Sleet, D. A., 165
Sletten, T. L., 142
Slopen, N., 440
Slovic, P., 281, 388
Slutske, W. S., 3
Small, B. J., 73, 346
Small, S. A., 73, 346
Smedley, S. R., 91
Smetana, J. G., 344
Smith, B. W., 455
Smith, E. R., 38
Smith, G. T., 12
Smith, J., 527
Smith, J. C., 345, 360, 486
Smith, J. R., 194, 431, 444
Smith, L. A., 257
Smith, M. R., 143
Smith, P. B., 445
Smith, R., 69
Smith, S. M., 257
Smith, T. B., 455
Smith, T. W., 360, 455, 486, 527
Smith-Boydston, J. M., 33
Smits, J. J., 467
Smolak, L., 489
Smrt, D. L., 418
Smythe, P. E., 217
Smyth, J. M., 454
Snedecor, S. M., 124
Snow, C. E., 250
Snowden, L. R., 518, 519
Snyder, P., 300
Snyder, S. H., 69
Soldatos, R., 144, 146
Solomon, S., 69, 382, 412, 414, 514
Solowij, N., 164, 165
Solso, R. L., 131
Somer, E., 440
Somerville, L. H., 339
Sommers, R., 303
Song, L., 328
Sood, S., 259
Soriano, M., 519
Soth-McNett, A. M., 518
Soto, C. J., 341
South, S. C., 376, 377, 487
Spangler, W. D., 300

Spanos, N. P., 157
Sparks, J. A., 510
Spear, J. H., 11, 12
Speed, A., 346, 400
Spelke, E. S., 334, 335
Spence, I., 26, 108
Sperling, G., 218
Sperry, R. W., 10, 11, 80, 81, 93
Spiegel, D., 157, 472
Spiegler, M. D., 511
Spielman, L. J., 292
Spielmans, G. I., 516
Spiers, M. V., 70, 79
Spillane, N. S., 12
Spinath, F. M., 268
Spitz, H. I., 508
Sporns, O., 66
Sprecher, S., 400, 401, 404
Sprenger, C., 130
Springer, S. P., 92, 93
Springston, F., 220
Squire, L. R., 222, 234, 235
Srivastava, S., 360, 383
St. Jacques, P. L., 235
Staats, A. W., 249
Staats, C. K., 249
Stacey, J., 353, 519
Staddon, J. E. R., 198
Stahre, M., 164, 170
Staley, J. K., 73
Stanford, T. R., 5, 118, 199, 263, 264, 277, 284, 412, 416, 428
Stanley, M. A., 6, 14, 35, 49, 309, 414, 510, 513
Stanovich, K. E., 58, 262, 280
Starcevic, V., 441
Starosciak, A. K., 447
Steadman, H. J., 492
Steblay, N. K., 243
Steele, J. B., 468
Steele, K. M., 468
Steffen, P., 447
Steiger, A. E., 341, 490
Steiger, H., 341, 490
Stein, B. E., 75, 466
Steinberg, L., 338, 339
Steinberg, L. D., 344
Stein, D. J., 75, 466
Steiner, M., 323, 334
Steinglass, J. E., 489
Steinhardt, M. A., 436
Stephan, A., 308
Stephens, R., 44
Steptoe, A., 445
Sternberg, R. J., 252, 254, 266, 267, 268, 271, 272, 274, 275, 276, 277, 284, 333
Stevenson, S., 153, 167
Stewart, A. J., 340
Stewart, J. A., 515
Stewart, J. W., 515
Stewart, W. H., 301
Stice, E., 490
Stickgold, R., 149, 154
Stier, A., 463
Stipelman, B., 470
St-Jean, E., 379
Stockman, A., 108
Stoddard, F. J., 270, 468
Stoddard, G., 270, 468
Stoet, G., 348
Stone, L., 226, 402, 508
Stoner, J. A. F., 418-419

Stoner, R., 486
Stone, W. N., 226, 402, 508
Storandt, M., 345
Storm, B. C., 227
Stowell, J. R., 438, 445
Strack, F., 314
Strahan, E. J., 489
Strain, E. C., 160
Strange, D., 231
Stranges, S., 148
Straus, M. A., 194
Strauss, B., 508
Strayer, D. L., 215
Strenze, T., 266
Stricker, E. M., 289
Stricker, G., 520
Strickland, A. L., 346
Strick, P. L., 75, 179, 180
Striegel-Moore, R. H., 490
Stroebe, W., 291, 408
Strong, S. R., 527
Stroup, T. S., 68, 479, 481, 514
Strube, M. J., 401
Stubbe, J. H., 314
Sturgis, P., 46
Sturman, T. S., 302
Styne, D., 338
Subotnik, K. L., 515
Suchday, S., 443
Sue, D. W., 421, 518
Sue, S., 13, 518, 519
Sufka, K. J., 130
Sugita, Y., 107
Sugiyama, L. S., 404
Suglia, S. F., 293
Sukin, T., 265
Sullivan, D., 383
Sullivan, P. F., 491
Suls, J. M., 430
Sundie, J. M., 348, 405
Surtees, P., 433, 443
Susman, E. J., 337, 338
Susser, E. B., 482
Sussman, A. B., 395
Sussman, N., 515
Sutin, A. R., 360
Sutker, P. B., 488
Suzuki, L. A., 271, 273
Swan, G. E., 448
Swanson, J. N., 430
Swanson, J. W., 490
Swanson, L. W., 75
Swanson, S. A., 493
Sweet, R. A., 124, 345
Sweklej, J., 179, 180, 409
Sweldens, S., 180
Swibel, M., 320
Swim, J. K., 422
Szasz, T., 463
Szczytkowski, J. L., 179
Szigethy, E. M., 520
Szpunar, K. K., 237
Szymusiak, R., 68, 75, 142

T

Tabak, B. A., 455
Tablante, C. B., 407, 421, 423
Tach, L., 343, 353
Tadmor, C. T., 279
Taillard, J., 148
Tait, D. M., 109
Taki, Y., 274
Talarico, J. M., 222

Talati, A., 324
Talbott, J. A., 521
Talma, H., 338
Talwar, S. K., 188
Tamis-Lemonda, C. S., 326, 328
Tanaka, J., 108
Tang, J., 441
Taormina, R. J., 374
Tao, Z. Z., 120
Tarabulsy, G. M., 323
Tart, C. T., 155
Tavris, C., 389
Taylor, A. K., 3
Taylor, C. T., 523
Taylor, M. G., 375
Taylor, S. E., 313, 401, 441, 445, 446, 467
Tchauturia, K., 490
Teachman, J., 342
Teasdale, J. D., 476
Tedeschi, R. G., 447
Tedlock, L. B., 155
Tehranifar, P., 446
Temoshok, L., 449
Temple, J. L., 290
Tennen, H., 447
Tepperman, T., 288
Teresi, D., 93
Terman, L., 263, 277, 284
Terracciano, A., 383
Terr, L., 231
Terry, C. M., 368
Terry, H., 379
Tessier-Lavigne, M., 103
Tessner, K., 483
Teuber, M., 133
Thames, A. D., 164
Tharp, R., 204, 206
Thase, M. E., 68, 475, 512
Thayer, A., 231
Thies, W., 345
Thomas, D. R., 89, 183, 226, 376, 433, 463
Thompson, J. K., 490
Thompson, M. A., 449
Thompson, P. M., 345
Thompson, R. A., 95, 345
Thompson, R. F., 245
Thomson, A. D., 323
Thomson, D. M., 230
Thornhill, R., 91
Thornton, B., 135
Thorson, J. A., 347
Thun, M. J., 448
Till, B. D., 207
Timmons, K. A., 477
Tims, M., 370
Tindale, R. S., 414
Tinti, C., 222
Titchener, E., 4
Titsworth, B. S., 23
Tobin, R. M., 360
Todd, J. T., 7
Todd, T. P., 187
Tolman, E. C., 197, 198, 211
Tolstrup, J. S., 44
Tomassy, G. S., 63
Tomkins, S. S., 306, 310, 311
Tomko, R. L., 487
Tonegi, G., 146, 168
Tooby, J., 10, 13, 261
Torchia, M. G., 321
Torgersen, S., 469, 487

Tormala, Z. L., 405, 409
Torrey, E. F., 367, 389, 524
Tosi, H., 433
Tourangeau, R., 44, 47
Tov, W., 312, 313
Toyota, H., 217
Trace, S. E., 254, 490
Tranel, D., 251
Trasselli, C., 209
Treadway, M. T., 475
Treasure, J. L., 490
Trevarthen, C., 80
Treyens, J. C., 223
Triandis, H. C., 19, 399, 403
Trivers, R. L., 295
Trost, M. R., 348, 413
Trull, T. J., 487
Tsankova, N., 88
Tschernegg, M., 3
Tschibelu, E., 440
Tse, P. U., 113
Tucker-Drob, E. M., 267, 270, 271-272
Tucker, A. M., 145
Tucker, M. A., 149
Tuckey, M. R., 223
Tugade, M. M., 436, 454
Tulving, E., 216, 229, 230, 236
Turk-Browne, N. B., 66
Turk, D. C., 66, 126, 127
Turkle, S., 394, 403
Turner, E. H., 516
Turner, J. C., 434
Turner, R. J., 472
Tversky, A., 226, 260, 261, 280, 281, 495, 529
Twenge, J. M., 297, 313, 344, 379, 474
Tybur, J. M., 405
Tzourio-Mazoyer, N., 93

U

Uccelli, P., 329
Uchino, B. N., 445
Uleman, J. S., 395
Umbel, V. M., 250
Underwood, B. J., 21
Unsworth, N., 221
Urbain, C., 143
Urbina, S., 264
Urcelay, G. P., 180
Ursano, A. M., 504
Ursano, R. J., 483
Usrey, W. M., 109

V

Vaillant, G. E., 368, 441
Valentine, E., 46, 239
Valli, K., 153
Valsiner, J., 12
Vanable, P. A., 449
van Anders, S. M., 348
VanBergen, A., 472
Van Blerkom, D. L., 23
Van Cauter, E., 293
Van de Castle, R., 153
Vandelanotte, C., 293
Vandenbroucke, J. P., 516
van den Heuvel, M. P., 66
van der Hart, O., 472
van der Kloet, D., 472
Van Dongen, H. P. A., 145

Vandrey, R. L., 164
van Eck, M., 435
van Ijzendoorn, M. H., 270, 327, 328
van Ittersum, K., 290
van Kammen, D. P., 515
van Olden, Z., 259
van Steenburgh, J. J., 255
Van Swol, L. M., 419
van Winkel, R., 481
Vargas, P., 408
Vargas, S., 442
Varnum, M. W., 258
Vassoler, F. M., 68, 76, 163
Vaughn, C. E., 482
Vazire, S., 379
Veldhuis, J. D., 325
Verkhratsky, A., 64
Vermeer, H. J., 328
Vernon, P. A., 267, 277
Vernon, P. E., 274
Veru, F., 323
Vet, R., 57, 154
Viau, V., 438
Victoroff, J., 345
Viglione, D. J., 388
Vigod, S. N., 521
Vineis, P., 448
Viney, W., 8
Viron, M., 524
Visser, B. A., 277
Viswesvaran, C., 267, 454
Vogel, H., 120
Vohs, K. D., 296, 379, 389, 390
Volkmar, F. R., 94, 483
Volkow, N. D., 164
Vondracek, F. W., 345
von Helmholtz, H., 108
von Meduna, L., 517
Voyer, D., 26
Voyer, S., 26
Vredenburg, K., 528
Vyas, M. V., 143
Vygotsky, L., 329, 334, 354
Vyse, S. A., 176, 198

W

Waage, S., 143
Waddill, P. J., 241
Wade, C. E., 176, 198
Wager, T. D., 47
Wagner, L., 309, 328
Wagstaff, G. F., 157
Wai, J., 348
Wainwright, N., 433
Walder, D. J., 323
Waldfogel, J., 327
Wald, G., 109
Waldman, D. A., 379
Wales, W. J., 379
Walker, E., 483
Walker, J., 180, 409
Walker, L. J., 336, 337
Walker, M. P., 149
Wallace, M. T., 75, 306, 405
Wallis, J., 78
Wallner, B., 68
Wall, P., 127, 130
Walsh, B. T., 528
Walsh, J. K., 148, 151, 158-159
Walter, C. A., 71, 286, 288, 309, 344, 368, 370, 378, 384

Walther, E., 180, 209, 409
Wampold, B. E., 47, 509, 510, 527
Wamsley, E. J., 149, 154
Wangensteen, O. H., 288
Wang, P. S., 269, 501
Wansink, B., 42, 45, 52, 290
Wan, W. W. N., 383
Warburton, W., 200
Ward, B. W., 344
Ward, T. B., 257
Warnes, H., 518
Washbrook, E., 327
Washburn, M. F., 6, 288
Waterhouse, L., 277
Watkins, L. R., 130
Watson, D., 210, 401
Watson, J. B., 7-10, 166, 182, 204, 206, 210, 243, 248, 368
Watts, A. L., 379
Waugh, N. C., 218
Waxman, S., 328
Weaver, T. E., 152
Webb, W. B., 148
Weber, A., 126
Webster, G. D., 349
Webster, M., 108
Wechsler, D., 264, 284
Wechsler, H., 161
Wegener, D. T., 405, 406, 408, 411
Wegner, D. M., 199
Wehby, G. L., 323
Weich, S., 151
Weil, R., 180
Weinberger, J., 506, 510
Weinberg, M. S., 299
Weinberg R. A., 271
Weiner, B., 263, 422
Weiner, I. B., 263, 427
Weiner, M. F., 67
Weinman, J., 450
Weinstein, A., 440
Weinstein, N., 364
Weinstein, Y., 229
Weintraub, K., 483
Weisberg, R., 278, 279
Weishaar, M. E., 512
Weiskopf, D., 108
Weisleder, A., 328
Weisman, O., 84
Weisstein, N., 107
Weiten, W., 5, 39, 54, 60, 117, 119, 435
Wellington, M. A., 360
Wellman, B., 403
Wells, G. L., 242, 243
Wertheimer, M., 4, 14, 113, 114
Wertz, A. E., 335
Westen, D., 6, 368
West, M. J., 50, 133, 328
Weston, T., 23
Westphal, M., 447
Wetherby, A. M., 483
Wethington, E., 434
Whang, W., 436
Wheatley, T., 199
Wheaton, B., 434
Wheeler, M. E., 225, 237
Wheeler, S. C., 405
Whitaker, C., 515
Whitaker, K. J., 78

Whitaker, R., 516, 526
Whitbourne, S. K., 341
Whitchurch, E. R., 401
White, A. E., 404
White, C. M., 259
White, J., 277
White, T., 482
Whorf, B. L., 251
Widiger, T., 464, 465
Widiger, T. A., 360, 464, 465, 487
Widom, C. S., 488
Wiers, R. W., 180
Wiese, A. M., 250
Wiesel, T., 10, 76, 94, 106, 107, 112
Wight, R. D., 5
Wilde, E. A., 72, 73
Wilding, J., 239
Wiley, J., 3, 221
Wilhelm, I., 234
Wilhelm, S., 468
Wilke, A., 281
Williams, B. A., 189, 190
Williams, J. E., 484
Williams, K., 443
Williams, L. M., 231
Williams, P., 108
Williams, P. G., 360, 484
Williams, R. E., 360
Williams, R. L., 273
Williams, W. M., 271, 273
Williamson, D. A., 490
Williamson, P. A., 194
Willingham, B., 307
Willis, B. L., 448
Wilson, A. E., 403
Wilson, D. K., 448
Wilson, G. T., 513
Wilson, M., 10, 13
Wilson, R. E., 403
Wilson, S. J., 77
Wilson, T. D., 303, 403
Wilt, J., 360
Wing, L., 486
Winn, P., 288
Winter, D. G., 301
Winter, E., 84
Winterheld, H. A., 402
Winton-Brown, T. T., 481
Wirth, M. M., 304
Wisco, B. E., 476
Wise, R. A., 68, 294, 295
Wittkower, E. D., 518
Witty, M. C., 507
Witvliet, C. V., 455
Wixted, J. H., 243
Wolfe, J. M., 126
Wolff, K., 347
Wolford, G., 80
Wolitzky, D. L., 368
Wollmer, M. A., 306
Wolpe, J., 511, 522, 532
Wolpert, E., 155
Wolsic, B., 313
Wonderlich, S. A., 488, 489, 490
Wong, L. A., 21, 371, 375
Wood, J. M., 388
Wood, J. N., 335
Wood, W., 297, 388
Woods, A. M., 182
Woods, S. C., 289
Woody, E. Z., 157

Woody, W. D., 8
Woolfolk, R. L., 436
Woollett, K., 78
Worchel, S., 418
Worthington, E. L., 455
Worthington, R. L., 518
Worth, R., 74, 141, 364
Wortman, C. B., 347
Wright, J. H., 512
Wright, K. P., 143
Wrosch, C. B., 439
Wrulich, M., 274, 345
Wundt, W., 4, 5, 7, 10, 14, 24, 27
Wynn, K., 335
Wynn, T., 221

Y

Yamada, A., 518
Yan, T., 47
Yan, Z., 215
Yates, F. A., 239
Yehuda, R., 469
Yeomans, F., 486
Yeomans, M. R., 124
Yokley, J. L., 480
Yoon, J. H., 479
Yoo, S., 13, 19
Yoshikawa, H., 273
Yost, W. A., 120, 122, 123
Young, A. M., 160
Young, K., 519
Young, K. S., 440
Young, L. J., 84
Youngentob, S. L., 124, 125
Youngstrom, E., 474
Young, T., 84, 108, 160, 299, 318, 345, 350, 440, 519
You, T., 50, 449
Yovel, G., 107
Yu, C. K., 168
Yuille, J. C., 217, 231
Yzerbyt, V., 180

Z

Zachariae, R., 443, 444
Zadra, A., 152, 153, 154, 168
Zagoory-Sharon, O., 84
Zahorodny, W., 483
Zajonc, R. B., 408, 409
Zane, N., 518, 519
Zaragoza, M. S., 226
Zarrett, N., 448
Zautra, A. J., 436
Zawadzka, K., 225
Zebrowitz, L. A., 395
Zechmeister, E. B., 21
Zeidan, F., 159
Zeiler, M., 190
Zeng, L., 279
Zhang, J. W., 313
Zhang, Z., 379
Zhu, D. H., 419
Zillmer, E. A., 70, 79
Zimbardo, P. G., 370, 416, 428
Zinbarg, R. E., 513
Zohar, J., 468
Zola, S. M., 234
Zorumski, C. F., 63
Zschucke, E., 449
Zubieta, J., 47
Zuckerman, M., 376

ÍNDICE REMISSIVO

A

aborto, 321
Abu Ghraib, 420
abuso infantil
    múltiplas personalidades e, 472
ação afirmativa, 31
Ache (Paraguai), 325
acidentes
    cegueira não intencional e, 110-111
    uso de drogas e, 162-163
acidentes de trânsito
    privação de sono e, 148
    uso de drogas e, 163
aconselhamento psicológico, 11, 17
acrofobia, 466
acrônimos, 241
acróstico, 241
acuidade visual, 103
adaptação
    à luz e ao escuro, 104
    do comportamento, 89-90
    hedônica, 314
    sensorial, 125-126
adaptação à luz, 104
adaptação sensorial
    a odores, 125
    ao paladar, 125
    ao toque, 126
adolescência, 337-339
    agitação na, 339
    padrões de sono na, 146-147
    suicídio na, 339
afirmação, medição da, 385
Afroamericanos, 13
    pontuações de QI dos, 273
    uso dos serviços de saúde mental por, 502
    "afrouxamento de associações", 478
agnosia visual, 100
agressão e, 440
    diferenças de gênero na, 348
    em crianças, 195, 200-201
    perspectiva evolucionista da, 12
    violência da mídia e, 200-201
    visão cultural geral e, 385
Aha! Mito, 278
AIDS, 163, 346, 449
    interpretações incorretas sobre, 450
Albers, Josef, 135
alcoolismo
    como doença, 169
Alemanha, 326
Além da liberdade e da dignidade (Skinner), 9
alinhamento de atitude, 401

amadurecimento precoce, 338
amadurecimento precoce, 338
ambivalência, nas atitudes, 407
amenorreia, 491
amnésia
    dissociativa, 470
    por abuso infantil, 231
    pós-hipnótica, 157-158
amnésia anterógrada, 236
amor, 402
    casamento e, 402
    como ligação, 402-405
    componentes do, 405
    felicidade e, 314
    incondicional, 371
amplitude
    das ondas cerebrais, 141
    de ondas, 101, 108, 121
analogia
    fraca, 316
    na resolução de problemas, 255-256
anestesia
    consciência sob, 141
    hipnose para, 156
angústia pessoal, como critério de comportamento patológico, 463
Anna O, 501
ansiedade, 442
ansiedade, 435, 442
    insônia e, 160
    meditação e, 158
    sintomas de doenças e, 451
    visão de Roger sobre, 371, 508
ansiedade com relação à morte, 383-385
ansiedade da separação, 326
anticorpos, 178
aparência física, 394
    ver também atratividade
aparência física, percepção da pessoa e, 394
apego a cuidadores, 324
apego entre criança e cuidador, 405
apelos ao medo, 408
aplicação, como objetivo de abordagem científica, 30
apoio social
    adesão, 451
    estresse e, 445-447
    falta de, 475-479
apreensão, 435
aprendizagem
    condicionamento operante de atitudes, 409-410
    definição de, 173
    perspectiva evolutiva sobre, 196

ver também condicionamento clássico;
aprendizagem baseada no cérebro, 95
aprendizagem de reflexos, 235
aprendizagem por observação, 199-202
    comportamento alimentar e, 290
    de atitudes, 422
    do papel de gênero, 351
    do preconceito, 422
aquisição
    no condicionamento clássico, 180-181, 189
    no condicionamento operante, 189, 193
arco fonológico, 221
área de Broca, 80-82
área de Wernicke, 80
Arquivos da História da Psicologia Americana, 12
arranque do crescimento adolescente, 337
árvores dendríticas, 63
assistentes sociais, 503
Associação Americana da Fala-Linguagem-Audição (American Speech-Language Hearing Association), 116
Associação Americana de Psicologia (American Psychological Association), 13
    associação à, 14
    mulheres na, 5
    princípios éticos da, 51
    site da, 14
associação livre, 504
associações
    aprendidas, 176
    resposta-resultado, 195
ataques cardíacos, 442
ataques terroristas, possibilidade de, 262
atenção
    aprendizagem por observação e, 200-202
    codificação da memória e, 215
    na memória funcional, 221
    privação de sono e, 148
    uso de maconha e, 160-166
ativação irradiada, em redes semânticas, 223
atividade social, felicidade e, 314
atividades sexuais, preferências de
    diferenças de gênero nas, 296
    investimento parental e, 318
Atlas do cérebro, 78

atração, 393, 401-402
    táticas de, 407-408
atração interpessoal, 395, 401-402
    atratividade física e, 401-407
    fatores-chave da, 400-408
    perspectiva de evolução sobre, 405-408
atratividade
    padrões culturais para, 409
    transtornos alimentares e, 492
atratividade de fontes, 408
atratividade física. *Ver* atratividade
audição, 120-121
    desenvolvimento pré-natal e, 320
    envelhecimento e, 344
    teorias da, 121-123
aulas, retenção maior nas, 23
autoconceito, 9
autodesenvolvimento, 401
autoestima
autoestima, 363
    depressão e, 473
    identidade social e, 423
    individualismo e, 399-400
    otimismo e, 442
    padrões de vínculo e, 326-330
    teoria do gerenciamento do terror, 378
autonomia *versus* vergonha e dúvida, 330
autópsias psicológicas, 43
autorrealização, 373
    visão de Roger sobre, 371-373
autoverificação, 401
avaliação cognitiva de eventos estressantes, 433
aversão a paladar, 195-196
aversão condicionada ao paladar, 195-196
axônio(s), 63-65
    lulas, 64
    olfativo(s), 125-126

B

Baía dos Porcos, 420
bainha de mielina, 63
Banto, 116
barreira hematopoiética, 71
barreiras desnecessárias, 255
beber em excesso, 169
bebida
    em universidades, 162
    estresse e, 442
    ver também álcool
Bell Curve, The (Herrnstein & Murray) (a curva do sino), 272, 279

bem-estar subjetivo, 312-317
bissexuais, 298, 449
bloco visuoespacial, 218
busca pelo sono, 146
Byrd, James, Jr., 420

C

câmara operante, 184
caminho de recompensa, no cérebro, 162
caminhos o que e onde, 136
campo receptivo
　das células da retina, 105
　das células no córtex visual, 105
canal, na persuasão, 408
capsaicina, 124
características sexuais primárias, 337
casamento, 342
　arranjado, 402
　diferenças culturais no, 405
　idade, 340
castigo, 194
　agressão em crianças e, 200
　comportamento, 207
　em programas de modificação de
　físico, 194-195
　treinamento para ir ao banheiro e, 364
catarse, 440
catecolaminas, 438
causação,
　pesquisa experimental e, 35-36
cegueira de percepção, 110
cegueira não intencional, 110-111
células
　cérebro, 72, 75
　material genético nas, 72, 75
　ver também neurônios
células de gordura, 289, 336
células do óvulo, 321
centavo, 214
Centro para Pesquisas com Gêmeos e Adoções da University of Minnesota, 375
centros de prazer, no cérebro, 76
cérebro
　``caminho de recompensa'' no, 163
　caminhos da visão até o, 105-106
　desenvolvimento do, 94-95
　deterioração do, 344
　efeito de drogas no, 162
　estimulação elétrica, 72, 76
　estrutura do, 72-78
　estudo do, 76
　lesionamento, 72
　lobos do, 78-79
　na adolescência, 337
　número de neurônios no, 70
　peso do, 72, 347
　plasticidade do, 78-79
　porcentagem ``em uso'', 70
　ventrículos do, 481
ceticismo, 17, 30
Charles, Prince, 320

ciberespaço, 280
cirurgia cerebral, 72
classificação hierárquica, 333
claustrofobia, 466
clitóris, 294
Clouser, Ronald, 242
cocaína, 160-163
　desenvolvimento pré-natal e, 321
　neurotransmissores e, 67-70
cóclea, 121
codificação, 214-216
　ineficiente, 228
codificação estrutural, 215
codorna, 178
cognição, 11, 14, 247
combinação de genes, 85
comer/vomitar em excesso, 485
comida
　palatabilidade da, 290
　preocupação com, 492
　valor do incentivo da, 290
comparação com outros, felicidade e, 314
competência, atratividade e, 395
competição
　entre grupos, 421
　individualismo e, 400
complexo de Édipo, 367
comportamento
　causação multifatorial de, 18, 91, 162, 314, 461, 495
　definição, 7
　evolução do, 90
　fatores culturais no, 18
comportamento alimentar
　fatores biológicos no, 288-289
　neurotransmissores e, 69
comportamento anormal, 325-466
　ver também hospitalização por transtornos psicológicos
comportamento mal ajustado, como critério de anormalidade, 463
comportamento não verbal, 305
comportamento social
　diferenças culturais no, 399
compositores, doenças mentais e, 278
comprimento
　das ondas sonoras, 120
　de ondas de luz, 101, 107, 109
comprometimento, 339, 401
condicionamento, 176
　avaliativo, 207, 409
　barreiras biológicas no, 195-196
　condicionamento operante contingências e, 199
　personalidade e, 366-368
　processos cognitivos no, 196-199
　rápido, 196
　ver também condicionamento clássico;
condicionamento clássico, 176-184

　generalizações no, 182-184, 188
　processos básicos no, 182-184
　recuperação espontânea no, 181
　terminologia e procedimentos para o, 177
　visão geral do, 202-204
condicionamento de ordem superior, 182-184
condicionamento operante, 184-195
　aprendizagem por observação e, 199-201
　concepção de Skinner sobre o, 368-369
　de respostas de ansiedade, 469
　discriminação no, 188
　do papel de gênero, 350
　do preconceito, 422
　personalidade e, 368
condicionamento pavloviano, 176
cones, 103-105, 109
confiabilidade de fatores, 408
confiança e detector de mentiras, 304-305
confiança versus desconfiança, 330
conflito
　inconsciente, 503
conflito entre abordagens, 431
confusão de variáveis, 35-36, 48
conhecimento
　representação na memória, 222-224
　resultante da pesquisa científica, 35
conjunto perceptivo, 110
consciência
　alterada, 156-157
　alterada com drogas, 159-163
　conteúdo da, 140
　definição, 140
　dividida, 158
　estudo da, 4, 7-8
　fluxo de, 5, 92, 141
　raízes evolutivas da, 141
　unidade da, 96
consciente, 361
conservação, 331-332
consideração positiva incondicional, 509
consistência em diferentes situações, 369
contato confortável, 326
contexto sócio-histórico, da psicologia, 18, 173, 277
contiguidade do estímulo, 180
contingências de reforçamento com razão fixa, 190
contrato de comportamento, 207
controle, como objetivo da abordagem científica, 30, 35
controvérsia pessoa-situação, 370

conversas negativas consigo mesmo, 454
cores primárias, 108
córnea, 101-102
cortejar, 91, 405
córtex auditivo primário, 78-79
córtex motor primário, 78-79
corticosteróides, 438
costumes, cultura, 19
crack, 160
crescimento pessoal, 9
crianças
　agressão nas, 194, 200-201
　apego, 324
　ciclo do sono das, 145-146
　decidir quando ter, 340
　desenvolvimento cognitivo nas, 330-334
　desenvolvimento cognitivo nas, 331-335
　desenvolvimento da personalidade nas, 330
　desenvolvimento motor nas, 323-324
　desenvolvimento neural nas, 94-95
　efeito da ausência do pai sobre as, 351-352
　habilidades cognitivas das, 334
　habilidades matemáticas das, 334
　incentivo à independência das, 385
　preferências de alimentos das, 124, 289
　privação ambiental e, 273
　socialização de papel de gênero das, 350-531
crimes violentos, 162, 348
Crystal, Billy, 501
Cuba, 421
cuidado com a saúde, 518
cultura
　arquétipos e, 366
　definição, 18
　estilo cognitivo e, 257
　habilidade cognitivas e, 334
　psicoterapia e, 518
　transtornos alimentares e, 493
　vadiagem social e, 418
curare, 68

D

dados
　análise de, 31
　via internet, 54
danos cerebrais, 80
debates políticos, 31
definições
　poder das, 169-171
definições operacionais, 31
degustação de vinho, 125
delírio, 478
　de grandeza, 493
　de perseguição, 479
delírios de perseguição, 478
demência, 344
Demerol, 160
demonstrações, de condicionamento clássico, 176

DeNiro, Robert, 499
dependência de drogas, 162
dependência-independência do campo, 258
depoimento, testemunhas, 225
depressão, 465, 473
   criatividade e, 279
   doenças cardíacas e, 442
   fumo e, 40-42
   neurotransmissores e, 69
depressão pós-parto, 347
descentração, 333
descobertas, relato das, 54
desempenho
   acadêmico, 21
   privação de sono e, 148
desempenho acadêmico
   autoeficácia e, 370
   avanço, 12, 14, 26
desempenho no trabalho, pontuação de QI e, 266
desenvolvimento pré-natal, 321-323
   doenças maternas e, 354
   fatores ambientais no, 322-323
   hormônios, 349-350
   nutrição materna e, 322-323
   uso de drogas pela mãe e, 322
desesperança, 473
11 de Setembro, ataques terroristas, 383
   emoções associadas com, 435
   memória-relâmpago, 222
detector de mentiras, 304
deterioração de traços de memória, 244
diagnóstico, 463
dicotomia falsa, 316, 353
dieta, 294
diferenças culturais
   na percepção, 115
   na pontuação de QI, 272-274
   nas preferências de alimentos, 290, 294
   no desenvolvimento motor, 324
   nos sonhos, 155-518
   nos testes de inteligência, 267
diferenças de gênero, 347
   de orgasmo, 295
   inato *versus* adquirido, 349
   na agressão, 348
   na comunicação não-verbal, 348
   na habilidade visuoespacial, 348
   na identificação de odores, 126
   na insônia, 150
   na organização do cérebro, 349
   na sensibilidade do paladar, 124
   na somatização de transtornos, 469
   nas preferências por parceiros, 296-297, 405
   no ciclo do sono, 145-146
   no comportamento social, 348
   nos transtornos do pânico, 466
   origens biológicas das, 347-348
   perspectiva de evolução das, 25
diferenças de gênero no, 349
diferenças individuais
   na sensibilidade do paladar, 124
   para obter motivação, 300
   teorias do estágio e, 330
difusão da identidade, 339
diligência *versus* inferioridade, 330
dinheiro, felicidade e, 312
direção
   álcool e, 75
discinesia tardia, 515
discordância
   como castigo, 409
discriminação
   no condicionamento clássico, 182, 189
   no condicionamento operante, 186-188
discriminação (social)
   contra homosexuais, 301
discurso particular, 334
distribuição
   normal, 264-265
distúrbios do sono, 150-153, 163
diversidade teórica na psicologia, 18, 130, 166, 238, 385, 524
divisão de trabalho, 349
Dix, Dorothea, 520
doença do alcoolismo, 169
doença(s)
doenças, 430
   desenvolvimento pré-natal e, 323
   estresse e, 442-445
   modelo biopsicossocial das, 430
   mudanças da vida e, 433
   psicossomáticas, 442
   psicossomáticas, 442, 469
   reações a, 450-453
doenças cardíacas e, 430, 457
   depressão e, 442
   dieta e, 448
   fumo e, 447
   personalidade e, 442
doenças contagiosas, 430
dor
   crônica, 130
   endorfinas e, 69-70
   percepção da, 127
dormir junto (co-sleeping), 146
dos neurônios, 64
drogas antidepressivas, 476, 514-524
drogas antipsicóticas, 480, 513-514
drogas antipsicóticas atípicas, 513
drogas contra a ansiedade, 469, 513

drogas eméticas, 511
drogas estimulantes, 162-163
drogas psicoativas, 159-162
   efeitos colaterais das, 160
   efeitos das, 159-162
   principais tipos de, 159-160
   uso médico de, 166

E

educação, uso dos serviços de saúde mental e, 502
efeito da posição serial, 240
efeito espectador, 418
efeito Mozart, 95
efeito placebo, 46, 127
   na terapia, 528
ego, 361
egocentrismo, 332-333
elaboração, em codificação, 215
eliminação por aspectos, 258
embargo da identidade, 339
emoção expressa, 485
emoções, 302-308
   condicionadas, 178, 180, 208, 409
   controle das, 304
   cultura e, 306
   definição de, 302
   doenças cardíacas e, 442
   especialização hemisférica e, 83
   expressão das, 485
   fundamentais, 306, 310
   na esquizofrenia, 478
   palavras para, 308
   perspectiva de evolução das, 310
   sistema límbico e, 75
empatia, do terapeuta, 506
enchentes, 262
ensaio comportamental, 512
entrevistas, como método de coleta de dados, 31
epilepsia, cirurgia para, 82
episódios maníacos, 476
   tratamento com drogas para, 515
equilíbrio, 75
equipes esportivas, jet lag e, 142
era vitoriana, 385
esboço, 238
escassez falsa, 425
esclarecimento na terapia centrada no cliente, 504
esclerose múltipla, 63
escolas
   controvérsia dos testes de QI e, 271-272
escolhas
   conflitos e, 431
   fatores nas, 259-262
   ver também tomada de decisões
escolhas racionais, 258
escritores, doenças mentais e, 278
especialização, em psicologia, 14-17
especificidade autonômica, 304
espermarca, 338

esquecimento, 226-235
   causas do, 228-230
   dos sonhos, 168
   envelhecimento e, 344
   mensuração do, 228
   motivado, 230, 359
   na amnésia dissociativa, 470
esquemas, 223
   sociais, 394
esquemas cognitivos, 420
esquemas de razão variável, 190
esquizofrenia catatônica, 479
estabilizadores do humor, 515-516
estado civil
   felicidade e, 314
   uso dos serviços de saúde mental e, 502
estágio de exaustão, 438
estágio oral, 364
estatísticas de saúde, 456-457
estereótipos, 395
   gênero, de, 348
   preconceito e, 422
estereótipos de gênero, 347, 395, 421
estereótipos étnicos, 395, 421
estereótipos ocupacionais, 395
estilo otimista de explicação, 445
estilos cognitivos, 92, 95
   cultura e, 257
   depressão e, 476
estilos de cuidados, 402
estimulação tátil, 126
estímulo
   auditivo, 120
   aversivo, 191-193
   condicionado, 177-178, 180-181, 184, 193, 197
   não condicionado, 177, 180-181, 184
   neutro, 177-178
   visual, 116-118
estímulos condicionados ecologicamente relevantes, 196
estratégias de acasalamento, dos animais, 91
estresse
   caminhos cérebro-corpo no, 439
   crônico, 438
   definição de, 430
   despertar autônomo, 71
   eventos estressantes, avaliação cognitiva de, 435, 454
   lidar com o, 453-454
   resistência ao, 370
   transtornos dissociativos e, 472
estrutura da personalidade, 360
   teoria de Eysenck, 376
   teoria de Freud, 362
   teoria de Skinner, 368-369
estruturalismo, 4
estudantes universitários
   álcool e, 162
   jogo entre, 2-3

estudos de transferência de RNA, 232
estupro, álcool e, 162
etiologia, 463
euforia
 causada por drogas, 159-162
 em transtornos bipolares, 475
eventos traumáticos, 468
 lembranças recalcadas de, 230-232
 múltiplas personalidades e, 472
evidência
 anedótica, 30, 54, 59
 ausência de, 280
exercícios, 456
 ausência de, 449
 auto-eficiência e, 369
 sono e, 166-168
exorcismo, 463
expectativas
 baseadas em esquemas, 223
 de papéis conjugais, 339
 felicidade e, 314
 na condução de pesquisas, 46-48
 papel, 417
 percepção da dor e, 127
 percepção da pessoa e, 398
experiência
 estrutura cerebral e, 79
 subjetividade da, 162, 238, 451
explicações alternativas, 25, 281, 352
extinção, 369
 no condicionamento clássico, 181
 no condicionamento operante, 187-188
 resistência à, 190
extremidades dos nervos, 126
extrovertidos, 366

F

falácia do jogador, 261
False Memory Syndrome Foundation (Fundação da Síndrome da Falsa Lembrança), 231
família
 esquizofrenia e, 485
 papel do pai na, 351-353
 socialização de papel de gênero pela, 350
 transtornos alimentares e, 493
 ver também crianças; casamento
fase de excitação do ciclo de resposta sexual, 295
fase de resolução do ciclo de resposta sexual, 295
fatores
 genéticos, 88
fatores do receptor, na persuasão, 408-409
favoritismo no grupo, 423
feiticeiras, 462
felicidade, 312-314
 determinantes sem importância da, 313

fatores razoavelmente bons de previsão da, 313-314
fatores significativos de previsão da, 314
 mensuração da, 313
fenômeno ``fi'', 112
fetiches, 178
fibra C, 127
fibras nervosas aferentes, 71
figuras ambíguas, 120, 130
fisiologia, filosofia e, 4
fixidez funcional, 252
flufenazina, 514
fluoxetina, 515
fluxo sanguíneo no cérebro, 71
fobias, 176, 216
 condicionamento das, 178
fome
 fatores ambientais da, 289-290
 fatores biológicos da, 288-289
 regulação digestiva da, 289
 regulação do cérebro, 289
 regulação hormonal, 289
força
 física, 449, 456
 reprodutiva, 349, 409
formação
 no condicionamento operante, 186
formas, percepção das, 111-115
fóvea, 102-104
fraude
 em pesquisas, 50, 422
 em relacionamentos românticos, 405
 em testes de personalidade, 387-388, 390
frequência
 das ondas cerebrais, 140-141
 das ondas sonoras, 120-121
frequência às aulas, notas e, 23
fuga dissociativa, 470
fumo, 447
 depressão e, 42
 durante a gravidez, 322
 modificação do comportamento, 204-207
 prevalência do, 448
funcionalismo, 4-5
funcionamento imunológico
 apoio social e, 445
 estresse e, 444
 liberação emocional e, 455
 maconha e, 160
 meditação e, 159
fusos do sono, 144

G

gafanhoto (camuflagem), 90
gêmeos dizigóticos, 85
gêmeos idênticos, 85, 268, 376
generalização
 no condicionamento clássico, 181, 184
 no condicionamento operante, 187-188
 por amostragem, 58

generalização do estímulo, 182-184, 191
genética
 da inteligência, 267-268
 do comportamento, 376, 378
 hereditariedade das papilas gustativas, 124
 orientação sexual e, 298
 princípios da, 84-88
genuinidade, do terapeuta, 508
gerenciamento de tempo, 21
glândulas endócrinas, 83-84
glutamato, 481
gônadas, 84
gonadotrofinas, 84
gratificação
 atrasada, 301
 excessiva, 364
Green, Reg e Maggie, 454
grupos
grupos, 395, 417-420
 comunicação nos, 417
 conflitos entre, 422
 identificação com, 385, 399
 na perspectiva de evolução, 378
 produtividade nos, 418
 tarefa aleatória dos, 37
 tomada de decisão nos, 418-420
grupos étnicos
 na população norte-americana, 13
 pontuação em testes de QI e, 272-273
 uso dos serviços de saúde mental por, 502
grupos externos, 396

H

H. M., 236
habilidade em testes, 23
habilidade mental, testes de, 266
habilidades
 memória para, 236
 motoras, 323
habilidades cognitivas, 11
 uso de maconha e, 162-166
habilidades matemáticas
 das crianças, 334
 diferenças de gênero nas, 348
habilidade visuoespacial, 348
hábitos alimentares
 deficientes, 448-449
 sono e, 166-168
hereditabilidade, 276, 281
 da inteligência, 376
 dos traços de personalidade, 376
hereditariedade
 ambiente e, 7-13, 18-88, 91, 201, 208, 347
heroína, 160-162, 325
heurística, 255-256
 no julgamento das probabilidades, 259-260
 rápida e frugal, 262
heurística da representatividade, 260-261, 494-495

hierarquia das necessidades, 373-375
hipnose das estradas, 158
hipotálamo, 75-76, 438
 na regulação do comportamento alimentar, 288-289
 sistema endócrino e, 83
hipótese da frustração-agressão, 440
hipótese do feedback facial, 306
hipóteses, 30
 formulação de, 31, 51
 (não existe apêndice no arquivo)perceptuais, 113, 115, 120
hispânicos
 pontuação de QI dos, 272
 uso dos serviços de saúde mental por, 502
históricos de casos, 232
homeostase, 286-287
homossexualidade, 297-300
 AIDS e, 449
 como transtorno, 465
 discriminação e, 300
 prevalência da, 299
 teorias biológicas da, 299-301
 teorias ambientais da, 298-299
hormônio do crescimento, 142
hormônios, 71, 83-84
 emoções e, 304
 envelhecimento e, 344
 estresse e, 439-440
 fome e, 288
 memória e, 298
 na adolescência, 336
 no desenvovimento pré-natal, 350
hospitais psiquiátricos, 520
 situação da porta giratória com os, 521
hospitalização por transtornos psicológicos, 518-521
hostilidade, 442
 administração da, 453
 competição e, 421
humanismo, 9, 371

I

id, 361
idade
 ciclo do sono e, 146-147
 felicidade e, 312
 uso dos serviços de saúde mental e, 502
idade adulta, 339-344
ideais românticos, 401
identidade social, 423
identidade versus confusão, 339
ilusão
 positiva, 442
 visual, 116-118
ilusão de Poggendorff, 118
ilusão de Zollner, 118
ilusão Ponzo, 118
ilusões visuais, 116-118, 130
imagem posterior, 109, 218
imagem visual, memória e, 215-216

impulsos, 287, 371
  biológicos, 75
  visão de Freud sobre os, 362
impulsos agressivos, visão de Freud sobre, 362
impulsos biológicos, 363
inato *versus* aprendido, 7
  na aprendizagem, 195
  na inteligência, 267
  nas diferenças de gênero, 355
  ver também ambiente; hereditariedade
incentivos, 301
incerteza
  tomada de decisão e, 259
incidência geral, dos transtornos psicológicos, 493
incongruência, 373, 506-508
inconsciente
  visão de Freud, 5
  visão de Jung, 366
inconsciente pessoal, 366
Índia, 19, 267
individualismo, 385, 400
  casamento e, 402
  submissão e, 416
indução de estrutura, problemas na, 252
indústria farmacêutica, 516
inferioridade, 330
inflamação, arteriosclerose e, 442
informação
  armazenagem da, 216
  irrelevante, 252, 256
  na tomada de decisões, 258
  organização da, na memória, 221-223
  retenção da, 218, 226-229
ingestão de sal, 448
inibidores seletivos de recaptação de serotonina (SSRIs), 515
instituições positivas, 13
insulina, 289
integridade *versus* desespero, 342
inteligência
  componentes da, 266
  conceito de Gardner sobre, 276
  criatividade e, 279
  densidade sináptica e, 95
  distribuição normal da, 264
  felicidade e, 313
  hereditariedade e, 89, 267-270
  hereditariedade e ambiente na, 283
  indicadores biológicos da, 274
  perspectiva cognitiva sobre, 274-276
  reificação da, 281
  tamanho do cérebro e, 274
  tempo de inspeção e, 274
  teoria triárquica da, 274-276
  tipos de, 276
inteligência verbal, 265-266
interferência
  como causa do esquecimento, 228-229
  na memória de curto prazo, 218
interferência retroativa, 229
Internet
  jogo na, 2
  para coletar dados, 48-51
  vício em, 440
interposição, 115-116
interpretação
  dos sonhos, 168
  na psicanálise, 504-506
intimidade, 402
intimidade *versus* isolamento, 342
introspecção, 5
invenções, 278
Inventário de Personalidade Multifásico de Minnesota (Minnesota Multiphasic Personality Inventory - MMPI), 386
Inventário de Personalidade NEO, 386
íon potássio, 64
íons sódio, 64
Iorubá, (Nigéria), 306
Iowa Writers Workshop (Oficina de Escritores de Iowa), 278
irmãos
  diferenças na personalidade entre, 377
  hereditariedade e, 85-88
irritação, 437
Irwin, Steve, 357
itens na memória de curto prazo, 218-221

J

janela oval, 121
Jim Lewis e Jim Springer, 375
joão-bobo, 200
Judeus, na Alemanha Nazista, 209
juventude, preferências por parceiras e, 296

K

koro, 485

L

labirinto, 197
lavar as mãos, compulsividade, 468
Leipzig University, 4
lesbianismo, 297-298
  ver também homosexualidade
lesionamento do cérebro, 72
lesma-do-mar, 235
Les Promenades d'Euclide (Magritte), 134
liberação do esperma, condicionamento clássico da, 178
liberdade de comportamento, 439
língua, 123-124
linguagem
  aquisição da, 334
  centros cerebrais da, 80-82
lítio, 516

livre arbítrio, 8-9
lobo temporal medial, 235
longevidade, exercício e, 449
LSD, 160
luz, como estímulo da visão, 101
luz e sombra, como indicadores de

M

macacos, 176, 186
mãe de tecido, 326
mães substitutas, 326
``magnetismo animal'', 156
manejo, 454-459
  concentrado no problema, 447
  construtivo, 442, 453-459
  defensivo, 440-444
  desajustado, 439
  do estresse, 439
  estilos de ligação e, 402
mapas cognitivos, 196
máquinas caça-níqueis, 190
mariposa, 91
Marston, William, 304
masculinidade, 347
materialismo, 385
material verbal, hemisférios do cérebro e, 92
MDMA, 162-163
média
  regressão à, 528-529
medição, como objetivo da abordagem científica, 35
medidas de retenção da lembrança, 228
medidas de retenção do reconhecimento, 228
medo, 308-309, 435
  circuitos neurais do, 305-309
  condicionado, 178, 469, 511
  irracional, 466
  subjetividade do, 429
medula espinhal, 71
meios enriquecidos, 94-95, 272
membrana basilar, 121
memória
  de curto prazo, 218-221
  para habilidades, 236
  para tarefas rotineiras, 237
  perda de, 236
  sistema límbico e, 75
  teoria dos níveis de processamento, 216
memória de curto prazo (MCP), 218-221
memória funcional, 221-222
memória prospectiva, 237
memória-relâmpago, 222
menopausa, 344
menstruação, 337
Mente Animal, A (Washburn), 7
mesmerismo, 156
metadona, 160
metanfetamina, 160
metanfetamina (crystal meth), 160
método científico, 5, 17
método de loci, 241

métodos de pesquisa, 30, 85-88
métodos de pesquisa descritivo-correlacional, 38-44
desenvolvimento sexual, 336
métodos narrativos, 241
mídia
  como fonte de atitudes preconceituosas, 422
  violência na, 201
minorias
  desvantagem socioeconômica das, 273
  na população norte-americana, 13
  pontuação em testes de QI e, 273
  serviços de saúde mental para, 518-520
mistura de cores, 107-109, 132
mistura subtrativa de cores, 107
MMPI, 386
mnemônica, 228
mobilidade social, 301
modelo dos cinco fatores, 358-359
  avaliação, 386
  estudos de gêmeos segundo o, 376
modelo médico, do comportamento patológico, 462-463
Monte Everest, 286
motivação
  definição de, 286
  teorias do impulso da, 286-287
  visão de Adler sobre a, 366
movimento rápido dos olhos, 140
movimentos
  controle dos, 78
  córtex motor e, 78
mulheres, na história da psicologia, 5
múltipla escolha, 21
música clássica para bebês, 95

N

narcóticos, 160, 162, 323
  na resposta sexual masculina, 295
necessidade de afiliação, 35
necessidade de autorrealização, 375
necessidade de realização, 300-302
necessidades
  básicas, 373
  biológicas, 288
  hierarquia de Maslow, 375
  satisfação das, 361
nervos, 71
nervo vago, 289
neurônio pós-sináptico, 65
neurônio pré-sináptico, 65, 67
neurônios motores, 68
neuropeptídios Y, 288
neuroses, 504
neurotransmissores, 63, 65

ação das drogas e, 162
distúrbios da ansiedade, 466-469
hormônios e, 83
monoaminas, 68-69
nicotina, 67, 160, 447
nível ótimo de excitação, 437
nível pós-convencional, 336
nível pré-convencional, 336
non sequitur, 315
nos grupos, 399
notas
frequência às aulas e, 23
QI e, 265
núcleo supraquiasmático (SCN), 142
núcleo ventromedial do hipotálamo (NVH), 288-289
nucleus accumbens, 163
Nun Study (Estudo em Freiras), 346

O

obediência
à autoridade, 415
à conselhos médicos, 451
ao grupo, 412
obesidade, 449
medo da, 485
observação
via internet, 54
observadores, atribuições dos, 399
obsessões, 468
odores, tipos de, 125
Office of Research Integrity - ORI (Escritório de Integridade de Pesquisa), 49
olho, estrutura do, 101-104
ondas beta, 141, 144-145
operações mentais, 333
orgasmo, 294
orientação sexual, 297-300
ver também homosexualidade
origem das espécies, 89
ossículos, do ouvido, 121
osteoporose, 491
otimismo, 314

P

padrões de resposta, programação de resposta e, 190
pais
amor incondicional dos, 373
como fonte de atitudes preconceituosas, 422
personalidade dos filhos e, 388
procedimentos disciplinares dos, 194
ver também filhos; família
paixão, 401
paladares primários, 123
papel de doente, 469
papel de gênero, 349-350
estilos de ligação e, 405
no casamento, 342
papilas, 124
Pappenheim, Bertha, 501
paralisia

no transtorno da conversão, 469
resultante de danos na medula espinhal, 71
parceiros sexuais, número de, 296
paternidade/maternidade, 344
felicidade e, 313
pavão, 91
Paxil, 515
pênis, 294, 337
pensamento
pensamento, 247
abstrato, 265
catastrófico, 440, 454
convergente, 278
crítico, 25
distorcido, 493
divergente, 278
formas de, 366
intuitivo, 262
irracional, 478, 497
perturbado, 478
ver também pensamento
pensamento abstrato, 334
pensamento convergente, 277
pensamento irracional, 478
pensamento negativo, 516
transtornos depressivos e, 476
percepção
de paladar, 123
de profundidade, 115-116
percepção da pessoa, 394-396
programação pela evolução para, 396
subjetividade na, 396
perda
distúrbio de estresse pós-traumático e, 468
frustração e, 435
perfeccionismo, 492
Pergament, Moshe, 2
período operacional formal, 330-331
período refratário
período sensório-motor, 331
permanência de objetos, 332, 354
personalidade
aprendizagem por observação e, 369
atratividade e, 395
doenças cardíacas e, 442
hereditariedade e, 88
obediência às recomendações médicas e, 451
perspectivas biológicas, 375-377
perspectivas de comportamento na, 367-370
perspectivas humanistas sobre, 371-375
perspectiva cognitiva, 11-12
no condicionamento, 196-201
perspectiva de comportamento, 11
avaliação do, 371
na personalidade, 367-370
perspectiva de evolução, 88-91
perspectiva de identidade social, 423

perspectiva evolucionista, 13, 88-90
da aprendizagem, 195
da motivação, 287
da percepção da pessoa, 396
da personalidade, 383
das fobias, 469
do sono, 146-147
predisposição à percepção tardia e, 392
sobre aversão condicionada ao paladar, 195
perspectivas humanistas
avaliação das, 371
da personalidade, 370-376
de Maslow, 373-375
de Rogers, 371-373
peru, 91
pesadelos, 468
pesar, 435
peso, preocupação com o, 483
pesquisa
avaliação da, 46-49
como método de coleta de dados, 31
ética de, 415
falhas em, 48
replicação da, 45
ver também pesquisa correlacional; pesquisa experimental
pesquisa com animais, 8-9
críticas à, 371
ética da, 51
pesquisa correlacional, 39-44
tipos de, 42-45
pesquisa experimental, 35-37
desvantagens da, 35
elementos da, 35
vantagens da, 35
pesquisa intercultural, 12
na personalidade, 385
sobre comportamento social, 420
sobre desenvolvimento motor, 324
sobre emoção, 306-308
sobre preferências de parceiros, 297
sobre relacionamentos íntimos, 402
Picasso, Pablo, 132
pílulas para dormir, 150
pinturas, princípios da percepção e, 131-134
pistas de profundidade, 115-118
em pinturas, 131
placebo, 46
placenta, 321, 323
polígrafo, 304
política, condicionamento clássico e, 207-208
polvo, 62
pontes, 168
pontos de recepção, 65
pontuação de QI
desempenho escolar e, 265
desempenho no trabalho e, 266
desvios, 264-265
diferenças culturais na, 272-274

ganhos generacionais na, 271, 273
significado da, 263
sucesso vocacional e, 266
variedade de reações para a, 271-272
pontualidade, 18
população, amostras tendenciosas da, 46
potencial em repouso, 64
potencial pós-sináptico (PPS), 65
potencial reprodutivo, 396
Pragnanz, 113
prática massiva, 240
preconceito, 421-423
aprendizagem de, 423
definição de, 422
pré-consciente, 361
predadores, evitando, 90
predisposição à confirmação, 420
preferências, escolhas sobre, 258-259
premissas, 315
preocupação, 473
preparação, 469
pressão, como origem de estresse, 433
pressão (sentidos), 126
previsão, como objetivo da abordagem científica, 30
Princesa Diana, 320
princípio da realidade, 361-362
princípio do prazer, 361
Princípios da Psicologia (William James), 4
Priscilla, a porca manhosa, 187
probabilidades
estimativa de, 458
julgamento, das, 260
problema da jarra d'água, 253, 255
problema da torre de Hanói, 256
problemas
representação dos, 256-257
tipos de, 252
problemas congênitos, 322
problemas de analogia, 252
``problemas de vida'', 462
procedimento aleatório, 37
processamento da informação
modelo para, 218
na retina, 104-105, 110
no córtex visual, 105-107, 109
no sistema nervoso, 62
processamento distribuído em paralelo, 223
processo de revisão, 35
processo descendente, 112
processos por negligência, 390
produtividade
envelhecimento e, 346
profissionais de saúde, 454
profissionais de saúde, comunicação com, 454
profundidade, 116
prognóstico, 463

projeção, 363
Projeto Personalidade, 375
propaganda, 208
proteína C-reativa, 442
protótipos, 494-495
psicanálise, 5, 360, 503-436puberdade, 84, 366
psicologia cognitiva, 11, 17
psicologia da saúde, 430
psicologia do estímulo-resposta (E-R), 7
psicologia escolar, 14
psicologia industrial e organizacional, 17
psicometria, 14, 17
psicopatologia, 462
psiquiatras, 503
Psychological Abstracts, 55
PubMed, 31

Q

Queda d'água (Escher), 133
Queer Resources Directory - QRD (Guia de Recursos dos Diferentes), 300
Questionário dos Dezesseis Fatores de Personalidade (16PF), 386
Quichua (Equador), 306

R

raciocínio
  circular, 171, 318
  córtex pré-frontal e, 78
  erros no, 261
  falácias no, 280
  humano, 262
  moral, 335-336
racionalidade humana, 261
raio X, do cérebro, 72
raiva, 435
raiva, 363, 435
  administração da, 453
  doenças cardíacas e, 442
ratos
  comportamento alimentar dos, 290
  controlados por robôs, 188
  corrida no labirinto, 197
  na caixa de Skinner, 184
ratos-robôs, 188
reabsorção (reuptake), 65
realismo ingênuo, 31
realização de desejos, sonhos como, 155-156
realização de testes, estratégias para, 23
reaprendizado de medidas de retenção, 228
recém-nascidos, ciclo do sono de, 145-146
receptores
  auditivos, 121
  da visão, 105
  do paladar, 124
  olfativos, 125-126
  para o tato, 126
recompensa. *Ver* reforço
reconhecimento de objetos, consistência do fundo e, 115
recordação, 214
recuperação espontânea, no condicionamento clássico, 181

Rede de Dependências, 159
Rede do sono, 144
reflexo condicionado, 235
reflexos psíquicos, 176-177
reforçadores
  de memórias de abuso infantil, 230-235
  primários, 189
  secundários, 9
reforço, 184, 186
  contínuo, 189
  definição de, 188
  do papel de gênero, 351
  em programas de modificação de comportamento, 207
  intermitente, 189
  negativo, 191-194, 209
  positivo, 191-194, 200
  programações de, 190
registro fisiológico, como método de coleta de dados, 35
registros de arquivos como fonte de dados, 31
regressão, 363
regressão à média, 527-529
reificação, 280
relacionamentos românticos, 401-402
  decepção nos, 415
relações resposta-resultado (RR), 199
remédios de curandeiros, 530
renascentistas, 131
renda
  altura e, 44
  felicidade e, 313
repetição, na memória de curto prazo, 218, 221, 238
replicação da pesquisa, 46
representação de papéis hipnose como, 156-158
repressão, 360
resistência
  na psicanálise, 506
resolução de problemas, 252-258
  abordagens, 255
  barreiras, 252-258
responsabilidade, difusão da, 418
resposta da salivação, em cães, 176
resposta(s)
  condicionadas, 177-178, 180-181, 184
  não condicionada, 177, 180, 195
  operantes, 186
ressonância magnética funcional (RMf), 72
resumos, de artigos de periódicos, 54-55, 58
retenção, 226-228
  aprimoramento da, 238
  imagem visual e, 216
reversibilidade, 333
revolução cognitiva, 252
rimas, para memorização, 241
riqueza, felicidade e, 314
riscos à saúde
  do álcool, 168-171
  do uso de drogas, 162-163
ritmos, biológicos, 141-143

rituais, 176
roedores controlados por rádio, 188
ronco, 166
rotação mental, 25

S

sangue, níveis de glicose no, 288
saúde
  efeitos do estresse sobre a, 442-447
  fatores biopsicossociais da, 451
  felicidade e, 313-314
Sea World, 186
Segunda Guerra Mundial, 11, 18
seguro saúde, 502
seleção natural, 4, 13, 89, 349
  das habilidades cognitivas, 337
  dos traços de personalidade, 359-360
  percepção da pessoa e, 396
  reconhecimento de rostos e, 107
senilidade, 346
sensações
  definição de, 100
  estudo das, 4
  integração do cérebro às, 72
  memória, na, 218
sensibilidade do paladar, 124
sentimentos
  atitudes e, 407
  subjetivas, 302
  ver também emoções
serotonina, 68-69, 288, 469, 475, 484, 515
serviços de saúde mental, uso dos, 501, 526
Seurat, Georges, 132
Shelley, Mary, 153
sílabas sem sentido, 226
simplicidade, como princípio da Gestalt, 112
Simulação da Prisão Stanford, 416
sinapse, 63, 65-67
  ação dos neurotransmissores na, 235
  criação de novas, 68
  número de, no córtex, 67
síndrome alcoólica fetal, 322-323
síndrome da falsa lembrança, 230-232
síndrome da morte súbita do bebê, 322
síndrome do ``eu tenho um amigo que'', 58
síndrome do intestino irritável, 448
síndrome do molho béarnaise, 196
sínteses de proteína, 235
sintomas negativos da esquizofrenia, 479
sistema da memória de procedimento, 235-236
sistema de memória do lobo temporal médio, 235
sistema endócrino, 83

estresse e, 438
ver também hormônios
sistema nervoso
  autônomo, 71, 75, 83, 304, 438
  divisão do, 71
  periférico, 71
sistema nervoso central, 70-72
  ver também cérebro
sistema nervoso periférico, 71
sistema nervoso somático, 71
socialização, 287, 385
  papel de gênero, 351
socialização de papel de gênero, 350
Sociedade Americana de Psicologia (American Psychological Society), 35, 40
Sociedade Americana de Psiquiatria (American Psychiatric Association), 465
sólido da cor, 107, 109
soma, do neurônio, 63
sonhos/sonhar, 153-156, 168, 388
  simbolismo dos, 168
  teorias dos, 155-156
sono, 141-143, 166-168
  bases evolutivas do, 146-150
  consciência durante o, 168
  cultura e, 145-146
  estágios do, 144-145
  início do, 140
  qualidade do, 142
  quantidade de, 142
sono de ondas lentas (SOL), 144
  privação do, 148
Spencer, Diana, 320-321
SQ3R, 24
status socioeconômico
  ausência do pai e, 352
Stevenson, Robert Louis, 153
subjetividade
  da experiência, 51, 162, 238, 451-454
  da percepção, 19-20, 130
  da percepção da pessoa, 421
submetas, na solução de problemas, 255
sucesso
  altura e, 44
  atribuições do, 422
  valor de incentivo do, 301
sucesso reprodutivo, 89-90, 287
sucesso vocacional, pontuação de QI e, 266-267
sugestão pós-hipnótica, 156
sugestionabilidade de testemunhas, 225
suicídio
  estudos de caso de, 43-44
  na adolescência, 339
  SSRIs e, 515
superioridade, luta pela, 367
suposições irracionais, 454
Sybil (Schreiber), 472

T

taitianos, 306

tálamo, 75-76, 126-127
  córtex auditivo e, 121
  tato e, 126, 130
  visão e, 105
tamanho do cérebro e inteligência, 274
tamanho do grupo
  comportamento auxiliar e, 417-418
  produtividade e, 418
  submissão e, 415
tamanho dos seios, preferências masculinas por, 391
tamanho relativo no plano, 115
tato, sentido do, 126-130
taxas de concordância
  para esquizofrenia, 480, 484
  para transtornos da ansiedade, 469
  para transtornos de humor, 476
taxas de hereditabilidade, 268-270
taxas de suicídio, 342
TC (tomografia computadorizada), 72
técnica da bola murcha, 425
tendência próximo-distal, 324
tendências de respostas, 195, 368
tendenciosidade
  amostragem, 46-49
  nas atribuições, 398-399
tendenciosidade autorreferente, 399
tentativa e erro, 334, 336
teoria da dissonância, 409-410
teoria da frequência, da audição, 121-123
teoria do conflito realista entre grupos, 422-423
teoria do processo oponente da visão em cores, 108-109
teorias, 18
  biológicas, 11
  cognitivas, 11
  da personalidade, 368-369
  estruturalismo, 4-5
  evolutivas, 4, 13
  funcionalismo, 4-5
  humanistas, 9
  psicanalíticas, 8-9
teorias psicodinâmicas, 360, 367
  avaliação, 367
  de Adler, 366-367
  de Freud, 360-366
  de Jung, 366
teoria tricromática da visão em cores, 108
terapeuta(s)
  controvérsia da memória recuperada e, 232
  exploração sexual por, 526
  na terapia centrada no cliente, 506-508
  na terapia de grupo, 508-509
  na terapia do comportamento, 511-513
  pacientes de minorias e, 518-520
  transtorno da identidade dissociativa e, 477
terapia antirretroviral altamente ativa, 449
terapia de grupo, 509
terapia do conhecimento, 501, 503-510, 518
  centrada no cliente, 506-509, 520
  eficácia da, 509-510, 527
  grupo, 508
  mecanismos da, 509
  psicanálise, 503-509, 518
terapia multimodal, 527
terapia(s)
  abordagem psicanalítica para, 503-506
  abordagens cognitivo-comportamentais, 512
  abordagens comportamentais da, 513
  abordagens psicodinâmicas para, 506
  centrada no cliente, 506-508
  curandeiros, 530
  eficácia da, 509-510
  em grupo, 508
  sensibilidade multicultural em, 518
  taxas de utilização, 502
terapias com drogas
  desinstitucionalização e, 520-521
  eficácia das, 518
terapias psicodinâmicas, 506
teste das manchas de tinta, 387
teste de Rorschach, 387
testemunhas oculares
  falibilidade das, 242-243
  recordações das, 224
  sugestionabilidade, 225
testes, 340
testes de inteligência (testes)
  confiabilidade dos, 265
  em entrevistas de seleção, 267
  em outras culturas, 267
  história dos, 263-267
  o que medem, 265
  questões nos, 263, 265
  sucesso vocacional e, 266
  validade dos, 265
testes de QI ver testes de inteligência
testes psicológicos, 4, 264, 386-387
  como método de coleta de dados, 31
  de criatividade, 278
  ver também testes de inteligência; testes de personalidade
THC, 160
T invertido, 118

tomada de decisão, 258-263
  baseadas em evidências, 60
  erros na, 259
  rápidas, 262
  regressão na, 258
trabalho
  felicidade e, 313
  noturno, 148
trabalho de turno, 143
trabalho, divisão de, 25
traços poligênicos, 85
transferência, na psicanálise, 506
transformação, problemas de, 252
transtorno da conversão, 469
transtorno fóbico, 466
transtornos da ansiedade, 466-469, 483-484
  condicionamento dos, 469
  estresse e, 469
  etiologia dos, 469, 484
  fatores biológicos nos, 468-469
  fatores cognitivos nos, 469
  terapia com drogas para os, 469, 513
transtornos da personalidade, 465
transtornos depressivos, 442, 475
  diferenças de gênero nos, 475
  estresse e, 477
  etiologia dos, 475-477, 484
  fatores cognitivos nos, 476
  sintomas de, 473
  terapia com drogas para os, 513
transtornos do humor, 472-477
  criatividade e, 278-279
  entre os sem-teto, 521
transtornos do pânico, 466
  etiologia dos, 466
  terapia para, 527
transtornos esquizofrênicos, 477-485
transtornos obsessivo-compulsivos, 468
transtornos psicológicos
  modelo médico dos, 462-463
  suicídio e, 43-44
  tratamento de, 520
  ver também transtornos específicos
transtornos relacionados à cultura, 482
treino de relaxamento, 511
tronco cerebral, 75
turnos de trabalho rotativo, 172

U

Universidade de Cornell, 5
universidades, laboratórios de psicologia em, 3-4
uso de drogas intravenosas (IV), 163, 449
uso e abuso de drogas, 159-162
  durante a gravidez, 321
  estresse e, 442
utilidade subjetiva, 260

V

vadiagem social, 418
validade dos testes de QI, 265
valor, esperado, 262
vantagem reprodutiva, 89
variáveis dependentes, 35
variáveis independentes, 37-38
vasocongestão, 294
velocidade do andar, 42
vendedor, 424
ventrículos, do cérebro, 482
vergonha, 330
verificação, de afirmações científicas, 7
ver também métodos específicos
viabilidade, idade de, 322
vício,
  drogas, 150
  internet, 440
visão, 100-120
  constância da percepção, 118
  envelhecimento e, 344, 346
  estímulo para a, 100
  noturna, 104
  periférica, 104
visão a distância, 102-103, 342
visão cultural mundial, 383-385
visão da solução de problemas, dos sonhos, 155
visão do mundo cultural, 378
visão influenciada, 388, 495
visão noturna, 104
visão relativista dos transtornos psicológicos, 485
vômito, 492
vulnerabilidade genética
  à esquizofrenia, 480-481
  ao alcoolismo, 169-171
  a transtornos alimentares, 504
  a transtornos da ansiedade, 469
  a transtornos de humor, 476

W

Wellesley College, 5
windigo, 485
workaholics, 442

X

Xanax, 513

Z

zolpidem, 150